KB161910

우리말로 찾는
正音字典

教育學 博士 朴在成 編著

가나북스

우리말로 찾는 正音字典

발 행 일 | 2024년 7월 10일 초판 1쇄
편 저 자 | 박재성 (사)훈민정음기념사업회 이사장
제호글씨 | 김동연 (사)세계문자서예협회 이사장
발 행 인 | 배수현
디 자 인 | 디프넷(이윤진)
펴 낸 곳 | 가나북스 www.gnbooks.co.kr
출판등록 | 제393-2009-000012호
주　　소 | 경기도 파주시 율곡로 1406
문　　의 | (031)959-8833
팩　　스 | (031)959-8834

I S B N | 979-11-6446-100-4

정　가 | 298,000원

—ㆍ如ㆍ믈爲水ㆍ발측爲跟ㆍ그력爲鷹ㆍ드레爲汲器ㆍ

ㅣㆍ如ㆍ깃爲巢ㆍ밀爲蠟ㆍ피爲稷ㆍ키爲箕ㆍ

ㅗㆍ如ㆍ논爲水田ㆍ톱爲鉅ㆍ호ㆍ믜爲鉏ㆍ벼로爲硯ㆍ

ㅏㆍ如ㆍ밥爲飯ㆍ낟爲鎌이ㆍ아爲綜사ㆍ爲鹿ㆍ

ㅜㆍ如숫爲炭ㆍ울爲籬누에爲蠶구리爲銅ㆍ

ㅓㆍ如브ㆍ爲竈ㆍ널爲板서리爲霜버들爲柳ㆍ

ㅛㆍ如ㆍ죵爲奴ㆍ고욤

如·뫼為山。·마為薯蕷。ㅸ如사·ᄫᅵ為

蝦。드·ᄫᅵ為瓠。ㅈ如·자為尺。죠·ᄒᆡ為

紙。ㅊ如·체為籭。·채為鞭。ㅅ如

·손為手。:셤為島。ㅎ如·부헝為鵂鶹·힘為

筋。○ㅇ如·비육為鷄雛ᄇᆡ·얌為蛇。ㄹ

如·무뤼為雹어·름為氷。ㅿ如아ᅀᆞ

為弟。너ᅀᅥ為獺。中聲·如·ᄐᆞᆨ為頤

·ᄑᆞᆺ為小豆。ᄃᆞ·리為橋。ᄀᆞ래為楸。

머 리 말

우리가 사용하는 언어는 시간의 흐름에 따라 생성, 성장, 소멸하면서 변한다. 이것을 언어의 역사성이라고 한다.

세종대왕이 훈민정음을 창제하신 의도는 '나라의 말소리가 중국과는 달라 문자(한자)와는 서로 맞지 아니한 까닭으로 글을 모르는 백성들이 말하고자 하는 바 있어도 마침내 제 뜻을 능히 펴지 못할 사람이 많으니라 내 이를 가엾게 여겨 새로 스물여덟 자를 만드노니 사람마다 쉽게 익혀서 날마다 씀에 편안케 하고자 할 따름이니라.'라는 어제 서문에 잘 나타나 있듯이 이 서문의 핵심은 한자를 폐기하라는 것이 아니라, 백성이 편리하게 어문생활을 하라는 것이었다.

오늘날 세계 속에서 한국어의 위상을 드높이려면 훈민정음의 창제 정신을 바탕으로 우리 국어를 더욱 사랑하고 국어 발전에 참여하는 자세를 길러야 한다.
우리나라는 OECD 국가 중에서 문맹률은 가장 낮은데 덩달아 문해율도 가장 낮은 기이한 현상을 빚고 있다. 그 원인은 우리 국어의 한 축을 담당하고 있는 한자 교육의 폐지가 부른 어문 정책이 일조하지 않았나 생각한다. 왜냐하면, 우리 국어의 특징이 대부분 어휘가 한자어이고 수많은 동음이의어(同音異議語)인 까닭이다.

다시 말해 어문생활을 바르게 하기 위해서는 한자에 대한 이해와 활용이 병행되어야 하는데 이때 중요한 도구가 한자 사전이다. 그런데 대부분의 한자 사전을 찾는 법은 부수색인(部首索引), 자음색인(字音索引), 총획색인(總畫索引)의 전통에서 벗어나지 못하고 있다.
이 세 가지 한자 사전 찾는 방법을 자세하게 들여다보면 다음의 몇 가지 문제점들을 쉽게 발견할 수 있다. 먼저 부수색인은 찾고자 하는 한자의 부수를 정확하게 알고 있어야 활용할 수 있다는 점이고, 자음색인은 찾고자 하는 한자의 음(音)을 알아야 한다는 전제하에 활용할 수 있으며, 마지막으로 총획색인의 경우에는 먼저 찾고자 하는 한자의 총획수를 정확하게 셀 수 있어야 할 뿐 아니라, 설령 획수를 정확하게 세어서 찾는다고 하더라도 동일 획수에 해당하는 수많은 한자 중에서 가려낸다는 것은 시간의 허비는 물론이고 큰 인내심을 요구하는 비합리적인 방식이라는 점이다.

그래서 필자는 각 한자의 뜻을 중심으로 <우리말로 쉽게 찾을 수 있는 한자 사전>의 필요성을 절감하여 30여 년 전부터 여기저기 메모해 두었던 원고들을 정리하기 시작하였지만, 바다처럼 넓고 넓은 한문 전적(典籍)의 경서(經書)를 전부 찾아볼 수는 없었기 때문에 사전 원고 작업은 생각만큼 쉽게 진전되지 않았다.

　　그나마 다행하게도 어려서부터 한문 서당에서 글을 배우기 시작하여 지금까지 한문학자로서 일로매진해온 덕분에 나름대로 여러 경서를 접할 수 있었던 것이 포기하지 않도록 지탱해 준 밑거름이 되었다.

　　이렇게 시작했던 원고 작업을 거의 20년 만인 2011년에 일차 탈고하였었다.

　　그러나 선뜻 이 원고를 발행할 출판사를 만나지 못하여 10여 년 동안 보관만 하고 있었는데, 훈민정음 창제 580돌이 되는 2024년 새해를 맞이하여 뜻밖에도 출판 유통의 백년가게 가나북스에서 출판하겠다고 큰 결단을 해주시니 기왕이면 이 자전이 더 많은 사람에게 활용될 수 있게 되었으면 좋겠다는 마음으로 보완하여 세상에 내놓는다.

　　『우리말로 찾는 正音字典』의 제호를 써주신 국립현대미술관 초대작가인 서예가 雲谷 金東淵 선생님께 衷心으로 감사드린다.

　　그리고 교정(校正) 작업을 할 때 애착을 갖고 한 자 한 자 꼼꼼하게 교열(校閱)해 준 애제자 一鄕 朴花娟의 노고와 까다로운 편집작업을 묵묵히 감내하면서 훌륭한 디자인으로 마무리해 준 디프넷 이윤진 님의 열정은 아주 오랫동안 잊을 수 없을 것이다.

　　아무쪼록 본서가 많은 독자의 어문생활을 하는 데 일조가 되기를 바란다.

五恨齋에서

編著者 朴在成 識

凡　例

1. 이 冊은 漢字 35,861 字를 우리말로 찾는 새로운 字典이다.

2. 이 冊은 各 漢字마다 여러 가지 뜻이 있는 境遇, 모든 뜻을 우리말로도 풀이
   하여 쉽게 찾을 수 있도록 編輯하였다.

3. 正音 標題語마다 精確한 풀이를 곁들여 《國語辭典》의 役割도 할 수 있도록
   編輯하였다.

4. 例示된 出典의 用例는 『經』·『史』·『子』·『集』을 비롯하여 其他 原典에
   依하여 引用하였다.

5. 한 字에 2개 以上의 音이 있을 境遇에는 ( )속에 音을 表記하였다.

6. 같은 字에 여러 가지 뜻이 있거나 原典의 文章이 두 個 以上일 境遇에는 ㉠,
   ㉡, ㉢ 등의 記號를 使用하여 說明하였다.

7. 우리말에 單一 字로 表記되지 않는 것은 熟語로 卷末에 整理하였다.

8. 이 冊에 收錄된 漢字는 明文漢韓大字典<明文堂 1984>과 古今漢韓字典<南廣
   祐. 仁荷大學校出版部 1995>을 底本으로 說文解字注<臺灣. 藝文印書館
   1992>와 辭源<홍콩. 商務印書館 1987>, 中文大辭典<中華學術院 1972>에 依
   據하여 收錄하였다.

9. 特히, 1,193個의 文獻에 收錄된 漢字의 實際 쓰인 文章을 25,537回나 引用하
   여 名實相符한 『우리말로 찾는 正音字典』이 될 수 있도록 心血을 기울였다.

10. 『우리말로 찾는 漢字語』 7,345個를 附錄(1)에 收錄하여 <字典> 속의 또
    다른 《漢字語 辭典》으로서의 機能도 할 수 있도록 編輯하였다.

11. 『우리말로 찾는 正音字典』에 引用한 1,193個의 參考文獻이나 人名을 한 눈에 檢索해 볼 수 있도록 ㄱ, ㄴ, ㄷ 順으로 整理하면서 本 字典에서 引用된 回數를 文獻이나 人名 옆에 둥근 數字로 標示하여 附錄(2)에 收錄함으로써 利用者의 立場에서 活用度가 높은 『우리말로 찾는 正音字典』이 될 수 있도록 編輯하였다.

12. 1,193個의 文獻이나 人名 中에서 20回 以上 引用한 115個에 대해 簡略한 說明을 整理하여 附錄(3)에 收錄함으로써 《東洋古典 辭典》으로서의 機能도 할 수 있도록 編輯하였다.

13. 字典의 歷史를 살펴볼 수 있도록 《說文解字》, 《字林》, 《字統》, 《玉篇》, 《五經文字》, 《龍龕手鏡》, 《大廣益會玉篇》, 《正字通》, 《康熙字典》, 《全韻玉篇》 等 10大 字典을 簡略하게 紹介하였다.

14. 《訓民正音 解例本》에 쓰인 725字의 漢字와 1972年 8月 16日 當時 文敎部 現 敎育部가 定한 漢文敎育用 基礎漢字 1,800字를 包含하여 總 3,300字의 實用漢字를 字音으로 찾아볼 수 있도록 가나다 順으로 整理하고 各 漢字마다 代表 訓音과 部首, 總畫 을 附錄(4)에 收錄함으로써 旣存의 <漢字 字典>의 機能도 할 수 있도록 編輯하였다.

※ 이 字典에 쓰인 符號는 다음과 같다.
【 】標題 漢字.
한 우리나라에서만 쓰이는 漢字.
일 日本에서만 쓰이는 漢字.

중 在來 漢字 以外의 現代 中國語에서 使用되는 文字.
속 俗音. 漢字의 原音이 變하여 大衆에 널리 쓰이는 音.
『 』: 出典의 標示. 例)『論語』

目 次

附錄1. 우리말로 찾는 漢字語 目次

附錄2. 參考文獻 및 人名 目次

附錄3. 主要 參考文獻 說明 目次

* 페이지의 순서가 다른 것은 참고문헌의 가나다순을 기준으로 하였기 때문임.

附錄4. 자음으로 찾는 실용한자 3300

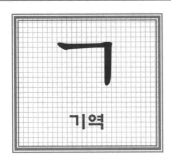

ㄱ

기역

가 : 물건의 가장자리. 변두리. 곁. 끝.
　가 개【介】悲江介之遺風『楚辭』
　가 두【頭】점두(店頭).
　　　　　　珮聲歸向鳳池頭『王維』
　가 미【眉】居井之眉『漢書』
　가 변【邊】연변(緣邊). 雜色綴其邊『釋名』
　가 상【上】강상(江上). 子在川上『論語』
　가 수【垂】㉠ 江垂得淸景『謝朓』
　　　　　　㉡ 당(堂)위의 섬돌에 가까운 가장
　　　　　　　　자리. 坐不垂堂『史記』
　가 순【脣】薄如錢脣『夢溪筆談.』
　가 악【鍔】악(堮)과 통용.
　　　　　　前後無有垠鍔『張衡』
　가 연【緣】緣邊諸鎭『唐玄宗』
　가 예【裔】변애(邊厓). 수예(水裔).
　　　　　　江潯海裔『淮南子』
　가 장【將】在渭之將『詩經』
　가 제【際】천제(天際). 제한(際限).
　　　　　　端際不可得見『晉書』
　가 첨【襜】변연(邊緣). 其輤有襜『禮記』
　가 편【偏】변측(邊側). 편국(偏國).
　　　　　　居許東偏『左傳』
　가 폭【幅】좌우(左右)의 가장자리. 변폭(邊幅).
　　　　　　夫富如布帛之有幅焉『左傳』
가게 : 상품(商品)을 늘어놓고 파는 점포(店鋪).
　가게 관【館】상점(商店). 상관(商館).
　가게 사【肆】陳肆辨物『周禮』
　가게 장【莊】큰 점포. 의장(衣莊). 전장(錢莊).
　가게 전【㕓】전(廛)과 동자(同字).
　　　　　　隘厘峽隘厘衢『元積』
　가게 전【廛】상점(商店). 전사(廛肆).
　가게 점【店】상점(商店). 여관(旅館)
　　　　　　營新店規利『宋史』
　가게 포【鋪】점포(店鋪). 노포(老鋪).
　가게 행【行】큰 상점(商店). 은행(銀行).
　　　　　　大小貨行『東京夢華錄』
가게 하다 :
　가게 할 행【行】행군(行軍).
　　　　　　激而行之, 可使在山『孟子』

가기 힘들다 :
　가기 힘들 가【軻】
　　　㉠ 감가(轗軻)는 길이 험하여 수레가 가기 힘
　　　　이 드는 모양. 誠轗軻而艱難『韓愈』
　　　㉡ 때를 만나지 못하여 불우(不遇)한 모양.
　　　　轗軻不遇『廣韻』
　가기 힘들 감【轗】
　　　㉠ 감가(轗軻)는 길이 험하여 수레가 가기 힘
　　　　이 드는 모양. 誠轗軻而艱難『韓愈』
　　　㉡ 때를 만나지 못하여 불우(不遇)한 모양.
　　　　轗軻不遇『廣韻』
　가기 힘들 감【轖】감(轗)과 동자(同字).
　가기 힘들 람【轞】감(轗)과 동의. 감람(轗轞).
가까이 : 가까운데서
　가까이 근【近】㉠ 近取諸身『易經』
　　　　　　　　㉡ 能近取譬『論語』
가까이 하다 : 가까이 감. 친히 지냄. 접근함.
　가까이할 근【近】
　　　㉠ 가까이 감. 近之則不厭『中庸』
　　　㉡ 친히 지냄. 近小人. 民可近『書經』
　가까이할 기【近】사근(使近).
　가까이할 닐【暱】접근함. 無自暱焉『詩經』
　가까이할 마【摩】
　　　㉠ 접근(接近)함. 摩壘而還『左傳』
　　　㉡ 필적(匹敵), 근사(近似)의 뜻. 摩李杜.
　가까이할 밀【密】접근(接近)함. 밀접(密接).
　　　　　　密邇王室『書經』
　가까이할 박【迫】접근함. 박근(迫近).
　　　　　　望崦嵫而勿迫『楚辭』
　가까이할 박【薄】접근함. 薄而觀之『左傳』
　가까이할 부【傅】접근함. 부근(傅近).
　　　　　　傅人則密『周禮』
　가까이할 영【攖】접근함.
　　　　　　虎負隅莫之敢攖『孟子』
　가까이할 외【偎】친근히 함.
　　　　　　不偎不愛『列子』
　가까이할 음【㕧】근이구(近而求).
　가까이할 응【膺】몸에 가까이 함.
　　　　　　執箕膺擖『禮記』
　가까이할 이【邇】
　　　㉠ 不邇聲色『書經』
　　　㉡ 火之燎于原, 不可嚮邇『書經』
　가까이할 이【爾】이(邇)와 통용.
　　　　　　道在爾『孟子』
　가까이할 자(적)【炙】친근히 함.
　　　　　　　親炙之者『孟子』
　가까이할 접【接】가까이 감. 접근(接近).
　가까이할 즉【卽】가까이 함. 子不我卽『詩經』
　가까이할 츤【襯】접근함.

天襯樓臺籠苑外『韓偓』

가까이할 태【殆】접근함. 無小人殆『詩經』

가까이할 핍【逼】가까이 감. 不敢逼『南史』

가깝다 : 시간 또는 거리가 멀지 아니함. 알기 쉬움. 비슷함. 닮음. 친함. 통속적임.

가까울 경【逕】비근(卑近)함. 또 곧음.
　　　　　　事略而意逕『文心雕龍』

가까울 근【近】
　㉠ 시간 또는 거리가 멀지 아니함.
　　근교(近郊). 爲其近于道也『禮記』
　㉡ 천박(淺薄)함. 천근(淺近). 비근(卑近).
　　語言俚近『唐書』
　㉢ 알기 쉬움. 言近而旨遠者『孟子』
　㉣ 비슷함. 닮음. 好學近乎知『中庸』
　㉤ 적절(適切)함. 절실(切實)함.
　　撥亂世反諸正, 莫近於春秋『公羊傳』
　㉥ 친함. 친근(親近). 姻近人懼其威『唐書』

가까울 기【幾】거의 되려함. 月幾望『易經』

가까울 닐【尼】일(昵)의 고자(古字).
　　　　　　悅尼而來遠『尸子』

가까울 량【勔】근야(近也).

가까울 밀【密】친근(親近)함. 親密.

가까울 부【駙】근야(近也).

가까울 빈【濱】땅이 물 가까이 있음. 연(沿)함.
　　　　　　鄒魯濱洙泗『史記』

가까울 서【庶】거의 되려함. 서기(庶幾).
　　　　　　回也, 其庶乎『論語』

가까울 이【邇】
　㉠ 거리가 짧음. 遐邇, 四聰甚邇『王禹偁』
　㉡ 관계가 밀접함. 父母孔邇『詩經』
　㉢ 통속적(通俗的)임. 好察邇言『中庸』
　㉣ 가까운데. 行遠必自邇『中庸』
　㉤ 근처의 사람. 柔遠能邇『書經』

가까울 이【爾】이(邇)와 통용. 道在爾『孟子』

가까울 촉【屬】접근함.
　　　　　　屬者. 天下屬安定『漢書』

가까울 치【遳】근야(近也).

가까울 태【殆】비슷함. 殆於不可『孟子』

가까울 협【夾】懷爲夾『書經』

가난 : 가난한 사람.
　가난 빈【貧】
　㉠ 빈곤(貧困). 韓宣子憂貧『國語』
　㉡ 가난한 사람. 壋財役貧『漢書』

가난하고 병들다 :
　가난하고 병들 구【疚】빈이병(貧而病).

가난하다 :
　가난할 구【寠】구(窶)와 동자(同字). 가난하여 예의를 갖추지 못함. 終寠且貧『詩經』

가난할 구【窶】빈루(貧陋). 終窶且貧『詩經』

가난할 빈【貧】빈한(貧寒). 빈곤(貧困).
　　　　　　爲友壻富人所辱『漢書』

가난할 산【酸】한산(寒酸).
　　　　　　豪氣一洗儒生酸『蘇軾』

가냘프다 : 허리가 가는 모양. 약한 모양. 가냘프고 예쁜 모양.
　가냘플 패【歘】弱也. 약하다. 약한 모양.
　가냘플 연【耎】유연(柔軟).
　가냘플 정【婧】허리가 가는 모양.
　　　　　　舒眇婧之纖腰兮『張衡』
　가냘플 초【眇】가냘프고 예쁜 모양.
　　　　　　眇婧之纖腰『張衡』

가는대 :
　가는 대 세【笹】㊀ 세죽(細竹).
　가는 대 소【篠】세죽(細竹).
　가는 대 소【筱】세죽(細竹).
　가는 대 정【筳】작은 죽간(竹竿).
　　　　　　以蠡測海, 以筳撞鐘『漢書』

가는 모양 :
　가는 모양 녕【嫇】행모(行貌).
　가는 모양 력【邐】행모(行貌).
　가는 모양 함【跭】행모(行貌).

가는 모직 :
　가는 모직 첩【氎】세모직물(細毛織物).

가는 목 :
　가는 목 추【䞋】세경(細頸).

가는 문채(文彩) :
　가는 문채 목【穆】세문(細文).

가는 베 : 부드럽고 고운 베. 올이 고운 베.
　가는 베 석【䌁】세포(細布).
　가는 베 석【錫】부드럽고 고운 베.
　　　　　　被阿錫『史記』
　가는 베 섬【纖】올이 고운 베. 세포(細布).
　　　　　　纖七日『史記』
　가는 베 세【綌】세포(細布).
　가는 베 월【絨】세포(細布). 세

가는 비 : 조금씩 오는 비.
　가는 비 공【涳】공몽(涳濛), 세우(細雨).
　가는 비 미【濰】세우(細雨).

가는 비단 :
　가는 비단 아【絅】세증(細繒).

가는 소리 :
　가는 소리 암【諳】성소(聲小).
　가는 소리 지【吱】세성(細聲).

가는 실 :
　가는 실 멱【糸】가는 실.
　가는 실 면【緜】세사(細絲).

가는 실 초【紗】세사(細絲).

가는 줄 :

　가는 줄 섬【纖】세선(細線). 縷積于纖『賈餗』

가는 허리 :

　가는 허리 규【樛】세요(細腰).

가늘게 긋다 : 획을 가늘게 긋다.

　가늘게 그을 리【氂】미획(微畫).

가늘게 끊다 :

　가늘게 끊을 루【劇】세절(細切).

가늘고 길다 : 대나무의 가지가 없이 가늘고 길
　며 끝이 뾰족한 모양.

　가늘고 길 적【籊】籊籊竹竿 以釣于淇『詩經』

가늘고 연한 대 :

　가늘고 연한 대 례【簏】세연죽(細軟竹).

가늘다 : 넓이가 좁음. 굵지 아니함. 또 하찮음.

　가늘 마【麼】세소(細小)함. 요마(幺麼).

　가늘 멸【蔑】세야(細也).

　가늘 섬【纖】미세(微細)함. 섬세(纖細).
　　　　　　剖纖入冥『蔡邕』

　가늘 섬【孅】섬(纖)과 동자(同字). 細也.

　가늘 섬【孅】섬(纖)과 통용. 섬세함.
　　　　　　至孅至悉『漢書』

　가늘 세【細】넓이가 좁음. 細小. 細長.

　가늘 시【緦】細也.

　가늘 조【窕】굵지 아니함. 小者不窕『左傳』

　가늘 책【嘖】미야(微也).

가늘지 않다 :

　가늘지 않을 라【𦆅】불세모(不細貌).

가다 : 어떤 곳을 향하여 감. 떠나감. 도망감.

　갈 가【嫁】어떤 곳을 향하여 감.
　　　　　　將嫁于衛『列子』

　갈 각【玃】행야(行也).

　갈 거【去】
　　㉠ 떠나감. 거류(去留). 上車而去『史記』
　　㉡ 도망(逃亡)감. 默去而逃去『史記』
　　㉢ 거년(去年). 朝朝醉中去『杜牧』
　　㉣ 소멸함. 福可必歸, 蓄可必去矣『新書』
　　㉤ 죽음. 逝去. 去者以疎『古詩』

　갈 걸【朅】가버림. 回車朅來兮『司馬相如』

　갈 교【扴】행모(行貌).

　갈 교【傲】행야(行也).

　갈 단【趄】행야(行也).

　갈 매【邁】㉠ 멀리감. 行邁靡靡『詩經』
　　　　　　㉡ 떠남. 從公于邁『詩經』

　갈 미【儺】행모(行貌).

　갈 반【赻】거야(去也).

　갈 발【跋】大夫跋涉『詩經』산야(山野)를 지나
　가는 것을 발(跋)이라 하고 물을 건너가는 것

을 섭(涉)이라 함.

　갈 복【屐】행야(行也).

　갈 북【夏】행야(行也).

　갈 사【�仯】행야(行也).

　갈 삽【㸚】행야(行也).

　갈 서【逝】
　　㉠ 세월이 감. 日月逝矣, 歲不我與『論語』
　　㉡ 앞으로 감. 雖不逝兮可奈何『史記』
　　㉢ 떠남. 가버림. 逝川. 今將返神還乎無名, 吾
　　　今逝日而逝『王文成公年譜』

　갈 선【踃】행야(行也).

　갈 여【如】如仁川. 襄子如廁『史記』

　갈 염【冉】세월 같은 것이 가는 모양.
　　　　　　時亦冉冉而將至『楚辭』

　갈 왕【迬】왕(往)과 동자(同字).
　　　　　　往勞于東門之外『左傳』

　갈 왕【往】
　　㉠ 어떤 곳을 향하여 움직임.
　　　禮尚往來往而不來非禮也『禮記』
　　㉡ 가버림. 떠남. 不保其往也『論語』
　　㉢ 저승으로 감. 죽음. 送往事居『左傳』

　갈 우【于】향하여 감. 予翼以于『書經』

　갈 이【迆】비스듬히 감.
　　　　　　東迆北會于匯『書經』

　갈 이【迤】위이(透迤)는 비스듬히 가는 모양.
　　　　　　路透迤而脩迴兮『王粲』

　갈 잉【凼】왕야(往也).

　갈 잉【辺】행야(行也).

　갈 장【將】가버림. 時幾將矣『荀子』

　갈 적【適】㉠ 찾아감. 適子之館兮『詩經』
　　　　　　㉡ 돌아갈 데로 감. 적귀(適歸).
　　　　　　民知所適『左傳』

　갈 정【延】정야(征也).

　갈 정【征】먼 곳에 여행(旅行)함. 정부(征夫).
　　　　　　之子于征『詩經』

　갈 조【徂】
　　㉠ 앞으로 감. 조래(徂徠). 我徂東山『詩經』
　　㉡ 물러감. 조서(徂署). 日徂月流『陶潛』
　　㉢ 죽음. 조락(徂落). 吁嗟徂兮『史記』

　갈 종【㺜】행야(行也).

　갈 지【之】
　　㉠ 도달(到達)함. 將之楚『孟子』
　　㉡ 향(向)함. 향방(向方)을 정(定)함.
　　　天下貿貿焉, 莫知所之『十八史略』
　　㉢ 부임(赴任)함. 皇甫謐有從姑子梁柳, 爲城
　　　陽太守, 將之官『世說』
　　㉣ 변(變)하여 감. 주역의 서법(筮法)에서 괘
　　　(卦)가 변함을 이름. 遇觀之否『左傳』

　갈 척【趚】행야(行也).

갈 척【蹠】 나감. 自無蹠有『淮南子』
갈 첩【迠】 행야(行也).
갈 패【沛】 가는 모양. 沛吾乘兮桂舟『楚辭』
갈 팽【騯】 말이 가는 모양. 四牡騯騯『詩經』
갈 행【行】 ㉠ 떠남. 告之使行『左傳』
　　　　　 ㉡ 曰吾老矣 不能用也 孔子行『論語』
가다랭이 : 고등어과에 속하는 바닷물고기.
　가다랭이 견【鰹】 어명(魚名).
가다 우뚝서다 :
　가다 우뚝 설 제【徥】 행지저립(行止佇立).
가닥 : 물건의 가닥 진 형상.
　가닥 아【丫】 아차(丫叉).
　가닥 차【叉】 不愁歸路有三叉『陸游』
가닥지다 : 갈래가 짐.
　가닥질 차【叉】 갈래가 짐. 차등(叉等).
가두다 : 죄인(罪人)을 가둠. 감금(監禁)함.
　가둘 수【囚】 수계(囚繫).
　　　　　　　 陽虎因囚桓子『史記』
　가둘 어【圄】 圄伯嬴于轑陽『左傳』
　가둘 유【幽】 감금(監禁)함. 유폐(幽閉).
　　　　　　　 身幽北闕『揚煇』
　가둘 혜【傒】 수감(收監)함.
　　　　　　　 傒人之子女『淮南子』
가득차다 :
　가득 찰 몽【𥂖】 풍밀(豊蜜), 성만(盛滿).
가득하다 :
　가득할 광【橫】 만야(滿也).
　가득할 만【滿】 가득히 참.
　가득할 복【畐】 만야(滿也).
　가득할 앙【䀄】 만야(滿也).
　가득할 영【盈】 가득히 참. 영축(盈縮).
　　　　　　　 夏爲長嬴『爾雅』
　가득할 재【載】 가득히 됨. 厥聲載路『詩經』
　가득할 필【佖】 만야(滿也).
　　　　　　　 騈衍佖路『羽獵賦』
가든히 하다 : 정돈함.
　가든히 할 당【擋】 정돈(整頓)함. 병당(摒擋).
　가든히 할 병【摒】 정돈함. 摒擋不盡『晉書』
　가든히 할 수【收】 정제(整齊)함. 收斂.
　　　　　　　 收其威也『禮記』
가라말 : 털빛이 담흑색(淡黑色)의 가라말.
　가라말 괴【騩】 乘騩馬自府蹄『漢官儀』
　가라말 려【驪】 四驪濟濟『詩經』
가라사대 : 말씀하시기를. 말씀하시되. 말하되. 말
　하기를.
　가라사대 왈【曰】 帝曰, 疇咨若時『詩經』
가라앉다 : 마음이 침착(沈着)함. 물 속에 가라앉
　음. 잠김. 빠짐.

가라앉을 잠【潛】 沈潛剛克『書經』
　가라앉을 침【沈】
　　㉠ 부침(浮沈). 載沈載浮『詩經』
　　㉡ 침중(沈重). 性沈敏實和『晉書』
　가라앉을 함【涵】 침몰(沈沒)함.
　　　　　　　 涵泳乎其中.『左思』
　가라앉을 항【降】 마음이 침착(沈着)하여짐.
　　　　　　　 我心則降『詩經』
가라앉았다 떴다하다 :
　가라앉았다 떴다 할 작【瀺】 참작(瀺灂).
　가라앉았다 떴다 할 참【瀺】
　　㉠ 물고기가 출몰(出沒)하는 모양.
　　　 遊鱗瀺灂『潘岳』
　　㉡ 돌이 물 속에서 출몰(出沒)하는 모양.
　　　 巨石溺溺之瀺灂『宋玉』
가라앉히다 : 가라앉게 함.
　가라앉힐 침【沈】 가라 앉게 함. 침주)沈舟).
　　　　　　　 周公自揃其蚤沈之河『史記』
가라지 : 볏과에 속한 한해살이풀. 밭에서 자라며
　강아지풀과 외형이 비슷하다.
　가라지 랑【莨】 유속(莠屬).
　가라지 랑【稂】 낭유(稂莠). 不稂不莠『詩經』
　가라지 유【莠】
　　㉠ 낭유(稂莠). 惡莠恐其亂苗也『孟子』
　　㉡ 인신하여 유해(有害) 또는 추악(醜惡)의
　　　 비유(比喻)로 쓰임. 莠言自口『詩經』
가라지 성하다 :
　가라지 성할 교【穚】 유초무모(莠草茂貌).
가락 : 음악의 기본 요소 가운데 하나로 소리의
　높낮이가 길이나 리듬과 서로 어울려 이루어
　지는 음의 흐름.
　가락 강【腔】 곡조(曲調). 시가(詩歌)의 가락.
　　　　　　　 秀句入新腔『黃庭堅』
　가락 곡【曲】 곡조(曲調). 음곡(音曲). 가곡(歌曲).
　　　　　　　 其曲彌高, 其知彌寡『宋玉』
　가락 률【律】 聲依永, 律和聲『書經』
　가락 전【囀】 聽邊筎之嘶囀『顔廷之』
　가락 조【調】 곡조(曲調). 음조(音調).
　　　　　　　 笛有定調『晉書』
가락 어지럽다 : 음조(音調)가 막혀 고르지 못하
　고 어지러움.
　가락 어지러울 첨【惉】 첨체(惉懘). 五音不亂則
　　　　　　　 無惉懘之音『史記』
　가락 어지러울 체【懘】 五音不亂則無惉懘之音
　　　　　　　 『禮記』
가락지 : 주로 여자가 치장을 위해 손가락에 끼
　우는 두 짝의 고리.
　가락지 환【環】 지환(指環).

가락지 환【鐶】지환(指鐶).

가람산 :

가람산 가【崏】가람(崏嵐). 태원산명(太原山名).

가랑비 : 가늘게 내리는 비. 이슬비보다는 조금
　　굵다.

가랑비 맥【霢】맥목(霢霂). 益之以霢霂『詩經』

가랑비 목【霂】맥목(霢霂). 益之以霢霂『詩經』

가랑비 사【霈】세우(細雨).

가랑비 산【霰】소우(小雨).

가랑비 삼【霎】미우(微雨). 세우(細雨).

가랑비 삽【霎】이슬비. 세우(細雨).

가랑비 석【霖】세우(細雨).

가랑비 떨어지다 :

가랑비 떨어질 색【湗】수우영락(水雨零落).

가랑비 오다 : 가랑비가 자욱이 오는 모양.

가랑비 올 몽【濛】零雨其濛『詩經』

가래 : 흙을 파서 갈아엎거나 퍼내는 데 쓰는 농
　　기구.

가래 곽【欔】추야(鍬也).

가래 귀【鋦】삽속(臿屬).

가래 삽【臿】삽(鍤)과 동자(同字).
　　　　　　　舉臿爲雲『漢書』

가래 삽【鍤】삽(臿)과 동자(同字).
　　　　　　　舉鍤如雲『史記』

가래 삽【插】삽(鍤)과 동자(同字).
　　　　　　　立則杖插『戰國策』

가래 선【鐥】삽야(鍤也).

가래 섬【銛】삽야(鍤也).

가래 수【櫒】추야(鍬也).

가래 전【錢】농구의 한 가지.
　　　　　　　庤乃錢鎛『詩經』

가래 조【銚】큰 가래. 一耒一耜一銚『管子』

가래 첨【㸩】농구의 한 가지. 서속(鋤屬).

가래 초【鍬】농구의 하나.
　　　　　　　大衆各備鍬钁划草『指月錄』

가래 험【枚】초속(鍬屬).

가래 화【鍜】쌍날의 가래. 燒鍜斧『後漢書』

가래 화【鏵】농구의 하나.

가래 : 폐에서 목구멍에 이르는 공간에서 생기는
　　끈끈한 분비물.

가래 담【痰】객담(喀痰).
　　　　　　　甘遂葶藶之逐痰癖『抱朴子』

가래나무 : 호도나무과에 속하는 낙엽교목.

가래나무 재【梓】梓爲百木之長『埤雅』

가래질하다 :

가래질할 포【皰】삽지(臿地).

가래톳 : 허벅다리와 불두덩 사이의 림프샘이 부
　　어 켕기고 아프게 된 멍울.

가래톳 현【疢】황현(橫疢). 샅의 임파선이 붓는
　　성병의 하나.

가량 : 사물을 받아 들여 담당하는 성격(性格). 재
　　능(才能).

가량 량【量】도량(度量). 재량(才量).
　　　　　　　光武之量 包乎天地之外『范仲淹』

가려막다 :

가려 막을 선【邅】차야(遮也).

가렵다 : 긁고 싶은 감각이 남.

가려울 가【苛】問衣燠寒疾痛苛癢『禮記』

가려울 닐【疒】양야(痒也).

가려울 양【痒】양(癢)과 동자(同字).
　　　　　　　老少痛痒『抱朴子』

가려울 양【癢】양(痒)과 동자(同字).
　　　　　　　無瘠癢『列子』

가령(假令) : 어떠한 일을 가정하여 말할 때 쓰는
　　말. 가정하는 말. 이를테면.

가령 가【假】가사(假使). 假今晏子而在 余雖爲
　　　　　　　之執鞭 所忻慕焉『史記』

가령 령【令】가령(假令). 令事成歸王『史記』

가령 자【藉】자령(藉令).
　　　　　　　藉使子嬰有庸主之材『賈誼』

가령 종【縱】縱江東父兄憐而王我, 我何面目見
　　　　　　　之『史記』

가령 진【盡】진도(盡道)는 진도(儘道)와 같으며 종영
　　　　　　　(縱令)의 속어(俗語)임.
　　　　　　　相逢盡道休官去『謝靈運』

가령 차【借】가설(假說)의 말. 가사(假使).
　　　　　　　借曰未知『詩經』

가령 취【就】就其能鳴者『韓愈』

가로 : 세로의 대. 동서(東西) 또는 좌우(左右)의
　　방향(方向).

가로 횡【橫】종횡(縱橫).
　　　　　　　不別橫之與縱『東方朔』

가로나무 : 두레박틀의 가로 댄 나무. 교량(橋梁).
　　정간(井幹) 등의 가로지른 나무. 마차(馬車)의
　　채 끝에 댄 횡목(橫木).

가로나무 강【棡】가로대.

가로나무 교【橋】橋直植立而不動, 俯仰取制焉
　　　　　　　『淮南子』

가로나무 형【桁】井桁鳥鳴破曙煙『高啓』

가로나무 형【衡】
　　㉠ 倚於衡『論語』
　　㉡ 혼천의(渾天儀)의 횡목(橫木).
　　　　　在璿璣玉衡『書經』

가로놓다 :

가로놓을 횡【橫】坐橫弓『儀禮』

가로되 : 말하되. 말하기를.

가로되 왈【曰】帝曰, 疇咨若時『詩經』

가로보 :

　가로보 계【枅】옥로(屋櫨).

가로세로 엇걸리다 : 종횡(縱橫)으로 교차(交叉)함.

　가로 세로 엇걸릴 오【午】교오(交午). 방오(旁午).

가로수(街路樹) : 길거리에 심은 나무.

　가로수 월【樾】道樾爲枯『唐書』

가로지르다

　가로지를 횡【橫】횡단(橫斷)함. 횡과(橫過).
　　　　　　　　　　橫江東來『蘇軾

가루 : 곡식의 분말. 잔 부스러기.

　가루 말【末】분말(粉末). 燒爲灰末『晉書』

　가루 면【糆】면(麪)과 동자(同字). 설미(屑米).

　가루 분【粉】糗餌粉餈『周禮』

　가루 설【屑】설진(屑塵). 時造船 木屑及竹頭 侃
　　　　　　悉令擧之『晉書』

　가루 쇄【瑣】옥의 가루. 분말(粉末).
　　　　　　　　　　委曲如瑣『仲長統』

가루떡 :

　가루떡 령【飴】설병(屑餠).

　가루떡 수【饡】병야(餠也).

　가루떡 업【饁】이야(餌也).

　가루떡 이【餈】분병(粉餠).

가루약 : 가루로 된 약.

　가루약 산【散】산약(散藥). 위산(胃散).
　　　　　　　　　授以漆葉青黏散『魏志』

가르는 소리 : 칼로 물건을 베어 가르는 소리.

　가르는 소리 획【騞】奏刀騞然『莊子』

가르다 : 쪼갬. 뻐갬. 구별함. 차별함.

　가를 고【刳】고복(刳腹). 고척(刳剔).
　　　　　　　　　與巧屠共刳剝之『漢書』

　가를 괴【乖】구별(區別)함. 法者所以齊衆異, 亦
　　　　　　所以乖名分『尹文子』

　가를 렬【脟】쩸. 脟割輪焠『漢書』

　가를 리【劦】절단(切斷)함. 분할(分割)함.

　가를 리【離】분할(分割)함. 離肺『儀禮』

　가를 리【劙】쪼갬. 분할(分割)함. 벽

　가를 벽【䃽】희생(犧牲)의 배를 가름. 以䃽辜祭
　　　　　　四方百物『周禮』

　가를 별【別】
　　㉠ 석별(析別). 宰疱之切割分別也『淮南子』
　　㉡ 구별(區別). 我又欲與若別之『列子』
　　㉢ 구분(區分)함. 구획(區劃)함.
　　　　此天地所以界別區域絕外內也『漢書』
　　㉣ 구분(區分)함. 由別之『穀梁傳』

　가를 별【覕】쪼갬. 猶一覕也『莊子』

　가를 부【剖】㉠ 쪼갬. 뻐갬. 부할(剖割).
　　　　　　　剖符封功臣『史記』

㉡ 시비를 가름. 판단함. 재결함.
　　　　부결(剖決). 裁剖精明『唐書』

가를 부【捊】부(剖)와 동자(同字).

가를 불【刜】쪼갬. 苑子刜林雍, 斷其足『左傳』

가를 석【析】
　㉠ 해부(解剖)함. 析才士之脛『淮南子』
　㉡ 분석(分析)함. 疑相與析『陶潛』

가를 쇄【灑】나눔. 開竇灑流『張衡』

가를 지【支】분리함. 분리시킴.
　　　　　支離其德『莊子』

가를 치【誃】분리(分離)시킴.

가를 파【破】
　㉠ 破竹之勢. 今兵威已振, 譬如破竹『晉書』
　㉡ 파제(破題). 天下莫能破焉『中庸』

가를 파【派】윤파(輪派). 파견(派遣).
　　　　　疏派天潢『北史』

가를 판【判】
　㉠ 쪼갬. 부판(剖判).
　㉡ 분판(分判). 區判文體『齊書』
　㉢ 시비곡직(是非曲直)을 가름. 판단(判斷)함.
　　　但第判能否『唐書』

가를 할【割】
　㉠ 칼로 베어 끊음. 절단(切斷)함. 할팽(割烹).
　　　割雞焉用牛刀『論語』
　㉡ 구분함. 분할(分割). 陰陽割昏曉『杜甫』
　㉢ 분양(分讓)함. 必割地以交於王矣『戰國策』

가를 해【解】쪼개어 나눔. 해부(解剖).
　　　　　庖丁解牛『莊子』

가를 획【畫】
　㉠ 나눔. 구분(區分)함. 畫爲九州『左傳』
　㉡ 구획(區畫). 畫宮而受弔焉『禮記』

가르치다 : 옳은 일을 하도록 가르쳐 알림. 가르
　쳐 인도(引導) 함.

가르칠 교【敎】교수(敎授). 十三敎汝織『古詩』

가르칠 권【勸】勸之以九歌『書經』

가르칠 기【惎】알려줌. 楚人惎之脫扃『左傳』

가르칠 명【命】聞命矣『孝經』

가르칠 유【誘】訓誘. 循循然善誘人『論語』

가르칠 장【長】克長克君『詩經』

가르칠 조【詔】조고(詔告).
　　　　　爲人父者必能詔其子『莊子』

가르칠 종【傻】교야(敎也).

가르칠 회【誨】㉠ 교회(敎誨)함. 훈회(訓誨).
　　　　　　　　教誨爾兮『詩經』
　　　　　　㉡ 輓父之母誨孔子之墓『史記』

가르칠 효【斆】교육(敎育)함. 斆于民『書經』

가르칠 훈【馴】훈(訓)과 통용.
　　　　　列侯亦無由敎馴其民『史記』

가르칠 훈【訓】훈유(訓諭). 훈성(訓誠).

聽伊尹之訓己也 復歸于亳『孟子』

가르침 :

가르침 고【誥】 훈계(訓戒). 교령(敎令).
　　誥誓不及五帝『穀羊傳』

가르침 교【敎】
　㉠ 학문. 도덕. 先生施敎『管子』
　㉡ 훈계(訓戒). 溫柔敦厚. 詩敎也『禮記』
　㉢ 덕화(德化). 刑敎並用『荀悅』
　㉣ 종교(宗敎). 佛老異方敎耳『唐書』

가르침 장【匠】 교시(敎示).
　　念私門之正匠兮『楚辭』

가르침 풍【風】 교화(敎化). 풍교(風敎).
　　時乃風『書經』

가르침 회【誨】 ㉠ 昔在詔齔,
　　㉡ 便蒙誨誘『顔氏家訓』
　　㉢ 朝夕納誨, 以輔台德『書經』

가르침 훈【訓】
　㉠ 훈계(訓戒). 잠언(箴言). 敎訓正俗『禮記』
　㉡ 論集往世酒之敗德, 以爲酒訓『魏書』

가름 :

가름 우【禺】 구별(區別). 是爲十禺『管子』

가리 : 물고기를 잡는 기구의 하나. 대오리를 엮
　어서 밑이 없이 통발과 비슷하게 만든 것으로,
　그리 크지 않은 강이나 냇물에 엎어놓아 고기
　가 들어간 후에 고기 잡는 제구(製具).

가리 우【骬】 髃骬, 胸前缺盆骨. 갈비.

가리 조【罩】 籗謂之罩『爾雅』

가리다 : 선발(選拔)함. 선택(選擇)함.

가릴 간【揀】 ㉠ 구별(區別)함. 분간(分揀)함.
　　　博愛容衆無所揀擇『魏志』
　　㉡ 간발(簡拔)함. 뽑음.
　　　選擇召募官健三千人『舊唐書』

가릴 간【柬】 간(揀)과 동자(同字).
　　　安燕而血氣不惰, 柬理也『荀子』

가릴 간【簡】 簡擇. 簡拔. 簡不肖以絀惡『禮記』
　　　인신(引伸)하여 군주(君主)의 특명
　(特命)으로 임관(任官)되는 것을 특간(特簡).
　또는 간수(簡授)라 함.

가릴 구【久】 幕人疏布久之『儀禮』

가릴 도【掏】 선택(選擇)함.

가릴 도【棗】 택야(擇也).

가릴 런【揀】
　㉠ 분간(分揀). 博愛容衆無所揀擇『魏志』
　㉡ 간발(簡拔). 選揀召募官健三千人『舊唐書』

가릴 런【練】 선택(選擇)함. 정선(精選)함.
　　　練擇. 練時日『漢書』

가릴 론【掄】 선택(選擇)함. 入山林掄材『周禮』

가릴 료【敹】 선택(選擇)함. 善敹乃甲冑『書經』

가릴 류【倫】 선택(選擇)함. 雍人倫膚『儀禮』

가릴 류【掄】 선택(選擇)함. 入山林掄材『周禮』

가릴 률【捋】 이수리물(以手理物)

가릴 린【遴】 선택함. 遴選學術該博, 通曉世務,
　　　骨鯁敢言者『金史』

가릴 모【覒】 택야(擇也).

가릴 발【拔】 가려 뽑음. 拔擢.

가릴 산【攏】 정찬한(精撰捍).

가릴 상【相】 선택(選擇)함. 上春相筮『周禮』

가릴 새【揌】 택야(擇也).

가릴 선【選】
　㉠ 여럿 가운데서 뽑음. 선택(選擇).
　　　選賢與能『禮記』
　㉡ 선택하여 등용(登用)함. 전선(詮選).
　　　命鄕論秀士, 升之司徒, 曰選士『禮記』
　㉢ 擧不失選『左傳』

가릴 연【涓】 선택(選擇)함.
　　　涓吉日陟中壇『左思』

가릴 열【閱】 간택함. 간열(簡閱).
　　　克閱乃邑謀介『書經』

가릴 의【議】 선택(選擇)함. 乃議侑于賓『儀禮』

가릴 작【酌】 분간(分揀)하여 채택(採擇)함.
　　　上酌民言則下天上施『禮記』

가릴 전【拴】 간야(揀也).

가릴 전【銓】 인물의 재능을 저울질하여 뽑음.
　　　전형(銓衡). 吏部有三銓法『唐六典』

가릴 정【婷】 선택(選擇)함. 善婷言『公羊傳』

가릴 조【挑】 선택(選擇)함. 가려 씀. 挑選.

가릴 차【差】 선택(選擇)함. 旣差我馬『詩經』

가릴 찬【攢】 선택(選擇)함. 粗梨曰攢之『禮記』

가릴 채【採】 골라 씀. 채택(採擇).
　　　屬文著辭, 有可觀採『後漢書』

가릴 채【采】 선택함. 채용(採用)함. 채용(采用).
　　　近采故事『漢書』

가릴 탁【琢】 선택(選擇)함. 敦琢其族『詩經』

가릴 택【擇】 ㉠ 선택(選擇).
　　　擇善固執之『中庸』
　　㉡ 구별(區別)함. 차별(差別)함.
　　　牛羊何擇焉『孟子』

가리다 : 안 보이도록 가림. 덮어 가림.

가릴 고【牱】 옹폐(壅蔽).

가릴 멱【幎】 덮어 가림. 幎日用緇『儀禮』

가릴 면【丏】 엄폐(掩蔽)하여 보이지 않게 함.

가릴 모【冒】 덮어 가림. 冒天下之道『易經』

가릴 병【屛】 ㉠ 가려 막음. 병폐(屛蔽).
　　　故封建親戚. 以藩屛周『左傳』
　　㉡ 가려 막는 것.
　　　乃命建侯樹屛『書經』

가릴 비【芘】 비(庇)와 동자(同字).

隱將芘其所藾『莊子』

가릴 아【庌】집 같은 것을 지어 우로(雨露)를
　　　　가림. 夏庌馬『周禮』
가릴 애【曖】가림. 甘是堙曖『後漢書』
가릴 애【薆】숨김. 薆障卽隱蔽也『爾雅』
가릴 어【籞】엄야(掩也).
가릴 엄【奄】엄(掩)과 동자(同字).
　　　　奄有四方『詩經』
가릴 엄【掩】안 보이게 하거나 막음. 엄폐(掩蔽).
　　　　諺有掩目捕雀『後漢書』
가릴 엄【揜】엄(掩)과 동자(同字). 엄폐(揜蔽).
　　　　浮雲揜日『傳習錄』
가릴 염【厭】은폐함. 厭目而視者『荀子』
가릴 예【曀】가려 안보이게 함.
　　　　曀日光『爾雅』
가릴 예【翳】초목이 무성하여 아래를 덮어 가림.
　　　　翳薈菶茸『潘岳』
가릴 예【瞖】덮어 가림. 蔽瞖. 蒙瞖.
가릴 옹【擁】擁遏. 擁蔽其面『禮記』
가릴 음【蔭】㉠ 가리어 그늘을 이룸.
　　　　松柏成而塗之已蔭『呂氏春秋』
　　　　㉡ 무성하여 아래를 가림.
　　　　芳條遠蔭『陸運』
가릴 작【擶】捎也.
가릴 주【偋】가려서 보이지 않게 함.
　　　　誰偋予美『詩經』
가릴 차【遮】㉠ 덮음. 차폐(遮蔽).
　　　　遮迣出入『後漢書』
　　　　㉡ 잘 보이지 않게 막음.
　　　　樹陰遮景『李義山雜纂』
가릴 체【墆】덮음. 擧霓旌之墆翳兮『楚辭』
가릴 폐【閉】엄폐(掩蔽)함.
　　　　予不敢閉于天降威用『書經』
가릴 폐【箅】덮어 가림.
　　　　輪箅則車行不掉『周禮』
가릴 폐【蔽】㉠ 보이지 않도록 사이에 가로막음.
　　　　蔽遮. 雲能蔽日『傳習錄』
　　　　㉡ 숨김. 비밀(秘密)로 함.
　　　　蔽匿. 罪無有掩蔽『禮記』
　　　　㉢ 사리(事理)에 통하지 않는 일.
　　　　蔽晦. 欺上蔽主『說苑』
　　　　㉣ 이치(理致)에 어두운 일.
　　　　六言六蔽『論語』
　　　　㉤ 가로막아 보호(保護)함.
　　　　蔽護. 常以身翼蔽沛公『史記』
　　　　㉥ 가리어 막는 것. 藩蔽. 障蔽.
　　　　韓魏, 趙之南蔽也『史記』
가릴 항【亢】엄폐(掩蔽)함. 鄭太叔曰, 吉不能亢
　　　　身, 焉能亢宗『左傳』

가릴 혜【夆】차야(遮也).
가리온 : 둥글고 어룽더룽한 돈 같은 점이 박힌
　　　말. 일설에는 갈기가 검은 흰말.
가리온 락【雒】有駁有雒『詩經』
가리온 락【駱】嘽嘽駱馬『書經』
가리온 탄【驒】有驒有駱『詩經』
가리키다 : 지시함. 손가락질함.
가리킬 점【點】指點之下『白居易』
가리킬 지【指】㉠ 十手所指『大學』
　　　　㉡ 지시(指示)함.
　　　　以其策指之曰『史記』
　　　　㉢ 지휘(指揮)함. 지시(指示).
　　　　吾指使而羣工役焉『柳宗元』
가리킬 척【斥】斥言. 目晉侯斥殺『穀梁傳』
가리킬 휘【麾】
　　　　㉠ 기(旗)를 가지고 군사(軍士)에게 향할 바를
　　　　지시함. 莊王自手旗麾軍引兵去『史記』
　　　　㉡ 가리켜 보여서 일을 하도록 함.
　　　　右秉白旄以麾『書經』
가리킬 휘【撝】지시함. 휘지(撝指).
　　　　瞋目而撝之『淮南子』
가마 : 사람을 태우고 갈 수 있도록 만든, 조그마
　　한 집 모양의 탈것,
가마 교【轎】탈것의 한 가지. 작은 가마.
　　　　轎夫. 輿轎而隃嶺『漢書』
가마 두【筦】죽여(竹輿). 대로 엮은 타는 가마.
가마 순【筍】대나무로 엮어 만든 가마.
　　　　筍輿. 筍將而來『公羊傳』
가마 여【箯】여(輿)의 속자.
가마 여【輿】肩輿. 乘籃輿『晉書』
가마 편【篇】대로 엮어 만든 가마.
　　　　篇籃. 問之篇輿前『史記』
가마 : 기와, 그릇을 굽는 가마.
가마 력【歷】가마솥. 銅歷爲棺『史記』
가마 로【鑪】부야(釜也).
가마 요【窯】窯業. 旅烟起蒸窯『吳澄』
가마 의【敱】부야(釜也).
가마 종【鬷】부속(釜屬).
가마니 : 곡식 따위를 담을 수 있도록 짚으로 짜
　　만든 것.
가마니 곡【斛】十斗曰斛『儀禮』
가마니 입【叺】입
가마솥 : 발이 셋 달린 가마솥. 원래(原來)는 큰
　　솥의 뜻이었으나 널리 솥의 뜻으로 쓰임.
가마솥 기【錡】維錡及釜『詩經』
가마솥 내【鼐】정(鼎)의 일종.
　　　　鼐鼎及鼒『詩經』
가마솥 부【鬴】부(釜)와 동자(同字).

多齎鬴 薪炭『漢書』
가마솥 부【釜】鍋釜. 維錡及釜『詩經』
가마솥 의【䤧】부속(釜屬).
가마솥 종【䥴】부속(釜屬).
가마솥 좌【鉒】土鉒烹熬兩露香『洪希文』
가마솥 확【鑊】발이 없는 큰 솥. 옛날에는 고
　　기를 삶거나 죄수를 삶아 죽이
　　는 데 썼음.
　　정확(鼎鑊). 鑊烹之刑『漢書』
가마우지 : 가마우짓과에 속한 물새를 통틀어 이
　　르는 말. 몸빛은 검고, 청록색이 돌며, 부리는
　　긴데 끝이 굽었다. 발가락 사이에 물갈퀴가 있
　　으며 주로 물고기를 잡아먹고 산다.
가마우지 로【鸕】노자(鸕鶿), 수조(水鳥).
가마우지 자【鶿】노자(鸕鶿).
가마채나무 : 가마의 양편 밑에 세로로 지르는
　　네모지고 기다란 나무.
가마채나무 거【椐】궤야(檟也).
가마채나무 궤【檟】거야(椐也).
가만히 가다 :
가만히 갈 흌【衠】암행모(暗行貌).
가만히 머리 내밀고 보다 :
가만히 머리 내밀고 볼 침【𦜋】私出頭視.
가만히 하다 : 움직임이 조용하여 남에게 드러나
　　지 아니함.
가만히 할 기【奇】비밀(秘密)히 함.
　　平凡六出奇計『史記』
가멸하다 : 재산이 많고 살림이 넉넉하다.
가멸할 부【富】부야(富也).
가멸할 준【俌】부야(富也).
가무는 기운 :
가무는 기운 곡【熇】한기(旱氣).
가물귀신 : 가뭄을 맡은 신.
가물귀신 발【魃】旱魃爲虐『詩經』
가물다 : 오랫동안 비가 오지 않다.
가물 발【魃】가뭄.
가물 충【烛】한야(旱也).
가물 한【旱】旱災. 旱旣太甚『詩經』
가물어 덥다 :
가물어 더울 충【燀】한열(旱熱).
가물치 : 가물칫과에 속한 민물고기. 몸길이는
　　50~85센티미터로 가늘고 길며, 등 쪽은 암갈
　　색, 배 쪽은 회백색이고 옆구리에 흑갈색의 얼
　　룩무늬가 있다.
가물치 견【鰹】큰 가물치.
가물치 과【鱫】예야(鱧也).
가물치 동【鮦】大者名鰹, 中者名鱧, 小者名鯢也
　　　　『爾雅』

가물치 례【鱧】가물치과에 속하는 민물고기.
　　魚麗于罶魴鱧『詩經』
가물치 리【鱺】예(鱧)와 동의.
가물치 문【鮟】현어풍(玄魚豊).
가물치 양【鯣】鮦也.
가물치 탈【鮵】소동(小鮦).
가뭄기운 :
가뭄기운 미【熐】한열(旱熱).
가발 : 머리털로 여러 가지 머리의 모양을 만들어
　　치레로 쓰는 물건.
가발 만【鬘】가발(假髮).
가방 :
가방 대【帒】전대(纏帶).
가법 : 수(數)에 수(數)를 보태는 일. 또 그 산법
　　(算法).
가법 가【加】加減乘除.
가벼운 모양 :
가벼운 모양 포【飇】경모(輕模).
가벼운 바람 :
가벼운 바람 포【飇】경풍(輕風).
가벼운 털 :
가벼운 털 지【毨】경모(輕毛).
가벼이 : 손쉽게. 경솔(輕率)하게.
가벼이 경【輕】輕諾必寡信『老子』
가벼이 여기다 : 대수롭지 않게 여김. 낮게 봄.
　　천하게 여김.
가벼이 여길 경【輕】
　　㉠ 경시(輕視)함. 경멸(輕蔑)함. 경모(輕侮).
　　　陽虎由此益輕季氏『史記』
　　㉡ 輕喬松之永延, 貴一旦之浮爵『列仙傳』
가벼이 여길 릉【陵】以蕩陵德『書經』
가벼이 여길 박【薄】경시(輕視)함.
　　　　骨肉還相薄『左思』
가벼이 여길 홀【習】輕也.
가벼이 여길 경【輕】輕刑.
가볍게 달아나다 :
가볍게 달아날 오【趫】경주(輕走).
가볍다 :
가벼울 경【輕】
　　㉠ 무게가 적음. 홍모경(鴻毛輕).
　　　蟬翼爲重 千鈞爲輕『楚辭』
　　㉡ 정도가 대단하지 않음. 경죄(輕罪).
　　　경한(輕寒). 君權輕 臣勢重『尹文子』
　　㉢ 가치가 적음. 思深命轉輕『裵度』
　　㉣ 미천(微賤)함. 恨君資輕『南史』
　　㉤ 손쉬움. 간편함. 또 홀가분함. 경편(輕便).
　　　出入輕單『南齊書』
　　㉥ 빠름. 경첩(輕捷). 경차(輕車).

ⓒ 적음. 경소(輕少.

◎ 얇음. 모자람. 才輕任重.

　　ⓩ 침착성(沈着性)이 없음. 천박(淺薄)함.
　　　경솔(輕率). 秦師輕而無禮『左傳』

가벼울 만 【曼】 무겁지 않음. 曼煖.

가벼울 말 【末】 경(輕)함. 不爲末減『左傳』

가벼울 박 【薄】 ㉠ 경(經)함. 二日薄征 『周禮』
　　　　　　ⓛ 경박(輕薄)함. 박속(薄俗).
　　　　　　　輕薄. 器樞不浮薄『唐書』

가벼울 부 【浮】 무겁지 아니함.
　　　　　　疏其穢而鎭其浮『國語』

가벼울 비 【孛】 경야(輕也).

가벼울 솔 【率】 경망(輕妄)함. 경솔(輕率).
　　　　　　子路率爾而對 『論語』

가벼울 엽 【倢】 경야(輕也).
　　　　　　惟水漿不祭若祭爲已倢卑『禮記』

가벼울 엽 【偞】 경엽(輕偞).

가벼울 월 【跋】 경야(輕也).

가벼울 월 【娍】 경야(輕也).

가벼울 유 【輶】 무겁지 아니함.
　　　　　　德輶如毛『詩經』

가벼울 조 【窕】 조(佻)와 동자(同字).
　　　　　　楚師輕窕『左傳』

가벼울 초 【訬】 경박(輕薄)함. 輕訬褊急『南史』

가벼울 취 【脆】 경박함. 風俗脆薄『後漢書』

가벼울 탈 【侻】 경박함. 劉表以王粲體弱而通侻
　　　　　　不甚重也『魏志』

가벼울 투 【偸】 투박(偸薄).
　　　　　　故舊不遺, 民則不偸『論語』

가벼울 편 【媥】 발걸음이 가벼운 모양.
　　　　　　媥姺徶循『司馬相如』

가벼울 포 【颮】 경야(輕也).

가벼울 표 【㲲】 경야(輕也).

가벼울 표 【儦】 경박(輕薄)함. 怠慢儦棄『荀子』

가벼울 표 【影】 표(嫖)와 통용.
　　　　　　影搖武猛『王融』

가벼울 표 【慓】 표(儦)와 통용. 경박(輕薄)함.
　　　　　　汝資誠楚慓『韓駒』

가쁘다 : 힘에 겹다.

가쁠 부 【瘼】 노야(勞也).

가사(袈裟) : 장삼(長衫) 위에 왼쪽 어깨에서 오른
　쪽 겨드랑이 밑으로 걸쳐 입는 중의 옷. 裟는
　범어(梵語)의 음역(音譯).

가사 가 【袈】 武后賜僧法朗等紫袈裟『通鑑』

가사 기 【祇】 기지(祇枝).

가사 사 【裟】 武后賜僧法朗等紫袈裟『通鑑』

가사 지 【枝】 기지(祇枝),

가선 : 옷, 자리 따위의 가장자리 끝을 딴 헝겊으
　로 가늘게 싸서 돌린 선.

가선 담 【紞】 紞五幅無紞『禮記』

가선 비 【紕】 縞冠素紕『禮記』

가선 선 【縇】 ㉼

가선 식 【飾】 羔裘豹飾『詩經』

가선 연 【緣】 純袂緣『禮記』

가선 염 【袡】 純衣纁袡『儀禮』

가선 이 【袘】 纁裳緇袘『儀禮』

가선 직 【禃】 君羔幦虎禃『禮記』

가슴 :

가슴 격 【膈】 가슴속. 흉중(胸中).
　　　　　　多病胸膈痛『後漢書』

가슴 금 【襟】 흉금(胸襟). 虛襟善誘『北史』

가슴 당 【膛】 흉당(胸膛)은 가슴. 인신(引伸)하
　　　　　　여 물건의 속이 빈 것을 이름.
　　　　　　포신(砲身)의 전당(前膛), 후당(後
　　　　　　膛)따위.

가슴 심 【心】 心腹. 西施病心『莊子』

가슴 억 【臆】 ㉠ 흉부(胸部).
　　　　　　正度於胸臆之中『列子』
　　　　　　ⓛ 마음. 생각.
　　　　　　請以臆對『史記』

가슴 억 【億】 억(臆)과 통용. 餘悲憑億『漢書』

가슴 응 【膺】 흉부(胸部). 大膺大胸『史記』

가슴 포 【抱】
　ㄱ 흉부(胸部).
　　　凡與大人言, 始視面, 中見抱『儀禮』
　ⓛ 마음. 생각. 區區丹抱『宋書』

가슴 흉 【胸】
　ㄱ 목과 배 사이의 젖이 있는 부분.
　　　胸滿復脹『素問』
　ⓛ 마음. 胸襟. 死生驚懼不入乎其胸『列子』
　ⓔ 몸의 가슴에 비할만한 요처.
　　　魏天下之胸腹『戰國策』

가슴 흉 【匈】 흉(胸)과 동자(同字).
　　　　　　其於匈中, 曾不帶芥『漢書』

가슴걸이 : 마소의 가슴에 걸어 말은 안장에, 소
　는 멍에에 매는 끈. 인신(引伸)하여 자유를 속
　박하는 사물.

가슴걸이 근 【靳】 如驂之有靳『左傳』

가슴걸이 길 【鞊】 앙야(鞅也).

가슴걸이 앙 【鞅】 ㉠ 羈鞅. 抽劍斷鞅『左傳』
　　　　　　ⓛ 세앙(世鞅). 진앙(塵鞅).
　　　　　　野逸所以就鞅『晉書』

가슴걸이 영 【纓】 마영(馬纓). 낙영(絡纓).
　　　　　　薦馬纓三就『儀禮』

가슴걸이 인 【靷】 陰靷鋈續『詩經』

가슴걸이 피 【鞁】 吾兩鞁將絶 吾能止之『國語』

가슴 두근거리다 : 깜짝 놀라서 가슴이 뛰는 모
　양.

가슴 두근거릴 구【瞿】曾子聞之瞿然『禮記』

가슴뼈 :

　가슴뼈 억【肐】억(肐)과 동자(同字).

가슴 아프다 :

　가슴 아플 산【酸】비통(悲痛)함.
　　　　　　　　　　寒心酸鼻『宋玉』

　가슴 아플 역【悈】痛也.

가슴 치다 : 슬퍼하여 가슴을 두드리는 모양.

　가슴 칠 벽【擗】擗踊哭泣『孝經』

　가슴 칠 표【摽】寤辟有摽『詩經』

가시 : 식물의 줄기나 잎에 돋은 가늘고 뾰족한
　물건. 인신(引伸)하여 장애(障碍) 또는 마음에
　걸리는 일 등의 비유로 쓰임.

　가시 경【梗】筆力於枝梗極遒健『圖繪寶鑑』

　가시 대【蔕】細故蔕芥, 何足以疑『漢書』

　가시 망【芒】有芒刺在背『漢書』

　가시 자【刺】若有芒刺在背『漢書』

　가시 자【茦】초망(草芒).

　가시 채【蠆】채개(蠆芥). 체(蔕)와 동의.
　　　　　　　㉠ 細故蠆芥『賈誼』
　　　　　　　㉡ 睚眦蠆芥『張衡』

　가시 치【朿】망야(芒也). 나무의 가시.

　가시 형【荊】자야(莿也).

가시 걸리다 : 먹은 가시가 목구멍에 걸림. 인신
　(引伸)하여 사람의 성질이 모져서 시속을 따르
　지 아니함.

　가시 걸릴 경【骾】骨骾不同於物『晉書』

　가시 걸릴 경【鯁】祝鯁在後『漢書』

가시나무 : 가시가 있는 작은 관목의 총칭. 황무
　지에 난생하는 잡목.

　가시나무 경【梗】梗林爲之靡拉『張衡』

　가시나무 극【棘】극자(棘茦). 凡草木刺人, 江
　　　　　　　　湘之間 謂之棘『揚雄方言』

　가시나무 자【茨】荊棘. 楚楚者茨『詩經』

　가시나무 진【榛】卜田長荊榛『李商隱』

　가시나무 초【楚】형초(荊楚).

　가시나무 형【荊】형극(荊棘).
　　　　　　　　攀荊榛陟堆埼『儆浮丘』

가시다 : 술로 입안을 가심.

　가실 윤【酳】執爵而酳『禮記』

가시대 : 가시가 있는 대나무.

　가시대 파【笆】笆竹筍味, 落人鬢髮『竹譜』

가시연(蓮) : 수련과(睡蓮科)에 속하는 일년생의
　수초(水草). 못이나 늪에 남. 지하경(地下莖)은
　식용하며 열매는 가시연밥. 씨는 감인(芡仁)이
　라 하여 식용. 약용함.

　가시연 감【芡】蔆芡『周禮』

가신(家臣) : 주인을 도와 가사(家事)를 맡아보는

가신(家臣).

　가신 사【私】배신(陪臣). 夫子之賤私『儀禮』

　가신 상【相】士不名家相『禮記』

가엾게 여기다 : 애처롭게 여김. 불쌍히 여김.

　가엾게 여길 민【閔】祖母劉閔臣孤弱, 躬親撫
　　　　　　　　　養『李密』

　가엾게 여길 우【憂】民有厄喪, 敎相憂恤也
　　　　　　　　　　『周禮』

가엾다 : 측은한 모양.

　가엾을 간【頎】稽顙而後拜頎乎其至也『禮記』

가엾어 하다 : 가엾게 여김. 불쌍하게 여김.

　가엾어 할 민【愍】矜愍其憐愍焉『漢書』

　가엾어 할 은【隱】측은(惻隱). 王若隱其無罪而
　　　　　　　　　就死地『孟子』

가엾이 여기다 : 불쌍하게 여겨 내는 소리.

　가엾이 여길 우【噢】民人痛疾而或噢咻之『左傳』

가오리 : 바닷물고기의 한 가지.

　가오리 분【鱝】분(鯕)과 동자(同字).

　가오리 분【鯕】분(鱝)과 동자(同字). 形如荷葉,
　　　　　　　　腹下有口, 額上有眼, 尾有刺.

　가오리 심【鱏】電鱏의 뜻으로 많이 쓰임.

가외 : 군더더기.

　가외 용【冗】有冗從僕射『續志』

가운데 :

　가운데 독【督】중앙(中央).
　　　　　　　綠督以爲經『莊子』

　가운데 반【半】반도(半途), 반분(半分).
　　　　　　　夜半朔旦多至『史記』

　가운데 심【心】㉠ 중앙(中央). 중심(中心).
　　　　　　　　月到天心處『邵雍』
　　　　　　　㉡ 물건의 중심(中心).
　　　　　　　　木心. 菜不食心『南史』

　가운데 앙【央】㉠ 한가운데. 중간(中間).
　　　　　　　　宛在水中央『詩經』
　　　　　　　㉡ 중앙(中央).
　　　　　　　　夜未央『詩經』

　가운데 영【柍】중앙(中央).
　　　　　　　日月纚經于柍桭『揚雄』

　가운데 은【殷】중앙(中央). 九江孔殷『書經』

　가운데 정【正】한가운데.
　　　　　　　乃四方之中正也『詩經』

　가운데 제【齊】중위(中位).
　　　　　　　不知斯齊國幾千萬里『列子』

　가운데 중【中】
　　㉠ 속. 내부(內部). 美在其中『易經』
　　㉡ 한 가운데. 洛陽居天下之中『李格非』
　　㉢ 한 가운데에 있음. 中天下而立『孟子』
　　㉣ 상하(上下). 대소(大小). 전후(前後). 등의

사이. 중간(中間).

 ⓜ 中旬上中下. 其書始言一理, 中散爲萬事,
  末復合爲一理 『中庸』

 ⓗ 동아리. 반려(伴侶). 군중(軍中).
  在市屠中 『史記』

가운데 중 【仲】 중(中)과 통용. 중개(仲介).
     仲春之月 『禮記』

가운데 충 【衷】 중앙. 중정(中正). 절충(折衷).
     必度于本末而後立衷焉 『左傳』

가운데 방 : 집의 중앙의 방.

 가운데 방 류 【廇】 刜讒賊於中廇 『楚辭』

가위 :

 가위 교 【鉸】 전도(翦刀).
     細束龍髥鉸刀翦 『李賀』

 가위 전 【剪】 옷감. 종이 등을 베는 연장.
     전도(剪刀).

가위눌리다 : 무서운 꿈에 괴롭힘을 당함. 무서
 운 꿈을 꾸고 놀람.

 가위눌릴 미 【眯】 彼不得夢必且數眯焉 『莊子』

 가위눌릴 염 【魘】 夜深忽驚魘 『梅堯臣』

 가위눌릴 염 【厭】 厭夢. 使人不厭 『山海經』

가위 밥 :

 가위 밥 찰 【繓】 봉여(縫餘).

가위 톱 :

 가위 톱 렴 【薕】 백미(白薇).

가을 : 사계(四季)의 하나.

 가을 상 【商】 商風蕭而害生 『東方朔』

 가을 추 【秋】 春夏秋冬. 곡식이 잘 됨을 유추
     (有秋)라 함.

가을제사 : 가을에 신곡(新穀)을 올려 지내는 제
 사.

 가을제사 상 【嘗】 未嘗不食新 『禮記』

가자(架子) : 술그릇 기타 음식을 올려놓고 나르
 는 판판한 판자.

 가자 어 【梡】 大夫側尊用梡 『禮記』

가자미 : 가자미과에 속하는 바닷물고기. 모양은
 넓적하고 긴 타원형으로 두 눈이 모두 오른편
 에 있음. 일설에는 넙치. 비목어(比目魚).

 가자미 겸 【鰜】 접어(鰈魚).

 가자미 반 【魬】 접어(鰈魚).

 가자미 접 【鰈】 접어(鰈魚).

 가자미 허 【鮭】 접어(鰈魚). 비목어(比目魚).
     禺禺鮭鰨 『漢書』

가장 : 제일.

 가장 최 【最】 최고(最高).
     秦滅六國, 楚最無罪 『史記』

가장귀 : 물건의 가닥 진 형상. 수목(樹木)의 분
 기(分岐). 나무의 아귀.

가장귀 아 【丫】 丫叉.

가장귀 아 【椏】 江東謂樹岐曰杈椏 『揚雄方言』

가장귀진 나무 : 나뭇가지. 나무의 가장귀진 데.

 가장귀진 나무 차 【杈】 突杈枒而皆折 『杜甫』

가장자리 :

 가장자리 첨 【襜】 변연(邊緣).
     其輤有襜 『禮記』

가져가다 :

 가져갈 겁 【抾】 지거(持去).

 가져갈 자 【資】 資黍於羊組兩端 『儀禮』

 가져갈 재 【齎】 鄭莊行千里不齎糧 『史記』

가져오다 :

 가져올 자 【資】 資黍於羊組兩端 『儀禮』

 가져올 재 【齎】 齎此嘉端 『謝覲』

가족(家族) :

 가족 실 【室】 집안 식구. 宜其室家 『詩經』

가죽 : 동물의 표피.

 가죽 간 【靬】 마른 가죽.

 가죽 곽 【鞹】 털만 벗긴 날가죽.
     虎豹之鞹 『論語』

 가죽 려 【皻】 피야(皮也).

 가죽 려 【臚】 몸의 표피.
     淳于能解臚以理腦 『抱朴子』

 가죽 매 【靺】 꼭두서니 빛의 가죽.
     靺韋之跗注 『左傳』

 가죽 위 【韋】 ㉠ 무두질하여 부드러워진 가죽.
     위대(韋帶). 패위(佩韋).
    ⓛ 부드러운 것의 비유로 쓰임.
     如脂如韋 『屈原』
    ⓒ 아첨을 지위(脂韋)라 함.

 가죽 유 【鞣】 다룬 가죽. 무두질한 가죽.

 가죽 피 【皮】 털이 붙어 있는 동물의 가죽.
     皮膚. 皮革. 秋斂皮 『周禮』

 가죽 혁 【革】 털을 벗긴 수피(獸皮). 날가죽.
     羔羊之革 『詩經』

가죽나무 : 소태나무과에 속하는 낙엽교목. 잎은
 냄새가 이상하고 재목은 옹이가 많아 쓸모가
 없으므로 무용(無用)의 뜻으로 쓰임.

 가죽나무 저 【樗】
  ㉠ 采茶薪樗 『詩經』
  ⓛ 櫟樗. 豈有松柏後身化爲樗櫟 『隋書』

가죽 다루다 :

 가죽다룰 남 【㪒】 유혁(鞣革).

 가죽다룰 설 【𩎟】 유피(鞣皮).

 가죽다룰 양 【鞝】 치피(治皮).

 가죽다룰 위 【𩏬】 유혁평균(鞣革平均).

 가죽다룰 준 【皴】 유혁(鞣革).

가죽띠 :

가죽띠 견【韉】위대(韋帶).
가죽띠 락【鞜】혁대(革帶).
가죽띠 병【鞞】혁대(革帶).
가죽띠 복【韠】혁대(革帶).
가죽띠 정【鞓】혁대(革帶).

가죽바지 :
가죽바지 용【韉】피고(皮絝). 렵용(獵用).
가죽바지 주【鞋】피고(皮絝).
가죽바지 준【韉】혁고(革絝). 렵용(獵用).
사냥할 때 입는 가죽 바지.
가죽바지 준【韉】위고(韋絝).

가죽 벗기다 :
가죽 벗길 탈【皷】피박(皮剝).

가죽 벗어지다 :
가죽 벗어질 만【皾】피탈리(皮脫離).

가죽 부르트다 :
가죽 부르틀 전【皵】피기(皮起).

가죽 분파하다 :
가죽 분파할 권【鲞】革中斷又中分.

가죽 속 :
가죽 속 객【韄】구리(裘裏).

가죽신 :
가죽신 겹【鞅】鞅沙, 靴也.
가죽신 뇨【跻】
㉠ 피방혜(皮幫鞋). 水行用舟 沙行用跻『淮南子』
㉡ 跻, 漏水不漏沙之義『楊愼』
가죽신 뇨【跻】뇨(跻)의 속자. 피방혜(皮幫鞋).
가죽신 보【鞴】靴也.
가죽신 봉【鞤】소아피리(小兒皮履).
가죽신 사【韄】제속(鞮屬), 혁리(革履).
가죽신 퇴【履】피화(皮靴).

가죽에 기름 먹여 유하게 하다 :
가죽에 기름 먹여 유하게 할 유【劉】渥脂柔革.

가죽에 기름먹이다 :
가죽에 기름먹일 구【朐】이지지피(以脂漬皮).

가죽 오그라지다 :
가죽 오그라질 자【皵】피불신(皮不伸).
가죽 오그라질 추【皺】피축(皮縮).

가죽주머니 :
가죽주머니 박【鞹】혁낭(革囊).

가증(可憎)스럽다 : 몹시 얄밉다.
가증스러울 공【倥】공송(倥倯), 可憎貌.

가지 : 가지과에 속하는 일년생의 재배초(栽培草). 과채(果菜)의 하나.
가지 가【伽】가(茄)와 통용.
盛冬育筍, 舊菜增伽『揚雄』
가지 가【茄】茄子. 別茄披葱『王褒』

가지 : 초목의 가지.
가지 가【柯】나뭇가지. 가엽(柯葉).
眄庭柯以怡顔『陶潛』
가지 각【桷】가로 뻗은 가지.
或得其桷『易經』
가지 격【格】나무의 긴 가지.
有枝格如角『史記』
가지 단【段】종류. 因賜物百段『舊唐書』
가지 조【條】곁가지. 枝條. 伐其條枚『詩經』
가지 지【支】㉠ 지(枝)와 동자(同字).
芄蘭之支『詩經』
㉡ 종파(宗派)에서 갈린 支派.
本支百世『詩經』
가지 지【枝】㉠ 지간(枝幹). 枝布葉分『左傳』
㉡ 지족(枝族). 本枝百世『左傳』
가지 차【杈】나뭇가지. 나무의 가장귀진 데.
突杈枒而皆折『杜甫』
가지 타【朶】꽃의 가지. 白花檐外朶『杜甫』
가지 표【標】높은데 있는 나뭇가지.
上如標枝, 民如野鹿『莊子』
가지 품【品】종류. 厥貢惟金三品『書經』

가지 꺾다 :
가지 꺾을 피【柀】피(披)와 통용. 지절(枝折).

가지다 : 잡아 가짐. 소지함.
가질 격【挌】지야(持也).
가질 극【撠】소지(所持)함.
撠膠葛 騰九閎『揚雄』
가질 금【钕】지야(持也).
가질 방【方】소유(所有)함.
維鵲有巢 維鳩方之『詩經』
가질 부【俘】취(取)함. 俘厥寶玉『書經』
가질 삽【扱】취야(取也).
가질 섭【攝】소유(所有)함.
故能攝固不解『國語』
가질 수【收】소지(所持)함. 收以奔褒『國語』
가질 유【有】보유(保有)함. 보지(保持)함.
有國者, 不可以不愼『大學』
가질 장【爪】지야(持也).
가질 장【將】將來. 吏謹將之『荀子』
가질 재【齎】휴대(携帶)함.
齎磨鏡具自隨『世說』
가질 지【搘】지야(持也).
가질 지【持】㉠ 손으로 잡음.
持節問之『漢書』
㉡ 휴대함. 齎持金玉『史記』
가질 찬【撰】쥠. 撰杖履『禮記』
가질 치【値】쥐어 가짐. 値其鷺羽『詩經』

가지런하다 :
가지런할 경【京】八世之後莫之與京『左傳』
가지런할 성【成】정돈(整頓)됨. 정비됨.

儀既成兮『禮記』

가지런할 운【瑥】제야(齊也).

가지런할 윤【匀】균제(均齊)함.

肌理細膩骨肉匀『杜甫』

가지런할 은【鈗】제야(齊也).

가지런할 전【䟆】제야(齊也).

가지런할 정【整】정돈(整頓)됨. 정제(整齊).

望虜陳不整『魏志』

가지런할 제【齊】균일(均一)함. 동등(同等)함.

齊一. 與我齊者『呂氏春秋』

가지런할 지【沷】정제(整齊)한 모양.

沷沷庶類『後漢書』

가지런할 집【集】균제(均齊)함.

動靜不集『漢書』

가지런하지 않다 :

가지런하지 않을 자【茈】자자(茈茈).

傑池茈茈『司馬相如』

가지런하지 않을 즉【崱】참차불제(參差不齊).

崱繒綾而龍鱗『王廷壽』

가지런하지 않을 참【參】參差荇菜『詩經』

가지런하지 않을 추【骰】불제(不齊).

가지런하지 않을 치【庴】자치(茈庴).

傑池茈庴『司馬相如』

가지런하지 않을 치【傑】차(差)와 동자(同字).

치야(傑池).

가지런하지 않을 치【縒】참치(參縒)..

가지런히 : 가지런하게. 또 함께.

가지런히 제【齊】齊列. 不齊出于南畝『史記』

가지런히 하다 : 여러 끝이 한 줄로 고르게 되게 함.

가지런히 할 돈【頓】整頓. 頓網探淵『陸機』

가지런히 할 설【挈】수정(修整)함.

君子挈其辮『荀子』

가지런히 할 전【䟆】簿本肇 末『國語』

가지런히 할 전【展】정돈함.

稽器展事『周禮』

가지런히 할 정【整】정돈함.

爰整其旅『詩經』

가지런히 할 제【齊】㉠ 균등하게 함. 齊大小.

㉡ 정리함. 다스림. 整齊.

先齊其家『大學』

가지런히 할 혼【渾】제등(齊等)하게 함.

渾人我 同天地『關尹子』

가지치다 : 가지를 절단함.

가지칠 곤【髡】전지(剪枝)함. 種柳千樹足柴,

歲可髡二百樹『齊民要術』

가지칠 조【條】蠶月條桑『詩經』

가지칠 지【枝】가지가 나옴.

中通外直. 不蔓不枝『朱敦頤』

가짜 :

가짜 안【贗】안(贋)과 동자(同字). 齊伐魯,

索讒鼎, 魯以其贗往『韓非子』

가짜 안【贋】僞物也.

가축(家畜) : 곡식을 먹여 기르는 가축. 개, 돼지 따위. 초식하는 가축은 추(芻)라 함.

가축 환【豢】仲秋按芻豢『禮記』

가축 환【圂】환(豢)과 동자(同字).

君子不食圂腴『禮記』

가파르다 : 경사가 깎아지른 듯이 급함. 몹시 비탈짐. 험준한 모양.

가파를 각【埆】山石犖埆行徑微『韓愈』

가파를 갈【嶱】갈갈(嶱碣).

其山則岞崿嶱碣『張衡』

가파를 공【崆】공앙(崆崆).

詎敢陵崆崆『韓愈』

가파를 구【嶇】嶇嶔.

가파를 귀【嶵】嶇嶔嶵崎『王褒』

가파를 두【陡】陡上振孤影『杜甫』

가파를 두【阧】두(陡)와 동자(同字).

가파를 롱【嶐】롱종(嶐嵷).

崇山矗矗嶐嵷崔巍『司馬相如』

가파를 률【崒】崒崒. 陵崇崒崒『司馬相如』

가파를 린【嶙】嶙峋. 裁陂陀以嶙峋『潘岳』

가파를 알【嶭】巀嶭. 九嵕巀嶭『司馬相如』

가파를 암【嵒】산세(山勢)가 가파라 위험함.

崔嵬岑嵒『嵇康』

가파를 암【巖】巉巖. 制巖邑也『左傳』

가파를 앙【崿】崆崿. 其山則崆崿『張衡』

가파를 언【嶮】嶮峀. 俊嶮峭以繩直『潘岳』

가파를 영【嶸】峥嶸. 金石峥嶸『班固』

가파를 음【崟】慕歷阪之嶔崟『張衡』

가파를 쟁【崝】쟁(崢)과 동자(同字). 峥嶸.

高言軋霄崝『韓愈』

가파를 준【嶟】北極之嶟嶟『揚雄』

가파를 준【陵】준(峻)과 동자(同字).

徑陵赴險『司馬相如』

가파를 준【峻】險峻. 領水之山峭峻『漢書』

가파를 찰【巀】찰알(巀嶭). 九嵕巀嶭, 南山峩

峩『司馬相如』

가파를 참【巉】巉崖. 登巉巖下望兮『宋玉』

가파를 참【嶄】㉠ 嶄絶峰殊狀『丘遲』

㉡ 嶄巖崟嵯『司馬相如』

가파를 초【陗】초(峭)와 동자(同字).

爲人陗直刻深『漢書』

가파를 초【峭】峭峻. 岸峭者必陁『淮南子』

가파를 추【崷】추줄(崷崒). 巖俊崷崒『潘岳』

가파를 침【嵾】침잠(嵾岑)양.

幽谷巀岏含霜雪『張衡』

가파를 투【嶀】산이 험준한 모양.

가파를 희【巇】丹崖險巇『嵇康』

가하다 :

　가할 상【尙】상(尙)과 통용.

　　　　　　　草上之風必偃『論語』

　가할 영【嬰】嬰之以芒刃『賈誼』

가화(假花) :

　가화 설【幧】剪繒爲花. 조화(造花).

가히 :

　가히 가【可】

　　㉠ 긍정(肯定)하는 말.

　　　可以止則止. 可以久則久『孟子』

　　㉡ 단정(斷定)하는 말. 可謂君子.

　　㉢ 추측(推測)하는 말.

　　　其事可知其或繼周者雖百世可知也『論語』

　　㉣ 명령(命令)의 뜻을 나타내는 말.

　　　父母之年, 不可不知也『論語』

　　㉤ 가능(可能)한 말. 子曰民可使由之『論語』

　가히 유【猶】가(可)와 동의. 可來無止『詩經』

각(角) : 두 직선이 만나 이룬 도형.

　각 각【角】예각(銳角).

각각(各各) :

　각각 각【各】

　　㉠ 제가끔. 各自. 人各有能有不能『韓愈』

　　㉡ 두 자를 첩용(疊用)하기도 함.

　　　執手分道去, 各各還家門『古詩』

　　㉢ 각기 다름. 出處岐路各『王禹偁』

　각각 격【珞】별야(別也).

각기 : 다리가 붓는 병의 한가지.

　각기 피【疧】각습냉병(脚濕冷病).

각박(刻薄)하다 : 모나고 인정이 없음.

　각박할 각【刻】각법(刻法). 각삭(刻削).

　　　　　　　각준(刻峻). 用法益刻『史記』

　각박할 핵【礉】핵(覈)과 동자(同字).

　　　　　　　韓子慘礉少恩『史記』

각서(角黍) : 찹쌀가루를 식물의 잎에 싸서 찐 떡.

　각서 종【糭】종(粽)과 동자(同字).

　　　　　　　食糭『荊楚歲時記』

간(肝)병나다 : 간에 병이 남.

　간병 날 도【嘟】간병명(肝病名).

간(間) : 집의 방.

　간 간【間】安得廣廈千萬間『杜甫』

간(肝) : 가로막의 바로 아래, 복강(腹腔) 오른쪽 위에 있는 소화관에 딸린 가장 큰 장기(臟器).

　간 간【肝】간장(肝臟). 간담(肝膽).

간간이 : 드문드문. 때때로.

　간간이 간【間】㉠ 間有闕文『葉采』

㉡ 高辛時爲兩師間遊人間『列仙傳』

간교(奸巧)하다 : 얼굴은 예쁘나 마음은 비뚤어짐. 교활(狡猾)함.

　간교할 교【狡】

　　㉠ 狡黠. 狡免有三屈僅得免其死耳『戰國策』

　　㉡ 乃見狡童『詩經』

　간교할 투【婾】교활(狡猾)함.

　　　　　　　齊君之語婾『左傳』

간납 : 간(肝)이나. 쇠간 생선 따위 고기붙이를 얇게 저민 뒤에 가루나 달걀을 씌워 기름에 지진 음식.

　간납 남【腩】 ⓗ

간녕(奸佞)하다 : 간사(奸邪)하고 아첨(阿諂)을 잘함.

　간녕할 임【任】難任人『書經』

간드러지다 : 예쁘고 가냘픔.

　간드러질 뇨【嫋】嫋嫋素女『左思』

　간드러질 뇨【裊】뇨(嫋). 뇨(嬝)와 동자(同字).

　　　　　　　風裊兮弱柳『盧肇』

　간드러질 뇨【嬝】뇨(嫋)와 동자(同字).

　간드러질 뇨【嬈】뇨(嫋)와 동자(同字). 嬈娜.

간략(簡略)하다 : 간편함. 간편하게 함.

　간략할 약【約】간요(簡要)함.

　　　　　　　所守甚約『淮南子』

　간략할 완【婉】간명(簡明)함. 완약(婉約).

　　　　　　　大而婉險而易行『左傳』

　간략할 이【易】이간(易簡).

　　　　　　　易關市 來商旅『呂氏春秋』

　간략할 활【闊】간편(簡便)함.

　　　　　　　文體簡闊『後漢書』

간략(簡略)하다 : 간단하게 함. 생략함.

　간략히 할 략【略】약(略). 得略而聞之『禮記』

　간략히 할 약【約】約文. 君子約言『禮記』

　간략히 할 이【易】간편함. 간편하게 함. 易簡.

　　　　　　　易關市 來商旅『呂氏春秋』

간막이 : 심장(心臟)과 비장(脾臟) 사이의 장격(障隔).

　간막이 격【膈】膈塞也,

　　　　　管上下使氣與穀不相亂也『釋名』

간막이 : 칸막이(일정한 넓이의 제한된 공간을 칸으로 나누기 위해 사이사이를 가로질러 막음).

　간막이 장【障】陵海越障『後漢書』

간맞추다 : 음식의 간을 맞춤.

　간맞출 처【絮】毋絮羹『禮記』

간 반듯하다 : 구획(區劃)이 반듯하여 정제(整齊)한 모양.

　간 반듯할 정【井】질서정연(秩序整然)한 모양.

　　　　　　　井然. 井井兮其有條理也『荀子』

간사(奸邪) : 성질이 간교(奸巧)하고 행동(行動)이 바르지 못함.

간사 경 【徑】 사곡(邪曲). 民好徑『老子』

간사 곡 【曲】 사벽(邪辟). 곡사(曲私).
　　　　　以曲合趙王『戰國策』

간사 사 【邪】 ㉠ 바르지 못함. 부정(不正).
　　　　　邪道. 思無邪『論語』
　　　　㉡ 요사(妖邪). 영사(佞邪).
　　　　　誅暴禁邪『史記』

간사 사 【耶】 사(邪)와 동자(同字). 耶枉僻回失
　　道途『荀子』

간사 위 【違】 사악(邪惡). 昭德塞『左傳』

간사성(姦邪性)이 있다 :

간사성 있을 라 【儸】 누라(僂儸)는 수완(手腕)
　　　　　　　　　이 있음. 일 잘하는 사람.

간사(奸邪)하다 : 성질이 간교(奸巧)하고 행동(行
　　動)이 바르지 못함. 또 그 사람.

간사할 간 【姦】 ㉠ 사악(邪惡)함. 姦點. 姦兄.
　　　　　丞丞又不格姦『書經』
　　　　㉡ 翼姦以獲封候『漢書』

간사할 궤 【軌】 귀(宄)와 통용.
　　　　　亂在外爲姦 在內爲軌『左傳』

간사할 멸 【儢】 멸참(儢僭), 다사(多詐).

간사할 벽 【僻】 간교(奸巧)함. 벽사(僻邪).
　　　　　民之多僻『詩經』

간사할 사 【邪】 ㉠ 바르지 못함. 사도(邪道).
　　　　　思無邪『論語』
　　　　㉡ 요사(妖邪). 영사(佞邪).
　　　　　誅暴禁邪『史記』

간사할 사 【衺】 사(邪)와 동자(同字).
　　　　　去其淫思與其奇衺之民『周禮』

간사할 섬 【憸】 간사하여 아첨(阿諂)을 잘함.
　　　　　爾無昵于憸人『書經』

간사할 아 【譺】 저아(詆譺), 교활(狡猾).

간사할 임 【壬】 임녕(壬佞).
　　　　　巧言令色孔壬『書經』

간사할 차 【哆】 성질(性質)이 간교(奸巧)하고
　　　　　바르지 못함.
　　　　　妖艶邪哆之言『孫復』

간사할 타 【他】 마음이 사곡(邪曲)함.
　　　　　君子正而不他『揚子法言』

간사할 특 【慝】 사곡(邪曲)함.
　　　　　之死矢靡慝『詩經』

간사할 피 【陂】 바르지 아니함.
　　　　　險陂之衆『漢書』

간사할 피 【彼】 사야(邪也).

간사할 험 【憸】 간사하여 아첨(阿諂)을 잘함.
　　　　　爾無昵于憸人『書經』

간사할 혈 【泬】 사벽(邪辟)함.

　　　　　事回沈而好還『潘岳』

간사할 회 【回】 回邪. 其德不回『詩經』

간사할 휼 【遹】 간휼(奸譎)함.
　　　　　謀猶回遹『詩經』

간사한 말 :

간사한 말 험 【譣】 험피(譣詖), 간언(姦言).

간섭(干涉)아니하다 :

간섭 아니할 돈 【驐】 돈곤(驐齦), 불간사(不幹事).

간식(間食) :

간식 렴 【㾾】 正飯後小食.

간악(奸惡)하다 : 간사(奸邪)하고 악독(惡毒)함.

간악할 귀 【宄】 寇賊姦宄『書經』

간악할 간 【奸】 간(姦)과 통용. 奸淫. 奸賊.
　　　　　抑奸細不謫之徒『晉書』

간악할 소 【魖】 힐야(黠也).

간악할 채 【倸】 邪也. 간악(奸惡).

간여(干與)하다 :

간여할 간 【干】 참여(參與)함. 간섭(干涉).
　　　　　干豫人事『晉書』

간여할 간 【間】 참여함. 又何間焉『左傳』

간음(姦淫)하다 : 간통함. 또는 그 행위.

간음할 간 【奸】 간(姦)과 통용. 奸淫. 奸賊.
　　　　　抑奸細不謫之徒『晉書』

간음할 간 【姦】 强姦. 姦夫. 夫人姜氏會齊候于
　　　　　禚 書姦也『左傳』

간음할 란 【亂】 사통(私通)함.
　　　　　常與太后私亂『史記』

간장 :

간장 밀 【醞】 장야(醬也).

간절(懇切)하다 : 친절함. 아주 절실함.

간절할 간 【狠】 간(懇)과 통용.
　　　　　狠狠數奸死亡之誅『漢書』

간절할 간 【懇】 성의가 두터움.
　　　　　意氣懃懃懇懇『司馬遷』

간절할 개 【剴】 無不剴切當帝心者『唐書』

간절할 고 【苦】 고간(苦諫).
　　　　　苦言藥也, 甘言疾也『戰國策』

간절히 절 【切】 절실히. 절망(切望).

간절히 간 【懇】 성의를 다하여.
　　　　　懇請愈堅『宋史』

간질(癎疾) :

간질 계 【瘈】 간질(癎疾). 지랄병

간찰(簡札) : 글씨를 쓰는 댓 조각.

간찰 필 【畢】 呻其佔畢『禮記』

간통(姦通)하다 : 사통(私通)함.

간통할 사 【私】 與人妻私.

간특(姦慝)하다 : 재화를 기뻐하고 잔학한 것을
　　돕는 모양.

간특할 학【謞】謞謞崇讒慝也『爾雅』

간판(看板) : 광고판.

간판 패【牌】招牌.

간(諫)하는 말 :

간하는 말 간【諫】從諫若轉圜『漢書』

간(諫)하다 : 웃어른이나 임금에게 잘못을 고치도
록 고함.

간할 간【諫】

　㉠ 임금 또는 웃어른에게 충고함. 풍간(諷諫).
　　직간(直諫). 三諫而不聽, 則逃之『禮記』

　㉡ 자기의 前非를 뉘우쳐 탓함.
　　悟已往之不諫, 知來者之可追『陶潛』

간할 간【簡】간언(諫言)을 올림.
　　　　　　是用大簡『左傳』

간할 규【規】규간(規諫). 羣臣盡規『呂氏春秋』

간할 기【譏】충고(忠告)함.
　　　　　　殷有惑婦, 何所譏『楚辭』

간할 수【誶】謇朝誶而夕替『楚辭』

간할 수【諈】간야(諫也).

간할 신【訊】歌以訊之『詩經』

간할 심【諗】昔辛伯諗周桓公『左傳』

간할 쟁【諍】諍臣. 諫諍卽見聽『漢書』

간할 쟁【爭】쟁(諍)과 동자(同字). 쟁신(爭臣).
　　　　　　父有爭子則身不陷於不義『孝經』

간할 정【証】士尉以証靖郭君『戰國策』

간할 포【誧】간야(諫也).

간할 포【餔】간야(諫也).

간흙 : 갈아 일으킨 땅.

간흙 벌【伐】一耦之伐『周禮』

갇히다 :

갇힐 루【纍】누수(纍囚). 누설(纍紲).
　　　　　　不以纍臣釁鼓『左傳』

갇힐 수【囚】斯卒囚『史記』

갈 까마귀 : 참새목 까마귓과에 속한 검은 새. 크
기는 까마귀보다 약간 작으며, 머리 꼭대기와
뒷머리는 보랏빛이 나는 검은색, 턱밑과 목은
푸른색 광택이 나는 검은색이며 목덜미는 회
색이고 나머지는 모두 검다. 나무 구멍이나 절
벽 등에 무리 지어 번식한다.

갈 까마귀 사【鵯】아야(鴉也).

갈 까마귀 수【鵯】아(鴉)의 다른 이름.

갈 까마귀 아【鴉】오(烏)의 別名.
　　　　　　純黑反哺者謂烏 小以腹下白
　　　　　　不反哺者謂之鴉『廣雅』

갈거미 : 갈거밋과에 속한 종. 몸길이 10~15밀리
미터로, 머리 뒤쪽과 가슴 가장자리는 흑갈색
이고 가슴은 황갈색이다. 등에는 은빛과 흑갈
색의 무늬가 있고 배는 앞쪽이 더 넓다. 다리

는 길며 가시털이 나 있다.

갈거미 소【蟏】소초(蟏蛸). 蟏蛸在戶『詩經』

갈거미 초【蛸】소초(蟏蛸). 蟏蛸在戶『詩經』

갈거미 희【蟢】희자(蟢子). 野人畫見蟢子者 以
　　　　　　爲有喜樂之瑞『劉勰新論』

갈고리 : 끝이 뾰족하고 꼬부라진 물건. 흔히 쇠
로 만들어 물건을 끌어당기는 데 쓰임.

갈고리 궐【亅】구지역자(鉤之逆者).

갈고리 구【鉤】구조(鉤爪). 以銀爲幔鉤『隋書』

갈고리 답【剳】구야(鉤也).

갈고리 이【鉺】脩箭裹金鉺『韓愈』

갈기 : 말의 목덜미에 난 긴 털.

갈기 기【鬐】揚而奮鬐『莊子』

갈기 렵【鬣】夏后氏駱馬黑鬣『禮記』

갈기 모【髦】馬不齊髦『儀禮』

갈기 종【鬃】欲將鬃鬣重裁剪『曹唐』

갈기 종【騣】隅目靑熒夾鐘懸, 肉騣磥硌連錢動
　　　　　　『杜甫』

갈기 일어서다 :

갈기 일어설 비【髬】비이(髬髵), 猛獸奮鬣貌.

갈기 일어설 이【髵】비이(髬髵), 猛獸奮鬣貌.

갈기 일어선 모양 :

갈기 일어선 모양 려【鬛】비려(髬鬛), 鬣起貌.

갈다 : 농구로 논밭을 파 뒤집음.

갈 개【扴】경야(耕也).

갈 객【耠】경야(耕也).

갈 경【耕】

　㉠ 耕耘. 深耕易耨『孟子』

　㉡ 농사에 힘씀. 三年耕必有一年之食『禮記』

　㉢ 농사. 有不勤耕之心『漢書』

　㉣ 힘써 게을리 하지 아니함. 耕道得道『揚雄』

　㉤ 의식(衣食)을 위하여 힘씀. 筆耕. 舌耕.

갈 경【畊】경(耕)의 고자(古字).

갈 누【耨】밭을 팜. 또 제초(除草)함.
　　　　　　深耕易耨『孟子』

갈 맹【甿】경작(耕作)함.
　　　　　　春始生甿之『周禮』

갈 발【坺】흙을 파 뒤집음. 또는 그 흙.
　　　　　　王耕一坺『國語』

갈 벌【垡】파 뒤집어엎음.
　　　　　　予期拜恩俊 謝病老耕垡『韓愈』

갈 영【營】경작(耕作)함. 莆蓲是營『楚辭』

갈 와【鿎】경야(耕也).

갈 우【櫌】우(櫌)와 동자(同字).
　　　　　　深其耕而熟櫌之『莊子』

갈 자【藉】천자(天子) 또는 제후(諸侯)가 민력
　　　　　　(民力)을 빌어 경작(耕作)함.
　　　　　　不藉千畝『國語』

갈 적【耤】제왕(帝王)이 밭을 친히 갊.
　　　　開耤田『漢書』
갈 전【畯】경야(耕也).
갈 파【鑼】경작(耕作)함.
갈다 : 갈고 닦고 하여 윤이 나게 함.
　갈 괄【刮】刮摩. 刮磨. 刮垢磨光『韓愈』
　갈 궐【鐝】마야(磨也).
　갈 동【硐】마야(磨也).
　갈 랄【挈】연마(硏磨).
　갈 려【鑢】줄로 갊. 尙可磨鑢而平『詩經』
　갈 려【厲】려(礪)와 동자(同字).
　　　　秣馬厲兵『左傳』
　갈 려【礪】㉠ 숫돌에 갊. 연마(硏磨)함.
　　　　　　礪乃鋒刀『書經』
　　　　㉡ 힘 씀. 여행(礪行). 지려(砥礪).
　갈 롱【礱】연마(硏磨)함. 롱마(礱磨).
　　　　斲其椽而礱之『國語』
　갈 뢰【擂】연마(硏磨)함.
　갈 마【摩】닳게 하기 위하여 문지름. 硏摩.
　　　　硏摩之工『周禮』
　갈 마【磨】㉠ 옥, 돌 같은 것을 갈아 윤을 냄.
　　　　　　如琢如磨『詩經』
　　　　㉡ 학문(學文) 등을 닦음. 練磨. 琢磨.
　　　　　　朋友以磨之『揚子法言』
　갈 마【劘】마(摩)와 동자(同字).
　　　　與物相刃相劘『莊子』
　갈 아【硏】돌을 갈아 광채가 나게 함.
　갈 알【挖】마찰함.
　　　　禹燒不暇撌, 濡不給挖『淮南子』
　갈 연【硏】연(姸)과 동자(同字). 연마(硏磨)함.
　　　　연도(硏刀). 硏磨墨『梁武帝』
　갈 연【揅】연마(硏磨)함. 연구(硏究)함.
　갈 절【洌】문질러 갊. 연마 함.
　　　　激勢相洌『木華』
　갈 지【厎】숫돌에 갈다. 厎厲鋒鍔『漢書』
　갈 지【砥】숫돌에 갊. 연마(硏磨)함. 지마(砥磨).
　　　　砥礪節操『禮記』
　갈 차【磋】㉠ 연마함. 상아 같은 것을 갊.
　　　　　　如切如磋『詩經』
　　　　㉡ 학문(學文), 덕행(德行) 등을 닦음.
　　　　　　切磋琢磨.
　갈 퇴【追】옥 같은 것을 탁마(琢磨)함.
　　　　追琢其章『詩經』
갈다 : 교환(交換)함.
　갈 체【替】교환(交換)함.
　　　　以山光水色, 替其玉肌花貌『蘇軾』
　갈 탁【獭】행야(行也).
　갈 환【換】교체(交替)함. 환의(換衣).
　　　　宜選才幹之士 往換之『韓愈』

갈대 : 포아풀과에 속하는 다년초. 물가에서 나며,
　　자주 빛의 꽃의 핌. 줄기는 발, 삿자리 등의
　　재료로 쓰임.
　갈대 가【葭】葭葦. 彼茁者葭『詩經』
　갈대 구【蕭】완야(薍也).
　갈대 렴【蒹】겸야(蒹也).
　갈대 로【盧】로(蘆)와 통용.
　　　　夫政也者蒲盧也『中庸』
　갈대 로【蘆】아직 이삭이 나오지 아니한 갈대.
　　　　葭蘆. 蘆荻無花秋水長『王士禎』
　갈대 오【蔦】蔦藘荻也.
　갈대 완【薍】담야(菼也).
　　　　或謂之荻至秋堅成則謂之雈『陸機』
　갈대 위【葦】로위(蘆葦). 가위(葭葦).
　갈대 조【莜】노야(蘆也).
　갈대꽃 : 갈대의 화축(花軸). 비를 만드는데 쓰임.
　갈대꽃 조【芀】㉠ 초(苕)와 동자(同字).
　　　　　　葦醜芀『爾雅』
　　　　㉡ 위화(葦華).
　　　　　　今人取之爲帚曰芀帚是也.
갈대이삭 : 갈대의 화수(花穗). 사기(邪氣)를 쓸어
　　버리는 비를 만듦.
　갈대이삭 렬【苃】君臨臣喪以巫祝桃苃執戈
　　　　　　　　『禮記』
갈대청 : 갈대 줄기 속에 있는 아주 얇은 막(膜).
　　인신(引伸)하여 극히 얇은 것의 비유로 쓰임.
　갈대청 부【莩】非有葭莩之親鴻毛之重『漢書』
갈대피리 : 갈대 잎을 말아 만든 피리.
　갈대피리 가【葭】鳴葭戾朱宮『謝靈運』
갈도(喝道) : 지위 높은 이가 다닐 때 행인을 금
　　하는 일.
　갈도 경【警】警蹕. 出稱警 入稱蹕『漢書』
갈로 빗다 : 머리를 갈라서 빗음.
　갈라 빗을 권【鬈】燕則鬈首『禮記』
갈라지다 : 갈라져 흐름. 갈라져 나옴. 터져 사이
　　가 벌어짐.
　갈라질 별【別】
　　　　㉠ 떨어짐. 小山別大山鮮『爾雅』
　　　　㉡ 구별(區別)이 됨. 貴賤之義別矣『禮記』
　　　　㉢ 갈래가 짐. 東別爲沱『書經』
　갈라질 부【剖】㉠ 쪼개짐. 比干剖『莊子』
　　　　㉡ 나누임. 분할함.
　　　　　　天地剖判以來『史記』
　갈라질 탁【坼】탁(拆)와 통용. 탁렬(坼裂).
　　　　日南地坼, 長百餘里『後漢書』
　갈라질 파【派】분기(分岐)함.
　　　　百川派別, 歸海而會『左思』
　갈라질 하【閜】활하(谺閜).

갈라질 하【𥗀】㭫栗𥗀發『左思』

갈래 : 갈라져 나온 계통. 본 줄기에서 벗어난 갈래.

　갈래 기【歧】분기(分岐). 麥穗兩歧『後漢書』

　갈래 류【流】九流分而微言隱『穀梁傳』

　갈래 별【別】분기(分岐). 繼別爲宗『禮記』

　갈래 색【色】육색(六色). 각양각색(各樣各色).
　　　　　　　　敦厚浮薄 色色有之『唐書』

　갈래 엽【葉】枝葉. 神葉靈氣, 爰自帝堯『謝莊』

　갈래 종【宗】유파(流波). 종파(宗派).
　　　　　　　　釋氏五宗『正字通』

　갈래 차【叉】분기(分岐).
　　　　　　　　不愁歸路有三叉『陸游』

　갈래 파【派】㉠ 갈라져 나온 물.
　　　　　　　　流九派乎潯陽『郭璞』
　　　　　　　㉡ 當派. 學派. 具書支派『宋書』

갈래머리 : 여자가 예장(禮裝)할 때 두 갈래로 갈
　라서 땋은 머리.

　갈래머리 파【妉】女兒雙鬢妉頭.

갈래지다 : 가닥이 짐.

　갈래질 기【岐】기(歧)와 동자(同字). 岐路.

　갈래질 오【俁】囵 차야(叉也).

갈래진 길 :

　갈래진 길 차【跂】기도(歧道).

갈래진 창 :

　갈래진 창 역【斪】叉槍也.

갈리다 : 분리함. 분리시킴.

　갈릴 지【支】支離其德『莊子』

　갈릴 환【換】교체(交替)됨. 환국(換局).
　　　　　　　　物星移幾度秋『王勃』

갈림 : 구분.

　갈림 단【段】段落. 自古諸歷失分段『五代史』

갈림길 : 옆으로 갈라져 나간 길. 두 갈래로 갈라
　진 길.

　갈림길 구【衢】기로(歧路).
　　　　　　　　行衢道者不至『荀子』

　갈림길 기【岐】기(歧)와 동자(同字). 기로(歧路).
　　　　　　　　岐之中又有岐『列子』

　갈림길 기【歧】臨歧矩步『顔延之』

　갈림길 기【峙】기로(歧路).

　갈림길 차【岔】세 갈래진 길. 삼차로(三叉路).

갈마들다 : 번갈아 나오고 듦.

　갈마들 무【貿】무란(貿亂).
　　　　　　　　是非相貿 眞僞舛錯『裵駰』

　갈마들 질【佚】질(迭)과 동자(同字). 번갈아 듦.
　　　　　　　　四國佚興『史記』

　갈마들 질【迭】교대함. 경질(更迭).
　　　　　　　　日居月諸 胡迭而微『詩經』

　갈마들 체【替】교대함. 替代.

　갈마들 체【遞】遞三世可至萬世而爲君『杜牧』

갈매기 : 갈매기과에 속하는 물새의 일종.

　갈매기 구【鷗】백구(白鷗).
　　　　　　　　鷗者浮水上『李時珍』

　갈매기 구【漚】구(鷗)와 통용.
　　　　　　　　海上 有好漚鳥者『列子』

　갈매기 예【鷖】백구(白鷗). 鳧鷖在涇『詩經』

갈보 : 돈을 받고 몸을 파는 여자를 속되게 이르
　는 말.

　갈보 기【妓】기녀(妓女). 창기(娼妓).
　　　　　　　　不如銅崔臺上妓『世說』

　갈보 창【倡】창(娼)과 통용.

갈비뼈 : 흉곽(胸廓)을 이루는 활 모양의 긴 뼈.
　사람에게는 좌우 열두 쌍이 있으며 각 뼈의
　길이는 위에서 아래쪽으로 내려갈수록 길어지
　다가 다시 약간 짧아진다.

　갈비뼈 요【髎】협골(脅骨). 일설에는 肩胛骨.
　　　　　　　　左髀達於下髎爲下射『唐書』

　갈비뼈 한【骭】늑골(肋骨). 顅顅骭骭『新論』

갈빗대 : 갈비뼈를 이루는 낱낱의 뼈대.

　갈빗대 륵【肋】늑골(肋骨). 늑막(肋膜).
　　　　　　　　乃自食一羊肋『北齊書』

갈이그릇 : 나무를 파서 만든 그릇.

　갈이그릇 벽【㼆】㼆㦬蒹呈『左思』

갈이틀 : 굴대를 돌려서 물건을 자르는 기계.

　갈이틀 선【鏇】선반(鏇盤).

갈잎피리 :

　갈잎피리 편【籩】노엽적(蘆葉笛).

갈증(渴症) : 목이 마른 일.

　갈증 갈【渴】臨渴掘井.
　　　　　　　　可以解煩釋渴『魏文帝』

갈지 않고 심다 :

　갈지 않고 심을 체【穧】不耕而種.

갈지 않은 밭 :

　갈지 않은 밭 장【𤲬】未耕田.

갈치 : 바닷물고기의 한 가지.

　갈치 열【鱲】제어(鱭魚).

　갈치 제【鮆】제(鱭)와 동자(同字). 도어(刀魚).
　　　　　　　　제어(鱭魚). 제어(鱭魚). 웅어(熊漁).

갈퀴 :

　갈퀴 파【笆】니파(泥笆), 用以取草.

갈팡질팡하다 : 미친 듯이 갈팡질팡하며 걷는 모
　양.

　갈팡질팡할 창【傸】傸傸乎其何之『禮記』

갈포(葛布) : 칡의 섬유로 짠 베. 또 그 베로 만
　든 옷.

　갈포 갈【葛】葛裘. 夏日葛衣 冬日鹿裘『史記』

갉아당기다 :

　갉아당길 구 【鉤】

　　㉠ 갉아서 앞으로 끎. 或以戟鉤之『左傳』

　　㉡ 숨은 이치. 사정을 캐냄. 鉤深致遠『易經』

갉아먹다 :

　갉아먹을 설 【齧】

　　㉠ 衆蛇競來 齧索且斷『後漢書』

　　㉡ 書畫被鼠齧『王君玉』

감 : 감 나무의 열매.

　감 시 【柹】 棗栗榛柹『禮記』

　감 시 【柿】 시(柹)의 속자.

감각(感覺)없다 :

　감각 없을 알 【聉】 무감각(無感覺).

감기(感氣) :

　감기 풍 【風】 고뿔. 風邪.

감기다 :

　감길 규 【糾】 糾結. 鄰困繚糾『王褒』

　감길 료 【繚】 再繚四寸『禮記』

　감길 면 【綿】 纏綿經穴『淮南子』

　감길 요 【繞】 四蛇相繞『山海經』

감나무 : 감나무과에 속하는 낙엽 교목.

　감나무 비 【椑】 宜都出大椑『荊州記』

　감나무 시 【柹】 과수(果樹)의 하나.

감다 : 덩굴이 딴 물건을 감음.

　감을 만 【蔓】 葛也藟也, 得虆而蔓之『詩經』

　감을 붕 【繃】 繃帶. 葛以繃之『墨子』

　감을 영 【縈】 휘휘 감음. 縈情於好爵『孔稚圭』

　감을 전 【纏】 전족(纏足). 전요(纏繞).
　　　　　　　腰纏十萬貫『殷藝小說』

감다 : 눈을 감음. 또 눈을 깜짝거림.

　감을 첩 【睫】 眠不睫『列子』

감독(監督) :

　감독 치 【植】 공사(工事)의 감독관.
　　　　　　　宋華元爲植巡功『左傳』

감독(監督)하다 :

　감독할 독 【督】 독려(督勵)함. 독전(督戰).
　　　　　　　嘗爲丞督事『漢書』

감동(感動) :

　감동 감 【感】 萬感. 以紓慘惻之感『陸機』

감동(感動)시키다 : 감동하게 함.

　감동시킬 감 【感】 使人微感張儀『史記』

감동(感動)하다 : 깊이 느끼어 마음이 움직임.

　감동할 감 【感】 감읍(感泣). 人生感意氣『魏徵』

감람(橄欖)나무 : 감람과에 속하는 상록교목(常綠喬木). 아시아 열대 지방에서 야생함.

　감람나무 감 【橄】 감람(橄欖). 漢武帝破南越, 得
　　　　　　　橄欖百餘本『三輔黃圖』

감람나무 람 【欖】 감람(橄欖).

감색(紺色) : 검은빛을 띤 푸른 빛. 청색(靑色)과 자색(紫色)의 간색(間色).

　감색 감 【紺】 紺碧. 君子不以紺緅飾『論語』

　감색 예 【鷖】 청록색(靑綠色). 彤面鷖總『周禮』

　감색 정 【䴡】 玄猿啼深䴡『李華』

감실(龕室) : 신불(神佛)을 안치(安置)하는 장(欌). 또 불단(佛壇).

　감실 감 【龕】 佛龕. 啓龕. 莊嚴龕像『江淹』

감싸다 : 감싸 보호(保護)함.

　감쌀 비 【庇】 庇護. 有庇民之大德『禮記』

감영(監營) : 지방장관의 정청(政廳)의 소재지.

　감영 치 【治】 省治. 縣治. 徙治櫟陽『史記』

감응(感應) :

　감응 감 【感】 萬感. 以紓慘惻之感『陸機』

감응(感應)하다 : 감축되어 통함.

　감응할 감 【感】 寂然不動 感而邃通天下之故『易經』

감자(柑子) : 가짓과에 속한 여러해살이풀. 땅속의 줄기 마디에서 가는 줄기가 나와 덩이줄기를 이룬다.

　감자 감 【柑】 감자.

　감자 후 【葔】 우야(芋也).

감제풀 : 마디풀과에 속하는 다년초.

　감제풀 도 【蕸】 호장(虎杖). 고장(苦杖).

감질(疳疾) : 어린아이가 위장이 나빠져서 몸이 야위고 배가 불러지는 병.

　감질 감 【疳】 小兒食甘物, 多生疳病『正字通』

감질나다 :

　감질날 역 【休】 식이수식(食而瘦食).

감찰(監察) :

　감찰 감 【監】 독찰(督察)하는 사람. 守尉監.
　　　　　　　天子使其大夫爲三監『禮記』

감초(甘草) : 콩과에 속하는 다년생의 약초. 뿌리가 단맛이 있어 약용함. 뿌리는 속이 누렇고 맛이 달아 식용(食用)과 약용(藥用)으로 많이 쓰임.

　감초 감 【甘】 감초(甘草). 一名靈通. 一名國老
　　　　　　　甘最爲衆藥之主『本草經』

　감초 령 【蘦】 약초(藥草).

　감초 령 【苓】 山有榛, 隰有苓『詩經』

　감초 로 【蕗】 콩과에 속하는 다년생 약용 식물.

감추다 : 숨김. 속에 넣고 드러내지 아니함. 싸서 깊이 둠. 전하여 감추어 보이지 아니함. 간직하여 둠.

　감출 거 【弆】 저장(貯藏)함. 藏去下廾.

　감출 도 【慆】 以樂慆憂『左傳』

　감출 도 【韜】 韜弓. 韜晦. 故韜光俟奮耳『晉書』

　감출 동 【董】 氣當大董『史記』

감출 렴【斂】
　　㉠ 넣어둠. 저장함. 挾日而斂之 『周禮』
　　㉡ 죽음. 宿姦老蠱爲斂跡 『唐書』
감출 매【埋】埋伏. 深埋粉堠路渾迷 『元積』
감출 병【屛】장야(藏也).
감출 보【葆】보이지 않게 함.
　　　　　　此之謂葆光 『莊子』
감출 운【韞】깊이 넣어 둠.
　　　　　有美玉於斯, 韞匵而藏諸 『論語』
감출 장【藏】㉠ 속에 넣어둠.
　　　　　　韞匵而藏諸 『論語』
　　㉡ 간직함. 저장함. 장서(藏書).
　　　　　我有斗酒 藏之久矣 『蘇軾』
　　㉢ 저장한 것. 厚積餘藏 『史記』
　　㉣ 숨김. 藏匿.
　　　　　伏生壁藏之 『漢書』
　　㉤ 마음속에 품음.
　　　　　藏怒以待之 『國語』
감출 장【臧】㉠ 장(藏)과 통용. 臧去.
　　㉡ 天子臧珠玉 『管子』
　　㉢ 遠濁世而自臧 『賈誼』
감출 축【褚】장야(藏也).
감출 축【蓄】축원(蓄怨). 心蓄之 『柳宗元』
감출 폐【閉】수장(收藏)함.
　　　　　助天地之閉藏也 『禮記』
감출 합【盦】장야(藏也).
감출 혜【匸】덮어 가림.
감출 회【晦】숨김. 회명(晦名). 도회(韜晦).
　　　　　深自晦匿 『隋書』
감탄(感歎):
　감탄 차【嗟】大耋之嗟 『易經』
감탄(感歎)하는 어조사(語助辭)):
　감탄하는 어조사 약【喲】㊈ 감탄사(感歎詞).
감탄(感歎)하다 : 한탄(恨歎)하거나 감복(感服)함.
　감탄할 차【嗟】차탄(嗟嘆).
　　　　　　　萃如嗟如 无攸利 『易經』
감탕(甘湯)나무 : 감탕(甘湯)나무과에 속하는 상
　　록교목(常綠喬木). 궁재(弓材)로 쓰임.
　감탕나무 강【橿】동청(冬靑). 감탕(甘湯)나무에
　　　　　　　속하는 상록교목(常綠喬木).
　감탕나무 뉴【杻】山有栲 隰有杻 『詩經』
감하다 :
　감할 쇄【煞】감야(減也).
　감할 신【抌】감야(減也).
감행(敢行)하다 :
　감행할 과【猓】감용(敢勇).
　　　　　　　風俗以猓爲人物以害爲藝 『左思』
감형(減刑):

감형 의【議】㉠ 주대(周代)의 제도로 죄과(罪
　　　科)의 특별 감경(減輕). 八議.
　　㉡ 一議親 二議故 『周禮』
감히 :
　감히 감【敢】㉠ 과단성 있게 敢行.
　　　　　　㉡ 송구(悚懼)함을 무릅쓰고.
　　　　　　　敢固辭 『禮記』
　　　　　　㉢ 子在, 回何敢死 『史記』
　감히 긍【肯】즐거이 나서서. 誰肯爲之乎.
감히 하다 :
　감히 할 감【敢】감행(敢行)함.
　　　　　　　若聖與仁則吾豈敢 『論語』
갑(岬) : 바다로 뾰족하게 내민 땅.
　갑 갑【岬】안두(岸頭).
　갑 기【崎】望之若崎 『晉書』
　갑 기【埼】기(崎)와 동자(同字). 안두(岸頭).
　　　　　觸穹石激埼堆 『司馬相如』
갑(匣) : 작은 상자.
　갑 갑【匣】鏡匣. 藏在室匣中 『漢書』
　갑 궤【甀】鑄銅甀四 『唐書』
갑옷 : 전쟁 때 화살 등을 막기 위하여 입는 옷.
　또 갑옷을 입은 군사.
　갑옷 갑【甲】甲冑. 伏甲.
　　　　　　秦下甲而攻趙 『戰國策』
　갑옷 개【介】介冑. 介士.
　갑옷 개【鎧】갑의(甲衣). 甲鎧. 爲劍鎧 『管子』
　갑옷 구【韝】갑의(甲衣).
　갑옷 침【綅】갑의(甲衣).
　갑옷 함【圅】개야(鎧也).
　갑옷 함【函】함공(函工). 函人惟恐傷人 『孟子』
갑옷그릇 : 갑옷을 넣는 그릇.
　갑옷그릇 루【纍】不解纍 『國語』
갑옷 입다 : 갑옷을 입음.
　갑옷 입을 개【介】太子與五人介 『史記』
　갑옷 입을 개【鎧】무장(武裝)함.
　　　　　　　鎧馬二百五十四 『晉書』
갑옷 전대(纏帶) :
　갑옷전대 고【櫜】갑옷을 넣어두는 전대(纏帶).
　　　　　　　名之曰建櫜 『禮記』
갑옷투구 :
　갑옷투구 혁【革】가죽으로 만든 갑주(甲冑).
　　　　　　　袗金革 『中庸』
갑자기 : 뜻밖에. 빨리. 급작스럽게. 홀연히.
　갑자기 거【遽】嗚呼誰謂汝遽去吾而歿乎 『韓愈』
　갑자기 당【僋】졸야(猝也).
　갑자기 당【儻】物之儻來寄也 『莊子』
　갑자기 돈【頓】頓悟. 頓死. 精神頓生 『世說』
　갑자기 두【陡】돌연. 두연(陡然).

갑자기 두【斗】斗覺霜毛一半加『韓愈』

갑자기 아【俄】俄然. 俄有群女, 持酒『列仙傳』

갑자기 아【蛾】아(俄)와 통용. 選入後宮, 始爲
　　　　　小使蛾而大幸『漢書』

갑자기 조【造】造然失容『大戴禮』

갑자기 졸【卒】卒遇敵人, 亂而失行『吳子』

갑자기 졸【窣】灞岸垂楊窣地新『唐明皇』

갑자기 졸【猝】졸지(猝地).
　　　　　犬從草中暴出逐人也『說文解字』

갑자기 준【恂】별안간. 恂然棄而走『莊子』

갑자기 총【總】총(恖)과 통용. 寒氣總至,
　　　　　民力不堪『呂氏春秋』

갑자기 포【暴】포부(暴富). 淮渚暴溢『南史』

갑자기 합【溘】별안간. 溘死. 朝露溘至『江淹』

갑자기 기뻐하다 :

　갑자기 기뻐할 회【歖】졸희(卒喜).

갑자기 죽다 :

　갑자기 죽을 락【殯】殰殯, 졸사(猝死).

갑자기 향기(香氣)나다 :

　갑자기 향기 날 별【馠】향발(向發).

갑작스럽다 : 뜻밖이 되어 급함. 의외로 급함.

　갑작스러울 경【競】급거(急遽)함.
　　　　　使肥與有職競焉『左傳』

　갑작스러울 돌【突】당돌(唐突). 돌연(突然).
　　　　　突如其來如『易經』

　갑작스러울 발【踍】졸야(猝也).

　갑작스러울 발【勃】급한 모양.
　　　　　忽然出 勃然動『莊子』

　갑작스러울 솔【窣】灞岸垂楊窣地新『唐明皇』

　갑작스러울 졸【猝】졸연(猝然). 창졸(倉猝).

　갑작스러울 자【趀】창졸(倉卒).

　갑작스러울 취【驟】驟雨. 驟署消雨餘『貢奎』

　갑작스러울 홀【魆】졸야(猝也).

갑주(甲胄) : 갑옷과 투구.

　갑주 견【堅】被堅執銳『漢書』

값 : 물건 값. 사물(事物)이나 재화(財貨)의 중요
　정도(重要程度).

　값 가【價】
　　㉠ 가격(價格). 馬價十倍『戰國策』
　　㉡ 가치(價値). 一登龍門則聲價十倍『李白』

　값 가【賈】가(價)와 동자(同字).
　　　　　求善賈而沽諸『論語』

　값 고【估】물가. 估價. 高鹽價, 賤帛估『唐書』

　값 대【代】대가(代價). 대금(代金). (韓)

　값 뢰【牢】圖 가치(價値). 多其牢賞『漢書』

　값 시【市】가격(價格).
　　　　　以政令禁物靡而均市『周禮』

　값 치【直】가격(價格). 직전(直錢).

食雞羹 何不還他價直『北史』

　값 치【值】물가(物價). 가치(價値).
　　　　　翡翠鮫鮪何所值『唐彦謙』

값나가다 : 가치가 있음.

　값나갈 치【直】不直一錢『史記』

값놓다 : 값을 매김. 값의 평정(評定)을 함.

　값놓을 고【估】先令工人估價『五代史』

값싸다 :

　값쌀 안【安】安價.

갓 : 머리에 쓰는 물건.

　갓 관【冠】冠帶. 冠冕. 裂冠毁冕『左傳』

　갓 면【絻】면(冕)과 통용. 郊之麻絻『史記』

　갓 장【章】은(殷)나라 때 갓의 한 가지.
　　　　　章甫冠『禮記』

갓끈 : 갓에 달린 끈. 갓의 늘어진 끈.

　갓끈 리【纚】緋纚維之『詩經』

　갓끈 수【綏】夏后氏之綏『禮記』

　갓끈 영【纓】滄浪之水淸兮 可以濯我纓『孟子』

　갓끈 유【緌】素緌. 朱緌. 冠緌雙止『詩經』

　갓끈 형【珩】珩紞紘綖『張衡』

갓난아이 :

　갓난아이 영【嬰】적자(赤子). 영해(嬰孩).
　　　　　嬰兒之未孩者『老子』

　갓난아이 예【嫛】예예(嫛婗)는 갓난아기.
　　　　　人始生曰嬰兒 或曰嫛婗『釋名』

　갓난아이 예【婗】갓난아이.
　　　　　人始生曰嬰兒 或曰嫛婗『釋名』

갓 난 털 :

　갓 난 털 택【秺】초생모(初生毛).

갓 쓰다 : 갓을 씀. 어른이 되어 관례(冠禮)를 올
　리고 갓을 씀.

　갓 쓸 관【冠】㉠ 上或時不冠『漢書』
　　　　　㉡ 관자(冠者). 昭帝旣冠『漢書』

갓옷 : 가죽 옷.

　갓옷 구【裘】㉠ 皮衣也『說文解字』
　　　　　㉡ 가죽옷. 호구(狐裘).
　　　　　㉢ 구갈(裘葛). 中秋獻良裘『周禮』

　갓옷 제【製】衣貍製『左傳』

갓옷 입다 : 가죽옷. 또는 겨울옷을 입음.

　갓옷 입을 구【裘】天子始裘『呂氏春秋』

강(江)가 땅 : 강변의 땅.

　강가 땅 연【堧】河堧. 晩守淮南堧『韋應物』

강개(慷慨)하다 : 의기(義氣)가 북받치어 분개(憤
　慨)함. 비분(悲憤)하여 개탄(慨嘆)함.

　강개할 강【慷】性剛毅慷慨『後漢書』

　강개할 강【忼】悲歌忼慨『史記』

강나무 : 떡갈나무. 낙엽 활엽 교목. 잎은 길둥글
　고 두꺼우며 가는 톱니 모양으로 되어 있다.

강나무 강【棡】목명(木名).

강낭이 :

　강낭이 당【穱】囝 옥촉서(玉蜀黍).

강낭콩 : 콩과에 속하는 일년생 만초(蔓草). 종자
　는 먹음.

　강낭콩 변【稨】울콩.

강도(强盜) : 위협(威脅)하여 약탈(掠奪)하는 도둑.

　강도 겁【劫】寇劫强多『晉書』

강새암하다 : 질투함. 또 시기함. 투기함.

　강새암 할 모【媢】媢夫媢婦『論衡』

　강새암 할 투【妒】시야(猜也).

　강새암 할 투【妬】질투(嫉妬).
　　　　　　　女無美惡 入宮見妬『史記』

강성(强盛)하다 : 힘차고 왕성(旺盛)한 모양.

　강성할 교【驕】其馬驕驕『詩經』

　강성할 방【彭】駟騵彭彭『詩經』

강신잔(降神盞) :

　강신잔 체【腤】제뢰(祭酹).

강신제(降神祭) :

　강신제 철【裰】뇌야(酹也).

강신제(降神祭)　지내다 : 신령의　강림(降臨)을
　바라 검은 기장으로 만든 울창(鬱鬯)이라는 술
　을 따라서 땅에 뿌려 신에게 제사 지냄.

　강신제 지낼 관【祼】殷士膚敏 祼將于京『詩經』

　강신제 지낼 관【灌】灌用鬱鬯『禮記』

강신(降神)하다 : 술을 땅에 붓고 신(神)에게 제
　사(祭祀)를 지냄.

　강신할 뢰【酹】不以斗酒隻雞過相沃酹『後漢書』

　강신할 숙【茜】모사(茅沙). 束茅灌鬯酒.

강아지 부르다 :

　강아지 부를 유【㹠】㹠㹠, 呼犬子.

강요(强要)하다 : 억지로 시킴.

　강요할 강【强】强而後可『孟子』

강의(講義) : 경사(經史)의 해석(解釋).

　강의 강【講】于鍾山聽講『梁書』

강 이름 :

　강 이름 억【澺】천명(川名).

강인(强忍)하다 :

　강인할 민【敃】彊也.

　강인할 민【忞】자강(自强).

강일(剛日) : 십간(十干)중의　갑(甲), 병(丙), 술
　(戊), 경(庚), 임(壬)에 해당(該當)하는 날. 기수
　(奇數)의 날.

　강일 강【剛】유일(柔日)의 대(對).
　　　　　　　外事以剛日『禮記』

강제(强制)하다 : 남의 의사(意思)를 누르고 억지
　로 시킴.

강제할 무【誣】欲他人己從, 誣人也『張載』

강직(剛直)하다 : 마음이 강직(剛直)하고 곧은 모양.

　강직할 간【侃】간악(侃諤).
　　　　　朝與下大夫言 侃侃如也『論語』

강짜하다 :

　강짜할 우【媀】여투남(女妒男).

강철(鋼鐵) : 강도(剛度)를 높게 한 쇠.

　강철 강【鋼】鋼鐵. 錬鋼赤刃『列子』

　강철 견【鏗】강철(鋼鐵).

　강철 루【鏤】단단한 쇠. 璆鐵銀鏤『書經』

강하게 하다 : 세게 함.

　강하게 할 강【强】欲强兵者務富其民『戰國策』

강하다 : 단단함. 굳셈.

　강할 강【强】㉠ 기력(氣力)이 강(强)함. 强直.
　　　　　　　　雖柔必强『中庸』

　　　　　　　　㉡ 근력(筋力)이 강(强)함. 强壯.
　　　　　　　　乞身當及强健時『歐陽修』

　　　　　　　　㉢ 세력(勢力)이 강(强)함. 强軍.
　　　　　　　　天下强國 無過齊者『戰國策』

　　　　　　　　㉣ 강한 것. 강한 사람. 强弱.
　　　　　　　　抑强扶弱『漢書』

　강할 강【弜】강야(强也).

　강할 거【鉅】宛之鉅鐵『史記』

　강할 경【硬】견경(堅硬). 강경(强硬).
　　　　　　　書貴瘦硬方通神『杜甫』

　강할 민【暋】暋不畏死『書經』

　강할 우【右】권세가 있음. 우척(右戚).
　　　　　　　無令豪右 得固其利『後漢書』

갖추다 :

　갖출 구【具】구비(具備). 구족(具足). 구유(具有).
　　　　　　　具體而微『孟子』

　갖출 구【俱】구비(具備)함.
　　　　　　　兩馬一竪子俱『孔子世家』

　갖출 비【庀】구비(具備)함. 官庀其司『左傳』

　갖출 비【備】㉠ 골고루 가지고 있음. 비품(備品).
　　　　　　　才備文武『唐書』

　　　　　　　㉡ 미리 준비(準備)함.
　　　　　　　財以備器『國語』

　　　　　　　㉢ 미리 설치(設置)함.
　　　　　　　官不必備 惟其人『書經』

　　　　　　　㉣ 부족(不足)한 것을 채움.
　　　　　　　보족(補足)함. 補備之『漢書』

　갖출 비【紕】구야(具也).

　갖출 선【繕】구비(具備)함. 繕修干戈『漢書』

　갖출 선【僎】구야(具也).

　갖출 실【悉】구비함. 陳餘因悉三縣兵『史記』

　갖출 잔【僝】구비함. 僝供木於山林『左思』

　갖출 지【偫】구야(具也).

갖출 찬【攢】구야(具也).

갖출 천【薦】차림. 준비(準備)함.
　　　以薦陳事『左傳』

갖출 치【偫】구야(具也). 준비함.

갖출 치【偫】준비함. 저축(貯蓄)함.
　　　所經道上郡縣 無得設儲偫『後漢書』

갖출 칙【飭】정비(整備)함. 戎車旣飭『詩經』

갖출 판【辨】판(辦)과 통용. 以辨民器『周禮』

갖출 판【辨】㋺ 구야(具也). 大兄言辨飯『古詩』
　　　㋑ 처리(處理). 臣多多益辨『漢書』

갖출 해【該】충분히 갖춤. 두루 가짐. 淹該.
　　　體用兼該 本末殫擧『葉采』

갖출 해【晐】해(該)와 동자(同字). 구비(具備).
　　　執箕帚 以晐姓於王宮『國語』

갖출 해【賅】해(該)와 통용. 賅而存焉『莊子』

갖추어지다 :

갖추어질 공【供】구비(具備)됨. 王祭不供『左傳』

갖추어질 구【具】구비(具備)됨. 구전(具全).
　　　其禮具『禮記』

갖추어질 비【備】
　　㋺ 준비(準備)가 됨. 凡樂成則告備『周禮』
　　㋑ 족(足)함. 모자람이 없음.
　　　易之爲書也, 廣大悉備『易經』

갖풀 :

갖풀 교【膠】아교(阿膠). 교슬(膠漆).
　　　歡洽如膠『列仙傳』

갖풀칠 하다 :

갖풀칠 할 교【膠】아교(阿膠)를 칠함.
　　　　　若膠柱而鼓瑟耳『史記』

같다 :

같을 곤【昆】동일(同一)함. 噍噍昆鳴『漢書』

같을 날【埒】동등(同等)함. 富埒五候『史記』

같을 등【等】똑같음. 균일함. 등날(等埒).
　　　春秋分而晝夜等『左傳』

같을 류【類】상사(相似)함.
　　　孔子狀類陽虎『史記』

같을 모【侔】균등(均等)함. 行山者欲侔『周禮』

같을 반【班】한가지임. 若是班乎『孟子』

같을 사【似】㋺ 상사(相似). 유사(類似). 酷似.
　　　東門有人 其顙似堯『史記』
　　㋑ 그럴듯함. 그럴듯하게 보임.
　　　壹似重有憂者『禮記』

같을 수【讎】동등(同等)함. 또 동등하게.
　　　皆讎有功『漢書』

같을 수【粹】제일(齊一)함.
　　　昔三后之純粹兮『楚辭』

같을 약【若】여(如)와 동의. 若合符節.
　　　若網在綱『書經』

같을 여【如】
　　㋺ 다르지 않음. 여전(如前).
　　　君之視臣如犬馬則臣視君如寇讎『孟子』
　　㋑ 지시의 말. 如如같은 것은.
　　　如其文也 亦少褒也『史記』

같을 오【仵】以觭偶不仵之辭相應『莊子』

같을 유【猶】㋺ 유사함. 性猶杞柳也『孟子』
　　　㋑ 淑人君子其德不猶『詩經』

같을 유【猷】유(猶)와 통용.

같을 이【而】여(如)와 동의. 垂帶而厲『詩經』

같을 제【齊】등야(等也).

같을 제【齊】균일함. 또 동등함. 제일(齊一).
　　　與我齊者『呂氏春秋』

같을 주【儔】동등함. 儔其爵邑『漢書』

같을 촉【矗】꼭 같은 모양. 矗似長雲『鮑照』

같을 추【醜】동등(同等)함. 추류(醜類).
　　　地醜德齊『孟子』

같을 함【咸】周公弔二叔之不咸『詩經』

같은 또래 :

같은 또래 항【行】등배(等輩).
　　　　　其游知交皆其大夫行『史記』

같이 :

같이 이【爾】이와 같이. 天之降才爾殊『孟子』

같이 제【齊】가지런하게. 또 함께. 제열(齊列).
　　　不齊出于南畝『史記』

같이 선 산(山) :

같이 선산 신【岬】양산연접(兩山連接).

같이하다 :

같이할 동【同】
　　㋺ 함께 함. 不與同中國『大學』
　　㋑ 합침. 동심(同心). 同力道德『書經』
　　㋒ 균일(均一)하게 함. 同律度量衡『書經』

같이할 여【如】똑같이 함.
　　　　　如農夫之務去草焉『左傳』

같이할 제【齊】같게 함. 齊心合力.
　　　　　齊死生『淮南子』

같이 힘쓰다 :

같이 힘쓸 륙【勠】협력(協力)함.
　　　　　勠力攻秦『漢書』

갚다 :

갚을 경【更】배상(賠償)함.
　　　不足以更之『淮南子』

갚을 경【庚】배상(賠償)함. 請庚之『禮記』

갚을 교【校】足以校於秦『史記』

갚을 답【答】상대방(相對方)의 경의(敬意)에 보
　　　답(報答)함. 답례(答禮). 답배(答拜).
　　　棄其肆祀弗答『書經』

갚을 반【返】빚 같은 것을 청산(淸算)함.

返金『春渚紀聞』

갚을 보【報】은혜(恩惠)나 원한(怨恨)을 갚음.
　　　　　　보은(報恩). 睚眦之怨必報『史記』

갚을 복【復】㉠ 보상(報償)함.
　　　　　　除喪則不復昏禮乎.
　　　　　　㉡ 보은(報恩) 또는 보복(報復)함.
　　　　　　복수(復讎). 我必復楚國『左傳』

갚을 상【償】㉠ 상환(償還)함. 돌려줌. 償金.
　　　　　　배상(賠償), 買金償之『漢書』
　　　　　　㉡ 보답(報答)함.
　　　　　　西鄰責言不可償也『左傳』

갚을 수【讎】㉠ 배상(賠償)함. 讎數倍『史記』
　　　　　　㉡ 수(酬)와 통용. 대접(待接)함.
　　　　　　屬之讎柞『戰國策』

갚을 수【酬】보답(報答)함. 사례(謝禮)함.
　　　　　　酬恩. 酬勞. 可與酬酢『易經』

갚을 애【艾】보답(報答)함. 艾人必豊『國語』

갚을 유【侑】보수(報酬). 民有報侑『宋史』

갚을 조【胙】공적(功績)에 보답(報答)함.
　　　　　　胙之土而命之氏『左傳』

갚을 환【還】빚 같은 것을 도로 돌리어 줌.
　　　　　　상환(償還). 還債『雜纂新續』

갚음 :
　갚음 수【酬】보답(報答). 終期國士酬『周晏』

개 : 가축의 하나.
　개 갈【猲】주둥이가 짧은 개.
　　　　　　載獫猲獢『詩經』
　개 갈【歇】갈(猲)과 통용. 載獫歇驕『詩經』
　개 강【犺】건장한 개.
　개 견【犬】犬馬. 效犬者左牽之『禮記』
　개 견【犭】견(犬)과 동자(同字). 견야(犬也).
　개 구【狗】가축의 하나 일설에는 犬은 큰개 狗
　　　　　는 작은 개라 함.
　　　　　　喪家之狗. 不叱狗『禮記』
　개 렴【獫】주둥이가 긴 개. 載獫歇驕『詩經』
　개 로【獹】전국시대 한(韓)나라의 날랜 개.
　　　　　　韓獹天下駿犬『玉篇』
　개 오【獒】맹견(猛犬). 嗾夫獒焉『左傳』
　개 혹【㲚】견속(犬屬).
　개 효【獢】주둥이가 짧은 개.
　　　　　　爲人兇悍獢勇『五代史』

개 : 물건을 세는 수사(數詞).
　개 간【干】개(箇)와 동의. 약간(若干).
　개 개【个】개(箇), 개(個)와 동자(同字).
　　　　　　일개(一个). 擢三个挾一个『儀禮』

개 : 개펄.
　개 포【浦】浦漵. 率彼淮浦『詩經』

개가 물고자하다 :

개가 물고자 할 애【喍】애(啀)와 동자(同字).
　　　　　　狗欲齧. 犬鬭貌.

개가 싸우는 소리 :
　개가 싸우는 소리 한【狠】犬鬭聲.

개가 토하다 :
　개가 토할 심【吣】견토(犬吐).

개고기 :
　개고기 연【肰】견육(犬肉).

개고마리 : 격(鵙). 박로(博勞). 백로(伯勞). 백설
　(百舌). 때까치과의 새.

개구리 소리 :
　개구리 소리 갈【䴂】와성(蛙聲).

개구리 :
　개구리 구【䵷】와야(蛙也).
　개구리 와【䵷】올챙이의 다 자란 것.
　개구리 와(왜)【蛙】올챙이의 성충. 정저와(井底蛙).
　　　　　　蛙與蝦蟆群鬭『漢書』
　개구리 왜【䵷】올챙이의 다 자란 것.
　개구리 전【䵶】䵶䵏, 사지주와류(似蜘蛛蛙類).
　개구리 합【蛤】올챙이가 자란 것.
　　　　　　蛤卽是蝦蟆『韓愈』전
　개구리 혜【䵬】수충(水蟲), 와류(蛙類).

개구리밥 : 개구리밥과에 속하는 다년생 수초(水
　草). 수면에 부생(浮生)하며 담홍(淡紅)색의 작
　은 꽃이 됨. 부초(浮草). 부평초(浮萍草).
　개구리밥 빈【蘋】빈(蘋)과 동자(同字).
　　　　　　瓜州飼馬以蘩草『西陽雜俎』
　개구리밥 빈【蘋】부평초(浮萍草). 青蘋. 綠蘋.
　개구리밥 평【萍】유평(流萍). 萍始生『禮記』
　개구리밥 표【藻】부평초(浮萍草).
　　　　　　江東謂浮萍爲藻『揚雄方言』

개구멍에 머리 내밀다 :
　개구멍에 머리 내밀 삼【猭】犬容頭進.

개기름냄새 :
　개기름냄새 성【胜】견고취(犬膏臭).

개 길들이지 않다 :
　개 길들이지 않을 옹【㹨】견불훈(犬不訓).

개나리 : 목서과의 낙엽관목(落葉灌木). 노랑꽃이
　핌. 연교(連翹).
　개나리 강【薑】강출(薑莍), 백합(百合).

개다 :
　갤 제【霽】비나 눈이 그침. 虹銷雨霽『王勃』
　갤 처【霋】제야(霽也). 하늘이 맑음.
　갤 청【晴】비가 그치고 하늘이 맑음. 晴天.
　　　　　　天晴而見景星『史記』

개똥벌레 : 물가의 풀떨기에 살며, 배 끝에 발광
　(發光) 기관이 있는 곤충. 그 반짝이는 불빛을
　반딧불이라 함.

개똥벌레 견【蚈】腐草化爲螢蚈『呂氏春秋』
개똥벌레 령【蠦】형야(螢也).
개똥벌레 형【螢】螢光. 腐草爲螢『禮記』
개똥벌레 형【熒】형(螢)과 통용.
　　　　　　　逐熒光行數里『後漢書』

개 마주 짖다 :
　개 마주 짖을 은【狺】양견상설(兩犬相齧).

개맨드라미 : 비름과에 속하는 일년초. 잎과 줄
　기가 모두 붉은 빛을 띠며, 열매는 청상자(靑
　箱子)라 하여 약재로 씀.
　개맨드라미 상【葙】청상(靑葙).

개먹다 :
　개먹을 설【齧】침식(侵蝕)함.
　　　　　　　水齧其墓『戰國策』
　개먹을 식【食】식(蝕)과 통용.
　　　　　　　日有食之『春秋』

개미 : 개미과에 속하는 곤충. 떼지어 땅 속이나
　썩은 나무 속에 집을 짓고 서식하는데 암컷을
　여왕개미로 삼고 수개미, 일개미, 병정개미가
　질서있는 사회 생활을 함.
　개미 구【蚼】의야(蟻也), 부비(蜉蚍).
　개미 별【蟞】별부(蟞蜉)는 개미.
　개미 의【蛾】의(蟻)와 통용.
　　　　　　　蛾子時術之『禮記』
　개미 의【蟻】의혈(蟻穴).
　　　　　　　千丈之堤 以螻蟻之穴潰『韓非子』
　개미 의【螘】의(蟻)와 동자(同字).
　　　　　　　蚍蜉大螘『爾雅』
　개미 증【蛵】蠪蛵, 螘也.

개미 둑 :
　개미 둑 질【垤】의총(蟻冢). 鸛鳴于垤『詩經』

개미 알 : 개미의 알.
　개미 알 지【蚳】의란(蟻卵).
　개미 알 지【蚔】蜃脩蚔醢『禮記』

개 미치다 :
　개 미칠 계【瘈】광견(狂犬).
　　　　　　　國狗之瘈無不噬也『左傳』

개비름 :
　개비름 진【蕆】蕆苀, 草名.

개새끼첫배 :
　개새끼첫배 비【㹃】견초생자(犬初生者).

개 성내다 :
　개 성낼 패【狽】견노(犬怒).

개 싸우는 소리 :
　개 싸우는 소리 한【狠】견투성(犬鬪聲).

개 싸우다 :
　개 싸울 은【狺】견쟁(犬爭).
　개 싸울 혐【獫】양견상쟁(兩犬相爭).

개 싸움하다 :
　개 싸움할 재【㹀】견투모(犬鬪貌).

개 쌈하다 :
　개 쌈할 변【猵】견쟁모(犬爭貌).

개암 :
　개암 석【檡】榛也.

개암나무 : 개암나무과에 속하는 낙엽 관목. 열매
　는 식용. 약용으로 함.
　개암나무 진【榛】山有榛『詩經』

개여뀌 : 마디풀과에 속하는 일년초. 말여뀌.
　개여뀌 롱【蘢】마료(馬蓼). 有蘢與斥『管子』

개오동나무 : 능소화과에 속하는 낙엽교목. 고대
　에 관곽(棺槨)의 재료로 썼음. 열매는 약용함.
　개오동나무 가【榎】가(檟)와 동자(同字).
　　　　　　　用榎與楚『爾雅』
　개오동나무 가【檟】樹吾墓檟『左傳』
　개오동나무 추【楸】楸梧早脫『埤雅』
　개오동나무 추【萩】추(楸)와 동자(同字).
　　　　　　　山居千章之萩『漢書』

개 으르렁거리다 :
　개 으르렁거릴 역【㹝】견쟁모(犬爭貌).

개이름 :
　개이름 로【盧】색이 검은 전국시대 한나라의
　　　　　　　명견(名犬). 韓盧.
　개이름 박【猼】사인유익수(似人有翼獸).
　개이름 제【猠】견명(犬名).

개 짖는 소리 :
　개짖는소리 우【吽】吽呀聞爭犬『梅堯臣』
　개짖는소리 은【狺】견폐성(犬吠聲).

개 짖다 :
　개 짖을 암【猶】견폐(犬吠).
　개 짖을 혐【獫】견폐불지(犬吠不止).

개 쫓다 :
　개 쫓을 패【獒】축견(逐犬).

개탄(慨嘆)하다 : 분개하여 탄식함.
　개탄할 우【歍】終日號而不歍『老子』

개털 :
　개털 녕【毼】견모(犬毛).

개통(開通)하다 :
　개통할 도【淘】유통(流通)하게 함.
　　　　　　　開淘舊河『宋史』
　개통할 천【穿】산을 깎거나 도랑을 파서 통하
　　　　　　　게 함. 穿渠漑田『漢書』

개펄 : 조수가 드나들어 염분이 많이 섞인 해변의
　땅.
　개펄 서【潊】개펄. 舟人漁子入浦潊『杜甫』
　개펄 서【澳】포야(浦也). 서(潊)와 동자(同字).

개펄 석【潟】석로(潟滷). 凡糞種,
　　　　　鹹潟用貆『周禮』

개펄 척【斥】척로(斥鹵). 乾而不斥『管子』

개 핥다 :

　개 핥을 첩【狧】견지(犬舐).

개흙 :

　개흙 녈【涅】물 밑의 염료(染料)로 쓰이는 고
　　　　　운 검은 흙. 以涅染緇『淮南子』

객사(客舍) :

　객사 관【館】임시로 머무르는 집. 숙사(宿舍).
　　　　　客館. 旅館. 適子之館兮『詩經』

갯고랑 :

　갯고랑 두【浢】협포(挾蒲).

갯버들 :

　갯버들 류【莆】포류(蒲柳).

갸륵하다 :

　갸륵할 남【湳】回 찬미탄사(讚美歎辭).

거(居)하다 :

　거할 도【都】점유함. 身都卿相之位『東方朔』

　거할 리【里】있음. 里仁爲美『孟子』

거꾸러지다 :

　거꾸러질 전【傎】도야(倒也).

거꾸로 :

　거꾸로 역【逆】전도(顚倒)하여 逆數.
　　　　　倒行逆施『史記』

거꾸로 넘어지다 :

　거꾸로 넘어질 위【躗】질야(跌也).

거꾸로 매달다 :

　거꾸로 매달 조【紂】도현(倒懸). 조

거꾸로 하다 : 상하(上下) 전후(前後)의 위치(位
　置)를 반대(反對)로 함.

　거꾸로 할 도【倒】顚之倒之 自公召之『詩經』

　거꾸로 할 전【顚】반대로 함.
　　　　　顚衣以爲裳『劉向』

거느리다 :

　거느릴 도【都】통령(統領)함. 총리(總理)함.
　　　　　都督中外諸軍事『晉書』

　거느릴 독【督】통솔함. 독군(督軍).
　　　　　弘專督江漢『晉書』

　거느릴 령【領】통솔함. 統領. 總領庶職『漢書』

　거느릴 륜【淪】이끎. 淪胥以鋪『詩經』

　거느릴 부【部】㉠ 통솔함. 관할(管轄)함.
　　　　　部十三州『漢書』
　　　　　㉡ 또 통솔(統率)하는 일.
　　　　　行部乘傳『漢書』

　거느릴 섭【攝】관할(管轄)함. 總攝百撥『晉書』

　거느릴 솔【衛】統也. 悉衛左右『石鼓文』

　거느릴 솔【率】인솔(引率)함. 통솔(統率).

昭公率師擊平子『史記』

　거느릴 솔【帥】솔(率)과 동자(同字).
　　　　　堯舜帥天下以仁『大學』

　거느릴 열【閱】통솔(統率)함. 以閱衆甫『老子』

　거느릴 이【以】인솔함. 以其族行『左傳』

　거느릴 장【將】인솔함. 將御. 將軍擊趙『史記』

　거느릴 제【提】통솔함. 提督.

　거느릴 종【從】인솔함. 從而伐齊『史記』

　거느릴 총【總】통솔함. 또 통치함. 總督. 總軍.
　　　　　總其罪人『左傳』

　거느릴 총【摠】통야(統也). 총(總)과 동자(同字).

　거느릴 통【統】통솔함. 統治. 統百官『書經』

거닐다 :

　거닐 섭【涉】돌아다님. 園日涉以成趣『陶潛』

　거닐 소【逍】소요(逍遙)는 이리 저리 거닒.
　　　　　河上乎逍遙『詩經』

　거닐 요【遙】소요(逍遙)는 이리 저리 거닒.
　　　　　河上乎逍遙『詩經』

　거닐 회【徊】회야(徊也). 徘徊往來『漢書』

거덜 :

　거덜 추【騶】말을 기르는 하인.
　　　　　命僕及七騶咸駕『禮記』

거동(擧動) :

　거동 거【擧】행동(行動). 일거일동(一擧一動).
　　　　　人主無過擧『漢書』

　거동 리【理】용지(容止) 理發諸外『禮記』

　거동 위【威】예모(禮貌) 있는 거동(擧動).
　　　　　의용(儀容). 威儀. 收其威『禮記』

　거동 의【儀】언행(言行)의 범절(凡節).
　　　　　威儀. 禮儀. 其儀不忒『詩經』

　거동 지【止】행동거지(行動擧止). 범절(凡節).
　　　　　擧止. 容止. 人而無止『詩經』

　거동 필【蹕】천자(天子)의 행행(行幸). 또 그
　　수레. 駐蹕. 此人犯蹕『史記』

　거동 행【幸】천자(天子)의 행차(行次). 行幸.
　　　　　諸宮館希御幸者『漢書』

거두다 :

　거둘 규【糾】규(糾)와 동자(同字). 收也.
　　　　　授旗糺族『後漢書』

　거둘 금【肣】수렴(收斂)함.

　거둘 렴【斂】㉠ 거두어들임. 모아들임. 收斂.
　　　　　斂時五福『書經』
　　　　　㉡ 오무림. 韓必斂手『史記』

　거둘 로【擄】수렴(收斂).

　거둘 로【攎】염야(斂也).

　거둘 보【捗】수렴(收斂)함.

　거둘 부【掊】가렴주구(苛斂誅求)함.
　　　　　曾是掊克『詩經』

거둘 삽【扱】수야(收也).

거둘 색【穡】색(嗇)과 동자(同字). 수확(收穫)함.
　　　　稼穡而食『顔氏家訓』

거둘 서【穧】익은 곡식을 거두어들임.
　　　　穧穛『禮記』

거둘 세【稅】조세(租稅)를 거둠. 징세(徵稅)함.
　　　　初稅畝『春秋』

거둘 수【收】한데 모아들임. 收穫.
　　　　我其收之『詩經』

거둘 조【調】징발(徵發)함. 下調郡縣『史記』

거둘 즙【戢】㉠ 무기를 거두어 들여 저장함.
　　　　戢囊. 載戢干戈『詩經』
　　　　㉡ 거두어 움츠림. 즙익(戢翼).
　　　　鴛鴦在梁 戢其左翼『詩經』

거둘 진【振】수용(收容)함.
　　　　振河海而不洩『中庸』

거둘 징【徵】구실 같은 것을 거두어들임. 徵斂.
　　　　以時徵其.賦『周禮』

거둘 찬【餐】채취(採取)함. 수집(收集)함.
　　　　餐輿誦于丘里『王儉』

거둘 철【撤】㉠ 제거함. 撤去. 不撤薑『論語』
　　　　㉡ 그만둠. 폐(廢)함.
　　　　減膳撤樂『唐書』

거둘 추【抽】거두어들임. 群倫抽緖『太玄經』

거둘 확【穫】곡식을 거두어들임. 收穫.
　　　　稼就而不穫『呂氏春秋』

거둘 회【擔】수야(收也).

거둘 흡【翕】수렴함. 其靜也翕『易經』

거둘 흡【歙】흡(噏)과 동자(同字). 수렴함.
　　　　將欲歙之 必固張之『老子』

거두어 가지다 :
　거두어 가질 흡【扱】렴취(斂取)함.
　　　　　　　以箕自鄕而扱之『禮記』

거두어들임 : 수장(收藏)함.
　거두어들일 거【去】去草實而食之『漢書』

거두어 묶다 :
　거두어 묶을 추【檵】수속(收束).

거듭 :
　거듭 당【黨】연거푸. 怪星之黨見『荀子』
　거듭 원【原】재차(再次). 原筮, 元永貞『易經』
　거듭 중【重】또 한번. 重立賞格『南史』
　거듭 증【曾】다시. 덧 포개어.
　　　　曾戲欷余鬱邑兮『楚辭』
　거듭 천【洊】再也. 重也. 水洊至『易經』
　거듭 천【薦】연거푸. 饑饉薦臻『詩經』
　거듭 천【荐】중첩해서. 연이어. 晉荐饑『左傳』

거듭 가르치다 :
　거듭 가르칠 순【諄】순(諄)과 동자(同字).
　　　　悅夫諄諄之意『莊子』

거듭 빚다 : 두 번 빚음. 중양(重釀)함.
　거듭 빚을 두【酘】猶一酘之酒酘 不可以方九醞
　　　　之醇耳『抱朴子』

거듭하다 :
　거듭할 신【申】되풀이 함. 신유(申諭).
　　　　以申命『易經』
　거듭할 원【原】재차(再次)함.
　　　　命膳夫曰 末有原『禮記』
　거듭할 이【貳】재차(再次)함. 중복(重複)함.
　　　　不貳過『論語』
　거듭할 중【緟】중(重)과 동자(同字).
　거듭할 중【重】되풀이 함. 勿復重紛紜『古詩』
　거듭할 증【曾】한 것을 또 함. 曾孫.

거룻배 : 돛 없는 작은 배. 칼 모양을 한 작은
　배.
　거룻배 거【艍】囦 작은 배.
　거룻배 공【槓】소주(小舟).
　거룻배 구【艜】작은 배.
　거룻배 도【刀】誰謂河廣, 曾不容刀『詩經』
　거룻배 도【舠】誰謂河廣, 曾不容舠『詩經』
　거룻배 돈【蕫】돈선(蕫船).
　거룻배 려【欚】呼吸吞船欚『曹植』
　거룻배 맹【艋】兩兩三三舴艋舟『張志和』
　거룻배 봉【篷】낚시배. 조봉(釣篷).
　　　　一篷衝雲返華陽『皮日休』
　거룻배 부【艀】작은 배. 艀艇.
　거룻배 위【葦】㉠ 一葦航之『詩經』
　　　　㉡ 縱一葦之所如『蘇軾』
　거룻배 접【艓】작은 배. 蘂花裝小艓『戴嵩』
　거룻배 정【艇】좁고 긴 거룻배. 小艇. 短艇.
　　　　蜀艇一版之舟『淮南子』
　거룻배 조【艚】작은 배. 維艚以梁其上『唐書』
　거룻배 차【艖】작은 배.
　거룻배 책【舴】兩兩三三舴艋舟『張志和』
　거룻배 편【扁】편(艑)과 통용. 乘扁舟.
　　　　浮於江湖『史記』

거르다 :
　거를 간【間】사이를 둠. 間歲而祫『漢書』
　거를 려【濾】여과(濾過). 羅者濾水具『白行簡』
　거를 록【漉】록(漉)과 동자(同字).
　거를 록【漉】액체(液體)를 거름. 滲漉.
　　　　漉汁灑地『戰國策』
　거를 록【盝】여과함. 淸其灰而盝之『周禮』
　거를 록【瀝】력야(瀝也). 록(盝)과 동자(同字).
　거를 서【湑】서(醑)와 동자(同字). 술을 거름.
　　　　有酒湑我『詩經』
　거를 시【釃】술을 거름. 釃酒有藇『詩經』

거를 역【釃】거재(去滓).

거를 자【榨】술을 거름. 光祿寺榨酒『大明會典』

거를 제【釃】록야(漉也).

거를 초【抄】액체를 체 따위로 거름. 抄紙槽.

거를 축【縮】국물을 짜냄. 無以縮酒『左傳』

거른물 :

　거른물(술) 록【淥】여과한 물. 또는 술.
　　　　　　　　　　更盡杯中淥『王禹偁』

거름 :

　거름 분【橨】분전(糞田).

　거름 비【肥】비료(肥料). 시비(施肥).
　　　　　　　　　　澆肥之法『花鏡』

거름 주다 :

　거름 줄 분【糞】糞田疇『禮記』

거리 : 네거리. 또는 한길. 큰 거리.

　거리 가【街】街頭. 十字街. 對街爲宅『後漢書』

　거리 구(규)【馗】팔방(八方)으로 통하는 길.
　　　　　　　　　　土女滿莊馗『王粲』

　거리 구【衢】네거리. 가구(街衢). 통구(通衢).
　　　　　　　　　　尸諸周氏之衢『左傳』

　거리 동【衕】한길. 衚衕.

　거리 료【料】감. 재료(材料).
　　　　　　　　　　山色供詩料『杜甫』

　거리 맥【佰】맥(陌)과 통용.
　　　　　　　　　　南以閩佰爲界『漢書』

　거리 맥【伯】맥(佰)과 통용. 置伯格長『史記』

　거리 항【巷】이중도(里中道). 항맥(巷陌).
　　　　　　　　　　巷無民人『詩經』

　거리 호【衚】큰 거리. 한길.
　　　　　　　　　　北方謂巷道曰衚衕『日下舊聞』

　거리 충【衝】사통오달(四通五達)하는 길. 陳留
　　　　　　　　　　天下之衝 四通五達地郊也『史記』

거리끼다 : 걸리어서 방해(妨害)나 상치(相値)가 됨.

　거리낄 견【牽】구애(拘礙)함.
　　　　　　　　　　學者牽於所聞『史記』

　거리낄 계【轚】礙也.

　거리낄 괘【罣】心無罣礙『般若心經』

　거리낄 구【拘】구애(拘礙)함. 구니(拘泥).
　　　　　　　　　　不拘文法『史記』

　거리낄 니【泥】정체(停滯)함. 구애(拘礙)함.
　　　　　　　　　　구니(拘泥). 致遠恐泥『論語』

　거리낄 방【妨】
　　㉠ 장애가 됨. 宇宙隘而妨『韓愈』
　　㉡ 거리끼는 일.
　　　　太子勇數被讒毀歎曰, 我大覺身妨『隋書』

　거리낄 애【硋】애(礙)와 동자(同字).
　　　　　　　　　　雲霧不硋其視『列子』

　거리낄 애【礙】

　　㉠ 애안(礙眼). 礙竉. 礙諸以禮樂『揚子法言』

　　㉡ 장애(障礙). 水避礙則通于海『揚子法言』

　거리낄 애【碍】애(礙)의 속자.
　　　　　　　㉠ 自在無碍『大般若經』
　　　　　　　㉡ 雲霧不碍其視『列子』

　거리낄 지【躓】礙也.

　거리낄 치【疐】치(擿)와 동자(同字). 礙不行.

　거리낄 치【擿】애불행(礙不行).

　거리낄 핵【閡】한 군데에 정체(停滯)함.
　　　　　　　　　　不令有所拘閡『後漢書』

거만(倨慢) :

　거만 오【傲】교만(驕慢). 傲不可長『禮記』

거만(倨慢)하다 :

　거만할 거【倨】오만(傲慢)함. 불손(不遜)함.
　　　　　　　　　　倨傲. 驕倨. 遊毋倨『禮記』

　거만할 거【裾】거(倨)와 통용.
　　　　　　　　　　爲人廉裾『漢書』

　거만할 건【僆】거만(倨慢).

　거만할 구【仇】오만(傲慢)한 모양.
　　　　　　　　　　執我仇仇『詩經』

　거만할 만【慢】오만(傲慢). 교만(驕慢).
　　　　　　　　　　王素慢無禮『史記』

　거만할 아【婭】오야(傲也).

　거만할 오【傲】오만(傲慢). 거오(倨傲).
　　　　　　　　　　不問而告 謂之傲『荀子』

　거만할 오【敖】오(傲)와 동자(同字).
　　　　　　　　　　교만(驕慢)함. 敖不可長『禮記』

　거만할 오【警】오(傲)와 동자(同字).
　　　　　　　　　　宿將暴警不循令者『唐書』

　거만할 오【驁】오만(傲慢)함.
　　　　　　　　　　諸公稍自引而怠驁『漢書』

　거만할 준【夋】오야(敖也).

　거만할 항【亢】오만(傲慢)함. 亢傲. 亢顔.
　　　　　　　　　　高論怨誹爲亢而已矣『莊子』

거만(倨慢)히 보다 :

　거만히 볼 선【䚕】거시인(倨視人).

거매지다 :

　거매질 검【黔】거멓게 됨. 墨突不得黔『韓愈』

　거매질 흑【黑】거멓게 됨. 池水盡黑『魏志註』

거먕옻나무 : 옻나무과에 속하는 낙엽교목.

　거먕옻나무 로【櫨】黃櫨. 楓柙櫨櫪『張衡』

거머리 : 거머리목(目)에 속하는 동물의 총칭. 논
　　과 못 같은 데 살며 동물의 살에 달라붙어 피
　　를 빨아먹음. 환형(環形)동물.

　거머리 아【蛾】질야(蛭也).

　거머리 유【蝚】蛭蝚는 거머리의 한 가지.

　거머리 지【蜝】蛭也.

　거머리 질【蛭】水蛭. 食寒菹而得蛭『劉向』

거문고 : 현악기의 한 가지. 옛날에는 오현(五絃)이었으나 후에 칠현(七絃)으로 되었음.

거문고 금【琴】琴書. 彈琴復長嘯『王維』

거문고 동【桐】久厭凡桐不復彈『蘇轍』

거문고 오【梧】惠子之據梧也『莊子』

거문고 체【麂】금명(琴名).

거문고 돌려놓는 소리 :

거문고 돌려놓는 소리 소【俏】孔子俏然反琴而絃歌『莊子』

거문고소리 : 거문고를 타는 소리.

거문고소리 갱【鏗】鼓瑟希, 鏗爾『論語』

거문고소리 릉【倰】금성(琴聲).

거문고소리 쟁【琤】前溪忽調琴 隔林寒琤琤『孟郊』

거문고 줄 : 거문고에 맨 줄.

거문고 줄 륜【綸】以文之綸終『莊子』

거문고 줄 받침 : 거문고의 하면(下面)에 있어 줄을 굴리는데 쓰이는 장치.

거문고 줄 받침 진【軫】㉠ 須施軫如琴『魏書』
㉡ 拂軫弄瑤琴『李白』

거문고 타는 소리 : 거문고 비파(琵琶)같은 현악기를 타는 소리.

거문고 타는 소리 정【丁】但聞琴聲丁丁然『捫蝨新語』

거미 : 거미줄을 쳐서 벌레를 잡아먹는 곤충.

거미 기【蜝】지주(蜘蛛), 장족충(長足蟲).

거미 독【蝳】蝳蝑, 금지지주(今之蜘蛛).

거미 모【蟱】蟱蛛, 지주(蜘蛛).

거미 모【蟊】지주(蜘蛛).

거미 주【鼅】주(蛛)와 동자(同字).

거미 주【蛛】지주(蜘蛛). 주사(蛛絲).

거미 지【鼄】지(蜘)와 동자(同字).

거미 지【蜘】聖人師蜘蛛立網罟『關尹子』

거미 추【蝥】지주(蜘蛛).

거북 : 파충의 하나. 고대(古代)에 신령(神靈)한 동물로 여겨 그 껍데기는 거북점에 썼음.

거북 감【魽】귀야(龜也).

거북 구【蕭】구(蠅)과 동자(同字). 蕭蕭

거북 귀【龜】㉠ 龜卜.
麟鳳龜龍 謂之四靈『禮記』
㉡ 거북이 껍데기로써 삼은 화폐.
人用莫如龜『漢書』

거북 미【黽】黽厮下黽, 구속(龜屬).

거북 벽【鼊】似龜而漫胡無指爪甲有珠文如瑇瑁.

거북 앙【䍰】龜也.

거북 채【蔡】점치는 데 쓰는 큰 거북.
臧文仲居蔡『論語』

거북 휴【鑴】蠵也. 蠵鑴, 大龜文似瑇蝐.

거북 굽는 나무 : 거북점을 칠 때, 귀갑(龜甲)을 굽는데 쓰는 나무.

거북 굽는 나무 제【焍】以梁卵焍黃 祓去玉靈之不祥『史記』

거북 기어가다 :

거북 기어갈 구【龜】圀 구행(龜行).

거북껍데기 :

거북껍데기 귀【龜】귀갑(龜甲).
攻龜用春時『周禮』

거북다리 : 석겁(石蜐)은 절족동물(絶足動物). 갑각류에 속하는 해충. 거북의 다리와 같이 생겼으며 바다물가의 바위틈에 떼를 지어 삶.

거북다리 겁【蜐】귀각(龜脚).
海人有食石蜐『江淹』

거북 머리 움츠리다 :

거북 머리 움츠릴 효【㲋】구축두(龜縮頭).

거북이 :

거북이 대【蝳】龜也.

거북이름 :

거북이름 동【蟹】구명(龜名).

거북이름 영【蠑】거북의 일종. 구속(龜屬).
其水蟲則有蠑龜鳴蛇『張衡』

거북 점치다 :

거북 점칠 초【龜】작구복조(灼龜卜兆).

거북종류 :

거북종류 구【鮈】구속(龜屬).

거북하다 :

거북할 조【燿】燿嬈, 불인모(不仁貌).

거사(擧事) : 행사. 계획(計劃).

거사 거【擧】美擧. 今日之擧, 非本願也『晉書』

거성 : 사성(四聲)의 하나.

거성 거【去】거성(去聲).

거세다 :

거셀 려【戾】격렬(激烈)함.
勁風戾而吹帷『潘岳』

거스르다 : 어김. 거역(拒逆)함. 배반(背叛)함.

거스를 괴【乖】乖忤. 楚執政衆而乖『左傳』

거스를 기【忮】不忮於衆『莊子』

거스를 량【勷】거야(拒也).

거스를 반【反】其所令反其所好而民不從『大學』

거스를 방【方】方命虐民『孟子』

거스를 불【拂】拂戾. 拂人之性『大學』

거스를 소【遡】반대되는 길을 취함.
如彼遡風『詩經』

거스를 악【遻】거역함.

거스를 역【逆】㉠ 순조롭지 아니함.
역운(逆運). 역경(逆境).

　ⓛ 순종하지 아니함.
　　順天者存 逆天者亡『孟子』
　ⓒ 반대(反對)함. 대항(對抗)함.
　　順人之嗜好而不敢逆『尹文子』
　ⓔ 배반(背叛)함. 反逆. 逆臣.
　　未退而逆之『國語』
　ⓜ 도리. 이치에 벗어남. 逆理.
　　言辯而逆『荀子』
　ⓗ 사물에 반대되는 길을 잡음.
　　水逆行氾濫於中國『孟子』
　ⓢ 기운이 거꾸로 올라 옴.
　　大飮則氣逆『素問』

거스를 오【悟】 거역(拒逆)함.
거스를 오【忤】 거역함. 오색(忤色).
　　皆以忤旨抵罪『後漢書』
거스를 오【捂】 거역함. 저촉(抵觸)함.
　　或有抵捂『漢書』
거스를 오【迕】 어그러짐. 旁迕.
　　好惡乖迕『漢書』
거스를 오【噩】 一曰正夢 二曰噩夢 列子作覺
　　『周禮』
거스를 오【蘁】 오(忤)와 통용. 이치에 거스름.
　　不敢蘁立『莊子』
거스를 횡【橫】 상리(常理)에 어그러짐.
　　待我以橫逆『孟子』

거슬러 올라가다 : 흐르는 물을 위로 향하여 감.
　인신(引伸)하여 과거를 거슬러 올라감.
거슬러 올라갈 소【溯】 소(泝), 소(遡)와 동자(同字).
　　　　溯源. 溯洞從之『詩經』
거슬러 올라갈 소【泝】 소(溯)와 동자(同字).
　　　　泝流. 沿漢泝江『左傳』
거슬러 올라갈 소【遡】 소(溯)와 동자(同字).
　　　　遡洄從之『詩經』
거슬러 올라갈 회【洄】 溯洄從之『詩經』

거슬리다 : 마음에 거슬림.
거슬릴 도【倒】 至言忤于耳而倒于心『韓非子』
거슬릴 역【屰】 역(逆)과 통용. 역야(逆也).
거슬릴 오【午】 오(忤)와 동자(同字).
　　午其衆 以伐有道『禮記』
거슬릴 요【詏】 역야(逆也).
거슬릴 호【㨭】 불순리(不順理).

거여목 : 콩과에 속하는 일년초. 우마(牛馬)의 사
　료. 또는 비료로 쓰임.
거여목 목【苜】 목숙(苜蓿). 馬嗜苜蓿『史記』
거여목 숙【蓿】 목숙(苜蓿). 馬嗜苜蓿『史記』

거역(拒逆)하다 :
거역할 야【姶】 불순(不順).

거염 내다 : 샘하여 욕심(慾心)을 내다.

거염 낼 후【睺】 탐재(貪財).
거울 : 물체(物體)의 형상(形象)을 비추어 보는 물
　건. 본보기. 모범(模範) 경계(警戒)가 될 만한
　것.
　거울 감【鑑】 ㉠ 王以后之鞶鑑予之『左傳』
　　　　　　　ⓛ 경계(警戒). 殷鑑不遠『詩經』
　　　　　　　ⓒ 영감(靈鑑). 有知人之鑑『梁書』
　거울 감【監】 경계(警戒).殷監不遠『孟子』
　거울 경【鏡】 ㉠ 동경(銅鏡).
　　　　　　　淸水明鏡不可以形逃『漢書』
　　　　　　　ⓛ 以前人爲鏡戒『後漢書』
　거울 야【鎞】 경야(鏡也).
　거울 조【照】 賣半照『羣談探餘』
거울삼다 : 남의 잘못을 보고 경계(警戒)로 삼음.
　본보기로 삼음.
　거울삼을 감【監】 ㉠ 宜監于殷『詩經』
　　　　　　　　ⓛ 周監於二代『論語』
　거울삼을 감【鑑】 以自鑑戒『後漢書』
거울상자 : 거울을 넣는 갑. 펴면 경대(鏡臺)가 됨.
　거울상자 렴【匳】 鏡匳中物『後漢書』
　거울상자 렴【籢】 렴(匳)과 동자(同字).
　　　　　　　　置鏡籢中『烈女傳』

거울에 녹슬다 :
　거울에 녹슬 수【鏽】 경상녹(鏡上綠).

거위 : 기러기과에 속하는 가금(家禽)의 하나. 기
　러기의 사양변종(飼養變種).
　거위 가【駕】 아(鵝)와 동의.
　　　　　　　駕鵝鶀鴈『司馬相如』
　거위 가【䳵】 서안(舒雁), 鵝也.
　거위 서【鴚】 서안(舒雁), 사부(似鳧).
　거위 아【鵝】 기러기과에 가안(家雁).
　　　　　　　雪似鵝毛飛散亂『白居易』
　거위 포【鶬】 아야(鵝也).

거위 : 기생충의 하나. 사람의 창자 속에 붙어 삶.
　거위 회【蚘】 회(蛔)와 동자(同字).
　거위 회【蛔】 회(蛕)와 동자(同字). 蛔蟲.
　거위 회【蛕】 회(蛔)와 동자(同字). 회충(蛔蟲).
　　　　　　　脩蛕養心 短蟯穴胃『柳宗元』

거위소리 :
　거위소리 예【鶂】 거위가 우는소리.
　　　　　　　　惡用是鶂鶂者爲哉『孟子』

거의 : 얼추. 하마터면. 거의 됨. 아마.
　거의 근【僅】 士卒僅萬人『韓愈』
　거의 기【幾】 幾至死境. 幾敗乃公之事『史記』
　거의 략【略】 거지반(居之半). 거반(居半).
　　　　　　　與昭帝略同年『漢書』
　거의 수【垂】 垂老. 垂死病中驚坐起『元稹』
　거의 위【危】 거반(居半).

東平王禹曰 我危得之『漢書』

거의 태【殆】殆不可復『孟子』

거의 흘【汔】흘(汔)과 동자(同字). 거반(居牛).

거의 흘【汔】거반(居牛). 汔可少康『詩經』

거의 죽다 : 중상(重傷)을 입었으나 아직 목숨이
　　끊어지지 않음.

거의 죽을 수【殊】史人刺蘇秦 不死 殊而走
　　　　　　『史記』

거의 죽으려하다 :

거의 죽으려 할 력【瀝】기지사경(幾至死境).

거적 : 띠, 짚 따위를 엮어 자리처럼 만든 물건.
　　제사 때 까는 띠로 엮은 거친 자리.

거적 간【菅】사초(莎草)로 엮은 거적.
　　　　　　白菅爲席『山海經』

거적 점【苫】寢苫枕干『禮記』

거적 조【菹】席用菹稭『漢書』

거적 조【藉】共茅藉『周禮』

거절(拒絶)하다 :

거절할 와【譌】거절(拒絶).

거조(擧措)) : 행동거지.

거조 조【措】周惶失措『李嶠』

거지 : 걸식하는 사람. 비렁뱅이.

거지 개【丐】皐隷傭丐 皆得上父母之邱墓『柳宗元』

거지 걸【乞】外舍家寒乞『宋書』

거지덩굴 : 포도과(葡萄科)에 속하는 다년생 만초
　　(蔓草). 각지에 저절로 나며 뿌리는 약재로 씀.

거지덩굴 렴【蘞】염(蘞)과 동자(同字). 烏蘞苺.

거지덩굴 렴【蘞】烏蘞苺. 蘞蔓于野『詩經』

거짓 : 사실이 아닌 것을 사실같이 함.

거짓 가【假】허위(虛僞). 허망(虛妄). 假名.
　　　　　　明眞照假『江總』

거짓 격【譈】사야(詐也).

거짓 교【儌】기야(欺也).

거짓 급【伋】허위(虛僞). 朝延多擧伋『後漢書』

거짓 기【機】허위(虛僞). 또는 나쁜 책략(策略).
　　　　　　機械之心藏於胸中『淮南子』

거짓 기【欺】기만(欺瞞). 허위(虛僞).
　　　　　　甚矣哉爲欺也『劉基』

거짓 려【譩】사야(詐也). 려

거짓 망【妄】認妄爲眞『圓賞涇』

거짓 사【詐】사기. 사위(詐僞).
　　　　　　民苦則不仁 勞則詐生『說苑』

거짓 서【諝】허위. 기만.
　　　　　　比周朋黨, 設詐諝『淮南子』

거짓 안【贋】위조. 또 위조한 물건.
　　　　　　贋天子. 居然見眞贋『韓愈』

거짓 양【詳】양(佯)과 통용. 양취(詳醉).
　　　　　　箕子詳狂爲奴『史記』

거짓 양【佯】佯哭狂而存怒『史記』

거짓 양【陽】양(佯)과 동자(同字). 陽狂. 陽死.
　　　　　　陽若善之『禮記』

거짓 와【訛】㉠ 叔代澆訛『晉書』
　　　　　　㉡ 요언(妖言). 民人訛謠『漢書』

거짓 위【讆】오류. 또 허위. 是讆言也『左傳』

거짓 위【讏】허위. 是讏言也『左傳』

거짓 위【僞】㉠ 인위(人爲). 부자연(不自然).
　　　　　　人性惡也 其爲善者僞也『荀子』
　　　　　㉡ 불성실(不誠實). 허식(虛飾).
　　　　　　위선(僞善). 其行僞『淮南子』
　　　　　㉢ 가짜. 作僞主以行『禮記』
　　　　　㉣ 허위(虛僞). 위언(僞言).
　　　　　　防萬民之僞『周禮』

거짓 참【譖】참(僭)과 통용. 譖始竟背『詩經』

거짓 참【僭】참(譖)과 통용.
　　　　　　亂之初生 僭始旣涵『詩經』

거짓 탄【但】탄(誕)과 통용.
　　　　　　媒但者非學謾也『淮南子』

거짓 탄【誕】허언(虛言). 남을 속이는 큰 소리.
　　　　　　多誕而寡信『說苑』

거짓 휼【譎】권모술수(權謀術數).
　　　　　　權譎自在『漢書』

거짓말 :

거짓말 위【噅】구불언정(口不言正).

거짓말 탄【誕】허언(虛言). 남을 속이는 큰 소리.
　　　　　　多誕而寡信『說苑』

거짓말 톤【啍】기만(欺謾). 無取口啍『荀子』

거짓말하다 :

거짓말할 광【誆】사야(詐也).

거짓말할 란【讕】무언(誣言).

거짓말할 매【嚜】어린아이가 남을 잘 속임.
　　江湘之間 小兒多詐而獪 謂之嚜尿『揚雄方言』

거짓 쓰다 :

거짓 쓸 모【冒】가칭(假稱)함. 모명(冒名).
　　　　　　冒姓衛氏『漢書』

거짓 잠자다 :

거짓 잠잘 어【癮】양숙(佯宿).

거짓 절하다 :

거짓 절할 좌【跮】사배(詐拜).

거처(居處) :

거처 구【區】주소(住所).
　　　　　　有田一廛 宅一區『漢書』

거처 옥【隩】사는 곳. 回隩旣宅『書經』

거처(居處)하다 :

거처할 려【廬】거소(居所).

거치다 : 여러 가지를 겪음. 두루 미침.

거칠 관【關】섭(涉)과 동의. 섭렵(涉獵).

少好學多關覽『後漢書』

거칠 루【陋】조악(粗惡)함.
　　　衣裘器服 皆擇其陋『宋書』

거친 겨 :
　거친 겨 핵【糠】조강(粗糠).

거친 돌 :
　거친 돌 찰【礤】조석(粗石).

거친 명주 :
　거친 명주 부【紨】조주(粗紬).

거친 무명 : 거친 면직물.
　거친 무명 탑【榻】榻布皮革千石『史記』

거친 옷 : 거친 솜을 둔 옷.
　거친 옷 【縕】衣敝縕袍與衣狐貉者立而不恥者
　　　　其由也與『論語』

거칠다 : 굵고 성김. 곱지 아니함.
　거칠 고【楛】만든 물건이 거침. 고만(楛僈).
　　　問楛者勿告也『荀子』
　거칠 고【苦】견고(堅固)하지 아니함.
　　　器皆不苦窳『史記』
　거칠 고【沽】물건이 정치(精緻)하지 못함.
　　　功沽上下『周禮』
　거칠 과【䜣】妄䜣布服, 糲食『漢書』
　거칠 대【大】성김. 衣大布而補之『莊子』
　거칠 래【萊】잡초가 우거져 거침. 초래(草萊).
　　　田卒汚萊『詩經』
　거칠 률【㡿】황면(荒面).
　거칠 망【莽】조략(粗略)함.
　　　君爲政勿鹵莽『莊子』
　거칠 맹【血】맹(孟)과 동자(同字). 血浪, 不精要.
　거칠 맹【孟】孟浪, 불정요(不精要).
　거칠 무【蕪】㉠ 잡초가 무성함.
　　　田園將蕪『陶潛』
　　　㉡ 우거진 잡초.
　　　白露生庭蕪『顔延之』
　　　㉢ 황무지(荒蕪地).
　　　鳥下綠蕪『許渾』
　거칠 분【笨】조잡(粗雜)함. 조분(粗笨). 笨車.
　　　豫章大守史疇 以人肥大 時人目爲
　　　笨伯『晉書』
　거칠 분【体】분(笨)과 동자(同字). 통속적(通俗
　　　的)으로 체(體)의 약자(略字)로 쓰임.
　거칠 섭【涉】경과(經過)함. 지냄. 역섭(歷涉).
　　　經涉. 背秋涉冬『枚乘』
　거칠 소【疏】정하지 아니함. 疏惡.
　　　飯疏食『論語』
　거칠 솔【率】조잡(粗雜)함. 조솔(粗率).
　　　豬性卑而率『埤雅』
　거칠 송【鬆】곱지 아니함. 조송(粗鬆).

須求鬆土淺耕下秧『黃省曾』

거칠 안【嘫】성질이 거침. 由也嘫『論語』
거칠 예【穢】㉠ 황무(荒蕪)함. 荒穢.
　　　蕪穢不治『漢書』
　　　㉡ 황무지(荒蕪地).
　　　並陷潛穢『後漢書』
거칠 저【怚】성품이 거침.
　　　秦王怚而不信人『史記』
거칠 조【粗】정(精)하지 아니함. 조략(粗略).
　　　粗製濫造. 其聲粗以厲『禮記』
거칠 조【𥹥】荒也.
거칠 초【草】조잡(粗雜)함. 以惡草具進『史記』
거칠 추【麤】㉠ 정세(精細)하지 아니함. 麤疏.
　　　用意尚麤『公羊傳』
　　　㉡ 성질이 粗暴함. 麤暴.
　　　謝突性麤『晉書』
거칠 추【觕】추(麤)와 동자(同字).
　　　其器高以觕『呂氏春秋』
거칠 활【闊】소략(疏略)함. 方略疏闊『漢書』
거칠 황【荒】㉠ 황무(荒蕪)함. 荒地.
　　　田疇荒蕪『國語』
　　　㉡ 거친 땅. 황무지. 遜于荒『書經』
　　　㉢ 開荒五千餘項『晉書』

거칠어지다 :
　거칠어질 심【㰼】황야(荒也).
거푸 :
　거푸 잉【仍】연거푸. 饑饉仍臻『漢書』
거푸집 : 부어서 만드는 물건의 모형.
　거푸집 모【模】모(摹)와 동자(同字). 본. 주형(鑄型).
　　　鑄器必先用蠟爲模『洞天淸錄』
　거푸집 용【鎔】주물(鑄物)의 모형(模型).
　　　冶鎔 炊炭『漢書』
　거푸집 형【型】明鏡之始下型『淮南子』
거푸집 속 : 거푸집을 만드는 데 부어 넣는 곳을
　공허하게 하기 위하여 쳐 넣는 곳.
　거푸집 속 양【禳】양야(禳也).
거품 : 물의 거품. 큰 것을 泡, 작은 것을 沫이라 함.
　거품 구【漚】물거품. 浮漚. 如海一漚『楞嚴經』
　거품 말【沫】㉠ 拊拂瀑沫『郭璞』
　　　㉡ 물이 끓을 때 나는 거품.
　　　凡酌置諸盌 令沫餑均『茶經』
　　　㉢ 입에서 나오는 침의 거품.
　　　疲驂喘沫白『曾鞏』
　거품 부【涪】물의 거품. 涪漚.
　거품 시【渳】입에서 나오는 거품. 침방울.
　　　龍亡而渳在『國語』
　거품 지【漬】물의 거품.
　　　空生大覺中如海一漬『楞嚴經』

거품 포 【泡】 물거품. 泡沫. 夢幻泡影『金剛經』

거품 포 【瀑】 물거품. 포말(泡沫)

　　　　　附拂瀑沫『郭璞』

걱정 :

　걱정 우 【虞】 ㉠ 쳐들어올 걱정과 방비.

　　　　　　有邢翟之虞『國語』

　　　　　㉡ 사변(事變). 소란(騷亂).

　　　　　　난리(亂離). 封域寡虞『陸機』

걱정시키다 :

　걱정시킬 흔 【俒】 흔야(悘也).

걱정하다 :

　걱정할 려 【慮】 근심함. 염려(念慮).

　　　　　君臣疑慮『後漢書』

건 : 벌. 가지.

　건 건 【件】 일건(一件). 이건(二件).

건 : 머리를 동여매어 머리가 내려오지 않게 형
　겊으로 만든 물건. 머리띠 따위.

　건 건 【巾】 두건(頭巾). 폭건(幅巾).

　　　　　士冠 庶人巾『釋名』

　건 권 【帣】 두건. 以其帣麾之『韓非子』

　건 두 【兜】 두건. 西僧皆戴紅兜『瞿佑詩話』

　건 리 【䍦】 멱리(冪䍦).

　　　古冠而不幘 晉宋之世用冪䍦『唐書』

　건 모 【冒】 두건(頭巾). 著黃冒『漢書』

　건 모 【帽】 두건. 관모(冠帽).

　　　帽自天子 下及庶人 通冠之『隋書』

　건 복 【幞】 두건. 戴幞頭『詩話總龜』

　건 소 【綃】 건(巾), 絳綃頭『後漢書』

건강(健康)하다 :

　건강할 척 【勠】 건강(健康).

건너다 :

　건널 긍 【亙】 강을 배를 타고 건넘.

　　　　　跨川亙隰『水經注』

　건널 도 【渡】 ㉠ 물을 건너감. 도해(渡海).

　　　　　　項梁渡淮『史記』

　　　　　㉡ 지나감. 통과함. 도해(渡海).

　　　　　　半隨飛雲渡關山『蘇軾』

　건널 란 【亂】 강을 건넘. 亂流. 亂于河『書經』

　건널 려 【厲】 물을 건넘.

　　　　　檝舟航以橫厲兮『楚辭』

　건널 률 【栗】 건너뜀. 넘음.

　　　　　栗階不過二等『儀禮』

　건널 릉 【凌】 건너감. 凌水經地『史記』

　건널 빙 【憑】 걸어서 강 따위를 건넘. 憑河.

　　　　　虎可搏 河難憑『李白』

　건널 섭 【涉】 ㉠ 도보로 물을 건넘. 도섭(徒涉).

　　　　　　利涉大川『易經』

　　　　　㉡ 건너는 일. 건너는 곳.

　　　　　濟有深涉『詩經』

　건널 절 【絶】 횡단(橫斷)함. 절해(絶海). 絶江.

　　　　　正絶流曰亂『爾雅』

　건널 제 【濟】 물을 건넘. 濟河而西『史記』

　건널 항 【航】 배로 물을 건넘. 航行.

　　　　　聊一葦而可航『北齊書』

　건널 항 【杭】 항(航)과 동자(同字).

　　　　　一葦杭之『詩經』

건너뛰다 : 뛰어 넘음.

　건너뛸 착 【踖】 踖階而走『公羊傳』

건너지르다 : 가로대어 놓음.

　건너지를 가 【架】 가설(架設)함. 가공(架空).

　　　　　險路架橋『傳燈錄』

건네다 :

　건넬 도 【渡】

　　　㉠ 건너게 함. 以木罌瓶渡軍『史記』

　　　㉡ 가설(架設)함. 作橋跨渡渭水『漢書』

　　　㉢ 줌. 교부함. 檢括州府付渡事『資治通鑑

건돈 :

　건돈 억 【億】 도박(賭博)에 걸어 놓은 돈.

건량(乾糧) : 볶은 쌀. 또는 말린 밥. 보통 행군
　할 때 휴대(携帶) 하였음.

　건량 구 【糗】 구량(糗糧).

　　　　　羞籩之實 糗 餌 粉 餈『周禮』

　건량 비 【餥】 후식야(餱食也).

　건량 비 【糒】 乾糒. 載糒給貳師『史記』

　건량 향 【饟】 향(餉)과 동자(同字).

　　　　　其饟伊黍『詩經』

　건량 향 【餉】 주로 군용. 여행용으로 쓰임.

　　　　　인신(引伸)하여 군량(軍糧).

　건량 후 【糇】 酒㪺糇糧『書經』

　건량 후 【餱】 말린 밥. 酒㪺餱糧『詩經』

건망증(健忘症) : 잘 잊는 병.

　건망증 망 【忘】 中年病忘『列子』

건목치다 :

　건목칠 롱 【儱】 儱侗未成器.

　건목칠 탁 【劅】 치박구미성기(治樸俱未成器).

건목칠 :

　건목칠 소 【橾】 미성기(未成器).

건샘 : 물이 자주 마르는 샘.

　건샘 첨 【灗】 건천(乾泉).

건성 : 겉으로만 함.

　건성 건 【乾】 건아(乾兒).

　　　　　何須乾啼溫笑『北史』

건성으로 하다 : 겉으로만 그러함. 겉으로만 함.

　건성으로 할 건 【乾】 건아(乾兒).

　　　　　何須乾啼溫笑『北史』

건어(乾魚) : 말린 물고기. 일설에는 소금에 절인

물고기.

건어 고【鱟】辨魚物爲鱻鱟『周禮』

건어 상【鯗】索食之甚美 因書美下魚鯗字『吳地記』

건어 수【鱐】숙(鱐)과 동자(同字).
　　　　　　夏宜腒鱐『禮記』

건어 첩【鰈】鰈鮑千鈞『漢書』

건어꼬리 :

건어꼬리 수【鱐】건어미(乾魚尾).

건장(健壯)하다 :

건장할 교【獢】건야(健也). 교강(獢犺).

건장할 구【姁】건야(健也).

건장할 규【騤】말이 건장(健壯)한 모양.
　　　　　　四牡騤騤『詩經』

건장할 린【獜】강건(强健).

건장할 초【欨】건야(健也).

건장할 할【顕】건야(健也).

건장할 험【厱】건야(健也).

건장할 호【勢】건야(健也).

건져내다 :

건져낼 저【抯】사취(攎取). 南楚之間凡取物於溝
　　　　　　泥中謂之抯『方言』

건지다 :

건질 제【濟】구제함. 제세(濟世). 제민(濟民).
　　　　　　道濟天下『易經』

건질 증【承】증(拯)과 동자(同字). 구제함.
　　　　　　使弟子並流而承之『列子』

건질 증【撜】증(拯)과 동자(同字).
　　　　　　子路撜溺而受牛謝『淮南子』

건질 증【拯】구조(救助)함. 구원(救援)함. 拯救.
　　　　　　子路拯溺者『呂氏春秋』

건질 진【振】진(賑)과 통용. 구휼(救恤)함.
　　　　　　진휼(振恤). 振人不贍『史記』

건축물(建築物) : 쌓거나 지은 성벽, 가옥 따위.

건축물 축【築】畏人爲小築『杜甫』

걷는 소리 :

걷는 소리 칙【樲】행성(行聲).

걷다 : 위쪽으로 개키거나 말아 올리다.

걷을 건【褰】
　　㉠ 소매나 치맛자락 같은 것을 걷어올림.
　　　　褰裳涉溱『詩經』
　　㉡ 발을 걷어 올림. 珠簾亦高褰『李商隱』

걷을 건【攓】건(褰)과 동자(同字).
　　　　　　可攓裳而越也『淮南子』

걷을 건【蹇】건(褰)과 통용. 蹇裳『莊子』

걷을 게【揭】옷의 아랫도리를 걷음.
　　　　　　淺則揭『詩經』

걷을 게【撅】게(揭)와 동자(同字). 옷의 아랫도
　　　　리를 걷어올림. 不涉不撅『禮記』

걷을 구【摳】옷의 아랫도리를 걷어 올림.
　　　　　　摳衣趨隅『禮記』

걷을 권【帣】소매 같은 것을 걷음.
　　　　　　淳于髡帣韝『史記』

걷을 려【厲】옷자락을 걷어 올리다.
　　　　　　深則厲 淺則揭『詩經』

걷을 삽【扱】옷 같은 것을 걷음.
　　　　　　渡水衣須扱『徐鍇』

걷을 선【揎】소매를 걷어 올려 어깨를 드러냄.
　　　　　　玉腕半揎雲碧袖『蘇軾』

걷을 섭【攝】걷어올림. 攝齊升堂『論語』

걷을 양【攘】소매를 걷어올림. 攘臂.
　　　　　　袂而正議『漢書』

걷을 전【振】걷어 올림.

걷다 : 양쪽 다리를 번갈아 떼어 내딛으며 몸을
　　옮겨 나아가다.

걸을 가【跒】파가(跁跒). 보행(步行).
　　　　　　跁跒爲詩跁跒書『李建勳』

걸을 과【夸】과야(跨也).

걸을 발【癶】두발을 벌리고 가는 것을 상형(象
　　　　　　形)한 문자(文字).

걸을 보【步】
　　㉠ 보행(步行)함. 步行.
　　　　王朝步自周『書經』
　　㉡ 천천히 걸음.
　　　　走者之速 步者之遲『說苑』

걸을 사【躧】천천히 행보(行步)함.
　　　　　　躝躡躧曾阿『謝朓』

걸을 선【姺】걸어가는 모양. 媥姺微『史記』

걸을 섭【躞】躞蹀은 걷는 모양.
　　　　躞蹀御溝上 溝水東西流『卓文君』

걸을 지【延】보야(步也). 걸어가는 모양.

걸을 파【跁】파가(跁跒). 보행(步行).
　　　　　　跁跒爲詩跁跒書『李建勳』

걸을 행【行】
　　㉠ 보행을 함.
　　　　臣少多病疾 九歲不行『李密』
　　㉡ 男女行者別於塗『史記』
　　㉢ 거닐면서. 行吟澤畔『楚辭』

걸다 :

걸 걸【㧖】⊡ 괘야(掛也). 게시(揭示)함.

걸 게【揭】게시(揭示)함. 게첩(揭貼).
　　　　　　徧牒諸路 昭揭通衢『癸辛雜識』

걸 견【罥】달아 맴. 걸침. 荒葛罥塗『鮑照』

걸 괘【挂】괘(掛)와 동자(同字). 괘관(挂冠),
　　　　　　挂於季指『儀禮』

걸 괘【掛】괘(挂)와 동자(同字). 걸쳐놓음.
　　　　　　掛軸. 掛一以象三『易經』

걸 구【購】현상(懸賞)을 걸어 구(求)함.
　　　　　　以金購豨將『漢書』

걸 도【賭】노름판에서 돈, 물품 등을 서로 태

위놓음.

與兄子玄圍棊, 賭別墅 『晉書』

걸 방【紡】달아 맴. 賭于庭之槐 『國語』

걸 비【肥】땅이 기름 짐. 비옥(肥沃).

田之高下肥瘠 『書經』

걸 첩【擸】괘야(掛也). 걸쳐놓음.

걸 제【提】달아 맴. 게시(揭示)함.

提名責實 『淮南子』

걸 주【注】도박에 걺. 孤注.

걸 탑【搭】걸쳐놓음. 탑주(搭住).

夜深斜搭秋千索 『韓偓』

걸 현【懸】㉠ 손쉽게 벗길 수 있도록 매 담.

게시(揭示)함. 懸磬.

懸琴於城門, 以爲寡人符 『說苑』

㉡ 현상금(懸賞金)을 걸고 목적(目

的)을 구(求)함. 懸購.

懸賞以待功 『鹽鐵論』

걸레 : 물건을 닦는 헝겊.

걸레 분【帉】식물건(拭物巾).

걸레 절【巀】拭也.

걸리다 :

걸릴 계【繫】거리낌. 방해가 됨.

流旁握御繫者不得入 『穀羊傳』

걸릴 괘【絓】㉠ 걸리는 것이 있어 거리끼어 멈춤.

驂絓於木而止 『左傳』

㉡ 그물에 걸림.

不絓聖人之罔 『漢書』

걸릴 괘【挂】괘(掛)와 동자(同字). 괘관(挂冠),

挂於季指 『儀禮』

걸릴 련【攣】매어져 연함. 견연(牽連)됨. 攣拘.

有爭攣如 『易經』

걸릴 리【罹】병, 재앙 따위에 걸림.

罹病. 罹災. 罹其凶害 『書經』

걸릴 미【彌】날자나 시간이 걸림.

曠日彌久 『韓非子』

걸릴 보【步】걸어가게 함. 끌고 감.

步路馬必中道 『禮記』

걸릴 영【嬰】㉠ 걸려 듦. 嬰飛禍.

㉡ 병에 걸림. 劉夙嬰疾病 『李密』

걸릴 영【攖】매달림.

걸상 : 술통을 엎어놓은 것 같은 의자. 긴 의자.

걸상 돈【墩】賜墩侍班 『宋史』

걸상 등【凳】高而可凭者 爲几爲桌 低而可坐者

爲椅爲凳 『品字箋』

걸상 탑【榻】連榻而坐 『晉書』

걸어가다 :

걸어갈 휴【嶲】행모(行貌).

걸어 다니다 :

걸어 다닐 도【徒】보행(步行)함. 도보(徒步).

舍車而徒 『易經』

걸음 :

걸음 경【脛】보행(步行). 想白日之寸脛 『陸運』

걸음 보【步】발걸음. 행보(行步).

失其故步 匍匐而返 『後漢書』

걸음걸이 :

걸음걸이 계【偰】開脚行步佯傺.

걸음 느린 말 :

걸음 느린 말 준【驕】둔마(鈍馬). 얼룩말.

걸음 더디다 :

걸음 더딜 재【跐】행보지(行步遲).

걸음 빠르다 :

걸음 빠를 착【躇】행질(行疾).

걸 차다 :

걸 찰 분【墳】비옥(肥沃)함. 厥土黑墳 『書經』

걸치다 : 이쪽에서 저쪽까지 뻗음.

걸칠 과【跨】㉠ 飛梁石磴 陵跨水道 『後漢書』

㉡ 去秋以來 沈兩跨年 『晉書』

걸터앉다 :

걸터앉을 거【倨】거(踞)와 동자(同字).

高祖箕倨 『漢書』

걸터앉을 거【踞】걸터앉음.

沛公方踞牀 『漢書』

걸터앉을 과【牛】과야(跨也).

걸터앉을 과【絝】과(跨)와 동자(同字).

絝白虎 『史記』

걸터앉을 과【跨】㉠ 사타구니를 벌리고 탐.

말을 탐. 跨野馬 『史記』

㉡ 발 밑에 깔고 제어 함.

跨海內, 制諸侯 『李斯』

걸터앉을 권【倦】걸터앉음.

方倦龜殼而食蛤梨 『淮南子』

걸터앉을 기【箕】거야(踞也).

걸터앉을 우【跮】거야(踞也).

검게 때 묻다 :

검게 때 묻을 록【黸】구지흑착(垢之黑着).

검게 물들다 :

검게 물들 자【黲】염흑(染黑).

검게 물들 치【緇】緇湟. 湟而不緇 『論語』

검다 :

검을 검【黔】安黔首 『戰國策』

검을 담【黮】검은 모양.

검을 담【黗】검은 모양. 翠幕黗以雲布 『潘岳』

검을 답【黱】흑야(黑也). 답(黳)과 동자(同字).

검을 대【默】흑야(黑也).

검을 대【靆】흑야(黑也).

검을 돈【黗】흑야(黑也).

검을 려【犁】여(黎)와 통용. 색이 검음.
　　犁旦城中皆降伏波 『史記』

검을 려【黎】여(驪)와 동자(同字).
　　厥土青黎 『書經』

검을 려【黧】빛이 검음. 또 검은데 누런빛을 띰.
　　面目黧黑 『戰國策』

검을 려【驪】흑색(黑色).
　　有驪色之馬 『公孫龍子』

검을 로【旅】빛이 검음.
　　王賜晉侯旅弓矢千 『左傳』

검을 로【盧】흑색(黑色). 盧弓. 盧矢.
　　盧弓一 盧矢百 『書經』

검을 리【黧】빛이 검음. 또 검은데 누런빛을 띰.
　　面目黧黑 『戰國策』

검을 매【黣】피부가 거무스름함.
　　肌色奸黣 『列子』

검을 묵【墨】㉠ 흑색. 墨綬. 面深墨 『孟子』
　　㉡ 속이 검음. 욕심이 많음. 墨吏.

검을 미【黴】얼굴에 때가 끼어 빛이 검음.
　　舜黴黑 禹胼胝 『淮南子』

검을 사【黝】흑야(黑也).

검을 상【黵】흑야(黑也).

검을 아【鴉】까마귀 털빛처럼 새까맣다.
　　鴉鬢青雛色 『古詩』

검을 암【黤】氣潏霮以黤黮 『張說』

검을 암【黯】㉠ 黯然而黑 『史記』
　　㉡ 黯兮慘悴 『李華』

검을 양【纕】흑야(黑也).

검을 오【烏】흑색. 烏髮. 北方盡烏驪馬 『史記』

검을 유【澳】흑야(黑也).

검을 유【幽】유(黝)와 통용. 赤紱幽衡 『禮記』

검을 유【黝】흑야(黑也).

검을 음【突】굴속에서의 어두움. 窖突, 黑也.

검을 의【蟻】흑색. 麻鼻蟻裳 『書經』

검을 이【黟】黟然黑者爲星星 『歐陽修』

검을 익【黓】약(略)하여 익(弋)으로도 씀.
　　身衣黓綈 『漢書』

검을 익【弋】衣弋綈 『漢書』

검을 인【黤】어두워서 검은빛. 與尾, 箕晨出 日
　　天皓 黤然黑色甚明 『史記』

검을 자【玆】빛이 검고 흐림.
　　使吾水玆 『左傳』

검을 저【苴】斬衰裳苴 『儀禮』

검을 조【皂】흑색. 흑색(黑色)임. 皂巾.
　　中山皂白太多 『北史』

검을 찰【纂】흑야(黑也).

검을 치【純】치(緇)와 동자(同字). 純衣 『史記』

검을 치【緇】흑색. 緇衣之宜兮 『詩經』

검을 칠【漆】흑색. 漆車藩蔽 『周禮』

검을 현【玄】붉은 빛을 띤 검은 빛 하늘의 빛.
　　북방의 빛. 天玄而地黃 『易經』

검을 흑【黑】㉠ 빛이 검음. 厥土黑墳 『書經』
　　㉡ 마음이 검음. 黑心.

검댕 : 솥이나 냄비 밑에 검은 기운이 모여 붙은
　　검댕.

　검댕 암【黬】有生黬也. 『莊子』

검버섯 : 노인의 피부의 검은 점.

　검버섯 리【犁】播棄犁老 『書經』

　검버섯 점【黏】老人面上如點.

검붉고 작은 원숭이 :

　검붉고 작은 원숭이 유【貁】貁貁, 사추(似貙).

검붉다 :

　검붉을 래【䟑】적흑(赤黑).

　검붉을 양【䵁】적흑(赤黑).

　검붉을 혁【虩】적흑(赤黑).

검붉은 말 :

　검붉은 말 철【驖】적흑색(赤黑色)의 말. 駟驖孔
　　　阜 『詩經』

검붉은 빛 : 거무스름한 붉은 빛.

　검붉은 빛 상【䵁】적흑색(赤黑色).

　검붉은 빛 안【殷】左輪朱殷 『左傳』

　검붉은 빛 휴【髹】髹飾 『周禮』 以漆漆物赤黑色.

검사(檢查)하다 :

　검사할 교【挍】검야(檢也).

검소(儉素) :

　검소 약【約】질소(質素)함. 절약(節約). 儉約.
　　　　　以約失之者鮮矣 『論語』

검소(儉素)하다 :

　검소할 검【儉】검약(儉約)함. 검박(儉朴). 勤儉.
　　　　　禮與其奢也寧儉 『論語』

　검소할 렴【廉】검약(儉約)함. 待己也廉 『韓愈』

　검소할 약【約】질소(質素)함. 절약(節約). 儉約.
　　　　　以約失之者鮮矣 『論語』

　검소할 휴【休】검약(儉約)함. 戒之以休 『書經』

검속(檢束)하다 :

　검속할 령【逞】몸을 단속(團束)함.
　　　　　不逞之徒 『宋書』

검약(儉約)하다 :

　검약할 압【䯖】검소(儉素).

검열(檢閱)하다 : 조사(調査)하기 위하여 죽 살펴봄.

　검열할 간【簡】簡馬. 簡稽鄉民 『周禮』

검은 갈기 절따말 :

　검은 갈기 절따말 류【騮】騮驪, 赤馬黑鬣.

검은 구름 :

　검은 구름 담【黮】흑운(黑雲).

검은 구름 끼다 :

검은 구름 낄 대【靅】靅靅, 운흑모(雲黑貌).

검은 기장 : 알이 검은 기장.

검은 기장 거【櫃】흑서(黑黍).

검은 기장 거【秬】黑秬. 維秬維秠『詩經』

검은 기장 비【秠】껍질하나 안에 알이 둘 들어
　　　　　　있는 검은 기장.
　　　　　　維秬維秠『詩經』

검은 기장 제【穄】빛이 검은 메 기장.
　　　　　　其土地宜穄『後漢書』

검은 눈동자 :

검은 눈동자 면【瞔】흑동(黑瞳).

검은머리 : 함치르르하여 아름다운 흑발(黑髮).

검은머리 진【顪】진(鬒)과 통용. 昔有仍氏生女
　　　　　　顪黑而甚美『左傳』

검은머리 진【縝】흑발(黑髮). 誰縝不變『謝朓』

검은 물들다 :

검은 물들 치【淄】涅而不淄『史記』

검은 물들이다 :

검은 물들일 녈【涅】涅髮. 涅而不緇『論語』

검은 물들일 재【戴】흑염(黑染).

검은 물들일 치【淄】涅而不淄『史記』

검은 밥 :

검은 밥 신【飺】오반(烏飯).

검은 범 :

검은 범 숙【䖝】흑호(黑虎).

검은 베 관 :

검은 베 관 촬【襊】치포관(緇布冠).

검은 비단 : 흑색의 견직물(絹織物).

검은 비단 조【皁】自衣皁綈『漢書』

검은 빛 :

검은 빛 치【紂】치(緇)와 동자(同字). 흑색(黑色).

검은 빛 치【緇】흑색(黑色).
　　　　　　緇衣之宜兮『詩經』

검은 빛 치【淄】흑색(黑色).
　　　　　　恩隆好合 遂亡淄蠹『後漢書』

검은 빛 흑【黑】
　　㉠ 오색(五色)의 하나. 夏后氏尙黑『禮記』
　　㉡ 백(白)에 대하여 나쁜 것의 뜻으로 쓰임.
　　　　黑白分明. 心不染黑『法苑珠林』

검은 사마귀 :

검은 사마귀 잉【黶】면흑자(面黑子).

검은 석비레 : 빛이 검은 강토.

검은 석비레 로【壚】下土墳壚『書經』

검은 소 :

검은 소 유【榆】흑우(黑牛).

검은 숫양 :

검은 숫양 력【羉】흑색숫양(黑色牡羊).

검은 양(羊) :

검은 양 예【羭】흑양(黑羊).

검은 옷 :

검은 옷 치【緇】
　　㉠ 흑의(黑衣). 衣緇而還『列子』
　　㉡ 중의 검은 옷. 披緇別家人『高啓』

검은 원숭이 : 원숭이의 일종으로 털이 검음.

검은 원숭이 유【狖】猨啾啾兮狖夜鳴『楚辭』

검은 점 : 피부에 거뭇하게 박힌 표난 부분.

검은 점 암【黯】암야(黯也).

검정 :

검정 저【苴】斬衰裳苴『儀禮』

검정 조【皁】흑색(黑色)임. 조건(皁巾).
　　　　　　中山皁白太多『北史』

검정 소 : 털이 아주 검고 꼬리가 긴 소.

검정 소 리【犛】犀犛兕象『國語』

검푸르다 :

검푸를 대【黱】대(黛)와 동자(同字).
　　　　　　黱色參天二千尺『杜甫』

검푸를 대【黛】산이 검푸른 모양. 翠黛. 黛樹.
　　　　　　山撥黛水挼藍『黃庭堅』

검푸를 명【黽】명정(黽艵)은 검푸른 빛.
　　　　　　與世開黽艵『郝經』

검푸를 암【黭】청흑색(青黑色).

검푸를 유【黝】청흑색(青黑色). 黝牛.
　　　　　　陰祀用黝牲『周禮』

검푸르죽죽하다 :

검푸르죽죽할 참【黲】연한 청흑색(青黑色). 暗黲.

검푸른 말 :

검푸른 말 기【騏】청흑색(青黑色)의 말.
　　　　　　駕我騏驔『詩經』

검푸른 빛 : 약간 푸른빛을 띤 색.

검푸른 빛 유【黝】청흑색(青黑色). 유우(黝牛).
　　　　　　陰祀用黝牲『周禮』

검푸른 빛 정【艵】청흑색(青黑色). 감색(紺色).
　　　　　　玄猿啼深艵『李華』

겁 : 범어(梵語) kalpa의 음역(音譯). 가장 긴 시
　　간. 또 단지 시간의 뜻으로도 쓰임.

겁 겁【劫】未來永劫. 日月歲數謂之時 成住懷空
　　　　　　謂之劫『祖庭事苑』

겁내다 :

겁낼 겁【怯】무서워함. 將軍怯邪『漢書』

겁낼 광【恇】두려워함. 공구(恐懼)함. 恇怯.
　　　　　　闔境士庶 莫不恇駭『晉書』

겁낼 망【恾】두려워함. 恾然. 無以應『列子』

겁낼 시【惼】심겁(心怯).

겁낼 식【歡】겁야(怯也).

겁낼 의【魖】공야(恐也).

겁낼 작【踖】구야(懼也).

겁낼 형【哼】嗆哼, 우겁모(愚怯貌).

겁략(劫掠)하다 : 폭력(暴力)으로 빼앗음.

　겁략할 갈【頡】盜頡資糧『唐書』

겁 많다 :

　겁 많을 겁【怯】겁을 잘 냄. 비겁(卑怯).
　　　　　　　　　中情怯耳『史記』

겁박(劫迫)하다 :

　겁박할 표【勡】표(剽)와 동자(同字).
　　　　　　　　　勡吏而奪之金『漢書』

　겁박할 표【剽】협박(脅迫)함. 겁탈(劫奪)함.
　　　　　　　剽奪. 剽掠. 攻剽爲群盜『史記』

겁 없이 보다 :

　겁 없이 볼 만【睌】무외이시(無畏而視).

겁쟁이 : 겁이 많은 사람.

　겁쟁이 겁【怯】聽冰怯似狐『韋莊』

　겁쟁이 나【懦】激貪立懦『謝朓』

겁탈(劫奪)하다 : 위협(威脅)하거나 폭력(暴力)을
　써서 억지로 빼앗음.

　겁탈할 겁【劫】劫掠. 劫盜. 勡劫行者『漢書』

　겁탈할 겁【刦】刦掠. 刦剶熊羆之室『左思』

　겁탈할 루【劙】劙劙, 병탈인물(兵奪人物).

　겁탈할 주【劙】劙劙, 병탈인물(兵奪人物).

　겁탈할 초【勦】강탈(强奪)함. 勦襲.

것 :

　것 건【件】물건(物件). 사건(事件). 조건(條件).

　것 자【者】
　　　㉠ 일을 가리켜 이름. 以其小者 信其大者『孟子』
　　　㉡ 물건을 가리켜 이름. 彼苗者葭『詩經』

겉 :

　겉 박【襮】표면(表面). 修襮而内迫『班固』

　겉 표【表】거죽. 겉면. 표면(表面).
　　　　　　　　　至于海表『書經』

　겉 피【皮】거죽. 지피(地皮). 동피(銅皮).
　　　　　以目皮相, 恐失天下之能士『史記』

　겉 피【被】거죽. 표면(表面). 緇被纁裏『儀禮』

겉껍질 :

　겉껍질 부【稃】벼의 겉껍질. 二粒同稃『洋刀』

　겉껍질 부【膚】식물의 표피.
　　　　　　爪其膚 以驗其生枯『柳宗元』

게 : 갑각류(甲殼類)중 단미류(短尾類)에 속하는
　동물의 총칭. 몸은 납작하며 등과 배는 딱딱한
　딱지로 덮임. 다섯 쌍의 발이 있는데 한 쌍은
　집게 비슷이 생겼으며, 물속에서 삶. 꽃게, 방
　게, 도적게 등이 있음.

　게 올【虹】합해(蛤蟹).

　게 해【蟹】仄行蟹屬『周禮』

게검스럽게 먹다 :

게검스럽게 먹을 람【嚂】以嚂其口『淮南子』

게르치 : 게르치과에 속하는 바닷물고기.

　게르치 륙【鯥】육야(鯥也).

게시판(揭示板) :

　게시판 방【榜】게시(揭示).

게우다 : 토(吐)함.

　게울 구【嘔】구토(嘔吐). 伏弢嘔血『左傳』

　게울 사【瀉】盡瀉其食『淮南子』

　게울 왜【哇】出則哇之『孟子』

　게울 출【出】要嘔出心『唐書』

게으르다 : 귀찮음. 일을 하기 싫어함.

　게으를 갹【衚】권야(倦也).

　게으를 권【劵】권야(倦也).

　게으를 권【倦】태만(怠慢)함. 싫증이 남. 倦怠.
　　　　　　　　　敦行而不倦『禮記』

　게으를 권【勌】권(倦)과 동자(同字).
　　　　　　　　　學道不勌『莊子』

　게으를 극【勮】권야(倦也). 微勮受詘『子虛賦』

　게으를 극【欿】권태(倦怠)를 느낌.
　　　　　　　　　微欿受詘『前漢書』

　게으를 극【御】권야(倦也).

　게으를 라【懶】因 나태(懶怠)함. 懶惰. 懶婦.
　　　　　　　　　吾少懶學問『南史』

　게으를 란【嬾】난야(亂也).

　게으를 란【孏】란(嬾)과 동자(同字).
　　　　　　其惰孏者恥不致『後漢書』

　게으를 란【嬾】나(懶)와 동자(同字). 嬾惰.
　　　　　　　　　老來百事嬾『蘇軾』

　게으를 래【儡】해야(懈也).

　게으를 량【勴】나태(懶怠).

　게으를 만【慢】나태함. 怠慢. 懈慢.

　게으를 만【謾】나태(懶怠)함. 婿謾亡狀『漢書』

　게으를 욕【媷】타태(惰怠).

　게으를 용【慵】나태(懶怠)함. 慵情.
　　　　　　　　　觀棊向酒慵『杜甫』

　게으를 유【窳】나태함. 窳民. 以故咎窳『史記』

　게으를 유【寙】나태함. 咎寙偸生『史記』

　게으를 이【弛】無敢弛惰『北史』

　게으를 찰【懬】懬懬, 심만태(心慢怠).

　게으를 타【隋】타(惰)와 통용.
　　　　　　　　　隋游之士也『禮記』

　게으를 타【軃】타나(軃懶).
　　　　　　畦丁軃懶欲誰欺『方岳』

　게으를 타【惰】
　　　㉠ 나태함. 惰怠. 惰游之士『禮記』
　　　㉡ 소홀히 함. 臨祭不惰『禮記』
　　　㉢ 버릇이 없음. 惰容. 今成子惰『左傳』

　게으를 태【怠】태만함. 태만히 함. 태황(怠荒).

汝惟不怠『書經』

게으를 해【懈】나태함. 나태. 懈怠. 懈弛.
　　　　　小心翼翼 一之不懈『小學』

게으름 :

게으름 타【惰】나태(懶怠).
　　　　　非關恭惰『法苑珠林』

게으름 태【怠】나태(懶怠). 敬勝怠則吉『六韜』

게으름 해【懈】해태(懈怠). 해이(懈弛).
　　　　　小心翼翼 一之不懈『小學』

게을리 하다 :

게을리 할 도【慆】土不濫, 官不慆『左傳』

게을리 할 만【慢】소홀히 함.
　　　　　暴君汚吏必慢其經界『孟子』

게을리 할 태【怠】태만함. 태만히 함. 怠荒.
　　　　　汝惟不怠『書經』

게장 :

게장 서【胥】게젓. 蟹胥.

게젓 :

게젓 사【蛓】해해(蟹醢).

겨 : 미곡의 껍질. 인신(引伸)하여 잘게 부서진 것.

겨 강【穅】강(糠)과 동자(同字).
　　　　　穅秕相半『後漢書』

겨 강【糠】㉠ 糟糠. 貧者食糠『漢書』
　　　　　㉡ 鹿垢秕糠『莊子』

겨 괴【穢】穅也.

겨 부【稃】곡식의 껍질. 時俸盡 食醬稃『晉書』

겨냥하다 :

겨냥할 저【俎】저(狙)와 통용. 俎擊秦皇帝『漢書』

겨드랑냄새 :

겨드랑냄새 신【臔】액기병(厄氣病).

겨드랑이 : 어깨 밑의 팔과 옆구리 사이의 부분.

겨드랑이 각【胳】어깨 아래의 옆구리와 팔 사이.

겨드랑이 방【髈】脅也.

겨드랑이 액【掖】액(腋)과 동자(同字).
　　　　　衣逢掖之衣『禮記』

겨드랑이 액【腋】㉠ 액취(腋臭).
　　　　　㉡ 千羊之皮不如一狐之腋
　　　　　『史記』

겨드랑이 협【脅】가슴의 측면. 늑골이 있는 부분.
　　　　　흉협(胸脅). 折脅摺齒『史記』

겨드랑이솔기 :

겨드랑이솔기 액【袼】衣袼下袺縫.

겨레 : 씨족.

겨레 성【姓】振振公姓『詩經』

겨레 족【族】㉠ 일가. 집안. 족인(族人).
　　　　　以親九族『書經』
　　　　　㉡ 인종(人種)의 유별(類別). 民族.
　　　　　斯拉夫族.

겨레 종【宗】일가(一家). 종문(宗門).
　　　　　焉能亢宗『左傳』

겨레 척【戚】친척(親戚). 인척(姻戚).
　　　　　有貴戚之卿『孟子』

겨레 친【親】일가(一家). 親戚. 六親. 姻親.
　　　　　祿勳合親『左傳』

겨레붙이 :

겨레붙이 권【眷】권속(眷屬). 裴氏自晉魏以來世
　　　　　爲名族 居燕省者 號東眷『五代史』

겨루다 :

겨룰 각【較】각(角)과 통용. 魯人獵較『孟子』

겨룰 거【距】敢距大邦『書經』

겨룰 거【拒】저항(抵抗). 高談鮮能抗拒『齊書』

겨룰 격【格】저항(抵抗). 격로(格虜).
　　　　　驅群羊 攻猛虎不格明矣『史記』

겨룰 저【抵】대항(對抗). 저항(抵抗). 角抵.

겨룰 적【敵】諸侯敵王所愾『左傳』

겨룰 졸【捽】대항(對抗). 戎夏交捽『國語』

겨룰 항【抗】항적(抗敵). 戎夏不抗王師『李華』

겨룰 항【伉】필적(匹敵)함. 莫之敢伉『張衡』

겨룰 항【亢】항(抗)과 동자(同字). 필적(匹敵)함.
　　　　　料敵制勝 威謀靡亢『揚雄』

겨룸 :

겨룸 적【敵】대항(對抗)함. 저항(抵抗)함.
　　　　　諸侯敵王所愾『左傳』

겨를 : 마음에 여유가 있는 모양. 틈.

겨를 가【暇】應接不暇.
　　　　　壯者以暇日 修其孝悌忠信『孟子』

겨를 황【遑】㉠ 莫敢或遑『詩經』
　　　　　㉡ 不遑啓處『詩經』

겨를 황【偟】황(徨), 황(遑)과 동자(同字).
　　　　　忠臣孝子 偟乎不偟『揚子法言』

겨우 : 간신히. 근근히.

겨우 구【苟】조금. 간신히. 苟美矣『論語』

겨우 근【厪】근(僅)과 통용. 근근(厪厪).
　　　　　厪得舍人『漢書』

겨우 근【菫】근(僅)과 통용.
　　　　　豫章出黃金 然菫菫『漢書』

겨우 근【覲】근(僅)과 통용.
　　　　　至於覲存『呂氏春秋』

겨우 근【僅】근근히. 僅以過冬『列子』

겨우 렬【劣】간신히. 使其中劣通車軸『宋書』

겨우 보【甫】근근히. 神宗崩太子卽位甫十歲
　　　　　『十八史略』

겨우 재【纔】근근히. 가까스로. 得纔免.
　　　　　遠縣纔至『漢書』

겨우 재【財】재(纔), 재(才)와 통용.
　　　　　太僕見馬遺財足『史記』

겨우 재【才】재(纔)와 통용.
　　　才小富貴 便豫人家事『晉書』
겨우 재【裁】재(才)와 통용.
　　　戶口可得而數者裁什二三『漢書』
겨우 지【止】오직. 止可以一宿『莊子』
겨우 직【直】근근히. 直不百步耳『孟子』
겨우 듣다 :
　겨우 들을 표【聽】근문(僅聞).
겨우 디디다 :
　겨우 디딜 촉【丁】초정(稍停).
겨우살이 : 겨울을 남.
　겨우살이 동【萇】葍萇, 동생(冬生).
겨울 : 사시의 최후로 가장 추운 계절. 음력 시월,
　　동짓달, 섣달의 석 달간.
　겨울 동【冬】동계(冬季). 동면(冬眠).
　　　　　冬四時盡也『說文解字』
겨울을 지내다 : 겨울을 경과함.
　겨울 지낼 동【冬】土地苦寒 漢馬不能冬『史記』
겨울제사(祭祀) : 겨울에 제수를 차리고 신(神)에
　게 지내는 제사.
　겨울제사 증【烝】烝祭歲『書經』
겨자 : 겨자과에 속하는 일년 또는 이년초(二年
　草). 또 그 씨. 갓 비슷하며 씨는 맵고 향기로
　운 맛이 있어서 양념과 약용으로 하며 잎과
　줄기는 먹는 데 맛이 씀.
　겨자 개【芥】芥醬魚膾『儀禮』
격려하다 :
　격려할 격【激】분기(奮起)시킴. 격발(激發).
　　　　　　以激其意『史記』
격서(檄書) : 격문(檄文). 징소(徵召)하는 문서.
　격서 격【檄】飛檄. 爲檄召通『漢書』
격서(檄書)보내다 : 격서(檄書)를 발송(發送)함.
　격서 보낼 격【檄】檄飛『宋史』
격자(格子) : 선(線)을 종횡(縱橫)으로 방형(方形)
　이 되게 한 것.
　격자 격【格】承旨閤子窗格『夢溪筆談』
격자창(格子窓) :
　격자창 령【輪】수레에 있는 격자창(格子窓).
　　　　　據輪軒而周流兮『揚雄』
　격자창 령【櫺】영(欞)과 동자(同字). 檻櫺.
　격자창 령【欞】영(櫺)과 동자(同字). 檻欞.
격하다 :
　격할 개【介】격리(隔離)함. 後介大河『漢書』
　격할 격【噭】소리가 격(激)함.
　　　　　　叫噭之聲興而十奮『史記』
　격할 일【逸】격앙(激昂)함. 氣雄而逸『高適』
　격할 중【中】사이에 둠. 中月而禫『儀禮』
겪다 : 여러 가지를 겪음. 두루 미침.

겪을 경【更】㉠ 겪어 지내옴. 更事未多『隋書』
　　　　　㉡ 일을 많이 겪은 사람.
　　　　　　尊老尙更『魏書』
겪을 관【關】섭렵(涉獵)의 섭(涉)과 뜻이 같음.
　　　少好學多關覽『後漢書』
겪을 련【練】경험(經驗)함. 昔靡不練『漢書』
겪을 섭【涉】경과(經過)함. 역섭(歷涉). 經涉.
　　　　　　背秋涉冬『枚乘』
겪을 실【實】使者實二千石以下至一黃綬『後漢書』
겪을 열【閱】경력(經歷)함. 열월(閱月).
　　　　　閱天下之義理多矣『漢書』
견개(狷介)하다 : 고집(固執)이 세어 용납성(容納
　性)이 없고 지조(志操)가 굳음.
　견개할 견【獧】견(狷)과 동자(同字).
　　　　　獧者有所不爲也『孟子』
　견개할 견【狷】견개(狷介).
　　　　　狷者有所不爲也『論語』
견고(堅固)하다 :
　견고할 할【硈】硈然, 견고(堅固).
견디다 : 어려운 일을 능히 견디어 냄. 참음.
　견딜 간【幹】幹父之蠱『易經』
　견딜 감【堪】㉠ 감당(堪當). 감능(堪能).
　　　　　　　口弗堪也『國語』
　　　　　　㉡ 참음. 감인(堪忍).
　　　　　　　民力不堪『呂氏春秋』
　견딜 견【肩】肩仔. 朕不肩好貨『書經』
　견딜 금【禁】猶不能禁『漢書』
　견딜 내【耐】배겨 냄. 유지(維持)함. 耐火.
　견딜 내【能】내(耐)와 통용. 참고 버팀.
　　　　　　胡貉之人 性能寒『漢書』
　견딜 승【勝】감당(堪當)함. 감내(堪耐)함.
　　　　　　執圭鞠躬如也 如不勝『論語』
　견딜 영【怺】㉰ 堪也.
　견딜 유【濡】인내(忍耐)함. 無濡忍之心『史記』
　견딜 임【任】감내(堪耐)함. 病不任行『史記』
　견딜 자【仔】임무(任務)를 잘 견디어 해 나감.
　　　　　　佛時仔肩『詩經』
견주다 : 어느 편이 더 나은가를 마주 대하여 겨룸.
　견줄 각【角】㉠ 비교함. 仲春角斗甬『禮記』
　　　　　　㉡ 角無用之虛文『漢書』
　견줄 각【觳】각(角)과 동자(同字).
　　　　　　强弱不觳力『韓非子』
　견줄 각【較】각(角)과 통용. 魯人獵較『孟子』
　견줄 계【稽】비교함. 反脣而相稽『漢書』
　견줄 교【較】교(校)와 통용. 비교(比較).
　　　　　　琴瑟不較『史記』
　견줄 등【等】비교함. 等量. 等百世之王『孟子』
　견줄 물【物】비교함. 物馬而領之『周禮』

견줄 방【方】비교함. 子貢方人『論語』
견줄 배【輩】비교하여 동등하다고 여김.
　　　　　　時人以輩前世趙張『後漢書』
견줄 비【比】
　㉠ 비교함. 比校民之有道者『國語』
　㉡ 겨눔. 每自比於管仲樂毅『蜀志』
견줄 비【坒】비견(比肩).
견줄 시【視】비교(比較)함.
　　　　　必比類量大小 視長短『禮記』
견줄 쌍【雙】비견(比肩)함. 필적(匹敵)함.
　　　　　　精妙世無雙『古詩』
견줄 준【准】有比照之意.
견줄 추【醜】비교(比較)함. 比物醜類『禮記』
견줄 치【治】皆無敢與趙治『戰國策』
견줄 황【況】겨눔. 成名況乎諸侯『荀子』
견해(見解) : 보는 바. 보아 터득한 바.
견해 견【見】견식(見識). 식견(識見).
　　　　　愚鄙之見竊有所同『後漢書』
견해 론【論】공론(公論). 觀覽乎孔老之論『後漢書』
결 :
결 륜【倫】살결. 나뭇결 따위. 折幹必倫『周禮』
결 리【理】나무, 살 등의 잔금. 목리(木理).
　　　　　君疾在腠理『史記』
결 문【文】나무, 돌, 피부 등의 결. 文理.
결내다 :
결낼 분【憤】㉠ 분개(憤慨). 憤世疾邪『劉基』
　　　　　㉡ 발분(發憤). 發憤忘食『論語』
　　　　　㉢ 분노(憤怒). 不憤不啓『論語』
결낼 분【賁】분(憤)과 통용.
　　　　　奮末廣賁之音作『禮記』
결단(決斷) :
결단 단【斷】결단력(決斷力). 과단성(果斷性).
　　　　　懦而少斷『晉書』
결단성(決斷性) 있다 :
결단성 있을 감【敢】감연(敢然).
　　　　　　潔廉而果敢者也『大戴禮』
결단(決斷)하다 :
결단할 단【斷】결정하거나 재결함. 단정(斷定).
　　　　　以斷天下之疑『易經』
결단할 재【裁】결정함. 재결(裁決).
　　　　　大王裁其罪『戰國策』
결단할 재【才】재(裁)와 통용.
　　　　　惟王才之『戰國策』
결단할 절【折】판단함. 단정함.
　　　　　片言可以折獄者『論語』
결단할 폐【弊】단정을 내림. 판결(判決)함.
　　　　　弊邦治『周禮』
결발(結髮)하다 :

결발할 괄【髺】괄(髺)과 통용. 髺笄用桑『儀禮』
결발할 괄【髺】상투를 틀거나 쪽을 찜.
　　　　　主人髺髮袒『儀禮』
결심(決心)하다 :
결심할 류【瞜】결의(決意).
결심할 수【殊】각오(覺悟)함. 皆殊死戰『史記』
결정(決定)하다 :
결정할 결【決】결단(決斷)함. 決心. 豈掩于衆人
　　　　　之言而以冥冥決事哉『戰國策』
결(決)코 :
결코 결【決】결단코. 決不相鬪矣『戰國策』
결코 절【絶】절대로. 絶無而僅有『蘇軾』
겸(兼)하다 :
겸할 겸【兼】㉠ 나누어진 것을 합침. 兼倂.
　　　　　兼三才而兩之『易經』
　　　　　㉡ 두 가지 이상을 아울러 맡음.
　　　　　縣宰缺者 數年守兼『漢書』
　　　　　㉢ 한결같게 함. 층하(層下)없이
　　　　　동등(同等)히 함.
　　　　　겸애(兼愛). 子兼愛『孟子』
겸사(謙辭) : 자기의 겸칭(謙稱)으로 쓰이는 접두
　사(接頭辭).
겸사 폐【敝】폐족(敝族). 敝邑以賦從『左傳』
겸손(謙遜) :
겸손 양【讓】㉠ 讓禮之主也『左傳』
　　　　　㉡ 溫良恭儉讓『論語』
겸손(謙遜)하다 : 제 몸을 낮춤. 남에게 양보함.
겸손할 겸【嗛】겸(謙)과 동자(同字).
겸손할 겸【謙】겸양(謙讓).
　　　　　人道惡盈而好謙『易經』
겸손할 손【愻】손(遜)과 통용.
겸손할 손【遜】자기 몸을 낮춤.
　　　　　惟學遜志『書經』
겸손할 손【孫】㉠ 겸사(孫辭). 孫而出之『論語』
　　　　　㉡ 夫人孫于齊『春秋』
겸손할 양【讓】겸양(謙讓). 손양(遜讓).
　　　　　允恭克讓『書經』
겸연쩍다 : 무안(無顔)하여 낯이 뜨뜻함.
겸연쩍을 뉵【恧】心愧爲恧『詩經』
겸유(兼有)하다 : 겸하여 가짐.
겸유할 롱【儱】儱貨物『漢書』
겸(兼)하다 :
겸할 섭【攝】겸무(兼務)함. 겸섭(兼攝).
　　　　　官事不攝『論語』
겸할 해【該】충분히 갖춤. 두루 가짐. 淹該.
　　　　　體用兼該 本末彌擧『葉采』
겸할 해【賅】해(諧)와 통용. 賅而存焉『莊子』
겸할 협【夾】夾日以飛『呂溫』

겹 : 둘 이상의 것. 포개어 진것.

  겹 복【複】以單攻複『魏文帝』

겹산 : 겹쳐 있는 산.

  겹산 배【坏】上山更有坏山 重累者名坏『爾雅』

겹옷 : 두 겹으로 된 옷.

  겹옷 겹【袷】㉠ 겹의(袷衣). 御袷衣『潘岳』
            ㉡ 衣裳施裏曰袷『急就篇』

  겹옷 겹【裌】복의(復衣)

  겹옷 복【複】안을 댄 옷. 隨時單複『魏志』

  겹옷 증【襘】겹야(袷也).

  겹옷 첩【襲】중의(重衣).

  겹옷 첩【褶】帛爲褶『禮記』

겹쳐 덮다 :

  겹쳐 덮을 모(무)【冖】중복(重覆).

겹쳐지다 : 여러 겹이 됨.

  겹쳐질 첩【疊】중첩(重疊).
              雖累葉百疊 而富强相繼『左思』

겹치다 : 있는 위에 또 있음.

  겹칠 갑【押】중첩(重疊)함.
            羽檄重沓而押至『漢書』

  겹칠 답【沓】중첩함. 噂沓背憎『詩經』

  겹칠 루【壘】중첩함. 胸中壘塊『世說』

  겹칠 복【匐】복(復)과 통용. 복야(復也).

  겹칠 복【複】
    ㉠ 중복(重複). 魏晉以來所著諸子 理重事複 遞
      相模斅『顏氏家訓』
    ㉡ 겹임. 이중임. 紅羅複斗帳『古詩』
    ㉢ 하나가 아님. 둘 이상임. 복수(複數).

  겹칠 복【復】복(複)과 통용. 爲復道『史記』

  겹칠 습【習】중첩(重疊)함. 習坎.

  겹칠 업【腌】중첩함. 重葩腌葉『左思』

  겹칠 이【迤】차차로 겹쳐서 늚.
            無所流迤『漢書』

  겹칠 인【因】중첩(重疊)함.
            大倉之粟 陳陳相因『史記』

  겹칠 중【重】중첩함. 重複.

  겹칠 즙【葺】포개어짐. 葺鱗鏤甲『左思』

  겹칠 첩【疊】겹쳐 놓음. 吐其舌三疊之『宋史』

  겹칠 투【套】중첩(重疊)함.
            今之沓杯曰套杯『康熙字典』

  겹칠 혁【奕】중첩함. 奕世載德『國語』

겹혼인 하다 : 인척(姻戚)끼리 다시 혼인함. 겹사
  돈이 됨.

  겹혼인 할 구【媾】如舊昏媾『左傳』

경개(頸鎧) : 투구의 뒤에 늘어져 목을 가리게 된
  부분.

  경개 아【錏】明光細甲照錏鍜『韓愈』

  경개 하【鍜】明光細甲照錏鍜『韓愈』

경계(警戒) :

  경계 경【警】조심. 신칙(申飭).
            幽獨怵爾抱深警『王守仁』

  경계 계【戒】바른길로 나가도록 신칙(申飭)함.
            聞戒『孟子』

  경계 계【誡】바른길로 나가도록 조심함.
            發誡布令『荀子』

  경계 고【誥】훈계(訓戒). 교령(教令).
            誥誓不及五帝『穀梁傳』

  경계 규【規】바른길로 나가도록 신칙(申飭)함.
            규계(規誡). 不以頌而以規『韓愈』

  경계 서【誓】훈계(訓戒). 태서(泰誓).

  경계 잠【箴】잠성(箴誠). 규잠(規箴).
            猶須顧于箴言『書經』

경계(境界) :

  경계 장【牆】계한(界限). 目短曹劉牆『杜甫』

  경계 전【甸】구역(區域). 區甸分其內外『南史』

  경계 점【坫】구역. 設于無垁坫之宇『淮南子』

  경계 정【町】구역. 彼且爲無町畦『莊子』

경계(警戒)삼다 :

  경계삼을 강【疆】경계(警戒)를 설정(設定)함.
            迺疆迺理『詩經』

경계(境界)삼다 :

  경계삼을 계【界】경계를 삼음. 또 경계를 접함.
            與秦壤界『戰國策』

경계(警戒)하다 :

  경계할 경【憼】계야(戒也). 경(儆)과 동자(同字).

  경계할 경【警】
    ㉠ 조심함. 엄경(嚴警). 警戒軍吏『周禮』
    ㉡ 신칙(申飭)함. 경고(警告). 所以警衆也『禮記』
    ㉢ 방비함. 謹警敵人『韓非子』
    ㉣ 경계하라고 알림. 三曰警鼓『唐書』

  경계할 경【儆】경(警)과 동자(同字).
            儆戒無虞『書經』

  경계할 계【誡】
    ㉠ 조심하고 삼감. 必不誡『左傳』
    ㉡ 조심하도록 훈계 함. 훈계(訓誡). 邑人不誡
    『易經』

  경계할 계【戒】
    ㉠ 주의함. 계종(戒終). 警戒無虞『書經』
    ㉡ 계음(戒飮), 血氣未定, 戒之在色『論語』
    ㉢ 규계(糾戒). 계칙(戒勅). 戒之用休『書經』
    ㉣ 방비함. 戒不虞『易經』

  경계할 규【規】바른길로 나가도록 신칙(申飭)함.
            不以頌而以規『韓愈』

  경계할 기【忌】타일러 주의시킴.
            敬忌罔有擇言在身『書經』

  경계할 기【誋】하지 못하게 훈계함.

　　　　　　不可以昭記『淮南子』

경계할 서【誓】삼가 조심함.
　　　　　　曲藝皆誓之『禮記』

경계할 숙【肅】타일러 주의시킴. 숙계(肅戒).
　　　　　　無以懲肅『晉書』

경계할 승【懏】승승(懏懏), 계야(戒也).

경계할 엄【嚴】
　　㉠ 조심함. 신엄(申嚴). 嚴憚汲黯『史記』
　　㉡ 방비함. 계엄(戒嚴). 何故夜嚴『晉書』
　　㉢ 경비함. 搥一鼓爲一嚴『唐書』

경계할 잠【箴】箴之曰『左傳』

경계할 좌【娷】계야(戒也).

경계할 칙【敕】계야(誡也).

경계할 후【忓】계야(戒也).

경계할 힐【詰】계고(戒告)함. 以詰邦國『周禮』

경기(京畿) : 왕도(王都) 주위(周圍)의 오백리(五
　百里) 이내(以內)의 땅. 천자(天子)가 직할(直
　轄)하는 땅임.

경기 기【畿】기내(畿內). 경기(京畿). 天子千里
　　　　　　地 以遠近言之則曰畿『說文解字』

경기 보【輔】서울에 가까운 땅. 기보(畿輔).
　　　　　　家世宅三輔『鮑照』

경기 적【赤】기내(畿內). 畿赤十九邑『宋史』

경기 전【甸】기전(畿甸). 五百里甸服『書經』

경기(京畿)고을 : 서울 부근의 천자(天子) 직할의
　지역.

경기고을 환【寰】千里寰內『後漢書』

경단(瓊團) : 동글동글하게 만든 떡.

경단 교【餃】屑米麪和飴湯中牽丸.

경단 단【糰】단자(糰子).

경단 부【粰】단이(團餌).

경단 이【餌】떡의 한 가지. 粗粉蜜餌『楚辭』

경단 자【饊】자단(饊團)은 떡의 한 가지. 경단.

경단 포【麭】떡의 한 가지.

경대(鏡臺) : 거울을 넣는 갑. 펴면 경대(鏡臺)가 됨.

경대 렴【匳】鏡匳中物『後漢書』

경대 렴【奩】렴(匳)과 동자(同字). 경갑(鏡匣).
　　　　　　妝奩一暫開『韓愈』

경대 렴【籢】렴(匳)과 동자(同字).
　　　　　　置鏡籢中『烈女傳』

경도(經度) : 위도(緯度)와 함께 지구상의 위치를
　나타내는 좌표의 하나.

경도 경【經】경선(經線). 경도(經度).

경도(經度) : 성숙한 여성의 자궁에서 약 28일을
　주기로 출혈하는 생리 현상.

경도 경【經】월경(月經). 경수(經水).

경도 계【癸】천계(天癸). 계수(癸水).

경도 반【姅】월경(月經).

경망(輕妄)스럽다 :

경망스러울 섭【懾】첩섭(怗懾), 지경(志輕).

경망스러울 첩【怗】지경(志輕).

경망(輕妄)하다 : 경솔하고 조급함.

경망할 광【狂】소광(疏狂). 衆穉且狂『詩經』

경망할 극【恆】급성(急性). 謹恆凌誶『列子』

경망할 접【沾】경박(輕薄)한 모양.
　　　　　　沾沾自喜耳『史記』

경모풀 :

경모풀 경【蔜】경모(蔜茅), 향초(香草).

경박(輕薄)하다 :

경박할 별【嫳】경박모(輕薄貌).

경박할 조【恌】경조(輕恌). 視民不恌『詩經』

경박할 조【佻】경조부박(輕佻浮薄)함. 佻志.
　　　　　　躁佻反覆謂之智『韓非子』

경박할 치【趢】치척(趢隟), 경박(輕薄).

경보(警報)) : 사변의 통보.

경보 경【警】변경(邊警). 明烽燧之警『後漢書』

경비(警備) : 사변의 방비.

경비 경【警】罷關徼之警『後漢書』

경사(慶事) : 축하할만한 일.

경사 경【慶】경조(慶弔). 賀慶之禮『周禮』

경사 휴【休】길경(吉慶).
　　　　　　天地休 實萬世無疆之休『書經』

경사(慶事)스럽다 :

경사스러울 가【嘉】㉠ 神降之嘉『史記』
　　　　　　㉡ 以嘉禮親萬民『周禮』

경사스러울 서【瑞】瑞兆. 瑞應辨至『史記』

경서(經書) : 옛 성현들이 유교의 사상과 교리를
　써 놓은 책.

경서 경【經】경서(經書). 경적(經籍).

경서주해(經書註解) : 경서(經書)를 해석(解釋)한
　것. 시경(詩經)을 해석(解釋)한 것은 시전(詩
　傳)이고 서경(書經)에 주해(註解)를 낸 것은 서
　전(書傳)이라 함.

경서주해 전【傳】春秋左氏傳 發傳之體有三
　　　　　　『左傳』

경쇠 : 옥이나 돌로 만든 악기의 한가지. 팔음(八
　音)의 하나.

경쇠 경【磬】경(磬)과 통용.

경쇠 경【磬】특경(特磬). 석경(石磬). 옥경(玉磬).
　　　　　　子擊磬於衛『論語』

경영(經營) :

경영 구【構】사업. 永懷先構『齊書』

경영 영【營】영위(營爲)하는 바.
　　　　　　無營無欲『束晳』

경영 위【衛】영위. 恭儉爲衛, 終無禍尤『易林』

경영(經營)하다 :

경영할 순【徇】徇其私『史記』

경영할 순【殉】豈余身之足殉兮『班固』

경영할 영【營】

　㉠ 가업을 영위함. 不是營生拙『杜甸鶴』

　㉡ 맡아 함. 執正營事『淮南子』

경영할 위【衛】영위(營爲)함.
　　　　　　有貨以衛身『國語』

경작(耕作) : 농사를 짐.

　경작 작【作】농사(農事). 平秩東作『書經』

경절(慶節) : 임금의 생신을 비롯한 국경일.

　경절 절【節】千秋節天寶七年 改爲天長節
　　　　　　　　『明皇雜錄』

경치(景致) :

　경치 경【景】풍경(風景). 경색(景色).
　　　　　　良辰美景『陳書』

　경치 풍【風】조망(眺望). 풍경(風景). 풍치(風致).

경침(警枕) : 잠을 자면 넘어져서 깨도록 만든 둥
　근 나무토막의 베개.

　경침 영【穎】穎杖琴瑟『禮記』

경풍(驚風) : 소아병(小兒病)의 하나. 경련(痙攣)
　을 일으키며 감정(感情)이 격(激)하는 병.

　경풍 간【癎】간병(癎病).
　　　　　　哺乳多則生癎病『後漢書』

　경풍 계【瘈】경기(驚氣). 계종(瘈瘲).

　경풍 종【瘲】계종(瘈瘲). 경풍(驚風).
　　　　　　金創瘈瘲方 三十卷『漢書』

경혈(經穴) : 경맥(硬脈)의 구멍.

　경혈 수【輸】五藏之輸『史記』

경형(黥刑) : 자자(刺字)하는 형벌.

　경형 착【鑿】其次用鑽鑿『漢書』

경황(驚惶)없다 : 바쁘기만 하고 뜻대로 되지 않
　아 마음이 상(傷)하는 모양.

　경황없을 공【悾】공총(悾憁).
　　　　　　　경황(驚惶)이 없는 모양.

　경황없을 창【悵】실망하여 재미가 없는 모양.
　　　　　　君悵然若有亡也『莊子』

곁 : 옆. 가장자리.

　곁 방【旁】방(傍)과 동자(同字). 양방(兩旁).
　　　　　　食于道旁『漢書』

　곁 방【傍】근방(近傍). 양방(兩旁).
　　　　　　河峽崖傍『水經注』

　곁 방【彭】匪其彭无咎『易經』

　곁 변【邊】근처(近處). 不以邊坐『禮記』

　곁 부【扶】去高木而巢扶枝『淮南子』

　곁 액【液】액(掖)과 통용. 液庭腠未充『漢書』

　곁 의【倚】居於倚廬『禮記』

　곁 측【側】측근(側近). 閔子侍側

　곁 측【仄】측(側)과 통용.

旁仄素餐之人『漢書』

　곁 편【偏】편국(偏國). 居許東偏『左傳』

　곁 피【陂】騰雨師, 酒路陂『漢書』

　곁 혈【穴】氿泉穴出『爾雅』

　곁 협【脅】滄島之脅有白沙之壚『顧況』

곁가지 :

　곁가지 기【朹】횡수지(橫首枝).

　곁가지 조【樤】소지(小枝).

곁눈질하다 : 곁눈으로 보는 모양. 흘끗 보는 모양.

　곁눈질할 견【睊】睊睊胥讒『孟子』

　곁눈질할 래【睞】면래(眄睞). 明眸善睞『曹植』

　곁눈질할 매【瞔】사시(斜視).

　곁눈질할 면【眄】면시(眄視).
　　　　　　眄庭柯以怡顏『陶潛』

　곁눈질할 반【盼】눈알을 돌려봄.
　　　　　　語卿且莫盼『古詩』

　곁눈질할 방【覭】측시모(側視貌).

　곁눈질할 예【睨】곁눈으로 봄.
　　　　　　魚瞰雞睨『王褒』

　곁눈질할 한【瞯】곁눈으로 봄. 瞯眄也 吳揚江
　　　　　　淮之間 或曰瞯『揚雄方言』

곁말 : 사마(駟馬)의 바깥쪽 좌우(左右)의 말.

　곁말 부【駙】예비(豫備)의 말. 부마(副馬).
　　　　　　車之左駙『史記』

　곁말 비【騑】

　㉠ 비참(騑驂).
　　　兩馬夾轅名服馬 兩邊名騑馬『禮記註』

　㉡ 인신(引伸)하여 널리 말을 이름.
　　　天路下征騑『柳宗元』

　곁말 참【驂】以左驂出『儀禮』

곁말로 세우다 : 곁말로 씀.

　곁말로 세울 참【驂】騰駕罷牛驂蹇驢兮『賈誼』

곁문 : 주요한 건물 곁에 있는 채. 또는 문.

　곁문 액【掖】闌入尙方掖門『漢書』

곁방 :

　곁방 게【个】몸 채의 사면(四面)에 있는 좁은
　　　　　　방. 편실(偏室). 君居右个『禮記』

　곁방 방【房】집의 정실(正室)의 옆에 있는 방.
　　　　　　방실(房室). 在西房『書經』

　곁방 상【廂】몸 채의 동서(東西)에 있는 딴채.
　　　　　　呂后側耳於東廂聽『史記』

곁부축하다 : 곁에서 도와줌.

　곁부축 할 액【掖】부액(扶掖). 誘掖其君也『詩經』

곁 잎 제치다 :

　곁 잎 제칠 복【蔔】治黍禾豆下潰葉.

곁채 : 몸채의 동서(東西)에 있는 딴채. 문채 옆의
　딴 채.

　곁채 랑【廊】賜金陳廊廡下『漢書』

곁채 무【廡】廊廡. 廡廊下周室也『漢書』

곁채 상【廂】廂廊. 呂后側耳於東廂聽『史記』

곁채 상【箱】상(廂)과 통용. 退于箱『儀禮』

곁채 액【掖】주요한 건물 곁에 있는 채.
　　　　　闌入尙方掖門『漢書』

곁채 치【謻】전당(殿堂)의 곁에 있는 작은 집.
　　　　　出謻門『戰國策』

곁하다 : 가까이 함.

곁할 방【傍】雲傍馬頭生『李白』

계(戒) : 한문(漢文)의 한 체(體). 경계(警戒)의 뜻
　　을 진술(陳述)한 글.

　계 계【戒】戒者警勅之辭『文體明辯』

계(契) : 우리 나라의 협동(協同) 단체(團體).

　계 계【契】圖 계원(契員).

계(係) : 사무분담(事務分擔)의 구분(區分)에 있어
　　서 가장 아래의 단위(單位).

　계 계【係】圖 계장(係長). 계원(係員).

계교(計巧)

　계교 교【巧】책략(策略). 작은 꾀.
　　　　　玩巧而事末也『史記』

　계교 책【筴】謀也. 책(策)과 동자(同字).

계기(契機) :

　계기 기【機】동인(動因). 其機如此『大學』

계나라 :

　계나라 계【郪】上谷縣名. 黃帝後所封.

계도(系圖) : 순서 계통을 따라 열기(列記)함. 도
　　면(圖面) 또는 문서(文書).

　계도 보【譜】가보(家譜). 연보(年譜).

계량기(計量器)) : 저울. 되. 따위.

　계량기 정【程】程者物之準也『荀子』

계보(系譜) :

　계보 첩【牒】계통의 표기. 取之譜牒『史記』

계비직고(階卑職高) :

　계비직고 수【守】품계(品階)는 낮고 관직(官職)
　　　　은 높은 일.
　　　　　將仕郎守國子西門博士『韓愈』

계사(繫辭) :

　계사 계【繫】주역의 괘(卦)의 설명. 繫辭.

계속(繼續) :

　계속 속【續】뒤따라 오는 것. 되풀이.
　　　　　此亡秦之續耳『史記』

계수나무 : 녹나무과의 상록교목. 껍질은 계피(桂皮).

　계수나무 계【桂】계수(桂樹). 桂櫂蘭槳『蘇軾』

　계수나무 침【梫】계야(桂也).

　계수나무 향【椿】圖 계야(桂也).

계약(契約) :

　계약 계【契】약속. 獨知之契也『戰國策』

계약서(契約書) :

　계약서 계【契】계약한 문서. 문계(文契).
　　　　　掌官契以治藏『周禮』

계약(契約)하다 :

　계약할 계【契】약속. 獨知之契也『戰國策』

계제사(禊祭祀) : 물가에서 행하는 요사(妖邪)를
　　떨어버리기 위한 제사. 음력 3월 상사(上巳)에
　　행하는 것을 春禊. 7월 14일에 행하는 것을 秋
　　禊라 함.

　계제사 계【禊】계(禊)와 통용.
　　　　　修禊事也『王羲之』

　계제사 계【禊】계(禊)와 통용.

계집 :

　계집 고【姑】부녀(婦女). 紂棄黎老之言,
　　　　　　　用姑息之『尸子』

　계집 구【嫗】여자(女子). 從少嫗三十『南史』

　계집 녀【女】여인(女人). 坤道成女『易經』

　계집 부【婦】여자. 부사(婦事).
　　　　　彼婦之謁 可以死敗『史記』

　계집 양【孃】낭(娘)과 통용. 소녀. 令孃.
　　　　　白居易有眞孃墓詩 蓋本當作娘而混
　　　　　用孃字者『辭海』

　계집 온【媼】부녀(婦女). 與侯妾衛媼通『史記』

계집 가두는 옥(獄) :

　계집 가두는 옥 현【圽】여뢰(女牢).

계집 경박(輕薄)하다 :

　계집 경박할 섬【姑】여경박(女輕薄).

계집 늙어 추(醜)하다 :

　계집 늙어 추할 축【嫩】노온추모(老媼醜貌).

계집 단정(端整)하다 :

　계집 단정할 전【姾】여지단정(女之端正).

　계집 단정할 필【姫】여유용의(女有容儀).

계집답다 :

　계집 다울 엄【媕】여아(女兒).

계집 맘두다 :

　계집 맘둘 암【嬏】女有心.

계집 몸 통통하다 :

　계집 몸 통통할 불【娝】娝娝, 女肥貌.

계집 몸 호리호리하다 :

　계집 몸 호리호리 할 담【嫸】女體細長.

계집 방정(方正)스럽다 :

　계집 방정스러울 금【妗】女輕薄貌.

계집 삼가지 않다 :

　계집 삼가지 않을 질【妷】女不謹.

계집 성품(性品)곧다 :

　계집 성품 곧을 동【姛】女性正直.

계집 성품(性品) 조급하다 :

계집 성품 조급할 항【妨】여성급려(女性急戾).

계집 셋 두다 :

　계집 셋 둘 찬【姿】찬(粲)과 통용. 一妻二妾.
　　　　　　今夕何夕見此粲者『詩經』

계집 순직(順直)하다 :

　계집 순직 할 촉【嫋】嫡嫋, 女謹順貌.

계집 슬기롭다 :

　계집 슬기로울 령【姈】女兒賢明.

계집아이 :

　계집아이 낭【娘】

　　㋑ 소녀. 娘子.

　　㋱ 소녀 이름 밑에 붙어 쓰는 말.
　　　　喬之知婢窈娘美且善歌『唐書』

　계집아이 뉴【妞】여아(女兒).

　계집아이 미【嫩】소녀(少女).

　계집아이 저【姐】여자의 통칭. 大姐. 小姐.

　계집아이 첩【妾】處妾. 諸妾遇之而孕『漢書』

　계집아이 교【嬌】아녀자의 통칭.
　　　　　　關中以兒女爲阿嬌『輟耕錄』

계집 영호(英豪)하다 :

　계집 영호 할 변【姂】女慧而員.

계집 용렬(庸劣)하다 :

　계집 용렬할 녕【嬣】奸嬣, 女劣貌.

계집 웃옷 :

　계집 웃옷 라【襦】婦人上衣.

계집의 맵시 :

　계집의 맵시 접【㜡】女姿意.

계집이름 :

　계집이름 달【姐】달기(妲己). 殷紂妻名.

　계집이름 말【妺】말희(妺嬉), 夏桀妻名.

계집이 사내 조롱하다 :

　계집이 사내 조롱할 노【嫐】조롱(嘲弄).

계집저고리 :

　계집저고리 합【襘】여자의 상의(上衣).

계집종 :

　계집종 비【婢】비야(婢也).

　계집종 애【娭】비야(婢也).

　계집종 엄【媕】비야(婢也).

　계집종 혜【嫇】여예(女隷). 여예(女隷).

계집종 간통(姦通)하다 :

　계집종 간통할 평【姘】妻婢通姦.

계집 추(醜)하다 :

　계집 추할 애【娾】추녀(醜女).

계집 키 크다 :

　계집 키 클 형【娙】女身長.

계집태도(態度) :

　계집태도 이【媐】여태(女態).

계집행실(行實) :

　계집행실 부【姀】女之行儀.

고(股) :

　고 고【股】직각 삼각형의 직각을 이룬 긴 변.
　　　　　　句股弦. 句股求弦之法『晉書』

고개 : 산이나 언덕을 넘어 비탈진 곳. 비탈길.
　　재, 산의 오르내리게 된 곳.

　고개 등【嶝】비탈길. 山上絶梯嶝『蘇軾』

　고개 리【峛】登降峛崺『揚雄』

　고개 상【峠】〔일〕산령(山嶺). 재. 고개마루.

　고개 재【岾】〔호〕땅 이름으로 쓰임. 永郞岾.

　고개 저【坻】판(坂)과 동의.
　　　　　　下磧歷之坻『司馬相如』

　고개 점【岾】〔호〕嶺也. 재.

　고개 파【坡】판(坂)과 동자(同字).
　　　　　　二客從予 過黃泥之坡『蘇軾』

　고개 판【坂】판로(坂路). 赤土身熱之坂『漢書』

　고개 현【峴】재. 迢遞陟陘峴『謝靈運』

　고개 휘【隓】판야(坂也).

고개 들고 가다 :

　고개 들고 갈 후【蝮】규후(赳蝮).
　　　　　　沛艾赳蝮『史記』

고갱이 :

　고갱이 알【稕】禾擧出苗.

고구마 :

　고구마 저【藷】甘藷는 고구마. 저우(藷芋).

고기 :

　고기 남【腩】삶은 고기. 有腩炙法『齊民要術』

　고기 어【魚】㋑ 어류(魚類). 魚躍于淵『詩經』
　　　　　　㋱ 고기가죽. 象弭魚服『詩經』

　고기 왕【鮏】대어(大魚).

　고기 유【腴】살찌고 기름기가 많은 고기.
　　　　　　膳無鮮腴『南史』

　고기 육【宍】육(肉)의 고자(古字). 欲宍之心亡
　　　　　　於中 則餓虎可尾『淮南子』

　고기 육【肉】식용의 살. 우육(牛肉).
　　　　　　溫酒及炙肉『隋書』

　고기 전【膞】저민 고기. 一膞炭煤『淮南子』

　고기 주【鱕】어지대자(魚之大者).

　고기 합【鮯】어류(魚類).

고기 걸어 두는 대살 :

　고기 걸어 두는 대살 호【笏】懸肉竹格.

고기구이 :

　고기구이 자(적)【炙】구운 고기.
　　　　　　毋嘬炙『禮記』

고기 기름지다 :

　고기 기름질 유【腬】肉肥美貌.

고기 깃 :

고기 깃 삼【罧】積柴水中取魚.

고기 낚다 :

고기 낚을 조【魡】조야(釣也).

고기 대나무 속에 넣어 굽다 :

고기 대나무 속에 넣어 구울 증【熷】 取生肉於竹中炙.

고기 데치다 :

고기데칠 잠【鬵】湯中爚肉.

고기 뛰는 소리 :

고기 뛰는 소리 랄【剌】 金鱗跋剌跳晴空『溫庭筠』

고기 먹어서 싫지 않다 :

고기 먹어서 싫지 않을 함【腤】食肉不厭.

고기 물키다 :

고기 물켤 잡【咂】어식(魚食). 入口曰咂『風俗通』

고기새끼 :

고기새끼 미【鮇】어자(魚子).

고기새끼 승【鱦】어자(魚子). 其小者名 鱦吾大夫欲長之『家語』

고기새끼 심【魫】어자(魚子).

고기새끼 의【鱶】어자(魚子).

고기시렁 :

고기시렁 호【互】고기를 얹는 시렁. 凡祭祀供其牛牲之互『周禮』

고기 식혜(食醢) :

고기식혜 담【醓】육한(肉汗).

고기 썰다 :

고기 썰 결【觖】치어(治魚).

고기 썰어 피에 섞다 :

고기 썰어 피에 섞을 손【膜】切肉混血.

고기 알 :

고기 알 미【鮇】어자(魚子). 고기새끼.

고기이름 :

고기이름 구【鮈】오구(鯸鮈), 어명(魚名).

고기이름 당【鱨】당홍(鱨魟), 어명(魚名).

고기이름 련【鰊】작은 물고기의 한 가지. 鮹鰊魚鮋『郭璞』

고기이름 렵【鱲】물고기의 한 가지.

고기이름 륜【鯩】鯪鰩鯩鰱『郭璞』

고기이름 보【鯆】쏘가리.

고기이름 분【魵】하야(鰕也). 어명(魚名).

고기이름 서【鱮】어명(魚名). 고기 새끼.

고기이름 외【鮠】메기 비슷한 큰 민물고기.

고기이름 이【鮞】魚之美者洞庭之鱄 東海之鮞『呂氏春秋』

고기이름 전【鱄】동정호(洞定湖)에서 나는 물고기의 한 가지. 魚之美者 洞庭之鱄『呂氏春秋』

고기이름 조【鮡】어명(魚名).

고기이름 초【鮹】말채찍 비슷하고 꼬리가 두 갈래진 민물고기.

고기이름 홍【魟】魟名, 백어(白魚).

고기이름 환【鰥】일종의 큰 민물고기의 이름. 이 물고기는 근심으로 밤잠을 자지 못한다 함. 愁似鰥魚夜不眠『陸游』

고기 입 쫑긋 거리다 :

고기 입 쫑긋 거릴 엄【鰋】엄우(鰋喁), 魚口動貌.

고기 잡는 그릇 :

고기 잡는 그릇 고【笘】捕魚器.

고기 잡는 발 :

고기 잡는 발 착【簎】捕魚籠.

고기 잡다 :

고기 잡을 서【揟】포어(捕魚).

고기 잡을 어【䱍】어(漁)와 동자(同字). 掌以時䱍爲梁『周禮』

고기 잡을 어【瀀】포어(捕魚).

고기 잡을 어【漁】물고기를 잡음. 어망(漁網). 以佃以漁『易經』

고기 잡을 어【魚】

㉠ 어(漁)와 통용. 觀魚者『左傳』

㉡ 고기를 잡는 사람. 어부. 또는 그 직업. 膠鬲擧魚監之中『孟子』

고기잡이 :

고기잡이 어【漁】

㉠ 고기를 잡는 일. 漁獵. 命漁師始漁『禮記』

㉡ 어부. 어가(漁家). 伴樵漁『孔魚』

고기 저미다 :

고기 저밀 재【宰】고기를 저며 요리함. 陳平爲宰分肉甚均『史記』

고기 젓 :

고기 젓 전【鮏】어장(魚醬).

고기 젓 정【鮏】금어장(金魚醬).

고기지지다 :

고기지질 남【醂】자육(煮肉).

고깃국 :

고깃국 비【膹】汁多臛.

고깃국찌꺼기 :

고깃국찌꺼기 탐【肬】肉汁滓.

고깃점 :

고깃점 자【胾】저민 고기. 毛炰胾羹『詩經』

고깔 : 주대(周代)의 통상(通常) 예복(禮服)의 관(冠).

고깔 변【弁】周弁, 段冔(면류관후),

夏收 『儀禮』

고깔 변【頯】 변(弁)과 동자(同字). 관명(冠名).

고깔 꾸미개 :

　고깔 꾸미개 기【璂】 기(璂)와 동자(同字).
　　　　　　　　飾弁玉璂.

고난(苦難) :

　고난 액【阨】 ㉠ 고생. 百姓仍遭凶阨 『漢書』
　　　　　　 ㉡ 위급한 처지. 위난(危難).
　　　　　　　是時孔子當阨 『孟子』

　고난 조【阻】 고생(苦生). 고초(苦草).
　　　　　　　弱冠逢世阻 『陶潛』

고 내다 :

　고 낼 쟁【綪】 結而又屈. 고리를 만들다.
　　　　　　　綪繳蘭臺 『史記』

고니 : 물새의 한 가지. 기러기 비슷한데 모양이
　큼.

　고니 곡【鵠】 백조(白鳥). 黃鵠一擧 『漢書』

고단하다 :

　고단할 계【憝】 곤비(困憊).

　고단할 퇴【尵】 委尵.

　고단할 혈【孑】 외로움. 孑立. 單子獨立 『孔融』

고달프게 하다 :

　고달프게 할 근【瘽】 피로하게 함.
　　　　　　　　　瘽身從事 『漢書』

　고달프게 할 로【露】 以露其體 『左傳』

　고달프게 할 피【疲】 疲民以逞 『左傳』

고달프다 :

　고달플 각【㑴】 노야(勞也).

　고달플 공【邛】 피로함. 병 듦.
　　　　　　　維王之邛 『詩經』

　고달플 굴【矻】 노극(勞極).

　고달플 권【劵】 노야(勞也).

　고달플 권【倦】 피로함. 不倦.
　　　　　　　致遠復食而不倦 『呂氏春秋』

　고달플 궤【歒】 피극(疲極).

　고달플 귀【尵】 권야(倦也).

　고달플 균【悃】 노야(勞也).

　고달플 극【欨】 피야(疲也).

　고달플 날【茶】 피로한 모양. 또 잊는 모양.
　　　　　　　茶然疲役 而不知其所歸 『莊子』

　고달플 녕【儜】 곤약(困弱).
　　　　　　　始知樂名敎何用苦拘儜 『韓愈』

　고달플 다【癉】 피로함. 商民久勞癉 『王禹偁』

　고달플 등【僜】 행피모(行疲貌).

　고달플 래【儽】 병야(病也).

　고달플 로【路】 동분서주(東奔西走)하여 피로함.
　　　　　　　是率天下而路也 『孟子』

　고달플 로【露】 以露其體 『左傳』

고달플 루【纍】 피로하여 기운이 없는 모양.
　　　　　纍纍若喪家之狗 『史記』

고달플 리【羸】 피로함. 身病體羸 『禮記』

고달플 배【憊】 병극(病極).

고달플 부【痡】 병을 앓음. 또 피로함.
　　　　　我僕痡矣 『詩經』

고달플 비【憊】 피곤함. 困憊. 知老之憊 『列子』

고달플 비【恷】 피로함. 無恷于恤 『書經』

고달플 예【曳】 피로함. 年雖疲曳猶庶幾名賢之
　　　　　風 『後漢書』

고달플 조【佻】 길을 가는데 매우 고단하고 피
　곤함.
　　　　　佻佻公子 行彼周行 『詩經』

고달플 철【惙】 철(輟)과 통용. 匡人圍之數西 而
　　　　　弦歌不惙 『莊子』

고달플 체【殢】 극피(極疲).

고달플 초【慅】 피로함. 勞心慅兮 『詩經』

고달플 체【瘁】 피로함. 또 수척(瘦瘠)함.
　　　　　僕夫況瘁 『詩經』

고달플 타【疼】 疲也.

고달플 탄【憚】 피로함. 또는 고생함.
　　　　　哀我憚人 『詩經』

고달플 퇴【隤】 피로함. 我馬虺隤 『詩經』

고달플 피【罷】 피로함. 罷倦. 騰駕罷牛 『賈誼』

고달플 피【疲】 ㉠ 신체가 피로함. 疲倦.
　　　　　我自樂此不爲疲也 『後漢書』
　　　　　㉡ 柴糧같은 것이 떨어져 고생함.
　　　　　今賊適疲於西 『諸葛亮』

고달플 핍【疺】 人皆疺矣 『門永樂北征錄』

고달플 호【蒿】 피로함. 使民蒿焉 『國語』

고달플 환【痯】 병들어 지친 모양.
　　　　　四牡痯痯 『詩經』

고달플 회【虺】 虺隤는 말이 병들어 고달픈 모양.
　　　　　陟彼崔嵬, 我馬虺隤 『詩經』

고달픔 :

　고달픔 피【疲】 피로. 고생. 민피(民疲).
　　　　　士忘疲 『張衡』

고동 :

　고동 관【管】 추요(樞要).
　　　　　聖人也者 道之管也 『荀子』

　고동 기【幾】 기(機)와 통용. 제일 중요한데.
　　　　　① 一日二日萬幾 『書經』
　　　　　㉡ 爲政有幾 『揚子法言』

　고동 라【蠃】 라(螺)와 동자(同字).
　　　　　爲蠃爲蚌 『易經』

　고동 안【眼】 요점(要點). 主眼.
　　　　　曰句法 曰字眼 『滄浪詩話』

　고동 추【樞】 ㉠ 운전 활동을 맡은 장치.
　　　　　施棧設樞 『吳越春秋』

ⓛ 가장 중요한 점. 樞機.
　　人君者管分之樞要也『荀子』

고동 목 :
　고동 목 니【柅】수레를 정지시키는 나무.
　　　　　　　　繫于金柅『易經』

고되다 :
　고될 산【酸】힘에 부치어 참기 어려움.
　　　　　　自致力所難 臨文情辛酸『嵇康』

고동 : 껍데기가 왼쪽으로 말린 소용돌이 꼴을 한
　패류. 곧 복족류(腹足類)에 속하는 권패(卷貝)의
　총칭. 田螺는 우렁이. 蝸螺는 다슬기. 法螺는
　소라 고동. 榮螺는 소라 등이 이에 속함.
　고둥 라【螺】라(蠃)와 동자(同字).
　고둥 라【蠃】라(螺)와 동자(同字).
　　　　　　　　爲蠃爲蚌『易經』
　고둥 라【蠡】라(螺)와 통용. 法蠡蚌『文子』
　고둥 사【蜤】우렁이.

고드름 :
　고드름 탁【澤】檐結氷庭澤.

고등어 :
　고등어 혜【鱥】⑪ 청어(鯖魚).

고라니 : 사슴과에 속하는 동물. 큰사슴. 뿔은 녹
　용이라 하여 약재로 씀.
　고라니 균【麏】녹속(鹿屬).
　고라니 주【麈】沈牛麈麋『司馬相如』
　고라니 포【麃】郊獲一角獸, 若麃然『史記』
　고라니 포【麅】포(麃)와 동자(同字).

고랑 :
　고랑 공【拲】수갑(手匣). 上罪梏拲而桎『周禮』
고래 : 바다에서 사는 포유(哺乳)동물의 한 가지.
　고래 경【京】경(鯨)과 동자(同字).
　　　　　　　　騎京魚『揚雄』
　고래 경【鯨】고래의 수컷. 鯨鯢.
　　　　　　取其鯨鯢而封之『左傳』
　고래 예【鯢】고래의 암컷.
　　　　　　取其鯨鯢而封之『左傳』
　고래 하【鰕】대예별명(大鯢別名).
　　　　　　鯢大者謂之鰕『爾雅』

고로 :
　고로 고【故】그런고로.
　　　　　　夫然故生則親安之『孝經』
　고로 사【肆】그렇기 때문에.
　　　　　　肆予以爾衆士『書經』

고루 :
　고루 균【鈞】같이. 한가지로.
　　　　　　鈞是人也『孟子』

고루 다스려지다 :
　고루 다스려 질 편【平】王道平平『書經』

고루하다 :
　고루할 고【固】완고하고 비루(鄙陋)함. 固陋.
　　　　　　寡人固『禮記』

고르게 하다 :
　고르게 할 권【權】편파(偏頗)하지 않게 함.
　　　　　　原父子之情 立君臣之義 以權
　　　　　　之『禮記』
　고르게 할 균【均】과불급(過不及)이 없게 함.
　　　　　　天下國家可均也『中庸』
　고르게 할 균【鈞】균(均)과 통용.
　　　　　　多鼓鈞聲『左傳』
　고르게 할 멱【幎】균일(均一)하게 하는 모양.
　　　　　　欲其幎爾而下迆也『周禮』
　고르게 할 성【成】균평(均平)하게 함.
　　　　　　成尊賈『周禮』
　고르게 할 준【準】평균(平均)하게 함.
　　　　　　準之 然後量之『周禮』
　고르게 할 해【諧】물건의 값을 싸지도 비싸지
　　　　　　도 않게 정함.
　　　　　　諧價然後得去『後漢書』

고르다 :
　고를 각【顝】和也. 화한 모양.
　고를 균【均】㉠ 더하고 덜함이 없음. 均齊 經
　　　　　　界不正 井地不均『孟子』
　　　　　　ⓛ 조화됨. 六轡旣均『詩經』
　고를 균【匀】균(均)과 동자(同字).
　　　　　　敝勺匀匀『柳宗元』
　고를 균【鈞】균(均)과 통용. 多鼓鈞聲『左傳』
　고를 석【菅】조야(調也).
　고를 순【旬】균일(均一)함. 雖旬旡咎『易經』
　고를 아【顤】均也.
　고를 유【顬】조화(調和)함. 率顬衆慼『書經』
　고를 적【適】과부족(過不足)이 없음.
　　　　　　風雨則不適『呂氏春秋』
　고를 정【亭】조화(調和)됨.
　　　　　　甘立而五味亭『淮南子』
　고를 조【調】㉠ 잘 어울림. 調和.
　　　　　　琴瑟不調『十八史略』
　　　　　　ⓛ 과불급(過不及)이 없어 균형(均
　　　　　　衡)이 잡힘.
　　　　　　陰陽調而風雨時『漢書』
　고를 조【稠】조화함. 可謂稠適而遂矣『莊子』
　고를 준【準】균등함. 先定準直『禮記』
　고를 중【中】균등함. 斲摯必中『禮記』
　고를 지【匜】균야(均也).
　고를 촉【齪】제야(齊也).
　고를 총【偬】균등함. 공평함. 昊天不傭『詩經』
　고를 평【平】균등함. 平均.
　　　　　　雲行雨施天下平也『易經』

고를 해【諧】잘 조화함. 調諧.
　　　　　八音克諧『書經』

고를 화【和】조화됨. 순조로움. 陰陽相和.

고르지 못하다 :
　고르지 못할 석【窅】불조야(不調也).

고르지 않다 :
　고르지 않을 라【繧】불균모(不均貌).

고름 : 헌데서 나오는 즙.
　고름 농【膿】종혈(腫血).
　고름 농【膿】膿斗 後八日嘔膿『史記』

고름 짜다 : 악창(惡瘡)을 째고, 고름을 짜냄.
　고름 짤 괄【劀】瘍醫劀殺之齊『周禮』

고리 : 길다란 물건을 둥글게 휘어서 맞붙여 만든
　물건. 잠그게 된 고리.
　고리 결【鐍】施玉鐶鐍『後漢書』
　고리 고【栲】버들고리. 栲栲, 유기(柳器).
　고리 구【彄】환(環)과 동의.
　　　　　戚夫人以百鍊金爲彄環『西京雜記』
　고리 로【栳】버들고리. 栲栳, 유기(柳器).
　고리 영【穎】쇠로 만든 고리.
　　　　　却刃授穎『禮記』
　고리 환【鐶】金鐶. 指鐶. 錘以玉鐶『太玄經』
　고리 환【環】耳環. 游環脅驅『詩經』
　고리 환【鍰】환(環)과 통용. 宮門銅鍰『漢書』

고리짝 :
　고리짝 단【筥】筥也.

고모(姑母) :
　고모 고【姑】아버지의 자매. 姑壻.
　　　　　問我諸姑『詩經』

고모부(姑母夫)) : 인숙(姻叔).

고목(枯木) :
　고목 차【苴】말라죽어 물위에 뜬 풀이나 나무.
　　　　　如彼棲苴『詩經』
　고목 치【薔】말라죽은 나무. 또 말라죽는 일.
　　　　　其薔其翳『詩經』

고무래 : 밭의 흙을 고르는 농구.
　고무래 독【碡】碌碡.
　　　　　移繫門西碌碡邊『范成大』
　고무래 로【橯】마전기(摩田器).
　고무래 뢰【擂】圓 擂木.
　고무래 류【碌】碌碡.
　　　　　移繫門西碌碡邊『范成大』
　고무래 우【耰】布種磨田器.
　　　　　深其耕而熟耰之『莊子』
　고무래 팔【朳】朳具, 無齒杷.

고물 :
　고물 배【緋】船後所排水.
　고물 소【艄】소(梢)와 통용. 선미(船尾).

고물 축【舳】배의 뒤쪽. 舳艫, 선미(船尾).

고물 떡 : .
　고물떡 과【餜】以穀屑蒸造餠而塗細粉者.

고미 :
　고미 조【彫】줄의 열매. 彫胡.
　　　　　炊彫留上客『梁簡文帝』

고복(皐復) :
　고복 복【復】초혼(招魂).
　　　　　招魂曰復 盡愛之道也『禮記』

고비 : 고비과에 속하는 양치류(羊齒類)의 다년초
　(多年草). 산야(山野)에 저절로 나며 어린잎은
　식용함.
　고비 기【綦】薇也.
　고비 미【薇】薇蕨. 言采其薇『詩經』

고삐 : 마소의 재갈에 잡아매어 끄는 줄. 인신(引
　伸)하여 속박 제어를 당하는 일. 굴레.
　고삐 강【繮】강(韁)과 동자(同字). 말의 고삐.
　　　　　鳥出樊籠馬脫繮『陸游』
　고삐 강【韁】말의 재갈에 매는 줄.
　　　　　貫仁義之羈絆 繫名聲之韁鎖『漢書』
　고삐 기【羈】㉠ 是猶以羈而御駻突『漢書』
　　　　　㉡ 기반(羈絆). 脫羈. 絆羈.
　　　　　以羈絆兮『楚辭』
　고삐 납【軜】말 셋이 끄는 수레에서 바깥쪽 말
　　의 안쪽 고삐. 鋈以觼軜『詩經』
　고삐 락【絡】물건 또는 말을 매는 줄.
　　　　　金鑣玉絡『金史』
　고삐 반【鞶】반(絆)과 동자(同字).
　　　　　鞶鞈鞶鞃『左傳』
　고삐 비【轡】按轡. 執轡如組『詩經』
　고삐 설【紲】마소를 매는 줄.
　　　　　臣負羈紲『左傳』
　고삐 설【緤】紲也. 설(紲)과 동자(同字).
　고삐 예【鞔】말의 재갈에 잡아매어 끄는 줄.
　　　　　干笮革鞔『儀禮』
　고삐 인【紖】소의 코에 매어 끄는 줄.
　　　　　牛則執紖『禮記』
　고삐 적【靮】한 끝을 말의 재갈에 잡아매어 끄
　　는 줄. 執羈靮而從『禮記』
　고삐 조【絛】말의 재갈에 잡아매어 끄는 줄.
　　　　　絛革沖沖『詩經』
　고삐 진【紖】소의 코에 매어 끄는 줄.
　　　　　牛則執紖『禮記』
　고삐 진【絼】진(紖)과 동자(同字).
　　　　　凡祭祀飾其牛牲 置其絼『周禮』
　고삐 파【靶】말을 재갈에 잡아매어 끄는 줄.
　　　　　王良執靶『漢書』

고사리 : 양치류(羊齒類). 참고사리과에 속하는 다

년생 풀. 산야에 자생(自生)함. 어린잎은 먹음.

고사리 궐【蕨】言采其蕨『詩經』

고사 쌀 :

　고사 쌀 서【稰】고사 지낼 때 올리는 쌀.
　　　　　　費椒稰以要神兮『漢書』

고생(苦生) :

　고생 간【艱】간고(艱苦). 괴로움.
　　　　　　哀民生之多艱『楚辭』

　고생 약【約】빈곤(貧困)으로 괴로워 함.
　　　　　　㉠ 小人貧斯約『禮記』
　　　　　　㉡ 不仁者不可以久處約『論語』

고생하다 : 어려운 경우를 당하여 애씀.

　고생할 가【坷】신고(辛苦)함.
　　　　　　空室自困坷『蘇軾』

　고생할 감【坎】간난신고(艱難辛苦)함.
　　　　　　抑人之自坎 其命也『黃滔』

　고생할 건【蹇】屯蹇. 蹇步. 王臣蹇蹇『易經』

　고생할 극【劇】同知埋身劇『王粲』

　고생할 마【磨】곤란(困難)을 받음. 속어(俗語)임.
　　　　　　少裏兼遭病折磨『白居易』

　고생할 상【傹】困也.

　고생할 액【戹】괴롭게 수고함.
　　　　　　兩賢豈相戹哉『史記』

　고생할 우【憂】궁(窮)하여 괴로워 함.
　　　　　　小人道憂也『易經』

　고생할 축【蹙】간난(艱難)을 겪음. 窘蹙. 困蹙.
　　　　　　國蹙賦更重『李商隱』

고소하다 :

　고소할 험【馦】향미(香味).

　고소할 흡【皀】곡지형향(穀之馨香).

고수머리 : 곱슬곱슬한 머리. 또 머리가 곱슬곱슬
　한 모양.

　고수머리 곡【鬈】곡발(鬈髮).

고수풀 : 미나리과에 속하는 일년초. 열매는 향
　료. 식용으로 함.

　고수풀 유【荽】胡荽. 蔲荽芬芳『潘岳』

고슴도치 : 고슴도치과에 속하는 동물. 쥐 비슷하
　며 꼬리 이외의 등덜미와 몸이 양편으로 바늘
　같은 털이 온통 덮여 있음.

　고슴도치 위【蝟】反者如蝟毛而起『漢書』

　고슴도치 위【猬】위(蝟)와 동자(同字). 刺鼠食瓜.

　고슴도치 회【蝟】蝟也.

　고슴도치 휘【彙】위(蝟)와 동의.
　　　　　　彙卽蝟也 其毛如針『爾雅』

고시(告示)하다 : 법(法)을 기록(記錄)하여 보임.

　고시할 헌【憲】憲禁于王宮『周禮』

고신(告身) :

　고신 고【告】관리의 사령서(辭令書). 직첩(職牒).

고신 고【誥】誥命은 명청(明淸)시대에 오품관
　　　　　(五品官)이상을 임명(任命)할 때에
　　　　　수여(授與)하는 사령(辭令).

고아(孤兒) : 아버지가 죽어 없는 아이.

　고아 고【孤】置孤獨園, 以恤孤幼『南史』

고약(膏藥) : 기름으로 만든 붙이는 약.

　고약 고【膏】傅以神膏『後漢書』

고양이 :

　고양이 묘【猫】묘(貓)와 동자(同字).
　　　　　　養猫以捕鼠『蘇軾』

　고양이 묘【貓】묘(猫)의 본자.
　　　　　　迎貓爲其食田鼠『禮記』

고요하고 소리 없다 :

　고요하고 소리없을 적【味】靜而無聲貌.

고요하다 : 사람이 없어 아주 적막한 모양. 집이
　텅 비어 고용한 것.

　고요할 강【康】정야(靜也).

　고요할 격【闃】정야(靜也).

　고요할 격【闃】闃其无人『易經』

　고요할 격【闠】격(闃)과 통용.
　　　　　　闠其无人『易經』

　고요할 녑【攝】조용함. 天下攝然『漢書』

　고요할 량【寏】정야공가(靜也空家).

　고요할 렴【嗛】정야(靜也).

　고요할 료【寥】공적(空寂).

　고요할 막【寞】寂寞. 무성(無聲).

　고요할 막【嗼】정야(靜也).

　고요할 예【寋】정야(靜也).

　고요할 예【殴】정야(靜也).

　고요할 유【牰】정야(靜也).

　고요할 유【勠】조용한 모양.
　　　　　　淸思勠勠 經緯冥冥『唐山夫人』

　고요할 적【嘁】정야(靜也).

　고요할 적【諔】인무성(人無聲).

　고요할 적【寂】적적(寂寂)함. 寂漠.
　　　　　　寂兮寥兮『老子』

　고요할 첩【帖】조용함. 妥帖.
　　　　　　一生長帖帖『元稹』

　고요할 초【悄】조용함. 쓸쓸함. 悄然.
　　　　　　東船西舫悄無語『白居易』

　고요할 혁【洫】적막(寂寞)함. 閟宮有洫『詩經』

　고요할 현【玄】청정(淸靜)함.
　　　　　　以玄默爲神『漢書』

　고요할 희【㐘】정야(靜也).

고요히 웃다 :

　고요히 웃을 어【唹】정소(靜笑).

고요히 흐르다 :

　고요히 흐를 첨【湉】물이 고요히 흐르는 모양.

澶湉漢而無涯『左思』

고욤 :

　고욤 석【檡】 樗也.

고욤나무 :

　고욤나무 군【梱】 檍柿之小者.

　고욤나무 영【梬】 檍棗, 似柿而小.

　고욤나무 천【檴】 梱檴, 목명(木名).

　고욤나무 천【杅】 梱檴木.

　고욤나무 천【檴】 梱檴, 목명(木名).

고용하다 : 삯을 주고 남을 부림.

　고용할 청【倩】 汝倩人耶『魏書』

고운 계집 :

　고운계집 발【妭】 미녀(美女).

고운 베 :

　고운 베 전【絟】 세포(細布).

고운 비단 : 곱고 얇은 비단.

　고운 비단 섬【纖】 被文服纖『楚辭』

고운 옷 : 성장할 때 입는 잘 꾸민 검은 옷.

　고운 옷 첩【緝】 선명의(鮮明衣). 緹緝.

　　　　　　襲英衣兮緹緝『楚辭』

　고운 옷 초【褕】 호의(好衣).

　고운 옷 현【袨】 袨腹은 袨服叢臺之下者一旦成

　　　　　市. 袨服大盛玄黃服也『鄒陽』

고운 처 :

　고운 처 발【妭】 妭女, 미처(美妻).

고운 흙 :

　고운 흙 양【壤】 명개흙. 厥土惟壤『書經』

고유제(告由祭) : 개인의 집이나 나라에서, 큰 일
　을 치를 때나 치른 뒤에 그 사정을 신명(神明)
　이나 사당(祠堂)에 모신 조상에게 고하는 제사.

　고유제 고【祰】 고제(告祭).

고을 : 행정 구역의 하나. 많은 사람이 모여 사는 곳.

　고을 군【郡】 夸州兼郡『漢書』

　고을 소【郜】 군야(郡也).

　고을 원【鄟】 타인봉읍(他人封邑).

　고을 읍【邑】 큰 마을.

　　　　　二年成邑 三年成都『史記』

　고을 주【州】 행정구역의 이름.

　고을 진【鎭】 인구 오만(五萬) 이상의 도시.

　　　　　漢口鎭. 景德鎭.

　고을 현【縣】 진시황 때부터 시작한 행정상의
　　　　　구획으로 처음에는 군(郡)의 위였
　　　　　으나 후에는 군(郡) 또는 부(府)
　　　　　에 속함. 현재는 성(省)의 아래
　　　　　구분. 山東省, 曲阜縣.
　　　　　分天下爲郡縣『漢書』

고을이름 :

　고을이름 감【贛】 현명(縣名).

고을이름 교【鄝】 현명(縣名).

고을이름 규【邽】 읍명(邑名).

고을이름 극【郄】 읍명(邑名).

고을이름 기【邔】 한(漢)나라의 현명(縣名).

고을이름 도【郰】 현명(縣名).

고을이름 련【酀】 읍명(邑名).

고을이름 령【酃】 현명(縣名).

고을이름 맹【䣕】 句䣕, 읍명(邑名).

고을이름 맹【鄳】 현명(縣名).

고을이름 면【澠】 읍명(邑名).

고을이름 면【郬】 현명(縣名).

고을이름 명【鄍】 읍명(邑名).

고을이름 몽【鄸】 읍명(邑名).

고을이름 무【鄅】 현명(縣名).

고을이름 미【䣟】 안남(安南)의 북부(北部).

고을이름 미【郿】 읍명(邑名).

고을이름 민【澠】 현명(縣名).

고을이름 비【邳】 현명(縣名).

고을이름 비【鄪】 읍명(邑名).

고을이름 소【邵】 읍명(邑名).

고을이름 수【鄑】 지명(地名).

고을이름 심【鄩】 읍명(邑名).

고을이름 십【邟】 한나라 현명(漢之縣名).

고을이름 언【傿】 언(鄢)과 동자(同字).

고을이름 연【沇】 읍명(邑名).

고을이름 연【鄢】 읍명(邑名).

고을이름 운【鄆】 읍명(邑名).

고을이름 원【邧】 읍명(邑名).

고을이름 위【蔿】 초(楚)나라의 읍명(邑名).
　　　　　復治兵于蔿『左傳』

고을이름 유【鄃】 현명(縣名).

고을이름 은【鄞】 현명(縣名).

고을이름 자【鄑】 읍명(邑名).

고을이름 장【鄣】 읍명(邑名).

고을이름 전【鄟】 읍명(邑名).

고을이름 질【邦】 읍명(邑名).

고을이름 추【郰】 노(魯)나라의 읍명(邑名)으로
　　　　　공자(孔子)의 출생지.

고을이름 축【郕】 읍명(邑名).

고을이름 치【郗】 읍명(邑名).

고을이름 침【郴】 현명(縣名).

고을이름 파【鄱】 현명(縣名).

고을이름 합【郃】 현명(縣名).

고을이름 호【鄗】 읍명(邑名).

고을이름 호【鄠】 현명(縣名).

고을이름 호【鄗】 읍명(邑名).

고을이름 효【猇】 현명(縣名).

고을이름 휴【鄃】 읍명(邑名).

괴다 : .

필 행【倖】
　　㉠ 총애(寵愛)함. 素餐私倖 必加榮擢『後漢書』
　　㉡ 총애(寵愛)를 받는 사람. 政歸五倖『後漢書』
고자 : 거세(去勢) 당하여 후궁(後宮)에서 일하는
　　남자. 주로 궁문(宮門)의 개폐(開閉)를 맡았는
　　데 또 잡일도 하며 혹은 군주(君主)의 옆에서
　　시중들기도 함.
　고자 엄【閹】閹尹之呰『漢書』
고지새 : 청작(靑雀). 청조(靑鳥). 파랑새.
고지식하다 :
　고지식할 당【戇】우직(愚直).
고질(痼疾) : 오래 낫지 않는 병.
　고질 고【錮】고(痼)와 통용. 身有錮疾『禮記』
　고질 고【固】고(錮)와 통용. 國多固疾『禮記』
　고질 고【痼】飮之者痼疾皆愈『後漢書』
고질병(痼疾病) : 오래 낫지 않는 병.
　고질병 래【瘵】구병(久病).
고집 세다 : 완고(頑固)함.
　고집 셀 비【鄙】或仁或鄙『漢書』
　고집 셀 환【豲】盃前膽不豲『劉夢得』
고쳐지다 :
　고쳐질 개【改】前圖未改『楚辭』
　고쳐질 경【更】應國之稱號 亦更矣『管子』
고총(古冢) : 묵은 무덤.
　고총 고【堌】曹縣有冉堌 乃穰候魏冉冢
　　　　　　『山東老古錄』
고치 : 누에 고치.
　고치 견【繭】蠶事旣登 分繭稱絲 效功『禮記』
　고치 현【纝】견야(繭也).
고치다 : 바로잡음.
　고칠 개【改】㉠ 改革. 過則勿憚改『論語』
　　　　　　　㉡ 改名. 歲寒無改色『李德林』
　고칠 격【挌】개야(改也).
　고칠 격【譯】경야(更也).
　고칠 경【夏】개야(改也).
　고칠 경【庚】경(更)과 동자(同字).
　　　　　　　先庚三日 後三日『易經』
　고칠 경【更】변경(變更)함.
　　　　　　　君子問更端『禮記』
　고칠 료【療】병을 고침.
　　　　　　　凡療瘍以五毒攻之『周禮』
　고칠 변【變】변개(變改)함. 변법(變法).
　　　　　　　國無道至死不變『中庸』
　고칠 보【補】수선(修繕)함. 수리(修理)함. 修補.
　　　　　　　修宮室 補牆垣『呂氏春秋』
　고칠 역【易】변개(變改)함. 변역(變易).
　　　　　　　聖人易之以書契『易經』
　고칠 유【愈】유(癒)와 통용. 치유(治癒)함.

愈病析醒『宋玉』
　고칠 의【醫】병을 고쳐 사람을 구함. 醫渴.
　　　　　　　上醫醫國 其次救人『國語』
　고칠 장【張】경장(更張).
　고칠 전【痊】병을 낫게 함.
　　　　　　　以痊病也『抱朴子』
　고칠 전【悛】전죄(前罪)를 뉘우쳐 고침. 悛改.
　　　　　　　其有悛乎『國語』
　고칠 찬【竄】시문(詩文) 등을 고침. 개찬(改竄).
　　　　　　　漬墨竄古史『韓愈』
　고칠 혁【革】변혁(變革). 개혁(改革).
　　　　　　　請革心易行『晏子春秋』
　고칠 환【換】변환(變換).
　　　　　　　捐益修換四千四百餘事『宋史』
고패 :
　고패 로【轤】활차(滑車). 橫架轆轤『張籍』
　고패 록【轆】활차(滑車).
　　　　　　　橫架轆轤牽素綆『張籍』
고하다 :
　고할 계【戒】알림. 主人戒賓『儀禮』
　고할 고【告】㉠ 아룀. 여쭘. 告厥成功『書經』
　　　　　　　㉡ 알림. 諜告曰, 楚幕有烏.
　　　　　　　㉢ 이야기함. 犀首告臣『戰國策』
　　　　　　　㉣ 청함. 以告先生君子可也『儀禮』
　　　　　　　㉤ 소송을 제기함. 告訴.
　고할 고【誥】㉠ 위에서 아래에 고시하거나 유
　　　　　　　　시함. 誥示.
　　　　　　　㉡ 后以施命誥四方『易經』
　　　　　　　㉢ 또 그 말이나 문서, 서경 중의
　　　　　　　　하나. 大誥. 康誥. 등.
　고할 고【皐】알림. 詔來瞽皐舞『周禮』
　고할 곡【告】청알(請謁)함.
　　　　　　　爲人子者 出必告 反必面『禮記』
　고할 곡【穀】고(告)와 동자(同字).
　　　　　　　齊穀王姬之喪『禮記』
　고할 곡【嚳】급히 고함.
　고할 공【控】아룀. 控訴. 控于大邦『詩經』
　고할 공【貢】알림. 六爻之義, 易以貢『易經』
　고할 국【鞠】알림. 주의함. 陳師鞠旅『詩經』
　고할 기【祈】알림. 以祈黃耇『書經』
　고할 녕【聲】고야(告也).
　고할 두【䄍】고야(告也).
　고할 사【詞】알림. 其詞于賓曰『禮記』
　고할 쇄【誶】㉠ 노래의 끝에 난(亂), 곧 졸장
　　　　　　　　(卒章)을 부언(附言)함.
　　　　　　　㉡ 또 그 말. 誶曰云云 『賈誼』
　고할 수【誸】고야(告也).
　고할 알【謁】알림. 乃謁關人『儀禮』
　고할 진【聇】고야(告也).

고할 찬【讚】알림. 偏讚賓客『史記』

고할 찬【贊】알림. 偏贊賓客『史記』

고할 책【冊】고야(告也).

고할 호【號】명령을 알림. 號令於三軍『國語』

고함지르다 : 성내어 큰 소리로 외침.

　고함지를 위【瘑】함성(喊聲).

　고함지를 함【闞】哮闞. 七雄虓闞『漢書』

고향(故鄕) : 제가 나서 자란 곳.

　고향 향【鄕】동향(同鄕). 去國懷鄕『范仲淹』

곡계(曲枅) : 두공(枓栱)의 일부로서 위에서 누르는 하중(荷重)을 버티는 횡목(橫木).

　곡계 란【欒】欒櫨疊施『左思』

곡식(穀食) : 사람의 식량이 되는 쌀, 보리, 콩, 조, 기장, 수수, 밀, 옥수수 따위를 통틀어 이르는 말.

　곡식 가【稼】화가(禾稼). 殖我稼『列子』

　곡식 곡【穀】곡류(穀類). 오곡(五穀).
　　　　　農乃登穀『禮記』

　곡식 묘【苗】곡물(穀物). 無食我苗『詩經』

　곡식 색【穡】화곡(禾穀). 參參其穡『東晳』

　곡식 속【粟】곡류(穀類).
　　　　　許子必種粟而後食乎『孟子』

　곡식 자【粢】곡류(穀類)의 총칭.
　　　　　辨六粢之名物『周禮』

　곡식 화【禾】곡물(穀物)의 총칭. 화곡(禾穀).
　　　　　禾稼不熟『禮記』

곡식(穀食)나지 않는 밭 :

　곡식 나지 않는 밭 창【鴅】不毛田.

곡식(穀食)벌레()곡식벌레 :

　곡식벌레 고【蠱】곡식 속에 있는 벌레.
　　　　　穀之飛亦爲蠱『左傳』

곡식(穀食) 사다 :

　곡식 살 적【籴】적(糴)과 동자(同字). 매곡(買穀).

곡식(穀食)쌓다 :

　곡식 쌓을 라【贏】적곡(積穀).

곡식(穀食)익다 :

　곡식 익을 접【堨】임야(稔也).

곡식(穀食)자루 터지다 :

　곡식자루 터질 분【幩】穀滿而袋裂.

곡식(穀食) 포기 가지런하다 :

　곡식 포기 가지런할 리【穲】穲穲, 五穀行列.

곡신(穀神) :

　곡신 직【稷】오곡(五穀)을 맡은 신(神). 또 그 신을 모신 사우(祠宇).
　　　　　右社稷而左宗廟『禮記』

곡조(曲調) : 가사에 붙인 가락.

　곡조 롱【弄】악곡(樂曲).
　　　　　改韻易調 奇弄乃發『嵇康』

곡조 조【操】금곡(琴曲) 또 금곡(琴曲)의 이름.
　　　㉠ 龜山操『孔子』
　　　㉡ 樂詩曲操『後漢書』

곡조 주【奏】음악의 곡조. 九奏乃終『周禮』

곡진(曲盡)하다 :

　곡진할 견【縴】
　　　㉠ 縴綣은 곡진(曲盡)한 모양. 간곡(懇曲)하게 정성(精誠)을 다 들이는 모양.
　　　　　以謹縴綣『詩經』
　　　㉡ 서로 정이 깊이 들어서 떨어지지 아니하는 모양. 마음속에서 맹세(盟誓)하여 배반(背叛)하지 않는 모양.
　　　　　縴綣從公『左傳』

　곡진할 곡【曲】간절(懇切)함. 정성(精誠)을 다함.
　　　　　曲允微誠『庾信』

　곡진할 완【婉】완곡(婉曲)함.
　　　　　春秋之稱 微而顯 婉而辨『左傳』

곡(哭)하다 :

　곡할 곡【哭】사람의 죽음을 슬퍼하여 우는 예.
　　　　　哭則不歌『論語』

곤(困)하게 하다 :

　곤하게 할 폐【弊】피곤하게 함.
　　　　　以弊魏『戰國策』

곤계 :

　곤계 곤【鵾】곤계(鵾雞).
　　　㉠ 닭의 일종. 鵾雞朝飛『太玄經』
　　　㉡ 봉황(鳳凰)의 별칭.

　곤계 곤【鶤】鶤雞는 애완용(愛玩用) 닭의 일종.
　　　　　鶤雞喁唶而悲鳴『楚辭』

　곤계 약【鸙】보통 닭보다 몸집이 큼.

곤궁(困窮)하다 :

　곤궁할 총【傯】곤궁(困窮).

곤대(蔎臺) : 채소의 한 가지.

　곤대 경【蕻】우경(芋莖). 토란 줄기.

곤두서다 :

　곤두설 노【怒】꼿꼿이 거꾸로 섬. 노생(怒生).
　　　　　怒髮上衝冠『史記』

　곤두설 지【指】직립(直立)함.
　　　　　目裂鬢指『呂氏春秋』

곤드레만드레하다 : 술이나 잠에 몹시 취하여 정신을 차리지 못하고 몸을 못 가누다.

　곤드레만드레할 도【酕】酕醄極醉貌.

　곤드레만드레할 모【酕】酕醄는 몹시 취한 모양. 곤드레만드레가 된 모양.
　　　　　遇酒酕醄飮『姚合』

곤들매기 : 연어과에 속하는 민물고기. 송어 비슷한데 몸은 작고, 암황갈색(暗黃褐色)임.

　곤들매기 미【鮇】가어(嘉魚).

곤룡포(袞龍袍) : 고대(古代)의 천자(天子) 또는
　상공(相公)의 예복(禮服). 용(龍)의 무늬가 있음.
　곤룡포 곤 【袞】 곤룡(袞龍).
　　　　　　王之吉服享先王則袞冕『周禮』

곤박(困迫)하다 :
　곤박할 엄 【捺】 고생함. 篤以不捺『禮記』

곤어(鯀魚) : 상상상(想像上)의 큰 물고기.
　곤어 곤 【鮌】 魚也. 곤(鯀)과 동자(同字).
　곤어 곤 【鯀】 일종의 큰 물고기.
　곤어 곤 【鯤】 北冥有魚, 其名爲鯤『莊子』

곤이 :
　곤이 곤 【鯤】 물고기의 뱃속의 알.
　　　　　　魚禁鯤鮞『國語』
　곤이 공 【鰊】 鯤也. 물고기 뱃속의 알.
　곤이 비 【鯡】 물고기의 뱃속의 알.
　곤이 이 【鮞】 물고기의 뱃속의 알.
　　　　　　魚禁鯤鮞『國語』

곤장(棍杖) :
　곤장 곤 【棍】 棍棒.
　　　　　　杖無首尾 以堪撻人曰棍『品字箋』
　곤장 형 【荊】 태형(笞刑)에 쓰는 모형(牡荊)으로
　　　　만든 막대기.
　　　　　　刑杖. 肉袒負荊『史記』

곤하다 :
　곤할 곤 【困】
　　㉠ 고생함. 困厄. 事前定則不困『中庸』
　　㉡ 피로움. 난처함. 困難. 或困而知之『中庸』
　　㉢ 생활이 가난함. 困窮.
　　　　亡國之音 哀以思 其民困『詩經』
　　㉣ 피곤함. 지침. 疲困. 昨夜困乎『後漢書』
　곤할 극 【罷】 倦也.
　곤할 폐 【弊】 피곤함. 피로함. 疲弊.
　　　　　　兵弊於周『戰國策』

곧 : 위를 받아 아래에 접속하는 말. 즉시. 바로.
　다름이 아니라.
　곧 경 【徑】 바로. 徑截輜重『李華』
　곧 금 【今】 今時. 方今. 吾今召君矣『漢書』
　곧 립 【立】 즉시로 : 其末立見『史記』
　곧 변 【便】 卽便으로 연용(連用)하기도 함.
　　　　　　便是堯舜氣象『朱熹』
　곧 선 【還】 可使還至而立效者也『漢書』
　곧 즉 【卽】 ㉠ 卽今. 卽決. 盜發卽得『宋史』
　　　　　　㉡ 色卽是空 空卽是色『般若心經』
　곧 즉 【則】
　　㉠ ~할 때에는. 弟子入則孝 出則弟『論語』
　　㉡ ~할 경우에는. 用之則行 舍之則藏『論語』
　　㉢ 만일 그렇다면. 過則勿憚改『論語』
　　㉣ ~에 이르러서는. 仁則吾不知也『論語』

곧 취 【就】 즉시. 就加詔許之『晉書』
곧게 갈다 :
　곧게 갈 객 【耦】 직경(直耕).
곧게 달리다 :
　곧게 달릴 동 【駧】 鴻駧, 직치모(直馳貌).
곧게 하다 :
　곧게 할 직 【直】 굽은 것을 폄.
　　　　　　枉尺而直尋『孟子』
곧게 흐르다 :
　곧게 흐를 공 【涳】 직류(直流).
곧다 : 바름. 정직(正直)함.
　곧을 각 【覺】 정직(正直)함. 夫子覺者也『左傳』
　곧을 간 【衎】 강직(剛直)한 모양.
　　　　　　張敞衎衎履忠進言『漢書』
　곧을 건 【謇】 말이 곧음. 직언(直言)을 함. 謇諤.
　　　　忠謇. 인신(引伸)하여 충직(忠直).
　　　　殘忠害謇『晉書』
　곧을 경 【徑】 有直情而徑行者『禮記』
　곧을 경 【俓】 직야(直也).
　곧을 경 【梗】 정직(正直)함. 梗梗亮直『孔叢子』
　곧을 량 【良】 바름. 貞良之節『後漢書』
　곧을 렴 【廉】 바름. 殺君以爲廉『國語』
　곧을 사 【肆】 바름. 其事肆而隱『易經』
　곧을 수 【豎】 바름. 直豎不斜『晉書』
　곧을 시 【矢】 得黃矢貞吉『易經』
　곧을 정 【庭】 반듯함. 旣庭且碩『詩經』
　곧을 정 【貞】 ㉠ 마음이 안정하여 바름.
　　　　　　一人元良 萬邦以貞『書經』
　　　　㉡ 여자가 절개를 지켜 동하지 아
　　　　니함. 好貞不字『易經』
　곧을 정 【亭】 바름. 以征不亭『史記』
　곧을 정 【庭】 반듯함. 旣庭且碩『詩經』
　곧을 정 【頲】 梐梗較頲『爾雅』
　곧을 정 【挺】 굽지 아니함. 周道挺挺『左傳』
　곧을 중 【中】 頭頸必中『禮記』
　곧을 직 【直】 ㉠ 굽지 아니함. 直線.
　　　　　　蓬生麻中 不扶自直『史記』
　　　　㉡ 바름. 正直. 直哉史魚『論語』
　곧을 촉 【矗】 矗然而不誣『元包經』
　　　　　　矗不知其幾千萬落『杜牧阿房宮賦』
　곧을 총 【驄】 직야(直也).
　곧을 태 【兌】 똑바름. 松柏斯兌『詩經』
　곧을 평 【怦】 충직(忠直)한 모양.
　　　　　　心怦怦兮諒直『楚辭』
　곧을 해 【楷】 强楷堅勁用在楨幹 失在專固『人物志』
　곧을 행 【絣】 직야(直也).
　곧을 환 【丸】 나무가 꼿꼿한 모양.
　　　　　　松栢丸丸『詩經』

곧을 흔【肩】야위고 작은 모양.
　　　　　　其胖肩肩『莊子』
곧은 말 : 직언(直言). 바른 말. 옳은 말.
　곧은 말 당【讜】충당(忠讜). 吾久不見班生 今日
　　　　　　復聞讜言『漢書』
곧은 말하다 : 기탄없이 바른 말을 함.
　곧은 말할 악【諤】악(咢)과 동자(同字). 侃諤.
　　　　　　謇諤之節『後漢書』
　곧은 말할 악【鄂】악(諤)과 통용. 諸大夫朝 徒聞
　　　　　唯唯 不聞周舍之鄂鄂『史記』
곧장 : 줄곧. 쉬지 않고. 똑바로.
　곧장 맥【驀】驀地. 驀眞.
곧장 가다 :
　곧장 갈 글【趌】직행(直行).
　곧장 갈 단【趲】직행(直行).
골 : 산사이의 흐르는 물. 또 산사이의 물이 흐르
　는 길. 시내. 산사이의 우묵 들어간 곳. 골짜기.
　골 곡【谷】㉠ 曠兮其若谷『老子』
　　　　　　㉡ 江海所以能爲百谷之王『老子』
　골 곡【穀】곡(谷)과 동자(同字).
　　　　　　穀風迅疾『漢書』
　골 당【溏】谷也.
　골 동【洞】㉠ 깊은 구멍. 洞穴.
　　　　　　傍爲土洞『宋史』
　　　　　　㉡ 깊은 골짜기. 구렁. 洞壑.
　　　　　　仙女洞在京山縣東南『名山記』
　골 림【漣】谷也.
　골 범【范】범(範)과 동자(同字). 以土曰型 以金
　　　　　　曰鎔 以竹曰范『通俗文』
　골 법【法】모형(模型). 治器法, 謂之鎔『史記』
골 : 뼈의 속에 차 있는 누른빛의 기름 같은 물
　질. 인신(引伸)하여 마음 속. 사물의 중심이 되
　는 중요한 부분. 요점.
　골 수【髓】㉠ 骨髓. 臟髓. 德淪于骨髓『史記』
　　　　　　㉡ 精髓. 筆下滴滴文章髓『李咸用』
골 깊다 :
　골 깊을 료【嵺】곡심(谷深).
골라 갖다 :
　골라 갖을 초【撨】택취(擇取).
골마지 : 간장, 술 같은 것에 곰팡이 같이 생기는
　물건.
　골마지 복【醭】복야(醭也).
골목 : 큰길에서 쑥 들어가 동네나 마을 사이로
　이리저리 나 있는 좁은 길.
　골목 항【衖】항야(巷也). 항(巷)과 동자(同字).
골목길 : 큰길에서 갈라져 나와 마을 안이나 집
　들 사이로 이리저리 나 있는 작은 길.
　골목길 용【埇】항도(巷道).

골몰하다 : 노력하는 모양. '고달프다'의 방언.
　골몰할 역【役】終身役役『莊子』
골무 : 바느질할 때 바늘을 누르기 위해 헝겊 따
　위로 만들어 손가락에 끼는 물건.
　골무 답【搭】재봉지물(裁縫指物).
골속 울리다 :
　골속 울릴 횡【吰】곡중향(谷中響).
골 어귀 : 이 산과 산 사이를 흘러 양쪽 언덕이
　우뚝 솟아 문처럼 서로 마주대한 데.
　골 어귀 문【亹】鳧鷖在亹『詩經』
골 이름 :
　골 이름 루【陜】嬴陜, 현명(縣名).
골짜기 : 구렁. 넓고 내 뚫린 골짜기.
　골짜기 빈【牝】故虛谷曰虛牝『大戴禮』
　골짜기 학【叡】곡야(谷也).
　골짜기 협【峽】험한 산곡(山谷). 峽谷.
　　　　　　仿佯於山峽之旁『淮南子』
　골짜기 홍【谼】큰 골짜기.
　골짜기 활【豁】通谷也『說文解字』
골짜기 비다 :
　골짜기 빌 횡【谼】곡공(谷空).
골짜기이름 :
　골짜기이름 야【斜】섬서성에 있는 골짜기 이
　　　　　름. 斜谷.
　골짜기이름 해【嶰】嶰谷은 곤륜산 북쪽에 있음.
골짜기 크다 :
　골짜기 클 효【嘵】곡대(谷大).
골초 :
　골초 골【蓇】골초(蓇草), 초명(草名).
골풀 : 골풀과에 속하는 다년초. 못과 늪에 나는
　　　　데 줄기로는 자리, 바구니 등을 만들며 심(心)
　　　　은 등잔의 심지로 씀.
　골풀 린【藺】燈心草. 馬藺草株『北史』
　골풀 심【芯】燈心草.
　골풀 완【莞】燈心草, 莞苻蘺『爾雅』
곪기다 :
　곪길 효【瘯】종욕궤(腫欲潰).
곪다 : (신체 일부나 상처가)염증이 생겨 고름이
　　　　들게 되다.
　곪을 과【腂】종적(腫赤).
곪아 붉다 :
　곪아 붉을 홍【缸】皮肉腫赤.
곪아터지다 :
　곪아 터질 별【癟】腫滿悶而皮裂.
곯다 : 알이 곯아 부화하지 아니 함.
　곯을 독【殰】
곰 : 맹수의 하나 쓸개는 약용으로 함.

곰 능【能】곰의 한 종류.

곰 웅【熊】熊膽. 維熊維羆『詩經』

곰 : 고기나 생선을 국물이 진하도록 푹 삶은 국.

  곰 갱【鬻】갱야(羹也).

  곰 속【鬻】정실(鼎實), 팔진지선(八珍之善).

곰국 :

  곰국 분【臏】학야(臛也).

  곰국 소【臕】학야(臛也).

  곰국 수【臇】육갱(肉羹).

  곰국 전【臇】臛也. 소즙확(少汁臛).

  곰국 확【臛】고깃국.

곰방메 : 논밭의 흙덩이를 부수는 메. 땅을 고르
  거나 씨앗 같은 것을 덮는 데도 씀.

  곰방메 우【櫌】우(耰)와 동자(同字).
                    鉏櫌白梃『史記』

  곰방메 우【耰】파괴추(破塊椎).
                    耒耜耰鋤『淮南子』

곰팡나다 :

  곰팡날 미【黴】곰팡이가 생겨 물건이 썩음.

곰팡이 : 음습(陰濕)할 때 옷, 기구 등에 나는 하
  등 균류(菌類).

  곰팡이 매【霉】霉洗, 우한(雨汗).
                 霉 潮濕汚點也.

  곰팡이 미【黴】우한(雨汗).

  곰팡이 복【醭】梅天筆墨多生醭『楊萬里』

  곰팡이 진【黰】陰氣著衣生斑沫黴黰.

곱 :

  곱 배【倍】갑절. 加一倍. 近利市三倍『易經』

곱게 누렇다 :

  곱게 누럴 규【鮭】선명황(鮮明黃).

곱게 푸르다 :

  곱게 푸를 호【護】선청(善靑).

곱다 : 아름다움. 또 예쁨.

  고울 권【鬈】머리털이 고움.
                 其人美且鬈『詩經』

  고울 기【綺】아름다움. 화려(華麗)함.
                 詩緣情而綺靡『陸機』

  고울 뇌【妠】연야(姸也).

  고울 란【爛】선명한 모양. 錦衾爛兮『詩經』

  고울 려【麗】미려(美麗). 완려(婉麗).
                 裴叔則營新宅 甚麗『世說』

  고울 력【皪】적력(的皪)은 희고 고운 모양.
                 丹藕凌波而的皪『左思』

  고울 령【玲】곱고 투명(透明)한 모양. 玲玲.
                 玲瓏望秋月『李白』

  고울 물【芴】치밀(緻密)함.
                 繽紛緻芴『司馬相如』

  고울 밀【密】결이 거칠지 아니함.

加密石焉『國語』

고울 부【姁】미야(美也).

고울 선【鮮】선명함. 鮮美. 澄鮮.
           上天無光彩 五色一何鮮『魏文帝』

고울 섬【纖】가냘프고 예쁨. 纖纖玉手.
           腰纖蔑楚媛『江洪』

고울 슬【瑟】깨끗하고 선명(鮮明)한 모양. 또
           치밀(緻密)한 모양.
           瑟彼玉瓚『詩經』

고울 습【熠】선명함. 熠燿其羽『詩經』

고울 안【晏】아름답고 깨끗함.
           羔裘晏兮『詩經』

고울 안【嫕】미호(美好).

고울 연【姸】㉠ 예쁨. 아름다움. 姸麗.
           爭姸而取憐『韓愈』
           ㉡ 깨끗함. 不若雪光姸『鮑照』

고울 염【艶】㉠ 윤이 나며 아름다움.
           花艶無凋落『列仙傳』
           ㉡ 살결이 곱고 탐스러우며 예쁨.
           艶美. 美而艶『左傳』
           ㉢ 인신(引伸)하여 미인.
           吳娃與越艶『李白』

고울 완【妧】미야(美也).

고울 왕【旺】아름다움.
           寄旺于四時之戊己『通書』

고울 왕【眶】미려(美麗)함.

고울 유【褕】옷이 화려(華麗)함.
           褕衣甘食『史記』

고울 적【的】선명(鮮明)한 모양. 的歷.
           宜笑的皪『司馬相如』

고울 진【縝】진(縝)과 통용. 치밀함.
           縝理而堅『周禮』

고울 진【縝】촘촘함.
           非繡非繪 縝密柔美『陸龜蒙』

고울 질【昳】용모가 아름다움.
           形貌昳麗『戰國策』

고울 차【瑳】㉠ 옥 같은 것의 빛이 고운 모양.
           瑳兮瑳兮 其之展也『詩經』
           ㉡ 이 같은 것이 곱고 흰 모양.
           女齒笑瑳瑳『梅堯臣』
           ㉢ 흰 이를 잠시 나타내 보이며
           싱긋 웃는 모양.
           巧笑之瑳『詩經』

고울 찬【粲】선명함. 粲然成章『世說』

고울 체【玼】빛이 고운 모양.
           急雲白玼玼『陳孚』

고울 초【楚】선명한 모양. 衣裳楚楚『詩經』

고울 최【漼】선명함. 新臺有漼『詩經』

고울 추【膗】연야(姸也).

고울 치【緻】결이 곱거나 올이 뱀. 緻密.
碝礦采緻『後漢書』
고울 치【致】치밀함. 德產之致也精微『禮記』
고울 타【嫷】염미(艷美)함.
車馬嫷遊之具『漢書』
고울 핍【姂】미모(美貌).
고울 현【絢】문채(文彩)가 있어 고움. 絢爛.
고울 현【睍】소리가 맑고 아름다운 모양.
睍睆黃鳥『詩經』
고울 화【華】아름다움. 華麗.
華采衣兮若英『楚辭』
고울 환【睆】㉠ 아름다운 모양.
華而睆大夫之簀與『禮記』
㉡ 소리가 맑고 아름다운 모양.
睍睆黃鳥『詩經』

곱다 : 손, 발가락이 몹시 차서 잘 움직이지 아니함. 또 한쪽 발을 듦. 또 일설에는 맨발.
곱을 구【跔】踡跔科頭『史記』
곱을 구【渞】유구(漻渞).
곱을 류【漻】유구(漻渞).

곱사 :
곱사 왕【尢】구루(佝僂).

곱사등이 : 등뼈가 고부라진 장애인을 얕잡아 이르는 말.
곱사등이 구【傴】傴僂. 傴者不袒『禮記』
곱사등이 구【蝺】旁行蝺僂『楚辭』
곱사등이 구【痀】곱추. 見痀僂者『莊子』
곱사등이 구【佝】척이(戚施). 佝僂承蜩『列子』
곱사등이 루【僂】郤克僂『史記』
곱사등이 루【瘻】루(僂)와 동자(同字). 痀瘻.
곱사등이 륭【癃】民雖老羸癃疾 扶杖而往『漢書』
곱사등이 시【施】척이(戚施). 구루(佝僂). 인신(引伸)하여 추악(醜惡)한 사람. 면목(面目)이 없는 사람.
곱사등이 아【亞】타배(駝背).
곱사등이 왕【尫】왕구(尫傴).
곱사등이 우【踽】旁行踽僂『楚辭』
곱사등이 위【嗚】추야(醜也).
嗟嘆哆嗚籧除戚施『淮南子』
곱사등이 타【駝】一女淺步腰半駝『薩都剌』

곱셈 : 배(倍)함. 또 그 셈.
곱셈 승【乘】승법(乘法). 加減乘除 因其成數 以三乘之『漢書』

곱송그리다 : 죽는 것을 두려워하는 모양.
곱송그릴 곡【觳】곡송(觳觫). 吾不忍其觳觫若無罪而就死地『孟子』
곱송그릴 속【觫】곡송(觳觫). 吾不忍其觳觫若無罪而就死地『孟子』

곱자 : 방형(方形)을 그리는데 쓰는 자.
곱자 구【榘】구(矩)와 동자(同字). 何時俗之工巧兮 滅規榘而改鑿『楚辭』
곱자 구【矩】곡척(曲尺). 구승(矩繩).
規矩準繩『孟子』
곱자 자【杍】치목기(治木器).

곱하다 :
곱할 배【倍】갑절함. 倍數. 奴價倍婢『世說』
곱할 승【乘】배(倍)함. 또 그 셈. 乘法. 加減乘除 因其成數 以三乘之『漢書』

곳 :
곳 거【居】있는 곳. 居移氣『孟子』
곳 곳【廤】훈 處也.
곳 구【區】장소(場所). 殊方別區『班固』
곳 소【所】㉠ 거처. 及爾斯所『詩經』
㉡ 위치. 得其所『論語』
㉢ 경우. 非歎所也『左傳』
㉣ 토지. 고향. 爰得我所『詩經』
㉤ 자리 지위. 適材適所.
㉥ 관아(官衙). 立益部課稅所『元史』
곳 야【野】장소. 遊霄霏之野『淮南子』
곳 역【域】장소. 甘瞑于溷瀾之域『淮南子』
곳 유【攸】장소. 爲韓姞相攸『詩經』
곳 자【者】장소를 가리켜 이름.
請更諸爽愷者『左傳』
곳 재【在】장소. 또. 지경(地境). 行在.
臨死亡之在『淮南子』
곳 처【處】㉠ 장소 또는 지위. 安其處『管子』
㉡ 거실(居室). 주거(住居).
爰居爰處『詩經』
곳 향【鄕】장소. 遊無何有之鄕『莊子』
곳 허【許】장소. 山公出何許『晉書』

곳간 :
곳간 돈【庉】둔취처(屯聚處).
곳간 뢰【牢】국 미곡창고(米穀倉庫).
곳간 반【𢉏】치옥(峙屋).
곳간 선【廯】균창지별명(囷倉之別名).

곳집 : 창고.
곳집 건【楗】미창(米倉).
곳집 고【庫】㉠ 무기를 넣어 두는 창고.
㉡ 庫兵車藏也『說文解字』
㉢ 庫藏. 審五庫之量『禮記』
곳집 괴【廥】창고(倉庫). 倉廥.
頻發官廥『唐書』
곳집 구【廐】창고(倉庫).
곳집 균【囷】원형(圓形)의 미창(米倉).
胡取禾三百囷兮『詩經』
곳집 돈【囤】작은 창고.

곳집 록【鹿】방형(方形)의 미창(米倉).
　　　困鹿空虛『國語』
곳집 름【廩】미곡 창고. 쌀광. 米廩.
　　　亦有高廩『詩經』
곳집 름【稟】늠(廩)과 통용.
곳집 부【府】문서 또는 재화를 넣어 두는 창고.
　　　府庫. 在府言府, 在庫言庫『禮記』
곳집 사【榭】악기를 넣어 두는 창고.
　　　榭者所藏樂器『漢書』
곳집 상【箱】쌀을 두는 곡간.
　　　求萬斯箱『詩經』
곳집 오【廒】미곡창고.
곳집 위【委】관부(官府)의 창고(倉庫).
　　　孔子掌爲委吏『孟子』
곳집 유【庾】미곡 창고. 發倉庾『史記』
곳집 장【臧】장(藏)과 통용. 御附之臧『漢書』
곳집 장【藏】창고(倉庫). 庫藏. 府藏.
　　　謹蓋藏『禮記』
곳집 창【倉】곡식(穀食) 같은 것을 저장(貯藏)
　　　하는 창고(倉庫).
　　　倉廩實則知禮節『管子』
공(功)：힘을 들여 이룬 결과.
　공 공【功】
　　㉠ 공적(功績). 功勳. 天下莫汝爭功『書經』
　　㉡ 相陳以功『國語』
　　㉢ 이룬 결과가 양호(良好)한 일.
　　　　辨其功苦『國語』
　　㉣또 공(功)을 세운 사람. 德報功『禮記』
　공 공【公】공(功)과 통용. 王公伊濯『詩經』
　공 로【勞】힘써 한 공. 공적. 功勞.
　　　　非無勞效『溫子昇』
　공 명【名】공적(功績). 勤百姓以爲已名『國語』
　공 벌【伐】공적(功績). 伐閥. 且旌君伐『左傳』
　공 속【績】공적(功績). 伯尊其無績乎『穀梁傳』
　공 업【業】공적. 功業. 富有之謂大業『易經』
　공 용【庸】㉠ 공적(功績). 庸積. 無功庸者.
　　　　㉡ 不敢居高位『國語』
　　　　㉢ 五日保庸『周禮』
　공 적【績】이룬 업적. 成績. 功績.
　　　　庶績咸熙『書經』
　공 적【勣】적(績)과 동자(同字).
　공 치【治】공적(功績). 以敍進其治『周禮』
　공 효【效】공적. 效勞. 上嘉其功效『漢書』
　공 훈【勳】국가(國家) 또는 왕사(王事)를 위하
　　　　여 세운 공적(功績). 훈공(勳功). 勳
　　　　臣. 功勳.
　　　　一乃心力, 其克有勳『書經』
공(公)：여러 사람에게 관계되는 일. 인신(引伸)
　하여 바른 일.

공공 공【公】사(私)의 대(對). 公安. 公益.
　　　以公滅私『書經』
공 ：던지거나 차거나 치는 구형(毬形)의 운동용
　구(運動用具).
　공 구【毬】㉠ 擊毬. 尙穿域躍毬『史記』
　　　　㉡ 공같이 둥근 물건. 毬子.
　　　　玻璃毬燈『范成大』
　공 국【鞠】蹴鞠. 穿城蹋鞠『史記』
공간(空間)：철학(哲學)에서 시간(時間)의 대(對).
　무한(無限)의 연장(延長).
　공간 공【空】공간(空間).
공갈(恐喝)하다 ：
　공갈할 하【嚇】공혁(恐嚇).
공경(恭敬)：
　공경 경【敬】존경(尊敬). 君臣主敬『孟子』
공경스럽다 ：
　공경스러울 송【揀】송(竦)과 동자(同字). 敬也.
　공경스러울 저【且】공근(恭謹)한 모양.
　　　　　　有萋有且..』詩經』
공경하다 ：몸을 굽혀 공경하는 뜻을 표하는 모
　양. 삼가 받들어 높임.
　공경할 경【敬】敬親者 不敢慢於天『孝經』
　공경할 경【憼】경(敬)과 동자(同字). 敬也.
　공경할 공【共】공(恭)과 동자(同字).
　　　　共承嘉惠『史記』
　공경할 궁【竘】竘竘如畏然『史記』
　공경할 근【肵】경신(敬愼)함.
　공경할 긍【矜】경신(敬愼)함. 矜屬.
　　　　皆有所矜式『孟子』
　공경할 기【忌】非羈何忌『左傳』
　공경할 목【穆】我其爲王穆『書經』
　공경할 선【僎】공경하고 삼감.
　　　　我孔僎矣『詩經』
　공경할 송【竦】경의(敬意)를 표함. 竦慕.
　　　　竦意而覽焉『漢書』
　공경할 송【聳】삼가 높임. 聳其德『國語』
　공경할 숙【肅】삼가서 예를 차려 높임.
　　　　社稷宗廟罔不祗肅『書經』
　공경할 여【懙】공손히 섬김.
　공경할 우【愮】각야(恪也).
　공경할 이【廙】경야(敬也).
　공경할 인【讔】경야(敬也).
　공경할 제【弟】제(悌)와 동자(同字). 온순(溫順)
　　　　함. 공경(恭敬)하여 잘 섬김.
　　　　㉠ 僚友稱其弟也『禮記』
　　　　㉡ 齊子豈弟『詩經』
　공경할 제【悌】형(兄), 또는 존장(尊長)을 공손
　　　　(恭孫)히 잘 섬김.

孝悌. 出則悌『孟子』
공경할 준【僔】공손(恭孫)하고 존경(尊敬)함. 恭敬而僔『荀子』
공경할 지【祗】경의(敬意)를 표함. 祗承于帝『書經』
공경할 흠【欽】
㉠ 조심하고 존경(尊敬)함. 欽哉欽哉『書經』
㉡ 칙명(勅命)을 나타내는 접두사(接頭辭)로 쓰임. 今御音曰欽勅 御使曰欽命『正字通』

공경하여 절하다 :
공경하여 절할 견【㩴】경배(敬拜).

공골 말 : 입 가장자리가 검은 공골 말.
공골 말 과(왜)【騧】騧驪是驂『詩經』

공교(工巧)하다 :
공교할 교【巧】
㉠ 솜씨가 있음. 巧拙. 與巧者刳剝之『漢書』
㉡ 말솜씨가 있음. 겉만 번드르르하게 꾸밈. 巧言令色, 鮮矣仁『論語』

공교(工巧)히 하다 :
공교히 교【巧】교묘하게. 巧發奇中. 誰家巧作斷腸聲『杜甫』

공근(恭謹)하다 :
공근할 루【慺】공손(恭孫)하고 삼가는 모양. 臣之慺慺竊願居安思危『晉書』
공근할 엄【儼】용모(容貌)가 단정(端整)하고 태도(態度)가 정중(鄭重)한 모양. 儼若思『禮記』

공기(空氣) : 땅을 포위(包圍)한 유동체(流動體).
공기 기【氣】天積氣耳『列子』

공로(功勞) :
공로 벌【閥】공적(功績). 功閥. 明其等曰閥『史記』
공로 시【施】功施到今『史記』
공로 열【閱】공적(功績)의 경력(經歷). 積日曰閱『史記』

공론하다 :
공론할 찬【儹】취이계사(聚而計事).

공물(供物) : 나라에 바치는 지방(地方)의 산물(産物). 수공품(手工品) 등.
공물 공【貢】진공(進貢). 조공(朝貢). 五官致貢『禮記』
공물 종【賨】남만(南蠻)의 공부(貢賦). 歲令大人輸布一疋 小口二丈 謂之賨布『後漢書』
공물 직【職】국가에 바치는 물건. 四夷納職『淮南子』

공미리 : 공미리과에 속하는 바닷물고기. 아래턱이 바늘처럼 길게 돌출(突出) 하였음.
공미리 침【鱵】꽁치. 침어(針魚).

공변(公辨)되다 : (일 처리나 행동이)어느 한쪽으로 치우치거나 사사롭지 않고 공평하다.
공변 될 공【公】㉠ 공평무사(公平無私)함. 公正. ㉡ 公明. 何可以公論『淮南子』
공변 될 정【廷】공정(公正)함. 廷尉秦官. 廷平也 治獄貴平 故以爲號『漢書』
공변 될 충【忠】사(私)가 없음. 無私忠也『左傳』

공부(工夫) :
공부 부【㚘】㊀ 면학(勉學).

공사(工事) : 토목공사(土木工事).
공사 작【作】건축(建築). 不急之作『鹽鐵論』

공손(恭遜) :
공손 공【恭】色思溫 貌思恭『論語』

공손(恭遜)하다 :
공손할 공【龔】공(恭)과 통용. 龔行天罰『梁元帝』
공손할 공【恭】공경(恭敬)하고 겸손(謙遜)한 태도가 용모(容貌)나 동작(動作)에 나타남. 恭順 手容恭『禮記』
공손할 기【愭】공야(恭也).
공손할 난【偄】경야(敬也).
공손할 률【栗】공근(恭勤)함. 寬而栗『書經』
공손할 민【敏】공근함. 공민(恭敏). 書其敬敏任恤者『周禮』
공손할 연【偄】경야(敬也).
공손할 재【齌】공야(恭也). 有齌季女『詩經』
공손할 처【萋】공경하고 삼가는 모양. 有萋有苴『詩經』
공손할 첨【㤐】공야(恭也).
공손할 촉【灟】灟灟, 공야(恭也).

공손히 :
공손히 공【恭】장상(長上)에 대한 경어(敬語)로 쓰임. 恭承嘉惠兮『賈誼』

공손히 하다 :
공손히 할 공【恭】삼감. 근신(謹愼)함. 恭已. 夙夜恭也『國語』

공순(恭順)하다 :
공순할 구【俅】俅俅는 공손(恭遜)하고 온순(溫順)한 모양. 일설(一說)에는 관(冠)의 장식(裝飾)의 모양. 載弁俅俅『詩經』

공업(工業) :
공업 공【工】기물을 만드는 업. 百姓當家力農工『史記』

공이 :
공이 저【杵】절굿공이. 杵臼. 斷木爲杵『易經』

공이 축【築】절구공이. 방앗공이 같은 것.
　　　　　　擧築三下『漢書』

공작(公爵):

　공작 공【公】㉠ 오등작(五等爵)의 첫째. 公侯伯
　　　　　　　　子男 庸建爾于上公『書經』
　　　　　　　㉡ 천자(天子)의 보필(輔弼). 公卿.
　　　　　　　　玆惟三公『書經』

공장(工場): 일하는 곳.

　공장 창【廠】공창(工廠). 被服廠.

공주(公主): 천자(天子) 또는 제후(諸侯)의 딸.
　또 부인의 경칭(敬稱)으로 쓰임.

　공주 주【主】㉠ 弘入見, 主坐屛後『十八史略』
　　　　　　　㉡ 主孟啗我『國語』

공초(供招)받다:

　공초받을 보【報】죄(罪)를 심판(審判)함.
　　　　　　　　　죄수(罪囚)를 처결(處決)함.
　　　　　　　　　報囚『漢書』

공초하다:

　공초할 공【供】죄인(罪人)이 범죄(犯罪) 사실
　　　　　　　　(事實)을 진술(陳述)함. 口供.

공치다:

　공칠 론【䡂】격구유(擊球遊).

공치사하다:

　공치사 할 공【功】자기가 자기 공을 자랑함.
　　　　　　　　公子自驕而功之『史記』

공평(公評):

　공평 충【忠】사(私)가 없음. 無私忠也『左傳』

공해(公廨):

　공해 해【廨】관아(官衙). 공해(公廨).
　　　　　　　群情欲府君先入廨『世說』

공허(空虛):

　공허 허【虛】텅 빔. 아무 것도 없음.
　　　　　　　執虛如執盈 入虛若有人『禮記』

공후(箜篌): 현악기(絃樂器)의 하나. 스물 석 줄
　의 수공후(豎箜篌), 십여 줄의 봉수공후(鳳首箜
　篌). 넷 내지 여섯 줄의 와공후(臥箜篌)의 세
　가지가 있음.

　공후 공【箜】공후(箜篌).
　　　　　　　作二十五絃及箜篌『史記』
　공후 후【篌】공후(箜篌).
　　　　　　　作二十五絃及箜篌『史記』

곶(串): 지명(地名)으로서의 갑(岬)을 나타내는
　말. 육지가 바다에 내밀은 곳. 반도(半島)보다
　작음.

　곶 곶【串】圀 長山串.

곶감: 껍질을 벗겨 말린 감.

　곶감 람【醂】건시(乾柿).

과거(過去): 지나간 세월.

과거 거【去】과거(過去).
　　　　　無起無滅, 去來今 『圓覺經』

과거(科擧): 관리의 등용 시험. 인신(引伸)하여
　널리 모든 시험에 쓰임.

　과거 거【擧】관리(官吏) 등용(登用)의 시험(試驗).
　　　　　　　孝廉之擧『漢書』
　과거 과【科】등과. 以此科第郎從官『漢書』
　과거 제【第】과제(科第). 급제(及第). 낙제(落第).
　　　　　　　祇考及第科目人『舊唐書』

과격(過激)하다:

　과격할 격【激】언론이 지나치게 곧음. 激論.
　　　　　　　言事者必多激切『後漢書』

과공(過恭)하다: 지나치게 겸손함.

　과공할 염【謙】立容辨卑無謙『禮記』

과녁: 활을 쏘는 목표.

　과녁 얼【臬】사적(射的). 所發無臬『張衡』
　과녁 적【的】사적(射的). 矢道同的『漢書』
　과녁 정【正】과녁의 한가운데. 正鵠.
　과녁 준【埻】사적(射的).
　과녁 질【質】표적(標的).
　　　　　　　質的張 而弓矢至焉『荀子』
　과녁 첩【帖】사적(射的). 遣人伏地持帖『梁書』
　과녁 초【招】사적. 共射其一招『呂氏春秋』
　과녁 파【靶】사적(射的). 山靈捧靶『闈寬』
　과녁 피【皮】거죽을 가죽으로 싼 과녁.
　　　　　　　射不主皮『論語』

과단성(果斷性)있다:

　과단성 있을 과【果】行必果『論語』

과부(寡婦):

　과부 리【釐】리(嫠)와 통용.
　　　　　　　鄰之釐婦『韓詩外傳』

과부(寡婦)수절(守節)하다:

　과부 수절할 구【孀】寡婦守節不嫁.

과부(寡婦) 정조(貞操)지키다:

　과부 정조 지킬 구【孀】수절(守節).

과분(過分)하다: 분수에 지나침.

　과분할 사【奢】其所持者狹 而所欲者奢『史記』

과실(果實):

　과실 농【穠】과자총명(果子總名).
　과실 핵【槅】핵(核)과 동자(同字).
　　　　　　　看槅四陳『左思』
　과실 휴【蘈】과실(果實).

과실이름:

　과실이름 취【樵】樵李는 과실(果實)의 하나.

과실이 주렁주렁 달리다:

　과실이 주렁주렁 달릴 래【棶】果實垂貌.

과실장아찌:

　과실장아찌 람【灠】염지과(鹽漬果).

과연(果然) : 정말. 의심하여 다짐하는 말.

　과연 과【果】㉠ 果然. 詰之果服『十八史略』

　　　　　　　㉡ 果聖人法乎『歐陽修』

과자(菓子) : 밀가루 설탕 등으로 만들어 끼니밖

　에 먹는 음식. 옛날에는 과일을 이용하였음.

　과자 거【粔】거(粔)와 동자(同字). 밀이(蜜餌).

　과자 과【菓】과자(菓子).

과제(科題) : 과거(科擧)의 문체(文體).

　과제 책【策】대책(對策). 策問. 답안 및 문체.

　　　　　　　　策奏 擢爲第一『十八史略』

과즙(果汁) : 과실을 익혀 짜낸 물.

　과즙 락【酪】杏酪. 敎民煮木爲酪『漢書』

과하다 : 정도에 지나침.

　과할 음【淫】淫樂. 罔淫于樂『書經』

곽란(癨亂) : 음식이 체하여 토사(吐瀉)가 나는

　급성 위장병의 하나.

　곽란 곽【癨】곽란(癨亂)

관(管) : 쪼개지 아니한 가늘고 긴 대의 도막. 인

　신(引伸)하여 널리 둥글고 길며 속이 빈 물건.

　관 관【管】철관(鐵管). 用管窺天『莊子』

관(棺) : 널.

　관 곽【槨】관곽(棺槨).

　관 관【槨】관곽(棺槨).

　관 관【筦】관(管)과 동자(同字).

　　　　　　　㉠ 以筦窺天『漢書』

　　　　　　　㉡ 磬筦鏘鏘『詩經』

　관 목【木】목제(木製)의 관곽(棺槨). 入木.

　　　　　　　如是而嫁 則就木矣『左傳』

　관 상【喪】送喪不踰境『禮記』

관(冠) : 갓.

　관 황【皇】상부(上部)에 깃의 장식(裝飾)이 있

　　　　　는 관(冠). 有虞氏皇而祭『禮記』

관갑(冠匣) : 갓이나 모자를 넣어 두는 상자.

　관갑 변【匥】관갑(冠匣).

관계(關係)하다 : 관련을 가짐.

　관계할 관【關】不關六二之義『易經』

　관계할 섭【涉】교섭(交涉). 간섭(干涉).

　　　　　　　　轉更無相涉『竹坡詩話』

　관계할 예【預】관련(關聯)함. 예지(預知).

　　　　　　　　公榮者無預焉『世說』

관 굄 : 상여에 실은 관을 움직이지 않도록 괴어

　버티는 물건.

　관굄 공【軡】倗牀軡軸『儀禮』

관무(官務) :

　관무 공【公】벼슬아치의 직무(職務). 公職.

　　　　　　　夙夜在公『詩經』

관문(關門) : 국경(國境). 기타 요해처(要害處)에

설치(設置)하여 출입(出入)하는 사람을 조사

(調査)하는 문(門). 또 그 문(門)을 설치한 곳.

인신(引伸)하여 출입하는 곳. 출입을 맡은 곳.

　관 관【關】㉠ 至日閉關『易經』

　　　　　　　㉡ 守邊城關塞『墨子』

　　　　　　　㉢ 해관(海關). 腎者胃之關『素問』

관(冠)벗다 : 초상 때 관을 벗고 머리를 묶어 맴.

　관 벗을 문【免】단문(袒免).

관사(冠詞) :

　관사 타【打】동작을 나타내는 관사(冠詞).

　　　　　　　타산(打算). 타청(打聽).

관(冠) 상자(箱子) :

　관 상자 산【匴】관(冠)을 넣는 상자.

　　　　　　　爵弁皮弁緇布冠各一匴『後漢書』

관(棺) 싣는 수레 :

　관 싣는 수레 류【輀】재구차(載柩車).

관(棺) 싸는 베 :

　관 싸는 베 저【帾】저(褚)와 동자(同字).

　　　　　　　褚覆棺之物似幕形以布爲之

　　　　　　　　『禮記』

관여(關與)하다 :

　관여할 뉴【紐】관계함. 禹舜之所紐也『莊子』

관(棺) 옆 널 :

　관 옆 널 장【牆】관(棺)의 방판(傍板).

　　　　　　　周人牆置翣『禮記』

관음대 :

　관음대 고【箛】죽명(竹名).

관 이름 :

　관 이름 모【毋】毋追는 하(夏)의 치포관(緇布冠).

　관 이름 준【駿】孝惠時 郎侍中 皆冠駿䴢『漢書』

관자놀이 : 얼굴의 살쩍이 난 태양혈(太陽穴)이

　있는 부분.

　관자놀이 리【釐】釐鬢, 뇌하좌우(顬下左右).

　관자놀이 마【鬕】鬕鬢, 뇌하좌우(顬下左右).

　관자놀이 섭【顬】섭유(顬顬).

　관자놀이 유【顬】섭유(顬顬)

관장식 : 관액(冠額)의 장식.

　관장식 당【璫】銀璫左貂『後漢書』

관줄 잡는 사람 : 장사 때 관의 줄을 잡는 사람.

　또 그 인명을 적는 장부.

　관줄 잡는 사람 력【歷】遂師及窆抱歷『周禮』

괄괄 흐르다 : 물이 세차게 흐르는 모양.

　괄괄 흐를 방【汸】汸汸如河海『荀子』

괄태충(括胎蟲) : 연체동물(軟體動物) 복족류(腹

　足類)에 속하는 동물. 달팽이 같이 생겼으나

　껍데기가 없음.

　괄태충 활【蛞】활유(蛞蝓). 蛞蝓無殼『本草經』

광태충 유【蝣】활유(蛞蝣). 蛞蝣無殼『本草經』
광 :
　광 사【塼】무덤의 구덩이. 掘塼見衽『儀禮』
　광 실【室】시체를 묻는 구덩이.
　　　　　是惟子厚之室『韓愈』
　광 천【竁】무덤의 구덩이. 及竁『周禮』
광나무 : 목서과에 속하는 상록 관목. 과실은 약
　재로 쓰임.
　광나무 유【楺】女貞木. 北山有楺『詩經』
　광나무 정【楨】여정(女楨).
　　　　　太山之上多楨木『山海經』
광내다 :
　광낼 빈【鑌】⊙ 마광장(磨光匠).
광대(廣大) : 판소리, 가면극, 곡예 따위를 업으
　로 하는 사람을 통틀어 이르던 말.
　광대 배【俳】배우(俳優).
　　　　　俳優侏儒戲於前『孔子家語』
　광대 우【優】倡優. 以俳優畜之『漢書』
　광대 주【侏】배우(俳優). 난쟁이들이 많이 광대
　　　　　가 되므로 이름.
　　　　　優倡侏儒『史記』
광대뼈 :
　광대뼈 갑【頰】협골(頰骨).
　광대뼈 관【顴】관자놀이 아래에 있는 뼈.
　　　　　長頸高顴『齊書』
　광대뼈 구【頄】관골(顴骨). 壯于頄『易經』
　광대뼈 구【頄】협골(頰骨).
　광대뼈 굴【頢】협방골(頰傍骨).
　광대뼈 권【權】권(顴)과 통용.
　　　　　醫輔承權『曹植』
　광대뼈 규【頯】관골(顴骨).
　광대뼈 규【頄】관골(顴骨). 壯于頄『易經』
　광대뼈 규【頄】협골(頰骨).
　광대뼈 보【䩩】보(輔)와 동자(同字).
　　　　　醫䩩在頰則好 在頰則醜『淮南子』
　광대뼈 보【輔】협골(頰骨). 아보(牙輔).
　　　　　咸其輔頰舌『易經』
　광대뼈 부【頫】협골(頰骨).
　광대뼈 순【䐼】협골(頰骨).
광대싸리 : 대극과에 속한 낙엽 활엽 관목. 높이
　는 2미터 정도이고, 가는 가지가 길게 늘어지
　며, 잎은 어긋맞게 나고 긴 타원형이다
　광대싸리 형【荊】楚也.
광랑나무 : 야자과에 속하는 상록교목. 꽃으로는
　사탕을 만들고 줄기의 수부(髓部)에서는 전분
　(澱粉)을 취(取)함.
　광랑나무 광【桄】광랑(桄榔).
　광랑나무 랑【桹】광랑(桄桹). 사병려(似栟櫚).

광랑나무 랑【榔】광랑(桃榔). 사병려(似栟櫚).
광물이름 : 황산(黃酸)을 함유(含有)한 광물(鑛物).
　광물이름 반【礬】⊙ 명반(明礬). 녹반(綠礬) 등.
광병(狂病) : 미친 병.
　광병 광【狂】발광(發狂). 我其發出狂『書經』
광석(鑛石) : 동철(銅鐵)의 광석.
　광석 정【鋌】見內庫金鋌『南史』
광인(狂人) : 미친 사람.
　광인 광【狂】不見子都 乃見狂且『詩經』
광저기 : 콩과에 속하는 일년생 만초(蔓草).
　　　　　깍지가 대단히 김. 열매는 먹음.
　광저기 강【豇】大角豆. 豇豆蔓生『本草經』
광주리 : 대나무로 엮어 만든 네모진 그릇.
　광주리 광【筐】筐筥. 不盈傾筐『詩經』
　광주리 로【籚】큰 광주리.
　광주리 롱【籠】筐也.
　광주리 병【䈰】筥也.
　광주리 비【篚】대로 결어 만든 둥근 그릇.
　　　　　厥篚織文『書經』
　광주리 영【籯】죽롱(竹籠).
　광주리 차【筭】거속(筥屬).
광중 : 무덤의 구덩이. 또 광중(壙中)에 관을 내려
　　묻는 일.
　광중 둔【窀】窀穸之事『左傳』
　광중 석【穸】묘혈(墓穴). 둔석(窀穸).
　　　　　秒秋卽穸『顏廷年』
광증(狂症) :
　광증 전【癲】전(瘨)과 동자(同字). 풍전(瘋癲).
　광증 풍【瘋】미친 병. 풍전(瘋癲).
괘(卦) : 천지간(天地間)의 변화(變化)를 나타내며
　길흉화복(吉凶禍福)을 판단(判斷)하는 주역(易
　經)의 골자(骨子)가 되는 육십사괘(六十四卦).
　괘 괘【棵】⊙ 현악기의 현(絃)을 괴는 기둥.
　괘 괘【卦】괘사(卦辭). 四象生八卦『易經』
　　　　　易經其經卦皆八 其別皆六十四『周禮』
괘(卦)이름 :
　괘이름 손【巽】괘명(卦名).
괭이 : 땅을 파는 농구의 하나.
　괭이 곽【钁】큰 괭이. 負钁甾『淮南子』
　괭이 궐【钁】대서(大鋤).
　괭이 누【耨】대서(大鋤).
　괭이 작【鐯】대서(大鋤).
　괭이 촉【斸】괭이 또는 호미.
괴다 : 물이 모여 흐르지 아니함. 물이 가득히 괴
　　어 있음.
　괼 잠【湛】잠수(湛水).
　　　　　東風至而酒湛溢『淮南子』
　괼 저【瀦】저(潴)와 동자(同字). 물이 고임.

저수(猪水). 大野旣猪 『書經』

낄 저【瀦】 저(豬)와 통용. 海流出復瀦 『宋史』

낄 전【澱】 歲歲埋澱 『宋史』

낄 정【淳】 淳淳. 決淳水致之海 『史記』

낄 지【揩】 揩指. 揩頤向樵客 『王維』

괴다 : 사랑함.

낄 구【媾】 총애(寵愛)함. 不遂其媾 『詩經』

낄 어【御】 부녀(婦女)를 총애(寵愛)함.
　　　　　斥西施而弗御 『張衡』

낄 총【寵】 총애(寵愛). 寵綏四方 『書經』

괴로움 : 고통. 고난.

괴로움 고【苦】 無券倦之苦 『戰國策』

괴로움 근【勤】 民有三勤 『揚雄』

괴로움 뇌【惱】 己捨苦境得無惱 『淨住子』

괴로움 도【塗】 陷塗藉穢兮 『柳宗元』

괴로움 질【疾】 疾苦. 牧民者必知其疾 『管子』

괴로워하다 : 재난, 또는 난처한 처지를 당하여
　　　속을 썩임. 고생함.

괴로워할 간【艱】 고생함. 奏庶艱食 『書經』

괴로워할 고【苦】

　　㉠ 근심함. 걱정함. 愁苦. 又苦蹠盩 『漢書』

　　㉡ 힘을 들임. 劬苦. 勞苦而功高如此 『史記』

　　㉢ 간난(艱難)을 겪음. 民苦則不仁 『說苑』

　　㉣ 아파함. 自苦而居海上 『呂氏春秋』

괴로워할 근【勤】 或問民所勤 『揚子法言』

괴로워할 긍【矜】 爰及矜人 『詩經』

괴로워할 난【難】 華歆王朗 俱乘船避難有難人
　　　　　　　欲依附 歆輒難之 『世說』

괴로워할 뇌【惱】 고민(苦悶)함. 고뇌(苦惱).
　　　　　　　高篇空自惱 『蘇軾』

괴로워할 뇌【憹】 뇌(惱)와 동자(同字).

괴로워할 독【毒】 고통을 느낌. 고통을 줌.
　　　　　　　分骸斷首 以毒生民 『後漢書』

괴로워할 로【勞】 마음을 괴롭게 함. 근실함.
　　　　　　　勞心焦思. 實勞我心 『詩經』

괴로워할 리【羸】 걸려 고생함. 곤란을 당함.
　　　　　　　羝羊觸藩羸其角 『易經』

괴로워할 병【病】 고통을 느낌.
　　　　　　　鄭人病之 『左傳』

괴로워할 점【墊】 民愁則墊隘 『左傳』

괴로워할 질【疾】 고통을 느낌. 고생함.
　　　　　　　使民疾歟 『荀子』

괴로워할 초【勦】 피로하여 고통을 느낌.
　　　　　　　安用速成 其以勦民 『左傳』

괴로워할 해【恢】 고모(苦貌).

괴로워할 훼【喙】 維其喙矣 『詩經』

괴롭게 하다 :

괴롭게 할 독【毒】 고통을 느낌. 고통을 줌.

分骸斷首 以毒生民 『後漢書』

괴롭다 : 몸이나 마음이 고통을 느낌. 힘이 들고
　　　어려움.

괴로울 간【艱】 ㉠ 稼穡之艱難 『書經』
　　　　　　　㉡ 其心孔艱 『詩經』

괴로울 감【憨】 苦也.

괴로울 공【倥】 고생하는 모양.
　　　　　　　愁倥偬於山陸 『楚辭』

괴로울 군【窘】 고생함. 窘迫. 見窘 『史記』

괴로울 산【酸】 힘에 부치어 참기 어려움.
　　　　　　　自致力所難 臨文情辛酸 『嵇康』

괴로울 신【辛】 辛辣. 辛苦. 悲辛. 또 매운 맛.
　　　　　　　葷辛不入口者十載 『宋史』

괴로울 예【勩】 피로함. 고통스러움.

괴로울 이【勩】 莫知我勩 『詩經』

괴로울 혹【酷】 신고(辛苦). 幼丁艱酷 『晉書』

괴롭히다 : 고통을 줌. 고생하게 함. 괴롭게 함.

괴롭힐 고【苦】 不苦一民 『戰國策』

괴롭힐 군【窘】 見窘 『史記』

괴롭힐 뇌【惱】 春惱情懷身覺痾 『韓偓』

괴롭힐 단【癉】 彰善癉惡 『書經』

괴롭힐 병【病】 君子不以其所能者病人 『禮記』

괴롭힐 척【戚】 未可以戚我先王 『書經』

괴롭힐 초【勦】 安用速成其以勦民 『左傳』

괴(槐)나무 : 콩과(科)에 속한 낙엽 활엽 교목. 높
　　이는 25미터 정도이다. 가지가 퍼져 자라고
　　속껍질은 노랗고 특유한 냄새가 난다. 잎은 깃
　　모양의 겹잎으로 어긋나는데, 작은 잎은 9~15
　　개이며 달걀꼴이다.

괴나무 회【槐】 槐木之別名.

괴석(怪石) : 이상야릇하게 생긴 돌.

괴석 당【碭】 괴석(怪石).

괴석 체【砌】 礧砌, 괴석(怪石).

괴어(怪魚)이름 : 모양은 소 비슷하고 꼬리는 뱀
　　꼬리 같으며 날개가 있다는 동물.

괴어이름 륙【鯥】 鯥鯥踦於垠隒 『郭璞』

괴이쩍어하다 : 괴이(怪異)하여 놀람. 이상하게
　　여김.

괴이쩍어할 돌【咄】 咄咄怪事. 咄咄子陵 不可相
　　　　　　　助爲理耶 『後漢書』

괴이쩍어할 혹【或】 혹(惑)과 통용. 의혹(疑惑)함.
　　　　　　　無或乎王之不智也 『孟子』

괴이하다 :

괴이할 괴【傀】 기괴함.

괴이할 괴【儍】 괴야(怪也).

괴이할 굴【詘】 괴상(怪狀)함.
　　　　　　　詘詭之殊事 『左思』

괴이할 궤【傀】 괴상함. 기괴(奇怪)함.

爭存佹辯『淮南子』

괴이할 궤【詭】기이(奇異)함. 豈不詭哉『張衡』

괴이할 요【妖】기괴(奇怪)함. 妖雲.
　　　　　　語涉妄妖『唐書』

괴이할 이【異】괴상함. 기이(奇異). 市之貨賄人
　　　　　民牛馬兵器珍異『周禮』

괸 물 :

괸 물 오【洿】정지(停止)한 물.
　　　　　潢洿行潦之水『左傳』

괸 물 잠【涔】길바닥 같은데 괸물.
　　　　　牛蹄之涔『淮南子』

굄 : 사랑함.

굄 총【寵】㉠ 총애(寵愛). 은(恩寵). 천총(天寵).
　　　　　啓寵納侮『書經』

　　　　㉡ 군주(君主)에게 굄을 받는 사람.
　　　　　특히 후궁(後宮)을 이름.
　　　　　齊公好內 多內寵『左傳』

굄 행【幸】제왕(帝王)의 총애(寵愛). 寵幸.
　　　　　得幸于武帝『漢書』

굄목 : 버팀목.

굄목 당【幢】七寶金幢 擎瑠璃地『觀無量壽經』

교나라 :

교나라 교【鄗】국명(國名).

교달(蛟獺)벌레 :

교달벌레 교【蛟】교달(蛟獺).
　　　　　水蟲似蛇四足能害人.

교령(敎令) : 왕. 제후의 명령.

교령 교【敎】교령(敎令). 皆願奉敎『史記』

교룡(蛟龍) : 모양이 뱀과 같고 몸의 길이가 한
　길이 넘으며 넓적한 네발이 있다는 상상의 동
　물. 가슴은 붉고 등에는 푸른 무늬가 있으며
　옆구리와 배는 비단처럼 부드럽고 눈썹으로
　교미하여 알을 낳는다고 한다.

교룡 교【蛟】교룡(蛟龍)은 용(龍)의 일종.
　　　　　命漁師伐蛟『禮記』

교룡 열【蚋】교야(蛟也). 蚋蠹伏之『史記』

교만(驕慢)하다 :

교만할 갹【蹻】소인(小人)이 득세(得勢)하여 교
　만(驕慢)한 모양.
　　　　　小子蹻蹻『詩經』

교만할 건【傿】오만(傲慢)함. 언건(偃傿).

교만할 건【蹇】거만함. 驕蹇數不奉法『漢書』

교만할 교【驕】거만(倨慢)함.
　　　　　勝而不驕『戰國策』

교만할 교【憍】교(驕)와 동자(同字).
　　　　　戒之憍 憍則逃『周武王』

교만할 만【滿】거만함. 교만(驕滿).
　　　　　其滿之甚也『國語』

교만할 만【嫚】교만(驕慢).

교만할 언【偃】거만함. 偃傲. 彼皆偃蹇『左傳』

교만할 욱【旭】거만한 모양. 또 만족한 모양.
　　　　　旭旭蹻蹻憍也『爾雅』

교만할 일【溢】거만함. 滿而不溢『孝經』

교만할 저【姐】오만(傲慢)함. 恃愛肆姐『嵇康』

교만할 저【怚】恃愛肆怚『晉書』

교만할 추【憸】오야(傲也).

교만할 태【汱】스스로 뽐냄. 汱哉叔氏『禮記』

교만할 태【泰】거만(倨慢)함. 뽐냄. 泰侈.
　　　　　不已泰乎『孟子』

교만할 항【亢】오만(傲慢)함.
　　　　　太子輕而庶子亢『韓非子』

교묘(巧妙)하다 :

교묘할 공【工】기술(技術)에 교묘(巧妙)함.
　　　　　공졸(工拙). 帝工書善畫『南史』

교묘할 력【讔】요력(譑讔), 교언(巧言).

교묘(巧妙)히 말하다 : 희롱을 함. 교묘하게 말
　하는 모양.

교묘히 말할 점【詀】學世徒詀詀『王安石』

교외(郊外) :

교외 간【干】성문(城門)밖. 국도(國都)밖.
　　　　　出宿于干『詩經』

교의 :

교의 의【椅】의자(椅子).

교접(交接)하다 :

교접할 구【媾】남녀 사이의 교합. 구합(媾合).
　　　　　交媾騰精魂『李白』

교정(校正)하다 :

교정할 교【校】校書. 校中五經秘書『漢書』

교청(鵁鶄)새 : 눈 맞아 새끼 배는 새.

교청새 견【鵁】교청(鵁鶄)새.

교청새 청【鶄】교청(鵁鶄)새. 사부(似鳧).

교태(嬌態)부리다 :

교태부릴 처【嬔】교야(嬌也).

교합(交合)하다 :

교합할 합【合】성교(性交)함. 鳩喜合『埤雅』

교화(教化) : 사람을 정신적으로 가르치고 이끌어
　좋은 방향으로 나아가게 함.

교화 화【化】교육(教育). 풍교(風教).
　　　　　敗俗傷化『漢書』

교화(教化)하다 :

교화할 견(진)【甄】가르쳐 감화(感化) 시킴.
　　　　　玄化所甄『左思』

교활(狡猾)하다 : (사람이나 그 언행, 성질 따위
　가)몹시 간사하고 나쁜 꾀가 많다.

교활할 걸【桀】교힐(狡黠)함.
　　　　　桀黠奴 人之所患也『史記』

교활할 독【詬】저독(詆詬), 교활(狡猾).

교활할 료【獟】간교(奸巧)함. 獟, 獢也.
　　　沉湘之間 或謂之獟『揚雄方言』

교활할 아【詤】저아(詆詤), 교활(狡猾).

교활할 저【狙】간사(奸邪)한 꾀가 많음.
　　　兵固天下之狙喜也『戰國策』

교활할 쾌【獪】간교(奸巧)함. 교쾌(狡獪).
　　　性敏獪『唐書』

교활할 타【詑】詆詑, 교활(狡猾).

교활할 피【詖】간사(奸邪)하고 꾀가 많음.
　　　趙敬險詖『漢書』

교활할 할【黠】간교(奸巧)함. 교힐(狡黠). 姦黠.
　　　彈豪糾黠『皇甫湜』

교활할 활【姡】간사(奸邪)하고 꾀가 많음.
　　　今建平郡人 呼狡爲姡『揚雄方言』

교활할 활【猾】간교(奸巧)함. 활리(猾吏).
　　　猾民佐吏爲治『史記』

교활할 활【滑】활(猾)과 통용.
　　　滑賊任成『史記』

교활할 회【獪】간교(奸巧)함. 교쾌(狡獪).
　　　性敏獪『唐書』

교힐(狡黠)한 모양 : (사람이)간사하고 나쁜 꾀가 많은 모양.

교힐한 모양 돌【迣】저독모(詆詬貌). 교활(狡猾).

구간(軀幹) :

구간 동【胴】몸통.

구경하다 :

구경할 광【迡】남야(覽也).

구구하다 :

구구할 구【區】
　㉠ 제각기 다름. 物性既區『後漢書』
　㉡ 작은 모양. 區區之心.
　　　秦以區區之 地致萬乘之權『賈誼』
　㉢ 자기의 겸칭(謙稱). 區區之心竊慕之耳『李陵』

구기 : 술 같은 것을 뜨는 국자 비슷한 것.

구기 두【斗】飮可五六斗 徑醉矣『史記』

구기 작【勺】작(杓)과 동자(同字).
　　　梓人爲飮器 勺一升『周禮』

구기 작【杓】沛公不堪桮杓『史記』

구기 주【枓】沃水用枓『禮記』

구기자나무 : 가짓과(科)에 속한 낙엽 관목. 활엽 수이며 높이는 4미터 정도이고, 줄기는 가늘며 가시가 있다. 여름에 자줏빛 꽃이 피며, 열매는 빨갛고 고추와 비슷하다. 어린잎은 식용되고 열매와 뿌리는 약용된다.

구기자나무 계【檵】枸檵.

구기자나무 구【枸】枸杞. 貢枸杞黃精『唐書』

구기질하다 : 술을 따르다. 酌야(酌也).

구기질 할 구【斠】勺尊升所以斠酌也『儀禮』

구나(驅儺) : 예전에, 궁중에서 역귀(疫鬼)를 쫓는 일이나 그런 의식(儀式)을 이르던 말. 역귀(疫鬼)로 분장한 사람을 방상시가 쫓는 연극으로 이루어졌다.

구나 나【儺】추나(追儺).

구나나무 : 버드나무 비슷한 나무. 여름에 담홍색(淡紅色) 꽃이 핌.

구나나무 나【梛】구나(枸梛).

구나(驅儺)하다 :

구나할 나【儺】구나(驅儺) 의식(儀式)을 행(行)함.
　　　鄉人儺 朝服而立於阼階『論語』

구더기 : 지게미 같은 데 모여드는 작은 구더기.

구더기 저【胆】蠅之所生肉中蟲.

구더기 저【朒】저야(蛆也).

구더기 저【蛆】파리의 유충.
　　　何處放蛆來『北史』

구더기 향【蠁】향자(蠁子).

구덩 살 :

구덩살 변【胼】지변(胝胼), 피견(皮堅).

구덩이 : 땅이 움푹 팬 곳.

구덩이 감【坅】감(坎)과 동자(同字).
　　　坅井之蛙『莊子』

구덩이 감【坎】감정(坎穽). 坎不盈『易經』

구덩이 갱【坑】갱참(坑塹). 寠民盛冬作長坑 溫火以取煖『唐書』

구덩이 갱【阬】갱(坑)과 동자(同字).

구덩이 경【埂】갱야(坑也).

구덩이 금【坅】甸人築坅坎『儀禮』

구덩이 담【窞】入于坎窞『易經』

구덩이 수【塜】갱야(坑也).

구덩이 암【埯】갱야(坑也).

구덩이 와【窪】蹄窪之內 不生蛟龍『新論』

구덩이 참【塹】참(塹)과 동자(同字).

구덩이 폄【窆】뫼의 구덩이. 묘혈(墓穴).
　　　作穿窆『說苑』

구덩이 함【臽】소정(小阱).
　　　若今人作穴以臽虎『徐鍇』

구덩이 혈【穴】무덤의 굴. 묘혈(墓穴).
　　　死則同穴『詩經』

구덩이에 묻다 :

구덩이에 묻을 갱【坑】갱살(坑殺). 詐坑秦陵降 卒三十萬『史記』

구두(句讀) : 읽기 편하게 하기 위하여 구절(句節)에 점(點)을 찍는 일.

구두 두【讀】구두(句讀). 語未絶而點分之以便誦 詠謂之讀『增韻』

구들 : 방의 구들. 온돌장치.

구들 항【炕】土房通火爲長炕『馬祖常』

구라파 :

구라파 구【歐】[假借字] 유럽의 약칭(略稱). 구라파(歐羅巴). 구아(歐亞).

구렁 : 두산 사이의 오목한 골.

구렁 학【叡】坑也.

구렁 학【壑】溝壑. 窈窕以尋『陶潛』

구렁 허【墟】움푹 들어간 땅. 전하여 바다. 北灑天墟『木華』

구레나룻 : 턱 밑에서 귀까지 난 수염.

구레나룻 염【髯】염(髥)의 속자.

구레나룻 염【頿】염(髯)과 동자(同字). 頰頿. 高皇帝美鬚頿『史記』

구레나룻 염【髥】美須髥『漢書』

구레나룻 염【頓】염(髥)과 동자(同字). 黑色而髯頁『莊子』

구레나룻 이【耏】冒耏之類『後漢書』

구렛나루 깎다 :

구레나룻 깎을 내【耐】내(耏)와 동자(同字). 耐以上請之『漢書』

구레나룻 깎을 내【耏】형벌로서 구레나룻을 깎음. 또 그 형벌. 耏爲鬼薪『漢書』

구록배 :

구록배 록【艫】舸艫, 선명(船名).

구르다 :

구를 단【攤】전야(轉也).

구를 알【輵】輵轄은 수레가 구르며 흔들리는 모양. 跮踱輵轄.

구를 전【轉】㉠ 회전함. 運轉.
轂者以爲利轉也『周禮』
㉡ 뒹굶. 輾轉. 輾轉反側『詩經』

구를 전【展】둥글 둥글 구름. 또 몸을 이리 저리 뒤치락거림. 展轉反側『詩經』

구를 전【輾】반 바퀴 돎. 반전(半轉). 또 돌아 누움. 輾轉反側. 輾轉伏枕『詩經』

구름 :

구름 담【曇】하늘에 낀 구름.
月華揚彩曇『楊愼』

구름 운【雲】
㉠ 수증기가 모여 대지의 상층에 떠서 보이는 현상. 또 수증기.
雲雨. 白雲. 雲行雨施『易經』
㉡ 구름이 높이 떠 있으므로 높은 것을 형용하여 이름. 雲車十餘丈瞰臨城中『後漢書』
㉢ 구름과 같이 많이 모인 것을 형용하여 이름.
勝友如雲『王勃』
㉣ 구름같이 보이는 것. 星雲.
天末稻雲黃『范成大』

구름 그치다 :

구름 그칠 제【霽】제운(霽雲).

구름 기 :

구름 기 소【霄】태양 곁에 나타나는 운기(雲氣).
騰淸霄而軼浮景『揚雄』

구름 끼다 : 구름이 많이 끼는 모양. 또 구름이 뭉게뭉게 피어오르는 모양.

구름 낄 담【曇】曇天.

구름 낄 비【靅】운포상(雲布狀).

구름 낄 암【黯】운암(雲暗).

구름 낄 애【靉】靉靆. 靉靅.
高堂梧與竹靉靉排空靑『顧瑛』

구름 낄 애【濭】운기모(雲氣貌).

구름 낄 음【黔】운모(雲貌).

구름 낄 체【靆】구름이 끼는 모양. 靉靆.

구름 낄 희【霼】靉靆. 靉靅.
高堂梧與竹靉靉排空靑『顧瑛』

구름 맡은 귀신 :

구름 맡은 귀신 륭【靇】豊靇, 운사(雲師).

구름 뭉게뭉게 가다 :

구름 뭉게뭉게 갈 처【霋】운행모(雲行貌).

구름 벗어지다 :

구름 벗어질 타【霊】운산(雲散).

구름 빛 :

구름 빛 율【矞】상서로운 구름의 빛.
三色成矞『漢書』

구름 성하다 :

구름 성할 대【靆】운성(雲盛).

구름 성할 비【靅】靉靅, 운성모(雲盛貌).

구름 일다 : 비가 오려고 구름이 이는 모양.

구름 일 엄【渰】有渰淒淒『詩經』

구름 일 영【泱】天泱泱以垂雲『潘岳』

구름 일 옹【滃】滃滃. 氣滃渤以霧杳『郭璞』

구름 일 유【油】油然作雲『孟子』

구름 일 태【靆】운기(雲起).

구름 피어오르다 : 구름이 뭉게뭉게 피어오르는 모양.

구름 피어오를 담【霮】담운(霮雲), 운번(雲繁).

구름 피어오를 의【旖】의니(旖旎).
乘雲蜺之旖旎兮『漢書』

구름 피어 오를 처【淒】운기모(雲起貌).

구리 :

구리 동【銅】금속의 한가지. 赤銅. 靑銅.
凡律度量用銅者『漢書』

구리가루 : 구리를 간 가루. 동설(銅屑).

구리가루 욕【鋊】姦或盜 摩錢質以取鋊『漢書』

구리 녹 :

구리 녹 수【銹】동생의(銅生衣).

구리 때 : 미나리과에 속하는 다년초. 뿌리는 백
지(白芷)라하여 약재로 씀.

구리 때 채【茝】側載臭茝, 所以養鼻也『史記』

구리 때 효【蘸】芳蘸兮挫枯蘭『楚辭』

구리 때 잎 : 백지(白芷)의 잎.

구리때잎 약【葯】辛夷楣兮葯房『楚辭』

구린내 : 나쁜 냄새. 인신(引伸)하여 오명(汚名).

구린내 취【臭】㉠ 十年猶尙有臭『左傳』
　　　　　　　　㉡ 遺臭萬載『晉書』

구멍 : 뚫어지거나 파낸 자리.

구멍 감【欿】감(坎)과 동자(同字). 欿陷.
　　　　　　欿用牲『左傳』

구멍 공【孔】眼孔. 穿其家旁孔『史記』

구멍 공【空】뚫어진 자리. 鑿空『史記』

구멍 과【窠】뚫어진 자리. 作窠穿坎『論衡』

구멍 과【科】움푹 들어간 곳.
　　　　　　盈科而後進『孟子』

구멍 구【口】出有小口『陶潛』

구멍 규【竅】
　㉠ 뚫린 자리. 孔竅. 竅于山川『禮記』
　㉡ 몸에 있는 구멍. 이목구비(耳目口鼻) 따위.
　　　　　聖人之心有七竅『史記』

구멍 규【窐】시루의 구멍.
　　　　　　　珪璋雜于甑窐『楚辭』

구멍 독【瀆】두(竇)와 통용.
　　　　　　自墓門之瀆入『左傳』

구멍 두【竇】공혈(孔穴). 입구.
　　　　所以達天道順人情之大竇『禮記』

구멍 랑【窞】穴下亡竂, 穴也.

구멍 롱【竉】窟竉, 穴也.

구멍 뢰【礨】礨空은 작은 구멍.
　　　　　　礨空之在大澤『莊子』

구멍 루【漏】禹耳三漏『白虎通』

구멍 망【窏】窏窐, 穴也.

구멍 박【窇】穴也.

구멍 병【窉】구멍.

구멍 시【窷】穴也.

구멍 전【窋】穴也.

구멍 조【鑿】뚫은 구멍. 羊入其鑿『漢書』

구멍 천【穿】뚫린 자리. 不能運方穿『史記』

구멍 태【兌】塞其兌, 閉其門『老子』

구멍 허【虛】若循虛而出入『淮南子』

구멍 혈【坎】穴也.

구멍 혈【穴】뚫어지거나 파낸 자리.
　　　　　　鑽穴隙『孟子』

구멍 호【戶】공혈(孔穴). 啓戶始出『禮記』

구멍 호【好】구슬 또는 돈의 구멍.
　　　　璧羨度尺, 好三寸以爲度『周禮』

구멍 뚫리다 :
　구멍 뚫릴 만(면)【繭】천공(穿孔).

구멍으로 보다 :
　구멍으로 볼 찰【窡】穴中見.

구변(口辯)좋다 :
　구변 좋을 급【給】능변(能辯)임. 捷給.
　　　　　　　　禦人以口給『論語』

구별(區別) :
　구별 구【區】차별(差別). 每絕常區『梁書』

　구별 변【辨】效門室之辨『荀子』

　구별 별【別】成男女之別『禮記』

구부러지다 :
　구부러질 구【朐】곡야(曲也).

구부리고 달아나다 :
　구부리고 달아날 권【趯】굴척이주(屈脊而走).

구부리다 : 몸을 굽힘. 몸을 오그림.
　구부릴 구【傴】一命而僂 再命而傴『左傳』

　구부릴 국【匔】배곡(背曲).

　구부릴 국【踘】騏驥之踘躅『史記』

　구부릴 군【窘】曲也.

　구부릴 루【僂】一命而僂, 再命而傴『左傳』

구부정하다 :
　구부정할 두【侸】하수모(下垂貌).

구분(區分)하다 :
　구분할 건【件】구별함. 具件階級數『北史』

구불구불 가다 : 뱀이 구불구불 가는 모양.
　구불구불 갈 위【逶】사행(蛇行)하는 모양.
　　　　　　　　逶迤而北『史記』

　구불구불 갈 이【蛇】委蛇. 委蛇蒲伏『史記』

　구불구불 길 연【蜒】蜿蜒.

구석 : 한쪽으로 치우친 곳. 한 모퉁이.
　구석 각【角】冒頓開圍一角『史記』

　구석 곡【曲】변우(邊隅). 曲知之人.
　　　　　　　觀於道之曲隅『荀子』

　구석 력【枥】집의 구석. 옥우(屋隅).

　구석 요【窔】방의 동남 구석.
　　　　　　奧窔之間簟席之上『荀子』

　구석 요【突】요(突)와 동자(同字). 隱巖處.

　구석 요【宎】방(房)의 동남격(東南隔).

　구석 우【隅】모퉁이의 안쪽. 隅奧.
　　　　　　摳衣趨隅『禮記』

　구석 유【幽】모퉁이. 光照六幽『後漢書』

　구석 이【宧】방(房)의 동북우(東北隅).
　　　　　室東北隅, 謂之宧『爾雅』

　구석 추【陬】한 모퉁이. 僻陬. 邊陬.
　　　　　奔壁東南陬『史記』

구속(拘束)하다 : 행동이나 생각을 마음대로 할
　수 없게 제한하거나 속박함.

구속할 검 【撿】 구속(拘束).
　　　　　郡事皆以法令撿式『漢書』

구수하다 : 음식의 식욕을 돋구는 냄새가 나는
　모양.
　구수할 필 【飶】 有飶其香『詩經』

구슬 : 경(瓊). 기(琪). 리(璃). 벽(璧). 형(瑩). 옥
　(玉). 요(瑤). 주(珠). 패물(佩物)로 쓰는 보석
　(寶石)으로 만든 둥근 물건.
　구슬 괴 【瑰】 원형의 미주(美珠).
　　　　　惑與已瓊瑰食之『左傳』
　구슬 기 【璣】 둥글지 않은 구슬. 일설(一說)에는
　　　물속에서 나는 작은 구슬.
　　　　　珠璣厥篚玄纁璣組『書經』
　구슬 주 【珠】
　　㉠ 바다에서 산출되는 진주. 또 원형의 옥.
　　　　經寸之珠『史記』
　　㉡ 원형으로 된 구슬 같은 물건. 淚珠.
　　　　白露垂珠滴秋月『李白』
　　㉢ 사물의 미칭(美稱). 珠米.
　　　　詩成珠玉在揮毫『杜甫』
　구슬 주 【珘】 玉也.

구슬꿰미 : 한 줄에 꿴 여러 구슬.
　구슬꿰미 배 【琲】 주배(珠琲).

구슬목걸이 : 구슬을 연결하여 만든 목걸이.
　구슬목걸이 락 【珞】 영락(瓔珞).
　구슬목걸이 영 【瓔】 영락(瓔珞).
　　　　　金星墮連瓔『韓愈』

구슬이름 :
　구슬이름 병 【琕】 주명(珠名).

구슬프다 :
　구슬플 알 【泬】 卑曲不平.
　구슬플 료 【憭】 처창(悽愴)함.
　　　　　憭慄兮若在遠行『楚辭』

구슬픔 : 요율(憭慄). 憭慄兮若在遠行『楚辭』

구실 :
　구실 공 【貢】 하(夏)나라 때의 세법(稅法).
　　　　　夏後氏五十而貢『孟子』
　구실 량 【糧】 조세(租稅). 포량(逋糧).
　　　　　輸糧以助『唐書』
　구실 부 【賦】 조세(租稅). 전부(田賦). 공부(貢賦).
　　　　　收水泉池澤之賦『呂氏春秋』
　구실 서 【耡】 정전(井田)을 경작(耕作)하는 여덟
　　　집이 공동으로 중앙(中央)의 공전
　　　(公田)을 경작(耕作)하여 그 수확
　　　(收穫)을 공조(公租)로 바치는 일.
　　　　　野之耡粟『周禮』
　구실 세 【稅】 세납. 賦稅. 納其貢稅『孟子』
　구실 용 【庸】 당대(唐代) 조세(租稅)의 한가지.

정년(丁年) 이상의 남자로서 공공
(公共)의 부역(賦役)에 나가지 않
는 자에게 그 대상으로 포백(布帛)
을 상납(上納)하게 하는 세(稅).
租庸調. 用民之力歲二十日 閏加二日
不役者日爲絹三尺 謂之庸『唐書』
　구실 정 【政】 이무(吏務). 棄政而役『國語』
　구실 정 【政】 정(征)과 동자(同字). 조세(租稅).
　　　　　掌均地政『周禮』
　구실 정 【征】 조세(租稅). 鑄征『周禮』
　구실 제 【制】 士大夫莫不敬節死制『荀子』
　구실 조 【調】 당대(唐代)의 세법(稅法)으로 공물
　　　(貢物)로 바치는 포백(布帛)같은
　　　토산물(土産物)의 부과(賦課). 租
　　　庸調.
　구실 조 【助】 은(殷)나라 정전법(井田法)의 하나.
　　　　　殷人七十而助『孟子』
　구실 조 【租】 조세(租稅). 地租.
　　　　　軍市之租『史記』
　구실 직 【職】 직분(職分). 임무(任務). 職責.
　　　　　共爲子職而已矣『孟子』

구실로 하다 :
　구실로 할 부 【誯】 구실(口實).

구실 매기다 :
　구실 매길 반 【朌】 세금을 부과함.
　　　　　名山大川不以朌『禮記』

구실 받다 :
　구실 받을 정 【征】 징세(徵稅)함. 征稅.
　　　　　關譏而不征『孟子』

구실 베 :
　구실 베 가 【嫁】 만포세(蠻布稅).
　구실 베 차 【紾】 열사세포(列肆稅布).

구약(蒟蒻)나물 : 천남성(天南星)과에 속하는 다
　년초. 여름에 자주 빛을 띤 갈색의 꽃이 핌.
　구경(球莖)으로 곤약(崑蒻)을 만듦.
　구약나물 구 【蒟】 蒟蒻. 一名鬼芋『本草經』
　구약나물 약 【蒻】 蒟蒻. 一名鬼芋『本草經』

구역(區域) : 한 지역 또 장소.
　구역 복 【服】 주대(周代)에 왕기(王畿)의 밖 주위
　　　(周圍)부터 500리마다 설정한 구역.
　　　九服. 弼成五服『書經』
　구역 원 【園】 구역. 修容乎禮園『司馬相如』

구역질하다 :
　구역질 할 객 【峆】 구토성(嘔吐聲).
　구역질 할 종 【喠】 구역(嘔逆).

구연(枸櫞) : 운향과에 속한 상록 소교목. 높이는
　3~6미터 정도이다. 잎은 어긋나고 어릴 때는
　붉은색을 띠지만 점점 녹색으로 변한다.

구연 연【橼】 구연(枸橼).

구욕(鸜鵒)새 : 대 까치 비슷한 새.

　구욕새 구【鸜】 구욕(鸜鵒).

　구욕새 구【鴝】 구(鸜)와 동자(同字).
　　　　　　　　구욕(鴝鵒), 사유책(似有幘).

　구욕새 욕【鵒】 구욕(鸜鵒).

구운떡 :

　구운떡 녁【䬫】 자병이(炙餠餌).

구원(救援) :

　구원 구【救】 구조(救助). 조력(助力).
　　　　　　　求救於齊『戰國策』

구원(救援)하다 :

　구원할 광【匡】 구제(救濟)함. 胥匡以生『書經』

　구원할 구【救】 건짐. 구조함. 救命. 救護.

　구원할 구【捄】 구(救)와 동자(同字).
　　　　　　　將以捄溢扶衰『漢書』

　구원할 린【撛】 부조(扶助).

　구원할 원【援】 구조함. 援助.
　　　　　　　子欲手援天下乎『孟子』

구유 : 마소의 먹이를 담는 그릇. 또 마굿간에 깐
　　널빤지.

　구유 거【籧】 음우기(飲牛器).

　구유 조【皁】 皁櫪. 與牛驥同皁『史記』

　구유 조【槽】 槽櫪. 三馬同食一槽『晉書』

구유통 :

　구유통 축【樕】 조(槽)와 동자(同字). 家畜食桶.

구율 : 화살을 맞히는 표준. 활시위를 당기는 정도.

　구율 구【彀】 羿之敎人射, 必志於彀『孟子』

구의 : 관 위를 덮는 홑이불 같은 보자기.

　구의 구【舊】 옛 정의. 恃舊不虔『魏志』

　구의 저【褚】 褚幕은 褚幕丹質『禮記』

구장(蒟醬) :

　구장 배【茇】 과명(果名). 구장(蒟醬).

구절(句節) : 시문중의 한 토막.

　구절 구【句】 자구(字句). (章句).
　　　　　　因字而生句 積句而爲章『文心雕龍』

구절 치다 :

　구절 칠 주【丶】 有所絕止丶而識之.

구차(苟且)스럽다 :

　구차스러울 차【且】 고식적(姑息的)임. 與物且者
　　　　　　　　其身不容 焉能容人『莊子』

구차(苟且)하다 : (사람이나 그 살림이)아주 가
　　난한 듯하거나 (언행이)떳떳하거나 버젓하지
　　못한 데가 있다.

　구차할 고【嫭】 嫭嫿, 구차(苟且).

　구차할 구【苟】 苟安. 民不苟『周禮』

　구차할 권【權】 權假日以餘榮『左思』

　구차할 당【儻】 時态縱而不儻『莊子』

구차할 우【優】 優柔不斷.

구차할 자【齰】 齰齚, 구차(苟且).

구차할 조【佻】 군색(窘塞)함. 惡其一巧『楚辭』

구차할 투【媮】 媮合取容『史記』

구차할 투【愉】 투(偷)와 동자(同字).
　　　　　　以俗敎民則民不愉『周禮』

구차할 투【偷】 고식적(姑息的)으로 일을 함.
　　　　　　偷懦 安肆日偷『禮記』

구차히 :

　구차히 투【偷】 偷免. 偷以全吾軀『楚辭』

구풍(颶風) : 여름에서 가을철로 옮기는 환절기에
　　중국의 남방 해상에서 일어나는 회오리 치며
　　북상하는 급격한 바람.

　구풍 구【颶】 嶺南諸郡皆有颶風『投荒雜錄』

구하다 : 요구함. 바람. 찾음. 찾아 얻음.

　구할 간【奸】 간(干)과 통용. 以奸忠直『漢書』

　구할 간【迀】 求也.

　구할 간【干】 干請. 子張學干祿『論語』

　구할 걸【乞】 요구함. 乞求. 三王有乞言『禮記』

　구할 구【求】 ㉠ 欲求. 富而可求『論語』
　　　　　　㉡ 索求. 如有求而弗得『禮記』
　　　　　　㉢ 초래함. 是自求禍也『孟子』

　구할 규【摎】 찾음. 摎天道『張衡』

　구할 규【規】 탐내어 청함. 規求無度『左傳』

　구할 기【祈】 희구(希求)함. 仙道可祈『晉書』

　구할 류【流】 찾아 얻음. 左右流之『詩經』

　구할 리【覼】 求也.

　구할 멱【覓】 覓得. 覓索餘光『魏志』

　구할 선【亙】 요구(要求)함.

　구할 소【蘇】 희구(希求)함. 蘇援世事『淮南子』

　구할 수【需】 ㉠ 以待子不時之需『蘇軾』
　　　　　　㉡ 소용되는 물품. 필수의 물자.
　　　　　　軍需. 以供轉需『十六國春秋』

　구할 순【殉】 殉于貨色『書經』

　구할 요【邀】 부당한 것을 요구하여 받음.
　　　　　　邀賞. 重邀之『舊唐書』

　구할 요【要】 要請. 脩其天爵, 以要人爵『孟子』

　구할 요【徼】 徼冀. 小人行險以徼幸『中庸』

　구할 증【丞】 증(拯)과 통용. 구원(救援)함.
　　　　　　원조(援助)함. 丞民於農桑『揚雄』

　구할 징【徵】 徵詩文. 寡人是徵『左傳』

　구할 책【責】 宋多責賂于鄭『左傳』

　구할 초【招】 數招權, 顧金錢『漢書』

　구할 현【譣】 譣充言心也『管子』

구호미(救護米) : 구호(救護)하는 미곡(米穀).

　구호미 름【廩】 廩振. 振廩三十餘郡『後漢書』

구획(區劃) : 사물의 일단락.

　구획 장【場】 雜出六題 分爲三場『宋史』

구휼(救恤)하다 : 물품을 베풀어 구조함.

　구휼할 진 【賑】 賑給. 以賑貧民 『史記』

국 :

　국 갱 【羹】 음식의 한가지. 肉羹. 菜羹.

　국 기 【臅】 羹也.

　국 모 【芼】 고기에 채소를 섞어 끓인 국.
　　　　　　　芼羹菽麥 『禮記』

　국 삼 【糝】 쌀가루를 섞어 끓인 국.
　　　　　　　羞豆之實 酏食糝食 『周禮』

　국 읍 【渜】 갱탕(羹湯).
　　　　　　　凡有渜者 不以齊 『禮記』

　국 학 【臛】 고깃국. 羹臛.

　국 향 【膷】 쇠 고깃국. 膷臐膮醢 『禮記』

　국 효 【膮】 돼지 고깃국. 膮醢 『禮記』

　국 훈 【臐】 양 고깃국. 膷臐膮醢 『禮記』

국그릇 : 국을 담는 귀가 둘, 발이 셋 달린 제기
　　(祭器).

　국그릇 형 【鉶】 宰夫設鉶 『儀禮』

　국그릇 형 【刑】 형(鉶)과 통용. 啜土刑 『史記』

국량(局量) : 사물을 받아 들여 담당하는 성격(性
　　格). 재능(才能).

　국량 도 【度】 도량(度量). 有大度 『史記』

　국량 량 【量】 기량(氣量). 재량(才量).
　　　　　　　光武之量 包乎天地之外 『范仲淹』

국말이 : 국에 만 밥.

　국말이 찬 【鑽】 時混混兮澆鑽 『楚辭』

국문(鞫問)하다 : 죄상(罪狀)을 신문(訊問)함.

　국문할 감 【勘】 審勘. 推勘不實者 『宋史』

　국문할 국 【鞠】 국(鞫)과 동자(同字). 鞠罪.

　국문할 국 【鞫】 鞫獄. 訊鞫論報 『史記』

국물 : 국의 국물.

　국물 계 【洎】 고깃국의 국물.
　　　　　　　去其肉 而以其洎饋 『左傳』

　국물 농 【膿】 진한 국물. 肥豢膿肌 『曹植』

　국물 즙 【汁】
　　　㉠ 烹雞多汁 『後漢書』
　　　㉡ 남의 덕으로 얻는 공리(功利).
　　　　　彼勸太子戰攻 欲啜汁者衆 『史記』

국밥 :

　국밥 삼 【糝】 미화갱(米和羹).

국자 :

　국자 희 【㰕】 작야(杓也).

　국자 희 【桸】 작야(杓也).

국화(菊花) : 엉거시과에 속하는 다년초. 가을에
　　피는 화초의 한 가지.

　국화 국 【蘜】 국(菊)과 동자(同字).
　　　　　　　蘜有黃華 『禮記』

　국화 국 【菊】 黃菊. 芳菊. 秋菊之落英 『楚辭』

　국화 영 【蘻】 국화(菊花).

군대(軍隊) :

　군대 기 【旗】 청조시대(靑朝時代)의 군대.
　　　　　　　八旗. 建旗辨色 『大淸會典』

군더더기 : 쓸데없음.

　군더더기 췌 【贅】 贅言. 餘食贅行 『老子』

군량(軍糧) : 군대에서 쓰는 양식. 또 군자금.

　군량 향 【餉】 給餽餉 『十八史略』

군복(軍服) : 군인의 제복.

　군복 균 【袀】 袀服. 六軍袀服四騏龍驤 『左思』

군비(軍費) : 군대에서 쓰는 양식. 또는 금전. 군
　　자금(軍資金).

　군비 부 【賦】 可使治其賦也 『論語』

　군비 향 【餉】 給餽餉 『十八史略』

군사(軍士) :

　군사 건 【健】 병졸(兵卒).
　　　　　　　官健虛費衣糧, 無所事 『唐書』

　군사 군 【軍】
　　　㉠ 군사. 군인. 군대. 水軍. 全軍.
　　　　　水上軍皆殊死戰 『史記』
　　　㉡ 군사(軍士). 전투. 軍器. 無軍功 『史記』
　　　㉢ 고대(古代)의 병제(兵制)로서 군사 12,500
　　　　　명을 이름. 三軍. 五師爲軍 『周禮』

　군사 려 【旅】
　　　㉠ 500명의 군사. 五卒爲旅 『周禮』
　　　㉡ 군대. 師旅. 爰正其旅 『詩經』

　군사 력 【力】 병정(兵丁). 병사(兵士).
　　　　　　　率見力決戰 『宋書』

　군사 병 【兵】 ㉠ 군인(軍人). 兵丁. 兵士.
　　　　　　　選士厲兵 『禮記』
　　　㉡ 군대(軍隊).
　　　　　將軍能用兵 『史記』

　군사 부 【賦】 징발(徵發)한 병사(兵士).
　　　　　　　弊邑以賦與陳蔡從 『左傳』

　군사 사 【師】
　　　㉠ 주대(周代)의 군제(軍制)에서 오여(五旅).
　　　　　곧 2,500名을 이름. 五旅爲師 『周禮』
　　　㉡ 군대(軍隊)의 통칭(通稱). 陳師鞠旅 『詩經』

　군사 융 【戎】 병정. 伏戎于莽 『易經』

　군사 졸 【卒】 병졸. 군대. 卒兵.
　　　　　　　卒四十萬人 『史記』

군색(窘塞)하다 : (무엇이)떳떳하거나 자연스럽지
　　못하여 거북하고 어색하다.

　군색할 군 【窘】 困窘織屨 『莊子』

군용(軍容) :

　군용 무 【武】 병위(兵威). 耀武 『左傳』

굳게 하다 :

　굳게 할 고 【固】 夫固國者在親家而善鄰 『國語』

굳다 :

굳을 간【鏗】堅也. 固確鏗也『博雅』

굳을 간【臤】견야(堅也).

굳을 강【矼】견실(堅實)함. 德厚信矼『莊子』

굳을 개【介】견고(堅固)함. 介石.
　　　　　　六二介于石『易經』

굳을 건【虔】견고(堅固)함. 虔共爾位『詩經』

굳을 견【堅】
　㉠ 단단함. 堅固. 善問者如攻堅木『禮記』
　㉡ 의지(意志)가 굳음. 窮當益堅『後漢書』
　㉢ 하지 아니함. 如天地之堅『管子』
　㉣ 굳셈. 강함. 견강(堅剛).
　　　小敵之堅堅　大敵之擒也『孫子』

굳을 경【耿】지조(志操)가 굳음.
　　　　　　耿介之士寡『韓非子』

굳을 고【固】
　㉠ 견고(堅固)함. 固體. 冰凍方固『呂氏春秋』
　㉡ 변(變)하지 아니함. 변동(變動)하지 아니함.
　　　學則不固『論語』
　㉢ 안정(安定)함. 國可以固『國語』
　㉣ 수비(守備)가 엄(嚴)함. 兵勁城固『荀子』
　㉤ 지세(地勢)가 험준(險峻)함.
　　　長岸峻固『水經注』

굳을 공【攻】견고함. 我車旣攻『詩經』

굳을 공【鞏】견고(堅固)함. 鞏固.
　　　　　　亹亹昊天　無不克鞏『詩經』

굳을 교【膠】견고함. 德音孔膠『詩經』

굳을 긴【緊】견고함. 戈戟之緊『管子』

굳을 뢰【牢】㉠ 견고함. 牢不可破.
　　　　　　欲連固根本牢甚『史記』

굳을 복【樸】견야(堅也).

굳을 서【犀】무기(武器) 등이 견고함.
　　　　　　器不犀利『漢書』

굳을 석【石】㉠ 견고함. 石交. 石畫之臣『漢書』
　　　　　㉡ 또 견고한 것을 형용하는 말.
　　　　　　心如鐵石.

굳을 설【結】견야(堅也).

굳을 세【犀】서(犀)와 통용. 견고함.
　　　　　　器不犀利『漢書』

굳을 인【䤴】견뇌(堅牢). 튼튼한 우리.

굳을 장【壯】견고(堅固)함. 단단함.
　　　　　　仲冬三月　冰始壯『禮記』

굳을 주【遒】견고함. 四國是遒『詩經』

굳을 질【侄】견야(堅也).

굳을 항【𢋋】견야(堅也).

굳을 협【鞈】견고한 모양. 鞈如金石『荀子』

굳을 환【䝮】견야(堅也).

굳세다 :

굳셀 감【敢】용맹(勇猛)스러움. 勇敢.
　　　　　　敢毅善戰『唐書』

굳셀 강【剛】
　㉠ 지조(志操)가 굳음. 주의(主義), 절조(節操)
　　　를 변하지 아니함. 剛直. 剛毅.
　　　吾未見剛者『論語』
　㉡ 힘이 셈. 약(弱)하지 아니함. 剛健.
　　　及其壯也　血氣方剛『論語』

굳셀 강【橿】강성(强盛)한 모양.
　　　　　　左右橿橿『太玄經』

굳셀 강【剄】강(剛)과 동자(同字).
　　　　　　民剄毅『史記』

굳셀 건【乾】㉠ 강(剛)함. 乾健也『易經』
　　　　　　㉡ 君子終日乾乾『易經』

굳셀 건【健】
　㉠ 건장(健壯)함. 健將. 募健兒百餘人『南史』
　㉡ 꿋꿋함. 健鬪. 諸將莫不健鬪『後漢書』
　㉢ 꾸준함. 天行健, 君子以自强不息『易經』

굳셀 경【勁】
　㉠ 힘이 있음. 강(剛)함. 勁兵. 勁弓.
　　　弓先調而後求勁『淮南子』
　㉡ 의지가 강함. 勁正. 勁直. 行法至堅　不以私
　　　欲亂所聞　如是則可謂勁士矣『荀子』

굳셀 경【競】강함. 心則不競『左傳』

굳셀 경【倞】秉心無倞『詩經』

굳셀 경【梗】강맹(强猛)함. 鋤其强梗『淮南子』

굳셀 경【駉】말이 비대(肥大)하고 건장(健壯)한
　　　　　　모양. 駉駉牡馬　左坰之野『詩經』

굳셀 광【洸】용맹(勇猛)한 모양.
　　　　　　武夫洸洸『詩經』

굳셀 교【撟】강한 모양. 撟然剛折端立『荀子』

굳셀 교【矯】강함. 强哉矯『中庸』

굳셀 교【趫】건장함. 捷趫夫之敏手『顏延之』

굳셀 굴【屈】강함. 屈起. 屈彊於此『史記』

굳셀 굴【倔】마음이 굳셈. 고집이 셈.
　　　　　　倔强猶昔『宋史』

굳셀 규【赳】무예가 있고 용감한 모양.
　　　　　　赳赳武夫　公侯干城『詩經』

굳셀 기【暨】용맹한 모양. 戎容暨暨『禮記』

굳셀 단【癉】제어하기 어려움.
　　　　　　剛癉必斃『張衡』

굳셀 렬【烈】곧고 강함. 烈操.
　　　　　　烈士徇名『史記』

굳셀 무【武】강건(强健)함. 무용(武勇)이 있음.
　　　　　　武猛. 孔武有力『詩經』

굳셀 상【爽】장건(壯健)함. 英爽. 豪爽.

굳셀 선【繕】경(勁)과 동의. 急繕其怒『禮記』

굳셀 엄【嚴】의연(毅然)함. 霜操日嚴『沈約』

굳셀 웅【雄】
　㉠ 무용(武勇)이 있음. 心雄萬夫『李白』

　ⓛ 또 그 사람. 是寡人之雄也『左傳』

굳셀 의【毅】의지(意志)가 강함. 과감(果敢)함.
　　　　　剛毅. 擾而毅『書經』

굳셀 주【輈】輈張은 힘이 센 모양.
　　　　　汝今輈張 怙汝兄耶『後漢書』

굳셀 지【驚】喬詰卓驚『莊子』

굳셀 표【麃】강한 모양. 駟介麃麃『詩經』

굳셀 표【驃】효용(驍勇)함. 驃騎.

굳셀 필【駜】말이 비대하고 건강한 모양.
　　　　　駜彼乘黃『詩經』

굳셀 한【僴】무용(武勇)이 있는 모양. 일설에는
　　　　　관대(寬大)한 모양. 너그러운 모양.
　　　　　瑟兮僴兮『詩經』

굳셀 한【悍】강함. 精悍.
　　　　　三晉之兵 素悍勇而輕齊『史記』

굳셀 항【伉】강건(强健)함. 伉健習騎射『漢書』

굳셀 항【亢】강직(剛直)함. 비굴(卑屈)하지 않음.
　　　　　崔信明蹇亢以門望自負『唐書』

굳셀 해【偕】강장(强壯)한 모양.
　　　　　偕偕士子『詩經』

굳셀 험【嶮】强也.

굳셀 호【豪】강맹(强猛)함. 豪强.
　　　　　不得豪奪吾民『漢書』

굳셀 홍【鴻】강함. 鴻殺之稱『周禮』

굳셀 환【桓】힘세고 날랜 모양.
　　　　　桓桓于征『詩經』

굳셀 황【趪】무용(武勇)이 있는 모양.
　　　　　洪鐘萬鈞 猛虡趪趪『張衡』

굳셀 효【驍】힘이 세고 용감함. 驍勇.
　　　　　王彥章驍將也『五代史』

굳센 체 하다 :
　굳센 체 할 형【悻】팽형(悻悻). 自矜健貌.

굳어지다 :
　굳어질 견【堅】ⓐ 三晉相親相堅『戰國策』
　　　　　　　　ⓛ 陳留堅守不能下『史記』

굳은살 :
　굳은살 변【胼】胼胝, 피견(皮堅).
　굳은살 식【瘜】군살. 췌육(贅肉).
　　　　　　　咽生瘜肉『聖濟總錄』
　굳은살 지【胝】胼胝, 피견(皮堅).

굳이 :
　굳이 고【固】ⓐ 억지로 毋固獲『禮記』
　　　　　　　ⓛ 固諫. 禹拜稽首固辭『書經』

굳히다 :
　굳힐 응【凝】응고(凝固) 시킴. 견고(堅固)하게 함.
　　　　　凝土以爲器『周禮』
　굳힐 주【周】굳게 함. 견고하게 함.
　　　　　盟所以周信『左傳』

굴 : 산이나 땅 밑을 뚫고 만든 길. 또 평지에서
　광혈(壙穴)까지 비스듬히 파서 통하게 한 길.

　굴 감【嵌】嵌空. 竹竿接嵌竇『杜甫』

　굴 광【壙】猶水之就下 獸之走壙也『孟子』

　굴 굴【堀】굴(窟)과 동자(同字). 토굴(土窟).
　　　　　堀穴. 伏甲于堀室『左傳』

　굴 굴【窟】
　　ⓐ 땅이나 바위가 가로 깊숙이 패인 곳.
　　　　石窟. 窟穴. 血滿長城之窟『李華』
　　ⓛ 짐승이 사는 구멍. 狡免有三窟『戰國策』
　　ⓒ 인신(引伸)하여 사람이 많이 모이는 곳.
　　　　巢窟. 冠冕之窟『杜甫』
　　　　洛陽古稱豪傑窟『趙汸』

　굴 굴【窟】굴(堀), 굴(窟)과 통용. 토실(土室).
　　　　　伏甲士于窟室中『吳越春秋』

　굴 굴【窟】굴(窟)과 동자(同字). 月窟은 달뜨는 곳.
　　　　　西厭月窟『漢書』

　굴 명【窅】窟也.

　굴 박【窇】窟也.

　굴 수【隧】隧道. 闕地及泉, 隧而相見『左傳』

　굴 실【室】물품을 저장하는 굴혈(窟穴).
　　　　　窟室. 氷室. 歸於其室『詩經』

　굴 와【窩】굴혈(窟穴).

　굴 줄【窋】물건이 구멍 안에 있는 모양.

　굴 천【窭】굴혈(窟穴). 月窭來賓『顏延年』

　굴 혈【穴】ⓐ 동굴. 出自穴『易經』
　　　　　　ⓛ 짐승이 숨어 있는 구멍. 蟻穴.
　　　　　　　狡免失穴『魏書』

굴 : 굴과에 속한 연체동물을 통틀어 이르는 말.
　갓굴, 가시굴, 토굴 등이 있다.

　굴 분【蟦】蠣也. 패류(貝類).

굴거리 나무 : 대극과(大戟科)에 속하는 상록 교
　목. 교양목(交讓木).

　굴거리 나무 남【柟】黃金山有柟木『任昉』

굴건(屈巾) :
　굴건 문【幞】상중에 쓰는 건(巾).

굴대 : 수레 바퀴의 한가운데의 구멍에 끼는 긴
　나무. 또는 쇠.

　굴대 축【軸】車軸折『史記』

굴대 끝 : 차축(車軸)의 말단.

　굴대 끝 세【轊】車挂轊『鮑照』
　굴대 끝 지【軹】세두(轊頭).

굴대 빗장 가죽 : 굴대의 빗장의 싼 가죽.

　굴대 빗장 가죽 령【軨】展軨效駕『禮記』

굴뚝 : 불을 때어 연기가 빠지도록 만든 물건.

　굴뚝 담【窯】조돌(竈突).
　굴뚝 돌【突】煙突. 曲突. 墨突不得黔『韓愈』
　굴뚝 돌【堗】연돌(煙突).

굴뚝 라【爨】연돌(煙突).

굴뚝 심【窨】연돌(煙突).

굴뚝 역【堁】연돌(煙突).

굴뚝 음【突】연돌(煙突).

굴뚝 총【囪】조돌(竈突).

굴러가다 :

　굴러갈 회【輠】轉也.

굴레 : 마소의 목에서 고삐에 걸쳐 얽어매는 줄.

　굴레 가【珂】마노(瑪瑙)로 장식한 말의 굴레.
　　　　　　連珂往淇上『梁簡文帝』

　굴레 기【羈】㉠ 마소의 얼굴을 얽는 줄. 羈絆.
　　　　　　臣負羈緤『左傳』
　　　　　　㉡ 繫累. 絶羈獨放『傅亮 』

　굴레 기【鞿】馬之絡頭具.
　　　　　　馬援謹依儀氏鞿中『後漢書』

　굴레 륵【勒】勒絆. 鞍勒一具『漢書』

　굴레 면【䩢】馬之絡頭具.

　굴레 집【縶】기반(羈絆). 厥執縶馬前『左傳』

굴리다 : 떠밂. 굴러가게 함. 바퀴를 회전시킴.

　굴릴 골【扢】掎扢泥淖『柳宗元』

　굴릴 과【輠】開轍而輠輪『禮記』

　굴릴 뢰【攂】뢰(礧)와 동자(同字).
　　　　　　徹民屋爲攂石車『唐書』

　굴릴 비【批】會批之六沴『書經』

　굴릴 전【轉】我心匪石, 不可轉也『詩經』

　굴릴 환【還】눈동자를 움직임. 視無還『國語』

굴복(屈服)하다 :

　굴복할 구【㿄】굴복(屈服).

　굴복할 복【伏】자백(自白)함. 복종(服從)함.
　　　　　　伏罪 旣伏其罪矣『左傳』

굴속소리 : 깊은 굴속에서 불어 나오는 바람소리.

　굴속소리 요【宎】宎者咬者『莊子』

굴에 살다 : 굴 안에서 살다.

　굴에 살 출【窋】窟內生居.

굴조개 : 굴과에 속하는 조개의 일종. 살은 굴이
　라 하여 식용으로 함.

　굴조개 려【蠣】牡蠣. 疑食蚶蠣『南史』

　굴조개 호【蠔】
　　㉠ 모려(牡蠣). 蠔初生海旁 如拳石 四面漸長
　　　　高一二丈 黏附如山 俗呼蠔山『本草經』
　　㉡ 蠔相黏爲山 百十各自生『韓愈』

굴통대 :

　굴통대 균【輑】車軸相連. 輑謂之軸『方言』

굵다 :

　굵을 오【頠】太也.

굵은 대추 :

　굵은 대추 호【楛】조대모(棗大貌).

굵은 산초 :

굵은 산초 훼【樕】대초(大椒).

굵은실 :

　굵은실 개【緒】대사(大絲).

　굵은실 륜【綸】王言如絲, 其出如綸『禮記』

　굵은실 부【紨】대사(大絲).

굵은 칡 :

　굵은 칡 려【櫨】산루(山藟).

굶기다 : 굶주리게 함.

　굶길 기【飢】稷思天下有飢者 由己飢之也『孟子』

　굶길 뇌【餒】凍餒其妻子『孟子』

　굶길 아【餓】餓其體膚『孟子』

굶다 :

　굶을 액【餉】飢也.

굶어죽다 :

　굶어죽을 근【殣】아사(餓死)함. 또 그 사람.
　　　　　　殣殣. 道殣相望『左傳』

　굶어죽을 표【莩】표(殍)와 동자(同字).
　　　　　　野有餓莩『孟子』

굶주림 :

　굶주림 기【飢】기아(饑餓). 黎民阻飢『書經』

　굶주림 아【餓】기아(饑餓). 伯夷守餓『後漢書』

굼닐다 :

　굼닐 동【働】㉩ 行動竭力.

굼뜨다 : 행동이 느림.

　굼뜰 건【蹇】지둔(遲鈍).
　　　　　　遲蹇者被退『孔文仲』

　굼뜰 둔【鈍】지둔(遲鈍). 吶鈍于辭『漢書』

　굼뜰 지【遲】지둔(遲鈍).

굼벵이 : 매미의 유충. 땅속에서 서식함.

　굼벵이 비【蟦】제조(蠐螬).

　굼벵이 제【蠐】제조(蠐螬).
　　　　　　鳥足之根 爲蠐螬『莊子』

　굼벵이 조【螬】제조(蠐螬).
　　　　　　螬食實者過半矣『孟子』

굼틀거리다 : 용이나 뱀 같은 것이 굼틀거리며
　가는 모양.

　굼틀거릴 규(류)【蟉】蟉叫. 蚴蟉.
　　　　　　螣蛇蟉虯而遶榱『王延壽』

　굼틀거릴 기【躨】躨跜, 규룡동모(虯龍動貌).

　굼틀거릴 연【蜎】연(蠕)과 동자(同字).
　　　　　　惴蜎之蟲『莊子』

　굼틀거릴 연【蠕】벌레가 움직임. 준동(蠢動)함.
　　　　　　跂行喙息蠕動之類『漢書』

　굼틀거릴 원【蜿】蛇行蜿蜒『易林』

　굼틀거릴 유【蚴】蚴蟉. 蚴蟉于東廂『司馬相如』

　굼틀거릴 유【蜵】蜵蟉. 駋赤螭青虬之蜵蟉蜿蜒
　　　　　　『司馬相如』

　굼틀거릴 윤【螾】電奕奕, 水淬龍螾螾『韓愈』

굼틀굼틀하다 :
  굼틀굼틀 할 구【躣】행모(行貌).
굽 : 마소 따위의 동물의 발톱.
  굽 적【蹢】有豕白蹢『詩經』
  굽 제【蹄】馬蹄. 四鬣去蹄『儀禮』
  굽 제【蹏】제(蹄)와 동자(同字).
                牧馬二百蹏『漢書』
굽게 가다 :
  굽게 갈 격【迍】곡행(曲行).
굽다 : 불에 익힘.
  구울 당【煻】외화(煨火).
  구울 도【陶】질그릇을 구움.
                陶于河濱『呂氏春秋』
  구울 료【爒】炙也.
  구울 오【襖】煨也.
  구울 오【爊】고기를 털이 붙은 채로 구움.
  구울 외【煨】잿 속에 묻어 구움.
                穉兒嫡女共爴煨『蘇軾』
  구울 자(적)【炙】㉠ 불 위에 놓고 구움. 燔炙.
                或燔或炙『詩經』
                ㉡ 인신(引伸)하여 태워 죽임.
                燒殺함. 焚炙忠良『書經』
  구울 자【煮】바닷물로 제염(製鹽)함.
                燕有遼東之煮『管子』
  구울 자【鬻】자(煮)와 동자(同字).
                鬻鹽以待戒令『周禮』
  구울 준【燇】점을 치기 위하여 구갑(龜甲)을
                구움. 凡卜以明火爇燋 遂吹其契
                以授卜師『周禮』
  구울 찬【爘】灼也.
  구울 항【炕】불에 구움. 炕火曰炙『詩經』
  구울 홀【烿】화외(火煨).
굽다 : 휨. 굽음.
  굽을 거【倨】倨中矩『禮記』
  굽을 경【磬】경쇠 모양으로 굽거나 굽힘.
                倨句磬折『周禮』
  굽을 곡【曲】㉠ 曲線. 不待自曲之木『鹽鐵論』
                ㉡ 마음이 굽음. 邪曲.
                師儒之席 不拒曲士『柳宗元』
  굽을 구【枸】휨. 枸木.
  굽을 구【鉤】고부라짐. 弓撥矢鉤『戰國策』
  굽을 구【句】굴곡(屈曲)함. 句戟.
                句中鉤『禮記』
  굽을 구【拘】굴곡함. 夫指之拘也『淮南子』
  굽을 구【觩】뿔의 끝이 굽은 모양.
                展觩角而知傷『穀羊傳』
  굽을 구【觓】뿔이 꼬부장한 모양.
                兕觥其觓『詩經』

굽을 굴【屈】
  ㉠ 굴곡 함. 有無名之指, 屈而不信『孟子』
  ㉡ 오므라듦. 尺蠖之屈, 以求信也『易經』
  ㉢ 뜻을 얻지 못함. 朝士嗟其屈『北史』
  ㉣ 막힘. 궁함. 失其守者其辭屈『易經』
  ㉤ 衰함. 쇠퇴함. 小節伸而大略屈『淮南子』
굽을 굴【詘】굴(屈)과 동자(同字).
  ㉠ 물건을 굽힘. 詘五指『荀子』
  ㉡ 能以富貴下貧賤 賢能詘於不肖『史記』
  ㉢ 몸을 굽혀 복종(服從)함. 詘敵國『戰國策』
굽을 굴【誳】굴(屈)과 동자(同字).
                誳寸而伸尺 聖人爲之『淮南子』
굽을 굴【絀】㉠ 緩急羸絀『荀子』
                ㉡ 絀意適代『史記』
굽을 권【卷】굴곡(屈曲)함.
                卷髮 卷曲而不中規矩『莊子』
굽을 권【踡】굴곡함. 嵜困踡嶐『王延壽』
굽을 권【蜷】蛟龍連蜷于東厓兮『揚雄』
굽을 권【綣】有鍪而綣領『淮南子』
굽을 렬【挒】만곡(彎曲)함. 龍邛挒圈『楚辭』
굽을 루【僂】등이 굽음. 周公背僂『白虎通』
굽을 만【彎】활처럼 굽음. 彎曲.
                强來爲吏腰少彎『沈遼』
굽을 영【縈】굴곡함. 紆縈. 縈河之洋洋『張衡』
굽을 완【宛】고부라짐. 宛虹.
                是以欲談者宛舌而固聲『漢書』
굽을 왕【枉】
  ㉠ 휨. 枉屈.
  ㉡ 마음이 굽음. 邪枉. 能使枉者直『論語』
  ㉢ 또 이상의 명사. 擧直錯諸枉『論語』
굽을 우【迂】굴곡함. ㉠ 迂曲『管子』
                ㉡ 迂乃心『書經』
굽을 우【紆】꼬부라짐. 紆曲. 中弱則紆『周禮』
굽을 원【踠】발, 몸이 굽음. 발, 몸을 굽힘.
                馬踠餘足『後漢書』
굽을 위【委】꼬불꼬불함. 委巷.
                望舊邦兮道委隨『楚辭』
굽을 위【觤】우회(右回)함. 其文觤披『漢書』
굽을 을【乙】굴곡(屈曲)함. 초목(草木)의 싹이
                구부러져 나오는 모양.
                乙屈也『京房易傳』
굽을 인【闉】고부라짐. 闉阸鶩曼『莊子』
굽을 진【紾】곧지 아니함. 路紆紾而多艱『後漢書』
굽을 피【歊】우회함. 歊披.
굽을 휼【潏】굴곡함. 超紆潏之淸澄『漢書』
굽을 힐【詰】굴곡함. 不能數其詰屈『晉書』
굽어 늘어지다 : 나무 가지가 아래로 늘어져 굽
  은 모양.
굽어 늘어질 규【樛】木下句曰樛 上句曰喬『爾雅』

굽어 보다 :
　굽어 볼 민【睯】부시(俯視).
　굽어 볼 심【覘】하시(下視).

굽은 나무 :
　굽은 나무 만【樠】곡목(曲木).

굽은 담 :
　굽은 담 권【埢】埢垣, 곡장(曲墻).

굽은 정강이 :
　굽은 정강이 규【踥】곡경(曲脛).

굽은 턱 :
　굽은 턱 배【頯】곡이(曲頤).

굽이 : 물이 육지로 만입(灣入)한 곳.
　굽이 외【隈】㉠ 因復指河曲之淫隈『列子』
　　　　　　　　㉡ 大山之隈『管子』
　굽이 욱【澳】若亂之墮於澳也『申鑒』

굽정이 :
　굽정이 규【耞】田器長耒.

굽지 않은 벽돌 :
　굽지 않은 벽돌 격【墼】未燒塼.

굽지 않은 질그릇 :
　굽지 않은 질그릇 구【瓳】未燒瓦器.

굽히다 :
　굽힐 경【磬】경쇠 모양으로 굽거나 굽힘.
　　　　　　　　倨句磬折『周禮』
　굽힐 곡【曲】曲筆. 曲法. 曲學以阿世『史記』
　굽힐 국【局】몸을 굽힘. 局天蹐地.
　　　　　　　　不敢不局『詩經』
　굽힐 국【鞠】몸을 굽힘.
　　　　　　　　入公門 鞠躬如也『論語』
　굽힐 굴【屈】㉠ 굽게함. 屈撓.
　　　　　　㉡ 屈抑. 威武不能屈『孟子』
　　　　　　㉢ 뜻을 굽힘. 절개를 굽힘. 屈節.
　　　　　　　　屈從 爲親屈『後漢書』
　굽힐 굴【詘】屈과 동자(同字).
　　　㉠ 물건을 굽힘. 詘五指『荀子』
　　　㉡ 能以富貴下貧賤 賢能詘於不肖『史記』
　　　㉢ 몸을 굽혀 복종함. 詘敵國『戰國策』
　굽힐 굴【調】屈(屈)과 동자(同字).
　　　　　　　　調寸而伸尺 聖人爲之『淮南子』
　굽힐 굴【絀】㊀ ㉠ 緩急嬴絀『荀子』
　　　　　　　　㉡ 絀意適代『史記』
　굽힐 배【拜】굽게 함. 휨. 勿翦勿拜『詩經』
　굽힐 벽【擗】손발을 구부림. 摘擗爲禮『莊子』
　굽힐 부【頫】부(俯)와 동자(同字). 고개를 숙임.
　　　　　　　　頫首係頸『賈誼』
　굽힐 억【抑】숙임. 皆伏抑首『史記』
　굽힐 오【汚】뜻을 굽힘.
　　　　　　　　汚不至阿其所好『孟子』

　굽힐 왕【枉】굽게 함. 枉法.
　　　　　　　　玉衡於炎火兮『楚辭』
　굽힐 우【迂】굴곡 함. 迂曲『管子』
　　　　　　　　迂乃心『書經』
　굽힐 우【于】迂와 통용.
　　　　　　　　況于其身 以善其身乎『禮記』
　굽힐 원【踠】발, 몸이 굽음. 발, 몸을 굽힘.
　　　　　　　　馬踠餘足『後漢書』
　굽힐 위【觝】굽게 함. 觝天下正法『漢書』
　굽힐 쟁【綪】굽게 함. 綪結佩『禮記』

굿 : 남을 해치려는 푸닥거리.
　굿 고【蠱】典治巫蠱『漢書』

굿에 쓰는 벌레 : 남을 해치려는 푸닥거리에 쓰
　는 벌레. 또 그 술법.
　굿에 쓰는 벌레 고【蠱】巫蠱. 妖蠱. 造蠱之法
　　　　　　　　　　　以百蟲置血中俾相啖食
　　　　　　　　　　　其存者爲蠱『通志』

　굿하다 : 천신(天神)에 올리는 제사. 또 그 제
　사를 지냄.
　굿할 새【賽】새신(賽神). 禱賽如東方『史記』

궁(窮)하게 하다 : 괴롭힘. 난처하게 함.
　궁하게 할 궁【窮】白起者且復將戰 勝必窮公
　　　　　　　　『戰國策』

궁구(窮究)하다 : 연구(研究)함. 구명(究明)함.
　궁구할 격【格】格物致知.
　궁구할 괄【括】研括煩省『陶弘景』
　궁구할 구【究】究明.
　궁구할 국【趜】窮也.
　궁구할 궁【窮】窮理. 卽物窮其理『大學章句』
　궁구할 역【繹】심구(尋究).
　궁구할 연【研】研鑽. 能研諸侯之慮『易經』
　궁구할 핵【核】綜核名實『漢書』

궁글리다 :
　궁굴릴 도【捯】와인(臥引).

궁궁이 : 미나리과에 속하는 다년초. 어린잎은 식
　용. 뿌리는 약재로 씀.
　궁궁이 궁【營】궁궁(芎藭). 향초(香草).
　궁궁이 궁【芎】궁궁(芎藭). 천궁(川芎).
　　　　　　　　發蘭蕙與芎藭『揚雄』
　궁궁이 궁【藭】궁궁(芎藭). 천궁(川芎).
　　　　　　　　發蘭蕙與芎藭『揚雄』
　궁궁이 리【蘺】어린 궁궁이.
　궁궁이 미【蘪】미무(蘪蕪).
　　　　　　　　蘪蕪布濩于中阿『左思』
　궁궁이 미【蘪】미무(蘪蕪). 향초(香草)의 한 가지.
　　　　　　　　秋蘭兮蘪蕪『漢書』

궁궁이모 :
　궁궁이모 미【蘪】미무(蘪蕪).

蘩蔽布濩于中阿『左思』

궁나라 :

궁나라 궁【竆】夏后時夸羿國.

궁녀(宮女) :

궁녀 빈【嬪】궁중(宮中)의 여관(女官)의 이름.
　　　　　妃嬪. 三夫人九嬪『禮記』

궁녀 여【妤】婕妤는 한대(漢代) 여관(女官)의 하나.

궁녀 원【媛】궁중의 시녀(侍女). 嬙媛.
　　　　　太子內宮良媛六人『唐書』

궁녀 익【妶】여관(女官). 부관(婦官).
　　　　　六官三妃三妶『后周皇后記』

궁녀 장【嬙】궁중의 시녀(侍女). 妃嬙.
　　　　　妃嬙媵嬙『杜牧』

궁녀 첩【婕】婕妤는 한대 여관(女官)의 하나.
　　　　　增昭儀于婕妤『張衡』

궁녀 벼슬이름 :

궁녀 벼슬 이름 숙【娔】後宮女官名.

궁녀 벼슬 이름 여【伃】倢伃, 漢官名.

궁둥이 :

궁둥이 둔【尻】臀也.

궁리(窮理) :

궁리 장【匠】고안(考案). 장의(匠意). 亭臺花木
　　　　　皆出其目營心匠『洛陽名園記』

궁리(窮理)하다 :

궁리할 운【運】運籌策帷幄之中『史記』

궁벽(窮僻)하다 :

궁벽할 비【厞】陋也.

궁상(窮狀)스럽다 :

궁상스러울 퇴【庨】庨廮, 궁모(窮貌).

궁소임(宮所任) : 각 궁의 사무를 맡은 사람.

궁소임 수【稤】囩 稤宮.

궁중 깊은 방 : 궁중(宮中)의 제일(第一) 그윽한
　　　데 있는 침실(寢室).

궁중 깊은 방 구【冓】
　　㉠ 中冓之言 不可道『詩經』
　　㉡ 宮中女官居住之所. 宮中深密處『正字通』

궁집 드높다 :

궁집 드높을 효【庨】宮室高貌.

궁핍(窮乏)하다 : 물건이 모자람.

궁핍할 척【瘠】國無捐瘠者『漢書』

궁하다 :

궁할 국【鞠】곤궁(困窮)함. 昔育恐育鞠『詩經』

궁할 국【鞠】곤궁함. 自鞠自苦『書經』

궁할 굴【詘】
　　㉠ 대꾸할 말이 없어 입을 다묾.
　　　　於是魏王聞其言也甚詘『戰國策』
　　㉡ 대꾸할 말이 없어 입을 다물도록 함.
　　　　莫能詘其辭『劉向』

궁할 궁【窮】
　　㉠ 처리할 도리가 없음. 遁辭知其所窮『孟子』
　　㉡ 가난함. 窮乏. 窮不失義『孟子』
　　㉢ 곤란(困難)함. 궁지(窮地)에 빠짐. 窮寇.
　　　　獸窮則齧『韓詩外傳』
　　㉣ 출세(出世)하지 못함. 窮達.

궁할 박【迫】곤궁함. 고생함. 窮迫. 窘迫.
　　　　悲時俗之迫阨兮『楚辭』

궁할 한【寒】곤궁함. 貧寒.
　　　　范叔寒寒如此哉『史記』

궁한이 : 어려운 사람.

궁한이 궁【窮】分貧振窮『左傳』

궁형(宮刑) :

궁형 궁【宮】오형(五刑)의 하나. 생식기를 없애
　　　는 형벌. 公族無宮刑『禮記』

궁형 탁【椓】음부(陰部)를 썩히는 형벌.
　　　　劓刖椓黥『書經』

궂은 살 : 군살.

궂은 살【瘜】췌육(贅肉). 咽生瘜肉『聖濟總錄』

궂은 살 파낼 괄 : 악창(惡瘡)이 난 데를 긁어
　　　파냄. 또 고름을 짜냄.

궂은 살 파낼 괄【劀】瘡醫劀殺之齊『周禮』

궂은 솜 :

궂은 솜 폐【繁】악서(惡絮).

궂은 쌀 : 곡식에 겨가 섞인 쌀.

궂은 쌀 비【粃】악미(惡米).

궂은 쌀 비【糪】나쁜 쌀.

궂은 쌀 삼【糝】米穀糠雜.

권(勸)하다 :

권할 간【迁】進也.

권 : 책을 세는 수사(數詞).

권 권【卷】擁書萬卷.
　　　　　不讀五千卷書者 不得入此室『北史』

권 권【勸】권고(勸告). 권면(勸勉).
　　　　　上無設爵之勸『魏志』

권 책【冊】二册.

권농관(勸農官) : 밭을 순시(巡視)하여 농사(農
　　　事)를 권(勸)하는 벼슬아치.

권농관 준【畯】田畯至喜『詩經』

권도(權道) : 수단(手段)은 정도(正道)에 맞지 아
　　　니 하나 결과(結果)는 정도(正道)에 맞는 일.

권도 권【權】㉠ 巽以行權『易經』
　　　　　　㉡ 臨機應變의 방도(方途).
　　　　　　　嫂溺 援之以手權也『孟子』

권면(勸勉)하다 : 힘써 일하도록 권장(勸獎)함.

권면할 려【勵】면려(勉勵). 독려(督勵).
　　　　　　獎勵吏兵『後漢書』

권면할 면【勉】권려(勸勉). 勉諸侯『禮記』

권면할 욱【勖】권장(勸奬). 以勖寡人『詩經』

권면할 장【奬】장려(奬勵). 尊尙師儒 發揚勸奬.
　　　　　　　　　海內知嚮『唐書』

권법(拳法) : 수박(手搏)과 같은 것으로 권투(拳
　鬪)의 한 가지.

　권법 권【拳】古今拳家『經國雄略』

권섭(權攝) : 임시(臨時)로 직무(職務)를 대리(代
　理)하여 봄.

　권섭 권【權】權攝. 權字唐始用之 韓愈權知國子
　　　　　　　博士 三歲爲眞『鼠璞』

권세(權勢) :

　권세 권【權】권력(權力). 權柄.
　　　　　　　親權者不能與人柄『莊子』

　권세 기【機】권병(權柄). 後裔握機『後漢書』

　권세 병【柄】권력(權力). 權柄.
　　　　　　　二柄刑德也『韓非子』

권수비단 : 책의 권수(卷首)에 붙이는 비단 헝겊.

　권수비단 담【贉】金題錦贉『米芾書史』

권시(蓉葹)풀 :

　권시풀 시【葹】권시(蓉葹), 초명(草名).
　　　　　　　蓉葹 草拔心不死『玉篇』

권장(勸奬)하다 :

　권장할 려【勵】려(勵)와 동자(同字).
　　　　　　　以勵賢才焉『漢書』

권하다 :

　권할 권【勸】권면(勸勉)함. 勸業. 勸誘. 勸奬.
　　　　　　　慶賞以勸善『漢書』

　권할 궤【饋】식사를 권함.
　　　　　　　主人親饋 則拜而食『禮記』

　권할 독【督】권장(勸奬)함. 宜有以敎督『漢書』

　권할 면【勔】면(勉)과 동자(同字).

　권할 소【劭】권면(勸勉)함. 先帝劭農『漢書』

　권할 송【聳】권장(勸奬)함. 유도(誘導)함.
　　　　　　　聳美而抑惡『國語』

　권할 시【侍】권면(勸勉)함.
　　　　　　　侍以節財儉用『史記』

　권할 쌍【懬】권장(勸奬)함. 懬之以行『漢書』

　권할 용【臾】용(慂)과 통용. 縱臾. 꾀다.

　권할 유【侑】권면(勸勉)함. 侑酬.
　　　　　　　執板奏歌侑觴『濟東野語』

　권할 유【宥】유(侑)와 통용.
　　　　　　　王大食三宥 皆命作鐘鼓『周禮』

　권할 유【羑】착한 일을 하도록 권하고 인도함.
　　　　　　　誕受羑若『書經』

　권할 유【羏】誘也.

　권할 유【酭】술을 권함. 잔을 돌림.
　　　　　　　惟用贊報酭『韓愈』

　권할 종【慫】종용(慫慂)함. 使嗾함.

日夜縱臾王謀反『漢書』

권할 찬【攛】권유(勸誘)함. 종용(慫慂)함.
　　　　　告老兄且莫相攛掇『朱熹』

권할 책【責】당연히 하여야 할 일을 하라고 권
　　　　　유(勸誘)함. 책선(責善).
　　　　　責難於君, 謂之恭『孟子』

권할 촉【屬】권면(勸勉)함.
　　　　　酒酣智起 舞屬邑『後漢書』

권할 헌【獻】술을 권하여 잔을 줌. 獻酬.
　　　　　或獻或酢『詩經』

궐하다 : 하여야 할 일을 하지 아니함.

　궐할 결【缺】缺禮.

　궐할 궐【闕】

　　㉠ 적게 함. 欲闕剪我公室, 傾覆社稷『左傳』

　　㉡ 잃음. 잘못함. 袞職有闕『書經』

　　㉢ 모자람. 闕乏. 其所以知識甚闕『呂氏春秋』

　　㉣ 빠뜨림. 뺌. 正其誤謬, 疑者闕之『曾鞏』

궤 :

　궤 궤【朹】궤(簋)의 고자(古字). 제기(祭器) 이름.

　궤 궤【簋】서직(黍稷)을 담는 제기. 바깥쪽은
　　　　　둥글고 안쪽은 네모짐.
　　　　　旅人爲簋『周禮』

　궤 궤【鐀】궤(櫃)와 동자(同字). 匣也.
　　　　　石室金鐀之書『漢書』

　궤 궤【櫃】櫃也.

　궤 독【匵】독(櫝)과 통용.
　　　　　有美玉於斯 韞匵而藏諸『論語』

　궤 록【盝】작은 궤. 納於小盝『宋史』

　궤 함【函】匱也.

궤도 : 해, 달, 별이 운행하는 길.

　궤도 전【躔】躔度. 日運爲躔『揚子法言』

귀 :

　귀 각【角】모진데. 隅角. 稜角. 屋角.

　귀 비【鼻】기물의 손으로 쥐는 부분.
　　　　　銅印銅鼻『隋書』

　귀 우【隅】네모진 것의 모퉁이의 끝.
　　　　　擧一隅 不以三隅反『論語』

　귀 이【耳】
　　㉠ 오관(五官)의 하나. 청각(聽覺)을 맡음.
　　　　耳目. 腎發爲耳『管子』

　　㉡ 물건의 양쪽에 붙어 귀 같은 모양을 한 물건.
　　　　솥 귀 따위. 有雉登鼎耳『史記』

귀걸이 :

　귀걸이 거【璩】이환(耳環).

　귀걸이 이【珥】이환(耳環).

귀고리 :

　귀고리 우【鍝】鎌鍝, 耳垂金寶.

　귀고리 창【瑒】이당(耳璫).

귀 기울이다 :

귀기울일 기【䩓】경이(傾耳).

귀 넓다 :

귀 넓을 곽【聙】이광(耳廣).

귀 늘어지다 :

귀 늘어질 담【聸】이수(耳垂).

귀다래기 소 :

귀다래기 소 곤【䚯】䚯屯, 醜牛貌.

귀 달린 병 :

귀달린 병 함【瓿】似瓶有耳.

귀 달린 휘 :

귀달린 휘 조【庣】斛旁耳古量器.

귀뚜라미 : 귀뚜라미과에 속하는 곤충. 수놈은 몸이 검으며 촉각은 몸보다 김.

귀뚜라미 공【蛩】공(蛬)과 동자(同字). 蛩聲. 陰壁夜多蛩『許渾』

귀뚜라미 공【蛬】실솔(蟋蟀). 吟蛬. 蛬近陰依於土『蠡海集』

귀뚜라미 손【蟀】蟀虹, 실솔(蟋蟀).

귀뚜라미 솔【蟀】실솔(蟋蟀). 蟋蟀在堂歲聿其莫『詩經』

귀뚜라미 실【蟋】실솔(蟋蟀). 蟋蟀在堂歲聿其莫『詩經』

귀뚜라미 열【蛚】청열(蜻蛚). 蛩也.

귀뚜라미 왕【虹】虹孫, 실솔(蟋蟀).

귀뚜라미 청【蜻】청열(蜻蛚). 실솔(蟋蟀). 俯聞蜻蛚吟『張載』

귀막다 :

귀막을 충【䵒】䵒纊, 塞耳掩聽.

귀막이 구슬 :

귀막이구슬 윤【玧】充耳玉.

귀막이 솜 : 갓에 매어 달아서 두 귀 옆에 늘어뜨린 노란 솜으로 만든 구형(球形)의 물건. 함부로 아무 말이나 듣지 않도록 경계하는 것임.

귀막이 솜 주【黈】黈纊. 雖黈纊塞耳而聽於無聲『十八史略』

귀막이 옥 : 귀속에 넣는 옥. 귀를 막는 옥. 후세에는 면류관 같은 데에 장식으로 달았음.

귀막이 옥 전【瑱】전(瑱)과 동자(同字). 以玉充耳.

귀막이 옥 전【瑱】玉之瑱也『詩經』

귀막이 옥 창【瑒】瑒玩, 蠻夷充耳.

귀머거리 :

귀머거리 규【聧】농자(聾者).

귀머거리 롱【聾】聾啞. 瘖聾跛躄『禮記』

귀머거리 외【聵】배냇 귀머거리. 聾聵不可使聽『國語』

귀머거리 월【聉】농자(聾者).

귀머거리 재【䏁】聽而不聰.

귀머거리 탁【䎳】농자(聾者).

귀머거리 회【聵】배냇 귀머거리. 聾聵不可使聽『國語』

귀먹다 :

귀먹을 롱【聾】不癡不聾, 不爲姑公『宋書』

귀 먹먹하다 :

귀 먹먹할 추【䶕】이명(耳鳴).

귀밑머리 늘어지다 : 귀밑머리가 늘어진 모양.

귀밑머리 늘어질 전【鬋】盛鬋不同制『楚辭』

귀 바퀴 없다 :

귀 바퀴 없을 담【聃】耳無輪郭.

귀 밝다 :

귀 밝을 성【聖】이명(耳明).

귀 베다 :

귀 벨 괵【聝】전쟁에서 적의 귀를 잘라냄. 以爲俘聝『左傳』

귀 벨 이【刵】귀를 벰. 또 그 형벌. 刵刑. 劓刵人『書經』

귀 벨 이【珥】귀를 자름. 致禽而珥焉『周禮』

귀 베이다 :

귀 베일 월【刖】이참(耳斬).

귀뿌리 :

귀뿌리 첩【耴】이하수육(耳下垂肉).

귀속 말하다 :

귀속 말할 집【咠】섭어(聶語).

귀 시끄럽다 :

귀 시끄러울 조【聎】聕也.

귀신 :

귀신 군【君】귀신(鬼魅)의 경칭. 湘君何神『史記』

귀신 귀【鬼】

㉠ 귀(鬼)는 음(陰)의 신령(神靈). 양(陽)의 신령(神靈)은 신(神)이라 함. 子曰 鬼神之爲德 其盛矣乎『中庸』

㉡ 죽은 사람의 혼. 知鬼魅之情狀『易經』

㉢ 신으로서 제사 지내는 망령. 천신(天神), 지지(地祇)에 다음 가는 것. 列於鬼神『禮記』

㉣ 명명(冥冥)한 가운데서 사람에게 앙화(殃禍)를 내린다는 요귀(妖鬼). 악귀(惡鬼). 貧鬼守門『易林』

귀신 령【魎】鬼也.

귀신 비【婓】江婓는 신(魅)의 이름. 聘江婓與神遊『左思』

귀신 신【魁】鬼之神者也『說文解字』

귀신 유【幽】신. 영혼. 至順感幽『北史』

귀신 호【魖】귀모(鬼貌).

귀신 나오다 :
 귀신 나올 긍【殑】귀출(鬼出).
귀신머리 :
 귀신머리 불【甶】귀두(鬼頭).
귀신보다 :
 귀신 볼 록【逯】逯逯, 귀견(鬼見).
귀신 불안하다 : 귀신이 불안하여 가려고 하는 모양.
 귀신 불안할 사【禗】靈禗禗衆輿轙『漢書』
귀신소리 :
 귀신소리 유【䰶】귀성(鬼聲).
귀신이름 :
 귀신이름 금【黔】黔嬴.
 귀신이름 매【禖】천자가 아들을 낳기 위하여 제사 지내는 귀신.
 以太牢祠于高禖『禮記』
 귀신이름 포【酺】재해(災害)를 내리는 귀신.
 春秋祭酺亦如之『周禮』
 귀신이름 현【祆】배화교(拜火敎)의 신. 火祆. 祆敎. 吳承伯挾祆道聚衆攻宣城『梁書』
귀 앓다 :
 귀 앓을 조【聎】聎疾.
귀애(貴愛)하다 : 총애(寵愛)함.
 귀애할 교【驕】 驕張儀以五國『戰國策』
귀양가다 : 원지(遠地)로 유형(流刑)을 당함. 또 원지(遠地)에 좌천(左遷) 당함.
 귀양갈 적【謫】유적(流謫). 폄적(貶謫).
 謫守巴陵郡『范仲淹』
귀양보내다 :
 귀양보낼 류【流】추방함. 乃流王於彘『國語』
 귀양보낼 배【配】유형(流刑)에 처함. 流所.
 刺面流華州『王溥』
 귀양보낼 사【徙】유형(流刑)에 처함. 流逐.
 免湯爲庶人 流邊『漢書』
귀지 : 귀 구멍 속의 때. 귓밥.
 귀지 녕【聹】정녕(耵聹).
 귀지 정【耵】녕녕(聹聹). 如新去聹聹『韓愈』
귀에 진물 흐르다 : 앓는 귀에서 진물이 나옴.
 귀에 진물 흐를 정【聤】小兒聤耳『本草經』
귀엣고리 : 귀에 거는 고리의 한 가지. 귀를 장식하는 주옥(珠玉).
 귀엣고리 거【鐻】鐻耳之傑『左思』
 귀엣고리 이【珥】夫人脫簪珥叩頭『史記』
귀엣고리 옥 : 귀엣 고리에 달린 구슬. 이주(耳珠). 후에 환관(宦官)의 장식품(裝飾品)이 되었으므로 환관(宦官)을 당(璫)이라 일컬음.
 귀엣고리 옥 당【璫】耳璫. 耳著明月璫『古詩』
귀 울다 : 귀 울음이 남.
 귀 울 농【聵】聽雷者聵『淮南子』
 귀 울 료【聊】이명(耳鳴). 耳聊啾而戃慌『劉向』
 귀 울 요【聄】膠聄, 이명(耳鳴).
 귀 울 조【聎】이명(耳鳴).
 귀 울 추【猷】이명(耳鳴).
귀 울리다 :
 귀 울릴 조【聮】耳中聲.
귀 조금 늘어지다 :
 귀 조금 늘어질 점【聑】耳小垂.
귀 쫑긋 거리다 :
 귀 쫑긋 거릴 구(우)【聥】張耳有所聞.
귀찮다 :
 귀찮을 괵【嘓】苦厭不肯.
 귀찮을 란【嬾】나(懶)와 동자(同字). 嬾惰.
 老來百事嬾『蘇軾』
귀 처져 붙다 :
 귀 처져 붙을 당【矘】이하수(耳下垂).
귀청 울리다 :
 귀청 울릴 운【耺】耳中聲 籩豆不陳 玉帛不分 琴瑟不鏗 鐘鼓不耺, 吾則無以見聖人矣『法言』
귀피 : 귀에서 나오는 피.
 귀피 이【衈】其衈皆于屋下『禮記』
귀하다 :
 귀할 각【埆】모자라다. 同年而談豈埆『左思』
 귀할 귀【貴】
 ㉠ 지위가 높음. 高貴. 富貴.
 吾乃今日知爲皇帝之貴也『史記』
 ㉡ 값비쌈. 貴貨. 貴金屬. 器苦惡賈貴『漢書』
 ㉢ 귀한 사물. 安窮乎, 安貴乎『戰國策』
 ㉣ 높은 지위. 以貴下人『史記』
 ㉤ 높은 사람. 饋遺朝貴以營譽『世說』
 ㉥ 존칭의 접두어로 쓰임. 貴國. 貴意.
 貴宅何所『錢塘志』
귀 흔들다 :
 귀 흔들 안【䏙】이희(耳戲).
귀히 여기다 :
 귀히 여길 귀【貴】
 ㉠ 존숭(尊崇)함. 貴德而尙齒『禮記』
 ㉡ 욕구(欲求)함. 貴合於秦以伐齊『戰國策』
귓문 :
 귓문 곤【顐】이문(耳門).
귓바퀴 없다 : 귀가 넓어 축 처져서 귓바퀴가 없음.
 귓바퀴 없을 담【聃】이담(耳聃).
규각(圭角)없다 : 규각(圭角)이 없는 모양. 모지

지 않는 모양. 규각(圭角)은 홀(笏)의 모서리.

규각 없을 완【䡇】䡇斷은 不免於䡇斷『莊子』

규룡(虯龍): 용의 새끼로서 뿔이 돋쳤다는 전설 상의 동물. 뿔이 없는 것은 이(螭)라 함.

규룡 규【虯】趺虯. 焉有虯龍, 負熊以遊『楚辭』

규명(糾明)하다: 죄과(罪過)를 살펴 사실을 밝힘.

규명할 규【糾】糾察. 糾正. 糾之以政『左傳』

규문(圭門): 담이나 벽을 뚫어 만든 출입구.

규문 두【竇】蓽門圭竇『左傳』

규소(硅素): 비금속 원소의 하나. 실리콘.

규소 규【硅】규소(硅素).

규소 석【矽】규석(硅矽).

규찰(糾察)하다: 취조(取調)하여 규명(糾明)함.

규찰할 요【要】異其死刑之罪而要之『周禮』

균(菌):

균 균【菌】세균(細菌). 病菌. 黴菌. 또 그 열매.

귤(橘): 운향과에 속하는 작은 상록교목.

귤 귤【橘】귤과(橘顆). 橘中之樂.
　　　　　橘踰淮而化爲枳『周禮』

귤 조【櫾】귤속(橘屬).

귤 증【橙】귤속(橘屬).

그:

그 거【渠】그 사람. 渠輩. 渠會永無綠『古詩』

그 궐【厥】기(其)와 동의. 允執厥中『書經』

그 기【豈】기(其)와 동의.
　　　　　將軍豈有意乎『戰國策』

그 기【其】
　㋀ 그것의. 其旨遠 其辭文『易經』
　㋁ 대명사(代名詞). 融從其遊『後漢書 馬融傳』
　㋂ 발어(發語)의 사(辭). 其左高宗『書經』

그 내【乃】
　㋀ 기(其)와 동의. 惟乃祖乃父『書經』
　㋁ 그 사람. 是自其所以乃『莊子』

그 당【當】저것. 지금 등을 나타냄. 當時. 當人.

그 이【爾】기(其)와 동의. 爾時.

그 타【他】그 사람. 他也道好『朱子語類』

그 피【彼】
　㋀ 아(我)의 대(對). 彼我.
　　　知彼知己 百戰不殆『孫子』
　㋁ 자기에 대한 제삼자.
　　　爾之愛我也不如彼『禮記』
　㋂ 남을 천히 여겨 소외(疏外)하는 호칭(呼稱).
　　　彼哉彼哉『論語』

그 해【該】기(其)와 동의. 지정(指定)하는 말.
　　　　　該事. 該案. 某處該如何備設『王畿』

그네: 나무에 매고 타는 그네.

그네 천【韆】鞦韆.

그네 추【鞦】

㋀ 鞦韆. 鞦韆者千秋也 漢武帝祈千秋之壽 故 後宮多 鞦韆之樂『高無際』

㋁ 鞦韆北方戲 以習輕趫者 本作秋千『康熙字典』

그늘:

그늘 비【庇】도움. 의탁. 生民有庇『中說』

그늘 예【翳】볕이나 불빛이 가려진 곳.
　　　　　陽彩皆陰翳『陳子昂』

그늘 음【蔭】
　㋀ 가려서 해가 비치지 않는 곳.
　　　녹음(綠蔭). 樹成蔭而衆鳥息焉『荀子』
　㋁ 도움. 힘. 庇蔭. 慈蔭. 爲民覆蔭『易經』
　㋂ 부조(父祖)의 유훈(遺勳). 또는 문벌의 여영(餘榮)에 의하여 특별대우를 받는 일.
　　　음보(蔭補). 以父蔭爲太子親衛『隋書』

그늘 음【廕】음(蔭)과 동자(同字). 음보(廕補).
　　　　　席隴畝而廕庇柔陰『戰國策』

그늘 음【陰】해가 비치지 않는 곳.
　　　　　수음(樹陰). 鳴鶴在陰『易經』

그늘에 말리다:

그늘에 말릴 란【㬫】음건(陰乾).

그늘지다:

그늘질 애【濭】鬱濭, 蔭也.

그늘질 휴【茠】蔭也.

그대:

그대 공【公】동배(同輩)의 호칭(互稱).
　　　　　公等碌碌『史記』

그대 마【麿】囝 丈夫美稱. 君貴公.

그램:

그램 극【克】[假借字] 미터법의 무게의 단위.
　　　　　Kg의 1/1000.

그램 와【瓦】[假借字] 극(克)과 동자(同字).
　　　　　미터법의 무게의 단위. g의 약기.

그러나:

그러나 연【然】그렇기는 하나. 吾嘗將百萬軍
　　　　　然安知獄吏之貴乎『史記』

그러면:

그러면 연【然】그렇게 하면.
　　　　　然則子非食志也 食功也『孟子』

그러하다:

그러할 유【兪】그렇다고 승낙(承諾)하는 말.
　　　　　兪允. 帝曰兪『書經』

그러할 이【爾】연(然)과 동의. 爾則. 不爾.
　　　　　同是被逼迫 君爾妾亦然『古詩』

그런가: 속어(俗語)의 조사로 의문의 말.

그런가 마【麼】야(耶)와 동의. 임마(恁麼).
　　　　　且道拍板爲什麼『撫言』

그런가 야【邪】야(耶)와 동자(同字). 의문사.
　　　　　天道是邪非邪『史記』

그런가 야【耶】 사(邪)와 동자(同字). 의문사.
　　　　　　　　天道是耶非耶『史記』

그런가 여【歟】

　㋀ 의문사. 子非三閭大夫歟『史記』

　㋁ 추측사(推測辭). 其達者歟『史記』

　㋂ 부정사. 秦歟 漢歟, 將近代歟『李華』

그런가 호【乎】

　㋀ 의문사(疑問詞). 禮後乎『論語』

　㋁ 의문(疑問)의 반어(反語). 可謂孝乎『史記』

　㋂ 감탄(感歎)의 반어(反語). 不亦樂乎『論語』

그런가 호【虖】 호(乎)와 통용. 의문사.
　　　　　　　　書不云虖『漢書』

그런데 :

　그런데 반【反】知伯滅之 子不爲報讐 反委質於
　　　　　　知伯『十八史略』

그럴까 :

　그럴까 여【與】 여(歟)와 통용. 의문사.
　　　　　　　　其爲仁之本與『論語』

그렁풀 :

　그렁풀 로【菡】 차야(蒩也).

그렇게 여기다 : 그렇다고 생각함. 이치에 맞는
　다고 생각함.

　그렇게 여길 연【然】 心然元計『後漢書』

그렇다 :

　그럴 연【然】 그러함. 그리하여서.

　㋀ 皇甫湜曰 子與賀且得罪 愈曰然『韓愈』

　㋁ 然而衆知父子之道矣『禮記』

그렇다하다 :

　그렇다 할 니【尒】 然也.

그루 :

　그루 장【章】 큰 재목이 될 나무를 세는 수사.
　　　　　　　山居千章之材『史記』.

　그루 주【株】 나무를 세는 수사. 梅三株.
　　　　　　　成都有桑八百株『蜀志』

그루터기 : 초목을 베어내고 난 나머지 등걸.

　그루터기 얼【櫱】 벌목여(伐木餘).

　그루터기 얼【蘖】 苞有三蘖『詩經』

그르다 : 옳지 아니함. 일이 잘되지 아니함.

　그를 비【非】 옳지 아니함.
　　　　　　　覺今是而昨非『陶潛』

　그를 좌【左】 ㋀ 執左道以亂政殺『禮記』
　　　　　　　㋁ 左計. 身勤而事左『韓愈』

그르다하다 :

　그르다 할 비【非】 옳지 않다고 함. 俗儒不達時
　　　　　　宜 好是古非今『漢書』

그르치다 :

　그르칠 괘【詿】 남을 속여 그릇된 방면으로 인
　　　　　　도함. 詿誤. 詿上誤朝『漢書』

그르칠 분【僨】 일을 그르침. 一言僨事『大學』

그르칠 요【譊】 誤也.

그르칠 일【逸】 잘못함. 天吏逸德『書經』

그르칠 적【賊】 그릇된 방향으로 인도함.
　　　　　　　賊夫人之子『論語』

그르칠 준【蹲】 그르쳐서 혼란한 모양.
　　　　　　　其道蹲駁『莊子』

그릇 :

　그릇 고【盬】 器也.

　그릇 교【滷】 器也.

　그릇 구【具】

　㋀ 제구(祭具). 器具. 家具. 索得釀具『蜀志』

　㋁ 재능(才能). 拘將相之具『李陵』

　그릇 기【皿】 器也.

　그릇 기【器】

　㋀ 용기(容器). 기구(器具). 器械一量『史記』

　㋁ 도량(度量). 器度. 管仲之器小哉『論語』

　㋂ 기국(器局). 蘇軾之才 天子器也『宋史』

　그릇 명【皿】 기명(器皿). 金皿.
　　　　　　　於文皿蟲爲蠱『左傳』

　그릇 사【柶】 器也.

　그릇 성【盛】 물건을 담는 그릇.
　　　　　　　食粥於盛『禮記』

　그릇 세【洗】 낯, 손, 등을 씻은 물을 버리는 그릇.
　　　　　　　設洗于東榮『儀禮』

　그릇 오【誤】 과오(過誤). 誤謬. 曲有誤『吳志』

　그릇 와【譌】 와(訛)와 동자(同字). 謬也.
　　　　　　　民之譌言『詩經』

　그릇 완【碗】 器也.

　그릇 용【用】 도구(道具). 器用.

　그릇 용【瓵】 器也.

　그릇 저【甋】 器也.

　그릇 형【形】 토제(土製)의 식기(食器).
　　　　　　　飯土壙, 啜土形『史記』

그릇 금가다 :

　그릇 금 갈 비【牧】 기파미리(器破未離).

그릇되다 : 잘못됨.

　그릇 될 류【謬】 比之於春秋謬矣『史記』

　그릇 될 와【訛】

　㋀ 문자, 언어가 잘못 됨. 訛傳. 訛字.
　　　　　　借吏抄書字半訛『林尙仁』

　㋁ 발음이 변하여 그릇 됨. 轉訛. 諸部因呼之
　　　　爲步搖 其後音訛 遂爲慕容焉『晉書』

그릇뚜껑 :

　그릇뚜껑 감【䤿】 기개(器蓋).

그릇 말하다 :

　그릇 말할 요【譊】 오언(誤言).

그릇 속 비다 :

그릇 속 빌 기【罄】器中空.

그릇에 물 따르다 :

  그릇에 물 따를 경【罄】側器傾水.

그릇으로 쓰다 :

  그릇으로 쓸 기【器】적재적소(適材適所)에 씀.
        器使. 其使人器之『論語』

그릇으로 여기다 :

  그릇으로 여길 기【器】중히 여김.
          朝廷器之『後漢書』

그릇 이 빠지다 :

  그릇 이 빠질 알【鈅】기결(器缺).
  그릇 이 빠질 알【鑎】기결(器缺).

그릇하다 :

  그릇할 람【濫】오야(誤也).
  그릇할 오【憒】오(誤)와 동자(同字).
  그릇할 오【誤】잘못을 저지름. 과오(過誤).
        君何言之誤『漢書』
  그릇할 착【錯】잘못함. 착오(錯誤).
      其事詞錯出 不雅馴『王世貞』
  그릇할 효【謼】오야(誤也).

그리다 : 그림을 그림.

  그릴 규【類】화야(畫也).
  그릴 규【規】規其賢以墨『國語』
  그릴 도【圖】自圖宣泥像『南史』
  그릴 묘【描】描畫嘗以左手描寫『圖繪寶鑑』
  그릴 사【寫】본떠 그림. 寫生.
  그릴 삼【彡】붓 같은 것으로 채색함.
  그릴 소【疏】大夫疏器『管子』
  그릴 유【猷】以猷鬼神祇『周禮』
  그릴 조【瑂】牆塗而不瑂『漢書』
  그릴 조【藻】山節藻梲『論語』
  그릴 화【畫】畫蛇添足. 畫以虎豹『儀禮』
  그릴 회【繢】무늬를 놓은 포백(布帛).
        以繢爲皮幣『漢書』

그리마 : 그리마과에 속하는 절족동물. 마루 틈이
  나 방구석에서 삶.

  그리마 구【蠷】蠷蝮, 다족충(多足蟲).
  그리마 뉴【蚴】蚴蜺, 유정(蚰蜒).
  그리마 니【蜺】蚴蜺, 유정(蚰蜒).
  그리마 리【蠡】충명(蟲名).
  그리마 무【蛜】蛜蚼, 다족충(多足蟲).
  그리마 수【蝬】蠷蝬, 다족충(多足蟲).
  그리마 연【蜒】유연(蚰蜒).
  그리마 우【蚼】蚨蚼, 유연(蚰蜒).
  그리마 유【蚰】유연(蚰蜒). 巷有兮蚰蜒『王逸』
  그리마 장【蜋】蜋蠷, 유연(蚰蜒).

그리움 :

  그리움 련【戀】그리워하는 마음. 사모하는 정.

      犬馬之戀 不堪悲塞『魏書』

그리워하다 :

  그리워할 경【憬】동경(憧憬)함.
  그리워할 동【憧】동경(憧憬)함.
  그리워할 련【戀】사모(思慕)함. 연애(戀愛).
        兄弟相戀『後漢書』
  그리워할 련【攣】연(戀)과 통용.
        攣顧念我『漢書』
  그리워할 애【愛】사모함. 欽愛. 十人愛之 則十
        人之吏也『鶡子』

그림 :

  그릴 림【臨】글씨본이나 그림을 보고 베낌.
        임사(臨寫).
  그릴 회【繪】색칠하여 그림. 繪事後素『論語』
  그림 도【圖】
    ㉠ 회화(繪畫). 회도(繪圖).
       畫北風圖人見之賞涼『博物志』
    ㉡ 지도. 掌天下之圖, 以掌天下之地『周禮』
  그림 화【畫】圖畫. 名畫. 妙畫通靈『晉書』
  그림 회【繢】자수(刺繡). 문채(文彩).
       회화(繪畫). 蒲筵繢純『周禮』
  그림 회【繪】색칠한 그림. 회화(繪畫).
       視之則錦繪『文心雕龍』

그림쇠 : 원형을 그리는 제구.

  그림쇠 구【鉤】帶鉤矩『漢書』
  그림쇠 규【規】圓者中規, 方者中矩『莊子』

그림으로 꾸미다 :

  그림으로 꾸밀 창【妝】화식(畫飾).

그림자 :

  그림자 구【晷】月晷呈祥『謝莊』
  그림자 영【影】
    ㉠ 광선이 가려서 나타난 검은 형상.
     형영(形影). 人影在地『蘇軾』
    ㉡ 거울에 비친 형상. 引鏡窺影『後漢書』
    ㉢ 해의 그림자. 일영(日影).
     情有遷廷 日無餘影『潘岳』
  그림자 음【陰】
    ㉠ 해의 그림자. 촌음(寸陰). 광음(光陰).
    ㉡ 비쳐 나타난 물체의 모양. 월음(月陰).

그림자 움직이다 :

  그림자 움직일 녑【灄】영동(影動).

그림족자 :

  그림족자 정【幀】비단에 그린 화폭.

그림틀 : 그림을 그리거나 수를 놓는 비단을 팽팽
  히 켕기게 하기 위하여 쓰는 나무로 만든 테.

  그림틀 정【幀】幀撑也 以木爲框 撑張絹繪以便
       作畫也 今女子以絹帛繃木框而刺
       繡 亦謂之幀『品字箋』

그만두다 :

　그만둘 글【訖】중지함. 毋訖糴『穀羊傳』

　그만둘 이【异】이(已)와 동자(同字).
　　　　　　　　异哉 試可乃已『書經』

　그만둘 치【致】사직함. 退而致仕『公羊傳』

　그만둘 한【寒】중지함. 亦可寒也『左傳』

그물 :

　그물 견【羂】망야(網也).

　그물 계【罽】어망(魚網).

　그물 고【罟】

　　㉠ 조망(鳥網). 어망(魚網) 등 그물의 총칭.
　　　조고(鳥罟). 結繩而爲罔罟『詩經』

　　㉡ 형벌(刑罰). 형률(刑律). 畏此罪罟『書經』

　그물 고【眾】큰 어망. 施眾濊濊『詩經』

　그물 동【罿】수레 위에 쳐서 새를 잡는 그물.
　　　　　　　雉離于罿『詩經』

　그물 라【羅】조망(鳥網). 雀羅.
　　　　以禮爲羅 網而致之幕下『韓愈』

　그물 락【絡】망(網). 振天維, 衍地絡『張衡』

　그물 란【羉】산저고(山猪罟). 산 돼지 그물.

　그물 록【麗】작은 어망. 罜麗.

　그물 망【網】

　　㉠ 물고기, 새 등을 잡는 기구. 어망(魚網).
　　　若網在綱『書經』

　　㉡ 법률, 형벌, 제재를 이름. 法網.
　　　天網恢恢疏而不失『老子』

　　㉢ 거미줄. 網積窓文亂『駱賓王』

　그물 망【网】라고총명(羅罟總名). 망(網)의 古字.

　그물 망【罔】㉠ 망(網)과 동자(同字).
　　　　　　　　結繩而爲罔罟『易經』
　　　　　　　㉡ 법률, 制裁. 天之降爲『詩經』

　그물 모【罞】미고(麋罟).

　그물 모【罞】치망(雉網).

　그물 몽【罞】미고(麋罟).

　그물 미【罞】망야(網也).

　그물 민【罠】토끼, 고라니 등을 잡는 그물.
　　　　　　　罠蹏連網『左思』

　그물 부【罦】수레 위에 치는 조망(鳥網).
　　　　　　　雉離于罦『詩經』

　그물 부【罘】토끼를 잡는 그물.
　　　　　　　罘罔彌山『史記』

　그물 비【罷】취하망(取鰕網). 새우 그물.

　그물 암【罯】어망(魚網).

　그물 엄【罨】위에서 씌워 잡는 어망.

　그물 역【罭】잔고기를 잡는 작은 어망.
　　　　　　　九罭之魚『詩經』

　그물 위【罻】작은 그물. 일설에는 조망(鳥網).
　　　　鳩化爲鷹 然後設罻羅『禮記』

　그물 저【罝】짐승, 특히 토끼를 잡는 그물. 肅
　　　　　　　肅免罝『詩經』

　그물 정【罜】소고(小罟).

　그물 조【翼】오구와 같이 자루가 달린 그물.
　　　　　　　또 그물로 고기를 잡음.
　　　　　　　翼鱐鰕『左思』

　그물 종【緵】물고기를 잡는 그물. 緵罟『爾雅』

　그물 주【罜】작은 그물. 일설에는 어망(魚網).
　　　　　　　設罜罜『張衡』

　그물 증【罾】네 귀퉁이를 대 같은 것으로 매고
　　　　　　　물속에 가라 앉혔다가 급히 들어
　　　　　　　올려서 물고기를 잡는 그물.
　　　　　　　釣餌網罟罾笱之知『莊子』

　그물 총【罿】수레 위에 쳐서 새를 잡는 그물.
　　　　　　　雉離于罿『詩經』

　그물 포【罦】조망(鳥網).

　그물 필【罼】긴 자루가 달린 그물.
　　　　　　　일설에는 토끼를 잡는 그물.
　　　　　　　荷垂天之罼『揚雄』

　그물 필【畢】새, 또는 토끼를 사냥할 때 쓰는
　　　　　　　긴 자루가 달린 작은 그물.
　　　　　　　荷垂天之畢『揚雄』

　그물 한【罕】긴 자루가 달린 조망(鳥網). 罕罔.

　그물 호【罟】토고(免罟).

그물고 :

　그물고 균【緡】持網紐.

그물벼리 :

　그물벼리 환【戉】망라(網羅).

그물에 걸리다 :

　그물에 걸릴 삭【罰】리어망(罹於網).

그물질하다 :

　그물질 할 고【罟】그물을 쳐서 잡음.
　　　　　　　　掌罟田獸『周禮』

　그물질 할 라【羅】

　　㉠ 그물질 쳐서 잡음. 羅雀. 掌羅烏鳥『周禮』

　　㉡ 그물을 쳐서 잡듯이 휘몰아 들임.
　　　網羅天下異能之士『漢書』

　그물질 할 망【網】

　　㉠ 물을 쳐서 잡음. 以釣以網『王十朋』

　　㉡ 나포함. 禁止行道, 以網外奸也『尉繚子』

　　㉢ 그물질하듯이 사물을 남기지 않고 휘몰아
　　　들임. 網羅. 是網民也『孟子』

　그물질 할 망【罔】그물로 고기를 잡음. 인신(引
　　　　　　　　伸)하여 법률로 처벌함.
　　　　　　　　罔民而可爲也『孟子』

　그물질 할 엄【罨】그물을 씌워서 잡음.
　　　　　　　　罨翡翠『左思』

　그물질 할 증【罾】그물로 잡음.

置人所罾魚腹中『漢書』

그물질 할 필【畢】그물로 덮어 잡음.
畢之羅之『詩經』

그물 치는 소리 :

그물 치는 소리 활【濊】물 속에 그물을 던지는 소리.
施罟濊濊『詩經』

그물 친 창 :

그물 친 창 부【罘】궁문(宮門)밖에 있는 담에
낸 그물을 친 창(窓).

그물 친 창 시【罳】부시(罘罳).

그믐 : 음력의 매월 말일.

그믐 회【晦】회삭(晦朔).

그믐달 : 음력 그믐에 서쪽에 보이는 달.

그믐달 조【朓】審朓朒以定朔『五代史』

그슬르다 :

그슬를 초【燋】초(焦)와 동자(同字).
焚地燋草『管子』

그슬리다 :

그슬릴 계【挈】점치려고 거북 껍데기를 불에 쬠.
且筭祀於挈龜『班固』

그슬릴 초【焦】불에 태워 검게 함. 또 불에 타
서 검게 됨. 卜戰龜焦『左傳』

그슬릴 초【燋】초(焦)와 동자(同字).
焚地燋草『管子』

그윽하다 :

그윽할 명【冥】심원(深遠)함. 冥數. 冥遠.
窮冥極遠『揚雄』

그윽할 예【瘞】심수(深邃)함.
其妙聲則清靜厭瘞『王褒』

그윽할 오【奧】㉠ 깊숙함. 地勢險奧『晉書』
㉡ 뜻, 이치 등이 깊음. 深遠함.
奧旨. 言精理奧『南史』

그윽할 온【縕】온(蘊)과 동자(同字).
乾坤 其易之縕邪『易經』

그윽할 요【窈】깊고 고요함. 심원함.
至道之精. 窈窈冥冥『莊子』

그윽할 유【幽】㉠ 미묘함. 심원함. 幽深.
極幽而不隱『史記』
㉡ 깊고 조용함. 幽宮.
出自幽谷 遷于喬木『詩經』

그을다 :

그을 초【焦】불에 태워 검게 함. 또 불에 타서
검게 됨. 卜戰龜焦『左傳』

그을 초【燋】초(焦)와 동자(同字).
焚地燋草『管子』

그을음 :

그을음 매【煤】煤煙, 유연(油煙).
響者煤炱入甑中『呂氏春秋』

그을음 묵【墨】묵매(墨煤), 유연(油煙).
有埃墨 墮甑中『孔子家語』

그을음 연【煙】매연(媒煙), 유연(油煙).
乃丸漆煙松煤『洞天淸錄』

그을음 태【炱】연화소생매(煙火所生煤).

그치다 :

그칠 각【格】중지함. 沮格. 太后議格『漢書』

그칠 결【闋】止也.

그칠 극【極】멈춤. 曷其有極『詩經』

그칠 미【弭】그만둠. 중지함. 弭息.
兵其少弭矣『左傳』

그칠 미【彌】쉼. 그만둠. 彌災兵『周禮』

그칠 미【㣇】止也.

그칠 설【渫】쉼. 爲歡未渫『曹植』

그칠 식【息】
㉠ 중지함. 끝남. 息止. 攻戰未息『戰國策』
㉡ 그만둠. 끊음. 請息交而絶遊『陶潛』

그칠 애【㝷】止也.

그칠 이【已】그만 둠. 또 끝남.
死而後已. 鷄鳴不已『詩經』

그칠 이【弆】已와 동자(同字).
弆哉 試可乃已『書經』

그칠 저【沮】그만둠. 何日斯沮『詩經』

그칠 저【底】정지함. 房久將底『國語』

그칠 제【濟】그만 둠. 不能旋濟『詩經』

그칠 주【住】중지(中止)함.
兩岸猿聲啼不住『李白』

그칠 즙【戢】하던 일을 그만둠. 그만 두게 함.
戢兵. 兵猶火也 弗戢將自焚『左傳』

그칠 지【止】㉠ 정지함. 止水. 行止.
㉡ 멈추게 됨. 中止.
寇盜不爲衰止『史記』

그칠 질【屋】止也.

그칠 철【輟】하던 일을 잠시 중단함. 輟朝.
耰而不輟『論語』

그칠 한【釬】止也. 釬我于難.

그칠 회【讀】중지함. 師多則人讀『司馬法』

그칠 휴【休】중지함.
店香風起時 村白雨休時『溫憲』

극(極) : 자석(磁石)에서 자력(磁力)이 가장 센 두 끝.

극 극【極】전극(電極).

극진(極盡)하다 :

극진할 극【極】극도(極度)에 이름.
極土水之美『通鑑』

극진할 긍【亙】끝에 닿음. 川塗所亙『王勃』

극진할 얼【臬】極也.

극진할 온【膃】極也.

극진(極盡)히 하다 :

극진히 할 항【亢】극(極)과 동의.
　　　　可以亢寵『左傳』

극처(極處) :

　극처 극【極】
　　㉠ 사물(事物)의 최상(最上), 최종(最終)의 곳.
　　　此布衣之極『十八史略』
　　㉡ 사물의 지극히 미묘한 곳.
　　　君子無所不用其極『大學』
　　㉢ 진선(眞善) 또는 도덕(道德)의 근본(根本).
　　　莫匪爾極『詩經』
　　㉣ 극악(極惡). 至凶. 威用六極『書經』
　　㉤ 우주(宇宙)의 끝. 四極. 南極.

극한 :

　극한 계【屆】궁극(窮極). 致天之屆『詩經』

극히 :

　극히 극【極】지극히. 軍極簡易『史記』

근 :

　근 근【斤】열 여섯량.
　　　　　　酒一升 脯一斤『後漢書』
　근 락【絡】인체의 맥락(脈絡). 經絡.
　　　　　　中經維絡『史記』

근거(根據)하다 :

　근거할 수【首】근거를 둠. 不首其義『禮記』

근고(勤苦)하다 :

　근고할 결【契】신고(辛苦)하여 일함.
　　　　　　　　死生契闊『詩經』
　근고할 활【闊】고생함. 死生契闊『詩經』

근본(根本) :

　근본 간【幹】본체(本體). 貞者事之幹也『易經』
　근본 근【根】사물의 본원(本源). 根元.
　　　　　　重爲經根『老子』
　근본 기【基】
　　㉠ 기본(基本). 國基. 邦家之基『詩經』
　　㉡ 의지. 의거. 高者必以下爲基『淮南子』
　근본 단【端】본원(本源). 居天下之大端『禮記』
　근본 록【彔】근본(根本).
　근본 병【柄】밑 절미. 坤爲地爲柄『易經』
　근본 본【本】
　　㉠ 기본. 本義. 皆以修身爲本『大學』
　　㉡ 조상. 부모. 報本反始『禮記』
　　㉢ 宗家. 本支百世『詩經』
　　㉣ 고향. 본국. 遼西流人悉有變本之心『晉書』
　　㉤ 천품. 성질. 必反其本『呂氏春秋』
　근본 심【心】근원. 본성.
　　　　　　復其見天地之心乎『易經』
　근본 저【氐】근원 維周之氐『詩經』

근본(根本)으로 하다 :

　근본으로 할 본【本】기본으로 삼음.

本之則無『論語』

근소(僅少) :

　근소 모【毛】약간. 有益毫毛『漢書』

근소(僅少)하다 :

　근소할 연【涓】약간. 細涓.

근심 :

　근심 경【梗】걱정. 至今爲梗『詩經』
　근심 난【難】患難. 困難. 災難. 避難.
　　　　　　吾昔從夫子, 遇難於匡『史記』
　근심 려【慮】걱정. 우환(憂患).
　　　　　　省國家之邊慮『後漢書』
　근심 리【罹】걱정함. 걱정. 逢此百罹『詩經』
　근심 병【病】걱정. 또 고통.
　　　　　　是楚之病也『戰國策』
　근심 소【騷】離騷者猶離憂也『史記』
　근심 소【慅】憂也.
　근심 수【愁】우려. 수심. 時取醉銷愁『王績』
　근심 얼【蠥】우수(憂愁). 卒然離蠥『楚辭』
　근심 우【憂】㉠ 걱정. 樂以忘憂『論語』
　　　　　　㉡ 환난. 朝廷無西顧之憂『魏志』
　근심 척【慼】걱정함. 걱정. 戚과 통용.
　　　　　　憂慼. 衆慼『書經』
　근심 환【患】
　　㉠ 걱정. 患憂. 吾屬亡患矣『漢書』
　　㉡ 고통. 고난. 患苦. 與民同患『易經』

근심 않다 :

　근심 않을 이【憪】불우(不憂).

근심 없다 :

　근심 없을 개【忢】무수(無愁).
　근심 없을 개【愷】조금도 걱정이 없는 모양.
　　　　　　爲不若是恝也『孟子』

근심으로 얼굴 찡그리다 :

　근심으로 얼굴 찡그릴 추【愁】축(蹙)과 동자(同字).
　　　　　　愁也顰愁.

근심하고 두려워하다 :

　근심하고 두려워 할 개【忦】우구(憂懼).

근심하는 소리 :

　근심하는 소리 오【熬】수심에 잠긴 소리.
　　　　　　衆庶熬熬苦之『漢書』

근심하다 :

　근심할 김【惏】憂也.
　근심할 경【惸】憂也. 경(煢)과 동자(同字).
　근심할 경【罠】罠罠은 걱정하는 모양.
　　　　　　罠罠在疚『詩經』
　근심할 경【京】걱정함. 憂心京京『詩經』
　근심할 경【煢】근심하는 모양.
　　　　　　煢煢余左疚『左傳』
　근심할 경【悙】근심하는 모양.

憂心愀愀『詩經』

근심할 관【悹】우려함.

근심할 권【拳】근심하는 모양.
違慈母之拳拳乎『後漢書』

근심할 극【勀】우극(尤極).

근심할 근【勤】걱정함. 勤天子之難『呂氏春秋』

근심할 근【懂】슬퍼하며 걱정함.
懂然後得免『公羊傳』

근심할 난【難】재난을 당하여 속을 썩임.
華歆王朗 俱乘船避難有難人. 欲
依附 歆輒難之『世說』

근심할 녁【惄】憂也.

근심할 뉴【惄】우모(憂貌).

근심할 닉【惄】우려함. 久惄兮怴怴『元結』

근심할 단【傅】근심하여 야윔.
勞心傅傅兮『詩經』

근심할 담【憺】우려함. 마음이 불안함.
志欲憺而不儋兮『楚辭』

근심할 도【忉】근심하는 모양.
心焉忉忉『詩經』

근심할 도【陶】우울한 마음이 아직 풀리지 아
니함. 鬱乎陶予心『書經』

근심할 도【悇】悇悇는 근심하는 모양. 걱정하는
모양. 終悇悇而洞疑『馮衍』

근심할 독【毒】우려함. 儳聖毒之『列子』

근심할 돈【忳】걱정하여 번민함.
忳鬱邑余侘傺兮『楚辭』

근심할 동【恫】憂也.

근심할 람【惏】憂也.

근심할 렬【悷】憂也.

근심할 류【懰】걱정하는 모양. 또 원망하는 모양.
懰慄不言『漢書』

근심할 리【慈】憂也.

근심할 리【悝】걱정함. 云如何悝『劉基』

근심할 리【里】리(悝)와 통용.
云如何里『詩經』

근심할 리【罹】걱정함. 걱정. 逢此百罹『詩經』

근심할 막【邈】수심에 잠긴 모양.
表安困積雪邈然不可干『古詩』

근심할 망【罔】수심에 잠긴 모양.
罔兮不樂『宋玉』

근심할 민【愍】우려(憂慮)함.
吾代二子愍矣『左傳』

근심할 민【憫】우려함. 憂憫.
阨窮而不憫『孟子』

근심할 민【閔】걱정함. 鬻子之閔斯『詩經』

근심할 변【辨】憂也.

근심할 병【病】걱정함. 病不得其衆『禮記』

근심할 병【怲】怲怲은 근심하는 모양.

憂心怲怲『詩經』

근심할 부【負】우려함.
刺史二千石不爲負『後漢書』

근심할 상【傷】
  ㉠ 걱정함. 維以不永傷『詩傳』
  ㉡ 애태움. 傷心. 未見君子 我心傷悲『詩經』

근심할 서【鼠】서(瘋)와 통용.
鼠思泣血『詩經』

근심할 소【騷】수심에 잠김. 邇者騷離『國語』

근심할 수【愁】우려함. 愁心. 悲愁垂涕『列子』

근심할 연【悁】우려함. 中心悁悁『詩經』

근심할 요【懮】懮懮는 근심하는 모양.

근심할 우【盱】걱정함. 云何其盱『詩經』

근심할 우【憂】걱정함. 仁者不憂『論語』

근심할 우【虞】염려(念慮)함.
悔吝者憂虞之象也『易經』

근심할 운【惲】우려(憂慮)하는 모양.

근심할 유【惟】憂也.

근심할 유【怮】怮怮는 우려하는 모양.
余永思兮怮怮『楚辭』

근심할 유【悠】悠悠我思『詩經』

근심할 유【嫁】수모(愁貌).

근심할 은【隱】우려함. 隱君身『左傳』

근심할 은【殷】근심하는 모양.
憂心殷殷『詩經』

근심할 은【慇】대단히 근심하는 모양.
憂心慇慇『詩經』

근심할 읍【悒】근심하여 마음이 편하지 아니함.
鬱悒. 武發殺殷 何所悒『楚辭』

근심할 조【怊】憂也.

근심할 조【懆】근심하여 마음이 불안한 모양.
念子懆懆 視我邁邁『詩經』

근심할 주【懤】우수(憂愁)에 잠김.
懼吾心兮懤懤『楚辭』

근심할 줄【怵】憂也.

근심할 질【疾】걱정함.
君子疾沒世而名不稱焉『論語』

근심할 참【慘】걱정함. 勞心慘兮『詩經』

근심할 척【惄】憂也.

근심할 척【慼】걱정함. 걱정. 戚과 통용.
憂慼. 衆慼『書經』

근심할 척【惕】우구(憂懼)함. 怵惕. 無
日不惕『左傳』

근심할 척【戚】우려함. 憂戚.
小人長戚戚『論語』

근심할 철【惙】우려함. 惙怛. 憂心惙惙『書經』

근심할 초【愀】愁也.

근심할 초【悄】걱정함. 또 낙심하여 근심에 잠긴
모양. 悄悄. 勞心悄悄兮『詩經』

근심할 초【愀】 수심에 잠겨 안색이 달라지는
　　　모양. 愀然正襟危坐『蘇軾』

근심할 추【湫】 湫湫者悲愁之狀也『春秋繁露』

근심할 충【忡】 걱정함. 怔忡. 憂心忡忡『詩經』

근심할 충【懤】 충(忡)과 동자(同字).
　　　極勞心兮懤懤『楚辭』

근심할 췌【悴】 우려함.
　　　憂悴靜沈思以自悴『陸雲』

근심할 혁【奕】 걱정함. 憂心奕奕『詩經』

근심할 혼【慁】 우려함. 主不慁賓『左傳』

근심할 홀【惚】 憂也.

근심할 환【懁】 憂也.

근심할 환【患】 걱정함. 不患無位患所以立『論語』

근심할 휼【恤】 憂恤. 苟得志焉無恤其他『左傳』

근엄(謹嚴)하다

근엄할 엄【曮】 긍장모(矜莊貌).

근엄할 엄【儼】 점잖고 엄숙(嚴肅)함. 儼然.
　　　有美一人 碩大且儼『詩經』

근엄할 의【顗】 엄격(嚴格)하고 점잖음.

근원(根源)

근원 본【本】 시작. 원시(原始).
　　　其本在人心之惑於物也『禮記』

근원 원【元】 ㉠ 근본(根本). 統之有宗
　　　　會之有元『周易略例』
　　　㉡ 만물(萬物)의 원기(原氣).
　　　　大哉乾元『易經』

근원 원【原】 ㉠ 물의 근원(根源). 원천(源泉).
　　　　原泉混混 不舍晝夜『孟子』
　　　㉡ 근본(根本). 原因.
　　　　達於禮之原『禮記』

근원 원【源】 사물(事物)이 발생(發生)하는 근원
　　　(根源). 원위(源委).
　　　刑罰之所從生有源『大戴禮』

근질근질하다

근질근질할 양【蛘】 搔蛘也.

근처(近處): 길게 뻗은 것의 근방. 가까운 곳.

근처 근【近】 取側近三十戶『舊唐書』

근처 대【帶】 門臨溪一帶『元稹』

근친(近親)

근친 근【近】 가까운 일가.
　　　外無朞功强近之親『李密』

글

글 서【書】
　　　㉠ 문장(文章). 기록(記錄). 書同文『中庸』
　　　㉡ 책. 書冊. 桓公讀書乎堂上『莊子』

글 장【章】 ㉠ 文章. 斷章取義『孝經』
　　　　㉡ 신하(臣下)가 천자(天子)에게 올
　　　　리는 서류(書類).

章奏 凡群臣書通於天子者四 曰章 曰
奏 曰表 曰駁議『獨斷』

글 판【板】 문장. 서독(書牘).
　　　發兵自防 露板上言『南史』

글 한【翰】 문서. 또 편지. 書翰. 翰林.

글방

글방 숙【塾】 서당(書堂). 鄉塾. 塾生.
　　　古之敎者 黨有庠 家有塾『禮記』

글방 타【墭】 당숙(堂塾).

글방 횡【黌】 학문을 가르치는 곳.
　　　更修黌宇『後漢書』

글씨

글씨 서【書】 ㉠ 필법. 學書不成『史記』
　　　　㉡ 필적. 取人以身言書判『資治通鑑

글씨 좋아하다

글씨 좋아할 진【殄】 호서(好書).

글월

글월 문【文】
　　　㉠ 어구. 不以文害辭『孟子』
　　　㉡ 문장. 文筆. 誦詩書屬文『漢書』
　　　㉢ 산문(散文). 시(詩)의 대(對).
　　　　詩文之類『蘇軾』
　　　㉣ 학문. 예술. 무(武)의 대(對). 文武.
　　　　行有餘力則以學文『論語』
　　　㉤ 서책. 기록. 古文盡發『揚雄』

글월 함【函】 편지. 書函. 貴函.

글 읽는 소리

글 읽는 소리 남【喃】 독서성(讀書聲).
　　　樹下讀喃喃『寒山』

글 읽는 소리 오【唔】 唔咿는 글 읽는 소리.
　　　南牕牘書聲唔咿 北牕見月
　　　歌竹技『書言故事』

글 읽는 소리 오【吾】 오이(唔咿)와 동의. 吾伊는
　　　독서하는 소리.
　　　北窗讀書聲吾伊『黃庭堅』

글 읽는 소리 이【咿】 咿唔,
　　　讀書聲也『類書纂要』

글자

글자 명【名】 문자. 不及百名, 書于方『儀禮』

글자 문【文】 文字. 書同文『中庸』

글자 서【書】 書足以記姓名而己『史記』

글자 자【字】 문자(文字). 字義.

글제

글제 제【題】 시문(詩文)의 제목(題目). 文題.
　　　詩題. 分題賦詩『燃藜餘筆』

긁다

긁을 갈【扴】 刮也. 室晏絲曉扴『韓愈』

긁을 결【抉】 긁어 냄. 후벼 냄. 抉剔.

抉吾眼懸吳東門之上『史記』

긁을 나【㧲】搔也.

긁을 로【轑】솥의 밑바닥 같은 것을 긁음.
　　　　　　陽爲羹盡轑釜『漢書』

긁을 비【備】부(捨)와 통용. 搔也.
　　　　　　獻其皮革齒須備『周禮』

긁을 소【搔】손톱 따위로 긁음. 搔頭.
　　　　　　搔首踟躕『詩經』

긁을 와【挖】爬也.

긁을 조【抓】손톱 같은 것으로 긁음.
　　　　　　委蛇攫抓『莊子』

긁을 조【爪】손톱으로 긁거나 할큄.
　　　　　　爪其膚以驗其生枯『柳宗元』

긁을 즐【櫛】긁어냄. 櫛垢爬痒『韓愈』

긁을 척【捌】搔也.

긁을 척【摘】손가락으로 긁음.
　　　　　　指摘無痏癢『列子』

긁을 철【撤】剔也.

긁을 파【爬】
　　㉠ 손톱으로 긁음. 爬羅剔抉『韓愈』
　　㉡ 가려운 데를 긁음. 爬背向陽眼『白居易』

긁을 활【捛】搔也.

긁어 난 부스럼 :

　긁어 난 부스럼 환【疢】소이생창(搔而生瘡).

긁어내다 :

　긁어낼 요【抗】요(舀)와 동자(同字).
　　　　　　或舂或抗『詩經』

　긁어낼 요【舀】서구(抒臼).
　　　　　　舀彼注此謂之舀『說文解字』

긁어 부스럼 나다 :

　긁어 부스럼 날 한【肌】환(朊)의 본자(本字).
　　　　　　搔而生創.

　긁어 부스럼 날 환【朊】搔而生創.

금(金) :

　금 금【金】
　　㉠ 황금(黃金). 金銀琳琅『左思』
　　㉡ 오행(五行)의 하나. 방위(方位)로는 서(西)쪽.
　　　시절(時節)로는 가을. 오음(五音)으로는 상
　　　(商)에 배당(配當)함. 五行, 四曰金『書經』
　　㉢ 팔음(八音)의 하나. 쇠붙이로 만든 악기.
　　　또 그 소리. 金石絲竹. 金奏起于下『左傳』
　　㉣ 화폐의 단위. 대개 당시의 최고의 단위로
　　　서 한대(漢代)에는 금 한근(斤)을 一金이라
　　　하였고 근대(近代)에는 은(銀) 한 냥을 一
　　　金이라 하였음. 請買其方百金『莊子』
　　㉤ 금(金)과 같이 귀중한 사물의 일컬음.
　　　金言. 金科玉條.
　　㉥ 금(金)과 같이 아름다운 사물의 일컬음.

金殿玉樓.

　금 류【鎏】질이 좋은 금. 미금(美金).

　금 류【鏐】질이 좋은 금. 미금(美金).
　　　　　　鐐琫而鏐珌『詩經』

　금 류【鉚】아름다운 금. 미금(美金).

　금 만【鏋】金也.

　금 선【銑】황금 중에서 가장 광택이 나는 것.
　　　　　　絕澤謂之銑『爾雅』

　금 탁【坼】갈라진 금. 卜人占坼『周禮』

　금 탕【鐋】황금(黃金). 黃金謂之鐋『爾雅』

금가다 :

　금갈피【帔】器破未離.

금강석(金剛石) :

　금강석 류【珋】금강석(金剛石).

금강저(金剛杵) : 불구(佛具)의 한가지. 고대(古
　　代) 인도의 호신용(護身用) 무기(武器). 인신
　　(引伸)하여 번뇌(煩惱)를 타파(打破)하는 뜻으
　　로 쓰임.

　금강저 고【鈷】손잡이의 양쪽 끝에 달린 손톱 수
　　　　　　에 따라 獨鈷. 三鈷. 五鈷라 함.

금계 :

　금계 별【鷩】꿩 비슷한 새. 적치(赤雉).

　금계 의【鸃】鵕鸃.

　금계 준【鵔】鵕鸃는 꿩 비슷한 새.

금곡(琴曲) : 거문고의 가곡.

　금곡 산【散】廣陵散『晉書』

금기(禁忌) : 꺼리어 피하는 일.

　금기 금【禁】食禁. 牽于禁忌 泥于小術『漢書』

금덩이 :

　금덩이 횡【舽】金玉樸.

금령(禁令) : 금지하는 법령.

　금령 금【禁】國禁. 法禁. 問國之大禁『孟子』

금빛 : 황금빛.

　금빛 금【金】金波. 金芝九莖『漢書』

　금빛 차【鎈】금광(金光).

금석(金石)소리 :

　금석소리 쟁【鎗】장(鏘)과 통용.
　　　　　　君子之聽音 非聽其鏗鎗而己也
　　　　　　『史記』

금소리 : 금옥(金玉) 또는 옥(玉)이 울리는 소리.

　금옥소리 령【玲】玲瓏. 玲玲如振玉『文心雕
龍』

금속(金屬)소리 : 쇠나 돌 따위의 울리는 소리.
　　종이나 경쇠가 울리는 소리.

　금속소리 갱【鏗】鐘聲鏗『禮記』

금수(禽獸)가 먹는 소리 :

　금수가 먹는 소리 장【牄】鳥獸食聲.

금옥(金玉)소리 : 쇠와 옥이 서로 부딪쳐 나는 소리.

금옥소리 랑【琅】端石相擊 琅琅石蓋蓋『司馬相如』

금옥덩이 :

　금옥덩이 횡【桁】金玉橫.

금제(禁制)하다 : 검속(檢束)함. 단속함.

　금제할 검【檢】檢邊. 狗彘食人食 而不知檢『孟子』

금종이 : 금속을 두드려서 얇은 종이 같이 만든
　조각.

　금종이 박【箔】銀箔. 以金箔飾佛像『宋史』

금지구역(禁止區域) : 대 울을 쳐 놓고 어렵(漁
　獵) 또는 왕래를 금하는 임야(林野).

　금지구역 어【籞】集林籞而相鳴『梁元帝』

금채색(金彩色) :

　금채색 란【鑭】금채(金采).

금테두리 하다 :

　금테두리 할 구【釦】금은(金銀)으로 기명(器皿)
　　　　　　　　　의 가장자리를 장식함.
　　　　　　　　其蜀漢釦器『後漢書』

금하다 :

　금할 근【謹】엄금(嚴禁)함. 謹盜賊『荀子』

　금할 금【禁】하지 못하게 함. 제지함. 禁止.
　　　　　　禁民夜作 以防火災『後漢書』

　금할 금【憖】禁也.

　금할 제【制】금지함. 制止.
　　　　　　人不能制『淮南子』

금향 빛 :

　금향 빛 단【黬】黃黑色.

금화(金貨) : 금은(金銀)을 떡 모양으로 만든 화폐.

　금화 병【鉼】賜與金一鉼『王暉』

　금화 판【鈑】祭五帝, 供金鈑『周禮』

급박(急迫)하다 :

　급박할 견【悁】迫也.

급여(給與) :

　급여 급【給】사여(賜與). 녹봉(祿俸).
　　　　　　仰給縣官『史記』

　급여 량【糧】戶部支口糧銀『大明會典』

급제(及第)하다 :

　급제할 제【第】시험에 합격함.
　　　　　　　屢擧不第『羅隱』

급하다 :

　급할 광【劻】썩 급한 모양.
　　　　　　新師不牢 劻勷將逋『韓愈』

　급할 구【絿】급박(急迫)함. 不競不絿『詩經』

　급할 구【尳】迫也.

　급할 극【剋】성급(性急)함. 性嚴剋『宋書』

　급할 급【急】
　　　㉠ 절박(切迫)함. 위급(危急)함. 急難. 急迫.
　　　㉡ 절박한 일. 위급한 일. 襄王告急于晉『史記』
　　　㉢ 긴급함. 중요함. 急務. 급한 일. 중요한 일.

　　　　　요무(要務). 禮者人之急也『中論』
　　　㉢ 빠름. 急流. 天風狂急『後漢書』
　　　㉣ 성급함. 西門豹性急 故佩韋緩己『韓非子』

　급할 긴【緊】빠름. 또 일이 급함. 시급함. 緊急.
　　　　　　聲緊而小『雲仙雜記』

　급할 변【辯】急也.

　급할 변【弁】弁行剡剡起屨『禮記』

　급할 빈【頻】위급함. 國步斯頻『詩經』

　급할 소【騷】서두르는 모양.
　　　　　　騷騷爾則野『禮記』

　급할 악【齷】迫也.

　급할 양【勷】급한 모양.
　　　　　　新師不牢 劻勷將逋『韓愈』

　급할 조【譟】急也.

　급할 초【陗】초(峭)와 동자(同字).
　　　　　　爲人陗直刻深『漢書』

　급할 촉【促】빠름. 大絃聲遲小絃促『歐陽修』

　급할 축【踧】急也.

　급할 포【虣】急也.

　급할 포【暴】돌연(突然)함. 何興之暴也『史記』

　급할 한【釬】촉급(促急)함. 有緩而釬『莊子』

급한 성품 :

　급한 성품 극【悈】급성(急性).

급히 :

　급히 거【遽】㉠ 급작스럽게. 公遽見之『左傳』
　　　　　　㉡ 당황하여. 창졸(倉卒)이.
　　　　　　　遽數之『禮記』

　급히 극【亟】급속히. 乃亟去之『左傳』

　급히 신【晨】早也.

급히 가다 :

　급히 갈 급【彶】급행(急行).

　급히 갈 녈【趈】급행(急行).

　급히 갈 발【蹳】급행모(急行貌).

　급히 갈 병【踚】급행(急行).

　급히 갈 적【佪】급행(急行).

급히 날다 :

　급히 날 신【卂】급비(急飛).

급히 달아나다 :

　급히 달아날 발【迖】급주(急走).

　급히 달아날 유【趉】급주(急走).

급히 돌아오다 :

　급히 돌아올 예【戾】不成遂急戾.

긋다 :

　그을 획【劃】구분(區分)함. 區劃.
　　　　　　　平洲島嶼天所劃『洪希文』

기(旗) :

　기 괴【旝】기폭이 붉으며 대장(大將)이 지휘(指
　　　　　　揮)하는 데 쓰는 기(旗).

膾動而鼓 『左傳』

기 기 【旝】 교룡을 그리고 방울을 단 붉은 기(旗).
　　　　　有虞氏之旝 『禮記』

기 기 【旗】
　　㉠ 곰과 범을 그린 기(旗). 師都建旗 『周禮』
　　㉡ 널리 기의 총칭. 下可以建五丈旗 『史記』

기 당 【幢】 의장(儀仗) 또는 지휘하는데 쓰는 기(旗).
　　　　　建幢棨植羽葆 『漢書』

기 도 【幍】 幠幍絲蕤縷翣其貌 『荀子』

기 도(독) 【纛】 쇠꼬리로 장식한 큰 기. 군중(軍
　　　　　中) 또는 천자의 차가(車駕)의 왼
　　　　　쪽에 세움. 인신(引伸)하여 천자
　　　　　의 친정군(親征軍)을 大纛라 함.
　　　　　黃屋左纛 『漢書』

기 려 【慮】 慮無는 척후(斥候)가 들고 다니는 기
　　　　　(旗). 前茅慮無 『左傳』

기 모 【旄】 이우(犛牛)의 꼬리로 장식한 지휘하
　　　　　는 기(旗). 모간(旄干).
　　　　　右秉白旄以麾 『書經』

기 번 【幡】 깃발을 가로 길게 하여 늘어뜨린 기
　　　　　(旗). 인신(引伸)하여 기의 총칭.
　　　　　幡旗. 靖幡 『後漢書』

기 수 【旞】 새털로 깃대의 꼭대기를 장식한 기(旗).
　　　　　道車載旞 『周禮』

기 여 【旟】 송골매를 그려 일을 급속히 함을 상
　　　　　징한 기(旗). 州里建旟 『周禮』

기 원 【帮】 幡也.

기 유 【旒】 旌也.

기 전 【旜】 旗也.

기 전 【旜】 기폭이 붉은 기(旗). 공경(公卿)이
　　　　　세우는 것임. 孤卿建旜 『周禮』

기 전 【旃】 비단으로 만든 깃발과 기 드림이 달
　　　　　린 무늬 없는 붉은 기(旗).
　　　　　旃以招大夫 『左傳』

기 정 【旌】
　　㉠ 깃대 위에 이우(犛牛)의 꼬리를 달고 이것을
　　　　　새털로 장식한 기(旗). 大夫以旌 『孟子』
　　㉡ 널리 기(旗)의 총칭. 朝有進善之旌 『史記』

기 조 【旐】
　　㉠ 기폭을 길이가 八尺되는 비단으로 만든 기(旗).
　　　　　綢練設旐夏也 『禮記』
　　㉡ 거북과 뱀을 그린 폭이 넓은 검은 빛깔의
　　　　　기(旗). 龜蛇爲旐 『周禮』

기 패 【旆】
　　㉠ 잡색의 기(旗). 기폭의 끝이 갈라져 제비꼬
　　　　　리처럼 되어 있음. 建而不旆 『左傳』
　　㉡ 큰 기. 또 널리 일반의 기의 뜻으로 쓰임.
　　　　　旆旌. 設二旆而退之 『左傳』

기 한 【罕】 정기(旌旗). 荷罕旗以先驅 『史記』

기 휘 【旓】 幟也.

기 휘 【麾】 旗也.

기개(氣槪)있다 : 뜻이 크고 기개가 있어 남에게
　　구속을 받지 아니함. 활달함.

기개있을 당 【儻】 倜儻. 倜儻瑰瑋 『史記』

기개있을 척 【俶】 척(個)과 통용.
　　　　　好奇偉俶儻之畫策 『史記』

기개있을 척 【個】 倜儻. 個然無所歸宿 『荀子』

기관(機關) :
　　기관 관 【關】 기계를 활동시키게 하는 장치.
　　　　　施關設機 『後漢書』

기구(器具) :
　　기구 계 【械】 용기(容器). 械器.
　　　　　器械之資 『漢書』

기근(饑饉) :
　　기근 패 【敗】 흉년(凶年). 豐年補敗 『穀梁傳』

기꺼워하는 소리 :
　　기꺼워하는 소리 감 【戇】 和悅聲.

기껍다 :
　　기꺼울 부 【妟】 悅也.
　　기꺼울 요 【喓】 喜也.
　　기꺼울 원 【謜】 謜謜, 화열(和悅).
　　기꺼울 이 【怡】 悅也. 이(夷)와 통용.
　　기꺼울 희 【僖】 樂也.

기능 :
　　기능 관 【官】 이목구비(耳目口鼻) 등의 기능.
　　　　　五官. 心之官則思 『孟子』

기다 :
　　길 기 【跂】 기(蚑)와 동자(同字). 배로 기어가다.
　　　　　跂行喙息 『淮南子』

　　길 기 【蚑】 벌레가 기어감. 蚑行. 蚑蚑脈脈善緣
　　　　　壁 是非守宮卽蜥蜴 『漢書』

　　길 답 【蹹】 답(踏)과 동자(同字). 蹹伏.
　　　　　如今軍行前有斥候蹹伏 『左傳』

　　길 복 【伏】 복(匐)과 통용. 膝行蒲伏 『史記』

　　길 연 【蜎】 누에, 쐐기 같은 것이 기어가는 모양.
　　　　　蜎蜎者蠋 『詩經』

　　길 천 【蜳】 벌레가 꿈틀거리며 기어 감.
　　　　　指禿腐骨 不簡蜳僂 『晉書』

　　길 포 【扶】 포(匍)와 동자(同字).
　　　　　扶服救之 『禮記』

　　길 포 【匍】 ㉠ 匍匐은 엉금엉금 기어감. 손을 땅
　　　　　에 대고 엎드려 감.
　　　　　赤子匍匐將入井 『孟子』
　　　　　㉡ 거꾸러지면서 허둥지둥 급히 감.
　　　　　凡民有喪, 匍匐救之 『詩經』

　　길 현 【蠉】 벌레가 기어가는 모양.
　　　　　蠉飛蠕動 『淮南子』

기다려보다 :
　기다려볼 시【覗】사후(伺候).
기다리다 :
　기다릴 기【期】期以期年者『莊子』
　기다릴 대【待】
　　　㉠ 때가 오기를 기다림. 待時而動『易經』
　　　㉡ 물품을 미리 준비하여 기다림. 대비함.
　　　　待邦之用『周禮』
　　　㉢ 방어의 준비를 하고 적이 쳐오는 것을 기
　　　　다림. 其獨何力以待之『國語』
　기다릴 도【徇】待也.
　기다릴 등【等】오는 것을 바람. 等侯.
　　　　　　父老年年等駕回『范成大』
　기다릴 사【竢】待也. 사(竢)와 동자(同字).
　기다릴 사【竢】사(俟)의 고자(古字).
　　　　　　竢罪長沙『漢書』
　기다릴 사【俟】오는 것을 바람.
　　　　　　俟我於城隅『詩經』
　기다릴 서【盦】待也. 서(胥)와 통용.
　기다릴 서【胥】사람, 때, 등이 오기를 바람.
　　　　　　胥後令『史記』
　기다릴 수【竪】서서 기다림. 待也.
　　　　　　卬竪我友『詩經』
　기다릴 수【需】오기를 바람. 需于郊『易經』
　기다릴 수【須】오기를 바람. 卬須我友『詩經』
　기다릴 시【屎】待也.
　기다릴 시【燦】待也.
　기다릴 신【訊】待也.
　기다릴 요【要】도중에서 기다려 막음. 要擊.
　　　　　　將要而殺之『孟子』
　기다릴 저【佇】바라고 기다림.
　　　　　　虛襟以佇『陸贄』
　기다릴 전【屦】待也.
　기다릴 준【浚】대망(待望)함.
　　　　　　夙夜浚明有家『書經』
　기다릴 지【遲】오기를 바람. 遲明.
　　　　　　朕思遲直士『後漢書』
　기다릴 청【聽】以聽王命『周禮』
　기다릴 취【崒】待也.
　기다릴 치【徛】待也.
　기다릴 치【偫】待也.
　기다릴 혜【竢】待也
　기다릴 혜【徯】혜(竢)와 통용.
　　　　　　書曰 徯我后『孟子』
　기다릴 후【候】오는 것을 기다림. 영접(迎接)함.
　　　　　　稚子候門『陶潛』
기대다 :
　기댈 고【靠】의지(依支)함. 俗文에 쓰임. 依靠.
　기댈 무【撫】의지함. 撫式『禮記』
　기댈 방【旁】의지함. 旁日月『莊子』
　기댈 부【枎】의지함. 父母枎枝而論『孟子』
　기댈 빙【凭】의지함. 凭欄. 危檻不堪凭『孟子』
　기댈 빙【憑】물건에 의지함. 憑軾. 憑玉几『書經』
　기댈 빙【馮】馮軾而下齊七十餘城『漢書』
　기댈 아【偓】倚也.
　기댈 어【於】의거(依據)함. 冠昏之所於『韓愈』
　　　　　　의지(依支)함. 心相於『蘇軾』
　기댈 원【芫】倚也.
　기댈 은【隱】의지함. 隱几而臥『孟子』
　기댈 의【倚】물건에 의지함. 倚子.
　　　　　　設机而不倚『左傳』
　기댈 인【捆】仍也.
　기댈 잉【仍】몸을 의지함. 凶事仍几『周禮』
　기댈 장【仗】의지함. 仗策謁天子『魏徵』
　기댈 제【梯】의지함. 四王母梯几戴勝『山海經』
기대어 세우다 :
　기대어 세울 이【迆】비스듬히 기대어 놓음.
　　　　　　　戈柲六尺有六寸 既建而迆
　　　　　　　『周禮』
기도(祈禱) :
　기도 기【祈】복(福)을 비는 일.
　　　　　　大祝掌六祈『周禮』
기둥 :
　기둥 도【壔】수학에서 기둥모양의 입체의 일컬음.
　　　　　　원도(圓壔). 각도(角壔).
　기둥 말【梲】梲林, 柱也.
　기둥 벌【閥】문(門)의 좌우의 기둥.
　　　　　　不踰閥『孔子家語』
　기둥 얼【槷】토지의 고저를 측량 할 때 세우는
　　　　　　기둥. 置槷以縣『周禮』
　기둥 영【楹】둥글고 큰 기둥. 楹棟.
　　　　　　楹階俎豆之間『漢書』
　기둥 온【榲】집의 기둥.
　기둥 정【桯】집의 기둥. 桯圍倍之『周禮』
　기둥 주【柱】㉠ 보, 도리 따위를 받치는 나무.
　　　　　　柱石. 秦王環柱而走『史記』
　　　　　　㉡ 널리 괴어 버티는 물건의 뜻으로
　　　　　　쓰임. 天柱折 地維絶『史記』
　기둥 찰【刹】抱刹仰頭『北史』
　기둥 타【楑】柱也.
　기둥 표【標】집의 기둥. 標林欑櫨『淮南子』
기둥머리 :
　기둥머리 답【楉】주두(柱頭).
기 드림 털 : 정기(旌旗)에 늘어뜨린 우모(羽毛),
　기 드림 털 소【髾】曳長庚之飛髾『後漢書』
기량(器量) : 사물을 받아 들여 담당하는 성격.
　　재능.

기량 량【量】도량(度量). 재량(才量).
　　　　　　光武之量 包乎天地之外『范仲淹』

기러기 : 오리과에 속하는 물새. 가을에 왔다가 봄에 북쪽으로 다시 가는 철새 임.

기러기 간【秆】안야(雁也).

기러기 기【䳢】되강오리. 작은 기러기.
　　　　　　射䳢雁『史記』

기러기 농【鴻】홍야(鴻也).

기러기 안【鴈】안(雁)과 동자(同字).
　　　　　　鴻鴈來『禮記』

기러기 안【雁】飛雁. 雁陣驚寒『王勃』

기러기 발 :

기러기발 주【柱】현악기의 줄을 고르는데 쓰이는 제구. 줄 밑에 괴어 소리를 조절함. 안족(雁足). 雁柱. 膠柱而鼓琴『史記』

기러기 짝지어 울다 :

기러기 짝지어 울 옹【嗈】안화명(雁和鳴). 嗈嗈 鳴雁旭日始朝『詩經』

기령 :

기령 괴【蒯】모류(茅類). 초명(草名).

기록(記錄) :

기록 지【志】사실을 적은 문장. 또는 문서.
　　　　　　三國志. 魏志. 掌邦國之志『周禮』

기록 지【誌】사실을 적은 문장. 또는 문서.
　　　　　　地誌. 鄕土誌. 朝堂榜誌『齊書』

기록(記錄)하다 :

기록할 시【訣】기록(記錄).

기르다 :

기를 곡【穀】곡식을 주어 기름.
　　　　　　求百姓之饑寒者收穀之『戰國策』

기를 국【陶】養也.

기를 국【鞠】양육함. 鞠養. 母兮鞠我『詩經』

기를 국【鬻】기름. 양육함.
　　　　㉠ 鬻子之閔斯『詩經』
　　　　㉡ 天鬻者天食也『莊子』

기를 독【毒】생장함. 양육함. 亭之毒之『老子』

기를 목【坶】養也.

기를 목【牧】㉠ 짐승을 방사(放飼)함. 牧畜.
　　　　　　牧六畜而阜蕃其物『周禮』
　　　　㉡ 양육(養育) 수양(修養)함.
　　　　　　卑以自牧『易經』

기를 반【飯】마소를 사육(飼育)함.
　　　　　　審戚飯牛居車下『呂氏春秋』

기를 보【保】보호하여 양육(養育)함.
　　　　　　若保赤子『孟子』

기를 부【孚】양육함. 孚育中國『元史』

기를 사【飼】가축을 사양(飼養)함. 飼育.
　　　　　　付民養飼『南齊書』

기를 사【食】㉠ 양육함. 穀也食子『左傳』
　　　　㉡ 동물을 사육함.
　　　　　　食牛以要秦穆公『孟子』

기를 시【侍】양육(養育)함.
　　　　　　以養疾侍老也『呂氏春秋』

기를 애【艾】양육(養育)함. 保艾爾後『詩經』

기를 양【養】
　　　　㉠ 양육(養育)함. 성장(成長)시킴. 養育.
　　　　　　未有學養子而后嫁者也『大學』
　　　　㉡ 양육(養育)을 당함.
　　　　　　臣朔少失父母 長養兄嫂『列仙傳』
　　　　㉢ 사양(飼養)함. 馴養大鳥『魏書』
　　　　㉣ 육성(育成)함. 我善養吾浩然之氣『孟子』
　　　　㉤ 생활을 계속하게 함. 聞西伯昌善養老『史記』
　　　　㉥ 가르침. 敎養. 立太傅小傅以養之『禮記』
　　　　㉦ 이상의 일. 滋養.
　　　　　　夫鳥獸固人之養也『晏氏春秋』

기를 어【圉】말을 기름. 將圉馬於成『左傳』

기를 위【餧】먹게 함. 또 사양(飼養)함.
　　　　　　餧獸之藥『禮記』

기를 유【乳】양육(養育)함. 또 사랑함. 阿乳.
　　　　　　皇子棄不乳 椒房抱羌渾『李商隱』

기를 육【育】
　　　　㉠ 양육(養育)함. 育兒. 長我育我『詩經』
　　　　㉡ 양성(養成)함. 育英. 君子以果行育德『易經』

기를 육【毓】육(育)과 동자(同字).
　　　　　　以蕃鳥獸以毓草木『周禮』

기를 이【頣】養也.

기를 이【頤】의식(意識)을 공급(供給)함. 頤義.
　　　　　　觀頤 觀其所養也『易經』

기를 자【字】사랑하여 양육(養育)함.
　　　　　　使字敬叔『左傳』

기를 장【長】양육(養育)함.
　　　　　　以生育養長爲事『漢書』

기를 장【將】양육(養育)함. 또는 봉양(奉養)함.
　　　　　　將養. 不遑將父『詩經』

기를 정【亭】화육(化育)함. 亭之毒之『老子』

기를 추【芻】꼴을 주어 기름. 芻之三月『周禮』

기를 축【蓄】양성(養成)함. 자라게 함. 蓄髮.
　　　　　　蓄力一紀『國語』

기를 환【豢】곡식을 먹여 동물을 기름.
　　　　　　掌豢祭祀之犬『周禮』

기를 휵【畜】
　　　　㉠ 옆에 놓고 먹여 살림. 畜妾.
　　　　　　不畜聚斂之臣『大學』
　　　　㉡ 짐승을 사육(飼育)함. 畜牛.
　　　　　　君賜生必畜之『論語』
　　　　㉢ 또 그 짐승. 家畜. 六畜.

기를 휵【慉】양육함.
　　　　　不我能慉 以我爲讎『詩經』
기름 : 보호(保護)하여 양육(養育)함.
　기름 보【保】若保赤子『孟子』
기름 :
　기름 고【膏】㉠ 지방(脂肪). 雉膏不食『易經』
　　　　　㉡ 등유(燈油). 焚膏油以繼晷『韓愈』
　기름 료【膋】창자 사이에 낀 기름.
　　　　　取其血膋『詩經』
　기름 률【膟】창자 사이에 낀 기름.
　　　　　取其膟膋乃退『禮記』
　기름 빙【氷】지방(脂肪). 肌膚若氷雪『莊子』
　기름 유【油】지방의 액체. 또 가연성의 액체.
　　　　　고유(膏油). 석유(石油).
　　　　　積油滿萬石自然生火『博物志』
　기름 이【膩】㉠ 비계. 脂膩.
　　　　　㉡ 화장하는 기름.
　　　　　渭流漲膩 棄脂水也『杜牧』
　기름 조【臊】지방. 膳膏臊『周禮』
　기름 택【澤】향기로운 기름. 膏澤.
　　　　　好煎澤『梁簡文帝』
기름기 : 고기가 섞인 기름기.
　기름기 유【腴】甘而多腴『論衡』
기름 바르다 : 기름을 발라 미끄럽게 함.
　기름 바를 지【脂】載脂載牽『詩經』
기름사초 : 사초과(莎草科)에 속하는 수초(水草).
　　물가 습지에 나는 데 기름 냄새가 남. 줄기의
　　섬유(纖維)로 자리 따위를 만듦.
　기름 사초 괴【蒯】雖有絲麻 無棄菅蒯『左傳』
　기름 사초 표【藨】其草則藨苧蘋莞『張衡』
기름새 :
　기름새 로【蕗】蕣也.
기름지게 하다 : 적셔 윤택하게 함.
　기름지게 할 고【膏】陰雨膏之『詩經』
　기름지게 할 비【肥】思肥土城『史記』
　기름지게 할 유【腴】비옥(肥沃)함. 또 그 땅.
　　　　　㉠ 九州膏腴『漢書』
　　　　　㉡ 鳥鹵可腴『王融』
기름지다 : 살찌고 기름기가 흐름. 또는 땅이 비
　　옥함. 윤이 흐르고 맛이 좋음.
　기름질 고【膏】㉠ 不能爲膏『國語』
　　　　　㉡ 膏菽膏稻『山海經』
　기름질 악【腥】기름기가 많음. 비계가 두꺼움.
　　　　　欲其柔滑而腥『周禮』
　기름질 옥【沃】걸참. 沃野. 沃土之民『國語』
　기름질 요【饒】비옥함. 饒沃. 地肥饒『史記』
　기름질 욕【溽】음식이 기름짐.
　　　　　其飲食不溽『禮記』
　기름질 우【濡】渥也.
　기름질 유【腴】비옥(肥沃)함. 또 그 땅. 沃腴.
　　　　　㉠ 九州膏腴『漢書』
　　　　　㉡ 鳥鹵可腴『王融』
　기름질 이【膩】살쪄서 기름기가 흐름.
　　　　　不食肥膩『蔡邕』
기름진 땅 :
　기름진땅 고【膏】爲九州膏腴『漢書』
　기름진땅 육【堉】비지(肥地). 비옥(肥沃)한 땅.
기름치다 :
　기름칠 고【膏】기름을 쳐서 미끄럽게 함.
　　　　　膏五車兮『韓愈』
기름통 :
　기름통 과【𨌗】차축(車軸)에 기름을 바르는 통.
　기름통 과【鍋】기계유(機械油) 따위를 담는 그
　　　　　릇. 車轂鍋.
　기름통 화【檛】도륜고통(塗輪膏筒).
기름틀 : 기름을 짜는 틀.
　기름틀 자【榨】자야(榨也).
　기름틀 자【醡】醡打油具『證俗文』
기름 홀 떼기 :
　기름 홀 떼기 쇄【膪】고막(膏膜).
기리다 :
　기릴 가【嘉】칭찬(稱讚)함. 가상히 여김. 嘉獎.
　　　　　嘉乃丕績『書經』
　기릴 강【康】칭송(稱頌)함.
　기릴 미【美】칭찬함. 賞美. 褒美.
　　　　　甘棠美召伯也『詩經』
　기릴 선【譔】칭송함. 論譔其先祖之美『禮記』
　기릴 송【頌】칭송함. 頌德. 頌而無讇『禮記』
　기릴 승【繩】승(繩)과 동자(同字). 칭찬함.
　　　　　繩息嬀以語楚子『左傳』
　기릴 승【繩】칭찬함. 蔡侯繩息嬀『左傳』
　기릴 예【譽】칭찬함. 無毀無譽『王禹偁』
　기릴 찬【讚】㉠ 禮讚. 進不黨以讚己『後漢書』
　　　　　㉡ 기리는 말. 찬사. 圖讚.
　　　　　子婦丁氏作大家讚『後漢書』
　기릴 찬【贊】찬(讚)과 동자(同字). 賞贊.
　　　　　夫子誦此詩 而贊之曰『中庸章句』
　기릴 포【襃】칭찬함. 襃美.
기린(麒麟) :
　기린 기【麒】상상상(想像上)의 영수(靈獸).
　　　　　鳳凰麒麟『禮記』
　기린 린【麟】麒麟.
기마(騎馬) : 타기 위한 말.
　기마 기【騎】車六百乘 騎五千匹『史記』
기물(器物) :
　기물 실【實】器具蒐軍實『左傳』

기미끼다 : 병 또는 괴로움으로 얼굴에 끼는 거
　무스름한 얼룩 같은 점.
　기미낄 간【皯】焦然肌色皯黣『列子』
　기미낄 간【馯】黑也.
　기미낄 증【黶】皯黶, 면흑기(面黑氣).

기민 먹이다 :
　기민 먹일 술【賉】술(卹)과 동자(同字). 분진(分賑).
　기민 먹일 휼【恤】구휼(救恤)함. 진휼(賑恤).
　　　　　　　　恤鰥寡『禮記』

기병(騎兵) : 말 탄 군사. 또 말 탄 사람.
　기병 기【騎】驍騎. 前有車騎『禮記』

기부(寄附) :
　기부 연【捐】헌납(獻納). 또 부과(附課). 징발
　　　　　　(徵發)등의 뜻으로 씀.
　　　　　　起於紳民好義者捐設『大淸會典』

기뻐 하다 :
　기뻐할 가【嘉】嘉樂. 交獻以嘉魂魄『禮記』
　기뻐할 개【闓】개(凱)와 통용.
　　　　　　　　昆蟲闓懌『漢書』
　기뻐할 구【呴】희열(喜悅)함. 呴喩.
　기뻐할 굴【詘】기뻐하는 빛이 겉에 나타나는
　　　　　　　　모양. 敬以詘『禮記』
　기뻐할 길【咭】희모(喜貌).
　기뻐할 도【陶】기쁜 생각이 마음속에 움직임.
　　　　　　　　陶則斯談『禮記』
　기뻐할 도【慆】희열(喜悅)함.
　　　　　　　　師乃慆『尙書大傳』
　기뻐할 리【悡】悅也.
　기뻐할 병【怲】기뻐하는 모양.
　　　　　　　　怲怲乎其似喜乎『莊子』
　기뻐할 부【怤】悅也.
　기뻐할 순【順】父母其順矣乎『中庸』
　기뻐할 시【㺨】喜也.
　기뻐할 시【施】施施自外來『孟子』
　기뻐할 여【悆】辛未, 帝不悆『晉書』
　기뻐할 역【懌】희열(喜悅)함. 悅懌.
　　　　　　　　予一人以懌『書經』
　기뻐할 열【稅】열(悅)과 통용. 終乎稅『史記』
　기뻐할 열【悅】
　　　㉠ 즐거워함. 悅樂. 取之而燕民悅『孟子』
　　　㉡ 기뻐하여 복종함. 我心則悅『詩經』
　　　㉢ 심복함. 中心悅而誠服『孟子』
　　　㉣ 좋아함. 사랑함. 女爲悅己者容『史記』
　기뻐할 열【說】열(悅)과 통용. 說喜.
　　　　　　㉠ 民莫不說『中庸』
　　　　　　㉡ 不亦說乎『論語』
　　　　　　㉢ 女爲說己者容『史記』
　기뻐할 예【豫】희열(喜悅)함. 豫附.

　　　　　　夫子若有不豫色然『孟子』
　기뻐할 요【嘵】喜也.
　기뻐할 유【歈】유(愉)와 통용.
　　　　　　陳醴發悴顔 色歈暢眞心『劉伶』
　기뻐할 유【愉】즐거워 함. 愉悅.
　　　　　　有知氣者 必有愉色『禮記』
　기뻐할 이【怡】怡悅. 怡然. 主色不怡『國語』
　기뻐할 이【夷】희열 함. 莫不夷悅『孔子家語』
　기뻐할 이【台】희열 함.
　　　　　　唐堯遜位 虞舜不台『史記』
　기뻐할 전【輲】天子輲輲『呂氏春秋』
　기뻐할 준【踆】喜也.
　기뻐할 준【壿】悅也.
　기뻐할 탄【嘽】徒御嘽嘽『詩經』
　기뻐할 태【脫】
　　　㉠ 기뻐하는 모양. 脫然而喜矣『淮南子』
　　　㉡ 천천히 가는 모양. 舒而脫脫兮『詩經』
　기뻐할 태【娧】喜也.
　기뻐할 태【兌】희열(喜悅)함. 和兌吉. 『易經』
　기뻐할 허【栩】기뻐하는 모양.
　　　　　　夢爲蝴蝶 栩栩然蝶也『莊子』
　기뻐할 환【讙】三年不言, 言乃讙『禮記』
　기뻐할 환【歡】즐거워 함. 歡迎.
　　　　　　欣喜歡愛 樂之官也『禮記』
　기뻐할 환【懽】환(歡)과 동자(同字). 懽然.
　　　　　　得萬國之懽心『孝經』
　기뻐할 환【驩】환(歡)과 동자(同字). 交驩.
　　　　　　覇者之民驩虞如也『孟子』
　기뻐할 후【嘔】上下相嘔『揚雄』
　기뻐할 훈【燻】和氣燻燻.
　기뻐할 훤【讙】三年不言, 言乃讙『禮記』
　기뻐할 휴【休】좋아함. 爲晉休戚『國語』
　기뻐할 흔【欣】기쁘게 여김. 欣快. 欣喜.
　　　　　　乃瞻衡宇. 載欣載走『陶潛』
　기뻐할 흔【忻】흔(欣)과 동자(同字). 忻悅. 妻原
　　　　　　見巨人跡 心忻然說欲踐之『史記』
　기뻐할 흔【訢】흔(欣)과 동자(同字).
　　　　　　終身訢然 樂而忘天下『孟子』
　기뻐할 흘【忔】棄爲兒時, 忔如巨人之志『史記』
　기뻐할 흘【扢】뛸 듯이 기뻐하는 모양.
　　　　　　子路扢然執干而舞『莊子』
　기뻐할 흥【興】좋아함. 不興其藝不能樂『禮記』
　기뻐할 희【憙】희열 함. 無不欣憙『史記』
　기뻐할 희【熙】희(嬉)와 동자(同字). 熙笑.
　　　　　　出咸陽熙邯鄲『宋玉』

기쁘게 하다 :
　기쁘게 할 목【穆】희열을 느끼게 함.
　　　　　　穆君之色『管子』
　기쁘게 할 역【懌】희열(喜悅)하게 함.

用懌先王受命『書經』

기쁘다 :

기쁠 선【僎】열야(悅也).

기쁠 수【俻】열야(悅也).

기쁠 요【傜】희야(喜也).

기쁠 원【謜】원원(謜謜), 화열(和悅).
謜 語和也『集韻』

기쁠 이【嫛】열야(悅也).

기쁠 일【劮】예야(豫也).

기쁠 일【佚】열야(悅也).. 일(劮)과 동자(同字).

기쁠 합【佮】희야(喜也).

기쁠 혈【娎】희야(喜也).

기쁠 흥【嬹】열야(悅也).

기쁠 희【喜】희열(喜悅).
君子禍至不懼 福至不喜『史記』

기쁠 힐【欯】희야(喜也).

기쁨 :

기쁨 열【稅】열(悅)과 통용. 終乎稅『史記』

기쁨 열【悅】희열(喜悅). 千歡萬悅『易林』

기쁨 환【驩】환(歡)과 동자(同字). 交驩.
覇者之民驩虞如也『孟子』

기쁨 환【歡】희열(喜悅). 즐거움. 平生歡.
啜菽飮水盡其歡『禮記』

기쁨 휴【休】길경(吉慶). 天地休.
實萬世無彊之休『書經』

기쁨 흔【欣】萬國含欣『宋書』

기쁨 희【喜】
㉠ 희열. 喜怒. 先王之所以飾喜也『史記』
㉡ 기쁜 일. 경사. 賀慶以贊諸候之喜『周禮』

기사(騎士) : 말 탄 군사. 또 말 탄 사람.

기사 기【騎】驍騎. 前有車騎『禮記』

기생(妓生) :

기생 기【妓】妓女. 娼妓.
不如銅崔臺上妓『世說』

기생 기【伎】기(妓)와 동자(同字). 伎妾.
名姝異伎『唐書』

기생집 :

기생집 표【婊】창가(倡家). 俗呼倡妓曰婊子.

기생충병(寄生蟲病) : 뱃속에 있는 일종의 작은 기생충으로 인하여 생기는 병.

기생충병 하【瘕】瘕病.

기세(氣勢) : 기운차게 뻗치는 형세(形勢).

기세 노【怒】위세(威勢). 急繕其怒『禮記』

기세 세【勢】기세(氣勢). 毋倚勢作威『書經』

기세 풍【風】세력. 威風遠暢『後漢書』

기세 대단하다 : 자만하여 기세가 대단한 모양.

기세 대단할 포【炰】炰烋.
女炰烋于中國『詩經』

기세 대단할 효【烋】女炰烋于中國『詩經』

기수(奇數) : 둘로 나누어지지 않는 수.

기수 기【奇】우수(偶數)의 대(對).
陽卦奇『易經』

기수(騎手) : 말 타는 사람.

기수 추【騶】名爲左騶『後漢書』

기슭 : 산의 기슭.

기슭 아【阿】流目眺夫衡阿兮『張衡』

기슭 지【阯】太山下阯『史記』

기시(棄市)하다 : 시체를 버려 뭇 사람에게 보임.

기시할 시【施】秦人殺冀芮而施之『國語』

기약(期約)하다 :

기약할 기【期】약속함. 與老人期後何也『史記』

기어가다 :

기어갈 륜【蜦】蝹蜦, 행모(行貌).
神蝝蝹蜦以沈遊『江賦』

기어갈 복【匐】포복(匍匐). 엉금엉금 기어감.

기어갈 포【匍】
㉠ 엉금엉금 기어감. 손을 땅에 대고 엎드려 감.
赤子匍匐將入井『孟子』
㉡ 거꾸러지면서 허둥지둥 급히 감.
凡民有喪 匍匐救之『詩經』

기어오르다 :

기어오를 임【釆】攀也. 釆夫傅說兮『揚雄』

기억(記憶) :

기억 억【憶】撰次諳憶『南史』

기억(記憶)하다 : 마음속에 간직하여 잊지 아니함.

기억할 기【記】闇記. 記誦. 常記在懷『傳習錄』

기억할 암【諳】諳記. 皆諳其數『後漢書』

기억할 억【憶】猶憶疇昔『晉書』

기억할 지【志】博聞彊志『後漢書』

기와 : 흙 같은 것으로 구워 지붕을 이는 물건.

기와 벽【甓】朝運百甓于齊外『晉書』

기와 와【瓦】瓦屋. 武安屋瓦盡震『史記』

기와 즉【堲】구운 기와. 夏丘氏堲周『禮記』

기와가마 :

기와가마 요【匋】요(窯)와 동자(同字).

기와 굽다 :

기와 구을 요【窑】燒瓦.

기와 올리다 :

기와 올릴 와【瓦】施瓦於屋.

기왓가루 :

기왓가루 창【磢】瓦石洗物去垢.

기왓가루로 그릇 닦다 :

기와가루로 그릇 닦을 차【瓺】瓦屑磨器.

기우다 :

기울 미【彌】수선(修繕)함. 彌縫其闕『左傳』

기울 봉【縫】보합(補合)함. 수리(修理)함.
　　　　　　敢拜子之彌縫敝邑『左傳』

기울 완【完】수선(修繕)함. 繕完.
　　　　　　大叔完聚『左傳』

기우듬하다 : 한쪽으로 기울어짐.

　기우듬할 사【邪】其文敧邪『釋名』

기우듬히 서다 : 한쪽 발로 기우듬히 서서 물체
　에 의지함.

　기우듬히 설 피【跛】立毋跛『禮記』

기우러지다 :

　기우러질 벽【厤】仄也.

기우제(祈雨祭) :

　기우제 우【雩】㉠ 비가 오기를 비는 제사.
　　　　　　　　仲夏大雩『禮記』
　　　　　　　㉡ 龍見而雩『左傳』

기우제(祈雨祭) 지내다 : 비가 오기를 비는 제사
　를 지냄.

　기우제 지낼 우【雩】㉠ 仲夏大雩『禮記』
　　　　　　　　㉡ 龍見而雩『左傳』

기운(氣運) :

　기운 기【氣】
　　㉠ 만물 생성(生成)의 근원.
　　　　精氣爲物遊魂爲變『易經』
　　㉡ 심신(心神)의 세력. 원기.
　　　　浩然之氣. 氣 體之充也『孟子』
　　㉢ 세력. 힘. 氣蓋世『史記』
　　㉣ 풍(風), 우(雨), 회(晦), 명(明), 한(寒), 서(暑)
　　　등의 자연의 현상. 天有六氣『左傳』
　　㉤ 수증기, 연기 등의 공중에 올라가 보이는
　　　현상. 直有金寶氣『史記』
　　㉥ 냄새, 빛. 열 같은 감각으로 그 존재를 아
　　　는 현상. 貴氣臭也『禮記』
　　㉦ 풍취. 氣味. 有林下風氣『世說』

　기운 기【炁】기(氣)와 동자(同字).
　　　　　　　以一炁生萬物『關尹子』

　기운 기【气】기(氣)와 동자(同字). 天地人物之氣
　　　　　　　雖別 而气氣字義實同『康熙字典』

　기운 분【氛】운기(雲氣). 楚氛甚惡『左傳』

　기운 행【㳽】자연기(自然氣).
　　　　　　　大同乎涬溟『莊子』

기운 높여 떠들다 :

　기운 높여 떠들 홰【噧】高氣多言.

기운덩어리 : 천지가 아직 개벽되지 않아 모든
　사물이 확실히 구별되지 않는 상태.

　기운덩어리 돈【沌】혼돈(渾沌).

기운덩이 :

　기운덩이 온【縕】乾坤其易之縕『易經』

기운 뜨다 :

기운 뜰 엽【歆】엽엽(歆歆). 氣動貌.

기운 맺히다 :

　기운 맺힐 색【轖】기가 울결(鬱結)함.
　　　　　　　邪氣襲逆 中若結轖『枚乘』

기운 성하다 : 기(氣)가 왕성(旺盛)하여 오르는
　모양.

　기운 성할 온【氳】분온(氛氳).

기운 어리다 : 천지의 기가 서로 합하여 어린 모양.

　기운 어릴 온【氳】인온(氤氳).
　　　　　　　春物其氤氳『宋之問』

　기운 어릴 인【氤】인온(氤氳).
　　　　　　　春物其氤氳『宋之問』

　기운 어릴 총【蔥】蔥蔥佳氣.
　　　　　　　氣佳哉鬱鬱然『後漢書』

기운 없이 가다 :

　기운 없이 갈 흉【趖】피행(疲行).

기운 치밀다 :

　기운 치밀 궐【蹶】氣從下起.

기울다 :

　기울 경【傾】
　　㉠ 한쪽으로 기움. 傾仄. 重鈞則衡不傾『淮南子』
　　㉡ 비스듬함. 傾斜, 檣傾楫摧『范仲淹』
　　㉢ 바르지 아니함. 守節不傾『漢書』
　　㉣ 위험하여짐. 위태로워짐. 편안하지 아니함.
　　　寶祚夙傾『宋書』
　　㉤ 다 없어짐. 舊穀旣盡, 新穀亦傾『應璩』

　기울 경【頃】경(傾)과 동자(同字).
　　　　　　　不盈頃筐『詩經』

　기울 기【敧】傾也.

　기울 기【攲】傾也.

　기울 당【黨】편파적임. 불공평함.
　　　　　　　無偏無黨『書經』

　기울 사【斜】해나 달이 서쪽으로 기움. 日斜.
　　　　　　　起視江月斜『孟浩然』

　기울 아【俄】아(峨)와 동자(同字).
　　　　　　　側弁之俄『詩經』

　기울 예【睨】해가 서쪽으로 기움,
　　　　　　　日方中方睨『莊子』

　기울 의【倚】한쪽으로 기움.
　　　　　　　中立而不倚『中庸』

　기울 의【敧】기(攲)와 통용. 한쪽으로 기움.

　기울 이【施】비스듬함. 庚子日施兮『史記』

　기울 질【昳】해가 서산에 기움. 至日昳,
　　　　　　　皆會『漢書』

　기울 측【昃】
　　㉠ 정오가 지나 해가 서쪽으로 기움.
　　　自朝至于日中昃『書經』
　　㉡ 한쪽으로 기움. 過則昃『揚子法言』

기울 측【側】

　　㉠ 한 쪽으로 쏠림. 側弁之俄『詩經』

　　㉡ 해가 서산(西山)에 가까워 짐. 日側『儀禮』

　　㉢ 중정(中正)을 잃음. 無反無側『書經』

기울 측【仄】

　　㉠ 한쪽으로 기움. 仄斜. 險道傾仄『漢書』

　　㉡ 측(昃)과 동자(同字). 해가 서쪽으로 기울어짐. 仄日. 日仄乃罷『後漢書』

기울어지다 :

　기울어질 경【傾】

　　㉠ 한쪽으로 기움. 傾仄. 重鈞則衡不傾『淮南子』

　　㉡ 비스듬함. 傾斜, 檣傾楫摧『范仲淹』

　　㉢ 바르지 아니함. 守節不傾『漢書』

　　㉣ 위험하여짐. 위태로워짐. 편안하지 아니함. 寶祚夙傾『宋書』

　　㉤ 다 없어짐. 舊穀旣盡, 新穀亦傾『應璩』

　기울어질 기【敧】 경사짐. 비스듬함. 敧敧側側海門帆『吳融』

　기울어질 기【攲】 기구 불정(攲嘔不正).

　기울어질 피【陂】 한쪽으로 쏠림. 無平不陂『易經』

기울이다 : 한 쪽으로 기울임.

　기울일 경【傾】

　　㉠ 기울여 엎음. 傾覆. 傾盆, 傾蓋. 齊一天下而莫能傾也『荀子』

　　㉡ 마음을 기울임. 귀복(歸服)함. 傾注. 傾倒. 傾慕. 一坐盡傾『漢書』

　　㉢ 귀를 기울임. 傾聽. 樵唱時傾耳『陸游』

　　㉣ 형세가 기울어지게 함. 傾國. 哲夫成城 哲婦傾城『詩經』

　　㉤ 잔을 기울여 술을 마심. 取酒對花傾『姚合』

　　㉥ 다함. 남기지 아니함. 傾城遠追送『孫楚』

　기울일 측【側】 귀 기울임. 側聽. 呂后側耳于東廂聽『史記』

기의 술 :

　기의 술 류【斿】 기하수(旗下垂). 鸞輅四馬斿九斿『宋志』

기이(奇異)하다 :

　기이할 괴【怪】 괴상(怪狀)함. 또 진기(珍奇)함. 怪巖奇石. 珍怪奇物『淮南子』

기 이름 :

　기 이름 모【蝥】 옛날에 제후의 기의 이름. 潁考叔取鄭伯之旗蝥弧以先登『左傳』

　기 이름 물【勿】 옛적에 마을에서 일이 일어났을 때에 백성(百姓)을 모으기 위하여 내걸던 신호기(信號旗).

勿州里所建旗『說文解字』

　기 이름 봉【蠭】 기(旗)의 한 가지. 獲其蠭旗『左傳』

　기 이름 비【鈹】 靈姑鈹는 기명(旗名). 公卜使王黑以靈姑鈹率吉『左傳』

기이(奇異)하다 :

　기이할 기【奇】

　　㉠ 괴이(怪異)함. 괴상(怪狀)함. 奇怪. 奇服怪民『周禮』

　　㉡ 진귀(珍貴)함. 奇聞. 好此奇服兮『楚辭』

　　㉢ 진부(陳腐)하지 아니함. 새로움. 奇論. 臭腐化爲神奇『莊子』

　　㉣ 뛰어남. 범상(凡常)하지 아니함. 奇骨. 上未之奇也『漢書』

　　㉤ 알 수 없음. 奇蹟. 宇宙乃爾奇『朱熹』

　기이할 기【琦】

　　㉠ 예사 사람과 다름. 夫聖人瑰意琦行『宋玉』

　　㉡ 보통 있는 사물과 다름. 玩琦辭『荀子』

　기이할 기【畸】 기(奇)와 동자(同字). 畸人.

　기이할 기【倚】 기(奇)와 통용. 倚魁之行『荀子』

　기이할 위【偉】 이상(異狀)함. 偉奇. 偉寶. 偉哉夫造物者『莊子』

기인(基因)하다 :

　기인할 기【基】 기본의 원인이 됨. 基於其身『國語』

기일(忌日) : 부모 또는 조상의 죽은 날.

　기일 기【忌】 상중(喪中). 忌辰. 君子有終身之喪 忌日之謂也『禮記』

기장 : 黍는 메 기장. 직(稷)은 차 기장임.

　기장 거【秬】 黍也.

　기장 당【穅】 穅稺, 黍也.

　기장 서【黍】 오곡(五穀)의 하나. 서직(黍稷).

　기장 자【粢】 메 기장. 제사에 쓰는 서직(黍稷). 粢盛. 稷穄粢 皆一物 語音之輕重耳『爾雅』

　기장 자【齍】 자(粢)와 동자(同字). 제사에 쓰는 서직(黍稷). 世婦共齍盛『周禮』

　기장 직【稷】 메 기장. 오곡의 하나. 서직(黍稷). 彼稷之苗『詩經』

　기장 치【穦】 서직(黍稷).

　기장 치【穧】 서직(黍稷). 大穧是承『詩經』

　기장 황【程】 禾程, 黍也.

　기장 서【黍】 오곡(五穀)의 하나.

기장 담는 제기(祭器) :

　기장 담는 제기 자【齍】 성화제기(盛禾祭器).

기장식(旗裝飾) :

　기장식 수【綏】 기(旗)의 장식(裝飾).

淑旂綏章『詩經』

기장 열 알의 무게 : 기장 낟알 열 개의 중량(重量). 일수(一銖)의 십분지일(十分之一).

　기장 열 알의 무게 루【絫】權輕重者不失黍絫
　　　　　　　　　　　『漢書』

기장찌다 :

　기장 찔 치【餴】기장을 찜.

기주(冀州) :

　기주 기【冀】구주(九州)의 하나. 지금의 하북성(河北省) 산서성(山西省)의 대부분(大部分)과 하남성(河南省)의 일부(一部). 冀州旣載壺口『書經』

기지개켜다 :

　기지개켤 갱【挭】인신(引伸).

　기지개켤 신【申】신(伸)과 동자(同字).
　　　　　　　　　態經鳥申『莊子』

　기지개켤 신【伸】志倦則欠 體倦則伸也『禮記』

　기지게켤 신【胂】신신(伸身).

기질(氣質) :

　기질 기【氣】성질 志彊而氣弱『列子』

기찰(譏察)하다 :

　기찰할 기【譏】조사함. 關市譏而不征『孟子』

기치(旗幟) :

　기치 치【織】치(幟)와 통용. 기의 표식.
　　　　　　　　旗織加其上『漢書』

기침 :

　기침 경【謦】인기척을 하기 위하여 내는 소리. 경해(謦欬).

　기침 수【嗽】咳嗽. 冬時有嗽上氣疾『周禮』

　기침 해【欬】
　　㉠ 해(咳)와 동자(同字). 車上不廣欬『禮記』
　　㉡ 기침이 나는 병. 國多風欬『禮記』

　기침 해【咳】해소(咳嗽). 不敢噦噫嚏咳『禮記』

　기침 흑【欫】咳也.

기틀 :

　기틀 기【機】고동(鼓動).
　　　　　　　此皆達於治亂之機『淮南子』

기표(旗標) :

　기표 지【幟】기표(旗標).

기필(期必)하다 :

　기필할 필【必】반드시 그렇게 될 줄로 믿음.
　　　　　　　期必. 毋意毋必『論語』

기한(期限) :

　기한 한【限】한정한 때. 年限. 日限.

기회(機會) :

　기회 세【勢】가장 효과적(效果的)인 시기(時機).
　　　　　雖有智慧 不如乘勢『孟子』

　기회 회【會】적당한 시기. 烈士立功之會『三國志』

기후(氣候) :

　기후 기【氣】시후(時候). 務順時氣『後漢書』

긴귀 :

　긴귀 호【聕】장이(長耳).

긴 꼬리 :

　긴 꼬리 당【髳】장모(長毛).

긴꼬리원숭이 : 꼬리가 몹시 긴 원숭이의 일종.

　긴꼬리원숭이 과【猓】원야(猿也).

　긴꼬리원숭이 우【禺】禺似獮猴而大 赤目長尾
　　　　　　　山中多有之『正字通』

　긴꼬리원숭이 유【狖】猨啾啾兮狖夜鳴『楚辭』

　긴꼬리원숭이 유【㺉】유(狖)와 통용.
　　　　　　蝯㺉擬而不敢下『漢書』

긴 맛 : 맛과에 속하는 조개. 몸이 장방형(長方形). 각질(殼質)은 얇고 무름. 살은 식용함.

　긴 맛 정【蟶】마도패(馬刀貝). 죽정(竹蟶).

긴 머리 :

　긴 머리 모【髦】머리털 중에서 유달리 긴 머리.
　　　　　土中之俊 如毛中之髦『爾雅』

　긴 머리 삼【彡】길게 자란 아름다운 머리.

긴 배 :

　긴 배 갑【舺】장선(長船).

긴 병장기 :

　긴 병장기 비【備】창(槍) 따위.

긴 쟁기 :

　긴 쟁기 규【耒圭】田器長耒.

긴 창 :

　긴 창 인【戭】장창(長槍).

긴 털 :

　긴 털 리【氂】장모(長毛). 足下生氂『後漢書』

긴팔원숭이 : 팔이 매우 긴 원숭이의 하나. 나무 위에서 군서(群棲) 함.

　긴팔원숭이 원【猨】猱猨善援『爾雅』

　긴팔원숭이 저【狙】猿狙. 衆狙皆怒『莊子』

긷다 :

　길을 수【收】물을 길음. 井收勿幕『易經』

길 :

　길 경【徑】방도(方途). 任宦之捷徑『唐書』

　길 경【庚】도로(道路). 塞夷庚『左傳』

　길 경【經】㉠ 도로. 九經九緯『周禮』
　　㉡ 도덕. 항상 변치 않는 도리.
　　　　常經. 夫孝者天之經也『孝經』

　길 당【唐】뜰 안의 길. 中唐有甓『詩經』

　길 도【涂】
　　㉠ 밭도랑을 따라 난 길. 洫上有涂『周禮』
　　㉡ 통행하는 길. 設國之五溝五涂『周禮』
　　㉢ 앞의 벽돌을 간 길. 堂涂謂之陳『爾雅』

길 도【塗】도(途)와 동자(同字).
　　　塗不拾遺 臨淄之塗『戰國策』
길 도【途】도(塗)와 동자(同字). 도로. 途上.
　　　遇諸途『論語』
길 도【道】
　㉠ 통행하는 곳. 道路. 通道.
　㉡ 준수하여야 할 덕. 道德. 率性之謂道『中庸』
　㉢ 시행의 방법. 此危道也『史記』
　㉣ 獲乎上有道 不信乎朋友 不獲乎上矣『中庸』
　㉤ 경로. 假道於虞, 以伐虢『左傳』
　㉥ 방향. 방면. 北道諸國『漢書』
　㉦ 노정(路程). 倍道赴援『南史』
　㉧ 줄. 折爲二道『宋史』
길 략【略】㉠ 도(道). 欲得文武之略『左傳』
　　　　　㉡ 경로. 以過亂略『書經』
길 로【路】
　㉠ 사람이 다니는 길. 掌達天下之道路『周禮』
　㉡ 사람이 마땅히 행하여야 할 길. 도덕.
　　　義者人之正路也『孟子』
　㉢ 사물의 도리. 有筆力有筆路『玉海』
　㉣ 중요한 자리. 要路. 夫子當路於齊『孟子』
　㉤ 방도. 無路請纓『王勃』
　㉥ 방법. 欲陳之而未有路『司馬遷』
　㉦ 방면. 荊湖北路『宋史』
길 맥【陌】
　㉠ 동서(東西)로 통하는 밭두둑 길.
　　　始爲田開阡陌『史記』
　㉡ 가로(街路). 거리. 塡接街陌『後漢書』
길 맥【佰】맥(陌)과 통용.
　　　南以閭佰爲界『漢書』
길 방【方】방법. 方途. 可謂仁之方也已『論語』
길 상【象】도(道). 도리(道理). 執大象『老子』
길 수【隧】㉠ 경로. 大風有隧『詩經』
　　　　　㉡ 좁은 길. 起亭隧『漢書』
길 술【術】
　㉠ 마을 안의 통로. 園圃術路『漢書』
　㉡ 방법. 수단. 致君堯舜終無術『十八史略』
길 용【甬】양측에 담을 쌓은 길.
　　　築甬道『史記』
길 유【猷】도리(道理). 若昔之大猷『書經』
길 인【仞】인(軔)과 통용. 사람 키 정도의 길이. 팔척(八尺). 九仞. 千仞.
　　　築宮仞有三尺『禮記』
길 적【迪】도덕. 惠迪吉. (惠는 順)『書經』
길 전【詮】법칙, 또는 도리.
　　　發必中詮言必合數『淮南子』
길 정【程】㉠ 길의 거리. 노정(路程).
　　　　　猶是孤帆一日程『盧綸』
　　　　　㉡ 다니는 길. 경로(經路). 發程.

　　　浦程通曲嶼『李紳』
길 진【軫】以翔虛無之軫『淮南子』
길 진【津】경로(徑路). 分流合智津『庾肩吾』
길 진【陳】당하(堂下)에서 문까지 가는 길.
　　　胡遊我陳『詩經』
길 천【阡】
　㉠ 남북(南北)으로 통하는 밭 사이의 길.
　　　始爲田開阡陌『史記』
　㉡ 무덤으로 가는 길. 묘도(墓道).
　　　新阡絳水遙『杜甫』
길 행【行】㉠ 통로. 도로. 行有死人『詩經』
　　　　　㉡ 이정(里程). 千里之行『老子』
　　　　　㉢ 인신(引伸)하여 여정(旅程). 여행.
　　　　　聊以吾子之行卜之也『韓愈』
　　　　　㉣ 여행의 차림. 행장. 治行.
　　　　　㉤ 도의(道義).
　　　　　下有直言 臣之行也『國語』
길 혜【嫊】徑也.
길게 걷다:
　길게 걸을 인【廴】발을 길게 떼어놓고 걸음.
길게 말하다:
　길게 말할 련【嗹】장언(長言).
길게 하다:
　길게 할 영【永】길게 늘임. 歌永言『書經』
길고 꼿꼿하다:
　길고 꼿꼿할 숙【橚】장직모(長直貌).
길고 약하다:
　길고 약할 요【颻】장이약(長而弱).
길고 오래다:
　길고 오랠 미【彌】장구의(長久意).
길고 크다:
　길고 클 오【䵅】장대모(長大貌).
길 귀신: 길을 맡은 신.
　길 귀신 행【行】孟冬其祀行『禮記』
길 깨끗하다:
　길 깨끗할 필【趯】警趯止行淸道.
길 넓고 멀다:
　길 넓고 멀 광【躪】路曠遠.
길다:
　길 구【捄】가늘고 긴 모양. 有捄棘匕『詩經』
　긴 구【猷】長也.
　길 도【脁】장모(長貌).
　길 등【鼟】倰鼟, 長也.
　길 람【藍】머리털이 긺. 白龍垂鬚正藍鬖『韓愈』
　길 료【嫽】長也.
　길 릉【倰】長也.
　길 만【曼】짧지 않음. 曼聲. 孔曼且碩『詩經』
　길 만【鬗】긴 모양. 掩回轅鬗長馳『漢書』

길 봉【芃】꼬리가 긴 모양. 일설에는 짐승이 작은 모양. 有芃者狐 率彼幽草『詩經』
길 사【肆】짧지 아니함. 其風肆好『詩經』
길 선【羨】치수가 긺. 璧羨以起度『周禮』
길 성【𩬊】長貌.
길 소【疏】장대(長大)함. 體大者節疏『淮南子』
길 수【修】길이가 김. 修短. 修廣.
陜而修曲曰樓『爾雅』
길 수【脩】짧지 아니함. 脩短. 脩竹.
四牡脩廣『詩經』
길 식【䭾】長也.
길 신【𢏚】長也.
길 신【莘】魚在在藻 有莘其尾『詩經』
길 신【裑】옷의 주체(主體). 의신(衣身).
길 심【㜸】짧지 아니함. 踔㜸枝『後漢書』
길 양【漾】물이 길게 흐름.
川旣漾而濟深『王粲』
길 연【縯】짧지 아니함.
길 연【延】장구(長久)함. 歷十二之延祚『班固』
길 영【永】
㉠ 강 같은 것의 흐름이 긺. 거리가 김.
江之永矣 不可方思『詩經』
㉡ 시간이 긺. 오램. 永久. 其寧惟永『左傳』
길 오【夭】짧지 아니함. 卉木夭蔓『左思』
길 융【融】짧지 아니함. 昭明有融『詩經』
길 의【猗】짧지 아니함. 有實其猗『詩經』
길 잉【剩】쓸데없이 김. 剩語.
雨剩風殘忽春暮『楊萬里』
길 장【長】
㉠ 짧지 아니함. 尺有所短 寸有所剩『楚辭』
㉡ 거리가 멂. 剩途. 道阻且剩『詩經』
㉢ 오램. 剩壽. 天地所以能剩且久者『老子』
길 조【條】짧지 않음. 厥木惟條『漢書』
길 준【峻】장대(長大)함. 冀枝葉之峻茂『楚辭』
길 천【梴】나무가 긴 모양. 松桷有梴『詩經』

길 돋다 :
길 돋을 용【埇】노상가토(路上加土).

길들다 :
길들 순【馴】새나 짐승이 사람을 따름. 馴獸.

길들이다 :
길들일 순【馴】擾馴鳥獸『孔子家語』
길들일 요【擾】㉠ 짐승 같은 것을 길들임.
擾柔. 擾畜龍『左傳』
㉡ 가축. 其畜宜六擾『周禮』
길들일 조【調】조수(鳥獸)를 길들게 함.
調馴鳥獸『史記』

길들이지 아니하다 : 사람을 따르지 아니하고 해치려 함.
길들이지 아니할 야【野】狼子野心『左傳』

길들이지 않다 : 아직 조련(調練)이 되지 아니함.
길들이지 않을 복【撲】若馭撲馬『荀子』

길들인 말 :
길들인 말 구【駒】馬八歲.

길들지 않은 말 :
길들지 않은 말 혼【騨】騨騍, 야마(野馬).

길르다 :
길을 급【汲】물을 길음. 汲器.
綆短者 不可以汲深『莊子』

길미 :
길미 리【利】변리(邊利). 이자(利子). 利殖.
不納利矣『唐書』

길바닥 물 :
길바닥 물 료【潦】길바닥에 괸 물.
洞酌彼行潦『詩經』

길쌈하다 :
길쌈할 벽【辟】실로 베를 짜다. 妻辟纑『孟子』

길이 :
길이 긍【亙】연장(延長). 經亙數千里『後漢書』
길이 무【袤】
㉠ 남북(南北) 또는 세로의 연장(延長).
延袤萬餘里『史記』
㉡ 동서(東西)의 광(廣). 量徑輪考廣袤『張衡』
길이 부【膚】네 손가락을 나란히 한 넓이.
膚寸而合『公羊傳』
길이 심【尋】긴 정도. 장척(丈尺).
越羅萬丈表長尋『孫光憲』
길이 연【延】가로의 넓이. 동서의 길이.
延袤萬餘里『史記』
길이 영【永】오래도록, 영구히. 永住.
萬世永賴『書經』
길이 장【丈】긴 정도. 屬役賦丈『左傳』
길이 장【長】身長. 布帛長短『孟子』
길이 척【尺】긴 정도. 尺度. 布帛幅尺『晉書』
길이 판【板】10자 또는 8자의 길이.
城不侵者三板『戰國策』

길 잃고 헤매다 :
길 잃고 헤맬 장【倀】失途浪行.

길 잃다 :
길 잃을 라【躍】실도(失道).
길 잃을 환【㣪】실로(失路).

길 제사 : 도신(道神)에 지내는 제사. 길을 떠날 때 도중에 무사하기를 빌며 지내는 제사.
길 제사 발【軷】取羝以軷『詩經』

길 제사 지내다 : 먼길을 떠날 때 행로 신에게 제사 지내는 일. 또 그 때 송별연(送別宴)을 베푸는 일.

길 제사 지낼 조【祖】祖宴. 祖於江陵『漢書』

길쭉하다 :

　길쭉할 타【橢】가늘고 긺. 蜻小而橢『爾雅』

길치우다 :

　길치울 필【趯】警趯止行淸道.

길하다 : 상서로움.

　길할 길【吉】흉(凶)의 대(對). 吉日.
　　　　　黃裳元吉『易經』

　길할 량【良】日吉時良『韓愈』

김 :

　김 기【汽】수증기. 汽車.

김 뜨다 :

　김 뜰 줄【㟾】기출지모(氣出遲貌).

김매다 :

　김맬 누【鎒】누(耨)와 동자(同字). 治國者若鎒
　　　　　田 去害苗者而已『淮南子』

　김맬 누【耨】밭을 팜. 또 除草함.
　　　　　深耕易耨『孟子』

　김맬 부【抙】인취치전(引取治田).

　김맬 서【鉏】제초(除草)함.
　　　　　非其種者鉏而去之『漢書』

　김맬 서【鋤】호미로 잡풀을 뽑음.
　　　　　鋤禾日當午 汗滴禾下土『李紳』

　김맬 운【芸】운(耘)과 통용.
　　　　　植其杖而芸『論語』

　김맬 운【耘】제초(除草)함. 耕耘.
　　　　　或耘或耔『詩經』

　김맬 자【耔】耘也.

　김맬 치【耛】耘耛, 제초(除草).

　김맬 표【穮】제전예(除田穢).

　김맬 표【穮】제초(除草)를 함.
　　　　　譬如農夫是穮是蓘『左傳』

　김맬 호【抾】발거전초(拔去田草).

　김맬 호【薅】밭의 풀을 뽑음. 以薅茶蓼『詩經』

　김맬 호【茠】茠剌除草.

김 쐬다 :

　김쐴 훈【焄】훈(熏)과 동자(同字). 以焄大豪
『史記』

김 오르다 :

　김오를 기【滊】증기(蒸氣).

　김오를 력【㵞】열유기상출(熱濡氣上出).

　김오를 부【烰】김이 오르는 모양.
　　　　　烰烰蒸也.『爾雅』

　김오를 온【熅】김이나 연기 같은 것이 오르는
　　　　　모양. 烟烟熅熅『班固』

　김오를 장【烼】훈증(熏蒸).
　　　　　今炊粉餈謂之烼糕『字彙』

　김오를 증【烝】더운 김이 올라감.
陽氣俱烝『國語』

　김오를 초【歊】歊歙, 기상증(氣上蒸).

　김오를 호【蒿】수증기가 올라가는 모양.
　　　　　焄蒿悽愴『禮記』

　김오를 효【歊】수증기, 열기 따위가 오르는 모양.
　　　　　吐金景兮歊浮雲『班固』

　김오를 훈【蔫】훈(蕫)과 동자(同字).
　　　　　蔫蒿氣蒸出貌.

　김오를 훈【焄】훈(熏)과 동자(同字).
　　　　　以焄大豪『史記』

김치 :

　김치 엄【醃】침채(沈菜).

　김치 잠【歜】침채(沈菜). 享有昌歜『左傳』

　김치 저【菹】절여서 저장한 채소.
　　　　　水草之菹『禮記』

　김치 저【諸】桃諸梅諸『禮記』

　김치 지【泜】지채(漬菜).

깁 : 지극히 엷고 고와 가벼운 견직물.

　깁 사【紗】紗窓. 衣紗縠襌衣『漢書』

깁건 : 위나라 태조가 깁으로 만든 두건.

　깁건 갑【帢】모자. 魏太祖擬古皮弁 裁縑帛以爲
　　　　　帢 以色別其貴賤『魏志』

　깁건 흡【帢】갑(帢)과 동의. 漢儀立秋日 獵服緗
　　　　　幘哀帝改用素白帢『晉書』

깁다

　기울 납【衲】옷을 기움. 衲被蒙頭睡『戴復古』

　기울 루【褸】옷의 해진 데를 기움.
　　　　　袥衣謂之褸『揚雄方言』

　기울 보【補】
　　　㋐ 옷을 기움. 補綴. 修破謂之補
　　　　縫解謂之綻『急就篇』
　　　㋑ 광구(匡救)함.
　　　　袞職有闕 惟仲山甫補之『詩經』

　기울 선【繕】補也.

　기울 예【緊】茸也. 수선하다.

　기울 즙【葺】수선함. 葺繕. 繕完葺牆『左傳』

　기울 철【裰】해진 옷을 기움.

　기울 탄【組】보봉(補縫).

　기울 선【繕】수선(修繕)함. 보수(補修)함. 營繕.
　　　　　繕甲治兵『詩經』

깁 와삭거리다 :

　깁 와삭거릴 채【縩】환소성(紈素聲).

깃 :

　깃 극【襋】옷깃. 要之襋之『詩經』

　깃 금【襟】옷깃. 正襟. 霑余襟之浪浪『楚辭』

　깃 령【翎】
　　　㋐ 새의 날개의 긴털. 需鶴翎爲箭『長編』
　　　㋑ 청조(淸朝)에서 공(功)이 있는 자에게 하사

　　　하던 관(冠)의 장식으로 쓰는 깃. 藍翎.
깃 박【襮】 수를 놓은 옷깃.
　　　　　　㉠ 黼領謂之襮『爾雅』
　　　　　　㉡ 素衣朱襮『詩經』
깃 욕【蓐】 외양간, 마구간 등에 깔아주는 짚이
　　　　나 풀. 除蓐釁廏『周禮』
깃 우【羽】
　　㉠ 새의 날개의 깃털. 羽毛.
　　㉡ 깃의 모양을 한 것. 또는 깃으로 만든 부분.
　　　　中石沒羽『漢書』
　　㉢ 무적(舞翟). 춤추는 사람이 갖는 꿩의 깃으
　　　　로 만든 물건. 秉羽『莊子』
깃 한【翰】 새의 깃. 如翬如翰『魏志』
깃 혼【繀】 깃 다발. 새의 깃 100개를 이름.
깃대 : 기(旗)의 대(對).
깃대 강【杠】 素綿綢杠『爾雅』
깃대 질【邪】 邪偈. 기간(旗竿).
　　　　　　夫何旗旐邪偈之旖旎也『揚雄』
깃대 천【㫜】 기간(旗竿).
깃들이다 :
　깃들일 서【栖】 서(棲)와 동자(同字).
　　　　　　養馬者宜栖之深林『莊子』
　깃들일 서【棲】 보금자리에서 삶.
　　　　　　雞棲于塒『詩經』
　깃들일 서【捿】 서(棲)와 동자(同字).
　　　　　　恣比永幽捿『謝靈運』
　깃들일 소【巢】 보금자리를 지음.
　　　　　　鵲始巢『禮記』
깃 밑 둥 :
　깃 밑 둥 후【猴】 우근(羽根).
깃 밑 솜털 :
　깃 밑 솜털 염【㲲】 익하세모(翼下細毛).
깃발 :
　깃발 류【旒】 기각(旗脚). 爲下國綴旒『詩經』
　깃발 분【紛】 기류(旗旒). 靑雲爲紛『揚雄』
　깃발 삼【襂】 기각. 重旬始以爲襂『司馬相如』
　깃발 삼【縿】 以縫紕旗之旒縿『詩經』
　깃발 소【旓】 기각. 建光耀之長旓『漢書』
　깃발 언【㫞】 정기수말(旌旗垂末).
　깃발 유【斿】 斿旖. 建大常十有二斿『周禮』
　깃발 철【綴】 기각(旗脚).熊耳爲綴『揚雄』
　깃발 치【識】 치(幟)와 동자(同字).
　　　　　　旌旗表識『漢書』
　깃발 패【茷】 패(旆)와 동자(同字).
　　　　　　綪茷旐旌『左傳』
　깃발 표【幖】 幡也. 幟也.
깃발날리다 :
　깃발 날릴 패【旆】 胡不旆旆『詩經』

깃발 번득이다 :
　깃발 번득일 표【旚】 정기번모(旌旗飜貌).
깃발 펄펄 날다 : 깃발이 펄럭이는 모양
　깃발 펄펄 날 니【旎】 旖旎.
　깃발 펄펄 날 의【旖】 旖旎. 旖旎從風『史記』
깃발 훌훌 날리다 :
　깃발 훌훌 날릴 표【旚】 旌旗飛揚貌.
깃 술 :
　깃 술 묘【斻】 모사(旄絲).
깃옷 :
　깃옷 굴【髷】 반소매의 우의(羽衣). 更始諸將軍
　　　　　皆幘而衣婦人衣 繡擁髷『後漢書』
　깃옷 적【翟】 꿩의 깃으로 장식한 옷.
　　　　　　其之翟也『詩經』
깃옷 휘날리다 : 우의(羽衣)가 휘날리는 모양
　깃옷 휘날릴 섬【襳】 섬시(襳襹).
　　　　　　被羽毛之襳襹『張衡』
　깃옷 휘날릴 시【襹】 섬시(襳襹).
　　　　　　被羽毛之襳襹『張衡』
깃으로 꾸민 기 :
　깃으로 꾸민 기 수【旞】 장우기(裝羽旗).
깃의 단 :
　깃의 단 첩【褋】 금연(襟緣).
깃이 나쁘다 :
　깃이 나쁠 초【眊】 우악모(羽惡貌).
깃 일산 : 새의 깃으로 만든 춤출 때 쓰는 제구
　　　(製具). 무악(舞樂)에서 춤추는 사람이 머리 위
　　　로 들어 가림.
　깃 일산 도【翿】 左執翿『詩經』
　깃 일산 예【翳】 ㉠ 天子의 화개(華蓋).
　　　　　　　　　㉡ 左手操翳『山海經』
깃 장식 : 수레 뚜껑의 가장자리나 깃대의 꼭대
　　　기에다는 새 깃의 장식.
　깃 장식 보【葆】 羽葆. 垂翟葆『張衡』
　깃 장식 이【毦】 우모(羽毛)의 장식.
　　　　　　齎黃金旌牛毦『後漢書』
깃 처음 나서 날다 :
　깃 처음 나서 날 진【赺】 新生羽而初飛.
깃촉 :
　깃촉 시【翨】 우경(羽莖).
　깃촉 핵【翮】 우핵(羽翮). 羽本謂之翮『爾雅』
깃털 :
　깃털 리【氂】 장모(長毛). 足下生氂『後漢書』
깊게 하다 :
　깊게 할 심【深】
　　㉠ 깊게 파냄. 深溝. 決河深川『漢書』
　　㉡ 깊이 숨김. 감춤. 必深其爪『周禮』

ⓒ 높게 함. 深壘固軍 『左傳』

깊고 굳다 :

깊고 굳을 개【戤】 심견(深堅).

깊고 맑다 :

깊고 맑을 축【瀟】 심청(深淸).

깊다 : 물이 넓고 깊은 모양.

깊을 공【孔】 孔乎莫知其所終極 『淮南子』

깊을 교【窅】 요(窈)와 동자(同字). 일설에는 조
용함. 望窅篠以徑廷 『張衡』

깊을 교【滜】 滜漢은 滜漢浩汗 『木華』

깊을 굴【潏】 溶潏而泉出 『論衡』

깊을 담【窧】 深也.

깊을 담【潭】 潭深. 潭思渾天 『漢書』

깊을 담【覃】 覃思. 揚雄覃思于太玄 『晉書』

깊을 담【譚】 담(覃)과 통용. 譚思.

깊을 동【洞】 깊이 생각함. 思洞希微 『陸機』

깊을 료【漻】 맑고 깊음. 湫漻寂寞 『淮南子』

깊을 료【嶚】 嶚嘈는 산골짜기가 깊고 텅 빈 모양.
嶰谷嶚嘈張其前 『張協』

깊을 림【硺】 심모(深貌).

깊을 묘【杳】 杳乎如入於淵 『管子』

깊을 미【寏】 深也.

깊을 미【靡】 深也.

깊을 미【采】 심(深)과 동의.

깊을 비【閟】 유심(幽深)함. 閟宮有侐 『詩經』

깊을 선【洒】 물이 깊음. 望厓洒而高岸 『爾雅』

깊을 수【邃】
　ㄱ 깊숙함. 겉에서 속까지 멂. 幽邃.
　　高堂邃宇 『鹽鐵論』
　ⓛ 이치(理致)가 오묘(奧妙)하여 알기 어려움.
　　심수(深邃). 舊學商量加邃密 『朱熹』
　ⓒ 학문이 많음. 少邃於學 『唐書』

깊을 심【深】
　ㄱ 얕지 아니함. 淺의 對. 深海.
　　深則厲 淺則揭 『詩經』
　ⓛ 깊숙함. 深山幽谷. 山深而獸往之 『史記』
　ⓒ 정미(精微)함. 深奧.
　　惟深也故能通天下之志 『易經』
　ⓔ 심(甚)함. 深愁. 其憂之也深 『中庸章句』
　ⓜ 深智. 深圖. 其慮患也深 『孟子』
　ⓗ 중(重)함. 深痼. 害莫深焉 『呂氏春秋』
　ⓢ 후함. 深厚. 人情恩深者 『漢書』
　ⓞ 경박하지 아니함. 深重. 志念深矣 『史記』
　ⓩ 엄(嚴)함. 잔인(殘忍)함. 深文.
　　外寬而內深 『漢書』
　ⓩ 성(盛)함. 深夜. 三國志兵深矣 『戰國策』

깊을 앙【泱】 물이 깊고 넓은 모양.
維水泱泱 『詩經』

깊을 엄【弇】 其器宏以弇 『呂氏春秋』

깊을 연【潫】 深也.

깊을 연【淵】 淵博. 秉心塞淵 『詩經』

깊을 영【永】 얕지 아니함.
啜過始知眞味永 『蘇軾』

깊을 예【濊】 물이 깊고 넓은 모양.
澤汪濊輯萬國 『漢書』

깊을 오【澳】 물이 깊음. 深潭之澳溟 『何遜』

깊을 왕【瀇】 물이 깊고 넓은 모양.
瀇洋無涯 『論衡』

깊을 요【窅】 深也.

깊을 요【窔】 深也.

깊을 요【幼】 심원(深遠)함. 오묘함.
聲幼妙 『司馬相如』

깊을 운【沄】 넓고 깊은 모양.
望沄沄兮視冥冥 『李華』

깊을 유【㵒】 深也.

깊을 유【眑】 심원한 모양. 淸思眑眑 『漢書』

깊을 융【瀜】 물이 깊고 넓은 모양.
沖瀜沆瀁 『木華』

깊을 인【仞】 峭仞聳巍巍 『鄭谷』

깊을 잠【湛】
　ㄱ 물이 얕지 아니함. 湛碧. 洞庭淵湛 『魏書』
　ⓛ 두터움. 후(厚)함. 湛恩汪濊 『王勃』

깊을 잠【潛】 潛雖伏矣 『詩經』

깊을 쟁【諍】 심의(深意).

깊을 조【篠】 깊고 먼 모양. 심원한 모양.
弘弘淵淵篠篠窈窈深也 『廣雅』

깊을 준【濬】
　ㄱ 얕지 않음. 濬池.
　　仰眺層峯 俯鏡濬壑 『謝靈運』
　ⓛ 심원함. 幽深함. 濬哲惟商 『詩經』

깊을 준【浚】 물이 깊음. 浚照.
水道浚利 『漢書』

깊을 최【漼】 물이 깊음. 有漼者淵 『詩經』

깊을 충【沖】 沖瀜은 물이 깊고 넓은 모양.
沖瀜沆瀁 『木華』

깊을 충【沖】 深沖. 泳之彌廣捴, 之彌沖 『潘尼』

깊을 충【沖】 深也.

깊을 하【谺】 함(谽)을 보라.
通谷豁兮谺谺 『漢書』

깊을 함【谽】 谽谺는 골짜기가 크고 넓어 텅 빈
모양. 趨谽谺之洞穴 『張衡』

깊을 현【玄】 유심(幽深)함. 으슥함.
處於玄宮 『漢書』

깊을 형【洞】 물이 깊고 넓은 모양.
登高臨下水洞洞 『北史』

깊을 호【涝】 물이 깊음. 川谷何涝 『楚辭』

깊을 황【洸】 황(滉)과 동자(同字). 물이 깊고
넓은 모양. 洸洋.

깊을 황【滉】물이 깊고 넓은 모양. 滉漾.
　　　　　滉滉困泫『郭璞』

깊을 황【潢】황(滉)과 동자(同字).
　　　　　灝溔潢漾『司馬相如』

깊을 횡【浤】굉(閎)과 통용. 崇論浤議『漢書』

깊숙하다 : 산이 첩첩이 쌓여 깊숙한 모양.

깊숙할 롱【箞】箞箞. 深山之箞箞『史記』

깊숙할 린【嶙】嶙岣. 岭嶒嶙岣『揚雄』

깊숙할 순【岣】山自木落重嶙岣『陸游』

깊숙할 요【宎】깊숙이 들어가 있음. 또 그 곳.
　　　　　鶂生於宎『莊子』

깊숙할 함【谽】골짜기가 깊숙한 모양.

깊숙할 확【濩】嬋娟蠖濩之中『揚雄』

깊은 골짜기 :

깊은 골짜기 로【嶗】嶗嶗, 심곡모(深谷貌).

깊은 골짜기 신【嶙】심곡(深谷).

깊은 골짜기 호【嶰】심곡모(深谷貌).

깊은 구멍 :

깊은 구멍 관【窾】심혈(深穴).

깊은 눈 :

깊은 눈 요【窅】심목(深目).

깊은 마음 :

깊은 마음 교【窔】속이 깊은 마음.
　　　　　緩者窔者密者『莊子』

깊은 이치 :

깊은 이치 색【賾】심오한 진리. 探賾.
　　　　　聖人有以見天下之賾『易經』

깊이 :

깊이 심【深】
　　㉠ 깊게. 심히. 深思熟考. 深鑑物情『漢書』
　　㉡ 깊은 정도. 深淺. 以土圭之法 測土深『周禮』

깊이 갈다 :

깊이 갈 석【耤】심경(深耕).

깊이 갈 전【耣】심경(深耕).

깊이 들어가다 :

깊이 들어갈 미【홋】심입(深入).

깊이 모르다 :

깊이 모를 묘【淼】淼淼, 심불측(深不測).

깊이보다 :

깊이볼 심【覘】심견(深見).

깊이 잠들다 :

깊이 잠들 계【瘛】숙매(熟寐).

까끄라기 :

까끄라기 망【芒】벼, 보리 따위의 수염. 芒種.

까끄라기 묘【秒】화망(禾芒).
　　　　　禾有秒 秋分而定『說文解字』

까끄라기 표【穮】벼, 보리 등의 수염.
　　　　　秋分穮定 穮定而禾熟『淮南子』

까끄라기 조 :

까끄라기 조 광【穬】망속(芒粟).
　　　　　五穀皆有穬『六書考』

까다롭다 :

까다로울 가【苛】잗다랗고 번거로움.
　　　　　煩苛. 細苛. 好苛禮『史記』

까닭 :

까닭 위【謂】이유. 甚無謂也『漢書』

까닭 유【繇】이유. 방도. 無繇敎訓其民『漢書』

까닭 유【由】유래. 원유. 易初本由『史記』

까닭 이【以】원인. 이유. 必有以也『詩經』

까닭 인【因】기원. 原因. 無因而至前也『鄒陽』

까락 :

까락 묘【穮】화망(禾芒).

까락 바수다 :

까락 바술 취【䴣】제곡망(除穀芒).

까마귀 : 몸이 온통 검은 새.

까마귀 거【鶋】鷾鶋

까마귀 오【於】오(烏)의 고자(古字).
　　　　　於鵲與處『穆天子傳』

까마귀 오【烏】烏之雌雄. 莫黑匪烏『詩經』

까마귀머루 : 포도과에 속하는 만초. 열매는 식
　용 및 양조(釀造)에 쓰임.

까마귀머루 영【蘡】蘡薁.

까마귀 비슷한 새 :

까마귀 비슷한 새 지【鴲】鴲鶹, 如烏鳥.

까마귀소리 : 까마귀 우는소리.

까마귀소리 아【啞】烏之啞啞『淮南子』

까무러 졌다 깨나다 :

까무러 졌다 깨날 자【狄】惛死而復生.

까무러치다 :

까무러칠 긍【殑】欲死貌.

까무러칠 란【兓】臨死神迷.

까무러칠 승【殑】欲死貌.

까부르다 : 키로 곡식 같은 것을 까부름.

까부를 양【颺】簸之颺之, 糠秕在前『晉書』

까부를 파【簸】簸颺. 或簸或蹂『詩經』

까불다 : 키를 위 아래로 부침.

까불 양【颺】簸之颺之 糠秕在前『晉書』

까불 파【簸】몹시 아래위로 흔듦. 簸揚.
　　　　　浪簸船應圻『杜甫』

까지 : ~에 이르기까지.

까지 흘【迄】所編百有八十餘家矣.
　　　　　迄至魏晉 作者間出『文心雕龍』

까치 : 까마귀과에 속하는 새. 습(濕)한 것을 싫어
　하므로 乾鵲이라고도 하며, 또 기쁜 일을 알리
　는 새라 하여, 喜鵲이라고도 함.

까치 간【鳽】鳽鶄, 鵲也.

까치 간【睢】鵲也.

까치 작【舃】鵲之彊彊『詩經』

까치 같고 꼬리 짧은 새 :

　까치 같고 꼬리 짧은 새 단【鷤】如鵲短尾.

까치독사 :

　까치독사 완【蚖】독사(毒蛇). 훼류(虺類).

까치 우는 소리 :

　까치 우는 소리 사【楂】鵲鳴聲楂楂『韓愈』

까치콩 : 과에 속하는 일년생 만초.

　까치콩 섭【欇】콩欇, 虎欘『爾雅』

까칠하다 : 털이 거칠고 윤기가 없음.

　까칠할 표【皫】鳥皫色而沙鳴鬱『禮記』

깍지 : 콩이나 팥 따위의 꼬투리의 껍질.

　깍지 각【角】結細角, 角內有細子『本草經』

깍지 : 활 쏠 때 시위를 잡아당기는 엄지손가락에
　　　끼는 기구.

　깍지 개【闓】決猶闓也『儀禮』

　깍지 결【抉】결(觖)과 동자(同字). 혁결(革抉).
　　　　　　　掌王之用 弓弩矢箙媰戈抉拾『周禮』

　깍지 결【玦】결흡(決洽). 右佩玦『禮記』

　깍지 결【決】결흡(決洽).

　깍지 결【觖】결(夬)과 동자(同字). 결흡(決洽).

　깍지 구【韝】결흡(決洽).

　깍지 섭【韘】사결(射決).

　깍지 섭【鞢】결흡(決洽).

　깍지 섭【鞢】결흡(決洽). 童子佩鞢『詩經』

　깍지 조【爪】손가락에 끼는 물건.
　　　　　　　彈箏者以鹿角爲爪彈之『樂錄』

　깍지 협【弽】섭(韘)과 동자(同字). 사결(射決).

깍지끼다 : 두 손의 손가락을 서로 어긋 매어 낌.

　깍지낄 차【叉】叉手. 逢人手盡叉『柳宗元』

깎기다 : 삭감됨. 줆.

　깎일 삭【削】不戰面地已削也『史記』

깎다 : 깎아냄. 삭제함. 잡초를 깎아 없앰.

　깎을 각【刻】刻削. 刻意向行『莊子』

　깎을 간【刊】刊削. 刊其柄與末『禮記』

　깎을 괄【刮】刮削. 茅茨不剪, 采椽不刮『史記』

　깎을 교【芟】꼴 풀을 벰. 民芟牧其中『史記』

　깎을 락【鉻】체발(剃髮)함.

　깎을 래【萊】萊山田之野『周禮』

　깎을 마【劘】自下劘上『漢書』

　깎을 막【莫】잘라냄. 刀可莫鐵『管子』

　깎을 멸【蔑】蔑貞凶『易經』

　깎을 박【剝】不剝脫, 不礪砥『荀子』

　깎을 박【㓤】削也.

　깎을 방【錺】얇게 벰.

　깎을 번【鐇】벌채함. 鐇钁株林『後漢書』

　깎을 비【批】깎아 얇게 함. 竹批雙耳峻『杜甫』

　깎을 비【劓】깎아냄. 劓斫.

　깎을 삭【削】

　　㉠ 깎아 냄. 削髮. 屢馮馮『詩經』

　　㉡ 삭제함. 筆削. 筆則筆 削則削『史記』

　　㉢ 떼어 냄. 가름. 분할(分割)함. 削減.
　　　　齊削城封田嬰『戰國策』

　깎을 산【剗】깎아냄. 府兵內剗『杜牧』

　깎을 산【鏟】잔(剗)과 동자(同字).
　　　　　　　意欲鏟疊嶂『杜甫』

　깎을 산【刪】삭제(削除)함. 刪削. 刪改.
　　　　　　　刪其僞辭 取正義 著於篇『漢書』

　깎을 살【稤】깎아 가늘게 함.
　　　　　　　相角秋稤者厚 春稤者薄『正字通』

　깎을 소【蘇】풀을 깎음. 樵蘇後爨『史記』

　깎을 염【剡】깎아 냄. 剡削. 刻剡.
　　　　　　　剡木爲矢『易經』

　깎을 염【琰】규(圭)의 상부(上部)를 깎음.
　　　　　　　凡圭琰上寸半『周禮』

　깎을 예【乂】예(刈)와 예(艾)와 동자(同字).

　깎을 완【輐】모난 데를 깎아 둥글게 함.
　　　　　　　椎拍輐斷『莊子』

　깎을 완【刓】모난 데를 깎아 둥글게 하거나 평
　　　　　　　평하게 함. 刓削. 刓琢.
　　　　　　　刓方以爲圓『楚辭』

　깎을 완【剜】有洞若神剜有巖若天劃『韓愈』

　깎을 육【劉】削也.

　깎을 이【荑】以水殄草, 而芟夷之『周禮』

　깎을 이【夷】풀을 벰. 日夏至而夷之『周禮』

　깎을 작【斮】깎아냄. 魚則斮之『爾雅』

　깎을 자【刺】깎거나 베어 버림.
　　　　　　　庶人則曰刺草之臣『儀禮』

　깎을 잔【剗】剗削. 剗而類, 破我家『戰國策』

　깎을 적【狄】깎아냄. 狄彼東南『詩經』

　깎을 전【翦】전(剪)과 통용. 깎아냄.
　　　　　　　其翦以賜諸侯『左傳』

　깎을 전【鬋】鬋茅作堂『漢書』

　깎을 전【剪】

　　㉠ 가위로 자름. 勿剪勿伐『詩經』

　　㉡ 베어 버림. 草萊不剪『南史』

　　㉢ 가지런히 자름. 茅茨不剪 采椽不斲『韓非子』

　깎을 전【鬋】전(剪)과 동자(同字).
　　　　　　　鬋髮文身之民也『漢書』

　깎을 절【折】값을 낮춤. 折價.
　　　　　　　良賈不爲折閱不市『荀子』

　깎을 조【銚】銚鎒于是乎始修『莊子』

　깎을 좌【剉】모난 데를 깎아 없앰.
　　　　　　　廉則剉『莊子』

　깎을 착【斲】깎아냄. 魚則斷之『爾雅』

깎을 착【斲】깎아냄. 匠人斲而小之『孟子』

깎을 척【剔】초목 따위를 깎음. 攘之剔之『詩經』

깎을 철【剟】삭제함. 有敢剟定法令者死『商子』

깎을 체【剃】체(剃)와 동자(同字).
　　　　　　婦人皆翦剃, 以著假髻『北史』

깎을 체【剃】머리를 깎음. 剃頭. 剃刀.
　　　　　　剃髮披法服『南史』

깎을 체【鬀】체발(剃髮)함. 其次鬀毛髮『漢書』

깎을 체【薙】
　㉠ 풀을 깎음. 芟薙. 薙草得斷碑『蘇軾』
　㉡ 머리를 바싹 깎음.
　　　李贄奪薙髮刀自劤『列朝詩集』

깎을 촉【劚】削也.

깎을 치【薙】
　㉠ 풀을 깎음. 芟薙. 薙草得斷碑『蘇軾』
　㉡ 머리를 바싹 깎음.
　　　李贄奪薙髮刀自劤『列朝詩集』

깎을 포【刨】칼 같은 것으로 얇게 떼어냄.

깎을 할【捾】刮也.

깎을 후【斶】削也.

깎아서 둥글게 하다 :

깎아서 둥글게 할 와【銚】刓方爲圓.

깔개 :

깔개 욕【蓐】욕(褥)과 동자(同字). 요, 자리 등
　　　　　　까는 물건의 총칭. 茵蓐. 臥蓐.
　　　　　　食器席蓐『漢書』

깔개 인【茵】주로 수레 안에 까는 자리. 文茵.
　　　　　　乘茵步輦『班固』

깔개 자【藉】밑에 까는 물건. 또 실같은 것을
　　　　　　떠서 옥 같은 것의 밑에 까는 물
　　　　　　건. 받침. 執玉其有藉『禮記』

깔개 조【藻】옥 밑에 받쳐 까는 물건. 玉藻.
　　　　　　執玉其有藻者則裼『禮記』

깔개 추【蒭】요, 자리 같은 까는 물건.
　　　　　　蓐謂之蒭『博雅』

깔깔 웃다 :

깔깔 웃을 연【嘕】대소(大笑).

깔깔하다 :

깔깔할 색【濇】색(澁)의 본자(本字). 불활(不滑).

깔다 :

깔 석【席】자리를 깖. 相枕席於道路『漢書』

깔 소【疏】밑에 깖. 疏石蘭兮爲芳『楚辭』

깔 외【褧】밑에 깖. 之新孃褧之以玄纁『左傳』

깔 임【衽】요 같은 것을 밑에 깖. 衽金革『中庸』

깔 자【藉】자리 같은 것을 깖. 藉用白茅『易經』

깔 저【苴】㉠ 신속에 짚을 깖. 또 그 물건.
　　　　　　冠雖蔽不以苴履『漢書』
　　　㉡ 자리 같은 것을 깖.

苴白茅于江淮『漢書』

깔 천【薦】자리로 삼음. 白茅以薦『法苑珠林』

깔보다 :

깔 볼 오【鶩】대수롭지 않게 여김. 경시(輕視)함.
　　　　　　鶩萬世之患『莊子』

깜짝 놀라다 :

깜짝 놀랄 획【謋】획연(謋然), 경모(驚貌).

깜짝 놀랄 획【嚄】깜짝 놀라는 소리.
　　　　　　嚄大姊何藏之深也『史記』

깜짝이다 : 눈을 잠깐 감았다가 뜸. 또 눈동자를
　　굴림.

깜짝일 도【逃】不目逃『孟子』

깨끗이 하다 :

깨끗이 할 결【潔】스스로 몸을 닦아 결백하게 함.
　　　　　　修潔. 人潔己以進『論語』

깨끗이 할 결【絜】결(潔)과 통용.
　　　　　　㉠ 絜粢豊盛『左傳』
　　　　　　㉡ 絜爾牛羊『詩經』

깨끗이 할 설【㥶】淸也.

깨끗이 할 쇄【灑】神韻蕭灑『南史』

깨끗이 할 정【淨】鶴豈容淨『鮑照』

깨끗이 할 정【靜】청결(淸潔)하게 함.
　　　　　　靜其巾冪『國語』

깨끗이 할 조【澡】결백하게 함.
　　　　　　澡身而浴德『禮記』

깨끗이 할 청【淸】淸宮. 淸其灰『周禮』

깨끗하다 :

깨끗할 결【潔】
　㉠ 더럽지 아니함. 淸潔. 粢盛不潔『孟子』
　㉡ 품행이 바름. 청렴함. 潔白.
　　　卞急而好潔『左傳』

깨끗할 교【皎】깨끗함. 皎潔. 皎皎白駒『詩經』

깨끗할 백【白】청백(淸白)함. 潔白.

깨끗할 범【梵】범어(梵語)의 음역(音譯)으로 청
　　　　　　정(淸淨)의 뜻.
　　　　　　淨修梵行『法華經』

깨끗할 쇄【灑】神韻蕭灑『南史』

깨끗할 순【淳】청정(淸淨)함. 淳白.
　　　　　　何道眞之淳粹兮『張衡』

깨끗할 안【矸】돌이 깨끗한 모양.
　　　　　　南山矸白石爛『宰戚』

깨끗할 애【皚】淨也.

깨끗할 연【涓】정결(淨潔)함. 涓潔.

깨끗할 작【皭】결백(潔白)한 모양.
　　　　　　皭然泥而不滓者也『史記』

깨끗할 정【淨】
　㉠ 정(淨)함. 淸淨. 亭亭淨淨植『朱敦頤』
　㉡ 사념(邪念)이 없음. 新愁百慮淨『袁郎』

깨끗할 정【靜】청결함. 籩豆靜嘉『詩經』

깨끗할 정【精】결백함. 精潔. 其心精『國語』

깨끗할 찰【察】결백함. 身之察察『楚辭』

깨끗할 청【淸】청결함. 淸淨.

깨끗할 호【皓】희고 깨끗함. 皓齒.
　　　　　　　鬚眉皓白『史記』

깨끗한 옷 :

　깨끗한 옷 초【襪】호의(好衣).

깨나다 :

　깨날 소【甦】死而復生.

　깨날 소【蘇】회생(回生)함. 蘇六.
　　　　　大日而蘇『左傳』

깨다 : 잠에서 깸. 잠이 깸. 술이 깸.

　깰 경【警】目欲暝而復警『歐陽修』

　깰 교【覺】覺醒. 俄然覺, 則蘧蘧然周也『莊子』

　깰 성【醒】㉠ 明朝酒醒還獨來『蘇軾』
　　　　　㉡ 醒目常不眼『梅堯臣』

　깰 소【蘇】蘇世獨立『楚辭』

　깰 오【寤】寤寐. 愢我寤嘆『詩經』

　깰 와【訛】或寢或訛『詩經』

깨다 : 부숨.

　깰 벽【釽】鉤釽析亂而已『漢書』

　깰 수【輸】파손(破損)함. 載輸爾載『詩經』

깨닫다 :

　깨달을 각【覺】
　　㉠ 사리를 생각하던 끝에 혜두(慧竇)가 트이어
　　　환하게 앎. 覺悟.
　　　知來本無知, 覺來本無覺『傳習錄』
　　㉡ 알아서 차림. 覺今是而昨非『陶潛』
　　㉢ 느낌. 覺秋冷. 晚凉徐覺喜詩成『朱熹』

　깨달을 감【感】느껴 앎. 感覺.
　　　　　　感吾生之行休『陶潛』

　깨달을 경【憬】각성(覺醒)함. 憬悟.

　깨달을 령【領】알아차림. 領解.
　　　　　　捿要心己領『杜甫』

　깨달을 령【聆】깨치어 알아내는 모양.
　　　　　　所居聆聆『淮南子』

　깨달을 료【了】명확히 앎. 이해함. 了解.
　　　　　武帝曰 卿殊不了事『南史』

　깨달을 비【譬】모르던 것을 환하게 앎.
　　　　　　聞之者未譬『後漢書』

　깨달을 성【寤】悟也.

　깨달을 성【惺】개오(開悟)함.
　　　　　敬是常惺惺法『上蔡語錄』

　깨달을 성【省】회오(會悟)함. 忽大省曰『宋史』

　깨달을 성【醒】미혹(迷惑)이 풀림. 覺醒.
　　　　　衆人皆醉 我獨醒『楚辭』

　깨달을 심【審】깨달아 환하게 앎.

　　　　　審容膝之易安『陶潛』

　깨달을 오【悟】
　　㉠ 이치를 알아냄. 悟道. 悟覺.
　　　悟已往之不諫, 知來者之可追『陶潛』
　　㉡ 의심이 풀림. 해탈함.
　　　賢者雖獨悟 所困在羣患『後漢書』

　깨달을 오【寤】오(悟)와 통용.
　　　　　欲一言而寤『淮南子』

　깨달을 유【喩】잘못을 앎. 君子喩於義『論語』

　깨달을 유【諭】말을 듣고 깨달아 앎.
　　　　　其言多當矣 而未諭也『荀子』

　깨달을 혜【憓】悟也.

　깨달을 활【豁】깨닫는 모양. 환히 아는 모양.
　　　　　一旦豁然貫通焉『大學章句』

　깨달을 회【會】이해(理解)함. 會得.
　　　　　智者融會『隋煬帝』

　깨달을 효【曉】환히 앎. 通曉.
　　　　　不曉世務『宋史』

깨달음 :

　깨달음 각【覺】
　　㉠ 사리(事理)에 통달(通達)함. 도(道)를 터득
　　　함. 妙覺. 且有大覺, 而後知此大夢『莊子』
　　㉡ 도를 터득한 사람. 淨覺. 未寤于前覺『左思』

　깨달음 오【悟】無所覺之謂迷 有所覺之爲悟
　　　　　　『困知記』

　깨달음 증【證】불교에서 오도(悟道)에 들어가는 일.
　　　　　無得無證, 謂之解脫『傳燈錄』

깨뜨리다 :

　깨뜨릴 란【殙】연괴(硏壞).

　깨뜨릴 불【敍】破也.

　깨뜨릴 파【破】
　　㉠ 부숨. 파괴함. 旣破我斧, 又缺我斨『詩經』
　　㉡ 일이 틀어지게 함. 破約.
　　㉢ 쳐부숨. 이김. 魏有破韓之志『戰國策』
　　㉣ 다함. 끝까지 해냄. 踏破. 讀破. 看破.

　깨뜨릴 팔【捌】解捽者 不在於捌格『淮南子』

　깨뜨릴 획【蘭】파괴(破壞).

깨 맨드라미 : 비듬과에 속하는 일년초. 잎과 줄
　기가 모두 붉은 빛을 띠며 열매는 청상자(靑葙
　子)라 하여 약재로 씀. 개 맨드라미.

　깨 맨드라미 상【葙】靑葙.

깨무는 소리 : 물건을 깨무는 소리.

　깨무는 소리 할【齕】齕齕咀嚼『書紀』

깨묵 :

　깨묵 박【粕】油粕.

깨물다 : 이로 깨물거나 씹음. 또는 물어뜯음.

　깨물 간【齦】齦其姦猾『韓愈』

　깨물 교【齩】罷夫羸老, 易子而齩其骨『漢書』

깨물 립【齷】啖堅物聲.

깨물 색【咋】孤豚之咋虎『漢書』

깨물 색【齚】上使齚癰, 色難之『漢書』

깨물 색【齚】魏其必內愧, 杜門齚舌自殺『史記』

깨물 서【簭】서(噬)와 동자(同字).
　　　　　凡攫酏授簭之類『周禮』

깨물 설【齧】毋齧骨『漢書』

깨물 설【囓】설(齧)과 동자(同字).
　　　　　猶昆蟲之相囓『後漢書』

깨물 아【牙】輕起相牙『戰國策』

깨물 요【嚙】교(咬)와 동자(同字).

깨물 의【齮】齮齕用事者墳墓矣『漢書』

깨물 질【咥】履虎尾 不咥人亨『易經』

깨물 흘【齕】흘(齕)과 동자(同字).
　　　　　齕草飲水『莊子』

깨물 흘【齕】齕噬. 削瓜庶人齕之『禮記』

깨우다 : 잠을 깨게 함.

깨울 경【撄】攪也.

깨울 경【警】目欲暝而復警『歐陽修』

깨울 교【覺】中夜聞荒雞鳴 蹴琨覺曰 此非惡聲
　　　　　也『晉書』

깨울 성【醒】柳眼鶯喚醒『眞山民』

깨우쳐주다 : 가르치고 타일러 깨우쳐 줌.

깨우쳐줄 유【喩】曉喩. 且喩以所守『韓愈』

깨우치다 : 가르침. 알림. 깨닫게 함.

깨우칠 각【覺】予將以斯道覺斯民『孟子』

깨우칠 개【開】계발(啓發)함. 開悟.
　　　　　或開予『禮記』

깨우칠 령【泠】환히 알도록 가르침. 舜之將死
　　　　　眞泠禹曰 汝戒之哉『莊子』

깨우칠 비【譬】請往譬降之『後漢書』

깨우칠 성【醒】柳眼鶯喚醒『眞山民』

깨우칠 오【悟】계발(啓發)함.
　　　　　唐雎華顚以悟秦『崔駰』

깨우칠 오【逜】寤也.

깨우칠 유【諭】諭示. 曉諭. 修敎明諭『穀羊傳』

깨우칠 유【牖】유(誘)와 통용.
　　　　　天之牖民『詩經』

깨우침 : 깨우치는 말.

깨우침 유【諭】未敢聞子之高諭『束晳』

깨지는 독 소리 :

깨지는 독 소리 사【甦】破甕聲.

깨지는 소리 :

깨지는 소리 괵【剨】파성(破聲).

깨지는 소리 획【繣】물건이 깨지는 소리.
　　　　　繣瓦解而氷泮『潘岳』

깨지다 :

깨질 간【墾】부서질 간. 凡陶瓬之事 髺墾薜暴不

入市『周禮』

깨질 계【甈】질그릇 같은 것이 깨짐.
　　　　　剛則甈柔則坯『揚子法言』

깨질 세【毻】破也.

깨질 최【殌】破也.

깨질 파【破】

　㉠ 물건이 깨짐. 파괴(破壞)됨. 破船. 破袴.
　　破屋數間而己矣『韓愈』

　㉡ 부서짐. 甌己破矣『後漢書』

　㉢ 일이 깨짐. 일이 틀어짐. 破綻.

　㉣ 짐. 패배(敗北)함. 敵國破, 謀臣亡『史記』

깨질 폐【敝】부수어짐. 敝屣. 甕敝漏『易經』

깨진데 :

깨진데 파【破】파손(破損)된 데. 헤진 데.
　　　　　兒寒敎補破『黃庭堅』

깻묵 :

깻묵 박【粕】油粕.

꺼꾸러 뜨리다 :

꺼꾸러 뜨릴 궐【蹶】넘어뜨림. 蹶上將『史記』

꺼끄럽다 :

꺼끄러울 굴【䋏】䋏䋏, 불활리(不滑利).

꺼끄러울 삽【澁】미끄럽지 아니함.
　　　　　泠澁比于寒蜒『風俗通』

꺼내다 :

꺼낼 도【掐】속에 있는 것을 뽑아냄.
　　　　　掐擢胃賢『韓愈』

꺼두르다 :

꺼두를 자【批】捽也.

꺼두를 즉【揤】捽也.

꺼리다 : 남을 꺼려 해치려 함.

꺼릴 겸【鉗】질투심(嫉妬心)이 많음.
　　　　　妻孫壽性鉗忌『後漢書』

꺼릴 기【彗】忌也. 富貴之在其上『石苞子』

꺼릴 기【忌】외탄(畏憚)함. 忌避. 忌憚.
　　　　　不忌于上『左傳』

꺼릴 섭【讘】질투(嫉妬)하여 싫어 함.
　　　　　因其資以讘之『淮南子』

꺼릴 탄【憚】

　㉠ 두려워함. 畏憚.
　　王公貴人 望風憚之『晉書』

　㉡ 싫어함. 미워함. 心則不競 何憚於病『左傳』

　㉢ 주저(躊躇)함. 過則勿憚改『論語』

　㉣ 삼감. 小人無忌憚也『中庸』

꺼릴 휘【諱】

　㉠ 말하기를 싫어함. 諱言.

　㉡ 싫어함. 其所諱者不足不具『晉書』

　㉢ 두려워 함. 諱忌. 擊斷無諱『史記』

　㉣ 피함. 회피함. 罰不諱强大『戰國策』

꺼림하다 :

꺼림할 구【疚】양심에 가책을 느낌.
內省不疚『論語』

꺼멓게 빛나다 :

꺼멓게 빛날 말【昧】흑광(黑光).

꺼지게 하다 :

꺼지게 할 소【銷】쇠약(衰弱)함. 쇠약하게 함.
其勢銷弱『史記』

꺼지다 : 불이 꺼짐. 없어짐.

꺼질 멸【滅】明滅. 火三月不滅『史記』

꺼질 소【銷】魂銷. 燈銷. 虹銷雨霽『王勃』

꺼질 식【熄】熄滅. 爝火不熄『莊子』

꺼질 잠【熸】王夷師熸『左傳』

꺼칠하다 : 반드럽지 않음.

꺼칠할 색【澀】瀐澀肌膚『淮南子』

꺼풀 : 동식물체 내부의 근육 및 모든 기관을 싸고 있는 얇은 꺼풀.

꺼풀 막【膜】骨膜. 角膜.

꺽두기 : 당혜(唐鞋)모양으로 만든 기름에 절인 가죽신.

꺽두기 삽【鞍】小兒鞋.

꺽두기 봉【紨】小兒皮屨. 似唐鞋.
有虞氏之誅以後紨當則『愼子』

꺾다 : 부러뜨림.

꺾을 궤【鞼】堅强而不鞼『淮南子』

꺾을 랍【㕸】拉也.

꺾을 랍【擸】랍(拉)과 동자(同字).
擸幹而殺之『公羊傳』

꺾을 랍【菈】菈攋雷硠『左思』

꺾을 랍【拉】拉殺. 拉脅折齒『漢書』

꺾을 랍【攋】拉攋은 나무가 꺾이는 소리.

꺾을 려【攦】攦工倕之指『莊子』

꺾을 뢰【㔣】摧也.

꺾을 비【㓖】절지(折枝).

꺾을 요【拗】拗矢折矛『尉繚子』

꺾을 월【抈】車軸折其衡抈『太玄經』

꺾을 절【折】

㉠ 折枝. 無折我樹杞『詩經』

㉡ 굽힘. 折節下士『漢書』

㉢ 찢음. 折卷棄責『漢書』

㉣ 기를 꺾음. 折伏. 折辱秦吏卒『史記』

㉤ 힐난함. 面折不能容人之過『史記』

꺾을 좌【挫】기세를 꺾음. 욕보여 꼼짝 못하게 함. 挫折. 暴虐以挫人『史記』

꺾을 좌【銼】좌(挫)와 동자(同字).
兵銼藍田『史記』

꺾을 준【撙】伏軾撙銜『戰國策』

꺾을 척【拓】拓若華而躊躇『張衡』

꺾을 최【摧】㉠ 부러뜨림. 寒風摧樹木『古詩』
㉡ 기를 꺾음. 摧辱宰相『漢書』

꺾을 치【搋】折也.

꺾을 타【剁】剁剉.

꺾쇠 :

꺾쇠 사【鉩】㊐ 접정(接釘).

꺾쇠 송【鎹】㊐ 접정(接釘).

꺾어 가지다 :

꺾어 가질 연【削】도취(挑取).

꺾이다 :

꺾일 뉵【衄】패배함. 좌절함. 기력이 쇠함.
折衄. 未嘗敗衄『五代史』

꺾일 궤【鞼】堅强而不鞼『淮南子』

꺾일 뇨【橈】기세가 꺾임. 師徒橈敗『左傳』

꺾일 뇨【撓】용기가 꺾임. 師徒撓敗『左傳』

꺾일 돈【頓】좌절함. 頓挫.

꺾일 저【沮】沮喪. 傅長沙而志沮『謝靈運』

꺾일 절【折】㉠ 天柱折 地維缺『淮南子』
㉡ 굽음. 河九折注於海『淮南子』

꺾일 점【墊】빳빳한 것이 접혀 축 늘어짐.
行遇雨, 巾墊角墊『後漢書』

꺾일 좌【挫】兵挫地削『史記』

꺾일 좌【剉】좌(挫)와 통용. 剉折.
銳而不剉『淮南子』

꺾일 최【漼】꺾어지는 모양. 漼以摧折『傅毅』

꺾일 최【摧】已見松柏摧爲薪『劉延芝』

껄껄웃다 : 크게 웃음.

껄껄웃을 갹【噱】대소(大笑). 談笑大噱『漢書』

껄껄웃을 봉【唪】瓜瓞唪唪『詩經』

껄껄웃을 천【囅】대소(大笑)하는 모양.
囅然而笑『左思』

껄껄웃을 하【欱】대소(大笑).

껄껄웃을 하【嚇】대소(大笑)

껄껄웃을 하【嚇】田公笑嚇嚇『雪占古諺』

껄껄웃을 혁【欯】欯欯, 소성(笑聲).
言侃侃笑欯欯『元包經』

껍데기 : 거북, 게 등의 등에 있는 단단한 껍질.

껍데기 갑【甲】甲殼. 龜甲. 虎爪而有甲『山海經』

껍질 :

껍질 각【殼】

㉠ 조개, 알 등의 껍데기. 卵殼. 蝸牛之殼.
如鳥殼裹黃『唐書』

㉡ 과실 등의 두꺼운 껍질. 木葉幹殼『列子』

㉢ 탈피한 껍질. 허물. 脫皮殼.
蟬蛻亡殼『後漢書』

㉣ 둘러싼 굳은 외피. 破煩惱殼『李邕』

껍질 갑【甲】초목, 과실 등의 싹을 싸고 있는 얇은 껍질. 莩甲.

雷雨作而百果草木皆甲坼『易經』

껍질 균【筠】 대나무의 푸른 껍질.
　　　　如竹箭之有筠『禮記』

껍질 부【跗】 초목의 열매의 껍질.
　　　　家童掃栗跗『庾信』

껍질 부【符】 풀 씨의 껍질. 剖符申『史記』

껍질 피【皮】 식물의 표피. 果皮.
　　　　木皮三寸 氷厚之尺『鼂錯』

껍질 벗기다 :
　껍질 벗길 피【皮】 껍질을 벗겨냄.
　　　　　　　皮面抉眼『戰國策』

껍질상하다 :
　껍질 상할 상【剩】 피상(皮傷).

껍질 흰 대 :
　껍질 흰 대 근【箟】 皮白竹.
　껍질 흰 대 근【箘】 皮白竹.

껑거리 끈 : 마소의 꼬리 밑에 걸어 안장이나 길
　마에 매는 끈. 밀치 끈.
　껑거리 끈 주【紂】 鞦車紂 自關而西謂之紂
　　　　　　　　『揚雄方言』

껴 넣다 :
　껴 넣을 감【嵌】 삽입(挿入)함. 漢書舊本 每於句
　　　　　　中嵌註『漢書』

껴안다 : 두 팔을 벌리어 껴안음.
　껴 안을 공【拱】 합공(合拱).
　껴 안을 구【拘】 以袂拘而退『禮記』
　껴 안을 복【腹】 出入腹我『詩經』
　껴 안을 진【抮】 끼어 가짐. 雖天地覆育 亦不與
　　　　　　之抮抱矣『淮南子』

껴입다 :
　껴 입을 습【襲】 옷을 두 가지 이상 입음.
　　　　　　　寒不敢襲『禮記』

꼬다 : 새끼나 노 같은 것을 꼼.
　꼴 교【絞】 糾絞繩索『爾雅』
　꼴 규【糾】 糾繩. 何異糾纆『史記』
　꼴 규【繆】 衣裳而繆經『禮記』
　꼴 년【撚】 비비어 꼼. 撚紙.
　꼴 도【綯】 宵爾索綯『詩經』

꼬리 : 소나 말의 꼬리. 새의 긴 꼬리.
　꼬리 교【翹】 蜛蝫森衰以垂翹『郭璞』
　꼬리 리【氂】 馬氂截玉『淮南子』
　꼬리 미【尾】 尾大不掉. 狐濡其尾『易經』

꼬리 긴 생선 :
　꼬리긴 생선 신【鰱】 魚尾長.

꼬리 물고 다니는 쥐 :
　꼬리 물고 다니는 쥐 애【鼦】 鼦鼦 小鼠相銜尾而行.

꼬리 밑둥 :
　꼬리 밑둥 궐【蹶】 미본(尾本).

꼬불꼬불하다 :
　꼬불꼬불 할 균【囷】 囷囷. 輪囷離奇『鄒陽』

꼬집다 :
　꼬집을 겹【掐】 조자(爪子).

꼬집어 뜯다 :
　꼬집어 뜯을 설【揳】 撮取皮.

꼬쟁이 : 대 조각 같은 것으로 만든 가늘고 끝이
　뾰족한 물건.
　꼬쟁이 찬【弗】 如以肉貫弗『韓愈』
　꼬쟁이 첨【籤】 每盾削竹籤十六, 穿于革『宋史』

꼬치 : 고기를 꿰어 굽는 꼬쟁이.
　꼬치 찬【弗】 如以肉貫弗『韓愈』

꼬투리 : 콩과식물의 열매가 열리는 식물.
　꼬투리 협【莢】 其植物宜莢物『周禮』

꼭 : 틀림없이. 반드시. 확실히. 아주 적당함을 나
　타내는 말.
　꼭 적【的】 的無官職趁人來『白居易』
　꼭 정【定】 陳王定死『史記』
　꼭 흡【恰】 恰似. 恰好. 野航恰受兩三人『杜甫』

꼭대기 : 물건의 가장 높은 데.
　꼭대기 두【頭】 樓頭. 界乘白鶴駐山頭『列仙傳』
　꼭대기 말【末】 頂上. 起于靑蘋之末『宋玉』
　꼭대기 원【願】 頂也.
　꼭대기 전【顚】 최상부(最上部). 최고처(最高處).
　　　　　　山顚. 樹顚. 山有時而童顚『蘇軾』
　꼭대기 정【頂】 山頂. 頂上.
　꼭대기 효【梟】 산정(山頂). 其山之梟『管子』

꼭두각시 :
　꼭두각시 뢰【儡】 괴뢰(傀儡).

꼭두서니 : 꼭두서니과에 속하는 다년초. 뿌리는
　꼭두서니 빛의 염료, 또는 진통제로 쓰고 어린
　잎은 식용함.
　꼭두서니 려【藘】 茹藘. 茹藘在阪『詩經』
　꼭두서니 수【蒐】 만초. 蒐一名茜『山海經』
　꼭두서니 여【茹】 만초. 茹藘材阪『詩經』
　꼭두서니 천【茜】
　　㉠ 千畝卮茜『史記』
　　㉡ 꼭두서니를 원료로 하여 만든 빨간 물감이
　　　나 또 그 빛. 染藍茜『玉燭寶典』
　꼭두서니 천【蒨】 천(茜)과 동자(同字).
　꼭두서니 천【綪】 청적색(靑赤色) 또 그 빛의 비
　　　　　　단. 綪茷旃旌『左傳』
　꼭두서니 혈【茢】 蒨也.

꼭 붙다 :
　꼭 붙을 나【絮】 점착(黏着).

꼭지 :
　꼭지 뉴【鈕】 기물(器物)의 손으로 쥐게 된 부
　　　　　　분. 印鈕. 遺失兮鈕樞『王逸』

꼭지 수【蕣】蔕也.

꼭지 적【商】열매의 꼭지.

꼭지 제【臍】외가 달린 꼭지. 北極如瓜蒂 南極
　　　　　　　如瓜臍『博物廣志』

꼭지 체【蒂】과실이 달린 줄기.
　　　　　　　橘一蒂三十子『述異記』

꼭지 체【竃】체(蒂)와 동자(同字).
　　　　　　　棗李日竃之『爾雅』

꼭지 취【嘴】物之突出處.

꼴 : 마소에 먹이는 풀. 또는 그 풀을 벰.

꼴 교【茭】峙乃芻茭『書經』

꼴 천【薦】麋鹿食薦『莊子』

꼴 천【稵】獸之所食草.

꼴 추【芻】生芻一束『詩經』

꼴 허【䓲】蒭也.

꼴 회【餯】馬餯不過稂莠『國語』

꼴 : 노, 새끼 등을 꼼.

꼴 삭【索】宵爾索綯『詩經』

꼴 : 모양. 모습. 생김새.

꼴 상【像】形像. 肖像.
　　　　　　　不夢見像, 無形于目也『淮南子』

꼴 상【象】상(像)과 동자(同字). 形象.
　　　　　　　嘗圖斐楷象『晉書』

꼴 식【式】舊式. 其不依新式者『北史』

꼴 제【制】器機異制『禮記』

꼴 좌【摧】摧之秣之『詩經』

꼴 형【刑】형(形)과 통용. 刑范正『荀子』

꼴꾼 :

꼴꾼 추【芻】꼴을 베는 사람. 詢于芻蕘『詩經』

꼴뚜기 :

꼴뚜기 장【鱆】톰 망조어(望潮魚).

꼴 베다 : 마소에 먹이는 풀. 또는 그 풀을 벰.

꼴 벨 좌【摧】摧之秣之『詩經』

꼴 이룸 : 형상을 이룸.

꼴 이룸 형【形】有形形者『列子』

꼼꼼하다 : 찬찬하여 빈틈이 없음.

꼼꼼할 밀【密】綿密. 謹愼周密『漢書』

꼼짝 아니하다 : 움직이지 아니하는 모양.

꼼짝 아니할 맹【萌】萌乎不震不正『莊子』

꼼짝 않다 : 움직이지 아니하다.

꼼짝 않을 유【怮】불동(不動).

꼼짝 않을 접【慹】慹然似非人『莊子』

꼽다 :

꼽을 루【僂】손을 꼽다. 未能僂指也『荀子』

꼿꼿하다 : 몸이 비대한 모양. 일설에는 태도가
　강직한 모양.

꼿꼿할 장【髒】항장(骯髒).
　　　　　　　骯髒倚門邊『後漢書』

꼿꼿할 정【侹】直也.

꼿꼿할 체【觢】뿔이 곧음. 其角觢『易經』

꼿꼿할 항【骯】항장(骯髒).
　　　　　　　骯髒倚門邊『後漢書』

꽁무니 : 등마루 뼈의 끝진 곳.

꽁무니 고【尻】㉠ 免去尻『禮記』
　　　　　　　㉡ 끝. 말단. 其尻安在『楚辭』

꽁무니 저【骶】尾骶骨.

꽁무니뼈 :

꽁무니뼈 동【朣】고골(尻骨).

꽁무늬흰말 :

꽁무늬흰말 연【驙】馬白尻.

꽂다 :

꽂을 사【事】사(剚)와 통용. 不敢事刃於公之腹
　　　　　　　者 畏秦法也『漢書』

꽂을 사【傳】사(剚)와 동자(同字). 揷也.
　　　　　　　且傳刃公之腹中 以成其名『史記』

꽂을 삽【揷】
　㉠ 꼭 끼워 있게 함. 揷入.
　　　　使妃嬪輩爭揷艶花『開元遺事』
　㉡ 박아 세움. 露檄揷羽『漢書』

꽂을 자【刺】삽입(揷入). 揷刺頭鬐相誇張『元稹』

꽂을 잠【簪】머리에 꽂음. 簪筆.
　　　　　　　並簪花『宋史』발랄(潑剌)

꽂을 존【拵】揷也.

꽂을 지【搄】주장(拄杖).

꽂을 진【搢】끼움. 搢笏. 天子搢珽『禮記』

꽂을 진【縉】진(搢)과 동자(同字).
　　　　　　　縉紳而無鉤帶矣『荀子』

꽂을 찬【攛】揷也.

꽂을 천【扦】톰 揷也.

꽃 : 초목의 꽃. 꽃이 핀 뒤에 열매가 여는 것을
　화(華), 열매가 열지 않는 것을 英이라 함.

꽃 방【芳】향기가 좋은 꽃. 百芳.
　　　　　　　是異乎衆芳『益部方物略記』

꽃 영【英】華英. 殘英. 顔如蕣英『詩經』

꽃 영【榮】木謂之華, 草謂之榮『爾雅』

꽃 예【蕊】翹莖漢蕊『郭璞』

꽃 위【蘤】
　㉠ 초목의 꽃. 王服鳥羅冠, 飾以金蘤『唐書』
　㉡ 현화식물(顯花植物)의 생식 기관.
　　　　西王母進洞淵紅蘤『拾遺記』

꽃 유【蕤】축 늘어진 꽃. 播芳蕤『陸機』

꽃 파【芭】파(葩)와 통용. 拂桐芭『大戴禮』

꽃 파【葩】披紅葩之狎獵『張衡』

꽃 함【菳】華也.

꽃 화【花】
　㉠ 초목의 꽃. 花月.

每花朝月夕 與賓佐賦咏『舊唐書』

ⓛ 꽃이 피는 초목. 澆花亦自有時『歐陽修』

ⓒ 모란. 해당(海棠)과 같이 썩 고운 꽃이 피는 초목. 洛陽人謂牡丹爲花 成都人謂海棠爲花『鷄林玉露』

ⓔ 꽃 같은 모양을 한 것. 燈花.

ⓜ 무늬 따위의 꽃과 같이 아름다운 것. 競添花樣綾紗『國史補』

꽃 화【華】화(花)의 고자(古字). 春華.
　　　ⓐ 灼灼其華『詩經』
　　　ⓛ 桂樹華不實『古詩』

꽃게 : 꽃게과에 속하는 바닷게.

꽃게 모【蟱】추모(蟱蟱).
　　　蟱蟱大有力『續博物志』

꽃게 심【蟳】청심(靑蟳). 게의 일종. 몸빛이 암녹색임. 식용으로 함. 꽃게.

꽃게 추【蟱】추모(蟱蟱).
　　　蟱蟱大有力『續博物志』

꽃다지 : 겨자과에 속하는 이년초(二年草). 노란 십자화(十字花)가 피고 씨는 약용하고, 어린잎은 식용함.

꽃다지 력【薜】정력(葶薜).
　　　葶薜死於盛夏『西京雜記』

꽃다지 정【葶】정력(葶薜).
　　　葶薜死於盛夏『西京雜記』

꽃답다 :

꽃다울 방【芳】
　　ⓐ 명성이 좋음. 명예가 꽃같이 아름다움. 雖沒不朽 名字芳兮『蔡邕』
　　ⓛ 타인(他人)의 사물(事物)에 관(冠)하여 경칭(敬稱)으로 쓰임. 芳名. 芳志. 遲還芳札『梁書』

꽃다울 영【英】꽃과 같이 아름다움. 또 그러한 사물. 英華五金之英『吳越春秋』

꽃다울 황【韡】화영(華榮).

꽃받침 : 여러 꽃이 한 꼭지에 크게 달린 덩이.

꽃받침 과【裹】綠葉紫裹『宋玉』

꽃받침 부【柎】화악(花萼).
　　　圓葉而白柎『山海經』

꽃받침 악【萼】꽃잎을 받치고 있는 엽질(葉質)의 조각. 素萼. 紅萼.
　　　春華發萼『晉書』

꽃받침 악【蕚】악(萼)과 동자(同字).

꽃받침 영【英】악(萼). 夕餐秋菊之落英『楚辭』

꽃받침 체【蔕】악(萼). 抗白蔕『左思』

꽃봉오리 :

꽃봉오리 뢰【蕾】가지에 달린 꽃봉오리.
　　　野杏正破蕾『梅堯臣』

꽃봉오리 뢰【蕾】花蕾. 一夜西風開瘦蕾『楊萬里』

꽃봉오리 배【蓓】細蓓繁英次第開『韓愈』

꽃봉오리 배【蓓】화뢰(花蕾).

꽃봉오리 함【菡】蕾也.

꽃봉오리 함【莟】얼마 안 되어 필 꽃봉오리. 櫻桃開通隔牆『楊萬里』

꽃봉오리 함【菌】草木花未發.

꽃송이 : 여러 꽃이 한 꼭지에 크게 달린 덩이.

꽃송이 과【裹】綠葉紫裹『宋玉』

꽃술 :

꽃술 예【蕊】암꽃술과 수꽃술의 총칭. 화예(花蘂). 雄蕊. 雌蕊. 貫薜荔之落蕊『楚辭』

꽃술 예【蘂】예(蕊)와 동자(同字). 華蘂之蓑蓑『張衡』

꽃술 예【蘂】예(蘂)와 동자(同字). 화예(花蘂).

꽃술 함【莟】紅芳紫莟處處有『歐陽修』

꽃술 늘어지다 : 꽃술이 늘어진 모양.

꽃술 늘어질 시【蓑】華蘂之蓑蓑『張衡』

꽃 심 :

꽃 심 수【蔆】花中臍.

꽃잎 :

꽃잎 판【瓣】화판(花瓣).
　　　須臾蹋破蓮花瓣『楊維楨』

꽃잎 편【片】화판(花瓣).
　　　紅萼萬片從風吹『韓愈』

꽃피다 :

꽃필 육【蕭】花開敷蕭.

꽃필 첩【蘨】花突開.

꽃필 화【華】화(花)의 고자(古字). 春華.
　　　ⓐ 灼灼其華『詩經』
　　　ⓛ 桂樹華不實『古詩』

꽃 활짝 피다 :

꽃 활짝 필 악【櫮】화성개모(花盛開貌).

꽈리 : 가지과의 다년생 풀. 약으로 쓰거나 아이들의 놀이감으로 쓰임.

꽈리 침【葴】마람(馬藍), 초명(草名).

꽉 차다 :

꽉 찰 식【寔】충색(充塞). 剛而寔『書經』

꽉 찰 척【庌】충만(充滿).

끼 :

끼 계【計】
　　ⓐ 책략. 妙計. 奇計. 計者事之機也『史記』
　　ⓛ 계획. 경영. 생계. 身計. 子孫計. 爲妾門戶計耳『晉書』

끼 권【權】ⓐ 모책. 中權後勁『左傳』
　　　ⓛ 기지(機智). 수단(手段). 權謀術數. 權險之平『荀子』

꾀 규 【揆】 계략(計略). 揆策. 內參機揆 『北史』

꾀 규 【規】 책략(策略). 계략(計略).
　　　　無天下之規 『戰國策』

꾀 략 【略】 모계(謀計). 계략(計略). 方略.
　　　　果能授孫吳之略耶 『劉基』

꾀 모 【謀】 계략(計略). 술책(術策). 嘉謀.
　　　　君之謀過矣 『戰國策』

꾀 모 【謨】 주로 천자 또는 정사상(政事上)의 대
　　　　계(大計)를 이름. 聖謨.
　　　　陳天下之謨 『周禮』

꾀 변 【變】 임시변통(臨時變通)의 수단(手段).
　　　　權變. 非君子不可以語變 『文中子』

꾀 산 【算】 모계(謀計). 成算. 算無遺策 『晉書』

꾀 수 【數】 권모(權謀). 權數. 精練策數 『魏志』

꾀 술 【術】 계략(計略). 權謀術數. 術策.
　　　　思通造化 策略奇妙 是爲術家 『人物志』

꾀 유 【繇】 유(猷)와 동자(同字).
　　　　先聖之大繇 『漢書』

꾀 유 【猷】 모계(謀計). 謀猷.
　　　　爾有嘉謀嘉猷 『書經』

꾀 유 【猶】 유(猷)와 동자(同字).
　　　　㉠ 克壯其猶 『詩經』
　　　　㉡ 允猶翕河 『詩經』

꾀 자 【諆】 謀也.

꾀 제 【制】 술수(術數). 威王好制 『呂氏春秋』

꾀 주 【籌】 계책(計策). 運籌.
　　　　運籌策帷幄之中 『史記』

꾀 책 【策】 계략(計略). 計策. 上策.
　　　　以順王與儀之策 『戰國策』

꾀 책 【冊】 책(策)과 동자(同字).
　　　　全師保勝之冊 『漢書』

꾀 책 【筴】 책(策)과 동자(同字).
　　　　不用其筴 『史記』

꾀 획 【畫】 계책(計策). 計畫.
　　　　故願大王審畫 『鄒陽』

꾀꼬리 : 연작목(燕雀目)의 새. 온몸이 누르며 아
　름답게 욺.

꾀꼬리 경 【鶊】 창경(鶬鶊).
　　　　草蟲哀鳴 鶬鶊振羽 『阮籍』

꾀꼬리 려 【鵹】 鸝也. 창경(鶬鶊). 楚作倉庚.

꾀꼬리 려 【鸝】 려(鵹)와 동자(同字). 창경(鶬鶊).

꾀꼬리 리 【鸝】 黃鸝는 꾀꼬리. 鶬鸝.
　　　　兩個黃鸝鳴翠柳 『杜甫』

꾀꼬리 앵 【鶯】 창경(鶬鶊). 황조(黃鳥). 金衣公子.

꾀꼬리 앵 【鸎】 앵(鶯)과 동자(同字).
　　　　鸎鳴嚶嚶 『禽經』

꾀꼬리 창 【鶬】 창경(鶬鶊).
　　　　草蟲哀鳴 鶬鶊振羽 『阮籍』

꾀꼬리 초 【鶐】 鶐鶴, 황조(黃鳥).

꾀꼬리 황 【鷬】 황조(黃鳥).

꾀꼬리 울다 :

꾀꼬리 울 면 【鮸】 앵전(鶯囀).

꾀다 : 꾀어 시킴. 유혹함.

꾈 견 【詃】 誘也.

꾈 도 【挑】 유인(誘引)함.
　　　　楚人有兩妻 人挑其長者 『戰國策』

꾈 사 【唆】 以言弄人 謂之唆哄 『品字箋』

꾈 술 【訹】 ㉠ 유혹(誘惑)함. 訹飛 『宋史』
　　　　　㉡ 유혹을 당함. 訹邪臣浮說 『漢書』

꾈 술 【怵】 怵迫之徒, 或趨西東 『賈誼』

꾈 유 【誘】
　　　　㉠ 유혹(誘惑)함. 以女樂誘之 『淮南子』
　　　　㉡ 유인(誘引)함. 꾀어 냄. 誘致.
　　　　　其將愚而信人 可詐而誘 『吳子』
　　　　㉢ 데리고 나옴. 有女懷春 吉士誘之 『詩經』

꾈 조 【誂】 使中大夫應高誂膠西王 『史記』

꾈 환 【豢】 이익으로 남을 유인함.
　　　　子胥懼曰 是豢吳也 『左傳』

꾀이다 :

꾀일 견 【詃】 誘也.

꾀일 유 【魊】 誘也.

꾀하다 :

꾀할 강 【講】 모의(謀議)함. 講事不令 『左傳』

꾀할 계 【計】 책략. 계획을 세움.
　　　　計謀. 會薛計事 『史記』

꾀할 권 【權】 모책을 씀. 任輕者易權 『淮南子』

꾀할 규 【規】 책략(策略). 계략(計略).
　　　　無天下之規 『戰國策』

꾀할 도 【圖】 계책을 세움. 圖謀.
　　　　君與卿圖事 『儀禮』

꾀할 려 【慮】 모책을 세움.
　　　　子爲寡人慮之 『戰國策』

꾀할 모 【莫】 모(謨)와 통용. 聖人莫之 『詩經』

꾀할 모 【謀】
　　　　㉠ 책략(策略)을 세움. 계획함. 謀議. 圖謀.
　　　　　公何不爲王謀伐魏 『戰國策』
　　　　㉡ 생각함. 마음을 씀. 作事謀始 『易經』

꾀할 모 【謨】 대계(大計)를 정함. 또는 널리 모
　　　　책(謀策)을 의논함.
　　　　訏謨定命 『詩經』

꾀할 모 【譕】 모(謨)와 동자(同字).
　　　　譕臣者可以遠擧 『管子』

꾀할 승 【乘】 계획함. 乘其事 『周禮』

꾀할 영 【營】 계획함. 營私.
　　　　饋遺朝貴 以營譽 『世說』

꾀할 유 【猷】 猷念. 汝猷黜乃心 『書經』

꾀할 유 【猶】 유(猷)와 동자(同字).

㉠ 克壯其猶『詩經』
㉡ 允猶翕河『詩經』

꾀할 정【靖】좋은 계책을 생각함.
　　　　　自作弗靖『書經』

꾀할 조【扉】謀也.

꾀할 조【肇】肇敏戎公『詩經』

꾀할 주【籌】계책을 세움. 爲大王籌之『史記』

꾀할 주【譸】주(籌)와 통용.
　　　　　以詉譸之『後漢書』

꾀할 포【誧】謀也.

꾀할 획【畫】계책을 세움. 畫策.

꾐 :

꾐 유【誘】去夫外誘之私『中庸章句』

꾸러미 : 짚 같은 것으로 싼 것.

꾸러미 저【苴】苞苴簞笥『禮記』

꾸러미 포【包】싼 물건. 獻橘數包『後漢書』

꾸미다 : 없는 것을 있는 것처럼 말하거나 있는
　　것을 없는 것처럼 말함.

꾸밀 격【愋】飾也. 격(譁)과 동자(同字).

꾸밀 격【譁】飾也.

꾸밀 구【姁】飾也.

꾸밀 뇨【褭】장식(裝飾)함. 脩箭褭金餌『孟郊』

꾸밀 무【誣】
㉠ 유무를 전도(顚倒)하여 사실을 왜곡(歪曲)
　　함. 誣告. 誣善之人『易經』
㉡ 죄 없는 사람을 죄가 있는 것처럼 꾸밈.
　　其刑矯誣『國語』

꾸밀 문【文】
㉠ 모양이 나도록 함. 文之以禮樂『論語』
㉡ 참이 아닌 것을 그럴듯하게 만듦. 文過.
　　小人之過也 必文『論語』

꾸밀 분【扮】화장(化粧)하거나 변장(變裝)함.
　　　　　里中雜劇 輒扮作東方朔『五雜組』

꾸밀 비【賁】장식(裝飾)함. 賁其趾『易經』

꾸밀 상【尙】장식함. 尙之以瓊華『詩經』

꾸밀 선【銑】금으로 활고자를 장식함.
　　　　　弓以金者 謂之銑『爾雅』

꾸밀 식【飾】
㉠ 장식을 함. 以珠玉飾之『史記』
㉡ 참이 아닌 것을 그럴듯하게 만 듦. 겉만 번
　　드르르하게 함. 飾言. 情者不飾『呂氏春秋』
㉢ 복장을 차림. 盛飾入朝.
　　婦人不飾 不敢見舅姑『禮記』
㉣ 더러운 것을 깨끗이 씻음. 飾其牛牲『周禮』
㉤ 인위(人爲)를 가함. 其事素而不飾『淮南子』
㉥ 끝마무리를 함. 行人子羽修飾之『論語』

꾸밀 용【容】맵시를 냄. 화장(化粧)함.
　　　　　女爲說己者容『史記』

꾸밀 용【鬠】飾也.

꾸밀 장【莊】성장(盛裝)함.
　　　　　貌豐盈以莊姝『宋玉』

꾸밀 장【裝】
㉠ 화장을 함. 脂澤裝具『後漢書』
㉡ 수식함. 정돈함. 裝飾.
　　密裝船艦二百餘艘『北史』

꾸밀 재【載】장식(裝飾)함. 載以銀錫『淮南子』

꾸밀 조【彫】수식(修飾)함.
　　　　　任性而行 不自彫勵『魏志』

꾸밀 조【藻】수식함. 장식함.
　　　　　劉繇藻厲名行 好尙臧否『吳志』

꾸밀 주【姝】겉을 꾸밈. 분식(粉飾)함.
　　　　　須視無姝『太玄經』

꾸밀 착【錯】
㉠ 금속을 입혀 장식함. 以黃金錯其文『漢書』
㉡ 아로새김. 그림. 簟第錯衡『詩經』

꾸밀 추【鍪】장식함. 腰龜徒鍪銀『李賀』

꾸밀 형【鎣】장식함.

꾸밀 혜【惠】장식함. 五采惠之『山海經』

꾸밈 :

꾸밈 식【飾】裝飾. 文采節奏聲之飾也『禮記』

꾸밈 조【藻】
㉠ 문채(文彩). 문식(文飾). 인신(引伸)하여 시
　　가(詩歌) 문장(文章) 등의 미사여구(美辭麗
　　句). 司藻. 文藻. 鋪鴻藻『班固』
㉡ 故作文賦, 以述先王之盛藻『陸機』

꾸밈없다 :

꾸밈없을 솔【率】솔직(率直)함. 眞率.

꾸어주다 :

꾸어줄 방【放】대여함. 또 빚 놀이함. 放債.

꾸지나무 : 닥나무와 비슷함.

꾸지나무 곡【穀】其下維穀『詩經』

꾸지람 :

꾸지람 가【訶】應訶反笑『顔氏家訓』

꾸짖다 :

꾸짖을 가【呵】질책(叱責)함. 呵責.
　　　　　霸陵尉醉, 呵止廣『史記』

꾸짖을 가【苛】가(訶)와 동자(同字). 책망(責望)함.
　　　　　苛罰. 亭長苛之『漢書』

꾸짖을 가【訶】큰 소리로 견책함. 訶詰.
　　　　　乃訶之『後漢書』

꾸짖을 가【何】가(訶)와 통용. 질책(叱責)함.
　　　　　大譴大何『漢書』

꾸짖을 갈【喝】큰소리로 나무람. 大喝.
　　　　　勵聲喝之『晉書』

꾸짖을 견【譴】과실(過失)을 책망(責望)함.
　　　　　譴責. 太卜譴之曰『戰國策』

꾸짖을 공【倥】罵也.

꾸짖을 구【呴】呴藉叱咄『戰國策』

꾸짖을 구【詢】구(詬)와 동자(同字).
余不忍其詢『左傳』

꾸짖을 극【殛】견책(譴責)함. 是糾是殛『左傳』

꾸짖을 달【呾】不肯者之呾也『韓愈』

꾸짖을 독【督】有意督過之『史記』

꾸짖을 돌【咄】질책(叱責)함. 叱咄.

꾸짖을 두【吋】叱也. 질책(叱責)함.

꾸짖을 리【詈】罵詈. 覆背善詈『詩經』

꾸짖을 분【噴】疾言噴噴『韓詩外傳』

꾸짖을 수【誶】힐책(詰責)함. 욕함.
吳王還自伐齊 誶申胥『國語』

꾸짖을 양【讓】책망(責望)함. 誚讓.
公使讓之『左傳』

꾸짖을 자【刺】책망(責望)함. 天何以刺『詩經』

꾸짖을 작【譙】責也.

꾸짖을 저【詆】나무람. 深詆. 痛詆.
作書詆佛譏君王『蘇軾』

꾸짖을 적【謫】견책(譴責)함. 國子謫我『左傳』

꾸짖을 적【讁】적(謫)과 동자(同字).
室人交徧讁我『詩經』

꾸짖을 적【適】적(謫)과 통용.
室人交徧適我『詩經』

꾸짖을 제【呧】呵也.

꾸짖을 질【叱】큰 소리로 책망(責望)함.
㉠ 手劍而叱之『公羊傳』
㉡ 尊客之前不叱狗『禮記』

꾸짖을 책【讀】讓也.

꾸짖을 책【責】책망(責望)함. 叱責.
詔書切峻 責臣逋慢『李密』

꾸짖을 초【誚】초(譙)와 동자(同字).
王亦未敢誚公『書經』

꾸짖을 초【譙】책망(責望)함. 誚와 통용.
子孫有過失 不譙讓『史記』

꾸짖을 타【咤】질책(叱責)함.
項王暗啞叱咤『史記』

꾸짖을 타【吒】타(咤)와 同.
㉠ 項王暗噁叱吒『資治通鑑
㉡ 母吒食『禮記』

꾸짖을 혜【謑】후욕(詬辱)함.
無廉恥而任謑詢『荀子』

꾸짖을 호【嘷】嘷爾而與之『孟子』

꾸짖을 후【詬】욕설을 하여 꾸짖음. 詬罵.
曹人詬之『左傳』

꾸짖을 후【訽】후(詬)와 동자(同字).
余不忍其訽『左傳』

꾸짖을 힐【詰】잘못을 캐물으며 책망함.
詰責. 窮詰. 詰弘『史記』

꿀 : 꿀벌이 겨울에 먹으려고 준비하여 두는 먹이.

꿀 밀【蜜】蜜蜂.

꿀꺽 삼키다 :

꿀꺽 삼킬 담【嚪】함심(哈深). 大甘而嚪『莊子』

꿀떡 :

꿀떡 포【餔】饘餔, 餌也.

꿇다 :

꿇을 귀【跪】跪也.

꿇어앉다 :

꿇어앉을 궤【膹】기(跽), 궤(跪)와 동자(同字).
淳于髡 希鞲鞠膹『史記』

꿇어앉을 궤【跪】무릎을 꿇고 앉음. 跪坐.
授立不跪『禮記』

꿇어앉을 기【跽】跪也.

꿇어앉을 기【跪】무릎을 꿇고 앉되 궁둥이를
발에 닿지 않게 몸을 폄. 장궤
(長跪). 단순한 궤(跪)와는 자
세가 다름.
項王按劍而跪『史記』

꿇어앉을 습【跦】斂膝坐.

꿇어앉을 장【�】跪也.

꿈 : 수면 중에 보는 환상.

꿈 몽【夢】
㉠ 夢想. 以日月星辰 占六夢之吉凶『周禮』
㉡ 없음. 八年身世夢『元積』

꿈꾸다 : 꿈을 꿈.

꿈꿀 몽【夢】其寢不夢『列子』

꿈틀거리는 모양 :

꿈틀거리는 모양 원【蜿】盤旋貌.

꿈틀거리다 :

꿈틀거릴 니【跜】躄跜, 虯龍動貌.

꿈틀거릴 연【蠕】벌레가 꿈틀꿈틀 움직임. 준동
(蠢動)함. 蠕動.
端而言 蠕而動『荀子』

꿈틀거릴 운【蝹】蝹蝹, 龍貌.
용이 꿈틀거리는 모양.

꿈틀거릴 인【蚓】요동하는 모양.
蚓冤蜿蟺『馬融』

꿈틀거릴 전【蟺】屈曲貌.

꿈틀거릴 준【蠢】준동(蠢動). 蠢蠢庶類『束皙』

꼿꼿하다 : 강직한 모양.

꼿꼿할 갱【䡄】關東䡄䡄郭子橫『後漢書』

꿩 :

꿩 교【鷮】꿩과에 속하는 새의 일종.
女几之山 其鳥多白鷮『山海經』

꿩 적【翟】꽁지가 긴 꿩. 또 그 꿩의 깃.
羽畎夏翟『書經』

꿩 적【鸐】雉也.

꿩 주【雗】南方雉.

꿩 지【鴙】雉之別名.

꿩 치【鶅】東方雉名. 東方曰鶅『爾雅』

꿩 치【甾】적류(翟類).

꿩 치【雉】야금(野禽)의 하나. 야계(野鷄).
　　　　　山雉. 士執雉『周禮』

꿩 휘【翬】털빛이 오색(五色)으로 대단히 아름
　　　　　다운 꿩. 如翬斯飛『詩經』

꿩 희【鵗】北方雉名.

꿩새끼 :

꿩 새끼 단【鷻】치추(雉雛).

꿩 울다 :

꿩 울 격【鳴】치명(雉鳴).

꿩 울 구【雊】치명(雉鳴).

꿩털 :

꿩 털 적【狄】적(翟)과 통용. 干戚旄狄『禮記』

꿰다 :

꿸 곡【梏】목을 꿰뚫음. 梏華氏于朝『左傳』

꿸 관【關】
　　　　　㉠ 가운데를 뚫어 이쪽에서 저쪽으로 내밀게 함.
　　　　　括髮關械『漢書』
　　　　　㉡ 신을 신음. 履雖新必關於足『史記』

꿸 관【毌】貫也. 관(貫)과 통용.

꿸 관【貫】
　　　　　㉠ 뚫음. 貫通. 楛矢貫之『史記』
　　　　　㉡ 통과함. 貫流. 白虹貫日『史記』
　　　　　㉢ 통하게 함. 吾道一以貫之『論語』
　　　　　㉣ 죽 통함. 죽 계속함.
　　　　　貫四時 而不改柯易葉『禮記』
　　　　　㉤ 이룸. 달성함. 貫徹. 貫目的.
　　　　　㉥ 바지 같은 것을 입음. 貫鉀跨馬『晉書』

꿸 관【摜】갑옷을 꿰어 입음. 摜甲.
　　　　　躬摜甲冑『左傳』

꿸 배【琲】구멍으로 꿰임. 琲落如珠『張維』

꿸 열【剟】열(列)의 속자. 貫也.

꿸 찬【弗】꼬챙이에 꿰임.

꿸 환【擐】갑옷을 꿰어 입음. 擐甲.
　　　　　躬擐甲冑『左傳』

꿰뚫다 :

꿰 뚫을 천【穿】관통함. 貫穿經傳『漢書』

꿰 뚫을 통【洞】
　　　　　㉠ 관통함. 洞貫. 括蔽洞胸『史記』
　　　　　㉡ 통달함. 洞徹. 遂兮洞兮『淮南子』

꿰매다 :

꿰맬 략【繫】바느질함. 紩也

꿰맬 려【綻】바느질함. 綻黹, 질의(紩衣).

꿰맬 면【䋎】紩也.

꿰맬 변【䋎】紩也.

꿰맬 봉【縫】
　　　　　㉠ 바느질함. 裁縫. 可以縫裳『詩經』
　　　　　㉡ 꿰맨 물건. 바느질 감. 羔羊之縫『詩經』

꿰맬 봉【摓】봉(縫)과 동자(同字).

꿰맬 봉【韃】被縫.

꿰맬 업【緤】縫也.

꿰맬 역【緎】바느질함. 素絲五緎『詩經』

꿰맬 은【縗】縫衣相著. 서로 옷을 입고 맞 꿰맴.

꿰맬 즙【緝】바느질함. 斬者何, 不緝也『儀禮』

꿰맬 질【紩】옷을 꿰맴.
　　　　　布褐而紩之 謂之藍縷『孔叢子』

꿰맬 철【綴】바늘로 얽어 맴. 또 종이 같은 것
　　　　　을 겹쳐 맴. 補綴.
　　　　　綴甲厲兵『戰國策』

꿰맬 첩【緁】바느질함. 白縠之衣 薄紈之裏 緁以
　　　　　偏諸『漢書』

꿰맬 출【絀】실로 꿰맴. 또 꿰맨 줄. 솔기.
　　　　　却冠秫絀『史記』

꿰맬 탄【組】보봉(補縫).

꿰맬 편【綼】바느질함.

꿰맬 협【㒪】緘也.

꿰맬 혼【緄】바느질 함. 又攟檋渠緄縰『禮記』

꿰미 :

꿰미 천【串】엽전 한 꿰미. 일곳(一串).

뀌다 :

뀔 배【琲】구멍으로 꿰임. 琲落如珠『張維』

끄덕거리다 : 승낙하는 뜻으로 머리를 앞뒤를 흔듦.

끄덕거릴 점【點】點頭.

끄덕이다 :

끄덕일 암【頷】함(頷)과 동자(同字).
　　　　　迎于門者 頷之而己『左傳』

끄덕일 암【頷】승낙(承諾). 또는 알았다는 뜻으
　　　　　로 고개를 앞뒤로 움직임. 衛公
　　　　　入 逆于門者 頷之而己『左傳』

끈 :

끈 계【系】줄. 素絲爲籠系『古詩』

끈 계【繫】매는 끈. 襪繫解, 自結之『韓非子』

끈 굉【紘】
　　　　　㉠ 관(冠)의 끈. 朱紘. 網紘. 緇組紘『儀禮』
　　　　　㉡ 경쇠를 매다는 끈. 倚于頌磬西紘『儀禮』

끈 교【繑】바지의 끈. 허리 띠.
　　　　　絏繑而踵相隨『管子』

끈 귀【襀】紐也.

끈 뉴【紐】물건을 묶는 노나 줄.
　　　　　龜紐之璽『淮南子』

끈 담【紞】관(冠)의 귀막이 옥을 매다는 끈.
　　　　　衡紞紘綖『左傳』

끈 도【縚】조(條)와 동자(同字). 甲士皆青縚甲
　　　　　居左 紅縚甲居右『北轅錄』

끈 등【縢】노. 朱英綠縢『詩經』

끈 미【縻】잡아매는 끈. 고삐 따위. 羈縻.

끈 불【紱】땋아서 만든 끈. 인 끈 따위.
　　　　奉上璽紱『左傳』

끈 수【綏】
　㉠ 물건을 묶기 위하여 꼰 실. 華綏. 綸綏.
　　掌帷幕幄帟綏之事『周禮』
　㉡ 印의 끈. 인끈. 印綏. 解綏.
　　銅印黃綏『漢書』
　㉢ 패옥의 끈. 天子佩白玉而玄組綏『禮記』

끈 수【綏】수레에 오를 때 또는 수레 위에 설
　　　　때 쥐는 끈. 壻御婦車授綏『儀禮』

끈 순【紃】신에 선 두르는 둥근 끈.
　　　　織紝組紃『禮記』

끈 억【繶】신의 가장자리를 선두르는 오색의 끈.
　　　　赤繶黃繶『周禮』

끈 조【絛】노, 줄 따위. 喪冠絛屬『禮記』

끈 조【組】
　㉠ 갓, 인장 등에 매는 끈. 組綏. 組纓.
　　著組繫『儀禮』
　㉡ 물건을 묶는 끈. 織紝組紃『禮記』

끈 조【條】납작하게 만든 끈.
　　　　不願腰間纏綿條『蘇軾』

끈 홰【繣】묶는 노나 줄. 有繣結項中『周禮』

끈꼬다 :
　끈 꼴 조【駔】조(組)와 통용.
　　　　　駔圭璋璧琮琥璜之渠眉『周禮』

끈끈이 :
　끈끈이 리【黐】새, 벌레 같은 것을 잡는 물질.
　　　　黐膠所以黏鳥『廣韻』

끈끈하다 :
　끈끈할 삼【糝】삼(糝)과 동자(同字).
　　　　　藜羹不糝『莊子』
　끈끈할 삼【糝】접착성(接着性)이 있음.
　　　　　藜羹不糝『莊子』
　끈끈할 신【闐】삽이불활(澁而不滑).
　끈끈할 점【粘】점(黏)과 동자(同字). 粘土.
　　　　　粘之屋壁『貞觀政要』
　끈끈할 직【腪】黏也.

끈 매다 :
　끈 맬 교【敱】계연(繫連). 敱乃干『書經』

끈 치렁거리다 : 끈이 길어 치렁거리는 모양.
　끈 치렁거릴 표【彯】彯彯.

끊다 :
　끊을 결【決】이로 끊음. 齒決『禮記』
　끊을 결【契】단절(斷絕)함.
　　　　　契三神之歡『司馬相如』
　끊을 계【鍥】절단(切斷)함.

鍥朝涉之脛『戰國策』
　끊을 계【挈】절단(切斷)함.
　　陽貨借邑人之車, 挈其軸『左傳』
　끊을 계【挈】단절(斷絕)함.
　　　　挈三神之歡『司馬相如』
　끊을 단【斷】
　㉠ 절단(切斷)함. 斷絕.
　　二人同心 其利斷金『易經』
　㉡ 그만둠. 폐지함. 斷食.
　　長斷腥膻 持齋蔬食『梁書』
　㉢ 거절(拒絕)함. 自可斷來信『古詩』
　끊을 단【劗】절단(切斷)함. 劗刻.
　　　　其刑罪則纖劗『禮記』
　끊을 붕【删】斫也.
　끊을 사【謝】거절(拒絕)함. 謝絕. 謝客閉門.
　끊을 서【斳】斫也.
　끊을 에【殪】절멸(絕滅)시킴.
　　　　天乃大命文王殪戎殷『詩經』
　끊을 은【釿】斷也.
　끊을 절【絕】
　㉠ 두 동강이를 냄. 絕斷.
　　縣縣不絕, 蔓蔓奈何『戰國策』
　㉡ 거절함. 謝絕. 子絕長者乎『孟子』
　㉢ 목숨을 끊음. 죽음. 絕命.
　　勦絕其命『書經』
　㉣ 없앰. 絕版. 子絕四『論語』
　㉤ 그만 둠. 絕食. 絕筆于獲麟『孔子家語』
　㉥ 격리함. 隔絕. 與諸將絕席『後漢書』
　㉦ 막음. 차단함. 絕趙軍後『史記』
　끊을 절【截】
　㉠ 절단함. 斷截.
　　所過池苑 多令衛士射雕截柳『宋太祖實錄』
　㉡ 막음. 차단함. 遮截.
　　徑截輜重 橫攻士卒『李華』
　끊을 제【摰】절단함. 摰領而刎頸『管子』
　끊을 제【提】단절함. 離而不提心『禮記』
　끊을 진【殄】절멸시킴. 不殄厥慍『孟子』
　끊을 찬【鑽】베어 단절(斷絕)함.
　　　　鑽去期賓骨『漢書』
　끊을 참【劖】절단(切斷)함. 또 개착(開鑿)함.
　　　　鐫劖 彫心覺刃劖『元稹』
　끊을 천【刋】단절(斷絕)함. 간(刊)은 별자(別字).
　끊을 첨【譫】단절(斷絕)함. 筋之所由譫『周禮』
　끊을 초【剿】절단(切斷)함. 征伐剿絕之『漢書』
　끊을 초【勦】절멸(絕滅)시킴.
　　　　天用勦絕其命『書經』
　끊을 초【剿】絕也.
　끊을 촌【刌】절단(切斷)함. 刌肺三『儀禮』
　끊을 축【祝】절단(切斷)함. 祝髮文身『穀梁傳』

끊을 항【炕】 단절(斷絶)함. 炕其氣『揚雄』
끊을 확【劃】 斷也.
끊을 회【劊】 절단(切斷)함.
　　　　　以殺人者爲劊子手『五雜俎』

끊어지다 :

끊어질 단【斷】 계속 되지 아니함. 斷續.
　　　　　萬世不斷『隋書』
끊어질 수【殊】 단절(斷絶)됨.
　　　　　斷其後之木 而弗殊『左傳』
끊어질 절【絶】
　　㉠ 腸雖欲絶 目猶爛然『顏氏家訓』
　　㉡ 我命絶今日『古詩』
끊어질 진【殄】 절멸(絶滅)함. 없어짐.
　　　　　殄滅. 餘風未殄『書經』
끊어질 참【斬】 다함. 없어짐.
　　　　　君子之澤 五世而斬『孟子』
끊어질 추【殲】 殄也.

끊어지지 않다 :

끊어지지 않을 련【聯】 불계(不繼).

끌 : 나무에 구멍을 파는 연장.

끌 구【銶】 鑿의 일종. 又缺我銶『詩經』
끌 궐【劂】 조각(彫刻)하는데 쓰는 굽은 끌.
　　　　　般倕棄其剞劂兮『漢書』
끌 선【銑】 銑 小鑿也『說文解字』
끌 의【錡】 착(鑿)의 일종. 又缺我錡『詩經』
끌 착【鑿】 柄鑿. 孟莊子作鑿『古史考』
끌 찬【鑽】 用之穿物曰鑽『六書考』
끌 참【鏨】 돌에 글자 같은 것을 새기는 작은 끌.
끌 총【鏦】 대착(大鑿).

끌다 :

끌 각【摧】 끌어 따옴. 인용(引用)함.
　　　　　揚摧古今『漢書』
끌 강【掆】 捎掆, 舁也.
끌 견【牽】
　　㉠ 끌어당김. 牽引. 兒女牽衣啼『古詩』
　　㉡ 끌고 감. 有牽牛而過堂下者『孟子』
　　㉢ 강제함. 강제로 시킴. 道而勿牽『禮記』
끌 견【掔】 견(牽)과 동자(同字).
　　　　　鄭襄公肉袒掔羊以迎『史記』
끌 계【係】 질질 끎. 係履而見魏王『莊子』
끌 구【搆】 끌어당김.
끌 돈【扽】 引也.
끌 랍【拉】 이끎. 拉友而歸.
　　　　　于時情好日密 相拉總師『諸葛亮』
끌 련【輦】 손수레를 끎.
　　　　　以乘車 輦其母『左傳』
끌 루【婁】 바닥에 대고 당김. 弗曳弗婁『詩經』
끌 루【摟】

　　㉠ 이끎. 이끌어서 모음.
　　　　　五伯者 摟諸侯以伐諸侯者也『孟子』
　　㉡ 꾀어 끎. 踰東家牆而摟其處子『孟子』
끌 리【縭】 引也.
끌 만【挽】 만(輓)과 동자(同字). 挽歌.
　　　　　命挽士唱『唐書』
끌 만【輓】
　　㉠ 수레를 앞에서 끎. 또 배를 앞에서 끎.
　　　　　輓輅. 或輓之 或推之『左傳』
　　㉡ 사람을 끌어 씀. 또 추천함. 천거함. 推輓.
끌 반【扳】 引也.
끌 병【抦】 악(惡)으로 끌어넣음.
끌 병【拼】 예인(曳引)함.
　　　　　莫予拼蜂 自求辛螫『詩經』
끌 선【嬋】 끌어당김. 嬋媛은 끌어당기는 모양.
　　　　　垂條嬋媛『張衡』
끌 설【挈】 손으로 끎. 데리고 다님. 提挈.
　　　　　挈妻子『公羊傳』
끌 시【撕】 손을 잡고 끎. 提撕之『漢書』
끌 연【延】
　　㉠ 시간을 미룸. 延期. 晉人謂之遷延之役『左傳』
　　㉡ 인도함. 擯者延之『儀禮』
　　㉢ 끌어들임. 불러들임. 延引.
　　　　　開東閣 以延賢人『漢書』
끌 열【拽】 질질 끎. 曳拽也, 不得擧足『禮記』
끌 예【抴】 끌어 당김. 견인(牽引)함.
　　　　　接人則用抴『荀子』
끌 예【曳】 ㉠ 땅에 늘어뜨리고 감.
　　　　　子有衣裳 弗曳弗婁『詩經』
　　　　㉡ 끌어당김. 曳仆.
　　　　　鉤曳出實墙下『程史』
　　　　㉢ 끌고 다님. 짚음.
　　　　　率然曳杖 徒行城邑『南史』
끌 예【捙】 牽引也.
끌 예【拽】 인퇴(引退)함. 便拽身退『朱子語類』
끌 원【媛】 嬋媛은 끌어당기는 모양.
　　　　　垂條嬋媛『張衡』
끌 유【揄】 질질 끎. 揄長袂『史記』
끌 응【凝】 음조(音調)가 느리고 길게 끎.
　　　　　凝笳翼高蓋『謝玄暉』
끌 인【引】
　　㉠ 이끎. 引導. 引之表儀『左傳』
　　㉡ 추천함. 引薦. 兩人相爲引重『史記』
　　㉢ 끌어들임. 안으로 들어오게 함.
　　　　　延引寢室『資治通鑑』
　　㉣ 땅바닥에 끎.
　　　　　不使人捽引而刑殺之『孔子家語』
　　㉤ 끌어댐. 증거로 듦. 引例.
　　　　　證引該洽『北史』

ⓗ 소리를 길게 빼어 노래 부름.
　　　　　榜謳齊引漁歌互歌 『王勃』
끌 제【提】손으로 끎. 끌고 감.
　　　　　長者與之提攜 『禮記』
끌 주【肘】팔뚝을 잡아끌어 못 가게 함. 뒤에서
　　　　잡아 당겨 정지시킴.
　　　　　欲命駕數數被肘 『後漢書』
끌 체【掣】질질 끎. 見輿曳其牛掣 『易經』
끌 치【拸】拽也.
끌 타【拖】끌어당김. 拖曳. 拖舟而入水 『漢書』
끌 타【拕】曳也. 타(拖)와 동자(同字).
끌 타【扡】타(拖)와 동자(同字).
끌 통【敵】인야(引也).
끌 황【鞝】引也.
끌 휴【攜】이끌고 감. 攜其妻子 『公羊傳』
끌려가는 동물 : 소, 말, 양, 돼지 등. 또 희생.
　끌려가는 동물 견【牽】餼牽竭矣 『左傳』
끌리다 :
　끌릴 연【延】지체됨. 오래감. 稽延旦夕 『吳志』
　끌릴 예【曳】賢聖逆曳, 方正倒植 『賈誼』
끌 머리 :
　끌 머리 구【觩】착수(鑿首).
끌밋하다 :
　끌밋할 뢰【儡】씩씩함. 훤칠하게 생기다.
　　　　　魁儡之士 『漢書』
끌어내다 :
　끌어낼 토【𢭏】挑也.
끌어당기다 : 서로 잡아당김. 끌어넣음.
　끌어당길 고【叩】叩勒 叩馬而諫 『史記』
　끌어당길 구【鉤】皆爲鉤黨下獄 『後漢書』
　끌어당길 나【挐】나(拏)와 동자(同字).
　끌어당길 오【扚】인간(引看).
　끌어당길 통【捅】진전인(進前引).
끌채 :
　끌채 원【轅】수레의 앞 양쪽에 대는 긴 채.
　　　　　轅下駒. 軍行右轅 『左傳』
　끌채 주【輈】하나로 된 굽은 수레 채. 주로 소
　　　　차(小車). 곧 사람을 태우는 수레
　　　　의 중앙에 닮. 梁輈. 文輈.
　　　　　挾輈以走 『左傳』
끌채 끝 :
　끌채 끝 예【輗】짐 싣는 수레. 곧 大車의 끌채
　　　　끝의 멍에를 매는 데.
　　　　　大車無輗 『論語』
　끌채 끝 월【軏】끌채 끝의 멍에를 매는 데
　　　　　小車無軏 『論語』
끓는 물 :
　끓는 물 비【沸】열탕(熱湯). 以指撓沸 『荀子』

끓다 :
　끓을 관【涫】물이 끓음. 氣涫沸其若波 『楚辭』
　끓을 답【㳠】물 같은 것이 끓음.
　　　　　發怒座沓 『枚乘』
　끓을 비【濞】비(沸)와 동자(同字). 沸也.
　　　　　氣涫濞其若波.
　끓을 비【沸】
　　　㉠ 물이 끓음. 沸湯. 如沸如羹 『詩經』
　　　㉡ 인신(引伸)하여 물 끓듯이 일어남.
　　　　　市里喧沸 『南史』
　끓을 잡【灒】비모(沸貌).
　끓을 전【煎】끓어 익음.
　　　　　瀄瀄有聲如粥煎 『范成大』
끓이다 : 가열하여 익게 함.
　끓일 비【沸】以水沃之, 便如煎沸 『述異記』
　끓일 상【湘】于以湘之 『詩經』
　끓일 자【煮】煮沸. 煮豆持作羹 『曹植』
　끓일 전【煎】我有至味非煎烹 『蘇軾』
　끓일 종【𤉹】열즙(熱汁).
　끓일 탕【湯】물을 끓임.
　　　　　夏不頻湯 非愛火也 『韓詩外傳』
끓인 물 :
　끓인 물 안【洝】탕수(湯水).
　끓인 물 탕【湯】가열한 물. 微溫湯.
　　　　　燂湯請浴 『禮記』
끔적거리다 :
　끔적거릴 순【眴】눈을 끔적 끔적함.
　　　　　今汝怵然有眴目之志 『列子』
끙게 :
　끙게 로【撈】回 씨를 뿌린 뒤에 씨앗이 흙에
　　　　덮이게 하는 농구.
끙끙거리다 :
　끙끙거릴 신【呻】신음(呻吟)함.
　　　　　呻吟裘氏之地 『莊子』
　끙끙거릴 음【吟】괴로워서 끙끙거림. 呻吟.
　　　　　其聲如吟 『山海經』
　끙끙거릴 히【屎】신음(呻吟)함. 殿屎.
끙끙 앓다 :
　끙끙 앓을 효【嚆】통모(痛貌).
끝 :
　끝 강【疆】제한. 萬壽無疆 『詩經』
　끝 경【竟】종말. 畢竟. 歲竟,
　　　　　此兩家常折券棄責 『史記』
　끝 계【季】
　　　㉠ 사시(四時)의 끝. 季冬之月 『禮記』
　　　㉡ 거의 망하게 된 때. 末世. 此季世也 『左傳』
　끝 단【端】
　　　㉠ 물건의 끝. 末端. 叩其兩端 『論語』

ⓛ 종말(終末). 運轉而無端『淮南子』

ⓔ 포백(布帛) 길이의 단위. 18尺. 또는 20尺.
有練數千端『晉書』

끝 단【耑】단(端)과 동자(同字).
摩其耑『周禮』

끝 두【頭】선단(先端). 舌頭.
以百錢挂杖頭『晉書』

끝 말【末】

ⓖ 나무끝. 獻杖者, 執末『禮記』

ⓛ 첨단(尖端). 若錐之處囊中 其末立見『史記』

ⓔ 하위(下位). 末席. 編於百主之末『漢書』

ⓡ 종말(終末). 是月之末擇吉日大合樂『禮記』

ⓜ 중요하지 아니한 부분. 反本成末『荀子』

ⓗ 신하. 백성. 本末弱『易經』

끝 미【尾】末尾. 帝大署其尾『唐書』

끝 변【邊】종말. 제한. 無始無邊『齊書』

끝 봉【鋒】사물의 첨단. 筆鋒.
抽鋒擢穎『晉書』

끝 빈【濱】맨 가쪽 부분.
率土之濱 莫非王土『詩經』

끝 숙【叔】말세(末世).
三辟之興 皆叔世也『左傳』

끝 애【涯】맨 끝. 한계. 涯限.
吾生也有涯 而知也無『莊子』

끝 애【厓】제한(際限). 洞無厓兮『揚雄』

끝 영【穎】뾰족한 물건의 끝. 첨단. 毛穎.
如錐之處囊中 乃穎脫而出『史記』

끝 영【贏】말단(末端). 曾莫我贏『史記』

끝 예【藝】극한(極限). 貪欲無藝『國語』

끝 예【裔】변애(邊崖). 水裔.
江潯海裔『淮南子』

끝 예【倪】말단(末端). 端倪.
和之以天倪『莊子』

끝 우【宇】가장자리. 眉宇.
上欲尊而宇欲卑『周禮』

끝 위【委】말단(末端). 或原也, 或委也『禮記』

끝 인【印】圀 官簿之末端書字.

끝 제【題】선단(先端). 榱題數尺『孟子』

끝 종【終】마지막. 始終. 終末.
原始要終『易經』

끝 첨【尖】날카롭게 된 끝. 筆尖.
我舌猶能及鼻尖『黃庭堅』

끝 초【杪】말단. 杪春.
家宰制國用 必于歲之杪『禮記』

끝 초【梢】末梢. 垂梢植髮『顔廷之』

끝 초【鈔】초(杪)와 통용. 敎行於鈔『管子』

끝 취【觜】단각(短角). 鷦鴣飛達靑山觜『皇甫松』

끝 표【剽】말단(末端). 無本剽者『莊子』

끝나다 :

끝날 결【闋】

ⓖ 종료(終了)함. 不闋時月『後漢書』

ⓛ 음악의 한 곡이 끝남을 이름.
有司告以樂闋『禮記』

끝날 경【竟】語未竟. 爲德不竟『漢書』

끝날 료【了】다 이루어 짐. 未了.
責了矣『北史』

끝날 성【成】완료(完了)함. 簫韶九成『書經』

끝날 완【完】일이 완결됨. 完了. 完功.

끝날 종【終】마지막이 됨.
始於初問 終於九道『鶡冠子』

끝날 주【遒】종결(終結)함.
似先公之遒矣『詩經』

끝날 준【竣】일을 끝마침. 竣工. 竣功.

끝날 착【著】결말이 남. 落著.

끝날 추【酋】종료(終了)함. 似先公酋矣『詩經』

끝내다 :

끝낼 종【終】끝을 맺음. 子思引夫子之言 以終此
章之義『中庸章句』

끝없다 :

끝없을 만【縵】밭 골이 없음.
縵田謂不爲畎者也『漢書』

끼니 :

끼니 돈【頓】한 끼니. 欲乞一頓食耳『世說』

끼다 :

낄 개【介】사이에 낌. 介在. 介入.
介居二大國之間『左傳』

낄 륵【扐】시초 점을 칠 때 시초를 세어서 양손
가락과 새끼손가락 사이에 끼는 일.
再扐而後掛『易經』

낄 섭【攝】양쪽 사이에 낌.
攝乎大國之間『論語』

낄 액【掖】겨드랑이에 낌.
掖以赴外殺之『左傳』

낄 옹【擁】

ⓖ 겨드랑이에 낌. 擁書抱籍『蔡邕』

ⓛ 가짐. 소유함. 擁天下之樞『漢書』

ⓔ 호위함. 擁護. 嬰甲胄擁衛親族『後漢書』

낄 입【込】圁 入也.

낄 협【挾】

ⓖ 겨드랑이. 손가락 사이 같은 데에 낌.
挾持. 挾泰山以超北海『孟子』

ⓛ 兼挾乘矢『儀禮』

ⓔ 가짐. 소지함. 除挾書律『漢書』

ⓡ 믿고 뽐냄. 또 믿고 의지함. 挾勢.
不挾長 不挾貴『孟子』

ⓜ 좌우에서 끼고 도움. 挾輔.
挾天子以令諸侯『蜀志』

ⓑ 겨드랑이에 껴 가짐. 인신(引伸)하여 가짐.
　　소지함. 除挾書律『漢書』
낄 협【俠】 협(挾)과 통용. 俠侍.
　　　　殿下郎中俠陛『漢書』
낄 협【夾】 협(挾)과 동자(同字).
　　　　夾牽之『儀禮』
낄 협【筴】 협(夾)과 동자(同字).
　　　　筴漢陽『韓愈』
낄 혜【撰】 협물(挾物).

끼였다 :
　끼였을 관【灌】 뿌림. 灌頂.

끼우다 : 좁은 사이에 빠지지 않게 넣음.
　끼울 겹【箝】 蚌合而箝其啄『戰國策』
　끼울 삽【扱】 삽(揷)과 통용. 삽입(揷入)함.
　　　　扱上衽『禮記』

끼울 삽【甬】 삽(揷)과 동자(同字).
　　　　雜甬其間『史記』
끼울 이【珥】 珥筆. 삽입함. 七葉珥漢貂『左思』
끼울 입【扱】 ⓖ 挾也.
끼울 주【注】 화살을 활시위에 끼움.
　　　　射之不中, 又注『左傳』

끼치다 :
　끼칠 유【遺】 후세에 남겨 줌. 遺業.
　　　　先帝簡拔 以遺陛下『諸葛亮』
　끼칠 이【詒】 이(貽)와 통용. 물려줌.
　　　　詒厥孫謀『詩經』
　끼칠 이【貽】 후세에 물려 줌. 貽禍.
　　　　貽謀寶訓明『蔡襄』
　끼칠 지【之】 후세에 남김.
　　　　之後世君子『揚子法言』

※ 永字八法(영자팔법)

　'永(영)'자에 포함되어 있는 8가지 기본적인 書法(서법). '永'자의 각 劃(획)이 한 자의 運筆法(운필법)에 있어서의 모든 기본을 포함하고 있다고 하여 예로부터 '영자팔법'이란 명칭을 썼으며, 서법의 傳授(전수)와 習字(습자)의 초보 단계의 한 방법으로 이용되어 왔다.

　각부의 명칭은 運筆(운필)의 순서에 따라서 ①側(측) ②勒(늑) ③努(노) ④趯(적) ⑤策(책) ⑥掠(약) ⑦啄(탁) ⑧磔(책)의 8법이다.

　상하좌우로 放射(방사)하는 자획에 매우 정확한 명칭을 붙였다. 唐(당)나라 때의 韓方明(한방명)의 설에 따르면, 그 기원은 이미 隸書體(예서체)가 생긴 무렵부터 있었으며 後漢(후한) 시대의 崔瑗(최원)으로부터 鐘繇(종요), 王羲之(왕희지), 智永(지영)으로 전해지고, 다시 당나라 때 張旭(장욱)에게 전해졌다고 한다. 한편 漢(한)나라 때 蔡邕(채옹)이 고안한 것이라고도 하나 확실한 창안자는 알 수 없다.

영자팔법 永	側	측(側)은 점	策	책(策)은 지침
	勒	늑(勒)은 가로긋기	掠	략(掠)은 좌삐침
	努	노(努)는 내리긋기	啄	탁(啄)은 좌별
	趯	적(趯)은 갈고리	磔	책(磔)은 우날(파임)

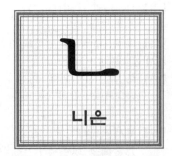

ㄴ

니은

나 :

나 고【孤】 왕후(王后)의 겸칭(謙稱).
　　　凡自稱 小國之君曰孤『禮記』

나 과【寡】 왕후(王后)의 자칭(自稱).
　　　世世孤寡『戰國策』

나 괴【塊】 자기. 塊獨守此無澤兮『楚辭』

나 농【儂】 자기. 아(我)의 속어(俗語).
　　　牙眠怖殺儂『韓愈』

나 보【甫】 我也.

나 사【厶】 我也.

나 생【生】 자기의 겸칭. 生揣我何念『史記』

나 아【我】
　　㉠ 자신. 自我. 父兮生我, 母兮育我『詩經』
　　㉡ 인신(引伸)하여 자국(自國). 또 피(彼)의 대
　　　(對). 彼我. 虜亦不得犯我『漢書』

나 암【俺】 자기(自己).

나 앙【姎】 我也.

나 앙【卬】 자기(自己). 卬須我友『詩經』

나 양【瘍】 我也.

나 언【言】 자기(自己). 주(主)로 시(詩)에 씀.
　　　言告師氏『詩經』

나 엄【俺】 자기(自己).

나 여【予】
　　㉠ 여(余)와 동자(同字). 나. 予一人.
　　　予豈好辯哉『孟子』
　　㉡ 豫(미리 예)의 속자로도 쓰임.

나 여【余】 자기(自己). 余我也『爾雅』

나 오【魚】 오(吾)와 통용. 姬魚語女『列子』

나 오【吾】
　　㉠ 자기의 일컬음. 吾人.
　　　吾度足下之智不如吾 勇又不如吾『史記』
　　㉡ 자기의 존재. 자기의 의식.
　　　草庵寂默我志吾『陸游』

나 우【愚】
　　㉠ 자기의 겸칭(謙稱). 愚見.
　　　愚猶有惑也『蘇洵』
　　㉡ 자기 의견의 겸칭(謙稱).
　　　略陳愚而抒情素『漢書』

나 이【台】 자기. 非台小子, 敢行稱亂『書經』

나 자【子】 성씨의 아래에 붙여 쓰는 남자의 자
　　　칭(自稱). 蘇子與客泛舟『蘇軾』

나 잠【喒】 我也.

나 짐【朕】 원래 일반(一般)의 자칭(自稱)이었
　　　으나 진시황(秦始皇)이후로 천자 자
　　　칭으로만 쓰이게 되었음.
　　　朕爲始皇帝『史記』

나 차(찰)【咱】 自己指稱.

나가다 :

나갈 출【出】
　　㉠ 집, 또는 나라 밖으로 나감. 出入. 出國.
　　　弟子入則孝 出則弟『論語』
　　㉡ 떠남. 死徒無出鄉『孟子』
　　㉢ 전진함. 五將軍分道而出『漢書』
　　㉣ 감. 始以强壯出, 及還須髮盡白『十八史略』
　　㉤ 물러남. 자리를 뜸. 侍生者請出矣『小學』
　　㉥ 수중에서 떠남. 없어짐.
　　　貨悖而入者亦悖而出『大學』
　　㉦ 벼슬을 함. 出仕. 去就出處. 或出或處『易經』
　　㉧ 지방관이 되어 부임함. 出將入相.
　　　出爲永壽太守『宋書』

나가지 못하다 : 잘 전진하지 못하는 모양.

나가지 못할 유【油】 油然若將可越而終不可及
　　　『孔子家語』

나가지 않다 :

나가지 않을 록【逯】 不能前之貌.

나가지 않을 주【邅】 불진(不進).

나가지 않을 치【遰】 不進貌.

나그네 : 길손.

나그네 객【客】 여행자. 旅客.
　　　鷄鳴而出客『史記』

나그네 려【旅】
　　㉠ 객지에 기류(寄留)하는 일. 羈旅之臣『左傳』
　　㉡ 旅人. 于時舍旅『詩經』

나나니벌 : 구멍벌과에 속한 곤충. 몸 빛깔은
　　검고, 날개는 투명한데 약간 황색이 돈다

나나니벌 과【蜾】 螟蛉有子, 蜾蠃負之『詩經』

나나니벌 라【蠃】 蜾蠃.

나나니벌 열【蠮】 벌의 일종. 蠮螉, 細腰蜂.

나나니벌 옹【螉】 蠮螉.

나날이 :

나날이 일【日】 나날이. 매일. 日改月化.
　　　又日新『大學』

나누다 : 갈라 분명히 함.

나눌 계【挂】 挂功名『莊子』

나눌 구【區】 분별(分別)함. 차별(差別)함.
　　　各以言區『齊書』

나눌 단【斷】 剛柔斷矣『易經』

나눌 단【段】분할(分割)함.
　　　　　　　斷段也 分爲異段也『釋名』
나눌 류【類】사물을 비슷한 종별(種別)에 따라
　　　　　　　나눔. 유별(類別)함.
　　　　　　　晉君類能而使之『左傳』
나눌 미【靡】분할함. 나누어 가짐.
　　　　　　　我有好爵 吾與爾靡之『易經』
나눌 반【頒】
　㉠ 나누어줌. 頒賜. 頒度量而天下大服『禮記』
　㉡ 널리 퍼뜨림. 頒布.
　㉢ 구분함. 乃惟孺子 頒朕不暇『書經』
나눌 반【班】분배(分配)함. 班瑞於群后『書經』
나눌 반【攽】分也. 乃惟孺子攽朕不暇『書經』
나눌 반【胖】背膺胖以交痛兮『楚辭』
나눌 반【般】반(頒)과 통용. 澳爵般秩『太玄經』
나눌 방【方】구별(區別)함. 不可方物『國語』
나눌 배【配】분배(分配)함. 配當.
　　　　　　　散配鄕村『舊唐書』
나눌 배【北】분리(分離)함. 分北三苗『書經』
나눌 번【膰】제육(祭肉)을 나누어 줌.
　　　　　　　天子有事膰焉『左傳』
나눌 변【辨】구별(區別)함. 辨析.
　　　　　　　序爵所以辨貴賤也『中庸』
나눌 변【采】변(辨)과 동자(同字). 변별(辨別)함.
나눌 변【辯】변(辨)과 통용.
　　　　　　　君子以辯上下定民志『易經』
나눌 별【別】
　㉠ 분할(分割)함. 분리(分離)함. 析別.
　　　宰疱之切割分別也『淮南子』
　㉡ 구별(區別)함. 我又欲與若別之『列子』
　㉢ 구분(區分)함. 구획(區劃)함.
　　　此天地所以界別區域絶外內也『漢書』
　㉣ 구분(區分)함. 由別之『穀梁傳』
나눌 부【敷】분할(分割)함. 禹敷土『書經』
나눌 분【麿】分也.
나눌 분【分】
　㉠ 분할(分割). 分解. 分斷. 分軍爲三『史記』
　㉡ 달리함. 따로따로 함. 分道而出『漢書』
나눌 분【墳】가름. 何以墳之『楚辭』
나눌 분【匱】나누어 줌. 匱頒之式『周禮』
나눌 비【꼺】分也.
나눌 사【纙】分也.
나눌 서【署】부(部)를 나누어 베풂. 부서(部署)
　　　　　　　를 정함. 選署衆神『楚辭』
나눌 소【疏】갈라짐. 疏逖而擊之『淮南子』
나눌 소【釃】가름. 釃二渠以引其河『漢書』
나눌 시【釃】가름. 釃二渠以引其河『漢書』
나눌 시【厮】가름. 분할(分割)함.
　　　　　　　乃厮二渠以引其河『史記』

나눌 시【㒾】分也. 乃㒾二渠以引其何『史記』
나눌 예【藝】분배(分配)함. 분별(分別)함.
　　　　　　　合諸侯而藝貢事禮也『孔子家語』
나눌 예【倪】구분(區分)함. 倪貴賤『莊子』
나눌 은【擬】劑也.
나눌 제【除】제함. 法除之『漢書』
나눌 처【處】분별(分別)함. 處分旣定『晉書』
나눌 체【體】구획(區劃)함. 體國經野『周禮』
나눌 패【牌】분해(分解).
나눌 피【披】나누어 줌. 又披其邑『左傳』
나눌 획【㩟】分也.
나누어 가르다 :
　나누어 가를 패【挂】분결(分決).
　　　　　　　　　　剛挂柔也『易經』
나누어주다 :
　나누어줄 분【分】분여(分與)함.
　　　　　　　　　分貧振窮『左傳』
　나누어줄 표【捹】분여(分與).
　나누어줄 표【俵】분여(分與)함.
나누이다 :
　나누일 단【斷】剛柔斷矣『易經』
　나누일 변【辨】구별됨. 男女以辨『左傳』
　나누일 변【辯】변(辨)과 통용.
　　　　　　　君子以辯上下定民志『易經』
　나누일 별【別】
　　㉠ 떨어짐. 小山別大山鮮『爾雅』
　　㉡ 구별(區別)이 됨. 貴賤之義別矣『禮記』
　　㉢ 갈래가 짐. 東別爲沱『書經』
　나누일 분【分】
　　㉠ 떨어짐. 갈라짐. 따로따로 됨. 分散.
　　　楚所備者多, 力分『漢書』
　　㉡ 갈래가 짐. 分岐, 分爲九『漢書』
　나누일 석【析】갈라짐. 厥民析『書經』
　나누일 소【疏】갈라짐. 가름.
　　　　　　　疏逖而擊之『淮南子』
　나누일 판【判】떨어짐. 분리(分離)함.
　　　　　　　上下旣有判矣『國語』
나눗셈 :
　나눗셈 제【除】除算. 加減乘除.
나는 고기 :
　나는 고기 비【魶】비어(飛魚).
　나는 고기 여【鱮】비어(飛魚).
나는 소리 :
　나는 소리 홍【翃】비성(飛聲).
　나는 소리 확【霍】비성(飛聲). 雨而雙飛者其聲
　　　　　　　霍然『說文解字』
　나는 소리 횡【翃】비성(飛聲).
나는 용 :

나는 용 답【龖】비룡(飛龍).

나다 :

날 기【覬】물건이 생기는 모양.

　　　　萬物蠢生, 茫茫覬覬『左思』

날 산【産】㉠ 産地. 珍怪之所化産『郭璞』

　　　　㉡ 百姦衆辟 從是産矣『呂氏春秋』

날 생【生】분만(分娩)함. 生子.

날 생【世】생(生)과 동자(同字). 亦如人自世之老

　　　　皮膚爪髮 隨世隨落『列子』

나라 :

나라 강【疆】국토. 闢土開疆『晉書』

나라 국【國】

　㉠ 국가. 국토. 國力. 分國爲九州『周禮』

　㉡ 지리상, 행정상 구획된 토지.

　　　二百一十國以爲州『周禮』

　㉢ 서울. 수도. 徧國中 無與立談者『孟子』

　㉣ 고향. 去國三世 爵祿有列於朝『禮記』

나라 방【邦】국가. 국토. 掌邦之六典『周禮』

나라 방【方】국가. 국토. 異方之所生『劉向』

나라 역【域】국가. 西域.

　　　　旣臨其域諭以威德『漢書』

나라 우【宇】국토. 宇內. 使各有寧宇『國語』

나라 졸【卒】삼십국(三十國)을 한 구역(區域)으

　　　　로 한 칭호(稱號). 卒有正『禮記』

나라 주【州】국토(國土). 州國.

　　　　白狄及君同州『左傳』

나라 한【韓】

　㉠ 주대(周代)의 제후의 나라.

　　　韓有三種『後漢書』

　㉡ 상고시대(上古時代)에 한반도 남쪽에 있던

　　　세 나라. 삼한(三韓) : 馬韓. 辰韓. 弁韓.

나라곳집 :

나라곳집 탕【帑】국가의 금은창고(金銀倉庫).

　　　　　內帑. 以爲虛費府帑『漢書』

나라세우다 : 나라를 건국 함.

나라세울 국【國】黥布叛逆 子長國之『史記』

나라이름 :

나라이름 간【軒】黎軒은 한대(漢代)의 서역(西

　　　　域)에 있던 나라.

나라이름 거【莒】주대(周代)의 국명.

나라이름 견【身】身毒은 천축국(天竺國).

나라이름 계【薊】주대(周代)의 국명.

나라이름 고【郜】주(周)나라 문왕(文王)이 아들

　　　　을 봉한 나라.

나라이름 곽【霍】주(周)나라 무왕(武王)의 아우

　　　　곽숙(霍叔)의 영지(領地).

나라이름 괵【虢】주대(周代)의 국명.

나라이름 구【龜】龜玆는 고차(庫車)부근에 있

던 서역의 한 나라.

나라이름 금【金】여진족이 세운 나라.

나라이름 기【杞】주대(周代)의 나라로 우왕(禹

　　　　王)의 자손이 통치하였음.

나라이름 노【魯】주대(周代)의 국명.

나라이름 담【譚】주대(周代)의 국명.

나라이름 담【郯】춘추시대의 국명.

나라이름 독【毒】天毒, 身毒은 후세의 천축(天

　　　　竺). 지금의 인도(印度).

나라이름 등【鄧】춘추시대의 국명.

나라이름 등【滕】춘추시대의 국명.

나라이름 려【麗】高麗. 한국 고대 왕조의 하나.

나라이름 료【鄝】춘추시대의 나라.

나라이름 면【緬】緬甸. 중국 서남의 나라. 지금

　　　　의 버마. 問以征緬事宜『元史』

나라이름 명【明】원(元)나라를 이어 주원장(朱

　　　　元璋)이 세운 왕조.

나라이름 민【閩】오대(五代) 십국(十國)의 하나.

나라이름 배【邶】西征至于邶『穆天子傳』

나라이름 보【普】프러시아. 곧 보로사(普魯土)

　　　　의 약칭. 普佛戰爭.

나라이름 복【陳】만국명(蠻國名).

나라이름 빈【豳】주(周)나라 문왕(文王)의 조상

　　　　공유(公劉)가 다스린 나라.

나라이름 상【商】탕왕(湯王)이 하(夏)나라를 멸

　　　　하고 세운 왕조.

나라이름 선【鄯】鄯善의 약칭. 국명(國名)

나라이름 설【薛】주대(周代)의 국명(國名).

나라이름 섬【暹】暹羅는 siam의 음역으로서

　　　　현재의 태국(泰國).

나라이름 성【郕】춘추시대에 주(周)나라 무왕

　　　　(武王)이 그의 아우 숙무(叔

　　　　武)를 봉한 나라.

나라이름 송【宋】춘추시대 열국(列國)의 하나.

나라이름 수【隋】문제(文帝) 양견(楊堅)이 북주

　　　　(北周)의 선위(禪位)를 받아

　　　　세운 왕조(王朝).

나라이름 습【隰】흉노족의 일파가 세운 나라.

나라이름 시【邿】춘추시대의 노(魯)나라의 부

　　　　용국(附庸國).

나라이름 식【郋】주대(周代)의 나라.

나라이름 신【姺】桑楡姺邳『左傳』

나라이름 신【新】왕망(王莽)이 한나라를 찬탈

　　　　하여 세운 왕조.

나라이름 신【莘】주대(周代)의 국명(國名).

나라이름 악【鄂】은대(殷代)에 있던 나라.

나라이름 약【郤】춘추시대의 소국.

나라이름 양【梁】전국시대의 위나라가 대량에

　　　　천도한 이후의 칭호,

나라이름 연【燕】주나라의 제후국의 하나.

나라이름 예【郳】노(魯)나라의 부용국(附庸國).

나라이름 완【阮】주대(周代)의 국명.

나라이름 왜【倭】일본(日本). 倭寇. 樂浪海中有
　　　　　　　　倭人 分爲百餘國『漢書』

나라이름 요【遼】거란족(契丹族)이 세운 나라로
　　　　　　　　지금의 내몽골 자치구를 중심
　　　　　　　　으로 중국 북쪽을 지배했던 왕조.

나라이름 욕【谷】吐谷渾은 청해지방(青海地方)
　　　　　　　　선비족(鮮卑族)의 국명.

나라이름 우【邘】주대(周代)의 무왕(武王)의 아
　　　　　　　　들을 봉한 나라.

나라이름 우【鄅】춘추시대의 한 나라.

나라이름 운【鄆】춘추시대의 한 나라.

나라이름 월【粵】월(越)과 동자(同字).

나라이름 월【越】춘추전국시대의 국명.

나라이름 위【魏】전국시대의 국명.

나라이름 위【衛】주대(周代)의 국명.

나라이름 융【娀】姓也.

나라이름 은【殷】상(商)나라 반경왕이 마지막
　　　　　　　　으로 옮긴 수도에서 비롯된
　　　　　　　　나라이름.

나라이름 장【蔣】주대(周代)의 국명.

나라이름 정【鄭】춘추시대의 국명.

나라이름 제【齊】주대(周代)의 제후국.

나라이름 조【趙】춘추시대에 한(韓), 위(魏), 조
　　　　　　　　(趙)의 삼가(三家)가 진(晉)나
　　　　　　　　라를 삼분하여 세운 나라 중
　　　　　　　　하나.

나라이름 조【曹】춘추시대의 제후국.

나라이름 주【邾】춘추시대의 노(魯)나라의 부
　　　　　　　　용국(附庸國).

나라이름 증【鄫】춘추시대의 국명.

나라이름 지【氏】대월지(大月氏)는 기원전 5세
　　　　　　　　기 중엽에 중앙아시아의 아무
　　　　　　　　강 유역에 터키 계통의 민족이
　　　　　　　　세운 나라.

나라이름 진【陳】주대(周代)의 제후의 나라.

나라이름 채【蔡】주대(周代)의 국명.

나라이름 청【淸】만주족인 누루하치(奴兒哈赤)가
　　　　　　　　명나라를 멸하고 세운 왕조.

나라이름 초【楚】춘추시대의 나라.

나라이름 촉【蜀】중국 삼국 시대 때 유비(劉備)가
　　　　　　　　지금의 사천성 지역에 세운 나라
　　　　　　　　로, 흔히 촉한(蜀漢)이라 불림.

나라이름 추【鄒】춘추시대의 노(魯)나라의 부용
　　　　　　　　국(附庸國). 孟子居鄒『孟子』

나라이름 축【竺】天竺은 지금의 인도.
　　　　　　　　天竺國一名身毒國『後漢書』

나라이름 태【邰】주(周)나라 선조 후직(后稷)이
　　　　　　　　처음으로 봉(封)함을 받은 나라.

나라이름 풍【酆】주대(周代)의 국명.

나라이름 한【漢】유방(劉邦)이 진(秦)나라를 멸
　　　　　　　　하고 세운 나라.

나라이름 한【韓】주대(周代)의 제후의 나라.

나라이름 허【許】주대(周代)의 국명.

나라이름 허【鄦】춘추시대의 국명.

나라이름 형【邢】주공(周公)의 아들을 봉한 나라.

나라이름 화【和】일본(日本)의 별칭. 和寇.

나라이름 회【鄶】주대의 국명.

나라이름 회【檜】춘추시대의 나라이름.
　　　　　　　　회(鄶)로도 씀.

나락 :

나락 인【籾】囿 稻也. 벼.

나란하다 :

나란할 병【並】가지런함. 並乎堯舜『荀子』

나란할 병【併】竝也.

나란할 비【比】늘어섬. 櫛比. 其比如櫛『詩經』

나란할 차【伙】벌여 놓은 것이 가지런함.
　　　　　　　　決拾旣伙『詩經』

나란할 참【參】셋이 서로 가지런함. 병립(竝立)
　　　　　　　　함. 정립(鼎立)함. 參天貳地.
　　　　　　　　三王之德參於天地『禮記』

나란히 :

나란히 병【並】가지런히. 모두. 함께. 並育.
　　　　　　　　並驅. 並受罰『易經』

나란히 가다 :

나란히 갈 반【柈】병행(竝行).

나란히 갈다 :

나란히 갈 우【耦】
　　㉠ 두 사람이 나란히 서서 밭을 갊.
　　　　耦而耕『論語』
　　㉡ 널리 사물의 쌍이 지어진 상태를 이름.
　　　　기(奇)의 대(對).

나란히 달아나다 :

나란히 달아날 렬【駖】열치(列馳).

나란히 서다 :

나란히 설 병【並】가지런히 섬. 並列. 並肩.
　　　　　　　　道並行而不相悖『中庸』

나란히 설 임【栠】병립(竝立).

나란히 설 치【齒】동렬(同列)에 섬. 비견(比肩)
　　　　　　　　함. 不敢與諸任齒『左傳』

나란히 하다 :

나란히 할 려【儷】어깨를 나란히 함.
　　　　　　　　與俗儷走『淮南子』

나란히 할 려【驪】수레에 두 필의 말을 나란히
　　　　　　　　세워 매고 멍에를 메움.

輦車驪駕『後漢書』

나란히 할 련【聯】 좌우로 나란히 함.
　二子舊不識欣然肯聯鞍『蘇軾』

나란히 할 변【騈】 수레에 두 필의 말을 나란히
　세워 매고 멍에를 메움. 곧 두
　필의 말로 수레를 끌게 함.
　乘飾車騈馬『書經』

나란히 할 병【倂】 들쭉날쭉하지 않고 가지런히
　줄을 지음. 병진(倂進).
　行肩而不倂『禮記』

나란히 할 비【比】 늘어섬. 즐비(櫛比).
　其比如櫛『詩經』

나루 :

나루 도【渡】 도선장(渡船場). 도진(渡津).
　荒城臨古渡『王維』

나루 보【步】 나루터. 蓄船至泊步『韓愈』

나루 복【澓】 배가 정박하는 곳.
　有魯家澓長風澓『范成大』

나루 제【濟】 도선장(渡船場). 濟有深涉『詩經』

나루 진【津】
　㉠ 도선장(渡船場). 津渡. 使子路問津焉『論語』
　㉡ 배가 발착(發着)하는 곳. 포구(浦口).

나루이름 :

나루이름 두【郖】 두진(郖津), 진명(津名).

나루터 :

나루터 마【碼】 도선장(渡船場). 碼頭.

나르는 모양 :

나르는 모양 유【䬉】 비모(飛貌).

나른하게 두드리다 :

나른하게 두드릴 련【敕】 搥打物.

나른하다 :

나른할 래【儽】 懶也.

나마교 : 불교(佛敎)의 한 파.

나마교 마【嘛】 ㊥ 라마(喇嘛).

나막신 :

나막신 교【轎】 泥行所乘.

나막신 국【㡛】 밑에 징을 박아 미끄러지지 않
　게 한 등산용 신.
　山行則㡛『漢書』

나막신 극【屐】 나무로 만든 신. 屐履.
　度門闖乃納屐『宋書』

나막신 류【欙】 밑에 징을 박아 미끄러지지 않
　게 한 등산용 신.

나막신 서【屧】 목리(木履).

나막신 섭【屧】 晝日研屧爲業『南史』

나막신 인【靷】 木履有足.

나머지 :

나머지 강【强】 표기(表記)한 수 외에 우수리가

있음을 나타내는 말.
　賞賜百千强『木蘭辭』

나머지 기【畸】 잔여. 畸人者,
　畸於人而侔於天『莊子』

나머지 렬【烈】 잔여. 뒤. 承厲王之烈『詩經序』

나머지 령【零】 ㉠ 잔여(殘餘). 영쇄(零碎).
　㉡ 잔여의 소수. 기령(奇零).

나머지 륵【仂】 셈한 나머지. 祭用數仂『禮記』

나머지 서【緖】 緖風. 其緖餘以爲國家『莊子』

나머지 선【羨】 여분(餘分). 잉여(剩餘).
　以羨補不足『孟子』

나머지 신【燼】 망국(亡國)의 여민(餘民).
　收二國之燼『左傳』

나머지 신【藎】 잔여(殘餘). 藎滯抗絶『馬融

나머지 여【邪】 여(餘)와 동자(同字).
　歸邪於終『史記』

나머지 여【餘】
　㉠ 여분(餘分). 亦無使有餘『呂氏春秋』
　㉡ 有餘不敢盡『中庸』
　㉢ 잉여(剩餘). 日計無算 歲計有餘『淮南子』
　㉣ 그 밖의 것. 餘皆釋放『吳志』
　㉤ 딴 일. 唯酒是務, 焉知其餘『劉伶』

나머지 여【余】 여(餘)와 동자(同字).
　其余聚 以待頒賜『周禮』

나머지 영【贏】 잔여(殘餘).
　尙有五升之贏『東坡酒經』

나머지 이【肄】 잔여(殘餘). 夏肄是屛『左傳』

나머지 잉【剩】 어떤 한도 밖에 더 있는 것.
　剩餘. 剩員. 掠剩增釜區『范成大』

나머지 혈【孑】 잔여(殘餘). 靡有孑遺『孟子』

나무 :

나무 목【木】
　㉠ 선나무. 樹木.
　㉡ 재목(材木). 朽木不可雕也『論語』
　㉢ 나무를 재료로 하여 제작한 것. 木像.
　皆著木履屐『後漢書』
　㉣ 오행의 첫째. 방위로는 동쪽. 사계(四季)로
　는 봄. 간지(干支)로는 갑을(甲乙)에 배당.
　巽爲木『易經』

나무 수【樹】 살아 서 있는 나무. 樹木.
　斫大樹 白而書之『史記』

나무 요【橈】 큰 나무. 橈木不生危『國語』

나무가 서로 개개다 :

나무가 서로 개갤 예【樲】 木相磨.

나무가시 :

나무가시 초【㭰】 목자(木刺).

나무 가지 퍼지다 :

나무 가지 퍼질 도【橭】 木枝四布.

나무고갱이 : 나무의 줄기 한가운데 있는 연한 심.
　나무고갱이 도【朷】 목심(木心).
나무 곧게 하다 :
　나무 곧게 할 시【榯】 木直堅立.
나무굼벵이 : 나무속에 기생하는 굼벵이.
　나무굼벵이 두【蠹】 木蠹蟲. 추제(蝤蠐).
　　　　　　　蠹魚. 樹蔚則爲蠹『呂氏春秋』
　나무굼벵이 제【蠐】 蝤蠐는 몸이 흰 굼벵이.
　　　　　　　미인(美人)을 비유.
　나무굼벵이 주【蛀】 木蠹蟲.
　나무굼벵이 추【蝤】 蝤蠐는 몸이 흰 나무 굼벵이.
　　　　　　　인신(引伸)하여 미인(美人)의
　　　　　　　목이 아름다움을 비유.
　　　　　　　領如蝤蠐『詩經』
　나무굼벵이 할【蝎】 하늘소 종류의 유충의 총칭.
　　　　　　　蝎盛則木朽『嵇康』
나무그늘 :
　나무그늘 월【樾】 수음(樹蔭).
　　　　　　　蔭喝人于樾下『淮南子』
　나무그늘 휴【庥】 나무의 그늘. 수음(樹蔭).
　　　　　　　今俗呼樹蔭爲庥『爾雅』
나무그릇 :
　나무그릇 권【棬】 나무를 휘어 만든 그릇.
　　　　　　　順杞柳之性而以爲桮棬『孟子』
　나무그릇 두【梪】 木食器.
　나무그릇 재【梓】 목기(木器).
　　　　　　　杯盂之屬亦謂梓『禮記』
나무 길다 :
　나무 길 전【梴】 橉梴, 樹長貌.
나무 깎다 :
　나무 깎을 록【彔】 목삭(木削).
나무껍질 :
　나무껍질 박【朴】 목피(木皮). 膚如桑朴『崔駰』
나무껍질 벗기다 :
　나뭇껍질 벗길 월【捬】 剝去木皮.
나무꾼 :
　나무꾼 산【柵】 ㉠ 초인(樵人)
　나무꾼 요【蕘】 땔나무를 하는 사람. 또 그 일.
　　　　　　　淫芻蕘者『左傳』
　나무꾼 채【採】 초부(樵夫). 芻牧薪採『戰國策』
　나무꾼 초【樵】 나무하는 사람. 樵歌. 問樵.
　　　　　　　樵不知『王安石』
나무 끝 :
　나무 끝 미【梶】 목초(木杪).
　나무 끝 전【槙】 人頂曰顚 木頂曰槙『說文解字』
　나무 끝 초【杪】 杪頭.
　나무 끝 초【梢】 나무의 꼭대기.
　　　　　　　林梢出沒『畫史』

나무 끝 표【標】 大本而小標『管子』
나무다리 :
　나무다리 량【梁】 나무로 만든 교량.
　　　　　　　造舟爲梁『詩經』
나무 덧붙이다 :
　나무 덧붙일 복【枎】 以小木附於大木.
나무라다 :
　나무랄 과【過】 견책함. 過不識『呂氏春秋』
　나무랄 구【咎】 책망함. 탓함. 既往不咎『論語』
　나무랄 기【譏】
　　　㉠ 비난함. 稱鄭伯譏失教也『左傳』
　　　㉡ 비난. 無伯夷之譏『論衡』
　나무랄 난【難】
　　　㉠ 책망함. 非難. 難攻中山之事『呂氏春秋』
　　　㉡ 힐난할만한 결점. 遂發八難『十八史略』
　나무랄 비【非】 책망함. 責人非我『漢書』
　나무랄 신【訊】 책망함. 乃訊申胥『國語』
　나무랄 우【尤】 비난함. 尤而效之『左傳』
나무마디 :
　나무마디 와【厄】 목절(木節).
　나무마디 와【柅】 목절(木節).
　나무마디 의【檹】 목절(木節).
나무못 :
　나무못 전【栓】 목정(木釘).
나무무늬 :
　나무무늬 운【橒】 목문(木紋).
나무 밋밋하다 :
　나무 밋밋할 건【橑】 橑梀, 樹長貌.
나무 밑둥 서로 얽히다 :
　나무 밑둥 서로 얽힐 서【梛】 木下相交.
나무 밑둥 희다 :
　나무 밑둥 흴 혁【梛】 木下白.
나무 바르다 :
　나무 바를 정【柾】 ㉠ 木之正.
나무 방청 :
　나무 방천 언【堰】 積木防川.
나무버섯 :
　나무버섯 연【𦯧】 枯木生楄.
나무 번성하다 :
　나무 번성할 요【枖】 樹木繁盛.
나무 베는 소리 :
　나무 베는 소리 라【劋】 斫木聲.
나무 베다 :
　나무 벨 참【櫱】 벌목(伐木).
나무 부러지는 소리 :
　나무 부러지는 소리 잡【槢】 木柝聲.
나무 비비틀리다 :

나무 비비 틀릴 멸【櫗】목삭(木索).

나무 빽빽이 들어서다 :

나무 빽빽이 들어설 삼【森】森羅.
蕭森繁茂『潘岳』

나무 빽빽하다 :

나무 빽빽할 면【櫋】木密貌.

나무식기 :

나무식기 두【笠】목기(木器).

나무 썩다 :

나무 썩을 희【桸】朽也.

나무열매 :

나무열매 참【㰖】목실(木實).

나무열매 늘어지다 :

나무열매 늘어질 퇴【𣝷】木實垂貌.

나무우리 :

나무우리 채【寨】목책(木柵)으로 둘러 싼 방위 시설. 要寨.

나무이름 :

나무이름 고【槔】杜槔는 느릅나무의 일종.

나무이름 교【橋】橋木高而仰 梓木卑而俯 以喩父子『尙書大傳』

나무이름 급【芨】나무의 하나. 수피(樹皮)는 종이를 만듦.
剝芨巖椒『謝靈運』

나무이름 기【杞】㉠ 杞柳는 고리버들.
性猶杞柳也『孟子』
㉡ 枸杞는 구기자나무.

나무이름 기【榿】오리나무. 촉(蜀)지방에 나는 데 빨리 자라 3년 후면 큰 나무가 된다 함.
飽聞榿樹三年大『杜甫』

나무이름 누【檽】재목은 관곽(棺槨)을 만들며 껍질은 물감으로 쓰는 나무.
江南檽梓以爲棺槨『潛夫論』

나무이름 담【橝】인(橉)의 별칭.
臨瑤木之橝枝兮『楚辭』

나무이름 동【橦】꽃을 따서 베를 짤 수 있다는 나무. 漢女輸橦布『杜甫』

나무이름 랑【樠】느릅나무의 일종.
楚王卒于樠木之下『左傳』

나무이름 령【柃】차나무과에 속하는 작은 상록교목.

나무이름 례【櫔】밤 비슷한 열매가 여는 나무.
歷兒之山 其上多櫔木『山海經』

나무이름 류【橊】목명(木名).

나무이름 린【橉】이 나무를 땐 재는 약용. 또는 물감으로 씀.
橉杞稹薄於潯涘『郭璞』

나무이름 만【梚】나무의 하나.

나무이름 만【槾】나무의 하나.

나무이름 명【榠】명사나무. 장미과에 속하는 낙엽교목. 목과(木瓜)나무와 비슷함. 타원형의 장과(漿果)는 떫고, 약용하며 꽃은 분홍색임. 榠樝葉花實 酷類木瓜『蘇頌圖經』

나무이름 방【枋】수레를 만드는 재료로 쓰는 나무의 하나.
其杞其枋『管子』

나무이름 분【楍】목명(木名). 枰仲木別稱.

나무이름 비【棐】비(榧)와 동자(同字). 비자나무.
見門生棐几滑淨作書『晉書』

나무이름 비【榧】비자나무. 榧似粘 而材光文彩如柏『爾雅』

나무이름 색【榡】사스레피나무. 榡柃은 후피향나무과에 속하는 상록교목. 잿물을 받아 염료로 씀.

나무이름 서【楈】종려(棕櫚)나무 비슷한 나무.

나무이름 심【檮】서촉(西蜀) 지방에서 나는 큰 나무. 亦猶疎林螢耀 而與夫檮木龍燭也『左思』

나무이름 양【欀】껍질 속에 쌀 같은 것이 있어 이것을 찧어 떡 또는 국수를 만든다는 나무.
文欀楨橿『左思』

나무이름 역【棭】목명(木名).

나무이름 영【梛】목명(木名).

나무이름 우【楀】목명(木名).

나무이름 원【杬】교목의 하나. 나무 껍질이 두껍고 쓴맛이 있음. 일명(一名) 팔꽃 나무. 緜杬杶櫨『左思』

나무이름 이【杝】백양(白楊) 비슷한 나무로 관재(棺材)로 쓰임.
杝棺四寸『孝經』

나무이름 이【椸】이(杝)와 동자(同字).
椸棺『禮記』

나무이름 주【椆】상록수의 하나.
虎首之山多椆椐.

나무이름 주【榛】귤(橘) 나무의 일종.
黃甘橙榛『司馬相如』

나무이름 즐【楖】楖栗나무는 선가(禪家)에서 지팡이를 만드는 데 쓰임.

나무이름 직【樴】소나무 비슷한 나무. 결이 곱고 가시가 있음.
檉松楔樴『張衡』

나무이름 첩【櫼】목명(木名).

나무이름 추【橚】목명(木名).

나무이름 통【樋】얼음 나무.

나무이름 편【楩】남방(南方)에서 나는 녹나무 비슷한 교목.
楩楠豫章『司馬相如』

나무이름 합【柙】향나무의 일종.
木則楓柙豫章『左思』

나무이름 혜【槥】목명(木名).

나무이름 혜【槥】槥櫝, 목명(木名).

나무이름 호【楛】화살을 만들기에 적합한 나무로 알려짐. 楛矢.
惟箘簬楛『書經』

나무이름 확【檴】느릅나무의 일종.
無浸檴薪『詩經』

나무 잎사귀 :
나무 잎사귀 심【枔】목엽(木葉).

나무좀 :
나무좀 려【蠡】나무를 좀 먹는 벌레. 나무 굼벵이. 자치, 기루 좀 따위.

나무 줄지어 서다 :
나무 줄지어 설 숙【橚】목병(木竝).

나무지엽 돋다 :
나무지엽 돋을 패【柭】木生枝葉.

나무 찍는 소리 :
나무 찍는 소리 정【朾】撞也.

나무 테 :
나무 테 마【榪】橫木闌定器物榪子.

나무토막 :
나무토막 당【橖】나무의 한 토막.

나무통 :
나무통 당【欓】목통(木桶).

나무하다 : 땔나무나 풀을 벰.
나무할 신【薪】薪於野『列子』

나무할 초【藮】초(樵)와 동자(同字). 채신(採薪).

나무할 초【樵】땔나무를 함. 樵夫.
樵彼桑薪『詩經』

나무 혹 :
나무 혹 전【樇】목류(木瘤).

나무 흔들리다 :
나무 흔들릴 소【捎】수요(樹搖).

나물 : 먹을 수 있는 풀과 나무의 잎으로 만든 음식.

나물 모【莫】야채의 한 가지. 言采其莫『詩經』

나물 속【蔌】푸성귀로 만든 반찬.
其肴蔌『荊楚歲時記』

나물 제【韲】야채 따위를 잘게 썰어 양념을 하여 무친 음식.
懲熱羹而吹韲兮『楚辭』

나물 제【䪢】식물성 부식물(副食物). 䪢鹽.

나물 제【齏】푸성귀를 잘게 무친 음식.
凡醢醬所和 細切爲齏『周禮註』

나물 채【菜】야채. 蔬菜. 務畜菜『禮記』

나물국 :
나물국 향【蕎】채갱(菜羹).

나뭇결 :
나뭇결 력【朸】목리(木理). 연륜(年輪).

나뭇결 거슬러 깍다 :
나뭇결 거슬러 깎을 대【㭰】木理逆削.

나뭇결이 좋다 :
나뭇결이 좋을 정【梃】回 木理好貌.

나뭇잎가지 :
나뭇잎가지 발【柭】지엽(枝葉).

나뭇조각 :
나뭇조각 점【笘】중국 영천 지방에서 어린애가 글씨를 배울 때 쓰던 나뭇조각.

나방 :
나방 아【蛾】누에 송충이. 쐐기 같은 것이 우화(羽化)하여 된 성충(成蟲). 특히 누에나방을 이름. 나방이. 蠶蛾. 飛蛾. 食桑者有絲而蛾『大戴禮』

나부끼게 하다 :
나부끼게 할 섬【閃】風閃雁行疎又密『李咸用』

나부끼다 :
나부낄 랍【邋】기(旗)가 펄렁거리는 모양.
邋邋員斿『石鼓文』

나부낄 번【翻】바람에 흔들려 날림.
芝草翻翻『古詩』

나부낄 번【飜】번(翻)과 동자(同字).
孰能飛飜『王粲』

나부낄 번【幡】번(翻)과 통용. 幡幡
旣而幡然改『孟子』

나부낄 섬【閃】颮閃才人袖『元稹』

나부낄 전【轉】四角龍子幡 女阿娜隨風轉『古詩』

나부낄 편【翩】번득이는 모양.
翩其反矣『詩經』

나부낄 표【飄】날리어 흔들림.
微風吹閨闥 羅帷自飄揚『古詩』

나부낄 표【漂】표(飄)와 통용.
風其漂女『詩經』

나비 :
나비 서【胥】호접(胡蝶). 蝴蝶胥也『莊子』

나비 섭【蜨】蛺蜨, 충명(蟲名).

나비 접【蝶】鱗翅類중 나방을 제외한 곤충의 총칭. 蝴蝶.

나비 호【蝴】鱗翅類중 나방을 제외한 곤충의 총칭. 莊周夢爲蝴蝶『莊子』

나비애벌레 : 나비의 유충으로서 모양이 누에 비

슷함. 보통 빛이 푸르며 배추 등 식물의 잎을
갉아먹음.

나비 애벌레 촉【蠋】촉(蜀)과 동자(同字).
　　　　　蜎蜎者蠋『詩經』

나비 애벌레 촉【蜀】촉(蠋)과 동자(同字).
　　　　　나비의 유충. 蠾與蜀狀相
　　　　　類 而愛憎異也『淮南子』

나비 은살대 :

나비 은살대 임【袵】나비 은장(銀裝) 이음에
　　　　　쓰는 나비 모양의 은살대.
　　　　　袵每束一『禮記』

나쁜 쌀 :

나쁜 쌀 비【粊】악미(惡米).

나쁘다 :

나쁠 악【惡】㉠ 도의적(道義的)으로 나쁨. 惡政.
　　　　　㉡ 질이 나쁨. 惡食.
　　　　　㉢ 불쾌함. 惡臭. 惡氣.
　　　　　㉣ 惡夢. 此夢甚惡『史記』

나쁠 추【憎】惡也.

나쁜 음식 :

나쁜 음식 자【餈】음식이 나쁨.
　　　　　餈食則不肥『管子』

나성 :

나성 부【垺】부(郛)와 동자(同字). 외성(外城).

나아가다 : 앞으로 나아감.

나아갈 경【競】앞을 다투어 나감.
　　　　　天下皆競『呂氏春秋』
나아갈 담【餤】증가함. 亂是用餤『詩經』
나아갈 몽【覒】進也.
나아갈 빈【儐】王命諸侯則儐『周禮』
나아갈 수【羞】今我既羞告爾于朕志『書經』
나아갈 수【䞻】進也.
나아갈 수【遂】전진(前進)함. 不能退,
　　　　　不能遂『易經』
나아갈 신【藎】충성심(忠誠心)이 두터워 나가
　　　　　힘쓰는 모양.
　　　　　王之藎臣 無念爾祖『詩經』
나아갈 신【詵】앞으로 나감.
나아갈 애【駃】말이 씩씩하게 전진(前進)함.
나아갈 인【捆】就也.
나아갈 잉【礽】就也.
나아갈 장【長】전진함. 진보(進步)함.
　　　　　君子道長『易經』
나아갈 장【將】진보함. 日就月將『詩經』
나아갈 적【迪】앞으로 나아감.
　　　　　不求不迪『荀子』
나아갈 전【津】進也.
나아갈 전【前】앞으로 나감.

及出壁門 莫敢前『史記』
나아갈 점【漸】차츰차츰 나아감.
　　　　　鴻漸于陸『易經』
나아갈 주【湊】향하여 나감. 다투어 나감.
　　　　　袁世湊學『淮南子』
나아갈 즉【卽】자리에 나아감. 卽席. 卽位.
　　　　　漢王卽黃帝位『十八史略』
나아갈 증【丞】증(蒸), 증(烝)의 고자(古字).
　　　　　향상(向上)하는 모양.
　　　　　丞丞治下至姦『史記』
나아갈 진【臸】전진(前進).
나아갈 진【進】
　　㉠ 앞으로 나아감. 前進. 趨而進『禮記』
　　㉡ 앞으로 나아가게 함. 進使者而問故『禮記』
　　㉢ 벼슬살이 함. 출사함. 仕進.
　　　　　君子進則能益上之譽『荀子』
　　㉣ 선(善)으로 나아감. 차차 좋은 데로 향하여 감.
　　　　　나아감. 進步. 漸進也『公羊傳』
　　㉤ 임금을 뵈러 나아감. 毋或進『禮記』
나아갈 진【晉】진(進)과 동자(同字). 晉接.
나아갈 취【就】
　　㉠ 일자리 또는 벼슬자리에 나감. 就業.
　　　　　吾不以一日輟汝就也『韓愈』
　　㉡ 향하여 감. 猶水之就下『孟子』
나아갈 침【浸】점진(漸進)함. 剛浸而長『易經』
나아갈 토【夵】進也.
나아갈 토【夲】전진함.
나아갈 허【許】앞으로 나아감.
　　　　　昭玆來許『詩經』
나아갈 혈【趐】進也.

나약하다 :

나약할 나【懦】무기력함. 마음이 약하고 겁이
　　　　　많음. 懦夫. 懦弱.
　　　　　善屬文 然懦於武『漢書』
나약할 심【顏】顏顏, 나약모(懦弱貌).
나약할 유【懦】무기력함. 마음이 약하고 겁이
　　　　　많음. 懦夫. 懦弱.
　　　　　善屬文 然懦於武『漢書』

나오다 :

나올 생【生】솟아 나옴.
　　　　　黿鼉蛟龍魚鱉生焉『中庸』
나올 준【蓑】出也.
나올 출【出】
　　㉠ 속에서 밖으로 나옴.
　　　　　使遂蚤得處囊中 乃穎脫而出『史記』
　　㉡ 나타나 보임. 出沒. 出現.
　　　　　水落而石出者 山間之四時也『歐陽修』
　　㉢ 생각이 나옴. 是計將安出『史記』
　　㉣ 발생함. 萬物出于震『易經』

나오지 않다 : 나올 자리에 빠짐.
　나오지 않을 결【缺】缺席. 缺勤.
나의 :
　나의 아【我】
　　㉠ 자기의 소속임을 나타내는 말. 我國.
　　　我心匪石『詩經』
　　㉡ 특히 친밀한 뜻을 나타내는 말.
　　　竊比於老彭『論語』
나이 :
　나이 경【庚】연령. 同庚者數十『發西雜識』
　나이 년【年】연령. 年齒. 豈尙年哉『左傳』
　나이 령【秢】齡也.
　나이 령【齡】연치. 年齡. 延億齡『晉書』
　나이 세【歲】
　　㉠ 연령(年齡). 同郡又同歲『晉書』
　　㉡ 일생. 可以卒歲『史記』
　나이 수【壽】
　　㉠ 나이. 목숨. 天壽. 萬壽無疆.
　　㉡ 장수. 壽夭. 體有喬松之壽『漢書』
　나이 신【身】연세(年歲).
　　　　　文王受命 惟中身『書經』
　나이 치【齒】연령(年齡). 年齒.
　　　　　非義不盡齒『國語』
나이 많다 :
　나이 많을 장【長】나이가 위임.
　　　　　　鄕人長於伯兄一歲『孟子』
나이 먹다 :
　나이 먹을 장【長】늙음. 年長身多病『張籍』
나이 세다 :
　나이 셀 치【齒】연령을 셈.
　　　　　　齒路馬有誅『禮記』
나이차례 :
　나이차례 모【毛】모발의 흑백. 곧 연령의 고하
　　　　　로 석차를 정하는 일.
　　　　　王之燕 諸侯毛『周禮』
나이테 :
　나이테 력【朸】연륜(年輪). 목리(木理). 木年輪.
나전세공 :
　나전세공 전【鈿】광채 나는 자개 조각을 박는
　　　　　　세공. 鈿螺椅子衆牙牀『尹廷高』
나타나다 :
　나타날 각【覺】드러남. 發覺. 事覺被誅.
　나타날 돌【突】顯也.
　나타날 로【露】
　　㉠ 숨긴 일이 알려짐. 露顯. 謀露被誅.
　　㉡ 밖에서 보임. 露出.
　나타날 명【明】명료(明瞭)함. 著明.
　나타날 발【發】노현(露顯)함. 發現. 發覺.

　　　　　君子樂其發『禮記』
　나타날 악【鄂】밖에 나타나는 모양.
　　　　　鄂不韡韡『詩經』
　나타날 양【颺】용모, 풍채가 좋아 남의 눈에
　　　　　뜨임. 子少不颺『左傳』
　나타날 양【揚】드러남. 滿內而外揚『楚辭』
　나타날 영【榮】이름이 나타남.
　　　　　其名莫不榮『呂氏春秋』
　나타날 장【章】현저함. 不見而章『中庸』
　나타날 저【著】
　　㉠ 환히 또는 널리 알려짐. 顯著. 彰著.
　　　楊墨之道不息 孔子之道不著『孟子』
　　㉡ 유달리 눈에 뜨임. 惡其文之著也『中庸』
　나타날 저【箸】저(著)와 동자(同字).
　　　　　形物其箸『列子』
　나타날 정【呈】드러나 보임.
　　　　　延頸秀項 皓質呈露『曹植』
　나타날 조【潮】빛이 나타남. 징후가 나타남.
　　　　　王顔醉裏紅潮『蘇軾』
　나타날 척【斥】나와서 눈에 띔.
　　　　　寇盜充斥『左傳』
　나타날 폭【暴】드러남. 近事暴著『後漢書』
　나타날 표【表】사람에게 알려짐. 뚜렷하게 됨.
　　　　　文采不表於後『漢書』
　나타날 표【標】드러남. 눈에 뜨임. 標空.
　　　　　相標榜『後漢書』
　나타날 혁【赫】드러남. 드러냄.
　　　　　以赫厥靈『詩經』
　나타날 현【見】드러남. 露見. 情見勢屈『史記』
　나타날 현【現】출현(出現)함. 現象.
　　　　　或形現往來『抱朴子』
　나타날 현【顯】
　　㉠ 환하게 됨. 알려짐. 名顯諸侯『史記』
　　㉡ 영달함. 지위가 높아짐. 尊顯.
　　　未嘗有顯者來『孟子』
　나타날 형【形】드러남.
　　　　　此謂誠於中, 形於外『大學』
　나타날 효【皛】환히 드러남. 虛皛滴德『潘岳』
　나타날 효【效】드러냄. 效徵.
　　　　　雖妙必效情正義『史記』

나타내다 :
　나타낼 각【覺】명백하게 함. 以覺報宴『左傳』
　나타낼 견【甄】표명함. 甄大義以明責『潘岳』
　나타낼 관【觀】밝힘. 명백하게 함.
　　　　　以觀欲天下『漢書』
　나타낼 로【露】暴露.
　나타낼 록【錄】표명함. 愛之斯錄之矣『禮記』
　나타낼 수【首】겉으로 보이게 함.
　　　　　首其內『禮記』

나타낼 양 【揚】 드러냄. 顯揚. 宣揚.

나타낼 장 【章】 명백하게 함. 表章.
　　　　　　　章后皇之爲貴 『張衡』

나타낼 저 【著】
　㉠ 밝힘. 널리 알림. 著其善 『禮記』
　㉡ 겉에 내놓아 보임. 揜其不善 而著其善 『大學』

나타낼 정 【呈】 드러냄. 呈形. 呈示.
　　　　　　　星斗呈祥 『晉書』

나타낼 정 【旌】 표시함. 또는 밝힘. 표창함.
　　　　　　　旌表. 旌別淑慝 『書經』

나타낼 출 【出】 뛰어나게 함. 出一頭地 『宋史』

나타낼 폭 【暴】 드러냄. 暴露. 暴之於民 『孟子』

나타낼 표 【表】
　㉠ 표창함. 旌表. 表厥宅里 『書經』
　㉡ 명백히 함. 發表. 君子表微 『禮記』

나타낼 표 【標】 드러남. 눈에 뜨임. 표현(表現)함.
　　　　　　　標空. 相標榜 『後漢書』

나타낼 혁 【赫】 드러남. 드러냄.
　　　　　　　以赫厥靈 『詩經』

나타낼 현 【見】 드러냄. 不見而章 『中庸』

나타낼 현 【現】 能現色象 『大藏法數』

나타낼 현 【顯】 以顯父母 『孝經』

나타낼 형 【形】 此謂誠於中 形於外 『大學』

나팔 : 관악기.

　나팔 나 【喇】 喇叭.

　나팔 팔 【叭】 喇叭.

낙망(落望)하다 :

　낙망할 제 【儕】 실망(失望)하는 모양. 실의(失意)
　　　　　　　한 모양. 忳鬱邑余侘傺兮 『楚辭』

　낙망할 차 【侘】 실망(失望)함. 余侘傺兮 『楚辭』

낙수고랑 :

　낙수고랑 류 【霤】 낙수 물이 떨어지는 곳. 雷와
　　　　　　　동자(同字). 三進及霤 『左傳』

낙수물 :

　낙수물 류 【霤】 처마 끝에서 떨어지는 물.
　　　　　　　聽長霤之泠泠 『潘尼』

낙수물 그릇 :

　낙수물 그릇 류 【霤】 낙수 물을 받는 그릇.
　　　　　　　玉堂對霤 『左思』

낙수물통 :

　낙수물통 거 【柜】 낙수 물을 받는 그릇.
　　　　　　　柜受溜水器 『周禮』

낙심하다 :

　낙심할 창 【悵】 실망하여 재미가 없는 모양. 또
　　　　　　　기대에 어그러져 낙망하는 모양.
　　　　　　　君悵然若有亡也 『莊子』

낙엽(落葉) :

　낙엽 락 【落】 떨어진 잎. 振落 『淮南子』

낙엽 탁 【蘀】 秋蘀. 蘀兮蘀兮 風其吹汝 『詩經』

낙엽지다 :

　낙엽질 소 【蔰】 잎이 떨어져 보기에 쓸쓸한 모양.
　　　　　　　蔰齊慘之可哀兮 『楚辭』

낙태하다 :

　낙태할 독 【殰】 유산(流産)함.
　　　　　　　胎生者不殰 『禮記』

　낙태할 올 【膃】 낙태(落胎).

낚다 :

　낚을 담 【餤】 미끼를 주어 꾐.
　　　　　　　故以齊餤天下 『史記』

　낚을 어 【漁】 선악을 가리지 않고 탐내어 취함.
　　　　　　　漁奪. 諸侯不下漁色 『禮記』

　낚을 이 【餌】 이익을 미끼로 하여 사람을 낚음.
　　　　　　　유혹함. 我以宜陽餌王 『戰國策』

　낚을 조 【釣】
　　㉠ 고기를 낚시로 잡음. 낚시질 함.
　　　　　　　釣千世之鯉 『淮南子』
　　㉡ 유혹함. 꾐. 以利釣人.
　　　　　　　虞君好寶 而晉獻以璧馬釣之 『淮南子』
　　㉢ 탐내어 구함. 釣名.

　낚을 첨 【話】 낚시. 갈고랑이 같은 것으로 갉아
　　　　　　　당기어 잡음. 인신(引伸)하여 꾀어냄.
　　　　　　　以言話之 『孟子』

낚시 거 【鉅】 고기를 낚는 물건.
　　　　　　　弛青鯤於網鉅 『潘岳』

낚시 구 【鉤】 고기를 낚는 갈고리 같은 물건.
　　　　　　　鉤餌. 任公子爲大鉤巨緇 『莊子』

낚시 조 【釣】 고기를 낚는 굽은 바늘 모양의 물건.
　　　　　　　還有魚兒上釣來 『戴表元』

낚시질 : 고기를 낚는 일.

　낚시질 조 【釣】 屠釣卑事也 『宋書』

낚싯대 :

　낚싯대 조 【篠】 조죽(釣竹).

낚싯배 :

　낚싯배 묵 【纆】 조선(釣船).

낚싯줄 : 낚시를 맨 줄.

　낚싯줄 륜 【綸】 垂綸. 言垂之繩 『詩經』

　낚싯줄 민 【緡】 釣緡. 垂緡. 維絲伊緡 『詩經』

　낚싯줄 민 【紙】 조사(釣絲).

난 : 난초과에 속하는 다년초. 향기가 좋은 화초임.

　난 란 【蘭】 芝蘭. 紉秋蘭以爲佩 『楚辭』

난 : 지면에 설정한 부분의 계선. 또는 그 경계선
　　의 안.

　난 란 【欄】 家庭欄. 欄外.

난간(欄干) :

　난간 란 【欄】 欄干. 句欄. 一簇青煙銷玉樓 半垂
　　　　　　　欄畔半垂溝 『羅隱』

난간 란【闌】란(欄)과 동자(同字). 闌干.
　　　　　門闌之厮『史記』

난간 순【楯】欄楯. 秦始皇時有陛楯郎『史記』

난간 함【檻】檻欄. 攀殿檻. 檻折『漢書』

난간 헌【軒】층계나 다리 같은 데의 가장자리를
　　　　　막은 물건. 天子自臨軒檻『漢書』

난간 형【衡】층계나 다리 등의 가장자리를 막
　　　　　은 물건. 百金之子不騎衡『漢書』

난리 : 외적이 쳐들어 온 난리.

난리 구【寇】兵作於內爲亂, 於外爲寇『左傳』

난리 난【難】患難. 困難. 災難. 避難.
　　　　　吾昔從夫子 遇難於匡『史記』

난리 란【亂】반란(叛亂). 폭동(暴動). 兵亂.
　　　　　平晉亂『漢書』

난발(亂髮) :

난발 순【鬠】헝크러진 머리.
　　　　　有黑雲 狀如焱風亂鬠『漢書』

난새 : 영조(靈鳥)의 이름. 봉황(鳳凰)의 일종(一
　　種). 털은 오채(五彩)를 갖추었고 소리는 오음
　　(五音)에 맞는다 함. 일설(一說)에는 털에 푸른
　　빛이 많은 봉새라 함.

난새 란【鸞】鸞鳥. 銅鏡靖鸞『李賀』

난야(蘭若) : 절. 사찰(寺刹).

난야 야【若】蘭若.

난잡하다 :

난잡할 방【哤】하는 말이 난잡함.
　　　　　雜處則其言哤『國語』

난쟁이 :

난쟁이 요【僥】僬僥는 신장(身長)이 삼척(三尺)
　　　　　가량 되는 인종명(人種名).

난쟁이 유【儒】왜인(矮人). 侏儒.

난쟁이 주【侏】侏儒는 왜인(矮人).
　　　　　侏儒百工『禮記』

난쟁이 주【朱】주(侏)와 통용.
　　　　　朱儒朱儒 使我敗於邾『左傳』

난쟁이 초【僬】僬僥는 신장(身長)이 삼척(三尺)
　　　　　가량 되는 인종명(人種名).

난쟁이 파【跁】跁跒, 단인(短人).

난초(蘭草) : 난초과에 속하는 다년초. 향기가 좋
　　은 화초임.

난초 란【蘭】芝蘭. 紉秋蘭以爲佩『楚辭』

낟 :

낟 소【蔬】곡식의 알. 鼠壤有餘蔬『莊子』

낟 적【糴】穀也.

낟 조【糶】穀也.

낟알 :

낟알 과【顆】작고 둥근 물건의 낱개. 또 그것
　　　　　을 세는 수사. 顆粒. 一顆.

圜物以顆計『六書考』

낟알 립【粒】쌀알 같이 된 물건. 砂粒. 粒子.
　　　　　靈丹一粒 點鐵爲金『聞見後錄』

낟알 삼【糝】粒也.

낟알 주【粏】도실(稻實).

낟알 흡【皀】일립(一粒).

날(日) :

날 신【辰】하루. 吉辰『左傳』

날 경【經】
　　㉠ 피륙 따위의 세로 놓인 실.
　　　　天地之經緯『左傳』
　　㉡ 인신(引伸)하여 평면(平面)에 대하여 상하
　　　　(上下), 동서(東西)에 대하여 남북(南北),
　　　　좌우(左右)에 대하여 전후(前後)의 방향을
　　　　이름. 經度. 正督經緯『算經』

날 일【日】
　　㉠ 하루. 一日. 日受千金之賜『韓愈』
　　㉡ 때. 壯者以暇日 修其孝悌忠信『孟子』

날 찬【鑽】봉인(鋒刃). 施鑽如鑽螫『史記』

날개 : 조류 또는 곤충류의 날개.

날개 시【翅】翅翼. 折翅復翼『史記』

날개 우【羽】
　　㉠ 其羽可用爲儀『易經』
　　㉡ 蟬羽. 蟲斯羽詵詵兮『詩經』

날개 익【翼】
　　㉠ 鳥翼. 鵬翼. 明夷于飛垂其翼『易經』
　　㉡ 蟬翼. 王獨不見夫蜻蛉乎 六足四翼『戰國策』
　　㉢ 좌우의 부대. 左翼. 右翼.
　　　　多爲奇陣 張左右翼『史記』

날개 피【狓】조류의 날개.

날개 찢어지다 : 날개가 찢어지는 모양.

날개 찢어질 소【翛】予尾翛翛『詩經』

날개 치다 : 새가 날개를 침.

날개 칠 순【奞】고익(敲翼).

날개 칠 예【泄】泄泄其羽『詩經』

날개 칠 축【築】逗翳翅相築『韓愈』

날개 펴다 : 새가 두 날개를 편 모양.

날개 펼 격【臭】張羽貌.

날개 펼 배【皅】張羽貌.

날개 펼 쇄【毸】張羽貌.

날개 펼 시【毢】張羽貌.

날것 : 익히지 아니함.

날것 생【生】生肉. 與一生彘肩『史記』

날것 선【鮮】鮮膾.

날것 선【鮮】肥鮮. 唯君用鮮『左傳』

날고기 : 생고기.

날고기 성【腥】君賜腥, 必熟而薦之『論語』

날고기 성【胜】생육(生肉). 飮胜而茹熟『禮記』

날고기 젓 :

날고기 젓 전 【腱】 生肉醬. 生腱以一分膾 二分 細切 和腱攪之 『釋名』

날기와 : 아직 굽지 않은 기와.

날기와 배 【坏】 坏冶一陶 『後漢書』

날다 :

날 거 【擧】 새가 낢. 色斯擧矣 『論語』

날 건 【騫】 나는 모양. 將騫後斂翮.

날 견(진) 【甄】 새가 나는 모양. 翳翳兮甄甄 『王逸』

날 고 【翶】 날개를 펴고 위 아래로 흔들면서 빙 빙 돎. 翶翔. 翶翶飛雲間 『后景明』

날 교 【矯】 공중을 달림. 整輕翮而思矯 『孫綽』

날 등 【騰】 비양(飛揚)함. 亢鳥騰而一止 『史記』

날 랍 【拉】 飛也.

날 료 【廖】 높이 나는 모양.

날 번 【翻】 높이 낢. 翻飛. 衆鳥翻翻 『張衡』

날 번 【飜】 번(翻)과 동자(同字). 執能飛飜 『王粲』

날 번 【拚】 번(翻)과 통용. 拚飛惟鳥 『詩經』

날 번 【抃】 飛也.

날 분 【鷟】 비모(飛貌).

날 분 【扮】 扮扮은 낮게 나는 모양. 또 느릿느 릿 나는 모양. 其爲鳥也 扮扮狒狒而似無能 『莊子』

날 비 【飝】 飛也.

날 비 【飛】
　㉠ 공중에서 떠나감. 飛來. 鳶飛戾天 『詩經』
　㉡ 나는 새. 나는 곤충. 高步退輕飛 『何承天』
　㉢ 빨리 감. 輕飛.飛箭雨集 『晉書』
　㉣ 빨리 달리는 말. 騁六飛 『漢書』
　㉤ 뜀. 飛洙.
　㉥ 무근(無根)한 말이 전(傳)함. 飛語.

날 비 【蜚】 비(飛)와 동자(同字). 蜚禽. 三年不蜚不鳴 『史記』

날 상 【翔】 날개를 펴고 빙빙 돌며 낢. 翶翔. 鳳凰翔于千仞兮 『賈誼』

날 수 【隆】 飛也.

날 숙 【翢】 飛也.

날 시 【翅】 공중을 나는 모양. 幡此翅回集 『漢書』

날 양 【颺】 새가 날아 올라감. 饑則爲用 飽則颺去 『魏志』

날 양 【揚】 ㉠ 하늘을 낢. 中强則揚 『列子』
　㉡ 바람에 흩날림. 塵不揚 『列子』

날 연 【鷰】 飛也.

날 우 【翯】 飛也.

날 율 【翻】 나는 모양. 鼓翅翻翻 『郭璞』

날 저 【翥】 높이 낢. 날아 올라감. 鷟鳥軒翥而翔飛 『楚辭』

날 질 【狘】 느릿느릿 나는 모양. 扮扮狘狘 『莊子』

날 한 【翰】 ㉠ 높이 낢. 龍翰于天 『太玄經』
　㉡ 빨리 날아가는 모양. 如飛如翰 『詩經』

날 항 【航】 비행기로 하늘을 낢. 航空.

날 헌 【騫】 나는 모양. 將騫復斂翮 『沈約』

날 현 【翾】 조금 낢. 翾飛兮, 翠曾 『楚辭』

날다람쥐 : 다람쥐과에 속하는 동물. 다람쥐와 비 슷하며 전후(前後) 양지(兩肢) 사이에 피막(皮 膜)이 있어 나무 사이를 날아다님.

날다람쥐 루 【鸓】 五技鼠. 騰猨飛鸓 相奔越 『晉書』

날다람쥐 류 【鷅】 오서(鼫鼠).

날다람쥐 오 【鼯】 五技鼠. 鼯鼠夜叫 『馬融

날다람쥐 이 【鷈】 날다람쥐. 鷈鼯一名飛生 『廣韻』

날 담그다 :

날 담글 견 【鑒】 淬刃使堅.

날듯하다 : 몸이 가벼워 날 듯 한 모양.

날듯할 선 【凧】 鳥凧魚躍 『鮑照書勢』

날듯할 선 【仙】 行遲更覺仙 『杜甫』

날뛰다 :

날뛸 궐 【獗】 발호(跋扈)함. 猖獗.

날래게 하다 :

날래게 할 예 【銳】
　㉠ 習於兵 銳意攻取 『十八史略』
　㉡ 魏其銳身爲救灌夫 『史記』

날래다 :

날랠 계 【獒】 용장(勇壯)한 모양. 狂趡獟獒 『左思』

날랠 과 【果】 용감(勇敢)함. 由也果 『論語』

날랠 광 【仙】 굳세고 용감한 모양. 仙仙將軍威蓋不當 『班固』

날랠 교 【獟】 용맹(勇猛)스러움. 誅獟駻 『史記』

날랠 굴 【㹤】 勇也.

날랠 리 【利】 재빠름. 민첩(敏捷)함. 手足便利 『史記』

날랠 맹 【猛】 용감(勇敢)함. 猛將. 虎豹之皮示服猛也 『禮記』

날랠 분 【賁】 용감(勇敢)함. 또 그 사람. 虎賁. 旅賁氏 掌執戈盾夾王車而趨 『周禮』

날랠 예 【銳】
　㉠ 나는 듯이 기운차고 빠름. 銳騎. 我以銳師 宵加於鄖 『左傳』
　㉡ 날랜 군사. 精銳, 盡銳攻之 『漢書』

날랠 요 【姚】 굳세고 민첩(敏捷)함. 嫖姚.

날랠 용 【勇】 기운이 있고 동작(動作)이 빠름. 勇健. 勇而無禮則亂 『論語』

날랠 용【彧】猛也.

날랠 정【精】예리(銳利)함. 精兵. 精刀.
　　　　　欲其精也『呂氏春秋』

날랠 초【勦】초(剿)와 동자(同字).
　　　　　경첩(輕捷)함. 稟生肖勦剛『韓愈』

날랠 파【番】番番는 용맹(勇猛)한 모양.
　　　　　番番良士『書經』

날랠 표【僄】민첩함. 爲人僄悍猾賊『史記』

날랠 표【驃】효용(驍勇)함. 驃騎.

날랠 표【嫖】경첩(輕捷)함. 嫖姚.

날랠 표【慓】경첩(輕捷)함. 재빠름. 慓疾.
　　　　　項羽爲人慓悍滑賊『漢書』

날랠 효【驍】힘이 세고 용감함. 驍勇.
　　　　　王彥章驍將也『五代史』

날랠 후【詡】민첩하고 용감함.
　　　　　會同主詡『禮記』

날랠 흘【仡】용감(勇敢)하고 씩씩한 모양. 용장
　　　　　(勇壯)한 모양. 仡勇夫『書經』

날리다 :

날릴 려【厲】드날림. 是以威厲而不試『荀子』

날릴 비【飛】飛檄三輔『晉書』

날릴 양【颺】바람이 불어 물건을 날려 올라가게
　　　　　함. 春多颺幕風『白居易』

날릴 양【揚】이름 따위를 드날림.
　　　　　揚名於後世『孝經』

날릴 전【搌】揚也

날밑 : 칼자루와 칼날 사이에 끼우는 테.

날밑 심【鐔】周宋爲鐔『莊子』

날밑 이【珥】撫長劍兮玉珥『楚辭』

날빛 :

날빛 역【睪】일광(日光).

날 새다 :

날 샐 함【晗】曙也.

날서다 : 예리함. 잘 베어짐.

날설 염【覃】以我覃耜『詩經』

날쌔게 가다 :

날쌔게 갈 용【趬】용행(勇行).

날쌔다 : 날래고 씩씩한 모양.

날쌜 교【蹻】爲人蹻勇『五代史』

날쌜 읍【偮】蹻也.

날씬하다 : 허리가 호리호리하여 맵시가 있음.

날씬할 약【弱】體輕腰弱『西京雜記』

날씬할 와【媧】珠佩媧媚戲金闕『古樂府』

날씬할 요【便】便嫋便娟『張衡』

날씬할 유【婑】와(媧)와 동자(同字).
　　　　　擇稚齒婑媨者『列子』

날씬할 정【婧】舒眇婧之織腰兮『張衡』

날씬할 조【儍】요(裹)와 동자(同字). 便儍.

날씬할 조【燿】嬈也.

날아 내려가다 : 새가 아래로 향하여 낢.

날아 내려갈 항【頏】힐항(頡頏). 燕燕于飛 頏之
　　　　　頏之『詩經』

날아오르다 : 바람에 불려 날아 올라감.

날아오를 멸【薎】飛揚貌. 薎蠓踊躍『史記』

날아오를 요【飆】與風飆颺『左思』

날아오를 공【狂】비지(飛至). 登椽欒而狂天門兮.

날아 올라가다 : 위쪽으로 향하여 낢.

날아 올라갈 힐【頡】힐항(頡頏). 燕燕于飛, 頡
　　　　　之頏之『詩經』

날 저물다 : 해가 지고 어둑어둑해짐. 또 그 때.

날 저물 혼【昏】황혼. 昏暮叩人之門戶『孟子』

날짐승 : 날아다니는 짐승. 곧 새의 종류.

날짐승 금【禽】새. 禽獸. 珍禽奇獸『書經』

날치 : 상날치과에 속하는 바닷물고기. 공중을 날
　　　수 있음.

날치 요【鰩】비어(飛魚). 文鰩魚.

날카롭게 하다 :

날카롭게 할 예【銳】
　　　㉠ 習於兵 銳意攻取『十八史略』
　　　㉡ 魏其銳身爲救灌夫『史記』

날카롭다 : 예리(銳利)함. 칼 같은 것이 잘 듦.

날카로울 략【犖】利也.

날카로울 략【略】有略其耜『詩經』

날카로울 렴【廉】廉利. 其器廉而深『禮記』

날카로울 리【利】利鈍 之劍蓋利劍也『公羊傳』

날카로울 섬【銛】섬(銛)과 동자(同字).
　　　　　非銛於句戟長鎩也『史記』

날카로울 섬【銛】莫邪爲鈍兮 鉛刀爲銛『漢書』

날카로울 섬【鉆】섬(銛)과 동자(同字).
　　　　　筆不鉆『揚雄方言』

날카로울 수【鏉】利也.

날카로울 애【磑】白刃磑磑『牧乘』

날카로울 염【掞】섬(剡)과 통용. 剸掞度擬『馬融』

날카로울 염【剡】예민(銳敏)함.
　　　　　剡手以衝仇人之胸『漢書』

날카로울 예【銳】
　　　㉠ 끝이 뾰족하거나 날이 서 있음.
　　　　　銳利. 尖銳. 淸徑皓刃, 苗山銳鋒.『陳琳』
　　　㉡ 날카로운 끝. 봉망(鋒鋩). 挫其銳『老子』
　　　㉢ 날카로운 무기. 被堅執銳.
　　　㉣ 재치가 있음. 聰銳. 子羽銳敏『左傳』

날카로울 은【銀】서슬이 있음. 銀手如斷『大戴禮』

날카로울 정【精】예리(銳利)함. 精兵. 精刀.
　　　　　欲其精也『呂氏春秋』

날카로울 제【鈰】예리(銳利).

날카로울 참【尖】銳也.

날카로울 철【嚱】利也.

날 흐리다 :

　날 흐릴 망【䀮】日無光.

　날 흐릴 앙【晻】曇也.

낡다 : 오래 묵음. 낡아 부서짐.

　낡을 구【舊】弁冕雖舊 必加於首『穀梁傳』

　낡을 언【蔫】翠鈿蔫『黃機』

낡은 배 수리하다 :

　낡은 배 수리할 념【艌】舊船修理.

남 :

　남 인【人】타인(他人).

　　　　　　正己而不求於人則無怨『中庸』

　남 타【他】

　　㉠ 자기 이외(以外)의 사람.

　　　妬他心似火 燒我鬢如霜『白居易』

　　㉡ 골육(骨肉) 이외(以外)의 사람.

　　　兄弟匪他『詩經』

남기(嵐氣) : 저녁나절에 멀리 보이는 산 같은 데

　　떠오르는 푸르스름하고 흐릿한 기운.

　남기 람【嵐】嵐氣. 夕陽彩翠忽成嵐『王維』

남기다 : 여분이 있음. 남아 있게 함.

　남길 여【餘】餘棄粱肉『史記』

　남길 유【遺】不遺尺寸『說苑』

남나무 :

　남나무 남【楠】남(枏)과 동자(同字).

　　　　　　美材似豫章.

남녁 : 남쪽.

　남녁 남【南】남방(南方). 南北. 凱風自南『詩經』

　남녁 병【丙】십간중(十干中)의 제삼위(第三位).

　　　　　　방위(方位)로는 남쪽, 오행(五行)

　　　　　　으로는 불에 해당(該當)함. 丙丁.

남녁오랑캐 :

　남녁오랑캐 다【爹】鹿爹, 南夷名.

남녁으로 가다 : 남쪽을 향하여 감.

　남녁으로 갈 남【南】日南則景短多暑『周禮』

남다 : 한도 밖에 더 있음.

　남을 승【賸】賸語. 殘膏賸馥『唐書』

　남을 여【餘】餘棄粱肉『史記』

　남을 연【衍】㉠ 餘衍之財『韓詩外傳』

　　　　　　㉡ 군것이 더 있음. 衍文. 衍字.

　남을 영【贏】贏餘. 緩急贏絀『荀子』

　남을 영【贏】量入計出分所贏『唐書』

　남을 영【盈】進退盈縮, 與時變化『史記』

　남을 유【遺】뒤에 처져 있음. 子遺.

　　　　　　有遺音者矣『禮記』

　남을 유【䞉】餘也.

　남을 잉【腃】腃語. 殘膏腃馥『唐書』

　남을 잉【剩】剩餘. 剩員. 掠剩增釜區『范成大』

남을 잔【殘】殘餘. 帥其殘卒『呂氏春秋』

　남을 장【長】宂長. 無取乎宂長『陸機』

　남을 체【滯】

　　㉠ 빠져 남음. 잔류함. 此有滯穗『詩經』

　　㉡ 등용(登用)되지 않고 빠져 남은 어진 사람.

　　　유현(遺賢). 訪賢舉滯『南史』

　　㉢ 팔리지 않아 남음. 凡珍異之有滯者『周禮』

남빛 : 진한 푸른 빛.

　남빛 람【藍】鬼貌藍色『唐書』

남새밭 : 채마밭.

　남새밭 포【圃】蔬圃. 園圃毓草木『周禮』

남은 겨레 :

　남은 겨레 편【偏】유족(遺族).

　　　　　　桓氏雖亡必偏『左傳』

남은 수 :

　남은 수 기【奇】奇零. 歸奇於扐以象閏『易經』

남의 말 어기기 좋아하다 :

　남의 말 어기기 좋아할 선【嫸】好枝格人語.

남의 말 줍다 :

　남의 말 주을 집【摰】拾人語.

남자 :

　남자 자【子】장부(丈夫).

　　　　　　長安中輕薄少年惡子『漢書』

남자의 미칭 :

　남자의 미칭 천【倩】한서(漢書)에 위무지(魏無

　　　　　　知)란 사람을 위천(魏倩)

　　　　　　이라 하였음. 陳平雖賢

　　　　　　須魏倩而後進『漢書』

남작 : 오등작(五等爵)의 최하급(最下級).

　남작 남【男】公侯伯子男.

남쪽 :

　남쪽 남【南】남방(南方). 凱風自南『詩經』

　남쪽 양【陽】岳陽. 耕牧河山之陽『史記』

　남쪽 음【陰】하천의 남쪽. 淮陰.

남쪽오랑캐 :

　남쪽오랑캐 이【㐌】南蠻雜種古百越之㐌.

남편(男便) :

　남편 가【家】서방. 女子生而願爲之有家『孟子』

　남편 군【君】처첩(妻妾)이 그 남편을 이르는 말.

　　　　　　君己食『禮記』

　남편 량【良】아내의 대(對). 良人.

　　　　　　良席在東『儀禮』

　남편 백【伯】伯也執殳『詩經』

　남편 서【壻】夫壻. 婦人卿壻『世說』

남풍(南風) : 남쪽에서 불어오는 바람.

　남풍 개【颽】개(凱)와 동자(同字). 남풍(南風).

　남풍 경【景】남쪽에서 부는 바람.

　　　　　　南方景風夏至至『史記』

납 : 광물의 한 가지.

납 연【鉛】鉛板. 鉛毒. 鉛松怪石『書經』

납가새 : 납가새과에 속하는 일년초. 열매는 단단하고 억센 가시가 있음. 뿌리와 씨는 약재로 씀.

납가새 리【藜】질려(蒺藜).

납가새 자【茨】질려(蒺藜). 牆有茨『詩經』

납가새 자【蒺】질려(蒺藜). 악초(惡草).

납가새 질【蒺】질려(蒺藜). 據于蒺藜『易經』

납작하다 : 평평하고 얇음.

납작할 편【扁】扁平.

生兒 欲其頭扁 壓之以石『後漢書』

납제(臘祭) :

납제 사【蜡】세말(歲末)에 지내는 군신(群神)의 합사(合祀). 蜡也者 索也 歲十二月 合聚萬物而索饗之也 之祭也 主先嗇而祭司嗇也『禮記』

납향(臘享) : 납일(臘日)에 행하는 제사(祭祀).

납향 랍【臘】臘祭. 孟冬臘先祖五祀『禮記』

낫 : 풀 같은 것을 베는 연장.

낫 개【剴】鎌也.

낫 결【鐭】鎌也. 鐪岩鐭金玉『淮南子』

낫 겸【鎌】腰鎌刈葵藿『鮑照』

낫 공【刓】鎌也.

낫 구【鉤】賊棄弓弩而持鉏鉤『漢書』

낫 구【刏】鎌也.

낫 기【鐖】非直適戍之衆 鐖鑿棘矜也『史記』

낫 누【槈】挾其槍刈槈鎛『管子』

낫 답【劄】풀을 베는 연장.

낫 렴【鐮】鍥也. 겸(鎌)과 동자(同字).

낫 미【釁】鎌也.

낫 발【鏺】쌍날로 된 낫.

낫 삼【釤】鑄釤鉏䥨『韓愈』

낫 삼【芟】耒耜枷芟『國語』

낫 예【刈】時雨旣至 挾其槍刈耨鎛『國語』

낫 질【銍】銍穫黍鐵也『釋名』

낫 초【鉊】풀을 베는 큰 낫.

낫다 : 딴 것보다 나음. 남보다 뛰어남.

나을 다【多】孰與仲多『史記』

나을 대【大】無大大王『戰國策』

나을 승【勝】

　㉠ 열(劣)의 대(對). 勝景.

　　　實勝善也 名勝恥也『周子通書』

　㉡ 뛰어난 사람. 경치(景致)가 좋은 곳. 名勝.

　　　皆歎其有濟勝之具『南史』

나을 유【愈】丹之治水也 愈於禹『孟子』

나을 장【長】

　㉠ 長點. 論人必先稱其所長『晉書』

　㉡ 나은 일. 長短. 誦足下之長『戰國策』

나을 현【賢】서로 견주어 좋은 점이 더함.

　㉠ 某賢於某『禮記』

　㉡ 臣死而治 賢於生也『戰國策』

낫다 : 병이 없어짐.

나을 간【間】旬有二日乃間『禮記』

나을 유【瘉】유(瘉)와 동자(同字). 平瘉.

나을 유【瘉】유(瘉)와 동자(同字).

　　　漢王疾瘉『漢書』

나을 유【愈】유(瘉)와 통용. 小愈.

　　　昔者疾 今日愈『孟子』

나을 이【已】病可已 身可活也『史記』

나을 전【痊】比獲微痊『晉書』

나을 지【知】二刺則知『素問』

나을 차【差】差劇. 病小差『魏志』

나을 채【瘥】竟至痊瘥『開元遺事』

나을 추【瘳】其何瘳於晉『左傳』

나을 추【瘳】王翼日乃瘳『書經』

낭군 : 아내가 남편을 부르는 호칭.

낭군 랑【郞】天壤之間乃有王郞『晉書』

낭떠러지 : 깎아지른 듯한 언덕.

낭떠러지 감【壏】험안(險岸).

낭떠러지 겁【厐】山左右有岸.

낭떠러지 려【厲】在彼淇厲『詩經』

낭떠러지 벽【壁】절벽(絶壁). 壁岸.

　　　其山絶壁千尋 由來乏水『隋書』

낭떠러지 악【崿】崖崿. 坻崿嶙峋『張衡』

낭떠러지 안【岸】崖岸. 斬岸堙谿『呂氏春秋』

낭떠러지 암【嵒】석벽(石壁).

　　　碕嶺爲之嵒崿『郭璞』

낭떠러지 암【巖】애안(崖岸).

　　　壞崖破巖之水『後漢書』

낭떠러지 애【厓】애(崖)와 동자(同字).

　　　厓峭水狹『唐書』

낭떠러지 애【崖】현애(懸崖). 崖壁.

　　　사물의 끝. 無端崖之辭『莊子』

낭떠러지 엄【陰】땅이 조금 높은 곳.

낭떠러지 잠【岑】애안(崖岸). 未始離於岑『莊子』

낭떠러지 편【碥】水疾碥傾.

낭하 :

낭하 염【櫩】복도. 步櫩周流『司馬相如』

낮 : 주간(晝間). 밤의 대(對).

낮 명【明】晦明.

낮 양【陽】殷人祭其陽『禮記』

낮 오【午】午睡. 不作午時眠『白居易』

낮 일【日】夜以繼日『孟子』

낮 주【晝】晝夜. 臣卜其晝『左傳』

낮게 날다 :

낮게 날 예【翳】저비(低飛).

낮게 여기다 : 천(賤)하게 여김. 경멸(輕蔑)함.

　낮게 여길 비【卑】何以卑我『國語』

낮고 길다 :

　낮고 길 이【崺】刿山下施는 산이 낮고 길게 옆
　　　　　　으로 뻗은 모양. 升東嶽而知衆
　　　　　　山之刿山下施也『揚子法言』

낮다 :

　낮을 뇨【隢】低也.

　낮을 루【陋】비천(卑賤)함. 寒陋. 今臣亡國賤俘
　　　　　　至微至陋『李密』

　낮을 박【薄】천(賤)함. 얇음. 年少官薄『史記』

　낮을 비【庳】

　　㉠ 집이 낮음. 宮室卑庳『左傳』

　　㉡ 지위가 낮음. 庳則儀秦『揚子法言』

　　㉢ 땅이 낮음. 陂唐污庳『國語』

　　㉣ 키가 작음. 其民豊肉而庳『周禮』

　낮을 비【卑】

　　㉠ 높지 아니함. 卑牆. 天尊地卑『易經』

　　㉡ 지위가 낮음. 신분이 천(賤)함. 卑賤.
　　　　男尊女卑, 養卑者否『禮記』

　　㉢ 하등(下等)임. 卑陋, 論卑氣弱『宋史』

　　㉣ 융성(隆盛)하지 않음. 今周室少卑『國語』

　　㉤ 가까움. 卑近. 德薄者流卑『穀梁傳』

　　㉥ 낮은 사람. 낮은 데. 登高必自卑『中庸』

　낮을 엽【偞】卑也.

　낮을 오【汚】

　　㉠ 하등(下等)임. 埤汚.

　　㉡ 땅이 낮음. 융(隆)의 대(對). 汚隆.

　낮을 저【低】높지 아니함. 高低. 低地.

　낮을 종【岊】低也.

　낮을 주【輈】수레의 앞이 무거워 숙어서 낮음.
　　　　　志矢一乘軒輈中『儀禮』

　낮을 지【軽】수레의 앞이 무거워 숙어서 낮음.
　　　　　軒의 對. 軒軽. 如軽如軒『詩經』

　낮을 초【湫】저습(低濕)함. 또 협착(狹窄)함.
　　　　　湫宅. 湫隘囂塵『左傳』

　낮을 측【側】미천(微賤)함. 한미(寒微)함.
　　　　　側陋, 虞舜側微『書經』

　낮을 편【扁】얇음. 有扁斯石『詩經』

　낮을 하【下】아래임. 미치지 못함. 下位. 下等.
　　　　　下王后一等『詩經序』

낮은 바람 :

　낮은 바람 외【飁】低吹風.

낮은 소리 :

　낮은 소리 암【鮨】암(韽)과 동자(同字). 下聲.

낮잠 :

　낮잠 내【嬭】주수(晝睡). 주침(晝寢).
　　　　　黃嬭 唐人呼晝睡爲黃嬭『風土歲時記』

낮잠 첩【睷】주침(晝寢). 黑睷.

낮추다 :

　낮출 비【卑】겸손(謙遜)함. 卑下. 卑辭.
　　　　　自卑而尊人『禮記』

　낮출 손【損】낮게 함. 貶損. 常自退損『晉書』

　낮출 하【下】

　　㉠ 겸손함. 卑下. 以貴下賤, 大得民也『易經』

　　㉡ 감함. 적게 함. 歲登下其損益之數『周禮』

낯 : 얼굴. 얼굴의 바닥.

　낯 면【面】안면(顔面). 面貌. 面無怍色『世說』

　낯 색【色】溪邊有二女 色甚美『列仙傳』

　낯 혁【鹹】안면(顔面). 槁項黃鹹『莊子』

낯 변하다 :

　낯 변할 색【色】

　　㉠ 안색을 변하여 화를 냄. 色於市『戰國策』

　　㉡ 온화한 안색을 함. 載色載笑『詩經』

　　㉢ 깜짝 놀라는 모양. 色然而駭『公羊傳』

낯 비뚤다 :

　낯 비뚤 원【顤】面不正.

　낯 비뚤 윤【頵】面不正.

낯 작다 :

　낯 작을 괄【䫐】면소(面小).

낯 희다 :

　낯 흴 료【䫇】면백(面白).

낱 : 낱으로 된 물건을 셀 때 쓰는 말.

　낱 개【個】個人. 개(箇)와 동자(同字).

　낱 개【箇】負矢五十箇『荀子』

　낱 매【枚】枚數. 木器髹者千枚『史記』

낱개 : 물건의 수를 세는 말.

　낱개 개【个】개(箇). 개(個)와 동자(同字). 一个.
　　　　　摺三个挾一个『儀禮』

낱낱이 : 일일이. 하나하나.

　낱낱이 매【枚】枚擧. 枚卜功臣『書經』

　낱낱이 일【一】逐一點檢『朱子語類』

낳다 :

　낳을 달【奎】生也.

　낳을 문【妏】生也.

　낳을 산【産】

　　㉠ 해산(解産)함. 또 생산(生産)함. 産婦.
　　　　剖脅而産高密『吳越春秋』

　　㉡ 産萬物者聖也『禮記』

　낳을 생【生】출생(出生)함. 生日.
　　　　　生乎今之世『中庸』

　낳을 와【囮】출생(出生)함. 群類囮育『元包經』

　낳을 유【乳】분만함. 羝乳乃得歸『十八史略』

　낳을 육【育】출산(出産)함. 孕婦不育『易經』

　낳을 자【字】새끼를 낳음. 牛羊腓字『詩經』

　낳을 자【孳】새끼를 낳음. 鳥獸孳尾『書經』

낳을 청【𡦺】生也.

낳을 출【出】산출(産出)함. 생산(生産)함. 出産.
　　　　　鱸出吳中 淞江尤盛『古文眞寶註』

낳을 탄【誕】출생함. 誕生. 降誕.
　　　　　上誕日 不納中外之貢『舊唐書』

내 : 하천.

내 천【川】川邊. 凡天下之地勢 兩山之間 必有
　　　　　川焉『周禮』

내걸다 :

내걸 방【放】게시함. 放榜.
　　　　　放進士榜『賈公談錄』

내기하다 :

내기 할 면【帀】賭也.

내기 할 삼【賰】賭也.

내기하여 이기다 :

내기하여 이길 도【賭】도승(賭勝).

내놓다 :

내놓을 방【放】동물 같은 것을 내놓아 기름.
　　　　　放牧. 放牛於桃林之野『書經』

내놓을 석【釋】석방함. 放釋.
　　　　　開釋無辜『書經』

내다 :

낼 방【放】빛을 발함. 目若放光也『西陽雜俎』

낼 연【捐】㉠ 내버림. 捐忘. 細大不捐『韓愈』
　　　　　㉡ 희생함. 捐軀赴國難『古詩』
　　　　　㉢ 냄. 지출함. 또 기부함. 義捐.
　　　　　出捐數萬斤金『史記』

낼 출【出】
　　㉠ 밖으로 나오게 함. 利用出入『易經』
　　㉡ 생각하여 냄. 無所出其計『戰國策』
　　㉢ 줌. 是我出地於秦, 取償於齊也『史記』

내려다보다 :

내려다 볼 감【瞰】감(瞰)과 동자(同字). 視也.
　　　　　俯瞰海湄『嵇康』

내려 뛰다 :

내려 뛸 투【投】自投下.

내려 지르는 바람 :

내려 지르는 바람 풍【颪】일 압풍(壓風).

내리다 :

내릴 강【降】
　　㉠ 높은 곳이나 자리에서 낮은 데로 옮김.
　　　　　降丘宅土『書經』 出降一等『論語』
　　㉡ 공중에서 떨어짐. 降雪.
　　　　　如時雨降民大悅『孟子』
　　㉢ 위에서 내려옴.
　　　　　祥瑞之降 以應有德『後漢書』
　　㉣ 시간이 가서 후세에 이름.
　　　　　秦漢以降『韓愈』

　　㉤ 降及開之中, 姦邪撓經綸『李商隱』
　　㉥ 降等. 天降淫雨『說苑』
　　㉦ 下賜함. 釐降二女于嬀汭『書經』

내릴 녈【埕】下也.

내릴 류【流】강하 함. 七月流火『詩經』

내릴 쇄【煞】降也.

내릴 퇴【隤】강하 함. 發祥隤祉『揚雄』

내릴 하【下】
　　㉠ 낮은 데로 옮음. 내려 감. 下車. 下山.
　　　　　浮西河而下『史記』
　　㉡ 낮은 데로 옮김.
　　　　　糟糠之妻不下堂『後漢書』
　　㉢ 비가 옴. 陰雲噎兮雨未下『曹丕』
　　㉣ 비가 오게 함. 天油然作雲 沛然下雨『孟子』
　　㉤ 명령(命令)이 나옴. 制下『十八史略』
　　㉥ 下命. 趣使使下令『史記』
　　㉦ 손을 댐. 下手. 將軍下筆開生面『杜甫』

내리닫이 옷 : 치마와 저고리가 연결된 옷.

내리닫이 옷 란【襴】襴衫. 著襴及裾『綱目集覽』

내밀다 : 앞으로 나와 있음.

내밀 돌【突】쑥 나옴. 因震突出『唐書』

내밀 주【犫】南家之牆 犫於前而不直
　　　　　『呂氏春秋』

내보내다 : 나가게 함. 돌려 보냄.

내보낼 종【縱】縱擊. 莫敢縱兵『漢書』

내보낼 출【出】秦王出楚王以爲和『戰國策』

내불다 : 입김을 천천히 내 붐.

내불 허【噓】噓吸. 仰天而噓『莊子』

내시 : 궁중에서 심부름하는 얕은 관원.

내시 수【豎】內豎. 閽豎. 遂使爲豎『左傳』

내시 시【寺】환관(宦官). 寺人.
　　　　　時維婦寺『詩經』

내시 탁【槖】환관(宦官). 昏椓靡共『詩經』

내시 환【宦】환관(宦官). 宦者. 宦寺.

내응(內應)하다 :

내응할 이【貳】내통(內通)함. 貳於己『左傳』

내치다 :

내칠 류【流】유배함. 乃流王於彘『國語』

내칠 면【免】면직(免職)함. 免官. 免黜.
　　　　　不察廉不勝任也 當免『漢書』

내칠 방【放】추방(追放)함. 放逐.
　　　　　驩放兜于崇山『書經』

내칠 산【散】추방(追放)함.
　　　　　散舍諸宮中『公羊傳』

내칠 살【㪔】放也. 㪔爲放散之義『說文解字』

내칠 살【蔡】방축(放逐)함.
　　　　　周公殺管叔 而蔡蔡叔『左傳』

내칠 찬【竄】방축함. 귀양 보냄. 竄黜.

竄三苗于三危『書經』
내칠 출【出】 쫓음. 물리침. 出妻.
遂出武穆之族『左傳』
내칠 출【黜】 쫓음. 물리침. 退也, 폄하(貶下).
내칠 파【罷】 물리침. 파면함. 罷黜.
罷官之無事者『呂氏春秋』
내홍(內訌) : 한 나라나 집단 안에서 그 구성원들끼리 다투는 일.
내홍 홍【訌】 兵訌外阻內訌『唐書』
냄비 : 음식을 익히거나 데우는 데 쓰는 얄팍한 금속제의 그릇.
냄비 과【鍋】 茶鍋. 銀鍋.
冶人鍋釜『王君玉』
냄비 요【銚】 자루와 귀 때가 달린 냄비.
當以銀銚煮『遵生八牋』
냄비 형【鋞】 鍋也.
냄비 호【鎬】 鍋也.
냄새 : 코로 맡을 수 있는 온갖 기운.
냄새 취【臭】 惡臭. 無聲無臭『詩經』
냄새 할【餲】 臭也.
냄새 훈【焄】 향취의 기운. 焄蒿悽愴『禮記』
냄새나다 :
냄새날 부【麃】 臭也.
냄새날 업【䭌】 臭也.
냄새날 열【㚇】 취발(臭發).
냄새날 취【臭】 악취가 남. 年老口臭『漢官儀』
냄새날 해【䭀】 臭也.
냄새날 훈【葷】 連葷菜『後漢書』
냄새맡다 :
냄새맡을 욱【謖】 聞香貌.
냄새 잘 맡다 : 코가 예민함.
냄새 잘 맡을 전【顫】 鼻徹爲顫『莊子』
냇버들 : 버들과에 속하는 낙엽 관목.
냇버들 포【蒲】 蒲柳. 揚之水不流束蒲『詩經』
냉이 : 겨자과에 속하는 월년초(越年草). 길가나 밭에 저절로 많이 남. 어릴 때 케서 국을 끓이어 먹는데 많이 달콤함.
냉이 제【薺】 誰謂荼苦, 其甘如薺『詩經』
냉이 씨 :
냉이 씨 차【蒫】 제실(薺實).
薺甘菜也其實名蒫『急就篇註』
너 : 대등(對等) 이하(以下)의 사람에 대한 호칭.
너 내【廼】 내(乃)와 동자(同字).
欲烹廼翁『漢書』
너 내【乃】 여(汝)와 뜻이 같음.
嘉乃丕績『書經』
너 약【若】 이인칭 대명사. 若等. 若輩.
若不趣降漢, 漢今虜若『史記』
너 여【汝】 汝輩. 予欲左右有民, 汝翼『書經』
너 여【女】 여(汝)와 동자(同字).
女知之乎『孝經』
너 융【戎】 자네. 戎有良翰『詩經』
너 이【你】 汝也.
너 이【尒】 爾也. 이(爾), 이(尒)와 동자(同字).
너 이【爾】 爾汝. 宜爾室家『詩經』
너 이【而】 而忘越王之殺而父邪『十八史略』
너구리 : 개과에 속하는 들짐승. 여우보다 살이 찌고 작음. 동부 아시아에 분포 함.
너구리 리【狸】 山貓.
너구리 리【貍】 리(狸)와 동자(同字).
熊羆狐貍織皮『書經』
너구리 환【獾】 야돈(野豚).
너구리새끼 :
너구리새끼 비【狉】 비(豾)와 동자(同字).
너구리새끼 패【㹀】 리자(狸子).
너그러이 하다 : 관대하게 함.
너그러이 할 활【闊】 闊其租賦『漢書』
너그럽다 : 관대(寬大)한 모양.
너그러울 과【薖】 碩人之薖『詩經』
너그러울 관【寬】 관대함. 寬嚴. 寬而栗『書經』
너그러울 광【廣】 寬也.
너그러울 낭【欀】 寬也.
너그러울 랑【纕】 緩也.
너그러울 사【肆】 사(肆)와 동자(同字). 관서(寬舒)한 모양. 其然肆然『荀子』
너그러울 요【饒】 饒恕. 寬饒之道『書經』
너그러울 유【裕】 寬裕. 裕則乃以民寧『書經』
너그러울 유【宥】 허용(許容).
너그러울 자【繹】 관대(寬大)함.
너그러울 작【綽】 寬兮綽兮『詩經』
너그러울 전【畋】 寬也.
너그러울 정【挺】 挺囚徒『禮記』
너그러울 좌【痄】 寬也.
너그러울 차【鐸】 관대함.
너그러울 첩【嵒】 寬也.
너그러울 치【哆】 哆然而外齊侯也『穀羊傳』
너그러울 탄【坦】 마음이 관대함. 君子坦蕩蕩.
너그러울 태【泰】 성품이 너그럽고 침착함.
泰而不驕『論語』
너그러울 훤【愃】 赫兮愃兮『詩經』
너럭바위 : 크고 편평한 바위.
너럭바위 반【磐】 磐石. 鴻漸于磐『易經』
너르다 : 좁지 아니함.
너를 박【博】 博遠. 壤土之博『史記』
너리 먹다 :
너리 먹을 우【䄏】 잇몸병.

너무 :

너무 야 【偌】 圖 심의(深意).

너무 이 【已】 대단히. 已甚. 木若已美然 『孟子』

너비 :

너비 복 【畐】 幅也.

넉넉지 못하다 :

넉넉지 못할 검 【儉】 先辨豊儉 『南史』

넉넉하다 : 물건이 충분히 있음.

넉넉할 급 【給】 給足. 秋省斂而助不給 『孟子』

넉넉할 방 【厖】 풍족함. 民生敦厖 『左傳』

넉넉할 부 【富】

　　㉠ 재산이 많음. 富裕. 富而無驕 『論語』

　　㉡ 많이 있음. 富於春秋. (나이가 아직 젊음.)
　　　　后稷之祀易富 『禮記』

　　㉢ 충실함. 贍富. 富文辭工書 『唐書』

넉넉할 사 【奢】 풍요함. 貲財亦豊奢 『張華』

넉넉할 섬 【贍】

　　㉠ 많음. 풍부함. 贍富. 振人不贍 『史記』

　　㉡ 충분함. 力不贍也 『孟子』

넉넉할 애 【賍】 풍유(豊裕).

넉넉할 양 【穰】 풍요한 모양. 降福穰穰 『詩經』

넉넉할 연 【衍】 많음. 饒衍. 豊衍.
　　　　仁人詘約暴人衍 『荀子』

넉넉할 염 【猒】 足也.

넉넉할 요 【饒】

　　㉠ 충분히 있음. 豊饒. 富饒. 資用益饒 『漢書』

　　㉡ 남음이 있음. 子孫衣食 自有餘饒 『諸葛亮』

넉넉할 우 【優】 부요(富饒)함. 충분(充分)함.
　　　　優裕. 仕而優則學 『論語』

넉넉할 유 【裕】 유족(裕足)함. 餘裕. 富裕.
　　　　裕无咎 『易經』

넉넉할 진 【賑】 鄕邑殷賑 『張衡』

넉넉할 천 【繟】 관작(寬綽).

넉넉할 춘 【賰】 賱賰, 부유(富有).

넉넉할 패 【沛】 沛若有餘 『公羊傳』

넉넉할 풍 【豊】 많음. 豊饒. 無豊于昵 『書經』

넉넉할 호 【浩】 풍부함. 用有餘曰浩 『禮記』

넉넉히 :

넉넉히 우 【優】 넉넉하게. 충분히.
　　　　周公優爲之 『禮記』

넉넉히 하다 : 넉넉하게 해줌. 풍성하게 함.

넉넉히 할 급 【給】 弗能給 『漢書』

넉넉히 할 부 【富】 富國强兵. 何神不富 『詩經』

넉넉히 할 요 【饒】 大王能饒人以爵邑 『漢書』

넉넉히 할 풍 【豊】 豊兄弟之國 『國語』

넋 : 사람의 정신의 음(陰)에 속하는 부분. 양(陽)
　에 속하는 것은 혼(魂)이라 함.

넋 백 【魄】 영혼(靈魂).

넋 혼 【魂】

　　㉠ 사람의 정신. 靈魂.
　　　　我命絶今日 魂去尸長留 『古詩』

　　㉡ 人生始化爲魂, 旣生魄陽曰魂 『左傳』

　　㉢ 물건의 정신(精神). 花魂.

넌지시 비추다 : 완곡하게 말함.

넌지시 비출 휼 【譎】 主文而譎諫 『詩經』

널 : 관(棺).

널 관 【棺】 棺槨. 有虞氏瓦棺 『禮記』

널 구 【匶】 구(柩)와 동자(同字).
　　　　及朝御匶乃奠 『周禮』

널 구 【柩】 柩車. 柩不早出不暮宿 『禮記』

널 구 【柾】 柩也.

널 독 【櫝】 棺櫝. 給槥櫝 『漢書』

널 벽 【椑】 君卽位爲椑 『禮記』

널 츤 【櫬】 櫬宮. 穆姜爲櫬 『左傳』

널 혜 【槥】 작은 관. 槥櫝.
　　　　令從軍者 爲槥歸其縣 『漢書』

널 화 【㭬】 棺也.

널 : 널빤지.

널 첩 【牒】 積牒施不 『淮南子』

널 판 【版】 판(板)과 동자(同字). 編版以載 『詩經』

널리 :

널리 매 【枚】 광범(廣範)히. 枚筮之 『左傳』

널리 방 【旁】 너르게. 두루. 旁求.
　　　　獨旁搜而遠紹 『韓愈』

널리 부 【敷】 너르게. 敷宣. 敷求先生.

널조각 :

널조각 방 【方】 목판(木板).
　　　　不及百名 書於方 『儀禮』

널조각 판 【鈑】 판(板)과 통용.
　　　　金鈑六弢 『莊子』

널조각 판 【板】

　　㉠ 판자. 板榜. 在其板屋 『詩經』

　　㉡ 인신(引伸)하여 널리 나무 외의 것에도 쓰임.
　　　　鐵板. 銅板. 石板重疊躋 『孟郊』

널판 :

널판 참 【牘】 板也.

널평상 :

널평상 접 【楪】 상판(牀板).

넓게 하다 :

넓게 할 굉 【閎】 閎其中 肆其外 『韓愈』

넓고 크다 :

넓고 클 고 【顝】 광대(廣大).

넓고 클 료 【膠】 廣大貌.

넓다 :

넓을 고 【睾】 광대한 모양.
　　　　睾睾廣廣, 孰知其德 『荀子』

넓을 관【寬】면적, 용적 등이 큼. 寬敞.
地窄天水寬『蘇軾』
넓을 광【曠】광활(廣闊)함. 曠原.
器宇宏曠『晉書』
넓을 광【壙】壙埌은 들이 넓은 모양.
壙埌之野『莊子』
넓을 광【廣】
㉠ 면적이 광활(廣闊)함.
誰謂河廣 一葦杭之『詩經』
㉡ 범위가 넓음. 帝德廣運『書經』
㉢ 안태(安泰)함. 心廣體胖『大學』
㉣ 해이(解弛)함. 廣則容姦『禮記』
넓을 굉【宏】광대함. 宏大. 用宏玆賁『書經』
넓을 굉【紘】굉(宏)과 통용.
天地之道 至紘以大『淮南子』
넓을 굉【閎】중턱이 불룩하여 넓음.
其器圜以閎『禮記』
넓을 권【棬】廣也.
넓을 담【覃】깊고 넓음. 覃恩.
揚雄覃思于太玄『晉書』
넓을 당【唐】唐唐. 浩唐之心『枚乘』
넓을 도【滔】滔蕩. 滔乎莫知所止息『淮南子』
넓을 막【漠】廣漠. 溥漠氾濫『郭璞』
넓을 만【謾】만(漫)과 통용. 大謾,
願聞其要『莊子』
넓을 만【漫】수면이 아득하게 넓은 모양. 渺漫.
柳塘春水漫『嚴維』
넓을 망【漭】넓고 먼 모양. 漭瀁. 漭漭.
過乎泱漭之埜『司馬相如』
넓을 망【莽】광대한 모양. 莽莽之野『左思』
넓을 박【薄】박(博)과 통용. 薄薄之地『荀子』
넓을 박【博】학식(學識), 견문(見聞)이 많음.
博學. 博識. 多聞曰博『荀子』
넓을 반【磐】광대(廣大)한 모양.
荊門闕竦而磐礴『郭璞』
넓을 범【汎】
㉠ 광대함. 眇汎滄流『沈約』
㉡ 보편적임. 汎愛. 汎稱. 普汎加一級『魏書』
넓을 범【氾】범(汎)과 동자(同字). 광대함.
氾博. 氾埽反道『禮記』
넓을 범【泛】범(汎)과 동자(同字).
광대함. 보편적임. 泛稱.
넓을 보【普】두루 넓음. 普天之下『孟子』
넓을 부【溥】광대(廣大)함. 溥博.
我受命溥將『詩經』
넓을 비【費】공용(功用)이 넓고 큼.
君子之道費而隱『中庸』
넓을 시【庱】廣也.
넓을 앙【泱】광대한 모양.
過乎泱漭之埜『司馬相如』
넓을 앙【央】광대한 모양.
覽曲臺之央央『司馬相如』
넓을 양【瀁】끝없이 넓은 모양.
心瀁瀁而無所終薄兮『阮籍』
넓을 양【洋】광대(廣大)하고 성대(盛大)한 모양.
洋洋. 聲名洋洋溢乎中國『中庸』
넓을 엄【淹】홍대(弘大)함. 淹弘.
器量淹雅『晉書』
넓을 연【蜵】蜵蜎은 대궐이 깊고 넓은 모양.
蜵蜎蠖濩之中『漢書』
넓을 왕【汪】
㉠ 깊고 넓음. 汪然平靜『淮南子』
㉡ 광대함. 汪洋. 汪是土也『國語』
넓을 운【澐】광대한 모양.
湘流之澐澐『柳宗元』
넓을 치【庤】廣也.
넓을 타【鞾】廣也.
넓을 탄【淚】수면(水面)이 넓은 모양.
渺瀰淚漫『木華』
넓을 탄【誕】광활(廣闊)함. 何誕之節兮『詩經』
넓을 탕【蕩】광대한 모양. 浩蕩. 蕩蕩.
美哉蕩乎『左傳』
넓을 한【澗】무애광(無涯廣).
넓을 한【瀚】광대(廣大)한 모양.
浩浩瀚瀚『淮南子』
넓을 항【沆】
㉠ 강이나 호수가 광대한 모양. 沆茫.
沆漭逶天浮『王安石』
㉡ 물이 깊고 넓은 모양.
飄飄可終年 沆瀁安是非『江淹』
넓을 호【扈】마음이 크고 넓음.
爾毋扈扈爾『禮記』
넓을 호【浩】
㉠ 큰물이 넓게 흐르는 모양. 浩浩滔天『書經』
㉡ 광대한 모양. 浩浩其天『中庸』
넓을 호【顥】광대함. 顥氣之淸英『班固』
넓을 홍【弘】광대함. 廣弘. 弘大.
含弘光大『易經』
넓을 화【攡】광대함. 大者不攡『左傳』
넓을 확【廓】광대함. 廓大. 性度恢廓『吳志』
넓을 활【豁】
㉠ 광활한 모양. 開豁.
㉡ 도량이 넓은 모양. 意豁如也『十八史略』
넓을 활【闊】
㉠ 면적이 큼. 廣闊. 地闊天長『李華』
㉡ 마음이 큼. 闊達多大節『後漢書』
넓을 회【恢】마음이 넓음. 인신(引伸)하여 딴
사물에도 이름. 恢弘. 恢大.

天網恢恢 疏而不漏『老子』

넓을 횡【竑】광대함. 廣也.

넓을 횡【紘】굉(閎)과 통용. 崇論紘議『漢書』

넓을 효【寧】광활(廣闊). 幽谷豁以寧寥『潘岳』

넓을 희【熙】광대함. 또 광대하여 짐.
庶績咸熙『書經』

넓어지다 :

넓어질 광【廣】넓게 됨.
齊民世增 闢土世廣『後漢書』

넓어질 천【闡】開闡. 闡幷天下『史記』

넓어질 희【熙】광대함. 또 광대하여 짐.
庶績咸熙『書經』

넓은 못 :

넓은 못 병【鈵】囘 광정(廣釘).

넓은 언덕 :

넓은 언덕 원【邍】광원(廣原).

넓은 집 :

넓은 집 정【寊】광옥(廣屋).

넓이 :

넓이 광【廣】
㉠ 넓은 정도. 廣狹.
九州之地域 廣輪之數『周禮』
㉡ 兵車十五乘을 가로 잇댄 넓이.
十五乘爲一廣『左傳』

넓이 긍【亙】經亙數千里『後漢書』

넓이 박【博】넓은 정도(程度). 博四寸『儀禮』

넓이 연【延】가로의 넓이. 동서의 길이.
延袤萬餘里『史記』

넓적다리 : 오금 윗마디의 다리.

넓적다리 고【股】
㉠ 다리의 상부. 대퇴부(大腿部). 股肱.
股戰而栗『史記』
㉡ 넓적다리 모양을 한 것.
叙股欲分猶半疑『韓偓』
㉢ 인신(引伸)하여 사물의 일부분을 이름.
一股 : 軍隊의 한 支隊.
股分 : 자본의 일부분인 주식(株式)
㉣ 바퀴살의 바퀴 통에 가까운 부분.
車輻近轂處曰股『辭海』

넓적다리 방【髈】股也.

넓적다리 비【髀】㉠ 髀肉之歎『蜀志』
㉡ 帶下毋厭髀『禮記』

넓적다리 비【脾】비(髀)와 통용.

넓적다리 폐【髀】糜其肉皮通髀臀『韓愈』

넓적다리뼈 :

넓적다리뼈 둔【屍】髀也.

넓적다리뼈 정【䯒】대퇴골(大腿骨).

넓히다 :

넓힐 광【廣】넓게 함. 廣長楡, 開朔方『史記』

넓힐 박【博】넓게 함. 博我以文『論語』

넓힐 척【斥】개척함. 斥地. 視作斥土者『漢書』

넓힐 척【拓】개척함. 開拓. 拓地太大『唐書』

넓힐 천【闡】開闡. 闡幷天下『史記』

넓힐 홍【弘】넓게 함. 弘法. 人能弘道『論語』

넓힐 확【擴】확대함. 擴張. 凡有四端於我者 知
皆擴而充之矣『孟子』

넓힐 확【廓】확장함. 개장(開張)함. 廓大.
廓四方『淮南子』

넓힐 회【恢】확장(擴張)함. 확대(擴大)함.
廓之恢之『太玄經』

넓힐 희【熙】홍대(弘大)하게 함.
有能奮庸熙帝之載『書經』

넘게 되다 :

넘게 될 방【斛】양일(量溢).

넘겨다보다 : 자기 신분에 맞지 않는 일을 바람.
분수 밖의 욕망을 가짐.

넘겨다볼 기【覬】下無覬覦『左傳』

넘겨다볼 유【覦】覬覦.
能官人 則民無覦心『左傳』

넘겨주다 :

넘겨줄 양【讓】수여(授與)함. 讓渡. 讓位.
堯以天下讓舜『呂氏春秋』

넘기다 : 어느 한도를 넘김.

넘길 란【闌】
㉠ 반이 지남. 고비를 넘음. 闌暑.
白露凝兮歲將闌『宋孝武帝』
㉡ 고비를 넘은 때. 반을 훨씬 지난 때. 歲闌.
醒時夜向闌『蘇軾』

넘길 사【徙】徙月樂『禮記』

넘다 :

넘을 과【跨】사타구니를 벌려 넘음.
康王跨之『左傳』

넘을 력【歷】지나침. 유월(踰越)함.
不歷位而相與言『孟子』

넘을 력【躒】탁월(卓越)함. 卓躒.
逴躒諸夏『班固』

넘을 렬【迾】뛰어 넘음. 體容與迾萬里『漢書』

넘을 렵【躐】렵(躐)과 동자(同字).
涉躐寥廓『左思』

넘을 렵【獵】렵(躐)과 통용. 不獵禾稼『荀子』

넘을 렵【躐】순서를 밟지 않고 뛰어 넘음.
學不躐等『禮記』

넘을 릉【踜】越也.

넘을 릉【陵】한도를 지나침. 不陵節『禮記』

넘을 맥【驀】뛰어 넘음. 煙底驀波乘一葉『李賀』

넘을 발【茇】발(跋)과 통용.

茇涉至此『通鑑綱目』

넘을 백【趙】越也.

넘을 영【嬴】한도를 지남.

執於火而無嬴『周禮』

넘을 월【越】

㉠ 높은 곳을 통과함. 越牆. 關山難越『王勃』

㉡ 한정에서 벗어져 지남. 越俗.

吾道之所寄 不越乎言語文字之間『朱熹』

㉢ 劉孝標目劉訏 超然越俗 如牛天朱霞『世說』

㉣ 순서를 밟지 않고 나감. 越階.

넘을 유【逾】

㉠ 넘어감. 지나감. 逾于洛『書經』

㉡ 한도를 넘음. 逾越.

㉢ 지나감. 경과함. 日月逾邁『書經』

넘을 유【踰】

㉠ 한정에서 벗어나 지남. 踰越.

吾年踰七十『世說』

㉡ 어느 장소를 위로 통과함. 踰嶺.

終不能踰河而北『主父偃』

㉢ 뛰어 넘음. 踰獄. 踰垣上屋『素問』

㉣ 초월함. 걸출함. 踰於等類『急就篇』

㉤ 경과함. 양쪽에 걸침. 踰限.

踰月則其善也『禮記』

넘을 유【隃】유(逾)와 통용.

隃隃而待之『左傳』

넘을 조【趙】越也.

넘을 체【踮】踰也.

넘을 초【超】정(定)한데서 지나침. 超過.

넘을 초【踔】踔宇宙 而遺俗兮『後漢書』

넘을 탁【逴】초월(超越)함. 초과(超過)함.

逴躒諸夏『班固』

넘을 표【僄】越也.

넘보다 :

넘볼 독【讀】易也.

넘볼 망【罔】깔봄. 倫儒而罔『荀子』

넘어다보다 :

넘어다 볼 탐【躎】跮足而望.

넘어뜨리다 :

넘어뜨릴 강【僵】쓰러뜨림. 僵仆. 僵斃.

惟而僵之『莊子』

넘어뜨릴 도【倒】倒死. 卒倒.

發卽應弦而倒『漢書』

넘어뜨릴 복【覆】

㉠ 전복시킴. 命舟牧覆舟『禮記』

㉡ 도괴(倒壞)시킴. 惡利口之覆邦家者『論語』

㉢ 전쟁에서 이김. 常覆三軍『李華』

넘어뜨릴 복【踣】顚踣. 傾踣.

凡殺人者踣諸市『周禮』

넘어뜨릴 부【仆】引弓射仆之 乃朽木也『唐書』

넘어뜨릴 부【踣】부(仆)와 동자(同字).

넘어뜨릴 분【焚】분(僨)과 통용.

以焚其身『左傳』

넘어뜨릴 전【顚】전(蹎)과 통용. 顚墜. 顚沛.

顚而不扶『論語』

넘어뜨릴 폐【斃】죽여 넘어지게 함.

射之斃一人『禮記』

넘어지다 :

넘어질 강【獘】仆也.

넘어질 강【僵】엎드러짐. 쓰러짐. 僵仆. 僵斃.

惟而僵之『莊子』

넘어질 겹【跲】물건에 걸려 넘어짐. 인신(引伸)하여 착오가 생김.

言前定則不跲『中庸』

넘어질 궐【蹶】

㉠ 헛디디거나 걸려 넘어짐. 蹶者趨者『孟子』

㉡ 기진맥진하여 넘어 짐.

形勞而不休 則蹶『淮南子』

넘어질 도【倒】엎드러짐. 엎드러지게 함. 倒死. 卒倒. 發卽應弦而倒『漢書』

넘어질 돈【頓】발이 걸려 자빠짐. 頓躓.

넘어질 복【覆】㉠ 顚覆. 舟遂覆『十八史略』

㉡ 不勝任則屋覆『管子』

넘어질 복【踣】顚踣. 傾踣.

凡殺人者踣諸市『周禮』

넘어질 부【仆】

㉠ 쓰러짐. 仆伏. 黍稷仆於中田『陸雲』

㉡ 쓰러져 죽음. 仆斃. 應弦而仆『唐書』

넘어질 북【趙】僵也.

넘어질 분【僨】엎드러짐. 一起一僨.

鄭伯之車 僨于濟『左傳』

넘어질 분【焚】분(僨)과 통용.

以焚其身『左傳』

넘어질 전【轉】轉倒. 將轉於溝壑『國語』

넘어질 전【蹎】걸리거나 헛디디어 넘어짐.

塼塗而塞江海 僬僥而戴太山 蹎跌碎折不 待頃矣『荀子』

넘어질 전【顚】전(蹎)과 통용. 顚墜. 顚沛.

顚而不扶『論語』

넘어질 지(질)【躓】

㉠ 발에 물건이 걸려 자빠짐. 顚躓.

足躓株埳『列子』

㉡ 실패함. 杜牧困躓不振『唐書』

넘어질 질【跌】발을 헛디디거나 물건에 걸려 넘어짐. 跌倒. 跌而不振『漢書』

넘어질 차【蹉】발을 헛디디거나 물건에 걸려 넘어짐. 蹉蛇. 인신(引伸)하여 실패함. 시기를 놓침.

不敢蹉跌『漢書』

넘어질 탕【踢】 미끄러지거나 걸려 넘어짐.
　　　　　魂褫氣慴 而自踢者『左思』

넘어질 탕【邊】 쓰러짐. 陽醉邊地『漢書』

넘어질 패【沛】 자빠짐. 顚沛.

넘어질 폐【斃】
　　㉠ 엎드러짐. 斃踣.
　　㉡ 넘어져 죽음. 斃於車中『左傳』
　　㉢ 실패함. 多行不義必自斃『左傳』

넘어질 폐【獘】 폐(斃)와 동자(同字).
　　　　　木自獘柛『爾雅』

넘치다 :

넘칠 람【濫】 물이 넘침. 水逆行,
　　　　　氾濫於中國『孟子』

넘칠 렴【瀲】 범람하는 모양.
　　　　　力飮何妨瀲灩盡斝『明宣宗』

넘칠 만【漫】 범람함. 其流波漫『唐書』

넘칠 번【瀿】 물이 갑자기 넘침.
　　　　　樹木者灌以瀿水『淮南子』

넘칠 범【氾】 물이 넘침. 氾濫.
　　　　　河水決濮陽 氾郡十六『漢書』

넘칠 부【浮】 넘쳐흐름. 披山麓而溢浮『應瑒』

넘칠 분【瓮】 분(溢)과 동자(同字).
　　　　　水潦瓮溢『晉書』

넘칠 삽【澀】 溢也.

넘칠 서【潏】 漲也. 潏方數里『水經注』

넘칠 앙【盎】 넘쳐흐름. 뚜렷이 나타남.
　　　　　睟然見於面盎於背『孟子』

넘칠 양【洋】 충만하여 퍼짐. 洋普.
　　　　　德洋而恩普『史記』

넘칠 연【衍】 넘쳐흐름. 衍溢.
　　　　　至今衍于四海『書經』

넘칠 월【浂】 창일(漲溢).

넘칠 음【淫】 넘쳐흐름. 積蘆灰以止淫水『淮南子』

넘칠 일【溢】 넘쳐흐름. 溢流. 河溢通泗『史記』

넘칠 일【泆】 물이 출렁거려 넘침. 泆湯.
　　　　　入於河 泆爲榮『書經』

넘칠 진【津】 넘쳐흐르는 모양. 興味津津.

넘칠 투【渝】 넘쳐흐름. 涕潰渝溢『木華』

넙치 : 가자미과에 속하는 바닷물고기. 모양은 넓
　적하고 긴 타원형이며 두 눈은 몸의 왼쪽에
　있음. 일설에는 가자미.

넙치 개【魪】 兩魪. 접어(鰈魚). 罩兩魪『左思』

넙치 평【鮃】 比目魚.

넙치 함【鰔】 比目魚.

넣다 :

넣을 감【械】 용납(容納)함.
　　　　　辰星過太白間可械劍『漢書』

넣을 비【匪】 상자에 넣음. 匪厥玄黃『孟子』

넣을 운【韞】 깊이 넣어 둠.

有美玉於斯 韞匵而藏諸『論語』

넣을 장【裝】 속에 넣음. 포장함.
　　　　　牒訴倥偬 裝其懷『孔稚圭』

넣을 조【造】 속에 넣어 가게 함.
　　　　　大盤造氷『禮記』

넣을 증【肴】 희생의 고기를 솥에 넣거나 자대
　　(炙臺)에 담음. 또 그 고기. 牲肉.
　　　　　脯醢無肴『儀禮』

넣을 함【含】 속에 넣음. 수용함. 含蓄. 含藏.
　　　　　含萬物『易經』

넣을 함【涵】 안에 넣음. 胸次要涵蓄『王炎』

넣을 함【函】 용납(容納)함. 席問函丈『禮記』

네가래 : 네가래과에 속하는 다년생 수초. 깊은
　산의 습지. 또는 물가에 남.

네가래 빈【蘋】 酢漿藻. 蘋藻. 于以菜蘋『詩經』

네거리 :

네거리 십【辻】 囝 사거리(四街里). 십자로(十字路).

네모 : 사각(四角). 방형(方形). 또 모서리.

네모 고【觚】 破觚爲圜『史記』

네모 구【矩】 矩方器械『漢書』

네모 정【正】 不量鑿而正枘兮『楚辭』

네 번 :

네 번 사【四】 사회(四回). 嘉慮四回『陸機』

넷 :

넉 사【肆】 사(四)의 대용(代用).

넉 사【四】 셋에 하나 보탠 수.
　　　　　君子之道四 丘未能一焉『中庸』

넷 승【乘】 원래는 사마(駟馬)가 끄는 수레 한
　　대의 일컬음. 인신(引伸)하여 같은
　　물건 넷으로 한 벌을 이룬 것의 일
　　컬음. 乘壺酒『禮記』

넷째지지 : 십이지(十二支)의 제사위(第四位), 시
　각(時刻)으로는 5시부터 7시까지, 방위(方位)로
　는 정동(正東), 달로는 음력(陰曆) 2월, 띠로는
　토끼에 배당(配當).

넷째지지 묘【卯】 단알(單閼).

넷째천간 : 십간(十干)의 제사위(第四位). 방위(方
　位)로는 남방(南方)에 속하고오행(五行)으로는
　화(火)에 배당(配當)함.

넷째천간 정【丁】 강어(强圉).
　　　　　太歲在丁 曰彊圉『爾雅』

녁 : 무렵.

녁 려【黎】 黎明圍宛城『史記』

노 : 대오리 또는 갈대로 꼰 노.

노 곤【緄】 승삭(繩索). 竹閉緄縢『詩經』

노 교【茭】 搴長茭兮沈美玉『後漢書』

노 교【筊】 搴長筊, 沈美玉『史記』

노 년【撚】 종이, 실 등을 꼰 것.

金撚千絲翠『楊萬里』

노 등【縢】 끈. 朱英綠縢『詩經』

노 묵【纆】 두겹 또 세겹 노. 何異糾纆『史記』

노 삭【索】 바, 노끈, 새끼 따위. 주로 굵은 것
을 이름. 大索. 朽索.
大者謂之索 小者謂之繩『小爾雅』

노 선【繵】 승삭(繩索).

노 승【繩】 실 따위를 여러 겹 꼰 것. 繩索.
上古結繩而治『易經』

노 약【約】 새끼. 人尋約, 吳髮短『左傳』

노 영【纓】 승삭(繩索). 請纓繫南粤『魏徵』

노 인【紉】 노끈. 또 새끼.

노 작【筰】 대오리로 꼰 노.

노 적【藉】 실로 꼰 노. 狗來藉『莊子』

노 : 배 젓는 막대기. 짧은 노를 도(棹), 긴 노를
도(櫂)라 함.

노 도【絇】 승삭(繩索). 糜以尋絇『新論』

노 도【櫂】 긴 노.

노 도【棹】 棹聲. 鶩棹逐驚流『謝靈運』

노 로【櫓】 노(艣), 노(艪)와 동자(同字). 櫓聲.
船尾曰柂 在旁曰櫓『釋名』

노 방【榜】 榜聲催曉渡江心『貢師泰』

노 예【枻】 鼓枻而去『楚辭』

노 요【橈】 짧은 노. 楫謂之橈『博雅』

노 장【槳】 배 젓는 나무. 大曰櫓, 小曰槳.

노 즙【楫】 舟楫. 剡木爲楫『易經』

노 즙【檝】 즙(楫)과 동자(同字).
不須舟檝『管子』

노 집【楫】 舟楫. 剡木爲楫『易經』

노 집【檝】 즙(楫)과 동자(同字).
不須舟檝『管子』

노거리 :
노거리 제【艩】 船之承艣凸物.

노곤하다 :
노곤할 로【勞】 고달픔. 疲勞. 勞倦.
不敢告勞『詩經』
노곤할 초【勦】 초(剿)와 동자(同字). 피로(疲勞)함.
心勦形瘵『趙岐』

노구솥 : 음식을 익히거나 데우는 데 쓰는 얄팍
한 금속제의 그릇.
노구솥 과【鍋】 茶鍋. 冶人鍋釜『王君玉』
노구솥 현【銒】 발이 안 달린 솥.
刁斗如銒鍋『古器評』

노는 계집 :
노는 계집 창【娼】 창(倡)의 속자. 창기(娼妓).

노닐다 : 한가히 이리 저리 왔다 갔다 함.
노닐 배【俳】 배(徘)와 동자(同字).
坐俳而歌謠『淮南子』

노닐 배【徘】 徘徊往來『漢書』

노닐 상【徜】 徜徉中庭『宋玉』

노닐 양【徉】 徜徉, 소요(逍遙).

노닐 양【佯】 양(徉)과 동자(同字). 仿佯.
仿佯無倚『楚辭』

노닐 양【徉】 徜徉. 彷徉無所倚『楚辭』

노닐 황【偟】 황(徨)과 동자(同字). 仿偟.

노닐 회【徊】 徘徊往來『漢書』

노둔한 말 : 굼뜬 말.

노둔한 말 건【蹇】 策蹇赴前程『孟浩然』

노랑꽃 : 국화과에 속한 여러해살이풀. 줄기의 높
이는 2미터 정도이며, 잎은 세 갈래로 갈라진
다. 어린잎은 나물로 먹기도 한다.
노랑꽃 화【蘳】 황화(黃華).

노랑어리 연꽃 : 조름나물과에 속하는 다년생 수
초(水草). 연한 잎은 먹음.
노랑어리 연꽃 접【莕】 莕余.
노랑어리 연꽃 행【荇】 荇菜. 參差荇菜,
左右流之『詩經』

노랑하눌타리 : 박과에 속한 여러해살이 덩굴 식
물. 덩이뿌리는 통통하고 줄기는 가늘고 길며
잎은 어긋난다. 줄기와 잎에 흰 털이 나며, 덩
이뿌리는 녹말을 만들어 식용하고 씨는 과구인
이라 하여 약용한다.
노랑하눌타리 인【黃】 왕과(王瓜). 黃苗及實似土
瓜 土瓜則王瓜『爾雅疏』

노랑횟대(膾代) : 둑중개과에 속하는 횟대의 일
종. 얕은 물의 바위틈에 삶.
노랑횟대 요【鮲】 杜父魚.

노랗다 : 빛이 노란 모양.
노랄 운【煩】 照紫幄珠煩黃『漢書』

노래 : 곡조를 붙이어 부르는 노래. 협의(狹義)로
는 음악이 따르는 것을 歌, 음악이 없는 것을
요(謠) 라함.
노래 가【歌】
㉠ 詩歌. 歌謠. 詩言志, 歌永言『書經』
㉡ 한시의 한 체. 악부(樂府)에 연원(淵源)하
며 고시(古詩)에 속함.
放情曰歌『白石道人詩說』
노래 가【哥】 가(歌)의 고자(古字). 哥永言『漢書』
노래 구【謳】 學謳於秦靑『列子』
노래 아【哦】 시가(詩歌). 聽渠七字哦『陳師道』
노래 요【謠】 악기의 반주 없이 하는 노래.
유행가. 俗謠. 童謠. 采歌謠『漢書』
노래 요【繇】 요(謠)와 통용. 人民繇俗『漢書』
노래 유【歈】
㉠ 오(吳)나라에서 부르는 노래. 吳歈越吟『庾信』
㉡ 널리 노래의 뜻으로도 쓰임.

吳歈蔡謳奏大呂. 歈, 謳, 皆歌也『楚辭』

노래 창 【唱】 음송(吟誦)하는 사장(詞章).
　　　　　　爲作小海唱『晉書』

노래 풍 【風】 가요. 고대에 조정에서 습속(習俗)
　　　　의 양부(良否), 정치의 선악(善惡)
　　　　을 보기 위하여 각지의 노래를 수
　　　　집한 것을 國風이라 하였는데 시
　　　　경에 수록되었음.

노래곡조 :

　노래곡조 인 【引】 가곡(歌曲). 思歸引.
　　　　　　雅引相和『柳宗元』

노래기 : 배각류(倍脚類)에 속하는 절족동물(絶足
　動物)의 하나. 모양은 지네 비슷하며 고약한 노
　린내가 남.

　노래기 거 【蚷】 견야(蚿也). 商蚷馳河『莊子』
　노래기 견 【蚈】 상거(商蚷).
　노래기 균 【蜠】 마잔(馬蚐). 취충(臭蟲).
　노래기 잔 【蚐】 견야(蚿也). 馬蚐, 충명(蟲名).
　노래기 축 【蠋】 마륙(馬陸), 백족충(百足蟲).
　노래기 현 【蚿】 견야(蚿也). 馬蚿.
　　　　　　蚿憐蛇『莊子』

노래이름 :

　노래이름 염 【鹽】 가곡의 이름. 惜惜鹽. 阿鵲鹽.

노래지다 :

　노래질 황 【黃】 누렇게 됨. 草木黃落『禮記』

노래짓다 : 노래를 지음.

　노래지을 가 【歌】 論歌文武之德『漢書』

노래하다 :

　노래할 가 【歌】
　　㋀ 노래를 부름. 誦明月之詩, 歌窈窕之章『蘇軾』
　　㋁ 음악에 맞추어 노래를 부름. 我歌且謠『詩經』
　　㋂ 새가 지저귐. 鳥歌花舞, 太守醉『歐陽修』
　노래할 교 【敎】 창가(唱歌).
　노래할 구 【謳】
　　㋀ 노래를 부름. 창가를 함. 河西善謳『孟子』
　　㋁ 여러 사람이 제창(齊唱) 함.
　　　　　　歌謳思東歸『漢書』
　노래할 구 【嘔】 구(謳)와 동자(同字).
　　　　　　毋歌嘔道中『漢書』
　노래할 요 【謠】 악기의 반주(伴奏)없이 노래함.
　　　　　　我歌且謠『詩經』

노래후렴 :

　노래후렴 혜 【兮】 가사(歌辭).

노랫가락 조화되다 :

　노랫가락 조화될 해 【龤】 해(諧)와 동자(同字).

노랫소리 :

　노랫소리 방 【嗙】 가성(歌聲).
　노랫소리 오 【嗚】 歌呼嗚嗚快耳目者 眞奏之聲也

『史記』

노략질하다 :

　노략질 할 구 【寇】 초야(鈔也).
　노략질 할 구 【寇】 해를 입힘. 寇掠.
　　　　　　匈奴寇邊『十八史略』
　노략질 할 략 【略】 략(掠)과 동자(同字). 약탈(略
　　　　　　奪). 攻城略地『淮南子』
　노략질 할 략 【摝】 약탈(掠奪)함.
　노략질 할 략 【掠】 탈취(奪取)함. 掠奪.
　　　　　　掠於效野 以足軍食『戰國策』
　노략질 할 량 【剠】 략(掠)과 동자(同字).
　노략질 할 로 【擄】 로(鹵)와 동자(同字).
　노략질 할 루 【斄】 약야(掠也).
　노략질 할 철 【掇】 燒掇焚杅君之國『史記』
　노략질 할 초 【鈔】 鈔略. 攻鈔郡縣『後漢書』
　노략질 할 초 【抄】 抄略. 匈奴數抄郡界『後漢書』
　노략질 할 치 【摛】 약탈(掠奪).

노려보다 :

　노려 볼 격 【狊】 개가 노려보는 모양.
　노려 볼 말 【眜】 악시(惡視).
　　　　　　獷眼困逾眜『孟郊詩』
　노려 볼 예 【睨】 쏘아봄. 爲璧睨柱『史記』
　노려 볼 탐 【眈】 범이 노려보는 모양.
　　　　　　虎視眈眈『易經』

노루 : 사슴 비슷한 짐승. 대단히 겁이 많아 물을
　마시다가 제 그림자만 보아도 깜짝 놀라 달아
　난다 함.

　노루 궤 【麏】 궤(麂)와 동자(同字). 대균(大麏).
　노루 궤 【麂】 장(麞)의 일종.
　노루 균 【麏】 野有死麏『詩經』
　노루 균 【麇】 有介麇焉『左傳』
　노루 연 【麲】 균야(麏也). 麏絶有力麲『爾雅』
　노루 장 【麞】 장(獐)과 동자(同字). 사슴 비슷한
　　　　　　짐승. 몸집이 사슴보다 작음.
　　　　　　平澤中逐麞『南史』

노루새끼 :

　노루새끼 조 【麆】 균자(麏子).

노름 :

　노름 도 【賭】 도박(賭博). 設宴賭射『魏書』
　노름 박 【博】 주사위를 던져 하는 놀이. 인신(引
　　　　　　伸)하여 도박(賭博). 博戲.
　　　　　　不有博者乎『論語』
　노름 저 【摴】 摴蒲. 老子入胡爲摴蒲『太平御覽』
　노름 채 【彩】 此擧亦賭彩一擲也『鶴林玉露』
　노름 포 【蒱】 재물을 태워놓고 승부를 다투는
　　　　　　장난. 樗蒱者牧豬奴戲耳『晉書』

노리개 : 장난감.

　노리개 기 【玘】 패옥(佩玉).

노리개 령【伶】瓦伶口頰欲謾誰『馬元來』

노리개 정【珵】패옥(佩玉). 珵也.

노리개 패【佩】띠에 차는 장식(裝飾)용 옥(玉).
옛날에 조복(朝服)에 차는 것으
로, 천자(天子)는 백옥(白玉), 공
후(公侯)는 현옥(玄玉), 대부(大
夫)는 창옥(倉玉) 등, 계급(階級)
에 따라 옥(玉)의 종류(種類)도
달랐음. 玉佩.
雜佩以贈之『詩經』

노리개 끈 :

노리개 끈 수【綬】패옥조(佩玉組). 綬也.

노리고 보다 :

노리고 볼 릉【睖】睖瞪, 직시모(直視貌).

노리다 :

노릴 저【狙】겨눔. 狙擊秦皇帝『史記』

노린재 : 노린재 아과(亞科)에 속하는 갑충(甲蟲)
의 총칭. 넓적 노린재. 별점박이 노린재. 실
노린재 등이 있음. 몸은 납작하고 호박 따위의
잎을 갉아먹음.

노린재 권【蠸】督芮生乎腐蠸『莊子』

노비(奴婢) :

노비 자【資】노자(奴資). 資糧. 黃公亡歿 孺子
往會葬 無資以自致『世說』

노새 : 수나귀와 암말 사이의 혼혈종(混血種).

노새 라【嬴】라(騾)와 동자(同字).
遂乘六嬴『漢書』

노새 라【騾】騾驢.

노송나무 : 소나무과에 속하는 상록교목.

노송나무 회【檜】扁柏. 檜楫松舟『詩經』

노야기 : 꿀풀과에 속하는 1년생 풀.

노야기 유【茱】香茱. 향유(香薷).

노어(老魚) : 일설에는 독이 있는 물고기.

노어 사【鰤】어명(魚名).

노어 사【鰤】사(鰤)와 동자(同字). 노어(老魚),
一說有毒 食之殺人.

노여움 품다 :

노여움 품을 온【慍】함노모(含怒貌).

노우 : 옛날에 춤을 추는 자가 가지고 지휘하던
백로의 깃으로 만든 물건.

노우 로【鷺】노우(鷺羽). 振振鷺『詩經』

노인건망증 :

노인건망증 혼【倱】기망(耆忘).

노인 대접하다 :

노인 대접할 로【老】경로(敬老)함.
老吾老『孟子』

노인아들 :

노인아들 내【薀】老人之子.

노자(路資) :

노자 신【賮】送行財幣. 여비(旅費).

노자의 학설 : 노자(老子)가 제창(提唱)한 학설
(學說).

노자의 학설 로【老】佛老. 黃老.
好通老易『後漢書』

노적가리 :

노적가리 라【稞】곡적(穀積).

노점 : 폐결핵.

노점 로【癆】肺癆.
今人以積勞瘦削爲癆病『正字通』

노 젓다 :

노 저을 도【棹】或命巾車 以棹孤舟『陶潛』

노 저을 즙(집)【楫】丞徒楫之『詩經』

노하는 모양 :

노하는 모양 함【嗿】노모(怒貌).

노하다 :

노할 촉【歜】대노(大怒)함.

노할 한【僩】한(攔)과 동자(同字).
僩然以爲天下無人『唐書』

노할 흠【歆】성을 냄. 虎虓振歆『太玄經』

노획물(擄獲物) :

노획물 첩【捷】전리품(戰利品).
齊侯來獻戎捷『左傳』

녹 : 관리의 봉급.

녹 곡【穀】녹미(祿米). 邦有道穀『論語』

녹 록【祿】
㋿ 俸祿. 子張學干祿『論語』
㋑ 不祿, 無祿은 녹을 다 타먹지 못하고 죽는
다는 뜻으로 죽음을 이름.

녹 뢰【牢】圖 녹미(祿米). 牢廩.
官與牢盆『史記』

녹 료【料】급료(給料). 급여(給與). 봉급(俸給).
給外官半料『唐書』

녹 봉【俸】관록(官祿). 봉급(俸給). 俸給,
小吏勤事而俸薄『漢書』

녹 식【食】녹봉(祿俸). 食俸.
君子謀道不謀食『論語』

녹 질【秩】녹봉. 秩祿. 收膳夫之秩『左傳』

녹 질【袟】질(秩)과 통용. 봉록(俸祿).
官袟益輕『唐書』

녹 초【稍】봉록(俸祿). 廩稍. 稍食.
惟稍受之『儀禮』

녹 택【澤】녹봉(祿俸). 봉급(俸給).
是干澤也『孟子』

녹 : 쇠붙이의 산화(酸化) 작용으로 변한 빛.

녹 록【碌】구리에 쓰는 푸른 녹. 碌靑.

녹 수【鏥】鏡鏥卽鏡上綠也『本草經』

녹 수【銹】수(鏥)와 동자(同字).

녹나무 : 녹나무과에 속하는 상록교목.

녹나무 남【枏】여장(櫲樟). 江南出枏梓『史記』

녹나무 여【櫋】여장(櫲樟).

녹나무 장【樟】櫲樟. 臣郡有枯樟更生『晉書』

녹다 :

　녹을 반【泮】날이 풀려 얼음이 녹음.
　　　　　　　迨氷未泮『詩經』

　녹을 반【冸】얼음이 녹음. 迨冰未冸『詩經』

　녹을 삭【鑠】
　　　㉠ 용해(鑠解)함. 金鑠『史記』
　　　㉡ 인신(引伸)하여 소산(銷散)함. 흩어짐.
　　　　　　　韓氏鑠『戰國策』

　녹을 소【銷】용해함. 용해시킴. 銷金. 收天下之
　　　　　　　兵 聚之咸陽 銷以爲鐘鐻『史記』

　녹을 용【鎔】금속을 용해함. 금속이 용해 됨.
　　　　　　　鎔鑠. 金膏未鎔『徐陵』

　녹을 용【熔】용(鎔)의 속자.

　녹을 용【溶】용해함. 또 용해시킴. 溶液.

　녹을 융【融】고체가 액체로 됨. 融解.
　　　　　㉠ 融而爲川瀆『孫綽』
　　　　　㉡ 東風融雪汁『蘇軾』

　녹일 용【溶】용해함. 또 용해시킴. 溶液.

　녹일 종【炂】열화(熱化).

녹두 :

　녹두 시【蒔】菉蒔, 豆屬.
　　　　　　　贊菉蒔以盈室兮『楚辭』

녹로(轆轤) : 오지그릇을 만드는 데 쓰이는 바퀴
　모양의 연장.

　녹로 균【均】도기(陶器)를 만드는 연장.
　　　　　　　泥之在均『黃仲舒』

　녹로 균【鈞】
　　　㉠ 猶泥在鈞之上『漢書』녹로 바퀴를 회전시
　　　켜 갖가지 오지그릇을 자유로이 만들 수
　　　있으므로 인신(引伸)하여 만물(萬物)의 조
　　　화(造化)의 뜻으로 쓰이며, 하늘 곧 조물주
　　　(造物主)를 大鈞. 혹은 洪鈞이라 함.
　　　㉡ 사물의 추기(樞機)의 뜻으로도 쓰임.
　　　　　　　如何秉國鈞『白居易』

녹말 :

　녹말 신【粞】분재(粉滓).

　녹말 추【糏】濾取粉末.

녹미(祿米) : 녹봉(祿俸)으로 주거나 받은 쌀.

　녹미 름【廥】廥料.
　　　　　　　恐人稍受廥 往來煩劇『後漢書』

　녹미 름【稟】旣稟稱事『中庸』

　녹미 속【粟】義不食周粟『史記』

녹미 희【餼】희(餼)와 통용. 旣廩稱事『中庸』

녹봉(祿俸) : 봉급.

　녹봉 봉【奉】奉祿. 小吏勤事而奉薄『漢書』

녹슬다 :

　녹슬 수【鏥】綠於物.

　녹슬 수【銹】수(鏥)와 동자(同字).

녹용 : 사슴의 새로 돋은 연한 뿔.

　녹용 용【茸】녹용(鹿茸).
　　　　　　　楄葉風微鹿養茸『黃庭堅』

녹이다 :

　녹일 삭【爍】삭(鑠)과 통용.
　　　　　　　爍金以爲刃『周禮』

　녹일 삭【鑠】
　　　㉠ 쇠를 용해함. 衆口爍金『史記』
　　　㉡ 인신(引伸)하여 소산(銷散)케 함. 흩뜨림.
　　　　　　　非由外爍我也『孟子』

　녹일 소【焇】爍也.

　녹일 소【銷】용해함. 용해시킴. 銷金. 收天下之
　　　　　　　兵 聚之咸陽 銷以爲鐘鐻『史記』

　녹일 양【煬】금속을 용해함.

　녹일 양【烊】양(煬)과 동자(同字). 쇠를 녹임.

녹 주다 : 봉급을 줌.

녹 줄 록【祿】位定然後祿之『禮記』

논 :

　논 답【畓】圀 수전(水田). 田畓.

　논 전【田】
　　　㉠ 농작물을 심는 전지. 桑田. 見龍在田『易經』
　　　㉡ 밭의 모양을 한 것. 塩田. 또 인신(引伸)하
　　　여 생업(生業)을 영위(營爲)하는 사물에도
　　　이름. 硯田. 紙田.

논박(論駁)하다 : 남의 의견, 의논 등을 비난 공
　격함.

　논박할 박【駁】박(駁)과 동자(同字).
　　　　　　　論解經傳多所駁正『後漢書』

　논박할 박【駁】攻駁. 駁論. 彈駁公鄕『魏書』

논배미 : 논과 논과의 구획(區劃).

　논배미 렬【刕】圀 구답(區畓).

논하다 :

　논할 론【論】
　　　㉠ 사물의 이치를 말함. 論道經邦『書經』
　　　㉡ 자기의 의견을 말함. 議論. 考論.
　　　㉢ 우열(優劣), 선악(善惡)을 비평(批評)함.
　　　　評論. 願足下之論臣之計也『戰國策』
　　　㉣ 이러니저러니 말함. 말이 많음.
　　　　功名誰復論『魏徵』
　　　㉤ 판결(判決)함. 論罪. 論死. 乃捕論之『史記』
　　　㉥ 의결(議決)함. 論功行賞.

　논할 의【議】㉠ 논지(論旨)함. 따져 말함. 評議.

論議. 非天子不議禮『中庸』

ⓛ 비평함. 이러니 저러니 함.

天下有道 則庶人不議『論語』

놀 : 공중의 수증기에 해가 비치어 붉게 보이는 기운.

놀 애【靄】 朝靄. 夕靄. 連氛累靄『謝靈運』

놀 하【霞】 夕霞.

遠而望之 皎若太陽升 朝霞『曹植』

놀 하【煆】 아침 놀. 하(霞)와 통용.

晨煆爛爛照熹微『吳景奎』

놀게 하다 :

놀게 할 유【遊】 所以遊目騁懷『王羲之』

놀다 :

놀 광【逛】 遊也.

놀 뇨【嬲】 장난을 함. 堂中走相嬲『韓愈』

놀 롱【弄】

ⓕ 손에 가지고 놂. 장난감으로 함. 弄具.

載弄之璋『詩經』

ⓛ 高祖持御史大夫印弄之『漢書』

ⓒ 흥에 겨워하며 놀다.

方追山壑 永弄林泉『梁簡文帝』

놀 예【預】 즐거워 함. 즐거이 놂.

虎丘時游預『白居易』

놀 예【豫】 즐겁게 놂. 逸豫.

一遊一豫 爲諸侯度『孟子』

놀 오【敖】 오(遨)와 동자(同字). 희롱하여 놂.

멋대로 놂. 敖遊. 以敖以遊『詩經』

놀 오【傲】 즐거이 놂. 嘯傲東軒下『陶潛』

놀 오【遨】 즐겁게 놂. 從牧兒遨『後漢書』

놀 유【游】

ⓕ 재미있는 일을 하고 즐김. 游玩.

依于德游於藝『禮記』

ⓛ 사귐. 交游. 上與造物者游『莊子』

ⓒ 게으름을 핌. 游民. 莫游食『荀子』

ⓔ 떠남. 감. 游魂.

身處江海之上神游於魏闕之下『淮南子』

놀 유【遊】

ⓕ 즐겁게 지냄. 逸遊. 遊樂. 盤遊無度『書經』

ⓛ 일없이 세월을 보냄. 遊民. 息焉遊焉『禮記』

ⓒ 자적(自適)하고 있음. 遊乎塵垢之外『莊子』

ⓔ 벼슬을 하지 아니함. 國子存遊倅『禮記』

ⓜ 흩어짐. 소속한 데가 없음. 遊軍.

遊魂爲變『易經』

ⓗ 취학(就學)함. 배움. 遊學.

遊於聖人之門『孟子』

ⓢ 사귐. 交遊. 與君子遊『大戴禮』

ⓞ 밖으로 나감. 出遊. 夜遊.

ⓩ 여행(旅行)함. 나그네가 됨. 客遊.

王資臣萬金而遊『戰國策』

놀 희【嬉】 즐거이 놂. 嬉樂. 嬉乎玄冥之間『列子』

놀 희【戲】 재미있게 놂. 遊戲.

爲兒嬉戲, 常陳俎豆『史記』

놀라는 소리 : 아! 하고 깜짝 놀람.

놀라는 소리 아【啞】 啞是非君人者之言也『韓非子』

놀라다 :

놀랄 거【遽】 경악(驚愕)하여 당황(唐慌)함.

怖遽. 豈不遽止『左傳』

놀랄 거【蘧】 경악(驚愕)한 모양.

俄而覺則蘧蘧然周也『莊子』

놀랄 경【驚】

ⓕ 말이 겁내어 소리침.

襄子至橋而馬驚『戰國策』

ⓛ 뜻밖의 일을 만나 겁을 내어 떠듦.

一軍皆驚『史記』

ⓒ 갑자기 소리 침. 波瀾不驚『范仲淹』

놀랄 구【瞿】 놀라서 눈을 휘둥그렇게 하고 보는 모양. 雀以猜瞿視『禽經』

놀랄 뇨【獶】 개가 놀라는 모양.

놀랄 달【怛】 경악(驚愕)함. 怛惕.

怛然震悚『朱熹』

놀랄 렬【悧】 경야(驚也).

놀랄 로【泮】 놀라 소우(騷憂)하는 모양.

榻蒽泮浪『張衡』

놀랄 료【憿】 경야(驚也).

놀랄 릉【悷】 경악(驚愕)함. 百离悷遽『張衡』

놀랄 무【憮】 경악(驚愕)한 모양.

夫子憮然『論語』

놀랄 삭【獡】 경야(驚也).

놀랄 색【愬】 경악하는 모양. 愬而再拜『公羊傳』

놀랄 선【洒】 놀라는 모양.

羣臣無不洒然變色易容者『史記』

놀랄 순【㥈】 경야(驚也).

놀랄 심【渗】 물고기가 놀람. 魚鮪不渗『禮記』

놀랄 악【愕】 깜짝 놀람. 驚愕. 群臣皆愕『史記』

놀랄 악【噩】 악(愕)과 동자(同字). 噩夢.

놀랄 악【咢】 악(愕)과 동자(同字).

湛露興徒咢『馬祖常』

놀랄 악【遻】 악(愕)과 동자(同字).

놀랄 악【蘁】 악(愕)과 통용. 蘁夢『列子』

놀랄 애【懝】 해야(駭也).

놀랄 예【寱】 경야(驚也).

놀랄 우【蝺】 경야(驚也).

놀랄 잉【囟】 경야(驚也).

놀랄 작【踖】 경야(驚也).

놀랄 작【妁】 경야(驚也).

놀랄 작【灼】 경악함. 寒懷用悼灼『後漢書』

놀랄 종【松】 경야(驚也).

놀랄 종【慫】 경악함. 悼慄而慫兢『張衡』

놀랄 진【震】경악함. 놀라게 함. 可震而走『吳子』

놀랄 진【唇】경악함.

놀랄 창【憫】憫恍은 깜짝 놀라는 모양.

놀랄 쵀【啐】경악함. 咄啐

놀랄 투【透】경악함. 驚透沸亂『左思』

놀랄 해【駭】
　㉠ 경악함. 驚駭. 皆色然而駭『公羊傳』
　㉡ 놀라 떠듦. 놀라 혼란을 일으킴.
　　　國人大駭『戰國策』

놀랄 해【駴】해(駭)화 통용.
　　　聖人之所以駴天下『莊子』

놀랄 혁【覤】경악하여 두려워하는 모양.
　　　覤覤然驚『莊子』

놀랄 확【慬】눈을 휘둥그렇게 하고 놀라 허둥
　지둥 하는 모양.
　　　晏子慬然攝衣冠謝『史記』

놀랄 휼【矞】놀라 허겁지겁 하는 모양.
　　　鳳以爲畜 故鳥不矞『禮記』

놀랄 휼【獝】깜짝 놀라 허둥지둥함.
　　　鳳以爲畜 故鳥不獝『禮記』

놀랄 희【噫】경탄하는 소리.
　　　噫嘘噫危乎高哉『李白』

놀랄 희【嘻】놀라서 지르는 소리.
　　　奏王與群臣相視而嘻『史記』

놀라 달아나다 :

놀라 달아날 광【驡】驚走貌.

놀라 달아날 월【狘】짐승이 놀라서 달아남.
　　　麟以爲畜 故獸不狘『禮記』

놀라 달아날 휴【驨】경주모(驚走貌).

놀라보다 : 깜짝 놀라며 봄. 눈을 휘둥그래하며 봄.

놀라볼 혈【眹】仡欺以鵬眹『王延壽』

놀란 눈 모양 :

놀란 눈 모양 경【睘】경목모(驚目貌).

놀랍다 :

놀랄 호【怙】驚也.

놀래다 :

놀랠 경【驚】놀라게 함. 震驚徐方『詩經』

놀랠 진【震】경악함. 可震而走『吳子』

놀랠 해【駭】놀라게 함. 鳴將駭人『呂氏春秋』

놀랠 해【駴】해(駭)와 통용.
　　　聖人之所以駴天下『莊子』

놀음 :

놀음 박【博】주사위를 던져 하는 놀이. 인신(引
　伸)하여 도박. 不有博弈者乎『論語』

놀이 :

놀이 극【劇】장난. 好爲蕩舟劇『李白』

놀이 유【游】外游. 請息交以絶游『陶潛』

놀이 유【遊】爲周道遊『史記』

놀이 희【戲】연극, 기악, 씨름 등. 戲場.
　　　優倡侏儒 爲戲而前『史記』

놀이하다 :

놀이할 희【戲】연극, 기악 등을 함.
　　　佛優侏儒戲于前『孔子家語』

놈 :

놈 노【奴】남의 천칭(賤稱).
　　　奴輩利吾家財『晉書』

놈 자【者】사람을 가리켜 이름. 仁者. 賢者.
　　　行金六百斤 予守者『史記』

놋그릇 :

놋그릇 소【鎻】동기(銅器).

놋그릇 소리 :

놋그릇 소리 앵【韹】銅器聲.

놋쇠 : 구리와 아연과의 합금.

놋쇠 석【鉐】鍮也.

놋쇠 유【鍮】眞鍮. 황동(黃銅).

농 :

농 롱【籠】죽기(竹器)의 총칭. 藥籠. 香籠.

농 루【簍】거칠게 결은 죽롱(竹籠).

농 번【樊】버들, 싸리 따위로 만든 그릇. 樊籠.
　　　不期畜於樊中『莊子』

농 첨【簽】죽롱(竹籠). 簽嬴籠也『博雅』

농 초【誚】농담(弄談). 胡誚

농 학【謔】희학(戲謔). 是謂君臣爲謔『禮記』

농 해【諧】희학(戲謔). 詼諧. 好諧謔『晉書』

농 회【詼】頗復詼諧『漢書』

농관(農官) : 농사를 맡은 벼슬.

농관 직【稷】治后稷 播時百穀『書經』

농군(農軍) : 농사 짓는 사람.

농군 포【圃】吾不如老圃『論語』

농담(弄談) :

농담 원【頵】원(諢)과 동자(同字).
　　　諸臣頵官 怡愉天顏『唐書』

농담 원【諢】打諢. 科諢. 雜以談笑諢語『明道』

농막(農幕) : 농부가 논밭 가운데 혹은 농장 가까
　이 지은 작물을 거두어들이는 간단한 집.

농막 둔【坉】장가(莊家).

농막 려【廬】中田有廬『詩經』

농막 서【墅】寄身於草墅『曹植』

농병아리 :

농병아리 벽【鸊】鸊鷈. 鷺雁鸊鷈『馬融』

농병아리 체【鷈】鸊鷈.

농부(農夫) : 농사 짓는 사람.

농부 농【農】
　㉠ 老農. 農有不收藏積聚者『呂氏春秋』
　㉡ 농사를 맡은 벼슬아치. 饗農『禮記』

농부 준【畯】농인(農人).

농사(農事) :

　농사 가【稼】농작(農作). 請學稼『論語』

　농사 농【農】農耕. 其庶人力于農穡『左傳』

　농사 본【本】농업. 彊本而節用『荀子』

　농사 색【穡】경작. 力于農穡『左傳』

　농사 포【圃】농작. 舊喜樊遲知學圃『朱熹』

농산물(農産物) :

　농산물 전【甸】전답의 산물. 納甸於有司『禮記』

농어 : 농엇과에 속한 바닷물고기. 몸은 옆으로
　납작하며, 주둥이가 크다. 등은 검푸른 녹색이
　며, 배는 은백색이다.

　농어 로【鱸】鱸魚. 松江之鱸魚『後漢書』

농지거리 :

　농지거리 해【諧】희학(戲謔). 詼諧.
　　　　　　　　　　好諧謔『晉書』

　농지거리 회【詼】頗復詼諧『漢書』

농지거리하다 :

　농지거리 할 야【捓】야(揶)와 동자(同字).

　농지거리 할 회【詼】희학(戲謔)을 함. 詼嘲.
　　　　　　　　見人詼諢『黃允文雜纂』

농하다 :

　농할 담【談】농담을 함. 不敢戲談『詩經』

　농할 학【謔】농지거리함. 諧謔. 調謔.
　　　　　　　　善笑謔兮『詩經』

　농할 회【悝】회(詼)와 동자(同字). 由余以西戎
　　　　　　孤臣 而悝秦穆公於宮室『張衡』

　농할 회【詼】희학(戲謔)을 함. 詼嘲.
　　　　　　　　見人詼諢『黃允文雜纂』

높고 밝다 :

　높고 밝을 엄【奄】고명(高明)한 모양.

높고 아득하다 :

　높고 아득할 전【顚】고원(高遠).

높고 위태하다 :

　높고 위태할 얼【㔾】高危貌.

높고 크다 :

　높고 클 오【頠】高大貌.

높다 :

　높을 가【軻】軻峨. 軻峨大舸望如豆『陸游』

　높을 각【覺】높고 큰 모양. 有覺其楹『詩經』

　높을 각【攪】高也.

　높을 고【杲】杲乎如登乎天『管子』

　높을 고【高】

　　㉠ 얕지 아니함. 高低. 山高月小『蘇軾』

　　㉡ 존귀(尊貴)함. 位高而多金『戰國策』

　　㉢ 속되지 아니함. 무사함. 高潔. 高尙.
　　　　其曲彌高『宋玉』

　　㉣ 값이 비쌈. 少室山人索價高『韓愈』

　　㉤ 나이가 많음. 高齡. 年又最高『歐陽修』

　　㉥ 뛰어남. 高行. 功高如此『史記』

　　㉦ 소리가 큼. 高唱. 高歌放言『舊唐書』

　높을 고【皐】天子皐門『禮記』

　높을 고【䯏】高也.

　높을 교【喬】높이 우뚝 섬. 喬木.
　　　　　　厥木有喬『書經』

　높을 교【翹】高也.

　높을 급【岌】산이 높은 모양. 岌嶪.
　　　　　　高余冠之岌岌兮『楚辭』

　높을 기【岐】산 같은 것이 높음.
　　　　　　尾矯矯角岐岐『梅堯臣』

　높을 동【㠉】높은 모양. 沫㠉㠉而高厲『宋玉』

　높을 등【登】不哀年之不登『國語』

　높을 랑【閬】문이 크고 높음. 인신(引伸)하여
　　　　　　고대(高大)함. 集太微之閬『後漢書』

　높을 료【嶚】釦閣雖嶚憑之者蹶『左思』

　높을 료【嵺】高也. 료(嶚)와 동자(同字).

　높을 륜【輪】고대(高大)한 모양. 美哉輪焉『禮記』

　높을 륭【隆】

　　㉠ 땅 같은 것이 높음. 주로 중앙 이 높음을
　　　이름. 隆波. 宛中隆『爾雅』

　　㉡ 존귀함. 方隆貴用事『史記』

　높을 방【厖】고대(高大)함. 形之厖也,
　　　　　　類有德『柳宗元』

　높을 분【岎】산 같은 것이 높음. 岎崟廻叢『揚雄』

　높을 비【飛】飛棟. 飛軒. 飛守承霄『何晏』

　높을 소【劭】劭令. 厥功彌劭『晉書』

　높을 소【邵】年高德邵『說文解字』

　높을 숭【崇】

　　㉠ 산 같은 것이 높음. 崇山峻嶺.
　　　崇於軫四尺『周禮』

　　㉡ 高貴함. 崇高. 唯女是崇『國語』

　　㉢ 높은 사람. 師叔楚之崇也『左傳』

　높을 숭【嵩】산이 높음.

　높을 아【騀】파아(駊騀).

　높을 아【峨】산이 높음.

　높을 악【咢】높은 모양. 冠咢咢其映蓋『張衡』

　높을 앙【仰】저(低)의 대(對). 一仰一低『摯虞』

　높을 앙【昂】저(低)의 대(對).
　　　　　　左低右昂『柳宗元』

　높을 양【襄】襄岑夷途『張衡』

　높을 억【嶷】其德嶷嶷『史記』

　높을 언【言】고대(高大)한 모양. 崇墉言言『詩經』

　높을 얼【嵲】산이 높은 모양.
　　　　　　岊嵲孤亭『木華海賦』

　높을 엄【嚴】존엄(尊嚴)함. 故宗廟嚴『禮記』

　높을 업【礏】礏硪. 산이 높은 모양.
　　　　　　일설에는 요동하는 모양.
　　　　　　陽侯礏硪以岸起『郭璞』

높을 외【巍】고대(高大)한 모양.
　　　　巍巍乎唯天爲大 『論語』

높을 외【隗】산이 높고 험함.

높을 외【瘣】외(嵬)와 통용.

높을 외【嵬】산이 높음. 五岳崔嵬 『新論』

높을 요【堯】고원(高遠)함. 堯堯.
　　　　猶嶢也. 嶢嶢至高貌 『白虎通』

높을 요【嶢】嶕嶢. 산 같은 것이 높은 모양.
　　　　泰山之高嶕嶢 『漢書』

높을 운【会】高也.

높을 위【嵗】嵗嵬. 산 같은 것이 높은 모양.
　　　　岑石嵗嵬 『楚辭』

높을 위【魏】외(巍)와 통용. 魏闕之高 『淮南子』

높을 위【危】危空. 危峯. 去其危冠 『莊子』

높을 인【仞】峭仞聳巍巍 『鄭谷』

높을 작【崒】산이 높은 모양.

높을 잠【岑】산 같은 것이 높음.
　　　　石崔嵬岑嵓 『嵇康』

높을 잡【磼】磼礏 산이 높은 모양.
　　　　嵯峨磼礏 『司馬相如』

높을 장【鏘】높은 모양. 蹐高閣之鏘鏘 『後漢書』

높을 절【節】산이 높은 모양. 節彼南山 『詩經』

높을 존【尊】
　㉠ 존귀(尊貴)함. 天尊地卑. 乾坤定矣 『易經』
　㉡ 높은 지위. 높은 신분. 尊卑.
　　　　此降尊以就卑也 『禮記』
　㉢ 높은 사람. 나라에서는 군주, 집에서는 가장.
　　　　國無二君, 家無二尊 『禮記』
　㉣ 인신(引伸)하여 경의를 표하는 관칭(冠稱)
　　　으로 쓰임. 尊大人. 尊兄應期贊世 『蜀志』

높을 준【浚】浚明夷曙 『顔延之』

높을 준【埈】高也.

높을 준【峻】산 같은 것이 높음. 峻邸.
　　　　垂不峻 『左傳』

높을 준【俊】준(峻)과 통용. 克明俊德 『書經』

높을 준【駿】준(峻)과 통용.
　　　　崧高維嶽 駿極于天 『詩經』

높을 질【崏】산이 높은 모양. 崏岏孤亭 『木華』

높을 체【嵉】嵉霓.

높을 초【嶕】嶕嶢. 산 같은 것이 높은 모양.
　　　　別風嶕嶢.

높을 초【迢】높은 모양. 迢迢百尺樓 『陶潛』

높을 초【崋】산이 높은 모양.
　　　　登崋嶤之高岑 『曹植』

높을 초【誚】숭고한 모양. 誚以竦峙 『張衡』

높을 최【礁】礁嵬. 산이 높거나 험준한 모양.
　　　　礁嵬岑嵓 『嵇康』

높을 최【崔】높고 큼. 崔巍. 南山崔崔 『詩經』

높을 최【催】최(崔)와 통용. 山林之畏催 『莊子』

높을 탁【卓】
　㉠ 높이 솟아 있음. 높이 서 있음. 卓峙.
　　　　顔苦孔子之卓 『揚子法言』
　㉡ 뛰어남. 우월(優越)함. 卓越. 卓見.
　　　　爲文章 卓偉精緻 『唐書』

높을 퇴【崔】高也.

높을 퇴【陮】高也.

높을 항【抗】抗行. 不可以爲抗 『淮南子』

높을 항【伉】고대(高大)한 모양.
　　　　皐門有伉 『詩經』

높을 항【閌】문이 높은 모양. 高門有閌 『左思』

높을 헌【軒】
　㉠ 수레 앞부분이 가볍고 높음. 如輊如軒 『詩經』
　㉡ 인신(引伸)하여 우수하다는 뜻으로 쓰임.
　　　　居前不能令人輊 居後不能令人軒 『漢書』

높을 험【險】天險不可升也 『易經』

높을 호【昊】昊乎如登乎天 『管子』

높을 흘【仡】고대한 모양. 崇墉仡仡 『詩經』

높은 고개 :
　높은 고개 은【垠】고판(高坂).

높은 골 :
　높은 골 함【甜】고곡(高谷).

높은 곳 :
　높은 곳 고【高】
　㉠ 登高作賦 『王勃』
　㉡ 높은 것. 豈能遂先生之高哉 『范仲淹』

높은 곳에 많이 서다 :
　높은 곳에 많이 설 래【儽】憑高處而衆立貌.

높은데 올라가다 :
　높은데 올라갈 천【舉】승고(升高).

높은 물결 :
　높은 물결 초【潐】준파(峻波).

높은 바람 :
　높은 바람 료(류)【飂】높이 부는 바람.
　　　　至陰飂飂 『淮南子』
　높은 바람 류【飀】飀飀, 고풍(高風).

높은 언덕 :
　높은 언덕 최【㙜】고구(高丘).

높은 코 :
　높은 코 침【齈】고비(高鼻).

높이 :
　높이 고【高】높은 정도.
　　　　一雉之牆 長三丈 高一丈 『左傳』

높이 날다 :
　높이 날 교【翱】고비(高飛).
　높이 날 저【襄】비거(飛擧).
　　　　鸞鳥軒襄而翔飛 『楚辭』
　높이 날 주【姝】고비(高飛).

높이 날 증【翻】 저비(翥飛).

높이 날 충【狆】 충(沖)과 동자(同字).
　　　　　謂君已飛狆『程鉅夫』

높이 날 충【沖】 하늘 높이 날아올라 감.
一飛沖天『史記』

높이 날 표【翻】 고비(高飛).

높이 날 한【攨】 고비(高飛).

높이다 :

높일 고【高】 존숭(尊崇)함.
　　　　　天下愈高之『呂氏春秋』

높일 등【登】 존숭(尊崇)함. 登龜『禮記』

높일 륭【隆】㉠ 높게 함. 隆薛之城『戰國策』
　　　　　㉡ 존숭(尊崇)함. 隆師.

높일 상【尙】 높게 함. 고상하게 가림.
　　　　　何謂尙志曰仁義而已矣『孟子』

높일 숭【崇】
　　㉠ 숭배함. 崇尙. 崇神. 敦厚以崇禮『中庸』
　　㉡ 높게 함. 존귀하게 함. 崇德修慝『論語』

높일 양【颺】 언성을 높임. 颺言.
　　　　　聲颺不還『文心雕龍』

높일 엄【嚴】 존중(尊重)함. 嚴師.
　　　　　嚴重之『史記』

높일 존【尊】
　　㉠ 존경(尊敬)함. 尊重. 自卑而尊人『禮記』
　　㉡ 지위를 올림. 項羽乃佯尊懷王爲義帝『史記』

높일 종【宗】 존숭(尊崇)함. 學者宗之『史記』

높이 솟다 : 높이 쑥 나옴.

높이 솟을 하【呀】 牙角何呀呀『漢書』

높이 하다 : 장중하게 보이게 높게 함.

높이 할 아【峨】峨大冠拖長紳『劉基』

놓다 :

놓을 각【閣】 각(擱)과 동자(同字).
　　　　　朕閣筆思之久矣『說苑』

놓을 각【擱】 잡은 것을 놓음.
　　　　　及見此文擱筆『南史』

놓을 관【寬】 관대히 용서함. 寬假.
　　　　　不圖將軍寬之至此也『史記』

놓을 면【免】 놓아줌. 방면(放免)함. 免赦,
　　　　　若欲免之 則王會其期『周禮』

놓을 방【放】
　　㉠ 둠. 하지 아니함. 隱居放言『論語』
　　㉡ 석방(釋放)함. 放免. 開放無罪之人『書經』
　　㉢ 불을 지름. 放火菰葑『晉書』
　　㉣ 발사(發射)함. 無令繒繳放『王績』

놓을 사【舍】 석방(釋放)함. 용서(容恕)함.
　　　　　常刑不舍『漢書』

놓을 살【撒】 방치(放置)함. 望見巇巇多退步 有
　　　　　誰撒手肯承當『清洪』

놓을 석【釋】
　　㉠ 손을 뗌. 手不釋卷.
　　　　　篤志于學 雖職務繁雜 書不釋手『隋書』
　　㉡ 일정한 자리에 둠. 釋采. 釋奠于學『禮記』

놓을 세【稅】 일정한 자리에 둠.
　　　　　我未知所稅駕也『史記』

놓을 유【宥】 처벌(處罰)하거나 힐책(詰責)하지
　　　　　아니함. 赦宥.
　　　　　君子以赦過宥罪『易經』

놓을 일【逸】 놓아줌. 석방(釋放)함.
　　　　　乃逸楚囚『左傳』

놓을 조【措】
　　㉠ 둠. 措置. 措之于參保介之御間『禮記』
　　㉡ 하던 것을 놓고 하지 아니함.
　　　　　學之不能不措也『中庸』

놓을 종【蹤】 종(縱)과 통용.
　　　　　發蹤指示者人也『史記』

놓을 종【縱】
　　㉠ 석방(釋放)함. 縱囚. 七縱七擒『蜀志』
　　㉡ 방화(放火)함. 縱燒. 縱火焚兵『史記』

놓을 치【置】 놓아 둠. 용서함. 無有所置『史記』

놓을 타【詑】 술잔을 땅위에 놓음.
　　　　　三宿三祭三詑『書經』

놓을 퇴【堆】 하던 것을 그만 둠.
　　　　　鍾期堆琴『戰國策』

놓을 파【罷】 놓아줌. 방면함. 乃罷魏勃『史記』

놓을 호【夰】 放也.

놓을 휴【休】 용서함. 雖休勿休『書經』

놓아두다 :

놓아둘 종【縱】 제 마음대로 하도록 내버려둠.
　　　　　㉠ 天縱之『論語』
　　　　　㉡ 帝故縱之『後漢書』

놓아주다 :

놓아줄 사【赦】 죄를 용서(容恕)함. 赦免.
　　　　　罔有攸赦『書經』

놓아줄 세【貰】 죄를 용서(容恕)함.
　　　　　得見貰赦『漢書』

놓아줄 원【原】 죄를 용서(容恕)함. 原宥.
　　　　　會詔原之『晉書』

놓아줄 탈【說】 사면(赦免)함. 女覆說之『詩經』

놓이다 :

놓일 방【放】 석방(釋放)됨.
　　　　　屈原既放 游於江潭『屈原』

뇌물 :

뇌물 구【賕】 부정한 이득을 얻기 위하여 금품
　　　　　을 주는 일. 또 그 금품. 賕賂.
　　　　　受賕枉法『史記』

뇌물 뢰【賂】 賄賂. 吏爭納賂 以求美職『十八史略』

뇌물 회【賄】이익을 얻기 위하여 몰래 보내는
　　　금품. 회뢰(賄賂). 수회(收賄).
　　　亮亦尋爲賄敗『世說』

뇌물 받다 :
　뇌물 받을 장【贓】장리(贓吏).
　　　　　　　贓濫官打罵公人『李義山雜纂』

뇌물 주다 :
　뇌물 줄 화【貨】뇌물(賂物)로 재화(財貨)를 줌.
　　　　　妻妾遂共貨刺客 伺醉而殺之
　　　　　　　　『顏氏家訓』
　뇌물 줄 회【賄】賄用束紡『儀禮』

뇌사(誄辭) : 죽은 사람의 생전(生前)의 공덕(功
　德)을 칭송(稱頌)하는 말.
　뇌사 뢰【誄】
　　㉠ 誄辭. 哀誄. 誄者道死人之志也『墨子』
　　㉡ 孔丘卒 公誄之『左傳』

누 :
　누 루【累】
　　㉠ 폐, 걱정. 家累. 除穢去累『文子』
　　㉡ 허물. 죄. 탈. 恐死而負累『史記』
　　㉢ 권속(眷屬). 北俗亡累七齋日『釋氏要覽』

누각(樓閣) :
　누각 관【觀】
　　㉠ 높이 지은 집. 宮觀. 繕修樓觀『後漢書』
　　㉡ 道宮. 作益延壽觀『史記』
　누각 붕【棚】관람하기 위하여 세운 건물.
　　　　　棚屋拉然有聲『輟耕錄』

누각곁채 :
　누각곁채 이【簃】누각 옆에 있는 곁채.

누구 :
　누구 수【誰】어떤 사람. 吾不知誰之子『老子』
　누구 숙【孰】어느 사람. 孰謂子産智『孟子』
　누구 주【儔】誰也.
　누구 주【疇】수(誰)와 동의. 어느 사람.
　　　　　　帝曰 疇咨若時登庸『書經』
　누구 주【儔】어느 사람. 儔克爾『揚子法言』

누끼치다 :
　누끼칠 루【累】
　　㉠ 폐, 우환을 끼침. 無累後人『左傳』
　　㉡ 좋지 못한 영향을 끼침. 終累大德『書經』

누님 :
　누님 내【嬭】姉也.
　누님 수【嫂】姉也. 女嬃之嬋媛『離騷』

누더기 :
　누더기 람【藍】람(襤)과 통용.
　　　　　　筆路藍縷 以啓山林『左傳』
　누더기 루【縷】루(褸)와 통용.
　　　　　　筆路藍縷以啓山林『左傳』

누런빛 :
　누런빛 전【戔】황색(黃色).
　누런빛 주【黈】황색(黃色). 大夫倉士黈『穀梁傳』
　누런빛 황【黃】오색(五色)의 하나. 중앙의 색.
　　　　　　天玄而地黃『易經』

누런 오이 :
　누런 오이 편【瓾】황과(黃瓜).

누렇게 볶다 :
　누렇게 볶을 람【爁】황초(黃焦).

누렇다 :
　누릴 금【黅】천황(淺黃).
　누릴 주【黈】황색(黃色). 大夫倉士黈『穀梁傳』
　누릴 황【黃】天玄而地黃『易經』

누룩 : 밀을 갈아 반죽하여 띄워서 만든 술을 만
　드는 재료.
　누룩 국【麯】국(麴)과 동자(同字).
　　　　　　枕麯籍糟『劉伶』
　누룩 국【麴】술을 빚는 원료. 주모. 麴蘖.
　누룩 몽【䴃】麴也.
　누룩 심【醰】麴也.
　누룩 얼【麩】얼(糱)과 동자(同字). 麴麩.
　누룩 얼【蘖】얼(糱)과 동자(同字). 국얼(麴蘖).
　　　　　　禮之于人 猶酒之有蘖也『禮記』
　누룩 화【糀】㊂ 麴也.

누룩곰팡이 :
　누룩곰팡이 몽【䤞】麴生衣.

누룩 뜨다 :
　누룩 뜰 몽【䤞】麴生衣.

누르다 :
　누를 거【據】억누름. 猛獸不據『老子』
　누를 금【撳】押也.
　누를 날【捺】도장 같은 것을 누름. 捺印.
　누를 뉴【扭】按也.
　누를 님【抳】搦也.
　누를 무【撫】손으로 누름. 君撫僕之手『禮記』
　누를 안【按】
　　㉠ 억누름. 내리 누름. 陸離抑按『梁簡文帝』
　　㉡ 꿈쩍 못하게 함. 王按兵母出『史記』
　누를 압【亞】압(壓)과 동자(同字).
　　　　　　化蕊亞枝紅『杜甫』
　누를 압【壓】
　　㉠ 내리 누름. 抑壓. 舉傑壓陛『楚辭』
　　㉡ 진정함. 鎭壓. 無以壓一州『齊書』
　　㉢ 바싹 다가옴. 들이닥침. 壓迫.
　　　　　楚晨壓晉軍而陳『左傳』
　누를 압【押】내리 누름. 便以石押其頭『晉書』
　누를 액【扼】액(搤), 액(抳)과 동자(同字).
　　　　　꼭 눌러 꼼짝 못하게 함. 扼殺.

力扛虎 射命中『漢書』

누를 억【抑】
　　㉠ 힘으로 내리 밈. 敬抑搔之『禮記』
　　㉡ 힘을 못쓰게 함. 聳善而抑惡『國語』
　　㉢ 막음. 禹抑洪水『孟子』
　　㉣ 겸양함. 抑讓. 俛詘以自抑『史記』
누를 엽【厭】
　　㉠ 억압(抑壓)함. 將以厭衆『左傳』
　　㉡ 들이닥침. 압박(壓迫)함. 荊厭晉軍『國語』
　　㉢ 눌러 무너뜨림. 地震隴西, 厭四百餘家『漢書』
　　㉣ 진압함. 折衝厭難『漢書』
누를 엽【擪】손가락으로 누름.
　　　　　　　彈琴擪笛『張衡』
누를 욱【抑】억누름. 乃抑怒而少息『班固』
누를 읍【挹】억압(抑壓)하여 물리 침.
　　　　　　挹損 挹而損之『荀子』
누를 제【制】억압(抑壓)함. 抑制. 壓制. 制慾.
누를 준【撙】억제(抑制)함. 또 겸양(謙讓)함.
　　　　　　　恭敬撙節『禮記』
누를 진【鎭】
　　㉠ 무거운 물건으로 위에서 누름.
　　　　　以白玉鎭坐席『楚辭』
　　㉡ 누르는 물건. 文鎭. 白玉兮爲鎭『楚辭』
누를 최【摧】억압함. 能摧剛爲柔『史記』
누를 추【碙】鎭也.
누를 추【硾】돌 같은 것으로 누름.
　　　　　　硾之以石『呂氏春秋』

누르스름하다 :
　누르스름할 첨【點】백황색(白黃色).
누른 곡식 :
　누른 곡식 당【穅】황곡(黃穀).
누른 말 :
　누른 말 비【騛】황마(黃馬).
누른빛 :
　누른빛 강【黆】황색(黃色).
　누른빛 금【黅】황색(黃色).
　누른빛 돈【黗】황색(黃色).
　누른빛 운【黃】황색(黃色).
　누른빛 유【黝】황색(黃色).
　누른빛 첨【點】황색(黃色).
누른 실 :
　누른 실 두【紏】황사(黃絲).
누리 : 메뚜기과에 속하는 곤충. 큰 떼를 지어 날
　아다니면서 벼에 큰 피해를 끼침.
　누리 모【蝥】食苗根蟲.
　누리 박【雹】우박(雨雹). 雹霰.
　　　　　　雹凍傷穀『禮記』
　누리 종【螽】메뚜기과의 곤충.

　　㉠ 황충(蝗蟲). 春螽之股『列子』
　　㉡ 벼에 큰 피해를 입히는 해충이므로 인신
　　　(引伸)하여 누리의 피해. 大雩螽『春秋』
누리 황【蝗】㉠ 蝗蟲爲災『禮記』
　　　　　　㉡ 누리의 피해. 大旱蝗『漢書』
누리다 : 날고기나 짐승의 고기 냄새가 남. 또 그
　냄새. 누린내.
　누릴 성【腥】腥臊. 砧几餘腥『歐陽修』
　누릴 전【膻】전(羶)과 동자(同字).
　　　　　　㉠ 肘腋生臊膻『李商隱』
　　　　　　㉡ 王之嬪御 膻惡而不可親『列子』
　누릴 조【臊】犯肉腥臊, 何足食『史記』
누리다 : 차지함. 향유(享有)함.
　누릴 향【饗】향(享)과 동자(同字).
　　　　　　饗其利者『史記』
　누릴 향【享】享有. 桓公之享國也『公羊傳』
　누릴 향【饗】받음. 饗大利『左傳』
누리새끼 : 아직 날개가 나지 아니한 누리의 유충.
　누리새끼 연【蝝】蝝蝗子『爾雅』
누린 고기 :
　누린 고기 전【羶】靈鳳不啄羶『白居易』
누린내 : 짐승의 고기 냄새.
　누린내 전【羶】過居家覺羶『李義山雜纂』
　누린내 형【熒】초취(焦臭).
누린내 나다 : 짐승의 고기 냄새가 남.
　누린내 날 전【羶】過居家覺羶『李義山雜纂』
누린내 풀 : 마편초과에 속하는 다년초. 악취가
　남. 인신(引伸)하여 악취. 악취가 나는 물건.
　또는 악인(惡人) 등의 비유로 쓰임.
　누린내 풀 유【蕕】一薰一蕕 十年尙猶有臭
　　　　　　　　　　　『左傳』
누에 : 누에나방의 유충. 자벌레 비슷하며 네 번
　허물을 벗고 다 커서 실을 토하여 고치를 지음.
　누에 견【蠒】蠒也.
　누에 잠【蠶】양잠(養蠶). 三月蠶始生 纖細如牛
　　　　　　　　毛『趙孟頫』
누에 말라 죽다 : 누에가 희게 말라 굳어져서 죽
　음.
　누에 말라 죽을 강【殭】殭蠶.
누에 발 다는 줄 :
　누에 발 다는 줄 렴【繜】蠶箔懸繩.
누에치는 발 :
　누에치는 발 거【籧】잠박(蠶箔).
누에치다 :
　누에칠 잠【蠶】누에를 사육함. 또 그일. 蠶婦.
　　　　　　蠶桑. 就公桑蠶室而蠶『禮記』
누워 딩굴다 :
　누워 딩굴 원【宛】臥轉貌.

누워서 보다 :
　누워서 볼 류【眂】 와시(臥視).
누워 숨쉬다 :
　누워 숨쉴 희【鶼】 와식(臥息).
누이 :
　누이 매【妹】
　　㉠ 손아래 누이. 姊妹. 東宮之妹『詩經』
　　㉡ 나이가 아래인 여자의 애칭.
　　　倪天之妹『詩經』
　누이 자【姊】
　　㉠ 손 위 누이. 姊妹. 遂及伯姊『詩經』
　　㉡ 여자를 친숙한 뜻을 나타내어 이르는 말.
　　　階前逢阿姊『李商隱』
　누이 저【姐】 손 위 누이.
　누이 초【媿】 여형(女兄).
누이다 : 명 모시 따위를 잿물에 삶아 물에 빨아
　　말림. 표백함.
　누일 련【練】 무春曝練『周禮』
　누일 련【湅】 연(練)과 동자(同字).
　　　　　慌氏湅絲『周禮』
　누일 로【纑】 삼을 누임. 妻辟纑『孟子』
　누일 와【臥】 눕게 함. 자게 함.
　　　　畜産皆布甗臥之『水經注』
누인 명주 :
　누인 명주 련【練】 표백(漂白)한 흰 명주.
　　　　　被練三千『左傳』
누홍초(縷紅草) : 메꽃과에 속하는 일년생 만초.
　　관상용으로 심음.
　누홍초 조【蔦】 蔦蘿. 蔦與女蘿 施于松柏『詩經』
눅눅하다 :
　눅눅할 취【澤】 소습(小濕).
눈 :
　눈 목【目】 ㉠ 동물의 시관(視官). 耳目.
　　　　　　㉡ 그물 따위의 구멍. 籠目.
　　　　　疏目之籠『急就篇』
　눈 반【盼】 시관(視官). 轉盼白兩如傾盆『李白』
　눈 설【雪】 공중의 수증기가 얼어서 내리는 것.
　　　　　육화(六花). 雪景. 冬大雨雪『春秋』
　눈 안【眼】
　　㉠ 눈알. 眼球. 抉吾眼置吳東門之上『史記』
　　㉡ 눈매. 눈맵시. 眼如望羊『史記』
　　㉢ 눈의 구멍. 纖毫入眼『司馬子』
　　㉣ 바늘 따위의 구멍. 針眼. 砲眼.
　　㉤ 보는 일. 彫繢滿眼『南史』
눈감고 생각하다 :
　눈감고 생각할 잠【瞔】 閉目內思.
눈감다 :
　눈감을 명【瞑】 瞑想. 甘心瞑目『後漢書』

　눈감을 암【瞇】 목폐(目閉).
　눈감을 작【瞤】 목명(目瞑).
　눈감을 행【瞑】 명목(瞑目).
눈 곤두서다 :
　눈 곤두설 적【瞁】 목수(目豎).
눈곱 :
　눈곱 정【睁】 목치(目眵).
　눈곱 치【膪】 目之凝.
　눈곱 치【眵】 兩目眵昏頭雪白『韓愈』
눈곱끼다 :
　눈곱 낄 두【覩】 目蔽垢.
　눈곱 낄 두【眃】 眃眵, 目汁凝.
눈곱 많다 :
　눈곱 많을 휴【䁂】 目多汁.
눈 광채 :
　눈 광채 령【矑】 목광(目光).
눈 광채 나다 :
　눈 광채 날 제【晢】 목광(目光).
눈 굴려보다 :
　눈 굴려볼 반【瞥】 轉目視.
눈 굴리다 :
　눈 굴릴 활【瞂】 목동(目動).
눈 깊고 검다 :
　눈 깊고 검을 알【窫】 目深黑貌.
눈 깜짝거리다 : 눈을 연달아 자꾸 감았다 떴다
　　함. 인신(引伸)하여 단시간을 이름.
　눈 깜짝거릴 순【瞤】 순(瞬)과 동자(同字).
　　　　　　目瞤得酒食『西京雜記』
　눈 깜짝거릴 순【瞬】 一瞬. 瞬時. 先學不瞬 而後
　　　　　　可謂射矣『列子』
　눈 깜짝거릴 순【瞚】 순(瞬)과 동자(同字).
　　　　　　目眩然而不瞚『史記』
눈 깜짝하다 :
　눈 깜짝할 순【眴】 순(瞬)과 동자(同字).
　　　　　　吳人呼瞬目爲眴目『何承天』
눈꺼풀 : 눈알을 위아래로 덮어 보호하는 꺼풀.
　눈꺼풀 검【瞼】 眼瞼. 瞼垂覆目不得視『北史』
눈 꼬부장하게 보다 :
　눈 꼬부장하게 볼 록【觓】 眼曲而視.
눈꽃 : 서리가 나무에 내려 눈 같이 된 것.
　눈꽃 송【淞】 霧淞. 寒氣結冰如珠.
　　　　　月淡千門霧淞寒『曾鞏』
눈 꿈적이다 :
　눈 꿈적일 잡【眨】 목동(目動).
눈 나쁘다 :
　눈 나쁠 내【眤】 睞眤, 악목(惡目).
눈 날리다 : 눈이 펄펄 날리는 모양.

눈 날릴 분【雰】雨雪雰雰『詩經』

눈 내리깔고 보다 :

　눈 내리깔고 볼 모【眊】低目視.

　눈 내리깔고 볼 문【䁹】低目視.

눈 내리깔다 :

　눈 내리깔 점【䀌】첨(䁑)과 동자(同字). 目垂貌.

눈 내리다 : 눈이 많이 내리는 모양.

　눈 내릴 방【雱】雨雪其雱『詩經』

눈동자 :

　눈동자 동【瞳】안정(眼睛). 瞳孔. 舜目蓋重瞳子
　　　　　　 項羽亦重瞳子『史記』

　눈동자 로【盧】로(矑)와 통용.
　　　　　　 玉女無所眺其淸盧『揚雄』

　눈동자 로【矑】안정(眼睛). 동공(瞳孔).
　　　　　　 玉女亡所眺其淸矑『揚雄』

　눈동자 린【䁩】안정(眼睛). 동공(瞳孔).

　눈동자 모【牟】모(眸)와 동자(同字).
　　　　　　 堯舜參牟子『荀子』

　눈동자 모【眸】안정(眼睛). 明眸.
　　　　　　 胸中正則眸子瞭焉『孟子』

　눈동자 목【目】眼睛. 懸吾目于東門『國語』

　눈동자 진【眹】안정(眼睛). 無目眹『周禮』

눈동자 굴리다 :

　눈동자 굴릴 환【睕】睕睕, 전목(轉目).

눈동자 맑다 :

　눈동자 맑을 희【睎】동청(瞳淸).

눈동자 위 :

　눈동자 위 동【胴】목광(目眶).

눈두덩 : 눈썹과 속눈썹과의 사이.

　눈두덩 명【睧】眉睫間. 睧薎流眄『張衡』

　눈두덩 형【衡】揚衡含笑『蔡邕』

눈 들고 보다 :

　눈 들고 볼 신【頤】擧目而視.

눈 똑바로 뜨고 보다 :

　눈 똑바로 뜨고 볼 징【瞪】瞪眸不轉『晉書』

눈뜨다 :

　눈 뜰 원【䁾】目開貌.

눈 맑다 :

　눈 맑을 력【瞜】目淨瞜瞜.

　눈 맑을 앵【瞥】目淨貌.

눈망울 튀어나오다 :

　눈망울 튀어나올 질【眣】目露出貌.

눈매 곱다 :

　눈매 고울 연【嬽】蛾眉好貌.

　눈매 고울 요【瞈】미목(美目).

눈매 예쁘다 :

　눈매 예쁠 면【姛】目美貌.

　　　　　 靑色直美目姛只『楚辭』

　눈매 예쁠 선【瞲】目好貌.

　눈매 예쁠 위【瞡】瞡瞡, 目好貌.

눈멀다 :

　눈 멀 명【瞑】맹목(盲目).
　　　　　　 瞑者目無由接『呂氏春秋』

　눈 멀 원【眢】맹목(盲目). 또 소경이 됨.
　　　　　　 觀書眼不眢『朱无』

　눈 멀 학【矐】실명(失明).

　눈 멀 할【瞎】맹목(盲目). 盲人騎瞎馬『晉書』

　눈 멀 효【眊】瞎也. 애꾸눈.

눈물 :

　눈물 루【淚】揮淚. 士皆垂淚涕泣『戰國策』

　눈물 읍【泣】泣數行下『漢書』

　눈물 체【渧】체(涕)와 동자(同字).
　　　　　　 不敢唾渧『禮記』

　눈물 체【涕】涕淚. 涕零如雨『詩經』

눈물 뿌리다 :

　눈물 뿌릴 체【揥】揮揥淚.

눈물 흐르다 : 눈물이 줄줄 흐르는 모양.

　눈물 흐를 랑【浪】霑余襟之浪浪『楚辭』

　눈물 흐를 련【漣】漣如 涕流漣『陸瑜』

　눈물 흐를 산【潸】潸焉出涕『詩經』

　눈물 흐를 잔【潺】橫流涕兮潺湲『楚辭』

　눈물 흐를 잠【涔】涔淚猶在目『江淹』

　눈물 흐를 타【沱】沱若. 涕泗滂沱『易經』

눈물 흘리다 : 눈물을 줄줄 흘리는 모양.

　눈물 흘릴 련【慀】읍체(泣涕).

　눈물 흘릴 이【洏】涕流連洏『王粲』

　눈물 흘릴 최【漼】指季豹而漼焉『陸機』

　눈물 흘릴 현【泫】孔子泫然流涕『禮記』

　눈물 흘릴 환【汍】淚汍瀾而雨集『馮衍』

눈 밝다 :

　눈 밝을 명【明】시료(視瞭).

　눈 밝을 역【睪】목명(目明).

눈방울 굴리다 :

　눈방울 굴릴 현【眴】목요(目搖).

눈 번쩍 뜨다 :

　눈 번쩍 뜰 저【貯】장이(長眙).

눈 병나다 :

　눈 병날 량【眼】목병(目病).

눈 부릅뜨고 보다 :

　눈 부릅뜨고 볼 확【矆】대시(大視).

눈 부릅뜨다 :

　눈 부릅뜰 노【督】노목(怒目).

　눈 부릅뜰 매【瞶】노모(怒貌).

　눈 부릅뜰 신【䀪】장목(張目).

　눈 부릅뜰 이【眙】擧目貌.

눈 부릅뜰 저【眝】 장목(張目).
　　　　　　眝美目其何望『陸機文』

눈 부릅뜰 진【瞋】 瞋怒目.

눈 부릅뜰 활【眊】 怒視貌.

눈 부리부리하다 :
　눈 부리부리할 해【眩】 目大貌.

눈 부비다 :
　눈 부빌 알【挶】 알목(搤目).
　눈 부빌 열【挒】 열목(捩目).

눈부시다 :
　눈부실 현【矏】 載曰 矏矏 言炫燿而目不正也 目
　　　　　　矏矏而喪精『靈光殿賦』

눈 불거지다 : 눈이 쑥 나와 큰 모양.
　눈 불거질 정【眰】 목출(目出).
　눈 불거질 한【睅】 睅其目『左傳』

눈 붉다 :
　눈 붉을 적【觀】 목적(目赤).
　눈 붉을 혁【睗】 목적(目赤).

눈 비뚤다 : 사팔눈.
　눈 비뚤 질【眣】 目不正.

눈비소리 : 눈비가 오거나 바람이 부는 소리. 쓸
　쓸한 풍우의 소리.
　눈비소리 석【淅】 淅淅. 霰淅瀝而先集『謝惠連』

눈빛 :
　눈영채 파【波】 안광(眼光). 秋波.
　　　　　　託微波以通辭『曹植』

눈 빼다 : 눈을 빼냄.
　눈 뺄 확【矐】 惜高漸離善擊筑 重赦之 乃矐其目
　　　　　　『史記』

눈살 찡그리다 :
　눈살 찡그릴 축【嚬】 빈미(嚬眉), 수모(愁貌).

눈서리 쌓이다 : 눈, 서리 등이 쌓여 흰 모양.
　눈서리 쌓일 의【澧】
　눈서리 쌓일 최【漼】 霜雪兮漼澧『楚辭』

눈시울 :
　눈시울 엽【瞸】 瞼也.

눈 쌍꺼풀지다 :
　눈 쌍꺼풀질 교【䑏】 目重皮.
　눈 쌍꺼풀질 도【䐁】 目重皮.
　눈 쌍꺼풀질 리【䁺】 목검(目瞼).

눈썹 :
　눈썹 미【眉】 눈두덩 위의 털. 眉目.
　눈썹 비【䶈】 眉也.
　눈썹 아【蛾】 누에나방의 촉수(觸鬚)처럼 털이
　　　　　　짧고 초승달 모양으로 길게 굽은
　　　　　　눈썹. 미인의 눈썹을 이름. 蛾眉.
　　　　　　揚蛾微眺『魏文帝』

눈썹 넓다 :
　눈썹 넓을 명【瞙】 미활(眉闊).

눈썹 먹 : 눈썹을 그리는 청흑색(靑黑色)의 먹.
　눈썹 먹 대【黱】 描眉用燒煙.
　눈썹 먹 대【黛】
　　㉠ 粉黛. 眉黛. 靑黛. 粉白黛黑『楚辭』
　　㉡ 눈썹 먹으로 그린 눈썹.
　　　　怨黛舒還斂『梁元帝』
　눈썹 먹 면【黣】 描眉用燒煙.

눈썹 뽑다 :
　눈썹 뽑을 멸【搣】 揃搣, 拔眉髮.

눈 아래 : 사람 눈의 하부(下部).
　눈 아래 청【淸】㉠ 目上爲名 目下爲淸『詩經』
　　　　　　㉡ 子之淸揚『詩經』

눈 아찔하다 :
　눈 아찔할 순【旬】 목현(目眩).

눈알 :
　눈알 정【睛】 안구(眼球). 白睛. 黑睛. 畵龍點睛.
　　　　　　橫睛逆視『吳志』
　눈알 정【精】 정(睛)과 통용. 用精惑也『荀子』

눈알 굴리다 : 눈동자를 돌리며 봄.
　눈알 굴릴 전【昀】 人生三月而徹昀 然後能有見
　　　　　　『大戴禮』

눈알 빼다 :
　눈알 뺄 각【矔】 去目睛.

눈 어둡다 :
　눈 어두울 막【膜】 目不明.
　눈 어두울 무【瞀】 무무(瞀瞀).
　눈 어두울 작(초)【矁】 목명(目瞑).
　눈 어두울 괄【眖】 목암(目暗).

눈에 광채 나다 :
　눈에 광채 날 성【瞳】 目睛照.
　눈에 광채 날 종【瞛】 목광(目光).
　　　　　　怒目電瞛『張協七命』

눈에 놀이 : 쌍시류(雙翅類) 눈에 놀이과에 속하
　는 작은 곤충. 풀숲에서 서식하며 여름에 사람
　의 눈앞에서 어지럽게 떼 지어 날며 빙빙 돌기
　도 하고 아래위로 까불거리기도 함.
　눈에 놀이 멸【蠛】 멸몽(蠛蠓). 몽예(蠓蚋)
　　　　　　浮蠛蠓而蔽天『揚雄』
　눈에 놀이 몽【蠓】 몽예(蠓蚋). 멸몽(蠛蠓).
　　　　　　春夏之月 有蠓蚋者 因雨而
　　　　　　生 見陽而死『列子』

눈에 백태 끼다 :
　눈에 백태 낄 막【膜】 목예(目瞖).
　눈에 백태 낄 예【瞖】 瞖膜. 안질(眼疾).

눈에 영채 없다 :
　눈에 영채 없을 광【䀮】 目無色.

눈에 예막(瞖膜)이 생기다 :
　눈에 예막이 생길 장【瘴】目生障翳.
눈여겨보다 :
　눈여겨볼 규【覻】주시(注視).
　눈여겨볼 목【目】주시(注視)함.
　　　　　　　　　船人疑其有金目之『史記』
　눈여겨볼 식【睸】목소기(目所記).
　눈여겨볼 치【眙】응시(凝視)함. 目眙不禁『史記』
눈 옆 진 무르다 :
　눈 옆 진무를 멸【䁯】目眥傷.
눈 오다 : 눈이 내림.
　눈 올 설【雪】于時始雪『世說』
눈 우묵하다 : 눈이 움푹 들어간 모양.
　눈 우묵할 감【䀡】目深貌.
　눈 우묵할 완【眍】卿目眍眍正耐溺中『晉書』
　눈 우묵할 흡【䁈】목심(目深).
눈으로 세어보다 :
　눈으로 세어볼 건【睷】以目計算.
눈으로 희롱하다 :
　눈으로 희롱할 언【睧】目相戲.
눈을 가늘게 뜨고 멀리 보다 :
　눈을 가늘게 뜨고 멀리 볼 매【䁵】
눈을 감는 모양 :
　눈을 감는 모양 행【睜】
눈이 밝다 :
　눈이 밝을 제【晢】미안(美眼).
눈이 작다 :
　눈이 작을 좌【眫】소목(小目).
눈이 크다 :
　눈이 클 창【眼】대목(大目).
눈자위 : 눈알의 언저리.
　눈자위 광【匡】광(眶)과 통용.
　　　　　　　　　涕滿匡而橫流『史記』
　눈자위 광【眶】眼眶. 眶不睫『列子』
　눈자위 동【瞳】안광(眼眶).
눈을 자주 깜빡거리다 :
　눈을 자주 깜빡거리는 모양 섬【睒】섬(瞁)과
　　　　　　　　　동자(同字). 目數動.
눈 잘못 뜨게 하다 :
　눈 잘못 뜨게 할 미【眯】播糠眯目『莊子』
눈 잘못 뜨다 : 눈에 티가 들어가서 눈을 잘 못 뜸.
　눈 잘못 뜰 미【眯】蒙塵而欲無眯『文子』
눈짓 : 뜻을 나타내는 눈의 움직임.
　눈짓 목【目】國人莫敢言 道路以目『國語』
눈짓으로 뜻을 전하다 :
　눈짓으로 뜻을 전할 열【抉】
눈짓하다 : 눈을 움직이어 의사를 전달함.

눈짓할 목【目】范增數目羽擊沛公『漢書』
눈짓할 순【眴】眴晉大夫『公羊傳』
눈짓할 현【眴】項梁眴籍『史記』
눈짓할 혈【夐】擧目使之『說文解字』
눈초리 : 눈의 귀 쪽으로 째진 구석.
　눈초리 애【睚】
　눈초리 제【眥】決眥. 裂眥. 拭眥揚眉『列子』
눈 침침하다 :
　눈 침침할 훈【瞴】목암(目暗).
눈 흐리다 :
　눈 흐릴 애【曖】目不明.
눈 흘겨보다 :
　눈 흘겨볼 동【瞳】瞳目顧視.
눈 흘기다 :
　눈 흘길 먀【乜】안사(眼斜).
눌러 썩다 :
　눌러 썩을 분【坌】囹 壓腐貌.
눕다 : 누워 잠. 드러누움.
　누울 라【懶】囹 借得小窗容吾懶『柳實』
　누울 부【俯】三俯三起『荀子』
　누울 언【偃】잠. 섬. 偃休. 或息偃在狀『詩經』
　누울 와【臥】
　　㉠ 몸을 가로놓음. 橫臥.
　　　臥者臥 起者起『戰國策』
　　㉡ 잠을 잠. 熟臥. 隱几而臥『孟子』
　누울 침【寢】
　　㉠ 몸을 가로놓음. 見寢石, 以爲伏虎『荀子』
　　㉡ 병상에 누움. 앓음. 成子高寢疾『禮記』
눕히다 : 선 것을 가로놓음.
　눕힐 언【偃】偃旌與而俟『儀禮』
　눕힐 언【匽】언(偃)과 동자(同字).
　　　　　　　　　興文匽武『漢書』
뉘우치다 : 죄(罪)를 깨달아 고백(告白)하고 고침.
　뉘우칠 궤【恑】悔也.
　뉘우칠 로【㣜】悔也.
　뉘우칠 참【懺】懺悔. 愕然愧懺『晉書』
　뉘우칠 판【忋】悔也.
　뉘우칠 한【恨】애석(哀惜)히 여겨 후회함.
　　　　　　　　　悔恨. 恨事. 廣曰 羌降者八百餘人
　　　　　　　　　吾詐而盡殺之至今大恨『史記』
　뉘우칠 회【悔】
　　㉠ 후회하여 고침. 悔改.
　　　雖九死其猶未悔『楚辭』
　　㉡ 분하게 생각함. 한(恨)으로 여김. 悔恨.
　　　悔不殺湯於夏臺『淮南子』
뉘우침 :
　뉘우침 회【悔】
　　㉠ 후회가 되는 과실. 言寡尤, 行寡悔『論語』

ⓛ 한(限). 此講之悔也『戰國策』

느끼다 :

느낄 감【感】느껴 앎. 感覺.
感吾生之行休『陶潛』

느낄 개【槪】감동함. 臣愚不槪乎王心『史記』

느낄 촉【觸】감각함. 觸目. 觸類而長之『易經』

느낄 흥【興】감동함. 興於詩立於禮『論語』

느낌 :

느낌 감【感】萬感. 以紓慘惻之感『陸機』

느른하다 :

느른할 귀【劬】피곤(疲困)함. 勞劬.
彫劬之民『魏志』

느른할 나【懶】⊠ 몸이 고단하여 싫증이 남.
懶讀書 但欲眠『後漢書』

느른할 륭【癃】연로하여 몸이 느른함.
年老癃病勿遣『漢書』

느른할 조【凋】힘이 빠짐.
今秦有敝甲凋兵『史記』

느른할 체【殢】극곤(極困).

느른할 피【疲】기력이 쇠함. 疲癃.
心形俱疲『列子』

느른할 희【誒】誒詒. 誒詒爲病數日『莊子』

느릅나무 : 느릅나무과에 속한 낙엽 활엽 교목.
잎은 길쭉하면서도 둥글며 톱니가 나 있고 식
용으로 쓰인다. 나무는 건축재나 땔감 등으로
쓰이고 그 껍질은 주로 약용된다.

느릅나무 랑【棚】棚楡, 木名.

느릅나무 륜【棆】楡也.

느릅나무 분【枌】백유(白油). 東門之枌『詩經』

느릅나무 유【楡】楡令人瞑『嵇康』

느릅나무 자【杝】無疪木, 楡也.

느릅나무 장 : 느릅나무로 만든 장.

느릅나무 장 두【醊】유장(楡醬). 豫醊,

느릅나무 장 무【豫】豫醊, 유장(楡醬).

느릅나무 장 폐【醊】유장(楡醬).

느리게 가다 :

느리게 갈 양【颺】배가 천천히 가는 모양.
舟遙遙以輕颺『陶潛』

느리다 :

느릴 갹【𠊱】倦也.

느릴 건【蹇】지둔(遲鈍)함. 遲蹇者被退『孔文仲』

느릴 고【皐】완만(緩慢)함. 魯人之皐『左傳』

느릴 관【款】완만함. 款款. 御款段馬『後漢書』

느릴 만【慢】더딤. 緩慢. 叔馬慢忌『詩經』

느릴 서【舒】더딤. 爲之者疾.
用之者舒 則財恒足矣『大學』

느릴 서【忬】緩也. 서(紓)와 동자(同字).

느릴 여【𢓜】행보(行步)가 느린 모양.
長倩𢓜𢓜『漢書』

느릴 완【緩】더딤. 둔함. 또 바쁘지 아니함.
㉠ 緩慢. 董安于性緩『韓非子』
ⓛ 農事緩則貧『墨子』

느릴 우【懮】느릿느릿함. 舒懮受兮『詩經』

느릴 지【諄】말이 느림. 衆積諄諄乎『荀子』

느릴 천【嘽】완만(緩慢)한 모양.

느릿느릿 가다 : 수레가 짐을 많이 싣고 느리게
가는 모양.

느릿느릿 갈 톤【嗵】톤(嘽)과 동자(同字).
大車嗵嗵『詩經』

느릿느릿 걷다 :

느릿느릿 걸을 궤【姽】姽姽, 한체행(閑體行).

느릿느릿 걸을 솔【窣】勃窣. 느릿느릿 걷는 모양.
繴珊勃窣上金堤『司馬相如』

느릿느릿하다 :

느릿느릿할 외【腲】徐遲貌.

느릿느릿할 톤【嘽】重遲貌.

느슨하다 :

느슨할 감【甘】늘어짐. 甘而不固『淮南子』

느슨할 관【寬】이완(弛緩)함.
政寬則民漫『左傳』

느슨할 만【慢】해이함. 엄하지 아니함.
刑慢則懼及君子『呂氏春秋』

느슨할 서【紓】서(舒)와 통용.
彼交匪紓『詩經』

느슨할 시【施】이완(弛緩)함.
施刑屯北邊『後漢書』

느슨할 완【緩】늘어나서 헐거움.
衣帶日以緩『古詩』

느슨할 이【弛】팽팽하지 않음. 인신(引伸)하여
엄하지 않음. 무름. 弛緩.

느슨히 하다 :

느슨히 할 이【弛】완화(緩和)함.
請和約弛兵『唐書』

느즈러지다 :

느즈러질 사【賒】지완(遲緩)함.
珠簾久漏賒『梁簡文帝』

느즈러질 상【勷】緩也.

느즈러질 완【緩】해이(解弛)함. 弛緩.
德義之緩『呂氏春秋』

느즈러질 원【爰】서완(徐緩)한 모양.
有兔爰爰『詩經』

느즈러질 환【緪】緩也.

느타리버섯 : 담자균류 느타릿과에 속한 버섯.
갓은 반원형 또는 약간 부채꼴이며 자루는 짧
고 흰색이다. 빛깔은 갈색, 회색, 회갈색, 백색
등으로 다양하다. 봄부터 늦가을까지 활엽수

마른나무에 자라며 인공 재배를 하기도 한다.

느타리버섯 이【栭】목용(木茸).
　　　　　　　生於枯木上形如人耳.

느티나무 : 느릅나뭇과에 속한 낙엽 활엽 교목.
　잎은 타원형이며 끝이 뾰족하고 어긋나게 난
　다. 나무는 결이 좋아서 건축재, 기구재, 선박
　용으로 쓰이며, 어린잎은 식용된다.

느티나무 거【欅】欅樹山中處處有之『本草別錄』
느티나무 거【柜】
느티나무 귀【樻】회

늘 :

늘 장【長】항상. 門雖設而長關『陶潛』

늘다 :

늘 모【牟】배가(倍加)함. 成梟而牟『楚辭』
늘 순【睃】益也.
늘 증【增】增減. 如川之方至 以莫不增『詩經』

늘리다 :

늘릴 증【增】증가시킴. 增兵. 茫然增愧赧『韓愈』

늘어나다 :

늘어날 탐【賧】增也.

늘어놓다 : 질서 있게 벌여 놓음.

늘어놓을 역【繹】會同有繹『詩經』
늘어놓을 두【飳】정두(飣飳).
늘어놓을 리【離】벌여 놓음. 設衛離服『左傳』
늘어놓을 변【駢】나열(羅列)함. 井邑駢列『遼史』
늘어놓을 사【肆】벌려 놓음. 肆筵設席『詩經』
늘어놓을 역【繹】會同有繹『詩經』
늘어놓을 정【飣】飣飳는 음식을 죽 늘어놓고 먹지
　　　　　　아니함. 인신(引伸)하여 의미 없
　　　　　　는 문사(文詞)를 죽 늘어놓음.
　　　　　　看核兮飣飳『韓愈』

늘어놓을 진【陳】
　㉠ 벌려놓음. 陳列. 陳其宗器『中庸』
　㉡ 여러 방면으로 벌려 말함.
　　　上書陳八事『後漢書』

늘어뜨리다 :

늘어뜨릴 점【佔】첩(帖)과 동의.
　　　　　　佔首佔耳『韓愈』
늘어뜨릴 첩【帖】축 처지게 함. 佔首帖耳 搖尾
　　　　　　而乞憐者『韓愈』

늘어뜨린 머리 : 어린아이의 뒤로 늘어뜨린 머리
　털. 인신(引伸)하여 유년(幼年)시대나 어린아이.
늘어뜨린 머리 초【髫】髫髮厲志『後漢書』

늘어서다 :

늘어설 라【羅】羅列. 羅生兮堂下『楚辭』
늘어설 려【旅】진열함. 또 줄지어 섬. 旅見.
　　　　　　殽核惟旅『詩經』
늘어설 례【栵】나무가 죽 늘어서 있음.

其灌其栵『詩經』

늘어설 배【排】차례로 섬. 排立. 排列.
늘어설 변【駢】나열(羅列)함. 井邑駢列『遼史』
늘어설 빈【頻】나란히 섬. 群神頻行『國語』
늘어설 삼【森】벌이어 섬. 森列.
　　　　　　衆星燦然『梅堯臣』
늘어설 서【敍】차례로 섬. 不得齒敍『蜀志』
늘어설 즐【櫛】빗살처럼 죽 늘어섬. 櫛櫛.
　　　　　　密櫛疊重『馬融
늘어설 진【陳】나란히 섬. 陳列.
　　　　　　雜然而前陳者『歐陽修』

늘어져 휘다 : 나뭇가지가 아래로 늘어져 굽음.

늘어져 휠 규【樛】南有樛木『詩經』

늘어지다 :

늘어질 계【悸】띠가 늘어진 모양.
　　　　　　垂帶悸兮『詩經』
늘어질 단【摶】축 늘어진 모양.
　　　　　　摶摶以應懸兮『張衡』
늘어질 담【髧】머리털이 늘어진 모양.
　　　　　　髧彼兩髦『詩經』
늘어질 당【幢】새털, 포목(布木) 같은 것이 늘
　　　　　　어진 모양. 樹羽幢幢『張衡』
늘어질 려【厲】띠가 늘어짐. 垂帶而厲『詩經』
늘어질 만【縵】완만(緩慢)한 모양. 또 관대(寬
　　　　　　大)한 모양. 紃縵縵『尙書大傳』
늘어질 삼【襂】襂襹는 옷이나 우모(羽毛)가 늘
　　　　　　어진 모양. 鼇虜襂襹『揚雄』
늘어질 삼【蔘】아래로 처짐.
　　　　　　白蔘于下 明起于上『鶡冠子』
늘어질 삼【縿】우모(羽毛) 또는 의복이 축 늘
　　　　　　어진 모양. 舒佩兮縿纚『楚辭』
늘어질 서【紓】서(舒)와 통용. 彼交匪紓『詩經』
늘어질 쇠【縗】수모(垂貌).
늘어질 수【垂】축 늘어짐. 下垂.
　　　　　　嘉穀垂重穎『陸機』
늘어질 애【捱】길어서 느슨하여짐.
늘어질 염【冉】細毛下垂. 아래로 늘어진 모양.
　　　　　　柔條紛冉冉『曹植』
늘어질 예【棣】아래로 처짐. 珮玉棣兮『左傳』
늘어질 유【裕】서완(舒緩)함. 布施優裕也『國語』
늘어질 유【緌】
　㉠ 관(冠)의 늘어진 장식. 緇布冠不緌『禮記』
　㉡ 기(旗)의 늘어진 장식. 羽旄揚緌『左思』
늘어질 유【緌】길게 아래로 늘어진 모양.
　　　　　　壯髮綠緌緌『杜牧』
늘어질 종【縱】팽팽하던 것이 축 처짐.
　　　　　　天網縱 人紘弛『釋誨』
늘어질 타【朶】나뭇가지 또는 열매가 휘늘어짐.
　　　　　　解語花枝嫡朶朶『趙師秀』

인신(引伸)하여 휘늘어진 물건.
한 떨기 휘늘어진 꽃.
　　　　數朶梅花 冠笄冠朶『宋史』

늘어질 타【軃】타(軃)의 속자.

늘어진 말갈기 :

늘어진 말갈기 몽【鬞】垂馬鬣.

늘여 길게 하다 :

늘여 길게 할 천【鏸】서장(抒長).

늘이다 :

늘일 연【延】
　㉠ 길게 함. 延年. 延眺. 延頸鶴望『漢書』
　㉡ 늘여 말함. 널리 말하여 퍼뜨림.
　　　使張老延君譽於四方『國語』

늘일 인【引】신장(伸長)시킴. 引而伸之『易經』

늘일 전【展】기한(期限)을 연기(延期)함. 展期.
　　　　　冬令展一月『漢書』

늘일 주【尌】증익(增益)함. 二皇聖哲尌益『馬融

늙다 : 검버섯이 생길 정도로 수를 함.

늙을 구【耉】雖及胡耉『左傳』

늙을 기【耆】예순 살이 됨. 父母耆老.

늙을 로【老】
　㉠ 나이를 먹음. 偕老. 老當益壯『後漢書』
　㉡ 늙어서 은퇴함. 桓公立, 乃老『左傳』
　㉢ 시일을 오래 끌어 피로함. 楚師老矣『國語』
　㉣ 시일을 오래 끌어 쇠(衰)해짐. 老大國.
　　　美不老『荀子』

늙을 말【末】나이 먹음. 武王末受命『中庸』

늙을 매【邁】연로(年老)함. 노쇠(老衰)함.
　　　　　老邁無能之輩『三國志演義』

늙을 모【耄】70살(일설에는 80살, 또는 90살)
　　　　　이 되어 정신이 혼몽(昏懜)하여짐.
　　　　　耄期倦于勤『書經』

늙을 질【耋】80세(일설에는 70세)가 됨.

늙을 질【載】질(耋)과 동자(同字).
　　　　　犬馬齒載『漢書』

늙을 창【蒼】연로함. 老蒼. 蒼顔白髮『歐陽修』

늙어 등 굽다 :

늙어 등 굽을 요【媱】老而曲背.

늙어서 약하다 :

늙어서 약할 형【竈】老弱貌.

늙은이 :

늙은이 구【舊】노인. 尙齒重舊『唐太宗』

늙은이 구【耉】㉠ 咈其耉長『書經』
　　　　　　　㉡ 敬事耉老『國語』

늙은이 기【耆】六十曰耆『禮記』

늙은이 로【老】
　㉠ 나이를 먹은 사람. 老弱男女. 敬老慈幼『孟子』
　㉡ 나이 먹은 자기의 겸칭(謙稱). 幸得老與足下,

並爲遺種之叟『王朗』

늙은이 모【耄】70~80세 된 늙은이. 耄耋.
　　　　　悼與耄 雖有罪 不加刑『禮記』

늙은이 모【眊】모(耄)와 동자(同字).
　　　　　哀夫老眊『漢書』

늙은이 수【叟】叟不造千里而來『孟子』

늙은이 수【傁】수(叟)와 동자(同字). 수
　　　　　趙傁在後 怒之使下『左傳』

늙은이 애【艾】노인. 五十曰艾服官政『禮記』

늙은이 옹【翁】노인의 존칭. 翁媼.
　　　　　與長孺共一老禿翁『史記』

늙은이 질【耊】노인(老人). 耊艾.

늙은이 호【胡】노인(老人). 雖及胡耇『左傳』

늙은이 황【黃】노인의 머리는 희어진 후 다시
　　　　　노래지므로 이름. 黃髮.
　　　　　黃耇無疆『詩經』

늙은이 겨우 따라가다 :

늙은이 겨우 따라갈 수【耇】老人僅行追從.

늙은이 살결 :

늙은이 살결 리【𦙴】老人皮膚.

늠름하다 :

늠름할 름【凜】위풍(威風)이 있는 모양. 凜然.
　　　　　凜嚴. 凜以爭先『溫子昇』

능(陵) : 임금의 무덤.

능 대【臺】능묘(陵墓). 帝嚳堯舜各二臺『山海經』

능 릉【陵】山陵. 秦名天子冢曰山 漢曰陵『水經注』

능 산【山】능침(陵寢). 爲奉山院也『漢書』

능 원【園】왕릉(王陵). 園陵. 葬于園『禮記』

늘가하다 : 훨씬 뛰어남.

능가할 가【駕】詐晉而駕焉『左傳』

능가할 가【架】專相凌架『詩品』

능가할 표【漂】漂陵絲簧『馬融

능금나무 :

능금나무 금【檎】과수(果樹)의 하나.
　　　　　其園則有林檎枇杷『左思』

능금나무 내【柰】능금나무의 일종. 또 그 열매.
　　　　　二柰曜丹白之色『潘岳』

능소화 : 능소화과(凌霄花科)에 속하는 낙엽만목
　(落葉蔓木). 잎이 우상복엽(羽狀複葉)이고 황적
　색(黃赤色)의 꽃이 핌.

능소화 자【苝】苝蕆. 능소화(凌霄花).

능소화 초【苕】자위(苝蕆). 자위(紫葳).
　　　　　苕之華 芸其黃矣『詩經』

능수버들 : 버드나뭇과에 속한 낙엽 교목. 개울가
　나 들에 나며, 가지가 길게 늘어지는 것이 특
　징이다. 잎은 피침 모양이며 4월에 꽃이 피고,
　여름에 씨가 많이 들어 있는 열매를 맺음.

능수버들 축【筑】하류(河柳).

능에 : 새의 한 가지. 모양이 기러기와 같으나 훨씬 큼. 너새.

능에 보【鴇】
　㉠ 야안(野雁). 肅肅鴇羽『詩經』
　㉡ 또 능에는 음란(淫亂)하다 하여 인신(引伸)하여 창부(娼婦) 등의 뜻으로 쓰임. 鴇母. 鴇性最淫 逢鳥則與之交『庶物異名疏』

능이(陵夷)하다 : 차차로 쇠하여 감.
　능이할 릉【陵】陵替. 至於戰國漸至頹陵『漢書』

능지(凌遲)하다 : 형명(刑名).
　능지할 책【尻】책시(尻市).

능침(陵寢) : 능묘 옆에 설치하여 제전(祭典)을 행하는 것.
　능침 침【寢】至秦始出寢起於墓側『史記』

능하다 :
　능할 극【克】
　　㉠ 충분히 할 수 있음. 小人弗克『易經』
　　㉡ 능하게. 능히. 克明峻德『書經』
　능할 내【耐】능(能)과 통용.
　　　　　故聖人耐以天下爲一家『禮記』
　능할 능【能】㉠ 능히 함. 惟聖者能之『孟子』
　　　　　㉡ 不爲也 非不能也『孟子』

능히 : 힘에 가당하게.
　능히 능【能】己知將軍能用兵『史記』
　능히 지【知】능(能)과 동의.
　　　　　愈於進士 粗爲知讀經書者『韓愈』
　능히 취【就】능하게. 就用命焉『左傳』
　능히 해【解】능(能)과 동의. 주로 시(詩)에 씀.
　　　　　解放胡鷹逐塞鳥『唐詩』

늦 곡식 :
　늦 곡식 동【重】동(穜)과 동자(同字).
　　　　　黍稷重穋『詩經』

늦다 :
　늦을 간【旰】해가 져서 늦음. 旰食.
　　　　　日旰天子忘食『漢書』
　늦을 늦【莅】回 晩也.
　늦을 란【闌】
　　㉠ 반이 지남. 고비를 넘음. 闌暑.
　　　　　白露凝兮歲將闌『宋孝武帝』
　　㉡ 고비를 넘은 때. 반을 훨씬 지난 때. 歲闌. 醒時夜向闌『蘇軾』
　늦을 만【晩】
　　㉠ 때가 늦음. 晩時之歎. 君何見之晩『史記』
　　㉡ 중년 이후임. 晩學. 孔子晩而喜易『史記』
　　㉢ 끝임. 晩唐. 雖晩周亦郊焉『漢書』
　늦을 모【暮】
　　㉠ 끝에 가까움. 暮春.
　　㉡ 때에 늦음. 뒤늦음. 廉叔度來何暮『漢書』

　　㉢ 나이 먹음. 연로함. 暮年.
　　　　　恐美人之遲暮『楚辭』
　늦을 안【晏】이르지 아니함. 晏起.
　　　　　冉子退朝 子曰 何晏也『論語』
　늦을 안【侒】遲也.
　늦을 종【偅】遲也.
　늦을 지【遲】뒤짐. 遲刻. 稽遲不進『南史』

늦벼 :
　늦벼 동【穜】늦게 되는 벼. 種稑之種『周禮』
　늦벼 치【稺】늦게 익는 벼. 種稑菽麥『詩經』

늦추다 :
　늦출 령【逞】부드럽게 함. 逞顔色『論語』
　늦출 사【肆】느슨하게 함. 완화(緩和) 시킴. 肆大眚『左傳』
　늦출 시【施】이완(弛緩)함. 이완(弛緩)하게 함. 施刑屯北邊『後漢書』
　늦출 완【緩】느슨하게 함. 또 기한(期限)을 멀리 잡음. 완대(緩帶). 民事不可緩也『孟子』
　늦출 요【佻】연기(延期)함. 佻其期日『荀子』
　늦출 이【弛】완화(緩和)함. 請和約弛兵『唐書』

늪 : 어류(魚類), 조수(鳥獸)등이 많이 모이며 초목이 빽빽이 우거진 습지.
　늪 고【皐】고(皋)와 동자(同字).
　　　　　望其壙皐如也『列子』
　늪 고【皋】소택(沼澤). 鶴鳴于九皋『詩經』
　늪 소【沼】못이 둥근 것을 지(池), 굽은 것을 소라 함. 于沼于沚『詩經』
　늪 수【藪】藪牧養藩鳥獸『周禮』
　늪 수【橭】늪.
　늪 영【瀛】소택(沼澤). 倚沼畦瀛兮『宋玉』
　늪 저【菹】풀이 무성한 소택(沼澤). 驅蛇龍而放之菹『孟子』
　늪 택【睪】택(澤)과 통용. 側載睪芷以養鼻『荀子』
　늪 패【沛】잡초가 무성한 늪. 초택(草澤). 沛澤. 水草兼處曰沛『管子』

늪이름 :
　늪이름 황【堭】休堭, 호명(湖名).

님 :
　님 이【您】이(你)의 속자. 제이인칭(第二人稱)의 경어(敬語). 곧 你의 敬稱.

디귿

다 :
　다 개【皆】모두. 悉皆.
　　　　　人皆謂 卿但知經術 不曉時務『宋史』
　다 경【罄】모두. 빠짐없이. 罄無不宜『詩經』
　다 구【俱】모두. 父母俱存『孟子』
　다 단【單】모두. 唯爲社事單出里『禮記』
　다 상【詳】모두. 詳廷天下方聞之士『漢書』
　다 서【胥】모두. 於胥樂兮『詩經』
　다 순【純】모두. 諸侯純九, 大夫純五『考工記』
　다 실【悉】모두. 悉皆. 悉發以擊楚軍『漢書』
　다 잡【雜】모두. 함께. 雜受其刑『國語』
　다 진【盡】모두. 周禮盡在魯矣『左傳』
　다 필【畢】모두. 同軌畢至『左傳』
　다 함【咸】모두. 庶績咸熙『書經』
다가오다 : 가까이 옴. 또 다가오게 함.
　다가올 진【進】
　　　㉠ 引而進之『禮記』
　　　㉡ 古之君子 進人以禮 退 人以禮『禮記』
다갈색 :
　다갈색 작【雀】참새의 털 같은 빛. 雀弁.
다내다 : 모두 내 놓음. 톡 털어 내 놓음.
　다낼 실【悉】悉心以對『後漢書』
다니다 :
　다닐 력【歷】감. 橫歷天下『戰國策』
　다닐 유【繇】繇繇는 다니는 모양. 悠悠와 같음.
　　　　　　　犬馬繇繇『漢書』
　다닐 행【行】
　　　㉠ 보행을 함. 臣少多病疾, 九歲不行『李密』
　　　㉡ 걸어감. 男女行者別於塗『史記』
　　　㉢ 거닐면서. 行吟澤畔『楚辭』
다다르다 :
　다다를 군【趨】赴也.
　다다를 부【赴】감. 이름. 향함. 赴任. 寧赴湘流,
　　　　　　葬於江魚之腹中『楚辭』
　다다를 저【抵】이름. 抵冬降霜『漢書』
　다다를 저【邸】저(抵)와 통용. 西邸弧口『史記』
　다다를 전【趜】趍也.
　다다를 종【艐】도달함. 蹋以艐路『史記』
　다다를 진【趁】驅趁. 驅趁制不禁『杜甫』

　다다를 착【著】도달함. 到著.
　다다를 창【槍】이름. 見獄吏則頭槍地『漢書』
다닥치다 :
　다닥칠 한【扞】충돌함. 扞格而不勝『禮記』
다달이 :
　다달이 월【月】매월(每月). 日省月試『中庸』
다듬다 :
　다듬을 구【姁】治也.
다듬이방망이 :
　다듬이방망이 저【杵】秋山響砧杵『儲光羲』
다듬잇돌 :
　다듬잇돌 지【砥】搗繒石.
　다듬잇돌 천【碊】展繒石.
　다듬잇돌 침【砧】
　　　㉠ 다듬이질 하는 돌. 침저(砧杵).
　　　　　秋砧調急節『庾信』
　　　㉡ 짚 같은 것을 올려놓고 두드리는 돌.
　　　　　藁砧今何在『古樂府』
　다듬잇돌 침【碪】침(砧)과 동자(同字).
　　　　　　　　南城罷擣碪『李賀』
다락 :
　다락 루【樓】다락집. 층집. 樓閣.
　　　　　美人居樓上 臨見大笑之『史記』
　다락 증【橧】지붕 없는 누각.
　　　　　橧桴重棼『張衡』
다락집 :
　다락집 각【閣】층집. 樓閣. 高樓重閣『晉書』
다람쥐 :
　다람쥐 작【鸓】공서(拱鼠).
　다람쥐 종【鼨】豹文鼠.
　다람쥐 혼【鼲】황서(黃鼠).
다랑어 : 고등어과에 속하는 바닷물고기.
　다랑어 궁【鮶】鮶鱏漸離『司馬相如』
　다랑어 락【鮥】鮥, 叔鮪也. 叔鮪者,
　　　　　　　鮪之小者也『說文解字』
　다랑어 심【鱏】어명(魚名).
　다랑어 유【鮪】鱣鮪發發『詩經』
다래 : 다래과에 속하는 낙엽 활엽만목. 또 그 열매.
　다래 달【炟】図 炟艾.
다래끼 : 눈시울에 나는 부스럼.
　다래끼 곽【篧】捕魚籠.
　다래끼 곽【籗】捕魚籠.
다룬 가죽 :
　다룬 가죽 달【靼】유혁(柔革).
　다룬 가죽 연【㲷】柔皮革.
　다룬 가죽 연【韖】유피(柔皮).
　다룬 가죽 이【韛】유혁(柔革).
다르다 : 같지 아니함, 한 사물이 아님.

다를 별【別】
　㉠ 別途. 情懷似別人『李廓』
　㉡ 특별함. 別世界. 詩有別才『滄浪詩話』
다를 수【殊】틀림. 殊塗同歸.
　　　　　　人同類而智殊『呂氏春秋』
다를 위【違】틀림. 相違.
다를 이【異】
　㉠ 같지 아니함. 異同. 異乎三者之撰『論語』
　㉡ 한 사물이 아님. 異日. 事 爲異別『禮記』
　㉢ 남달리 뛰어남. 걸출함. 異等.
　　　　　皆異能之士也『史記』
다를 이【异】이(異)와 동자(同字).
　　　　　　何以异哉『列子』
다를 타【他】같지 않음. 한 사물(事物)이 아님.
　　　　　　他說. 他邦.
다를 타【佗】타(他)와 동자(同字).
　　　　　君子正而不佗『揚子法言』
다를 타【它】타(他)의 고자. 它日.
　　　　　或敢有它志『禮記』
다를 탁【侂】異也.

다른 말하다 :
　다른 말할 차【譇】異言又失.

다리 : 넓적다리와 정강다리의 총칭.
　다리 각【脚】
　㉠ 하지(下肢). 號泣抱馬脚『漢書』
　㉡ 물건의 하부. 山脚.
　㉢ 다리 비슷한 부분. 橋脚.
　㉣ 다리가 있어 걷는 것 같이 보이는 것.
　　　　　雲脚飛銀綿『韓愈』
　㉤ 몸둘 곳. 지위(地位). 失脚.
　다리 과【腂】대퇴(大腿).
　다리 퇴【腿】넓적다리는 大腿, 정강다리는 小
　　　　腿라함.

다리 : 작은 다리. 외나무다리 같은 것.
　다리 강【杠】杠梁. 徒杠成『孟子』
　다리 교【橋】교량(橋梁). 橋頭.
　　　　　　初作河橋『史記』
　다리 홍【虹】무지개 모양으로 된 다리. 虹橋.
　　　　　　獨吹長笛過垂虹『陸游』

다리 : 머리숱이 적은 여자들이 머리털에 덧들이
　는 꼭지를 맨 딴 머리털.
　다리 만【鬘】월자(月子).
　다리 체【髢】珍髢. 월자(月子). 월아(月兒).
　　　　　　爲呂姜髢『左傳』
　다리 체【鬄】체(髢)와 동자(同字).
　　　　　　因名髮鬄『儀禮』
　다리 피【髲】월자(月子). 陶侃時倉卒 無以待賓
　　　　其母乃截髮得雙髲 易酒肴『晉書』

다리 가늘고 길다 :
　다리 가늘고 길 정【矴】聆矴, 脚細長.
다리 굽다 :
　다리 굽을 우【尫】고곡(股曲).
다리 굽은 솥 :
　다리 굽은 솥 력【鬲】曲脚鼎.
다리 긴 소 :
　다리 긴 소 패【犕】長足牛.
다리 길다 :
　다리 길 괵【趶】각장(脚長).
다리 꼬며 걷다 :
　다리 꼬며 걸을 력【𨂀】脛相交而行.
다리다 : 다리미로 옷을 다림.
　다릴 위【熨】熨帖舊生衣『白居易』
　다릴 울【𤍠】持火展布.
다리 드리다 :
　다리 드릴 체【髰】다리를 덧 드리어 땀.
　　　　　　敛髮毋髰『禮記』
다리를 벌리고 걷는 모양 :
　다리를 벌리고 걷는 모양 규【蹞】개족(開足).
다리미 : 다림질을 하는 제구.
　다리미 고【鈷】鈷鉧潭記『柳宗元』
　다리미 무【鏺】鈷鏺. 고무(鈷鉧).
　다리미 무【鉧】고무(鈷鉧).
　다리미 울【尉】위(熨)의 본자(本字).
　다리미 위【叞】熨也.
　다리미 위【𤍠】화두(火斗).
　다리미 위【熨】다림질하는 제구.
다리병신 :
　다리병신 좌【𨂨】足不具.
다리 부러지다 :
　다리 부러질 위【踒】족절(足折).
다리 붓다 :
　다리 부을 종【𩨓】각종(脚腫).
다리 뻗고 앉다 : 두 다리를 뻗고 기대어 앉음.
　다리 뻗고 앉을 기【踑】기거(踑踞). 기거(箕踞).
　　　　　　奮髯踑踞『劉伶』
　다리 뻗고 앉을 기【箕】기좌(箕坐). 기거(箕踞).
　　　　　　坐毋箕『禮記』
다리 뻗다 :
　다리 뻗을 항【骯】신경(伸脛).
다리 살 : 넓적다리의 뒤쪽 살과 장딴지의 살.
　다리 살 퇴【腿】
다리종기 :
　다리종기 요【𤕰】족종(足腫).
다리 질질 끌다 :
　다리 질질 끌 몽【蹷】蹷踝, 疲行貌.

다리 흰 말 : 몸은 검고 다리만 흰 말.
다리 흰 말 율【驈】有驈有騜『詩經』
다리 힘주다 :
다리 힘줄 료【尥】筋弱擧足不仁尥棹.
다만 :
다만 고【顧】단지. 上有大澤 則惠必及下 顧上先下後耳『禮記』
다만 단【但】
㉠ 단지. 그것만. 但服湯, 二旬而復故『史記』
㉡ 특히 그것만 일부러.
匈奴匿其壯士肥牛馬 但見老弱羸畜『史記』
㉢ 한갓. 헛되이. 但唯笑而已『通鑑綱目』
㉣ 무의미(無意味)한 조사(助辭).
但看古來歌舞地『劉廷芝』
다만 단【亶】단(但)과 동자(同字). 단지.
非亶倒懸而已『漢書』
다만 단【單】唯單有一聲 無餘聲相雜者『禮記』
다만 도【徒】徒勞無功 徒善不足以爲政『孟子』
다만 적【適】口腹豈適爲尺寸之膚哉『孟子』
다만 제【弟】단지. 顧弟弗深考『史記』
다만 제【第】단지. 陛下第出游雲夢『史記』
다만 지【祇】㉠ 亦祇以異『論語』
㉡ 祇攪我心『詩經』
다만 지【禔】지(祇)와 동자(同字).
禔取辱耳『史記』
다만 지【只】단지. 只管.
此文一出名世 只一字未安『范仲淹』
다만 지【秖】지(祇)와 동자(同字).
秖怨結而不見德『漢書』
다만 지【地】단(但)과 동의.
西曹地忍之『漢書』
다만 특【特】단지. 特備員弗用『史記』
다못 :
다못 기【臮】衆與詞.
다못 기【暨】與也. 汝羲暨和『書經』
다물다 : 입을 다뭄.
다룰 겸【鉗】겸(箝)과 통용. 口鉗而不敢言『莊子』
다물 감【詌】無取詌, 詌亂也『荀子』
다물 겸【柑】겸(鉗)과 동자(同字).
畏刑柑口『漢書』
다물 겸【拑】겸(箝), 겸(鉗)과 동자(同字).
臣畏刑而拑口『漢書』
다물 금【金】금(噤)과 통용. 金口閉舌『荀子』
다물 암【唵】唵嘿. 입을 다물고 잠자코 있음.
公卿唵嘿唯唯『唐書』
다물 함【喊】입을 다뭄. 잠자코 있음. 喊默.
다색(茶色) :
다색 갈【褐】거무스름한 주황빛. 褐色.
色蒼褐『爾雅』
다섯 :
다섯 오【五】넷에 하나를 보탠 수. 五音.
天數五 地數五『易經』
다섯 오【伍】오(五)와 통용(통용).
다섯곱 :
다섯곱 사【蓰】오배(五倍). 오배(五倍)를 함.
다섯 번 :
다섯 번 오【五】오회(五回). 五勝.
五戰於秦『蘇洵』
다섯 번하다 :
다섯 번 할 오【五】오회(五回)함.
良馬五之『詩經』
다섯 사람 :
다섯 사람 오【伍】大夫五人爲伍『周禮』
다섯 집 :
다섯 집 오【伍】다섯 호를 한 반으로 한 지방(地方) 행정상의 단위(單位).
伍長. 五家爲伍『管子』
다섯째 지지 : 십이지(十二支)의 제오위(第五位), 시각(時刻)으로는 7시부터 9시까지, 방위(方位)로는 동남(東南), 달로는 陰曆 3월, 띠로는 용에 배당(配當)됨.
다섯째 지지 진【辰】집서(執徐).
다섯째 천간 : 십간(十干)의 제오위(第五位). 오행(五行)으로는 토(土)에 속하며 방위(方位)로는 중앙(中央), 시각(時刻)으로는 오전(午前) 세 시부터 다섯 시까지 임.
다섯째 천간 무【戊】저옹(著雍). 戊夜. 太歲在戊曰著雍 月在戊曰厲『爾雅』
다섯 필 :
다섯 필 속【束】布帛五疋. 納幣一束『禮記』
다섯 홀 : 극소(極小)한 분량(分量)을 일컬음. 누에가 토하는 실 한 가닥을 홀(忽)이라 함.
다섯 홀 멱【糸】
다소곳하다 :
다소곳할 시【覗】覘覗, 면유(面柔).
다소곳할 척【覘】覘覗. 面柔也.
本亦作戚施『詩經』
다스려지다 :
다스려질 리【理】政平訟理『漢書』
다스려질 수【修】정비(整備)됨. 宮室已修『禮記』
다스려질 예【艾】예(乂)와 통용. 天下艾安『漢書』
다스려질 예【乂】나라가 잘 다스려 짐. 乂安.
政乃乂『書經』
다스려질 치【治】家齊而后國治『大學』
다스리다 : 나라를 다스림.
다스릴 강【綱】통치(統治)함. 綱紀四方『詩經』

다스릴 경【經】처리함. 통치함.
　　　　經國濟世. 經國家『左傳』
다스릴 골【滑】滑欲於俗思 以求致其明『莊子』
다스릴 골【汩】정돈(整頓)하여 처리함.
　　　　別生分類 作汩作『孔安國』
다스릴 공【攻】
　㉠ 정돈함. 左不攻于左『書經』
　㉡ 兵을 다스림. 攻砭. 療瘍以五毒攻之『周禮』
다스릴 구【姤】治也.
다스릴 금【焌】治也.
다스릴 기【己】기(紀)와 동자(同字).
　　　　式夷式己『詩經』
다스릴 내【乃】치(治)와 뜻이 같음.
　　　　五月乃瓜『大戴禮』
다스릴 도【圖】죄를 다스림.
　　　　無使滋蔓 蔓難圖也『左傳』
다스릴 도【道】정치를 함. 道千乘之國『論語』
다스릴 독【毒】정돈하여 처리함. 毒天下『易經』
다스릴 라【攦】理也.
다스릴 란【亂】어지러운 것을 바로잡음. 亂民.
　　　　予有亂臣十人『書經』
다스릴 략【略】방침을 세워 다스림. 경영함.
　　　　天子經略『左傳』
다스릴 려【鑢】躬自鑢『太玄經』
다스릴 련【練】治也.
다스릴 령【領】처리(處理)함.
　　　　領父子君臣之節『禮記』
다스릴 료【繚】료(撩)와 통용. 정리(整理)함.
　　　　繚意絶體而爭此『莊子』
다스릴 료【撩】처리(處理)함.
　　　　理亂謂之撩理『通俗文』
다스릴 륜【綸】경리(經理)함. 君子以經綸『易經』
다스릴 륵【勒】통어(統御)함.
　　　　可以少試勒兵乎『史記』
다스릴 리【理】
　㉠ 옥을 다스림. 玉未理者璞『戰國策』
　㉡ 일을 다스림. 處理. 幹理家事『南史』
　㉢ 재판을 함. 峻文決理『史記』
　㉣ 기움. 수선함. 修理. 法斁而不知理『劉基』
　㉤ 장식함. 꾸밈. 夸容乃理『傅毅』
다스릴 리【李】리(理)와 통용. 司李.
　　　　行李之往來『左傳』
다스릴 리【釐】바르게 고침. 允釐百工『書經』
다스릴 목【沐】夫子助之沐槨『禮記』
다스릴 목【牧】牧民. 請牧基『荀子』
다스릴 목【坶】治也.
다스릴 발【撥】치(治)와 동의. 撥亂反正 撥亂世
　　　　反諸正『公羊傳』
다스릴 벽【辟】죄를 다스림. 辟刑獄『左傳』

다스릴 복【㞢】治也.
다스릴 복【服】바로 잡아 처리함.
　　　　服之無斁『詩經』
다스릴 부【簿】관리(管理)함.
　　　　五官簿之而不知『荀子』
다스릴 불【茀】풀을 베어 가지런히 함.
　　　　茀厥豊草『詩經』
다스릴 불【救】理也.
다스릴 비【比】비(庀)와 동자(同字).
　　　　大胥比樂官『周禮』
다스릴 비【庀】子匠使庀賊『左傳』
다스릴 상【相】통치함. 楚所相『左傳』
다스릴 선【繕】征繕以輔孺子也『左傳』
다스릴 선【譔】治也.
다스릴 섭【攝】양생(養生)함. 善攝生者『老子』
다스릴 성【成】평정(平定)함. 以成宋亂『左傳』
다스릴 수【修】
　㉠ 사물(事物)을 잘 가다듬음. 고침. 修理.
　　　　修繕故宮『漢書』
　㉡ 잘 처리(處理)함. 內修政事『詩經』
　㉢ 책을 편찬(編纂)함. 修國史『唐書』
다스릴 신【訊】병 같은 것을 다스림.
　　　　訊疾以雅『禮記』
다스릴 신【敒】理也.
다스릴 애【數】治也.
다스릴 약【瀹】치수(治水)함.
　　　　疏九河 瀹濟漯『孟子』
다스릴 양【養】요양(療養). 養其病『周禮』
다스릴 영【營】
　㉠ 나라를 다스림. 召伯營之『左傳』
　㉡ 병을 다스림.
　　　　王顯以營療之 功 封衛南伯『魏書』
다스릴 예【嬖】治也.
다스릴 예【艾】예(乂)와 통용. 天下艾安『漢書』
다스릴 예【乂】나라를 다스림. 有能俾乂『書經』
다스릴 위【爲】
　㉠ 백성, 나라를 다스림. 何以爲民『左傳』
　㉡ 병을 다스림. 疾不可爲 也『國語』
다스릴 윤【尹】다스려 바로잡음.
　　　　以尹天下『左傳』
다스릴 이【易】가다듬어 보살핌.
　　　　易其田疇『孟子』
다스릴 잔【剗】活計以鋤剗『韓愈』
다스릴 전【甸】백성을 다스림.
　　　　俊民甸四方『書經』
다스릴 정【靖】처리함. 俾予靖之『詩經』
다스릴 제【除】손질함.
　　　　以除戎器戒不虞『易經』
다스릴 철【徹】徹田爲糧『詩經』

다스릴 치【治】

　　㉠ 정돈함. 治物者『呂氏春秋』

　　㉡ 바로잡음. 上治祖禰『禮記』

　　㉢ 편안하게 함. 以治人情『禮記』

　　㉣ 만듦. 能多者莫不治『淮南子』

　　㉤ 감독함. 遂治之『周禮』

　　㉥ 죄를 다스림. 治罪. 鞠治.

　　　治臣之罪 以告先帝之靈『諸葛亮』

　　㉦ 나라 등을 다스림. 治家. 治國.

　　　欲治其國者 先齊其家『大學』

　　㉧ 수리함. 繕治郵亭『漢書』

　　㉨ 병을 다스림. 治療. 掌養疾馬而乘治之『周禮』

다스릴 토【討】 치죄(治罪)함. 討國人『左傳』

다스릴 퇴【敦】 敦商之旅『詩經』

다스릴 힐【詰】 처리함. 詰爾戎兵『書經』

다슬기 : 우렁이 소라 같이 생긴 복족류(腹足類)
　　의 권패(卷貝).

다슬기 사【螄】 사패(螄貝).

다시 :

　다시 갱【夏】 再也.

　다시 갱【更】 更生. 更穿一門出『史記』

　다시 기【起】 거듭. 諫若不入, 起敬起孝『禮記』

　다시 복【复】 복(復)과 통용. 更也.

　다시 부【復】 부(夫)와 동자(同字).
　　　　　　天復命武王也『詩經』

　다시 환【還】 재차. 王業還起『荀子』

다시 난 이 : 노인의 이가 다 빠지고 다시 난 이.
　　장수의 상(相)이라 함.

　다시 난 이 예【齯】

　　㉠ 黃髮齯齒, 壽也『爾雅』

　　㉡ 인신(引伸)하여 90세의 노인. 齯齒.
　　　九十日鮐背, 或曰齯齒『釋名』

다 알다 : 모두 상세히 앎.

　다 알 실【悉】 對上所問禽獸簿甚悉『史記』

다음 :

　다음 이【二】 둘째. 君行一臣二『韓詩外傳』

다지다 : 땅을 쳐서 단단하게 함.

　다질 준【敠】 築也.

　다질 축【築】 九月築場圃『書經』

　다질 탁【斀】 築也.

　다질 탁【椓】 땅을 쳐 다짐. 椓之橐橐『詩經』

다치다 :

　다칠 경【傾】 상처를 입음. 體有所傾『國語』

　다칠 리【劙】 花門劙面請雪恥『杜甫』

　다칠 박【剝】 剝喪元良『書經』

　다칠 상【傷】

　　㉠ 몸을 상함. 傷弓之鳥.
　　　後園挑菜 誤傷指大啼『世說』

　　㉡ 다친 상처. 傷痍. 君子不重傷『左傳』

　다칠 이【痍】 부상함. 傷痍. 傷痍者未瘳『史記』

　다칠 창【創】 칼 따위 연장에 다침.
　　　漢家箭神 中創者必有異『後漢書』

다투게 하다 :

　다투게 할 쟁【爭】 爭民施奪『大學』

다투는 소리 :

　다투는 소리 비【呸】 쟁성(爭城).

다투다 :

　다툴 각【确】 각(角)과 통용. 승부(勝負)를 겨룸.
　　　數與虜确『漢書』

　다툴 격【㪿】 爭也.

　다툴 경【竸】 경(競)과 동자(同字). 경쟁(競爭)함.

　다툴 경【競】 경쟁(競爭)함. 競馬.
　　　衆皆競進以貪婪『楚辭』

　다툴 경【傾】 경쟁(競爭)함. 彼與草木俱朽 此與
　　　金石相傾『後漢書』

　다툴 발【勃】 언쟁(言爭)함. 싸움.
　　　婦姑勃豀『莊子』

　다툴 변【辯】 말다툼 함. 또 논쟁(論爭)함.
　　　㉠ 遠鬪辯矣『禮記』
　　　㉡ 辯難攻擊之文『文章軌範』

　다툴 병【倂】 경쟁(競爭)함. 倂起.
　　　與公倂倨『漢書』

　다툴 분【鬪】 鬪也.

　다툴 송【訟】 곡직(曲直)이 정(定)하여지지 않아
　　　서로 토론(討論)함.
　　　會禮之家 名爲聚訟『後漢書』

　다툴 액【詻】 말다툼하는 모양.
　　　分議者延延 而支苟者詻詻『墨子』

　다툴 엽【曄】 爭也.

　다툴 쟁【諍】 쟁(爭)과 동자(同字). 紛諍.
　　　有諍氣者 勿與論『韓詩外傳』

　다툴 쟁【爭】

　　㉠ 우열(優劣), 승패(勝敗)를 겨룸. 爭競. 爭霸.
　　　莫與汝爭能『書經』

　　㉡ 앞을 다툼. 爭窺. 士爭趨燕『十八史略』

　　㉢ 옳고 그름을 말하여 싸움. 말다툼함. 爭議.
　　　滕侯薛侯來朝爭長『左傳』

　　㉣ 서로 빼앗음.
　　　姦邪比周欺上蔽主 以爭爵祿『說苑』

　　㉤ 하소연 함. 소송함. 守約而爭『漢書』

　다툴 졸【捽】 齊人之井 飮者相捽也『莊子』

　다툴 축【逐】 角逐. 諸侯逐進『左傳』

　다툴 투【鬪】 교졸(巧拙), 우열(優劣) 등을 겨룸.
　　　鬪詩. 吾寧鬪智 不鬪力『十八史略』

　다툴 혁【鬩】 여럿이 모여 시끄럽게 지껄임.
　　　笑鬩. 서로 시비(是非)를 함.
　　　兄弟鬩于牆 外禦其務『詩經』

다툴 홍【鬨】鬪也.
다툴 흉【訩】말다툼하여 시끄러운 모양.
　　　　　　聚而謀者 訩訩『五代史』

다투어 말하다 :
　다투어 말할 경【誩】경언(競言).
다투어 모이다 : 한 곳으로 다투어서 집중함.
　다투어 모일 복【輻】輻輳.
다툼 :
　다툼 쟁【爭】分爭辨訟『禮記』
다팔머리 : 아이의 눈썹까지 늘어진 앞머리.
　다팔머리 모【髳】髮至尾.
　다팔머리 모【髦】髦者髮至眉 子事父母之飾
　　　　　　　　　　　　　　　　『詩經』

다하다 :
　다할 갈【竭】
　　㉠ 다 없어짐. 竭盡. 矢竭而弦絶『李華』
　　㉡ 다 없앰. 不竭人之忠『禮記』
　　㉢ 있는 힘을 다함. 敢昧死竭犇犇『漢書』
　다할 결【闋】다 없어짐. 日闋亡儲『漢書』
　다할 경【磬】경(磬)과 통용. 室如縣磬『國語』
　다할 경【罄】공핍(空乏)함. 罄竭.
　　　　　　缾之罄矣 維罍之恥『詩經』
　다할 경【竟】궁진(窮盡)함. 故不竟『漢書』
　다할 곡【穀】끝이 됨.
　　　　　　雖監門之養 不穀於此『史記』
　다할 구【究】사물이 끝남. 없어짐.
　　　　　　害氣將究矣『漢書』
　다할 굴【掘】다 들임. 掘變極物窮情『太玄經』
　다할 굴【屈】다 없어짐. 力屈.
　　　　　　用之無道 則物力必屈『漢書』
　다할 굴【詘】다 없어짐. 徽呪受詘『漢書』
　다할 굴【淈】물건이 다 없어짐.
　　　　　　洸洸乎不淈盡『荀子』
　다할 궁【窮】
　　㉠ 있는 힘을 다 들임. 窮日之力『孟子』
　　㉡ 다 없어짐. 또는 끝남. 永世 無窮『書經』
　다할 궤【匱】다하여 없어짐. 결핍(缺乏)함.
　　　　　　匱竭 孝子不匱『詩經』
　다할 극【極】
　　㉠ 없어짐. 澹然無極『淮南子』
　　㉡ 다 들임. 極其數 遂定天下之象『易經』
　다할 글【訖】다 없어짐. 典獄非訖于威『書經』
　다할 기【旣】
　　㉠ 다 마침. 言未旣『韓愈』
　　㉡ 다 없어짐. 日有食之旣『左傳』
　　㉢ 다 없앰. 旣月『書經』
　다할 단【單】다 없어짐. 單竭. 歲旣單矣『禮記』
　다할 단【勯】힘이 다 없어짐. 힘이 아주 빠짐.

烏獲引牛尾絶力勯 而牛不行
『呂氏春秋』
　다할 력【歷】하나도 빼지 아니함. 모조리 함.
　　　　　　歷周唐之所進以爲法『漢書』
　다할 령【逞】극진함. 不可億逞『左傳』
　다할 멸【滅】망하여 없어짐. 또 다 없어짐.
　　　　　　滅國 天理幾滅『朱熹』
　다할 몰【沒】다 없어짐. 舊穀旣沒『論語』
　다할 묘【眇】빠짐없이 미침. 仁眇天下『荀子』
　다할 미【靡】없어짐. 百姓靡於外『戰國策』
　다할 민【泯】멸망함. 없어짐. 泯滅.
　　　　　　幸此書之不泯『中庸章句』
　다할 봉【甹】다하여 없어짐. 公私甹竭『唐書』
　다할 사【死】다 없어짐. 惡言死焉『荀子』
　다할 사【傝】盡也.
　다할 삭【索】
　　㉠ 다 없어짐. 力索.
　　㉡ 힘이 다하여 멸망함. 惟家之索『書經』
　다할 수【輸】
　　㉠ 정성을 다함. 直求輸赤誠『李商隱』
　　㉡ 물품을 다 내놓는 데로 이름.
　　　　　　輸積 聚以貸『左傳』
　다할 시【澌】얼음이 녹아 없어짐. 또 물건이
　　　　　　　　다하여 없어짐. 澌盡灰滅.
　　　　　　精神盡澌『儀禮疏』
　다할 앙【央】없어짐. 樂無央兮『霍去病』
　다할 애【艾】다 없어짐. 憂未艾也『左傳』
　다할 에【殪】다 없앰. 將可殪也『左傳』
　다할 전【戩】다 써버림. 俾爾戩穀『詩經』
　다할 점【戔】盡也.
　다할 주【遒】없어짐. 歲忽忽而遒盡兮『楚辭』
　다할 진【塡】진(珍)과 동자(同字).
　　　　　　궁진(窮盡)함. 哀我塡寡『詩經』
　다할 진【珍】절멸(絶滅)함. 없어짐. 珍滅.
　　　　　　餘風未殄『書經』
　다할 진【盡】
　　㉠ 죄다 없어짐. 勢窮力盡. 兵少食盡『史記』
　　㉡ 끝남. 言盡淚下. 可以近盡『荀子』
　　㉢ 극진함. 心力備盡『隋書』
　　㉣ 다 써 없앰. 竭盡.
　　　　　　終身用之 有不能盡者『中庸』
　　㉤ 힘을 다 들임. 盡力. 盡忠報國『宋史』
　　㉥ 남김없이 말함. 書不盡言『易經』
　　㉦ 遺漏가 없게 함. 충분하게 함.
　　　　　　未有若是之明且盡者也『中庸』
　　㉧ 다 없애 버림. 去惡莫如盡『左傳』
　다할 진【儘】진(盡)과 동자(同字).
　다할 초【醮】다 없어짐. 利爵之不醮也『荀子』
　다할 치【致】진력(盡力)함.

人未有自致者也『論語』

다할 타【嶞】盡也.

다할 탄【殫】

　㉠ 다 없어짐. 殫竭. 財殫力痛『李華』

　㉡ 다 없앰. 殫其地之出『柳宗元』

다할 필【畢】남기지 아니함. 畢力.

다할 할【敹】盡也.

다할 헐【歇】다 없어짐. 谷無以盈 將恐歇『老子』

다할 홀【忽】절멸(絕滅)함. 是絕是忽『詩經』

다행(多幸) : 운이 좋음.

다행 잉【祄】다행. 행복.

다행 행【幸】幸運. 予以馭其幸『周禮』

다행 행【倖】행(幸)과 동자(同字). 倖祿.

　　　　識者識其過倖『後漢書』

다행하다 :

다행할 행【幸】幸哉, 遺黎免俘虜『晉書』

다행히 :

다행히 행【幸】운이 좋아. 幸而至於旦『禮記』

닥나무 : 뽕나무과에 속하는 낙엽관목(落葉灌木).

　껍질은 종이의 원료(原料)가 됨.

닥나무 구【构】저목(楮木).

닥나무 저【楮】葉有瓣曰楮 無曰構『酉陽雜俎』

닥뜨리다 :

닥뜨릴 저【觝】저(抵), 저(牴)와 동자(同字).

　　　　觝排異端『韓愈』

닥뜨릴 저【抵】저촉(抵觸)함. 또 거역함.

　　　　習俗薄惡 民人抵冒『漢書』

닥쳐오다 :

닥쳐올 최【催】시일이 다가옴. 催迫.

　　　　流年催我自堪嗟『羅鄴』

닥치다 : 바싹 가까이 감.

닥칠 박【迫】가까이 다다름. 急迫.

닥칠 쟁【𢾵】觸也.

닥칠 주【遒】遒相迫些『楚辭』

닥칠 착【窄】임박(臨迫)함. 命窄途殫『張說』

닥칠 찰【挐】들이닥침. 핍박함.

　　　　溯騰相排挐龍鳳交橫飛『韓愈』

닥칠 책【迮】착(窄)과 동자(同字).

　　　　鄰舍比里 共相壓迮『後漢書』

닥칠 축【蹙】兩軍蹙兮生死決『李華』

닥칠 핍【逼】勢危事逼『梁武帝』

닦다 :

닦을 개【揩】씻음. 歎息無言揩病目『蘇軾』

닦을 개【摡】씻음. 帥女官而濯摡『周禮』

닦을 개【漑】澡漑. 漑之釜鬵『詩經』

닦을 공【攻】

　㉠ 학문을 연구함. 專攻. 攻乎異端『論語』

　㉡ 문질러 윤기를 냄. 옥 같은 것을 갊.

他山之石, 可以攻玉『詩經』

닦을 괄【刮】갈고 닦고 하여 윤이 나게 함.

　　　　刮摩. 刮磨. 刮垢磨光『韓愈』

닦을 말【抹】씻음. 嘉賓入幕金尊抹『梅堯臣』

닦을 말【𣽈】훔쳐 깨끗이 함. 없앰.

　　　　淨巾謂之𣽈布『揚雄方言』

닦을 문【摱】문(抆)과 동자(同字). 씻음.

닦을 문【抆】씻음. 孤子唫而抆淚『楚辭』

닦을 불【拂】씻음. 長袂拂面『楚辭』

닦을 선【嘼】修也.

닦을 쇄【刷】청소함. 刷掃,

　　　　夏頒冰掌事秋刷『周禮』

닦을 수【修】

　㉠ 깨끗이 함. 郊社不修『書經』

　㉡ 배워서 몸을 닦음. 修學, 修其身『大學』

닦을 수【脩】수(修)와 동자(同字).

　　　　　㉠ 老子脩道德『史記』

　　　　　㉡ 心正而后身脩『大學』

닦을 식【拭】씻음. 拭拂. 拭目傾耳『漢書』

닦을 전【捵】씻음.

닦을 진【挋】씻음. 挋用浴衣『禮記』

닦을 창【碪】기와나 돌로 그릇이나 물건을 닦음.

　　　　奔溜之所碪錯『郭璞』

닦을 창【磢】洗也. 기왓가루로 닦음.

닦을 척【滌】洗滌. 滌器於市中『史記』

닦을 초【攜】拭也.

닦을 초【𥿤】拭也.

닦을 탁【琢】학문 같은 것을 닦음. 琢磨.

　　　　不在鐫琢語言『宣和畫譜』

단 : 흙을 높이 쌓아 위가 평평하게 만든, 특수한

　행사를 하는 장소.

　단 단【壇】㉠ 祭壇. 演壇.

　　　　上設壇具禮 拜韓信爲大將『漢書』

　　　　　㉡ 장소. 범위. 誰登李杜壇『杜牧』

　　　　　㉢ 특수사회. 文壇. 詩壇.

단 : 볏단을 세는 수사.

　단 속【束】한 묶음. 束薪.(단 나무)

　　　　生芻一束 其人如玉『詩經』

　단 총【總】百里賦納總『詩經』

단 것 :

　단 것 감【甘】단 음식. 또는 맛있는 음식.

　　　　絕甘分少『司馬遷』

　단 것 억【醷】매장(梅漿).

　　　　或以酏爲醴黍酏漿水醷『禮記』

　단 것 혜【醯】혜(醯)와 동자(同字). 산장(酸漿).

　　　　以醯灌鼻『唐書』

단근질하다 :

　단근질할 관【鑵】소철적(燒鐵炙).

刑之一也 今之火烙印.

단근질할 락【烙】몸을 지짐. 烙刑.

단단하다 :

단단할 각【塙】견토(堅土). 땅이 단단함.

단단할 개【砎】硬也.

단단할 갱【硜】堅也.

단단할 겹【硈】견고(堅固)함.

단단할 경【硬】堅硬. 書貴瘦硬方通神『杜甫』

단단할 경【庚】씨가 잘 여물어 단단함.
　　　　　　萬物庚庚有實『說文解字』

단단할 률【栗】견실(堅實)함. 縝密而栗『禮記』

단단할 말【礣】礣砎, 堅也.

단단할 애【磑】견고(堅固)한 모양.
　　　　　　行積氷之磑磑『張衡』

단단할 질【跌】견고하고 맑은 모양.
　　　　　　天門開 跌蕩蕩『漢書』

단단할 항【硈】강모(剛貌).

단단할 확【確】堅確. 確乎其不可拔『易經』

단단할 환【豎】堅也.

단단한 것 씹다 :

단단한 것 씹을 박【齰】초견(噍堅), 又噍聲.

단단한 나무 :

단단한 나무 습【榙】견목(堅木).

단단한 흙 :

단단한 흙 타【堶】不見堶塊『論衡』

단단히 매다 :

단단히 맬 혈【絜】견계(堅繫).

단대 :

단대 담【澹】감죽(甘竹).

단련하다 :

단련할 쵀【錉】연야(鍊也).

단련할 팔【釚】연야(鍊也).

단맛 :

단맛 이【飴】王之膳羞, 共飴監『周禮』

단목 :

단목 소【橾】橾枋可染緋.

단소 :

단소 교【筊】악기의 한 가지. 작은 퉁소.

단속하다 :

단속할 갑【押】검속(檢束)함. 蠢廸檢押『漢書』

단속할 겸【槏】검속.

단속할 렴【斂】잡 도리를 함.
　　　　　　閉戶自斂『漢書』

단속할 록【錄】검속함. 程役而不錄『荀子』

단속할 속【束】잡도리를 단단히 함.
　　　　　　束身自修『後漢書』

단술 : 엿기름과 밥을 식혜처럼 담가서 솥에 넣고
　달인 음식.

단술 고【酤】감주(甘酒). 既載清酤『詩經』

단술 례【醴】감주(甘酒). 且以酌醴『詩經』

단술 명【酩】감주(甘酒). 食肉而飲酩『漢書』

단술 수【膝】감주(甘酒).

단아(端雅)하다 :

단아할 체【逮】단정한 모양. 威儀逮逮『禮記』

단 없는 옷 :

단 없는 옷 람【襤】무연의(無緣衣).

단연(斷然) :

단연 단【斷】단연히. 斷而敢行『史記』

단의 : 황후(皇后)의 평상복. 또 붉은 가선을 두른
　색이 검은 선비 아내의 예복.

단의 단【褖】단의(褖衣) 褖衣緇帶『儀禮』

단자(糰子) : 동글동글하게 만든 떡.

단자 단【糰】단자(糰子).

단장(丹粧) :

단장 장【粧】화장(化粧). 淡粧. 濃粧.
　　　　　　必爲半面粧以俟『南史』

단장 정【靚】화장(化粧). 靚莊刻飾『司馬相如』

단장하다 :

단장할 장【糚】장(粧), 장(妝)과 동자(同字).
　　　　　　靚糚, 분식(粉飾).

단장할 장【妝】장(粧)과 동자(同字). 화장(化粧)함.
　　　　　　妝梳 濯妝於比溪上源『述異記』

단장할 장【粧】치장(治粧)함. 新婦起嚴粧『古詩』

단장할 정【靚】화장(化粧)함. 昭君豊容靚飾 光
　　　　　　明漢官『後漢書』

단정할 단【剬】얌전하고 바름.
　　　　　　藺相如剬而不傷『揚子法言』

단정할 준【蹲】단정히 걷는 모양.
　　　　　　穆穆肅肅蹲蹲如此『漢書』

단정히 가다 :

단정히 갈 소【踈】정행(正行).

단지 : 다만.

단지 구【苟】非苟知之『揚子法言』

단지 정【正】正頗重聽何傷『漢書』

단지 : 아가리가 쩍 벌어진 질그릇. 또 술, 물 같
　은 것을 담는 작은 항아리.

단지 구【甌】遺文餅一甌『南史』

단지 변【瓯】自關而西 盆盎小者曰瓯『揚雄方言』

단지 병【缾】병(瓶)과 동자(同字).
　　　　　　缾之罄矣 維罍之恥『詩經』

단지 병【瓶】酒瓶. 毀其瓶『左傳』

단지 부【瓿】작은 항아리.
　　　　　　吾恐後人用覆醬瓿也『漢書』

단지 치【甔】술 단지. 金錢百萬酒千甔『蘇軾』

단체(團體) :

단체 사【社】

ⓐ 옛날에 법을 정한 25호(戶)의 자치 단체.
　　請到千社『左傳』
ⓑ 자유 의사로 설립한 민가의 단체.
　　禁民私所自立社『漢書』
ⓒ 동지(同志)의 결합(結合)등 여러 가지 단체.
　　詩社. 遠公結白蓮 以書招淵明『事文類聚』

단추 : 옷고름 대신으로 쓰는 제구.
　단추 구【釦】俗謂衣紐曰釦『正字通』

단출하다 :
　단출할 간【簡】간단함. 簡略. 簡要.

단풍나무 : 단풍나무과에 속하는 낙엽교목(落葉喬
　　木).
　단풍나무 척【樲】相彼樲矣 亦類其楓『蕭穎士』
　단풍나무 풍【楓】丹楓. 停車坐愛楓林晩 霜葉紅
　　　　　　　　　於二月花『杜牧』
　단풍나무 화【椛】🈁 단풍(丹楓).

단향목(檀香木) : 자단(紫檀), 백단(白檀) 등의 향
　　나무 총칭.
　단향목 단【檀】栴檀.
　단향목 전【栴】栴檀根芽 漸生長 纔欲成樹 香氣
　　　　　　　昌成『觀佛三昧經』

닫다 :
　닫을 갑【闔】폐문(閉門)함.
　닫을 건【搏】문 따위를 닫음. 將外搏『莊子』
　닫을 경【扃】폐쇄(閉鎖)함. 和門畫扃『顏廷之』
　닫을 도【敭】閉也.
　닫을 비【閟】숨어서 나타나지 아니함. 永閟.
　　　　　　幽閟. 我思不閟『詩經』
　닫을 애【閡】밖에서 닫음. 寒暑隔閡於邃宇『左思』
　닫을 약【鑰】폐쇄(閉鎖)함. 生平所緘鑰者『唐書』
　닫을 엄【掩】문을 닫음. 席門常掩『南史』
　닫을 팽【閛】폐문(閉門)함.
　　　　　　閛之閛然不覩其裏『揚子法言』
　닫을 폐【閉】
　　ⓐ 열린 것을 막음. 閉鎖. 至日閉關『易經』
　　ⓑ 마침. 끝냄. 그만둠. 閉會. 閉店.
　　　　閉肆下簾 而授老子『漢書』
　닫을 한【閑】폐쇄함. 日閑輿衛也『易經』
　닫을 합【闔】문을 닫음.
　　　　　闔戶謂之坤 闢戶謂之乾『易經』
　닫을 호【冱】폐새(閉塞)함. 固陰冱寒『左傳』

달 :
　달 섬【蟾】달 속에 두꺼비가 있다는 전설에서
　　　　　　달의 별칭. 섬궁(蟾宮).
　　　　　　殘霞弄影 孤蟾浮天『宋史』
　달 여【蜍】섬여(蟾蜍).
　달 월【月】
　　ⓐ 지구의 위성. 태음(太陰). 莫大乎日月『易經』

　　ⓑ 한해의 12분지1. 年月. 孟春之月『禮記』
　　ⓒ 달을 세는 수사. 三月不知肉味『論語』
　달 토【兔】달 속에 토끼가 있다는 전설에서 달
　　　　　　의 별칭. 沈鉤搖兔影『盧照鄰』

달갑게 여기다 :
　달갑게 여길 설【屑】不屑敎之 不我屑以『詩經』

달게 여기다 :
　달게 여길 감【甘】
　　ⓐ 맛있게 먹거나 마심. 甘酒嗜音『詩經』
　　ⓑ 만족함. 甘心首疾『詩經』

달구다 :
　달굴 련【煉】연(鍊)과 동자(同字).
　　　　　　　爐煉白珠砂『列仙傳』

달다 : 감미(甘味)가 있음. 맛이 좋음.
　달 감【甘】甘旨. 其甘如薺『詩經』
　달 례【醴】샘물이 감미(甘味)가 있음.
　　　　　　地出醴泉『禮記』
　달 첨【甛】酸甛滋味『張衡』

달다 : 경중(輕重), 장단(長短), 용적(容積) 등을
　　알아봄.
　달 량【量】行者當量其淺深而後可渡『詩經』
　달 형【衡】무게를 닮. 衡之於左右『淮南子』

달다 : 매달다.
　달 위【挽】懸也.
　달 현【懸】懸垂. 以杤索懸萬斤石于心上『後漢書』

달 돋다 :
　달 돋을 긍【朏】월출(月出).
　달 돋을 년【朒】월출(月出).

달라붙다 :
　달라붙을 복【樸】밀착(密着)함.
　　　　　　　欲其樸屬而微至『周禮』
　달라붙을 여【絮】점착(黏着)함.
　　　　　　　絮添其間『史記』

달래 : 백합과에 속한 여러해살이풀. 들에서 자라
　　고 땅속에 둥글고 흰 비늘줄기가 있으며 그 밑
　　에 수염뿌리가 있다. 파와 같은 냄새가 나며
　　매운맛이 있어 식용된다.
　달래 각【茖】산산(山蒜).
　달래 번【蕃】소산(小蒜).

달래다 : 남에게 귀에 솔깃하도록 말하여 자기
　　의견에 따르게 함.
　달랠 세【說】游說. 誘說. 說大人則藐之『孟子』
　달랠 유【誘】옳은 말로 잘 이끎. 勸誘.
　　　　　　　誘民孔易『禮記』

달러 : 미국의 화폐의 단위.
　달러 불【弗】[假借字] 弗貨.

달력 : 일년 중의 시령(時令)을 날짜를 따라 기재
　　(記載)해 놓은 것.

달력 력【曆】曆也.

달력 력【歷】曆과 통용. 黃帝造歷『漢書』

달리다 :

달릴 간【趕】급히 달려감.

달릴 간【赶】달려감.

달릴 결【趹】뛰어감. 要趹追蹤『後漢書』

달릴 경【磬】말을 달림. 抑磬控忌『詩經』

달릴 교【轇】轇轕.

  ㋠ 차마(車馬)의 시끄러운 소리.

  ㋡ 칼과 창이 뒤섞여 혼란한 모양.

  ㋢ 광대한 모양. 아득한 모양.

  ㋣ 치구(馳驅)하는 모양. 달리는 모양.

달릴 궐【蹶】질주(疾走)함. 蹶而趨之『國語』

달릴 규【駃】말이 달리는 모양.

       駃瞿奔觸『張衡』

달릴 담【趈】참담(趈趌).

달릴 력【趯】走也.

달릴 릉【淩】달려감. 지나감. 汎海淩山『木華』

달릴 목【鶩】무(鶩)와 동자(同字). 치빙(馳騁)함.
    馳鶩. 騁鶩兮江皐『楚辭』

달릴 무【鶩】질주(疾走)함. 馬咸鶩矣『韓非子』

달릴 미【亹】달려가는 모양. 亹亹孤獸騁『陸機』

달릴 발【犮】개가 달리는 모양.

달릴 범【颿】말이 질주함. 颿颿獨兮西往 孰知
    返兮何年『吳越春秋』

달릴 분【奔】빨리 감. 奔走. 鹿斯之奔『詩經』

달릴 분【俌】빨리 가게 함.
    是以俌父也『穀羊傳』

달릴 비【駓】질주하는 모양. 逐人駓駓些『宋玉』

달릴 빙【騁】질주함. 馳騁. 時騁而要其宿『莊子』

달릴 사【駛】말이 빨리 감. 疾如坂馬駛『袁桷』

달릴 삽【駗】말이 빨리 달리는 모양. 駗娑.
    輕先疾雷而駗遺風『揚雄』

달릴 섭【驟】말이 빨리 달림.

달릴 양【勸】달음박질하는 모양.

달릴 양【驤】뛰며 달림. 奮翅而騰驤『張衡』

달릴 월【趹】주모(走貌).

달릴 유【攸】질주(疾走)하는 모양.
    攸然而逝『孟子』

달릴 유【趡】뛰어감. 질주함. 騰而狂趡『史記』

달릴 일【逸】질주(疾走)함. 도망(逃亡)함. 奔逸.
    逸逃. 馬逸不能止『左傳』

달릴 저【趍】주모(走貌).

달릴 정【挺】빨리 감. 獸挺亡羣『李華』

달릴 정【鋌】빨리 달리는 모양. 鋌而走險『左傳』

달릴 주【走】

  ㋠ 빨리 달려감. 疾走. 飛廉善走『史記』

  ㋡ 바빠 다님. 走名利. 駿奔走『書經』

  ㋢ 빨리 가게 함. 走筆. 走馬章臺衢『漢書』

달릴 질【跌】질주함. 墨子跌蹏而趨千里『淮南子』

달릴 착【辵】질주함. 辵階而走『公羊傳』

달릴 참【趲】趲趲. 달리는 모양. 질주하는 모양.
    趲趲狂過『左思』

달릴 초【趠】뛰어감. 騰而狂趠『漢書』

달릴 초【踔】빨리 감. 趠踔. 踔夭蟜『漢書』

달릴 추【騶】추(趨)와 동자(同字).
    步中武象 騶中韶濩『荀子』

달릴 축【逐】질주함. 良馬逐『易經』

달릴 취【驟】질주함. 載驟駸駸『詩經』

달릴 치【馳】

  ㋠ 질주함. 馳走. 馳從儌道歸營『後漢書』

  ㋡ 수레나 말 등을 빨리 몲. 馳馬.
    載馳載驅『詩經』

  ㋢ 빨리 전달함. 中人馳詔『陸游』

  ㋣ 마음을 그 방면으로 빨리 돌림.
    馳志於伊吾之北『十八史略』

  ㋤ 달리는 것처럼 빨리 경과함. 빨리 감.
    年與時馳.

  ㋥ 널리 사물을 급히 함을 이름. 馳辯. 馳檄.

달릴 침【駸】말이 질주하는 모양.
    載驟駸駸『詩經』

달릴 태【駘】말이 달리는 모양.

달릴 팽【旁】말이 쉬지 않고 달리는 모양.
    馬四介旁旁『詩經』

달릴 현【懸】매달림. 金鉤翠幔懸『庾信』

달릴 확【獷】빨리 달림. 駕塵獷風『韓愈』

달릴 획【䦆】빨리 감. 徽䦆霍奕『馬融

달리하다 :

달리할 이【異】

  ㋠ 다르게 함. 耳目殊司, 工藝異等『何承天』

  ㋡ 따로 따로 떨어짐. 手足異處『史記』

달 밝다 :

달 밝을 교【皎】교(皎)와 동자(同字). 皎也.
    夜皎皎兮既明『楚辭』

달빛 : 달이 비치는 빛.

달빛 돈【腯】월광(月光).

달빛 백【魄】

  ㋠ 월영(月影). 露巖溣曉魄『駱賓王』

  ㋡ 달의 윤곽의 빛이 없는 부분.
    惟一月 壬辰旁死魄『書經』

  ㋢ 死魄은 달빛이 아주 소멸한 때. 곧 초하루
    이고 旁死魄은 초이튿날임.

달빛 영【朥】월색(月色).

달빛 밝으려하다 :

달빛 밝으려 할 동【曈】달이 떠오르기 시작하여
    밝으려고 하는 모양.
    月曈朧以含光兮『潘岳』

달빛 영롱하다 :

　달빛 영롱할 령【朎】영롱(朎朧), 月光彩.

달빛 희미하다 : .

　달빛 희미할 원【朊】月光稀微.

달아나게 하다 :

　달아나게 할 주【走】死諸葛走生仲達『十八史略』

달아나는 소리 :

　달아나는 소리 첩【蹀】주성(走聲).

달아나다 :

　달아날 건【蹇】주모(走貌).

　달아날 광【迋】주모(走貌).

　달아날 군【趣】奔也.

　달아날 녕【儜】走也.

　달아날 도【跳】도(逃)와 통용. 漢王跳『漢書』

　달아날 도【逃】

　　㉠ 도망(逃亡). 逃走. 齊王逃遁走莒『戰國策』

　　㉡ 벗어남. 項羽圍 成皐 漢王逃『史記』

　달아날 둔【遯】둔(遁)과 동자(同字). 隱遯.
　　　　　　我不顧行遯『書經』

　달아날 둔【遁】도망(逃亡)함. 遁逃.
　　　　　　曳柴而遁『左傳』

　달아날 류【流】도주(逃走)함.
　　　　　　楚襄王流淹于城陽『戰國策』

　달아날 망【亡】도망함. 亡命. 亡匿.
　　　　　　蕭何聞信亡, 自追之『漢書』

　달아날 무【蕪】도망하여 숨음.
　　　　　　孰兩東門之可蕪『楚辭』

　달아날 발【敓】走也.

　달아날 배【北】패주(敗走)함. 敗北.
　　　　　　三戰三北『史記』

　달아날 병【迸】

　　㉠ 흩어져 달아남. 궤주(饋酒)함. 迸散.
　　　　　　人庶流迸『後漢書』

　　㉡ 흩어져 달아나게 함. 擊而迸之『五代史』

　달아날 부【跁】走也.

　달아날 분【逩】走也.

　달아날 분【奔】도망(逃亡)함. 旣合而來奔『左傳』

　달아날 분【犇】분(奔)과 동자(同字).
　　　　　　抱其器而犇散『漢書』

　달아날 섭【偞】주야(走也).

　달아날 손【遜】손(孫)과 동자(同字). 도망함.
　　　　　　遜于荒『書經』

　달아날 연【挻】도망함. 찬탈(簒奪)함.
　　　　　　主上有敗則因而挻之矣『賈誼』

　달아날 위【違】도망함. 遁違.
　　　　　　凡諸侯之大夫違『左傳』

　달아날 유【趡】走也.

　달아날 일【佚】도망(逃亡)함. 熊佚出圈『漢書』

　달아날 일【逸】질주(疾走)함. 또 도망(逃亡)함.
　　　　　　奔逸. 逸逃. 馬逸不能止『左傳』

　달아날 일【迭】일(逸)과 동자(同字).
　　　　　　馬將迭『孔子家語』

　달아날 작【灻】怵灻, 분주(奔走).

　달아날 저【趆】趨也.

　달아날 주【走】도망(逃亡)함. 또 패주(敗走)함.
　　　　　　棄甲曳兵而走『孟子』

　달아날 찬【竄】도망함. 竄匿. 百家無所竄『荀子』

　달아날 찬【趲】흐트러져 도망(逃亡)함.

　달아날 출【出】도망함. 出奔. 公子虔之徒 告鞅
　　　　　　欲反 鞅出亡『十八史略』

　달아날 파【播】도망함. 또 방랑(放浪)함. 播遷.
　　　　　　播越. 伐殷逋播臣『書經』

　달아날 포【逋】도망하여 숨음. 逋逃.
　　　　　　歸而逋『易經』

　달아날 환【逭】도망함. 自作孼不可逭『書經』

　달아날 황【趪】走也.

　달아날 희【趫】주모(走貌).

달아나다 넘어지다 :

　달아나다 넘어질 변【蹁】주돈(走頓).

달아나다 머물다 :

　달아나다 머물 해【趼】欲走而留.

달아나려고 하다 :

　달아나려고 할 균【趨】주의(走意).

달아나려 하다 :

　달아나려 할 헌【趤】주의(走意).

달아나며 돌아보다 :

　달아나며 돌아볼 구【赳】走顧貌.

　달아나며 돌아볼 구【趥】走而顧.

달 움직이다 :

　달 움직일 엽【朠】月動貌.

달음박질하다 :

　달음박질할 방【蹐】跟蹐, 급행(急行).

　달음박질할 초【趭】질주(疾走)함.
　　　　　　士蹌蹌 庶人僬僬『禮記』

달이다 :

　달일 전【煎】끓여서 진하게 만듬. 煎藥.
　　　　　　性嗜茶 始創煎茶法『全唐詩話』

달콤하다 :

　달콤할 감【甘】들어서 기분이 좋음. 甘言.
　　　　　　幣重而言甘『左傳』

　달콤할 침【䑏】味小甘.

달팽이 : 달팽이과에 속하는 연체 동물의 하나.

　달팽이 와【蝸】蝸牛. 蝸牛角上爭何事『白居易』

　달팽이 유【蚴】蠟蚴, 와우(蝸牛).

　달팽이 이【螔】蠟蚴, 와우(蝸牛).

달하다 :

달할 달【達】㉠ 영화를 누림. 세상에 알려짐.
窮達. 榮達. 達不離道『孟子』
㉡ 목적을 이룸. 達目的.

닭 : 꿩과에 속한 새. 알과 고기의 생산을 목적으로 하는 가축으로, 머리에는 붉은 볏이 있고 날개는 퇴화하여 멀리 날지 못하나 다리는 튼튼하다. 수컷은 털빛이 아름답고 때를 맞추어서 잘 울며 암컷은 알을 낳는다.

닭 계【鷄】덕금(德禽). 유(酉).
닭 계【雞】계(鷄)와 동자(同字). 雞犬.
牝雞莫晨『書經』
닭 종【雈】鷄也. 牆容切『集韻』

닭발잉어고기 :
닭발잉어고기 초【鰷】狀似鯉而有如雞足魚.

닭 부르는 소리 :
닭 부르는 소리 주【咮】呼鷄聲.
닭 부르는 소리 주【喌】呼鷄聲.
닭 부르는 소리 축【咻】呼鷄聲.

닭 우는소리 :
닭 우는 소리 렬【哷】鷄鳴聲.

닭 울다 :
닭 울 교【嘐】닭 우는 소리. 雞亂嚮嘐嘐『元稹』

닭의 밑씻개 :
닭의 밑씻개 수【蓚】鷄腸草.

닭 피 제사 : 닭을 죽여 지내는 혈제(血祭).
닭 피 제사 이【衈】

닮게 하다 :
닮게 할 초【肖】비슷하게 함. 僭肖宮省『唐書』

닮다 : 비슷함.
닮을 상【像】歲餘像孫叔敖『史記』
닮을 이【以】箕子以之『易經』
닮을 초【俏】迷生於俏『列子』
닮을 초【肖】肖似.

닳다 : 갈거나 마찰하여 작아지거나 없어짐.
닳을 린【磷】磨而不磷『論語』
닳을 마【磨】磨滅. 百世不磨『韓愈』
닳을 완【刓】刓缺, 民力刓敝『唐書』

담 : 모직물의 한가지.
담 계【罽】狗馬被繢罽『漢書』

담 : 장원(牆垣).
담 궁【宮】宮垣. 儒有一步之宮『禮記』
담 날【埒】낮은 담. 晉王濟有馬埒『世說』
담 도【堵】
㉠ 담장. 止如堵牆, 動如風雨『尉繚子』
㉡ 인신(引伸)하여 담의 안. 주거(住居).
百姓安堵『蜀志』
담 미【堳】장원(牆垣).
담 벽【辟】垣也.
담 병【屏】㊀ 墻也.
담 비【埤】낮은 담. 掖垣竹埤梧十尋『杜甫』
담 서【序】집의 동서(東西)에 있어 내외(內外)를 구별하는 담. 東序. 序內.
東西牆謂之序『爾雅』
담 수【樹】병장(屏帳). 邦君樹塞門『論語』
담 용【墉】높은 담. 君南向于北墉之下『禮記』
담 용【牅】垣也. 용(墉)과 동자(同字).
담 원【院】담장. 院內奚奴調馬『黃允文』
담 원【垣】㉠ 垣牆. 壞其館之垣『左傳』
㉡ 宮垣. 大師維垣『詩經』
담 유【囿】한 구역에 쌓은 담.
正月祭韭囿『大戴禮』
담 은【隱】얕은 담. 踰隱而待之『左傳』
담 장【廧】장(牆)과 통용.
趙皆以荻藁苦楚廧之『戰國策』
담 장【牆】집을 흙이나 돌 같은 것으로 둘러막은 것. 牆垣. 峻宇彫牆『書經』
담 치【雉】㉠ 성(城)의 담. 欲藉於臺雉『管子』
㉡ 성의 담의 척도(尺度)의 단위로서 높이 10자 길이 30자를 이름.
都城過百雉『左傳』
담 치【垗】원야(垣也). 성(城)윗담.
담 한【閈】담장. 閈庭詭異『張衡』

담결기둥 : 담을 치는 데 좌우 양쪽에 세우는 기둥.
담결기둥 간【榦】峙其楨榦『書經』

담그다 : 물에 오래 담가 부드럽게 함.
담글 구【漚】東門之地, 可以漚麻『詩經』
담글 대【濧】漬也.
담글 람【濫】濫于泗淵『國語』
담글 렴【溓】물에 넣음.
담글 분【濆】翹莖濆蕊『郭璞』
담글 석【液】浸液. 春液角『周禮』
담글 쉬【淬】달군 칼을 물에 담가 식혀 견고하게 함. 磨淬. 火與水合爲淬『漢書』
담글 쉬【焠】쉬(淬)와 통용. 달군 칼을 물에 담가 쇠의 질을 굳게 함.
使工以藥焠之『史記』
담글 악【渥】물에 담가 흠씬 적심.
渥淳其帛『周禮』
담글 엄【淹】淹漬. 淹之以好樂『禮記』
담글 음【淫】물에 담금. 沈淫. 水淫之『周禮』
담글 입【入】몰입(沒入)함. 三入爲纁『周禮』
담글 잠【蘸】黛蘸油檀『庾信』
담글 저【沮】물 속에 담금. 何益湍沮『唐書』
담글 지【漬】물에 담금. 浸漬. 漚, 漬也,
治麻者 必先以水漬之『詩經』
담글 착【浞】액체 속에 넣음.
담글 체【泚】액체 속에 담금. 泚筆.

담글 침【浸】浸漬. 浸彼苞稄『詩經』

담글 포【湴】漬也.

담글 함【涵】물에 담금. 또는 적심. 沈涵.
　　　　　海涵春育『王僧孺』

담다 :

　담을 괄【括】속에 넣고 두름. 包括. 有席卷天下
　　　　　苞擧宇內 囊括四海之意『賈誼』

　담을 구【抹】흙을 삼태기 같은 것에 담음.
　　　　　抹之陾陾『詩經』

　담을 비【匪】상자에 넣음. 匪厥玄黃『孟子』

　담을 성【盛】
　　㉠ 물건을 그릇에 담음.
　　　　于以盛之 維筐及筥『詩經』
　　㉡ 그릇에 담아 제사 지내는 서직(黍稷)따위.
　　　　犧牲粢盛『書經』

　담을 용【容】담아 넣음. 瓠落無所容『莊子』

　담을 입【込】㉠ 入滿之意.

　담을 저【歫】盛物於器.

　담을 증【烝】희생의 고기를 솥에 넣거나 자대
　　　　　(炙臺)에 담음. 생육(牲肉).
　　　　　脯醢無烝『儀禮』

　담을 함【圅】容也.

담 뚫다 :

　담 뚫을 공【腔】천원(穿垣).

담박하다 : 욕심이 없고 마음이 깨끗함.

　담박할 담【淡】
　　㉠ 집착(執著)이 없음. 욕심이 없음. 淡如.
　　　　君子之道 淡而不厭『中庸』
　　㉡ 담박. 君子之交 淡如水『莊子』

　담박할 담【澹】澹如. 疎星澹月『揮塵餘話』

담배 : 가지과의 일년생 재배식물.

　담배 연【煙】연초. 飮酒, 喫煙『大乘』

담비 : 족제비과에 속하는 동물. 모양은 족제비
　　비슷하고 털빛은 황갈색임. 가죽이 귀하여 옛
　　날에 그 꼬리로 시중(侍中) 등의 관(冠)에 달
　　아 장식으로 하였음.

　담비 결【臭】貉也.

　담비 연【狔】

　담비 초【貂】초(貂)의 고자(古字).
　　　　　狐貂裘千皮『史記』

　담비 초【貂】貂尾爲飾『後漢書』

　담비 학【貈】狐貈似貍善睡斑毛『爾雅』

담쌓는 소리 :

　담쌓는 소리 잉【陾】抹之陾陾『詩經』

담요 : 털 따위로 만들어 깔거나 덮게 된 물건.

　담요 구【氍】獻蒲桃良馬氍毹等物『南史』

　담요 구【毬】모담(毛毯).

　담요 담【毯】毯子. 悉取軍中氈毯『五代史』

담요 등【毾】天竺國有細布好毾㲪『後漢書』

담요 모【毸】모포(毛布).

담요 수【毵】織毛褥.

담요 유【毹】獻蒲桃良馬氍毹等物『南史』

담요 탑【㲪】天竺國有細布好毾㲪『後漢書』

담장 :

　담장 장【廧】蕭廧, 垣也.

　담장 전【隊】屋舍周圍墻垣.

담쟁이덩굴 : 포도과에 속한 낙엽 덩굴나무. 활
　　엽수이고 바위나 나무 따위에 붙어서 자라며,
　　잎은 세 갈래로 갈라져서 어긋난다. 여름에 작
　　은 담녹색의 꽃이 피며 가을에 작고 동그란 열
　　매가 자줏빛으로 익는다.

　담쟁이덩굴 라【蘿】薜蘿.

　담쟁이덩굴 찬【虉】牡虉, 만초(蔓草).

담제(禫祭) : 대상(大祥)을 지낸 그 다음달에 지
　　내는 제사.

　담제 담【禫】담사(禫祀).
　　　　　　期而大祥 中月而禫『禮記』

담 치는 나무 : 담을 칠 때 담의 두 끝에 세우는
　　나무.

　담 치는 나무 정【楨】楨榦. 維周之楨『詩經』

담 틀 : 담을 쌓는 데 쓰이는 널빤지.

　담 틀 업【牒】築墻版.

　담 틀 재【栽】水昏正而栽『左傳』

　담 틀 투【楡】築墻版.

　담 틀 판【版】版鍤. 身負版築 以爲士卒先『漢書』

담황색 : 엷은 황색. 또 그 옷감.

　담황색 상【緗】

답답하다 :

　답답할 박【懪】번민(煩悶).

　답답할 불【怫】마음이 울적(鬱寂)함.
　　　　　　我心何怫鬱『魏武帝』

　답답할 연【悁】번울(煩鬱).

　답답할 운【壼】鬱也.

　답답할 픽【愊】가슴이 답답함. 愊臆誰訴『李華』

　답답할 핍【愊】마음이 울결(鬱結)하여 답답함.
　　　　　　愊抑. 愊憶誰訴『李華』

당고(當故) : 부모의 상(喪).

　당고 간【艱】
　　㉠ 母艱. 在艱『晉書』
　　㉡ 遭母童夫人艱, 朝夕哭臨『世說』

당기다 :

　당길 고【顧】인도(引導)함. 또 인도하는 사람.
　　　　　郭林宗 范滂等爲八顧 言能以德行
　　　　　引人者也『後漢書』

　당길 공【控】
　　㉠ 잡아당김. 控弦. 弦不再控『班固』

ⓛ 당겨 못 가게 하거나 못하게 함. 제어 함.
控馬. 控歷.

당길 구【句】시위를 당김. 敦弓旣句『詩經』

당길 구【扣】끌어당김. 扣制.
扣繆公之駿『淮南子』

당길 권【捲】심줄이 당기는 모양.
筋節捲急『列子』

당길 구【彀】활을 당김. 彀張弩也『漢書』

당길 급【汲】

　ⓐ 끌어당김. 匠人大汲其版『周禮』

　ⓛ 인신(引伸)하여 추천 또는 등용함.
銓衡汲引『陳書』

당길 기【掎】

　ⓐ 뒤에서 끌어당김. 掎止晏萊焉『國語』

　ⓛ 옆으로 끌어당김. 伐木掎矣『詩經』

　ⓒ 시위를 당김. 機不虛掎『班固』

당길 도【捈】引也.

당길 로【擄】引也.

당길 만【寙】引也.

당길 만【彎】활에 화살을 먹여 당김. 彎弓.
逢門子彎烏號『王褒』

당길 만【挽】잡아당김. 挽弓.
他弓莫挽『無門關』

당길 반【攀】끌어당김. 攀輦卽利而舍『國語』

당길 벽【擘】활을 당김. 弓弩手張曰擘『康熙字典』

당길 선【撣】끌어당김. 撣援.

당길 섭【攝】끌어당김. 皆攝弓而馳『史記』

당길 안【按】끌어당김. 天子乃按轡徐行『史記』

당길 알【捾】원야(捾也).

당길 역【繹】실마리를 뽑아 당김.
燕見紬繹『漢書』

당길 연【演】잡아당김. 留侯演成『班固』

당길 연【挻】끎. 相挻爲亂『唐書』

당길 예【抴】끌어 당김. 견인(牽引)함.
接人則用抴『荀子』

당길 오【扚】引也.

당길 와【撽】견인(牽引).

당길 완【關】활을 당김. 越人關弓而射之『孟子』

당길 원【援】

　ⓐ 끌어당김. 嫂溺 援之以手『孟子』

　ⓛ 먼 데 있는 것을 당겨 손에 쥠. 援筆.
援琴奏別鵠之曲『南史』

　ⓒ 가까이 끌어 씀. 擧賢援能『禮記』

　ⓔ 끌어 증거로 삼음. 援例, 援引他經『公羊傳』

당길 읍【挹】잡아당김. 左挹浮邱袖『郭璞』

당길 인【績】

　ⓐ 잡아 당겨 늘임.

　ⓛ 劉績은 후한의 광무제(光武帝)의 아들.

당길 인【引】

　ⓐ 활을 당김.
畫腹爲的 自引滿將射之『資治通鑑

　ⓛ 끌어당김. 牽引. 相引牽『韓愈』

　ⓒ 잡아 당겨 뺌. 引掊萬物『淮南子』

당길 잉【扔】끌어당김. 攘臂而扔之『老子』

당길 장【張】활시위를 당김. 先張之弧『易經』

당길 철【掣】끌어당김. 掣肘.
義之從後掣其筆『晉書』

당길 추【搊】추(抽)와 동자(同字). 끌어당김.

당길 추【抽】끌어당김. 挈水若抽『莊子』

당길 표【杓】끌어당김. 勁杓國門之關『淮南子』

당길 한【扜】활 같은 것을 당김.
扜烏號之弓『淮南子』

당길 행【涬】끌어당김. 無線攣以涬己兮『張衡』

당길 확【彍】확(彉)과 동자(同字). 활을 당기다.

당길 확【彉】쇠뇌를 당김. 勢如彉弩『孫子』

당길 확【彏】활에 화살을 먹여 급히 당김.
彏天狼之威弧『揚雄』

당길 혹【搉】견제(牽制).

당길 흔【挔】급히 끌어당김.
引繩排挔不附己者『朱子語類』

당길 흡【翕】잡아당김. 載翕其舌『詩經』

당나귀 : 말의 일종. 몸이 작고 귀가 긺.

　당나귀 려【驢】面長似驢『吳志』

당닭 :

　당닭 절【鷾】소계(小鷄).

당당하다 :

　당당할 당【堂】의젓함. 堂堂之陣『淮南子』

당돌(唐突)하다 :

　당돌할 돌【挩】당돌(搪挩), 촉야(觸也).

당랑(螳螂) :

　당랑 모【蛑】버마 제비. 곧 당랑(螳螂)의 별칭.

당로(當盧) : 말의 이마에 대는 금속제의 장식물.

　당로 양【鍚】鉤膺鏤鍚『詩經』

당번(當番) : 숙직. 당직.

　당번 숙【宿】宿次未到『唐律』

당신(그대) : 남의 호칭.

　당신 자【子】子誠齊人也『孟子』

당집 터 :

　당집 터 전【墠】당기(堂基). 집터.

당토(當兎) : 굴대의 중앙에 있어서 차체 곧 차상과 굴대를 연결하는 물건. 좌우에 있는 것은 복(蝮)으로서 복토(伏兎)라고도 함.

　당토 복【輹】輿脫輹『易經』

당하다 :

　당할 견【見】수동적임을 나타내는 말. 所見. 爲見. 見受로 연용(連用)하기도 함.

　　ⓐ 信而見疑, 忠而 被謗『史記』

ⓛ 所見推許 『韓愈』

ⓒ 爲見忌嫉者, 橫致脣吻 『柳宗元』

ⓔ 本來求解脫卻見受驅馳 『拾得詩』

당할 당【當】

㉠ 당해냄. 감당함. 非福非德不當 『國語』

ⓛ 맞섬. 대적함. 天下莫能當 『史記』

ⓒ 일을 만남. 當事. 當食不歠 『禮記』

ⓔ 숙직함. 妾御莫敢當夕 『禮記』

ⓜ 지킴. 방어함. 一夫當關萬夫莫開 『李白』

ⓗ 당하게 하다. 以一儀而當漢中地 『史記』

당할 만【萬】 當也.

당할 방【方】 때를 당함. 方今之時 『莊子』

당할 방【防】 百夫之防 『詩經』

당할 수【讎】 합당함. 其力盡多不讎 『史記』

당할 은【殷】 해당함. 衡殷中州河濟之間 『史記』

당할 응【應】 닥쳐오는 일을 감당함. 臨機應變. 使章子將而應之 『戰國策』

당할 임【任】 당해냄, 저항(抵抗)함. 衆怒難任 『左傳』

당할 저【抵】 해당함. 俊人及盜抵罪 『史記』

당할 정【丁】 일을 만남, 조우(遭遇)함. 丁憂, 其兄玟丁內艱 『五代史』

당할 치【直】 닥쳐오는 때나 일에 직면함. 直夜潰圍 『史記』

당할 치【值】 일정한 시일을 당함. 適值時來遠 『陸機』

당할 피【被】 수동적임을 나타내는 말.

㉠ 以萬乘之國被圍 『史記』

ⓛ 信而見疑, 忠而被謗 『史記』

당황하다 : 허둥지둥함.

당황할 거【遽】 未嘗疾言遽色 『後漢書』

닻 : 배를 멈추게 하기 위하여 밧줄에 매어 물 속
에 넣는 철제(鐵製)의 기구(器具).

닻 묘【貓】 묘(錨)와 통용. 鐵貓一箇 『大明會典』

닻 묘【錨】 投錨. 拔錨. 船上鐵貓曰錨 『焦竑』

닻 정【矴】 정(碇)과 동자(同字). 作矴石 『唐書』

닻 정【碇】 정(矴)과 동자(同字). 審舶泊步有下碇稅 『唐書』

닻 내리다 : 닻을 내려 배를 멈추어 서게 함.

닻 내릴 정【碇】 碇泊.

닻줄 : 닻을 매어 다는 줄. 배를 매는 줄.

닻줄 람【纜】 解矴. 遲日徐看錦矴牽 『杜甫』

닿다 : 접촉함.

닿을 기【踦】 膝之所踦 『莊子』

닿을 영【嬰】 龍喉逆鱗, 嬰之則殺人 『韓非子』

닿을 정【撜】 不爲手所撜 『韓愈』

닿을 제【際】 際天接地 『漢書』

닿을 차【箚】 도착(倒着)함. 箚野營 『武備要略』

닿을 촉【觸】 서로 접함. 接觸.

대 :

대 경【莖】 가늘고 긴 막대기. 旌旗躍莖 『左思』

대 균【筠】 대나무의 일종. 翠筠. 柴門空閉鎖松筠 『杜甫』

대 녑【书】 竹也.

대 대【代】

㉠ 세상(世上). 시세(時世). 古代. 現代. 亂臣賊子, 何代無之 『十八史略』

ⓛ 한 왕조의 계속하는 동안. 唐代. 明代. 古之王者易代改號, 取法五行 『孔子家語』

ⓒ 한 사람이 생존하는 동안. 일대. 백대.

대 대【隊】 편제(編制)된 군대. 여러 사람이 열
을 지은 떼. 樂隊. 探險隊. 隨行而入逐隊而趨 『韓愈』

대 대【臺】

㉠ 흙을 높이 쌓아서 사방을 관망 할 수 있게
만든 곳. 돈대. 登武子之臺 『史記』

ⓛ 후세에는 조망(眺望)하기 위하여 만든 정
자(亭子)도 이름. 臺榭.

ⓒ 높고 평탄한 토지. 嚴子陵釣臺 在同城縣 『寰宇記』

ⓔ 물건을 올려놓는 제구. 飯臺. 堂中設視章臺 『夢溪筆談』

대 반【盤】 물건을 받치거나 올려놓는 제구. 見好燭盤 『宋書』

대 세【世】

㉠ 한 왕조의 계속하는 동안. 夏后之世 『詩經』

ⓛ 부자의 상속(相續). 君子之澤五世而斬 『孟子』

대 승【乘】 차량(車輛)을 세는 수사(數詞). 後車數十乘 『孟子』

대 엽【葉】 세대(世代). 末葉. 奕世累葉. 昔在中葉 『詩經』

대 정【梃】 줄기를 세는 수사(數詞). 酒二器 甘蔗百梃 『魏書』

대가 성하다 :

대가 성할 자【薋】 죽성(竹盛).

대강 :

대강 강【綱】 동류의 사물을 크게 구별한 유별
(類別). 綱目.

대강 경【梗】 대개(大槪). 略擧其梗槪 『左思』

대강 고【辜】 대략(大略). 蓋擧辜較之辭也 『孝經』

대강 교【較】 대략(大略). 斯其大較也 『嵇康』

대강 대【大】 개략(槪略). 大略. 大要.

대강 략【略】

㉠ 大略. 崖略. 嘗聞其略也 『孟子』

ⓛ 대충 대충 추리어. 略述. 略陳固陋 『司馬遷』

대강 범【凡】 개요(槪要). 대략(大略). 凡例.

請略擧凡『漢書』

대강 솔【率】대략(大略). 大率. 其率用此『禮記』

대강 조【粗】대략(大略). 粗陳其略『史記』

대강 총【總】대요(大要). 執其總『周禮』

대강 추【掬】대략(大略). 掬擧僚職『漢書』

대강 추【麤】대략(大略). 麤逑存亡之徵『史記』

대개 :

대개 개【概】대강(大綱). 概要.

概乎皆常有聞者也『莊子』

대개 개【蓋】

㉠ 추측(推測). 상상(想像)하는 말.

蓋上世嘗有不葬其親者『孟子』

㉡ 완곡하게 하는 말.

屈平之作離騷, 蓋自怨生也『史記』

㉢ 발어사. 蓋自天降生民『朱熹』

대개 경【攖】대략(大略).

대개 례【例】거의 다.

家有舊書 例皆殘蠹『南史』

대개 류【類】대략. 類名湮沒而不彰『史記』

대광주리 :

대광주리 서【筡】竹下股筡, 죽광(竹筐).

대구 : 대구과에 속한 한대성 바닷물고기. 몸은 넓적하고 주둥이는 둔하며 입이 크다. 몸빛깔은 담회갈색이고, 배 쪽은 담색이다. 등지느러미와 옆구리에는 모양이 고르지 않은 많은 반점과 유상선(流狀線)이 있다. 턱에는 잘 발달된 한 개의 수염이 있고, 비늘은 둥근비늘이다.

대구 민【鰵】大口魚.

대구 설【鱈】⊡ 大口魚.

대구 화【鰝】囘 어명(魚名). 대구(大口).

대구 : 혁대의 두 끝을 서로 끼워 맞추게 하는 자물단추.

대구 철【觖】天子革帶玉鉤觖 皇太子革帶金鉤觖 『隋書』

대궁 : 밥 그릇 안에 먹다 남은 밥. 잔반(殘飯).

대궁 준【餕】旣食恒餕『禮記』

대궐 : 궁전(宮殿).

대궐 각【閣】圖畫其人于麒麟閣『漢書』

대궐 궁【宮】宮闕. 起明光宮『漢書』

대궐 궐【闕】궁성(宮城). 宮闕.

대궐 금【禁】宮禁. 禁中. 逑職內禁『宋書』

대궐 성【省】帝姊長公主, 共養省中『漢書』

대궐 신【宸】

㉠ 宸闕. 風光宸掖『宋書』

㉡ 인신(引伸)하여 천자(天子)일에 관한 말의 관사로 쓰임. 宸怒. 宸念.

求得上皇宸翰『宋史』

대궐 아【衙】궁전(宮殿). 天子居曰衙『唐書』

대궐 위【闈】궁중(宮中). 주로 후궁을 이름.

正位宮闈『後漢書』

대궐 합【閤】궁전(宮殿). 일설에는 침방. 침실.

國王居重閤『齊書』

대궐 황【堭】합전(合殿).

대궐문 : 궁성(宮城)의 문. 금문(禁門).

대궐문 궐【闕】北闕向曙, 東方未明『王禹偁』

대궐문 팽【閟】宮中門.

대궐 안 : 궁중(宮中). 금중(禁中). 정부(政府).

대궐 안 중【中】其事留中『後漢書』

대궐 안 길 : 궁중의 왕래하는 길.

대궐 안 길 곤【壼】宮壼. 室家之壼『詩經』

대궐에 함부로 들어가다 :

대궐에 함부로 들어갈 란【闌】妄入宮中.

대궐이름 : 궁전의 이름.

대궐이름 사【虒】虒祁. 築虒祁之宮『左傳』

대궐지다 :

대궐지대 지【墀】전계(殿階).

대궐층계 : 궁전의 계단.

대궐층계 겁【劫】浩劫因王造『杜甫』

대그릇 :

대그릇 동【筒】죽기(竹器).

대그릇 락【筶】죽기(竹器).

대그릇 롱【籠】죽기의 총칭. 藥籠. 香籠.

대그릇 박【薄】대 또는 갈대로 만든 기명.

薄器不成內『荀子』

대그릇 보【簠】죽기(竹器).

대그릇 소【筲】

㉠ 대나무로 엮어 만든 한 말 두 되들이 그릇.

筲三黍稷麥『儀禮』

㉡ 작은 분량. 또 좁은 소견. 그릇이 작은 인물.

斗筲之人『論語』

대그릇 여【籅】죽기(竹器).

대그릇 찬【籫】죽기(竹器).

대껍질 : 대나무의 껍질.

대껍질 멸【篾】敷重篾席『書經』

대껍질 민【箆】죽피(竹皮).

대껍질 약【箬】楚謂竹皮曰箬『說文解字』

대껍질 여【笝】竹皮爲塞舟.

대껍질 청【靑】殺靑簡以寫經書『後漢書』

대껍질 탁【籜】탁(籜)과 통용.

初篁苞綠籜『謝靈運』

대 꼬치 :

대 꼬치 천【籤】以竹貫物.

대 꽃 :

대 꽃 훤【箮】죽화(竹花).

대끼다 : 쌀을 곱게 찧음.

대낄 정【精】精米. 食不厭精『論語』

대낄 착【鑿】粢食不鑿『左傳』

대낀 쌀 :

　대낀 쌀 정【精】정미(精米). 鼓筴播精『莊子』

대나무 : 대과에 속하는 상록 목본.

　대나무 죽【竹】松竹. 渭川千畝竹『史記』

　대나무 축【竺】

대낮 : 환히 밝은 낮.

　대낮 상【晌】정오(正午).

　대낮 오【旿】日當午而盛明.

대낮 침침하다 :

　대낮 침침할 말【昒】日中不明.

대다 :

　댈 급【給】공급함. 給水.

　　　　　　㉠ 仍給口糧『金史』

　　　　　　㉡ 用善書 給事尙書『漢書』

　댈 저【邸】닿게 함. 邸蕚葉而振氣『宋玉』

　댈 주【紸】紸纊. 임종(臨終)때 솜을 입에 대어
　　　　　　아직 숨을 쉬고 있는지의 여부(與否)
　　　　　　를 알아보는 일. 紸纊聽息之時『荀子』

대답 :

　대답 답【答】批答. 時以爲名答『南史』

　대답 야【喏】공손히 대답하는 소리.
　　　　　　　子發曰喏 不問其詞而遣之『淮南子』

대답하는 소리 :

　대답하는 소리 아【阿】건성으로 대답하는 소리.
　　　　　　　　　唯之與阿 相去幾何『老子』

대답하다 :

　대답할 낙【諾】

　　　㉠ 예하고 대답함. 史起敬諾『呂氏春秋』

　　　㉡ 천천히 대답함. 공손(恭遜)하지 않은 대답.
　　　　　父命呼 唯而不諾『禮記』

　대답할 답【荅】답(答)과 통용.
　　　　　　奉荅天命『書經』

　대답할 답【答】물음에 대하여 자기의 의사를
　　　　　　말함. 回答. 應答.
　　　　　　蘭芝仰頭答 理實如兄言『古詩』

　대답할 대【對】응답(應答)함. 對答.
　　　　　　起則對『禮記』

　대답할 보【報】反報文候『呂氏春秋』

　대답할 복【復】復答. 說復于王『書經』

　대답할 수【詶】수(酬)와 동자(同字).
　　　　　　號咷以詶咨『後漢書』

　대답할 수【雠】응답함. 無言不雠『詩經』

　대답할 애【唉】어 하고 대답하는 소리.
　　　　　　狂屈曰唉吾知之『莊子』

　대답할 야【喏】대답하는 소리. 子發曰喏 不問
　　　　　　其詞而遣之『淮南子』

　대답할 연【嚥】答也.

대답할 예【詍】응답(應答).

대답할 유【唯】예 하고 대답함. 낙(諾)보다 공
　　　　　　손한 말. 唯唯. 父召無諾 先生召
　　　　　　無諾 唯而起『禮記』

대답할 응【譍】응(應)과 동자(同字).
　　　　　　車馬敲門定不譍『蘇軾』

대답할 질【質】윗사람의 물음에 대답함.
　　　　　　質君之前『禮記』

대답할 합【合】旣合而來奔『左傳』

대답할 화【譁】應也.

대답할 화【和】응답함. 王和之『列子』

대대로 : 여러 대를 계속(繼續)하여.

　대대로 대【代】누대(屢代). 家代隆盛『隋書』

　대대로 세【世】世襲. 世有哲王『詩經』

대동선 :

　대동선 추【艔】해선(海船).

대략 :

　대략 약【約】대강. 大約. 約千里.
　　　　　　家道約易『抱朴子』

대로 깁다 :

　대로 기울 체【笢】以竹補缺.

대로하다 : 대단히 성을 내는 모양.

　대로할 혁【赫】王赫斯怒『詩經』

대 마디 :

　대 마디 시【簹】죽절(竹節).

　대 마디 요【筃】죽절(竹節).

대 마디 뚫다 :

　대 마디 뚫을 동【硐】鎤硐, 以刀通竹節作笛.

대 마루 :

　대 마루 맹【甍】용마루.

대 마르다 :

　대 마를 현【籛】죽고(竹枯).

대머리 : 머리털이 많이 빠지어 벗어진 머리.

　대머리 굴【頢】禿也.

　대머리 독【禿】대머리 지는 일.
　　　㉠ 민머리. 禿頭. 使禿者御之『穀梁傳』
　　　㉡ 病禿折臂『五代史』

　대머리 돌【突】민머리. 突禿長左『荀子』

대머리 지다 :

　대머리 질 독【禿】독두(禿頭)가 됨.
　　　　　　王莽頭禿『北史』

　대머리 질 동【童】頭童齒豁『韓愈』

대모 : 거북과에 속하는 열대지방의 바다거북. 등
　　껍데기는 누른 바탕에 검은 점이 있는 별갑대
　　(鼈甲瑇)라 하여 각종 장식용품의 재료로 씀.

　대모 대【瑇】대모(瑇瑁). 瑇瑁鼊黿『史記』

　대모 모【瑁】대모(瑇瑁).

대못 : 죽정(竹釘).

대바구니 : 대로 만든 바구니.

　대바구니 리【筣】筣筤. 窪處著筣筤『皮日休』

대 바자 : 가시대로 엮은 바자.

　대 바자 파【笆】溪中士女出笆籬『劉禹錫』

대 밥그릇 :

　대 밥그릇 허【筄】竹製飯器.

대범하다 : 까다롭지 아니함. 잘게 굴지 아니함.

　대범할 간【簡】簡率. 臨下以簡『書經』

　대범할 탈【侻】其行侻而順情『淮南子』

대부(大夫) : 공경(公卿) 아래 벼슬 또는 그 사람,
　　또는 그 채지(采地).

　대부 가【家】家削. 大夫皆富, 政將在家『左傳』

대 뿌리 :

　대 뿌리 동【箽】죽근(竹根).

　대 뿌리 륵【扐】대의 뿌리.

대 사립문 :

　대 사립문 병【箳】호선(戶扇).

대산 : 대산(岱山)은 오악(五嶽)의 하나로 태산(泰
　山)의 별칭.

　대산 대【岱】玉簡禪岱山『劉義恭』

대상자 :

　대상자 갑【箝】죽상(竹箱).

　대상자 비【匪】비(篚)와 동자(同字).
　　　　　　　其君子實玄黃于匪『孟子』

대 소리 :

　대 소리 류【簅】죽성(竹聲).

대소쿠리 :

　대소쿠리 구【篝】負土籠.

대순 :

　대순 순【笋】순(筍)과 동자(同字). 죽아(竹牙).
　　　　　　　竹笋一錢幾莖『朝野僉載』

　대순 순【筍】죽순(竹筍).
　　　　　　　其蔌維何 維筍及蒲『詩經』

　대순 약【篛】죽순(竹筍).

대숲 :

　대숲 황【篁】대나무의 숲. 篁竹.
　　　　　　　余處幽篁兮 終不見天『楚辭』

대신 : 대나무로 만든 신.

　대신 격【屐】죽리(竹履).

대신하다 :

　대신할 대【代】
　　㉠ 남이 할 일을 대신함. 代理. 巨伯曰, 友人
　　　有疾 不忍委之 寧以我身 代友人命『世說』
　　㉡ 남의 지위에 섬. 彼可取而代也『史記』

　대신할 섭【攝】
　　㉠ 남을 대신함. 攝行政事『史記』
　　㉡ 대리. 王莽居攝, 變漢制『漢書』

　대신할 이【貳】대리함. 其卜貳圉也『左傳』

　대신할 정【侹】代也.
　　　　　　　石梁平侹侹 沙水光冷冷『韓愈』

대신해서 설명하다 :

　대신해서 설명할 참【儳】초언(誚言).

대야 : 세수 같은 것을 하는 그릇.

　대야 관【盥】爰潔其盥『金史』

　대야 구【盆】합(盒)의 속칭(俗稱). 盆,
　　　　　　　俗以盆爲盒名『正字通』

　대야 반【盤】세탕지반명(盥湯之盤銘)『大學』

대 어살 : 대나무를 바닷가에 죽 늘어 세워서 고
　기를 잡는 장치.

　대 어살 호【滬】別浦廻時魚滬密『陸游』

대여섯 : 삼사(三四)의, 사오(四五)의, 오륙(五六)의.

　대 여섯 수【數】數年. 數口之家『孟子』

대열(隊列) :

　대열 구【驅】군대(軍隊)의 열(列).
　　　　　　　前驅. 先驅. 中驅.

대 열매 :

　대 열매 복【蕧】죽실(竹實). 竹生花實 其年便枯
　　　　　　　死 竹下復竹實也『竹譜』

대오 :

　대오 대【隊】군대의 항오(行伍).
　　　　　　　會師於臨品 分爲二隊『左傳』

대왕풀 : 난초과에 속하는 다년초. 뿌리는 백급
　(白芨)이라 하며 유독(有毒)한 데 약재로 씀.

　대왕풀 급【芨】

대요(大要) : 종요(宗要)로운 줄거리.

　대요 요【要】第五章乃明善之要『大學章句』

대의 서판 :

　대의 서판 부【簿】죽독(竹牘).

대 이름 : 대나무 이름. 죽명(竹名).

　대 이름 고【箛】篠簳箛箠『張衡』

　대 이름 공【筇】속이 차고 마디가 높아 지팡이를
　　　　　　　만드는 데 쓰임. 사천성에서 남.
　　　　　　　竹之堪杖 莫尙於筇『竹譜』

　대 이름 로【簬】로(簵)와 동자(同字).
　　　　　　　菌簬之勁『戰國策』

　대 이름 로【簵】화살을 만드는 대나무. 껍질은
　　　　　　　약간 검은빛을 띰.
　　　　　　　菌簵之勁『戰國策』

　대 이름 로【簩】독이 있어 초목을 찌르면 고사
　　　　　　　한다 함. 簩竹有毒 夷人以爲觚
　　　　　　　刺獸『異物志』

　대 이름 료【簝】마디 사이가 짧고 삼과 같이 부
　　　　　　　드러워 물건을 묶을 수 있다 함.

　대 이름 민【䉎】䉎, 筍嫩而節奕薄『筍譜』

　대 이름 방【篣】百葉參差, 生于南垂傷人見死醫

莫能治亦曰箬竹『竹譜』

대 이름 약【箬】잎이 크고 그 뒷면이 조금 희며
　　　　　　　산이나 들에 총생(叢生)함. 잎
　　　　　　　으로 삿갓 같은 것을 만듦.
　　　　　　　箬竹 靑箬笠綠簑衣『張志和』

대 이름 약【篛】약(箬)과 동자(同字).
　　　　　　　摘篛于谷『謝靈運』

대 이름 연【簫】죽명(竹名).

대 이름 종【鍾】종롱(鍾籠). 피리를 만드는 데 씀.
　　　　　　　惟鍾籠之奇生兮 于終南之 陰崖
　　　　　　　『馬融』

대 이름 타【箨】죽명(竹名).

대 이름 표【篻】표로(篻簩). 속이 비지 않고 가
　　　　　　　늘며 키가 대여섯 치 되는 것은
　　　　　　　쇠노의 화살을 만듦.
　　　　　　　篻簩有叢『左思』

대 이름 황【篁】初篁苞綠籜『謝靈運』

대 잇다 : 대대로 계속함.

대 이을 세【世】凡周之士 不顯亦世『詩經』

대 잎사귀 :

대 잎사귀 부【箁】죽엽(竹葉).

대자리 : 대를 엮어 만든 자리. 또는 마루.

대자리 거【籧】거저(籧篨). 거친 대자리.

대자리 당【簹】竹下行簹, 죽석(竹席).

대자리 생【笙】桃笙象簟『左思』

대자리 자【第】牀第之言, 不踰閾『左傳』

대자리 저【篨】거저(籧篨). 거친 대자리.

대자리 점【簟】竹簟. 涼簟.
　　　　　　　見其坐六尺簟『世說』

대자리 제【笫】죽석(竹席).

대자리 책【簀】易簀. 卽卷以簀置廁中『史記』

대자리 첩【㯓】죽점(竹簟).

대자리 합【蓋】죽석(竹席).

대장간 : 시우쇠를 다루는 곳.

대장간 야【冶】鑪冶. 冶坊. 蚩尤造九冶『尸子』

대장 기(大將旗) : 대장이 세우는 기.

대장 기 아【牙】牙旗. 깃대 위에 상아로 장식하
　　　　　　　였으므로 이름. 인신(引伸)하여
　　　　　　　본영. 徙牙于磧口『舊唐書』

대장 기 휘【撝】지휘하는 기.
　　　　　　　戎士介而揚撝『張衡』

대장 기 휘【麾】장수가 군대를 지휘하는 데 쓰는
　　　　　　　기. 진(陣)에 표시로 세우는 기.
　　　　　　　建大 麾『周禮』

대장일 :

대장일 단【鍛】쇠붙이를 달구어 두드리는 일.
　　　　　　　康性絕巧而好鍛『晉書』

대장장이 :

대장장이 야【冶】冶工. 以造化爲大冶『莊子』

대저 :

대저 부【夫】발어사(發語辭). 夫仁者『論語』

대저 시【是】부(夫)와 동의. 今是大鳥獸『禮記』

대전(代錢) :

대전 준【准】以金錢代禮. 금전으로 예를 대신함.

대접(待接) :

대접 간【看】대우(待遇). 不作布衣看『高適』

대접 지【知】知遇. 忽受國士知『岑參』

대접 : 국을 담는 대접.

대접 배【杯】幸分我一杯羹『史記』

대접받침 :

대접받침 변【欂】문. 기둥의 주두(柱枓).

대접하다 : 예의로써 대접함.

대접할 대【待】接待. 以季孟之間待之『論語』

대접할 빈【儐】山川所以儐鬼神也『禮記』

대접할 우【遇】待遇. 厚遇. 遇我厚『漢書』

대접할 접【接】대우(待遇)함. 接待. 接客.

대접할 향【饗】주식(酒食)을 차려 대접함.
　　　　　　　饗應 一朝饗之『詩經』

대 조리 :

대 조리 리【籬】笊籬, 죽기(竹器).

대지 :

대지 구【矩】땅. 옛날에 땅은 사각형으로 되었
　　　　　　　다고 생각하였으므로 이름.
　　　　　　　矩地. 矩靜安 物『太玄經』

대질하다 :

대질할 좌【坐】대질 심문함. 무릎 맞춤 함.
　　　　　　　鍼莊子爲坐『左傳』

대 쪼개다 :

대 쪼갤 필【篳】할죽(割竹).

대쪽 : 대나무의 조각. 종이가 없던 옛날에 글을
　　　적는데 썼음. 인신(引伸)하여 책.

대쪽 간【簡】竹簡. 簡札. 簡謂之畢『爾雅』

대쪽 고【觚】간찰(簡札). 或操觚以率爾『陸機』

대쪽 고【箛】죽간(竹簡).

대쪽 엽【葉】죽간(竹簡).

대쪽 적【籍】爲父母兄弟通籍『漢書』

대쪽 죽【竹】竹簡. 垂功名 于竹帛耳『後漢書』

대쪽 책【策】簡策. 百名以上書於策『禮記』

대쪽 책【筴】죽간(竹簡). 挾筴讀書『莊子』

대청(大廳) : 한옥에서 집 몸체의 방과 방 사이에
　　　있는 큰 마루.

대청 진【棖】양영간(兩楹間).

대청 청【廳】빈객을 영접하는 곳. 涼榭錦廳 其
　　　　　　　下可坐數百人『洛陽名園記』

대청 : 대나무 속의 안벽에 붙은 썩 얇고도 흰 꺼풀.

대청 부【箁】竹中衣.

대추 : 대추나무의 열매.
대추 복【樸】棗也.
대추 색【棟】棗也.
대추 석【檡】棗也.
대추 조【召】 흔 약화제(藥和劑)나 한약복지에 대추의 뜻으로 쓰는 말. 干三召二.
대추 조【棗】婦摯, 舅用棗栗『儀禮』
대추나무 : 갈매나뭇과에 속한 낙엽 활엽 교목. 높이 5미터 정도로, 초여름에 연한 황록색 꽃이 피고 타원형의 열매인 대추가 가을에 붉게 익는다. 길둥근꼴의 잎이 어긋맞게 나고, 가지에는 무딘 가시가 난다. 열매는 식용이나 약용으로 쓰이고, 목질이 단단해서 판목, 떡메, 달구지 따위의 재료로 쓰인다.
대추나무 석【晳】대추나무의 일종. 晳無實棗『爾雅』
대추나무 조【棗】조목(棗木).
대추 맛들다 :
대추 맛들 임【棯】棯, 棗還味.
대칼 : 대로 만든 작은칼로 연한 물건을 베거나 풀 같은 것을 으깨는 데 씀.
대칼 비【篦】病膜似將寶篦刮『蘇舜欽』
대컨대 :
대컨대 저【抵】무릇. 大抵.
대통 : 쪼개지 아니한 대나무의 토막. 또 대통 같이 둥글고 길며 속이 빈 물건.
대통 통【筩】絔筩. 制十二筩『漢書』
대통 통【筒】水筒. 煙筒. 黃帝命伶倫作律次 制十二筒 以別十二律『呂氏春秋』
대패 : 나무를 밀어 깎는 연장.
대패 뢰【鑸】포야(鉋也).
대패 분【鐼】鉋也. 鐼, 平木器也.
대패 사【鐁】포야(鉋也).
대패 산【鏟】포야(鉋也).
대패 은【釿】포야(鉋也).
대패 탕【鐋】鑪鐋, 平木器.
대패 포【鉋】포야(鉋也).
대팻밥 :
대팻밥 폐【柹】폐(柿)와 동자(同字). 風吹削柹『後漢書』
대평소(大平簫) : 우리나라 고유의 관악기. 단단한 나무로 만든 관에 여덟 개의 구멍이 있다. 아래 끝에는 깔때기 꼴로 된 놋쇠를 대고 부리에는 갈대로 만든 혀를 끼워서 분다.
대평소 발【哱】哱囉, 군기(軍器).
대포(大砲) :
대포 공【熕】 일 포공(砲熕). 銅發熕『武備志』
대포 포【砲】폭탄(爆彈)을 내쏘는 큰 화기(火器). 銃砲.
대하다 : 마주 대(對)함.
대할 근【對】對也.
대할 당【當】當公而進『左傳』
대할 우【偶】偶語. 偶坐不辭『禮記』
대할 직【直】主人立于阼階下 直東序西面『儀禮』
대하증 : 부인(婦人)의 자궁병(子宮病).
대하증 대【癉】赤癉. 白癉.
대합 : 참조개과에 속하는 조개의 한가지. 무명조개.
대합 길【鮚】
대합 진【蜄】신(蜃)과 동자(同字).
대합조개 : 무명조개. 큰 것을 신(蜃). 작은 것을 합(蛤)이라 함. 패각(貝殼)은 적갈색임. 장식용 바둑돌 등으로 쓰임. 일설에는 국자 가리 비.
대합조개 신【蜃】신합(蜃蛤). 文蜃. 魚監蜃蛤『左傳』
대합조개 요【珧】蜃小者珧『爾雅』珧珌. 조가비로 만든 칼의 장식.
대합조개 합【蛤】신합(蜃蛤). 雀入大水爲蛤『禮記』
대 홈통 : 대나무로 만든 홈통.
대 홈통 견【筧】竹筧. 南有筧 放水漑田『白居易』
댓돌 : 처마 밑에 죽 놓은 돌.
댓돌 염【櫩】曲屋步櫩『楚辭』
댓수의 차례 :
댓수의 차례 소【佋】소(昭)와 통용. 묘위(廟位). 宗廟佋穆 父爲佋南面 子爲穆北面.
댓 순 :
댓 순 균【菌】죽순(竹筍). 越駱之菌『呂氏春秋』
댓 순 지【箈】조릿대의 죽순. 箈菹雁醢『周禮』
댕댕이덩굴 : 새모래덩굴과에 속한 여러해살이 덩굴풀. 줄기는 3미터 정도이며 잎은 어긋나고 잎 끝은 뾰족하다. 줄기는 목질에 가깝고 잔털이 났으며 초여름에 황백색의 작은 단성화(單性花)가 핀다. 줄기와 뿌리를 말린 것은 약용한다.
댕댕이덩굴 라【蘿】藤蘿.
더구나 :
더구나 잉【剩】더군다나. 게다가. 그 위에. 尋經剩欲翻『高適』
더그레 : 조선 시대, 각 영문(營門)의 군사와 마상재꾼, 사간원의 갈도(喝道), 의금부의 나장(羅將)과 같은 하급 관리들이 입던 겉옷. 아래 위가 하나로 된 세 자락의 옷으로, 소속에 따라 옷 빛깔이 다르다.
더그레 합【褡】褡褶, 前後兩當衣.

더덕 : 초롱꽃과에 속한 여러해살이 덩굴성 식물.
　잎은 어긋나며, 8~9월에 자주색 꽃이 종 모양
　으로 피는데 꽃부리 안쪽에는 자갈색 반점이
　있다. 뿌리는 독특한 냄새가 나는데, 생채로 먹
　거나 볶아 먹는다. 햇볕에 말린 것은 한방에서
　가래 삭임이나 열을 내리는 데 쓰인다.
　더덕 삼【葠】沙葠.

더듬다 :
　더듬을 도【搯】속어로서 물건을 더듬어 찾는 일.
　　　　　　　인신(引伸)하여 소매치기를 하
　　　　　　　는 일. 搯兒.
　더듬을 모【摸】손으로 더듬어 찾음. 摸索.
　　　　　　　能手摸其文讀之『後漢書』
　더듬을 문【捫】더듬어 찾음. 傷胸,
　　　　　　　乃捫足『史記』
　더듬을 삽【諰】말을 더듬음. 어눌(語訥)함.
　　　　　　　言語訥諰『楚辭』
　더듬을 색【揌】손으로 찾음. 摸揌.
　더듬을 알【穵】알(挖)과 동자(同字).
　　　　　　　구멍 속을 손으로 더듬어 찾음.
　더듬을 쟁【撜】揌也.
　더듬을 탐【撢】탐(探)과 동자(同字). 더듬어 찾음.
　　　　　　　誦主志者若撢取王之志『周禮』
　더듬을 탐【探】
　　㉠ 찾음. 探索. 探賾索隱『易經』
　　㉡ 밝히려고 함. 春秋深探其本『漢書』
　　㉢ 염탐함. 探偵. 己探先君之邪志『穀羊傳』
　더듬을 토【討】討論. 探討. 尋討禍源『魏志』

더듬어 찾다 : 물건을 물 속에 넣어서 딴 물건을
　찾음.
　더듬어 찾을 심【沁】盜索不敢沁『韓愈』
　더듬어 찾을 잔【拃】탐색(探索).
　더듬어 찾을 해【扴】摸也.

더디 걷다 :
　더디 걸을 문【趣】행지(行遲).

더디다 : 길이 험하여 가는 데 시간이 걸림.
　더딜 갈【濍】느림. 今玩日而濍歲『國語』
　더딜 련【連】行賽來連『易經』
　더딜 사【賒】지완(遲緩)함. 珠簾久漏賒『梁簡文帝』
　더딜 중【重】느림. 굼뜸. 卑濕重遲『荀子』
　더딜 지【遲】빠르지 아니함. 舒遲.
　　　　　　　行道遲遲『詩經』
　더딜 태【娩】娩娩, 舒遲貌.

더러운 냄새 :
　더러운 냄새 해【餀】예취(穢臭).

더러운 집 :
　더러운 집 지【疧】비옥(鄙屋).

더러워지다 :

더러워질 염【染】더럽혀짐. 染心.
　　　　　　　眞性本來無所染『張喬』
더러워질 예【穢】더럽게 됨. 材朽行穢『漢書』

더럼 :
　더럼 호【洿】오염. 治舊洿『左傳』

더럽게 여기다 :
　더럽게 여길 기【娸】醜也.

더럽고 작다 :
　더럽고 작을 폐【柿】비소(鄙小).

더럽다 :
　더러울 규【奎】鄙也.
　더러울 뉵【嬹】汚也.
　더러울 독【瀆】褻瀆. 下交不瀆『易經』
　더러울 독【黷】
　　㉠ 때묻음. 林木爲之潤黷『左思』
　　㉡ 추함. 或先貞而後黷『孔稚圭』
　더러울 만【漫】以辱行汙漫我『莊子』
　더러울 벽【僻】루야(陋也).
　더러울 분【糞】糞壤(썩은 흙). 是糞土也『左傳』
　더러울 비【陫】루야(陋也).
　더러울 비【屝】루야(陋也).
　더러울 비【鄙】마음이 비루(鄙陋)함. 鄙劣.
　　　　　　　在位貪鄙『詩經』
　더러울 설【渫】去卑辱奧渫『王褒』
　더러울 설【褻】猥褻. 執褻器『周禮』
　더러울 성【腥】추함. 腥德. 腥聞在上『書經』
　더러울 애【隘】비루(鄙陋)함.
　　　　　　　君子以爲隘矣『禮記』
　더러울 염【㶣】오야(汚也).
　더러울 염【染】때묻음. 染心.
　　　　　　　眞性本來無所染『張喬』
　더러울 예【穢】穢行. 또 더러운 일. 더러운 것.
　　　　　　　無起穢以自臭『禮記』
　더러울 예【薉】오야(汚也). 예(穢),
　　　　　　　예(薉)와 동자(同字).
　더러울 오【汚】
　　㉠ 불결(不潔)함. 汚濁. 衣盡汚『史記』
　　㉡ 마음이나 행실이 더러움. 汚吏.
　더러울 와【湤】오예(汚穢).
　더러울 외【薶】塵垢不能薶『淮南子』
　더러울 외【猥】猥褻. 추잡함. 야비(野鄙)함.
　　　　　　　卑猥不獲處人間『洞冥記』
　더러울 외【隗】외와(隗湤), 오탁(汚濁).
　더러울 유【浟】오야(汚也).
　더러울 전【羶】오예(汚穢). 舜有羶行『莊子』
　더러울 취【臭】無起穢以自臭『書經』
　더러울 특【慝】穢慝. 禮慝而樂淫『禮記』
　더러울 혼【溷】君子不食溷餘『禮記』

더럽히다 :

더럽힐 도【塗】더럽게 함. 以塗五身『莊子』

더럽힐 독【瀆】瀆職.

더럽힐 독【瀆】瀆職. 再三瀆, 瀆則不告『易經』

더럽힐 독【嬻】오손(汚損)함. 媟嬻. 陳侯棄伉儷
　　　　　　妃嬪 而淫于夏氏 不亦嬻姓矣乎
　　　　　　『國語』

더럽힐 루【累】티. 흠. 玷也. 終累大德『書經』

더럽힐 만【謾】淳于長書有詐謾『漢書』

더럽힐 만【漫】以辱行汚漫我『莊子』

더럽힐 매【浼】
　㉠ 명예 등을 손상케 함. 爾焉能浼我哉『孟子』
　㉡ 인신(引伸)하여 남에게 폐를 끼치는 뜻으
　　로 쓰임.

더럽힐 멸【〟】
　㉠ 피 또는 더러운 물건을 발라 더럽힘.
　　　糞穢〟面『烈女傳』
　㉡ 신성을 모독함. 치욕을 줌. 汚〟宗室『漢書』

더럽힐 무【誣】더럽게 함.
　　　　　不能而居之誣也『荀子』

더럽힐 비【秕】손상시킴. 秕我王度『後漢書』

더럽힐 설【褻】猥褻. 執褻器『周禮』

더럽힐 엄【魘】사오(使汚).

더럽힐 염【染】더럽게 함. 割鮮染輪『史記』

더럽힐 예【穢】더럽게 함. 汗穢朝廷『後漢書』

더럽힐 오【汚】더럽게 함. 汚損. 汚名.
　　　　　以佛事汚吾先人『五代史』

더럽힐 와【涴】진흙이나 먼지 등으로 더럽게
　　　　　하거나 더럽혀짐.
　　　　　勿使泥塵涴『韓愈』

더럽힐 외【錗】塵垢不能錗『淮南子』

더럽힐 점【點】適足以發笑而自點耳『司馬遷』

더럽힐 진【塵】더럽게 함. 祇自塵兮『詩經』

더럽힐 첨【忝】
　㉠ 욕되게 함. 無忝爾所『詩經』
　㉡ 받는 것이 분에 넘치는 일이라고 겸양하여
　　하는 말. 榮忝. 否德忝帝位『書經』

더럽힐 촉【觸】더럽게 함. 오탁(汚濁). 塵觸.
　　　　　不受塵事觸『韓愈』

더럽힐 취【臭】無起穢以自臭『書經』

더부룩이 나다 :

더부룩이 날 관【灌】한 뿌리에서 총생(叢生)함.
　　　　　灌木. 丹桂灌叢『左思』

더부룩이 날 맥【覛】초목이 총생한 모양.
　　　　　覛擘茀離也『爾雅』

더부룩이 날 보【葆】초목이 총생한 모양.
　　　　　頭如蓬葆『漢書』

더부룩이 날 복【樸】무더기로 총생함.
　　　　　芃芃棫樸『詩經』

더부룩이 날 준【蓁】초목이 총생한 모양. 榛蓁.
　　　　　森蓁而刺天『張衡』

더부룩이 날 추【菆】풀이 총생함.

더부룩이 날 포【苞】총생(叢生)함.
　　　　　草木漸苞『書經』

더부룩이 날 포【包】포(苞)와 동자(同字).
　　　　　草木漸包『書經』

더부룩하다 : 무성한 모양.

더부룩 할 비【濞】崔葦濞濞『詩經』

더부룩 할 총【叢】빽빽이 들어 섬. 叢生.

더불다 : 더불어 함께.

더불 여【與】鄙夫可與事君也與哉『論語』

더불어 :

더불어 급【及】
　㉠ 여(與)와 동자(同字). 더불어. 함께. 같이.
　　　予及汝偕亡『孟子』
　㉡ 더불어 함. 함께 함. 같이 함.
　　　周王于邁 六師及之『詩經』

더불어 위【爲】~와 더불어.
　　　　　寡人獨爲仲父言『韓詩外傳』

더불어 가다 : 함께 감.

더불어 갈 여【與】之子歸 不我與『詩經』

더불어 하다 : 일을 같이 함.

더불어 할 여【與】吾非此人之徒與而誰與『論語』

더욱 : 한층 더. 오히려 더하게.

더욱 가【加】加勇. 今之時 與孟子之時 又加遠矣
　　　　　『韓愈』

더욱 미【彌】彌榮. 仰之彌高『論語』

더욱 배【倍】今來倍歎傷『溫庭筠』

더욱 우【尤】
　㉠ 尤甚. 尤精物理『晉書』
　㉡ 가장 뛰어난 것 拔其尤『韓愈』

더욱 유【兪】유(愈)와 동자(同字).
　　　　　兪務兪遠『荀子』

더욱 유【愈】動而愈出『老子』

더욱 유【逾】亂乃逾甚『淮南子』

더욱 유【踰】亂乃踰甚『淮南子』

더욱 익【益】愈益. 因其已知之理 而益窮『大學』

더욱 자【孳】자(滋)와 통용. 일층 많이.
　　　　　賦斂孳重『漢書』

더욱 자【滋】其虐滋甚『左傳』

더욱 전【轉】轉寂寞. 老來事業轉荒唐『蘇軾』

더욱 증【增】喜極增悲『柳宗元』

더욱 황【況】衆況厚之『國語』

더운 김 :

더운 김 동【烔】열기(熱氣).

더운 김 총【熜】熅也. 총(熄)과 동자(同字).

더운 김 효【歊】열기. 浮瀚雲而散歊蒸『漢書』

더운 물 :

　더운 물 안【汝】뜨거운 물.

더운 바람 :

　더운 바람 뇨【飉】열풍(熱風).

더위 : 여름철의 더운 기운.

　더위 서【暑】暑退. 一寒一暑『易經』

　더위 열【熱】叡冒熱『北史』

더위 먹다 :

　더위 먹을 갈【癘】상서(傷暑). 受暑中癘『方書』

　더위 먹을 갈【暍】서증(暑症)에 걸림. 暍死.
　　　　　　　暍者望冷風於秋『淮南子』

　더위 먹을 서【瘴】중서(中暑).

더위잡고 오르다 : 나무를 타거나 산 같은 것을
　기어오름.

　더위잡고 오를 반【攀】百歲老翁攀枯枝『晉書』

더치다 :

　더칠 병【病】병이 중해짐. 子疾病『論語』

더펄새 :

　더펄새 의【鷾】노자(鷾鴯).

더하다 :

　더할 가【駕】더하여지게 함. 보탬.
　　　　　　　譬猶飮藥以駕病也『莊子』

　더할 가【加】
　　㉠ 보탬. 늘임. 많게 함. 倍加.
　　　　既富矣 又何加焉『論語』
　　㉡ 높게 함. 加階. 有諸公則辭加席『儀禮』
　　㉢ 베풂. 줌. 加恩, 老有加惠『左傳』

　더할 담【餤】증가함. 亂是用餤『詩經』

　더할 마【媽】익야(益也).

　더할 배【倍】증가시킴. 焉用亡鄭以倍鄰『左傳』

　더할 배【陪】보탬. 陪鼎. 分之土田陪敦『左傳』

　더할 비【裨】증익(增益)함. 裨益.
　　　　　　　政事一裨益我『詩經』

　더할 비【埤】증익(增益)함. 埤益.
　　　　　　　政事一埤益我『詩經』

　더할 상【尙】보탬. 好仁者, 無以尙之『論語』

　더할 순【賥】加也.

　더할 운【員】늘임. 員于爾輻『詩經』

　더할 유【愈】더욱더욱. 動而愈出『老子』

　더할 윤【潤】보탬. 樂章累朝多刪潤『宋史』

　더할 이【地】차차로 겹쳐서 늚. 無所流地『漢書』

　더할 익【益】보탬. 增益. 益之以三怨『國語』

　더할 장【長】늚. 不月長『國語』

　더할 제【濟】증가함. 盍請濟師于王『左傳』

　더할 증【譄】加也.

　더할 증【曾】증(增)과 동자(同字).
　　　　　　　曾益其所不能『孟子』

　더할 증【增】증가시킴. 增兵.

　　　　　　茫然增愧板『韓愈』

　더할 진【進】보탬. 進退之『禮記』

　더할 첨【虉】益也.

　더할 첨【添】보탬. 添加. 雨添山氣色『白居易』

　더할 타【佗】보탬. 舍彼有罪, 予之佗矣『詩經』

　더할 황【況】자심(滋甚)해짐. 亂況斯削『詩經』

더하여지다 :

　더하여질 가【加】
　　㉠ 보태어짐. 늚. 많아짐. 祀加於擧『國語』
　　㉡ 높아짐. 올라감. 獻子加於人一等矣『禮記』

더해지다 :

　더해질 익【益】많아짐. 其家日益『呂氏春秋』

덕 :

　덕 덕【德】
　　㉠ 도를 행하여 체득(體得)한 품성(稟性). 德行.
　　㉡ 덕을 갖춘 사람. 德不孤, 佑賢輔德『書經』
　　㉢ 도덕. 中庸之爲德也, 其至矣乎『論語』
　　㉣ 공덕. 이익. 下非地德『國語』
　　㉤ 교화. 布德和令『禮記』 .
　　㉥ 은혜. 恩德. 既飽以德『詩經』

　덕 득【得】
　　㉠ 덕(德)과 통용. 尙得推賢『荀子』
　　㉡ 所識窮乏者得我與『孟子』

　덕 왕【睚】德也.

　덕 원【元】천지(天地)의 사덕(四德)의 하나. 곧
　　만물(萬物) 생육(生育)의 덕(德). 사
　　시(四時)로는 봄, 도덕(道德)으로는
　　인(仁)에 배당(配當)함.
　　　　　　　元者善之長也『易經』

덕 베풀다 : 은혜를 베풂.

　덕 베풀 덕【德】又從而振德之『孟子』

덕스럽다 :

　덕스러울 정【姃】女德不妄動.

덕으로 여기다 : 은덕(恩德)을 느낌.

　덕으로 여길 덕【德】王曰然則德我乎『左傳』

　덕으로 여길 덕【得】덕(德)과 통용.
　　㉠ 尙得推賢『荀子』
　　㉡ 所識窮乏者得我與『孟子』

덕화(德化) :

　덕화 화【化】인정(仁政). 은택(恩澤).
　　　　　　　變道行化『史記』

던지다 : 투척(投擲)함. 물건을 던짐.

　던질 공【控】時則不至 而控於地而己矣『莊子』

　던질 관【摜】내던짐.

　던질 구【摳】以瓦摳者巧『列子』

　던질 단【殿】투물(投物).

　던질 쇄【灑】灑釣投網『潘岳』

　던질 저【抵】내던짐. 毀以抵地『後漢書』

던질 적【蹢】齊人蹢子於宋者『莊子』
던질 제【提】太后以冒絮提文帝『史記』
던질 지【搘】투야(投也).
던질 찬【攛】투척함.
던질 척【擿】引匕首以擿秦王『史記』
던질 척【擲】
㉠ 投擲. 卿試擲地 當作金石聲也『晉書』
㉡ 내버림. 방기(放棄)함. 棄擲邐迤『杜牧』
던질 탁【度】흙을 판때기에 던짐.
度之薨薨『詩經』
던질 퇴【敦】던져줌. 王事敦我『詩經』
던질 퇴【搥】투척함. 搥提仁義『揚子法言』
던질 투【投】
㉠ 내던짐. 投擲. 投石.
㉡ 몸을 내던짐. 乃投水而死『古詩』
㉢ 내버림. 投筆事戎軒『魏徵』
㉣ 추방(追放)함. 投諸四裔『左傳』
던질 투【透】투신(投身)함. 乃透井死『南史』
던질 패【捭】일설(一說)에는 두 손으로 침.
莫不衈銳挫鋩 拉捭摧藏『左思』
던질 포【拋】내던짐. 拋擲. 自拋財産『後漢書』
던질 포【抱】포(拋)와 통용.
美嫄生后稷 抱之山中『史記』

덜다 :

덜 감【減】함(咸)과 통용.
㉠ 양을 줄임. 減半. 實減無實之物『後漢書』
㉡ 수를 줄임. 減百 官俸給三分之一『南史』
덜 거【去】제외함. 去喪無所不佩『論語』
덜 견【蠲】제거함. 蠲除. 應時而蠲『揚雄』
덜 구【扣】뺌. 扣除.
덜 략【略】뺌. 감소시킴. 喪數略也『公羊傳』
덜 모【耗】감손(減損)함. 消耗.
不抑耗其實而已『柳宗元』
덜 발【犮】제거함.
덜 발【撥】제거함. 秦撥去古文『漢詩』
덜 복【復】제거함. 消復災眚『後漢書』
덜 부【裒】감소시킴. 君子以裒多益寡『易經』
덜 사【寫】덜어 없앰. 寫憂. 以寫我憂『詩經』
덜 생【眚】생(省)과 통용. 眚禮『周禮』
덜 생【省】감함. 또는 간략히 함. 省減. 省略.
貶食省用『左傳』
덜 서【抒】제거함. 難必抒矣『左傳』
덜 선【朘】감(減)함.
덜 설【洩】감소함. 濟其不足, 以洩其過『左傳』
덜 소【捎】제거함. 捎其藪『周禮』
덜 손【損】감소함. 有能增損一字者予千金『史記』
덜 쇄【殺】減殺. 非帷裳必殺之『論語』
덜 양【攘】제거함. 攘之剔之『詩經』
덜 연【捐】없앰. 제거함. 捐木急之官『史記』
덜 적【拺】제거함. 赤友猶言拺拔『周禮』
덜 제【除】
㉠ 없애 버림. 除去. 除惡務本『書經』
㉡ 베거나 죽여 없앰. 蔓草猶不可除『左傳』
㉢ 폐기함. 除挾書之禁『十八史略』
㉣ 깨끗이 하여 먼지 따위가 없게 함. 掃除.
請得除宮『史記』
덜 주【誅】제거함. 以惠誅怨『國語』
덜 준【劕】감(減)함.
덜 폄【貶】감함. 損貶. 不可貶也『司馬相如』

덜리다 :

덜릴 감【減】수량이 적어짐. 줆. 減少.
聲望日減『晉書』
덜릴 모【耗】감손(減損)함. 消耗.
不抑耗其實而已『柳宗元』

덜어버리다 :

덜어버릴 발【拔】제거함. 猶言拺拔『周禮』

덤불 :

덤불 불【茀】풀의 수풀. 得鄰之茀地『曾鞏』
덤불 속【樕】총생(叢生)함. 林有樸樕『詩經』
덤불 진【榛】잡목, 잡초가 우거진 곳. 榛蕪.
披榛採蘭『晉書』
덤불 포【苞】총생(叢生)한 초목(草木).
集于苞栩『詩經』

덥다 : 열이 많음.

더울 서【暑】暑氣. 土潤溽暑『禮記』
더울 애【焥】熱也.
더울 열【熱】如水益深, 如火益熱『孟子』
더울 염【炎】炎天. 觀炎氣之相仍兮『楚辭』
더울 작【灼】뜨거움. 何堪鬱灼『常袞』
더울 하【煆】뜨거움.
더울 한【暵】열이 있음. 旱暵則舞雩『周禮』
더울 효【炈】熱也.
더울 후【煦】햇빛이 더움. 仰朗日之照煦『李嵩』

덧널 :

덧널 곽【槨】외관(外棺). 范獻子去其柏槨『左傳』
덧널 곽【椁】곽(槨)과 동자(同字). 외관(外棺).

덧니 :

덧니 창【齠】齒旁小齒.
덧니 협【齛】치중(齒重).

덧바퀴 : 수레바퀴의 외주(外周)를 싸는 것.

덧바퀴 유【輮】行澤者反輮『周禮』

덧옷 : 위에 덧입는 옷.

덧옷 첩【褶】襚者以褶『儀禮』

덩굴 : 길게 뻗어서 땅바닥으로 퍼지거나 다른 것을 감아 오르는 식물의 줄기.

덩굴 류【虆】류(藟)와 동자(同字).
덩굴 류【藟】초목의 덩굴.

덩굴 만【蔓】野有蔓草『詩經』

덩굴지다 : 덩굴이 되어서 뻗음.

덩굴질 만【蔓】中通外直, 不蔓不枝『朱敦頤』

덩굴 풀 : 딴 것에 감기는 만초(蔓草)의 총칭. 일설에는 만초(蔓草)의 일종 또는 만초(蔓草)의 줄기 라 함.

덩굴 풀 류【藟】葛藟纍之『詩經』

덩굴 풀 만【蔓】만초(蔓草). 附苔絡蔓『酉陽雜俎』

덩어리 : 뭉치.

덩어리 괴【塊】肉塊. 趙氏一塊肉『宋史』

덩어리지다 : 나누어지지 않고 한데 엉기어 있음.

덩어리질 륜【圇】홀륜(囫圇). 둥글둥글 함.

덩어리질 혼【混】兩儀未分 其氣混沌『鶡冠子』

덩어리질 홀【囫】홀륜(囫圇). 둥글둥글 함.

덫 : 짐승을 꾀어 잡는 제구.

덫 견【羂】견(罥)과 동자(同字).
　　　　　　　羂腰褰『司馬相如』

덫 견【罥】掉罦絶罥『揚子法言』

덫 확【攫】罟攫陷阱『中庸』

덫을 놔 잡다 :

덫을 놔 잡을 반【擊】擊攫, 부정(不正).

덮개 : 덮는 물건. 또 덮는 일.

덮개 개【蓋】器則執蓋『禮記』　發蓋『禮記』

덮개 멱【幎】覆尊巾.

덮개 부【覆】射覆.

덮개 투【套】덮개. 封套. 外套.

덮개 황【幌】휘장처럼 된 덮어 가리는 형겊.
　　　　　　　小爐低幌還掩遮『陸龜蒙』

덮다 : 위나 물건을 덮어 가림. 덮어씌움.

덮을 개【蓋】
　　㉠ 蓋世. 其高無蓋『關尹子』
　　㉡ 가림. 숨김. 爾尚蓋前人之愆『書經』

덮을 건【巾】副之巾以絺『禮記』

덮을 당【當】以當門『左傳』

덮을 도【燾】주(幬)와 동자(同字). 伊我皇之仁
　　　　　德兮 配燾育於二儀『傅咸』

덮을 도【幬】如天之無不持載無不覆幬『中庸』

덮을 뢰【賴】隱將芘其所賴『莊子』

덮을 막【幕】井收勿幕『易經』

덮을 멱【幎】멱(冪)과 동자(同字). 幎八尊『周禮』

덮을 멱【帞】복야(覆也).

덮을 멱【冖】멱(冖)의 변체(變體).

덮을 멱【幦】幦日用緇『儀禮』

덮을 멱【羃】멱(冪)과 동자(同字).
　　　　　　皆以靑帛羃之『春渚紀聞』

덮을 멱【冪】멱(幂)과 동자(同字). 보로 덮어
　　　　가림. 掌共巾冪『周禮』

덮을 멱【冖】멱(幂)과 동자(同字).

보자기로 물건을 덮음.

덮을 몽【幪】몽(幪)과 동자(同字). 覆謂之幪.

덮을 몽【幪】知夏屋文栟幪也『揚子法言』

덮을 몽【蒙】以幕蒙之『左傳』　發蒙『漢書』

덮을 몽【冢】몽(蒙)과 통용

덮을 무【憮】憮用斂衾『禮記』

덮을 문【勹】복야(覆也).

덮을 박【薄】外薄四海『書經』

덮을 부【覆】
　　㉠ 씌워 얹음. 瓦屋, 以瓦覆屋也『急就篇』
　　㉡ 덮어 쌈. 天之所覆『禮記』
　　㉢ 가리워 감춤. 微瑕細故, 當掩覆之『魏志』
　　㉣ 비호(庇護)함. 以救覆之『荀子』
　　㉤ 널리 퍼짐. 널리 미침. 仁覆天下『孟子』

덮을 부【復】복(覆)와 통용. 陶復陶穴『詩經』

덮을 비【庇】덮어 가림. 은폐(隱蔽)함. 庇蔭.
　　　　　　葛藟猶能庇其本根『左傳』

덮을 비【芘】비(庇)와 동자(同字).
　　　　　　隱將芘其所賴『莊子』

덮을 사【襄】덮어 가림. 不襄城也『公羊傳』

덮을 섬【幨】복야(覆也). 몽

덮을 아【㠾】덮어 가림. 엄폐함.

덮을 암【罨】복야(覆也).

덮을 압【罨】복야(覆也).

덮을 애【藹】개야(蓋也).

덮을 엄【弇】弇日爲蔽雲『爾雅』

덮을 엄【罨】씌워 얹음. 罨岸春濤打船尾『張泌』

덮을 우【耰】씨를 곰방메 따위로 덮음.
　　　　　　耰而不輟『論語』

덮을 점【苫】倚木於樹, 苫覆而居『世說』

덮을 주【幬】복야(覆也).

덮을 충【充】가림. 服之襲也, 充美也『禮記』

덮을 폐【蔽】
　　㉠ 덮어서 쌈. 충색(充塞)함. 가득 참.
　　　　功名蔽天地『呂氏春秋』
　　㉡ 포괄(包括)함. 一言以蔽之『論語』

덮을 포【菢】복야(覆也).

덮을 피【被】덮어 가림. 皐蘭被徑兮『宋玉』

덮을 혜【姱】덮어 가림.
　　　　　　彊其百苛 姱其讒慝『國語』

덮을 황【荒】가림. 葛藟荒之『詩經』

덮을 후【帿】덮어 가림.

데리고 다니다 : 데리고 다님.

데리고 다닐 대【帶】帶同. 帶隨人行『揚雄方言』

데릴사위 : 사위를 얻음. 또 데릴사위가 됨.

데릴사위 췌【贅】초서(招壻). 贅壻.
　　　　　　家貧子壯則出贅『漢書』

데삶다 : 살짝 삶아 부드럽게 함.

데삶을 여【茹】蒸爲茹『爾雅』

데어 터지다 :

데어 터질 미 【麛】 爛也.

데우는 그릇 :

데우는 그릇 라 【鑢】 온기(溫器).

데우다 :

데울 섬 【燖】 덥게 만듦. 燖湯請浴 『禮記』

데울 심 【燖】 따뜻하게 함.
若可燖也 亦可寒也 『儀禮註』

데울 연 【蘱】 熱也.

데울 하 【煆】 불을 가하여 덥게 함.

데울 형 【熒】 灼也.

데치다 : 끓는 물에 넣어 약간 삶음.

데칠 약 【鬻】 內肉及菜湯中薄出之.

데칠 약 【瀹】 管箭三, 其實皆瀹 『儀禮』

데칠 여 【茹】 데쳐서 조미(調味)한 채소.
廚人進藿茹 『傅玄』

데칠 접 【膃】 瀹也.

도 : 법도(法度). 도덕(道德). 규율(規律).

도 기 【紀】 紀綱. 三綱六紀. 四時以爲紀 『國語』

도 도 【度】
㉠ 천체(天體)의 전주(全周)를 360°등분(等分)
한 새김. 明宿度相戾 『後漢書』
㉡ 온도(溫度)의 단위.
㉢ 각도(角度)의 단위.
㉣ 지구의 표면을 동서 또는 남북으로 각각
360°등분의 새김. 經度. 緯度.

도 도 【道】 예악(禮樂), 형정(刑政), 학문(學文),
기예(技藝), 정치(政治) 따위.
王道. 斯道. 仙道.

도 도 【道】 우리나라에 있어서 특별시, 광역시와
함께 가장 큰 지방 행정 구역 단위의
하나. 남·북한 모두 18개의 도가 있다.

도가니 : 주로 쇠붙이를 녹이는데 쓰는 단단한
흙이나 흑연 따위로 만든 우묵한 그릇.

도가니 감 【坩】 坩堝. 以坩鮓遺母 『晉書』

도가니 과 【堝】 坩堝.

도가니 추 【鍾】 감과(坩堝). 在爐鍾之間耳 『莊子』

도거리하다 : 정부(政府)가 전매(專賣)하여 이익
(利益)을 독점(獨占)함.

도거리 할 각 【㩁】 각(榷)과 통용. 독차지함.
船輪㩁巧於斧斤 『班固』

도거리 할 각 【榷】 權酤. 初榷酒酤 『漢書』

도거리 할 각 【攉】 각(㩁), 각(榷)과 동자(同字).
豪東猾民 辜而攉之 『漢書』

도금 : 쇠붙이를 얇게 딴 쇠붙이에 올리는 일.

도금 옥 【鋈】 陰靷鋈續 『詩經』

도깨비 : 두억시니. 비상한 힘과 괴상한 재주를
가져 사람을 호리기도 하고 짓궂은 장난이나

험상궂은 짓을 많이 한다는 잡귀신.

도깨비 괴 【怪】 유령. 요망스러운 마귀. 妖怪.
木石之怪 『史記』

도깨비 괴 【傀】 괴(怪)와 통용.
大傀異災去樂 『周禮』

도깨비 귀 【鬼】 나쁜 음기의 화신(化身).
㉠ 爲鬼爲蜮 『詩經』
㉡ 阮德如嘗於廁見鬼 長丈餘 色黑而眼大 『世說』

도깨비 기 【夔】 용같이 생긴 한 발 달린 짐승.
夔如龍一足 『說文解字』

도깨비 량 【魎】 망량(魍魎). 산수(山水), 목석(木
石)의 요괴(妖怪).
山林民可入 魍魎莫逢旃 『韓愈』

도깨비 량 【蜽】 양(魎)과 동자(同字).
追水豹兮鞭蝄蜽 『張衡』

도깨비 리 【离】 리(魑)와 동자(同字).

도깨비 리 【魑】 산의 요괴(妖怪).
魑魅罔兩 莫能逢之 『左傳』

도깨비 리 【禍】 리(魑)와 동자(同字). 산매(山魅).

도깨비 망 【蝄】 망량(蝄蜽). 山川精物狀如小兒.

도깨비 망 【魍】 망량(魍魎). 산수(山水), 목석(木
石)의 요괴(妖怪).
山林民可入 魍魎莫逢旃 『韓愈』

도깨비 망 【罔】 망(魍)과 동자(同字). 罔兩.

도깨비 망 【蝄】 망(魍)과 동자(同字).
追水豹兮鞭蝄蜽 『張衡』

도깨비 매 【彪】 늙은 정물(精物).
夏至日致地示物彪 『周禮』

도깨비 매 【魅】 요괴(妖怪). 魑魅.
死老魅 『後漢書』

도깨비 소 【魈】 산의 요괴(妖怪). 또 목석(木石)
의 요괴(妖怪). 발이 하나이며
밤에 나와 사람을 침범한다 함.
山精形如魈兒 獨足向後 夜喜犯
人 名曰魈 呼其名 則不能犯也
『抱朴子』

도깨비 정 【精】 요괴(妖怪). 妖精.

도깨비불 : 어두운 밤에 무덤이나 축축한 땅, 또
는 고목이나 낡고 오래된 집에서 린(燐)의 작
용으로 번쩍이는 푸른빛의 불꽃.

도깨비불 린 【粦】 귀화(鬼火).
戰鬪死亡之所 有人馬血積年
化爲炎下舛 『博物志』

도깨비불 린 【燐】 인에서 나는 불. 귀화(鬼火).
久血爲燐 『淮南子』

도깨비이름 :

도깨비이름 신 【莘】 모양은 개 같고 뿔이 있으며
몸에 오색의 무늬가 있다 함.
丘有莘 『莊子』

도꼬로마 : 마과에 속하는 여러 해살이풀. 덩굴성
　초본으로 뿌리줄기는 굵고 옆으로 뻗는다. 잎은
　어긋나며 길이가 5-12cm의 심장형으로 끝이
　뾰족하고 가장자리가 밋밋하여, 잎자루는 길다.
　괴경(塊莖)은 식용 함.
　도꼬로마 비【萆】草薢.
　도꼬로마 해【薢】草薢.
도꼬마리 : 국화과에 속한 한해살이풀. 높이는
　1.5미터 정도이고 줄기는 곧게 서며 전체에 강
　한 털이 많이 나 있다. 잎은 끝이 뾰족하고,
　여름에 노란 꽃이 핀다. 열매는 갈고리 같은
　가시가 많아서 옷에 잘 붙으며, 한방에서 창이
　자(蒼耳子)라고 하여 약으로 쓴다.
　도꼬마리 권【菤】권이(菤耳).
　도꼬마리 령【苓】영이(苓耳).
　도꼬마리 사【葈】권이(菤耳).
　도꼬마리 시【葹】薋菉葹以盈室兮『楚辭』
도끼 : 나무를 찍고 패거나 깎은 연장.
　도끼 굉【鍠】부월(鈇鉞). 秦改鐵鉞作鍠『古今注』
　도끼 근【斤】斤斧. 斧斤以時入山林『孟子』
　도끼 근【釿】斫木器.
　도끼 류【劉】무기로 쓰는 도끼. 월(鉞)의 한 종류.
　　　　　　　一人冕執劉『書經』
　도끼 번【鐇】날이 넓은 도끼.
　도끼 부【斧】나무를 찍거나 패는 연장. 군기(軍器).
　　　　　　　또는 살육하는 형구로도 쓰임. 斧鉞.
　　　　　　　斧斤以時入山林『孟子』
　도끼 부【鈇】형구(形具)로 쓰이는 큰 도끼.
　　　　　　　民威于鈇鉞『中庸』
　도끼 비【錍】부속(斧屬).
　도끼 양【揚】干戈戚揚『詩經』
　도끼 양【戜】양(揚)과 동자(同字). 斧也.
　도끼 월【鉞】옛날에 장군이 출정할 때 그의 위신
　　　　　　　(威信)을 세워 주기 위하여 천자가 하
　　　　　　　사하던 것. 王左杖黃鉞『書經』
　도끼 월【戉】큰 도끼. 左執律, 右秉戉『周禮』
　도끼 장【斨】자루를 박는 구멍이 네모진 도끼.
　　　　　　　取彼斧斨『詩經』
　도끼 질【鑕】부월(鈇鉞). 執鈇鑕『公羊傳』
　도끼 척【戚】무악(舞樂), 의식(儀式) 등에 쓰는
　　　　　　　도끼. 干戚. 干戈戚揚『孟子』
　도끼 척【鏚】척(戚)과 동자(同字).
　　　　　　　君王命剝圭以爲鏚柲『左傳』
도끼구멍 : 도끼의 자루를 박는 구멍.
　도끼구멍 공【銎】大柯斧銎長八寸『六韜』
　도끼구멍 총【銃】공야(銎也).
도끼자루 :
　도끼자루 졸【梓】梓杴, 以柄納孔.

도끼자루 촉【欘】촉공(欘孔).
도둑 : 남의 물건을 훔치는 사람.
　도둑 구【寇】떼를 지어 백성의 재물을 겁탈하는
　　　　　　　비도(匪徒). 구적(寇賊).
　　　　　　　群行攻劫曰寇『辭海』
　도둑 도【盜】强盜. 刑盜于市『周禮』
　도둑 루【嘍】루(僂)와 동자(同字). 嘍囉.
　도둑 적【賊】盜賊. 天下寧有白頭賊乎『晉書』
　도둑 절【竊】절도(竊盜). 절취(竊取). 초절(草竊).
　　　　　　　鼠竊狗盜『史記』
도둑질 : 훔치는 일. 절도, 절취 행위.
　도둑질 도【盜】十歲便能爲盜『南史』
　도둑질 절【竊】초절(草竊). 鼠竊狗盜『史記』
도둑질하다 :
　도둑질할 적【賊】潛服賊器不入宮.
　도둑질할 조【佻】절취(竊取)함.
　　　　　　　佻天以爲己力『國語』
도둑 쫓아가 잡다 :
　도둑 쫓아가 잡을 선【跣】走而捕盜.
도라지 : 초롱과에 속하는 다년생 풀. 뿌리는 객
　혈성(喀血性) 환자(患者)의 약재(藥材)로 쓰고
　식용(食用)함.
　도라지 길【桔】桔梗. 桔梗辛微溫『本草經』
도랑 : 전답(田畓) 사이나 마을 사이를 통하는 수로.
　도랑 거【渠】개통(開通)한 수로(水路). 暗渠.
　　　　　　　溝渠必步『禮記』
　도랑 견【く】溝也.
　도랑 구【溝】땅을 판 통수로. 溝渠.
　　　　　　　設國之五溝五涂『周禮』
　도랑 독【瀆】自經於溝瀆『論語』
　도랑 랑【蒗】涂蒗, 구거(溝渠).
　도랑 서【澨】구야(溝也).
　도랑 수【遂】밭 사이의 작은 수로.
　　　　　　　夫間有遂, 遂上有徑『周禮』
　도랑 언【匽】구거(溝渠). 爲井匽『周禮』
　도랑 혁【洫】혁(洫)과 동자(同字).
　　　　　　　築城伊洫『詩經』
도랑 옆길 : 도랑 가의 길.
　도랑 옆길 근【墐】陸皐陵墐『國語』
도랑 파다 : 도랑을 팜.
　도랑 팔 구【溝】城而封溝之『周禮』
도래 샘 : 빙 돌아서 흐르는 샘물.
　도래 샘 선【漩】회천(回泉).
도량 :
　도량 우【宇】기국(器局). 품성(品性).
　　　　　　　器宇高雅『晉書』
도롱뇽 : 양서류(兩棲類)에 속하는 동물의 한 가지.
　　　　　　　도마뱀 비슷함. 머리는 납작하고 꼬리는 긺.

도롱뇽 감【螈】영원(蠑螈).

도롱뇽 납【魶】山椒魚. 禺禺 鱺魶『史記』

도롱뇽 예【鯢】山椒魚. 鯢魚一名王
鮪在山溪中『本草經』

도롱뇽 원【蚖】충명(蟲名). 석척(蜥蜴).
蠑蚖也. 蛇醫也.

도롱뇽 탑【鰨】山椒魚. 禺禺鮎鰨『司馬相如』

도롱이 : 띠, 짚 따위로 엮어 만든 우장(雨裝).

도롱이 사【簑】簑笠. 何簑何笠『詩經』

도롱이 사【衰】사(簑), 사(簑)와 동자(同字).
何衰何笠『詩經』

도리 : 사람이 지켜야 할 길.

도리 리【理】천리(天理). 윤리(倫理).
易簡而天下之理得矣『易經』

도리 : 기둥과 기둥 위에 둘러 얹히는 나무.

도리 형【桁】小者爲之桁椽『新論』

도리깨 : 곡식을 두드려서 떠는 농구의 한 가지.

도리깨 가【耞】가(枷)와 통용. 연가(連耞).

도리깨 가【枷】연가(連枷).
夜連枷響到明『范成大』

도리깨 발【桲】연가(連枷).

도리깨 봉【棓】연가(連枷).

도리깨 첨【籈】연가(連枷).

도리깨채 :

도리깨채 불【枎】擊禾連枷.

도리어 : 반대로.

도리어 각【卻】窮鼠卻齧猫. 若離了事物爲學 卻
是著空『傳習錄』

도리어 고【顧】顧反으로 연용 하기도 함.
㉠ 顧不易耶『史記』
㉡ 顧反居臣等上何也『十八史略』

도리어 교【翹】翹爲讎敵『北齊書』

도리어 반【反】天與弗取 反受其咎『史記』

도리어 번【翻】宜誠翻獎 應訶翻笑『顔氏家訓』

도리어 복【覆】不懲其心 覆怨是正『詩經』

도리어 환【還】盡忠竭節 還被患禍『後漢書』

도리옥 : 조선 시대, 정일품(正一品) 및 종일품(從
一品)의 벼슬아치들이 관모에 붙이던 크기가 6
치 되는 옥관자.

도리옥 선【瑄】有司奉瑄玉『漢書』

도마 : 식칼 질 할 때 받치는 나무 판자.

도마 관【梡】네 발이 있는 도마.
俎用梡嶡『禮記』

도마 사【楂】조야(俎也).

도마 조【爼】조야(俎也).

도마 조【俎】정조(鼎俎).
如今人方爲刀俎 我爲魚肉『史記』

도마 조【且】조(俎)와 동자(同字).

俎本作且『正字通』

도마 지【杫】俎也.蜀漢之間俎几謂之杫『方言』

도마뱀 :

도마뱀 가【蚵】석척(蜥蜴).

도마뱀 석【蜥】是非守宮, 卽蜥蜴『漢書』

도마뱀 척【蜴】석척(蜥蜴).

도마뱀 함【蚢】석척(蜥蜴).

도마이름 :

도마이름 궐【嶡】조명(俎名).

도망하다 :

도망할 춘【踳】도야(逃也).

도모하다 :

도모할 기【企】
㉠ 기도(企圖)함. 企畫. 可以企之『唐書』
㉡ 도모(圖謀)하는 일. 계획(計劃).
希企逸而遠矣『晉書』

도모할 찬【儹】計也.

도미 : 경골어류 농어목 감성돔과에 속한 돔 등을
통틀어 이르는 말. 일반적으로는 참돔을 이른
다. 몸길이는 40~50센티미터 정도이며, 모양
은 타원형으로 납작하다.

도미 조【鯛】어명(魚名).

도사리고 앉다 :

도사리고 앉을 기【呮】足垂而坐.

도사리고 앉을 반【跘】踞也.

도섭(徒涉)하다 : 냇물이나 강을 도보로 건넘.

도섭할 빙【馮】暴虎馮河『論語』

도요새 : 도욧과에 속한 새를 통틀어 이르는 말.
몸길이 15~30센티미터 정도로, 등은 갈색 또
는 회색이고 배는 흰색이나 크림색이다. 다리
와 부리가 길어 얕은 물속을 걸어 다니며 물고
기나 곤충 따위를 잡아먹는다.

도요새 금【雂】鴯也.

도요새 휼【鷸】水札兒. 鷸蚌相持『戰國策』

도움 :

도움 구【救】구조(救助). 求救於齊『戰國策』

도움 보【輔】보좌(補佐). 또 돕는 사람.
范氏之亡也多輔輔而少拂『說苑』

도움 승【承】使帥師行 請承『左傳』

도움 우【祐】신조(神助). 天祐. 不蒙祐『漢書』

도움 우【佑】天佑.

도움 원【援】구원(救援).
爲四鄰之援 結諸侯之信『國語』

도움 자【資】師資. 不善人者 善人之資『老子』

도움 조【助】조력(助力). 이익(利益).
來以爲客 則一助也『史記』

도움 좌【佐】보필(輔弼). 또 보필하는 사람.
有伯瑕以爲佐『左傳』

도움말 :

　도움말 병【諽】조언(助言).

도읍 : 서울. 사람이 많이 모이는 곳. 인신(引伸)
　하여 사물이 모이는 곳.

　도읍 도【都】

　　㉠ 천도(遷都). 주대(周代)에는 제후(諸侯) 및
　　　경대부(卿大夫)의 봉읍(封邑)에도 이름.
　　　都城不過百雉『禮記』

　　㉡ 큰 고을. 都會. 都市.
　　　不若因而賂一名都『戰國策』

　도읍 부【府】㉠ 未嘗入城府『後漢書』
　　　　　　　㉡ 吾不爲怨府『左傳』

도읍(都邑)하다 : 서울을 정함.

　도읍할 도【都】都南鄭『史記』

도장 :

　도장 부【符】인장. 率其人符璽『史記』

　도장 인【印】佩六國相印『史記』

　도장 장【章】인장(印章). 刻曰某官之章『漢官儀』

도장방 : 부녀자가 거처하는 방.

　도장방 규【閨】

　　㉠ 안방. 침방. 閨室. 閨房. 安得念春閨『李白』

　　㉡ 남녀의 관계를 이름. 閨怨.

　　㉢ 부녀자 또는 부녀자에 관한 일. 閨秀.
　　　閨範. 閨人識字『黃允文雜纂』

도저히 : 아무리 하여도. 대개 뒤에 부정하는 말
　이 온다.

　도저히 중【迚】㉪ 도저(到底)히.

도적 :

　도적 도【盜】

　　㉠ 비적(匪賊).

　　㉡ 사리를 꾀하는 간악(奸惡)한 자.
　　　備他盜之出入與非常『史記』

　　㉢ 君子信盜 亂是用暴『詩經』

도정(搗精)하다 : (사람이 곡식의 낟알을)찧거나
　쓿다.

　도정할 도【䑦】以粟爲米.

도지개 : 틈이 가거나 뒤틀린 활을 바로잡는 틀.

　도지개 경【檠】경(檠)과 동자(同字).

　도지개 경【檠】弓必待檠而後能調『淮南子』

　도지개 비【柲】弓檠曰柲『周禮』

　도지개 비【弼】궁경(弓檠).

　도지개 설【紲】궁경(弓檠). 辟如終紲『周禮』

　도지개 설【枻】檠枻, 正弓弩之器『荀子』

　도지개 은【檃】枸木必將待檃栝烝矯然後直『荀子』

　도지개 폐【閉】竹閉緄縢『詩經』

　도지개 필【弼】궁경(弓檠).

　도지개 할【楛】正弓具.

도탑다 : 인정이 두터움. 순후(淳厚)함. 온후(溫

厚)함. 돈독(敦篤)함. 독후(篤厚)함.

도타울 독【篤】

　　㉠ 인정이 많음. 敦篤. 篤厚. 君子篤恭『中庸』

　　㉡ 전일(專一)함. 열심히. 篤學.
　　　志不篤則不能力行『論語』

　　㉢ 성의가 있음. 정성을 들임.
　　　行之不篤弗措也『中庸』

　도타울 돈【敦】敦厚. 示敦朴『史記』

　도타울 돈【惇】惇惠. 惇德允元『書經』

　도타울 순【純】穎考叔純孝也『左傳』

　도타울 순【醇】순(淳)과 통용. 醇謹.
　　　黎民醇厚『漢書』

도토리 : 떡갈나무의 열매. 묵을 쑤어 먹음.

　도토리 서【杼】食杼栗『莊子』

　도토리 조【皁】宜皁物『周禮』

도토리받침 :

　도토리받침 구【梂】역실(櫟實), 포방(包房).

도토마리 :

　도토마리 적【樀】機上卷絲具.

도포(道袍) :

　도포 포【襃】襃明長襦. 襃明謂之袍.

독 : 간장 같은 것을 담는 오지그릇이나 질그릇.

　독 강【堈】甕也.

　독 담【儋】漿千儋『史記』

독 : 건강을 해쳐 생명을 위협케 하는 성분. 인신
　(引伸)하여 해독(解毒). 고통(苦痛)을 이름.

　독 독【毒】㉠ 聚毒藥 以供醫事『周禮』
　　　　　㉡ 害毒 惟汝自生毒『書經』

　독 학【蠚】벌레가 쏘는 독. 蝮蛇蠚生『漢書』

독두나무 :

　독두나무 두【梪】獨梪, 수명(樹名).

독 밑구멍 :

　독 밑구멍 견【甐】瓮底孔.

독사 :

　독사 절【蛥】蛥蠻.

독수리 :

　독수리 옥【鵙】鵙鵙, 似鴨而大

　독수리 후【鵃】雕也.

독신자(獨身者) : 홀몸인 사람. 형제가 없는 사람.

　독신자 경【惸】惸嫠. 哀此惸獨『詩經』

독촉(督促)하다 :

　독촉할 속【諫】독촉(督促).

독하다 :

　독할 가【苛】엄혹(嚴酷)함. 준엄(峻嚴)함. 苛酷.
　　　苛政猛於虎『禮記』

　독할 신【辛】辛辣. 辛苦. 悲辛. 또 매운 맛
　　　葷辛不入口者十載『宋史』

　독할 혹【酷】

㉠ 술 맛 같은 것이 지나치게 진함.
酷烈淑郁 『史記』

㉡ 성질이 잔인함. 殘酷. 離秦之酷 『史記』

돈 : 도(刀)와 포(布)는 모두 돈의 명칭(名稱).

돈 은 【銀】 賃銀. 路銀. 賦銀日急家日貧 『貢師泰』

돈 저 【楮】 지폐(紙幣). 楮券. 不能行楮 『宋史』

돈 전 【錢】 金錢. 銅錢. 不置一錢 『漢書』

돈 차 【鎈】 전(錢)의 이명(異名).

돈 천 【泉】 고대(古代)에 금전(金錢)을 천(泉)이라 하였음. 貨泉. 泉與錢今古異名 『周禮』

돈 친 【賮】 錢也.

돈 패 【貝】 고대에 화폐(貨幣)로 쓰던 조개. 龜貝. 貝乃貝玉 『書經』

돈 폐 【幣】 전폐(錢幣). 改幣以約之 『漢書』

돈 포 【布】 전화(錢貨). 掌邦布之出入 『周禮』

돈 꾸러미 :

돈꾸러미 라 【纙】 전민(錢緡).

돈꿰미 : 엽전을 꿰는 꿰미. 또 그 꿴 돈.

돈꿰미 강 【鏹】 강(繈)과 동자(同字).
藏鏹巨萬 『左思』

돈꿰미 강 【繈】 臧繈千萬 『漢書』

돈꿰미 관 【貫】 京師之錢累百鉅萬 貫朽而不可校 『漢書』

돈꿰미 민 【緡】 算緡. 初算緡錢 『漢書』

돈대 : 약간 높직하고 평평한 땅.

돈대 돈 【墩】 墩臺. 冶城訪遺跡 猶有謝公墩 『李白』

돈대 후 【堠】

㉠ 이정(里程)을 표시하기 위하여 토석(土石)을 높이 쌓은 것. 堠子. 堆堆路傍堠 『韓愈』

㉡ 기념의 표시로 토석(土石)을 쌓은 것.
立石堠志之 『舊唐書』

돈 이름 :

돈 이름 도 【刀】 칼 모양의 돈. 刀幣. 皇帝採首山之銅 始鑄爲刀 『初學記』

돈 이름 측 【仄】 적측(赤仄). 한대(漢代)의 전화(錢貨)의 이름.

돈피(獤皮) : 담비의 껍질.

돈피 돈 【獤】 回 초피(貂皮).

돈피 돈 【㹠】 回 초피(貂皮).

돋다 : 싸움을 걸거나 화를 나게 함.

돋울 료 【撩】 싸움을 돋움. 持長矛撩戰 『魏志』

돋을 도 【挑】 挑發. 若漢挑戰愼勿與戰 『史記』

돋다 : 심지를 끌어올림.

돋을 조 【挑】 挑燈長 『王君玉』

돋보기 :

돋보기 애 【優】 玻瓈類.

돋우다 : 겹.

돋울 치 【致】 致戰. 以致晉師 『左傳』

돌을 새기다 : 솟을 새김. 규벽(圭璧)의 주변(周邊)의 부조(浮彫). 부각(浮刻).

돌을 새길 전 【瑑】 瑑圭璋璧琮 『周禮』

돌 : 암석(巖石).

돌 돌 【乭】 回 乭釗. 흔히 아이나 종 이름으로 많이 쓰임.

돌 석 【石】 玉石. 鉛松怪石 『書經』

돌 외 【磈】 많은 돌. 또 돌이 많이 쌓인 모양.
縱橫詩筆見高情 何物能澆磈磊乎 『元好問』

돌 : 난 후 첫 번째의 생일. 첫돌. 일주년.

돌 기 【期】

㉠ 滿一週也. 叔孫旦而立 期焉 『左傳』

㉡ 기(朞)와 동자(同字). 만 일주년. 期年.
當期之日 『易經』

돌 기 【朞】 기(期)와 통용. 一週年.
朞三百有六旬有六日 『書經』

돌 기 【稘】 不逮再稘 『唐書』

돌 수 【晬】 晬宴.

돌감실 : 돌로 만든 신주를 모시어 두는 장(欌).

돌감실 석 【祏】 命我先人, 典守宗祏 『左傳』

돌고래 : 강으로 거슬러 올라 온 돌고래.

돌고래 보 【䱐】 강돈(江豚). 鱀魚一名江豚 見風則湧 『顧野王』

돌고래 부 【鯆】 강돈(江豚).

돌고래 포 【䰽】 강돈(江豚).

돌 구르는 소리 : 돌이 굴러 떨어지는 요란한 소리. 또는 우레 소리. 인신(引伸)하여 소란한 음향의 뜻으로 쓰임.

돌 구르는 소리 가 【砢】 轟轟砢砢雷車轉 『顧雲』

돌 구르는 소리 룡 【礱】 硣礱. 불낙성(不落聲).

돌 구르는 소리 팽 【砰】

㉠ 砰磅訇礚 『司馬相如』

㉡ 砰然聞之 如雷霆之聲 『列子』

돌 구르는 소리 홍 【硔】 硔礱(硣礱).

돌구멍 :

돌구멍 령 【砱】 석공(石孔).

돌 굴 : 돌에 뚫린 굴.

돌 굴 탕 【宕】 석굴(石窟).

돌 굴러 떨어지는 소리 :

돌 굴러 떨어지는 소리 공 【硿】 擇其一二扣之硿硿然 『蘇軾』

돌 굴러 떨어지는 소리 핑 【砏】 鼓鞞砏隱以砰磕 『潘岳』

돌 굴리다 : 돌 굴릴 뢰 【檑】 自高轉石.

돌 내려 굴리다 :

돌 내려 굴릴 뢰 【擂】 뢰(礧)와 동자(同字).

擂石車 『唐書』

돌 내리 굴리다 : 돌을 높은 데서 굴려 떨어뜨림.

돌 내리 굴릴 뢰【礧】礧石相擊 『司馬相如』

돌다 : 빙빙 도는 모양. 한 바퀴 돎.

돌 돈【沌】渾渾沌沌形圓而不可敗 『孫子』

돌 륜【輪】회전(回轉)함. 輪轉.
　　　　　　輪運而輻集 『柳宗元』

돌 반【盤】선회(旋回)함. 盤渦.
　　　　　　盤馬彎弓故不發 『韓愈』

돌 반【般】선회함. 般旋. 主人般還曰辟 『禮記』

돌 상【翔】선회함. 過其故鄉回翔焉 『禮記』

돌 선【旋】회전함. 旋回. 旋入雷淵 『楚辭』

돌 선【還】선(旋)과 동자(同字). 周還. 船還.
　　　　　　五行四時十二月 還相爲本也 『禮記』

돌 수【隧】회전함. 若磨石之隧 『莊子』

돌 운【運】회전함. 運行. 日月運行 『易經』

돌 잡【匝】잡(帀)과 동자(同字).
　　　　　　圍宛城三匝 『史記』

돌 잡【帀】列卒周帀 『張衡』

돌 전【輾】반 바퀴 돎. 반전(半轉). 돌아누움.
　　　　　　輾轉反側. 輾轉伏枕 『詩經』

돌 주【周】周軍筋罷 『國語』

돌 진【紾】회전(回轉)함. 또 회전시킴.
　　　　　　千變萬紾 『淮南子』

돌 진【軫】회전함. 軫轉其道 『太玄經』

돌 탁【轢】회전(廻轉).

돌 평【苹】선회(旋回)함. 爭湍苹縈 『馬融』

돌 현【眩】선회(旋回)함. 旋眩滑汩 『柳宗元』

돌 협【浹】일주(一周)함. 周浹.
　　　　　　不足以浹萬物之變 『荀子』

돌 협【挾】협(浹)과 동자(同字).
　　　　　　㉠ 方皇周挾 『荀子』
　　　　　　㉡ 使不挾四方 『詩經』

돌 확【矍】旋也.

돌 회【回】
　　㉠ 둥글게 움직임. 回轉. 昭回于天 『詩經』
　　㉡ 둥글게 굽음. 尋幽石徑回 『孟浩然』
　　㉢ 여기저기 걸어 다님. 仙搓何處回 『沈佺期』

돌 회【迴】회(回)와 동자(同字).
　　　　　　圓迴天下於掌上.

돌 회【廻】빙 돎. 또 빙 돌게 함. 廻轉.
　　　　　　墨子廻車 『史記』

돌 효【撓】순환함. 撓挑無極 『莊子』

돌다 : 순찰(巡察)함. 순행(巡行)함.

돌 라【邏】
　　㉠ 巡邏. 宜遠偵邏 『晉書』
　　㉡ 순찰하는 사람. 偵邏. 戌邏減半分 『晉書』

돌 략【略】吾將略地焉 『左傳』

돌 매【邁】時邁其邦 『詩經』

돌 순【徇】
　　㉠ 순행(巡行)함. 王乃徇師而誓 『書經』
　　㉡ 순행(巡行)하여 명령(命令)을 내려 복종(服從)시킴. 使將徇敵地. 使周布徇魏地 『漢書』
　　㉢ 순행(巡行)하여 두루 알려 보임.
　　　　　以木鐸徇于路 『書經』

돌 순【巡】
　　㉠ 시찰(視察) 또는 경계(警戒)를 하기 위하여 순행(巡行)함. 巡檢. 王乃時巡 『書經』
　　㉡ 여러 곳을 빙 돎. 巡廻. 三巡數之 『左傳』

돌 순【循】순환(循環)함. 循轉.
　　　　　　三王之道若循環, 終而復始 『史記』

돌 알【斡】선전(旋轉)함. 斡運.
　　　　　　斡流而遷 『漢書』

돌 요【徼】순행(巡行)함. 순찰(巡察)함.
　　　　　　掌徼循京師 『漢書』

돌 우【迂】반선(盤旋).

돌 행【行】㉠ 한 바퀴 돎. 酒三行 『韓愈』
　　　　　㉡ 순환(循環)함. 日月運行.
　　　　　㉢ 순행(巡行)함. 순시(巡視)함.
　　　　　　　入山 行木 毋有斬伐 『禮記』

돌 환【環】㉠ 선회함. 環旋.
　　　　　　　環拜以鐘鼓爲節 『周禮』
　　　　　　㉡ 순찰함. 環四方之故 『周禮』

돌다리 :

돌다리 등【磴】석교(石橋). 跨穹隆之懸磴 『孫綽』

돌단단하다 :

돌단단할 려【礰】석견(石堅).

돌 떨어지는 소리 :

돌 떨어지는 소리 방【磅】硠磅匒磕 『司馬相如』

돌 떨어지는 소리 전【磌】賈石聞其磌然 『公羊傳』

돌 떨어지는 소리 항【硁】硁磺.

돌 떨어지다 :

돌 떨어질 퇴【磓】낙석(落石).

돌 뜨다 :

돌 뜰 궐【礦】채석(採石).

돌려보내다 : 온 길을 도로 가게 함. 도로 돌려 줌. 복귀시킴.

돌려보낼 귀【歸】
　　㉠ 馬于華山之陽 『書經』
　　㉡ 반환함. 齊人來歸鄆 讙龜陰田 『春秋』

돌려보낼 반【返】返還. 返之于天 『漢書』

돌려보낼 복【復】반려(返戾)함.
　　　　　　　吾弔則復殯服 『禮記』

돌려보낼 환【還】
　　㉠ 도로 가게 함. 帝以中國初定 未遑外事 迺還 其侍子 『後漢書』
　　㉡ 도로 보냄. 還返. 還圭 『周禮』

돌로 치다 :

　돌로 칠 침【礘】以石打之.

돌리다 :

　돌릴 반【盤】선회함. 盤渦.
　　　　　　　盤馬彎弓故不發『韓愈』

　돌릴 선【旋】
　　㉠ 돌게 함. 旋轉. 旋乾轉坤『韓愈』
　　㉡ 방향을 돌림. 돌아섬. 旋踵『史記』

　돌릴 운【運】회전시킴. 運轉.
　　　　　　　君子欠伸運笏『禮記』

　돌릴 진【紾】회전함. 또 회전시킴.
　　　　　　　千變萬紾『淮南子』

　돌릴 회【回】
　　㉠ 돌게 함. 回般. 回朕車以復路『楚辭』
　　㉡ 마음을 돌림. 뜻을 굽힘. 回容.
　　　　　　　抗義不回『後漢書』

　돌릴 회【迴】회(回)와 동자(同字).
　　　　　　　圓迴天下於掌上.

　돌릴 회【廻】빙 돔. 또 빙 돌게 함. 廻轉.
　　　　　　　墨子廻車『史記』

돌림병 : 돌아가며 옮아 앓는 병.

　돌림병 역【疫】癘疫. 民殃於疫『禮記』

　돌림병 찰【札】國凶札『周禮』

돌 많다 : 산에 큰 돌이 많음.

　돌 많을 각【礐】石多貌.

　돌 많을 오【磝】山多小石.

　돌 많을 오【碌】오(磝)와 동자(同字).
　　　　　　　山碌碌而相軋『韓愈』

　돌 많을 외【磈】石多貌.

돌 많은 땅 :

　돌 많은 땅 교【墝】多石土.

돌 모서리 뾰족하다 :

　돌 모서리 뾰족할 시【屓】石稜隅銳貌.

돌무더기 : 크고 작은 돌이 한데 모여 쌓인 무더기.

　돌무더기 구【磷】磊也.

　돌무더기 적【磧】중석(衆石).

돌문 :

　돌문 잠【礓】석문(石門).

돌미나리 : 논이나 개천 등의 습지에 저절로 나는 미나리.

　돌미나리 시【葉】야근(野芹).

돌 바늘 : 돌로 만든 바늘.

　돌 바늘 석【石】孟孫之惡我藥石也『左傳』

돌배 :

　돌배 리【櫔】산이(山梨). 在山曰櫔, 人植曰梨.

돌배나무 : 능금나무과에 속하는 낙엽교목. 배보다 작은 열매가 열림.

　돌배나무 라【欏】欏木出湖廣『格物要論』

돌배나무 수【檖】隰有樹 檖『詩經』

돌 벼 :

　돌 벼 조【桃】自生禾.

돌보다 : 사랑하여 돌보아줌. 구원하여 도와줌.

　돌볼 랑【悢】天之於漢, 悢悢不己『後漢書』

　돌볼 부【傅】三材傅之『國語』

　돌볼 촉【屬】至于屬婦『書經』

돌 부딪치는 소리 : 돌이 서로 부딪쳐 요란하게 나는 소리. 인신(引伸)하여 큰소리.

　돌 부딪치는 소리 개【磕】砰磕. 硍磕.
　　　　　　　八音硎磕奏『張華』

　돌 부딪치는 소리 랑【硠】礌石相擊 硠硠磕磕
　　　　　　　『司馬相如』

　돌 부딪치는 소리 팽【硼】硼硠震隱『成公綏』

돌 부서지다 : 돌이 풍화 작용으로 자연히 부서짐.

　돌 부서질 륵【泐】石有時而泐『周禮』

돌 부수는 소리 :

　돌 부수는 소리 빈【礗】碎石聲.

돌비석 :

　돌비석 석【石】석비(石碑). 刻于金石『史記』

돌비탈 :

　돌비탈 률【硉】硉矹, 석애(石崖).

　돌비탈 률【崒】률(硉)과 동자(同字). 崒矹.

돌산 : 위에 돌이 깔린 토산. 흙이 덮인 돌산. 큰 돌이 많은 산.

　돌산 저【砠】陟彼砠矣『詩經』

　돌산 저【岨】저(砠)와 동자(同字).
　　　　　　　陟彼岨矣『詩經』

　돌산 학【嶨】吟巴山犖嶨, 說楚波堆崕『韓愈』

돌 살 촉 : 돌로 만든 살촉. 또는 주살에 쓰는 돌로 만든 살촉.

　돌 살 촉 노【砮】石砮長尺有咫『國語』

　돌 살 촉 족【碮】鏃也.

　돌 살 촉 파【碆】碆新繳『史記』

돌 샘 :

　돌 샘 린【潾】石間水. 水出山石間 曰潾『初學記』

돌 서로 부딪치는 소리 : 흐르는 물살에 돌들이 서로 부딪치는 소리.

　돌 서로 부딪치는 소리 낙【礐】礐硞礐碻『郭璞』

돌 소리 : 돌이 서로 부딪쳐 나는 소리.

　돌 소리 각【礐】학(嶨)과 통용.

　돌 소리 갱【硜】石聲硜硜以立別『史記』

　돌 소리 랍【砬】석성(石聲).

　돌 소리 팽【硼】八音硼磕奏『張華』

돌쇠뇌 : 돌로 발사하는 쇠뇌. 돌을 퉁기어 날려서 적을 쏘는 무기.

　돌쇠뇌 괴【礧】又爲大礧連弩『唐書』

　돌쇠뇌 포【砲】포(礮)와 동자(同字).

　　　　　　遠砲勿虛發 『劉克莊』
돌쇠뇌 포 【礮】 포(砲)와 동자(同字). 發石機.
돌쇠뇌 포 【砲】 포(礮)와 동자(同字). 礮石.
돌 쌓이다 : 돌이 무더기로 쌓여 있는 모양. 또
　사람의 성품이 뛰어난 모양.
돌 쌓일 가 【砢】 磊砢는 水玉磊砢 『司馬相如』
돌 쌓일 라 【砢】 其人磊砢而英多 『世說』
돌 쌓일 뢰 【磊】 石磊磊兮葛蔓蔓 『楚辭』
돌아가다 : 먼저 있던 데로 되돌아감. 원상태로
　돌아감. 온 길을 감. 간 길을 옴.
돌아갈 고 【顧】 子以死爲顧 『呂氏春秋』
돌아갈 귀 【歸】 회귀(回歸).
　　　　　　使者歸 則必拜送于門外 『禮記』
돌아갈 반 【班】 귀환(歸還)함. 班師振旅 『書經』
돌아갈 복 【復】 ㉠ 復歸. 言歸思復 『詩經』
　　　　　　㉡ 復古. 可悉復舊 『宋書』
돌아갈 북 【复】 歸也.
돌아갈 운 【云】 귀부(歸附)함. 其誰云之 『左傳』
돌아갈 처 【處】 各有攸處 『左傳』
돌아갈 환 【還】
　㉠ 도로 감. 生還. 還家. 還于舊都 『諸葛亮』
　㉡ 빙 돌아서 옴. 河水之所南還 『穆天子傳』
돌아날다 :
돌아날 연 【鳶】 翔也.
돌아다니다 :
　돌아다닐 순 【循】 순(巡)과 동자(同字).
　　　　　　循行國邑 『禮記』
돌아보다 : 뒤를 돌아다 봄.
　돌아볼 고 【顧】
　㉠ 머리를 돌려 뒤를 돌아다 봄. 顧視.
　　　　　　徘徊顧樹下 『古詩』
　㉡ 둘러 봄. 王顧左右 而言他 『孟子』
　㉢ 지난 일을 생각하여 봄. 回顧. 內顧.
　㉣ 반성(反省)함. 顧乃德 『書經』
　㉤ 유의(留意)함. 마음을 씀. 顧慮.
　　　　　　不顧父母之養 一不孝也 『孟子』
　㉥ 눈여겨봄. 사랑함. 屢顧爾僕 『詩經』
　㉦ 찾음. 방문함. 三顧臣於草廬之中 『諸葛亮』
　돌아볼 관 【矔】 空下時而矔世兮 『劉歆』
　돌아볼 권 【眷】
　㉠ 뒤를 돌아다 봄. 眷顧. 乃眷西顧 『詩經』
　㉡ 돌봄. 애호함. 眷愛. 皇 天眷命 『書經』
　돌아볼 권 【睠】 권(眷)과 동자(同字).
　　　　　　睠睠懷顧 『詩經』
　돌아볼 면 【眄】 돌 봄. 慈眄如子 『晉書』
　돌아볼 상 【翔】 뒤를 돌아봄. 後弱則翔 『周禮』
　돌아볼 초 【偢】 省也.
　돌아볼 혜 【盻】 芥千金而不盻 『孔稚圭』

돌아볼 확 【矆】 顧也.
돌아볼 환 【還】 반성함. 無所還忌 『左傳』
돌아볼 회 【回】 兩行紅粉一時回 『杜牧』
돌아오게 하다 :
　돌아오게 할 반 【般】 반(班)과 통용.
　　　　　　般師罷兵 『漢書』
돌아오다 :
　돌아올 귀 【歸】 온 길을 감. 간 길을 옴. 回歸.
　　　　　　使者歸 則必拜送于門外 『禮記』
　돌아올 래 【來】 갔다 옴. 來歸.
　　　　　　使者未來 『戰國策』
　돌아올 반 【返】 갔다가 옴. 복귀함. 왕반(往返).
　　　　　　往者不返 『漢書』
　돌아올 반 【反】 匹馬隻輪無反者 『公羊傳』
　돌아올 반 【般】 반(班)과 통용. 般師罷兵 『漢書』
　돌아올 선 【旋】 도로 옴. 凱旋.
　　　　　　王輩望南斗 未知何日旋 『李商隱』
　돌아올 포 【鉋】 戾也.
　돌아올 항 【佷】 還也.
　돌아올 환 【還】
　㉠ 도로 옴. 도로 감. 生還. 還家.
　　　　　　還于舊都 『諸葛亮』
　㉡ 빙 돌아서 옴. 河水之所南還 『穆天子傳』
　돌아올 회 【回】 갔다 돌아옴. 回國.
　　　　　　欲去未到先思回 『韓愈』
돌아 흐르다 : 물이 회류(回流)하는 모양.
　돌아 흐를 복 【洑】 洑流何處入 『杜甫』
　돌아 흐를 운 【沄】 沄沄逆素浪 『杜甫』
　돌아 흐를 형 【瀅】 洪波左瀅濴 『杜甫』
　돌아 흐를 형 【濴】 형회(濴洄). 형(瀅)과 동자(同字). 鼓樓巖下水濴洄 『朱熹』
　돌아 흐를 회 【洄】 更相洄注 『後漢書』
돌 악기 : 돌을 재료로 하여 만든 악기. 곧 팔음(八音)의 하나로 경쇠 따위.
　돌 악기 석 【石】 擊石. 拊石 『書經』
돌이키다 :
　돌이킬 반 【反】
　㉠ 복귀(復歸)함. 報本反始 『禮記』
　㉡ 돌이켜 생각함. 反省. 自反而縮 『孟子』
　돌이킬 신 【傻】 인려(引戾).
돌 잉어 : 잉어과에 속하는 민물고기. 일설에는 잔 물고기.
　돌 잉어 추 【鰍】 鰍千石 『史記』
돌 자갈땅 :
　돌 자갈땅 아 【碨】 외아(磈碨), 地形不平.
　돌 자갈땅 촉 【碻】 석촉(石碻).
돌집 :
　돌집 조 【碉】 석실(石室).

돌 침 : 돌로 만든 침(鍼).

돌 침 폄 【砭】 砭劑.

돌콩 :

돌콩 뉴 【莥】 녹두(鹿豆).

돌팔매 :

돌팔매 타 【磻】 타(砣)와 동자(同字). 飛甀戱.

돌팔매 타 【砣】 飛甀戱.

돌피 : 포아풀과에 속하는 일년초. 패(稗)와 비슷
　　하나 좀 작음.

돌피 리 【蘺】 蘺先稻熟『淮南子』

돌피 절 【芧】 穢草, 似稗秫.

돌피 제 【莄】 제(稊)와 동자(同字).
　　　　　　苟爲不熟 不如莄稗『孟子』

돌피 제 【稊】 似稗布地生穢草.

돌피 제 【稗】 피의 일종. 稊米之在太倉『莊子』
　　　　　　인신(引伸)하여 나쁜 사물의 비유.
　　　　　　稊秕.

돌함 :

돌함 감 【礛】 封禪所用石篋.

돕다 :

도울 개 【介】 介佐. 介輔.
　　　　　　爲此春酒 以介尾壽『詩經』

도울 광 【匡】 보조(輔助)함. 보좌(輔佐)함. 匡弼.
　　　　　　匡朕之不逮『漢書』

도울 구 【救】 조력(助力)함.
　　　　　　凡民有喪 匍匐救之『詩經』

도울 당 【黨】 서로 도와 나쁜 짓을 숨김.
　　　　　　君子不黨『論語』

도울 량 【亮】 익찬(翊贊)함. 翼亮三世『晉書』

도울 량 【涼】 보좌함. 涼彼武王『詩經』

도울 방 【幇】 방(幚)과 동자(同字). 幇助.

도울 방 【幚】 보좌함. 幚助補說『傳習錄』

도울 배 【陪】 보좌함. 秉德以陪朕『史記』

도울 보 【俌】 輔也.

도울 보 【補】 보조함. 毗補. 令賙補之『周禮』

도울 보 【輔】 조력. 보좌. 또 돕는 사람.
　　　　　　范氏之亡也多輔而少拂『說苑』

도울 보 【保】 보좌함. 天迪格保『書經』

도울 부 【傅】 보좌함. 鄭伯傅王『左傳』

도울 부 【扶】
　㉠ 조력함. 扶助. 蓬生麻中 不扶自直『荀子』
　㉡ 구원함. 扶梁伐趙『戰國策』

도울 부 【副】 보좌함. 參副朝右職『晉書』

도울 불 【甫】 助也.

도울 비 【棐】 보좌함. 天棐忱辭『書經』

도울 비 【裨】 裨補. 裨將. 竟死何裨『韓愈』

도울 비 【毗】 비(毘)와 동자(同字). 毗益.
　㉠ 天子是毗『詩經』

　㉡ 人大喜邪, 毗於陽『莊子』

도울 비 【比】 보좌함. 足以比大事『國語』

도울 상 【相】 보좌함. 輔相. 相定公『朱熹』

도울 서 【胥】 힘을 보탬. 胥靡之『漢書』

도울 섭 【攝】 보좌함. 朋友攸攝『詩經』

도울 소 【紹】 회견할 때 빈주(賓主)의 사이에
　　　　　　있어서 의식(儀式)을 보좌함.
　　　　　　請爲紹介『戰國策』

도울 순 【諄】 조력함. 諄趙鞅『國語』

도울 승 【丞】
　㉠ 보좌(輔佐)함. 丞天子『漢書』
　㉡ 돕는 사람. 장관을 보좌(輔佐)하는 사람.
　　　遣丞請還『古詩』

도울 승 【承】 승(丞)과 동자(同字). 보좌함.
　　　　　　右抽劍自承『呂氏春秋』

도울 양 【襄】 조력함. 襄同.
　　　　　　思日贊贊襄哉『書經』

도울 여 【與】 是與人爲善也『孟子』

도울 우 【佑】 佑啓. 佑助. 常佑之『漢書』

도울 우 【祐】 신이 도와줌. 自天祐之『易經』

도울 우 【右】 우(佑)와 동자(同字).
　　　　　　保右命爾『詩經』

도울 위 【爲】 夫子爲衛君乎『論語』

도울 위 【撝】 보좌함. 事貌用恭撝肅『玄太經』

도울 유 【宥】 宥弼. 王饗醴命之宥『左傳』

도울 유 【侑】 음식을 들 때에 음악을 연주하여
　　　　　　흥(興)을 돕다. 膳夫以樂侑食『周禮』

도울 융 【拔】 助也. 융(戎)과 통용.

도울 융 【戎】 烝也無戎『詩經』

도울 이 【貳】 옆에서 보좌함. 副貳.
　　　　　　貳公弘化『書經』

도울 익 【翊】 翊贊. 鎭翊鴻業『呂溫』

도울 익 【翼】 扶翼. 補翼. 輔之翼之『孟子』

도울 자 【藉】 도와 권함. 藉之以樂『左傳』

도울 자 【資】 以資敵國『史記』

도울 장 【獎】 조성(助成)함. 獎王室『左傳』

도울 장 【將】 원조(援助)함. 補過將美『史記』

도울 장 【牂】 扶也.

도울 제 【濟】 天道下濟而光明『易經』

도울 조 【助】
　㉠ 힘을 빌림. 助力. 天之所助者順也『易經』
　㉡ 어려운 사람을 구제함.
　　　秋省歛而助不給『孟子』
　㉢ 돕는 사람. 亡貴人左右之助『漢書』

도울 좌 【佐】 보좌(輔佐)함, 보필(輔弼)함.
　　　　　　佐命. 翼佐. 佐戴武宣公『史記』

도울 증 【丞】 증(拯)과 통용. 구원(救援)함.
　　　　　　원조(援助)함. 丞民於農桑『揚雄』

도울 증 【撜】 증(拯)과 동자(同字).

子路撜溺而受牛謝『淮南子』

도울 증【拯】구조(救助)함. 구원(救援)함. 拯救.
　　　子路拯溺者『呂氏春秋』

도울 지【持】부조(扶助)함. 能持管仲『荀子』

도울 차【佽】人無兄弟 胡不佽焉『詩經』

도울 찬【讚】찬(贊)과 통용. 光讚納言『潘岳』

도울 찬【贊】찬(讚)과 동자(同字). 조력(助力)함.
　　　贊助. 贊天地之化育『中庸』

도울 포【補】人相助.

도울 필【佛】필(弼)과 동자(同字).
　　　佛時仔肩『詩經』

도울 필【拂】필(弼)과 동자(同字).
　　　法家拂士『孟子』

도울 필【弼】
　　㉠ 보좌함. 輔弼. 明于五刑 以弼五教『書經』
　　㉡ 보좌하는 사람. 伊周作弼 王室惟康『傅玄』

도울 호【護】救護. 數以吏事護高祖『史記』

돗자리 : 왕골이나 골풀의 줄기를 잘게 쪼개서
　친 자리.

돗 쇄【簑】席也.

돗총이 : 털빛이 검푸른 말.

돗총이 현【駽】駜彼乘駽『詩經』

돗총이 말 :

돗총이 말 필【驒】필현(駻駽), 신마명(神馬名).
　　　驂騏駽驒而俠窮奇『九宮賦』

동개 : 활과 화살을 넣어 메는 기구.

동개 건【鞬】고건(櫜鞬).
　　　左執鞭弭 右屬櫜鞬『左傳』

동개 독【韇】韇丸.

동개 란【韊】큰 동개. 平原君負韊矢『史記』

동개 예【医】兵不解医『國語』＊ 속(俗)에 의(醫)
　　　의 약자(略字)로도 쓰임.

동계(動悸) : 가슴이 두근거리는 일. 또 그 병.

동계 계【悸】使我至今病悸『漢書』

동관(同官) : 같은 관청(官廳)에 있는 지위(地位)
　가 같은 관리(官吏). 지금은 널리 같은 자리에
　서 일을 하는 벗의 뜻으로 쓰임.

동관 료【僚】僚友. 同僚. 同官爲僚『左傳』

동관 료【寮】吾嘗同寮『左傳』

동관 인【寅】동료(同僚). 同寅.

동관 채【寀】동관(同官). 同寀.

동궁(東宮) : 예전에, ‘황태자(皇太子)’나 ‘왕세자
　(王世子)’를 달리 이르던 말.　태자나 세자가
　거처하는 궁이 궁궐 안의 동쪽 부분에 있던
　데서 유래한다.

동궁 방【坊】황태자(皇太子). 春坊.

동궁 저【儲】황태자(皇太子). 儲位.
　　　儲君副主『公羊傳 註』

동그라미 : 둥글게 그린 도형. 둥글게 된 형상(形象).

동그라미 권【圈】圈點. 半圈四週『漢書評林』

동그라미 규【規】원형(圓形). 半規.
　　　一成規 一成矩『莊子』

동그라미 원【圓】원형(圓形).
　　　左手畫圓 右手畫方『韓非子』

동기(銅器) : 구리로 만든 그릇.

동기 동【銅】半通之銅『揚子法言』

동네 :

동네 동【洞】〈호〉 부락(部落). 洞里.

동네 방【坊】동리(洞里)의 구획(區劃). 敎坊.
　　　名曰歸義坊『北史』

동네 길 :

동네 길 항【巷】里中道.

동녘 :

동녘 동【東】동방(東方). 東西.
　　　東伐諸侯『史記』

동녘으로 가다 :

동녘으로 갈 동【東】동쪽으로 향하여 감.
　　　吾亦欲東『漢書』

동독(董督)하다 : 감시하며 독촉하고 격려함.

동독할 돈【敦】감독(監督)함.
　　　使虞敦匠事『孟子』

동량 : 마룻대와 들보.

동량 주【宙】鳳凰之翔至德也 而燕雀佼之 以爲
　　　不能與之爭於宇宙之間『淮南子』

동류(同類) :

동류 수【儔】동배(同輩). 제배(儕輩).
　　　王之儔民『書經』

동리 기(洞里旗) :

동리 기 물【物】洞里所建旗.

동무 :

동무 붕【倗】朋也.

동물 : 움직이는 생물.

동물 동【動】群動咸邃『梁獻』

동반(同伴)하다 :

동반할 구【俱】함께 감. 儀與之俱『戰國策』

동반자(同伴者) : 동무 삼아 같이 감.

동반할 려【侶】麟不侶行『陸機』

동반하다 :

동반할 장【將】같이 감. 鄭伯將王『左傳』

동발(銅鈸) : 자바라 종류의 악기.

동발 뇨【鐃】鐃鈸. 鐃聲爲陰『禮記』

동발 발【鈸】銅鈸은 자바라, 제금, 향발(響鈸)
　　　등의 총칭. 제금. 鐃鈸.
　　　鈸亦謂之銅盤『正字通』

동 베 :

동 베 동【綗】베 이름.

동북(東北)풍 : 동북에서 부는 바람. 팔풍(八風)
　의 하나.

동북풍 조【條】條風自是出『山海經』

동산(東山) :

　동산 원【菀】원(苑)과 통용.

　동산 원【苑】

　　㉠ 울을 치고 금수(禽獸)를 기르는 곳. 옛날에
　　는 유(囿), 한(漢)나라 이후에는 苑이라 함.
　　苑囿. 渭南上林苑中『史記』

　　㉡ 울을 치고 식물을 심는 곳. 花苑. 禁苑.
　　發五苑之蔬果『韓非子』

　　㉢ 사물이 모이는 곳. 연총(淵叢). 藝苑.
　　晉世文苑 足儷鄴都『文心雕龍』

　동산 원【園】울을 두른 수목(樹木)의 재배지.
　　庭園.

　동산 유【囿】

　　㉠ 금수(禽獸)를 방사(放飼)하기 위하여 담을
　　친 곳. 苑囿. 文王之囿『孟子』

　　㉡ 구역(區域). 遙集文雅之囿『司馬相如』

동서(同壻) :

　동서 리【娌】축리(妯娌), 兄弟之妻相謂.

　동서 아【亞】아(婭)와 통용. 동서(同壻)끼리 서
　　로 부르는 말. 瑣瑣姻亞『詩經』

　동서 아【婭】아내의 자매의 남편. 아서(婭壻).
　　兩壻相謂曰婭『爾雅』

　동서 축【妯】(축리)妯娌. 형제의 아내가 서로
　　부르는 호칭(互稱).

동아줄 : 물건을 매어 끄는 큰 줄.

　동아줄 궁【絚】城內繫絚 數百人叫呼引之『南史』

　동아줄 률【繂】索也.

동안 :

　동안 장【墇】隔也.

동여매다 :

　동여맬 규【糾】纏也.

　동여맬 무【繆】綢繆牖戶『詩經』

　동여맬 주【綢】잡아 맴. 綢繆牖戶『詩經』

동옷 : 종이를 넣어 지은 옷. 수(戍)자리 하는 사
　람들이 입었음.

　동옷 유【襦】囘 襦衣.

동이 : 양옆에 귀가 달린 그릇. 물, 술 같은 것을
　담는 질그릇.

　동이 령【瓴】或以甕瓴『淮南子』

　동이 분【瓫】분(盆)과 동자(同字).

　동이 분【盆】傾盆. 戴盆. 陶人爲盆『周禮』

　동이 앙【盎】首戴瓦盎『後漢書』

　동이 함【㽉】아가리가 큰 질그릇.
　　鐘鼎壺㽉『呂氏春秋』

동이다 :

　동일 궤【甌】동여맴. 包甌菁茅『書經』

　동일 적【葯】동여맴. 首葯綠素『潘岳』

동자기둥 : 들보 위에 세우는 짧은 기둥.

　동자기둥 절【梲】쪼구미. 梲梲之材『班彪』

　동자기둥 절【梲】藻梲『論語』

　동자기둥 주【侏】쪼구미. 欂櫨侏儒『韓愈』

동작(動作) : 배우가 연극에서 하는 동작.

　동작 과【科】科白. 科諢之妙『閒情偶奇』

동정(動靜) :

　동정 모【耗】坐間爲張至家探耗『談怪錄』

동조 친 : 조부에서 갈린 일가.

　동조 친 당【堂】堂伯叔. 同堂兄弟.

동지 : 한해 중 낮이 가장 짧은 날.

　동지 지【至】先王以至日閉關『易經』

동쪽 신목 :

　동쪽 신목 약【叒】東方神木. 박상(博桑).

동차 :

　동차 광【軭】一輪車.

동철(銅鐵) : 구리와 쇠의 총칭.

　동철 정【鋌】耶谿之鋌『張協』

동트다 :

　동틀 돈【旽】돈(暾)과 동자(同字). 日欲出.

　동틀 려【邌】여(黎)와 동자(同字). 邌明 天欲明.

　동틀 려【黎】黎明. 天欲曙. 黎明圍宛城『史記』

동풍(東風) : 동쪽에서 불어오는 바람.

　동풍 곡【谷】곡풍(谷風). 習習谷風『詩經』

　동풍 도【滔】東方曰滔風『呂氏春秋』

동하지 : 한 해 중 낮이 가장 짧은 날과 가장 긴
　날.

　동하지 지【至】先王以至日閉關『易經』

동화(銅貨) : 구리로 만든 돈. 인신(引伸)하여 널
　리 돈의 뜻으로 쓰임.

　동화 동【銅】將錢買官, 謂之銅臭『釋常談』

돛 : 배의 돛. 帆竿.

　돛 범【颿】범(帆)과 동자(同字).
　　樓船擧颿而過肆『左思』

　돛 범【帆】㉠ 張雲帆施蜺幬『馬融』
　　㉡ 인신(引伸)하여 돛단배. 出帆.
　　布帆無恙『晉書』

　돛 범【䑺】범(帆)과 동자(同字).
　　祥飈送䑺『韓愈』

　돛 쌍【䉶】帆也.

돛달다 : 돛을 달고 배를 가게 함.

　돛달 범【帆】出帆함. 無因帆江水『韓愈』

돛대 : 돛을 달기 위하여 배에 세운 기둥.

　돛대 당【橦】決帆摧橦『木華』

돛대 소【綃】維長綃『木華』

돛대 예【栧】楫也. 예(栧)와 동자(同字).

돛대 의【檥】장간(檣竿).

돛대 장【檣】檣竿. 拊衿倚舟檣『王粲』

돛대 장【艢】장(檣)과 동자(同字). 범주(帆柱).

돼지 : 포유류 멧돼짓과에 속한 집짐승. 몸이 비
　대하며 다리와 꼬리가 짧고 주둥이가 뻐죽하
　다. 임신 약 4개월 만에 8~15마리의 새끼를
　낳으며, 체질이 강하고 조숙(早熟)한다.

돼지 견【豣】큰 돼지. 일설에는 세 살 난 돼지.
　　　　　　　獻豣于公『詩經』

돼지 돈【豚】가축의 하나. 작은 돼지를 이름.
　　　　　　　豚犬. 豚魚吉 信及豚魚也『易經』

돼지 만【𤞏】豕也.

돼지 빈【豩】돼지 두 마리.

돼지 수【豷】불깐 돼지.

돼지 시【𧱸】털이 긴 돼지. 시속(豕屬).

돼지 시【豕】돼지 류(類)의 총칭.
　　　　　　　豕宜稷『周禮』

돼지 역【殺】豚也.

돼지 원【豲】시속(豕屬).

돼지 저【豬】세 가닥의 털이 난 돼지. 멧돼지.
　　　　　　　野豬. 豬突豨勇.

돼지 저【猪】저(豬)의 속자.

돼지 체【𧲲】시(豕)와 동의. 雞豚狗彘之畜 無失
　　　　　　　其時 七十者可以食肉『孟子』

돼지 하【豝】豕也.

돼지 흑【黑】돼지. 以其駵黑『詩經』

돼지 희【豨】큰 돼지. 監市履豨『莊子』

돼지 희【豨】멧돼지. 食豨如食人『列子』

돼지 같은 짐승 :

　돼지 같은 짐승 단【貒】角貒. 獸名似豕.

돼지 고깃국 :

　돼지 고깃국 효【臛】豚肉羹.

돼지고기 장 :

　돼지고기 장 부【膊】豕肉醬.

돼지 꿀꿀거리다 :

　돼지 꿀꿀거릴 후【豞】시명(豕鳴).

돼지 땅 뒤지다 :

　돼지 땅 뒤질 회【蝲】豕掘地.

돼지 떼 :

　돼지 떼 산【豩】시군(豕群).

돼지머리 :

　돼지머리 계【彑】계(彐)와 동자(同字). .

　돼지머리 계【彐】돼지의 머리를 상형(象形)한 글자.

　돼지머리 증【豷】豕所寢檜.

돼지 밥 :

　돼지 밥 저【𧱦】시식(豕食).

돼지새끼 :

　돼지새끼 수【㹠】시자(豕子).

　돼지새끼 종【豵】생후 6개월 되는 돼지.
　　　　　　　壹發五豵『詩經』

　돼지새끼 혜【豯】豬子.
　　　　　　　或謂之豚 或謂之豯『揚雄方言』

돼지 성나 털 일어나다 :

　돼지 성나 털 일어날 의【豙】豕怒也毛堅.

돼지소리 :

　돼지소리 부【𧱲】시성(豕聲).

돼지 숨쉬다 :

　돼지 숨 쉴 희【豷】돼지가 쉬는 숨.

돼지 암내나다 :

　돼지 암내 날 루【𤡔】豚求子.

돼지우리 :

　돼지우리 압【庘】돈옥(豚屋).

돼지 울 : 돼지를 기르는 울.

　돼지 울 치【廁】廁中豕群出, 壞大官竈『漢書』

돼지의 긴 털 :

　돼지의 긴 털 렵【鬛】豕長毛.

돼지이름 :

　돼지이름 온【豱】豱豬, 시명(豕名).

돼지 흙 뒤지다 :

　돼지 흙 뒤질 굴【豽】豕發土.

　돼지 흙 뒤질 회【豟】豕堀土.

되 : 곡식 같은 것의 분량을 되는 네모진 그릇.
　또 되로 되는 용적(容積).

되 각【角】正鈞石齊升角『呂氏春秋』

되 고【鼓】數以盆鼓『荀子』

되 량【量】㉠ 同律度量形『書經』
　　　　　　　㉡ 量者 龠 合 升 斗 斛也『漢書』

되 부【䈹】엿 말 넉 되들이의 되. 안은 네모지
　고 밖은 둥글게 생김.
　　　　　　　四䈹上也『周禮』

되 승【枡】㈐ 升也, 양기(量器).

되 승【升】
　　㉠ 한 홉의 열곱. 合十爲升『漢書』
　　㉡ 그 용량(容量)을 되는 그릇.
　　　　　　　爲銅升 用頒天下『隋書』

되 용【桶】平斗桶權衡丈尺『史記』

되강오리 : 논병아릿과에 속한 물새. 몸길이는
　26센티미터 정도로 비둘기만 하나, 생김새는
　오리와 비슷하다. 날개가 짧아서 잘 날지 못하
　나 발에 물갈퀴가 있어 헤엄과 잠수를 잘한다.

되강오리 라【鸁】벽제(鷿鷈).

되 그릇 : 양기(量器)의 하나. 종(鍾)과 모양이 같
　은데 네모짐.

　되 그릇 방【鈁】鈁, 方鍾也『辭海』

되 끓이다 :
　되 끓일 분【饙】분(饋)과 동자(同字). 쌀을 어
　　　　느 정도 끓인 뒤에 다시 물을
　　　　부어 푹 끓임. 또 그 밥.
　　　　　　挹彼注兹 可以饙饎『詩經』

되다 :
　될 량【量】경중(輕重), 장단(長短), 용적(容積)
　　　　등을 알아봄.
　　　　　行者當量其淺深而後可渡『詩經』
　될 위【爲】
　　　㉠ 일정한 형태가 이루어짐. 爲人敏給『史記』
　　　㉡ 重爲輕根 靜爲躁君『老子』
　　　㉢ 당함. 皆爲殺戮『史記』

되돌아오다 :
　되돌아올 롱【憹】戾也. 憹㤂.
　되돌아올 우【㥙】復也.

되 먹이 치다 :
　되 먹이 칠 잠【賺】重賣物.

되어 담다 :
　되어 담을 알【斜】斗量取物.

되어서 반분하다 :
　되어서 반분할 반【料】量物分半.

되 이름 : 용량(容量)의 단위(單位).
　되 이름 종【鍾】육곡사두(六斛四斗). 일설(一說)
　　　　에는 팔곡혹십곡(八斛或十斛).
　　　　　饐國人粟戶一鍾『左傳』

되질하다 : 곡식을 되로 됨.
　되질할 료【料】용량을 됨. 料量.
　　　　　嘗爲季氏吏, 料量平『史記』
　되질할 자【訾】訾粟而稅『商子』

되풀이하다 : 한 일을 거듭함.
　되풀이할 미【娓】미미(娓娓). 친절히 되풀이하
　　　　여 가르치는 모양.
　되풀이할 복【復】반복(反復)함. 反復.
　　　　　南容三復白圭『論語』
　되풀이할 복【覆】欲反覆之『史記』
　되풀이할 습【襲】한 번 한 일을 다시 거듭함.
　　　　　始終相襲 無窮極也『尹文子』

된서리치다 :
　된서리 칠 상【瀟】殺物(殺物).

된장 :
　된장 도【酺】醬也.
　된장 시【豉】豆豉. 콩을 쑨 것으로 간장을 담그
　　　　는 원료나 간장을 떠내고 남은 건더기.

된죽 :
　된죽 전【餰】鬻也. 전(饘)과 동자(同字).

두 가지로 하다 :
　두 가지로 할 이【二】

　　㉠ 다르게 함. 不二價『後漢書』
　　㉡ 의심(疑心)하게 함. 二人主之心『韓非子』
　　㉢ 의심(疑心)함. 臣共而不二『左傳』

두 가지 마음 :
　두 가지 마음 이【二】이심(異心).
　　　　　有死無二『左傳』

두 갈래 :
　두 갈래 지【枳】北方有枳首蛇『爾雅』

두 갈래 물 :
　두 갈래 물 추【沭】이류(二流).

두 갈래 진내 :
　두 갈래 진내 차【汊】갈래져서 흐르는 물.
　　　　　行趾川汊『韓愈』

두개골 :
　두개골 로【顱】머리뼈. 淳于能解顱『抱朴子』
　두개골 맘【炙】뇌개(腦盖).

두건 :
　두건 수【帨】두건(頭巾).
　두건 업【裺】조두(幧頭).

두겁 : 붓두껍.
　두겁 도【弢】去其管弢『陳后山詩註』
　두겁 모【帽】寫完卽加筆帽免挫筆鋒『洞天筆錄』

두견(杜鵑)새 : 소쩍새.
　두견새 두【塢】두견(杜鵑).
　두견새 휴【鵂】子鵂, 杜鵑.

두견이 : 두견이과에 속하는 새. 뻐꾸기 비슷하며
　　　여름에 밤낮 처량하게 욺. 촉(蜀)나라 망제(望
　　　帝)의 넋이 화(化)하여 된 새라고 전(傳)함. 두
　　　견(杜鵑)은 두백(杜魄). 두우(杜宇). 망제혼(望
　　　帝魂). 불여귀(不如歸). 자규(子規). 제계(鶗鴃).
　　　촉백(蜀魄). 촉조(蜀鳥). 촉혼(蜀魂).
　두견이 견【鵑】杜鵑苦啼 啼血不止『埤雅』
　두견이 겹【鴂】두견이의 일종.
　두견이 계【鴂】鶗鴃.
　두견이 제【鶗】제(鷤)와 동자(同字).
　두견이 제【鷤】鶗鴃.
　두견이 제【鵜】제(鷤)와 통용. 소쩍새. 鵜鴃.

두공(枓栱) : 기둥 위의 방형(方形)의 나무. 대들
　　　보를 받침. 옥로(屋櫨).
　두공 계【枅】두공(枓栱).
　두공 견【枅】短者以爲朱儒枅櫨『淮南子』
　두공 공【栱】옥로(屋櫨). 杙大者爲栱『爾雅』
　두공 두【枓】두공(枓栱). 옥로(屋櫨).
　두공 로【櫨】옥로(屋櫨).
　두공 박【欂】欂櫨謂柱上方木也『禮記』
　두공 이【㮰】옥로(屋櫨). 繡㮰雲楣『張衡』
　두공 절【節】山節藻梲『禮記』
　두공 질【梲】옥로(屋櫨).

두근거리다 : 놀라거나 병으로 가슴이 두근거림.

두근거릴 계【悸】肌戰心悸『後漢書』

두근거릴 추【妯】동계(動悸)함.
　　　　　　　　憂心且妯『詩經』

두길 : 척도(尺度)의 단위(單位). 심(尋)의 두 배.

두길 상【常】十六尺尋常尺寸.
　　　　　　　布帛尋常庸人不釋『史記』

두꺼비 : 양서류 두꺼비과에 속하는 동물. 개구리
　비슷하나 크고 온 몸이 오돌오돌하며 살가죽에
　서 유독한 산액(酸液)을 분비(分泌)함.

두꺼비 거【𪓰】섬야(蟾也).

두꺼비 거【黿】黿蟆, 섬추(蟾蜍).

두꺼비 려【蚸】대하마(大蝦蟆).

두꺼비 록【黿】록거(黿黿).

두꺼비 마【蟆】하마(蝦蟆).

두꺼비 섬【蟾】섬여(蟾蜍). 聚蟾爲戲『抱朴子』

두꺼비 시【黿】𡨥 蟾也.

두꺼비 여【蜍】섬여(蟾蜍).

두꺼비 저【蠩】𪓰蟖. 腹下有丹書
　　　　　八字者是眞蟾蜍『本草經』

두꺼비 추【黿】섬야(蟾也).

두꺼비 추【𪓿】거추(黿𪓿), 섬저(蟾蠩).

두꺼비 축【黿】섬야(蟾也).

두꺼비 하【蝦】見食于蝦蟆『史記』

두꺼운 입술 :

두꺼운 입술 진【唇】후순(厚唇).

두께 :

두께 후【厚】두꺼운 정도. 其厚三寸『禮記』

두다 :

둘 기【庋】시렁에 올려놓음. 인신(引伸)하여 놓
　　　　아 둠. 저장(貯藏)하여 둠. 庋置.
　　　　前後錫與 緘庋不敢用『唐書』

둘 기【企】마음 속에 넣고 잊지 아니함.
　　　　仰企碧霞仙『賈島』

둘 사【舍】머물러 있게 함.
　　　　舍需於側『戰國策』

둘 석【舍】석(釋)과 동자(同字). 물건을 놓음.
　　　　春入學 舍采合舞『周禮』

둘 저【褚】일정한 곳에 둠.
　　　　取我衣冠而褚之『左傳』

둘 저【貯】집에서 데리고 있음.
　　　　貯妓女藏歌舞『王禹偁』

둘 전【奠】놓다. 지상에 안치함.
　　　　奠之而後取之『禮記』

둘 조【厝】조(措)와 동자(同字).

둘 조【錯】조(措)와 동자(同字).
　　　　錯之牢筴之中『莊子』

둘 착【著】

　㉠ 바둑을 둠. 讓老夫下一著『世說』

　㉡ 솜을 넣음. 著綿.

둘 처【處】머물러 있게 함.
　　　　魏立永明寺以處沙門『通鑑』

둘 축【蓄】첩, 하인(下人)등을 집에 둠. 蓄妾.
　　　　妻悍不得蓄媵妾『後漢書』

둘 충【充】놓음. 射則充椹實『周禮』

둘 치【寘】

　㉠ 놓아 둠. 寘予于懷『詩經』

　㉡ 머물러 둠. 寘之圜土『周禮』

　㉢ 버려 둠. 寘之彼周行『詩經』

　㉣ 넣어둠. 凡而器用財賄無寘於許『左傳』

둘 치【置】정한 곳에 놓음. 安置.

두더지 : 두더지과에 속하는 동물. 쥐와 비슷하나
　좀 크고 주둥이가 날카로워 땅속을 잘 뚫고
　다님.

두더지 분【鼢】언서(鼴鼠). 전서(田鼠).

두더지 분【蚡】식충류(食蟲類). 전서(田鼠).

두더지 언【偃】언(鼴)과 통용.
　　　　偃鼠飮河 不過滿腹『莊子』

두더지 언【鼴】전서(田鼠).

두더지 혐【鼸】전서(田鼠).

두둑 : 전답의 경계를 이룬 둔덕.

두둑 강【疆】兆民勸於疆場『張衡』

두둑 무【畝】전무(田畝). 견무(畎畝).
　　　　舞發於畎畝之中『孟子』

두둑 반【畔】휴반(畦畔). 耕者皆讓畔『史記』

두둑 승【塍】승(畻)과 동자(同字).

두둑 승【畻】승(塍)과 동자(同字).

두둑 주【疇】取我田疇而伍之『左傳』

두둑 진【畛】진성(畛城). 徂隰徂畛『詩經』

두둑 진【畛】以翔虛無之畛『淮南子』

두둑 휴【畦】휴정(畦町). 菜茹有畦『漢書』

두둑 길 : 밭 사이의 두둑으로 된 길.

두둑 길 철【畷】饗農及郵表畷禽獸『禮記』

두둔하다 :

두둔할 비【庇】비(庇)와 동자(同字). 비호(庇護).
　　　　魂靈有所依庇『後漢書』

두드러기 : 어떤 약이나 곤충 또는 음식물의 자
　극(刺戟)으로 인(因)한 중독(中毒)으로 생기는
　급성(急性) 피부병(皮膚病)의 일종(一種).

두드러기 은【癮】癮疹. 皮外小起.

두드러기 은【癊】은진(癮疹). 皮外小起.

두드러기 진【疹】은진(癮疹).

두드리는 소리 :

두드리는 소리 방【彭】打麥打麥 彭彭魄魄
　　　　　　　　　『張舜民』

두드리다 :

두드릴 각【搉】支斷戚夫人手足 搉其眼『漢書』
두드릴 고【鼓】치거나 두드려서 소리를 냄.
以其尾鼓其腹『呂氏春秋』
두드릴 고【叩】톡톡 침. 叩門.
以杖叩其脛『論語』
두드릴 고【敲】가볍게 톡톡 두드림. 또 회초리 같은 것으로 때림. 敲門.
奪之杖以敲之『左傳』
두드릴 곤【捆】두드려서 견고하고 치밀하게 함.
捆屨織席『孟子』
두드릴 관【款】문을 열어 달라고 두드림.
款關請見『史記』
두드릴 구【攫】搏也.
두드릴 구【扣】扣石墾壤『列子』
두드릴 구【敂】남을 찾아가서 문을 두드림.
凡四方賓客敂關則爲之告『周禮』
두드릴 단【鍛】쇠붙이를 불에 달구어 두드림.
鍛鍊. 鍛乃戈矛『書經』
두드릴 도【搯】때림. 無搯膺『國語』
두드릴 박【剝】두드려 떨어뜨림.
八月剝棗『詩經』
두드릴 작【敎】撲也.
두드릴 쟁【振】撞也.
두드릴 쟁【敿】撞也.
두드릴 채【扨】擊也.
두드릴 촉【斀】擊也.
두드릴 통【敵】扣也.
두드릴 합【敆】敲也.

두레박 : 물을 긷는 그릇.
두레박 고【橰】桔橰.
두레박 관【鑵】물을 긷는 그릇.
두레박 관【罐】毁缾罐『世說』
두레박 구【枸】구(棬)의 속자.
두레박 구【棬】구(枸)와 동자(同字).
桔橰汲水具.
두레박 병【甁】羸其甁『易經』
두레박 병【缾】병(甁)과 동자(同字).
缾之罄矣 維罍之恥『詩經』
두레박 옹【罋】급병(汲甁).
두레박 원【韏】井水汲器.

두레박줄 : 두레박을 매는 줄.
두레박줄 경【綆】綆短不可汲深『莊子』
두레박줄 율【繘】關東謂之綆 關西謂之繘
『揚雄方言』

두레박 틀 : 물을 긷는 장치.
두레박틀 계【檕】桔橰上横木所轉機.
두레박틀 결【槹】길(桔)과 동자(同字).
林端擧槹橰『王維』
두레박틀 길【桔】桔橰者引之則俯 舍之則仰
『莊子』
두레박틀 록【櫨】우물의 물을 길기 위하여 고패를 장치한 나무. 櫨櫨.

두려움 :
두려움 공【恐】공포(恐怖). 臂在志爲恐『素問』
두려움 구【懼】多男子則多懼『莊子』
두려움 외【畏】君子有三畏『論語』
두려움 포【怖】공포(恐怖). 董卓懷怖『魏志』

두려워서보다 :
두려워서 볼 구【界】외시(畏視).

두려워하다 : 무서워하여 놀람.
두려워 할 거【遽】경악(驚愕)하여 당황(唐慌)함.
怖遽. 豈不遽止『左傳』
두려워 할 격【覨】恐也.
두려워 할 곡【焅】懼也.
두려워 할 공【恐】
㉠ 무서워함. 恐怖. 齊人將築薛 吾甚恐『孟子』
㉡ 위구(危懼)함. 惡莠恐其亂苗也『孟子』
㉢ 공구(恐懼)하여 근신(勤愼)함.
孝子 祭之日 顔色必溫 行必恐『禮記』
두려워 할 광【匡】광(恇)과 통용.
衆不匡懼『禮記』
두려워 할 교【嬓】구모(懼貌).
두려워 할 구【懼】
㉠ 공포(恐怖)를 느낌. 무서워 함. 恐懼.
獨立不懼『易經』
㉡ 걱정함. 危懼. 群公盡懼『史記』
㉢ 경계(警戒)함. 삼감.
必也臨事而懼 好謀而成者也『論語』
㉣ 어려워 함. 君側之人, 懼士卒『史記』
두려워 할 구【瞿】구(懼)와 통용.
瞿然失席『禮記』
두려워 할 답【讘】구모(懼貌).
두려워 할 동【恫】질동(恎恫). 懼也.
두려워 할 료【聊】공구(恐懼)함.
聊兮慄兮『牧乘』
두려워 할 률【慄】두려워하여 떪. 戰慄.
吾甚慄之『莊子』
두려워 할 름【懍】공구(恐懼)함.
百姓懍懍『書經』
두려워 할 병【屏】屏營彷徨于山林之中『國語』
두려워 할 사【葸】외구(畏懼)함.
愼而無禮則葸『論語』
두려워 할 새【鰓】무서워하는 모양.
鰓鰓常恐『漢書』
두려워 할 색【愬】履虎尾, 愬愬終吉『易經』
두려워 할 섭【讋】讋伏. 諸將讋服『漢書』
두려워 할 섭【攝】무서워함.
攝讋者不取『漢書』

두려워 할 송【伀】무서워하여 당황하는 모양.
百姓征伀 無所措其手足『王褒』
두려워 할 송【悚】悚懼. 惶悚.
心憂魄悚『江淹』
두려워 할 송【竦】공구(恐懼)함. 竦懼.
不戁不竦『詩經』
두려워 할 송【聳】송(竦)과 동자(同字).
莫不聳懼『左傳』
두려워 할 송【愯】懼也.
두려워 할 순【恂】恂慄. 惴慄恂懼『莊子』
두려워 할 습【慴】겁내어 떰. 怖慴.
一府中皆慴伏『史記』
두려워 할 시【諰】
㉠ 공구(恐懼)함. 則甚有其諰也『荀子』
㉡ 諰諰然常恐天下之一合而軋己也『荀子』
두려워 할 심【伈】공구(恐懼)함.
伈伈俔俔爲民吏羞『韓愈』
두려워 할 쌍【雙】송구(悚懼)스러워 함.
雙然心神肅『朱熹』
두려워 할 업【㥷】 懼也.
두려워 할 영【營】황공(惶恐)함. 屛營. 正營.
두려워 할 왕【迋】공구(恐懼)함.
子無我迋『左傳』
두려워 할 외【畏】
㉠ 경외(敬畏)함. 畏服. 畏敬. 畏天命『論語』
㉡ 畏懼. 畏縮. 是 畏三軍者也『孟子』
㉢ 삼가고 조심함. 畏愼. 子畏於匡『論語』
㉣ 꺼려함. 畏忌. 魚 不畏網『莊子』
㉤ 무서워함. 위(威)와 통용.
두려워 할 유【㤢】구야(懼也).
두려워 할 의【疑】공구(恐懼)함.
皆爲疑死『禮記』
두려워 할 장【偉】장(慞)과 통용.
놀라 무서워하는 모양.
遽偉偟兮驅林澤『楚辭』
두려워 할 적【逖】척(惕)과 통용.
渙其血 去逖出『易經』
두려워 할 전【戰】공구(恐懼)함. 戰戰兢兢.
見豺而戰『揚子法言』
두려워 할 접【慄】위구(危懼)함. 慄慄.
宮房慄息『後漢書』
두려워 할 정【怔】懼也.
두려워 할 종【伀】공구(恐懼)함.
卒奉大略伀矇狼狽『周魴』
두려워 할 줄【怞】포심(怖心).
두려워 할 집【慹】외구(畏懼)함.
豪强慹服『後漢書』
두려워 할 집【執】집(慹)과 통용.
豪强執服『漢書』
두려워 할 척【惕】우구(憂懼)함. 怵惕.
無日不惕『左傳』
두려워 할 척【悐】척(惕)과 동자(同字). 憂懼貌.
悼來者之悐悐『楚辭』
두려워 할 첩【疊】공구(恐懼)함.
莫不震疊『詩經』
두려워 할 출【怵】怵惕惟厲『書經』
두려워 할 췌【惴】우구(憂懼)함. 惴慄.
吾不惴焉『孟子』
두려워 할 칙【伏】칙(恜)과 동자(同字).
於其心伏然.
두려워 할 파【怕】무서워함. 畏怕. 懼怕.
怕入刑辟『論衡』
두려워 할 포【怖】무서워함. 恐怖. 怖畏.
吾驚怖其言『莊子』
두려워 할 허【歔】공구(恐懼)하는 모양.
曾歔欷余鬱邑兮『楚辭』
두려워 할 혁【瀾】瀾沐, 怖遽.
두려워 할 혁【虩】공구(恐懼)하는 모양.
震來虩虩『易經』
두려워 할 현【俔】공구(恐懼)함.
伈伈俔俔『韓愈』
두려워 할 황【兄】황(怳)과 동자(同字).
倉兄塡兮『詩經』
두려워 할 황【惶】몹시 공구(恐懼)하여 어찌할
줄 모름. 惶恐.
蕭廣縱暴 百姓惶優『後漢書』
두려워 할 효【嘵】予維音嘵嘵『詩經』
두려워 할 흉【恟】공구(恐懼)함. 恟恟.
謫夢意猶恟『韓愈』
두려워 할 흉【凶】흉(兇), 흉(恟)과 통용.
敵人入而凶『國語』
두려워 할 흉【兇】흉(恟)과 동자(同字). 兇兇.
曹人兇懼『左傳』

두렵게 하다 : 두려움을 느끼게 함.
두렵게 할 습【慴】威慴萬乘『曹植』

두렵다 :
두려울 계【䫜】공야(恐也).
두려울 기【惎】외야(畏也).
두려울 확【臒】구야(懼也).
두려울 효【憢】懼也. 효(嘵)와 동자(同字).

두루 : 빠짐없이 널리. 골고루. 너르게. 모두.
두루 균【均】均是惡也『國語』
두루 달【達】達觀.
두루 력【歷】歷告爾百姓于朕志『書經』
두루 변【辨】편(徧)과 통용. 端應辨至『史記』
두루 부【敷】敷宣. 敷求先生.
두루 순【徇】徇求. 思慮徇通『墨子』
두루 잡【迊】周也. 잡(帀), 잡(匝)과 동자(同字).

두루 주【徇】周也.

두루 주【周】골고루. 널리. 周游.
　　　　周知其名『周禮』

두루 주【週】주(周)와 동자(同字).
　　　　週遊八極『列仙傳』

두루 탄【殫】빠짐 없이. 널리. 殫洽.
　　　　殫見洽聞『班固』

두루 편【徧】편(徧)과 동자(同字).
　　　　十二街中春雲遍『張籍』

두루 편【徧】하나도 빠짐없이. 徧歷.
　　　　閉戶徧讀家藏書『陸機』

두루 다니다 : 여러 곳을 두루 다님. 빠짐없이
　　다님.

두루 다닐 규【樛】주류(周流)함. 樛流.

두루 다닐 미【采】주행(周行).
　　　　　采入其阻『詩經』

두루 다닐 미【采】采入其阻『詩經』

두루 다닐 편【徧】周徧五嶽四瀆『漢書』

두루마기 : 주로 외출할 때 입는 우리 나라 고유
　　의 웃옷의 일종.

두루마기 비【襅】주의(周衣).

두루마리 : 권축(卷軸)을 박고 표장(表裝)하여 말
　　아 놓은 서화.

두루마리 권【卷】주지(周紙). 獻近所爲復志賦已
　　　　　下十首爲一卷 卷有標軸『韓愈』

두루마리 첩【帖】서화의 권축(卷軸).
　　　　　懷素絹帖一軸『書苑』

두루마리 축【軸】見卷軸未必多僕『南史』

두루마리로 하다 :

두루마리로 할 축【軸】표장(表裝)하여 두루 마
　　　　　리를 만듦.
　　　　　軸而藏之『歐陽修』

두루미(鶴) : 섭금류(涉禽類)에 속하는 큰 새. 몸
　　이 희고 정수리는 붉음. 옛부터 서조(瑞鳥)라
　　일컬으며 천년 산다고 하나, 실제는 40~50년
　　에 불과(不過)함.

두루미 독【鵚】鵚鶖, 독두조(禿頭鳥).

두루미 령【鴒】학(鶴)의 별칭.

두루미 령【鶄】학(鶴)의 별칭.

두루미 로【鷺】자로(鷀鷺). 학류(鶴類).

두루미 학【鸖】학(鶴)과 동자(同字).
　　　　　懿公好鸖『史記』

두루미 학【鶴】선금(仙禽).

두루미냉이 :

두루미냉이 전【葶】정역(葶藶).

두루미 소리 :

두루미 소리 알【嘎】학이 우는소리.

두루 미치다 : 널리 미침. 빠짐없이 퍼짐. 미치지

않는 곳이 없음.

두루 미칠 개【皆】降福孔皆『詩經』

두루 미칠 긍【恆】恆之秬秠『詩經』

두루 미칠 부【溥】溥被.
　　　　　溥天之下 莫非王土『詩經』

두루 미칠 순【旬】來旬來宣『詩經』

두루 미칠 주【周】知周乎萬物『易經』

두루 미칠 편【徧】
　　㈀ 徧于羣臣『書經』
　　㈁ 今大國之地徧天下『史記』

두루 미칠 편【徧】편(徧)과 동자(同字).
　　　　　十二街中春雲遍『張籍』

두루 미칠 포【鋪】편(徧)과 동의.
　　　　　淪胥以鋪『詩經』

두루 미칠 함【咸】小賜不咸『國語』

두루 미칠 협【浹】浹和. 敎化浹洽『漢書』

두루 미칠 협【挾】협(浹)과 동자(同字).
　　　　　㈀ 方皇周挾『荀子』
　　　　　㈁ 使不挾四方『詩經』

두루 미칠 후【詡】德發揚 詡萬物『禮記』

두루 미칠 흡【洽】
　　㈀ 洽普. 好生之德, 洽于民心『書經』
　　㈁ 두루 미치는 일. 推其博洽『後漢書』

두루 퍼지다 : 빠짐없이 퍼짐.

두루 퍼질 윤【匀】雨初歇而香匀『方孝孺』

두루하다 : 골고루. 널리.

두루할 주【周】周游. 周知其名『周禮』

두르다 : 둘러쌈. 싸서 가림. 포위함. 돌림. 감음.
　　빙 두름. 위요(圍繞)함.

두를 궁【宮】君爲廬宮之『禮記』

두를 권【卷】㈀ 白雲四卷天無河『韓愈』
　　　　　㈁ 薜蘿可卷『江淹』

두를 대【帶】襟以山東文險 帶以河曲之利
　　　　　『戰國策』

두를 대【遆】依諸將之遆 據相扶之勢『漢書』

두를 라【羅】나(邏)와 동자(同字). 위요(圍繞)함.
　　　　　從車羅騎『漢書』

두를 라【邏】春山紫邏長『杜甫』

두를 락【絡】㈀ 환요(環繞)함. 籠山絡野『班固』
　　　　　㈁ 靑絲繫馬尾黃金絡馬頭『古詩』

두를 료【繚】繚垣. 繚以周牆『漢書』

두를 료【繆】요(繚)와 동자(同字).
　　　　　繆繞玉綏『漢書』

두를 선【旋】東郊十里香塵旋『僧用晦』

두를 순【徇】徇以離殿別寢『後漢書』

두를 암【匼】車頭金匼匝『杜甫』

두를 연【緣】緣縈. 緣之以方城『荀子』

두를 영【縈】縈帶. 河水縈帶『李華』

두를 영【嬰】嬰城. 世綱嬰吾身『陸機』

두를 요【繞】둘러 쌈. 圍繞.
繞黃山而款牛首『張衡』
두를 요【遶】요(繞)와 동자(同字).
遶樹三匝『魏武帝』
두를 읍【裛】전요(纏繞)함. 裛以藻繡『班固』
두를 잡【帀】빙 두름. 列卒周帀『張衡』
두를 조【遭】山圍故國周遭在『劉禹錫』
두를 패【佩】北佩謙澤『水經注』
두를 합【匌】周帀也.
두를 환【環】環坐. 三里之城 七里之郭 環而攻之『孟子』
두를 환【圜】圜繞. 天下圜視而起『賈誼』
두를 환【還】환(環)과 동자(同字).
還廬樹桑『漢書』
두릅나무 : 두릅나무과에 속하는 낙엽관목(落葉灌木). 어린순은 나물로 먹으며 수피(樹皮)는 당뇨병(糖尿病), 신장병(腎臟病)의 약재(藥材)로 쓰고 열매는 건위제(健胃劑)로 씀.
두릅나무 송【楤】총목(楤木).
두릅나무 역【棫】瑟彼柞棫『詩經』
두릅나무 총【楤】총목(楤木).
두리번거리다 : 깜짝 놀라 눈을 휘둥그렇게 하고 허둥지둥 이쪽저쪽을 보는 모양.
두리번거릴 구【瞿】左右視.
두리번거릴 확【矍】左右視. 矍然失容『後漢書』
두 마리 소 :
두 마리 소 언【牪】牛二匹.
두마음 : 두 가지의 마음. 또 두 가지 마음을 품음.
두마음 이【貳】이심(貳心). 從君而貳『國語』
두마음 이【二】이심(異心). 有死無二『左傳』
두마음 먹다 :
두마음 먹을 휴【攜】이심(貳心).
두메 : 도시에서 멀리 떨어져 있는 깊은 산골지방. 국경의 황무지.
두메 구【艽】벽촌(僻村).
我征徂西 至于艽野『詩經』
두메 변【邊】벽지(僻地). 其在邊邑『禮記』
두메 비【鄙】변비(邊鄙).
두메 협【峽】벽촌(僻村).
두목(頭目) :
두목 백【伯】
㉠ 패야(覇也). 五伯之霸也, 勤而撫之『左傳』
㉡ 오관(五官)인 사도(司徒), 사마(司馬), 사공(司空), 사사(司士), 사구(司寇)의 장(長).
五官之長曰伯『禮記』
두목 웅【雄】우두머리. 七雄虓闞『班固』
두목 패【覇】무력(武力), 권도(權度)로서 정치를 하는 제후의 우두머리.
㉠ 춘추시대의 제환공(齊桓公), 진문공(晉文公), 송양공(宋襄公), 진목공(秦穆公), 초장왕(楚莊王)을 五霸라 함. 以力假仁者霸『孟子』
㉡ 널리 두목, 우두머리의 뜻으로 쓰임.
文采必霸『文心雕龍』
두 번 :
두 번 이【二】재차(再次). 二敗而三勝『蘇洵』
두 번 재【再】再考, 再不朝則削其地『孟子』
두 번하다 : 거듭함, 다시 함.
두 번할 재【再】過言不再『禮記』
두 살 된 송아지 :
두 살 된 송아지 패【犻】二歲牛.
두 섬 :
두 섬 담【儋】한 섬의 배. 守儋石之祿『漢書』
두 손 마주잡다 : 공경하는 뜻을 표하기 위하여 두 손을 마주 잡음.
두 손 마주잡을 공【拱】拱揖. 子路拱而立『論語』
두 손으로 받들다 :
두 손으로 받들 육【廾】兩手捧物.
두 손으로 안다 :
두 손으로 안을 격【搿】兩手合抱.
두 손으로 잡다 :
두 손으로 잡을 공【巩】兩手取物.
두 앞발 동이다 :
두 앞발 동일 수【縙】絆前兩足.
두억시니 : 모질고 사악한 귀신의 하나.
두억시니 망【蝄】蝄蜽. 山川精物狀如小兒.
두엄풀 : 거름에 섞은 풀.
두엄풀 자【茡】자(苴)와 동자(同字). 和糞草.
두엄풀 자【苴】其土苴以治天下『莊子』
두창(頭瘡) : 머리에 나는 부스럼. 머리의 종기.
두창 간【鬝】或赤若禿鬝『韓愈』
두창 비【疕】疕瘍者造焉『周禮』
두창 양【瘍】生瘍於頭『左傳』
두창 포【胞】癰腫胞疾『戰國策』
두충(杜冲) :
두충 면【檰】두충(杜冲).
두터이 하다 : 정의(情意) 같은 것을 두터이 함.
두터이 할 독【篤】篤前人成烈『書經』
두터이 할 전【展】時庸展親『書經』
두터이 할 후【厚】不厚其棟『國語』
두텁다 :
두터울 단【僤】돈후(敦厚)함.
我生不辰 逢天僤怒『詩經』
두터울 우【優】후(厚)함. 優厚. 優渥.
既優既渥『詩經』
두터울 농【醲】농(濃)과 통용. 후(厚)함.

明主醲于用賞 約于用刑『後漢書』
두터울 농【濃】정의(情意)가 두터움.
弘濃恩降溫澤『班固』
두터울 독【笁】독(篤)과 동자(同字).
帝何笁之『楚辭』
두터울 륭【隆】후(厚)함. 隆寵. 使後世不見隆薄進退之隙『後漢書』
두터울 무【膴】후(厚)함. 則無膴仕『詩經』
두터울 방【庬】방(厖)과 동자(同字).
湛思庬洪『漢書』
두터울 방【厖】방(庬)과 동자(同字).
爲下國駿厖『詩經』
두터울 복【腹】얇지 아니함. 水澤腹堅『禮記』
두터울 악【渥】독후(篤厚)함. 渥思. 優渥.
既優既渥『詩經』
두터울 염【厭】㊀ 厚也.
두터울 요【饒】후(厚)함. 情饒.
두터울 월【粤】후(厚)함. 天爲粤宛『管子』
두터울 전【醎】厚也.
두터울 전【腆】
㉠ 후함. 腆贈. 腆以致其厚『書經』
㉡ 주식(酒食)을 많이 차림. 自洗腆致用酒『書經』
두터울 전【倎】厚也.
두터울 준【偆】厚也.
두터울 풍【豊】얇지 아니함.
不量齊德之豊否『國語』
두터울 후【厚】
㉠ 두꺼움. 厚繒. 謂地蓋厚, 不敢不蹐『詩經』
㉡ 많음. 厚祿. 幣厚言甘『史記』
㉢ 큼. 厚利. 道德不厚『戰國策』
㉣ 깊음. 水之積也 不厚則負大舟也無力『莊子』
㉤ 진함. 濃厚. 厚其液『周禮』
㉥ 무거움. 其於敝邑之王甚厚『戰國策』
㉦ 친밀함. 厚誼. 深結厚焉『漢書』
㉧ 정성스러움. 厚意. 破産厚葬『史記』
㉨ 침착함. 천박하지 않음. 行厚而詞深『柳宗元』
㉩ 감각이 둔함. 낯가죽이 두툼함. 厚顔無恥. 巧言如簧 顔之厚矣『詩經』

두텁떡 :
두텁떡 필【饆】필라(饆饠). 餅麫有餡.

두통(頭痛) : 머리가 아픈 병.
두통 소【痟】春時有痟首疾『周禮』
두통 풍【瘋】두통(頭痛).

두툼하다 : 옷이 두툼한 모양. 얼굴이 예쁜 모양.
두툼할 농【襛】何彼襛矣 唐棣之華『詩經』
두툼할 답【䐾】적후(積厚).

둑 : 물을 막는 설비.
둑 건【揵】下淇園之竹 以爲揵『漢書』
둑 날【埒】제방(堤防). 丘邊有界埒『爾雅』
둑 당【唐】당(塘)과 동자(同字). 제방. 唐堤.
陂唐汚庳『國語』
둑 당【塘】隄塘. 曹華信立防海塘『錢塘志』
둑 방【防】堤防. 勿曲防『孟子』
둑 방【坊】祭坊與水庸『禮記』
둑 분【墳】從彼汝墳『詩經』
둑 오【隖】오(塢)와 동자(同字). 작은 제방.
送春經野隖『杜牧』
둑 오【塢】작은 제방. 花塢麥畦『樹萱錄』
둑 장【障】밭 사이 길. 堤障. 陂障卑下『漢書』
둑 제【隄】제(堤)와 동자(同字).
修利隄防『禮記』
둑 제【堤】堤塘. 修立堤堰『南史』
둑 태【埭】선박의 통행세를 받기 위하여 강에 쌓은 제방.
以牛車牽埭 取其稅『晉中興書』
둑 파【坡】坡岸. 坡上桑畦麥隴『朝野僉載』
둑 판【坂】如堤如坂『晉書』
둑 판【阪】相丘陵阪險原隰『禮記』
둑 피【陂】九澤既陂『書經』
둑 한【垾】堤也.

둔(鈍)하다 :
둔할 건【蹇】느림. 乘蹇馬之野『論衡』

둔덕 :
둔덕 혼【䮭】阜也.

둔마(鈍馬) : 느린 말. 인신(引伸)하여 미련한 사람을 이름.
둔마 태【駘】竭駑駘『晉書』

둔영(屯營) : 수비하는 군사가 주둔(駐屯)하고 있는 군영(軍營).
둔영 수【戍】築戍於軹關『北史』

둔하다 :
둔할 노【駑】
㉠ 느낌. 將隨駑馬之迹乎『楚辭』
㉡ 미련함. 相如雖駑 獨畏廉將軍哉『十八史略』
㉢ 둔한 말. 미련한 사람. 駑驥同轅『孔叢子』
둔할 담【醓】鈍也.
둔할 둔【頓】둔(鈍)과 통용. 芒刃不頓『漢書』
둔할 부【婄】愚也.
둔할 피【罷】罷駑. 誅譏罷只『楚辭』

둔한 사람 :
둔한 사람 분【倴】열인(劣人).

둘 :
두 이【二】
㉠ 하나에 하나를 보탠 수. 一生二『老子』
㉡ 두 가지. 二色. 權出於二者弱『荀子』
㉢ 짝. 대등(對等). 功無二於天下『史記』

두 이【貳】이(二)와 동자(同字). 둘. 지금은 주
　　　로 금전의 숫자에 쓰임.
　　　其爲物不貳『中庸』

둘 량【兩】
　　㉠ 둘. 하나의 갑절. 兩人. 兩分.
　　　　拔劍擊斬蛇, 蛇遂爲兩『史記』
　　㉡ 비견(比肩)할만한 것. 동등(同等)한 것.
　　　　於人臣無兩『史記』

둘러막다 : 울타리로 둘러막음.
　둘러막을 천【梐】囚諸樓臺, 梐之以棘『左傳』

둘러보다 : 찾느라고 둘러보는 모양.
　둘러볼 리【矖】矖目八荒『魏書』

둘러싼담 :
　둘러싼담 환【寏】주원(周垣).

둘러치다 :
　둘러칠 정【掟】휘장(揮帳).

둘레 :
　둘레 곽【郭】외위(外圍). 外郭. 輪郭.
　　　　天地之爲萬物郭『揚雄方言』
　둘레 륜【輪】외주(外周). 외곽(外郭).
　　　　肉好無輪廓『魏志』
　둘레 원【隕】원(員)과 통용. 幅隕旣長『詩經』
　둘레 원【圓】周圓.
　둘레 위【圍】周圍. 範圍. 參分其圍『周禮』
　둘레 유【肉】돈 따위와 같이 가운데에 구멍이
　　　　있는 것의 외변(外邊).
　둘레 잡【帀】잡(市)과 동자(同字).
　　　　園宛城三帀『史記』
　둘레 주【週】주(周)와 동자(同字).
　　　　週遊八極『列仙傳』
　둘레 주【周】주위(周圍). 周回.
　　　　其周七十一萬四千里『算經』
　둘레 회【回】周回垂三五百里『廬山記』

둘리다 :
　둘릴 운【圓】요회(繞回).

둘째 :
　둘째 을【乙】第二位. 갑(甲)의 다음. 乙種. 乙科.
　둘째 천간 : 십간(十干)의 제이위(第二位). 방위
　　　(方位)로는 남방(南方)에 오행(五行)으로는 목
　　　(木)에 배당(配當)함.
　둘째 천간 을【乙】전몽(旃蒙). 甲乙.
　　　　太歲在乙曰旃蒙『爾雅』

둥구미 : 곡식, 채소, 흙 같은 것을 담아 나르는
　　　그릇. 짚 같은 것으로 엮어 만듦.
　둥구미 거【筥】대나무로 엮어 만든 둥근 그릇.
　　　　維筐及筥『詩經』
　둥구미 둔【笜】容穀竹篅.
　둥구미 분【畚】挈畚以令糧『周禮』

둥구미 조【蓧】짚 또는 대오리로 엮은 흙을 나
　　　르는 농구. 以杖荷蓧『論語』
　둥구미 천【篅】竹器盛穀圓囤.

둥굴레 : 백합과에 속하는 다년초(多年草). 지하
　　　경(地下莖)과 잎은 약용, 식용으로 함.
　둥굴레 위【葳】葳蕤
　둥굴레 위【萎】萎蕤

둥근 대그릇 :
　둥근 대그릇 천【圌】竹圓器.

둥근 물체 : 원형의 물체. 공 따위.
　둥근 물체 구【球】球根. 地球.

둥근 책상 :
　둥근 책상 선【檈】원안(圓案).

둥글게 하다 : 둥글게 만듦.
　둥글게 할 환【丸】使媿丸藥『晉書』

둥글고 길쭉하다 :
　둥글고 길쭉할 타【隋】타(橢)와 통용. 隋圓.
　둥글고 길쭉할 타【橢】橢圓. 小橢之『漢書』

둥글다 :
　둥글 굉【玄】원야(圓也).
　둥글 단【團】團圓. 昱奕朝露團『謝靈運』
　둥글 단【摶】원형(圓形)임. 欲生而摶『周禮』
　둥글 단【槫】曾枝剡棘圓果槫兮『楚辭』
　둥글 란【圝】원형(圓形)임. 意比小團圝『孟郊』
　둥글 란【欒】披書寅直月團欒『陸羽』
　둥글 연【圜】원야(圓也).
　둥글 원【圓】
　　㉠ 원형. 圓丘. 天圓而地方『大戴禮』
　　㉡ 모가 없음. 圓滿. 激岸石成圓流『郭璞』
　　㉢ 막히지 아니함, 통함. 圓轉.
　　　　智欲圓而行欲方『淮南子』
　둥글 혼【渾】天體渾圓『元史』
　둥글 환【圜】圓丘. 天圓而地方『大戴禮』

뒤 : 나중. 앞의 대. 선(先), 전(前)의 대(對).
　뒤 곤【昆】昆命于元龜『書經』
　뒤 곤【晜】來孫之子爲晜孫『爾雅』
　뒤 배【背】背後. 若背手文『周禮』
　뒤 음【陰】배후(背後). 이면. 碑陰.
　뒤 후【後】
　　㉠ 배면(背面). 後宮. 塞其前, 斷其後『左傳』
　　㉡ 끝. 後尾. 吾從大夫之後『論語』
　　㉢ 장래. 後難. 僇辱以懲後『史記』
　　㉣ 나중. 後考. 事至而後慮者『荀子』
　　㉤ 후계(後繼). 후사(後嗣).
　　　　承先人之後者 在孫惟汝『韓愈』
　　㉥ 후계자(後繼者). 계승자(繼承者).
　　　　請後 曰鄭生男可『左傳』
　　㉦ 자손. 無後. 垂訓乃後『書經』

뒤 후【后】후(後)와 통용. 后宮.
　　　　　　　知止而后有定『大學』
뒤꿈치 버티다 :
　뒤꿈치 버틸 탱【瞠】탱거(瞠拒).
뒤꿈치 베다 :
　뒤꿈치 벨 올【兀】월형(刖刑)에 처함. 兀人.
　　　　　　　魯有兀者王駘『莊子』
뒤따라가다 :
　뒤따라 갈 종【徸】연후(連後).
뒤따르다 :
　뒤따를 근【跟】수행함.
　　　　　　　跟隨僕隸隨主足踵行『品字箋』
　뒤따를 추【追】뒤를 바로 이어.
　　　㉠ 追尉遲氏入宮『周書』
　　　㉡ 追趙陳越代滕五王人朝『周書』
뒤떨어지다 :
　뒤떨어질 동【倲】劣也.
뒤뚝거리다 :
　뒤뚝거릴 교【趬】趬不安.
　뒤뚝거릴 요【趬】쓰러질듯 함.
　　　　　　　我亦平行踏趬趬『韓愈』
뒤로 미루다 : 나중에 함.
　뒤로 미룰 후【後】事君 敬其事而後其食『論語』
뒤미처 가다 :
　뒤미처 갈 합【迨】迨遝, 行相及.
뒤밟다 : 뒤를 밟아 쫓음. 추적함. 미행함.
　뒤밟을 적【跡】自然遭跡捕『范成大』
　뒤밟을 종【踵】追踵. 吳踵楚『左傳』
뒤보다 :
　뒤볼 아【屙】대소변을 본다는 뜻.
뒤섞이다 : 한데 모여 혼잡함.
　뒤섞일 답【遝】紛遝. 衆靈雜遝『曹植』
　뒤섞일 박【駮】駮犖. 난잡(亂雜).
　뒤섞일 번【繁】착잡함. 繁雜.
　　　　　　　安得不翦其繁蕪『孝經』
　뒤섞일 외【猥】난잡함. 혼잡함. 猥雜.
　　　　　　　取此雜猥之物『左傳』
　뒤섞일 창【摐】뒤섞여 혼란함. 분착(紛錯)함.
뒤엉키다 :
　뒤엉킬 분【鬪】亂鬪貌.
뒤적거리다 :
　뒤적거릴 랄【捼】랄(捋)과 동자(同字). 手披也.
　뒤적거릴 랄【捼】랄(捋)과 동자(同字). 手披也.
뒤져오다 :
　뒤져올 치【夂】뒤떨어져 옴.
뒤지다 : 늦음. 지체함.
　뒤질 류【留】運留. 一不欲留『呂氏春秋』

뒤질 후【後】뒤떨어짐.
　　㉠ 뒤에 처짐. 非敢後也, 馬不進也『論語』
　　㉡ 정시(定時)보다 늦음.
　　　　買充晏朝士 而純後至『晉書』
　　㉢ 낙후(落後)함. 戒子後時『漢書』
　　㉣ 남보다 못함. 竊自料度 不後朝士『曹植』
뒤집히다 : 안이 밖으로, 밖이 안으로 됨.
　뒤집을 반【反】以齊王, 由反手也『孟子』
　뒤집힐 번【翻】翻覆. 翻案.
　뒤집힐 전【顚】顚覆. 表裏顚倒.
뒤턱가로나무 : 수레 뒤의 횡목(橫木).
　뒤턱가로나무 수【收】小戎俴收『詩經』
뒵들다 : 서로 덤벼들어 성내어 말다툼하는 모양.
　뒵들 혜【嗐】室無空虛 則婦姑勃嗐『莊子』
뒷간 : 변소(便所). 사람이 대소변을 볼 수 있도록
　　만들어 놓은 곳.
　뒷간 언【偃】又適其偃焉『莊子』
　뒷간 청【圊】作圊廁『法苑珠林』
　뒷간 청【淸】至穢之處 宜常修治使潔淸『釋名』
　뒷간 치【廁】廁寶. 沛公起如廁『史記』
　뒷간 혼【溷】溷廁. 左思門庭藩溷皆著紙筆『晉書』
　뒷간 혼【圂】혼(溷)과 동자(同字).
뒷걸음질 치다 : 조금씩 뒤로 물러남.
　뒷걸음질 칠 준【逡】준(踆)과 동자(同字).
　　　　　　　逡巡不敢進『賈誼』
　뒷걸음질 칠 준【踆】羣臣踆『漢書』
뒷걸음치다 :
　뒷걸음칠 률【踒】률(蹕)과 동자(同字). 踒跧,
　뒷걸음칠 률【蹕】률(踒)과 동자(同字). 踒跧,
뒷다리 : 짐승의 후족(後足).
　뒷다리 각【觳】主婦俎觳折『儀禮』
뒷담 : 집 뒤의 담.
　뒷담 배【坏】或鑿坏而遁『揚雄』
뒷발흰말 :
　뒷발흰말 구【駒】後足白馬.
뒹굴다 : (사람이)누워서 몸을 이리저리 구르다.
　　(물건이 어디에)여기저기 아무렇게나 널려 구
　　르다.
　뒹굴 반【反】輾轉反側『詩經』
드디어 : 마침내. 그 결과로서.
　드디어 사【肆】肆類于上帝『書經』
　드디어 사【肄】遂也.
　드디어 수【遂】侵蔡, 蔡潰, 遂伐楚『春秋』
　드디어 파【叵】叵平諸國.
드러나다 : 숨긴 일이 알려짐. 밖에서 보임. 환히
　　드러남. 널리 알려짐. 숨긴 것이 나타남.
　드러날 로【露】㉠ 露顯. 謀露被誅.
　　　　　　　㉡ 露出.

드러날 발【發】노현(露顯)함. 發現. 發覺.
　　　　　君子樂其發『禮記』

드러날 제【題】現也.

드러날 주【疇】현저(現著).

드러날 찰【察】言其上下察也『中庸』

드러날 창【彰】저명(著明)하여 짐. 彰著.
　　　　　堯德未彰『世說』

드러날 현【顯】露顯.

드러내다 : 겉에 나타냄. 명백하게 함. 숨기지 않
　　고 발표함. 여럿 앞에 공개(公開)함.

드러낼 공【公】公開, 公表, 公言之『史記』

드러낼 로【露】暴露.

드러낼 박【襮】將務持重, 豈宜自表襮『唐書』

드러낼 발【發】
　　㉠ 공표(公表)함. 發表. 秘之不發喪『史記』
　　㉡ 파냄. 發掘. 近寺僧發古殿基『蘇軾』

드러낼 송【訟】未敢訟言誅之『史記』

드러낼 장【達】週達彰顯明辨之意.

드러낼 전【襢】노출(露出)함. 設牀襢策『禮記』

드러낼 창【彰】저명(著明)하게 함. 彰德.
　　　　　彰厥有常『書經』

드러낼 칭【稱】나타냄. 稱不顯之德『書經』

드러낼 현【顯】㉠ 자손이 죽은 부모를 높여 이
　　　　　　　르는 말. 顯考. 顯妣.
　　　　　㉡ 숨김없이 모두 알도록 함.
　　　　　　　顯罰有過『新論』

드렁허리 : 드렁허릿과에 속한 민물고기. 몸길이
　　40센티미터 이상으로 뱀장어 모양이며, 가슴
　　지느러미와 배지느러미가 없다. 몸빛은 적갈색
　　바탕에 암갈색과 흑색의 작은 반점이 있다.

드렁허리 선【鱓】선(鱔)과 동자(同字).
　　　　　蛇鱓著泥『淮南子』

드렁허리 선【鱔】선(鱓)과 동자(同字).
　　　　　鱔似蛇 蠶似蠋『韓非子』

드리다 :

드릴 수【羞】음식을 올림. 羞以含桃『禮記』

드릴 수【饈】진공(進供).

드릴 어【御】
　　㉠ 윗사람에게 올림. 御食于君『禮記』
　　㉡ 인신(引伸)하여 천자에 관한 일의 경칭(敬稱)
　　　　으로서 어(御)를 붙임. 臨御. 御製.
　　　　晏見進御之次『唐書』

드릴 윤【酳】술을 바침.
　　　　　主人洗角升酳酳尸『儀禮』

드릴 정【呈】윗사람에게 받침. 呈上. 送呈.

드릴 천【薦】물건을 바침. 進上함.
　　　　　殷薦之上帝『易經』

드릴 향【饗】올림. 王饗醴『國語』

드릴 향【享】진헌(進獻)함. 賓服者享『國語』

드릴 향【亨】향(享)과 통용.
　　　　　公用亨于天子『易經』

드릴 헌【獻】
　　㉠ 금품을 바침. 그 금품. 獻金. 奠獻『儀禮』
　　㉡ 아뢰어 드림. 獻策. 大 夫種乃獻謀『國語』

드릴 효【效】바침. 效馬效羊者, 右牽之『禮記』

드릴 효【效】宣王有志而後效官『左傳』

드리우다 : 늘임. 아래로 처지게 함. 후세에 전함.
　　교훈을 함. 축 늘어짐.

드리울 기【跂】垂也.

드리울 래【儽】垂也.

드리울 수【垂】㉠ 垂簾. 垂帶而厲『詩經』
　　　　　㉡ 垂示. 垂敎.
　　　　　㉢ 垂功名於竹帛『後漢書』

드리울 예【蘂】垂也. 佩玉蘂兮餘無所繫『左傳』

드리울 예【蘂】蘂蘂. 佩玉疊蘂 無以繫之『易林』

드물다 : 성김. 희소(稀疎)함. 거의 없음. 드물게.

드물 란【闌】拭眼瞻星闌『古詩』

드물 선【尠】선(鮮)과 통용. 鮮也.

드물 소【疏】疏密. 祭不欲疏『禮記』

드물 소【疎】소(疏)와 동자(同字). 疎密.
　　　　　祭不欲疎『禮記』

드물 척【庶】稀也.

드물 한【罕】㉠ 罕種. 封禪之符罕用『史記』
　　　　　㉡ 罕見. 子罕 言利『論語』

드물 희【稀】희(希)와 동자(同字).
　　　　　人生七十古來稀『杜甫』

드물 희【希】希有. 知我者希則我貴『老子』

든든하다 :

든든할 이【迤】逶迤. 自得貌.

듣기 좋은 소리 : 소리가 가락에 맞아 듣기 좋음.

듣기 좋은 소리 혜【嘒】鸞車嘒嘒『詩經』

듣다 : 귀로 소리를 느낌.

들을 가【可】들어줌. 동의(同意)함. 許可.
　　　　　晏嬰不可 公惑之『史記』

들을 령【聆】妣聆呱而刻石兮『漢書』

들을 문【聞】
　　㉠ 귀로 소리를 감득(感得)함. 聞知.
　　　　予聞如何『書經』
　　㉡ 들어서 앎. 多聞. 我未聞者『戰國策』
　　㉢ 들어서 아는 일. 百聞不如一見『漢書』

들을 방【叻】聞也.

들을 종【從】남의 말을 들어줌.
　　　　　聽從 后從諫則聖『書經』

들을 진【聄】聽也.

들을 청【聽】
　　㉠ 정신을 차리고 들음. 聽政. 聽而不聞『大學』
　　㉡ 들어줌. 聽許. 要盟也神不聽『史記』

　　ⓒ 받음. 鄭伯如晉聽成『左傳』
　　ⓔ 말을 들어서 단정(斷定)함. 재판(裁判)함.
　　　　聽訟. 以聽獄訟『禮記』
　　ⓕ 좇음. 따름. 寡人盡聽子矣『呂氏春秋』

듣지도 보지도 않다 :
　듣지도 보지도 않을 기【嘰】無聞無見.

듣지 아니하다 : 남의 말을 받아들이지 아니함.
　듣지 아니할 오【聱】聱牙. 自號聱叟『唐書』

듣지 않다 :
　듣지 않을 간【誾】不聽從.

들 : 벌판. 인가는 드물고 전야(田野)가 많은 땅.
　들 경【坰】出郊坰『杜甫』
　들 교【佼】교(郊)와 동자(同字).
　　　　宜爲上佼『史記』
　들 교【郊】農郊. 當春郊而徑平『謝朓』
　들 림【林】施于中林『詩經』
　들 야【野】ⓐ 平野. 原野.
　　　　　　ⓑ 밭. 農夫相與抃於野『蘇軾』
　　　　　　ⓒ 민간. 朝野. 賢人在野『王禹偁』
　들 원【原】넓고 평탄한 토지. 田原.
　　　　　大野曰平 廣平曰原『爾雅』
　들 평【坪】평탄한 땅.
　　　　　有夷坦道曰芙蓉坪『吳般錄』

들 : 무리. 인칭대명사(人稱代名詞)에 붙여 복수
　(複數)를 나타냄.
　들 문【們】我們. 他們.

들개 : 여우 비슷한 야생의 개. 일설에는 너구리
　비슷한 짐승.
　들개 안【犴】야견(野犬). 靑犴白虎『淮南子』
　들개 안【犴】안(犴)과 동자(同字).
　　　　　　麛裘靑豻『禮記』
　들개 폐【猈】야견(野犬). 狂吠猈犴『柳宗元』

들 거위 :
　들 거위 루【鸕】야아(野鵝).
　들 거위 륙【鵱】야아(野鵝).

들것 : 흙을 나르는 제구.
　들것 국【挶】陳挶畚, 具綆缶『左傳』
　들것 라【虆】虆梩. 盛之以虆『詩經』
　들것 여【舁】여거(舁車).

들깨 : 꿀풀과에 속하는 일년생(一年生) 풀. 잎과
　열매는 식용함. 열매에서 들기름을 짬.
　들깨 양【蘸】蘸茅. 蘇之小者謂之蘸『方言』
　들깨 유【茉】釀茉. 蘇之茉者謂之釀茉『方言』
　들깨 임【荏】야임(野荏).

들다 : 높이 들어 올림. 사실이나 예를 듦. 고개를
　듦. 머리를 듦.
　들 갈【竭】五行之運, 迭相竭『禮記』
　들 강【摃】강(扛)과 동자(同字). 摃鼓金鉦『唐書』

　들 강【摾】舉也. 강(扛)과 통용.
　들 거【舉】
　　　ⓐ 舉手. 舉百鈞『孟子』
　　　ⓑ 손에 쥠. 舉杯. 舉酒於亭上以屬 客『蘇軾』
　　　ⓒ 舉證. 舉一篇之要, 而約言之『中庸章句』
　　　ⓔ 모두 합침. 舉國而與仲子爲讎『史記』
　들 건【寋】王虺寋只『楚辭』
　들 건【揵】揵鰭掉尾『司馬相如』
　들 걸【桀】桀石以投人『左傳』
　들 걸【担】意态睢以担撟『楚辭』
　들 게【揭】고거(高擧)함. 揭揚.
　　　　　揭竿爲旗『漢書』
　들 경【擎】書從稚子擎『杜甫』
　들 공【廾】두 손으로 듦.
　들 교【矯】時矯首而遐觀『陶潛』
　들 교【蹻】可蹻足待也『漢書』
　들 교【撟】仰撟首以高視『揚雄』
　들 교【趫】亡可趫足而待也『漢書』
　들 교【翹】翹尾. 翹首望太平『韓愈』
　들 규【頍】有頍者弁『詩經』
　들 대【擡】擡舉. 使擡頭不得『天寶遺事』
　들 승【挴】舉也.
　들 승【抍】用抍馬壯吉『易經』
　들 앙【昻】黍熟頭低, 麥熟頭昻『談藪』
　들 양【驤】고개를 듦. 龍驤虎視『蜀志』
　들 옹【擁】손에 가짐. 太公擁彗『漢書』
　들 제【提】손에 가짐. 范蠡乃左提鼓『國語』
　들 증【拯】들어 올림. 不拯其隨『易經』
　들 칭【稱】물건을 들어올림. 稱爾戈『書經』
　들 탄【撣】손에 가짐. 提禍撣撣『太玄經』
　들 항【抗】歌者上如抗 下如墜『禮記』
　들 효【撬】舉也.
　들 휴【攜】손에 가짐. 攜帶. 如取如攜『詩經』

들다 : 들어오게 함. 받아들임. 금품을 거두어들임.
　들 입【入】
　　　ⓐ 爲我呼入『史記』
　　　ⓑ 入粟拜官. 貢之不入, 寡人之罪也『左傳』
　　　ⓒ 收入.
　　　ⓔ 箴諫以不入『國語』

들뜨다 : 마음이 들뜸.
　들뜰 황【慌】慌懭.

들레다 : 떠들썩함. 칭찬이나 말다툼으로 떠들썩
　함. 시끄러움.
　들렐 뇨【鬧】소란(騷亂). 喧鬧.
　　　　　　以召鬧取怒乎『柳宗元』
　들렐 뇨【譊】환성(讙聲).
　들렐 조【嘈】시끄러움. 耳嘈于無聞『吳質』
　들렐 책【嘖】好評嘖嘖. 嘖有煩言『左傳』
　들렐 초【嘐】嘐呶.

들렐 화【譁】譁譁. 嗟人無譁聽命 『書經』

들렐 해【譀】중성(衆聲).

들렐 효【聬】喧也.

들렐 효【嚻】嚻嚻. 湫隘嚻嚻塵 『左傳』

들렐 훤【諠】훤(喧)과 통용. 諠傳.
　　　諸侯皆諠譁, 疾黿錯 『史記』

들렐 훤【嚾】嚾嚾然, 不知其所非也 『荀子』

들르다 : 지나가는 길에 잠깐 거침.

들를 과【過】過訪. 不得復過 『戰國策』

들리다 : 듣게 됨.

들릴 문【聞】聲聞于天 『詩經』

들릴 호【聅】聞也.

들 말 :

들 말 곤【猑】야마(野馬).

들 말 독【騳】騳騳, 야마(野馬).

들 말 앙【駚】야마(野馬).

들 메 끈 : 신을 들 메는 끈.

들 메 끈 기【綦】履綦. 綦繫于踵 『儀禮』

들 메 끈 혜【奚】奚斷以芒接之 『南史』

들 밥 : 들에서 농부가 먹는 밥.

들 밥 엽【饁】

들 밥 내가다 : 밥을 들에 내감.

들 밥 내갈 엽【饁】饁彼南畝 『詩經』

들보 : 간(間)과 간(間)사이의 두 기둥을 건너지르
　　는 나무.

들보 량【樑】양(梁)의 속자.
　　　以爲舟航柱樑 『淮南子』

들보 량【梁】옥양(屋梁). 不可以爲棟梁 『莊子』

들보 려【欐】餘音遶梁欐 『列子』

들보 망【桹】양야(樑也).

들보 보【棵】回 樑也. 양(梁)과 동자(同字).

들보 복【栿】梁也.

들보 분【棼】짧은 들보.

들보 정【莛】莛與楹 『莊子』

들 보리 :

들 보리 황【穬】야맥(野麥).

들불 : .

들불 선【烍】야화(野火).

들불 선【燹】야화(野火). 鬼章兵燹 『宋史』

들소 :

들소 용【犆】野牛, 犎也.

들소이름 : 등위의 살이 융기(隆起)하여 낙타의
　　육봉(肉峰) 모양을 한 들소.

들소이름 박【犦】봉우(犎牛).

들소이름 봉【犎】犦牛卽犎牛 『爾雅』

들 암소 :

들 암소 도【㹜】牛無孕.

들 양 :

들 양 완【羱】야생의 양의 일종. 납작하고 둥근
　　　　뿔이 있음.

들 양 이【羠】큰 뿔이 있는 야생(野生)의 암 양.

들어가다 : 안으로 들어감. 속으로 들어감.

들어갈 간【間】間三席

들어갈 관【關】盡關於律 『書經』

들어갈 몰【沒】冒沒輕儳 『國語』

들어갈 습【襲】襲於爾門 『國語』

들어갈 약【鑰】鑰天門 『淮南子』

들어갈 열【閱】我躬不閱 『詩經』

들어갈 입【入】
　㉠ 출(出)의 대(對). 入國, 爭門而入 『史記』
　㉡ 꿰뚫음. 射甲不入, 卽斬弓人 『晉書』
　㉢ 조정에서 벼슬함. 入守內職 『韓愈』

들어붙다 :

들어붙을 나【絮】상저(相著).

들어 올리다 :

들어 올릴 여【擧】擧也.

들여놓다 : 용납함.

들여놓을 찬【竄】有所竄其手 『荀子』

들이다 : 물건을 받아들임. 안에 들어오게 함. 거
　　두어들임. 수확함.

들일 납【納】
　㉠ 閉門不納 『孟子』
　㉡ 十月納 禾稼 『詩經』
　㉢ 청(請)에 응(應)함. 嘉納. 納其自託 『世說』
　㉣ 郭文擧云云 顧颺贈以韋袴褶一具 文擧不納
　　『世說』

들일 납【內】납(納)과 동자(同字).
　　　己推而內之溝中 『孟子』

들일 내【內】
　㉠ 들어오게 함. 孝旣至 不白名 長不肯內 『世說』
　㉡ 집에 데려옴. 內美人 而虞虢亡 『韓非子』
　㉢ 집안에 둠. 己推而內之溝中 『孟子』

들일 입【入】
　㉠ 들어오게 함. 爲我呼入 『史記』
　㉡ 납부(納付)함. 入粟拜官.
　　　貢之不入 寡人之罪也 『左傳』
　㉢ 금품을 거두어들임. 收入.
　㉣ 받아들임. 箴諫以不入 『國語』

들일 투【投】받아 들임. 投殷之後於宋 『禮記』

들일 함【涵】용납함.
　　　亂之初生 僭始旣涵 『詩經』

들이마시다 :

들이 마실 답【䶢】빨아 들여 목구멍으로 넘김.
　　　　또 많이 먹음. 대식(大食)함.
　　　　䶢隨光化捃其州 『韓愈』

들이 마실 철【嚽】歡也. 철(歠)과 동자(同字).

들이 마실 철【歠】
　㉠ 마셔 넘김. 毋歠醢『禮記』
　㉡ 마시는 음식. 進熱歠『戰國策』
들이 마실 합【欱】후 들어 마심.
　欱野歕山『班固』
들이 마실 협【噏】숨을 들이마심.
　予口張而不能噏『莊子』

들이쉬다 :
들이쉴 흡【歙】흡(吸)과 동자(同字).

들 제사 : 천지(天地)의 제사.
들 제사 교【郊】교사(郊祀). 郊祭. 冬至祀天于南郊 夏至祀地于北郊 故謂祀天地爲郊『康熙字典』

들쭉날쭉하다 :
들쭉날쭉할 종【樅】崇牙之貌樅樅然也『詩經』
들쭉날쭉할 치【差】가지런하지 아니함. 參差.
　燕燕于飛 差池其羽『詩經』

들창 :
들창 령【櫺】門上平小窓.
들창 유【牖】벽을 뚫어 낸 격자창(格子窓).
　戶牖. 自牖執其手『論語』

들창문 :
들창문 두【竇】壁戶.

들창코 :
들창코 올【齀】앙비(仰鼻).
들창코 와【齀】앙비(仰鼻).
들창코 후【齁】齀齁, 仰鼻.

들추다 :
들출 발【發】폭로함. 摘發. 發人之惡也『史記』
들출 적【擿】적발(摘發)함. 發姦擿伏『漢書』

들추어내다 :
들추어낼 결【觖】적발함. 摘觖以揚我惡『漢書』
들추어낼 결【抉】폭로함. 構抉過失『唐書』
들추어낼 교【譥】적발함. 譥者爲之『漢書』
들추어낼 교【譑】必有貪利糾譑之名『荀子』
들추어낼 알【訐】惡訐以爲直者『論語』
들추어낼 저【詆】詆訐. 詆訿孔子之徒『史記』
들추어낼 적【摘】摘奸. 指摘經史謬誤『北史』
들추어낼 지【訨】訐也.

들 콩 :
들 콩 침【菣】野生豆.

듬직하다 :
듬직할 반【反】신중(愼重)함. 진중(鎭重)함.
　威儀反反『詩經』

등 :
등 갑【甲】배면(背面). 手甲.
등 등【燈】燈火. 上元然燈『春明退朝錄』
등 배【背】가슴과 배의 뒤쪽.
　見於面, 盎於背『孟子』

등거리 :
등거리 배【褙】襦也.
등거리 유【褕】短袖襦.

등걸 : 나무를 베고 난 그루터기.
등걸 골【榾】골돌(榾柮).
　古墓深林盡株榾『元稹』
등걸 궐【橛】골야(榾也). 若橛株駒『列子』
등걸 도【檮】골야(榾也).
등걸 올【杌】골야(榾也).

등 검고 흰말 :
등 검고 흰말 단【驙】白馬黑脊.

등겨 :
등겨 미【糜】쇄강(碎糠).
등겨 인【粈】㉡ 곡피(穀皮).

등골뼈 : 척골(脊骨). 인신(引伸)하여 의지가 되는 것.
등골뼈 귀【龜】척골(脊骨). 射麋麗龜『左傳』
등골뼈 려【膂】作股肱心膂『書經』
등골뼈 척【脊】척주(脊柱). 狸去正脊『禮記』

등 구부리고 걷다 :
등 구부리고 걸을 권【躍】曲脊行.

등 굽은 말 :
등 굽은 말 국【騚】脊曲馬.

등급 :
등급 급【級】위차(位次). 품등(品等). 官級.
　貴賤之等級『禮記』
등급 등【等】구별(區別)한 등수(等數). 差等. 高等.
　親親之殺 尊賢之等『中庸』
등급 수【數】품등(品等). 滋而後有數『左傳』
등급 제【制】등차(等差). 處國有制『荀子』

등나무 : 콩과에 속하는 낙엽만목(落葉蔓木). 산과 들에 나는데 줄기로는 의자, 가구 등을 만들며 어린 씨와 잎은 식용함. 관상용으로 심음.
등나무 과【萪】藤也.
등나무 등【藤】藤架. 唯將數人攀藤而上『北史』
등나무 루【虆】五隱之土, 其種葛虆『管子』
등나무 류【藟】藤也.
등나무 멸【篾】등(籐)의 일종. 桃枝竹.
　籦籠篁篾『張衡』
등나무 파【栃】등속(藤屬).

등대 :
등대 대【檯】등대(燈臺).

등덩굴 :
등덩굴 횡【蘋】등속(藤屬).

등불 :
등불 강【釭】등잔불. 金釭. 蘭釭當夜明『謝朓』
등불 경【檠】등화(燈火).
　一間茅屋對寒檠『劉克莊』

등불 등【鐙】등화(燈火). 華鐙錯些 『楚辭』

등불 등【燈】燈影.

등불 주【主】등잔의 불.

등불 주【丶】주(炷)의 고자(古字).

등불 촉【燭】燈燭. 秉燭夜遊. 『李白』

등불 형【熒】조그마한 등불 또는 촛불.
　　　　　守突奧之熒燭『漢書』

등뼈 : 등골의 뼈.

등뼈 간【幹】척골(脊骨). 所以籍幹『左傳』

등뼈 려【呂】척골(脊骨). 賜姓曰姜 氏曰有呂 謂
　　　　　其能爲禹股肱心膂『國語』

등사(螣蛇) : 용 비슷한 신사(神蛇). 운무(雲霧)를
　　일으키며 몸을 감추고 난다 함.

등사 등【螣】등사(螣蛇). 螣蛇無足而飛『荀子』

등상 :

등상 등【橙】궤속(几屬).

등성마루 : 지형 등이 등골뼈 같이 된 곳.

등성마루 척【脊】山脊. 屋脊.
　　　　　　　必折天下之脊『史記』

등솔기 : 의복의 등의 꿰맨 줄.

등솔기 독【襡】㉠ 衣襡. 衣偏襡之衣『國語』
　　　　　　　㉡ 顧見其襡『史記』

등심 : 등줄기의 고기. 등 곁의 고기. 등심살.

등심 매【脢】九五咸其脢『易經』

등심 윤【䐃】척육(脊肉).

등심 이【䏝】背脊肉.

등심 이【胰】척육(脊肉).

등심 회【脄】擣珍取牛羊麋鹿麕之肉必脄『禮記』

등에 : 등에과에 속하는 곤충. 파리 같이 생겼으
　　며 마소에 붙어 피를 빨아먹는 것도 있고 화
　　밀(花蜜)을 먹는 것도 있음. 노랑 등에, 쇠등
　　에, 꽃등에 따위가 있음.

등에 기【蚚】토맹(土蝱).

등에 맹【蝱】蚊蝱宵見『漢書』

등에 유【蠅】蝱維下虫之旣多 而不能掉其尾 大
　　　　　曰蝱小曰蠅『國語』

등에 평【蛢】蝱也.

등이 흰 소 :

등이 흰 소 강【犅】脊白牛.

등자 : 말을 탈 때 디디고 올라가는 제구.

등자 등【鐙】등자(鐙子). 和裙穿玉鐙『韓偓』

등자나무 : 운향과(蕓香科)에 속하는 작은 상록교
　　목(常綠喬木). 귤 비슷한 누런 열매는 약재로 씀.

등자나무 등【橙】黃甘橙楱『司馬相如』

등잔 : 기름을 담아 등불을 켜는 그릇. 인신(引伸)
　　하여 등불.

등잔 강【釭】등야(燈也).

등잔 등【鐙】등야(燈也).

등잔 등【燈】등야(燈也). 燈火.
　　　　　　　上元然燈『春明退朝錄』

등잔 주【丶】주(炷)의 고자(古字).

등잔걸이 : 등잔을 걸어 놓는 제구.

등잔걸이 경【檠】등경(燈檠).
　　　　　　　長檠八尺空自長『韓愈』

등지느러미 : 물고기의 등에 있는 지느러미.

등지느러미 기【鬐】魚進鬐『儀禮』

등지다 : 반대 방향으로 향함. 서로 배반(背叛)함.
　　반목(反目)함. 사이가 나쁨. 등의 뒤에 둠. 어
　　김. 서로 어그러짐.

등질 규【睽】睽焉而鬭『唐書』

등질 면【面】馬童面之『史記』

등질 발【癶】敗北癶癶 傳曰兩人相背也『元包經』

등질 배【背】㉠ 背水而陳『十八史略』
　　　　　　　㉡ 背恩. 背約. 噂沓背憎『詩經』

등질 배【偝】배(背)와 동자(同字).
　　　　　　　民不偝 『禮記』

등질 부【負】㉠ 배후에 둠. 虎負嵎『孟子』
　　　　　　　㉡ 天子負斧依南鄉而立『禮記』

등질 비【俾】無作怨 無俾德『史記』

등질 천【僢】分流僢馳『淮南子』

등창 :

등창 옹【癰】악창(惡瘡), 疽也.

등한하다 :

등한할 고【沽】소홀함. 以爲沽也『禮記』

등한히 하다 : 무심히 버려 둠.

등한히 할 한【閑】閑却. 閑他不得『朱子語類』

디딤돌 :

디딤돌 구【碻】碥也.

디딤돌 편【碥】將登車履石.

딩굴다 : '뒹굴다'의 비 표준어.

딩굴 반【反】輾轉反側『詩經』

따다 :

딸 겹【挶】적취(摘取)함.
　　　　　以挶摘供廚『顏氏家訓』

딸 잠【撍】달려 있는 것을 뗌.
　　　　　溫李諸人 困於撍撍『劉克莊』

딸 적【摘】잡아 뗌. 摘掇.
　　　　　一摘使瓜好 再摘命瓜稀『唐書』

딸 채【採】채굴하거나 적취(摘取)함. 採鑛. 採摘.
　　　　　秋冬則勸民山採『史記』

따뜻이 하다 :

따뜻이 할 구【嫗】따뜻하게 하여 기름. 嫗煦.
　　　　　　　　煦嫗覆育萬物『禮記』

따뜻이 할 난【煖】난(暖)과 동자(同字).
　　　　　　　㉠ 七十非帛不煖『禮記』
　　　　　　　㉡ 煖之以日月『禮記』

따뜻이 할 난【暖】온난(溫暖)하게 함. 暖房.
　　　　　　　煦暖寒禽氣漸蘇『元稹』
따뜻이 할 온【溫】冬溫而夏凊『禮記』
따뜻이 할 위【熨】위에서 눌러 따뜻하게 함.
　　　　　　　更熨兩脇下『史記』
따뜻이 할 후【昫】후(煦)와 동자(同字).
　　　　　　　昫嫗覆育『淮南子』
따뜻이 할 후【煦】護民之勞, 煦之若子『唐書』
따뜻이 할 후【咻】후(煦)와 통용. 따뜻하게 함.
　　　　　　　風氣之所咻『蘇軾』
따뜻이 할 후【休】후(咻)와 동자(同字).
　　　　　　　休於氣『周禮』

따뜻하게 하다 : 일광으로 따뜻하게 함. 또 김을
　불어 따뜻하게 함.
따뜻하게 할 후【煦】吹煦. 煦噓.
　　　　　　　煦嫗覆育萬物『禮記』

따뜻하다 :
따뜻할 계【肞】暖也.
따뜻할 난【煗】난(暖)과 동자(同字).
따뜻할 난【暖】暖風. 冬暖而兒號寒『韓愈』
따뜻할 난【煖】난(煗)과 동자(同字).
　　　　　　　海多大風 冬煖『國語』
따뜻할 녑【曄】暖也.
따뜻할 눈【炳】熱也.
따뜻할 단【燀】옷이 두꺼워 몸이 따뜻함.
　　　　　　　衣不燀熱『呂氏春秋』
따뜻할 란【暖】난(暖)과 동자(同字). 溫也. 行春
　　　　　　　令則暖風來至.
따뜻할 섭【爕】溫也.
따뜻할 양【陽】온난함. 春日載陽『詩經』
따뜻할 온【溫】온난함. 溫氣. 溫風始至『禮記』
따뜻할 온【熅】온난함. 地富熅『新書』
따뜻할 욱【燠】오(奧)와 동자(同字). 온난함.
　　　　　　　日寒 日燠『書經』
따뜻할 유【燸】溫也.
따뜻할 잠【爇】溫也.
따뜻할 충【燙】暖也.
따뜻할 화【和】渦和. 春風扇微和『陶潛』
따뜻할 후【咻】김을 불어 따뜻하게 함.
　　　　　　　煦와 통용. 風氣之所咻『蘇軾』
따뜻할 훤【煖】훤(暄)과 동자(同字).
따뜻할 훤【煊】暖也.
따뜻할 훤【暄】온난(溫暖)함. 暄日.
　　　　　　　敍溫郁則寒谷成暄『劉峻』

따뜻해지다 :
따뜻해질 온【溫】坐席未溫『易林』
따라가다 : 수행하는 모양. 일설에는 줄지어 가는
　모양.

따라갈 반【扶】侶也.
따라갈 요【陶】陶陶遂遂『禮記』
따라갈 준【遵】遵彼汝墳『詩經』

따라 내려가다 :
따라 내려갈 소【遡】흐르는 물을 따라 내려 감.
　　　　　　　遡游從之『詩經』

따라 보내다 :
따라 보낼 잉【媵】시집가는 여자에게 따라가게 함.
　　　　　　　以媵秦穆姬『左傳』

따라서 :
따라서 수【隨】그대로 좇아서. 隨亂隨失『韓愈』

따라죽다 :
따라죽을 순【殉】죽은 사람을 따라 죽음. 殉死.
　　　　　　　以殉葬非禮也『禮記』

따로 :
따로 별【別】다르게. 별도로.
　　　　　　　別有天地非人間『李白』

따르다 :
따를 관【灌】붓다. 膏油灌其中『吳志』
따를 교【趬】從也. 좇다.
따를 권【勸】교훈(敎訓)에 복종(服從)함. 착한
　　　　　　　일에 따라함. 勸服.
　　　　　　　不賞而民勸『呂氏春秋』
따를 록【㜵】從也. 좇다.
따를 문【娩】순종(順從)함. 婉娩聽從『禮記』
따를 부【柎】액체(液體)를 따름.
　　　　　　　以魁柎之『儀禮』
따를 비【比】좇음. 義之與比『論語』
따를 삭【獡】犬隨人獡獡. 개가 사람을 따름.
따를 선【尋】循也. 좇다.
따를 수【隨】
　㉠ 수행(隨行)함. 隨從. 隨兄播遷韶嶺『李漢』
　㉡ 함께 감. 隨伴. 妻卒被病 行不能相隨『古詩』
　㉢ 떨어지지 아니함. 붙어 다님.
　　　印似嬰兒常隨身『李義山雜纂』
　㉣ 뒤따름. 뒤를 따라 계속함.
　　　公亦隨手亡矣『史記』
　㉤ 나중에 함. 主唱而臣和 主先而臣隨『史記』
　㉥ 沿함. 隨山刊木『書經』
　㉦ 마음대로 움직임. 兩脚不隨『馬第伯』
　㉧ 본 뜻. 水隨方圓之器.
따를 수【遂】순응(順應)함. 以遂八風『國語』
따를 수【橢】순종(順從)함. 披斷撥橢『淮南子』
따를 연【鉛】연(沿)과 통용. 鉛之重之『荀子』
따를 엽【厭】복종(服從)함. 天下厭然『荀子』
따를 작【酌】술을 따름. 술을 마심. 獨酌. 對酌.
　　　　　　　引壺觴以自酌『陶潛』
따를 작【汋】작(酌)과 통용.

汋讀如酌酒尊中之酌『周禮 註』

따를 장【將】복종함. 九夷賓將『漢書』

따를 전【瑱】순종함. 瑱流泉而爲沼『班固』

따를 점【點】액체를 부음.
　　　　　露點蜜飴『梁簡文帝』

따를 제【制】좇음. 聖人作法而萬物制焉『淮南子』

따를 종【迊】從也. 좇다.

따를 종【從】수행(隨行)함. 從者. 從我者
　　　　　其由也歟『論語』

따를 촉【屬】물을 따르다.
　　　　　酌玄酒三屬於尊『儀禮』

따를 축【畜】순종함. 孝者畜也『禮記』

따를 호【扈】군주의 뒤를 따름. 扈駕.
　　　　　扈從橫行『司馬相如』

따를 회【懷】그리워하여 붙 좇음. 懷慕.
　　　　　少者懷之『論語』

따를 회【褱】사모하여 붙 좇음. 懷의 古字.
　　　　　鳥獸猶知褱德『楚辭』

따를 훈【訓】순종(順從)함.
　　　　　皇天用訓厥道『書經』

따름 : 단정하는 말.

따름 이【已】而已. 亦無及已『漢書』

따비 밭 : 쟁기나 소가 들어서지 못하고 따비로
　나 갈 정도로 좁은 밭.

따비 밭 사【畬】잡초를 불살라 일군 밭.
　　　　　燒畬度地偏『杜甫』

따비 밭 습【隰】새로 개간한 밭.
　　　　　徂隰徂畛『詩經』

따비 밭 치【菑】
　㉠ 묵어서 잡초가 우거진 밭.
　㉡ 일구고 아직 씨를 뿌리지 아니한 밭.
　㉢ 일군 뒤에 한 해 지낸 새 밭.
　㉣ 于此菑畝『詩經』

따비 술 :

따비 술 거【耟】耒末刃.

따비 이루다 :

따비 이룰 간【墾】개간(開墾)함. 墾田.
　　　　　土不備墾『國語』

따빗 자루 :

따빗 자루 이【枱】뢰병(耒柄).

따오기 :

따오기 년【䴇】❶ 주로(朱鷺).

따위 :

따위 등【等】다수. 또는 나머지를 통 털어 포
　　　　　함하는 말. 公等錄錄『史記』

따위 문【們】們們들. 무리. 인칭대명사(人稱代
　　　　　名詞)에 붙여 복수(複數)를 나타냄.
　　　　　我們. 他們.

딱따구리 :

딱따구리 렬【鴷】啄木鳥.

딱다기 : 밤에 시각을 알리거나 경계하느라고 치
　는 두 짝의 나무 조각.

딱다기 탁【柝】魯擊柝聞於邾『左傳』

딱다기 판【板】七星挂城聞漏板『李賀』

딱딱하다 : 굳음. 단단함.

딱딱할 각【埆】地雖平至爲堅埆『遼史』

딱딱할 경【鞕】견강(堅强).

딱딱할 함【譀】토지가 굳음.
　　　　　凡糞種彊譀用蕡『周禮』

딱딱할 현【礥】陽氣微動而礥礥物生之難也
　　　　　『太玄經』

딱정벌레 :

딱정벌레 답【蝳】蝳蜍, 蚌也.

딱정벌레 합【蛤】蝳蜍, 蚌也.

딱지 : 헌데가 아물었을 때 생기는 껍질.

딱지 가【瘌】창가(瘡痂).

딱지 가【痂】子邕爲太守嗜創『南史』

딱지 개【介】갑각(甲殼). 또 갑각류(甲殼類)의
　　　　　동물(動物). 介蟲. 介鱗.
　　　　　非賞鱗凡介之品彙匹儔也『韓愈』

딴 곳 : 다른 곳.

딴 곳 타【他】光遠而自他有耀者也『左傳』

딴마음 : 다른 마음.

딴마음 타【他】이심(異心). 之死矢靡他『詩經』

딴말하다 :

딴말할 차【詑】이언(異言).

딴일 : 다른 일.

딴일 타【他】㉠ 人知其一 莫知其他『詩經』
　　　　　㉡ 王顧左右 而言他『孟子』

딸 :

딸 녀【女】여식. 처녀. 長女.
　　　　　釐降二女于嬀汭『書經』

딸기 : 장미과에 속하는 나무 딸기, 양딸기 등의
　총칭. 열매를 먹음.

딸기 규【菫】覆盆子.

딸기 매【莓】蛇莓鼊莓『本草經』

딸기 매【苺】苺草實可食『齊民要術』

딸기 분【葐】覆葐, 약명(藥名).

딸기덩굴 :

딸기덩굴 복【覆】覆盆草.

딸꾹질하다 :

딸꾹질할 격【嗝】역기(逆氣).

딸꾹질할 얼【㰸】不敢噦噫嚔咳『禮記』

딸꾹질할 원【歓】역기(逆氣).

딸리다 : 예속(隸屬)함. 또 예속(隸屬)시킴.

딸릴 배【配】配隷. 配支. 均爲差配『金史』

딸리다 :

　딸릴 유【孺】종속(從屬)함. 大夫曰孺人『禮記』

땀 : 피부에서 나오는 액체.

　땀 말【沫】유한(流汗). 沫流緒『漢書』

　땀 한【汗】揮汗成雨『史記』

땀나다 : 땀이 나는 모양. 땀이 나옴.

　땀날 년【涊】涊然汗出『枚乘』

　땀날 순【潃】潃潃. 한출(汗出).

　땀날 체【泚】其顙有泚『孟子』

　땀날 칩【漐】漐漐. 汗出貌.

　땀날 한【汗】匈喘膚汗『漢書』

땀띠 : 여름철에 땀 때문에 생기는 발진(發疹).

　땀띠 비【痱】汗出見濕乃生痤痱『素問』

땀받이 : 땀을 받아 내리려고 입는 속옷.

　땀받이 익【袘】적삼.

땀 뿌리다 :

　땀 뿌릴 찬【澯】한쇄(汗洒).

땅 :

　땅 곤【坤】대지(大地). 건(乾)의 대(對).
　　　　坤輿. 乾坤.

　땅 양【壤】

　　㋀ 대지(大地). 不意天壤之間 乃有王郞『晉書』

　　㋁ 경작지(耕作地). 膏壤沃野千里『史記』

　　㋂ 국토(國土). 兩國接壤『漢書』

　　㋃ 곳. 장소(場所). 誠神明之奧壤『程察』

　땅 여【輿】대지(大地). 堪輿. 輿地. 輿圖.
　　　　坤爲地 爲大輿『易經』

　땅 지【地】

　　㋀ 토양(土壤). 土地. 地積塊耳『列子』

　　㋁ 국토(國土). 地方千里『孟子』

　　㋂ 논밭. 井地不均『孟子』

　　㋃ 곳. 장소(場所). 臨死亡之地『淮南子』

　　㋄ 거소(居所). 입장(立場).
　　　　禹 稷 顏子 易地則皆然『孟子』.

　　㋅ 뭍. 육지(陸地). 若闕地及泉『左傳』

　　㋆ 땅의 신. 지기(地祇). 祀天祭地『禮記』

　땅 토【土】

　　㋀ 육지(陸地). 自服土中『書經』

　　㋁ 나라. 晉之啓土『國語』

　　㋂ 영토(領土). 不貪其土『左傳』

　　㋃ 장소(場所). 곳. 有人此有土『大學』

　　㋄ 고향(故鄕). 小人懷土『論語』

땅 가장자리 : 땅의 끝.

　땅 가장자리 역【域】遠使地域『宋書』

　땅 가장자리 연【埏】下沗八埏『司馬相如』

　땅 가장자리 은【垠】변계(邊界). 垠際.
　　　　浩浩乎平沙無垠『李華』

　땅 가장자리 해【垓】극지(極地). 垓埏.
　　　　天子之田九垓『國語』

땅 가지 :

　땅 가지 조【葅】토가(土茄).

땅강아지 : 땅속을 뚫고 다니는 해충. 하늘 밥도
　둑. 몸은 황갈(黃褐) 또는 암갈색(暗褐色)을 띤
　흙빛으로서 연한 털이 배에 난 메뚜기 비슷한
　작은 곤충.

　땅강아지 고【蛄】누고(螻蛄).

　땅강아지 곡【螜】누고(螻蛄).

　땅강아지 녕【蠬】누고(螻蛄).

　땅강아지 루【螻】螻蛄. 將制於螻蟻『賈誼』

　땅강아지 석【鼫】螻蛄, 一名鼫鼠『本草經』

　땅강아지 유【蝚】누고(螻蛄).

　땅강아지 질【蟋】螻蟋.

　땅강아지 활【蛞】활루(蛞螻). 누고(螻蛄).

땅거미 : 해가 진 뒤 완전히 어두워지기 전까지
　의 어스름.

　땅거미 철【蛈】토주(土蛛).

　땅거미 탕【蝪】질당(蛭蝪).

땅거미 지다 :

　땅거미 질 란【曫】박모(薄暮).

땅 귀신 :

　땅 귀신 기【祇】국토의 신. 후토(后土).
　　　　以祭地祇『周禮』

　땅 귀신 기【示】기(祇)와 동자(同字). 太宗伯掌
　　　　天神人鬼地示之禮『周禮』

　땅 귀신 사【社】

　　㋀ 토지의 주신(主神).
　　　　建國之神位 右社稷 而左宗廟『禮記』

　　㋁ 토지 신에게 드리는 제사. 公如齊觀社『春秋』

　　㋂ 그를 모신 사당. 王爲群姓立社『禮記』

　땅 귀신 온【媼】토지의 신. 지기(地祇). 媼神.
　　　　后土富媼『漢書』

땅기다 :

　땅길 예【挩】손의 심줄이 켕김.
　　　　兒子終日握 而手不挩『莊子』

　땅길 축【搐】심줄이 땅겨 아픔.
　　　　一二指搐『漢書』

땅 두둑 :

　땅 두둑 방【埖】지반(地畔).

땅 두릅 나무 : 두릅나뭇과에 속한 여러해살이
　풀. 높이가 1.5미터 정도이며, 잎은 깃꼴 겹잎
　으로 어긋난다. 7~8월에 연한 녹색 꽃이 피며
　열매는 가을에 검게 익는다. 어린잎은 식용하
　고 뿌리는 약으로 쓴다.

　땅 두릅 나무 독【獨】독활(獨活), 약명(藥名).

땅 마르다 :

땅 마를 간【乾阝】지건(地乾).

땅 밟다 :

땅 밟을 위【韋】천답(踐踏).

땅버들 : 버드나뭇과에 속한 낙엽 활엽 관목. 높이는 1~2미터 정도이고, 잎은 피침형이며 톱니가 있고 꽃은 단성화로 4월에 핀다. 열매는 식용하며 가지와 잎은 풋거름으로 쓰인다.

땅 버들 독【䓯】지유(地柳).

땅벌 : 땅속에 집을 짓고 사는 벌을 통틀어 이르는 말.

땅벌 계【蟿】토봉(土蜂).

땅 벌어지다 :

땅 벌어질 벽【阦】지열(地裂).

땅속괴물 : 땅속에 산다는 괴상한 양.

땅속괴물 분【羵】분양(羵羊). 분양(墳羊).
土之怪曰羵羊『國語』

땅에서 김 오르다 :

땅에서 김 오를 축【埱】土壤發氣. 氣出土.

땅에 엎드러지다 :

땅에 엎드러질 도【趃】䞩趃, 복지(伏地).

땅이름 :

땅이름 간【乾阝】지명(地名).
땅이름 갈【噶】지명(地名).
땅이름 갈【乫】[한] 지명(地名).
땅이름 거【佉】佉沙. 옛날 서역(西域)의 나라 이름. 지금의 카슈가르 지방(地方).
땅이름 것【㐎】[한] 지명(地名). 㐎串領.
땅이름 격【鄓】지명(地名).
땅이름 견【鄄】지명(地名).
땅이름 겹【郟】지명(地名).
땅이름 경【郠】지명(地名).
땅이름 고【郜】지명(地名).
땅이름 곽【崞】지명(地名).
땅이름 규【鄈】汾陰地名.
땅이름 기【鄿】지명(地名).
땅이름 랑【郞】지명(地名).
땅이름 래【郲】지명(地名).
땅이름 로【潞】지명(地名).
땅이름 롱【隴】지명(地名).
땅이름 류【窌】石窌, 濟北地名.
땅이름 마【亇】[한] 지명(地名).
땅이름 막【鄚】지명(地名).
땅이름 만【滿】滿洲의 약칭(略稱).
滿漢各一人『大淸會典』
땅이름 만【鄤】지명(地名).
땅이름 문【閿】현명(縣名).
땅이름 방【邡】지명(地名).
땅이름 변【汴】지명(地名).
땅이름 병【邴】지명(地名).
땅이름 병【郱】제지(齊地).
땅이름 병【駢】지명(地名).
땅이름 부【鄜】지명(地名).
땅이름 비【邳】지명(地名).
땅이름 빈【邠】지명(地名).
땅이름 사【砦】砦石. 從擊韓信破於砦石『史記』
땅이름 상【湘】지명(地名).
땅이름 섬【陝】괵(虢)나라의 옛땅.
땅이름 섬【剡】진한(辰韓)때 회계군(會稽郡)에 속하는 한 현(縣). 지금의 절강성(浙江省) 승현(嵊縣).
땅이름 성【郕】지명(地名).
땅이름 소【鄛】지명(地名).
땅이름 솔【乺】[한] 지명(地名).
땅이름 심【邥】지명(地名).
땅이름 안【鞍】지명(地名).
땅이름 야【琊】야(瑘)와 동자(同字). 琅琊는 산동성(山東省)에 있는 지명(地名).
땅이름 언【鄢】지명(地名).
땅이름 언【郾】지명(地名).
땅이름 엇【旕】[한] 지명. 旕每.
땅이름 여【澦】지명(地名).
땅이름 연【郔】지명(地名).
땅이름 엽【嵒】지명(地名).
땅이름 오【鄔】지명(地名).
땅이름 옹【雍】구주(九州)의 하나.
땅이름 욋【乯】[한] 지명(地名).
땅이름 욕【鄏】겹욕(郟鄏). 지명(地名).
땅이름 용【鄘】지명(地名).
땅이름 우【堣】暘谷堣夷. 지명(地名).
땅이름 우【邘】지명(地名).
땅이름 우【鄾】지명(地名).
땅이름 욱【郁】지명(地名).
땅이름 위【鄬】지명(地名).
땅이름 의【羛】羛陽. 魏郡地名.
땅이름 의【䣡】지명(地名).
땅이름 이【羡】沙羡. 한대(漢代)의 현(縣)이름.
땅이름 이【羕】춘추전국시대의 초나라의 지명.
땅이름 이【陑】河曲地名.
땅이름 자【榨】[한] 지명(地名).
땅이름 작【禚】제(齊)지명(地名).
땅이름 전【澶】지명(地名).
땅이름 절【浙】지명(地名).
땅이름 조【鄵】지명(地名).
땅이름 증【鄫】지명(地名).
땅이름 진【鄑】지명(地名).
땅이름 짓【乧】[한] 지명(地名).
땅이름 참【鄼】지명(地名).

땅이름 처【鄌】지명(地名).
땅이름 첨【灊】지명(地名).
땅이름 청【靑】구주(九州)의 하나.
땅이름 추【陬】추(鄒)와 통용.
孔子生魯昌平鄉陬邑『史記』
땅이름 치【袳】지명(地名).
땅이름 태【㯼】태(邰)와 동자(同字). 지명.
땅이름 파【巴】사천성(四川省)의 중경(重慶)지방.
巴蜀.
땅이름 팟【㞎】㉻ 지명(地名). 㞎亇.
땅이름 패【邶】지명(地名).
땅이름 폴【乶】㉻ 지명(地名). 乶下. 在咸鏡道.
땅이름 픗【㖊】㉻ 지명(地名). 㖊乭岩.
땅이름 필【邲】지명(地名).
땅이름 학【郝】지명(地名).
땅이름 한【邗】지명(地名).
땅이름 할【乫】㉻ 지명(地名). 乫浦. 在咸鏡道.
땅이름 환【皖】지명(地名).
땅이름 후【郈】지명(地名).
땅이름 휴【酅】지명(地名).

땅 풍뎅이 :

땅 풍뎅이 렴【蠊】비렴(飛蠊). 일명 석강(石薑).

땋다 : 머리털이나 실을 엇걸려 짜지게 함. 머리, 실 같은 것을 땋음.

땋을 변【辮】交辮. 辮忠貞以爲鞶兮『張衡』
땋을 편【編】변(辮)과 통용. 有解編髮 削左衽襬
冠帶編要衣裳而蒙 化者焉『漢書』

땋은 노 :

땋은 노 억【繶】조승(絛繩).

땋은 머리 :

땋은 머리 변【辮】편발(編髮).
束手弛辮『唐書』
땋은 머리 체【鬀】髻也.

때 : 몸 또는 물건에 묻은 더러운 것.

때 구【垢】
㉠ 垢面. 要之去垢『史記』
㉡ 彷徨乎塵垢之外『莊子』
㉢ 사념(邪念). 不德. 大招離垢之賓『王僧孺』
때 녕【䵓】垢也.
때 담【黕】끼거나 묻은 더러운 것.
或黕點而汗之『楚辭』
때 사【䵵】한구(汗垢).
때 이【膩】기름기가 섞인 때. 몸의 때 같은 것.
領膩如初『潘岳』
때 재【滓】더러운 것. 澡雪垢滓『馬融
때 진【塵】옷이나 몸에 낀 더러운 것. 塵汚.
때 참【墋】垢也.

때 : 시간(時間).

때 근【菫】待乎天菫『管子』
때 기【機】
㉠ 시기(時期). 遲重少決 失在後機『魏志』
㉡ 기회(機會). 乘機.
成敗之機 在此一擧『後漢書』
때 기【㡬】기(期)와 동자(同字). 시기(時期).
如㡬如式『詩經』
때 기【期】시기. 期間. 歸妹愆期『易經』
때 시【時】
㉠ 세월(歲月). 時日. 歲時日月星辰『左傳』
㉡ 연대(年代). 朕獨不能與此人同時哉『漢書』
㉢ 기회(機會). 時機. 圖之此爲時矣『左傳』
㉣ 운명(運命). 遇不遇者時也『韓詩外傳』
㉤ 당시(當時). 時人. 以佐時政『後漢書』
㉥ 적당한 시기(時期). 斧斤以時入山林『孟子』
때 신【厖】신(辰)과 동자(同字). 夫雞厂下也而
作 負日任勞『道藏洞靈眞經』
때 신【辰】시각. 시절. 時辰. 良辰.
我生不辰『詩經』
때 우【遇】기회. 千載一遇 賢智之嘉會『袁宏』
때 장【場】一場春夢 紅葉開時醉一場『王禹偁』
때 절【節】時節. 季節. 晩節色衰愛弛『史記』
때 제【際】
㉠ ~을 하는 때. 그 경우.
其授受之際 丁寧告戒『朱熹』
㉡ 기회. 際會. 因事際 以逞其志『晉書』
때 조【造】시대. 夏之末造也『禮記』
때 주【宙】무한한 시간. 세시(歲時).
往古來今謂之宙『淮南子』
때 진【塵】시간. 塵塵刹刹不相侵『朱熹』
때 추【秋】
㉠ 세월(歲月). 천추(千秋).
㉡ 중요하고 바쁜 때. 危急存亡之秋『諸葛亮』

때까치 : 때까치과에 속하는 새의 총칭. 까치보다 작고 등이 회색임. 잡은 물고기 같은 것을 나무에 꿰어 말리는 습성이 있음.

때까치 격【鴃】왜가리. 때까치과에 속하는 새.
개고마리. 박노(博勞). 백노(伯勞).
때까치 격【鶪】왜가리. 박노(博勞). 백노(伯勞).
鶪始鳴『禮記』

때꽈리 :

때꽈리 제【蒢】黃蒢, 蘵也.

때끼다 :

때낌 갈【圿】적구(積垢).
때낌 매【䵢】䵢䵣. 구이모(垢膩貌).
때낌 미【黴】얼굴에 때가 끼어 빛이 검음.
舜黴黑 禹胼胝『淮南子』
때낌 재【滓】泥而不滓『史記』
때낌 전【澳】때가 낌. 또 때. 汚穢. 垢濁.

切湫淤之流俗『楚辭』
때낄 회【頮】垢膩貌.

때 놓치다 :
　때 놓칠 타【跎】蹉跎.

때다 :
　땔 양【煬】불을 활활 땜. 冬則煬之『莊子』
　땔 홍【烘】불을 땜. 卬烘于煁『詩經』

때때로 :
　때때로 시【時】가끔. 또 기회 있을 때마다.
　　　　　　學而時習之『論語』

때려 넘어뜨리다 :
　때려 넘어뜨릴 비【攢】격부(擊仆).

때리는 소리 :
　때리는 소리 비【軷】軷𪔂, 격성(擊聲).
　때리는 소리 예【𪔂】격성(擊聲).

때리다 :
　때릴 단【鍛】치다. 取石來鍛之『莊子』
　때릴 박【敂】打也.
　때릴 장【杖】지팡이, 몽둥이 등으로 때림.
　　　　杖罰. 自杖三十『晉書』

때맞추다 :
　때 맞출 시【時】시기에 알맞음. 적기임.
　　　　　陰陽調 風雨時『漢書』

때 못 만나다 :
　때 못 만날 기【奇】불우함. 奇薄.
　　　　　　李廣老數奇『史記』

때문에 : 때가 부착함.
　때문 량【良】양량(良良). 良有以.
　　　古人秉燭夜遊良有以也『桃李園序』

때 묻다 :
　때 묻을 구【垢】冠帶垢 和灰請漱『禮記』
　때 묻을 욕【黦】구흑(垢黑).

때에 : 그 때.
　때에 시【時】時王陵見而怪其美士『史記』

땔나무 : 섶. 섶나무. 연료로 하는 초목. 화목. 잡
　목. 불 때는데 쓰이는 나무.
　땔나무 신【薪】析薪如之何『詩經』
　땔나무 요【蕘】芻蕘分棄捐『元稹』
　땔나무 초【蕉】覆之以蕉『列子』
　땔나무 초【樵】樵採.
　　　　無扞采樵者 以誘之『左傳』

땜납 : 납과 주석과의 합금.
　땜납 랍【鑞】백납(白鑞).

땡땡이 : 좌우 끈에 단 구슬이 자루를 잡고 좌우
　로 돌리면 치게 된 북.
　땡땡이 도【鞉】도(鼗)와 동자(同字).
　　　　鞉磬柷圉『詩經』

땡땡이 도【鞀】도(鼗)와 동자(同字).
　　　　命樂師 修鞀鞞鼓『禮記』
땡땡이 도【鼗】下管鼗鼓 合止柷敔『書經』

떠나다 :
　떠날 거【胠】떠나감. 胠於沙而思水『荀子』
　떠날 도【逃】버리고 감. 逃嫁.
　　　　㉠ 逃墨必歸於楊『孟子』
　　　　㉡ 良才抱璞而逃『後漢書』
　떠날 리【離】㉠ 다른 곳으로 옮김. 離別.
　　　　㉡ 결별. 何以敍離思『潘岳』
　떠날 리【离】이(離)와 동자(同字).
　　　　形神已离『晉書』
　떠날 반【逄】去也.
　떠날 발【發】출발함. 先發. 早發白帝城『李白』
　떠날 별【別】이별(離別)함. 惜別.
　　　　告別莫忽忽『杜甫』
　떠날 비【仳】이별함. 有女仳離『詩經』
　떠날 사【斯】不知斯齊國幾千萬里『列子』
　떠날 체【遰】가버림. 九月遰鴻雁『大戴禮』

떠내다 :
　떠낼 서【抒】퍼냄. 抒米以出臼『詩經』

떠넘기다 : 허물, 재난(災難) 등을 남에게 떠넘김.
　전가(轉嫁)함.
　떠넘길 가【嫁】전가(轉嫁).
　　　　是欲嫁禍於趙也『史記』

떠다니게 하다 :
　떠다니게 할 표【漂】血流漂杵『書經』

떠다니다 :
　떠다닐 용【冗】일정(一定)한 주거(住居)없이 방
　　랑(放浪)함.
　　　　流冗道路 朕甚愍之『後漢書』
　떠다닐 표【漂】
　　㉠ 풍파에 따라 이리저리 떠다님. 漂流.
　　　　流澌浮漂『魏武帝』
　　㉡ 정처 없이 유랑함. 漂寓.
　　　　萍漂上國『皇甫松』

떠돌아다니다 : 쫓겨서 정처 없이 돌아다니는 모
　양. 방랑함.
　떠돌아다닐 봉【蓬】飄客子蓬『杜甫』
　떠돌아다닐 전【邅】邅彼南道兮 征夫宵行『劉向』

떠들다 : 종 같은 것을 치며 환호함. 고함을 지름.
　떠들 구【鉤】三軍皆譁鉤『國語』
　떠들 람【㖕】람(㗻)과 동자(同字). 喧也.
　떠들 람【㗻】람(㖕)과 동자(同字). 喧也.
　떠들 랍【呐】呐喊.
　떠들 소【搔】소(騷)와 통용. 所在搔擾『吳志』
　떠들 소【騷】야단 법석함. 騷動.
　　　　徐方繹騷『詩經』

떠들 양【嚷】喧也.

떠들 요【譊】성내어 부름. 또 큰소리로 지껄임.
　　　臨時喧譊『晉書』

떠들 조【蹍】조(躁)와 동자(同字).
　　　不無蹍急『唐宋八大家文序』

떠들 조【躁】시끄럽게 지껄임.
　　　君子齊戒 處必掩身毋躁『禮記』

떠들 조【譟】여러 사람이 모여서 큰 소리로 지
　　　껄임. 들렘. 魏人譟而還『左傳』

떠들 추【謅】衆之喧.

떠들 홍【閧】여럿이 모여 시끄럽게 지껄임. 笑閧.

떠들 효【嘵】喧也.

떠들 훤【諠】훤(喧)과 통용. 諠傳.
　　　諸侯皆諠譁 疾靁錯『史記』

떠들썩하다 :

떠들썩할 괄【聒】시끄러움. 聒而與之語『左傳』

떠들썩할 굉【轟】명성이 떠들썩한 모양.
　　　要烈烈轟轟做一場『文天祥』

떠들썩할 녕【儜】相號聲.
　　　鼓吹裴回 其聲僋儜『唐書』

떠들썩할 노【呶】시끄러움. 呶呶.
　　　載號載呶『詩經』

떠들썩할 부【籔】籔譟는 군중(軍中)이 떠들썩함.
　　　乃鼓竹下鼓譟『書經』

떠들썩할 빈【驞】驞駍, 중성(衆聲).

떠들썩할 조【譟】시끄러움. 喧譟.
　　　車徒皆譟『周禮』

떠들썩할 조【噪】조(譟)와 同.
　　　遶煙而噪『拾遺記』

떠들썩할 추【啾】시끄러움. 啾嘈.

떠들썩할 합【呷】시끄러운 소리.
　　　嘩嘩呷呷『李白』

떠들썩할 홍【哄】여럿이 떠드는 모양. 哄笑.

떠들썩할 화【譁】떠들썩함. 諠譁.
　　　嗟人無譁聽命『書經』

떠들썩할 황【喤】시끄러운 모양.
　　　喤喤厥聲『詩經』

떠들썩할 회【㕧】시끄러움. 囂㕧.
　　　飛湍瀑流爭喧㕧『李白』

떠들썩할 흉【訩】말다툼하여 시끄러운 모양.
　　　聚而謀者 訩訩『五代史』

떠들썩할 흉【訫】소란한 모양.
　　　天下訫訫 只爭品位『晉書』

떠들썩할 흉【恟】시끄러움. 爭訟恟恟『易林』

떠들썩할 흉【匈】떠들썩하게 의론(議論)하는 모
　　　양. 시끄러운 모양.
　　　君子不爲小人之匈匈也『荀子』

떠들썩한 소리 :

떠들썩한 소리 횡【嘡】嘡呷.

떠들썩할 소리 훤【喧】시끄러운 모양. 喧擾.
　　　諸侯喧譁『史記』

떠보다 :

떠볼 나【說】以言窮知人之心情.

떠오르다 :

떠오를 용【涌】
　　㉠ 뭉게뭉게 떠오름.
　　　騰雲似涌煙 密雨如散絲『張協』
　　㉡ 떠올라 나타남. 雪峯缺處涌氷輪『蘇軾』

떡 : 음식의 한 가지. 또 떡 모양을 한 물건을 형
　　용(形容)하는 말.

떡 고【糕】고(餻)와 동자(同字). 䬸糕, 餌也.

떡 고【餻】떡의 한가지. 華筵食賜餻『高啓』

떡 박【餺】餺飥은 떡의 한가지.

떡 병【餠】畫餠. 硬餠. 太祖好水引餠『齊書』

떡 업【饁】䬸也.

떡 이【酏】쌀, 또는 차기장으로 만든 떡.
　　　羞豆之實 酏食糝食『周禮』

떡 자【粢】쌀 떡. 食則粢糲『列子』

떡 점【黏】떡 또는 죽. 飯黏一粒『晉書』

떡 탁【飥】음식의 한가지. 餺飥.
　　　麥麪堪作餠飥『齊民要術』

떡 퇴【䭔】찐 떡. 拈䭔舐指不知休『李尊』

떡 편【䬣】ㅎ 병(餠)과 동의.

떡갈나무 : 참나뭇과에 속한 낙엽 활엽 교목. 잎
　　은 길둥글고 두꺼우며 가는 톱니 모양으로 되
　　어 있다. 잎은 마른 뒤에도 겨우내 붙어 있다
　　가 다음해 봄에 새싹이 나올 때 떨어진다. 재
　　목은 침목, 선박재나 기구재 또는 숯을 만드는
　　데 쓰인다.

떡갈나무 견【樫】일 역속(櫟屬).

떡갈나무 곡【槲】古木高生槲『許渾』

떡갈나무 공【枆】高陵土山其木多枆『管子』

떡갈나무 유【㮙】棫也. 白㮙, 목명(木名).

떡갈나무 작【柞】維柞之枝『詩經』

떡국 :

떡국 탁【托】탕병(湯餠). 不托.

떡소 :

떡소 도【餡】餌也.

떡쇠 :

떡쇠 유【鍒】鐵之軟者.

떡에 술 빚어 넣다 :

떡에 술 빚어 넣을 반【䤄】和酒鬆餠起䤄.

떨기 : 더부룩이 난 풀이나 빽빽하게 선 나무.

떨기 복【樸】叢也.

떨기 총【叢】玉樹一叢『庾信』

떨기 총【藂】草藂生.

떨기나무 :

떨기나무 총【叢】관목(灌木). 叢棘棧棧『漢書』

떨다 : 손으로 물건을 들어 텀. 인신(引伸)하여 없앰.
　　　　　제거함. 떨어 깨끗이 함.

떨 거【袪】合袪於天地『漢書』

떨 두【抖】抖擻는 抖擻胸中三斗塵『王炎』

떨 불【祓】
　　㉠ 신에게 빌어 재액을 제거함. 祓禊.
　　　　祝祓社『左傳』
　　㉡ 秋祓濯流, 春褉祓浮醴『謝朓』
　　㉢ 폐해를 제거하고 오예(汚穢)를 떨어버림.
　　　　祓飾厥文『司馬相如』

떨 불【弗】떨어버림. 以弗無子『詩經』

떨 진【抯】먼지를 텀. 新浴者必抯衣『楚辭』

떨다 :

떨 공【栱】전율(戰慄).

떨 도【悼】전율(戰慄)함. 尙心悼不自禁『蘇洵』

떨 료【憭】추위에 떠는 모양.
　　　　憭慄起寒襟『朱熹』

떨 류【犂】전율(戰慄)하는 모양.
　　　　犂然有當於人之心『莊子』

떨 률【慄】벌벌 떪. 股慄心悸.

떨 률【栗】전율(戰慄)함. 不寒而栗『漢書』

떨 릉【凌】전율함. 凌兢. 虎豹之凌遽『漢書』

떨 릉【淩】전율(戰慄)함.

떨 변【弁】전율(戰慄)함. 吏皆股弁『漢書』

떨 선【洒】추위 오슬오슬 떠는 모양.
　　　　令人洒洒時寒『素問』

떨 전【戰】무서워서 떪. 股戰而栗『史記』

떨 진【震】두려워 떪. 震驚.
　　　　斬首八萬 諸侯震恐『史記』

떨 진【振】전율(戰慄)함. 振怖.
　　　　振驚朕衆『史記』

떨 포【怖】전율함. 欲躋毛骨怖『沈遘』

떨리다 :

떨릴 긍【兢】전율함. 兢悸. 戰戰兢兢.
　　　　入凌兢『漢書』

떨릴 전【顫】수족(手足)이 추위 따위로 떨림.
　　　　勢若顫動『宣和畵譜』

떨어뜨리다 : 위에서 밑의 위험한 곳으로 떨어지
　　　게 함.

떨어뜨릴 락【落】無落吾事『莊子』

떨어뜨릴 률【硉】돌을 굴려 내림.
　　　　上擊下硉『牧乘』

떨어뜨릴 박【剝】탈락하게 함.
　　　　剝牀以足『易經』

떨어뜨릴 운【隕】낙하함. 隕石.
　　　　夜中星隕如雨『漢書』

떨어뜨릴 운【殞】낙하시킴. 不殞厥問『孟子』

떨어뜨릴 월【越】잃음. 無越厥命『書經』

떨어뜨릴 점【阽】阽余身而危 死兮『楚辭』

떨어뜨릴 제【隮】추락함. 我乃顚隮『書經』

떨어뜨릴 추【隧】추(墜)와 통용.
　　　　不隧如髮『漢書』

떨어뜨릴 추【墜】
　　㉠ 乃其墜命『書經』
　　㉡ 잃음. 망실(亡失)함. 未墜於地『論語』

떨어뜨릴 출【黜】관위(官位)를 낮춤. 姦人附勢
　　　　我將陟之直土抗言 我將黜之
　　　　『王禹偁』

떨어뜨릴 치【弛】낙하시킴. 有時而弛『淮南子』

떨어뜨릴 타【墮】
　　㉠ 낙하(落下)시킴. 因推墮兒『史記』
　　㉡ 망실(亡失)함. 墮先人所言『史記』

떨어뜨릴 탑【塌】垂頭塌翼『陳琳』

떨어뜨릴 퇴【頹】星辰隕兮日月頹『阮籍』

떨어뜨릴 폄【貶】관직(官職)을 낮춤. 貶降.
　　　　何以不氏 貶也『公羊傳』

떨어뜨릴 하【下】함락(陷落)시킴. 항복(降服)
　　　　받음. 憑軾下東藩『魏徵』

떨어지다 : 서로 공간적(空間的)이나 시간적으로
　　　떨어져 있음. 또 그 정도.

떨어질 거【距】
　　㉠ 距離. 相距千里. 공간적(空間的).
　　㉡ 距今九日『國語』시간적(時間的).

떨어질 거【去】
　　㉠ 이별함. 不能相去『戰國策』
　　㉡ 공간적(空間的). 地之相去也 千有餘里.
　　㉢ 시간적(時間的). 禹舜益相去久遠『孟子』

떨어질 괴【乖】분리(分離)됨, 나뉨. 乖別.
　　　　官失學微 六家分乖『漢書』

떨어질 대【磕】落也. 추(墜)와 동자(同字).

떨어질 락【落】
　　㉠ 꽃이나 잎이 말라 떨어짐. 凋落.
　　　　草木零落『禮記』
　　㉡ 떨어져 내려 옴. 落下, 墜落.
　　　　向有煤 落甑中『孔子家語』
　　㉢ 감소함. 家貧客落. 水落石出『蘇軾』
　　㉣ 손에 들어감. 中原之鹿 未識落誰手『晉書』
　　㉤ 해이(解弛)함. 퇴폐(頹廢)함. 弛落.
　　　　因多難治綱落『梁武帝』
　　㉥ 이산(離散)함. 흩어짐. 民人離落『國語』
　　㉦ 낙탁(落魄) 함. 유리(流離) 함. 零落.
　　　　流落變遷『唐書』
　　㉧ 뒤떨어짐. 落後. 風流豈肯落人後『李白』
　　㉨ 모략(謀略) 등에 빠짐. 不落賊計.
　　㉩ 죽음. 落年. 帝乃殂落『書經』
　　㉪ 함락(陷落)함. 城落.

ⓉⒺ 이, 틀, 등이 빠짐. 動搖者或脫而落『韓愈』

ⓅⒻ 해나 달이 짐. 日落而山.

떨어질 령【零】 낙하(落下)함. 草木零落『禮記』

떨어질 령【蘦】 영(零)과 통용.
　　　　　　　悼芳草之先蘦『楚辭』

떨어질 령【霝】 墮也.

떨어질 류【溜】 물방울이 떨어짐.
　　　　　　　雨所溜處『西陽雜俎』

떨어질 리【離】 ⊙ 갈라짐. 分離.
　　　　　　　ⓛ 배반함. 離叛. 離心.

떨어질 반【畔】 분리함. 畔官離次『書經』

떨어질 사【卸】 낙하(落下)함.
　　　　　　　俟花凋卸『復齋漫錄』

떨어질 사【斯】 不知斯齊國幾千萬里『列子』

떨어질 소【蕭】 나뭇잎이 떨어지는 소리.
　　　　　　　風颯颯 木蕭蕭『楚辭』

떨어질 운【磒】 운(隕)과 동자(同字).
　　　　　　　若磒虛『列子』

떨어질 운【隕】 隕石. 夜中星隕如雨『漢書』

떨어질 운【抎】 운(隕)과 동자(同字).
　　　　　　　不戰而抎『史記』

떨어질 운【殞】 낙하함. 殞石. 槁葉夕殞『潘岳』

떨어질 운【霣】 운(隕)과 통용.
　　　　　　　夜中星霣如雨『公羊傳』

떨어질 월【越】 추락함. 恐隕越於下『左傳』

떨어질 위【違】 서로 거리를 둠.
　　　　　　　⊙ 天威不違顏咫尺『國語』
　　　　　　　ⓛ 忠恕違道不遠『中庸』

떨어질 이【貳】 따로 됨. 子盍蚤自貳焉『國語』

떨어질 절【絶】
　⊙ 양도(糧道)가 떨어짐. 인신(引伸)하여 가난함.
　　絶糧. 求乏絶『禮記』
　ⓛ 멀리 떨어져 있음. 絶島. 絶國殊俗『淮南子』

떨어질 점【阽】 위에서 밑의 위험한 곳으로 떨어
　　　　　　　지게 함. 阽余身而危 死兮『楚辭』

떨어질 접【跕】 아래로 낙하함.
　　　　　　　雁聞弦而跕墮『何遜』

떨어질 제【擠】 낙하함. 知擠于溝壑矣『左傳』

떨어질 제【隮】 추락함. 我乃顛隮『書經』

떨어질 조【阻】 멀리 떨어져 있음. 阻隔.
　　　　　　　怨故鄉之阻遼『傅亮』

떨어질 추【隊】 추(墜)와 통용.
　　　　　　　不隊如髮『漢書』

떨어질 추【墜】
　⊙ 낙하함. 墜落. 賁星墜而勃海決『淮南子』
　ⓛ 쇠퇴함. 墜廢. 補千年之墜典『舊唐書』

떨어질 치【地】 낙하함.

떨어질 치【弛】 낙하시킴. 有時而弛『淮南子』

떨어질 타【摛】 落也.

떨어질 타【隋】 타(墮)와 통용. 有隋星五『史記』

떨어질 타【墮】
　⊙ 낙하함. 墮落. 淚墮不能止『曹植』
　ⓛ 빠짐. 後墮谿壑『淮南子』

떨어질 탈【脫】 나뭇잎 같은 것이 떨어짐.
　　　　　　　木葉盡脫『蘇軾』

떨어질 탑【塌】 垂頭塌翼『陳琳』

떨어질 퇴【頹】 낙하함. 星辰隕兮日月頹『阮籍』

떨어질 투【䞚】 자투하(自投下).

떨어질 폄【貶】 관직 같은 것이 떨어짐.
　　　　　　　又例貶永州司馬『韓愈』

떨어질 폐【廢】 밑으로 떨어짐.
　　　　　　　廢於爐炭『左傳』

떨어질 표【摽】 낙하함. 摽有梅『詩經』

떨어질 표【飄】 바람이 불어 떨어짐. 낙하함.
　　　　　　　雖有忮心者 不怨飄瓦『莊子』

떨어질 핍【乏】 물자가 다 없어짐.
　　　　　　　窮乏 乏盡. 振乏絶『禮記』

떨어질 하【下】
　⊙ 낙하(落下)함. 慷慨傷悵, 泣數行下『史記』
　ⓛ 함락(陷落)함. 齊城不下者兩城耳『史記』

떨어질 항【降】 나는 새가 떨어져 죽음.
　　　　　　　羽鳥曰降『禮記』

떨어질 해【解】 탈락함. 鹿角解『禮記』

떨어질 현【縣】 격(隔)함. 縣隔千里『漢書』

떨어질 휴【攜】 분리함. 節度不攜『國語』

떨치다 :

떨칠 격【激】 발양(發揚)함. 其勢激也『史記』

떨칠 려【厲】 분발함. 兵弱而士不厲『管子』

떨칠 배【擵】 揚也.

떨칠 범【釩】 拂也.

떨칠 분【奮】
　⊙ 세게 흔듦. 奮躍. 不能奮飛『詩經』
　ⓛ 진동함. 雷出地奮『易經』
　Ⓒ 분발함. 분발시킴. 奮志氣. 能奮庸『書經』
　Ⓔ 분격함. 奮怒. 怨奏破項梁軍奮『史記』
　Ⓜ 들날림. 奮揚. 奮至德之光『禮記』

떨칠 불【拂】 힘있게 흔듦. 拂衣從之『國語』

떨칠 월【越】 발양(發揚)함. 使越于諸侯『國語』

떨칠 진【振】
　⊙ 위세를 일으킴. 분기함. 士氣大振.
　ⓛ 힘있게 움직임. 振筆書之.
　Ⓒ 힘있게 흔들어 먼지 따위를 텀.
　　振衣千仞岡『左思』

떨칠 진【震】 위세가 널리 퍼짐.
　　　　　　　泉浦之捷威震滄溟『宋書』

떨칠 투【投】 세게 흔듦. 投袂而起『左傳』

떨칠 휘【撝】 振也. 撝而散之者人也『太玄經』

떨칠 흘【扢】 振也.

떫다 : 맛이 떫음.

　떫을 삽【澁】酸澁如棠梨 『杜甫』

　떫을 삽【澀】삽(澁)과 동자(同字). 산고(酸苦).

떳떳하다 :

　떳떳할 방【方】일정함. 변하지 않음.
　　　　　　　　　　　　賞罰無方『呂氏春秋』

　떳떳할 이【夷】이(彝)와 동자(同字).
　　　　　　　　　　　　民之秉夷『孟子』

　떳떳할 이【彝】항상 변하지 않음. 彝倫.

　떳떳할 전【敟】常也.

　떳떳할 제【鞮】常也.

떼 : 물위에 띄워서 타고 다니는 긴 나무토막이나
　대 토막을 엮은 것.

　떼 번【薠】靑薠似莎. 其草則苧薠莞『南都賦』

　떼 벌【筏】舟筏. 縛筏以濟『南史』

　떼 벌【橃】桴也. 벌(筏)과 동자(同字).

　떼 벌【鐅】해벌(海筏).

　떼 부【桴】뗏목. 桴筏. 乘桴浮於海『論語』

　떼 사【槎】뗏목. 廻槎急礙浪『何遜』

　떼 사【樣】사(査), 사(槎)와 동자(同字). 뗏목.
　　　　　　　　　　　　乘槎『北史』

　떼 사【査】사(槎)와 동자(同字). 뗏목.
　　　　　　　　　　　巨査浮西海上『拾遺記』

　떼 패【箄】큰 뗏목으로 엮은 떼.
　　　　　　　　　　　　乘枋箄『後漢書』

떼 : 사람의 한 떼. 무리.

　떼 부【部】行無部曲『漢書』

　떼 붕【朋】朋溺. 羣居而朋飛『山海經』

　떼 족【簇】무리. 桃花一簇開無主『杜甫』

떼새 :

　떼새 연【䳾】조군(鳥群).

　떼새 잡【雥】중조(衆鳥).

떼지다 :

　떼질 군【群】한데 모임. 群而不黨『論語』

　떼질 군【麇】군집(群集)함.
　　　　　　　　　　求諸侯而麇至『左傳』

　떼질 군【麕】균(麇)과 동자(同字). 많이 모임.
　　　　　　　　　　麕至.

　떼질 우【麌】떼지어 모이는 모양.
　　　　　　　　　　麀鹿麌麌『詩經』

　떼질 족【族】한데 모임. 族居.
　　　　　　　　　　木族生爲灌『爾雅』

떼지어가다 : 떼를 지어 다니는 모양. 떼 지어
　천천히 가는 모양.

　떼지어갈 사【纚】纚乎淫淫『漢書』

　떼지어갈 사【俟】儦儦俟俟『詩經』

　떼지어갈 신【侁】락역부절(絡繹不絶)한 모양.
　　　　　　　　　　侁侁征夫『詩經』

떼지어날다 :

　떼지어날 시【翹】翹翹, 群飛.

　떼지어날 시【提】歸飛提提『詩經』

　떼지어날 진【振】군비(群飛)함. 一說에는 빠름.
　　　　　　　　　신속함. 振鷺于飛『詩經』

　떼지어날 힐【肹】힐(肸)과 동자(同字).
　　　　　　　　　肹蠁布寫『漢書』

떼 지어 다니다 : 떼를 지어 다니는 모양.

　떼 지어 다닐 표【儦】行人儦儦『詩經』

떼 지어 달리다 : 짐승이 떼를 지어 달리는 모양.

　떼 지어 달릴 비【狉】草木榛榛 鹿豕狉狉
　　　　　　　　　　『柳宗元』

뗏목 :

　뗏목 벌【栰】벌(筏)과 동자(同字).
　　　　　　　　　有火栰『魏書』

　뗏목 부【坿】編木以渡.

　뗏목 부【柎】부(桴)와 동자(同字).
　　　　　　　　　方舟投柎『管子』

　뗏목 부【泭】小木筏.

　뗏목 패【榃】벌목(筏木).

　뗏목 패【棑】筏也.

또 :

　또 보【甫】且也.

　또 선【還】또다시. 中原還逐鹿『魏徵』

　또 야【也】

　　㉠ 시(詩) 또는 속어(俗語)에서 역(亦)과 같은
　　　 뜻으로 쓰임. 靑袍也自公『杜甫』

　　㉡ 발어사(發語辭). 也知鄕信日應疏『岑參』

　　㉢ 발어사(發語辭). 也知造物有深意『蘇軾』

　또 우【又】

　　㉠ 거듭하여. 재차. 天下又大亂『孟子』

　　㉡ 그 위에 다시. 又卜瀍水之東『書經』

　또 장【將】차(且)와 동의. 將安將樂『詩經』

　또 차【且】

　　㉠ 그 위에 또한. 孔子貧且賤『史記』

　　㉡ 그 위에 또한. 且爾言過矣『論語』

　　㉢ 까지도 또한. 臧獲且羞與之同名矣『史記』

　　㉣ 하면서. 飮且食兮『韓愈』

　　㉤ 그러함에도 불구하고 또한.
　　　 行雖修而不顯於衆 猶且月費俸錢『韓愈』

　　㉥ 우선. 잠시. 且以喜樂 且以永日『詩經』

　　㉦ 가설(假說)의 말. 비록.
　　　 且予縱不得大葬 且予死於道路乎『論語』

또하다 :

　또할 우【又】재차 함. 天命不又『詩經』

또한 :

　또한 역【抑】전의사(轉意辭). 抑磬控忌『詩經』

　또한 역【亦】

㉠ 이것도 저것도 마찬가지로.
怨不在大 亦不在小『書經』
㉡ 마찬가지로. 丘亦恥之『論語』
㉢ 우(又)와 뜻이 비슷하나 별 뜻 없이 가볍게 첨가하여 쓰는 말. 尙亦有利哉『大學』
㉣ 또한. 學而時習之 不亦說乎『論語』

똑같이 나누다 :
똑같이 나눌 첨【敁】정분(正分).

똑같이 두량하다 :
똑같이 두량할 은【檼】균량(均量).

똑똑 두드리다 :
똑똑 두드릴 복【攵】복(攴)과 동자(同字).
똑똑 두드릴 복【攴】소격(小擊).

똑똑하다 :
똑똑할 료【了】
㉠ 혜민(慧敏)함. 小而了了 大未必奇『後漢書』
㉡ 분명(分明)함. 明了. 事總則難了『後漢書』
똑똑할 리【俐】영리(伶俐)함.
今方言謂黠慧曰伶俐『康熙字典』
똑똑할 숭【憽】惺憽. 了慧貌.
똑똑할 숭【憽】聰也.
똑똑할 염【媣】분명(分明).

똑바로 보다 :
똑바로 볼 당【瞠】놀라서 눈을 휘둥그렇게 하고 똑바로 봄. 夫子奔軼絶塵而回瞠 若乎後矣『莊子』
똑바로 볼 당【矘】직시(直視)함. 鳶肩豺目 洞精矘眄『後漢書』
똑바로 볼 정【盯】직시함. 眼瞟强盯䀳『孟郊』

똥 :
똥 변【便】大便. 經月便溺皆蜜『輟耕錄』
똥 분【糞】糞尿. 夫斫剉養馬 妻給水除糞『吳越春秋』
똥 시【屎】大便. 屎尿. 道左屎溺『莊子』
똥 시【矢】시(屎)와 통용. 埋之馬矢之中『左傳』
똥 악【惡】大便. 句踐爲吳王嘗惡『吳越春秋』
똥 영【臝】대변(大便).

똥구멍 :
똥구멍 결【肤】항문(肛門).
똥구멍 항【肛】항문(肛門). 脫肛.
肛門重十二兩『史記』

똥오줌 :
똥오줌 시【粎】시뇨(屎尿).

뙈기밭 :
뙈기밭 기【畸】정전(井田)을 만들고 남은 귀퉁이 밭. 田不可井者爲畸『正字通』

뚜껑 :
뚜껑 감【匲】기개(器蓋).
뚜껑 개【蓋】器則執蓋『禮記』 發蓋『禮記』
뚜껑 암【盦】그릇의 뚜껑. 覆蓋.
周有交虬盦『博古圖』
뚜껑 합【榼】그릇의 아가리를 덮는 물건.
行人執榼承飮『左傳』

뚜렷하다 :
뚜렷할 현【㬎】著也.

뚜벅뚜벅 걷다 :
뚜벅뚜벅 걸을 곽【趪】대보(大步).

뚝뚝 떨어지다 : 눈물이 연거푸 뚝뚝 떨어지는 모양.
뚝뚝 떨어질 방【滂】涕泗滂沱『詩經』

뚝배기 :
뚝배기 류【瓃】盛飯瓦器.
뚝배기 이【瓵】甌甎小甖.

뚫다 : 구멍을 파서 뚫음. 담에 구멍을 냄.
뚫을 골【扫】구멍을 냄. 扫人之墓『荀子』
뚫을 공【空】衣又穿空『後漢書』
뚫을 궐【掘】구멍을 뚫음. 掘地爲臼『易經』
뚫을 궐【闕】闕地及泉『左傳』
뚫을 돌【突】宵突陳城『左傳』
뚫을 두【窬】穿窬之盜『論語』
뚫을 력【䆿】穿也.
뚫을 료【寮】穿也.
뚫을 루【鏤】개통함. 鏤山. 鏤靈山『漢書』
뚫을 루【劐】穿也.
뚫을 유【窬】穿窬之盜『論語』
뚫을 율【矞】송곳으로 구멍을 뚫음.
뚫을 정【穽】穿也.
뚫을 중【中】꿰뚫음. 中其莖『周禮』
뚫을 지【鉆】穿也.
뚫을 착【逪】漢司隸楊厥碑逪通石門『巵言』
뚫을 착【鑿】穿也. 착(鑿)과 동자(同字).
뚫을 착【鑿】
㉠ 구멍을 뚫음. 鑿冰沖沖『詩經』
㉡ 개통함. 開鑿. 然騫鑿空『漢書』
㉢ 끝까지 캐냄. 또 함부로 억측함. 穿鑿. 爲其鑿也『孟子』
뚫을 찬【鑽】
㉠ 송곳으로 나무를 뚫음. 鑽燧改火『論語』
㉡ 꿰뚫음. 사물을 깊이 연구함. 硏鑽. 仰之彌高 鑽之彌堅『論語』
㉢ 깊이 뚫고 들어가 인연을 맺음. 자기 손아귀에 넣음. 商鞅挾三術 鑽孝公『漢書』
뚫을 참【鏨】구멍을 뚫음. 또 개착(開鑿)함. 鐫鏨. 彫心覺刃鏨『元稹』
뚫을 천【穿】구멍을 뚫음. 穿鑿.
뚫을 철【徹】穿徹. 射之徹七札『左傳』

뚫을 혈 【突】 穿也.

뚫리다 :

　뚫릴 리 【疎】 疏也.

　뚫릴 천 【穿】 구멍이 남. 衣屨穿決 『後漢書』

뚫어지게 보다 :

　뚫어지게 볼 요 【覝】 심시(深視).

뚱뚱하다 :

　뚱뚱할 몽 【朦】 비대(肥大).

　뚱뚱할 변 【便】 비대(肥大)함. 便腹.
　　　　　　腹便便 『後漢書』

　뚱뚱할 표 【膘】 살짐. 비만(肥滿)함.

뛰게 하다 :

　뛰게할 약 【躍】 搏而躍之 『孟子』

뛰다 :

　뛸 거 【距】 도약(跳躍)함. 距躍三百 『左傳』

　뛸 곽 【躩】 도약(跳躍)함. 梟浴蝯躩 『淮南子』

　뛸 구 【跔】 跰跔. 도약함. 한쪽 발을 듦. 맨발.
　　　　　　跰跔科頭 『史記』

　뛸 궐 【趹】 蹶也.

　뛸 궤 【蹄】 跳也.

　뛸 답 【踏】 跳也.

　뛸 도 【跳】 도약(跳躍)함. 高跳. 飛跳.
　　　　　　東西跳梁 『莊子』

　뛸 도 【跰】 도약함.
　　　　　　虎賁之士 跰跰科頭 『史記』

　뛸 도 【挑】 도약함. 왕래함. 挑達.
　　　　　　挑兮達兮 『詩經』

　뛸 등 【騰】 도약함. 馬騰于槽 『韓愈』

　뛸 량 【踉】 도약함. 跳踉乎井幹之上 『莊子』

　뛸 륙 【踛】 跳也.

　뛸 륙 【陸】 도약함. 翹足而陸 『莊子』

　뛸 발 【蹳】 도약함. 蹳刺銀盤欲飛去 『李白』

　뛸 산 【跚】 도약함.

　뛸 약 【躍】
　　㉠ 뛰어 오름. 跳躍. 魚躍于淵 『詩經』
　　㉡ 뛰어 넘음. 距躍三百 『左傳』
　　㉢ 뛰며 좋아함. 雀躍. 喜躍躍.
　　㉣ 격앙(激昂)함. 微心竦躍 『梁簡文帝』
　　㉤ 물가가 뜀. 物痛騰躍 『漢書』

　뛸 약 【趯】 약(躍)과 동자(同字).
　　　　　　南趯朱垠 『後漢書』

　뛸 양 【驤】 뛰며 달림. 奮翅而騰驤 『張衡』

　뛸 요 【路】 跳也.

　뛸 용 【踊】
　　㉠ 도약함. 踊踊用兵 『詩經』
　　㉡ 죽음을 슬퍼하여 행하는 도약의 의식(儀式).
　　　　　　哭君成踊 『公羊傳』

　뛸 유 【踰】 도약함. 超踰跳躍 『張衡』

　뛸 작 【雀】 도약함. 雀躍. 雀立不轉 『戰國策』

　뛸 쟁 【趟】 도약함. 相殘雀豹趟 『韓愈』

　뛸 적 【趯】 躍也.

　뛸 적 【趞】 趞趞卓鱻 『詩經』

　뛸 조 【趒】 躍也.

　뛸 주 【跦】 껑쭝껑쭝 뛰며 걷는 모양.
　　　　　　鸚鵒跦跦 『左傳』

　뛸 채 【踩】 跳也.

　뛸 체 【踶】 跳也.

　뛸 충 【扰】 跳也.

　뛸 탕 【碭】 도약(跳躍)함.
　　　　　　吞舟之魚 碭而失水 『莊子』

　뛸 투 【透】 도약함. 飛泳騁透 『謝靈運』

　뛸 표 【趵】 도약함. 濟南有趵突泉 『齊乘』

뛰어나다 :

　뛰어날 걸 【桀】 걸(傑)과 동자(同字). 桀俊.
　　　　　　千人曰英 萬人曰桀 『辨名記』

　뛰어날 걸 【傑】 출중(出衆)함. 傑出. 傑作.
　　　　　　有厭其傑 『詩經』

　뛰어날 락 【犖】 탁월(卓越)함.
　　　　　　卓犖乎方州 『班固』

　뛰어날 모 【髦】 준수(俊秀)함. 또 그 사람. 俊髦.
　　　　　　時髦允集 『後漢書』

　뛰어날 세 【趨】 초특(超特).

　뛰어날 소 【卲】 年高德卲 『說文解字』

　뛰어날 속 【謖】 謖謖. 훨씬 나은 모양. 일설에는
　　　　　　소나무에 부는 바람 소리.
　　　　　　謖謖如勁松 下風 『世說』

　뛰어날 수 【殊】 특이(特異)함. 殊思.
　　　　　　立殊勳于魏室 『李德林』

　뛰어날 안 【岸】 인물이 뛰어남.
　　　　　　爲人魁岸 『漢書』

　뛰어날 우 【優】 우수(優秀)함. 優劣. 優勢.
　　　　　　德優則行 『史記』

　뛰어날 웅 【雄】
　　㉠ 걸출(傑出)함. 秦雄天下 『戰國策』
　　㉠ 걸출한 사람. 英雄. 韓信是雄 『人物志』

　뛰어날 위 【偉】 위대(偉大)함. 偉人. 偉業.
　　　　　　足爲偉器 『後漢書』

　뛰어날 일 【逸】 우수(優秀)함. 逸品.
　　　　　　言行超逸 『南史』

　뛰어날 일 【軼】 일(逸)과 동자(同字). 탁월(卓越)함.
　　　　　　軼材. 王褒有軼材 『漢書』

　뛰어날 절 【絶】
　　㉠ 남보다 월등(越等) 나음. 有力絶人 『唐書』
　　㉡ 남보다 월등(越等) 나은 일.
　　　　三絶 : 詩, 書, 畵에 뛰어난 일.

　뛰어날 준 【俊】 재주와 슬기가 뛰어남. 俊材.
　　　　　　걸출(傑出)함. 또 그 사람. 俊士.

贊桀俊『禮記』

뛰어날 준【儁】 준(僑), 준(俊)과 동자(同字).
　　　　得儁曰克『左傳』

뛰어날 초【超】 탁월(卓越)함. 超凡.
　　　　超然高擧『楚辭』

뛰어날 추【酋】 남보다 우월(優越)함.
　　　　說難旣酋『漢書』

뛰어날 출【出】 출중(出衆)함. 邁出.
　　　　古之聖人其出人也遠矣『韓愈』

뛰어날 탁【踔】 탁(卓)과 동자(同字).
　　　　非有踔絶之能 不能踰越『漢書』

뛰어날 표【表】 특이(特異)한 모양. 빼난 모양.
　　　　表表. 表獨立兮山之上『楚辭』

뛰어날 호【豪】 걸출(傑出)함. 또 그 사람. 豪雄.
　　　　文豪. 豪儷之士『孟子』

뛰어넘다 :

뛰어넘을 세【趨】 초유도(超踰渡).

뛰어넘을 예【緤】 예(跇)와 동자(同字). 亶觀夫剽
　　　　禽之緤踦 犀兕之抵觸『揚雄』

뛰어넘을 예【跇】 跇巒阬『漢書』

뛰어넘을 초【超】
　　㉠ 몸을 솟구쳐 위로 넘음.
　　　　挾泰山以超北海『孟子』
　　㉡ 순서에 의하지 아니하고 나아감. 超拜.
　　　　超升此位『後漢書』

뛰어 달아나다 :

뛰어 달아날 불【趵】 急行貌.

뛰어오르다 :

뛰어오를 편【騗】 말에 뛰어 올라 탐.

뛰어오를 함【越】 도상(跳上).

뛰어 일어나다 : 깜짝 놀라 벌떡 뛰어 일어나는
　　모양.

뛰어 일어날 궤【蹶】 子夏蹶然而起『禮記』

뜨거운 김 :

뜨거운 김 곡【焅】 열기(熱氣).

뜨거운 바람 :

뜨거운 바람 획【颮】 열풍(熱風).

뜨거운 바람 효【飍】 열풍(熱風).

뜨겁다 :

뜨거울 혹【熇】 불이 뜨거움. 熇暑.

뜨다 :

뜰 격【隔】 시간이나 공간에 사이가 뜸. 隔遠.
　　　　縣隔. 日隔之遠『韓愈』

뜰 구【斣】 挹也. 不可以挹酒漿『詩經』

뜰 람【灆】 부모(浮貌).

뜰 람【濫】 물위에 뜸. 其源可以濫觴『孔子家語』

뜰 렴【瀲】 물위에 뜸. 或泛瀲于潮波『郭璞』

뜰 범【汎】 물 위에 둥둥 뜨는 모양. 浮汎.

亦汎其流『詩經』

뜰 범【氾】 물에 떠서 불안정한 모양.
　　　　氾乎若不繫之舟『漢書』

뜰 범【泛】 범(汎)과 동자(同字). 물위에 뜸.
　　　　泛泛. 泛樓船兮濟汾河『漢武帝』

뜰 부【浮】
　　㉠ 물위에 뜸. 浮游. 五馬浮渡江『晉書』
　　㉡ 공중에 뜸. 浮雲. 景風翔慶雲浮　『列子』
　　㉢ 떼를 타고 물위를 감. 乘桴浮於海『論語』
　　㉣ 흐름을 따라 내려감. 浮於濟潔『書經』
　　㉤ 근거가 없음. 浮辭. 胥動以浮言『書經』
　　㉥ 들 뜸. 침착하지 아니함. 경솔함. 浮薄.
　　　　浮淺行于衆庶『漢書』
　　㉦ 불안정함. 덧없음. 浮漚. 逍遙浮世『阮籍』

뜰 산【汕】 오구로 고기를 떠서 잡음.
　　　　鲂鱒可罩汕『韓愈』

뜰 양【漾】 둥둥 뜸. 泛漾天淵池『梁武帝』

뜰 유【游】
　　㉠ 가라앉지 않고 위에 있음. 游塵.
　　　　游乎塵垢之外『莊子』
　　㉡ 근거 없이 생김. 游談. 不倡游言『禮記』

뜰 읍【挹】 액체를 떠냄. 挹酌.
　　　　挹彼注妶『詩經』

뜰 익【弋】 물위에 뜸. 虞人掠水輕浮弋『李紳』

뜰 초【抄】
　　㉠ 숟갈로 음식 같은 것을 뜸.
　　　　匙抄爛飯穩送之『韓愈』
　　㉡ 종이를 만듦. 抄紙槽『天工開物』

뜰 탄【余】 사람이 물위에 뜸.
　　　　人在水上爲余『字林撮要』

뜨물 : 곡식을 씻어서 부옇게 된 물.

뜨물 감【泔】 쌀뜨물. 周謂潘曰泔『說文解字』

뜨물 란【瀾】 쌀뜨물. 潘瀾棄餘『周禮』

뜨물 란【灡】 潘灡, 米汁.

뜨물 반【潘】 潘沐. 面垢燂潘請靧『禮記』

뜨물 수【潃】 潃瀡以滑瀡中『荀子』

뜨물 재【截】 미즙(米汁). 醋截灰炭『漢書』

뜬 말 :

뜬 말 람【濫】 허언(虛言). 除煩而去濫『陸機』

뜯다 :

뜯을 모【乇】 𡈼 拔引取.

뜰 : 대문 안의 마당.

뜰 계【堦】 陛也.

뜰 기【畿】 문안의 마당. 薄送我畿『詩經』

뜰 달【闥】 在我闥兮『詩經』

뜰 저【著】 대문과 문병(門屛)과의 사이.
　　　　俟我乎著乎而『詩經』

뜰 저【宁】 중국의 가옥(家屋)에서 외병(外屛)과

정문 사이의 뜰. 고대 천자가 아침
마다 이 뜰에서 조회(朝會)를 받음.
天子當宁而立 『禮記』

뜰 정 【庭】
　㉠ 집안의 마당. 庭園. 掌掃門庭 『周禮』
　㉡ 대청(大廳). 賓客在庭者 『列子』
　㉢ 백성을 상대하여 정무(政務), 소송(訴訟)을
　　취급하는 곳. 法庭. 訟於郡庭長年 『魏書』
　㉣ 宮中. 妖孽盈庭, 忠良在朝 『列子』
　㉤ 집안. 가정. 庭訓益峻 『晉書』
　㉥ 장소. 宜昇著作之庭 並踐記言之地 『李嶠』
뜰 제 【除】 문안의 마당. 庭除.
　　　　　扶輦下除 『漢書』
뜸 : 약쑥으로 살을 떠서 병을 다스리는 일.
　뜸 구 【灸】 鍼灸. 形弊者 不當關灸鑱石及飲毒藥
　　　　『史記』
뜸 : 띠, 부들 따위의 풀로 엮어 배, 수레 등을 덮
　는 거적 비슷한 물건.
　뜸 봉 【篷】 대오리. 熟醉臥 篷窓 『陸游』
　뜸 합 【闔】 茨牆則剪闔 『周禮』
　뜸 항 【栙】 雙也. 거적 비슷이 엮어 만든 돛.
뜸들다 : 밥이 잘 익음. 또 그 밥.
　뜸들 류 【餾】 유야(餾也).
뜸뜨다 : 약 같은 것으로 뜸뜨다.
　뜸뜰 찬 【竄】 훈(熏)하다. 竄以藥 『史記』
뜸부기 : 뜸부깃과에 속한 새. 부리와 다리가 길
　며 등은 다갈색, 날개는 검은색, 다리는 녹색
　이다. 아침저녁으로 ‘뜸북뜸북’하고 운다. 곤
　충, 달팽이 외에도 벼, 풀씨 따위를 먹는다.
　여름새로 호수나 하천 등지의 갈대숲이나 논
　에서 산다
　뜸부기 등 【鶑】 鶑鶏.
　뜸부기 칙 【鶒】 鸂鶒, 수조(水鳥).
뜸질하다 :
　뜸질할 구 【灸】 無病自灸. 爲灸兩穴 『顔氏家訓』
뜻 :
　뜻 귀 【歸】 지취(旨趣). 殊途而同歸 『易經』
　뜻 기 【彗】 志也.
　뜻 의 【意】
　㉠ 마음의 발동. 意志. 意識.
　　欲正其心 先誠其意 『大學』
　㉡ 생각. 如意. 君行制, 臣行意 『國語』
　㉢ 사심(私心). 사욕(私慾). 意必固我.
　　毋意 毋必 『論語』
　㉣ 글이나 말의 의의. 意味. 大意.
　　原於道德之意 『史記』
　㉤ 정취(情趣). 筆意幽閒 『圖繪寶鑑』
　뜻 의 【義】 의미. 大義. 文義.

뜻 전 【恮】 義也.
뜻 정 【晴】 정(情)의 고자(古字).
　　　　晴文俱盡 『史記』
뜻 정 【情】 사물에 감촉(感觸)이 되어 일어나는
　　마음의 작용. 성(性)의 대(對).
　　性情. 七情.
　　何謂人情 喜 怒 哀 懼 愛 惡 欲 七
　　者弗學而能 『禮記』
뜻 지 【旨】
　㉠ 의향. 高旨. 有竟旨無簡不聽 『禮記』
　㉡ 의의(意義). 旨義. 語高而旨深 『韓愈』
　㉢ 천자의 뜻. 성지(聖志). 奉使稱旨 『漢書』
뜻 지 【指】 지(旨)와 동자(同字). 指意.
　　　　言近而指遠者 善言也 『孟子』
뜻 지 【志】
　㉠ 의향(意向). 詩言志, 歌永言 『書經』
　㉡ 의사(意思). 意志. 匹夫不可奪志也 『論語』
　㉢ 본심(本心). 본의(本意). 謂之宋志 『左傳』
　㉣ 사의(私意). 義歟志歟 『禮記』
　㉤ 감정(感情). 以制六志 『左傳』
　㉥ 희망(希望). 過於其志 『左傳』
　㉦ 절개(節介). 志操. 志士不忘在溝壑 『孟子』
　㉧ 의사(意思)의 표시(表示).
　　孔子之喪 公西赤爲志焉 『禮記』
뜻 취 【趣】
　㉠ 마음이 향하는 바. 뜻하는 바. 행하는 바.
　　志趣. 觀吾趣 『列子』
　㉡ 의미. 의의. 旨趣.
　　亦得以曲暢旁通 而各極其趣 『朱熹』
뜻 치 【致】 의취(意趣). 其致一也 『王羲之』
뜻 굳게 가지다 :
　뜻 굳게 가질 겸 【㑅】 持意堅固.
뜻 높다 : 뜻이 높고 뛰어남.
　뜻 높을 앙 【昂】 軒昂. 不自激昂 『漢書』
뜻 두다 : 마음을 둠.
　뜻 둘 주 【注】 注意. 君人者上注 『管子』
뜻 맞다 :
　뜻 맞을 협 【劦】 협(協)의 고자(古字).
　　　　　　　　의사(意思)가 일치(一致)함.
뜻밖에 : 우연히.
　뜻밖에 우 【遇】 遇見讐家 『李義山雜纂』
뜻 없다 :
　뜻 없을 하 【憛】 무지(無志).
뜻에 차지 않다 : 만족하게 여기지 아니함.
　뜻에 차지 않을 겸 【歉】 歉然. 仁生於歉 義生於
　　　　　　　　豊 『文中子』
뜻 이루고자하다 :
　뜻 이루고자 할 양 【懹】 의사를 성취시키고자 함.

뜻 정하지 못하다 : 뜻이 정하여지지 아니한 모양.

뜻 정하지 못할 동【憧】憧憧往來『易經』

뜻 크다 : 뜻이 커서 소소한 일에 구애되지 않는 모양.

뜻 클 뢰【磊】磊落奇偉之人『韓愈』

뜻 클 효【嘐】뜻이 큼. 其志嘐嘐然『孟子』

뜻하다 :

뜻할 시【誌】위지(爲志).

뜻할 의【意】생각함.
攻其無備出其不意『孫子』

뜻할 지【志】할 마음을 먹음. 志望. 志願.
志於道『論語』

띄우다 :

띄울 람【濫】물위에 뜸. 또 뜨게 함.
其源可以濫觴『孔子家語』

띄울 부【浮】뜨게 함. 浮舟江海『文子』

띠 :

띠 간【菅】모속(茅屬). 吳林之山,
其中多菅草『山海經』

띠 강【襁】어린애를 업는 띠.
襁負其子而至矣『論語』

띠 곤【緄】짜서 만든 허리띠.
童子佩刀 緄帶各一『後漢書』

띠 교【絞】바지의 끈. 허리 띠.
絏絞而踵相隨『管子』

띠 대【帶】衣帶.
㉠ 허리에 띠는 것. 凡帶必有佩玉『禮記』
㉡ 띠 같이 물건의 주위를 두르는 것.
鐘帶謂之篆『周禮』

띠 도【茶】띠(茅)의 이칭(異稱).
有女如茶『詩經』

띠 락【絡】대(帶). 鉤絡鉤帶也『晉書』

띠 모【茅】포아풀과의 다년초. 근경(根莖)은 약용.
잎은 지붕을 임.
拔茅連茹『易經』

띠 반【鞶】가죽으로 만든 큰 띠.
조정(朝廷)에서 하사(下賜)함.
或賜之鞶帶『易經』

띠 붕【繃】어린애를 업을 때 두르는 띠.
또는 포대기.
繃卽今之小兒繃也『漢書』

띠 섬【襳】허리띠. 蜚襳垂髾『漢書』

띠 양【纕】허리띠. 旣替余以蕙纕兮『楚辭』

띠 자【茨】지붕을 이는 띠. 茅茨不翦『史記』

띠 탄【鞾】帶也.

띠 혈【絜】허리띠. 正絜係履『莊子』

띠다 :

띨 금【衿】띠를 두름. 衿芰茄之綠衣兮『漢書』

띨 대【帶】
㉠ 띠를 두름. 驚遽而起, 衣不及帶『世說』
㉡ 빛깔을 조금 지님. 頗帶憔悴色『杜甫』

띨 주【舟】몸에 띰. 何以舟之『詩經』

띠 매듭 :

띠 매듭 괴【繪】띠의 매는 자리. 일설에는 옷
감이 합치는 데.
衣有繪 帶有結『左傳』

띠 베다 :

띠 벨 모【茅】띠를 낫 같은 것으로 벰.
晝爾于茅『詩經』

띠쇠 :

띠쇠 겹【鉗】組帶鐵.

띠쇠 과【銙】띠를 매는 데 달린 쇠. 대구(帶鉤).
玉工爲帝作帶 誤毁一銙『唐書』

띠쇠 구【鉤】띠를 매는 쇠. 대구(帶鉤).
管仲射小白 中帶鉤『十八史略』

띠술 :

띠술 타【鉈】鉈尾. 어미(魚尾).
예장(禮裝)할 때 띠는 띠의 술.
腰帶垂頭於下 名鉈尾『唐書』

띠싹(삘기) :

띠싹 제【荑】갓 나온 띠. 手如柔荑『詩經』

띠싹 사【葹】모유(茅莠).

띠 아니 띠다 :

띠 아니 띨 창【裮】衣不帶.

띠집 : 이엉이나 띠 따위로 지붕을 이은 작은 집.

띠집 모【茅】聊結一間茅『方岳』

띠 치장하다 :

띠 치장할 과【銙】대식(帶飾).

띵띵하다 :

띵띵할 팽【彭】부풀어 띵띵함.
豕腹脹彭亨『韓愈』

口

미음

마 : 마과에 속하는 다년생 만초. 엽액(葉腋)에서
　나는 육아(肉芽)는 먹으며, 괴근(塊根)은 강장제
　(强壯劑)의 약재(藥材)로 쓰임.
　마 서【薯】서여(薯蕷).
　마 여【藇】여(蕷)와 동자(同字).
　　　　　　藷藇桑椒『水經注』
　마 여【蕷】서여(薯蕷).
　마 저【藷】芋羹藷粢『蘇軾』
마개 : 입구가 비교적 좁은 용기(容器)의 아가리
　나 구멍 등에 끼워 막는 물건.
　마개 전【栓】속(俗)에 마개의 뜻으로 씀.
마구간 : 마소가 자고 먹는 곳.
　마구간 곡【牿】牿牢. 舍牿牛馬『書經』
　마구간 구【廄】마사(馬舍). 廄舍.
　　　　　　乘馬在廄『詩經』
　마구간 사【肆】마사(馬舍).
　　　　　　木在山 馬在肆『韓愈』
　마구간 어【圉】馬圉. 馬有圉 牛有牧『左傳』
　마구간 조【皁】編之以皁棧『莊子』
　마구간 한【閑】天子十有二閑『周禮』
마귀 :
　마귀 마【魔】악귀. 惡魔. 病魔. 我墮疑網故謂
　　　　　　是魔所爲『法華經』
마노 :
　마노 노【瑙】瑪瑙. 석영(石英)의 일종.
　마노 마【瑪】瑪瑙. 석영(石英)의 일종.
　마노 마【碼】마(瑪)와 동자(同字).
　　　　　　碼碯石次玉『博雅』
마늘 : 백합과에 속하는 다년생. 냄새가 강한 재
　배 식물. 지하경(地下莖)을 식용함.
　마늘 산【蒜】遺以生蒜『高士傳』
　마늘 호【葫】葫爲大蒜『本草經』
마다 : 그 때에는 늘.
　마다 매【每】每日. 每月入見『魏書』
마당 :
　마당 장【場】
　　㉠ 구획한 공지.
　　　　闢廣場 羅兵三萬『唐書』
　　㉡ 곳. 場所. 婆娑乎術藝之場『班固』

　　㉢ 제사지내는 터. 築室於場『孟子』
　　㉣ 타작 마당. 十月滌場『詩經』
　마당 탄【墠】町墠. 집의 앞이나 뒤의 공지.
　　　　　　일설에는 사슴의 발자국.
　　　　　　町墠鹿場『詩經』
마들가리 : 나무 조각. 삭정이.
　마들가리 골【榾】榾柮 木材之餘端也.
　마들가리 돌【柮】모재(母材)로 쓰고 남은 가지.
　　　　　　榾柮 木材之餘端也.
　마들가리 소【梢】곁가지가 없는 긴 나무.
　　　　　　梢梢欘『爾雅』
마디 :
　마디 뢰【纇】
　　㉠ 실의 두두룩하게 뭉친 부분.
　　　　絲之結纇『淮南子』
　　㉡ 인신(引伸)하여 사물의 갈등(葛藤).
　　　　治絲疏纇『唐書』
　마디 절【節】
　　㉠ 대 또는 초목의 마디. 또 그 모양을 한 것.
　　　　旄丘之葛兮 何誕之節兮『詩經』
　　㉡ 뼈의 마디. 關節.
　　㉢ 말이나 노래 곡조의 마디. 音節. 曲節.
　　　　撫掌擊節『晉書』
　　㉣ 사물의 한 단락.
　　　　一節見則百節可知也『說苑』
마디 두고 짜갠 대 :
　마디 두고 짜갠 대 장【牂】有節剖.
마디충 : 명충나방의 유충(幼蟲). 벼, 조, 피 따위
　의 줄기의 속을 파먹어 말라죽게 함.
　마디충 명【螟】
　　㉠ 명충나방의 유충(幼蟲). 螟蟲.
　　　　去其螟螣『詩經』
　　㉡ 마디충의 피해. 元光五年八月螟『漢書』
마디풀 :
　마디풀 변【萹】萹蓄.
마땅 : 마땅히. 당연히.
　마땅 해【該】속문(俗文)에서 의(宜)와 같은 뜻
　　　　　　으로 씀. 該當. 應該. 合該로 연용
　　　　　　하기 도 함.
　　　　　　此一句不該與　求之文字之中云云
　　　　　　混作一例看『傳習錄』
마땅하다 :
　마땅할 당【當】적당함. 其位當『易經』
　마땅할 윤【允】案法平允 務存寬恕『後漢書』
　마땅할 의【宜】당연함. 不亦宜乎『禮記』
　마땅할 의【儀】좋음. 無非無儀『詩經』
마땅히 :
　마땅히 당【當】의당(宜當) ~하여야 함.

　　　　　　　當殺之『史記』

마땅히 의【宜】당연히 ~어야 함. 결정의 말.
　　　　　　　惟仁者 宜在高位『孟子』

마땅히 의【儀】의(宜)와 통용.
　　　　　　　儀監于殷『大學』

마련하다 :

마련할 단【剬】제재(制裁)함.
　　　　　　　依鬼神以剬義『史記』

마루 : 집의 널조각으로 바닥을 깔아 놓은 데.

마루 상【牀】牀上安牀. 破牀弊席『北史』

마루 조【牂】상자(牀子).

마루 종【宗】밑둥. 근본(根本). 宗家.
　　　　　　　禮之宗也『國語』

마루 책【簀】대 조각으로 바닥을 간 마루.
　　　　　　　竹之簀『禮記』

마루 청【庁】청(廳)의 약자.

마룻대 : 집의 용마루 밑에 서까래가 걸치게 된 나무.

마룻대 동【棟】
　　ㄱ 上棟. 棟折榱崩『左傳』
　　ㄴ 중요한 인물의 비유. 棟梁. 養吾棟也『國語』

마룻대 려【欐】려(欐)와 통용.
　　　　　　　居則連欐『列子』

마룻대 부【栲】荷棟栲而高驤『班固』

마룻대 아【阿】當阿東面致命『儀禮』

마룻대 엄【广】마룻대의 끝. 동두(棟頭).
　　　　　　　剖竹走泉源開廊架屋广『韓愈』

마룻대 위【危】옥동(屋棟). 中屋履危『禮記』

마룻대 정【壬】옥량(屋梁).

마룻대 항【亢】有四阿重亢重廊『北史』

마르는 병 :

마르는 병 세【瘵】수병(瘦病).

마르다 :

마를 각【殼】건조(乾燥)함. 其道大殼『莊子』

마를 갈【渴】물이 마름. 고갈(枯渴)함. 涸渴.
　　　　　　　渴澤用鹿『周禮』

마를 건【乾】
　　ㄱ 습기(濕氣)가 없음. 嘆其乾矣『詩經』
　　ㄴ 乾燥. 朝曝夕乃乾『周禮』
　　ㄷ 물이 마름. 碧海有乾『梁元帝』
　　ㄹ 목이 마름. 乾喉燋脣, 仰天而歎『說苑』
　　ㅁ 결핍(缺乏)함. 생기(生氣)가 없어짐.
　　　　　　　供給軍需 民力乾『華功武義兵行』

마를 고【枯】
　　ㄱ 초목이 마름. 蓬斷草枯 凜若霜晨『李華』
　　ㄴ 겨울에 초목의 잎이 말라 떨어짐. 枯木.
　　　　　　　草木蚤枯『禮記』
　　ㄷ 물이 마름. 枯渴. 淵生珠 而厓不枯『荀子』

　　ㄹ 야위어 뼈만 남음. 形容枯槁『楚辭』
　　ㅁ 살이 썩어 없어지고 마른 뼈만 남음. 枯骨.
　　　　　　　一將功成萬骨枯『曹松』

마를 고【藁】
　　ㄱ 건조(乾燥)함. 藁魚.
　　ㄴ 말라죽음. 고사(枯死)함.
　　　　　　　中昊不雨 傷風病藁『易林』

마를 고【槁】
　　ㄱ 말라죽음. 槁木.
　　　　　　　七八月之間 旱則苗槁矣『孟子』
　　ㄴ 건조함. 槁魚曰商祭『禮記』

마를 관【窾】말라죽음. 고사함.
　　　　　　　窾枯木 衝振其枝『太玄經』

마를 규【揆】옷을 재단(裁斷)함.

마를 념【臉】수모(瘦貌).

마를 비【沸】건조함. 酒未淸, 肴未沸『列子』

마를 비【腓】乾也.

마를 수【脩】건조(乾燥)함. 暵其脩矣『詩經』

마를 재【裁】옷감을 마름질함.
　　　　　　　十四學裁衣『古詩』

마를 재【財】재(裁)와 통용. 財擇.
　　　　　　　財成天地之道『易經』

마를 제【制】옷감이나 재목을 치수에 맞추어
　　　　　　　베고 자름. 裁制.
　　　　　　　巧工之制木『淮南子』

마를 조【燥】건조함. 火就燥『易經』

마를 차【苴】말라죽음. 草苴比而不芳『楚辭』

마를 하【煆】건조함.

마를 학【涸】물이 마름. 涸渴.
　　　　　　　仲秋之月 水始涸『禮記』

마를 한【暵】건조함. 또 건조하는 모양. 暵乾.
　　　　　　　暵其乾矣『詩經』

마를 항【炕】건조함. 炕陽暴虐『漢書』

마를 후【涸】涸渴. 仲秋之月 水始涸『禮記』

마를 훤【晅】훤(晅)과 동자(同字). 건조시킴.
　　　　　　　日以晅之『易經』

마를 훤【烜】건조시킴. 日以烜之『易經』

마를 훤【晅】훤(烜)과 동자(同字). 건조함.
　　　　　　　日以晅之『易經』

마를 희【晞】건조함. 白露未晞『詩經』

마른나무 : 말라서 죽은 나무.

마른나무 고【枯】고목(枯木). 己獨集於枯『國語』

마른나물 :

마른나물 애【薆】건채(乾菜).

마른떡 :

마른떡 견【餰】건병(乾餠).

마른매실 :

마른매실 로【藔】건조시킨 매화나무의 열매.

乾藡榛實『周禮』

마른풀 : 말라죽어 물위에 뜬 풀이나 나무.

마른풀 차 【茬】 如彼棲茬『詩經』

마름 : 바늘꽃과에 속하는 일년생의 수초(水草). 능각(稜角)이 있는 딱딱한 껍질에 쌓인 열매를 맺음.

마름 기 【芰】 菱芰. 屈到嗜『國語』

마름 다 【荨】 薕也.

마름 담 【蕁】 해조(海藻).

마름 담 【薄】 해조(海藻).

마름 릉 【蔆】 능(菱)과 동자(同字).
夏食蔆『呂氏春秋』

마름 릉 【菱】 菱藻.

마름 미 【檴】 水中菱也.

마름 온 【蘊】 붕어마름. 蘋蘩蘊藻『左傳』

마름 온 【薀】 수조(水藻). 해조(海藻).
蘋蘩薀藻之菜『左傳』

마름 쇠 : 적(敵)을 막기 위하여 흩어 두는 마름 모양의 무쇠 덩이. 마름쇠.

마름 쇠 질 【蒺】 질리(蒺藜). 鐵蒺藜.
愴愴履霜 中多蒺藜『古詩』

마름 풀 :

마름 풀 란 【虆】 부규(梟葵).

마리 :

마리 두 【頭】 ㉠ 마소를 세는 수사. 牛十頭.
㉡ 사람의 수효. 人頭稅.

마리 미 【尾】 물고기를 세는 수사.
肥魚斫千尾『李覯』

마마(媽媽) : 천연두(天然痘).

마마 두 【痘】 痘瘡. 凡痘汁納鼻 呼吸卽出『方書』

마마 포 【疱】 疱瘡.

마부 : 말을 부리는 사람.

마부 복 【僕】 어자(御者).
子適衛 冉有僕『論語』

마부 시 【廝】 僕也. 廝徒十萬『史記』

마부 어 【御】 撫其御之手『說苑』

마부 어 【圉】 말을 기르는 사람. 또는 그 벼슬.
圉師. 敎圉人『周禮』

마부 추 【騶】 말을 기르는 하인.
命僕及七騶咸駕『禮記』

마비하다 : 신체의 감각 작용을 잃음. 또 그 현상.

마비할 마 【痲】 痲痺.

마비할 비 【痺】 痲痺. 臂已痺而猶擬『歐陽修』

마상고(馬上鼓) : 기병이 말 위에서 치는 북.

마상고 비 【鼙】 漁陽鼙鼓動地來『白居易』

마상고 비 【鞞】 비(鼙)와 동자(同字).
命樂師 修鼗鞞鼓『禮記』

마소 귀 쫑긋거리다 :

마소 귀 쫑긋거릴 습 【聑】 牛馬動耳貌.

마소 치는 사람 : 목축하는 사람.

마소 치는 사람 목 【牧】 任牧以畜事『周禮』

마술 :

마술 마 【魔】 요술(妖術). 魔術. 魔法.
師巫魔媼『南史』

마술 어 【御】 말을 부리는 술법(術法).
禮樂射御書數『周禮』

마시게 하다 :

마시게 할 음 【飮】
㉠ 음료를 주어 마시도록 함.
酌而飮寡人『禮記』
㉡ 마소에 물을 마시게 함.
飮馬于淄『左傳』

마시다 : 혹 들어 마심. 액체를 먹음.

마실 고 【𡣪】 들이마심. 𡣪其腦『左傳』

마실 관 【灌】 액체를 먹음. 奉觶曰賜灌『禮記』

마실 끽 【喫】 喫茶. 對酒不能喫『杜甫』

마실 담 【啗】 右手持酒啗『唐書』

마실 삽 【歃】 歃血. 맹세할 때 희생의 피를 들 이 마시는 일.
王當歃血而定從『史記』

마실 삽 【唼】 삽(歃)과 동자(同字).
與高帝唼血盟『史記』

마실 선 【灊】 飮也.

마실 앙 【仰】 독약(毒藥) 같은 것을 마심.
仰鴆死『唐書』

마실 우 【酑】 飮也.

마실 음 【飮】
㉠ 물, 차 등을 마심. 飮茶. 飮用六淸『周禮』
㉡ 술을 마심. 飮豪. 酣飮.
太子與客來飮於此『歐陽脩』

마실 조 【釂】 잔에 있는 술을 다 마심.
長者擧未釂 少者不敢飮『禮記』

마실 철 【啜】 欲啜汁者衆『史記』

마실 탑 【𠴲】 飮也.

마실 합 【呷】 액체를 먹음. 呷啜.
朝呷一口水『鄭震』

마실 합 【哈】 입을 대고 마심.
嘗一哈水 而甘苦知『淮南子』

마실 향 【饗】 주식을 먹음.
先祭而後饗『淮南子』

마실 흡 【吸】 단숨에 마심.
飮如長鯨吸百川『杜甫』

마실 것 : 물, 술 등의 음료.

마실 것 음 【飮】
㉠ 一瓢飮.
㉡ 물, 술 등을 마시는 일.

　　　　僧解飲則犯戒律『李義山雜纂』

마실 것 장【漿】水漿. 簞食壺漿『孟子』

마실 것 청【淸】凡王之饋 飮用六淸『周禮』

마을 :

마을 각【閣】관성(官省). 內閣.
　　　　　　取宿衛之臣留秘閣之吏『魏志』

마을 감【監】관청의 이름. 國子監. 少府監.

마을 곡【曲】부락(部落). 部曲. 鄕曲.

마을 공【公】조정(朝廷). 관청(官廳).
　　　　　　退食自公『詩經』

마을 관【館】관청, 학교 또 그 건물. 公館. 學館.
　　　　　　府署第一 碁列於都鄙『後漢書』

마을 관【官】관가. 官廳. 在官不俟履『禮記』

마을 구【丘】사방(四方) 60리의 촌락(村落).
　　　　　4읍(邑) 128가(家)가 삶. 丘井.
　　　　　四井爲邑 四邑爲丘『漢書』

마을 국【局】관아. 郵遞局.
　　　　　　分掌二十一局事『通典』

마을 당【黨】주대(周代)의 행정 구역의 하나.
　　㉠ 오백가(五百家)가 사는 지역.
　　　　　掌其黨之政令政治『周禮』
　　㉡ 향리. 고향. 孔子於鄕黨, 恂恂如也『論語』

마을 대【臺】중앙의 정무(政務)를 맡은 관서(官
　　　　　署). 또 그 고관(高官). 한 대에는
　　　　　상서(尙書)를 중대(中臺), 어사(御
　　　　　史)를 헌대(憲臺), 알자(謁者)를 외
　　　　　대(外臺)라 하여 이를 통 털어 三
　　　　　臺라 일컬었음.

마을 락【落】촌락(村落). 部落. 聚落.
　　　　　　蹛冒頓之區落『後漢書』

마을 려【閭】㉠ 25집이 사는 구역.
　　　　　　　與其得罪於鄕黨州閭『禮記』
　　　　　㉡ 널리 촌락의 뜻으로 쓰임.
　　　　　　　蔚葱佳氣夜充閭『蘇軾』

마을 리【里】
　　㉠ 행정구역의 하나. 주대(周代)에는 25집이
　　　사는 구역을 一里라 하였음.
　　　五家爲鄰 五鄰爲里『周禮』
　　㉡ 촌락(村落). 村里. 鄕里. 無踰我里『詩經』
　　㉢ 촌. 시골. 벽지. 有一里醫『本事方』

마을 방【坊】관청(官廳). 典書坊 庶子四人 舍
　　　　　人 二十八人『隋書』

마을 배【蜚】향리(鄕里).

마을 부【部】관청. 吏部. 內務部.
　　　　　　還部自府君『古詩』

마을 부【府】재화를 맡은 관청. 인신(引伸)하여
　　　　　널리 관청. 泉府. 府寺.
　　　　　文深不可居大府『漢書』

마을 비【鄙】주대(周代)의 행정구역(行政區域)

의 하나. 500호(戶)가 사는 소읍.
縣鄙.

마을 사【寺】관아(官衙). 寺署.
　　　　　　城郭官寺『漢書』

마을 서【署】관청. 官署. 公署.
　　　　　　久汚玉堂之署『漢書』

마을 성【省】관아의 이름. 中書省.
　　　　　　官司之別 曰省曰臺『唐書』

마을 아【衙】官衙. 衙門. 入衙入閣『舊唐書』

마을 염【閻】촌락. 莊生雖居窮閻『史記』

마을 오【塢】촌락.

마을 원【院】관성(官省). 관청. 翰林院.
　　　　　　以金蓮花炬送歸院『唐書』

마을 정【廷】法廷. 주로 백성이 출두(出頭)하여
　　　　　소송(訴訟)하는 곳을 이름.
　　　　　使給事縣廷『後漢書』

마을 조【朝】山谷鄙生未嘗識郡朝『後漢書』

마을 조【曹】曹司. 世祖凡分六曹『後漢書』

마을 졸【卒】300호(戶)를 한 구역으로 한 칭호.
　　　　　　三百家爲邑 邑有司 十邑爲卒『國語』

마을 주【州】읍리(邑里). 州閭.
　　　　　　雖州里行乎哉『論語』

마을 찬【酇】주대(周代)의 행정구역(行政區域)
　　　　　의 하나. 100호(戶)가 사는 구역.
　　　　　四里爲酇『周禮』

마을 청【廳】관아. 官廳. 丞廳舊有記『韓愈』

마을 청【聽】청(廳)과 동자(同字).
　　　　　　所坐聽事 屋棟中折『吳志』

마을 촌【村】村落. 村中聞有此人『陶潛』

마을 취【聚】聚落. 一年而民所居成聚『史記』

마을 한【閈】동네. 陳亡歸鄕閈『唐書』

마을 합【閤】관성(官省). 率諫官伏閤『唐書』

마을 항【巷】읍촌(邑村). 達于州巷『禮記』

마을 향【鄕】행정구역의 하나. 주한(周漢) 때에
　　　　　는 12,500호(戶). 수당(隋唐) 때
　　　　　에는 500호(戶)가 사는 구역.
　　　　　五家爲鄰 五鄰爲里 四里爲族 五族
　　　　　爲黨 五黨爲州 五州爲鄕『漢書』

마을이름 :

마을이름 혜【邱】汝南邵陵里名.

마음 :

마음 간【肝】진심(眞心). 충심(衷心). 披肝.
　　　　　肝肺. 豁然露心肝『李白』

마음 금【襟】胸襟. 虛襟善誘『北史』

마음 기【氣】의사(意思). 百姓無怨氣『史記』

마음 성【性】性情. 是謂拂人之性『大學』

마음 심【心】
　　㉠ 지정의(知情意)의 본체. 의식(意識). 心身.
　　　心者形之君也 而神明之主也『荀子』

ⓛ 마음씨. 心術. 人心不同, 如其面焉 『左傳』

ⓒ 뜻. 의미. 有心哉擊磬乎 『論語』

마음 장【腸】熱腸. 廉忠實無它腸 『漢書』

마음 정【精】精神. 各厲志竭精 『漢書』

마음 중【中】충심(衷心). 情動於中 『史記』

마음 충【衷】생각. 심중. 莫不總制淸衷 『任昉』

마음 폐【肺】마음 속. 충심. 肺腑.
　　　　　　久覽相如詩肺渴 『方岳』

마음 혼【魂】

ⓐ 旅魂. 斷魂. 馳魂魏闕 『許敬宗』

ⓒ 費神傷魂 『呂氏春秋』

마음 회【懷】생각. 從懷如流 『國語』

마음 가라앉다 :

마음 가라앉을 증【憕】心平靜.

마음 강한 듯 하고 약하다 :

마음 강한 듯 하고 약할 년【憪】心強而弱.

마음 급하다 :

마음 급할 견【悁】心急貌.

마음 급할 공【忹】심급(心急).

마음 깊다 :

마음 깊을 수【愻】심장(心藏).

마음 너그럽다 :

마음 너그러울 명【愻】관심(寬心).

마음 단단하다 :

마음 단단할 금【懍】心堅固.

마음대로 하다 :

마음대로 할 임【任】방종(放縱)함.
　　　　　　　　縱任不拘 『晉書』

마음 동하다 :

마음 동할 우【忧】심동(心動).

마음 동할 익【忕】심동(心動).

마음 동할 충【忡】심동(心動).

마음 두근거리다 :

마음 두근거릴 계【痵】심동(心動).

마음 두근거릴 충【忡】황급(遑急).

마음먹다 : 마음속에 간직함.

마음먹을 패【佩】佩服. 感佩.

마음 병 :

마음 병 음【癊】심질(心疾).

마음 불안하다 :

마음 불안할 감【憾】意不安貌.

마음 불안할 채【憏】제(懘)와 동자(同字).
　　　　　　　　心之不安懘忟.

마음 사치스럽다 :

마음 사치스러울 화【侈】심치(心侈).

마음 아파하다 :

마음 아파할 진【疢】疢憂. 疢其寒飢 『韓愈』

마음 아프다 :

마음 아플 역【惐】심통(心痛).

마음 약하다 :

마음 약할 제【偍】심약(心弱).

마음 어둡다 :

마음 어두울 돈【惇】심암(心暗).

마음에 달게 여기다 :

마음에 달게 여길 엄【俺】甘心貌.

마음에 맞다 :

마음에 맞을 겸【慊】行有不慊於心 『孟子』

마음에 맞음 :

마음에 맞을 협【嗛】겸(慊)과 동자(同字).

마음에 맞지 않다 :

마음에 맞지 않을 새【偲】心不可合.

마음에 차다 :

마음에 찰 염【厭】厭服. 不厭糟糠 『史記』

마음에 차지 않다 :

마음에 차지 않을 묵【嚜】불만한 모양. 于嗟嚜
　　　　　　　　嚜兮生也無故 『史記』

마음 울적하다 :

마음 울적할 울【窓】心氣鬱積.

마음으로 돕다 :

마음으로 도울 려【勴】심조(心助).

마음이 동하다 :

마음이 동할 리【娌】심동(心動).

마음 착하다 :

마음 착할 치【恜】심선(心善).

마음 한결같다 :

마음 한결같을 긍【恒】心如日日.

마음 허하다 :

마음 허할 담【忐】심허(心虛).

마음 허할 특【忑】심허(心虛).

마음 현혹되다 :

마음 현혹될 란【孿】心惑貌.

마일 : 영국에서 육지의 거리를 재는 단위.

마일 리【哩】[假借字]

마제 :

마제 마【禡】전시에 군대가 머무른 곳에서 군
　　　　　법을 처음으로 제정한 사람에게
　　　　　지내는 제사. 또 그 제사를 지냄.
　　　　　禡於所征之地 『禮記』

마주 대하다 :

마주 대할 착【齪】위아래의 이가 마주 대한 모
　　　　　양. 인신(引伸)하여 위아래가
　　　　　맞는 모양.
　　　　　齪然相下相信 『荀子』

마주 들다 :

마주 들 강【扛】
　㉠ 두 손으로 마주 듦. 項籍力能扛鼎『史記』
　㉡ 두 사람이 마주 듦.
　　　令十人扛之 猶不擧『後漢書』
마주 들 여【輿】두 사람 이상이 들거나 맴.
　　　　　　興轎而隃嶺『漢書』
마주 들 여【舁】두 사람이 한 물건을 마주 듦.
　　　　　舁夫.

마주보다 :
마주볼 대【對】서로 정면으로 봄. 서로 대함.
　　　　　從者二人坐持几相對『儀禮』

마주서다 :
마주설 우【耦】耦語. 耦視而先俯『荀子』

마주치다 :
마주칠 격【擊】눈으로 봄. 目擊.
마주칠 녑【敜】상급(相及).

마중 :
마중 영【迎】출영(出迎). 送迎不出門『晉書』

마중하다 :
마중할 아【迓】서로 마중 나가 맞음. 郊迓.
　　　　　予迓續乃命于天『書經』
마중할 영【迎】출영(出迎)함. 마중 나감.
　　　　　親迎于渭『詩經』

마진(痲疹) :
마진 사【痧】痧子. 홍역(紅疫).

마치 :
마치 마【𠣧】回 철추(鐵鎚).

마치다 :
마칠 결【闋】終也.
마칠 결【関】
　㉠ 종료(終了)함. 不関時月『後漢書』
　㉡ 음악의 한 곡이 끝남을 이름.
　　　有司告以樂関『禮記』
마칠 경【竟】語未竟. 爲德不竟『漢書』
마칠 고【考】끝냄. 考終命『書經』
마칠 구【殊】終也.
마칠 귀【歸】끝냄. 以貪歸之『左傳』
마칠 극【極】끝남. 焉知其極『呂氏春秋』
마칠 글【訖】끝냄. 끝남. 語未訖『漢書』
마칠 료【了】끝냄. 完了. 便足了一生『世說』
마칠 미【彌】경과함. 誕彌厥月『詩經』
마칠 비【閟】끝냄. 閟其事也『左傳』
마칠 숭【崇】종료함. 會不崇朝『詩經』
마칠 조【僬】終也. 僬然要時務民『荀子』
마칠 졸【殞】終也. 졸(卒)과 동자(同字).
마칠 졸【卒】일을 끝마침. 卒讀.
　　　　　恐未能卒業『司馬相如』
마칠 종【終】

　㉠ 성취함. 百事不終『左傳』
　㉡ 완료함. 未有好義, 其事不終者也『大學』
　㉢ 죽음. 終焉. 莫知其所終『十八史略』
마칠 준【竣】일을 끝마침. 竣工. 竣功.
마칠 준【踆】준(竣)과 동자(同字).
　　　　　己事而踆『張衡』
마칠 축【殘】終也.
마칠 취【就】끝마침. 就世.
　　　　　每嗟陵早就『南史』
마칠 필【畢】끝냄. 畢生. 獻酬之禮畢『禮記』

마침 :
마침 다【多】때마침. 多見其不知量也『論語』
마침 뢰【賴】때마침 운이 좋아서. 賴其從相與
　　　　　守之 卒有立於天下『韓愈』
마침 몰【沒】끝마침. 未沒喪『禮記』
마침 방【昉】때마침. 始滅昉於此乎『公羊傳』
마침 속【屬】下臣不幸 屬當戎行『左傳』
마침 우【遇】그 경우에 걸맞게.
　　　　　遇有以夢得事白上者『韓愈』
마침 우【偶】偶成. 鄭國之治偶耳『列子』
마침 적【適】우연히. 高祖適從旁舍來『史記』
마침 지【祇】㉠ 亦祇以異『論語』
　　　　　㉡ 祇攪我心『詩經』
마침 지【秖】지(祇)와 동자(同字).
　　　　　秖怨結而不見德『漢書』
마침 회【會】때마침. 會遇.
　　　　　會閹下 辱臨戕第『柳宗元』

마침내 :
마침내 경【竟】결국에 가서. 竟廢申公『史記』
마침내 경【徑】경(竟)과 동자(同字).
　　　　　不過一斗徑醉矣『史記』
마침내 과【果】필경. 果伏劍而死『呂氏春秋』
마침내 글【訖】끝까지. 劉歆訖不告『漢書』
마침내 긍【恒】竟也.
마침내 료【了】마지막에. 결국(結局).
　　　　　了復何益『唐書』
마침내 말【末】드디어. 기어이.
　　　　　我則末惟盛德之彦『書經』
마침내 율【聿】드디어. 聿求元聖『書經』
마침내 졸【卒】드디어. 卒爲善士『孟子』
마침내 종【終】
　㉠ 마지막에. 不矜細行 終累丈德『書經』
　㉡ 암만해도. 아무리 하여도. 끝끝내.
　　　有斐君子 終不可諠兮『大學』
마침내 흘【迄】才疏意廣 迄無成功『後漢書』
마파람 : 남쪽에서 불어오는 비교적 따뜻한 바람.
마파람 개【颽】남풍(南風).
마판(馬板) :

마판 력【櫪】마구간에 깔아 놓은 널빤지.
老驥伏櫪 志在千里『魏武帝』

마판 조【皁】마소의 먹이를 담는 그릇.
마구간에 깐 널빤지. 皁櫪.
與牛驥同皁『史記』

마흔 :

마흔 십【卌】사십(四十).

마흔 살(40세) :

마흔살 강【强】사람이 가장 강성한 때의 나이.
四十曰强『禮記』

막걸리 :

막걸리 곡【穀】탁주(濁酒).

막걸리 단【醞】醞醸, 탁주(濁酒).

막걸리 도【酴】탁주(濁酒). 寒食賜宰臣以下酴
醸酒『輦下歲時記』

막걸리 료【醪】탁주. 濁醪. 醇醪.
置二石醇醪『史記』

막걸리 미【釄】탁주. 寒食賜宰臣以下 酴釄酒
『輦下歲時記』

막걸리 밀【醯】탁주.

막걸리 배【醅】탁주. 尊酒家貧只舊醅『杜甫』

막걸리 앙【醠】탁주.

막걸리 앙【醸】앙(醠)과 동자(同字). 탁주.
淸醸之美始于耒耜『淮南子』

막걸리 잔【醆】부유스름한 탁주, 약간 맑은 탁주.
醆醸在戶『禮記』

막걸리 조【糟】탁주. 酏糟『周禮』

막내 :

막내 계【季】막내아우. 伯仲叔季

막내 내【穉】계자(季子).

막다 :

막을 각【格】저지함. 毋格其言『說苑』

막을 간【間】가로막음.
道里悠遠 山川間之『列仙傳』

막을 간【干】방어함. 師干之試『詩經』

막을 거【拒】
　㉠ 거절을 함. 拒否. 其不可者拒之『論語』
　㉡ 방어(防禦)함. 拒扞.
內以固城 外以拒難『荀子』

막을 거【距】거(拒)와 통용. 距戰.
距楊墨『孟子』

막을 건【捷】틀어막음. 통하지 못하게 함.
捷石菑『史記』

막을 격【隔】
　㉠ 물건을 중간에 놓아 가로막음.
築牆隔山『李義山雜纂』
　㉡ 防隔內外『史記』
　㉢ 통하지 못하게 함. 欲隔絕漢『漢書』

막을 격【鬲】격(隔)과 통용. 鬲閉門戶『漢書』

막을 경【梗】재난을 방지함. 以時招梗『周禮』

막을 고【錮】틈을 막음.
雖錮南山猶有隙『漢書』

막을 고【辜】방해함. 豪右辜榷『後漢書』

막을 구【救】못하게 함. 방어함. 救禦.
女不能救與『論語』

막을 구【久】冪用疏布久之『儀禮』

막을 궁【穹】틈을 막음. 穹窒薰鼠『詩經』

막을 난【難】거절함. 難任人『書經』

막을 녈【埑】塞也.

막을 녑【敜】틀어막음. 敜乃穽『書經』

막을 당【搪】통하지 못하게 함. 搪塞.

막을 두【杜】杜塞. 杜口裹足『戰國策』

막을 란【闌】有河山以闌之『戰國策』

막을 란【攔】차단함. 以足攔之『聞見錄』

막을 렬【迣】렬(迾)과 동자(同字).
部落鼓鳴 男女遮迣『漢書』

막을 렬【迾】막아 못 가게 함.
張弓帶鞬 遮迾出入『後漢書』

막을 방【挈】捍也.

막을 방【防】
　㉠ 가로막음. 못 가게 함. 防止. 防遏.
不防川『國語』
　㉡ 대비함. 豫防之『易經』
　㉢ 가림. 防露『東方朔』
　㉣ 막는 일. 막는 설비. 海防. 邊防.
長城鉅防『戰國策』

막을 방【堓】방(防)과 동자(同字). 防也. 季春
之月命有司修利隄堓『呂氏春秋』

막을 벽【闢】塞也.

막을 색【塞】
　㉠ 사이를 가림. 蔽塞. 樹塞門『論語』
　㉡ 틀어막음. 充塞. 瑱塞耳『儀禮』
　㉢ 통하지 못하게 함. 遏塞. 啓塞從時『左傳』
　㉣ 이루어 채움. 다함. 無以報德塞責『漢書』

막을 시【柴】틀어막음.
趣舍聲色 以柴其內『莊子』

막을 알【按】알(遏)과 동자(同字).
저지(沮止)함. 以按徂旅『詩經』

막을 알【遏】
　㉠ 저지함. 못 가게 함.
爰整其旅 以遏徂莒『孟子』
　㉡ 금함. 못하게 함. 君子以遏惡揚善『易經』

막을 알【閼】틀어막음. 勿塞勿閼『列子』

막을 압【壓】틀어막음. 충색(充塞)함.
覆壓三百餘里『杜牧』

막을 애【捱】항거함.

막을 애【礙】

ㄱ 방해함. 또 그 방해가 됨. 礙眼. 礙竇.
　礙諸以禮樂 『揚子法言』

ㄴ 막거나 가리는 사물. 障礙.
　水避礙則通于海 『揚子法言』

막을 액【隘】 액(阨)과 동자(同字). 못하게 함.
　齊王隘之 『戰國策』

막을 액【搤】 통하지 못하게 함.
　因而搤之可也 『管子』

막을 어【衙】 어(禦)와 통용. 逆衙.

막을 어【禦】

ㄱ 방어함. 守禦. 不足以禦敵 『尉繚子』

ㄴ 정지시킴. 통과하지 못하게 함.
　今有禦人於國門之外者 『孟子』

ㄷ 방해함. 莫之禦而不仁, 是不智也 『孟子』

ㄹ 피함. 禦寒. 可以禦火 『山海經』

ㅁ 방비함. 所以禦灾也 『國語』

ㅂ 대항함. 禦人以口給 『論語』

막을 어【敔】 금함.

막을 어【籞】 울을 쳐 놓고 금지함. 禁籞.

막을 염【厭】 틀어막음. 厭其源 『荀子』

막을 옹【邕】 옹(壅)과 동자(同字).
　邕河水不流 『漢書』

막을 옹【雍】 옹(壅)과 동자(同字). 雍閼.
　不雍不塞 『荀子』

막을 옹【壅】 통하지 못하게 함. 壅蔽.
　河決不可後壅 『史記』

막을 옹【擁】 擁遏. 擁蔽其面 『禮記』

막을 요【徼】 徼麋鹿之野獸 『司馬相如』

막을 요【要】 억지로 못하게 함.
　皇太后固要 『漢書』

막을 울【鬱】 통하지 못하게 하다.
　鬱令而砠者 幽其君也 『管子』

막을 위【衛】 방어하여 지킴. 護衛. 防衛.
　朋友相衛 『公羊傳』

막을 응【凝】 억지(抑止)함. 凝氾濫兮 『楚辭』

막을 인【堙】 구멍을 통하지 못하게 함. 堙窒.
　堙塞. 甲寅堙之 『左傳』

막을 인【陻】 인(垔), 인(堙)과 동자(同字).
　鯀陻洪水 『書經』

막을 인【垔】 인(堙), 인(陻)과 동자(同字).

막을 인【闉】 통하지 못하게 함.
　以共闉壙之蜃 『周禮』

막을 장【障】

ㄱ 통하지 못하게 함. 障百川而東之 『韓愈』

ㄴ 聞見日益障道日深耳 『王文成公年譜節略』

막을 장【墇】 옹색(壅塞).

막을 저【沮】 저지함. 방해를 함. 沮格.
　沮之以兵 『禮記』

막을 전【顛】 塞也.

막을 조【阻】 저지함. 阻之以兵 『禮記』

막을 주【柱】 藜藿柱乎鼪鼬之逕 『莊子』

막을 주【殿】 방지(防止).

막을 지【止】

ㄱ 금함. 禁止. 靖郭君不能止 『呂氏春秋』

ㄴ 막아 못 가게 함. 止子路宿 『論語』

막을 질【蠹】 塞也.

막을 질【礩】 질(窒)과 동자(同字).
　宿疑礩滯 『北周書』

막을 질【窒】 틀어막음. 통하지 아니함. 窒塞.
　窒息. 勝私窒慾 『呂大臨』

막을 집【執】 頤以間執讒慝之口 『左傳』

막을 차【遮】

ㄱ 가로막음. 遮斷. 遮道拜伏 『明史』

ㄴ 못하게 함. 子不遮乎親 『呂氏春秋』

막을 철【綴】 방지함. 禮者所以綴淫也 『禮記』

막을 최【摧】 저지함. 室人交徧摧我 『詩經』

막을 충【充】 充塞. 褎如充耳 『詩經』

막을 취【窾】 塞也.

막을 폐【閉】 통하지 못하게 함.
　閉塞. 天地否閉 『易經』

막을 한【閑】

ㄱ 방어함. 遠備閑之 『國語』

ㄴ 가까이 못하게 함. 閑邪存其誠 『易經』

막을 한【扞】 扞衛. 手足之扞頭目 『漢書』

막을 한【捍】 한(扞)과 동자(同字). 捍塞.
　能捍大患 『禮記』

막을 함【檻】 폐색(閉塞)함. 檻塞大異 『漢書』

막을 항【抗】 방어함. 未能朝楚而抗宋 『國語』

막을 항【亢】 항거(抗拒)함. 戎亢其下 『左傳』

막을 해【閡】 안에 넣고 막음.
　該藏萬物而雜陽閡種 『漢書』

막을 호【扈】 못하게 함. 扈民無淫 『左傳』

막을 호【戶】 방해하여 못하게 함.
　屈蕩戶之 『左傳』

막대기 :

막대기 공【槓】 槓杆.

막대기 소【捎】 악공(樂工)이 쥐는 막대기.
　飾玉捎以舞歌 『漢書』

막대기 정【梃】 길다란 나무토막. 可使制梃以撻
　秦楚之堅甲利兵矣 『孟子』

막대기 탈【梲】 執彈而招鳥揮梲而招狗 『淮南子』

막부(幕府) :

막부 막【幕】 장군이 군무를 보는 군막(軍幕).

막야(鏌鋣)칼 :

막야칼 야【鋣】 鏌鋣, 吳神劍名.

막을 친 집 :

막을 친 집 약【帵】 張幕屋.

막이 :

막이 격【隔】

　ㄱ 간 막이. 경계. 秦無韓魏之隔 『戰國策』

　ㄴ 사이가 막힘. 또는 뜨임. 間隔.

　　吾兵少而臨賊營門 所恃一水隔耳 『五代史』

막히다 :

막힐 경【鯁】경(梗)과 통용.

　　至今爲鯁 『後漢書』

막힐 경【梗】통하지 아니함. 梗塞.

　　以道梗 共投元忠 『北史』

막힐 곡【谷】궁지에 빠짐. 進退維谷 『詩經』

막힐 니【泥】정체(停滯)함. 구애(拘礙)함. 拘泥.

　　致遠恐泥 『論語』

막힐 도【斁】塞也.

막힐 불【弗】통하지 아니함.

　　道弗不可行 『國語』

막힐 비【否】운수가 막힘. 否塞.

　　信人事之否泰 『潘岳』

막힐 삽【澁】통하지 아니함. 澁滯.

　　以利滑喉中 不令澁噎 『禮記』

막힐 색【塞】

　ㄱ 막음을 당함. 語塞 『史記』

　ㄴ 운이 막힘. 불운함. 知通塞 『易經』

막힐 수【慺】불통(不通)함.

　　五臭熏鼻 困慺中顙 『莊子』

막힐 식【寒】塞也.

막힐 애【㝵】閉也.

막힐 액【阨】

　ㄱ 통로가 막힘.

　ㄴ 운수가 막힘. 불운함. 阨窮而不憫 『孟子』

막힐 액【阸】阨塞.

막힐 억【臆】기(氣)가 충만하여 막힘.

　　噓唏服臆 『史記』

막힐 연【湮】통하지 못함. 湮塞.

　　蔚湮不育 『左傳』

막힐 열【咽】

　ㄱ 충색(充塞)함. 雲霞充咽 『新序』

　ㄴ 숨이 막힘. 見有病咽塞者 『後漢書』

막힐 옹【壅】통하지 아니함. 壅滯.

　　川壅爲澤 『左傳』

막힐 와【哇】목구멍이 막힘.

　　屈服者其嗌言如哇 『莊子』

막힐 울【鬱】통하지 아니함. 鬱結.

　　水鬱則爲汚 『呂氏春秋』

막힐 울【苑】울(鬱)과 동자(同字).

　　我心苑結 『詩經』

막힐 인【堙】구멍을 통하지 못하게 함. 堙窒.

　　堙塞. 甲寅堙之 『左傳』

막힐 인【陻】인(堙), 인(垔)과 동자(同字).

　　鯀陻洪水 『書經』

막힐 장【障】

　ㄱ 통하지 못하게 함. 障百川 而東之 『韓愈』

　ㄴ 聞見日益障道日深耳 『王文成公年譜節略』

막힐 질【𡎺】塞也.

막힐 질【礩】질(窒)과 동자(同字).

　　宿疑礩滯 『北周書』

막힐 질【桎】통하지 아니함. 부자유스러움.

　　其靈臺一而不桎 『莊子』

막힐 질【窒】틀어막음. 통하지 아니함. 窒塞.

　　窒息. 勝私窒慾 『呂大臨』

막힐 첨【怗】지체(遲滯). 無怗滯之音 『禮記』

막힐 체【滯】

　ㄱ 막혀 통하지 아니함. 流而不滯 『淮南子』

　ㄴ 말이 잘 나오지 아니함. 일이 잘 진척되지

　　아니함. 澁滯. 應對無滯 『後漢書』

막힐 충【充】꽉 채워져 막힘. 充塞.

　　褒如充耳 『詩經』

막힐 폐【閉】통하지 못하게 함.

　　閉塞. 天地否閉 『易經』

막힐 혈【坎】塞也.

막힐 흠【廞】진흙이 쌓여 막혀 통하지 아니함.

　　滄州無棣渠久廞塞 『唐書』

만 :

만 만【卍】범자(梵字)의 만자(萬字). 卍音之爲萬

　　　　謂吉祥萬德之所集也 『華嚴經音義』

만 만【万】만(萬)의 속자.

만 만【萬】

　ㄱ 천(千)의 열배. 長于百, 大于千 衍于萬 『漢書』

　ㄴ 다수(多數)를 이름. 千態萬狀.

　　萬國咸寧 『易經』

　ㄷ 만(萬)에 하나도의 뜻으로 쓰임.

　　萬不失一. 且萬無母子俱往理 『韓愈』

만나다 :

만날 구【姤】姤其角 『易經』

만날 구【覯】

　ㄱ 우연히 만남. 固非覯者之所覯也 『史記』

　ㄴ 亦旣覯止 『詩經』

만날 구【遘】조우(遭遇). 遘此雲雷屯 『李商隱』

만날 근【覲】군신과 회견함. 日覲四岳羣牧 『書經』

만날 리【離】조우(遭遇)함. 離騷.

　　循法度而離殃 『張衡』

만날 면【面】대면(對面)함. 面會. 帝每面稱之曰

　　　　此黠兒也 當有所成 『顏氏家訓』

만날 봉【逢】

　ㄱ 사람과 만남. 逢遇. 飯顆山頭逢杜甫 『李白』

　ㄴ 우연히 만남. 逢時不祥 『賈誼』

　ㄷ ~을 당함. 逢誅 『後漢書』

만날 봉【夆】逢也.

만날 악【遌】 상봉(相逢). 重華不可遌兮『楚辭』

만날 오【晤】 상봉함. 可與晤歌『詩經』

만날 오【唔】 상봉함. 重華不可唔兮『楚辭』

만날 오【迕】 상봉함. 出與蓄相迕『後漢書』

만날 오【遌】 우연히 만남. 醉者遌物而不懼『莊子』

만날 우【遇】
　㉠ 길에서 만남. 宋公衛公遇于垂『春秋』
　㉡ 우연히 만남. 遊於匡山遇處士張孝秀『南史』
　㉢ 일을 만남. 今又遇難於此『史記』
　㉣ 때를 만남. 등용(登用)됨. 無所遇『史記』
　㉤ ～을 당함. 遇奪釜鬲於塗『史記』
　㉥ 躍躍毚免 遇犬獲之『詩經』

만날 우【偶】 우(遇)와 동자(同字).
　　　　二人相對遇也『釋名』

만날 제【際】 사람 또는 때를 만남. 際會.
　　　　際太平之世.

만날 조【遭】
　㉠ 우연히 만남. 遭逢. 遭先生于道『禮記』
　㉡ 일을 당함. 遭難. 王安豊遭艱『世說』
　㉢ ～을 당함. 遭漁者得之『史記』

만날 치【值】 치우(值遇). 值侯景之亂『南史』

만날 합【圅】 會也.

만날 합【合】 合離. 不合于天子『禮記』

만날 해【邂】 우연히 만남.
　　　　邂逅相遇適我願兮『詩經』

만날 후【逅】 우연히 만남. 邂逅相遇『詩經』

만두 : 밀가루 반죽에 고기 따위와 蔬(소)를 넣어
　서 삶거나 찐 음식. 만두 빵.

만두 돈【飩】 혼돈(餛飩).

만두 만【饅】 饅頭.
　㉠ 諸葛亮南征 將渡瀘水 土俗殺人 首以祭神 亮
　　令以羊豕代 取麪畫人頭祭之饅頭名始此
　　『事物紀原』
　㉡ 三春之初 陰陽交至 于時宴享 則饅頭宜設
　　『束皙』

만두 만【䭼】 䭼頭, 餠也.

만두 혼【餫】 혼(餛)과 통용.

만두 혼【餛】 혼돈(餛飩).

만들다 :

만들 날【捏】 作也. 날조(捏造).

만들 도【陶】
　㉠ 제조(製造)함. 猶將陶鑄堯舜者也『莊子』
　㉡ 질그릇을 만들 듯이 사람을 교화(敎化)함.
　　薰陶. 譚禮樂, 以陶吾民『李覯』

만들 생【生】 造作.
　　　　遂者何 生事也『公羊傳』

만들 위【爲】
　㉠ 제작(製作)함. 以爲樂器『周禮』
　㉡ 시문(詩文)을 지음. 王使屈原爲之『史記』

만들 제【制】 可使制梃以撻秦楚之堅甲利兵矣
　　　　『孟子』

만들 제【製】 製作. 百官備而不製『後漢書』

만물 :

만물 물【物】 천지(天地)사이에 존재(存在)하는
　　　　온갖 물건(物件). 品物. 萬物.
　　　　天地與其所産焉物也『公孫龍子』

만사 : 사람의 죽음을 애도하는 말.

만사 만【輓】 輓章.

만악(縵樂) : 딴 음악에 섞어 연주하는 음악.

만악 만【縵】 敎縵樂『周禮』

만약 :

만약 약【若】 若告西適 不復東往『小學』

만약 즉【卽】 만일. 吾卽沒 若師之『史記』

만억 : 억(億)의 만배(萬倍).

만억 양【壤】 壤也.

만억 자【秭】 萬億及秭『詩經』

만일 : 가설(假說)의 말.

만일 심【審】 審有內亂殺人『漢書』

만일 약【若】 君若降送之則不敢顧『儀禮』

만일 여【如】 만약. 如或. 如有王者『孟子』

만일 일【一】 彼一見秦王秦王必相之『戰國策』

만일 차【且】 且如로 연용(連用)하기도 함.
　　　　君且欲霸王 非史吾 不可『史記』

만족하다 :

만족할 득【得】 득의(得意)함. 意氣揚揚,
　　　　甚自得也『史記』

만족할 우【杅】 만족(滿足)하게 여기는 모양.
　　　　杅杅富人『荀子』

만족할 포【飽】 마음에 흡족(洽足)함.
　　　　耳飽從諛之說『陸機』

만족할 협【愜】 뜻에 참. 愜心.
　　　　天下人民 未有愜志『漢書』

만지다 : 쓰다듬음. 어루만짐. 주무름.

만질 랄【捋】 郁捋劫捂『潘岳』

만질 마【摩】 撫摩. 手摩其頂『晉書』

만질 문【抆】 撫也.

만질 사【挱】 誰復著手更靡挱『韓愈』

만질 타【搋】 捫也.

많게 하다 :

많게 할 다【多】 多事好亂『魏志』

많게 할 번【繁】 景公繁于刑『左傳』

많다 :

많을 거【巨】 巨多. 京師之錢累巨萬『史記』

많을 곤【昆】 중다(衆多)함. 昆蟲.

많을 과【夥】 夥多. 晉地狹而人夥『唐書』

많을 괴【嬇】 多也.

많을 구【够】 구(夠)와 동자(同字).

繁富夥够『左思』

많을 군 【群】 많은. 여럿의. 群雄.

많을 극 【劇】 번다(繁多)함. 材劇志大『荀子』

많을 기 【祁】 사물이 많은 모양. 采蘩祁祁『詩經』

많을 나 【那】 受福不那『詩經』

많을 농 【穠】 물건이 번성하여 많음 모양.
　　　　繁穠. 何彼穠矣『詩經』

많을 농 【襛】 紛襛, 성다(盛多).
　　　　紛襛塞路『後漢書』

많을 농 【醲】 紛醲. 사물이 많은 모양.
　　　　紛醲塞路『漢書』

많을 농 【繷】 多也.

많을 농 【𧛕】 多也.

많을 니 【瀰】 중다(衆多)함. 垂轡瀰瀰『詩經』

많을 다 【多】 多數. 謀夫孔多『詩經』

많을 담 【嘾】 넉넉한 모양. 羣生嘾嘾『漢書』

많을 도 【碩】 多也.

많을 람 【鬑】 머리털이 많음. 또 머리털이 긺.
　　　　白龍垂鬚正鬑鬑『韓愈』

많을 려 【黎】 黎民. 群黎百姓『詩經』

많을 림 【林】 중다(衆多)함. 有壬有林『詩經』

많을 박 【颮】 많은 모양. 많이 나는 모양.
　　　　颮颮紛紛繒繳相纏『班固』

많을 박 【博】 載籍極博『史記』

많을 방 【彭】 行人彭彭『詩經』

많을 번 【繁】 繁多. 正月繁霜『詩經』

많을 번 【蕃】 중다(衆多)함.
　　　　水陸草木之花可愛者甚蕃『朱敦頤』

많을 보 【甫】 많은 모양. 魴鱮甫甫『詩經』

많을 부 【阜】 爾殽既阜『詩經』

많을 분 【紛】 많은 모양. 또 성한 모양.
　　　　威武紛紜『史記』

많을 분 【芬】 분(紛)과 동자(同字).
　　　　芬哉茫茫『漢書』

많을 비 【伓】 수효가 많음.

많을 빈 【嬪】 많은 모양. 嬪然成行『漢書』

많을 빈 【繽】 많이 뒤섞여 어지러운 모양.
　　　　繽紛. 九疑繽其並迎『楚辭』

많을 서 【庶】 我事孔庶『詩經』

많을 선 【詵】 수가 많은 모양.
　　　　螽斯羽詵詵兮『詩經』

많을 쇄 【縒】 수가 많은 모양.
　　　　縒縒莘莘『宋玉』

많을 슬 【瑟】 물건이 많은 모양.
　　　　瑟彼柞棫『詩經』

많을 신 【駪】
　㉠ 말이 많은 모양. 萬馬肅駪駪『杜甫』
　㉡ 사람이 많이 모인 모양. 駪駪征夫『詩經』

많을 신 【莘】 組豆莘莘『班固』

많을 애 【藹】 藹藹. 마음과 힘을 다 하는 모양.
　　　　藹藹王多吉士『詩經』

많을 여 【輿】 수가 많음. 사람이 여럿임. 輿望.
　　　　無令輿師淹於君地『左傳』

많을 예 【泄】 桑者泄泄兮『詩經』

많을 외 【猥】 水猥盛則放溢『漢書』

많을 운 【芸】 夫物芸芸『老子』

많을 은 【殷】 殷其盈矣『詩經』

많을 익 【益】 넉넉함. 饒益.

많을 작 【綽】 㳛心綽態『楚辭』

많을 장 【長】 宂長. 無取乎宂長『陸機』

많을 저 【且】 많은 모양. 籩豆有且『詩經』

많을 제 【濟】 재주 있는 사람이 많은 모양.
　　　　濟濟多士.

많을 조 【奝】 다야(多也).

많을 종 【𥰯】 중다(衆多). 越以𥰯邁『詩經』

많을 중 【𠍸】 多也.

많을 중 【衆】 수가 많음. 衆寡.
　　　　生之者衆 食之者寡『大學』

많을 증 【烝】 烝庶. 烝民乃粒『書經』

많을 증 【蒸】 중다(衆多)함. 天生蒸民『詩經』

많을 지 【夂】 多也.

많을 진 【溱】 室家溱溱『詩經』

많을 찬 【憯】 夥也.

많을 치 【侈】 넉넉함. 不陳庶侈『國語』

많을 탄 【嘽】 戎車嘽嘽『詩經』

많을 탐 【噂】 여럿이 먹는 소리가 많음.
　　　　有噂其饁『詩經』

많을 패 【沛】 많은 모양. 沛焉競溢『王褒』

많을 표 【儦】 수효가 많음. 儦儦俟俟『詩經』

많을 횡 【薨】 많이 모인 모양.
　　　　螽斯羽薨薨兮『詩經』

많은 모양 :

많은 모양 민 【萈】 衆多貌.

많은 소리 :

많은 소리 령 【𠌯】 중성(衆聲).

많은 재물 :

많은 재물 례 【贎】 다재(多財).

맏 : 맏아들이나 맏딸.

맏 맹 【孟】 첫째.

맏 백 【伯】 맏형 伯仲叔季. 伯氏吹壎『詩經』

맏 장 【長】 첫째. 長子.

맏 총 【冢】 장(長)과 동의. 冢子. 冢嫡

맏 형 【兄】
　㉠ 동기간에 먼저 난 남자. 親於弟兄『管子』
　㉡ 나은 것. 元方難爲兄 季方難爲弟『世說』
　㉢ 친우간의 경칭으로 쓰임. 大兄. 仁兄.
　　　　辱吾兄眷厚『韓愈』

맏딸 :

　맏딸 저【她】장녀(長女).

맏아들 :

　맏아들 적【適】적(嫡)과 통용.
　　　　　　　天位殷適『詩經』

　맏아들 적【嫡】정실이 난 장남. 嫡子.
　　　　　　　殺嫡立庶『左傳』

　맏아들 정【正】적장자(嫡長子).
　　　　　　　諸侯與正而不與賢也『穀梁傳』

　맏아들 주【胄】장자(長子). 사자(嗣子).
　　　　　　　教胄子『書經』

말 : 곡식이나 가루, 액체 따위의 분량을 되는 데
　쓰이는 그릇.

　말 곡【斛】곡(斛)과 통용. 庾實二斛『周禮』

　말 두【豆】두(斗)와 동자(同字).
　　　　　　　食一豆肉 飮一豆酒中人之食也『周禮』

　말 두【斗】㉠ 용량의 단위. 열 되 들이. 斗糧.
　　　　　　　斗者聚升之量也『漢書』
　　　　　　㉡ 열 되를 되는 용기.
　　　　　　　大如斗『孔子家語』
　　　　　　㉢ 양기(量器). 掊斗折衡『莊子』

말 : 장기. 윷 따위의 군사로 쓰는 물건.

　말 기【棊】弈者舉棊不定, 不勝其耦『左傳』

말 : 포유류 말과(科)에 속한 포유동물. 어깨의 높
　이는 1.2~1.7미터이며, 갈색, 검은색, 붉은 갈
　색, 흰색 따위가 있다. 네 다리와 목, 얼굴이
　길고 목덜미에는 갈기가 있으며, 꼬리는 긴 털
　로 덮여 있다.

　말 구【駒】寧昂昂若千里之駒乎『楚辭』

　말 마【馬】가축의 하나. 牛馬. 千里馬.

　말 복【服】달리는 안쪽의 두 마리의 말.
　　　　　　　兩服上襄『詩經』

　말 어【魚】두 눈이 흰 말. 有驪有魚『詩經』

　말 용【龍】높이 팔척(八尺) 이상의 말.
　　　　　　　駕蒼龍『禮記』

　말 조【駣】3살이나 4살이 된 말.
　　　　　　　教駣攻駒『周禮』

　말 참【驂】달리는 바깥쪽의 두 마리의 말.

말 : 사람이 뜻을 전달하기 위해 일정한 소리의
　체계에 따라 발음 기관을 통해 내는 소리.

　말 명【命】辭命. 於辭命則不能『孟子』

　말 변【辯】잘하는 말. 웅변(雄辯). 변설(辯舌).
　　　　　　　吾豈好辯哉『孟子』

　말 사【辭】
　　　　　　㉠ 언사(言辭). 仲尼應答弟子及時人之辭『何晏』
　　　　　　㉡ 문장(文章). 詞章. 文辭. 辭合於說『荀子』

　말 사【詞】언어 또는 문장. 사(辭)와 혼용(混用).
　　　　　　　文詞則丘有罪焉爾『公羊傳』

말 설【說】언론 또는 의견. 異說. 邪說.
　　　　　　　學百家之說『史記』

　말 어【語】
　　　　　　㉠ 언어(言語). 飛語. 欲其子之齊語也『孟子』
　　　　　　㉡ 어구(語句). 古語. 諺語. 一佳語『陸游』
　　　　　　㉢ 속담(俗談). 俚語. 語曰脣亡則齒寒『穀梁傳』

　말 언【唸】언(誃)과 동자(同字).

　말 언【言】
　　　　　　㉠ 언어. 言正而事順『論語』
　　　　　　㉡ 글자. 문자. 獨說四十餘萬言『揚雄』
　　　　　　㉢ 시문 등의 한 구. 一言以蔽之『論語』
　　　　　　㉣ 문장. 士載言『禮記』

　말 주【譸】詞也.

말 가지 않다 :

　말 가지 않을 랍【鑞】馬不進.

말갈(靺鞨) : 6세기에서 7세기경 만주 동북부 지
　방에 거주하고 있었던 퉁구스계의 민족.

　말갈 갈【鞨】말갈(靺鞨), 胡羊名.

　말갈 말【靺】말갈(靺鞨), 胡羊名.

말갈기 : 말의 목덜미에서 등까지 난 긴 털.

　말갈기 려【驢】鬣也.

말거머리 : 환형동물 거머릿과에 속한 큰 거머
　리. 몸길이 10~15센티미터 정도이고, 논, 늪,
　호수 등지에 살며, 사람의 피부에 상처를 내지
　만 피를 빨지는 못한다.

　말거머리 마【螞】마황(螞蟥).

　말거머리 황【蟥】마황(螞蟥).

말 걸음 익히다 :

　말 걸음 익힐 보【騑】騑馬, 習馬步. 左師見夫人
　　　　　　　之步馬『左傳』

　말 걸음 익힐 한【騱】馬步習.

말고삐 :

　말고삐 추【緧】마인(馬靷). 紂也.

말 곰 : 곰과에 속하는 짐승. 곰보다 큰데 털빛은
　갈색이고 오십 년까지 산다 함.

　말 곰 비【羆】維熊維羆『詩經』

말구유 : 말먹이를 담아 주는 그릇.

　말구유 력【櫪】寄宿班氏第金馬櫪間『史記』

말굴레 : 말 대가리에 쓰이는 물건.

　말굴레 종【鞗】馬首飾.

　말굴레 종【鏒】金鏒者, 馬冠也『蔡邕』

말굽 : 말의 발톱.

　말굽 규【跬】蹄也. 馬蹄蹶千『史記』

말 귀신 : 말의 귀신(鬼神).

　말 귀신 백【伯】旣伯旣禱『詩經』

말 그치다 : 어조(語調)를 위해 어미(語尾)에 붙
　이거나 구중(句中)에 쓰는 말.

　말 그칠 지【只】

　　㉠ 母也天只 不諒人只『詩經』
　　㉡ 樂只君子『詩經』

말 그치지 않다 :
　말 그치지 않을 대【嘆】言不止.

말 급하다 :
　말 급할 과【詤】급언(急言).
　말 급할 촉【詖】언급(言急).
　말 급할 현【詃】언급(言急).

말 긴털 :
　말 긴털 모【髦】馬之長毛.

말꼬리 잡아 매다 :
　말꼬리 잡아 맬 개【馶】結馬尾.

말 끊지 못하다 :
　말 끊지 못할 집【惵】心不斷行.

말 나오지 아니하다 : 마음속으로는 이해하면서
　도 말로는 발표하지 못함.
　말 나오지 아니할 비【悱】不悱不發『國語』

말 내다 :
　말 낼 담【譠】출언(出言).

말다 :
　말 권【卷】두르르 맒. 席卷.
　　　　　　邦無道則可卷而懷之『論語』
　말 권【捲】권(卷)과 동자(同字). 둥글게 감다.
　　　　　　席捲常山之險『史記』
　말 막【莫】하지 말라는 금지의 말.
　　　　　　莫多飮酒『魏志』
　말 말【沫】그만 두다. 그침.
　　　　　　身服義而未沫『楚辭』
　말 말【末】물(勿)과 동의. 末有原『禮記』
　말 망【罔】하지 말라고 이르는 말.
　　　　　　罔淫于樂『書經』
　말 무【無】금지사(禁止辭). 無若宋人然『孟子』
　말 무【毋】금지사(禁止辭). 臨難毋苟免『禮記』
　말 물【勿】금지사(禁止辭). 過則勿憚改『論語』
　말 미【靡】물(勿)과 동의. 금지사(禁止辭).
　　　　　　靡有所隱『漢書』
　말 손【飧】밥을 물이나 국물 같은 데에 넣어 풂.
　　　　　　不敢飧『禮記』
　말 이【已】그만 둠. 또 끝남. 死以後已.
　　　　　　雞鳴不已『詩經』
　말 이【以】이(已)와 동의. 그침.
　　　　　　無以則王乎『孟子』
　말 이【异】이(已)와 동자(同字).
　　　　　　异哉 試可乃已『書經』
　말 전【縳】싸서 감음. 以帷縳其妻而載之『左傳』
　말 휴【休】물(勿)과 동자(同字). 금지하는 말.
　　　　　　休問梁園舊賓客『李商隱』

말다래 : 말을 탄 사람의 옷에 흙이 튀지 않도록

　하기 위하여 말의 안장 양쪽에 늘어뜨리어 놓
　는 기구.
　말다래 점【鉆】장니(障泥). 鞍飾也.

말 다투다 :
　말 다툴 경【竸】경(競)의 본자(本字).
　말 다툴 경【競】쟁어(爭語).
　말 다툴 현【誢】쟁어(爭語).

말다툼하다 :
　말다툼할 답【誻】言語相及.
　말다툼할 락【咯】언쟁(言爭)함.
　말다툼할 은【誾】孔子曰 甚矣魯道之衰也 洙泗
　　　　　　文間 誾誾如也『史記』
　말다툼할 은【嚚】吁嚚訟, 可乎『書經』
　말다툼할 차【譇】어경(語競).
　말다툼할 현【訮】쟁어(爭語).
　말다툼할 흔【很】很毋求勝『禮記』

말달려가다 :
　말달려갈 결【趏】馬疾行貌.
　말달려갈 점【蹔】馬急行.

말 더듬거리다 :
　말더듬거릴 건【謇】말을 떠듬떠듬함.
　　　　　　因謇而徐言『北史』
　말더듬거릴 기【期】口曰訥期期艾艾『書言故事』
　말더듬거릴 습【謵】訥也.

말더듬다 :
　말더듬을 건【謇】말을 떠듬떠듬함.
　　　　　　因謇而徐言『北史』
　말더듬을 건【讓】말을 더듬거림.
　　　　　　讓慄凌誶『列子』
　말더듬을 금【唫】말이 자꾸 막힘.
　말더듬을 눌【訥】눌(呐)과 동자(同字). 木訥.
　　　　　　訥訒. 拔去訥舌『柳宗元』
　말더듬을 눌【呐】눌(訥)과 동자(同字).
　말더듬을 마【顢】어눌(語訥).
　말더듬을 음【吟】말을 떠듬떠듬 함.
　　　　　　口吟舌言『後漢書』

말 뒷거리 :
　말 뒷거리 추【緅】馬服後革.

말 듣지 않다 : 남의 말을 듣지 않는 일.
　말 듣지 않을 아【齖】能學聱齖 保宗而全家
　　　　　　　　　　『唐書』

말 때리다 :
　말 때릴 척【敕】격마(擊馬).

말똥 :
　말똥 통【通】말의 대변. 以馬通薰之『後漢書』

말똥가리 :
　말똥가리 광【鵟】매과에 속하는 새.

말뚝 :

말뚝 가【架】땅에 박는 몽둥이.
　　　　　斬去梢仍爲架『種樹序』
말뚝 가【戛】杙也.
말뚝 궐【橛】橛杙. 旁樹長橛『爾雅』
말뚝 앙【柳】말을 매어 두는 말뚝.
　　　　　生主解綬擊督郵 著馬柳『蜀志』
말뚝 얼【臬】얼(闑)과 동자(同字).
　　　　　橜謂之杙 在地者謂之臬『爾雅』
말뚝 익【杙】㉠ 땅에 박은 말뚝. 橛杙.
　　　　　以杙抉其傷而死『左傳』
　　　　　㉡ 짐승을 매어 두는 말 뚝.
　　　　　狙猴之杙『莊子』
말뚝 장【椿】앜(栚)은 얼(橜)과 동자(同字).
　　　　　椿杙. 斬拔栚與椿『韓愈』
말뚝 장【牂】배를 매는 큰 말뚝.
말뚝 저【樬】杙也.
말뚝 전【欙】杙也.
말뚝 직【樴】소 또는 짐승을 매어 두는 말뚝.
　　　　　樴謂之杙『爾雅』
말뚝 침【枕】소를 매는 말뚝.
　　　　　遠屋樹枕疎『陶潛』
말뚝 탁【搩】자목(刺木).
말뚝 휘【橐】땅에 박는 몽둥이.
　　　　　杙在牆者 謂之橐『爾雅』

말뚝 박는 소리 :
　말뚝 박는 소리 정【丁】椓之丁丁『詩經』

말 뛰다 :
　말 뛸 국【䮻】마약(馬躍).
　말 뛸 등【驣】마약(馬躍).

말 뛰어 달아나다 :
　말 뛰어 달아날 비【騑】馬逸走.

말라붙다 :
　말라붙을 강【滰】건점(乾黏).

말라죽다 :
　말라죽을 사【死】고사(枯死). 桑穀死『漢書』
　말라죽을 어【殀】고사(枯死).
　말라죽을 여【茹】고사(枯死). 神藥形茹『左思』
　말라죽을 예【翳】나무가 고사(枯死)함. 翳朽,
　　　　　其菑其翳『詩經』
　말라죽을 위【殘】고사(枯死)함.
　말라죽을 적【菽】가뭄이 심하여 초목이 말라
　　　　　죽은 모양.
　　　　　旱旣太甚 菽菽山川『詩經』

말라죽은 나무 :
　말라죽은 나무 고【槁】고목(枯木).
　　　　　若振槁然『荀子』

말로 농하다 :
　말로 농할 기【諆】語相戲.

말로 속시원하게 하다 :
　말로 속시원하게 할 사【讁】以言寫志.

말리(茉莉) : 목서과(木犀科)에 속하는 상록관목.
　관상용. 또는 향유 원료로 채취하기 위하여 재
　배함.
　말리 리【莉】말리(茉莉)는 소형(素馨). 南越五
　　　　　穀無味 百花不香 獨茉莉不隨水土
　　　　　而變也『陸士』
　말리 말【茉】말리(茉莉)는 소형(素馨). 南越五
　　　　　穀無味 百花不香 獨茉莉不隨水土
　　　　　而變也『陸士』

말리다 :
　말릴 건【乾】
　　　㉠ 마르게 함. 將被髮而乾『莊子』
　　　㉡ 말린 음식. 以竹貫魚爲乾『集韻』
　　　㉢ 물을 말리듯이 죄다 거두어들임.
　　　　　마구 몰수(沒收)함. 始爲小吏乾沒『史記』
　말릴 격【燩】건조(乾燥).
　말릴 고【枯】마르게 함. 斬斷枯磔『荀子』
　말릴 고【燺】燥也.
　말릴 국【局】노끈이나 실같은 것 등이 감김.
　　　　　予髮曲局『詩經』
　말릴 궁【焪】乾也.
　말릴 권【卷】早荷向心卷『唐太宗』
　말릴 료【燎】불에 쬐어 말림.
　　　　　對寵燎衣『後漢書』
　말릴 만【挽】끌어 당겨 못하게 함. 挽留.
　말릴 소【焇】乾也.
　말릴 속【瞲】乾也.
　말릴 수【脩】건조함. 暵其脩矣『詩經』
　말릴 양【暘】볕에 말림. 曰雨, 曰暘『書經』
　말릴 위【爨】불이나 햇볕에 쬐어 건조시킴.
　　　　　日中必爨『漢書』
　말릴 조【燥】건조시킴.
　　　　　燥萬物者莫熯乎火『易經』
　말릴 학【涸】물을 말림. 不涸澤而漁『淮南子』
　말릴 한【熯】건조시킴.
　　　　　燥萬物者 莫熯乎火『易經』
　말릴 한【暵】건조함. 건조시킴. 건조하는 모양.
　　　　　暵乾. 暵其乾矣『詩經』
　말릴 환【晅】훤(晅)과 동자(同字). 건조함.
　　　　　건조시킴. 日以晅之『易經』
　말릴 후【涸】물을 말림. 不涸澤而漁『淮南子』
　말릴 훤【烜】건조함. 건조시킴.
　　　　　日以烜之『易經』
　말릴 훤【晅】건조시킴. 烜과 동자(同字).
　　　　　日以晅之『易經』
　말릴 희【晞】건조함. 白露未晞『詩經』
말린 고기 :

말린 고기 겁【鮈】댓가지에 꿰어 말린 물고기.
말린 고기 수【鱐】건어. 夏宜腒鱐『禮記』
말린 고기 수【膅】건어(乾魚).
夏宜腒膅膳膏臊『禮記』
말린 고기 숙【鱐】건어(乾魚). 夏宜腒鱐『禮記』

말린 떡 :
말린 떡 삭【麴】건병(乾餠).

말린 젖 :
말린 젖 멱【醽】건락(乾酪).

말린 채소 :
말린 채소 여【菰】건채(乾菜).

말 막히다 :
말 막힐 굴【詘】
㉠ 대꾸할 말이 없어 입을 다묾.
於是魏王聞其言也甚詘『戰國策』
㉡ 대꾸할 말이 없어 입을 다물도록 함.
莫能詘其辭『劉向』

말 많다 : 말을 많이 하는 모양. 수다스러운 모양.
말 많을 누【讟】많이 말함. 다투어 말함.
羣司兮讟讟『楚辭』
말 많을 두【哫】언다(言多).
말 많을 염【誁】언다(言多).
말 많을 예【呭】언다(言多).
말 많을 차【嗻】다언(多言).
말 많을 척【刺】언다(言多).
㉠ 語刺刺不能休『韓愈』
㉡ 焉能去刺刺爲咢咢乎『管子』
말 많을 천【譂】다언(多言).
말 많을 첨【噡】다언(多言)함.
口舌之均 噡唯則節『荀子』
말 많을 합【嗑】子路嗑嗑『孔叢子』

말매미 : 매미 가운데 가장 큰 곤충. 몸빛은 흑색에 광택이 나고 여름에 크게 욺.
말매미 책【蚱】마조(馬蜩). 蚱蟬.

말머리 내두르다 :
말머리 내두를 파【駊】駊騀, 馬搖頭.

말머리 높다 :
말머리 높을 항【骯】馬頭高.

말머리 장식 :
말머리 장식 흘【鈘】方鈘, 乘輿馬頭飾.

말머리치장 :
말머리치장 만【錽】馬首飾.

말 머뭇거리다 : 겹이 나서 말하기를 주저함.
말 머뭇거릴 누【譨】後鈍嗔謱譨『韓愈』
말 머뭇거릴 섭【囁】口將言而囁嚅『韓愈』
말 머뭇거릴 유【嚅】口將言而囁嚅『韓愈』
말 머뭇거릴 투【謱】謱譨. 後鈍嗔謱譨『韓愈』

말먹이 : 말을 먹이는 곡식.
말먹이 말【秣】芻秣.

말먹이다 :
말먹일 말【䬴】사마(飼馬).
六馬噓天而仰䬴『七命』

막먹이자루 :
말먹이자루 진【帪】飼馬橐.

말 멈추다 :
말 멈출 혜【兮】語有所稽 歡樂極兮哀情多.

말 몰려 달아나다 :
말 몰려 달아날 표【驫】衆馬走貌.

말미 : 관리의 휴가. 옛날에 관리가 열흘마다 휴가를 얻어 집에서 목욕한 데서 유래함. 인신(引伸)하여 열흘.
말미 고【告】賜告者數『史記』
말미 완【浣】一旬.

말미암다 :
말미암을 관【關】유(由)와 동의. 大學者 賢士之所關也『漢書』
말미암을 도【道】쫓음. 따름. 道問學『中庸』
말미암을 연【緣】인연(因緣)함. 由緣.
凡緣而往埋之『荀子』
말미암을 유【繇】유(由)와 동자(同字).
不知所繇『漢書』
말미암을 유【由】
㉠ 겪어 지내옴. 경력 함. 觀其所由『論語』
㉡ 인연을 얻음. 願見無由達『儀禮』
㉢ 말미암아. 인하여. 由是觀之『孟子』
말미암을 유【猶】유(由)와 동자(同字).
文王猶方百里起『孟子』
말미암을 유【逌】유(由)와 통용.
栗取弔於逌吉兮『班固』
말미암을 인【因】인연(因緣)함.
因天事天『禮記』

말 배 끓다 :
말 배 끓을 악【鸑】馬腹下鳴也.
馬腹下聲也『說文解字』

말 배띠 :
말 배띠 탄【鞎】馬之腹帶.

말 배부르다 :
말 배부를 필【駜】마포(馬飽).

말 뱃대끈 : 말의 배에 졸라매는 띠.
말 뱃대끈 뇨【裹】秦封爵三日籫裹『說文解字』

말 병 :
말 병 타【瘏】마병(馬病).
말 병 퇴【㿉】瘣㿉, 마병(馬病).

말 병들어 코침 흘리다 :
말 병들어 코침 흘릴 상【䫻】馬病鼻流涎.

말 부스럼 :

말 부스럼 탈【瘓】馬脛瘍.

말 분명치 못하다 :

　말 분명치 못할 둔【吨】言語不明.

말 분명치 않다 :

　말 분명치 않을 몽【㼅】言不明.

말 분명치 못하다 :

　말 분명하지 못할 곤【讓】語不明.

말 빛 :

　말 빛 력【驪】마색(馬色).

말 빨리 가다 :

　말 빨리 갈 악【驦】馬行疾也『集韻』

말 사납다 :

　말 사나울 멱【驜】마악(馬惡).

말 삼가지 않다 :

　말 삼가지 않을 효【誵】言不恭謹.

말 서로 하다 :

　말 서로 할 경【竸】경(競)의 본자(本字). 彊語.

말 서툴다 :

　말 서툴 란【譋】눌언(訥言).

　말 서툴 탄【譂】눌언(訥言).

말 성내다 :

　말 성낼 예【騞】騞騠, 마노(馬怒).

말세(末世) :

　말세 말【末】난세(亂世). 叔末澆訛『後漢書』

말소리 나직하다 :

　말소리 나직할 열【㕯】저성(低聲).

말소리 우렁차다 :

　말소리 우렁찰 회【詯】膽氣充滿聲在人上.

말솔 풀 :

　말솔 풀 병【荓】마추(馬帚), 초명(草名).

말 수다하다 :

　말 수다할 궁【藭】다언(多言).

　말 수다할 리【讈】다언(多言).

　말 수다할 범【訉】다언(多言).

　말 수다할 시【詍】다언(多言).

　말 수다할 염【詀】詀詀 多語也『說文解字』

　말 수다할 집【𧩫】다언(多言).

　말 수다할 합【譇】다언(多言).

　말 수다할 현【讂】다언(多言).

말 수선스럽다 :

　말 수선스러울 포【詬】詢譜, 난화(亂話).

말수 없다 : 말을 함부로 하지 않는 모양.

　말수 없을 방【傍】王事傍傍『詩經』

말 시작하다 :

　말 시작할 시【㖂】시언(始言).

말씀 :

　말씀 담【談】이야기하다. 농담하다.

말씀 도【道】惟初太極 道立於一 化成萬物 造分天地『說文解字』

말씀 사【辭】

　㋠ 언사(言辭). 仲尼應答弟子及時人之辭『何晏』

　㋡ 문장(文章). 詞章. 文辭. 辭合於說『荀子』

말씀 설【說】異說. 邪說. 學百家之說『史記』

말씀 어【語】直言曰言 論難曰語『說文解字』

말씀 언【言】

　㋠ 언어. 言正而事順『論語』

　㋡ 글자. 문자. 獨說四十餘萬言『揚雄』

　㋢ 시문 등의 한구. 一言以蔽之『論語』

　㋣ 문장. 士載言『禮記』

말씀 화【話】晝言雀聽 夜話鼠聽『耳談續纂』

말 안 믿다 :

　말 안을 차【嚓】語無信.

말안장 :

　말안장 체【屟】안구(鞍具).

말 알 수 없다 :

　말 알 수 없을 란【嚊】言不可解.

말 알아들을 수 없다 :

　말 알아들을 수 없을 나【誽】言不聽.

말 알지 못하다 :

　말 알지 못할 로【嘮】言語不解嘮哰.

말 어긋나다 :

　말 어긋날 탐【譚】言語不正而違.

말 열두 필 : 말의 삼승(三乘). 곧 열두 마리.

　말 열두 필 조【皁】三乘爲皁『周禮』

말 우뚝 서다 :

　말 우뚝 설 쟁【䮀】馬住貌.

말 우람하다 :

　말 우람할 획【謋】言壯貌.

말을 모으다 :

　말을 모을 집【𦁠】사집(詞集).

말이 가는 모양 :

　말이 가는 모양 안【骹】骹骹, 馬行貌.

말이 나가지 않다 :

　말이 나가지 않을 탁【駥】駥鷔, 馬不前貌.

말이 다투어 달리다 :

　말이 다투어 달릴 주【駎】馬競馳.

말이 달리다 :

　말이 달릴 피【駍】피(駓)와 동자(同字). 馬行貌.

말 이름 :

　말 이름 곤【騉】騉蹄. 騉蹄趼善陞甗『爾雅』

　말 이름 노【驉】마명(馬名).

　말 이름 뇨【驉】騕褭. 良馬名.

　말 이름 도【騊】騊와 동자. 騊駼監『漢書』

　말 이름 도【駼】북극에서 나는 준마의 이름.

駉驗監『漢書』

말 이름 록 【騄】녹이(騄駬)는 주나라 목왕(穆王)의 팔준마(八駿馬)의 하나.
華騮騄駬 一日千里『淮南子』

말 이름 상 【騻】숙상(驦騻). 준마의 이름.
仍殘老驦騻『杜甫』

말 이름 숙 【驦】숙상(驦騻). 준마의 이름.
仍殘老驦騻『杜甫』

말 이름 요 【驍】驍裹. 하루에 일만 팔천리(八千里)를 달린다는 준마의 이름.
驍裹『司馬相如』

말 이름 이 【駬】녹이(騄駬)는 주나라 목왕(穆王)의 팔준마(八駿馬)의 하나.
華騮騄駬 一日千里『淮南子』

말 이 수효 : 말의 이(齒)의 수효를 세는 말.
말 이 수효 수 【秝】馬齒數.

말이 작은 모양 :
말이 작은 모양 취 【騶】馬小貌.

말이 저벅저벅 걷다 :
말이 저벅저벅 걸을 앙 【昂】
준마(駿馬)가 머리를 쳐들고 기운차게 달리는 모양. 昂昂若千里之駒『楚辭』

말이 절차가 없다 :
말이 절차가 없을 질 【嗟】嗟咄, 語無節.

말 잇다 :
말 이을 련 【縺】言不絶.
말 이을 이 【如】이(而)와 통용.
星隕如雨『漢書』

말 이을 이 【而】
㉠ 순접접속사 '그리고'. 學而時習之『論語』
㉡ 역접접속사 '그러나'.
吾有司死者三十三人而民莫之死也『孟子』
㉢ 접속사 '~하여도'. 視而不見『大學』

말 잘하다 :
말 잘할 변 【辯】言僞而辯『禮記』
말 잘할 변 【便】便便言『論語』
말 잘할 연 【諮】선언(善言).
말 잘할 전 【佞】언변이 좋은 모양. 일설에는 천박한 모양. 佞人之心翦翦者.
말 잘할 전 【諓】변설이 유창한 모양.
又安知諓諓者乎『國語』
말 잘할 절 【截】언변이 좋은 모양.
惟截截善諞言『書經』
말 잘할 편 【諞】교묘하게 말을 잘 둘러맞춤.
惟截截善諞言『書經』

말 장식 :
말 장식 분 【幩】말의 재갈에 한 장식.
朱幩鑣鑣『詩經』

말 재주 있다 :
말 재주 있을 녕 【佞】구변(口辯)이 좋음.
焉用佞『論語』

말 적다 :
말 적을 눌 【訥】입이 무거워 말을 하지 아니함.
君子欲訥於言而敏於行『論語』
말 적을 인 【訒】과묵(寡黙)하여 함부로 말하지 아니함. 仁者其言也訒『論語』

말전주하다 :
말전주할 련 【諫】媒女詘兮諫諑『楚辭』

말 전하다 :
말 전할 수 【誶】口授, 得其密號誶諸軍『重書』

말 젖 :
말 젖 동 【酮】마락(馬酪).

말죽통 :
말죽통 투 【庮】목조(木槽).

말 짐 무거워 걷지 못하다 :
말 짐 무거워 걷지 못할 진 【駗】駗驙, 馬載重難行.

말 짐 무겁게 싣다 :
말 짐 무겁게 실을 단 【驙】馬載重.

말치장하다 :
말 치장할 정 【綎】마식(馬飾).

말 타다 :
말 탈 기 【騎】
㉠ 말을 탐. 坐高堂, 騎大馬『劉基』
㉡ 널리 짐승을 탐. 公昔騎龍白雲鄕『蘇軾』

말 털 거슬리다 :
말 털 거슬릴 윤 【駰】馬毛逆.

말 털 글겅이 : 말이나 소의 털을 빗기는, 빗 모양의 기구.
말 털 글겅이 담 【箈】刷馬篦.

말 털 긁다 :
말 털 긁을 잠 【箴】소마(搔馬).

말 통하지 못하다 :
말 통하지 못할 니 【詆】言不通.

말하다 : 이야기함.
말할 도 【道】如切如磋者道學也『大學』
말할 령 【呤】語也.
말할 론 【論】
㉠ 서술함. 立論. 請悉論先人所次舊聞『史記』
㉡ 이야기 함. 珍怪奇偉 不可稱論『宋玉』
말할 설 【說】
㉠ 밝히어 말함. 해석함. 說明. 解說.
博學而詳說之『孟子』
㉡ 서술함. 진술함. 演說. 通習能說『漢書』
㉢ 알림. 고함. 使人說于子胥『國語』

　㉣ 타이름. 說諭. 女之耽兮 不可說兮『詩經』

　㉤ 담화를 함. 談說. 口吃不能道說『史記』

말할 송【誦】이야기함. 進講誦志『王融』

말할 술【述】㉠ 이야기 함. 煥然可述『漢書』

　　　　　㉡ 설명함. 述而不作『論語』

　　　　　㉢ 의견을 말함. 陳述.

말할 어【語】

　㉠ 이야기함. 담화를 함. 笑語. 耳語.

　　三年之喪 言而不語『禮記』

　㉡ 남과 의논을 함. 食不語, 寢不言『論語』

　㉢ 의사를 발표함. 或黙或語『易經』

말할 언【言】

　㉠ 발언함. 言志. 多言. 對而不言『禮記』

　㉡ 말로 나타냄. 표현함. 曰. 難言也『孟子』

말할 진【陳】말하여 밝힘. 陳情.

　　　　　歡樂難具陳『古詩』

말할 통【通】진술함. 先生通正言『漢書』

말 횡설수설하다 :

말 횡설수설할 운【詤】診詤, 言語不定.

맑게 하다 :

맑게 할 세【涗】盎齊涗酌『周禮』

맑게 할 징【澄】澄淸天下 澄之不淸『世說』

맑게 할 징【瀓】징(澄)과 동자(同字).

　　　　　千載不作 淵源誰瀓『漢書』

맑게 할 청【淸】淸宮. 淸其灰『周禮』

맑다 :

맑을 갈【藹】淸也.

맑을 고【苦】청명(淸明)함.

　　　　　月色苦兮霜白『李華』

맑을 근【漌】淸也.

맑을 랭【冷】冷淸. 心淸冷其若水『梁武帝』

맑을 량【涼】깨끗함. 其性涼『素問』

맑을 려【麗】깨끗함. 山高水麗.

　　　　　淸麗之志『後漢書』

맑을 려【厲】청징(淸澄)함. 激朗淸厲『馬融』

맑을 렬【冽】액체가 맑음. 井冽,

　　　　　寒泉食『易經』

맑을 령【泠】청명(淸明). 精神曉泠『淮南子』

맑을 례【洌】깨끗함. 井洌寒泉食『易經』

맑을 록【淥】물이 맑음. 또 맑은 모양. 淥水.

　　　　　水淥淥『張衡』

맑을 료【瞭】눈동자가 맑음.

　　　　　胸中正則眸子瞭焉『孟子』

맑을 료【憀】음성이 맑은 모양.

　　　　　新聲憀亮『嵇康』

맑을 류【瀏】물이 맑고 깊은 모양.

　　　　　瀏其淸矣『詩經』

맑을 목【穆】虆淸穆之風『晉書』

맑을 설【偰】淨也.

맑을 세【涗】盎齊涗酌『周禮』

맑을 소【瀟】깊고 맑음. 瀟者水淸深也『水經注』

맑을 수【眸】눈이 청명한 모양. 臨朝凝眸『沈約』

맑을 숙【淑】淑淸湛也『康熙字典』

맑을 숙【肅】깨끗함. 청렴함. 其政肅『素問』

맑을 순【淳】청정(淸淨)함. 淳白.

　　　　　何道眞之淳粹兮『張衡』

맑을 식【湜】물이 맑아 속까지 환히 보이는 모양.

　　　　　湜湜其沚『詩經』

맑을 안【晏】하늘이 맑음. 天淸日晏『漢書』

맑을 애【藹】淸也.

맑을 양【陽】환함. 또 깨끗함. 陽聲.

　　　　　我朱孔陽『詩經』

맑을 영【瑩】아름답고 투명함. 瑩鏡.

맑을 율【汨】청정함. 汨磑磑以璀璨『王延壽』

맑을 잠【湛】물이 깨끗함. 湛寂.

　　　　　水木湛淸華『謝混』

맑을 재【瀸】淸也.

맑을 저【渟】澄也.

맑을 정【瀞】정(淨)과 통용.

맑을 정【晶】투명(透明)함.

　　　　　八月涼風天氣『宋之問』

맑을 정【瀞】淸也.

맑을 제【汪】澄也.

맑을 징【澄】

　㉠ 물이 맑음. 澄淵. 鑑于澄水『淮南子』

　㉡ 빛이 밝음. 澄空. 千淸月輝澄『曹毗』

　㉢ 세상이 맑음. 잘 다스려짐. 澄正.

　　世澄道玄『夏侯湛』

맑을 징【瀓】징(澄)과 동자(同字).

　　　　　千載不作 淵源誰瀓『漢書』

맑을 책【䐑】淨也.

맑을 철【澈】물이 맑음. 淸澈.

　　　　　論道者 或曰澄澈『關尹子』

맑을 청【淸】

　㉠ 물이 맑음. 淸水.

　　在山泉水淸 出山泉水濁『杜甫』

　㉡ 하늘이 맑음. 淸夜. 騰淸霄而軼浮景兮『揚雄』

　㉢ 눈동자가 맑음. 美目淸矣『詩經』

　㉣ 소리가 맑음. 淸音. 其聲淸越以長『禮記』

　㉤ 향기가 맑고 깨끗함. 淸香. 香遠益淸『朱敦頤』

　㉥ 성품이 깨끗함. 淸廉. 直哉惟淸『書經』

　㉦ 밝음. 淸鑒. 中心不定, 則外物不淸『荀子』

　㉧ 간결하고 혼란하지 아니함. 淸省. 政簡刑淸.

　㉨ 高貴함. 淸顯. 叨冒淸列『柳宗元』

　㉩ 조용함. 淸時. 古之淸世『呂氏春秋』

맑을 측【測】깨끗함. 澡欲測『周禮』

맑을 포【淿】淸也.

맑을 형【瑩】此人水鏡見之瑩然『晉書』

맑을 형【瀅】汀瀅. 물이 맑아 깨끗한 모양.
　　　　　　　曲江汀瀅水平盃『韓愈』
맑아지다 :
　맑아질 청【淸】
　　㉠ 맑게 됨. 泉流旣淸『詩經』
　　㉡ 滄浪之水淸兮, 可以濯吾纓『楚辭』
맑은 물 :
　맑은 물 제【泲】泲謂醴之淸者『周禮註』
맑은 바람 :
　맑은 바람 초【颮】청풍(淸風).
맑은 소리 :
　맑은 소리 격【激】激楚.
　맑은 소리 령【泠】물 또는 바람의 맑은 소리.
　　　　　　　淸淸泠泠『宋玉』
맑은 술 :
　맑은 술 량【涼】량(醆)과 동자(同字).
　　　　　　　水漿醴涼醬酏『周禮』
　맑은 술 력【瀝】약주. 私楚瀝只『楚辭』
　맑은 술 백【白】청주. 酒淸白『禮記』
　맑은 술 성【聖】청주(淸酒)의 별칭.
　　　　　　　樂聖且銜杯『李適之』
　맑은 술 이【酏】쌀로 빚은 청주. 일설에는 찰
　　기장으로 쑨 맑은 죽. 주대(周
　　代)의 사음(四飮)의 하나.
　　　　辨四飮之物 四曰酏『周禮』
　맑은 술 제【泲】약주.
　　　　　　　泲謂醴之淸者『周禮 註』
　맑은 술 제【醍】붉은 빛이 도는 약주.
　　　　　　　粢醍在堂『禮記』
　맑은 술 청【淸】辨四飮之物 一曰淸『周禮』
　맑은 술 표【醥】약주. 觴以淸醥『左思』
맑은 장 :
　맑은 장 량【醠】漿也. 膳夫飮用六淸.
맘 번뇌하다 :
　맘 번뇌할 개【嘅】심뇌(心惱).
맛 :
　맛 미【味】
　　㉠ 음식의 맛. 五味. 味得其時『禮記』
　　㉡ 사물의 맛. 興味. 潛心道味『晉書』
　　㉢ 뜻. 의의. 意味. 其味無窮『中庸』
　　㉣ 맛있는 음식. 爲得味也『史記』
　맛 유【腴】음식의 미미(美味). 사물의 眞味.
　　　　　　　味道之腴『班固』
　맛 지【旨】음식의 맛. 甘旨. 食旨不甘『論語』
맛나다 : 맛이 좋음.
　맛날 감【甘】甘肴. 甘易牙之和『淮南子』
　맛날 미【美】甘美. 膾炙與羊棗孰美『孟子』
　맛날 첨【甛】감미(甘味)가 있음. 맛이 좋음.

酸甛滋味『張衡』
　맛날 취【脃】취(脆)와 통용. 연하고 맛이 있음.
　　　　　　　旦夕得甘脃, 以養親『史記』
맛 변하다 :
　맛 변할 제【餐】패미(敗米).
맛보다 :
　맛볼 미【味】
　　㉠ 맛을 봄. 味無味『老子』
　　㉡ 의미를 음미. 含味經籍『後漢書』
　맛볼 상【嘗】
　　㉠ 음식의 맛을 봄. 嘗膽. 嘗其旨否『詩經』
　　㉡ 먹음. 母痢不能藥, 日嘗痢以求愈『元史』
　　㉢ 몸소 겪음. 且嘗艱難『左傳』
　맛볼 상【醋】嘗也.
　맛볼 제【嚌】主人之酢也嚌之『禮記』
　맛볼 참【噆】시식(試食).
　맛볼 첩【呫】未嘗有呫血之盟『穀羊傳』
　맛볼 쵀【啐】먹음. 衆賓兄弟則皆啐之『禮記』
맛없다 :
　맛없을 담【饕】무미(無味).
　맛없을 렴【薟】무미(無味).
　맛없을 잠【饏】激斬下食, 무미(無味).
　맛없을 적【䊈】무미(無味).
맛이 아주 짜다 :
　맛이 아주 짤 감【鹻】味太鹹.
맛이 짜다 :
　맛이 짤 제【齏】鹹也.
맛있는 음식 :
　맛있는 음식 자【滋】含甘吮滋『漢書』
　맛있는 음식 진【珍】五味八珍八十常珍『禮記』
맛있다 :
　맛있을 량【脼】미다(味多).
　맛있을 자【滋】薄滋味『禮記』
　맛있을 지【旨】爾酒旣旨『詩經』
맛좋다 :
　맛좋을 가【嘉】맛이 있음. 嘉肴.
　　　　　　　飮旨食嘉『歐陽修』
　맛좋을 엄【腌】미미(美味).
망꾼 :
　망꾼 후【候】斥候. 斥候兵. 得賊羅候『魏志』
망녕되게 말하다 :
　망녕되게 말할 답【譖】망어(妄語).
망녕되다 :
　망녕될 확【謋】망언(妄言).
망녕되이 말하다 :
　망녕되이 말할 겹【唊】망어(妄語).
망녕된 말 :
　망녕된 말 동【詷】망언(妄言).

망녕된 말 천【譅】망언(妄言).

망대 :

  망대 도【闍】성문 밖의 멀리 바라보는 臺.
                 성 위의 겹문. 出其闉闍『詩經』

망령되다 :

  망령될 우【諤】말이 주책없음.
               諤言敗俗『揚子法言』

망루 :

  망루 관【觀】
    ㉠ 높이 지은 집. 宮觀. 繕修樓觀『後漢書』
    ㉡ 道宮. 作益延壽觀『史記』
  망루 로【櫓】지붕이 없는 망루.
               樓櫓千里『漢書』
  망루 루【樓】높이 지어 적을 정찰하거나 먼
          곳을 바라보는 건물. 樓觀.
             光武舍城樓上『後漢書』
  망루 소【巢】망대(望臺). 楚子登巢車『左傳』

망망하다 :

  망망할 망【茫】한량없이 넓은 모양. 渺茫.
            茫乎不知其畔岸『蘇軾』

망보다 :

  망볼 후【候】동정을 살핌. 伺候.
            武王使人候殷『呂氏春秋』

망설이다 :

  망설일 수【逡】주저함. 머뭇거림.
            小事殆乎逡『荀子』
  망설일 유【尤】유(猶)와 동자(同字). 주저(躕躇).
           머뭇거림. 尤豫未決『漢書』
  망설일 유【猶】주저(躊躇)함. 의심(疑心)하여
          결단(決斷)을 못 내림. 猶豫.
           猶兮如畏四鄰『老子』

망성어 : 양망성과에 속하는 바닷물고기.

  망성어 첩【鯜】어명(魚名).

망신 주다 : 욕을 보임. 수치를 당하게 함.

  망신줄 구(후)【詬】常以儒相詬病『禮記』

망아지 : 두 살 난 말. 또 오척(五尺)이상 육척(六
  尺) 이상의 작은 말. 인신(引伸)하여 널리 말을
  이름.

  망아지 구【駒】犢駒『急就篇』

망제(望祭) :

  망제 망【望】산천에 지내는 제사.
               于山川『書經』

망초 :

  망초 망【硭】硭硝, 약석(藥石).

망치 :

  망치 규【楏】작은 망치. 柍楏.
  망치 납【鈉】못을 박는 연장.
  망치 종【柊】작은 망치. 柊楑.

망치 추(퇴)【槌】짧은 몽둥이. 槌鑿.
            雙槌亂擊『魏書』

망치다 :

  망칠 뢰【儡】실패(失敗)함.
            不免乎儡其身『淮南子』

망풀 :

  망풀 망【莔】似茅杜榮. 今莔草似茅皮可以爲繩
            索履屐『爾雅註』

망하다 :

  망할 망【亡】滅也.
  망할 상【喪】멸망함. 殷遂喪『書經』

맞걸리다 :

  맞걸릴 축【儔】相易物俱等.

맞게 하다 :

  맞게 할 실【實】죄과(罪過)와 형벌(刑罰)이 상
            당하게 함. 閱實其罪『書經』

맞겨루다 :

  맞겨룰 만【㽔】필적(匹敵).

맞다 :

  맞을 계【契】합치함. 契合.
           少與道契 終與俗違『詩品』
  맞을 계【稽】일치함. 古人與稽『禮記』
  맞을 귀【歸】틀리지 않음. 私惠不歸德『禮記』
  맞을 당【當】
    ㉠ 어떠한 일에 바로 맞음. 該當.
    ㉡ 어떠한 죄가 법률의 어느 조문에 해당함.
       當死. 當斬『史記』
    ㉢ 犯蹕當罰『十八史略』
  맞을 면【㝃】적합(適合).
  맞을 봉【逢】영합(迎合)함.
          逢君之惡其罪大『孟子』
  맞을 부【符】부신의 조각을 서로 맞춘 것처럼
          꼭 맞음. 符合. 豈非道之所符 而
          自然之驗耶『史記』
  맞을 부【副】
    ㉠ 적합함. 修短相副『蔡邕』
    ㉡ 盛名之下 其實難副『漢書』
  맞을 수【讎】합당함. 其力盡多不讎『史記』
  맞을 습【襲】합치함. 襲于休祥『國語』
  맞을 아【訝】아(迓)와 통용. 영접하여 위로함.
          訝賓于館『儀禮』
  맞을 역【逆】
    ㉠ 불러오게 함. 逆天命『書經』
    ㉡ 맞이하여 받음. 逆命不辭『儀禮』
    ㉢ 오는 것을 대기하여 막음.
       專兵一志以逆秦『戰國策』
    ㉣ 미리 헤아림. 추측함. 不逆詐『論語』
  맞을 엽【厭】마음에 듦. 克厭帝心『國語』

맞을 적【適】
　㉠ 수가 서로 같음. 馬不適士『漢書』
　㉡ 사리에 알맞음. 適當. 惟變所適『傳習錄』
　㉢ 마음에 듦. 悠悠自適.
　　　吾與子之所共適『蘇軾』
　㉣ 합치함. 일치함. 適我願兮『詩經』

맞을 조【調】 적합함.
　　　　　不同味而皆調於口『淮南子』

맞을 중【中】
　㉠ 과녁에 맞음. 百發百中.
　　　射中則得爲諸侯『禮記』
　㉡ 예언(豫言), 所言多中『蜀志』
　㉢ 점(占)같은 것이 맞음.靈竹占屢中『魏書』
　㉣ 계책(計策)이 맞음.
　　　是秦之計中也『戰國策』
　㉤ 뜻에 맞음. 未嘗不中吾志『左傳』
　㉥ 적당함. 刑罰中則民畏死『尹文子』
　㉦ 일치함. 從容中道『中庸』
　㉧ 응(應)함. 律中大蔟『禮記』
　㉨ 몸의 독(毒)이 됨. 몸이 상(傷)함. 中風.
　　　中毒. 中身當心則爲病『莊子』
　㉩ 합격(合格)함. 武成親試之, 皆中『北齊書』

맞을 직【直】 상당함. 馬各直其算『禮記』

맞을 칭【稱】
　㉠ 적합함. 상당함. 稱職. 旣稟稱事『中庸』
　㉡ 일치함. 稱旨. 物稱人意 亦爲好『爾雅』

맞을 투【投】 합치함. 意氣投合. 氣味相投.

맞을 합【合】 적합함. 合體. 合法.
　　　　　駕出行狩 合格有獲『易林』

맞을 해【偕】 해(諧)와 통용. 적함함.
　　　　　習故能偕『管子』

맞을 해【該】 일치함. 該當.

맞을 협【汁】 협(協)과 통용. 汁洽.
　　　　　五緯相汁『張衡』

맞을 협【愜】 마음에 듦. 深愜物議『宋史』

맞을 협【協】 화합(和合)함. 협력(協力)함.
　　　　　協和. 協心. 同寅協恭『書經』

맞을 협【叶】 협(協)과 동자(同字).
　　　　　叶時日正日『後漢書』

맞을 홀【溜】 적합함. 心綿愛溜『楞嚴經』

맞을 흡【歙】 옹(翕)과 동자(同字). 일치함.
　　　　　郡中歙然歸仁『漢書』

맞당기다 :
맞당길 나【拏】 서로 끌어당김.
　　　　　漢匈奴相紛拏『史記』

맞이하다 :
맞이할 아【輅】 아(訝)와 동자(同字). 봉영(奉迎).
　　　　　輅秦伯『左傳』

맞이할 영【迎】
　㉠ 오는 이를 맞아들임. 送往迎來『中庸』
　㉡ 미래를 기다려 맞이함. 迎春. 迎日推策『史記』

맞이할 오【晤】 鬼若哭若呼其人逢晤化言『史記』

맞이할 요【邀】
　㉠ 중도에서 오기를 기다림. 邀擊.
　　　潛故齎酒于半道邀之『晉書』
　㉡ 부름. 초치(招致)함. 擧杯邀明月『李白』
　㉢ 부름. 請邀. 酒食相邀爲別歲『蘇軾』
　㉣ 불러들임. 具朝服出迎 跪伏邀之『列仙傳』

맞잇다 :
맞이을 집【屐】 前後相連.

맞지 않다 : 물건의 이어댄 데가 꼭 맞지 아니함.
맞지 않을 계【齘】 凡甲衣之欲其無齘也『周禮』

맞지 않다 : 위아래의 이가 서로 잘 맞지 않음.
인신(引伸)하여 사물이 어긋남. 기대에 어그러짐.
맞지 않을 서【齟】 서어(齟齬).
　　　　　其志齟齬『太玄經』
맞지 않을 어【齬】 서어(齟齬).
맞지 않을 우【齵】 察其菑蚤文不齵『周禮』

맞추다 :
맞출 감【勘】 物相値合.

맞출 영【迎】 남의 뜻을 잘 맞추어 줌. 迎合.
　　　　　羣臣迎阿『唐書』

맞출 의【倚】 기악에 맞추어 노래부름.
　　　　　倚琴而歌『漢書』

맞히다 :
맞힐 석【射】
　㉠ 활을 쏘아 적중(的中)시킴. 射中漢王『史記』
　㉡ 은폐(隱閉)한 것을 알아 맞춤.
　　　管仲之射隱不得也『韓非子』
　㉢ 명중(命中)함. 與人談言口唾射人『論衡』

맞힐 중【中】 危法中之『唐書』

맞힐 획【獲】 쏘아 맞힘. 以旌獲『儀禮』

맡기다 :
맡길 귀【歸】 위임(委任). 請歸死于司寇『左傳』

맡길 기【寄】 위임(委任)함. 부탁함. 寄托.
　　　　　可以寄百里之命『論語』

맡길 보【補】 관직에 임명함. 補任.
　　　　　選補衆職『後漢書』

맡길 신【信】 하는 대로 내버려 둠.
　　　　　歸帆但信風『王維』

맡길 예【預】 🈂 금품을 맡김. 預金.

맡길 우【寓】 위탁(委託)함.
　　　　　大夫寓祭器於大夫『禮記』

맡길 위【委】
　㉠ 위임함. 委託. 委之常秩『左傳』
　㉡ 자유롭게 하도록 함. 내버려 둠.

親委重罪『國語』

맡길 위 【諉】 위(委)와 통용. 위탁함.
　　　尙有可諉者『漢書』

맡길 의 【倚】 마음대로 하게 내버려 둠.
　　　倚其所私『荀子』

맡길 임 【任】
　㉠ 일을 맡김. 委任. 任屬.
　　　陳平智有餘 然難獨任『史記』
　㉡ 관직을 줌. 任命. 以任百官『周禮』

맡길 촉 【屬】 부탁함. 위임함. 屬託.
　　　可屬大事當一面『史記』

맡길 치 【致】 위탁함. 事君能致其身『論語』

맡길 탁 【托】 탁(託)과 동자(同字). 촉탁(囑託).
　　　一手托銃, 一手點火『紀效新書』

맡다 :

맡을 감 【堪】 감당(堪當). 何德以堪之『國語』

맡을 관 【管】 주관(主管)함. 管轄. 總管.
　　　管事二十餘年『史記』

맡을 구 【句】 임무(任務)를 담당(擔當)함.
　　　江南句當公事回『宋史』

맡을 기 【氣】 냄새를 맡음. 執食飮者勿氣『禮記』

맡을 담 【擔】 부담(負擔)함. 인수함. 擔任.
　　　荷擔大事『白居易』

맡을 당 【當】 주관(主管)함. 當國.
　　　夫子當路於齊『孟子』

맡을 록 【錄】 취급(取扱)함. 관할(管轄)함.
　　　錄大將軍事.

맡을 문 【聞】 냄새를 맡음. 五里聞香『魏文帝』

맡을 부 【簿】 관리(管理)함.
　　　五官簿之而不知『荀子』

맡을 사 【司】 관리(管理)함. 담당하여 함. 司命.
　　　飮乃攸司『書經』

맡을 서 【署】 ㉠ 관할함. 總署曹事『後漢書』
　　　㉡ 대리로 맡음. 署理.

맡을 장 【掌】 주관(主管)함. 管掌.
　　　冢宰掌邦治『書經』

맡을 전 【典】 관장(管掌)함. 典掌. 典統.
　　　我典主東地『戰國策』

맡을 제 【制】 주관(主管)함.
　　　以告制兵者『呂氏春秋』

맡을 지 【知】 주재(主宰)함. 知事.
　　　子産其將知政『左傳』

맡을 직 【職】 주관(主管)함.
　　　非子職之 其誰乎『國語』

맡을 판 【判】 재상(宰相)이 백성을 다스리는 일
　을 맡거나 대관(大官)이 딴 관직
　(官職)을 겸무(兼務) 하는 일.
　　　㉠ 宰相出典州曰判『韻會』
　　　㉡ 尋以本官攝判東宮『隋書』

맡을 후 【臭】 후(嗅)와 동자(同字).
　　　臭之而無嗛于鼻『荀子』

맡을 후 【嗅】 냄새를 맡음. 嗅覺.
　　　三嗅而作『論語』

맡을 후 【齅】 후(嗅)와 동자(同字).
　　　獨倚寒村齅野梅『唐彦謙』

매 : 사람이나 짐승을 때리는 막대기나 몽둥이,
　회초리 따위를 통틀어서 이르는 말.

매 고 【敲】 執敲扑 以鞭笞天下『賈誼』

매 초 【楚】 夏楚二物 收其威也『禮記』

매 추 【箠】 箠楚之下 何求不得『漢書』

매 : 조류 매목 맷과에 속한 새. 편 날개의 길이
　는 30센티미터, 부리의 길이는 2.7센티미터 정
　도로 독수리보다 작다. 배 면은 청회색이고 가
　슴에는 굵은 세로무늬가 있다.

매 가 【鷽】 鷹也. 맹금류(猛禽類)의 하나.

매 래 【鵺】 鷹也. 맹금류(猛禽類)의 하나.

매 방 【髣】 방(搒), 방(榜)과 동자(同字).
　　　加髣二百『後漢書』

매 변 【鷩】 두 살이 된 매의 일종. 鱵色黃 一
　　　變爲靑鷩又一變爲白鷩『酉陽雜俎』

매 상 【鵝】 鵝鳩. 매의 일종.

매 응 【雁】 鷹也. 매의 일종.

매 응 【鷹】 맹금의 일종. 蒼鷹. 鷹犬.
　　　時維鷹揚『詩經』

매 홀 【鶻】 응속(鷹屬). 맹금(猛禽)의 하나.

매개 : 어떤 사물을 끌어오기 위하여 이용하는 것.

매개 리 【理】 중개(仲介). 吾令蹇修以爲理『楚辭』

매개 매 【媒】 見譽而喜者, 佞之媒也『文中子』

매개 와 【囮】 聞誘而怒者, 讒之囮也『文中子』

매괴(玫瑰) : 붉은 빛의 옥. 장미과에 속하는 낙
　엽관목. 해당화.

매괴 매 【玫】 매괴(玫瑰). 落葉灌木.
　　　石則赤玉 玫瑰琳瑉『司馬相如』

매기다 :

매길 과 【課】
　　　㉠ 할당(割當)함. 課稅.
　　　㉡ 등수(等數)를 정함. 論課殿最『後漢書』

매길 력 【歷】 차례를 정함. 歷卿大夫至於庶民土
　　　田之數『禮記』

매길 렬 【列】 순서를 매김. 故事可列也『禮記』

매길 부 【賦】 할당하여 징수함. 賦課.
　　　賦於民 食人二雞子『十八史略』

매길 질 【秩】 차례, 등급(等級)등을 정함.
　　　平秩東作『書經』

매길 차 【次】 순서를 정함. 以次位常『周禮』

매다 :

맬 강 【綱】 잡아 묶음. 綱惡馬『周禮』

맬 건【鞬】동여맴. 拑靷鞬軶.

맬 견【羂】縮也. 얽어 맴. 잡아 맴.

맬 계【係】

  ㉠ 잡아 맴. 연결함. 以朱絲係玉二瑴『左傳』

  ㉡ 결박(結縛)함. 係輿人 以圍商密『左傳』

맬 계【繼】계(繫)와 통용. 輦下繼望『後漢書』

맬 계【系】잡아맴. 高頊之玄冑兮『漢書』

맬 계【繫】

  ㉠ 동임. 足有繫帛書『漢書』

  ㉡ 잡아 맴. 繫留. 不繫之舟『莊子』

  ㉢ 체포(逮捕)하여 구금(拘禁)함. 械繫.
　　縱其父而還自繫焉『史記』

  ㉣ 연철(聯綴)함. 繫邦國之民『周禮』

맬 고【錮】

  ㉠ 잡아매어 자유를 속박(束縛)함.
　　子反請以重幣錮之『左傳』

  ㉡ 죄인(罪人)을 가둠. 또 벼슬을 못하게 함.
　　공권(公權)을 박탈(剝奪)함.
　　禁錮終身『十八史略』

맬 관【綰】東綰穢貉朝鮮眞蕃之利『史記』

맬 교【敼】잡아 맴. 묶음. 敼乃干『書經』

맬 금【衿】잡아 맴. 衿纓綦履『禮記』

맬 기【羈】잡아매어 자유를 속박함. 不羈.
　　使鹿其隣可係而羈兮『賈誼』

맬 기【帺】繫也.

맬 뉴【紐】결속(結束). 情素結于紐帛『楚辭』

맬 려【麗】君牽牲 旣入廟門 麗于碑『禮記』

맬 루【婁】마소를 맴. 牛馬維婁『公羊傳』

맬 리【縭】잡아 묶음. 緋縭維之『詩經』

맬 만【鞔】가죽을 팽팽하게 맴.
　　揮汗鞔鼓『酉陽雜俎』

맬 미【縻】잡아 묶음. 拘縻. 繫縻.
　　愈縻於玆 不能自引去『韓愈』

맬 반【絆】잡아매어 자유를 구속함.
　　不羈不絆『揚雄』

맬 설【緤】縲緤, 繫也.

맬 설【緤】설(緤)과 동자(同字). 繫也.
　　若夫束縛之繫緤之『漢書』

맬 설【紲】짐승 같은 것을 맴. 係紲.
　　紲子嬰於軹塗『張衡』

맬 속【束】잡아 맴. 士皆釋甲束馬『左傳』

맬 쇄【鎖】쇠사슬로 잡아 맴.
　　法無拘鎖之條『宋史』

맬 유【維】잡아 묶음. 弭棹獨維舟『陳子良』

맬 인【紉】노로 물건을 묶음.
　　紉秋蘭以爲佩『楚辭』

맬 주【麈】말의 발을 맴. 震爲麈足『易經』

맬 집【縶】잡아 묶음. 繫縶. 縶之維之『詩經』

맬 찬【纘】끈으로 맴. 纘幽蘭之秋華兮『張衡』

맬 철【綴】바늘로 얽어 맴.
　　종이 같은 것을 겹쳐 맴. 補綴.
　　綴甲厲兵『戰國策』

맬 총【總】잡아 맴. 總余轡乎扶桑『楚辭』

맬 편【編】실로 철(綴)함. 與衆篇合編『詩經』

맬 표【杓】잡아 맴. 爲人杓者死『淮南子』

맬 현【繯】잡아 맴. 虹蜺爲繯『漢書』

매달다 :

매달 계【繫】매어서 걺. 또 걸려 있음. 繫匏.
　　取金印如斗大繫肘後『晉書』

매달 굉【紘】바로 매어 떨어지지 않게 함.
　　紘宇宙而彰三光『淮南子』

매달 조【弔】속(俗)에 조(吊)로 씀. 上弔.
　　弔睛白額『水滸傳』

매달 현【縣】현(懸)과 동자(同字). 縣鼓.
　　縣萬斤石于心上『後漢書』

매달리다 :

매달릴 계【繫】매어서 걺. 또 걸려 있음. 繫匏.
　　取金印如斗大繫肘後『晉書』

매달릴 루【纍】높은 데 걸림. 甘瓠纍之『詩經』

매달릴 원【援】도와 달라고 붙들고 늘어짐.
　　在下位不援上『中庸』

매달릴 추【縋】줄에 매달려 내려감.
　　夜縋而出『左傳』

매듭 : 맨 자리. 매듭 진 데. 묶어 맺은 부분.

매듭 결【結】帶有結『漢書』

매듭 뉴【紐】解紐. 幷紐約用組『禮記』

매미 : 매미과에 속하는 곤충의 총칭. 굼벵이가
　　우화(羽化)한 성충임. 수컷은 늦봄부터 초가을
　　까지 나무에서 욺.

매미 기【蜞】蟬也.

매미 면【蝒】蟬也.

매미 면【蜼】면(蝒)과 동자(同字). 蚵蚧, 蟬類.

매미 선【蟬】半翅類. 蟬飮而不食『大戴禮』

매미 전【蛆】蟬也.

매미 절【蠽】茅蠽, 似蟬而小靑色.

매미 제【蝭】선속(蟬屬).

매미껍질 :

매미껍질 공【蚣】매미허물.

매미소리 : 매미 우는소리.

매미소리 혜【嘒】鳴蜩嘒嘒『詩經』

매부리코 :

매부리코 렴【齈】齈點, 鼻垂貌.

매부리코 점【點】齈點, 鼻垂貌.

매섭다 :

매서울 랄【辣】혹열(酷烈).

매양 : 늘. 항상.

매양 매【毎】毎也.

매양 매【每】每每. 每與臣論此事『諸葛亮』
매양 원【願】願言思子『詩經』
매우 : 심히. 대단히.
매우 공【孔】孔棘. 德音孔昭『詩經』
매우 쇄【殺】殺有好處『容齋隨筆』
매우 : 매화나무 열매가 익을 때 오는 장마 즉 6월경의 장마.
매우 매【霉】霉雨善污衣服『正字通』
매우 매【梅】閩人以立夏後逢庚入梅 芒種後逢壬出梅『四時纂要』
매우 성하다 :
매우 성할 선【偏】치성(熾盛).
매이다 :
매일 계【係】계속(繫屬)함. 係小子失丈夫『易經』
매자기 : 방동사니과에 속하는 다년초. 줄기는 세모지고 뿌리는 한약재로 씀.
매자기 저【芧】蔣芧青薠『司馬相如』
매장(梅漿) :
매장 억【醷】매장(梅漿).
或以酏爲醴黍酏漿水醷『禮記』
매제사 : 천자가 아들을 낳기 위하여 지내는 제사.
매제사 매【禖】使東方朔枚皇作禖祝『漢書』
매조미쌀 : 현미(玄米). 왕겨만 벗긴 쌀.
매조미쌀 려【糲】현미(玄米). 糲飯.
用爲夫人麤糲之費『史記』
매조미쌀 조【糙】현미(玄米).
매조미쌀 추【麤】粱則無矣, 麤則有之『左傳』
매질하다 : 매, 채찍 따위로 때림.
매질할 달【撻】撻罰. 罰不敬, 撻其背『儀禮』
매질할 략【掠】掠笞. 下獄掠治『漢書』
매질할 방【榜】榜掠. 榜笞數千『史記』
매질할 방【搒】吏搒笞數千『漢書』
매질할 방【簩】방(搒). 방(榜)과 동자(同字).
加簩二百『後漢書』
매질할 초【楚】楚撻. 民無捶楚之憂『漢書』
매질할 추【棰】薄腊曰脯 棰之而施薑桂『周禮』
매질할 태【笞】笞撻. 笞擊問之『史記』
매화나무 : 장미과에 속한 교목. 키는 4~5미터 정도로 자라고, 잎은 달걀 모양이며 가장자리에 뾰족한 톱니가 있다. 이른 봄에 희거나 불그레한 꽃이 피고 6~7월에 살구 모양의 핵과(核果)가 노랗게 익는다. 열매는 매실이라 하여 식용되거나 약용되고 완전히 익기 전의 열매는 매실주를 담그는 데 쓰인다.
매화나무 매【梅】看了梅花睡過春『陸游』
매화나무 영【楧】梅實.
매화틀 : 옛날에 대궐에서 가지고 다닐 수 있게 만든 변기(便器).
매화틀 투【廁】투(牏)와 통용. 행청(行圊).
매흙질하다 : 진흙을 바름.
매흙질할 근【墐】塞向墐戶『詩經』
매흙질할 도【塗】牆塗而不畫『揚雄』
맥 : 피가 순환하는 줄기. 인신(引伸)하여 연 이어 줄기를 이룬 것.
맥 맥【脈】
㉠ 血脈. 靜脈. 張脈憤光『左傳』
㉡ 山脈. 李氷爲郡守識水脈『華陽國志』
㉢ 條理. 脈絡貫通『朱熹』
㉣ 혈맥을 보아 병을 진찰하는 일. 脈口.
天下言脈者 由扁鵲也『史記』
맥 얽히다 :
맥 얽힐 전【纏】脈纏繞胃. 動胃纏緣『史記』
맥주 :
맥주 비【啤】[假借字] 啤酒는 영어 Beer의 음역.
맥질하다 :
맥질할 기【塈】벽을 바름. 惟其塗塈茨『書經』
맥 짚다 :
맥 짚을 설【揲】손의 맥을 짚음.
揲荒爪幕『史記』
맥 찌르다 :
맥 찌를 압【窜】자맥(刺脈).
맨발 : 아무 것도 신지 않은 발.
맨발 도【跿】불리(不履).
맨발 도【跣】도족(跣足).
맨발 선【跣】裸跣.
一脚著靴 一脚跣足『列仙傳』
맨발 소【疏】도선(跿跣). 子佩疏揖『淮南子』
맨발 탁【踔】선족(跣足).
맨발로 걷다 :
맨발로 걸을 탁【踱】跣足蹋地.
맨발로 다니다 :
맨발로 다닐 선【跣】若跣弗視地 厥足用傷『書經』
맨손 : 아무 것도 가지지 아니함.
맨손 도【徒】徒手. 暴虎徒博也『爾雅』
맨손으로 치다 :
맨손으로 칠 포【暴】도수(徒手)로 때림.
暴虎馮河『論語』
맴돌다 :
맴돌 역【圛】回行象氣絡繹不絶.
맵다 : 혀가 알알한 맛을 가짐. 언행이 몹시 매움. 맛이 몹시 매움.
매울 랄【辣】㉠ 薑辛桂辣『齊民要術』
㉡ 辛辣. 辣腕.
매울 살【辢】미신(味辛). 辢辣.

매울 신【辛】미신(味辛).

매울 학【嗪】식신(食辛). 酸而不嗪『伊尹曰』

매울 훈【葷】連葷菜『後漢書』

맵시 :

맵시 연【嬿】자태(姿態). 자용(姿容).

맵시 엽【嫶】여태(女態).

맵시 자【姿】자태(姿態). 英姿. 體貌魁梧有異姿
　　　　　　　『後漢書』

맵시 단정하다 :

맵시 단정할 엄【㜩】婦人容儀端整貌.

맵시 어여쁘다 :

맵시 어여쁠 형【娙】形好貌.

맷돌 : 곡식 같은 것을 가는 제구.

맷돌 년【碾】石碾. 茶碾. 一石碾『五雜俎』

맷돌 롱【礱】長腰秔米出新礱『陸游』

맷돌 마【磨】聲如轉磨『唐書』

맷돌 보【碯】碯磑, 磑也.

맷돌 아【硪】碾也.

맷돌 애【磑】碾磑. 茶磑. 小磑落雪花『陸游』

맷돌 저【磈】碾也.

맷돌 타【砣】碾輪石.

맷돌 학【𥥻】磑也.

맹금 : 매, 수리와 같은 사나운 새.

맹금 지【鷙】鷙鳥之不羣兮『楚辭』

맹꽁이 : 개구리 비슷한 동물.

맹꽁이 맹【黽】

맹랑하다 : 엉터리임.

맹랑할 맹【𥁍】𥁍浪 不精要.

맹랑할 맹【孟】孟浪之言.

맹세(盟誓) : 옛날에 희생(犧牲)으로 바친 피를
　　마시며 신명(神明)에게 장래에 위약(違約)을
　　하지 않겠다고 고하던 일. 후세에는 널리 양자
　　간(兩者間)에 약정(約定)하는 일로 쓰임.

맹세 맹【盟】盟約. 盟可負耶『左傳』

맹세 서【誓】약속(約束). 誓文.

맹세 질【質】맹약(盟約). 與吳王有質『左傳』

맹세코 : 틀림없이. 반드시.

맹세코 서【誓】誓不相隔卿『古詩』

맹세하다 :

맹세할 맹【盟】盟于蔑『左傳』

맹세할 서【誓】誓天不相負『古詩』

맹세할 시【矢】서약(誓約)함. 矢言.
　　　　　　　　　永矢勿諼『詩經』

맹세할 조【詛】出此三物 以詛爾斯『詩經』

맹수이름 :

맹수이름 맥【貘】곰 비슷한 맹수. 코가 돌출(突
　　　　　　出)하여 아랫입술보다 길며
　　　　　　코끼리의 코처럼 자유로 굴

신(屈伸)을 한다 함. 일설에
는 일종의 영수(靈獸)로 이가
단단하여 구리쇠를 먹으며
또 사람의 꿈을 먹고 사기(邪
氣)를 없애 버린다 함. 貘白
豹『爾雅』

맹수이름 비【貔】범 비슷한 맹수로 수컷을 貔.
　　　　　　암컷을 휴(貅)라 함. 옛날에는
　　　　　　전쟁에 썼다고 하므로 용맹한
　　　　　　장수를 뜻함.

맹수이름 추【貙】모양이 범 비슷하며 크기가
　　　　　　개만한 맹수. 옛날에 전쟁에
　　　　　　사용하였다 함. 인신(引伸)하
　　　　　　여 용감한 군대의 뜻으로 쓰
　　　　　　임. 貙虎라고도 함.
　　　　　　貙畏虎 虎畏羆『柳宗元』

맹수이름 휴【貅】범 비슷한 맹수로 수컷을 비
　　　　　　(貔). 암컷을 貅라 함. 옛날에
　　　　　　는 전쟁에 썼다고 하므로 용
　　　　　　맹한 장수. 비휴(貔貅).

맺다 :

맺을 개【㪅】結也.

맺을 결【結】

　㉠ 끄나불 따위를 얽어 매듭지게 함.
　　結繩之政 親結其縭『詩經』

　㉡ 약속을 맺음. 結交.
　　江東羅隱工爲詩 紹威厚幣結之『唐書』

　㉢ 조합을 맺음. 한 동아리가 됨. 結社.
　　結黨連群『張衡』

　㉣ 초목이 열매를 맺음. 結果.
　　結實如麥『晉書』

　㉤ 엉김. 고체가 됨. 凝結. 結氷. 結晶.
　　嚴霜結庭蘭『古詩』

　㉥ 모임. 到則解散, 去復屯結『後漢書』

　㉦ 얽음. 집 같은 것을 지음. 結構.
　　結廬在人境『陶潛』

　㉧ 머리를 땋음. 쪽 짐. 結髮.

　㉨ 끝을 맺음. 마침. 종료함. 終結. 結論.
　　言之以結之『大學』

맺을 계【契】우정 또는 부부의 인연 등을 맺음.
　　　　　　未見心先契『陸游』

맺을 구【構】결성(結成)함. 인연을 지음.
　　　　　　構釁. 構怨於諸侯『孟子』

맺을 약【約】약속함. 約定.
　　　　　　吾與諸君『十八史略』

맺을 잠【簪】綴也.

맺을 정【訂】약속을 맺음. 訂交.

맺을 체【締】얽어서 꼭 맺음. 인신(引伸)하여
　　　　　　벗, 인연, 조약 따위를 맺음.

締結. 締姻. 合從締交『史記』
맺을 촉【屬】원한을 품음. 必屬怨焉『國語』
맺을 촬【緥】結也.

맺히다 :
맺힐 결【結】
㉠ 마음이 울적함. 蔚結. 心如結兮『詩經』
㉡ 눈물이나 이슬 같은 것이 방울짐. 露結爲霜『千字文』
맺힐 골【縎】가슴속에 뭉쳐 있음. 心結縎兮折摧『楚辭』
맺힐 교【糾】舒窈糾兮『詩經』
맺힐 체【締】얽히어 풀리지 아니함. 氣繚轉而自締『楚辭』

머귀나무 : 운향과(芸香科)에 속하는 낙엽교목. 가지에 가시가 많으며 열매는 매움.
머귀나무 의【藙】三牲用藙『禮記』

머금다 :
머금을 삼【嘇】唅嘇, 물재구중(物在口中).
머금을 음【飲】참음. 품음. 飲恨.
머금을 함【嗛】함(銜)과 동자(同字). 입 속에 넣음. 鳥嗛肉『史記』
머금을 함【唅】함(含)과 동자(同字). 羹藜唅糗『漢書』
머금을 함【含】입 속에 넣음. 含嚼. 含哺鼓腹『史記』

머리 :
머리 뇌【腦】
㉠ 두개(頭蓋). 市人爭開其腦 取其髓『五代史』
㉡ 판단력, 기억력 등의 정신의 작용. 頭腦明晰 痛心拔腦『陸機』
머리 두【頭】
㉠ 頭臚. 頭容直『禮記』
㉡ 머리털. 蓬頭亂髮. 穩婆梳頭『雜纂新續』
머리 로【顱】禿顱. 方趾圓顱『南史』
머리 발【髮】頭髮. 毛髮. 一沐三捉髮『史記』
머리 수【首】
㉠ 두부(頭部). 乾爲首『易經』
㉡ 머리털. 白首. 皓首而歸『李陵』
머리 원【元】두부(頭部). 狄人歸其元 面如生『左傳』
머리 전【顚】두상(頭上). 쥐독. 班序顚毛. 以爲民紀統『國語』
머리 혈【頁】두부(頭部).

머리감다 :
머리감을 목【沐】
㉠ 머리를 감음. 沐浴. 新沐者彈冠『楚辭』
㉡ 윤택하게 함. 冬無宿雪春不燠沐『後漢書』

머리 결다 :
머리 결을 직【膱】頭髮積有脂膏.

머리 곱다 :
머리 고울 변【㛹】두연(頭妍).

머리 곱다 :
머리 고울 타【鬌】頭髮之美.

머리 기울다 :
머리 기울 뢰【頪】두경(頭傾).

머리 길다 :
머리 길 렴【鬑】髮長貌.
머리 길 침【顉】두장(頭長).

머리 깍다 :
머리 깎을 곤【髡】
㉠ 체발(剃髮)함. 見己氏之 髮美 使髡之以爲呂姜髢『左傳』
㉡ 형벌로서 머리를 깎음. 髡鉗季布『史記』
머리 깎을 적【鬄】髟下弟髮.
머리 깎을 체【鬀】체(剃)와 동자(同字). 削髮.

머리꾸미개 : 부인의 머리에 꽂는 주옥의 장식. 부인의 수식(首飾).
머리꾸미개 가【帤】婦人易帤『太玄經』
머리꾸미개 가【珈】副笄六珈『詩經』
머리꾸미개 교【翹】부인(婦人)의 수식(首飾). 寶髻珊瑚翹『梁簡文帝』
머리꾸미개 궤【簂】괵(幗)과 동의. 猶中國有簂步搖『後漢書』
머리꾸미개 만【鬘】수식(首飾). 貫雹爲華鬘『白居易』
머리꾸미개 부【副】머리를 땋아 만든 首飾. 副笄六珈『詩經』
머리꾸미개 불【髴】蓬首不加髴『歐陽修』
머리꾸미개 불【茀】婦喪其茀『易經』
머리꾸미개 상【褖】未成年者의 귀 뒤에 늘어 뜨리는 수식(首飾). 皆珠翠褖飾『唐書』
머리꾸미개 승【勝】人勝. 花勝. 勝裏金花巧耐寒『杜甫』
머리꾸미개 압【匎】翠爲匎葉垂鬢脣『杜甫』
머리꾸미개 피【被】被之僮僮『詩經』

머리 내두르다 :
머리 내두를 아【騀】駊騀.
머리 내두를 파【駊】말이 머리를 내두르는 모양. 庭空四馬入 駊騀揚旆旌『杜甫』

머리 내밀다 :
머리 내밀 함【顄】出頭貌.

머리 덜미 :
머리 덜미 수【脺】腦也.

머리 덮다 :

머리 덮을 혼【㨌】以物蒙頭.

머리 드리워지다 :

　머리 드리워질 렴【鬑】발수(髮垂).

머리 땋는 끈 :

　머리 땋는 끈 증【繒】編髮繩.

머리 떨어뜨리다 :

　머리 떨어뜨릴 대【㥀】垂頭貌.

머리띠 :

　머리띠 말【帓】머리를 동이는 헝겊.

　머리띠 말【袹】말(帕)과 동자(同字).
　　　　　　爲絳袙 以表貴賤『後漢書』

　머리띠 말【帕】머리를 동이는 헝겊.

　머리띠 조【幧】少年見羅敷 脫帽著幧頭『古樂府』

머리를 동이고 괴로워하다 :

　머리를 동이고 괴로워 할 문【頵】繫頭脳.

머리 반지르르하다 :

　머리 반지르르할 찬【鬢】발광(髮光).

머리병풍 :

　머릿병풍 의【依】의(扆)와 동자(同字). 天子設
　　　　　　斧依于戶牖之間『儀禮』

머리 비뚤다 :

　머리 비뚤 정【䫈】頭不正.

　머리 비뚤 책【頙】頭不正.

머리 빗다 :

　머리 빗을 자【扠】치발(治髮).

머리뼈 :

　머리뼈 독【𩅾】두골(頭骨).

머리 수건 :

　머리 수건 파【帊】파(帕)와 동자(同字). 幞也.

머리 숙이고 듣다 :

　머리 숙이고 들을 조【𦕈】低頭聽.

머리 숙이고 빨리 가다 :

　머리 숙이고 빨리 갈음【趚】低頭疾行.

머리 숙이다 :

　머리 숙일 침【煩】垂頭貌.

　머리 숙일 침【頷】俯首.

머리싸개 : 머리털을 싸는 헝겊.

　머리싸개 사【纚】緇纚廣終幅, 長六尺『儀禮』

　머리싸개 책【幘】안책(岸幘).
　　　　　　古者有冠無幘『後漢書』

머리쓰개 : 머리를 싸는 검은 비단.

　머리쓰개 쇄【縦】櫛縦笄總『禮記』

머리 아프다 :

　머리 아플 홍【頯】두통(頭痛).

머리 앓다 :

　머리 앓을 소【𩔇】두통(頭痛).

머리 없는 귀신 :

머리 없는 귀신 율【魆】無頭鬼.

머리 엉키다 :

　머리 엉킬 양【鬤】난발(亂髮).

머리 윤나다 :

　머리 윤날 찬【鬢】髮之光澤.

머리 일찍 세다 :

　머리 일찍 셀 선【宣】黑白雜爲宣髮『易經』

머리장식 : 부인의 머리를 장식하는 헝겊.

　머리장식 귁【幗】巾幗. 紺幗繒幗『晉書』

머리 짧은 개 :

　머리 짧은 개 배【猆】短頭犬.

머리치장 떼다 :

　머리치장 뗄 이【鬙】去髮飾.

머리 크다 :

　머리 클 분【頒】물고기의 머리가 큰 모양.
　　　　　　有頒其首『詩經』

머리털 늘어지다 :

　머리털 늘어질 표【髟】긴 머리털이 늘어진 모양.
　　　　　　斑鬢髟『班固』

머리털 더부룩하다 :

　머리털 더부룩할 봉【鬞】髮亂貌.

머리털 엉기다 :

　머리털 엉길 표【顠】顠顠, 髮亂貌.

머리털 적다 :

　머리털 적을 진【䮪】頭髮小貌.

머리통 크다 :

　머리통 클 군【頵】頭大.

　머리통 클 분【盼】大首.

머리풀고 달아나다 :

　머리 풀고 달아날 비【紫】披髮走.

머리풀어 헤치다 :

　머리 풀어 헤칠 사【髿】머리를 풀어헤침.

머리 흐트러지다 :

　머리 흐트러질 양【氍】毛髮亂貌.

머리 흔들다 :

　머리 흔들 료【蟉】蜩蟉. 용이 머리를 흔드는
　　　　　　모양. 蜩蟉偃蹇『漢書』

　머리 흔들 삼【頬】鎮頬, 요두(搖頭).

　머리 흔들 우【頨】頨也.

머리 흠치르르하다 :

　머리 흠치르르 할 사【髿】머리가 깨끗하고 윤
　　　　　　이 번들번들하게 남.

머리 흩어지다 :

　머리 흩어질 녕【䰐】발란(髮亂).

　머리 흩어질 총【鬆】난발(亂髮).

머릿골 :

　머릿골 뇌【腦】두개골 안에 있는 회백색의 물질.

腦漿. 楚子伏己而盬其腦『左傳』

머무는 곳 :

머무는곳 당【鄌】주소(住所).

머무르게 하다 :

머무르게 할 주【駐】行人駐足聽『古詩』

머무르다 :

머무를 간【艮】정지함. 艮其背『易經』
머무를 갑【砦】止也.
머무를 건【蹇】정지함. 凝蹇而爲人『管子』
머무를 계【稽】
㉠ 한 곳에 지체함. 稽留.
㉡ 머무르게 함. 何足久稽天下士『後漢書』
머무를 관【款】두유(逗遛)함. 斷絶雖殊念 俱爲歸慮款『謝靈運』
머무를 도【坴】止也.
머무를 돈【頓】三日三夜 不頓舍『史記』
머무를 두【逗】임시로 체류함. 逗留.
逗華陰之湍渚『後漢書』
머무를 류【遛】류(遛)와 동자(同字). 逗遛,
머무를 류【遛】逗遛. 머무름. 정지함. 追鹵料敵不拘以逗遛法『後漢書』
머무를 류【留】정지함. 체류함. 逗留.
可急去矣 愼勿留『說文解字』
머무를 릉【踜】留也.
머무를 박【泊】
㉠ 정지함. 洪厓先生乘鸞所憩泊也『水經注』
㉡ 유숙(留宿)함. 宿泊. 夜泊靈壁驛『吹笛記』
㉢ 머무는 곳. 淩波赴泊『束晳』
머무를 사【舍】머물러 휴식함.
亦不遑舍『詩經』
머무를 세【說】說駕. 召伯所說『詩經』
머무를 알【遏】纖歌凝而白雲遏『王勃』
머무를 엄【淹】오래 체류(滯留)함. 淹留.
淹久於敝邑『左傳』
머무를 잡【蹔】留止.
머무를 정【定】定止. 公定, 予往已『書經』
머무를 정【停】
㉠ 정지(停止)함. 停留.
大軍已到 不得久停『北史』
㉡ 쉼. 停務. 心無別慮, 筆不暫停『隋書』
㉢ 지체(肢體)함. 時諸諍訟失理 及主者淹停不時『梁書』
머무를 정【亭】정(停)과 동자(同字).
其水亭居『漢書』
머무를 정【渟】정(停)과 동자(同字). 정지함.
渟泊. 渟車呼與共載『後漢書』
머무를 정【停】정지함. 停留.
大軍已到 不得久停『北史』
머무를 주【駐】
㉠ 말, 수레 따위가 정지함.
早駕久駐『漢書』
㉡ 체재(滯在)함. 駐在. 所在屯駐『宋史』
머무를 주【住】
㉠ 머물러 삶. 移住. 權牽船於岸上住『齊書』
㉡ 거처. 應戀嵩陽住『于武陵』
㉢ 정지함. 淸道而行, 擇地而住『潘岳』
머무를 주【跓】발을 멈춤. 정지함.
將起跓竢兮須明『楚辭』
머무를 지【夲】止也.
머무를 지【止】
㉠ 발을 멈춤. 過客止『老子』
㉡ 일정한 곳에 있음. 在止於至善『大學』
㉢ 유숙(留宿). 止宿. 汝來省吾 止歲『韓愈』
머무를 지【坻】留也.
머무를 질【僨】止也.
머무를 차【趑】留也.
머무를 차【次】군대에서 이틀 이상 유숙함을 이름. 王次于河朔『書經』
머무를 찰【紮】주재(駐在)함. 紮營.
머무를 처【處】
㉠ 정지함. 其後也處『詩經』
㉡ 머물러 삶. 處江湖之遠『范仲淹』
㉢ 머물러 쉼. 莫或遑處『詩經』
㉣ 머물러 있음. 去者半, 處者半『禮記』
㉤ 그 위치. 장소 등을 차지함.
在所自處耳『史記』
㉥ 그 경우에 있음. 處仁遷義『孟子』
㉦ 관직에 있음.
一人處南臺 一人處北省『北齊書』
㉧ 벼슬하지 않고 야(野)에 머물러 있음.
出處進退 處士橫議『孟子』
㉨ 시집가지 않고 집에 머물러 있음.
淖約若處子『莊子』
머무를 체【滯】체재(滯在). 체류(滯留).

머물게 하다 :

머물게 할 박【泊】中流兮風泊之『韓愈』

머뭇거리다 :

머뭇거릴 둔【迍】길이 험하여 머뭇거리고 잘 가지 못함.
賢者獨賤迍『白居易』
머뭇거릴 산【跚】만산(蹣跚). 비틀거리는 모양.
兩足幾蹣跚『蘇軾』
머뭇거릴 서【絮】주저하여 결정을 내리지 못함.
富韓並相時 偶有一事 富公疑之久不決 韓謂富曰 公又絮『兩抄摘腴』
머뭇거릴 수【需】주저(躕躇)함.
需事之賊也『左傳』

머뭇거릴 심【𢙃】意斟惵而不澹『後漢書』

머뭇거릴 아【婀】주저하여 결정을 짓지 못함. 婀娜. 訑肯感激徒婀娜『韓愈』

머뭇거릴 아【娿】不快娿娿.

머뭇거릴 암【娿】주저하여 결정을 짓지 못함. 訑肯感激徒娿娿『韓愈』

머뭇거릴 자【赾】앞으로 잘 나가지 못하는 모양. 가기 힘든 모양. 一人荷戟萬夫赾趄『張載』

머뭇거릴 저【踞】跔踞.

머뭇거릴 저【趄】머뭇거리고 앞으로 잘 가지 아니하는 모양. 四馬趄趄『揚雄』

머뭇거릴 저【躇】가거나 떠나기를 망설임. 躊躇. 每逢絕勝卽跔躇『范成大』

머뭇거릴 저【趑】趑趄.

머뭇거릴 저【且】저(趑)와 동자(同字). 망설임. 其行次且『易經』

머뭇거릴 전【趖】행난(行難).

머뭇거릴 전【邅】길이 험하여 잘 가지 못하는 모양. 迍邅. 屯如邅如『易經』

머뭇거릴 주【躊】躇也. 주(躕)와 동자(同字).

머뭇거릴 주【躊】가거나 떠나기를 망설임. 躊佇. 哀裵回以躊躇『漢書』

머뭇거릴 주【躕】跔躕.

머뭇거릴 준【逡】앞으로 나아가기를 주저함. 逡遁有恥『漢書』

머뭇거릴 지【跱】
　㉠ 망설이고 떠나지 않음. 搔首踟躕『詩經』
　㉡ 떠나기를 주저함. 每逢絕勝卽跔躇『范成大』

머뭇거릴 진【趁】진야(趁也). 邅行不進.

머뭇거릴 짐【斟】주저(躕躇)함. 意斟惵而不澹『後漢書』

머뭇거릴 척【躑】
　㉠ 咏歸歟而躑躅『沈約』
　㉡ 躑躅靑驄馬『古詩』
　㉢ 躑躅以足擊地也『荀子』

머뭇거릴 척【蹢】척(躑)과 동자(同字). 羸豕孚蹢躅『易經』

머뭇거릴 천【儃】儃佪. 儃佪以于儌『楚辭』

머뭇거릴 촉【躅】망설이고 앞으로 가지 아니함. 또 제 자리 걸음을 함. 蹢躅. 騏驥之蹢躅『史記』

머뭇거릴 치【跱】주저(躊躇)함. 跱躇.

머뭇거릴 치【跱】머무름. 정지함. 跱行不進『類篇』

머뭇거릴 타【跢】跢𧿄.

머뭇거릴 탐【赸】배회(徘徊).

머뭇거릴 환【桓】盤桓. 주저(躕躇)하여 앞으로

잘 나가지 않는 모양.

머뭇거릴 회【回】배회함. 余低回留之不能去『史記』

머뭇거릴 흘【吃】주저함. 凍馬四蹄吃『孟郊』

머슴 :

머슴 보【保】고용인(雇用人). 爲酒家保『史記』

머슴 복【𠍼】儓兩下服 農夫醜稱.

먹 :

먹 매【煤】유연(油煙)으로 만든 먹. 蜀紙麝煤添筆媚『韓偓』

먹 묵【墨】
　㉠ 글씨를 쓰는 먹. 紙筆墨. 高麗歲貢松烟墨『西京雜記』
　㉡ 먹물. 或以頭濡墨而書『唐書』.
　㉢ 눈썹 그리는 먹. 衣綺縞傅粉墨『後漢書』

먹 갈다 :

먹 갈 연【䂩】濡墨而磨.

먹 걸레 : 칠판에 쓰는 글씨를 지우는 헝겊.

먹 걸레 녀【帤】幡巾.

먹기 싫다 :

먹기 싫을 어【淤】어(飫)와 통용. 淤賜犒功『馬融』

먹기 싫을 연【餇】염어(饜飫).

먹다 :

먹을 괴【饋】食也.

먹을 끽【喫】喫飯. 梅熟許同朱老喫『杜甫』

먹을 담【噉】담(啗)과 동자(同字). 令趙噉秦以伐齊之利『史記』

먹을 담【餤】담(啖)과 동자(同字).

먹을 담【啗】담(啖)과 동자(同字). 先飯黍而後啗桃『韓非子』

먹을 담【啖】음식을 먹음. 人相食啖『後漢書』

먹을 당【噇】噇酒糟漢『碧巖集』

먹을 박【餺】噇也.

먹을 반【飯】
　㉠ 밥을 먹음. 君祭先飯『論語』
　㉡ 식사를 함. 一飯三吐哺『十八史略』
　㉢ 밥을 말아먹음. 飯飮而俟『禮記』

먹을 복【服】약 같은 것을 먹음. 服藥. 令更服丸藥『史記』

먹을 선【膳】食下問所膳『禮記』

먹을 세【飿】食也.

먹을 손【飧】子夜飧瓊液『列仙傳』

먹을 수【饈】食也.

먹을 식【喰】㉠ 飧也.

먹을 식【食】
　㉠ 음식을 삼킴. 雖有佳肴.

弗食不知其旨也『禮記』

ⓛ 식사를 함. 願東家食而西家宿『事文類聚』

ⓒ 생활함. 삶. 遊食者衆『後漢書』

ⓔ 마심. 食酒, 至數石不亂『漢書』

ⓜ 젖을 먹음. 適見㹠子食於其死母『莊子』

ⓗ 죽어 제사를 받음. 死當廟食『後漢書』

ⓢ 녹을 탐. 食祿. 彼君子兮不素食兮『詩經』

ⓞ 거짓말 함. 朕不食言『書經』

먹을 식【蝕】蠹蝕. 벌레가 갉아먹어 들어감.
　　　　　인신(引伸)하여 조금 씩 조금 씩
　　　　　개먹어 들어감. 또는 그 형적(形
　　　　　迹). 侵蝕. 浸蝕. 또 달이 해를 가
　　　　　리거나 해가 달을 가리는 현상. 月
　　　　　蝕. 日蝕. 日月虧曰蝕 稍小侵虧,
　　　　　如蟲食草木之葉『釋名』

먹을 식【䭇】食也.

먹을 여【茹】주로 야채를 먹음을 이름.
　　　　　飯糗茹草『孟子』

먹을 이【餌】

　ⓐ 음식을 먹음. 無以餌其口『戰國策』

　ⓛ 약으로 먹음. 常餌薏苡以輕身『十八史略』

먹을 절【饡】食也.

먹을 준【餕】잔반(殘飯)을 먹음.
　　　　　日中而餕『禮記』

먹을 찬【餐】음식을 먹음. 不素餐兮『詩經』

먹을 찬【飡】餐也.

먹을 철【啜】啜菽飮水『禮記』

먹을 포【哺】ⓐ 緩帶咽哺『漢書』
　　　　　ⓛ 一飯三吐哺『史記』

먹을 포【餔】포(哺)와 동자(同字).
　　　　　餔其糟而啜其醨『楚辭』

먹을 향【饗】주식을 먹음.
　　　　　先祭而後饗『淮南子』

먹을 흘【吃】吃山草『新書』

먹수건 : 칠판에 쓰는 글씨를 닦아 지우는 헝겊.

먹수건 녀【帤】번건(幡巾).

먹이 :

먹이 식【食】

　ⓐ 먹을거리. 먹는 물건. 糧食. 美食.

　ⓛ 먹는 일. 먹기. 佳食往. 發憤忘食『論語』

먹이 위【餧】식물(食物). 또 사료(飼料).
　　　　　貪餧而妄食『楚辭』

먹이 이【餌】동물의 사료.

먹이다 :

먹일 구【彀】먹이를 먹여 주어 기름.
　　　　　風胎兩彀『揚雄』 鳥子生哺曰彀.

먹일 담【啖】

　ⓐ 먹게 함. 吉婦取棗, 以啖吉『漢書』

　ⓛ 미끼를 주어 꾐.

其有口舌者 以利啖之『唐書』

먹일 담【啗】

　ⓐ 먹게 함. 主孟啗我『國語』

　ⓛ 이익을 주어 꾐. 啗以利『史記』

먹일 담【噉】담(啗)과 동자(同字).
　　　　　令趙噉秦以伐齊之利『史記』

먹일 담【餤】미끼를 주어 꾐.
　　　　　故以齊餤天下『史記』

먹일 말【秣】말먹이를 말에게 먹임.
　　　　　秣馬食士『國語』

먹일 반【飯】밥을 먹게 함.
　　　　　貝信飢飯信『史記』

먹일 사【飤】먹게 함. 子推自剖而飤君兮 德日
　　　　　忘而怨深『東方朔』

먹일 사【食】

　ⓐ 먹여 줌. 飮之食之『詩經』

　ⓛ 먹여 살림. 吾業賴之以食吾軀『陸機』

먹일 위【餧】먹게 함. 또 사양함.
　　　　　餧獸之藥『禮記』

먹일 이【飴】以私米作饘粥, 以飴餓者『晉書』

먹일 포【哺】남에게 음식을 먹임. 哺乳. 哺養.
　　　　　慈烏反哺以報親『梁武帝』

먹일 포【餔】有老父過 請歠 呂后因餔之『漢書』

먹자 : 목수의 ㄱ자.

먹자 침【㮨】工人墨尺.

먹줄 : 목수가 쓰는 직선을 그리는 줄.

먹줄 묵【墨】

　ⓐ 목수의 먹줄. 離朱督墨, 匠石奮斤『嵇康』

　ⓛ 법도. 규범. 拳綱引墨『晉書』

먹줄 승【繩】準繩. 惟木從繩則正『書經』

먼 길 : 빙 돌아 먼 길.

먼 길 우【迂】捨逕而就迂『宋史』

먼눈 : 눈동자가 있으나 보이지 아니함.

먼눈 고【瞽】

　ⓐ 맹목(盲目). 눈을 감은 장님. 瞽矇.
　　　瞽者無以與乎文章之觀『莊子』

　ⓛ 도리(道理)를 모르는 일. 또 그 사람.
　　　瞽說. 瞽子. 舜父有目 不員分別好惡 故時
　　　人 謂之瞽『書經』

먼눈 맹【盲】눈이 멂. 소경. 盲瞽. 盲者,
　　　　　目形存而無能見也『淮南子』

먼눈 맹【瞢】맹(盲)과 통용.

먼눈 명【瞑】瞑者目無由接『呂氏春秋』

먼눈 몽【矇】

　ⓐ 뜬소경. 瞽矇. 昭然若發矇矣『禮記』

　ⓛ 사물을 분별할 능력이 없음. 또 그 사람.
　　　愚矇. 人未學問曰矇『論衡』

먼눈 원【睯】맹목(盲目). 또 소경이 됨.

觀書眼不瞢『朱无』

먼눈 할【瞎】 맹목(盲目). 盲人騎瞎馬『晉書』

먼데 :

　먼데 원【遠】 먼 곳. 行遠必自邇『中庸』

먼 동 트다 :

　먼 동 틀 돈【旽】 돈(暾)과 동자(同字). 日欲出.

　먼 동 틀 려【瓈】 여(黎)와 동자(同字).
　　　　　　　　瓈明, 天欲明.

　먼 동 틀 려【黎】 黎明, 天欲曙.
　　　　　　　　黎明圍宛城『史記』

먼 산 :

　먼 산 양【暘】 원산(遠山).

먼저 :

　먼저 선【先】

　　㉠ 최초로. 첫째로. 先發. 先唱.
　　　欲治其國者 先齊其家『大學』

　　㉡ 앞서서. 孔子生鯉 字伯魚 先卒『朱熹』

　　㉢ 우선. 請先嘗沮之『史記』

　먼저 준【迿】 朋友相衛而不相迿『公羊傳』

먼지 :

　먼지 과【堁】 진애(塵埃).
　　　　　　　揚堁而弭塵『淮南子』

　먼지 분【坌】 진애(塵埃).
　　　　　　　靄靄集微坌『元好問』

　먼지 앙【坱】 진애(塵埃).
　　　　　　　高步謝塵坱『柳宗元』

　먼지 채【蔡】 티끌. 繼以兮微蔡『王褒』

먼지 나다 :

　먼지 날 봉【塳】 먼지가 읾.

먼지 일어나다 :

　먼지 일어날 봉【㙮】 진기(塵起).

먼지 털다 :

　먼지 털 홀【搰】 불진(拂塵).

먼지털이 :

　먼지털이 불【拂】 拂塵. 白眊拂二枚『晉東宮舊事』

　먼지털이 솔【帥】 먼지를 떪. 帥勿驅塵『禮記』

먼 촌수 : 원촌(遠寸).

멀구슬나무 : 멀구슬나무과에 속하는 낙엽교목.
　　과실은 약재로 쓰임.

　멀구슬나무 고【栲】 산저(山樗).
　　　　　　　　　南山有栲『詩經』

　멀구슬나무 련【楝】 근피(根皮). 전단(栴檀).
　　　　　　　　　其樹楝『淮南子』

멀다 :

　먼데 경【冂】 읍외(邑外)를 교(郊), 교외(郊外)를
　　　　　　임(林), 임외(林外)를 冂이라 함.
　　　　　　곧 나라의 먼 지경(地境)을 이름.
　　　　　　邑外曰郊 郊外曰野 野外曰林 林

外曰冂이라 함.

　멀 결【遹】 遠也.

　멀 겸【𥦿】 遠也.

　멀 경【憬】 요원(遙遠)함. 憬彼淮夷『詩經』

　멀 광【曠】 요원함. 曠塗. 遙途嶮曠『晉書』

　멀 교【睨】 遠也.

　멀 구【朐】 古之祭者 有時而朐『管子』

　멀 극【極】 거리가 멂. 望涔陽兮極浦『楚辭』

　멀 단【澶】 먼 모양. 案衍澶漫『司馬相如』

　멀 료【遼】

　　㉠ 거리가 멂. 山修遠其遼遼兮『楚辭』

　　㉡ 시간이 긺. 前途遼遠.

　멀 료【嵺】 높고 멂. 寂嵺上天知厥時『漢書』

　멀 막【邈】 멀리 떨어져 있음. 邈邈.
　　　　　　　邈不可慕也『楚辭』

　멀 막【藐】 막(邈)과 동자(同字).
　　　　　　　藐藐昊天『詩經』

　멀 만【漫】 유원(悠遠)함. 七嶺悠漫『王曾儒』

　멀 망【莽】 유원(幽遠)한 모양.
　　　　　　　莽眇之鳥『莊子』

　멀 면【緬】 요원함. 擧下緬也『穀梁傳』

　멀 면【綿】 요원(遙遠)함. 去家邈以綿『陸機』

　멀 묘【眇】 藏其身也 不厭深眇而已矣『莊子』

　멀 사【賖】 요원함. 賖遙 爲農去國賖『杜甫』

　멀 소【疏】

　　㉠ 가깝지 않음. 退方疏俗『漢書』

　　㉡ 친하지 않음. 親疏. 公族疏遠者『史記』

　멀 수【脩】 가깝지 아니함. 脩路.
　　　　　　　路漫漫其遠兮『楚辭』

　멀 수【邃】 시간이 긺. 仰邃古『蔡邕』

　멀 순【洵】 요원(遙遠)함. 吁嗟洵兮『詩經』

　멀 영【永】 요원(遙遠)함. 齊秦悠永『張衡』

　멀 요【𥚸】 심원(深遠)함.

　멀 요【堯】 고원(高遠)함. 堯堯.
　　　　　　　猶嶢也 嶢嶢至高貌『白虎通』

　멀 요【姚】 요(遙)와 동자(同字). 요원(遙遠)함.

　멀 요【遙】 요(姚)와 동자(同字). 요원(遙遠)함.
　　　　　　　千里而遙『禮記』

　멀 요【隃】 요(遙)와 통용.
　　　　　　　隃謂布 何苦而反『漢書』

　멀 우【迂】

　　㉠ 길이 빙 돌아 멂. 迂路.
　　　北渡迂兮浚流難『史記』

　　㉡ 실제와 거리가 멂. 현실에서 맞지 아니함.
　　　迂闊. 迂遠而闊于事情『史記』

　멀 원【遠】

　　㉠ 시간 또는 거리가 길거나 멂. 遼遠. 遙遠.
　　　日暮路遠『史記』

　　㉡ 音樂之所由 來者遠矣『呂氏春秋』

ⓒ 깊음. 고상함. 알기 어려움. 深遠.
言近而指遠者『孟子』

ⓡ 관계가 가깝지 아니함. 또 친하지 아니함.
疏遠. 遠兄弟終無服也『禮記』

ⓜ 큰 차이가 있음. 雖不中不遠矣『大學』

멀 월【越】가깝지 아니함. 越在他意『左傳』

멀 유【悠】아득하도록 멈. 悠久.
微則悠遠 悠遠則博厚『中庸』

멀 인【夤】대단히 멈. 또는 그 곳. 九州之外,
仍有八夤『淮南子』

멀 인【殥】요원(遼遠)함. 또 그 곳. 九州之外,
乃有八殥『淮南子』

멀 적【逷】적(逖)과 동자(同字). 적(狄)의 고자
(古字). 用逷蠻方『詩經』

멀 적【逖】요원함. 逖矣西土之人『書經』

멀 적【狄】적(逖)과 통용. 舍爾介狄『詩經』

멀 전【顚】遠也.

멀 체【遰】멀리 떨어져 있는 모양. 迢遰.
迢遰白雲天『揚烱』

멀 초【迢】먼 모양. 아득한 모양.
平蕪歸路綠迢迢『高蟾』

멀 탁【趠】가깝지 아니함.
趠不希騄駬之蹤『晉書』

멀 탁【踔】멀리 떨어짐.
上谷至遼東踔遠『史記』

멀 탁【卓】시간이나 거리가 멈. 卓行.
世旣卓兮『王逸』

멀 탁【逴】요원함. 逴行殊遠『史記』

멀 하【假】하(遐)와 통용.
假言周於天地『揚子法言』

멀 하【遐】요원함. 또 먼 데.
若陟遐必自邇『書經』

멀 하【瑕】하(遐)와 통용. 不瑕有害『詩經』

멀 형【夐】형(迥)과 동자(同字).
浩浩乎平沙無垠 夐不見人『李華』

멀 형【迥】요원함. 迥遠. 江迥月來遠『杜甫』

멀 형【泂】형(迥)과 동자(同字).
泂酌彼行潦『詩經』

멀 호【胡】가깝지 아니함. 永受胡福『儀禮』

멀 확【廓】遠也.

멀 활【闊】거리가 멂. 緩步闊視『列子』

멀 회【回】빙 돌아 멂. 回遠千里『漢書』

멀떠구니 : 조류의 식도 아래에 있는 주머니 모
양의 소화기.

멀떠구니 비【肶】우위(牛胃).

멀떠구니 소【膆】소(嗉)와 동자(同字).
裂膆破嗉『潘岳』

멀떠구니 소【嗉】위(胃). 嗉囊. 鳥受食處.

멀떠구니 치【胵】

멀리 :

멀리 요【遙】멀리 떨어져서. 먼데서. 遙靑.
悵然遙相望『古詩』

멀리 현【懸】멀리 떨어져서.
懸知獨有子雲才『王維』

멀리 가다 :

멀리 갈 선【襸】원행(遠行).

멀리 갈 요【趙】원행(遠行).

멀리 날다 :

멀리 날 전【翻】원비(遠飛).

멀리 달아나다 :

멀리 달아날 기【趍】원주(遠走).

멀리 들리는 북소리 :

멀리 들리는 북소리 동【棟】遠聞鼓聲.

멀리 바라보다 :

멀리 바라볼 적【覿】요시(遙視).

멀리 보다 :

멀리 볼 천【肝】보아도 거리가 멀어서 분명치
않은 모양. 靑冥肝瞑『張衡』

멀리 보이다 :

멀리 보일 요【瞗】멀리 희미하게 보이는 모양.
朱火敲烟 瞗眇蟬蜎『木華』

멀리 치다 :

멀리 칠 두【殳】遠而擊.

멀리하다 : 가까이 하지 아니함. 물리침. 먼 곳
으로 쫓음. 벗어남. 격리함.

멀리할 갱【鏗】불가근(不可近).

멀리할 소【疏】疏外. 疏太子『呂氏春秋』

멀리할 원【遠】ㄱ 敬遠. 敬鬼神而遠之『論語』
ㄴ 遠佞人『論語』
ㄷ 遠恥辱也『論語』

멀리할 월【越】予曷敢有越厥志『書經』

멀리할 위【違】棄而違之『論語』

멀리할 적【逖】糾逖王慝『左傳』

멀리할 좌【左】소외(疏外)함.
是左之也『國語』

멀미 :

멀미 고【苦】뱃멀미. 차멀미. 苦車. 今人不善乘
船謂之苦船歸化『西溪叢語』

멀쑥하다 :

멀쑥할 정【侹】장모(長貌).

멀어지다 :

멀어질 소【疏】소원하여짐. 以此益疏『史記』

멀어질 원【遠】멀리 떨어지게 됨.
女子有行 遠兄弟父母『詩經』

멈추다 :

멈출 반【槃】정지함. 槃停.

멈출 정【停】머무르게 함. 停馬.
婦便捉裾停之『世說』

멋 :

멋 정【情】정취(情趣). 취미(趣味). 風情.
情景. 似畫外有情『歷代名畫記』

멋대로 :

멋대로 방【放】거리낌없이 함. 放言.
大放其辭『韓愈』

멋대로 천【擅】제 마음대로. 擅將其兵『史記』

멍 : 무엇에 맞거나 부딪혀서 피부 속에 퍼렇게
맺힌 피. 어떤 일로 입은 마음의 상처를 비유
적으로 이르는 말.

멍 유【痏】痕痏. 生瘡痏於玉肌『抱朴子』

멍 지【痏】痕痏. 遇人不以義而見痏者 與痏人之
罪均『漢書』

멍들다 :

멍들음【瘀】图 瘀暈.

멍에 : 달구지나 쟁기의 채를 잡아매기 위해 소나
말의 목에 가로 얹는 둥그렇게 구부러진 막대.

멍에 구【胸】구(鞠)와 동자(同字).
鋈胸汰輈『左傳』

멍에 구【鞠】射兩鞠而還『左傳』

멍에 액【軛】兩軛之間『周禮』

멍에 액【輗】轅端橫木駕馬領者.

멍에 혁【槅】商旅連槅『張衡』

멍에 가죽 : 멍에에 감아 장식하는 가죽.

멍에 가죽 목【楘】五楘梁輈『詩經』

멍에 가죽 싸게 :

멍에 가죽 싸게 박【轉】韋裹車軛.

멍에 끈 :

멍에 끈 현【鞗】멍에를 동여매는 가죽 끈.

멍울 서다 :

멍울 설 은【㾦】종기(腫起).

멍청이 :

멍청이 알【聐】顔聐, 痴不聽.

멍청이 의【頿】痴頿, 不聰名.

멍청이 재【聙】聽而不聰.

멍하다 :

멍할 망【惘】망연자실(茫然自失)한 모양.
惘輟駕而容與『潘岳』

멍할 망【罔】상심한 모양. 罔然若醒『張衡』

멍할 망【茫】어리둥절한 모양.
㉠ 茫然自失『列子』
㉡ 茫然增愧赧『韓愈』

멍할 무【憮】실의(失意)한 모양.
夷子憮然『孟子』

멍할 욱【頊】정신이 빠진 것 같은 모양.
頊頊然不自得『莊子』

멍할 탑【嗒】정신이 나간 것 같은 모양.
嗒然似喪其耦『莊子』

멍할 황【怳】자실(自失)한 모양. 정신이 착란
(錯亂)한 모양. 怳然.
心懭怳而不我與兮『劉向』

멍할 황【怳】정신이 빠진 것 같은 모양.
望美人兮未來 臨風怳兮浩歌『楚辭』

메 :

메 산【山】山嶽. 天地定位 山澤通氣『易經』

메 아【峨】높은 산. 輿陟峨而善狂『謝靈運』

메 음【崟】높고 험한 산. 挽葛上崎崟『杜甫』

메기 : 메기과에 속하는 민물고기. 입이 몹시 크
고 네 개의 긴 수염이 있음.

메기 과【鰥】점야(鮎也). 제야(鯷也).

메기 언【鰋】점어(鮎魚).
魚麗于罶鱨鰋『詩經』

메기 이【鮧】언어(鰋魚).

메기 점【鮎】언어(鰋魚).

메기 제【鯷】언어(鰋魚).

메기 제【鮧】언어(鰋魚).

메기 제【鰻】큰 메기(鮎)의 일종. 그 가죽으로
冠을 만든다 함.
鰻冠秫縫『戰國策』

메기 화【鰥】어명(魚名), 사점(似鮎).

메기 후【鮚】제야(鯷也).

메기새끼 :

메기새끼 공【鮏】제자(鯷子).

메다 :

멜 강【扛】두 사람이 같이 들어 등에 멤.
偓了幾箇扛夫『拍案驚奇』

멜 건【揵】어깨에 멤. 揵弓躅九鞬『後漢書』

멜 건【㨖】하견(荷肩).

멜 극【克】어깨에 멤.

멜 담【担】담(擔)의 속자.

멜 담【儋】담(擔)과 동자(同字).
背曰負 肩曰儋『國語』

멜 담【擔】짐을 어깨에 멤. 擔銃.
負書擔囊『戰國策』

멜 련【摙】등에 짐. 以錢買井水 不受錢者 摙水
還之『南史』

멜 영【攍】擔也.

멜 임【任】등에 멤. 是任是負『詩經』

멜 조【挑】어깨에 멤. 擔挑雙草屨『陸游』

멜 하【何】하(荷)와 동자(同字). 등에 짐.
何戈與祋『詩經』

멜 하【荷】
㉠ 물건을 어깨에 멤.
有荷蕢而過孔子之門者『論語』

ⓛ 떠맡음. 負荷.

　　ⓒ 남에게서 은혜를 받음. 感荷. 拜荷.
　　　世荷朝恩『晉書』

멜 항【夯】물건을 어깨에 멤.
　　　　及他人擔夯『禪林寶訓』

메뚜기 : 메뚜깃과에 속한 곤충을 통틀어 이르는
　　말. 겹눈과 세 개의 홑눈이 있고 튼튼한 입을
　　가졌으며, 뒷다리가 발달하여 잘 뛴다.

메뚜기 공【蛩】황충(蝗蟲).
　　　　　飛蛩滿野『淮南子』

메뚜기 번【蠜】황충(蝗蟲).

메뚜기 부【蜉】蜉螽, 황류(蝗類).

메뚜기 비【蜚】볏 잎을 갉아 먹는 해충.
　　　　　有蜚不爲害『左傳』

메뚜기 종【螽】螽斯美周室多男之詩『申培』

메뚜기새끼 :

메뚜기새끼 도【蚼】蝮蚼, 황자(蝗子).

메마르다 : 돌이 많고 토질이 단단하여 메마름.
　　또 그 땅. 땅이 척박함.

메마를 교【磽】磽确. 地有肥磽『孟子』

메마를 박【薄】磽薄. 土而水淺『左傳』

메마를 척【瘠】瘠薄. 擇瘠土而處之『國語』

메마른 땅 :

메마른 땅 외【魁】魁邦, 요각(墝埆).

메마른 땅 요【墝】爭虔墝埆『淮南子』

메마른 땅 척【埆】埆埆. 處埆則努『抱朴子』

메마르다 :

메마를 각【塙】토지가 척박(塙薄)함.
　　　　　土塙無葳蕤之木『新論』

메 :

메 만【巒】
　　㉠ 작고 뾰족한 산.
　　ⓛ 둥글고 낮은 산. 登石巒以遠望兮『楚辭』
　　ⓒ 빙 둘러싼 산. 襟帶盡巖巒『徐悱』

메 꽃 :

메꽃 부【葍】채소의 하나. 葍, 一名蒚『詩經』

메밀 : 마디풀과에 속하는 일년생의 재배 식물.
　　식용함.

메밀 교【蕎】교맥(蕎麥).
　　　　　月明蕎麥花如雪『白居易』

메벼 :

메벼 갱【粳】갱(秔)과 동자(同字). 粳稻.
　　　　　謝賚粳米『庚肩吾』

메벼 갱【秔】메진 벼. 秔稌. 禾稼稻秔『漢書』

메벼 갱【稉】갱(秔)과 동자(同字). 메진 벼.
　　　　　馳騁稉稻之地『漢書』

메벼 렴【穅】稻不黏.

메벼 선【秈】메진 벼.

　　　江南呼稉 爲秈『揚雄方言』

메 비둘기 :

메 비둘기 굴【鶌】鶌鳩, 골주(鶻鵃).

메스껍다 :

메스꺼울 양【膝】膝 욕토(欲吐).

메우다 : 넣어 채움.

메울 전【塡】充塡. 屍塡巨港之岸『李華』

메울 전【寘】전(塡)의 고자(古字). 寘滅.
　　　　　負薪寘決河『前漢書』

메주 : 콩을 쑨 것으로 간장을 담그는 원료. 또
　　간장을 떠내고 남은 건더기.

메주 시【豉】豆豉.

메주 시【敊】鹽敊千合『史記』

메추라기 : 꿩과에 속하는 새. 중요한 엽조(獵鳥)
　　의 하나.

메추라기 순【鶉】
　　㉠ 田鼠化爲鶉『淮南子』
　　ⓛ 해진 의복의 형용으로도 쓰임. 鶉衣.
　　　衣若懸鶉『荀子』

메추라기 여【鴽】鶉也.

메추라기 여【鴽】田鼠化爲鴽『禮記』

메추리 :

메추리 안【鷃】여속(鴽屬).

메추리 안【鴳】여속(鴽屬). 관작(冠雀).
　　　　　斥鴳笑之『莊子』

메추리 암【鶕】鴽也. 三月田鼠化爲鴽 鴽鶕也
　　　　　『夏小正』

메추리 암【鷃】鷃鶉, 조명(鳥名).

메추리 암【鵪】鶉也.

메추리새끼 :

메추리새끼 문【鳼】순자(鶉子).

멜빵 :

멜빵 거【襷】回 견조(肩條).

멧대추나무 : 갈매나무과에 속하는 낙엽교목. 대
　　추나무와 비슷하나 열매가 둥글고 가시가 있는
　　것이 다름.

멧대추나무 극【棘】園有棘『詩經』

멧대추나무 이【栜】隰有杞栜『詩經』

멧대추나무 이【樲】養其樲棘『孟子』

멧돼지 : 야생의 돼지. 산돼지.

멧돼지 단【豭】拳封豭豨『李白』

멧돼지 동【狪】산저(山豬).

멧돼지 환【豲】호저(豪豬).

멧비둘기 : 비둘깃과에 속한 새. 몸길이는 33센
　　티미터 정도이며, 빛깔은 회갈색이고 목 양쪽
　　에 회청색의 굵은 무늬가 있다. 나뭇가지 사이
　　에 둥지를 틀고 살며 곡식이나 곤충류를 잡아
　　먹는다.

멧비둘기 부【鵏】鳺鴀, 鴶鵴鳥.

멧비둘기 부【鴀】鳺鴀, 부구(鴶鳩).

멧비둘기 부【鴶】鴶鳩, 조명(鳥名).
　　　　　　　鴶　鴶鳩 鳺鴀也『集韻』

멧비둘기 일【鳺】일(鴶)과 동자(同字).
　　　　　　　발구(勃鳩). 鋪豉也.

멧비둘기 주【鵖】鶪鵖.

며느리 :

　며느리 부【婦】자부(子婦).
　　　　　　　子之妻爲婦『爾雅』

　며느리 식【媳】世祖每稱之 爲賢德媳婦
　　　　　　　『元史』

며느리발톱 : 닭 같은 것의 뒤 발톱.

　며느리발톱 거【距】如距之斯脫『宋史』

며느리발톱 있는 거북 :

　며느리발톱 있는 거북 남【艫】有距龜.

며루 : 각다귀의 유충. 벼, 보리, 조 따위의 뿌리
　와 싹을 잘라먹는 해충.

　며루 방【蚄】자방(蚜蚄).

　며루 자【蚜】자방(蚜蚄). 以馬踐過爲種 無蚜蚄
　　　　　　　蟲也『齊民要術』

면 :

　면 면【面】
　　　　㉠ 겉. 外面. 西湖水面, 唯務深闊『宋史』
　　　　㉡ 수학(數學)에서 평면(平面)을 이름. 多面形.

면류관 :

　면류관 면【冕】대부(大夫) 이상이 쓰는 예관
　　　　　　　(禮冠).

　면류관 후【冔】은(殷)나라의 관(冠).
　　　　　　　周弁殷冔夏收『禮記』

면류관 끈 : 면류관(冕旒冠)의 주옥(珠玉)을 꿰어
　늘어뜨린 끈. 천자(天子)는 12줄을 제후(諸侯)
　는 9줄 상대부(上大夫)는 7줄 하대부(下大夫)
　는 5줄 임.

　면류관 끈 류【旒】旒冕.
　　　　　　　天子玉藻 十有二旒『禮記』

면류관 덮개 : 면류관의 위를 덮는 검은 헝겊을
　바른 것.

　면류관 덮개 연【綖】衡紞紘綖『左傳』

면류관 드림 옥 : 옥을 색실에 꿴 면류관의 장
　식.

　면류관 드림 옥 류【瑬】垂玉冕飾.

　면류관 드림 옥 조【璪】載冕璪十有二旒
　　　　　　　『禮記』

면류관싸개 :

　면류관싸개 협【綊】綖也. 冕前後垂覆也.

면전 : 그 사람 앞에서. 눈앞에서.

　면전 면【面】面責. 汝無面從退有後言『書經』

면종(面腫) :

　면종 포【皰】얼굴에 나는 부스럼.

면주(綿紬) :

　면주 시【繩】명주(明紬).
　　　　　　　명주실로 무늬 없이 짠 피륙.

면하다 :

　면할 료【療】고통(苦痛)을 면함. 療饑.

　면할 면【免】면제(免除)함. 免訴.
　　　　　　　遭蝗之處免租『齊書』

　면할 복【復】면제함. 復租. 七大夫以下 皆復其
　　　　　　　身及戶 勿事『漢書』

멸망하다 : 망하여 없어짐. 또 다 없어짐.

　멸망할 멸【滅】滅國. 天理幾滅『朱熹』

　멸망할 미【靡】미(糜)와 통용.
　　　　　　　靡爛其民『孟子』

　멸망할 재【殄】滅也.

　멸망할 첨【殱】齊人殱于遂『公羊傳』

멸족하다 :

　멸족할 족【族】씨를 멸함. 罪人以族『書經』

멸치 :

　멸치 약【鰯】囶 온어(鰮魚).

　멸치 잔【鱝】어명(魚名).

멸하다 :

　멸할 망【亡】멸망(滅亡)함. 멸망(滅亡)시킴.
　　　　　　　亡國. 國家將亡『中庸』

　멸할 멸【威】멸(滅)과 동자(同字).
　　　　　　　赫赫宗周褒姒威之『詩經』

　멸할 멸【蔑】멸(滅)과 동자(同字).
　　　　　　　蔑殺其民『國語』

　멸할 멸【滅】없애 버림. 殲滅.
　　　　㉠ 無以死傷生 毀不滅性『孝經』
　　　　㉡ 鳥獸行則滅之『周禮』

　멸할 미【靡】미(糜)와 통용. 靡爛其民『孟子』

　멸할 민【泯】멸망함. 없어짐. 泯滅.
　　　　　　　幸此書之不泯『中庸章句』

　멸할 섬【殲】모두 죽음. 섬멸(殲滅) 당함.
　　　　　　　齊人殲于遂『春秋』

　멸할 암【揞】滅也.

　멸할 에【殪】절멸(絶滅)시킴.
　　　　　　　天乃大命文王殪戎殷『詩經』

　멸할 이【夷】멸망시킴. 夷滅.
　　　　　　　三族皆夷『荀子』

　멸할 잔【殘】멸망시킴. 欲殘中山『戰國策』

　멸할 전【戩】전(翦)과 통용. 멸망시킴.

　멸할 진【殄】절멸시킴. 殄滅.
　　　　　　　不殄厥慍『孟子』

　멸할 첨【殱】齊人殱于遂『公羊傳』

　멸할 체【替】절멸(絶滅)함. 또 쇠퇴함. 替衰.

君之冢嗣其替乎『國語』

멸할 최【摧】 멸망함. 將自此而摧『詩經』

멸할 홀【忽】 절멸(絕滅)함. 是絕是忽『詩經』

명 :

명 명【銘】

㉠ 금석에 새긴 글. 刀銘. 鼎銘.
為之銘志『南史』

㉡ 문체의 이름. 곧 한문(漢文)의 한 체(體)로
서, 혹은 그릇에 새겨 스스로 경계하고, 혹
은 묘비(墓碑) 등에 새겨 그 사람의 공덕을
찬양하는 글. 墓誌銘.
銘名也 述其功美 使可稱名也『釋名』

㉢ 장례 때 기(旗)에 적은 죽은 사람의 관직
성명 등. 銘旌. 設熬置銘『周禮』

명 길다 :

명 길 구【耇】 장명(長命).

명랑하다 :

명랑할 진【昣】 명랑(明朗).

명령 :

명령 령【蛉】 螟蛉. 배추벌레. 접아류(蝶蛾類)의
유충(幼蟲)으로서 빛이 푸른 것.

명령 령【令】 命令. 從父之蛉『孝經』

명령하다 :

명령할 명【命】 명령을 내림.
㉠ 乃命羲和『書經』
㉡ 大曰命 小曰令『增韻』

명백하다 : 백화문(白話文)에서 이해(理解)한다는
뜻으로 씀.

명백할 동【懂】 懂得. 我懂地.

명부 :

명부 첩【牒】 名簿. 隨牒展轉『晉書』

명심(明審)하다 : 분명하고 자세함.

명심할 성【省】 實偽之辨 如此其省也『列子』

명아주 : 명아주과에 속하는 일년초. 각처의 전야
(田野)에 나는데 어린잎은 먹으며 줄기로는 지
팡이를 만든다.

명아주 래【萊】 北山有萊『詩經』

명아주 려【藜】 藜杖. 藜莠蓬『禮記』

명아주 율【蓳】 赤藜.

명예 : 좋은 평판. 명성.

명예 예【譽】 聲譽. 毀譽. 有不虞之譽『孟子』

명적(名籍) :

명적 관【貫】 이름을 열기(列記)한 문서. 鄕貫.
其實官正職者 亦列名貫『魏志』

명주 :

명주 견【絹】 絹布. 絹帛.
令遣絹二疋『後漢書』

명주 곡【縠】 주름이 잡힌 고운 명주. 細縠.

羅縠. 動霧縠以徐步『宋玉』

명주 려【綌】 무늬 없는 견직물.

명주 만【縵】

㉠ 무늬 없는 견직물. 縵表白裏『漢律』

㉡ 인신(引伸)하여 장식이 없는 물건을 이름.
乘縵[장식이 없는 수레를 탐].

명주 백【帛】 견직물(絹織物). 布帛.
束帛加璧『儀禮』

명주 붕【絣】 무늬 없는 견직물.

명주 사【絲】 견직물. 妾不衣絲『漢書』

명주 수【繻】 올이 가늘고 톡톡한 명주.
繻有衣袽『易經』

명주 시【絁】 거친 견직물.
丁歲輸綾絁二丈『唐書』

명주 예【綒】 견직물의 한가지.
刑餘戮民 不敢服綒『管子』

명주 임【紝】 견직물. 織紝組紃『禮記』

명주 제【緹】 붉은 명주. 赤帛.
緹繒 十重『後漢書』

명주 제【綈】 올이 굵고 거친 명주. 弋綈.
袍戀戀有故人之意『史記』

명주 주【紬】 굵은 명주. 遺送白紬『北齊書』

명주 주【綢】 주(紬)와 통용. 綢緞.

명주 증【繒】 견직물의 총칭. 繒帛.
睢陽販繒者也『漢書』

명주 호【縞】 고운 명주. 흰 명주. 생견(生絹).
縞裙. 厥篚玄纖縞『書經』

명주조각 : 관문(關門) 출입의 부신(符信)으로 쓰
는 명주 조각.

명주조각 수【繻】 關吏與軍繻『漢書』

명치 : 사람의 몸에 있어서 급소(急所)의 하나로
가슴아래 한가운데에 오목하게 들어간 곳. 심
장 밑. 횡격막(橫隔膜) 위에 있는 국부(局部).

명치 황【肓】 病入膏肓.
居肓之上膏之下『左傳』

명함 : 성명(姓名)을 적은 종이쪽지.

명함 알【謁】 謁刺. 高祖乃給為謁『史記』

명함 자【刺】 名刺. 投刺. 刺字漫滅『後漢書』

명함 전【箋】 姻友投箋互拜『熙朝樂事』

명함 첩【帖】 魯客多呈帖『張籍』

명함 내놓다 : 명함(名銜)을 내놓고 성명(姓名)을
통(通)함.

명함 내놓을 자【刺】 每夜刺闈『南史』

명협(蓂莢) : 요(堯) 임금 때 조정(朝廷)의 뜰에
난 서초(瑞草)의 이름.

명협 명【蓂】 명협(蓂莢). 蓂莢朱草『漢書』

명협 협【莢】 명협(蓂莢). 蓂莢朱草『漢書』

몇 :

몇 거 【詎】 詎幾는 확실하지 않음.
　　　　　수효(數爻)를 이르는 말. 몇.
　　　　　樂爲之者 詎幾人也『北史』

모 :

모 각 【角】 모진데. 隅角. 稜角. 屋角.

모 고 【柧】 고(觚)와 동자(同字). 모서리.
　　　　　漢興破柧爲圜『史記』

모 고 【觚】 물건의 뾰족하게 나온 곳.
　　　　　成六觚『漢書』

모 규 【圭】 모서리. 磨淬出角圭『韓愈』

모 렴 【廉】 모서리. 능각(稜角). 廉隅.
　　　　　設席於堂廉東上『儀禮』

모 릉 【棱】
　　⦿ 모서리. 廉棱. 上觚棱而棲金雀『班固』
　　⦿ 모난 성질. 剛棱疾惡『後漢書』

모 릉 【稜】 능(棱)과 동자(同字). 모서리. 觚稜.
　　　　　上觚稜而棲金爵『班固』

모 릉 【楞】 능(棱)과 동자(同字). 불교의 능엄경
　　　　　(楞嚴經)은 특히 이 자(字)를 씀.

모 묘 【苗】 곡초(穀草)등의 싹. 禾苗. 新苗.
　　　　　宋人有閔其苗之不長而揠之者『孟子』

모 방 【方】
　　⦿ 네모짐. 正方形. 規矩方員之至也『孟子』
　　⦿ 품행이 방정(方正)함.
　　　　　智欲圓而行欲方『淮南子』
　　⦿ 대지(大地). 땅은 네모지다 하여 이른 말.
　　　　　戴圓履方『淮南子』

모 앙 【秧】 벼의 모. 移秧.
　　　　　新禾未抽秧『歐陽修』

모 애 【崖】 남과 잘 화합하지 않는 일. 崖岸.
　　　　　乖則違衆 崖則不和物『宋史』

모 화 【禾】 곡류(穀類)의 모. 또 그 줄기.
　　　　　禾則盡起『書經』

모가지 :

모가지 급 【級】 전쟁 때 벤 적의 목. 진나라 때
　　　　　　　적의 목을 하나 벤 자는 작위가
　　　　　　　한 계급씩 올라갔기 때문에 나
　　　　　　　온 말. 首級. 馘級.
　　　　　　　斬首十五級『史記』

모감주나무 :

모감주나무 란 【欒】 교목의 하나.
　　　　　　　樹以欒『周禮』

모거(耗車) :

모거 모 【耗】 공거(公車).
　　　　　　公路主君之耗車庶子爲之『詩箋』

모과나무 :

모과나무 무 【楙】 모과(木瓜).

모기 : 장구벌레가 우화(羽化)한 모기과에 속하는

곤충. 암컷은 사람이나 짐승의 피를 빨아먹음.

모기 문 【蚊】 蚊蜹.
　　　　　蚊䖟噆膚 則通昔不寐矣『莊子』

모기 예 【蚋】 예(蜹)와 동자(同字).
　　　　　秦晉謂之蚋禁謂之蚊『說文解字』

모기 예 【蜹】 예(蚋)와 동자(同字). 蠅蜹.
　　　　　蠅蜹姑嘬之『孟子』

모나다 :

모날 애 【崖】 남과 잘 화합하지 않는 일. 崖岸.
　　　　　乖則違衆 崖則不和物『宋史』

모두 : 일정한 양(量)이나 수효(數爻)를 기준해서
　　　빠지거나 빼거나 또는 남기지 않고 다.

모두 거 【舉】 舉國. 事物之理 舉集目前『司馬光』

모두 구 【具】 다. 百卉具腓『詩經』

모두 글 【訖】 다. 民訖自若是多盤『書經』

모두 도 【都】 모조리. 都是.
　　　　　使人名利之心都盡『世說』

모두 비 【備】 죄다. 季秋之月 農事備收『禮記』

모두 설 【屑】 다. 屑有辭『書經』

모두 승 【勝】 다. 온통. 材木不可勝用『孟子』

모두 역 【亦】 총(總)과 동의.
　　　　　亦行有九德『書經』

모두 일 【一】 다 빠짐없이. 一切.
　　　　　一可以爲法則『荀子』

모두 제 【諸】 諸君. 諸事. 歷試諸艱『書經』

모두 첨 【僉】 모든 사람. 僉位. 僉議.
　　　　　僉曰 於鯀哉『書經』

모두 총 【摠】 皆也.

모두 총 【總】 다. 問我來期總不知『姚合』

모두 최 【最】 모조리. 最從高帝『史記』

모두 통 【統】 전체가 한 데 합하여. 統舊國五新
　　　　　國三凡八大國『資治通鑑

모두 해 【該】 다. 萬物該兼『太玄經』

모두 혼 【渾】 전부. 또 아주. 渾身.
　　　　　白頭搔更短 渾欲不勝簪『杜甫』

모뜨다 :

모뜰 부 【俯】 본뜸. 禮樂俯天地之情『禮記』

모뜰 상 【像】 본뜸. 像上之意『荀子』

모래 : 돌 부스러기.

모래 력 【礫】 其下則金礦丹礫『郭璞』

모래 사 【沙】 沙石. 爲萬餘囊 滿盛沙 壅水上流
　　　　　『史記』

모래 사 【砂】 사(沙)와 동자(同字). 砂金.
　　　　　丹砂可化爲黃金『史記』

모래둔덕 :

모래둔덕 장 【塲】 沙之墳起貌.

모래 밀리다 : 사석(沙石)이 물에 밀리는 모양.

모래 밀릴 대 【瀩】 瀩溰.

碧沙遺施 而往來『郭璞』

모래벌판 :
 모래벌판 적 【磧】 사막. 今君渡沙磧『杜甫』

모래 섞이다 :
 모래 섞일 찰 【鱶】 磣也.
 모래 섞일 참 【磣】 食有沙.
　　　　　　　或物中雜沙之謂『玉篇』

모래 섬 : 얕은 물 가운데에 토사(土砂)가 쌓여
 물위에 나타나는 곳.
 모래 섬 단 【潬】 水中沙渚.
 모래 섬 정 【汀】 攘汀洲兮杜若『楚辭』

모래 일다 : 모래가 일어남.
 모래 일 사 【沙】 風沙晦暝『舊唐書』

모래톱 :
 모래톱 주 【洲】 사주(沙洲). 작은 섬. 洲島.
　　　　　　　在河之洲『詩經』
 모래톱 지 【坻】 사주(沙洲).
　　　　　　　宛在水中坻『詩經』

모래흙 :
 모래흙 참 【壏】 사토(沙土).

모르다 :
 모를 치 【諑】 불지(不知).
 모를 치 【詍】 불지(不智).

모름지기 : 모름지기 ～하여야 함. 명령 또는 결
 정의 말.
 모름지기 수 【須】 適有事務 須自經營『應璩』

모범 : 본보기.
 모범 헌 【憲】 模憲. 百辟爲憲『詩經』

모사(模寫)하다 : 인물을 형체 그대로 그림.
 모사할 막 【貌】 命工貌妃於別殿『唐書』

모서리 : 모서리. 모가진 가장자리.
 모서리 각 【角】 사각(四角). 隅角. 稜角. 屋角.
 모서리 고 【柧】 고(觚)와 동자(同字).
　　　　　　　漢興破柧爲圜『史記』
 모서리 구 【矩】 사각(四角). 矩方器械『漢書』
 모서리 규 【圭】 磨滓出角圭『韓愈』
 모서리 렴 【廉】 능각(稜角). 廉隅.
　　　　　　　設席於堂廉東上『儀禮』
 모서리 릉 【棱】 廉棱. 上觚棱而棲金雀『班固』
 모서리 릉 【稜】 능(棱)과 동자(同字). 觚稜.
　　　　　　　上觚稜而棲金爵『班固』

모습 :
 모습 성 【性】 容貌. 不待脂粉芳澤 而性可說者
　　　　　　　『淮南子』
 모습 영 【影】 姿態. 絶影乎大荒之遐阻『張協』
 모습 제 【製】 용자(容姿). 顧晳美姿製『唐書』
 모습 표 【表】 용모. 儀表. 姿表瓌麗『南史』
 모습 풍 【風】 태도. 風采. 有國士之風『史記』

모시 : 모시풀의 섬유로 짠 피륙.
 모시 온 【縕】 枲麻. 縕爲袍『禮記』
 모시 자 【芓】 枲也.
 모시 저 【紵】 紵布. 獻紵衣『左傳』

모시다 :
 모실 개 【介】 介其側
 모실 반 【伴】 배종(陪從)함. 隨伴. 伴食.
　　　　　　　須賓客自伴『北史』
 모실 방 【傍】 좌우(左右)에서 시중을 듬.
　　　　　　　成王之生 仁者養之 孝子强之 四
　　　　　　　聖傍之『新書』
 모실 배 【陪】
　㉠ 시종(侍從). 陪乘. 陪嘉宴於秋夕『顧野王』
　㉡ 시종(侍從)하는 사람. 以無陪無卿『詩經』
 모실 시 【侍】
　㉠ 높은 사람의 옆에서 시중을 듬. 侍坐.
　　 侍從. 閔子侍側『論語』
　㉡ 또 그 사람. 解官充侍『唐書』
 모실 어 【衙】 侍也.
 모실 어 【御】 시종(侍從)함.
　　　　　　　御其母以從『書經』

모시풀 : 쐐기풀과에 속하는 다년초. 식물 줄기의
 섬유는 모시의 원료임.
 모시풀 시 【枲】 岱畎絲枲『書經』
 모시풀 저 【芓】 저(苧)와 동자(同字).
 모시풀 저 【苧】 苧麻. 苧絲.
　　　　　　　其草則藨苧蘋莞『張衡』
 모시풀 저 【紵】 밧줄을 만듦. 可以漚紵『詩經』

모양 :
 모양 관 【觀】
　㉠ 儀觀. 容觀. 上用目則下飾觀『韓非子』
　㉡ 상태. 外觀. 海內改觀『後漢書』
 모양 모 【貌】
　㉠ 자태. 姿貌. 堂堂有天人之貌『列仙傳』
　㉡ 외모. 행동거지. 貌思恭『論語』
　㉢ 外貌. 인신(引伸)하여 표면. 겉뿐. 貌愛.
　㉣ 형상. 상태. 千態萬貌『李漢』
 모양 백 【魄】 形體. 其魄兆乎民矣『國語』
 모양 상 【狀】
　㉠ 꼴. 形狀. 孔子狀類陽虎『史記』
　㉡ 정형. 狀況. 知鬼神之情狀『易經』
 모양 양 【樣】 同樣. 淵角殊樣『任昉』
 모양 열 【蓻】 態也.
 모양 옥 【𩕳】 貌也.
 모양 용 【彤】 形也.
 모양 질 【質】 물건의 형체. 物質. 形質.
　　　　　　　原始要終 以爲質也『易經』
 모양 체 【體】 ㉠ 모습. 용모. 姿體.
　　　　　　　㉡ 체재. 字體. 國體.

모양 태【態】態也.

모양 태【態】

　　㉠ 용모(容貌). 姿態. 君子之態 『司馬相如』

　　㉡ 꼴. 形狀. 形態. 相背而異態 『史記』

모양 황【況】狀況. 老況靑燈外 『許衡』

모양 후【候】상태(狀態). 頃刻異狀候 『韓愈』

모양내다 :

　모양낼 악【媉】용식(容飾).

　모양낼 자【姿】자태를 꾸밈.

　　　　　　　義之俗書媿姿媚 『韓愈』

모여들다 :

　모여들 예【蘱】군집(群集).

모여서다 :

　모여설 임【乑】중립(衆立).

모으다 :

　모을 갑【敆】會也.

　모을 구【鳩】鳩首. 鳩合同志 『陸機』

　모을 구【勾】聚也.

　모을 구【逑】한데 모이게 함. 또 일치시킴.

　　　　　　　以爲民逑 『詩經』

　모을 군【群】모이게 함. 群天下之英傑 『荀子』

　모을 규【九】규(紏)와 통용.

　　　　　　　桓公九合諸侯 『論語』

　모을 규【紏】한데 모음. 紏合.

　　　　　　　紏人宗聚 『後漢書』

　모을 단【摶】취합(聚合)함.

　　　　　　　摶國不在敦古 『管子』

　모을 단【團】한데 합침. 枝枝若手團 『李建勳』

　모을 도【都】

　　㉠ 모이게 함. 大都授時 『漢書』

　　㉡ 한데 합침. 頃撰遺文都爲一集 『魏文帝』

　모을 도【滔】滔乎前 『莊子』

　모을 복【踊】聚也.

　모을 부【裒】많이 모으거나 모임. 裒集.

　　　　　　　原隰裒兮 兄弟求矣 『詩經』

　모을 부【襃】부(裒)와 통용.

　모을 수【蒐】모아들임. 蒐集. 蒐聚也 『爾雅』

　모을 열【閱】모음. 川閱水以成川 『陸機』

　모을 온【薀】한데 모음. 雜以薀藻 『左思』

　모을 옹【雍】한데 모음. 雍神休 『揚雄』

　모을 요【要】한데 합침. 要其節奏 『禮記』

　모을 응【凝】눈 또는 마음을 한군데에 집중함.

　　　　　　　凝視. 以凝思 『陸機』

　모을 입【込】㉠ 군집(群集).

　모을 잠【撍】盇撍, 聚也.

　모을 접【接】회합함. 偃兵接好 『國語』

　모을 종【鍾】한데 모이게 함. 鍾愛.

　　　　　　　天鍾美於是 『左傳』

　모을 종【綜】한데 모아 정리함. 綜合.

　　　　　　　綜其實 『史記』

　모을 주【紬】모아 철(綴)함.

　　　　　　　紬史記金匱石室之書 『史記』

　모을 준【蹲】한군데 모아 놓음.

　　　　　　　蹲甲而射之 『左傳』

　모을 지【耤】集也.

　모을 집【輯】㉠ 한데 모음. 輯萬國 『漢書』

　　　　　　　㉡ 거둠. 輯五瑞 『書經』

　　　　　　　㉢ 저술의 재료를 모음. 編輯.

　　　　　　　　門人相與輯而論纂 『漢書』

　모을 집【緝】집합함. 緝綴. 衣冠未緝 『褚淵』

　모을 집【集】

　　㉠ 한데 모임. 群集. 收集降卒 『後漢書』

　　㉡ 시문 등을 모은 책. 文集.

　　　　　　　詩集 五十卷 『隋書』

　모을 찬【鑹】찬(攢)과 통용. 列刃鑹鍒 『班固』

　모을 찬【攢】한곳에 모이게 함.

　　　　　　　攢戾莎 『漢書』

　모을 찬【纂】문서를 모아 엮음. 책을 편집함.

　　　　　　　揚雄取其用者以作訓纂篇 『漢書』

　모을 찬【纘】찬(纂)과 동자(同字).

　　　　　　　論纘述之要 『容齋隨筆』

　모을 찬【欑】欑至于上 『禮記』

　모을 찬【鑽】한데 모음. 列刃鑽鍒 『張衡』

　모을 책【簀】쌓아 모음. 綠竹如簀 『詩經』

　모을 촉【屬】

　　㉠ 한데 모음. 屬其耆老 『孟子』

　　㉡ 한데 모임. 不屬於王所 『周禮』

　모을 총【叢】한곳으로 모이게 함.

　　　　　　　叢珍怪 『漢書』

　모을 촬【撮】其居處足以撮徒成黨 『孔子家語』

　모을 최【最】한군데 모이거나 모음.

　　　　　　　物何爲最之哉 『莊子』

　모을 최【稡】會稡, 聚也.

　모을 추【摯】摯斂九藪之動物 『馬融』

　모을 추【搯】聚也.

　모을 추【穋】聚也.

　모을 축【蓄】君子以容民蓄衆 『易經』

　모을 췌【贅】贅其父老 『說苑』

　모을 췌【萃】拔萃. 叢萃. 良朋萃止 『仲長統』

　모을 취【冣】聚也.

　모을 취【聚】聚徒敎習 『梁簡文帝』

　모을 합【圁】合也.

　모을 회【會】모이게 함. 大會耆老 『晉書』

　모을 휘【彙】彙報. 彙分.

　모을 흡【翕】翕合. 天下翕然 『史記』

모이다 :

　모일 괄【括】회합함. 德音來括 『詩經』

모일 구【鳩】鳩首. 鳩合同志『陸機』

모일 기【期】회합함. 期於司里『國語』

모일 단【團】한 곳으로 옴. 또 엉겨 굳어짐.
澗深冰已團『盧象』

모일 단【敦】떼지어 모이는 모양.
敦彼行葦『詩經』

모일 답【遝】한데 모여 혼잡함. 紛遝.
衆靈雜遝『曹植』

모일 도【都】군집함. 蟲鳥之所都聚『釋名』

모일 도【滔】滔乎前『莊子』

모일 동【同】회동함. 合同. 獸之所同『詩經』

모일 박【薄】奄薄水渚『司馬相如』

모일 부【裒】많이 모으거나 모임. 裒集.
原隰裒兮 兄弟求矣『詩經』

모일 부【褒】부(裒)와 통용.

모일 분【坌】모아둠. 坌集京師『唐書』

모일 선【詵】함께 모여 화목한 모양.
앙모(仰慕)하여 모여드는 모양.
後進詵詵『晉書』

모일 숭【崇】한데 모임. 福祿來崇『詩經』

모일 아【衙】참집(參集)함. 早晚衙集『篇海』

모일 온【蘊】한 데 모임. 한 데 모임.
雜以蘊藻『左思』

모일 위【虺】禍所虺『太玄經』

모일 장【蹡】한 군데 모이는 모양.
磬筦蹡蹡『詩經』

모일 전【蕊】꽃이 모인 모양.
瓊鈒入蕊『潘岳』

모일 접【接】회합함. 偃兵接好『國語』

모일 조【朝】회합함. 耆宿皆朝于庠『禮記』

모일 족【簇】떼지어 한군데에 모임. 簇出.
萬物簇生『史記』

모일 족【蔟】족(簇)과 동자(同字).
陽氣大蔟『禮記』

모일 종【鍾】情之所鍾『晉書』

모일 주【注】한데 모임. 令禽注于虞中『周禮』

모일 주【州】群萃而州處『國語』

모일 주【遒】한 데 모여 듦. 百祿是遒『詩經』

모일 주【湊】모여듦. 회집(會集)함. 輻湊.
士爭湊燕『戰國策』

모일 주【輳】수레바퀴의 살이 바퀴 통에 모임.
如輻之輳轂 水之朝宗『參同契』

모일 준【僔】모이다.

모일 준【撙】한 데 많이 모이는 모양.
齊總總撙撙『揚雄』

모일 준【寯】聚也.

모일 진【稹】밀집(密集)함. 橚杞稹薄『郭璞』

모일 진【臻】한 군데로 모임. 폭주함.
商賈之所臻 萬物之所殖『鹽鐵論』

모일 집【計】集也.

모일 집【揖】집(輯)과 통용. 한 데모임.
螽斯羽揖揖兮『詩經』

모일 집【輯】㉠ 한데 모임. 輯萬國『漢書』
㉡ 거둠. 輯五瑞『書經』
㉢ 저술의 재료를 모음. 編輯.
門人相與輯而論纂『漢書』

모일 집【緝】집합함. 緝綴. 衣冠未緝『褚淵』

모일 집【集】
㉠ 한데 모임. 群集. 收集降卒『後漢書』
㉡ 시문 등을 모은 책. 文集.
詩集五十卷『隋書』

모일 찬【鑽】찬(攢)과 통용. 列刃鑽鍭『班固』

모일 찬【攢】攢生. 攢立叢倚『司馬相如』

모일 찬【儹】취야(聚也).

모일 찬【酇】한군데에 모여 듦.
位有酇列之處『禮記』

모일 찬【欑】한데 모아 쌓임.
欑至于上『禮記』

모일 창【搶】집합함. 飛搶榆枋『莊子』

모일 촉【屬】㉠ 屬其耆老『孟子』
㉡ 不屬於王所『周禮』

모일 총【漎】물이 모여드는 모양.
中漎漎以回復『杜甫』

모일 총【叢】한곳으로 모임. 叢集.
是叢于厥身『書經』

모일 최【最】한군데 모이거나 모음.
物何爲最之哉『莊子』

모일 최【蕞】蕞芮于城隅者『潘岳』

모일 축【滀】물이 모임. 漬淪而滀漯『木華』

모일 췌【贅】贅其父老『說苑』

모일 췌【萃】拔萃. 叢萃. 良朋萃止『仲長統』

모일 취【𪅀】모여 듦. 鷺𪅀於林『太玄經』

모일 취【聚】
㉠ 회합함. 五星聚于東井『史記』
㉡ 폭주(輻輳)함. 財散則民聚『大學』
㉢ 누적 함. 敬德之聚也『左傳』

모일 칩【蟄】즐거이 모이는 모양.
宜爾子孫蟄蟄兮『詩經』

모일 태【兌】모여듦. 仁人之兵兌 則若莫邪之利
鋒『荀子』

모일 합【盍】합함. 朋盍簪『易經』

모일 합【合】會合. 苟合矣『論語』

모일 회【會】
㉠ 회합함. 會同. 俱會大道口『古詩』
㉡ 하나가 됨. 일치함. 筆與手會『陶弘景』

모일 흡【翕】翕合. 天下翕然『史記』

모이주머니 : 새의 목에 있는 모이를 넣는 곳.

모이주머니 소【嗉】嗉囊.

모임 :

　모임 단【團】단체. 軍團. 財團. 또 둥글게 뭉친
　　　　　것. 團子. 蒸炊豆作團『陸游』
　모임 회【會】詩會. 周人作會 而民始疑『禮記』

모자라다 :

　모자랄 각【埆】同年而談豊埆『左思』
　모자랄 결【缺】缺乏. 粟缺于食『大戴禮』
　모자랄 빈【貧】학문, 재덕 등이 부족함.
　　　　　才富而學貧『文心雕龍』
　모자랄 축【縮】縮于財用則匱『戰國策』
　모자랄 핍【乏】힘이 부족함.
　　　　　足力乏不能拜而先止『五代史』
　모자랄 흠【欠】虧欠. 所懷無一欠『韓愈』

모전(毛氈) : 솜털로 만든 모직물. 또 이 천으로
　만든 요.

　모전 전【氈】毛氈. 共罷毛爲氈『周禮』

모종내다 :

　모종낼 별【莂】種槪移蒔.
　모종낼 적【䅩】離而種之.

모종하다 :

　모종할 시【蒔】이식(移植)함. 蒔植.
　　　　　蒔樹一根 以旌戰功『晉書』

모주(母酒) :

　모주 매【䊈】䊈麴, 주모(酒母).

모지다 :

　모질 방【方】
　　㉠ 네모짐. 또 그 형상. 正方形.
　　　　規矩方員之至也『孟子』
　　㉡ 품행이 방정(方正)함.
　　　　智欲圓而行欲方『淮南子』
　　㉢ 대지(大地). 땅은 네모지다 하여 이른 말.
　　　　戴圓履方『淮南子』

모지라지다 :

　모지라질 독【禿】
　　㉠ 끝이 닳아서 없어 짐. 禿筆.
　　　　筆禿千枚『東坡志林』
　　㉡ 꽃이 피어 번성함.
　　　　蘭有禿兮菊有芳『漢武帝』
　모지라질 돈【頹】禿也.

모직 띠 :

　모직 띠 등【縢】毛織帶.

모직물 : 털로 짠 직물의 한가지.

　모직물 갈【毼】作文繡織氈毼『後漢書』
　모직물 루【氀】作文繡織氈毼『後漢書』
　모직물 리【氉】錦繡罽氉『華陽國志』
　모직물 모【毭】毭子用粉土黃檀子『輟耕錄』
　모직물 첩【氎】명주 줄이 고운 모직물.
　　　　隴右道厥賦有毛毼白氎『唐書』

모직물 취【毳】부드러운 털로 짠 직물.
　　　　荷旃被毳者『王褒』
모직물 탈【毾】오랑캐 나라에서 생산하는 털
　로 짠 직물.
　　　　文繡罽毾『後漢書』

모진 바람 :

　모진 바람 괄【颳】악풍(惡風).

모진 사람 :

　모진 사람 대【懟】악인(惡人). 大懟.
　　　　元懟授首『晉書』

모진 풀 :

　모진 풀 소【莦】악초(惡草).

모질게 굴다 :

　모질게 굴 포【暴】虐待함. 敢行暴虐『書經』

모질다 : 모나고 인정이 없음. 잔인함.

　모질 계【鍥】道德之旨未弘 而鍥薄之風先搖
　　　　『唐書』
　모질 광【獷】맹악(猛惡)함. 포악(暴惡)함. 獷悍.
　　　　移獷俗『後漢書』
　모질 녕【獰】맹악(猛惡)함. 흉악(凶惡)함. 獰惡.
　　　　容貌猙獰『廣異記』
　모질 달【㺂】猛也.
　모질 린【㷠】觚㷠, 棱也.
　모질 별【憋】악함. 羌胡憋腸狗態『後漢書』
　모질 삭【削】刻削.
　모질 삭【傃】傏傃, 惡也.
　모질 악【惡】
　　㉠ 성품이 악함. 惡人.
　　　　形相雖善 而心術惡, 無害爲小人也『荀子』
　　㉡ 악한 일. 罪惡. 承天誅惡『新語』
　모질 적【傏】傏傃, 惡也.

모탁 :

　모탁 탁【㭘】柝也.

모탕 : 나무를 패는데 받치는 나무토막. 또 죄인
　의 목을 베는데 받치는 나무토막.

　모탕 건【虔】도끼 받침. 方斲之虔『詩經』
　모탕 건【椹】작목질(斫木椹).
　모탕 질【質】不足以當椹質『史記』
　모탕 질【櫍】질(鑕)과 동자(同字). 도끼 받침.
　모탕 질【鑕】질(質)과 동자(同字).
　　　　쇠로 만든 모탕. 斧鑕.
　모탕 침【椹】도끼 받침. 不足以當椹質『史記』
　모탕 침【砧】심(椹)과 동자(同字). 砧斧.
　　　　宜先伏於砧鑕『歐陽修』
　모탕 침【鍖】심(椹)과 동자(同字). 쇠 모탕.

모퉁이 : 구부러지거나 꺾어져 돌아간 자리.

　모퉁이 아【阿】길모퉁이. 陽之阿『楚辭』
　모퉁이 우【隅】隅曲. 止于丘隅『詩經』

모퉁이 주【周】구석. 生于道周『詩經』

모퉁이 투【套】戰于胡蘆套『康熙字典』

모피 : 털이 붙은 가죽.

모피 모【毛】衣毛而冒皮『漢書』

모형 : 마편초과(馬鞭草科)에 속하는 낙엽관목. 인삼목(人蔘木). 줄기와 잎은 약재로 씀.

모형 수【菙】燋煒用荊菙之類『周禮』

모형 형【荊】其下多荊杞『山海經』

모호하다 : 흐릿한 모양. 자세하지 않은 모양. 행동이나, 판단이 분명하지 못한 모양.

모호할 모【模】모(摸)와 통용. 糢糊,

모호할 애【靉】仿佛其色, 靉雲氣其形『木華』

목 :

목 경【頸】

　㉠ 머리와 몸을 잇는 부분. 長頸. 刎頸.
　　　思漢之士 廷頸鶴望『漢書』

　㉡ 물건의 목 모양으로 된 부분. 鞞,
　　　其頸五寸『禮記』

목 두【脰】머리와 몸을 이은 잘록한 부분.
　　　絶脰而死『史記』

목 령【領】경항(頸項).
　　　天下之民 引領而望之矣『孟子』

목 영【腰】頸也.

목 요【要】중요한 곳. 要害之處『史記』

목 인【咽】要害處. 韓天下之咽喉『戰國策』

목 충【衝】요긴한 곳. 요소(要所).
　　　神王守要衝『元稹』

목 항【項】

　㉠ 목의 뒤 쪽. 其項類皐陶『史記』

　㉡ 관(冠)의 뒤 쪽. 賓右手執項『儀禮』

목 항【吭】

　㉠ 목구멍. 인후(咽喉). 仰首伸吭『柳宗元』

　㉡ 要害處. 搤天下之吭『史記』

목 항【亢】

　㉠ 항(吭)과 동의. 목덜미. 搤其亢『史記』

　㉡ 要害處. 批亢擣虛『史記』

목 항【肮】항(亢), 항(吭)과 동자(同字).
　　　不搤其肮『史記』

목 후【喉】급소(急所). 要害處. 畫地而守之 扼其喉而不得進『魏志』

목구멍 :

목구멍 롱【嚨】인후(咽喉). 吏買馬君賈車 請爲諸君鼓嚨湖『後漢書』

목구멍 상【嗓】喉也.

목구멍 열【嚥】图 喉也.

목구멍 영【䐨】嗌也.

목구멍 익【嗌】인후(咽喉).

목구멍 인【胭】인(咽)과 동자(同字).

목구멍 인【咽】인후(咽喉).
　　　搤咽拊背 餐未及下咽『史記』

목구멍 쾌【噲】후도(喉道).

목구멍 항【肮】항(亢), 항(吭)과 동자(同字).
　　　不搤其肮『史記』

목구멍 후【喉】喉頭. 搤其喉『左傳』

목기(木器) : 대 또는 나무로 만든 장식(裝飾)이 없는 그릇.

목기 산【籑】食於籑者盥『禮記』

목 기울다 :

목 기울 비【頫】경수(傾首).

목긴 병 :

목긴 병 견【鈃】酒器似鍾頸長.

목긴 병 담【壜】무속(瓵屬), 주병(酒瓶).

목긴 항아리 :

목긴 항아리 담【罎】무속(瓵屬).

목 길다 :

목 길 견【顅】목이 긴 모양. 數目顅脰『周禮』

목덜미 :

목덜미 항【項】

　㉠ 목의 뒤 쪽. 其項類皐陶『史記』

　㉡ 관(冠)의 뒤 쪽. 賓右手執項『儀禮』

목도리 :

목도리 표【裱】여자의 목도리.

목란(木蘭) :

목란 란【欗】木欄, 계류(桂類).

목련 : 목련과에 속하는 낙엽교목. 관상용으로 심음.

목련 고【椌】신이(辛夷).

목련 란【蘭】목란(木蘭). 桂櫂兮蘭枻『楚辭』

목로 : 술집에서 술병을 놓고 술을 파는 데.

목로 로【盧】로(壚)와 통용. 文君當盧『漢書』

목로 로【鑪】文君當鑪『史記』

목로 로【壚】司馬相如使文君當壚『史記』

목마르다 :

목마를 갈【渴】

　㉠ 갈증이 남. 渴者易爲飮『孟子』

　㉡ 목마름. 載飢載渴『詩經』

　㉢ 마음이 비상히 한 쪽으로 쏠림. 渴望.
　　　渴仰於佛『法華經』

목매다 :

목맬 경【磬】목을 매어 죽임.
　　　磬于甸人『禮記』

목맬 경【經】의사(縊死)함.
　　　自經於溝瀆『論語』

목맬 교【絞】絞殺. 絞縊以戮『左傳』

목맬 규【繆】목을 매어 죽음. 또는 죽임.
　　　卽自繆死『漢書』

목맬 의【縊】목을 졸라매어 자살하거나 죽임.
　　　　縊死. 縊殺.
　　　　不伏其轅 必縊其牛『周禮』

목매어 슬피 울다 :
　목매어 슬피 울 앙【咉】인비(咽悲).

목매 죽이다 :
　목매 죽일 류【闠】絞也.

목 맺히다 :
　목 맺힐 임【鈓】임(鈓)과 동자(同字).
　목 맺힐 임【銋】임(鈓)과 동자(同字). 銌銋,
　　　　　　　　聲不進貌.

목메다 : 음식을 먹을 때 구역질이 나서 숨이 막
　힘. 목이 메어 소리가 막힘.
　목멜 경【哽】哽塞. 甕則哽『莊子』
　목멜 기【旡】旡, 飮食氣逆不得息『說文解字』
　목멜 애【喝】陰喝不得對『後漢書』
　목멜 억【餩】噎也.
　목멜 열【咽】鳴咽. 哭無聲兮聲將咽『蔡琰』
　목멜 열【噎】因噎廢食『淮南子』
　목멜 올【嗢】嗢咽.
　목멜 해【佅】佅溺於馮氣『莊子』

목멘 소리 :
　목멘 소리 억【餩】일성(噎聲).

목 베다 : 칼로 목을 자름. 목을 잘라 죽임.
　목 벨 경【剄】令從者魏敬剄之『史記』
　목 벨 문【殌】문(刎)과 동자(同字).
　목 벨 문【刎】刎剄之交 不至者刎其人『禮記』
　목 벨 옥【劅】底劅鼎臣『漢書』
　목 벨 형【刑】刑白馬以盟之『戰國策』

목 베어 거꾸로 달다 :
　목 베어 거꾸로 달 교【梟】斬首倒懸.

목 베어 달다 : 목을 베어 나무 또는 옥문(獄門)
　등에 매닮.
　목 베어 달 효【梟】梟首. 梟故塞王欣頭櫟陽市
　　　　　　　　『漢書』

목부용 : 아욱과에 속한 낙엽 관목. 높이는 1~3
　미터로, 잎은 어긋나고, 가지에 짧은 털이 있
　다. 8~10월에 연한 홍색 꽃이 피며, 열매는 둥
　글고 털이 있다.
　목부용 화【杺】木芙蓉.

목살 :
　목살 익【膉】목의 살. 取諸左膉『儀禮』

목성 : 태양으로부터 다섯 번째에 위치하는 행성.
　태양계에서 가장 큰 행성으로, 표면의 대기는
　메탄가스와 암모니아 가스로 되어 있다.
　목성 세【歲】歲星. 歲在星紀『左傳』

목소리 :
　목소리 호【喉】후성(喉聲).

목수 :
　목수 목【朾】ⓘ 목수(木手).
　목수 자【杍】목장(木匠).
　목수 재【梓】목공(木工). 梓人. 攻木之工七 輪
　　　　　　輿弓廬匠車梓『周禮』

목숨 :
　목숨 명【命】생명(生命). 수명(壽命).
　목숨 생【生】생명(生命). 舍生而取義『孟子』
　목숨 성【性】수명(壽命). 莫保其性『左傳』

목쉬다 :
　목쉴 사【嗄】終日號而聲不嗄『老子』
　목쉴 시【嘶】嘶鳴. 大聲而嘶『漢書』

목쉰 소리 :
　목쉰 소리 서【癏】산성(散聲).

목욕 :
　목욕 욕【浴】海水浴. 燂湯請浴『禮記』

목욕간 :
　목욕간 벽【湢】욕실(浴室).
　　　　　　外內不共湢浴『禮記』
　목욕간 탕【湯】욕실(浴室). 華淸有蓮花湯 卽貴
　　　　　　妃澡沐之室『太眞外傳』

목욕상 :
　목욕상 초【柖】욕상(浴牀).

목욕통 :
　목욕통 우【杅】浴時入杅, 浴竟出杅『禮記』
　목욕통 함【濫】욕기(浴器). 同濫而浴『莊子』

목욕하다 :
　목욕할 욕【浴】浴客. 新浴者必振衣『楚辭』

목욕한 물 : 목욕하고 남은 뜨거운 물.
　목욕한 물 난【澗】澗濯棄于坎『儀禮』

목우(木偶) : 순장(殉葬)하는 사람 대신(代身) 쓰
　는 인형(人形).
　목우 용【俑】始作俑者, 其無後乎『孟子』

목의 맥 :
　목의 맥 결【膌】후맥(喉脈).

목이 바르다 :
　목이 바를 동【姛】정정(正頂).

목장 : 짐승을 방사(放飼) 하는 곳.
　목장 목【牧】孟春焚牧『周禮』

목젖 :
　목젖 호【喉】咽下垂. 懸雍垂.

목제 악기 : 나무로 만든 악기.
　목제 악기 목【木】팔음(八音)의 하나.
　　　　　　石金土革絲木匏竹『周禮』

목책 :
　목책 환【攌】울 짱. 攌如囚拘『史記』

목책 가로 대는 나무 :

목책 가로 대는 나무 강【棡】木柵橫木.

목탁 :

　목탁 탁【梬】탁(柝)과 동자(同字). 警夜刁斗.

목털 :

　목털 옹【翁】새의 목에 난 털.

　　　　　　殊翁雜五釆文『漢書』

목표 :

　목표 적【的】目的. 天下以爲準的『後漢書』

목화 : 무궁화과에 속하는 초본(草本), 또는 목본

　(木本). 열매를 둘러싼 섬유로 면사(綿絲)를 만

　듦.

　목화 면【棉】交趾安定縣有木棉樹『張勃』

　목화 백【萉】목면(木棉).

몫 :

　몫 과【課】세금 또는 업무 등의 할당.

　　　　　　徵課. 學課.

　몫 분【分】배당(配當). 一日有異僧 來求齋 師

　　　　　　減已分饋之『指月錄』

몰다 :

　몰 구【驅】

　　㉠ 말을 타고 달리게 함. 驅聘.

　　　驅馬出關門『魏徵』

　　㉡ 쫓음. 驅逐. 驅飛廉於海隅而戮之『孟子』

　　㉢ 내보냄. 내침. 驅遣. 我自不驅卿 逼迫有阿

　　　母 卿但暫還家『古詩』

　몰 구【敺】逐也. 구(驅)와 동자(同字).

　몰 취【驟】달리게 함. 馳之驟之『莊子』

　몰 핍【逼】구축(驅逐). 不得輒有驅逼『隋書』

몰래 :

　몰래 간【間】비밀히. 間行.

　몰래 내【內】비밀히. 內應. 內謁徑入『漢書』

　몰래 미【微】微行. 小我皆微有所知『北史』

　몰래 밀【密】남몰래. 密告. 密訴諸朝『唐書』

　몰래 암【暗】남이 알지 못하게 함. 암살(暗殺).

　　　　　　林園暗換四時春『白居易』

　몰래 음【陰】其王湯立 悉內附入朝 然陰附吐蕃

　　　　　　『唐書』

　몰래 잠【潛】은밀히. 潛入. 銜枚潛涉『國語』

　　　※ 함매(銜枚) : 옛날 진군(進軍)

　　　할 때 군졸(軍卒)이나 말이 소리

　　　를 내지 못하게 하기 위하여 입에

　　　다 나무를 물리던 일. 매(枚)는 젓

　　　가락 같이 생긴 나무.

　몰래 절【竊】

　　㉠ 남몰래. 竊負而逃『孟子』

　　㉡ 공공연히 표시하지 않는다는 뜻으로 겸손

　　　의 의미를 나타냄. 竊比於我老彭『論語』

　　㉢ 喜自蚤歲卽嘗受讀 而竊疑之『朱熹』

몰래가다 :

　몰래갈 력【趨】도행(盜行).

　몰래갈 유【偸】암행(闇行).

몰래 달아나다 :

　몰래 달아날 혁【趆】도주(逃走).

몰래보다 :

　몰래볼 차【屄】도시(盜視).

몰래하다 :

　몰래할 가【恪】恪訝, 음모(陰謀).

몰려들다 :

　몰려들 폭【輻】한 곳으로 몰려 듦.

몰리다 :

　몰릴 박【迫】일이 밀려 여유가 없음.

　　　　　　外迫公事『漢書』

몸 :

　몸 간【幹】체구(體軀). 軀幹

　　　　　　非不偉其體幹也『南史』

　몸 구【軀】신체(身體). 體軀

　　　　　　忍之須臾 乃全汝軀『古詩』

　몸 궁【躬】身也. 궁(躬)의 본자(本字).

　몸 궁【躬】신체(身體). 聖躬.

　몸 기【己】

　　㉠ 자기 몸. 자아(自我). 自己.

　　　君子貴人而賤己『禮記』

　　㉡ 사사(私事). 사욕(私慾). 克己復禮『論語』

　몸 기【骑】身也.

　몸 백【魄】형체. 其魄兆乎民矣『國語』

　몸 신【身】

　　㉠ 신체(身體). 心身. 身體髮膚『孝經』

　　㉡ 자기. 자기의 몸. 檢身若不及『書經』

　몸 신【信】신(身)과 통용. 侯執信圭『周禮』

　몸 육【肉】신체(身體). 肉刑.

　몸 자【自】獨自. 自我.

　몸 중【中】文子其中退然如不勝衣『禮記』

　몸 체【體】육체(肉體). 父母之遺體『禮記』

　몸 타【躲】藏身也. 躲, 躲身也『玉篇』

　몸 해【骸】衰骸. 形骸. 逸身煖骸『呂氏春秋』

　몸 흡【胎】體也.

몸 구부리다 :

　몸 구부릴 궁【躬】곡궁(曲躬).

몸 굽다 :

　몸 굽을 앙【佒】傴佒, 體不伸.

몸 굽히다 :

　몸 굽힐 국【鞠】곡궁(曲躬).

　몸 굽힐 언【躽】곡신(曲身).

　몸 굽힐 하【蝦】굴신(屈身).

몸 길다 :

　몸 길 로【勞】신장(身長).

몸 꼿꼿하다 :
　몸 꼿꼿할 주【姓】身直貌.
몸 단정하지 못하다 :
　몸 단정하지 못할 동【胴】朧胴, 身不端.
몸 달다 :
　몸 달 열【熱】초조하여 애태움.
　　　　　　　　不得於君則熱中『孟子』
몸 반쪽 마르다 :
　몸 반쪽 마를 편【瘺】반고(半枯).
몸 부드럽다 :
　몸 부드러울 비【妣】躾躾, 체유(體柔).
몸소 :
　몸소 궁【躬】친히. 躬行. 己躬命之『儀禮』
　몸소 신【身】친히. 자신이. 身自浣滌『史記』
　몸소 친【親】
　　㉠ 친히. 자신이. 親展.
　　　　吾豈若於吾身親見之哉『孟子』
　　㉡ 특히 천자에 관하여 많이 쓰임.
　　　　親征. 親耕.
몸소하다 : 자신이 직접 함.
　몸소 할 궁【躬】不躬不親 庶民不信『詩經』
몸이 크다 :
　몸이 클 망【脱】身大貌.
몸 크고 꼿꼿하다 :
　몸 크고 꼿꼿할 정【脡】身長直.
몸 호리호리하다 :
　몸 호리호리할 조【朓】체장(體長).
몸 흔들리다 :
　몸 흔들릴 흘【肐】체동(體動).
몹시 :
　몹시 통【痛】대단히. 痛惜. 市物痛騰『漢書』
몹시 검다 :
　몹시 검을 태【黗】심흑(甚黑).
몹시 굴다 :
　몹시 굴 학【虐】학대(虐待)함. 繼親虐則兄弟爲
　　　　　　　讎『顔氏家訓』
몹시 달다 :
　몹시 달 연【嚥】食甘甚. 不嚥而香『呂氏春秋』
몹시 덥다 :
　몹시 더울 희【曦】성열(盛熱).
몹시 뜨겁다 :
　몹시 뜨거울 구【熰】열심(熱心).
　　　　　　　　古之祭有時而熰『管子』
몹시 붉다 :
　몹시 붉을 간【䓌】심적(甚赤).
몹시 앓다 :
　몹시 앓을 축【痵】痵慼, 痛至貌.

몹시 욕하다 :
　몹시 욕할 추【諑】惡言而罵).
몹시 취하다 :
　몹시 취할 명【酩】대취(大醉).
몹시 크다 :
　몹시 클 권【查】심대(甚大).
몹시 피곤하다 :
　몹시 피곤할 두【伷】극피(極疲).
못 : 발에 생기는 못. 또 발가락이 트는 일.
　못 견【趼】百舍重趼而不敢息『莊子』
　못 려【蠡】피부의 단단하게 된 곳.
　　　　　　　長肘而蠡『呂氏春秋』
못 : 저수지.
　못 견【汧】澤也.
　못 고【滜】澤也.
　못 당【塘】塘池. 柳塘春水漫『嚴維』
　못 당【溏】지소(池沼). 頹溏委蛇『郭璞』
　못 박【霉】澤也.
　못 연【淵】
　　㉠ 물이 깊이 괸 못. 積水成淵.
　　　　魚躍于淵『詩經』
　　㉡ 사물이 많이 모이는 곳. 淵藪. 淵叢.
　　　　不如保殖五穀之淵『後漢書』
　못 왕【汪】물이 흐린 못.
　　　　　　　尸諸周氏之汪『左傳』
　못 잠【涔】양어(養魚)하는 못.
　　　　　　　涔涔障潰『馬融
　못 지【池】물이 괸 넓고 깊은 곳. 池沼.
　　　　　　　蛟龍之山有池 方七百里『括地志』
　못 추【湫】南有龍兮在山湫『杜甫』
　못 택【澤】얕은 소택(沼澤). 山澤.
　　　　　　　乾澤而漁『古詩』
　못 피【陂】저수지. 毋漉陂池『禮記』
　못 황【潢】저수지. 潢汗行潦之水『左傳』
못 : 박는 데 쓰는 쇠. 대 같은 것으로 만든 물건.
　못 잠【鐕】대가리가 없는 못.
　　　　　　　用雜金鐕『禮記』
　못 정【釘】以所貯竹頭作釘裝船『晉書』
못나다 :
　못날 기【顇】顇魄.은 보기 싫은 모양.
　　　　　　　視毛嬙西施 猶顇魄也『淮南子』
　못날 속【遬】僕遬은 용열(庸劣)한 모양.
　　　　　　　僕遬不足數『漢書』
못 막이 :
　못 막이 동【垌】回 둑을 막아 쌓음.
못박이다 : 수족의 피부가 단단해지거나 추위서
　　갈라짐.
　못박일 변【胼】胼胝. 手足胼胝『荀子』

못박일 지【胝】手足胼胝『莊子』

못 배기다 :

못 배길 견【趼】胝也. 足久行生硬皮也. 百舍重
趼而不敢息『莊子』

못뽑이 : 물건을 끼워 뽑는 기구.

못뽑이 섭【鑷】金鑷. 左右進銅鑷『雲仙雜記』

못살게 굴다 : 학대함.

몹시 굴 려【厲】厲民而不自養也『孟子』

못생기고 약하다 :

못생기고 약할 준【僝】열약(劣弱).

못생기다 : 못생겨 보기에 흉함.

못생길 규【朕】口巷朕哆嗕『淮南子』

못생길 려【厲】厲與西施『莊子』

못생길 루【陋】醜陋. 寢陋. 貌陋心險『唐書』

못생길 모【嫫】嫫母有所美『淮南子』

못생길 악【惡】惡女. 狀貌甚惡『史記』

못생길 용【傭】불초(不肖).

못생길 추【醜】㉠ 용모가 보기 흉함. 醜女.
老漢嫌妻醜『王君玉』
㉡ 용모가 보기 흉한 사람.
里醜捧心『文心雕龍』

못생길 치【蚩】우둔(愚鈍)함. 또 보기 흉함.
妍蚩好惡 可得以言『陸機』

못생길 침【寢】寢陋. 武安君貌寢『史記』

못생길 침【侵】침(寢)과 동자(同字). 키가 작고
못생김. 貌侵而體弱『漢書』

못생긴 얼굴 :

못생긴 얼굴 면【靣】頑劣面.

못생긴 여자 :

못생긴 여자 비【妣】추녀(醜女).
嫫母妣倠『淮南子』

못쓰게 되다 : 쓰지 못하게 됨.

못쓰게 될 폐【廢】廢人. 廢物利用.

못 이름 :

못 이름 전【滇】益州池名.

못 이름 형【滎】河南水名.

못하다 :

못할 노【㑻】노(傈)와 동자(同字). 劣也.
용렬(庸劣)한 모양.

못할 렬【劣】
㉠ 재능(才能). 기예(技藝) 등이 남보다 못함.
庸劣. 抽劣. 安某常劣于玄『晉書 謝安傳』
㉡ 힘이나 마음이 약함. 哀其羸劣『蔡邕』
㉢ 졸렬(拙劣)함. 劣惡. 施之寒劣『晉書』

못할 손【遜】딴 것 보다 떨어짐. 遜色.

못할 파【叵】파(叵)와 동자(同字). 불가(不可).

못할 파【叵】파(叵)와 동자(同字). 불가(不可).

몽고 :

몽고 몽【蒙】몽고(蒙古)의 약칭(略稱). 滿蒙.

몽둥이 :

몽둥이 간【杆】목정(木梃).

몽둥이 곤【棍】棍棒. 杖無首尾 以堪撻人 曰棍
『品字箋』

몽둥이 대【祋】무기의 하나. 창과 비슷함.
何戈與祋『詩經』

몽둥이 랑【桹】긴 막대기. 鳴桹厲響『潘岳』

몽둥이 봉【棒】棍棒.
人馬逼戰 刀不如棒『魏書』

몽둥이 봉【棓】봉(棒)과 동자(同字).

몽둥이 수【殳】길이 1장(丈) 2척(尺)의 여덟모
진 몽둥이.

몽둥이 장【杖】길고 굵은 막대기.
大杖則逃走『孔子家語』

몽둥이 추【魋】추(椎)와 동자(同字).
尉佗魋結箕踞『漢書』

몽치 :

몽치 절【梲】棒也.

몽치 추【椎】방망이. 椎鑿.
袖四十斤鐵椎『史記』

몽치 추【魋】추(椎)와 동자(同字).
尉佗魋結箕踞『漢書』

뫼 :

뫼 구【丘】산악(山嶽).
崑崙山爲無熱丘『水經注』

뫼 봉【峯】산. 雷峯在錢唐『一統志』

뫼 조【兆】무덤. 兆域.
卜其宅兆 而安厝之『孝經』

묏 구덩이 :

뫼 구덩이 광【壙】무덤의 하관(下棺)하는 곳.
壙中. 弔於葬者 必執引 若從
柩及壙 皆執紼『禮記』

묏자리 :

묏자리 무【坶】무덤을 쓸만한 곳.
所以墓謂之坶『揚雄方言』

묏자리 조【垗】조(兆)와 통용. 장지(葬地).
卜其宅垗而安厝之『孝經』

묏자리 택【宅】무덤자리. 宅兆.
卜宅與葬日『禮記』

묘당 : 나라의 정무(政務)를 청단(聽斷)하는 궁전
(宮殿). 정전(正殿).

묘당 묘【廟】不下堂廟而天下治也『吳志』

묘도(墓道) :

묘도 연【羨】
㉠ 무덤의 수도(隧道). 不閉隧羨『後漢書』
㉡ 연(埏)과 동자(同字).
共伯入釐侯羨自殺『史記』

묘목 :
　묘목 재【栽】모나무. 爲乞桃栽二百根『杜甫』
묘문(墓門) : 묘지 앞으로 들어가는 문.

　묘문 관【關】及墓, 噂啓關東車『周禮』
묘하다 :
　묘할 묘【妙】
　　㉠ 신묘(神妙)함. 영묘(靈妙)한 일.
　　　玄之又玄 衆妙之門『老子』
　　㉡ 정묘(精妙)함. 아주 잘 됨. 微妙. 妙技.
　묘할 정【精】
　　㉠ 오묘(奧妙)함. 精義入神『易經』
　　㉡ 미묘(微妙)함. 其知彌精『呂氏春秋』
무 : 겨자과에 속하는 일이년생(一二年生)의 채소
　　의 한 가지.
　무 돌【葖】蒷也.
　무 라【蘿】蘿蔔.
　무 복【蒷】蘿蒷. 言采其蒷『詩經』
　무 복【葍】복(菔)과 동자(同字). 葍匏.
　무 복【菔】蘿菔.
　무 복【蕧】菔也.
　무 부【蕾】蒷, 一名蕾『詩經』
　무 하【菏】복초(菔草).
무거리 :
　무거리 설【糏】용여(舂餘).
　무거리 쉬【粋】분재(粉滓).
　무거리 흘【籺】견맥(堅麥).
무겁게 여기다 :
　무겁게 여길 중【重】載華嶽而不重『中庸』
무겁게 하다 :
　무겁게 할 중【重】尊其位, 重其祿『中庸』
무겁다 :
　무거울 가【苛】중함. 苟殃. 苛疾不生『素問』
　무거울 수【倕】重也.
　무거울 중【重】
　　㉠ 무게가 가볍지 아니함. 重荷.
　　　引重鼎 不程其力『禮記』
　　㉡ 성질. 언행이 가볍지 아니함. 鎭重.
　　　君子不重則不威『論語』
　　㉢ 권력, 지위, 명망 등이 높음. 重職.
　　　裴長史名重中朝『晉書』
　　㉣ 두터움. 공손함. 鄭重.
　　　帝以其勳舊者 禮之甚重『晉書』
　　㉤ 많음. 重利. 祿重則義士輕死『三略』
무게 :
　무게 중【重】중량. 輕重. 또 무거운 물건.
　　　　　　此擧重勸力之歌也『淮南子』
무게 단위 :

　무게 단위 문【刎】일 형목(衡目).
　　　　　　　일관(一貫)의 1/1000.
무게 달다 :
　무게 달 점【掂】衡也.
무게 있다 :
　무게 있을 은【隱】위엄(威嚴)이 있는 모양.
　　　　　　　隱若一敵國『十八史略』
무곡(舞曲)이름 :
　무곡이름 삭【箾】桓箾. 무곡(舞曲)의 이름.
　　　　　　　武酌桓箾簡象『荀子』
무궁주 : 죽은 사람의 입 속에 넣던 구슬. 반함
　　(飯含)하는데 쓰는 구슬.
　무궁주 함【含】王使榮叔歸含『春秋』
무궁화 :
　무궁화 권【橏】목근(木槿). 橏黃華『爾雅』
　무궁화 단【葮】근화(槿花).
　무궁화 순【舜】순(蕣)과 동자(同字). 木槿.
　　　　　　　顔如舜華『詩經』
무궁화나무 : 아욱과에 속하는 낙엽관목. 꽃은
　　한국의 국화임.
　무궁화나무 근【槿】松樹千年終是朽 槿花一日
　　　　　　　　自成榮『白居易』
　무궁화나무 단【橠】목근(木槿).
　무궁화나무 순【橓】목근(木槿).
　무궁화나무 순【蕣】목근(木槿). 朝蕣.
　　　　　　　董蕣朝采『王僧孺』
　무궁화나무 츤【櫬】목근(木槿).
무꾸리하다 : 무당, 판수, 그 밖의 신령을 모신다
　　는 사람에게 길흉을 점치는 일.
　무꾸리할 계【乩】西國用羊卜其卜師謂之廝乩
　　　　　　　『通典』
　무꾸리할 소【𤳈】문복(問卜).
　무꾸리할 쇄【䜁】問吉凶. 무당에게 길흉을 점
　　　　　　　치는 일.
　무꾸리할 영【魘】무염(誣厭).
무너뜨리다 : 頹. 파괴함.
　무너뜨릴 괴【壞】破壞.
　　　　　　　天地所支不可壞也『國語』
　무너뜨릴 궤【潰】願爲諸君潰圍『史記』
　무너뜨릴 두【竇】물이 둑 따위를 결궤(決潰)시
　　　　　　　킴. 不竇澤『國語』
　무너뜨릴 비【圮】허물어짐.
　　　　　　　姙堛圮毁『王禹偁』
　무너뜨릴 퇴【頹】떨어져 흩어짐.
　　　　　　　㉠ 泰山其頹乎『禮記』
　　　　　　　㉡ 頹其土『漢書』
　무너뜨릴 퇴【隤】퇴(頹)와 통용.
　　　　　　　隤牆塡塹『司馬相如』

무너뜨릴 패 【敗】 깨뜨림. 反道敗德 『書經』
무너뜨릴 휴 【墮】 무너지게 함. 또 무너짐.
　　　　　墮名城 『過秦論』
무너뜨릴 휴 【隳】 攻柄于是乎隳哉 『王禹偁』

무너지다 :
　무너질 갑 【𡾋】 崩也.
　무너질 괴 【壞】 壞滅. 禮必壞 『論語』
　무너질 궤 【潰】
　　㋠ 제방 따위가 무너져 물이 쏟아져 나옴.
　　　決潰. 大水潰出 『漢書』
　　㋡ 패전(敗戰)하여 진(陣)이 무너져 군사들이
　　　도망함. 潰走. 當之者潰 『荀子』
　무너질 궤 【塊】 허물어짐. 乘彼垝垣 『詩經』
　무너질 귀 【垝】 毁也.
　무너질 돈 【頓】 甲兵不頓 『左傳』
　무너질 뢰 【禷】 壞也.
　무너질 미 【麋】 萬鈞之所發無不麋滅者 『漢書』
　무너질 복 【踣】 魂褫氣懾 而自踢踣者 『左思』
　무너질 붕 【崩】
　　㋠ 산 같은 것이 무너짐. 不騫不崩 『詩經』
　　㋡ 멸망. 黃帝湯武以興 桀紂二世以崩 『史記』
　　㋢ 어지러워짐. 三年不樂 樂必崩 『論語』
　무너질 비 【嵞】 壞也.
　무너질 비 【屝】 옥괴(屋壞).
　무너질 비 【圮】 허물어짐. 雉堞圮毁 『王禹偁』
　무너질 압 【壓】 崩也.
　무너질 운 【隕】 허물어짐. 隕潰.
　　　　　景公臺隕 『淮南子』
　무너질 저 【阺】 산비탈의 흙이 무너져 내려오는
　　　　　모양. 嚮若阺隤 『揚雄』
　무너질 최 【𡹔】 崩也.
　무너질 최 【漼】 헐어지는 모양.
　　　　　王網漼以陵遲 『崔駰』
　무너질 추 【廏】 붕괴(崩壞).
　무너질 추 【墜】 퇴락(頹落)함.
　　　　㋠ 山墜 『荀子』
　　　　㋡ 天地崩墜 『列子』
　무너질 췌 【瘁】 파손(破損)됨.
　　　　　悼堂構之隤瘁 『陸機』
　무너질 치 【阤】 붕괴(崩壞)함.
　　　　　聚不阤崩 『國語』
　무너질 타 【陊】 壞也.
　무너질 타 【陸】 崩也.
　무너질 퇴 【頹】 떨어져 흩어짐.
　　　　㋠ 泰山其頹乎 『禮記』
　　　　㋡ 頹其土 『漢書』
　무너질 퇴 【隤】 퇴(頹)와 통용.
　　　　　隤牆塡塹 『司馬相如』

무너질 패 【退】 壞也.
무너질 패 【敗】 퇴락(頹落)함. 또 파손(破損)함.
　　　　　頹敗. 轊折車敗 『史記』
무너질 훼 【毁】 헐어짐. 毁隊.
　　　　　行成於思毁於隨 『韓愈』
무너질 휴 【隳】 攻柄于是乎隳哉 『王禹偁』
무너질 희 【墟】 毁也.
무녀리 :
　무녀리 비 【㹠】 犬初生者.
무늬 :
　무늬 간 【襇】 비단의 무늬. 금문(錦文).
　　　　　禁大襇竭鑿六破錦 『唐書』
　무늬 기 【綺】
　　㋠ 문채(文彩). 綵綺. 流綺星連 『張衡』
　　㋡ 교묘하게 꾸미는 일. 綺語.
　무늬 모 【模】 아롱진 문체.
　　　　　繢乎其猶模繡 『書經』
　무늬 문 【雯】 구름이 이룬 아름다운 무늬.
　　　　　日雲赤曇, 月雲素雯 『古三墳』
　무늬 문 【紋】 문채(文彩). 花紋. 波紋.
　　　　　俯看秋水紋 『蘇軾』
　무늬 반 【辬】 紋也.
　무늬 앵 【鸎】 새 깃의 무늬. 有鸎其羽 『詩經』
　무늬 양 【樣】 아롱진 문체. 繡樣.
　　　　　猶戀機中錦樣新 『王建』
　무늬 영 【褮】 뒤섞인 무늬. 褮似蘭紅 『郭璞』
　무늬 위 【蔚】 문채(文彩). 鱗蔚鳳采 『許孟容』
　무늬 조 【藻】
　　㋠ 문채(文彩). 문식(文飾). 司藻. 文藻.
　　　鋪鴻藻 『班固』
　　㋡ 시가(詩歌) 문장(文章) 등의 美辭麗句.
　　　故作文賦 以述先王之盛藻 『陸機』
　무늬 창 【彰】 문채. 織文鳥彰 『詩經』
　무늬 채 【彩】 문채. 龍彩雲裳 『鮑照』
　무늬 현 【絢】 문채. 素以爲絢兮 『論語』
　무늬 회 【繢】 자수. 문채. 또는 회화.
　　　　　蒲筵繢純 『周禮』
　무늬 힐 【纈】
　　㋠ 옷감의 군데군데를 묶어 물들인 무늬.
　　　氷作花如纈 『酉陽雜俎』
　　㋡ 군데 군데 점재(點在)하는 무늬.
　　　醉眼何由作纈文 『蘇軾』
　　㋢ 무늬의 옷감. 奴婢不得衣綾綺纈 『魏書』
무늬 놓다 :
　무늬 놓을 처 【緀】 斐章相錯.
　　　　　緀兮斐兮成是貝錦 『詩經』
　무늬 놓을 회 【繢】 以繢爲皮幣 『漢書』
무늬옷감 :

무늬옷감 회【繢】무늬를 놓은 포백(布帛).
　　　　　그림이 있는 포백(布帛).
　　　　　以繢爲皮幣『漢書』

무늬 있는 옷감 :

　무늬 있는 옷감 치【織】무늬를 놓은 직물.

　　　　　　　　士不衣織『禮記』

무늬진 돌 :

　무늬진 돌 노【磑】碼磑, 문석(文石).

무당 : 신과 인간의 중개 구실을 한다하여 굿을
　　하고 길흉(吉凶)을 점(占)치는 일에 종사(從事)
　　하는 여자.

　무당 먀【乜】무칭(巫稱).

　무당 무【巫】여자 무당. 남자 무당 곧 박수는
　　　　　격(覡)이라 함.
　　　　　在男曰覡, 在女曰巫『國語』

무던하다 :

　무던할 진【振】인후(仁厚)함.
　　　　　　振振公子『詩經』

무덤 :

　무덤 거【居】분묘(墳墓). 歸于其居『詩經』

　무덤 구【丘】丘壟. 爲宮室 不斬丘木『禮記』

　무덤 량【堍】뫼. 秦晉謂家曰堍『揚雄方言』

　무덤 롱【壟】뫼. 壟壑. 適墓不上壟『禮記』

　무덤 릉【陵】묘(墓). 陵爲之終『國語』

　무덤 묘【墓】뫼. 墳墓. 古不修墓『禮記』

　무덤 번【墦】뫼. 東郭墦間之祭者『孟子』

　무덤 봉【封】뫼. 馬鬣封. 封冢也『廣雅』

　무덤 분【墳】높게 봉분(封墳)한 무덤. 墳墓.
　　　　　古者墓而不墳『禮記』

　무덤 영【塋】뫼. 塋域. 修家塋『後漢書』

　무덤 예【瘞】묘(墓). 發瘞出尸『晉書』

　무덤 유【壝】塚也.

　무덤 재【宰】뫼. 宰上之木拱矣『公羊傳』

　무덤 총【冢】뫼, 분묘(墳墓). 冢壑. 古冢.
　　　　　還祭黃帝冢『史記』

무두질하다 : 날가죽을 다루어 부드럽게 함.

　무두질할 유【鞣】皮也.

무디게 하다 :

　무디게할 둔【鈍】兵不鈍鋒『陳琳』

무디다 : 끝이나 날이 날카롭지 아니함.

　무딜 도【鋼】鈍也.

　무딜 돌【鈯】鈍也. 예리하지 않다.

　무딜 둔【鈍】利鈍.
　　　　　莫邪爲鈍兮 鉛刀爲銛『漢書』

　무딜 수【銖】其兵戈銖 而無刃『淮南子』

무디어지다 :

　무디어질 둔【鈍】兵不鈍鋒『陳琳』

무람없다 : 너무 가까이하여 버릇없음.

　무람없을 설【褻】君之褻臣也『禮記』

무렵 : 그 때쯤.

　무렵 지【遲】遲帝還趙王死『漢書』

무롱하다 : 멋대로 씀.

　무롱할 롱【弄】弄權. 舞文弄法『史記』

무뢰배 :

　무뢰배 발【潑】속어(俗語)에서 악한(惡漢), 무
　　　　　뢰배 따위를 潑皮, 또는 撒潑이
　　　　　라 함.

무르다 :

　무를 고【盬】단단하지 아니함.
　　　　　器用盬惡『漢書』

　무를 섬【燂】너무 가열하여 무르익음.
　　　　　熱於火而無燂『周禮』

　무를 숙【熟】열로 물러짐. 委靡頓熟『唐書』

　무를 취【脆】바탕이 성글어 힘이 적음.
　　　　　단단하지 아니함. 脆弱.
　　　　　城脆致衝『管子』

　무를 취【膬】취(脆)와 동자(同字).
　　　　　釋堅而攻膬『管子』

무르익다 :

　무르익을 료【爎】爛也.

무릅쓰다 :

　무릅쓸 매【眛】모(冒)와 동의.
　　　　　眛死再拜『漢書』

　무릅쓸 모【冒】
　　　㉠ 무릅쓰고 나감. 돌진함. 冒進.
　　　　　冒險 張空弮冒白刃『漢書』
　　　㉡ 무릅쓰고 침. 돌격함. 直冒漢圍『漢書』

　무릅쓸 몽【蒙】어려운 일을 견디어 냄.
　　　　　蒙死而存之『漢書』

　무릅쓸 미【冞】冒也.

　무릅쓸 초【稤】冒也.

무릇 :

　무릇 망【妄】대개(大概).
　　　　　諸妄校尉以下『漢書』

　무릇 범【凡】대컨. 대저.
　　　　　凡爲天下國家有九經『中庸』

　무릇 제【諸】범(凡)과 동의.
　　　　　諸去大軍 爲前禦之備『尉繚子』

무릎 :

　무릎 슬【厀】슬(膝)과 동자(同字).
　　　　　頓首厀行『漢書』

　무릎 슬【膝】슬(膝)과 동자(同字).
　　　㉠ 정강이 위와 넓적다리 아래와의 사이의
　　　　　관절. 屈膝袘屬幅長下膝『儀禮』
　　　㉡ 앉은자리의 바로 앞. 무릎 앞.

當造膝諫之『魏志』

무릎 굽히다 :
무릎 굽힐 호【蹄】굴슬(屈膝).

무릎 꿇고 절하다 :
무릎 꿇고 절할 궤【跪】跪禮.
　　　　　　　　伸腰再拜跪『古詩』

무릎 꿇다 : 절하기 위하여 무릎을 꿇고 두 손을
　　짚음. 무릎 꿇고 앉음.
무릎 꿇을 모【膜】乃膜拜而受『穆天子傳』
무릎 꿇을 좌【坐】先生琴瑟書策在前 坐而遷之
　　　　　　　　　　『禮記』

무릎 꿇지 않고 절하다 :
무릎 꿇지 않고 절할 좌【尖】無尖拜『禮記』

무릎 병 :
무릎 병 골【尷】슬골(膝骨).

무릎 뼈 :
무릎 뼈 랑【髎】슬골.
무릎 뼈 보【髇】슬골.
무릎 뼈 완【髖】膝髖.
　　　　　　　張進昭截左髖廬于墓『唐書』
무릎 뼈 환【髖】슬골.

무리 :
무리 이【夷】동등한 사람. 在醜夷不爭『禮記』
무리 이【侇】儕也.
무리 군【群】㉠ 여러 사람. 떼. 拔群.
　　　　　　 ㉡ 같은 部類. 物以群分『易經』
무리 당【攩】당(黨)과 통용.
무리 당【黨】목적, 의견, 행동 등을 같이 하는
　　　　　　 자의 단체. 徒黨. 朋黨.
　　　　　　 吾黨之小子『史記』
무리 도【徒】㉠ 徒黨. 聖人之徒也『孟子』
　　　　　　 ㉡ 生徒. 非吾徒也『論語』
무리 동【同】동아리. 一同.
　　　　　　 天與火同人『易經』
무리 등【等】같은 또래. 吾等. 等輩.
　　　　　　 耳目殊司 工藝異等『何承天』
무리 려【旅】다수의 사람. 旅力.
　　　　　　 敢煩里旅『左傳』
무리 류【流】비류(比類). 동류(同類). 陰陽家流.
　　　　　　 與天地同流『孟子』
무리 류【類】㉠ 동아리. 同類. 引類呼朋『歐陽修』
　　　　　　 ㉡ 서로 비슷한 것. 種類. 絶類離倫『韓愈』
무리 륜【倫】동류(同類). 倫匹. 倫輩.
　　　　　　 假人必于其倫『禮記』
무리 물【物】종류. 與吾同物『左傳』
무리 배【輩】
　　　　　　 ㉠ 동등한 사람. 儕輩. 使者十輩來『史記』
　　　　　　 ㉡ 輩行. 後輩. 前輩後輩『論語』
　　　　　　 ㉢ 동아리. 패거리(낮추어 이르는 말).
　　　　　　 或出倖臣輩 或由帝戚思『李商隱』
무리 복【僕】도(徒)와 동의. 당여(黨與).
　　　　　　 聖人僕也『莊子』
무리 비【比】동류(同類). 擬其倫比『魏志』
무리 서【庶】많은 백성. 서민.
　　　　　　 庶無罪悔『詩經』
무리 속【屬】제배(儕輩).
　　　　　　 以若屬取天下『史記』
무리 아【亞】동아리. 亞流.
　　　　　　 顔冉之亞『後漢書』
무리 여【與】동류. 黨與.
　　　　　　 其應者必幾人之與也『韓愈』
무리 우【偶】동류(同類). 제배(儕輩). 曹偶.
　　　　　　 寡偶少徒『史記』
무리 이【俟】儕也.
무리 제【儕】동배(同輩). 儕等. 儕輩.
　　　　　　 文王猶用衆 況吾儕乎『左傳』
무리 조【曹】
　　　　　　 ㉠ 떼. 乃造其曹『詩經』
　　　　　　 ㉡ 동류. 我曹. 爾曹. 分曹循行郡國『史記』
무리 족【族】동류(同類). 方命圮族『書經』
무리 졸【卒】군중(群衆). 서인(庶人).
　　　　　　 人卒九州 穀食之所生『莊子』
무리 주【疇】
　　　　　　 ㉠ 부류(部類). 분류(分類)된 항목(項目).
　　　　　　 洪範九疇『書經』
　　　　　　 ㉡ 儕輩. 賢者之疇也『戰國策』
무리 주【儔】독배(同輩). 동무. 儔侶. 儔倫.
　　　　　　 命儔嘯侶『梁元帝』
무리 중【衆】중인(衆人).
무리 중【衆】
　　　　　　 ㉠ 많은 사람. 衆庶. 衆惡之必察焉『論語』
　　　　　　 ㉡ 많은 사람의 마음. 失衆則失國『大學』
무리 참【參】
　　　　　　 ㉠ 같은 동아리. 立其監, 設其參『周禮』
　　　　　　 ㉡ 부하. 親率內參『北史』
무리 총【摠】衆也.
무리 추【醜】
　　　　　　 ㉠ 다수의 사람. 執訊獲醜『詩經』
　　　　　　 ㉡ 같은 무리. 동류. 離羣醜也『易經』
무리 축【閦】衆也.
무리 취【聚】모인 사람들. 군중.
　　　　　　 禹有百人之聚『史記』
무리 편【偏】당류(黨類).
　　　　　　 舉其偏不爲黨『左傳』
무리 훈【暈】

ㄱ 햇무리. 혹은 달무리. 暈輪.
　　　兩軍相當日暈『史記』
ㄴ 등불이나 촛불의 둘레에 보이는 그리 밝
　　지 않은 빛. 등화(燈火)의 외염(外焰).
　　　夢覺燈生暈『韓愈』
무리 휘【彙】동류(同類). 彙集. 以其彙『經驗』
무명 :
　무명 목【木】면포(綿布).
　무명 첩【疊】면포(綿布). 白疊『後漢書』
　무명 포【布】면직물(綿織物). 布帛.
　　　母暴布『禮記』
무문(無紋) :
　무문 소【素】무늬가 없음. 인신(引伸)하여 질
　　박(質朴)한 뜻으로 쓰임.
　　　素也者 五色之質也『管子』
무사 :
　무사 무【武】군사에 관계되는 일. 문(文)의 대
　　(對). 文武. 乃偃武修文『書經』
　무사 사【士】무인(武人). 무부(武夫).
　　　介胄之士不拜『史記』
무사마귀 : 밥알만큼 크게 내민 군더더기 살덩이.
　무사마귀 후【瘊】地膚子白礬各等分 煎湯洗數
　　　次 瘊子盡消『方書』
무서리 :
　무서리 점【霑】조상(早霜), 寒也.
무성의 : 성의(誠意)가 없음.
　무성의 새【僿】救僿莫若以忠『史記』
무성하다 : 초목(草木)이 무성(茂盛)한 모양. 무성
　　(茂盛)하여 빽빽한 모양.
　무성할 림【棽】鳳蓋棽麗『班固』
　무성할 몽【懞】麻麥懞懞『詩經』
　무성할 무【廡】庶草蕃廡『書經』
　무성할 발【柭】무모(茂貌).
　무성할 번【繁】繁陰. 後益繁茂『宋書』
　무성할 속【簌】風動落花紅簌簌『元積』
　무성할 수【樏】樏橢는 卽蹴縮以樏橢『黃香』
　무성할 숙【橚】橚爽欇槮『張衡』
　무성할 요【夭】厥草惟夭『書經』
　무성할 욱【彧】초목(草木)이 무성(茂盛)한 모양.
　　　黍稷彧彧『詩經』
　무성할 위【寪】草木盛貌.
　무성할 잡【楈】茂也.
　무성할 천【阡】천(芊)과 통용.
　　　遠樹曖阡阡『謝朓』
　무성할 천【仟】천(仟)과 통용. 草木茂盛貌.
　　　遠樹曖仟仟『謝朓』
　무성할 황【㠪】만연(蔓延).
무소 : 물소와 비슷한 맹수(猛獸). 코뿔소.

무소 서【犀】黃支國獻犀牛『漢書』
무소 뿔 :
　무소 뿔 서【犀】서각(犀角).
　　　人以爲明珠文犀『後漢書』
무쇠 : 정련(精鍊)하지 아니한 쇠.
　무쇠 박【鏷】鏷越鍛成『張協』
　무쇠 선【銑】주철(鑄鐵). 銑鐵.
　무쇠 소【銷】생철(生鐵). 羊頭之銷『淮南子』
무수리 : 황새과에 속하는 물새. 목에 흰털이 목
　　도리 모양으로 났음.
　무수리 추【鷲】有鷲在梁『詩經』
무식하다 :
　무식할 구【瞉】무식(無識).
　무식할 구【傋】무지(無知)함.
　　　愚陋傋皆『荀子』
　무식할 승【譝】譝譝兮如將孩『子華子』
　무식할 올【兀】무지(無知)한 모양.
　　　兀同體於自然『孫綽』
무싹 :
　무싹 풍【豐】蕪菁苗.
무악이름 :
　무악이름 무【武】주무왕(周武王)이 지은 무악
　　　(舞樂). 武王作武『漢書』
　무악이름 상【象】주무왕(周武王)이 지은 무곡
　　　(武曲) 이름.
　　　維淸奏象舞也『詩經』
무안하다 :
　무안할 난【赧】赧然面慙赤.
　무안할 난【醎】赧也.
무엇 : 한(漢)나라 이후에는 등(等)을 하(何)와 연
　　용(連用)하여 많이 쓰임
　무엇 등【等】
　　ㄱ 하(何)의 속어.
　　　用等稱才學 往往見歎譽『應璩』
　　ㄴ 處家何等取樂『後漢書』
　무엇 심【甚】속어(俗語)에서 하(何)와 동의.
　　　甚麼事.
　무엇 하【何】
　　ㄱ 알지 못하는 사물(事物). 禹曰何『書經』
　　ㄴ 부정(不定)의 사물(事物), 또는 부정(不定)
　　　의 사람. 何事非君, 何使非民『孟子』
　무엇 허【許】하(何)와 동의. 不知許事『南史』
무인 :
　무인 무【武】군사(軍事)에 관계되는 일.
　　　문(文)의 대(對). 文武.
　　　乃偃武修文『書經』
무자맥질하다 : 헤엄을 쳐 물 속을 잠행함.
　무자맥질할 연【演】演以潛沫『左思』

무자맥질할 영【泳】헤엄침. 泳之游之『詩經』
무자맥질할 잠【潛】陸行水潛『淮南子』
무적(舞翟)：꿩의 깃을 한 개 또는 여러 개를 한
　데 모아 묶어 무악(舞樂)에서 손에 쥐는 것.
　무적 적【翟】右手秉翟『詩經』
무지(無地)：
　무지 소【素】

　　㉠ 무늬가 없음. 素也者, 五色之質也『管子』
　　㉡ 질박(質朴)한 뜻으로 쓰임. 質素. 樸素.
　무지 두【㪷】㊅ 완전히 한 섬이 못되는 곡식
　　　　　　의 양.
무지개：강우(降雨) 전후에 해의 반대 방향에 일
　곱 가지 고운 빛의 반원형(半圓形)으로 뻗친
　줄. 또는 햇빛이 공중의 수증기에 비치어 생기
　는 흰 기운. 옛날에 이것을 용(龍)의 일종으로
　생각하여 虹을 수컷 예(蜺)를 암컷으로 구별하
　였음.
　무지개 동【蝀】蝃蝀. 무지개의 이칭(異稱).
　　　　　　蝃蝀在東『詩經』
　무지개 예【霓】예(蜺)와 동자(同字).
　　　　　　若大旱之望雲霓『孟子』
　무지개 예【蜺】예(霓)와 동자(同字). 虹蜺.
　무지개 제【隮】十煇九曰隮『周禮』
　무지개 체【蝃】蝃蝀. 무지개의 이칭(異稱).
　　　　　　蝃蝀在東『詩經』
　무지개 체【蠐】체(蝃)와 동자(同字). 蠐蝀.
　무지개 홍【虹】체동(蝃蝀).
　　　　　　㉠ 虹蜺. 虹銷雨霽『王勃』
　　　　　　㉡ 白虹貫日『戰國策』
　무지개 후【䗀】속(俗)에 무지개를 이름.
　　　　　　東䗀晴西䗀雨『農政全書』
무지러지다：
　무지러질 완【忨】모손(耗損)함.
　　　　　　百姓忨弊『史記』
무찌르다：쳐 들어가 사람을 많이 죽임.
　무찌를 도【屠】屠城. 今屠沛『漢書』
　무찌를 오【摮】盡殺人.
무환자나무：무환자과에 속하는 낙엽교목. 과실
　을 삶은 물은 세탁하는 데 씀.
　무환자나무 환【槵】木名.
묵다：
　묵을 개【介】유숙함. 攸介攸止『詩經』
　묵을 고【古】古物. 石室千年古『陳子昂』
　묵을 관【館】숙박함. 帝館甥於貳室『孟子』
　묵을 롱【攏】숙박함. 且請攏船頭『丁仙芝』
　묵을 숙【宿】
　　㉠ 숙박함. 宿舍. 去齊宿於晝『孟子』

　　㉡ 오래됨. 또 경험이 많음. 宿債.
　　　　晉鄙嚄唶宿將『史記』
　묵을 진【塵】오래 묵음.
　　　　　　允塵貌而難虧『後漢書』
　묵을 진【陳】오래 됨. 陳腐. 新陳代謝.
묵은 밭：
　묵은 밭 래【畩】不耕荒田.
묵은 솜：
　묵은 솜 여【絮】폐서(敝絮).
　묵은 솜 온【縕】구서(舊絮).
묵은 솜 펴다：
　묵은 솜 펼 부【紼】敝絮發理.
묵은 쌀：
　묵은 쌀 구【籴】㊀ 陳臭米.
　묵은 쌀 홍【紅】陳臭米. 太倉之粟紅腐『漢書』
묵정 밭：묵어서 잡초가 우거진 밭. 또 일구고
　아직 씨를 뿌리지 아니한 밭. 또 일군 뒤에 한
　해 지낸 새 밭.
　묵정 밭 래【萊】辨其夫家人民田萊之數『周禮』
　묵정 밭 치【菑】于此菑畝『詩經』
묵히다：
　묵힐 관【館】숙박함. 帝館甥於貳室『孟子』
　묵힐 숙【宿】宿諾. 止子路宿『論語』
묶다：
　묶을 곡【纅】約也.
　묶을 곡【轂】꼭 묶음. 바퀴통이 바퀴살을 한
　　　　　　군데로 모은 데서 나온 뜻임.
　　　　　　縮轂其口『史記』
　묶을 곤【梱】단으로 묶음.
　　　　　　萬物被束梱『黃庭堅』
　묶을 공【鞏】다른 가죽으로 꼭 묶음.
　　　　　　鞏用黃牛之革『易經』
　묶을 괄【括】
　　㉠ 결속(結束)함. 括結. 括囊『易經』
　　㉡ 머리를 동임. 向也括, 而今也被髮『莊子』
　　㉢ 단속함. 검속(檢束)함. 鑄錢括苗『唐書』
　묶을 교【絞】絞縛. 求絞囚繩『明道雜志』
　묶을 군【麇】羅無勇麇之『左傳』
　묶을 규【摎】한 데 묶음. 葉相摎結『漢書』
　묶을 뉴【紐】결속함. 情素結于紐帛『楚辭』
　묶을 돈【純】동임. 錦繡千純『戰國策』
　묶을 락【笿】束也.
　묶을 락【絡】속박(束縛)함. 鄭綿絡些『宋玉』
　묶을 루【累】결박(結縛). 係累其子弟『孟子』
　묶을 류【纍】빛이 검은 포승(捕繩) 또 그 포승
　　　　　　으로 죄인을 결박함.
　　　　　　雖在縲絏之中 非其罪也『論語』
　묶을 륵【勒】勒死. 火伴相勒縛『元稹』

묶을 박【縛】㉠ 동임. 縛束. 縛一如塡『左傳』
　　　　　　㉡ 포박함. 生縛. 執縛之『史記』
　　　　　　㉢ 속박. 자유 행동을 못하게 함.
　　　　　　　苦被微名縛『杜甫』
묶을 붕【繃】繃帶. 葛以繃之『墨子』
묶을 속【束】
　㉠ 단으로 동여 맴. 牆有茨 不可束也『詩經』
　㉡ 결박(結縛)함. 束縛以刑罰『史記』

묶을 약【約】
　㉠ 동임. 約之閣閣『詩經』
　㉡ 결합(結合)함. 합침. 約天下之兵『戰國策』
　㉢ 단속 함. 約禮. 約之以禮『論語』
묶을 위【緯】결속(結束)함.
　　　　　　農緯厥耒『大戴禮』
묶을 찰【紮】동임.
묶을 초【帩】縛也.
묶을 초【招】旣入其苙 又從而招之『孟子』
묶을 총【總】한 데 합쳐 맴. 동임.
　　　　　　總束髮也『釋名』
묶을 축【縮】동여 맴. 縮版以載『詩經』
묶을 함【緘】상자 같은 것을 끈 따위로 묶음.
　　　　　　緘制. 葛以緘之『墨子』
묶을 해【絯】方且爲物絯『莊子』
묶을 혼【棍】동여맴. 棍申椒與菌柱『揚雄』
묶을 획【韄】夫外韄者 不可繁而捉『莊子』
묶을 흘【紇】동임.
묶은 머리 :
　묶은 머리 부【髶】結露髶.
　묶은 머리 총【總】束髮. 總角卝兮『詩經』
묶음 :
　묶음 괄【括】묶는 일. 周士貴經括一卷『宋史』
　묶음 돈【純】동임. 錦繡千純『戰國策』
　묶음 속【束】한 묶음. 束薪.
　　　　　　生芻一束 其人如玉『詩經』
　묶음 심【審】한 묶음. 十羽爲審『周禮』
　묶음 파【把】묶어 놓은 덩이. 단. 다발. 따위.
　　　　　　淸晨送菜把『杜甫』
문 :
　문 굉【閎】㉠ 작은 길이나 거리의 문.
　　　　　　　乘輦而入于閎『左傳』
　　　　　　㉡ 天上의 문. 騰九閎『漢書』·
　　　　　　㉢ 보통의 문. 高其閈閎『左傳』
　문 달【闥】궁중의 작은 문. 禁闥. 紫闥.
　　　　　　排闥直入『漢書』
　문 문【門】
　　㉠ 집의 외부에 설치한 출입하는 곳. 대문.
　　　　門內. 門外可設雀羅『漢書』
　　㉡ 사물의 출입에 경유하는 곳.

　　　　道義之門『易經』　衆妙之門『老子』
　　㉢ 문 앞. 집 앞. 有荷蕢而過門者『史記』
　　㉣ 동류. 同門. 孔門
　　㉤ 관리가 자기를 추천한 사람에게 대하여
　　　일컫는 말. 天下桃李悉在公門『十八史略』
　　㉥ 분류상의 구별. 部門.
　　㉦ 학술의 한 종류. 專門.
　　㉧ 大砲를 세는 수사. 砲十門.
　문 위【闈】궁중의 작은 문.
　　　　　　攻闈與大門『史記』
　문 창【閶】㉠ 閶闔은 천상(天上)의 문.
　　　　　　㉡ 대궐문(大闕門). 궁문(宮門).
　　　　　　游閶闔『漢書』
　문 혼【閽】대궐문(大闕門).
　　　　　　詣闕自愬者 曰叩閽『正字通』
문고리 : 문을 여닫는 데 쓰는 쇠고리.
　문고리 포【鋪】排玉戶而颺金鋪兮『漢書』
문 기울어지다 :
　문 기울어질 아【闁】문경(門傾).
문 닫다 :
　문 닫을 갑【屆】閉也.
　문 닫을 갑【盍】폐호(閉戶).
　문 닫을 하【閜】폐문(閉門).
문 돌저귀 :
　문 돌저귀 전【鏷】樞也.
문 두드리는 소리 :
　문 두드리는 소리 정【丁】丁丁啄門疑啄木『韓愈』
문둥병 : 나균(癩菌)에 의하여 생기는 만성전염병
　(慢性傳染病).
　문둥병 라【癩】려(癘)와 동자(同字). 癩子.
　　　　　　伯牛有疾 先儒以爲癩『論語』
　문둥병 라【癘】나(癩)와 동자(同字). 癘病.
　　　　　　時病癘歸國『史記』
　문둥병 려【厲】천형병(天刑病). 또 폐질(廢疾).
　　　　　　厲之人 夜半生子『周禮』
문드러지게 하다 :
　문드러지게 할 란【爛】糜爛. 前沙爛石『說苑』
문드러지다 :
　문드러질 궤【潰】부란(腐爛)함. 潰爛.
　　　　　　杭有賣菓者 善藏柑 涉寒暑不
　　　　　　潰『劉基』
　문드러질 란【爛】
　　㉠ 화상을 입어 살결이 문드러짐. 爛死.
　　　邾子自投于牀 廢于鑪炭爛『左傳』
　　㉡ 썩어 문드러짐. 腐爛. 魚爛而亡『公羊傳』
　　㉢ 너무 익어 문드러짐. 무르녹음.
　　　熟而不爛『呂氏春秋』
　　㉣ 부서짐. 궤파(潰破)함. 肌膚刻爛『蜀志』

　㉤ 고민하고 애통함. 心爛形燋 『齊書』
문드러질 미 【糜】 썩어 문드러짐.
　　　　　　糜爛其民 『孟子』

문득 :
　문득 당 【倘】 忽也. 雲將見之倘然也 『莊子』
　문득 변 【便】 즉(卽). 卽便으로 연용(連用)하기
　　　　　도 함. 便是堯舜氣象 『朱熹』
　문득 억 【抑】 發語辭. 抑此皇父 『詩經』
　문득 엄 【奄】 갑자기. 奄忽如神 『漢書』

　문득 장 【將】 억(抑)과 동의. 전환하는 말.
　　　　　寧誅鋤草茆以力耕乎 將遊大人以
　　　　　成名乎 『楚辭』
　문득 첩 【輒】 용이하게. 대수롭지 않게. 함부로.
　　　　　旣輒加之 又輒殺之 『歐陽修』
문란하다 :
　문란할 강 【姧】 문란(紊亂).
문루(門樓) :
　문루 초 【譙】 성문 위의 망루(望樓).
　　　　　井幹麗譙 『王禹偁』
문루지붕 :
　문루지붕 답 【闒】 문루(門樓)의 지붕.
　　　　　不過闒 『司馬法』
문머리 :
　문머리 향 【閧】 문두(門頭).
문 미 :
　문 미 미 【楣】 문 위에 가로 댄 상인 방. 門楣.
　　　　　楣門戶上橫梁也 『辭海』
문밖 :
　문밖 야 【野】
　㉠ 교외. 四野. 叔適野 『詩經』
　㉡ 왕성(王城)의 200리 밖에서 300리까지의
　　　사이. 縣士掌野 『周禮』
문배나무 : 능금 나무과에 속하는 낙엽교목.
　문배나무 정 【楟】 橙梯楟楟 『左思』
문빗장 : 문을 잠글 때 가로지르는 나무때기나
　　　또는 쇠 장대.
　문빗장 건 【楗】 關楗之固 『淮南子』
　문빗장 관 【關】 門關. 關鑰.
　　　　　善閉無鍵關而不可開 『老子』
　문빗장 달 【闥】 飛闥. 樓上突出方木也 上飛闥而
　　　　　仰眺 『張衡』
　문빗장 련 【槤】 門橫關木.
　문빗장 산 【閂】 문을 잠그는 나무때기.
문서 :
　문서 간 【簡】 서류. 簡策.
　문서 장 【狀】 訴狀. 直詣閤門進狀 『宋史』
　문서 재 【載】 맹약(盟約)의 문서.

　　　　　景伯負載 『左傳』
　문서 적 【籍】
　㉠ 서류. 책. 書籍. 典籍. 尺籍伍符 『漢書』
　㉡ 장부(帳簿). 明習天下圖書計籍 『史記』
　㉢ 명부(名簿). 除其宦籍 『史記』
　㉣ 관청의 호구(戶口), 지적(地籍) 등을 적은
　　　장부. 戶籍. 地籍.
　　　　　諸侯惡 其害己也 而皆去其籍
　　　　　『孟子』
　문서 전 【箋】 서류. 投箋與河伯 『異苑』
　문서 책 【策】 문자를 기록한 것.
　　　　　先生書策琴瑟在前 『禮記』
　문서 첩 【牒】 皆顯史牒 『晉書』
　문서 첩 【帖】 서류. 昨夜府帖下 『杜甫』
　문서 첩 【諜】 첩(牒)과 통용. 余讀諜記 黃帝以
　　　　　來皆有年數 『史記』
문설주 : 문미(門楣)와 문지방 사이의 문의 양쪽
　　　기둥.
　문설주 모 【楣】 門樞上橫木.
　문설주 설 【楔】 根閫居楔 『韓愈』
　문설주 시 【㮤】 持門樞.
　문설주 정 【根】 大夫中根與閫之間 『禮記』
　문설주 첨 【櫼】 楔也.
문소리 :
　문소리 획 【閮】 문성(門聲).
문신하다 :
　문신할 자 【刺】 자자(刺字)함. 입묵(入墨)함.
　　　　　刺靑. 刺面配華州 『五代會要』
문안하다 :
　문안할 녕 【寧】 귀성(歸省)함. 寧親.
　　　　　歸寧父母 『詩經』
문어 :
　문어 문 【鮫】 문어(文魚).
문 얼굴 :
　문 얼굴 광 【框】 문 테. 門框.
문 여닫는 소리 :
　문 여닫는 소리 할 【閮】 문성(門聲).
　문 여닫는 소리 할 【闟】 門之開閉聲.
문 열다 :
　문 열 괄 【闊】 開門.
　문 열 모 【戼】 開也.
　문 열 획 【閮】 開門.
문 옆방 : 문의 좌우에 있는 방.
　문 옆방 숙 【塾】 先輅在左塾前 『書經』
문을 치다 : 문을 공격함.
　문 칠 문 【門】 門於東閭 『左傳』
문장 : 문에 치는 휘장.
　문장 황 【橫】 房櫳對橫 『左思』

문절망둑 : 망둥어과에 속하는 내만성의 물고기.
문절망둑 사【鯊】鮀魚. 魚麗于罶鱨鯊『詩經』
문절망둑 타【鮀】鯊魚. 鮀魚生湖畔土窟中『本草圖經』
문지기 : 문 특히 대궐문을 지키는 사람.
문지기 혼【閽】閽者守門之賤者也『禮記』
문지도리 : 문짝을 여닫게 하는 물건. 돌쩌귀.
문지도리 외【椳】樞謂之椳『爾雅』
문지르다 :
문지를 돈【扽】摩也.
문지를 력【擽】비빔. 或摟擭擽捋『嵇康』
문지를 말【抹】현악기의 줄을 살짝대고 누름. 轉腕攏絃促揮抹『李紳』
문지방 : 문 밑을 받친 하방(下方)의 부분. 인신(引伸)하여 호내(戶內), 호외(戶外)의 한계.
문지방 곤【梱】곤(閫)과 동자(同字). 梱外. 外言不入于梱『禮記』
문지방 곤【閫】內言不出於閫 外言不入於閫『禮記』
문지방 궐【橛】楣橛與棟梁『杜牧』
문지방 기【畿】門限. 白石爲門畿『韓愈』
문지방 린【橉】枕戶橉而臥『淮南子』
문지방 린【轔】亡馬不發戶轔『淮南子』
문지방 사【戺】門限. 金戺玉階『張衡』
문지방 얼【闑】闑以內寡人制之『漢書』
문지방 얼【臬】門橛.
문지방 역【閾】行不履閾『論語』
문지방 절【切】切皆銅沓冒黃金塗『漢書』
문지방 질【柣】門限.
문지방 한【扆】門閾.
문지방 한【閬】閾也.
문지방 한【限】都人踏破鐵門限『蘇軾』
문짝 :
문짝 비【扉】문선(門扇). 柴扉. 子尾抽桷擊扉三『左傳』
문짝 선【扇】문비(門扉). 門扇. 乃修闔扇『禮記』
문짝 합【闔】문의 한 짝. 문비(門扉). 修闔扉『禮記』
문짝 해【扅】문비(門扉).
문짝 닫는 소리 :
문짝 닫는 소리 평【閛】閉扉聲.
문채(文彩) :
문채 문【文】
㉠ 무위. 文繡. 五色成文而不亂『禮記』
㉡ 채색. 供絲纊組文之物『周禮』
㉢ 아름다운 외관. 文質. 先王之立禮也 有本有文『禮記』
㉣ 예(禮), 악(樂), 제도(制度) 등 국가 사회를 빛나게 하는 것. 文物. 文明. 郁郁乎文哉『論語』
문채 비【匪】且其匪色『周禮』
문채 욱【彧】아름다운 광채. 또 무늬.
문채 장【章】
㉠ 색채(色彩). 目不別五色之章爲昧『左傳』
㉡ 아름다운 무늬. 斐然成章『論語』
문채나다 : 문채(文彩)가 있어 화려한 모양.
문채날 비【斐】斐然成章『論語』
문채날 빈【瑸】璘瑸은 옥의 문채(文彩)가 어른어른하는 모양. 또 무늬가 있는 모양. 碧馬犀之璘瑸『漢書』
문채날 욱【戫】彰也. 욱(彧)과 동자(同字).
문채날 원【苑】蒙伐有苑『詩經』
문채날 육【驈】文也.
문채날 표【彪】빛깔이 아름다움. 彪彪玢玢『宋史』
문채날 환【奐】奐爛, 문채(文彩).
문채 번화하다 :
문채 번화할 찬【彩】문번(文繁).
문체이름 :
문체이름 갈【碣】비문(碑文)의 한 체. 潘尼作潘黃門碣『文體明辯』
문체이름 규【規】과실(過失)을 경계(警戒)하는 글. 規之爲文 則漢以前 絶無作者 至唐元結始作五規『文體明辯』
문체이름 기【記】사실을 그대로 적은 것. 記者紀事之文也 禹貢顧命乃記之祖『文體明辯』
문체이름 대【對】상소(上疏)의 한 체. 천자의 하문(下問)에 대하여 의견을 진술(陳述)하는 것. 三曰對 四曰啓『文體明辯』
문체이름 론【論】자기의 의견을 주장하여 서술한 것. 爭臣論. 春秋論.
문체이름 변【辯】언행(言行)의 시비(是非) 진위(眞僞)를 판단(判斷)하여 설명(說明)하는 글. 諱辯. 桐葉封弟辯. 辯 判別也『中論』 至唐韓柳乃始作焉 然其原蓋出於孟莊『文體明辯』
문체이름 부【賦】운문(韻文)의 한 체. 진술하는 미문(美文). 阿房宮賦. 赤壁賦. 賦者古詩之流『班固』
문체이름 사【詞】원래는 시문의 범칭(汎稱)이었으나 후에 운문(韻文)의 한

가지인 시여(詩餘)의 특칭(特稱)으로 되었음. 詞曲(唐代에 시작된 악부(樂府)의 한 체). 곡(曲)은 노래 가락.
是時天子方好文詞『史記』

문체이름 사 【辭】 감상(感想)을 문장(文章)에 탁(託)한 것으로 대개 운(韻)을 닮. 秋風辭. 詩變而爲騷 騷變而爲辭皆可歌
『古文眞寶註』

문체이름 설 【說】 사물에 대한 의견을 진술함. 師說. 愛蓮說. 說之名起於說卦『文體明辯』

문체이름 원 【原】 自唐韓愈作五原 而後人因之 『文體明辯』

문체이름 의 【議】 일을 의논하여 그 가부를 비판하는 문장. 奏議. 昔管仲稱軒轅 有明臺之議 則 議之來遠矣『文體明辯』

문체이름 이 【移】 고대의 공문서의 한 가지. 회람용의 글. 公移. 勒移山庭『孔維圭』

문체이름 제 【題】 서체의 권두(卷頭)에 씀. 題跋. 題辭.

문체이름 지 【志】 사물의 변천(變遷) 연혁(沿革)을 기록하는 것. 漢書藝文志.

문체이름 지 【誌】 사실을 그대로 적은 것. 碑誌. 墓誌.

문체이름 찬 【讚】
　㉠ 사람의 공덕을 칭송하는 말. 讚之爲體 促 而不曠 結言於四字之句『文體明辯』
　㉡ 불경(佛經)중의 불덕(佛德)을 찬탄하는 가송(歌頌)의 말. 明讚未畢 滿地現舍利『寺塔記』

문체이름 찬 【贊】
　㉠ 인물을 칭송하고 논평하는글. 伯夷贊. 孔子贊.
　㉡ 서화의 옆에 쓰는 말. 찬(讚). 自圖宣尼像, 爲之贊而書之『南史』
　㉢ 역사의 기사에 첨가하는 의론. 史記論贊.

문체이름 칠 【七】 문대(問對). 초사(楚辭)의 칠간(七諫)에서 시작되어 매승(枚乘)의 칠발(七發), 조식(曹植)의 칠계(七啓) 등이 있음. 七者文章之一體也 『文體明辯』

문초하다 :
　문초할 문 【問】 신문(訊問)함. 問罪. 淑問如皋陶『詩經』

문호 :
　문호 경 【扃】 출입구. 或假步于山扃『孔稚圭』

묻다 : 구덩이를 파고 묻음.
　묻을 갱 【阬】 焚書阬儒. 皆阬之『史記』
　묻을 근 【墐】 근(堇)과 동자(同字). 尙或墐之『詩經』
　묻을 도 【堵】 埋也.
　묻을 매 【埋】
　　㉠ 파묻음. 埋葬. 埋璧于大室之庭『左傳』
　　㉡ 박장(薄葬)함. 葬不如禮曰埋『釋名』
　묻을 매 【薶】 매(埋)와 동자(同字). 掩骼薶骴『淮南子』
　묻을 매 【貍】 매(埋)와 통용. 凡貍物『周禮』
　묻을 몰 【圽】 埋也.
　묻을 붕 【堋】 시체를 묻고 흙을 덮음. 日中而堋『左傳』
　묻을 예 【瘞】 매장(埋葬)함. 埋瘞. 收瘞.
　묻을 이 【殔】 假葬於道側.
　묻을 인 【印】 자취가 남음. 印象. 口脂在手偶印于花上『靑瑣高議』

묻다 : 문의함. 상의함. 질문함.
　물을 고 【叩】 叩問. 獨學少擊叩『梁武帝』
　물을 고 【告】 방문하여 안부를 물음. 八十月告存『禮記』
　물을 궁 【諻】 問也.
　물을 동 【董】 商董.
　물을 모 【謀】 不卽我謀, 徹我牆屋『詩經』
　물을 문 【問】 질문함. 問答. 好問則裕『書經』
　물을 방 【訪】 상의함. 질문함. 詢訪. 咨訪. 訪以世務『十八史略』
　물을 순 【詢】 상의함. 문의함. 詢咨. 先民有言, 詢于芻蕘『詩經』
　물을 신 【誶】 신(訊)과 동자(同字). 虞人逐而誶之『莊子』
　물을 신 【訊】
　　㉠ 질문을 함. 君嘗訊臣『公羊傳』
　　㉡ 죄상을 물어 조사함. 訊問. 鞫訊. 訊羣吏『周禮』
　　㉢ 조사. 신문. 從史訊『漢書』
　　㉣ 방문하여 안부를 물음. 朝夕問訊『後漢書』
　　㉤ 안부. 음신(音信). 不可託訊歟 『荀子』
　물을 심 【尋】 질문함. 硏精尋問『北齊書』
　물을 언 【讞】 의옥(疑獄)을 자문(諮問)함. 欲避請讞之煩『後漢書』
　물을 얼 【讞】 피의자(被疑者)를 조사(調査)함.
　물을 자 【咨】 자(諮)와 동자(同字). 咨十有二牧『書經』
　물을 자 【諮】 자(咨)와 동자(同字). 높은 이가

낮은 이에게 문의(問議)함. 諮詢.
諮問. 諮臣以當世之事『諸葛亮』

물을 자 【刺】 문의함. 可刺掌三刺『周禮』

물을 점 【占】 문의(問議)함. 시험(試驗)함.
發政占古語『漢書』

물을 조 【弔】 재난을 당한 사람을 위로하기 위
하여 찾아가 안부를 물음.
太公任往弔之『莊子』

물을 질 【質】 의문되는 점을 물음. 質問.
爰質其所疑『太玄經』

물을 청 【請】 請業則起 請益則起『禮記』

물을 추 【諏】 뭇 사람에게 문의하거나 정사(政
事)에 관하여 문의함. 諮諏.
周爰咨諏『詩經』

물을 탁 【度】 문의함. 周爰咨度『詩經』

물을 후 【候】 방문하여 안부를 물음. 候問.
上臨候禹『漢書 張禹傳』

물을 힐 【詰】 대답을 구함. 不可致詰『老子』

묻은 불 : 꺼지지 않게 재 속에 묻은 불.

묻은 불 외 【煨】 犯白刃蹈煨炭『戰國策』

묻히다 : 파묻히다.

묻힐 매 【埋】 寒雲沈屯白日埋『王安石』

물 : 오행(五行)의 하나. 고대에 우주를 구성하는
원소(元素)로 생각되었음. 계절(季節)로는 겨
울. 방위(方位)로는 북(北). 오성(五星)으로는
신성(辰星). 오음(五音)으로는 우(羽). 십간(十
干)으로는 임계(壬癸)에 배당(配當)함.

물 보 【潽】 水也.

물 수 【水】
㉠ 산소와 수소로 이루어진 액체. 水火.
今夫水 一勺之多『中庸』
㉡ 물이 흐르거나 괸 곳. 내, 호수, 바다, 등.
若涉大水『書經』
㉢ 물의 범람(氾濫). 곧 홍수.
堯禹有九年之水『漢書』
㉣ 五行一曰水『書經』

물가 : 바다 또는 호수 등의 물이 물가의 돌에 부
딪치는 곳. 또 그 부근.

물가 간 【干】 수변(水邊). 寘之河之干『詩經』

물가 고 【皋】 수애(水涯). 牧濕皋『左傳』

물가 국 【鞫】 수애(水涯). 芮鞫之卽『詩經』

물가 기 【磯】 石磯. 釣磯.

물가 기 【碕】 굽은 수애(水涯). 曲岸.
深巖排碕『揚雄』

물가 담 【潭】 수애(水涯)의 깊은 곳.
或橫江潭而漁『揚雄』

물가 려 【沴】 수변(水邊). 負沴『揚雄』

물가 렴 【澰】 青蕪蔚乎翠澰『潘岳』

물가 률 【溧】 수애(水涯).

물가 미 【靡】 的皪江靡『司馬相如』

물가 미 【湄】 所謂伊人 在水之湄『詩經』

물가 미 【瀰】 수제(水際).

물가 반 【沜】 수애(水涯).

물가 반 【沜】 輞川有芙蓉沜『唐書』

물가 반 【畔】 澤畔. 江河之畔『劉向』

물가 변 【邊】 邊沙 長安水邊多麗人『杜甫』

물가 분 【濆】 수변(水邊). 鋪敦淮濆『詩經』

물가 빈 【瀕】 빈(濱)과 동자(同字).
海瀕廣斥『漢書』

물가 빈 【濱】 수애(水涯). 海濱廣斥『書經』

물가 사 【沙】 물가의 모래 땅.
鳧鷖在沙『詩經』

물가 사 【汜】 猶有汰沃之汜『淮南子』

물가 사 【涘】 수애(水涯). 在河之涘『詩經』

물가 사 【溮】 수애(水涯).

물가 서 【澨】 수변(水邊)의 땅. 海澨.
夕濟兮西澨『楚辭』

물가 순 【漘】 위가 평평하고 아래가 깊은 水涯.
在河之漘『詩經』

물가 습 【隰】 逐翼侯于隰汾『左傳』

물가 시 【㵩】 수애(水涯).

물가 심 【潯】 ㉠ 江潯海裔『淮南子』
㉡ 垂釣廣川潯『張正見』

물가 아 【阿】 天子飮河水之阿『穆天子傳』

물가 애 【涯】 若涉大水 其無津涯『書經』

물가 애 【厓】 수애(水涯). 望厓洒以高『爾雅』

물가 예 【芮】 수애(水涯). 芮鞫之卽『詩經』

물가 예 【況】 수제(水際).

물가 오 【汻】 수애(水涯).

물가 오 【墺】 수애(水涯).

물가 은 【垠】 수애(水涯).

물가 저 【渚】 수애(水涯). 渚岸.

물가 저 【陼】 저(渚)와 동자(同字).
朝發枉陼兮夕宿辰陽『楚辭』

물가 정 【汀】 물가의 평지(平地). 汀沙.
汀曲舟已隱『謝靈運』

물가 정 【軒】 정(汀)과 동자(同字). 수제(水際).

물가 제 【漈】 수애(水涯).

물가 지 【沚】 수변(水邊). 于沼于沚『詩經』

물가 지 【坻】 지(沚)와 동자(同字). 수저(水渚).
飮於枝坻之中『穆天子傳』

물가 지 【阯】 지(沚)와 통용. 黑水玄阯『張衡』

물가 지 【坻】 수애(水涯). 薄暮未安坻『王粲』

물가 호 【滸】 水涯의 평지. 在河之滸『詩經』

물가 효 【涍】 수애(水涯).

물가 돌 : 물가에 있는 돌.

물가 돌 공 【碧】 水邊石.

물 가운데 언덕 :

　물 가운데 언덕 전【陵】水中阜.

물갈퀴 : 기러기, 오리 따위의 발가락 사이의 얇
　은 막. 헤엄을 치는 데 편리함. 오리발.

　물갈퀴 복【蹼】鳧雁醜其足蹼『爾雅』

물개 :

　물개 눌【肭】膃肭. 강치와 비슷한 바다짐승.

　물개 달【㺚】달(獺)과 동자(同字). 수구(水狗).

　물개 올【膃】膃肭. 북해에 사는 바다짐승.
　　　　　　　　해구(海狗).

물 거스르다 :

　물 거스를 반【㵽】수회(水洄).

물거품 :

　물거품 누【漊】水漊.

　물거품 부【泭】수포(水泡).

　물거품 자【涑】수포(水泡).

　물거품 포【㳍】沫也.

물건 : 천지(天地)사이에 존재(存在)하는 온갖 물
　건(物件).

　물건 물【物】品物. 萬物.
　　　　　　　天地與其所產焉物也『公孫龍子』

　물건 언【物】件也.

　물건 창【昌】百昌皆生於土『莊子』

　물건 체【體】物體. 液體.

　물건 품【品】品種.
　　　　　　　籩豆之實 水土之品也『禮記』

물건 끊는 소리 :

　물건 끊는 소리 추【簉】단성(斷聲).

물건소리 : 물체의 소리.

　물건소리 소【蕭】幽泉落澗夜蕭蕭『黃庭堅』

　물건소리 책【磔】爆竹鳴磔磔『蘇轍』

물건 팔려 외치는 소리 :

　물건 팔려 외치는 소리 애【嗳】㊥ 叫賣聲.

물결 :

　물결 갈【渴】파세(波勢).

　물결 골【汨】파도(波濤). 與汨借出『莊子』

　물결 대【汏】파도. 齊吳榜而擊汏『楚辭』

　물결 도【濤】큰 물결. 波濤.
　　　　　　　乃鼓怒而作濤『郭璞』

　물결 란【瀾】
　　㊀ 큰 물결. 瀾波. 觀水有術必觀其瀾『孟子』
　　㊁ 잔물결. 瀾漪水波也『爾雅』

　물결 랑【浪】파도. 波浪. 冒浪而進『南史』

　물결 미【洣】波也.

　물결 배【湃】수파(水波).

　물결 잡【潗】波也.

　물결 파【波】
　　㊀ 파도. 波紋. 大波爲瀾, 小波爲淪『爾雅』

　　㊁ 흐름. 水流. 波流. 分波而共源『後漢書』

　　㊂ 어수선한 사단(事端). 言者風波也『莊子』

　　㊃ 주름. 羅幕生繡波『范成大』

　　㊄ 매체(媒體) 안에서 각 부분에 진동이 점차
　　　로 전파하는 현상. 電波.

　물결 혜【潓】수파(水波).

물결 꿈틀거려 흐르다 : 물결이 소용돌이쳐 꿈
　틀거리며 흐르는 모양.

　물결 꿈틀거려 흐를 환【濩】漩濩縈瀯『郭璞』

물결무늬 :

　물결무늬 읍【潱】수문(水紋).

　물결무늬 휘【湋】파문(波紋).

물결 번득이다 :

　물결 번득일 숙【潚】瀟潤, 파모(波貌).

물결 부딪치는 소리 :

　물결 부딪치는 소리 획【淢】淢汋泬瀄『郭璞』

물결 부딪치다 :

　물결 부딪칠 곽【漷】潰濩泧漷『郭璞』

　물결 부딪칠 운【溳】波之相疊盡溳.

물결 세다 :

　물결 셀 배【湃】洶涌澎湃『司馬相如』

　물결 셀 팽【泙】팽(澎)과 동자(同字). 泙湃.
　　　　　　　瀄泙洞澔者彌數千里『柳宗元』

물결소리 :

　물결소리 곽【濩】濩泲. 많은 물결이 서로 부딪
　　　　　　　치는 소리. 濩泲濩渭『木華』

　물결소리 핑【淜】물결이 요란하게 이는 소리.
　　　　　　　또 흐르는 물이 돌에 부딪치
　　　　　　　는 소리. 淜滂滂湃『周光鎬』

　물결소리 배【湃】물결 치는 소리. 파도 소리.
　　　　　　　空聽餘瀾鳴湃湃『蘇軾』

　물결소리 빙【淜】淜滂. 물결이 물건을 치는 소리.
　　　　　　　飄忽淜滂『宋玉』

　물결소리 팽【軯】격랑(激浪)의 소리.
　　　　　　　砏汃軯軋『張衡』

물결이 돌다 :

　물결이 돌 완【圖】水勢回旋.

물결 일다 : 바람이 불어 파도가 일어남.

　물결 일 굉【汯】물결이 잃. 泓汯洞澋『郭璞』

　물결 일 도【濤】큰 파도가 일어남.
　　　　　　　春江已風濤『杜甫』

　물결 일 란【瀾】波之將瀾『楚辭』

　물결 일 랑【浪】溫泉忿涌而自浪『左思』

　물결 일 외【濊】濊渨濆瀑『郭璞』

　물결 일 점【颭】驚風亂颭芙蓉水『柳宗元』

　물결 일 파【波】洞庭波兮木葉下『左傳』

　물결 일 곽【瀑】濊渨濆瀑『郭璞』

　물결 일 형【瀯】瀯瀯. 漩濩縈瀯『郭璞』

물결 출렁거리다 :
물결 출렁거릴 답【涾】長波涾 㴜 『木華』
물결 출렁거릴 타【㴜】타(沲)와 동자(同字). 水波相重貌.
물결치는 소리 : 물결이 서로 부딪치는 소리.
물결치는 소리 붕【淜】鼓窟以淜渤『郭璞』
물결치는 소리 삭【汋】有水聲汋汋然也『釋名』
물결치는 소리 팔【汃】砏汃輣軋『張衡』
물결치는 소리 팽【砰】砰湃動簷瓦『胡天游』
물결치다 :
물결칠 돈【沌】물결이 세차게 치는 모양. 沌沌混混 狀如奔馬『枚乘』
물결 퍼지다 :
물결 퍼질 전【沺】水勢廣大貌.
물고기 떼지어 다니다 :
물고기 떼지어 다닐 유【遺】魚行相隨游.
물고기새끼 :
물고기새끼 타【鰖】魚子已生者.
물고기 알 :
물고기 알 타【鯺】타(鰖) 와 동자(同字).
물고기 오락가락하다 : 물고기가 물속에서 오락가락하며 노니는 모양.
물고기 오락가락할 폐【瀎】翫游鯈之瀎瀎『潘岳』
물고기이름 :
물고기이름 련【鰊】작은 물고기의 한 가지.
물고기이름 렵【鱲】물고기의 한 가지.
물고기이름 보【鯆】붕어 비슷한 민물고기.
물고기이름 전【鱄】동정호에서 나는 물고기의 한 가지. 魚之美者 洞庭之鱄『呂氏春秋』
물고기 잡다 :
물고기 잡을 어【敾】포어(捕魚).
물고기 잡을 잠【橬】積柴水中取魚.
물굽이 : 물이 육지에 굽어 들어온 곳. 수류(水流)의 굽은 곳.
물굽이 만【灣】海灣. 舟險萬重灣『沈佺期』
물굽이 예【汭】會於漢汭而還『左傳』
물굽이 질【厔】수곡(水曲).
물굽이 칙【汖】湢汖, 수세(水勢).
물 굽이쳐 흐르다 : 물이 구불구불 흐르는 모양.
물 굽이쳐 흐를 완【涴】洪瀾涴演而雲迴『郭璞』
물귀신 :
물귀신 천【川】하백(河伯). 祭山川『禮記』
물귀신이름 :
물귀신이름 배【夤】하신(河神).
물 그득히 흐르다 : 물이 많아 넘실넘실 흐르는 모양.
물 그득히 흐를 면【沔】沔彼流水『詩經』
물 급히 흐르다 :
물 급히 흐를 추【潨】급류(急流).
물기 :
물기 윤【潤】수분(水分). 吹雲吐潤『曹植』
물긷는 그릇 :
물긷는 그릇 유【盨】抒水小器.
물 깃다 :
물 길을 알【澣】취수(取水).
물 깊고 넓다 :
물 깊고 넓을 앙【泱】水深廣貌.
물 깊고 맑다 :
물 깊고 맑을 현【灦】水深而淸貌.
물 깊다 :
물 깊을 윤【奫】深廣貌.
물끄러미 보다 : 서로 말없이 보는 모양.
물끄러미 볼 맥【脈】脈脈不得語『古詩』
물끄러미 볼 악【覨】구시(久視).
물 끌어올리다 :
물 끌어올릴 쇄【灑】양수(揚水).
물 끓는 소리 :
물 끓는 소리 읍【湆】비성(沸聲).
물 끓어 솟다 :
물 끓어 솟을 즙【湒】비용(沸湧).
물 나비 :
물 나비 우【蝺】蝛蝺, 청부(靑蚨).
물 넓다 :
물 넓을 전【沺】水無際廣大.
물놀이 치다 : 물이 움직임. 물결이 침.
물놀이 칠 심【淰】巴蜀動餘淰『郝經』
물다 :
물 서【噬】깨묾. 噬呑. 後君噬齊『左傳』
물 예【齛】齧也.
물 착【齺】車轂齺, 騎連伍而行『管子』
물 참【噆】깨물다. 蚊䖟噆膚『莊子』
물 최【嘬】깨물다. 蠅蚋姑嘬之『孟子』
물 함【銜】입에 묾. 銜枚. 吾欲銜汝去 口噤不能開『古詩』
물닭 :
물닭 칙【鷘】鸂鷘, 수조(水鳥).
물대다 : 물을 흘러 들어가게 함.
물댈 개【漑】灌漑. 引漳水漑鄴『史記』
물댈 관【灌】灌漑. 決晉水以灌之『戰國策』
물댈 림【霖】옥수(沃水).
물댈 옥【沃】관개(灌漑)함. 啓乃心沃朕心『書經』
물댈 종【淙】淙大壑與沃焦『郭璞』

물댈 주【注】灌注. 注塡淤之水『漢書』

물댈 즉【喞】즉통(喞筒)은 양수기(揚水機).
　　　以喞筒喞水其上『種樹玉』

물댈 침【浸】물을 대어 윤택하게 함.
　　　浸彼稻田『詩經』

물 돌아가다 :

　물 돌아갈 위【潿】水回轉.

물 돌아나가다 :

　물 돌아나갈 영【濴】水回流.

　물 돌아나갈 형【濙】水回流.

　물 돌아나갈 회【匯】
　　ㄱ 물이 선회(旋回)함. 東匯澤爲彭蠡『書經』
　　ㄴ 물이 선회한 곳. 山下繫船桃溪匯『楊維楨』

물 돌아치다 :

　물 돌아칠 과【渦】水回貌.

물동이 :

　물동이 관【鑵】급기(汲器).

물들다 :

　물들 뢰【淶】염색(染色). 淶, 相殕染也.

　물들 쉬【淬】염색(染色)됨. 胕割輪淬『史記』

　물들 염【染】
　　ㄱ 염색이 됨. 出游泥而不染『朱敦頤』
　　ㄴ 감화되어 몸에 뱀. 感染.
　　　一善染心 萬劫不朽『夏文彦』

　물들 유【擩】감염(感染)함.
　　　耳擩目染 不學以能『韓愈』

　물들 점【漸】감화(感化)함. 또 감화(感化)시킴.
　　　漸民以仁『漢書』

　물들 지【漬】염색함. 染羽淳而漬之『周禮』

물들이는 풀 :

　물들이는 풀 종【蓯】염초(染草).
　　　蓯園供染綠紋綬『漢宮儀』

물들이다 :

　물들일 염【染】염색(染色)함.
　　　染料. 掌染絲帛『周禮』

　물들일 혈【血】염색하여 광채(光彩)를 냄.
　　　可以血玉『山海經』

　물들일 호【澔】염색함.
　　　以墨澔色其周垣『漢書』

물들인 비단 :

　물들인 비단 종【蓯】染色繒.

물 따라 내려가다 : 수류(水流)를 쫓아 내려감.

　물 따라 내려갈 연【沿】沿于江海『書經』

물 떨어지다 :

　물 떨어질 견【汱】水落貌.

물러가다 :

　물러갈 사【謝】
　　ㄱ 퇴거(退去)함. 新陳代謝.

若春秋有代謝『淮南子』
　　ㄴ 작별하고 떠남. 사퇴(辭退)함.
　　　願歲幷謝與長友兮『楚辭』

　물러갈 수【綏】퇴각(退却)함.
　　　出戰交綏『左傳』

　물러갈 일【迭】〔國〕退出遜位.

　물러갈 준【俊】退也.

　물러갈 준【竣】일이 끝난 뒤에 물러감.
　　　有司己事而竣『國語』

　물러갈 파【罷】퇴귀(退歸)함.
　　　皆自朝布路而罷『左傳』

물러나다 :

　물러날 각【卻】
　　ㄱ 뒤로 물러남. 退卻. 戰慄而卻『戰國策』
　　ㄴ 멀어짐. 似秋陸暑斯卻『梁昭明太子』

　물러날 벽【辟】놀라서 피함.
　　　人馬俱驚辟易數里『史記』

　물러날 병【屛】
　　ㄱ 뒤로 물러남. 乃左右屛而待『禮記』
　　ㄴ 은퇴(隱退)함. 屛居山田『漢書』

　물러날 사【謝】사직함. 謝政. 大夫七十而致事
　　　若不得謝 必賜之几杖『禮記』

　물러날 양【攘】뒤로 물러섬. 左右攘辟『禮記』

　물러날 준【踆】준(竣)과 동자(同字).
　　　己事而踆『張衡』

　물러날 퇴【退】
　　ㄱ 물러감. 退却. 退出. 有進無退『禮記』
　　ㄴ 되돌아 감. 臨淵羨魚不如退而結網『漢書』
　　ㄷ 퇴근함. 退食. 公退之暇『王禹偁』
　　ㄹ 관직을 떠남. 引退. 功成名遂身退『老子』
　　ㅁ 감소함. ↔증. 減退.
　　ㅂ 떨어짐. 낮아짐. 是時元豊大臣退於散地 皆
　　　衒怨入骨『十八史略』
　　ㅅ 겸손함. 謙退. 恭敬撙節退讓『禮記』
　　ㅇ 마음이 약함. 求也退 故進之『論語』

　물러날 환【還】뒤로 물러감.
　　　主人答拜還『儀禮』

물러서다 : 나가려고 하다가 도리어 뒤로 물러섬.

　물러설 처【屘】却也.

　물러설 퇴【褪】十篇八九褪『沈與求』

물러터지다 :

　물러터질 란【㿄】란패(爛敗).

물레 : 솜이나 털 따위의 섬유를 자아내어 실을
　만드는 간단한 수공업적인 틀.

　물레 광【軖】방차(紡車).

　물레 쇄【縡】방차(紡車).

물레가락 :

　물레가락 상【栬】〔國〕직구(織具).

물려받다 :
　물려받을 습【襲】 계승함. 承襲. 襲爵. 世襲.
　　　　　　　　襲天祿『左傳』

물리다 :
　물릴 구【餉】 飽也.
　물릴 남【饁】 염포(厭飽).
　물릴 벽【䭈】 포염(飽厭).
　물릴 어【飫】 염포(厭飽).
　물릴 연【餇】 염어【饜飫】.
　물릴 염【厭】 싫증이 나다. 厭倦.
　　　　　　學而不厭 誨而不倦『論語』
　물릴 유【遺】 시들해짐. 觀樂無遺『呂氏春秋』

물리지 않다 :
　물리지 않을 겸【慊】 불염(不厭).

물리치다 :
　물리칠 각【卻】
　　㋑ 받지 아니함. 퇴(退)함. 棄卻.
　　　卻之爲不恭『孟子』
　　㋺ 오지 못하게 함. 막음. 卻諫者『說苑』
　　㋬ 쫓아버림. 卻退. 卻走馬以糞『老子』
　물리칠 각【却】 斥也.
　물리칠 난【難】 못하게 함. 거절함.
　　　　　　難任人『書經』
　물리칠 배【排】 배척(排斥)함. 排擯.
　　　　　　排患釋難『史記』
　물리칠 벽【辟】 물러나게 함.
　　　　　　行辟人可也『孟子』
　물리칠 병【倂】 병(屛)과 동자(同字).
　　　　　　倂己之私欲『荀子』
　물리칠 병【屛】
　　㋑ 제거(除去)함. 尊五美 屛四惡『論語』
　　㋺ 멀리함. 내쫓음. 屛之遠方『禮記』
　물리칠 병【倂】 斥也.
　물리칠 병【拼】 배척(排斥).
　물리칠 빈【擯】 배척(排斥)함. 擯斥.
　　　　　　寡不勝衆, 遂見擯棄『崔寔』
　물리칠 빈【儐】 빈(擯)과 통용.
　　　　　　六國從親以儐秦『戰國策』
　물리칠 빈【賓】 빈(擯)과 통용.
　　　　　　予惟四方 罔攸賓『書經』
　물리칠 양【禳】 신에게 제사 지내어 재앙(災殃),
　　　　　　여역(厲魃)을 물리침.
　　　　　　却變異曰禳『周禮』
　물리칠 양【攘】 쫓아 버림. 배격(排擊)함. 攘夷.
　　　　　　外攘四夷『詩經』
　물리칠 예【翳】 배척(排斥)함. 翳其人『國語』
　물리칠 전【鐫】 관위(官位)를 강등(降等)함.
　　　　　　좌천(左遷)함. 鐫級.

　　　　　　有犯則鐫黜『宋史』
　물리칠 척【斥】 배척함. 斥黜.
　　　　　　大國之求 無禮以斥之『左傳』
　물리칠 첩【擸】 排也.
　물리칠 출【黜】
　　㋑ 쫓아 냄. 黜公者非吾意也『公羊傳』
　　㋺ 없애 버림. 억제함. 君將黜嗜慾『莊子』
　　㋬ 폐함. 버림. 公將黜太子申生『國語』
　물리칠 출【絀】 출(黜)과 동자(同字).
　　　　　　不孝者 君絀以爵『禮記』
　물리칠 퇴【退】
　　㋑ 거절함. 辭退. 見不善而不能退『大學』
　　㋺ 관직 등을 떨어뜨림. 退人以禮『禮記』
　물리칠 폄【貶】 배척함. 貶退.
　물리칠 흔【挋】 배격함. 배제함. 挋却.
　　　　　　爲姦憸挋抑『唐書』

물 마르다 :
　물 마를 고【涍】 수학(水涸).
　물 마를 궤【屚】 涸也.
　물 마를 궤【漍】 涸也.
　물 마를 무【潕】 수학(水涸).

물 막는 널 :
　물 막는 널 수【朱】 朱褛, 防水板.

물 맑다 :
　물 맑을 람【灠】 淸也.
　물 맑을 상【潒】 淨也.
　물 맑을 철【澈】 수징(水澄).
　물 맑을 체【泚】 新臺有泚『詩經』
　물 맑을 홍【泓】 泓澄龍首渠『梁簡文帝』

물 모양 :
　물 모양 당【瀗】 수형(水形).

물모여 들다 :
　물모여 들 사【洍】 水別復入.

물문 :
　물문 갑【閘】 수문(水門).
　물문 인【演】 수문.
　물문 참【艬】 수문.

물러가다 :
　물러갈 인【引】 퇴거(退去)함.
　　　　　　引退 必引而去君之黨『禮記』

물방울 :
　물방울 놔【霛】 ㊀ 연적(涓滴).
　물방울 람【潀】 潀如, 水滴下.
　물방울 력【瀝】 방울방울 떨어지는 물.
　　　　　　水瀝滴地『佛國記』
　물방울 류【霤】 류(溜)와 통용. 듣는 물방울.
　　　　　　泰山之霤穿石『漢書』
　물방울 류【溜】 玉溜簷下垂『謝朓』

물방울 연【涓】 수적(水滴). 涓滴.
　　　　　　大海滴微涓『張正見』
물방울 적【滴】 적(滴)과 동자(同字). 水點下.
물방울 적【滴】 雨滴. 流滴垂氷『謝惠連』
물방울 적【啇】 적(滴)과 동자(同字).
　　　　　　三啇而眠『蘇舜欽』
물방울 점【點】 우적(雨滴).
　　　　　　雨點墮車軸『陸游』
물방울 제【渧】 떨어지는 물방울.
　　　　　　一毛一渧 一沙一塵『地藏經』
물방울 떨어지다 : 물방울이 떨어지는 모양. 또
　　비가 오는 모양.
물방울 떨어질 력【瀝】 動滴瀝以成響『王廷壽』
물방울 떨어질 림【淋】 聽長空之淋淋『曹植』
물방울 떨어질 적【滴】 香露滴瀝『拾遺記』
물방울소리 : 물방울이 떨어지는 소리.
물방울소리 정【丁】 丁丁漏向盡『白居易』
물 벌창하다 :
　물 벌창할 울【灪】 灪㳽, 大水貌.
물 부딪치고 돌다 :
　물 부딪치고 돌 결【潐】 水激回旋.
물 부딪치는 소리 : 물 또는 물결이 서로 부딪
　치는 소리.
　물 부딪치는 소리 팽【澎】 澎湃. 㳶涌澎湃
　　　　　　　　　　『司馬相如』
물 부딪치다 : 돌 사이를 흐르는 맑은 물이 돌에
　　부딪치는 모양.
　물 부딪칠 린【潾】 白石潾潾『詩經』
물 북편 :
　물 북편 예【汭】 수류(水流)의 북쪽.
　　　　　　　後于洛之汭『書經』
물빛 검다 :
　물빛 검을 유【泑】 水黑色.
물 빨리 흐르는 소리 :
　물 빨리 흐르는 소리 흅【瀷】 水流疾貌.
물 빨리 흐르다 :
　물 빨리 흐를 절【沏】 蔚沏迭而隆頹『木華』
　물 빨리 흐를 홀【淴】 급류(急流).
물 뿌리다 :
　물 뿌릴 산【潵】 산수(散水).
물 뿜다 :
　물 뿜을 손【噀】 飮酒西南噀之『神仙傳』
물 삥 돌아나가다 :
　물 삥 돌아나갈 만【漫】 廻復貌.
물새 :
　물새 류【鸇】 수조(水鳥).
　물새 복【鸔】 鳥鸔, 수조(水鳥).

물새 칙【鶒】 수조(水鳥).
물새다 :
　물샐 견【汧】 복수(伏水).
물새소리 :
　물새소리 부【哹】 水鳥鳴哹哹.
물새이름 :
　물새이름 악【鷪】 鷪鷪. 오리 비슷하되 더 크고
　　　　　　　눈이 붉은 물새의 일종.
　물새이름 잡【雥】 雥縣, 해조(海鳥).
물 세차게 흐르다 : 물이 세차게 흐르는 모양.
　또 물결이 이는 모양.
　물 세차게 흐를 상【湯】
　　　㉠ 江漢湯湯『詩經』
　　　㉡ 浩浩湯湯『范仲淹』
물소 :
　물소 심【牸】 수우(水牛).
물소리 :
　물소리 곡【濲】 수성(水聲).
　물소리 리【浰】 물 흐르는 소리.
　　　　　　浰浰下瀨『司馬相如』
　물소리 분【湓】 湓流雷煦而電激『郭璞』
　물소리 비【濞】
　　　㉠ 물이 흐르는 소리. 濞濞有聲『晉書』
　　　㉡ 물이 갑자기 들이닥치는 소리.
　　　　　濞焉洶洶『左思』
　물소리 빙【砯】 물이 산암(山巖)에 부딪쳐 나는
　　　　　　　소리. 砯崖鼓作『郭璞』
　물소리 영【濴】 쉬지 않고 흐르는 물소리.
　　　　　　또 물이 소용돌이치는 모양.
　　　　　　濴濴之聲與耳謀『柳宗元』
　물소리 우【𩏧】 수성(水聲).
　물소리 은【濦】 汨濦, 수성(水聲).
　물소리 종【淙】 물이 흐르는 소리.
　　　　　　石泉淙淙『高適』
　물소리 참【瀺】 瀺灂. 물이 떨어지는 소리.
　　　　　　또 물이 흘러 내려가는 소리.
　　　　　　瀺灂霣墜『司馬相如』
　물소리 충【漴】 漴淙, 수성(水聲).
　물소리 풍【渢】 물이 흐르는 소리.
　물소리 핍【泛】 물소리가 자질 자질하게 나는
　　　　　　　모양. 泛聲微小貌『康熙字典』
　물소리 획【濊】 濊濊. 물이 흐르는 소리.
　　　　　　또 물이 부딪치는 소리.
　　　　　　水濊濊循除鳴『韓愈』
물 속 깊다 : 물이 깊은 모양.
　물 속 깊을 홍【泓】 極泓量而海運『郭璞』
물 속에 나는 고사리 :
　물 속에 나는 고사리 기【薺】 菜似蕨生水中.

물 솟다 : 물이 솟아 나와 흐르는 모양.

　물 솟을 첩【渫】용출(湧出).

　물 솟을 출【沏】原流沏沏『文子』

물수리 : 물수리과에 속하는 매 비슷한 새. 물가
　에 살며 물고기를 잡아먹음. 징경이. 고래(古
　來)로 자웅의 구별이 엄정하다 하여 아름다운
　부부 관계의 비유로 쓰임.

　물수리 궐【鷢】飄然逐鷹鷢『韓愈』

　물수리 악【鶚】저구(鴡鳩). 어응(魚鷹).

　물수리 저【雎】雎鳩. 關關雎鳩 在河之州 窈窕
　　　　　　淑女 君子好逑『詩經』

　물수리 저【鴡】저(雎)와 동자(同字). 鴡鳩.

물 스미다 :

　물 스밀 려【濿】泥濿, 泄海水.

물시계 : 좁은 구멍으로 물을 일정한 속도로 그
　릇에 떨어지게 하여 고이는 물의 분량이나, 또
　는 줄어든 그 물의 분량을 헤아려서 시간을 계
　산 할 수 있도록 만든 시계.

　누수기 루【漏】漏刻. 仆表決漏『史記』

물 쏟다 :

　물 쏟을 내【漆】濺也.

　물 쏟을 찰【濺】濺也.

물 쑥 : 엉거시과에 속하는 다년초. 연한 줄기는
　먹음.

　물 쑥 루【蔞】蔞蒿. 言刈其蔞『詩經』

물 얕다 :

　물 얕을 멱【瀄】水淺貌. 瀄注而已『水經注』

물어도 대답 않다 :

　물어도 대답 않을 망【吂】聞而不答.

물어뜯다 :

　물어뜯을 애【嘊】애(喍)와 동자(同字).

　물어뜯을 애【喍】개가 짖으며 물어뜯음.

물어미 :

　물어미 비【蟦】수모(水母).

물어주다 :

　물어줄 배【賠】보상함. 賠償.
　　　　　照依原價賠還『尺牘雙魚』

물억새 : 포아풀과에 속하는 다년초. 강이나 연못
　가 등 물가에 나는 데 억새 비슷함.

　물억새 겸【蒹】蒹葭蒼蒼『詩經』

　물억새 담【菼】毳衣如菼『詩經』

　물억새 완【薍】葭薍阻奧『唐書』

　물억새 적【荻】枯荻. 荻花.
　　　　　以荻畫地學書『宋史』

　물억새 환【萑】萑葦. 충분히 자란 물억새.

물억새 이삭 :

　물억새 이삭 도【荼】물억새의 화수(花穗).
　　　　　採荼薪樗『詩經』

물에 걸리다 :

　물에 걸릴 확【癨】物在喉.

물에 담그다 :

　물에 담글 온【搵】搵抐, 沈物水中.

물에 모래 밀리다 :

　물에 모래 밀릴 대【瀤】水帶沙往來貌.

물에 불리다 :

　물에 불릴 와【涹】漚也. 慌氏涹其絲『周禮』

물에 풍덩 들어가는 소리 :

　물에 풍덩 들어가는 소리 동【潼】物落水聲.

물여뀌 : 마디풀과에 속하는 다년초. 물가에 남.

　물여뀌 색【薔】水蓼澤蓼. 薔虞蓼『爾雅』

물여우 : 날도래과에 속하는 곤충의 애벌레. 물
　속에 살며 주둥이에 한 개의 긴 뿔이 앞으로
　뻗치었는데 독기로서 사람의 그림자를 쏘면 종
　기가 생긴다는 옛말이 있음. 인신(引伸)하여 사
　람을 해치는 것.

　물여우 역【蜮】爲鬼爲蜮『詩經』

물오리 : 오리과에 속하는 야생의 오리.

　물오리 부【鳧】鳧鴨. 弋鳧與雁『詩經』

　물오리 천【鶙】鴨也.

물오리 알 :

　물오리 알 류【鸐】목란(鶩卵).

물음 :

　물음 제【題】시문(試問). 問題.
　　　　　某年試題『唐國史補』

물이끼 :

　물이끼 담【薄】수태(水苔).

물이름 :

　물이름 가【澔】

　물이름 감【淦】

　물이름 감【灨】

　물이름 강【江】

　물이름 격【湨】

　물이름 견【汧】

　물이름 경【涇】

　물이름 구【灈】

　물이름 규【潙】

　물이름 기【沂】

　물이름 기【淇】

　물이름 남【湳】

　물이름 동【潼】

　물이름 라【灙】

　물이름 락【濼】

　물이름 락【洛】

　물이름 란【灤】

　물이름 래【淶】

　물이름 렬【洌】우리나라 한강의 옛 이름.

물이름 령【澪】
물이름 례【澧】
물이름 로【潞】
물이름 로【瀘】
물이름 로【澇】
물이름 록【濼】
물이름 루【瀍】
물이름 멱【汨】
물이름 면【沔】
물이름 명【洺】
물이름 명【洺】易陽水名.
물이름 문【汶】
물이름 미【渼】
물이름 반【磻】위수로 흘러 들어가는 강.
물이름 범【氾】
물이름 변【汴】
물이름 복【濮】
물이름 봉【浲】單狐山出水名. 봉(漨)과 동(同).
물이름 부【滏】
물이름 부【涪】
물이름 분【汾】
물이름 분【湓】
물이름 비【淝】
물이름 비【淠】
물이름 비【沘】
물이름 사【汜】
물이름 사【泗】
물이름 삭【溹】
물이름 산【滻】藍田水名.
물이름 상【湘】
물이름 섭【灄】
물이름 소【瀟】
물이름 속【涑】
물이름 송【淞】
물이름 수【洙】
물이름 수【壽阝】蜀水名.
물이름 수【睢】
물이름 술【沭】
물이름 승【澠】
물이름 심【沁】
물이름 심【瀋】
물이름 심【潯】
물이름 심【灊】
물이름 알【灁】金灁.
물이름 약【渃】천명(川名).
물이름 양【漾】
물이름 양【瀁】양(漾)과 동(同).
물이름 언【溤】西河水名.
물이름 여【汝】

물이름 연【沇】
물이름 연【涜】연(沇)과 동(同). 濟水別名.
물이름 영【潁】
물이름 오【浯】
물이름 옹【灉】
물이름 원【洹】
물이름 원【沅】
물이름 위【渭】
물이름 위【潙】
물이름 유【濰】
물이름 유【洧】
물이름 육【淯】
물이름 은【圁】
물이름 이【伊】하남성(河南省) 노씨현(盧氏縣) 웅이산(熊耳山)에서 발원(發源)하여 동북(東北)으로 흘러 이양(伊陽), 낙양(洛陽)을 거쳐 낙수(洛水)로 흘러드는 강. 伊水.
宏農盧氏縣東流雄耳山 伊水所出『漢書』
물이름 잠【潛】한수(漢水)의 이칭(異稱).
沱潛旣道『書經』
물이름 장【漳】
물이름 저【滁】
물이름 전【瀍】
물이름 절【浙】
물이름 정【湞】
물이름 제【澍】
물이름 제【濟】
물이름 조【洮】
물이름 지【泜】
물이름 진【溱】
물이름 천【灛】
물이름 치【滍】
물이름 치【淄】
물이름 칙【湢】
물이름 타【沱】
물이름 탑【漯】
물이름 파【灞】
물이름 패【浿】우리나라 압록강. 혹 대동강.
물이름 폐【鱉】鱉水,
물이름 풍【灃】
물이름 하【河】황하(黃河)를 옛날에는 단지 하(河)라 하였음. 양자강(揚雄江)과 병칭(竝稱)하여 江河라 함.
導河積石, 至于龍門『書經』
물이름 한【漢】
물이름 합【郃】
물이름 형【滎】

물이름 형【滎】滎波既豬『書經』

물이름 호【滬】

물이름 호【滹】

물이름 호【濠】

물이름 홍【泓】

물이름 황【湟】

물이름 회【淮】

물이름 회【澮】

물이름 효【洨】

물이름 휼【滿】

물이 빨리 흐르다 :

　물이 빨리 흐를 분【沐】급류(急流).

물이 언덕 치다 :

　물이 언덕 칠 담【坍】波打岸.

물이 줄다 :

　물이 줄을 성【渻】감소(減少).

물일 : 물을 긷거나 물을 사용하여 하는 일.

　물일 수【水】助爾薪水之勞『梁昭明太子』

물장군 :

　물장군 병【缾】汲水器.

물 잦다 :

　물 잦을 휘【潿】竭也.

물 적다 :

　물 적을 정【淀】梁弱水之淵淺『揚雄』

　물 적을 형【濙】梁弱水之鼎淺矣『揚雄』

물 적신 쌀 :

　물 적신 쌀 명【蓂】지미(漬米).

물 졸졸 흐르다 :

　물 졸졸 흐를 밀【濔】水流貌.

　물 졸졸 흐를 연【涓】泉涓涓而始流『陶潛』

　물 졸졸 흐를 짐【湛】水流貌.

물 졸졸 흘러 내리다 :

　물 졸졸 흘러 내릴 민【潤】水流洸洸貌.

물주다 : 물을 줌. 물을 댐. 또 물을 뿌림.

　물줄 요【澆】澆灌. 須酒澆之『世說』

물줄기 :

　물줄기 경【巠】수맥(水脈). 地下水.

물쥐 :

　물쥐 침【貵】水鼠名.

물 질펀하다 :

　물 질펀할 미【湎】水平貌.

　물 질펀할 영【瀯】瀯溟. 수면이 대단히 넓어
　　　　　　　　먼 모양. 經途瀯溟『木華』

물 창일하다 :

　물 창일할 연【淮】大水貌.

물 철철 넘치다 :

　물 철철 넘칠 렴【瀲】泛瀲, 수만(水滿).

물총새 : 참새보다 크고 등의 빛은 암록청색인
　　새. 물가에서 살며 물고기를 잘 잡아먹는 새.
　　등의 빛이 암록청색 임.

　물총새 비【翡】翡翠. 쇠새.

　물총새 취【翠】翡翠. 翠鳥千『漢書』

　물총새 휼【鷸】물새의 일종. 쇠새. 비취(翡翠).
　　　　　　　鄭子臧好聚鷸冠『左傳』

물 축축하다 :

　물 축축할 접【渫】渫汛, 纔有水.

물 출렁거리다 :

　물 출렁거릴 녑【灄】波也.

　물 출렁거릴 여【瀦】水搖蕩.

　물 출렁거릴 찬【灒】灒瀾, 수모(水貌).

물 충충하다 : 물이 깊고 넓은 모양.

　물 충충할 윤【淪】淪淪. 泓澄淪湊『左思』

물 콸콸 흐르다 : 물이 콸콸 흐르는 소리.

　물 콸콸 흐를 괄【活】北流活活『詩經』

물통 : 물을 저장해 두는 그릇. 물을 품는 통. 또
　　통으로 물을 품음.

　물통 서【杼】杼井易水『管子』

　물통 조【槽】雲湧浴槽朝自暖『王安石』

물 펄펄 끓다 :

　물 펄펄 끓을 약【瀹】勺瀹 열모(熱貌).

물푸레나무 : 목서과에 속하는 느티나무 비슷한
　　낙엽교목(落葉喬木).

　물푸레나무 규【槻】燒炭은 염료로 씀.

　물푸레나무 침【梣】靑皮木.

물 합치는 곳 : 두 하천의 물이 합쳐 흐르는 곳.

　물 합치는 곳 예【汭】釐降二女于嬀汭『書經』
　　　※ 釐降은 皇女가 臣下에게 시집 감.

물 형세 :

　물 형세 괴【洭】수세(水勢).

물 흐르다 :

　물 흐를 견【臩】수류(水流).

　물 흐를 렬【肙】수류(水流).

　물 흐를 일【臩】수류(水流).

물 흐리다 :

　물 흐릴 흑【潶】수탁(水濁).

맑다 : 진하지 않음.

　맑을 희【稀】稀薄. 羹殺田家豆粥稀『陳思濟』

맑은 마음 :

　맑은 미음 담【潭】수미(水糜).

맑은 술 :

　맑은 술 리【醨】
　　㉠ 싱거운 술. 박주(薄酒).
　　　醨酪專灌於圓丘『抱朴子』
　　㉡ 또 전국을 걸러내고 남은 술.

何不餔其糟 而歠其釃『楚辭』
묽은 술 리【醨】리(醨)와 동자(同字).
歠其醨『楚辭』
뭇 : 가지가지. 갓 가지.
뭇 려【黎】중서(衆庶). 黎民. 群黎百姓『詩經』
뭇 증【烝】烝庶. 烝民乃粒『書經』
뭇 품【品】品物流形『書經』
뭇 사람 :
뭇 사람 사【師】중서(衆庶). 중인(衆人).
殷之未喪師『大學』
뭇 새가 모이는 모양 :
뭇 새가 모이는 모양 분【翁】鳥聚貌.
뭇 새날며 희롱하다 :
뭇 새 날며 희롱할 횡【翁】群鳥弄翅.
뭇 소리 :
뭇 소리 하【啊】중성(衆聲).
뭇 입 :
뭇 입 즙【咠】중구(衆口).
뭉치다 : 손으로 둥글게 뭉침.
뭉칠 단【摶】毋摶飯『禮記』
뭍 : 물에 덮이지 아니한 넓은 땅.
뭍 륙【陸】陸地. 水陸. 作車以行陸『周禮』
뭍 주【洲】대륙. 五大洲.
미개하다 : 지능이 열리지 아니함.
미개할 야【野】野蠻. 野哉由也『論語』
미꾸라지 : 기름 종개과에 속하는 민물고기.
미꾸라지 습【鰼】추어(鰌魚).
미꾸라지 어【鰞】㊐ 鰌也. 鰍也.
미꾸라지 추【鰌】泥鰌. 鰌然乎哉『莊子』
미꾸라지 추【鰍】추(鰌)와 동자(同字).
미꾸라지 추【鱃】鰌也.
미끄러지다 : 미끄러운 곳에서 밀려 나가거나 넘어짐.
미끄러질 달【躂】趺也.
미끄러질 당【蹚】跋也.
미끄러질 두【跿】질족(跌足).
미끄러질 일【辷】㊐ 滑也. 실각(失脚).
미끄러질 체【迖】족활(足滑).
미끄러질 치【疐】跲也. 載疐其尾『詩經』
미끄러질 치【揥】跲也. 치(疐)와 동자(同字).
미끄러질 탁【汑】滑也.
미끄러질 태【汰】汰而仆地『棠陰比事』
미끄러질 활【滑】足滑跌墜火中『書經』
미끄럽게 하다 : 반드럽게 함.
미끄럽게 할 활【滑】滫瀡以滑之『禮記』
미끄럽다 : 반드러움.
미끄러울 달【澾】磴蘚澾擧蹋『韓愈』
미끄러울 수【瀡】滫瀡以滑之『禮記』
미끄러울 토【㳠】滑也.
미끼 : 사람을 꾀어내기 위하여 주는 물건. 이익 따위.
미끼 이【餌】㉠ 낚싯밥. 五十犗以爲餌『莊子』
㉡ 五餌三表『漢書』
미끼 주【飳】餌也. 飳
물미나리 : 미나리과에 속하는 다년생의 수초(水草). 향기가 있으며 식용함.
미나리 근【芹】芹菜. 薄采其芹『詩經』
미나리 사【蘆】초규(楚葵).
미나리 자【菹】芹也.
미나리아재비 : 미나리 아재비과에 속하는 다년초. 들에 자생하는 독초임.
미나리아재비 간【茛】毛茛.
미녀 : 재덕이 뛰어난 미인.
미녀 원【媛】才媛. 邦之媛也『詩經』
미녀 추【㛀】아름다운 여자.
미늘 : 낚시 끝의 안쪽에 있는 가시랭이 모양으로 되어 고기가 물면 빠지지 않게 된 작은 갈고리. 갑옷의 미늘.
미늘 엽【葉】造甲葉『文獻通考』
미늘 찰【札】射之, 穿七札焉『左傳』
미래 :
미래 래【來】
㉠ 전도(前途). 擧往以明來『漢書』
㉡ 미래(未來). 無去來今『圓覺經』
미래 미【未】장래. 且徵其未『荀子』
미래기(未來記) :
미래기 부【符】예언서(豫言書). 符讖.
自關中奉赤伏符來『後漢書』
미련스럽다 :
미련스러울 대【儓】愚也.
미련스러울 이【佁】치모(癡貌).
佁, 癡也『說文解字』
미련장이 : 미련한 사람. 또 천한 사람.
미련장이 용【茸】闒茸.
미련하다 : 어리석은 모양.
미련할 공【空】空空如也『論語』
미련할 공【倥】倥侗
미련할 공【贛】당(戇)과 통용.
미련할 로【魯】둔하고 어리석음. 魯鈍.
參也魯『論語』
미련할 통【侗】
㉠ 어리석음. 儱侗. 侗而不愿『論語』
㉡ 어린 석은 사람.
在後之侗 敬迓天威『書經』
미륵창 : 끝이 좌우로 가닥진 창.
미륵창 극【戟】修我矛戟『詩經』

미리 :
미리 여【忬】先也. 예(預)와 동자(同字).
미리 역【逆】사전에. 逆睹.
凡事如是 難可逆見『諸葛亮』
미리 예【豫】豫告. 君子思患而豫防之『易經』
미리 예【預】預想. 禍不可以預度『晉書』
미리 용【踊】晉之不言出入者 踊爲文公諱也『公羊傳』
미리 알아차리다 :
미리 알아차릴 앙【詇】조지(早知).
미리 작정하다 :
미리 작정할 정【正】예기(豫期)함.
必有事焉而勿正『孟子』
미리하다 : 미리 대비함. 사전에 함.
미리할 소【素】夫謀必素, 見成事焉『國語』
미리할 예【豫】凡事豫則立『中庸』
미묘하다 :
미묘할 현【㬎】미묘(微妙).
미쁘다 : 성실하고 신의가 있음. 믿음성이 있음.
미쁠 량【亮】君子不亮, 惡乎執『孟子』
미쁠 부【孚】성신(誠信). 孚信.
成王之孚『詩經』
미쁠 순【恂】孔子於鄉黨恂恂如也『論語』
미쁠 신【信】信人. 信言.
미쁠 윤【允】允誠. 告汝朕允『書經』
미쁠 윤【尹】孚尹旁達信也『禮記』
미쁠 임【任】仲氏任只『詩經』
미쁠 주【周】㉠ 君子周而不比『禮記』
㉡ 行歸于周『詩經』
미쁨 : 성실(誠實)하고 신의(信義)가 있음.
미쁨 단【亶】誕告用亶『書經』
미쁨 윤【允】誠信. 允誠. 告汝朕允『書經』
미쁨 윤【尹】孚尹旁達信也『禮記』
미시(未時) : 지금의 오후 2시경.
미시 영【映】日在午曰亭 在未曰映『梁元帝纂要』
미식 : 맛있는 음식.
미식 진【疢】美疢不如惡石『左傳』
미역 : 갈조류(褐藻類)에 속하는 일년생 바닷말.
미역 곽【藿】甘藿.
미역 욕【浴】海水浴. 燂湯請浴『禮記』
미역감기다 :
미역감길 욕【浴】圉人浴馬『禮記』
미역감다 :
미역감을 욕【浴】浴客. 新浴者必振衣『楚辭』
미움 :
미움 증【憎】愛憎. 必生好憎之心『漢書』
미움 혐【嫌】睚眦之嫌.
其累百年之欲易一時之嫌『荀子』
미움받다 :
미움받을 증【憎】증오(憎惡)를 당함.
屢憎於人『論語』
미워서 눈살 찌푸리다 :
미워서 눈살 찌프릴 우【妋】眉目間恨.
미워하다 : 서로 미워하는 모양.
미워할 구【究】自我人究究『詩經』
미워할 구【咎】殷始咎周『書經』
미워할 기【娸】憎也.
미워할 기【忌】嫌忌. 不忌其不祥乎『國語』
미워할 대【譈】대(憝)와 동자(同字).
凡民罔不譈『孟子』
미워할 독【毒】미워하여 한탄함. 또 원망함.
毒縱橫之敗俗『馮衍』
미워할 려【厲】以爲不知己者詬厲也『莊子』
미워할 뢰【賴】傍人任嫌賴『蘇轍』
미워할 삼【㥲】적질(賊疾).
미워할 수【𢿢】惡也.
미워할 오【謡】憎也.
미워할 오【惡】憎惡. 周鄭交惡『左傳』
미워할 오【忤】증오함. 猜忤.
미워할 우【妋】憎也.
미워할 즉【堲】증오함. 朕堲讒說殄行『書經』
미워할 증【憎】憎惡. 伊誰云憎『詩經』
미워할 질【㑵】질(嫉)과 동자(同字). 妒也.
미워할 질【疾】싫어함. 疾視.
人而不仁疾之已甚亂也『論語』
미워할 추【䰷】추(醜)와 통용.
無我䰷兮『詩經』
미워할 추【𢿢】惡也.
미워할 추【醜】싫어함. 旣醜有夏『史記』
미워할 투【妒】투(妬)와 동자(同字).
창질(娼嫉). 嫉妒吾躬『史記』
미워할 환【患】患忌. 上下忿患『後漢書』
미워할 회【憒】증오함. 此君公私並憒『陸機』
미음 : 끓인 쌀의 즙(汁).
미음 강【糡】미죽(糜粥).
미음 말【粖】饘也. 미죽(糜粥).
미음 장【漿】辨四飮之物 三曰漿『周禮』
미인(美人) :
미인 와(왜)【娃】吳娃與越艶『李白』
미장이 : 집을 짓거나 고칠 때 흙이나, 회, 시멘트, 따위를 바르는 일을 직업(職業)으로 하는 사람.
미장이 노【獿】獿人七則匠右𨍭斤『漢書』
미적미적하다 : 결단을 내리지 않고 머무적거리는 모양.

미적미적할 순【循】願客無因循『李商隱』

미주(美酒) : 맛 좋은 술. 또 거른 술.

　미주 령【醽】寒泉旨於醽醁『抱朴子』

　미주 록【醁】寒泉旨於醽醁『抱朴子』

　미주 미【美】[假借字] 北美合衆國.

　미주 서【醑】中山醑淸『庾信』

미지근한 물 :

　미지근한 물 세【涗】微溫水.

미처 뛰어나가다 :

　미처 뛰어나갈 귤【趫】광주(狂走).

미치게 하다 :

　미치게 할 급【及】老吾老以及人之老『孟子』

　미치게 할 태【逮】이르게 함. 旅酬下爲上 所以
　　　　　　　　　　逮賤也『中庸』

미치광이 : 미친 사람.

　미치광이 랑【莨】낭탕(莨菪).

　미치광이 탕【菪】낭탕(莨菪).

미치다 :

　미칠 가【加】이름. 刀鋸不加『韓愈』

　미칠 결【偈】광증(狂症)을 부림.

　미칠 계【瘈】광란(狂亂). 國人逐瘈狗『左傳』

　미칠 광【狂】

　　㉠ 정신(精神) 이상(異狀)이 됨. 狂生.
　　　　箕子被髮 佯狂而爲奴『史記』

　　㉡ 마음이 미혹(迷惑)하여 도리(道理) 시비(是
　　　　非)를 분간 못함. 以是狂而不信『莊子』

　　㉢ 뜻이 커서 상규(常規)를 벗어난 일을 함.
　　　　狂狷. 狂者進取『論語』

　미칠 교【狡】광란함. 亂氣狡憤『左傳』

　미칠 급【及】

　　㉠ 追敵不及 追吳師及之『禮記』

　　㉡ 일정한 곳에 이름. 賓入及庭『儀禮』

　　㉢ 일정(一定)한 시기(時期)에 이름.
　　　　未及期日『禮記』

　　㉣ 일정(一定)한 상태(狀態)에 이름.
　　　　惟酒無量 不及亂『論語』

　　㉤ 퍼짐. 波及. 覃及鬼方『詩經』

　　㉥ 필적함. 彼不及此.

　　㉦ 닿음. 其不及水. 蓋尋常尺寸之間耳『韓愈』

　　㉧ 족함. 過猶不及『論語』

　　㉨ 관여함. 及門. 師出與謀曰及『左傳』

　　㉩ 연좌(連坐)함. 長惡不悛, 從自及也『左傳』

　미칠 긍【絚】亘과 동자(同字).
　　　　　　絚以年歲『班固』

　미칠 기【暨】暨及. 上求不暨『國語』

　미칠 길【狤】狂也.

　미칠 담【覃】뻗어 미침. 覃及鬼方『詩經』

　미칠 대【隶】추급(追及).

　미칠 비【比】급(及)과 동의. 比于文王『詩經』

　미칠 여【如】급(及)과 동의. 상당(相當)함.
　　　　　　自以爲不如 闚鏡而自視 又弗如遠
　　　　　　甚『戰國策』

　미칠 연【延】파급함. 賞延於世『書經』

　미칠 이【施】어느 한도에 이름.
　　　　　　絕族無施服『儀禮』

　미칠 이【隶】추급(追及).

　미칠 전【瘨】광란함. 瘨而殫悶『戰國策』

　미칠 전【癲】전(瘨)과 동자(同字). 瘋癲.

　미칠 전【顚】정신이 이상함. 또 미친 사람.
　　　　　　顚狂. 世號張顚『唐書』

　미칠 창【猖】미쳐 날 뜀. 猖厥.
　　　　　　猖狂妄行『莊子』

　미칠 창【倡】창(猖)과 통용. 倡狂妄行『莊子』

　미칠 치【癡】어떤 일에 열중하게 됨. 書癡.

　미칠 태【隶】及也.

　미칠 태【棣】及也.

　미칠 태【逮】

　　㉠ 이름. 닥쳐옴. 菑必逮夫身『大學』

　　㉡ 따라감. 도달함. 恥身之不逮也『論語』

　　㉢ 때가 옴. 어느 때에 이름.
　　　　逮淳熙之初 元有朱熹之繼作『葉采』

　미칠 태【迨】이름. 求我庶士迨其今兮『詩經』

　미칠 피【被】光被. 西被于流沙『書經』

　미칠 휼【潏】曷爲以二日卒之潏也『公羊傳』

미친개 : 미쳐 있는 개.

　미친개 교【獟】광견(狂犬).

　미친개 제【猘】제(狾)와 동자(同字).
　　　　　　猘狗之驚『淮南子』

　미친개 제【狾】제(猘)와 동자(同字).
　　　　　　宋國人逐狾犬『漢書』

　미친개 체【瘈】광견(狂犬).

미친 바람 :

　미친 바람 표【颷】표(飆)의 속자. 광풍(狂風).

미터 : 미터법 길이의 단위(單位).

　미터 미【米】[假借字] m의 약기(略記).

미투리 : 삼 껍질, 모시 따위로 짚신처럼 삼은 신.

　미투리 봉【鞪】시리(枲履).

　미투리 봉【絣】시리(枲履).

미혹 : 의심이 나서 정신이 헷갈리고 어지러움.

　미혹 혹【惑】所以傳道授業解惑也『韓愈』

미혹케 하다 : 의혹을 품게 함.

　미혹케 할 고【蠱】欲蠱文夫人『左傳』

　미혹케 할 혹【惑】將衒外以惑愚瞽也『劉基』

미혹하다 :

　미혹할 두【兜】의혹(疑惑)함. 使勿兜『國語』

　미혹할 음【淫】혹란(惑亂). 富貴不能淫『孟子』

미혹할 혹 【惑】 疑惑. 四十而不惑『論語』

미혹할 환 【幻】 幻惑. 民無或胥譸張爲幻『書經』

민둥민둥하다 : 산에 나무가 없음. 산에 나무가
　없는 모양.

　민둥민둥할 독 【禿】 禿山. 禿樹.

　민둥민둥할 동 【童】 山不童『荀子』

　민둥민둥할 올 【屼】 山屹屼兮水淪漣『元結』

　민둥민둥할 올 【兀】 兀山.
　　　　　　　獨山兀阿房出『杜牧』

　민둥민둥할 탁 【濯】 是以若彼濯濯也『孟子』

민둥산 : 산에 나무가 없는 산.

　민둥산 기 【屺】 陟彼屺兮. 瞻望母兮『詩經』

　민둥산 동 【嶂】 山無本草.

　민둥산 해 【峐】 山無本草.

민망하다 :

　민망할 민 【恨】 悶也.

민망히 보다 :

　민망히 볼 추 【覤】 민시(悶視).

민망히 여기다 : 딱하게 여김.

　민망히 여길 애 【哀】 哀矜.
　　　　　　　哀窮而運轉之『韓愈』

민어(鰵魚) : 민어과에 속하는 바닷물고기.

　민어 면 【鮸】 鮸魚. 조기. 石首魚. 鰻魚.

　민어 선 【鱓】 囯 복적(腹赤).

　민어 회 【鮰】 민어(民魚). 鮰魚,
　　　　　　不鱗 狀似鮠 生大江中『六書考』

　민어 거 【鮔】 民魚雌者.

민족이름 :

　민족이름 예 【獩】 獩貊. 고대에 남만주 및 한반
　　　　　　도 북부에 살던 민족.

민첩하다 :

　민첩할 민 【敏】
　　㉠ 행동이 재빠름. 敏速.
　　　　敏於事而愼於言『論語』
　　㉡ 총명(聰明)하여 정체(停滯)함이 없음.
　　　　穎敏. 敏而好學『論語』

　민첩할 민 【慜】 총명(聰明)함.

　민첩할 엄 【扴】 민질(敏疾).

　민첩할 헌 【憲】 發慮憲『禮記』

믿다 : 신실(信實)하다고 생각하여 의심치 않음.

　믿을 량 【諒】 不諒人只『詩經』

　믿을 보 【保】 의뢰(依賴)함.
　　　　　　保君父之命『左傳』

　믿을 부 【負】 의뢰(依賴)함. 또 자신(自信)함.
　　　　　　㉠ 負勇, 負貴而好權『史記』
　　　　　　㉡ 負固不服『周禮』
　　　　　　㉢ 負其衆庶『左傳』

　믿을 시 【恃】 恃賴. 萬物恃之而生『老子』

믿을 신 【信】 信任. 盡信書 則不如無書『孟子』

　믿을 심 【諶】 신뢰함. 天難諶, 命靡常『書經』

　믿을 우 【訧】 신야(信也).

　믿을 의 【倚】 倚勢陵人 容容無所倚『漢書』

　믿을 임 【訨】 信也.

　믿을 조 【阻】 남의 힘을 입어 든든함.
　　　　　　阻兵而安忍『左傳』

　믿을 지 【持】 마음으로 의지함.
　　　　　　頹薄怒以自持兮『宋玉』

　믿을 지 【恀】 호시(恀恃).

　믿을 호 【恃】 믿어 의지함. 恀恃其衆『左傳』

믿둥 :

　믿둥 적 【啇】 근본(根本).

믿음 :

　믿음 신 【信】 仁義禮智信. 朋友有信『孟子』

믿음직한 말 :

　믿음직한 말 부 【詂】 言有所依.

밀 바르다 :

　밀 바를 랍 【蠟】 正見自蠟展『晉書』

밀 : 꿀벌이 분비(分泌)하여 벌집의 주성분(主成
　分)이 되는 물질로 벌 똥, 곧 꿀 찌끼를 끓여
　서 짜낸 기름.

　밀 랍 【蠟】 茶蠟芒硝『唐書』

　밀 래 【麳】 소맥(小麥).

　밀 래 【秾】 소맥(小麥).

밀가루 : 참밀을 빻아 만든 가루.

　밀가루 말 【麩】 麩也.

　밀가루 말 【糡】 맥분(麥粉).

　밀가루 면 【麪】 ㉠ 重羅之麪『束皙』
　　　　　　　㉡ 麪牲而不血食『路史』

　밀가루 적 【糴】 小麥粉.

밀가루 떡 :

　밀가루 떡 병 【餠】 면자(麪餈)

　밀가루 떡 부 【麩】 小麥粉餅.

밀기울 : 밀을 빻아서 체로 가루를 빼고 남은 찌기.

　밀기울 굉 【䴌】 맥부(麥麩).

　밀기울 막 【䵂】 䵂麥皮䵃.

　밀기울 부 【麩】 맥부(麥麩).

　밀기울 야 【䵃】 䵃䵃, 䵂麥皮.

밀다 : 힘을 주어 앞으로 나가게 함. 떠밈.

　밀 곡 【轂】 천거함. 其推轂士『史記』

　밀 뢰 【攂】 추야(推也).

　밀 미 【擝】 추야(推也).

　밀 발 【抪】 추야(推也).

　밀 부 【軵】 軵車奉饟『淮南子』

　밀 비 【批】 會批之六沴『書經』

　밀 수 【雖】 吾雖之不能 去之不忍『國語』

　밀 용 【茸】 떠 밂. 僕又茸以蠶室『漢書』

밀 은【鈃】대패로 밀어 깎음.
　　　　　　用此鈃之『釋名』

밀 추【推】

　㉠ 밀어 올림. 推薦. 推賢讓能『書經』

　㉡ 숭배하여 높이 받듦. 추앙(推仰)함. 推戴.
　　乃是一國所推『晉書』

　㉢ 밀어 올라가 캐어냄. 연유를 캐어냄. 궁구
　　(窮究)함. 推窮. 有意其推本之也『漢書』

밀 퇴【推】

　㉠ 뒤에서 밈. 推輓. 或輓之, 或推之『左傳』

　㉡ 옮김. 推赤心置人腹中『後漢書』

　㉢ 밀어서 줌. 讓與. 推食食我『史記』

밀물 : 밀려들어 오는 조수.

　밀물 조【潮】滄海之水入江, 謂之潮『海潮論』

밀물 들어 오다 :

　밀물 들어 올 조【潮】海水上潮『枚乘』

밀수제비 :

　밀수제비 흘【齕】麵齕.

밀어젖히다 : 밀어 엶. 또는 배제함.

　밀어젖힐 퇴【推】不推人危『穀梁傳』

밀었다 당겼다하다 :

　밀었다 당겼다 할 동【挏】撢挨挺挏世之風俗
　　　　　　　　　　　　　　　『淮南子』

밀증편 :

　밀증편 부【餢】餢䬳, 起麪餅.

밀초 : 밀로 만든 초.

　밀초 랍【蠟】蠟燭. 已嫌刻蠟春宵短『韓偓』

밀치다 : 밀어 열거나 젖힘. 마소의 꼬리에 거는 끈.

　밀칠 래【勑】推也.

　밀칠 발【勃】배제(排除)함. 肆其猖勃『晉書』

　밀칠 배【排】排門. 酒排闥直入『史記』

　밀칠 애【挨】떼 밂. 士庶挨拶『葛長庚』

　밀칠 제【濟】二帝用師以相濟『國語』

　밀칠 제【擠】㉠ 밀어 제침. 밀어 떨어뜨림.
　　　　　　　　　反擠之 又下石焉『韓愈』
　　　　　　㉡ 배척함. 排擠. 擠有罪『荀子』

　밀칠 준【挼】떠다 밈. 挼衛侯之手『左傳』

　밀칠 최【摧】배제함. 擠摧.

　밀칠 추【鞦】추(緧)와 동자(同字). 馬鞦.
　　　　　　　結斷緷而作鞦『束晳』

　밀칠 침【抌】떠밂. 挨抌.

　밀칠 탁【拓】一拓纖痕更不收『李山甫』

　밀칠 특【扐】挨也.

밉게 보다 :

　밉게 볼 려【覼】질시(嫉視). 증시(憎視).

　밉게 볼 책【覿】증시(憎視).

밉다 :

　미울 회【嬒】憎也.

밋밋하다 : 나무가 곧게 자라 긴 모양.

　밋밋할 삼【槮】森槮柞樸『馬融』

　밋밋할 숙【橚】橚盧森萃『左思』

및 :

　및 급【及】접속사(接續詞). 大宛及大夏安息之
　　　　　　　屬 皆大國『史記』

　및 기【曁】급(及), 여(與)와 동의. 그밖에 또.
　　　　　　　汝義曁和『書經』

　및 약【若】그밖에 또. 子若孫『漢書』

　및 여【與】~과. 급(及). 仁與義. 陰與陽.

　및 지【之】여(與)와 동의. ~과.
　　　　　　　惟有司之牧夫『書經』

　및 타【打】급(及)과 동의.
　　　　　　　赤洪崖打白洪崖『丁謂』

밑 : 물건의 밑바탕. 밑바닥.

　밑 당【礑】밑.

　밑 당【當】玉巵之無當『韓非子』

　밑 대【蔕】근본. 深根固蔕『晉書』

　밑 둔【臀】爲量其臀一寸『周禮』

　밑 본【本】나무의 밑둥. 인신(引伸)하여 줄기.
　　　　　　　本支. 枝大于本『史記』

　밑 저【底】

　㉠ 밑바닥. 底面. 眠花落井水底眠『杜甫』

　㉡ 세월의 다 된 때. 歲底. 月底.

　밑 저【邸】

　㉠ 밑바닥. 邸謂之柢『爾雅』

　㉡ 밑동. 四圭有邸, 以祀天旅上帝『周禮』

　밑 저【柢】저(底)와 통용. 사물의 근본. 根柢.

　밑 전【顚】근본. 顚末. 操末以續顚『陸機』

　밑 포【苞】苞有三蘖『詩經』
　　　　　　　※ 苞桑은 뽕나무의 뿌리.

밑 가리는 수건 :

　밑 가리는 수건 첨【帾】掩下浴巾.

밑 넓은 배 :

　밑 넓은 배 애【䑸】底廣船.

밑동 : 물건의 맨 밑의 동아리. 또는 물건의 손잡이.

　밑동 발【跋】燭不見跋『禮記』

　밑동 근【根】山根. 舌根遺味輕浮齒『蘇軾』

　밑동 적【商】근본(根本).

밑동 약하다 :

　밑동 약할 유【瓜】根本微弱.

밑 빠지다 :

　밑 빠질 공【疘】脫疘, 下部病.

밑지다 :

　밑질 잠【賺】市物失實

　밑질 정【䝭】賣而不得利.

밑천 : 어떠한 일을 하는 데에 기초가 되는 돈.

　밑천 자【資】軍資. 本資少而末用多『管子』

바 :

바 굉 【紘】 굵은 줄. 강유(綱維). 帝紘. 地紘.
　　　　八殥之外 而有八紘『淮南子』

바 긍 【絚】 긍(緪)과 동자(同字).
　　　　絚繳上下『晉書』

바 념 【䈼】 배를 끄는 데 쓰는 대오리로 엮은 바.
　　　　苒弱竹䈼竹下念『白居易』

바 당 【黨】 소(所)와 동의.
　　　　㉠ 제(齊)나라의 방언(方言).
　　　　㉡ 往黨『公羊傳』
　　　　㉢ 師乎師乎 何黨之乎『左傳』

바 루 【纍】 굵은 줄. 以劍斫絶纍『漢書』

바 발 【紼】 굵은 줄. 大索.
　　　　王言如綸 其出如紼『禮記』

바 선 【緤】 마계(馬繫).

바 소 【所】 방법 또는 일이라는 뜻을 나타내는
　　　　어사. 視其所以 觀其所由『論語』

바 유 【攸】 소(所)와 동의.
　　　　四方攸同『詩經』

바 유 【逌】 유(攸)와 통용. 곳. 장소.
　　　　彝倫逌敍『漢書』

바 유 【維】
　　　　㉠ 굵은 줄. 渡江河亡維楫『漢書』
　　　　㉡ 비유적(比喩的)으로 도덕의 기초가 되는 것.
　　　　　사유(四維 : 禮, 義, 廉, 恥).
　　　　㉢ 세계를 매달아 떨어지지 않게 하는 바.
　　　　　天柱地維 折天柱絶地維『列子』
　　　　㉣ 줄처럼 가늘고 긴 물건. 纖維.

바 작 【筰】 배를 끄는 바. 錦筰繫鳥舸『劉峻』

바 휘 【徽】 굵은 세 겹 노. 徽索.
　　　　係用徽纆『易經』

바가지 : 박의 열매를 말려서 만든 그릇.

바가지 포 【匏】 酌之用匏『詩經』

바가지 표 【瓢】 一簞食 一瓢飮『論語』

바곳 : 성탄꽃과에 속하는 다년초. 독초(毒草)이며
　　의약(醫藥)에 씀.

바곳 근 【菫】 오두(烏頭). 부자(附子). 夫高帝之
　　　　視呂后 猶醫者之視菫也『蘇洵』

바구니 : 물건을 담아 가지고 다니는 대로 결은

그릇. 서너 너덧 되들이 죽기(竹器).

바구니 람 【籃】 魚籃. 挈籃桑葉間『徐照』

바구니 영 【籯】 遺子黃金滿籯 不如一經『漢書』

바구니 정 【筳】 筽筳, 소롱(小籠).

바구미 :

바구미 양 【蛘】 强蛘, 곡상(穀象).

바깥 :

바깥 선 【蕿】 表也.

바꾸다 :

바꿀 경 【更】 교대(交代)함. 更代.
　　　　更僕未可終也『禮記』

바꿀 대 【代】 변경(變更)함. 歲代處『漢書』

바꿀 무 【貿】 교환(交換)함.
　　　　男女貿功『呂氏春秋』

바꿀 속 【贖】 물물 교환을 함.
　　　　解左驂贖之『史記』

바꿀 역 【易】 교환함. 交易. 以小易大『孟子』

바꿀 원 【爰】 교환함. 爰書.
　　　　晉於是乎作爰田『左傳』

바꿀 전 【轉】 변하게 함. 轉化.
　　　　轉禍爲福『史記』

바꿀 체 【替】 교체(交替)함. 以山光水色 替其玉
　　　　肌花貌『蘇軾』

바꿀 태 【兌】 교환(交換)함. 兌換.
　　　　十千兌得餘杭酒『丁芝仙』

바꿀 환 【奐】 化也. 始也, 化也『揚雄』

바꿀 환 【換】 교환(交換)함. 換易.
　　　　以金貂換酒『晉書』

바꿈 :

바꿈 역 【易】 변화(變化). 生生之謂易『易經』

바뀌다 :

바뀔 경 【更】 應國之稱號, 亦更矣『管子』

바뀔 역 【易】 달라짐. 不易乎世『易經』

바뀔 환 【換】 교체됨. 변이(變移)함. 換局.
　　　　物星移幾度秋『王勃』

바느질하다 :

바느질할 자 【刺】 刺繡於裳『周禮』

바느질할 치 【䘯】 침선(針線)을 함.
　　　　　　呼縫紩衣爲䘯『爾雅 註』

바느질할 침 【針】 因命染人與針女『白居易』

바느질할 행 【絎】 옷을 꿰맴.

바늘 :

바늘 술 【鉥】 긴 바늘.
　　　　一女必有一鍼一鉥『管子』

바늘 자 【刺】 바늘. 뾰족한 것.
　　　　若有芒刺在背『漢書』

바늘 잠 【箴】 바느질하는 바늘.
　　　　紖箴請補綴『禮記』

바늘 철【錣】채찍 끝에 박은 쇠바늘. 白公倒杖
策 錣上貫頣血流 『列子』

바늘 침【鍼】
　㉠ 꿰매는 바늘. 鍼線. 執斵執鍼織袵 『左傳』
　㉡ 침 놓는 바늘. 鍼砭.
　　一寸之鍼 一丸之艾 『論衡』
　㉢ 원래는 침(針)과 침(鍼)이 같은 글자인데
　　현재는 보통 꿰매는 바늘은 침(針)으로,
　　침놓는 바늘은 침(鍼)자를 쓴다.

바늘 침【針】침(鍼)과 동자(同字).
　㉠ 현재는 보통 꿰매는 바늘은 침(針)으로,
　　침놓는 바늘은 침(鍼)자를 쓴다.
　　病結積在內 針藥所不能及 『魏志』
　㉡ 바늘 모양을 한 것. 磁針.

바늘 피【鈹】큰바늘. 鈹鍼.
　　大針也 『說文解字』

바다 :
바다 명【溟】滄溟. 北溟有魚 『莊子』
바다 명【冥】명(溟)과 동자(同字).
　　　　　北冥有魚 『莊子』
바다 영【瀛】큰 바다. 滄瀛.
　　　　　有大瀛海 環其外 『史記』
바다 왕【汪】남방의 바다.
　　　　　誕寘之祝融之汪 『楊萬里』
바다 창【倉】창(滄)과 통용. 東燭倉海 『揚雄』
바다 해【澥】바다의 일부분의 일컬음.
　　　　　澥海之別也 『說文解字』
바다 해【海】
　㉠ 해양(海洋). 海陸. 江漢朝宗于海 『書經』
　㉡ 인신(引伸)하여 사물(事物)이 모이는 곳.
　　學海. 文海. 許下人物之海也 『抱朴子』
　㉢ 광대(廣大)한 모양. 海容.

바다거북 : 몸빛은 암록색(暗綠色)임. 푸른 거북.
바다거북 주【𪓟】주(蟕)와 통용.
　　　　　戎𪓟䲡 『後漢書』
바다거북 주【蟕】蟕蠵.
바다거북 휴【蠵】암황색(暗黃色) 반점이 있음.
　　　　　蟕蠵.

바다새이름 : 봉황(鳳凰) 비슷한 일종의 바다새.
바다새이름 원【鶢】鶢鶋는 원거(爰居)로도 씀.
　　　　　鶢鶋避風 候雁造江 『左思』

바다이름 :
바다이름 발【勃】발(渤)과 통용.
　　　　　齊趙勃碣之間 『漢書』
바다이름 발【渤】황해(黃海)의 일부. 요동반도와
　　　　　산동반도에 둘러싸인 바다.
　　　　　渤海. 不臨溟渤 『梁元帝』
바닥 : 그릇, 신 같은 것의 밑 부분.

바닥 저【底】無底曰橐 『詩經』
바닷귀신 :
　바닷귀신 약【若】해신(海神). 向若而歎 『莊子』
바닷물 :
　바닷물 조【潮】해수(海水). 鯨疑噴海潮 『蘇頲』
　바닷물 해【海】해수(海水). 煮海爲塩 『漢書』
바닷물 용솟음치다 :
　바닷물 용솟음칠 굉【浤】崩雲屑雨 浤浤汨汨
　　　　　　『木華』

바둑 :
　바둑 기【棋】기(碁), 기(棊)와 동자(同字).
　　　　　圍棋, 혁자(弈子).
　바둑 기【碁】기(棊)와 동자(同字).
　　　　　圍碁擊劍 『揚子法言』
　바둑 기【棊】놀이의 한 가지. 棊譜.
　　　　　堯造圍棊 丹朱善之 『博物志』
　바둑 혁【弈】위기(圍棋). 또 노름. 도박. 博弈.
　　　　　弈秋通國之善弈者也 『孟子』
바둑 두는 소리 :
　바둑 두는 소리 정【丁】宜圍棊 子聲丁丁然
　　　　　　『王禹偁』

바둑 두다 :
　바둑 둘 박【簙】行碁簙奕.
바둑판 :
　바둑판 추【楸】楸局. 開對楸枰傾一壺 『溫庭筠』
바디 : 베틀에 딸린 날을 고르는 제구.
　바디 구【筬】성야(筬也). 직구(織具).
　바디 부【𥯤】직위자(織緯者).
　바디 성【筬】직구(織具).
　바디 종【綜】機綜.
　　　　　推而往引而來者 綜也 『烈女傳』
　바디 진【枸】성야(筬也).
　바디 축【軸】杼軸其空 『詩經』
바라건대 : 바라노니. 원(願)컨대.
　바라건대 기【冀】冀一見而復歸 『東方朔』
　바라건대 서【庶】庶幾. 庶竭駑鈍 攘除姦凶
　　　　　　『諸葛亮』
　바라건대 원【願】願陛下親之信之 『諸葛亮』
바라고 가다 :
　바라고 갈 치【待】有望而往.
바라다 :
　바랄 교【儌】望也.
　바랄 기【覬】以覬一切之功哉 『後漢書』
　바랄 기【幾】기(覬)와 동자(同字). 庶幾.
　　　　　毋幾爲君 『史記』
　바랄 기【蘄】기(祈)와 통용. 기원함.
　　　　　蘄生 『莊子』
　바랄 기【期】희망(希望)을 가짐. 요망(要望)함.

期待. 刑期于無刑『書經』

바랄 기【冀】

　㋀ 희망함. 하고자 함. 冀望. 希冀.

　　鄭有備矣, 不可冀也『左傳』

　㋁ 바라는 일. 冀望成就『後漢書』

바랄 망【望】 기대함. 希望.

　　　　　　海內企望之意『後漢書』

바랄 상【上】 상(尙)과 통용.

　　　　　　上愼旃哉『詩經』

바랄 상【尙】 원함. 尙饗. 不尙息焉『詩經』

바랄 수【須】 自識不足補吾子所須也『韓愈』

바랄 욕【欲】

　㋀ 원함. 人之所欲也『孟子』

　㋁ ～하여야 함. ～함을 요함.

　　膽欲大而心欲小『孫思邈』

바랄 원【願】

　㋀ 하고자 함. 敬修其可願『書經』

　㋁ 남이 해주기를 원함. 不願於大家『禮記』

바랄 적【澂】 澂澂은 리(利)를 바라는 모양.

　　　　　　其欲澂澂『漢書』

바랄 행【幸】 원함. 幸冀. 得召見『漢書』

바랄 허【許】 管仲晏子之功可復許乎『孟子』

바랄 희【希】 希冀. 海內希世之流『後漢書』

바라보다 :

바라볼 감【矙】 矙望也 望者出亡在外 望其還也

　　　　　　望有倚門倚閭者『正字通』

바라볼 망【望】

　㋀ 먼데를 봄. 眺望. 出沒望平原『魏徵』

　㋁ 마주 대함. 兩山相望如門『地理通釋』

바라볼 아【睋】 멀리 봄. 睋北阜『班固』

바라볼 조【眺】

　㋀ 먼데를 봄. 眺覽. 可以遠眺望『禮記』

　㋁ 먼데를 바라보는 일. 조망. 또는 그 경치.

　　山河宜晚眺『岑參』

바라볼 조【覜】 조(眺)와 통용.

　　　　　　流目覜夫衡阿『張衡』

바라볼 환【睆】 멀리 바라보는 모양.

　　　　　　睆睆然在纏繳之中『莊子』

바라볼 희【睎】 멀리 봄. 睎秦嶺『班固』

바람 :

바람 표【飆】 落藥俟微飆以隕『晉書』

바람 풍【風】 대기의 움직임. 風雨.

　　　　　　大塊噫氣, 其名爲風『莊子』

바람 풍【飌】 풍(風)의 고자(古字).

　　　　　　祀飌師『周禮』

바람 가는 소리 :

바람 가는 소리 류【颲】 風行聲.

바람개비 :

바람개비 전【鷏】 吐蚊鳥.

바람개비 현【倪】 風向計. 倪之見風 無須臾之間

　　　　　　　　定矣『淮南子』

바람개비 환【綄】 以風旋具.

바람귀신 :

바람귀신 기【箕】 風伯. 箕伯.

바람나다 :

바람날 풍【風】 마음이 들뜸. 방일(放逸)함.

　　　　　　馬牛其風『書經』

바람 내리 불다 :

바람 내리 불 부【颫】 颫颮, 風自上下.

바람 따르다 :

바람 따를 예【淊】 바람을 따르는 모양. 或𣲁𣲁

　　　　　　淊淊于裸人之國『木華』

바람맞다 : 몸이 마비되어 동작이 자유롭지 못함.

　중풍에 걸림.

바람맞을 위【痿】 痿痹. 如痿人不 忘起『史記』

바람 부는 소리 :

바람 부는 소리 랄【剌】 去程風剌剌 別夜漏丁

　　　　　　　丁『李商隱』

바람 불다 :

바람 불 풍【風】 바람이 일어남.

　　　　　　終風且暴『詩經』

바람 세다 :

바람 셀 푸【飇】 風之强吹.

바람 소리 :

바람 소리 동【𩗩】 풍성(風聲).

바람 소리 려【颲】 풍성(風聲).

바람 소리 력【颲】 풍성(風聲).

바람 소리 료【飉】 풍성(風聲).

바람 소리 료【飉】 飉飉. 바람이 먼데서부터 세

　　　　　　게 불어오는 소리. 장풍(長風)

　　　　　　의 소리.

　　　　　　獨不聞之飉飉乎『莊子』

바람 소리 료【飂】 풍성(風聲).

바람 소리 류【飀】 풍성(風聲).

바람 소리 류【飀】 솔솔 부는 바람 소리.

　　　　　　飀飀微扇鼃黽淸舒『湛方生』

바람 소리 빙【淜】 淜滂. 바람이 물건을 치는 소리.

　　　　　　飄忽淜滂『宋玉』

바람 소리 삽【颯】 바람이 부는 소리의 형용.

　　　　　　有風颯然而至『楚辭』

바람 소리 석【𩙥】 풍성(風聲).

바람 소리 수【𩗴】 풍성(風聲).

바람 소리 수【颼】 수수(颼颼). 바람이 솔솔 부

　　　　　　는 소리. 啾啾颼颼『趙壹』

바람 소리 우【颿】 颿颿, 풍성(風聲).

바람 소리 유【飀】 풍성(風聲).

바람 소리 쟁 【飋】 풍성(風聲).

바람 소리 호 【呺】 風聲. 萬竅怒呺『莊子』

바람 소리 홍 【颿】 풍성(風聲).

바람 소리 휴 【飍】 풍성(風聲).

바람쐬다 : 바람을 받음. 외기(外氣)에 닿음.

바람쐴 풍 【風】 有寒疾不可以風『孟子』

바람에 쓸어지다 :

바람에 쓸어질 수 【颼】 風偃物.

바람에 흔들리는 풀 :

바람에 흔들리는 풀 람 【薖】 풍초(風草).

바람 움직이다 :

바람 움직일 전 【颭】 풍동(風動).

바람 일어나다 :

바람 일어날 소 【颵】 풍기(風起).

바람자고 파도 그치다 :

바람자고 파도 그칠 지 【颹】 🈠 風浪止.

바람 잔잔하다 :

바람 잔잔할 부 【颮】 풍온(風穩).

바람차다 :

바람찰 필 【颰】 풍한(風寒).

바람찰 필 【澤】 풍한(風寒).

바래다 :

바랠 울 【黦】 색이 변함. 淚霑紅袖黦『韋莊』

바랠 퇴 【褪】 퇴색(褪色)함.
　　　　花褪殘紅靑苔小『蘇軾』

바랠 표 【漂】 세탁(洗濯)함. 漂白. 漂母.
　　　　竟漂數十日『史記』

바로 :

바로 등 【登】 즉시. 登加罪戮『晉書』

바로 정 【正】 바르게. 확실히.
　　　　正唯弟子不能及也『論語』

바로 직 【直】

　㉠ 곧. 直使送之『戰國策』

　㉡ 중간에 매개를 두지 않고. 直接.

바로 보다 :

바로 볼 비 【眓】 직시(直視).

바로 볼 쟁 【睜】 정시(正視).

바로 서다 :

바로 설 기 【踦】 정립(正立).

바로잡다 :

바로잡을 간 【榦】 바르게 함. 榦不庭方『詩經』

바로잡을 격 【格】 格心. 格君心之非『孟子』

바로잡을 경 【檠】 트집 간 활을 바로잡음.
　　　　能檠弓弩『漢書』

바로잡을 광 【匡】 바르게 함. 匡救.
　　　　匡亂世反之於正『史記』

바로잡을 교 【矯】

　㉠ 굽은 것을 바로 잡음. 矯矢累弦『史記』

　㉡ 사곡(邪曲)을 바로 잡음. 矯俗.
　　　　民彌惰怠, 將何以矯之『漢書』

바로잡을 교 【撟】 교(矯)와 동자(同字).
　　　　撟制以令天下『漢書』

바로잡을 규 【規】 바른 길로 나가도록 함.
　　　　官師相規『書經』

바로잡을 뉴 【狃】 狃中軍之司馬『國語』

바로잡을 단 【端】 바르게 함.
　　　　端書于君前『禮記』

바로잡을 도 【掉】 정돈(整頓)함.
　　　　掉鞅而還『左傳』

바로잡을 동 【董】

　㉠ 감독(監督)하여 바로 잡음. 董督. 董正.
　　董之用威『書經』

　㉡ 절 안에서 대중(大衆) 또는 법무(法務)를
　　감독함. 前董(전임 주지) 後董(주지 후임)

바로잡을 변 【辯】 바르게 함. 有司弗辯『禮記』

바로잡을 수 【讎】 원본(元本)과 대조(對照)하여
　　　　교정(校正)함. 校讎.
　　　　讎校篆籀『左思』

바로잡을 승 【繩】 부정을 광정(匡正)함.
　　　　繩愆糾謬『書經』

바로잡을 시 【是】 바르게 함.
　　　　是正文字『後漢書』

바로잡을 시 【諟】 틀림이 없음. 틀린 것을 고침.
　　　　諟正文字『陳書』

바로잡을 은 【殷】 바르게 함.
　　　　日中星鳥以殷仲春『書經』

바로잡을 인 【引】 바르게 함. 引其封彊.
　　　　引 正也『左傳』

바로잡을 쟁 【掟】 바르게 함. 維角掟之『周禮』

바로잡을 전 【揻】 手伸物.

바로잡을 정 【正】

　㉠ 바르게 함. 곧게 함. 各正性命『易經』

　㉡ 개선(改善)함. 革正法度『魏志』

　㉢ 정제(整齊)함. 正其衣冠『論語』

　㉣ 죄를 다스림. 賊殺其親 則正之『周禮』

바로잡을 정 【訂】

　㉠ 사실을 바로잡아 定함. 足有所訂正『晉書』

　㉡ 문자, 문장 등의 틀린 것을 고침. 校訂.
　　　　宜酌訂一書『康熙帝』

바로잡을 정 【政】 바르게 함. 肅政黎心『江淹』

바로잡을 제 【制】 不能匡制其君『晉書』

바로잡을 조 【肇】 바르게 함. 肇末『國語』

바로잡을 준 【準】 바르게 함. 準人『書經』

바로잡을 직 【直】

　㉠ 잘못된 것을 바르게 함.
　　　　枉己者 未有能直人者也『孟子』

　㉡ 원죄(冤罪)를 바르게 다스림.

公獨爲直其冤『韓愈』

바로잡을 황【皇】四國是皇『詩經』

바르게 하다 : 곧게 함. 일설에는 고상하게 함.
　또 일설에는 엄격히 함.

바르게 할 위【危】邦有道, 危言危行『論語』

바르다 :

바를 경【鯁】사람이 곧아 남에게 아유구용(阿
　諛苟容)하지 아니함.
　　　　骨鯁可任『後漢書』

바를 광【匡】방정(方正)함. 旣匡旣敕『詩經』

바를 구【捄】正也.

바를 길【佶】사람의 언행이 바름.

바를 넙【鑈】正也.

바를 단【端】
　㉠ (무엇이)비뚤어지거나 굽은 데가 없이 곧
　　거나 반듯하다. 目容端『禮記』
　㉡ 품행이 바름. 端正. 選天下之端人『漢書』

바를 당【黨】당(讜)과 통용. 정직함.
　　　　博而黨正『荀子』

바를 리【釐】正也.

바를 만【墁】담이나 벽에 흙을 바름.
　　　　毀瓦畫墁『孟子』

바를 말【澒】도말(塗抹)함.

바를 말【抹】칠함. 塗抹.
　　　　酒入香頰紅一抹『歐陽修』

바를 부【傅】분(粉)을 바름. 傅脂粉『史記』

바를 순【衡】正也.

바를 시【矢】得黃矢貞吉『易經』

바를 시【諟】틀림이 없음. 틀린 것을 고침.
　　　　諟正文字『陳書』

바를 아【疋】아(雅)와 동자(同字). 正也.

바를 아【雅】올바름. 정당하여 법도에 맞음.
　　　　雅正. 雅道今復存『盧照鄰』

바를 완【埦】칠(漆)에 재를 섞어 바름.

바를 위【危】곧음. 危坐. 危然處其所『莊子』

바를 응【凝】端凝. 體局貞凝『上官儀』

바를 적【嫡】정제(整齊).

바를 전【典】典雅. 辭典文艷『梁昭明太子』

바를 정【正】
　㉠ 도리에 맞음. 사(邪)의 대(對). 廉正.
　㉡ 비뚤어지지 않고 곧음. 경(傾)의 대(對).
　　　儀正 而景正『荀子』
　㉢ 틀리지 아니함. 와(譌)의 대(對).
　　　眞正者少『北史』
　㉣ 바름. 바른 일. 바른 도(道).
　　　以順爲正者 妻婦之道也『孟子』
　㉤ 바른 사람. 君子. 昔先正保衡『書經』

바를 정【頲】楷梗較頲『爾雅』

바를 제【齊】평정(平正)함.

齊明而不竭『荀子』

바를 중【中】頭頸必中『禮記』

바를 질【價】正也.

바를 질【質】올바름. 莫不質良『禮記』

바를 차【搽】㊀ 도식(塗飾).

바를 축【縮】올바름. 곧음. 自反而縮『孟子』

바를 평【平】올바름. 心平禮正『禮記』

바를 표【僄】直也.

바를 핵【核】올바름. 其文直而其事核『漢書』

바를 행【詩】詩直.

바를 호【糊】
　㉠ 풀을 칠함. 開窓不糊紙『白居易』
　㉡ 도말(塗抹)함. 雪糊危棧塞驢行『李洞』

바를 황【皇】四國是皇『詩經』

바를 흔【釁】향을 몸에 바름.
　　　　三釁三浴之『國語』

바르지 못하다 :

바르지 못할 안【贗】不直也.

바르지 아니하다 : 정직하지 아니한 모양.

바르지 아니할 혜【謑】謑髁無任『莊子』

바르지 않다 :

바르지 않을 과【咼】不正也. 咼不正也『集韻』

바르지 않을 괴【恠】頭寬中狹.

바른말하다 :

바른말할 절【噦】정언(正言).

바리 :

바리 가【柯】반기(飯器).
　　　　魯人以楳 衛人用柯『荀子』

바리 권【㿬】屈木盂. 나무바리.

바리 권【圈】권(棬)과 동자(同字).
　　　　나무로 휘어 만든 그릇.
　　　　杯圈不能飮焉『禮記』

바리 회【盔】음식을 담는 그릇.

바리때 :

바리때 발【鉢】
　㉠ 중의 밥그릇. 범어(梵語) 발다라(鉢多羅)의
　　약자. 托鉢. 食此鉢非法『蘇軾』
　㉡ 중노릇, 불도(佛道). 傳家有衣鉢『蘇軾』

바리때 우【釪】중의 밥 그릇.
　　　　自是鉢釪後王何人也『世說』

바림 : 채색을 점점 엷게 하여 흐리게 하는 일.

바림 선【渲】渲染. 擦以水墨 再三而淋之 謂之
　　　　渲『郭熙』

바쁘게 가다 :

바쁘게 갈 총【蹤】거행(遽行).

바쁘다 :

바쁠 공【倥】분망(奔忙). 去來何倥傯『劉基』

바쁠 극【劇】분망함. 번거로움. 劇務. 劇職.

管繁劇之任 『郭璞』

바쁠 동 【詷】 詷詷은 분망(奔忙)한 모양.
또 급히 말하는 모양.
輕薄詷詷 『後漢書』

바쁠 망 【忙】 다망(多忙)함. 悤忙.
自笑平生爲口忙 『蘇軾』

바쁠 망 【恾】 망(忙)과 동자(同字).

바쁠 물 【勿】 창황(倉皇)한 모양.
勿勿少暇 『陸運』

바쁠 번 【煩】 일이 많아 겨를이 없음. 煩劇.
簿書轉煩 『舊唐書』

바쁠 소 【蕭】 분망(奔忙)한 모양.
樽俎蕭蕭 『杜甫』

바쁠 소 【蕭】 여러 사람이 분주히 노동하는 모양.
蕭然煩費 『漢書』

바쁠 양 【勷】 급한 모양.
新師不牢 劻勷將逋 『韓愈』

바쁠 열 【熱】 일이 바쁜 동시에 권세(權勢)가
있음. 非不愛作熱官 『北齊書』

바쁠 용 【冗】 다망(多忙)함. 知君束裝冗 不敢折
簡致 『劉宰』

바쁠 용 【宂】 忙也. 용(冗)의 속자.

바쁠 좌 【遳】 급조(急躁).

바쁠 총 【怱】 총(悤)과 동자(同字).

바쁠 총 【憁】 분망(奔忙)함. 悾憁.
憁恫官府之問 『抱朴子』

바쁠 총 【傯】 틈이 없음. 일이 많음. 倥傯.

바쁠 총 【悤】 몹시 일에 급한 모양.
無故悤悤 『晉書』

바쁠 총 【匆】 총(悤)과 동자(同字).

바쁠 총 【忽】 총(悤)과 동자(同字). 忽忙.
多事忽卒 『歐陽修』

바쁠 총 【聰】 聰詷. 바쁜 모양. 분망(奔忙)한 모양.
또 급히 말하는 모양.
輕薄聰詷 『後漢書』

바쁠 협 【劦】 분망(奔忙)함. 급(急)함.
雞號之山 其風如劦 『山海經』

바삐 가다 :

바삐 갈 솔 【聿】 망행(忙行).

바싹 당기다 :

바싹 당길 긍 【搄】 긍(揯)과 동자(同字).

바야흐로 :

바야흐로 강 【剛】 속어(俗語)로서 시(詩)에 쓰
이는데 방(方)과 같은 뜻임.
剛爲浮名事事乖 『皮日休』

바야흐로 방 【訪】 방(方)과 통용.
訪以呂氏故 幾亂天下 『漢書』

바야흐로 방 【方】 이제 한창. 血氣方剛 『論語』

바야흐로 정 【鼎】 天子春秋鼎盛 『漢書』

바위 :

바위 락 【硌】 산 위의 큰 바위. 上申之山 無草
木而多硌石 『山海經』

바위 뢰 【礧】 큰 돌. 一夫擧礧 『後漢書』

바위 아 【硪】 석암(石巖).

바위 암 【岩】 암(巖)과 동자(同字).

바위 암 【嵒】 암(巖)과 동자(同字).

바위 암 【巖】 큰 돌. 巖窟.
武夷巖石悉紅紫 『建安記』

바위 암 【嵓】 큰 돌. 三嵓鼎立勢欲墜 『郝經』

바위 의 【礒】 암석(巖石).

바위 떨어지는 소리 :

바위 떨어지는 소리 배 【嶏】 巖隤聲.

바자 울 :

바자 울 치 【杝】 대, 갈대 등으로 엮어 만든 울.
柴垣曰杝 『說文解字』

바지 :

바지 건 【褰】 아랫도리에 입는 옷.
徵褰與襦 『左傳』

바지 건 【褌】 袴也.

바지 건 【裩】 袴也.

바지 고 【袴】 가랑이가 있는 아랫도리의 옷.
衣不帛襦袴 『禮記』

바지 고 【絝】 고(袴)와 동자(同字). 平
生無襦 今五絝 『後漢書』

바지 소 【紹】 아랫도리에 입는 옷. 또 바지의
허리에 닿는 부분.
襃衣大紹 『漢書』

바지가랑이 :

바지가랑이 롱 【襱】 袴之雨股曰襱 『急就篇』

바지단추 :

바지단추 교 【絞】 바지의 끈. 허리 띠.
緥絞而踵相隨 『管子』

바지락 개랑조개 :

바지락 개랑조개 리 【蜊】 且多蛤蜊 『南史』

바지락조개 :

바지락조개 현 【蜆】 바지락과에 속하는 조개의
총칭. 가막조개. 흑합(黑蛤).
蜆蛤. 好啖蜆 『隋書』

바지 통 :

바지 통 준 【裑】 고통(袴裑).

바치다 :

바칠 공 【貢】
㉠ 공물을 바침. 來貢. 肅愼貢楛矢 『史記』
㉡ 널리 아무 것이나 바치는 뜻으로 쓰임.
君使臣自貢其能 『說苑』

바칠 기 【迍】 進之上.

바칠 납 【納】 조정, 관청, 등에 바침. 納稅.

納女於天子『禮記』

바칠 순【殉】목숨을 바침. 殉難.
　　　　　　殉國家之急『漢書』
바칠 승【升】드림. 農始升麥『淮南子』
바칠 지【底】드림. 底貢厥棐『書經』
바퀴 :
　바퀴 륜【輪】
　　㉠ 수레바퀴. 車輪. 蒲輪. 察車自輪始『周禮』
　　㉡ 원형의 물건. 日輪. 圓輪既照水『梁簡文帝』
　바퀴 비【蜚】바퀴과에 속하는 곤충. 몸빛은 갈
　　색이고 악취가 남. 종류가 많음.
　　　　　　香娘子 有蜚有蜮『漢書』
　바퀴 비【蜰】蠦蜰. 바퀴과에 속하는 곤충.
　바퀴 장【蜋】㊥ 蜣蜋. 바퀴과에 속하는 곤충.
바퀴굄목 :
　바퀴굄목 인【軔】
　　㉠ 바퀴가 구르지 않게 괴는 나무.
　　　　　　動軔則泥陷『詩經』
　　㉡ 출발하는 것을 發軔이라 함.
　　　　　　發軔于天津『楚辭』
바퀴굴대 :
　바퀴굴대 궤【軌】차축(車軸).
　　　　　　　車不濡軌『詩經』
바퀴덧방나무 : 수레에 무거운 짐을 실을 때 바
　퀴에 묶어 바퀴를 튼튼하게 하는 나무.
　바퀴덧방나무 보【輔】無棄爾輔『詩經』
바퀴둘레 :
　바퀴둘레 거【轇】차망(車輞).
바퀴사이 : 수레의 왼쪽 바퀴와 오른쪽 바퀴와의
　사이.
　바퀴사이 궤【軌】
　　㉠ 고대에 그 너비(輻)는 八尺이 표준이었음.
　　　천하가 통일됨을 이름.
　　　　　　今天下車同軌『中庸』
　　㉡ 도로가 좁음. 車不得方軌『十八史略』
바퀴 살 : 바퀴 통에서 테를 향하여 방사선 모양
　으로 뻗은 나무.
　바퀴 살 복【輻】輪輻蓋軫『蘇洵』
　바퀴 살 치【輜】바퀴 살이 바퀴 통에 들어가는
　　　　　　부분. 車輻入牙曰輜『集韻』
바퀴자국 : 수레바퀴가 지나간 자국.
　바퀴자국 궤【軌】車轍. 城門之軌『孟子』
　바퀴자국 철【轍】
　　㉠ 수레바퀴가 지나간 자국.
　　　　　　車轍中有鮒魚焉『莊子』
　　㉡ 흔적. 행적 등의 뜻으로 쓰임.
　　　　　　百行異轍『陸機』
　　㉢ 善行無轍迹『老子』

바퀴 테 : 수레바퀴 가의 테.
　바퀴테 망【輞】天子獵車重輞『後漢書』
　바퀴테 양【鍚】車輪鐵.
바퀴 통 : 바퀴의 중앙에 있어서 굴대가 그 가운
　데 관통하고 있으며 바퀴 살이 그 주위에 모여
　박힌 부분.
　바퀴 통 곡【轂】車轂. 轂以利轉『周禮』
바퀴통 가죽 : 수레의 바퀴 통을 싸는 가죽.
　바퀴통 가죽 주【轐】欲其轐之廉也『周禮』
바퀴 통 끝 : 수레바퀴 통 끝의 가죽으로 싼 부
　분.
　바퀴 통 끝 기【軝】約軝錯衡『詩經』
바퀴 통 끝 휘갑쇠 : 수레바퀴 통 끝의 휘갑
　쇠.
　바퀴 통 끝 휘갑쇠 관【輨】
　바퀴 통 끝 휘갑쇠 대【軑】齊王軑而竝馳
　　　　　　　　　　　　　『楚辭』
바퀴 통 쇠 : 바퀴 통의 구멍에 끼는 철관.
　바퀴 통 쇠 강【釭】車釭.
바탕 :
　바탕 본【本】소지(素地). 밑절미(원래부터 있던
　　　　　　바탕). 豫爲後地曰張本『左傳』
　바탕 상【相】질(質). 金玉其相『詩經』
　바탕 소【素】본바탕. 素質. 素養.
　　　　　　平易者道之素也『淮南子』
　바탕 자【資】재질(材質). 天資.
　　　　　　以負薪之資『後漢書』
　바탕 재【才】若夫爲不善 非才之罪也『孟子』
　바탕 질【質】
　　㉠ 물건을 이룬 재료. 또는 그 품질. 本質.
　　　　　　雖曰布類 其精好『急就篇』
　　㉡ 기초, 근본. 以鍊銅爲柱質『戰國策』
　　㉢ 君子義以爲質『論語』
　　㉣ 타고난 성질이나 재질. 增美質『禮記』
　　㉤ 조금도 꾸미지 아니한 실상의 바탕.
　　　　　　文質. 質樸. 質素.
　　㉥ 참, 진실, 사실. 君子有過 則謝以質 小人有
　　　　過 則謝以文『史記』
　바탕 체【體】사물의 토대. 本體. 體要.
　바탕 품【稟】천부(天賦)의 성질. 天稟. 性稟.
　　　　　　氣質之稟『朱熹』
박 : 금속을 얇은 종이 같이 만든 조각.
　박 박【鉑】박(箔)과 통용.
박 : 박과에 속하는 일년생(一年生)의 만초(蔓草).
　열매는 바가지를 만듦.
　박 포【匏】박과에 속하는 만초. 匏瓠.
　박 포【匏】匏瓜. 匏有苦葉『詩經』
　박 호【瓠】匏瓠. 瓠瓜. 幡幡瓠葉『詩經』

박 각시 나방 애벌레 : 박 각시 나방의 유충. 모양은 원통형이고 재배식 물의 잎을 갉아먹음.

박 각시 나방 애벌레 특【螣】去其螟螣『詩經』

박고(鏷鍜)살 :

　박고 살 박【鏷】鏷鍜, 시명(矢名).

　박고 살 고【鍜】鏷鍜, 시명(矢名).

박다 :

　박을 정【釘】못 같은 것을 박음. 裝釘.
　　　　　　　以棘針釘其心『晉書』

　박을 탁【拓】비문(碑文) 등을 비석(碑石)에 종이를 대고 박아 냄. 拓本.

　박을 탑【搨】비석에 종이를 대고 비문 같은 것을 박아냄. 搨本. 古碣憑人搨『王建』

　박을 탑【搭】탑(搨)과 동자(同字).
　　　　　　韓幹馬本摸搭時『梅堯臣』

박달나무 : 자작나무과에 속하는 낙엽교목.

　박달나무 간【榦】檀也.

　박달나무 단【檀】檀也.

　박달나무 달【橽】囝 단(檀)과 동의.

　박달나무 억【檍】檀也.

　박달나무 촉【梀】梀也, 목명(木名).

박대하다 :

　박대할 유【踰】소원(疏遠)히 함.
　　　　　　　晉未可踰也『左傳』

박막 : 피부의 얇은 꺼풀.

　박막 전【瓹】濯手以摩之去其瓹『禮記』

박 속 : 박의 씨가 박혀 있는 부분.

　박 속 양【瓤】靑皮黑瓤『拾遺記』

박수 : 남자 무당.

　박수 격【覡】男覡女巫『隋書』

박씨 : 박 속의 씨.

　박씨 서【犀】齒如瓠犀『詩經』

박아 넣다 :

　박아 넣을 전【塡】감입(嵌入)함. 塡金.
　　　　　　　　金塡文學『嘉話錄』

박자 : 음악의 가락을 조절하는 소리.

　박자 박【拍】胡笳十八拍『唐書』

박주가리 : 박주가리과에 속하는 다년생 만초.

　박주가리 마【蘑】蘿蘑. 새박덩굴.

　박주가리 환【芄】芄蘭. 나마(蘿蘑). 일설에는 물억새. 芄蘭은 무성한 모양.
　　　　陽氣親天 萬物芄蘭『揚雄』

박쥐 : 포유류 박쥐목에 속한 동물. 몸은 쥐와 비슷하나 앞다리가 날개처럼 변형되어 날아다닌다. 동굴이나 나무 속 또는 삼림 등지에 서식하며, 낮에는 어두운 곳에 있다가 밤에 활동한다.

　박쥐 뢰【蟠】편복(蝙蝠). 일설에는 날다람쥐.
　　　　　　　雖獲飛蟠『漢書』

박쥐 복【蝠】蝙蝠.

박쥐 직【蟙】蟙蠌, 편복(蝙蝠).

박쥐 편【蝙】蝙蝠夜藏 不敢晝行『易林』

박하(薄荷) : 꿀풀과에 속한 여러해살이풀. 한방에서는 잎을 말려 약재로 쓰며, 잎에 들어 있는 멘톨은 독특한 향기가 있어 치약, 향료, 과자, 음료수 등에 널리 쓰인다.

　박하 가【蘭】薄荷, 약명(藥名).

　박하 박【薄】薄荷.

　박하 파【蔢】薄荷.

박하게 하다 :

　박하게 할 박【薄】
　　㉠ 적게 함. 厚往薄來『中庸』
　　㉡ 薄玆味『呂氏春秋』

박하다 : 인정이 없음.

　박할 박【薄】刻薄. 貴賤情何薄『古詩』

밖 :

　밖 외【外】
　　㉠ 안의 대. 內外.
　　㉡ 가운데의 대(對). 中外.
　　㉢ 곁. 六合之外. 聖人存而不論『莊子』
　　㉣ 남. 타인. 外擧不辟怨『禮記』
　　㉤ 마음에 대하여 언행. 또는 용모.
　　　　內柔而外剛『易經』
　　㉥ 君子敬以直內 義以方外『易經』
　　㉦ 본국에서 외국. 暴內陵外『周禮』
　　㉧ 자기 집에 대하여 딴 곳. 外泊.
　　　　不宿于外『禮記』
　　㉨ 안 일에 대하여 밖에 일. 사사에 대하여 공사. 男不言內, 女不言外『禮記』
　　㉩ 조정에 대하여 민간. 中外服從『後漢書』
　　㉪ 궁중에 대하여 조정. 好外士死之『國語』
　　㉫ 모친 및 처의 겨레붙이. 外孫.
　　　　妻之父爲外舅『爾雅』
　　㉬ 사랑 바깥채. 男子居外『禮記』

반 :

　반 갑【甲】송대(宋代)에 십호(十戶)를 한 조(組)로 한 자치 단체. 保甲.
　　　　紹興之間 詔淮漢間 取主戶之雙 丁十戶爲甲 五甲爲團『正字通』

　반 반【半】1/2. 절반(折半). 半年. 折半.
　　　　爲可者半 不可者半『韓非子』

　반 반【牉】반쪽. 夫婦牉合也『儀禮』

　반 보【保】옛날에 일정(一定)한 호수(戶數)로 조직(組織)되어 그 조직(組織) 안에서 공무(公務)에 관하여 연대(連帶) 책임(責任)을 지던 조합(組合).
　　　　制五家爲保 有長『隋書』

반 주【舟】제기(祭器)인 준(罇)을 받쳐 놓는
　　　그릇. 차탁(茶托) 비슷함.
　　　　皆有舟『周禮』
반 중【中】절반(折半). 반분(半分). 中途.
　　　　得亦中 失亦中『列子』
반 편【偏】반분(半分). 衣身之偏『左傳』
반갑다 :
　반가울 우【惆】悅也.
반갑지 않게 보다 :
　반갑지 않게 볼 표【睸】惡視貌.
반걸음 :
　반걸음 규【頃】규(跬)와 통용.
　　　　君子頃步而弗敢忘孝也『禮記』
　반걸음 규【蹞】규(跬)와 동자(同字).
　　　　不積蹞步 無以致千里『荀子』
　반걸음 규【跬】
　　㉠ 한 걸음의 반. 반보(半步).
　　　　故君子跬步而不忘孝也『禮記』
　　㉡ 인신(引伸)하여 잠시 일시의 뜻으로 쓰임.
　　　　遊心堅白同異之間 而敝跬譽無用之言
　　　　　『莊子』
　반걸음 규【窺】규(跬)와 통용. 반보(半步).
　　　　또 한쪽 발을 내디딤.
　　　　能窺左足『漢書』
　반걸음 기【趌】擧足半步.
　반걸음 무【武】한 발짝의 거리. 곧 삼척(三尺).
　　　　步武尺寸之間『國語』
반달 :
　반달 긍【恆】현월(弦月). 如月之恆『詩經』
반대 좀 : 반대좀과에 속하는 곤충. 몸빛이 은백
　색. 날개는 퇴화(退化)되고 3개의 긴 꼬리가 있
　음. 옷이나 종이 등에 잘 쓺.
　반대 좀 담【蟫】지어(紙魚). 蟫魚.
반드럽다 : 미끄러움.
　반드러울 활【滑】圓滑. 調以滑甘『周禮』
반드르르하다 : 기름기가 있어 살결이 고움.
　반드르르할 이【膩】靡顔膩理『楚辭』
반드시 :
　반드시 고【睾】꼭. 陽氣洗物睾絜之也『漢書』
　반드시 요【要】要須. 男兒要當死於邊野 以馬革
　　　　裹屍還葬『後漢書』
　반드시 필【必】必要. 必死. 信賞必罰『漢書』
　반드시 회【會】꼭. 필연. 會當有業『顔廷之』
반딧불 :
　반딧불 견【蚈】충명(蟲名). 형화(螢火).
　　　　腐草化爲螢蚈『呂氏春秋』
　반딧불 령【蠕】螢也.
　반딧불 린【螼】형화(螢火).

반딧불 린【燐】형화(螢火). 燿燿燐也『詩經』
반딧불 습【熠】개똥벌레의 불. 형화(螢火).
　　　　熠燿宵行『詩經』
반딧불 습【蠲】蠲蜦, 형화(螢火).
반딧불 약【蜦】蠲蜦, 螢也.
반모(蟹蝥) :
　반모 반【蟹】蟹蝥, 독충(毒蟲).
반백 되다 :
　반백 될 비【頹】髮半白.
반백이 : 머리나 수염이 반쯤 흼.
　반백이 반【頒】반(斑)과 통용.
　　　　頒白者 不負戴於道路『孟子』
반수(泮水) : 반궁(泮宮)의 동서의 문(門) 이남(以
　南)에 호(壕)를 파 빙 돌린 물.
　반수 반【泮】思樂泮水『詩經』
반야(般若) : 분별. 망상을 떠난 지혜.
　반야 야【若】般若.
반연(絆緣)하다 :
　반연할 인【夤】의뢰함. 夤緣.
반열(班列) :
　반열 렬【列】석차(席次). 列次. 序列.
　　　　陳力就列『論語』
반절(半切) : 한자(漢字)의 음(音)을 표시(表示)하
　는 법(法).
　반절 절【切】反切.
　반절 반【反】한 자의 음(音)과 한 자의 운(韻)
　　　　을 합쳐 한 음을 나타내는 일.
반죽하다 :
　반죽할 수【溲】밀가루 따위를 반죽함.
　　　　糔溲之『禮記』
　반죽할 수【糔】가루에 물을 쳐서 이김.
　　　　爲稻粉糔溲之以爲酏『禮記』
　반죽할 회【溿】溲粉.
반짝이다 :
　반짝일 체【瞓】煇也.
반쪽 :
　반쪽 분【分】전체(全體)의 반(半).
　　　　師喪分焉『公羊傳』
반쪽 기와 :
　반쪽 기와 협【頰】반와(半瓦).
반쪽 내다 :
　반쪽 낼 반【半】중분(中分)함.
　　　　悉割半爲薪『世說』
반쯤 세다 :
　반쯤 셀 반【頒】반(斑)과 통용. 머리나 수염이
　　　　반쯤 흼. 頒白者 不負戴於道
　　　　路『孟子』

반찬 :

　반찬 선【饍】미식(美食).
　　　　　膳夫掌王之饍羞『周禮』
　반찬 수【饈】膳也. 饈也.
　반찬 추【膗】膳也.
　반찬 효【餚】饌也.

반 필(半匹) :

　반 필 단【段】단(緞)과 동자(同字). 포목(布木)
　　　　　한 필의 반. 有風從東來 吹帛一
　　　　　段 高數十丈『金史』

반함(飯含) :

　반함 함【唅】반함(飯含). 殯唅之物.
　　　　　唅皆絶之『晉書』

받다 :

　받을 궤【觭】우촉인(牛觸人).
　　　　　소가 사람을 받음.
　받을 랍【牊】우저(牛牴). 소가 사람을 받음.
　받을 령【領】領受. 實領懸悟『深雪偶談』
　받을 몽【蒙】주는 것을 가짐. 蒙利.
　　　　　今日所蒙 稽古之力也『後漢書』
　받을 배【拜】사여(賜與)를 받음.
　　　　　拜恩私室『北史』
　받을 부【賦】수여(授與)하는 것을 받음. 天賦.
　　　　　賦稟. 賦納以言『左傳』
　받을 수【受】
　　㉠ 얻음. 受賂. 受祿于天『中庸』
　　㉡ 입음. 至自遠方, 莫不受業焉『史記』
　　㉢ 이음. 계승함. 殷受夏, 周受殷『孟子』
　　㉣ 君子不可小知而可大受也『論語』
　받을 승【承】주는 것을 가짐.
　　　　　是謂承天之祜『禮記』
　받을 여【茹】주는 것을 받음.
　　　　　柔亦不茹『詩經』
　받을 영【嬴】수용함. 嬴諸侯『左傳』
　받을 응【膺】인수함. 당함. 誕膺天命『書經』
　받을 자【藉】
　　㉠ 남의 도움을 입음.
　　　　　藉兵乞食於西周『戰國策』
　　㉡ 차용함. 藉外論之『莊子』
　　㉢ 藉口는 입을 빈다는 뜻으로 핑계함을 이름.
　　　　　苟有以藉口而復寡君『左傳』
　받을 청【賵】수사(受賜).
　받을 촉【觸】뿔로 받음. 觸突.
　　　　　羝羊觸藩『易經』
　받을 품【稟】상관의 명령을 받음.
　　　　　臣下罔攸稟命『書經』

받들다 :

　받들 각【挌】掎挌緤後絓前.

받들 공【恭】윗사람의 뜻을 받듦.
　　　　　今予惟恭行天之罰『書經』
받들 공【供】받들어 모심. 供奉.
　　　　　供養日宴矣『詩經 箋』
받들 대【戴】
　㉠ 떠받듦. 공경하여 모심. 推戴.
　　　　　衆非元后何戴『書經』
　㉡ 하사(下賜)한 것을 받음.
　　　　　捧戴皇恩『柳宗元』
받들 봉【搘】두 손으로 받듦.
　　　　　搘策定數『史記』
받들 봉【捀】奉也.
받들 봉【奉】
　㉠ 두 손으로 공경하여 듦.
　　　　　兩手奉長者之手『禮記』
　㉡ 공경하여 이어 받음. 계승함.
　　　　　後天而奉天時『易經』
　㉢ 하명(下命)을 받음.
　　　　　奉命於危難之間『諸葛亮』
　㉣ 윗사람을 섬김. 以奉其上焉『詩經』
　㉤ 웃어른과 말할 때 공경하는 뜻을 나타내
　　는 말. 奉讀. 奉答天命『潘勗』
받들 봉【捧】두 손으로 받듦. 捧持.
　　　　　兩手捧長者之手『禮記』
받들 비【丕】봉행(奉行)함.
　　　　　丕天之大律『漢書』
받들 상【尙】봉승(奉承)함.
　　　　　得尙君之玉音『司馬相如』
받들 승【丞】승(承)의 고자(古字).
　　　　　丞上指『史記』
받들 승【承】
　㉠ 봉승(奉承)함. 承奉.
　　　　　承寡君之命以請『左傳』
　㉡ 밑을 잘 들어올림. 承捧.
　　　　　承筐是將『詩經』
받들 시【詩】받들어 가짐.
　　　　　寢門外詩負之『禮記』
받들 장【將】봉승(奉承)함. 將順.
　　　　　湯孫之將『詩經』
받들 함【銜】명령을 받아 일을 함.
　　　　　銜君命而使『禮記』

받아들이다 :

받아들일 용【容】
　㉠ 남의 말을 들어줌. 容納.
　　　　　納忠容諫『唐書』
　㉡ 도량이 커서 잘 포용(包容)함. 容衆.
받아들일 축【畜】용납함. 天下誰畜之『左傳』

받치다 : 드림.

받칠 봉【奉】遣使奉獻『後漢書』

받침 : 물건의 밑바닥을 받치어 괴는 물건.

받침 부 【趺】 螭首龜趺 『劉禹錫』

받침 부 【柎】 부(柎), 부(趺)와 통용.

발 : 대오리 갈대 같은 것으로 엮은 햇빛 등을 가리우는 물건.

발 렴 【簾】 簾帷. 垂簾. 下簾而授老子 『漢書』

발 박 【薄】 帷薄之外不趨 『禮記』

발 박 【箔】 簾箔. 門不施箔 『唐書』

발 박 【簿】 박(箔)과 동자(同字).
以織簿曲爲生 『史記』

발 보 【籍】 簾也.

발 : 다리의 아래 부분.

발 궤 【跪】 蟹六跪而二螯 『荀子』

발 부 【胕】 治胕腫也 『山海經』

발 소 【疋】 問疋何止 『說文解字』

발 수 【隨】 足部. 艮其腓 不拯其隨 『易經』

발 제 【蹏】 제(蹄)와 동자(同字).
牧馬二百蹏 『漢書』

발 제 【蹄】
㉠ 짐승의 발. 獸蹄. 邊迹之道 交於中國 『孟子』
㉡ 인신(引伸)하여 말을 세는 수사로 쓰이는 데 네 발을 한 마리로 계산함.
陸地牧馬二百蹄 『史記』

발 족 【足】
㉠ 하지(下肢).
㉡ 하지(下肢)의 복사뼈부터 아래 쪽.
하기(下跂). 漢王傷胸 乃捫足 『史記』
㉢ 인신(引伸)하여 보행(步行).
高材疾足者先得之 『十八史略』
㉣ 기물(器物)의 발같이 생긴 것. 鼎足.
鼎折足 『易經』
㉤ 근본. 木以根爲足 『釋名』

발 지 【趾】 복사뼈 이하의 부분. 足趾.
麟之趾 『詩經』

발 지 【止】 지(趾)와 동자(同字). 北止 『儀禮』

발 지 【阯】 지(趾)와 통용. 合浦交阯 『漢書』

발 : 두 팔을 펴서 벌린 길이.

발 파 【把】 图

발가락으로 집다 :

발가락으로 집을 삽 【趿】 進足有所擷.

발가벗다 : 알몸이 되도록 입은 옷을 모두 벗다.

발가벗을 라 【臝】 나(裸)와 동자(同字).
臝而佐刺船 『史記』

발가벗을 라 【倮】 나(裸)와 동자(同字).
中央土 其蟲倮 『禮記』

발가벗을 라 【累】 나(倮)와 동자(同字).
爲大夫累之 『禮記』

발가벗을 라 【臝】 나(倮), 나(臝), 나(裸)와 동자

(同字). 有物于此 蠡蠡兮 其狀
屢化如神 『荀子』

발각(發覺)하다 :

발각할 지 【訨】 訐也. 들추어내다.

발각할 차 【訨】 訐也. 들추어내다.

발개지다 : 술에 취하여 얼굴이 홍조(紅潮)가 됨.

발개질 타 【酡】 醉酡.
美人旣醉 朱顔酡些 『楚辭』

발개질 포 【酺】 주기가 얼굴에 나타남.
美人醉酺則面著赤色而鮮好也
『楚辭 註』

발걸음 : 반 발짝의 거리. 곧. 삼척(三尺).

발걸음 무 【武】 步武尺寸之間 『國語』

발고무래 : 갈퀴 모양의 고무래. 땅을 고르거나 곡류(穀類)를 긁어모으는 농구.

발고무래 파 【杷】 屈竹作杷 『王褒』

발구르다 :

발구를 단 【踹】 대단히 화가 나서 발을 구름.
踹足而怒 『淮南子』

발긴 거미 :

발긴 거미 소 【蠨】 長脚蛛.

발긴 솥 :

발긴 솥 교 【鐈】 長足鼎.

발길질하다 :

발길질할 별 【蹩】 족격(足擊).

발꿈치 : 발의 뒤쪽 발바닥과 발목 사이의 불룩한 부분.

발꿈치 근 【跟】 발의 뒤쪽의 땅에 닿는 부분.
跟亦謂之踵 跟猶根也 下著於地
如木根也 『急就篇』

발꿈치 단 【踹】 발의 후부(後部).

발꿈치 종 【踵】 발의 후부(後部).

발꿈치 베다 : 발꿈치를 벰. 또 그 형벌. 고대(古代)의 오형(五刑)의 하나임.

발꿈치 벨 비 【剕】 剕辟, 剕罰之屬五百 『書經』

발꿈치 벨 월 【刖】 발꿈치를 베는 형벌. 刖足.
刖刑. 刖罪五百 『漢書』

발끈하다 : 사소한 일에 걸핏하면 왈칵 성을 내다.

발끈할 발 【勃】
㉠ 갑자기 화를 내는 모양.
王勃然變乎色 『孟子』
㉡ 갑자기 안색(顔色)이 변(變)하는 모양.
色勃如也 『論語』

발끈할 발(불) 【艴】 낯빛을 변하여 화를 내는 모양. 艴然不悅 『孟子』

발끈할 별 【嫳】 易使怒.

발끈할 불 【怫】 발끈 화냄. 怫然作邑 『莊子』

발끈할 초 【愀】 발끈 화를 내어 안색이 변하는

모양. 愀然作色『禮記』

발끈할 축【歜】 성을 발끈 내는 모양.

歜乎進我色也『莊子』

발 높다 :

발 높을 초【𨂂】 족고(足高).

발담 : 물을 막아 고기를 잡는 설비.

발담 량【梁】 어양(魚梁). 胡逝我梁『詩經』

발돋움하다 :

발돋움할 교【翹】 翹企. 可翹足而待『史記』

발돋움할 교【蹻】 교(蹻)와 동자(同字). 擧足企.

발돋움할 기【跂】 기(企)와 동자(同字). 跂望.

跂予望之『詩經』

발돋움할 기【企】

㉠ 발돋움하고 섬. 其踦企『爾雅』

㉡ 발돋움하고 바라봄. 日夜企而望歸『漢書』

발돋움할 송【竦】 발끝을 디디고 섬. 竦企.

竦而望歸『漢書』

발뒤꿈치 :

발뒤꿈치 과【踝】 負繩及踝『禮記』

발뒤꿈치 련【踵】 踵也.

발뒤꿈치 전【蹎】 踵也.

발뒤꿈치 베다 :

발뒤꿈치 벨 올【兀】 월형(刖刑)에 처(處)함.

魯有兀者王駘『莊子』

발뒤꿈치 치다 :

발뒤꿈치 칠 화【跍】 격과(擊踝).

발등 :

발등 곡【彀】 족부(足跗).

발등 부【跗】 발의 위쪽. 結于跗連絢『儀禮』

발로 긁어당기다 :

발로 긁어당길 료【捊】 以足釣之.

발로 긁어당길 삽【跾】 進足有所擸.

발루배 :

발루배 발【艜】 艜艛, 海中大船.

발매하다 :

발매할 책【柞】 벌목(伐木)함.

載芟載柞『詩經』

발목뼈 :

발목뼈 방【骺】 跗骨之骺.

발목 잡아매다 :

발목 잡아맬 착【鋜】 족쇄(足鎖).

黃鶴足仍鋜『韓愈詩』

발 묶은 돼지걸음 :

발 묶은 돼지걸음 축【豖】 豖絆足行.

발문 :

발문 발【跋】 문장의 한 체. 책의 끝에 그 내용
과 그에 관계되는 사항을 간단하

게 적은 글. 序跋.

題跋者簡編之後語也『文體明辯』

발 밑 :

발 밑 하【跢】 족하(足下).

발바닥 :

발바닥 번【蹯】 짐승의 발바닥. 또 그 고기.

食熊蹯『左傳』

발바닥 척【蹠】 척(跖)과 동자(同字).

발의 이면(裏面). 蹠骨

蹠穿膝暴『戰國策』

발바닥 척【跖】 척(蹠)과 동자(同字). 善學者若
齊王之食鷄必食其跖『淮南子』

발바리 : 동양 특산의 작은 개.

발바리 와【猧】 嬌猧睡猶怒『元稹』

발 벌리다 :

발 벌릴 규【蹞】 개족(開足).

발 베다 :

발 벨 월【刖】 월(刖)과 동자(同字). 발을 베어
끊음. 爲獄吏刖人足『韓非子』

발병 :

발병 련【蹥】 족병(足病).

발 부르트다 :

발 부르틀 견【趼】 趼久行傷足 謂之趼『集韻』

발 부르틀 과【腂】 腂也.

발악하다 :

발악할 기【諅】 發人之惡.

발어사(發語辭) :

발어사 식【式】 발언(發言)을 나타내는 말.

式微式微『詩經』

발어사 황【況】 발어(發語)의 조사(助辭).

況也永歎『詩經』

발 얼어 터지다 :

발 얼어 터질 곤【踞】 촉족(瘃足).

발 오그라지다 :

발 오그라질 피【痹】 足轉筋.

痹 俗謂脚冷濕病也

발을 들다 :

발을 들 교【趬】 거족(擧足).

발자국 :

발자국 단【躖】 발의 자취. 족적(足跡).

鹿蹊兮躖躖『楚辭』

발자국 하【跢】 족적(足迹).

발자국 소리 : 발을 디디는 음향. 또 인기척이
나는 모양.

발자국소리 공【跫】 空谷跫音 聞人足音 跫然而
喜矣『莊子』

발자취 :

발자취 무【武】족적(足跡). 接武『禮記』

발자취 종【踪】종(蹤)과 동자(同字).
　　　　　　　　踪跡深藏『宋史』

발자취 종【縱】종(蹤)과 통용.
　　　　　　　發縱指使獸處者『漢書』

발자취 혜【跨】跡也.

발 크다 :

　발 클 발【尵】족대(足大).

발 터지다 :

　발 터질 순【皰】족탁(足坼).

발톱 :

　발톱 비【備】獻其皮革齒須備『周禮』

발판 : 높은 곳에 올라가기 위하여 설치하여 놓은
　널.

　발판 봉【棓】踊于棓而闚客『公羊傳』

　발판 서【樨】답판(踏板).

발회목뼈 :

　발회목뼈 교【骹】경골(脛骨)중의 발회목에 있는
　　　　　　　　부분. 去一以爲骹圉『周禮』

발 흰말 :

　발 흰말 주【騅】왼쪽 뒷발이 흰 말.
　　　　　　　　駕我騏騅『詩經』

발힘이 세다 :

　발힘이 셀 굴【踞】力也.

밝게 :

　밝게 명【明】환하게. 판연(判然)하게. 明斷.
　　　　　　　　明示百官『左傳』

　밝게 소【昭】환히. 명백히.
　　　　　　　　敢昭告於上帝『論語』

발게 보다 :

　밝게 볼 초【噍】명찰(明察)하는 모양.
　　　　　　　誰能以己之噍噍 愛人之挟挟
　　　　　　　『荀子』

밝게 하다 :

　밝게 할 백【白】명백하게 함.
　　　　　　　　說不行則白道『荀子』

밝다 :

　밝을 강【顜】환한 모양. 명확한 모양.
　　　　　　　蕭何爲法 顜若畫一『史記』

　밝을 견【蠲】명백함. 명백히 함.
　　　　　　　惠公蠲其大德『左傳』

　밝을 경【暻】明也.

　밝을 경【耿】환함. 其光耿於民矣『國語』

　밝을 경【景】환히 밝음. 景行行止『詩經』

　밝을 경【囧】환함. 月吐窓囧囧『韓愈』

　밝을 계【旮】明也.

　밝을 고【杲】어둡지 않고 환함.
　　　　　　　　杲杲出日『詩經』

　밝을 고【顜】明也.

　밝을 광【曠】환함. 曠若發曚『後漢書』

　밝을 광【晄】明也.

　밝을 교【皎】달빛 같은 것이 희게 빛나 밝음.
　　　　　　　皎月. 朏皎兮『詩經』

　밝을 교【皦】명백함. 皦如也『論語』

　밝을 녕【寗】밝다(明也)

　밝을 단【旦】밤이 샘. 長夜漫漫何時旦『寗戚』

　밝을 당【爥】明也.

　밝을 랑【眼】랑(朗)과 통용. 명랑(明朗).

　밝을 랑【朗】환하고 맑음. 朗月.
　　　　　　　是日也 天朗氣淸『王羲之』

　밝을 량【亮】亮月. 亮察. 輝煥朝日亮『韓愈』

　밝을 렬【烈】於今爲烈『孟子』

　밝을 례【纞】명백(明白).

　밝을 료【燎】밝은 모양. 燎朗.
　　　　　　　佼人燎兮『詩經』

　밝을 료【瞭】명료(明瞭)함. 瞭然.

　밝을 료【暸】환한 모양.

　밝을 류【瀏】청명(淸明)함. 명랑(明朗)함.
　　　　　　　賦體物而瀏亮『陸機』

　밝을 명【明】
　　㉠ 환히 비침. 明月. 月明星稀『蘇軾』
　　㉡ 사리에 밝음. 明哲.
　　　辨之不明不措也『中庸』
　　㉢ 눈이 밝음. 離婁之明『孟子』
　　㉣ 현명함. 聰明. 元首明哉『書經』
　　㉤ 현명한 사람. 어진이. 黜陟幽明『書經』
　　㉥ 날이 밝음. 東方明矣『詩經』

　밝을 반【彬】문채(文彩)가 환함.
　　　　　　　珊瑚琳碧 瑉珉璘彬『張衡』

　밝을 방【昉】환함.

　밝을 백【白】
　　㉠ 환함. 明白.
　　㉡ 날이 밝음. 不知東方之旣白『蘇軾』

　밝을 병【昞】明也. 병(炳)과 동자(同字).

　밝을 병【炳】빛이 환히 나서 밝음. 炳熱.
　　　　　　　大人虎變 其文炳也『易經』

　밝을 상【爽】
　　㉠ 밤이 새어 밝음. 時甲子昧爽『書經』
　　㉡ 넓어 밝음. 請更諸爽塏者『左傳』
　　㉢ 빛나서 밝음. 故有爽德『書經』
　　㉣ 정신이 밝음. 精爽. 玆心不爽『左傳』

　밝을 서【曙】날이 샘. 日入于虞淵之氾 曙於蒙
　　　　　　　谷之浦『淮南子』

　밝을 석【晢】환함. 忘昭晢之害『蔡邕』

　밝을 선【晬】明也.

　밝을 성【晟】환함.

　밝을 소【炤】소(昭)와 동자(同字).

是釋其炤炤而道冥冥也『淮南子』

밝을 소【昭】
　㉠ 환히 빛남. 昭光. 於昭于天『詩經』
　㉡ 환히 나타남. 昭著. 百姓昭明『書經』
밝을 순【純】 환함. 光純天地『漢書』
밝을 앙【昂】 환한 모양.
　　　　　顒顒昂昂 如圭如璋『詩經』
밝을 양【陽】 환함. 또 깨끗함.
　　　　　陽聲 我朱孔陽『詩經』
밝을 양【暘】 환함. 天晏暘者 星辰曉燭『論衡』
밝을 영【瑩】
　㉠ 선명함. 一生一死 性命瑩矣『太玄經』
　㉡ 명료함. 語意未瑩『朱熹』
밝을 예【悷】 明也.
밝을 예【睿】
　㉠ 사리에 통하여 깊고 밝음. 睿智.
　　　思曰睿 睿作聖『書經』
　㉡ 천자에 관한 사물의 관칭(冠稱)으로 쓰임.
　　　睿覽. 紛綸睿緖『齊書』
밝을 예【叡】 사리에 통하여 깊고 밝음.
　　　　　明叡之姿『後漢書』
밝을 오【晤】 총명(聰明)함. 영명(英明)함. 英晤.
　　　　　少秀晤『唐書』
밝을 요【瞭】 明也.
밝을 융【融】 썩 환한 모양. 明而未融『左傳』
밝을 작【灼】 灼熱. 我其克灼知厥若『書經』
밝을 작【焯】 작(灼)과 동자(同字).
　　　　　焯焯其陂『漢書』
밝을 장【章】 명백함. 品物咸章『易經』
밝을 적【旳】 明也.
밝을 적【的】 환히 나타나는 모양.
　　　　　小人之道 的然而日亡『中庸』
밝을 정【精】 청명(淸明)함. 精光.
　　　　　陰霧不精『漢書』
밝을 준【晙】 明也.
밝을 즙【緝】 於緝熙敬止『詩經』
밝을 진【昣】 밝다(明也).
밝을 진【眕】 밝다(明也).
밝을 질【晊】 밝다(明也).
밝을 찬【粲】 명백함.
　　　　　骨肉之親粲而不殊『漢書』
밝을 창【彰】 뚜렷함. 환함. 彰明.
　　　　　嘉言孔彰『書經』
밝을 철【哲】 소명(昭明)함. 明作哲『書經』
밝을 철【喆】 明也.
밝을 철【悊】 슬기가 있고 사리에 밝음. 明悊.
　　　　　旣明且哲 以保其身『詩經』
밝을 총【聰】
　㉠ 귀가 밝음. 귀가 잘 들림.

不殫傾耳 而聽己聰『王褒』
　㉡ 명민함. 聰明. 聰作謀『書經』
밝을 탁【晫】 明也.
밝을 향【晑】 明也.
밝을 혁【焃】 明也.
밝을 현【顯】 환함. 명백함. 天有顯道『書經』
밝을 형【炯】 빛남. 환함. 炯眼.
　　　　　金沙發光炯『李羣玉』
밝을 혜【譓】 총명함. 今陽子之情譓『晉書』
밝을 호【杲】 어둡지 않고 환함.
　　　　　杲杲出日『詩經』
밝을 호【暠】 호(皓)와 동자(同字).
　　　　　暠然白首『漢書』
밝을 호【暳】 호(皞)와 동자(同字).
　　　　　暳天不宜『莊子』
밝을 호【旴】 환함. 旴分殊事『漢書』
밝을 호【皓】 달빛 같은 것이 희게 빛나 밝음.
　　　　　皓月. 胐皓兮『詩經』
밝을 호【皞】 明也. 호(暳)와 동자(同字).
밝을 호【皓】 환한 모양. 戈殳皓旰『曹植』
밝을 호【皥】 환함.
밝을 홍【烘】 환함. 日暖翠始烘『楊萬里』
밝을 환【睆】 별이 밝은 모양.
　　　　　睆彼牽牛『詩經』
밝을 환【皖】 어둡지 않고 환한 모양.
　　　　　睆彼牽牛『詩經』
밝을 황【晃】 光旴旴以晃晃『郭璞』
밝을 황【愰】 환함.
밝을 효【曉】 冥冥之中獨見其曉『淮南子』
밝을 훤【晅】 明也.
밝을 희【晞】 날이 밝음. 東方未晞『詩經』
밝을 희【熹】 광명(光明)이 있음.
　　　　　東曒淡未熹『楊萬里』

밝지 못하다 :
　밝지 못할 몽【懜】 惽也.
밝지 않다 :
　밝지 않을 톤【㫈】 불명(不明).
밝혀지다 :
　밝혀질 천【闡】
　㉠ 겉으로 드러내어 밝힘. 명확하게 됨. 闡明.
　　　微顯闡幽『易經』
　㉡ 泊于梁世, 玆風復闡『顏氏家訓』
밝히다 :
　밝힐 견【甄】 명확히 구별함. 甄別.
　　　靈眖自甄『後漢書』
　밝힐 견【蠲】 명백히 함. 惠公蠲其大德『左傳』
　밝힐 명【明】 ㉠ 밝게 함. 在明明德『大學』
　　　㉡ 증거를 댐. 證明.

밝힐 발【發】啓發. 亦足以發『論語』

밝힐 벽【辟】명확하게 함. 對陽以辟之『禮記』

밝힐 변【辨】분명하게 함. 辨吉凶者『易經』

밝힐 선【宣】명시함. 用宣之以懲不壹『左傳』

밝힐 소【昭】환히 나타나게 함.
　　　　　君子以自昭明德『易經』

밝힐 양【敭】明也. 양(揚)의 고자(古字).

밝힐 징【徵】명백히 함. 以徵遇也『左傳』

밝힐 찰【憭】明也.

밝힐 천【闡】
　㉠ 겉으로 드러내어 밝힘. 闡明.
　　　　　微顯闡幽『易經』
　㉡ 명확하게 됨.
　　　　　洎于梁世 玆風復闡『顏氏家訓』

밝힐 향【皣】명백하게 함. 證皣今古『莊子』

밝힐 혜【憓】察也.

밟고 걷다 :

밟고 걸을 패【跰】보발(步跋).

밟다 :

밟을 각【脚】발로 밟음. 射麋脚麟『司馬相如』

밟을 계【跌】발로 땅을 디딤.
　　　　　有蹶者跌『淮南子』

밟을 괄【䯀】踐也.

밟을 궐【蹶】발에 힘을 주어 누름.
　　　　　材官蹶張『史記』

밟을 년【撚】발로 밟음. 前後不相撚『淮南子』

밟을 답【躢】답(蹋)과 동자(同字).
　　　　　尙穿域躢鞠也『漢書』

밟을 답【踏】
　㉠ 발로 땅을 디딤. 握臂連踏『誠齊雜記』
　㉡ 밟고 누름. 以足踏其頭『汎池筆記』
　㉢ 보행함. 걸음. 踏靑拾翠『書繼』

밟을 답【蹋】踏과 동자(同字).

밟을 답【蹹】답(踏), 답(蹋)과 동자(同字).

밟을 도【蹈】
　㉠ 발을 구르며 땅을 밟음.
　　　　　不知手之舞之足之蹈之『禮記』
　㉡ 짓밟음. 蹂蹈文錦于泥塗之中『論衡』
　㉢ 걸음. 보행함. 使我高蹈『左傳』
　㉣ 이행함. 실천함. 蹈道則未也『穀梁傳』
　㉤ 이어 받음. 따름. 옛것대로 함.
　　　　　不務襲蹈『韓詩外傳』
　㉥ 의거(依據)함. 跨蹈漢南『魏志』

밟을 렵【躐】렵(躐)과 동자(同字).
　　　　　涉躐寥廓『左思』

밟을 렵【躐】발로 디딤.
　　　　　登席不由前 曰躐席『禮記』

밟을 리【履】
　㉠ 발을 위에 대고 디딤. 履虎尾『易經』
　㉡ 걸음. 跛能履『易經』
　㉢ 족적(足跡)이 미치는 곳. 발로 밟은 바의
　　 땅이라는 뜻으로 영토를 이름.
　　　　　賜我先君履『左傳』
　㉣ 지위에 이름. 자리에 나아감. 履祚.
　　　　　履帝位『易經』
　㉤ 행함. 실천함. 履行. 不履其事『禮記』

밟을 린【躪】린(蹸)과 동자(同字). 유린(蹂躪).
　　　　　馳 善躪人也『禮記註』

밟을 린【蹸】짓밟음. 所蹸轢『漢書』

밟을 반【跋】걸어 다니다가 앞에 있는 것을
　　　　　발로 밟음.
　　　　　狼跋其胡 載疐其尾『詩經』

밟을 발【蹳】밟아 누름. 常蹳兩兒棄之『漢書』

밟을 사【蹝】履也.

밟을 섭【躡】
　㉠ 발로 디디어 누름.
　　　　　張良陳平躡漢王足 因附耳語『史記』
　㉡ 이름. 다다름. 徑躡都廣『淮南子』
　㉢ 계속하여 뒤를 밟음. 끊이지 아니함.
　　　　　勞問相躡『唐書』

밟을 섭【躡】섭(躡)과 통용.
　　　　　躡浮雲晻上馳『漢書』

밟을 연【蹨】蹈也.

밟을 유【蹂】
　㉠ 짓밟음. 蹂躪. 餘騎相蹂踐『史記』
　㉡ 벼를 짓밟아 곡식을 떪. 或簸或蹂『詩經』

밟을 자【跐】蹈也. 履也.
　　　　　將抗足而跐之『吳都賦』

밟을 적【藉】발로 밟음. 藉田.

밟을 적【蹐】디딤. 人民之所蹈蹐『史記』

밟을 적【蹜】밟고 지나감. 毋蹜席『禮記』

밟을 전【跈】踐也.

밟을 전【蹍】밟아 누름. 蹍市人之足『莊子』

밟을 전【跟】전(蹍)과 동자(同字).
　　　　　哽而不止則跟『莊子』

밟을 전【躔】
　㉠ 궤도를 따라 순행함.
　　　　　躔逶循也『揚子法言』
　㉡ 이행함. 실천함. 英雄之所 躔『左思』

밟을 접【蹀】땅을 밟고 감. 또는 밟아 누름.
　　　　　足蹀陽河之舞『淮南子』

밟을 접【跕】발로 밟음. 鳴瑟跕屣『史記』

밟을 제【蹄】발로 차거나 짓밟음.
　　　　　怒相蹄齧者『韓愈』

밟을 채【踩】踏也.

밟을 척【蹠】밟아 누름.
　　　　　被堅甲 蹠彊弩『史記』

밟을 천【踐】

㉠ 이행함. 實踐. 修身踐言『禮記』
㉡ 발로 디딤. 또 발로 누름. 蹂踐.
毋踐屨『禮記』
㉢ 따름. 좇음. 不踐迹『論語』
㉣ 보행함. 감. 深踐戎馬之地『漢書』
㉤ 오름. 자리에 나감. 踐祚.
踐其位 行其禮『中庸』
밟을 첩【喋】접(蹀)과 동자(同字).
喋血闕與『史記』
밟을 칩【屜】踏也.
밟을 태【跆】짓밟음. 유린함.
輿兵相跆藉『漢書』
밟을 태【駘】태(跆)와 동자(同字). 짓밟음.
兵相駘藉『史記』
밤 : 밤나무의 열매.
밤 률【栗】饋食之籩, 其實栗『周禮』
밤 : 낮의 대(對).
밤 구【寠】夜也.
밤 명【瞑】낮의 대(對). 待瞑合神光『許敬宗』
밤 명【冥】어두운 밤.
冥當寢兮不安『蔡文姬傳』
밤 모【暮】暮夜. 暮去次而敢止『楚辭』
밤 석【夕】
㉠ 야간. 竟夕不眠『後漢書』
㉡ 밤일. 妻不在 妾御莫敢當夕『禮記』
밤 석【昔】석(夕)과 동자(同字).
爲一昔之期『左傳』
밤 석【穸】야간. 唯是春秋窀穸之事『左傳』
밤 석【窨】夜也.
밤 소【宵】낮의 대(對). 宵晨.
宵中星虛『書經』
밤 암【暗】낮의 대(對). 車駕逼暗乃還『晉書』
밤 암【闇】어두운 밤. 暗夜. 祭其闇『禮記』
밤 야【夜】
㉠ 낮의 대(對). 晝夜. 以星分夜『周禮』
㉡ 깊은 밤. 夙光夜寐『詩經』
밤 회【晦】晦昧. 陰陽風雨晦明『左傳』
밤나무 : 너도밤나무과에 속하는 낙엽교목.
밤나무 률【栗】木名.
밤새우다 :
밤새울 단【旦】철야함. 誰與獨旦『詩經』
밤송이 :
밤송이 추【皺】밤알의 덧 껍데기.
新蟬避栗皺『貫休』
밥 : 곡식을 익힌 주식.
밥 반【飯】
㉠ 곡식을 익힌 주식(主食). 毋摶飯『禮記』
㉡ 식사(食事). 日中忘飯『世說』
밥 사【食】食居人之左『禮記』
밥 손【飡】飯也.
밥 찬【粲】餐食. 還予授子之粲兮『詩經』
밥그릇 : 밥을 담는, 대로 결어 만든 둥근 그릇.
밥그릇 교【盉】盂也. 椀謂之盉『揚雄』
밥그릇 단【簞】一簞食 一簞瓢飮『論語』
밥그릇 로【盧】반기(飯器).
밥 뚝배기 :
밥 뚝배기 류【塯】飯土塯啜土刑『史記』
밥보자기 :
밥보자기 력【簎】蓋食巾.
밥상 :
밥상 곡【䅟】식선(食膳).
밥 소쿠리 :
밥 소쿠리 려【籚】筲也. 盛飯器.
밥 쉬다 :
밥 쉴 읍【餲】食餲, 반취(飯臭).
밥 쉴 의【饐】飯傷濕臭味變 食饐而餲『論語』
밥에 돌 있다 :
밥에 돌 있을 참【黲】食物中有沙也『集韻』
밥짓다 : 불을 때어 밥을 지음.
밥지을 찬【爨】爨炊. 以釜甑爨『孟子』
밥 찌다 :
밥 찔 분【饙】증반(蒸飯).
밥 체하다 :
밥 체할 열【餇】반질(飯窒).
밥통 :
밥통 두【肚】복부(腹部). 또 위(胃). 肚裏.
밥통 완【脘】위의 내강(內腔).
佳句洗肺脘『黃庭堅』
밥통 위【胃】오장(五臟)의 하나. 위부(胃腑).
밥 팔다 :
밥 팔 회【饋】반판(飯販).
방(房) :
방 겹【郟】문의 양쪽 옆에 있는 방.
雍人割雞屋下 當門郟室『大戴禮』
방 국【局】
㉠ 구획한 한 방.
宮局總來爲喜樂『王建』
㉡ 구분, 구획. 局部. 不敢越局『晉書』
방 류【霤】집안의 빈 방. 其祀中霤『禮記』
방 방【坊】거처하는 방. 別坊.
방 방【旁】文書暗偏旁『程俱』
방 방【傍】한자(漢字)의 오른쪽 획(畫).
우방(右旁). 편(偏)의 대(對).
强尋偏傍推點畫『蘇軾』
방 실【室】집의 방. 寢室. 相在爾室『詩經』
방 재【齋】연거(燕居)의 방. 山齋. 書齋.

방 조 【曹】 실내(室內). 坐曹治事『漢書』

방 침 【寢】 ㉠ 거실(居室). 庶人祭於寢『禮記』
　　　　　　 ㉡ 침실(寢室). 飮食不離寢『禮記』

방 호 【戶】 거처하는 간(間).
　　　　　 府吏嘿無聲 再拜還入戶『古詩』

방가지 똥 : 꽃상추과에 속하는 초본. 꽃이 국화
　　 와 비슷함. 잎, 뿌리는 모두 맛이 쓴 데 나물
　　 로 먹음.

방가지 똥 도 【茶】 苦菜. 誰謂茶苦『詩經』

방게 : 바위게과에 속하는 게의 하나. 바다 가까
　　 운 단물의 모래 속에 구멍을 뚫고 생활함.

방게 기 【蜞】 蟛蜞, 소해(小蟹).

방게 렴 【蠊】 蠊蛪.
　　　　　　 或至海邊 探蠊蛪 以資養『晉書』

방게 방 【螃】 螃蜞. 螃蟹.

방게 월 【蚏】 월(蟩) 과 동자(同字). 蟛蚏,
　　　　　　 似蟹而小之水蟲.

방게 월 【蟩】 蠊蛪.
　　　　　　 或至海邊 探蠊蛪以資養『晉書』

방게 팽 【蟛】 蟛蜞 小蟹也 生海邊塗中
　　　　　　　　『古今注』

방게 활 【蛞】 水漉雜鱓蛞『韓愈』

방귀 : 똥구멍에서 나오는 가스.

방귀 비 【糞】 氣下泄.

방귀 비 【糒】 食之不糒『山海經』

방귀 비 【屁】 放屁.

방귀뀌다 :

방귀뀔 비 【糒】 食之不糒『山海經』

방그레 웃다 :

방그레 웃을 함 【歟】 함소(含笑).

방긋 웃다 : 어린애가 웃음.

방긋 웃을 완 【睕】 莞爾笑.

방긋 웃을 해 【咳】 不可以告咳嬰之兒『史記』

방 넓다 :

방 넓을 연 【蜑】 蜑蛒 屋室之深廣也. 蜑蛒,
　　　　　　　 蠮蠖之中『漢書』

방랑하다 :

방랑할 표 【飄】 유랑함. 孤飄坎壈『北史』

방망이 받이 :

방망이 받이 미 【攠】 錘受擊處.

방목 : 과거 급제자의 성명을 公示하는 패.

방목 방 【榜】 放榜.

방목 방 【牓】 방(榜)과 동자(同字). 牌牓.
　　　　　　　 天門日射黃金牓『杜甫』

방백리(方百里) : 사방 100리의 땅.

방백리 종 【終】 成方十里 成十爲終『左傳』

방비 :

방비 어 【禦】 少置屯禦『獨孤及』

방비 위 【衛】 ㉠ 방어. 禁衛嚴警『晉書』
　　　　　　 ㉡ 文公之入也無衛『左傳』

방사(放肆)하다 :

방사할 벽 【僻】 방종(放縱)함. 驕僻.
　　　　　　　 放僻邪侈 無不爲已『孟子』

방상시(方相氏) : 구나(驅儺)의 의식(儀式)때 눈이
　　 넷인 가면(假面)을 쓰고 역귀(疫鬼)로 분장(扮
　　 裝)하는 사람.

방상시 기 【供】 仲尼面如蒙供『荀子』

방상시 기 【魌】 魌頭, 逐疫鬼方相氏四目.

방상시 나 【儺】 我惡賤丈夫 豈異帶面儺
　　　　　　　　『梅堯臣』

방 쌍 배 :

방 쌍 배 방 【艕】 艁艕. 배의 이름.

방 써 붙이다 : 써서 계시함. 표시함.

방 써 붙일 방 【榻】 표제(標題). 李膺廢錮士大
　　　　　　　　 夫更相標榻『後漢書』

방 써 붙일 방 【榜】 共相標榜『後漢書』

방아 : 디딜방아 또는 물방아.

방아 대 【碓】 舂碓. 村舍無人有碓聲『陸游』

방아공이 :

방아공이 저 【渾】 硏米槌.

방아깨비 : 메뚜기과에 속하는 곤충.
　　 계종(螇螽). 번종(蠜螽).

방아깨비 계 【螇】 螇螽. 螇螽蜙蝑『爾雅』

방아깨비 력 【蚸】 蜤蚸. 방아깨비.

방아깨비 종 【螽】 螇螽. 방아깨비.
　　　　　　　 螇螽蜙蝑『爾雅』

방아깨비 혜 【蟪】 蜤蚸.

방아 디디다 :

방아 디딜 답 【碢】 舂而履擣. 今俗說曰以脚踏碓
　　　　　　　　 舂米曰碢『正字通』

방아타령 : 절구질할 때 공이의 소리에 맞추어
　　 부르는 노래.

방아타령 상 【相】 舂者不相杵『史記』

방어(魴魚) : 전갱잇과에 속한 온대성 바닷물고
　　 기. 몸길이 1미터 이상으로 긴 방추형이고, 주
　　 둥이는 뾰족하다. 등은 청회색, 배는 은백색이
　　 며 옆구리에 황색 띠가 있다. 맛이 좋음.

방어 경 【鯨】 魚名.

방어 기 【鯕】 鰏也.

방어 래 【鯠】 鯬鯠, 鮧也.

방어 리 【鯬】 魚名. 鯬鯠, 鮧也.

방어 방 【魴】 魚名.

방어 변 【鯿】 魚名. 사방(似魴).

방어 불 【魶】 魴也.

방어 비 【魾】 魴也.

방어 사 【鰤】 전갱이과에 속하는 바닷물고기.

방어 편【編】思不出乎鮒編『宋玉』

방어(防禦) : 싸움이나 경기 따위에서 상대방의 공격을 맞서서 막음.

방어 거【拒】막는 일 또는 그 설비. 攻其前拒『史記』

방어 어【禦】少置屯禦『獨孤及』

방에 사람 없다 :

방에 사람 없을 면【寡】室內無人.

방울 : 흔들면 소리가 나는 쇠붙이로 만든 둥근 물건.

방울 당【瑭】琅瑭.

방울 란【鸞】천자(天子)가 타는 마차의 말에 단 방울. 鸞駕. 和鸞雝雝『詩經』

방울 란【鑾】
ㄱ 천자(天子)가 타는 마차의 말에 단 방울. 鳴靑鑾于東郊『齊書』
ㄴ 천자가 타는 수레. 隨鑾鳴玉珂『李賀』

방울 령【鈴】鈴鐸. 錫鸞和鈴『左傳』

방울 탁【鐸】옛날에 교령(敎令)을 선고(宣告)할 때 흔들어 울리던 큰 방울. 목탁 (木鐸), 금탁(金鐸)의 두 종류가 있 는데 목탁(木鐸)은 나무추가 달린 것으로 문사(文事)에 쓰며, 금탁 (金鐸)은 철추(鐵椎)가 달린 것으 로서 무사(武事)에 씀. 鐸鈴. 以木鐸徇于路『書經』

방울 황【鍠】鈴也.

방울소리 : 방울이 울리는 소리.

방울소리 령【玲】개의 목에 단 방울의 소리. 盧令令『詩經』

방울소리 앙【鉠】和鈴鉠鉠『張衡』

방울소리 앵【鸄】鳴玉鸞之鸄鸄『後漢書』

방울소리 영【鎣】영성(鈴聲).

방울소리 홰【噦】말에 단 방울소리. 鸞聲噦噦『詩經』

방울져 떨어지다 :

방울져 떨어질 탁【沰】滴也.

방위(方位) :

방위 방【方】방향(方向). 四方. 云誰之思 西方美人『詩經』

방위 구【區】방소(方所). 洋溢八區『揚雄』

방자(放恣)하다 :

방자할 달【達】방종(放縱)함. 放達. 挑兮達兮『詩經』

방자할 도【慆】방종(放縱)함. 無卽慆淫『書經』

방자할 랑【浪】방종(放縱)함. 浪士. 縱浪大化中『陶潛』

방자할 뢰【禷】袾禷, 축저(祝詛).

방자할 만【慢】방종(放縱)함. 放慢. 暴慢之行『史記』

방자할 방【放】방종(放縱)함. 放肆. 諸侯放恣『孟子』

방자할 사【肆】멋대로 함. 放肆. 恣肆.

방자할 자【訾】제 멋대로 굶. 以不俗爲俗 離蹤 而跂訾者也『荀子』

방자할 자【恣】방종(放縱)함. 恣行. 恣意. 不得自恣『史記』

방자할 조【窕】방사(放肆).

방자할 주【袾】呪袾, 詛也.

방자할 주【呪】
ㄱ 남에게 재앙(災殃)이 내리기를 비는 짓. 詛呪. 有誦呪者『關尹子』
ㄴ 또 그 짓을 함. 呪曰, 有何枉狀『後漢書』

방자할 탕【惕】傍若無人. 惕悍憍暴『荀子』

방자할 탕【蕩】제 멋대로 굶. 蕩逸. 放蕩. 今之狂也蕩『論語』

방자할 태【悷】恣也.

방자할 태【忲】교사(驕奢)함. 有憑虛公子者 心 侈體忲『張衡』

방자할 태【忕】태(忲)와 동자(同字). 侈忕無度『晉書』

방자할 피【狓】멋대로 굶. 狓猖.

방자할 혜【槥】恣也.

방자할 횡【橫】방일함. 橫恣. 橫暴. 時橫潰以陽遂『王褒』

방장(房帳) :

방장 악【幄】방장(房帳). 나무로 만든 장막.

방종(放縱)하다 : 제 멋대로 행동함.

방종할 단【澶】澶漫爲樂『莊子』

방종할 만【漫】放漫. 澶漫爲樂『莊子』

방종할 이【弛】방탕(放蕩)함. 跅弛之士『漢書』

방종할 종【縱】縱逸. 縱恣. 縱敗禮『書經』

방종할 질【跌】跌蕩放言『後漢書』

방종할 쾌【快】恭于敎而不快『戰國策』

방종할 탄【誕】誕放. 縱誕. 子故憂子皙之欲背誕『左傳』

방종할 탕【盪】방탕(放蕩)함. 放盪.

방주(方舟) : 둘을 매서 나란히 가게 된 배.

방주 방【舫】舫船載卒『史記』

방주 항【航】以爲舟航『淮南子』

방죽 : 물을 막기 위하여 대나 나무를 세우고 풀 과 흙으로 메운 뚝.

방죽 건【楗】下淇園之竹, 以爲楗『史記』

방죽 보【堡】堤也.

방죽 봉【塴】옹수관개(壅水灌漑).

방죽 사【灂】장수(障水).

방죽 알【堨】治吳塘諸堨, 以漑稻田『魏志』

방죽 언【堰】堰堤. 立堰漑田千餘頃『南史』

방죽 언【偃】언(堰)과 통용. 規偃豬『左傳』

방죽 저【豬】저(潴)와 동자(同字).
　　　　大野旣豬『書經』

방죽 제【隄】제(堤)와 동자(同字).
　　　　修利隄防『禮記』

방죽 패【坝】방언(防堰).

방죽 패【壩】패(坝)의 속자. 제방.

방죽 피【陂】제방. 九澤旣陂『書經』

방진 :

　방진 구【拒】방형(方形)의 진(陣).
　　　　請爲左拒『左傳』

방축 :

　방축 석【潟】匯也.

　방축 언【鴈】장수(障水).

방탕하다 :

　방탕할 당【宕】탕(蕩)과 동자(同字). 豪宕.
　　　　佚宕中國『穀梁傳』

　방탕할 음【淫】방종함. 淫佚.
　　　　淫德不倦『禮記』

　방탕할 탄【訑】탄(誕)과 동자(同字).
　　　　僻陋慢訑『莊子』

　방탕할 탕【募】탕(蕩)과 통용. 不自收歛儻募.

방패 : 창, 칼, 화살 따위를 막아내는 무기(武器).

　방패 간【戦】盾也.

　방패 간【杆】被鎧杆『漢書』

　방패 간【干】干戈. 寢苫枕干『禮記』

　방패 로【鹵】노(櫓)와 통용. 큰 방패.
　　　　流血漂鹵『漢書』

　방패 로【櫓】矛櫓. 禮義爲干櫓『禮記』

　방패 발【瞂】적의 시석(矢石)을 막는 무기.
　　　　用戒不虞『張衡』

　방패 벌【瞂】盾也.

　방패 벌【撥】대순(大盾). 予戟劍撥『史記』

　방패 벌【伐】적의 화살 따위를 피하는 무기.
　　　　蒙伐有苑『詩經』

　방패 순【楯】순(盾)과 통용. 矛楯.
　　　　揚楯六十『左傳』

　방패 순【盾】甲盾. 矛盾. 龍盾之合『詩經』

　방패 예【瞖】兵不解瞖『國語』

　방패 저【杵】血流漂杵『書經』

　방패 패【棑】盾也.

　방패 패【牌】蠻牌木刀『夢華錄』

방패 끈 : 방패에 매단 수를 놓은 가죽 끈.

　방패 끈 궤【轒】輕罪贖以轒盾一戟『國語』

방패 끈 예【芮】革抉韥芮『史記』

방패 등 : 방패의 등 부분.

　방패 등 와【瓦】循脊. 射之中楯瓦『左傳』

방패 장식 : 방패의 이면(裏面)의 금식(金飾).

　방패 장식 양【錫】朱干設錫『禮記』

방합(蚌蛤) : 방합과(蚌蛤科)에 속하는 민물 조개.

　방합 방【蚌】蚌蛤. 蚌蛤珠胎與月虧全『左思』

방해 :

　방해 어【禦】少置屯禦『獨孤及』

방황(彷徨)하다 :

　방황할 방【傍】徘徊彷徨.

밭 :

　밭 원【畹】전답. 下畹高堂『左思』

　밭 전【佃】개척(開拓)한 밭. 募人耕佃『宋書』

　밭 전【田】
　　　㉠ 농작물을 심는 전지. 見龍在田『易經』
　　　㉡ 밭의 모양을 한 것. 塩田.
　　　㉢ 생업(生業)을 영위(營爲)하는 사물에도 이
　　　　름. 硯田. 紙田.

　밭 전【畑】⑪ 田也.

　밭 전【畠】⑪ 전지(田地).

　밭 주【疇】경작하는 전지. 男樂其疇『史記』

　밭 휴【畦】전답. 荒畦.

밭 갈다 : 밭을 경작함.

　밭 갈 강【耩】耕也.

　밭 갈 농【耲】경종(耕種).

　밭 갈 읍【偮】偮偮. 전지(田地)를 가는 모양.
　　　　偮偮乎耕而不顧『莊子』

　밭 갈 익【㽑】耕也.

　밭 갈 전【佃】並佃並守『晉書』

　밭 갈 전【畋】전답(田畓)을 경작함.
　　　　畋爾田『書經』

　밭 갈 전【田】전지(田地)를 경작함.
　　　　無田甫田『詩經』

　밭 갈 정【埩】경전(耕田).

　밭 갈 조【陸】耕休田意.

　밭 갈 종【塚】경전(耕田).

　밭 갈 치【稙】耕也.

　밭 갈 포【鮑】耕也.

　밭 갈 피【畩】耕也.

밭고랑 :

　밭고랑 둔【地】畔也.

밭고랑 짓다 :

　밭고랑 지을 작【𤲬】작휴(作畦).

밭 고르는 쟁기 :

　밭 고르는 쟁기 로【橯】摩田器.

밭 넓다 : 경지(耕地)가 넓은 모양.

　밭 넓을 윤【畇】畇畇原隰『詩經』

밭도랑 :

밭도랑 견【畎】

   ㉠ 밭 사이의 수로(水路).

      濬畎澮距川『書經』

   ㉡ 인신(引伸)하여 전답(田畓). 시골. 畎畝.

밭도랑 수【圳】田畔周圍溝.

밭도랑 수【濬】田間小溝.

밭두둑 : 밭이랑의 두둑한 부분. 밭과 밭 사이의 경계를 이루는 부분. 두둑.

밭두둑 강【堈】壟也.

밭두둑 렬【坬】塍也.

밭두둑 롱【隴】농(壟)과 통용. 隴畝.

밭두둑 롱【壟】휴반(畦畔). 壟畔.

      輟耕之壟上『史記』

밭두둑 린【疄】전롱(田壟).

밭두둑 역【場】밭의 경계. 彊場翼翼『詩經』

밭두둑 정【町】町畦. 町原防『左傳』

밭두둑 천【仟】천(阡)과 통용. 開仟佰『漢書』

밭두둑 천【千】천(阡)과 통용. 正千伯『管子』

밭두둑 휴【畦】壟也.

밭두둑 길 : 밭 사이의 길. 또 제방.

밭두둑 길 장【障】堤障. 陂障卑下『漢書』

밭 북돋다 :

밭 북돋을 용【壅】배전(培田).

밭 재 : 도읍을 둘러 싼 성(城). 외성(外城).

밭 재 곽【郭】城郭.

      三里之城 七里之郭『孟子』

밭 재 부【郛】외성(外城). 곽(郭).

      伐宋入其郛『左傳』

밭 지경 :

밭 지경 뢰【畾】전한(田閒).

배 : 사람의 배.

배 두【肚】복부(腹部). 또 위(胃). 肚裏.

배 려【臚】臚脹腹彭脹也『通雅』

배 복【腹】

   ㉠ 가슴 아래의 위장을 싼 부분. 腹部.

      夢蒼龍據吾腹『史記』

   ㉡ 음식이 들어가는 곳. 위장.

      偃鼠飲河 不過滿腹『莊子』

   ㉢ 마음. 敢布腹心『左傳』

   ㉣ 앞. 전면. 腹背受敵.

   ㉤ 물건의 배에 상당한 부분. 中腹.

      水出山腹『廬山記』

배 포【胞】어머니의 태(胎). 同胞之徒『漢書』

배 : 배나무의 열매.

배 리【梨】梨棗.

배 : 선박.

배 가【舸】큰 배. 弘舸連舳『左思』

배 갑【舺】船也.

배 강【舡】晉舡人固來『漢書』

배 구【舠】舠艫 납작하고 큰 배.

      卽呂蒙作舠艓大艑處『北堂』

배 금【舲】舟也.

배 령【舲】

   ㉠ 지붕이 있고 창이 달린 배. 漁舲. 乘舲船.

   ㉡ 거룻배. 越舲蜀艇『淮南子』

배 로【艫】선박(船舶). 共乘艫沖中『唐書』

배 박【舶】바다에서 쓰는 큰 배. 船舶.

      乘賈人舶入海『南史』

배 방【舫】선박. 畫舫. 常所乘舫『晉書』

배 보【艜】길이가 짧고 바닥이 깊은 배.

      使引淮中艁艜及海艫『通鑑』

배 선【船】선박(船舶). 船人. 水行乘船『史記』

배 소【艘】소(艘)와 동자(同字). 發河南以東漕

      船五百艘 徙民避水『漢書』

배 소【艘】소(艘)와 동자(同字).

배 소【艘】선박(船舶)의 총칭.

      必因艘楫之器『抱朴子』

배 쌍【艭】선박. 群公促膝共輕艭『虞集』

배 익【艗】익(艦)과 동자(同字).

      靑雀舟. 선두(船頭).

배 익【艦】선박(船舶).

배 주【舟】선박(船舶). 舟車. 刳木爲舟『易經』

배 책【舴】거룻배. 兩兩三三舴艋舟『張志和』

배 편【艑】㉠ 납작한 배. 乘艑亡去『唐書』

      ㉡ 큰 배. 大艑皆受萬斛『荊州記』

배 항【航】선박(船舶). 譬臨河而無航『張衡』

배 확【艧】舟也. 선박(船舶).

      方水埋金艧圓岸伏丹瓊『江淹詩』

배 황【艎】

   ㉠ 큰 배. 飛艎溯極浦『謝朓』

   ㉡ 나룻배. 荊人呼渡津舫爲艎『字彙補』

배가다 :

배갈 을【扗】주행(舟行).

배갈 활【舌】주행(舟行).

배가 모래에 걸리다 :

배가 모래에 걸릴 갑【澕】船著沙場.

배긴 모양 :

배긴 모양 조【艚】船長貌.

배 까불다 :

배 까불 올【扤】船行不安.

배꼽 :

배꼽 발【胈】胅胅. 배꼽.

배꼽 앙【胦】胦胦.

배꼽 제【臍】

   ㉠ 배의 중앙에 있는 탯줄의 자국. 噬臍.

莽首晨懸, 董臍昏燎『晉書』
　ⓛ 배꼽 모양을 한 것. 磑臍.
　　如磑之臍『朱熹』

배 끄는 소리 :
　배 끄는 소리 화【团】牽船聲.

배 끌다 :
　배 끌 넘【艌】挽船.
　배 끌 론【淪】水中曳船.

배 나란히 세우다 : 선박(船舶)을 병렬(竝列) 시킴.
　배 나란히 세울 방【方】方舟而濟於河『莊子』

배나무 : 능금 나무과에 속하는 낙엽교목.
　배나무 리【梨】梨花.

배널 :
　배널 동【䑸】선박에 쓰는 판자.

배 누런 양 :
　배 누런 양 번【羳】羳羊, 黃腹『爾雅』

배다 :
　밸 기【概】촘촘함. 深耕概種 立苗欲疏『史記』
　밸 삼【滲】물이 뱀. 스미어 들어감. 滲透. 以生
　　　　　　者血 瘞死者骨 滲卽爲父子『南史』
　밸 심【沁】스며들어 감. 沁痕.
　　　　　　袜羅塵沁『趙聞禮』
　밸 주【稠】조(稠)와 동자(同字). 빽빽함. 꽉 참.
　　　　　　소(疏)의 대(對).
　　　　　　上有稠著 下有神龜『史記』
　밸 주【綢】조(稠)와 통용. 빽빽함. 촘촘함.
　　　　　　禁林綢密『謝朓』
　밸 침【浸】스미어 들어감. 浸染.
　　　　　　浸潤之譖『論語』

배 다락 :
　배 다락 루【艛】배의 다락.
　　　　　　　　旌旗艛船中『白居易』

배다리 :
　배다리 항【航】부교(浮橋). 浮航.
　　　　　　　　守朱雀航『北史』

배대다 : 배를 물가에 대어 정지시킴.
　배댈 박【泊】泊船. 風利不得泊也『晉書』
　배댈 의【檥】의(艤)와 동자(同字).
　　　　　　亭長檥舟待項羽『史記』
　배댈 탑【舴】정박(碇泊). 정숙(碇宿).

배 덮는 삿자리 :
　배 덮는 삿자리 달【笪】覆舟簟.

배 돛 내리다 :
　배 돛 내릴 타【挅】하범(下帆).

배 두레박 :
　배 두레박 호【扈】배 밑의 물을 퍼내는 바가지.

배 떠나다 :

배 떠날 방【艕】진선(進船).
　　　　　　齊吳艕以擊汰『楚辭』
배 떠날 비【渒】배가 가는 모양.
　　　　　　渒彼涇舟『詩經』

배 뚱뚱하다 :
　배 뚱뚱할 고【胍】胍肮, 대복(大腹).

배 뜨다 :
　배 뜰 유【艅】주부(舟浮).

배 띄어 놓다 :
　배 띄어 놓을 도【棹】행주(行舟).

배 띠 : 배를 감는 헝겊.
　배띠 맥【袹】著布袹腹『晉書』
　배띠 파【帕】帕腹橫帕其腹也『釋名』

배로 건너다 :
　배로 건널 횡【橫】以船渡水.

배로 실어 나르다 : 배로 물건을 운반함.
　배로 실어 나를 조【漕】轉漕給軍『史記』

배 롱 : 화로에 씌워 놓고 그 위에 젖은 옷 같은
　것을 얹어 말리는 제구.
　배 롱 구【篝】衣篝. 秦篝齊縷『楚辭』
　배 롱 배【焙】湘筠焙焙茶箱『居家必用』

배말뚝 : 배를 매 놓는 말뚝.
　배말뚝 가【哦】繫舟杙.
　배말뚝 가【斻】가(䌫)와 동자(同字). 繫舟杙.
　배말뚝 가【牁】斫材牂牁『世說』
　배말뚝 장【牂】斫材牂牁『世說』

배 매는 닻줄 :
　배 매는 닻줄 납【箮】繫舟竹索.

배 매는 말뚝 :
　배 매는 말뚝 가【柯】繫船杙.
　배 매는 말뚝 궐【橛】궐(橛)과 동(同). 繫船杙.

배 밑 털 :
　배 밑 털 취【毳】복모(腹毛).
　　　　　　腹下之毳『韓詩外傳』

배반(背叛) : 배반하는 사람.
　배반 반【叛】謀叛. 受詔討叛『晉書』

배반하다 :
　배반할 반【反】모반(謀反)함. 反逆.
　　　　　　豈敢反乎『史記』
　배반할 반【叛】
　　　ⓐ 모반(謀叛)함. 叛徒. 入于戚以叛『左傳』
　　　ⓛ 懷敵意. 惠卿叛安石『十八史略』
　배반할 반【畔】반(叛)과 동자(同字). 畔逆.
　　　　　　齊梁畔之『漢書』
　배반할 배【倍】배신하여 반역(叛逆)함.
　　　　　　등지고 돌아섬. 民不倍『禮記』
　배반할 배【偝】배(背)와 동자(同字).
　　　　　　民不偝『禮記』

배반할 복【覆】신의를 저버림.
　　　　夸詐多變反覆之國『漢書』

배반할 측【側】반역(叛逆)함.
　　　　使反側子自安『後漢書』

배부르다 :

　배부를 경【餉】포식(飽食).

　배부를 앙【䭈】飽也.

　배부를 어【饇】어(飫)와 동자(同字).
　　　　如食宜饇『詩經』

　배부를 염【猒】飽也.

　배부를 영【饢】포만(飽滿).

　배부를 은【饐】飽也.

　배부를 임【飪】飽也.

　배부를 포【飽】충분히 먹음. 食無求飽『論語』

　배부를 흘【饎】飽也.

배 부르려하다 :

　배 부르려 할 은【饞】饞饐, 食欲飽.

배불러 싫다 :

　배불러 싫을 구【䭇】포염(飽厭).

배 불룩하다 :

　배 불룩할 방【胖】복창(腹脹).

　배 불룩할 형【脝】膨脝. 배가 불룩한 모양.

배불리 :

　배불리 포【飽】배가 부르게. 飽食暖衣『孟子』

배 빨리 가다 :

　배 빨리 갈 섭【艓】舟行疾.

배상(賠償) :

　배상 상【償】대가(代價).
　　　　是王失於齊 取償於秦『戰國策』

배 서로 잇대어 가다 :

　배 서로 잇대어 갈 침【彤】舟相續行.

배식(陪食)하다 :

　배식할 유【侑】배식(陪食)함. 시식(侍食)함.
　　　　凡侑食不盡食『禮記』

배신(陪臣) :

　배신 배【陪】신하의 신하. 천자에 대한 제후의
　　　　신하 따위. 陪臣執國命『論語』

　배신 대【儓】가신(家臣). 倍儓.

배 아프다 :

　배 아플 축【瘃】복통(腹痛).

배에 물 푸는 두레박 :

　배에 물 푸는 두레박 이【柜】船中欲水斗.

배와 등 사이 :

　배와 등 사이 휴【脄】腹脊間.

배우다 :

　배울 위【爲】女爲周南召南矣乎『論語』

　배울 학【學】

　　㉠ 학문을 배움. 學問. 學而時習之『論語』

　　㉡ 모방하여 익힘. 豈學春林一餉紅『蘇舜欽』

　　㉢ 연구함. 吾學周禮『中庸』

　배울 환【宦】관무(官務)를 배움.
　　　　宦三年矣『左傳』

배웅하다 :

　배웅할 잉【媵】送也. 古者諸侯取夫人則同姓二
　　　　國媵之『康熙字典』

배 위 바람표 :

　배 위 바람표 환【綰】船上風候標.

배이름 :

　배이름 봉【艂】주명(舟名).

　배이름 여【艅】艅艎. 艅艎鷁首 涉川之良器也
　　　　『抱朴子』

　배이름 황【艎】艅艎. 艅艎鷁首 涉川之良器也
　　　　『抱朴子』

배자 : 저고리 위에 덧입는 소매가 없는 옷.

　배자 당【襠】양당(裲襠). 單衫繡裲襠『沈約』

　배자 량【裲】양당(裲襠). 單衫繡裲襠『沈約』

　배자 피【帔】冬月著葛帔練裙『南史』

　배자 합【褡】襠褡, 前後兩當衣.

배 저어 나가다 :

　배 저어 나갈 수【艐】진선(進船).

배 젖다 : 노로 배를 저어 물위에서 가게 함.

　배 저을 방【搒】방(榜)과 동자(同字).
　　　　搒人船人也『廣韻』

　배 저을 방【榜】榜聲. 自榜船送妻『南史』

　배 저을 조【漕】漕舟至河口『唐書』

　배 저을 탱【撑】撑刺. 破月衝雲取次撑『朱熹』

배 좀 : 배(舟)의 나무를 쏠아 먹는 좀의 일종.

　배 좀 소【蟱】回 蟲名.

배차일 :

　배차일 십【緝】覆船具.

배 틈으로 물들어 오다 :

　배 틈으로 물들어 올 감【汵】水入船隙.

배필(配匹) :

　배필 비【媲】配也.

배합(配合)하다 :

　배합할 비【坒】배합(配合).

배회(徘徊)하다 : 이리저리 오르락내리락하며 천
　　천히 돌아다님.

　배회할 방【彷】彷徉. 彷徨乎無爲其側『莊子』

　배회할 방【仿】仿佯, 仿徨不能去『史記』

　배회할 저【低】低徊.

　배회할 황【徨】노닒. 彷徨乎無爲其側『莊子』

백(百) :

　백 백【百】

　　㉠ 열의 열 배. 百年. 揚于十長于百『漢書』

ⓛ 모든 또는 다수의 뜻으로 쓰임. 百姓.

百官以治『易經』

ⓒ 확실함의 뜻으로 쓰임. 절대로 모름.

百不知也.

백골(白骨):

백골 격【骼】고골(枯骨). 骨骼.

掩骼薶胔『禮記』

백골모양: 백골이 땅위에 있는 모양.

백골모양 효【骹】莊子之楚 見空髑髏骹然有形

『莊子』

백년(百年):

백년 기【期】백년간. 期頤. 百年曰期『禮記』

백로(白鷺): 백로과에 속하는 물새. 온 몸이 희

고 부리와 다리는 검음. 해오라기.

백로 로【鷺】백조(白鳥). 설객(雪客).

백로 서【鷥】鶿鷺, 백로(白鷺).

백마노: 빛이 흰 마노(瑪瑙).

백마노 가【珂】敲懸珂兮珊珊『劉蛻』

백발(白髮): 수염이나 머리가 세어 흼. 또 그 수

염이나 머리.

백발 상【霜】霜髮. 何處得秋霜『李白』

백번(百番):

백번 백【百】백회(百回). 여러 번.

己百之『中庸』

백사람: 백 명(百名)을 한 조(組)로 한 칭호(稱號).

백사람 졸【卒】百名卒組稱號. 五人爲伍 五伍爲

兩 四兩爲卒『周禮』

백사람 어른: 백명(百名)의 두목(頭目).

백사람 어른 백【佰】俛仰仟佰之中『史記』

백설조(百舌鳥):

백설조 할【鶷】鶷鶡, 百舌鳥.

백성(百姓): 관(冠)을 쓰지 않아 검은머리를 드

러내고 있다는 뜻.

백성 맹【甿】

ⓐ 농민. 맹(氓)과 동자(同字).

以田里安甿『周禮』

ⓑ 무식한 백성.

北郭者 書履緰之 甿也『管子』

백성 맹【氓】서민(庶民). 氓俗. 天下之民 皆悅

而願爲之氓矣『孟子』

백성 묘【苗】뭇 백성. 以贍黎苗『後漢書』

백성 민【民】

ⓐ 뭇 사람. 인류. 烝民乃粒『書經』

ⓑ 국가의 통치를 받는 사람. 신민.

民君爲心 君以民爲體『禮記』

ⓒ 벼슬하지 않은 사람. 宜民宜人『詩經』

ⓓ 자기 이외의 뭇사람.

民莫不穀 我獨何害『詩經』

백성 생【生】인민. 蒼生.

백성 원【元】인민(人民). 창생(蒼生). 黎元.

元元. 統楫羣元『漢書』

백성 접【黔】黔首卽民.

백성 증【蒸】인민. 覺悟黎蒸『司馬相如』

백성 초【噍】음식을 먹고사는 사람. 噍類.

백이랑:

백이랑 경【頃】밭 백묘(百畝)의 지적(地積).

一碧萬頃『范仲淹』

백일홍나무: 부처꽃과에 속하는 낙엽교목. 관상

용으로 심음. 배롱나무. 백일홍.

백일홍나무 미【薇】紫薇花對紫薇郎『白居易』

백작(伯爵): 오등작(五等爵)의 셋째.

백작 백【伯】公侯伯子男.

小國稱伯子男『公羊傳』

백장: 짐승을 잡는 것으로 업으로 삼는 사람. 또

짐승을 잡는 곳.

백장 도【屠】도수(屠手). 臣有客 在市屠中 願

枉車騎過之『史記』

백주(白酒): 빛이 흰 술. 일설에는 찰기장으로

만든 술.

백주 수【醙】醙黍淸皆兩壺『儀禮』

백주 차【醝】蒼梧竹葉淸 宣城九醖醝『張華』

백집:

백집 족【族】백가(百家). 四閭爲族『周禮』

백철:

백철 어【鋙】백철(白鐵).

백철 인【鈏】錫金白鑞. 주석(朱錫).

백토(白土):

백토 선【墡】백토(白土).

백토 악【堊】

ⓐ 흰 흙. 大次之山其陽多堊『山海經』

ⓑ 색 흙. 고운 빛의 흙. 蔥聾之山 其中大谷

多白黑靑黃堊『山海經』

백한(白鷳): 꿩과에 속하는 새. 온 몸이 거의 다

희고 꽁지가 긺. 숲 속에 삶.

백한 한【鷳】自起開籠放白鷳『雍陶』

뱀: 파충(爬蟲)의 하나.

뱀 사【蛇】蛇蜧. 內蛇與外蛇鬪『左傳』

뱀 사【它】사(蛇)의 고자(古字).

뱀 유【蜼】肥蜼, 사속(蛇屬).

뱀장어: 참장어과에 속하는 민물고기. 맛이 좋으

며 영양가가 높음.

뱀장어 래【鯠】어명(魚名), 만리(鰻鱺).

뱀장어 리【鱺】鰻鱺.

뱀장어 리【鱺】鰻也.

뱀장어 만【鰻】만리(鰻鱺). 백선(白鱓).

뱀장어 역【鯣】鱺也.

뱁새 : 참새목 휘파람샛과에 속한 새. 몸길이는
약 13센티미터 정도로, 등은 진한 적갈색이고,
배는 황갈색이다. 부리는 짧고 투박하며, 재빠
른 동작으로 움직일 때 긴 꼬리를 좌우로 쓸
듯이 흔든다. 대개 무리를 지어 생활하며, 우리
나라 전역에 분포하는 흔한 텃새이다

뱁새 결【鳺】교부(巧婦).

뱁새 결【鴂】鶪鴂.

뱁새 료【鷯】鷦鷯.

뱁새 멸【鷩】초료(鷦鷯).

뱁새 묘【鷦】巧婦鳥.

뱁새 장【鶭】巧婦鳥.

뱁새 조【鴖】鴖鷦.

뱁새 초【鷦】鷦鷯. 鷦鷯巢林『莊子』

뱃가죽 :

　뱃가죽 려【臚】복피(腹皮).

뱃길 : 배가 다니는 길.

　뱃길 조【漕】欲令通漕大原『後漢書』

　뱃길 항【港】開以爲港『五代史』

뱃노래 : 배를 저어 나가며 부르는 노래.

　뱃노래 내【欸】애내(欸乃).
　　　　　　　欸乃一聲山水綠『柳宗元』

뱃대끈 : 마소의 배에 걸쳐 안장이나 길마를 졸
라매는 줄.

　뱃대끈 반【緐】번(繁)과 동자(同字).

　뱃대끈 반【繁】請曲縣繁纓以朝『左傳』

　뱃대끈 양【纕】懷挾纓纕『國語』

　뱃대끈 응【膺】虎韔鏤膺『詩經』

　뱃대끈 현【韅】번야(繁也).

뱃대끈 장식 : 말의 뱃대끈의 장식.

　뱃대끈 장식 양【瓖】鉤膺玉瓖『班固』

뱃머리 :

　뱃머리 궐【橛】舳也.

　뱃머리 수【艏】선수(船首).

　뱃머리 추【䑪】舳也.

뱃사공 : 배를 부리는 일을 업으로 삼는 사람.

　뱃사공 방【榜】주인(舟人).

뱃속 결리다 : 뱃속이 미치는 것 같이 아픔.

　뱃속 결릴 비【痞】腹有痞塊『靈樞經』

뱃속벌레 : 뱃속에 있는 기생충.

　뱃속벌레 고【蠱】腹有蠱『唐書』

뱃속 출렁거리다 :

　뱃속 출렁거릴 수【濈】腹中有水氣.

뱃전 : 타는 배의 양쪽 가장자리 부분.

　뱃전 랑【艆】舷也.

　뱃전 범【舤】舷也.

　뱃전 현【舷】船緣. 詠採菱以叩舷『郭璞』

뱅어 : 뱅어과에 속하는 바닷물고기.

　뱅어 교【鱎】魚名.

　뱅어 교【鮷】양교(陽鱎). 鰷鮷者, 浮陽之魚也.

　뱅어 백【鮊】魚名.

　뱅어 병【鮩】白魚.

　뱅어 추【鰍】白魚.

뱉다 :

　뱉을 객【喀】구토(嘔吐)함. 喀血.

　뱉을 분【歕】歕飯.

버금 : 다음 되는 자리. 다음 가는 차례. 또 그 사
람.

　버금 개【介】介卿. 介貳. 嗟嗟保介『詩經』

　버금 구【魗】亞也.

　버금 부【副】
　　　㉠ 다음. 둘째. 예비. 正副. 次副. 副將.
　　　　誤中副車『史記』
　　　㉡ 보좌. 副貳. 副職. 爲將軍副『漢書』

　버금 소【少】부이(副貳). 또 관명(官名) 같은 데에
　　　　장(長)을 돕는 벼슬의 접두어로 쓰임.
　　　　少師. 於是爲置三少『漢書』

　버금 쉬【倅】부이(副貳). 倅貳.
　　　　倅車之政『周禮』

　버금 아【逜】次也.

　버금 아【亞】亞卿. 亞聖. 管蕭亞匹『蜀志』

　버금 이【二】다음 되는 자리. 二次.
　　　　㉠ 僕又二之寵室『司馬遷』
　　　　㉡ 二次, 爲副貳『爾雅』

　버금 이【佴】僕又佴之蠶室『司馬遷』

　버금 저【儲】副貳. 예비로서 대기하고 있는 것.
　　　　兩京皆有儲書也『大學衍義補』

　버금 종【從】같은 품계를 두 종류로 나눈 것
　　　　중의 낮은 쪽의 일컬음. 後魏以九
　　　　品分正從,隨唐以來因之『文獻通考』

　버금 중【中】중(仲)과 통용. 中兄.
　　　　律中中呂『禮記』

　버금 중【仲】형제 중에서 두 번째 사람.
　　　　伯仲叔季. 仲氏吹篪『詩經』

　버금 차【次】둘째. 次將.
　　　　太上有立德 其次有立功『左傳』

버금자리 :

　버금자리 추【簉】차석(次席). 부이(副貳).
　　　　僖子使助薳氏之簉『左傳』

버들 : 버들과에 속하는 낙엽 교목. 가늘고 긴 가
지가 죽죽 늘어짐.

　버들 류【柳】柳腰. 柳態花容『杜荀鶴』

　버들 양【楊】楊柳依依『詩經』

버들가지 :

　버들가지 서【絮】버들의 꽃. 柳絮.
　　　　千絲萬絮惹春風『鄭谷』

버들고리 : 고리버들로 만든 옷 넣는 고리.

　버들고리 오【箼】 同 箼筥.

버들말즘 : 가래과에 속하는 다년생 수초. 식용함.

　버들말즘 군【莙】 말.

버들치 :

　버들치 수【鮂】 백조(白鯈).

　버들치 자【鮆】 鮂也.

버릇 :

　버릇 벽【癖】 性癖. 惡癖. 臣有左傳癖 『晋書』

　버릇 습【習】 積習. 慣習. 習與性成 『書經』

　버릇 회【庬】 性癖.

버리다 :

　버릴 거【去】

　　㉠ 내버림. 去勢. 去夫外誘之私 『中庸』

　　㉡ 내쫓음. 추방함. 七去. 不順阜貌去 『小學』

　버릴 견【遣】 아내를 버림. 이혼함. 焦仲卿妻劉
　　　　　　　　氏 爲仲卿母所遣 『古詩』

　버릴 기【棄】

　　㉠ 내버림. 放棄. 棄之則可惜 『後漢書』

　　㉡ 돌보지 아니함.
　　　　鼠壤有餘蔬 而棄妹 不仁也 『莊子』

　　㉢ 잊어버림. 其庸可棄乎 『左傳』

　　㉣ 물리침. 배척함. 不安職則棄 『荀子』

　버릴 기【殨】 棄也.

　버릴 누【㧵】 棄也.

　버릴 마【麼】 捨也.

　버릴 멸【蔑】 내버림. 不蔑民功 『國語』

　버릴 반【拌】 楚人凡揮棄物謂之拌 『揚雄方言』

　버릴 반【拚】 반(拌)과 동자(同字). 내버림.

　버릴 반【抃】 반(拌)과 동자(同字). 棄也.

　버릴 방【放】 내버림. 放棄.

　버릴 빈【賓】 빈(擯)과 통용.
　　　　　　　　予惟四方 罔攸賓 『書經』

　버릴 사【舍】

　　㉠ 방기함. 賊追至 王欲舍所攜人 『世說』

　　㉡ 제거함. 舍彼有罪 『詩經』

　버릴 사【捨】

　　㉠ 내버림. 또 사용하지 않고 버려 둠. 取捨.
　　　　居家不暫捨周禮 『文中子』

　　㉡ 잊음. 三世俱捨 『傳燈錄』

　버릴 사【肆】

　　㉠ 내버림. 不肆險 『揚雄』

　　㉡ 시체를 여러 사람이 보도록 저자에 버림.
　　　　肆諸市朝 『論語』

　버릴 석【釋】

　　㉠ 그만 둠. 폐(廢)함. 聞命而釋兵 『李覯』

　　㉡ 상관하지 아니함. 釋虛而攻實 『管子』

　버릴 솔【捽】 내던짐.

　버릴 수【斁】 棄也.

　버릴 시【施】 유기(遺棄)함.
　　　　　　　　君子不施其親 『論語』

　버릴 연【捐】

　　㉠ 내버림. 捐忘. 細大不捐 『韓愈』

　　㉡ 희생함. 捐軀赴國難 『古詩』

　　㉢ 기부함. 義捐. 出捐數萬斤金 『史記』

　버릴 위【委】 내버림. 委棄. 委之於壑 『孟子』

　버릴 유【遺】

　　㉠ 내버림. 遺棄. 不遐遺 『易經』

　　㉡ 돌보지 아니함. 今天下遺斯民 『蘇軾』

　버릴 이【已】 버려 둠. 三已之 『論語』

　버릴 척【庰】 不用.

　버릴 척【剔】 剔除. 疏巖剔藪 『唐書』

　버릴 철【劈】 去也.

　버릴 철【徹】 寄贈. 捨徹淨財 『隋煬帝』

　버릴 철【輟】 돌보지 아니함. 방치함.
　　　　　　　　吾不以一日輟汝而就也 『韓愈』

　버릴 체【摛】 내버림. 意徘徊而不能摛 『陸機』

　버릴 촉【鐲】 以狐父之戈鐲牛矢也 『荀子』

　버릴 추【斁】 棄也.

　버릴 치【扨】 去也. 介者扨畫外非譽也 『莊子』

　버릴 치【置】 폐(廢)함. 置大德 『國語』

　버릴 파【播】 방기(放棄)함. 播弓矢 『說苑』

　버릴 폐【敝】 내버림. 冠而敝之可也 『禮記』

　버릴 포【抛】 내버림. 抛棄.

　버릴 표【摽】 내던짐. 摽劍而去之 『公羊傳』

　버릴 황【荒】 폐지함. 無荒棄朕命 『書經』

버마제비 알 :

　버마제비 알 초【蟭】 蟭蟜, 蟷蜋卵.

버새 : 말과에 속하는 짐승. 수말과 암 나귀 사이
　의 일대 잡종(雜種).

　버새 거【駏】 駏驉. 從小奚奴騎駏驉 『唐書』

　버새 몽【䮵】 驄䮵, 牡牛交驢生.

버선 : 발에 꿰어 신는 물건.

　버선 말【袜】 말(襪)과 동자(同字).
　　　　　　　　約縑迫袜 『漢雜事秘辛』

　버선 말【襪】 족의(足衣).
　　　　　　　　凌波微步 羅襪生塵 『曹植』

　버선 말【韈】 족의(足衣). 絳袴韈 『後漢書』

　버선 말【韤】 말(韈), 말(襪)과 동자(同字).
　　　　　　　　褚師聲子韤而登席 『左傳』

　버선 말【韠】 말(韈)과 동자(同字).
　　　　　　　　文王韠繫解 因自結 『韓非子』

버선목 :

　버선목 요【褕】 말경(襪頸).

버섯 : 은화식물(隱花植物)의 일종. 모양이 대개
　삿갓 같으며 포자(胞子)로 번식함.

버섯 균【菌】松菌. 采菌.

버섯 령【苓】균류(菌類). 豬苓. 茯苓.
　　　　剷苓春霧重『虞集』

버섯 록【朵】菌土下儿, 균지이명(菌之異名).

버섯 류【柔】茸也.

버섯 심【椹】經春夏生菌 謂之椹『博物志』

버섯 심【蕈】산형(傘形)의 균류(菌類). 松蕈.

버섯 용【茸】균심(菌蕈). 掇野之茸『王鏊』

버섯 이【蕏】菌也. 芝蕏菫荁『馬融』

버섯 이【檽】목이(木桸).

버섯 지【芝】균류(菌類). 芝栭菱棋『禮記』

버섯이름 : 고목(枯木)에 나는 버섯의 한 가지.

버섯이름 이【栭】芝栭菱棋『禮記』

버티다 : 맞서서 겨룸. 또는 쓰러지지 않도록 괴
　　어 버팀.

버틸 괴【竤】掎也.

버틸 구【灸】灸諸牆『周禮』

버틸 오【捂】굄. 陬互橫捂『宋玉』

버틸 오【梧】枝梧.
　　　　諸將皆慴服 莫敢枝梧『漢書』

버틸 주【柱】굄. 鼎也, 柱以車馬『韓愈』

버틸 주【拄】물건을 굄. 枝拄.
　　　　脩劍拄頤『戰國策』

버틸 지【搘】搘指. 搘頤向樵客『王維』

버틸 지【支】
　㉠ 쓰러지지 않게 가눔.
　　天地所支 不可壞也『左傳』
　㉡ 의지하게 함. 굄. 暫拳一手支頤臥『韓愈』
　㉢ 맞서서 겨룸. 魏不能支『戰國策』
　㉣ 皆知其資材不足以支長久也『國語』

버틸 지【持】
　㉠ 지탱함. 治亂持危『中庸』
　㉡ 대항함. 楚漢相持未決『史記』

버틸 지【楮】楮梧. 相楮柱也『爾雅』

버틸 지【枝】붙들어 굄. 지지(支持)함. 枝梧,
　　　　師曠之枝策也『莊子』

버틸 탱【掌】탱(撐)과 동자(同字).

버틸 탱【撐】撐柱. 斷橋無力强支撑『趙元』

버틸 탱【樘】離樓梧以相樘『司馬相如』

버팀목 : 버티어 세우는 나무.

버팀목 경【莖】雙立之六莖『班固』

버팀목 지【枝】漂嶢嶤 而柱張『王廷壽』

버팀목 천【傘】기운 짐을 버티는 나무.

버팀목 탱【掌】탱(樘)과 동자(同字).

버팀목 탱【樘】지주(支柱).

버팀목 탱【撑】지주. 摧杭饒孤撑『韓愈』

번(番) :

번 도【度】횟수. 度數. 前後六度銜命『北史』

번 반【返】횟수. 十返. 伐宛再返『漢書』

번 번【番】
　㉠ 순서. 순번. 頭番.
　　一百五日寒食雨 二十四番花信風『徐俯』
　㉡ 횟수. 往復數番『南史』
　㉢ 차례로 임무를 맡는 일. 交番.
　　賢良直宿更番『漢書』

번 조【遭】횟수를 나타내는 수사(數詞). 一遭.

번 직【直】당직(當直). 숙직(宿直). 宿直.
　　　　候其上直『晉書』

번 차【次】횟수. 兩次. 第二次交涉.

번 편【遍】횟수. 月常一遍『魏志註』

번갈아 : 서로 갈마들어.

번갈아 겹【拾】請拾投『禮記』

번갈아 경【更】祕舞更奏『張衡』

번갈아 대【代】如明之代明『中庸』

번갈아 압【狎】晉楚狎主諸侯之盟『左傳』

번갈아 질【迭】迭用柔剛『易經』

번갈아 질【軼】질(迭)과 동자(同字).
　　　　軼興. 軼廢『史記』

번갈아 착【錯】如四時之錯行『中庸』

번갈아 체【遞】遞興遞廢.
　　　　詐術遞用『呂氏春秋』

번갈아 호【互】周遊晦明互『宋之問』

번갈아들다 :

번갈아들 간【間】교대(交代)함.
　　　　皇以間之『詩經』

번갈아들 대【代】교체(交替)함. 迭代.
　　　　及瓜而代『左傳』

번개 : 공중(空中)에서 음양(陰陽)의 두 전극(電
　極)이 만나 방전(放電)할 때 발하는 섬광(閃光).
　번갯불.

번개 전【電】
　㉠ 雷電. 電光. 大雲震電『春秋』
　㉡ 번개가 빠르므로 빠른 비유(比喩)로 쓰임.
　　電光石火. 風馳電掣.
　㉢ 번개와 같이 환히 비친다는 뜻으로 남에
　　대하여 경의를 표하는 말로 쓰임.
　　電覽. 呈電.

번개 정【霆】전광(電光). 電霆也『穀梁傳』

번갯빛 :

번갯빛 섭【睒】電光.

번갯빛 섭【礏】礏礏, 電光.

번갯불 :

번갯불 석【矗】電光. 雷電生晲矗『韓愈』

번갯불 섭【晲】전광(電光). 晲矗.
　　　　電烜烜其光晲也『元包經』

번갯불 확【矆】矆睒, 전광(電光).

번거롭게 하다 :

　번거롭게 할 번【繁】景公繁于刑『左傳』

　번거롭게 할 번【煩】폐를 끼침.
　　　　　　　敢以煩執事『左傳』

　번거롭게 할 위【諉】귀찮게 함. 폐를 끼침.
　　　　　　　執事不諉上『漢書』

번거롭다 :

　번거로울 란【斕】煩也.

　번거로울 루【屢】相過言厭屢『梅堯臣』

　번거로울 번【煩】

　　㉠ 번잡하여 까다로움. 煩務.
　　　禮煩則亂『書經』

　　㉡ 귀찮음. 煩厭. 簡絲數米, 煩而不察『說苑』

　번거로울 번【繁】

　　㉠ 번잡함. 繁碎. 甘儀繁辭不見信『論衡』

　　㉡ 바쁨. 繁忙. 獄繁而無 邪『淮南子』

　번거로울 요【嬈】까다로움. 또 까다로운 것.
　　　　　　　除苛解嬈『漢書』

　번거로울 용【冗】冗雜, 天下之大 萬機之衆 錢
　　　　　　　穀之冗『金史』

　번거로울 잡【雜】어수선하고 복잡함. 煩雜.
　　　　　　　性不堪雜『宋書』

　번거로울 추【諈】귀찮음. 眠娗諈諉. 勇敢.
　　　　　　　怯疑四人相與遊於世『列子』

　번거로울 충【充】번잡함. 事充正中『左傳』

　번거로울 효【貪】煩也.

번뇌 :

　번뇌 루【漏】번뇌(煩惱)의 이칭. 惑業爲諸漏之
　　　　　　　因 生死爲諸漏之果『大藏法數』

번뇌하다 :

　번뇌할 노【憈】뇌(惱)와 통용. 亂擾心.

　번뇌할 서【恓】恓惶, 煩惱貌.

번다하다 : 번거로울 정도로 많음. 번잡함.

　번다할 욕【縟】繁縟. 縟禮. 其文縟『儀禮』

번데기 : 곤충의 유충이 성충으로 변하는 과도기
　(過渡期)의 한 형태.

　번데기 규【蜂】잠용(蠶蛹)

　번데기 용【蛹】繭中蛹兮蠶蠕須『蔡邕』

　번데기 향【蟓】今呼蛹蟲爲蟓『爾雅』

　번데기 회【蚘】누에의 번데기.

번득이게 하다 :

　번득이게 할 섬【閃】風閃雁行疎又密『李咸用』

번득이다 : 물건의 표면이 뒤척거림에 따라 얼비
　치는 광선이 끔벅거림.

　번득일 번【扐】번(翻)과 통용.
　　　　　　　扐飛惟鳥『詩經』

　번득일 섬【閃】颭閃才人袖『元稹』

번들다 : 숙직(宿直)함. 입직(入直)함.

번들 직【直】入直殿中『晉書』

번들 표【儤】官府宿直.

번민(煩悶) :

　번민 만【懣】發憤吐懣『後漢書』

　번민 문【懣】發憤吐懣『後漢書』

　번민 민【悶】고민. 解煩釋悶『蘇軾』

번민하다 : 마음이 번거로워 답답해 함. 근심. 걱
　정으로 마음이 괴롭고 답답함.

　번민할 만【懣】志懣氣盛『禮記』

　번민할 모【髦】모소(髦毻). 舉子不捷而醉飽 謂
　　　　　　　之打髦毻『唐國史補』

　번민할 몽【懜】亦無懜焉『左傳』

　번민할 문【懣】志懣氣盛『禮記』

　번민할 민【悶】悶死. 遯世無悶『易經』

　번민할 민【暋】번뇌(煩惱)함.
　　　　　　　慰暋沈屯『莊子』

　번민할 번【煩】번뇌함. 煩悶. 心煩於慮而身親
　　　　　　　其勞『司馬相如』

　번민할 소【毻】모소(髦毻).

　번민할 회【憒】고민(苦悶)함.
　　　　　　　衆人憒憒 不爲我言『岑參』

　번민할 흔【暋】번민(煩悶).

번번이 : 무슨 일이 있을 때마다.

　번번이 첩【輒】五嫁而夫輒死『漢書』

번성(蕃盛)하다 :

　번성할 무【橆】蕃也.

　번성할 식【殖】무성(茂盛)함.
　　　　　　　五穀所殖『呂氏春秋』

　번성할 의【孲】창성(昌盛).

　번성할 화【華】榮華. 不以繁華時樹本『史記』

번식(繁殖)하다 :

　번식할 식【息】증식(增殖)함. 畜多息『史記』

　번식할 자【滋】동물이 늘어서 퍼짐.
　　　　　　　鳥獸卓滋『班固』

번역하다 : 딴 나라의 말이나 글을 제 나라의 말
　이나 글로 옮김. 또 그 말이나 글.

　번역할 번【翻】翻譯. 翻梵天之語 轉成漢地之言
　　　　　　　『翻譯名義集』

　번역할 역【譯】通譯. 重譯請朝『史記』

　번역할 정【酲】譯也.

번열증(煩熱症) 나다 : 신열이 나고 가슴이 답답
　함.

　번열증 날 번【煩】病使人煩懣『史記』

번영(繁榮)하다 : 번성하고 영화로움.

　번영할 영【榮】仁則榮『孟子』

번잡(煩雜)하다 : 번거롭고 혼잡함.

　번잡할 분【紛】紛劇. 何爲紛紛然 與百工交易
　　　　　　　『孟子』

번잡할 용【宂】번잡(煩雜).

번잡할 총【叢】번거로움. 叢煩,

元首叢脞哉『書經』

번지다 :

번질 침【浸】점진(漸進)함. 剛浸而長『易經』

번쩍거리다 :

번쩍거릴 섬【掞】섬(掞)과 동자(同字). 疾動貌.

번쩍거릴 정【炡】炡燴, 煒也.

번쩍 들다 : 손으로 높이 들거나 올림.

번쩍 들 척【偶】偶然乃擧太公於州人而用之

『荀子』

번쩍 들 흔【掀】乃掀公以出於淖『左傳』

번쩍번쩍하다 :

번쩍번쩍할 곽【濩】濩濩. 채색이 번쩍번쩍하는

모양. 濩濩燐亂『王延壽』

번쩍번쩍할 린【磷】옥석이 광택이 나는 모양.

磷磷爛爛『司馬相如』

번쩍번쩍할 염【剡】빛이 번쩍 번쩍 하는 모양.

皇剡剡其揚靈『離騷』

번쩍번쩍할 의【妭】화려(華麗).

번쩍이다 :

번쩍일 섬【晱】閃也.

번쩍일 전【電】번개가 섬광을 발함.

電乃發聲始電『禮記』

번쩍일 첨【煔】輝也.

번쩍일 혹【潏】물이 번쩍 번쩍 빛나는 모양.

潏乎滈滈『史記』

번쩍이다 :

번쩍할 섬【閃】閃火. 번쩍이는 불빛.

번철(燔鐵) : 지짐질하는 데 쓰는 쇠그릇.

번철 라【鑼】온기(溫器).

번철 오【鏊】온기(溫器).

번화하다 : 사람의 왕래가 많음. 또 그러한 곳.

번화할 극【劇】劇地. 陳留據水陸劇『唐書』

벋다 : 벋어 널리 퍼져 나감.

벋을 담【覃】葛之覃兮『詩經』

벋을 만【蔓】蔓廷. 無使滋蔓『左傳』

벋을 연【莚】멀리 벋어 끊이지 아니함.

風連莚蔓於蘭皋『左思』

벋을 이【施】연장됨. 미침. 施于子孫『詩經』

벋을 이【迤】길게 벋음. 迤丘陵『史記』

벌 : 궁노(弓弩), 금슬(琴瑟), 유장(帷帳) 등을 세

는 수사(數詞).

벌 령【領】옷의 한 벌. 衣裘三領『荀子』

벌 습【襲】옷 한 벌. 衣被一襲『漢書』

벌 장【張】幄幕九張『左傳』

벌 : 잘못을 하거나 죄를 지은 사람에게 그 대가

로 주는 제재나 고통.

벌 벌【罰】刑罰. 懲罰.

五刑不簡 正于五罰『書經』

벌 : 벌목에 속한 곤충 중 개미류를 제외한 곤충

을 통틀어 이르는 말. 대개 막질(膜質)의 날개

를 가지며, 가늘고 긴 입으로 꽃에서 꿀을 빨

아 저장하고, 몸 끝의 독침으로 적을 쏜다.

벌 범【蠭】범(范)과 동자(同字). 蜂也.

蠭則冠而蟬有緌『禮記』

벌 범【范】范則冠『禮記』

벌 봉【蠭】봉(蜂)과 동(同). 蠭蠆有毒『左傳』

벌 봉【蜂】蜜蜂. 蜂房不容鵠卵『淮南子』

벌거벗다 :

벌거벗을 라【贏】나(裸)와 동자(同字).

㉠ 童子贏而 轉以歌『左傳』

㉡ 白晝使贏伏『漢書』

벌거벗을 라【羸】나(裸)와 동자(同字).

白晝使羸伏『漢書』

벌거벗을 라【躶】나(裸)와 동자(同字). 赤體.

雖袒裼躶裎於我側『孟子』

벌거벗을 라【裸】裸裼. 赤體無衣『說文解字』

벌거벗을 적【赤】나체(裸體)임. 赤裸.

赤身受凍『奇園寄所』

벌거숭이 : 벌거벗은 알몸둥이.

벌거숭이 라【裸】나체(裸體). 赤裸裸. 曹共公聞

其騈脅 欲觀其裸『左傳』

벌거숭이 라【毻】몸에 우모(羽毛)가 없는 모양.

毻毻兮其狀屢化如神『荀子』

벌거숭이 정【裎】裸裎. 秦人捐甲 徒裎以趨敵

『戰國策』

벌레 :

벌레 곤【蜫】蟲也.

벌레 곤【蚰】虫之總名.

벌레 아【蚂】충속(蟲屬).

벌레 충【蟲】

㉠ 동물의 총칭. 毛蟲. 羽蟲. 甲蟲. 鱗蟲. 裸蟲.

㉡ 인(人) 수(獸) 조(鳥) 어(魚) 패(貝)를 제외

한 딴 동물. 禽獸蟲魚. 蟄蟲始振『禮記』

㉢ 곤충. 절족동물(絶足動物)의 한 부류. 발이

여섯 개 있음. 파리. 매미. 나비 따위.

㉣ 발이 있는 동물.

有足謂之蟲無足謂之豸『爾雅』

㉤ 벌레의 피해. 충해(蟲害).

旱及霜蟲 百姓饑乏『舊唐書』

벌레 충【虫】충(蟲)의 약자(略字)로 쓰임.

벌레 치【豸】발 없는 벌레.

有足謂之蟲 無足謂之豸『爾雅』

벌레 훼【虫】사람, 짐승, 새, 물고기 이외의

동물의 일컬음.

벌레가 줄지어 가다 :

　벌레가 줄지어 갈 금【蚙】蟲連行貌. 昌羊去蚤虱
　　　　　　　　　　　　而來蚙窮『淮南子』

벌레 기다 :

　벌레길 익【蚓】蟲之匍行.

벌레 꿈실거리다 :

　벌레 꿈실거릴 천【蝡】蝡蝡, 충동(蟲動).

벌레 먹는 병 :

　벌레 먹는 병 닉【匿】蟲食病.
　벌레 먹는 병 닉【蟘】蟲食病.

벌레 먹는 창 벽 :

　벌레 먹는 창 벽 전【蠹】蟲食瘡.

벌레 먹은 이 :

　벌레 먹은 이 우【齲】두치(蠹齒).

벌레소리 : 벌레가 요란하게 우는소리.

　벌레소리 옹【噏】충성(蟲聲).
　벌레소리 요【喓】喓喓草蟲『詩經』
　벌레소리 즉【喞】蟲聲喞喞『歐陽修』
　벌레소리 훙【薨】薨薨, 충성(蟲聲).

벌레이름 :

　벌레이름 거【蚷】蚷蠪, 충명(蟲名).
　벌레이름 교【蟜】蚑蟜螻蟻『枚乘』
　벌레이름 니【泥】동해(東海)에서 난다는 뼈 없는
　　　　　　　　　벌레. 물이 있으면 살고 물이 없
　　　　　　　　　으면 진흙같이 된다고 함. 泥醉.
　　　　　　　　　先拚一飮醉如泥『杜甫』
　벌레이름 랄【蝲】충명(蟲名).
　벌레이름 렬【蛚】충명(蟲名).
　벌레이름 부【蝜】蝜蝂. 몸은 작으나 물건을 잘
　　　　　　　　　짊어지고 그 무게를 잘 견디
　　　　　　　　　어 낸다 함. 부판(負版)으로도
　　　　　　　　　씀. 蝜蝂者善負小虫也. 行遇物
　　　　　　　　　則取印其首負之 雖困劇不止
　　　　　　　　　『柳宗元』
　벌레이름 연【蜎】蜎蠉, 巧蟲名.
　벌레이름 의【螘】螘女. 형체가 작고 온 몸이
　　　　　　　　　검으며 머리가 빨간 벌레.
　벌레이름 자【蚱】충명(蟲名). 蚱,
　　　　　　　　　蟲似蟬『集韻』
　벌레이름 적【賊】식물의 마디를 갉아먹는 해충.
　　　　　　　　　去其螟螣及其蟊賊『詩經』
　벌레이름 판【蝂】蝜蝂.

벌려놓다 : 진열함. 또 줄지어 섬. 나란히 늘어놓음.

　벌려놓을 라【羅】羅列. 羅生兮堂下『楚辭』
　벌려놓을 려【旅】旅見. 殽核惟旅『詩經』
　벌려놓을 려【臚】臚列. 臚於郊祀『史記』
　벌려놓을 조【造】造舟爲梁『詩經』
　벌려놓을 진【敶】敶鐘按鼓『楚辭』

벌려놓을 파【擺】擺列.
벌려놓을 흠【廞】廞裘『周禮』

벌리다 :

　벌릴 개【開】오므라진 것을 펴 엶.
　　　　　　　開口而笑者『莊子』
　벌릴 거【袪】입을 벌림.
　벌릴 거【呿】呿唫. 公孫龍口呿而不合『莊子』
　벌릴 곽【郭】곽(廓)과 동자(同字). 開場.
　　　　　　　堅崤之後 達夫郭之『漢書』
　벌릴 렬【列】분리(分離)함.
　　　　　　　兩驂列 兩服入廄『荀子』
　벌릴 발【撥】오므라진 것을 펴서 엶.
　　　　　　　衣毋撥『禮記』
　벌릴 보【尃】列也.
　벌릴 사【肆】陳也.
　벌릴 석【席】진열(陳列)함. 席上之珍『禮記』
　벌릴 시【矢】벌려 놓음. 진열(陳列)함.
　　　　　　　公矢魚于棠『春秋』
　벌릴 진【敶】진(陳), 진(陣)과 동자(同字).
　벌릴 치【侈】펴서 엶. 哆兮侈兮『詩經』
　벌릴 팔【叭】입을 벌림.
　벌릴 포【布】벌여 놓음. 布陳. 진열(陳列)함.
　　　　　　　布石. 皆布乘黃朱『書經』
　벌릴 필【笓】列也.
　벌릴 해【奊】장대(張大).

벌목소리 : 나무를 찍는 소리.

　벌목소리 정【丁】伐木丁丁 鳥鳴嚶嚶『詩經』

벌 밑구멍 :

　벌 밑구멍 유【蜼】봉추(蜂醜).

벌이 :

　벌이 식【食】생활. 생계. 趨末食『漢書』

벌주 : 벌로 마시게 하는 술.

　벌주 부【浮】벌배(罰杯). 若是者浮『禮記』

벌주다 : 형벌을 과함.

　벌줄 벌【罰】信賞必罰. 三讓而罰之『周禮』

벌집 :

　벌집 익【蜴】봉방(蜂房).

벌판 : 평탄한 땅.

　벌판 평【坪】有夷坦道, 曰芙蓉坪『吳般錄』

범 :

　범 도【𧴪】烏𧴪, 虎也. 虎或謂烏𧴪『方言』
　범 오【𧴩】𧴩菟, 虎也.
　범 잔【虥】虥猫. 털이 짧은 범. 일설에는 삵쾡이.
　　　　　　虎竊毛 謂之虥猫『爾雅』
　범 표【彪】
　　㉠ 작은 범. 熊彪顧盻『庾信』
　　㉡ 두려운 사람. 每戰爲前鋒 齊軍深憚之 謂爲
　　　程彪『南史』

범 함【虓】虎也.

범 호【虎】

　㉠ 고양이과에 속하는 맹수(猛獸)의 하나.
　　호랑이. 虎狼. 匪兕匪虎 率彼曠野『詩經』

　㉡ 용맹(勇猛) 또는 포악(暴惡)의 비유(比喩).
　　矯矯虎臣『詩經』

　㉢ 秦虎狼之國也『史記』

　㉣ 양(羊)과 호용(互用)하여 강약(强弱)의 대조
　　(對照)로 삼음.
　　夫虎之與羊 不格明矣『戰國策』

범벅 :

　범벅 신【粖】죽웅(粥凝).

　범벅 주【糒】후죽(厚粥).

범상(凡常) :

　범상 상【常】범용(凡庸). 常人.
　　　　　　　蓋世必有非常之人『史記』

범상하다 :

　범상할 범【凡】보통(普通)임. 심상(尋常)함.
　　　　　　　凡常. 才能不過凡庸『史記』

　범상할 용【庸】보통임. 庸人.
　　　　　　　才能不過凡庸『史記』

범 성내다 :

　범 성낼 현【虩】호노(虎怒).

범 소리 :

　범 소리 은【㷎】호성(虎聲).

　범 소리 혁【㰱】호성(虎聲).

범속(凡俗)하다 :

　범속할 속【俗】평범(平凡)하고 용속(庸俗)함.
　　　　　　　俗人. 俗主虧情『呂氏春秋』

범 싸우는 소리 :

　범 싸우는 소리 은【䎱】兩虎爭聲.

범어(梵語) :

　범어 범【梵】인도(印度)의 고대어(古代語).
　　　　　　　梵文. 宋上具書多譯梵『周伯琦』

　범어 사【闍】闍利.

　㉠ 사범(師範)되는 승려(僧侶). 阿闍利.

　㉡ 승려(僧侶)의 칭호(稱號).

범 울다 : 범이 성내어 욺.

　범 울 효【虓】闞如虓虎『詩經』

　범 울 효【猇】虎欲齧聲.

범의 모양 :

　범의 모양 예【虎】호모(虎貌).

범의 문채 : 범 가죽의 무늬.

　범의 문채 반【彪】虎文.

　범의 문채 호【虍】虎文.

범의 소리 :

　범의 소리 함【虓】虎聲.

　범의 소리 호【唬】虎聲.

범이 노려보다 :

　범이 노려볼 을【虤】虎視貌.

범인(犯人) : 죄를 저지른 사람.

　범인 범【犯】與衆犯隔別嚴審『大乘』

범인(凡人) : 평범한 사람.

　범인 범【凡】보통(普通) 사람. 또 속인(俗人).
　　　　　　　凡聖一如 聖人之形 必異於凡『范縝』

범 잡는 쥐 :

　범 잡는 쥐 표【貖】‑能飛食虎豹.

범죄(犯罪) : 죄를 범하는 일. 범한 죄.

　범죄 범【犯】私鬻茶三犯『唐書』

범하다 :

　범할 간【干】

　㉠ 법률. 도덕에 어긋나는 일을 함.
　　其敢干大禮 以自取戾『左傳』

　㉡ 저촉(抵觸)함. 촉범(觸犯)함. 干犯.
　　以干先王之誅『書經』

　㉢ 능모(陵侮)함. 冒瀆함. 上下不干『國語』

　㉣ 분한(分限)을 어지럽힘.
　　趙孟使人以其乘車干行『國語』

　㉤ 무례함. 挾弓持矢而干闍廬『穀梁傳』

　범할 간【虹】간(干)과 통용. 침범(侵犯)함.
　　　　　　　白虹虹日『漢書』

　범할 간【奸】침범(侵犯)함.
　　　　　　　使神人各處其所而不相奸『漢書』

　범할 간【扞】간(干)과 동자(同字). 侵犯.
　　　　　　　扞當世之文罔『史記』

　범할 략【略】침범(侵犯)함. 略則行志『國語』

　범할 릉【凌】능(陵)과 통용. 凌侮. 凌辱.
　　　　　　　凌霜不凋『十六國春秋』

　범할 릉【陵】陵犯. 不相侵陵『禮記』

　범할 모【冒】법(法)을 범(犯)함. 참람(僭濫)한
　　　　　　　짓을 함. 凌冒. 抵冒. 僭冒.
　　　　　　　有冒上而無忠下『國語』

　범할 범【犯】

　㉠ 죄(罪)를 저지름. 爲犯二名律乎『韓愈』

　㉡ 저촉함. 衆怒難犯『左傳』

　㉢ 거스름. 거역함. 事親有隱, 而無犯『禮記』

　㉣ 무시함. 짓밟음. 凌犯.
　　　　孝悌而好犯上者鮮矣『論語』

　범할 쉬【淬】침범(侵犯)함.
　　　　　　　身淬霜露『淮南子』

　범할 일【迭】일(軼)과 동자(同字). 침로(侵擄)함.
　　　　　　　迭我殽地『左傳』

　범할 일【軼】침범함. 懼其侵軼我也『左傳』

　범할 적【藉】침범함. 藉夫子者無禁『莊子』

　범할 촉【觸】침범하여 걸려 듦. 抵觸.
　　　　　　　去禮義觸刑法『漢書』

법(法) :

법 검 【檢】先自爲檢式儀表『淮南子』

법 격 【格】格式. 言有物 而行有也『禮記』

법 고 【觚】규칙(規則). 法則.
　　　占之以其觚『揚雄』

법 과 【科】법률(法律). 법령(法令). 金科玉條.
　　　科條既備『戰國策』

법 구 【榘】구(矩)와 동자(同字). 何時俗之工巧
　　　兮 滅規榘而改鑿『楚辭』

법 구 【矩】법칙(法則). 법도. 상법(常法).
　　　從心所欲 不踰矩『論語』

법 궤 【軌】법도(法度). 본보기. 軌範.
　　　兩不失雍熙之軌焉『世說』

법 규 【規】법칙(法則). 規則. 規約.
　　　創業垂統 爲萬世規『司馬相如』

법 기 【紀】법도(法度). 규율(規律). 紀綱.
　　　三綱六紀 四時以爲紀『國語』

법 령 【令】법률(法律). 律令. 犯邦令『周禮』

법 류 【罦】법망(法網).

법 률 【律】법령(法令). 규칙. 律令.
　　　律者所以定分止爭也『管子』

법 모 【模】모(摹), 무(橅)와 동자(同字). 法式.
　　　규범(規範). 陳三皇之軌模『張衡』

법 무 【膴】법칙(法則). 법도(法度).
　　　民雖靡膴 或哲或謀『詩經』

법 문 【文】법률(法律). 舞文. 不拘文法『史記』

법 범 【笵】범(範)과 동자(同字). 以土曰型 以金
　　　曰鎔 以竹曰笵『通俗文』

법 범 【范】범(範)과 통용. 左右軌范『禮記』

법 범 【範】법식(法式). 본보기. 範式. 模範.
　　　表範模於多士『葉采』

법 법 【法】

　㉠ 형벌(刑罰). 法律.
　　　惟作五虐之刑 曰法『書經』

　㉡ 제도(制度). 謹修其法, 而審行之『禮記』

　㉢ 常經. 守典奉法『禮記』

　㉣ 예의(禮儀). 非先王之法服, 不敢服『孝經』

　㉤ 모범(模範). 行而世爲天下法『中庸』

　㉥ 준칙(準則). 論藥法, 定五味『史記』

　㉦ 방법. 戰法. 教籍兵法『史記』

　㉧ 도의(道義). 三綱淪而九法斁『韓愈』

　㉨ 가르침. 종교(宗教). 佛法. 法門.

법 벽 【辟】法則. 法律. 祇辟『書經』

법 변 【卞】法制. 法則. 率循大卞『書經』

법 상 【象】法度. 法象. 設象以爲民紀『國語』

법 상 【像】法式. 見像而勿强『孔子家語』

법 순 【紃】법칙(法則). 以道爲紃『淮南子』

법 승 【乘】중생(衆生)을 싣고 생사(生死)의 고
　　　해(苦海)를 떠나 열반(涅槃)의 피안

(彼岸)에 이르게 하는 교법(敎法).
　　　小乘. 大乘.
　　　此心卽佛曰最上乘『傳燈錄』

법 승 【繩】법도(法度). 以繩德厚『禮記』

법 식 【式】

　㉠ 규칙(糾飭). 法式. 品式備具『漢書』

　㉡ 장정(章程). 律令格式『北史』

　㉢ 본보기. 範式. 萬邦作式『書經』

법 알 【戛】정칙(定則). 大率大戛『書經』

법 얼 【臬】法則. 規定. 準臬. 汝陳時臬『書經』

법 예 【帠】법도(法度). 女又何帠以治天下 感子
　　　之心焉『莊子』

법 예 【藝】法度. 準則. 貢之無藝『左傳』

법 옥 【獄】율령(律令). 遂使書獄『漢書』

법 의 【儀】法度. 儀品. 度之於軌儀『國語』

법 이 【彝】항상(恒常) 변치 않는 도(道).
　　　民之秉彝 好是懿德『詩經』

법 장 【章】規則. 章程. 約法三章『十八史略』

법 전 【典】법식(法式). 상경(常經). 典刑. 典法.
　　　維淸緝熙 文王之典『詩經』

법 전 【詮】법칙(法則), 또는 도리.
　　　發必中詮言必合數『淮南子』

법 정 【政】법제(法制). 금령(禁令).
　　　道之以政『論語』

법 정 【程】章程. 規程.
　　　後世以爲法程『呂氏春秋』

법 제 【制】법도(法度). 규칙(規則). 規制. 新制.
　　　今京不度 非制也『左傳』

법 채 【蔡】법칙(法則). 또 본받음.
　　　二百里蔡『書經』

법 통 【統】강기(綱紀). 國統備矣『史記』

법 표 【表】본보기. 表式. 抱表懷繩『淮南子』

법 한 【閑】법도(法度). 大德不踰閑『論語』

법 헌 【憲】憲法. 國憲. 愼乃憲『書經』

법 형 【刑】본받아야 할 전래(傳來)하는 예제
　　　(禮制)나 도리(道理). 典刑.
　　　天地之刑『國語』

법관(法官) :

법관 평 【平】법률(法律)을 맡은 벼슬.
　　　廷尉天下之平也『史記』

법규(法規) :

법규 조 【條】條規.
　　　科條既備 民多僞態『戰國策』

법도(法度) :

법도 규 【揆】법칙(法則). 道. 揆一.
　　　先聖後聖 其揆一也『孟子』

법도 도 【度】법칙(法則). 制度.
　　　度不可改『左傳』

법도 준 【準】표준(標準). 모범(模範). 準則.

有準如契約『唐書』

법도 확【蠖】법칙(法則).
　　　　求榘蠖之所同『楚辭』

법도 확【彟】확(蠖)과 동자(同字).
　　　　桃截本末 規摹彟矩『馬融

법랑(琺瑯): 광물(鑛物)을 원료(原料)로 하여 만
　든 유약(釉藥). 식기 그릇에 발라 윤기를 나게
　함.

법랑 법【琺】㊥ 琺瑯.

법식(法式):

　법식 례【例】例規. 法例. 凡處事者 當上合古義
　　　　　　下準今例『晉書』

법이 무너지다:

　법이 무너질 비【澌】法敗貌.

법칙(法則):

　법칙 칙【則】
　　㋠ 국가의 제도. 행위의 준칙. 則度. 規則.
　　　　明哲實作則『書經』
　　㋡ 천지의 정도(定道). 자연의 이치. 天則.
　　　　有物有則『詩經』

벗: 같은 사회적 처지나 비슷한 나이에 있어서
　서로의 마음이 통하여 친하게 사귀는 사람.

　벗 교【交】붕우(朋友). 以軀借交報仇『史記』

　벗 군【群】붕우(朋友). 離群而索居『禮記』

　벗 붕【朋】
　　㋠ 친구. 朋友. 有朋自遠方來『論語』
　　㋡ 동문수학하는 사람. 朋友講習『易經』

　벗 서【壻】친우(親友). 友壻. 僚壻.

　벗 우【友】友人. 朋友. 有友自遠方來『論語』

　벗 유【遊】交遊稱其信也『禮記』

　벗 집【執】동지(同志). 친구(親舊). 父執.
　　　　見文之執『禮記』

벗겨지다:

　벗겨질 박【剝】
　　㋠ 벗김을 당함. 苔蘚剝落『李邕』
　　㋡ 떨어짐. 탈락(脫落)함. 風吹紙剝『南史』

　벗겨질 태【駘】말의 재갈이 벗겨짐.
　　　　　　馬駘其銜『崔寔』

벗기다:

　벗길 갈【秸】껍질을 벗김.
　　　　樹皮竹顚盡剝秸『王令』

　벗길 갈【刮】낯가죽을 벗김.
　　　　敗面碎剝刮『韓愈』

　벗길 려【鑢】剝也.

　벗길 리【劙】剝也.

　벗길 리【劖】花門劖面請雪恥『杜甫』

　벗길 박【剝】
　　㋠ 껍질을 벗김. 剝陰木『周禮』

㋡ 옷을 벗기거나 빼앗음. 裸剝士女『晉書』

㋢ 짐승을 죽여 껍질을 벗기고 살을 바름.
　육체를 해부함. 或剝或亨『詩經』

㋣ 드러냄. 노출시킴. 喪不剝奠也與『禮記』

벗길 박【扒】脫也.

벗길 산【橵】剝也.

벗길 철【徹】박취(剝取)함. 徹彼桑土『詩經』

벗길 탈【脫】허물 따위를 벗게 함.
　　　　其狀若脫『列子』

벗다:

　벗을 면【免】옷 따위를 벗음.
　　　　免胄冑而聽命『晉書』

　벗을 석【釋】옷을 벗음. 釋衣.
　　　　初釋服朝見二宮『顔氏家訓』

　벗을 치【褫】옷을 벗음. 極禮而褫『荀子』

　벗을 탈【說】탈(脫)과 통용. 用說桎梏『易經』

　벗을 탈【挩】탈(脫)과 통용.

　벗을 탈【脫】옷 따위를 벗음. 脫衣.

　벗을 태【駘】말이 재갈을 벗음.
　　　　馬駘其銜『崔寔』

　벗을 퇴【褪】옷을 벗음. 頓覺春衫褪『趙鼎』

　벗을 해【解】신 따위를 벗음. 解履.
　　　　解其冠溺其中『漢書』

벗어나게 하다:

　벗어나게 할 탈【脫】至踐輕視 脫之『史記』

벗어나다:

　벗어날 면【免】
　　㋠ 피함. 臨難毋苟免『禮記』
　　㋡ 떨어져 미치지 아니함. 없게 됨.
　　　　人情之所不能免也『禮記』
　　㋢ 재화(災禍) 따위에서 헤어남. 免死,
　　　　民免而無恥『論語』

　벗어날 탈【脫】
　　㋠ 탈출(脫出)함. 不得脫長安『漢書』
　　㋡ 벗어남. 桓子詐之得脫『史記』
　　㋢ 어려운 일에서 헤어남.
　　　　俗緣不脫三生債『劉迎』

벗하다: 벗으로 삼음.

　벗할 려【侶】侶魚蝦 而友麋鹿『蘇軾』

　벗할 우【友】교유(交遊)함.
　　　　諸侯有所不友『後漢書』

벙어리: 말을 하지 못함. 또 그 병.

　벙어리 아【啞】아(瘂)와 동자(同字). 啞子.
　　　　添身爲厲 吞炭爲啞『史記』

　벙어리 아【瘂】아(啞)와 동자(同字).
　　　　號爲蕭瘂『南史』

　벙어리 음【喑】喑啞.
　　　　遂稱凮疾喑不能完『後漢書』

벙어리 음【瘖】 말 못하는 병. 瘖瘂.
　　　　　　飮瘖藥『史記』

벙어리 종【喠】 瘂也.

벙어리 저금통 :

벙어리 저금통 항【缿】 저금하는 질그릇.
　　　　　　작은 구멍으로 넣게 되어
　　　　　　깨뜨리기 전에는 끄집어
　　　　　　낼 수 없게 되어 있음.

베 :

베 세【繐】 올이 가늘며 설피게 짠 베.
　　　　　　紛繂繐裳『禮記』

베 시【總】 總麻. 올이 가늘고 올새가 성긴 베.
　　　　　　四世而總服之窮也『禮記』

베 포【布】 면직물. 布帛. 毋暴布『禮記』

베개 : 누울 때 머리 밑에 괴는 물건.

베개 침【枕】 잘 때 베고 자는 물건. 枕席.
　　　　　　高枕而卧『史記』

베개 잇 :

베개 잇 인【㭓】 침표(枕表).

베끼다 :

베낄 등【謄】 등초(謄草)함. 謄寫.
　　　　　　謄錄試卷『元史』

베낄 모【摹】 모(摸)와 동자(同字). 글 같은 것을
　　　　　　그대로 옮겨 씀. 摹本.
　　　　　　觀視及摹寫者『後漢書』

베낄 사【寫】 베껴 씀. 寫錄.
　　　　　　嘗自寫其詩並畫以獻『唐書』

베낄 초【鈔】
　㉠ 그대로 옮겨 씀.
　　　　好讀書 或手自鈔寫『晉書』
　㉡ 필요한 대목만 베낌. 拔鈔.
　　　　溫公自鈔纂通鑑之要『郡齊讀書誌』

베낄 초【抄】
　㉠ 글을 베낌. 抄錄. 手自抄寫『晉書』
　㉡ 중요한 것만 추려 베낌.
　　　　擇其可用者抄之『葉庭珪』

베낄 탑【搨】 필사(筆寫)함.
　　　　　　八會舊文多搨寫『皮日休』

베다 :

벨 간【刊】 끊어 자름. 刊陽木而火之『周禮』

벨 괴【跂】 枕也.

벨 괵【馘】
　㉠ 전쟁에서 적의 귀나 머리를 벰.
　　　　馘耳. 馘首.
　㉡ 전쟁에서 벤 적의 귀나 머리. 俘馘.
　　　　以訊 馘告『禮記』

벨 교【茭】 꼴 풀을 벰. 民茭牧其中『史記』

벨 규【刲】
　㉠ 베어 가름. 刲割. 炮取豚若牂刲之『禮記』
　㉡ 베어 가짐. 남의 것을 일부분 빼앗아 가짐.
　　　　할취(割取)함. 刲魏之東野『戰國策』

벨 근【斤】 나무를 벰. 橫斤山木『南史』

벨 기【刏】 끊어서 자름. 釁禮之事用牲 毛者曰
　　　　　　刏 羽者曰衈『周禮 註』

벨 마【劘】 자름. 自下劘上『漢書』

벨 발【鏺】 낫으로 풀을 깎음. 鏺廣濟『韓愈』

벨 발【癹】 발로 풀을 짓밟음. 제초(除草)함.
　　　　　　癹夷蘊崇之『左傳』

벨 번【鐇】 벌채함. 鐇钁株林『後漢書』

벨 벌【伐】
　㉠ 나무를 벰. 伐木. 伐採. 勿剪勿伐『詩經』
　㉡ 참살(斬殺)함. 四伐五伐『書經』

벨 부【斧】 나무 같은 것을 찍음.
　　　　　　斧氷持作糜『古詩』

벨 삼【芟】
　㉠ 잡초를 베어 버림. 載芟載柞『詩經』
　㉡ 제거함. 煩事如掃芟『鄭俠』

벨 삼【剡】 칼로 벰. 刀剡.

벨 삼【薪】 삼(芟)과 동자(同字). 베어 없앰.
　　　　　　薪去不義諸侯『漢書』

벨 삼【撍】 풀을 벰.
　　　　　　君子之於禮也 有撍而播也『禮記』

벨 서【鉏】 주륙(誅戮)하여 악인(惡人)을 제거
　　　　　　(除去)함. 衆之所誅鉏『韓詩外傳』

벨 섭【钑】 斬也. 칼로 베다.

벨 소【捎】 풀을 벰. 捎免絲『史記』

벨 수【殊】 베어 죽임. 殊死者相望也『莊子』

벨 염【剡】 끊어 자름. 剡其脛『荀子』

벨 예【艾】 곡식 같은 것을 베어 들임.
　　　　　　一年不艾而百姓飢『穀梁傳』

벨 예【刈】
　㉠ 풀 같을 것을 벰. 곡식을 베어 거둠. 刈除.
　　　　刈穫. 願竢時乎 吾將刈『楚辭』
　㉡ 베어 죽임.
　　　　刈人如草 應敵力戰 斫刈甚多『金史』

벨 예【乂】 예(刈)와 예(艾)와 동자(同字).

벨 예【薉】 자름. 殺人如薉『唐書』

벨 이【荑】 풀을 깎음.
　　　　　　以水殄草 而荑荑之『周禮』

벨 인【刃】 칼로 베거나 찌름. 自刃.
　　　　　　拔刀將手刃之『晉書』

벨 적【赤】 주멸(誅滅)함. 將赤吾之族『揚雄』

벨 전【剗】 베어 없앰. 제거함. 剗除.
　　　　　　王師本不戰賊壘何足剗『蘇軾』

벨 전【翦】 翦茅作堂『漢書』

벨 전【剪】
　㉠ 가위로 자름. 勿剪勿伐『詩經』

ⓛ 베어 버림. 草萊不剪『南史』

ⓒ 가지런히 자름.

　　茅茨不剪 采椽不斲『韓非子』

벨 전【劗】전(剪)과 동자(同字).

　　劗髮文身之民也『漢書』

벨 절【切】칼로 벰. 썲. 저밈. 切開. 切斷.

　　切之爲膾『禮記』

벨 조【銚】銚鎒于是乎始修『莊子』

벨 좌【剉】芟也.

벨 주【誅】

ⓐ 죄인을 죽임. 誅戮. 詰誅暴慢『禮記』

ⓛ 풀 같은 것을 베어 버림. 芟除함.

　　寧誅鋤草茅以力耕乎『楚辭』

벨 질【銍】베어 거둠. 奄觀銍艾『詩經』

벨 착【斮】끊어 자름. 斮朝涉之脛『書經』

벨 참【撍】풀을 벰.

　　君子之於禮也 有撍而播也『禮記』

벨 참【斬】베어 죽임. 斬首. 斬殺賊諜『周禮』

벨 척【捌】伐也. 나무를 자르다.

벨 척【剔】초목 따위를 벰. 攘之剔之『詩經』

벨 철【劂】끊어 자름. 劂寢戶之簾『漢書』

벨 칠【剎】割也.

벨 침【枕】베개를 벰. 曲肱而枕之『論語』

벨 확【劐】예곡(刈穀).

벨 확【穫】화곡(禾穀)을 벰. 八月其穫『詩經』

벨 획【斷】㳄 斫也.

베어서 열다 :

베어서 열 역【劙】이개(劙開). 해부함.

베올 :

베올 종【綷】포백(布帛)의 80올을 일컬음.

　　一升 令徒隷衣七綷布『史記』

베옷 : 굵은 베로 만든 옷.

베옷 갈【褐】被褐振裾『潘岳』

베이다 :

베일 계【劀】割也.

베일 착【剨】斬也.

베 이름 :

베 이름 견【襺】포명(布名).

베짱이 :

베짱이 서【螿】蜙螿.

베짱이 송【蜙】蜙螿. 여치과의 곤충. 베짱이.

　　蜇螽蜙蝑『爾雅』

베짱이 종【螽】螽斯. 베짱이.

베틀 :

베틀 기【機】베 짜는 틀. 機杼.

　　其母投杼下機 踰牆而走『史記』

베틀 직【織】베를 짜는 기계. 베틀에 건 실.

　　何異斷斯織『後漢書』

베틀 디딜 판 :

베틀 디딜 판 섭【疌】機下足所履板.

베틀 발 :

베틀 발 부【榎】기족(機足).

베풀다 :

베풀 건【虔】은혜(恩惠)를 베풂.

　　上虔郊祀『張華』

베풀 공【共】공(供)과 동자(同字). 共給.

　　王祭不共『左傳』

베풀 공【供】설비(設備)함.

　　供帳東都門外『漢書』

베풀 렬【列】진설(陳設)함. 진열(陳列)함.

　　列組豆『史記』

베풀 리【攡】張也.

베풀 리【欐】布也.

베풀 부【傅】부(敷)와 동자(同字).

　　傅納以言『漢書』

베풀 빈【儐】진열(陳列)함. 차려 놓음.

　　儐爾籩豆『詩經』

베풀 사【舍】시행(施行)함. 施舍不倦『左傳』

베풀 사【捨】베풀어 줌. 시여(施與)함. 喜捨.

　　捨撤淨財『隋煬帝』

베풀 서【敍】진술(陳述)함. 敍懷.

　　具自申敍『晉書』

베풀 석【席】진열(陳列)함. 席上之珍『禮記』

베풀 선【宣】널리 은덕(恩德)을 베풂.

　　日宣三德『書經』

베풀 설【設】

ⓐ 늘어놓음. 진열(陳列)함. 陳設. 布設.

　　設其裳衣『中庸』

ⓛ 세움. 設立. 建設.

ⓒ 만듦. 제작함. 門雖設常關『陶潛』

ⓔ 둠. 設九賓于廷『史記』

ⓜ 갖추어 둠. 日今家共具設酒食『漢書』

베풀 시【矢】널리 폄. 矢其文德『詩經』

베풀 시【施】

ⓐ 차림. 施設. 彰施五色『書經』

ⓛ 시행함. 施政. 君嗣不可施刑『十八史略』

ⓒ 은혜를 베풂. 博施於民『論語』

베풀 시【肔】施也.

베풀 역【繹】陳也. 庶言同則繹『書經』

베풀 유【濡】은덕을 베풂. 區字懷濡『柳宗元』

베풀 장【張】차림. 張樂設飲『戰國策』

베풀 전【展】차림. 必展歡宴『談苑』

베풀 조【措】擧而措之天下之民『易經』

베풀 최【催】모임을 엶. 開催. 主催.

베풀 츤【襯】시여(施與)함. 布襯.

　　以襯衆僧『齊諧記』

베풀 치【置】設置. 置酒大會耆老『晉書』

베풀 친 【嚫】 중에게 재물을 시여(施與)함.
　　　　弟子嚫曰恭嚫『隋煬帝』

베풀 파 【播】 널리 미치게 함. 播敷.
　　　　王播告之『書經』

베풀 포 【誧】 부진(敷陳).

베풀 포 【布】 급여(給與)함. 布施.
　　　　施于人而不忘非天布『莊子』

베풀 혜 【惠】
　　㉠ 은혜를 베풂. 則不我惠『詩經』
　　㉡ 금전 같은 것을 줌. 惠鮮鰥寡『書經』

벼 : 볏과에 속한 한해살이풀. 줄기는 속이 비고
　　마디가 있으며, 잎은 좁고 길다. 줄기 끝에 이
　　삭이 나와 열매를 맺는다.

벼 가 【秡】 禾也.

벼 계 【稧】 벤 벼.

벼 도 【稻】
　　㉠ 오곡(五穀)의 하나. 早稻. 晚稻.
　　　　凡祭宗廟之禮 稻曰嘉蔬『禮記』
　　㉡ 까끄라기가 있는 곡식의 총칭.
　　　　稻者有芒之穀總名也『急就篇』

벼 멸 【穄】 禾也.

벼 모 【秏】 모(秏)와 동자(同字).
　　　　玄山之禾 南海之秏『呂氏春秋』

벼 모 【秏】 수도(手稻)의 일종. 伊尹曰 飯之美
　　　　者 南海之秏『說文解字』

벼 속 【粟】 껍질을 벗기지 아니한 쌀. 粟米.
　　　　四百里粟『書經』

벼 인 【籾】 回 稻也.

벼 조 【稬】 稻也.

벼 화 【禾】 禾黍. 大無麥禾『春秋』

벼갈다 :
　벼갈 안 【案】 역화(轢禾). 輾也.

벼 거두다 :
　벼 거둘 예 【稧】 수화(收禾).

벼 고개 숙이다 :
　벼 고개 숙일 타 【稏】 禾穗垂貌.

벼 까끄라기 :
　벼 까끄라기 녕 【稤】 화망(禾芒).

벼 까부르다 :
　벼 까부를 연 【颺】 揚穀物.

벼 껍질 :
　벼 껍질 작 【稓】 화피(禾皮).

벼꽃 :
　벼꽃 인 【秵】 화화(禾華).

벼나다 :
　벼날 활 【秳】 禾生貌.

벼락 : 구름과 땅위에 있는 물건과의 사이에 방전
　　하는 현상.

벼락 력 【礰】 霹礰.

벼락 력 【靂】 霹靂.

벼락 벽 【霹】 雷霆霹靂 霹靂破所倚柱『世說』

벼락 치다 :
　벼락 칠 진 【震】 낙뢰(落雷)함.
　　　　震夷伯之廟『春秋』

벼루 : 먹을 가는 그릇.
　벼루 연 【硯】 硯滴. 硯,
　　　　研也 研墨使和濡也『釋名』

벼룩 : 잘 뛰며 사람이나 가축의 피를 빨아먹는
　　곤충(昆蟲).

벼룩 조 【蚤】 鴟鵂夜撮蚤察毫末『莊子』

벼룩 촉 【蠋】 기생 곤충의 일종.

벼리 : 그물의 위쪽 코를 꿴 굵은 줄. 인신(引伸)
　　하여 사물을 총괄(總括)하여 규제(規制)하는
　　것. 곧 도덕, 법칙, 규율 따위.

벼리 강 【綱】
　　㉠ 若綱在綱 有條而不紊『書經』
　　㉡ 紀綱. 綱常. 勤三綱之嚴『漢書』

벼 마디 :
　벼 마디 동 【桐】 화절(禾節).

벼메뚜기 : 메뚜기과에 속하는 곤충. 뒷다리가 발
　　달되어 뛰기를 잘하며 날개가 몹시 김. 볏잎을
　　갉아먹음.

베메뚜기 책 【蚱】 송서(蜙蝑), 一名稻螽.

벼메뚜기 맹 【蜢】 책맹(蚱蜢).

벼메뚜기 복 【蠌】 도종(稻螽).

벼메뚜기 책 【蚱】 책맹(蚱蜢). 부종(蜤螽).

벼메뚜기 책 【蚱】 송서(蜙蝑), 一名稻螽.

벼 무성하다 :
　벼 무성할 동 【桐】 禾盛貌.

벼 묶다 :
　벼 묶을 분 【粉】 穧禾束.

벼 베는 사람 :
　벼 베는 사람 질 【餓】 百里奚讓曰 臣常遊 困于
　　　　齊 而乞食餓人『史記』

벼 베는 소리 :
　벼 베는 소리 즐 【擳】 刈稻音.

벼 베다 :
　벼 벨 질 【挃】 벼를 베는 모양. 또 그 소리.
　　　　穫之挃挃『詩經』

벼 볶아 쌀 만들다 :
　벼 볶아 쌀 만들 변 【糒】 燒稻取米.

벼 빽빽하다 :
　벼 빽빽할 벽 【稫】 稫稄, 禾密貌.
　벼 빽빽할 측 【稄】 禾密貌.

벼 사백 뭇 :

벼 사백 뭇 타【秅】禾三十車 車三秅『儀禮』

벼슬 : 각성(各省) 장관 이상의 벼슬.

벼슬 경【卿】
　㉠ 三公九卿 六九分職『書經』
　㉡ 大國三九 小國二九『禮記』

벼슬 관【官】官職. 高官. 任官惟賢材『書經』

벼슬 규【揆】관직(官職). 또는 관리.
　　　　　　百揆均任『魏志』

벼슬 사【士】官職. 上士 中士 下士『禮記』

벼슬 사【仕】벼슬살이 仕宦.
　　　　　　退而致仕『公羊傳』

벼슬 사【司】관직(官職).
　　　　　　未有職于王室『左傳』

벼슬 사【師】관직(官職).
　　　　黃帝氏以雲紀 故爲雲師『左傳』

벼슬 윤【尹】관직. 관리. 관명(官名).
　　　　師尹. 令尹. 詹尹. 奄尹 따위.

벼슬 작【爵】신분의 계급. 公爵. 爵位. 序爵,
　　　　　所以辨貴賤『中庸』

벼슬 전【典】관직(官職). 探漢晉舊儀 置六尙六
　　　　　司六典『隋書』

벼슬 직【職】관직. 직위(職位). 職位.
　　　　　不署右職『漢書』

벼슬 질【秩】관직. 委之常秩『左傳』

벼슬 채【采】관직. 疇咨若予采『書經』

벼슬 환【宦】관직. 才名位宦『南史』

벼슬살이 :

벼슬살이 환【宦】사환(仕宦).
　　　　　　入宦於吳『國語』

벼슬살이하다 :

벼슬살이할 관【官】관직에 나아가 봉사함.
　　　　　　官於大夫者『禮記』

벼슬살이할 리【吏】관리 노릇을 함.
　　　　　　我來吏端州『朱治』

벼슬아치 : 벼슬에 있으면서 나랏일을 맡아보는
　　　사람.

벼슬아치 공【工】官吏. 嗟嗟臣工『詩經』

벼슬아치 관【官】官員. 官海.
　　　　　　善事上官『後漢書』

벼슬아치 규【揆】관직(官職). 또는 관리(官吏).
　　　　　　百揆均任『魏志』

벼슬아치 료【僚】官吏. 僚吏. 官僚.
　　　　　　百僚師師『書經』

벼슬아치 료【寮】官吏. 百寮庶尹『書經』

벼슬아치 리【吏】官吏. 吏才. 吏之治 以斬殺縛
　　　　　　束爲務『史記』

벼슬아치 사【師】관리. 州有十二師『書經』

벼슬아치 신【紳】고귀(高貴)한 사람.

지위(地位)가 있는 사람.
　　　合議協朝紳『趙抃』

벼슬이름 :

벼슬이름 갈【噶】관명(官名).

벼슬이름 고【孤】삼공(三公) 다음 가는 교화
　　　　　(敎化)를 펴는 관직(官職).
　　　　　立少師 少傅 少保 曰三孤
　　　　　『書經』

벼슬이름 랑【郞】진한(秦漢)때 숙위(宿衛)를 맡은
　　　　　벼슬. 후세에는 상서(尙書) 곧
　　　　　장관을 보좌 하는 차관(次官)격
　　　　　인 벼슬을 侍郞이라 하였고, 또
　　　　　각사(各司)에 郞中을 두었으며,
　　　　　그 부관을 員外郞이라 하였음.
　　　　　爲子求郞『後漢書』

벼슬이름 록【谷】흉노(匈奴)의 관명(官名).
　　　　　置左右谷蠡王『史記』

벼슬이름 목【牧】
　㉠ 지방의 장관. 州牧. 觀四岳羣牧『書經』
　㉡ 전답의 관리. 自牧歸 荑『詩經』
　㉢ 배를 맡은 관리. 舟牧覆舟『禮記』

벼슬이름 사【使】조정(朝廷)에서 파견(派遣)되
　　　　　어 지방(地方)의 사무(事務)를
　　　　　맡아보는 벼슬. 節度使. 按察
　　　　　使. 少正使之數『文獻通考』

벼슬이름 수【守】
　㉠ 군국(君國)의 장관. 太守. 郡守.
　　　秦始罷侯置守『魏志』
　㉡ 관무(官務)의 주임. 都護部守之曹『後漢書』

벼슬이름 승【丞】장관의 뜻을 받들어 사무를
　　　　　처리하는 벼슬. 丞史.
　　　　　有六丞『漢書』

벼슬이름 시【鳷】鳷氏. 주(周)나라 때 관명(官
　　　　　命)으로 맹조(猛鳥)를 퇴치하
　　　　　는 일을 맡았음.

벼슬이름 악【岳】
　㉠ 한 방면(方面)의 제후(諸侯)를 통솔(統率)
　　　하는 벼슬. 帝曰咨四岳『書經』
　㉡ 인신(引伸)하여 큰 제후. 또는 번진(藩鎭).
　　　身居列岳 自御强兵『徐陵』

벼슬이름 야【射】僕射는 진(秦)나라 때 처음 둔
　　　　　벼슬. 본시 활 쏘는 일을 맡았
　　　　　으나 당나라 이후에는 상서(尙
　　　　　書)의 다음 벼슬로 되어 실권
　　　　　을 장악하였으므로 사실상의
　　　　　재상이다.

벼슬이름 우【虞】산택(山澤)을 맡은 벼슬.
　　　　　虞人. 汝爲朕虞『書經』

벼슬이름 위【尉】병사(兵事) 또는 형옥(刑獄)

을 맡은 벼슬. 廷尉. 大尉.
大縣兩尉長安四尉『漢官儀』

벼슬이름 윤【尹】京兆尹. 道尹 등.
庶尹允諧『書經』

벼슬이름 전【甸】교야(郊野)를 맡은 벼슬.
磬于甸人『禮記』

벼슬이름 형【衡】산림을 맡은 벼슬.
虞衡作山澤之材『周禮』

벼슬 주다 :

벼슬 줄 관【官】임관(任官)함.
官人益秩『荀子』

벼슬 줄 배【拜】관작(官爵)을 수여 함.
拜大將『史記』

벼슬 줄 작【爵】위계(位階)를 수여함.
爵之大夫『史記』

벼슬 줄 제【除】임관(任官)함. 除授. 除任.
卿除吏盡未『十八史略』

벼슬차례 :

벼슬차례 계【階】벼슬의 등급. 階級. 位階.
有勳有階『唐書』

벼슬차례 품【品】관위(官位)의 차서(次序).
品秩. 外官不過九品『國語』

벼슬하다 : 벼슬살이를 함.

벼슬할 사【仕】四十曰强而仕『禮記』

벼 싹 나다 :

벼 싹 날 흘【秇】도생(稻生).

벼 여물다 :

벼 여물 추【稵】稻稵實.

벼 여물지 않다 :

벼 여물지 않을 광【穬】稻不熟.

벼와 기장 무성하다 :

벼와 기장 무성할 유【秞】禾黍並盛.

벼 움나다 :

벼 움날 부【秜】再生稻.

벼이름 :

벼이름 아【稏】䆉稏.

벼이름 파【䆉】䆉稏. 벼의 한 가지.
轉頭䆉稏秋風黃『方岳』

벼이삭 : 낫으로 벤 벼의 이삭.

벼이삭 교【稿】화수(禾穗).

벼이삭 도【稌】화수(禾穗).

벼이삭 속【稶】화수(禾穗).

벼이삭 수【采】화수(禾穗).

벼이삭 질【銍】二百里納銍『書經』

벼이삭 질【稄】화수(禾穗).

벼 이삭 고개 숙이다 :

벼 이삭 고개 숙일 리【穋】禾華穋穋.

벼 이삭 뭇 : 뭇은 볏단의 하나.

벼 이삭 뭇 타【秅】禾三十車 車三秅『儀禮』

벼 이삭 숙이다 :

벼이삭 숙일 비【秠】禾穗垂貌.

벼 익다 :

벼 익을 수【采】화성(禾成).

벼 익어 누렇다 :

벼 익어 누를 권【稛】禾熟黃.

벼 저절로 나다 :

벼 저절로 날 려【穭】自生稻.

벼 죽다 :

벼 죽을 치【稀】화사(禾死).

벼쭉정이 :

벼쭉정이 섬【襳】穖襳, 禾不實.

벼 차지지 않다 :

벼 차지지 않을 분【穦】稻不黏.

벼 처음 익다 :

벼 처음 익을 령【秴】稻始熟.

벼훑이 : 벼를 훑는 농기구의 일종.

벼훑이 천【籛】扱稻具.

벽 :

벽 벽【壁】바람벽. 土壁. 蟋蟀在壁『禮記』

벽돌 : 흙으로 구워 만든 장방형 또는 정방형의 돌.

벽돌 벽【甓】瓦甓. 中庸有甓『詩經』

벽돌 적【甋】瓴甋夸瑓瑶魚目笑明月『張協』

벽돌 전【塼】전(甎)과 동자(同字). 塼甓.
聚塼修井『風俗通』

벽돌 전【磚】전(甎)과 동자(同字). 古者生女三
日臥之牀下 弄之瓦磚而齋告焉
『後漢書』

벽돌 전【甎】層甎起塔『唐書』

벽돌 추【甃】지면에 까는데 씀.
缺甃之崖『莊子』

벽돌 길 :

벽돌 길 개【祴】벽돌을 깐 길.

벽돌우물 :

벽돌우물 구【礑】추정(甃井).

벽력 :

벽력 벽【礔】벽(霹)과 동자(同字).
礔礰激而增響『張衡』

벽 없는 방 :

벽 없는 방 황【皇】列坐堂皇土『漢書』

벽오동나무 : 오동과에 속하는 낙엽교목.

벽오동나무 오【梧】梧桐. 舍其梧檟 養其樲棘
『孟子』

벽옹(辟廱) : 고대(古代)의 대학교(大學校) 또는
천자(天子)의 학교(學校).

벽옹 옹【廱】辟廱. 於樂辟廱『詩經』

벽제(辟除) : 지위 높은 사람이 지나갈 때 구종별
　배(驅從別陪)가 도로를 경비하여 잡인(雜人)의
　통행(通行)을 못하게 하던 일.
　벽제 필【蹕】秦制出警入 蹕『古今注』
벽제하다 : 존귀한 사람이 길을 나설 때 통행을
　금하여 길을 치움.
　벽제할 렬【洌】洌卒淸侯『張衡』
　벽제할 필【蹕】掌蹕宮中之事『周禮』
벽틈 :
　벽틈 희【閧】閧虛, 벽극(壁隙).
변 :
　변 변【邊】
　　㉠ 문자(文字)의 좌문(左文).
　　㉡ 다각형(多角形)을 둘러싼 선. 等邊三角形.
　변 변【籩】대오리로 결어서 만든 과실을 담는
　　　제기. 籩豆. 籩은 과일이나 포(脯)를
　　　담는 제기(祭器) 이고 두(豆)는 식혜
　　　김치 등을 담는 나무로 만든 제기
　　　(祭器).
　변 산【簋】변(籩)의 한가지로 제사에 쓰는 그릇.
　　　玉豆雕簋『禮記』
　변 식【息】利子. 利息. 不能與其息『史記』
　변 편【偏】한자(漢字)의 변(邊). 방(旁)의 대(對).
　　　强尋偏傍推點畫『蘇軾』
변경(邊境) :
　변경 예【裔】변방. 四裔. 裔羮之俘『左傳』
변경하다 : 달라짐. 또 달라지게 함.
　변경할 투【渝】渝移. 渝盟無享國『左傳』
변고(變故) :
　변고 변【變】
　　㉠ 사변(事變), 예사(例事)에 어그러진 큰 일.
　　　卒然有非常之變『漢書』
　　㉡ 모반. 반란. 舍人弟上變『史記』
변기(便器) : 대소변을 받아 내는 그릇.
　변기 투【牏】廁牏身自浣滌『史記』
　변기 위【楲】楲窬. 楲虎子也 古之受大小溲者
　　　皆以虎子呼之『賈逵』
변명하다 :
　변명할 형【營】변해(辨解)함.
　　　　口將營之『莊子』
변방(邊方) : 국경의 황무지. 또 벽촌(僻村).
　변방 구【氿】我征徂西 至于氿野『詩經』
　변방 변【邊】
　　㉠ 국경지대. 邊備. 重兵多在邊『李商隱』
　　㉡ 국경의 방비. 願輸家財牛 助邊『漢書』
　　㉢ 국경의 소요. 不能生邊『潛夫論』
　변방 병【屛】변읍(邊邑). 두메.
　　　　其杜邊邑 曰某屛之臣某『禮記』

변방 새【塞】변경(邊境). 邊塞. 秦敢絶塞而伐韓
　　　者 信於周也『戰國策』
변방 수【陲】국경(國境) 지방.
　　　連兵於邊陲『史記』
변방 수【垂】邊境. 虔劉我邊垂『左傳』
변방 어【圉】邊境. 邊圉.
　　　亦聊以固我圉也『左傳』
변방 역【場】國境. 邊境. 君之彊場『左傳』
변방 요【徼】邊徼. 南至牂牁爲徼『史記』
변방 우【宇】邊境. 失其守宇『左傳』
변방 황【荒】邊境. 八荒. 五百里荒服『書經』
변변치 못하다 :
　변변치 못할 록【錄】록(碌)과 동자(同字). 公等
　　　　　　錄錄 所謂因人成事者也
　　　　　　『史記』
변 죽 울리다 : 넌지시 말하여 깨우침.
　변 죽 울릴 풍【諷】諷刺. 以談笑諷諫『史記』
변차(軿車) : 덮개가 있는 부인용 수레.
　변차 변【軿】輜軿. 皇后乘紫闥軿車『後漢書』
변천(變遷)하다 :
　변천할 면【湎】流移變轉하는 모양.
　　　　　　風流民化湎湎紛紛『漢書』
변탕 :
　변탕 탕【錫】호 邊錫, 治木器.
변하다 : 사물, 태도가 변함. 또 마음을 돌이킴.
　변할 궤【恑】變也.
　변할 류【漻】油然漻然『莊子』
　변할 반【幡】幡校四時 冬起雷 夏造氷『列子』
　변할 번【翻】翻志.
　변할 변【變】變遷. 動則變『中庸』
　변할 와【訛】平秩南訛『書經』
　변할 이【貳】㉠ 변심함. 夭壽不貳『孟子』
　　　　　　㉡ 변화함. 事成不貳『國語』
　변할 투【渝】달라짐. 또 달라지게 함. 渝移.
　　　　　　渝盟無享國『左傳』
　변할 특【忒】변경됨. 享祀不忒『左傳』
　변할 표【麃】새의 털빛이 변함.
　　　　　　鳥麃色而沙鳴『禮記』
　변할 환【幻】변화함. 神五色干變幻『王光蘊』
변화(變化) : 고쳐져 달리 되는 일.
　변화 변【辨】御六氣之辨『莊子』
　변화 변【變】전화(轉化).
　　　　　　達萬物之變精於物數『十八史略』
　변화 화【化】변전(變轉). 소장(消長).
　　　　　　可與言化『呂氏春秋』
별 :
　별 성【星】
　　㉠ 하늘의 작은 천체. 曆象日月星辰『書經』

ⓛ 별은 일 년에 하늘을 일주(一周)한다 하여
　　세월, 광음의 뜻으로 씀. 星霜.

　　　　　物換星移幾度秋『王勃』

별 태【台】上台 中台 下台 三台六星『晋書』

별관(別館) : 정원. 안에 휴식하기 위하여 세운
　　건물.

　별관 관【館】離宮別館.

별꽃 : 너도개미자리과에 속하는 일년초. 잎은 광
　　란형(廣卵形)이며 흰빛의 잔 오판화(五瓣花)가
　　핌.

　별꽃 번【蘩】蘩蔞. 별꽃.

별명(別名) :

　별명 원【諢】諢名. 별명. 작호(綽號).

　　　　　起他一箇諢名『水滸傳』

별박이 : 이마에 흰 점이 박힌 말. 별박이.

　별박이 적【馰】馰顙. 대성마(戴星馬).

　　　　　馰顙白顚『爾雅』

별 반짝거리다 :

　별 반짝거릴 혜【暳】衆星貌.

별 반짝반짝하다 :

　별 반짝반짝할 제【晢】明星晢晢『詩經』

별빛 찬란하다 :

　별빛 찬란할 제【晰】晰晰星光 明星晰晰『詩經』

별안간(瞥眼間) : 갑자기. 눈 깜작할 사이. 벼란
　　간의 변한 말.

　별안간 발【敠】발(勃)과 동자(同字). 卒然.

　별안간 암【黯】黯然. 갑자기.

　　　　　黯然而雷擊之『荀子』

　별안간 잠【暫】倉卒間. 武夫力而拘諸原 婦人暫
　　　　　而免諸國『左傳』

　별안간 조【誂】

　　　ⓐ 돌연히. 誂合刃于天下『淮南子』

　　　ⓛ 암연(黯然). 誂誂而雷擊之『荀子』

별안간 달아나다 :

　별안간 달아날 굴【趉】卒起而走.

　별안간 달아날 전【趨】졸주(猝走).

별이름 : 이십팔수(二十八宿)의 각 이름.

　별이름 각【角】동방(東方)에 있는 청룡(靑龍)의
　　　　　수성(水星)임. 角宿未旦『漢書』

　별이름 귀【鬼】주작칠수(朱雀七宿)의 제이성(第
　　　　　二星).

　별이름 규【奎】백호칠수(白虎七宿)의 첫째 성수
　　　　　(星宿)로서 열여섯별로 구성(構
　　　　　成)되었으며 문운(文運)을 맡았
　　　　　다고 함. 奎宿. 奎文.

　　　　　奎曰封豕 爲溝瀆『史記』

　별이름 기【箕】창룡칠수(蒼龍七宿)의 맨끝 성수
　　　　　(星宿)로서 별 넷으로 구성(構

成)되었음. 箕宿.

　　　　　維南有箕『詩經』

별이름 두【斗】남북(南北)에 있는 성수(星宿)의
　　　　　이름. 북쪽에 있는 일곱별을 北
　　　　　斗, 남쪽에 있는 별을 南斗라함.

　　　　　日中見斗『易經』

별이름 루【婁】백호(白虎)의 둘째 성수(星宿)로
　　　　　서 별 셋으로 구성(構成)됨. 婁
　　　　　宿.

별이름 류【柳】주작칠수(朱雀七宿)의 제삼성(第
　　　　　三星)으로 별 여덟 개로 구성
　　　　　(構成)됨.

　　　　　季夏九月日在柳『禮記』

별이름 묘【昴】백호칠수(白虎七宿)의 넷째 성수
　　　　　(星宿)로서 별 일곱으로 구성
　　　　　(構成)되었음. 昴宿.

　　　　　日短星昴『書經』

별이름　미【尾】창룡칠수(蒼龍七宿)의　여섯째
　　　　　성수(星宿)로서 열아홉별로 구
　　　　　성(構成)되었음. 尾宿.

　　　　　龍尾伏辰『左傳』

별이름 방【房】창룡칠수(蒼龍七宿)의 넷째 성수
　　　　　(星宿)로서 별 넷으로 구성(構
　　　　　成)되었음. 房宿.

별이름 벽【壁】현무칠수(玄武七宿)의 끝 성수
　　　　　(星宿)로서 별 둘로 구성(構成)
　　　　　됨. 壁宿.

별이름 삼【參】서방에 있으며 세별로 이룸.

　　　　　維參與昴『詩經』

별이름 성【星】주작칠수(朱雀七宿)의 제사성(第
　　　　　四星)으로 남방에 속하며 별
　　　　　일곱으로 구성(構成)됨.

　　　　　七星, 一名天都『隋書』

별이름 실【室】현무칠수(玄武七宿)의 여섯째 성
　　　　　수(星宿)로서 별 둘로 구성
　　　　　(構成) 됨. 室宿.

　　　　　孟春之月 日在營室『禮記』

별이름 심【心】창룡칠수(蒼龍七宿)의 다섯째 성
　　　　　수(星宿)로서 별 셋으로 구성
　　　　　(構成)되었음. 心宿.

별이름 여【女】현무칠수(玄武七宿)의 셋째 성수
　　　　　(星宿)로서 별 셋으로 구성(構
　　　　　成) 됨. 女宿.

별이름 우【牛】견우성(牽牛星).

　　　　　徘徊於斗牛之間『蘇軾』

별이름 위【胃】백호(白虎)의 제삼수(第三宿).
　　　　　서방(西方)에 있음.

　　　　　季春之月 日在胃『禮記』

별이름 위【危】북방(北方)에 있음.

玄武之宿 虛危之星『左傳註』

별이름 익【翼】남방(南方)의 성수(星宿).
　　　　　昏翼中『禮記』

별이름 자【觜】백호(白虎)의 제육성수(第六星
　　　　　宿). 觜䲹.

별이름 장【張】주작칠수(朱雀七宿)의 제오성(第
　　　　　五星)으로 별 여섯으로 구성
　　　　　(構成)됨. 張宿.

별이름 저【氐】청룡칠수(靑龍七宿)의 셋째 성수
　　　　　(星宿)로서 별 넷으로 구성(構
　　　　　成)되었음. 氐宿.
　　　　　氐四星東方之宿 氐者言萬物皆至
　　　　　也『史記』

별이름 전【嫥】女嫥, 星名.

별이름 정【井】仲夏之月, 日在東井『禮記』

별이름 진【軫】軫爲車主風『史記』

별이름 필【畢】서방(西方)에 있음.
　　　　　趙地昴畢之分野『漢書』

별이름 항【亢】동쪽에 있음. 仲夏之月 日在東
　　　　　井 昏亢中 且危中『禮記』

별이름 허【虛】虛星. 里虛『書經』

별자리 :

별자리 야【野】성수. 分野. 七宿畫野『張衡』

별장(別莊) : 살림을 하는 본집 이외에 피서(避
　　暑)와 피한(避寒)을 위하여 경치 좋은 곳에 따
　　로 지어 놓고 이따금 가서 묵으며 휴양(休養)
　　하는 집.

별업 서【墅】別莊. 圍碁賭別墅『晉書』

별장 유【游】囿游亦如之『周禮』

별장 장【莊】得裴度午橋莊『宋史』

볏 : 닭이나 꿩 등의 두부에 있는 톱니 모양의 붉
　　은 살 조각.

볏 관【冠】계관(鷄冠). 冠距. 聖人見鳥獸有冠角
　　　　　頹胡 遂制冠冕纓綏『後漢書』

볏 책【幘】계관(鷄冠). 金如鷄幘丹『梅堯臣』

볏가리 :

볏가리 률【稤】稤稤, 積禾貌.

볏가리 부【稫】禾積積.

볏가리 자【稓】積禾.

볏가리 졸【稡】禾聚貌.

볏가리 찬【攢】禾聚積貌.

볏가리 충【稥】積禾.

볏단 : 베어 묶은 벼의 단.

볏단 거【筥】벤 벼의 네 묶음.
　　　　　四秉曰筥『儀禮』

볏단 륜【稐】속화(束禾).

볏단 선【稛】화속(禾束).

볏단 제【穧】有不斂穧『詩經』

볏단 종【稯】벼 마흔 뭇을 묶은 것.
　　　　　四秉曰筥 十筥曰稯『周禮』

볏단 총【穗】총(稯)과 동자(同字). 穗 禾聚束
　　　　　也 亦通作總 百里賦納總『書經』

볏 뭇 : 한 움큼의 볏단.

볏 뭇 병【秉】彼有遺秉『詩經』

볏짚 : 벼의 낟알을 떨어낸 줄기.

볏짚 간【秆】간(稈)과 동자(同字).
　　　　　或取一秉秆『左傳』

볏짚 갈【秸】莞簟之安, 而藁秸之設『禮記』

볏짚 공【稓】稿也. 稈也.

볏짚 기【機】機, 禾穎貫穗者.

볏짚 설【稧】벼의 줄기.

볏짚 익【秇】稈也.

병 : 이수(二豎). 진(晉)나라 경공(景公)이 병으로
　　누워 있을 때 병마(病魔)가 아이 둘로 화신(化
　　身)하여 왔다는 고사(故事)에서 나온 말.

병 막【瘼】질병(疾病). 폐해(弊害). 疾瘼. 民瘼.

병 매【痗】질병(疾病).

병 민【痻】질병(疾病). 多我觀痻『詩經』

병 병【病】
　　㉠ 질환(疾患). 疾病.
　　　　猶七年之病求三年之艾也『孟子』
　　㉡ 성벽(性癖). 나쁜 버릇. 病癖.
　　　　好辭工書 皆癖病也『柳宗元』
　　㉢ 흠. 병통(病痛). 誠中弘之病『史記』

병 아【疴】아(痾)와 동자(同字).
　　　　　時卽有口疴『漢書』

병 양【恙】양(恙)과 동자(同字). 恙也. 病也.

병 양【恙】원래는 사람을 무는 독충(毒蟲)의
　　　　　이름. 태고에 사람들이 벌레의 해독
　　　　　을 많이 입었으므로 인신(引伸)하여
　　　　　병(病), 근심 등의 뜻으로 쓰이며 남
　　　　　의 안부를 물을 때 無恙乎라함.

병 양【痒】질병(疾病).

병 어【瘀】질병(疾病). 八爲疾瘀『太玄經』

병 우【憂】질병(疾病).
　　　　　㉠ 某有負薪之憂『禮記』
　　　　　㉡ 某有采薪之憂『孟子』

병 제【癠】㊀ 病也.

병 질【疾】
　　㉠ 질병. 疾患. 父母唯其疾之憂『論語』
　　㉡ 不具. 老者疾者『周禮』
　　㉢ 버릇. 성벽. 有笑疾『晉書』
　　㉣ 결점. 흠. 中諸侯之疾『史記』
　　㉤ 해독을 끼치는 것. 山藪藏疾『左傳』

병 차【瘥】질병. 一善禳衆瘥『葉適』

병 환【患】질병. 內患. 有眼患『南史』

병 : 술, 물 같은 것을 담은 그릇.

병 뢰【罍】중턱이 불룩한 병.
　　　實壺鑘瓶甊以偵之『潘岳』

병 루【甊】瓶也.

병 병【瓶】酒瓶. 毀其瓶『左傳』

병 앵【罃】목이 긴 병.

병 용【甬】瓶也.

병 유【䍃】瓶也.

병 호【壺】배가 불룩한 병. 壺漿.
　　　八壺設于西序『儀禮』

병 호【瓠】질로 만든 병. 질병.
　　　寶康瓠『漢書』

병가 : 창. 칼. 따위를 걸어두는 틀.

　병가 란【闌】車上兵闌『左傳』

병거(兵車) : 전쟁에 쓰는 수레.

　병거 돈【軘】전차(戰車)의 일종으로 수비(守備)
　　　　하는데 씀. 使軘車逆之『左傳』

　병거 동【橦】적진(敵陣)을 돌파(突破)하는 전차
　　　　(戰車). 楯櫓鉤橦『晉書』

　병거 림【臨】戰車. 與爾臨衝『詩經』

　병거 분【轒】전차(戰車). 轒轀臨衝『六韜』

　병거 원【轀】전차(戰車). 轒轀臨衝『六韜』

　병거 충【衝】적진(敵陣)에 쳐들어가도록 만든
　　　　수레. 與爾臨衝『詩經』

　병거 파【鈀】晨夜內鈀車『司馬法』

　병거 팽【輣】作輣車鏃矢『史記』

　병거 편【苹】苹車는 적(敵)에 대하여 자기(自己)
　　　　를 가리키는 병거(兵車).

병기 : 날이 있는 무기.

　병기 봉【鋒】天下精銳持鋒『史記』

병기 얹는 시렁 :

　병기 얹는 시렁 용【桶】兵器挿架.

병 낫다 :

　병 나을 료【瘹】요(療)와 동자(同字).
　　　　　病消曰瘹『博雅』

　병 나을 료【療】요(瘹)와 동자(同字). 治病.

병든 맥 가운데 허하다 :

　병든 맥 가운데 허할 규【扎】病脈旁實中空.

병든 사람 보다 :

　병든 사람 볼 미【覕】病人視貌.

병들게 하다 :

　병들게 할 관【瘝】瘝厥君『書經』

　병들게 할 막【瘼】瘼此下民『詩經』

병들다 :

　병들 관【瘝】瘝厥君『書經』

　병들 단【疸】病也.

　병들 단【癉】앓음. 下民卒癉『詩經』

　병들 라【瘰】畜産疫病.

　병들 막【瘼】앓음. 또 괴로워 함. 고생함.

　　　亂離瘼矣『詩經』

병들 서【癙】너무 근심한 나머지 속이 타서 앓음.
　　　癙憂以痒『詩經』

병들 온【瑥】病也.

병들 외【瘣】부스럼이 곁에서 남. 瘣, 病也,
　　　㉠ 一曰腫旁出『說文解字』
　　　㉡ 譬彼瘣木『詩經』

병들 유【痩】죄인이 옥중에서 기한(飢寒) 또는
　　　　고민으로 말미암아 병듦.
　　　痩死獄中『漢書』

병들 지【瘠】病也.

병들 췌【瘁】앓음. 唯躬是瘁『詩經』

병들 췌【顇】췌(悴). 췌(瘁)와 동자(同字).
　　　贏馬顇奴僅充而已『顔氏家訓』

병들어 피곤하다 :

　병들어 피곤할 리【羸】병피(病疲).

병들어 눕다 :

　병들어 누울 녁【疒】병으로 자리에 누움.

병들어 몸이 오그라지다 :

　병들어 몸이 오그라질 련【癴】病體拘曲.

병들어 죽다 :

　병들어 죽을 반【瘷】병사(病死).

병부(兵符) : 사신 또는 대장이 가진 신표.

　병부 절【卩】절(節)의 고자(古字).

　병부 절【節】符節. 節鉞.
　　　上使泄公持節問之『漢書』

병선(兵船) : 적함에 돌격하도록 만든 배.

　병선 충【衝】蒙衝.

병신 :

　병신 기【畸】불구(不具). 畸形.

　병신 기【倚】기(畸)와 통용. 불구(不具).
　　　南方有倚人焉『莊子』

병 심하다 :

　병 심할 아【疨】痄疨, 병심(病甚).

병아리 : 닭의 새끼.

　병아리 구【穀】계자(鷄子).

　병아리 련【健】鷄小子.

　병아리 무【鷔】계추(鷄雛).

　병아리 여【雊】계자(鷄子).

　병아리 추【雛】力不能勝一匹雛『孟子』

병아리 부르는 소리 :

　병아리 부르는 소리 주【咮】鷄呼雛聲咮咮.

병어 :

　병어 창【鯧】어명(魚名), 일명(一名), 鯧鯿魚.

　병어 편【鯾】편(鯿)과 동자(同字). 방어(魴魚).

병으로 번민하다 :

　병으로 번민할 분【瘋】병민(病悶).

병이름 :

병이름 루【漏】痔漏. 腦漏 따위.

병장기(兵仗器):

　병장기 간【鐗】병기(兵器).

　병장기 계【械】械謂弓矢戈矛戟也『周禮』

　병장기 무【武】병기(兵器). 무기(武器). 武庫.

　병장기 병【兵】兵器. 兵甲. 持兵而鬪『世說』

　병장기 융【戎】戎馬. 以習五戎 五戎 弓殳矛戈
　　　　　　　戟也『禮記』

　병장기 장【仗】검극(劍戟)같은 무기(武器).
　　　　　　　兵仗. 開仗. 被甲持仗『晉書』

병 전염하다:

　병 전염할 주【疰】병염(病染).

병풍(屏風):

　병풍 병【屏】屏障. 惟幕衾屏『南史』

　병풍 의【扆】斧扆는 도끼의 두부(頭部)의 모양
　　　　　　　을 수놓은 병풍(屏風)으로서 천자
　　　　　　　(天子)의 거처에 침.
　　　　　　　天子斧扆 南鄉而立『禮記』

　병풍 장【障】집에서 가려 막는 물건. 屏障.
　　　　　　　金雞大障『唐書』

　병풍 저【邸】방 안 같은 데 둘러치는 제구.
　　　　　　　張氈案設皇邸『周禮』

병화(兵火): 난리(亂離) 때문에 일어나는 불.

　병화 선【燹】兵燹.

볕:

　볕 경【景】景竟也, 明所照有竟限也『爾雅』

볕 기운:

　볕 기운 양【昜】양(陽)의 속자. 양기(陽氣).

볕 쪼여 말리다:

　볕 쪼여 말릴 표【曝】曬乾物.

볕 쪼이다:

　볕 쪼일 궁【焪】曝也.

　볕 쪼일 박【曝】曝也.

　볕 쪼일 속【曝】曝也.

보:

　보 멱【幎】상보. 책보. 簠有蓋幎『儀禮』

　보 보【洑】🈂︎ 논에 물을 대기 위하여 둑을 쌓
　　　　　　고 흐르는 물을 받아 두는 곳.

　보 보【簠】서직(黍稷)을 담는 대로 만든 제기
　　　　　　(祭器). 안은 둥글고 밖은 네모짐.
　　　　　　兩簠繼之『儀禮』

　보 복【袱】包袱. 就樓角壽得一小袱 封記如故
　　　　　　『撫靑雜記』

　보 붕【堋】관개(灌漑)하기 위하여 막은 둑.
　　　　　　堋有左右口 謂之湔堋『水經注』

　보 알【堨】治吳塘諸堨 以漑稻田『魏志』

　보 언【堰】堰堤. 立堰漑田千餘頃『南史』

보고 그치다:

보고 그칠 전【瞋】視而止.

보금자리: 새의 둥우리.

　보금자리 과【窠】窠臼. 鵲構窠『西陽雜俎』

　보금자리 서【棲】새집. 鳴鳳無卑棲『孟郊』

　보금자리 족【蔟】駿蟻棲兮柴蔟『王逸』

보기 흉하다:

　보기 흉할 발【尵】惡也.

보내다:

　보낼 견【遣】

　　㉠ 용무를 띄워 보냄. 派遣. 遣使.

　　㉡ 부쳐줌. 書遣于策『儀禮』

　　㉢ 용서하여 보냄. 平遣囚徒『後漢書』

　　㉣ 쫓아 보냄. 醉而遣之『左傳』

　보낼 궤【餽】

　　㉠ 음식을 보내 줌. 亟餽鼎肉『孟子』

　　㉡ 물품을 보내 줌. 王餽兼金一百『孟子』

　　㉢ 운송함. 千里負擔餽饟『漢書』

　보낼 궤【饋】

　　㉠ 음식을 보내 줌. 老弱饋食『孟子』

　　㉡ 물건을 보내 줌. 有饋其兄生鵝 者『孟子』

　보낼 귀【歸】물건을 줌. 歸孔子豚『論語』

　보낼 달【達】전(傳)하여 줌. 配達. 傳達. 送達.
　　　　　　達之以旌節『周禮』

　보낼 발【發】떠나 보냄. 또 파견함.
　　　　　　王何不發將而擊之『戰國策』

　보낼 봉【賵】죽은 사람을 장사 지내는데 필요한
　　　　　　車馬를 보냄. 또 그 거마.
　　　　　　歸惠公仲子之賵『春秋』

　보낼 세【稅】물건을 보냄. 不敢稅人『禮記』

　보낼 송【送】

　　㉠ 물건을 부쳐 줌. 증여함.
　　　　　　富貴者送人以財『史記』

　　㉡ 이별함. 전송함. 送別. 送往迎來『中庸』

　　㉢ 가게 함. 送舊迎新.
　　　　　　送夕陽迎新月『王禹偁』

　보낼 수【酬】손을 대접하고 또 재화(財貨)를 보
　　　　　　내 줌. 主人酬賓 束帛儷皮『儀禮』

　보낼 수【輸】화물을 운송함. 輸送.
　　　　　　輸粟於晉『左傳』

　보낼 신【申】문서를 보냄. 송치함.
　　　　　　所以申信『禮記』

　보낼 왕【往】물건을 보내 줌.
　　　　　　今往僕少小所著辭賦一通『曹植』

　보낼 운【餫】식량을 보냄. 宣伯餫諸穀『左傳』

　보낼 유【遺】물건을 보냄.
　　　　　　丈馬三十駟 遺魯君『史記』

　보낼 이【詒】이(貽)와 통용. 증여(贈與)함.
　　　　　　叔向使人詒子産書『左傳』

　보낼 잉【媵】送也.

보낼 장【將】將迎. 百兩將之『詩經』
보낼 재【齎】증여함. 또는 보내줌. 또 그 물품.
　　　　　齎送. 齎貸子錢『史記』
보낼 전【餞】지나가게 함. 餞春.
　　　　　寅餞納日『書經』
보낼 치【致】부쳐 줌. 致書.
　　　　　秀孫行文如宋致女『春秋』
보낼 해【解】지방의 학문, 덕행이 뛰어난 자를
　　　　　서울에 보내어 과거를 보게 함을
　　　　　發解. 解送이라 함. 인신(引伸)하여
　　　　　널리 보내는 뜻으로 쓰임. 解發.
　　　　　(임명하여 보냄) 解犯.(범죄자를
　　　　　호송함) 解餉.(군량을 보냄)
보낼 행【行】行軍. 激而行之 可使在山『孟子』
보낼 향【餉】밥, 기타 음식을 보냄.
　　　　　以黍肉餉『孟子』
보낼 희【饎】음식을 보냄. 饎之以其禮『儀禮』
보내주다 :
보내줄 이【貽】유송(遺送).
보다 :
볼 간【看】
　㉠ 바라 봄. 看伺空隙『吳志』
　㉡ 자세히 봄. 眼看人盡醉『王維』
볼 감【瞰】
　㉠ 내려다 봄. 雲車千餘 瞰臨城中『後漢書』
　㉡ 멀리 바라봄. 眺望함. 東瞰目盡『揚雄』
볼 감【鑑】
　㉠ 거울 같은 것에 비추어 봄.
　　　無鑑于水『國語』
　㉡ 살펴 봄. 고찰함. 魏不審鑑『諸葛亮』
　㉢ 식별(識別)함. 鑑識. 鑑別.
　　　其漿拔人士 皆如所鑑『後漢書』
볼 감【監】위에서 내려다 봄.
　　　　　天監在下『詩經』
볼 견【見】
　㉠ 눈으로 봄. 行其庭不見其人『易經』
　㉡ 발견함. 見賢不能舉『大學』
　㉢ 대면함. 만나 봄.
　　　君欲見之召之 則不往見之『孟子』
　㉣ 생각함. 以余所見.
볼 경【罥】놀라 눈을 휘둥그렇게 하고 봄.
　　　　　目罥絶系『素問』
볼 관【觀】
　㉠ 사물을 잘 주의하여 봄. 觀察. 諦觀.
　　　視其所爲 觀其所由『論語』
　㉡ 경치 같은 것을 봄. 觀花. 觀月.
　　　諸將皆從壁上觀之『史記』
　㉢ 구경 대상. 壯觀. 美觀.
　　　吾何修而可以比於先王觀也『孟子』

　㉣ 생각하여 봄. 由是觀之.
　㉤ 멀리 바라 봄. 觀望. 眺觀.
　㉥ 엿봄. 추이를 관망함.
　　　釋趙養民 以觀諸侯之變『戰國策』
　㉦ 천문을 봄. 觀測.
　　　觀天地變化 陰陽消長『十八史略』
볼 근【覲】군신과 회견(會見)함.
　　　　　日覲四岳羣牧『書經』
볼 도【睹】도(覩)와 동자(同字). 目睹.
　　　　　以陰陽爲端, 故情可睹也『禮記』
볼 도【覩】도(睹)와 동자(同字).
　　　　　聖人作而萬物覩『易經』
볼 동【瞳】무심히 보는 모양.
　　　　　女瞳焉如新生之犢『莊子』
볼 락【睩】眮也. 吳揚江淮謂眮曰睩『揚雄』
볼 람【覽】
　㉠ 두루 봄. 博覽. 登玆泰山周覽東極『史記』
　㉡ 생각하여 봄. 살펴봄.
　　　每覽昔 人興感之由『王羲之』
볼 록【睩】삼가 보는 모양.
　　　　　哀世今睩睩『王逸』
볼 륙【𥅛】見也.
볼 리【覼】視也.
볼 리【瞡】죽 봄. 다니며 봄. 瞡九州『賈誼』
볼 린【睩】바라봄. 睩悍目以旁睞『潘岳』
볼 만【矕】바라봄. 右矕三塗『後漢書』
볼 맥【覛】古者太史 順時覛土『國語』
볼 멱【眽】眽隆周之大寧『揚雄』
볼 멱【覛】곁눈질하여 봄.
　　　　　覛往昔之遺館『張衡』
볼 명【覭】조금 봄.
볼 모【䁑】觀也.
볼 상【相】
　㉠ 관찰함. 시찰함. 相鼠有體『禮記』
　㉡ 점(占), 상(相) 같은 것을 봄. 觀相.
　　　能相人『左傳』
볼 서【胥】눈으로 봄. 聿來胥宇『孟子』
볼 소【眎】見也.
볼 소【釗】만나 봄. 釗我周王『逸周書』
볼 시【眎】시(視)의 고자(古字).
　　　　　㉠ 眎于冥冥聽于無聲『文子』
　　　　　㉡ 以眎羌虜『漢書』
볼 시【眂】시(視)와 동자(同字).
　　　　　王眂治朝 則贊聽政『周禮』
볼 시【視】
　㉠ 정신을 차려 봄. 자세히 봄. 熟視.
　　　視之而不見『中庸』
　㉡ 엿봄. 莫不竊視『漢書』
　㉢ 자세히 보아 살핌. 視遠惟明『書經』

㉣ 맡아 봄. 주관함. 視政. 視事.
　　　　親往視之『呂氏春秋』
㉤ 대우함. 善視之『左傳』
㉥ 취급함. 君之視臣如手足『孟子』
㉦ 삶. 莫不欲長生久視『呂氏春秋』
㉧ 보는 일. 視野. 山原曠其盈視『王勃』
볼 시 【示】 시(視)와 통용.
　　　　其如示諸斯乎『論語』
볼 심 【瞫】 몰래 봄. 또 아래를 내려다 봄.
볼 안 【眼】 눈으로 봄. 偸眼艶陽天『杜甫』
볼 안 【案】 자세히 봄. 案程度『淮南子』
볼 적 【覿】 알현(謁見)함. 예물(禮物)을 가지고
　　　　　만남. 私覿愉愉如也『論語』
볼 전 【靦】
　㉠ 사람을 면대(面對)하고 보는 모양.
　　　　有靦面目『詩經』
　㉡ 면목(面目)이 있어 사람을 보는 모양.
　　　　余雖靦然而人面哉 吾猶禽獸『國語』
볼 점 【占】 알려고 자세히 살펴봄.
　　　　占祲兆『荀子』
볼 제 【題】 자세히 봄. 題彼脊令『詩經』
볼 제 【睼】 맞이하여 봄. 親所睼而弗識『張衡』
볼 조 【頫】 자세히 봄. 流目頫乎衡阿『張衡』
볼 조 【覜】 회견(會見)함. 享覜有璋『左傳』
볼 준 【睃】 視也.
볼 진 【診】
　㉠ 눈으로 봄. 上方診視『後漢書』
　㉡ 병상(病狀)을 살핌. 診察. 診脈.
　　　　診切其脈『史記』
　㉢ 맥에 나타난 증상.
　　　　病名多同而診異 或不死何也『史記』
볼 찬 【覸】 見也.
볼 첨 【瞻】
　㉠ 우러러 봄. 瞻仰. 瞻彼明『詩經』
　㉡ 임하여 봄. 視瞻無回『禮記』
　㉢ 바라봄. 乃瞻衡宇 載欣載奔『陶潛』
볼 첨 【詹】 첨(瞻)과 통용. 顧詹有河『史記』
볼 초 【俶】 視也.
볼 초 【瞧】 몰래 봄. 覩文籍則目瞧『嵇康』
볼 촉 【矚】 주시(注視). 矚目. 凝神遠矚『魏書』
볼 혁 【覛】 見也.
볼 혁 【瞁】 놀라서 눈을 휘둥그렇게 하여 봄.
　　　　心駭神悸瞁睰而不敢進『周邦彦』
볼 혜 【眭】 잘 보는 모양. 眭然能視『淮南子』
볼 후 【候】 살핌. 候寒溫『物理論』
볼 휼 【矞】 깜짝 놀라며 보는 모양.
　　　　矞然視之『荀子』
보다는 :
보다는 여 【與】 비교하는 말.

禮與其奢也寧儉『論語』
보답하다 :
　보답할 대 【對】 갚음. 以對于天下『詩經』
보따리 :
　보따리 임 【任】 등에 매는 보따리.
　　　　門人治任將歸『孟子』
보라 빛 : 적색(赤色)과 청색(青色)의 간색(間色).
　보라 빛 추 【緅】 君子不以紺緅飾『論語』
보람 :
　보람 공 【功】 효험(效驗). 勞而無功 禱請功兼造
　　　　　化功『羅隱』
　보람 험 【驗】 효능(效能). 效驗. 有驗.
　　　　　驗左近而求之遠『淮南子』
　보람 효 【效】 효험(效驗). 效果.
　　　　　儒者己誠之效『漢書』
보루 :
　보루 도 【壔】 성채(城砦).
　보루 보 【保】 보(堡)와 통용. 四鄙入保『禮記』
　보루 새 【塞】 본성(本城)에서 떨어져 있는 작은 성.
　　　　　塞上敍軍功『黃允文雜纂』
　보루 오 【塢】 작은 성. 성채. 塢壁.
　　　　　築塢于郿『後漢書』
　보루 용 【墉】 작은 성(城). 성채(城砦).
　　　　　列墉分戍『唐順之』
　보루 장 【障】 변방(邊方)의 요새(要塞). 保障.
　　　　　築亭障『史記』
　보루 집 【集】 국경(國境)의 요새(要塞).
　　　　　險其走集『左傳』
보름 :
　보름 망 【朢】 망(望)과 동자(同字).
　　　　　月滿與日相朢『玉篇』
　보름 망 【望】 삭망(朔望). 月幾望『易經』
보리 : 오곡의 하나. 맥류(麥類)의 총칭(總稱).
　보리 굉 【䅣】 굉(䅣)과 동자(同字). 대맥(大麥).
　　　　　旱稻法 宜五六月暵之 以擬䅣麥
　　　　　『齊民要術』
　보리 굉 【䅣】 麥也.
　보리 래 【來】 맥류(麥類). 貽我來牟『詩經』
　보리 래 【秾】 대맥(大麥). 또는 소맥(小麥).
　보리 리 【釐】 소맥(小麥). 貽我釐牟『漢書』
　보리 맥 【麥】 大麥. 小麥. 裸麥.
　보리 모 【麰】 대맥(大麥).
　　　　　今夫麰麥 播種而耰之『孟子』
　보리 모 【牟】 모(麰)와 동자(同字). 대맥.
　　　　　貽我來牟『詩經』
　보리 보 【菩】 菩提는 범어(梵語) Bodhi의 음역.
보리 까끄라기 :
　보리 까끄라기 망 【䅬】 망(芒)의 속자. 麥芒.

보리떡 :
보리떡 도【麴】맥병(麥餅).
보리떡 련【麰】新麥之餅. 햇보리 떡.
보리떡 발【餑】맥병(麥餅). 麪餑.
보리떡 선【麳】新麥餅. 햇보리 떡.
보리미음 :
보리미음 조【飵】相謁食麥饘.
보리밥 : 쌀에 보리를 혼합하거나, 순 보리로 지은 밥.
보리밥 거【麮】煮麥飯.
보리밥 먹다 :
보리밥 먹을 념【飴】식맥(食麥).
보리밥 먹을 비【餥】餥 食麥飯也 陳楚之間 相謁食麥飯曰餥『說文解字』
보리밭 :
보리밭 한【暵】耕麥地.
보리 볶다 :
보리 볶을 혁【燩】소맥(燒麥).
보리술 :
보리술 리【麳】맥주(麥酒).
보리싸라기 :
보리싸라기 흘【麧】흘(麧)과 통용. 食糠麧『漢書』
보리싸라기 흘【麧】士不厭糠麧『韓愈』
보리씨뿌리다 :
보리씨뿌릴 기【耭】播下麥種.
보리 움 :
보리 움 얼【糵】맥얼(麥糵).
보리죽 :
보리죽 거【麮】夏日則與之麥麮『荀子』
보리 짚 :
보리 짚 견【麲】맥고(麥藁).
보리 짚 견【稍】맥경(麥莖).
보리 짚 현【繭】맥간(麥稈).
보리 퍼올리는 가래 :
보리 퍼올리는 가래 잡【麶】揚麥用杴.
보릿가루 : 보리 쌀. 또는 쌀을 볶아 가루로 만든 것.
보릿가루 솔【麫】맥분(麥粉).
보릿가루 초【麨】授麨蜜處『佛國記』
보릿가루 한【麲】맥분(麥粉).
보릿겨 :
보릿겨 익【麧】麥殼破碎者.
보 막다 :
보 막을 복【垘】洑也. 토옹(土壅).
보 막을 천【垐】土石防水.
보 막아 물대다 :
보 막아 물댈 비【畀】畀田, 壅水漑田.
보배 :
보배 과【裹】재화(財貨). 富之以國裹『管子』
보배 보【葆】보(寶)와 통용. 見穀城山下黃石取而葆祠之『史記』
보배 보【寶】
㉠ 寶物. 寶庫. 寶者玉物之丹名『公羊傳』
㉡ 소중한 사물. 惟善以爲寶『大學』
보배 신【賮】琛賮, 진화(珍貨).
보배 옥【瓄】寶也.
보배 옥【鈺】보화.
보배 진【珍】귀중한 재화. 儒有席上之珍『禮記』
보배 침【琛】자연히 산출되는 아름다운 보물. 寶也. 來獻其琛『詩經』
보배로 여기다 :
보배로 여길 보【寶】소중히 여김. 所寶維賢『書經』
보병(步兵) :
보병 보【步】걷는 군사. 步騎羅些『楚辭』
보살(菩薩) : 菩提는 범어(梵語) Bodhi의 음역. 불도의 정각(正覺). 불지(佛智). 불도(佛道). 정각(正覺)이라 번역함. 菩薩은 보리살타(菩提薩埵)의 준말. 각유정(覺有情)이라 번역(飜譯)함.
보살 보【菩】菩提.
보살 살【薩】菩薩.
보석(寶石) :
보석 류【珋】보석.
보습 : 쟁깃술 끝에 맞추어 쓰는 날. 원래는 나무로 했으나 후세(後世)에 철재(鐵材)로 함.
보습 거【鑺】[호] 리(犁)와 동의.
보습 곽【欔】리야(犁也).
보습 방【耪】나기(鑼器).
보습 사【耜】斲木爲耜『易經』
보습 우【鋙】鍬屬.
보습 위【鍏】리야(犁也).
보습 유【梼】리야(犁也).
보습 유【桵】리야(犁也). 유(梼)와 동자(同字).
보습 지【鏊】전기(田器).
보습 참【鑱】長鑱長鑱白木柄『杜甫』
보습 타【鐯】리관(犁錧).
보습 타【鏅】鈐鏅, 대리(大犁).
보습 화【芣】이화(犁鏵).
보습 날 :
보습 날 별【鐅】리인(犁刃).
보습 날카롭다 :
보습 날카로울 측【畟】畟畟良耜『詩經』
보습의 귀 :

보습의 귀 벽【鏵】 리이(犁耳).

보위(寶位):

　보위 조【阼】寶祚. 천자가 즉위하여 제사를 지
　　　　　내는데 동쪽 층계에서 올라가므로
　　　　　인신(引伸)하여 천자의 자리의 뜻
　　　　　이 되었음. 지금은 조(祚)자를 많
　　　　　이 씀. 踐阼而治『禮記』

보이다:

　보일 견【見】

　　㉠ 눈에 띔. 視而不見, 聽而不聞『大學』

　　㉡ 마음에 해득함. 讀書百遍而義自見『魏略』

　보일 관【觀】㉠ 보게 함. 觀古人之象『書經』

　　　　　　　㉡ 東觀兵至於盟津『十八史略』

　보일 사【似】 갖다 보임.

　　　　　　今日把似君 誰有不平事『賈島』

　보일 시【眎】 시(視)의 고자(古字).

　　　　　　㉠ 眎于冥冥聽于無聲『文子』

　　　　　　㉡ 以眎羌虜『漢書』

　보일 시【眡】 시(視)와 동자(同字).

　　　　　　王眡治朝, 則贊聽政『周禮』

　보일 시【示】㉠ 보게 함. 나타냄. 示威.

　　　　　　示天下弗服『書經』

　　　　　　㉡ 알림. 指示. 教告示.

　　　　　　王武示 之病『戰國策』

　보일 시【礻】 부수명(部首名).

　보일 시【視】 시(示)와 통용.

　　　　　　視項羽無東意『漢書』

　보일 잔【㑞】 나타내어 보임.

　　　　　　共工方鳩㑞功『書經』

　보일 정【程】 정(呈)과 동자(同字).

　　　　　　致飾程蠱『張衡』

　보일 현【見】 대면시킴. 소개함.

　　　　　　從者見之『論語』

보이지 않다:

　보이지 않을 면【寱】 불견(不見).

보자기:

　보자기 복【袱】包袱. 就樓角壽得一小袱 封記如
　　　　　　故『撫青雜記』

보전하다: 보호하여 안전하게 함.

　보전할 보【保】 보(葆)와 통용. 保安. 保護.
　　　　　　不保四體『孟子』

보조개: 웃을 적에 양쪽 볼에 오목하게 우물지
　　는 자국.

　보조개 엽【靨】笑靨. 嬌靨. 靨輔奇牙『楚辭』

보존(保存)하다:

　보존할 존【存】保持. 存亡定危『漢書』

보졸(步卒):

　보졸 도【徒】 보병(步兵). 公徒三萬『詩經』

보좌(輔佐): 도움. 또 돕는 사람.

　보좌 편【偏】司馬令尹之偏『左傳』

보증(保證):

　보증 보【保】 보증. 보증서는 사람.
　　　　　　使原差押出取保『未信編』

　보증 임【任】保任. 以宗家任爲郎『史記』

보증서다:

　보증설 보【保】 보증(保證)을 섬. 保人.
　　　　　　令五家爲比 使之相保『周禮』

보증하다: 틀림없음을 책임짐.

　보증할 임【任】不能任其必孝『淮南子』

보지: 여자의 생식기의 일부. 음문(陰門)에서 자
　궁으로 통하는 길. 교접 및 분만 등의 기능을
　함.

　보지 비【屄】 여자의 음부. 비추(屄屪).

　보지 질【膣】 ⓘ 질(膣)과 동자(同字). 陰戶.

　보지 질【膣】 여자의 음부.

　보지 추【屪】 여자의 음부. 비추(屄屪).

보지 못하다:

　보지 못할 호【膴】 불견(不見).

보태다:

　보탤 보【補】

　　㉠ 보충함. 補完.
　　　　　　春省耕而補不足 秋省歛而助不給『孟子』

　　㉡ 유일하게 함. 只撕無補絲亭事『蘇軾』

　보탤 비【裨】裨益.

　보탤 의【猗】 가(加)함. 猗于畝丘『詩經』

　보탤 주【足】 더함. 不待臣音復謂而足『漢書』

　보탤 하【賀】 가(加)함. 賀之結于後『儀禮』

보탬:

　보탬 보【補】 보조. 보충. 竟無絲毫補『蘇軾』

보통:

　보통 심【尋】個中消息也尋常『指月錄』

보필(輔弼):

　보필 린【鄰】 좌우에서 임금을 돕는 신하.
　　　　　　臣哉鄰哉『書經』

보호(保護)하다:

　보호할 조【調】 보육(保育)함.
　　　　　　幸卒調護太子『史記』

복(福):

　복 가【假】 하(嘏)와 통용. 是謂大假『禮記』

　복 경【慶】餘慶. 孝孫大有慶『詩經』

　복 곡【穀】 복록(福祿). 俾爾戩穀『詩經』

　복 기【祺】 상서(祥瑞). 壽考維祺『詩經』

　복 길【吉】吉凶. 子孫其逢吉『書經』

　복 덕【德】 행복. 百姓之德也『禮記』

　복 도【禂】 福也.

　복 록【祿】 행복. 福祿. 百祿是何『詩經』

복 리【履】福祿. 福履綏之『詩經』

복 리【禠】福祥.

복 명【禎】福也.

복 복【福】福祚. 禍福. 嚮用五福『書經』

복 불【茀】幸福. 茀祿爾康矣『詩經』

복 사【禠】幸福. 祈禠禳災『張衡』

복 상【祥】幸福. 福祿. 襲于休祥『書經』

복 오【禑】福也.

복 우【禑】福也.

복 잉【礽】福也.

복 제【禵】福也.

복 조【祚】福祿. 행복(幸福). 福祚. 休祚.

복 조【胙】복을 내림. 天地所胙『國語』

복 지【禔】逎逎一禮 中外禔福『漢書』

복 지【祉】祉福. 旣受多祉『詩經』

복 초【禣】福也.

복 하【嘏】幸福. 純嘏爾常矣『詩經』

복 호【祜】幸福. 福祿. 受天之祜『詩經』

복 희【釐】희(禧)와 동자(同字). 幸福.
　　　　　　　祝釐『漢書』

복 희【禧】幸福. 新禧. 同心仰福禧『范鎭』

복 희【熙】희(禧)와 통용. 熙事備成『漢書』

복 : 복제(服制). 또는 상복(喪服).

복 복【服】喪服. 絶族無移服『禮記』

복 상【喪】父母之喪, 無貴賤一也『中庸』

복 애【哀】상중(喪中). 居哀. 崇喪遂哀『史記』

복 : 시령(時令) 이름.

복 복【伏】初伏. 仲伏. 末伏의 삼복(三伏).
　　㉠ 初伏은 하지(夏至)후 제삼의 경(庚)의 날,
　　㉡ 中伏은 하지(夏至)후 제사의 경(庚)의 날,
　　㉢ 末伏은 입추(立秋)후 제일의 경(庚)의 날.
　　㉣ 六月의 심한 더위에는 立秋의 金氣도
　　　　복장(伏藏)한다는 뜻임.
　　㉤ 六月三伏之節 始自秦德公 周時無伏
　　　　『史記註』

복 : 참복과에 속하는 바닷물고기의 총칭. 내장에
　　맹독(猛毒)이 있음.

복 규【鮭】하돈(河豚). 鮭肝死人『論衡』

복 돈【魨】하돈(河豚). 河魨狀如科斗 大者尺餘
　　　　　　　背色靑白 有黃縷『本草集解』

복 이【鮧】河豚別名.

복 태【鲐】하돈(河豚).

복 호【鰗】圖 하돈(河豚).

복 후【鯸】하돈(河豚).

복 구하다 :

복 구할 후【祐】구복(求福).

복 내리다 :

복 내릴 복【福】鬼神害盈而福謙『易經』

복 내릴 조【祚】天祚明德『左傳』

복도 :

복도 각【閣】낭하(廊下). 周馳爲閣道『史記』

복도 익【廙】옥통(屋通).

복도 항【巷】궁전의 廊下. 通永巷『唐書』

복두 :

복두 권【帣】頭巾. 以其帣蒙之『韓非子』

복령(茯笭) : 담자균류(擔子菌類)에 속하는 버섯
　　의 한가지. 소나무의 땅속뿌리에 기생(寄生)하
　　며 겉은 흑갈색이고 주름이 많음. 말리면 희게
　　됨. 수종(水腫), 임질(淋疾) 등의 약재로 씀.

복령 복【茯】茯苓.
　　　　　　　千年之松 下有茯苓『淮南子』

복머리 : 부인이 상중에 하는 결발(結髮). 또는
　　그 결발(結髮)을 함.

복머리 좌【髽】婦人髽於室『儀禮』

복명(復命)하다 : 명령을 받아 한 것을 상신(上
　　申)함. 반명(反命)함.

복명할 복【復】諸臣之復『周禮』

복 받다 :

복 받을 진【禛】以眞受福.

복 받을 하【嘏】伊嘏文王『詩經』

복병(伏兵) :

복병 복【覆】복(伏)과 통용. 君爲三覆『左傳』

복사뼈 :

복사뼈 과【踝】거골(距骨). 膝踝.

복사뼈 취【膇】과골(踝骨).

복숭아 : 앵두과에 속하는 낙엽교목. 또 그 열매.
　　열매는 식용. 씨는 약재로 씀. 옛날 선목(仙木)
　　으로서 사기(邪氣)를 쫓는 데 썼음.

복숭아 도【桃】桃花. 仲春桃始華『禮記』

복습(復習)하다 :

복습할 류【膮】溫故復習.

복 입다 : 상제 노릇을 함.

복 입을 상【喪】子夏喪其子而喪其明『禮記』

복자 : 술, 기름 따위를 담는 작은 접시 모양의
　　쇠그릇. 귀 때가 달려 있음.

복자 선【鐥】圖

복종(服從)하다 :

복종할 유【柔】좇음. 我且柔之矣『左傳』

복창증(腹脹症) :

복창증 장【痮】복대(腹大). 脾胃不和冷氣客之
　　　　　　　　　爲脹滿『正字通』

복채 :

복채 소【貺】卜問財.

복토(伏兎) : 굴대의 좌우 양끝에 있어서 차상(車
　　箱)과 굴대를 연결하는 물건.

복토 복【轐】加軫與轐焉『周禮』
복희씨(伏義氏) :
　복희씨 복【虙】복(伏). 복(宓)과 통용. 虙犧.
　　　　　　　青琴虙妃之徒『漢書』
　복희씨 포【庖】복희씨를 이름. 庖犧.
　　　　　　　河圖命庖『漢書』
　복희씨 복【宓】宓犧, 제호(帝號).
　복희씨 호【皡】太皡, 제호(帝號).
볶다 : 마른 것을 타도록 익힘. 익혀 수분을 없앰.
　볶을 오【鰲】건전(乾煎).
　볶을 오【鏊】煮也.
　볶을 오【熬】共飯朱熬穀『周禮』
　볶을 초【熝】熬也. 초(炒)와 동자(同字).
　볶을 초【㸐】초(熿)와 동자(同字). 炒也.
　볶을 초【炒】초(熿)와 동자(同字). 불에 익힘.
　　　　　　　生稻炒晨饡『舒頔』
　볶을 초【熿】熬也.
볶은 보리 : 보리를 볶은 것. 또 그 가루.
　볶은 보리 리【䴭】麩也.
　볶은 보리 풍【䵄】朝事之籩, 其實䵄蕡『周禮』
볶은 보릿가루 :
　볶은 보리가루 비【麷】麵也.
　볶은 보리가루 초【麨】麨也.
볶은 쌀 :
　볶은 쌀 구【䵂】오미(熬米).
　볶은 쌀 련【糣】이오(餌熬).
　볶은 쌀 록【糫】火爆米.
　볶은 쌀 류【梳】오미(熬米).
본 :
　본 검【檢】모형. 檢範模也『爾雅』
　본 모【模】보기. 模範. 邦之宗模『晉書』
　본 본【本】초목 등을 세는 수사.
　　　　　　　稚杉戢戢三千本『蘇軾』
　본 양【樣】본보기. 양식. 樣制.
　　　　　　　所貌依樣畫胡蘆『長編』
　본 정【正】正本. 사물에 관하여 주가 되는 것.
　　　　　　　부(副)의 대(對). 立正妻『愼子』
　본 해【楷】본보기. 모범. 楷模.
　　　　　　　今世行之 後世以爲楷『禮記』
본디 :
　본디 고【故】본래. 非故生於人之性也『荀子』
　본디 본【本】원래. 本欲以全民『漢書』
　본디 소【素】원래. 陳嬰素信謹『史記』
본뜨다 : 모범으로 삼음. 본보기로 삼음.
　본뜰 규【規】規遵王度『張衡』
　본뜰 률【律】上律天時『中庸』
　본뜰 모【摹】모방함. 摹倣. 規摹弘遠『漢書』
　본뜰 모【模】以身模之『武帝內傳』

본뜰 방【倣】방(仿)과 동자(同字). 模倣. 倣效.
　　　　　　　學者率模倣焉『宣和書譜』
본뜰 방【仿】방(倣)과 통용. 모방함. 仿宋本.
본뜰 사【寫】雷霆之音可以鏡鼓寫也『淮南子』
본뜰 상【象】본떠 모양을 그림. 象形.
본뜰 식【式】본보기로 함. 古訓是式『詩經』
본뜰 의【儀】본받음. 儀表. 儀刑文王『詩經』
본뜰 헌【憲】본받음. 憲章. 五帝憲『禮記』
본바탕 : 사물의 근본.
　본바탕 진【畛】不見其畛『太玄經』
본받다 : 본보기로 함. 모범으로 삼음.
　본받을 관【官】其官於天也『禮記』
　본받을 방【放】放倣. 民將焉放『國語』
　본받을 법【法】天下法之崇效天卑法地『易經』
　본받을 상【象】
　　　㉠ 본보기로 함. 象以典刑『書經』
　　　㉡ 繼世以立諸侯象賢也『儀禮』
　본받을 시【視】본보기로 함. 視乃厥祖『書經』
　본받을 조【祖】본뜸. 모방함. 祖述.
　　　　　　　張儀之故智『史記』
　본받을 준【準】모범으로 삼음. 본뜸. 準據.
　　　　　　　易與天地準『易經』
　본받을 체【體】본뜸. 汝等體此旨.
　　　　　　　體太一『淮南子』
　본받을 초【肖】본보기로 함.
　　　　　　　七十子之肖仲尼『揚子法言』
　본받을 칙【則】㉠ 본보기를 삼음. 본뜸. 則效.
　　　　　　　惟堯則之『論語』
　본받을 형【刑】본보기로 하여 따라 함. 儀刑.
　　　　　　　刑于寡妻『詩經』
　본받을 효【效】본받아 배움. 放效.
　　　　　　　效法之爲坤『易經』
　본받을 효【傚】효(效)와 동자(同字).
　　　　　　　我不敢傚 我友自逸『詩經』
본보기 : 전거(典據)와 표준(標準)되기에 족한 것.
　본보기 례【例】凡例. 用例.
　　　　　　　發凡以言例『杜預』
　본보기 솔【帥】모범. 蕭曹以寬厚淸靜 爲天下帥
　　　　　　　『漢書』
　본보기 의【儀】모범. 上者下之儀也『荀子』
　본보기 형【型】의범. 晚來相對靜儀型『朱熹』
본전 : 이자에 대한 본전.
　본전 본【本】子本相侔『韓愈』
볼 :
　볼 색【顃】頰也.
　볼 주【腠】頰也.
볼기 : 궁둥이.
　볼기 곤【臗】臀也.

볼기 기【肙】臀也.
볼기 둔【臀】臀腫. 臀無膚『易經』
볼기 수【脽】連脽尻『漢書』
볼기 수【腄】臀也.

볼기 뼈 :
볼기뼈 골【腽】둔골(臀骨).
볼기뼈 궐【䯢】臀也.

볼기치다 : 죄인을 매질함.
볼기칠 략【掠】掠笞. 下獄掠治『漢書』
볼기칠 방【榜】笞也. 榜笞數千, 身無可擊.
볼기칠 방【搒】吏搒笞數千『漢書』
볼기칠 태【笞】笞撻. 笞擊問之『史記』

볼록하다 : 가운데가 볼록하게 내밈.
볼록할 철【凸】凸凹. 凸面鏡.

볼모 : 전당 잡힌 물건. 또 인질.
볼모 질【質】典質. 爲質於鄭『左傳』

볼모 잡히다 :
볼모 잡힐 질【質】莊襄王爲秦質子於趙『史記』

볼 오므라지다 :
볼 오므라질 운【齳】無齒貌.

봄 :
봄 동【東】오행설(五行說)에서 동쪽은 봄에 해당하므로 이름. 東風.
平秩東作『書經』
봄 춘【春】
㉠ 사시(四時)의 첫째. 春秋.
春者何 歲之始也『公羊傳』
㉡ 젊은 시대. 春年少『水滸傳』
㉢ 남녀의 연정(戀情). 春機. 有女懷春『詩經』

봄보리 :
봄보리 미【䕷】춘맥(春麥).

봄 제사 :
봄 제사 약【禴】약(礿)과 동자(同字).
孚乃利用禴『易經』

봇도랑 : 논 사이의 물을 통하게 된 도랑.
봇도랑 구【溝】溝洫. 井間廣四尺深四尺謂之溝『周禮』
봇도랑 루【漊】通水溝.
봇도랑 혁【洫】溝洫. 田有封洫『左傳』
봇도랑 회【澮】溝澮. 千夫有澮『周禮』

봉래 :
봉래 봉【蓬】봉래(蓬萊)의 준말.
經蓬瀛而踰碧海『拾遺記』

봉망 :
봉망 망【芒】망(鋩)과 통용. 洩針芒『後漢書』
봉망 망【鋩】창, 칼 따위의 뾰족한 끝. 劍鋩.
刃鋩. 雄戟耀鋩『左思』
봉망 봉【鑫】봉(鋒)과 통용.
反其鑫東向 可以爭天下『漢書』
봉망 봉【鏠】봉(鋒)과 동자(同字).
봉망 봉【鋒】
㉠ 무기(武器)의 첨단(尖端).
以智勇之士爲鋒『莊子』
㉡ 날카로운 기세. 銳氣. 機警有鋒『晉書』
봉망 봉【蜂】봉(鋒)과 통용.
突厥蜂銳 所向無完『唐書』
봉망 자【刺】창(槍)의 끝. 뾰족한 부분.
修戟無刺『淮南子』

봉사(封祀) : 흙으로 쌓아 올리고 하늘에 지내는 제사.
봉사 봉【封】封禪. 封十有二山『書經』

봉새 : 봉황(鳳凰)은 상상상(想像上)의 서조(瑞鳥). 성인이 세상에 나오면 이에 응하여 나타난다고 함.
봉새 봉【鳳】봉황(鳳凰)새의 수컷.
麟鳳龜龍, 謂之四靈『禮記』
봉새 언【鶠】鳳之別名.
봉새 황【凰】봉황(鳳凰)새의 암컷.
鳳兮鳳兮求其凰『古詩』

봉선(封禪) : 땅을 판판하게 닦고 깨끗이 하여 산천(山川)의 신에게 지내는 제사.
봉선 선【禪】선(墠)과 동자(同字).
言封禪事『漢書』

봉양(奉養) : 아랫사람이 윗사람을 받들어서 기름. 또 그 일.
봉양 양【養】供養. 不顧父母之養『孟子』

봉우리 : 산의 봉우리.
봉우리 잠【岑】可使高於岑樓『孟子』
봉우리 첨【嶦】산봉(山峰).
봉우리 헌【巘】絶巘. 陟則在巘『詩經』

봉우리이름 :
봉우리이름 구【岣】岣嶁. 호남성에 있는 형산(衡山)의 주봉(主峰).
봉우리이름 루【嶁】嶁嶁.

봉우리 쫑긋쫑긋하다 :
봉우리 쫑긋쫑긋 할 용【嵱】嵱嵷, 山峯上下衆多貌.

봉지 :
봉지 첩【帖】㊀ 一帖. 藥帖.

봉토(封土) : 흙을 높이 쌓아 올린 것.
봉토 총【冢】乃立冢土『詩經』

봉하다 : 열지 못하게 붙임. 또 봉한 데.
봉할 등【縢】封縢. 金縢. 启縢剖裏『謝靈運』
봉할 등【縢】함폐(緘廢).
봉할 방【邦】제후를 봉함. 영지(領地)를 줌.
乃命諸王, 邦之蔡『書經』

봉할 봉【封】

　㉠ 제후로 삼음. 以此封若『史記』

　㉡ 제후에게 준 토지. 往卽乃封『書經』

　㉢ 益封二千戶『史記』

　㉣ 단단히 붙임. 封緘. 流淚而封之『漢書』

　㉤ 붙인 곳에 표시함.
　　　封以御史大夫印『漢書』

봉할 쇄【鎖】封鎖. 緘鎖甚謹『宋史』

봉할 함【緘】

　㉠ 열지 못하게 붙임. 封緘.

　㉡ 입을 다물고 말하지 아니함. 緘口. 緘黙.
　　　有金人三緘其口『孔子家語』

봉한데 : 봉한 자리.

　봉한데 함【緘】

　　㉠ 必題其緘『宋史』

　　㉡ 봉한 편지. 봉한 서통(書筒).
　　　　捧緘跪發『令狐楚』

봉함 : 문서의 비밀을 보지(保持)하기 위하여 봉
　(封)한 곳에 글자를 쓰거나 표시를 하는 일.

봉함 검【檢】金檢玆發 玉牒斯刊『劉克莊』

봉화(烽火) : 적의 침입을 경보하는 불.

봉화 관【爟】烽燧. 爟火通於灞上『庾信』

봉화 구【爐】봉화(烽火).

봉화 봉【烽】

　㉠ 병란을 알리는 불. 烽燧. 烽擧燔『史記』

　㉡ 인신(引伸)하여 적에 대한 경계의 비유.
　　　邊鄙收烽『庾信』

봉화 선【燹】烽燧. 烟火高低變烽燹『高啓』

봉화 수【燧】燧烽. 爲烽燧大鼓『史記』

봉황(鳳凰) : 상상상(想像上)의 서조(瑞鳥). 성인
　이 세상에 나오면 이에 응하여 나타난다고 함.

봉황 악【鸑】악작(鸑鷟). 봉황(鳳凰)의 별칭(別稱).
　　　　周之興也 鸑鷟鳴於岐山『國語』

봉황 예【鷖】봉황(鳳凰)의 별칭(別稱).
　　　　駟玉虯以乘鷖『楚辭』

봉황 작【鷟】악작(鸑鷟). 봉황(鳳凰)의 별칭(別稱).
　　　　周之興也 鸑鷟鳴於岐山『國語』

뵈다 : 웃어른을 대하여 보고 절을 함.

뵐 간【看】귀성(歸省)함. 看父母.
　　　　火急歸家看父『搜神記』

뵐 근【覲】알현(謁見)함. 朝覲.
　　　　諸侯北面而見天子曰覲『禮記』

뵐 면【面】出必告 反必面『禮記』

뵐 알【謁】

　㉠ 높은 이에게 면회함. 面謁. 拜謁.
　　　　仗策謁天子『魏徵』

　㉡ 참배함. 謁廟. 先拜 而後謁佛『世說』

뵐 조【覜】알현함. 以覜聘『周禮』

뵐 청【請】

　㉠ 웃어른을 찾음. 造請諸公『漢書』

　㉡ 한 대(漢代)의 제도로서 제후가 가을에 상
　　경하여 천자를 알현하는 일. 봄의 조회를
　　朝라 함. 使人爲秋請『史記』

뵙다 : 웃어른을 만나 봄.

　뵐 교【覲】알현(謁見).

　뵐 조【朝】

　　㉠ 신하가 조정에 나아가 임금을 배알함.
　　　朝見. 稱病不朝『漢書』

　　㉡ 존경하는 사람을 찾아가 뵘.
　　　昧爽而朝『禮記』

　　㉢ 아들이 부모를 뵘. 日往朝相如『史記』

　뵐 참【參】높은 이를 뵘. 參謁. 日參,
　　　　　　號常參官『唐書』

　뵐 현【見】某也願見『儀禮』

뵙지 않다 :

　뵙지 않을 면【眄】不見於眼.

부 :

　부 부【部】분류한 것을 세는 수사.
　　　　譯出新經十四部『魏志』

　부 부【負】수학(數學), 물리학(物理學)에서 소
　　극성(消極性)의 수량(數量)이나 성질
　　(性質).

부거 :

　부거 거【蕖】부거(芙蕖)는 연(蓮)의 별칭.

부고(訃告) : 사람의 죽은 것을 알리는 통지.

　부고 부【訃】捧訃哀號『柳宗元』

부글부글 끓다 :

　부글부글 끓을 촌【爨】鼎欲沸貌.

부끄러운 말 :

　부끄러운 말 시【詀】참어(慙語).

부끄러운 얼굴 :

　부끄러운 얼굴 뉵【靦】수안(羞顔).

부끄러움 :

　부끄러움 참【慙】수치(羞恥).
　　　　　　必知其懷慙『韓愈』

부끄러워 얼굴 붉히다 :

　부끄러워 얼굴 붉힐 난【赧】난(赧)과 동(同).
　　　　　　　　愧而面赤.

부끄러워하다 :

　부끄러워할 거【懅】수치를 느낌.
　　　　　　羈慚懅而退『後漢書』

　부끄러워할 괴【媿】괴(愧)와 동자(同字).
　　　　　　不和媿『漢書』

　부끄러워할 괴【愧】尙不愧于屋漏『詩經』

　부끄러워할 뉵【忸】겸연쩍어 함.
　　　　　　蔚陶思君爾, 忸怩『孟子』

부끄러워할 뉵【恧】恧然. 莫吾知而不恧『張衡』
부끄러워할 뉵【詉】함수(含羞).
부끄러워할 니【怩】忸怩. 恧怩面己赤『鮑照』
부끄러워할 몽【瞢】有靦 瞢容『左思』
부끄러워할 문【瞞】子貢瞞然慚『莊子』
부끄러워할 부【負】負負無可言者『後漢書』
부끄러워할 수【羞】羞惡之心『孟子』
부끄러워할 오【惡】羞惡之心人皆有之『孟子』
부끄러워할 작【怍】羞怍. 慚怍.
　　　　　　　　府不怍于人『孟子』
부끄러워할 적【踖】양심에 가책을 느끼는 모양.
　　　　　　　　勞踖踖『太玄經』
부끄러워할 전【靦】무안해함. 慚靦. 愧靦.
부끄러워할 전【悛】부끄럽게 여김. 荊楊靑齊之
　　　　　　　　問 謂慚曰悛『揚雄方言』
부끄러워할 참【慚】양심에 가책을 느껴 남을
　　　　　　　　대할 면목이 없음. 慚愧.
　　　　　　　　吾甚慚於孟子『孟子』
부끄러워할 추【醜】수치(羞恥)로 여김.
　　　　　　　　於是醜之去衛『史記』
부끄러워할 치【恥】不恥不若人『孟子』
부끄럼 :
　부끄럼 수【羞】수치. 치욕. 含羞.
　　　　　　　　包羞忍恥是男兒『杜牧』
　부끄럼 치【恥】수치. 人可以不以無恥『孟子』
　부끄럼 후【詬】치욕. 忍尤而攘詬『楚辭』
부끄럼 없다 :
　부끄럼 없을 출【欪】돌출(咄欪). 무참(無慚).
부끄럽다 :
　부끄러울 뉵【䀒】참야(慚也).
　부끄러울 뉵【聉】치야(恥也).
　부끄러울 뉵【聏】치야(恥也).
　부끄러울 니【怩】괴야(愧也).
　부끄러울 닐【怩】니(怩)와 동자(同字). 愧也.
　부끄러울 라【懶】참야(慚也).
　부끄러울 마【㦓】마라(㦓懶). 참야(慚也).
　부끄러울 비【聎】치야(恥也).
　부끄러울 선【憚】참야(慚也).
　부끄러울 작【怎】慚也. 階天不怎『太玄經』
　부끄러울 전【腆】참야(慚也).
　부끄러울 진【聄】참야(慚也).
　부끄러울 축【喊】참야(慚也).
　부끄러울 치【恥】羞恥. 人可以不以無恥『孟子』
　부끄러울 후【詬】치야(恥也).
부낭(浮囊) : 사람이 가라앉지 않기 위하여 몸에
　　지니는 용구.
　부낭 부【浮】百人抗浮『淮南子』
부녀(婦女)병 :

부녀병 하【瘕】여자의 병.
부는 소리 :
　부는 소리 격【欯】취성(吹聲).
　부는 소리 부【呼】吹氣呼呼.
부담농(負擔籠) : 물건을 넣어 지고 다니는 농.
　부담농 구【簝】甌簍滿簝『史記』
부대(部隊) : 일정한 규모로 편성된 군대 조직 단
　　위의 하나.
　부대 교【校】內增七校『漢書』
부대(負袋) : 베나 가죽, 종이 따위로 만든 큰 자
　　루.
　부대 대【袋】布袋. 作五袋『南史』
부두(埠頭) : 배 닿는 곳. 선창.
　부두 부【埠】每船埠留一門『西湖遊覽志』
부둥깃 날다 :
　부둥깃 날 후【㲲】羽初生. 갓난 새털.
부드러운 가죽 :
　부드러운 가죽 수【鞣】연피(軟皮).
부드럽고 길다 :
　부드럽고 길 뇨【𦗟】유장(柔長).
부드럽다 :
　부드러울 뉴【靵】頓也.
　부드러울 성【觪】用角低仰調和貌 觪觪角弓今
　　　　　　　　本作騂『詩經』
　부드러울 손【巽】성품이 유함. 巽與之言. 能自
　　　　　　　　卑巽者 亦無所不容『易經』
　부드러울 아【猗】야들야들한 모양. 유연한 모양.
　　　　　　　　猗儺其枝『詩經』
　부드러울 여【茹】攬茹蕙以掩涕兮『楚辭』
　부드러울 연【軟】
　　㉠ 물질이 무름. 柔軟. 車軟輪『後漢書』
　　㉡ 표현이 딱딱하지 아니함. 軟文學.
　부드러울 연【輭】연함. 輭肥之體『漢書』
　부드러울 옥【沃】柔軟. 其葉有沃『詩經』
　부드러울 온【溫】온화(穩和)함. 溫色.
　　　　　　　　色思溫『論語』
　부드러울 완【緩】
　　㉠ 딱딱하지 아니함. 地肥而土緩『呂氏春秋』
　　㉡ 엄하지 아니함. 寬緩不苛『史記』
　부드러울 우【優】柔和)함. 優游爾休矣『詩經』
　부드러울 유【柔】
　　㉠ 유연함. 柔毛. 荏染柔木『詩經』
　　㉡ 초목의 싹이 나 온지 얼마 안 됨.
　　　　　　　　薇亦柔止『詩經』
　　㉢ 온순함. 和柔. 曰柔與剛『易經』
　　㉣ 약함. 柔能制剛. 柔情綽態『曹植』
　부드러울 윤【潤】每乏溫潤之色『後漢書』
　부드러울 임【荏】色厲而內荏『論語』

부드러울 훤【暖】暖暖. 有暖姝者『莊子』

부들 : 부들과에 속하는 다년초, 못, 늪, 같은 데
　　저절로 남. 줄기와 잎으로 자리를 만듦.

부들 심【蒪】포류(蒲類).

부들 포【莆】포(蒲)와 동자(同字).
　　　　　　　咸播秬黍莆蓲是營『楚辭』

부들 포【蒲】菰蒲. 維筍及蒲『詩經』

부들 호【芦】浦也.

부들 꽃 :

　부들 꽃 핵【萮】포황(蒲黃).

부들자리 : 부들 잎으로 엮은 자리.

　부들자리 갑【扱】포석(蒲席).

　부들자리 포【蒲】妾織蒲『孔子家語』

　부들자리 활【越】越席. 大路越席『左傳』

부들 풀 :

　부들 풀 항【茫】蒲也.

부딪치다 :

　부딪칠 격【激】물결이 바위 같은 데 부딪침.
　　　　　　　驚湍激巖阿『潘岳』

　부딪칠 격【鑿】비녀장끼리 서로 부딪침.

　부딪칠 격【擊】충돌(衝突)함.
　　　　　　　肩摩轂擊 車轂擊『戰國策』』

　부딪칠 기【磯】물이 돌에 부딪쳐 물결이 세어짐.
　　　　　　　親之過小而怨是不可磯也『孟子』

　부딪칠 당【撞】충돌함. 撞突.

　부딪칠 당【搪】搪突. 千里相搪挨『王安石』

　부딪칠 돌【突】衝突. 胸突銛鋒『張衡』

　부딪칠 돌【挨】충돌(衝突).

　부딪칠 뢰【礧】뢰(礌)와 동자(同字). 서로 부딪침.
　　　　　　　駭崩浪而相礧『郭璞』

　부딪칠 저【牴】저(抵)와 통용. 牴觸. 甚多疏略,
　　　　　　　或有牴牾『漢書』

　부딪칠 정【殼】돌야(挨也).

　부딪칠 창【搶】충돌함. 以頭搶地耳『戰國策』

　부딪칠 촉【觸】부딪침. 睡頭觸屏風『漢書』

　부딪칠 충【衝】衝突. 白頭巨浪自衝撞
　　　　　　　『薩都刺』

　부딪칠 충【沖】속(俗)에 충(衝)의 대자(代字)로
　　　　　　　쓰임. 子午相沖.

　부딪칠 태【駾】달려가 충돌함.
　　　　　　　混夷駾矣『詩經』

　부딪칠 팽【搒】撞也, 搒搕.

부뚜막 :

　부뚜막 오【窰】竈也.

　부뚜막 찬【爨】아궁이 위의 솥을 걸게 된 데.
　　　　　　　執爨踖踖『詩經』

　부뚜막 형【陘】부뚜막의 솥을 거는 데의 주위.
　　　　　　　東面設主於竈陘『禮記註』

부러뜨리다 :

　부러뜨릴 랍【揚】拉也.

부러워하다 :

　부러워할 선【羨】
　　㉠ 탐내어 부러워함. 貪羨. 無然歆羨『詩經』
　　㉡ 남이 자기보다 나은 것을 부러워 함.
　　　　　　欽羨. 羨望. 昔爲人所羨『古詩』

　부러워할 염【豔】염(艶)과동자. 흠선(欽羨)

　부러워할 염【艶】자망(姿望)함. 歆艶.
　　　　　　　使欣艶也『禮記』

　부러워할 원【願】선모(羨慕)함.
　　　　　　　國人稱願『禮記』

　부러워할 투【妒】羨也.

　부러워할 흠【欽】선망(羨望)함. 欽羨.
　　　　　　　煙霞得所欽『李嶠』

　부러워할 흠【歆】선망(羨望)함.
　　　　　　　無然歆羨『詩經』

부레 : 물고기의 뱃속에 있는 공기 주머니. 이것
　　을 벌렸다 오므렸다 하여 물에 뜨기도 하고
　　잠기기도 함.

　부레 표【鰾】어표(魚鰾).

부레 끓이는 그릇 : 아교(阿膠)를 끓이는 그릇.

　부레 끓이는 그릇 로【鱸】

부루퉁하다 : 성을 내어 말을 하지 아니 함.

　부루퉁할 붕【憉】노모(怒貌).

　부루퉁할 엄【嫸】함노의(含怒意).

　부루퉁할 유【怮】함노의(含怒意).

부르는 소리 :

　부르는 소리 고【皐】느리고 길게 빼어 부르는
　　　　　　　소리. 升屋而號告曰 皐某
　　　　　　　復『禮記』

부르다 :

　부를 갈【喝】큰소리로 오라고 부름.
　　　　　　　蜩螗喝秋『宋史』

　부를 구【嘔】창야(唱也).

　부를 돌【咄】야하고 부르는 소리.
　　　　　　　咄少卿良苦『漢書』

　부를 래【來】불러 옴. 來百工『中庸』

　부를 명【鳴】새가 서로 부름.
　　　　　　　鳴儔嘯匹侶『曹植』

　부를 모【募】불러모음. 招募.

　부를 문【問】초빙(招聘)함. 公問不至『左傳』

　부를 벽【辟】군주(君主)가 재야(在野)의 현재
　　　　　　　(賢才)를 불러오게 함. 徵辟.
　　　　　　　卽日辟之『晉書』

　부를 빙【聘】
　　㉠ 폐백(幣帛)을 보내어 부름. 예의(禮儀)를
　　　갖추어 부름. 湯使人以幣聘之『孟子』

㉡ 보수(報酬)를 주고 부름.
欲聘倡妓『唐書』
부를 소【召】
㉠ 윗사람이 오라고 함. 召致. 召喚.
父召無諾 唯而起『禮記』
㉡ 초래함. 召禍. 吉凶榮辱 惟其所召『程頤』
부를 소【覞】소야(召也).
부를 속【速】
㉠ 초청(招請)함. 不速之客『易經』
㉡ 어른이 부름. 以速諸父『詩經』
㉢ 초래함. 速禍.
부를 요【譊】성내어 부름. 큰소리로 지껄임.
臨時喧譊『晉書』
부를 우【吁】呼也.
부를 유【籲】유(龥)와 동자(同字).
신을 불러 기원하거나 호소함.
籲天. 劉峻尊上 帝『書經』
부를 유【龥】呼訴함. 舞辜龥天『書經』
부를 조【朝】윗 사람이 오라고 呼出함.
朝四靈於九濱『楚辭』
부를 징【徵】呼出함. 徵召. 徵至長安『漢書』
부를 창【唱】
㉠ 노래를 부름. 千人唱而萬人和『史記』
㉡ 소리를 높여 부름. 俱唱萬歲『北史』
㉢ 읽음. 口唱南無『洛陽伽藍記』
㉣ 암송(暗誦)함. 效得仙人夜唱經『王建』
㉤ 선창(先唱)함. 먼저 말함. 唱義.
夫唱婦隨『淮南子』
부를 창【脹】
㉠ 배가 부름. 脹滿. 飮水徒脹滿『梅堯臣』
㉡ 뚱뚱함. 불룩해짐. 膨脹.
부를 창【倡】창(唱)과 통용.
壹倡而三歎『禮記』
부를 초【招】
㉠ 손짓하여 부름. 以手曰招以言王召『楚辭』
㉡ 불러 옴. 旁招俊乂『書經』
㉢ 초래(招來)함. 招炎.
부를 치【致】오게 함. 招致.
將成家而致汝『韓愈』
부를 팽【膨】불룩함. 또 불룩해 짐. 膨脹.
豕腹脹膨脝『韓愈』
부를 호【呼】
㉠ 오라고 부름. 招呼. 遮道而呼涉『史記』
㉡ 일컬음. 이름 지음. 稱呼. 呼爲君子.
通呼李弟子『北齊書』
부를 호【謼】호(呼)와 동자(同字).
仰天大謼『漢書』
부를 호【號】
㉠ 일컬음. 自號隱居『北史』
㉡ 號曰張侯論『何晏』
㉢ 오라고 함. 號召天下之賢士『國語』
㉣ 양언(揚言)함. 선전(宣傳)함.
羽兵四什萬, 號百萬『十八史略』
부를 환【喚】
㉠ 큰소리로 부름. 叫喚. 連叫大喚『宋書』
㉡ 불러옴. 소환함. 喚問.
부를 환【嚾】환(喚)과 동자(同字).
咀嚾者九竅而胎生『大戴禮』
부를 효【謞】대호(大呼)함. 若謞之靜『管子』
부를 휘【麾】
㉠ 손짓하여 오라고 함. 麾而呼曰『左傳』
㉡ 麾之以肱『詩經』

부르짖다 :
부르짖을 교【噭】외침. 毋噭凝『禮記』
부르짖을 규【嘄】규(叫)와 동자(同字).
狂夫嘄嘑『漢書』
부르짖을 규【叫】呼也.
부르짖을 규【叫】큰소리를 지름. 叫喚, 叫呼.
或叫于宋大廟『左傳』
부르짖을 도【咷】號也.
先號咷而後笑也『易經』
부르짖을 소【嘯】큰소리를 냄.
虎嘯而風起『孔安國』
부르짖을 함【㰹】규야(叫也).
부르짖을 호【呼】떠듦. 呼號. 呼噪.
如順風而呼『史記』
부르짖을 호【嘑】고함 지름. 夜嘑旦『周禮』
부를짖을 호【號】큰 소리로 부름. 叫號.
下民號而上訴『後漢書』
부르짖을 호【謼】대규(大叫).
仰天大謼『漢書』
부르짖을 호【譹】叫者譹者『莊子』
부르짖을 호【嘷】외침. 규호(叫號).
兒子終日嘷『莊子』
부르짖을 획【嚄】嚄嘖叫也.
부르짖을 효【詨】忽聞局上詨然有聲『北史』
부르짖을 훤【吅】叫也.

부르트다 : 살이 솟아오르거나 살가죽이 들뜸.
부르틀 견【繭】견(趼)과 통용.
足重繭 而不休息『戰國策』
부르틀 달【皽】皮外突起.
부르틀 종【腫】公閉門而泣之 目盡腫『漢書』
부르틀 추【膇】발이 부르틈. 民愁則墊隘 於是
乎有沈溺重膇之疾『左傳』

부름 :
부름 모【募】명사(名詞). 應募使月氏『漢書』

부릅떠보다 : 깜짝 놀라 눈을 휘둥그렇게 하고

봄. 성을 내어 사납게 눈을 크게 뜸.

부릅떠볼 치【眙】 猶愕眙而不能階『班固』

부릅떠볼 휴【睢】 ㉠ 萬衆睢睢『漢書』

           ㉡ 暴戾恣睢『史記』

부릅뜨다 : 성내어 눈을 크게 뜸. 눈을 크게 뜨는

   모양. 보기 사납게 눈을 크게 뜸.

부릅뜰 간【䀏】 䀏目陳兵『白虎通』

부릅뜰 관【瞷】 梁益之間瞷目曰瞷『揚雄方言』

부릅뜰 규【睽】 萬目睽睽『韓愈』

부릅뜰 우【盱】 盱衡厲色『漢書』

부릅뜰 진【瞋】 瞋目叱之『史記』

부릅뜰 한【睅】 騰睅目以旁睞『潘岳』

부리 : 새나 짐승의 주둥이.

부리 겸【鵮】 喙也.

부리 달【噣】 囝 닭의 주둥이.

부리 삼【㕂】 喙也.

부리 주【味】 維鵜在梁, 不濡其味『詩經』

부리 주【噣】 주(味)와 동자(同字). 새의 부리.

           射噣鳥于東海『史記』

부리 주【啄】 주(味)와 동자(同字).

           美羽句啄者『韓詩外傳』

부리 참【㕂】 취야(嘴也).

부리 추【㕛】 취야(嘴也).

부리 취【觜】 利觜. 裂膆破觜『潘岳』

부리 취【嘴】 인신(引伸)하여 물건의 끝.

           뾰족한 부분. 觜와 同. 山嘴.

부리 훼【喙】

   ㉠ 鷸喙其肉蚌蛤而箝其喙『戰國策』

   ㉡ 인신(引伸)하여 입, 말. 容喙.

     婦人之喙, 可以死敗『說苑』

부리다 :

부릴 가【駕】

   ㉠ 수레를 타고 말을 부림. 君車將駕『禮記』

   ㉡ 사람을 어거함. 駕御英雄驅使羣賢『吳志』

부릴 령【令】

   ㉠ 사역(使役)함. 使令於前『孟子』

   ㉡ 하인(下人). 寺人之令『詩經』

부릴 병【偋】 사야(使也).

부릴 사【使】 일을 시킴. 使役. 使用.

           使民以時『論語』

부릴 사【事】 사역(使役)함. 事國人『史記』

부릴 순【徇】 사역(使役)함. 夫徇耳目『莊子』

부릴 시【厮】 사야(使也).

부릴 어【馭】

   ㉠ 말을 어거(馭車)함. 善馭.

   ㉡ 사람을 부림. 統馭. 馭羣臣『周禮』

부릴 어【御】 말 같은 것을 부림.

           使造父御『史記』

부릴 역【役】 사역(使役)함. 役使.

           正七體以役心『國語』

부릴 요【傜】 역야(使也).

부릴 제【制】 어거(馭車)함. 지배(支配)함. 制御.

           制撫. 王因而制之『戰國策』

부릴 조【操】 操縱. 津人操舟若神『莊子』

부모 :

부모 군【君】 부모의 존칭. 先君.

           家人有嚴君焉『易經』

부상(榑桑) :

부상 부【榑】 부(扶)와 동자(同字).

           해 돋는 곳에 있다는 신목(神木).

           朝發榑桑『淮南子』

부서(部署) :

부서 과【課】 사무 분담의 한 단위.

           국(局)의 아래. 初等敎育課.

부서 서【署】 나뉘어져 있는 사무의 부분.

           部署. 北面受署『後漢書』

부서지다 :

부서질 간【墾】 凡陶旊之事 髻墾薜暴不入市

           『周禮』

부서질 쇄【碎】 臣頭與璧俱碎於柱『史記』

부서질 이【弛】 파손(破損)됨.

           延道弛兮『史記』

부서질 패【敗】 퇴락(頹落)함. 또 파손함. 頹敗.

           轊折車敗『史記』

부세(賦稅) : 세금을 매겨 물림.

부세 반【朌】 賦也.

부세 부【賦】 賦稅.

부셔 뜨리다 :

부셔 뜨릴 뢰【攂】 碎也.

부수다 :

부술 설【屑】 가루로 만듦. 屑薑與桂『禮記』

부술 쇄【碎】

   ㉠ 잘게 여러 조각으로 깨뜨림. 粉碎. 碎氷.

     其碎之之怒『列子』

   ㉡ 적을 여지없이 꺾음. 擊碎. 碎敵.

부술 쇄【粹】 쇄(碎)와 동자(同字). 力少而任重

           也 舍粹折無適也『荀子』

부술 수【輸】 파손(破損)함. 載輸爾載『詩經』

부술 이【弛】 파괴함. 欲弛孟文子之宅『國語』

부술 제【齏】 부수어 혼합함. 齏萬物『莊子』

부술 좌【剉】 쇄파(碎破)함.

           粉剉楚山鐵『王昌齡』

부술 철【徹】 徹我牆屋『詩經』

부술 패【敗】 깨뜨림. 손상을 입힘.

           反道敗德『書經』

부스러뜨리다 :

부스러뜨릴 세【觏】 파쇄(破碎).

부스러뜨릴 연【撋】碎也.

부스러지다 :

　부스러질 압【厴】碎也.

부스럼 :

　부스럼 루【瘻】목에 나는 부스럼. 瘻癧.
　　　　　　　　可以已瘻『山海經』

　부스럼 서【瘑】구멍이 생기는 종기.
　　　　　　　　貍頭療瘑『淮南子』

　부스럼 양【瘍】종기. 潰瘍.
　　　　　　　　身有瘍則浴『禮記』

　부스럼 옹【癰】옹(癰)과 동자(同字). 癰腫.

　부스럼 옹【癰】등창, 발찌 같은 악성의 종기.
　　　　　　　　癰腫. 多病癰疽脛腫『後漢書』

　부스럼 옹【臃】종기. 色將發臃『史記』

　부스럼 절【癤】옹(癰)보다는 작은 부스럼.

　부스럼 종【腫】종기. 腫瘍.

　부스럼 좌【痤】彈痤者痛 飲藥者苦『韓非子』

　부스럼 창【瘡】종기. 凍瘡. 石患而瘡『晉書』

　부스럼 창【創】창(瘡)과 통용.
　　　　　　　　頭有創則沐『禮記』

부스럼 아프다 :

　부스럼 아플 날【疦】창통(瘡痛).

부스럼자국 :

　부스럼자국 차【瘥】창흔(瘡痕).

부슬비 : 가늘고 성기게 내리는 비.

　부슬비 수【渋】微小雨.

부신(符信) : 사신 또는 대장이 가진 신표.

　부신 부【符】부절(符節). 割符. 銅虎符.
　　　　　　　　剖符錫壤而光祖考『王褒』

　부신 절【節】符節. 節鉞.
　　　　　　　　上使泄公持節問之『漢書』

부싯돌 : 불을 일으키는 돌이나 나무.

　부싯돌 섬【礛】개석(磏石).

　부싯돌 수【燧】鑽燧改火 期可已矣『論語』

부어만들다 : 금속을 녹여 거푸집에 넣어서 기물
　　을 만듦.

　부어만들 사【寫】以良金寫范蠡之狀『國語』

　부어만들 주【鑄】
　　　㉠ 鑄錢 鑄鼎象物『左傳』
　　　㉡ 인재를 양성하는 뜻으로 쓰임.
　　　　　孔子鑄顔回矣『揚子法言』

부어오르다 :

　부어오를 진【膹】肉脹起.
　　　　　　　　股膹如維身之疾『太玄經』

부엉이 : 올빼밋과에 속한 새를 통틀어 이르는
　　말. 회색 바탕에 갈색과 황색의 가로무늬가 있
　　다. 눈이 크고 다리는 굵고 짧다. 깃털이 부드
　　러워 날개소리가 거의 들리지 않는다. 밤에 나
와 돌아다니며 성질이 사나워 가축을 해침.

　부엉이 객【鵅】㊀ 鵂鶹謂之鵅鵅.

　부엉이 기【鵋】鵋鶀, 鵂鶹鳥.

　부엉이 기【鶏】휴류(鵂鶹).

　부엉이 녕【鸋】鸋鴂, 치효(鴟梟).

　부엉이 별【鷩】휴류(鵂鶹).

　부엉이 토【鵵】木鵵, 似鴟鵂而小.

부엌 :

　부엌 부【烰】포(庖)와 동의. 有侁氏好, 採桑得
　　　　　　　　嬰兒于空桑之中 獻之其君 其君令
　　　　　　　　烰人養之『呂氏春秋』

　부엌 오【窹】竈也. 楚人呼竈曰窹『倉頡』

　부엌 조【竈】취사(炊事)하는 곳.

　부엌 주【廚】주방. 취사장. 廚人.
　　　　　　　　君子遠庖廚『孟子』

　부엌 포【庖】취사장. 庖廚. 大庖不盈『詩經』

부엌귀신 : 부엌을 맡은 귀신.

　부엌귀신 결【髺】竈有髺『莊子』

　부엌귀신 조【竈】孟夏祀竈『禮記』

부엌 창 :

　부엌 창 돌【埃】조창(竈窓).

부역(賦役) : 국가의 노역.

　부역 정【政】五十不從力政『禮記』

부연(敷衍)하다 : 알기 쉽게 설명함.

　부연할 연【演】演義. 能莫述演『應劭』

부용(芙蓉) : 수련과에 속한 여러해살이 물풀.
　　7~8월에 지름 20센티미터 가량의 붉은색 또
　　는 흰색 꽃이 핀다.

　부용 부【芙】芙蓉.
　　　㉠ 연(蓮)의 이칭(異稱).
　　　　　外發芙蓉菱華『史記』
　　　㉡ 목부용(木芙蓉). 千葉芙蓉詎相似『江總』

　부용 용【蓉】芙蓉.

부의(賻儀) : 상사(喪事)에 주는 부조(賻助).

　부의 부【賻】贈賻. 致賻數百萬『世說』

　부의 수【賥】賻儀.

부의하다 : 부의(賻儀)를 보냄.

　부의할 부【賻】知死者贈 知生者賻『儀禮』

부임(赴任)하다 :

　부임할 임【任】임지(任地). 부임(赴任).

　부임할 포【襃】新任官府.

부자(富者) :

　부자 봉【封】요부(饒富)함. 素封.

　부자 부【富】
　　　㉠ 부유(富裕)함. 富潤屋『大學』
　　　㉡ 부유한 사람. 阿富順貴『道德指歸論』

부자(附子) : 바꽃의 어린뿌리. 독성이 강한 약으
　　로, 양기를 돕고 체온이 부족한 여러 병이나

중풍, 신경통, 관절염, 이질 따위에 쓴다.

부자 착【蔃】藥草名.

부적(符籍) : 귀신을 쫓기 위하여 문 위에 써 붙
이는 문자.

　부적 적【䪥】門上畫虎頭, 書䪥字『西陽雜俎』

　부적 부【符】신불(神佛)이 가호(加護)한다는
　　　　　　　나뭇조각. 神符. 護符.
　　　　　　　西王母以符授之『帝王世紀』

부전(附箋) : 글의 뜻을 해명하거나 자기의 의견
　등을 적어서 그 책에 붙이는 작은 종이 쪽지.
　인신(引伸)하여 주석(註釋).

　부전 전【箋】毛詩鄭箋.
　　　　　　　鄭玄作毛詩箋『後漢書』

부절(符節) :

　부절 서【瑞】符瑞. 司馬請瑞焉『左傳』

　부절 약【約】符信. 旄象之約『呂氏春秋』

부젓가락 : 주로 화로에 꽂아 두고 불덩이를 집
　는데 쓰는 쇠 젓가락. 화젓가락.

　부젓가락 협【鋏】鐵鋏染浮煙『庾信』

부정하다 : 바르지 않은 모양.

　부정할 화【髁】謑髁無任『揚雄』

부조(扶助) :

　부조 서【耡】백성(百姓)의 상호(相互) 부조(扶助).
　　　　　　　興耡利甿『周禮』

부족(不足)하다 : 모자람.

　부족할 은【憖】兩君之士皆未憖也『左傳』

부족이름 :

　부족이름 글【契】契丹. 4세기이래 몽고의 시라
　　　　　　　무렌강 유역에 유목(遊牧)하
　　　　　　　고 있었던 부족이름.

부지깽이 : 불을 땔 때에 불을 거두어 넣거나 끌
　어당기는데 사용하는 가는 막대기.

　부지깽이 첨【桥】炊竈火杖.

부지런하다 :

　부지런할 건【乾】
　　㉠ 쉬지 않고 부지런히 힘쓰는 모양.
　　　　　乾健也『易經』
　　㉡ 君子終日乾乾『易經』

　부지런할 겁【劼】부지런히 일하는 모양.
　　　　　　　人皆劼劼『韓愈』

　부지런할 구【劬】勤也.

　부지런할 근【廑】근(勤)과 통용.
　　　　　　　其廑至矣『漢書』

　부지런할 근【勤】
　　㉠ 일을 꾸준히 함. 勤勉. 克勤于邦『書經』
　　㉡ 직책(職責)을 다함. 勤務. 勤大命『禮記』

　부지런할 미【亹】근면(勤勉)한 모양.
　　　　　　　成天下之亹亹『易經』

부지런할 자【孳】자(孜)와 통용. 근면함.
　　　　　　　鷄鳴而起 孳孳而爲善者 舜之
　　　　　　　徒也『孟子』

　부지런할 자【孜】자(孳)와 통용.
　　　　　　　予思日孜孜『書經』

부지런히 하다 :

　부지런히 할 거【勮】부지런히 일함.

부차(副車) :

　부차 추【箈】예비(豫備)로 따르는 수레.
　　　　　　　屬車之箈 載獫猲獢『張衡』

부채 : 손으로 잡고 흔들어 바람을 일으키는 물건.

　부채 삽【翣】삽(箑)과 동자(同字).
　　　　　　　杖笠翣『儀禮』

　부채 삽【箑】扇子. 屛輕箑釋纖綌『潘岳』

　부채 선【篅】箑也.

　부채 선【扇】단선(團扇). 扇子.
　　　　　　　擧扇自蔽『晉書』

부채로 치다 :

　부채로 칠 선【搧】以扇打之.

부채질하다 :

　부채질 할 광【征】扇搖動風.

　부채질 할 선【煽】부추김. 煽動.
　　　　　　　羣凶挾煽『任昉』

　부채질 할 선【扇】
　　㉠ 부채를 부침. 暑月則扇枕『東觀漢記』
　　㉡ 선동(煽動)함. 선(煽)과 동자(同字). 扇惑.
　　　　　更相扇動 往往基峙『魏志』

부처 :

　부처 불【佛】
　　㉠ 범어(梵語). buddha의 음역(音譯). 불교(佛
　　　敎)의 대도(大道)를 이름. 佛陀.
　　　西方有神名曰佛『後漢書』
　　㉡ 불상(佛像). 佛師. 燒臂照佛『南史』
　　㉢ 자비심(慈悲心)이 두터운 사람.
　　　宋余崇守九江 秋不雨 擧家蔬食爲民禱祈
　　　而雨遂有秋 民擧手加額 呼余爲佛
　　　『呂氏家塾記』

부처이름 :

　부처이름 가【迦】석가(釋迦)는 석가모니. 가섭
　　　　　　　(迦葉)은 석가의 십대(十大)
　　　　　　　제자(弟子)의 한 사람. 가릉빈
　　　　　　　가(迦陵頻迦)는 극락정토(極樂
　　　　　　　淨土)에 있는 새 이름. 소리가
　　　　　　　대단히 아름답다 함.

부추 : 백합과에 속한 여러해살이풀. 섬유로 싸여
　있는 비늘줄기에서 가늘고 긴 잎이 모여서 나
　는데 20~30센티미터 정도로 자라고 선명한
　초록색을 띠며 독특한 냄새가 난다. 잎은 식용

되며, 검은색 씨는 '구자(韮子)'라고 하여 비뇨
기성(泌尿器性) 질환과 건위(健胃)의 약재로도
사용된다.

부추 구【韮】구(韭)와 동자(同字). 草鐘乳菫菜.

부추 구【韭】훈채(葷菜)의 하나. 韭葅『儀禮』

부추 물【茐】韭幽州謂之茐『詩經』

부추 조【菬】薤也.

부추기다 :

　부추길 고【鼓】격려(激勵)함. 선동(煽動)함.
　　　　　鼓舞. 鼓扇.

　부추길 사【唆】꾀어 시킴. 교사(敎唆)함. 使唆.
　　　　　以言弄人 謂之唆哄『品字箋』

　부추길 수【嗾】선동(煽動)함. 使嗾.
　　　　　爲人所嗾『魏書』

부추 꽃 :

　부추 꽃 정【菁】부추의 꽃. 秋韭冬菁『張衡』

부축 받다 :

　부축 받을 제【尳】尳.

부축하다 :

　부축할 협【夾】전후(前後), 좌우(左右)에서 부
　　축함. 夾輔成王『左傳』

부치다 :

　부칠 기【寄】보냄. 전(傳)함. 寄書.
　　　　　以一匹絹相寄『南史』

　부칠 우【寓】보냄. 子産寓書于子西『左傳』

　부칠 탁【仛】기야(寄也).

　부칠 탁【侂】기야(寄也).

부탁하다 :

　부탁할 부【付】당부하여 맡김. 付託. 付囑.
　　　　　以首領相付矣『後漢書』

　부탁할 붕【倗】託也. 倗, 委也. 託也『六書統』

　부탁할 인【因】時子因陳子而以告孟子『孟子』

　부탁할 촉【囑】囑託. 更得南湖親囑付『朱熹』

　부탁할 탁【託】

　　㉠ 당부함. 請託. 託諸侯『孟子』

　　㉡ 맡김. 委託. 託六尺之孤『論語』

　부탁할 탁【乇】탁(託)의 약자.

　부탁할 탁【侂】託也.

부터 : 기점(起點)을 나타내는 말.

　부터 도【道】자(自)와 동의. ~로부터.
　　　　　玄鶴二八 道南方來『韓非子』

　부터 유【繇】~로부터.
　　　　　繇膝以下『爾雅』

　부터 유【由】자(自)와 동의.
　　　　　由湯至於武丁『孟子』

　부터 이【以】~로부터. 以長沙往『史記』

　부터 자【自】~로부터. 自是. 自初至終.
　　　　　自我致寇『易經』

부터 종【從】자(自)와 동의.
　　　　　施施從外來『孟子』

부터 오다 : 어느 곳으로부터 옴.

　부터 올 자【自】晨門曰, 奚自,
　　　　　子路曰 自孔氏『論語』

부터 하다 : 무엇 무엇부터 시작함.

　부터 할 자【自】長國家務財用者 必自小人矣
　　　　　『大學』

부평초(浮萍草) : 개구리밥과에 속한 여러해살이
　물풀. 연못이나 논의 물위에 떠서 산다. 늦가을
　에 겨울눈이 물속에서 겨울을 나고 이듬해 봄
　에 물위로 떠올라 번식한다. 물위에 뜬 편평한
　달걀꼴의 엽상체에서 가는 뿌리가 내리며, 여
　름에 백색의 꽃이 핀다.

　부평초 평【萍】평(萍)과 동자(同字).
　　　　　萍萍『爾雅』

부화(附和)하다 :

　부화할 흡【潝】附和雷同함. 潝潝訿訿『詩經』

부황(浮黃)들다 : 주려서 얼굴이 누렇게 뜬 모양.

　부황들 함【頗】長頗頷亦何傷『楚辭』

북 : 타악기의 하나. 둥근 나무통 따위의 양쪽 마
　구리에 가죽을 팽팽하게 메워 만들며, 북채나
　손으로 두드려 소리를 낸다.

　북 고【鼓】登聞鼓.

　북 고【鼖】길이 12척(尺)의 큰 북.
　　　　　역사(役事)를 시작하고 마칠 때 침.
　　　　　以鼖鼓鼓役事『周禮』

　북 분【鼖】전진(戰陣)에서 쓰던 길이 팔척(八
　　　　　尺)의 큰 북. 以鼖鼓鼓軍事『周禮』

　북 토【鼛】鼓也. 戎鼓大首謂之鼛『集韻』

북 : 베틀에 딸린 씨를 푸는 제구.

　북 사【筬】직구(織具).

　북 사【梭】梭杼. 網得一梭『晉書』

　북 저【杼】母投杼下機『十八史略』

　북 천【鏙】방추(紡錘).

북녘 : 네 방위의 하나. 나침반의 N극이 가리키는
　방위.

　북녘 북【北】북쪽. 南北.
　　　　　北方水 太陰之精 主冬『史記』

　북녘 삭【朔】북방. 朔風.
　　　　　宅朔方曰幽都『書經』

북녘으로 가다 :

　북녘으로 갈 북【北】可以南, 可以北『說苑』

북돋다 :

　북돋을 곤【袞】배토(培土)함.
　　　　　是穮是袞『左傳』

　북돋을 배【培】

　　㉠ 초목의 뿌리를 흙으로 싸서 가꿈. 栽培.

　　　栽者培之『中庸』
　　ⓛ 봉분(封墳)함. 墳墓不培『禮記』
　　ⓒ 養成함. 培材. 新知培養轉深沈『朱熹』
북돋을 봉【封】배토(培土)함. 인신(引伸)하여 배
　　　　　　양(培養)함. 封殖越國『國語』
북돋을 옹【壅】배토(培土)함. 培壅.
북돋을 자【秄】자(籽)와 동자(同字).
북돋을 자【籽】북돋아 주어 가꿈.
　　　　　　或秄或籽『詩經』
북돋을 주【足】배토(培土)함. 苗足本『管子』
북돋을 주【疇】배토(培土)함. 今夫樹木者 云云
　　　　　　疇以肥壤『淮南子』

북두성(北斗星):
　북두성 강【罡】天罡은 북두성의 별칭.
　　　　　　八月麥生 天罡據西『參同契』
북두자루: 북두칠성의 자루를 이룬 부분.
　북두자루 표【杓】斗杓. 一至四爲魁 五至七爲杓
　　　　　　『漢書』

북두칠성(北斗七星):
　북두칠성 괴【魁】북두칠성의 첫째 별. 문운(文
　　　　　　運)을 맡은 별로서 과거(科擧)
　　　　　　에 응시(應試)하는 자(者)는
　　　　　　이 별에 기도(祈禱)를 드리었
　　　　　　다 함. 일설에는 북두칠성의
　　　　　　첫째에서 넷째까지의 네 개의
　　　　　　별을 일컬음. 다섯째서 일곱째
　　　　　　의 세별은 작(杓)이라 함. 魁
　　　　　　星. 魁方杓『後漢書』

북 메는 장인:
　북 메는 장인 운【輼】輼人, 理鼓工.
북 변죽 치다:
　북 변죽 칠 잡【鈒】打鼓邊.
북 상투:
　북 상투 반【鬆】와계(臥髻).
　　　　　　虞童髮未鬆『柳宗元詩』
북소리: 북을 치는 소리.
　북소리 격【墼】고성(鼓聲).
　북소리 담【紞】고성(鼓聲).
　　　　　　武昌城頭鼓紞紞『謝翱』
　북소리 답【鞳】고성(鼓聲).
　북소리 당【鼞】고성(鼓聲).
　북소리 당【闛】鏜鞳闛鞈『漢書』
　북소리 동【鼕】북소리의 형용.
　　　　　　滿城鼕鼕白雲飛『杜牧』
　북소리 동【渾】渾然擊鼓『管子』
　북소리 등【鼟】고성(鼓聲).
　북소리 륭【鼟】고성(鼓聲).
　북소리 봉【鼜】고성(鼓聲).

북소리 봉【韸】韸韸, 고성(鼓聲).
북소리 봉【鞺】고성(鼓聲).
북소리 연【鼝】북을 쳐 울리는 소리.
　　　　　　ⓐ 鼖鼓鼝鼝『詩經』
　　　　　　ⓛ 雷鼓鼝鼝『張衡』
북소리 잘【嘈】嘈囐. 고성(鼓聲).
　　　　　　奏嚴鼓之嘈囐『張衡賦』
북소리 전【闐】闐然鼓之『孟子』
북소리 탑【鞈】고성(鼓聲).
북소리 나지 않다:
　북소리 나지 않을 즙【鞊】鼓無聲.
　북소리 나지 않을 첩【鞊】鼓無聲.
　북소리 나지 않을 첩【鞊】鼓無聲.
북에 실 꿰다:
　북에 실 꿸 관【筊】以絲貫杼.
북쪽:
　북쪽 양【陽】하천의 북쪽. 陽 高明也 水北爲陽
　　　　　　山南爲陽『穀梁傳』
　북쪽 음【陰】산의 북쪽. 陰 闇也 山之北 水之
　　　　　　南也『穀梁傳』
북창(北窓):
　북창 향【向】塞向墐戶『詩經』
북채: 북을 치는 채.
　북채 과【撾】操撾之次『宣和畫譜』
　북채 부【枹】부(桴)와 동자(同字).
　　　　　　蕢桴而土鼓『禮記』
　북채 부【桴】부(枹)와 동자(同字).
　　　　　　右援枹而鼓『左傳』
북치: 뿌리에 가까운 덩굴에 열린 작은 오이.
　북치 질【瓞】縣縣瓜瓞『詩經』
북 치는 소리:
　북 치는 소리 방【彭】打麥打麥 彭彭魄魄
　　　　　　『張舜民』
북 치다:
　북칠 감【鼘】격고(擊鼓).
　북칠 렴【鼝】타고(打鼓).
　북칠 악【咢】노래는 하지 않고 북만 침.
　　　　　　ⓐ 徒擊鼓 謂之咢『爾雅』
　　　　　　ⓛ 或歌或咢『詩經』
　북칠 인【咽】북을 빨리 치는 소리.
　　　　　　鼓咽咽『詩經』
북통:
　북통 도【鞠】皋鞠, 고목(鼓木).
　북통 요【鞀】도(鞠)와 동자(同字). 鼓也.
북틀:
　북틀 거【簴】筍簴, 鍾鼓柎.
북풍(北風):
　북풍 량【颲】북풍(北風).

북풍 소 【颮】 북풍(北風).

분 :

　분 분 【忿】 성냄. 화냄. 懲違改忿『楚辭』

　분 분 【粉】 단장하는 흰 가루. 白粉. 粉黛.
　　　　　傳脂粉『史記』

　분 연 【鉛】 산화한 납으로 만든 화장품의 한가지.
　　　　　鉛華. 粧鉛點黛拂輕紅『林下詩談』

　분 위 【位】 인원(人員)의 경칭(敬稱).
　　　　　各位. 諸位.

　분 화 【華】 화장하는 가루. 鉛華不御『曹植』

분개 :

　분개 개 【慨】 旣慚臧孫慨『謝靈運』

분개없다 :

　분개없을 혈 【㒘】 㒘詬. 식견이나 지조가 없음.
　　　　　㒘詬亡節『漢書』

분개하다 : 비분하여 개탄함.

　분개할 개 【慨】 慨世. 慨然恥在廝役『後漢書』

분내다 :

　분낼 온 【愠】 憤也.

　분낼 용 【恿】 忿也.

분류(分類) :

　분류 부 【部】 구분. 部類. 分其天部『史記』

　분류 항 【港】 본류(本流)에서 갈라져 흐르는 물
　　　　　줄기. 浴沙下岸 涇港極多『宋史』

분명(分明)하다 :

　분명할 분 【分】 명확(明確)함. 分明.
　　　　　不可不分『呂氏春秋』

분명하다 :

　분명할 염 【嬿】 분명(分明).

분명하지 않다 :

　분명하지 않을 돈 【伅】 事物不分明貌.

　분명하지 않을 무 【憮】 대답이 분명하지 않음.
　　　　　諸將皆憮然 陽應曰 諾
　　　　　『漢書』

분바르다 :

　분바를 분 【粉】 백분(白粉)을 바름.
　　　　　輕粧薄粉『梁簡文帝』

분발(奮發)하다 :

　분발할 격 【激】 감분(感憤)함. 激揚.
　　　　　不困厄, 惡 能激乎『史記』

분별(分別)모르다 :

　분별모를 답 【踏】 無賢愚之別踏踏.

분별 :

　분별 변 【辨】 效門室之辨『荀子』

　분별 혜 【慧】 분별(分別).

분별없다 :

　분별없을 돌 【怢】 분별이 없는 모양. 美玉蘊于
　　　　　蘊砆 凡人見之怢焉『王褒』

분별하다 :

　분별할 변 【辨】 판별(判別)함. 식별(識別)함.
　　　　　辨識 有弗辨 辨之弗明弗措也
　　　　　『中庸』

　분별할 분 【分】 변별(辨別)함. 分辨.
　　　　　五穀不分『論語』

　분별할 재 【裁】 감식안(鑑識眼)이 있어 잘 분간
　　　　　(分揀)함. 明智者裁之『孔叢子』

　분별할 현 【贙】 변별(辨別)함.
　　　　　蒹葭贙藋蕦森『左思』

분부 :

　분부 명 【命】 명령(命令). 교령(敎令). 矯命.
　　　　　子從父之命『孝經』

　분부 제 【制】 ㉠ 명령. 士死制『禮記』
　　　　　㉡ 終受制矣『後漢書』

분부하다 :

　분부할 부 【吩】 아랫사람에게 명령함. 吩咐.

　분부할 분 【吩】 아랫사람에게 명령함. 吩咐.

분수(分數) :

　분수 분 【分】 분한(分限). 名分. 守分.

분이 북받치다 :

　분이 북받칠 질 【垤】 怒發礙止而湧沸.

분판(粉板) :

　분판 참 【槧】 ㉠ 글씨를 쓰는 널조각. 斷木爲槧『論衡』
　　　　　㉡ 인신(引伸)하여 글씨를 쓰거나 문장을 지음.
　　　　　叔孫通槧人也『揚子法言』

분하다 :

　분할 연 【悁】 분야(忿也).

　분할 의 【懿】 분야(忿也).

분합 띠 :

　분합 띠 벽 【鞞】 織絲爲帶.

분홍빛 :

　분홍빛 전 【縓】
　　　　　㉠ 엷게 붉은 빛깔. 一染爲之縓『爾雅』
　　　　　㉡ 분홍빛의 비단. 練冠縓緣『禮記』

　분홍빛 진 【縉】 엷게 붉은 빛깔.
　　　　　縉淺赤色也『急就篇註』

　분홍빛 함 【䋙】 천적색(淺赤色).

　분홍빛 훈 【纁】
　　　　　㉠ 엷은 적색. 三入爲纁『周禮』
　　　　　㉡ 또 그 빛깔의 명주. 纁裳純衣『儀禮』

붇다 :

　붇을 생 【生】 증식(增殖)함.
　　　　　生財有大道『大學』

　붇을 자 【滋】 늚. 증가함. 滋殖. 物生而後有象
　　　　　象而後有滋『左傳』

불을 자【玆】자(滋)와 통용. 많아 짐.
天不之玆『太玄經』
불을 증【增】증가(增加)함. 增減. 如川之方至以莫不增『詩經』
불을 창【漲】물이 벌창함. 漲溢.
漲餘野水有殘痕『陸游』

불 :
불 병【丙】付丙은 불에 던져 태운다는 뜻.
其付丙丁『王守仁』
불 화【火】
㉠ 물체의 연소. 火光. 鑽燧改火『論語』
㉡ 불의 이용. 주로 음식의 조리. 禁火.
有不火食者『禮記』
㉢ 등불. 若夜蛾之投火『北史』
㉣ 횃불. 乃令多擲火爲火城 以斷其路『南史』
㉤ 화재. 陳不救火『左傳』
㉥ 빛을 발하는 것. 鬼火.
螢火亂飛秋已近『元稹』
㉦ 작열(灼熱)한 물체. 철화(鐵火).
㉧ 아주 격렬한 것의 형용. 舌端吐火.
㉨ 오행(五行)의 하나. 시기(時期)로는 여름. 방위(方位)로는 남방(南方). 오성(五星)으로는 형혹(熒惑), 십간(十干)으로는 병정(丙丁)에 배당함. 五行, 一日水二日火『書經』
㉩ 불교(佛敎)에서 사대(四大)의 하나.
火以燥熱爲性『大藏法數』
불 훼【烜】제사에 쓰는 불. 司烜氏『周禮』
불 훼【燬】열화(烈火). 王室如燬『詩經』

불가하다 : 부정하는 말.
불가할 파【叵】大耳兒最叵信『後漢書』
불가할 파【尀】파(叵)와 동자(同字). 不可.

불거진 눈 :
불거진 눈 현【睍】쑥 나온 눈.

불경(佛經) :
불경 경【經】불타(佛陀)의 교훈을 쓴 책.
唯誦佛經『晉書』

불교 :
불교 불【佛】세계 삼대 종교의 하나.
佛者夷狄之一法耳『韓愈』

불기운 :
불기운철【烢】화기(火氣).

불기운 성하다 :
불기운 성할 홀【烼】火氣盛.

불길 성하다 :
불길 성할 돈【炖】從風火盛.홀첨

불김 :
불김 경【烱】염증(炎蒸).

불까다 :
불깔 공【攻】거세(去勢)함. 頒馬攻特『周禮』
불깔 선【鐥】수탉을 거세(去勢)함.
불깔 선【騸】말을 거세함. 또 거세한 말.
騸馬宦牛『肘後經』
불깔 승【騬】말을 거세함.
攻特謂騬之『周禮註』
불깔 탁【劅】불알을 발라냄. 古代의 형벌의 하나.
劓刵劅黥『書經』

불깐 개 :
불깐 개 의【猗】거세한 개.

불깐 돼지 :
불깐 돼지 분【豶】개시(犗豕).
불깐 돼지 분【豮】거세한 돼지.
豮豕之牙 吉『易經』

불깐 소 :
불깐 소 개【犗】거세한 소.
五十犗以爲餌『莊子』
불깐 소 건【犍】거세한 소.
불깐 소 건【犗】개우(犗牛).
불깐 소 의【犄】개우(犗牛).

불깐 양 :
불깐 양 갈【羯】거세(去勢)한 양.
羖之犗者爲羯『急就篇 註』
불깐 양 박【羪】去勢羊.
불깐 양 알【羠】승양(騬羊).
불깐 양 이【羠】거세(去勢)한 수양.

불 깜박거리다 :
불 깜박거릴 멸【蔑】火不明.

불 꺼지지 않다 :
불 꺼지지 않을 렴【熑】염(燫)과 동자(同字).
火不絶.

불꽃 :
불꽃 염【爓】焰也.
불꽃 염【掞】염(炎)과 통용.
長麗前掞光耀明『漢書』
불꽃 염【燄】화염. 飛燄. 吐燄生風『班固』
불꽃 염【焱】염(炎)과 동자(同字).
焱焱炎火 揚光飛天『班固』
불꽃 염【焰】염(燄)과 동자(同字). 火焰.
불꽃 염【炎】염(焰)과 동자(同字).
其氣炎以取之『漢書』
불꽃 염【爓】염(炎), 염(燄)과 동자(同字).
吐爓生風『班固』
불꽃 욱【煜】화염. 飛烽戢煜『陸運』

불꽃 성하다 :
불꽃 성할 단【煓】火熾盛.
불꽃 성할 첨【爁】화치(火熾).

불꽃 일어나다 :

불꽃 일어날 혹【熇】불꽃이 성하게 일어나는 모양.
　　　　　　　多將熇熇『詩經』

불꽃 화하다 :
　불꽃 화할 신【燊】炎和貌.

불끄다 :
　불끌 렬【爄】화단(火斷).

불끄지 않다 :
　불끄지 않을 이【燡】火不絶貌.

불끈 일어나다 : 갑자기 일어나거나 또는 솟아
　나오는 모양.
　불끈 일어날 포【暴】貨財暴暴如水源『荀子』

불나다 : 화재가 일어남.
　불날 소【燒】야화(野火)가 일어남.
　　　　　　　齊之北澤燒『管子』
　불날 화【火】탐. 成周宜榭火『春秋』

불놓다 :
　불놓을 료【燎】불을 지름. 民所燎矣『詩經』
　불놓을 료【轑】요(燎)와 통용.
　　　　　　　熏轑天下『漢書』

불다 :
　불 가【呵】더운 김을 내 붐. 呵凍. 呵噓.
　　　　　　　夜寒手凍無人呵『蘇軾』
　불 구【欨】구(呴)와 동자(同字).
　불 렵【獵】바람이 부는 모양. 또 그 소리.
　　　　　　　獵獵晚風遒『鮑照』
　불 부【咐】숨을 내뿜어 따뜻하게 함. 以相嘔咐
　　　　　　　醞釀 而成育群生『淮南子』
　불 분【歕】김을 내어 보냄. 欲野歕山『班固』
　불 소【蕭】바람이 부는 소리.
　　　　　　　風蕭兮易水寒『史記』
　불 쇄【灑】바람이 붊. 時風夕灑『陸機』
　불 수【颼】颼飀는 바람이 솔솔 부는 모양.
　　　　　　　颼飀凄清『張正見』
　불 취【歙】취(吹)와 동자(同字).
　　　　　　　歙師掌敎國子舞羽歙籥『周禮』
　불 취【吹】
　　㉠ 숨을 내어 붐. 吹乎.
　　　　　　　吹毛而求小疵『韓非子』
　　㉡ 관악기를 붐. 吹奏. 鼓瑟吹笙『詩經』
　　㉢ 바람이 남. 風其吹女『詩經』
　　㉣ 추켜세움. 小人司刺擧時時實濫吹『庾信』
　불 하【颬】입을 벌리고 숨기운을 내어 보내는
　　　　　　　모양. 舍利颬颬化爲仙車『張衡』
　불 허【嘘】虛口吐氣.
　불 후【煦】숨을 내어 보냄. 煦嘘呼吸『王褒』

불 당기다 :
　불 당길 철【烒】화연(火燃).

불때다 :

불땔 애【焕】焚也.
불땔 제【齋】밥을 짓느라고 불을 땜.
불땔 찬【爨】불을 때어 밥을 지음. 爨炊.
　　　　　　　以釜甑爨『孟子』
불땔 천【燀】밥을 지으려고 불을 땜.
　　　　　　　燀之以薪『左傳』
불땔 취【炊】
　㉠ 밥을 지음.
　　　　　　　易子而食之 折骸而炊之『公羊傳』
　㉡ 밥을 짓는 일. 취사(炊事).
　　　　　　　晨炊蓐食『漢書』

불똥 :
불똥 궁【熍】爐也.
불똥 사【炧】심지 끝의 탄 나머지.
　　　　　　　香炧燈光奈爾何『李商隱』
불똥 주【丶】燈中火丶.
불똥 즉【卽】촛불의 탄 나머지.
　　　　　　　左手執燭 右手折卽『管子』
불똥 즉【聖】심지의 끝. 타다 남은 것.
　　　　　　　左手秉燭右手折聖『管子』
불똥 진【煑】화여(火餘).
불똥 표【熛】타는 물건에서 튀어 흩어지는 썩
　　　　　　　작은 불덩이. 熛至風起『史記』
불똥 표【票】표(熛)와 동자(同字).
　　　　　　　見票如累明『太玄經』

불똥튀다 :
불똥튈 섬【煔】화행(火行).
불똥튈 표【熛】炎熾熛怒『詩經』
불똥튈 표【票】표(熛)와 동자(同字).
　　　　　　　見票如累明『太玄經』

불룩하다 :
불룩할 방【胮】胮肛은 불룩하여져서 큰 모양.
　　　　　　　形軀頓胮月肛『韓愈』
불룩할 파【皤】배가 큰 모양. 皤其腹『左傳』

불리다 :
불릴 련【鍊】쇠붙이에 불을 달굼. 鍛鍊. 金百
　　　　　　　鍊然後精人亦如此『皇極經世書』
불릴 록【爍】煉也.
불릴 릉【陵】쇠붙이를 불에 달구었다가 물에
　　　　　　　담금. 兵刃不待陵而勁『荀子』
불릴 생【生】증식함. 生財有大道『大學』
불릴 식【殖】殖利. 不殖貨利『書經』
불릴 야【冶】
　㉠ 쇠붙이를 녹여 주조(鑄造)함. 冶金.
　　　　　　　閩越王冶鑄地『宋書』
　㉡ 인신(引伸)하여 정련(精鍊)함.
　　　　　　　陶冶賴詩篇『杜甫』
불릴 취【揣】금속을 단련함. 揣而銳之『老子』

불린 금덩이 :
불린 금덩이 병【鉼】금판(金鈑).
鉼金謂之鈑『爾雅』
불린 쇠 :
불린 쇠 련【鍊】달구어 질이 좋아진 금속.
精鍊藏於鑛璞『王褒』
불 반짝거리다 :
불 반짝거릴 력【爏】화모(火貌).
불 밝히다 :
불 밝힐 료【燎】명화(明火).
불 번지다 :
불 번질 람【爁】불이 연소(燃燒)하는 모양.
火爁焱而不滅『淮南子』
불 번쩍거리다 :
불 번쩍거릴 혼【焝】화모(火貌).
불법 :
불법 등【燈】불교의 도(道). 불교(佛敎). 法燈.
傳燈無白日『杜甫』
불붙이다 :
불붙일 염【爓】烽也.
불빛 :
불빛 돈【燉】불의 색.
불빛 령【爧】화광(火光).
불빛 안【㷳】화색(火色).
불빛 유【燸】화색(火色).
불빛 환하다 :
불빛 환할 방【炐】火光貌.
불사르다 :
불사를 동【烔】焚也.
불사를 렬【烈】태움. 烈山澤『孟子』
불사를 분【焚】焚殺. 仲春勿焚山林『禮記』
불사를 소【燒】태움. 燒却.
因燒其劵『戰國策』
불사를 열【焫】설(爇)과 동자(同字). 燒也.
秦且燒焫獲君之國『戰國策』』
불사를 초【樵】焚之者何, 樵之也『公羊傳』
불사를 풍【煈】분야(焚也).
불사를 화【火】昆蟲未蟄 不以火田『禮記』
불살라 사냥하다 : 산림을 불사르고 사냥함.
불살라 사냥할 분【焚】原野. 焚咸丘『春秋』
불 성하다 :
불 성할 작【焟】화성(火盛).
불 소리 :
불 소리 랍【爉】화성(火聲).
불쌍하다 :
불쌍할 면【殑】矜也.
불쌍히 여기다 : 가엾이 여김. 가련하게 여겨 동정함.
불쌍히 여길 긍【矜】矜憐. 天矜于民『書經』
불쌍히 여길 련【憐】同病相憐『吳越春秋』
불쌍히 여길 면【殑】긍야(矜也).
불쌍히 여길 민【憫】憐憫. 仁人憫物『傳習錄』
불쌍히 여길 상【傷】咸寃傷之『漢書』
불쌍히 여길 인【仁】將大其聲疾呼而望仁之
『韓愈』
불쌍히 여길 조【弔】弔恤. 不弔昊天『詩經』
불쑥 내밀다 : 느닷없이 머리를 쑥 내미는 모양.
불쑥 내밀 츰【闖】
㉠ 開之則闖然公子陽生也『公羊傳』
㉡ 속에 느닷없이 불쑥 들어가는 뜻으로 쓰임. 闖入.
불안(不安)하다 :
불안할 실【窸】
㉠ 窸窣은 불안한 소리의 형용.
枝撑聲窸窣『杜甫』
㉡ 窸窣은 불안한 모양.
黑雲夜窸窣『張希復』
불 안 깐 돼지 :
불 안 깐 돼지 분【豶】未去勢豕.
불 안 깐 소 :
불 안 깐 소 박【犦】未去勢牛.
불 안 켠 초 : 아직 불을 켜 놓지 않은 초.
불 안켠 초 착【燋】
㉠ 執燭抱燋『禮記』
㉡ 已燃曰燭 未燃曰燋『廣韻』
불안하다 : 마음이 편안치 않은 모양.
불안할 올【扤】불안(不安).
불안할 한【憪】憪然念外人之有罪『史記』
불알 :
불알 고【睪】음낭(陰囊)속의 알. 睪丸.
腰脊控睪而痛『靈樞經』
불알 랑【閬】호 음낭(陰囊).
불알 세【勢】고환(睪丸). 去勢.
盜淫者割其勢『晉書』
불알 신【腎】腎氣. 腎子.
불알 최【朘】갓난아이의 생식기.
불알 발라내는 형벌 :
불알 발라내는 형벌 부【腐】궁형(宮刑). 死罪欲腐者許之『漢書』
불알 베다 :
불알 벨 탁【斀】去陰刑.
불어 자빠뜨리다 :
불어 자빠뜨릴 미【颹】風吹偃物.
불에 고기 말리다 :
불에 고기 말릴 픽【䐿】以火乾肉.

불에 고기 말릴 픽【糒】以火焙肉.

불에 데다 :

  불에 델 탕 【燙】圀 화상(火傷).

불에 데워 부풀어 오르다 :

  불에 데워 부풀어 오를 방【炐】遇火脹起.

불에 데이다 :

  불에 데일 소【㷎】爛也.소

불에 말리다 :

  불에 말릴 박【爆】폭(爆)과 동자(同字). 火乾.

  불에 말릴 압【焨】火乾.

  불에 말릴 초 【焣】火乾.

  불에 말릴 피【焷】火乾.

  불에 말릴 훈【爋】火乾物.

불에 익히다 :

  불에 익힐 섭【爕】속(俗)에 불꽃 섭으로 訓함.

불여의(不如意)하다 :

  불여의할 등【僜】僜僜不著事.

불우(不遇)하다 :

  불우할 람【壈】壈坎은 뜻을 얻지 못한 모양.
                불우(不遇)한 모양.
                壈坎難歸來『劉長卿』

불 이글이글하다 :

  불 이글이글할 돈【燉】불이 성한 모양.

  불 이글이글할 애【焕】火盛貌.

불이 활활 붙다 :

  불이 활활 붙을 돈【庉】庉庉, 熾盛貌.

불 조금 타오르다 : 불이 조금 타오르는 모양.

  불 조금 타오를 염【燄】燄燄不滅若炎炎何
                    『孔子家語』

불 켜다 :

  불 켤 구【煹】거화(擧火).

불타는 소리 :

  불타는 소리 필【㷶】화성(火聲).

불타다 :

  불탈 름【燣】화모(火貌).

  불탈 비【沸】소모(燒貌).

  불탈 혼【焍】화연(火燃).

불탄 나머지 :

  불탄 나머지 조【燺】火餘木.

불 피다 :

  불 필 룡【爖】圀 불을 피다.

불피우다 :

  불피울 혈【炊】火始焚.

불 활활 붙다 :

  불 활활 붙을 동【炵】화성(火盛).

  불 활활 붙을 홰【煒】火盛貌.

불 활활 타다 :

불 활활 탈 필【燀】燀㷉, 화모(火貌).

붉게 하다 : 붉은 채색을 칠함.

  붉게 할 단【丹】朱丹其轂『揚雄』

불그레하다 :

  불그레할 난【煗】소적(小赤).

붉나무 : 옻나무과에 속하는 낙엽소교목. 나뭇잎
  에 곤충이 기생하여 된 오배자(五倍子)는 염료
  (染料), 약용(藥用)으로 함.

붉나무 비【椑】其木乃椑『管子』

붉다 :

  붉을 단【丹】

    ㉠ 적색(赤色). 丹青. 曉霜楓葉丹『謝靈運』

    ㉡ 성실함의 비유.
        既秉丹石心 寧流素絲涕『謝朓』

  붉을 동【䞓】赤也.

  붉을 동【秱】적색(赤色). 其種大苗細苗秱莖黑
              秀箭長『管子』

  붉을 비【緋】적색(赤色). 緋申.
           血可染緋『酉陽雜俎』

  붉을 성【騂】

    ㉠ 적색. 騂犢. 凡糞種騂剛用牛『周禮』

    ㉡ 희생의 털빛이 붉음. 또 그 희생.
          騂有角『論語』

  붉을 자【赭】적색. 赫如渥赭『詩經』

  붉을 적【赤】

    ㉠ 붉은 빛. 赤衣. 持一赤幟『史記』

    ㉡ 진심을 가지고 있음. 숨김이 없음. 赤誠.
        赤心. 以兹報主寸心赤『杜甫』

  붉을 정【䞓】두 번 물들인 적색.
          魴魚䞓尾『詩經』

  붉을 정【䞓】적색. 또 붉게 함.
          䞓末長終幅『儀禮』

  붉을 정【赬】적색. 魴魚赬尾『詩經』

  붉을 정【竀】정(赬)과 동자(同字).
          如魚竀尾『左傳』

  붉을 제【緹】적색(赤色).
          辨五齊之名 四曰緹齊『周禮』

  붉을 주【朱】

    ㉠ 적색. 朱肉. 被朱佩紫『夏侯湛』

    ㉡ 적색의 물건. 惡紫之奪朱也『論語』

  붉을 표【熛】적색. 前熛闕而後應門『揚雄』

  붉을 혁【奭】빨간 모양. 路車有奭『詩經』

  붉을 혁【赫】빛이 빨간 모양.
          赫如渥赭『詩經』

  붉을 혁【烾】赤也.

  붉을 호【膴】적색.

  붉을 홍【紅】선명한 적색. 眞紅. 深紅.
          紅樓富家女『白居易』

붉은 구슬 :
　붉은 구슬 문【玒】적옥(赤玉).
붉은 기장 :
　붉은 기장 문【虋】赤粱粟.
　　　　　　　　　鮮山其草多虋冬『山海經』
붉은 꽃 :
　붉은 꽃 홍【紅】千紫萬紅『李賀』
붉은 끈 :
　붉은 끈 쟁【綪】적뉴(赤紐).
　붉은 끈 찬【纂】붉은 실로 꼰 끈.
　　　　　　　　　錦繡纂組『漢書』
붉은 눈 :
　붉은 눈 준【瞳】적목(赤目).
붉은 닭 :
　붉은 닭 한【鷳】단계(丹鷄).
붉은 비단 :
　붉은 비단 주【絑】赤色繒.
　붉은 비단 천【綪】적증(赤繒).
　　　　　　　　　綪茷旃旌『左傳』
붉은빛 :
　붉은빛 단【丹】
　　㉠ 적색(赤色). 丹靑. 曉霜楓葉丹『謝靈運』
　　㉡ 성실함의 비유.
　　　　　既秉丹石心 寧流素絲涕『謝朓』
　붉은빛 비【緋】적색(赤色). 緋申.
　　　　　　　　　血可染緋『酉陽雜組』
　붉은빛 자【赭】적색. 赫如渥赭『詩經』
　붉은빛 적【赤】적색. 周人尚赤『禮記』
　붉은빛 정【䞓】두 번 물들인 적색.
　　　　　　　　　魴魚䞓尾『詩經』
　붉은빛 정【䞓】적색. 또 붉게 함.
　　　　　　　　　䞓末長終幅『儀禮』
　붉은빛 제【緹】辨五齊之名 四曰緹齊『周禮』
　붉은빛 주【朱】
　　㉠ 적색. 朱肉. 被朱佩紫『夏侯湛』
　　㉡ 적색의 물건. 惡紫之奪朱也『論語』
　붉은빛 하【赮】絶岸萬丈 壁立赮駮『郭璞』
　붉은빛 호【膴】적색.
　붉은빛 홍【紅】선명한 적색. 眞紅. 深紅.
　　　　　　　　　紅樓富家女『白居易』
붉은 숫소 : 털이 붉은 숫소.
　붉은 숫소 강【犅】魯公用犐犅『左傳』
붉은 실 :
　붉은 실 침【綅】적사(赤絲). 具冑朱綅『詩經』
붉은 옥 : 붉은 빛의 옥, 또 붉은 옥의 빛.
　붉은 옥 문【璊】毳衣如璊『詩經』
붉은 옷 :
　붉은 옷 주【袾】주의(朱衣).

붉은 저사옷 :
　붉은 저사옷 전【襢】주의(朱衣). 后妃服丹衣.
　　　　　　　　王后之六服其一曰襢衣
　　　　　　　　『周禮』.
붉은 종이 :
　붉은 종이 체【幟】적지(赤紙).
붉은 칠 :
　붉은 칠 동【彤】붉게 칠한 장식. 단식(丹飾).
　　　　　　　　彤弓. 貽我彤管『詩經』
붉은 털요 :
　붉은 털요 만【毤】赤毛褥.
붉은 흙 :
　붉은 흙 자【赭】적토(赤土). 丹赭.
　　　　　　　　其土則丹靑赭堊『漢書』
붉히다 : 부끄러워 얼굴이 홍조(紅潮)함.
　붉힐 난【赧】赧愧. 五情愧赧『曹植』
　붉힐 성【騂】內愧面汗騂『孫覿』
붓 :
　붓 율【聿】모필(毛筆).
　붓 필【筆】
　　㉠ 모필(毛筆). 筆法. 不律謂之筆『爾雅』
　　㉡ 붓의 자취. 필적. 眞筆. 粗有才筆『南史』
　붓 한【翰】옛날에는 새의 깃으로 붓을 만들었
　　　　　　으므로 이름. 筆翰.
　　　　　　投翰長歎息『劉公翰』
　붓 호【毫】모필. 揮毫. 或含毫而渺然『陸機』
붓다 : (살가죽이나 몸의 일부가) 부풀어 올라 두
　둑이 솟다.
　부을 형【胅】종야(腫也).
　부을 몽【朦】종야(腫也).
　부을 전【瘨】배가 부음.
　부을 종【尰】발이 부음. 既微且尰『詩經』
　부을 흔【痕】종기(腫氣).
붓다 : (사람이 액체나 가루 따위를 어디에)쏟아
　서 담다.
　부을 계【泊】물을 부음. 泊鑊水『周禮』
　부을 주【注】물을 따라 넣음. 傾注.
　　　　　　　　挹水而注之『荀子』
　부을 철【醊】술을 땅에 따름.
　부을 뢰【酹】술을 땅에 붓고 신(神)에게 제사
　　　　　　　(祭祀)를 지냄.
　　　　　　　不以斗酒隻雞過相沃酹『後漢書』
붓대 :
　붓대 관【管】붓 자루. 彤管.
　　　　　　　　天子筆管以錯寶爲跗『西京雜記』
붓에 먹 찍다 :
　붓에 먹 찍을 침【湛】墨漬筆.
붓으로 꾸미다 :

붓으로 꾸밀 진【㲟】以筆飾也.
붕긋하다 :
　붕긋할 분【岕】언덕이 높직한 모양.
붕사(硼砂) :
　붕사 붕【硼】[假借字] 硼砂.
붕산(硼酸) :
　붕산 붕【硼】[假借字] 硼酸.
붕새 : 상상상(想像上)의 큰 새. 한 번에 구만리를
　　　난다 함.
　붕새 붕【鵬】有鳥焉 其名爲鵬 背若泰山 翼若
　　　　　垂天之雲『莊子』
붕어 : 잉어과에 속하는 민물고기.
　붕어 부【鮒】鯽魚. 魚用鮒『儀禮』
　붕어 적【鰿】煎鰿臛雀『楚辭』
　붕어 즉【鯽】鮒魚. 鯽魚. 鮮鯽銀絲膾『杜甫』
붙다 : 㶴.
　불을 번【蕃】蓁蓁. 夏餘鳥獸蕃『宋之問』
　불을 식【殖】
　　㉠ 수효. 또는 이자 같은 것이 㶴.
　　　　貨財殖焉『中庸』
　　㉡ 번식함. 同姓不婚, 惡不殖也『國語』
　불을 자【孶】번식(繁殖). 또 무성함.
　　　　非能使木壽且孶也『柳宗元』
　붙을 교【膠】달라 붙음. 밀착함.
　　　　置杯焉則膠『莊子』
　붙을 담【譚】부착함. 參譚雲屬『成公綏』
　붙을 려【麗】부착함. 草木麗乎土『易經』
　붙을 례【隸】隸屬. 割此三郡 配隸益州『晉書』
　붙을 리【離】부착함. 不離于裏『書經』
　붙을 박【薄】心搖搖如懸旌而無所終薄『史記』
　붙을 복【僕】君子萬手, 景命有僕『詩經』
　붙을 부【附】
　　㉠ 달라붙음. 附著. 山附於地『易經』
　　㉡ 귀신이 붙음. 爲巫者鬼必附之『譚子』
　　㉢ 한 편이 됨. 친밀히 함.
　　　　附於楚則晉怒 附於晉則楚來伐『史記』
　　㉣ 쫓아 따름. 附屬. 百姓附『淮南子』
　　㉤ 從屬함. 四夷來附『王禹偁』
　　㉥ 의탁함. 의지함. 附於諸侯『孟子』
　붙을 부【付】부(附)와 통용.
　붙을 부【傅】부착(附着)함. 傅著.
　　　　皮之不存 毛將安傅『左傳』
　붙을 빙【憑】귀신이 붙음. 此爲魅所憑『唐書』
　붙을 삭【欶】淬露霜 欶躓趺『淮南子』
　붙을 업【鈒】鈒兒乂 부착(附着).
　붙을 점【溓】끈끈하여 달라붙음.
　　　　雖有深泥 亦弗之溓也『周禮』
　붙을 점【黏】착 달라붙음. 黏著.

붙을 주【注】부착함. 注旄首曰旌『爾雅』
붙을 착【著】달라붙음. 黏著. 附著.
붙을 착【箸】착(著)과 동자(同字).
　　　兵箸晉陽三年矣『戰國策』
붙을 첩【貼】의지하여 닿음. 의부(依附)함.
　　　低茅水上貼『徐渭』
붙을 촉【屬】부착함. 樸屬. 右屬橐鞬『左傳』
붙들다 : 넘어지지 않도록 붙듦. 부축함.
　붙들 부【扶】부휴(扶攜). 부액(扶腋).
　　　策扶老以流憩『陶潛』
　붙들 착【揀】부야(扶也).
　붙들 축【畜】가지 못하게 만류함.
　　　畜君何尤『孟子』
　붙들 혜【㩗】扶也.
붙들어 돕다 :
　붙들어 도울 책【㩗】부조(扶助).
붙어가다 :
　붙어갈 방【徬】부행(附行).
붙어살다 : 남에게 의지하여 삶. 붙어 있게 함.
　머무르게 함. 붙여 살게 함.
　붙어살 교【䯧】기우(寄寓).
　붙어살 기【寄】기우(寄寓). 寄居.
　　　　㉠ 嘗寄人宅『顏氏家訓』
　　　　㉡ 寄蜉蝣於天地『蘇軾』
　붙어살 우【寓】寓食.
　　　　㉠ 諸侯不臣寓公『禮記』
　　　　㉡ 無人於我室『孟子』
　붙어살 호【餬】기식(寄食)함.
　　　　餬其口於四方『左傳』
붙어있다 :
　붙어있을 기【寄】기우(寄寓)함. 寄居.
　　　　　㉠ 嘗寄人宅『顏氏家訓』
　　　　　㉡ 寄蜉蝣於天地『蘇軾』
붙이다 :
　붙일 객【客】기우(寄寓)함. 客居.
　　　　東又客也『韓愈』
　붙일 니【泥】풀로 붙임.
　　　　紅錦泥窓遶四廊『花蘂夫人』
　붙일 닐【䏠】점저(黏著).
　붙일 부【附】㉠ 가까이 댐.
　　　　附耳之言 聞於千里『淮南子』
　　　　㉡ 첨가함. 附錄. 附加.
　　　　別爲 或問以附其後『朱熹』
　　　　㉢ 더함. 보탬. 附益.
　　　　附之以韓魏之家『孟子』
　　　　㉣ 줌. 附與. 寄附.
　　　　附書與六親『杜甫』
　붙일 선【煽】불을 붙임. 煽煙章臺『新論』

붙일 여【𤏇】黏也.

붙일 위【熨】약을 붙임. 案抗毒熨『史記』

붙일 첩【貼】달라붙게 함. 補貼.
　　　　　魚皮裝貼香木鞘『歐陽修』

붙쫓다 :

붙쫓을 귀【歸】따름. 歸依. 民之攸歸『詩經』

비 : 후세에 전하고자 하는 일을 새겨 세우는 돌.
　비석(碑石). 주로 모양이 네모진 것을 이름. 둥
　근 것은 갈(碣)이라 함.

비 갈【碣】갈(碣)과 동자(同字).
　　　　　封神丘兮健隆碣『漢書』

비 갈【碣】崆峒山中有堯碑禹碣『述異記』

비 비【碑】碑文. 碑以悲往事也, 今宮室廟屋墓
　　　　　隧之碣 鑴文於石 皆曰碑『初學記』

비 : 구름에서 떨어지는 물방울.

비 박【霈】雨也.

비 우【雨】雨雲. 雲行雨施『易經』

비 : 쓰레기를 쓸어내는, 대로 만든 제구.

비 세【篲】대나무로 만든 비.

비 소【箸】대나무로 만든 비.

비 수【篲】太公擁篲『史記』

비 추【帚】箕帚凡爲長者糞之禮 必加帚於箕上
　　　　　『禮記』

비 추【箒】毋取箕箒立而詈語『賈誼』

비 혜【彗】彗掃. 國中以策彗卹勿『禮記』

비 개다 :

비 갤 희【霽】雨止貌.

비결(秘訣) :

비결 결【訣】비방(秘方). 訣要.
　　　　　聞長生之訣『魏書』

비결 도【韜】병법의 비결.
　　　　　六韜三略 侍戎韜于武帳『庾信』

비계 :

비계 방【肪】기름기. 脂肪.
　　　　　散似甘露 凝如割肪『太玄經』

비계 비【梐】回 목제(木梯).

비계 지【脂】기름기. 脂肪. 膚如凝脂『詩經』

비계 집【膴】지야(脂也).

비계 촉【臅】가슴 안에 있는 지방.
　　　　　小切狼臅膏『禮記』

비계 끼다 :

비계 낄 매【𦟛】𦟛𦟛, 垢膩貌.

비고 깊다 :

비고 깊을 혈【坎】空深貌.

비교(比較)하다 :

비교할 요【僑】以彼比此.

비교할 탐【舥】比也.

비 그치다 :

비 그칠 제【霽】우지(雨止).

비 그치지 않다 :

비 그치지 않을 역【霂】霖霂, 雨不止貌.

비기(秘記) :

비기 록【錄】未來記. 豫言書. 圖籙.
　　　　　高祖膺籙受圖『張衡』

비기다 :

비길 면【帀】상당(相當).

비길 예【挽】견줌.

비길 의【擬】
　㉠ 흉내냄. 본뜸. 擬古. 侈擬於君『漢書』
　㉡ 견줌. 乃與五經相擬『後漢書』

비길 의【儗】견줌. 儗人必于其倫『禮記』

비길 의【儀】의(擬)와 통용.
　　　　　皆心儀霍將軍女『漢書』

비길 의【疑】의(擬)와 통용. 陰疑于陽『易經』

비길 헌【攇】擬也.

비꼬이다 :

비꼬일 요【拗】마음이 삐뚦. 執拗. 王臨川天資
　　　　　亦有拗強處『朱子語類』

비 끝 :

비 끝 렵【鬣】추단(帚端). 비의 말단(末端).
　　　　　拚席不以鬣『禮記』

비끼다 : 비스듬함.

비낄 사【斜】斜面. 夜讀書隨月光 光斜則握卷升
　　　　　屋『南史』

비 내리다 :

비 내릴 림【灆】강우(降雨).

비 내릴 색【渿】비가 오는 모양. 색색(渿渿).

비녀 : 여자의 머리에 꽂는 제구. 남자의 관이 벗
　어지지 않도록 꽂는 것.

비녀 계【笄】
　㉠ 其姊泣而呼天, 摩笄而自殺『史記』
　㉡ 皮弁爵弁笄『儀禮』

비녀 섭【鑷】여자의 수식(首飾).
　　　　　鑷髮鑽瑩『崔瑗』

비녀 잠【簮】잠(簪)과 동자(同字).

비녀 잠【簪】㉠ 金簪. 爲瑇瑁簪『史記』
　　　　　㉡ 簪珥. 斜簪映秋水『沈約』

비녀 잠【篸】잠(簪)과 동자(同字).
　　　　　江作靑羅帶 山爲碧玉篸『韓愈』

비녀 전【鈿】화잠(花簪).
　　　　　誰忍去金鈿『庾肩吾』

비녀 차【釵】두 갈래로 된 비녀. 金釵. 荊釵.
　　　　　玉釵挂臣冠『司馬相如』

비녀 척【摘】잠고(簪股).
　　　　　以瑇瑁爲摘『後漢書』

비녀 형【衡】관계(冠笄). 衡紞紘綖『左傳』

비녀 꽂다 :
　비녀 꽂을 게【笄】旣笄而孕『國語』
비녀 없는 치포관 :
　비녀 없는 치포관 궤【蟈】無笄緇布冠.
비녀장 : 바퀴가 벗어나지 않게 수레의 굴대 머
　리에 지르는 못 같이 생긴 물건.
　비녀장 검【鈐】
　비녀장 관【錧】관(輨)과 동자(同字). 論語者五
　　　　　　　經之錧鎋六藝之侯衿也『趙岐』
　비녀장 대【釱】肆玉釱而下馳『漢書』
　비녀장 할【舝】車舝. 間關車之舝兮『詩經』
　비녀장 할【轄】
　　㉠ 巾車脂轄『左傳』
　　㉡ 인신(引伸)하여 주관(主管), 단속(團束)의
　　　 뜻으로 쓰임. 管轄. 統轄.
　　　 置兩總轄『宋史』
　비녀장 할【鎋】할(轄)과 동자(同字). 인신(引
　　　　　　　伸)하여 사물의 총괄(總括).
　　　　　　　孝道者 萬世桎鎋『孝經』
비녀장 지르다 : 수레에 비녀장을 질러 출발할
　차비를 차림.
　비녀장 지를 할【舝】載脂載舝『詩經』
비눈 퍼붓다 : 비나 눈이 퍼붓는 모양.
　비눈 퍼부을 표【瀌】雨雪瀌瀌『詩經』
비늘 : 물고기 뱀 같은 것의 껍질을 보호하는 각
　질(殼質)의 작은 조각. 인신(引伸)하여 비늘을
　가진 동물. 특히 어류.
　비늘 린【鱗】㉠ 宜鱗物『周禮』
　　　　　　　㉡ 鱗毛. 錦鱗游泳『范仲淹』
　비늘 부【蚹】뱀의 아랫배에 있는 비늘.
　　　　　　　蛇蚹蜩翼『莊子』
비늘 있는 짐승 :
　비늘 있는 짐승 혈【獝】有鱗獸.
비다 : 아무 것도 없음. 공허함.
　빌 강【康】한요(閒寠)함.
　　　　　　委參差以康寠『司馬相如』
　빌 강【漮】공야(空也).
　빌 강【康】공허함. 酌彼康爵『詩經』
　빌 강【穅】공허함. 委參差以穅梁『司馬相如』
　빌 결【突】공야(空也).
　빌 결【缺】벼슬자리가 빔. 開缺. 官缺.
　빌 결【闋】瞻彼闋者虛室生白『莊子』
　빌 경【窒】공야(空也).
　빌 경【罄】공핍(空乏)함. 罄竭.
　　　　　　缾之罄矣 維罍之恥『詩經』
　빌 경【冂】공허(空虛)함.
　빌 공【孔】공허함. 孔德之容『老子』
　빌 공【空】

　　㉠ 아무 것도 없음. 空虛. 杼柚其空『詩經』
　　㉡ 속에 든 것이 없음. 空砲.
　　　 倉廩實而囹圄空『管子』
　　㉢ 사실이 아님. 皆空語無事實『史記』
　　㉣ 실질이 없음. 유명무실(有名無實)함.
　　　 有空名無實『尉繚子』
　빌 과【窠】속이 빔. 見窠木浮『淮南子』
　빌 관【瘝】공허(空虛)함. 공허하게 함. 또 소홀
　　　　　　히 함. 광(曠)과 뜻이 같음.
　　　　　　若時瘝厥官『書經』
　빌 관【窾】공허함. 窾言.
　　　　　　實不中其聲者 謂之窾『史記』
　빌 관【款】공허함. 款言不聽『漢書』
　빌 광【曠】공허(空虛)함. 曠古.
　　　　　　率彼曠野『詩經』
　빌 굉【閎】공허함. 彷徨乎馮閎『莊子』
　빌 구【丘】공허함. 丘墟. 寄居丘亭『漢書』
　빌 당【唐】공허함. 福不唐捐『法華經』
　빌 동【洞】공허함. 神氣內洞『素問』
　빌 량【寎】공허함. 康寎.
　빌 료【寥】공야(空也).
　빌 료【膠】공야(空也).
　빌 막【莫】허무(虛無)함.
　　　　　　獨與道遊于大莫之國『莊子』
　빌 배【摩】手起物令虛.
　빌 적【赤】아무 것도 없음. 赤貧.
　　　　　　赤地千里『漢書』
　빌 정【鋌】物空盡者曰鋌『揚雄方言』
　빌 충【沖】공허함. 虛沖. 大盈若沖『老子』
　빌 충【神】충(沖)과 동자(同字).
　　　　　　神禫其辭『荀子』
　빌 충【盅】충(沖)과 동자(同字). 공허함.
　　　　　　道盅而用之『老子』
　빌 충【冲】충(沖)과 동자(同字). 虛也.
　빌 핍【乏】인원이 차지 못함.
　　　　　　不敏攝官承乏『左傳』
　빌 하【閜】공허함.
　빌 허【虛】
　　㉠ 아무 것도 없음. 空虛.
　　㉡ 방비가 없음. 衝其方虛『史記』
　　㉢ 능력이 없음. 抱虛求進『漢書』
　　㉣ 욕심이 없음. 恒虛而易足『淮南子』
　　㉤ 실질이 없음. 진실이 아님. 虛言. 虛名.
　　　 名冠諸侯 不虛耳『史記』
　　㉥ 약함. 쇠함. 虛弱. 齊國以虛『呂氏春秋』
　빌 혁【洫】공허함. 滿者洫之『管子』
　빌 혈【沈】공허한 모양.
　　　　　　沈寥兮天高而氣清『楚辭』
　빌 확【廓】공야(空也).

빌 활【䚡】공허하여 통한 모양. 空䚡.
　　　　　頭童齒䚡『韓愈』

빌 황【稅】공야(空也).

빌 황【荒】공허함. 荒城不盟『國語』

빌 효【枵】공허함. 枵空.
　　　　虎頭鼠尾 外肥內枵『林下偶談』

비단 :

비단 겸【縑】합사로 짠 비단. 執縑. 素縑.
　　　　　數賜縑帛『列仙傳』

비단 경【幜】帛也.

비단 금【錦】
　　㉠ 여러 빛깔을 섞어 짠 무늬 있는 비단.
　　　文錦. 子有美錦『左傳』
　　㉡ 비단의 무늬처럼 아름다운 것. 錦鱗.
　　　祠堂列錦楓『馬汝驥』
　　㉢ 탄미(歎美)하는 뜻을 나타내는 관형사.
　　　錦地. 璧房錦殿相玲瓏『王勃』

비단 기【綺】무늬가 있는 비단. 執綺.
　　　　賈人無得衣錦繡綺縠紵罽『漢書』

비단 단【緞】緞子.
　　　　바탕이 곱고 광택이 있는 비단.

비단 라【羅】얇은 비단. 輕羅.
　　　　羅幬張些『楚辭』

비단 릉【綾】무늬가 있는 비단. 繒綾.
　　　　白綾二千四『北史』

비단 백【帛】견직물(絹織物). 布帛.
　　　　束帛加璧『儀禮』

비단 비【緋】붉은 비단. 五品以上緋『唐書』

비단 수【繡】무늬 있는 비단. 또 그 옷. 錦繡.
　　　　衣繡夜行『史記』

비단 요【繇】帛也.

비단 은【纁】絆也.

비단 임【紝】견직물. 織紝. 組. 紃『禮記』

비단 증【繒】견직물의 총칭. 繒帛.
　　　　睢陽販繒者也『漢書』

비단 채【綵】빛깔이 화려한 비단. 또 그 옷.
　　　　綵帳. 妻不重綵『晉書』

비단 폐【幣】絹織物. 皮幣.

비단무늬 :

비단무늬 파【紴】수파(水紴). 금문(錦紋).

비단쑥 빛 :

비단쑥 빛 기【綼】帛蒼艾色.

비단옷 :

비단옷 금【錦】衣錦尙絅『中庸』

비단이름 :

비단이름 류【縲】기속(綺屬).

비단이름 선【繜】촉(蜀)땅에서 나는 비단.
　　　　　　自造奇錦紈繜纊繆『揚雄』

비단이름 패【貝】무늬가 있는 고운 비단.
　　　　　厥篚織貝『書經』

비단자투리 :

비단자투리 례【剡】백여(帛餘).

비단조각 :

비단조각 라【幭】증편(繒片).

비단조각 유【褕】絹之端片.

비단조각 투【綉】錦一片.

비단 털 :

비단 털 모【絒】絹帛絤起如刺.

비답 : 신하의 상주문(上奏文)의 끝에 적는 임금
　　의 대답.

비답 비【批】帝皇詔答 謂之批者 批之所上表奏
　　　　　尾也『谷響集』

비둘기 : 비둘깃과에 속한 새를 통틀어 이르는
　　말. 야생종과 집비둘기로 나뉜다. 몸에 비해
　　머리가 작고 목은 가늘다. 부리는 굵고 짧으며
　　부드럽다. 다리는 짧고 앞으로 3개, 뒤로 1개
　　의 발가락이 있으며 발톱은 짧고 튼튼해 나무
　　나 땅 위의 생활에 알맞다. 성질은 순하여 길
　　들이기 쉽고, 날기를 잘한다. 먼 곳에서도 제
　　집으로 돌아오는 성질이 있어 길들여 통신용으
　　로 쓴다. 평화를 상징하는 새이기도 하다.

비둘기 구【鳩】維鵲有巢 維鳩居之『詩經』

비둘기 도【鵌】鵌鳩, 조명(鳥名).

비둘기 몽【鸏】구속(鳩屬).

비둘기 추【雎】靑雎 翱翮者雎『詩經』

비둘기 학【鸒】蜩與鷽鳩笑鵬『莊子』

비둘기 합【鴿】비둘기의 총칭. 野鴿. 家鴿.

비등하다 :

비등할 착【玼】等也.

비뚜로 가다 :

비뚜로 갈 길【趌】사진(斜進).

비뚤다 :

비뚤 광【匡】굽음. 輪雖敝不匡『周禮』

비뚤 교【觓】뿔이 곧지 않고 삐뚬. 뿔이 김.
　　　　또 일설에는 뿔이 높음.
　　　　　觓其角『太玄經』

비뚤 왜(외)【歪】바르지 아니함. 俗合不正二字
　　　　　改作歪『正字通』

비뚤어지다 :

비뚤어질 아【窊】부정(不正).

비로소 : 처음으로.

비로소 내【迺】太子迺生『賈誼』

비로소 발【發】開春發歲『楚辭』

비로소 방【防】衆防同疑『列子』

비로소 보【甫】甫從博士爲刺史『漢書』

비로소 숙【淑】숙(俶)과 통용.

淑獻無常數 『儀禮』

비로소 시【始】始用六佾 『左傳』

비로소 작【作】萊夷作牧 『書經』

비로소 재【載】春日載陽 『詩經』

비로소 조【肇】始也.

비로소 창【創】創始. 開創. 創業垂統 『孟子』

비로소 축【俶】始也.

비록 : 아무리 그렇다 하나. 아무리 ~하여도. 암만 ~하여도.

비록 매【每】每有良朋 『詩經』

비록 수【雖】㉠ 雖聖人亦有所不知焉 『中庸』
　　　　　　　㉡ 雖卽死無 憾 『宋濂』

비롯하다 : 맨 먼저 시작함.

비롯할 시【始】立愛自親始 『禮記』

비롯할 재【載】湯始征, 自葛載 『孟子』

비롯할 재【哉】哉生明. 朕哉自毫 『書經』

비롯할 조【肇】㉠ 肇國.
　　　　　　　㉡ 喜慶肇自玆 『晉傅充』

비롯할 창【刱】始也.

비롯할 창【創】시작(始作)함. 개시(開始)함.
　　　　　　　創始. 開創. 創業垂統 『孟子』

비롯할 환【寏】始也.

비루(鄙陋)하다 : (사람이나 그 태도가)천하고 너절하다.

비루할 비【庳】陋也.

비루먹다 :

비루먹을 난【癵】牛馬病蝕創.

비류(比類) : 같은 종류. 비슷한 종류.

비류 례【例】臣子一例 『史記』

비름 : 비름과에 속하는 일년초. 밭에나 길가에 나는데 어린잎은 식용함.

비름 현【莧】莧下于滿 『管子』

비리다 :

비릴 성【腥】날고기의 냄새가 남. 성조(腥臊).
　　　　　　　砧几餘腥 『歐陽修』

비릴 성【胜】성야(腥也). 성(腥)과 통용.

비릴 성【鮏】물고기의 냄새가 남.

비릴 소【鰠】비린내가 남. 고소(膏鰠).

비 만드는 풀 :

비 만드는 풀 몽【蕻】추초(帚草).

비말(飛沫) : 튀어 올랐다가 헤지는 물방울.

비말 말【沫】更相觸搏, 飛沫起濤 『木華』

비 모양 :

비 모양 쌍【霜】우모(雨貌).

비문(碑文) : 한문(漢文)의 한 체(體). 비(碑)에 새 기기 위하여 짓는 문장으로서 서(序)와 명(銘) 이 있는 것을 정체(正體)로함.

비문 비【碑】其序則傳 其文則銘 此碑之體也

『文體明辯』

비밀(秘密) : 알리지 아니함.

비밀 금【禁】我有禁方 『史記』

비밀하다 :

비밀할 가【愘】밀모(密謀).

비바람 치다 : 풍우가 세차게 치는 모양.

비바람 칠 소【瀟】風雨瀟瀟 『詩經』

비발 : 물건을 사거나 어떤 일을 하는 데 드는 돈.

비발 비【費】費用. 經費. 國費.
　　　　　　　爲飮食費 『史記』

비발 자【資】費用. 問歲月之資 『儀禮』

비방(誹謗)하다 :

비방할 알【訐】謗也.

비방할 저【呧】詆也.

비방할 주【柱】기자(譏刺)함.
　　　　　　　連柱五鹿君 『漢書』

비 부실부실 오다 :

비 부실부실 올 렴【霖】霖雨下籤, 미우(微雨).

비비 : 원숭이과에 속하는 짐승.

비비 비【狒】비(狒)와 통용. 猩猩啼而就擒
　　　　　　　狒狒笑而被格 『左思』

비비 비【狒】비지(狒狒). 狒狒怪獸 『郭璞』

비비다 :

비빌 괄【刮】눈을 비빔. 刮目相待 『吳志』

비빌 뇌【捼】뇌(挼)와 동자(同字).
　　　　　　　捼莎五木擲梟盧 『元稹』

비빌 뇌【挼】손을 대고 문지름.
　　　　　　　劉裕挼五木 久之卽成盧矣 『晉書』

비빌 뉴【扭】手轉貌.

비빌 마【摩】문지름. 摩擦.
　　　　　　　濯以手摩之去其皺 『禮記』

비빌 사【莎】손으로 문지름.
　　　　　　　捼莎五木擲梟盧 『元稹』

비빌 연【挼】연(捼)과 동자(同字).

비빌 연【捼】손으로 문지름.
　　　　　　　煩捼猶捼抄 『阮孝緖』

비빌 접【捼】手摩物.

비빌 차【搓】손으로 문지름.
　　　　　　　柳細搓難似花新染未乾 『陸游』

비빌 찰【擦】되게 문지름. 摩擦.

비사증(鼻齄症) : 얼굴 특히 코에 붉은 점이 생기는 병충.

비사증 사【齄】酒齄鼻.

비상 :

비상 비【砒】砒霜, 독석(毒石).

비상 비【礵】비(砒)와 同字. 礵石霜, 독석(毒石).

비상 섞인 돌 : 비소(砒素)를 함유한 유독한 광
　　물.

비상 섞인 돌 여【礜】西山皐塗之山, 有白石名
　　　　　　　礜, 可毒 鼠『山海經』

비소(砒素) : 원소의 하나. 또 이것을 함유한 회
　　백색(灰白色)의 금속(金屬). 광택(光澤)이 나는
　　유독(有毒)한 광물(鑛物).

　비소 비【砒】砒石. 砒霜.

비속(鄙俗)하다 : 속(俗)되고 천(賤)함.

　비속할 배【倍】斯遠鄙倍矣『論語』

비스듬히 가다 :

　비스듬히 갈 다【踏】사행(斜行).

비스듬히 걷다 :

　비스듬히 걸을 면【頫】사행(邪行).

비슷하다 :

　비슷할 류【類】상사(相似)함.
　　　　　　　孔子狀類陽虎『史記』

　비슷할 방【髣】
　　㉠ 서로 비슷하여 구별하기 어려운 모양.
　　　　髣髴其若夢『揚雄』
　　㉡ 보아 잘 알 수 없는 모양.
　　　　似至人之髣髴『後漢書』

　비슷할 방【仿】근사(近似)함. 또 흐릿하여 분
　　　　별하기 어려운 모양.
　　　　彷彿神動『傅毅』

　비슷할 방【仿】상사(相似)함. 仿佛.
　　　　無物堪比仿『楊基』

　비슷할 불【彿】근사(近似)함.
　　　　彷彿神動『傅毅』

　비슷할 불【髴】근사(近似)함.

　비슷할 출【黜】髣也.

　비슷할 희【俙】방불(彷彿).

비실거리다 :

　비실거릴 령【姈】姈媚, 行不正.

비 쏟아지다 :

　비 쏟아질 습【霤】우모(雨貌).

　비 쏟아질 타【沱】큰비가 오는 모양.
　　　　俾滂沱矣『詩經』

　비 쏟아질 패【霈】비가 억수같이 오는 모양.
　　　　滂霈. 大雨灃霈『風俗通』

비에 상하다 :

　비에 상할 매【穋】禾傷雨生黑斑.

비에 적신 가죽 :

　비에 적신 가죽 박【韄】雨濡革.

비역 : 사내끼리 성교하듯이 하는 짓. 단수(斷袖 :
　　漢나라 哀帝가 董賢을 지극히 寵愛하여 낮잠을
　　자다가 깨었을 때 董賢이 哀帝의 소매를 깔고
　　자므로 차마 흔들어 깨우지 못하여 소매를 끊

고 일어난 故事에서 나온 말. 단수(斷袖)라고도
함. 용양(龍陽 : 魏王의 嬖臣의 이름. 引伸하여
男色.) 면수(面首 : 얼굴과 머리털이 아름다운
남자). 변태성욕(變態性慾)의 힘. 남성(男性)끼
리의 동성애(同性愛).

　비역 기【畏】계간(鷄姦). 용양(龍陽).
　　　　律有畏姦罪條『楊氏正韻箋』

비오다 :

　비올 령【霝】강우(降雨).

　비올 령【零】비가 내림. 靈雨旣零『詩經』

　비올 롱【瀧】비가 오는 모양.

　비올 불【霎】雨降貌.

　비올 산【濟】비가 오는 모양.
　　　　疎林日暮雨濟濟『貢奎』

　비올 삽【霅】비가 내림. 霅爾霅落『馬融

　비올 습【霫】비가 오는 모양.

　비올 우【雨】비가 내림. 雨我公田『孟子』

　비올 쟁【霅】우강(雨降).

　비올 주【注】비가 내림.
　　　　請雨三日而雨注『晉書』

　비올 즙【霵】우강(雨降).

　비올 즙【湒】우하(雨下).

　비올 패【沛】비가 줄기차게 오는 모양.
　　　　沛然下雨『孟子』

비오리 : 오릿과에 속한 물새. 몸길이는 66센티
　　미터 정도로, 원앙(鴛鴦)과 비슷하나 좀더 크
　　다. 부리는 톱니같이 뾰족하다.

　비오리 제【鸃】鸃鶂, 사부(似鳧).

비옷 : 비가 옷에 배어들지 못하도록 덧입는 겉
　　옷.

　비옷 발【襏】襏襫은 비옷. 우의(雨衣). 身服襏
　　　　襫『管子』

　비옷 석【襫】襏襫. 우의(雨衣).

　비옷 제【製】우의(雨衣). 우장(雨裝).
　　　　成子衣製杖戈『左傳』

비우다 :

　비울 공【空】속을 비게 함.
　　　　必空壁逐我『十八史略』

　비울 관【瘝】공허(空虛)함. 공허하게 함. 소홀
　　　　히 함. 게을리 함. 광(曠)과 동의.
　　　　若時瘝厥宮『書經』

　비울 광【曠】공허하게 함.
　　　　曠安宅而不居『孟子』

　비울 충【神】충(沖)과 동자(同字).
　　　　神禪其詞『荀子』

　비울 허【虛】
　　㉠ 장소를 비움.
　　　　公子從車騎 虛左自迎夷門侯生『史記』

ⓛ 공허하게 함. 虛心.

비웃다 : 빈정거리거나 업신여기는 태도로 웃는
　일. 또는 그러한 웃음.

　비웃을 신 【哂】 哂呎, 笑也. 田千秋一言致相匈
　　　　　　　奴哂之『晉書』

　비웃을 조 【嘲】 경멸(輕蔑)함. 嘲笑.
　　　　　　　弟子私嘲之『後漢書』

　비웃을 조 【啁】 조(嘲)와 통용.
　　　　　　　俱在左右詼啁而已『漢書』

　비웃을 투 【呇】 嗤也.

　비웃을 해 【哈】 조소(嘲笑)함.
　　　　　　　羈然而哈『左思』

비유(比喩) : 어떤 사물이나 현상을 그와 비슷한
　다른 사물이나 현상에 빗대어 표현함.

　비유 비 【譬】 取譬不遠『詩經』

　비유 유 【諭】 유(喩)와 동자(同字).
　　　　　ⓐ 追傷屈原 因以自諭『漢書』
　　　　　ⓛ 引諭失義『諸葛亮』

　비유 의 【依】 不學博依, 不能安詩『禮記』

비유컨대 : 비유를 들어 말하면. 예컨대.

　비유컨대 비 【譬】 譬如北辰『論語』

비유하다 : 비슷한 딴 사물을 끌어대어 말함.

　비유할 견 【俔】 俔天之妹『詩經』

　비유할 비 【譬】 譬諸小人『論語』

　비유할 유 【喩】 譬喩. 可謂善喩矣『論語』

　비유할 유 【諭】 유(喩)와 동자(同字).
　　　　　ⓐ 追傷屈原 因以自諭『漢書』
　　　　　ⓛ 引諭失義『諸葛亮』

　비유할 의 【依】 不學博依, 不能安詩『禮記』

　비유할 황 【況】 每下愈況『莊子』

비의 신 :

　비의 신 평 【洴】 비를 맡은 신(神). 우사(雨師).
　　　　　　　洴翳라고도 함.
　　　　　　　洴號起雨『楚辭』

비익조(比翼鳥) : 자웅이 짝을 짓지 않으면 날
　수 없다는 상상상(想像上)의 새. 부부(夫婦)의
　비유로 쓰임.

　비익조 겸 【鶼】 鶼鶼. 南方有比翼鳥焉 不比不
　　　　　　　飛 其名謂之鶼鶼『爾雅』

비자나무 : 주목과에 속한 상록 침엽 교목. 높이
　는 25미터 정도이며, 가지가 사방으로 퍼지고
　나무껍질은 회갈색이다. 곳에 두세 개씩 달린
　다. 이듬해 가을에 적자색의 길둥근 열매가 열
　린다. 목재는 건축이나 기구용으로 쓰이며 열
　매는 구충제로 쓰이고 열매를 짠 기름은 식용,
　등화용으로 쓰인다.

　비자나무 피 【柀】 榧也.

비적(匪賊) : 무기를 지니고 떼를 지어 다니며 살

인과 약탈을 일삼는 도둑.

　비적 비 【匪】 匪徒. 土匪.

비 죽죽 오다 : 비가 세차게 오는 모양.

　비 죽죽 올 잠 【潛】 潛潛寒雨繁『杜甫』

비준(批准)하다 : 전권을 위임받은 이가 서명한
　국가 간의 조약 따위에 대해 대통령 또는 헌법
　상의 조약 체결권자가 최종적으로 확인하는 절
　차.

　비준할 준 【准】 有比照之意.

비지 : 두부를 만들고 남은 찌꺼기.

　비지 박 【粕】 油粕.

비 지척거리다 :

　비 지척거릴 중 【霙】 久陰小雨.

비 찔끔거리다 :

　비 찔끔거릴 칩 【漐】 小雨不輟.

비척거리다 :

　비척거릴 와 【迱】 邪行貌.

비척비척 걷다 :

　비척비척 걸을 척 【趗】 側行貌.

비첨 : 양쪽 끝이 번쩍 들린 처마. 비우(飛宇).

　비첨 영 【榮】 升自東榮『禮記』

비추다 :

　비출 개 【暟】 해가 비춤.

　비출 경 【鏡】 빛을 발사함. 銚鏡野『班固』

　비출 도 【燾】 온통 덮어 비춤.
　　　　　　　周公盛 魯公燾『公羊傳』

　비출 조 【炤】 조(照)와 동자(同字).
　　　　　　　炤炤兮其用知之明也『荀子』

　비출 조 【照】
　　ⓐ 빛을 보냄. 日月所照『中庸』
　　ⓛ 해의 뜻. 夕照. 晩照.
　　ⓒ 그림자를 비추어 봄. 攬鏡自照『晉書』
　　ⓔ 맛 대어 봄. 對照. 以自鑒照『後漢書』
　　ⓜ 비추어 인도함. 曉諭. 照惑者『淮南子』
　　ⓗ 환히 앎. 同明相照『史記』

　비출 촉 【燭】 日月所燭『漢書』

　비출 흔 【焮】 광휘(光輝)를 발함.
　　　　　　　光彌焮宇宙『杜甫』

비추어보다 :

　비추어볼 감 【監】 거울에 비춰 봄.
　　　　　　　人無於水監『書經』

　비추어볼 경 【鏡】 조감(照鑑)함. 대조하여 봄.
　　　　　　　執當可而鏡『呂氏春秋』

비취색 : 물총새의 등 빛과 같은 빛. 청황(靑黃)
　의 간색(間色).

　비취색 취 【翠】 蒼翠. 必無經時之翠『晉書』

비취옥(翡翠玉) : 짙은 초록색의 경옥(硬玉). 아
　름다운 빛 때문에 보석으로 많이 쓴다.

비취옥 로【璷】벽옥(碧玉).
비취옥 비【翡】비취(翡翠).

비치다 :

비칠 영【映】광선이 반사함. 映射.
千里鶯啼綠映紅『杜牧』
비칠 요【燿】光燿. 昭燿. 光明之燿也『國語』
비칠 욱【煜】광휘(光輝)를 발함.
日煜乎晝 月煜乎夜『揚雄』
비칠 작【爝】광휘를 발함.
爝以灌火『呂氏春秋』
비칠 조【爝】광휘를 발함.
爝以灌火『呂氏春秋』
비칠 조【照】빛남. 日月得天而能久照『易經』
비칠 체【曹】照也.
비칠 촉【矚】照也. 촉(燭)과 동자(同字).
비칠 촉【爥】촉(燭), 촉(矚)과 동자(同字).
비칠 촉【燭】日月所燭『漢書』
비칠 형【熒】火之始熒『新論』
비칠 호【滈】물이 희게 비치는 모양.
安翔徐徊 翯乎滈滈『司馬相如』

비탈 : 산, 언덕, 길 따위가 한쪽으로 기울어진 상태나 정도. 또는 그 기울어진 곳.

비탈 등【隥】升於長松之隥『穆天子傳』
비탈 저【阺】拒隴阺『後漢書』
비탈 저【坻】판(坂)과 동의.
下磧歷之坻『司馬相如』
비탈 치【阤】古登阤也『周禮』
비탈 파【坡】판(坂)과 동의.
二客從予 過黃泥之坡『蘇軾』
비탈 파【陂】山旁曰陂『釋名』
비탈 판【坂】出其坂『左思』
비탈 판【阪】판(坂)과 동자(同字).
阪上走丸『漢書』
비탈 형【陘】華山窮絶陘『韓愈』

비탈길 :

비탈길 등【磴】돌이 많은 비탈길. 磴道.
石磴縈委若羊腸焉『水經注』

비탈지다 :

비탈질 타【陁】陂陁.
비탈질 타【岮】파(岥)와 동의.
비탈질 타【陀】陂陀.
비탈질 파【岥】땅이 경사진 모양.
裁岥岮以隱嶙『潘岳』
비탈질 파【陂】경사진 모양.
登陂陁之長阪兮『司馬相如』
비탈질 판【阪】평탄하지 아니함.
瞻彼阪田 有菀其特『詩經』

비통(悲痛)하다 : 몹시 슬퍼서 마음이 아픔.

비통할 람【懍】莫不憯懍慘悽愀愴傷心『嵇康』
비통할 참【慘】慘愴. 酸慘之聲『晉書』
비통할 참【憯】참(慘)과 동자(同字).
憯痛. 胡憯莫懲『詩經』

비트 적 거리다 : 절룩거리며 걷는 모양.

비트 적 거릴 선【姍】立而望之 何姍姍其來遲
『漢書』

비틀거리다 : 비틀거리는 모양. 절룩거리는 모양. 머뭇거리는 모양.

비틀거릴 규【踑】趴踑, 行不正.
비틀거릴 량【踉】踉蹌. 踉蹡.
踉蹡越門限『韓愈』
비틀거릴 령【跉】行不正.
비틀거릴 반【蹣】醉步蹣跚 天祿行蹣跚
『皮日休』
비틀거릴 반【媻】媻跚.
媻跚勃窣上金隄『史記』
비틀거릴 병【跰】跉跰, 行不正.
비틀거릴 비【踋】行不正.
비틀거릴 빙【僜】行不正.
비틀거릴 산【跚】蹣跚.
비틀거릴 용【徿】行不正.
비틀거릴 장【蹡】踉蹡越門限『韓愈』
비틀거릴 창【蹌】蹌踉.
비틀거릴 편【蹁】可聽蹁轃則駛『晉書』

비틀걸음 :

비틀걸음 감【尴】尴, 行不正.

비틀다 : 바싹 꼬며 틂.

비틀 념【捻】十方諸佛 手捻香付彼爐中
『法苑林』
비틀 녕【擰】㊥ 捻也.
비틀 녹【搙】捻也.
비틀 렬【捩】捩手翻羹『韓愈』
비틀 렬【挒】捩也. 렬(捩)과 동자(同字).
비틀 불【佛】獻鳥者佛其首『禮記』
비틀 진【紾】紾其兄之臂『孟子』

비틀비틀하다 : 이리 저리 쓰러질 듯이 하고 걷는 모양

비틀비틀할 경【睘】睘睘無依 獨行睘睘
『詩經』
비틀비틀할 경【瞏】睘과 동자(同字). 無依.
獨行瞏瞏『詩經』
비틀비틀할 변【蹁】蹁躚.
蹁躚而鑑於井『莊子』
비틀비틀할 선【躚】蹁躚.

비틀어 돌리다 :

비틀어 돌릴 울【攠】요려(拗戾).

비파 : 현악기의 하나. 타원형의 몸통에 짧은 자

루가 달려 있으며, 4줄로 된 당비파와 5줄의
향비파가 있다.
비파 비【琵】琵琶.
비파 비【枇】비(琵)와 통용.
　　　枇杷馬上所鼓『釋名』
비파 파【杷】파(琶)와 통용.
　　　枇杷馬上所鼓『釋名』
비파 파【琶】琵琶.
비파나무 : 장미과에 속한 상록 교목. 높이는
　5~10미터이며, 잎은 어긋나고 넓은 도피침형
　이며 가장자리에 치마 모양의 톱니가 있다. 열
　매는 식용하고 잎은 진해(鎭咳), 건위(健胃), 이
　뇨의 효과가 있다.
비파나무 비【枇】枇杷. 枇杷橪柿『司馬相如』
비파나무 파【杷】枇杷. 枇杷橪柿『司馬相如』
비파바탕 : 비파(琵琶)의 줄을 매는 몸체.
비파바탕 조【槽】絃樂器, 檀槽. 賀懷智善琵琶
　　　　　以石爲槽『開元遺事』
비품(備品) : 일상 쓰는 물품. 기구.
비품 비【備】當先具其備『漢書』
비호(庇護)하다 : 뒤덮어서 보호함.
비호할 엄【掩】掩護. 矜憐撫掩之也『爾雅』
비휴 짐승 :
비휴 짐승 비【貔】수명(獸名).
빅수 : 승부가 없음.
빅수 지【持】兩棋相圍 而皆不死不活曰持
　　　　　『徐鉉』
빈궁(殯宮) : 천자의 옥체(玉體)를 매장(埋葬)하기
　전에 잠시 관을 안치(安置)하는 곳.
빈궁 묘【廟】從至于廟『大戴禮』
빈대 :
빈대 비【蜱】蠦蜱, 취충(臭蟲).
빈 땅 :
빈 땅 연【堧】극지(隙地).
빈랑나무 : 야자과에 속하는 상록교목. 과실은 식
　용 약용으로 함. 열매는 빈랑자(檳榔子).
빈랑나무 랑【榔】檳榔.
빈랑나무 빈【檳】檳榔.
　　　　　何須竟哂食檳榔『盧綸』
빈속 : 체내의 공허한 곳.
빈속 강【腔】腹腔. 滿腔熱血.
빈정거리다 :
빈정거릴 신【欨】조롱(嘲弄)함.
빈정거릴 야【揶】조롱(嘲弄)함.
　　　　　舉手揶揄之『後漢書』
빈정거릴 유【揄】조롱(嘲弄)함. 揶揄. 市人皆大
　　　　　笑 舉手邪揄之『後漢書』
빈터 :

빈터 연【堧】공지(空地). 趙過試以離宮卒 田其
　　　宮堧地『漢書』
빈함옥(殯含玉) : 염습할 때 시체의 입에 물리는
　구슬.
빈 함옥 함【琀】殯琀之物『晉書』
빈형(臏刑) : 경골(脛骨)을 절단하는 형벌, 일설에
　는 종지뼈를 없애는 형. 또는 그 형벌을 과함.
빈형 빈【臏】孫子臏脚『司馬遷』
빈형 찬【鑽】鑽笮. 其次用鑽鑿『漢書』
빌다 : 물건을 남에게서 빎. 구걸함.
빌 가【假】차용함. 假借. 祭器不假『禮記』
빌 개【匃】개(丐)와 동자(同字). 구걸함.
　　　乞匃無所得『漢書』
빌 개【丐】달람. 納干丐取士『唐書』
빌 걸【乞】乞人. 行乞于市『史記』
빌 걸【气】걸(乞)과 동자(同字). 구걸함.
　　　气乞本同一字也『古今印史』
빌 공【空】가난함. 回也其庶乎屢空『論語』
빌 구【求】구걸함. 竟蒙求我『易經』
빌 원【肙】空也.
빌 섭【攝】攝束帛『禮記』
빌 자【耤】자(藉)와 동자(同字).
　　　以軀耤友報仇『漢書』
빌 자【藉】
　㉠ 남의 도움을 입음.
　　　藉兵乞食於西周『戰國策』
　㉡ 차용함. 藉外論之『莊子』
　㉢ 藉口. 苟有以藉口而復寡君『左傳』
빌 조【租】차용(借用)함.
　　　每年該租房錢若于『玉堂雜字』
빌 차【借】借用. 借金. 借交報仇『史記』
빌 치【治】凡新甿之治, 皆聽之『周禮』
빌 특【貸】凡民之貸者『周禮』
빌 특【貣】旦莫乞貣蠻夷『漢書』
빌다 : 신(神)에게 기도함.
빌 고【祰】禱也.
빌 기【祈】祈願. 祈天永命『書經』
빌 도【禂】도(禱)와 동자(同字).
　　　禂牲禂馬 皆掌其祝號『周禮』
빌 도【禱】禱祀. 禱爾於上下神祇『論語』
빌 원【願】賽願. 祈願. 憶得少年長乞巧 竹竿頭
　　　上願絲多『白居易』
빌 양【禳】풍년이 들기를 기도함.
　　　道傍有禳田者『史記』
빌 주【詶】축야(祝也).
빌 주【呪】신(神)에게 소원을 빎. 呪願.
빌 초【醮】단(壇)을 만들어 놓고 기도함.
　　　宮設醮 一日親臨之『貴耳集』

빌 축【祝】신에게 기원함. 祝福.

빌 후【禑】祈也.

빌리다 : 금품을 대여함. 또 빌리는 일.

빌릴 가【叚】가(假)와 통용. 假也.

빌릴 가【假】빌려줌. 꾸어 줌. 假貸.
　　　　唯名與器不可以假人『左傳』

빌릴 개【丐】빌려줌. 飢寒無所貸丐『唐書』

빌릴 대【貸】㉠ 盡其家貸於公『左傳』
　　　　㉡ 未作貰貸『史記』

빌릴 자【耤】자(藉)와 동자(同字).
　　　　以驅耤友報仇『漢書』

빌릴 자【藉】藉寇兵而齎盜糧也『十八史略』

빌릴 조【租】每年該租房錢若干『玉堂雜字』

빌릴 차【借】빌려줌. 特以布帆借之『晉書』

빌릴 특【貣】특(忒)과 통용. 二衍貣『史記』

빌미 :

빌미 기【禨】신이 내리는 재앙. 禨祥.

빌미 기【幾】兆朕. 幾微. 幾者動之微『易經』

빌미 수【祟】신이 내리는 재앙. 災祟. 神祟.
　　　　實沈臺駘爲祟『左傳』

빌미 내리다 : 귀신이 재앙을 내림.

빌미 내릴 수【祟】其鬼不祟『莊子』

빗 : 머리를 빗는 제구.

빗 비【鎞】참빗. 短髮不勝鎞『杜甫』

빗 소【梳】얼레빗. 白齒梳.
　　　　朝有諷諫 猶髮之有梳『唐書』

빗 즐【櫛】梳櫛. 不同巾櫛『禮記』

빗 즐【楖】즐(櫛)과 통용.

빗겨날다 :

빗겨날 고【翺】사비(斜飛).

빗다 : 빗으로 머리를 빗음.

빗을 률【律】不沐則濡櫛三律而止『荀子』

빗을 비【枇】頭不枇沐『後漢書』

빗을 소【梳】梳沐. 頭蓬不暇梳『揚雄』

빗을 즐【櫛】櫛沐. 冠者不櫛『禮記』

빗물 :

빗물 시【潎】우수(雨水).

빗방울 :

빗방울 락【落】矗不知其幾千萬落『杜牧』

빗소리 : 비오는 소리.

빗소리 삽【霅】霅霅高林簇雨聲『韓偓』

빗소리 우【霻】雨聲.

빗소리 자【霅】雨聲.

빗장 :

빗장 경【扃】문빗장. 入戶奉扃『禮記』

빗장 뉴【閗】문관(門關).

빗장 련【槤】문빗장.

빗장 삽【歃】성이나 수문을 위에서 잠그는 빗장.
　　　　置木歃一 以限水勢『宋史』

빗장 약【鑰】문관(門關).

빗장 염【庌】문빗장. 烹伏雌炊庌屚『史記』

빗장 이【屚】문빗장. 烹伏雌炊庌屚『史記』

빗장 점【扂】문빗장. 椳闑扂楔『韓愈』

빗질 :

빗질 소【疏】소(梳)와 통용.

빗질하다 :

빗질할 차【鬠】用梳比.

빗치개 : 가리마를 타는 제구.

빗치개 비【箆】鈿頭銀箆擊節碎『白居易』

빗치개 제【揥】象揥, 整髮釵.
　　　　衆之揥也『詩經』

빗치개 체【揥】象之揥也『詩經』

빙그레 웃다 :

빙그레 웃을 함【欦】含笑.

빙그레 웃을 완【莞】含笑.

빙글빙글하다 :

빙글빙글할 혜【誒】희소불정(喜笑不正).

빙 돌다 : 빙 돌아서 가는 모양. 旋行하는 모양.
　또 춤추는 모양. 또 일설에는 절룩거리며 가는
　모양. 또 비틀거리는 모양.

빙 돌 선【蹮】蹮蹮蹁躚『張衡』

빙 돌 설【蹼】蹼蹼.

빙 돌아가다 : 빙 돌아서 가는 모양. 또 심력(心
　力)을 기울이는 모양.

빙 돌아갈 별【蹩】蹩蹩.

빙 돌아날 환【翾】翾飛, 요모(繞貌).

빙빙 돌다 :

빙빙 돌 변【狆】連狆. 其書雖環瑋 而連狆無傷
　也『莊子』

빙실(氷室) : 얼음을 저장하여 두는 곳.

빙실 이【謻】謻門. 謻門曲榭 邪阻城洫『張衡』

빚 :

빚 부【負】채무. 典負者『後漢書』

빚 채【債】
　㉠ 꾸어 쓴 돈. 負債.
　　賣田宅 鬻子孫 以償債『漢書』
　㉡ 자기(自己)가 응당(應當)하여야 할 것을
　　아직 하지 아니한 것. 詩債.
　　官身常缺讀書債『陸游』

빚 채【責】채(債)와 통용. 責主.
　　　　施舍己責『左傳』

빚 현【懸】부채(負債). 남의 돈을 쓴 것.
　　　　逋懸租調『北史』

빚 흠【欠】부채. 또는 공세(貢稅)의 미납.
　　　　自小民以上 大率皆有積欠『蘇洵』

빚다 :

빛을 매【媒】양성(釀成)함. 媒糵其短『漢書』

빛을 발【醱】술을 거듭 빚어 진하게 함.
　　　　恰似葡萄初醱醅『李白』

빛을 배【醅】거듭 빚어 진하게 함.
　　　　恰似葡萄初醱醅『李白』

빛을 양【釀】
　　㉠ 술을 빚음. 釀造. 釀泉爲酒『歐陽修』
　　㉡ 자아냄. 釀成. 釀禍. 以相嘔咻醞 釀 而成育
　　　　萬物『淮南子』

빛을 얼【糵】얼(糵)과 동자(同字). 釀成함.
　　　　媒糵其短『漢書』

빛을 온【醞】양조(釀造)함.
　　　　酒則九醞甘醴『張衡』

빚 돈 : 빚으로 준 돈.

빚 돈 채【債】宜可令收債『史記』

빛 :

빛 경【耿】광휘. 성덕(盛德)의 비유.
　　　　以觀文王之耿光『書經』

빛 경【景】햇빛. 流景曜之韓暐『張衡』

빛 경【熲】불빛. 不出於熲『詩經』

빛 광【光】
　　㉠ 시각을 통하여 물상을 밝게 하는 현상.
　　　　곧 광선. 광휘(光輝) 따위. 月光. 光度.
　　　　月出之光『詩經』
　　㉡ 광채. 光潤. 光澤. 珠光出於魚腹『論衡』
　　㉢ 명예. 위세 따위. 榮光. 威光.
　　　　能莫與之同光者『淮南子』
　　㉣ 은택(恩澤). 은총(恩寵). 榮光. 光臨.
　　　　未被先天之靈光『汲冢周書』
　　㉤ 지능. 덕망. 和其光, 同其塵『老子』
　　㉥ 문화. 풍속. 경치 따위. 觀光. 春光.
　　　　觀國之光『易經』

빛 망【芒】빛의 첨단. 七有彗星長十數丈芒角燭
　　　　天『十八史略』

빛 명【明】광채. 發采揚明『錢起』

빛 색【色】㉠ 색채. 五色. 彩色.
　　　　㉡ 안색. 變色. 察色.
　　　　㉢ 윤. 광택. 體色不變『北史』
　　　　㉣ 꼴. 태. 車馬有行色『莊子』
　　　　㉤ 경치. 景色.

빛 습【熠】欣煌熠之朝顯兮『阮籍』

빛 약【爚】광휘(光輝). 彌融爚以隱處『史記』

빛 영【影】광화(光華). 燈影照夢寐『杜甫』

빛 영【榮】
　　㉠ 광명(光明). 日月合榮『傅玄』
　　㉡ 윤택. 윤. 此五藏所生之外榮也『素問』

빛 영【瑩】광채(光彩).
　　　　不能掩其瑩『韓詩外傳』

빛 요【燿】광명(光明). 天樞凝燿『宋書』

빛 요【曜】광휘(光輝). 日出有曜『詩經』

빛 위【煟】광휘. 빛나 밝은 모양.

빛 정【精】광휘. 精彩. 精行四時『呂氏春秋』

빛 조【照】광명(光明). 鑿牖自取照『淮南子』

빛 채【彩】광휘(光輝). 日華月彩『沈約』

빛 화【華】㉠ 光輝. 日月光華兮『竹書紀年』
　　　　㉡ 광택. 윤. 大夫玄華『禮記』

빛 휘【煒】휘(輝)와 동자(同字).
　　　　靑煒登平『漢書』

빛 휘【輝】찬란한 빛. 光輝.
　　　　虹蜺揚輝『後漢書』

빛 휘【煇】휘(輝)와 동자(同字). 煇光.
　　　　德煇動于內『禮記』

빛 휘【暉】휘(輝)와 동자(同字). 暉芒.
　　　　君子之光 其暉吉也『易經』

빛 곱다 :

빛 고울 미【媄】색염(色艶).

빛나다 : 빛이 번쩍번쩍하는 모양.

빛날 경【耿】경(耿)과 동자(同字).

빛날 경【冏】빛이 남. 밝음. 冏光,
　　　　冏冏秋月明『江淹』

빛날 광【光】광휘(光輝)를 발(發)함.
　　　　日月光 星辰靜『漢書』

빛날 광【爌】광모(光貌).

빛날 광【爌】輝也. 황(熿)과 동자(同字).

빛날 단【煓】혁모(赫貌).

빛날 란【爛】明星有爛『詩經』

빛날 려【麗】광채를 발함. 麗萬世『揚雄』

빛날 렬【烈】休有烈光『詩經』

빛날 문【文】화려함. 文而類『荀子』

빛날 미【煝】炼也.

빛날 병【炳】빛이 환히 나서 밝음. 炳熱.
　　　　大人虎變 其文炳也『易經』

빛날 비【匪】색이 곱거나 문채(文彩)가 있는
　　　　모양. 車馬之美 匪匪翼翼『禮記』

빛날 빈【彬】문채(文彩)와 바탕이 겸비하여 찬
　　　　란함. 文質彬彬然後君子『論語』

빛날 빈【斌】빈(彬)과 동자(同字).
　　　　斌斌碩人『蔡邕』

빛날 삭【爍】빛을 발함. 爍爚.
　　　　雲濛濛兮電儵爍『王逸』

빛날 석【舄】광휘(光輝)를 발하는 모양.
　　　　舄奕乎千載『班固』

빛날 수【琇】광채를 발함.
　　　　有匪君子 充耳琇瑩『詩經』

빛날 습【熠】빛을 발함. 熠熠祖禰『蔡邕』

빛날 애【焕】輝也.

빛날 약【爚】광휘를 발함. 功牌銀爚燔『楊愼』

빛날 엽【曄】列缺曄其照夜『後漢書』

빛날 엽 【燁】 燁燁. 燁然玉質而金色 『劉基』
빛날 엽 【爗】 엽(燁)과 동자(同字).
　　　　　　 華爗爗 『漢書』
빛날 영 【瑩】 見之瑩然 『晉書』
빛날 요 【燿】 光燿. 昭燿. 光明之燿也 『國語』
빛날 요 【曜】 曜曜. 百華曜九枝 『王筠』
빛날 요 【耀】 요(曜)와 동자(同字).
　　　　　　 爛耀耀以成光 『司馬相如』
빛날 요 【姚】 挾日月而不姚 『淮南子』
빛날 욱 【煜】 日煜乎晝, 月煜乎夜 『揚雄』
빛날 욱 【彧】 문채가 있는 모양.
　　　　　　 紛彧彧其難分 『何晏』
빛날 욱 【昱】 햇살 같은 것이 밝은 모양. 昱昱.
　　　　　　 日昱乎晝 『太玄經』
빛날 웅 【熊】 고운 빛이 나는 모양.
　　　　　　 熊熊靑色有光 『史記』
빛날 위 【煟】 광휘(光輝). 빛나 밝은 모양.
빛날 의 【娥】 화려(華麗).
빛날 익 【熤】 輝也.
빛날 작 【灼】 灼熱. 我其克灼知厥若 『書經』
빛날 작 【焯】 작(灼)과 동자(同字).
　　　　　　 焯焯其陂 『漢書』
빛날 적 【玓】 명주(明珠)가 광채를 발하는 모양.
　　　　　　 玓瓅. 玓瓅江靡 『史記』
빛날 즙 【緝】 於緝熙敬止 『詩經』
빛날 진 【昣】 明也.
빛날 찬 【燦】 燦爛. 煥燦 『濟東野語』
빛날 찬 【璨】 옥빛의 찬란한 모양.
　　　　　　 煌煌靑琳宮 璨璨列玉華 『吳均』
빛날 채 【琗】 주옥(珠玉)이 광채를 발함.
　　　　　　 瑤珠怪石琗其表 『郭璞』
빛날 천 【燀】 빛을 발함. (천요)燀燿.
　　　　　　 威燀旁達 『史記』
빛날 최 【璀】 옥의 빛이 찬란한 모양.
　　　　　　 琪樹璀璨而垂珠 『孫綽』
빛날 탁 【濯】 鉤膺濯濯 『詩經』
빛날 합 【熻】 熻霅其間 『班固』
빛날 혁 【赫】 赫赫之光 『韓愈』
빛날 혁 【烆】 (혁야)赫也.
빛날 혁 【爀】 (휘야)輝也.
빛날 현 【㷭】 (광야)光也.
빛날 현 【炫】 (현요)炫燿. 炫熿于道 『戰國策』
　　　　　　 인신(引伸)하여 자랑하는 뜻으로
　　　　　　 쓰임. 自炫.
빛날 현 【玄】 현(炫)과 동자(同字).
　　　　　　 采色玄耀 『司馬相如』
빛날 형 【熒】 火之始熒 『新論』
빛날 형 【焵】 (휘야)輝也.
빛날 호 【鎬】 故其華表則鎬鎬鑠鑠 『何晏』

빛날 호 【顥】
　　㉠ 빛나며 흰 모양. 天白顥顥 『楚辭』
　　㉡ 서쪽 또는 가을을 이름. 西顥沆碭 『漢書』
빛날 혼 【焜】 焜耀寡人之望 『左傳』
빛날 화 【華】 榮也. 色也.
빛날 환 【煥】 煥乎其有文章 『論語』
빛날 환 【奐】 美哉奐焉 『禮記』
빛날 황 【韹】 輝也.
빛날 황 【晃】 光旰旰以晃晃 『郭璞』
빛날 황 【煌】 明星煌煌 『詩經』
빛날 황 【熿】 炫熿. 熿炳輝湟 『司馬相如』
빛날 훤 【烜】 烜赫. 烜赫耀旌旗 『李白』
빛날 휘 【煒】 휘(輝)와 동자(同字).
　　　　　　 靑煒登平 『漢書』
빛날 휘 【暉】 暉映. 景星垂暉於淸漢 『南史』
빛날 휘 【輝】 昭昭素明月. 輝光燭我牀 『古詩』
빛날 휘 【煇】 휘(輝)와 동자(同字). 煇光.
　　　　　　 德煇動于內 『禮記』
빛날 흔 【焮】 光彌焮宇宙 『杜甫』
빛날 희 【熙】 於緝熙敬止 『詩經』

빛내다 :
빛낼 광 【光】 以光先帝之遺德 『諸葛亮』
빛낼 즙 【熠】 燿熠祖禰 『蔡邕』
빛낼 혼 【焜】 焜耀寡人之望 『左傳』
빛낼 황 【熿】 炫熿. 熿炳輝湟 『司馬相如』

빛 약하다 :
빛 약할 점 【黕】 색약(色弱).

빛 없다 :
빛 없을 발 【魃】 무색(無色).

빠뜨리다 : 떨어져 나감. 넣기를 잊음.
빠뜨릴 닉 【溺】 由己溺之 『孟子』
빠뜨릴 루 【漏】 漏落.
　　　　　　 採史漢所漏二百餘事 『齊書』
빠뜨릴 탈 【脫】 脫字. 時有所脫漏 『裴松之』
빠뜨릴 함 【陷】
　　㉠ 함정에 빠뜨림. 設穽而陷之 『孔子家語』
　　㉡ 모략에 걸리게 함. 欲 陷之 『史記』
　　㉢ 성을 떨어뜨림. 戰常陷堅 『史記』

빠르다 :
빠를 개 【喈】 빠른 모양. 北風其喈 『詩經』
빠를 갹 【蹻】 가는 것이 빠른 모양.
　　　　　　 蹻然不固 『呂氏春秋』
빠를 걸 【偈】 질주(疾走)함.
　　　　　　 匪風發兮 匪車偈兮 『詩經』
빠를 격 【激】 세차고 빠름. 激流.
　　　　　　 風力迅激 『晉書』
빠를 결 【趹】 말이 빨리 가는 모양.
　　　　　　 挍前趹後 『戰國策』

빠를 경【徑】莫徑由禮『荀子』

빠를 곤【輥】수레바퀴의 회전(回轉)이 빠름.
　　　　　望其轂欲其輥『周禮』

빠를 곽【躩】　蹇裳躩步『莊子』

빠를 곽【霍】霍然病已『枚乘』

빠를 괄【适】迅速.

빠를 교【校】釋之則不校『周禮』

빠를 극【劇】口吃不能劇談『漢書』

빠를 극【亟】經始勿亟『詩經』

빠를 극【極】出入甚極『荀子』

빠를 궁【絚】如日月之絚昇『杜牧』

빠를 단【湍】수세(水勢)가 빠름.
　　　　　水湍悍『漢書』

빠를 단【僤】兵欲無僤『周禮』

빠를 달【娑】疾也.

빠를 달【撻】撻彼殷武『詩經』

빠를 달【闥】闥爾奮逸『嵇康』

빠를 동【洞】물의 흐름이 빠름.
　　　　　潰渭洞河『班固』

빠를 려【厲】신속함. 蒼準橫厲『漢書』

빠를 류【瀏】바람이 빠른 모양.
　　　　　秋風瀏以蕭蕭『劉向』

빠를 망【忙】急速. 過如霹靂忙『杜牧』

빠를 맹【盲】바람이 빠름. 盲風.
　　　　　仲秋盲風至『禮記』

빠를 박【魝】疾也. 아래免과 나란 함

빠를 발【拔】母拔來『禮記』

빠를 부【駙】疾也.

빠를 사【娑】駊娑. 말이 빨리 달리는 모양.
　　　　　經駘盪而出駊娑『班固』

빠를 사【駛】가는 것이 빠름.
　　　　　君帆一何駛『蘇轍』

빠를 삽【翣】捷也, 비지질(飛之疾).

빠를 상【惕】자세를 바르게 하고 빨리 가는
　　　　　모양. 行容惕惕『禮記』

빠를 선【旋】동안이 짧음.
　　　　　旋興旋廢 映旋至『史記』

빠를 섬【嬐】민속(敏速)함.
　　　　　嬐侵潯而高縱兮『司馬相如』

빠를 섭【躡】忽躡景而輕騖『曹植』

빠를 소【翛】빨리 가는 모양.
　　　　　翛然而往『莊子』

빠를 속【遬】속(速)과 통용. 疾以遬『淮南子』

빠를 속【趚】疾也.

빠를 속【速】急速. 欲速則不達『論語』

빠를 송【縱】風縱縱而扶轄兮『揚雄』

빠를 쇄【殺】東風莫殺吹『白居易』

빠를 숙【儵】儵昱, 疾貌. 儵昱絕電『木華』

빠를 숙【倏】倏瞬. 倏忽之間『吳志』

빠를 숙【夙】祈年孔夙『詩經』

빠를 숙【宿】숙(夙)과 동자(同字).
　　　　　世婦掌女宮之宿戒『周禮』

빠를 숙【儵】숙(倏)과 통용. 儵忽.

빠를 순【徇】신체(身體)의 발육(發育), 지식(知
　　　　　識)의 발달(發達)이 빠름. 숙성(夙
　　　　　成)함. 幼而徇齊『史記』

빠를 순【侚】疾也.

빠를 신【卂】迅也.

빠를 신【迅】迅急. 徒以母疾迅歸『列仙傳』

빠를 엄【揜】빨리 돌아가는 모양.
　　　　　揜乎反鄉『司馬相如』

빠를 유【儵】신속한 모양. 빨리 가는 모양.
　　　　　儵然而往『莊子』

빠를 율【汩】汩流. 汩徂南土『史記』

빠를 일【逸】良駿逸足『傅毅』

빠를 잠【撍】질야(疾也).

빠를 잠【僭】無我惡兮, 不寁故也『詩經』

빠를 잠【簪】급속(急速)함. 일설(一說)에는 모
　　　　　인다는 뜻. 勿疑朋盍簪『易經』

빠를 적【狄】왕래(往來)가 빠른 모양.
　　　　　狄成滌濫之音作『禮記』

빠를 제【齋】齋怒. 激怒. 버럭 버럭 성냄.

빠를 조【趮】疾也.

빠를 준【駿】駿奔走在廟『詩經』

빠를 준【逡】준(駿)과 통용. 逡奔走『禮記』

빠를 즙【湒】질속(疾速)한 모양.
　　　　　湒然鳧沒『曹植』

빠를 직【稷】既齊既稷『詩經』

빠를 진【濜】수세(水勢)가 빠른 모양.
　　　　　濴澉濜溳『郭璞』

빠를 질【疾】
　㉠ 疾風. 爲之者疾, 用之者舒『大學』
　㉡ 민첩(敏捷)함. 捷疾. 閉甚疾『史記』

빠를 참【儳】驚馳從儳道歸營『後漢書』

빠를 척【惕】신속(迅速)함. 一日惕『國語』

빠를 천【遄】내왕(來往)이 잦고 빠른 모양.
　　　　　遄臻于衛『詩經』

빠를 철【㦿】疾也.

빠를 첩【捷】민첩(敏捷)함. 輕捷.
　　　　　吳越智之 可謂捷矣『呂氏春秋』

빠를 첩【倢】첩(捷)과 동자(同字).

빠를 초【趠】재빠름. 경첩(輕捷)함.
　　　　　輕趠越悍『馬融』

빠를 촉【趨】촉(促)과 통용.
　　　　　衛音趨數煩志『禮記』

빠를 촉【趣】촉(促)과 동자(同字).
　　　　　令趣銷印『十八史略』

빠를 축【瀟】迅飆瀟其勝我兮『張衡』

빠를 축 【漵】 수세(水勢)가 급함.
　　　　　　漵水陵高 『後漢書』

빠를 침 【駸】 진행(進行)이 빠른 모양.
　　　　　　斜日晚駸駸 『梁簡文帝』

빠를 쾌 【駃】 쾌(快)와 통용.
　　　　　　河水色渾駃流 『西陽雜俎』

빠를 쾌 【快】 快馬. 快走.
　　　　　　馬雖快然力薄不堪苦行 『晉書』

빠를 패 【沛】 靈之來 神哉沛 『漢書』

빠를 표 【剽】 경첩(輕捷)함. 剽疾. 輕剽.
　　　　　　其爲獸必剽 『周禮』

빠를 표 【驃】 말이 빨리 달리는 모양.

빠를 표 【嘌】 수레가 빨리 감.
　　　　　　匪車嘌兮 『詩經』

빠를 표 【飄】 신속함. 不可以飄矣 『呂氏春秋』

빠를 풍 【風】 바람과 같이 신속(迅速)함.
　　　　　　免冑而趨風 『左傳』

빠를 한 【悍】 신속(迅速)함. 水湍悍 『史記』

빠를 해 【鼃】 速也.

빠를 현 【儇】 민첩(敏捷)함.
　　　　　　揖我謂我儇兮 『詩經』

빠를 현 【翾】 현(儇)과 통용.
　　　　　　喜則輕而翾 『荀子』

빠를 획 【謋】 謋然은 빠른 모양.
　　　　　　動力甚微 謋然已解 『莊子』

빠를 횡 【薨】 度之薨薨 『詩經』

빠를 휼 【欥】 급속(急速).

빠지는 소리 :

빠지는 소리 협 【鉿】 함성(陷聲).

빠지다 :

빠질 뇨 【淖】 가라앉음.
　　　　　　世沈淖而難論兮 『東方朔』

빠질 닉 【溺】
　㉠ 물에 빠짐. 溺死. 嫂溺,
　　　授之以手者權也 『孟子』
　㉡ 물에 빠진 것처럼 대단히 고생함.
　　　天下溺援之以道 『孟子』
　㉢ 심면(沈湎)함. 耽溺. 溺而不止 『禮記』

빠질 륜 【淪】 침몰(沈沒)함. 沈淪.
　　　　　　今殷其淪喪 『書經』

빠질 멸 【滅】 침몰(沈沒)함. 過涉滅頂 『易經』

빠질 몰 【沒】 가라 앉음. 沈沒.
　　　　　　乃夫沒人 『莊子』

빠질 삼 【隉】 陷也.

빠질 외 【隈】 침몰(沈沒)함.

빠질 유 【遺】
　㉠ 누락(漏落)함. 遺漏.
　　　無一字遺落 『武帝內傳』
　㉡ 누락(漏落)한 것. 拾遺補過 『史記』

빠질 인 【湮】 빠져 파묻힘. 首惡湮沒 『史記』

빠질 전 【湔】 湔汩不傳 『洪遵泉志』

빠질 점 【墊】
　㉠ 물에 빠짐. 人馬墊溺 『吳志』
　㉡ 가라앉음.
　　　武功中 水鄕民三舍墊爲池 『漢書』

빠질 접 【塌】 溺也.

빠질 지 【騺】 말의 발이 진흙 속에 빠지는 모양.
　　　　　　惠公馬騺不能進 『史記』

빠질 타 【墮】 탈락(脫落)함.
　　　　　　士卒指墮者十二三 『史記』

빠질 탈 【脫】 떨어져 나감. 脫字.
　　　　　　時有所脫漏 『裴松之』

빠질 함 【陷】
　㉠ 구멍, 함정(陷穽) 같은 데 빠짐.
　　　母使其首陷焉 『禮記』
　㉡ 가라앉음. 蹈流而 不陷 『符子』
　㉢ 오목 들어감. 地陷.
　㉣ 죄 또는 모략(謀略) 따위에 걸림.
　　　自陷重刑 『後漢書』
　㉤ 성(城)같은 것이 적의 수중에 떨어짐.
　　　城陷 『魏志』

빠질 함 【錎】 陷也. 錎滔而下 『莊子』

빠지다 : 지나치게 즐김.

빠질 망 【亡】 탐닉(耽溺)함. 樂
　　　　　　酒無厭謂之亡 『孟子』

빠질 면 【湎】
　㉠ 면(沔)과 통용. 술에 빠짐. 沈湎.
　　　天不湎爾以酒 『詩經』
　㉡ 널리 사물에 탐닉(耽溺)하는 뜻으로 쓰임.
　　　流湎而忘本 『禮記』

빠질 침 【沈】 탐닉(耽溺)함. 沈湎.
　　　　　　沈湎冒色 『書經』

빠질 탐 【酖】 술을 대단히 즐겨함. 탐닉함.
　　　　　　荒酖于酒 『漢書』

빠질 탐 【耽】 耽溺. 今王無乃耽於樂乎 『說苑』

빠질 황 【荒】 탐닉(耽溺)함. 荒亡.
　　　　　　好樂無荒 『詩經』

빨갛게 하다 : 벌거숭이로 만듦.

빨갛게 할 자 【赭】 伐湘山樹赭其山 『史記』

빨갛다 : 새빨갛고 빛남.

빨갈 위 【煒】 彤管有煒 『詩經』

빨개지다 : 부끄러워서 안색이 변함.

빨개질 작 【怍】 覥怍. 容毋怍 『禮記』

빨다 : 입으로 빨거나 핥음. 빨아 들임.

빨 삭 【嗽】 嗽吮甘液 『史記』

빨 선 【㳄】 吮也.

빨 속 【𠻠】 吸也.

빨 연【吮】吮疽. 吮癰.
　　　　　卒有病疽者 起爲吮之『史記』
빨 잡【咂】구흡(口吸).
빨다 : 더러운 것을 𡂰.
빨 수【漱】漱滌. 冠帶垢, 和灰請漱『禮記』
빨 오【汚】薄汚我私『詩經』
빨 완【浣】浣賜.
빨 전【湔】湔洗. 君獨無意湔秡『戰國策』
빨 조【澡】세척(洗滌)함. 澡濯.
　　　　　以水飮水澡煩『東觀漢記』
빨 조【洮】
　　㉠ 세수함. 王乃洮頮水『書經』
　　㉡ 세탁함. 洮汰學者之累惑『後漢書』
빨 탁【濯】
　　㉠ 세척함. 洗濯.
　　　　滄浪之水淸兮 可以濯吾纓『楚辭』
　　㉡ 언행(言行)을 결백(潔白)하게 함.
　　　　酒濯其心『左傳』
빨 한【澣】세척함. 澣沐. 澣濯.
　　　　　薄澣我衣『詩經』
빨래소리 :
　빨래소리 병【洴】濯絮聲.
빨래하다 :
　빨래할 표【漂】漂白. 漂母. 竟漂數十日『史記』
빨리 :
　빨리 극【亟】급속히. 乃亟去之『左傳』
　빨리 부【報】속히. 毋報往『禮記』
　빨리 속【速】급속히. 王速出令『孟子』
　빨리 질【疾】신속히. 若疾入趙壁『史記』
　빨리 첩【捷】속히. 事業捷成『荀子』
　빨리 촉【趨】촉(促)과 통용.
　　　　　衛音趨數煩志『禮記』
　빨리 촉【趣】촉(促)과 동자(同字).
　　　　　令趣銷印『十八史略』
빨리 가다 :
　빨리 갈 요【邀】疾行.
　빨리 갈 훤【趯】疾行.
빨리 걷다 :
　빨리 걸을 곽【躩】빨리 걷는 모양.
　빨리 걸을 광【距】距躟은 빨리 걷는 모양.
　빨리 걸을 양【躟】질행(疾行)함. 距躟.
　　　　　優躟就駕『傅毅』
　빨리 걸을 준【趡】행속(行速).
　빨리 걸을 참【躑】질보(疾步).
빨리 날다 :
　빨리 날 잔【獥】迅飛貌.
　빨리 날 첩【翪】첩비(捷飛).
빨리 달리다 :

빨리 달릴 숙【倏】개가 빨리 달림.
빨리 달릴 적【躍】뛰며 잘 달리는 모양.
　　　　　躍躍毚兔遇犬獲之『詩經』
빨리 달아나다 :
　빨리 달아날 사【趖】질행(疾行).
　빨리 달아날 일【駃】질주(疾走).
　빨리 달아날 질【趛】주거(走遽).
빨리 오라하다 :
　빨리 오라할 필【軷】召使疾行.
빨리 하다 :
　빨리 할 삭【數】급히 함.
　　　　　數之則弗中『淮南子』
　빨리 할 속【速】弟子曰 可以速矣『史記』
빨리 흐르다 :
　빨리 흐를 간【浖】물이 빨리 흐르는 모양.
　　　　　淲淲浖浖『左思』
　빨리 흐를 굉【浤】수세(水勢)가 빠름.
　　　　　泓浤洞漂『郭璞』
　빨리 흐를 리【浰】倏眒倩浰『司馬相如』
　빨리 흐를 멸【瀎】질류(疾流)하는 모양.
　　　　　沒滑瀎潏『張衡』
　빨리 흐를 별【潎】轉騰潎洌『司馬相如』
　빨리 흐를 섬【潤】물이 요동하는 모양. 潤泊.
　　　　　泊柏而迆颺『木華』
　빨리 흐를 역【淢】漻淚淢汨『張衡』
　빨리 흐를 올【汩】물이 빨리 흐르는 모양.
　　　　　潏湟汩決『郭璞』
　빨리 흐를 천【濺】질류(疾流)하는 모양.
　　　　　出浦水濺濺『沈約』
　빨리 흐를 황【湟】질류(疾流)하는 모양.
　　　　　潏湟汩決『郭璞』
빨아들이다 :
　빨아들일 삭【欶】吮也.
빳빳하다 :
　빳빳할 책【磔】꼿꼿함. 鬚作蝟毛磔『晉書』
빵 : 밀가루 반죽에 고기 따위와 蔬(소)를 넣어서
　삶거나 찐 음식. 만두 빵.
　빵 돈【飩】혼돈(餛飩).
　빵 혼【餫】혼(餛)과 통용.
　빵 혼【餛】혼돈(餛飩).
빻다 : 가루로 만듦. 잘게 부숨.
　빻을 분【粉】粉骨碎身. 應聲粉潰『馬融』
　빻을 쇄【粹】쇄(碎)와 동자(同字). 力少而任重
　　　　　也 舍粹折無適也『荀子』
빼 가지다 :
　빼 가질 건【攐】발취(拔取).
빼기 :
　빼기 감【減】감산(減算). 뺄셈. 加減乘除.

빼내다 :

빼낼 정【挺】자유롭지 못한 몸을 빼냄.
　　　　　탈신(脫身)함. 挺身逃『漢書』

빼낼 철【撤】抽也.

빼다 :

뺄 건【搴】搴出. 搴長茭兮沈美玉『史記』

뺄 건【鶱】건(搴)과 통용. 斬將鶱旗『漢書』

뺄 궐【蹶】빼어 가짐. 탈취함.
　　　　　秦蹶六國『賈誼』

뺄 발【拔】

　㉠ 뽑음. 拔去. 拔茅茹以其彙『易經』

　㉡ 공략함. 쳐 빼앗음. 攻下邑拔之『史記』

뺄 배【扒】뽑음. 拔尸扒氏『元包經』

뺄 숙【搯】抽也.

뺄 정【挺】

　㉠ 빼냄. 挺鈹搢鐸『國語』

　㉡ 인재를 뽑음. 挺秀才. 挺力田『漢書』

뺄 주【鏊】추(抽)와 동의.
　　　　　涉血鏊肝『呂氏春秋』

뺄 추【抽】뽑음. 抽籤. 言抽其棘『詩經』

빼앗기다 :

빼앗길 탈【奪】피동사(被動詞).
　　　　　身折勢奪 而以憂死『史記』

빼앗다 :

빼앗을 거【擧】

　㉠ 성(城)을 탈취(奪取)함.
　　　　　五旬而擧之『孟子』

　㉡ 재화(財貨)를 몰수(沒收)함.
　　　　　凡財物犯禁者擧之『周禮』

빼앗을 건【虔】강탈(强奪)함. 撟虔吏『漢書』

빼앗을 몰【沒】沒收. 官沒. 沒入縣官『周禮』

빼앗을 부【俘】탈취(奪取)함.
　　　　　胡子盡俘楚邑之近胡者『左傳』

빼앗을 삭【削】약탈(掠奪)함. 削奪. 削官.
　　　　　王削以地『禮記』

빼앗을 익【弋】탈취(奪取)함.
　　　　　敢弋殷命『書經』

빼앗을 작【戟】奪取物.

빼앗을 준【浚】재물(財物)을 탈취(奪取)함.
　　　　　浚我以生『左傳』

빼앗을 찬【纂】강탈(强奪)함. 또 가져서는 안
　　　　　될 것을 가짐. 纂奪.
　　　　　是纂也 非天與也『孟子』

빼앗을 창【搶】약탈(掠奪)함.
　　　　　白盡搶奪『康熙字典』

빼앗을 탈【奪】

　㉠ 억지로 빼앗음. 母爲勢家所奪『史記』

　㉡ 침략하여 빼앗음. 襲奪齊王軍『史記』

　㉢ 봉토(封土)나 관록(官祿)을 박탈(剝奪)함.
　　　　　奪伯氏騈邑三百『論語』

　㉣ 잃게 함. 놓치게 함. 自奪其便『史記』

빼앗을 할【割】성이나 땅을 점령(占領)함.

　㉠ 割耕. 率割夏邑『書經』

　㉡ 王可以割地『戰國策』

빼어나다 :

빼어날 무【茂】재덕(才德)이 뛰어남. 茂士.
　　　　　存問茂才『漢書』

빼어날 발【拔】특출(特出)함. 拔群.
　　　　　神采英拔『陳書』

빼어날 송【攫】挺也. 攫身思狡免『杜甫』

빼어날 수【秀】

　㉠ 뛰어남. 秀才. 冬嶺秀孤松『顧愷之』

　㉡ 뛰어난 것. 精粹.
　　　　　惟人也 得其秀而最靈『朱敦頤』

　㉢ 뛰어난 사람. 傑士, 皆南士之秀『晉書』

빼어날 영【穎】재주가 뛰어남. 또 그 사람.
　　　　　穎哲. 當世秀穎『吳志』

빼어날 영【英】뛰어남. 또 그러한 사람. 英雄.
　　　　　與三代之英『禮記』

빼어날 정【挺】쑥 솟아 나옴. 훨씬 뛰어남.
　　　　　挺出. 幼而挺立『南史』

빼어날 탁【擢】솟음. 또 특출(特出)함. 擢季.
　　　　　擢雙立之金莖『班固』

빽 들어서다 : 빽빽이 들어섬.

빽 들어설 삼【參】參參其穡『束晢』

빽빽하다 :

빽빽할 면【瞑】密也.

빽빽할 밀【密】밀접함. 또 짙음. 密林.
　　　　　密雲不雨『易經』

빽빽할 울【蔚】울(鬱)과 통용.
　　　　　上有蔚藍天『杜甫』

빽빽할 조【稠】빽빽하게 모여 많음. 稠密.
　　　　　書策稠濁『戰國策』

뺨 : 볼. 또 볼의 살. 눈 아래. 뺨의 위 부분. 인신
　　　(引伸)하여 안면(顔面)의 전부(全部).

뺨 검【臉】紅臉桃花色『陳後王』

뺨 부【䩉】협야(頰也).

뺨 시【顋】얼굴의 양 옆.

뺨 주【腢】圀 협야(頰也).

뺨 해【胲】樹頰胲『漢書』

뺨 협【頰】얼굴의 양 옆. 紅頰.

뺨 휘【䪼】얼굴의 양 옆.

뺨 높다 :

뺨 높을 곤【頣】협고(頰高).

뻐개다 :

뻐갤 벽【劈】쪼갬. 가름. 劈開. 劈碎.

劈波得泉魚『錢起』

뻐갤 은【撎】劑也.

뻐꾸기 : 두견잇과에 속한 철새. 두견이와 비슷한데 몸집이 훨씬 크고 초여름에 날아와서 가을까지 머문다. 때까치나 지빠귀 같은 다른 새의 둥지에 알을 낳아 까게 하여 새끼를 길러 내는 습성이 있다. 뻐꾹새라고도 한다.

뻐꾸기 곽【鶴】鶴公, 곽공(郭公).

뻐꾸기 람【鵱】鵱鶹, 곽공(郭公).

뻐꾸기 반【鳻】大鳩.

뻐꾸기 시【雇】鳲鳩.

뻐꾸기 시【鳲】鳲鳩. 鳲鳩在桑『詩經』

뻐꾸기 알【鴶】鳲鳩也. 鴶鵴, 布穀鳥也.

뻐꾸기 용【鷛】鷛鸈, 布穀鳥.

뻐꾸기 화【鷨】鳲鳩.

뻐드렁니 : 밖으로 뻗은 앞니.

뻐드렁니 가【齒獻】突出齒.

뻐드렁니 애【齰】突出齒貌.

뻐드렁니 차【齜】齒列不正.

뻐드렁니 파【齭】齒不正.

뻗치다 :

뻐칠 긍【亘】널리 뻗음. 亘之秬秠『詩經』

뻐칠 긍【絚】亘과 동자(同字). 絚以年歲『班固』

뻐칠 면【綿】길게 연속함. 綿三百里『柳宗元』

뻔뻔스럽다 :

뻔뻔스러울 출【歟】咄歟, 무참(無慙).

뻣뻣하다 : 말이 말을 잘 듣지 아니함.

뻣뻣할 교【驕】白馬驕不行『崔國輔』

뻣뻣할 오【驁】말이 유순하지 아니함. 悍驁.

뻣뻣한 털 :

뻣뻣한 털 소【毸】억센 털.

뼈 :

뼈 경【鯁】물고기의 뼈.
　　　　　乾魚近腴多骨鯁『儀禮註』

뼈 골【骨】
　㋉ 근육 속에 싸여 몸을 지탱하는 물질.
　　　筋骨. 骨肉. 以酸養骨『周禮』
　㋡ 모든 물건 속의 단단히 굳어 있는 부분.
　　　石爲之骨『博物志』
　㋥ 사물의 중추. 蓬萊文章建安骨『李白』
　㋩ 몸. 시체. 流血積骨『晉書』
　㋣ 죽은 사람. 下無怨骨, 上無怨人『晉書』
　㋦ 깊은 속. 골수. 衝怨入骨『十八史略』

뼈 해【骸】골(骨). 折骸以爨『左傳』

뼈 굽다 :

뼈 굽을 위【骪】骪骳, 骨曲.

뼈 굽을 위【骫】위(骪)의 속자. 骫骳, 骨曲.

뼈 끝 :

뼈 끝 괄【骺】골단(骨端).

뼈 대 :

뼈 대 강【腔】골체(骨體).

뼈 대 골【骨】
　㋉ 골격. 仙骨. 骨相. 有封侯之骨『漢書』
　㋡ 인격. 풍도. 氣骨. 俠骨.
　　　讀之凜然 如見其道骨『石門題跋』

뼈 마디 사이 :

뼈 마디 사이 희【䯏】骨節間.

뼈 마디 쑤시다 :

뼈 마디 쑤실 연【痟】骨節疼.

뼈 바르는 소리 : 칼로 뼈를 바르는데 가죽이 뼈에서 떨어져 나갈 때 나는 소리.

뼈 바르는 소리 획【砉】砉然嚮然 奏刀騞然
　　　　　　　　　　『莊子』

뼈 바르다 : 살을 가르고 뼈를 발라냄.

뼈 바를 척【剔】屠剔. 剔剔孕婦『書經』

뼈 바를 척【鬄】척(剔)과 동자(同字).
　　　　　其實特豚 四鬄去蹄『儀禮』

뼈 병 :

뼈 병 력【髗】골병(骨病).

뼈 붙은 살 : 뼈를 발라 내지 않은 살.

뼈 붙은 살 효【殽】左殽右胾『禮記』

뼈 사이 누른 물 :

뼈 사이 누른 물 척【瘯】骨間黃汁.

뼈 섞어 담은 젖 :

뼈 섞어 담은 젖 이【胰】有骨雜醢.

뼈 소리 :

뼈 소리 확【髗】골성(骨聲).

뼈 속 기름 :

뼈 속 기름 철【腏】骨間髓.

뼈 씹는 소리 :

뼈 씹는 소리 할【齦】嚙骨聲.

뼈 어긋나다 :

뼈 어긋날 질【骱】골차(骨差).

뼈 에 붙은 살 :

뼈 에 붙은 살 긍【肯】肯綮.

뼈 잇다 :

뼈 이을 철【腏】속골(續骨).

뼘 재다 :

뼘 잴 책【揢】手度物.

뼛골 쑤시다 :

뼛골 쑤실 증【瘲】骨瘲病.

뽐내다 :

뽐낼 고【高】스스로 높은 체함.
　　　　　以勳力相高『唐書』

뽐낼 빙【馮】자랑함. 佚溺於馮氣『莊子』

뽑다 :
뽑을 건【攓】건(搴)과 동자(同字).
攓蓬『列子』
뽑을 건【搴】뽑아 가짐. 搴出.
搴長茭兮沈美玉『史記』
뽑을 건【蹇】뽑아 냄. 蹇華絶芋.
뽑을 기【掎】뽑아냄. 掎拔五嶽『木華』
뽑을 랄【捋】풀 같은 것을 쏙쏙 뽑음.
薄言捋之『詩經』
뽑을 모【募】모집(募集)함. 募兵. 募選.
宜募吏民有氣節勇猛者『後漢書』
뽑을 모【芼】야채를 가려 뽑아 냄.
參差荇菜 左右芼之『詩經』
뽑을 섭【鑷】끼워서 빼냄. 朝朝鑷復生『韋莊』
뽑을 순【楯】뺌. 引楯萬物『淮南子』
뽑을 신【扟】拔也.
뽑을 알【揠】박히어 있는 것을 뽑아냄. 宋人有閔其苗之不長而揠之者『孟子』
뽑을 원【援】발취(拔取)함.
不肖者敢援而廢之『荀子』
뽑을 전【揃】吾年五十 拭鏡揃白『唐書』
뽑을 정【挺】
㉠ 빼냄. 挺鈹搢鐸『國語』
㉡ 인재를 뽑음. 挺秀才. 挺力田『漢書』
뽑을 졸【捽】발취(拔取)함. 捽中把土『漢書』
뽑을 질【跌】수발물(手拔物).
뽑을 탁【擢】
㉠ 뽑아 버림. 擢德塞性『莊子』
㉡ 선발함. 拔擢. 擢之乎賓客之中『戰國策』
뽑을 힐【擷】손으로 뽑음. 雨中擷園蔬『蘇軾』

뽑아내다 :
뽑아낼 주【紬】추(抽)와 통용.
燕見紬繹『漢書』

뽑음 :
뽑음 모【募】應募使月氏『漢書』

뽑히다 :
뽑힐 조【調】관리가 발탁되어 승진함.
十年不得調『漢書』

뽕나무 : 뽕나무과에 속하는 낙엽교목. 잎을 누에의 먹이로 함.
뽕나무 상【桑】齊魯千畝桑麻『史記』

뽕나무벌레 :
뽕나무벌레 령【蠕】명령(螟蛉), 상충(桑蟲).
뽕나무벌레 만【蟃】명령(螟蛉), 상충(桑蟲).

뽕나무 심다 : 뽕나무를 재배하여 누에를 침. 또 그 업(業). 양잠.
뽕나무 심을 상【桑】農桑. 耕桑者益衆『漢書』

뽕잎 따다 :
뽕잎 딸 상【桑】東鄕躬桑『禮記』

뽕잎벌레 :
뽕잎벌레 감【蕳】桑葉上蟲.

뽕칼 :
뽕칼 목【杒】治桑刀.

뾰루지 :
뾰루지 비【疿】조그만 종기. 소종(小腫).
뾰루지 좌【痤】소종(小腫).

뾰족이 내밀다 :
뾰족이 내밀 타【窚】物將出穴貌.

뾰족하고 높다 : 산 같은 것이 뾰족하게 솟아 있는 모양. 또는 그 산.
뾰족하고 높을 교【嶠】山銳而高曰嶠『爾雅』

뾰족하다 :
뾰족할 삭【掣】첨예(尖銳).
뾰족할 소【腨】物之突銳.
뾰족할 억(의)【觺】其角觺觺『楚辭』
뾰족할 첨【尖】
㉠ 끝이 날카로움. 子觜尖如此『揮塵錄』
㉡ 인신(引伸)하여 날카로움. 초각(峭刻)함.
詩冷語多尖『姚合』
뾰족할 초【哨】가늘고 날카로움.
大匈哨後『馬融
뾰족할 침【嶜】嶜崟. 산봉우리 같은 것이 높고 뾰족한 모양. 玉石嶜崟『漢書』
뾰족할 타【隋】산이 뾰족한 모양.
隋山喬嶽『詩經』

뿌리 : 식물의 땅속에 있는 부분.
뿌리 근【根】木根. 其民食草根木實『列子』
뿌리 두【土】두(杜)와 동자(同字).
초목의 뿌리. 徹彼桑土『詩經』
뿌리 저【柢】목근(木根). 深根固柢『老子』
뿌리 주【株】나무 뿌리. 困于株木『易經』

뿌리다 :
뿌릴 림【淋】물을 뿌림.
雨淋日炙野火燎『韓愈』
뿌릴 발【潑】
㉠ 물, 비가 날려 떨어짐.
巨浪倒潑東南天『孔武仲』
㉡ 물을 끼얹음. 潑寒. 以墨潑絹『畫斷』
뿌릴 분【坋】끼얹음. 以末椒薑坋之『漢書』
뿌릴 살【撒】물 같은 것을 뿌림. 撒水.
뿌릴 선【銑】물을 뿌림. 銑者寒甚矣『國語』
뿌릴 선【洒】살포(撒布)함.
屑桂與薑 以洒其上『禮記』
뿌릴 쇄【灑】
㉠ 물이 흩어져 떨어짐. 涕淚所灑『梁武帝紀』
㉡ 물을 흩어 끼얹음. 灑埽庭內『詩經』

ⓒ 청소함. 淸灑舊京『孫綽』

뿌릴 쇄【洒】물을 뿌려 소제함. 洒埽.
　　　　弗洒弗埽『詩經』

뿌릴 순【淳】물을 뿌려 깨끗이 함.
　　　　王乃淳濯饗醴『國語』

뿌릴 신【汛】물을 뿌림. 盡汛掃前聖數千載功業
　　　　『司馬相如』

뿌릴 종【種】씨를 뿌림. 蒔種漑灌『唐書』

뿌릴 찰【擦】던져 헤침. 星如擦沙出『韓愈』

뿌릴 천【濺】물 같은 것을 흩음.
　　　　以頸血濺大王『史記』

뿌릴 파【播】씨를 뿌림. 播種.
　　　　其始播百穀『詩經』

뿌릴 휘【揮】액체(液體)를 뿌림.
　　　　揮汗成雨『戰國策』

뿌리박다 :

뿌리박을 근【根】
　ⓐ 뿌리가 생김. 木樹根於土『淮南子』
　ⓑ 생김. 근원(根源)이 됨.
　　　仁義禮智根於心『孟子』

뿌리뽑다 : 뿌리 째 없앰.

뿌리 뽑을 근【根】根絶. 攻之不根『後漢書』

뿌리 잘라먹는 벌레 : 농작물 또는 묘목의 뿌리
　를 잘라먹는 해충의 총칭.

뿌리 잘라먹는 벌레 모【蟊】모(蝥)와 동(同).

뿌리 잘라먹는 벌레 모【蝥】
　ⓐ 蝥賊. 去其螟螣及其蝥賊.
　　　食根曰蝥 食節曰賊『詩經』
　ⓑ 인신(引伸)하여 양민을 해치는 악인.
　　　帥我蝥賊 以來蕩搖我邊疆『左傳』

뿐 :

뿐 뿐【兺】㊍ 이두(吏讀)에 사용. 구두(句讀).

뿐 시【啻】不啻. 何啻. 奚啻 등으로 연용(連用)
　　　하여 그 뿐만이 아니라는 뜻으로 쓰임.
　　　不啻如自其口出『書經』

뿐 시【翅】시(啻)와 동자(同字).
　　　奚翅食重『孟子』

뿐 이【耳】~일 따름. 而已 두 자의 합음(合音).
　　　與父老約法三章耳『史記』

뿐 이【爾】이(耳)와 동의. 이에. 그친다는 뜻.
　　　蔚陶思君爾『孟子』

뿐 이【而】而己. 而己矣로 연용(連用)하여 ～일
　　　따름임의 뜻으로 쓰임.
　　　九人而己『論語』

뿔 :

뿔 각【角】
　ⓐ 동물의 뿔. 牛角. 羊角. 傅翼戴角『列子』
　ⓑ 달팽이 같은 것의 머리 위에 난 뿔 모양

의 한 돌기물(突起物).
　　有國于蝸之左角者『莊子』
　ⓒ 사람의 額骨. 隆準曰角『後漢書』

뿔 격【觡】사슴뿔처럼 가지가 있는 뿔. 또 윤
　　　이 나지 않는 뿔. 角觡生『禮記』

뿔 권【觠】굽은 뿔. 羊角三觠羷『爾雅』

뿔 려【䚅】角也.

뿔 학【觷】角也.

뿔 굽다 :
　뿔 굽을 류【觓】각곡(角曲).
　뿔 굽을 예【觬】각곡(角曲).
　뿔 굽을 파【觤】角曲貌. 파

뿔 그릇 :
　뿔 그릇 사【觰】각기(角器).

뿔 기울어지다 :
　뿔 기울어질 치【觶】각경(角傾).

뿔 끝 :
　뿔 끝 력【䚦】각봉(角鋒).

뿔 나무 :
　뿔 나무 형【衡】소의 두 뿔에 가로 매어서 받
　　　는 것을 막는 나무.
　　　設其楅衡『周禮』

뿔 넷 난 양 :
　뿔 넷 난 양 루【䍶】四角羊.

뿔 다듬다 :
　뿔 다듬을 학【觷】치각(治角).

뿔 들다 :
　뿔 들 강【舡】거각(擧角).

뿔 로 받다 :
　뿔 로 받을 궐【觼】각촉(角觸).
　뿔 로 받을 뇨【桍】以角挑物.

뿔 로 찌르다 :
　뿔 로 찌를 강【䚚】以角刺之.

뿔 뻗치다 :
　뿔 뻗칠 파【豝】牛角張.

뿔 뾰족하다 :
　뿔 뾰족할 초【觕】角上銳.

뿔 밑동 :
　뿔 밑동 다【觰】角之大者.

뿔 속뼈 :
　뿔 속뼈 새【䚡】角中骨.

뿔 송곳 : 뿔 또는 뼈로 만든 매듭을 푸는 송곳
　같이 생긴 물건. 아이가 차고 다니는 물건.
　뿔 송곳 휴【觿】童子佩觿『詩經』

뿔 숟가락 :
　뿔 숟가락 초【魦】각시(角匙).
　뿔 숟가락 훤【觛】각시(角匙).

뿔 없는 소 :

뿔 없는 소 동【犝】無角牛.

뿔 없는 소 동【童】뿔이 없는 소. 또는 양.
　　　　　　　童羖. 童牛之牿『易經』

뿔 없는 소 타【牠】타(牠)와 동(同). 牛無角.

뿔 없는 소 타【牠】無角牛.

뿔에 받치다 :

뿔에 받칠 결【觖】각촉(角觸).

뿔 웅긋쭝긋하다 :

뿔 웅긋쭝긋할 즙【觸】觸觸, 角多貌.

뿔이 길다 :

뿔이 길 착【觸】角長貌.

뿔이 짧다 :

뿔이 짧을 다【觰】角短貌.

뿔잔 :

뿔잔 곡【觳】뿔로 만든 큰 잔.

뿔잔 굉【觥】시우(兕牛)의 뿔로 만든 큰 술잔.
　　　　　　　我姑酌彼兕觥『詩經』

뿔 쥐다 :

뿔 쥘 각【角】동물의 뿔을 잡아 이를 생포함.
　　　　　譬如捕鹿 晉人角之 諸戎掎之
　　　　　『左傳』

뿔 처음 나다 :

뿔 처음 날 졸【觕】角初生.

뿔피리 :

뿔피리 각【角】군대에서 부는 악기. 모양이 나
　　　　　팔 비슷함. 동각(銅角).
　　　　　帝命吹角爲龍鳴禦之『演繁露』

뿔 하나 길다 :

뿔 하나 길 궤【觤】각일장(角一長).

뿔 활 :

뿔 활 성【觪】각궁(角弓).

뿔 활 현【弲】각궁(角弓).

뿔 휘두르다 :

뿔 휘두를 훤【觛】휘각모(揮角貌).

뿜다 :

뿜을 분【噴】물 같은 것을 뿜음. 분수(噴水).
　　　　　噴則大者如珠『莊子』

뿜을 분【濆】분(噴)과 통용. 분수(濆水).

뿜을 손【潠】입 속에 든 액체를 토함.
　　　　　含酒三潠『後漢書』

삐걱거리다 :

삐걱거릴 년【輾】수레바퀴가 쏠림.

삐걱거릴 력【轣】수레바퀴가 쏠려 소리를 냄.
　　　　　松下縱橫餘屐齒 門前轣轆轆
　　　　　想君車『蘇軾』

삐걱거릴 력【轢】수레바퀴가 쏠려 소리를 냄.

인신(引伸)하여 서로 반목함.
軋轢. 凌轢同 列『後漢書』

삐걱거릴 릉【輘】수레바퀴가 갈림. 인신(引伸)
　　　　　하여 서로 충돌함. 침범함.
　　　　　輘轢宗室『漢書』

삐걱거릴 린【轔】수레바퀴가 쏠려서 소리가 남.
　　　　　乘龍兮轔轔『楚辭』

삐걱거릴 알【軋】

㉠ 수레바퀴가 닿아 쏠려서 소리를 냄.
　　繅車軋伊繭抽絲『馬祖常』

㉡ 인신(引伸)하여 사이가 나빠짐. 반목함.
　　軋轢. 名也者相軋也『莊子』

삐걱거릴 앙【軮】軮軋. 수레바퀴가 물체에 닿아
　　　　　쏠려서 나는 소리.
　　　　　忽軮軋而無垠『揚雄』

삐다 :

삘 골【骩】탈골(脫骨).

삘 녑【摄】염(捻)과 동자(同字). 兩指相差.

삘 질【胅】골차(骨差).

삐치다 :

삐칠 날【捺】서법(書法)의 하나. ㇏(삐칠 불).

삐칠 별【丿】상우(上右)에서 하좌(下左)로 굽게
　　　　　삐친 형상의 획.

삐칠 불【㇏】상좌(上左)에서 하우(下右)로 굽게
　　　　　삐친 형상의 획.

삐침 :

삐침 별【撇】서법(書法)의 한 가지. 인(人)의
　　　　　丿(삐칠 별) 따위.
　　　　　長撇須迅其鋒『書法雜鉤』

삥 돌다 :

삥 돌 위【倭】길이 꾸불꾸불해서 삥삥 도는
　　　　　모양. 周道倭遲『詩經』

上樑文(상량문)

　새로 짓거나 고친(重修 또는 重建) 집의 내력이
나 고치게 된 까닭, 工役한 날짜와 시간 등을 적어
둔 글.開基日, 집 지은 해·달·날·시, 坐向·축원문 따
위를 상량의 받침도리 바닥에 써 놓는다.

　축원문은 대체로 "하늘의 해·달·별빛에 응하여 인간
의 오복(壽·富·康寧·攸好德·考終命)을 갖춘다(應天上
之三光 備人間之五福)"고 쓰며, 이밖에 "용은 날
고 봉은 춤춘다(龍飛鳳舞)"라는 瑞句나 五行을 나
타내는 글귀를 적기도 한다.

　상량문 좌우 양끝에는 龍자와 龜자를 서로 마주
대하도록 상량문은 머리에 '龍(용)'자, 밑에는
'龜(귀)'자를 쓰고, 가운데 모년 모월 모일 입주
상량(立柱上樑)이라 쓴 다음 밑에 2줄로 '應天上
之三光 備人間之五福' 등 축원의 글귀를 쓴다.

入
시옷

사과(沙果/砂果) : 사과나무의 열매.

　사과 빈【檳】檳婆, 柰也.

　사과 파【蔢】蘋蔢, 과명(果名).

　사과 평【苹】과일의 한 가지. 苹果.

사관(史官) : 역사의 편찬을 맡아 초고(草稿)를
　쓰는 일을 맡아보던 벼슬. 또는 그런 벼슬아치.
　예문관의 검열 또는 승정원의 주서(注書)를 이
　른다. ＝ 같은 말: 태사(太史).

　사관 사【史】動則左史書之 言則右史書之
　　　　　『禮記』

사귀다 : (어떤 사람이 다른 사람을)만나 가까운
　사람으로 만들다. 또는 (어떤 사람이 다른 사
　람과 또는 둘 이상의 사람이)서로 친하게 지내
　다.

　사귈 교【佼】교(交)와 동자(同字).
　　　　　忘主死佼『管子』

　사귈 교【交】교유(交遊)함. 交際. 交款.
　　　　　與朋友交『論語』

　사귈 교【迒】오고 가다. 교유(交際)함. 迒際.

　사귈 순【朚】사귀다.

　사귈 접【接】교차(交叉)함. 交接.
　　　　　兵不接刃『呂氏春秋』

　사귈 제【際】교제(交際)함. 또 그 일. 交際.
　　　　　仁義之士貴際『莊子』

　사귈 효【爻】교착(交錯)함.

사귐 : 서로 가까이하여 얼굴을 익히고 사이좋게
　지냄.

　사귐 지【知】교유(交遊).
　　　　　絶賓客之知『司馬遷』

사기(邪氣) : 요사스럽고 나쁜 기운. 사람의 몸에
　병을 일으키는 여러 가지 외적 요인을 통틀어
　이르는 말.

　사기 사【邪】以驅百邪『齊民要術』

사기(史記) : 역사적인 사실을 기록한 책. 중국
　최초의 기전체(紀傳體) 통사(通史).전한시대(前
　漢時代) 사마천(司馬遷)이 편찬했다. 원래 명칭
　은〈태사공서 太史公書〉로 총 130편이다.

　사기 사【史】사승(史乘). 歷史. 史實.
　　　　　紬史記石室金匱之書『史記自序』

　사기 승【乘】역사책. 乘史. 家乘.
　　　　　晉之乘『孟子』

사기(沙器/砂器)그릇 : 흙을 원료로 하여서 구
　워 만든 그릇.

　사기그릇 자【磁】자(瓷)와 통용. 陶磁器. 舊磁
　　　　　可愛 人番知之『閒情偶奇』

사나운 개 :

　사나운 개 산【狦】惡健犬.

　사나운 개 연【狦】교견(獟犬).

　사나운 개 탁【猺】맹견(猛犬).

사나운 눈 :

　사나운 눈 수【睟】睟睚, 악목(惡目).

사나운 말 :

　사나운 말 한【馯】한마(悍馬). 御馯突『漢書』

사나운 바람 :

　사나운 바람 율【颭】폭풍(暴風).

　사나운 바람 횡【颫】폭풍(暴風).

사나운 짐승 :

　사나운 짐승 리【貍】맹수(猛獸).

사나움 :

　사나움 포【暴】

　　㉠ 난폭(亂暴). 以暴易暴兮『史記』

　　㉡ 난폭한 짓. 폭행. 凶歲子弟多暴『孟子』

　　㉢ 난폭(亂暴)한 사람. 무뢰한(無賴漢).
　　　　折暴禁悍『韓詩外傳』

사납다 : (성질, 행동, 생김새 따위가) 거칠고 억
　세다. (비, 파도 따위가) 매우 거칠고 심하다.
　(상황이나 운세 따위가) 순조롭지 못하고 나쁘
　다. (음식이) 거칠고 질이 좋지 못하다.

　사나울 걸【桀】흉포(凶暴)함. 凶桀.
　　　　　多暴桀子弟『史記』

　사나울 광【獷】맹악(猛惡)함. 포악(暴惡)함.
　　　　　獷悍. 移獷俗『後漢書』

　사나울 광【狂】기세(氣勢)가 맹열(猛熱)함.
　　　　　狂風. 廻狂瀾於旣倒『韓愈』

　사나울 구【宼】暴也.

　사나울 기【懬】포악(暴惡)함.
　　　　　人民矜懬忮『史記』

　사나울 려【厲】맹열(猛熱)함. 厲風.
　　　　　不厲而威『禮記』

　사나울 려【戾】흉포(凶暴)함. 猛戾.
　　　　　虛殷國而天下不稱戾焉『荀子』

　사나울 렬【烈】포악(暴惡)함.
　　　　　皆以酷烈爲聲『史記』

　사나울 롱【㦸】여흔(恨很).

　사나울 맹【猛】

　　㉠ 흉포(凶暴)함. 猛惡. 苛政猛于虎『禮記』

　　㉡ 맹열함. 猛雨. 烈于猛火『書經』

사나울 산【狦】 포악(暴惡).

사나울 용【彧】 猛也.

사나울 잔【殘】 모짊. 포악함.
酷 嚴而不殘『漢書』

사나울 쟁【猙】 포악함. 容貌猙獰『廣異記』

사나울 지【鷙】 喬詰卓鷙『莊子』

사나울 지【摯】 지(鷙)와 통용.
前有摯獸『禮記』

사나울 포【暴】
㉠ 난폭함. 暴惡. 性行暴如雷『古詩』
㉡ 격렬함. 暴風雨. 終風且暴『詩經』

사나울 포【虣】 포(暴)와 통용.
以刑罰禁虣而去盜『周禮』

사나울 학【虐】 가혹(苛酷)함. 잔인(殘忍)함.
暴虐. 不教而殺謂之虐『論語』

사나울 한【捍】 한(悍)과 통용.
民雕捍少慮『史記』

사나울 한【悍】 흉포(凶暴)함. 悍毒.
妻悍不得畜滕妾『後漢書』

사내 : '남자1(男子)'나 '남편1(男便)'을 얕잡아 이
르는 말. 또는 한창때의 젊고 씩씩한 남자를
이르는 말.

사내 남【男】
㉠ 남자. 男女. 乾道成男, 坤道成女『易經』
㉡ 정부(情夫). 此女欲奔男之辭『詩經』

사내 랑【郎】 남자.
僕閱人多矣 無如此郎者『唐書』

사내 부【夫】
㉠ 성인이 된 남자. 丈夫.
無求備於一夫『書經』
㉡ 정년(丁年)에 달(達)하여 부역(賦役)에 징
발(徵發)되는 인부(人夫). 復其夫『漢書』

사내 서【壻】 남자. 陛下勿以常壻畜之『晉書』

사내 한【漢】 남자의 천칭(賤稱). 村漢.
今人謂賤丈夫爲漢子『輟耕錄』

사냥 : 총이나 그 밖의 도구를 가지고 산이나 들
에서 짐승을 잡는 일. 힘센 짐승이 약한 짐승
을 먹이로 잡는 일. 또는 어떠한 대상을 몰아
서 잡으려고 하는 계획적인 행동을 비유적으로
이르는 말.

사냥 렵【獵】 봄철 사냥. 수렵(狩獵). 獵犬. 春
獵爲蒐 夏獵爲苗 秋獵爲獮 冬獵
爲狩『爾雅』

사냥 료【獠】 밤에 하는 사냥.
宵田爲獠『爾雅』

사냥 묘【苗】 여름철의 사냥. 之予于苗『詩經』

사냥 선【獮】 가을에 하는 사냥.
遂以獮田『周禮』

사냥 수【獀】 수(蒐)와 동자(同字). 추렵(秋獵).

사냥 수【獀】 가을에 하는 수렵.
放乎獀狩『禮記』

사냥 수【獀】 봄에 하는 사냥.

사냥 수【蒐】 봄의 사냥. 春蒐夏苗『左傳』

사냥 수【狩】
㉠ 겨울에 몰이를 하여 하는 사냥.
春蒐夏苗秋獮冬狩『左傳』
㉡ 불을 놓고 포위하여 잡는 사냥.
田狩畢弋『國語』

사냥수레 : 수렵에 쓰는 수레.

사냥수레 령【軩】 엽차(獵車).
以軩獵車奉迎曾孫『漢書』

사냥제사 : 입추(立秋)날에 천자가 사냥하다가 돌
아 와서 종묘(宗廟)에서 지내는 제사.

사냥제사 루【膢】 膢五日『漢書』

사냥하다 :

사냥할 렵【獵】 不狩不獵『詩經』

사냥할 수【獀】 獀于農隙『國語』

사냥할 수【狩】 不狩不獵『詩經』

사냥할 전【佃】 수렵(狩獵)함.
佃漁 以佃以漁『易經』

사냥할 전【甸】 전(田)과 동자(同字).
大甸『周禮』

사냥할 전【畋】 畋于有洛之表『書經』

사냥할 전【田】 전(畋)과 동자(同字).
田獵. 叔于田『詩經』

사냥할 치【獙】 狩也.

사냥할 탁【犣】 狩也.

사다 :

살 고【賈】
㉠ 값을 치르고 물건을 받음.
多錢善賈『韓非子』
㉡ 구함. 초래함. 얻어걸림. 賈好. 賈禍.
用此以賈害『左傳』

살 고【酤】 술을 삼. 高祖每酤留飮酒『史記』

살 고【沽】 물건을 삼. 沽酒市脯『論語』

살 구【購】 구매(購買)함. 購入.
將西購於秦『史記』

살 륙【儥】 륙(鬻)과 동자(同字).
以量度成賈 而徵儥『周禮』

살 매【買】
㉠ 금전을 주고 물건을 구함. 購買.
請買其方百金『莊子』
㉡ 돈을 써서 쾌락(快樂)같은 것을 구함.
猶自經營買笑金『劉禹錫』
㉢ 구(求)하여 가짐. 買名.
所謂市怨而買禍者也『戰國策』
㉣ 사는 일. 聽賣買『周禮』

살 무【貿】물건을 삼. 杭有賣菓者 善藏柑云云
　　　予貿得其一『劉基』

살 시【市】㉠ 爲君市義『戰國策』
　　　　㉡ 沽酒市脯不食『論語』

살 판【販】
　㉠ 물품을 매매하여 이익을 봄.
　　販賤賣貴『史記』
　㉡ 팔다. 睢陽販繒者也『史記』
　㉢ 헐하게 사서 비싸게 팜.
　　市井勿得販賣『漢書』

사다새 : 사다샛과에 속한 큰 물새. 날개의 길이
　는 65~80센티미터이고, 몸빛은 흰색이며 날개
　끝만 흑갈색이다. 아래 주둥이에 수축할 수 있
　는 턱주머니가 있어 먹이를 넣어 둔다. 해안이
　나 호숫가에 서식한다.
　사다새 오【鴮】鴮鸅. 제호(鵜鶘).
　사다새 우【鸆】鸅鸆, 도하(淘河).
　사다새 제【鵜】제(鵜)와 동자(同字).
　사다새 제【鵜】鵜鴂.
　사다새 택【鸅】鸆鸅, 도하(淘河).
　사다새 호【鶘】鵜鶘.

사닥다리 : 높은 데를 디디고 오르는 제구.
　사닥다리 개【隑】사다리.
　　　　　　江南人呼梯爲隑『揚雄方言』
　사닥다리 계【階】
　　㉠ 狄人設階『禮記』
　　㉡ 猶天之不可階而升也『論語』
　　㉢ 四子六經階梯, 近思錄四子之階梯『葉采』
　사닥다리 구【鉤】끝에 갈고리가 달린 사닥다리.
　　　　　　갈고리를 높은 곳에 걸치고
　　　　　　성(城)을 타 올라가는 데 씀.
　　　　　　以爾鉤援『詩經』
　사닥다리 등【隥】梯也.
　사닥다리 비【梐】圁 목제(木梯). 사닥다리
　사닥다리 제【梯】
　　㉠ 梯階. 視城中則有雲梯飛樓『六韜』
　　㉡ 사물이 차차로 올라가거나 진행하는 경로.
　　　階梯. 母曠其衆以爲亂梯『國語』
사닥다리층계 :
　사다리층계 급【級】제단(梯段).
사당 : 조상의 신주(神主)를 모셔 놓은 집. 또는
　신주를 모셔 놓기 위해 조그맣게 집처럼 만들
　어 둔 곳.
　사당 묘【廟】
　　㉠ 조상의 신주(神主)를 모신 곳. 宗廟.
　　　於穆淸廟『詩經』
　　㉡ 신(神)을 제사 지내는 곳.
　　　作渭陽五帝廟『史記』

사당 사【榭】내실(內室) 없는 사당.
　　　成周宣榭火『春秋』
사당 사【祠】㉠ 가묘(家廟). 先祠.
　　　　㉡ 신을 제사 지내는 곳. 忠烈祠.
사당 조【祖】조상(祖上)의 신주(神主)를 모신 곳.
　　　左祖右社『周禮』
사당나무 :
　사당나무 사【杪】杪棠, 목명(木名).
사당문(祠堂門) :
　사당문 팽【閛】팽(祊)과 동자(同字). 廟門名.
사당문 제사 : 사당(祠堂) 안에서 제사 지낸 다
　음 날에 그 제물을 사당 밖에 진설(陳設)하고
　제사 지내는 일.
　사당문 제사 팽【祊】爲祊乎外『禮記』
사당집문 :
　사당집문 염【閻】묘문(廟門).
사당차례 :
　사당차례 목【穆】사당의 차례로 제일대(第一代)
　　　　　　의 소(昭)에 대하여 제이대
　　　　　　(第二代)의 사당(祠堂).
　　　　　　序昭穆『中庸』
　사당차례 목【繆】목(穆)과 동자(同字).
　　　　　　序以昭繆『禮記』
사덕(四德) : 《주역(易經)》에서 말하는 천도(天
　道)의 네 가지 덕(德). 사물의 근본 원리나 도
　리. 元亨利貞『易經』
　사덕 리【利】사덕(四德)의 하나로, 만물이 이루
　　　　　　어지는 덕. 사시로는 가을. 도덕
　　　　　　으로는 의(義)에 배당함.
　사덕 원【元】사덕(四德)의 하나로, 만물 시초의
　　　　　　덕. 사시로는 봄. 도덕으로는 어
　　　　　　짐(仁)에 배당함.
　사덕 정【貞】사덕(四德)의 하나로, 만물 성숙의
　　　　　　덕. 사시로는 겨울. 도덕으로는
　　　　　　슬기(智)에 배당함.
　사덕 형【亨】사덕(四德)의 하나로, 만물이 자라
　　　　　　는 덕. 사시로는 여름. 도덕으로
　　　　　　는 예(禮)에 배당함.
사돈 : 혼인으로 인해 두 집안 사이에 맺어진 관
　계. 혼인한 두 집안 사이에서 당사자의 부모들
　끼리 혹은 같은 항렬에 있는 사람들끼리 서로
　를 부르는 말.
　사돈 혼【婚】婦之黨爲婚兄弟『爾雅』
사라나무 :
　사라나무 사【杪】杪欏, 목명(木名).
사라부루 : 꿀풀과에 속한 여러해살이풀. 모양은
　소엽(蘇葉)과 비슷하며, 잎과 뿌리는 무쳐서 먹
　는다.

사라부루 거【蘧】蘧蕢, 고채(苦菜).

사라지게 하다 :

사라지게 할 소【消】消却.
樂琴書 以消憂『陶潛』

사라지게 할 소【銷】쇠약(衰弱)하게 함.
其勢銷弱『史記』

사라지다 :

사라질 곽【霍】소산(消散)하는 모양.
霍焉離耳『荀子』

사라질 소【消】
㉠ 없어짐. 消滅. 小人道消『易經』
㉡ 녹아 없어짐. 冰凍消釋『禮記』
㉢ 닳아 없어짐. 消耗. 九事七爲消『太玄經』
㉣ 다 없어짐. 消盡함. 鳥獸之害人者『孟子』

사라질 소【銷】없어짐. 魂銷. 燈銷.
虹銷雨霽『王勃』

사라질 식【熄】사라져 없어짐. 熄滅.
王者之迹熄『孟子』

사람 :

사람 객【客】인사(人士). 政客.
寄言賞心客『謝朓』

사람 인【人】
㉠ 인간(人間). 人生. 惟人萬物之靈『書經』
㉡ 백성(百姓). 신민(臣民). 人民.
國人皆曰可殺『孟子』
㉢ 어떤 사람. 使人謂子胥『史記』
㉣ 제구실을 하는 사람.
俾至於成人『歐陽修』
㉤ 뛰어난 사람. 賢人. 子無謂秦無人『左傳』
㉥ 人品. 性質. 爲人.
讀其文 其人可知『歐陽修』
㉦ 사람의 모양으로 만든 像. 金人.
帝寧能爲石人邪『史記』
㉧ 사람을 세는 數詞. 五人.
三人行必有我師『論語』
㉨ 사람이 하는 일. 하늘이 하는 일인 自然에 대하여 不自然을 이름. 牛馬四足 是謂天 落馬首穿牛鼻 是謂人『莊子』

사람 인【儿】우뚝 선 사람을 상형(象形)한 글자. 일설(一說)에는 걷는 사람을 상형(象形)한 글자로도 풀이.
人象立人 儿象行人『六書略』

사람 인【仁】인(人)과 동자(同字).
井有仁焉『論語』

사람 자【者】사람을 가리켜 이름. 仁者. 賢者.
行金六百斤 予守者『史記』

사람마다 :

사람마다 인【人】매인(每人). 매인(每人)이.
家給人足 人給家足『史記』

사람 부르다 :

사람부를 니【訑】호인(呼人).

사람 이름 :

사람 이름 각【角】角里. 상산(商山) 사호(四皓)의 한사람.
角里先生『十八史略』

사람 이름 각【傕】李傕은 후한(後漢)때의 사람.

사람 이름 감【弇】耿弇은 동한(東漢) 사람.

사람 이름 걱【巪】㊉ 인명(人名). 林巪正.

사람 이름 견【銒】宋銒. 是墨翟宋銒也『荀子』

사람 이름 견【雃】秦伯使士雃乞師于楚『左傳』

사람 이름 곤【鯀】우왕(禹王)의 아버지 이름.

사람 이름 과【媧】女媧. 중국고대(中國古代)의 신녀(神女)이름.
女媧煉五色石補天『史記』

사람 이름 관【鑵】鱗鑵爲司徒『左傳』

사람 이름 광【軭】인명.

사람 이름 교【蟜】순(舜)임금의 조부(祖父).

사람 이름 교【釗】주(周)의 강왕(康王)의 이름.
康王釗『史記』

사람 이름 담【聃】老聃. 주(周)나라때 학자(學者). 노자(老子)의 이름.

사람 이름 대【鮘】宋都人

사람 이름 돈【盾】趙盾. 전국시대(戰國時代)의 진(秦)나라 고관(高官).
趙盾殺其君『左傳』

사람 이름 돌【乭】㊉ 인명(人名).

사람 이름 록【甪】甪里先生. 한(漢)나라 상산(商山) 사호(四皓)의 한사람.

사람 이름 료【廖】주나라 소백의 이름.

사람 이름 복【宓】帝宓羲氏『書經』

사람 이름 설【契】상(商)나라의 시조(始祖).
契汝作司徒『書經』

사람 이름 속【赿】인명(人名).

사람 이름 수【鄋】인명(人名).

사람 이름 애【睚】인명(人名).

사람 이름 예【羿】하(夏)나라 때의 제후로 궁술(弓術)의 명인(名人).
盡羿之道『孟子』

사람 이름 오【奡】하(夏)나라 때의 장사 이름.
奡盪舟『論語』

사람 이름 온【瑥】인명. 晉翟瑥.

사람 이름 요【陶】皐陶. 순(舜)임금의 신하(臣下) 후직(后稷)의 어머니 이름. 赫赫姜陶『詩經』

사람 이름 원【嫄】姜嫄. 주(周)나라 선조 후직(后稷)의 어머니 이름.

사람 이름 이【食】酈食其. 審食其.

사람 이름 익【熤】張熤, 위인명(魏人名).

사람 이름 작【碏】石碏. 춘추시대(春秋時代) 위
　　　　(魏)나라의 대부(大夫).

사람 이름 적【頔】于頔은 당(唐)나라 때 사람.

사람 이름 제【磾】金日磾. 한(漢)나라 무제(武帝)
　　　　때 사람.

사람 이름 착【浞】寒浞은 하(夏)나라 때 사람.

사람 이름 채【囆】인명.

사람 이름 척【跖】
　　㉠ 盜跖 : 진(秦)나라의 큰 도둑으로 장자(莊子)
　　　　에는 유하혜(柳下惠)의 아우라 하였음.
　　㉡ 跖蹻 : 도척(盜跖)과 장교(莊蹻)로 모두 옛
　　　　날의 큰 도둑임.

사람 이름 촉【歜】甘歜, 丙歜. 춘추시대(春秋時
　　　　代) 사람.

사람 이름 촉【斶】齊宣王見顔斶『戰國策』

사람 이름 침【綝】孫綝. 삼국시대(三國時代)의
　　　　오(吳)나라 승상(丞相).

사람 이름 탁【琸】劉琸, 인명.

사람 이름 탁【佗】韓佗冑는 宋나라의 사람.

사람 이름 탕【湯】상왕조(商王朝)의 시조(始
　　　　祖). 湯歸自夏『書經』

사람 이름 퇴【魋】桓魋『論語』

사람 이름 한【邯】章邯은 진(秦)나라 이세(二
　　　　世) 황제(皇帝)의 장수(將帥).

사람 이름 희【羲】사람 이름. 伏羲. 王羲之.

사람 잡아 먹는 개 :

사람 잡아 먹는 개 구【蚼】견명(犬名).

사람 잡아 먹는 개 연【狿】식인견(食人犬).

사랑 : 어떤 상대를 애틋하게 그리워하고 열렬히
　　좋아하는 마음. 또는 다른 사람을 아끼고 위하
　　며 소중히 여기는 마음이거나 그런 마음을 베
　　푸는 일.

사랑 애【愛】은애(恩愛).
　　　　老牛舐犢之愛『後漢書』

사랑 자【慈】은애(恩愛).
　　　　慈者所以使衆也『大學』

사랑 정【情】남녀간의 사랑. 연모(戀慕)하는
　　　　마음. 情火. 與君初定情『曹植』

사랑니 : 어금니가 다 난 뒤, 성년기에 새로 맨
　　안쪽 끝에 나는 작은 어금니.

사랑니 전【齻】男子二十四歲女子二十一歲齻牙生.

사랑하다 : (사람이 이성을)낭만적이거나 성적인
　　매력에 끌려 애틋하게 그리워하고 열렬히 좋아
　　하다.

사랑할 관【款】情意稍款『南史』

사랑할 녑【恬】愛也. 사랑하다. 생각하다.

사랑할 모【愫】愛也.

사랑할 미【媚】귀여워 함. 媚玆一人『詩經』

사랑할 봉【憜】愛也. 사랑하다.

사랑할 아【啊】愛也. 사랑하다.

사랑할 애【噯】愛也. 애석하게 여겨 사랑하다.

사랑할 애【愛】
　　㉠ 귀애(貴愛)함. 愛兒.
　　　　慈親之愛其子也『呂氏春秋』
　　㉡ 친밀하게 대함. 汎愛 衆而親仁『論語』
　　㉢ 이성을 그리워함. 戀愛.
　　　　有與君之夫人相愛者『戰國策』
　　㉣ 위함. 소중히 여김. 愛錢.
　　　　明主愛其國『戰國策』
　　㉤ 좋아함. 愛讀. 衆仙奇愛之『洞冥記』
　　㉥ 은혜를 베풂. 不拊愛子其民『戰國策』

사랑할 옥【玉】옥 같이 소중히 여김. 愛之重之.
　　　　王欲玉女『詩經』

사랑할 완【玩】玩爾淸藻『潘尼』

사랑할 외【偎】北海有國名曰朝鮮天毒其人水居
　　　　偎愛人『山海經』

사랑할 유【幼】어린아이를 사랑함.
　　　　幼吾幼以及人之幼『孟子』

사랑할 은【恩】사랑하여 은혜를 베풂.
　　　　恩斯勤斯『詩經』

사랑할 인【仁】친애(親愛)함.
　　　　仁此者也『荀子』

사랑할 자【慈】
　　㉠ 은애(恩愛)를 가(加)함. 慈以甘旨『禮記』
　　㉡ 애육(愛育)함. 慈幼『周禮』

사랑할 자【字】字撫. 父不能字厥子『書經』

사랑할 지【忯】사랑하다. 믿다. 依支忯忯.

사랑할 총【寵】사랑하다. 괴다. 높이다.
　　　　영예(榮譽). 은혜(恩惠).

사랑할 친【親】귀애(貴愛)함. 人之親其兄之子
　　　　爲若親其鄉之赤子乎『孟子』

사랑할 폐【嬖】
　　㉠ 미천(微賤)한 사람을 특별히 사랑함.
　　　　寵愛. 嬖姬. 漢武帝深嬖李夫人『拾遺記』
　　㉡ 또 그 사람. 內嬖如夫人者六人『左傳』

사랑할 혜【憓】사랑하다. 따르다. 順從憓憓.

사랑할 호【好】惟仁者能好人 能惡人『論語』

사랑할 휼【恤】친애(親愛)함. 字恤.
　　　　不恤之刑『周禮』

사령(使令) : 심부름 하는 사람.

사령 개【价】使价. 走价馳書來詣『宋史』

사령(辭令) : 임명이나 해임 등에 관련된 공식적
　　인 발령 내용을 적어 본인에게 주는 문서.

사령 첩【牒】任命狀. 受牒之明日『韓愈』

사례(謝禮)하다 : 고마운 뜻을 나타냄.

사례할 사【謝】謝思. 阿母謝媒人『古詩』

사로잡다 :

사로잡을 금【禽】금(擒)과 동자(同字). 生禽.
　　　　　禽魏將芒卯『史記』
사로잡을 금【擒】生捕. 七縱七擒『漢晉春秋』
사로잡을 로【擄】로(虜)와 동자(同字).
사로잡을 로【虜】적의 군사를 생포함.
　　　　　其將因可襲而虜也『漢書』
사로잡을 부【俘】
　　㉠ 산채로 잡음. 俘諸江南『左傳』
　　㉡ 포로(捕虜). 俘虜. 歸齊俘『春秋』
사로잡을 지【止】輅秦伯 將止之『左傳』

사로잡히다 :

사로잡힐 금【禽】생포(生捕) 당함.
　　　　　身禽于趙『鹽鐵論』
사로잡힐 운【隕】포로(捕虜)가 됨.
　　　　　子國卿也 隕子辱矣『左傳』
사로잡힐 지【止】생포 당함.
　　　　　是以皆止『詩經』

사뢰다 : 웃어른에게 말씀을 올리다.

사뢸 명【瞑】진언(進言)함.
사뢸 백【白】
　　㉠ 上陳. 告白. 以李膺言白皓『後漢書』
　　㉡ 결백(潔白)함을 증명(證明)함.
　　　　　今晏子見疑 吾將以身白之『說苑』
사뢸 복【覆】申覆. 覆函. 官府吏文 申請于上
　　　　　者 曰申曰覆『正字通』
사뢸 복【復】아룀. 願有復也『禮記』
사뢸 품【稟】여쭘. 稟告. 大事則稟奏『宋史』
사뢸 효【曉】아룀. 未曉大將軍『漢書』

사르다 :

사를 거【炬】태움. 楚人一炬 可憐焦土『杜牧』
사를 번【燔】불사름. 或燔或炙『詩經』
사를 선【燹】불사름. 燒焫燹焚鄭地『管子』
사를 설【爇】불사름. 入火不爇『史記』
사를 설【焫】설(爇)과 동자(同字).
　　　　　既奠然後焫蕭合羶薌『禮記』
사를 연【燃】불에 탐. 불사름. 불을 땜. 燃燒.
　　　　　燃料. 燃犀角而照之『晉書』
사를 연【然】연(燃)과 동자(同字).
　　　　　火之始然『孟子』
사를 작【灼】태움. 灼熱.
　　　　　灼其中 必文於其外『國語』
사를 주【炷】불사름. 炷香. 炙燎艾炷『北史』
사를 치【熾】불을 붙여 활활 타게 함.
　　　　　熾炭於位『左傳』

사리풀 : 가지과에 속하는 1~2년초. 잎은 긴 타
원형이고 황갈색의 꽃이 핌. 잎과 씨에는 맹독
(猛毒)이 있어 마취(痲醉) 약재로 쓰임.

사리풀 랑【莨】莨菪.

사립짝 : 잡목의 가지 같은 것으로 엮어 만든 문짝.

사립짝 필【篳】篳門. 寂寥舊篳『南史』
사립짝 필【蓽】필(篳)과 동자(同字).
　　　　　蓽門圭竇『禮記』

사마 : 네 필의 말. 고대의 마차는 네 필의 말이
끄는데 바깥쪽 좌우의 말은 참(驂), 또는 비
(騑)라 하고, 안쪽의 두 말은 복(服)이라 함.

사마 사【駟】齊景公有馬千駟『論語』

사마귀 : 메뚜기목 사마귓과에 속한 곤충. 몸이
크고 황갈색 또는 녹색이며, 날개는 연장되었
다. 앞다리가 낫처럼 구부러져 먹이를 잡아먹
기에 편리한 구조로 되어 있다.

사마귀 당【螳】螳螂. 사마귀. 미얀마 재비.
　　　　　仲夏螳螂生『禮記』
사마귀 당【蟷】당(螳)과 동자(同字).
사마귀 랑【蜋】螳蜋.
사마귀 랑【螂】랑(蜋)과 동자(同字).
　　　　　仲夏螳螂生『禮記』
사마귀 암【黯】면지흑자(面之黑子).
사마귀 염【靨】피부에 두두룩하게 생기는 검
　　　　　은 점. 흑자(黑子).
　　　　　披毛索靨『抱朴子』
사마귀 지【痣】흑자(黑子).
　　　　　彈丸黑痣之地『通鑑』

사마귀 알 :

사마귀알 비【蜱】蜱蛸. 사마귀의 알. 약재로 씀.
　　　　　蟑蛸所在有之以桑上者爲佳本
　　　　　草 謂之桑蜱蛸『爾雅』
사마귀알 표【螵】螵蛸. 사마귀의 알. 그 알집.

사마(駟馬)수레 : 말 넷이 끄는 비상히 빠른 수레.

사마수레 사【駟】駟馬. 若駟過隙『禮記』

사마치 : 말을 탈 때 두 다리를 가리던 아랫도리 옷.

사마치 습【褶】기마복. 袴褶.

사막(砂漠) : 넓은 모래 벌판.

사막 막【漠】沙漠. 北出塞漠『後漢書』
사막 사【沙】少草木多大沙『漢書』

사막이름 :

사막이름 한【瀚】瀚海. 고비 사막.

사모(思慕)하다 : 그리워하여 잊지 못함.

사모할 로【嫪】戀嫪. 偶往心己嫪『陸龜蒙』
사모할 모【慕】
　　㉠ 그리워 함. 戀慕. 大孝終身慕父母『孟子』
　　㉡ 우러러 받들고 본받음. 慕藺相如之爲人
　　　　　更名相如『史記』
사모할 숙【淑】경모(敬慕)함.
　　　　　予私淑諸人也『孟子』
사모할 원【願】선모(羨慕)함.

國人稱願『禮記』

사모할 유【孺】앙모(仰慕)하여 따름. 孺慕.
　　　　　　　和樂且孺『詩經』

사모할 장【趬】羔趬, 추모(追慕).

사모할 희【睎】존경하여 따름. 睎顏之人 亦顏
　　　　　　　之徒也『揚子法言』

사무치다 : (감정이나 느낌이 몸이나 마음속에)강
　하게 느껴지다. 또는 (병이나 추위, 아픔이 몸
　속에)깊이 미치다.

사무칠 철【徹】通也.

사무칠 투【透】통철(通徹)함. 투철(透徹)함.
　　　　　　　此知如何捉摸得 見得透時便是
　　　　　　　聖人『傳習錄』

사무칠 협【浹】不浹於骨髓『淮南子』

사물(賜物) : 하사(下賜)한 물건.

사물 뢰【賚】承天之賚『李觀』

사물 사【賜】賞賜. 報賜以力『國語』

사발 : 음식을 담는 그릇.

사발 구【甌】遺文餠一甌『南史』

사발 발【盋】식기(食器).
　　　　　　　盋食器 如盌而大『程大昌』

사발 우【盂】酒一盂『史記』

사방(四方) : 동, 서, 남, 북의 네 방위.

사방 사【四】四海. 始用四達『莊子』

사방십리 :
　사방십리 통【通】토지 구획의 명목(名目). 곧
　　　　　　　　　십리 사방. 井十爲通『漢書』

사변(事變) :
　사변 경【警】변고(變故). 난리(亂離).
　　　　　　　頗有騷警『逖孫』

사뿐 밟다 :
　사뿐 밟을 루【蹻】경답(輕踏).

사뿐사뿐 가다 :
　사뿐사뿐 갈 표【趯】경행(輕行).

사뿐사뿐 걷다 :
　사뿐사뿐 걸을 표【趯】경행(輕行).
　사뿐사뿐 걸을 교【趫】경보(輕步).
　사뿐사뿐 걸을 념【踗】경보(輕步).
　사뿐사뿐 걸을 동【趧】경보(輕步).

사사 :
　사사 사【私】
　　㉠ 자기의 사물(私物). 遂及我私『詩經』
　　㉡ 개인(個人)의 사사로운 비밀(祕密).
　　　　探人之私『禮記』

사사 사【厶】자영(自營). 사(私)의 고자(古字).
　　　　　　　古者蒼頡之作書也 自營者爲厶
　　　　　　　『韓非子』

사사로 가지다 :

사사로 가질 닙【図】私取物.

사사로이 :
　사사로이 사【私】
　　㉠ 자기 혼자 마음속으로 私淑.
　　㉡ 비밀히. 몰래. 私語之.
　　　　太后時竊私通呂不韋『史記』

사사로이 잔치하다 :
　사사로이 잔치할 어【醹】私燕飲.

사사로이 하다 :
　사사로이 할 사【私】
　　㉠ 불공평하게 함. 사곡(邪曲)된 일을 함.
　　　　賞不私親近『戰國策』
　　㉡ 자기 소유로 함. 八家皆私百畝『孟子』
　　㉢ 자기 마음대로 함.
　　　　王雖有萬金不得私也『戰國策』

사사롭다 : (주로 '사사로운' 꼴로 쓰여) 공적
　(公的)이 아닌 개인적인 범위나 관계의 성질이
　있다.
　사사로울 사【私】
　　㉠ 사사로움. 자기에게 관계됨. 公私.
　　　　君子不以私害公『韓詩外傳』
　　㉡ 불공평함. 公平無私. 以公滅私『書經』
　　㉢ 간사함. 知其不爲私『呂氏春秋』
　　㉣ 사욕. 少私滅欲『老子』
　　㉤ 자기. 身非其私有『呂氏春秋』

사슬 :
　사슬 생【梐】回 鐵也.

사슬고리 : 한 고리에 작은 두 고리를 끼운 사슬.
　사슬고리 매【鋂】子母環. 盧重鋂『詩經』
　사슬고리 함【銜】연환(連環).

사슴 : 포유류 사슴과에 속한 짐승의 한 종. 깊은
　산에서 주로 풀이나 나무의 싹 따위를 먹고 살
　며 성질이 온순하고 되새김질을 한다. 털빛은
　갈색에 흰 얼룩무늬가 있고, 꼬리는 백색이다.
　수컷은 가지를 친 한 쌍의 뿔이 봄마다 갈아
　나는데 갓 나온 것은 녹용(鹿茸)이라 하여 강
　장제로 쓰인다. 그리고 사슴은 여러 사냥꾼들
　이 다투어 쫓아가 잡는 짐승이므로 여러 사람
　들이 경쟁(競爭)하여 얻으려고 하는 목적물(目
　的物). 특히 제위(帝位)를 뜻하기도 한다.

사슴 령【麙】鹿也.

사슴 록【鹿】
　　㉠ 呦呦鹿鳴『詩經』
　　㉡ 中原之鹿 秦失其鹿 天下共逐『十八史略』
　　㉢ 人希逐鹿之圖『晉書』

사슴 사【麚】二歲鹿. 두 살 된 사슴.

사슴 같고 큰 짐승 :
　사슴 같고 큰 짐승 려【麗】似鹿而大獸.

사슴 발자국 :

　사슴 발자국 미【麋】녹적(鹿跡).

　사슴 발자국 속【鹿】녹적(鹿跡).

　사슴 발자국 탄【䟠】眹䟠, 녹적(鹿跡).

사슴 새끼 :

　사슴 새끼 미【麛】麛裘『禮記』

　사슴 새끼 예【麑】素衣麑裘『論語』

　사슴 새끼 예【䴢】녹자(鹿子).

사슴 서로 따르다 :

　사슴 서로 따를 복【麏】鹿相隨.

사슴 우는소리 :

　사슴 우는소리 유【呦】鹿鳴呦呦.

사슴 우물거리다 :

　사슴 우물거릴 우【噳】噳噳. 사슴이 많이 모여
　　　　　　　　　　입을 가지런히 하는 모양.
　　　　　　　　麀鹿噳噳『詩經』

사신(使臣) : 임금의 명령을 받들어 나가서 일에
　당하는 사람.

　사신 사【使】吳使使問仲尼『史記』

사신 가다 :

　사신 갈 사【使】사신(使臣)으로 나감.
　　　　　　　　使于四方 不辱君命『論語』

　사신 갈 차【差】사신으로 감. 差遣. 欽差.
　　　　　　　　好差靑鳥使封爲百花王『白居易』

사실(査實)하다 :

　사실할 교【校】조사함. 檢校.
　　　　　　　　卽部吏案校『漢書』

사실하다 :

　사실할 려【錄】조사함. 정상을 살핌.
　　　　　　　　錄囚徒『漢書』

　사실할 사【査】조사함. 檢査.
　　　　　　　　支査停積『續文獻通考』

　사실할 핵【核】깊이 조사함. 綜核名實『漢書』

사양하다 : 제 몸을 낮춤. 또 남에게 양보함.

　사양할 겸【謙】謙讓. 人道惡盈而好謙『易經』

　사양할 사【謝】사퇴함. 謝不受『史記』

　사양할 사【辭】溫顔遜辭『漢書』

　사양할 선【嬗】선(禪)과 동자(同字).
　　　　　　　　五年之間 號令三嬗『史記』

　사양할 선【禮】讓也. 舜禹受禮『漢書』

　사양할 선【僐】선(禪)과 통용.
　　　　　　　　堯僐舜之重『揚子法言』

　사양할 손【遜】遜讓. 將遜于位『書經』

　사양할 손【巽】손(遜)과 통용. 巽朕位『書經』

　사양할 양【讓】사퇴함. 知死不可讓『楚辭』

　사양할 읍【挹】사퇴함. 挹大福之恩『漢書』

사업(事業) :

　사업 렬【烈】큰 사업. 또는 공덕. 功烈.

　　　　　　　　烈祖之成德『書經』

사여(賜與) :

　사여 뢰【賚】하사(下賜)한 물건.
　　　　　　　承天之賚『李觀』

　사여 사【賜】하사(下賜)한 물품. 賞賜.
　　　　　　　報賜以力『國語』

사월(四月) :

　사월 여【余】余月. 음력(陰曆) 사월(四月)의 이
　　　　　　　칭(異稱).

　사월 여【除】日月方除『詩經』

사위 : 딸의 남편.

　사위 생【甥】甥館. 帝館甥于貳室『孟子』

　사위 서【壻】서(婿)의 속자. 女之夫.
　　　　　　　取卿爲女壻『王羲之女壻帖』

　사위 서【婿】女婿. 婿執雁入『禮記』

　사위 서【婿】서(壻)와 동자(同字). 女婿.
　　　　　　　婿執雁入『禮記』

　사위 청【倩】여서(女婿). 黃氏諸倩『史記』

사이 :

　사이 간【間】

　　㉠ 양자의 사이. 중간. 가운데. 伯仲之間.

　　㉡ 동안. 時間. 三年間.

　　㉢ 떨어진 정도. 거리. 間隔.
　　　　賢不肖之相去 其間不能以寸『孟子』

　　㉣ 두 물건의 중간의 장소. 天地之間.

　　㉤ 장소. 곳. 行間. 田間.

　　㉥ 무렵. 七八月之間, 兩集溝澮皆盈『孟子』

　　㉦ 근처. 嫣然一笑竹籬間『蘇軾』

　　㉧ 안. 民間. 坊間. 攘臂于其間『莊子』

　사이 간【閒】간(間)의 본자(本字).

　사이 제【際】

　　㉠ 두 사물의 중간. 天地際也『易經』

　　㉡ 이때에서 저 때로 옮길 무렵. 春夏之際.
　　　　唐虞之際『史記』

사일(社日) : 입춘 및 입추후의 제오(第五)의 무
　일(戊日). 또 그 날 지내는 제사.

　사일 사【社】春社. 秋社.
　　　　　　　鄰里聞之 爲之罷社『顔氏家訓』

사자(使者) : 사명(使命)을 전(傳)하는 사람.

　사자 리【理】行理. 행이(行李)로도 씀.

　사자 팽【伻】伻來以圖及獻伏『書經』

사자(獅子) : 고양이과에 속하는 맹수의 하나.

　사자 사【獅】사(師)와 통용. 獅子.

　사자 산【狻】狻猊野馬『穆天子傳』

　사자 예【猊】狻猊野馬走五百里『穆天子傳』

　사자 예【麑】예(猊)와 동자(同字).
　　　　　　　狻麑如虦猫『爾雅』

　사자 예【貎】예(猊)와 동자(同字).

사자 같은 짐승 :
　사자 같은 짐승 양【獿】 수명(獸名).
　　　　　　　　　　如獅食虎豹及人.
사정 :
　사정 사【榭】 강무(講武)하는 곳.
　　　　　　　三郤將謀於榭『左傳』
　사정 정【情】 상태(狀態). 情況. 情勢.
　　　　　　　盡輸西周之情于東周『戰國策』
　사정 택【澤】 활을 쏘는 곳.
　　　　　　　先習射于澤『禮記』
사죄하다 : 과실에 대하여 용서를 빎.
　사죄할 사【謝】 陳謝. 若謝我當釋罪『世說』
사주(沙洲) : 모래 작은 섬.
　사주 저【渚】 江有渚『詩經』
사지(四肢) : 팔 다리.
　사지 말【末】 四末. 風淫末疾『左傳』
　사지 체【體】 四體不勤『論語』
사직제사생육 :
　사직제사생육 신【祳】 祭社生肉.
사찬(賜饌) : 조정에서 백성에게 주식을 하사하는
　　일. 또 그 주식.
　사찬 포【酺】 酺宴. 酺五日『漢書』
사처 : 내조(來朝)한 제후(諸侯)가 서울에서 머무
　　르는 숙사(宿舍). 인신(引伸)하여 주막.
　사처 저【邸】 至邸而議之『漢書』
　사처 차【次】 숙사(宿舍). 旅卽次『易經』
사철 쑥 : 엉거시과에 속하는 다년초. 떡잎은 식
　　용하고 약용으로 함. 더위지기.
　사철 쑥 인【茵】 인진(茵蔯).
　사철 쑥 진【蔯】 인진(茵蔯).
사초(莎草) : 방동사니과에 속하는 다년초. 바닷
　　가의 모래땅에 나는 데 그 괴근(塊根)을 향부자
　　(香附子)라 하여 약재로 씀. 삿갓 또는 도롱이
　　를 만듦.
　사초 간【菅】 白華菅兮『詩經』
　사초 대【臺】 대(薹)와 동자(同字).
　　　　　　　南山有臺『詩經』
　사초 사【莎】 青莎. 綠莎.
사치(奢侈) : 주로 씀씀이나 꾸밈새, 행사의 치레
　　따위에서, 필요 이상의 돈이나 물건을 씀으로써
　　자신의 분수에 지나친 생활을 함.
　사치 사【奢】 호사(豪奢). 去奢卽儉『後漢書』
　사치 참【僭】 호사(豪奢). 崇侈尙僭『潛夫論』
사치스럽지 않다 :
　사치스럽지 않을 압【匌】 검약(儉約).
사치하다 : 분에 넘치게 호사(豪奢)스럽게 지냄.
　사치할 사【奢】 奢佚. 視民不奢『漢書』
　사치할 차【奓】 치(侈)와 동자(同字). 侈也.

사치할 치【侈】 侈奢. 公患三桓之侈『左傳』
사치할 태【汰】 汰侈. 般樂奢汰『荀子』
사치할 한【奫】 奢也.
사타구니 : 두 넓적 다리의 사이. 샅.
　사타구니 과【袴】 과(胯)와 동자(同字).
　　　　　　　出我袴下『史記』
　사타구니 과【胯】 不能死出我胯下『史記』
　사타구니 과【骻】 과(胯)와 동자(同字).
　　　　　　　缺骻之服『唐書』
　사타구니 과【跨】 出我跨下『史記』
　사타구니 관【髖】 髖髀之所『漢書』
　사타구니 안【骭】 股也.
　사타구니 외【隈】 奎蹄曲隈『莊子』
사탕 : 사탕수수 따위에서 짜낸 당분.
　사탕 당【糖】 白糖. 製糖. 和以糖酪『摭言』
　사탕 사【粆】 사당(沙糖).
사탕수수 : 포아풀과에 속하는 다년초. 줄기는 설
　　탕의 원료임.
　사탕수수 자【蔗】 甘蔗. 蔗糖.
사태 :
　사태 군【䐃】 肘膝後肉如塊者.
사태 나다 :
　사태 날 치【陊】 산붕(山崩).
사퇴(辭退)하다 :
　사퇴할 사【辭】
　　㉠ 응하지 아니함.
　　　孺悲欲見孔子 孔子辭以疾『論語』
　　㉡ 받지 아니함. 爵祿可辭也『中庸』
　　㉢ 그만둠. 辭職. 辭意俱悽妍『韋應物』
　　㉣ 작별하고 떠남. 辭家. 賈生既辭往『史記』
사투리 :
　사투리 와【訛】 音訛. 校正訛謬『舊唐書』
　사투리 와【譌】 와(訛)와 동자(同字).
　　　　　　　以勸南譌『漢書』
　사투리 타【惰】 방언. 言不惰『禮記』
　사투리 특【慝】 방언. 掌道方慝『周禮』
사팔뜨기 : 사팔눈을 한 사람을 업신여겨 일컫는
　　말.
　사팔뜨기 먀【乜】 안사(眼斜).
사포(射布) : 활을 쏘는 표적(標的)으로서 거는
　　베. 과녁.
　사포 후【侯】 侯鵠. 乃張侯『儀禮』
사하다 :
　사할 사【赦】 사면(赦免). 遇赦『史記』
사향노루 : 사슴과에 속하는 짐승. 암수가 모두
　　뿔이 없고 수컷은 견치(犬齒)가 밖에 나와 있으
　　며, 또 향낭(香囊)이 있어 그 속에 사향(麝香)이
　　들어 있음. 궁노루.

사향노루 사【麝】麝如小麋臍有香『說文解字』

사향사슴 :

　사향사슴 향【麏】麝香鹿.

삭은 뼈 :

　삭은 뼈 자【骴】후골(朽骨).
　　　　　　蜡氏掌徐骴『周禮』

　삭은 뼈 자【髊】자(骴)와 동자(同字).
　　　　　　부골(腐骨). 鳥獸殘骨.

삯 : 임금. 품삯.

　삯 치【値】受若値怠若事『柳宗元』

산 : 초목이 우거진 산.

　산 구【丘】산악(山嶽).
　　　　　　崑崙山爲無熱丘『水經注』

　산 호【岵】陟彼岵兮『詩經』

산 : 비금속 원소의 하나. 수소 원자의 기체로서
　맛이 시며 물에 잘 녹음.

　산 산【酸】室酸. 黃酸.

산가지 :

　산가지 마【馬】투호(投壺)를 할 때 득점(得點)
　　　　　　을 세는 물건. 籌馬.
　　　　　　請爲勝者立馬『禮記』

　산가지 산【算】수효를 세는 제구.
　　　　　　運算轉歷『史記』

　산 가지 주【籌】산대. 牙籌. 箭籌八十『儀禮』

산 가파르다 :

　산 가파를 은【嶾】山峻貌.

산감 : 산림을 맡은 관리. 산림 간수.

　산감 록【麓】麓不聞『國語』

산것 :

　산 것 생【生】생물. 群生.
　　　　　　君賜生必畜之『論語』

산 겨자 :

　산 겨자 전【葽】산개(山芥).

산계(山鷄) : 꿩과에 속하는 새. 꿩의 일종.

　산계 제【鷈】驚鷈山棲『左思』

산골 물 :

　산골 물 간【澗】澗聲.
　　　　　　于以采蘋于澗之中『詩經』

　산골 물 간【㵎】간(澗), 간(磵)과 동자(同字).
　　　　　　山夾水.

산골 으슥하다 :

　산골 으슥할 영【嶸】山深貌.

산골짜기 :

　산골짜기 감【嵌】山嵌. 깊은 산골짜기.
　　　　　　嵌巖巖其龍鱗『揚雄』

　산골짜기 견【畎】물이 흐르는 산골짜기.
　　　　　　羽畎夏翟『書經』

산골짜기 곡【峪】㘘 峽也.

　산골짜기 욕【峪】산곡(山谷).

산골 험하다 :

　산골 험할 회【褢】山谷險貌.

산골 휑하다 :

　산골 횅할 하【岈】山谷空虛.

산구덩이 :

　산구덩이 감【埳】산갱(山坑).

산 구불퉁구불퉁 하다 :

　산 구불퉁구불퉁 할 건【巗】山屈曲貌.

산굴 : 산에 있는 굴.

　산굴 갑【岾】합(峆)과 동자(同字). 산굴(山窟).

　산굴 수【岫】岫雲. 雲無心以出岫『陶潛』

　산굴 혈【岤】憭兮慄虎豹岤『楚辭』

산 굽다 :

　산 굽을 건【巗】산곡(山曲).

산굽이 :

　산굽이 당【嵣】산외(山隈).

　산굽이 불【岪】불(弗)과 동자(同字). 山曲.

　산굽이 유【岰】山谷貌.

　산굽이 주【崓】산외(山隈).

　산굽이 주【盩】산의 굽은 곳.

　산굽이 질【庢】산곡(山曲).

산귀신 :

　산귀신 봉【𧄔】負山之神 𧄔大黃負山之神能動
　　　　　　天地氣昔孔甲遇之.

산기슭 :

　산기슭 록【鹿】록(麓)과 통용.
　　　　　　瞻彼旱鹿『詩經』

　산기슭 록【麓】산족(山足). 瞻彼旱麓『詩經』

　산기슭 비【峍】峽峍. 산록. 산기슭.
　　　　　　崔嵬不崩 賴彼峽峍『太玄經』

　산기슭 족【足】산록(山麓).
　　　　　　吾得歸骨山足『南史』

산 기운 어둡다 :

　산 기운 어두울 명【嵋】山氣暗昧.

산길 :

　산길 교【嶠】산도(山道). 嶠道.
　　　　　　山祇蹕嶠路『顏廷之』

산 길고 우뚝하다 :

　산 길고 우뚝할 추【崷】崷崒, 山長而高貌.

산길 험하다 :

　산길 험할 구【嶇】기구(崎嶇). 산로(山路).

　산길 험할 허【嶇】山路峻.

산 깊다 :

　산 깊을 령【岺】山深貌.

산 깊이 들어가다 :

산 깊이 들어갈 침【𡶋】深入山.

산 까마귀 :

　산 까마귀 촉【鸀】산조(山鳥).

산 깎아지른 듯 하다 :

　산 깎아지른 듯 한 의【巇】山峯巇巖.

산꼭대기 :

　산꼭대기 구【嶇】山頂. 隨山上嶇嶔『范曄』

　산꼭대기 금【嶔】山頂. 隨山上嶇嶔『范曄』

　산꼭대기 수【𡾋】山頂.

　산꼭대기 전【巓】山頂. 首陽之巓『詩經』

　산꼭대기 초【椒】山頂. 菊散芳于山椒『謝莊』

　산꼭대기 총【冡】山頂. 山冡崒崩『詩經』

산 끊어지다 :

　산 끊어질 얼【㠔】屼㠔子, 山斷絕.

산나무 :

　산나무 산【橵】과수(果樹).

산 높고 크다 :

　산 높고 클 장【嶈】山高貌.

산 높고 험하다 :

　산 높고 험할 횡【峵】고준(高峻).

　산 높고 험할 롱【巃】山巃高險峻貌.

산 높다 :

　산 높을 려【嶒】외고(巍高).

　산 높을 물【屼】山高貌.

　산 높을 얼【嵲】嶵嵲, 山高貌.

　산 높을 위【峗】산고(山高).

　산 높을 종【嵷】巄嵷, 山高貌.

　산 높을 집【崒】山高貌.

　산 높을 퇴【崣】山高貌.

산돌 :

　산돌 망【矼】산석(山石).

산돼지 : 멧돼짓과에 속한 산짐승. 돼지의 원종으로, 몸빛은 흑색 또는 흑갈색이다. 주둥이가 매우 길고 목이 짧으며, 날카로운 송곳니가 위로 솟아 있다. 잡식성이며 성질이 사나우나, 고기는 맛이 좋고, 가죽은 세공용으로 쓰인다.

　산돼지 몽【獴】산저(山猪).

　산돼지 유【貐】豬貐. 豪豬別名.

산들바람 : 시원하고 부드럽게 부는 바람.

　산들바람 별【颰】미풍(微風).

산등성이 : 산등성마루.

　산등성이 강【岡】陟彼高岡『詩經』

산 따로 떨어지다 :

　산 따로 떨어질 얼【嶭】屼嶭, 山斷絕貌.

산뜻하다 :

　산뜻할 현【嬛】便嬛. 산뜻하고 아름다움.
　　　　　　便嬛綽約『漢書』

산마늘 : 백합과에 속한 여러해살이풀. 잎은 그물 같은 섬유로 싸여 있는 비늘줄기에 두세 개씩 달리고, 5~6월에 백색 또는 담자색 꽃이 줄기 끝에 산형(繖形)으로 핀다. 열매는 삭과(蒴果)이다. 비늘줄기와 줄기는 먹는다.

　산마늘 력【䔙】산산(山蒜).

산마루 : 산등성이의 가장 높은 곳.

　산마루 의【嶬】산전(山巓). 嶬嶬. 산정(山頂).

　산마루 표【嶤】산정(山頂).

산 마주하다 :

　산 마주할 음【嵾】山相對.

산 모양 :

　산 모양 미【孊】산모(山貌).

　산 모양 사【娜】산모(山貌).

산모퉁이 : 산기슭의 모퉁이

　산모퉁이 수【庲】山隈. 步從容於山庲『劉向』

　산모퉁이 악【崿】崑崿.

　산모퉁이 우【嵎】虎負嵎, 莫之敢攖『孟子』

　산모퉁이 은【㟋】崑崿.

　산모퉁이 질【庢】山隈.

산모퉁이 내밀다 :

　산모퉁이 내밀 절【㟮】山之陬隅高處.

산 무너지는 소리 :

　산 무너지는 소리 배【嶏】山崩聲.

산 무너지려하다 :

　산 무너지려 할 시【阺】山堆欲墮.

산물(産物) :

　산물 산【産】산출(産出)하는 물자(物資).
　　　　　　以天産作陰德『周禮』

산밑 샘 :

　산밑 샘 충【浺】山下泉.

산박쥐 : 박쥐의 일종.

　산박쥐 단【鴠】할단(鶡鴠).

　산박쥐 할【鶡】할단(鶡鴠).

산밤나무 : 밤나무의 일종. 밤알이 잚.

　산밤나무 이【栭】子如細栭江東呼栭栗『爾雅』

산 복숭아 :

　산 복숭아 사【梂】산도(山桃).

　산 복숭아 살【㮏】산도(山桃).

산봉우리 :

　산봉우리 령【嶺】산봉(山峰). 嶺嶂.
　　　　　　岑嶺飛騰而反覆『木華』

　산봉우리 봉【峯】산정(山頂). 峯巒.

　산봉우리 수【岫】山頂. 窓中列遠岫『謝朓』

　산봉우리 장【嶂】험준(險峻)하여 병풍을 세운 것처럼 길게 연하여 있는 산.
　　　　　　崚嶒 起青嶂『沈約』

산봉우리 줄【峯】山巓. 山冢峯崩『詩經』

산봉우리 끝 :

　산봉우리 끝 애【崖】산첨(山尖). 극단(極端).

산봉우리 뾰족하다 :

　산봉우리 뾰족할 침【礜】高銳貌.

산봉우리 우뚝하다 :

　산봉우리 우뚝할 송【嵷】山峯峻貌.

산 부추 :

　산 부추 경【勁】산해(山薤).

　산 부추 섬【韱】산구(山韭).

　산 부추 육【薚】산구(山韭).

산불 :

　산불 려【爈】燎爈, 산화(山火).

산 불끈 솟다 :

　산 불끈 솟을 귀【巋】山崛起貌.

산비둘기 :

　산비둘기 골【鶻】鶻鳩.

산비탈 :

　산비탈 첨【嶦】산판(山坂).

산뽕나무 : 뽕나무과에 속하는 낙엽교목. 산이나
　들에 자생함.

　산뽕나무 간【檊】柘也.

　산뽕나무 염【檿】山桑. 檿桑.
　　　　　　　　厥篚檿絲『書經』

　산뽕나무 염【㯈】염(檿)과 동자(同字).
　　　　　　　　其篚㯈絲『史記』

　산뽕나무 자【柘】弓人取幹之道柘爲上『周禮』

산 뾰족하다 : 산이 뾰족하여 험준한 모양.

　산 뾰족할 완【岏】巑岏.
　　　　　　　山巒岏兮水環合『江淹』

　산 뾰족할 외【嵬】山高貌.

　산 뾰족할 찬【巑】巑岏. 盤岸巑岏『宋玉』

산사나무 : 아가위나무. 능금나무과에 속하는 낙
　엽교목. 과일은 산사자(山査子)라 하여 약용으
　로 함.

　산사나무 구【朹】木名.

산 사이 : 산과 산 사이.

　산 사이 갑【岬】傾藪薄倒岬岫『左思』

산새이름 :

　산새이름 할【鶡】꿩과에 속하는 새의 하나.

산색 : 머리털의 빛깔이 먼 산의 검푸른 빛과 비
　슷하므로 이름.

　산색 환【鬟】窓中遠黛曉千鬟『虞集』

산 속의 늪 :

　산 속의 늪 연【沇】山間陷泥.

산 속 휑하다 :

　산 속 휑할 조【嘈】山深空貌.

산신(山神) :

　산신 리【魑】리(魅)와 통용. 禦魑魅『左傳』

　산신 산【山】산의 신령. 山川其舍諸『論語』

산신제 :

　산신제 기【禥】禥縣. 祭山曰禥縣『周禮註』

산신제 지내다 :

　산신제 지낼 려【旅】季氏旅於泰山『論語』

산 쌀 : 사들인 미곡 또 미곡을 사들이는 일.

　산 쌀 적【糴】市糴. 告糴于齊『左傳』

산 앵두 :

　산 앵두 욱【栯】栯李.

산 앵두나무 : 앵두과에 속하는 낙엽관목. 열매
　는 약재로 쓰임. 앵두나무 비슷한 과수임.

　산 앵두나무 당【棠】棠棣.

　산 앵두나무 상【常】常棣. 維常之華『詩經』

　산 앵두나무 울【鬱】六月食鬱及薁『詩經』

　산 앵두나무 체【棣】당체(棠棣). 常棣『爾雅』

　산 앵두나무 체【移】산이스랏나무. 당체(棠棣).

산양 : 뿔이 가늘고 덩치가 큰 산양.

　산양 력【羉】殺羉. 산양(山羊).

　산양 암【麕】獸則麕羊野麋『揚雄』

산언덕 :

　산언덕 오【碨】산아(山阿).

　산언덕 오【塢】산아(山阿).

산에 돌 많다 :

　산에 돌 많을 오【磝】山多小石.

산에 안개 자욱하다 :

　산에 안개 자국할 울【鬱】山霞掩貌.

산 연접하다 :

　산 연접할 나【岻】山連接貌.

산 연하다 :

　산연할 균【峮】山連貌.

산 옆 구멍 :

　산 옆 구멍 합【盍】山旁穴.

산 옆 선돌 :

　산 옆 선돌 기【沂】山傍石立.

산예(狻猊) :

　산예 예【猊】예(麑), 예(甕)와 동자(同字). 狻猊.

산 우뚝하다 :

　산 우뚝할 기【嵼】능봉(峻峰).

　산 우뚝할 아【峨】山高貌.

　산 우뚝할 잔【嶘】우고(尤高).

　산 우뚝할 절【嵥】山突兀貌.

산 울퉁불퉁하다 :

　산 울퉁불퉁할 산【嵼】嶘嵼, 山屈曲.

산 위에 물 있다 :

　산 위에 물 있을 부【垺】山上有水.

산 으슥하다 :
　산 으슥할 령【岭】山深貌.
　산 으슥할 형【嵤】岭嵤, 山深貌.
산이 : 산사람.
　산이 생【生】衆生. 事死如事生『中庸』
산이름 :
　산이름 거【崌】산명(山名).
　산이름 견【岍】섬서성 농현에 있는 산.
　산이름 곤【崑】곤륜(崑崙). 미옥(美玉)을 산출함.
　산이름 곤【錕】곤오(錕鋙). 명검(名劍)을 만드는
　　　　　　　쇠가 난다는 산. 錕鋙 또는 곤
　　　　　　　오(昆吾)라고도 함.
　　　　　　　錕鋙之劍『列子』
　산이름 기【㟓】호 㟓㟓, 산명(山名).
　산이름 니【岊】丘岊. 산명(山名).
　산이름 덕【㯖】호 산 이름으로 많이 쓰임.
　산이름 도【峹】도(峹)와 동자(同字). 山名.
　산이름 도【峹】도(嵞)와 통용. 會稽山名.
　산이름 동【峒】崆峒은 감숙성에 있는 산이름.
　산이름 래【崍】산명(山名).
　산이름 륜【崙】곤륜(崑崙). 미옥(美玉)을 산출함.
　산이름 망【邙】귀인 명사의 무덤이 많음.
　산이름 미【嵋】산명(山名).
　산이름 민【岷】사천성 송번현 북쪽에 있는 산.
　산이름 비【岯】楚南山名.
　산이름 사【峹】산명(山名). 在江蘇省.
　산이름 승【嵊】산명(山名).
　산이름 야【射】姑射山. 신산(神山)의 이름.
　산이름 엄【崦】산명(山名).
　산이름 역【嶧】산명(山名).
　산이름 오【鋙】곤오(錕鋙). 명검(名劍)을 만드는
　　　　　　　쇠가 난다는 산.
　　　　　　　錕鋙之劍『列子』
　산이름 오【鋙】곤오(錕鋙). 명검(名劍)을 만드는
　　　　　　　쇠가 난다는 산.
　　　　　　　錕鋙之劍『列子』
　산이름 의【嶷】산명(山名).
　산이름 이【峓】嵎峓, 東表山名. 이(夷)와 통용.
　산이름 종【嵕】산명(山名).
　산이름 파【嶓】산명(山名).
　산이름 혜【嵇】산명(山名).
　산이름 화【華】오악(五嶽)의 하나. 華山. 華嶽.
　　　　　　　至于太華『書經』
　산이름 효【崤】산명(山名).
산이 서로 닿다 :
　산이 서로 닿을 창【嵢】山相摩貌.
산자 :
　산자 부【粰】과자의 한 가지.

　　　　　　　士卒唯給粰橡『晉書』
　산자 산【橵】호 橵子, 屋上瓦下布木. 지붕의
　　　　　　　서까래 위에 흙을 받기 위하여
　　　　　　　가로 펴 엮은 나뭇가지.
　산자 산【饊】饊餭敖稻. 기름에 지쳐 만든 음식.
산 작고 높다 :
　산 작고 높을 검【嶮】峰山而高.
산증 : 허리 또는 아랫배가 아픈 병.
　산증 산【疝】腸神經痛. 疝氣.
　　　　　　　男子有七疝『方書』
산짐승 :
　산짐승 휴【嘼】山獸. 축(畜)의 고자(古字).
산채로 : 죽이지 아니하고.
　산채로 생【生】生擒. 有能生得者『史記』
산 첩첩하다 :
　산 첩첩할 비【岯】비(坏)와 통용. 山頂重疊.
산초나무 : 운향과에 속하는 낙엽관목. 잎에 특이
　한 향기가 있어 열매는 위약(胃藥)으로 씀.
　산초나무 초【椒】山椒. 椒聊之實『詩經』
산 허구리 :
　산 허구리 갑【岬】산요(山腰).
　　　　　　　徘徊山岬之旁『淮南子』
산 험하다 :
　산 험할 괴【嵬】산험(山險).
　산 험할 미【巆】山險峻貌.
　산 험할 참【嶃】嶃嵒, 山險貌.
산호(珊瑚) : 산호충(珊瑚蟲)의 골격이 모여 나뭇
　가지 모양으로 이룬 것.
　산호 산【珊】珊瑚. 珊瑚叢生『漢書』
　산호 호【瑚】珊瑚. 珊瑚叢生『漢書』
산 흰 쑥 : 엉거시과에 속하는 다년초. 모양이 국
　화와 비슷함. 백호(白蒿).
　산 흰 쑥 번【蘩】于以采蘩『詩經』
살 :
　살 기【肌】기(肌)와 동자(同字).
　　　　　　　肌骨無石爲『列子』
　살 기【肌】피부. 玉肌. 雪肌. 肌理.
　　　　　　　割皮解肌『史記』
　살 비【鎞】살촉이 넓고 얇으며 뾰족한 살.
　살 서【栖】서(棲)와 동자(同字).
　　　　　　　養馬者宜栖之深林『莊子』
　살 서【捿】서(棲)와 동자(同字).
　　　　　　　恣比永幽捿『謝靈運』
　살 시【矢】
　　㉠ 화살. 弓矢. 其眞如矢『黑子』
　　㉡ 투호(投壺)에 쓰는 살. 主人奉矢『禮記』
　살 육【肉】
　　㉠ 몸을 구성하는 부드러운 부분. 筋肉.

ⓒ 과실 따위의 몸 가죽을 이룬 부드러운 부
　　분. 果肉. 取筍肉五六寸者『齊民要術』

살 전 【箭】 화살. 弓箭. 齒羽箭幹『禮記』

살 주 【籌】 투호에 쓰는 살.
　　　　　　籌室中五扶『禮記』

살 가림 : 화살을 쏠 때 살이 맞고 안 맞는 것을
　　알리는 사람이 살을 막는 가죽으로 만든 물건.

살 가림 핍 【乏】 車僕大射共三乏『周禮』

살가죽 :

　살가죽 기 【肌】 기(肌)와 동자(同字).
　　　　　　　肌骨無石爲『列子』기

　살가죽 기 【肌】 피부. 玉肌. 雪肌. 肌理.
　　　　　　　割皮解肌『史記』

살가죽 터지다 :

　살가죽 터질 박 【皴】 피파(皮破).

살갗 : 살가죽의 겉면. 신체의 표피.

　살갗 려 【臚】 淳于能解臚以理腦『抱朴子』

　살갗 부 【胕】 尾湛胕潰『戰國策』

　살갗 부 【膚】 身體髮膚『孝經』

살게 하다 :

　살게 할 거 【居】 度地以居民『禮記』

살결 : 피부의 결.

　살결 주 【湊】 주(腠)와 통용.
　　　　　　湊理無滯『文心雕龍』

　살결 주 【腠】 膚腠. 君有疾 在腠理之間『史記』

살결 억세다 :

　살결 억셀 록 【皲】 皲瘃, 皮肉瘦惡.

살구나무 : 앵두과에 속하는 낙엽교목. 씨는 행인
　　(杏仁)이라 하여 약재로 씀.

　살구나무 행 【杏】 牧童遙指杏花村『杜牧』

살 그릇 : 화살을 나란히 세워 두는 제구.

　살 그릇 벽(복) 【楅】 設楅于中庭南『儀禮』

살 끝 :

　살 끝 시 【鈇】 전족(箭鏃).

살다 :

　살 가 【家】 집을 장만하여 삶.
　　　　　　以好時田地善, 往家焉『史記』

　살 거 【居】 거주함. 居所.
　　　　　　舜之居深山之中『孟子』

　살 곡 【穀】 생존함. 穀則異室,
　　　　　　死則同穴『詩經』

　살 생 【生】 생존함. 生佛.
　　　　　　狄人歸其元 面如生『左傳』

　살 서 【棲】 머물러 삶. 棲息.
　　　　　　衡門之下 可以棲遲『詩經』

　살 식 【息】 생존함. 棲息.

　살 지 【止】 거주함. 居止.
　　　　　　邦畿千里 惟民所止『詩經』

살 착 【著】 정주(定住)함. 대대로 삶. 正著.
　　　　　　其俗土著『漢書』

살 택 【宅】 거주함. 宅嵎夷『書經』

살 토 【土】 거주함. 自土漆沮『詩經』

살 활 【活】

　ⓒ 생존함. 活物. 民非水火不生活『孟子』

　ⓒ 살아 나감. 以焦飯得活『世說』

　ⓒ 소생함. 得此馬活矣『晉書』

　ⓒ 활발함. 活潑. 活句. 人心活『朱子語類』

　ⓒ 雨餘山態活『杜牧』

살대 : 화살의 몸체가 되는 가늘고 긴 막대.

　살대 쾌 【籆】 시죽(矢竹).

살대나무 :

　살대나무 용 【㯩】 木中箭笴.

살 뚱뚱히 찌다 :

　살 뚱뚱히 찔 비 【腜】 비장(肥壯).

살리다 :

　살릴 생 【生】 죽이지 아니함. 生殺.

　살릴 활 【活】 相天子活百姓『十八史略』

살림 :

　살림 활 【活】 생계. 호구(糊口).
　　　　　　共汝掃市作活也『魏書』

살무사 : 살모사과에 속하는 뱀. 독사(毒蛇)의 일
　　종임.

　살무사 복 【蝮】 복(蝮)과 통용.
　　　　　　蝮蛇其心縱毒不辜『後漢書』

　살무사 복 【蝮】 蝮蛇 蝮乎則斬乎『漢書』

　살무사 악 【蠚】 훼속(虺屬). 大眼有毒 今淮南人
　　　　　　呼蠚子『爾雅註』

　살무사 훼 【虺】 훼(虺)와 통용.
　　　　　　虺蠚己毒 不以外肄『柳宗元』

　살무사 훼 【虺】 維虺維蛇, 女子之祥『詩經』

살 바르다 :

　살 바를 과 【剮】 뼈에 붙은 살을 발라 냄.

살받이 : 활쏘기 연습할 때 흙을 두둑이 쌓아 올
　　려 과녁을 세우는 곳.

　살받이 타 【垜】 武擧制, 長垜馬垜『唐六典』

살받이 담 :

　살 받이 담 붕 【堋】 사부(射垺).

살받이 터 : 흙을 높이 쌓아 과녁을 걸어 놓는
　　데.

　살받이 터 붕 【堋】 橫弓先望堋『庾信』

　살받이 터 준 【墫】 사붕(射堋).

살별 : 꼬리별.

　살별 혜 【彗】 彗星. 妖星一曰彗 二曰孛『晉書』

살 붙다 : 살이 생김.

　살 붙을 육 【肉】 所謂生死而肉骨也『左傳』

살붙이 :

살붙이 련【連】親戚. 及蒼梧秦王有連『史記』
살붙이 속【屬】혈족(血族). 眷屬. 族屬.
齊諸田疎屬也『史記』
살살 걷다 : 발끝으로 땅을 살살 디디어 걸음.
살살 걸을 척【蹐】跼蹐.
謂地蓋厚 不敢不蹐『詩經』
살 얇게 자르다 :
살 얇게 자를 접【㓤】박절(薄切).
살얼음 :
살얼음 겸【溓】얇은 얼음.
살얼음 얼다 : 얇은 얼음이 어는 모양.
살얼음 얼 렴【溓】水溓溓以微凝『潘岳』
살이 부어오르다 :
살이 부어오를 박【膘】肉腫起貌.
살지게 하다 :
살지게 할 비【肥】思肥土城『史記』
살지고 연하다 :
살지고 연할 치【胗】肉物肥美.
살지다 :
살질 경【駉】말이 비대(肥大)하고 건장(健壯)한 모양.
駉駉牡馬 左坰之野『詩經』
살질 납【妠】媢妠. 어린애가 토실토실 살진 모양.
巴豔收媢妠『韓愈』
살질 노【怒】비대(肥大)함.
鮮車怒馬『後漢書』
살질 눌【肭】膃肭은 살찜. 살쪄서 보드라움.
살질 답【痞】비모(肥貌).
살질 돌(둔)【腯】돼지 같은 것이 비대(肥大)함.
牛羊曰肥 豕曰腯『說文解字』
살질 동【膧】비모(肥貌).
살질 롱【朧】비모(肥貌).
살질 롱【龐】충실(充實)한 모양. 비대(肥大)한 모양. 四牡龐龐『詩經』
살질 망【䑬】骯䑬, 체비(體肥).
살질 반【胖】肥胖. 今俗謂身體豐肥曰胖.
살질 방【肪】기름지고 비대함.
脂牛正肪 不濯釜而烹『太玄經』
살질 부【阜】비대함. 駟驖孔阜『詩經』
살질 부【婄】비야(肥也).
살질 비【肥】척(瘠)의 대(對). 살이 풍만함.
肥大. 天高馬肥.
살질 서【庶】넉넉하고 많음. 살이 쪄서 맛이 있음. 肥味. 爲豆孔庶『詩經』
살질 성【成】비대(肥大)함. 犧牲不成『孟子』
살질 올【膃】膃肭. 살이 쪄서 보드라움.
살질 외【腲】외각(腲腇). 비모(肥貌).
살질 유【腴】
㉠ 아랫배가 살찜. 桀紂之君垂腴尺餘『論衡』
㉡ 아랫배가 살진 고기. 冬右腴『禮記』
살질 장【髒】항장(骯髒). 몸이 비대한 모양. 일설에는 태도가 강직한 모양.
骯髒倚門邊『後漢書』
살질 종【腫】비야(肥也).
살질 충【充】비대함. 充壯.
宗人視牲告充『儀禮』
살질 탁【濯】살쪄서 번드르르한 모양.
麀鹿濯濯『詩經』
살질 풍【豊】비대(肥大)함. 豊頰.
貌豊盈以莊姝兮『宋玉』
살질 필【駜】말이 비대하고 건강한 모양.
駜彼乘黃『詩經』
살질 항【骯】항장(骯髒)은 몸이 비대한 모양.
일설에는 태도가 강직한 모양.
骯髒倚門邊『後漢書』
살질 효【肴】비야(肥也).
살진 고기 : 살쪄 기름져서 맛이 좋은 고기.
살진 고기 고【膏】膏梁之性『國語』
살진 고기 별【䏟】비육(肥肉).
살진 고기 비【肥】市肉取肥『曹植』
살진 고기 전【雋】號曰雋永『漢書』
살진 돼지 :
살진 돼지 만【豩】비시(肥豕).
살진 말 :
살진 말 비【肥】乘堅策肥『漢書』
살진 모양 :
살진 모양 뇌【𡿺】비모(肥貌).
살진 양 :
살진 양 여【羜】비양(肥羊).
살진 쥐 :
살진 쥐 발【鼥】鼠肥者.
살짝 닿다 : 가볍게 접촉함.
살짝 닿을 소【捎】花妥鶯捎蝶『杜甫』
살짝 데치다 :
살짝 데칠 재【烖】소팽(小烹).
살 쩍 : 귀 앞에 난 머리털.
살 쩍 빈【鬢】鬢雲. 美鬢長大則賢『國語』
살찌는 병 :
살찌는 병 종【腫】肥大症.
살 찢어 발리다 :
살 찢어 발릴 피【㱟】開肉解剖.
살촉 :
살촉 박【髆】뼈로 만든 살촉. 髆箭.
乃更以髆箭射其臍『資治通鑑
살촉 비【匕】화살의 촉. 匕入者三寸『左傳』
살촉 비【錍】전족(箭鏃).

살촉 적【鏑】 적(鏑)과 동자(同字).
　　　　　　銷鋒鏑『漢書』

살촉 적【鏑】 화살촉. 銷鋒鏑『史記』

살촉 족【簇】 족(鏃)과 동자(同字). 화살촉.

살촉 족(촉)【鏃】 화살촉. 鋒鏃. 石鏃.
　　　　　　秦無亡矢遺鏃之費『賈誼』

살촉 지【志】 화살 끝에 박은 쇠.

살촉 효【髇】 髇箭, 명적(鳴鏑).

살촉 후【鍭】 화살촉. 善射者,
　　　　　　能令後鍭中前括『列子』

살통뚜껑 :

　살통뚜껑 빙【冰】 矢箭蓋.
　　　　　　　　公徒釋甲執冰而踞『左傳』

살 통통하다 :

　살 통통할 자【脂】 비모(肥貌).

살펴보다 :

　살펴볼 리【覼】 索視貌.

　살펴볼 체【睼】 시찰(視察).

　살펴볼 표【覩】 所見省察.

살펴 셈하다 :

　살펴 셈할 산【祘】 明視以算之.

살펴 알다 : 사정을 잘 살펴 앎.

　살펴 알 량【諒】 諒察. 諸君諒之.

살피다 :

　살필 감【勘】 잘 생각하거나 조사(調査)하여 정
　　　　　　(定)함. 勘校. 勘定.
　　　　　　史藉散亡 無可檢勘『左傳』

　살필 감【監】 살펴 봄. 독찰(督察)함. 監督.
　　　　　　周公使管叔監殷『孟子』

　살필 견【甄】 주의하여 알아 봄.
　　　　　　甄無名之士於草萊『抱朴子』

　살필 경【鏡】 명찰(明察)함.
　　　　　　深說經義 明鏡聖法『漢書』

　살필 과【課】 조사(調査)함.
　　　　　　課校人畜計『史記』

　살필 근【斤】 명찰(明察)하는 모양.
　　　　　　斤斤其明『詩經』

　살필 기【幾】 살펴 봄. 기찰(幾察)함.
　　　　　　幾出入不物者『周禮』

　살필 니【柅】 명찰(明察)함. 柅柅姦冒『唐書』

　살필 독【督】 세밀히 봄. 離婁督繩『漢書』

　살필 렴【廉】 살펴봄. 또는 검찰(檢察)함. 廉探.
　　　　　　袁安使仁恕掾肥親往廉之『後漢書』

　살필 례【隷】 關東吏隷郡國出入關者『史記』

　살필 목【坶】 察也.

　살필 사【仕】 명찰(明察)함.
　　　　　　弗問弗仕 勿罔君子『詩經』

　살필 사【伺】

　　㉠ 살펴 앎. 明伺暴度『魏書』

　　㉡ 추측(推測)함. 헤아림.
　　　　　　潛伺太子意 因用解之『冊府元龜』

　살필 성【省】

　　㉠ 주의하여 알아봄. 省察. 省方觀民『易經』

　　㉡ 안부를 물어 알아 봄. 歸省.
　　　　　　昏定而晨省『禮記』

　　㉢ 위문함. 省其疾痛『尹文子』

　　㉣ 자기 몸을 돌보아 살핌. 反省.
　　　　　　吾日三省吾身『論語』

　살필 시【䙹】 䙹䙹, 면유(面柔).

　살필 심【審】 상세히 조사함. 審査.
　　　　　　不可不審『淮南子』

　살필 안【按】 죄과(罪過)를 규찰(糾察)하거나
　　　　　　사정(事情)을 순찰(巡察)함. 按治.
　　　　　　督按. 公府不按吏『漢書』

　살필 재【在】 명찰(明察)함.
　　　　　　在璿璣玉衡 以齊七政『書經』

　살필 전【展】 살펴 봄. 展墓. 展犧牲『周禮』

　살필 제【諦】 諟諦, 심체(審諦).

　살필 조【調】 調査. 調立城邑『漢書』

　살필 존【存】 조사함. 大喪存奠彝『周禮』

　살필 찰【察】

　　㉠ 살펴 잘 앎. 察知. 察其所由『論語』

　　㉡ 조사함. 생각하여 봄. 檢察.
　　　　　　畜馬乘不察雞豚『大學』

　살필 체【諦】 자세히 조사함. 審諦.
　　　　　　諦毫末者不見天地之大『關尹子』

　살필 치【訵】 사찰(伺察).

　살필 혜【譓】 변찰(辨察).
　　　　　　今陽子之情譓矣『晉語』

삵괭이 : 고양이과에 속하는 짐승.

　삵괭이 성【狌】 野貓. 捕鼠不如貍狌『莊子』

삵의 새끼 :

　삵의 새끼 비【狉】 이자(貍子).

삶다 : 끓는 물에 넣고 익힘.

　삶을 감【泔】 曾子食魚, 有餘曰泔之『荀子』

　삶을 노【臑】 이(胹)와 동자(同字). 삶아 곰.
　　　　　　熊蹯之臑『枚乘』

　삶을 련【湅】 련(練)과 동자(同字).
　　　　　　慌氏湅絲『周禮』

　삶을 상【湘】 于以湘之『詩經』

　삶을 상【鬺】 皆嘗烹鬺上帝鬼神『史記』

　삶을 섬【爓】 三獻爓『禮記』

　삶을 심【燖】 음식을 삶음. 以炮以燖『路史』

　삶을 암【腤】 烹也. 有腤鷄法『齊民要術』

　삶을 약【瀹】 有瀹雞子法『齊民要術』

　삶을 이【胹】 이(臑)와 동자(同字). 삶아 곰.
　　　　　　熊蹯之胹『枚乘』

삶을 이【胇】 충분히 삶음. 삶아 익힘.
　　　　　胇熊蹯『左傳』
삶을 자【煮】 가열하여 익게 함. 煮沸.
　　　　　煮豆持作羹『曹植』
삶을 자【鬻】 자(煮)와 동자(同字).
　　　　　鬻監以待戒令『周禮』
삶을 잡【煠】 끓는 물에 넣어 익힘.
삶을 재【窢】 소팽(小烹).
삶을 천【燀】 고기를 끓는 물에 삶음.
　　　　　膚家肉也, 惟燀者有膚『儀禮』
삶을 팽【烹】
　　㉠ 물속에 넣어 익힘. 以烹魚肉『左傳』
　　㉡ 열탕에 던져 죽임. 乃就烹『國語』
삶을 팽【亨】 팽(烹)과 동자(同字). 亨煮. 大
　　　　　亨以養聖賢『易經』
삶을 해【醢】 삶아서 죽임.
　　　　　吾將使秦王烹醢梁王『史記』
삶을 확【濩】 물에 담가 익힘.
　　　　　是刈是濩『詩經』

삶아 익히다 :
　삶아 익힐 이【胹】 秦晋之郊謂熱曰胹『揚雄』
　삶아 익힐 이【胹】 자숙(煮熟).

삶아지다 :
　삶아질 팽【烹】
　　㉠ 삶아져 죽음. 狡免死走狗烹『史記』
　　㉡ 삶아져 익음. 方不炊而自烹『墨子』

삶은 고기 :
　삶은 고기 잔【殘】 鳶臄羊殘『崔駰』

삼 : 삼과에 속하는 일년생 재배초(栽培草). 씨는
　　약용으로 하고 줄기의 껍질은 섬유의 원료로서
　　삼베를 짬.
　삼 로【纑】 山西饒材竹纑『史記』
　삼 마【麻】 大麻. 麻衣如雪『詩經』
　삼 마【藤】 시속(枲屬).
　삼 온【縕】 엉클어진 대마(大麻). 난마(亂麻)로
　　　　　짠 베. 束縕『漢書』
　삼 이【枲】 麻也.
　삼 자【芓】 마모(麻母).
　삼 저【苴】 苴麻. 苴布之衣『莊子』

삼가 : 결코, 또는 절대로의 뜻.
　삼가 신【愼】 上謂濞曰. 愼無反『史記』

삼가다 : 공경(恭敬)하는 마음으로 삼가 조심함.
　삼갈 각(격)【恪】 근신(謹愼)함. 恪謹. 恪肅.
　　　　　執事有恪『詩經』
　삼갈 건【虔】 敬虔. 糾虔天刑『國語』
　삼갈 경【敬】 경계하여 조심함. 敬愼.
　　　　　執事敬『論語』
　삼갈 공【龏】 근야(謹也).

삼갈 궁【匔】 근야(謹也).
삼갈 권【惓】 惓惓. 근신하는 모양. 또 간절한
　　　　　모양. 惓惓之義也『漢書』
삼갈 근【斤】 근신하는 모양.
　　　　　斤斤勤愼『後漢書』
삼갈 근【謹】
　　㉠ 사물에 주의함. 謹愼.
　　　　　謹權量審法度『論語』
　　㉡ 자성(自省)함. 丞相醇謹而己『史記』
　　㉢ 삼가는 일. 大行不顧細謹『史記』
삼갈 긍【矜】 경신(敬愼)함. 矜厲.
　　　　　皆有所矜式『孟子』
삼갈 기【機】 정근(精勤).
삼갈 름【懍】 두려워하여 근신함. 祗懍.
　　　　　心懍懍以懷霜『陸機』
삼갈 벽【湢】 정숙한 모양. 軍旅之容 湢然肅然
　　　　　固以猛『新書』
삼갈 비【毖】 懲毖. 予其懲而毖後患『詩經』
삼갈 비【閟】 근신함. 天閟毖我成功所『書經』
삼갈 상【翔】 근신하는 모양. 濟濟翔翔『禮記』
삼갈 세【憘】 근야(謹也).
삼갈 숙【肅】 스스로 경계하여 태만하지 아니함.
　　　　　肅敬. 恭爲肅『書經』
삼갈 숙【夙】 조신(操身)함. 載震載夙『詩經』
삼갈 승【愶】 신야(愼也).
삼갈 식【式】 공경(恭敬)하는 마음을 가짐.
　　　　　中心必式『管子』
삼갈 신【愼】
　　㉠ 과오가 없도록 조심함. 謹愼. 愼獨.
　　㉡ 소중히 다룸. 愼禮儀務忠信『荀子』
삼갈 억【嶷】 근신(謹愼)하는 모양.
　　　　　齊戒以待嶷然『史記』
삼갈 엄【嚴】 공경(恭敬)하여 조심(操心)함.
　　　　　曰嚴祗敬六德『書經』
삼갈 우【愝】 각야(恪也).
삼갈 원【原】 원(愿)과 통용.
　　　　　子曰 鄉原德之賊也『論語』
삼갈 익【翼】 근신(謹愼)함. 有嚴有翼『詩經』
삼갈 익【翊】 근신하는 모양.
　　　　　共翊翊合所思『漢書』
삼갈 적【踖】 공손(恭孫)한 모양.
　　　　　跛踖如也『論語』
삼갈 전【恮】 근야(謹也).
삼갈 전【悛】 근야(謹也).
삼갈 제【齊】 근심함. 조심(操心)함. 齊敬.
삼갈 착【變】 근야(謹也).
삼갈 착【錯】 경신(敬愼)하는 모양.
　　　　　履錯然『易經』
삼갈 책【嫧】 근야(謹也).

삼갈 척【惕】공구(恐懼)하여 조심함.
　　　　　　終日乾乾 夕惕若『易經』

삼갈 초【愀】근심하는 모양.
　　　　　　淵騫聞其者愀如也『揚子法言』

삼갈 축【蹙】근신하는 모양. 容彌蹙『儀禮』

삼갈 축【蹴】근심하는 모양. 또 불안한 모양.
　　　　　　曾西蹴然曰吾先子之所畏也『孟子』

삼갈 축【踧】조심(操心)하는 모양. 공손(恭遜)
　　　　　　한 모양. 君在踧踖如也『論語』

삼갈 칙【敕】근야(謹也).

삼갈 칙【勅】조신(操身)함. 조심(操心)함.
　　　　　　能勅身率下『後漢書』

삼갈 칙【飭】조심(操心)함. 飭躬齋戒『漢書』

삼갈 할【劼】謹愼. 汝劼毖殷獻臣『書經』

삼감 : 몸가짐이나 언행을 조심하다.

　삼감 격【恪】근신(謹愼)함. 恪謹. 恪肅.
　　　　　　執事有恪『詩經』

　삼감 경【敬】조심. 근신.
　　　　　　敬者禮之本也『國語』

　삼감 신【愼】以寡交爲愼『夏侯湛』

삼기름 :

　삼기름 착【䴺】유마(油麻). 착

삼나무 :

　삼나무 창【樬】일 杉也.

삼다 :

　삼을 위【爲】간주(看做)함. 乾爲馬『易經』

삼대 :

　삼대 본【麻】마간(麻稈).

　삼대 증【蒸】껍질을 벗겨낸 삼 줄기.

삼목(杉木) : 소나무과에 속하는 상록교목.

　삼목 삼【杉】稚杉戔戔三千本『蘇軾』

삼밭 : 삼을 심는 밭.

　삼밭 주【疇】季夏之月可以糞田疇『禮記』

삼백초 : 삼백초(三白草)과에 속하는 다년초(多年
　　草). 산야(山野)의 음습(陰濕)한 땅에서 저절로
　　나며 잎과 줄기는 약용함.

　삼백초 즙【戢】즙채(戢菜). 若其園囿則 有蓼戢
　　　　　　　囊苛『張衡』

삼베 :

　삼베 로【纑】마포. 吾衣任縠纑『皮日休』

　삼베 분【梤】마포. 素車梤蔽『周禮』

　삼베 석【緆】고운 삼베. 冪用疏若緆『儀禮』

　삼베 온【緼】난마(亂麻)로 짠 베. 또 그 옷.
　　　　　　服麻緼『南史』

삼수변 :

　삼수변 수【氵】部首名.

삼십리 :

　삼십리 사【舍】군대(軍隊)가 하루에 걷는 거리.

　　　　　　其辟君三舍『左傳』

삼씨 : 삼의 씨.

　삼씨 분【黂】麻實. 苴者麻之有黂者也『儀禮』

　삼씨 분【蕡】麻之有蕡者也『儀禮傳』

　삼씨 분【蕡】枲實.

　삼씨 비【絁】枲實.

　삼씨 저【苴】九月叔苴『詩經』

　삼씨 주【萩】마실(麻實).

삼월 :

　삼월 병【寎】삼월. 三月爲寎『爾雅』

　삼월 병【病】삼월의 별칭.

삼 줄기 :

　삼 줄기 추【麤】마경(麻莖).

삼지창 :

　삼지창 언【秅】戟三刃者.

삼 찌다 :

　삼 찔 총【熜】총(熜)과 동자(同字). 마증(麻蒸).

삼초(三焦) : 삼초(三焦)는　상초(上焦), 중초(中
　　焦), 하초(下焦)를 일컫는데, 상초(上焦)는 위
　　(胃)의 상부(上部)요, 중초(中焦)는 위(胃)의 부
　　분(部分)이요, 하초(下焦)는 배곱 아래의 부분
　　(部分)임.

　삼초 초【膲】초(焦)와 동자(同字). 三膲,
　　　　　　　無形之腑.

삼치 : 동갈삼치과 삼치속의 바닷물고기.

　삼치 춘【鰆】魚名.

삼키다 :

　삼킬 담【啖】병탄(併吞)함.
　　　　　　秦割齊而啖晉楚『史記』

　삼킬 연【嚥】꿀꺽 삼킴. 嚥下. 聞珍羞之名 則
　　　　　　妄有所嚥『譚子化書』

　삼킬 연【咽】꿀꺽 삼킴. 嚥과 동자(同字).
　　　　　　三咽然後 耳有聞 目有見『孟子』

　삼킬 잡【嚾】목구멍으로 넘김.

　삼킬 탄【吞】
　　㉠ 목구멍으로 넘김. 吞咽. 誤吞之『史記』
　　㉡ 제 것으로 만듦. 併吞. 有吞周之意『戰國策』
　　㉢ 싸서 감춤. 江吞天際白吹潮『吳師道』
　　㉣ 안중에 두지 아니 함. 경시함.
　　　　　　鄕當以氣吞之『五代史』

삼태기 : 흙이나 풀을 담아 나르는 농구.

　삼태기 국【蘜】陳畬蘜『漢書』

　삼태기 궤【蕢】有荷蕢而過孔氏之門者『論語』

　삼태기 궤【壝】궤(蕢)와 동자(同字).
　　　　　　爲山而不終蹞乎一壝『後漢書』

　삼태기 궤【匱】궤(蕢)와 통용.
　　　　　　綱紀咸張 成在一匱『漢書』

　삼태기 기【箕】곡식을 까부는 제구.

쓰레기를 담아버리는 농구.
良弓之子, 必學爲箕『禮記』
삼태기 류【篹】盛土籠.
삼태기 류【蔂】농(籠) 같이 만든 그릇.
劓鼻盈蔂『鹽鐵論』
삼태기 분【畚】少以織畚爲業『晉書』
삼태기 조【匴】箕也.
삼태기 조【莜】耕田器.
삼태기 조【蓧】짚 또는 대오리로 엮은 흙을 나르는 농구. 以杖荷蓧『論語』
삼태기 초【筿】草田器.
삼태기 팔【朳】분구(畚具).
삽 : 땅을 파고 흙을 뜨는 데 쓰는 연장. 얇은 철판으로 보습과 같이 만드는데 자루가 길다. 세는 단위는 자루 또는 정(挺)이다.
삽 궤【鐀】삽속(臿屬).
삽 사【梠】臿也.
삽보(萐莆)풀 :
삽보풀 삽【萐】萐莆, 서초(瑞草).
삽살개 : 털이 복슬복슬하게 많은 개.
삽살개 낭【㹳】多毛犬.
삽살개 노【獶】견야(犬也).
삽살개 노【獶】多毛犬.
삽살개 방【尨】尨狗. 無使尨也吠『詩經』
삽살개 치【猔】견야(犬也).
삿갓 : 비나 볕을 가리기 위하여 쓰는 대오리 따위로 만든 갓.
삿갓 대【簦】簦笠緇撮『詩經』
삿갓 립【笠】笠子. 何蓑何笠『詩經』
삿갓 가뜬하다 :
삿갓 가뜬할 교【絿】其笠伊絿『詩經』
삿갓사초 : 사초과에 속하는 다년초. 잎을 말려 삿갓을 엮음.
삿갓사초 대【薹】薹笠聚東菑『謝朓』
삿대 :
삿대 화【划】進船竿.
상(喪) :
상 구【疚】재구(在疚). 嬛嬛在疚『詩經』
상 :
상 경【慶】상사(賞賜). 慶賞. 行慶施惠『禮記』
상 대【檯】几也.
상 상【像】부처, 사람, 짐승 같은 것의 형체를 만들거나 그린 것. 佛像,
何故不書伏波將軍像『後漢書』
상 상【賞】칭찬하여 주는 물건.
賞廷于世『書經』
상고(詳考)하다 :
상고할 계【稽】사물을 고찰(考察)함. 無稽.
曰若稽古帝堯『書經』
상고대 : 나무나 풀에 내려 눈같이 된서리.
상고대 개【介】목가(木稼). 수빙(樹氷).
名木氷爲木介『漢書』
상고대 송【凇】月淡千門霧凇寒『曾鞏』
상고하다 :
상고할 고【考】
㉠ 곰곰이 생각함. 熟考. 考察.
㉡ 학생, 관리 등의 성적을 조사함. 科考. 考試.
상고할 고【攷】고(考)의 고자(古字). 稽察.
상고할 교【挍】考也.
상고할 복【卜】생각함. 僕自卜『柳宗元』
상고할 안【案】생각함. 案之當今之務『漢書』
상고할 적【迹】나중에 그 사적에 의하여 詳考.
迹漢功臣亦皆割符世爵『漢書』
상고할 점【占】생각함. 各以其物自占『史記』
상관(上官) : 윗자리의 관리.
상관 헌【憲】憲臺. 臺憲固在分別邸正『金史』
상관(相關)하다 :
상관할 오【迕】상관(相關).
상기(上氣)하다 :
상기할 희【欯】기역(氣逆).
상기 : 피가 머리로 모이는 병.
상기 궐【瘚】궐(厥)과 동자(同字).
瘚不作『韓詩外傳』
상냥하다 : 말이 부드럽고 애교가 있음.
상냥할 집【輯】辭之輯矣『詩經』
상도(常道) : 떳떳한 도리.
상도 정【正】奇正.
상말 : 항간(巷間)에 흔히 쓰는 속된 말.
상말 언【諺】언(喭)과 동자(同字). 俚諺. 俗諺.
諺所謂老將至 而耄及之『左傳』
상보다 : 인상(人相), 지세를 살펴보아 판단함.
상볼 물【物】物其地『周禮』
상복(喪服) :
상복 문【絻】발상(發喪)할 때 입는 상복(喪服).
使太子絻『左傳』
상복 자【齋】상(喪) 옷의 한 가지. 아랫단을 혼 것. 齋疏之服『孟子』
상복 자【齊】상(喪)옷의 아랫단을 혼 것.
齊疏. 齊衰.
상복 참【斬】도련하지 않은 상복. 자락의 끝 둘레를 접어 꿰매지 않은 상복.
斬衰. 晏嬰麤縗斬『左傳』
상복이름 :
상복이름 공【功】삼베로 만든 상복.
大功 小功布十一升『儀禮』
상사(喪事) : 사람의 죽음.

상사 변【變】有變以聞『穀梁傳』

상서(祥瑞) :

상서 기【禨】길조(吉兆). 행복(幸福).
楚人鬼而越人禨『列子』

상서 부【符】길조(吉兆). 祥符. 天符.
萬物之符長『禮記』

상서 서【瑞】길조. 太平瑞.
麟鳳五靈 王者之嘉瑞也『杜預』

상서 정【禎】길조. 國家將興 必有禎祥『中庸』

상서롭다 :

상서로울 상【詳】상(祥)과 통용.
詳以事神『左傳』

상서 풀 :

상서 풀 삽【萐】萐莆, 王者有德則生於廚.

상성(上聲) :

상성 상【上】사성(四聲)의 하나.

상소(上疏) : 군주(君主)에게 올리는 문서. 후세(後世)에는, 천자(天子)에게는 표(表)라하고 황후(皇后), 태자(太子) 등에게는 牋이라 하였음.

상소 전【牋】所著賦牋奏書凡五篇『後漢書』

상소 소【疏】조목별로 써서 군주에게 아룀.
獨可抗疏時道是非『揚雄』

상소 주【奏】尙書令讀奏『漢書』

상수리 : 상수리나무의 열매. 도토리와 비슷함.

상수리 상【橡】入山拾橡『晉書』

상수리 서【芧】狙公賦芧『莊子』

상수리 서【杼】食杼栗『莊子』

상수리 조【皁】宜皁物『周禮』

상수리 허【栩】集于苞栩『詩經』

상수리나무 : 너도 밤나무과에 속하는 상록교목. 재목으로 쓸 수 없으므로 쓸모 없는 나무로서 저(樗)와 병칭(竝稱)함.

상수리나무 력【櫟】㉠ 山有苞櫟『詩經』
㉡ 自愧櫟非遠器『司馬光』

상수리나무 력【櫪】력(櫟)과 동자(同字).
櫪樹山中處處有之
『本草別錄』

상수리나무 상【橡】木名.

상수리나무 상【樣】상(橡)과 동자(同字).

상수리나무 서【芧】木名.

상수리나무 허【栩】集于苞栩『詩經』

상수리나무 회【栃】㊐ 상목(橡木).

상스런 계집 :

상스런 계집 극【娡】천녀(賤女).

상심(傷心)하다 :

상심할 조【弔】마음이 아픔. 中心弔兮『詩經』

상심할 통【恫】대단히 슬퍼함. 恫痛.
神罔時恫『詩經』

상아 : 코끼리의 입 밖으로 길게 나온 앞니.

상아 상【象】象著. 笏 諸侯以象『禮記』

상아 다루다 :

상아 다룰 곡【觳】治象牙.

상앗대 : 배질 하는데 쓰는 장대.

상앗대 고【篙】篙工. 挿篙葦渚繫漁艇『劉因』

상앗대 고【篙】竿也.

상앗대 라【艆】로(艣)의 별명(別名).

상양(鷸鴹)새 :

상양새 양【鴹】鷸鴹. 一足鳥 舞則天下雨 作商羊
『家語』

상어 : 횡구류(橫口類)중 교류(鮫類)에 속하는 바닷물고기의 총칭. 고래상어, 수염상어, 철갑상어 등이 있는데 대개 횡포(橫暴)하고 민활(敏活)함.

상어 교【鮫】사어(鯊魚).
楚人鮫革犀兕以爲甲『荀子』

상어 기【鱀】작속(䱜屬).

상어 사【鯊】사어(沙魚) 두 글자를 합쳐서 상어의 뜻을 나타냄.

상어 작【䱜】어명(魚名), 出東海. 鮫魚皮卽裝刀靶䱜魚皮也『本草經』

상여 : 관을 싣는 수레. 영구차(靈柩車).

상여 순【輴】龍輴. 용을 그린 영구차(靈柩車).

상여 신【蜃】蜃車『儀禮』

상여 이【輀】以輀車挽歌 爲葬送之法
『資治通鑑』

상여 천【輲】載以輲車『禮記』

상여꾼 : 상여(喪輿)를 메는 사람.

상여꾼 분【体】体夫.

상여뚜껑 : 상여(喪輿)의 위를 덮는 뚜껑.

상여뚜껑 천【輤】諸侯之輤『禮記』

상여소리 :

상여소리 해【嚡】送死歌.

상여 줄 : 조상하는 자가 상여를 끌 때 잡는 줄.

상여 줄 문【絻】弔所執紼曰絻『公羊傳』

상여 줄 발【撥】廢輴而設撥『禮記』

상여 줄 발【綍】불(紼)과 동자(同字).
及葬帥而屬六綍『周禮』

상여 줄 불【茀】불(紼)과 통용.
用葛茀『左傳』

상여 줄 불【紼】助葬必執紼『禮記』

상 여줄 인【引】弔於葬者, 必執引『禮記』

상 옷 :

상 옷 최【衰】최(縗)와 동자(同字).
齊衰. 斬衰括髮以麻『禮記』

상 옷 최【縗】최(衰)와 동자(同字). 상복을 입을 때 가슴에다는 길이 6치 폭

4치의 헝겊. 晏嬰麤繚斬『左傳』

상의(相議)하다 :
 상의할 기【諆】 의논함.

상자(箱子) :
 상자 감【籃】 상류(箱類).
 상자 경【穎】 篋也.
 상자 단【簞】 물건을 넣는 작은 상자.
　　　　　實于簞『儀禮』
 상자 록【簏】 키가 잘은 대나무로 결어 만든 상자.
　　　　　篋簏. 凝塵萬書簏『范成大』
 상자 롱【籠】 箱也.
 상자 방【匚】 네모진 용기(容器).
 상자 사【笥】 옷, 책, 밥 같은 것을 담는 네모진
　　　　　상자. 五經笥. 衣裳在笥『書經』
 상자 상【箱】
　　㉠ 물건을 넣는 그릇. 箱篋.
　　　　　盛之潔箱『雲笈七籤』
　　㉡ 수레 위의 상자 모양으로 된 사람이 타거
　　　　　나 짐을 싣는 곳. 車箱. 不以服箱『詩經』
 상자 주【廚】 衣廚. 嘗以一廚畫寄桓玄『晉書』
 상자 함【函】 문서 등을 넣어 두는 조그마한 상
　　　　　자. 函蓋. 函底 竟達空函『晉書』
 상자 협【篋】 대오리로 결어 만든 장방형의 상자.
　　　　　篋笥. 綾絹錢布 匱篋充積『魏書』

상자바닥 :
 상자바닥 귀【柜】 상자의 밑바닥.

상자에 넣다 :
 상자에 넣을 함【函】 守緒自經死 函其首送于宋
　　　　　『十八史略』

상주다 : 칭찬하여 물품을 줌.
 상줄 상【賞】 賞賜. 晉侯賞從亡者『左傳』

상처(傷處) : 다친 데.
 상처 양【瘍】 金瘍折瘍『周禮』
 상처 이【痍】 瘡痍.
 상처 창【煬】 傷也.
 상처 창【瘡】 金瘡. 瘡痍. 虎魄療金瘡『南史』
 상처 창【創】 ㉠ 創傷. 創痍未瘳『漢書』
　　　　　㉡ 身被七十創『漢書』

상처 내다 : 상처(傷處)를 입힘.
 상처 낼 귀【劇】 損傷. 廉而不劌義也『禮記』

상추 : 엉거시과에 속하는 일년생(一年生), 또는
　월년초(越年草). 야채(野菜)의 한 가지로 잎을
　쌈으로 먹음.
 상추 기【苣】 萵苣. 薄言采苣『詩經』
 상추 와【萵】 萵苣. 萵苣向二旬矣『杜甫』
 상추 첨【菾】 채명(菜名).

상투 : 머리털을 머리 위에 모아 묶은 것.
 상투 개【髻】 男女皆露髻下介『南史』

 상투 계【結】 계(髻)와 통용. 魁結箕踞『漢書』
 상투 계【紒】 계(髻)와 동자(同字).
 상투 계【髻】 髻子. 城中好高髻『後漢書』
 상투 관【卝】 관(艸)과 동자(同字). 束髮貌.
 상투 귀【髺】 髻也.
 상투 졸【髻】 髻也.
 상투 종【髻】 높은 상투. 고계(高髻).
 상투 채【髻】 髻也.
 상투 파【髺】 계모(髻貌).

상투 짜다 :
 상투 짤 계【紒】 將冠者采衣紒『儀禮』

상표(上表) : 상소(上疏)하는 글.
 상표 전【箋】 百官進箋『元史』

상품(商品) :
 상품 고【賈】 팔 물건. 賈以不售『詩經』

상피리 :
 상피리 필【鮅】 石鮅魚.

상하다 :
 상할 귀【劌】 傷也.
 상할 박【剝】 剝喪元良『書經』
 상할 상【爽】 露雞臛蠵厲而不爽些『宋玉』
 상할 손【損】 殘傷. 兆人傷損『後漢書』
 상할 양【壤】 손상(損傷)함.
　　　　　吐者外壤 食者內壤『穀梁傳』
 상할 의【懿】 傷也.
 상할 이【夷】 다침. 또 상처. 察夷傷『左傳』
 상할 장【戕】 손상을 입힘. 戕賊杞柳『孟子』
 상할 칠【剒】 傷也.

상한 쌀 :
 상한 쌀 색【粺】 적색(糒粺), 괴미(壞米).
 상한 쌀 적【糴】 괴미(壞米).

상한 옥 :
 상한 옥 간【瑊】 상옥(傷玉).

상호(商號) :
 상호 호【號】 ㉠ 상점의 일컬음. 銀號. 票號.
　　　　　㉡ 선박의 일컬음. 高陞號.

새 : 꽁지가 짧은 새를 추(隹)라 하고 꽁지가 긴
　것을 鳥라 한다.
 새 기【鳷】 鳷雀, 조류(鳥類).
 새 승【升】 직물(織物)의 여든 올.
　　　　　朝服十五升『禮記』
 새 신【辛】 신(新)과 통용.
　　　　　言萬物之辛生也『史記』
 새 우【羽】 조류(鳥類)의 총칭(總稱). 羽族.
　　　　　其蟲羽『禮記』
 새 조【鳥】 조류(鳥類). 鳥獸孶尾『書經』
 새 종【緵】 포백(布帛)의 여든올을 일컬음.
　　　　　一升. 令徒隷衣七緵布『史記』

새 추【隹】꽁지가 짧은 새의 총칭.

새가 떼로 날다 :

새가 떼로 날 혈【翾】衆鳥叢飛.

새가슴 :

새가슴 거【籧】籧篨. 흉골(胸骨)이 불거져 새의
　　　　　　가슴처럼 생긴 가슴.
　　　　　　籧篨不鮮『詩經』

새가슴 저【篨】篨, 醜疾 不能俯者『康熙字典』

새가 쪼아 먹다 :

새가 쪼아 먹을 식【鷾】조식(鳥食).

새것 : 새로움. 새것임.

새 선【鮮】新鮮. 衣服常鮮於我『漢書』

새 신【新】

　㉠ 새로움. 新舊. 咸與惟新『書經』
　㉡ 새로운 사물. 溫故知新『論語』
　㉢ 새로 안 사람. 禮新親舊『國語』

새겨 넣다 :

새겨 넣을 감【嵌】상감(象嵌)함. 嵌入.

새겨듣다 :

새겨들을 면【𦕈】注意而聽.

새고막 : 살조개과에 속하는 바닷조개. 껍질의 모
양은 기와 지붕과 비슷하고 살빛은 붉으며 맛
이 좋음. 피안다미조개.

새고막 감【蚶】洪蚶專車『郭璞』

새그물 :

새그물 벽【繴】조망(鳥網).

새기다 : 글씨나 그림을 나무나 돌 따위에 파서
나타내는 일.

새길 각【刻】

　㉠ 조각(彫刻)함. 刻字. 刻印『史記』
　㉡ 새긴 것. 새김. 已而按其刻『漢書』

새길 각【剋】각(刻)과 통용. 剋意.
　　　　　　謹以剋心 非但書紳『吳志』

새길 간【刊】

　㉠ 팜. 조각(彫刻)함. 刊石.
　㉡ 판목(版木)을 새김. 출판(出版)함. 刊行,
　　刪裁繁蕪 刊改漏失『後漢書』

새길 결【鍥】조각(彫刻).

새길 결【契】조각함. 契舟求劍『呂氏春秋』

새길 결【剝】剝而舍之, 金石不知『晉書』

새길 계【鍥】鍥而不舍 金石可鏤『荀子』

새길 구【矩】조각함. 必矩其陰陽『周禮』

새길 궐【劂】조각함. 不劂不劂『張皓』

새길 루【鏤】

　㉠ 쇠에 여러 가지 무늬를 새김. 刻鏤.
　　器不彫鏤『左傳』
　㉡ 인신(引伸)하여 널리 나무를 새기는 데도
　　이름. 鏤板.

새길 륵【勒】조각(彫刻)함. 勒石. 勒銘.
　　　　　　物勒工名『禮記』

새길 륵【泐】늑(勒)의 차자(借字). 手泐.

새길 명【銘】

　㉠ 각(刻)함. 銘釘.
　　故銘其括曰 肅愼氏之貢矢『國語』
　㉡ 마음속에 깊이 기억하여 둠. 銘佩.
　　銘肌鏤骨『顏氏家訓』

새길 소【疏】彫刻. 疏展天子之廟飾『禮記』

새길 수【鋑】누각(鏤刻)함. 雕鋑.
　　　　　　刻鏤物爲鋑『爾雅註』

새길 수【鏤】

　㉠ 조각(彫刻)함. 木無彫鏤『左思』
　㉡ 누각(鏤刻)함. 刻鏤物爲鏤『爾雅註』

새길 전【瑑】옥을 새겨 모양을 냄.
　　　　　　良玉不瑑『漢書』

새길 전【椽】전자(篆字)를 새겨 장식함. 椽楯.
　　　　　　得死於椽楯之上『莊子』

새길 전【鐫】조각(彫刻)함. 鐫琢. 彫鐫.
　　　　　　可鐫廣之『漢書』

새길 접【劗】刻也. 본자(本字)는 첩(牒).

새길 조【鋼】조(雕)와 동자(同字). 刻也.
　　　　　　鋼琢刻鏤『荀子』

새길 조【雕】조(彫)와 통용.
　　　　　　必使玉人雕琢之『孟子』

새길 조【彫】彫弓. 朽木不可彫也『論語』

새길 지【鋕】銘也.

새길 참【鏨】돌에 글자 같은 것을 새김.

새길 참【鑱】조각함. 鑱鑱物象危『宋效』

새길 침【鋟】글씨나 그림을 팜. 서적을 출판함.
　　　　　　鋟其板『公羊傳』

새길 편【刷】削也.

새김 :

새김 훈【訓】

　㉠ 자구(字句)의 의의(意義)를 해석(解釋)함.
　　訓詁. 爾雅者所以通詁訓之指歸『郭』
　㉡ 낱낱의 한자(漢字)를 읽을 때에, 한자의
　　음(音) 앞에 풀이하여 놓은 뜻.
　　順其義以訓之也『字彙』

새김질하다 : (소나 염소 따위의 동물이)한 번
삼켰던 먹이를 입으로 게워 내어 다시 씹는 일
을 하다.

새김질할 애【齖】咀也.

새김질할 익【齸】麋鹿呑芻而反出嚼.

새김칼 :

새김칼 궐【劂】각도(刻刀).

새김칼 기【剞】조각(彫刻)하는 칼. 각도(刻刀).
　　　　　　握剞劂而不用兮『楚辭』

새김칼 편【刷】刷刀.

새까맣다 :

　새까말 로【鱺】흑심(黑甚). 形弓鱺失『法言』

　새까말 자【黢】濃黑色.

새 꼬리 :

　새 꼬리 노【帑】새의 꼬리. 以害鳥帑『左傳』

　새 꼬리 초【毣】鳥尾翹毛.

새 꼬리 고기 :

　새 꼬리 고기 취【翠】舒雁翠『禮記』

새 꽁무니 살 :

　새 꽁무니 살 취【膵】鳥尾上肉.

새끼 :

　새끼 곤【緄】승삭(繩索). 竹閉緄縢『詩經』

　새끼 도【綯】승삭. 麋以尋綯『新論』

　새끼 미【麛】짐승의 새끼. 春田,
　　　　　　　　士不取麛卵『禮記』

　새끼 영【纓】승삭. 請纓繫南粵『魏徵』

　새끼 자【子】동물의 새끼. 螟蛉有子『詩經』

　새끼 자【仔】仔蟲. 어린 것. 주로
　　　　　　　　벌레, 물고기 등에 쓰임.

새끼 양 :

　새끼 양 달【羍】소양(小羊).

　새끼 양 달【達】작은 양. 先生如達『詩經』

　새끼 양 혹【䍩】소양(小羊).

새 놀라 보는 모양 :

　새 놀라 보는 모양 맥【鷺】鳥驚視貌.

새다 :

　샐 란【灓】누류(漏流).

　샐 루【漏】

　　㉠ 틈으로 흘러나오거나 삐져 나옴.
　　　　漏水. 日光穿漏『韓愈』

　　㉡ 비밀이 탄로됨. 漏泄.
　　　　密有殺繡之計 計漏『魏志』

　샐 발【潑】물이 솟아 나옴. 또 물이 샘.
　　　　　　亂翠曉如潑『蘇軾』

　샐 삼【滲】조금씩 흘러나옴. 滲涸.
　　　　　　財無滲漏『宋史』

　샐 설【渫】漏也.

　샐 설【洩】설(泄)과 동자(同字). 洩漏.
　　　　　　振河海而不洩『中庸』

　샐 설【渫】설(洩)과 동자(同字).
　　　　　　尾閭渫之而不虛『莊子』

　샐 설【泄】설(洩)과 동자(同字). 틈에서 흘러나옴.
　　　　　　인신(引伸)하여 비밀 따위가 드러남.
　　　　　　漏泄. 微謀外泄之謂也『管子』

　샐 저【沮】틈에서 흘러나옴. 地氣沮泄『禮記』

새로 :

　새로 신【新】처음으로. 新作其門『春錄』

새롭게 하다 :

　새롭게 할 신【新】혁신함. 日新其德『易經』

새매 :

　새매 견【鵑】鵑鵰, 요속(鷂屬).

　새매 시【鳲】제견(鶗鵑).

　새매 신【鷐】鷐風, 鸇也.

　새매 요【鷂】매의 일종. 久復爲鷂『列子』

　새매 음【鷣】매의 일종.

　새매 임【鷣】매의 일종.

　새매 지【鷙】매과에 속하는 맹금.

새먹다 :

　새먹을 창【嗆】조식(鳥食).

새 밤에 울다 :

　새 밤에 울 야【咳】鳥夜鳴.水鳥以夜咳『禽經』

새 밭 :

　새 밭 여【畬】새로 개간한 지 이태 된 밭.
　　　　　　　일설에는 삼 년 된 밭.
　　　　　　　不耕穫 不菑畬『易經』

새 배 :

　새 배 금【舲】신주(新舟).

새벽 :

　새벽 매【眛】眛昕. 새벽. 날샐 녘.
　　　　　　眛昕窹而仰思『班固』

　새벽 명【明】이튿날 새벽. 待明而入『漢書』

　새벽 불【眣】해 뜰 무렵. 또 해나 달이 뜨기
　　　　　　시작하여 빛이 아직 환하지 않은
　　　　　　모양. 時眣眣兮旦旦『楚辭』

　새벽 서【曙】날이 샌 때. 曙鐘.
　　　　　　魂榮而至曙『楚辭』

　새벽 신【晨】샐녘. 晨旦. 夜鄉晨『詩經』

　새벽 야【夜】날이 밝을 녘.
　　　　　　雞人夜嘷旦『周禮』

　새벽 조【早】이른 아침. 莫知晩與早『儲光義』

　새벽 효【曉】날이 밝을 녘. 曉起.
　　　　　　向曉辭去『晉書』

　새벽 흔【昕】해 뜰 무렵.
　　　　　　凡行事必用昏昕『儀禮』

　새벽 힐【詰】날샐 녘. 일설에는 철(喆)의 오용
　　　　　　(誤用)이라 함. 詰旦.
　　　　　　詰朝相見『左傳』

새벽녘 : 날이 샐 무렵.

새벽녘 홀【眒】밤이 장차 밝으려 할 때. 眒爽.

새벽빛 희미하다 :

　새벽빛 희미할 망【濛】曉色不明貌.

새벽 알리다 :

　새벽 알릴 신【晨】닭이 울어 새벽을 알림.
　　　　　　牝雞無晨『書經』

새빨갛다 :

새빨갈 연【縼】深紅色.

새빨갈 혁【赩】

　㉠ 아주 빨감. 丹沙赩熾出其坂『左思』

　㉡ 산 같은데 초목이 없어 빨간 모양.

　　北有寒山逴龍赩只『楚辭』

새 빨리 날다 :

　새 빨리 날 살【鎩】鳥飛疾.

새살 나다 :

　새살 날 질【胵】새살이 나타남.

　새살 날 질【腟】육생(肉生).

새삼 :

　새삼 토【菟】菟絲.

새 새끼 : 연작류(燕雀類)처럼 어미 새가 먹이를
　갖다 먹여주는 새끼는 구(穀)라하고, 계치류(鷄稚
　類)와 같이 스스로 먹이를 찾아 먹는 새끼는
　추(雛)라 함.

　새 새끼 구【穀】鳥翼穀卵『國語』

　새 새끼 추【雛】鳳凰鳴啾啾 一母將九雛『古詩』

새 새끼 파득파득 날다 :

　새 새끼 파득파득 날 함【翎】雛鳥飛貌.

새색시 : 새로 갓 결혼한 여자.

　새색시 맹【嫇】嫈嫇. 彩伴颯嫈嫇『韓愈』

　새색시 앵【嫈】嫈嫇. 유부(幼婦).

　　　　　　彩伴颯嫈嫇『韓愈』

새소리 : 새가 우는소리. 새가 지저귀는 소리.

　새소리 개【喈】其鳴喈喈『詩經』

　새소리 렬【唳】鳥聲唳唳.

　새소리 료【嘹】嘹唳飛空『李百藥』

　새소리 알【叫】조성(鳥聲).

　새소리 우【雓】조성(鳥聲).

　새소리 주【啁】啁噍. 小者至于燕雀 獨有啁噍之
　　　　　　頃焉『禮記』

　새소리 즐【喌】조성(鳥聲).

　새소리 책【喳】行雁喳喳『爾雅』

　새소리 필【吡】조성(鳥聲).

새 수레 :

　새 수레 금【軡】신차(新車).

새알 :

　새알 각【觳】조란(鳥卵). 貫雞觳歲首『束晳』

　새알 단【蛋】조란(鳥卵). 蛋白.

　　　　　　呼鳥卵爲蛋『字彙補』

새알 품다 :

　새알 품을 포【菢】鳥伏卵覆也 鶴翕不天生變化
　　　　　　喙菢『韓愈詩』

새앙 : 생강과에 속한 여러해살이풀. 길쭉한 잎
　두 장이 서로 어긋난다. 우리나라에서는 꽃이
　피지 않으나 열대 지방에서는 여름에 이삭 모
　양으로 꽃이 핀다. 뿌리줄기는 음식의 양념이

나 향료, 약재로 쓰인다

새앙 간【干】干三召二.

새우 :

　새우 공【魟】하야(鰕也).

　새우 미【蝞】蝦也, 기생구갑충(寄生龜甲蟲).

　새우 하【鰕】수충장수(水蟲長鬚).

　새우 하【蝦】하(鰕)와 통용. 蛟蝦委蛇『張衡』

새 우는 소리 :

　새 우는 소리 면【綿】綿蠻.

　새 우는 소리 면【緜】면(綿)과 통용.

　　　　　　緜蠻黃鳥『大學』

　새 우는 소리 흡【恰】自在嬌鶯恰恰啼『杜甫』

새우리 : 대 울을 쳐 놓고 새를 기르는 곳.

　새우리 어【籞】籠籞.

새 울다 :

　새 울 절【嗻】절(晰)과 동자(同字). 조전(鳥囀).

　새 울 책【嘖】새가 우는소리.

　　　　　　宵屬嘖嘖『爾雅』

새 유인하여 잡다 :

　새 유인하여 잡을 매【禖】鳥餌也誘取禽者.

새의 부리 :

　새의 부리 지【咮】조훼(鳥喙)

새이름 :

　새이름 견【雃】雃䃃, 조명(鳥名).

　새이름 공【䲵】일종의 괴조(怪鳥).

　새이름 기【鶀】鶀鵱.

　새이름 단【鷤】조명(鳥名). 도요새.

　새이름 린【䳰】조명(鳥名).

　새이름 야【鴋】꿩 비슷한 새. 單張之山有鳥焉
　　　　　　其狀如雉 而文首白翼黃足名曰
　　　　　　白鴋『山海經』

　새이름 역【鷁】익(鷁)과 동자(同字).

　　　　　　六鷁退飛 過宋都『公羊傳』

　새이름 옹【鶲】조명(鳥名).

　새이름 원【鶢】鶢鶋, 조명(鳥名).

　새이름 익【鷁】

　㉠ 백로 비슷한 큰 새. 풍파에 잘 견디어내므로
　주로 천자가 타는 뱃머리에 이 새의 모양을
　그린다.

　　龍頭鷁首 龍舟鷁首 浮吹以娛『淮南子』

　㉡ 이 새의 모양을 뱃머리에 그린 배.

　　泛鷁兮遊蘭池『謝靈運』

　새이름 지【鴲】鴲鵲. 한나라 장제(章帝)때 조지
　　　　　　국(條支國)에서 조공(朝貢)한 새.
　　　　　　키가 칠척(七尺)이며 사람의 말을
　　　　　　알아들었다 함. 어치새.

　새이름 창【鶬】조명(鳥名).

　새이름 첩【鶵】조명(鳥名). 兩頭四足.

새이름 타【鴠】鴠鴃, 조명(鳥名).

새이름 태【怠】意怠는 동해(東海)의 새 이름.

새이름 할【鶡】갈(鶷)과 동자(同字). 꿩과에 속
하는 새의 하나. 모양이 꿩 비
슷한데 좀 크고 성질(性質)이 용
감(勇敢)하여 싸우면 죽을 때까
지 그치지 않는다 하므로 그 꽁
지깃을 옛날 무관(武官)의 관
(冠)의 장식(裝飾)으로 썼음.

새이름 호【雇】九雇農桑候鳥 『說文解字』

새 잡털 빛 :

　새 잡털 빛 찰【鴆】鳥雜毛色.

새장 : 새를 가두어 놓고 기르는 장.

　새장 노【笯】鳳凰在笯兮 雞鶩翔舞 『史記』

　새장 롱【籠】대로 만든 새를 가두어 기르는 장.
籠中鳥. 以天下爲之籠 『莊子』

새집 :

　새집 소【巢】

　　㉠ 새의 보금자리. 維鵲有巢 『詩經』

　　㉡ 벌레 짐승. 비적(匪賊) 등의 집의 뜻으로
널리 쓰임. 巢窟. 蟭螟之巢 『抱朴子』

　　㉢ 明日賊復傾巢而至 『元史』

　새집 주【蔪】조소(鳥巢).

새 죽지 끼다 :

　새 쭉지 낄 종【翪】鳥竦翅貌.

새카맣다 :

　새카말 투【黈】심흑(深黑).

새콩 : 콩과에 속하는 일년생 만초(蔓草). 구황용
(求荒用) 재배식물(栽培植物)임.

　새콩 로【虌】撷虌荳以食 『唐書』

　새콩 로【蔖】로(虌)와 동자(同字).

새털 :

　새털 창【氅】새의 우모(羽毛).

새털 옷 :

　새털 옷 창【氅】새 털로 짠 옷. 氅衣.
衣鶴氅 『新五代史』

새 한 쌍 :

　새 한 쌍 수【雔】쌍조(雙鳥).

색 :

　색 색【色】여색(女色). 漁色.
寡人好色 『孟子』

색 벽 : 색 흙을 바른 벽.

　색 벽 악【堊】樓閣相接 丹青素堊 『後漢書』

색 벽하다 : 진흙을 바른 위에 색 흙을 바름.

　색 벽할 악【堊】黝堊之 『周禮』

색실 :

　색실 약【纅】색사(色絲).

색실 조【絩】五色絲.

색 없다 :

　색 없을 망【䍋】방망(䍋䍏). 무색(無色).

색칠 :

　색칠 분【粉】粉繪. 禮樂治之粉澤 『六韜』

색칠하다 : 채색을 하여 장식함. 또 윤이 나게 함.

　색칠할 색【色】東里子產潤色之 『論語』

샘 :

　샘 궤【氿】곁 구멍에서 솟아 나오는 샘.
有洌氿泉 『詩經』

　샘 분【濆】땅 밑에서 솟아 나오는 물.

　샘 선【腺】생물체 내에서 분비 작용을 하는
기관. 淋巴腺.

　샘 정【丼】泉也.

　샘 천【泉】수원(水源). 山下出泉 『易經』

　샘 함【濫】濫泉正出 『爾雅』

샘 나다 :

　샘 날 규【湀】천출(泉出). 샘물이 나옴.

샘내다 :

　샘낼 노【嫟】질야(嫉也).

　샘낼 질【嫉】질야(嫉也).

샘물 :

　샘물 정【涏】소수(小水).

샘물 졸졸 흐르다 :

　샘물 졸졸 흐를 비(필)【泌】泌之洋洋 『詩經』

샘 밑 :

　샘 밑 매【浼】샘의 밑바닥.

샘 셋 :

　샘 셋 순【灥】삼천(三泉).

샘솟는 소리 :

　샘솟는 소리 집【潗】샘이 솟는 소리. 솟는 모양.
啾啾潗潗 『柳宗元』

샘솟다 :

　샘솟을 분【沀】泉湧貌.

　샘솟을 비【潰】비(沸)와 동자(同字). 泉湧.

　샘솟을 필【滭】천용(泉湧).

　샘솟을 휼【潏】물이 솟아 나옴. 潏潏.
天綱浡潏 『木華』

샘 용솟음 치다 :

　샘 용솟음 칠 람【灠】용천(湧泉).

샛길 : 큰길에서 갈래져 나간, 또는 큰길로 통하
는 작은 길.

　샛길 요【徼】질러가는 소로. 徼道綺錯 『班固』

　샛길 혜【徯】혜(蹊)와 통용. 塞徯徑 『禮記』

샛노랗다 :

　샛노랄 금【黅】농황(濃黃).

샛밥 : 끼니 사이에 먹는 밥.

샛밥 찬【餐】간식. 令其裨將傳餐『漢書』

생각 :

　생각 관【觀】의견. 견해. 主觀. 達觀.

　생각 념【念】사려(思慮). 雜念. 餘念.
　　　　　制念以定志『雲笈七籤』

　생각 려【慮】사유(思惟). 遠慮.
　　　　　困於心 衡於慮『孟子』

　생각 사【思】妙思. 春思. 儲精垂思『揚雄』

　생각 상【想】出塵之想 淸風滌煩想『韋應物』

　생각 억【憶】何爲忍憶含羞『梁簡文帝』

　생각 착【鑿】정념(情念). 六鑿相攘『莊子』

생각이 어긋나다 :

　생각이 어긋날 치【蟄】염려(念戾).

생각건대 : 생각해보니. 생각해 보건대.

　생각건대 고【顧】顧安所得酒乎『蘇軾』

　생각건대 상【想】想拾遺公 冠帶就車 惠然肯來
　　　　　『韓愈』

　생각건대 유【惟】자기의 의견을 말할 때의 겸사.
　　　　　恭惟. 伏惟.
　　　　　惟信亦爲大王不如也『史記』

　생각건대 의【意】意者. 吾意不然『柳宗元』

생각하다 :

　생각할 계【叿】考也.

　생각할 급【伋】孔伋. 공자의 손자(孫子) 자사
　　　　　(子思)의 이름. 이 글자가 생각
　　　　　한다는 뜻이므로 자(字)가 자사
　　　　　(子思)임. 사(思)와 동자(同字).

　생각할 념【念】念願. 念玆在玆『書經』

　생각할 려【慮】사려(思慮)함. 考慮.
　　　　　慮而后能得『大學』

　생각할 론【惀】사야(思也).

　생각할 륜【嵓】사야(思也).

　생각할 륜【侖】侖, 思也『玉篇』

　생각할 면【愐】사야(思也).

　생각할 면【緬】緬然引領南望『國語』

　생각할 복【服】服念. 吾服女也『莊子』

　생각할 부【忢】사야(思也).

　생각할 사【思】

　　㉠ 사유(思惟)함. 思考. 三思而後行『論語』

　　㉡ 유의(留意)함. 不思而得『中庸』

　　㉢ 따름. 사모(思慕)함. 爲後人所思『南史』

　　㉣ 추억함. 閑思往事似前身『白居易』

　　㉤ 사랑함. 子惠思我『詩經』

　　㉥ 근심함. 思婦. 步徙倚而遙思兮『楚辭』

　　㉦ 바람. 思皇多士『詩經』

　　㉧ 思修身, 不可以不事親『中庸』

　생각할 상【想】

　　㉠ 사모(思慕)함. 想望. 夢想賢士『後漢書』

　　㉡ 추측함. 想像. 攸然遐 想『晉書』

　　㉢ 추억함. 回想. 追想. 望風懷想『李陵』

　생각할 안【按】考按. 思按之而逾深『陸機』

　생각할 억【憶】잊지 않고 생각함. 憶念.
　　　　　不憶故無情『晉書』

　생각할 우【虞】미리 마음속에 생각하여 둠.
　　　　　有不虞之譽『孟子』

　생각할 위【爲】~라고 생각함.
　　　　　百姓皆以王爲愛也『孟子』

　생각할 유【惟】사려(思慮)함. 思惟.
　　　　　載謀載惟『史記』

　생각할 임【誟】염야(念也).

　생각할 임【訨】사야(思也).

　생각할 임【恁】亦宜勤恁旅力『班固』

　생각할 자【訾】不訾重器『禮記』

　생각할 저【著】思惟. 致慤則著『禮記』

　생각할 종【憁】여야(慮也).

　생각할 탐【悇】사야(思也).

　생각할 협【恊】사야(思也).

생강 : 생강과에 속하는 다년초. 근경(根莖)은 맵
　고 향기가 있어 식용 및 약용으로 함.

　생강 강【薑】生薑. 不撤薑食『論語』

　생강 수【薞】생강의 일종. 새앙.
　　　　　廉薑薞也『博雅』

생계(生計) :

　생계 생【生】활계(活計). 생업. 또 산업. 民生.
　　　　　以織薄曲爲生『漢書』

생기다 :

　생길 생【生】일어남. 吾時月不黃淑度 則鄙吝之
　　　　　心已復生矣『世說』

생명주 : 생사로 짠 흰 명주.

　생명주 소【素】尺素. 純以素『禮記』

생모시 :

　생모시 초【繰】生枲未漚.

생사(生絲) :

　생사 초【綃】삶아서 익히지 아니한 명주실.

생선(生鮮) : 물고기의 날 것. 익히지 아니한 어
　육(魚肉). 또 수육(熟肉).

　생선 선【鮮】肥鮮. 唯君用鮮『左傳』

　생선 선【蠡】凡其死生鱐薧之物 以共王之膳
　　　　　『周禮』

생선창자 : 물고기의 장(腸). 일설(一說)에는 물고
　기의 아가미의 뼈. 모두 만곡(彎曲)하여 을자
　형(乙字形)임.

　생선창자 을【乙】魚去乙『禮記』

생식기(生殖器) : 남녀의 음부(陰部).

　생식기 음【陰】陰莖. 呂不韋求大陰人『史記』

생안손 : 손가락 끝이 곪아 붓는 병.

생안손 표【瘭】瘭疽.

생육(生肉):

　생육 선【膳】희생(犧牲)의 고기.
　　　　　　　飮食膳羞『周禮』

생일:

　생일 수【晬】생일(生日). 晬宴.

생쥐:

　생쥐 구【鼩】鼱鼩.

　생쥐 병【鼱】소서(小鼠).

　생쥐 정【鼱】鼱鼩. 생쥐. 쥐 중에 가장 작음.
　　　　　　　譬猶鼱鼩之襲狗『漢書』

　생쥐 혜【鼷】쥐의 종류 중에서 가장 작음.
　　　　　　　鼷鼠食郊牛之角『春秋』

생질(甥姪):

　생질 생【甥】자매의 아들. 汾王之甥『詩經』

생초(生綃): 생사로 얇게 짠 비단의 일종.

　생초 초【繰】초(綃)와 동자(同字). 繰 生絲也.
　　　　　　　練也. 繰幕 魯也『禮記』

　생초 초【綃】생사로 얇게 짠 사(紗)붙이의 하나.
　　　　　　　潛織而卷綃『左思』

생황: 관악기의 한가지. 19개 또는 13개의 가는
　　대나무 관으로 만듦.

　생황 생【笙】笙簧. 笙磬同音『詩經』

　생황 시【竾】생황(笙箎).

서경(書經): 육경(六經)의 하나. 곧 상서(尙書).

　서경 서【書】詩書. 書云, 孝乎惟孝『論語』

서고(書庫): 서적 창고.

　서고 성【晟】皇史晟. 명(明)나라 때 열성(列聖)의
　　　　　　　어필(御筆) 실록(實錄), 비전(秘典)
　　　　　　　등을 수장(收藏)한 곳.

서까래:

　서까래 교(효)【校】桷也.

　서까래 각【桷】네모진 서까래. 椽桷.
　　　　　　　刻桓宮桷『左傳』

　서까래 구【構】華堂傾構廣宅頹壔『陸雲』

　서까래 로【橑】桂棟兮蘭橑『楚辭』

　서까래 로【轑】로(橑)와 통용.
　　　　　　　得之殿屋重轑中『漢書』

　서까래 연【椽】둥근 서까래.
　　　　　　　椽桷. 茅屋采椽『漢書』

　서까래 최【榱】榱桷. 飾華榱與璧璫『張衡』

　서까래 편【楄】네모진 서까래.

서까래장식: 서까래 끝의 장식.

　서까래장식 당【璫】莘榱璧璫『漢書』

서너너덧: 3~4의, 4~5의, 5~6의.

　서너너덧 수【數】數年 數口之家『孟子』

서녘: 서쪽. 해가 지는 방위. 사시(四時)는 가을.
　　십이지(十二支)는 유(酉)에 해당함.

서녘 서【西】東漸于海 西被于流沙『書經』

서녘으로 향하다:

　서녘으로 향할 서【西】
　　　㉠ 서쪽으로 향하여 감. 濟河而西『史記』
　　　㉡ 서쪽으로 향하여. 西出陽關無故人『王維』

서늘하다:

　서늘할 량【凉】량(涼)과 통용. 경한(輕寒).

　서늘할 량【涼】약간 추움. 涼秋.
　　　　　　　孟秋之月 涼風至『禮記』

　서늘할 정【淸】冬溫而夏淸『禮記』

　서늘할 추【湫】신선한 모양. 湫兮如風『宋玉』

　서늘할 한【寒】간담이 서늘함. 전율(戰慄)함.
　　　　　　　西賊聞之心骨寒『名臣言行錄』

서늘한 바람:

　서늘한 바람 량【涼】양풍(涼風). 서늘한 기운.
　　　　　　　消暑招涼『拾遺記』

서다:

　설 립【立】
　　　㉠ 행(行)의 대(對). 佇立. 立必正方『禮記』
　　　㉡ 꼿꼿이 서 있음. 또 일어남. 기립함. 直立.
　　　　家人立而啼『左傳』
　　　㉢ 확고부동(確固不動)함. 三十而立『論語』
　　　㉣ 이루어짐. 成立. 而後禮儀立『禮記』
　　　㉤ 생존(生存)함. 존속(存續)함. 存立.
　　　㉥ 즉위(卽位)함. 桓公立乃老『左傳』

　설 송【竦】꼿꼿이 섬.
　　　　　　　使人毛髮竦立『宣和書譜』

　설 수【豎】직립(直立)함.
　　　　　　　豎毛 槐樹自拔倒豎『後漢書』

서두르다: 급히 서두르는 모양.

　서두를 갈【渴】不及時而日渴葬也『公羊傳』

　서두를 개【愒】不及時而日 愒葬也『公羊傳』

　서두를 급【急】急遽 急於自解而謝『韓愈』

　서두를 종【縱】喪事 其欲縱縱爾『禮記』

서둘다:

　서둘 변【弁】弁行剡剡起屨『禮記』

서러워하다: 슬퍼하는 모양.

　서러워할 려【悷】意悽悷而增悲『應瑒』

　서러워할 통【慟】대단히 슬퍼 함. 慟哭.
　　　　　　　子哭之慟『論語』

서럽다:

　서러울 상【傷】痛也.

　서러울 애【哀】슬픔. 哀話. 鰥寡哀哉『書經』

서로:

　서로 교【交】上下交征利而國危矣『孟子』

　서로 상【相】相當. 二氣感應以相與『易經』

　서로 서【胥】차례로. 胥命者何『公羊傳』

　서로 호【互】함께 다 같이. 互選. 互讓.

互有得失『何晏』

서로 그릇하다 :

서로 그릇할 과【諣】상오(相誤).

서로 돌아보고 가다 :

서로 돌아보고 갈 천【遷】相顧而行.

서로 돕다 :

서로 도울 건【攓】상조(相助).

서로 바동거리다 :

서로 바동거릴 봉【夆】相逆牾牽挽.

서로 부딪치다 :

서로 부딪칠 회【豗】회(豗)와 동(同). 豗也.
莫受俗物相塡豗『李賀』

서로 붙은 물건 :

서로 붙은 물건 삼【彡】相接物.

서로 비비다 :

서로 비빌 기【蹟】相摩近.

서로 비슷하다 :

서로 비슷할 방【扐】상사(相似).

서로 사양하다 :

서로 사양할 전【譂】상양(相讓).

서로 성내어 부리다 :

서로 성내어 부릴 참【謲】相怒使.

서로 욕하다 :

서로 욕할 노【譊】語相侮.

서로 웃다 :

서로 웃을 이【歋】상소(相笑).

서로 웃을 희【歖】시시덕 거리다.

서로 웃을 희【厫】相笑之貌.

서로 의지하다 :

서로 의지할 저【宜】상의(相依).

서로 좇다 :

서로 좇을 변【犿】連犿, 상종(相從).

서로 책망하다 :

서로 책망할 망【謹】상책(相責).

서로 훼방하다 :

서로 훼방할 수【讐】상훼(相毁).

서로 훼방할 오【誣】상훼(相毁).

서른 :

서른 삽【卅】삼십(三十). 孔世卅八『韓愈』

서른 근 : 무게 30근을 일컬음.

서른 근 균【鈞】千鈞, 正鈞石『呂氏春秋』

서리 : 이슬이 언 것.

서리 상【霜】白露爲霜『詩經』

서리다 :

서릴 교【蟜】夭蟜. 용이 서린 모양.

서릴 구【欋】나무의 뿌리가 엉겨 붙음.
木大則根欋『淮南子』

서릴 반【蟠】몸을 휘감고 엎드림.
龍蟠于泥『太玄經』

서릴 반【盤】반(蟠)과 통용.
盤紆茀鬱『司馬相如』

서릴 선【蟺】蜿蟺. 용이나 뱀이 서린 모양.
蜿蟺相糾『嵇康』

서릴 전【蟤】盤也. 屈曲貌.

서문(序文) : 머리말.

서문 서【序】서(敍)와 동자(同字). 序跋.
凡百編而爲之序言其作意『漢書』

서문 서【敍】서(序)와 동자(同字).
首章總敍而發端也『詩經』

서방 바라보는 노래 :

서방 바라보는 노래 홍【嗊】囉嗊, 望夫歌曲.

서북모퉁이 :

서북모퉁이 루【漏】방(房)의 서북 모퉁이의 가장 어두운 곳.
尙不愧于屋漏『詩經』

서생(書生) :

서생 생【生】讀書人. 儒生.
魯有兩生 不肯行『史記』

서서 기다리다 :

서서 기다릴 수【頚】立而待. 수

서서 죽은 나무 :

서서 죽은 나무 치【椔】木立死者.

서성거리다 :

서성거릴 반【班】선(般)과 통용.
乘馬班如『易經』

서성거릴 반【洀】반(盤)과 동자(同字).
意者君乘駮馬而洀桓『管子』

서성거릴 배【裴】배(徘)와 통용.
彌節裴回 翺翔往來『史記』

서술(敍述)하다 :

서술할 서【序】
㉠ 차례를 따라 진술함.
序其事以風焉『詩經』
㉡ 서문을 씀. 因推其 意而序之『韓愈』

서슬 : 카로운 칼날. 존엄한 위세.

서슬 릉【稜】威光. 威稜憺乎鄰國『漢書』

서슬 염【錟】이인(利刃). 錟戈在後『史記』

서안(書案) : 책을 얹어 두는 책상.

서안 정【桯】江沔之間曰桯『揚子法言』

서약(誓約) :

서약 계【契】약속. 獨知之契也『戰國策』

서양 :

서양 서【西】서양의 약칭. 西曆. 西諺.

서양 양【洋】서양의 약칭. 洋式. 洋樂.

서어(鱮魚) : 붕어 비슷한 민물고기.

서어 런【鰱】鯪鯉鯑鰱『郭璞』

서어 서【鱮】연(鰱)과 동의. 其魚魴鱮『詩經』

서어 절【鰤】魚名.

서운하다 : 만족하지 않은 모양.

서운할 감【欿】自視欿然『孟子』

서운할 빙【馮】心猶馮『張衡』

서운해 하다 : 불만족하게 여김.

서운해 할 결【觖】獨此尙觖望『史記』

서운해 할 랍【歃】歃歃, 不滿貌.

서울 :

서울 경【京】京師. 驛召至京『唐書』

서울 기【畿】국도(國都). 俘我洛畿『顔廷之』

서울지경 :

서울지경 기【圻】기(畿)와 동자(同字).
　　　　　　　　天子之地一圻『左傳』

서자(庶子) : 첩의 자식.

서자 서【庶】支子. 庶孼. 殺嫡立庶『左傳』

서자 얼【孼】얼(孼)의 속자. 서자(庶子).

서자 얼【孼】첩의 아들. 孼子.
　　　　　　商君者衛之庶孼公子也『史記』

서장(西藏) : 티베트.

서장 장【藏】서장(西藏)의 약칭(略稱). 藏文.

서족(庶族) :

서족 서【庶】종가(宗家)에서 갈려나간 겨레.
　　　　　　支族. 支派. 其澤流枝庶『史記』

서주(書廚) :

서주 주【廚】
　　㉠ 책 상자. 陸公 書廚也 <南史>
　　㉡ 책을 읽기만 하고 뜻은 잘 해득(解得)못하
　　　 는 사람을 조롱(嘲弄)하는 말.
　　㉢ 학문(學文)이 깊고 시문(詩文)을 잘 짓는
　　　 사람.

서짖다 :

서지을 서【敍】서문(序文)을 지음.
　　　　　　　向敍此書『曾鞏』

서쪽 :

서쪽 상【商】西方. 秋風發乎西商『曹植』

서찰(書札) : 글자를 쓰는 나뭇조각.

서찰 첩【牒】簡牒. 受牒而退『左傳』

서찰 독【牘】
　　㉠ 持牘趨謁『漢書』
　　㉡ 편지 또는 기타 모든 문서. 書牘. 案牘.
　　　 尺牘. 所見篇牘 一覽多能誦記『後漢書』

서첩(書帖) :

서첩 방【帿】서첩(書帖).

서체(書體)이름 :

서체이름 례【隸】진(秦)의 정막(程邈)이 소전(小
　　　　　篆)을 간략(簡略)히 하여 만든

것으로 지금의 해서체(楷書體)
인데, 한(漢)나라 이후에 널리
쓰이게 되었음. 구양수(歐陽
脩)의 집고록(集古錄)에 팔분
(八分)을 잘못 말하여 隸書라
고 한 후로 八分을 지칭(指稱)
하게 되었고 隸書는 해서(楷
書)라고 일컫게 됨.
　　隸書者 篆之捷也『晉書』

서캐 : 이의 알.

서캐 기【蟣】介胄生蟣蝨『漢書』

서케 훑이 :

서케 훑이 희【篩】取蟣箆.

서투르다 :

서투를 장【駔】駔工.

서행하다 : 천천히 걷는 모양.

서행할 량【踉】踉蹡而徐來『潘岳』

석가(釋迦) : 불교(佛敎)의 창시자(?~?). 성은 고
　타마(Gautama), 이름은 싯다르타(Siddhārtha)
　로서, 중부 네팔의 석가족(釋迦族)의 중심지 카
　필라 성(Kapila城)에서 정반왕(淨飯王)과 마야
　(摩耶) 부인의 아들로 태어났다. 29세 때 인생
　의 고뇌 해결을 위하여 출가하여, 35세에 부다
　가야(Budda-gayā)의 보리수(菩提樹) 아래에서
　깨달음을 얻어 부처가 되었다. 그 후 녹야원
　(鹿野苑)에서 다섯 명의 수행자를 교화하는 것
　을 시작으로 교단(敎團)을 성립했으며, 각지를
　다니며 설법(說法)을 하다가 80세에 입적(入
　寂)하였다.

석가 석【釋】釋迦의 약칭. 인신(引伸)하여 널
　　　　　리 불교 또는 중의 뜻으로 쓰임.
　　　　　釋門. 鑿釋像於上『喬宇』

석골풀 : 난초과(蘭草科)의 다년초. 보통 관상용
　(觀相用)으로 재배(栽培)하며 한방(韓方)에서
　건위(健胃) 강장제(强壯劑)로 씀.

석골풀 곡【蔛】石蔛.

석굴(石窟) :

석굴 암【巖】巖穴. 巖居.
　　　　　　峪窋巖穴下復『馬融

석달 된 돼지 :

석달 된 돼지 혜【豯】豕生三月.

석담(石膽) :

석담 담【礐】石礐. 약명(藥名).

석류(石榴) : 석류나무과에 속하는 낙엽교목. 근피
　(根皮). 수피(樹皮). 과피(果皮) 등은 약재로 씀.

석류 약【椋】椋榴. 과명(果名).

석류 류【榴】石榴. 五月榴花照眼明『韓愈』

석비레 :

석비레 게【埍】견토(堅土). 굳은 흙.

석산(石山) : 큰돌이 많은 산.

　석산 학【嶨】吟巴山嶅嶨, 說楚波堆巄『韓愈』

석서(鼫鼠) : 다람쥐과에 속하는 동물. 몸빛은 황
　　갈색(黃褐色). 볼에는 볼 주머니가 있음. 털로
　　붓을 만듦.

　석서 석【鼫】如鼫鼠『易經』

석수(汐水) : 저녁때에 밀려들어 왔다가 나가는
　　바닷물.

　석수 석【汐】潮汐. 滄海之水入於江 謂之潮 江湖
　　　　　　　之水歸於滄海 謂之汐『海潮論』

석얼음 : 물위에 떠 있는 얼음.

　석얼음 시【澌】春澌. 河水流澌 無船不可濟
　　　　　　　　　　『後漢書』

석장(錫杖) : 도사(道士)나 중이 짚는 지팡이.

　석장 석【錫】巡錫. 杖錫東顧『柳宗元』

석전(石戰) : 돌팔매질하여 겨루는 승부.

　석전 타【埵】輕浮睹勝各飛埵『梅堯臣』

석주(石柱) :

　석주 비【碑】
　　㉠ 옛날 종묘의 문안에 세워 희생을 매달던
　　　주상(柱狀)의 돌.
　　　君牽牲 旣入廟門, 麗於碑『禮記』
　　㉡ 옛날 귀인의 관(棺)을 무덤에 묻을 때 관
　　　을 얽어 맨 새끼 끝에 매달린 돌.
　　　公室視豊碑『禮記』

석탄(石炭) :

　석탄 매【煤】煤炭.

　석탄 탄【炭】탄소(炭素). 석탄의 약칭. 炭坑.

섞다 :

　섞을 박【礴】磅礴. 섞어 하나로 만듦. 혼합함.
　　　　　　　將旁礴萬物以爲一『莊子』

　섞을 분【扮】혼합함. 以椒薑扮之『史記』

　섞을 삼【糝】혼합함. 혼합됨.

　섞을 설【泄】한 데 섞음. 頗泄用之『後漢書』

　섞을 오【伍】與噲等伍『史記』

　섞을 유【糅】혼합함. 雜糅. 混糅.
　　　　　　　同糅玉石兮 一槩而相量『史記』

　섞을 잡【雜】雜古今人物 小畫共一卷『韓愈』

　섞을 제【擠】혼화(混和)함.
　　　　　　　以是非相擠也『莊子』

　섞을 제【齏】부수어 혼합함. 齏萬物『莊子』

　섞을 착【措】착(錯)과 동자(同字).
　　　　　　　內措齊晉『史記』

　섞을 착【錯】뒤섞임. 뒤섞음. 錯雜.
　　　　　　　錯綜其數『易經』

　섞을 찬【屪】뒤섞임. 典籍錯亂 皆由後人所屪
　　　　　　　『顔氏家訓』

섞을 참【儳】잡된 것이 섞임. 毋儳言『禮記』

섞을 첨【酟】和也. 煇以秋等酟以春梅『七命』

섞을 최【錐】錯也.

섞을 치【厠】섞어 넣음. 厠之賓客之中『史記』

섞을 혼【掍】혼(混)과 동자(同字).
　　　　　　　掍建章而連外屬『班固』

섞을 혼【混】혼합함. 혼잡함. 混淆. 混合.
　　　　　　　善惡混『揚子法言』

섞을 화【和】혼합함. 타다. 混和.
　　　　　　　五味六和『禮記』

섞을 효【淆】混也.

섞을 효【殽】뒤섞임. 混殽. 鑄作錢布 皆用銅
　　　　　　　殽以連錫『漢書』

섞은 미음 :

　섞은 미음 담【糡】잡미(雜糜).

섞이다 :

　섞일 간【間】뒤섞임. 間色.
　　　　　　　遠間親 新間舊『左傳』

　섞일 교【交】
　　㉠ 섞여짐. 交流. 兵刃旣交『孟子』
　　㉡ 참가(參加)함. 章交公車『漢書』

　섞일 박【駁】사물이 순일(純一)하지 아니하고
　　　　　　　잡것이 섞임. 雜駁.
　　　　　　　駁雜之譏 前書盡之『韓愈』

　섞일 반【秚】物相和.

　섞일 방【厖】난잡함. 不和政厖『書經』

　섞일 방【厖】뒤섞임. 厖雜. 不知政厖『書經』

　섞일 삼【糝】혼합함. 혼합됨.

　섞일 슬【蝨】雜居. 得無蝨其間『韓愈』

　섞일 양【欀】雜也.

　섞일 오【迕】뒤섞임. 廻穴錯迕『宋玉』

　섞일 오【忤】착잡(錯雜)함. 陰陽散忤『春秋』

　섞일 오【伍】與噲等伍『史記』

　섞일 유【揉】난잡함. 雜揉. 事跡錯揉『史通』

　섞일 유【糅】혼합함. 雜糅. 混糅.
　　　　　　　同糅玉石兮 一槩而相量『史記』

　섞일 잡【襍】교잡(交雜).

　섞일 잡【粂】不一. 鳩粂天下之用『莊子』

　섞일 잡【雜】
　　㉠ 뒤섞임. 紛雜. 混雜. 上下僭雜『後漢書』
　　㉡ 딴 것이 혼입(混入)함.
　　　茶話略無塵土雜『方岳』

　섞일 착【遺】교잡(交雜).

　섞일 착【措】착(錯)과 동자(同字).
　　　　　　　內措齊晉『史記』

　섞일 착【厝】착(錯)과 동자(同字).
　　　　　　　五方雜厝『漢書』

　섞일 착【錯】뒤섞임. 錯雜. 錯綜其數『易經』

　섞일 찬【屪】뒤섞임. 뒤섞음. 典籍錯亂 皆由後

人所屬『顔氏家訓』

섞일 참【參】뒤섞임. 參伍, 毋往參焉『禮記』

섞일 혼【混】混淆. 混合. 善惡混『揚子法言』

섞일 혼【渾】뒤섞임. 賢不肖渾殽『黃仲舒』

섞일 효【殽】뒤섞임. 混殽. 鑄作錢布 皆用銅
殽以連錫『漢書』

섞인 쌀 :

섞인 쌀 삼【糝】米穀雜.

선 :

선 선【線】수학에서 위치 및 길이는 있으나
넓이와 두께가 없는 것. 直線. 垂線.

선 선【禪】

㉠ 불교에서 마음을 조용히 하여 진리를 직
관하는 일. 禪宗. 禪僧出郭迎『白居易』

㉡ 좌선의 준말. 睡穩如禪息息勻『蘇軾』

선거(船渠) : 배를 매어 두는 곳.

선거 병【浜】船溝. 絶橫斷港 謂之浜『李翊』

선교(仙敎) : 신선(神仙)이 되고자 하여 닦는 도
(道). 황제(黃帝)와 노자(老子)를 조(祖)로 하며
불로장생(不老長生)의 술(術)을 배움. 후세(後
世)에는 도교(道敎)와 혼합(混合)되어 그 별칭
(別稱)이 됨.

선교 선【仙】釋仙論一卷『宋史』

선금(先金) :

선금 담【賧】선돈.

선기(璿機) : 고대에 천문을 관측하는 혼천의(渾
天儀)의 원형(圓形)으로 되어 회전하는 부분.

선기 기【璣】璿璣.

선기 선【璿】선(璇)과 동자(同字). 璿璣玉衡.

선 두르다 : 옷, 자리 따위의 가장자리 끝을 딴
헝겊으로 가늘게 싸서 두르는 일. 또 그 선.

선두를 비【紕】素絲紕之『詩經』

선두를 선【縇】㊞ 衣線. 席筵邊飾.

선두를 준【純】不純素『禮記』

선떡 : 잘 익지 않고 설익은 떡.

선떡 팔【糪】餠半熟.

선명(鮮明)하다 :

선명할 책【嘖】선명(鮮明).

선명할 초【𥛚】鮮也.

선명할 축【襩】鮮明貌.

선물(膳物) : 남에게 선사로 주는 물건.

선물 증【贈】受贈. 踰華袞之贈『穀梁傳』

선반 :

선반 선【鏇】굴대를 돌려서 물건을 자르는 기계.
鏇盤.

선반 각【閣】물건을 올려놓는 곳.
束之高閣『晉書』

선 밥 : 잘 익지 않고 설익은 밥.

선 밥 벽【糪】반숙(半熟).
米飯半腥半熟謂之糪『李巡曰』

선복화(旋覆花) : 국화과에 속한 여러해살이풀.
높이는 30~60센티미터 정도로 전체에 털이 있
으며, 잎은 어긋나고, 7~9월에 노란 꽃이 핀
다. 꽃은 약용되고 어린잎은 식용된다.

선복화 복【蕧】旋蕧花.

선비 :

선비 부【賦】공거(貢擧)의 인사(人士).
酒以臣錯充賦『漢書』

선비 사【士】

㉠ 벼슬의 명칭. 士大夫.
忠信重祿 所以勸士也『中庸』

㉡ 상류 사회. 지식 계급의 사람. 紳士.

㉢ 뛰어난 인물. 영재(英才). 天下士. 國士.

㉣ 도의(道義)를 행하고 학예(學藝)를 닦는
사람. 士不可以不弘毅『論語』

㉤ 남아(男兒). 三晉多權變之士『史記』

선비 언【彦】뛰어난 남자. 남자의 미칭(美稱).
彦士. 邦之彦兮『詩經』

선비 유【儒】

㉠ 유학(儒學)을 신봉(信奉)하거나 배우는 사
람. 儒林.

㉡ 학문(學文)이 뛰어나 남을 가르치는 사람.
학자(學者). 四曰儒, 以道得民『周禮』

선사(膳賜) :

선사 의【儀】예의(禮儀)를 표(表)하는 선물(膳物).
席儀待賓折席之禮『類書纂要』

선사 궤【饋】보내준 음식이나 물품. 厚饋.
朋友之饋『論語』

선사하다 :

선사할 증【贈】贈申侯伯而行之『說苑』

선사할 회【賄】賄用束紡『儀禮』

선생(先生) : 장로(長老)에 대한 존칭(尊稱)으로
성(姓)밑에 붙이는 말.

선생 경【卿】荀卿 虞卿 燕人謂之荆卿『史記』

선생 생【生】脫以此生有伯夷之廉『漢書』

선선하다 :

선선할 류【瀏】시원함. 瀏風.

선우이름 :

선우이름 묵【冒】冒頓(묵돌). 한초(漢初) 흉노
(匈奴)의 유명(有名)한 선우
(單于)의 이름.

선웃음 치다 : 아첨하느라 억지로 웃음.

선웃음 칠 아【呢】喔伊嚅呢『楚辭』

선웃음 칠 악【喔】吾將喔咿嚅呢以事婦人乎
『楚辭』

선웃음 칠 유【嚅】喔咿嚅呢『楚辭』

선웃음 칠 이【咿】喔咿. 吾將喥咿嚅呢 以事婦
　　　　　　人乎『楚辭』
선웃음 칠 후【煦】煦煦趄趄『柳宗元』
선위(禪位)하다 : 천자(天子)의 지위(地位)를 남
　　에게 물리어 줌.
　선위할 선【禪】禪讓. 唐虞禪『孟子』
　선위할 일【辷】󰄽 선위(禪位).
선조(先祖) :
　선조 고【古】조상(祖上).
　　　　　　祀天地山川社稷先古『禮記』
　선조 조【祖】祖上. 始祖. 不敢遺其祖 鼻祖 晉
　　　　　　以顧長康張僧繇陸微 爲畫家三祖
　　　　　　『因話錄』
선짓국 :
　선짓국 감【䘓】血羹. 宋時大官作䘓『本草經』
선창(船艙) : 배의 화물 쌓아 두는 곳.
　선창 창【艙】開艙, 卸貨『東華錄』
선택(選擇) :
　선택 선【選】入選. 古文選.
선행(善行) :
　선행 경【慶】착한 행위. 一人有慶『書經』
선후걸이 :
　선후걸이 쇠【鞦】鞍邊帶.
섣달 :
　섣달 도【涂】음력(陰曆) 12월의 별칭.
　　　　　　十二月爲涂月『爾雅』
　섣달 랍【臘】음력 12월. 舊臘.
　　　　　　送臘辭寒律『吳融』
설다 : 익숙하지 아니함.
　설 생【生】生硬. 不可容生人入內『致富奇書』
설레다 : 가슴이 설레는 모양. 마음이 공연히 안
　　정되지 못한 모양.
　설렐 돈【蜳】螴蜳.
　설렐 진【螴】螴蜳. 螴蜳不得成『莊子』
설령 :
　설령 설【設】
　　㉠ 가령. 가정하는 말. 假設. 設使.
　　　設未得其當 雖十易之不爲病『柳宗元』
　　㉡ 設令, 設爲로 연용(連用)하기도 함.
　　　設百歲後『史記』
설만(藝慢)하다 : 행동이 무례하고 단정하지 못
　　한 모양.
　설만할 설【藝】설(藝)과 동자(同字).
　　　　　　曾我藝御『詩經』
　설만할 필【怭】怭怭. 威儀怭怭『詩經』
설명(說明)하다 :
　설명할 전【詮】
　　㉠ 상세히 사리를 설명함. 詮論.

惟夫子詮斯義也『吳越春秋』
　　㉡ 사리를 설명한 말. 言詮.
　　　衣褐向眞詮『杜甫』
설사(泄瀉) :
　설사 리【痢】
　　㉠ 묽은 똥을 누는 배탈. 下痢.
　　　食之己痢『西陽雜俎』
　　㉡ 설사(泄瀉)한 오물(汚物).
　　　嘗痢以求愈『元史』
설사병(泄瀉病) :
　설사병 마【䐈】설병(泄病). 痢也.
설사하다 :
　설사할 사【瀉】吐瀉. 腎主瀉『白虎通』
　설사할 설【泄】泄痢. 爲脇痛嘔泄『素問』
설익은 밥 :
　설익은 밥 분【饋】半蒸飯.
섬 :
　섬 고【嶌】도서(島嶼). 出沒島嶌『宋史』
　섬 도【島】도서(島嶼). 島國.
　　　　　　入海居島中『史記』
　섬 도【隯】도(島)와 동자(同字). 水中山.
　　　　　　阜陵別隯
　섬 서【嶼】작은 섬. 島嶼.
　　　　　　石帆蒙蘢以蓋嶼『郭璞』
　섬 석【秙】석(石)과 동자(同字). 십두(十斗).
　　　　　　곡식을 담는 용기.
　섬 석【石】용량(容量)의 단위(單位)로 열말.
　　　　　　歲收畝一石半『漢書』
　섬 섬【苫】곡식을 담기 위하여 짚으로 엮은
　　　　　　멱서리.
　섬 용【甬】용량(容量)의 단위(單位). 열 말들이.
　　　　　　지금의 곡(斛)에 해당(該當)함.
　　　　　　斛甬『禮記』
　섬 입【叺】󰄽
　섬 주【洲】사주(沙洲). 작은 섬. 洲島.
　　　　　　在河之洲『詩經』
　섬 지【坻】수중(水中)의 고지(高地).
　　　　　　有肉如坻『左傳』
　섬 타【陁】普陁, 海中山.
섬기다 : 모시어 받듦.
　섬길 관【貫】三歲貫女『詩經』
　섬길 사【仕】
　　㉠ 임금을 섬김. 其後累世皆仕漢『十八史略』
　　㉡ 주인을 섬김. 仕于家曰僕『禮記』
　섬길 사【事】
　　㉠ 받들어 모심. 父事.
　　　夫孝始於事親 中於事君 經於立身『孝經』
　　㉡ 벼슬을 함. 皆高年不事者 人慕之『唐書』

섬돌 : 돌 층계.

섬돌 계【階】계단. 陛階. 階段.

　　　　　　舞于羽于兩階 『書經』

섬돌 계【墄】砌也.

섬돌 등【磴】석계(石階). 氷雪滑磴棧 『韓愈』

섬돌 래【隊】階也.

섬돌 비【坒】층층대. 계단.

　　　　　　人君如堂 群臣如坒 『漢書』

섬돌 제【除】궁전의 계단. 玉除彤庭 『班固』

섬돌 조【阼】제사 등을 지낼 때에 주인이 당(堂)
　　　　에 올라가는 동편(東便) 층계(層
　　　　階). 중국의 당(堂)은 동서(東西)
　　　　양쪽에 각기 층계가 있어서 객(客)
　　　　은 서쪽에서 주인(主人)은 동쪽에
　　　　서 올라감.
　　　　㉠ 朝服而立於阼階 『論語』
　　　　㉡ 踐阼臨祭祀 『禮記』

섬돌 체【砌】석계(石階). 苔砌. 玄墀釦砌.

　　　　　　玉階彤庭 『班固』

섬돌 폐【陛】궁전에 올라가는 돌층계.

　　　　　　以次進至陛 『史記』

섬멸(殲滅)하다 : 모조리 죽임.

　섬멸할 섬【殲】殲厥渠魁 『書經』

섬섬(纖纖)하다 : 가냘프고 고운 모양.

　섬섬할 섬【掺】掺掺女手 『詩經』

섭섭하다 : 마음에 부족을 느낌.

　섭섭할 감【憾】유감(遺憾).

　　　　　　天地之大 人猶有所憾 『中庸』

성 :

　성 가【賈】賈誼.

　성 가【乣】姓也. 乣加思蘭 韃靼酋長.

　성 강【姜】신농(神農) 후손(後孫)의 성(姓).

　성 공【孔】공자(孔子)의 성(姓). 孔丘.

　성 광【鄺】鄺露는 명대(明代)의 사람.

　성 규【嬀】순(舜)임금 후예(後裔)의 성(姓).

　성 길【姞】황제(皇帝)의 아들로서 성(姓)을 얻은
　　　　자가 14인데 길(姞)은 그 중의 하나임.
　　　　후세(後世)에 길(吉)이라 고쳤음.
　　　　皇帝之子 得姓子十四人 姞其一也
　　　　『國語』

　성 노【怒】화냄. 發怒. 不遷怒, 不貳過 『論語』

　성 당【党】성(姓)의 하나. 党耐虎는 진(秦)나라
　　　　의 장군(將軍)이름.
　　　　※ 당(黨)의 약자(略字)로 쓰임.

　성 도【陶】姓也.

　성 력【酈】酈食其는 한(漢)나라 고조(高祖)의
　　　　공신(功臣).

　성 루【嫘】姓也.

　성 맹【孟】맹자(孟子)의 성(姓). 孟軻.

　성 묵【万】万俟는 오랑캐의 복성(複姓).

　성 방【蠭】羿蠭門 『荀子』

　성 방【逢】逢蒙學射於羿 『孟子』

　성 백【苩】百濟姓.

　성 복【宓】姓也.

　성 붕【倗】姓也.

　성 설【偰】姓也.

　성 섭【葉】葉適. 송(宋)나라 때 학자(學者).

　성 성【姓】姓氏. 天子建德 因生賜姓 『左傳』

　성 성【省】중국 지방의 행정상의 구획. 원대
　　　　(元代)에 천하를 열로 구획하여 행성
　　　　(行省)을 둔 데서 비롯함. 청대(靑
　　　　代)에는 본토(本土)에 십팔성(十八
　　　　省), 그밖에 사성(四省)을 두었음.
　　　　山西省. 直省設總督 『大淸會典』

　성 소【邵】소공(召公)은 邵公으로도 씀.
　　　　周邵呂望之功 『史記』

　성 심【沈】성(姓)의 하나.

　성 애【恚】화. 분노. 解恚之方 『陸龜蒙』

　성 영【嬴】진(秦)나라 왕(王)의 성(姓).

　성 예【兒】성(姓)의 하나. 兒寬은 전한(前漢)의
　　　　무제(武帝) 때 사람.

　성 요【姚】순(舜)임금 후예(後裔)의 성(姓).

　성 우【萬】姓也.

　성 운【妘】姓也.

　성 울【尉】
　　　㉠ 尉遲. 복성(複姓)의 하나.
　　　㉡ 尉繚. 주대(周代)의 병법가(兵法家).

　성 위【寪】성(姓)의 하나. 公館于寪氏 『左傳』

　성 전【籛】彭祖姓籛名鏗 『神仙傳』

　성 족【族】羽父請諡與族 『左傳』

　성 추【棷】棸子內史 『詩經』

　성 퉁【佟】여진족(女眞族). 佟豆蘭.

　성 팽【彭】彭祖.

　성 풍【馮】馮異. 후한(後漢)때 사람.
　　　　晉人有馮婦者 『孟子』

　성 한【駻】駻臂는 성(姓)의 하나.
　　　　江東駻臂子弓 『漢書』

　성 혜【嵇】嵇康(三國魏)

　성 희【僖】姓也.

　성 희【姬】黃帝居姬水 以姬爲氏 周人嗣其姓
　　　　『說文解字』

성가퀴 : 성 위의 작은 성.

　성가퀴 비【僻】비(埤)와 동자(同字).
　　　　　　城上僻倪也 『左傳註』

　성가퀴 비【睥】성 위에 쌓은 낮은 담.
　　　　　　城上垣曰睥睨 『釋名』

　성가퀴 비【埤】埤堄는 성 위에 낮게 쌓은 담.

城烏埤堄曉 『王維』

성가퀴 비【禆】비(陴)와 통용. 여장(女墻).
　　　　反其禆 『國語』

성가퀴 비【陴】성 위에 낮게 쌓은 담.
　　　　城堞. 陴堞. 閉門登陴 『左傳』

성가퀴 예【堄】埤堄는 성 위의 낮은 담.

성가퀴 첩【堞】성 위에 나지막하게 쌓은 담.
　　　　雉堞. 堞其宮而守之 『左傳』

성급하다 :

성급할 견【狷】성미가 좁고 급함. 狷急.

성급할 견【獧】견(狷)과 동자(同字).
　　　　獧者有所不爲也 『孟子』

성급할 극【亟】조급(躁急)함.
　　　　公孫之亟也 『左傳』

성급할 별【憋】조급함. 嘽咺憋 『列子』

성급할 조【趮】조(躁)와 동자(同字).
　　　　不無趮急 『唐宋八大家文序』

성급할 조【躁】성질이 급함. 躁急. 躁進. 議者
　　　　措其才才 而譏其躁競 『北史』

성급할 한【悍】조급함. 愚悍少慮 『漢書』

성급할 현【狟】性猵急.

성급할 훼【喙】성미가 급함. 余病喙 『國語』

성기다 :

성길 나【膠】不密輕膠.

성길 력【歷】촘촘하지 아니함.
　　　　齟齬歷齒 『宋玉』

성길 소【蔬】소(疏)와 통용. 蔬糲.

성길 활【闊】정분이 멂. 오래 만나지 아니함.
　　　　소원함. 闊別. 吁嗟闊兮 『詩經』

성길 희【希】사이가 배지 않고 뜸. 希小.
　　　　鳥獸希革 『書經』

성긴 체 :

성긴 체 서【簁】소사(疏篩).

성나 파랗게 질리다 :

성나 파랗게 질릴 병【頩】怒色靑.

성내고 달아나다 :

성내고 달아날 걸【趌】노주(怒走).

성내고 달아날 길【趌】노주(怒走).

성내다 :

성낼 개【愾】분개(憤慨)함. 愾憤邊戎 『常袞』

성낼 광【洸】노(怒)하는 모양.
　　　　有洸有潰 『詩經』

성낼 궤【潰】화냄. 有洸有潰 『詩經』

성낼 노【怒】
　　㉠ 憤怒. 文王一怒而安天下之民 『孟子』
　　㉡ 奮起함. 怒而飛 『莊子』

성낼 례【悷】怒也.

성낼 만【懣】만(瞞)과 통용. 憂懣不食 『漢書』

성낼 묵【嬲】怒也.

성낼 병【頩】얼굴에 화낸 기색이 보이는 모양.
　　　　頩薄怒以自持兮 『宋玉』

성낼 분【忿】원망하여 화냄. 忿怒. 激忿.
　　　　爾無忿疾于頑 『書經』

성낼 비【奰】결냄. 內奰于中國 『詩經』

성낼 빙【馮】대단히 화를 내는 모양.
　　　　今君奮焉 震電馮怒 『左傳』

성낼 석【奭】결냄. 有如兩宮奭將軍 『漢書』

성낼 석【螫】화를 냄. 螫將軍 『史記』

성낼 섭【攝】성내어 봄. 目攝之 『史記』

성낼 애【恚】원한을 품고 분노함. 恚望. 怨恚.
　　　　欲試寬令恚 『後漢書』

성낼 연【悁】화냄. 悁忿. 棄忿之節 『史記』

성낼 오【噁】화를 냄. 또는 화내는 소리.
　　　　項王喑噁叱咤 『史記』

성낼 온【慍】발끈 화를 냄. 慍色.
　　　　人不知而不慍不亦君子乎 『論語』

성낼 용【恿】怒也.

성낼 원【爰】화냄. 爰恚也, 楚曰爰 『揚雄』

성낼 유【譴】怒也.

성낼 의【忍】怒也.

성낼 제【懠】화냄. 天之方懠 『詩經』

성낼 진【瞋】에노(恚怒).

성낼 진【嗔】輒嗔恚憤激 『吳志』

성낼 진【瞋】화를 냄. 瞋怒無度 『魏略』

성낼 척【慼】분노함. 慍斯慼 『禮記』

성낼 천【忏】怒也.

성낼 치【懥】분노함. 身有所忿懥 『大學』

성낼 치【懫】치(懥)와 동자(同字).
　　　　惟有夏氏之民叨懫日欽 『書經』

성낼 패【怖】怒也.

성낼 한【攌】불끈 화냄. 攌然授兵登陳 『左傳』

성낼 한【憪】憪然以爲天下無人 『唐書』

성낼 행【譁】怒也.

성낼 행【悻】悻悻. 발끈 성을 내는 모양.
　　　　悻悻然見於其面 『孟子』

성낼 혁【嚇】嚇怒. 仰而視之 曰嚇 『莊子』

성낼 현【訏】怒也.

성낼 환【嗳】怒也.

성내서 부르다 :

성내서 부를 학【吒】怒聲呼也.

성내어 말하다 :

성내어 말할 함【諴】叫諴. 노언(怒言).

성난 말 :

성난 말 화【譁】노사(怒辭).

성난 소리 :

성난 소리 이【嘻】노성(怒聲).

성대(盛大)하다 : 성(盛)하고 큼. 아주 성(盛)함.
　또 성(盛)하고 크게 함.
　성대할 무【懋】懋典. 懋績. 予懋乃德『書經』
　성대할 환【奐】아주 성함. 惟懿惟奐『漢書』
성문(城門) :
　성문 곤【閫】성곽(城郭)의 문. 閫以內者寡人制
　　　　　　之 閫以外者將軍制之『史記』
　성문 대【臺】성(城)의 문. 驅駕出城臺『江總』
　성문 도【闍】성문 밖의 멀리 바라보는 대(臺).
　　　　　　성 위의 겹 문. 出其闍闍『詩經』
　성문 인【闉】성안의 이중(二重)의 문. 성 밖의
　　　　　　부성(副城). 出其闉闍『詩經』
성밑밭 :
　성밑밭 연【堧】城下田.
　성밑밭 연【壖】아래의 전지(田地).
　　　　　　　　城郭壖『漢書』
성밖 : 주대(周代)의 제도에서는 국도(國都)에서
　거리가 50리 이내의 곳을 近郊, 100리 이내를
　遠郊라함. 인신(引伸)하여 도회의 부근을 이름.
　성밖 교【郊】郊外. 邯鄲之郊『戰國策』
　성밖 목【牧】郊外. 王朝至商郊牧野『書經』
　성밖 야【野】
　　㉠ 교외(郊外). 四野. 叔適野『詩經』
　　㉡ 왕성(王城)의 200리 밖에서 300리까지의
　　　사이. 縣士掌野『周禮』
　성밖 전【甸】郊甸. 郭外曰郊 郊外曰甸『左傳』
성 발끈 내다 : 함부로 화냄.
　성 발끈 낼 의【毅】毅而不勇『國語』
　성 발끈 낼 획【諰】數相怒.
성별 :
　성별 성【性】남녀의 구별(區別). 男性. 女性.
성 불끈 내다 : 불끈 화를 냄.
　성 불끈 낼 포【咆】何猛氣之咆勃『潘岳』
　성 불끈 낼 할【磍】磍磍, 성노(盛怒).
성성이 : 유인원(類人猿)과에 속하는 짐승. 모양
　이 사람과 가장 닮으며 힘이 세어 악어와 큰
　뱀을 잡아먹음. 상상상(想像上)의 동물. 머리털
　이 길고 술을 좋아하며 춤을 잘 춤.
　성성이 성【猩】猩猩能言不離禽獸『禮記』
　성성이 성【狌】성(猩)과 동자(同字).
　　　　　　狌狌知往『淮南子』
성수 :
　성수 수【宿】성차(星次). 二十八宿.
성스럽다 : 지덕이 가장 뛰어나고 사리에 무불통
　지(無不通知)함.
　성스러울 성【聖】乃聖乃神『書經』
성실하다 : 거짓이 없고 정성스러움.
　성실할 각【愨】謹愨. 有愨士者『荀子』

성실할 원【愿】誠愿. 愿而恭『書經』
성심(誠心) :
　성심 단【丹】丹心. 剖心輸丹『李白』
성심(誠心)으로 말하다 :
　성심으로 말할 혜【誇】성언(誠言).
성 쌓다 :
　성 쌓을 성【城】축성(築城)함.
　　　　　　王命仲山甫 城彼東方『詩經』
성인(聖人) :
　성인 성【聖】
　　㉠ 지덕이 가장 뛰어나고 사리에 통하지 않
　　　는 바 없는 사람. 聖賢.
　　　先聖後聖 其揆一也『孟子』
　　㉡ 어느 방면에 공전절후(空前絶後)로 뛰어난
　　　사람. 筆聖. 詩聖.
성좌(星座) :
　성좌 차【次】천체의 성수(星宿).
　　　　　　日窮于次『禮記』
성 지명하다 :
　성 지명할 가【哥】힣 지명(地名). 指稱姓氏.
성질(性質) : 만물이 가지고 있는 본 바탕.
　성질 성【性】野性. 是豈水之性也『孟子』
성찬(盛餐) :
　성찬 광【侊】侊飯. 잘 차린 음식. 성찬(盛餐).
　　　　　　侊飯不及壺飧『國語』
성채 :
　성채 보【葆】보(堡)와 통용.
　　　　　　侵盜上郡葆塞『史記』
　성채 책【柵】작은 성. 連營樹柵『魏志』
성품 : 사람이 타고 난 성질.
　성품 성【性】天性. 天命謂之性『中庸』
성품 급하다 :
　성품 급할 초【憯】성급(性急).
성품(性品)총혜(聰慧)치못하다 :
　성품총혜치못할 분【体】性不慧.
성하게 하다 :
　성하게 할 부【阜】可以阜我民之財兮『史記』
　성하게 할 성【盛】太后盛氣而胥之入『史記』
　성하게 할 침【祲】天官景從 祲威盛容『班固』
성하다 :
　성할 간【旰】皓皓旰旰『王延壽』
　성할 경【競】왕성함. 惠競爽『左傳』
　성할 괴【傀】盛也.
　성할 기【祁】성대(盛大)함. 冬祁寒『書經』
　성할 나【儺】隰桑有阿 其葉有儺『詩經』
　성할 니【柅】무성한 모양. 總莖柅柅『左思』
　성할 대【瓛】茂也. 瓛兮若松榯『宋玉』

성할 륭 【隆】
　　㉠ 隆盛. 漢室之隆 可計日而待也 『諸葛亮』
　　㉡ 성대하게 함. 隆禮 『禮記』
성할 린 【轔】 은성(殷盛)한 모양.
　　　　　　振殷轔而軍裝 『揚雄』
성할 면 【靦】 盛也.
성할 무 【茂】 先王以茂對時, 育萬物 『易經』
성할 무 【楙】 盛也.
성할 민 【緡】 무성함. 丘陵草木之緡 『莊子』
성할 발 【蔎】 蔎蔎. 향기가 대단히 풍기는 모양.
　　　　　　蔎蔎香氣 『柳宗元』
성할 발 【佛】 발(勃), 발(浡)과 통용.
　　　　　　佛然平世之俗起焉 『荀子』
성할 번 【繁】 융성함. 번영함. 繁昌. 繁榮.
　　　　　　辭讓之節繁 『禮記』
성할 부 【阜】 왕성함. 火烈具阜 『詩經』
성할 비 【賁】 壯也.
성할 빈 【繽】 많이 뒤섞여 어지러운 모양.
　　　　　　繽紛. 九疑繽其並迎 『楚辭』
성할 삼 【森】 무성(茂盛)한 모양. 왕성한 모양.
　　　　　　鬱森. 森奉璋以階列 『潘岳』
성할 삽 【颯】 많고 성(盛)한 모양.
　　　　　　賓御紛颯沓 『顏延之』
성할 선 【煽】 세력(勢力)이 성대(盛大)함. 煽熾.
　　　　　　豔妻煽方處 『詩經』
성할 성 【盛】
　　㉠ 문화(文化)가 한창 발달(發達)하고 세상(世
　　　上)이 잘 다스려진 모양.
　　　盛世. 堯舜之盛, 尙書載之 『史記自序』
　　㉡ 광대(廣大)한 모양. 盛德.
　　　鬼神之爲德 其盛矣乎 『中庸』
　　㉢ 한창인 모양. 강장(强壯)한 모양. 鼎盛.
　　　盛年. 氣力方盛.
　　㉣ 번영(繁榮)하는 모양. 繁盛. 隆盛.
　　　宗族富盛 『晉書』
　　㉤ 많은 모양. 衆盛.
　　　學者滋盛 弟子萬數 『後漢書』
　　㉥ 초목(草木)이 우거진 모양. 茂盛.
　　　是月也 樹木方盛 『禮記』
성할 승 【升】 융성(隆盛)함. 道有升隆 『書經』
성할 양 【洋】 광대(廣大), 성대(盛大)한 모양.
　　　　　　洋洋. 聲名洋溢乎中國 『中庸』
성할 엄 【閹】 양기(陽氣)가 왕성(旺盛)함.
　　　　　　行夏攻閹 『管子』
성할 역 【斁】 庸鼓有斁 『詩經』
성할 염 【苒】 金華紛苒若 『王融』
성할 영 【榮】
　　㉠ 무성(茂盛)함. 榮茂. 木欣欣以向榮 『陶潛』
　　㉡ 창성(昌盛)함. 宮室榮歟 『荀子』

성할 옥 【沃】 무성(茂盛)함. 또는 장성(壯盛)함.
　　　　　　其葉沃若 『詩經』
성할 온 【蒕】 蒕蒕, 성모(盛貌).
성할 왕 【旺】 왕성(旺盛)함. 旺運.
　　　　　　犬生一子 其家興旺 『田家雜占』
성할 외 【猥】 왕성(旺盛)함. 無不猥大 『漢書』
성할 욱 【郁】
　　㉠ 문물(文物)이 융성(隆盛)한 모양.
　　　郁郁乎文哉 『論語』
　　㉡ 향기가 대단히 나는 모양.
　　　踐椒塗之郁烈 『曹植』
성할 운 【蒕】 성모(盛貌).
성할 운 【紜】 물건이 많고 성한 모양.
　　　　　　牛馬走紜紜 『白居易』
성할 운 【云】 운(芸)과 통용. 萬物云云 『莊子』
성할 울 【鬱】 사물이 왕성한 모양. 鬱勃.
　　　　　　玄靈決鬱 『漢書』
성할 위 【蔚】
　　㉠ 초목이 무성한 모양. 薈兮蔚兮 『詩經』
　　㉡ 문교(文敎)가 널리 행해지는 모양.
　　　儒風載蔚 『魏書』
성할 위 【偉】 성대(盛大)함. 偉觀.
　　　　　　儀觀甚偉 『韓愈』
성할 위 【煒】 성(盛)한 모양. 또 밝은 모양.
　　　　　　譁煒衆親盛 『張華』
성할 은 【殷】 은성(殷盛)함. 殷昌.
　　　　　　惟殷于民 『書經』
성할 의 【旖】 旖旎. 성(盛)한 모양.
　　　　　　紛旖旎兮都房 『楚辭』
성할 이 【薾】 꽃이 한창 많이 핀 모양.
　　　　　　彼薾維何 『詩經』
성할 장 【牂】 무성(茂盛)한 모양.
　　　　　　其葉牂牂 『詩經』
성할 전 【棧】 물건이 많아 성(盛)한 모양.
　　　　　　叢棘棧棧 『漢書』
성할 전 【滇】 성(盛)한 모양. 또 큰물의 모양.
　　　　　　泛泛滇滇 『漢書』
성할 정 【丁】 왕성(旺盛)함. 강성(强盛)함.
　　　　　　丁者謂萬物之丁壯 『史記』
성할 진 【溱】 百穀溱溱 『班固』
성할 질 【姪】 盛也.
성할 치 【熾】
　　㉠ 불이 활활 탐. 불기운이 성(盛)함.
　　　火旣熾矣 『北史』
　　㉡ 세력(勢力)이 강성(强盛)함.
　　　獫狁孔熾 『詩經』
성할 탄 【嘽】 성대한 모양. 王旅嘽嘽 『詩經』
성할 퇴 【焞】 세력(勢力)이 왕성(旺盛)한 모양.
　　　　　　嘽嘽焞焞 『詩經』

성할 패【拔】지엽(枝葉)이 무성(茂盛)한 모양.
柞棫拔斯『詩經』

성할 패【沛】성대(盛大), 왕성(旺盛)한 모양.
沛然德教 溢于四海『孟子』

성할 팽【砰】왕성(旺盛)한 모양.
休嘉砰隱『漢書』

성할 폐【肺】무성(茂盛)한 모양.
其葉肺肺『詩經』

성할 포【泡】왕성(旺盛)함. 泡溲.
泡盛也江淮之間曰泡『揚雄方言』

성할 표【鑣】朱幩鑣鑣『詩經』

성할 풍【豊】성대함. 不爲豊約擧『國語』

성할 향【薌】肹蠁. 물건이 성한 모양.
肹蠁布寫『司馬相如』

성할 헌【憲】흥성함. 憲憲令德『中庸』

성할 혁【赫】성대한 모양. 기세가 대단한 모양.
赫赫師尹民具爾瞻『詩經』

성할 황【貺】盛也.

성할 훼【虺】성한 모양.
虺然興道而遷義刑措不用『史記』

성할 희【熹】희(熺)와 동자(同字). 은성(殷盛).
改元延熹『後漢書』

성하여지다 : 성하게 됨. 번성하여짐.
성하여질 성【盛】平者水停之盛也『莊子』

섶 :

섶 삼【椮】고기를 잡기 위하여 묶어서 물 속에
쌓은 섶. 椮謂之涔『爾雅』

섶 시【柴】땔나무. 또는 잡목. 柴草.

섶 신【薪】섶나무. 연료로 하는 초목.
析薪如之何『詩經』

섶 잠【潛】고기를 모이게 하기 위하여 물 속에
쌓은 섶. 潛有多魚『詩經』

섶 족【簇】익은 누에를 올리는 짚이나 잎나무
따위. 修成蠶簇分繭理絲『晉書』

섶 추【棷】섶나무. 땔나무.

섶나무 :

섶나무 증【蒸】가는 섶나무. 以薪以蒸『詩經』

세 : 차용한 요금.

세 조【租】俱有租房租地『明疏鈔』

세 치【直】應與雇舍直『法苑珠林』

세 치【值】應與雇舍值『法苑珠林』

세 가락 메추라기 : 메추라기과에 속하는 새의
일종.

세 가락 메추라기 모【鶕】鳥名.

세 가락 메추라기 안【鷃】雉兔鶉鷃『禮記』

세 가락 메추라기 여【駕】鳥名.

세간 :

세간 가【傢】傢伙. 일용(日備)의 가구(家具).

세간 집【什】식기(食器) 따위의 일용기구(日用
器具). 什器. 什物謂常用者 其數非
一 故曰什『史記 註』

세 갈래 창 :

세 갈래 창 당【鎲】당파(鎲鈀).

세내다 :

세낼 추【僦】임차(賃借)함. 僦船.
僦二千餘車『北齊書』

세다 :

셀 거【袪】강한 모양. 以車袪袪『詩經』

셀 경【勁】

　㉠ 힘이 있음. 강(剛)함. 勁兵. 勁弓.
弓先調而後求勁『淮南子』

　㉡ 의지가 강함. 勁正. 勁直. 行法至堅 不以私
欲亂所聞 如是則可謂勁士矣『荀子』

셀 경【勍】강함. 勍敵之人『左傳』

셀 계【計】

　㉠ 수를 셈. 計算. 可計日而待也『諸葛亮』

　㉡ 인신(引伸)하여 수학, 學書計『禮記』

셀 교【橋】세찬 모양.
欲惡去就 於是橋起『莊子』

셀 교【校】계산함. 憂患不可勝校『荀子』

셀 구【觓】활이 센 모양. 角弓其觓『詩經』

셀 구【句】셈을 셈. 以後季句前季『唐書』

셀 독【讀】수량을 계산함.
以數之多者 號而讀之『莊子』

셀 려【戲】數也.

셀 료【料】수를 셈. 料民于太原『國語』

셀 봉【弸】활이 센 모양.
弓如明月對弸『庾信』

셀 산【筭】산(算)과 동자(同字). 上方與鼂錯 調
兵竹下卞軍實『史記』

셀 산【算】계산. 噫斗筲之人 何足算也『論語』

셀 산【選】산(算)과 통용.
斗筲之人 何足選『漢書』

셀 설【揲】설(揲)과 동자(同字).
揲之以三策『漢書』

셀 설【揲】하나하나 집어 셈. 揲著.
揲之以四 以象四時『易經』

셀 여【與】수효를 셈함.
生與來日 死與往日『禮記』

셀 자【貲】계산함. 不貲(셀 수 없이 많음.)

셀 정【丁】왕성(旺盛)함. 강성(强盛)함.
丁者謂萬物之丁壯『史記』

셀 주【遒】강함. 힘이 있음. 遒勁.
獵獵晚風遒『鮑照』

셀 탁【度】계산함. 不度民械『禮記』

세대 :

세대 세【世】30년. 必世而後仁『論語』
세 들다 :
세 들 조【租】차용(借用)함.
每年該租房錢若于『玉堂雜字』
세력 :
세력 세【勢】
㉠ 권세(權勢). 위세(威勢). 勢權.
權門勢家 古之賢王 好善而忘勢『孟子』
㉡ 물리적(物理的)인 힘. 水勢. 火勢.
各有其自然之勢『淮南子』
세력 없어지다 :
세력 없어질 잠【熸】楚師熸『左傳』
세로 :
세로 륜【輪】남북의 길이.
九州之地域廣輪之數『周禮』
세로 수【豎】두 끝이 위아래로 놓인 상태.
橫說豎說.
人天本豎 畜生本橫『楞嚴經』
세로 운【運】토지의 남북(南北)을 이름. 동서(東西)는 광(廣)이라 함.
廣運百里『國語』
세로 종【縱】평면(平面)에 대하여 상하(上下), 동서(東西)에 대하여 남북(南北), 좌우(左右)에 대하여 전후(前後)의 방향. 縱橫. 遂橫溝縱『詩名物疏』
세로 축【縮】古者冠縮縫 今也衡縫『禮記』
세모창 : 날이 세모진 창.
세모창 구【厹】武器.
세모창 구【厹】厹矛鋈錞『詩經』
세모창 혜【鏸】武器.
세모창 혜【惠】二人雀弁執惠『書經』
세목(細目) :
세목 목【目】조건(條件). 세별(細別). 科目.
請問其目『論語』
세미(細微)하다 :
세미할 묘【秒】사물이 극히 작음. 아주 미세함.
秒忽. 十忽爲秒十秒爲毫『漢書』
세 미인 :
세 미인 찬【粲】세 사람의 미녀.
見此粲者『詩經』
세 번 :
세 번 삼【三】삼회(三回). 三拜.
三思而後行『論語』
세 살 된 돼지 :
세 살 된 돼지 견【豣】三歲豕.
세 살 먹은 짐승 :
세 살 먹은 짐승 견【肩】並驅從兩肩兮『詩經』
세수대야 :
세수대야 관【盥】관(盥)과 동자(同字).
세수대야 관【盥】洗手器.
세수수건 :
세수수건 세【帨】관건(盥巾).
세수하다 : 낯을 씻음.
세수할 회【靧】面垢 燂潘請靧『禮記』
세수할 회【頮】王乃洮頮水『書經』
세습(世襲) : 재산, 신분, 직업 등을 한집안에서 자손 대대로 물려받음.
세습 습【襲】계승(繼承)함.
세습 주【疇】가업을 계승(繼承)함. 疇人『史記』
세우다 :
세울 건【建】
㉠ 물건을 꼿꼿이 세움.
九十杖而朝 見君建杖『尙書大傳』
㉡ 일으킴. 創 始함. 建置. 建國.
先王以建萬國親諸侯『易經』
㉢ 지음. 建立. 建築.
㉣ 이룩함. 수립함. 建功. 可建大功『戰國策』
㉤ 베풂. 建鼓整列『左傳』
세울 돈【敦】직립(直立)하게 함. 敦杖『莊子』
세울 립【立】
㉠ 立人之道 曰仁與義『易經』
㉡ 儒夫有立志『孟子』
㉢ 설치함. 設立. 立其監『周禮』
㉣ 설정(設定)함. 重立賞格『南史』
㉤ 건립(建立)함. 立商飇館於孫隆岡『南史』
㉥ 나타냄. 밝힘. 大上有立德『左傳』
㉦ 임함. 明全立政『史記』
세울 수【樹】서게 함. 樹立. 樹勳.
樹風德務滋『書經』
세울 수【豎】서게 함. 野豎旌旗『李華』
세울 식【殖】건립(建立)함. 以殖義方『國語』
세울 식【植】植樹. 植其杖而芸之『論語』
세울 주【尌】立也.
세울 치【置】즉위케 함. 莫如置天子『呂氏春秋』
세월(歲月) :
세월 월【月】광음(光陰). 歲月不待人『陶潛』
세차게 흐르다 : 물이 세차게 흐르는 모양.
세차게 흐를 방【滂】滂湃.
세차게 흐를 상【滴】鬱鬱芊芊 若何滴滴『列子』
세차게 흐를 원【洹】洹洹水流盛也『辭海』
세차다 :
세찰 노【怒】기세가 대단함. 怒潮.
江上秋風捲怒濤『孟貫』
세찰 렬【烈】화세(火勢)가 강함. 인신(引伸)하여 기세(氣勢)가 대단함. 猛烈.
天吏逸德烈于猛火『書經』

세찰 상【澯】수세가 빠른 모양.

세포(細胞) : 생물체(生物體)를 조직(組織)하는 원
　　형질(原形質)의 미립(微粒).

　세포 포【胞】細胞.

세피리 : 죽부(竹部)에 속한 관악기의 하나. 향피
　　리와 비슷하나 조금 가늘고 작다. 가곡(歌曲),
　　가사(歌辭), 시조(時調) 등의 반주 악기로 쓰이
　　고 세악(細樂)에 편성되기도 한다.

　세피리 화【龢】소생(小笙).

센털 :

　센털 리【斄】강모(彊毛).

센트 :

　센트 선【仙】[假借字] 미국(美國)의 화폐단위
　　　　　　　　　(貨幣單位)의 약기(略記). 일불(一
　　　　　　　　　佛)은 백선(百仙).

센티미터 :

　센티미터 리【糎】[假借字] 미터법 길이의 단위
　　　　　　　　　(單位). Cm의 약기(略記).

셈 :

　셈 계【計】회계(會計). 月計. 計簿. 또 그 장부.
　　　　　　　受計于甘泉宮『漢書』

　셈 력【曆】수효(數爻). 계수(計數).
　　　　　　　此其大曆也『管子』

　셈 산【算】산술. 算數. 善爲算『漢書』

　셈 수【數】
　　㉠ 수량. 量數. 書其數『周禮』
　　㉡ 산법(算法). 算數. 禮樂射御書數『周禮』

　셈 열【說】동열(同列)의 수. 與子爲說『詩經』

　셈 회【會】계산(計算). 월계(月計)를 요(要), 세
　　　　　　　계(歲計)를 會라 함. 孔子嘗爲委吏矣
　　　　　　　曰會計當而己『孟子』

셈 나머지 :

　셈 나머지 륵【防】여수(餘數).
　　　　　　　　　以其圍之防捎其數『周禮』

셈하다 :

　셈할 산【筭】數也. 산(算)과 동자(同字).

　셈할 수【數】
　　㉠ 계산함. 數邦用『周禮』
　　㉡ 셈에 넣음. 諸曹以下僕屬不足數『漢書』

셋 :

　석 삼【三】셋. 三冬. 不孝有三『孟子』

　셋 삼【參】삼(三)과 동자(同字). 參參伍伍.
　　　　　　　參夷之誅『漢書』

셋 뿔 사람 :

　셋 뿔 사람 융【俄】西戎人有三角.

셋째 :

　셋째 병【丙】遂出貴人姊妹置丙舍『後漢書』

셋째 동포 :

셋째 동포 숙【叔】형제 중의 셋째. 伯仲叔季.
　　　　　　　伯某甫 仲叔季 唯其所當
　　　　　　　『儀禮』

셋째 지지 :

　셋째지지 인【寅】십이지(十二支)의 제삼위(第
　　　　　　　三位), 고갑자(古甲子)는 섭제
　　　　　　　격(攝提格), 시각(時刻)으로는
　　　　　　　3시부터 5시까지, 방위(方位)
　　　　　　　로는 북동동(北東東), 달로는
　　　　　　　음력(陰曆) 1월, 띠로는 호랑
　　　　　　　이에 배당(配當)됨.

셋째 천간 :

　셋째 천간 병【丙】유조(柔兆). 십간중(十干中)의
　　　　　　　제삼위(第三位). 방위(方位)로는
　　　　　　　남쪽, 오행(五行)으로는 화(火)
　　　　　　　에 해당(該當)함. 丙丁.

소 :

　소 담【潭】물이 괸 깊은 곳. 碧澗清潭.

　소 모【牦】소의 일종. 물소 비슷하며 꼬리가 김.

　소 반【審】물이 괸 깊은 곳. 止水審淵『莊子』

　소 우【牛】농경에 사용하는 가축. 牛馬.
　　　　　　　牛曰一元大武『禮記』

　소 함【餡】송편이나 경단 따위의 떡 속에 넣는
　　　　　　　것. 속.

소갈증 :

　소갈증 소【痟】목이 마르고 소변이 나오지 않는
　　　　　　　병. 中乾欲病痟『李商隱』

소개(紹介)하다 :

　소개할 개【介】介紹. 紹介. 媒介. 소개하는 사람.
　　　　　　　士無介不見『孔叢子』

소개 :

　소개 소【詔】소(紹)와 통용. 禮有擯詔『禮記』

소개하다 :

　소개할 소【佋】소(紹)와 통용. 佋介.

　소개할 소【紹】중간에 들어 주선함. 介紹.
　　　　　　　인접(引接)함. 士爲紹擯『禮記』

소견 좁다 :

　소견 좁을 추【鯫】
　　㉠ 소견(所見)이 좁은 모양.
　　　　沛公曰 鯫生說我『史記』
　　㉡ 인신(引伸)하여 자기(自己)의 겸칭(謙稱).
　　　　鯫生小技眞榮遇『趙孟頫』

소경 :

　소경 고【瞽】
　　㉠ 맹목(盲目). 눈 감은 장님. 瞽矇.
　　　　瞽者無以與乎文章之觀『莊子』
　　㉡ 인신(引伸)하여 道理를 모르는 일. 瞽說.
　　　　舜父有目 不員分別好惡 故時人謂之瞽『書經』

소경 몽【矇】
　㉠ 눈동자가 있으나 보이지 아니함. 瞽矇.
　　　昭 然若發矇矣『禮記』
　㉡ 인신(引伸)하여 사물을 분별할 능력이 없음.
　　　　　愚矇. 人未學問曰矇『論衡』
소경 수【瞍】 수(瞍)와 동자(同字). 장님.
　　　瞍賦矇誦『國語』
소경 수【瞍】 눈동자가 없는 장님. 瞽瞍.
　　　矇瞍奏公『詩經』
소고(小鼓) : 크기가 조그마한 북. 보통 손잡이가
　달려 있어 한 손으로도 들 수 있다.
　소고 도【鼗】 如鼓而小以導樂作.
소고(小鼓) 치다 :
　소고 칠 인【紳】 擊小鼓.
소곤거리다 :
　소곤거릴 니【呢】 呢喃. 소곤소곤 지껄임.
　소곤거릴 롱【哢】 룝也.
　소곤거릴 설【偰】 小言聲.
　소곤거릴 섭【囁】 섭(囁)과 동자(同字).
　　　　　乃效兒女呫囁耳語乎『史記』
　소곤거릴 섭【囁】 속삭임.
　　　　　乃效女兒呫囁耳語『史記』
　소곤거릴 첩【呫】 귀에 대고 소곤소곤함. 呫囁.
　　　　　效女兒呫囁耳語『史記』
　소곤거릴 침【諹】 사어(私語).
소 굶기다 :
　소 굶길 희【犧】 우근(牛饉).
소금 : 짠맛이 나는 흰 빛깔의 결정체. 주성분은
　염화나트륨이며 조미료와 방부제, 화학 공업의
　원료로 쓰인다.
　소금 고【䤠】 鹽也.
　소금 고【鹽】 정제(精製)하지 않은 소금. 鹽鹽.
　　　　　饎鹽以待戒令『周禮』
　소금 로【鹵】 천연(天然)의 소금.
　　　　　山西食鹽鹵『史記』
　소금 염【鹽】 인조(人造)의 소금. 鹽田. 米鹽.
　　　　　掌鹽之政令『周禮』
　소금 주【䴴】 鹽也.
　소금 취【䤏】 鹽也.
소금기 :
　소금기 함【鹹】 염분(鹽分). 以鹹養脈『周禮』
　소금기 험【鹼】 지질(地質)에 포함된 염분(鹽分).
소금 못 헐 :
　소금 못 헐【涺】 염지(鹽池).
소금버캐 :
　소금버캐 감【䤫】 䤫之凝井, 鹹也.
소금에 절이다 :
　소금에 절일 염【灩】 엄염(醃鹽).

소 길들이다 :
　소 길들일 근【㹃】 우순(牛馴).
소 꼴 먹이다 :
　소 꼴 먹일 추【犓】 以芻養牛. 犓幾何『春秋國語』
소나기 : 갑자기 세차게 쏟아지다가 곧 그치는
　비. 흔히 번개, 천둥, 강풍 등을 동반하며 여름
　에 잦다.
　소나기 동【涷】 폭우(暴雨). 今江東呼夏月暴雨
　　　　　爲涷雨『爾雅』
　소나기 록【麓】 폭우(暴雨).
　소나기 우【霧】 霧霏, 暴雨.
　소나기 충【潨】 우급(雨急).
　소나기 포【瀑】 퍼붓는 비.
소나무 : 소나뭇과에 속한 상록 침엽 교목. 껍질
　은 검붉은 비늘 모양이고, 잎은 침엽이며 두
　갈래가 한데 묶이어나서 이 년 만에 떨어진다.
　소나무 려【梠】 松別種.
　소나무 송【松】 松竹. 千歲之松『史記』
소나무겨우살이 : 송라과에 속한 지의류(地衣類).
　안개가 잘 끼는 높은 산의 나무줄기와 가지에
　실처럼 늘어져 달린다. 황록색이 돌며 가지가
　갈라진다. 한방에서는 이뇨, 거담제 및 폐결핵
　에 해열제로 사용한다.
　소나무겨우살이 몽【蒙】 蒙伐有苑『詩經』
소낙비 :
　소낙비 포【瀑】 질우(疾雨).
　소낙비 확【霍】 대우(大雨).
소녀(少女) : 아직 완전히 성숙하지 아니한 어린
　여자아이.
　소녀 차【姹】 계집아이. 姹女.
　소녀 타【妊】 소녀(少女).
소년(少年) : 아직 완전히 성숙하지 아니한 어린
　사내아이.
　소년 계【季】 嗟予季行役『詩經』
소동(騷動) : 람들이 놀라거나 흥분하여 시끄럽게
　법석거리고 떠들어 대는 일.
　소동 소【騷】 큰 변. 頻有騷警『孫逖』
소동하다 :
　소동할 소【懮】 야단법석 함. 軍中懮懮『隋書』
소라 :
　소라 라【螺】
　　㉠ 소라 고동의 껍데기로 만든 악기.
　　　吹螺擊鼓『南史』
　　㉡ 지문(指紋)이 나선형(螺旋形)으로 된 것을
　　　이름. 其文和如指上螺『蘇軾』
　소라 선【蜁】 蜁蝸, 螺也.
　소라 패【貝】 패각(貝殼)으로 만든 악기.
　　　　　擊鼓吹角貝『法華經』

소루쟁이 : 마디풀과에 속한 여러해살이풀. 높이 30~80센티미터로, 잎은 긴 피침형인데 가장자리가 우글쭈글하다. 6~7월에 연한 녹색 꽃이 층층으로 핀다. 어린잎은 식용하고 뿌리는 약으로 쓴다.

소루쟁이 적【苗】羊蹄草.

소루쟁이 축【蓫】言采其蓫『詩經』

소름끼치다 :

　소름끼칠 름【瘭】俗體寒病.

　소름끼칠 추【瘯】속체(粟體).

소리 :

　소리 거【詁】숨소리. 聲也.

　소리 금【聆】音也.

　소리 력【𠲰】聲也𠲰𠲰.

　소리 뢰【籟】바람으로 인하여 구멍을 통하여 나오는 모든 음향. 天籟. 松籟. 地籟則衆竅是已 人籟則比竹是已『莊子』

　소리 번【嶓】聲也.

　소리 성【聲】
　　㉠ 음향. 風聲.
　　㉡ 음성. 笑聲.
　　㉢ 말. 언어. 心無形, 求有聲『鬼谷子』
　　㉣ 음악. 또 음조. 聲色. 四聲.
　　㉤ 명예. 名聲. 聲施千里『淮南子』
　　㉥ 가르침. 聲教訖于四海『書經』
　　㉦ 소문. 臣聞其聲『呂氏春秋』

　소리 알【哸】聲也.

　소리 어【語】새, 벌레 등의 우는소리. 鶯燕語. 關關鶯語花底滑『白居易』

　소리 은【磤】우레같이 요란히 울리는 소리. 聲訇磤其若震『何晏』

　소리 을【𠮩】聲也.

　소리 음【音】
　　㉠ 귀에 울려 들리는 자극. 清水音小濁水音大『淮南子』
　　㉡ 음악. 성악. 八音. 治世之音『禮記』
　　㉢ 말. 金玉爾音『詩經』

　소리 지【吱】聲也.

　소리 질【咥】聲也. 虥咥盼以根兮『揚雄』

　소리 현【呟】음성. 哼呻呟喚『王褒』

　소리 횡【鐄】물건 소리의 형용. 錚鐄謽噚『馬融』

　소리 횡【鈜】쇠 또는 종, 북 같은 것의 소리. 鈜然. 金堅鈜.

소리개 : 매과에 속하는 새. 공중에 떠 있다가 땅 위의 작은 동물을 잡아먹음.

　소리개 연【鳶】鳶飛戾天『詩經』

소리개 치【鵄】매과에 속하는 새.

소리 고르지 못하다 :

　소리 고르지 못할 음【媎】不平音.

소리 그치다 :

　소리 그칠 녑【詀】녑(諵)과 동자(同字). 聲止也.

소리 내다 :

　소리 낼 성【聲】발성(發聲)함. 소리를 냄. 如三歲兒 晝夜不聲『列仙傳』

　소리 낼 실【嗉】발향(發響).

소리 뒤섞이다 :

　소리 뒤섞일 라【囉】穌囉. 聲迭蕩相雜貌.

소리 마주치다 :

　소리 마주칠 예【殹】聲相應.

소리 많다 :

　소리 많을 로【嘮】성다(聲多).

소리 멀리 들리다 : 소리가 맑아서 멀리까지 들림.

　소리 멀리 들릴 량【喨】嘹喨.

　소리 멀리 들릴 료【嘹】嘹喨.

소리 없이 울다 : 소리 없이 눈물을 흘리며 욺.

　소리 없이 울 순【洵】請無瘠色無洵涕『國語』

소리이름 :

　소리이름 궁【宮】오음(五音)의 하나.

소리 지르다 :

　소리 지를 교【警】아파 큰 소리를 침.

　소리 지를 육【唷】출성(出聲).

　소리 지를 음【喑】큰 소리로 호령함. 項王喑噁叱咤『史記』

소리쳐 부르다 :

　소리쳐 부를 책【嘖】대호(大呼)함. 외침. 嚄嘖宿將『史記』

소리치다 :

　소리칠 성【聲】소리를 지름. 聲討. 聲罪討之

　소리칠 함【喊】함(嘁)과 동자(同字).
　　㉠ 화내어 소리침. 跳踉大喊『柳宗元』
　　㉡ 고함 지름. 喊聲. 衆喊莫齊『蘇軾』

소리 화하다 :

　소리 화할 음【馨】성화(聲和).

소망(所望) :

　소망 망【望】바라보는 바. 過望『漢書』

　소망 원【願】소원. 豈非士之願哉『史記』

소매 :

　소매 각【袼】소매의 겨드랑 밑의 부분. 袼之高下 可以運肘『禮記』

　소매 거【袪】옷소매. 摻執子之袪兮『詩經』

　소매 몌【袂】소매 밑의 주머니 같이 늘어진 부분. 分袂. 袂聳筵上『孔稚圭』

소매 수【袖】옷의 소매. 長袖.
左手把其袖 右手揕其胸『史記』
소매 수【褎】수(袖)와 동자(同字).
羔裘豹褎『詩經』
소매 예【襼】옷소매. 揄袂連襼『潘岳』
소매 예【袣】曳獨繭之褕袣『司馬相如』
소매 이【袘】옷소매. 揚袘『司馬相如』
소매 이【袲】袖也.

소매 끝:
소매 끝 표【褾】옷소매의 말단.

소매 없는 옷:
소매 없는 옷 타【袉】無袖衣.

소매에 넣다:
소매에 넣을 수【袖】袖刃. 袖手.

소매치기:
소매치기 수【掱】竊賊也. 俗謂竊賊曰扒手.
亦作扒掱『辭海』

소매통:
소매통 거【袪】소매의 손이 드나드는 데.
袪尺二寸『儀禮』

소먹이다:
소먹일 희【犒】우향(牛餉).

소모하다:
소모할 비【費】써서 없어짐. 결핍함.
中國虛費『後漢書』

소목걸이 끈:
소목걸이 끈 복【鞴】纏絡牛頸之具.

소 무릎:
소 무릎 우【芓】芓膝, 약명(藥名).

소문(所聞):
소문 문【聞】風聞. 珍聞.
소문 요【謠】풍설(風說). 謠言. 謠傳.

소반(小盤):
소반 간【盂】盤也.
소반 반【盤】음식을 올려놓는 제구. 杯盤.
饋盤飧寘璧『左傳』
소반 사【榹】槃也.
소반 안【案】밥상. 自持案進食甚恭『史記』

소 병들다:
소 병들 희【犒】우병(牛病).

소복:
소복 전【襢】무늬 없는 흰옷.
一命襢衣『禮記』

소 볼기:
소 볼기 표【膘】牛脅後髀前合革肉.

소 부르는 소리:
소 부르는 소리 앵【犡】呼牛聲.

소 부리다:
소 부릴 조【犆】사우(使牛).

소비(消費)하다:
소비할 미【縻】써서 없앰. 縻財.
坐縻廩粟 而不知恥『劉基』
소비할 화【花】써 없앰. 花費.

소생(蘇生)하다:
소생할 소【穌】소(蘇)와 동자(同字).
소생할 소【甦】소(蘇)와 동자(同字).
蒼生甦息『梁文帝』

소 순하다:
소 순할 요【犪】牛柔順.
소 순할 요【犪】우유(牛柔).

소스라치며 기뻐하다:
소스라치며 기뻐할 진【㲀】躍而喜貌.

소식(消息):
소식 모【耗】음신(音信). 不通耗問『讀書錄』
소식 문【問】음신(音信). 久無家問『晉書』
소식 성【聲】聲息. 堺上亭長寄聲謝我 何不爲致問『書言故事』
소식 음【音】음신(音信). 전언(傳言). 音訊.
歸雲難寄音『陸機』
소식 편【便】行雨東南 思假飛山之便『徐陵』

소신:
소신 색【嗇】색(嗇)과 통용. 지위가 낮은 신하.
嗇夫空『戰國策』

소용돌이: 바닥이 패어 물이 빙빙 돌며 흘러 나가는 것. 또는 그러한 곳.
소용돌이 단【湍】回流. 性猶湍水也『孟子』
소용돌이 반【潘】鯢旋之潘爲淵『列子』
소용돌이 와【渦】渦中. 蜂房水渦『杜牧』

소용돌이치다: 물이 소용돌이치며 흐르는 모양.
소용돌이칠 단【湍】湍湍瀠水『孟子』
소용돌이칠 선【漩】漩澴滎瀯濙『郭璞』
소용돌이칠 와【渦】渦旋. 盤渦谷轉『郭璞』
소용돌이칠 은【沄】沄淪溛瀤乍浥乍堆『郭璞』
소용돌이칠 형【泂】泂潫. 물이 빙빙 돌다가 흘러 내려가는 모양.
泓汯泂潫『郭璞』

소 우는소리:
소 우는소리 모【牟】牟然而鳴『柳宗元』

소 울음소리:
소 울음소리 옹【嗡】우성(牛聲).
소 울음소리 음【吽】소가 우는소리.

소원(疏遠)하다: 성기어 멈.
소원할 결【契】非陳契闊之所『後漢書』

소유(所有):

소유 유【有】가진 물건. 尺土非復漢有『曹植』

소 이름 :

　소 이름 황【犥】우명(牛名).

소인(小人) :

　소인 소【小】

　　㉠ 간사한 사람. 衆小在位『漢書』

　　㉡ 신분이 낮은 사람. 천한 사람.
　　　　與輩小 日遊而肆『晝繼』

　　㉢ 아이. 연소한 사람. 其老小殘疾『北史』

소작인(小作人) :

　소작인 전【佃】소작(小作)하는 사람. 佃戶.
　　　　訂其主佃『宋史』

소 정강이 :

　소 정강이 유【牏】우경(牛脛).

소젖 :

　소젖 내【奶】우유(牛乳).

소쩍새 : 올빼밋과에 속한 새. 몸길이 20센티미터
　가량으로, 온몸에 갈색 줄무늬가 있다. 눈이 노
　랗고 털이 짧으며, 5월 중순에서 6월 중순에
　걸쳐 나무 구멍에 한배에 네다섯 개의 알을 낳
　는다. '소쩍소쩍' 또는 '소쩍다 소쩍다' 하고 우
　는데, 그 소리가 매우 처절하다.

　소쩍새 견【鵑】두견(杜鵑). 촉혼(蜀魂).

　소쩍새 휴【嶲】嶲周. 두견(杜鵑)의 이칭(異稱).
　　　　嶲周子規也『康熙字典』

소 처녑 :

　소 처녑 현【胘】우위(牛胃). 소 밥통.

소첩(少妾) :

　소첩 비【婢】여자가 자기를 낮추어 일컫는 말.
　　　　自世婦以下 自稱曰婢子『禮記』

소쿠리 : 얇고 가늘게 쪼갠 대나 싸리 따위를 어
　긋나게 짜서 만든 그릇.

　소쿠리 리【蓫】篷也.

소탈하다 : 예법 등에 구애하지 아니함.

　소탈할 솔【率】坦率.

소태나무 : 소태나뭇과에 속한 낙엽 활엽 소교목.
　가지에 털이 없고 나무껍질은 적갈색이며 황색
　의 피목(皮目)이 있다. 잎은 어긋나며 깃꼴 겹
　잎이고 가을에 황색으로 변한다. 꽃은 6월에
　피고 열매와 나뭇진은 쓴맛이 나며 위약이나
　살충제 따위로 쓰인다.

　소태나무 기【杞】南山有杞『詩經』

소통(疏通)하다 : 막히지 않고 통함.

　소통할 활【豁】灑沈薔於豁瀆『漢書』

소 풀먹다 :

　소 풀먹을 천【牸】牛食草.

소 혀 :

소 혀 각【䐪】우설(牛舌).

소홀(疏忽)하다 :

　소홀할 고【盬】경홀(輕忽)함.
　　　　王事靡盬『詩經』

　소홀할 탈【脫】소략(疏略)함. 疏脫.
　　　　凡禮始乎脫『史記』

소홀히 여김 :

　소홀히 여길 이【易】경시(輕視)함. 輕易.
　　　　能慮勿易『史記』

소홀히 하다 : 대수롭지 않게 여김.

　소홀히 할 간【簡】是簡驪也『孟子』

　소홀히 할 이【易】경홀(輕忽)하게 함.
　　　　俾君子易怠『公羊傳』

　소홀히 할 홀【忽】疎忽. 忽略.
　　　　公愛班固而忽崔駰『後漢書』

소회향(小茴香) : 회향(茴香)의 한 가지. 산증(疝
　症), 요통(腰痛), 위한(胃寒) 따위에 약재로 씀.

　소회향 시【蒔】蒔蘿. 小茴香.

속 :

　속 리【裏】내부. 只有向裏存心窮理『朱熹』

　속 실【實】내용(內容). 또는 그릇에 담은 물건.
　　　　籩實. 豆實. 女承筐无實『易經』

속 갑갑하다 :

　속 갑갑할 갈【瘡】내열(內熱)병.

속계 :

　속계 범【凡】이 세상. 진세(塵世).
　　　　塵凡 物外尋眞頓離『趙抃』

속고의 : 아랫도리에 입는 속옷.

　속고의 탁【襗】與子同襗『詩經』

속곳 : 여자의 제일 속에 입는 옷.

　속곳 일【袘】皆衷其袘服 以戲于朝『左傳』

속 깊다 :

　속 깊을 홍【灀】幽深之貌.

속내 : 사물의 가장 깊은 속내. 심오한 데.

　속내 온【蘊】底蘊. 精蘊. 其易之蘊耶『易經』

속눈썹 : 눈언저리에 난 털.

　속눈썹 첩【睞】忽忽承睞『史記』

　속눈썹 첩【睫】目睫. 陛下不交睫解衣『漢書』

　속눈썹 첩【眣】첩(睫)과 동자(同字).

속눈썹 길다 :

　속눈썹 길 삽【靸】目睫長貌.

속 답답하다 :

　속 답답할 아【悇】심울(心鬱).

속대 :

　속대 민【箆】죽부(竹膚).

속되다 : 상스러움. 고상(高尚)하지 못하고 천(賤)
　　　　하게 보임.

속될 리【俚】비속(鄙俗)함. 俚俗. 俚言.
　　　　質而不俚『漢書』
속될 속【俗】아(雅)의 대(對). 俗惡. 俗學.
　　　　然多鄙俗『後漢書』
속료(屬僚):
　속료 좌【佐】속관(屬官). 佐僚.
　　　　　功高元帥 賞卑下佐『晉書』
속바지:
　속바지 종【裗】裩也.
속바치다:
　속바칠 속【贖】속전을 냄. 금품을 내고 죄를
　　　　면함. 贖罪. 金作贖刑.
　　　　誤而入刑 出金以贖罪『書經』
속밴 대:
　속밴 대 함【䈞】實中竹名.
속 비다:
　속 빌 도【筡】중공(中空).
속삭거리다:
　속삭거릴 섭【囁】소곤소곤 이야기함.
　속삭거릴 첩【佔】가는 목소리로 속삭임. 佔佔.
속삭이다: 오래도록 소곤소곤 이야기하는 모양.
　속삭일 녕【謰】소언(小言).
　속삭일 두【吺】소언(小言).
　속삭일 령【呤】소언(小言).
　속삭일 섭【囁】소언(小言).
　속삭일 영【嚳】小聲也.
　속삭일 절【謵】세어(細語).
　속삭일 천【喘】喘而言『荀子』
　속삭일 첩【詀】詀喃. 鵲報語詀喃『元稹』
　속삭일 침【諃】소언(小言).
속새: 속새과에 속하는 다년생의 상록 숙근초
　(宿根草). 줄기는 딱딱한 기구(器具)를 닦는데
　씀.
　속새 적【蕱】木蕱.
속속들이 보다:
　속속들이 볼 래【覶】내시(內視).
속여 말하다:
　속여 말할 려【悷】悷忚, 欺謾語.
속옷: 내의와 같은 속에 입는 옷.
　속옷 군【裙】取親中裙『史記』
　속옷 단【襌】衣紗縠襌衣『漢書』
　속옷 설【褻】褻衣.
　속옷 유【褕】近身衣.
　속옷 유【襦】짧은 속옷. 속에 입는 짧은 옷.
　　　　平生無襦 今五絝『後漢書』
　속옷 은【幪】내의(內衣).
　속옷 충【衷】衷其衵服『左傳』
　속옷 츤(친)【儭】친(襯)과 통용.

속옷 츤(친)【襯】取名于襯 襯近尸也『禮記』
속옷 포【袍】袍必有表『禮記』
속요: 상스러운 노래.
　속요 리【俚】俚謠. 謬承巴俚和『孟浩然』
속으로 부끄러워하다:
　속으로 부끄러워할 닉【慝】내괴(內愧).
속이다:
　속일 견【䛏】詐也.
　속일 광【誆】광(誑)과 동자(同字).
　　　　晉使解揚誆楚『史記』
　속일 광【誑】기만하여 의혹(疑惑)을 일으키게 함.
　　　　紀信乘王駕詐爲漢王誑楚『史記』
　속일 괘【詿】남을 속여 그릇된 방면으로 인도함.
　　　　詿誤. 詿上誤朝『漢書』
　속일 괴【拐】기만(欺謾)함.
　　　　拐騙犯姦『政刑大觀』
　속일 교【謷】詐也.
　속일 교【矯】기만함. 矯奪.
　　　　外示長者內懷矯詐『魏書』
　속일 궤【詭】기만함. 詭辭而出『穀梁傳』
　속일 균【詢】欺也.
　속일 기【唭】給也.
　속일 기【欺】기만함. 欺罔.
　　　　誠其意者 母自欺也『大學』
　속일 도【到】기만함. 이르게 함. 오게 함.
　　　　不如出兵以到之『史記』
　속일 독【諑】기저(欺詆).
　속일 둔【遯】審于形者 不可遯以狀『淮南子』
　속일 래【儽】欺也.
　속일 로【虜】欺也.
　속일 류【謬】或先貞後黷 何其謬哉『孔稚圭』
　속일 릉【倰】欺也.
　속일 만【謾】謾語. 慢伏謾欺以取容『史記』
　속일 만【瞞】기만함. 瞞著.
　　　　淺薄間瞞 其謀乃獲『汲冢周書』
　속일 망【罔】기만함. 誣罔. 欺罔.
　　　　以爲國氏之重罔己『列子』
　속일 망【誷】망(罔)과 동자(同字).
　　　　朋黨則誣誷『晉書』
　속일 망【謹】欺也.
　속일 면【誏】欺也.
　속일 멸【蔑】기만함. 是蔑先王之宮也『國語』
　속일 몽【蒙】기만함. 上下相蒙『左傳』
　속일 무【誣】誣欺. 是邪說誣民『孟子』
　속일 무【繆】繆言. 臨邛令繆爲恭敬『漢書』
　속일 사【詐】교묘(巧妙)한 꾀를 써서 기만(欺
　　　　謾)함. 詐取. 詐之得脫『史記』
　속일 숙【諔】기만함. 諔詭幻怪之名『莊子』
　속일 양【佯】此善爲詐佯者也『淮南子』

속일 오【慠】기만(欺慢)함.

속일 와【訛】欺訛. 民之訛言『詩經』

속일 왕【迋】기만(欺慢)함. 人實迋女『詩經』

속일 위【僞】거짓말을 함. 僞造. 僞賣.

속일 작【謿】欺也.

속일 잠【賺】잠(賺)과 동자(同字).

　㉠ 기만(欺慢)함. 또 물건을 속이어 비싸게 팖.
　　拐兒賺癡人得手『黃允文雜纂』

　㉡ 相欺誑也. 俗謂相欺誑曰賺『正字通』

속일 장【張】기만(欺慢)함. 譸張.

속일 저【詆】기만(欺慢)함. 詆欺.

속일 전【姢】欺慢語.

속일 좌【蒫】기만함. 속임.
　　　　　介者不拜 爲其拜而蒫拜『禮記』

속일 주【譸】기만함. 譸張爲幻『書經』

속일 주【侜】주(譸)와 동자(同字). 거짓말을 함.
　　　　　誰侜余美『詩經』

속일 참【譖】참(僭)과 통용. 譖始竟背『詩經』

속일 타【詑】기만(欺謾)함.
　　　　　或詑謾而不疑『楚辭』

속일 타【詫】欺也.

속일 타【詑】타(詑)와 동자(同字).

속일 타【詫】기만함. 甘言詫語『晉書』

속일 탁【護】欺也.

속일 탄【譚】欺也. 譚謾 欺謾之語『方言』

속일 탄【誕】거짓말을 함. 欺誕.
　　　　　先生得無誕之乎『史記』

속일 태【詒】태(紿)와 동자(同字). 기만함.
　　　　　骨肉相詒『徐幹』

속일 태【紿】기만함. 欺紿.
　　　　　惡公子之紿『穀梁傳』

속일 특【慝】慝名. 慝則大惑『荀子』

속일 편【騙】기만함. 欺騙.

속일 하【懗】誆也.

속일 하【諕】狂也.

속일 혜【杶】憎杶. 기만(欺瞞).

속일 호【悼】기만함. 悼弄.

속일 황【詤】無由接而見詤『呂氏春秋』

속일 훤【諼】기만함. 虛造詐諼之策『漢書』

속일 휼【矞】휼(譎)과 동자(同字).
　　　　　矞宇嵬瑣『荀子』

속일 휼【憰】권사(權詐).
　　　　　言詭曰譎 心詭曰憰『說文解字』

속일 휼【譎】기만함. 권모술수(權謀術數)를 씀.
　　　　　譎主便私『韓非子』

속인(俗人) :

속인 속【俗】
　㉠ 평범(平凡)한 사람. 不和於俗『戰國策』
　㉡ 중인 아닌 보통 사람.

　　世祖命使還俗『宋書』

속임수 :

　속임수 기【奇】궤사(詭詐). 궤계(詭計).
　　　　　以奇用兵『老子』

　속임수 휼【譎】權謀術數. 權譎自在『漢書』

속적삼 : 땀이 겉에 배지 않도록 윗도리 속에 입
　는 적삼.

　속적삼 과【帤】소삼(小衫).

　속적삼 도【裯】袛裯.

　속적삼 배【綼】襦也.

　속적삼 저【袛】袛裯. 布衾敝袛裯『後漢書』

속 좁다 :

　속 좁을 악【齷】심협(心狹).

　속 좁을 착【齪】심협(心狹).

속타다 :

　속탈 담【惔】너무 근심하여 속이 탐.
　　　　　憂心如惔『詩經』

속 휑하다 :

　속 휑할 로【窂】谷空貌.

속히 나가다 :

　속히 나갈 점【鐕】鐕鐕. 銳進貌.

솎다 :

　솎을 모【芼】야채를 가려 뽑아 냄.
　　　　　參差荇菜 左右芼之『詩經』

손 : 손님.

　손 교【䆥】客也.

　손 빈【賓】귀빈. 來賓. 貴賓. 主人戒賓『儀禮』

손 :

　손 수【手】
　　㉠ 상지(上肢). 手足. 艮爲手『易經』
　　㉡ 손목. 執子之手 與子偕老『詩經』
　　㉢ 손바닥. 有文在其手『左傳』
　　㉣ 손가락. 十手所指『大學』
　　㉤ 도움. 돌봐주는 일. 可假手于術『後漢書』
　　㉥ 기술. 皆出碩儒之思 成才士之手『抱朴子』
　　㉦ 손잡이. 把手.

손가락으로 누르다 :

　손가락으로 누를 낙【搦】按也.

　손가락으로 누를 온【搵】지압(指押).

　손가락으로 누를 자【戱】以指按.

손가락질하다 :

　손가락질할 적【摘】손가락으로 가리킴.
　　　　　摘齊行列『傅毅』

　손가락질할 주【拄】뒷 손질함. 비방함.
　　　　　連拄五鹿君『漢書』

손가락질하며 웃다 :

　손가락질하며 웃을 신【欦】指而笑.

손가락 형벌 :

손가락 형벌 찰【栫】지형(指刑).

손 굽는 병 :

　손 굽는 병 권【瘈】手屈病.

손금 :

　손금 약【扚】手指節文.

손길 곱다 :

　손길 고울 섬【攕】攕攕玉手.

손님 :

　손님 객【客】

　　㉠ 내방한 사람. 賓客. 不連之客『易經』

　　㉡ 主人의 위치에 선 사람. 主客.

　　　不敢爲主而爲客『老子』

　　㉢ 기식(寄食)하는 사람. 門客.

　　　門無一客『論衡』

　　㉣ 단골손님. 顧客.

　　　供飮客之用『南宋市肆記』

　　㉤ 타국에서 온 사람. 大索逐客『史記』

　　㉥ 좌중(座中)에서 존경하는 사람. 上客.

　　　趙孟爲客『左傳』

손대다 :

　손댈 관【擱】手相關付.

　손댈 착【著】일을 시작함. 著手.

손대야 : 손을 닦는 대야.

　손대야 이【匜】盥則奉匜『唐書』

손대중하다 :

　손대중할 철【畷】戡畷, 知輕重.

　손대중할 첨【战】量也.

손 뒤집다 :

　손 뒤집을 확【攉】搖手曰揮 反手曰攉『康熙字典』

손 뒤집어 치다 :

　손 뒤집어 칠 비【攍】反手擊.

　손 뒤집어 칠 파【靶】飜手擊.

손들다 :

　손들 섬【攕】거수(擧手).

　손들 점【敁】거수(擧手).

손 맞잡다 :

　손 맞잡을 관【擱】手相關付.

　　　擱神明而定摹『太玄經』

손바닥 :

　손바닥 국【匊】수장(手掌). 玉者以匊『禮記』

　손바닥 장【爪】掌也. 장(掌)과 동자(同字).

　손바닥 장【掌】手掌. 掌中. 其如示諸掌『中庸』

손바닥으로 때리다 :

　손바닥으로 때릴 멸【搣】批也.

손발 :

　손발가락 지【指】손가락 또는 발가락. 指爪.

　　　子公之食指動『左傳』

손발 곱다 :

　손발 곱을 구【跔】跔也.

손 발등 :

　손 발등 조【叉】手足之甲.

손발마디 소리 나다 :

　손발마디 소리 날 박【肑】手足指節鳴.

손발마디 울다 :

　손발마디 울 박【骹】手足之指節鳴.

손 벌리고 달아나다 :

　손 벌리고 달아날 익【趨】擴手如翼而走.

손뼉 치다 :

　손뼉 칠 변【抃】기뻐하여 손뼉을 침. 抃手.

　　　坤神抃舞『晉書』

　손뼉 칠 변【拚】변(抃)과 동자(同字).

　　　歌拚就路『宋書』

손상하다 :

　손상할 참【慘】不忍楚撻慘其肌膚『顏氏家訓』

　손상할 휴【陸】損也.

손수 :

　손수 수【手】자기 자신이. 手自作『南史』

손수건 :

　손수건 세【帨】수건(手巾).

손수레 : 손으로 끄는 수레.

　손수레 련【輦】

　　㉠ 我任我輦『詩經』

　　㉡ 玉輦. 帝悟 方下輦禮謝『列仙傳』

　손수레 사【梩】수거(手車).

손수 변 :

　손수 변 수【扌】手자가 변에 있을 때의 자체.

　　　속칭 재방변.

손아귀 :

　손아귀 악【握】수중(手中). 金丹滿握『李白』

손아래누이 :

　손아래누이 위【媦】若楚王之妻媦『公羊傳』

　손아래누이 제【娣】여제(女弟). 女子同出 先生

　　　爲姒 後生爲娣『爾雅』

손아래동서 :

　손아래동서 심【嬸】夫之弟婦.

　손아래동서 제【娣】형제(兄弟)의 아내 중 손위

　　　동서가 손아래 동서를 부르

　　　는 말. 娣姒.

　　　長婦謂稚婦爲娣婦『爾雅』

손윗동서 : 남편의 형의 아내.

　손윗동서 사【姒】稚婦謂長婦爲姒婦『爾雅』

손으로 덮다 :

　손으로 덮을 암【揞】수당(手擋).

손으로 뺨 때리다 :

손으로 뺨 때릴 괵【敋】괵(摑)과 동자(同字). 手打之類.

손으로 뽑다 :

손으로 뽑을 멸【搣】수발(手拔).

손으로 움직이다 :

손으로 움직일 산【摌】以手動物.

손으로 치다 :

손으로 칠 종【摐】수격(手擊).

손으로 펴다 :

손으로 펼 간【擀】以手伸物.

손으로 흙 고르다 :

손으로 흙 고를 류【搯】

㉠ 梂之槖槖『詩經註』

㉡ 梂謂搯土也『詩經』

손자 : 아들의 아들.

손자 손【孫】子子孫孫. 子之子爲孫『爾雅』

손잡이 :

손잡이 뉴【鈕】기물(器物)의 손으로 쥐게 된 부분. 印鈕. 遺失兮鈕樞『王逸』

손잡이 부【拊】기물의 손으로 잡는 데. 屈蠲執拊『禮記』

손잡이 비【鼻】기물의 손으로 쥐는 부분. 銅印銅鼻『隋書』

손잡이 악【握】쥐는 곳. 箭籌長尺有握『儀禮』

손잡이 파【把】그릇, 연장 따위의 자루나 손잡이. 刀把. 戾翳施把『潘岳』

손질하지 않은 낳이 실 :

손질하지 않은 낳이 실 차【紁】續所未緝.

손짓하다 :

손짓할 표【摽】손짓하여 부름. 摽使者『孟子』

손톱 :

손톱 갑【甲】爪甲. 陰生金與甲『管子』

손톱 조【爫】部首名.

손톱 조【爪】

㉠ 손가락 끝의 각질부(角質部). 爪牙. 虎無戶措其爪『老子』

㉡ 기구(器具)의 끝에 달려 물건을 걸거나 긁는 소용을 하는 것. 葩爪文畵『吳志』

손톱 조【蚤】조(爪)와 통용. 蚤甲. 差論蚤牙之士『墨子』

손톱자국 :

손톱자국 괵【虢】범이 할퀸 자국.

손 흔들다 :

손 흔들 잠【揝】수동(手動).

솔 :

솔 민【箟】머리를 윤나게 하는 솔.

솔 삭【箾】밥그릇 솔 같은 것을 닦는 대오리로 만든 솔.

솔 선【筅】대를 잘게 쪼개어 묶은 솔. 밥그릇 같은 것을 닦는 솔. 筅帚. 以松爲筅得之天『厖九疇』

솔 솔【乺】㊊ 지명(地名). 塗刷具.

솔개 : 매목 수릿과에 속한 새. 몸길이가 약 60센티미터 정도이고 몸빛은 암갈색이며 가슴에 흑색의 세로무늬가 있다. 꽁지깃은 제비처럼 교차되어 있다. 공중에서 날개를 편 채 맴돌며 먹이를 노리고, 날카로운 굽은 부리와 발톱으로 들쥐, 물고기, 조개류 따위를 잡아먹는다. 나뭇가지 위에 둥지를 틀고 3월 하순에서 5월경에 한배에 2~4개의 알을 낳는다.

솔개 단【鷻】鳶別名.

솔개 수【鵿】鴟也.

솔개 연【鳶】鴟也.

솔개 비슷한 새 :

솔개 비슷한 새 주【鵃】조명(鳥名). 似鴟.

솔기 :

솔기 역【緎】가죽옷의 꿰맨 줄. 緎羔裘之縫『爾雅』

솔기 임【衽】치마의 솔기. 攝衽『管子』

솔기 터지다 : 꿰맨 자리의 실이 풀어짐.

솔기 터질 탄【綻】斷綻. 衣裳綻裂『禮記』

솔솔 부는 바람 :

솔솔 부는 바람 불【颰】소풍(小風).

솔솔 부는 바람 술【颮】小風貌.

솔솔 불다 : 바람이 솔솔 부는 모양을 나타내는 말.

솔솔 불 뇨【嫋】嫋嫋兮秋風『楚辭』

솔솔 불 목【罞】罞罞. 覺風罞罞而過『柳宗元』

솔솔 불 집【輯】輯輯和風『束晳』

솔솔 불 훈【薰】南風之薰兮『孔子家語』

솔잎 :

솔잎 렵【鬣】송엽(松葉). 五鬣松.

솔직하다 :

솔직할 항【伉】事勝辭則伉『揚子法言』

솜 :

솜 광【絖】고운 솜. 세면(細綿). 洴澼絖爲事『莊子』

솜 광【纊】새 솜. 고운 솜. 絮纊. 屬纊以候切己『禮記』

솜 락【絡】면(綿). 以爲絲絡『逸周書』

솜 륜【綸】면(綿). 綸組節束『淮南子』

솜 면【綿】

㉠ 交州永昌 木綿樹高過屋 實大如酒杯 中有綿如絮 色正白『吳錄』

㉡ 고치의 솜. 純綿之麗密『漢書』

솜 벽【繴】絮也.

솜 붕【絣】면(綿). 妻自組甲絣『戰國策』

솜 서【絮】흰 솜. 또는 거친 솜. 敗絮. 弊絮.
　　　　九十以上 賜帛人二疋絮三斤『漢書』

솜 두다 :

　솜 둘 저【褚】옷에 솜을 둠.
　　　　　　以綿裝衣曰褚『漢書』

솜 발 :

　솜 발 전【箈】蔽絮簀.

솜옷 : 솜을 둔 옷.

　솜옷 견【襺】纊爲襺『禮記』

　솜옷 견【繭】견(襺)과 통용. 명주, 비단.
　　　　　　重繭衣裘『左傳』

　솜옷 광【纊】不衣綿纊『南史』

　솜옷 면【綿】夏則衣綿『雲笈七籤』

　솜옷 서【絮】冬不衣絮『孝子傳』

　솜옷 온【縕】不制一袍之縕『齊書』

　솜옷 저【褚】핫옷. 上褚五十衣『漢書』

　솜옷 포【袍】縕袍. 取一綈袍贈之『史記』

솜털 : 솜에서 일어나는 털. 아주 짧고 솜처럼 보
　　드라운 털.

　솜털 모【髦】鳥輕毛.

　솜털 발【胈】피부에 나는 잔털.
　　　　　　腓無胈脛無毛『莊子』

　솜털 부【莩】翮下細毛.

　솜털 비【毲】세모(細毛).

　솜털 비【毰】세모(細毛).

　솜털 알【髥】세모(細毛).

　솜털 용【毧】鳥獸毧毛『書經』

　솜털 융【毬】세모(細毛).

　솜털 취【毳】毳毛. 鴻毳性輕 積之沈舟『新論』

　솜털 택【毛乇】初生毛.

솟게 하다 :

　솟게 할 용【聳】聳耳. 層巒聳翠『王勃』

솟구치다 : 몸을 솟아오르게 함.

　솟구칠 도【跳】跳身逝者『漢書』

솟다 :

　솟을 기【碕】돌이 높이 솟은 모양.
　　　　　　嶔崟碕礒『楚辭』

　솟을 용【聳】特聳. 詩思猶孤聳『韓愈』

솟아나다 :

　솟아날 립【湇】湇渒. 물이 조금 솟아 나오는
　　　　　　모양. 湇渒鼎沸『司馬相如』

　솟아날 발【潑】물이 솟아 나옴. 또 물이 샘.
　　　　　　亂翠曉如潑『蘇軾』

　솟아날 분【湓】물이 솟아 나는 모양.

　솟아날 용【涌】물이 용출(湧出)함. 涌泉.
　　　　　　洶涌澎湃『司馬相如』

　솟아날 용【湧】용(涌)과 동자(同字).

噴氣則雲湧『新論』

　솟아날 홍【泓】물이 솟아나는 모양.
　　　　　　潰泓泮汗『左思』

솟아 나오다 :

　솟아 나올 병【迸】세차게 겉으로 나와 흐름.
　　　　　　迸泉. 淚橫迸而沾衣『潘岳』

　솟아 나올 분【濆】濆泉者何直泉也 直泉者何
　　　　　　涌泉也『公羊傳』

솟을대문 : 행랑채의 지붕보다 기둥을 높게 세운
　　대문. 高柱大門.

　솟을대문 랑【閬】集太微之閬『後漢書』

송 :

　송 송【頌】
　　　㉠ 문체의 하나. 칭찬하는 글. 伯夷頌.
　　　　酒德頌. 爲聖主得賢臣頌『漢書』
　　　㉡ 시(詩)의 육의(六義)의 하나. 성덕(盛德)을
　　　　칭송(稱頌)하여 신명(神明)에게 고하는 것.
　　　　周頌. 魯頌. 詩有六義 六曰頌『詩經序』

송골매 : 맷과에 속한 새. 독수리보다 작고, 부리
　　와 발톱은 갈고리 모양이다. 머리, 눈, 부리 주
　　위는 검은색이고, 등 쪽은 회색이며, 배 쪽은
　　황백색이다. 매우 날쌔게 날며, 빠른 속도로 급
　　강하하여 먹이를 낚아챈다. 전 세계에 널리 분
　　포하며, 우리나라에서는 해안 절벽에 번식하는
　　텃새로 오래전부터 꿩 사냥에 이용되었다.

　송골매 골【鶻】犬馬鷹鶻『唐書』

　송골매 전【鸇】晨風. 爲叢敺爵者鸇也『孟子』

　송골매 준【隼】鴥彼飛隼 其飛戾天『詩經』

송곳 : 조그마한 구멍을 뚫는 연장.

　송곳 찬【鑽】세모진 송곳.

　송곳 추【錐】錐刀之末. 賢士之處世也 譬若錐之
　　　　　　處囊中『史記』

　송곳 침【稷】錐也.

송곳자루 :

　송곳자루 영【穎】추병(錐柄).

송곳 짓 하다 :

　송곳 짓 할 율【矞】송곳으로 구멍을 뚫음.

송사(訟事) :

　송사 송【訟】必也使無訟乎『論語』

　송사 옥【獄】訟獄. 折獄. 何以速我獄『詩經』

　송사 첩【牒】牒狀. 寧容都無訊牒『齊史』

송사하다 : 관청이나 법정에 고소하여 시비곡직
　　(是非曲直)의 재판을 원(願)함.

　송사할 소【訴】告訴. 訴訟.

　송사할 송【訟】乃詣關令 訟老君索傭錢『列仙傳』

　송사할 쟁【諍】平理諍訟『後漢書』

송아지 : 어린 소. 소의 새끼.

　송아지 독【犢】舐犢. 天子適諸侯 諸侯膳以犢

『禮記』
송아지 동【犝】無角牛.
송아지 영【犪】犢也.
송아지 부르는 소리 :
송아지 부르는 소리 앵【犪】喚牛子聲.
송어(松魚) : 연어과에 속한 바닷물고기. 몸은 연어보다 둥글고 작으며, 좌우가 납작하다. 등은 짙은 청색, 몸의 양옆은 은백색을 띤다. 바다에서 살다가 구시월이 되면 강의 상류로 거슬러 올라가 알을 낳는다.
송어 준【鱒】九罭之魚鱒魴『詩經』
송이 : 꽃이나 열매 따위의 덩어리를 세는 단위를 나타내는 말.
송이 방【房】綠房合靑實『陸運』
송장 : 죽은 사람의 몸뚱이.
송장 강【殭】시체(屍體).
송장 척【瘠】주로 옥사하거나 아사(餓死)한 시체. 分作溝中瘠『文天祥』
송장 목욕시키다 :
송장 목욕시킬 미【洍】욕시(浴尸).
송진(松津) : 소나무 잣나무 등의 줄기에서 내솟는 끈끈한 액체.
송진 해【檞】송지(松脂).
송편 : 멥쌀가루를 반죽하여 팥, 콩, 밤, 대추 따위의 속을 넣고 모시조개 모양으로 빚어 솔잎을 깔고 찐 떡. 본래는 추석 때 햅쌀과 햇곡식으로 이를 빚어 한 해의 수확을 감사하며 조상의 차례상에 바치던 명절 떡.
송편 열【糏】糉也.
송편 종【粽】蘆葉裹米角. 角黍. 조각(糙角).
솥 :
솥 간【鬝】鼎也.
솥 권【鬳】鼎也. 가마솥의 일종.
솥 당【鐺】세 발 달린 솥. 母好食鐺底焦飯『世說』
솥 력【鬲】발이 굽은 솥. 또 발 사이가 넓은 솥. 鬲實五穀『周禮』
솥 력【鏀】력(鬲)과 동자(同字). 정속(鼎屬). 吹嘘對鼎鏀『左思』
솥 복【鍑】아가리가 크거나 오무라진 솥. 多齎鬴鍑薪炭『漢書』
솥 오【鏖】음식을 끓이는 그릇.
솥 쟁【鐺】세 발 달린 솥. 母好食鐺底焦飯『世說』
솥 전【鉠】鍑也.
솥 정【鼎】
㉠ 금속(金屬)으로 만든 발이 셋, 귀가 둘 달린 솥으로서 음식(飮食)을 익히는데 쓰였을 뿐만 아니라 죄인(罪人)을 삶아 죽이는 데도 쓰였음. 刀鋸鼎鑊『蘇軾』
㉡ 하(夏)나라 우왕(禹王)이 구주(九州)의 금속(金屬)을 모아 만든 아홉 개의 솥을 왕위전승(王位傳承)의 보기(寶器)로 하였으므로 국가왕위(國家王位) 제업(帝業)의 뜻으로 쓰임. 定鼎之業『徐陵』
㉢ 솥의 세 발을 삼공(三公)에 비겨 대신(大臣)의 뜻으로 씀. 鼎位. 位登台鼎『後漢書』
솥 휴【鑴】솥. 곧 정(鼎)의 일종.
솥귀 :
솥귀 익【翼】솥의 손잡이. 三翮六翼『史記』
솥 귀고리 : 솥귀의 구멍에 끼워 손으로 들게 한 고리. 구멍이 있어서 꿰어 들게 되었음.
솥 귀고리 현【鉉】
㉠ 鼎鉉. 鼎黃耶金鉉『易經』
㉡ 발이 셋 있는 솥. 곧 정(鼎)을 제위에 비유하여 쓰므로 삼공(三公)을 三鉉이라고도 함. 秩踰三鉉『徐陵』
솥뚜껑 :
솥뚜껑 멱【鼏】소댕. 實于鼎設扃鼏『儀禮』
솥 안 음식 :
솥 안 음식 속【餗】
㉠ 솥 안에 든 음식. 인신(引伸)하여 직무를 충실히 이행하지 못한 비유. 鼎折足 覆公餗『易經』
㉡ 재상(宰相)의 직책(職責)을 鼎餗이라 함. 安能任鼎餗『傅咸』
쇠 :
쇠 개【鍇】상등의 쇠. 정철(精鐵). 銅鍇之垠『左思』
쇠 금【金】
㉠ 쇠붙이의 총칭. 金石. 其利斷金『易經』
㉡ 쇠붙이로 만든 무기. 金創. 衽金革 死而不厭『中庸』
㉢ 쇠붙이로 만든 기물. 종정(鐘鼎) 따위. 功績銘乎金石『呂氏春秋』
㉣ 돈, 화폐. 位高而多金『戰國策』
㉤ 쇠붙이와 같이 견고함. 金城湯池.
쇠 쇠【釗】㉥ 철(鐵). 금속(金屬). 또 아이나 종의 이름으로 쓰임. 乭釗.
쇠 옥【鈺】단단한 쇠.
쇠 전【鉠】金也.
쇠 철【鐵】
㉠ 금속의 한 가지. 鐵石. 監鐵. 厥貢璆鐵銀鏤砮磬『書經』
㉡ 쇠는 단단한 것이므로 견고(堅固) 또는 부

동(不動)의 뜻의 관형사(冠形詞)로 쓰임.
　鐵心石腸. 其鐵腸與石心『皮日休』

쇠고리 : 물건과 물건을 끼워 연결시키는 금속제
　의 고리.
　쇠고리 결【鐍】鏓以鐍軜『詩經』
　쇠고리 사【鉈】금환(金環).

쇠공이 :
　쇠공이 침【鈂】철저(鐵杵).

쇠 굽히다 :
　쇠 굽힐 권【錈】柔則錈堅則折『呂氏春秋』

쇠그릇 :
　쇠그릇 롱【鑨】器也.

쇠꼬리 :
　쇠꼬리 피【籠】

쇠 농 : 모닥불을 담는 쇠붙이로 만든 농.
　쇠 농 구【篝】漁篝. 篝火餱糧『史記』

쇠뇌 : 예전에, 화살을 여러 개 잇달아 쏠 수 있
　도록 만들어진 활의 하나를 이르던 말. 일반적
　인 활보다 화살을 더 멀리 보낼 수 있고 살상
　력도 더 강하다.
　쇠뇌 권【弮】士張空弮冒白刃『漢書』
　쇠뇌 노【弩】萬弩夾道而發『史記』
　쇠뇌 산【儩】노(弩)와 동의.

쇠뇌자루 : 쇠뇌의 자루.
　쇠뇌자루 비【臂】弩弓有臂者也『說文解字』

쇠뇌 틀 : 쇠뇌를 걸어 놓는 틀.
　쇠뇌 틀 의【錡】武庫禁兵設在蘭錡『張衡』

쇠 덩이 :
　쇠 덩이 간【鋼】☲ 鑛也.

쇠똥구리 : 쇠똥구릿과에 속한 곤충. 몸길이는
　16밀리미터 정도이며, 몸은 타원형으로 편편
　하고 검은 광택을 띤다. 여름철에 쇠똥이나 말
　똥 따위를 둥글게 빚어서 굴려 굴속에 저장하
　여 엄지벌레나 애벌레의 먹이로 하고 그 속에
　알을 낳는 습성이 있다.
　쇠똥구리 강【蜣】蜣蜋. 蜣蜋轉丸丸成而精思之
　　　　　　　『關尹子』
　쇠똥구리 길【蛣】길강(蛣蜣).
　　　　　　　蛣蜣之智 在乎轉丸『莊子』
　쇠똥구리 랑【蜋】강랑(蜣蜋).

쇠무릎 :
　쇠무릎 슬【蕂】牛蕂, 약초(藥草).

쇠물 닭 :
　쇠물 닭 번【鷭】뜸부기과에 속하는 물새.

쇠뭉치 :
　쇠뭉치 굉【卝】철박(鐵樸).

쇠미(衰微)하다 :

쇠미할 위【萎】쇠약(衰弱)함. 萎靡不振.

쇠북 :
　쇠북 박【鎛】큰 종. 其南鎛『儀禮』
　쇠북 용【鏞】큰 종. 笙鏞以閒『書經』
　쇠북 잔【棧】음악용의 작은 종.
　　　　　　小鐘謂之棧『爾雅』
　쇠북 종【鐘】쇠로 만든 악기(樂器)의 한 가지.
　　　　　　鐘鼓樂之『詩經』
　쇠북 종【鍾】종(鐘)과 통용.
　쇠북 횡【鐄】큰 종.

쇠북 거는 틀 : 종경(鐘磬)을 걸어 놓는 나무로
　만든 틀.
　쇠북 거는 틀 거【虡】거(簴)와 동자(同字).
　　　　　　　　虡業維樅『詩經』

쇠북 위에 가로댄 널 :
　쇠북 위에 가로 댄 널 업【業】虡上橫版.

쇠 불리다 : 성질이나 모양 따위를 바꾸려고 쇠
　를 불에 달구어 무르게 하다.
　쇠 불릴 단【鍛】야금(冶金).
　쇠 불릴 련【鍊】야금(冶金).
　쇠 불릴 쵀【錊】야금(冶金).
　쇠 불릴 팔【釛】야금(冶金).
　쇠 불릴 팽【鏰】야금(冶金).

쇠붙이 :
　쇠붙이 려【鑢】금속(金屬).

쇠붙이조각 : 구리 또는 쇠 따위를 두드려 편 박
　편(薄片).
　쇠붙이조각 섭【鍱】鍱謂之鍱『博雅』

쇠뿔가로나무 : 소가 뿔로 받는 것을 막기 위하
　여 두 뿔 끝에 가로 댄 나무.
　쇠뿔가로나무 벽(복)【楅】夏而楅衡『詩經』

쇠뿔 길다 :
　쇠뿔 길 형【衡】牛角之長貌.

쇠뿔 벌어지다 :
　쇠뿔 벌어질 초【觕】牛角開貌.

쇠사슬 : 쇠고리를 이은 줄.
　쇠사슬 당【鐺】銀鐺.
　쇠사슬 랑【鋃】
　　㉠ 銀鐺. 인신(引伸)하여 곤란의 비유로 쓰임.
　　㉡ 銀鐺之爲物 連牽而重 故俗以困重不擧 爲
　　銀鐺『六書考』
　쇠사슬 련【鏈】鏈鎖. 今人以銀鐺之類相連屬者
　　　　　　　爲鏈『六書考』
　쇠사슬 색【鎍】철승(鐵繩).
　쇠사슬 쇄【鏁】쇄(鎖)와 동자(同字). 鏁閉.
　　　　　　　繫以鐵鏁『潘岳』
　쇠사슬 쇄【瑣】
　　㉠ 쇄(鎖)와 통용. 畢罕瑣結『左思』

　　ⓛ 쇠사슬의 모양을 새긴 대궐문. 靑瑣.
　　　　欲少留此靈瑣『楚辭』
쇠사슬 쇄【鎖】連鎖. 以鐵鎖橫截之『晉書』
쇠사슬 쇄【瓃】쇄(瑣)와 동자(同字).
　　ⓒ 欲少留此靈瓃『楚辭』
　　ⓛ 瓃瓃常流離『晉書』
쇠새 : 파랑새목 물총샛과에 속한 조류. 부리는
　　날카롭고 길며 꽁지는 짧다. 몸빛은 등은 하늘
　　색이고, 배는 밤색이며, 턱과 목은 백색이지만
　　다소 황갈색을 띤다.
쇠새 립【鴗】魚狗靑似翠喙紅項下白食魚.
쇠스랑 : 농기구의 하나.
쇠스랑 구【欋】발이 넷 있는 쇠스랑.
　　　　　　齊魯謂四齒杷曰欋『釋名』
쇠스랑 파【鈀】파(耙)와 동자(同字).

쇠잔(衰殘)하다 :
　　쇠잔할 수【虆】虆靡. 풀이 쇠잔한 모양.
　　　　　　　　일설에는 풀이 바람에 나부끼는
　　　　　　　　모양. 蘋草虆靡『楚辭』
　　쇠잔할 잔【殘】쇠하여 약함. 퇴폐함. 멸망함.
　　　　　　　　殘民. 本國殘 社稷壞『戰國策』
쇠코잠방이 : 농부가 여름에 일할 때 입는, 무릎
　　까지 오는 짧은 홑바지.
　　쇠코잠방이 비【襣】犢襣褌.
　　쇠코잠방이 준【縛】犢鼻小衣.
쇠하게 하다 :
　　쇠하게 할 소【銷】쇠약(衰弱)하게 함.
　　　　　　　　其勢銷弱『史記』
쇠하다 :
　　쇠할 미【微】쇠잔(衰殘)함. 衰微.
　　　　　　　　斯理日微滅『張九齡
　　쇠할 삽【颯】쇠잔(衰殘)한 모양.
　　　　　　　　鬢毛颯已蒼『岑參』
　　쇠할 소【銷】쇠약(衰弱)함. 쇠약(衰弱)하게 함.
　　　　　　　　其勢銷弱『史記』
　　쇠할 소【肖】쇠미(衰微)함. 申呂肖矣『詩經』
　　쇠할 쇠【癏】衰也.
　　쇠할 쇠【衰】
　　　　ⓞ 약하여 짐. 기운이 없어짐.
　　　　　　及其老也 血氣旣衰『論語』
　　　　ⓛ 세력이 없어짐. 기울어짐. 周室旣衰『史記』
　　　　ⓒ 감퇴함. 미약해 짐. 陽氣日衰『呂氏春秋』
　　　　ⓔ 美가 감소함. 퇴색하여 짐.
　　　　　　華落色衰『詩經』
　　쇠할 수【收】쇠잔함. 彭澤菊初收『中宗』
　　쇠할 약【弱】姜族弱矣而婚將始昌『左傳』
　　쇠할 엽【殜】衰也.

쇠할 체【替】절멸(絶滅)함. 또 쇠퇴함. 替衰.
　　　　君之家嗣其替乎『國語』
쇠할 퇴【頹】쇠퇴(衰頹)하여 떨치지 못함.
　　　　廢頹. 蕪穢積頹齡『謝靈運』
쇠할 퇴【穨】퇴(頹)와 동자(同字).
　　　　至於戰國 漸至穨陵『後漢書』
쇳덩이 :
　　쇳덩이 간【鋼】⊡ 광물(鑛物).
쇳돌 :
　　쇳돌 광【鑛】광(礦)과 동자(同字). 광석(鑛石).
　　　　　　精鍊藏於鑛朴『王褒』
　　쇳돌 광【礦】광(鑛)과 동자(同字).
　　　　　　其下則金礦丹礫『郭璞』
　　쇳돌 주【銖】광석(鑛石). 鈺銅.
　　　　　　其下有鈺銀『管子』
쇳소리 : 쇠의 울리는 소리.
　　쇳소리 상【商】오음(五音)의 하나. 宮商角徵羽.
　　쇳소리 쟁【錚】衝牙錚鎗『潘岳』
쇳조각 :
　　쇳조각 집【鍱】金鐵片.
수(數) : 세거나 헤아린 양(量)의 크기를 나타내는
　　말.
　　수 산【算】수효(數爻). 無算爵, 無算樂『儀禮』
　　수 려【麗】수효(數爻). 商之孫子, 其麗不億.
　　수 력【曆】수효(數爻). 계수(計數).
　　　　　　此其大曆也『管子』
수(壽) : 오복(五福)의 하나로, 장수(長壽)하는 것
　　을 이르는 말. 또는 '나이'를 높여 한문식으로
　　이르는 말.
　　수 수【壽】
　　　　ⓞ 나이. 목숨. 天壽. 萬壽無疆.
　　　　ⓛ 장수. 壽夭. 體有喬松之壽『漢書』
수(繡) : 헝겊에 색실로 그림이나 글자 따위를 바
　　늘로 떠서 놓음. 또는 그 그림이나 글자.
　　수 보【黼】고대의 예복(禮服)에 놓은 수(繡).
　　　　　　반흑반백(半黑半白)의 빛으로 자루가
　　　　　　없는 도끼의 모양을 수(繡) 놓은 것.
　　　　　　黼黻文章『禮記』
　　수 불【黻】
　　　　ⓞ 고대의 예복(禮服)에 놓는 수. 반흑반청
　　　　　　(半黑半靑)의 빛으로 기자(己字) 두 개를
　　　　　　서로 반대(反對)로 하여 수(繡)를 놓았음.
　　　　　　黻文. 黻衣繡裳『詩經』
　　　　ⓛ 또 그 수를 놓은 예복(禮服).
　　　　　　諸侯黼大夫黻『禮記』
　　수 수【繡】자수(刺繡). 五采備爲之繡『周禮』
　　수 치【黹】刺繡. 黼黻絺繡爲黹『爾雅 疏』
　　수 회【繢】자수(刺繡). 문채. 또는 회화.

蒲筵繢純『周禮』

수감(收監)하다 : 죄인을 체포하여 우리에 가둠.

　수감할 합【柙】生縛管仲 而柙以予齊『管子』

수갑(手匣) : 형구(刑具)의 하나. 죄인의 두 손을
　채우는 자물쇠.

　수갑 곡【梏】고랑. 桎梏. 中罪桔桎『漢書』

　수갑 공【桊】수계(手械).

　수갑 쇄【鎖】㉠ 去枷脫鎖『淨住子』
　　　　　　　　㉡ 鐵匠被鎖『王君玉』

　수갑 축【杻】손에 채우는 형구(刑具). 고랑.
　　　　　　　　死罪校而加杻『唐書』

　수갑 축【丑】고랑.

수갑 채우다 :

　수갑 채울 공【桊】兩手同械.

수건(手巾) :

　수건 건【巾】手巾. 佩巾. 盥卒授巾『禮記』

　수건 봉【幞】건야(巾也).

　수건 섬【幨】건야(巾也).

　수건 세【帨】건야(巾也).

　수건 세【帨】여자가 허리에 차는 수건. 佩帨.
　　　　　　　　女子設帨于門右『禮記』

수게 : 수컷인 게.

　수게 랑【鯠】鯠鱨, 웅해(雄蟹).

　수게 해【鱨】鯠鱨, 웅해(雄蟹).

수결(手決) : 도장 대신 쓰는 자형(字形).

　수결 압【押】花押. 必先書而後報告『宋史』

수고 :

　수고 로【勞】勞逸. 民忘其勞『易經』

　수고 용【庸】애. 我生之初尙無庸『詩經』

　수고 이【肄】노력. 폐. 旣詒我肄『詩經』

수고롭다 :

　수고로울 권【勌】苦也.

　수고로울 예【勩】피로(披露)함. 고통(苦痛)스러움.

　수고로울 이【勩】莫知我勩『詩經』

수고하다 :

　수고할 로【勞】힘들임. 애씀. 勞苦. 勤勞.
　　　　　　　　主勞而臣逸『史記』

　수고할 설【屑】힘을 씀. 晨夜屑屑『漢書』

　수고할 탄【憚】고생함. 哀我憚人『詩經』

수군거리다 :

　수군거릴 농【噥】말이 많고 소리는 작음.
　　　　　　　　群司兮噥噥『楚辭』

　수군거릴 준【譐】준(噂)과 동자(同字). 聚語.
　　　　　　　　譐誻明昏有虧禮敎『魏書』

　수군거릴 준【噂】여럿이 모여 이야기하다.
　　　　　　　　噂沓背憎 職競由人『詩經』

수궁(守宮) : 도마뱀붙잇과에 속한 동물. 도마뱀
　과 비슷하지만 몸길이가 좀 짧고, 어두운 잿빛

의 몸에 띠 모양의 얼룩무늬가 있다. 야행성으
로 주로 집 가까이 산다.

　수궁 갈【蝎】갈호(蝎虎).

　수궁 언【蝘】蝘蜓. 執蝘蜓而嘲龜龍『揚雄』

　수궁 전【蜓】언정(蝘蜓).

수놓다 :

　수놓을 수【繡】駕鴦繡了從敎看『元好問』

　수놓을 회【繢】무늬를 놓거나 그림이 있는 포
　　　　　　　　백(布帛). 以繢爲皮幣『漢書』

수놓은 옷 : 자수를 한 옷.

　수놓은 옷 진【袗】被袗衣『孟子』

수다스럽다 : 말이 많은 모양.

　수다스러울 겹【唊】다언(多言).

　수다스러울 남【喃】남(喃)과 동자(同字).
　　　　　　　　論詩說賦相喃喃『韓愈』

　수다스러울 능【㖤】다언(多言).

　수다스러울 답【誻】답(沓)과 동자(同字). 愚者
　　　　　　　　之言 誻誻然而沸『荀子』

　수다스러울 도【啁】言多啁啁.

　수다스러울 로【嘮】다변(多辯)함. 嘮叨.

　수다스러울 소【哨】잔말이 많은 모양.
　　　　　　　　禮儀哨哨『揚子法言』

　수다스러울 예【詍】辯利非以言 則謂之詍『荀子』

　수다스러울 차【遮】周遮說話長『白居易』

　수다스러울 첨【詹】연해 지껄이는 모양.
　　　　　　　　大言炎炎小言詹詹『莊子』

　수다스러울 한【誸】다언(多言).

수다하다 :

　수다할 답【誻】언다(言多).

　수다할 빈【響】다언(多言).

　수다할 예【呭】無然呭呭『詩經』

수달(水獺) : 족제비과에 속하는 짐승. 모양이 족
　제비 비슷하며 발가락 사이에 물갈퀴가 있어
　교묘하게 헤엄쳐 물고기를 잡아먹음. 물개.

　수달 달【獺】猵獺. 獺祭魚『禮記』

　수달 빈【獱】蹻獱獺『揚雄』

　수달 편【猵】거대(巨大)한 수달(水獺).
　　　　　　　　畜池魚者 必去猵獺『淮南子』

수라 : 임금님에게 올리는 진지.

　수라 라【剌】㊀ 御食曰 水剌.

수렁 : 진흙 땅.

　수렁 낭【灢】有墳淤反灢之害『漢書』

수레 :

　수레 거【車】바퀴를 달아 타기도 하고 짐도 싣
　　　　　　　　기도 하는 제구. 사람이 타는 것을
　　　　　　　　小車, 짐 싣는 것을 大車라 함.
　　　　　　　　下車. 車馬. 車同軌『中庸』

　수레 고【軲】車也.

수레 곡【轐】輿也.

수레 곡【轂】차량(車輛). 轉轂百數『漢書』

수레 국【輂】말에 끌리는 큰 수레.
　　　　　　正治其徒役與其輂輦『周禮』

수레 량【輌】
　　㉠ 수레바퀴 둘이란 뜻으로 수레를 세는 수
　　　사(數詞). 승(乘).
　　㉡ 속(俗)에 수레의 뜻으로도 씀. 車輌.

수레 량【輬】온(輼)을 보라. 溫輬.

수레 량【兩】량(輌)과 동자(同字).
　　　　　　百兩御之『詩經』

수레 로【輅】
　　㉠ 천자가 타는 수레. 乘戎輅『禮記』
　　㉡ 큰 수레. 乘殷之輅『論語』

수레 로【路】로(輅)와 통용. 왕자(王子)의 수레.
　　　　　　鸞路. 殊異乎公路『詩經』

수레 륜【輪】
　　㉠ 바퀴를 장치한 차량. 顧石室而廻輪『張協』
　　㉡ 수레를 세는 수사. 車至二十輪『南史』
　　㉢ 수레를 만드는 사람. 梓匠輪輿『孟子』

수레 병【軿】경차(輕車)

수레 소【轈】망루(望樓)를 설치하여 적(敵)을 망
　　　　　　보는 수레. 소차(巢車). 轈兵車 高
　　　　　　如巢 以望敵也『說文解字』

수레 여【轝】여(輿)와 동자(同字).
　　　　　　亟呼家人設酒勞轝隷『徐禎卿』

수레 여【輿】
　　㉠ 차량. 車輿. 乘輿. 輿脫輹『易經』
　　㉡ 수레를 만드는 사람. 梓匠輪輿『孟子』

수레 온【輼】輼輬은 누워 쉴 수 있는 수레.
　　　　　　창이 있어서 닫으면 따뜻해지고
　　　　　　열면 시원해지므로 온량(溫涼)의
　　　　　　뜻으로 이름 지은 것임. 와차(臥
　　　　　　車). 안차(安車). 후세에는 시체를
　　　　　　싣는 수레 곧 상여 의미로 쓰임.
　　　　　　始皇居輼輬車中『史記』

수레 용【軵】빨리 달리는 수레. 경쾌한 수레.
　　　　　　경차(輕車). 再三發軵『漢書』

수레 유【輶】가뿐한 수레. 경차(輕車).
　　　　　　輶車鸞鑣『詩經』

수레 잔【輚】잔(轏)과 동자(同字).
　　　　　　乘輚輅『班固』

수레 잔【轏】잔(輚)과 동자(同字). 싸움에 쓰는
　　　　　　수레. 병차(兵車). 또 누워 다닐 수
　　　　　　있는 수레. 와차(臥車).
　　　　　　逢丑父寢于轏車『左傳』

수레 전【軘】살이 없는 바퀴를 단 수레.

수레 진【軫】차량. 神御出瑤軫『顔延之』

수레 차【車】바퀴를 장치하여 동력(動力)을 일

으키는 기계를 이름. 滑車.
　　　　　　荒村終日水車鳴『陳與義』

수레 초【軺】경쾌한 소형의 수레나 사방을 전망
　　　　　　하는 수레. 軺車. 駕一封軺傳『漢書』

수레 헌【軒】차량. 戎軒. 朱軒駢馬『後漢書』

수레굴대 :
　수레굴대 간【鐗】車軸鐵.

수레 굴통 쇠 :
　수레 굴통 쇠 타【錔】차할(車轄).

수레 길 울퉁불퉁하다 :
　수레 길 울퉁불퉁할 감【轗】轗軻. 車行不平.

수레 끌다 :
　수레 끌 수【輸】차인(車引).

수레난간기둥 :
　수레난간기둥 대【轛】車箱立木.
　수레난간기둥 대【欓】대(轛)와 동자(同字).
　　　　　　車箱柱木.

수레 높이 실다 :
　수레 높이 실을 얼【轙】車載高.

수레덮개 :
　수레덮개 멱【幦】수레 위를 덮어 가리는 물건.
　　　　　　鞹鞃素幦『禮記』
　수레덮개 반【轜】비를 막기 위해 수레 위를
　　　　　　덮는 물건.

수레 덮는 대뜸 :
　수레 덮는 대뜸 공【箜】車竹下箜篛籠.

수레뒤채 :
　수레뒤채 저【軧】大車後.

수레뒤턱나무 :
　수레뒤턱나무 진【軫】수레의 뒤에 있는 가로
　　　　　　나무. 車軫四尺『周禮』

수레 뒷 창 :
　수레 뒷 창 불【笰】輿之後戶.

수레뚜껑 :
　수레뚜껑 멱【幦】車蓋. 君羔幦虎犆『禮記』
　수레뚜껑 멸【幭】수레 위에 덮는 덮개.
　　　　　　鞹軾淺幭『詩經』
　수레뚜껑 옥【屋】車蓋. 乘黃屋車『史記』

수레 뜸 : 대를 엮어 수레나 배를 덮는 것.
　수레 뜸 분【輽】차봉(車篷).
　수레 뜸 진【蓁】大車簀.

수레 맡은 벼슬아치 : 임금이 타는 수레를 맡은
　　지위(地位)가 낮은 신하(臣下).
　수레 맡은 벼슬아치 관【倌】命彼倌人 星言夙
　　　　　　駕『詩經』

수레바퀴 불로 구워 휘다 :
　수레바퀴 불로 구어 휠 렴【煣】輮車輞.

수레바퀴 자국 :

수레바퀴 자국 종【樅】차적(車跡).

수레바퀴통 :

수레바퀴통 수【樏】車軸中空.

수레버팀목 끈 :

수레버팀목 끈 세【軗】車樘結也.

수레상자 :

수레상자 복【珏】車笭閒皮篋盛弩者.

수레 서로 피하다 :

수레 서로 피할 흔【轋】車相避.

수레 섬돌에 대다 :

수레 섬돌에 댈 재【輋】車抵階.

수레소리 :

수레소리 갈【輵】수레가 달릴 때 나는 소리.
　　　　　　　皇車幽輵『揚雄』

수레소리 갑【輚】차성(車聲).

수레소리 개【轚】輵轚, 차성(車聲).

수레소리 경【頸】차향(車響).

수레소리 교【轇】轇輵.
　㉠ 차마(車馬)의 시끄러운 소리.
　㉡ 칼과 창이 뒤섞여 혼란한 모양.
　㉢ 광대한 모양. 아득한 모양.
　㉣ 치구(馳驅)하는 모양. 달리는 모양.

수레소리 락【輅】車轉聲.

수레소리 록【轆】수레가 달리는 소리.
　　　　　　　白沙漫漫車轆轆『元好問』

수레소리 릉【輘】輘輷. 수레가 지나갈 때 나는
　　　　　소리. 輘輷掉狂車『韓愈』

수레소리 린【鄰】인(轔)과 통용.
　　　　　　　有車鄰鄰『詩經』

수레소리 삼【轖】차성(車聲).

수레소리 요【軧】차성(車聲).

수레소리 쟁【輈】차성(車聲).

수레소리 전【輲】수레가 달리는 소리.
　　　　　　　振旅輲輲『左思』

수레소리 평【軯】車馬聲.

수레소리 팽【軯】수레가 가는 소리. 종고(鐘鼓)
　　　　　의 소리. 軯磕隱訇『張衡』

수레소리 함【轞】수레가 가는 소리.
　　　　　　　出車轞轞『左思』

수레소리 횡【輷】수레가 지나갈 때 쿵쿵 울리는
　　　　　소리. 輷輷輷殷殷『史記』

수레 안 바퀴 :

수레 안 바퀴 할【樏】車之內軸.

수레 앞 가로나무 : 차체의 앞쪽에 댄 횡목. 곧
　식(軾)으로서 차 위에서 절을 할 때 이 나무를
　잡고 절을 함.

수레 앞 가로나무 핑【輈】輈輈淺軾『詩經』

수레 앞 가로나무 핵【轄】핵(輅)과 동자(同字).
　　　　　轄 輓車當胸之橫木也『集韻』

수레 앞 가로막이 나무 :

수레 앞 가로막이 나무 핵【輅】핵(轄)과 동자
　　　　　(同字). 車前橫木. 脫輓輅『史記』

수레 앞 턱 가로나무 : 수레 안에서 절을 할 때
　에 손으로 쥐는 앞턱의 가로나무. 범(帆)의 위
　에 있음.

수레 앞 턱 가로나무 식【軾】
　㉠ 伏軾. 馮軾下東藩『魏徵』
　㉡ 過段干木之閭 必軾『十八史略』

수레앞턱나무 : 수레 앞의 가로 나무로서 진(軫)
　과 대하며 식(軾)의 아래에 있음.

수레앞턱나무 범【帆】범(軓)과 동자(同字).
　　　　　　　祭軓『周禮』

수레앞턱나무 범【軓】車軾前木.

수레앞턱나무 복【軷】軾也.

수레에 깔리다 :

수레에 깔릴 년【報】轢也.

수레에 밟히다 :

수레에 밟힐 린【躪】거천(車踐).

수레에 병장기 꽂는 틀 :

수레에 병장기 꽂는 틀 의【輢】車旁兵所挿處.

수레옆문 :

수레옆문 태【戾】輼車旁戶.

수레우비 :

수레우비 무【幠】漆布覆車.

수레 위 가로나무 : 병거(兵車)위의 앞쪽에 무기
　를 기대어 놓기 위하여 설비한 횡목(橫木).

수레 위 가로나무 경【局】楚人恭之脫局『左傳』

수레의 바퀴 테 :

수레의 바퀴 테 각【轇】차망(車網).

수레 중수하다 :

수레 중수할 선【纂】繕治車.

수레치장 :

수레치장 박【轉】車之裝飾.

수레 타는 소리 :

수레 타는 소리 령【騎】騎蓋. 車騎聲.

수레 튼튼하다 :

수레 튼튼할 경【輕】차견(車堅).

수레포장 :

수레포장 불【茀】부인용 수레의 앞뒤에 가리어
　　　　　치는 것. 翟茀以朝『詩經』

수레포장 연【裧】차황(車幌).

수레포장 적【翟】꿩의 깃으로 장식한 차상(車
　　　　　箱)을 둘러 가리는 것.
　　　　　　　翟茀以朝『詩經』

수레휘장 :

　수레휘장 렵【氉】車裳所以禦風塵耆.

　수레휘장 반【輚】車藩爲輚 以簟爲之 或用革所
　　　　　　　　以屏蔽塵泥也『應劭曰』

　수레휘장 액【袼】襠也.

　수레휘장 첨【幨】차체를 두른 휘장. 幨帷.
　　　　　　　　擁蓋垂幨其榮可喜『歐陽修』

　수레휘장 헌【幰】수레 치는 휘장.
　　　　　　　　弗許施幰『隋書』

수레휘장 술 :

　수레휘장 술 삼【幓】車飾貌.

수레휘장 해지다 :

　수레휘장 해질 천【幝】수레의 장막이 해져 너
　　　　　　　　풀거리는 모양.
　　　　　　　　檀車幝幝『詩經』

수리 : 수릿과에 속한 새를 통틀어 이르는 말. 곧
　독수리, 검독수리, 흰죽지수리, 항라머리검독수
　리, 흰꼬리수리, 흰죽지참수리, 참수리, 수염수
　리 따위를 이른다.

　수리 단【鷻】鳥也.

　수리 단【鶉】취(鷲)의 일종. 匪鶉匪鳶『詩經』

　수리 조【雕】수리의 일종으로 취(鷲)보다 큼.
　　　　　　　匈奴射雕者也『史記』

　수리 조【鵰】수리(鷲)의 별칭.

　수리 취【鷲】鷲悍多力盤旋空中無細不視『本草經』

수리부엉이 : 올빼밋과에 속한 새. 머리 위 양쪽
　에 귀 모양으로 솟은 털과 주황색의 큰 눈이
　특징적이다. 몸 전체에 황갈색과 갈색의 얼룩무
　늬가 있고 배 쪽이 더 밝다.

　수리부엉이 구【鴝】알치새. 치휴(鴟鵂).

　수리부엉이 류【鶹】鵂鶹.

　수리부엉이 복【鵩】買誼在長沙 鵩鳥集其承塵
　　　　　　　　長沙俗 以鵩鳥至人家 主人死
　　　　　　　　誼作鵩鳥賦 齊死生 等榮辱
　　　　　　　　以遣憂累焉『西京雜記』

　수리부엉이 휴【鵂】수알치새. 鵂鶹. 鴟鵂.
　　　　　　　　鴟鵂夜撮蚤『莊子』

수말 : 말의 수컷.

　수말 즐【騭】牡曰騭『爾雅』

수문 : 수도(水道)의 문.

　수문 혁【洫】作方梁石洫『漢書』

수문 터놓다 :

　수문 터놓을 사【瀉】泄水門.

수북히 담다 : 음식을 고봉(高峰)으로 담은 모양.

　수북히 담을 몽【饛】有饛簋飧『詩經』

수비(守備) :

　수비 해【垓】방어. 重限累垓 以防暴卒『揚雄』

수사(數詞) : 사물의 수량이나 차례를 나타내는

　품사의 하나.

　수사 반【般】兩般顏色一般香『許渾』

수사슴 : 사슴의 수컷.

　수사슴 가【麚】가(麛)와 동자(同字). 牡鹿.

　수사슴 가【麛】特麛昏髟『馬融

　수사슴 구【麔】麔麚短胠『爾雅』

　수사슴 우【麌】麀麌顧其子 燕雀各相隨『陳師道』

수삼 : 캐내어서 아직 말리지 않은 인삼.

　수삼 시【枲】모마(牡麻).

수석 부딪치다 : 흐르는 물살에 돌들이 서로 부
　딪치는 모양이나 소리.

　수석 부딪칠 각【礭】

　　　㉠ 礭 皆水激石嶮峻不平貌『康熙字典』

　　　㉡ 幽礀積岨 礜砧砮礭『郭璞』

　수석 부딪칠 낙【砮】礜砧砮礭『郭璞』

수석소리 : 흐르는 물이 돌에 부딪치는 소리.

　수석소리 력【礜】幽礀積岨, 礜砧砮礭『郭璞』

수성 : 혹성(惑星)중에서 가장 작고 태양에 가장
　가까운 별.

　수성 수【水】신성(辰星).

수소 : 소의 수컷.

　수소 특【犆】특(特)과 동자(同字).

　수소 특【特】用特『書經』

수수께끼 :

　수수께끼 미【謎】은어(隱語). 君子隱化爲謎語
　　　　　　　　謎也者廻互其辭 使昏迷也
　　　　　　　　『文心雕龍』

　수수께끼 은【隱】미어(謎語). 隱語. 臣非敢詆之
　　　　　　　　酒與爲隱耳『漢書』

　수수께끼 은【讔】미어(謎語). 楚莊王立三年 不
　　　　　　　　聽而好讔『呂氏春秋』

수심(愁心)띤 낯 :

　수심띤 낯 닉【朒】수면(愁面).

수양 : 양의 수컷.

　수양 분【羒】羒, 牡羊也『爾雅』

　수양 유【羭】빛이 검은 수양.

　수양 장【牂】저양(羝羊).

　수양 저【牴】저(羝)와 통용.

　수양 저【羝】羝羊觸藩『易經』

수염 :

　수염 렴【鬑】긴 수염. 使長鬑者相『左傳』

　수염 수【鬚】

　　　㉠ 아랫수염. 턱 밑의 수염. 多鬚. 鬚髥.
　　　　　積雲沒脛 堅冰在鬚『李華』

　　　㉡ 동물의 입 언저리에 난 뻣뻣한 긴 털.
　　　　　鼠鬚. 虎鬚.

　　　㉢ 수염 모양을 한 것. 鬚根.

수염 수【須】수(鬚)와 통용. 턱 밑 수염.

　　　　　貢其須『易經』

수염 호【鬍】鬍子는 수염의 속칭.

수염 훼【顤】아랫턱에 난 수염.
　　　　　接其鬢 壓其顤『莊子』

수염 자【顅】자(髭)와 동자(同字).
　　　　　生而有顅『左傳』

수염 자【髭】코밑의 수염. 霜髭. 髭鬚.

수염 많다 : 수염이 많은 모양.

　수염 많을 배【髲】髲鬄, 다수(多鬚).

　수염 많을 비【髵】수다(鬚多).

　수염 많을 새【思】于思于思 棄甲復來『左傳』

　수염 많을 시【偲】其人美且偲『詩經』

　수염 많을 포【髱】수염이 많이 난 모양.

수원 : 물이 흐르는 근원.

　수원 원【源】水根. 祈祀山川百源『禮記』

수유(茱萸) :

　수유 살【樧】수유(茱萸).

수유나무 : 운향(蕓香)과에 속하는 낙엽 교목. 열
　매의 기름을 짜서 머리 기름으로 쓰며, 또 9月
　9日에 높은 산에 올라가서 이 열매를 머리에
　꽂으면 사기(邪氣)를 물리친다 함.

　수유나무 수【茱】茱萸. 九月九日折茱萸房揷頭
　　　　　　　　可辟惡氣『風土記』

　수유나무 유【萸】茱萸.

수은(水銀) : 은백색의 액체인 금속.

　수은 홍【汞】眞汞産于離『參同契』

　수은 홍【澒】홍(汞)과 동자(同字).
　　　　　凝澒成白銀『漢武內傳』

수의(襚衣) :

　수의 세【禭】죽은 사람에게 입히는 옷.
　　　　　乃奉百金禭『漢書』

　수의 수【襚】죽은 사람에게 입히는 옷. 또 그
　　　　　옷을 보내는 일. 襚者以衣送死人
　　　　　之稱『禮記』

　수의 초【褚】사자의(死者衣).

수입(輸入) :

　수입 입【入】수납(收納). 소득(所得).
　　　　　量入以爲出『禮記』

수자리 : 예전에, 국경을 지키는 일이나 그 일을
　하는 병사를 이르던 말.

　수자리 수【戍】㉠ 我戍未定『詩經』
　　　　　㉡ 遣戍『史記』

　수자리 역【役】戍役. 師田行役之事『周禮』

수장(收藏)하다 : 거두어 들여 간직함.

　수장할 납【納】納冊於金縢之匱中『書經』

수저 : 숟가락과 젓가락을 아울러 이르는 말.

　수저 비【朼】제사에 쓰는 나무로 만든 숟가락.
　　　　　乃朼載『儀禮』

　수저 사【柶】숟가락. 加柶于觶『儀禮』

수저통 :

　수저통 송【槞】桶槞, 저용(箸筩).

수정(水晶) : 투명한 석영. 이산화규소로 이루어
　진 육방 정계(六方晶系)의 결정으로서, 불순물
　이 섞임에 따라 자색이나 검은색 따위의 색깔
　을 띠게 됨. 장식품이나 광학용 기계에 쓰임.

　수정 영【瑛】玉瑛.

　수정 정【晶】以玉晶爲盤『三輔黃圖』

수종다리 : 퉁퉁하게 붓는 다리. 또 다리가 부음.

　수종다리 종【尰】腫足爲尰『詩經』

　수종다리 종【瘇】天下之勢, 方病大瘇『漢書』

수준기 : 수평(水平)을 재는 기계(器械).

　수준기 준【準】準者所以揆平取正也『漢書』

수치(羞恥) : 부끄러운 일.

　수치 구【垢】耻辱. 忍垢. 國君含垢『左傳』

　수치 문【汶】치욕(耻辱). 安能以身之察察 受物
　　　　　之汶汶者乎『楚辭』

수컷 : 동물의 남성.

　수컷 모【牡】牝牡. 雉鳴求其牡『詩經』

　수컷 웅【雄】雌雄.
　　　　　飛曰雄雌 走曰牝牡『急就篇』

　수컷 특【特】頒馬攻特『周禮』

수키와 : 두 암키와 사이를 엎어 잇는 기와. 모양
　이 대나무 통을 반 가른 것처럼 생겼다.

　수키와 동【甂】모와(牡瓦).

　수키와 맹【甍】대 마루에 얹는 수키와.
　　　　　甍桷椽楹不斲『六韜』

수퇘지 : 돼지의 수컷.

　수퇘지 가【豭】가(猳)와 동자(同字).
　　　　　旦暮欲齧我豭『管子』

　수퇘지 가【猳】卒出猳『左傳』

수틀 : 그림을 그리거나 수를 놓는 비단을 팽팽이
　캥기게 하기 위하여 쓰는 나무로 만든 테.

　수틀 정【幀】幀撑也 以木爲框 撑張絹繪以便作
　　　　　畫也 今女子以絹帛繃木框而刺繡
　　　　　亦謂之幀『品字箋』

수표(手票) :

　수표 부【傅】傅別. 대차(貸借)의 증서(證書).

수풀 : 숲. 인신(引伸)하여 사물이 많이 모이는
　곳. 또 처사(處士)가 은거(隱居)하는 시골.

　수풀 림【林】
　　　㉠ 山林. 依彼平林『詩經』
　　　㉡ 藝林. 儒林. 亦當世得失之林也『史記』

　수풀 수【藪】
　　　㉠ 林藪. 山林麓藪, 非人所處『易林』
　　　㉡ 淵藪. 遂爲逋逃之藪『北史』
　　　㉢ 辭朝歸藪『湛方生』

수풀 수【棷】수(藪)와 동자(同字).
　　　　鳳凰麒麟 皆在郊棷『禮記』

수하다 : 오래 삶.
　수할 고【考】周主壽考『詩經』
　수할 수【壽】장수(長壽)함. 壽則多辱『莊子』
　수할 호【胡】胡考之寧『詩經』

수효 : 일정한 분량.
　수효 액【額】定額. 額數. 所收日額『宋史』

숙모(叔母) : 작은아버지의 아내.
　숙모 심【嬸】숙모(叔母).

숙병(宿病) : 병세가 중해져서 좀처럼 고치기 어려운 병.
　숙병 아【痾】숙아(宿痾). 舊痾有痊『潘岳』

숙사(宿舍) : 숙박하는 집.
　숙사 돈【頓】數道置頓『隋書』

숙상(鸐鸘)새 :
　숙상새 숙【鸐】鸐鸘. 신조(神鳥).

숙상말 :
　숙상말 숙【驌】驌驦. 양마(良馬).

숙성(熟成)하다 : 어린아이가 조성(早成)함.
　숙성할 억【嶷】小兒有知.
　숙성할 억【嶷】岐嶷. 克岐克嶷『詩經』

숙이다 : 고개를 숙이거나 몸을 아래로 굽임.
　숙일 궐【厥】앞으로 기울임. 厥角稽首『漢書』
　숙일 면【俛】부(俯)와 동자(同字). 俛視.
　　　　　在俛仰之間耳『漢書』
　숙일 부【俯】앙(仰)의 대(對). 俯仰.
　　　　　仰不愧於天 俯不怍於地『孟子』
　숙일 부【頫】부(俯)와 동자(同字).
　　　　　頫首係頸『賈誼』
　숙일 저【低】수그림. 低頭. 低首.
　　　　　黍熟頭低 麥熟頭昂『談藪』

숙직실 : 숙직하는 방.
　숙직실 려【廬】日磾小疾臥廬『漢書』

숙취(宿醉) : 이튿날까지 깨지 아니한 술의 취기.
　숙취 정【酲】帶酲. 酒酲. 憂心如酲『詩經』

순경(巡警)북 : 야경(夜警) 돌 때 치는 북.
　순경북 척【蟄】軍旅夜鼓蟄『周禮』

순대 : 짐승의 만화(지라), 콩팥 같은 것을 저며 창자 속에 넣고 익힌 것.
　순대 약【膫】嘉殽脾膫『詩經』

순라군(巡邏軍) : 순찰하는 사람.
　순라군 요【徼】少爲縣亭長游徼『後漢書』

순록(馴鹿) : 사슴과에 속한 포유류 동물. 사슴류 중에서 가축화된 유일한 종류이다. 가을철에 교미하여 칠 개월 만에 한두 마리의 새끼를 낳는다. 다리가 길고 억세어 마소처럼 부린다. 고기와 젖은 식용되고 가죽은 의복이나 텐트의 재료로, 뼈와 뿔은 골각기의 재료로, 힘줄은 끈을 만드는 데 쓰인다.
　순록 미【麊】순록(馴鹿).

순록새끼 :
　순록새끼 오【麌】獸長麋麌『國語』

순무 : 십자화과에 속한 한두해살이풀. 무의 하나로, 뿌리는 둥글고 길며 물이 많다. 봄에 노란 꽃이 총상 꽃차례로 핀다.
　순무 만【蔓】蔓菁. 무청(蕪菁).
　　　　　令兵土種蔓菁『嘉話錄』
　순무 무【蕪】채소의 한가지. 蕪菁.
　순무 봉【葑】만청(蔓菁). 무청(蕪菁).
　　　　　采葑采菲『詩經』
　순무 정【菁】菁菹『周禮』
　순무 풍【豐】蕪也. 菁也.

순박(淳朴)하다 : 외모를 꾸미지 아니하며 거짓이 없음.
　순박할 박【樸】質樸. 民敦而俗樸『孔子家語』
　순박할 박【朴】박(樸)과 동자(同字). 質朴.
　　　　　素朴. 示敦朴『史記』
　순박할 순【淳】忠淳. 澆淳散樸『漢書』
　순박할 일【壹】醇壹. 民以寧壹『史記』
　순박할 추【椎】가식(假飾)이 없음.
　　　　　樸椎少文『漢書』

순수(純粹)하다 : 조금도 다른 것이 섞이지 아니함.
　순수할 수【粹】粹百之裘. 粹而能容雜『荀子』
　순수할 수【睟】睟君道也『太玄經』
　순수할 순【醇】순(純)과 통용. 섞인 것이 없음.
　　　　　醇美. 政事惟醇『書經』
　순수할 순【純】精純. 純金.
　　　　　能師舊德而守終純固『國語』
　순수할 온【溫】溫其如玉『詩經』
　순수할 전【全】순수(純粹)함. 순일(純一)함.
　　　　　玉人之事 天子用全『周禮』
　순수할 정【正】섞임이 없음. 正白. 正赤.

순일(純一)하다 :
　순일할 정【精】섞인 것이 없음. 精金良玉
　　　　　純粹精也『易經』

순(舜)임금 : 요(堯)임금의 선양(禪讓)을 받은 중국 고대의 천자 '순(舜)'을 임금으로 받들어 이르는 말.
　순임금 순【舜】虞舜者名曰重華『史記』

순임금 성(姓) :
　순임금 성 우【虞】순(舜)임금의 성(姓). 虞舜.
　　　　　唐虞稽古『書經』

순전(純全)하다 : 잡것이 섞이지 아니함.
　순전할 쇄【粹】純也.

순전할 순【衠】불잡(不雜).

순전할 순【紃】粹也. 순(純)과 동자(同字).

순전할 전【全】玉人之事 天子用全『周禮』

순종(脣腫) : 입술에 나는 부스럼.

　순종 진【胗】中脣爲胗『宋玉』

순직(順直)하다 :

　순직할 원【娈】순직(順直).

순진(純眞)하지 않다 :

　순진하지 않을 착【娖】불순(不順).

순찰(巡察)하다 :

　순찰할 검【撿】순찰(巡察).

순채(蓴菜) : 수련과에 속한 여러해살이 물풀. 뿌
　리줄기가 옆으로 벋으면서 길게 자라서 잎이
　수면에 뜬다. 잎은 어긋나고 타원형이며 뒷면
　은 자줏빛이 돌고 중앙에 잎자루가 달린다.
　어린순을 식용으로 한다.

　순채 란【蘭】순채(蓴菜).

　순채 묘【茆】薄采其茆『詩經』

　순채 순【蓴】蓴羹鱸膾. 千里蓴羹『世說』

순하게 하다 :

　순하게 할 유【揉】揉此萬邦『詩經』

순하다 :

　순할 도【道】자연에 따름. 九河旣道『書經』

　순할 란【嬾】순종(順從).

　순할 손【遜】순종(順從)함. 五品不遜『書經』

　순할 순【順】온순(溫順)함. 柔順.

　순할 순【馴】유순(柔順). 無不柔馴者『列子』

　순할 완【婉】婉順. 性婉而從物『列子』

　순할 요【擾】유순함. 擾而毅『書經』

　순할 욕【欲】온순한 모양. 敬以欲『禮記』

　순할 퇴【隤】夫坤隤然示人簡矣『易經』

　순할 혜【惠】유순함. 惠然. 惠於父母『國語』

　순할 혜【憓】혜(惠)와 동자(同字). 유순함.
　　　　　　　義征不憓『史記』

　순할 화【啝】順也.

숟가락 :

　숟가락 비【匕】匕筯. 生主方食,
　　　　　　　　失匕箸『蜀志』

　숟가락 시【鍉】맹세(盟誓)할 때 피를 입 언저
　　　　　　　리에 바르는 데 쓰는 숟가락.
　　　　　　　牽馬操刀, 奉盤錯鍉『後漢書』

　숟가락 시【匙】飯匙. 茶匙要擊拂有力『蔡襄』

술 : 누룩을 빚어 만든 음료. 취하는 음료.

　술 국【麴】道逢麴車口流涎『杜甫』

　술 기【禨】목욕한 뒤에 술을 마심. 또 그 술.
　　　　　　　進禨進羞『禮記』

　술 양【釀】釀佳. 春釀. 今人欲傾家釀『世說』

　술 역【醳】

　　㉠ 좋은 술. 전국 술. 순주(醇酒).

　　㉡ 오래 묵은 술. 고주(古酒).

　　㉢ 일설에는 맛이 쓴 술. 고주(苦酒).

　　㉣ 겨울에 빚어 봄에 익은 술. 有醳順時『左思』

　술 온【醞】빚은 술. 春醞時獻斟『王僧達』

　술 작【酌】酒曰淸酌『禮記』

　술 제【薺】薺醒在堂『禮記』

　술 주【酒】濁酒. 銷憂者莫若酒『漢書』

　술 추【篘】술을 거르는 데 쓰는 대로 결어 만든
　　　　　　　그릇. 인신(引伸)하여 술.
　　　　　　　公餘試新篘『蘇軾』

　술 추【酋】오래 된 술. 또 술을 맡은 벼슬아치.
　　　　　　　仲秋之月 乃命大酋『禮記』

　술 춘【春】술의 별칭. 玉壺賈春『司空圖』

술 : 장식으로 늘이는 여러 가닥의 실. 또는 깃.

　술 소【蘇】流蘇. 金蘇翠幄『梁簡文帝』

　술 총【總】錫面朱總『周禮』

술 거르는 그릇 : 술을 거르는 데 쓰는 대로 결
　어 만든 그릇. 인신(引伸)하여 술.

　술 거르는 그릇 추【篘】公餘試新篘『蘇軾』

술 거르는 용수 :

　술 거르는 용수 강【篢】주추(酒篘).

술 거르다 :

　술 거를 초【灀】釃也.

　술 거를 초【漅】녹주(漉酒).

술 괴다 :

　술 괼 효【酵】발효함. 發酵.

술그릇 :

　술그릇 각【角】4되들이 술그릇.
　　　　　　　　卑者擧角『禮記』

　술그릇 두【鎦】두(鈄)와 동자(同字). 酒器.

　술그릇 뢰【櫑】뢰(罍)와 동자(同字). 구름과 우
　　　　　　　뢰(雨雷) 무늬를 새긴 단지 비
　　　　　　　슷한 그릇.

　술그릇 뢰【罍】구름 무늬를 그린 단지 비슷한
　　　　　　　오지 그릇. 玉罍.
　　　　　　　我姑酌彼金罍『詩經』

　술그릇 사【犧】犧尊. 비취(翡翠)의 깃으로 장식
　　　　　　　한 술그릇. 犧尊將將『詩經』

　술그릇 서【黍】3되들이 술그릇.
　　　　　　　操黍酒『呂氏春秋』

　술그릇 이【匜】주기(酒器). 敦牟卮匜『禮記』

　술그릇 이【彝】술 동이 보다 약간 작은 주기
　　　　　　　(酒器). 주로 제기로 쓰임.

　술그릇 쟁【鎗】주기(酒器). 酒鎗.

　술그릇 준【尊】준(樽)과 동자(同字). 酒器.
　　　　　　　尊俎. 掌六彝六尊之位『周禮』

　술그릇 준【樽】준(尊), 준(罇)과 동자(同字).

단지 비슷한 술그릇. 樽杓.
　　有酒盈樽 『陶潛』

술그릇 준【罇】준(尊)과 동자(同字).
　　合罇促席 『左思』

술그릇 찬【瓚】
　㉠ 자루를 옥으로 만든 창주(鬯酒)를 담는 구
　　기 모양의 술그릇. 종묘의 제사에 씀.
　㉡ 琴彼玉瓚 『詩經』
　㉢ 祼圭有瓚 『周禮』
　㉣ 瓚者勺也 大五升 口徑八寸 下有龍 口徑一
　　尺 黃金勺 靑金外 朱中 以圭爲柄 曰圭瓚
　　以璋爲柄 曰璋瓚 『辭海』

술그릇 형【鈃】주기(酒器)의 한가지.

술그릇 희【犧】소의 형상으로 만들거나 소 형
　　　　　　　 상에 잔을 두세 개를 장치하여
　　　　　　　 제사 때 쓰는 술그릇.

술기운 : 술에 취하여 생기는 기운.
　술기운 훈【醺】주기(酒氣). 취기(醉氣). 帶微醺.
　　　　愁多少酒醺 『杜甫』

술 단지 : 술을 담는 단지.
　술 단지 담【壜】石壜封寄野人家 『陸龜蒙』
　술 단지 무【甒】술을 붓는 조그마한 그릇.
　　　　君尊瓦甒 『禮記』
　술 단지 앵【罌】捧罌承槽 『劉伶』
　술 단지 치【甀】술을 담는 단지.

술 데우는 그릇 :
　술 데우는 그릇 선【鐥】鐥溫器也旋之湯中 以
　　　　　　　　　溫酒 『六書考』

술 데우다 :
　술 데울 란【爛】온주(溫酒).

술동이 : 술을 담는 질그릇.
　술동이 태【泰】泰有虞氏之尊也 『禮記』

술 따르다 :
　술 따를 짐【斟】
　㉠ 잔에 술을 따름. 用一婢典斟 『雲仙散錄』
　㉡ 잔에 술을 따라 마심. 음주함. 獨斟.
　　　且邀明日伴孤斟 『蘇軾』
　술 따를 초【醮】관혼(冠婚)의 의식에서 술을
　　　　　　　　 따름. 醮於客位 『禮記』

술 마시다 :
　술 마실 짐【醋】음주(飮酒).

술밑 : 찐쌀과 누룩을 섞어 버무린 지에밥으로,
　술을 만드는 원료.
　술밑 도【酴】주모(酒母).
　술밑 매【酶】주모(酒母).
　술밑 매【媒】효모(酵母).
　술밑 매【䤈】주본(酒本).
　술밑 효【酵】주모(酒母). 酵母.

술법 :
　술법 방【方】神仙術. 方士欲煉以求奇藥 『史記』

술병 : 술을 담는 병.
　술병 담【壜】石壜封寄野人家 『陸龜蒙』
　술병 종【鍾】堯舜千鍾 『孔叢子』

술 빛 :
　술 빛 발【醱】주색(酒色).
　술 빛 익【酨】주색(酒色).

술수(術數) : 음양가(陰陽家) 등의 술법(術法).
　술수 술【術】術家. 余知隱地術 『陸龜蒙』

술 순배 :
　술 순배 람【囕】주순잡(酒巡匝).

술을 강권하다 : 술을 권하여 억지로 마시게 함.
　술 강권할 작【嚼】嚼復嚼者 京都飮酒相强之辭
　　　　　　　　 也 『漢書』

술이름 :
　술이름 도【醻】주명(酒名).
　술이름 창【鬯】옻 기장으로 빚은 술. 鬯酒.
　　　　秬鬯一卣 『詩經』

술잔 : 술을 따라 마시는 그릇.
　술잔 고【觚】2되들이 술잔. 觚不觚 『論語』
　술잔 두【鎦】盃也.
　술잔 배【桮】배(杯)와 동자(同字).
　　　　案上不過三桮 『漢書』
　술잔 배【杯】杯酒. 杯棬不能飮焉 『禮記』
　술잔 아【盂】주배(酒杯).
　술잔 양【盪】杯也. 吳越之間曰盪 『揚雄』
　술잔 잔【醆】잔(盞), 잔(琖)과 동자(同字).
　술잔 종【鍾】堯舜千鍾 『孔叢子』

술장수 : 술을 파는 사람.
　술장수 고【沽】屠沽. 沽者亦知酒之多少 『尸子』

술주자 : 누룩이 섞인 술을 짜내거나 거르는 통.
　술주자 자【榨】酒榨.
　술주자 자【醡】松槽葛囊纏上醡 『楊萬里』

술 즙내다 :
　술 즙낼 추【渳】주즙(酒汁)..

술집 기(旗) :
　술집 기 렴【帘】술집의 표지로 세우는 기(旗).
　　　　　　 閃閃酒帘招醉客 『李中』

술 짜다 :
　술 짤 제【䤍】手搦酒.

술 취하다 :
　술 취할 명【酩】술에 대단히 취함.
　　　　酩酊無所知 『晉書』
　술 취할 정【苶】茗苶. 명정(酩酊)이라고도 함.
　　　　酩苶馬上知爲誰 『韓愈』
　술 취할 정【酊】酩酊無所知 『晉書』

술 탁하다 :

　술 탁할 대【瀩】酒不淸.

술통 : 술을 저장해 두는 그릇.

　술통 비【椑】둥근 술통. 都人酒滿椑『袁凱』

　술통 유【卣】주로 울창주(鬱鬯酒)를 담는 그릇.
　　　　　　大曰彝 中曰卣 小曰罍 秬鬯一卣
　　　　　　『詩經』

　술통 조【槽】捧罌承槽『劉伯倫』

술 팔다 :

　술 팔 교【酵】매주(賣酒).

술 항아리 마르다 :

　술 항아리 마를 밀【醿】飮酒俱盡.

숨 : 호흡.

　숨 기【氣】氣息. 屛氣似不息者『論語』

　숨 식【息】鼻息. 間不容息『史記』

　숨 식【熄】기식(氣息).

　숨 애【噯】기식(氣息).

　숨 천【喘】호흡. 수명. 喘餘. 假喘殘生『張說』

　숨 후【煦】호흡. 衆煦漂山『漢書』

숨기다 : 보이지 않는 곳에 감춤. 가림. 덮음. 나
　타내지 아니함. 감쌈. 남이 알지 못하게 함. 비
　밀에 붙임.

　숨길 닉【匿】㉠ 乃匿其家, 竊出上書『史記』
　　　　　　㉡ 文不可匿『國語』
　　　　　　㉢ 匿名. 匿怨而友其人『論語』

　숨길 미【微】은닉(隱匿)함. 其徒微之『左傳』

　숨길 복【伏】伏匿. 發奸摘伏如神『漢書』

　숨길 복【僕】은닉(隱匿)함.
　　　　　　作僕區之法『左傳』

　숨길 비【秘】㉠ 비밀(秘密)히 말함.
　　　　　　㉡ 秘不發喪『十八史略』
　　　　　　㉢ 無秘爾音『陸運』

　숨길 수【廋】은닉(隱匿)함. 廋詞.
　　　　　　人焉廋哉『論語』

　숨길 수【蒐】은닉(隱匿)함. 服讒蒐慝『左傳』

　숨길 애【薆】은폐(隱蔽)함.
　　　　　　薆障卽隱蔽也『爾雅』

　숨길 양【養】兄五行若不中道則養之『大戴禮』

　숨길 엄【掩】掩竟打兒女『李義山雜纂』

　숨길 엄【閹】閹然媚於世『孟子』

　숨길 엄【俺】隱也.

　숨길 오【隩】은닉(隱匿)함. 隩愛太子『國語』

　숨길 우【區】은닉(隱匿). 作僕區之法『左傳』

　숨길 은【隱】㉠ 日月隱曜『范仲淹』
　　　　　　㉡ 父爲子隱, 子爲父隱『論語』
　　　　　　㉢ 莫見於隱『中庸』
　　　　　　㉣ 進不隱賢『孟子』
　　　　　　㉤ 隱情『禮記』

　숨길 음【飮】飮章. 飮其德『漢書』

　숨길 잠【潛】潛師閉塗『左傳』

　숨길 찬【竄】可以竄惡『國語』

　숨길 특【慝】慝名. 慝則大惑『荀子』

　숨길 휘【諱】은폐(隱蔽)함. 隱諱.
　　　　　　大惡諱 小惡書『公羊傳』

숨긴 곳 : 물건을 감추어 두는 곳.

　숨긴 곳 구【區】在乎區蓋之間『荀子』

숨 길게 내쉬다 :

　숨 길게 내쉴 호【歑】出氣太息.

숨 내쉬는 소리 :

　숨 내쉬는 소리 필【苾】呼吸聲.

숨 내쉬다 :

　숨 내쉴 호【呼】흡(吸)의 대(對). 숨을 내쉼.
　　　　　　呼噓. 吹呴呼吸『莊子』

숨다 :

　숨을 닉【匿】
　　㉠ 도피(逃避)함. 逃匿. 酒匿其家『史記』
　　㉡ 잠복(潛伏)함. 隱匿. 時見時匿『淮南子』

　숨을 둔【遁】
　　㉠ 도피(逃避)하여 숨음. 冉遁身于梁沛之間
　　　　徒行敝衣 賣卜于市『後漢書』
　　㉡ 속세를 피하여 삶. 隱遁.
　　　　遁世不見知而不悔『中庸』

　숨을 몰【沒】은복(隱伏)함. 乍沒乍出『北史』

　숨을 복【伏】몸을 감춤. 伏兵. 伏匿.
　　　　　　嘉言罔攸伏『書經』

　숨을 부【俯】잠복(潛伏)함. 복장(伏藏)함.
　　　　　　蟄蟲咸俯『易經』

　숨을 비【厞】隱也.

　숨을 비【屝】隱也.

　숨을 수【廋】匿也. 수(廋)와 동자(同字).

　숨을 심【諗】몸을 감춤. 魚鮪不諗『孔子家語』

　숨을 예【翳】자취를 감춤. 潛翳海隅『魏志』

　숨을 오【隩】은닉(隱匿)함. 隩愛太子『國語』

　숨을 요【窅】隱也.

　숨을 유【幽】幽隱. 幽居而不淫『禮記』

　숨을 은【隱】
　　㉠ 자취를 감춤. 隱身. 伏隱. 將身隱『左傳』
　　㉡ 달아남. 逃隱. 龍德而隱者也『易經』
　　㉢ 보이지 아니함. 나타나지 아니함.
　　　　隱而顯『禮記』
　　㉣ 나타나지 않은 깊은 이치.
　　　　探頤索隱『易經』
　　㉤ 명예나 부귀를 버리고 속세를 멀리함.
　　　　속세를 버림. 隱居. 隱遁.
　　㉥ 속세를 버린 사람. 三隱.
　　　　大隱隱朝市『王康琚』

숨을 일【逸】은거(隱居)함. 擧逸民『論語』

숨을 일【佚】은둔(隱遁)함. 佚民.
　　　　　　遺佚而不怨『孟子』

숨을 잠【潛】몸을 감춤. 潛伏.
　　　　　　陽氣潛藏『易經』

숨을 장【藏】자취를 감춤. 公子聞趙有處士毛公
　　　　　　藏于博徒『史記』

숨을 장【臧】
　㉠ 장(藏)과 통용. 臧去. 天子臧珠玉『管子』
　㉡ 遠濁世而自臧『賈誼』

숨을 찬【竄】몸을 감춤. 隱竄.
　　　　　　自竄于戎翟之間『國語』

숨을 추【霤】隱也.

숨을 칩【蟄】
　㉠ 벌레가 땅 속에 숨음.
　　　　　　方冬寒 蟄蟲復出『呂氏春秋』
　㉡ 인신(引伸)하여 조용한 곳. 또는 집에 틀
　　어 박혀 나오지 아니함. 蟄居.
　　　　　　龍蛇之蟄 以存身也『易經』

숨 도는 모양 :
　숨 도는 모양 유【㡰】氣行貌.

숨 들이 쉬다 :
　숨 들이 쉴 흡【吸】호(呼)의 대(對). 吸者叫者.
　숨 들이 쉴 흡【噏】흡(吸)과 동자(同字).
　　　　　　噏淸雲之流霞兮『揚雄』

숨막히다 :
　숨막힐 기【旡】기색(氣塞).

숨북받치다 :
　숨붇박칠 희【欷】기역(氣逆).

숨소리 :
　숨소리 배【啡】잘 때의 호흡 소리.

숨쉬기 거북하다 :
　숨쉬기 거북할 알【欥】咽中息不利.

숨쉬다 :
　숨쉴 발【茀】숨을 쉬는 모양. 氣息茀然『莊子』
　숨쉴 식【息】太息. 歎息. 屛氣似不息者『論語』
　숨쉴 정【㿃】호흡(呼吸).
　숨쉴 훼【喙】부리로 숨을 쉼. 喙息.

숨은 바윗돌 :
　숨은 바윗돌 초【礁】물 속에 있는 암석. 暗礁.
　　　　　　賊船撞礁湙沒『海防纂
　　　　　　要』

숨은 죄 :
　숨은 죄 닉【匿】나타나지 아니한 죄악(罪惡).
　　　　　　陰姦. 其爲人反匿頗僻『晉書』

숨차다 :
　숨찰 궐【欮】역기(逆氣).
　숨찰 기【鼓】喘也.

숨찰 천【喘】숨차서 헐떡거림. 喘息.
　　　　　　匈喘膚汗『漢書』

숨찰 쾌【鱠】천식(喘息).

숨 후 내쉬다 :
　숨 후 내쉴 구【呴】입에서 더운 김을 후 내쉼.
　　　　　　呴噓. 或呴或吹『老子』

숫고래 :
　숫고래 경【鱷】경(鯨)과 동자(同字). 鱷鯢.
　　　　　　海中大魚.

숫구멍 :
　숫구멍 신【顖】정문(頂門).

숫돌 : 칼 같은 것을 가는 결이 거친 돌.
　숫돌 감【礛】礛䃴는 옥(玉)을 가는 숫돌.
　숫돌 경【硜】마석(磨石).
　숫돌 단【鍛】거친 숫돌. 取厲取鍛『詩經』
　숫돌 려【厲】여(礪)와 동자(同字).
　　　　　　取厲取鍛『詩經』
　숫돌 려【礪】陰山多礪石『山海經』
　숫돌 렴【磏】거친 숫돌. 여석(礪石).
　숫돌 저【底】지(砥)와 통용. 磨礱底厲『漢書』
　숫돌 제【䃴】礛䃴는 옥(玉)을 가는 숫돌.
　숫돌 지【厎】지(砥)와 동자(同字).
　　　　　　爵祿天下之厎石『漢書』
　숫돌 지【砥】崦嵫之山 其中多砥礪『山海經』
　숫돌 착【厝】칼을 가는 돌.
　숫돌 착【錯】他山之石 可以爲錯『詩經』
　숫돌 하【碬】礪石. 如以碬投卵『孫子』
　숫돌 형【硎】礪石. 刀刃若新發於硎『莊子』

숫양 :
　숫양 저【羝】저(羝)와 통용.

숫이리 :
　수이리 단【貒】모랑(牡狼).

숭산(嵩山) : 오악(五嶽)의 하나. 하남성 등봉현
　(登封縣) 북쪽에 있으며 중악(中嶽) 또는 嵩高
　라고도 함.
　숭산 숭【嵩】숭산(嵩山).

숭상(崇尙)하다 :
　숭상할 개【蓋】존숭(尊崇)함.
　　　　　　蓋威以好勝『國語』
　숭상할 긍【矜】존숭(尊崇)함.
　　　　　　故人矜節行『賈誼』
　숭상할 상【上】상(尙)과 통용. 上賢『漢書』
　숭상할 상【尙】높이 여김. 尙武.
　　　　　　夏后氏尙黑『禮記』
　숭상할 상【賞】존중함. 賞賢使能『荀子』
　숭상할 우【右】중히 여김. 右文.
　　　　　　守成上文 遭遇右武『漢書』

숭어 : 숭엇과에 속한 바닷물고기. 몸은 길고 납

작하다. 몸빛은 등이 회청색이며, 배는 은백색
이다. 온몸에 빳빳한 비늘이 있다. 어릴 때는
담수에서 살다가 크면 바다로 내려가는 회귀성
어종(回歸性魚種)이다.

숭어 로 【鮂】 ᠍일 대치어(大緇魚).

숭어 선 【鱸】 ᠍일 치어(緇魚).

숭어 치 【緇】 緇魚似鯉 『本草經』

숭채 : 겨자과에 속하는 야채의 한가지. 평지의
　　변종으로서 잎이 두꺼워 추위에 잘 견딤.

숭채 숭 【菘】 秋末晩菘 『南史』

숯 : 나무를 숯가마에서 구워 만든 검은 덩어리.

숯 탄 【炭】 炭火. 草木黃落 乃伐薪爲炭 『禮記』

숯불 :

숯불 온 【熅】 불꽃이 없는 숯불.
　　　　　　　置熅火 『漢書』

숯불 탄 【炭】 自投於牀 廢於爐炭 『左傳』

숯을 묶다 :

숯을 묶을 자 【羨】 속탄(束炭).

숱 많고 검다 : 머리가 숱이 많고 검어 아름다움.

숱 많고 검을 진 【鬒】 鬒髮如雲 『詩經』

숲 :

숲 록 【麓】 산기슭에 있는 삼림.
　　　　　　　旣人大麓 『淮南子』

숲 망 【莽】 풀의 숲. 또 초원.
　　　　　　　伏戎于莽 『易經』

숲 박 【薄】 초목이 빽빽이 우거진 곳. 林薄.
　　　　　　　隱於榛薄之中 『淮南子』

숲 위 【蔚】 풀숲. 設蔚施伏 『淮南子』

숲 진 【蓁】 초목이 더부룩이 우거진 곳.
　　　　　　　傲世逃深蓁 『晁補之』

숲 총 【叢】 초목이 더부룩이 난 곳.
　　　　　　　叢薄之中 『淮南子』

숲 회 【薈】 풀숲. 近浮游於園薈 『郭璞』

쉬 : 구더기.

쉬 저 【胆】 蠅之所生肉中蟲.

쉬다 :

쉴 게 【偈】 休息. 度三巒兮偈棠梨 『揚雄』

쉴 게 【憩】 休憩. 召伯所憩 『詩經』

쉴 게 【愒】 휴식(休息)함. 汔可小愒 『詩經』

쉴 결 【闋】 휴식(休息)함. 俾民心闋 『詩經』

쉴 기 【塈】 휴식(休息)함. 民之攸塈 『詩經』

쉴 면 【眠】 누워 쉼. 眠羊臥鹿 『宋史』

쉴 사 【舍】
　㉠ 휴식(休息)함. 是月也 耕者少舍 『禮記』
　㉡ 정지(停止)함. 不舍晝夜 『論語』

쉴 서 【棲】 휴식(休息). 心棲淸虛之域 『蔡邕』

쉴 소 【蘇】 휴식(休息)함. 后來其蘇 『書經』

쉴 수 【收】 그만둠. 그침.

秦可以少割而收害也 『戰國策』

쉴 수 【餿】 음식 같은 것이 부패하여 맛이 변함.

쉴 식 【息】 休息. 勞者不息 『孟子』

쉴 알(애) 【餲】 음식 같은 것이 상하여 맛이 변함.
　　　　　　　食饐而餲 『論語』

쉴 애 【饐】 음식이 상하여 맛이 변함.
　　　　　　　食饐而餲 『論語』

쉴 언 【偃】
　㉠ 그만 둠. 偃武修文 『漢書』
　㉡ 天下偃兵 百姓安寧 『漢書』

쉴 언 【匽】 언(偃)과 동자(同字).
　　　　　　　興文匽武 『漢書』

쉴 역 【饆】 반지산패(飯之酸敗).

쉴 예 【饖】 음식이 부패하여 맛이 변함.

쉴 와 【臥】 휴식함. 臥名利者寫生危 『管子』

쉴 읍 【饇】 食饇, 飯臭也. 밥 쉬다.

쉴 의 【饐】 의(饐)와 동자(同字).
　　　　　　　음식이 부패하여 맛이 변함.

쉴 의 【饐】 음식이 상하여 맛이 변함.
　　　　　　　飯傷濕臭味變. 食饐而餲 『論語』

쉴 이 【弛】 휴식함. 弛力 『周禮』

쉴 정 【靜】 휴식함. 百官靜事毋刑 『禮記』

쉴 침 【寢】 그침. 寢息. 兵寢刑措 『漢書』

쉴 편 【便】 殿便. 憩殿房以偃息 『潘尼』

쉴 한 【閒】 휴식함. 可以少閒 『國語』

쉴 헐 【歇】 ㉠ 그침. 難未歇也 『左傳』
　　　　　　　㉡ 휴식함. 歇息.

쉴 후 【嶼】 휴식(休息).

쉴 휴 【休】
　㉠ 휴식(休息)함. 休憩. 汔可小休 『詩經』
　㉡ 일을 잠시 중단함. 休職 是月也 霜始降 則
　　　百工休 『呂氏春秋』
　㉢ 한가하게 지냄. 且休計事 『史記』
　㉣ 잠을 잠. 暮休早起 『王褒』
　㉤ 벼슬을 그만 두고 한가히 지냄. 퇴직함.
　　　退休 官因老病休 『杜甫』
　㉥ 그만둠. 하지 않음. 休言.
　　　家貧休種汶陽田 『劉滄』

쉴 휴 【庥】 휴식함. 此邦是庥 『韓愈』

쉴 희 【忥】 息也.

쉴 희 【呬】 휴식함. 呬河林之蓁 『張衡』

쉬엄쉬엄 가다 :

쉬엄쉬엄 갈 착 【辵】 잠시 가고 잠시 머무름.
　　　　　　　乍行乍止.

쉬지 않다 : 휴식하지 않는 모양.

쉬지 않을 액 【額】 罔晝夜額額 『書經』

쉰내 :

쉰내 제 【餐】 패미(敗米).

쉰 사람 :

쉰 사람 편【偏】五十人爲偏『周禮』

쉰이랑 :

　쉰이랑 휴【疇】五十畝.

　쉰이랑 휴【畦】전답의 50이랑.
　　　　　　　　　　千畦薑韭『史記』.

쉽게 말하다 :

　쉽게 말할 이【敫】경설(經說).

쉽다 :

　쉬울 이【易】

　　㉠ 용이함. 難易. 乾以易知『易經』

　　㉡ 易易하기 쉬움. 易惑難曉『韓愈』

　쉬울 평【平】용이함. 平凡. 平易近民『史記』

스라소니 : 고양잇과의 하나. 살쾡이와 비슷하나
　몸집이 더 크고 귀는 조금 길고 뾰족하다. 나
　무에도 잘 오르고 헤엄을 잘 치며 토끼, 쥐, 노
　루 등을 잡아먹는다.

　스라소니 단【貚】추속(貙屬).

스며들어가다 : 물이 땅 속으로 들어감.

　스며 들어갈 리【灕】澤滲灕而下降『揚雄』

스며 흐르다 :

　스며 흐를 복【澓】복류(伏流).

　스며 흐를 익【瀷】누류(漏流).

스무개 :

　스무개 신【觙】20매(枚).

스무 이랑 :

　스무 이랑 원【畹】밭 20무(畝).
　　　　　　　　　　滋蘭之九畹『楚辭』

스물 :

　스물 넘【念】음(音)이 입(廿)의 속음(俗音)과
　　　　　　　같은 데서 유래함. 念日. 開業碑
　　　　　　　陰 多宋人題名 有元祐辛未陽日念
　　　　　　　五日題『金石文字記』

　스물 입【廿】이십(二十). 有子百廿『顔之推』

스물 넉 냥쭝 :

　스물 넉 냥쭝 일【溢】일(鎰)과 통용.

스물다섯 대 :

　스물다섯 대 편【偏】병거(兵車) 25대(臺)의 일
　　　　　　　　　　칠음. 先偏後伍『左傳』

스물 다섯 사람 :

　스물 다섯 사람 량【兩】

　　㉠ 군대(軍隊)의 편제상(編制上)에서 25인의
　　　　일컬음.

　　㉡ 五人爲伍 五伍爲兩『周禮』

스미다 :

　스밀 리【漓】배어 들어감. 風漓化改『沈約』

　스밀 비【泌】스며 나옴. 分泌.

　스밀 필【泌】스며 나옴. 分泌.

스스로 :

　스스로 율【聿】자진하여. 聿來胥宇『詩經』

　스스로 자【自】

　　㉠ 몸소. 친히. 君子以自彊不息『易經』

　　㉡ 저절로. 自然而己『列子』

스승 : 선생을 예사스럽게 일컫는 말로 자기를 가
　르쳐준 사람.

　스승 군【君】재덕이 겸비한 사람. 君子.

　스승 부【傅】

　　㉠ 좌우에서 봉시(奉侍)하여 돌보는 사람.
　　　　立太傅少傅以養之『禮記』

　　㉡ 인신(引伸)하여 선생. 스승. 師傅.

　스승 사【師】

　　㉠ 선생. 敎師. 出則有師 師也者敎之以事而喩
　　　　諸德者也『禮記』

　　㉡ 전문의 기예(技藝)를 가진 사람. 한 기예
　　　　(技藝)에 뛰어난 사람. 醫師.
　　　　閣外傳呼畫師閻立本『唐書』

　　㉢ 남의 모범이 될 만한 훌륭한 사람.
　　　　國有賢相良將 民之師表也『史記』

스승으로 삼다 : 본받음. 모범으로 삼음.

　스승으로 삼을 사【師】師範. 百僚師師『書經』

스치다 :

　스칠 쵀【萃】萃蔡. 옷이 스치는 소리.
　　　　　　　　翁呷萃蔡『司馬相如』

슬갑(膝甲) :

　슬갑 겹【韐】韎韐. 꼭두서니 빛의 가죽으로 만
　　　　　　　든 슬갑(膝甲). 韎韐有奭『詩經』

　슬갑 불【紼】불(芾)과 통용.
　　　　　　　紼者蔽也 行以蔽前『白虎通』

　슬갑 불【黻】예복(禮服)위에 껴입는 가죽으로
　　　　　　　만든 슬갑(膝甲).
　　　　　　　致美於黻冕『論語』

　슬갑 불【韍】옛 제복(制服)의 하나. 바지 위에
　　　　　　　껴입는 무릎까지 닿는 가죽옷.
　　　　　　　一命縕韍『禮記』

　슬갑 불【市】불(韍)과 동자(同字). 무릎에 감는
　　　　　　　짧은 헝겊. 天子朱市『說文解字』

　슬갑 주【韀】융복폐슬(戎服蔽膝).

　슬갑 첨【韂】폐슬(蔽膝).

　슬갑 필【芾】필(韠)과 동자(同字).
　　　　　　　朱芾斯皇『詩經』

　슬갑 필【韠】韍也. 端韠紳『禮記』

　슬갑 필【紼】필(韠)과 동자(同字).

　슬갑 필【韠】필(韠)과 동자(同字). 바지에 껴입
　　　　　　　는 무릎까지 닿는 가죽옷.
　　　　　　　庶見秦韠兮『詩經』

슬기 :

　슬기 산【算】지혜. 算之所亡若何『列子』

슬기 서【諝】재지(才智). 謀無遺諝『陸機』

슬기 지【知】지(智)와 동자(同字). 知能.
　　　　是是非非謂之知『荀子』

슬기 지【智】

㉠ 지혜. 智力. 是非之心 智之端也『孟子』

㉡ 꾀. 모략. 吾寧鬪智『史記』

㉢ 슬기가 있는 사람. 師賢而友智『孔叢子』

슬기 혜【慧】智慧. 周子有兄 而無慧『左傳』

슬기롭다 :

슬기로울 교【姣】卿所謂鐵 中錚錚 傭中姣姣者
　　　　　　　也『後漢書』

슬기로울 앙【𧩙】智也.

슬기로울 예【叡】

㉠ 사리에 밝아 지혜롭다. 明叡之姿『後漢書』

㉡ 인신(引伸)하여 천자(天子)에 관한 사물(事
　　物)의 관칭(冠稱)으로 쓰임. 叡旨. 叡覽.
　　叡感通三極『李嶠』

슬기로울 예【睿】

㉠ 사리에 통하여 깊고 밝음. 睿智.
　　思曰睿 睿作聖『書經』

㉡ 인신(引伸)하여 천자에 관한 사물의 관칭
　　(冠稱)으로 쓰임. 睿覽. 紛綸睿緖『齊書』

슬기로울 오【悟】잘 깨달음. 재주가 있음.
　　　　　　　悟性. 阿連才悟如此『南史』

슬기로울 지【智】智謀. 夙智早成『後漢書』

슬기로울 현【譞】혜지(慧智).

슬기로울 혜【慧】총명함. 聽慧質仁『國語』

슬기로울 혜【惠】혜(慧)와 통용. 知惠.
　　　　　　　將不早惠乎『後漢書』

슬기 많다 :

슬기 많을 함【𢤲】다지(多智).

슬기 있다 :

슬기 있을 교【姣】지혜가 있음. 卿所謂鐵中錚
　　　　　　錚 傭中姣姣者也『後漢書』

슬슬 걷다 :

슬슬 걸을 시【禔】행모(行貌).

슬쩍 보다 :

슬쩍 볼 편【覑】시모(視貌).

슬퍼하다 :

슬퍼할 개【慨】비탄(悲嘆)함.
　　　　　　　既葬 慨然如不及『禮記』

슬퍼할 달【怛】怛傷. 惻怛. 中心怛兮『詩經』

슬퍼할 도【悼】

㉠ 죽음을 슬퍼함. 哀悼.

㉡ 불쌍히 여김. 晉王寵悼『徐陵』

㉢ 상심 함. 中心是悼『詩經』

슬퍼할 도【蹈】도(悼)와 통용. 上帝甚蹈『詩經』

슬퍼할 람【惏】悲也.

슬퍼할 랑【悢】서러워 함. 悢悢不能辭『蘇軾』

슬퍼할 량【涼】상심함. 撫錦帳而虛涼『江淹』

슬퍼할 률【慄】비통(悲痛)함. 憭慄兮『宋玉』

슬퍼할 비【悲】

㉠ 상심(傷心)함. 悲痛. 女心傷悲『詩經』

㉡ 가련하게 여김. 惆悵而自悲『楚辭』

㉢ 회상함. 생각함. 游子悲故鄕『漢書』

슬퍼할 암【黯】醽醷, 척용(戚容).

슬퍼할 암【黯】이별을 슬퍼하는 모양. 慘黯.
　　　　　黯然銷魂者惟別而己矣『江淹』

슬퍼할 애【哀】서러워 함. 哀而不復『論語』

슬퍼할 진【軫】軫憂. 軫其寒飢『韓愈』

슬퍼할 창【愴】비통(悲痛)함. 상심(傷心)함.
　　　　　悲愴. 空愴魏君『南史』

슬퍼할 창【創】상심(傷心)함. 가슴 아파함.
　　　　　人民創艾戰鬪『漢書』

슬퍼할 창【倉】창(愴)과 통용. 倉兄塡兮『詩經』

슬퍼할 창【憫】憫惘. 일이 뜻대로 되지 아니하
　　　　　여서 낙심하여 슬퍼하는 모양.
　　　　　魂憫惘 而無儔『張衡』

슬퍼할 처【悽】비통함. 曹操過其墓 輒悽愴致祭
　　　　　尊『後漢書』

슬퍼할 척【戚】哀戚. 喪與其易也寧戚『論語』

슬퍼할 초【怊】怊悵. 怊乎若嬰兒之失其母『莊子』

슬퍼할 추【湫】湫湫者悲愁之狀也『春秋繁露』

슬퍼할 출【怵】心怵而奉之以禮『禮記』

슬퍼할 측【惻】惻隱. 我心惻『易經』

슬퍼할 측【側】측(惻)과 통용.
　　　　　隱思君兮陫側『楚辭』

슬퍼할 타【咤】悲嘆. 恒咤麾肝肺『蔡琰』

슬퍼할 통【痛】悲嘆. 可甚悼痛『漢書』

슬파할 호【呼】탄식(歎息)하는 소리. 嗚呼.
　　　　　呼役夫『左傳』

슬퍼할 효【嘵】悲也.

슬퍼할 희【悕】在招丘悕矣『公羊傳』

슬프다 :

슬플 비【悲】서러움. 嗚呼悲哉.

슬플 산【酸】비통(悲痛)함. 寒心酸鼻『宋玉』

슬플 신【辛】辛辣. 辛苦. 悲辛. 또 매운 맛.
　　　　　董辛不入口者十載『宋史』

슬플 양【悢】悲也.

슬플 참【醷】醽醷, 척용(戚容).

슬픈 소리 :

슬픈 소리 서【誓】비성(悲聲).

슬픈 소리 오【嗷】애성(哀聲).

슬픔 :

슬픔 비【悲】悲哀. 積悲滿懷『潘岳』

슬픔 애【哀】悲哀. 餘哀. 哀樂失時『左傳』

습기(濕氣) :

습기 습【濕】물기. 濕度. 賢其畏濕『素問』

습기 유【濡】釋雨而更有所仰濡『管子』

습복(慴伏)하다 :

　습복할 폐【廢】두려워하여 엎드림.
　　　　　　　項王喑噁叱咤千人皆廢『史記』

습속(習俗) :

　습속 풍【風】관습. 風俗. 移風易俗『禮記』

습지(濕地) :

　습지 비【埤】저습(低濕)한 땅.
　　　　　　　松栢不生埤『國語』

습한 땅 :

　습한 땅 여【洳】彼汾沮洳 言采其莫『詩經』

　습한 땅 저【沮】습지(濕地). 山川沮澤『禮記』

승검초 : 미나릿과에 속한 여러해살이풀. 잎은 마
　주나고 여름에 흰 꽃이 핀다. 산지(山地)에 나
　며 뿌리는 당귀(當歸)라 하여 약재로 쓴다.

　승검초 교【茭】當歸. 辛甘菜. 茭牛薪『爾雅』

승낙하다 :

　승낙할 낙【諾】承認함. 輕諾必寡信『老子』

　승낙할 윤【允】승인(承認)함. 허락(許諾)함.
　　　　　　　俞允. 聖慈特賜允許『元稹』

승냥이 : 개과에 속하는 이리 비슷한 산짐승. 성
　질(性質)이 잔인(殘忍)하고 흉포(凶暴)함.

　승냥이 시【豺】豺狼.

승리 : 겨루거나 싸워서 이김.

　승리 영【贏】輸贏. 爭言鬪草贏『陸游』

승벽(勝癖) : 지기 싫어하는 성질(性質).

　승벽 극【克】克伐怨欲『論語』

승복(僧服) : 중의 옷.

　승복 납【衲】應著衲衣『智度論』

승인(承認)하다 :

　승인할 준【准】허락(許諾)함. 批准.

승전(勝戰) :

　승전 리【利】勝利. 乘利席卷『史記』

승호(蠅虎) : 거미의 일종. 파리를 잘 잡아먹음.

　승호 혁【虩】蟲名.

시 :

　시 상【晑】時刻. 片晑卽謂片時『成語考』

　시 시【詩】운문(韻文)의 한 체. 고시(古詩)와
　　　　　　금시(今詩)의 두 가지가 있음.
　　　　　　唐詩. 近體詩. 詩誌『書經』

　시 시【時】하루의 1/12, 또는 1/24. 午時.
　　　　　　掌夜時『周禮』

　시 흥【興】시(詩)의 한 체(體)로 시경(詩經)의
　　　　　　육의(六義)의 하나. 아무 관계도 없는
　　　　　　딴 물건을 빌어다가 자기의 뜻을 나
　　　　　　타내는 것. 敎六詩曰風曰賦曰比曰興

　　　　　　日雅曰頌『周禮』

시가 :

　시가 영【詠】읊는 시가(詩歌) 또는 사장(詞章).
　　　　　　歌詠. 雅頌歌詠 以思其德『劉向』

시각(時刻) :

　시각 각【刻】

　　㉠ 물시계의 누전(漏箭)에 시간(時間)을 보기
　　　위하여 새긴 금. 전(轉)하여 시간(時間).
　　　晷刻. 刻限. 願賜數刻間『漢書』

　　㉡ 시헌력(時憲曆)에서는 15분 동안. 그 이전
　　　의 달력에서는 14분 24초 동안.

　시각 경【更】해 질 녘부터 새벽까지 오등분한
　　　　　　야간의 시각. 五更.
　　　　　　衛以嚴更之署『張衡』

시경(詩經) : 오경(五經)의 하나. 공자(孔子)가 취사
　선정(取捨選定)하였다고 하는 고대(古代)의 시(詩).
　삼백십일편(三百十一編)을 수록(收錄)하였음.

　시경 시【詩】모시(毛詩). 詩曰衣錦尙 『中庸』

시골 : 인가는 드물고 전야(田野)가 많은 땅.

　시골 교【郊】農郊. 當春郊而徑平『謝朓』

　시골 향【鄕】鄕邑. 鄕稱善人『陳師道』

시골뜨기 :

　시골뜨기 복【襆】僮兩下服, 農夫醜稱.

시골집 :

　시골집 장【莊】전사(田舍). 村莊.
　　　　　　山下有小莊『列仙傳』

시금초 :

　시금초 관【薂】薂冬, 약명(藥名).

시금치 : 명아줏과에 속한 한해살이풀 또는 두해
　살이풀. 뿌리는 육질로 굵고 붉으며, 잎은 어긋
　나고 세모진 달걀꼴이다. 여름에 암수딴그루로
　작은 꽃들이 피고, 잎에 비타민이나 철분이 많
　아 데쳐서 무쳐 먹거나 국으로 끓여 먹는다.

　시금치 릉【蓤】菠薐. 소채(蔬菜).

　시금치 파【菠】菠薐.

시기 :

　시기 시【猜】愚者抱猜『梁書』

시기하다 : 남을 꺼려 해치려 함. 질투심이 많음.

　시기할 겸【鉗】妻孫壽性鉗忌『後漢書』

　시기할 기【忌】猜忌. 夫人無妬忌之行『詩經』

　시기할 모【冒】모(媚)와 동자(同字).
　　　　　　冒疾以惡之『書經』

　시기할 질【佚】嫉也.

　시기할 해【害】嫉妬. 心害其能『史記』

시끄럽게 송사하다 :

　시끄럽게 송사할 난【妠】훤송(諠訟).

시끄럽다 :

　시끄러울 간【忓】요란(擾亂).

시끄러울 뇨【閙】喧也. 뇨(鬧)와 동자(同字).
시끄러울 뇨【鬧】소란(騷亂)함. 또 소란. 喧鬧. 以召鬧取怒乎『柳宗元』
시끄러울 담【譚】喧吵也. 聒也.
시끄러울 력【詘】喧也.
시끄러울 령【㗏】喧也.
시끄러울 번【煩】煩費. 嘖有煩言『左傳』
시끄러울 색【咋】떠듬. 嘵嘵讙咋『劉峻』
시끄러울 소【嘯】騷也.
시끄러울 소【蕭】여러 사람이 분주히 노동하는 모양. 蕭然煩費『漢書』
시끄러울 압【嗑】喧也.
시끄러울 오【嗷】여럿이 떠들썩하게 지껄임. 哀鳴嗷嗷『詩經』
시끄러울 오【敖】오(嗷)와 동자(同字). 百姓讙敖『荀子』
시끄러울 오【鏖】喧噪. 市聲鏖牛枕『黃庭堅』
시끄러울 유【嚅】떠들썩함. 暮歸喔嚅『易林』
시끄러울 조【躁】마음이 안정하지 아니함. 輕躁浮薄. 躁者皆化而慤『荀子』
시끄러울 증【噌】空囂者以泓噌爲雅量『晉書』
시끄러울 철【諁】喧也.
시끄러울 하【訶】喧也.
시끄러울 호【訏】實覃實訏『詩經』
시끄러울 환【讙】讙譁. 天下應之如讙『荀子』
시끄러울 효【哓】喧也.
시끄러울 효【囂】효(䯉)와 동자(同字). 喧也.
시끄러울 훤【讙】讙譁. 天下應之如讙『荀子』
시끄러울 흉【㘅】喧也.

시내 : 산골짜기에서 흐르는 작은 물.
시내 계【磎】계(谿), 계(溪)와 동자(同字).
시내 계【溪】계(谿)와 동자(同字). 溪流正淸激『韓愈』
시내 계【谿】계(溪)와 동자(同字). 谿谷. 谿壑. 澗谿沼沚之毛『左傳』
시내 구【溝】水注谷曰溝『爾雅』
시내 당【溏】溪也.
시내 협【峽】高江急峽雷霆鬪『杜甫』

시내이름 :
시내이름 약【渃】渃溪.

시다 : 신맛이 있음. 또 그 맛.
실 산【酸】其味酸其臭羶『禮記』
실 초【酢】酢梨酸棗『馬第伯』

시달리다 : 괴로움을 당함.
시달릴 초【憔】民之憔悴於虐政『孟子』

시동 : 제사 때 신을 대신하는 아이. 후세에는 화상을 썼음.
시동 시【尸】弟爲尸則誰敬『孟子』

시동생 : 남편의 아우.
시동생 숙【叔】嫂不撫叔, 叔不撫嫂『禮記』

시들다 : 초목이 시들어 처짐. 잎 같은 것이 말라서 생기가 없어짐.
시들 면【眠】漢苑有柳如人形 一日三眠三起『三輔故事』
시들 사【謝】凋落. 形謝則神滅『南史』
시들 어【菸】葉菸邑而無色兮『楚辭』
시들 언【蔫】深紅任早蔫『蘇軾』
시들 위【痿】고사(枯死).
시들 위【萎】위(委)와 통용. 말라서 축 늘어짐. 凋萎. 無木不萎『詩經』
시들 이【荄】萎也.
시들 조【雕】조(凋)와 통용. 民力雕盡『國語』
시들 조【彫】
㉠ 조(凋)와 통용. 歲寒然後知松柏之後彫也『論語』
㉡ 인신(引伸)하여 상잔(傷殘)함. 쇠잔(衰殘)함. 彫盡. 於時百姓彫弊『魏志』
시들 조【凋】한기(寒氣)를 만나 시듦. 凋枯. 凋落. 莖弱易凋『盧諶』
시들 회【晦】초목이 조상(凋傷)함. 寂歷百草晦『江淹』

시렁 : 나무를 가로질러 물건을 얹어 놓게 된 장치.
시렁 가【架】書架. 陳書滿架『娜嬛記』
시렁 격【格】書格. 挂肉格『周禮』
시렁 교【橋】笄加于橋『儀禮』
시렁 기【庋】庋閣. 傾筐倒庋『世說』
시렁 담【橝】잠박(蠶箔)을 올리는 시렁.
시렁 도【篨】架也.
시렁 붕【棚】書棚. 爲乞巧棚『東京歲時記』

시력 :
시력 명【明】안력(眼力). 喪其明『禮記』

시령(時令)이름 :
시령이름 복【伏】초복(初伏), 중복(中伏), 말복(末伏)의 삼복(三伏). 초복(初伏)은 하지(夏至)후 제 삼의 경(庚)의 날, 중복(中伏)은 하지(夏至)후 제사의 경(庚)의 날, 말복(末伏)은 입추(立秋)후 제일의 경(庚)의 날. 유월의 심한 더위에는 입추(立秋)의 금기(金氣)도 복장(伏藏)한다는 뜻임. 六月三伏之節 始自秦德公周時無伏『史記』

시루 : 술밥 또는 떡 같은 것을 찌는 그릇.
시루 류【鎦】甑也.
시루 병【瓶】尊於瓶『禮記』

시루 심【䰝】甑自關而東　謂之䰞或謂之䰝
　　　　　　『揚雄方言』

시루 증【䰞】증(䰞)과 동자(同字). 甑也. 炊器.

시루 증【甑】破釜甑燒廬舍『史記』

시루구멍 :

　시루구멍 규【䰦】증공(甑孔).

　시루구멍 휴【䰥】증규(甑窒).

시루 밑 : 음식을 찔 때 시루의 밑에 까는 제구.

　시루 밑 폐【箄】

시루밑에 까는 발 :

　시루 밑에 까는 발 폐【箄】甑底所敷箔.

시루 솥 : 위는 시루를 이루고 아래는 솥을 이루
　어 시루와 솥으로 겸용하는 그릇.

　시루 솥 언【甗】
　　㉠甗實二䰞　厚半寸脣寸『周禮』
　　㉡시루 솥과 같은 형상의 산.
　　　　重甗陳『爾雅』

시마(緦麻) : 석 달 동안 입는 상복.

　시마 시【緦】緦麻.

시문 :

　시문 사【詞】원은 시문(詩文)의 범칭(汎稱)이었으
　　　　나 후에 운문(韻文)의 한가지인 시여
　　　　(詩餘)의 특칭(特稱)으로 되었음. 詞
　　　　曲. 당대(唐代)에 시작된 악부(樂府)
　　　　의 한 체. 곡은 노래 가락.
　　　　　　是時天子方好文詞『史記』

시부(詩賦) :

　시부 소【騷】은둔(隱遁)한 시인(詩人)의 뜻으로
　　　　도 쓰임. 騷人墨客.

시부모 : 남편의 부모.

　시부모 장【嫜】妾身未分明　何以拜姑嫜『杜甫』

시비(侍婢) : 천자(天子)의 첩(妾). 후궁(後宮).

　시비 어【御】嬪御. 妾御莫敢當夕『小學』

시새우다 : 질투함. 또 시기함.

　시새울 개【妎】人無妎物之心『路史』

　시새울 모【媢】妒夫媢婦『論衡』

　시새울 시【猜】猜忌. 耦俱無猜『左傳』

　시새울 투【妒】爵高者人妒之『列子』

시새움하다 : 시기함. 질투함.

　시새움할 질【嫉】嫉視. 女無美惡　入室見妒　士
　　　　　　　　無賢不肖　入朝見嫉『史記』

시선(視線)을 끌다 :

　시선을 끌 신【眒】인목(引目).

시세(時世) :

　시세 세【世】때. 시대. 與世推移『史記』

시속(時俗) :

　시속 속【俗】당세(當世)의 속된 풍습(風習).

또 속세(俗世). 性不協俗『吳志』

시아버지 : 남편의 아버지.

　시아버님 공【公】시아버지의 존칭(尊稱).
　　　　　　　與公併倨『列子』

　시아버지 구【舅】婦事舅姑.

　시아버지 옹【翁】翁姑.

　시아버지 종【妐】姑妐知之『呂氏春秋』

시어머니 : 남편의 어머니.

　시어머니 고【姑】舅姑. 夫之母曰姑『爾雅』

시우쇠 : 무쇠를 녹여서 만든 쇠붙이의 일종.

　시우쇠 유【鍒】鐵之軟者.

시원하다 :

　시원할 상【爽】기분이 시원함. 爽快.
　　　　　　飮之神氣淸爽『杜陽雜編』

　시원할 쇄【洒】마음에 조금도 티가 없어 상쾌함.
　　　　瀟洒. 胸中洒落如光風霽月
　　　　　『十八史略』

　시원할 청【淸】淸切. 淸有餘『呂氏春秋』

시원한 땅 : 높고 환한 땅.

　시원한 땅 개【塏】請更諸爽塏者『左傳』

　시원한 땅 상【塽】快適地.

시월 :

　시월 양【陽】음력 시월의 이칭(異稱).
　　　　　　歲亦陽止『詩經』

시위 :

　시위 현【弦】활의 줄. 弓弦.
　　　　　　左執弣　右執弦『儀禮』

시위 느슨하다 : 활의 시위가 느슨함.

　시위 느슨할 초【弨】彤弓弨兮『詩經』

시 이름 :

　시 이름 행【行】한시의 한 체. 短歌行. 琵琶行.

시작하다 : 처음으로 함.

　시작할 갑【甲】甲于內亂『詩經』

　시작할 업【業】項梁業之『史記』

　시작할 초【草】創始. 草創天下『後漢書』

　시작할 조【造】文王造之而未遂『呂氏春秋』

시제사(柴祭祀) : 섶을 불살라 천제(天帝)에게 지
　내는 제사. 또 그 제사를 지냄.

　시제사 시【柴】至于岱宗柴『書經』

　시제사 시【祡】시(柴)와 동자(同字).
　　　　　　欽祡宗祈『揚雄』

시조(始祖) : 비조(鼻祖)라고도 하는데, 그 이유는
　사람이 뱃속에서 생길 때 코가 먼저 이루어 진
　다는 데에서 유래하여 이름.

　시조 조【祖】開祖. 元祖. 鼻祖. 晉以顧長康張僧
　　　　　　繇陸微　爲畫家三祖『因話錄』

시종(侍從) :

　시비 첩【妾】좌우에 두고 부리는 부녀. 妾滕.

共姬之妾『左傳』

시종 주【尌】동복(童僕).

시중들다 :

시중들 겸【傔】하인(下人)이 시중 듦. 傔卒.
　　　　　奏傔從三十人『唐書』

시집 :

시집 시【媤】㊑ 남편의 집. 媤宅.
　　　　　媤父母. 媤外家. 媤叔. 媤家.

시집가다 :

시집갈 가【嫁】嫁娶. 女子二十而嫁『世說』
시집갈 귀【歸】之子于歸『詩經』
시집갈 빈【嬪】嬪于虞『書經』
시집갈 인【姻】婚姻. 昏時成禮 故曰婚. 婦人因
　　　　　人而成故曰姻『白虎通』
시집갈 적【嫡】出家從夫.
시집갈 적【適】출가(出家)함. 少喪父母 適人而
　　　　　所天又殞『潘岳』

시집보내다 :

시집보낼 가【嫁】將嫁女『世說』
시집보낼 견【遣】謝知其貧潔遣女必當率薄
　　　　　『世說』
시집보낼 녀【女】女于時『書經』
시집보낼 처【妻】以其子妻之『論語』

시체(屍體) :

시체 강【殭】시체(屍體).

시체(詩體)이름 :

시체이름 부【賦】고대(古代)의 시(詩)의 한 체(體).
　　　　　육의(六義)의 하나. 소감(所感)을
　　　　　솔직히 진술하는 것. 賦比興.
　　　　　賦者敷陳其事 而直言之也
　　　　　『文體明辯』
시체이름 음【吟】한시(漢詩)의 한 체. 고악부(古
　　　　　樂府)에 연원(淵源)하며 울굴
　　　　　(鬱屈)한 정서(情緒)를 읊은 것.
　　　　　好爲梁父吟『蜀志』
시체이름 소【騷】한시(漢詩)의 한 체(體). 초(楚)
　　　　　나라 굴원(屈原)이 비분강개(悲
　　　　　憤慷慨)하여 지은 이소부(離騷
　　　　　賦) 및 기타 의 시부(詩賦)를
　　　　　비롯하여 후세(後世)에 굴원(屈
　　　　　原)에 동정(同情)한 송옥(宋玉)
　　　　　등이 지은 시부(詩賦) 및 그 시
　　　　　체(詩體).
　　　　　雖奴僕命騷可也『杜牧』

시초(始初) :

시초 권【權】사물의 시초. 權輿.
시초 배【胚】사물의 시초. 起原胚始也『爾雅』
시초 비【鼻】최초(最初). 처음. 태생동물(胎生

動物)은 코부터 먼저 생긴다는 데서
나온 뜻. 人之胚胎 鼻先受形 故謂
始祖爲鼻祖『正字通』

시초 시【蓍】蓍草. 엉거시과에 속하는 다년초.
　　　　　줄기는 점치는데 씀. 가새풀.
　　　　　浸彼苞蓍『詩經』
시초 조【肇】시작. 기원.
　　　　　斯祠之肇也 蓋莫知其原『王守仁』

시침하다 :

시침할 찰【襊】衣游縫.

시커멓다 :

시커멀 농【黬】심흑(甚黑).
시커멀 리【黧】리(黎)와 동자(同字). 濃黑.
시커멀 알【黯】아주 검음. 圖黯昧就滅『韓愈』

시큼하다 :

시큼할 학【嗃】酸而不酷.

시편(詩篇) :

시편 수【首】시문(詩文)을 세는 수사(數詞).
　　　　　편수(篇首). 唐詩三百首.
　　　　　謹獻舊所爲文 八十一首『韓愈』
시편 집【什】시경(詩經)에서 아(雅)와 송(頌)은
　　　　　대개 열편을 한 권으로 하였으므로
　　　　　시(詩) 또는 시편(詩篇)을 이르게
　　　　　되었음. 篇什. 詩什.
　　　　　珠玉傳新什『白居易』

시험 :

시험 고【考】고사(考查). 考試.
　　　　　左右五考 送兵部試『唐書』
시험 시【試】擧子就試偶疏脫『蘇子瞻雜纂』
시험 험【驗】考驗. 趙高欲爲亂 恐群臣不聽 乃
　　　　　先設驗『史記』

시험하다 :

시험할 과【課】증험(證驗)해 봄. 試課.
　　　　　何不課而行之『楚辭』
시험할 사【肆】실지로 해 봄.
　　　　　使輕者肆焉『左傳』
시험할 상【嘗】嘗試. 請嘗之『左傳』
시험할 시【試】
　　　㊀ 증험(證驗)하여 봄. 試驗. 試射.
　　　　　王試爲之有驗『列仙傳』
　　　㊁ 시험적의 뜻으로 쓰이는 데 嘗試로 연용
　　　　　(連用)하기도 함. 嘗試言之『莊子』
시험할 취【猷】試也.
시험할 취【揣】뜻을 알아봄.
　　　　　令裨往揣延意指『蜀志』

시호(諡號) : 생전(生前)의 공덕(功德)을 칭송(稱
頌)하여 추증(追贈)하는 칭호(稱號). 즉 죽은
뒤에 내리는 이름.

시호 류【謧】謚也.

시호 시【諡】美諡.
　　　　賜謚之制 實始於周也『周禮』

시호 호【號】詔其號『周禮』

시호(柴胡) : 미나릿과에 속한 여러해살이풀. 줄기는 높이가 1미터쯤이며 단단하고 곧게 선다. 잎은 어긋맞게 나며 잎맥은 나란히맥이다. 8월에서 9월에 노란색의 꽃이 핀다. 뿌리는 말려서 해열제로 쓰이며 말라리아, 가슴막염, 황달에도 쓰인다.

시호 시【柴】柴胡, 약명(藥名).

시호 내리다 : 시호(諡號)를 추증(追贈)함.

시호 내릴 시【諡】詔贈新建侯 諡文成
　　　　　　　　『王文成公年譜節略』

시호이름 :

시호이름 민【湣】민(閔)과 동자(同字). 시호(諡號)에서 쓰는 글자.
　　　　春秋宋閔公 魯閔公 史記宋魯世
　　　　家 作湣公『正韻』

시화 : 시화과의 월년초(越年草). 잎은 담배 잎 비슷하며 민간에서 위장약으로 씀.

시화 매【蕒】苦苣. 蕒 菜生工人吳平家『晉書』

식(式) :

식 식【式】㉠ 의식(儀式). 結婚式. 開校式.
　　　　　㉡ 算式. 代數式.

식견 : 보고 듣거나 배워서 얻은 지식과 견문.

식견 식【識】見識. 識者. 史有三長 才學識 世罕兼之『唐書』

식당(食堂) :

식당 예【㢋】식당(食堂).

식물(植物) :

식물 종【種】其穀宜五種『周禮』

식사(食事) : 밥을 먹는 일.

식사 궤【饋】一饋而十起『淮南子』

식사 재【齋】법회(法會) 때의 식사(食事).
　　　　受持齋法『起世經』

식사시간(食事時間) :

식사시간 향【餉】식사(食事)하는 시간(時間). 인신(引伸)하여 짧은 시간을 이름.
　　　　一食頃. 劇談一餉『輟耕錄』

식읍(食邑) : 예전에, 국가에서 왕족이나 공신들에게 내려 주어 조세를 받아쓰게 하는 마을을 이르던 말.

식읍 비【鄙】공경대부(公卿大夫)의 식읍(食邑).
　　　　以八則治都鄙『周禮』

식읍 채【采】신하의 영지(領地). 邑采.
　　　　大夫有采以處其子孫『禮記』

식히다 :

식힐 랭【冷】차게 함. 燒斧勿令冷『後漢書』

식힐 빙【氷】서늘하게 함. 냉각함.
　　　　不欲其以冷語氷人爾『外史檮杌』

식힐 한【寒】한랭(寒冷)하게 함.
　　　　寒日暴之 十日寒之『孟子』

신 :

신 갹【屩】짚신 또는 미투리.
　　　　躡屩擔簦『史記』

신 구【屨】가죽신. 屨不上於堂『禮記』

신 군【涒】涒灘은 십이지(十二支)의 신(申)의 이칭(異稱). 太歲在申曰涒灘『爾雅』

신 량【緉】신 한 켤레.

신 루【鞻】춤을 출 때 신는 신. 鞮鞻氏.

신 리【履】신발. 草履. 脫履戶外『列子』

신 만【鞔】南家工人也, 爲鞔者也『呂氏春秋』

신 복【複】履也.

신 사【祠】제사 지내는 신. 諸神祠皆聚『史記』

신 사【屣】짚신. 屣履.
　　　　舜視棄天下 猶棄敝屣『孟子』

신 삽【靸】어린아이가 신는 신. 草靸. 履靸.

신 석【舄】바닥이 겹으로 된 신. 革舄. 履舄.
　　　　赤舄几几『詩經』

신 석【鵲】석(舄)과 동자(同字). 履也.

신 시【屣】짚신. 屣履.
　　　　舜視棄天下 猶棄敝屣『孟子』

신 신【臣】
　㉠ 신하가 임금에게 쓰는 자칭 대명사.
　　　　臣多多而益善耳『史記』
　㉡ 長上에 게 쓰는 자칭 대명사.
　　　　宋義乃諫項梁曰…臣爲君畏之『史記』

신 앙【鞅】履也.

신 요【鞽】가죽신.
　　　　長鞽靴 畋獵豫遊則服之『隋書』

신 용【踊】월형(刖刑)을 당한 사람이 신는 신.
　　　　屨賤踊貴『左傳』

신 저【屝】리(履)와 동자(同字). 履也.

신 제【鞮】가죽신. 鞮履『禮記』

신 탑【鞜】가죽신. 革鞜不穿『漢書』

신 혜【鞋】구두처럼 위를 졸라매어 잘 벗어지지 않게 만든 신. 麻鞋. 革鞋.
　　　　著鞋臥床上『李義山雜纂』

신 혜【鞵】혜(鞋)와 동자(同字). 鞵韈.

신 호【扈】履也.

신 화【靴】가죽신.
　　　　一脚著靴 一脚跣足『列仙傳』

신 화【鞾】화(靴)와 동자(同字). 가죽신.
　　　　著鞾騎驢『晉書』

신골 : 신의 골. 신의 모형.

신골 원【楥】楥履法也『說文解字』

신 깁다 :
　신 기울 액 【韄】 보리(補履).
신농씨부인이름 :
　신농씨부인이름 발 【妭】 聽妭. 神農妃.
신다 : 신을 신음.
　신을 리 【履】 長跪履之 『史記』
　신을 섭 【躡】 足下躡絲履 『古詩』
　신을 착 【著】 步行著窄鞋 『蘇子瞻雜纂』
신뒤축 :
　신뒤축 하 【報】 리근(履跟).
신뒤축 실 :
　신뒤축 실 하 【報】 履跟帖.
신들 메 :
　신들 메 금 【靲】 제대(鞮帶).
신령(神靈) :
　신령 령 【靇】 神也.
　신령 령 【靈】 神明. 靈皇皇兮旣降 『楚辭』
　신령 명 【明】 안력(眼力). 喪其明 『禮記』
　신령 사 【師】 신(神). 雷師告余以未具 『楚辭』
　신령 정 【精】 신(神). 雲霧晦冥方降精 『杜甫』
　신령 후 【后】 신(神)의 존칭. 后祇.
　　　　　　皇天后土 『書經』
신령하다 : 신기(新奇)하여 인지(人智)로서 알 수
　없음. 또 그러한 사물.
　신령할 령 【靈】 靈妙. 蓋人心之靈 莫不有知
　　　　　　『大學章句』
신맛 :
　신맛 산 【酸】 산미(酸味). 甘酸.
　신맛 초 【酢】 산미(酸味)가 있음. 또 그 맛.
　　　　　　酢梨酸棗 『馬第伯』
신문(訊問)하다 :
　신문할 국 【鞫】 국(鞠)과 동자(同字).
　　　　　皆歸射鞫而無害厥躬 『楚辭』
신바닥 :
　신바닥 력 【屫】 이하(履下).
　신바닥 변 【緶】 이저(履低).
　신바닥 치 【鞮】 화저(靴低).
신비(神秘)하다 : 심오(深奧)하여 알 수 없음.
　신비할 비 【秘】 深秘. 其計秘 世莫得聞 『詩經』
신선(神仙) :
　신선 선 【仙】
　　㉠ 장생불사(長生不死)하는 사람. 仙人. 仙女.
　　　　美往世之登仙 『楚辭』
　　㉡ 속세(俗世)를 초월(超越)한 사람.
　　　　飲中八仙. 自稱臣是酒中仙 『杜甫』
　신선 선 【僊】 선(仙)과 동자(同字).
　　　　　千歲厭世 去而上僊 『十八史略』
　신선 신 【神】 선인(仙人). 方士求神者 『史記』

신선 되다 : 죽은 사람을 애석히 여겨 신선이 되
　어 갔다는 뜻으로 씀.
　신선 될 선 【仙】 仙化. 仙逝.
신선 사는 섬 : 동해중에 있는 신선이 산다는 곳.
　신선 사는 섬 영 【瀛】 瀛洲. 삼신산(三神山)의 하나.
　　　　　　歷蓬瀛而超碧海 『拾遺記』
신술 : 술이 오래되어 신맛이 남.
　신술 감 【醓】 패주(敗酒).
　신술 동 【酮】 주괴(酒壞).
신시(辰時) : 오후 3시부터 4시 사이.
　신시 포 【晡】 晡時復 『漢書』
신열 나다 :
　신열 날 은 【瘖】 熱氣著膚.
신음하다 : 앓는 소리를 함.
　신음할 암 【噞】 呻也.
　신음할 의 【哊】 呻也.
　신음할 전 【㑷】 呻也.
　신음할 전 【唸】 民之方唸呎 『詩經』
　신음할 회 【欸】 신음(呻吟).
　신음할 히 【呎】 히(屎)와 동자(同字). 呻呎.
신이름 :
　신이름 롱 【蠪】 鮭蠪. 신(神)의 이름.
신조(神鳥) :
　신조 상 【鸘】 神鳥名.
　신조 숙 【鷫】 鷫鸘. 서방(西方)을 지킨다는 신조
　　　　　(神鳥). 家貧以鷫鸘裘貰酒 『史記』
신주(神主) :
　신주 네 【禰】 먼 곳으로 갈 때 가지고 가는 신주.
　　　　　其在軍 則守於公禰 『禮記』
　신주 시 【尸】 위패(位牌). 載尸集戰 『楚辭』
　신주 주 【宔】 祠堂. 사당(祠堂)의 위패(位牌).
　신주 주 【主】 위패(位牌). 木主.
　　　　　措之廟 立之主 『禮記』
신주차례 :
　신주차례 소 【昭】 종묘(宗廟). 사당(祠堂)의 신주
　　　　　(神主)의 서차(序次)에서 목(穆)
　　　　　의 위(位). 昭穆.
　　　　　天子七廟 三昭三穆 『禮記』
신창 깔다 :
　신창 깔 정 【靲】 補履下.
신칙(申飭)하다 : 단단히 일러서 경계(警戒)함.
　신칙할 계 【愒】 有虞氏愒於中國 『司馬法』
　신칙할 칙 【敕】 칙(勅)과 동자(同字).
　　　　　　㉠ 明罰敕法 『易經』
　　　　　　㉡ 唐之用敕廣矣 『文體明辯』
　신칙할 칙 【勅】 警戒. 戒勅.
　신칙할 칙 【飭】 飭其子弟 『國語』
　신칙힐 칙 【敍】 칙(飭)과 통용. 勅也.

신코장식 :

　신코장식 구【屦】구(絇)와 동자(同字). 履頭飾.

　신코장식 구【絇】신 안쪽의 장식(裝飾).
　　　　　　　　　青絇繶純『儀禮』

신표 :

　신표 신【信】도장. 부글(符契). 印信.

신하(臣下) :

　신하 신【臣】

　　㉠ 임금을 섬겨 벼슬하는 사람. 臣子. 君臣.
　　　　今非但君擇臣 臣亦擇君『後漢書』

　　㉡ 널리 백성의 뜻으로도 쓰임.
　　　　率土之濱 莫非王臣『詩經』

신하 노릇하다 :

　신하 노릇할 신【臣】君不君臣不臣『論語』

신하로 삼다 :

　신하로 삼을 신【臣】欲以力臣天下之主『戰國策』

신호(信號) :

　신호 호【號】墩軍號火『皇明世法錄』

싣다 : 말 같은 짐승의 등이나 수레 등에 물건 혹
　은 짐 또는 사람을 실음.

　실을 여【輿】수레에 실음.
　　　　　　　　扶傷輿死履腸涉血『呂氏春秋』

　실을 재【載】

　　㉠ 수레에 실음. 滿載. 載與俱歸『十八史略』

　　㉡ 물건을 위에 올려놓음.
　　　　今天地云云 載華嶽而不重『中庸』

　　㉢ 기록함. 記載. 載在盟府『左傳』

　실을 타【駄】吳姬十五細馬駄『李白』

　실을 타【駞】吳姬十五細馬駞『李白』

　실을 탑【搭】물건을 실음. 搭載.

실 :

　실 견【繭】고치의 섬유. 輕似曳繭『何遜』

　실 계【系】가는 실. 세사(細絲). 不斷若系『唐書』

　실 금【綟】絲也.

　실 락【絡】사(絲). 以爲絲絡『逸周書』

　실 로【纑】무명 또는 삼의 섬유로 만든 실.
　　　　　　　　教女學紡纑『趙孟頫』

　실 루【縷】

　　㉠ 실의 가닥. 絲條. 絲縷. 不絕如縷『蘇軾』

　　㉡ 인신(引伸)하여 가늘고 긴 실 같은 물건.
　　　　柳縷生芽香玉春『溫庭筠』

　실 멱【糸】가는 실. 세사(細絲).

　실 방【紡】자은 실. 賄以束紡『儀禮』

　실 사【絲】

　　㉠ 명주실. 絲蠶所吐也『說文解字』

　　㉡ 인신(引伸)하여 솜, 삼, 털 등의 실. 또는
　　　실 같이 가는 물건. 游絲. 柳絲.
　　　　其藕無絲『酉陽雜俎』

실 사【糸】사(絲)의 속자.

실 서【緖】絲縷. 蠶繰而緒 蠶織而縷『柳宗元』

실 선【綫】선(線)과 동자(同字).
　　　　不絕如綫『漢書』

실 선【線】섬유(纖維)를 가늘고 길게 꼰 것.
　　　　鍼線. 王宮縫線連『周禮』

실 순【純】누이지 아니한 명주실.
　　　　今也純儉『論語』

실 인【紉】바느질하는 실.

실 임【絍】베 짜는 실.

실 작【繳】생사(生絲)의 실. 結繳於矢『易經』

실 직【織】베를 짜는 기계. 또 베틀에 건 실.
　　　　何異斷斯織『後漢書』

실과 :

　실과 과【菓】과(果)의 속자.
　　　　　　　杭有賣菓者善藏柑『劉基』

　실과 과【果】

　　㉠ 나무열매. 果實.

　　㉡ 인신(引伸)하여 결말. 사물의 귀결. 結果.
　　　　必以業果爲證『舊唐書』

　실과 핵【核】밤. 용안(龍眼) 같은 과실.
　　　　殽核旣盡『蘇軾』

실 구멍 :

　실 구멍 활【越】큰 거문고의 하면(下面)의 구멍.
　　　　　　　　朱絃而疏越『左傳』

실 꿰다 : 바늘에 실을 꿰.

　실꿸 인【紉】衣裳綻裂 紉箴請補綴『禮記』

실 다듬다 :

　실 다듬을 력【練】치사(治絲).

실 두르다 :

　실 두를 묘【緢】사선(絲縸).

실로 짠 주머니 :

　실로 짠 주머니 두【繷】編絲結囊.

실마리 : 실의 첫머리. 인신(引伸)하여 일의 첫머
　리나 사물의 발단을 뜻함.

실마리 거【紶】緖也.

실마리 계【系】端緖. 繼天而作系『班固』

실마리 기【機】啓機于身後『後漢書』

실마리 기【紀】大曰綱, 小曰紀『禮記註』

실마리 단【端】端緒. 吏道雜而多端『漢書』

실마리 서【緒】

　㉠ 사단(絲端). 白鶴飛兮繭曳緒『張衡』

　㉡ 端緒. 論端究緒『北史』

실마리 서【序】端緒. 繼序思不忘『詩經』

실마리 서【舒】陰陽辨舒 二姓相合『易林』

실마리 역【繹】端緒. 神歆靈繹『揚雄』

실마리 통【統】사업 등의 단서.
　　　　　　　創業垂統『孟子』

실망(失望)하다 :

　낙망할 제【儕】실망하는 모양. 물끄러미 한 모양.
　　　　　　　忳鬱邑余佗傺兮『楚辭』

실 묶다 :

　실 묶을 결【紆】사속(絲束).

실 뱅어 :

　실 뱅어 율【鱊】小魚大如針晒乾爲脡.

실상(實狀) :

　실상 정【情】

　　㋀ 실제. 사실(事實). 진상. 推鞫得情『唐書』

　　㋁ 聲聞過情, 君子恥之『孟子』

실 수효 :

　실 수효 조【桃】사수(絲數).

실 스무 올 :

　실 스무 올 류【緢】絲二十縷.

실심(失心)하다 : 실망한 모양.

　실심할 추【惆】원한을 품고 슬퍼하는 모양.
　　　　　　　惆然不嗛『荀子』

　실심할 탐【惂】실지(失志).

　실심할 확【獲】낙심(落心)함. 낙담(落膽)함.
　　　　　　　不隕獲於貧賤『禮記』

실심(失心)하는 모양 :

　실심하는 모양 창【悵】실망한 모양.

실언(失言)하다 :

　실언할 란【讕】입이 가벼워서 실언을 함. 張亮
　　　　　　讕辭曰囚等畏死見誣耳『唐書』

실 엉키다 :

　실 엉킬 나【絮】사난(絲亂).

　실 엉킬 연【繎】絲難理.

　실 엉킬 첩【緤】사괴(絲壞).

실 열 올 :

　실 열 올 류【緢】絲十縷.
　　　　　上有仙人長命緢『沈佺期詩』

실의(失意)하다 : 뜻을 잃음.

　실의할 광【懭】懭悢. 愴怳懭悢兮『楚辭』

　실의할 당【儻】魏文侯儻然終日不言『莊子』

　실의할 준【蹲】容色蹲蹲『盧照鄰』

　실의할 탁【侂】侂傺.

실의(失意)하여 보다 :

　실의하여 볼 척【瞁】失意而視.

실 잇다 :

　실 이을 접【緤】사속(絲續).

실재 : 실제의 존재.

　실재 현【現】生乎現境『梁武帝』

실 찌끼 :

　실 찌끼 저【紵】사재(絲滓).

실컷 먹다 : 먹기 싫도록 많이 먹음.

　실컷 먹을 어【飫】飫肥鮮『劉基』

실패 : 실을 감는 물건.

　실패 간【綱】卷絲具.

　실패 네【鑼】絡絲柎.

　실패 니【棡】卷絲具.

　실패 와【瓦】載弄之瓦『詩經』

　실패 추【箍】卷絲具.

　실패 취【籆】卷絲具.

실 한 올 :

　실 한 올 결【紇】一縷絲.

싫다 :

　싫을 구【訽】厭也.

　싫을 어【飫】염포(厭飽).

　싫을 어【餘】飫也. 餘賜犒功『後漢書』

　싫을 염【猒】猒也.

싫어하다 :

　싫어할 계【忚】心不欲.

　싫어할 삼【饞】厭也.

　싫어할 역【斁】싫증이 남. 服之無斁『詩經』

　싫어할 역【射】혐오(嫌惡)함.
　　　　　　　無射于人斯『詩經』

　싫어할 염【厭】염(壓)과 통용.

　　㋀ 하기를 꺼림. 衽金革 死而不厭『中庸』

　　㋁ 미워함. 厭惡. 天厭之『論語』

　싫어할 예【豫】行婟直而不豫兮『楚辭』

　싫어할 의【疑】嫌疑. 何嫌何疑『後漢書』

　싫어할 자【訾】좋아하지 아니함.
　　　　　　　訾食者 不肥體『管子』

　싫어할 혐【嫌】

　　㋀ 미워함. 꺼림. 嫌憚. 姆嫌之欲勿與『吳志』

　　㋁ 疎外함. 示民不嫌也『禮記』

　　㋂ 불만으로 여김. 上嫌其太重『史記』

　싫어할 흘【忔】하고자 하지 아니함.
　　　　　　　數忔食飮『史記』

싫증나다 :

　싫증날 권【勌】권(倦)과 동자(同字).
　　　　　　　學道不勌『莊子』

　싫증날 균【悃】倦也.

　싫증날 극【惄】倦也.

심겁(心怯)하다 :

　심겁할 제【惿】心劫惿惼.

심다 :

　심을 가【稼】곡류를 심음. 稼穡.
　　　　　　　不稼不穡『詩經』

　심을 구【毆】樹也. 種也.

　심을 소【穌】種也.

　심을 수【樹】식물을 심음. 樹藝.
　　　　　　　不封不樹『易經』

심을 식【植】
㉠ 재배(栽培)함. 植樹. 東西植松柏『古詩』
㉡ 인신(引伸)하여 초목의 총칭. 動植. 促爾耕 勗爾植『柳宗元』
㉢ 그곳에 근거를 두게 함. 植民. 植字.
심을 식【殖】식물을 심음. 農殖嘉穀『書經』
심을 예【藝】辛勤藝宿麥所望明年熟『陸游』
심을 예【埶】예(藝)와 동자(同字).
심을 예【蓺】예(藝)와 동자(同字). 蓺之荏菽『詩經』
심을 자【滋】초목을 심음. 余旣滋蘭之九田宛兮『楚辭』
심을 재【栽】초목을 심음. 栽培. 栽者培之『中庸』
심을 적【穡】種也.
심을 종【堫】種也.
심을 종【種】식물을 심음. 種樹. 種瓜得瓜 種李得李『涅槃經』
심을 집【穃】種也.
심을 패【粺】種也.

심란하다 : 마음이 산란 함.
심란할 골【愲】心結愲兮傷肝『漢書』
심란할 궤【憒】憒亂. 意慘憒而無聊兮『晉書』
심란할 노【恅】悼恅.
심란할 눌【殁】殟殁, 심란(心亂).
심란할 동【憧】懜憧.
심란할 몽【懵】懵憧, 심란(心亂).
심란할 조【懵】亂也.
심란할 초【悼】悼恅.
심란할 올【殟】심란(心亂).

심문하다 :
심문할 현【嚾】신문(訊問).

심방 :
심방 혈【盜】心臟上房.

심부름꾼 :
심부름꾼 사【使】하인. 使令. 留使女處瓊在家『列仙傳』

심부름 보내다 :
심부름 보낼 사【使】使使欲與連和俱西『史記』

심부름하다 :
심부름할 봉【夆】使也.

심심하다 :
심심할 창【脹】失志貌.

심어(鱘魚) : 철갑상엇과에 속한 바닷물고기. 몸길이 1.5미터 정도로 주둥이가 긴 원통 모양으로 나왔고, 등은 회청색이며 배는 흰색이다. 수염이 네 개 있으며 양쪽 턱에는 이가 없다.
심어 심【鱘】어명(魚名). 背如龍長丈餘.

심정(心情) : 마음의 정황.
심정 정【情】情調. 老夫情懷惡『杜甫』

심줄 :
심줄 강【韁】筋也.
심줄 이【餌】수육(獸肉)의 심줄. 去其餌『禮記』

심줄 땅기다 :
심줄 땅길 경【痙】경련을 일으킴. 또 그 병. 痙攣. 諸痙項强『內經』

심지 : 등잔의 심지.
심지 주【炷】宿民家 鐙炷盡『唐書』
심지 주【丶】주(炷)의 고자(古字).

심하다 :
심할 극【劇】격심(激甚)함. 대단함. 劇甚. 劇寒. 比得軟脚病 往往劇『韓愈』
심할 력【力】병이 대단함. 臣犬馬病力『漢書』
심할 석【腊】대단함. 味厚者腊毒『漢書』
심할 심【甚】정도에 지남. 藉甚. 甚矣吾衰也『論語』
심할 음【淫】우심(尤甚)함. 朕之過淫矣『列子』
심할 이【以】대단히. 不以急乎『孟子』
심할 정【精】우심(尤甚)함. 自蔽之精者也『呂氏春秋』
심할 태【太】격심(激甚)함. 旱旣太甚『詩經』
심할 혹【酷】대단함. 극심함. 是故德不稱 其禍必酷『潛夫論』

심황 : 생강과(生薑科)에 속하는 다년초(多年草). 지하경(地下莖)은 가루로 만들어 황색(黃色)의 염료(染料)로 씀.
심황 울【鬱】鬱金. 和鬱鬯以實彝而陳之『周禮』

심히 : 대단히 심하게.
심히 고【苦】苦加撻辱『侍兒小名錄』
심히 기【奇】奇愛. 綿定奇溫『世說』
심히 심【甚】甚深. 其道甚大『易經』
심히 용【踊】物踊騰糶『史記』
심히 이【以】不以急乎『孟子』
심히 절【絶】絶美. 絶愛幸之『史記』
심히 중【重】似重有憂者『禮記』
심히 태【太】昨太草草耳『五代史』
심히 태【泰】昊天泰憮『詩經』
심히 호【好】好大. 好快.
심히 혹【酷】
㉠ 대단히. 지극히. 年來酷愛香山老『張養浩』
㉡ 매우. 아주. 酷似其舅『晉書』

십년(十年) :
십년 질【秩】십년간(十年間)의 일컬음. 七秩은 61세부터 70세까지. 九十有秩『禮記』

십이대(十二代) :

십이대 운【運】360년의 일컬음.

십조(十兆) :

십조 경【經】조(兆)의 십배(十倍).

십홀 : 1의 1/10,000. 홀(忽)의 십배(十倍)를 사
(絲)라하며 사(絲)의 십배(十倍)를 호(毫)라 함.

십홀 사【絲】소수의 한 단위.
인신(引伸)하여 미세(微細)한 것.
只慚無補絲毫事『蘇軾』

싱겁다 : 맛이 심심함. 또 맛이 없음.

싱거울 담【啖】攻若食啖『史記』

싱거울 담【澹】澹味.

싱거울 담【淡】
㉠ 淡味. 大味必淡『漢書』
㉡ 싱거운 음식. 맛없는 음식. 조식(粗食).
攻苦食淡『史記』

싱거울 담【鹹】무미(無味).

싱거울 박【薄】맛이 없음. 담박함. 薄酒.
魯酒薄而邯鄲圍『莊子』

싱거울 점【醬】미박(味薄).

싱거울 확【鑊】甘而不鹼肥而不鑊『伊尹曰』

싱긋벙긋하다 :

싱긋벙긋할 금【妗】善笑貌.

싱긋 웃다 : 보기에 아름답게 웃는 모양.

싱긋 웃을 언【嫣】嫣然嫣笑『楚辭』

싸개갓장이 : 갓 싸개 하는 장색(匠色).

싸개갓장이 유【襦】襦匠『韓愈』

싸늘하다 :

싸늘할 수【凍】冷也.

싸다 :

쌀 고【囊】포장(包裝)함. 載囊弓矢『詩經』

쌀 과【裹】
㉠ 포장함. 乃裹餱糧『詩經』
㉡ 싼 물건. 꾸러미. 松屑二裹『仙苑編珠』

쌀 괄【括】속에 넣고 두름. 包括. 有席卷天下
苞擧宇內 囊括四海之意『賈誼』

쌀 도【韜】싸서 깊이 둠. 전하여 감추어 보이지
아니함. 韜弓. 韜晦.
故韜光俟奮耳『晉書』

쌀 도【綢】도(韜)와 동자(同字). 綢練設旐『禮記』

쌀 독【襡】포장함. 斂簟而襡之『禮記』

쌀 돈【純】보자기 같은 것에 넣어 둘러 맒.
白芽純束『詩經』

쌀 락【絡】포괄(包括)함. 綿絡天地『漢書』

쌀 렴【廉】값이 쌈. 廉價.
就廉直取此馬以代步『春渚紀聞』

쌀 롱【籠】속에 넣어 쌈. 籠貨物『漢書』

쌀 륜【綸】휩쌈. 彌綸天地之道『易經』

쌀 몽【蒙】㉠ 덮어 가림. 以幕蒙之『左傳』

㉡ 덮어 가린 것. 發蒙『漢書』

쌀 양【纕】包也.

쌀 영【贏】포장함. 贏糧而趨之『莊子』

쌀 와【厄】裹也.

쌀 조【罩】속에 넣어서 쌈.
荷塘煙罩小齊虛『司空圖』

쌀 탑【鐈】금으로 물건의 표면을 쌈.
以金鐈距『史記註』

쌀 포【勹】보자기에 물건을 쌈.

쌀 포【包】
㉠ 보자기에 싸다. 包裏. 包裝.
倒載干戈 包之以虎皮『禮記』
㉡ 둘러 쌈. 河水分流 包山而過『周禮註』
㉢ 안에 넣음. 아우름. 包含萬象『拾遺記』
㉣ 깊이 간직함. 숨김. 비밀(秘密)로 함. 包藏.
包深懷而告誰『李翶』
㉤ 거두어들임. 자기 것으로 함. 包占.
席卷天下 包擧宇內『賈誼』

쌀 포【苞】
㉠ 포(包)와 동자(同字). 自茅苞之『詩經』
㉡ 짚 같은 데 싼 물품. 꾸러미. 苞二『儀禮』

쌀 함【函】포용(包容)함. 大極函三爲一『顔師古』

쌀 회【懷】둘러쌈. 포위함. 懷山襄陵『書經』

싸라기 :

싸라기 말【䊆】舂米碎.

싸라기 몽【蔆】糜也.

싸라기 미【糜】부서진 쌀알.

싸라기 서【糈】부스러진 쌀알.

싸라기 설【糏】부스러진 쌀알. 糜糈也『博雅』

싸라기 신【粖】쇄미(碎米).

싸라기 흘【䊞】屑米細者.

싸라기눈 : 빗방울이 내리다가 얼어서 싸라기 같
이 된 눈.

싸라기눈 산【霰】如彼雨雪, 先集維霰『詩經』

싸라기 떡 : 싸라기로 만든 떡.

싸라기 떡 반【䬳】釣所生母病便加慘悴左右依常
以五色䬳餻之不肯食『南史』

싸라기 떡 판【粄】설병(屑餠).

싸락눈 :

싸락눈 색【霅】霰也.

싸락눈 석【霖】霰也.

싸락눈 선【霓】산(霰)과 동자(同字). 雨霓,
爲霄雪『爾雅』

싸락풀 :

싸락풀 사【䔒】海草實如大麥.

싸리 :

싸리 축【杻】⊕ 콩과에 속하는 낙엽관목.

싸리나무 :

싸리나무 억【檍】杻也.

싸매다 :

　싸맬 말【帓】말(帕)과 동자(同字).

　싸맬 말【帕】머리를 싸맴. 以紅帕道『韓愈』

싸 보내다 :

　싸 보낼 재【賷】재(齎)와 동자(同字). 裝送.

싸우게 하다 :

　싸우게 할 투【鬪】季平子與邱昭伯 以鬪雞故得
　　　　　　　　　　　罪魯昭公『史記』

싸우다 : 완력(腕力) 또는 무기로서 서로 겨룸.

　싸울 각【鬥】투(鬪)와 동자(同字).

　싸울 격【鬩】鬪也.

　싸울 분【鬦】鬪也.

　싸울 전【戰】전쟁을 함. 善戰.
　　　　　　　戰必勝 攻必取『史記』

　싸울 투【鬥】투(鬪)와 동자(同字).

　싸울 투【鬪】寧鬪而死『史記』

　싸울 합【合】교전(交戰)함. 一日數合『梁書』

　싸울 항(홍)【鬨】
　　㉠ 주먹질 함. 전투 함. 鄒與魯鬨『孟子』
　　㉡ 싸우는 소리. 전쟁할 때 지르는 소리.
　　　屯鬨 高言喧鬨『朱熹』

싸움 :

　싸움 병【兵】전투(戰鬪). 전쟁(戰爭). 兵火.
　　　　　　兵端. 公不論兵 必大困『戰國策』

　싸움 융【戎】전쟁(戰爭). 투쟁.
　　　　　　惟咄好興戎『書經』

　싸움 전【戰】전쟁(戰爭). 大戰.
　　　　　　王好戰 請以戰喩『孟子』

　싸움 진【陣】전쟁(戰爭). 親臨陣督戰『南史』

　싸움 투【鬪】㉠ 決鬪. 爭鬪.
　　　　　　　㉡ 전쟁(戰爭). 戰鬪.

싸움배 :

　싸움배 동【艟】병선(兵船). 전선(戰船).
　　　　　　　艟艫甚盛『唐書』

　싸움배 몽【艨】병선(兵船).
　　　　　　　艨艟巨艦一毛輕『朱熹』

　싸움배 함【艦】병선(兵船). 艦船.
　　　　　　　大艦漂沒『晉書』

싸움수레 :

　싸움수레 융【戎】兵車. 元戎十乘『詩經』

싸움이긴 풍류 :

　싸움이긴 풍류 개【愷】개(凱)와 통용. 愷歌.
　　　　　　　　愷樂獻于社『周禮』

　싸움이긴 풍류 개【凱】
　　㉠ 승전(勝戰)했을 때 아뢰는 음악(音樂).
　　　凱歌. 凱旋. 振旅凱以入于晉『左傳』
　　㉡ 승전(勝戰)하였을 때 외치는 환호성(歡呼聲).

　　六軍張凱聲如雷『劉克莊』

싸움하다 :

　싸움할 격【鬩】쟁투(爭鬪).

싸이다 :

　싸일 롱【籠】속에 싸임. 山頭水色薄籠煙『徐凝』

싹 :

　싹 맹【萌】
　　㉠ 씨앗에서 터져 나오는 어린 잎. 萌芽.
　　㉡ 사물의 시작. 발단(發端).
　　　以銷衆邪之萌『漢書』

　싹 아【芽】
　　㉠ 땅 속에서 처음으로 나오는 어린잎과 줄기.
　　　發芽. 新芽. 此月也安萌芽『禮記』
　　㉡ 사물(事物)의 시작(始作). 防絶萌芽『漢書』

　싹 아【䴬】苗初苗.

　싹 영【英】초목(草木)의 싹. 毋夭英『管子』

　싹 용【萻】풀의 싹. 맹아(萌芽).
　　　　　　蓼萻蒿笋試春盤『蘇軾』

　싹 절(줄)【苗】초목의 싹. 艸初生. 맹아(萌芽).
　　　　　　　後春蕈苗活如酥『蘇軾』

　싹 제【黃】초목의 싹. 蘭黃爭翹『晉書』

　싹 제【稊】제(黃)와 통용. 枯楊生稊『易經』

　싹 조【蓨】苗也.

싹 나다 :

　싹 날 몽【夢】藥也.

싹 나오다 :

　싹 나올 둔【芚】나무의 싹이 처음으로 나오는
　　　　　　　모양. 春木之芚兮『揚雄』

싹트다 : 움이 나다.

　싹틀 맹【萌】
　　㉠ 초목의 싹이 나옴. 草木萌動『禮記』
　　㉡ 잎이 생김. 莫知其所萌『莊子』

　싹틀 분【岕】초초생(艸初生).

　싹틀 아【芽】새싹이 나옴.
　　　　　　　徒蒙蔭覆 莫自根芽『薛逢』

　싹틀 저【柢】생겨남. 어떠한 기운이 열림.
　　　　　　　萌柢疇昔『左思』

　싹틀 촬【茁】풀이 뾰족 뾰족 나는 모양.
　　　　　　　彼茁者葭『詩經』

　싹틀 추【抽】싹이 나옴. 草以春抽『束晳』

　싹틀 탁【坼】百果草木皆甲坼『易經』

쌀 :

　쌀 미【米】
　　㉠ 벼의 열매의 껍질을 벗긴 알맹이. 米穀.
　　　陶侃空爭米船『庾信』
　　㉡ 고대에는 서(黍), 직(稷), 도(稻), 양(梁),
　　　고(苽), 대두(大豆)를 六米라 하였음.
　　　九穀六米『周禮』

ⓒ 쌀의 모양을 한 것. 野容病時分竹米『皮日休』

쌀 변【粝】米也.

쌀 주【精】米也.

쌀 희【既】희(餼)와 통용. 既廩稱事『中庸』

쌀 희【餼】벼의 알맹이. 廩人獻餼『周禮』

쌀가루 :

　쌀가루 말【麩】미설(米屑).

　쌀가루 흘【籺】糠籺. 미설(米屑).

쌀뜨물 :

　쌀뜨물 감【粓】미즙(米汁).

　쌀뜨물 반【潘】미즙(米汁).

　쌀뜨물 제【渧】洗米水.

쌀 무늬 놓다 :

　쌀 무늬 놓을 미【絑】繡文如聚細米.

쌀 바구미 :

　쌀 바구미 기【蚚】미두(米蠹).

　쌀 바구미 미【蛘】米中小黑甲蟲.

　쌀 바구미 시【蝨】蛄施下虫, 강양(强蛘).

　쌀 바구미 양【蛘】양(蛘)과 동자(同字).
　　　　　　　　　米中小黑甲蟲.

쌀밥 먹다 :

　쌀밥 먹을 립【粒】粒食. 烝民乃粒『書經』

쌀보리 :

　쌀보리 과【稞】나맥(裸麥).

　쌀보리 혼【䅞】입맥(粒麥).

쌀사다 :

　쌀살 적【糴】조(糶)의 대(對). 쌀 또는 곡식을
　　　　사들임. 糴米. 細民糴於官舍『元史』

쌀 소쿠리 : 얇고 가늘게 쪼갠 대나 싸리 따위를
　어긋나게 짜서 쌀을 담을 수 있게 만든 그릇.

　쌀 소쿠리 병【甹】米函也.

쌀쌀하다 :

　쌀쌀할 필【觱】觱發. 바람이 쌀쌀한 모양.
　　　　　　　一之日觱發『詩經』

쌀 썩어 검다 :

　쌀 썩어 검을 증【黤】米黑壞.

쌀 씻다 :

　쌀 씻을 석【淅】세미(洗米).

쌀 씻어 건지다 :

　쌀 씻어 건질 사【溰】녹미(漉米).

쌀알 : 낟알. 쌀의 낟알.

　쌀알 립【粒】米粒.

　쌀알 삼【糝】窮乏糝粒不繼者『晉書』

쌀 일다 :

　쌀 일 수【叟】쌀 이는 소리. 釋之叟叟『詩經』

　쌀 일 석【釋】釋釋, 석미(淅米).

쌀 자루 :

쌀자루 춘【帕】미대(米袋).

쌀 찧기 :

　쌀 찧기 찬【粲】쌀을 곱게 찧는 고역(苦役).
　　　　　　　猶當降等薪粲『梁書』

쌀 찧다 :

　쌀 찧을 미【糜】용미(舂米).

쌀팔다 : 쌀 또는 미곡을 판매함.

　쌀팔 미【糶】매미(賣米).

　쌀팔 조【糶】적(糴)의 대(對). 私糶. 糶二十病農
　　　　　　九十病末『史記』

쌍 :

　쌍 붕【朋】한 쌍. 朋酒斯饗『詩經』

　쌍 쌍【雙】

　　ⓐ 둘씩 짝을 이룸. 雙璧.
　　　　中有雙飛鳥 自名爲鴛鴦『古詩』

　　ⓑ 짝을 이룬 것을 세는 수사. 屛風一雙.
　　　　奉白璧一雙 再拜獻將軍足下『十八史略』

쌍 척【雙】雙也.

쌍 길 : 길자(吉字)가 겹쳐서 된 글자.

　쌍 길 철【喆】쌍길(雙吉).

쌍날칼 : 양옆에 다 날이 있는 칼.

　쌍날칼 랍【臘】臘廣二寸有半寸『周禮』

　쌍날칼 발【鏺】兩刃刀有木柄.

쌍둥이 :

　쌍둥이 련(산)【孿】雙生子.
　　　　　　　　孿子之相似者『戰國策』

　쌍둥이 련【孿】련(孿)과 동자(同字). 雙生子.

　쌍둥이 련【僆】雙生子.

　쌍둥이 리【孷】쌍자(雙子).

　쌍둥이 자【孖】雙生兒.

쌍륙 : 놀이의 한 가지. 주사위를 던져 하는 놀이.
　인신(引伸)하여 도박(賭博)의 뜻으로 쓰임.

　쌍륙 박【簙】박(博)과 동자(同字).
　　　　　　菎蔽象棊 有六簙些『楚辭』

　쌍륙 박【博】博戲. 不有弈者乎『論語』

　쌍륙 삭【槊】某槊以自娛『韓愈』

쌍상투 : 사내아이가 머리를 좌우로 갈라 뿔처럼
　하여 묶은 것.

　쌍상투 각【角】總角.

쌍옥 : 한 쌍의 옥.

　쌍옥 각【珏】二玉相合爲一珏『說文解字』

　쌍옥 각【瑴】각(珏)과 동자(同字). 公爲之請納
　　　　　　玉於王與晉候 皆十瑴『左傳』

쌍희 : 희자(喜字)가 겹쳐있으므로 인함.

　쌍희 희【囍】囍 쌍희(雙喜).

쌓다 :

　쌓을 거【居】

　　ⓐ 저축함. 奇貨可居『十八史略』

ⓛ 저축한 것. 遷有無化居『書經』

쌓을 겸【蒹】겹쳐 쌓음. 포개어 쌓임.
　　　　　重金兼紫『後漢書』

쌓을 고【槁】축적(蓄積)함. 去表之槁『左傳』

쌓을 력【歷】積也.

쌓을 반【蟠】축적(蓄積)함.
　　　　　極乎天而蟠乎地『禮記』

쌓을 오【奧】축적함. 野無奧草『國語』

쌓을 온【蒕】온(蘊)과 동자(同字).
　　　　　芟夷蒕崇之『左傳』

쌓을 온【蘊】ⓐ 축적함. 我心蘊結兮『詩經』
　　　　　ⓛ 축적. 善發其蘊『文中子』

쌓을 외【猥】축적함. 勿猥勿幷『漢書』

쌓을 위【委】축적함. 委積. 詔書雲委『唐書』

쌓을 은【隱】축조(築造)함. 隱以金椎『漢書』

쌓을 자【挐】積也.

쌓을 자【茨】曾孫之稼 如茨如梁『詩經』

쌓을 장【長】축적함. 唯長舊怨『國語』

쌓을 저【著】저(貯)와 통용.
　　　　　子貢廢著『孔子家語』

쌓을 저【貯】ⓐ 쌓아둠. 貯藏.
　　　　　ⓛ 쌓아둔 물건. 發貯『漢書』

쌓을 저【儲】
　ⓐ 저축(貯蓄)함. 儲米. 儲蓄. 家無所儲『魏志』
　ⓛ 저축(貯蓄)한 것. 有九年之儲『淮南子』

쌓을 적【積】포개 놓음. 積小以高大『易經』

쌓을 조【租】저축함. 予所蓄租『詩經』

쌓을 준【毂】築也.

쌓을 책【簀】쌓아 모음. 綠竹如簀『詩經』

쌓을 체【躓】축적함. 留躓無所食『史記』

쌓을 체【㙬】저축함. 富商賈㙬財役貧『漢書』

쌓을 추【㷯】추(聚)와 동자(同字). 築也.

쌓을 축【褚】貯也.

쌓을 축【築】성 같은 것을 쌓음. 築城.
　　　　　齊人將築薛『孟子』

쌓을 축【蓄】쌓아 모음. 公來始購蓄『蘇軾』

쌓을 축【畜】저축함. 貯畜. 畜積.
　　　　　趣民收斂務畜菜『禮記』

쌓을 축【稸】축(畜)과 동자(同字).
　　　　　稸士馬以討不庭『後漢書』

쌓을 취【冣】積也.

쌓을 치【偫】저축함.

쌓을 치【庤】쌓아 둠. 庤乃錢鎛『詩經』

쌓을 치【峙】저축함. 峙積. 峙乃糗糧『書經』

쌓을 퇴【堆】높이 쌓음. 堆積.
　　　　　爛穀堆荊囷『李商隱』

쌓을 혹【憷】축적함. 疏越積憷『馬融』

쌓아두다 :
　쌓아둘 정【飣】저장함. 飣而不食者『玉海』

쌓은 흙 :
　쌓은 흙 추【堅】축토(築土).

쌓이다 :
　쌓일 루【纍】겹겹이 쌓인 모양.
　　　　　印何纍纍『漢書』

　쌓일 애【磑】높이 쌓인 모양.
　　　　　磑磑卽卽『漢書』

　쌓일 온【蒕】온(蘊)과 동자(同字).
　　　　　芟夷蒕崇之『左傳』

　쌓일 온【蘊】ⓐ 축적함. 我心蘊結兮『詩經』
　　　　　ⓛ 蓄積. 善發其蘊『文中子』

　쌓일 인【因】중첩(重疊)함.
　　　　　大倉之粟 陳陳相因『史記』

　쌓일 임【稔】오래. 또는 많이 쌓임. 稔惡.
　　　　　惡積釁稔『任昉』

　쌓일 적【積】積雪. 善不積不足以成名『易經』

　쌓일 전【戔】가득 쌓인 모양.
　　　　　石戔戔兮水成分『江淹』

　쌓일 체【滯】묵어 쌓임. 滯貨.
　　　　　敢告滯積『國語』

　쌓일 초【湫】정체(停滯)함.
　　　　　有所雍閉湫底『左傳』

써 :
　써 용【用】이(以)와 동의. 是用은 시이(是以)와
　　　　　동의. 居門下者 皆用爲恥『史記』

　써 이【以】
　　ⓐ ~으로써. ~을 써서. 以羊易之『孟子』
　　ⓛ ~에 의하여. ~ 때문에.
　　　　　習習谷 風以陰以雨『詩經』
　　ⓒ ~하고. 城高以厚『史記』
　　ⓓ ~에도 불구하고. ~이면서도.
　　　　　可以人而不如鳥乎『大學』
　　ⓔ 위의 구(句)를 받는 말.
　　　　　作奇技淫巧以悅婦人『書經』
　　ⓕ 어조(語調)를 돕기 위하여 쓰는 말.
　　　　　可以託六尺之孤 可以寄百里之命『論語』

　써 이【已】이(以)와 통용.
　　　　　人之所以爲人者何已也『荀子』

써레 : 마소에 끌려 판 흙덩이를 부수어 흙을 고르
　　는 농구. 여러 개의 발이 있고 손잡이가 있음.

　써레 초【耖】一如杷 其齒更長『農政全書』

　써레 파【杷】制有方杷 有八字杷『農政全書』

써 없애다 : 금전(金錢) 등을 낭비함.
　써 없앨 미【靡】미(糜)와 통용.
　　　　　無靡費之用『荀子』

써하다 :
　써할 이【以】~으로서 함. 사용함.
　　　　　殺人以梃與刃『孟子』

썩다 :

썩을 두【殬】퇴패(頹敗)함. 彝倫攸殬『書經』

썩을 두【斁】두(殬)와 동자(同字).
　　　　　彝倫攸斁『書經』

썩을 란【㦮】腐也.

썩을 부【𪏰】腐也.

썩을 부【殕】부패함.

썩을 부【腐】

　㉠ 부패함. 腐爛. 腐草爲螢『禮記』

　㉡ 쓸모 없음. 腐生. 安用腐儒『史記』

썩을 여【茹】부패함. 以茹魚驅蠅『呂氏春秋』

썩을 추【殠】악취(惡臭). 上不泄殠『漢書』

썩을 취【臭】부패함. 臭厥載『書經』

썩을 패【敗】腐敗. 魚餒而肉敗『論語』

썩을 후【歹】후(朽)와 동자(同字).
　　　　　歹其肉棄之『列子』

썩을 후【朽】

　㉠ 부패함. 腐朽. 茶蓼朽止『詩經』

　㉡ 폐(廢)하여 전(傳)하여지지 아니함.
　　　甘惡名之速朽『陳琳』

　㉢ 늙어 폐인이 됨. 年朽髮落『晉書』

썩어 문드러지다 :

썩어 문드러질 농【膿】草悉膿死『齊民要術』

썩어 문드러질 뇌【餒】부란(腐爛)함. 魚餒而肉
　　　　　　　敗不食『論語』

썩은 나무 :

썩은 나무 유【庮】고옥(古屋)의 썩은 나무.

썩은 나무 취【榫】후목(朽木).

썩은 나무 냄새 :

썩은 나무 냄새 유【瘐】고옥(古屋)에서 나는
　　　　　　후목(朽木)의 냄새.
　　　　　　牛夜鳴則广下酉『周禮』

썩은 내나다 :

썩은 내날 유【庮】썩은 나무의 냄새가 남.
　　　　　庮 朽木臭也『周禮』

썩은 내날 추【殠】악취가 남. 單于得漢美食好
　　　　　物 以爲殠惡『漢書』

썩은 냄새 :

썩은 냄새 추【殠】악취. 上不泄殠『漢書』

썩은 냄새 추【朽】추(殠)와 동자(同字).
　　　　　鼻將塞者 先賞焦朽『列子』

썩은 살 :

썩은 살 자【胔】부패한 살. 일설에는 살이 붙은
　　　　　뼈. 掩骼埋胔『禮記』

썩은 생선 :

썩은 생선 뇌【鮾】뇌(餒)와 동자(同字). 餒也.
　　　　　魚敗也.

썩히다 :

썩힐 부【腐】甘脆肥濃 命曰腐腸之藥『枚乘』

썩힐 후【歹】후(朽)와 동자(同字).
　　　　　歹其肉棄之『列子』

썰매 : 진흙 위를 달리는데 쓰는 귀같이 생긴 탈
　　것. 지금은 눈 위에서 씀.

썰매 갹【蹻】설마(雪馬). 乘蹻『抱朴子』

썰매 교【橇】泥行乘橇『史記』

썰매 순【輴】泥乘輴『書經』

썰매 취【橇】泥行乘橇『史記』

썰매 취【毳】취(橇)와 통용. 泥行乘毳『漢書』

썬 은 풋김치 :

썬 은 풋김치 대【虀】漬菜之剉者.

쏘가리 : 농엇과에 속한 민물고기. 몸길이 40~50
　　센티미터 정도로, 황갈색이며 몸 전체에 크고
　　작은 흑색 얼룩무늬가 있다. 입이 크고 아래턱
　　이 위턱보다 약간 길다. 맛이 담백하여 회, 매
　　운탕 등으로 먹는다.

쏘가리 궐(궤)【鱖】桃花流水鱖魚肥『張志和』

쏘가리 아【𩹄】黃頰魚.

쏘가리 추【鯞】鱖也.

쏘다 :

쏠 발【發】활 따위를 쏨. 百發百中.
　　　　　壹發五豝『詩經』

쏠 사【舍】화살을 쏨. 舍矢旣均『詩經』

쏠 사【射】

　㉠ 활, 총 같은 것을 쏨. 射擊.
　　　孔子射於矍相之圃『禮記』

　㉡ 쏘는 일. 射術. 射者男 子之事也『禮記』

　㉢ 인신(引伸)하여 쏜살같이 지나가는 뜻으로
　　　쓰임. 注射. 噴射. 奔泉各激射『鮑照』

쏠 석【釋】발사(發射)함.
　　　　　往省括予度則釋『書經』

쏠 석【螫】벌레가 쏨. 毒蟲不螫『老子』

쏠 종【縱】활을 쏨. 縱矢. 抑縱送忌『詩經』

쏠 철【蜇】벌레가 살로 찌름.
　　　　　蜇吻裂鼻『柳宗元』

쏠 탄【彈】彈射. 晉靈公從臺上彈人『左傳』

쏠 필【彈】화살을 쏨. 羿焉彈日『楚辭』

쏠 학【蠚】벌레가 독침으로 쏨.
　　　　　蠚木則枯『山海經』

쏙독새 : 쏙독새과에 속하는 새. 몸빛은 회색에
　　갈색, 갈색에 회색 등의 복잡한 무늬가 있음.
　　산림 속에 서식함. 바람개비.

쏙독새 광【鵟】조명(鳥名).

쏟다 :

쏟을 력【瀝】쏟아 넣음. 皆決瀝之『晉書』

쏟을 사【瀉】사(寫)와 동자(同字). 물을 기울려 부
　　　　　음. 一瀉千里. 以澮瀉水『周禮』

쏟을 서【抒】토로(吐露)함. 抒情.
　　　　　略陳愚而抒情素『漢書』

쏟아지다 :
　쏟아질 사【瀉】경사(傾斜)져서 흐름.
　　　　　石磴瀉紅泉『謝靈運』

쏠리게 하다 :
　쏠리게 할 미【靡】夫上化下 猶風靡草『說苑』

쏠리다 :
　쏠릴 기【攲】기(敧)와 동자(同字). 傾低不正.
　쏠릴 미【靡】
　　㉠ 초목 또는 기 따위가 센바람에 쓰러지거나
　　　쏠림. 望其旗靡『左傳』
　　㉡ 인신(引伸)하여 따름. 복종함. 風靡.
　　　燕從風而靡『史記』
　쏠릴 석【夕】기울다. 正坐于夕室『呂氏春秋』
　쏠릴 언【偃】한 쪽으로 기욺. 偃草.
　　　　　草上之風必偃『國語』

쐐기 : 쐐기나방의 애벌레. 몸은 짧고 굵으며, 번
　데기는 굳은 고치 속에 있다. 독침이 있어 쏘이
　면 몹시 아프다. 감나무, 배나무, 사과나무 등
　의 해충이다.
　쐐기 사【蜇】螫也.
　쐐기 사【蠍】사(蜇)와 동자(同字). 蛅蠍.
　쐐기 염【蛅】蛅蟖. 쐐기나방의 유충. 풀쐐기.
　쐐기 자【蚝】점사(蚝蟖). 蚝緣兮我裳『王逸』
　쐐기 자【蚝】자(蚝)와 동자(同字).
　　　　　풀쐐기. 痒肌遭蚝刺『韓愈』
　쐐기 점【蛅】蛅蟖. 쐐기나방의 유충. 풀쐐기.
　쐐기 함【蛤】모두(毛蟲).
　쐐기 정【杕】벌레이름.

쐐기 : 물건과 물건 사이의 틈에 박아서 사개가
　물러나지 못하게 하거나, 물건의 사이를 벌리
　는 데 쓰이는 납작하고 뾰족한 물건.
　쐐기 설【楔】小者以爲楫楔『淮南子』
　쐐기 질【桎】爲周之桎鎋『詩經』

쐐기풀 : 쐐기풀과에 속하는 다년초. 임야에 나며
　풀 전체에 독기 있는 털이 있어서 쏘이면 몹시
　아픔.
　쐐기풀 담(심)【蕁】蕁麻.
　쐐기풀 섬【薟】薟草四時靑『白居易』

쐬다 :
　쐴 량【涼】바람을 쐼. 暴涼之『唐書』

쑤기미 : 쑥치과에 속하는 바닷물고기. 등지느러
　미에 독이 있는 가시가 있어 찔리면 아픔.
　쑤기미 등【鰧】등(騰)과 동자(同字).
　쑤기미 등【騰】등(鰧)과 동자(同字).

쑥 : 국화과에 속한 여러해살이풀. 줄기 높이는
　60~120센티미터이며 잎의 뒷면에 젖빛 솜털이

있고 향기가 난다. 잎은 어긋나고 달걀 모양이
며, 7~10월에 분홍색 꽃이 핀다. 어린잎은 식
용으로 하며, 다 자란 잎은 배앓이나 토사 따위
에 약으로 쓴다.
　쑥 라【蘿】莪蘿. 쑥의 일종. 아호(莪蒿).
　쑥 뢰【蘱】호(蒿)의 일종. 萃蘱蕭『爾雅』
　쑥 름【菻】艾也.
　쑥 봉【蓬】蓬蒿. 蓬生麻中, 不扶而直『荀子』
　쑥 설【薛】薛莎青薠『司馬相如』
　쑥 소【蕭】약용, 식용함. 彼采蕭兮『詩經』
　쑥 시【茮】蒿也.
　쑥 아【莪】쑥(蒿)의 일종. 연한 잎은 식용함.
　　　　　非莪伊蒿『詩經』
　쑥 애【艾】식용함. 彼采艾兮『詩經』
　쑥 추【萩】어린잎은 식용함. 蓬艾.
　　　　　秦周伐雍門之萩『左傳』
　쑥 평【苹】쑥의 일종.
　　　　　呦呦鹿鳴 食野之苹『詩經』
　쑥 호【蒿】어린잎은 식용함. 食野之蒿『詩經』

쑥갓 : 국화과에 속한 한해살이풀 또는 두해살이
　풀. 여름에 노란색이나 흰색 꽃이 피며, 식용
　재배 작물로서 냄새가 향긋하면서도 독특하다
　쑥갓 동【茼】茼蒿香可茹『物性志』

쑥 누에 :
　쑥 누에 항【蚢】食蕭蚢.

쓰고 맵다 :
　쓰고 매울 고【蕎】辛而苦.

쓰다 :
　쓸 가【加】관을 머리에 씀. 加冠. 加朝服『韓愈』
　쓸 간【戟】用也.
　쓸 고【苦】맛이 씀. 誰謂茶苦 其甘如薺『詩經』
　쓸 담【醰】술맛이 씀.
　쓸 림【臨】글씨본이나 그림을 보고 쓰거나 그림.
　　　　　臨寫.
　쓸 모【冒】머리에 씀. 被甲冒冑『戰國策』
　쓸 모【耗】써 없앰. 소비함. 以耗散其盡『素問』
　쓸 몽【蒙】머리 위에 얹음. 蒙塵.
　　　　　蒙世俗之塵埃乎『楚辭』
　쓸 복【服】사용함. 旨哉說 乃言惟服『書經』
　쓸 비【費】
　　㉠ 금품을 써서 없앰. 君子惠而不費『論語』
　　㉡ 사용함. 費辭. 無乃傷于德費于辭乎『韓愈』
　　㉢ 녹(祿)을 타먹음. 月費俸錢歲靡廩粟『韓愈』
　　㉣ 과도히 소모함. 費力. 費神傷魂『呂氏春秋』
　　㉤ 세월을 보냄. 경과함. 費白日些『楚辭』
　쓸 비【茀】비(費)와 통용. 費誓를 茀誓로도 씀.
　쓸 서【署】
　　㉠ 이름을 씀. 署名. 睍丞曰當署『韓愈』

　　ⓛ 그 이름. 기명. 府署『唐書』

　　ⓒ 제목. 표제를 씀. 大署榜曰『後漢書』

쓸 서【書】글씨를 씀. 문자로 적음. 書紳.
　　　　　　書其德行道藝『周禮』

쓸 소【消】속어로서 사용함. 또 可하다는 뜻으
　　　　로 쓰임. 不消言說.

쓸 수【收】등용함. 收採.
　　　　　　陽收其身 而實疏之『韓非子』

쓸 수【須】사용함. 須此兩人 而後從政『史記』

쓸 시【試】사용함. 刑不試而民咸服『禮記』

쓸 식【式】사용함. 作爲式穀『詩經』

쓸 심【尋】사용함. 將尋師焉『左傳』

쓸 염【酓】고미(苦味).

쓸 용【庸】임용(賃傭)함.
　　　　　　疇咨若時登庸『書經』

쓸 용【用】

　　㉠ 부림. 使用. 晉實用之『左傳』

　　ⓛ 인물을 끌어 씀. 登用. 任用.
　　　　　試用之『漢書』

　　ⓒ 남의 말을 들어줌. 用言.
　　　　何向者慕用之誠 後相背之盩也『漢書』

　　ⓔ 행함. 用刑. 焉用稼『論語』

　　ⓜ 행동함. 愚而好自用『中庸』

쓸 유【由】㉠ 사용함. 君子不由也『荀子』
　　　　　　ⓛ 등용함. 不能由吾子『左傳』

쓸 이【以】사용(使用)함. 임용(任用)함.
　　　　　　不使大臣怨乎不以『論語』

쓸 임【任】사용함. 此任物亦必悸矣『呂氏春秋』

쓸 자【資】취하여 씀.
　　　　　　大哉乾元 萬物資始『易經』

쓸 자【自】사용함. 自我五禮『書經』

쓸 재【材】사용함.
　　　　　　故聖人於物也無不材『呂氏春秋』

쓸 제【題】기록함. 名山壁上題詩『黃允文』

쓸 지【之】사용함. 之其所短『戰國策』

쓸 칭【稱】등용(登用)함. 禹稱善人『左傳』

쓸 필【筆】붓으로 글씨를 씀. 筆削.
　　　　　　筆則筆 削則削『史記』

쓰다듬다 :

　쓰다듬을 순【揗】手相安慰.

쓰라리다 :

　쓰라릴 양【癢】산초(酸楚).

　쓰라릴 책【懂】신고(辛苦).

쓰러뜨리다 :

　쓰러뜨릴 미【靡】夫上化下 猶風靡草『說苑』

　쓰러뜨릴 에【殪】죽여 쓰러뜨림. 殪此大兕『詩經』

쓰러지다 :

　쓰러질 궤【躓】僵也.

쓰러질 미【靡】

　㉠ 초목 또는 기 따위가 센바람에 쓰러지거나
　　쏠림. 望其旗靡『左傳』

　ⓛ 인신(引伸)하여 따름. 복종함. 風靡.
　　燕從風而靡『史記』

쓰러질 복【踣】복(踣)과 동자(同字).
　　　　　　或拜跪跳躍倒踣於地『杜光庭』

쓰러질 색【趚】趚趚僵也.

쓰러질 언【偃】한 쪽으로 쏠리어 넘어짐. 偃仆.
　　　　　　牆之立 不若其偃也『淮南子』

쓰러질 에【殪】죽어 쓰러짐. 죽음. 殪仆.
　　　　　　奔殪百餘里間『後漢書』

쓰러질 전【瘨】넘어짐.

쓰러질 퇴【頹】넘어짐. 蒼顔白髮 頹乎其中者大
　　　　　　守也『歐陽修』

쓰러질 피【披】쏠리어 넘어짐. 披披.
　　　　　　應風披靡吐芳揚烈『司馬相如』

쓰러진 나무 :

　쓰러진 나무 간【杆】강목(僵木).

쓰레기 :

　쓰레기 개【介】개(芥)와 통용. 진개(塵芥).
　　　　　　　不以往事爲纖介『漢書』

　쓰레기 찰【蔡】草芥. 鬵養均草蔡『韓愈』

　쓰레기 초【蕉】진개(塵芥). 澤若蕉『莊子』

쓰레받기 : 쓰레기를 받아내는 기구.

　쓰레받기 기【箕】箕帚. 必加箒於箕上『禮記』

쓰르라미 : 매미과에 속한 곤충. 몸길이는 약
　4~5센티미터이고, 몸빛깔은 적갈색으로 녹색
　의 얼룩무늬가 있으며, 날개는 투명하다. 6~8
　월 무렵의 새벽이나 저녁에 쓰르람 쓰르람 하
　고 움. 널리 매미의 뜻으로 쓰임.

쓰르라미 결【蚗】蛥蚗, 선류(蟬類).

쓰르라미 고【蛄】蛄蛄, 선속(蟬屬).
　　　　　　　蛄蛄不知春秋『莊子』

쓰르라미 로【蟧】蟧蟧.

쓰르라미 료【蟟】혜고(蟪蛄).

쓰르라미 목【蚞】蜓蚞, 설결(蛥蚗).

쓰르라미 설【蛥】蛥蚗, 선류(蟬類).

쓰르라미 제【蝭】蝭蟧, 蟬也.

쓰르라미 조【蜩】蜩蟬. 如蜩如螗『詩經』

쓰르라미 혜【蟪】蟪蛄, 선속(蟬屬).
　　　　　　　蟪蛄不知春秋『莊子』

쓰이다 :

　쓰일 용【用】孔子始用於魯 云云 用三年 男子
　　　　　　　行乎塗右好行乎塗左『呂氏春秋』

쓴 대추 :

　쓴 대추 궤【樻】樻洩, 고조(苦棗).

쓴술 :

쓴술 악【醶】신주(辛酒).

쓴술 염【唅】술 맛이 씀.

쓸개 : 많은 척추동물에서 볼 수 있는 주머니 모양의 기관. 간에서 분비된 쓸개즙을 저장하고 농축하는 일을 한다. 간 아래쪽에 있으며, 안쪽 면은 소장의 안쪽 면과 비슷한 점막 조직으로 덮여 있다.

쓸개 담【膽】
　㉠ 膽囊. 坐臥卽仰膽『史記』
　㉡ 기백. 膽力. 儞儻有膽氣『五代史』
　㉢ 용기. 大膽. 一擲千金都是膽『高適』
　㉣ 마음. 肝膽. 同心膽『漢書』

쓸다 :

쓸 견【銷】견(涓)과 동자(同字). 청소함.
　　　　　王行遇其故銷人『史記』

쓸 말【抹】쓸어 없앰. 山抹微運『秦觀』

쓸 분【霶】掃也.

쓸 분【抍】소제함. 旣抍以俟矣『儀禮』

쓸 분【糞】소제함. 糞酒. 堂上不糞『荀子』

쓸 살【摋】지워버림. 또 쓸어버림.
　　　　　與世抹摋『韓愈』

쓸 설【攲】掃也.

쓸 소【掃】
　㉠ 소제함. 淸掃. 掃灑待之『後漢書』
　㉡ 제거함. 掃項軍於垓下『張衡』

쓸 소【埽】소(掃)와 동자(同字). 埽除.
　　　　　掌埽門庭『周禮』

쓸 소【騷】소(掃)와 통용.
　　　　　大王宜騷淮南之兵『史記』

쓸 쇄【刷】청소함. 刷掃. 夏頒冰掌事秋刷『周禮』

쓸 조【措】사용함. 時措之宜也『中庸』

쓸 추【箒】비로 쓺.

쓸 추【帚】令二人交帚拂其坐處『南史』

쓸 탕【蕩】쓸어 없앰. 배제함. 掃蕩.
　　　　　蕩天下之陰事『禮記』

쓸데 :

쓸데 용【用】용도. 有財此有用『大學』

슬데없다 :

쓸데없을 용【冗】무용(無用)임. 무익(無益)함.
　　　　　冗兵 罷冗費『唐書』

쓸모없다 :

쓸모없을 산【散】散材. 散人又惡知散木『莊子』

쓸쓸하다 :

쓸쓸할 공【空】적적함. 蕭條徐泗空『李白』

쓸쓸할 랭【冷】冷巷. 切切夜閨冷『徐彦伯』

쓸쓸할 뢰【牢】圉 적적함. 牢愁.

쓸쓸할 료【嶚】소조(蕭條)한 모양.
　　　　　原野嶚愀『後漢書』

쓸쓸할 료【憀】마음이 적적함. 의지할 곳이 없음.
　　　　　雪晴山晚動情憀『陸龜蒙』

쓸쓸할 료【寥】적막(寂寞)함. 寥寥.
　　　　　寂寥兮收潦而水淸『宋玉』

쓸쓸할 막【寞】寂寞. 氣恬海寞『王勃』

쓸쓸할 막【漠】막(寞)과 동자(同字).
　　　　　元成等漠然『漢書』

쓸쓸할 막【寞】적요(寂寥).

쓸쓸할 석【淅】처량한 모양. 飛霜早淅瀝『李白』

쓸쓸할 소【蕭】아주 고요한 모양. 蕭條.
　　　　　瑟兮草木『楚辭』

쓸쓸할 슬【瑟】적막한 모양. 瑟居.
　　　　　蕭瑟兮『宋玉』

쓸쓸할 예【乂】山澤含哀, 天地蕭乂『陸雲』

쓸쓸할 처【凄】적적함. 凄涼. 秋日凄且厲『陶潛』

쓸쓸할 처【凄】한량(寒涼).

쓸쓸한 바람 :

쓸쓸한 바람 슬【颮】颮(颮), 추풍(秋風).

쓸어버리다 :

쓸어버릴 분【坌】소제(掃除).

쓸어버릴 분【戴】소제(掃除).

쓸어버릴 분【攛】소제(掃除).

쓸어버릴 호【拁】除也.

씀바귀 : 꽃상추과에 속하는 초본. 꽃이 국화와 비슷함. 잎, 뿌리는 모두 맛이 쓴 데 나물로 먹음.

씀바귀 고【苦】采苦采苦『詩經』

씀바귀 도【荼】고채(苦菜). 誰謂荼苦『詩經』

씀씀이 :

씀씀이 봉【奉】百姓之費 公家之奉『孫子』

씀씀이 용【用】비용. 節用而愛人『論語』

씌우다 :

씌울 피【被】입게 함. 天被爾祿『詩經』

씨 :

씨 보【甫】남자의 미칭(美稱). 공자(孔子)를 尼甫라 하는 따위. 有天王某甫『禮記』

씨 실【實】종자(種子). 實函斯活『詩經』

씨 씨【氏】
　㉠ 한 성 중에서 계통의 종별을 표시하는 칭호.
　　天子建德 因生以賜姓 胙之土 而命之氏『左傳』
　㉡ 후세에는 성(姓)과 구별하지 않고 혼용함.
　　姓氏後世不復別 但曰姓某氏 雖史筆亦然『趙彦衛』
　㉢ 왕조 또는 제후의 봉지(封地)에 붙여 쓰는 칭호. 伏羲氏. 有扈氏不服『史記』
　㉣ 관직에 붙여 쓰는 칭호. 세습제도에서 유래. 太史氏. 職方氏掌天下之圖『周禮』
　㉤ 사람을 지칭하는 데 붙여 쓰는 칭호.

伯氏吹壎 仲氏吹篪『詩經』
ⓑ 시집간 여자의 친가의 성에 붙여쓰는 칭호. 某氏來歸『儀禮』
씨 위【緯】
㉠ 피륙의 가로 짠 실. 經緯. 嫠不恤其緯『左傳』
㉡ 인신(引伸)하여 횡선(橫線). 또는 상하(上下)에 대하여 평면(平面), 남북(南北)에 대하여 동서(東西), 전후(前後)에 대하여 좌우(左右)의 방향을 이름. 緯線. 正督經緯『算經』
씨 인【芢】종자(種子).
씨 인【仁】핵과(核果)의 씨. 桃仁. 單服杏仁『顔氏家訓』
씨 자【子】종자. 銜子飛未定鴻皓『蘇軾』
씨 종【種】
㉠ 식물의 씨. 種子. 誕降嘉種『詩經』
㉡ 동물의 씨. 入蠶于蠶室奉種浴于川『禮記』
㉢ 혈통(血統). 賤種. 女不必貴種要之貞好『史記』
㉣ 부족(部族). 鮮卑異種『後漢書』
㉤ 근원. 소인(素因). 一切智種『法苑珠林』
씨 핵【核】단단한 알맹이로 된 씨. 核果. 賜果于君前其有核者懷其核『禮記』
씨 핵【覈】핵(核)과 동자(同字). 植物宜覈『周禮』

씨 많다 :
씨 많을 봉【唪】봉(菶)과 동자(同字). 瓜瓞唪唪『詩經』

씨 뿌리는 수레 : 소에 끌려 씨앗상자를 장치하여 씨가 뿌리어지게 된 수레.
씨 뿌리는 수레 루【耬】耬車下種器也『農政全書』

씨 뿌리다 :
씨 뿌릴 미【穈】산종(散種).

씨앗 :
씨앗 자【秄】秄粒, 종자(種子).

씩씩하다 : 굳세고 용감한 모양. 기운찬 모양.
씩씩할 광【僙】僙僙將軍威蓋不當『班固』
씩씩할 교【驕】四牡有驕『詩經』
씩씩할 장【壯】勇壯. 拔劍割肉壹何壯『漢書』
씩씩할 확【矍】노인이 원기가 왕성하고 몸이 잰 모양. 矍鑠哉是翁也『後漢書』

씹는 소리 :
씹는 소리 겹【齧】설성(齧聲).
씹는 소리 랍【齫】齧也.

씹다 :
씹을 간【豤】雪夜. 간(齦)과 동자(同字).
씹을 간【齫】齧也.
씹을 감【齧】齧也.
씹을 견【豣】齧也.
씹을 교【咬】입에 넣어서 깨묾. 人常咬得菜根則百事可做『小學』
씹을 담【噉】담(啖)과 동자(同字). 噍也.
씹을 부【㕮】嚼也. 㕮咀.
씹을 색【咋】이로 씹음. 孤豚之咋虎『漢書』
씹을 색【齚】魏其必內愧杜門齚舌自殺『史記』
씹을 설【齧】㉠ 衆蛇競來 齧索且斷『後漢書』
㉡ 書畵被鼠齧『王君玉』
씹을 술【䶖】齧也.
씹을 작【嚼】
㉠ 저작(咀嚼)함. 嚼殘魚肉置盤上『李義山雜纂』
㉡ 맛 봄. 吟嚼五味足『蘇軾』
㉢ 뜻을 음미하여 깨달음. 咀嚼文義『文心雕龍』
씹을 잡【啑】啖也.
씹을 저【咀】이로 씹음. 咀嚼菱藕『司馬相如』
씹을 제【齌】齧也.
씹을 졸【齰】齧也.
씹을 질【嗟】咀也.
씹을 초【噍】씹어 먹음. 啡啡而噍『荀子』
씹을 최【歠】최(欳)와 동자(同字). 齧也.
씹을 췌【噧】囁也.
씹을 치【齝】齧也.
씹을 항【齗】齧也.
씹을 흘【齕】齕草飮水『莊子』
씹을 흘【齕】흘(齕)과 동자(同字). 이로 깨물거나 씹음. 齕噬. 削瓜庶人齕之『禮記』

씹 조개 : 연체동물 석패과에 속한 민물조개. 긴 타원형으로 꼭대기의 도드라진 부분은 앞쪽에 치우쳐 있고, 앞쪽 가장자리는 둥글며 뒤쪽 가장자리는 좁고 둥글다. 어린 조개는 뒤 끝에 각이 져 있고 겉껍데기는 황색 바탕에 녹색 띠를 띠나 다 자란 조개는 흑색으로 변하고 안은 진주광택을 낸다. 하천이나 호수 따위의 자갈밭에서 살며 식용한다.
씹 조개 방【蚌】寒山之北有黑蚌飛翔來去『拾遺記』
씹 조개 빈【蠙】蛙蠙之衣『莊子』

씻다 :
씻을 감【澉】세척(洗滌)함. 澹澉手足『權乘』
씻을 개【溉】澡溉. 溉之釜鬵『詩經』
씻을 관【灌】灌澡. 澡灌一口『南史』
씻을 관【盥】손 따위를 씻음. 盥櫛. 雞初鳴 咸盥漱『小學』
씻을 근【墐】拭也.
씻을 담【膽】닦음. 桃曰膽之『禮記』
씻을 대【汏】세탁함.
씻을 도【淘】洗淨. 千淘萬漉雖辛苦『劉禹錫』
씻을 문【抿】拭也.
씻을 선【洗】발을 닦음. 使兩女子洗『史記』
씻을 설【㪔】拭也.

씻을 설【雪】

　㉠ 더러운 것을 없앰. 澡雪而精神 『莊子』

　㉡ 누명, 치욕을 벗음. 원한을 품. 雪怨.
　　雪其先君之恥 『史記』

씻을 세【挩】 닦음. 坐挩手 『儀禮』

씻을 세【洗】 닦음. 깨끗하게 함. 洗濯.
　　　　　　聖人以此洗心 『易經』

씻을 세【洒】

　㉠ 세탁함. 洒濯其心 『左傳』

　㉡ 명예를 회복함. 願比死者一洒之 『孟子』

씻을 쇄【刷】

　㉠ 더러운 것을 물에 씻음. 刷蕩潏瀾 『左傳』

　㉡ 제거함. 없애 버림. 欲刷恥改行 『漢書』

씻을 수【漱】 漱滌. 冠帶垢, 和灰請漱 『禮記』

씻을 약【瀹】 세척함. 疏瀹而心 『莊子』

씻을 완【浣】 浣賜.

씻을 전【湔】 湔洗. 君獨無意湔袚 『戰國策』

씻을 조【澡】 澡濯. 以水飲水澡頹 『東觀漢記』

씻을 조【洮】

　㉠ 세수함. 王乃洮頮水 『書經』

　㉡ 세탁함. 洮汰學者之累惑 『後漢書』

씻을 조【澡】 澡濯. 以水飲水澡頹 『東觀漢記』

씻을 조【洮】

　㉠ 세수함. 王乃洮頮水 『書經』

　㉡ 세탁함. 洮汰學者之累惑 『後漢書』

씻을 즐【擳】 拭也.

씻을 질【擳】 拭也.

씻을 척【滌】 洗滌. 滌器於市中 『史記』

씻을 체【拵】 拭也.

씻을 탁【濯】

　㉠ 洗濯. 滄浪之水淸兮 可以濯吾纓 『楚辭』

　㉡ 언행(言行)을 결백(潔白)하게 함.
　　酒濯其心 『左傳』

씻을 탕【盪】 탕(蕩)과 동자(同字).

　㉠ 마음을 깨끗이 함. 盪意平心 『漢書』

　㉡ 물건을 깨끗이 함. 盪滌.

씻을 태【汰】 洮汰學者之累惑 『後漢書』

씻을 한【瀚】 瀚沐. 瀚濯. 薄瀚我衣 『詩經』

씻을 회【撝】 拭也.

씻씻 매미 : 매미과에 속하는 곤충. 7, 9월에 활엽
　수(闊葉樹)에서 씻씻씻 욺. 털 매미. 이마가 넓고
　아름다우므로 미인의 이마의 형용으로 쓰임.

씻씻 매미 고【蛄】 蟪蛄.

씻씻 매미 당【蟷】 如蜩 如蟷 『詩經』

씻씻 매미 진【蓁】 蓁首蛾眉 『詩經』

씻씻 매미 찰【蚻】 始去杏飛蜂 及歸柳嘶蚻 『孟郊』

씻씻 매미 혜【蟪】 蟪蛄不知春秋 『莊子』

씻씻 매미 혜【蜙】

　㉠ 諸生獨不見季夏之蜙乎 『鹽鐵論』

　㉡ 혜고(蟪蛄). 蟪蛄不知春秋 『莊子』

干支와 六甲

1. 干支(간지)

　10 干(간)과 12 支(지)를 일컫는 말. 干은 나무
줄기[幹], 支는 나뭇가지[枝]를 뜻하는 것으로 간
은 하늘을, 지는 땅을 나타낸다. 즉 천지의 조화를
나타내는 것이다. 10간을 天干(천간), 십이지를 地
支(지지)라고 하는 것도 이런 까닭이다.

　간지는 중국 은(殷)나라 때부터 있었다고 하며,
한나라 이후에는 음양오행가들에 의해 길흉화복을
점치는 것이나 일상생활의 달력 등에 사용되었다.
한국에서는 신라의 삼국 통일기에 사용되기 시작
하여 오늘날에 이르기까지 널리 보급, 사용되고 있
다.

　1) 天干(천간)
　　육십갑자의 윗부분을 이루는 요소로 십간(十
　干)이라고도 한다.

　　甲(갑) 乙(을) 丙(병) 丁(정) 戊(무) 己(기)
　　庚(경) 辛(신) 壬(임) 癸(계)

　2) 支干(지간)
　　육십갑자의 아랫부분을 이루는 요소로 십이지
　(十二支)라고도 한다.

　　땅을 나타내는 십이지에는 동물 이름을 붙였
　다. 子(자;쥐) · 丑(축;소) · 寅(인;범) · 卯(묘;토끼)
　· 辰(진;용) · 巳(사;뱀) · 午(오;말) · 未(미;양) ·
　申(신;원숭이) · 酉(유;닭) · 戌(술;개) · 亥(해;돼지)

2. 六十甲子(육십갑자)

　天干의 十干과 地支의 십이지(支)를 결합하여
만든 60개의 간지(干支)로 六十干支(육십 간지 또
는 六甲(육갑)이라고도 한다.

　결합방법은 처음에 10간(干)의 첫째인 甲과 십이
지(支)의 첫째인 子를 붙여서 甲子를 얻고, 다음에
그 둘째인 乙과 丑을 결합하여 乙丑(을축)을 얻는
다. 이처럼 순서에 따라서 하나씩의 간지를 구해
나가 60개의 간지를 얻은 후, 다시 갑자로 되돌아
온다. 결과적으로 하나의 간에 6개의 지가 배당되
는 셈이다.
　간과 지가 사용된 역사는 매우 오래된인 듯하다.
BC 1766∼BC 1123년에 걸친 상(商)나라의 역대
왕의 이름을 살펴보면 태갑(太甲)·옥정(沃丁)·천을
(天乙) 등 10간의 글자로 된 이름이 많으며, 이것
으로 보아 이 시대에 이미 간지를 사용한 것으로
추측된다. 60간지는 원래 날짜를 세기 위하여 썼을
것이다. 이 60이라는 주기는 두 달쯤에 해당하는
적당한 주기이다.

　간지를 나날에 하나씩 배당한 것을 일진(日辰),
다 달에 하나씩 배당한 것을 월건(月建), 해마다
하나씩 배당한 것을 태세(太歲)라고 한다.

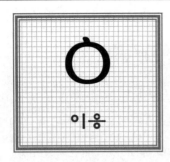

아 : ㉠ 어떤 생각이 갑자기 떠오르거나 몰랐던 것을 깨달았을 때 내는 말. ㉡ 무언가 감동적인 것을 보거나 듣고 감탄할 때 내는 말. ㉢ 놀라움이나 당황한 느낌을 나타낼 때 내는 말. ㉣ 근심, 걱정, 절망, 한탄 따위의 느낌을 나타낼 때 내는 말.

아 강 【羌】 羌内恕己以量人兮『楚辭』

아 건 【謇】 謇不可釋也『楚辭』

아 건 【蹇】 蹇獨懷此異路『楚辭』

아 도 【都】 皐陶曰都『書經』

아 예 【繄】 爾有母遺, 繄我獨無『左傳』

아 오 【烏】 烏乎. 仰天拊缶而呼烏烏『漢書』

아 유 【猷】 猷大誥爾多邦『書經』

아 의 【猗】 歎美聲. 猗嗟. 猗與漆沮『詩經』

아 자 【呰】 자(呇)와 동자(同字). 차탄(嗟歎)함. 呰黄其何不倈下『漢書』

아 재 【齋】 齋咨涕洟『易經』

아 희 【譆】 희(噫)와 동자(同字). 譆吾與若玩其文也久矣『列子』

아 희 【誒】 厭惡聲. 勤誒厥生『漢書』

아 : 시(詩)의 육의(六義)의 하나. 곧 풍(風), 부(賦), 비(比), 흥(興), 아(雅), 송(頌). 정악(正樂)의 노래.

아 아 【雅】 大雅. 小雅. 雅頌各得其所『論語』

아가리 : 그릇 등, 속의 물건을 넣고 내고 하는 곳.

아가리 구 【口】 江出汶山. 其源如甕口『新序』

아가미 : 어류나 갑각류의 호흡기.

아가미 새 【鰓】 裝鏤魚鰓中骨 號魚媚子『宋史』

아가미 시 【䚡】 曝䚡之魚『南史』

아가씨 : 제삼인칭(第三人稱)의 여성.

아가씨 저 【她】 저(姐)와 동자(同字).

아가씨 저 【姐】 저(她)와 동자(同字).

아교 : 쇠가죽, 힘줄, 뼈 따위를 끈끈하도록 진하게 고아서 말린 접착제.

아교 직 【䵊】 黏著劑. 凡䵊之類不能方『周禮』

아구(鴉榿)나무 :

아구나무 구 【榿】 구(桕)와 동자(同字). 木名.

아궁이 : 방고래, 솥 또는 가마에 불을 때기 위하여 만든 구멍.

아궁이 오 【窖】 竈也.

아궁이 오 【窹】 竈也. 楚人呼竈曰窹『倉頡』

아귀 : 아귓과에 속한 바닷물고기. 몸길이는 1미터에 달하며, 몸통 전체가 매우 넓고 납작하며 꼬리 부분으로 갈수록 좁아진다. 몸빛은 회색이고, 연한 색의 반점이 흩어져 있다. 입은 몸의 앞쪽에 있고 매우 크며 아래턱이 위턱보다 길고, 양턱에는 뾰족한 빗 모양의 이빨이 조밀하게 나 있다.

아귀 강 【鮟】 鮟鱇.

아귀 안 【鮟】 鮟鱇.

아기 풀 :

아기 풀 극 【棘】 약초(藥草). 棘菀. 又天門冬.

아까워하다 : 버리거나 잃기를 싫어함.

아까워할 석 【惜】
㉠ 애석하게 여김. 痛惜. 爲時惜之『後漢書』
㉡ 棄之則可惜『後漢書』

아깝게 여기다 :

아깝게 여길 로 【嚕】 吐嚕, 가석(可惜).

아깝다 :

아까울 석 【惜】 嗟乎惜哉『史記』

아껴 쓰다 : 비용을 존절(撙節)이 씀.

아껴 쓸 색 【嗇】 治人事天莫如嗇『老子』

아끼다 :

아낄 간 【慳】 인색(吝嗇)함. 慳吝. 慳貪. 漸貴漸富心漸慳『元稹』

아낄 근 【靳】 함부로 하지 아니함. 悔不少靳『後漢書』

아낄 긍 【矜】 함부로 하지 아니함. 不矜細行 終累大德『書經』

아낄 린 【悋】 인(吝)과 동자(同字). 甚悋於財『孔子家語』

아낄 린 【恡】 인(吝)과 동자(同字). 인색함. 商甚恡於財『孔子家語』

아낄 린 【吝】
㉠ 소중히 여김. 去者雖多不足吝『唐書』
㉡ 인색(吝嗇)함. 富而性吝『後漢書』
㉢ 주저(躊躇)함. 改過不吝『書經』

아낄 몽 【䴢】 인색(吝嗇)함. 비린(鄙吝)함. 䴢恒風若『漢書』

아낄 삽 【㦚】 慳也.

아낄 색 【嗇】 嗇於時『孔子家語』

아낄 석 【惜】
㉠ 소중히 여김. 大禹聖者 仍惜寸陰『晉書』
㉡ 탐냄. 인색함. 吝惜. 諸將貪惜貨財『漢書』

아낄 섬 【纖】 인색함. 纖嗇. 周人旣纖『史記』

아낄 애 【愛】 탐냄. 인색함. 愛惜. 百姓皆以王爲愛也『孟子』

아낄 완【翫】완(忨)과 동자(同字).

아낄 완【忨】탐냄. 또 소중히 여김. 忨愒.
　　　　　忨歲而愒日『左傳』

아낄 의【剴】嗇也. 荊汝之間凡貪而不施者謂之
　　　　　剴『方言』

아내 : 시집가서 남자의 짝이 되어 사는 여자를
　　그 남편에 상대하여 일컫는 말.

아내 가【家】처(妻). 棄其家『左傳』

아내 군【君】처첩의 일컬음. 細君. 小君.

아내 부【婦】처(妻). 歸而謀諸婦『蘇軾』

아내 빈【嬪】
　　㉠ 죽은 아내. 生日妻 死日嬪『禮記』
　　㉡ 부인의 미칭으로 쓰임.
　　　　嬪國中婦人有德行者『周禮』

아내 실【室】처(妻). 三十日壯 有室『禮記』

아내 어【御】처(妻). 農不出御『呂氏春秋』

아내 유【嬬】처(妻). 妻謂之嬬『博雅』

아내 적【嫡】첩(妾)에 대하여 정실(正室)을 이
　　　　름. 滕承事嫡『釋名』

아내 처【妻】妻妾. 取妻不取同姓『禮記』

아내 형【荊】荊妻. 자기 아내의 겸칭(謙稱).
　　　　후한의 양홍(梁鴻)의 아내. 맹광
　　　　(孟光)이 가시나무의 비녀를 꽂은
　　　　고사(故事)에서 나온 말.
　　　　荊釵布裙『烈女傳』

아니다 :

아니 불【弗】불(不)보다 뜻이 강함.
　　　　續用弗成『書經』

아니 불【不】아님. 不可. 不利.
　　　　雖不中 不遠『大學』

아닐 무【無】부정하는 말. 無易之道也『禮記』

아닐 미【未】㉠ 부정의 말. 未之有也『論語』
　　　　　㉡ 아직 ～하지 아니함. 未知.
　　　　　　學詩乎 對曰未也『論語』

아닐 미【微】비(非)와 동의. 微我無酒『詩經』

아닐 부【否】
　　㉠ 아님. 萬章曰 堯以天下與舜有諸 孟子曰 否
　　　　不然也『孟子』
　　㉡ 의문사. ～하지 않았는가.
　　　　嘗其旨否『詩經』
　　㉢ 그렇지 아니함. 或醉或否『詩經』
　　㉣ 그러한 일은 없음.
　　　　基本亂而末治者否矣『大學』
　　㉤ 부인함. 듣지 아니함. 予所否者『論語』
　　㉥ 그렇지 아니하면. 否則威之『書經』

아닐 비【匪】비(非)와 동자(同字).
　　　　　　匪報也 永以爲好也『詩經』

아닐 비【非】그렇지 아니함.
　　　　　　城非不高也『孟子』

아니하다 :

아니할 불【不】不爲. 我四十不動心『孟子』

아닌가 :

아닌가 부【不】의문(疑問)의 미정사(未定辭).
　　　　借問有酒不『杜甫』

아담하다 :

아담할 한【嫺】한아(閒雅)함. 품위(品位)가 있음.
　　　　고상(高尙)함.
　　　　雍容嫺雅『司馬相如』

아당(阿黨)하다 :

아당할 섬【孅】아첨(阿諂)함.
　　　　卑疵而前 孅趨而言『史記』

아득하다 :

아득할 교【膠】膠輵.
　　㉠ 차마(車馬)의 시끄러운 소리.
　　㉡ 칼과 창이 뒤섞여 혼란한 모양.
　　㉢ 광대한 모양. 아득한 모양.
　　㉣ 치구(馳驅)하는 모양. 달리는 모양.

아득할 료【瞭】깊고 넓음.
　　　　瞭冥冥而薄天『楚辭』

아득할 막【邈】멀리 떨어져 있음. 邈邈.
　　　　邈不可慕也『楚辭』

아득할 막【莫】한없이 넓은 모양.
　　　　廣莫之野『莊子』

아득할 만【謾】만(漫)과 통용.
　　　　大謾 願聞其要『莊子』

아득할 망【莽】유원(幽遠)한 모양.
　　　　莽眇之鳥『莊子』

아득할 망【茫】한량없이 넓은 모양. 渺茫.
　　　　茫乎不知其畔岸『蘇軾』

아득할 묘【緲】묘(渺)와 동자(同字).
　　　　煙霞縹緲『宣和畵譜』

아득할 묘【渺】수면(水面)이 넓어 끝없는 모양.
　　　　渺茫. 渺渺乎如窮無極『管子』

아득할 묘【淼】수면이 아득하게 넓은 모양.
　　　　淼淼. 狀滔天以淼茫『郭璞』

아득할 물【沕】깊어 아득한 모양.
　　　　沕穆無窮兮『賈誼』

아득할 미【瀰】수면이 끝없이 넓어 아득한
　　　　모양. 渺瀰涘漫『木華』

아득할 요【遙】요원함. 千里而遙『禮記』

아득할 유【攸】썩 먼 모양. 攸攸外寓『漢書』

아득할 조【窕】深遠貌.

아득할 형【夐】시간적으로나 공간적으로 대단
　　　　히 멂. 夐古. 夐不見人『李華』

아득할 호【灝】灝灝. 끝없이 넓고 먼 모양.
　　　　商書灝灝爾『揚子法言』

아득할 혼【睧】目所不見.

아들 :

아들 남【男】자식(子息). 賈有一男『史記』

아들 랑【郎】자식(子息). 令郎.
　　　　　　　命太郎次郎率衆取『創業起居註』

아들 성【姓】낳은 아들. 問其姓『左傳』

아들 쉬【倅】아직 벼슬을 하지 아니한 아들.
　　　　　　　國子存遊倅『周禮』

아들 식【息】子息. 老臣賤息『戰國策』

아들 자【子】

　㉠ 자식. 子女. 凡爲人子之禮『禮記』

　㉡ 자손. 以良家子從軍『漢書』

아들같이 여기다 :

아들같이 여길 자【子】아들같이 사랑함.
　　　　　　　　　子庶民『中庸』

아들같이 하다 :

아들같이 할 자【子】아들이 어머니를 대하듯이.
　　　　　　　　　庶民子來『詩經』

아라사(俄羅斯) :

아라사 아【俄】아라사(俄羅斯). 즉 노서아(露西
　　　　　亞)의 약칭(略稱).

아래 :

아래 하【下】

　㉠ 위의 대(對). 上下. 下臨無地『王勃』

　㉡ 낮은 곳. 猶水之就下『孟子』

　㉢ 밑. 地下. 出魚乎十仞之下『呂氏春秋』

　㉣ 물건의 머리와 반대(反對)되는 쪽 끝.
　　　下文. 若河決下流而東注『韓愈』

　㉤ 뒤. 千歲之下『歷代名畫記』

　㉥ 後世. 上自唐虞 下至秦繆『十八史略』

　㉦ 열등(劣等). 下劣. 厥賦下上『書經』

　㉧ 두 사물중의 경(輕)한 쪽.
　　　上以安主體 下以便萬民『漢書』

　㉨ 낮은 지위(地位). 낮은 사람. 下嫁.
　　　在下不怨『孝經』

　㉩ 부하. 手下. 强將之下無弱兵『蘇軾』

　㉪ 百姓. 庶民. 上之化下 得其道『韓愈』

　㉫ 곁. 數州之土壤 皆在衽席之下『柳宗元』

　㉬ 산기슭. 采苦采苦, 首陽之下『詩經』

　㉭ 땅. 禱爾于上下神祇『論語』

　㊀ 어의(語意)를 강하게 하기 위하여 조사(助
　　　辭)와 같이 씀.
　　　但見古來盛名下 終日坎壈纏其身『杜甫』

　㊁ 자기의 사물에 관한 겸칭(謙稱). 下懷.
　　　下走將歸延陵之墓『漢書』

아래 목 :

아래 목 오【奧】

　㉠ 방(方)의 서남우(西南隅).
　　　尊菜席於廟奧『儀禮』

　㉡ 與其媚於奧寧媚於竈『論語』

　㉢ 인신(引伸)하여 깊숙한 가장 구석진 곳.
　　　保太白山之東北阻奧『唐書』

아래벼슬아치 :

아래벼슬아치 속【屬】하료(下僚). 官屬. 各率其
　　　　　　　　屬 以倡九牧『書經』

아래턱 :

아래턱 해【頦】하악골(下顎骨)이 있는 부분.
　　　　　　　我手承頦時挂座『韓愈』

아랫도리옷 :

아랫도리옷 상【裳】의(衣)의 대(對). 아랫도리
　　　　　　　에 입는 치마, 바지 따위.
　　　　　　　繡裳. 綠衣黃裳.
　　　　　　　上曰衣 下曰裳『詩經』

아로새기다 :

아로새길 구【釦】교묘하게 새기고 거기에 금은
　　　　　　　주옥 등을 박음.
　　　　　　　玄墀釦砌『班固』

아로새길 구【鏂】구(鍠)와 동자(同字). 剫也.

아로새길 루【鏤】누각(鏤刻)함.
　　　　　　　丹綺離鏤『何晏』

아로새길 루【鏤】

　㉠ 쇠에 여러 가지 무늬를 새김. 刻鏤.
　　　器不彫鏤『左傳』

　㉡ 인신(引伸)하여 널리 나무를 새기는 데도
　　　이름. 鏤板.

아로새길 삽【鈒】누각(鏤刻)함. 鈒鏤.

아로새길 수【鉥】누각(鏤刻)함. 雕鉥.
　　　　　　　刻鏤物爲鉥『爾雅註』

아로새길 수【鍬】彫也.

아로새길 수【鎪】조각(彫刻)함. 누각(鏤刻)함.
　　　　　　　木無彫鎪『左思』

아로새길 연【剈】剫也.

아로새길 조【敦】조각함. 敦琢其旅『詩經』

아로새길 조【琱】조(彫)와 조(雕)와 통용.
　　　　　　　琱麗. 黼黻琱戈『漢書』

아롱지다 :

아롱질 반【班】반(斑)과 통용.
　　　　　　　班白者不提挈『禮記』

아뢰다 :

아뢸 관【關】고백함. 進退得關其忠『漢書』

아뢸 소【訴】위에 신고(申告)함.
　　　　　　　上有德義 故敢告訴『史記』

아뢸 신【申】사룀. 申奏. 官府吏文 申請于上者
　　　　　　　曰申曰覆『正字通』

아뢸 악【樂】음악을 연주함.
　　　　　　　獨樂樂 與人樂樂 孰樂『孟子』

아뢸 알【謁】사룀. 臣請謁其故『戰國策』

아뢸 종【囅】사룀. 囅假無言『詩經』

아뢸 주【諴】奏也.

아뢸 주【奏】
　　㉠ 군주에게 여쭘. 奏對. 使人可其奏『史記』
　　㉡ 음악을 함. 奏樂. 奏其樂『中庸』

아뢸 진【畛】고(告)함. 畛于鬼神『禮記』

아름 : 두 팔을 벌리어 껴안은 둘레.

아름 공【拱】拱把. 爾墓之木拱矣『左傳』

아름 위【圍】見櫟社樹其大蔽牛絜之百圍『莊子』

아름 위【韋】위(圍)와 통용.
　　　　　大木十韋以上『漢書』

아름 포【抱】連抱之木.
　　　　　長千仞 大連抱『司馬相如』

아름다운 눈 :
　아름다운 눈 잉【睖】미목(美目).

아름다운 눈매 :
　아름다운 눈매 의【顋】睇盼貌.

아름다운 말 :
　아름다운 말 도【嘟】미사(美詞).

아름다운 모습 :
　아름다운 모습 위【媁】미자(美姿).

아름다운 모양 :
　아름다운 모양 재【麿】재(齋)의 속자. 美貌.

아름다운 사슴 :
　아름다운 사슴 위【麕】鹿之美者.

아름다운 얼굴 :
　아름다운 얼굴 의【顋】美容貌.

아름다운 옥 :
　아름다운 옥 곤【瑌】미옥(美玉).
　아름다운 옥 도【瑫】미옥(美玉).
　아름다운 옥 부【琈】미옥(美玉).

아름답게 여기다 :
　아름답게 여길 다【多】帝以此多之『後漢書』

아름답게 하다 :
　아름답게 할 휘【徽】선미(善美)하게 함.
　　　　　　　愼徽五典『書經』

아름답다 :

아름다울 가【佳】佳人. 景佳.

아름다울 가【假】가(嘉)와 통용.
　　　　　　假樂君子『詩經』

아름다울 가【嘉】
　　㉠ 예쁨. 嘉卉. 物其多矣, 維其嘉矣『詩經』
　　㉡ 언행이 훌륭함. 爾有嘉謀嘉猷『書經』

아름다울 개【暟】暟暟美德也『揚雄方言』

아름다울 과【姱】
　　㉠ 행실이 아름다움. 姱名.
　　　　紛獨有此姱節『楚辭』
　　㉡ 얼굴이 아름다움. 姱姿. 姱容修態『楚辭』

아름다울 괴【儇】美也.

아름다울 교【姣】용모가 예쁨. 姣美.
　　　　　長姣美人『史記』

아름다울 구【媾】좋음. 惠子之言媾焉 美無所用
　　　　　『呂氏春秋』

아름다울 권【卷】권(婘)과 동자(同字).
　　　　　有美一人 碩大且卷『詩經』

아름다울 녑【婩】미모(美貌).

아름다울 달【奎】美也.

아름다울 담【炎】아름답고 성한 모양.
　　　　　大言炎炎『莊子』

아름다울 도【都】모습이나 거동이 고아(高雅)함.
　　　　　都雅. 洵美且都『詩經』

아름다울 량【良】예쁨. 見此良人『詩經』

아름다울 련【孌】孌童. 婉兮孌兮『詩經』

아름다울 렬【烈】미덕(美德)이 있음.
　　　　　丞衍烈祖『詩經』

아름다울 령【令】
　　㉠ 아름다움. 좋음. 令德. 令聞令望『詩經』
　　㉡ 인신(引伸)하여 경칭(敬稱)으로 쓰임.
　　　　令郎. 令兄. 峨峨令妹 應期誕生『左思』

아름다울 류【懰】용모가 아름다움.
　　　　　佼人懰兮『詩經』

아름다울 린【瞵】아름다운 모양. 瞵瑃.

아름다울 막【懇】美也.

아름다울 만【鬘】머리가 아름다운 모양.

아름다울 만【曼】
　　㉠ 살결이 고움. 용모가 미려함. 曼麗.
　　　　鄭女曼姬『漢書』
　　㉡ 말이 미려함. 언변이 있음.
　　　　曼辭以自解『漢書』

아름다울 매【腜】아름다운 모양.
　　　　　腜腜坰野『左思』

아름다울 목【穆】於穆淸廟『詩經』

아름다울 무【膴】땅이 기름져서 아름다운 모양.
　　　　　周原膴膴『詩經』

아름다울 문【文】선미(善美)함. 文曜.
　　　　　樂盈而反 以反爲文『禮記』

아름다울 미【美】
　　㉠ 미려(美麗)함. 美人. 美文. 美而豔『左傳』
　　㉡ 옳음. 착함. 美政. 美事.
　　㉢ 훌륭함. 좋음. 其田美而多『蘇軾』

아름다울 미【媺】미(美)와 동자(同字).

아름다울 미【媚】明媚. 自恨骨體不媚『吳志』

아름다울 변【娩】미모(美貌).

아름다울 부【妚】美也.

아름다울 부【膚】훌륭함. 公孫碩膚『詩經』

아름다울 삭【鑠】鑠金. 於鑠王師『詩經』

아름다울 서【葍】醹酒有葍『詩經』

아름다울 선【鮮】보기 좋음. 籩籩不鮮『詩經』

아름다울 선【嬋】달, 꽃, 사람 등의 모습 또는
　　　　　　　빛이 아름다움.
　　　　　　　秋月復嬋複娟『阮籍』

아름다울 선【嬗】선(嬋)과 통용.
　　　　　　　形氣轉續 變化而嬗『賈誼』

아름다울 선【暶】美也.

아름다울 성【娍】美也.

아름다울 소【劭】淸劭. 美劭.
　　　　　　　令名患不劭『潘岳』

아름다울 소【韶】훌륭함. 화창(和暢)함. 韶光開
　　　　　　　令序 淑氣動芳年『唐太宗』

아름다울 아【阿】미려(美麗)한 모양.
　　　　　　　隰桑有阿『詩經』

아름다울 압【姶】미호(美好).

아름다울 언【嫣】미호(美好).
　　　　　　　側近嫣紅伴柔綠『李商隱』

아름다울 여【仔】美也.

아름다울 연【嬿】嬿服. 嬿婉之求『韓詩外傳』

아름다울 엽【偞】용모가 아름다운 모양.

아름다울 엽【僷】미모(美貌).
　　　　　　　美容謂之奕或謂之僷『揚雄』

아름다울 예【嫕】美也.

아름다울 완【婉】예쁨. 婉麗.
　　　　　　　婉兮變兮『詩經』

아름다울 원【媛】예쁨. 妙好弱媛『潘岳』

아름다울 위【蔚】문채(文彩)가 아름다운 모양.
　　　　　　　其文蔚矣『易經』

아름다울 위【褘】고움. 漢帝之德,
　　　　　　　侯其褘而『張衡』

아름다울 유【揃】훌륭함. 또 그 일.
　　　　　　　攘公之揃『左傳』

아름다울 의【褘】漢帝之德, 侯其褘而『張衡』

아름다울 의【懿】순미(純美)함. 懿旨.
　　　　　　　好是懿德『詩經』

아름다울 전【嫥】美也.

아름다울 정【頳】美也.

아름다울 정【精】수미(粹美)함.
　　　　　　　朋精粹而爲徒『後漢書』

아름다울 제【齊】好也.

아름다울 지【旨】선미(善美)함.
　　　　　　　王曰 旨哉『書經』

아름다울 지【指】화미(華美)함.
　　　　　　　雖指非禮也『荀子』

아름다울 찬【姕】美也.

아름다울 창【昌】용모가 고움.
　　　　　　　子之昌兮『詩經』

아름다울 처【萋】문체가 화려한 모양.
　　　　　　　萋兮斐兮『詩經』

아름다울 초【鈔】미호(美好)함.

아름다울 혁【奕】미려함. 士女悠奕『何承天』

아름다울 현【鞙】허리에 찬 옥이 아름다운 모양.
　　　　　　　鞙鞙佩璲『詩經』

아름다울 호【嫭】미호(美好)함. 또 그 여자.
　　　　　　　知衆嫭之嫉妒兮『漢書』

아름다울 호【嫮】호(嫭)와 동자(同字). 美好.
　　　　　　　西施之從 姿容修嫮『張衡』

아름다울 호【好】미려함. 好女. 齊國中女子 好
　　　　　　　者八十人『史記』

아름다울 후【侯】洵直且侯『詩經』

아름다울 휘【徽】선미(善美)함. 참함. 徽言.
　　　　　　　君子有徽猷『詩經』

아름다울 흔【妡】美也.

아리따움 :

아리따울 교【嬌】
　　㉠ 요염(妖艶)하도록 아름다움. 嬌態.
　　　　牙牙嬌女總堪誇『元好問』
　　㉡ 요염(妖艶)한 자태(姿態)로 아양부리는 모
　　　　양. 金屋貯嬌時『費昶』

아리따울 나【娜】嫋娜. 花腰呈嫋娜『李白』

아리따울 무【憮】예쁨. 張京兆媚憮『漢書』

아리따울 무【嫵】예쁨. 아름다움. 媚嫵.
　　　　　　　嫵媚纖弱『司馬相如』

아리따울 선【嬋】달, 꽃, 사람 등의 모습. 또는
　　　　　　　빛이 아름다움.
　　　　　　　秋月復嬋複媚『阮籍』

아리따울 아【婀】여자가 날씬하고 예쁜 모양.
　　　　　　　華容婀娜 令我忘飧『曹植』

아리따울 요【嬈】佳人屢出董嬌嬈『杜甫』

아리따울 요【妖】요염하고 아름다움. 妖艶.
　　　　　　　貌嫽妙以妖蠱兮『傅毅』

아리따울 조【窕】요(姚)와 동의. 예쁨.
　　　　　　　不至于窕冶『荀子』

아리따울 차【姹】요염하도록 아름다움.
　　　　　　　桃夭古姹通園蹊『韓偓』

아리땁다 :

아리따울 연【嬿】美好貌.

아리따울 염【閻】예쁨. 閻妻驕扇『漢書』

아리따울 조【嬥】嬈也.

아리따울 찬【孅】容貌美.

아리따울 타【媠】美好貌.

아리따울 타【姼】閑愛老農愚歸弄少女姼『韓愈』

아마 :

아마 공【恐】아마도. 반신반의하는 말.
　　　　　　　恐事不成 秦城恐不可得『史記』

아마 당【倘】或然辭.

아마 파【怕】아마도. 주로 시(詩)에 쓰임.
　　　　　　　江邊怕有梅花發『僧浩溪』

아무 :

아무 갑【甲】이름의 대용으로 쓰는 말.
　　　　　　　　奮長子建 次子甲 次子乙『史記』

아무 내【乃】祝稱卜葬虞子孫曰哀夫曰乃『禮記』

아무 모【某】
　㋀ 성명을 알 수 없는 사람. 某申.
　　　　使勇士某者往殺之『公羊傳』
　㋁ 어떠한 일. 어떠한 물건.
　　　　問品味 子食于某乎『禮記』
　㋂ 일부러 이름을 명시하지 아니할 때 씀.
　　　　惟爾玄孫某『書經』
　㋃ 자기의 겸칭(謙稱). 蘇仙公 白母曰 某受命
　　　　當仙 被召有期『神仙傳』

아무개 : 명확하지 않거나 또는 구체적으로 밝힐
　필요가 없는 대상을 가리킬 때 쓰는 말.

아무개 모【厶】모(某)와 동자(同字). 今人書厶
　　　　　　　以爲俗 穀梁二年 蔡侯鄭伯會于
　　　　　　　鄧 范甯註云 鄧厶地『陸游』

아무개 보【甫】男子美稱. 孔子爲尼甫『儀禮』

아무개 을【乙】長子建 次子甲 次子乙 次子慶
　　　　　　　『史記』

아물지 않는 부스럼 :

아물지 않는 부스럼 차【瘥】딱지가 앉지 않는
　　　　　　　종기. 宋仁宗患瘥腮『朱氏集驗方』

아버님 : 아버지를 높이어 일컫는 말.

아버님 공【公】부친(父親)의 존칭(尊稱).
　　　　　　　家公執席『列子』

아버지 : 아들이 부친을 부르는 말.

아버지 고【考】죽은 아버지. 考妣.
　　　　　　　考無咎『易經』

아버지 공【公】부친(父親)의 존칭(尊稱).
　　　　　　　家公執席『列子』

아버지 야【耶】야(爺)와 동자(同字).
　　　　　　　見耶背面啼『杜甫』

아버지 옹【翁】부친. 吾翁卽若翁『史記』

아버지사당 :

아버지사당 녜【禰】
　㋀ 아버지를 모신 사당. 受諸禰廟『儀禮』
　㋁ 사당에 모신 아버지. 昭祖揚禰『晉書』

아부하다 :

아부할 당【黨】阿諛苟容. 阿黨.
　　　　　　　比而不黨『國語』

아비 :

아비 다【爹】아버지. 또 웃어른의 호칭(呼稱).
　　　　　　　始興王 人之爹 赴人急 如水火
　　　　　　　『南史』

아비 부【父】
　㋀ 아버지. 嚴父. 父之讎『禮記』

　㋁ 인신(引伸)하여 남성인 연장자의 일컬음.
　　　　父老. 漁父. 與褐之父睨之『左傳』

아비 야【爺】아버지의 속어. 또 웃어른. 阿爺.
　　　　　　　軍書三十卷 卷卷有爺名『木蘭辭』

아비 파【爸】아버지의 속어. 夷語稱老者爲八八
　　　　　　　或巴巴後人因加父作爸字『正字通』

아비 호【怙】시경(詩經) ‘無父何怙 無母何恃’에
　　　　　　　의하여 부친을 호(怙)라 하고 모
　　　　　　　친을 시(恃)라 함.
　　　　　　　父母何怙『詩經』

아비사당 : 부친의 사당.

아비사당 녜【昵】典祀無豊于昵『書經』

아씨 :

아씨 희【姬】여자의 미칭(美稱).
　　　　　　　彼美淑姬『詩經』

아아 :

아아 허【噓】歎息聲. 對我噓嚱涘四下『石介』

아아 호【嘑】호(呼)와 통용. 탄식하는 말.
　　　　　　　鳴嘑何施而臻此歟『漢書』

아아 희【熙】탄식하는 소리.
　　　　　　　熙念我孺子『後漢書』

아야 : 아플 때 내는 소리.

아야 포【嚗】郭舍人榜 不勝痛呼嚗『漢書』

아양 :

아양 미【媚】行媚於內 而施賂於外『左傳』

아양 떨다 : 귀여움을 받으려고 애교를 부림.

아양떨 미【媚】媚嫵. 非獨女以色媚 士宦亦有之
　　　　　　　『史記』

아양떨 접【陵】娙也.

아양 떨지 않다 :

아양 떨지 않을 치【媸】불미(不媚).

아우 :

아우 제【弟】
　㋀ 형(兄)의 대(對). 兄弟.
　　　　寡人有弟 不能和協『左傳』
　㋁ 나이 어린 사람.
　　　　元方難爲兄 季方難爲弟『世說』
　㋂ 자기(自己)의 겸칭(謙稱). 愚弟.

아우르다 :

아우를 병【幷】병(併)과 동자(同字). 竝也.

아우를 병【竝】병(並)의 본자.

아우를 병【並】竝合. 並吞八荒『史記』

아우를 병【併】합(合)함. 併吞. 合併.
　　　　　　　爲魯所併『趙岐』

아우를 분【扮】합병(合併)함. 地則虛三 以扮天
　　　　　　　十八也『太玄經』

아욱 : 아욱과에 속하는 이년초(二年草). 담홍색
　(淡紅色). 또는 백색(白色)의 꽃이 핌.

아욱 교【菽】錦葵花. 視爾如菽『詩經』
아울러 보다 :
아울러 볼 요【覞】병시(竝視).
아이 : 나이가 어린 사람.
아이 건【囝】아이의 호칭(呼稱).
顧況有哀囝詩『靑箱雜記』
아이 동【童】15세 전후의 남녀. 兒童.
匪我求童蒙『易經』
아이 동【僮】未成年者. 僮子.
今民賣僮者『漢書』
아이 동【重】동(童)과 동자(同字).
與其鄰重汪踦往皆死焉『禮記』
아이 수【豎】
㉠ 아직 관례(冠禮)를 치르지 않은 아이.
童豎. 鄰人亡羊 請楊子之豎追之『列子』
㉡ 인신(引伸)하여 남을 경멸(輕蔑)하여 부르는 말. 豎子. 豎儒幾敗乃公事『史記』
아이 식【息】소아(小兒).
棄黎老之言 用姑息之語『尸子』
아이 아【兒】
㉠ 어린 아이. 兒童. 兒齒.
發沛中兒 得百二十人『史記』
㉡ 아이들이 어버이에게 대하여 말하는 자칭(自稱). 兒實無罪過『古詩』
㉢ 남을 경멸(輕蔑)하여 이르는 말. 賤稱.
布目備曰 大耳兒最叵信『後漢書』
아이 진【侲】동자(童子). 侲僮呈材『張衡』
아이 추【雛】
㉠ 어린아이. 소아. 衆雛爛漫睡『杜甫』
㉡ 아직 어린것의 일컬음. 雛僧. 雛孫.
아이 간교하다 :
아이 간교할 치【屎】小兒多詐而獪.
아이귀신 :
아이귀신 기【魌】小兒鬼.
아이눈 뽀얗다 :
아이눈 뽀얄 판【辦】小兒白眼.
아리 다투다 :
아이 다툴 파【吧】小兒忿爭吧呀.
아이 말 :
아이 말 애【嘪】小兒言.
아이 배다 :
아이 밸 배【肧】배(胚)와 동자(同字). 婦孕一月曰肧胎 器物未成者亦曰肧『正字通』
아이 밸 배【胚】임신한 후 일 개월 째를 이름. 胚孕.
아이 밸 임【任】임(姙), 임(妊)과 통용.
紂刳任者, 觀其胎產『史記』
아이 밸 임【妊】임(姙)과 동(同). 不擊妊『埤雅』
아이 밸 임【姙】임신함.
아이 밸 잉【孕】孕也.
아이 밸 중【媑】孕也.
아이 밸 태【胎】胎生. 胎生者不殰『史記』
아이 밸 포【孢】孕也.
아이 백태 끼다 :
아이 백태 낄 편【矏】始生兒目有瞖.
아이밴 몸 :
아이 밴 몸 신【身】身 姙娠也『玉篇』
아이소리 :
아이소리 와【哇】小兒哇不美『黃庭堅』
아이신 :
아이신 압【鞈】小兒履.
아이 옷 :
아이 옷 자【褯】小兒服.
아이 울다 :
아이 울 홀【寣】小兒啼寣寣.
아이 울 화【咊】小兒啼.
아이 울음소리 :
어린애 울음소리 황【喤】其泣喤喤『詩經』
아이 울음 아니 그치다 :
아이 울음 아니 그칠 도【咷】兒泣不止.
아이 젖 토하다 :
아이 젖 토할 현【哯】小兒嘔乳.
아장아장 걷다 :
아장아장 걸을 타【躍】躍躍, 小兒行態.
아재비 :
아재비 숙【村】숙(叔)과 동자(同字). 叔也.
아저씨 :
아저씨 숙【叔】分寶玉于伯叔之國『書經』
아전(衙前) :
아전 리【吏】주로 지방 관리. 吏屬.
아전 보【輔】속리(屬吏). 置其輔『周禮』
아전 서【胥】하급 관리. 吏胥. 胥鼓南『詩經』
아전 연【掾】하급 관리. 속관(屬官). 掾吏.
王導辟爲掾『晉書』
아전 적【狄】하급 관리. 狄設黼房綴衣『書經』
아주 가다 :
아주 갈 주【丢】一去不還.
아주까리 : 대극과에 속하는 일년초. 씨로는 기름을 짬. 피마자.
아주까리 비【萞】萞麻子.
아주까리 피【蓖】蓖麻.
아주머니 : 여자의 호칭(呼稱).
아주머니 경【卿】府吏謂新婦 賀卿得高遷云云
卿當日勝貴 我獨向黃泉『古詩』

아주버니 : 남편과 같은 항렬(行列)의 남자.

　아주버니 종【娵】시숙. 남편의 형.

아직 마전하지 않은 삼실 옥 :

　아직 마전하지 않은 삼실 옥【纊】繡未練.

아직 정해지지 않다 :

　아직 정해지지 않을 의【兒】事物未定貌.

아집(我執)부리다 : 소아(小我)에 집착하여 자기
　만을 내세움.

　아집부릴 아【我】毋意毋我『論語』

아찔하다 :

　아찔할 면【瞑】현기증이 남.
　　　　　　　　若藥不瞑眩『書經』

　아찔할 현【眴】현(眩)과 동자(同字).
　　　　　　　　㉠ 眴兮杳杳『楚辭』
　　　　　　　　㉡ 眴兮窈窕『史記』

　아찔할 현【眩】현기증이 남. 瞑眩.
　　　　　　　　目眩則溺死『博物志』

　아찔할 형【熒】현기증이 남. 目將熒之『莊子』

아첨 :

　아첨 미【媚】行媚於內, 而施賂於外『左傳』

　아첨 첨【諂】첨(諂)과 동자(同字).
　　　　　　　　有頌而無諂『禮記』

　아첨 첨【諂】稱其讎不爲諂『左傳』

아첨 안하다 :

　아첨 안할 강【倞】伉倞, 不媚.

　아첨 안할 교【頝】불미(不娓).

아첨하다 :

　아첨할 과【夸】몸을 굽실거리며 아유(阿諛)함.
　　　　　　　　無爲夸毗『詩經』

　아첨할 녕【佞】
　　　㉠ 마음이 곧지 못하고 말재주가 있어서 남에게
　　　　아첨(阿諂)을 잘함. 惡夫佞者『論語』
　　　㉡ 아첨을 잘 하는 사람. 友便佞損矣『論語』

　아첨할 미【媚】아유(阿諛)함. 영합(迎合)함.
　　　　　　　　媚語. 希權門 以媚嬖媵『劉蛻』

　아첨할 변【便】아유(阿諛)함.
　　　　　　　　友便佞損矣『論語』

　아첨할 비【比】아유(阿諛)함.
　　　　　　　　君子周而不比『論語』

　아첨할 아【阿】아유(阿諛)함.
　　　　　　　　察阿上亂法者『呂氏春秋』

　아첨할 암【匼】아부(阿附)함.
　　　　　　　　盧妃諂諛阿匼『唐書』

　아첨할 압【邑】아유(阿諛)함. 영합(迎合)함.
　　　　　　　　阿邑人主『漢書』

　아첨할 유【諛】아당(阿黨)함. 阿諛.
　　　　　　　　先生何言之諛也『史記』

　아첨할 유【臾】아첨(阿諂)하는 눈매의 모양.

　　　　　　　　瞜瞜諂夫『漢書』

　아첨할 이【姼】媚也.

　아첨할 임【任】간사하고 아첨을 잘함.
　　　　　　　　難任人『書經』

　아첨할 전【諓】알랑거리는 모양.
　　　　　　　　習諓諓之辭『後漢書』

　아첨할 족【呢】아유(阿諛)함.
　　　　　　　　呢呰慄斯『楚辭』

　아첨할 첨【諂】알랑거림. 諂諛. 阿諂.
　　　　　　　　上交不諂『易經』

　아첨할 첨【讇】첨(諂)과 동자(同字).
　　　　　　　　有頌而無讇『禮記』

　아첨할 추【諏】諛也.

　아첨할 축【嬸】媚也.

아축(阿閦)부처 :

　아축부처 축【閦】阿閦, 불명(佛名).

아침 : 해 돋을 무렵.

　아침 단【旦】旦夕. 正月朔旦『書經』

　아침 조【朝】
　　　㉠ 새벽부터 조반 때까지. 崇朝其雨『詩經』
　　　㉡ 날, 시간 등의 뜻으로 쓰임.
　　　　一朝之忿忘其身『論語』

　아침 조【鼂】조(朝), 조(晁)와 동자(同字).
　　　　　　　　鼂不及夕『漢書』

　아침 조【晁】조(朝)의 고자(古字). 朝也.

　아침 주【調】조(朝)와 동의. 怒如調飢『詩經』

아침밥 : 아침에 끼니로 먹는 밥.

　아침밥 옹【饔】조반(朝飯). 또 조반을 지음.
　　　　　　　　饔飧而治『孟子』

아침해 : 아침에 떠오르는 해.

　아침해 돈【暾】욱일(旭日).
　　　　　　　　暾將出兮東方『楚辭』

　아침해 욱【旭】旭光. 旭日.
　　　　　　　　初旭纔照 露華牛晞『劇談錄』

아파서 끙끙거리다 :

　아파서 끙끙거릴 히【屎】殿屎, 신음(呻吟).

아파하다 :

　아파할 통【痛】
　　　㉠ 몸에 괴로움을 느낌. 非不痛『後漢書』
　　　㉡ 마음 아파함. 常痛於心『史記』

아편(阿片) : 양귀비 진액(津液)을 말린 갈색 덩
　어리.

　아편 마【嗎】아편(阿片)

아프게 하다 :

　아프게 할 통【痛】痛心疾首『左傳』

아프다 :

　아플 동【疼】몸이 쑤시고 아픔. 疼痛.

　아플 상【痛】痛也.

아플 참【瘡】고통을 느낌.
　　　　　榜箠瘡於炮烙『漢書』

아플 참【慘】통증을 느낌. 疾病慘怛『史記』

아플 초【楚】고통을 느낌. 또 가슴 아픔. 痛楚.
　　　　　慷慨含辛楚『陸機』

아플 탁【斀】痛也.

아플 통【痌】痛也.

아플 통【痛】悲莫痛於傷心『李陵』

아플 흑【憎】통증을 느낌. 三指憎『漢書』

아홉 : 여덟에 하나를 보탠 수. 인신(引伸)하여 많은 수(數)의 뜻으로 쓰임.

아홉 구【九】九牛一毛. 叛者九國『公羊傳』

아홉 구【玖】구(九) 대신으로 쓰임.
　　　　　出玖若和合者『唐律』

아홉 번 :

아홉 번 구【九】구회(九回). 九死一生.
　　　　　腸一日九廻『司馬遷』

아홉째 지지 : 십이지(十二支)의 제구위(第九位), 고갑자(古甲子)는 군탄(涒灘), 시각(時刻)으로는 오후(午後) 3시부터 5시까지, 방위(方位)로는 서남서(西南西), 달로는 음력 7월, 띠로는 원숭이에 배당(配當)됨.

아홉째지지 신【申】太歲在申 曰涒灘『爾雅』

아홉째 천간 : 현익(玄黓). 천간(天干)의 제구위(第九位). 오행(五行)으로는 물에 속하고 방위(方位)로는 북방(北方)임.

아홉째 천간 임【壬】太歲在壬曰玄黓『爾雅』

악곡(樂曲)이름 :

악곡이름 파【破】무악(舞樂)의 곡조(曲調)의 하나. 入破. 序破急.

악공(樂工) : 음악을 직업으로 하는 사람.

악공 령【伶】伶人. 伶官.
　　　　　制新曲敎女伶『唐書』

악공 적【狄】지위가 낮은 영인(伶人).
　　　　　狄者樂吏之賤者也『禮記』

악귀(惡鬼) : 나쁜 귀신.

악귀 려【厲】爾父爲厲『左傳』

악기(惡氣) : 나쁜 기.

악기 고【蠱】以狗禦蠱『史記』

악기 다는 틀 : 종, 경쇠 등의 악기를 거는 틀.

악기 다는 틀 거【簴】設筍簴陳庸器『周禮』

악기 다는 틀 순【栒】순(簨), 순(筍)과 동자(同字).
　　　　　懸鍾磬之木 直立者爲虛
　　　　　橫牽者爲栒『爾雅』

악기 다는 틀 순【簨】簨은 악기 다는 틀 중의 횡목(橫木). 거(簴)는 그 두 기둥임.
　　　　　夏后氏之龍簨簴『禮記』

악기 불다 :

악기 불 취【龡】취(吹)와 동자(同字).
　　　　　音律管龡之樂.

악기이름 :

악기이름 강【椌】축(柷)의 큰 것.
　　　　　鞉鼓椌楬『禮記』

악기이름 거【鐻】악기의 한 가지.
　　　　　削木爲鐻『莊子』

악기이름 률【䪛】구멍이 아홉 있는 관악기.

악기이름 무【武】금속의 악기. 곧 종 같은 것.
　　　　　始奏以文 復亂以武『禮記』

악기이름 부【拊】북 비슷한 악기. 목에 걸고 양손으로 침. 拊搏.

악기이름 사【絲】거문고 등의 현악기. 팔음의 하나. 絲竹.
　　　　　宴酣之樂 非絲非竹『歐陽修』

악기이름 상【相】음악의 가락을 맞추는 악기.
　　　　　治亂以相『禮記』

악기이름 순【筍】순(簨)과 동자(同字).

악기이름 순【錞】북에 맞추어 울리는 금속제의 악기. 以金錞和鼓『禮記』

악기이름 아【雅】칠통(漆桶) 모양의 길쭉한 옛 악기. 訊疾以雅『禮記』

악기이름 어【敔】목제의 악기. 모양은 복호(伏虎)같으며 등위에 27개의 깔쭉깔쭉한 돌기가 있어 그것을 채로 문질러 소리를 냄. 음악을 그치게 할 때 사용함.
　　　　　敔禁也 一曰樂器 控揭也 形如伏虎『說文解字』

악기이름 오【璈】악기의 한 가지.
　　　　　彈八琅之璈『漢武帝內傳』

악기이름 완【阮】阮咸은 월금(月琴)의 고칭(古稱). 진(晉) 나라의 완함(阮咸)이 창제(創製)하였다 함.
　　　　　笙阮箏筑『宋史』

악기이름 응【應】㋑ 옛 악기의 하나.
　　　　　㋺ 작은 북. 응고(應鼓).

악기이름 축【筑】거문고 비슷한 현악기.
　　　　　高漸離擊筑『史記』

악기이름 축【柷】길이 二尺四寸. 깊이 一尺八寸의 통속에 좌우로 흔들어 쳐서 소리를 내는 자루를 장치한 것으로 음악을 시작할 때 울리는 악기. 合止柷敔『書經』

악기이름 필【䪛】구멍이 아홉 있는 관악기.

악기이름 필【觱】피리.
　　　　　觱篥本龜玆國樂『明皇雜錄』

악기 틀 :

악기 틀 거【鐻】거(簴)와 동자(同字).

　　　　　　　銷以爲鐘鐻『史記』

악담(惡談) :

　악담 노【詉】악언(惡言).

　악담 비【誹】악언(惡言).

악독(惡毒)하다 :

　악독할 착【婼】惡也.

악보(樂譜) : 음악(音樂)의 곡절(曲節)을 부호(符號)로 하여 기재(記載)한 표(表).

　악보 보【譜】音譜. 樂譜.

악사(樂士) : 음악을 연주(演奏)하는 벼슬. 또 그 벼슬아치.

　악사 고【瞽】瞽奏鼓『書經』

악어 : 파충류 악어목에 속한 동물을 통틀어 이르는 말. 난생(卵生)으로 모양은 도마뱀과 비슷하나 10미터에 달하는 것이 있을 만큼 몸집이 크며, 날카로운 이빨을 가지고 있다. 꼬리는 길고 강력하여 먹이를 때려눕히는 무기가 되기도 한다. 가죽은 옷이나 가방의 재료 따위의 여러 가지 용도로 널리 쓴다.

　악어 악【鼉】鼉魚. 惡溪有鼉魚『唐書』

　악어 악【鰐】韓愈至潮惡溪有鰐『唐書』

　악어 타【鼉】伐蚊取鼉『禮記』

악역(惡役) :

　악역 정【淨】악인역(惡人役). 傳奇以談爲稱 其名欲顚倒而無實也 塗汚不潔 而命以淨也『三家村老委談』

악인(樂人) : 음악을 연주하는 사람.

　악인 공【工】工歌文王之三『左傳』

악질(惡疾) : 나쁜 병.

　악질 건【愆】王愆于厥身『左傳』

악착(齷齪)스럽다 :

　악착스러울 악【齷】악(偓)과 동자(同字). 迫也.

　악착스러울 악【偓】악(齷)과 동자(同字).

　　　　　　　偓促談於廊廟『楚辭』

　악착스러울 착【齪】착(促)과 통용. 急促局促貌.

　악착스러울 착【促】착(齪)과 통용.

　　　　　　　蹐常途之促促『韓愈』

악창(惡瘡) : 등창, 발찌 같은 악성의 종기.

　악창 옹【癰】癰腫. 多病癰疽脛腫『後漢書』

　악창 옹【癕】옹(癰)과 동자(同字).

　악창 저【疽】疽腫. 有病疽者『史記』

악하다 : 나쁨. 좋지 아니함. 또 그것.

　악할 비【否】否臧. 未知臧否『詩經』

　악할 특【慝】㉠ 불선(不善)함. 凶慝.

　　　　　　　㉡ 악한 일. 崇德脩慝『論語』

　　　　　　　㉢ 악한 자. 民無慝『管子』

안 :

안 내【內】

　㉠ 밖. 외(外)의 대(對). 城內.

　　　國內之民 其誰不爲臣『左傳』

　㉡ 방(房). 築室家, 有一堂二內『漢書』

　㉢ 대궐 안. 大內, 天子宮禁曰內『韻會』

　㉣ 나라 안. 貪外虛內, 務欲廣地『漢書』

　㉤ 겨레. 친족(親族). 獻內賓于房中『儀禮』

　㉥ 집. 집안. 所以助德理內『漢書』

　㉦ 처첩(妻妾). 내(恐妻).

　　　好外者士死之 好內子女死之『孔子家語』

　㉧ 마음. 敬以直內, 義以方外『易經』

　㉨ 오장육부(五臟六腑). 扁鵲治內『枚乘』

　㉩ 조정(朝廷). 정부(政府).

　　　以數切諫不得留內 遷爲東海太守『史記』

　㉪ 집안 일. 家事. 男不言內女不言外『禮記』

안 리【裏】

　㉠ 의복의 안쪽. 抱時無衣 襦復無裏『古詩』

　㉡ 모든 사물의 겉의 반대쪽. 裏面.

안 중【中】내측(內側). 中外. 中表.

　　　　　　　若錐之處囊中『史記』

안 차【次】속. 喜怒哀樂 不入于胸次『莊子』

안개 : 땅 위에 가까이 낀 미세한 물방울.

　안개 몽【雺】天氣下, 地氣不應曰雺『爾雅』

　안개 무【霧】

　　㉠ 雲霧.

　　㉡ 안개와 같이 밀집(密集), 또는 비산(飛散)하는 것을 형용하여 이름. 霧集.

　　　　雄州霧列『王勃』

　안개 분【雰】降雰于宮『宋書』

　안개 비【霏】日出而林霏開『歐陽修』

안개끼다 :

　안개낄 발【渤】瀚渤. 안개가 나와 끼는 모양.

　　　　　　　氣瀚渤以霧杳『郭璞』

안건(案件) :

　안건 안【案】조사. 논증(論證)을 요하는 사건.

　　　　　　　牒案塡委『唐書』

안경(眼鏡) : 시력을 보충, 또는 조절하는 기구.

　안경 경【鏡】望遠鏡. 初始名之爲千里鏡『乾隆帝』

안다 :

　안을 공【玒】擁也.

　안을 부【伏】날짐승이 알을 품음.

　　　　　　　雄雞伏子『漢書』

　안을 옹【擁】품에 안음. 擁抱.

　　　　　　　走則擁之『禮記』

　안을 포【抱】

　　㉠ 끼어 안음. 抱擁. 亦旣抱子『詩經』

　　㉡ 지킴. 聖人抱一爲天下式『老子』

　　㉢ 가짐. 此抱空質也『戰國策』

ㄹ 쥠. 抱關擊柝『孟子』

ㅁ 둘러 쌈. 圍繞. 鬱律衆山抱『獨孤及』

ㅂ 갖춤. 구비함. 奈何君獨抱奇才『韓愈』

ㅅ 마음속에 가짐. 抱志. 抱懷.

안마(按摩)하다 : 몸을 주무르고 두드리고 함.

안마할 완【抏】案抏毒熨『史記』

안방 :

안방 위【闈】내실(內室). 眷戀庭闈『束晳』

안석(安席) : 앉을 때 몸을 기대는 물건.

안석 궤【几】隱几. 憑玉几『書經』

안석 안【案】案席. 張幕設案『周禮』

안심 : 갈비 곁에 붙어 있는 얇은 고기.

안심 반【胖】鵠鴞胖『禮記』

안심하다 :

안심할 료【聊】人民不聊生『史記』

안온(安穩)하다 : 조용하고 편안함.

안온할 뢰【牢】圉 將牢太過耳『晉書』

안온할 온【穩】平穩. 客枕終難穩『朱熹』

안온할 이【夷】亂生不夷『國語』

안위(安慰)하다 :

안위할 위【尉】安也.

안으로 하다 :

안으로 할 내【內】중(中)히 여김. 가까이 함.
外本內末『大學』

안으로 향하다 :

안으로 향할 엄【弇】棧車欲弇『周禮』

안장(鞍裝) 없는 말 : 안장을 얹지 않은 말.

안장 없는 말 잔【驏】乃乘驏馬 以十八騎遁出
『明史』

안장 :

안장 길【鞊】鞍也.

안장 안【鞌】안(鞍)과 동자(同字).

안장 안【鞍】

ㄱ 마구(馬具)의 한가지. 金鞍.
下馬解鞍『漢書』

ㄴ 인신(引伸)하여 말의 뜻으로 쓰임.
二子舊不識 欣然肯聯鞍『蘇軾』

안장기와 :

안장기와 월【梢】안와(鞍瓦).

안장 없이 타다 : 안장을 얹지 않고 그냥 살 등에 탐.

안장 없이 탈 잔【驏】驏騎蕃馬射黃羊『令狐楚』

안장 지우다 : 안장을 말의 등에 얹음.

안장 지울 안【鞍】鞍馬擁劍『南唐近事』

안장치장 :

안장치장 용【鞃】안식(鞍飾).

안정(安定)하다 :

안정할 려【戾】편안히 좌정(坐定)함.
民之未戾『詩經』

안정할 응【疑】한 장소에 안정함.
靡所止疑『詩經』

안존(安存)하다 :

안존할 담【澹】염정(恬靜)함.
澹容與獻壽觴『漢書』

안존할 안【安】침착하고 조용함. 安詳.
恭而安『論語』

안존할 용【容】조용함. 從容.
容兮遂兮『詩經』

안존할 정【靚】정(靚)과 동자(同字).
여자가 얌전하고 조용한 모양.
意態閑且靚『貢師泰』

안존할 제【媞】安也.

안존할 한【憪】마음이 안온함.
安排祇自憪『柳宗元』

안존할 획【嫿】얌전하고 조용함.
旣姽嫿于幽靜『宋玉』

안주(按酒) : 술안주.

안주 채【菜】반찬(飯饌).

안주 첨【添】주효(酒肴).
呼下酒具爲添『俗名小錄』

안주 핵【槅】핵(核)과 동자(同字).
肴槅四陳『左思』

안주 효【肴】載酒肴於田間 候勤者而勞之
『漢書』

안주 효【殽】효(肴)와 동자(同字).
殽核維旅『詩經』

안창 :

안창 체【屜】체(屜)와 동자(同字). 履中薦.

안창 체【屧】履中薦.

안한(安閒)하다 : 마음이 편안(便安)하고 한가(閑暇)함. 또 마음이 침착(沈着)하고 여유(餘裕)가 있음.

안한할 용【溶】心溶溶其不可量兮『楚辭』

안험(按驗)하다 : 조사하여 증거를 세움.

안험할 안【按】以古按今 驗之往古按之當今之務
『漢書』

앉다 :

앉을 거【居】자리에서 앉음. 居吾語汝『禮記』

앉을 사【娑】婆娑.

앉을 좌【坐】

ㄱ 행(行)의 대(對). 坐臥. 坐如尸『禮記』

ㄴ 앉아서 아무 것도 하지 않음. 坐視.
欲坐觀成敗『史記』

앉을 주【主】居不主奧『禮記』

앉은뱅이 : 일어나 앉기는 하여도 서지 못함.

앉은뱅이 랍【荞】不能行者.
앉은뱅이 벽【躄】躄躄. 瘖聾跛躄『禮記』
앉은뱅이 좌【矬】좌객(矬客).
알 :
알 란【卵】
　㉠ 새의 알. 去累卵之就永安之計『司馬相如』
　㉡ 물고기의 알. 濡魚卵醬實蓼『禮記』
알 원【圓】새알. 有鳳之圓『山海經』
알 자【子】동물의 알. 魚子. 蠶子.
알 환【丸】
　㉠ 둥근 알. 弄丸『莊子』
　㉡ 모양이 작고 둥근 것. 丸藥.
　　　猶如阪上走丸『漢書』
　㉢ 새의 알. 鳥卵. 有鳳之丸『呂氏春秋』
알고자하다 :
알고자할 림【䁖】欲所之知.
알곡 :
알곡 과【稞】無皮穀.
알 까다 :
알 깔 부【孵】부화(孵化)함. 孵卵.
알 깔 부【孚】부화(孵化)함. 孚乳.
　　　　雞伏卵而未孚『揚雄方言』
알 깨지다 : 알이 터짐.
알 깨질 혁【殈】卵生者不殈『禮記』
알 낳다 :
알 낳을 효【㲩】난산(卵産).
알다 :
알 보【保】인식함. 羌不可保也『楚辭』
알 식【識】
　㉠ 깨달음. 인지함. 博識. 不識時務『後漢書』
　㉡ 不識不知, 順帝之則『詩經』
　㉢ 분별함. 辨識. 識別.
　㉣ 기억함. 新婦識馬聲 躑躅相逢迎『古詩』
　㉤ 인정함. 알아봄. 使形狀不可知 識行乞於市
　　　其妻不識也『史記』
　㉥ 사귐. 아는 사이임. 交識. 相識.
　　　二子舊不識 欣然肯聯鞍『蘇軾』
알 암【諳】익숙히 앎. 諳練舊事『晉書』
알 인【認】
　㉠ 발견하여 앎. 靑帘認酒家『鄭谷』
　㉡ 스스로 그러한 줄로 앎. 認定.
　　　認他高貴爲親『李義山雜纂』
　㉢ 분별하여 앎. 확실히 앎. 認識.
　　　時嘗出行, 有人認其馬『後漢書』
알 인【仞】인정(認定)함. 인(認)과 통용.
　　　天地萬物不相離 仞而有之者惑也
　　　『列子』
알 재【載】지혜가 있음. 文王始載『詩經』

알 지【知】
　㉠ 깨달음. 學而知之『中庸』
　㉡ 감각함. 百姓日用而不知『易經』
　㉢ 변별함. 思事親, 不可以不知人『中庸』
　㉣ 기억함. 父母之年, 不可不知也『論語』
　㉤ 서로 앎. 친함. 知得. 知叔孫于齊『左傳』
　㉥ 아는 일. 知行. 其多知歟『揚子法言』
　㉦ 아는 작용. 知覺. 有生而無知『荀子』
　㉧ 아는 작용이 뛰어난 일.
　　　擇不處仁 焉得知『論語』
　㉨ 사람끼리 서로 아는 일. 교우. 新相知.
　　　遂如故知『左傳』
알려지다 : 널리 알려짐.
알려질 문【聞】名聞于天下 謀未發而聞於國
　　　　『戰國策』
알려질 식【識】但願一識韓荊州『李白』
알리다 :
알릴 문【問】고함. 或以問孟嘗君『戰國策』
알릴 문【聞】
　㉠ 높은 사람에게 아룀. 臣具以表聞『李密』
　㉡ 남에게 들려 알게 함. 不敢以聞『禮記』
알릴 보【報】報告. 請爲張唐先報趙『戰國策』
알릴 복【覆】申覆. 覆函. 官府吏文 申請于上者
　　　　曰申曰覆『正字通』
알릴 부【赴】부(訃)와 통용. 부고(訃告)함.
　　　　赴告. 赴以庚戌『左傳』
알릴 사【辭】고(告)함. 使人辭於狐突『禮記』
알릴 수【輸】사정을 통보(通報)함.
　　　　常以國情輸楚『戰國策』
알릴 어【語】㉠ 고(告)함. 居吾語汝『論語』
　　　　　㉡ 가르침. 主亦有以語肥『國語』
알릴 지【知】
　㉠ 알게 함. 曾不報我知『韓愈』
　㉡ 알게 하는 일. 昨夜新秋知葉知『戴復古』
알맞게 된 밥 :
알맞게 된 밥 석【盲】적반(適飯).
알맞다 :
알맞을 충【衷】적당(適當)함. 적합(適合)함.
　　　　服之不衷『左傳』
알맞은 소리 :
알맞은 소리 범【瘋】중용(中庸)의 소리.
　　　　美哉瘋瘋乎『左傳』
알몸 :
알몸 괵【膕】나신(裸身).
알몸 력【臝】나신(裸身).
알몸 전【軆】나신(裸身).
알의 노른자 :
알의 노른자 황【鷬】卵中黃.

알이 곪다 : 알이 부화되지 않고 곪음.

　알 곪을 단【毈】鳥卵不毈『淮南子』

알지 못하다 :

　알지 못할 차【譇】譇詑, 불해(不解).

앓게 하다 :

　앓게 할 막【莫】막(瘼)과 통용.
　　　　　　莫此下民『詩經』

　앓게 할 전【瘨】병듦. 병들게 함.

　앓게 할 진【殄】병들게 함. 병들게 함. 殄瘁.
　　　　　　夏以水殄草 而芟夷之『周禮』

앓는 소리 :

　앓는 소리 의【譩】통성(痛聲).

　앓는 소리 의【癒】呻吟聲.

　앓는 소리 혜【欯】통성(痛聲).

앓다 :

　앓을 공【邛】피로함. 병듦. 維王之邛『詩經』

　앓을 관【痯】병들어 지친 모양.
　　　　　　四牡痯痯『詩經』

　앓을 관【矜】병듦. 痯寢恫矜『漢書』

　앓을 근【瘽】병듦.

　앓을 기(저)【疧】병을 앓음. 俾我疧兮『詩經』

　앓을 도【瘏】병듦. 我馬瘏矣『詩經』

　앓을 랄【瘌】病也.

　앓을 례【冽】病也.

　앓을 로【勞】好憎者使人之心勞『淮南子』

　앓을 뢰【㾊】病也.

　앓을 막【莫】막(瘼)과 통용. 莫此下民『詩經』

　앓을 매【痗】병을 앓음. 마음이 괴로움.
　　　　　　使我心痗『詩經』

　앓을 민【瘝】질병(疾病). 多我觀瘝『詩經』

　앓을 병【病】병을 앓음. 毋病『後漢書』

　앓을 부【痡】피로함. 我僕痡矣『詩經』

　앓을 비【憊】병으로 고생함.
　　　　　　貧也 非憊也『莊子』

　앓을 비【腓】병듦. 百卉具腓『詩經』

　앓을 양【痒】병을 앓음. 瘋憂以痒『詩經』

　앓을 업【殕】病也.

　앓을 업【痷】가벼운 병을 앓음.
　　　　　　凡病而不甚者曰痷殕『揚雄』

　앓을 염【懕】앓는 모양.

　앓을 외【瘣】
　　㉠ 일설에는 부스럼이 곁에서 남.
　　㉡ 瘣 病也 一曰腫旁出『說文解字』
　　㉢ 譬彼瘣木『詩經』

　앓을 우【憂】文王在胎 母不憂『國語』

　앓을 위【萎】병듦. 哲人其萎乎『禮記』

　앓을 유【瘉】병을 앓음.

　앓을 유【瘐】병듦. 胡俾我瘐『詩經』

　앓을 전【瘨】병듦. 병들게 함.

　앓을 제【瘠】병듦. 親瘠色容不盛 此孝子之疏節
　　　　　　也『禮記』

　앓을 지【漬】중병을 앓음. 漬甚『呂氏春秋』

　앓을 진【殄】병듦. 병들게 함. 殄瘁.
　　　　　　夏以水殄草 而芟夷之『周禮』

　앓을 진【疹】思百憂以自疹『張衡』

　앓을 질【疾】昔者疾 今日愈『孟子』

　앓을 채【瘵】피로하여 앓음. 無自瘵焉『詩經』

　앓을 축【軸】병을 앓음. 碩人之軸『詩經』

　앓을 포【鋪】부(痡)와 통용. 淮夷來鋪『詩經』

　앓을 환【患】導引閉氣 以攻所患『神仙傳』

앓아 눕다 :

　앓아 누울 침【癄】병와(病臥).

암 :

　암 암【癌】악성 종양(腫瘍)의 한가지.

암 고라니 :

　암 고라니 률【麜】빈균(牝麕).

　암 고라니 신【麎】牝麋. 麜 牡麋牝麎『爾雅』

암 기린 :

　암 기린 린【麐】빈린(牝麟).

암내 : 겨드랑이에서 나는 좋지 못한 냄새.

　암내 신【馻】액취(腋臭).

암내 난 소 :

　암내 난 소 루【㸤】乃合㸤牛騰馬『淮南子』

　암내 난 소 루【㹌】求子牛.

암담비 :

　암담비 노【貀】자맥(雌貉).

암만 하여도 :

　암만 하여도 중【迚】 연이(然而).

암말 :

　암말 과【騍】빈마(牝馬).

　암말 마【媽】말의 암컷.

　암말 자【牸】牸馬. 有畜牸馬『史記』

암 뽕나무 :

　암 뽕나무 이【梩】자상(雌桑).

암사슴 :

　암사슴 본【麇】빈녹(牝鹿).

　암사슴 우【麀】사슴의 암컷. 麀鹿濯濯『孟子』

암새 :

　암새 치【雌】자조(雌鳥).

암소 :

　암소 고【牯】소의 암컷. 또 거세(去勢)한 소.

　암소 사【𤙇】빈우(牝牛).

　암소 자【牸】乳牸. 當畜五牸『孔叢子』

암 양 :

　암 양 고【羖】빛이 검은 암 양.

俾出童羖『詩經』

암 양 자【牸】빈양(牝羊).

암 양 장【㹀】장(牂)과 동자(同字). 泰山之高百
　　仞 而疲㹀牧其上『史記』

암 양 장【牂】양의 암컷. 牂羊墳首『詩經』

암자(庵子) :

　암자 도【𪊥】庵也.

　암자 랄【庴】庵也.

　암자 소【𢉖】𢉖𪊥, 庵也.

　암자 암【庵】

　　㋀ 초막(草幕). 草庵. 編草結庵『齊書』

　　㋁ 불상을 모신 작은 집.

　암자 암【菴】암(庵)과 통용.

　　　　　　爲菴舍于墓下『齊書』

암컷 : 동물의 여성.

　암컷 모【母】금수(禽獸)의 암놈.

　　　　　　五母雞二母彘『孟子』

　암컷 부【婦】物類之陰者亦曰婦『康熙字典』

　암컷 자【雌】

　　㋀ 주로 조류에 이름. 誰知鳥之雌雄『詩經』

　　㋁ 인신(引伸)하여 약한 것, 둔한 것, 못생긴
　　　것 등의 뜻으로 쓰임. 雌伏.

　　　　排戰決雌雄『史記』

　암컷 자【牸】동물의 암놈. 乘字牝者『史記』

　암컷 초【䮶】牝畜通稱.

암키와 : 지붕의 고랑이 되는 데에 까는 크고 너
　붓한 바닥기와.

　암키와 개【甋】빈와(牝瓦).

　암키와 령【瓴】緻錯石之瓴甓兮『司馬相如』

　암키와 판【瓪】빈와(牝瓦).

암키와바닥 :

　암키와바닥 환【戌】牝瓦下.

암퇘지 : 돼지의 암컷.

　암퇘지 루【㺊】旣定爾㺊豬『左傳』

　암퇘지 수【䝋】빈시(牝豕).

　암퇘지 차【豬】돼지의 암컷.

　암퇘지 파【豝】일설에는 두 살 난 돼지.

　　　　　壹發五豝『詩經』

압박하다 :

　압박할 착【搾】壓搾空氣.

앙가슴 뼈 :

　앙가슴 뼈 우【髃】肩前兩間骨.

앙감질하다 : 한 발로 걸음. 절룩거리며 걸음.

　앙감질할 경【躄】躄猶一足躄『陸龜蒙』

　앙감질할 경【躄】躄而乘於他車以歸『左傳』

　앙감질할 제【踅】一足行.

　앙감질할 참【跕】跕踔. 일설에는 절룩거리며
　　　　　　가는 모양. 跕踔而行『莊子』

앙감질할 침【跐】침(踸)과 동자(同字). 跐踔,
　　　　　　　一足行.

앙금 : 녹말 따위의 가루가 물에 가라앉아 생긴
　층.

　앙금 영【浧】沈澱物.

　앙금 은【垽】澱也.

　앙금 전【墋】재은(滓垽).

　앙금 추【𥼧】濾取粉末.

앙망(仰望) :

　앙망 망【望】앙모하는 바.

　　　　　　民望如草 我澤如春『曹植』

앙상하다 : 꽃이나 잎이 떨어져 가지가 앙상한
　모양.

　앙상할 삼【槮】菊櫹槮之可哀兮『楚辭』

　앙상할 색【槭】庭樹槭以灑落『潘岳』

앙상한 뼈 : 살을 발라낸 뼈.

　앙상한 뼈 알【歹】骨也.

앙심먹다 : 불만을 품고 절치(切齒)함.

　앙심먹을 겸【慊】慊怨. 吾何慊乎哉『孟子』

앙징스럽다 :

　앙징스러울 맹【嫇】小人貌.

앞 :

　앞 선【先】

　　㋀ 시간(時間)이나 장소(場所)에 관하여 뒤의
　　　대(對). 先後. 先任. 先號咷而後笑『易經』

　　㋁ 시초(始初). 象帝之先『老子』

　　㋓ 수위. 첫째. 吳晉爭先『左傳』

　　㋔ 옛날. 고석(古昔). 先民有作『詩經』

　　㋕ 위. 以儒敎爲先『北史』

　　㋖ 안내(案內). 향도(嚮導). 莫爲我先『史記』

　　㋗ 앞장. 率先. 爲士卒先『漢書』

　　㋘ 제일 먼저 할 일. 敎學爲先『禮記』

　앞 장【長】선두(先頭). 吳晉爭長『國語』

　앞 전【前】

　　㋀ 장소에 관한 뒤(後)의 대(對). 庭前. 堂前.
　　　瞻前顧後『楚辭』

　　㋁ 시간에 관한 뒤(後)의 대(對). 前人. 前賢.
　　　前世重之玆甚『漢書』

　　㋓ 앞으로 나와 대항하는 사람.
　　　力戰無前『後漢書』

앞깃 : 옷깃의 앞부분.

　앞깃 포【袍】反袂拭面, 涕沾袍『公羊傳』

앞발 없는 짐승 :

　앞발 없는 짐승 날【豽】無前足獸.

앞서다 :

　앞설 부【浮】앞에 나섬.

　　　　　　鮮以不浮于天時『國語』

　앞설 선【先】

　㉠ 시간적(時間的)으로 먼저 있음.
　　先立春三日『禮記』
　㉡ 공간적(空間的)으로 앞에 있음.
　　疾行先長者『孟子』
　㉢ 먼저 함. 其聞道也, 固先乎吾『韓愈』
　㉣ 먼저 말함. 楚王使大夫二人往先焉『莊子』
　㉤ 안에 서서 인도(引導)함.
　　二人執矛先焉『國語』
앞설 전【前】
　㉠ 정(定)한 시간(時間)보다 앞 섬.
　　前期十日『周禮』
　㉡ 먼저. 可以前知『中庸』
　㉢ 앞서서는. 何前倨而後恭也『史記』
앞으로 엎어지다 :
　앞으로 엎어질 엽【靨】頓也.
앞장 :
　앞장 봉【鋒】군대의 앞 줄. 先鋒. 布爲前鋒『漢
書 黥布傳』
앞지르다 : 뒤에서 빨리 가서 앞을 차지함.
　앞지를 일【軼】軼迅風于淸源『劉向』
앞짱구 : 이마가 남달리 많이 튀어나온 머리통.
　또는 그런 머리통을 가진 사람.
　앞짱구 괴【䫞】其容寂 其顙頯然『莊子』
애기 풀 : 원지과(遠志科)에 속하는 다년초. 산야
　(山野)에 저절로 남. 뿌리는 보정장양제(補精壯
　陽劑)로 쓰임.
　애기풀 요【蘽】靈神草. 四月秀蘽『詩經』
　애기풀 원【蓮】蓮志. 靈神草.
애꾸눈 : 한쪽 눈이 멀거나 작은 눈.
　애꾸눈 루【瞜】瞜睽, 편맹(偏盲).
　애꾸눈 묘【眇】眇目. 眇能視, 跛能履『易經』
　애꾸눈 미【瞇】묘목(眇目).
　애꾸눈 잡【眨】일목(一目).
　애꾸눈 첩【䁾】䁾其一目『韓非子』
　애꾸눈 할【瞎】척안(隻眼). 吾聞瞎兒一淚 信乎
　　　　　　　　『十六國春秋』
　애꾸눈 후【䁲】半盲爲䁲『揚雄方言』
애 매미 : 매미과에 속하는 곤충. 몸빛은 암황록
　색(暗黃綠色)이고 길쭉하며 두 흉부(胸部)에 황
　록색(黃綠色) 점이 있는 작은 매미. 기생매미.
　애 매미 료【蟟】조료(蛁蟟).
　애 매미 예【蜺】조료(蛁蟟). 蜺寒蜩『爾雅』
　애 매미 장【蟏】蛁蟏. 蛁鳴百草根『李商隱』
　애 매미 조【蛁】조료(蛁蟟).
애 배다 :
　애 밸 신【娠】임신(姙娠)함.
　애 밸 신【娠】신(娠)과 동자(同字). 妊娠.
　　　　　　　　后婚方娠『左傳』

애 밸 신【身】임신(姙娠)함.
　　　　大任有身 生此文王『詩經』
애 밸 잉【孕】잉태(孕胎)함. 孕婦.
　　　　婦孕不育『易經』
애 밸 포【包】포(胞)와 동자(同字).
애벌 갈다 :
　애벌 갈 탑【塌】초경(初耕)함.
　　　　初耕曰塌『王盤農書』
애쓰다 :
　애쓸 난【戁】務也.
　애쓸 렴【磏】고심하여 구함. 仁道有四 磏爲下
　　　　仁磏則其德不厚『韓詩外傳』
　애쓸 별【鼈】鼈蹩. 빙 돌아서 가는 모양.
　　　　심력(心力)을 기울이는 모양.
　애쓸 서【恓】恓惶, 煩惱貌.
애오라지 : 마음에 부족하나마 그대로.
　애오라지 료【聊】聊與子同歸兮『詩經』
애절(哀切)하다 : 소리가 애처롭고 슬픔.
　애절할 초【噍】其聲噍以殺『禮記』
애처롭게 여기다 : 가엾이 여김.
　애처롭게 여길 석【惜】寵惜. 樹木猶爲人愛惜
　　　　　　　　『杜甫』
애타다 :
　애탈 망【忙】초조함. 竈飢日晚妾心忙『王維』
　애탈 전【瘨】속을 태움. 胡寧瘨我以旱『詩經』
　애탈 필【怭】愁也.
애태우다 :
　애태울 달【怛】노심초사(勞心焦思)하는 모양.
　　　　勞心怛怛『詩經』
애통(哀痛)하는 소리 :
　애통하는 소리 애【哎】圀 哎哎, 悲痛聲.
　애통하는 소리 요【吆】悲痛聲.
애통하다 : 몹시 서러워 함. 마음 아파함.
　애통할 혁【衋】民罔不衋傷心『書經』
액(厄) : 모질고 사나운 운수.
　액 액【厄】액(戹)과 통용. 재액(災厄).
　액 액【戹】위난(危難). 또는 간난(艱難). 困戹.
　　　　竟免虎口之戹『潘岳』
앵두(櫻桃) : 앵두나무의 열매. 작고 둥근 모양으
　로 빛깔이 붉고 맛이 있다. 잼, 주스, 술 따위
　의 원료로 쓰고 약재로도 쓴다.
　앵두 함【梒】앵도(櫻桃)는 비표준어임.
앵두나무 : 장미과에 속한 낙엽 활엽 관목. 키는
　3미터 정도이며 잎은 어긋나고 표면에 잔털이
　있다. 4월에 꽃이 피어서 6월경에 빨갛고 동그
　란 작은 열매가 열린다.
　앵두나무 앵【櫻】櫻桃.
　앵두나무 욱【薁】六月食鬱及薁『詩經』

앵두나무 욱【薁】욱(蔥)과 통용.
　　　　　　食鬱及薁『王應麟』
앵무(鸚鵡)새 : 앵무과에 속한 새를 통틀어 이르
　는 말. 몸빛깔은 주로 희거나 검고, 부리는 강
　하며 갈고리 모양이다. 높은 나무 위에서 무리
　를 지어 살며, 과실과 곡물을 먹고 산다. 혀가
　사람의 그것과 비슷해 다른 동물의 소리나 사
　람의 말 흉내를 잘 내기도 한다.
　앵무새 무【鵡】鸚鵡, 能言鳥同鵡.
　앵무새 무【鵡】鸚鵡.
　앵무새 앵【鸚】鸚鵡能言 不離飛鳥『禮記』
앵무(鸚鵡)조개 : 앵무조갯과에 속한 바닷조개.
　조가비의 주둥이가 앵무새 부리와 비슷하다. 유
　백색에 갈색 또는 붉은 갈색의 불꽃 무늬가 있
　고 거죽은 미끄러우며 깊은 바다에 산다.
　앵무조개 앵【鸚】鸚螺.
야(野)하다 : 상스럽고 천함.
　야할 야【野】野鄙. 故騷騷爾則野『禮記』
야경(夜警)돌다 : 야경을 돎.
　야경돌 추【捫】賓將捫 主人辭『左傳』
야드 : 파운드 법의 길이의 단위(單位).
　야드 마【碼】[假借字] 91.4cm가량.
야드르르하다 : 벼가 모가 잘 자라서 야드르르한
　모양. 일설에는 벼의 이삭이 패어 꽃이 피는
　모양.
　야드르르할 니【泥】維葉泥泥『詩經』
　야드르르할 수【穟】禾役穟穟『詩經』
야맹(夜盲) : 밤눈이 어두움.
　야맹 목【瞀】人有夕昏不見物者謂之雀瞀『埤雅』
야비(野鄙)하다 : 천덕스러움. 촌스러움. 인신(引
　伸)하여 재야(在野)의 일컬음.
　야비할 초【草】草野. 草茅. 草莽之臣.
야위다 : (사람이나 동물이)몸에 살이 빠져 수척
　해지다.
　야윌 구【癯】癯瘠. 形容甚癯『漢書』
　야윌 극【棘】棘者欲肥 肥者欲棘『呂氏春秋』
　야윌 뢰【儡】容貌儡『潘岳』
　야윌 수【瘦】수(瘦)와 동자(同字).
　　　　　是妾愁成瘦非君愛細腰『范雲』
　야윌 처【悽】기아(饑餓) 또는 질병(疾病)으로
　　　　　야윈 모양. 悽悽碩人『後漢書』
　야윌 초【瘐】초(憔)와 동자(同字). 瘐瘁.
　야윌 초【醮】초(憔)와 통용. 滿心蔵醮『莊子』
　야윌 초【嫶】초(憔)와 동자(同字).
　　　　　嫶妍太息『漢書』
　야윌 초【顦】초(憔)와 동자(同字). 파리함.
　　　　　容色顦顇 服膳減損『顔氏家訓』
　야윌 초【蕉】초(顦)와 통용. 無棄蕉萃『左傳』

　야윌 췌【顇】췌(悴), 췌(瘁)와 동자(同字).
　　　　　贏馬顇奴僅充而己『顔氏家訓』
　야윌 췌【萃】췌(顇)와 통용.
　　　　　勞若煩萃而無功『荀子』
　야윌 췌【瘁】피로함. 또 수척(瘦瘠)함.
　　　　　僕夫況瘁『詩經』
　야윌 쾌【噲】초췌(憔悴)함. 顔色腫噲『莊子』
　야윌 피【疲】수척(瘦瘠)함.
　　　　　諸侯以疲馬犬羊爲幣『管子』
　야윌 훼【毁】수척(瘦瘠)해짐. 毁瘠.
　　　　　毁不滅性『孝經』
야자(椰子)나무 : 야자나뭇과에 속한 상록수. 키
　는 10~30미터 정도이고 깃털 모양의 잎이 원
　줄기 끝에서 20~30개가 모여 사방으로 퍼지며
　자란다. 열매는 길이 30센티미터 정도인데 껍
　질과 과육, 열매 속의 액체를 모두 이용할 수
　있어 경제성이 높다.
　야자나무 야【椰】야(枒)와 동자(同字).
　야자나무 야【枒】야(椰)와 동자(同字).
　　　　　　樓枒『左思』
　야자나무 야【椰】椰子. 椰葉無陰『左思』
야화(野火) : 들에서 타는 불. 들에 놓은 불.
　야화 료【燎】燎之方揚『詩經』
　야화 소【燒】夕照紅于燒『白居易』
약 :
　약 약【藥】
　　㉠ 병을 고치는데 효력이 있는 물질. 醫藥.
　　　君有疾飮藥『禮記』
　　㉡ 신체를 해치는 물질. 毒藥. 仰藥.
　　　臣願請藥賜死『戰國策』
　　㉢ 폭발 작용을 하는 물질. 化藥. 裝藥.
　약 약【葯】수꽃술의 끝에 붙은 주머니. 葯胞.
약간 성내고 말다 :
　약간 성내고 말 체【懘】小怒止也.
약간 심하다 :
　약간 심할 임【壬】초심(稍甚).
약간 아프다 :
　약간 아플 책【懀】소통(小痛).
약과 :
　약과 환【糫】膏糫, 거여(粔籹).
약다 : (사람이)눈치가 빠르다.
　약을 교【巧】巧妻常伴拙夫眼『唐伯虎』
　약을 할【黠】혜민(慧敏)함. 癡黠各半『晉書』
약대 : 낙타과에 속한 짐승을 통틀어 이르는 말.
　약대 락【駱】駱駝.
　약대 타【駝】駱駝의 약칭. 好馬駝騾『魏志』
　약대 탁【驝】탁(駝)과 동(同). 驝駝, 脊有肉鞍.
　약대 탁【駝】駝駝. 負重畜脊有肉鞍.

약독(藥毒) :

약독 랄【痢】藥毒痛.

약밥 : 한국의 고유한 음식 중의 하나. 찹쌀을 물에 불려서 시루에 찐 뒤 진간장, 흑설탕, 꿀, 대추, 밤, 참기름 등을 넣고 시루에 다시 찐 밥.

약밥 신【䭃】오반(烏飯).

약빠르다 : (사람이)자기에게 유리하게 꾀를 부릴 줄 알고 눈치가 빠르다.

약빠를 사【傻】영리함.

약속(約束) :

약속 약【約】誓約. 盟約. 已而倍約『史記』

약속하다 :

약속할 속【束】約束. 定要束耳『史記』

약솥 : 약을 다리는 솥.

약솥 참【鑱】何須乎鑱鼎哉『抱朴子』

약쑥 : 뜸질에 쓰기 위하여 약쑥 잎을 말린 것.

약쑥 애【艾】削氷令圓 擧以向日 以艾承其影得火『博物志』

약 쓰다 :

약 쓸 약【藥】약을 사용하여 병을 고침.
不可救藥『詩經』

약은 체하다 :

약은 체할 습【恓】힐모(黠貌).

약은 토끼 :

약은 토끼 참【毚】교토(狡免). 일설에는 걸음이 빠른 토끼. 躍躍毚免『詩經』

약 이름 :

약 이름 륵【芳】牛脂芳, 약명(藥名).

약 이름 즉【茢】如食茢之充腸『鹽鐵論』

약제(藥劑) :

약제 제【劑】

㉠ 조제(調劑)한 약(藥). 强壯劑.
此助陽氣劑也『輟耕錄』

㉡ 약(藥)의 재료(材料). 調劑.
和諸色劑『王粲』

약초(藥草) : 약으로 쓰는 식물.

약초 약【藥】不可救藥『詩經』

약하게 서다 :

약하게 서있는 모습 라【嬴】약립(弱立).

약하게 하다 : 약하여 지게 함.

약하게 할 약【弱】無弱君而彊大夫『說苑』

약하게 할 요【橈】謀橈楚權『漢書』

약하다 :

약할 패【歊】弱也.

약할 납【豽】弱也.

약할 뇌【腇】萎腇. 연약(軟弱)한 모양.
萎腇咋舌『後漢書』

약할 뇨【橈】연약(軟弱)함. 또 약해짐.
棟橈凶『易經』

약할 리【羸】강하지 아니함. 或强或羸『老子』

약할 미【𩋎】弱也.

약할 섬【孅】孄媚孅弱『司馬相如』

약할 약【弱】

㉠ 강하지 아니함. 强將下無弱兵『蘇軾』

㉡ 약한 것. 약한 사람. 馮弱犯寡『周禮』

약할 연【軟】

㉠ 몸이 약함. 妻子軟弱『史記』

㉡ 지조 같은 것이 굳지 아니함. 軟化.

약할 연【耎】강하지 못함. 僕雖怯耎『漢書』

약할 와【婐】연약(軟弱)함.
薾薾之離不且熒且婐『太玄經』

약할 와【㑵】欨㑵. 약모(弱貌).

약할 왕【尫】병약(病弱)함. 尫弱.
人固有尫羸而壽考『韓愈』

약할 유【儒】나약(懦弱)함. 연약(軟弱)함.
偸儒轉脫『荀子』

약해지다 :

약해질 삭【削】쇠약(衰弱)해짐.
魯之削也滋甚『孟子』

얇게 썰은 고기 :

얇게 썰은 고기 접【腸】절육(切肉).

얇다 : (두께가)보통의 것에 비해 작다.

얇을 곡【縠】剛而不縠『管子』

얇을 량【涼】虢多涼德『左傳』

얇을 박【薄】薄板. 如履薄氷『詩經』

얇을 저【杼】凡爲輪, 行澤者欲杼『考工記』

얇은 그릇 :

얇은 그릇 변【匾】박기(薄器).

얌전하다 :

얌전할 약【約】정숙(靜肅)함.
淖約微達似察『荀子』

얌전할 요【窈】정숙함. 窈窕.
美心爲窈『揚雄』

얌전할 작【淖】작(綽)과 통용.
淖約如處子『莊子』

얌전할 작【綽】유순(柔順)하고 정숙함.
綽約如處子『莊子』

얌전할 핍【姂】호모(好貌).

얌전할 협【娏】지정(志靜).

양 :

양 량【量】

㉠ 분량. 容量. 惟酒無量, 不及亂『論語』

㉡ 인신(引伸)하여 널리 다소(多少), 장단(長短), 경중(輕重) 등의 수(數).
辨其物之媺惡與其數量『周禮』

양 량【兩】
　㉠ 중량(重量)의 단위(單位)의 하나.
　　곧 24수(銖). 斤兩.
　㉡ 중국(中國) 및 구한국(舊韓國)의 화폐단위
　　(貨幣單位)의 하나. 곧 십전(十錢).

양 양【膁】回 소의 밥통의 고기.

양 양【羊】 성질이 순하고 털이 희며 부드러움.
　　　　 착한 것, 아름다운 것 등에 비유함.
　　　　 羊頭狗肉. 食麥與羊『禮記』

양 장【䏦】回 양(膁)의 속자. 우위(牛胃).

양 흑【黑】 양(羊). 以其騂黑『詩經』

양 갈빗대 :
　양 갈빗대 강【羫】 양륵(羊肋).

양 같은 짐승 :
　양 같은 짐승 반【羦】 似羊獸).

양고기 포 :
　양고기 포 공【羫】 양석(羊腊).

양기(陽氣) : 만물이 살아 움직이는 활발한 기운.
　또는 남자의 성적인 능력.
　양기 양【陽】 乾陽物也 坤陰物也 陰陽合德 而剛
　　　　柔有體『易經』

양나물 :
　양나물 양【蘘】 菜也.

양념 :
　양념 제【韲】 醯醬所和.

양념그릇 :
　양념그릇 화【盉】 양념을 담는 그릇.

양도 : 괭이밥과에 속하는 다년생의 만초. 꽃과
　열매는 모두 복숭아 비슷하나 맛이 씀.
　양도 장【萇】 五稜子. 萇楚. 薇蕪蓀萇『張衡』

양말 :
　양말 옹【襪】 화말(靴襪).

양모이다 :
　양모일 위【羠】 양취(羊聚).
　양모일 인【䍷】 群羊相積.

양미간(兩眉間) :
　양미간 얼【㓷】 眉目間.

양병(兩瓶) : 중두리를 뉘어 놓은 것 같은 질그
　릇. 배가 불룩하고 그 가운데에 목이 좁은 아
　가리가 있음. 술, 장을 담는 데 씀.
　양병 부【缶】 土缶. 瓦缶.

양 뿔 벌어진 모양 :
　양 뿔 벌어진 모양 개【丫】 羊角開貌.

양 새끼 :
　양 새끼 고【羔】 새끼 양. 羔羊之皮『詩經』
　양 새끼 저【羜】 생후 5개월 되는 양.
　　　　　　　既有肥羜 以速諸父『詩經』

양식(糧食) :
　양식 량【糧】
　　㉠ 식물의 재료. 주로 곡식. 食糧.
　　　土民倦糧食『呂氏春秋』
　　㉡ 여행이나 행군할 때 휴대하는 식료.
　　　건량(乾糧). 行道曰糧 謂糒也『周禮註』
　　㉢ 심신(心身)에 유익한 자료.
　　　博聞爲糧『文心雕龍』
　양식 량【粮】 양(糧)과 동자(同字).
　　　　　　屑瑤蕊以爲粮『張衡』
　양식 서【糈】 식량. 爲重糈也『史記』
　양식 장【粻】 식량. 以峙其粻『詩經』
　양식 향【餉】 향(餉)과 동자(同字). 糧也.

양어장(養魚場) : 못 가운데 대 울을 쳐 놓고 양
　어하는 곳.
　양어장 어【籞】 鴻池淸籞 淥水澹澹『張衡』

양 우는소리 :
　양 우는소리 미【咪】 미(哶)와 동(同). 羊鳴聲.

양 울다 :
　양 울 마【哶】 양명(羊鳴).
　양 울 미【哶】 미(咪)와 동자(同字). 양이 욺.
　양 울 미【羋】 양명(羊鳴).

양이름 :
　양이름 진【摯】 양명(羊名).

양익(兩翼) :
　양익 견(진)【甄】
　　㉠ 군대의 좌우익. 張兩甄『左傳』
　　㉡ 令李桓督左甄『晉書』

양젖 짜내다 :
　양젖 짜낼 구【彀】 取羊乳汁.

양지(陽地) : 볕이 쪼이는 곳.
　양지 양【陽】 日之所照 曰之陽『穀梁傳』

양 질병 :
　양 질병 위【羠】 양역(羊疫).
　양 질병 지【蹟】 양역(羊疫).

양철통 :
　양철통 관【罐】 양통(洋筩).

양치질하다 :
　양치질할 수【漱】 雞初鳴 咸盥漱『禮記』
　양치질할 수【嗽】 수(漱)와 동자(同字).
　　　　　　　日嗽三升『史記』

양탄자 :
　양탄자 로【氌】 西蕃毛織.

양털 :
　양털 융【羢】 가는 양모(羊毛).

양풍(涼風) : 서늘한 바람.
　양풍 시【颸】 涼颸. 晨裝搏曾颸『謝靈運』

양하(蘘荷): 생강과에 속한 여러해살이풀. 잎은 피침형이고 밑부분이 잎집으로 되어 감싸면서 원줄기같이 되고, 뿌리는 살이 많고 땅속에서 옆으로 벋는다. 높이는 40~100센티미터 정도이고, 8월에서 10월에 노란 꽃이 피며 특이한 향기가 있어 땅속줄기는 향미료로 쓰인다.

양하 박【蒪】 蒪苴, 大蘘荷.

양하 양【蘘】 蘘荷. 茈薑蘘荷『司馬相如』

얕다 : 깊지 아니함. 천박함.

얕을 부【膚】 천박(淺薄)함. 末學膚受『張衡』

얕을 전【譾】 能薄而材譾『史記』

얕을 전【諓】 淺薄貌. 惟諓諓善竫言『公羊傳』

얕을 천【淺】

　　㉠ 물이 깊지 아니함.
　　　深則厲 淺則揭『詩經』
　　㉡ 소견(所見), 지식(知識), 학문(學問) 등이
　　　깊지 아니함. 淺學. 少聞曰淺『荀子』
　　㉢ 적음. 淺鮮. 奉祠祭之日淺『戰國策』
　　㉣ 조금. 淺斟低唱. 淺酌一杯酒『白居易』

얕을 천【俴】 천(淺)과 동자(同字).
　　　　　　俴駟孔羣『詩經』

얕보다 : 업신여김. 모멸함.

얕볼 치【蚩】 蚩眩邊鄙『張衡』

얕아 지다 :

얕아 질 천【淺】 얕게 됨. 東海三爲桑田 蓬萊水
　　　　　　又淺矣『列仙傳』

얕은 금향 빛 :

얕은 금향 빛 겸【黚】 淺黃黑.

얕은 물 : 물이 흐르다가 괸 얕은 곳.

얕은 물 백【洦】 천수(淺水).

얕은 물 전【淀】 淀如淵而淺『左思』

얕은 여울 건너다 :

얕은 여울 건널 차【跐】 渡涉淺瀨.

어 :

어 애【欸】

　　㉠ 놀라는 소리. 今人暴見事之不然者 必出聲
　　　曰欸『芸窓私志』
　　㉡ 그렇다고 대답하는 소리.
　　　欸欸效忠信『柳宗元』

어 의【欹】 의(猗)와 통용. 欹歟.
　　　　　탄미(歎美)하는 소리.

어거하다 :

어거할 단【剬】 제어(制御)함.
　　　　人君揄策廟堂剬有司『淮南子』

어거할 어【御】 거느림. 통치함. 統御.
　　　　　振長策而御宇内『賈誼』

어귀 :

어귀 구【口】 出入口. 관문(關文). 海口. 張家口.

어그러지다 :

어그러질 건【愆】 差錯. 歸妹愆期『易經』

어그러질 광【珇】 乖也.

어그러질 괴【乖】

　　㉠ 빗나가 틀어짐. 家道窮必乖『易經傳』
　　㉡ 생각과는 달라짐. 틀림. 맞지 아니함.
　　　乖舛. 機失而謀乖『後漢書』

어그러질 교【挍】 戾也.

어그러질 교【橋】 이치에 어그러짐.
　　　　　其與橋言無擇『呂氏春秋』

어그러질 교【膠】 괴려(乖戾)함.
　　　　　蜿灗膠戾『史記』

어그러질 궤【佹】 괴려(乖戾)함.
　　　　　蕡爪不相佹『周禮註』

어그러질 궤【詭】 이치에 맞지 아니함.
　　　　　詭於天地理『漢書』

어그러질 랄【剌】 괴려(乖戾)함. 剌謬.
　　　　　無乖剌之心『漢書』

어그러질 려【盭】 려(戾)와 동자(同字).
　　　　　爲人賊盭『漢書』

어그러질 려【戾】 위배(違背)함. 悖戾.
　　　　　自以行無戾也『列子』

어그러질 뢰【纇】 마음에 어그러짐.
　　　　　忿纇無期『左傳』

어그러질 불【佛】 도리에 어그러짐. 佛戾.
　　　　　五帝之言佛異『史記』

어그러질 불【佛】 불(拂)과 동자(同字).
　　　　　荒乎淫 佛乎正『揚子法言』

어그러질 상【爽】 사리에 어그러짐. 爽德.
　　　　　其德不爽『詩經』

어그러질 요【祅】 급려(急戾).

어그러질 위【違】 맞지 아니함. 違例.
　　　　　各違戾不和『魏志』

어그러질 장【張】 괴려(乖戾)함. 乖張.

어그러질 참【僭】 틀림. 상위(相違)힘. 僭差.
　　　　　天命弗僭『詩經』

어그러질 천【舛】 상치(相値)가 됨.
　　　　　乖舛. 命途多舛『王勃』

어그러질 특【忒】 違也.

어그러질 패【悖】 도리에 거스름. 悖逆. 悖亂.
　　　　　言悖而出者 亦悖而入『大學』

어그러질 패【誖】 패(悖)와 통용.
　　　　　誖大臣之節『漢書』

어그러질 필【弻】 괴려(乖戾)함.
　　　　　君臣故弻『漢書』

어그러질 한【佷】 戾也. 佷, 本作很『玉篇』

어그러질 홰【繣】 忽緯繣其難遷『楚辭』

어그러질 회【回】 상위(相違)함.
　　　　　求福不回『詩經』

어근버근하다 : (어떤 사람이 다른 사람과, 또는 둘 이상의 사람이)서로 마음이 맞지 않아 어색하고 서먹서먹하다.

어근버근할 알【戛】 저어(齟齬)함.
　　　　　戛戛乎其難哉『韓愈』

어금니 : 송곳니 안으로 있는 이.

어금니 구【齨】 구치(臼齒).

어금니 아【牙】

　㉠ 牙齒. 豶豕之牙『易經』

　㉡ 인신(引伸)하여 어금니같이 생긴 물건.
　　　崇牙樹羽『詩經』

　㉢ 자기 몸을 수호하는 것.
　　　予王之爪牙『詩經』

어금니 애【㸸】牙也.

어금니 애【齴】牙也.

어금니 치【齒】元龜象齒『詩經』

어금니 포【齙】圄 齙牙.

어긋나다 :

어긋날 강【麖】差也.

어긋날 구【越】違也.

어긋날 류【謬】상위(相違)함.
　　　差以豪釐 謬以千里『漢書』

어긋날 비【非】위배됨. 非禮.

어긋날 사【乍】불제(不齊).

어긋날 서【鉏】鉏鋙. 圓鑿而方柄兮 吾固知其鉏
　　　鋙難入『楚辭』

어긋날 아【厊】상위(相違).

어긋날 알【顜】저어(齟齬).

어긋날 어【鋙】鉏鋙. 서로 어긋나서 맞지 아니함.

어긋날 착【錯】맞지 아니함. 舛錯. 乖錯.
　　　與仲舒錯『漢書』

어긋날 형【愲】違也.

어긋매끼다 :

어긋매낄 호【互】교차(交叉)함. 互生.
　　　宗族磐互『漢書』

어기다 :

어길 거【距】따르지 아니함. 不距朕行『書經』

어길 거【拒】쫓지 아니함. 拒逆.
　　　必不違拒『梁武帝』

어길 규【暌】서로 어겨 떨어짐. 暌合.
　　　爾來雲雨暌『白居易』

어길 면【偭】위반(違反)함.
　　　偭規矩而改錯『楚辭』

어길 불【咈】뜻을 어김.
　　　岡咈百姓以從己之欲『書經』

어길 위【違】법령(法令), 약속(約束) 등을 위반
　　　(違反)함. 違約. 違憲.
　　　愼勿違吾語『古詩』

어길 위【韋】위(違)와 통용.
　　　五音六律不相依韋『漢書』

어길 이【貳】위반(違反)함.
　　　修道而不貳『荀子』

어길 회【回】배반(背叛)함. 徐方不回『詩經』

어길 흔【狠】흔(很)과 통용. 강곽(剛愎)함.
　　　狠愎. 好勇鬭狠『孟子』

어길 흔【很】쫓지 아니함.
　　　今王將很天而伐齊『國語』

어기적거리다 :

어기적거릴 폐【偞】偞佼. 開脚行貌.

어깨 : 목의 바로 아래팔의 윗부분.

어깨 견【肩】兩肩. 其肩類子産『史記』

어깨 박【膊】견부(肩部). 拉膊掣胸『潛夫論』

어깨뼈 : 척추동물(脊椎動物)의 상지골(上肢骨)과
　　　몸통과를 연결하는 등의 위쪽의 한 쌍의 뼈.

어깨뼈 갑【胛】肩胛骨. 中矛貫胛『後漢書』

어깨뼈 박【胉】肩胛骨.

어깨뼈 박【髆】肩胛骨. 擊髆拊髀『夢遊錄』

어깨뼈 요【髐】견골(肩骨).

어깻죽지 : 어깨에 팔이 붙은 부분.

어깻죽지 우【腢】當腢用吉器『儀禮』

어깻죽지 흡【胁】圄 胁膊, 肩也.

어깻죽지 뼈 :

어깻죽지 뼈 우【髃】膊前骨.

어눌하다 : 말을 더듬음.

어눌할 눌【訥】눌(吶)과 동자(同字).

어눌할 눌【吶】눌(訥)과 동자(同字).

어눌할 삽(집)【譅】訥也.

어눌할 흘【吃】吃音. 爲人口吃『漢書』

어느 :

어느 나【那】어떤. 那裏. 君家阿那邊『李白』

어느 숙【孰】是可忍也 孰不可忍也『論語』

어느 일【一】어떤. 一日. 一說.
　　　一夕自恨死『柳宗元』

어느 하【何】

　㉠ 어느 것. 吾何執, 執御乎, 執射乎『論語』

　㉡ 어느 곳. 天下如一, 欲何之『孔叢子』

　㉢ 어느 누구. 陸遜陸抗 是君何人也『吳志』

어느 할【害】어느 것을. 또는 어느 때에.
　　　害澣害否『詩經』

어느 곳 :

어느 곳 해【奚】何處. 彼且奚適也『莊子』

어느 때 :

어느 때 갈【曷】어느 때에. 時日曷喪『書經』

어대(魚帶) : 관리가 차는 고기 모양을 한 패물
　　　(佩物).

어대 어【魚】緋衣銀魚『遼史』

어둑새벽 : 날이 밝기 전의 어두운 새벽. 또는 밤이 장차 밝으려 할 때.

어둑새벽 매【昧】昧爽. 士曰昧旦『詩經』

어둑새벽 물【旼】旼爽.

어둑어둑하다 : 약간 어두움.

어둑어둑할 매【沫】日中見沫『易經』

어둠 :

어둠 음【陰】캄캄함. 審堂下之陰『呂氏春秋』

어둠 회【晦】

 ㋠ 캄캄함. 晦夜. 窈冥晝晦『史記』

 ㋡ 분명하지 아니함. 志而晦『左傳』

 ㋢ 晦昧. 陰陽風雨晦明『左傳』

어둠 속을 가다 :

어둠 속을 갈 맘【驖】암행(闇行). 암행(暗行).

어둡게 하다 :

어둡게 할 암【闇】㋠ 蔽闇之『詩經』
     ㋡ 陰闇其主『韓非子』

어둡다 :

어두울 기【暣】암우(暗愚).

어두울 당【瞠】눈이 밝지 아니함.

어두울 돈【伅】暗也.

어두울 롱【聾】사물에 밝지 못함.
    鄭昭宋聾『左傳』

어두울 막【漠】漠漠. 幽室之黯漠『蔡邕』

어두울 막【莫】밝지 않음.
    悖亂昏莫 不終極『荀子』

어두울 망【罔】무식한 모양.
    罔芒芒之無紀『楚辭』

어두울 망【芒】분명하지 않은 모양.
    人之生也固若是芒乎『莊子』

어두울 매【媒】밝지 아니함. 媒媒晦晦『莊子』

어두울 매【昧】

 ㋠ 어둠침침함. 昧昧. 路幽昧以險隘『楚辭』

 ㋡ 어리석음. 愚昧. 兼弱攻昧『書經』

 ㋢ 눈이 밝지 아니함.
    目不別五色之章爲昧『左傳』

어두울 맹【盲】밝지 아니함. 盲忘.
    天大風晦盲『呂氏春秋』

어두울 멸【蔑】눈에 정기가 없음. 시력이 부족함.
    蔑然無言『晉書』

어두울 명【冥】

 ㋠ 밝지 아니함. 冥晦. 窈兮冥兮『老子』

 ㋡ 무식함. 冥昏. 冥頑不靈『韓愈』

 ㋢ 시력(視力)이 약함. 年高目冥『後漢書』

어두울 명【瞑】눈이 흐려 잘 보이지 않는 모양.
    矓瞑. 其視瞑瞑『淮南子』

어두울 명【暝】명(冥)과 동자(同字).
    誰昭誰暝『汲冢周書』

어두울 명【溟】

 ㋠ 가랑비가 부슬부슬 와서 하늘이 약간 어두운 모양. 溟濛. 密雨溟沐『太玄經』

 ㋡ 인신(引伸)하여 물상(物象)의 환하지 아니한 모양. 經途澒溟『木華』

어두울 몽【瞢】

 ㋠ 눈이 흐림. 齊文宣瞢『文中子』

 ㋡ 캄캄함. 莫不瞢瞢『太玄經』

어두울 몽【蒙】

 ㋠ 밝지 아니함. 蒙以養正 聖功也『易經』

 ㋡ 우매함. 愚蒙. 蒙昧.

어두울 몽【懞】무식한 모양. 우매한 모양.

어두울 묘【杳】어둠침침함.
    日杳杳而西匿『張衡』

어두울 묵【墨】캄캄함. 墨以爲明『荀子』

어두울 물【旼】밝지 아니함.
    飄寂寥以荒旼『劉歆』

어두울 민【悶】悶悶. 사리(事理)에 어두운 모양.
    其政悶悶其民醇醇『老子』

어두울 붕【霿】懞也.

어두울 암【暗】

 ㋠ 빛이 밝지 않음. 出入時光暗『論衡』

 ㋡ 어리석음. 識暗鳴蛙 智昏文蛤『晉書』

 ㋢ 눈이 어두움. 濁則目暗『雲笈七籤』

 ㋣ 개명(開明)되지 않음.
    時暗而文章者 君子之眞也『班固』

 ㋤ 보이지 않음. 숨어 있음. 暗礁.

어두울 암【闇】

 ㋠ 밝지 아니함. 闇夜.

 ㋡ 우매(愚昧)함. 闇主.
    朝無忠臣者 政闇『鹽鐵論』

어두울 암【黤】黤黮. 일광이 어두운 모양.
    黤黮玄夜陰『劉伶』

어두울 암【黯】㋠ 黯然而黑『史記』
     ㋡ 黯兮慘悴『李華』

어두울 암【晻】암(暗)과 동자(同字). 晻昧.
    是姦人將以盜名於晻世者『荀子』

어두울 영【嶸】嶸溟. 산기(山氣)가 어두운 모양.
    其山嶸溟怫『左思』

어두울 요【窅】캄캄함. 冥也.

어두울 요【窈】可以明 可以窈『淮南子』

어두울 유【幽】

 ㋠ 밝지 않음. 上幽而下險『荀子』

 ㋡ 幽室. 幽則有鬼神『史記』

어두울 조【窕】유명(幽冥).

어두울 탐【黮】人固受其黮闇『莊子』

어두울 톤【黗】暗也.

어두울 패【旆】暗也.

어두울 패【晻】밝지 아니함. 旭日晻昢『左思』

어두울 패【孛】빛이 가려 밝지 않음.
　　　　　　　星辰不孛 明不融『漢書』

어두울 항【黯】黯黯, 冥也.

어두울 현【眴】㉠ 현(眩)과 동자(同字).
　　　　　　　㉡ 眴兮杳杳『楚辭』
　　　　　　　㉢ 眴兮窈窕『史記』

어두울 현【眩】환하지 아니함.
　　　　　　　照物而不眩『淮南子』

어두울 혼【俉】闇也.

어두울 혼【晤】闇也.

어두울 혼【昏】
　　㉠ 잘 보이지 아니함. 眩暗.
　　㉡ 어리석음. 眩愚. 我獨若眩『老子』

어두울 혼【睧】눈이 어두움.
　　　　　　　漠睧於勢利『淮南子』

어두울 혼【惽】혼(惛)과 동자(同字).
　　　　　　　吾惽不能進於是矣『孟子』

어두울 홀【笏】홀(惚)과 동자(同字). 어리석은
　　모양. 분명하지 아니한 모양.
　　　　　　　愚者之言 笏然而粗『荀子』

어두울 회【個】惛也.

어두울 횡【儚】惛也.

어두울 홍【顝】惛也.

어두울 홍【顤】暗也.

어두울 흑【黑】일광이 어두움. 暗黑.
　　　　　　　日黑大風起『漢書』 癶

어둘 렬【曊】暮也.

어디 :
어디 안【安】어느 곳에. 吾將安至.

어떠하냐 :
어떠하냐 나【那】내하(奈何). 여하(如何).
　　　　　　　棄甲則那『左傳』

어떠하냐 하【何】何也. 棄甲則如何『左傳』

어떻든지 :
어떻든지 수【竪】圖 橫竪.

어려움 없다 :
어려움없을 적【倜】무탄(無憚).

어려워하다 :
어려워할 난【難】어렵게 여김.
　　　　　　　惟帝其 難之『書經』

어려워할 린【遴】어렵게 여겨 주저함.
　　　　　　　誠難以忽 不可以遴『漢書』

어렴풋하다 :
어렴풋할 방【呺】여문(如聞).

어렴풋할 방【仿】仿佛其若夢『揚雄』

어렴풋할 애【僾】희미(稀微)함. 祭之日入室 僾
　　　　　　　然必有見乎其位『禮記』

어렴풋할 측【側】분명(分明)하지 않음. 幽微.

　　　　　　　側聞 屈原兮沈汨羅『史記』

어렴풋할 측【仄】희미(稀微)함. 또 어렴풋이.
　　　　　　　仄聞屈原兮自湛汨羅『賈誼』

어렵게 여기다 :
어렵게 여길 간【艱】惟艱帝其艱之『書經』

어렵다 :
어려울 간【囏】간(艱)의 고자(古字).
　　　　　　　恤民之囏阨『周禮』

어려울 간【艱】쉽지 않음. 평이하지 않음.
　　　　　　　或問經之艱易『揚子法言』

어려울 간【㑆】쉽지 아니함.
　　　　　　　象㑆有守『太玄經』

어려울 겸【謙】難也.

어려울 극【劇】轉運難劇『後漢書』

어려울 근【趝】難也.

어려울 난【鸂】難也.

어려울 난【難】
　　㉠ 쉽지 아니함. 爲政不難『孟子』
　　㉡ 어려운 일. 責難於君『孟子』

어려울 삽【澁】쉽지 아니함. 澁體. 艱澁.

어려울 오【聱】문장(文章), 어구(語句) 등이 평
　　이(平易)하고 유창(流暢)하지 아
　　니하여 해득(解得)하기 힘듦.
　　　　　　　周誥殷盤佶屈聱牙『韓愈』

어려울 준【屯】고난에 허덕임. 屯困.
　　　　　　　屯如遭如『易經』

어려울 파【叵】부정하는 말. 불가(不可)의 뜻.
　　　　　　　大耳兒最叵信『後漢書』

어려울 험【險】힘이 듦. 險句. 以知險『易經』

어려울 현【嘽】難也.

어루러기 : 사상균(絲狀菌)에 의하여 살 갓에 얼
　　룩얼룩한 무늬가 생기는 피부병의 하나.

어루러기 전【癜】癜風. 治癜用茄蔕蘸硫黃『本草經』

어루만지다 :
어루만질 롱【攏】쓰다듬음.
　　　　　　　輕攏慢撚撥復挑『白居易』

어루만질 무【㧑】撫也.

어루만질 무【撫】
　　㉠ 쓰다듬음. 撫孤杉而盤桓『陶潛』
　　㉡ 애무함. 嫂常撫汝而言曰『韓愈』
　　㉢ 위로함. 위안함. 慰撫. 撫四夷『孟子』

어루만질 무【憮】애무(愛撫)함.
　　　　　　　遲想歡憮『陸運』

어루만질 미【侎】미(敉)와 동자(同字). 위무(慰
　　　　　　　撫)함. 掌侎災兵『周禮』

어루만질 미【敉】어루만져 편안히 함.
　　　　　　　敉寧武圖功『書經』

어루만질 부【㧑】撫也.

어루만질 부【拊】쓰다듬음. 위무(慰撫)함.
　　　　　拊循. 拊而勉之『左傳』
어루만질 부【撫】부(拊), 무(撫)와 통용. 按撫.
어루만질 순【循】
　㉠ 손으로 쓰다듬음. 自循其刀環『漢書』
　㉡ 尉撫함. 循撫. 拊循勉百姓『漢書』
어루만질 안【案】案撫. 案劍以前『史記』
어루만질 안【按】손으로 쓰다듬음. 按紋.
　　　　　毛遂按劍 歷階而上『史記』
어루만질 완【杬】안마(按摩).
어른 :
어른 공【公】장자(長子)의 존칭(尊稱).
　　　　　此六七公皆亡恙『漢書』
어른 관【冠】관례(冠禮)를 올린 성인(成人).
　　　　　冠童. 童冠八九人『張華』
어른 대【臺】남의 존칭. 老臺. 尊臺.
어른 로【老】
　㉠ 연장자. 선배. 父老. 長老.
　㉡ 덕(德)이 높고 나이가 많은 사람. 鄕老.
　㉢ 공경(公卿) 제후(諸侯)의 우두머리.
　　　　　天子之老『禮記』
　㉣ 신하(臣下) 또는 가신(家臣)의 우두머리.
　　　　　爲趙魏老則優『論語』
어른 장【長】
　㉠ 성인(成人). 長而卑『公羊傳』
　㉡ 손윗사람. 長上. 弟者所以事長也『大學』
어른 장【丈】장자(長者)의 존칭. 富鄭公稱范文
　　　　　正公 曰范十二丈『長編』
어른 되다 :
　어른 될 장【長】及長爲委吏『史記』
어름 : 달이나 계절이 바뀔 때.
　어름 교【交】春夏之交. 十月之交『詩經』
어리나무 :
　어리나무 교【藗】連藗, 약명(藥名).
어리다 : 나이가 상대적으로 적거나 얼마 되지
　않다.
　어릴 계【季】
　㉠ 나이가 적음. 有齊季女『詩經』
　㉡ 아직 성숙하지 아니함. 斬季材『周禮』
어릴 국【鷇】鷇之閔斯『詩經』
어릴 눈【嫩】어리고 연약함. 어리고 아름다움.
　　　　　嫩葉. 紅入桃花嫩『杜甫』
어릴 눈【嬽】눈(嫩)과 통용. 눈약(嬽弱).
어릴 명【冥】유치함. 嘁嘁其冥『詩經』
어릴 몽【蒙】나이가 어림. 또 어린이. 童蒙.
어릴 숙【叔】叔少也 幼者之稱也『釋名』
어릴 약【若】약(弱)과 통용.
　　　　　匈奴若子『賈誼新書』

어릴 약【弱】
　㉠ 연소함. 有寵而弱『左傳』
　㉡ 연소자. 老弱. 扶老攜弱『史記』
어릴 요【幺】幺弱. 幺麼尙不及數子『班彪』
어릴 유【幼】幼年. 人生十年曰幼學『禮記』
어릴 육【育】유치(幼稚)함.
　　　　　昔育恐育鞠『詩經』
어릴 충【沖】유소(幼少)함. 幼沖.
　　　　　惟予沖人弗及知『書經』
어릴 충【种】충(沖)과 동자(同字).
어릴 충【冲】稚也.
어릴 츤【齔】이를 갈 무렵의 나이.
　　　　　髫齔. 年皆童齔『後漢書』
어릴 치【稚】稚兒. 稚子侯門『陶潛』
어릴 치【稺】치(稚), 치(稺)와 동자(同字).
　　　　　子奇稺齒『後漢書』
어릴 치【穉】치(稚)와 동자(同字).
　　　　　衆穉且狂『詩經』
어릴 해【孩】
　㉠ 낳은 지 얼마 안 됨. 無殺孩蟲『禮記』
　㉡ 유치(幼稚)함. 憶昔十五心尙孩『杜甫』
어리둥절하다 : (사람이) 뜻밖의 일 때문에 정신
　을 차릴 수 없을 정도로 얼떨떨하다.
어리둥절할 면【眢】眢然喪其天下焉『莊子』
어리둥절할 몽【懜】몽(懜)과 동자(同字). 懜懜,
어리새 : 딴 새를 꾀어 오게 하는 매어 놓은 새.
　어리새 와【囮】囮鳥.
어리석게 하다 : 지식(知識)을 개발하지 아니하
　고 알지 아니함.
어리석게 할 우【愚】愚民政策.
어리석다 : (생각이나 행동이) 슬기롭지 못하고
　둔하다.
어리석을 감【憨】우매(愚昧)함. 憨態.
　　　　　狂憨以致戮『文心雕龍』
어리석을 감【𢤱】愚也.
어리석을 공【悾】悾悾. 우매(愚昧)한 모양.
　　　　　悾悾而不信『論語』
어리석을 괄【聒】미련한 모양.
　　　　　今汝聒聒『書經』
어리석을 구【恂】恂恂. 우매(愚昧)한 모양.
　　　　　直恂恂以自苦『楚辭』
어리석을 구【𢢼】愚也.
어리석을 구【傴】愚也.
어리석을 기【唭】암우(暗愚).
어리석을 당【戇】고지식함. 우직(愚直)함.
　　　　　甚矣 汲黯之戇也『史記』
어리석을 도【檮】무지몽매(無知蒙昧)함.
　　　　　不撥檮昧『郭璞』

어리석을 돈【伈】암우(暗愚).

어리석을 돈【沌】愚人之心也哉沌沌兮『老子』

어리석을 돈【忳】우매(愚昧)함. 我愚人之心也
　　　　　　　　哉 忳忳兮『老子』

어리석을 동【僮】무지몽매(無知蒙昧)함. 僮昏.
　　　　　　　僮然未有知『太玄經』

어리석을 동【憧】愚憧不逮事『史記』

어리석을 동【倲】愚也.

어리석을 둔【芚】무식(無識)한 모양.
　　　　　　　聖人愚芚『莊子』

어리석을 둔【吨】愚也.

어리석을 려【稆】愚也.

어리석을 매【呆】모(某), 보(保)의 고자(古字).
　　　　　　　미련함. 癡呆.

어리석을 몽【懞】懞懂. 어리석음.

어리석을 몽【懜】무식(無識)한 모양.
　　　　　　　標表發昏懜『吳師道』

어리석을 몽【曚】우매(愚昧)함. 曚昧.

어리석을 무【愁】

　　㉠ 어리석은 모양. 直怐愁以自苦『楚辭』

　　㉡ 怐愁守死忠信以自畢也『楚辭』

어리석을 반【疲】癡也.

어리석을 부【娝】愚也.

어리석을 분【体】愚也.

어리석을 사【傻】愚也. 傻子. 천치(天癡).

어리석을 승【脅】駭也. 癡也.

어리석을 애【駭】미련함. 愚駭.
　　　　　　　內實駭不曉政事『漢書』

어리석을 애【騃】우둔(愚鈍)함. 시비선악(是非
　　　　　　　善惡)을 분별(分別) 못함.

어리석을 용【庸】우매(愚昧)함. 庸劣.
　　　　　　　意見庸淺『梁昭明太子』

어리석을 우【愚】

　　㉠ 우매(愚昧)함. 愚直. 終日不違如愚『論語』

　　㉡ 어리석음. 以智役愚『宋書』

어리석을 은【嚚】愚鈍. 父頑母嚚『書經』

어리석을 읍【歙】痴也.

어리석을 잉【夐】愚也.

어리석을 전【顚】愚昧. 性顚而嗜古『歐陽修』

어리석을 준【蠢】무식(無識)함. 蠢愚.
　　　　　　　蠢玆有苗『書經』

어리석을 준【惷】준(蠢)과 동자(同字).
　　　　　　　우매(愚昧)함. 惷愚.
　　　　　　　惷耄儒之惷窒兮『皮日休』

어리석을 질【侄】癡也.

어리석을 찬【惷】愚也.

어리석을 창【傖】愚也.

어리석을 창【戃】우매(愚昧)함.
　　　　　　　寡人戃愚冥頑『禮記』

어리석을 치【癡】미련함. 白癡.
　　　　　　　癡謂眞實『金光明經』

어리석을 치【蚩】우둔(愚鈍)함. 또 보기 흉함.
　　　　　　　妍蚩好惡 可得以言『陸機』

어리석을 탐【傝】傝儑.

어리석을 학【婟】愚也.

어리석을 혼【倱】愚也.

어리석을 회【殨】愚也.

어리석음 : 우둔함.

어리석을 추【椎】皆椎魯無能爲者『蘇軾』

어린대 : 난지 얼마 안 되는 작은 대나무.

　어린대 랑【筤】蒼筤. 震爲蒼筤竹『易經』

어린아이 :

　어린아이 예【倪】小兒. 反其旄倪『孟子』

　어린아이 유【幼】幼兒. 攜幼入室『陶潛』

　어린아이 조【麆】소아(小兒).

　어린아이 초【髫】髫髮. 어린아이의 뒤로 늘어
　　　　　　　　뜨린 머리. 전하여 어린 아이.

　어린아이 해【孩】嬰孩. 聖人皆孩之『老子』

어린아이 걸음 :

　어린아이 걸음 다【跢】小兒行.

어린아이 게으르다 :

　어린아이 게으를 녁【餮】小兒懶怠.

어린아이 먹이다 :

　어린아이 먹일 마【饝】哺小兒.

　어린아이 먹일 마【䬷】哺小兒.

어린아이소리 :

　어린아이소리 뉴【㘤】小兒聲㘤呢.

어린아이 울다 :

　어린아이 울 강【咣】小兒啼咣咣.

어린애 :

　어린애 오【夭】유아. 不殺胎, 不殀夭『禮記』

　어린애 츤【齔】이를 갈 무렵의 나이의 아이.
　　　　　　　髫齔. 年皆童齔『後漢書』

　어린애 치【稚】어린이. 稚老.
　　　　　　　養稚惟愛『蔡邕』

　어린애 황【黃】당대(唐代)에는 세 살 이하를 이름.
　　　　　　　凡男女始生爲黃『唐開元志』

어린애 걷다 :

　어린애 걸을 종【踵】小兒行步.

어린애 걸음 :

　어린애 걸음 룡【躘】小兒步行.

어린애 자지 :

　어린애 자지 최【朘】赤子陰莖. 未知牝牡之合而
　　　　　　　　朘作精之至也『道德經』

어린이 :

　어린이 계【季】嗟予季行役『詩經』

　어린이 도【悼】耄與悼, 雖有罪不加刑『禮記』

어린이 머리 수건 :

　어린이 머리 수건 모【冃】小兒頭巾.

어린 죽순 :

　어린 죽순 예【篋】初生筍.

어린 지어미 :

　어린 지어미 맹【嫇】유부(幼婦).

어릴 때 : 어린 시절.

　어릴 때 유【幼】幼被慈母三遷之教『趙岐』

어릿광대 : 서양식 곡예나 무언극 따위에서, 실제
　재주놀이가 시작되기 전 또는 막간에 나와서
　우스운 이야기나 짓을 하여 판의 흥을 돋우어
　주는 사람.

　어릿광대 잡【囃】囃也.

어릿어릿하다 : (신체 부위나 상처가)찌르는 듯
　이 몹시 아프거나 쓰린 느낌이 있다.

　어릿어릿할 어【偛】상모(傷貌).

어머니 : 자기를 낳은 여자.

　어머니 낭【娘】모(母)의 속어. 娘家.
　　　　　　兒別爺娘夫別妻『白居易』

　어머니 마【媽】모친. 媽媽.

　어머니 비【妣】모친. 父爲考, 母爲妣『爾雅』

　어머니 양【孃】모친. 爺孃. 孃今何處『南史』

　어머니 온【媼】모(母)의 별칭.
　　　　　媼之愛燕后　賢於長安君『史記』

　어머니 유【乳】母親. 兄弟共乳而生『唐書』

　어머니 자【慈】아버지를 엄(嚴)이라 함의 대
　　　　　　(對). 家慈. 慈母.

어미 : '어머니'를 홀하게 이르는 말.

　어미 모【母】
　　㉠ 모친. 父母. 母兮鞠我『詩經』
　　㉡ 어머니뻘의 여자. 叔母. 姑母.
　　㉢ 유모. 生三人 公與之母『國語』
　　㉣ 같은 물건 중에 크거나 무거운 것은 母,
　　　　작거나 가벼운 것은 子라함. 子母環.
　　㉤ 所生의 근원. 또는 근본의 뜻. 母財. 母音.
　　　　有名萬物之母『老子』

　어미 시【恃】怙恃. 어미와 아비.

어버이 : 아버지와 어머니를 아울러 이르는 말.

　어버이 유【乳】兩親. 兄弟共乳而生『唐書』

　어버이 친【儭】친(親)과 통용.

　어버이 친【親】兩親. 不順乎親『中庸』

어살 : 섶나무를 물속에 꽂아 물고기를 잡는 설비.

　어살 방【枋】蜀人以枋偃魚曰枋『揚雄方言』

　어살 천【椾】어전(漁箭). 椾澂爲涔『郭璞』

어수리 : 미나리과에 속하는 다년초. 뿌리는 백지
　(白芷)라하여 약재로 씀.

　어수리 립【笠】笠芷.

　어수리 지【芷】雜杜衡與芳芷『楚辭』

어수선하다 : (마음이나 분위기 따위가)차분하게
　안정되지 못하고 뒤숭숭하다.

　어수선할 번【樊】분잡(紛雜)한 모양.
　　　　　　　　樊然殽亂『莊子』

　어수선할 잡【雜】산란(散亂)함. 亂雜.

　어수선할 준【惷】王室實惷惷焉『左傳』

　어수선할 탄【嘽】亂也.

어스레하다 : 날이 아직 완전히 밝지 않아 어두
　움. 또는 땅거미 짐.

　어스레할 롱【曨】曨曨. 日通曨而上度『江淹』

　어스레할 몽【矇】曚曨. 曠若發矇『應璩』

　어스레할 훈【曛】天色正曛『舊唐書』

어스름 달밤 :

　어스름 달밤 홍【胐】月不明夜.

　어스름 달밤 황【朚】臟朚, 月不明.

어스름하다 : (빛이)조금 어둑한 듯하다.

　어스름할 돈【焞】天策焞焞『左傳』

어슬렁어슬렁 가다 :

　어슬렁어슬렁 갈 원【蜿】虎豹蜿只『楚辭』

어슴푸레하다 : (빛이) 약해서 어둡고 희미하다.
　또는 (보이거나 들리는 것이)뚜렷하지 않고 흐
　릿하다.

　어슴푸레할 창【蒼】蒼然暮色『柳宗元』

　어슴푸레할 황【恍】惚兮恍兮『老子』

　어슴푸레할 황【怳】道之爲物　惟怳惟忽『老子』

　어슴푸레할 희【俙】優俙不明莫如雲『李登聲類』

어여쁘다 : <예스러운 말로>(대상의 색이나 모양
　이)눈으로 보기에 좋고 사랑스럽다.

　어여쁠 봉【丰】丰容. 子之丰兮『詩經』

어여삐 여기다 :

　어여삐 여길 련【憐】귀애(貴愛)함.
　　　　　　　大夫亦愛憐少子乎『史記』

어여차 : 여럿이 물건을 옮길 때 힘을 내기 위하
　여 부르는 소리. '어여차'하고 지르는 소리.

　어여차 할【勵】勵勵.

어엿하다 : (모습이나 행동 따위가) 아무 손색이
　없이 당당하고 떳떳하다.

　어엿할 뇌【娞】威好貌.

어우르다 :

　어우를 병【幷】
　　㉠ 합침. 合幷.
　　　　天下良辰美景賞心樂事　四者難幷『謝靈運』
　　㉡ 아울러 가짐. 겸하여 가짐. 兼幷.
　　　　魏幷中山　必無趙矣『戰國策』

어울리다 :

　어울릴 병【幷】조화됨. 心與俗幷『嵇康』

　어울릴 해【諧】잘 조화함. 調諧.
　　　　　　　八音克諧『書經』

어음 : 일정한 시기에 일정한 장소에서 일정한 금
　액을 지불하겠다고 약속한 유가 증권.

　어음 자【劑】質劑. 以質劑結信而止訟『周禮』

　어음 질【質】大市曰質 小市曰劑『周禮』

　어음 질【劑】질(質)과 동자(同字). 劑劑.

　어음 천【串】官串宜每里一本也『未信編』

　어음 첩【帖】券帖. 以陳匡範貸帖聞『資治通鑑

　어음 필【笏】분계(分契).

어이구 : 두려워하여 내는 소리. 또 아파하여 또
　는 원통하여 부르짖는 소리.

　어이구 희【譆】譆吾有所見『史記』

어이없다 :

　어이없을 당【偉】당혹(當惑).

어저귀 : 아욱과에 속하는 일년초. 섬유는 마사
　(麻絲)보다 조금 약함.

　어저귀 경【檾】백마(白麻).

　어저귀 투【藬】경속(檾屬).

어정거리다 :

　어정거릴 다【迱】逶迱, 행모(行貌).

어제 :

　어제 작【昨】昨日. 昨今. 周昨來『莊子』

어조사(語助辭) :

　어조사 각【卻】요(了)와 동의. 조사로서 딴 동사
　　　　　　밑에 첨가하여 씀. 忘卻.
　　　　　　一片花飛滅卻春『杜甫』

　어조사 기【忌】구조(句調)를 고르게 하기 위한 조
　　　　　　사. 叔善射忌 又良御忌『詩經』

　어조사 경【慶】발어사(發語辭).
　　　　　　慶天悴以喪榮『揚雄』

　어조사 기【居】영탄(詠歎)의 어조사.
　　　　　　日居月諸『詩經』

　어조사 기【迸】무의미(無意味)한 어조사.

　어조사 기【其】
　　㉠ 어세(語勢)를 고르게 하기 위하여 구말(句
　　　末)에 첨가(添加)하는 조사(助辭). 시부(詩
　　　賦)에 쓰임. 夜如何其『詩經』
　　㉡ 무의미(無意味)한 조사(助辭).
　　　彼其之子『詩經』

　어조사 내【那】무의미(無意味)한 조사(助辭).
　　　　　　公是韓伯休那『後漢書』

　어조사 내【乃】두 가지 사물(事物)을 들어 말할
　　　　　　때 어세(語勢)를 고르게 하는 말.
　　　　　　乃武乃文 乃聖乃神『書經』

　어조사 니【聻】어조를 돕는 말.
　　　　　　何故聻『無門關』

　어조사 래【來】어세(語勢)를 강하게 하거나 권
　　　　　　유(勸誘)의 뜻을 나타내기 위하
　　　　　　여 어미(語尾)에 붙이는 조사

（助辭）. 盍歸乎來『孟子』

어조사 료【了】
　㉠ 결정(決定) 또는 과거(過去). 완료(完了)
　　등의 뜻을 나타내기 위하여 어미(語尾)에
　　첨가(添加)하는 조사(助辭). 속어(俗語)에
　　쓰임. 道了. 讀了後 又只是此等人『程頤』
　㉡ 不是知行的本體了『傳習錄』

어조사 료【聊】무의미(無意味)의 조자(助字).
　　　　　　椒聊之實『詩經』

어조사 륵【嘞】⊖ 어조사(語助辭).

어조사 리【哩】속어의 어미에 쓰임. 說漢朝大
　　　　　　臣來投見哩『元曲 漢宮秋』

어조사 사【些】어세(語勢)를 강(强)하게 하는
　　　　　　助辭. 何爲四方些『楚辭』

어조사 사【思】
　㉠ 발어(發語)의 조사.
　　思樂泮水『詩經』
　㉡ 어말(語末)의 조사.
　　不可泳思『詩經』

어조사 사【斯】무의미(無意味)의 조자(助字).
　　　　　　湛湛露斯『詩經』

어조사 살【殺】어세(語勢)를 강(强)하게 하는
　　　　　　조사(助辭). 愁殺.
　　　　　　笑殺天下人『唐書』

어조사 생【生】접두(接頭) 또는 접미(接尾)의
　　　　　　조사(助辭).
　　　　　　何似生 借問別來太瘦生『李白』

어조사 서【胥】
　㉠ 시구(詩句)의 무의미(無意味)한 조자(助
　　字). 君子樂胥『詩經』
　㉡ 侯氏燕胥『詩經』

어조사 소【所】무의미의 어조사.
　　　　　　多經年所『張衡』

어조사 수【受】수동의 뜻을 나타내는 조사.
　　　　　　忘受欺於姦諛『唐書』

어조사 아【兒】동식물(動植物), 기구(器具) 등의
　　　　　　이름의 끝에 붙이는 조사(助辭).
　　　　　　車兒. 打起黃鶯兒『蓋嘉運』

어조사 야【也】
　㉠ 구말(句末)에 써서 결정(決定)의 뜻을 나타
　　내는 조사(助辭).
　　廟有二主 自桓公始也『禮記』
　㉡ 어간(語幹)에 넣어 병설(並說)하는 助辭.
　　野馬也 塵埃也 生物之以息相吹也『莊子』
　㉢ 이름을 부를 때 이름 아래에 쓰는 助辭.
　　回也其庶乎『論語』
　㉣ 의문(疑問)에 쓰는 조사(助辭).
　　寡人之民不加多何也『孟子』
　㉤ 반어(反語)에 쓰이는 조사(助辭).

君子何患乎無兄弟也『論語』

ⓗ 감탄(感歎)의 뜻을 나타내는 조사(助辭).
何其智之明也『史記』

ⓢ 어세(語勢)를 강(强)하게 하는 조사(助辭).
必也狂狷乎『論語』

ⓞ 형용(形容)의 의미(意味)를 강(强)하게 하는 조사(助辭). 始作翕如也『論語』

ⓩ 탄식(歎息)의 뜻을 나타내는 조사(助辭).
~도다 ~구나. 재(哉)와 같음. 惜也.

어조사 약【若】형용사(形容詞)에 붙이는 助辭.
自若. 瞠若乎其後矣『莊子』

어조사 어【於】전후(前後) 자구(字句)의 關係를
나타내는 말. 于와 뜻이 같음.
夫子至於是邦也『論語』

어조사 언【焉】
㉠ 무의미(無意味)한 조사(助辭).
故先王焉爲之立中制節『禮記』
㉡ 지정(指定)의 뜻을 나타내는 조사(助辭).
四時行焉 百物生焉『論語』

어조사 언【言】무의미(無意味)한 조사(助辭).
주(主)로 시(詩)에 씀.
永言配命『詩經』

어조사 여【如】조사(助詞), 형용사(形容詞)의
어미(語尾)에 붙어 연(然)과 같
은 뜻으로 쓰임. 突如. 勃如.
申申如也 夭夭如也『論語』

어조사 여【欤】언(焉) 등과 같이 어미(語尾)에
붙이는 조사(助辭).

어조사 연【然】언(焉) 등과 같이 어미(語尾)에
붙이는 조사(助辭).
歲旱 穆公召縣子而問然『禮記』

어조사 우【于】
㉠ 목적(目的)과 동작(動作)의 관계(關係)를
나타냄. 志于學『論語』
㉡ 장소(場所)와 동작(動作)의 관계(關係)를
나타냄. 去之于岐山之下居焉『孟子』
㉢ 발어사(發語辭). 于以采蘋『詩經』
㉣ 비교(比較)를 나타냄. 介于石『書經』

어조사 운【云】어조(語調)를 맞추는 말.
伊誰云憎『詩經』

어조사 월【粤】월(越)과 동자(同字). 發語辭.
粤詹雒伊 毋遠天室『史記』

어조사 은【憖】發語辭. 憖使我君聞勝與臧之死
也以爲快『左傳』

어조사 의【矣】
㉠ 구(句)의 끝에 쓰는 과거(過去)를 나타내는
조사(助辭). 今乘輿已駕矣『孟子』
㉡ 구(句)의 끝에 쓰이는 미래(未來)를 나타내
는 助辭. 苟志於仁矣 無惡也『論語』

㉢ 구(句)의 끝에 쓰이는 단정(斷定)을 나타내
는 조사(助辭). 王道備矣『禮記』

㉣ 구(句)의 중간(中間)에 써서 어세(語勢)를
강조(强調)하는 조사(助辭).
習矣而不察焉『孟子』

㉤ 도구법(倒句法)에 쓰이는 조사(助辭).
巧言令色 鮮矣仁『論語』

ⓗ 딴 조사(助詞)의 위에 쓰이는 조사(助辭).
仁矣乎『論語』

어조사 의【猗】혜(兮)와 동의. 어귀(語句)의 끝
에 쓰는 조사(助辭).
斷斷猗無他伎『書經』

어조사 이【耳】무의미의 조자(助字).
女得人焉耳乎『論語』

어조사 이【爾】연(然)과 여(如) 등과 같이 형용
(形容)의 조사(助辭)로 쓰임.
徒爾. 蹴爾. 爾毋從從爾 爾毋扈
扈爾『禮記』

어조사 이【伊】
㉠ 발어(發語)의 助辭. 伊余來曁『詩經』
㉡ 어조(語調)를 고르게 하는 조사(助辭).
嘉薦伊脯『儀禮』

어조사 이【而】무의미의 조자(助字).
今之從政者殆而『論語』

어조사 이【頤】무의미한 조사(助辭). 夥頤.
涉之爲王沈沈者『史記』

어조사 일【一】어세(語勢)를 강(强)하게 하는
조사(助辭).
一遊一豫 爲諸侯度『孟子』

어조사 자【者】
㉠ 어세(語勢)를 강(强)하게 하기 위하여
쓰는 조사(助辭). 何者.
不殺者爲楚國患『史記』
㉡ 둘 이상의 사물(事物)을 구별(區別)하는데
쓰는 助辭. 仁者人也 義者宜也『中庸』
㉢ 어세(語勢)를 부드럽게 할 때는 야(也)와
연용(連用)하여 也者로 씀.

어조사 재【載】조사(助辭). 載戢干戈『詩經』

어조사 재【哉】
㉠ 단정(斷定)하는 말. 野哉由也『詩經』
㉡ 탄미(歎美)하는 말. 君子哉 若人『論語』
㉢ 의문사(疑問詞).
今閑之於艸書 有旭之心哉『韓愈』
㉣ 반어사(反語辭). 烏能得其心服哉『柳宗元』

어조사 저【且】어세(語勢)를 강하게 하는 조사.
不見子都 乃見狂且『詩經』

어조사 저【底】적(的)과 동의. 지시의 뜻을 나
타내는 조사.
是做人底樣子『宋學』

어조사 전【旃】 지(之)와 동의.
　　　　　　虞公求旃『左傳』

어조사 제(저)【諸】

　㉠ 지어(之於)와 같은 뜻임.
　　君子求諸己 小人求諸人『論語』

　㉡ 지호(之乎)와 동의. 의문사(疑問詞)로 쓰임. 湯放桀, 武王伐紂, 有諸『孟子』

　㉢ 또 특히 호(乎)를 첨가(添加)한 것도 있음.
　　信有諸乎『史記』

　㉣ 무의미한 조사(助辭). 日居月諸『詩經』

어조사 지【止】 무의미(無意味)한 조사(助辭).
　　　　　百室盈止 婦子寧止『詩經』

어조사 지【之】

　㉠ 사물(事物)을 지시(指示)하는 뜻을 나타내는 조사(助辭).
　　老者安之 朋友信之 少者懷之『論語』

　㉡ 도치법(倒置法)에서 목적어(目的語)가 동사(動詞)위에 올 때 목적어(目的語)와 동사(動詞)사이에 끼우는 조사(助辭).
　　父母唯其疾之憂『論語』

　㉢ 어세(語勢)를 고르게하는 조사(助辭).
　　皮之不存 毛將何傳『左傳』

　㉣ 성(姓)과 이름사이에 끼우는 무의미(無意味)한 조사(助辭). 孟之反『論語』

　㉤ 무의미(無意味)한 조사(助辭). 久之. 頃之.
　　日有食之『春秋』

어조사 지【地】 무의미(無意味)한 조사(助辭).
　　　　　一頭地.忽地下階裾帶解『王建』

어조사 착【著】

　㉠ 동작(動作)을 나타내는 말에 붙여쓰는 조자(助字). 逢著仙人莫下棋『許用晦』

　㉡ 不曾共說著文章『嘉話錄』

어조사 취【取】

　㉠ 수동의 뜻을 나타내는 조사. 取欺. 取笑.
　　知者以有餘爲疑 而朴者以不足取信矣
　　『後漢書』

　㉡ 무의미한 조사. 好取開簾帖雙燕『盧照鄰』

어조사 혜【兮】

　㉠ 어구(語句)의 사이에 끼우거나 어구(語句)의 끝에 붙여 어기(語氣)가 일단 그쳤다가 음조(音調)가 다시 올라가는 것을 나타내는 조사(助辭).

　㉡ 주(主)로 시부(詩賦)에 쓰이는 조사(助辭).
　　大風起兮雲飛揚『漢高祖』

어조사 혜【侯】 혜(兮)와 통용. 무의미(無意味)의 조사(助辭).
　　　　　高祖過沛詩有三侯之章『史記』

어조사 호【乎】

　㉠ '~에서'의 처소격. 浴乎沂『論語』

　㉡ '~을'의 목적격. 攻乎異端.

　㉢ '~보다'의 비교격. 莫大乎尊親『孟子』

어지럽다 :

어지러울 가【苛】 혼란케 함. 苛我邊鄙『國語』

어지러울 곤【悃】 亂也.

어지러울 골【滑】 置不仁 以滑其中『國語』

어지러울 교【挍】 교(攪)와 동자(同字).
　　　　　散毛族 挍羽羣『馬融』

어지러울 교【攪】 분란(紛亂)함. 혼란하게 함.
　　　　　攪亂. 祇攪我心『書經』

어지러울 굴【淈】 혼란함. 또 혼란하게 함.
　　　　　淈泥而潛蟠『張衡』

어지러울 궤【潰】 潰潰回遹『詩經』

어지러울 녕【嬣】 眩也.

어지러울 녕【攘】 분란(紛亂)함. 소란(騷亂)함. 소란하게 함. 搶攘.
　　　　　傾側擾攘楚魏之間『漢書』

어지러울 노【恢】 無縱詭隨 以謹惽恢『詩經』

어지러울 뇨【撓】 혼란함. 또 혼란하게 함.
　　　　　撓亂我同盟『左傳』

어지러울 란【亂】

　㉠ 흩어짐. 산란(散亂)함. 이산(離散)함. 散亂.
　　收敗亂之兵『史記』

　㉡ 뒤섞임. 혼잡(混雜)함. 亂雜.
　　紛然殽亂『漢書』

　㉢ 다스려지지 아니함. 질서(秩序)가 문란(紊亂)함. 亂國. 昭公奔齊, 魯亂『朱熹』

　㉣ 난리(亂離), 폭동(暴動)같은 것으로 세상(世上)이 시끄러움. 騷亂.

　㉤ 마음이 어수선함.
　　一心不亂 春思亂如麻『鮑照』

　㉥ 행실(行實)이 난잡(亂雜)함. 亂暴.

　㉦ 일이 아직 정하여지지 아니함.
　　夫婦方亂『禮記』

어지러울 랑【狼】 산란(散亂)함. 狼藉.
　　　　　爲狼疾人也『孟子』

어지러울 력【歷】 문란(紊亂)함. 혼란(混亂)함.
　　　　　歷者獄之所由生也『大戴禮』

어지러울 력【攊】 亂也.

어지러울 료【撩】 산란(散亂)함.
　　　　　上撩之木 鳥所不集『太玄經』

어지러울 모【耗】 너무 많아 난잡함.
　　　　　耗亂者丞相以聞『漢書』

어지러울 무【蕪】 난잡(亂雜)함.
　　　　　擧要刪蕪『唐書』

어지러울 무【瞀】 사물이 혼란함.
　　　　　是非瞀亂『北史』

어지러울 문【紊】 紊亂.
　　　　　若網在綱 有條而不紊『書經』

어지러울 민【怋】亂也.

어지러울 발【哱】혼란함.

어지러울 방【厖】난잡함. 不和政厖『書經』

어지러울 방【尨】난잡함. 不和政尨『書經』

어지러울 번【煩】문란함. 世濁則禮煩而樂淫『呂氏春秋』

어지러울 분【紛】
ㄱ 흩어져 어지러움. 산란함. 落花紛紛 雪落紛紛那忍觸『蘇軾』
ㄴ 소란함. 紛亂. 紛擾. 獄之放紛『左傳』

어지러울 분【棼】분란(紛亂)하게 함. 棼棼. 猶治絲而棼之也『左傳』

어지러울 빈【繽】많이 뒤섞여 어지러운 모양. 또 많고 성한 모양. 繽紛. 九疑繽其竝迎『楚辭』

어지러울 소【搜】난잡함. 炎風日搜攪『韓愈』

어지러울 영【攖】
ㄱ 혼란함. 汝愼無攖人心『莊子』
ㄴ 攖而後成者也『莊子』

어지러울 요【擾】
ㄱ 난잡함. 난잡하게 함. 德用不擾『左傳』
ㄴ 소란 함. 소란하게 함. 擾亂. 俶擾天紀『書經』

어지러울 용【茸】헝크러진 모양. 흩어진 모양. 狐裘蒙茸『史記』

어지러울 운【紜】많아서 어지러운 모양. 萬騎紛紜『班固』

어지러울 전【沴】능란(陵亂)함. 陰陽之氣有沴『莊子』

어지러울 준【訰】訰訰, 亂也.

어지러울 참【傪】대오(隊伍)가 정렬(整列)하지 못하여 어지러움. 鼓傪可也『左傳』

어지러울 창【摐】뒤섞여 혼란함. 분착(紛錯)함. 聞君遊靜境 雅具更摐摐『陸龜蒙』

어지러울 창【搶】문란(紊亂)함. 國制搶攘『漢書』

어지러울 천【舛】착란(錯亂)함. 혼란(混亂)함. 詭類舛錯『左思』

어지러울 파【肌】亂也.

어지러울 패【誖】마음이 산란하여 의혹이 생김. 或誖其心『史記』

어지러울 혼【溷】溷淆. 世溷濁而不分『楚辭』

어지러울 혼【昏】혼란함. 또 혼란하게 함. 昏棄厥肆祀『書經』

어지러울 홍【訌】내부에서 저희끼리 분쟁을 일으킴. 蟊賊內訌『詩經』

어지러울 홍【虹】홍(訌)과 통용. 實虹小子『詩經』

어지러울 활【猾】蠻夷猾夏『書經』

어지러울 효【撓】교(攪)와 동자(同字). 亂也.

어지러울 효【殽】혼란(混亂)함. 賢不肖混殽『漢書』

어지러울 효【淆】혼탁함. 또는 혼란함. 混淆. 溷淆無別『漢書』

어지럽히다 :

어지럽힐 곡【梏】有梏亡之矣『孟子』

어지럽힐 골【汨】汨陳其五行『書經』

어지럽힐 교【捁】교(攪)와 동자(同字). 散毛族 捁羽羣『馬融

어지럽힐 란【亂】
ㄱ 亂法. 誅魯大夫亂政者少正卯『史記』
ㄴ 近理而大亂眞矣『朱熹』

어지럽힐 제【隮】隮其所患『莊子』

어지럽힐 혼【焝】번거롭게 함. 폐를 끼침. 天以寡人焝先生『史記』

어지럽힐 효【淆】淆之不濁『後漢書』

어진이 :

어진이 달【達】군자(君子). 뛰어난 사람. 先達宿德『晉書』

어진이 수【修】옛날의 현인(賢人). 吾法夫前修兮『楚辭』

어진이 수【修】옛날의 현인(賢人). 吾法夫前修兮『楚辭』

어진이 예【乂】현명(賢明)한 사람. 현재(賢才). 俊乂在官『書經』

어진이 인【仁】유덕(有德)한 사람. 愛衆而親仁『論語』

어진이 헌【獻】성현(聖賢). 文獻. 萬邦黎獻『書經』

어진이 현【賢】ㄱ 尙賢. 賢其賢『大學』
ㄴ 野無遺賢『書經』

어질다 :

어질 량【諒】양(良)과 통용. 易直子諒之心『禮記』

어질 량【俍】양(良)과 동자(同字). 工乎天 而俍乎人者 惟全人能之『莊子』

어질 서【恕】남의 정상(情狀)을 잘 살펴 동정(同情)함. 또 그 마음. 동정심. 忠恕. 仁恕. 其恕乎 己所不欲勿施於人『論語』

어질 양【良】
ㄱ 착함. 善良.
ㄴ 현명(賢明)함. 股肱良哉『書經』
ㄷ 현명한 사람. 任良『左傳』
ㄹ 온순함. 溫良恭儉讓『論語』

어질 온【榲】仁也.

어질 인【仁】
　㉠ 애정(愛情). 동정(同情). 친애(親愛). 仁愛.
　　樊遲問仁 子曰愛人『論語』
　㉡ 특히 유교(儒敎)에서는 인도(人道)의 극치
　　(極致) 또는 도덕(道德)의 지선(至善)을 이
　　름. 仁義. 仁人之安宅也『孟子』
　㉢ 어진 풍속(風俗). 인정(人情)이 두터운 풍
　　속(風俗). 里仁爲美『論語』

어질 현【賢】
　㉠ 덕행(德行)이 있고 재지(才智)가 많음.
　　賢才. 賢哲. 可久則賢人之德『易經』
　㉡ 어진이에게 어진이 대우(待遇)를 함.
　　賢賢易色『論語』
　㉢ 존숭(尊崇)함. 賢其賢『大學』
　㉣ 인신(引伸)하여 타인의 경칭(敬稱)의 접두어
　　(接頭語). 또는 직접 경칭(敬稱)으로 쓰임.
　　賢兄. 此賢何獨如此『魏書』

어찌 :

어찌 갈【曷】하(何)와 동의. 어찌하여. 曷爲.
　　　　曷不委心任去留『陶潛』

어찌 개【蓋】어찌하여서.
　　　　蓋可忽乎哉『戰國策』

어찌 거【詎】
　㉠ 거(巨)와 동자(同字). 기(豈)와 동의. 반어로
　　쓰이는 말. 天下詎可知而閉長者乎『後漢書』
　㉡ 寧詎. 庸詎로 연용 하기도 함.
　　庸詎知吾所謂天之非人乎『莊子』

어찌 거【渠】거(詎)와 동자(同字). 何渠.
　　　　寧渠로 연용 하기도 함.
　　　　蘇君在 儀寧渠能乎『史記』

어찌 기【豈】
　㉠ 어찌하여서. 豈不憚艱險『魏徵』
　㉡ 왜, 설마 등의 뜻으로 나타내는 반어.
　　豈非士之願與『史記』

어찌 나【那】하(何)와 동의. 어찌하여.
　　　　시(詩)에 많이 쓰임.
　　　　處分適兄意 那得自任專『古詩』

어찌 나【奈】나(那)와 동자(同字). 何奈.
　　　　人莫予奈『揚雄』

어찌 내【奈】여하(如何)와 동의. 奈何.
　　　　唯無形者無可奈也『淮南子』

어찌 녕【寧】
　㉠ 반어(反語). 어찌~랴.
　　寧可以馬上治之乎『史記』
　㉡ 의문의 말. 寧有虛妄不『法華經』

어찌 안【安】어떻게 하여.
　　　　君安得高枕而臥乎『史記』

어찌 언【焉】
　㉠ 의문의 말. 焉得諼草『詩經』
　㉡ 반어(反語)의 말. 焉可人人而濟之『孟子』

어찌 오【惡】
　㉠ 하(何)와 동의. 居惡在『孟子』
　㉡ 반어사(反語辭). 惡乎成名『論語』

어찌 오【烏】어찌하여. 烏有此事哉『史記』

어찌 용【庸】
　㉠ 기(豈)와 동의. 庸非貳乎『左傳』
　㉡ 하(何)와 동의. 庸詎. 庸必能用之乎『管子』

어찌 용【容】기(豈)와 동의.
　　　　苟時未可 容得己乎『三國志』

어찌 쟁【爭】즘(怎)과 동의. 어찌하여. 반어(反
　　　語)로서 속어(俗語)이며 당시(唐
　　　詩)에 많이 쓰임. 爭如. 爭若으로
　　　연용하기도 함.
　　　徘徊爭忍忙歸去『呂濱老』

어찌 저【底】하(何)와 동의. 의문사. 어찌하여.
　　　어떤. 시(詩) 또는 속어에 쓰임.
　　　底事. 有底忙時不肯來『韓愈』

어찌 즘【怎】여하(如何)와 동의. 속어에 쓰이
　　　는 글자로서 고문(古文)의 怎麽,
　　　怎生 등으로 연용하기도 함.
　　　王孫心眼怎安排『范成大』

어찌 하【何】
　㉠ 의문사(疑問詞). 且許子何不爲陶冶『孟子』
　㉡ 반어사(反語辭). 參不敏 何足知之『孝經』
　㉢ 감탄사(感歎詞). 歸遺細君 亦何仁也『漢書』

어찌 하【瑕】어찌하여서. 瑕不謂矣『禮記』

어찌 하【遐】하(何)와 통용.
　　　　心平愛矣 遐不謂矣『書經』

어찌 할【害】무슨 연고로. 王害不遠卜『書經』

어찌 해【奚】
　㉠ 의문사(疑問詞). 子奚不爲政『論語』
　㉡ 반어(反語). 어찌 ~하랴. 復奚疑『陶潛』

어찌 호【胡】
　㉠ 어찌하여서. 汝胡執人於王宮『左傳』
　㉡ 胡爲는 하위(何爲). 胡如는 하여(何如)와
　　뜻이 같음.

어찌 후【侯】하(何)와 동의. 의문사.
　　　　君乎君乎 修不邁哉『漢書』

어찌 아니하느냐 :

어찌 아니할 합【蓋】합(盍)과 통용. 어찌 ~하
　　　　　지 않느냐. 子蓋言子之志
　　　　　于公乎『禮記』

어찌 아니할 합【盍】어찌~하지 않느냐는 뜻.
　　　　　의문의 반어(反語)임.
　　　　　盍各言爾志『論語』

어찌 아니할 합【闔】합(盍)과 통용. 어찌~하
　　　　　지 않느냐. 闔不起爲寡人
　　　　　壽乎『管子』

어찌 하리오 :
어찌 하리오 나【那】어찌하면 좋으랴.
強欲從君 無那老『王維』

어찌 하오 :
어찌 하오 나【那】奈何. 棄甲則那『左傳』

어채 :
어채 해【鮭】음식의 한가지.
鮭菜常有二十七種『世說』

어혈 :
어혈 배【衃】썩은 피. 검붉어진 응혈(凝血).
赤知衃血者死『素問』
어혈 어【瘀】한 곳에 뭉친 악혈(惡血). 瘀血.

억 :
억 억【億】
㉠ 수(數)의 단위(單位). 만(萬)의 만배(萬倍). 算法億之數有大小二法 小數以十爲等 十萬爲億 十億爲兆也 大數以萬爲等 萬至萬 是萬萬爲億也『禮記疏』
㉡ 인신(引伸)하여 많음을 이름. 億庶. 億兆一心. 我庾維億『詩經』

억누르다 :
억누를 륵【勒】억제(抑制)함. 勒抑.
不能敎勒子孫『後漢書』
억누를 진【晉】억제함. 諸侯晉 大夫馳『周禮』

억새 : 포아풀과에 속하는 다년초.
억새 망【芒】茅芒.

억세다 :
억셀 강【剛】연(軟)하지 아니함. 剛柔.
柔則茹之, 剛則吐之『詩經』

억센 짐승 :
억센 짐승 치【獡】지수(鷙獸).

억센 털 :
억센 털 래【緂】강모(剛毛).
억센 털 리【氂】억세고 꼬불꼬불한 털.
以氂裝衣『漢書』

억지로 :
억지로 강【强】무리하게. 强勸.
强飮强食『周禮』
억지로 은【慭】마음은 내키지 않지마는 강잉(强仍)히. 不慭遺一老『詩經』
억지로 진【儘】무리하게. 援引附會 儘成一家之言『呻吟語』

억지로 먹다 :
억지로 먹을 녕【饓】饓饋, 강식(强食).
억지로 먹을 농【饋】饓饋, 강식(强食).

억지로 빼앗다 :
억지로 빼앗을 탈【敓】탈(奪)과 동자(同字).
曰敓攘矯虔『周書』

억지로 하다 : 마음에 없는 것을 함.
억지로 할 희【誒】일설에는 즐거워하여 웃음.
誒笑狂只『楚辭』

언니 :
언니 사【姒】여형(女兄). 女子同出 先生爲姒 後出爲婦『爾雅』

언덕 :
언덕 강【岡】岡陵. 如岡如陵『詩經』
언덕 강【堈】壟也.
언덕 강【阬】작은 산. 토산(土山).
陳衆車於東阬『揚雄』
언덕 강【甿】陌也.
언덕 겹【厒】山左右有岸.
언덕 경【京】높은 언덕. 如坻如京『詩經』
언덕 고【滜】岸也.
언덕 공【邛】구릉(丘陵). 邛有旨苕『詩經』
언덕 괴【魁】작은 구릉. 以爲魁陵『國語』
언덕 구【邱】구(丘)와 동자(同字).
邱陵隄防『孫子』
언덕 구【丘】구릉(丘陵). 丘山.
降丘宅土『書經』
언덕 둔【屯】구릉. 生于陵屯『莊子』
언덕 롱【壟】구릉. 丘壟.
언덕 롱【隴】鳴騶入谷 鶴書赴隴『孔稚圭』
언덕 루【塿】조그마한 언덕.
不意培塿而松柏爲林也『唐書』
언덕 륙【坴】고괴(高塊). 河溢皐坴『漢書』
언덕 륙【陸】높고 평평한 땅. 高平曰陸 大陸曰阜 大阜曰陵『詩經』
언덕 릉【夌】능(陵)과 동자(同字).
언덕 릉【陵】큰 언덕. 陵丘. 懷山襄陵『書經』
언덕 무【堥】작은 언덕. 堥敦.
언덕 부【培】작은 언덕. 必墮其壘培『國語』
언덕 부【部】部婁. 구릉(丘陵).
部婁無松柏『左傳』
언덕 부【阜】나지막한 산. 土山.
與山如阜如岡如陵『詩經』
언덕 분【墳】구릉. 登大墳以遠望兮『楚辭』
언덕 아【阿】구릉. 順阿而下『司馬相如』
언덕 악【㗁】부모(阜貌).
언덕 안【岸】
㉠ 바다나 강가의 높이 언덕진 곳. 海岸. 淇則有岸『詩經』
㉡ 인신(引伸)하여 높은 곳.
誕先登于岸『詩經』
언덕 암【巖】崖岸. 壞崖破巖之水『後漢書』
언덕 애【厓】애(崖)와 동자(同字).
厓峭水狹『唐書』
언덕 엄【隒】땅이 조금 높은 곳.

언덕 원【京】원(原)과 통용.
從先大夫於九京『禮記』
언덕 의【陒】阪也.
언덕 잠【岑】애안(崖岸). 未始離於岑『莊子』
언덕 저【阺】산비탈. 拒隴阺『後漢書』
언덕 진【津】邊厓. 日出九津『呂氏春秋』
언덕 질【垤】구릉(丘陵). 泰山之於丘垤 河海之於行潦 類也『孟子』
언덕 총【冢】丘壟. 卽堆冢而流眄『沈約』
언덕 치【峙】높은 언덕.
散似驚濤 聚似京峙『班固』
언덕 타【坨】소구(小丘).
언덕 한【厂】구릉(丘陵).
언덕 한【垾】岸也.
언덕 허【墟】큰 언덕. 丘墟. 墟墓之間 未施哀于民而民哀『禮記』

언덕 비탈 :
언덕 비탈 악【堮】厓岸圻堮.
언덕 비탈 엄【厱】厓岸危貌.

언덕사이 물 :
언덕사이 물 우【澞】陵夾水.

언덕이름 :
언덕이름 신【阠】능명(陵名).

언뜻 : 잠깐 나타나거나 생각나는 모양.
언뜻 사【乍】졸지(猝地)에. 갑자기. 별안간.
今人乍見孺子入於井『孟子』

언뜻 보다 :
언뜻 볼 별【瞥】잠깐 봄. 瞥見.
언뜻 볼 섬【睒】별견(瞥見)함. 잠시 봄.
獱獺睒瞲乎空『郭璞』
언뜻 볼 섬【覢】暫見. 覢然公子陽生『公羊傳』

언뜻 보이다 :
언뜻 보일 섬【閃】잠시 보임. 閃影.
蛧像暫曉而閃屍『木華』

언설(言說) :
언설 술【述】前人之述備矣『范仲淹』

언약(言約)하다 :
언약할 권【券】券內者行乎無名『莊子』
언약할 요【要】약속(約束)함. 맹세(盟誓)함.
使季路要我 吾無盟矣『左傳』

언제나 : 어떠한 경우에도.
언제나 왕【往】無往非道『傳習錄』

언청이 :
언청이 잠【䐶】결순(缺脣).

언치 : 마소의 등에 깔아주는 방석이나 담요 따위.
언치 롱【韝】마피구(馬皮具).
언치 제【屜】체(屜)와 동자(同字).
언치 천【韉】안장(鞍裝)을 그 위에 얹음. 虎韉. 鞍韉. 織草爲韉『北史』
언치 체【屜】안구(鞍具).

언틀먼틀하다 : 산길이 험하여 평탄하지 아니함.
언틀먼틀할 구【嶇】軌崎嶇以低仰『潘岳』

얻다 :
얻을 득【得】
㉠ 손에 넣음. 得喪. 迺公居馬上而得之『史記』
㉡ 마땅함을 얻음. 적의(適宜)함.
百官得序『荀子』
㉢ 앎. 깨달음. 吾聞得之矣『淮南子』
㉣ 이룸. 성취함. 得功.
南狩之志乃大得也『易經』
㉤ 잡음. 체포함. 盜發卽得『宋史』
㉥ 신임을 얻음. 서로 뜻이 맞음.
管仲得君 如此其專也『孟子』
㉦ 능함. 不能勤若 焉得行此 不恬貧窮焉能行此『韓詩外傳』
얻을 득【登】득(得)과 동자(同字). 公曷爲遠而觀魚 登來之也『公羊傳』
얻을 뢰【賴】손에 넣음. 이익을 봄.
己賴其地『國語』
얻을 수【掓】獲也.
얻을 획【獲】
㉠ 사냥 또는 전쟁을 하여 얻음. 捕獲.
西狩獲麟『春秋』
㉡ 사냥 또는 전쟁을 하여 얻은 물건.
田獵之獲 常過人矣『呂氏春秋』
㉢ 손에 넣음. 獲得. 耕者之所獲『孟子』
㉣ 신용을 얻음. 인정을 받음.
不獲乎上『中庸』
㉤ 죄를 얻음. 죄를 짐. 恐獲罪焉『史記』
㉥ 마땅함을 얻음. 其政不獲『詩經』
㉦ 성취함. 攻城野戰 獲功歸報『史記』

얻어먹다 :
얻어먹을 제【䬫】寄人而食.

얼굴 : 입, 코, 눈이 있는 머리의 앞쪽 부분.
얼굴 모【貌】안면(顏面). 안색(顏色). 面貌.
情與貌其不變『楚辭』
얼굴 안【顏】
㉠ 머리의 전면. 顏面. 揚且之顏也『詩經』
㉡ 顏色. 怡顏. 必和顏溫語待之『名臣言行錄』
㉢ 면목(面目). 我何顏謝桓公『世說』
㉣ 낯가죽. 巧言如簧, 顏之厚矣『詩經』
얼굴 용【容】모습. 용모 또는 모양. 容姿.
君子之容舒遲『禮記』

얼굴 검다 :
얼굴 검을 간【皯】면흑(面黑).
얼굴 검을 감【黤】면흑(面黑).

얼굴 검은 계집 :
 얼굴 검은 계집 회【嬒】女面黑色.
얼굴 곱다 :
 얼굴 고울 추【姝】용미(容美).
얼굴 그림자 :
 얼굴 그림자 제【偙】囙 면영(面影).
얼굴 넓적하다 :
 얼굴 넓적할 정【奵】顏好貌.
얼굴 더럽다 :
 얼굴 더러울 점【酟】면루(面陋).
 얼굴 더러울 퇴【䶌】면루(面陋).
얼굴 붉다 :
 얼굴 붉을 난【赧】赧也.
얼굴빛 누렇다 :
 얼굴빛 누럴 람【顲】面色黃貌.
얼굴빛 변하다 :
 얼굴빛 변할 기【顲】失容貌.
얼굴빛 붉다 :
 얼굴빛 붉을 난【赧】赧然面慙赤.
얼굴빛 화평함 :
 얼굴빛 화평할 요【夭】子燕居 申申如也 夭夭如
　　　　　　也『論語』
얼굴수건 :
 얼굴수건 시(이)【帗】면의(面衣).
얼굴 아름답다 :
 얼굴 아름다울 원【嬽】美容貌.
얼굴 얌전하다 :
 얼굴 얌전할 주【嫭】容貌優美.
얼굴 얽다 :
 얼굴 얽을 포【皰】面瘡痕.
얼굴 예쁘다 :
 얼굴 예쁠 아【䶏】容貌美好.
 얼굴 예쁠 연【䪼】姣也.
 얼굴 예쁠 엽【僷】미모(美貌). 美容謂之奕或謂
　　　　　　之僷『揚雄』
얼굴 윤택하다 :
 얼굴 윤택할 수【晬】顏面光澤.
얼굴 작다 :
 얼굴 작을 멸【䩋】면소(面小).
얼굴 좋다 :
 얼굴이 좋을 정【奵】호용(好容).
얼굴 추하다 :
 얼굴 추할 구【㰌】면추(面醜).
 얼굴 추할 휴【倠】容貌醜惡貌.
얼굴 크다 :
 얼굴 클 만【顢】顢頇.
 얼굴 클 반【奤】面大曰 奤.

얼굴 클 한【頇】顢頇.
 얼굴 클 호【顥】대안(大顏).
얼굴 퉁퉁하다 :
 얼굴 퉁퉁할 회【䐬】面肉肥厚.
얼굴 파리하다 :
 얼굴 파리할 령【顠】면수(面瘦).
얼굴 푸르다 :
 얼굴 푸를 마【䫞】面靑貌.
얼굴 희다 :
 얼굴 흴 참【㜯】안백(顏白).
얼다 :
 얼 고【涸】얼음이 얾. 涸陰冱寒『張衡』
 얼 동【凍】
　㉠ 얼음이 얾. 孟冬地始凍『禮記』
　㉡ 추위로 감각을 잃음. 凍死.
　　父母凍餓 兄弟妻子離散『孟子』
 얼 랭【冷】얼음이 얾. 露淒淸以凝冷『潘岳』
 얼 릉【凌】두꺼운 얼음. 未央宮凌室『漢書』
 얼 빙【氷】물이 얾. 氷結. 孟冬水始氷『禮記』
 얼 수【凍】凍也.
 얼 응【凝】얼음이 얾. 凝氷. 凝澌.
　　履霜堅冰 陰始凝也『易經』
 얼 학【洛】얼음이 어는 모양.
　　冰凍兮 洛澤『楚辭』
 얼 한【寒】냉동(冷凍)함.
　　有老人 涉淄而寒『戰國策』
 얼 호【冱】어름이 얾. 冱寒.
　　河漢冱而不能寒『莊子』
 얼 호【冱】얼음이 얾. 川池暴冱『列子』
얼레 :
 얼레 원【籆】원(樑)과 동자(同字). 絡絲籆.
 얼레 원【榬】실을 감는 기구.
 얼레 원【樑】실을 감는 틀.
 얼레 확【籰】실을 감는 제구.
　　絲籰 絡絲具『三才圖會』
 얼레 확【籆】확(籰)과 동자(同字). 收絲器.
 얼레 확【篗】확(籰)과 동자(同字).
　　실을 감는 제구. 篗 樑也 兗豫河
　　齊之間 謂之樑『揚雄方言』
얼레자루 :
 얼레자루 치【屍】篗柄, 收絲具.
얼룩 :
 얼룩 반【斑】여러 빛깔이 섞여 얼룩얼룩함.
　　斑點. 貍首之斑然『禮記』
 얼룩 반【般】반(斑)과 통용.
　　馬黑脊而般臂漏『禮記』
얼룩 개 :
 얼룩 개 알【猰】잡견(雜犬).

얼룩고기 :
　얼룩고기 인【鮣】반어(斑魚).
얼룩덜룩하다 :
　얼룩덜룩할 반【牫】斑也.
얼룩말 : 검은 털과 흰털이 섞인 말.
　얼룩말 방【駹】얼굴과 이마만 희고 온 몸의 털
　　　　　　이 푸른 말. 匈奴騎 其西方盡
　　　　　　白 東方盡駹 『漢書』
　얼룩말 준【騣】馬雜文.
얼룩소 : 털빛이 얼룩얼룩한 소.
　얼룩소 락【犖】반우(斑牛).
　얼룩소 락【犖】亦瑕駁犖『司馬相如』
　얼룩소 랄【㸬】박우(駁牛).
　얼룩소 리【犁】이(犂)와 동자(同字).
　　　　　　犁牛之子『論語』
　얼룩소 리【耕】박우(駁牛). 耕牛之子梓且角山川
　　　　　　其舍且『論語』
　얼룩소 방【牻】흰털과 검은 털이 섞인 소.
　얼룩소 평【犏】牛駁如星.
얼룩소머리 :
　얼룩소머리 휘【犟】犁牛頭.
얼룩얼룩하다 :
　얼룩얼룩할 기【毦】모문(毛文).
　얼룩얼룩할 락【犖】털이 얼룩얼룩 함.
　　　　　　亦瑕駁犖『司馬相如』
　얼룩얼룩할 란【斕】얼룩얼룩하여 아름다운 모양.
　　　　　　曉得異磧斕斑『蘇軾』
　얼룩얼룩할 박【駁】박(駮)과 동자(同字). 駁牛.
　얼룩얼룩할 박【駁】털에 여러 가지 빛깔이 섞이
　　　　　　어 있음. 皇駁其馬『詩經』
　얼룩얼룩할 반【褊】얼룩얼룩하여 아름다운 모양.
　　　　　　褊斕.
　얼룩얼룩할 반【辬】얼룩얼룩하여 아름다운 모양.
　　　　　　辬斕.
　얼룩얼룩할 방【尨】빛이 얼룩얼룩함.
　　　　　　衣之尨服『左傳』
얼룩이 :
　얼룩이 반【辬】駁也.
　얼룩이 빈【辬】駁也.
얼룩쥐 :
　얼룩쥐 정【鼮】표범과 같은 무늬가 있는 쥐.
　　　　　　鼮鼠.
얼룩지다 :
　얼룩질 려【黎】斑也.
　얼룩질 울【黦】색이 변함. 淚霑紅袖黦『韋莊』
얼룩진 희생 :
　얼룩진 희생 방【駹】잡색(雜色)의 희생(犧牲).
　　　　　　用駹可也『周禮』

얼른 :
　얼른 숙【倏】速也.
얼른 보다 :
　얼른 볼 빈【覕】잠견(暫見).
얼른 집다 :
　얼른 집을 금【捦】급지(急持).
얼마 :
　얼마 기【幾】幾何. 未幾. 몇. 수(數)의 다과(多
　　　　　　寡), 정도(程度)의 고하(高下).
　　　　　　上問車中幾馬『史記』
　얼마 소【所】수량의 정도. 기(幾)와 연용 함.
　　　　　　問金餘尙有幾所『漢書』
얼마 못 되다 :
　얼마 못 될 회【晦】얼마 안 됨. 얼마 안 가서.
　　　　　　鮮生民之晦在『班固』
얼마 아니 있어 : 이윽고.
　얼마 아니 있을 심【尋】使尋至. 罷行軍參議尋
　　　　　　復置『舊唐書』
얼어붙다 :
　얼어붙을 고【凅】寒氣凝閉.
얼음 : 물이 얼어서 된 고체(固體).
　얼음 동【凍】雹凍傷穀『禮記』
　얼음 릉【凌】두꺼운 얼음. 적빙(積氷).
　　　　　　未央宮凌室『漢書』
　얼음 빙【冰】凍也. 孟冬水始冰『禮記』
　얼음 빙【氷】물이 얼어 굳어진 것. 氷山.
　　　　　　氷水爲之 而寒于水『荀子』
　얼음 빙【冫】빙(冰)과 동자(同字).
　　　　　　속(俗)에 이수변(二水邊)이라 함.
　얼음 촉【瘃】가벼운 동상. 手足皸瘃『漢書』
　얼음 활【活】冰也.
얼음곳간 :
　얼음곳간 릉【凌】얼음을 저장(貯藏)하는 곳간.
　　　　　　凌人. 冰凌.
읽다 :
　읽을 가【架】얽어 만듦. 架屋.
　읽을 견【繯】縮也.
　읽을 구【構】
　　㉠ 집 등을 얽어 만듦. 構筵. 構造.
　　　　厥子乃弗肯堂 矧肯構『書經』
　　㉡ 생각을 얽어 짬. 構想.
　　　　文章宏富 善構新調『漢書』
　　㉢ 없는 사실을 꾸며 해침. 構誣. 構陷.
　　　　宜姜與公子朔構急子『左傳』
　　㉣ 합침. 男女構精.
　읽을 단【鍛】죄안(罪案)을 교묘하게 꾸밈.
　　　　　　爲奔走椎鍛詔獄『唐書』
　읽을 련【鍊】교묘하게 죄안(罪案)을 얽어 만듦.

鍛鍊而周內之『漢書』

얽을 망【罔】 교결(交結)함.
　　　　罔薜荔爲帷『楚辭』

얽을 무【繆】 綢繆牖戶『詩經』

얽을 박【縛】 回 얼굴에 마마 자국이 있음.

얽을 불【紱】 감음. 足以纓紱其心『莊子』

얽을 빈【辮】 駁也.

얽을 전【纏】 纏縈. 舊說纏於胸中『傳習錄』

얽을 주【綢】 얼기설기 감음. 또는 감김.
　　　　綢繆束薪 三星在天『詩經』

얽매이다 :

얽매일 군【僒】 結也.

얽매일 유【囿】 구애(拘礙)됨. 拘泥함.
　　　　　　囿其學之相非也『尸子』

얽어 동여매다 :

얽어 동여맬 과【緺】 전속(纏束).

얽어매다 :

얽어맬 구【搆】 聚也.

얽은 자국 :

얽은 자국 화【花】 두흔(痘痕) 天花. 種花.

얽히다 :

얽힐 교【繳】 얼기설기 감김. 인신(引伸)하여
　　　　　법문(法文)에 구애(拘礙)함.
　　　　　　苛察繳繞『漢書』

얽힐 규【糾】 糾結. 鄰困繚糾『王褒』

얽힐 락【絡】 이리 저리 감김.
　　　　　翠蔓蒙絡『柳宗元』

얽힐 련【縺】 맺혀 풀리지 않음.
　　　　　縺縷如縈絲『范成大』

얽힐 료【繚】 再繚四寸『禮記』

얽힐 루【纍】 얼기설기 감김. 葛藟纍之『詩經』

얽힐 면【綿】 纏綿經穴『淮南子』

얽힐 영【縈】 얼기설기 감김. 縈結.
　　　　　葛藟縈之『詩經』

얽힐 요【繞】 四蛇相繞『山海經』

얽힐 우【紆】 감김. 縈紆. 紆靑拖紫『晉書』

얽힐 전【纏】 纏縈. 纏縣.
　　　　　舊說纏於胸中『傳習錄』

얽힐 주【綢】 얼기설기 감음. 또는 감김.
　　　　　綢繆束薪 三星在天『詩經』

엄나라 :

엄나라 엄【郱】 국명(國名). 周公所誅商郱是也.

엄나무 : 두릅나무과에 속하는 낙엽활엽교목(落葉
　　闊葉喬木).

엄나무 엄【欑】 回 자동(刺桐).

엄마 :

엄마 마【嬤】 幼兒呼母.

엄숙하다 :

엄숙할 긍【矜】 장엄(莊嚴)함.
　　　　　矜而不爭『論語』

엄숙할 선【洒】 장엄(莊嚴)하고 정숙(靜肅)함.
　　　　　君子之飮酒 受一爵 而色洒如也
　　　　　『禮記』

엄숙할 숙【肅】 장엄(莊嚴)하고 정숙(靜肅)함.
　　　　　肅莊. 色容厲肅『禮記』

엄숙할 슬【瑟】 장엄(莊嚴)하고 정숙(靜肅)함.
　　　　　瑟兮僩兮『詩經』

엄숙할 악【噩】 噩噩爾『揚子法言』

엄숙할 옹【顒】 엄격(嚴格)하고 근신(謹愼)하는
　　　　　모양. 有孚顒若『易經』

엄숙할 제【齊】 장엄(莊嚴)함. 齊莊.
　　　　　子雖齊聖 不先父食『左傳』

엄숙할 황【晄】 氣容貌.

엄숙할 황【皇】 장엄함. 賓入門皇『儀禮』

엄습 당하다 :

엄습 당할 메(미)【䰄】 魔也.

엄습하다 :

엄습할 습【襲】 불의에 습격을 함. 襲擊.
　　　　　率費人襲魯『史記』

엄습할 엄【掩】 불의에 침. 掩擊.
　　　　　大夫不掩羣『禮記』

엄습할 침【侵】 불의에 습격함.
　　　　　負固不服 則侵之『周禮』

엄정하다 :

엄정할 식【湜】 굳게 정의를 지키는 모양.
　　　　　湜湜李公『柳宗元』

엄지발가락 : 발가락 중에서 가장 굵고 큰 첫째
　　발가락.

엄지발가락 무【踇】 장지(將指).

엄지발가락 민【敏】 장지(將指).
　　　　　　　履帝武敏歆『詩經』

엄지발가락 해【胲】 足之大脂.

엄지손가락 : 손가락 중에서 가장 굵고 짧은 첫
　　째 손가락.

엄지손가락 무【拇】 대지(大指). 拇指.
　　　　　　駢拇枝指『莊子』

엄지손가락 무【胟】 무지(拇指).

엄지손가락 벽【擘】 무지(拇指). 巨擘.
　　　　　　首大如擘『爾雅』

엄쪽 : 어음을 쪼갠 한 쪽. 인신(引伸)하여 계약
　　서. 증서.

엄쪽 권【券】 證券. 債券. 左券. 右券.
　　　　　合券焚之『史記』

엄하다 :

엄할 교【絞】 조금도 용서하지 아니함.
　　　　　叔孫絞而女宛『左傳』

엄할 극【剋】준엄(峻嚴)함. 性嚴剋『宋書』

엄할 려【厲】엄정함. 엄격함. 厲肅.
　　　　　　聽其言也厲『論語』

엄할 률【栗】위엄(威嚴)이 있음.
　　　　　　位欲嚴 政欲栗『司馬法』

엄할 맹【猛】너그럽지 아니함. 寬猛相濟.

엄할 상【霜】서리를 맞으면 초목의 잎이 고사
　　　　(枯死)하므로 엄함의 형용으로 쓰임.
　　　　　　秋霜烈日 風行霜烈『後漢書』

엄할 숙【肅】너그럽지 아니함.
　　　　　　刑肅而民敝『禮記』

엄할 액【詻】사기(辭氣)가 엄한 모양. 또 교령
　　　　(敎令)이 준엄한 모양.
　　　　　　言容詻詻『禮記』

엄할 엄【嚴】
　㋀ 엄정함. 嚴格. 閨門甚嚴『後漢書』
　㋁ 엄중함. 嚴禁. 督責益嚴『史記』
　㋂ 엄숙함. 嚴莊. 嚴若朝典『世說』
　㋃ 위엄이 있어 두려움. 嚴威.
　　　　師嚴而後道尊『禮記』

엄할 응【凝】준엄(峻嚴)함. 典凝如冬『淮南子』

엄할 장【莊】
　㋀ 예의범절이 엄정함. 季孫好士 終身莊 居所
　　　衣服 常如朝廷『韓非子』
　㋁ 엄격(嚴格)함. 무게가 있어 존귀하게 보임.
　　　君子之於臣妾 莊以涖之『論語』

엄할 준【峻】엄격(嚴格)함. 峻嚴.
　　　　　　吏務爲嚴峻『史記』

엄할 초【峭】성품(性稟)이 준엄(峻嚴)함. 峭正.
　　　　　　錯爲人峭直刻深『漢書』

엄할 초【悄】엄중(嚴重)함.
　　　　　　悄乎其言若不接其情也『韓愈』

엄할 학【嗃】준엄(峻嚴)함. 엄혹(嚴酷)함.
　　　　　　家人嗃嗃『易經』

엄할 핵【覈】준엄(峻嚴)함. 深覈.
　　　　　　峭覈爲方『後漢書』

엄할 현【憪】嚴也.

업 :

업 기【基】사업. 建以爲基『淮南子』

업 산【産】생업. 有恒産者『孟子』

업 술【術】
　㋀ 잎. 사업. 營道同術『禮記』
　㋁ 학문. 기예. 藝術. 學術.
　　　易之爲術 幽明遠矣『史記』

업 업【業】
　㋀ 일. 業務. 暢於四支 發於事業『易經』
　㋁ 학습. 學業. 所習必有業『禮記』
　㋂ 생계. 爲子孫業耳『史記』
　㋃ 경영. 직업. 生業. 賣獎賤小業也『史記』

　㋄ 기초(基礎). 기업(基業).
　　　君子創業垂統 爲可繼也『孟子』
　㋆ 불교에서 인(因)을 과(果)로 하게 하는 소행.
　　　一切生法 皆屬業因『成實論』

업다 :

업을 강【襁】사람을 등에 짐.
　　　　　　老者襁之『新書』

업을 부【負】사람이나 동물을 등에 붙어 있게 함.
　　　　　　襁負其子而至矣『論語』

업신여겨보다 :

업신여겨볼 오【嫯】멸시(蔑視).

업신여기다 :

업신여길 가【加】모멸(侮蔑)함. 능멸(凌蔑)함.
　　　　　　我不欲人之加諸我也『論語』

업신여길 거【怚】멸시(蔑視).

업신여길 건【攓】모멸(侮蔑)함.
　　　　　　望我而笑 是攓也『淮南子』

업신여길 교【佼】경시(輕視)함.
　　　　　　燕雀佼之『淮南子』

업신여길 교【橋】橋泄者人之殃也『荀子』

업신여길 도【滔】깔봄. 篡漢滔天『漢書』

업신여길 독【瀆】
　㋀ 깔봄. 버릇없이 굶. 瀆慢. 毋瀆神『禮記』
　㋁ 가볍게 여겨 지키지 아니함. 瀆齊盟『左傳』

업신여길 롱【弄】侮弄. 愚弄其民『左傳』

업신여길 릉【凌】능(陵)과 통용. 凌侮. 凌辱.
　　　　　　凌霜不凋『十六國春秋』

업신여길 릉【陵】모멸(侮蔑)함. 陵侮.
　　　　　　在上位不陵下『中庸』

업신여길 막【貌】陵也. 沮先聖之成論兮貌名賢
　　　　之高風『後漢書』

업신여길 막【邈】경멸(輕蔑)함.
　　　　　　顧邈同列『陸機』

업신여길 만【慢】만(謾), 만(嫚)과 동자(同字).
　　　　모멸(侮蔑)함. 侮慢. 輕慢.
　　　　可敬不可『禮記』

업신여길 만【嫚】만(慢)과 동자(同字). 嫚罵.
　　　　　　上嫚下暴則陰氣勝『漢書』

업신여길 망【亡】경멸(輕蔑)함.
　　　　　　亡其言『史記』

업신여길 멸【蔑】경모(輕侮)함. 蔑視. 侮蔑.
　　　　　　傲百世 蔑王侯『孔稚圭』

업신여길 멸【懱】경이(輕易).

업신여길 모【侮】
　㋀ 侮辱. 陵侮. 無侮老成人『書經』
　㋁ 업신여기는 일. 경멸(輕蔑)함.
　　　無啓寵納侮『書經』

업신여길 모【務】모(侮)와 통용.
　　　　　　外禦其務『詩經』

업신여길 묘【藐】경시(輕視)함. 藐視. 說大人則
　　　　　藐之 勿視其巍巍然『孟子』
업신여길 무【憮】깔봄. 毋憮毋敖『禮記』
업신여길 빙【馮】능모(陵侮)함.
　　　　　小人伐其技 以馮君子『左傳』
업신여길 설【褻】경멸(輕蔑)함. 褻瀆.
업신여길 설【屑】경모(輕侮)함.
　　　　　屑播天命『書經』
업신여길 설【泄】깔봄. 憍泄者人之殃也『荀子』
업신여길 설【渫】멸시(蔑視)함.
　　　　　醉而不出 是渫宗也『詩經』
업신여길 승【乘】능모(凌侮)함.
　　　　　侵乘君子『漢書』
업신여길 압【狎】경시(輕視)함. 경멸함. 狎敵.
　　　　　民狎而玩之『左傳』
업신여길 액【眲】낮잡아 봄. 얕봄. 경시함.
　　　　　莫不眲之『列子』
업신여길 오【傲】오만하여 남을 멸시함. 傲視.
업신여길 이【眲】낮잡아 봄. 얕봄. 경시함.
　　　　　莫不眲之『列子』
업신여길 이【敡】모야(侮也).
업신여길 이【偒】만야(慢也).
업신여길 적【藉】대단히 경멸(輕蔑)함. 능멸(凌
　　　　　蔑)함. 人皆藉吾弟『史記』
업신여길 태【怠】경멸(輕蔑)함.
　　　　　諸公稍自引而驚『書經』

업으로 삼다 :
업으로 삼을 업【業】일을 경영함.
　　　　　　宜業其家者『韓愈』

없다 :
없을 막【莫】무(無)와 동의.
　　　　　不祥莫大焉『孟子』
없을 만【曼】무(無)와 동의.
　　　　　行有之也 病曼之也『揚子法言』
없을 말【末】무(無)와 동의. 末之難也『論語』
없을 망【罔】있지 아니함. 罔有攸赦『書經』
없을 망【亡】
　㉠ 존재(存在)하지 아니함. 今也則亡『論語』
　㉡ 부재(不在)함. 時其亡而往拜之『論語』
없을 멸【蔑】있지 아니함.
　　　　　蔑以加於此矣『左傳』
없을 모【謨】무(無)와 동의.
　　　　　越人謨信『南唐書』
없을 몰【沒】沒常識. 怕沒有枝葉花實『傳習錄』
없을 무【兦】무(無)와 동자(同字). 부존(不存).
없을 무【亡】무(無)와 동자(同字). 亡慮.
　　　　　亡而爲有『論語』
없을 무【无】무(無)와 동자(同字).
　　　　　秦以鞔作无『字彙』

없을 무【無】
　㉠ 있지 아니함. 無一物. 仁者無敵『孟子』
　㉡ 공허(空虛)함. 虛無. 有生於無『老子』
없을 무【毋】무(無)와 동자(同字).
　　　　　毋意毋必『論語』
없을 무【无】무(毋)와 무(無)와 동자(同字).
　　　　　역경(易經)과 노자(老子)에는 이
　　　　　자(字)를 썼음. 厲无咎『易經』
없을 물【勿】
　㉠ 부정사(否定辭). 勿士行枚『詩經』
　㉡ 금지사(禁止辭). 欲勿用『論語』
없을 미【微】무(無)와 동의.
　　　　　微管仲 吾其被髮左衽矣『論語』
없을 미【靡】무(無)와 동의. 命靡常『書經』

없애다 :
없앨 설【泄】제거함. 俾民憂泄『詩經』
없앨 소【捎】제거함.
없앨 운【耘】제거함. 不戰而耘『史記』
없앨 혈【威】멸(滅)과 동자(同字).

없애버리다 :
없애버릴 서【鋤】제거(除去)함. 근절(根絶)함.
　　　　　誅鋤醜厲『子華子』

없어지다 :
없어질 결【缺】있어야 할 사물이 없어짐.
　　　　　周室旣衰禮樂缺有閒『史記』
없어질 일【佚】散佚. 佚書.
없어질 정【鋌】物空盡者曰鋌『揚雄方言』

엇 :
엇 엇【旕】囝 旕時調.

엇걸다 :
엇걸 교【交】교차(交叉)시킴. 交臂歷指『莊子』
엇걸 력【歷】교착(交錯)시킴. 交臂歷指『莊子』

엇걸리다 :
엇걸릴 교【交】교차(交叉)시킴. 교착(交錯)함.

엇찍다 :
엇찍을 사【槎】비스듬히 찍음.
　　　　　山不槎蘗『國語』

엉겅퀴 : 엉거시과에 속하는 다년초. 잎과 줄기에
　가시가 많으며 자색(紫色)의 두화(頭花)가 핌.
엉겅퀴 계【薊】초명(草名).
엉겅퀴 요【芺】초명(草名). 芺 薊類也 一名鉤
　　　　　一名芺『爾雅』

엉기다 :
엉길 갈【竭】응결(凝結)함. 重濁者竭難『書紀』
엉길 응【凝】
　㉠ 凝結. 凝固. 凝縮. 膚如凝脂『詩經』
　㉡ 한데 모임. 열중(熱中)함.
　　　　　相願思皆凝『鄭谷』

엉길 체【滯】한가지 일에 열중함. 집착함.
　　　　　　滯固. 聖人不凝滯於物『楚辭』
엉덩이 :
　엉덩이 견【尻】尻也.
　엉덩이 주【朏】비후(髀後).
엉덩이뼈 :
　엉덩이뼈 료【髎】髖也.
엉엉 :
　엉엉 울 교【嗷】큰소리로 우는 모양.
　　　　　　嗷然而哭『公羊傳』
엉클어지다 :
　엉클어질 분【閞】紛相牽.
　엉클어질 분【紛】얽히어서 덩이가 됨.
　　　　　　解紛. 挫其鋒解其紛『老子』
　엉클어질 비【轡】紛也.
엉킨 삼 :
　엉킨 삼 온【縕】난마(亂麻).
　　　　　　束縕請火於亡肉家邪『漢書』
엎다 :
　엎을 리【贏】전복시킴. 贏其瓶『易經』
　엎을 복【覆】
　　㉠ 전복시킴. 命舟牧覆舟『禮記』
　　㉡ 도괴(倒壞)시킴. 멸망시킴.
　　　　　　惡利口之覆邦家者『論語』
　　㉢ 전쟁에서 이김. 常覆三軍『李華』
　엎을 봉【泛】봉(覂)과 동자(同字). 전복시킴.
　　　　　　泛駕之馬『漢書』
　엎을 봉【覂】봉(泛)과 동자(同字).
　　　　　　覂駕之軼『顔廷之』
엎드러지다 :
　엎드러질 릉【踜】蹳也.
　엎드러질 박【撲】넘어짐. 朽杌懼傾撲『韓愈』
　엎드러질 부【頫】伏也.
　엎드러질 전【傎】陶冶.
　엎드러질 전【顚】전(顛)과 동자(同字).
　　　　　　德兵俱顚 靡不悴荒『揚雄』
　엎드러질 치【疐】狼跋其胡 載疐其尾『詩經』
　엎드러질 퇴【躓】지부(躓仆).
　엎드러질 파【尵】伏也.
엎드리다 :
　엎드릴 교【趬】偃也.
　엎드릴 복【匐】顚匐可俟『王僧孺』
　엎드릴 복【宓】복(伏)과 동자(同字).
　　　　　　부복(俯伏)함.
　엎드릴 복【伏】부복(俯伏)함. 伏拜. 伏謝.
　　　　　　寢母伏『禮記』
　엎드릴 잔【踐】부복함. 踐伏.
　　　　　　如虯如鳳 若踐若動『白居易』

엎드릴 전【踡】부복(俯伏)함. 踡伏.
　　　　　　如虯如鳳 若踡若動『白居易』
엎드릴 측【側】칩복(蟄伏)함.
　　　　　　側谿谷之間『淮南子』
엎드릴 탑【婚】伏也.
엎드린 모양 :
　엎드린 모양 가【伢】복태(伏態).
엎어지다 :
　엎어질 궐【蹶】전복(顚覆)함. 뒤집힘.
　　　　　　國乃蹶『荀子』
　엎어질 반【反】전복함. 車不反覆『周禮』
　엎어질 발【迬】전돈(前頓).
　엎어질 복【覆】㉠ 顚覆. 舟遂覆『十八史略』
　　　　　　㉡ 不勝任則屋覆『管子』
　엎어질 부【仆】전복함. 興仆植僵『唐書』
　엎어질 인【歅】부와(仆臥).
엎지르다 :
　엎지를 건【建】猶居高屋之上 建令瓦水也
　　　　　　『史記』
　엎지를 휘【潷】振水去.
에누리 : 실제보다 비싸게 부르는 값.
　에누리 언【儇】悔不小儇『後漢書』
에우다 :
　에울 뢰【牢】사방을 에움. 皇牢天下『荀子』
　에울 위【圍】
　　㉠ 둘러 쌈. 圍繞.
　　　　　　至精無形 至大不可圍『莊子』
　　㉡ 적을 둘러싸고 사방에서 침.
　　　　　　楚圍蔡『史記』
　에울 위【韋】위(圍)와 통용.
　　　　　　大木十韋以上『漢書』
에워싸다 :
　에워쌀 번【樊】포위(包圍)함. 樊以藲圃『左思』
에워싸이다 :
　에워싸일 위【圍】포위(包圍) 당함.
　　　　　　魯酒薄而邯鄲圍『莊子』
에워싼 담 :
　에워싼 담 료【墝】주원(周垣).
여관(旅館) :
　여관 사【舍】여인숙(旅人宿). 旅舍.
　　　　　　天子賜舍『儀禮』
여관(女官)이름 :
　여관이름 용【傛】
　　㉠ 傛華는 한대(漢代)의 여관(女官) 이름.
　　㉡ 傛傛은 익숙한 모양.
여광대 :
　여광대 창【倡】가무(歌舞). 잡희(雜戱). 여배우.
　　　　　　孝武李夫人 本以倡進『漢書』

여귀(厲鬼)：의탁할 곳이 없이 떠돌아다닌다고
　　믿는 악학 귀신.
　여귀 려【䄣】古帝王無後鬼.
여뀌：마디풀과에 속하는 일년초(一年草). 습지
　　(濕地)에 나며 흰 꽃이 핌. 잎은 맛이 매우므
　　로 조미료로 쓰임.
　여뀌 료【蓼】水蓼. 蓼蟲不知苦『鷄林玉露』
여덟：일곱에 하나를 보탠 수.
　여덟 팔【八】八音. 八道. 天七地八『易經』
　여덟 팔【捌】팔(八)과 통용. 주(主)로 관(官)의
　　　　　　　문서(文書)나 증서(證書) 등에 쓰임.
　　　　　　　捌官文書紀數借爲八字『康熙字典』
여덟 대 손자：
　여덟 대 손자 이【耳】八大孫.
여덟 번：
　여덟 번 팔【八】八戰八克『後漢書』
여덟 살 된 말：
　여덟 살 된 말 팔【䭸】馬八歲.
여덟 살 된 소：
　여덟 살 된 소 비【犕】八歲牛.
여덟 자：
　여덟 자 궁【弓】토지(土地) 길이의 단위(單位).
　　　　　　　二尺爲一肘 四
　　　　　　　肘爲一弓『度地論』
　여덟 자 판【版】팔척(八尺)의 길이. 일설에는
　　　　　　　일장(一丈)의 길이를 뜻함.
　　　　　　　城不浸者三版『史記』
여덟째 천간：중광(重光). 십간(十干)의 제팔위
　　(第八位). 방위(方位)로는 서방(西方), 오행(五
　　行)으로는 금(金)에 해당.
　여덟째 천간 신【辛】太歲在辛曰重光『爾雅』
여덟 치：
　여덟 치 지【咫】
　　㉠ 팔척(八尺)의 길이. 其長尺有咫『國語』
　　㉡ 인신(引伸)하여 짧음. 또는 짧은 거리.
　　　　咫尺之書 天威不違顔咫尺『左傳』
여드름：주로 청년 남녀의 얼굴에 나는 수포(水
　　疱) 모양의 작은 부스럼.
　여드름 사【皶】勞汗當風寒, 薄爲皶『素問』
　여드름 포【皰】潰小皰而發痤疽『淮南子』
여라(女蘿)：선태류(薛苔類)에 속하는 이끼.
　여라 라【蘿】女蘿託松而生『玉篇』
여러：자주.
　여러 루【屢】屢次. 回也其庶乎, 屢空『論語』
　여러 루【累】图 累戰有功. 累遷諫大夫丞相司直,
　　　　　　　歲中三遷官『後漢書』
　여러 제【諸】諸君. 諸事. 歷試諸艱『書經』
　여러 첨【僉】僉位. 僉議. 僉曰 於鯀哉『書經』

여러 가지：
　여러 가지 격【鬲】別也.
여럿：여러 가지. 갖가지.
　여럿 루【累】图 다모(多貌). 累年.
　여러 서【庶】庶差. 庶積咸熙『書經』
여럿이 가다：
　여럿이 갈 삽【彶】중행(衆行).
여럿이 먹는 소리：
　여럿이 먹는 소리 탐【噴】有噴其饁『魏書』
여럿이 살다：
　여럿이 살 군【宭】군거(群居).
여럿이 지껄이다：
　여럿이 지껄일 홍【哄】衆唱聲.
여름：
　여름 서【署】署天. 署月未嘗褰祖『南史』
　여름 하【夏】
　　㉠ 사철의 하나. 春夏秋冬.
　　㉡ 여름의 더위. 號爲銷夏灣『皮日休』
여름옷：여름에 입는 짧은 옷.
　여름옷 번【襻】是絺袢也『詩經』
　하복(夏服).
여리다：강하지 않고 연하고 약하다.
　여릴 나(연)【愞】蘇威怯愞『北史』
여막(廬幕)：상주(喪主)가 거처하는 움집.
　여막 암【闇】諒闇.
　여막 암【陰】암(闇)과 동자(同字).
　　　　　　　諒陰三年不言『論語』
여물：마소를 먹이는 썬 짚.
　여물 좌【莝】置莝豆其前『史記』
여물광：여물을 저장해 두는 곳.
　여물광 괴【廥】
여물다：곡식이 잘 익어 단단하다.
　여물 률【栗】實穎實栗『詩經』
　여물 임【稔】蠻田大稔『宋書』
여물찌끼：
　여물찌끼 간【藖】莝餘草莖. 豈欲卑櫪中爭食菣
　　　　　　　　與藖『元結』
여미다：옷깃을 바로 잡음.
　여밀 속【謖】公子謖然斂袂而興『後漢書』
　여밀 임【衽】衽襟而肘見『新序』
여뱀：
　여뱀 려【蜧】神蛇. 神蜧蝹蜦以沈遊『江賦』
여벌옷：
　여벌옷 쉬【祽】부의(副衣). 홑옷.
여섯：다섯에 하나를 보탠 수.
　여섯 륙【六】六卿. 六朝. 天五地六『易經』
　여섯 륙【陸】육(六)의 대용(代用)으로 씀.

여섯 달 된 양 :
  여섯 달 된 양 무【羍】生經六月羊.
여섯 말 :
  여섯 말 비【騑】史記騑六飛六馬也『徐鍇』
여섯 번 :
  여섯 번 륙【六】六黜清能 六進否劣『晉書』
여섯 자 :
  여섯 자 궁【弓】
    ㉠ 활 쏘는 데서 과녁까지의 거리의 단위(單位). 侯道五十弓『疏』
    ㉡ 六尺爲步 弓之古制六尺 與步相應『儀禮』
  여섯 자 보【步】지적의 단위. 곧 사방 육척(六尺).
                樹以六爲紀 六尺爲步『史記』
여섯째지지 : 십이지(十二支)의 제육위(第六位), 고갑자(古甲子)는 대황락(大荒落), 시각(時刻)으로는 9시부터 11시까지, 방위(方位)로는 동남남(東南南), 달로는 음력(陰曆) 4월, 띠로는 뱀에 배당(配當)됨.
  여섯째지지 사【巳】大荒落.
여섯째천간 : 십간(十干)의 제육위(第六位). 방위(方位)로는 중앙(中央), 오행(五行)으로는 토(土)에 해당.
  여섯째천간 기【己】도유(屠維). 戊己.
                太歲在己曰屠維『爾雅』
여스승 :
  여스승 무【姆】女先生. 姆教. 古者婦人五十無子 出不後嫁 以婦道教人者 謂姆『新字典』
  여스승 아【娿】여사(女師).
여우 : 갯과에 속한 야행성 포유동물. 몸길이는 70센티미터 정도로 홀쭉하고, 몸빛은 주로 등갈색을 띤다. 주둥이는 길고 뾰족하며 꼬리는 굵고 길다. 가죽은 목도리 따위에 쓰인다.
  여우 폐【㹜】狐屬.
  여우 호【狐】狐狸. 田獲三狐『易經』
여우털옷 :
  여우털옷 호【狐】輕狐稱美『梁昭明太子』
여울 : 강이나 바다에서 바닥이 얕거나 폭이 좁아 물살이 빠르게 흐르는 곳.
  여울 단【湍】清湍. 稻生于水 而不能生湍瀨之流『淮南子』
  여울 랑【瀧】급류(急流). 湍瀧.
  여울 뢰【瀨】湍瀨. 石瀨兮淺淺『楚辭』
  여울 즙【濈】급류(急流). 流湍投濈『張衡』
  여울 탄【灘】七里灘在釣臺之西『一統志』
  여울 합【㳠】㳠濈, 단류(湍流).
여유(餘裕) : 물질적이거나 시간적으로 넉넉하고 남음이 있음.

여유 여【餘】
    ㉠ 그 이상. 月餘. 食客三千餘『張華』
    ㉡ 남짓. 十餘年. 藏書千餘卷.
여인목도리수건 :
  여인목도리수건 호【帍】婦人頸巾.
여자 웃옷 :
  여자 웃옷 규【袿】袿裳鮮明『後漢書』
여자이름 :
  여자이름 황【媓】女媓, 요비(堯妃).
여제사(祣祭祀) : 산천에 지내는 제사.
  여제사 려【祣】國有大故則祣上帝及四望『周禮』
여지(荔枝) : 무환자(無患子)나뭇과에 속한 상록교목. 잎은 어긋나고 깃꼴 겹잎이며, 꽃은 잡성화로 연한 황록색의 양성화, 단성화가 피며, 열매는 둥글고 돌기가 있다. 주로 중국 남부 원산으로 과수로 재배한다. 키는 10~15미터이다.
  여지 여【荔】荔枝.
여쭈다 :
  여쭐 계【啓】啓白. 時稱山公啓事『晉書』
  여쭐 보【報】報告. 請爲張唐先報趙『戰國策』
  여쭐 언【言】謹再拜言相公閣下『韓愈』
여초(戾草) : 포아풀과에 속하는 다년초. 억새 비슷하며 줄기 잎을 말려 황색 염료나 초록빛의 물감으로 쓰임.
  여초 록【菉】황초(黃草). 終朝采菉『詩經』
  여초 록【綠】록(菉)과 동자(同字).
                終朝采綠『詩經』
  여초 신【藎】藎草, 一名黃草『本草經』
여편네 : 자기 아내를 얕잡아 이르는 말.
  여편네 비【嬶】圀 妻賤稱.
여하(如何) : 의문의 말.
  여하 여【如】如何나 何如로 연용함.
                其如台『書經』
여행(旅行)하다 : 자기가 사는 곳을 떠나 유람을 목적으로 객지를 두루 돌아다님.
  여행할 려【旅】멀리 감. 旅于明年之次『左傳』
  여행할 유【遊】并奔千里遊『謝靈運』
역군(役軍)의 퉁소 :
  역군의 퉁소 초【篍】吹簫所以勸役.
역귀(疫鬼) : 악성 돌림병을 퍼뜨린다는 귀신.
  역귀 역【疫】遂令始難毆疫『周禮』
  역귀 허【魖】梢夔魖而抶獝狂『漢書』
역귀 쫓다 :
  역귀 쫓을 나【儺】儺儺.
역말 :
  역말 거【遽】驛站馬. 且使遽告于鄭『左傳』

역말 려【驉】역마(驛馬).

역말 역【驛】
　㉠ 항상 주차(舟車), 인마(人馬) 등을 갖추어
　　놓고 교통, 통신 등의 편리를 도모하는 곳.
　　驛站. 宿驛. 津驛. 百官迎於長樂驛『唐書』
　㉡ 역(驛)에 있는 주차(舟車)나 인마(人馬).
　　給驛省家『唐書』

역말 우【郵】문서(文書), 명령(命令)을 전달(傳
　　　　達)하는 인마(人馬)를 번갈아 발송
　　　　(發送)하기　위하여　적당(適當)한
　　　　거리를 두고 베푼 시설. 역참(驛
　　　　站). 또 말로 전달(傳達)하는 것을
　　　　치(置), 보행으로 전달하는 것을
　　　　郵라 함. 速于置郵而傳命『孟子』

역말 일【馹】역참(驛站)에 비치한 말. 驛馬.
　　　　楚子乘馹, 會師於臨品『左傳』

역말 전【傳】
　㉠ 역참(驛站). 또 역참이 있는 마을.
　　傳馬. 發人修道里停傳『後漢書』
　㉡ 역참(驛站)에 비치한 거마(車馬).
　　使人駙傳追之『史記』

역말 정【亭】역참(驛站). 또 역참이 있는 곳.
　　　　十里一亭 十亭一鄉『後漢書』

역말 참【站】역말을 갈아서 타는 곳. 驛站.
　　　　元制站赤者驛傳之譯名也『元史』

역말 체【遞】
　㉠ 역참(驛站). 定賦租立站遞『元史』
　㉡ 역참(驛站)에서 발송(發送)하는 인마(人馬).
　　發馬遞上之『宋史』
　㉢ 인신(引伸)하여 문서(文書)나 물건(物件)을
　　차례차례로 여러 곳을 거쳐서 보내는 뜻으
　　로 쓰임. 傳遞. 若鄰境官司 囚到稽留 不
　　卽遞送者 罪亦如之『明律』

역말 치【置】
　㉠ 역참(驛站). 速於置郵而傳命『孟子』
　㉡ 騎置以聞『漢書』

역사(役事) :
　역사 역【役】賦役. 田役以馭其衆『周禮』
　역사 요【徭】賦役. 徭役. 平徭賦『後漢書』
　역사 요【繇】요(徭)와 통용. 부역(賦役).
　　　　常繇咸陽『史記』

역새 : 눈 맞추어 새끼 배는 물새.
　역새 역【鶂】水鳥相視而孕.

역은 줄 :
　역은 줄 별【絣】편승(編繩).

역적(逆賊) :
　역적 적【賊】반란을 일으키는 자. 불충불효한 자.
　　　　國賊. 誅賊臣辟陽侯『史記』

역정내다 :
　역정낼 박【嚗】노성(怒聲).
　역정낼 해【嚡】혜(謑)와 동자(同字). 怒聲.

역질(疫疾) : 악성의 전염병.
　역질 려【厲】子産曰 鬼有所歸乃不爲厲『左傳』

역참(驛站) : 역말을 맡은 곳.
　역참 서【耡】以歲時合耦于耡『周禮』

역풍(逆風)불다 :
　역풍불 획【窢】其風窢然『莊子』

엮다 :
　엮을 망【罔】交結. 罔薜荔爲帷『楚辭』
　엮을 비【比】편집함. 比輯其義『漢書』
　엮을 선【繕】책을 편록(編錄)함.
　　　　供繕寫上『後漢書』
　엮을 속【屬】글을 지음. 綴文字曰, 屬文.
　엮을 편【編】
　㉠ 물건을 얼기설기 맞추어 맴. 編柳.
　㉡ 책을 엮음. 編修. 手自編輯『南史』

연 : 상대하는 두 구(句)를 한 짝으로 한 일컬음.
　연 련【聯】柱聯. 楹聯. 落霞孤鶩齊飛. 秋水長天
　　　　一色之句 世以爲警聯『螢雪叢談』

연(蓮) : 연꽃과에 속하는 다년생 수초. 연못에
　　나며 분홍 또는 흰빛의 고운 꽃이 핌. 지하경
　　(地下莖)은 먹음.
　연 련【蓮】부용(芙蓉). 紅榴白蓮『舊唐書』
　연 연【鳶】紙鳶.
　연 우【藕】芙蓉. 丹藕凌波而的皪『左思』
　연 하【茄】하(荷)와 통용.
　　　　衿芰茄之綠衣『漢書』
　연 하【荷】荷葉. 有荷與蒲『詩經』

연가시 :
　연가시 상【蠰】螳蠰, 충명(蟲名).
　　　　食桑蟲也　蠰齧桑『爾雅』

연각(連閣) : 연속한 궁실(宮室).
　연각 이【簃】連謂之簃『爾雅』

연거푸 : 잇달아. 여러 번.
　연거푸 천【洊】洊歲.

연고(緣故) : 이유. 까닭.
　연고 고【故】凡物之然也 必有故也『呂氏春秋』
　연고 사【隷】故也.

연극(演劇) :
　연극 극【劇】희극(喜劇). 비극(悲劇) 따위.
　　　　戲劇. 京劇. 演劇者飾其面 謂之扮
　　　　戲『正字通』

연기 :
　연기 연【煙】
　㉠ 물건이 탈 때 일어나는 기체. 火煙.
　　以其煙被之『周禮』

㉡ 인신(引伸)하여 먼지, 구름, 안개 등이 자욱히 끼어 오르는 기운. 煙霧. 塵煙.
南朝四百八十寺 多少樓臺煙雨中『杜牧』

연기 끼다 :
연기 낄 연【煙】寒食莫敢煙爨『先賢傳』
연기 낄 훈【熏】維佛像多經香煙熏損本色『畫史』
연기 낄 훈【燻】연상(煙上).
연기 낄 훈【熏】穹室熏鼠『詩經』

연기 나다 :
연기 날 계【炅】煙出貌.
연기 날 문【炆】熅也.
연기 날 영【炅】煙出貌.
연기 날 철【爡】煙出.

연기모양 :
연기모양 출【炪】연모(煙貌).

연기 무럭무럭 나다 :
연기 무럭무럭 날 발【焞】煙起貌.

연기 무럭무럭 일어나다 :
연기 무럭무럭 일어날 결【炔】煙盛貌.

연기 오르다 :
연기 오를 언【𧽍】煙上昇.

연기 자욱히 끼다 :
연기 자욱히 낄 옹【㶔】煙氣㶔然.

연기 자욱히 덮이다 :
연기 자욱히 덮일 력【羃】羃䍥, 蓋煙貌.

연꽃 : 연(蓮)의 꽃. 또 그 봉오리.
연꽃 담【萏】菡萏.
연꽃 함【菡】菡萏. 折菡巫山下『吳均』
연꽃 함【萳】함(菡)과 동자(同字).
芙蓉. 有蒲萳葩『詩經』

연달다 : 잇닮. 끊이지 아니하고 계속함.
연달 루【纍】纍纍乎端如貫珠『禮記』
연달 맥【脈】花情羞脈脈柳意悵微微『溫庭筠』
연달 역【繹】絡繹不絶 繹繹者 無窮之意也
『白虎通』

연달아 있는 산 :
연달아 있는 산 역【嶧】역(繹)과 통용. 連山.

연루(連累) : 남의 죄에 걸려 듦.
연루 좌【坐】連坐. 除收帑相坐律兮『漢書』

연루하다 :
연루할 루【累】연결함. 관련함. 累坐. 連累.

연마(硏磨)하다 :
연마할 연【揅】연(硏)과 통용. 摩也.

연밥 : 연꽃의 열매. 연실.
연밥 련【蓮】華林池雙蓮同幹『宋書』
연밥 용【𦾔】검실(芡實).
연밥 적【芍】적(菂)과 동자(同字).
연밥 적【菂】綠房紫菂『王延壽』

연밥 알 : 연실 속의 알맹이.
연밥 알 억【薏】荷芙蕖 其中的 的中薏『爾雅』

연복 : 소상(小祥) 때 입는 상복(喪服).
연복 련【練】練而慨然『禮記』

연분(緣分) : 인륜 및 남녀의 관계.
연분 계【契】부부의 인연. 少有道契『司空圖』
연분 연【緣】良緣. 新緣貴壻起朱樓『李商隱』

연분홍 빛 :
연분홍 빛 훈【纁】淡紅色.

연뿌리 : 연(蓮)의 지하경(地下莖).
연뿌리 동【董】연근(蓮根).
연뿌리 밀【蔤】연근(蓮根).
연뿌리 우【藕】蓮根. 下有並根藕『古樂府』
연뿌리 윤【莐】연근(蓮根).

연산(連山) :
연산 령【嶺】연속(連續)한 산악(山嶽).
橫看爲嶺側成峯『蘇軾』

연약(軟弱)하다 :
연약할 난【偄】유약(柔弱).
연약할 연【偄】유약(柔弱).
연약할 연【耎】유약(柔弱).
연약할 염【姌】弱長貌.
연약할 요【嫈】弱也.
연약할 주【姝】마음이 약한 모양.
暖暖姝姝『莊子』
연약할 취【毳】부드럽고 약함. 또 그 것.
事小敵毳 見偸可用也『荀子』

연어(鰱魚) : 연어과에 속한 바닷물고기. 방추형에 반점이 있으며, 길이는 약 1미터다. 산란기는 가을이며 어린 연어는 부화된 지 몇 주일 후에 바다로 돌아가 삼사 년 만에 성숙하여 모천(母川)으로 돌아온다.
연어 추【鰌】연어(鰱魚).
연어 규【鮭】연어(鰱魚).

연옥(軟玉) : 옥의 한 가지. 보통 옥으로 지칭하는 경옥(硬玉)보다 가치는 약간 떨어지나 더 흔히 발견된다. 특히 녹색의 것은 비취라고 한다.
연옥 육【綪】帛青經縹緯.

연유(煉乳) : 우유 또는 양유(羊乳)로 만든 식료품.
연유 소【酥】酪成酥『本草別錄』

연잇다 : 연이어 끊이지 아니함. 연속함.
연이을 면【綿】綿綿. 綿明而不衰『張衡』

연 잎새 :
연 잎새 하【蕸】하엽(荷葉).

연잎 울다 :
연잎 울 부【荴】荷葉將落時.

연자매 : 돌로 만든 방아의 하나. 둥근 돌판 위에
　그보다 작고 둥근 돌을 옆으로 세워 얹은 것으
　로, 이것을 소나 말이 끌어 돌려서 곡식을 찧
　고 빻는다.
　연자매 년【碾】団 碾輪治穀.
　연자매 타【砣】碾輪石.
연적(硯滴) : 벼루에 물을 따르는 그릇.
　연적 섬【蟾】水冷硯蟾初浦凍『陸游』
연전총 : 둥글고 어룽어룽한 돈 같은 점이 박힌
　말. 일설에는 갈기가 검은 흰말.
　연전총 탄【驒】有驒有駱『詩經』
연주(兗州) : 구주(九州)의 하나. 지금의 하북성
　(河北省) 및 산동성(山東省)의 일부(一部).
　연주 연【兗】濟河惟兗州『書經』
연주창 : 목둘레에 잇달아 나는 단단한 멍울.
　연주창 라【瘰】瘰癧或在耳後頤項缺盆
　　　　　　　　　　　　『揚雄方言』
　연주창 력【癧】瘰癧.
연줄 : 인연이 맺어지는 길. 또는 의뢰하여 출세
　하는 길.
　연줄 연【緣】世緣. 俗緣未盡『傳燈錄』
　연줄 인【夤】陰排密有夤『宋穆修』
　연줄 진【津】夤緣. 困無津耳『晉書』
연(蓮)줄기 :
　연줄기 가【茄】蔕倒茄於藻井『張衡』
연지(臙脂) : 뺨에 찍거나 바르는 화장품.
　연지 고【膏】기름을 섞어 만든 연지.
　　　　　　　　豈無膏沐『詩經』
　연지 연【臙】뺨에 찍는 화장품. 臙脂.
　연지 연【胭】연(臙)과 동자(同字). 胭脂.
　연지 연【䏓】婦人飾.
　연지 주【朱】傅粉施朱『顏氏家訓』
　연지 지【脂】脂粉. 濃粉深脂圖畫眉『何中』
　연지 홍【紅】娥娥紅粉粧『古詩』
연지 찍다 :
　연지 찍을 적【黓】玄黓, 以丹注面.
연하다 :
　연할 납【䎶】軟也.
　연할 동【洞】연통(連通)함.
　　　　　　　　連房洞戶『後漢書』
　연할 라【蠡】연속한 모양. 登長陵而四望兮 覽
　　　　　　　　芊圃之蠡蠡『楚辭』
　연할 련【聯】㉠ 잇닿음. 颿煙猶相聯『李商隱』
　　　　　　　　㉡ 연결함. 聯兄弟『周禮』
　연할 루【遱】連也. 行步不絶之貌.
　연할 리【邐】연속함. 邐迤觀鵝翼『梁簡文帝』
　연할 방【並】연접(連接)함. 北並渤海『漢書』
　연할 약【腜】취연(脆腜).

　연할 언【嫣】蟬嫣. 有周氏之蟬嫣『揚雄』
　연할 여【茹】초목의 뿌리가 서로 연결된 모양.
　　　　　　　　또 그 뿌리. 拔茅連茹『易經』
　연할 연【軟】연(輭)의 속자. 柔也.
　연할 연【輭】柔也.
　연할 이【迤】비스듬히 연속함. 비스듬히 뻗음.
　　　　　　　　衆山之遷迤『吳質』
　연할 이【迱】이(迤)와 동자(同字).
　　　　　　　　迆靡乎連屬『揚雄』
　연할 졸【脺】奊易破.
　연할 즉【崱】산이 연한 모양.
　　　　　　　　開軒望嶜崱『劉峻』
　연할 집【縶】이음. 冀相維縶『北史』
　연할 취【脆】무르고 부드러움. 脆軟.
　　　　　　　　草木之生也柔脆『老子』
　연할 휴【觿】이음. 杓攜龍角『漢書』
연하여 평평하다 : 서로 연이어 평탄한 모양.
　연하여 평평할 니【濔】濔迤平原. 濔 相連漸平
　　　　　　　　　　　　之貌『鮑照』

연호(年號) :
　연호 원【元】기원. 建元. 改元.
연횡(連橫) : 전국시대(戰國時代)에　관동(關東)의
　육국(六國)을 연합하여 관서(關西)의 진(秦)나
　라를 복종(服從)시키려고 한 정책(政策).
　연횡 횡【橫】趙魏困橫『千字文』
열 :
　열 십【拾】십(十)과 통용.
　열 십【什】십(十)과 통용. 什二.
　　　　　　　逐什一之利『史記』
　열 십【十】
　　㉠ 아홉에 하나를 보탠 수. 天九地十『易經』
　　㉡ 충족(充足)된 수(數)라하여 인신(引伸)하여
　　　완전(完全)하거나 부족(不足)이 없다는 뜻
　　　으로 쓰임. 利不十者 不易業『漢書』
　　㉢ 많은 수(數)를 이름.
　　　十目所視 十手所指『大學』
　열 열【熱】
　　㉠ 더운 감각을 일으키는 本源.
　　　地藏其中熱『揚雄』
　　㉡ 체온. 平熱.
　　㉢ 높아지는 체온. 또 체온이 높아지는 병.
　　　煩熱. 使人身熱無色頭痛嘔吐『漢書』
열길 :
　열길 인【引】十丈. 縱引橫引三丈『元史』
열나라 : 주대(周代)의 제도로 십국(十國)을 한
　구역으로 한 일컬음.
　열나라 련【連】十國以爲連, 連有師『禮記』
열다 : 닫힌 것을 엶.

열 개【闔】今欲與漢闔大關『漢書』

열 개【開】

　㉠ 닫힌 것을 틈. 開門.
　　善閉者無關鍵而不可開『老子』

　㉡ 시작함. 開會. 開校.

　㉢ 입을 열어 말을 함. 開陳.

　㉣ 통함. 開通.

　㉤ 새로 전답을 만듦. 開墾. 開拓.
　　秦開阡陌『戰國策』

　㉥ 수학(數學)에서 승근(乘根)을 구함. 開平.

열 거【胠】닫힌 것을 엶. 胠篋探囊『莊子』

열 계【启】계(啓)와 동자(同字).
　　　　明星謂之启明『爾雅』

열 계【啓】

　㉠ 문을 열다. 啓開.

　㉡ 슬기와 지능을 열어줌. 啓蒙. 啓發.

　㉢ 시작함. 是啓之也『韓愈』

열 무【闖】開也.

열 발【發】發倉廩賜貧窮『禮記』

열 벽【闢】

　㉠ 문을 엶. 金門未闢『王禹偁』

　㉡ 새로 전답을 만듦. 闢墾.
　　田疇多蕪 何以闢之『王禹偁』

열 위【闈】문을 반쯤 엶.
　　　　闈門與之言 皆不踰閾『國語』

열 조【厚】開也.

열 지【扺】開也.

열 진【振】열어서 내놓음. 振廩同食『左傳』

열 천【闡】厥有氏號 紹天闡繹者『後漢書』

열 탁【托】탁(拓)과 동자(同字).
　　　　以手掌托石壁『李山甫』

열 파【擺】밀쳐 엶. 擺牲班禽『馬融』

열 피【披】개척(開拓)함. 披山通道『史記』

열 피【狓】피(披)와 동자(同字).

열 해【解】닫을 것을 엶. 解扉.

열 획【闠】開也.

열 다섯 자 : 일장오척(一丈五尺)의 길이.

　열 다섯 자 순【純】里間九純『淮南子』

열두번째지지 : 십이지의 제십이위(第十二位) 시
　각으로는 21시부터 23시까지, 방위로는 서북
　북(西北北), 달로는 음력 10월, 띠로는 돼지에
　배당됨.

열두번째지지 해【亥】大淵獻.

열 두 해 :

　열 두 해 기【紀】12년. 既歷三紀『書經』

　열 두 해 종【終】12년. 十二年矣 是謂之一終
　　　　　　　　『左傳』

열리다 :

열릴 개【開】

　㉠ 열어짐.

　㉡ 문화가 개발됨. 開明. 開化.

　㉢ 길이 트임. 開通.

열릴 계【啓】

　㉠ 열어짐.

　㉡ 통함. 鑿河津于孟門, 百川復啓『南史』

　㉢ 일어남, 흥함. 皇運勃啓『徐陵』

열릴 차【厽】開也.

열매 :

　열매 실【實】果實. 草實. 草木之實『禮記』

　열매 자【子】과실(果實). 橡子.
　　　　　　家有一李樹 結子殊好『世說』

열매 많다 : 초목이 열매를 많이 맺다.

　열매 많을 분【蕡】有蕡其實『詩經』

열매 맺다 :

　열매 맺을 자【子】冬花夏子『種樹序』

열매 열다 :

　열매 열 추【樉】실성(實成).

열매 주렁주렁 달리다 :

　열매 주렁주렁 달릴 초【卤】草木實垂卤.

열 묶음 :

　열 묶음 전【縳】새의 깃 백 개를 묶은 열 묶음.
　　　　　　百羽爲搏 十搏爲縳『周禮』

열 번 :

　열 번 순【旬】십회(十回). 旬年之間『後漢書』

　열 번 십【十】十戰九勝 人十能之『中庸』

열 번 곱하다 :

　열 번 곱할 십【十】長子不過十之『史記』

열병(熱病) :

　열병 뢰【瘰】癗也.

　열병 사【邪】오열(惡熱)이 나는 병.
　　　　　　有病邪者『南史』

　열병 진【疢】

　　㉠ 신열(身熱)이 대단한 병. 疾疢不作『禮記』

　　㉡ 열병에 걸림. 疢如疾首『詩經』

　열병 퇴【㿗】고병(苦病).

열 사람 :

　열 사람 련【聯】주대(周代) 호구(戶口) 편제상
　　　　　　(編制上)의 단위(單位).
　　　　　　五人謂伍 十人謂聯『周禮』

　열 사람 십【什】십명(十名). 什百.
　　　　　　遊弩往來 什伍俱前『漢書』

열쇠 : 자물쇠를 여는 쇠.

　열쇠 건【鍵】管鍵. 修鍵閉『禮記』

　열쇠 관【管】管籥. 授管鍵『周禮』

　열쇠 모【牡】門牡自亡『漢書』

　열쇠 시【匙】鑰一匙玉一金鑰『黃庭堅』

열쇠 시【鎻】鑰鎻. 鎻以啓鑰『正字通』

열쇠 약【鑰】약(鑰)과 동자(同字). 啓鑰見書.

열아홉 해 : 옛날 역법(曆法)에서 십구년(十九年) 을 이름.

열아홉 해 장【章】積章成部『左傳』

열 여섯 냥쭝 :

열 엿 냥쭝 근【觔】근(斤)과 동자(同字).
　　　　　　　得鹽十二觔一兩『舊唐書』

열엿 말 : 용량(容量)의 단위(單位). 16두(斗)를 일컬음.

열엿 말 수【籔】車秉有五籔『儀禮』

열엿 말 유【鈄】유(庾). 유(斔)와 동자(同字).
　　　　　　　六斛四斗曰鈄.

열엿 말 유【斔】유(庾)와 통용.
　　　　　　　絲三邸漆三斔『周禮』

열엿섬 : 용량(容量)의 단위(單位)로 육십곡(六十 斛),

열엿섬 병【秉】與之粟五秉『論語』

열조각 :

열조각 속【束】脯十枚. 束脩之肉『穀梁傳』

열집 :

열집 련【聯】주대(周代) 호구(戶口) 편제상(編 制上)의 단위(單位).
　　　　　　　五家爲比 十家爲聯『周禮』

열집 십【什】십가(十家). 什百.
　　　　　　　遊弩往來 什伍俱前『漢書』

열째지지 : 십이지(十二支)의 제십위(第十位), 고 갑자(古甲子)는 작악(作噩), 시각(時刻)으로는 17시부터 19시까지, 방위(方位)로는 정서(正 西), 달로는 음력(陰曆) 8월, 띠로는 닭에 배당 (配當)됨.

열째지지 유【酉】작악(作噩).

열째천간 : 십간(十干)의 제십위(第十位). 방위(方 位)로는 북방(北方), 오행(五行)으로는 수(水)에 배당(配當)함.

열째천간 계【癸】
　　⊙ 소양(昭陽). 壬癸. 太歲在癸曰昭陽『爾雅』
　　◯ 陳揆于癸『漢書』

열한번째지지 : 십이지(十二支)의 제십일위(第十 一位), 고갑자(古甲子)는 엄무(閹茂), 시각(時 刻)으로는 19시부터 21시까지, 방위(方位)로는 서북(西北), 달로는 음력(陰曆) 9월, 띠로는 개 에 배당(配當)됨.

열한번째지지 술【戌】엄무(閹茂).

열화 :

열화 등【灯】맹열(猛烈)한 불. 속(俗)에 등(燈) 의 약자(略字)로도 씀은 잘못임.

열흘(十日) :

열흘 순【旬】십일(十日). 旬朔.
　　　　　　　三百有六旬有六日『書經』

열흘 완【浣】一旬. 上浣.

열흘 한【澣】열흘간. 곧 일순(一旬).
　　　　　　　당대(唐代)에 관리(官吏)에게 열흘
　　　　　　　마다 휴목(休沐)을 허가(許可)한데
　　　　　　　연유(緣由)함. 上澣. 中澣. 下澣.

엷게 검다 :

엷게 검을 말【驖】천흑(淺黑).

엷게 검을 회【黦】천흑(淺黑).

엷게 하다 : 박함. 박하게 함.

엷게 할 비【菲】菲薄. 菲飮食『論語』

엷다 : 빛 같은 것이 짙지 아니함.

엷을 담【淡】往往以色暈淡而成『宣和書譜』

엷을 량【凉】薄也.

엷을 량【𣻚】薄也.

엷을 렴【濂】경박함.

엷을 리【漓】이(醨)와 동자(同字). 경박함.
　　　　　　　棄漓而歸厚『司馬光』

엷을 발【㯭】淺色.

엷을 비【菲】박함. 菲薄. 菲飮食『論語』

엷을 삽【届】薄也.

엷을 엽【葉】薄也.

엷을 요【澆】순후(淳厚)하지 아니함. 경박함.
　　　　　　　澆薄. 三季澆浮 舊章陵替『齊書』

엷을 조【軥】薄也.

엷을 천【淺】⊙ 얇음. 煩挐淺『淮南子』
　　　　　　　◯ 짙지 아니함. 淺紅.

엷을 천【俴】천(淺)과 동자(同字).
　　　　　　　俴駟孔羣『詩經』

엷은 모양 :

엷은 모양 변【䩵】박모(薄貌).

염교 : 백합과에 속하는 다년초. 파 비슷한 훈채 (葷菜)임. 인경(鱗莖)은 식용함.

염교 여【荔】荔挺.

염교 해【薤】해채(薤菜). 切蔥及薤『禮記』

염려하다 :

염려할 담【憛】우사(憂思).

염발 :

염발 로【鹵】
　　⊙ 소금기가 있어 경작에 부적당한 땅. 澤鹵.
　　　　　鹵田. 厥田斥鹵『史記』
　　◯ 인신(引伸)하여 척박(瘠薄)한 땅.
　　　　　불모(不毛)의 땅. 遠在荒鹵『唐書』
　　⊜ 땅에 초목이 나지 아니함. 불모(不毛)임.
　　　　　地瘠鹵『唐書』

염발 석【舄】석(潟)과 통용. 終古舄鹵兮『漢書』

염병 :

염병 려【癘】유행병. 癘疫. 癘疾不降『左傳』

염병 레【疠】돌림병. 大瘠者何疠也『公羊傳』

염병 온【瘟】돌림병. 經瘟疫則不畏『抱朴子』

염병 찰【疦】여질(癘疾).

염전(鹽田):

　염전 강【斺】염택(鹽澤).

염치없다:

　염치없을 론【惌】無廉恥.

　염치없을 자【歃】無廉恥.

염탐(廉探)꾼:

　염탐꾼 간【間】細作. 間諜. 用間有五『孫子』

　염탐꾼 정【偵】偵候. 偵諜.
　　　　　　　爲郡縣偵邏耳目『後漢書』

　염탐꾼 첩【諜】間諜. 間諜. 偵諜.
　　　　　　　晉人獲秦諜『左傳』

　염탐꾼 청【聽】간첩(間諜). 百里之聽『荀子』

　염탐꾼 현【倪】간첩(間諜). 倪謂之間諜 卽今細
　　　　　　　作也『左傳 註』

　염탐꾼 형【詗】염탐하는 자. 간첩(間諜).
　　　　　　　中詗長安『史記』

　염탐꾼 후【侯】斥候. 得賊羅侯『魏志』

염탐(廉探)하다: 남몰래 사정을 조사함.

　염탐할 정【偵】偵探. 偵察.
　　　　　　　使御者偵伺得失『後漢書』

　염탐할 첩【諜】諜知. 諜報.
　　　　　　　使伯嘉諜之『左傳』

　염탐할 형【詗】염찰(廉察)함. 覘詗.
　　　　　　　窺詗時事『唐書』

　염탐할 후【候】武王使人候殷『呂氏春秋』

염통:

　염통 심【心】

　　㉠ 오장(五臟)의 하나. 心臟.
　　　心者五藏之專精也『素問』

　　㉡ 인신(引伸)하여 정요(精要)의 뜻으로 쓰임.
　　　般若心經, 系集大般若經六百卷之精要 故云
　　　心經『辭海』

염통 밑:

　염통 밑 고【膏】심장의 아래. 膏肓.

염하다: 염습(殮襲)함.

　염할 렴【殮】小殮於戶內 大殮於阼『禮記』

　염할 렴【敛】衣尸曰小敛 以尸入棺曰大敛『辭海』

엽전: 네모진 구멍이 있는 둥근 돈.

　엽전 문【文】一文. 漢一斤金四兩 直二千五百文
　　　　　　『舊彥遠』

엿: 맛이 썩 단 음식의 한 가지.

　엿 당【餳】당(餹)과 동자(同字). 굳힌 엿.
　　　　　　膠飴乾枯者曰餳『本草經』

　엿 당【糖】餳謂之糖『揚雄方言』

엿 당【餹】飴也.

엿 성【餳】단 음식의 하나.

엿 수【𩜯】당제(糖餬).

엿 엿【㳍】[호] 우리나라 한자.

엿 엿【㯨】[호] 우리나라 한자.

엿 이【飴】단 음식의 하나. 菫茶如飴『詩經』

엿 장【餦】餦餭. 粔籹蜜餌有餦餭些『楚辭』

엿 장【粻】단 음식의 하나.

엿 제【餲】餌也. 餲, 廣韻 糖餬 黍膏也 一說 黍
　　　　　膏 卽飴糖『正字通』

엿 포【粰】餹粰, 餠也.

엿 황【餭】餦餭. 粔籹蜜餌有餦餭些『楚辭』

엿 냥쭝: 무게 여섯 냥의 일컬음.

　엿 냥쭝 렬【鋝】戈戟皆重三鋝『周禮』

　엿 냥쭝 환【鍰】주대(周代)의 화폐(貨幣)의 단
　　　　　　　　위(單位). 其罰百鍰『書經』

엿보다: 남이 모르게 가만히 봄.

　엿볼 간【瞷】간(覵)과 동자(同字).
　　　　　　　王使人瞷夫子『孟子』

　엿볼 간【間】기회를 노림.
　　　　　　　齊人間晉之禍『國語』

　엿볼 간【覵】간(瞷)과 동자(同字).

　엿볼 감【矙】틈을 엿봄. 陽貨矙孔子之亡也 而
　　　　　　　饋孔子蒸豚『孟子』

　엿볼 계【肝】蔽人視.

　엿볼 규【闚】규(窺)와 동(同). 闚其戶『易經』

　엿볼 규【窺】伺窺. 窺見室家之好『論語』

　엿볼 당【闣】규시(窺視).

　엿볼 류【留】기회를 엿봄. 執彈而留之『莊子』

　엿볼 망【望】몰래 봄. 覘望知之『吳志』

　엿볼 미【微】偵察. 使人微知賦處『漢書』

　엿볼 비【睥】구멍 같은 것을 통하여 들여다
　　　　　　　봄. 於孔中睥睨非常也『釋名』

　엿볼 사【覗】몰래 봄. 가만히 봄. 凡相竊視 自
　　　　　　　江而北謂之覗『揚雄方言』

　엿볼 사【司】사(伺)와 동자(同字).
　　　　　　　居虎門之左 司王朝『周禮』

　엿볼 사【伺】

　　㉠ 다른 사람이 모르게 가만히 봄. 伺窺.
　　　夜伺之『水經注』

　　㉡ 몰래 정상(情狀)을 살핌. 使人微伺之『史記』

　　㉢ 몰래 기회를 엿봄. 密伺其過『魏書』

　엿볼 섬【睒】규시(窺視)함.
　　　　　　　曹復睒天 不覩其輪『太玄經』

　엿볼 섬【閃】嘗自于牆壁門閭閃『魏略』

　엿볼 시【時】적당한 때를 엿봄.
　　　　　　　孔子時其亡也 而往拜之『論語』

　엿볼 시【覗】규시(窺視).

　엿볼 역【睪】몰래 봄.

엿볼 예【睨】구멍 같은 것을 통하여 들여다 봄.
盻睨. 睥睨.
엿볼 유【闟】詎遠闞以闚闟『左傳』
엿볼 저【狙】틈을 엿봄. 기회를 노림. 狙伺.
其狙害陰毒『唐書』
엿볼 저【覰】저(狙)와 통용. 기회를 엿봄.
北寇覰邊『唐書』
엿볼 점【貼】첨(覘)과 동자(同字). 窺也.
엿볼 점【佔】첨(覘)과 동자(同字).
今之敎者呻其佔畢『禮記』
엿볼 점【覘】
㉠ 몰래 봄. 覘望. 使人覘之『左傳』
㉡ 인신(引伸)하여 몰래 형편을 알아봄.
정탐(偵探)함. 覘候.
엿볼 정【遉】정(偵)과 동자(同字).
엿볼 정【覩】偵也.
엿볼 차【屌】사시(伺視).
엿볼 처【屭】사시(伺視).
엿볼 척【斥】몰래 살핌. 염탐함. 斥侯.
斥山澤之險『左傳』
엿볼 첨【閊】闚閊. 闚閊(++下钃)葉『射雉賦』
엿볼 츰【闖】틈을 노림. 奸首不敢闖『韓愈』
엿볼 한【瞯】한(瞯)과 동자(同字). 첨시(覘視).
엿볼 한【僩】한(瞯)과 통용. 姦人僩之『論衡』
엿볼 한【覵】한(瞯과 동자(同字).
엿볼 현【俔】몰래 봄.
영 :
영 앙【仰】상관(上官)이 하관(下官)에게 내리는
명령(命令). 仰議.
영 령【零】수(數)가 존재(存在)하지 아니함.
부호(符號)는 0.
영 령【靈】
㉠ 만유(萬有)의 정기(精氣).
惟人萬物之靈『書經』
㉡ 인체의 정기. 不可入於靈府『莊子』
㉢ 죽은 사람의 혼백. 告先帝之靈『諸葛亮』
㉣ 天, 地, 人 삼재(三才)의 일컬음.
答三靈之蕃祉『班固』
㉤ 일(日), 월(月), 성(星)의 일컬음.
獵三靈之流『揚雄』
㉥ 생명. 명수(命數). 竊國靈『揚子法言』
영 령【令】
㉠ 명령(命令). 從父之令『孝經』
㉡ 교훈(敎訓). 경계(警戒). 謹聞令『戰國策』
㉢ 포고(布告). 發號施令『書經』
㉣ 지휘(指揮). 호령(號令).
軍中聞將軍之令 不聞天子之詔『史記』
영 호【號】명령. 渙汗其大號『易經』
영국(英國) :
영국 영【英】영국의 약칭. 美英.
영기(靈氣) : 신령한 기운.
영기 수【粹】天精天粹, 萬物作類『揚子法言』
영 내리다 :
영 내릴 령【令】
㉠ 令之曰 汝知而心與左右手背乎『史記』
㉡ 其所令反其所好而民不從『大學』
영락(零落)하다 :
영락할 탁【魄】영체(零替)함.
家貧落魄『史記』
영리하다 : 똑똑하고 민첩함.
영리할 령【怜】始知怜悧不如癡『朱淑眞』
영리할 령【伶】똑똑함. 伶俐.
영리할 리【悧】始知怜悧不如癡『朱淑眞』
영리할 중【妕】怜也.
영리할 현【儇】약음. 꾀바름.
巧儇 鄕曲之儇子『荀子』
영몽(檸檬) : Lemon의 음역(音譯). 운향과(芸香科)에 속하는 작은 상록교목(常綠喬木)이나 그 열매.
영몽 몽【檬】檸檬. 구연(枸櫞).
영몽 영【檸】檸檬. 구연(枸櫞).
영묘(靈妙)하다 : 신비스러움. 또 변화 무쌍함.
영묘할 신【神】神妙. 聖而不可知之謂神『孟子』
영민(英敏)하다 :
영민할 숭【憹】慧也.
영민할 애【懝】小兒有知.
영상(影像) : 비치는 그림자. 또는 사진 따위.
영상 조【照】小照. 寫照. 傳神寫照『晉書』
영수목(靈壽木) :
영수목 궤【樻】靈壽木.
영양(羚羊) : 포유류 소목 솟과에 속한 소, 양, 염소를 제외한 한 무리를 통틀어 이르는 말. 체형이 사슴과 비슷하고 초식성이며, 네 다리가 가늘고 길어 매우 빨리 달린다. 암컷과 수컷이 모두 뿔이 있음.
영양 령【麢】영(羚)과 동자(同字). 大羊角細而圓.
영양 령【羚】羚羊.
영웅(英雄) :
영웅 효【梟】걸출한 자. 爲天下之梟『淮南子』
영원(蠑螈) : 양서류 도롱뇽목 영원과에 속한 동물을 통틀어 이르는 말. 몸은 가늘고 길며, 세로로 납작하고 긴 꼬리와 짧고 물갈퀴가 있는 네발을 가지고 있다. 등은 흑갈색, 배는 빨간색이고 검은 반점이 있으며, 주로 연못이나 늪 따위에 산다.
영원 영【蠑】蠑螈.
영원 원【螈】蠑螈.

영원 원【蚖】원(蚖)과 동자(同字).
　　　　化爲伏蚖『史記』

영유(領有)하다 : 영지를 가짐.

　영유할 읍【邑】武王既崩 叔虞邑唐『史記』

영제사(禜祭祀) : 산천의 신에게 빌어 수재(水災), 한재(旱災), 여역(厲蠚)을 떨어 물리치는 제사. 또 그 제사를 지냄.

　영제사 영【禜】於是乎禜之『左傳』

영지(領地) :

　영지 읍【邑】
　　㉠ 천자(天子)의 직할(直轄)하는 영지(領地). 기내(畿內). 商邑翼翼『詩經』
　　㉡ 제후(諸侯)의 영지(領地). 봉토(封土). 作邑于豊『詩經』
　　㉢ 대부(大夫)의 영지(領地). 以家邑之田任稍地『周禮』

　영지 지【芝】모균류(帽菌類)에 속하는 버섯의 한 가지. 고대로부터 상서로운 풀로 여김. 지초(芝草). 靈芝. 瑞芝. 芝生於土土氣和故芝草生『論衡』

영창(映窓) :

　영창 소【牕】소창(疏窓). 방을 밝히는 창.

영특(英特)하다 :

　영특할 준【儁】王澄曰兄似道而神鋒太儁『世說』
　영특할 준【雋】준(儁)과 통용.
　　　　　　　進用英雋『漢書』

영화(榮華) :

　영화 영【榮】영달(榮達). 榮辱.
　　　　　　欲榮而惡辱『呂氏春秋』
　영화 유【腴】부귀영화. 處腴能約『晉書』
　영화 총【寵】영화. 寵辱. 其寵大矣『國語』

옅은 빛 :

　옅은 빛 팽【䏸】淺薄色.

옆 : 근처. 곁.

　옆 두【頭】店頭. 珮聲歸向鳳池頭『王維』
　옆 측【側】左側. 立于一階『書經』
　옆 횡【橫】곁. 측면. 橫眸. 橫擊之『左傳』

옆으로 걷는 발 :

　옆으로 걷는 발 척【趚】側行足.

옆으로 피하다 :

　옆으로 피할 루【厒】측도(側逃).

예(禮) :

　예 의【儀】예(禮)의 전례(典例). 예법(禮法). 儀式. 設儀辨位『周禮』
　예 례【禮】
　　㉠ 오상(五常)의 하나. 禮度, 禮節. 禮儀. 仁儀禮智信 五常之道『漢書』
　　㉡ 예식(禮式). 의식(儀式). 婚禮. 吉禮.

　　　　　煩則亂『書經』
　　㉢ 절. 인사 등. 禮砲.

예를 갖추지 않고 혼인함 :

　예를 갖추지 않고 혼인할 분【奔】仲春之月 令會男女 奔者不禁『周禮』

예리(銳利)하다 :

　예리할 삼【釤】利也.

예리한 쇠 :

　예리한 쇠 빈【鑌】鑌, 利鐵也.

예물 : 감사(感謝)의 뜻이나 예의(禮儀)의 표시로 주는 물품(物品).

　예물 례【禮】無禮不相見也『禮記』
　예물 회【賄】폐백(幣帛). 선사(膳賜). 先事後賄禮也『左傳』

예방(豫防) :

　예방 비【備】군사상(軍士上)의 방어(防禦). 軍備. 莫如去備『左傳』

예방하다 :

　예방할 류【禷】祝神詛.
　예방할 비【備】미리 방비(防備)함. 守備. 不備於齊 齊師侵魯『史記』
　예방할 염【禳】禳也.

예비(豫備) :

　예비 비【備】차림. 準備. 有備無患『書經』

예쁘고 곱다 :

　예쁘고 고울 제【媞】美好貌. 西施媞媞而不得見『東方朔』

예쁘다 :

　예쁠 괘【姽】姽也.
　예쁠 교【佼】교(姣)와 동자(同字). 아름다움. 佼童. 佼人僚兮『詩經』
　예쁠 교【巧】아름다움. 또 귀염성스러움. 巧笑倩兮『論語』
　예쁠 교【姣】용모(容貌)가 예쁨. 姣美. 長姣美人『史記』
　예쁠 구【姤】其人彝姤『管子』
　예쁠 두【姓】호모(好貌).
　예쁠 료【僚】미호(美好)함. 佼人僚兮『詩經』
　예쁠 모【媌】아리따움.
　예쁠 묘【妙】아리따움. 妙麗善舞『漢書』
　예쁠 미【媄】아름다움.
　예쁠 반【盼】눈의 검은자위와 흰자위가 분명(分明)하며 예쁜 모양. 美目盼兮『詩經』
　예쁠 병【娉】예쁜 모양. 不嫁惜娉婷『杜甫』
　예쁠 부【婦】아름다움. 其容婦『荀子』
　예쁠 빈【贇】아름다움.
　예쁠 선【嫙】미모(美貌).

예쁠 아【娥】아름다움. 또 미인.
　　　　　　　趙妃燕后 秦娥吳娃『江淹』

예쁠 애【艾】아름다움. 또 그 여자. 美女.
　　　　　　　知好色 則慕少艾『孟子』

예쁠 연【蜎】연(娟)과 통용. 雌蜺便蜎『楚辭』

예쁠 연【娟】용모가 아름다움. 嬋娟.
　　　　　　　少子娟好靜秀『韓愈』

예쁠 옥【媞】美也.

예쁠 와(왜)【娃】아름다움. 娃鬟.

예쁠 와【姽】媒姽. 日君月妃 煥赫媒姽『韓愈』

예쁠 요【夭】나이가 젊고 용모가 아름다움.
　　　　　　　桃之夭夭『詩經』

예쁠 요【姚】아름다움. 美麗姚冶『荀子』

예쁠 일【佚】자태가 아름다움.
　　　　　　　見有娀之佚女『楚辭』

예쁠 작【婥】용모가 아름다움. 綽과 동자(同
　　　字). 婥約嫵媚好也『廣雅』

예쁠 정【婷】아름다움. 婷婷花下人『陳師道』

예쁠 정【娗】정(婷)과 동자(同字). 容也.

예쁠 제【娣】아름다움. 公主乃嫁烏孫『漢書』

예쁠 주【姝】아름다움. 미호(美好)함. 姝好.
　　　　　　　靜女其姝『詩經』

예쁠 천【倩】
　　㉠ 입이 예쁘게 생김. 巧笑倩兮『詩經』
　　㉡ 용모(容貌)가 아름다움. 倩倩.
　　　　　　　柳眉梅額倩粧新『吳融』

예쁠 초【俏】용모가 아름다움.

예쁠 핍【妚】호모(好貌).

예쁠 후【姁】아름다움.

예쁜 계집 :
　예쁜 계집 갱【姀】미녀(美女).
　예쁜 계집 오【媼】미녀(美女).

예쁜 모양 :
　예쁜 모양 결【妜】미모(美貌).

예쁜 얼굴 :
　예쁜 얼굴 삽【姰】미용(美容).

예쁜 체하다 :
　예쁜 체할 유【婑】女美貌.

예순 네 말 : 용량(容量)의 단위(單位). 64말.
　예순 네 말 유【鍮】鍮斛.
　　　　　　　鍮斛不敢入于四竟『莊子』

예스럽다 : 옛 풍취가 있음.
　예스러울 고【古】古奇. 氣淸韻古『宋史』

예우(禮遇)하다 :
　예우할 례【禮】예로서 대우함. 禮賢士.
　　　　　　　吾之禮賢 有何不可『世說』

예의(禮儀)없다 :
　예의없을 탄【嫷】무의(無儀).

예전 : 지나간 세월.
　예전 과【過】過現未.

예절 가르치다 :
　예절 가르칠 미【躾】[일] 교예의(敎禮儀).

예하고 대답하는 소리 :
　예하고 대답하는 소리 사【唶】[중] 應答聲.

옛 :
　옛 고【故】
　　㉠ 옛날. 今故.
　　㉡ 옛일. 典故. 溫故而知新『論語』
　　㉢ 오래 됨. 故址.
　　　　　　故國者 非有喬木之謂也『孟子』

　옛 고【古】
　　㉠ 예전. 古昔. 古代. 曰若稽古『書經』
　　㉡ 옛일. 好古, 合葬非古『禮記』

　옛 구【舊】
　　㉠ 옛날. 按往舊造說『荀子』
　　㉡ 옛 일. 修舊也『公羊傳』

　옛 본【本】왕석(往昔). 本俗『周禮』

　옛 석【昔】옛날. 古昔.

　옛 왕【往】과거. 往古. 易彰往而察來『易經』

　옛 작【昨】과거. 覺今是而昨非『陶潛』

옛 그릇 :
　옛 그릇 창【匰】고기(古器).

옛날 :
　옛날 구【舊】
　　㉠ 옛날부터. 오래 전부터. 舊有令聞『書經』
　　㉡ 옛날에. 이전에. 舊學于甘盤『書經』

　옛날 수【誰】주(疇)와 동의. 이전(以前). 일설에
　　　　　　　는 발어(發語)의 조사(助辭)라 함.
　　　　　　　誰昔然矣『詩經』

옛날그릇 :
　옛날그릇 희【虗】古陶器.

옛날에 :
　옛날에 고【故】故居. 故事蔡公『左傳』

옛 벗 :
　옛 벗 고【故】옛 친구. 敬故『周禮』

예부터 :
　예부터 고【故】옛날부터. 오래 전부터. 舊來.
　　　　　　　食其故得幸太后『史記』

오가다 :
　오고갈 교【交】왕래함. 交易爲言『公羊傳』

오게 하다 :
　오게 할 우【雨】使天而雨玉 飢者不得爲粟
　　　　　　　『蘇軾』

오구 : 그물의 한가지.
　오구 산【汕】白魚在汕『柳貫』

오구목(烏臼木) :

오구목 구【梂】열대 원산의 낙엽교목. 烏梂.

오그라들다 :

　오그라들 숙【肅】오글쪼글해 짐.
　　　　　　　草木皆肅『禮記』

　오그라들 축【縮】오그라져 작아짐.
　　　　　　　風寒馬毛縮『劉長卿』

오그라 붙은 발 : 두 다리가 합쳐서 풀려 떨어지
　지 않는 발.

　오그라 붙은 발 섭【踂】兩足不能相過 齊謂之綦
　　　　　　　楚謂之踂『穀梁傳』

오그라지다 : 병으로 손발 같은 것이 오므라듦.

　오그라질 련【攣】攣跪, 躄躃膝攣『史記』

오그리다 :

　오그릴 축【縬】縮也.

오금 : 무릎의 꾸부리는 안쪽.

　오금 괵【膕】詘要撓膕『荀子』

　오금 수【膄】膕也.

　오금 획【膈】曲脚中.

오나라 :

　오나라 오【吳】춘추시대의 나라이름.

오늬 : 화살의 시위에 끼게 되어 있는 부분.

　오늬 괄【筈】離合非有常 譬彼弦與筈『陸機』

　오늬 발【拔】舍拔則獲『詩經』

　오늬 비【比】挾其比以設其羽『周禮』

오다 :

　올 격【格】來格. 帝曰, 格汝舜『書經』

　올 래【迷】來也.

　올 래【來】

　　㉠ 옴. 來往. 來賓. 往而不來, 非禮也『禮記』

　　㉡ 장차 옴. 來者. 來日.

　올 래【徠】내(來)와 동자(同字).
　　　　　　　天馬徠從西極『漢書』

　올 반【反】내도(來到)함. 福祥來反『詩經』

　올 비【霏】비나 눈 같은 것이 오는 모양.
　　　　　　　雨雪其霏『詩經』

　올 우【雨】눈, 비, 우박 등이 하늘에서 내림.
　　　　　　　秋七月 冬 大雨雲『春秋』

　올 회【懷】이리로 옴. 曷又懷止『詩經』

오달도 : 오달(五達)하는 한 길.

　오달도 강【康】康逵. 堯遊於康衢『列子』

오대손 :

　오대손 래【來】현손(玄孫)의 아들.

오독도기 : 미나리아재빗과에 속한 여러해살이풀.
　높이는 30~80센티미터 가량으로 잎자루가 길
　고, 8월에 연한 자주색 꽃이 핀다. 뿌리는 약
　용한다.

　오독도기 랑【蒗】蒗毒, 약명(藥名).

오동(梧桐)나무 : 오동과에 속하는 낙엽교목.

오동나무 동【桐】仲春之月桐始華『禮記』

오두막집 : 사람이 겨우 거처할 정도로 작은 집.

　오두막집 려【廬】조잡한 집. 초암(草庵). 廬舍.
　　　　　　　結廬在人境『陶潛』

　오두막집 우【郵】밭 사이에 지은 작은 집.
　　　　　　　郵表畷『禮記』

오디 : 뽕나무의 열매.

　오디 심【黮】심(葚)과 통용. 食我桑黮『詩經』

　오디 심【葚】상실(桑實). 桑葚甜甘『晉書』

　오디 심【椹】심(葚)과 통용. 桑椹.
　　　　　　　積乾椹以禦饑『魏略』

오디새 : 후투팃과에 속한 새. 몸길이는 28센티미
　터 정도이며, 날개 길이는 약 15센티미터로,
　몸빛은 분홍색을 띤 갈색이며, 날개와 꽁지에
　는 흰색과 검은색의 줄무늬가 있다. 머리에는
　눕히고 세울 수 있는 크고 긴 깃털이 있다.
　4~6월에 나무 구멍 속에 다섯 개 내지 여덟
　개의 알을 낳으며, 길고 아래로 굽은 부리를
　이용하여 곤충과 작은 동물들을 잡아먹는다.

　오디새 겹【鵖】鵖鴔, 대승(戴勝).

　오디새 복【鵩】鵩鴔, 대승(戴勝).

　오디새 핍【鴔】鵖鴔, 대승(戴勝).

오뚝이 앉다 :

　오뚝이 앉을 골【頢】獨處貌.

오락가락하다 :

　오락가락할 비【斐】斐斐遲遲而周邁『揚雄』

　오락가락할 영【營】往來貌. 營營靑蠅『詩經』

　오락가락할 조【燿】往來貌.

　오락가락할 편【翩】聯翩, 緝緝翩翩『詩經』

오랑캐 : 중국에서, 주변에 살던 민족을 미개한
　종족이라는 뜻으로 멸시하여 이르는 말.

　오랑캐 갈【羯】오호(五胡)의 하나. 흉노(匈奴)의
　　　　　　　별종(別種). 산서성에 살았음.
　　　　　　　擒羯送之『晉書』

　오랑캐 강【羌】중국의 서방의 오랑캐 이름.
　　　　　　　현재의 티베트족.

　오랑캐 골【鶻】回鶻. 북방의 오랑캐 이름.
　　　　　　　회홀(回紇)이라고도 함.

　오랑캐 공【邛】한대(漢代)에 사천성 서창현에
　　　　　　　살던 이족.

　오랑캐 단【蜑】남방의 만족. 뱃속에서 생활하
　　　　　　　며 물속에 들어가 해산물 진주
　　　　　　　조개 등을 채취함. 蜑人.
　　　　　　　林蠻洞蜑『韓愈』

　오랑캐 달【韃】韃靼, 契丹西北別種.

　오랑캐 로【虜】

　　㉠ 화외(華外)의 백성. 야만인(野蠻人).
　　　　　　　羌虜及疏勒龜玆『後漢書』

ⓛ 적(敵) 또는 남을 욕하여 이르는 말. 胡虜.
　　虜在我目中矣『後漢書』

오랑캐 만【蠻】
　ⓐ 남방의 미개 민족.
　　南方曰蠻雕題交趾『禮記』
　ⓛ 인신(引伸)하여 미개 민족의 통칭.
　　內撫諸夏 外綏百蠻『班固』

오랑캐 맥【貉】맥(貊)과 동자(同字).
　　　　　　子之道 貉道也『孟子』

오랑캐 맥【貊】요동 반도에서 한반도 북부에
　　　　　　걸쳐 살던 부족. 濊貊,
　　　　　　華夏蠻貊『書經』

오랑캐 무【髳】무(髳)와 동자(同字).
　　　　　　如蠻如髦『詩經』

오랑캐 무【髳】서방 만족의 하나. 지금의 운남
　　　　　　성 남부에 거주하였음.
　　　　　　庸蜀羌髳微盧彭濮人『書經』

오랑캐 번【蕃】화외(化外)의 백성. 生蕃.
　　　　　　以封蕃國『周禮』

오랑캐 수【鄋】鄋瞞. 춘추시대의 북적(北狄)의
　　　　　　하나. 鄋瞞侵齊『左傳』

오랑캐 예【穢】예(濊), 예(穢)와 통용. 穢貉. 고
　　　　　　대 중국 동부지방에 살던 부족.

오랑캐 융【戎】주로 서방의 만족을 이름.
　　　　　　西戎. 公會戎于潛『春秋』

오랑캐 작【筰】한대(漢代)의 서남 만족의 하나.
　　　　　　筰都最大『史記』

오랑캐 적【狄】
　ⓐ 북방의 만족. 北狄. 北方曰狄『禮記』
　ⓛ 인신(引伸)하여 널리 미개, 야만 민족의
　　뜻으로 쓰임. 戎狄. 群狄斯柔『蔡邕』

오랑캐 적【翟】적(狄)과 동자(同字). 만족.
　　　　　　竄于戎翟之間『國語』

오랑캐 추【貙】옛날에 양자강과 한수(漢水) 사
　　　　　　이에 살던 만민(蠻民).

오랑캐 호【胡】중국의 북부에 살던 만족. 五胡.

오랑캐꽃 :
오랑캐꽃 환【萑】오랑캐 꽃의 일종.
　　　　　　董萑枌楡『禮記』

오랑캐 땅의 큰말 :
오랑캐 땅의 큰말 한【騘】駃騘, 蕃中大馬.

오랑캐 비단 :
오랑캐 비단 종【幪】南蠻之絹.

오랑캐 옷 :
오랑캐 옷 발【襏】만복(蠻服).

오랑캐 이름 :
오랑캐 이름 갈【鞨】靺鞨.
오랑캐 이름 견【豜】강(羌)의 별종.

先令罕幵『漢書』

오랑캐 이름 고【狜】㊞ 西域蕃族名.

오랑캐 이름 곤【混】곤(昆)과 통용. 서이(西夷)
　　　　　　의 하나. 混夷駾矣『詩經』

오랑캐 이름 과【猓】猓玀. 중국 서남방에 살던
　　　　　　(蠻族)으로 묘족(苗族)의
　　　　　　일종.

오랑캐 이름 구【猍】㊞ 운남성 서변의 만족.

오랑캐 이름 궐【厥】突厥. 서기 6세기 중엽에
　　　　　　알타이 산맥 부근에서 일어나
　　　　　　몽고 중앙아시아에 대제국
　　　　　　을 건설한 터키계 유목민.

오랑캐 이름 노【獳】광서 지방 살던 만족.

오랑캐 이름 단【蜑】단(蜑)과 동자(同字).
　　　　　　胡夷蜑蠻『柳宗元』

오랑캐 이름 단【靼】韃靼.

오랑캐 이름 달【韃】韃靼. 옛날 몽고 지방에
　　　　　　살던 만족(蠻族).

오랑캐 이름 달【噠】嚈噠. 서이(西夷).

오랑캐 이름 동【峒】광서(廣西), 귀주(貴州) 지
　　　　　　방에 살던 만족(蠻族).

오랑캐 이름 동【獞】중국 서남지방의 만족(蠻族).

오랑캐 이름 라【玀】猓玀. 중국 묘족(苗族)의
　　　　　　일종.

오랑캐 이름 래【猍】광서 지방의 만족(蠻族).

오랑캐 이름 령【狑】중국 서남의 산계(山溪)에
　　　　　　살던 만족(蠻族).

오랑캐 이름 로【澇】요(獠)와 동자(同字).

오랑캐 이름 로【獠】중국 서남 지방 벽지의 계
　　　　　　곡에 사는 만족(蠻族).
　　　　　　何不撲殺此獠『唐書』

오랑캐 이름 말【靺】靺鞨. 우리나라 함경도 이
　　　　　　북 흑룡간 일대에 살던 북
　　　　　　적(北狄)의 별종(別種).
　　　　　　其先靺鞨酋長『唐書』

오랑캐 이름 묘【苗】중국의 운남 및 귀주지방
　　　　　　에 사는 만족(蠻族). 苗族.
　　　　　　竄三苗于三危『書經』

오랑캐 이름 민【閩】중국 동남 지방 인종의 이
　　　　　　름. 동월(東越). 四夷八蠻
　　　　　　七閩九貉五戎六狄『周禮』

오랑캐 이름 별【蟞】강(羌)의 일종. 羌斫尾摩蟞
　　　　　　等 脅同種『後漢書』

오랑캐 이름 복【僰】羌僰. 건위(犍爲) 즉 지금
　　　　　　의 운남성(雲南省) 사천(四
　　　　　　川) 지방의 만족(蠻族).
　　　　　　羌僰東馳『揚雄』

오랑캐 이름 아【犽】만족(蠻族)의 하나.

오랑캐 이름 양【獽】野蠻族名.

오랑캐 이름 엽【嘩】 嘩噠. 서이(西夷).

오랑캐 이름 요【猺】 중국 서남 지방의 만족.
　　　　　山猺穴居野處『溪蠻叢談』

오랑캐 이름 욕【㺊】 羌別種.

오랑캐 이름 윤【狁】 玁狁. 周나라 때 북방(北方)의 만족(蠻族).

오랑캐 이름 이【㐌】 남방(南方)에 살던 만족(蠻族)의 하나.

오랑캐 이름 저【氐】 파촉(巴蜀) 부근에 살던 만족(蠻族). 自彼氐羌莫敢不來享『詩經』

오랑캐 이름 전【闐】 于闐. 신강성에 있던 서이(西夷)의 일종.

오랑캐 이름 전【滇】 한대(漢代)의 서남이(西南夷)의 하나.

오랑캐 이름 충【狆】 귀주(貴州), 운남(雲南)지방의 만족(蠻族).

오랑캐 이름 험【獫】 玁狁. 중국 북방(北方)의 만족(蠻族).

오랑캐 이름 험【玁】 험(獫)과 동자(同字). 玁狁之故『詩經』

오랑캐 이름 혼【緄】 혼(混)과 통함. 緄戎. 감숙성에 있는 서융(西戎). 有綿諸緄戎『史記』

오랑캐 이름 훈【獯】 獯鬻. 하나라 때 중국 북방의 만족으로 한나라 때에는 흉노(匈奴)라고 함. 大王事獯鬻『孟子』

오랑캐 이름 힐【犵】 犵狫. 옛날 광서(廣西), 호남(湖南), 귀주(貴州)에 있던 만족(蠻族)의 일종.

오랑캐 임금 이름 :
오랑캐 임금 이름 극【可】
　㉠ 극한(可汗)은 흉노(匈奴). 돌궐(突厥), 회흘(回紇) 등의 군주의 칭호.
　㉡ 可汗猶單于也, 妻曰可敦『唐書』

오랑캐 춤 :
오랑캐 춤 제【趧】 이무(夷舞).

오랑캐 풍류이름 :
오랑캐 풍류 이름 매【佅】 夷樂名.

오래 :
오래 석【昔】 오래됨. 誰昔然矣『詩經』

오래 수【脩】 장구함. 及其大脩也『周禮』

오래 연【挻】 오래도록. 挻亂江南『晋書』

오래 진【鎭】 길이길이. 주로 시에서 씀. 此心鎭懸懸『賈島』

오랠 구【舊】 세월이 많이 경과됨. 舊慣. 民之戴商 厥惟舊哉『書經』

오랠 구【久】
　㉠ 시간을 경과하여도 변하지 아니함. 恆久. 道乃久『老子』
　㉡ 오래 감. 不息則久『中庸』
　㉢ 시간을 많이 경과 함. 久遠. 忘戰日久『後漢書』

오랠 도【悀】 시간이 긺. 我相東山 悀悀不歸『詩經』

오랠 류【留】 悉數之 乃留『禮記』

오랠 상【尙】 樂之所由來者尙矣『呂氏春秋』

오랠 앙【央】 시간이 긺. 未央絶滅『素問』

오랠 연【延】 長久. 歷十二之延祚『班固』

오랠 연【挻】 오래도록. 挻亂江南『晋書』

오랠 음【淫】 장구함. 底著滯淫『國語』

오랠 진【塡】 진(塵)과 동자(同字). 孔塡不寧『詩經』

오래 기다리다 :
오래 기다릴 구【久】 是以久子『左傳』

오래 기다릴 수【蝡】 구대(久待).

오래되다 :
오래될 추【酋】 오래 경과함. 구원(久遠)함. 昔酒今之酋久白酒『周禮』

오래된 기름 :
오래된 기름 구【膒】 구지(久脂).

오래 머무르다 :
오래 머무를 구【久】 可以久則久『孟子』

오래 서있다 :
오래 서있을 제【徲】 구립(久立).

오래 앓다 :
오래 앓을 구【疚】 병으로 오래 고생함.

오래 흐리다 :
오래 흐릴 침【霃】 구음(久陰).

오로지 :
오로지 순【純】 奈何純任德教『十八史略』

오로지 식【恛】 專也.

오로지 일【一】
　㉠ 외곬으로. 一遵蕭何之約束『史記』
　㉡ 전혀. 賞利一從上出『韓非子』

오로지 전【耑】 전(專)과 통용. 耑電.

오로지 전【專】 오직. 외곬. 또 단독으로. 專念. 專用. 不能專對『論語』

오로지 전【顓】 전(專)과 통용. 客愚無知 顓妄言輕威『史記』

오로지 전【剸】 전(專)과 동자(同字). 剸行. 剸屬任何關中事『漢書蕭何傳』

오로지 직【職】 蓋言語漏洩 則職女之由『左傳』

오로지 천【亶】 천(擅)과 동자(同字). 相國之於勝人之勢亶有之『荀子』

오로지 필【必】專一. 赤石不奪節士之必『太玄經』

오로지하다 :

　오로지할 수【遂】전단(專斷)하여 행(行)함.
　　　　　　　　　大夫無遂事『公羊傳』

　오로지할 식【祵】전일(專一).

　오로지할 전【專】
　　㉠ 독점(獨占)함. 有喪者專席而坐『禮記』
　　㉡ 잡념을 끊고 외곬로 함.
　　　　不專心致志 則不得也『孟子』
　　㉢ 자기 혼자서 처리함. 爾專之『禮記』

　오로지할 제【制】擅斷. 二三子之制也『國語』

오르다 :

　오를 등【登】
　　㉠ 높은 데 오름. 登山. 登高必自卑『中庸』
　　㉡ 물건 위에 오름. 登壇. 登城 不指『禮記』
　　㉢ 지위에 오름. 登極. 帝竟登大位『晉書』
　　㉣ 수레 같은 것을 탐. 出門登車去『古詩』

　오를 등【騰】
　　㉠ 높은 데로 올라감. 地氣上騰『禮記』
　　㉡ 물가가 올라감. 暴騰. 穀暴騰踊『漢書』

　오를 등【滕】등(騰)과 동자(同字).

　오를 릉【陵】높은 데를 올라감.
　　　　　　　諸侯親鼓士陵城『左傳』

　오를 부【亣】登也.

　오를 분【芬】높이 올라가는 모양.
　　　　　　　芬然若灰『管子』

　오를 상【上】
　　㉠ 아래에서 위로 감. 上天.
　　　　搏扶搖羊角而上者九萬里『莊子』
　　㉡ 탈것을 탐. 天子呼來不上船『杜甫』
　　㉢ 그 장소에 감. 上途. 上廁.

　오를 섭【躡】올라감. 登躡常著木屐躡『宋書』

　오를 섭【拾】상승(上昇)함.
　　　　　　　拾級聚足連步以上『禮記』

　오를 승【陞】登也. 승(昇)과 통.

　오를 승【乘】
　　㉠ 올라감. 乘城. 俱乘高臺『列子』
　　㉡ 올라가 손질함. 亟其乘屋『詩經』

　오를 승【升】
　　㉠ 떠오름. 如日之升『詩經』
　　㉡ 올라감. 升彼大阜『詩經』

　오를 승【昇】
　　㉠ 해가 떠오름. 東昇西沒『宋史』
　　㉡ 위로 올라감. 昇降. 嶺壁窮晨昇『韓愈』
　　㉢ 승진함. 便佞巧宦, 早昇朝籍『舊唐書』

　오를 승【阩】승(升)과 동자(同字).
　　　　　　　阩龍『爾雅』

　오를 앙【昂】높이 오름. 物價踴昂『唐書』

　오를 앙【卬】앙(昂), 앙(昂)과 동자(同字).

　　　　　　　萬物卬貴『漢書』

　오를 양【襄】높은 곳에 올라감.
　　　　　　　懷山襄陵『書經』

　오를 양【揚】위로 떠오름. 飛揚. 浮揚.

　오를 용【踊】올라감. 踊于棓而闚客『公羊傳』

　오를 재【載】높은 곳. 또는 높은 자리에 오름.
　　　　　　　身寵而載高位『漢書』

　오를 제【躋】
　　㉠ 높은 곳에 올라 감. 道阻且躋『詩經』
　　㉡ 자꾸 진보함. 聖敬日躋『詩經』

　오를 제【齊】제(躋)와 동자(同字).
　　　　　　　地氣上齊『禮記』

　오를 제【隮】제(躋)와 통용. 높은 데 올라감.
　　　　　　　由賓階隮『書經』

　오를 즐【騭】騭陟也『爾雅』

　오를 진【阠】登也.

　오를 진【進】
　　㉠ 위로 올라감. 三揖而進『禮記』
　　㉡ 지위 같은 것이 올라감. 進級.

　오를 척【陟】
　　㉠ 높은 곳으로 올라감. 蔚紆陟高岫『魏徵』
　　㉡ 높은 자리에 나아감. 汝陟帝位『書經』

　오를 터【攄】높이 뛰어 오름.
　　　　　　　八乘攄而超驤『張衡』

　오를 헌【軒】높이 올라감. 翔霧連軒『木華』

오르락내리락하다 :

　오르락내리락할 항【魧】詡魧鳥飛上下貌.

오른쪽 :

　오른 우【右】右不攻于右『書經』

오른편 진 :

　오른편 진 거【胠】진(陣)의 우익(右翼).
　　　　　　　좌익(左翼)은 계(啓)라 함.

오리 : 안압류(雁鴨類)에 속하는 새의 일종. 물오
　리는 부(鳧), 집오리는 목(鶩)으로 구분함.

　오리 롱【䴐】부속(鳧屬). 소압(小鴨).

　오리 압【鴨】家鴨. 野鴨.

　오리 요【䳶】사부(似鳧).

오만(傲慢)하다 :

　오만할 사【奢】거만(倨慢)함. 奢傲.
　　　　　　　廣博易良而不奢『禮記』

　오만할 오【敖】오(傲)와 동자(同字).

　오만할 오【慠】오(傲)와 동자(同字). 慠慢.
　　　　　　　生而貴者慠『後漢書』

　오만할 치【侈】거만(倨慢)함. 侈傲.
　　　　　　　於是晉侯侈『左傳』

　오만할 호【憮】倨慢. 毋憮毋傲『禮記』

오목(烏木) : 흑단(黑檀)의 중심부에 있는 단단한
　부분. 빛깔은 순흑색 또는 담흑색으로 몹시 단

단하며, 문갑 따위를 만드는 재료로 쓰인다.

오목 초【闟】 오목(烏木).

오목 예【繄】 葉似棕櫚材質堅輕.

오목 들어가다 : 가운데가 움푹 들어감.

오목 들어갈 우【圩】 孔子生而圩頂 故名丘
『史記』

오목하다 : 가운데가 오목하게 들어감.

오목할 요【凹】 凹凸. 凹面鏡.

오묘하다 :

오묘할 현【玄】

　㉠ 미묘유심(微妙幽深)함. 玄之又玄『老子』

　㉡ 인신(引伸)하여 노장(老莊)의 도덕(道德).
三玄. 妙於談玄『世說』

오미자(五味子) : 목련과에 속한 낙엽 덩굴성 식
물. 잎은 타원형이며 가장자리에 톱니가 있고
어긋난다. 초여름에 황백색의 꽃이 피고, 가을
에 붉은 열매가 여는데 한약재로 쓴다.

오미자 미【菋】五味子.

오미자 저【藸】五味子.

오미자 치【荎】荎藸.

오빠(오라비) :

오라비 남【娚】🈁 아내의 형제를 妻娚이라 함.

오살(鏖殺)하다 : 모조리 죽임. 많이 죽임.

오살할 오【鏖】鏖殺. 秦以山西 鏖六國『李覯』

오색구리 :

오색구리 세【鍱】銅生五色.

오색비단 : 여러 가지 빛깔이 섞인 찬란한 비단.

오색비단 쵀【綷】繪五采緞.

오색비단 쵀【綷】綷雲蓋, 而樹華旗『史記』

오색 빛 :

오색 빛 초【䲆】䲆䲆, 合五采鮮明色.

오소리 : 포유류 족제빗과에 속한 동물. 야행성이
며 11~3월경까지 겨울잠을 자고 설치류나 개
구리, 지렁이, 도토리, 죽순 따위를 먹는다.

오소리 단【貒】단(貒)과 동자(同字). 狸屬.
似豚而肥.

오소리 단【貒】土態. 貒貉兮蟬蟬『王逸』

오소리 단【貒】단(貒)과 동자(同字).

오소리 학【貉】학(貃), 학(狢)과 동자(同字).
너구리 비슷한 짐승. 모피(毛
皮)는 방한구(防寒具)로 씀.
狐貉之厚以居『論語』

오소리 학【貉】학(貉)과 동자(同字). 狟貉得埵
防 弗去而緣『淮南子』

오소리 환【犿】환(貛)과 동자(同字).

오소리 환【貛】토웅(土熊). 환돈(貛狪). 豬貛.

오소리 훤【狟】일설에는 너구리의 일종. 곧 단
(貒)이라 함. 有縣貛兮『詩經』

오소리 훤【狟】훤(狟)과 동자(同字). 족제비과에
속하는 들짐승. 모양이 너구리와
비슷함. 狟狢得埵防, 弗去而緣『淮南子』

오시(午時) :

오시 오【午】 오전(午前) 열 한시부터 오후 한
시까지의 시간(時間). 午刻.

오십개 :

오십개 속【束】 화살 五十本. 束矢其搜『詩經』

오얏 : 오얏나무의 열매.

오얏 리【李】投我以桃, 報之以李『詩經』

오얏나무 : 앵두과에 속하는 낙엽교목.

오얏나무 리【李】자도나무.

오월 :

오월 고【皋】 오월(五月)의 이칭(異稱).
五月爲皋『爾雅』

오음의 하나 :

오음의 하나 각【角】宮 商 角 徵 羽『周禮』

오음의 하나 궁【宮】宮 商 角 徵 羽『周禮』

오음의 하나 상【商】宮 商 角 徵 羽『周禮』

오음의 하나 우【羽】宮 商 角 徵 羽『周禮』
其音羽『禮記』

오음의 하나 치【徵】宮 商 角 徵 羽『周禮』

오의(奧意) : 알기 어려운 매우 깊은 뜻.

오의 비【祕】眞是千古聖傳之祕『傳習錄』

오이 : 박과에 속하는 일년생 만초(蔓草)로서 열
매를 식용으로 하는 것의 총칭. 곧 오이, 참외,
호박, 수박 따위.

오이 과【瓜】瓜葛. 七月食瓜『詩經』

오이 구【㼔】㼔瓝, 王瓜.

오이 박【㼉】박(㼿)과 동자(同字).
援㼉瓜兮接糧『楚辭』

오이 박【㼿】작은 오이. 㼑㼿其紹㼑『爾雅』

오이김치 :

오이김치 람【灆】과저(瓜菹).

오이씨 :

오이씨 당【瓝】瓝瓝, 瓜中實.

오이씨 렴【㼑】과자(瓜子).

오이씨 양【瓤】瓜中實.

오이씨 판【瓣】오이의 씨.

오이 주렁주렁 맺히다 :

오이 주렁주렁 맺힐 봉【唪】瓜多實貌.

오장(五臟) : 내장. 곧 가슴과 배 안에 있는 여러
기관의 총칭.

오장 장【臧】장(臟)과 통용. 練五臧『漢書』

오장 장【臟】心臟. 肺臟. 肝臟. 腎臟. 脾臟을
오장(五臟)이라 함.
破積聚於腑臟『抱朴子』

오줌 : 동물의 물질대사의 결과로 생긴 노폐물로,

신장에서 만들어져 수뇨관(輸尿管), 방광을 거
쳐 요도(尿道)를 따라 체외로 배출되는 담황색
의 투명한 액체.

오줌 뇨【尿】小便. 糞尿.

오줌 뇨【溺】小便. 溺器. 醉便溺睢『史記』

오줌 변【便】小便.

오줌 변【㵹】小便.

오줌 선【旋】小便. 夷射姑旋焉『左傳』

오줌 수【湲】少湲於家牢而得文王『國語』

오줌 수【溲】小便. 溲溺. 遺矢溲便『後漢書』

오줌 수【瀣】漸之瀣中『荀子』

오줌 유【濡】小便. 病必入濡賢『史記』

오줌 유【遺】小便. 小遺殿上.

오줌 누다 :

오줌 눌 뇨【溺】溺器. 醉便溺睢『史記』

오줌 눌 변【便】即有醉便殿上者『漢書』

오줌 눌 사【私】소변을 봄. 將私焉『左傳』

오줌통 : 오줌을 받아 모으는 주머니 모양의 비
뇨기(泌尿器).

오줌통 광【胱】膀胱.

오줌통 방【膀】膀胱.

오줌통 포【脬】膀胱. 風膀若脬『史記』

오지그릇 :

오지그릇 역【䂂】와기(瓦器).

오지그릇 요【窯】陶器. 吉州窯『格古要論』

오지그릇 자【瓷】결이 곱고 견고한 오지그릇.

오지그릇 팽【甏】도기(陶器).

오직 :

오직 유【唯】유(惟), 유(維)와 통용.
其唯聖人乎『易經』

오직 유【惟】惟一. 惟王不邇聲色『書經』

오직 유【維】유(惟)와 유(唯)와 동자(同字).
維鳩居之『詩經』

오직 후【侯】유(惟), 유(維), 이(伊)와 동의.
發語辭. 侯誰在矣『詩經』

오징어 : 연체동물 두족강 오징엇과에 속한 동물
을 통틀어 이르는 말. 몸은 머리, 몸통, 다리의
세 부분으로 되어 있다. 머리부에는 열 개의 다
리가 붙어 있고 모든 다리에는 빨판이 있다. 다
른 다리보다 긴 다리인 두 개의 촉완(觸腕)은
먹이를 붙잡는 역할을 한다. 몸통은 원통형이며
그 끝에 세모꼴 지느러미 1쌍이 있다. 적을 만
나면 먹물을 토하고 달아난다. 몸빛깔은 주위
환경에 따라 바꿀 수 있으나, 대체로 짙은 갈색
이고, 죽으면 흰색으로 된다.

오징어 오【鰞】鰞鰂, 어명(魚名). 烏賊魚.

오징어 유【鰇】烏賊魚.

오징어 즉【鰂】口中有墨狀如算囊 一名黑魚.

오징어 초【蛸】螵蛸. 오적어. 낙지. 장어.

오징어 표【螵】螵蛸. 오적어. 낙지. 장어.

오총(烏驄)이 : 흰 털이 섞인 검은 말.

오총이 보【駂】驪白雜毛駂『爾雅』

오추마(烏騅馬) : 검푸른 털에 흰털이 섞인 말.예
전에, 중국의 항우(項羽)가 탔다는 준마를 이르
던 말.

오추마 추【騅】有騅有駓『詩經』

오한(惡寒)나다 :

오한날 심【瘁】感寒體戰.
嚓瘁餘寒酒半醒『韓偓詩』

오한증(惡寒症) : 몸에 열이 나면서 오슬오슬 춥
고 떨리는 증세.

오한증 압【痖】한병(寒病).

오호라 :

오호라 오【嗚】탄식하는 소리.
嗚呼噫嘻 吾言夸矣『蘇軾』

오활(迂闊)하다 : 세사(世事)에 통(通)하지 아니
함. 경우에 적절하지 아니함.

오활할 활【闊】闊疏. 迂闊不審『後漢書』

오후정(五侯鯖) : 물고기, 새 또는 수육 등을 섞
어 끓인 음식. 열구자탕 비슷함.

오후정 정【鯖】世稱五侯鯖 以爲奇味焉
『西京雜記』

오흡다하다 :

오흡다할 오【於】感歎詞. 於乎不顯『詩經』

오흡다할 호【乎】感歎詞. 於乎小子『詩經』

오히려 :

오히려 상【尙】유(猶)와 동의.
雖無老成人 尙有典刑『詩經』

오히려 유【猶】
㉠ 도리어 좀. 더욱 더. 我猶尸之『莊子』
㉡ 아직도 좀. 管仲晏子猶不足爲與『孟子』
㉢ 여전히. 계속하여. 然猶不止『史記』

오히려 유【由】유(猶)와 동자(同字).
王由足用爲善『孟子』

오히려 잉【仍】太史公仍父子相續『史記』

옥(獄) : 죄인을 가두어 두는 곳.

옥 감【監】監獄. 監房. 雖與收監有異『未信編』

옥 금【禁】감옥(監獄). 收禁. 監禁.

옥 령【囹】감옥(監獄). 囹圄. 命有司省囹圄.

옥 뢰【牢】囹 감옥(監獄). 牢獄.
刻地爲牢 議不入『史記』

옥 창【倉】감옥(監獄). 營倉. 罪有輕重之分 則
禁有監倉之別『未信編』

옥 안【岸】역참(驛站)에 있는 감옥(監獄).
宜岸宜獄『詩經』

옥 안【犴】향정(鄉亭)에 있는 감옥(監獄).

獄犴塡滿 『後漢書』

옥 안【犴】 향정(鄕亭)의 죄수를 가두는 곳.
　　　獄犴不平之所致也 『漢書』

옥 어【圄】 감옥(監獄). 囹圄.

옥 어【圉】 감옥(監獄). 囹圉空虛 『漢書』

옥 옥【獄】 감옥(監獄). 獄舍. 宜岸宜獄 『詩經』

옥 장【㡰】 圜㡰, 獄也.

옥 폐【陛】 뇌옥(牢獄).

옥 폐【桎】 감옥(監獄). 周桎 『孔子家語』

옥 폐【狴】 감옥(監獄). 如幽狴牢 『易林』

옥 경【璚】 경(瓊)과 동자(同字).
　　　俯漱神泉 仰嘰璚枝 『稽喜』

옥(玉) : 각섬석의 하나. 빛깔은 반투명의 담녹색
　또는 담회색으로, 빛이 곱고 모양이 아름다워
　갈아서 보석을 만든다.

옥 경【瓊】
　㉠ 아름다운 붉은 옥의 한가지. 瓊杯.
　　　報之以瓊珉 『詩經』
　㉡ 인신(引伸)하여 사물의 미칭(美稱). 瓊姿.
　　　開瓊筵坐花 『李白』

옥 강【玒】 옥이름.

옥 공【珙】 팔로 껴안을 만큼 큰 도리옥.
　　　竊其珙璧 『左傳』

옥 공【拱】 공(珙)과 통용. 큰 옥. 대벽(大璧).
　　　與我其拱璧 『左傳』

옥 관【瓘】 用瓘斝玉瓚 『左傳』

옥 구【璆】 구(球)와 동자(同字).
　　　璆磬金鼓 『漢書』

옥 구【球】 아름다운 옥. 受小球大 『詩經』

옥 근【瑾】 미옥(美玉)의 한 가지.
　　　懷瑾握瑜 『史記』

옥 기【琦】 아름다운 옥(玉)의 한 가지.
　　　琦賂寶貨 『漢書』

옥 기【琪】 옥(玉)의 한 가지. 東方之美者 有醫
　　　無閭之珣玗琪焉 『爾雅』

옥 로【璐】 初明肦珮寶璐 『楚辭』

옥 록【瓓】 天人一夜剪瑛瓓 『劉乂』

옥 료【璙】 미옥(美玉)의 한 가지.

옥 림【琳】 아름다운 옥(玉)의 한 가지.
　　　厥貢惟球琳琅玕 『書經』

옥 몰【玟】 일종의 옥(玉).
　　　釆石之山有玟瑤 『穆天子傳』

옥 번【璠】 璵璠. 노나라에서 산출하는 아름다
　　　운 옥(玉). 陽虎將瓊璠斂 『左傳』

옥 벽【璧】
　㉠ 환상(環狀)의 옥(玉). 그 구멍을 호(好), 고
　리를 육(肉)이라 함.
　　　肉倍好謂之璧 『爾雅』
　㉡ 후세(後世)에 널리 옥(玉)의 통칭(通稱)으

로 쓰임.
　㉢ 인신(引伸)하여 아름다운 사물(事物)의 비
　유(譬喩)로 쓰임. 璧月. 璧人.

옥 빈【玭】 회수에서 난다는 일종의 옥(玉).

옥 선【琁】 선(璇)과 동자(同字).
　　　琁玉瑤 『荀子』

옥 선【璇】 선(璿)과 동자(同字).
　　　有璇瑰瑤磬 『書經』

옥 선【璿】 天子之寶璿珠 『穆天子傳』

옥 액【砨】 周有砥砨 『史記』

옥 여【璵】 璵璠. 춘추시대에 노나라가 소유한
　　　보옥(寶玉)이름.
　　　陽虎將以璵璠斂 『左傳』

옥 염【琰】 아름다운 옥(玉)의 한 가지.

옥 옥【玉】
　㉠ 아름다운 돌. 寶玉. 珠玉.
　㉡ 인신(引伸)하여 사물의 미칭(美稱).
　　　玉顔. 玉樓. 其人如玉 『詩經』

옥 완【琬】 琬琰. 아름다운 옥(玉)의 한 가지.
　　　弘璧琬琰 在西序 『書經』

옥 요【珧】 옥(玉)의 일종.

옥 원【瑗】 고리 모양의 옥(玉). 내경(內徑)의
　　　면적이 고리의 면적의 곱이 되는 옥
　　　(玉). 好倍肉 謂之瑗 『爾雅』

옥 위【瑋】 옥(玉)의 한 가지.

옥 유【瑜】 광채가 있는 아름다운 옥(玉).
　　　瑾瑜匿瑕 『左傳』

옥 정【精】 보석(寶石). 一純二精 『國語』

옥 진【瑱】 미옥(美玉). 王用瑱圭 『周禮』

옥 찬【璨】 옥(玉)의 한 가지.

옥 탕【瑒】 탕(璗)과 통용. 옥(玉)의 한 가지.
　　　瑒琫瑒珌 『漢書』

옥 혼【琿】 아름다운 옥(玉)의 한 가지.

옥 환【環】 고리 모양의 옥(玉). 佩環.
　　　環佩之聲 『禮記』

옥 같은 돌 :
　옥 같은 돌 유【瑀】 如玉美石.
　옥 같은 돌 총【瑽】 美石次玉.

옥 경쇠 :
　옥 경쇠 구【璆】 구(球)와 동자(同字).
　　　　璆磬金鼓 『漢書』
　옥 경쇠 구【球】 옥(玉)으로 만든 경쇠.
　　　　憂擊鳴球 『書經』

옥 고리 :
　옥 고리 거【璖】 환속(還屬).
　옥 고리 천【玔】 옥환(玉環).

옥 그릇 :
　옥 그릇 독【瓄】 옥기(玉器).

540

옥 그릇 루【瓃】옥기(玉器).

옥 그릇 보【玨】옥기(玉器).

옥 그릇 숙【璹】옥기(玉器).

옥 그릇 옹【甕】옥기(玉器).

옥 그릇 호【琥】범의 모양을 한 옥으로 만든 그릇. 以白琥禮西方『周禮』

옥 그릇 금가다 :

옥 그릇 금갈 문【璺】玉器破未裂.

옥 깨지다 :

옥 깨질 문【璺】옥파(玉破).

옥니 :

옥니 금【齢】鉤齒內曲謂之齢.

옥니 협【齘】곡치(曲齒).

옥 다듬다 :

옥 다듬을 퇴【琱】치옥(治玉).

옥 다듬을 퇴【鎚】鎚治玉也『康熙字典』

옥 덩이 :

옥 덩이 박【璞】아직 탁마하지 아니한 옥 덩어리. 璞玉渾金. 璞散則爲器『老子』

옥돌 :

옥돌 간【玕】琅玕. 벽옥(碧玉) 비슷한 아름다운 돌. 球琳琅玕『書經』

옥돌 감【玻】玻功玄厲『史記』

옥돌 감【玪】石之次玉者.

옥돌 거【磲】硨磲.

옥돌 거【碑】硨磲. 硨磲出天竺國『玄中記』

옥돌 곤【琨】琨珸瑤琨『書經』

옥돌 구【玖】옥(玉) 비슷한 검은 빛깔의 아름다운 돌. 報之以瓊玖『詩經』

옥돌 단【瑖】옥 비슷한 아름다운 돌의 한 가지.

옥돌 랑【琅】琅玕. 厥貢惟球琳琅玕『書經』

옥돌 륵【玏】玻功. 옥 비슷한 아름다운 돌.

옥돌 무【碔】碔砆. 무부(武夫)로도 씀. 碈石碔砆『司馬相如』

옥돌 미【瑂】石似玉者.

옥돌 민【磻】君子貴玉而賤磻『禮記』

옥돌 민【瑉】민(珉)과 동자(同字). 琳瑉琨珸『史記』

옥돌 민【玟】민(珉)과 동자(同字). 옥(玉) 비슷한 돌. 士佩瑌玟『禮記』

옥돌 민【珉】貞珉. 君子貴玉而賤珉『禮記』

옥돌 방【珌】玉中次玉.

옥돌 벽【碧】푸른 옥(玉) 비슷한 아름다운 돌. 高山多青碧『山海經』

옥돌 부【砆】부(玞)와 동자(同字). 碔砆. 會稽山下多砆石『山海經』

옥돌 부【玞】부(砆)와 동자(同字). 會稽之山下 多玞石『山海經』

옥돌 소【瑵】옥(玉) 비슷한 아름다운 돌.

옥돌 수【琇】琇石之似玉者『說文解字』

옥돌 수【璓】美石次玉.

옥돌 연【硬】연(瓀)과 동자(同字). 硬石砥砆『司馬相如』

옥돌 연【瑌】士佩瑌玟 而緼組綬『禮記』

옥돌 연【瓀】瓀石武夫『史記』

옥돌 영【瓔】瓔琅.

옥돌 영【瑩】充耳琇瑩『詩經』

옥돌 오【珸】오(瑻)와 동자(同字). 珉珸. 琳瑉琨珸『史記』

옥돌 요【瑤】
　㉠ 옥(玉) 비슷한 아름다운 돌의 한 가지. 瑤琨『書經』
　㉡ 인신(引伸)하여 사물의 미칭. 瑤札. 眺瑤堂『漢書』

옥돌 우【玗】東方之美者有醫無閭之珣玗琪『爾雅』

옥돌 은【珢】石似玉.

옥돌 차【硨】硨磲. 인도에서 산출함. 硨磲出天竺國『玄中記』

옥돌 척【碔】옥(玉) 비슷한 아름다운 돌의 한 가지. 碔碔綵緻『班固』

옥돌 탕【碭】옥(玉) 비슷한 문채 있는 아름다운 돌. 墉垣碭基『何晏』

옥돌이름 :

옥돌이름 무【珷】珷玞, 石似玉.

옥 무늬 :

옥 무늬 빈【玢】옥(玉)에 무늬가 있는 모양. 玢豳. 玢豳文磷『漢書』

옥 무늬 어룽어룽하다 :

옥 무늬 어룽어룽할 빈【璸】璸斒文鱗『史記』

옥 문채 :

옥 문채 란【瓓】옥채(玉彩).

옥 문채 부【玶】玶筍, 옥채(玉彩).

옥 받침 : 옥(玉) 밑에 받쳐 까는 물건.

옥 받침 률【綷】藻綷鬐厲『張衡』

옥 받침 조【繅】加繅席畫純『周禮』

옥 받침 조【藻】執玉其有藻者則裼『禮記』

옥 방 :

옥 방 랄【瓺】옥실(獄室).

옥빛 : 옥(玉)이 번쩍번쩍하는 빛.

옥빛 경【璟】옥(玉)의 광채.

옥빛 력【瓅】玓瓅江靡『史記』

옥빛 린【璘】옥(玉)의 광채. 瑌珉璘彬『張衡』

옥빛 영【瑛】옥(玉)의 광채.

옥빛 유【瑜】옥(玉)의 광채. 瑕不揜瑜『禮記』

옥 빛나다 :

옥 빛날 빈【霦】璘霦, 옥광(玉光).

옥빛 조촐하다 :

옥빛 조촐할 영【瑩】如玉之瑩『逸論語』

옥(玉) 산통(算筒) :

옥 산통 교【珓】杯珓. 길흉(吉凶)을 점치는 옥으로 된 그릇.

옥새(玉璽) : 진한(秦漢) 이전에는 널리 도장의 뜻으로 쓰이다가 진한(秦漢) 이후에는 천자의 도장의 특칭(特稱)으로 되었음.

옥새 보【寶】제왕의 인. 御寶. 至武后 改諸璽皆爲寶『唐書』

옥새 새【壐】제인(帝印). 璽와 동자(同字).

옥새 새【璽】御璽. 傳國璽. 璽皆玉螭虎紐『後漢書』

옥색 :

옥색 병【艵】표색(縹色).

옥색 표【縹】조금 파르스름한 빛. 縹靑. 賈人緗縹而已『後漢書』

옥소리 : 옥이 서로 부딪쳐 울리는 소리.

옥소리 구【璆】環珮玉聲璆然『史記』

옥소리 당【璫】丁璫.

옥소리 령【琌】옥성(玉聲).

옥소리 령【砱】옥성(玉聲).

옥소리 롱【瓏】擊玉碎瓏玲『楊載』

옥소리 쟁【鏳】옥성(玉聲).

옥소리 쟁【琤】琤琤碧澗流『韓琦』

옥소리 쟁(정)【玎】石根寒溜玉玎珍『元好問』

옥소리 정【丁】雙璫丁丁聯尺素『李商隱』

옥소리 창【瑲】八鸞瑲瑲『詩經』

옥소리 현【鋗】展詩應律鋗玉鳴『漢書』

옥소리 황【瑝】옥성(玉聲).

옥수수 : 볏과에 속한 한해살이풀. 열매는 녹말이 풍부하여 식용으로 사용되거나 가축 사료로도 쓰인다.

옥수수 당【糖】[호] 옥촉서(玉蜀黍).

옥수수 도【稻】촉서(蜀黍).

옥 술잔 :

옥 술잔 잔【琖】酒器玉爵.

옥 시루 :

옥 시루 언【甗】옥증(玉甑).

옥 이름 :

옥 이름 공【玒】옥명(玉名).

옥 이름 광【珖】옥명(玉名).

옥 이름 당【瑭】瑭瑮, 옥명(玉名).

옥 이름 숙【琡】옥명(玉名).

옥 이름 순【珣】옥(玉)의 한 가지. 東方之美者有醫無閭之珣玗琪焉『爾雅』

옥 이름 정【珽】옥(玉)의 한가지.

옥 잔(玉盞) :

옥 잔 가【斝】헌수(獻酬)의 예에 쓰는 옥으로 만든 술잔. 洗爵奠斝『詩經』

옥 잔 잔【琖】옥으로 만든 작은 술잔. 爵用玉琖仍彫『禮記』

옥찬(玉瓚) : 종묘(宗廟)의 제사에서 울창주를 담는 술그릇. 길이가 한자 두 치의 옥의 자루가 달렸음.

옥찬 창【瑒】규찬(圭瓚). 瑒圭尺二寸 有瓚以祠宗廟者『說文解字』

옥 티 :

옥 티 점【玷】옥의 이지러진 곳. 懷璧者 恥慢藏而成玷『張仲素』

옥팔찌 : 옥으로 만든 팔찌.

옥팔찌 천【玔】玉製腕環.

옥피리 : 청옥이나 황옥으로 만든, 대금 비슷한 취악기(吹樂器).

옥피리 광【珖】琯也.

옥 홀(玉笏) :

옥 홀 모【冒】모(瑁)와 통용. 天子執冒四寸 以朝諸侯『周禮』

옥 홀 모【瑁】제후(諸侯)가 조회(朝會)할 때 천자가 지니던 사방 네 치의 옥으로 된 홀(笏). 그 하부가 제후가 가진 홀 위에 끼워져 마치 부절(符節)을 합친 것 같은 모양이 되어 이로써 서신(瑞信)으로 삼음. 執瑁朝群后『沈約』

옥 홀 정【珽】주척(周尺)으로 석자 가량 되는 옥으로 만든 홀(笏). 天子搢珽『禮記』

옥 홀 종【琮】옛날에 천자 또는 제후가 선사하는 예물로 쓰던 모가 있는 옥으로 만든 홀. 여덟 모진 것을 瑑琮이라 하는데 이것은 천자가 갖는 것이고 이외 大琮, 駔琮 등이 있음. 圓日璧方日琮『周禮註』

옥 홀 환【瓛】桓瓛, 公所執.

온 : 전부.

온 합【闔】闔國 今或至闔郡而不荐一人『漢書』

온당하다 : 판단이나 행동 따위가 사리에 어긋나지 아니하고 알맞다.

온당할 타【妥】마땅함. 妥當.

온순(溫順)하다 : 성질이나 마음씨가 온화하고 양순하다.

온순할 여【伽】順也. 欲安遠方當先順伽其近『孔穎達』

온자(溫慈)하다 : 성격이 온화하고 인자하다.

온자할 온【醞】온(溫)과 동자(同字).
　　　　　　客止醞藉『北史』

온전 :

온전 전【全】온전 함.
　　　　　　苟全性命於亂世『諸葛亮』

온전(穩全)하다 :

온전할 완【完】본디대로 있게 함.
　　　　　　臣請 完璧歸趙『史記』

온전할 전【全】
　　㉠ 흠이 없음. 得六材之全『周禮』
　　㉡ 결점(缺點)이 없음. 모두 갖춤.
　　　　君子道全小人道缺『太玄經』
　　㉢ 다치지 아니함. 무사(無事)함.
　　　　鄕里賴全者以百數『後漢書』
　　㉣ 온전하게 함. 苟全性命於亂世『諸葛亮』

온전할 혼【渾】類胚渾之未凝『郭璞』

온천(溫泉) : 뜨뜻한 물이 솟구쳐 나오는 샘.

온천 온【溫】湯井溫谷『潘岳』

온천 탕【湯】廻湯沸于重泉『晉書』

온통 :

온통 일【一】전부. 一國. 一軍皆驚『史記』

온통 전【全】
　　㉠ 전체. 전부. 全身. 全文.
　　㉡ 일체. 全擔. 欲全宥之『後漢書』

온통 체【切】전부(全部). 一切.

온통 통【通】전체(全體). 通國. 通常.
　　　　夫三年之喪 天下之通喪也『論語』

온화(穩和)하다 : 마음이 부드러움.

온화할 뇨【淖】嘉薦普淖『儀禮』

온화할 령【泠】화창함. 泠風.

온화할 목【穆】화평함. 雍穆. 穆淸.
　　　　　　穆如淸風『詩經』

온화할 민【旼】성품이 온화한 모양.
　　　　　　旼旼穆穆 君子之態『漢書』

온화할 순【純】온화하고 인자함.
　　　　　　從之純如也『論語』

온화할 애【藹】화기가 있는 모양. 藹然.

온화할 온【昷】仁也.

온화할 이【夷】厥民夷『書經』

온화할 이【怡】화기가 있음.
　　　　　　眄庭柯以怡顔『陶潛』

온화할 자【藉】성품이 부드럽고 화락한 모양.
　　　　　　爲人溫雅有醞藉『漢書』

온화할 자【籍】자(藉)와 통용.
　　　　　　治敢往少溫籍『漢書』

온화할 충【沖】유화(柔和)함. 沖和.
　　　　　　無累在淵沖『蕭慤』

온화할 화【和】

　　㉠ 온순하고 인자함. 和色.
　　　　君子和而不流『中庸』
　　㉡ 사이가 좋음.
　　　　地利不如人和 言惠必友和『國語』

온화할 회【嫐】안화(安和).

올 : 누에 입에서 나오는 한 올의 실. 인신(引伸)
　　하여 극히 작은 수(數).

올 루【縷】
　　㉠ 실의 가닥. 사조(絲條). 섬유. 絲縷.
　　　　不絶如縷『蘇軾』
　　㉡ 인신(引伸)하여 가늘고 긴 실 같은 물건.
　　　　柳縷生芽香玉春『溫庭筠』

올 홀【忽】無秒忽之失『白居易』

올라가다 :

올라갈 비【霏】연기 같은 것이 뭉개 뭉개 올라
　　　　　　　가는 모양. 煙霏霧結『晉書』

올라갈 항【亢】높이 올라감. 亢龍有悔『易經』

올려놓다 : 시렁에 올려놓음. 인신(引伸)하여 놓
　　아 둠. 저장(貯藏)하여 둠.

올려놓을 기【庋】庋置. 前後錫與 緘庋不敢用
　　　　　　　　　　　　　　　『唐書』

올리다 :

올릴 거【擧】
　　㉠ 기용(起用)함. 擧賢人『論語』
　　㉡ 기용됨. 有賢才而不擧者『說苑』

올릴 격【虥】양모(揚貌).

올릴 달【達】끌어 올려 씀.
　　　　　　推賢而進達之『禮記』

올릴 도【鍍】도금(鍍金)함. 鍍銀. 假金只用眞金
　　　　　　鍍 若是眞金不鍍金『李紳』

올릴 등【登】
　　㉠ 위로 올림.
　　㉡ 물건을 드림. 바침. 農乃登麥『禮記』
　　㉢ 장부에 실림. 登錄. 登記.
　　㉣ 사람을 끌어 올려 씀.
　　　　舜登用 攝行天子之政『史記』
　　㉤ 보탬. 皆登一焉『左傳』

올릴 상【上】
　　㉠ 높게 함. 母上於面『儀禮』
　　㉡ 上訴. 向上書及所著文『韓愈』
　　㉢ 기재(記載)함. 上梓. 翻經上蕉葉『張籍』

올릴 선【膳】찬을 올림. 膳於君『禮記』

올릴 송【竦】높여 올림. 竦善抑惡『國語』

올릴 수【遂】끌어올림. 顯忠遂良『書經』

올릴 승【陞】승(升)과 동(同). 陞龍『爾雅』

올릴 승【升】延升上座『後漢書』

올릴 승【昇】올라가게 함. 昇級.

올릴 적【籍】호적에 등록함.

籍吏民封府庫『十八史略』

올릴 즐【騭】騭陞也『爾雅』

올릴 증【烝】물건을 바침. 進上함.
　　　　烝畀祖妣『詩經』

올릴 지【摯】진언(進言)함.
　　　　近習之人 其摯諂也固矣『戰國策』

올릴 진【進】
　　㉠ 끌어올림. 추천함.
　　　進君子退小人. 推賢而進達之『禮記』
　　㉡ 윗사람에게 올림. 드림. 進上,
　　　奉銅盤 而進之楚王『史記』

올릴 척【陟】관작(官爵)을 올림. 黜陟. 姦人附
　　　　勢 我將陟之 直士抗言 我將黜之
　　　　『王禹偁』

올릴 천【薦】제수(祭需)를 올림. 薦新. 薄薦.
　　　　薦其時食『中庸』

올무 : 새나 짐승을 잡는 데 쓰는 올가미.

올무 견【羂】罥也.

올무 선【罞】胃獸足網.
　　　　不卵不罞以成鳥獸『逸周書』

올무 선【蹎】繯獸足網.

올무 제【蹏】제(蹄)와 동자(同字).
　　　　罠蹏連網『左思』

올무 제【蹄】得免而忘蹄『莊子』

올벼 : 보통 벼보다 철 이르게 익는 벼.

올벼 류【稑】生穜稑之種『周禮』

올벼 직【稙】稙稺菽麥『詩經』

올 복숭아 :

올 복숭아 좌【椊】조도(早桃).

올빼미 : 올빼밋과에 속한 새. 머리끝에 귀 모양
　의 깃털이 없으며 배는 담색, 눈은 검은색이다.
　오래된 산림이나 고목이 있는 작은 숲속의 나
　무 구멍에 살고 두세 개의 알을 낳는다. 낮에는
　주로 숲에서 쉬다가 밤에 활동하여 들쥐 따위
　의 작은 짐승들을 잡아먹는다.

올빼미 결【鳺】올빼미(鴞)의 일종.

올빼미 교【翵】不孝鳥.

올빼미 교【鷍】梟也. 不孝鳥.

올빼미 교【鴂】梟也. 악조(惡鳥).

올빼미 교【鵁】梟也.

올빼미 률【鶹】鷅鶹, 梟也.
　　　　鳥少美長醜爲鷅鶹『爾雅』

올빼미 복【鵩】올빼미(鴞)의 일종. 惡聲을 발하
　　　　는 불길한 새. 그 소리를 듣는 자
　　　　는 수명이 줄어든다 함.

올빼미 치【鴟】鷙鳥伏竄兮鴟鳥翔翔『史記』

올빼미 치【鴟】치(鴟)와 동자(同字).

올빼미 효【梟】부엉이 비슷한 맹금(猛禽). 어미

새를 잡아먹는다고 오신(誤信)하
여 불효조(不孝鳥)로 일컬음.
　　　　梟鴟. 爲梟爲鴟『詩經』

올빼미 효【鴞】효(梟)와 동자(同字).
　　　　有鴞萃止『詩經』

올챙이 : 개구리의 유생. 몸은 둥글며, 몸빛은 검
　다. 머리는 크고 가는 꼬리가 있어, 물속을 헤
　엄쳐 다닌다. 처음엔 발이 없으나 자라면서 꼬
　리가 없어지고 네발이 생겨 개구리가 된다.

올챙이 과【蝌】蝌蚪.

올챙이 괄【䗢】과두(蝌蚪). 科斗皆出 謂之䗢子
　　　　『本草集解』

올챙이 두【蝭】과두(蝌蚪).

올챙이 두【蚪】蝌蚪.

옭매이다 :

옭매일 골【絗】풀리지 않도록 매어짐.

옮기다 :

옮길 반【搬】㉠ 운반함. 搬運之勞『夢溪筆談』
　　　　　㉡ 이사함. 擇日搬住『尺牘雙魚』

옮길 반【般】운반함. 속(俗)에 반(搬)으로 씀.
　　　　船舶般載『通典』

옮길 사【徙】
　　㉠ 장소를 옮김. 孟母所以三徙也『潘岳』
　　㉡ 고침. 변함. 化民而俗徙『沈約』

옮길 선【遷】移也.

옮길 선【嬗】形氣轉續兮 變化而嬗『賈誼』

옮길 양【襄】장소를 옮김. 이동함.
　　　　跂彼織女 終日七襄『詩經』

옮길 운【運】運輸. 運百甓於齋外『十八史略』

옮길 이【移】
　　㉠ 장소를 옮김. 移住. 貧賤不能移『孟子』
　　㉡ 사물을 변경시킴. 移風易俗『孝經』
　　㉢ 옮겨 심음. 이식함. 初移一寸根『蘇軾』
　　㉣ 날짜를 끎. 세월을 보냄. 移日. 移時.
　　㉤ 문서 같은 것을 보냄. 돌림. 移書. 移文.
　　　弘乃移病免歸『漢書』
　　㉥ 베풂. 如有移德於我『史記』

옮길 이【迻】이(移)와 동자(同字).
　　　　屢懲艾而不迻『楚辭』

옮길 전【轉】장소나 방향을 바꿈. 轉居. 移轉.
　　　　轉粟輓輸 以爲之備『漢書』

옮길 전【傳】장소를 바꿈. 父母舅姑之衣衾簟席
　　　　枕几不傳『禮記』

옮길 천【遷】
　　㉠ 장소를 바꿈. 遷移. 遷于喬木『詩經』
　　㉡ 관직이 바뀜. 左遷. 累遷.
　　　理學人遷美官『黃允文雜纂』
　　㉢ 이것을 버리고 저리로 감. 改過遷善.
　　　見善則遷『易經』

ㄹ 고침. 吾子爲國政 未改禮而遷之『左傳』

ㅁ 교역함. 遷有無『書經』

ㅂ 내쫓음. 何遷乎有苗『書經』

옮길 천【拪】遷也. 천(遷)의 고자(古字).

옮길 탕【蕩】장소를 바꿈. 今我民用,
　　　　　　析離居 罔有定極『書經』

옮길 휘【撝】移也.

옮다 : 병 같은 것이 옮음.

옮을 염【染】傳染. 疫癘不相染也『晉書』

옮을 이【移】㉠ 世變風移『書經』
　　　　　　㉡ 守節情不移『古詩』

옮을 추【推】천이(遷移)함. 推移.
　　　　　　寒暑相推而歲成『易經』

옳게 여기다 : 좋다고 인정함.

옳게 여길 선【善】王如善之『孟子』

옳게 여길 시【是】是認. 是古而非今『漢書』

옳게 하다 :

옳게 할 선【善】바르게 함. 獨善其身.

옳다 :

옳을 가【可】
　　㉠ 좋음. 人而無信, 不知其可也『論語』
　　㉡ 아직 썩 좋지는 않지만 그만하면 쓴다는
　　　　뜻으로 쓰임. 子曰 可也簡『論語』

옳을 가【哿】가(可)와 동자(同字).
　　　　　　哿矣富人『詩經』

옳을 시【是】바름(正). 是耶非耶. 別異同,
　　　　　　明是非『禮記』

옳을 예【吟】可也.

옳을 위【韙】바름. 또 좋음. 犯五不韙『左傳』

옳을 의【羛】의(義)의 고자(古字).

옳을 의【宜】㉠ 이치에 맞음. 適宜.
　　　　　　㉡ 善美함. 好是宜德『太玄經』

옳을 의【誼】의(義)와 통용. 仁誼. 誼士.
　　　　　　摩民以誼『漢書』

옳을 의【義】春秋無義無戰『孟子』

옳을 탈【侻】이치(理致)에 합당(合當)함.
　　　　　　荀卿非數家之書侻也『揚子法言』

옳지 못하다 :

옳지 못할 안【贗】不直也.

옴 : 개선충(疥癬蟲)이 기생(寄生)하여 생기는 전
　염성(傳染性) 피부병(皮膚病)의 일종.

옴 가【痂】개창(疥瘡).

옴 개【蚧】개(疥)와 통용.
　　　　　　手足之蚧瘙『後漢書』

옴 개【疥】疥癬. 痒疥之疾『周禮』

옴 라【蠡】개선(疥癬). 謂其不疾蠡也『左傳』

옴 랄【瘌】疥也.

옴 선【癬】譬諸疾 疥癬也『國語』

옴 소【瘙】疥也.

옴 족【瘯】瘯蠡. 謂其不疾瘯蠡也『左傳』

옷 :

옷 복【服】의복(衣服). 被服. 車服以庸『書經』

옷 삼【衫】의복(衣服)의 통칭. 靑衫.
　　　　　　以皁紵襴衫爲上服『唐書』

옷 수【襚】생존한 사람에게 의복을 보내는 일.
　　　　　　謹上襚三十五條『西京雜記』

옷 의【衣】
　　㉠ 의복. 白衣.
　　㉡ 중의 법복. 袈裟. 不傳衣鉢『傳燈錄』
　　㉢ 물건의 표면에 나서 덮은 곰팡이,
　　　　이끼 같은 것. 垣衣. 地衣.

옷 장【裝】의복. 爲鬻衣裝『後漢書』

옷 착【著】의복. 褐衣縕著『韓詩外傳』

옷 갈아입다 :

옷 갈아입을 자【袥】換着衣.

옷감 :

옷감 대【襨】회 衣襨. 임금의 옷. 또 무당이
　　　　　　굿할 때 입는 옷.

옷 걷다 :

옷 걷을 건【攓】급의(扱衣).

옷걸이 :

옷걸이 항【桁】의가(衣架).

옷고름 : 옷깃을 여미어 매는 끈.

옷고름 거【褚】의사(衣糸).

옷고름 구【鈕】俗謂衣紐曰鈕『正字通』

옷고름 금【紟】佩紟.

옷고름 반【襻】裙斜假襻『庾信』

옷 구기다 :

옷 구길 연【褑】의축(衣縮).

옷 구길 추【縐】衣不伸.

옷 구김살 :

옷 구김살 이【襹】衣之縮皺.

옷 길다 :

옷 길 원【袁】옷이 긴 모양.

옷깃 :

옷깃 겹【袯】襀袯爲之褛『博雅』

옷깃 겹【袷】天子視不上于袷 不下于帶『禮記』

옷깃 교【交】矜謂之交『揚雄方言』

옷깃 금【衿】금(襟)과 동자(同字).
　　　　　　靑靑子衿『詩經』

옷깃 령【領】
　　㉠ 의복의 몸을 싸는 부분. 若挈裘領『荀子』
　　㉡ 인신(引伸)하여 중요한 부분. 요긴한 점.
　　　　要領. 紘領不振『晉書』

옷깃 언【褗】의령(衣領).

옷깃 외【襘】의임(衣衽).

옷깃 조【褿】襟也.

옷깃 차【衩】衣衩.

옷깃 첨【襜】列大夫豹襜『管子』

옷깃 최【襊】의령(衣領).

옷깃 표【袀】襟也.

옷깃 끝 :

　옷깃 끝 순【帕】영단(領端).

　옷깃 끝 접(첩)【幊】영단(領端).

옷깃 여미다 :

　옷깃 여밀 제【袩】衣交衿.

옷깃 헤치다 :

　옷깃 헤칠 계【偯】개금(開襟).

　옷깃 헤칠 탁【袥】開衣領. 開衣領大也『韻會』

옷 궤매다 :

　옷 꿰맬 칩【褶】편의(緶衣).

옷 끄리다 :

　옷 끌릴 탁【襗】의지(衣至).

옷 날리다 :

　옷 날릴 여【襖】衣揚貌.

옷 너풀거리다 :

　옷 너풀거릴 사【娑】衣揚貌.
　　　　　　修初服之婆娑『思玄賦』

　옷 너풀거릴 선【襺】褊襺, 의모(衣貌).

옷 넓다 :

　옷 넓을 암【裺】의관(衣寬).

옷 다듬다 :

　옷 다듬을 빈【繽】도의(擣衣).

옷 뒤 길다 :

　옷 뒤 길 포【裒】大裾. 裒衣博帶『漢書』

옷 뒤틀리다 :

　옷 뒤틀릴 규【袨】衣之分裾.

옷 뒷자락 :

　옷 뒷자락 극【裓】衣裾. 佛家所用之衣裓也 莀
　　　　　　衣裓之贈『柳宗元序』

　옷 뒷자락 타【袉】裾也.

옷 띠 매지 않다 :

　옷 띠 매지 않을 피【裵】衣不展.

옷 말리는 배롱 :

　옷 말리는 배롱 구【篝】구(篝)와 동자(同字).
　　　　　　　　可熏衣.

옷 바른 폭 :

　옷 바른 폭 단【褍】玄褍, 衣正幅.

옷 버석버석하다 :

　옷 버석버석할 삭【縩】의성(衣聲).

옷 벗기다 :

　옷 벗길 치【褫】
　　　㉠ 옷을 벗겨 빼앗음. 終朝三褫之『易經』

　　㉡ 인신(引伸)하여 널리 빼앗는 뜻으로 쓰임.
　　　　褫奪. 試人縷立褫魄『晁補之』

옷 보따리 :

　옷 보따리 좌【袏】衣包囊.

옷 부드럽다 :

　옷 부드러울 유【褕】衣柔貌.

옷상자 :

　옷상자 변【匾】笥也.

　옷상자 협【匧】藏衣笥.

옷선 :

　옷선 이【袘】의연(衣緣).

옷섶 :

　옷섶 임【衽】被髮左衽『論語』

옷섶 잡다 :

　옷섶 잡을 결【袺】옷섶의 위쪽을 잡음.
　　　　　　　薄言袺之『詩經』

옷 소리 :

　옷 소리 록【祿】의성(衣聲).

옷 싸다 :

　옷 쌀 과【褁】포의(包衣).

옷 앞섶 :

　옷 앞섶 부【袝】衣前襟.

옷에 구멍나다 :

　옷에 구멍날 형【褮】袆也.

옷에 솜 두다 :

　옷에 솜 둘 저【褚】綿絮衣.

옷에 오색수 놓다 :

　옷에 오색수 놓을 분【黺】綵也.

옷 위로 치다 :

　옷 위로 칠 부【捊】衣上擊之.

옷 입다 :

　옷 입을 부【附】착의(着衣).

　옷 입을 수【輸】附輸, 착의(着衣).

옷 입은 채 자다 :

　옷 입은 채 잘 함【癎】寐不脫衣冠.

옷자락 :

　옷자락 겁【衱】衱謂之裾『爾雅』

　옷자락 자【齊】攝齊升堂『漢書』

　옷자락 차【衩】裙衩芙蓉小『李商隱』

　옷자락 탁【袥】의개(衣衸).

옷자락 걷다 : 옷자락을 걷어 띠에 끼움.

　옷자락 걷을 힐【襭】薄言襭之『詩經』

옷자락 너펄 거리다 :

　옷자락 너펄 거릴 설【偰】衣飄貌.

옷자락 트이다 :

　옷자락 트일 계【袶】衣之開裾.

옷 잘 입다 :

옷 잘 입을 유【褎】복식(服飾)이 화려한 모양.
　　　　叔兮伯兮 褎如充耳『詩經』

옷 잘잘 끌다 :
　옷 잘잘 끌 비【裶】裶裶, 曳衣貌.

옷 좋고 화사하다 :
　옷 좋고 화사할 축【襡】好衣鮮明也).

옷 주름살 잡히다 :
　옷 주름살 잡힐 추【襃】衣不伸.

옷 치렁거리다 :
　옷 치렁거릴 이【袲】衣內可袲, 衣長好貌.

옷 치렁치렁하다 :
　옷 치렁치렁할 배【裵】긴 옷의 모양. 裵裵.
　옷 치렁치렁할 아【袲】袲袲, 衣長好貌.

옷 치장하다 :
　옷 치장할 저【褚】장의(裝衣).

옷 크다 :
　옷 클 심【襑】의대(衣大).

옷 펴다 :
　옷 펼 간【衦】摩展衣服.

옷 풀어헤치다 :
　옷 풀어헤칠 계【袺】장의(張衣).

옷 폭 :
　옷 폭 개【衸】의폭(衣幅).

옷 해어지다 :
　옷 해어질 답【褡】의폐(衣敝).
　옷 해어질 래【襰】衣破貌.
　옷 해어질 뢰【禷】의폐(衣敝).
　옷 해어질 류【梳】衣梳謂之祝『爾雅』
　옷 해어질 빈【𧝄】衣敝貌.
　옷 해어질 예【祝】衣梳謂之祝『爾雅』
　옷 해어질 폐【𧜰】의괴(衣壞).

옹기장이 : 옹기 만드는 일을 직업으로 하는 사람.
　옹기장이 방【㫃】도공. 㫃人爲簋『周禮』

옹(甕)솥 : 옹기로 만든 솥.
　옹솥 라【鑼】小釜.
　옹솥 라【𨥖】鉦𨥖, 소부(小釜).
　옹솥 오【鍩】鍩鎺, 소부(小釜).
　옹솥 육【鎺】鍩鎺, 소부(小釜).
　옹솥 재【鼐】작은 솥. 鼐鼎乃鼒『詩經』

옹용(雍容)하다 : 마음이 온화하고 조용하다.
　옹용할 위【委】退食自公 委蛇委蛇『詩經』

옹울(壅鬱)하다 : 속이 트이지 아니하여 몹시 답답하다.
　옹울할 합【匌】기(氣)가 통(通)하지 않고 막힘.
　　　　翕匌川氣黃『杜甫』

옻나무 : 옻나뭇과에 속한 낙엽 교목. 나무에서 나오는 진은 옻이라고 하여, 칠감으로 쓰이나,

독이 있어 몸에 닿으면 염증이 생긴다.
　옻나무 칠【桼】칠(漆)과 동자(同字).
　　　　木可爲杖汁可塗器.
　옻나무 칠【㭗】칠(漆), 칠(桼)과 동자(同字).
　　　　木汁可以黏黑.
　옻나무 칠【漆】椅桐梓漆『詩經』

옻칠 :
　옻칠 칠【漆】옻나무의 진. 厥貢漆絲『書經』

옻칠하다 :
　옻칠할 조【𨍭】수레의 채에 옻칠함.
　　　　良輈環𨍭『周禮』
　옻칠할 칠【漆】歲一漆之『禮記』
　옻칠할 휴【髹】옻칠을 바름. 殿上髹漆『漢書』

와들와들 떨다 :
　와들와들 떨 질【𢤲】寒而慄.

와삭거리다 :
　와삭거릴 채【縩】綷縩. 비단 옷이 흔들리어 와삭와삭 나는 소리.
　　　　紛綷縩兮紈素聲『漢書』
　와삭거릴 최【綷】紛綷縩兮紈素聲『漢書』

와전하다 :
　와전할 와【譌】와(訛)와 동자(同字). 謬也.
　　　　民之譌言『詩經』

왁자지껄하다 :
　왁자지껄할 쟁【𠻩】𠻩呟.

왁자하다 :
　왁자할 적【藉】떠들썩함. 名聲藉甚『漢書』

완고(頑固)하다 :
　완고할 획【懳】완명(頑冥). 乃陳文墨 懳懳無言者須言『顏氏家訓』
　완고할 완【頑】
　　㉠ 고루(固陋)하여 고집이 셈. 미련하여 도덕(道德)을 모름. 頑陋. 父頑母嚚『書經』
　　㉡ 완고함. 擧頑用嚚『左傳』

완두(豌豆) : 콩과에 속한 두해살이 덩굴풀. 열매는 식용하며, 잎, 줄기는 가축의 사료로 쓴다. 특히 완두의 열매는 당질이 주성분으로 되어 있으나 단백질도 많고, 어린 꼬투리에는 비타민도 풍부하다.
　완두 완【豌】豌豆. 豌豆種出西胡『本草經』
　완두 초【苕】邛有旨苕『詩經』

완롱(玩弄)하다 :
　완롱할 완【抏】완(玩)과 통. 游抏之脩『荀子』

완상(玩賞)하다 : 즐겨 구경하다.
　완상할 상【賞】
　　㉠ 아름다운 것을 보고 마음을 즐겁게 함. 賞玩. 吉祥寺賞牡丹『蘇軾』
　　㉡ 奇文共欣賞『陶潛』

완악(頑惡)하다 :
완악할 매【紾】紾䊢, 완악(頑惡).
완어(鯇魚) :
완어 혼【鯇】연어과에 속하는 민물고기.
완연(宛然) :
완연 완【宛】宛然. 恰似, 宛在水中央『詩經』
완전(完全)하다 : 부족함이 없음. 흠이 없음.
완전할 완【完】完全無缺. 平和代蜀之完『戰國策』
완전할 흔【俒】完也. 朕實不明以俒伯父『周書』
왈패 :
왈패 답【黯】답(䵘)과 통함. 黯伯, 猥茸貌.
晉中興書泰山羊曼頹縱任俠飮酒誕節號黯伯『顔氏家訓』
왔다갔다하다 :
왔다갔다할 광【𩁶】往來貌.
왕 :
왕 왕【王】
㉠ 같은 종류 중에서 우두머리.
王蜂. 人謂牡丹花王『洛陽牡丹記』
㉡ 황족(皇族). 남자의 칭호. 江都王緖霍王 元軌之子 太宗皇帝猶子也『名畵記』
㉢ 혈통상(血通上) 윗대의 일컬음.
父之考爲王父『爾雅』
㉣ 형체(形體)가 특히 거대한 것.
春獻王鮪『周禮』
왕개미 : 개미과에 속하는 벌레. 보통의 개미보다 큼.
왕개미 부【蜉】蚍蜉.
왕개미 비【螕】비(蚍)와 통용.
왕개미 비【蚍】蚍蜉. 말개미.
蚍蜉撼大樹 可笑不自量『韓愈』
왕개미새끼 :
왕개미새끼 연【蝝】비부(蚍蜉)의 새끼.
蠹蝝仆柱梁『說苑』
왕개미알 :
왕개미알 한【蚭】大蟻蚍蜉子.
왕골 : 방동사니과에 속하는 일년초. 논이나 수택(水澤)에 재배함. 줄기는 자리를 만드는 데 씀.
왕골 완【莞】莞筵.
왕골기직 :
왕골기직 완【莞】왕골자리. 上莞下簟『詩經』
왕 노릇하다 :
왕 노릇할 왕【王】임금 노릇을 함.
王此大邦『詩經』
왕대 : 대나무의 일종으로 물가에서 나는데 키가 수십척(數十尺) 주위(周圍)가 일척(一尺) 대여섯 치 되는 대나무 중에서 가장 큰 것임.
왕대 당【簹】篔簹湘湖問皆有之『柳宗元』
왕대 운【篔】篔簹湘湖問皆有之『柳宗元』
왕대 탕【簜】거대한 대나무. 篠簜旣敷『書經』
왕래하는 배 :
왕래하는 배 력【艊】往來船.
왕래하다 :
왕래할 제【徲】往來徲徲.
왕비(王妃) :
왕비 비【妃】
㉠ 황제의 으뜸가는 첩. 妃嬪. 舜葬於蒼梧之野 蓋三妃未之從也『論語』
㉡ 왕, 황태자, 황족의 정실(正室).
皇太子納妃『唐書』
왕새우 :
왕새우 호【鰝】대하(大鰕).
왕성(旺盛)하다 :
왕성할 령【逞】세력이 성대함. 또 용감함.
其意驕逞而不可摧
왕성할 왕【王】왕(旺)과 통용.
神雖王不善也『莊子』
왕성할 장【壯】
㉠ 혈기가 왕성함. 기력이 좋음. 壯年.
老當益壯『後漢書』
㉡ 또는 그 사람. 男女老壯『後漢書』
왕으로 삼다 :
왕으로 삼을 왕【王】王君王於南鄭『漢書』
왕의 수레 :
왕의 수레 로【輅】輅 王車也.
왕조(王朝) :
왕조 조【朝】한 왕조의 통치 기간. 淸朝.
漢朝之刑以弊『舊唐書』
왕호(王號) :
왕호 조【詔】남방 야만인의 왕의 호(號). 南詔.
自號六詔『唐書』
왜가리 : 백로과에 속하는 새.
왜가리 미【䴌】鴰䴌, 조명(鳥名).
왜냐하면 : 위의 글을 받아 일전(一戰)하여 그 이유를 설명하는 말.
왜냐하면 하【何】何者. 何則으로 연용(連用)함.
何則有其具者易其備『王褒』
왜 당귀 : 미나리과의 다년초. 약용.
왜 당귀 근【蘄】山蘄.
외가붙이 : 모친의 겨레붙이.
외가붙이 표【表】表兄弟. 有中表親『晉書』
외골 : 오로지 그것만.
외골 편【偏】偏守新城存民苦矣『史記』
외나무다리 : 한 개의 나무 조각이나 통나무로

놓은 다리.

외나무다리 교 【橋】 獨木橋. 以木渡水曰橋『漢書』

외나무다리 작 【杓】 獨木橋. 杓橋.
　　　　　　杓澗柳橫孤杓『韋莊』

외나무다리 작 【彴】 작(杓)과 동자(同字).

외 눈질하다 : 한쪽 눈을 지긋이 하고 봄. 외눈
　으로 봄.

외 눈질할 묘 【眇】 離婁眇目於毫分『班固』

외다 : 안보고 읽음.

욀 기 【記】 잊지 아니함. 闇記. 記誦.
　　　　　常記在懷『傳習錄』

욀 념 【念】 암송(暗誦)함. 念佛. 念經.
　　　　　口念心禱而求者『杜牧』

욀 배 【倍】 암송(暗誦)함. 倍讀書倍文『韓愈』

욀 송 【誦】 背誦. 諳誦. 皆誦讀之『漢書』

욀 암 【諳】 諳誦. 諳識內典『陳書』

욀 지 【誌】 記憶. 圖書一經目輒誌于心『唐書』

욀 풍 【諷】 能諷書九千字以上『漢書』

외대다 :

　외댈 외 【外】

　　㉠ 멀리함. 內君子而外小人『易經』

　　㉡ 제외(除外)함. 除外.

　　㉢ 잊음. 忘却. 參日而後 能外天下『莊子』

외람(猥濫)하다 :

　외람할 도 【叨】 외람(猥濫)되이. 叨夢天恩.
　　　　　　叨逢慈獎『梁簡文帝』

　외람할 람 【濫】 분수(分數)에 넘치는 일을 하여
　　　　도덕이나 예의에 어그러짐.
　　　　僭濫. 不僭不濫『左傳』

　외람할 외 【猥】 외람(猥濫)되이 분수(分數)에 넘
　　　　치게 스스로 겸손하는 말.
　　　　猥託賓客之上『後漢書』

　외람할 일 【泆】 猥也.

　외람할 혁 【洫】 분수(分數)에 넘침.
　　　　所行之備而不洫『莊子』

외로운 아이 :

　외로운 아이 견 【㷀】 고독(孤獨).

외롭다 :

　외로울 거 【孤】 孤也.

　외로울 경 【煢】 고독(孤獨).

　외로울 경 【嫈】 獨也.

　외로울 경 【㷀】 㷀㷀. 의지할 곳 없어 고독한
　　　　모양. 獨行㷀㷀『詩經』

　외로울 경 【煢】 형제 또는 아내가 없음. 의지할
　　　　데가 없음. 또는 그러한 사람.
　　　　哀此煢獨『孟子』

　외로울 고 【孤】

　　㉠ 배우자가 없음. 久孤於世『史記』

　　㉡ 도움이 없음. 孤軍. 勢孤力屈『晉書』

외로울 고 【菰】 고(孤)와 통용.

외로울 과 【踝】 홀로 있는 모양.
　　　　其形踝踝然『釋名』

외로울 령 【伶】 고독함. 形影何伶仃『魏觀』

외로울 우 【踽】 고독한 모양. 혼자 가는 모양.
　　　　친한 사람이 없는 모양.
　　　　獨行踽踽『詩經』

외로울 형 【嫈】 獨也.

외마디소리 :

　외마디소리 잡 【師】 단성(斷聲).

외면(外面)하다 : 서로 마주 보지 아니하고 얼굴
　을 돌림.

　외면할 규 【睽】 睽外也『易經』

외바퀴 차 :

　외바퀴 차 경 【輕】 一輪車.

외발로 서다 : 한쪽 발은 들고 한쪽 발만으로 섬.

　외발로 설 비 【躄】 立不躄『烈女傳』

　외발로 설 한 【蹇】 偏足立.

외발 새 :

　외발 새 상 【鸘】 鸘鶴, 一足鳥.

외뿔 사슴 :

　외뿔 사슴 경 【麠】 大麃一角.

외뿔 소 : 무소과에 속하는 들소 비슷한 짐승. 뿔
　은 하나이고 체중이 천근 가량임. 가죽은 단단
　하여 갑옷, 뿔은 술잔 등을 만듦.

　외뿔 소 시 【兕】 兕虎. 兕似牛『爾雅』

외뿔 양 :

　외뿔 양 동 【辣】 一角羊.

외삼촌(外三寸) :

　외삼촌 구 【舅】 외숙. 母舅. 我送舅氏『詩經』

외상 :

　외상 세 【貰】 未作貰貸『漢書』

외상 거래하다 :

　외상 거래할 사 【賖】
　　㉠ 외상으로 삼. 賖賈.
　　㉡ 외상으로 팖. 同貨而斂賖『周禮』

외상으로 살다 : 현금을 내지 않고 삼.

　외상으로 살 세 【貰】 常從王媼武負貰酒『史記』

외속 : 오이의 속.

　외속 뇌 【瓤】 瓤瓜 과중(瓜中).

　외속 뢰 【瓤】 瓤瓜 과중(瓜中).

외숙모(外叔母) :

　외숙모 금 【妗】 外叔母. 內舅母.

외양간 : 마소가 자고 먹는 곳.

　외양간 곡 【牿】 牿牢. 舍牿牛馬『書經』

　외양간 조 【皂】 編之以皂棧『莊子』

외 주렁주렁 달리다 :
　외 주렁주렁 달릴 단【敦】有敦瓜苦『詩經』
외짝 :
　외짝 기【踦】隻也.
외치다 :
　외칠 호【譹】叫者譹者『莊子』
　외칠 획【嚄】大呼. 跳浮嚄唶『柳宗元』
　외칠 효【嘄】소리가 진동함.
　　　　　　　嘄矢 矢之鳴者. 『莊子註』
외풍(外風) :
　문바람 팽【閪】回 외풍(外風).
왼손 :
　왼손 좌【屮】좌(左)와 동자(同字). 좌수(左手).
왼쪽 :
　왼 좌【左】
　　㉠ 왼편. 左右. 左不攻於左『書經』
　　㉡ 방위로는 동쪽. 江左. 山左.
　　㉢ 아래. 하위(下位). 右賢左戚『史記』
왼쪽으로 가다 :
　왼쪽으로 갈 좌【左】欲左者左『史記』
윗가지 : 벽을 치려고 대가지, 싸리, 잡목 따위를
　가로 세로 얽은 것.
　윗가지 외【椳】椳也.
요 : 누울 때에 방바닥에 까는 것.
　요 욕【褥】茵褥. 綝褥. 布衣皮褥『後漢書』
　요 인【裀】인(茵), 인(絪)과 통용.
　　　　　　　絳蚊帳裀褥『晉書』
　요 임【袵】臥袵. 王之燕衣服袵席『周禮』
요강(尿鋼) : 대소변을 누는 변기.
　요강 위【楲】楲窬. 楲虎子也 古之受大小溲者
　　　　　　　皆以虎子呼之『賈逵』
요괴(妖怪) : 유령. 요망스러운 마귀.
　요괴 얼【孽】妖孽禽獸蟲蝗之怪.
　요괴 괴【怪】妖怪. 木石之怪『史記』
　요괴 얼【孼】조수 및 벌레의 요괴(妖怪).
　　　　　　　禽獸蟲蝗之怪謂之孼『說文解字』
　요괴 요【訞】요(妖)와 통용.
　　　　　　　訞孽數起『大戴禮』
요괴스러운 말 :
　요괴스러운 말 와【譌】요언(妖言).
요구 :
　요구 수【需】
　　㉠ 청구. 以待子不時之需『蘇軾』
　　㉡ 소용되는 물품. 필수의 물자. 軍需.
　　　　　　　以供轉需『十六國春秋』
요귀(妖鬼) : 요사한 귀신.
　요귀 요【妖】妖精. 洪範所謂鼓妖者也『漢書』

요기 : 재앙으로 초래하는 요사스러운 기운.
　요기 려【沴】기후가 고르지 못하여 생기는 재
　　　　　　　화, 병마를 가져오는 악기. 沴氣.
　　　　　　　六沴之作『漢書』
　요기 분【氛】凶氣. 氛祥. 氛邪歲增『漢書』
　요기 침【祲】祲沴. 吾見赤黑之祲『左傳』
요기하다 :
　요기할 료【憀】回 憀飢. 시장기를 면할 정도로
　　　　　　　조금 먹음.
요긴(要緊)하다 :
　요긴할 간【肝】긴요함. 肝要.
요동(搖動)하다 :
　요동할 연【肙】요동(搖動).
　요동할 인【絪】盤屈搖動貌. 絪冤蜿蟺『馬融』
요량(料量)하다 :
　요량할 병【抦】料理抦搪.
요리(料理) :
　요리 팽【烹】익힌 음식. 寒庖有珍烹『蘇軾』
요리인(料理人) : 요리(料理)하는 사람.
　요리인 포【庖】伊尹爲庖『史記』
요리하다 : 음식을 만듦.
　요리할 옹【饔】佐饔者得嘗『國語』
요마적 :
　요마적 간【間】요사이. 間者로 연용하기도 함.
　　　　　　　間蒙甲胄『左傳』
요목 :
　요목 목【目】요점(要點). 眼目.
　　　　　　　悉府史之任掌要目而己『北史』
요복(要服) :
　요복 요【要】오복(五服)의 하나. 왕성(王城)에서
　　　　　　　상거(相距)가 백리(百里)되는 땅.
　　　　　　　要服『書經』
요사(夭死) :
　요사 단【短】일찍 죽는 일. 凶短折『書經』
　요사 요【硇】硇砂. 염화암모니아의 속칭.
　　　　　　　암모니아와 염화수소를 혼합한
　　　　　　　백색의 고체 임.
요사이 :
　요사이 근【近】近時. 近者. 獻近所爲復志賦己
　　　　　　　下十首『韓愈』
요사하다 :
　요사할 요【訞】요망함. 괴이함.
　　　　　　　除訞言之罪『漢書』
　요사할 흉【凶】일찍 죽음. 一曰凶短折『書經』
요새(要塞) : 적의 침입을 방어할 만한 험준한 요
　해처(要害處).
　요새 새【塞】險塞 楚地北有汾陘之塞『戰國策』

요술(妖術) :

　요술 화【化】 마술(魔術). 환술(幻術).
　　　　　　　　有化人來『列子』

　요술 환【眩】 환(幻)과 동자(同字).
　　　　　　　　善眩人『史記』

　요술 환【幻】 魔術. 秘幻奇伎『法苑珠林』

요염(妖艶)하다 : 탐탁스럽게 아름다움.

　요염할 야【冶】 요염하게 단장(丹粧)을 함.
　　　　　　　　艶冶. 佳冶. 冶容誨淫『易經』

요임금 : 중국 태고 때의 군주 '요(堯)'를 임금으
　로서 분명하게 이르는 말.

　요임금 요【堯】 唐堯. 古帝堯『書經』

요충(蟯蟲) : 선형동물 쌍선충강 요충과에 속한
　기생충. 명주실처럼 희고 가는 선충(線蟲)으로,
　장내(腸內)에 기생한다. 주로 어린아이에게 많
　은데, 특히 밤이면 항문에 심한 가려움증을 일
　으킨다. 보통 손가락이나 손에 알이 묻어서 입
　속을 통해서 감염된다.

　요충 요【蟯】 蟯瘕爲病『史記』

요컨대 :

　요컨대 요【要】 요약(要約)하여 말하면.
　　　　　　　　要自胸中無滯礙『韓愈』

요하다 :

　요할 요【要】 필수(必需)로 함. 必要.
　　　　　　　　劉君亮要在山中靜坐『傳習錄』

요해처(要害處) : 산천의 형세가 수비하기에 좋
　고 공격하기 불리한 곳.

　요해처 해【害】 要害. 地形利害『戰國策』

요행(僥倖) : 우연의 행복.

　요행 요【僥】 분외(分外)로 얻은 행복.
　　　　　　　　優者有不遇 劣者有僥倖『班固』

　요행 요【徼】 요(徼)와 동자(同字).
　　　　　　　　徼危也『康熙字典』

　요행 행【幸】 徼幸朝無幸位, 民無幸生『荀子』

　요행 행【倖】 행(幸)과 동자(同字). 倖祿.
　　　　　　　　識者識其過倖『後漢書』

욕 :

　욕 륙【僇】 치욕(恥辱). 爲天下大僇『荀子』

　욕 륙【戮】 치욕. 爲天下戮『戰國策』

　욕 매【罵】 욕설. 官卑遭俗罵『宋濂』

　욕 욕【辱】 ㉠ 수치. 恥辱.
　　　　　　　㉡ 불명예. 屈辱.
　　　　　　　㉢ 모멸. 侮辱.

　욕 욕【欲】 칠정(七情)의 하나. 慾心. 情欲.
　　　　　　　性之欲也『禮記』

　욕 정【情】 욕망(慾望). 私利.
　　　　　　　無辭而行情則民爭『禮記』

　욕 치【恥】 侮辱. 包羞忍恥是男兒『杜牧』

욕기(浴器) : 목욕하는 그릇.

　욕기 함【檻】 同檻而浴『莊子』

욕되게 하다 :

　욕되게 할 도【叨】
　　　㉠ 탐내어 함부로 차지함. 橫叨天功『後漢書』
　　　㉡ 외람되이 받음. 叨不世之殊眄『隋蕭皇后』

욕되게 하다 :

　욕되게 할 욕【辱】
　　　㉠ 남에게 분수에 넘치는 호의를 받아서 이를
　　　욕되게 하였다는 뜻으로 대단히 죄송한 동
　　　시에 영광스럽다는 겸사말. 再辱手書『蘇軾』
　　　㉡ 또 이상의 명사. 拜君言之辱『禮記』

욕보다 :

　욕볼 욕【辱】 수치(羞恥)를 당함.
　　　　　　　　事君數斯辱矣『論語』

욕보이다 : 수치(羞恥)를 당하게 함. 부끄러움을
　당하게 함.

　욕보일 괴【媿】 媿辱. 卽中令善媿人『漢書』

　욕보일 근【靳】 松公靳之『左傳』

　욕보일 륙【戮】 賈季戮臾駢『左傳』

　욕보일 만【嫚】 單于爲書, 嫚呂太后『漢書』

　욕보일 병【病】 相詬病『禮記』

　욕보일 욕【辱】 懼辱親『禮記』

　욕보일 좌【坐】 君子不入市 爲其坐廉也
　　　　　　　　　　　　　　　『淮南子』

　욕보일 치【恥】 恥匹夫 不可以無備『左傳』

　욕보일 혜【譓】 꾸짖어 욕함. 후욕(詬辱)함.
　　　　　　　　無廉恥而任譓詢『荀子』

　욕보일 혼【熅】 욕되게 함. 不熅君王『禮記』

욕심 :

　욕심 욕【慾】 탐함. 또 그 마음. 嗜慾. 貪慾.

욕지거리하다 :

　욕지기할 학【哮】 구역질함. 臣有疾異於人 若見
　　　　　　　　　　之君將哮之『左傳』

욕(辱)하다 :

　욕할 개【𧩙】 辱也.

　욕할 마【傌】 辱也.

　욕할 매【罵】 罵詈, 輕士善罵『史記』

　욕할 추【諑】 罵也.

　욕할 후【詬】 罵也.

욧속 :

　욧속 소【粲】 回 이불이나 요 따위의 속에 두
　　　　　　　　는 물건.

용(龍) : 상상상의 신령한 동물. 구름을 일으켜
　비를 내리게 한다 함. 그 중 비늘이 있는 것을
　蛟龍. 날개가 있는 것을 應龍, 뿔이 있는 것을
　螭龍이라 함.

　용 령【龗】 龍也.

용 룡【龍】

　㉠ 時乘六龍以御天『易經』　龍鳳. 飛龍.

　㉡ 인신(引伸)하여 뛰어난 인물의 비유로 쓰임.
　　　伏龍. 諸葛孔明臥龍也『蜀志』

　㉢ 천자(天子)에 관한 사물의 관형사(冠形詞)
　　　로 쓰임. 龍顔. 龍駕. 龍德而隱者也『易經』

용 리【螭】빛이 노란 용. 혹은 뿔 없는 용.
　　　혹은 용의 암컷이라고도 함.
　　　蛟龍赤螭『漢書』

용가마 :

　용가마 심【鬵】큰 가마솥. 漑之釜鬵『詩經』

용감(勇敢) :

　용감 용【勇】

　㉠ 賁育之勇『漢書』

　㉡ 知仁勇三者 天下之達德也『中庸』

용감(勇敢)하다 : 용기(勇氣)가 있음. 의지(意志)
　가 강(强)하고 과단성(果斷性)이 있음.

　용감할 용【勇】勇斷. 勇志之所以敢也『墨子』

용(榕)나무 : 열대에서 나는 상록교목. 간지(幹枝)
　에서 땅에 늘어지는 뿌리가 생겨 만연(蔓延)함.

　용나무 용【榕】木名.

용납(容納)하다 :

　용납할 찬【竄】들여놓다. 有所竄其年『荀子』

　용납할 포【包】받아들임. 包容.

용량(容量)의 단위 :

　용량의 단위 부【釜】곡식(穀食) 같은 것을 되는
　　　단위(單位). 6말 4되, 우리
　　　나라의 대여섯 되에 해당함.
　　　與之釜『論語』

　용량의 단위 우【區】16되. 1말 6되.
　　　豆區釜鍾『左傳』

용량이름 :

　용량이름 부【缶】사곡(四斛)을 이름.

용렬(庸劣)하다 :

　용렬할 노【懧】劣也. 노(愞)와 동자(同字).

　용렬할 노【愞】劣也. 노(懧)와 동자(同字).

　용렬할 록【碌】餘子碌碌不足數也『後漢書』

　용렬할 분【体】못생김. 体漢.

　용렬할 압【傝】劣也. 傝儑.

　용렬할 용【傛】傛傇, 劣也.

　용렬할 탑【遢】邋遢, 不謹事.

　용렬할 탑【闒】在闒茸之中『漢書』

용마루 : 지붕 가운데 부분의 가장 높은 곳에 있
　는 수평 마루.

　용마루 극【極】屋脊. 夫妻臣妾登極『莊子』

　용마루 동【棟】屋脊. 棟隆吉『易經』

용맹 :

　용맹 근【懃】용기. 無以入懃於天下『列子』

용맹스럽게 춤추다 :

　용맹스럽게 춤출 파【頗】勇舞貌.

용모(容貌) :

　용모 상【相】사람의 상모(相貌). 골격(骨骼).
　　　인신(引伸)하여 널리 사물의 상태
　　　(狀態). 형세(形勢). 人相. 家相.
　　　地相. 眞相. 無若季之相『史記』

용사(勇士) :

　용사 용【勇】

　㉠ 용감(勇敢)한 사람. 非一勇之所抗『蔡邕』

　㉡ 용감(勇敢)한 군사(軍士).
　　　決勝三河勇 長驅六郡雄『李嶠』

용서하다 :

　용서할 가【假】容假. 大臣犯法無所寬假『北史』

　용서할 대【貸】관대히 보아 줌. 寬貸. 恩貸.
　　　縱舍時有大貸『漢書』

　용서할 대【待】其誰云待之『國語』

　용서할 서【恕】容恕. 宥恕. 竊自恕『史記』

　용서할 석【釋】容貸. 若謝我當釋罪『世說』

　용서할 요【饒】용대(容貸)함. 내버려 둠. 너그
　　　러이 보아줌. 公道世間惟白髮
　　　貴人頭上不曾饒『許渾』

　용서할 용【容】관대(寬大)히 보아주어 꾸짖거나
　　　처벌(處罰)하지 아니함. 容赦.
　　　每能回容 宥其小矣『後漢書』

　용서할 유【又】유(宥)와 통용. 용대(容貸)함.
　　　王三又 然後制刑『禮記』

　용서할 유【侑】유(宥)와 통용. 용대(容貸)함.
　　　文有三侑 武毋一赦『管子』

　용서할 유【宥】처벌(處罰)하거나 힐책(詰責)하
　　　지 아니함. 赦宥.
　　　君子以赦過宥罪『易經』

용솟음하다 :

　용솟음할 루【漊】漊漊. 물이 용솟음하는 모양.
　　　漊漊淸瀑『郭璞』

　용솟음할 발【浡】原流泉浡『淮南子』

　용솟음할 분【湓】湓湧. 河水湓湓『漢書』

　용솟음할 불【沸】觱沸檻泉『詩經』

　용솟음할 옹【瀪】샘이 용솟음하는 모양. 中有
　　　淸泉 瀪然而仰出『歐陽修』

　용솟음할 팍【瀑】龍池瀑瀑『左思』

　용솟음할 필【觱】觱沸. 생물이 용솟음하는 모양.
　　　觱沸檻泉『詩經』

　용솟음할 필【潷】黃瑞湧出 潷汨潚『揚雄』

　용솟음할 흉【洶】洶淵. 波濤洶涌『司馬相如』

용수 : 술을 거르는 기구.

　용수 쌍【籮】주추(酒篘).

　용수 추【篘】篘也.

용어(鱅魚) :

　용어 용【鱅】似鰱而黑.

용이 가는 모양 :

　용이 가는 모양 답【龘】송 용행(龍行).

용이 눈 굴리고 혀 날름거리다 :

　용이 눈 굴리고 혀 날름거릴 할【蛞】龍搖目吐舌貌.

용한 사람 :

　용한이 가【家】학문(學文), 기예(技藝) 등에 뛰
　　　　　　　어난 사람. 百家. 文學家.
　　　　　通諸子百家之書『史記』

우거(寓居)하다 : 남의 집에 붙어서 삶. 타향(他
　鄕) 혹은 타국(他國)에서 임시(臨時)로 삶.
　우거할 교【僑】우접(寓接)함. 僑胞.
　　　　　我初辭家從軍僑『鮑照』

우거지다 : 초목이 우거져 덮은 모양. 또 초목이
　무성한 모양.
　우거질 니【苨】維葉苨苨『詩經』
　우거질 대【薱】鬱翳薆薱『張衡』
　우거질 롱【蘢】草木蒙蘢『漢書』
　우거질 모【蓩】乘雲駕龍 鬱何蓩『魏武帝』
　우거질 무【蕪】무(蕪)와 동자(同字). 무성함.
　　　　　庶草蕃蕪『書經』
　우거질 무【茂】무성함. 繁茂春華至秋 不得久茂
　　　　　『列仙傳』
　우거질 번【蕃】풀이 무성한 모양.
　　　　　蕃茂. 庶草蕃廡『書經』
　우거질 봉【菶】菶菶. 菶菶萋萋『詩經』
　우거질 봉【芃】芃芃. 芃芃其麥『詩經』
　우거질 봉【丰】풀이 무성한 모양.
　　　　　羅丰茸之遊樹兮『司馬相如』
　우거질 분【葐】葐蒀. 禾卉葐蒀以垂穎『晉書』
　우거질 불【芾】초목이 무성한 모양.
　우거질 비【菲】芳菲菲兮滿堂『楚辭』
　우거질 서【湑】其葉湑湑『詩經』
　우거질 성【成】무성해짐. 松柏成『呂氏春秋』
　우거질 암【菴】무성한 모양. 豊蔚所盛 茂八區
　　　　　而菴藹焉『左思』
　우거질 애【薆】鬱翳薆薱『張衡』
　우거질 애【藹】唵藹. 鬱蕭條其幽藹『揚雄』
　우거질 억【薿】或耘或耔, 黍稷薿薿『詩經』
　우거질 염【苒】苒苒. 苒苒之柔莖『王粲』
　우거질 예【薉】薉薈蓁茸『潘岳』
　우거질 옹【蓊】鬱翳薆薱『張衡』
　우거질 요【猺】무성함. 厥草惟猺『書經』
　우거질 요【蔈】豊草蔈 女蘿施『漢書』
　우거질 용【茸】尨茸. 阿那翁茸『張衡』
　우거질 울【鬱】鬱茂. 鬱彼北林『詩經』
　우거질 원【菀】

　　㉠ 무성한 모양. 有菀其特『詩經』
　　㉡ 우거진 초목. 有菀者柳『詩經』
　우거질 위【蔵】宿林藪之蔵莽『曹植』
　우거질 유【褎】實種實褎『詩經』
　우거질 의【依】依彼平林『詩經』
　우거질 의【薿】或耘或耔 黍稷薿薿『詩經』
　우거질 자【滋】苦雨數來 五穀不滋『禮記』
　우거질 자【孳】非能使木壽且孳也『柳宗元』
　우거질 점【蔪】麥秀蔪蔪『箕子』
　우거질 준【蕈】葐蒀. 禾卉葐蒀以垂穎『晉書』
　우거질 진【蓁】其葉蓁蓁『詩經』
　우거질 창【蒼】至于海隅蒼生『書經』
　우거질 처【萋】㉠ 維葉萋萋『詩經』
　　　　　　　　㉡ 卉木萋止『詩經』
　우거질 천【薦】薦草多衍『管子』
　우거질 천【蒨】夏曄冬蒨『左思』
　우거질 천【芊】遠樹曖芊芊『謝脁』
　우거질 청【菁】菁菁者莪 樂育材也『詩經』
　우거질 초【楚】가시나무 같은 것이 무성한 모양.
　　　　　楚楚其茨『詩經』
　우거질 촉【矗】櫹矗森萃『左思』
　우거질 총【蓯】繽紛蘢蓯『淮南子』
　우거질 패【茷】斫榛莽焚茅茷『柳宗元』
　우거질 풍【豊】在彼豊草『詩經』
　우거질 환【芄】陽氣親天 萬物芄蘭『揚雄』
　우거질 회【薈】林木翳薈『孫子』

우거하다 :

　우거할 우【寓】교거(僑居)함. 國無寄寓『國語』

우기다 :

　우길 고【固】固執. 毋意毋必毋固毋我『論語』

우는 살촉 : 쏘아 나갈 때 소리가 나는 화살.
　우는 살촉 적【鏑】명전(鳴箭). 飛鏑.
　　　　　作爲鳴鏑『史記』
　우는 살촉 효【髇】명적(鳴鏑). 貢髇矢『唐書』

우는 화살 :

　우는 화살 효【髇】髇箭鳴鏑.

우두머리 :

　우두머리 거【渠】象郡之渠『左思』
　우두머리 괴【魁】首魁. 殲厥渠魁『書經』
　우두머리 독【督】통솔(統率)하는 사람. 總督.
　　　　　擧寵而爲督『諸葛亮』

우두머리 두【頭】

　　㉠ 頭目. 頭領. 以彊幹者爲番頭『唐書』
　　㉡ 첫째. 頭等.
　우두머리 맹【孟】孟侯朕其弟小子封『書經』
　우두머리 목【目】남을 거느린 사람. 頭目.
　우두머리 백【伯】장(長). 수장(首長).
　　　　　匠伯不顧 遂行不輟『莊子』

우두머리 수【帥】 수(帥)와 동자(同字). 渠率.
　　　　　　　方伯連率『詩經』
우두머리 수【首】
　㉠ 장(長). 元首. 首領. 毋爲戎首『禮記』
　㉡ 첫째. 首席. 慮爲功首『魏武帝』
우두머리 장【長】 수령. 家長. 長官.
우두머리 재【宰】
　㉠ 장(長). 項王爲天下宰不平『漢書』
　㉡ 현(縣), 읍(邑) 등의 장관(長官). 縣宰.
　　　　爲單父宰『孔子家語』
　㉢ 가신(家臣)의 장(長). 家令,
　　　　諸宰君婦『詩經』
우두머리 최【最】 수위(首位). 관리(官吏)의 치적
　　　　　　　(治績)이나 공적(功績)의 일등
　　　　　　　(一等). 猶無益於殿最『漢書』
우두머리 추【酋】 야만인(野蠻人) 등의 부락(部
　　　　　　　落)의 수령(首領). 酋長. 蠻酋.
　　　　　　　僬耳黑齒之酋『左思』

우두커니 서다 :
우두커니 설 벌【戊】 竚也.
우두커니 설 저【宁】 所宁立處『禮記』
우두커니 설 저【竚】 佇와 동자(同字). 竚立.
　　　　　　　　結桂枝兮廷竚『楚辭』
우두커니 설 저【佇】 정지(停止)함.
　　　　　　　　佇立以泣『詩經』
우두커니 설 참【站】 오래 서 있음. 站立.
우둔(愚鈍)하다 : 미련함.
　우둔할 둔【鈍】 愚鈍. 頑鈍嗜利者『史記』
우뚝 서다 :
　우뚝 설 강【踍】 踍躞, 堅立.
　우뚝 설 귀【歸】 혼자 우뚝 선 모양.
　　　　　　　　歸然有餘『莊子』
　우뚝 설 비【埤】 埤埤, 短人立貌.
　우뚝 설 체【杕】 나무가 하나 우뚝 선 모양. 일설
　　　　　　　에는 지엽(枝葉)이 무성한 모양.
　　　　　　　有杕之杜『詩經』
　우뚝 설 탁【穜】 탁립(卓立).
우뚝 솟다 : 산 같은 것이 우뚝 솟은 모양.
　우뚝 솟을 갈【碣】 碣以崇山『揚雄』
　우뚝 솟을 굴【掘】 崫(崫)과 통용.
　　　　　　　　洪臺掘其獨出兮『揚雄』
　우뚝 솟을 굴【崛】 崛起. 洪臺崛其獨出兮『揚雄』
　우뚝 솟을 금【嶔】 嶇嶔嶇崎『王褒』
　우뚝 솟을 료【嶚】 无甲山孝嶔以岳峙『杜甫』
　우뚝 솟을 송【竦】 용(聳)과 통용. 竦然.
　　　　　　　　整輿竦戎『揚雄』
　우뚝 솟을 숭【崧】 崧高維嶽『詩經』
　우뚝 솟을 악【碍】 碍碣.

우뚝 솟을 암【礏】 恆碣礏碣於靑霄『左思』
우뚝 솟을 정【亭】 亭亭長松. 干雲霧而上達 狀
　　　　　　　亭亭以苕苕『張衡』
우뚝 솟을 차【嵯】 ㉠ 嵯峨. 雲髻嵯峨『曹植』
　　　　　　　㉡ 山岳嵯峨而連岡『衛恒』
우뚝 솟을 촉【矗】 崇山矗矗『司馬相如』
우뚝 솟을 치【峙】 聳立貌.
우뚝 솟을 치【峙】 흘립(屹立)함. 峙立.
　　　　　　　五山始峙『列子』

우뚝 솟은 돌 :
　우뚝 솟은 돌 갈【碣】 특립(特立)한 돌.
　　　　　　　　若雙碣之相望『張衡』

우뚝하다 :
　우뚝할 얼【巘】 巘巘, 고모(高貌).
　우뚝할 올【兀】 우뚝 솟아 높은 모양. 또 위는
　　　　　　　평평하고 높은 모양. 兀立.
　　　　　　　峯兀棲猛虎『李白』
　우뚝할 초【苕】 虎牢臨河苕苕孤上也『水經注』
우락(牛酪) 더껑이 : 우락(牛酪) 위에 엉긴 기름.
　모양의 맛이 썩 좋은 액체. 인신(引伸)하여 불
　성(佛性) 또는 불법(佛法)의 묘리(妙理). 또 우
　수한 인물의 비유.
　우락 더껑이 제【醍】 醍醐.
　우락 더껑이 호【醐】 醍醐.
우러러보다 :
　우러러볼 경【景】 사모(思慕)함. 景慕.
　　　　　　　　萬世景仰『金史』
　우러러볼 망【望】 앙모(仰慕)함. 望慕.
　　　　　　　良人者所仰望而終身也『孟子』
　우러러볼 앙【仰】
　　㉠ 고개를 쳐들고 봄. 仰視.
　　　　仰以觀于天文『易經』
　　㉡ 그리워함. 사모(思慕)함. 景仰. 仰慕.
　　　　百姓仰望『史記』
　우러러볼 앙【卬】 앙(仰)과 동자(同字).
　　　　　　　上足卬 則下可庸『荀子』
　우러러볼 점【产】 仰也.
　우러러볼 천【睽】 앙시(仰視).
우러르다 : 고개를 쳐듦.
　우러를 금【傑】 傑侵尋而高縱『司馬相如』
　우러를 등【瞪】 仰也.
　우러를 약【䑗】 仰也.
우레 :
　우레 추【霆】 雷也.
　우레 홀【霌】 雷也.
우레 소리 :
　우레 소리 강【硠】 硠磕. 뇌성(雷聲).
　　　　　　　凌驚雷之硠磕兮『張衡』

우레 소리 분【砏】砏磤 돌이 구르는 소리. 鉅寶遷兮砏磤『楚辭』
우레 소리 빙【霦】뢰성(雷聲).
우레 소리 팽【軿】豊降軿其震霆兮『張衡』
우레 소리 훼【虺】우레가 울리는 소리의 형용. 虺虺其雷『詩經』
우로(雨露) : 비와 이슬.
우로 택【澤】澤滲灕而下降『揚雄』
우리 : 짐승을 가두어 기르는 곳. 곧 가축의 우리.
우리 권【圈】虎圈. 熊佚圈出『漢書』
우리 뢰【牢】 죄 牲牢. 執豕于牢『詩經』
우리 립【笠】돼지우리. 旣入其笠『孟子』
우리 잔【棧】울. 羊棧雞塒接『劉弇』
우리 척【滌】희생을 기르는 우리. 帝牛必在滌三月『禮記』
우리 투【套】짐승으로 가두어 두는 곳.
우리 함【檻】檻穽. 養虎豹犀象者 爲之圈檻『淮南子』
우리 합【柙】虎兕出於柙『論語』
우리 : 우리들.
우리 오【吾】자기 나라. 자기 집. 我張吾三軍, 而被吾甲兵『左傳』
우리다 : 떫은 감을 우려냄. 또 땡감을 저장하여 연감이 되게 함.
우릴 람【醂】藏柹. 藏果實謂之醂 今醂柹是也『楊彦遠』
우묵 들어가다 : 가운데가 움푹 들어 감.
우묵 들어갈 우【圩】孔子生而圩頂 故名丘『史記』
우묵하다 :
우묵할 오【洿】오목함. 洿其宮而豬焉『禮記』
우묵할 와【漥】와(窊)와 동자(同字).
우묵할 와【窪】와(窊)와 동자(同字). 땅이 우묵하게 들어가 있음. 窪則盈『老子』
우묵할 와【窊】波瀾鱗淪, 窊隆詭戾『馬融
우묵할 와【窪】窪則盈『老子』
우묵할 요【坳】요(凹)와 동자(同字). 坳泓. 覆杯水于坳堂之上『莊子』
우물 :
우물 령【窌】井也.
우물 정【井】물을 깃는 설비. 井底蛙.
우물 정【丼】정(井)과 동자(同字). 井也.
우물난간 :
우물난간 간【榦】吾跳乎井榦之上『莊子』
우물난간 상【牀】정간(井榦). 後園鑿井 銀作牀『古樂府』
우물난간 정【井】우물을 둘러막은 난간(欄干). 圓井吐葩『張協』
우물난간 한【榦】정란(井欄). 跳梁井榦之上『莊子』
우물난간 한【韓】우물의 정간(井幹).
우물 마르다 : 우물이 말라 물이 없음.
우물 마를 원【眢】目於眢井 而拯之『左傳』
우물물 :
우물물 계【瀱】정수(井水).
우물벽돌 :
우물벽돌 백【甋】정추(井甃).
우물우물하다 :
우물우물할 신【甡】많이 모여든 모양. 瞻彼中林甡甡其鹿.
우물우물할 읍【靣】㉠ 많은 모양. 靣靣. ㉡ 우물거리는 모양.
우물 치다 :
우물 칠 설【渫】설(渫)과 동자(同字). 治井.
우산 :
우산 등【簦】자루가 긴 큰 삿갓 비슷한 우산. 躡蹻擔簦『史記』
우산 산【繖】비단 우산. 錦繖. 遇雨請以繖入『晉書』
우산 산【傘】산(繖)과 동자(同字). 乘介馬 張錦傘『北史』
우수(耦數) : 둘로 나누이는 수.
우수 우【耦】陽卦奇 陰卦耦『易經』
우수수 떨어지다 :
우수수 떨어질 색【摵】楓葉荻花秋摵摵『白居易』
우아하다 : 모습이나 거동이 고아(高雅)함.
우아할 도【都】都雅. 洵美且都『詩經』
우아할 아【雅】
㉠ 고상함. 典雅. 雅致. 雍容閒雅甚都『史記』
㉡ 인신(引伸)하여 남의 시문(詩文) 또는 언행(言行)에 대한 경칭(敬稱). 雅囑. 雅鑑.
우애(友愛) 있다 : 형제간에 의가 좋음.
우애 있을 우【友】友弟. 孝友. 惟孝, 友于兄弟『書經』
우엉 : 엉거시과에 속하는 이년초(二年草). 뿌리는 식용(食用)함.
우엉 방【蒡】牛蒡.
우의(寓意)하다 : 사물에 뜻을 붙임.
우의할 탁【託】託寄. 託以他辭『後漢書』
우(禹)임금 : 하(夏) 나라를 창업(創業)한 성왕(聖王). 왕이 되기 전에 요(堯), 순(舜) 두 임금을 섬겨 홍수(洪水)를 다스리는 데 큰공을 세웠다 함.
우임금 우【禹】王命.
우제(虞祭) :
우제 우【虞】부모의 장례를 지낸 날에 행하는

제사. 虞祭. 虞主用桑 『公羊傳』

우직하다 : 고지식함.

우직할 우 【愚】 戇愚. 柴也愚 『論語』

우쩍 일어나다 : 갑자기 성하게 일어나는 모양.

우쩍 일어날 발 【浡】 苗浡然興之矣 『孟子』

우쩍 일어날 발 【勃】 其興也勃焉 『左傳』

우쩍 일어날 발 【悖】 발(勃)과 통용. 왕성하게 홍기(興起)하는 모양. 其興也悖焉 『左傳』

우환(憂患) : 질병, 사망 등의 걱정.

우환 민 【閔】 閔凶. 覯閔旣多 『詩經』

운 :

운 운 【運】 運數. 運命. 世運. 漢承堯運 『史記』

운 운 【韻】

　㉠ 한자(漢字)를 그 발음의 유사(類似)에 의하여 106운으로 구별(區別)한 것. 將平上去入四聲 以此制韻 『南史』

　㉡ 인신(引伸)하여 시부(詩賦), 가곡(歌曲), 문묵(文墨)에 관한 일. 風流韻事. 或託言於短韻 『陸機』

운기 :

운기 적 【謫】 괴상(怪狀)한 운기(運氣). 日始有謫 『左傳』

운모(雲碍) :

운모 모 【碍】 雲碍, 약명(藥名).

운성(隕星) :

운성 박 【彴】 별똥. 彴約.

운수(運數) :

운수 명 【命】 운명(運命). 知命. 今又邁離於此 命也 『史記』

운수 보 【步】 天步. 國步蔑資 『詩經』

운수 수 【數】 命數. 天之曆數 在汝躬 『書經』

운운 : 다른 글이나 말을 인용할 때 끝을 생략(省略)하여 "이러이러하다"는 뜻으로 쓰는 말.

운운 운 【云】 武帝曰, 吾欲云云 『史記』

운자(韻字)찍다 :

운자찍을 압 【押】 운자(韻字)를 맞춤. 押韻. 平韻可重押 『滄浪詩話』

운치(韻致) :

운치 운 【韻】 풍치(風致). 풍도(風道). 氣韻. 但以器韻自高 『唐書』

운치 조 【調】 품위 있는 기상. 神調. 阿調. 才調秀出 『晉書』

운하(運河) : 개착(開鑿)한 수로(水路).

운하 하 【河】 鑿河開渠 『宋史』

운행(運行)하다 :

운행할 운 【云】 운(運)의 고자(古字). 回傳함. 四時云下 而萬物化 『管子』

운향(蕓香) : 향초(香草)의 하나. 잎은 향기가 나며, 이것을 책 속에 넣으면 좀이 먹지 아니함.

운향 운 【芸】 芸香. 芸始生 『禮記』

울 : 산곡(山谷)에 짐승이 빠져나가지 못하게 설치한 우리.

울 거 【阹】 江河爲阹 『司馬相如』

울 금 【禁】 우리. 圉游之獸禁 『周禮』

울 리 【籬】 리(籬)와 동자(同字). 築長城 而守藩籬 『漢書』

울 번 【藩】

　㉠ 울타리. 藩籬. 羝羊觸藩 『易經』

　㉡ 인신(引伸)하여 가려 막는 물건. 介人維藩 『詩經』

　㉢ 한 지방을 진정(鎭定)하여 왕실(王室)을 수호(守護)하는 제후(諸侯)의 나라. 藩屛. 重藩. 爲陛下守藩 『漢書』

울 번 【樊】 울타리. 樊籬. 止於樊 『詩經』

울 병 【屛】 담. 屛翰. 之屛之幹 『詩經』

울 원 【園】 담. 將仲子兮, 無踰我園 『詩經』

울 장 【障】 집에서 가려 막는 물건. 屛障. 金雞大障 『唐書』

울 천 【栫】 울타리.

울 혼 【溷】 돼지 울. 損於猪溷中 『論衡』

울금초(鬱金草) :

울금초 울 【鬱】 鬱金, 香草. 鬱鬯百草之華鬱人所貢芳草以降神 『說苑』

울다 :

울 각 【咯】 꿩 우는소리.

울 고 【呱】

　㉠ 갓난아이가 욺. 后稷呱矣 『詩經』

　㉡ 啓呱呱而泣 『書經』

울 곡 【哭】 슬퍼서 큰소리로 욺. 哭聲. 歌於斯 哭於斯 『禮記』

울 구 【呴】 구(雊)와 동자(同字). 有飛雉登鼎耳而呴 『史記』

울 구 【雊】 장끼가 욺. 또 그 소리. 雊雊雞乳 『禮記』

울 규 【叫】 큰소리로 욺. 叫吟. 候扇擧而淸叫 『潘岳』

울 도 【咷】 號泣. 先號咷而後笑 『易經』

울 려 【唳】

　㉠ 학 또는 기러기가 욺. 華亭鶴唳 『晉書』

　㉡ 風聲鶴唳. 唳淸響於丹墀 『鮑照』

울 루 【淚】 눈물을 흘리며 욺. 泣淚想望 『後漢書』

울 률 【嚌】 鳴也.

울 림 【臨】 장례 때 여러 사람이 한 군데 모여서 울며 슬퍼함. 臨哭. 臨于大宮 『左傳』

울 명【鳴】
- ㉠ 새가 소리를 냄. 鳳凰鳴矣『詩經』
- ㉡ 인신(引伸)하여 널리 생물 등이 소리를 내는 뜻으로 쓰임. 其於馬也爲善鳴『易經』

울 묘【吵】꿩이 욺.

울 미【哶】미(咩)와 동자(同字). 양이 욺.

울 소【蕭】말이 우는소리. 蕭蕭馬鳴『詩經』

울 시【嘶】조명(鳥鳴).

울 시【嘶】말이 욺. 인신(引伸)하여 널리 욺. 嘶馬. 此日牛馬嘶『古詩』

울 악【喔】새가 욺. 또는 그 소리. 喔喔雞下樹『白居易』

울 액【呃】呃喔. 새가 우는소리. 良遊呃喔『潘岳』

울 앵【嚶】새가 서로 정답게 욺. 또 그 소리. 嚶其鳴矣 求其友聲『詩經』

울 요【鷕】암꿩이 욺. 또 그 모양. 有鷕雉鳴『詩經』

울 유【呦】
- ㉠ 사슴이 욺. 또 그 소리. 呦呦鹿鳴『詩經』
- ㉡ 짐승의 우는 소리. 呦呦嚶鳥獸馴『張說』
- ㉢ 水聲呦呦咽出花溪『雍陶』

울 음【歆】泣也.

울 음【吟】짐승이나 벌레가 욺. 蟬吟. 猿吟.

울 읍【泣】소리를 내지 않고 눈물만 흘리며 욺. 泣涕. 泣血三年『禮記』

울 제【啼】
- ㉠ 눈물을 흘리며 소리를 내어 욺. 啼泣. 始卒主人啼『禮記』
- ㉡ 새나 짐승이 욺. 月落鳥啼霜滿天『張繼』

울 제【嗁】제(啼)와 동자(同字). 愁眉嗁妝『後漢書』

울 조【啁】
- ㉠ 새가 지저귐. 鶗雞啁哳而悲鳴『宋玉』
- ㉡ 벌레가 욺. 蛩蜩啁唧『虞集』

울 체【涕】눈물을 흘리며 욺. 涕歃. 紆予袂長涕『曹植』

울 추【啾】새 같은 것이 작은 소리로 욺. 依林白鳥『楊載』

울 필【嗶】鳴也.

울 필【嗶】鳴也.

울 함【闞】짐승 특히 범 같은 것이 욺. 闞如虓虎『詩經』

울 합【呷】오리가 우는소리. 鴨鳴呷呷『埤雅』

울 향【响】鳴也.

울 허【噓】嗷也. 기러기 우는소리.

울 호【號】
- ㉠ 큰 소리를 내어 욺. 통곡함. 夜號. 至伏屍而號『說苑』

- ㉡ 닭이 욺. 雞始三號『晉書』

울 후【吼】짐승이 성내어 욺. 吼號. 其一視恢鳴吼『後漢書』

울리는 소리 :
울리는 소리 장【鏘】옥 또는 방울 같은 것이 울리는 소리. 鏘然而韶鈞鳴『李漢』

울리는 소리 창【鏦】쇠붙이가 울리는 소리. 鏦鏦錚錚 金鐵皆鳴『歐陽修』

울리다 :
울릴 굉【轟】여러 수레의 가는 소리가 덜거덕 덜거덕 하고 우르르 쿵쾅 울리는 형용. 또 그 소리. 轟砲. 雷轟.

울릴 명【鳴】
- ㉠ 음향이 남. 叩之以大則大鳴『禮記』
- ㉡ 명성이 들 날림. 以文章鳴江東『元史』
- ㉢ 말을 함. 孟軻荀卿以道鳴者也『韓愈』
- ㉣ 소리를 나게 함. 不鳴其善鳴者『韓愈』

울릴 성【聲】소리가 진동함. 金聲而玉振之者也『孟子』

울릴 향【響】
- ㉠ 소리가 진동함. 震響山谷『南史』
- ㉡ 於爆竹不響『雜纂新續』

울릴 횡【汯】골짜기 안에서 울리는 소리의 형용. 非雷非霆 隱隱汯汯『揚子法言』

울릴 효【嚆】소리가 진동함. 嚆矢, 矢之鳴者『莊子註』

울림 :
울림 운【韻】음(音)의 말미(末尾)의 울림. 同聲相應謂之韻『文心雕龍』

울림 향【響】
- ㉠ 진동하는 소리. 叩門響冬冬『白居易』
- ㉡ 인신(引伸)하여 여파(餘波). 影響. 反響.

울림소리 : 메아리.
울림소리 치【諑】白諑諑. 空谷傳聲曰赤謾白諑『梵書』

울부짖다 :
울부짖을 호【嚎】성고(聲高).

울불삽 : 상여의 양옆에 세우고 가는 제구. 원래는 깃으로 만들었으나 후세에 네모진 화포(畵布)에 길이 다섯 자의 자루가 있고 깃틸을 장식했음.

울불삽 삽【翣】后之喪持翣『周禮』

울쑥불쑥하다 :
울쑥불쑥할 뢰【嵦】嵬嵦 산에 고하(高下)가 있는 모양. 或嵬嵦而複陸『左思』

울쑥불쑥할 참【嵾】嵾嵯. 산봉우리나 산석(山石)

같은 것이 고저의 차이가 심
한 모양. 增宮嵾嗟『揚雄』

울쑥불쑥할 치【嗟】嵾嗟. 石峰嗟以翳目『楚辭』

울어 기진하다 :

　울어 기진할 강【哯】哭極音絶.

울음 :

　울음 읍【泣】周人有路傍之泣『梁武帝』

울적(鬱寂)하다 : 마음이 우울함.

　울적할 봉【灢】歊霧灢浡『左思』

　울적할 우【紆】煩紆. 心鬱結而紆軫『楚辭』

울짱 : 말뚝 같은 것을 벌려 박아 만든 울. 또는
　그 말뚝.

　울짱 채【柴】木柵. 鹿柴. 結柴營『吳志』

　울짱 책【柵】木柵. 柴柵.

　울짱 폐【椞】木柵. 椞柭.

　울짱 호【互】木柵. 國中宿互樓者『周禮』

　울짱 호【柭】木柵. 椞柭. 設椞柭再重『周禮』

울타리 : 대나무나 풀, 나무 등을 얽거나 엮거나
　하여 둘러쌓아 담대신에 경계를 가르는 물건.

　울타리 락【落】籬落. 指枳落『張衡』

　울타리 리【籬】垣籬. 與弟子樹籬『晉書』

　울타리 리【欐】藩也. 리(籬)와 동자(同字).

　울타리 번【蕃】번(藩)과 통용.
　　　　　　　　以蕃爲軍『國語』

　울타리 번【藩】蔽也.

울타리 얽어 매다 :

　울타리 얽어 맬 닙【笝】보리(補籬).

울퉁불퉁하다 :

　울퉁불퉁할 감【嶔】嶔巖. 험하여 평탄하지 아니한
　　　　　　　　　모양. 大山嶔巖之下『莊子』

　울퉁불퉁할 서【岨】산이 울퉁불퉁함. 인신(引伸)
　　　　　　　　하여 서어(齟齬)함. 岨峿.

　울퉁불퉁할 어【峿】산이 울퉁불퉁 함. 岨峿.

　울퉁불퉁할 와【濊】평탄하지 아니한 모양.
　　　　　　　　嶮淪濊濊『郭璞』

　울퉁불퉁할 외【嵬】산이 험준하여 울퉁불퉁한
　　　　　　　　모양. 崴磈嵬瘣『史記』

　울퉁불퉁할 위【崴】崴磈. 崴磈嵬瘣『史記』

움 : 땅을 파서 만든 광이나 집.

　움 교【窌】교(窖)와 동자(同字).
　　　　　　　　困窌倉城『周禮』

　움 교【窖】置大窖中『漢書』

　움 굴【窟】움집. 冬則居營窟『禮記』

　움 두【竇】穿竇窖『禮記』

　움 박【窀】토실(土室).

　움 복【窨】지실(地室).

　움 알【枿】斬而復生. 山無槎枿『東京賦』

　움 와【窩】蜂窩. 벌집처럼 보이는 사람이 사는

움집. 蜂窩聯聯『楊敬之』

　움 음【窨】땅을 파서 만든 광. 또 그 집. 窒窨.
　　　　　　　竈室窨室『後漢書』

　움 음【窨】지실(地室).

　움 제【稊】제(荑)와 통용. 枯楊生稊『易經』

　움 혈【穴】토실(土室). 穴居而野處『易經』

움 : 그루터기에서 나는 싹.

　움 보【葆】초목의 움. 莖葆長桐『亢倉子』

　움 얼【蘖】芽蘖. 非無萌蘖之生焉『孟子』

　움 얼【櫱】얼(蘖)과 동자(同字).
　　　　　　　베어 낸 나무의 뿌리에서 나는 싹.

　움 유【由】초목의 싹. 若顚木之有由蘖『書經』

　움 이【肄】나무를 베어 낸 뿌리에서 나오는 싹.
　　　　　　　伐其條肄『詩經』

움직이다 :

　움직일 교【膠】움직여 혼란한 모양.
　　　　　　　堯曰 日然則膠膠擾擾乎『莊子』

　움직일 궤【蹷】동작함. 또 동작하게 함.
　　　　　　　文王蹷厥生『詩經』

　움직일 담【憺】憺憺. 威稜憺乎鄰國『漢書』

　움직일 담【澹】동요함. 震澹心『漢書』

　움직일 도【滔】동요시킴. 振滔洪水『淮南子』

　움직일 동【動】

　　㋀ 옮김. 감. 日行月動『淮南子』

　　㋁ 흔들림. 요동함. 動搖.
　　　　悲夫秋風之動容兮『楚辭』

　　㋂ 꿈틀거림. 日光釵焰動窓影鏡花搖『庾信』

　　㋃ 떨림. 心動 天休震動『書經』

　　㋄ 느낌. 감응함. 感動. 同氣相動『淮南子』

　　㋅ 기거 동작을 함. 非禮勿動『論語』

　　㋆ 일을 함. 終歲勤動『孟子』

　　㋇ 일어남. 시작함. 兵以義動『醫書』

　　㋈ 벼슬을 함. 動息無兼遂『謝朓』

　　㋉ 의혹함. 不隨物而動『淮南子』

　　㋊ 변함. 色動而意變『戰國策』

　　㋋ 나옴. 나타남. 仲春蟄蟲咸動『禮記』

　　㋌ 어지러움. 天下蝱動『後漢書』

　　㋍ 이상(以上)의 타동사(他動詞).
　　　　雷以動之『易經』

　　㊀ 명사(名詞). 動靜.
　　　　動合無形 瞻足萬物『史記』

　움직일 력【躒】駑驥一躒 不能千步『大戴禮』

　움직일 린【轔】輪雖敝 不轔於鑿『周禮』

　움직일 변【變】이동(移動)함. 夫子之病革矣 不
　　　　　　　　可以變『禮記』

　움직일 분【僨】동(動)함. 張脈僨興『左傳』

　움직일 상【劻】動也.

　움직일 소【踃】跳踃, 動也.

　움직일 시【撍】動也.

움직일 신【娠】辰者言萬物之娠也『史記』

움직일 심【蟫】벌레가 움직이는 모양.
蝀蝀蟫蟫『漢書』

움직일 압【岋】요동하는 모양.
天動地岋『揚雄』

움직일 양【勴】動也.

움직일 연【抙】動也.

움직일 연【緸】요동하는 모양.
緸冤蜿蟬『馬融

움직일 와【吪】가만히 있지 아니함.
尚寢無吪『詩經』

움직일 요【搖】이동함. 장소를 옮김.
天皇盡搖『漢書』

움직일 운【運】
㉠ 위치가 변함. 海運則將徙南溟『莊子』
㉡ 부리어 씀. 運筆. 運用.

움직일 원【肙】動也.

움직일 월【抈】흔들리게 함. 其置本也固矣 故
不可抈也『國語』

움직일 작【作】
㉠ 감동(感動)함. 作而自問之『禮記』
㉡ 변동(變動)함. 顏色變作『戰國策』

움직일 적【摘】움직여 가게 함.
兼去摘船行『元積』

움직일 조【稠】天下稠嶽『揚雄』

움직일 직【瀷】물건이 움직이는 모양.
瀷淢濆溳『郭璞』

움직일 진【震】震天動地. 功烈震主者『李覯』

움직일 진【振】孟春蟄蟲始振『禮記』

움직일 초【籟】其應淸風也 纖末奮籟『馬融

움직일 타【朶】운동시킴. 觀我朶頤『易經』

움직일 탕【盪】重陽者盪心主『史記』

움직일 탕【盪】盪舟. 震盪播越『左傳』

움직일 탕【蕩】振蕩. 天下不能蕩『荀子』

움직일 파【波】동요함. 其孰能不波『莊子』

움직일 패【浿】흔들리는 모양.
其旂浿浿『詩經』

움직일 표【漂】위치를 변경시킴.
衆煦漂山『漢書』

움직일 효【咮】動也.

움직일 훈【熏】감동시킴.
衆口熏天『呂氏春秋』

움직일 휘【翬】動也.

움직일 흔【舋】활동함.
夫小人之性 舋於勇『左傳』

움직일 흠【歆】마음이 동함.
履帝武敏歆『詩經』

움직이지 아니하다 :

움직이지 아니할 올【兀】부동(不動)한 모양.

魂兀心方『江淹』

움츠리다 :

움츠릴 속【遬】공경하는 뜻으로 몸을 오그림.
見所尊者齊遬『禮記』

움켜 뜨다 :

움켜 뜰 국【匊】두 손으로 움켜 뜸.

움켜 먹다 :

움켜먹을 암【唵】손으로 움켜 먹음.

움켜잡다 :

움켜잡을 객【搭】著也. 수파(手把).

움켜쥐다 :

움켜쥘 부【抔】汚尊而抔飮『禮記』

움큼 : 한 줌에 움켜쥐는 일. 또 그 분량.

움큼 권【桊】握也.

움큼 부【捊】掬也. 부(抔)와 동자(同字).

움큼 부【抔】움켜쥔 분량. 一抔之土.

움큼 부【掊】부(抔)와 동자(同字).

움큼 완【掔】수악(手握).

움큼 파【把】羕嘗不過把握『國語』

움키다 : 두 손으로 움켜 쥠.

움킬 국【掬】舟中之指可掬也『左傳』

움킬 조【抓】手可攫而抓『牧乘』

움킬 확【攫】鷙蟲攫搏『禮記』

움트다 :

움틀 기【敤】木別生.

움펑 눈 : 깊숙이 들어간 눈.

움펑 눈 요【眢】目貌也.

움펑 눈 요【眑】目貌也.

움펑 눈 휴【睢】目貌也.

움푹 들어가다 :

움푹 들어갈 연【𡳒】窪也.

웃고 말하다 :

웃고 말할 액【欸】欸欵, 소어(笑語).

웃는 모양 :

웃는 모양 길【咭】소모(笑貌).

웃다 :

웃을 가【呵】不滿一笑呵『范成子』

웃을 갹【谷】笑也.

웃을 구【欨】벙긋 웃음. 또 벙긋 웃는 모양.
其康樂有聞之則欨愉歡釋『嵇康』

웃을 로【嚧】笑也.

웃을 루【瞜】眲瞜, 笑也.

웃을 매【咪】笑也.

웃을 방【嗙】笑也.

웃을 섬【䁤】笑也.

웃을 소【笑】
㉠ 기뻐서 웃음. 含笑 樂然後笑『論語』
㉡ 비웃음. 以五十步笑百步『孟子』

ⓒ 꽃이 핌. 花笑鳥歌 夭桃惟是笑『李商隱』

웃을 신【訜】신(哂)과 동자(同字).
　　　　　　孫叔未進 優孟見訜『宋書』

웃을 신【哂】
　ⓐ 미소함. 빙그레 웃음. 夫子哂之『論語』
　ⓑ 조소(嘲笑)함. 哂笑. 爲後代所哂『晉書』

웃을 악【嗑】疾笑嗑嗑 威儀固陋『韓詩外傳』

웃을 액【啞】껄껄 웃음. 啞啞.
　　　　　　升沈付啞啞『林希逸』

웃을 언【嗎】빙그레 웃음.
　　　　　　靨輔奇牙 宜笑嗎只『楚辭』

웃을 연【誱】소모(笑貌).

웃을 올【嗢】목이 멜 정도로 크게 웃음.
　　　　　　執書嗢噱 不能離手『魏文帝』

웃을 와【哇】言唯唯 笑哇哇『元包經』

웃을 완【莞】빙그레 웃는 모양.
　　　　　　夫子莞爾而笑『論語』

웃을 유【逌】빙그레 웃는 모양.
　　　　　　主人逌爾而笑『班固』

웃을 은【齴】笑也.

웃을 은【听】입을 벌리고 웃는 모양.
　　　　　　亡是公听然而笑『司馬相如』

웃을 이【咦】소모(笑貌).

웃을 익【謚】웃는 모양.

웃을 진【瓥】웃는 모양. 桓公瓥然而笑『莊子』

웃을 차【瑳】흰 이를 잠시 나타내 보이며 쌩끗
　　　　　　웃는 모양. 巧笑之瑳『詩經』

웃을 찬【粲】흰 이를 드러내 놓고 웃는 모양.
　　　　　　軍人皆粲然而笑『穀梁傳』
　　　　　　※ 자작의 시문을 남에게 보이는
　　　　　　것을 博一粲이라 함은 웃음거리
　　　　　　밖에 안 되는 것을 보인다는 겸사
　　　　　　(謙辭)임.

웃을 참【歚】笑也.

웃을 치【誺】笑也.

웃을 치【嗤】냉소함. 비웃음. 嗤笑.
　　　　　　時人嗤之『後漢書』

웃을 해【孩】어린아이가 방글방글 웃음. 孩笑.
　　　　　　如嬰兒之未孩『老子』

웃을 헌【軒】웃는 모양. 軒然仰笑『天祿外史』

웃을 희【繥】笑也.

웃을 희【咥】허허 웃는 모양.
　　　　　　咥其笑矣『詩經』

웃을 힐【肹】힐(肸)과 동자(同字). 웃는 모양.
　　　　　　天女笑肹肹『戴表元』

웃을 힐【肸】웃는 모양. 天女笑肸肸『戴表元』

웃옷 : 윗도리에 입는 옷. 상(裳)의 대.

웃옷 괘【褂】청대(淸代) 예복(禮服)의 일종으로
　　　　　　外褂, 馬褂의 두 가지가 있음.

服有袍有褂『淸會典』

웃옷 석【裼】예복으로 쓰이는 일종의 웃옷.
　　　　　　裘之裼也見美也『禮記』

웃옷 오【襖】거죽에 입는 옷. 긴 것을 포(袍),
　　　　　　짧은 것을 襖라 함.
　　　　　　破襖請來縫『韓愈』

웃옷 의【衣】綠衣黃裳『詩經』

웃옷 포【袍】곁에 입는 옷. 도포 따위. 望見后
　　　　　　袍衣疏粗 反以爲綺縠『後漢書』

웃옷 표【表】곁에 입는 옷. 袍必有表『禮記』

웃음 :
　웃음 소【笑】爲獱獺之笑『韓愈』

웃음거리 :
　웃음거리 치【嗤】조소(嘲笑)거리.
　　　　　　　　但爲後世嗤『古詩』

웃음소리 :
　웃음소리 효【唭】소성(笑聲).

웃통 벗다 :
　웃통 벗을 단【袒】
　　ⓐ 윗통을 벗어 어깨를 들어 냄. 袒裼裸裎.
　　ⓑ 웃옷의 한쪽만을 벗음. 勞母袒『禮記』
　　ⓒ 예법의 하나로 웃옷의 왼쪽 소매를 벗음.
　　　　袒免. 司射適堂西袒決遂『儀禮』
　　ⓓ 사죄하기 위하여 벗는 것을 肉袒이라 함.
　　ⓔ 의사를 나타내기 위하여 웃옷의 한쪽을 벗음.
　　　　爲呂氏者右袒 爲劉氏者左袒『十八史略』

　웃통 벗을 단【襢】단(袒)과 동자(同字).
　　　　　　　　襢裼暴虎『詩經』

　웃통 벗을 석【裼】윗통을 벗어 어깨를 들어 냄.
　　　　　　　　袒裼裸裎『孟子』

웅거하다 : 땅을 차지하고 막아 지킴.
　웅거할 거【據】據守. 先據北山上者勝『史記』

웅그리다 :
　웅그릴 송【竦】외축(畏縮)함.
　　　　　　　　竦余身而順止兮『張衡』

웅덩이 : 움푹 패어 물이 괸 곳.
　웅덩이 과【科】盈科而後進『孟子』

　웅덩이 니【屁】水潦所溜.

　웅덩이 사【氾】窮瀆氾『爾雅』

　웅덩이 연【淵】
　　ⓐ 물이 깊이 괸 못. 積水成淵. 魚躍于淵『詩經』
　　ⓑ 인신(引伸)하여 사물이 많이 모이는 곳.
　　　　淵藪. 淵叢. 不如保殖五穀之淵『後漢書』

　웅덩이 오【洿】數罟不入洿池『孟子』

　웅덩이 와【洼】와(窪)와 동자(同字).
　　　　　　　　似洼者, 似汙者『莊子』

　웅덩이 우【汪】盤汪, 선류(旋流).

　웅덩이 저【潴】저수지. 以潴畜水『周禮』

웅덩이 저【潴】 저(瀦)와 동자(同字). 瀦水.
　　　　　　大野旣瀦『書經』
웅덩이 추【湫】 南有龍兮在山湫『杜甫』
웅덩이 침【濅】 물이 넓게 괸 곳. 揚州,
　　　　　　川曰三江 濅曰五湖『漢書』
웅어(熊漁) : 멸치과에 속하는 물고기의 하나. 모
　양이 긴 칼 비슷함.
　웅어 도【魛】 제어(鮆魚). 위어(葦魚).
　웅어 멸【鱴】 제어(鮆魚).
　웅어 열【鮤】 멸어(鱴魚). 도어(魛魚).
웅장하다 : 산이 높고 큰 모양.
　웅장할 액【峉】 山崿兮峉峉『楚辭』
워라 말 : 붉은 빛과 흰빛이 섞여 얼룩얼룩한 말.
　워라 말 린【驎】 털이 얼룩얼룩한 말.
　워라 말 하【騢】 有駰有騢『詩經』
원 :
　원 쉬【倅】 囜 고을의 장관(長官).
　원 원【圓】 화폐의 단위.
　　　　　　일전(一錢)의 백배(百倍).
원거(鶢鶋)새 :
　원거새 거【鶋】 鶢鶋, 해조(海鳥).
원나라 : 중국의 왕조(1271~1368). 몽고(蒙古)
　제국의 제5대 황제 쿠빌라이(忽必烈)가 1279
　년에 송(宋)나라의 뒤를 이어 연경(燕京)에 도
　읍하고 세운 왕조(王朝). 1368년에 주원장을
　중심으로 한 한족의 봉기로 11주(主) 98년(年)
　만에 명(明)나라에게 멸망(滅亡)하였다.
　원나라 원【元】 중국의 왕조.
원두막(園頭幕) : 수박이나 참외 따위를 심은 밭
　을 지키기 위하여 밭머리에 높게 지어 놓은
　막.
　원두막 경【高】 과옥(瓜屋).
원망(怨望) : 못마땅하게 여겨 탓하거나 불평을
　품고 미워함.
　원망 망【望】 大臣不服罪 懷恚望『後漢書』
원망(怨望)하다 : (어떤 사람이 다른 사람이나
　대상을)못마땅하게 여겨 탓하거나 불평을 품고
　미워하다.
　원망할 구【慫】 怨也.
　원망할 기【忌】 小人忌而不思『國語』
　원망할 대【諈】 대(懟)와 동자(同字).
　　　　　　凡民罔不諈『孟子』
　원망할 대【懟】 怨懟. 凡民罔弗懟『書經』
　원망할 대【懟】 怨懟. 以死誰懟『左傳』
　원망할 독【讟】 怨讟. 民無謗讟『左傳』
　원망할 망【望】 責望. 絳侯望袁盎『史記』
　원망할 병【病】 與刖其父而弗能病者何如『左傳』
　원망할 앙【怏】 怏鬱. 居常怏怏『史記』

　원망할 앙【鞅】 앙(怏)과 통용. 居常鞅鞅『史記』
　원망할 원【詤】 譻也.
　원망할 원【怨】
　　㉠ 불평을 품고 미워함. 적대시함. 怨望.
　　　　父母惡之 勞而不怨『孟子』
　　㉡ 무정함을 슬퍼함. 怨慕. 內無怨女『孟子』
　원망할 위【違】 원한을 품음. 厥心違怨『書經』
　원망할 창【悵】 뜻과 같이 되지 않아 원망함.
　　　　　　실의하여 한탄함. 悵恨.
　　　　　　弟子增欷 洟泗悵兮『漢書』
　원망할 통【痛】 使人無有怨痛於楚國『國語』
　원망할 함【銜】 함혐(含嫌)함. 后不遜壽皇有怨
　　　　　　語 后銜之『十八史略』
　원망할 횡【儶】 恨也.
원사자(冤死者) : 원죄(冤罪)로 죽은 사람.
　원사자 루【纍】 欽弔楚之湘纍『漢書』
원수(怨讐) : 원한이 되는 사람.
　원수 구【寇】 寇讎. 藉寇兵而齎盜糧『李斯』
　원수 구【仇】 仇敵. 仇敵. 與子同仇『詩經』
　원수 난【難】 구적(仇敵). 與秦爲難『戰國策』
　원수 수【讎】 仇讎. 反以我爲讎『詩經』
　원수 원【怨】 怨讎. 母家有仇怨『史記』
　원수 원【寃】 此乃宿世寃也『續韻府』
　원수 적【敵】 仇敵. 相爲敵讎『書經』
원숭이 :
　원숭이 거【豦】 원류(猿類).
　원숭이 구【玃】 猿也.
　원숭이 노【猱】 긴팔원숭이. 母敎猱升木.
　원숭이 노【獶】 노(猱)와 동자(同字).
　원숭이 노【獿】 노(猱)와 동자(同字).
　　　　　　獿獼猴也『禮記』
　원숭이 노【蝚】 노(猱)와 동의.
　　　　　　蛭蜩蠼蝚『司馬相如』
　원숭이 미【獼】 모후(母猴).
　원숭이 서【猏】 원속(猿屬).
　원숭이 손【猻】 속어로 원숭이를 猢猻이라함.
　원숭이 연【猱】 猓然, 후명(猴名).
　원숭이 요【貁】 수명(獸名), 여미후(如獼猴).
　원숭이 원【猿】 긴팔원숭이. 인신(引伸)하여 널
　　　　　　리 원숭이의 뜻으로 씀. 猿猴.
　　　　　　堂庭之山多白猿『山海經』
　원숭이 원【猨】 원(猿)과 동자(同字). 猨臂.
　원숭이 유【猶】 원숭이의 일종. 의심이 많으며
　　　　　　나무를 잘 탐.
　원숭이 유【蜼】 콧구멍이 위로 향하고 꼬리가
　　　　　　매우 긴 원숭이.
　　　　　　蜼玃飛鼺『司馬相如』
　원숭이 참【獑】 猿屬而白獸.
　원숭이 호【猢】 猢猻. 속어로 원숭이를 뜻함.

원숭이 호【猢】獮猢, 似猿而白色.

원숭이 확【玃】모후(母猴). 玃似狙『新論』

원숭이 후【猴】모양이 사람과 비슷한 원숭이.
　　　　　　　　　楚人沐猴而冠耳『史記』

원숭이 나무에 오르다 :

　원숭이 나무에 오를 기【赼】猿之昇樹.

원숭이 이름 :

　원숭이 이름 단【狚】猵狚. 머리가 개와 비슷한
　　　　　　　　　원숭이. 猵狚人爲雌『莊子』

　원숭이 이름 유【狖】털이 부드럽고 긴 원숭이.

　원숭이 이름 확【玃】체구가 거대하고 빛이 검
　　　　　　　　　푸르며 사람처럼 달리는
　　　　　　　　　원숭이. 玃父善顧『爾雅』

원앙(鴛鴦) : 오릿과에 속한 물새. 몸길이는
　40~45센티미터이다. 수컷의 겨울 깃은 특히
　아름다우며, 머리는 금록색으로 뒤통수에 긴
　관모(冠毛)가 있고 등에 위로 올라간 선명한
　오렌지색의 부채꼴 날개깃이 있다. 암컷은 전
　체적으로 수수한 빛깔로 등은 암갈색이며, 수
　컷도 여름에는 암컷과 거의 같은 색이 된다.
　강이나 호수 등에 무리를 이루어 살며 여름에
　는 깊은 산의 나무 구멍 등에 둥지를 틀고 산
　란한다.

　원앙 원【鴛】원앙의 수컷. 鴛鴦.

　원앙 앙【鴦】원앙의 암컷. 鴛鴦.

　원앙 칙【鸊】鸊鶒.

원죄(怨罪) : 억울한 죄.

　원죄 왕【枉】

　　㉠ 억울한 죄. 軍中皆呼枉『唐書』

　　㉡ 원죄에 빠뜨림. 申嚴百刑毋或枉撓『禮記』

　원죄 원【冤】定國爲廷尉 民自以不冤『史記』

원추리 : 백합과에 속한 여러해살이풀. 잎이 좁고
　길며 뿌리에서 뭉쳐난다. 꽃줄기는 잎 사이에
　서 나와서 높이 1미터 내외로 자라며 끝이 갈
　라져서 여섯 개 내지 여덟 개의 꽃이 총상으로
　핀다. 어린잎과 꽃은 식용하며 뿌리는 약용한
　다.

　원추리 록【蘦】忘憂草.

　원추리 훤【萱】忘憂草. 萱草忘憂『嵇康』

원추새 :

　원추새 원【鵷】鵷雛. 봉황의 일종.
　　　　　　　　　南方有鳥 其名鵷雛『莊子』

원통(冤痛)하다 : 억울함. 억울하게 죄를 받음.

　원통할 노【㷀】有所恨痛.

　원통할 원【冤】冤刑. 嗟乎冤哉烹也『史記』

원하다 :

　원할 은【慭】바람. 慭庀州犂焉『國語』

원한(怨恨) :

원한 원【怨】宿怨. 構怨於諸侯『孟子』

원한 원【冤】此乃宿世冤也『續韻府』

원한 품다 :

　원한 품을 함【嗛】太后由此嗛韓嫣『漢書』

월경(月經) : 성숙한 여성의 자궁에서 약 28일을
　주기로 출혈하는 생리 현상.

　월경 반【姅】姅變, 婦人汚.

월따 말 : 몸은 붉고 갈기는 검은 말.

　월따 말 류【騮】騏騮是中『詩經』

위 터진 그릇 :

　위 터진 그릇 감【凵】㉠ 입을 벌림.
　　　　　　　　　㉡ 물건을 담는 제구.

위 :

　위 상【上】

　　㉠ 높은 데. 天上. 輟耕之壟上『史記』

　　㉡ 존귀한 데. 賢者在上『呂氏春秋』

　　㉢ 꼭대기. 頂上. 藏寶符於常山上『史記』

　　㉣ 하늘. 格于上下『書經』

　　㉤ 거죽. 표면. 地上. 猶燕之巢于幕上『左傳』

　　㉥ 손윗사람. 존장(尊丈). 長上.
　　　　忠順不失以事其上『孝經』

　　㉦ 天子. 君主. 主上. 上自將而往『史記』

　　㉧ 조정(朝廷). 上無名君『史記』

　　㉨ 조정에 있는 사람.
　　　　居下位 而不獲於上『孟子』

　　㉩ 처음. 앞. 上卷. 誦上篇『南史』

　　㉪ 옛. 이전. 上古. 自此以上者『呂氏春秋』

　　㉫ 다른 것보다 나은 쪽. 上等.
　　　　未有得上策者也『漢書』

　　㉬ 둘 있는 사물중의 중요한 쪽.
　　　　上以安主體 下以便萬民『漢書』

위가 크고 밑이 작다 :

　위가 크고 밑이 작을 염【夵】上大下小貌.

위구(危懼)하다 : 두려워함.

　위구할 위【危】의구(疑懼)함. 불안(不安)해 함.
　　　　　　　　　危怖. 日以相危『呂氏春秋』

위나라 서울 :

　위나라 서울 업【鄴】중국의 삼국시대 위(魏)나
　　　　　　　　　라의 서울.

위로(慰勞)하다 : 남의 괴로움이나 슬픔을 달래
　주려고 따뜻한 말이나 행동을 베풂.

　위로할 근【勤】위안함. 齊方勤我『左傳』

　위로할 래【徠】내(勑)와 동자(同字).
　　　　　　　　　親自勞徠『隋書』

　위로할 래【來】오는 사람을 위로함. 勞來,
　　　　　　　　　勞之來之『孟子』

　위로할 래【勑】래(徠)와 동자(同字).
　　　　　　　　　徠皆勑之『詩經』

위로할 로【勞】 수고한 것을 치사함. 慰勞.
　　　　自勞. 勞君之則拜『禮記』

위로할 부【撫】 慰也.

위로할 오【燠】 고통을 가엾이 여겨 위로함.
　　　　民人痛疾而或燠休之『左傳』

위로할 원【諢】 慰也.

위로할 위【慰】
　㉠ 남의 근심을 풂. 慰問.
　　　有子七人 莫慰母心『詩經』
　㉡ 數召見加思慰『後漢書』

위로할 자【藉】 위안함. 慰藉之『後漢書』

위로할 하【賀】 景公迎而賀之曰『晏子春秋』

위로할 회【懷】 위안함. 懷之好音『詩經』

위문(慰問)하다 : 불행에 처한 사람이나 수고하
　는 사람 등을 위로하고 사기를 진작하기 위해
　방문하거나 안부를 물음.

위문할 언【唁】 조상(弔喪)하여 상제(喪制)를 위
　　　　문(慰問)함. 재난(災難) 당한 사
　　　　람을 위문함. 歸唁衛侯『詩經』

위문할 조【弔】
　㉠ 안부(安否)를 물음.
　　　其國有君喪 不敢受弔『禮記』
　㉡ 재난을 당한 사람을 위로하기 위하여 찾아
　　　감. 太公任往弔之『莊子』

위복(衛服) : 구복(九服)의 하나. 기내(畿內)로부
　터 다섯째의 지경(地境).

위복 위【衛】 侯 甸 男 采 衛『書經』

위성류(渭城柳) : 능수버들. 위성류과에 속하는
　작은 낙엽교목.

위성류 정【檉】 其檉其椐『詩經』

위아래로 통하다 :

위아래로 통할 곤【丨】 상하(上下)를 통(通)함.

위안(慰安)하다 : 마음을 편하게 하고 즐겁게 하
　는 일.

위안할 위【慰】 ㉠ 以慰我心『詩經』
　　　　　㉡ 伊余雖寡慰『謝强』

위엄(威嚴) : 위세가 있어 의젓하고 엄숙한 태도
　나 기세.

위엄 릉【棱】 서슬. 신령(神靈)의 위엄.
　　　　威棱憺乎列國『漢書』

위엄 위【威】 권위(權威). 존엄(尊嚴). 威光.
　　　　惟辟作威『書經』

위엄 진【震】 위광(威光). 畏君之震『左傳』

위엄 풍【風】 威光. 王公貴人 望風憚之『晉書』

위엄(威嚴)스럽다 :

위엄스러울 복【虙】 호모(虎貌).

위엄스러울 황【趪】 趪趪 出力貌 又威武貌 洪鍾
　　　　萬鈞猛虡趪趪『西京賦』

위엄 있게 말하다 :

위엄 있게 말할 습【謵】 以言辭懼人也 夫復謵不
　　　　　饋而忘人『莊子』

위조물(僞造物) :

위조물 안【贋】 위물(僞物).

위태로워 하다 :

위태로워 할 태【殆】 當此時也 論士殆之
　　　　　『呂氏春秋』

위태롭게 하다 :

위태롭게 할 위【危】 博辯廣大 危其身『史記』

위태롭다 :

위태로울 급【圾】 급(岌)과 동자(同字). 위태함.
　　　　殆哉圾乎天下『莊子』

위태로울 급【岌】 岌嶪. 天下殆哉岌岌『孟子』

위태로울 려【厲】 위험함. 厲无咎『易經』

위태로울 얼【臬】 얼(𦬖)과 동자(同字). 臬兀.

위태로울 올【兀】 흔들려 불안함.
　　　　艇子小且兀『皮日休』

위태하다 :

위태할 경【傾】 危也.

위태할 긍【矜】 위험스러움. 居以凶矜『詩經』

위태할 기【幾】 幾殆. 疾大漸 惟幾『書經』

위태할 름【懍】 懍乎若朽索之馭六馬『書經』

위태할 설【蟄】 위태로움. 瞉小而長則柞 大而短
　　　　則蟄『周禮』

위태할 얼【𦬖】 𦬖脆. 동요하여 안정하지 못하
　　　　거나 위구(危懼)하여 마음을 놓
　　　　지 못하는 모양.
　　　　困于葛藟于𦬖脆『易經』

위태할 얼【陧】 扤陧. 邦之扤陧『書經』

위태할 업【僕】 危也.

위태할 업【業】 累卵業業『太玄經』

위태할 업【𠊧】 危也.

위태할 예【桅】 圜方桅桅『太玄經』

위태할 올【扤】 불안한 모양. 邦之扤陧『書經』

위태할 올【杌】 불안한 모양. 邦之杌陧『書經』

위태할 올【脆】 上六困于葛藟于𦬖脆『易經』

위태할 위【寪】 危也.

위태할 위【危】
　㉠ 위험함. 危徑. 高而不危『孝經』
　㉡ 보전하기 어려움. 거의 망하게 됨.
　　　危急存亡之秋 魏必危『戰國策』
　㉢ 거의 죽게 됨. 병이 위중함. 危篤.
　　　命其子 捨危惙之母『隋書』
　㉣ 바르지 아니함. 믿기 어려움.
　　　眞傾危之士哉『史記』

위태할 유【攸】 걸려 있어 위태로운 모양.
　　　　湫乎攸乎『左傳』

위태할 율【嵂】危也.

위태할 점【阽】위험함. 爲天下阽危『漢書』

위태할 준【峻】危也

위태할 태【殆】殆危. 亦曰殆哉『大學』

위턱 :

　위턱 악【鄂】상악(上顎).

위하다 :

　위할 여【與】위(爲)와 동의.

　　　　　　　　與人傭耕『十八史略』

　위할 위【爲】~을 위하여. 爲國.

　　　　　　　爲人謀而不忠乎『論語』

위하여하다 :

　위하여할 위【爲】위하여 꾀함. 위하여 행함.

　　　　　　　　求忠而自爲『史記』

윗도리 옷 :

　윗도리 옷 의【衣】윗도리에 입는 옷. 상(裳)의

　　　　　　　　대(對). 綠衣黃裳『詩經』

윗수염 :

　윗수염 자【頿】口上鬚. 자(髭)와 동자(同字).

　윗수염 자【髭】코 밑의 수염. 霜髭. 髭鬚.

유교(儒敎) :

　유교 유【儒】공맹(孔孟)의 교학(敎學). 儒學.

유다르다 :

　유다를 특【特】

　　㉠ 특별함. 獨特. 特立獨行, 有如此者『禮記』

　　㉡ 유다른 사람. 특별히 뛰어난 사람.

　　　　　　百夫之特『詩經』

유독(有毒)하게 하다 :

　유독하게 할 독【毒】독약을 사용하여 해를 끼침.

　　　　　　　　秦人毒涇上流『左傳』

유록 빛 :

　유록 빛 담【緂】青黃色. 毳衣如菼『詩經』

유리(琉璃) :

　유리 려【瓈】玻瓈.

　유리 류【瑠】瑠璃. 류(琉), 류(瑠)와 동자(同字).

　유리 류【瑠】瑠璃는 황금색의 작은 점(點)이

　　　　　　　군데군데 있으며 야청빛이 나는

　　　　　　　광물. 청흑색(靑黑色)의 빛.

　　　　　　　移我瑠璃榻『古詩』

　유리 류【琉】류(瑠)와 동자(同字).

　　　　　　　移我琉璃榻 出置前牕下『古詩』

　유리 리【璃】琉璃. 황금색의 점이 있고 야청빛

　　　　　　　이 나는 광물.

　　　　㉠ 移我琉璃榻『古詩』

　　　　㉡ 賣碧玻璃鏡『梁四公記』

　유리 파【玻】玻璃. 단단하고 깨지기 쉬운 투명

　　　　　　　한 물건.

유모(乳母) : 젖어머니.

유모 내【嬭】유모(乳母).

유모 모【姆】姆抱幼子立側『韓愈』

유산(流産) : 태아(胎兒)가 달이 차기 전에 죽어

　　서 나옴.

　유산 독【黷】㊈

　　㉠ 黷謂胎敗潰也『管子注』

　　㉡ 壯佼老幼胎黷之死者『呂氏春秋』

유세(誘說)하다 : 여러 곳에 돌아다니면서 자기

　　뜻을 말하는 일.

　유세할 유【遊】子好遊乎『孟子』

유순(柔順)하다 :

　유순할 나【儺】隰有萇楚, 倚儺其枝『詩經』

　유순할 예【嫕】온순함. 婉嫕.

　유순할 위【倭】성질이 부드럽고 공순함.

유업(遺業) : 끼친 업.

　유업 진【塵】二方承則 八慈繼塵『後漢書』

유인(誘引)하다 : 주의나 흥미를 유발하여 꾀어

　　이끎.

　유인할 괴【拐】誘也.

　유인할 시【覗】誘引.

유자(柚子) : 유자나무의 열매.

　유자 가【椵】유속(柚屬).

　유자 유【櫾】유(柚)와 동자(同字). 似橙而酢.

유자(柚子)나무 : 운향과(蕓香科)에 속한 상록교

　　목(常綠喬木). 높이는 4미터쯤 되고 줄기와 가

　　지에 가시가 있다. 잎은 긴 타원형이며, 여름에

　　희고 작은 꽃이 핀다. 열매는 겨울에 둥글고

　　누렇게 익는데 껍질은 향기가 나며 과육(果肉)

　　은 신맛이 난다.

　유자나무 유【柚】厥包橘柚『書經』

　유자나무 조【條】有條有梅『詩經』

유창(流暢)하다 : 언변이 있는 모양.

　유창할 답【沓】語多沓沓若水之流『說文解字』

유풍(遺風) :

　유풍 택【澤】餘韻. 君子之澤 五世而斬『孟子』

유황(硫黃) : 화산지방에서 나는 황록색의 광물.

　　불에 잘 타는데 불꽃은 파랗고 극취(劇臭)가

　　남. 약품과 공업용의 원료로 쓰임.

　유황 류【硫】石硫黃.

육기(稑秠)벼 :

　육기벼 기【秠】稑秠, 화명(禾名).

육달월 :

　육달월 월【月】육(肉)이 글자 옆으로 올 때의

　　　　　　　　자체(字體). 고기육변이라 함.

육두구(肉荳蔲) : 육두구과(肉荳蔲科)의 열대산

　　(熱帶産) 상록교목(常綠喬木). 열매 껍질은 약

　　용 및 조미료(調味料)로 씀.

　육두구 구【蔲】목명(木名).

육발 :

　육발 기【跂】발가락이 여섯 개 있는 일. 足跂.
　　故合者不爲騈, 而枝者不爲跂『莊子』

육손이 : 손가락의 수가 여섯 있는 불구(不具).

　육손이 기【枝】枝指, 手有六指也『三倉』

육시(戮屍)하다 :

　육시할 륙【戮】이미 죽은 사람을 참형(斬刑)에
　　　　　　　　처함. 殺其生者而戮其死者『晉書』

육십사정(六十四井) : 주대(周代)의 세법(稅法)에
　　서 64정(井)의 지적(地籍). 병거일승(兵車一
　　乘). 병사(兵士) 75인(人)을 내는 토지(土地).

　육십사정 전【甸】十六井爲丘 四丘六十四井曰甸
　　　　　　　　　『禮記註』

육장(肉醬) : 잘게 썬 쇠고기를 간장이나 누룩 및
　　소금을 섞어서 술에 담근 음식.

　육장 담【醓】醓醢以薦『詩經』

　육장 해【醢】魚醢. 菹醢. 醓醢以薦『詩經』

　육장 혜【醯】국물이 많은 육장(肉醬).
　　　　　　　　醯醢之品『歐陽修』

육(六)젓 : 한여름인 음력 유월에 잡은 새우를 삭
　　힌 음식.

　육젓 담【䏶】육해(肉醢).

육종용(肉蓯蓉) : 열당과(列當科)에 속하는 기생
　　식물(寄生植物). 모양이 버섯 같으며 깊은 산
　　속에 남. 민간에서 폐병의 특효약이라 함.

　육종용 종【蓯】초명(草名).

육효(六爻) : 역(易)의 괘(卦)를 이룬 여섯 개의
　　가로 그은 획.

　육효 효【爻】六爻之動 三極之道也『易經』

윤(潤) :

　윤 악【渥】윤택(潤澤). 華陽與春渥『謝靈運』

　윤 염【艷】광택(光澤). 擒筆艷于紈素『晉書』

　윤 유【濡】흠치르르한 광택. 六轡如濡『詩經』

　윤 유【釉】광택. 釉藥.

　윤 윤【潤】광택. 光潤. 秀潤可喜『圖繪寶鑑』

　윤 택【澤】광윤(光潤). 芳與澤其雜樣『楚辭』

윤(閏) :

　윤 윤【閏】

　　㉠ 윤달이 드는 일. 閏月. 閏年.

　　㉡ 인신(引伸)하여 정수(正數)가 아닌 잉여(剩
　　　餘). 正閏. 餘分閏位『漢書』

　　㉢ 정통(正統)이 아닌 위조(僞朝).
　　　謂秦爲閏『司馬光』

윤기 있다 :

　윤기 있을 육【儥】潤也.

윤나다 : 윤이 나서 아름다움.

　윤날 악【渥】渥美. 芳鬱渥而純美『楚辭』

　윤날 택【澤】車甚澤『左傳』

윤내다 : 마찰하여 광택이 나게 함.

　윤낼 택【澤】澤劍首『禮記』

윤달 들다 : 윤달이 듦.

　윤달 들 윤【閏】五歲再閏『易經』

윤택 :

　윤택 유【濡】㉠ 釋雨而更有所仰濡『管子』
　　　　　　　　㉡ 六轡如濡,『詩經』

윤택하게 하다 :

　윤택하게 할 윤【潤】

　　㉠ 이익 또는 덕을 베풂. 功潤諸侯『漢書』

　　㉡ 꾸밈. 潤色. 富潤屋 德潤身『大學』

　윤택하게 할 음【淫】施玉色外淫『楚辭』

　윤택하게 할 택【澤】

　　㉠ 비를 내려 초목 같은 것을 번드르르하게
　　　함. 潤澤萬物『風俗通』

　　㉡ 은덕을 베풂. 澤潤生民『書經』

윤택하다 :

　윤택할 계【洎】越之水重濁而洎『管子』

　윤택할 수【睟】潤澤貌. 睟然見於面『孟子』

　윤택할 연【演】물이 흘러 윤택함.
　　　　　　　　水土演而民用『國語』

　윤택할 유【汕】潤也.

　윤택할 윤【潤】번지르르함. 또 번영함.
　　　　　　　　朝含榮潤 夕爲枯槁『蜀志』

　윤택할 음【淫】施玉色外淫『楚辭』

　윤택할 진【津】二曰 川澤 其民黑而津『周禮』

윤허(允許)하다 :

　윤허할 준【准】윤허(允許). 허락함.

율 :

　율 률【率】수(數) 등의 비례(比例). 比率.
　　　　　　　　以周率乘之『晉書』

　율 률【律】한시(漢詩)의 한 체. 오언(五言)이나
　　　　　　　　칠언(七言)의 팔구(八句)로 되어 있다.

율무 : 볏과에 속한 한해살이풀. 속이 딱딱하다.
　　잎은 어긋나고 피침형이며, 밑부분은 잎집이
　　된다. 7~9월에 흰 꽃이 핀다. 씨방이 다 자라
　　면 잎집은 딱딱해지고 검은 갈색으로 변한다.

　율무 공【薏】의이(薏苡).

　율무 의【薏】薏苡. 援在交阯 嘗餌薏苡實 用能
　　　　　　　　輕身省欲『後漢書』

　율무 이【苡】薏苡.

융(絨) : 감이 두툼하고 고운 모직물.

　융 융【絨】絨緞. 攙亂金牀五色絨『揚維楨』

윷 : 작고 둥근 통나무 두 개를 반으로 쪼개어 네
　　쪽으로 만든 놀이 감. 또 그것을 가지고 노는
　　놀이.

　윷 사【柶】擲柶.

으늑하다 : 매우 깊숙하고 고요한 모양.

으늑할 교【窌】요(窈)와 동자(同字).
　　　　望窌篠以徑廷『張衡』
으늑할 요【窔】유수(幽邃)함. 또 그 곳. 玄窔.
　　　　雷鬱律于巖窔『揚雄』
으늑할 조【窵】窵窅. 影動窵窅沖融間『杜甫』
으늑할 조【窱】充盈大宇而不窱『荀子』
으늑할 조【篠】弘弘淵淵篠篠窈窈深也『博雅』
으늑할 탐【眈】眈眈帝宇『左傳』

으뜸 :
　으뜸 관【冠】제일(第一). 수위(首位). 冠絶.
　　　　名冠三軍『史記』
　으뜸 괴【魁】최초. 제일. 原涉爲魁『漢書』
　으뜸 비【丕】원시(元始). 첫째.
　　　　是有丕子之責於天『詩經』
　으뜸 원【元】
　　㉠ 첫째. 시초(始初). 元子. 元初.
　　　歲之元 時之元 月之元『玉燭寶典』
　　㉡ 일년(一年)의 첫날. 月正元日『書經』
　　㉢ 기년(紀年). 즉위(卽位). 건국(建國)의 첫해.
　　　元年者何 君之始年也『公羊傳』
으뜸가다 : 우두머리가 됨.
　으뜸갈 패【霸】孔子爲政必霸『史記』
으르다 : 위협(威脅)하여 협박(脅迫)함.
　으를 갈【猲】갈(喝)과 통용.
　　　　各爲權勢 恐猲良民『漢書』
　으를 겁【劫】劫脅. 威劫. 劫之以象『禮記』
　으를 겁【刼】刼之以師友『荀子』
　으를 공【恐】恐喝. 恐脅. 令弟光恐王『漢書』
　으를 구【懼】懼士卒『史記』
　으를 섭【攝】위안(慰安)함. 攝威之『左傳』
　으를 요【要】雖曰不要君, 吾不信也『論語』
　으를 위【威】威劫. 威嚇. 聲威天下『戰國策』
　으를 통【恫】恐喝함. 恫疑. 虛聲恫喝『史記』
　으를 포【怖】협박함. 詐怖愚民『後漢書』
　으를 표【勳】표(剽)와 동자(同字).
　　　　勳吏而奪之金『漢書』
　으를 하【嚇】위협함. 恐嚇.
　으를 할【愒】공갈함. 恐愒諸侯『史記』
　으를 협【脅】위협함. 脅迫. 脅從罔治『書經』
　으를 협【㬍】위협함. 劫㬍使者『魏志』
　으를 협【嗋】협박함. 嗋嚇.
으르렁거리다 :
　으르렁거릴 누【獳】개가 성냄.
　　　　叫篠之獳『范樨』
　으르렁거릴 은【猔】개가 서로 물어뜯는 소리.
　　　　猛犬猔猔『楚辭』
　으르렁거릴 의【狋】개가 으르렁대며 서로 싸우
　　　　는 모양. 또 개가 성낸 모양.

　　　　狋吽牙者 兩犬爭也『漢書』
　으르렁거릴 포【咆】짐승이 성내어 움. 咆哮.
　　　　虎豹襲空而不敢咆『淮南子』
　으르렁거릴 함【闞】범이 성내어 우는소리의 형
　　　　용. 闞如虓虎『詩經』
　으르렁거릴 호【嘷】짐승이 큰 소리로 욺.
　　　　豺狼所嘷『左傳』
　으르렁거릴 효【哮】짐승이 성내어 욺. 咆哮.
　　　　怒哮. 哮咆怒視『輟耕錄』
으리으리하다 :
　으리으리할 희【屭】壯大貌.
으슥하다 :
　으슥할 비【閟】유심(幽深)함.
　　　　閟宮有侐『詩經』
　으슥할 요【窅】깊숙하고 먼 모양. 幽窅.
　　　　安排窅而無悶『晉書』
으쓱거리다 :
　으쓱거릴 이【訑】사람이 경박(輕薄)하고 자존심
　　　　(自尊心)이 많아 남의 말을 듣지
　　　　않는 모양. 訑訑之聲音顔色 拒
　　　　人於千里之外『孟子』
　으쓱거릴 흡【脅】어깨를 으쓱 으쓱 쳐듦.
　　　　脅肩諂笑『孟子』
으쓱하다 :
　으쓱할 삼【森】무섭거나 차가와 움츠러드는 모양.
　　　　山氣森岑入葛衣『元好問』
은(銀) : 금속 원소의 하나. 흰 광택이 있고 무르
　며 늘어나고 퍼지는 성질이 금 다음으로 강하
　고, 전기 전도율과 열전도율은 금속 가운데 가
　장 높다. 예로부터 중요한 귀금속으로 화폐나
　장식품으로 쓰였으며, 화학용 기구를 만들기도
　한다.
　은 료【鐐】질이 좋은 미은(美銀). 南鐐.
　　　　鐐質輪菌『何晏』
　은 백【白】隋末行五銖白錢『唐書』
　은 은【銀】它銀一流直千『漢書』
은근하다 :
　은근할 근【勤】
　　㉠ 근(懃)과 동자(同字). 恩斯勤斯『詩經』
　　㉡ 重賜文君侍者 通殷勤『漢書』
　은근할 근【懃】정성스러움. 懃懇.
　　　　雖不負米 實勞且懃『蘇軾』
　은근할 은【慇】친절(親切)함. 간절(懇切)함.
　　　　惜別空慇懃『李白』
은근히 알다 :
　은근히 알 치【誃】음지(陰知).
은기(銀器) : 은(銀)으로 만든 그릇.
　은기 은【銀】銀黃. 懷銀紆紫『論衡』

은나라서울 :

　은나라서울 박【亳】은(殷)나라의 탕왕(湯王)이
　　　　　　　　도읍한 곳. 지금의 하남성
　　　　　　　　(河南省) 귀덕부(歸德府)
　　　　　　　　상구현(商邱縣).

은나라시조이름 :

　은나라시조이름 설【卨】설(契)과 동자(同字).
　　　　　　　　殷國祖名.
　　　　　　　　卨作司徒『漢書』

은나라풍류 :

　은나라풍류 호【濩】은(殷)나라의 탕왕(湯王)이
　　　　　　　　제정(制定)한 음악.
　　　　　　　　見舞韶濩者『左傳』

은다는 저울 :

　은다는 저울 등【戥】衡也.

은덕(恩德) :

　은덕 택【澤】德澤. 施澤于民『孟子』

은도금(銀鍍金) :

　은도금 옥【鋈】銷金灌沃爲飾.

은밀하다 :

　은밀할 미【微】비밀함. 人可與微言乎『列子』
　은밀할 밀【密】
　　㉠ 심오(深奧)함. 알기 어려움.
　　　聖人以此洗心, 退藏於密『易經』
　　㉡ 남에게 알리지 아니함. 秘密.
　　　幾事不密則害成『易經』

은빛 :

　은빛 은【銀】은색. 銀河. 銀世界.
　　　　　　　雪鷺銀鷗左右來『李紳』

은사(隱士) : 은거(隱居)하는 어진 사람.

　은사 일【逸】隱君子. 搜賢採逸『北史』

은어 :

　은어 향【鱮】□ 一年鱮. 일년 된 은어.

은총 :

　은총 령【靈】寵靈顯赫『後漢書』

은택 :

　은택 유【濡】釋雨而更有所仰濡『管子』

은하(銀河) : 청명한 날 밤에 공중에 흰 구름같이
　남북으로 길게 보이는 별의 무리.

　은하 하【河】천한(天漢). 明河在天『歐陽修』

은하수(銀河水) : 은하계(銀河系)를 강(江)에 비
　유(譬喩)하여 일컫는 말.

　은하수 한【漢】銀漢. 天漢. 維天有漢『詩經』

은행나무 : 은행나뭇과에 속한 낙엽 교목. 높이
　60미터 정도이며, 잎은 부채꼴로 한군데서 여
　러 개가 나는데 여름에는 흐린 회녹색에서 황
　록색을 띠나 가을에는 노란색으로 바뀐다. 암

수딴그루로 5월에 꽃이 피며 열매는 10월에
노랗게 익는데 이를 은행이라고 한다. 목재는
조각, 가구용으로 쓰며 열매는 먹는다.

　은행나무 은【檽】檽杏.

　은행나무 평【枰】公孫樹. 華楓枰櫨『司馬相如』

은혜 :

　은혜 고【膏】膏澤. 土膏其動『國語』
　은혜 권【眷】은고(恩顧). 蒙眷累世『晉書』
　은혜 사【私】恩恤. 有何殊功 合降隆私『李嶠』
　은혜 사【賜】은택. 民到于今, 受其賜『論語』
　은혜 시【施】德施善也『易經』
　은혜 악【渥】은택. 荷君子之惠渥『潘岳』
　은혜 윤【潤】은덕. 祿潤己優『北史』
　은혜 은【恩】혜택. 恩典. 謝恩『後漢書』
　은혜 혜【惠】恩德. 仁惠. 行慶施惠『禮記』
　은혜 후【煦】은덕. 恩煦. 煦煦謂之仁『韓愈』

은화 : 금은(金銀)을 떡 모양으로 만든 화폐.

　은화 병【餠】賜與金一餠『王暉』
　은화 정【錠】통화의 은편(銀片). 銀錠.
　　　　　　　　一幅梅價不下百十錠『洞天淸錄』

을골(乙骨) : 범의 가슴 양쪽의 피하(皮下)에 있
　는 을자형(乙字形)의 뼈. 이것을 차면 벼슬하는
　사람은 위엄(威嚴)이 있고, 벼슬하지 않은 사람
　은 남에게 미움을 받지 않는다 함.

　을골 을【乙】위골(威骨). 得如虎挾乙『蘇軾』

읊는 소리 :

　읊는 소리 유【嚘】음성(吟聲). 咿嚘.

읊다 :

　읊을 부【賦】시(詩)를 음영(吟詠)하거나 지음.
　　　　　　　臨淸流而賦詩『陶潛』
　읊을 송【誦】
　　㉠ 가락을 붙여 읽음. 誦明月之詩『蘇軾』
　　㉡ 가락을 붙여 부름. 春誦夏絃『禮記』
　　㉢ 읊는 글. 곧 시가(詩歌). 家父作誦『詩經』
　읊을 신【呻】읊음. 呻吟. 呻其佔畢『禮記』
　읊을 영【詠】
　　㉠ 소리를 길게 빼어 시가(詩歌)를 노래함.
　　　朗詠. 船上有詠詩聲 甚有情致『世說』
　　㉡ 시가(詩歌)를 지어 읊음. 吟詠.
　　　君臣之際良可詠矣『袁宏』
　　㉢ 새가 재잘거림. 耳悲詠時离『陸機』
　읊을 영【咏】영(詠)과 동자(同字).
　　　　　　　以咏先生之風『漢書』
　읊을 음【唫】음(吟)과 동자(同字).
　　　　　　　秋風爲我唫『漢書』
　읊을 음【吟】
　　㉠ 읊조림. 吟詠. 吟社. 倚樹而吟『莊子』
　　㉡ 시가(詩歌)를 지음. 吟咏性情『詩經』

읊조리다 :

　읊조릴 소【嘯】嘯詠. 長嘯哀鳴『司馬相如』

　읊조릴 신【呻】읊음. 呻吟. 呻其佔畢『禮記』

　읊조릴 아【哦】시가(詩歌)를 읊음.
　　　　　　　　　日哦其間『韓愈』

음 :

　음 음【音】

　　㉠ 자음(字音). 音訓. 此字何音『顔氏家訓』

　　㉡ 音調. 審聲以知音『禮記』

음각문자(陰刻文字) : 금석(金石) 등에 음각(陰刻)한 글자. 또 기물 서적 등의 제자(題字)에도 이름.

　음각문자 지【識】款識(款은 양각문자).

음기(陰氣) :

　음기 음【陰】역학(易學)상의 용어. 양(陽)의 대(對)로 정(靜), 폐(閉), 하(下), 복(伏), 장(藏), 유(柔), 후(後), 지(地), 여(女), 신(臣), 야(夜), 월(月) 등 소극성(消極性), 또는 여성(女性)의 의미(意味)를 가진 것. 觀天地變化 陰陽消長『十八史略』

음란하게 보다 :

　음란하게 볼 규【覰】음시(淫視).

음란하다 : 음탕(淫蕩)하고 난잡(亂雜)함.

　음란할 교【姣】棄位而姣, 不可謂貞『左傳』

　음란할 삼【嫪】淫也.

　음란할 와(왜)【䵷】

　　㉠ 와, 왜(蛙)의 고자(古字).

　　㉡ 掌去䵷黽『周禮』

　　㉢ 紫色䵷聲 餘分閏位『漢書』

　음란할 와(왜)【蛙】紫色蛙聲『漢書』

　음란할 음【淫】淫行. 男女不淫『管子』

　음란할 일【妷】淫妷.

　음란할 진【瞔】음란(淫亂). 貼瞔眠瞔者.

음란하지 않다 :

　음란하지 않을 구【㲻】男女之道不猥. 謹於娶㲻
　　　　　　　　　初貞後寧『揚雄』

음란한 사람 :

　음란한 사람 애【毒】

　　㉠ 노애(嫪毒). 중국 전국시대 진나라의 환관.

　　㉡ 진시황제 영정의 생모인 조희와 밀통을 하는 관계였으며, 그녀와 사이에 두 명의 아이를 둠.

　　㉢ 이 후 진(秦)나라 사람들이 음란(淫亂)한 자(者)를 嫪毒라고 욕(辱)함.

음란한 소리 :

　음란한 소리 교【咬】咬哇. 宎者咬者『莊子』

　음란한 소리 왜【哇】淫曲. 淫哇. 中正則雅 多哇則鄭『揚子法言』

　음란한 소리 요【吆】淫吆.

음률이름 :

　음률이름 치【徵】오음(五音)의 하나.
　　　　　　　　　宮 商 角 徵 羽.

음마기(飮馬器) : 말이 먹는 물을 담는 그릇.

　음마기 두【筼】기명(器名).

음부(陰部) :

　음부 사【私】남녀(男女)의 성기(性器).
　　　　　　　　　早有私病 不近婦人『飛燕外傳』

음산하다 : 구름이 끼고 바람이 붊.

　음산할 예【曀】終風且曀『詩經』

　음산할 침【霃】구음(久陰).

음식(飮食) : 사람이 먹고 마실 수 있도록 만든 모든 것.

　음식 수【羞】珍羞. 飮膳羞『周禮』

　음식 신【飿】약밥. 餐也.

　음식 위【餧】食物. 飼料. 貪餧而妄食『楚辭』

　음식 이【餌】먹을 것. 藥餌不自給『唐書』

　음식 찬【饌】상 같은 데 차린 음식.
　　　　　　　　　具官饌于寢東『儀禮』

　음식 찬【餐】식물(食物). 佳餐. 賜餐錢『漢書』

　음식 포【庖】요리한 음식. 專主庖膳『宋史』

　음식 해【胲】익힌 음식. 費我胲功『太玄經』

음식 맛없다 :

　음식 맛없을 자【飷】食無味.

음식 보내다 :

　음식 보낼 난【餪】餪餫, 饋也. 餪也.

음식 상하다 :

　음식 상할 후【餱】食物爛.

음식 조절하다 :

　음식 조절할 약【葯】식절(食節).

음신(音信) : 먼 곳에서 보내는 안부를 묻는 편지.

　음신 신【信】信書. 多以爲登科之信『劇談錄』

음우(陰雨) : 구름이 잔뜩 끼고 오는 비.

　음우 엄【晻】有晻凄凄『呂氏春秋』

음자(陰字) :

　음자 관【款】

　　㉠ 금석(金石)에 음각(陰刻)한 문자(文字).
　　　　文鏤無款識『史記』

　　㉡ 인신(引伸)하여 널리 서화가(書畵家) 등의 인장(印章)의 뜻으로 쓰임. 落款.

음탐(淫貪)하다 : (사람이)음란한 것을 좋아하다.

　음탐할 오【嫯】음탐(淫貪).

음탕(淫蕩)하다 : (사람이나 그 성격, 행위 따위가)음란하고 방탕하다.

음탕할 음【婬】음(淫)과 동의.
　　　　　　　作婬聲『孔子家語』
음탕할 일【泆】驕奢淫泆『左傳』
음탕할 일【逸】음란함. 耳不樂逸聲『國語』
음탕할 탕【婸】음희(淫戱).
음탕할 표【嫖】嫖容. 背尊章嫖以忽『漢廣王』
음한 기운 :
　음한 기운 특【慝】해독이 되는 나쁜 기운.
　　　　　　　道地慝『周禮』
음행(淫行)하다 : 음란한 행위.
　음행 란【亂】東門之墠刺亂也『詩經』
음흉하다 : 마음이 검음.
　음흉할 은【隱】外溫仁謙遜而乃隱『漢書』
　음흉할 험【險】陰險. 內險而外仁『阮籍』
읍명(邑名) :
　읍명 명【洺】주명(州名).
읍(揖)하다 : 공수(拱手)하고 절함.
　읍할 읍【揖】揖讓. 揖巫馬期而進之『論語』
　읍할 의【擅】九日肅拜.
　　　　　　　但俯下手今時擅是也『周禮』
응답하다 :
　응답할 유【兪】대답하는 소리. 예.
　　　　　　　男唯女兪『禮記』
응당(應當) :
　응당 응【應】생각하건대. 마땅히.
　　　　　　　罪應誅『孔子家語』
응석하다 :
　응석할 애【睨】睨嘔. 어린아이가 어리광 떪.
　　　　　　　拊循之 睨嘔之『荀子』
응얼거리다 :
　응얼거릴 호【唬】唬聲.
응하다 :
　응할 응【應】
　　㉠ 대답함. 應答. 坐而言, 不應『孟子』
　　㉡ 감통(感通)함. 感應. 同聲相應『易經』
　　㉢ 따름. 응종(應從)함. 嚮應.
　　　　　　　應化歸風『李德林』
　　㉣ 승낙함. 阿母謂阿女 汝可去應之『古詩』
　응할 화【和】소리에 응함.
　　　　　　　鳴鶴在陰 其子和之『易經』
의 :
　의 지【之】
　　㉠ 소유(所有). 소재(所在) 등을 나타내는 어
　　　조사(語助辭). 大學之道『大學』
　　㉡ 游於舞雩之下『論語』
　의 의【義】
　　㉠ 군신간의 도덕. 오륜(五倫)의 하나.
　　　君臣有義.

　　㉡ 사람이 지켜야 할 준칙. 오상(五常)의 하나.
　　　仁義禮智信. 立人之道 曰仁與義『易經』
　　㉢ 국가(國歌), 군주(君主) 또는 공공(公共)을
　　　위한 마음씨. 또 그 일. 義倉. 義擧.
　　㉣ 은덕(恩德). 竊以爲君市義『戰國策』
　　㉤ 직분(職分). 義務. 背恩忘義『漢書』
　　㉥ 혈연(血緣) 관계가 없는 사람과 친족 관계
　　　를 맺는 일. 義父. 義兄弟.
　　　養以爲兒 號義兒軍『五代史』
　　㉦ 인신(引伸)하여 실물(實物)의 대용(代用)을
　　　하는 것. 義足. 義齒.
　의 의【誼】정의(正義). 反誼. 交誼.
　　　　　　　論誼考問『漢書』
의거(依據)하다 :
　의거할 거【據】
　　㉠ 증거로 삼음. 據實. 援據懲之『爾雅序』
　　㉡ 의지함. 據於德依於仁『論語』
　　㉢ 의탁(依託)함. 亦有兄弟, 不可以據『詩經』
　　㉣ 의지 할 데. 州郡失據『後漢書』
　의거할 빙【憑】
　　㉠ 전거(典據)로 삼음. 憑據.
　　　所引經旨 足可依憑『舊唐書』
　　㉡ 의거할 데. 大尺規矩 皆有準憑『隋書』
　의거할 조【阻】阻邱而保戚『呂氏春秋』
의기 많은 체하다 :
　의기 많은 체할 염【憸】憸憸. 意氣多貌.
의나무 : 산유자나무과에 속하는 낙엽교목. 세공
　재(細工材)로 씀.
　의나무 의【椅】椅桐梓漆『詩經』
의낭(衣囊) : 옷에 붙은 주머니.
　의낭 질【袠】施囊袠『禮記』
의논 :
　의논 의【議】의견(意見). 始皇可其議『史記』
의논하다 :
　의논할 의【議】諮議. 謀議. 議事以制『書經』
　의논할 의【誼】의(議)와 통용. 論誼考問『漢書』
의뜸 :
　의뜸 괴【魁】최초. 제일. 原涉爲魁『漢書』
　의뜸 비【丕】첫째. 是有丕子之責於天『詩經』
의뜸가다 : 우두머리가 됨.
　의뜸 갈 패【霸】孔子爲政必霸『史記』
의롭다 :
　의로울 의【義】春秋無義無戰『孟子』
의뢰(依賴) :
　의뢰 리【俚】의지(依支). 其畫無俚之至耳『漢書』
　의뢰 뢰【賴】富歲子弟多賴『孟子』
　의뢰 자【資】의뢰할 곳. 以水爲資『淮南子』
의뢰하다 :

의뢰할 기【寄】
　　㉠ 의탁함. 의지함. 請寄無所聽『史記』
　　㉡ 의지하는 바. 爲腹心之寄『魏書』
의뢰할 뢰【賴】
　　㉠ 믿고 의지함. 依賴. 萬生是賴『書經』
　　㉡ 말미암음. 인(因)함. 於今可見古人爲學次第
　　　　　　　　者獨賴此篇之存『大學章句』
의뢰할 리【理】大不理於口『孟子』
의뢰할 앙【仰】付託. 衣食仰給縣官『史記』
의뢰할 자【藉】
　　㉠ 의지함. 可藉與謀『管子』
　　㉡ 民藉以安『十八史略』
의술(醫術) : 병을 고치는 학문, 기술.
　의술 방【方】의학. 夫子之爲方也『史記』
　의술 의【醫】醫者仁術也『因話錄』
의심 :
　의심 려【慮】의려(疑慮). 의혹(疑惑).
　　　　　　決狐疑之慮『晉書』
　의심 시【猜】愚者抱猜『梁書』
　의심 의【疑】宿疑. 蓄疑敗謀『書經』
의심나다 :
　의심날 작【怎】疑也. 無所疑怎『荀子』
의심 내다 :
　의심 낼 솨【愢】疑也.
의심스럽다 : 확실하지 아니함.
　의심스러울 괴【怪】疑怪之論生『嵇康』
　의심스러울 의【疑】疑獄. 罪疑惟輕『書經』
의심컨대 : 의심 하노니.
　의심컨대 의【疑】疑是銀河九天落『李白』
의심하다 : 믿지 아니함.
　의심할 고【蠱】의혹 함. 有蠱疾『左傳』
　의심할 괴【怪】怪疑. 怪訝. 知者不怪『淮南子』
　의심할 도【謟】天道不謟, 不貳其命『左傳』
　의심할 도【慆】疑訝. 天命不慆久矣『左傳』
　의심할 시【猜】猜阻. 雖吾子亦有猜焉『左傳』
　의심할 의【儗】믿지 못함. 無所儗怍『荀子』
　의심할 의【疑】
　　㉠ 알지 못하여 의혹(疑惑)함. 疑問.
　　　　　　三人疑之『戰國策』
　　㉡ 이상하게 여김. 혐의를 둠.
　　　　　　疑其鄰之子『列子』
　의심할 의【意】의심을 둠. 意忌.
　　　　　　　妄意不疑『史記』
　의심할 이【貳】의혹을 품음. 攜貳.
　　　　　　　任賢勿貳『書經』
　의심할 조【阻】의아하게 여김.
　　　　　　　狂夫阻之『左傳』
　의심할 태【紿】남에게 의심을 품음. 疑紿.

의심할 통【恫】의혹 함. 恫疑虛喝『史記』
의심할 특【忒】其儀不忒『詩經』
의심할 혐【嫌】의혹(疑惑)함. 嫌疑.
　　　　　爲其嫌于无陽『易經』
의심하지 않다 :
　의심하지 않을 담【倓】안심(安心)하고 믿는 모양.
　　　　　倓然見管仲之能足以託國也『荀子』
의아(疑訝)하다 :
　의아할 아【訝】괴이하게 여김. 怪訝. 驚訝.
　　　　　高祖訝無表『唐書』
의원(醫員) : 병을 고치는 사람.
　의원 의【醫】名醫. 巫醫.
　　　　　醫不三世 不服其藥『禮記』
의장 :
　의장 비【備】경호(警護). 家備盡往『左傳』
　의장 장【欌】🈁 所以衣藏. 옷장.
의젓하다 : 위의(威儀)가 드러난 모양.
　의젓할 훤【咺】赫兮咺兮『詩經』
의지하다 :
　의지할 거【蹠】거(據)와 동자(同字).
　　　　　超荒忽而蹠顥蒼也『漢書』
　의지할 궤【佹】의지함.
　의지할 반【伴】의뢰함. 伴弛張之信期『楚辭』
　의지할 비【庇】의탁함. 庇賴.
　　　　　民知所庇矣『呂氏春秋』
　의지할 빙【憑】의뢰함. 의탁함. 憑恃. 憑依.
　　　　　上憑神明之佑『唐書』
　의지할 아【阿】의뢰함. 阿衡.
　의지할 아【偓】依也.
　의지할 의【依】
　　㉠ 물건에 기댐. 是旣登乃依『詩經』
　　㉡ 의뢰함. 依附. 依託. 知小人之依『書經』
　　㉢ 기댈 곳. 의탁할 데. 似無依洋洋『班固』
　의지할 의【猗】의(倚)와 통용.
　　　　　猗重較兮『詩經』
　의지할 의【犄】倚也.
　의지할 인【因】因依. 因不失其親『論語』
　의지할 장【杖】의뢰함. 杖信以晉『左傳』
의탁(依託)하다 :
　의탁할 탁【託】
　　㉠ 몸을 남에게 의뢰함. 託食.
　　　　　遠託異國 昔人所悲『李陵』
　　㉡ 의탁할 데.
　　　　　上無許史之屬 下無金張之託『漢書』
　의탁할 투【投】의탁하여 머무름. 投宿.
　　　　　望門投止『後漢書』
의하다 :
　의할 방【傍】의거(依據)함. 따름.

便當倚傍先代耳『晉書』

의할 방【放】 의지함. 放於利而行『論語』

의혹(疑惑)하다 :

의혹할 선【諞】 말로 남을 의혹케 함.

의혹할 오【誤】 오(惧)와 통용.

誤天下蒼生者『十八史略』

이 :

이 개【箇】

　㉠ 속어로 차(此)와 동의.

　　箇小兒瞻視異常『唐書』

　㉡ 속어(俗語)로 딴 자(字)와 연용(連用)하여
　　이, 저, 등의 뜻의 지시대명사(指示代名詞)
　　로 쓰임. 那箇는 저. 這箇, 此箇는 이.

　　古人此箇學 是終身事『近思錄』

이 당【當】 이것, 저것, 지금 등을 나타냄.

當時. 當人 喪當家之寶『北史』

이 리【里】 노정(路程)의 단위(單位). 360보(步)의
길이. 行百里者半于九十『戰國策』

이 리【釐】

　㉠ 소수(小數)의 하나. 일(一)의 1/100.
　　분(分)의 1/10.

　㉡ 척도(尺度)의 단위(單位). 분(分)의 1/10.

　㉢ 무게의 단위(單位). 분(分)의 1/10.

　㉣ 돈의 단위(單位). 전(錢)의 1/10.

　㉤ 인신(引伸)하여 극소(極小)한 분량(分量).
　　毫釐. 失之毫釐『漢書』

이 리【氂】 리(釐)와 통용. 척도(尺度) 및 분량
(分量)의 단위(單位), 호(毫)의 십배
(十倍). 不失毫氂,『漢書』

이 리【利】

　㉠ 이익(利益). 私利. 小人以身殉利『莊子』

　㉡ 장사하여 덧붙은 돈. 營利.

　　逐什一之利『史記』

　㉢ 복(福). 행복(幸福). 복록(福祿). 福利.

　　中不容利『書經』

　㉣ 공용(功用). 水利. 天時不如地利『孟子』

　㉤ 부(富). 獨擅山東之利『史記』

이 사【斯】 차(此)와 동의. 斯道.

天之將喪斯文也『論語』

이 슬【蝨】

　㉠ 포유동물(哺乳動物)의 외부(外部)에 기생
　　(寄生)하여 피를 빨아먹는 작은 곤충(昆蟲).

　　捫蝨談當世之務『十八史略』

　㉡ 사람의 몸에 기생하는 벌레.

　　介胄生蟣蝨『漢書』

이 시【是】

　㉠ 지시하는 말. 是日.

　　天子至於是邦也『論語』

　㉡ 도구법(倒句法)으로서 사용하는 말.

慢遊好 傲虐是作『書經』

　㉢ 여기. 이곳. 今其人在是『史記』

이 시【諟】 시(是)와 통용.

顧諟天之明命『書經』

이 시【時】 시(是)와 동자(同字). 時日.

黎民於變時雍『書經』

이 식【寔】 시(是)와 동의. 寔命不同『詩經』

이 언【焉】 시(是)와 동의.

上有好音 下必有甚焉者『孟子』

이 영【贏】 이익. 贏利.

賈而欲贏而惡囂乎『左傳』

이 예【繄】 시(是)와 동의. 惟德繄物『左傳』

이 유【惟】

　㉠ 이(伊), 시(是)와 뜻이 같음.

　　濟河惟兗州『書經』

　㉡ 食哉惟時『書經』

이 이【爾】 차(此)와 동의.

公與爲爾奈何 公與議爾也『公羊傳』

이 이【伊】 저의 대. 伊年暮春『揚雄』

이 익【益】 이득(利得). 損益. 利益.

이 자【者】 차(此)와 동의.

者箇 只者一箇無字『無門關』

이 자【玆】 가까운 사물을 가리키는 관형사.

受玆介福『易經』

이 저【這】 차(此)와 동의. 這般.

這賊誤我『唐書』

이 지【之】 시(是)와 동의. 之子于歸『詩經』

이 차【且】 차(此)와 동의. 匪且有且『詩經』

이 차【此】

　㉠ 가장 가까운 사물을 가리키는 말. 이 것.
　　彼此. 去彼取此『老子』

　㉡ 가장 가까운 장소를 가리키는 말. 이 곳.
　　與我會此『史記』

이 치【齒】

　㉠ 음식을 씹는 기관. 齒牙. 齒亡舌存.

　㉡ 이와 같이 생긴 물건. 또는 이와 같은 작
　　용을 하는 물건. 不覺屐齒之折『晉書』

이 허【許】 如許로 연용하여 如此의 뜻으로 씀.

面皮厚如許『南史』

이가는 소리 :

이가는 소리 츤【齔】 치성(齒聲).

이가는 소리 팔【齤】 치성(齒聲).

이가 어긋나다 :

이가 어긋날 염【齞】 치차(齒差).

이 가지런하다 :

이 가지런할 제【齊】 치제불우(齒齊不齵).

이간하다 :

이간할 간【間】 사이를 멀어지게 함. 反間.

　　　　　後妻間之『顔氏家訓』

이간할 계【界】사이를 떼어놓음.
　　　　　范雎界涇陽『揚雄』

이갈다 :

　이갈 계【齘】분노(忿怒)하여 이를 갊.
　　　　　三噤齘良久乃止『北史』

　이갈 설【齧】분노하여 이를 갊. 절치(切齒)함.
　　　　　自齧其齒『南史』

　이갈 초【齠】배냇니가 빠지고 간니가 남. 또 이를 가는 칠팔세(七八歲) 무렵.
　　　　　昔杜齠齓 便蒙誨誘『顔氏家訓』

　이갈 츤【齔】배냇니가 빠지고 간니가 남.
　　　　　未齔者『周禮』

　이갈 함【齝】절치(切齒).

　이갈 훼【毀】소아가 배냇니를 갊.
　　　　　男八歲毀齒『白虎通』

이것 :

　이것 지【之】시(是)와 동의. 之子于歸『詩經』

　이것 차【且】차(此)와 동의. 匪且有且『詩經』

이 고르지 못하다 :

　이 고르지 못할 차【齹】齒不正.

이 고르지 않다 :

　이 고르지 않을 애【齜】齒不齊.

이 곱다 :

　이 고울 사【齛】치호(齒好).

이곳 :

　이곳 자【玆】여기. 爰宅于玆『書經』

이궁(離宮) :

　이궁 유【游】별장. 囿游亦如之『周禮』

이기다 :

　이길 감【龕】지움. 龕暴資神理『謝靈運』

　이길 감【戡】쳐서 이김. 전승(戰勝)함. 戡定.
　　　　　西伯戡黎『書經』

　이길 개【凱】승전(勝戰). 班師凱歸『梁元帝』

　이길 건【犍】捷也.

　이길 극【克】
　　㉠ 사리사욕에 끌리는 자기를 이겨냄.
　　　　　克己復禮爲仁『論語』
　　㉡ 적을 이김. 我戰則克『禮記』

　이길 극【剋】
　　㉠ 승전(勝戰)함. 극(克)과 통용. 剋勝.
　　　　　相生相剋. 何征不剋『後漢書』
　　㉡ 이겨냄. 능히 함.
　　　　　至伐大木 非斧不剋『淮南子』

　이길 극【勀】勝也.

　이길 날【捏】흙 같은 것을 반죽함. 捏造.

　이길 련【煉】련(鍊)과 동자(同字). 흙을 이김.
　　　　　爐煉白珠砂『列仙傳』

　이길 련【鍊】물을 붓고 반죽하여 만듦. 鍊丹.
　　　　　安期鍊五石『郭璞』

　이길 선【挻】선(埏)과 통용. 흙을 반죽함.
　　　　　撲挻其土『淮南子』

　이길 선【埏】흙을 반죽함.
　　　　　埏埴以爲器『荀子』

　이길 승【乘】지게 함. 승리함.
　　　　　乘人不義『國語』

　이길 승【勝】
　　㉠ 적과 싸워서 쳐부숨. 連勝.
　　　　　天道不爭而善勝『老子』
　　㉡ 억제(抑制)함. 억누름. 人衆者勝天『史記』
　　㉢ 능가(凌駕)함. 능범(凌犯)함.
　　　　　終莫之勝『易經』
　　㉣ 이김. 승리(勝利). 勝敗.
　　　　　一勝一負 兵家常勢『唐書』

　이길 연【埏】
　　㉠ 흙을 반죽함. 埏埴以爲器『荀子』
　　㉡ 이긴 흙. 澡雪柔埏『坐忘論』

　이길 첩【捷】승전(勝戰)함. 戰捷.
　　　　　一月三捷『詩經』

이끌다 :

　이끌 견【牽】거느림. 牽帥老夫以至於此『左傳』

　이끌 도【導】
　　㉠ 인도함. 君使人導之出彊『孟子』
　　㉡ 가르침. 敎導. 導民之路, 在務本『漢書』
　　㉢ 다스림. 導千乘之國『論語』
　　㉣ 소통하게 함. 疏爲川谷以導其氣『國語』

　이끌 야【惹】끌어 당김. 惹起.
　　　　　微香暗惹遊人步『羅鄴』

　이끌 적【迪】교도(矯導)함. 啓迪後人『書經』

이끼 : 선태식물(蘚苔植物), 지의류(地衣類)에 속한 은화식물(隱花植物)을 통틀어 이르는 말. 대체로 잎과 줄기의 구별이 분명하지 아니하고, 고목이나 바위 또는 습한 곳에 난다.

　이끼 매【苺】선태(蘚苔). 隨意坐苺苔『杜甫』

　이끼 매【莓】隨意坐莓苔『杜甫』

　이끼 선【蘚】苔蘚. 綠蘚.
　　　　　風雨斷蘚埋殘碑『高啓』

　이끼 태【菭】태(苔)와 동자(同字).
　　　　　華殿塵兮玉階菭『漢書』

　이끼 태【苔】은화식물에 속하는 선류(蘚類). 태류(苔類)의 속칭. 蘚苔.
　　　　　窮谷之汗 生以靑苔『淮南子』

이 날카롭다 :

　이 날카로울 찰【齭】치리(齒利).

이다 :

　일 구【頮】戴也. 머리에 이다.

일 대【戴】머리 위에 읾.
　　頒白者不負戴於道路矣『孟子』

일 자【茨】풀 또는 띠로 지붕을 읾.
　　環堵之室 茨以生草『莊子』

일 정【頂】머리 위에 놓음.
　　頂戴奉持『梁武帝』

일 즙【葺】지붕을 읾.
　　嗣而葺之 庶斯樓之不朽也『王禹偁』

이대 : 볏과에 속한 대의 하나. 땅속뿌리가 옆으로 길게 자라면서 군데군데에서 죽순이 나와 높이는 2~4미터, 지름은 5~15밀리미터쯤 자라고 윗부분에서 5~6개의 가지가 나온다. 잎은 피침형이고 털이 없으나 가장자리에 짧은 털이 있다. 줄기의 마디 사이는 길며 속은 비어 있다. 여름에 꽃이 원뿔 꽃차례로 가지 끝에서 피고 이삭열매가 가을에 익는다. 열매와 죽순은 먹고 줄기는 바구니나 조리 따위 및 화살대를 만들기에 적합하다.

이대 전【箭】竹箭旣布『史記』

이두(吏讀) : 삼국시대부터 한자의 음과 뜻을 따서 우리나라 말을 표기하는 데 쓰이던 문자.

이두 두【讀】 호 吏讀.

이 드러나다 : 이가 밖으로 드러남.

이 드러날 애【齸】齒齸齸以齴齴『王延壽』

이 드러날 언【齴】齒齸齸以齴齴『王延壽』

이 드러날 언【齗】齗脣歷齒『楚辭』

이 드러날 언【齚】齒露貌.

이 드러날 의【齺】齒露貌.

이 드러날 이【齸】齒齸齸以齴齴『王延壽』

이 드러날 포【齙】齒露.

이 드러내다 :

이 드러낼 권【齤】이를 들어내고 웃는 모양.
　　若士者 齤然而笑『淮南子』

이득 :

이득 득【得】벌이. 得失. 有阡陌之得『漢書』

이득 뢰【賴】이익. 爲秦則無賴『戰國策』

이득 윤【潤】利潤.

이따금 : 드물게. 어쩌다가. 가끔.

이따금 왕【往】往往. 往往稱黃帝堯舜『史記』

이 때 :

이때 자【玆】지금. 歷載臻玆『漢書』

이랑 :

이랑 무【畝】
　㉠ 지적(地籍)의 단위. 四方六尺을 1步라하고 100步를 一畝라 함.
　　五畝之宅 樹之以桑『孟子』
　㉡ 진(晉) 이후에는 240보(步)를 一畝라 함.
　　秦田二百四十步爲畝『說文解字』

이래(以來) : 그 이후.

이래 래【來】入秋來 眠食何似『韓愈』

이러하다 :

이러할 임【恁】속어로서 恁麼, 恁地, 恁兒. 여차(如此)와 동의. 恁樣人.

이롭다 : 좋음. 편함.

이로울 리【利】
　㉠ 유익함. 유리함. 便利. 利涉大川『易經』
　㉡ 유익하게 함. 利生. 利用厚生『書經』

이로울 익【益】도움이 됨. 유익함. 饒益.

이루다 :

이룰 고【攷】成也.

이룰 고【考】완성함. 考仲子之宮『左傳』

이룰 구【覯】성취함. 其惡易覯『左傳』

이룰 구【構】이루어짐. 事己構矣『漢書』

이룰 궤【潰】성취함. 是用不潰于成『詩經』

이룰 등【登】성취함. 以登乃辟『書經』

이룰 락【落】준공함. 落成. 落成式. 楚子成章華之臺 願與諸侯落之『左傳』

이룰 성【成】成功. 完成.
　　成己仁也 成物知也『中庸』

이룰 수【遂】
　㉠ 성취함. 功成名遂. 百事乃遂『禮記』
　㉡ 자람. 성장함. 또 천명대로 삶.
　　痛萬姓之羅罪 憂衆生之不遂也『說苑』
　㉢ 끝냄. 마침. 吾聞 先生事魏不遂『漢書』

이룰 양【襄】성취함. 不克襄事『左傳』

이룰 옥【玉】옥 같이 아름다운 물건이 되게 함.
　　庸玉女于成也『張載』

이룰 응【凝】성사(成事)함. 庶績其凝『書經』

이룰 저【底】치(致)와 동의. 되게 함.
　　乃底滅亡『書經』

이룰 제【濟】성취함. 濟美. 世濟其美『左傳』

이룰 조【造】사물을 성취함. 小子有造『詩經』

이룰 지【耆】치(致)와 동의. 耆定爾功『詩經』

이룰 질【質】성취함. 虞芮質厥成『詩經』

이룰 집【集】성취함. 大統未集『書經』

이룰 징【徵】성취함.
　　故聖人見化以觀其徵『淮南子』

이룰 취【就】成事함. 成就. 日就月將『詩經』

이룰 치【致】성취(成就)함. 致富.

이룰 해【諧】일이 성취됨. 事不諧矣『後漢書』

이루어지다 :

이루어질 성【成】
　㉠ 성취(成就)됨. 功成名遂『老子』
　㉡ 됨. 桑田變成海『劉希夷』
　㉢ 성숙함. 果實早成『禮記』
　㉣ 생김. 幾事不密, 則害成『易經』

이루어질 승【升】성립(成立)됨.
男女無辨則亂升『禮記』

이루어질 제【濟】성취(成就)됨.
以人從欲鮮濟『左傳』

이루어질 집【集】성취(成就)함.
大統未集『書經』

이루어질 형【刑】成就됨. 敎之不刑『禮記』

이르다 :

이를 가【假】至也.

이를 객【佫】至也.

이를 거【岠】거(距)와 동자(同字).
騰空虛 岠連卷『揚雄』

이를 거【距】도달(到達)함.
予決九川距四海『書經』

이를 거【岠】지(至)와 동의.
元龜岠冉 長尺二寸『漢書』

이를 격【假】격(格)과 동자(同字).
王假有廟『易經』

이를 격【格】
㉠ 다다름. 미침. 格于上下『書經』
㉡ 감동하여 통함. 格于皇天『書經』

이를 격【致】至也.

이를 계【屆】다다름. 無遠弗屆『書經』

이를 계【稽】다다름. 大浸稽天『莊子』

이를 공【羾】至也.

이를 관【款】도달함. 繞黃山而款牛首『張衡』

이를 괄【括】다다름. 牛羊下括『詩經』

이를 극【極】다다름. 駿極于天『詩經』

이를 기【覬】옴. 猶懼不覬『左傳』

이를 달【達】
㉠ 도착함. 到達. 達于河『書經』
㉡ 그때에 이름. 夜夜達五更『古詩』

이를 도【到】
㉠ 닿음. 도달함. 到著. 到於天『戰國策』
㉡ 미침. 民到于今稱之『論語』
㉢ 옴. 감. 到來. 靡國不到『詩經』

이를 래【逨】至也.

이를 려【厲】도달함. 女夢爲鳥而厲乎天『莊子』

이를 려【戾】도착함. 鳶飛戾天『詩經』

이를 박【薄】도달함. 外薄四海『書經』

이를 방【放】다다름. 放乎四海『孟子』

이를 부【傅】다다름. 鳳凰于飛 翽翽其羽 亦傅
于天『詩經』

이를 서【疧】통달(通達).

이를 야【也】~라 이르는 것은.
孝弟也者 其爲仁之本歟『論語』

이를 예【詣】
㉠ 장소에 감. 代王乘傳 詣長安『史記』
㉡ 방문함. 陳太邱詣荀朗陵『世說』
㉢ 관청에 출두함. 乃詣關命訟老君『列仙傳』
㉣ 불사에 가서 참배함. 元日詣佛寺『世說』

이를 왈【曰】일컬음. ~라 말함.
宅嵎夷 曰暘谷『書經』

이를 운【云】말하다. 남의 말을 간접적으로 말
할 때 많이 쓰임.
牢曰 子云 吾不試 故藝『論語』

이를 위【謂】
㉠ 이야기함. 고(告)함. 周公謂魯公曰『論語』
㉡ 평론(評論)함. 비평(批評)함.
子謂子賤『論語』
㉢ 일컬음. 말함. 比之謂大夫夫『孟子』
㉣ 설명(說明)함. 謂天蓋高『詩經』
㉤ 이르기를. 생각하기를.
人皆謂 卿但知經術, 不曉時務『宋史』

이를 일【至】至也.

이를 저【底】도달함. 底止. 替腹底豫而天下之
爲父母者定『孟子』

이를 저【牴】도달함. 觸巖牴限『嵇康』

이를 저【邸】저(抵)와 통용. 西邸弧口『史記』

이를 적【迪】미침. 漢迪于秦 有革有因『漢書』

이를 적【弔】다다름. 神之弔矣『詩經』

이를 전【䏱】옴. 銀所䏱『書經』

이를 정【亭】어느 시간(時間)에 이름.
羲和亭午『孫綽』

이를 조【造】
㉠ 옴. 其有衆咸造『書經』
㉡ 감. 先生王斗, 造門欲見齊宣王『戰國策』
㉢ 깊은 경지에 도달함. 造詣.
深造之以道『孟子』

이를 조【早】
㉠ 아침이 이름. 早朝而晏退『說苑』
㉡ 때가 아직 오지 아니함.
盛服將朝 尙早『左傳』
㉢ 급속함. 汝亦太早計『莊子』

이를 종【䑲】도달함. 蹋以艐路『史記』

이를 종【踵】도달함. 踵門而告文公『孟子』

이를 지【厎】致也.

이를 지【止】옴. 도달함. 魯侯戾止『詩經』

이를 지【底】지(至)와 동의.
三后協心底于道『書經』

이를 지【之】다른 데에 미침.
之死矢靡他『詩經』

이를 지【至】
㉠ 옴. 도착함. 賓至下塵榻『沈約』
㉡ 도래함. 禍福將至『中庸』
㉢ 다다름. 舟車所至 人力所通『中庸』
㉣ 와서 모임. 禽獸至『孟子』

이를 지【摯】옴. 大命不摯『書經』

이를 진 【臻】
- ㉠ 옴. 饑饉薦臻『詩經』
- ㉡ 미침. 澤臻四方『後漢書』
- ㉢ 도달함. 遄臻于衛『詩經』

이를 집 【集】 지(至)와 동의. 不其集亡『左傳』

이를 차 【次】 도달함. 內深次骨『史記』

이를 차 【箚】 三樹稚桑春未箚『杜牧』

이를 척 【蹠】 다다름. 自無蹠有『淮南子』

이를 천 【洊】 천(薦)과 동자(同字). 물이 이름.
水洊至『易經』

이를 천 【薦】 천(洊)과 동자(同字). 물이 이름.
水薦至『易經』

이를 첨 【詹】 다다름. 도달함.
魯邦所詹『詩經』

이를 최 【摧】 옴. 先祖于摧『詩經』

이를 치 【致】 극진(極盡)한 데 까지 이름.
致知在格物『大學』

이를 태 【紿】 지(至)와 동의.
出九死 而紿一生『淮南子』

이를 활 【佸】 옴. 曷其有佸『詩經』

이를 휼 【昢】 早也.

이를 흘 【迄】 도달함. 以迄于今『詩經』

이를 흘 【訖】 흘(迄)과 통용. 이르기까지.
訖今不改『漢書』

이름 :

이름 돌 【乭】 ㉱ 인명(人名).

이름 망 【望】 명성. 名望. 令聞令望『詩經』

이름 명 【命】 명(名)과 동자(同字). 亡命.

이름 명 【名】
- ㉠ 사람의 이름. 姓名. 公問名于申繻『左傳』
- ㉡ 널리 성씨(姓氏)를 포함하여 이르기도 함.
人名. 初試選人皆糊名 令學士考判『唐書』
- ㉢ 전(轉)여 사람의 수효. 二三名.
十姓百名『莊子』
- ㉣ 사물의 칭호. 物名. 非常名『老子』
- ㉤ 인륜상(人倫上)의 칭호(稱號). 곧 군신(君
臣), 부자(父子) 같은 것. 名分.
必也正名乎『論語』
- ㉥ 직책상의 칭호. 곧 관민(官民), 문무(文武)
같은 것. 刑名.
- ㉦ 작호(爵號). 器與名不可以假人『左傳』
- ㉧ 명예(名譽). 盛名. 爭名. 烈士徇名『史記』

이름 목 【目】 명칭. 題目. 名目. 執四部書目曰
君讀此畢可言優仕矣『南史』

이름 문 【聞】 널리 알려진 이름. 名望. 聲譽.
聞達. 舊有令聞『詩經』

이름 위 【謂】
- ㉠ 이르는 바. 甚斯之謂與『論語』
- ㉡ 뜻. 의미. 非謂有喬木之謂也『孟子』

이름 전 【佺】
- ㉠ 偓佺은 신선(神仙)의 이름.
- ㉡ 沈佺期는 당대(唐代) 시인(詩人)의 이름.

이름 칭 【稱】
- ㉠ 명칭. 敬稱. 子者男子之通稱『趙岐』
- ㉡ 명성. 少有英稱『後漢書』

이름 호 【號】
- ㉠ 명칭. 掌辨六號『周禮』
- ㉡ 名號. 竊仁人之號『史記』
- ㉢ 명성. 嘉號布于外『說苑』

이름 화 【華】 명망. 聲華, 淸華所不爲『南史』

이름나다 :

이름날 명 【名】 유명함. 名山大川.
其間必有名世者『孟子』

이름 두다 :

이름 둘 첨 【簽】 기명(記名)함. 서명(書名)함.
簽名. 簽押.

이름 부르다 :

이름 부를 명 【名】
- ㉠ 자기의 이름을 말함. 父前子名『禮記』
- ㉡ 자기의 이름을 아룀. 世子自名『禮記』
- ㉢ 남의 이름을 부름.
國君不名卿老世父『禮記』
- ㉣ 지칭(指稱)함. 蕩蕩乎民無能名焉『論語』

이름짓다 :

이름지을 명 【命】 작명(作名)함. 命名.
黃帝能成命百物『國語』

이름지을 명 【名】 작명(作名)함.
名之曰幽厲『孟子』

이리 : 포유류 식육목(食肉目) 갯과에 속한 종. 개
와 비슷한데 늑대나 승냥이보다 크고 육식성으
로 성질이 사나워 때로 사람을 해치는 일도 있
다. 털빛은 변화가 많으나 흔히 회갈색 바탕에
검은 털이 섞여 있다.

이리 랑 【狼】
- ㉠ 개과에 속하는 산짐승. 虎狼.
並驅從兩狼兮『詩經』
- ㉡ 욕심이 많거나 잔인무도한 사람의 비유로
쓰임. 狼心. 嫂溺不援 是豺狼也『孟子』

이리 만 【貓】 狼屬, 貙也.

이리 만 【獌】 獌狿, 낭속(狼屬).

이리 만 【𤢸】 貙貜.

이리 시 【狋】 이리의 일종. 蛇山有獸 其狀如狐
白尾長耳 名狋狼『山海經』

이리 패 【狽】 이리의 일종.

이리 환 【犿】 환(貛)과 동자(同字).

이리 환 【貛】 이리의 수컷. 암컷은 랑(狼).
狼牡貛牝狼『爾雅』

이마 : 눈썹 위로부터 머리털이 난데까지의 부분.

이마 명【顋】額也.

이마 상【顙】

　　㉠ 稽顙. 東門有人其顙似堯『史記』

　　㉡ 稽顙의 준말로 쓰임.

　　　　再拜顙者何 曰 顙者猶叩頭矣『公羊傳』

이마 안【顔】隆準而龍顔『史記』

이마 액【額】被創中額『後漢書』

이마 액【額】액(額)과 동자(同字).

　　　　　　髮下眉上謂額『六書考』

이마 원【願】顛也.

이마 전【顛】有馬白顛『詩經』

이마 정【顋】顋題也『爾雅』

이마 정【定】액(額). 麟之定『詩經』

이마 제【題】彫題交趾『禮記』

이마 나오다 :

이마 나올 추【頥】출액(出額).

이마드림 :

이마드림 불【髻】婦人首飾額前飾.

이마에서 입술까지 흰말 :

이마에서 입술까지 흰말 안【騴】自額至脣白色馬.

이마적 :

이마적 경【頃】

　　㉠ 근자(近者)에. 頃積雪凝寒『王羲之』

　　㉡ 頃者. 頃日로 연용(連用)하기도 함.

　　　　頃與諸老論及此學『傳習錄』

이마적 비【比】比來. 比得軟脚病『韓愈』

이모(姨母) : 모친(母親)의 동복(同腹) 자매(姉妹).

이모 이【姨】姨夫. 爲竇姨麴養『唐書』

이무기 : 전설상(傳說上)의 동물(動物)의 하나. 용(龍)이 되려다 못되고 깊은 물 속에 산다는 여러 해 묵은 큰 구렁이.

이무기 리【彲】리(螭)와 동자(同字).

　　　　　非龍非彲『史記』

이무기 망【蟒】거대한 뱀. 왕뱀.

　　　　　蟒王蛇『爾雅』

이무기 신【蜃】교룡(蛟龍)의 일종. 기운을 토(吐)하면 신기루를 일으킨다 함.

　　　　　蜃氣樓 海旁蜃氣象樓臺『史記』

이무기 염【蚺】蚺蛇珍於越土『嵇康』

이문 : 동네의 어귀에 세운 문.

이문 려【閭】주대(周代)의 제도(制度)에 25집을 이(里)라 하고 그 門을 閭라 함.

　　　　倚閭. 旌閭. 門閭毋閉『淮南子』

이문 염【閻】마을의 문. 閭閻且千『後漢書』

이문 염【𨳒】이문(里門).

이문 한【閈】마을. 동네. 高其閈閎『左傳』

이문얻다 :

이문얻을 고【叴】利也.

이물 : 배의 앞 쪽.

이물 로【艫】뱃머리. 舳艫千里『漢書』

이물 유【舳】船首. 船頭爲之舳『小爾雅』

이미. 벌써 :

이미 격【隔】이왕에. 隔是身如夢『元稹』

이미 기【旣】이왕(已往).

　　㉠ 벌써. 旣己. 旣醉以酒, 旣飽以德『詩經』

　　㉡ 원래. 爾酒旣淸『詩經』

이미 리【里】벌써. 里爲式『周禮』

이미 업【業】벌써. 業己. 良業爲取履『史記』

이미 이【已】벌써. 已成. 王已立在莒『史記』

이미 이【以】벌써. 此心以馳于彼『王右軍』

이바지하다 :

이바지할 공【供】

　　㉠ 줌. 供億, 供給資費『魏志』

　　㉡ 올림. 바침. 드림. 供奉.

　　　　凡所資供 一無所受『南史』

　　㉢ 주거나 바친 물품.

　　　　一日之供 以錢二萬爲限『晉書』

이바지할 공【䕺】공(供)과 동자(同字).

이바지할 공【共】공(供)과 동자(同字). 共給.

　　　　　王祭不共『左傳』

이바지할 자【藉】공물 같은 것을 바침.

　　　　　其藉于成周『公羊傳』

이 백 :

이 백 벽(비)【皕】백(百)의 이배(二倍).

이별 :

이별 결【訣】然後臨訣『晉書』

이별 별【別】생이별. 사별(死別). 작별(作別).

　　　　黯然銷魂者惟別而己矣『江淹』

이별하다 :

이별할 결【決】결(訣)과 동자(同字).

　　　　李陵與蘇武決去『漢書』

이별할 반【班】별리(別離)함.

　　　　有班馬之聲『左傳』

이 부러지다 :

이 부러질 추【齱】치협(齒揚).

이불 : 잘 때 몸에 덮는 물건.

이불 금【衾】衾枕. 抱衾與裯『詩經』

이불 피【被】덮는 침구. 布被. 被綿.

　　　　被雖溫 無忘人之寒『傳玄』

이불 깃 :

이불 깃 담【衴】금연(衾緣).

이 빠지다 :

이빠질 곤【齫】이가 빠지는 모양.

　　　　齫然而齒墮矣『荀子』

이빠질 운【齳】太公年七十二 齳然而齒墮矣

『韓詩外傳』

이빨 더럽다 :
 이빨 더러울 운【齳】 치추(齒醜).
이 빼다 :
 이 뺄 잠【齘】 척치(剔齒).
이 뿌리 : 차
 이 뿌리 차【齹】 차(齹)와 동자(同字). 齒本.
이삭 :
 이삭 수【秀】 벼 따위의 이삭.
          二苗同一秀『韓詩外傳』
 이삭 수【穗】
  ㉠ 벼, 보리 등의 이삭. 禾穗. 麥穗.
     彼稷之穗『詩經』
  ㉡ 인신(引伸)하여 모양이 이삭 같은 것.
     一穗寒燈. 金芝吐穗『王績』
 이삭 수【穟】 화곡(禾穀)의 이삭. 嘉穟. 稻穟.
          丹鳥啣穟『庾信』
 이삭 영【穎】 벼의 이삭. 實穎實栗『詩經』
 이삭 초【苕】 억새, 갈대 등의 이삭.
          繫之葦苕『荀子』
이삭 고개 숙이다 :
 이삭 고개 숙일 초【杓】 禾穗垂貌.
이상하다 :
 이상할 초【齭】 초(齰)와 동자(同字). 齒傷酸也.
 이상할 해【佚】 기이함. 비상함. 奇佚.
          非常曰佚事『揚雄方言』
이상히 여기다 :
 이상히 여길 이【異】
  ㉠ 기이하게 여김. 人皆謂長人而異之『史記』
  ㉡ 의심함. 王無異於百姓之以王爲愛也『孟子』
이 서로 맞다 :
 이 서로 맞을 책【齚】 齒相値.
이슬 :
 이슬 로【露】
  ㉠ 물기가 얼어서 물방울이 되어 풀잎 같은 데
     붙어 있는 것. 玉露. 孟秋白露降『禮記』
  ㉡ 덧없음의 비유로 쓰임. 露命. 朝露.
  ㉢ 한 데서 자면 이슬을 맞으므로 한 데 또는
     위를 가리지 아니한 뜻으로 쓰임.
     露宿. 露臺.
  ㉣ 한 데서 재움. 들에 서 있게 함.
     暴兵露 師十有餘年『主父偃』
이슬기운 :
 이슬기운 해【瀣】 沆瀣. 일설에는 바다의 기운
          이나 북방 야반(夜半)의 기운.
          含沆瀣以長生『東方朔』
이슬 떨어지다 :
 이슬 떨어질 현【泫】 이슬이 뚝뚝 떨어지는 모양.

泫泫露盈條『謝惠連』

이슬 많다 :
 이슬 많을 단【漙】 零露漙兮『詩經』
이슬 많이 내리다 :
 이슬 많이 내릴 서【湑】 零露湑兮『詩經』
이슬비 :
 이슬비 산【霰】 소우(小雨).
이슬 빛나다 :
 이슬 빛날 현【泫】 이슬이 일광을 받아 빛남.
          花上露猶泫『謝靈運』
이슬이 짙다 :
 이슬이 짙을 니【泥】 零露泥泥『詩經』
이슬 흠치르르하다 :
 이슬 흠치르르할 양【瀼】 零露瀼瀼『詩經』
이승 : 이 세상. 살아 있는 동안.
 이승 명【明】 幽明. 分知隔明幽『韓愈』
이 앓다 :
 이 앓을 닉【齸】 치통(齒痛).
이야기 :
 이야기 담【譚】 담(談)과 통용.
  ㉠ 此老生之常譚『魏志』
  ㉡ 夫子何不譚我于王『莊子』
 이야기 담【談】 담화(談話). 설화(說話). 淸談.
          魯人至今以爲美談『公羊傳』
 이야기 신【噺】 囻 고담(古談).
 이야기 화【話】 담화. 悅親戚之情話『陶潛』
이야기하다 :
 이야기할 강【講】 담론(談論)함. 講信修睦『禮記』
 이야기할 담【談】 談笑. 三日不談『莊子』
 이야기할 선【譔】 진술함. 聽歌譔只『楚辭』
 이야기할 신【申】 말함. 진술함. 申令.
          命閻尹 申宮令『呂氏春秋』
 이야기할 연【讌】 여럿이 모여 좌담을 함.
          孟嘗君讌坐『戰國策』
 이야기할 준【噂】 여럿이 모여 이야기 함.
          噂沓背憎 職競由人『詩經』
 이야기할 화【話】 乃話民之弗率『書經』
이 어긋나다 :
 이 어긋날 자【齹】 不相値, 齒不正.
 이 어긋날 절【齚】 치차(齒差).
 이 어긋날 차【齹】 齒差跌貌.
이어지다 :
 이어질 련【連】
  ㉠ 연속함. 계속함. 連續. 淚落連珠子『古詩』
  ㉡ 연(連)하여. 계속하여.
     連戰連勝 連徵不至『後漢書』
  ㉢ 열을 지어 늘어 섬. 連嶁列埒之門『淮南子』
  ㉣ 붙음. 잇닿음. 雲連徒州『國語』

ⓣ 합침. 連合. 連諸侯者次之 『孟子』

이 없다 :

　이 없을 참【齼】齼齼, 無齒無牙.

이에 :

　이에 내【酒】내(乃)와 동자(同字).
　　　　　　　酒立皋門 『詩經』

　이에 내【乃】이리하여. 乃命羲和 『書經』

　이에 서【逝】발어사(發語辭). 시경(詩經)에 많이
　　　　　　　쓰임. 逝不古處 『詩經』

　이에 안【安】내(乃)와 동의. 委然成文以示之天
　　　　　　　下 而暴國安自化矣 『荀子』

　이에 약【若】내(乃)와 동의. 若能有濟也 『國語』

　이에 언【焉】이리하여. 天子焉始乘舟 『淮南子』

　이에 용【庸】내(乃)와 동의. 帝庸作歌曰 『書經』

　이에 원【爰】이리하여. 爰居爰處 『詩經』

　이에 월【越】월(粵), 왈(曰)과 통용. 발어사.
　　　　　　　越有雊雉 『書經』

　이에 율【聿】발어사. 神保聿歸 『詩經』

　이에 잉【仍】내(乃)와 동의.
　　　　　　　仍父子再亡國 『史記』

　이에 자【兹】발어사. 兹之永歎 『詩經』

　이에 증【曾】내(乃)와 동의.
　　　　　　　曾是以爲孝乎 『論語』

　이에 증【烝】조사로써 쓰임. 烝在桑野 『詩經』

　이에 지【遲】遲令韓魏歸帝重于齊 『史記』

　이에 차【此】자(兹)와 동의. 발어사.
　　　　　　　有德此有人 有人此有土 『大學』

　이에 탄【誕】발어사. 誕寘之隘巷 『詩經』

　이에 황【況】자(兹)에. 況也永歎 『詩經』

　이에 휼【遹】발어사. 遹駿有聲 『詩經』

이영차 : 여러 사람이 힘을 한목 모아서 쓸 때
　신명이 나서 부르는 소리.

　이영차 호【許】邪許. 伐木許許 『詩經』

이와 같다 :

　이와 같을 약【若】
　　ⓐ 이와 같은. 若者必死 『史記』
　　ⓑ 若而도 동의함. 夫婦所生 若而人 『左傳』

이웃 :

　이웃 린【鄰】
　　ⓐ 서로 연접하여 있는 집.
　　　　疑鄰人之父 『韓非子』
　　ⓑ 서로 연접(連接)하여 있는 지역(地域).
　　　또는 나라. 近鄰. 善鄰. 睦乃四鄰 『書經』
　　ⓒ 이웃하여 서로 도움이 될만한 사람. 또는
　　　사물. 동류. 德不孤必有鄰 『論語』

　이웃 비【比】인근. 比郡. 不教鵝鴨惱比鄰 『杜甫』

이웃하다 :

　이웃할 린【鄰】이웃에 있음. 연접(連接)함.
　　　　　比鄰. 鄰於善 民之望也 『左傳』

　이웃할 변【邊】이웃에 있음. 齊邊楚 『漢書』

이익(利益) :

　이익 리【利】
　　ⓐ 이익. 私利. 小人以身殉利 『莊子』
　　ⓑ 장사하여 덧붙는 돈. 營利.
　　　　逐什一之利 『史記』
　　ⓒ 복. 행복. 복록. 福利. 中不容利 『書經』
　　ⓓ 공용. 水利. 天時不如地利 『孟子』
　　ⓔ 부(富). 獨擅山東之利 『史記』

　이익 익【益】이득. 損益. 利益.

이자 :

　이자 자【子】金利. 子母錢. 子本相侔 『韓愈』

이제 : 바로 이 시각.

　이제 금【今】
　　ⓐ 지금. 현재(現在). 去來今.
　　　　今釋弗繫 此所謂養虎自遺患也 『史記』
　　ⓑ 발어(發語)의 조사(助辭). 今夫.
　　　　今有殺人者 『孟子』
　　ⓒ 지금 세상. 今之爲民者六 『韓愈』
　　ⓓ 오늘. 今日. 今夕. 覺今是而昨非 『陶潛』

　이제 방【方】지금. 我方先君後臣 『史記』

이지러뜨리다 :

　이지러뜨릴 궐【闕】한 귀퉁이가 떨어짐.
　　　　　　　　子弗敢闕 『呂氏春秋』

이지러지다 : 한 귀퉁이가 떨어져 나감.

　이지러질 건【騫】如南山之壽 不騫不崩 『詩經』

　이지러질 결【觼】缺也.

　이지러질 결【缺】缺月. 甕破缶缺 『易林』

　이지러질 궐【闕】子弗敢闕 『呂氏春秋』

　이지러질 알【齾】기결(器缺).

　이지러질 알【齾】치결(齒缺).

　이지러질 유【窳】그릇의 한쪽이 떨어짐. 또 흠
　　　　　　　이 있음. 모양이 삐뚤어 짐.
　　　　　　　조제람조(粗製濫造)임. 窳楛.
　　　　　　　器皆不若窳 『史記』

　이지러질 유【瓾】유(窳)와 통용.
　　　　　　　器不苦瓾 『十八史略』

　이지러질 점【鉆】缺也.

　이지러질 점【玷】옥에 한쪽이 떨어져 흠이 남.
　　　　　　　白圭之玷尚可磨也 『詩經』

　이지러질 타【銼】缺也.

　이지러질 휴【虧】盈虧. 虧損. 月滿則虧 『史記』

이질(姨姪) : 아내 자매의 자녀.

　이질 질【姪】姑姪與母子孰親 『唐書』

　이질 하【疒】이질(痢疾).

이촉 :

　이촉 신【䶳】치근(齒根). 笑不至䶳 『禮記』

이 촘촘하다 :

  이 촘촘할 착【齺】齒相近貌.

이총(泥驄)마 : 흰 털이 섞인 거무스름한 말.

  이총마 인【駰】吾馬維駰『詩經』

이치(理致) :

  이치 리【理】事理. 條理. 條論.
             井井兮其有條也『荀子』

  이치 수【數】道理. 理數.
             必然之數 固其數也『管子』

  이치 정【情】조리(條理).
             物之不齊 物之情也『孟子』

  이치 체【諦】불교에서 진실무망(眞實無妄)한
        도리. 또 오도(悟道). 眞諦. 俗諦.
        若見諦則驚悟『法華經科』

이튿날 :

  이튿날 익【翌】명일. 翌日. 翌朝.

  이튿날 익【翼】익(翌)과 동자(同字).
             越翼日『書經』

  이튿날 황【眀】익일(翌日).

이틀 밤 자다 :

  이틀 밤 잘 신【信】재숙(再宿)함. 信宿.
             于女信處『詩經』

이후 :

  이후 환【還】以還, 而還으로 연용(連用)하여
        이후(以後)의 뜻으로 쓰임.
        秦漢而還 多事四夷『李華』

이 흔들리다 :

  이 흔들릴 잡【齼】치동(齒動).

익다 :

  익을 관【串】관(慣)과 통용. 串童.
             串夷載路『詩經』

  익을 뉴【忸】유(狃)와 동자(同字).
             忸之以慶賞『荀子』

  익을 뉴【狃】익숙하여서 아무렇지도 않게 여김.
             狃思, 狃于姦宄『書經』

  익을 독【遺】慣也.

  익을 등【登】성숙(成熟)함. 五穀不登『孟子』

  익을 란【爛】熟也.

  익을 련【鍊】익숙함. 또 정숙(精熟)함.
             鍊土生木 鍊木生火『淮南子』

  익을 미【糜】熟也.

  익을 복【服】익숙해짐. 服其水土『漢書』

  익을 설【伏】여러 번 경험하여 익숙함.
             伏邪臣計謀 爲淫亂『史記』

  익을 숙【熟】숙(孰)과 통용.
    ㉠ 날것이 익음. 宰夫煮熊蹯不熟『左傳』
    ㉡ 곡식, 과실 등이 익음. 豊熟.
        歲則大熟『書經』

    ㉢ 익숙함. 熟達. 熟練. 目熟朝庭之事『唐書』

  익을 순【鞹】熟也.

  익을 승【升】곡식이 여묾. 升平.
             新穀旣升『論語』

  익을 실【實】열매가 익음. 秀而不實『論語』

  익을 압【狎】익숙함. 未狎君政『國語』

  익을 유【濡】자주 견문함. 익숙함.
             目濡耳染 不學以能『韓愈』

  익을 유【酉】성숙함.

  익을 자【煮】익혀짐. 豆至難煮『晉書』

  익을 편【便】숙달함. 便習. 謹其所便『大戴禮』

  익을 한【閑】숙습(熟習)함. 四馬旣閑『詩經』

  익을 한【嫺】익숙함. 嫺于辭令『史記』

  익을 환【睆】열매가 익는 모양. 有睆其實『詩經』

익모초(益母草) : 꿀풀과에 속하는 월년초(越年
  草). 씨와 잎은 약용(藥用)함. 암눈비앗.

  익모초 추【萑】충울(茺蔚).

  익모초 퇴【蓷】中谷有蓷『詩經』

익살떨다 :

  익살 배【俳】골계(滑稽). 爲賦酒俳『漢書』

익숙하다 :

  익숙할 관【慣】관(貫)과 동자(同字). 慣用.
        慣習. 平生慣寫龍鳳質『韓愈』

  익숙할 관【貫】관(慣)과 통용. 貫瀆.
        吾不貫與小人乘『孟子』

  익숙할 로【老】숙달함. 老練.
        非老於文學其誰宜爲『元結』

  익숙할 순【馴】숙련함. 其文不雅馴『史記』

  익숙할 습【習】
    ㉠ 숙달함. 穰侯智而習於事『戰國策』
    ㉡ 너무 친숙하여 버릇이 없음. 狎習.
        所在翫習 遂至怠慢『後漢書』

  익숙할 정【精】숙련함. 精熟.
        精知略而行之『禮記』

  익숙할 태【棣】威儀棣棣『詩經』

익숙하지 않다 :

  익숙하지 않을 경【硬】세련되지 않음. 生硬.

익은 음식 :

  익은 음식 옹【饔】有母之尸饔『詩經』

익히 :

  익히 숙【熟】깊이. 곰곰이. 熟考.
        願王之熟慮之也『戰國策』

익히다 :

  익힐 강【講】연습함. 공부함. 講學.
        乃命將帥講武 習射御『禮記』

  익힐 관【遺】習也.

  익힐 관【摜】관(慣)과 동자(同字).

  익힐 뉴【狃】익숙하게 함. 狃之以慶賞『荀子』

익힐 단【鍛】익숙하게 함. 鍛而勿灰『儀禮』

익힐 련【鍊】사물에 익숙하게 함. 鍊習.
　　　　　　鑽鍊其性『新論』

익힐 련【練】익숙하게 함. 연습함. 訓練. 練磨.
　　　　　　簡練傑俊『禮記』

익힐 벽【憮】熟也.

익힐 사【嗣】연습함. 子寧不嗣音『詩經』

익힐 소【燒】불에 익게 함.
　　　　　　上自燒二梨 以賜之『鄴侯家傳』

익힐 수【誠】習也.

익힐 숙【熟】익게 함. 熟食,
　　　　　　君賜腥必熟而薦之『論語』

익힐 습【習】
　　㉠ 배워 익힘. 習祖業『李義山雜纂』
　　㉡ 연습을 함. 與弟子, 習禮大樹下『史記』
　　㉢ 복습을 함. 學而時習之『論語』

익힐 습【諿】습(習)과 동자(同字).
　　　　　　復諿不餽而忘人『莊子』

익힐 예【愧】習也.

익힐 온【溫】과거의 일을 연구함. 復習. 溫習.
　　　　　　溫故而知新 可以爲師矣『論語』

익힐 완【玩】익숙해짐.
　　　　　　所樂而玩者 爻之辭也『易經』

익힐 우【徭】習也.

익힐 위【顪】연습함.

익힐 이【肄】연습함. 臣以爲肄業及之『左傳』

익힐 임【飪】불에 익히다. 또 익힌 음식.
　　　　　　失飪不食『論語』

익힐 임【脸】익게 함. 腥肆爛脸祭『禮記』

익힐 자【煮】가열하여 익게 함. 煮沸.
　　　　　　煮豆持作羹『曹植』

익힐 조【酮】習也.

익힐 치【治】배워 익힘. 治其大體『周禮』

익힐 편【便】숙달함. 便習.
　　　　　　謹其所便『大戴禮』

인(因)하다 :

인할 개【介】의뢰(依賴)함. 의지(依支)함.
　　　　　　介人之寵 非勇也『左傳』

인 :

인 린【燐】비금속(非金屬) 원소(元素)의 하나.
　　　　　　赤燐. 黃燐.

인 마【魔】몸에 벤 좋아하는 버릇. 酒魔. 詩魔.

인간 :

인간 세【世】世界. 世上. 辟世之士『論語』

인구 :

인구 구【口】사람의 수효. 八口之家『孟子』

인끈 :

인끈 류【綸】청사(靑絲)로 꼰 인수(印綬).

百石靑紺綸『後漢書』

인끈 불【紼】불(紱)과 통용.
　　　　　　加紼而封之『漢書』

인끈 불【紱】인수(印綬). 朱紱方來『易經』

인끈 수【綬】佩玉組. 綬也.

인끈 역【縌】인수(印綬). 赤戟縌『漢書』

인끈 왜【緺】야청빛(靑黑色)의 인수(印綬).
　　　　　　佩靑緺『史記』

인끈 정【綎】인수(印綬). 汝兒亦揣綎『王安石』

인끈 호【緺】인사(印糸). 諸侯王以下以緺赤絲
　　　　　　葵縢緺各如其印『後漢書』

인도노래 :

인도노래 패【唄】부처의 공덕을 기리는 노래.
　　　　　　夜晝梵唄『唐書』

인도자(引導者) :

인도자 상【相】
　　㉠ 안내자. 猶瞽之無相與『禮記』
　　㉡ 焉用彼相矣『論語』

인도하다 :

인도할 계【啓】안내함. 보도(輔導)함. 啓佑.
　　　　　　夫人將啓之『左傳』

인도할 교【季】導也.

인도할 권【勸】옳은 일을 하도록 지도함.
　　　　　　勸之以九歌『書經』

인도할 도【道】도(導)와 동자(同字).
　　　　　　道之以政『論語』

인도할 빈【儐】빈객을 도와 빈객을 인도함.
　　　　　　또 그 사람. 主人三儐『禮記』

인도할 빈【賓】안내함. 賓于四門『書經』

인도할 서【姃】인도(引導).

인도할 숙【肅】안내함. 主人肅客而入『禮記』

인도할 술【銌】안내함. 吾請爲子銌『國語』

인도할 유【羑】착한 일을 하도록 권하고 인도함.
　　　　　　誕受羑若『書經』

인도할 유【紎】導也.

인도할 전【前】
　　㉠ 앞서 이끎. 祝前主人降『儀禮』
　　㉡ 先達之士爲之前『韓愈』

인도할 찬【讚】안내함. 內史讚之『國語』

인동초(忍冬草) : 인동과에 속한 반상록 덩굴성
　관목. 잎은 마주 달리고 긴 타원형이며, 가지는
　길게 뻗어 다른 물체를 감으면서 올라간다. 한
　방에서는 잎과 줄기를 종기, 매독, 임질, 치질
　등에 사용하며, 해독과 미용 작용이 있다고 하
　여 차(茶)나 술을 만들기도 한다.

인동초 인【蒽】蒽冬, 초명(草名).

인두 : 바느질할 때 불에 달구어 천의 구김살을
　눌러 없애거나 솔기를 꺾어 누르는 데 쓰는 기구.

인두 아【砑】㉰ 熨縫之具.

인력거 : 사람이 직접 손으로 끄는 수레. 주로 사람을 태우며 두 바퀴로 된 운송 수단이다.

　인력거 거【俥】㉰ 人力車.

인륜(人倫) : 사람으로서 지켜야할 떳떳한 도리.

　인륜 륜【倫】倫理. 五倫. 彝倫攸敍『書經』

인사(人事)하다 :

　인사할 야【喏】唱喏. 남에게 인사할 때에 하는 말.
　　　　　　　　　左右因唱喏『宋史』

인삼(人蔘) : 두릅나뭇과에 속한 여러해살이풀. 키는 60센티 가량이며 줄기는 해마다 한 개가 곧게 자라고 그 끝에 서너 개가 돌려난다. 깊은 산에서 야생하며 밭에서 재배하기도 한다. 뿌리는 희고 살지며 그 형태가 '人'자와 흡사한데, 약재로 널리 쓰인다.

　인삼 삼【薓】삼(蔘)의 본자.
　　　　　　　　太原府士貢人薓『唐書』

　인삼 삼【參】百濟參 白堅且圓 名白羊參 俗名羊
　　　　　　　角參『本草經』

　인삼 삼【葠】삼(蔘)과 동자(同字). 人葠, 神草.

　인삼 삼【蔘】人蔘.

인색하다 :

　인색할 색【嗇】吝嗇. 儉嗇. 愈於纖嗇『史記』

　인색할 액【阨】위박(危迫). 百姓仍遭凶阨『漢書』

　인색할 의【凱】吝也.

인 쌀 : 씻은 쌀.

　인 쌀 석【淅】물에 인 쌀. 接淅而行『孟子』

인어(人魚) : 상반신은 여자의 몸이고 하반신은 물고기인 상상의 동물.

　인어 유【鱬】魚身人面.

　인어 인【魜】人魚.

인연(因緣) : 원인을 도와 결과를 낳게 하는 작용.

　인연 연【緣】三緣不斷, 故三因不生『楞嚴經』

　인연 인【因】관계(關係). 연유(緣由). 因果.
　　　　　　欲知前生因 今生愛者是因『傳燈錄』

　인연 인【姻】緣分. 結姻. 結夢南柯姻『蘇軾』

인연하다 :

　인연할 상【儴】인연(因緣).

인원(人員) :

　인원 원【員】사람 수. 員數.
　　　　　　　願君則以逐備員而行矣『史記』

인자(仁慈)하다 :

　인자할 흠【歆】인자(仁慈).

인장(印章) :

　인장 기【記】도장. 鑄銅記給之『宋史』

　인장 새【璽】도장. 璽書.
　　　　　　凡通貨賄 以璽節出入之『周禮』

인절미 :

인절미 자【粢】粢餈, 도병(稻餅).

인절미 자【餈】떡의 한가지. 糗餌粉餈『周禮』

인정(仁情) :

　인정 정【情】
　　㉠ 사람이 선천적으로 가지고 있는 마음씨.
　　　　奪情. 聖人忘情『晉書』
　　㉡ 남을 도와주는 갸륵한 마음씨. 자애(慈愛).
　　　　情理. 情愛甚厚『宋書』

인정 깊다 :

　인정 깊을 목【悐】悐悐. 정이 깊은 모양. 일설
　　　　　　　　　에는 곰곰이 생각하는 모양.
　　　　　　　　　極竭悐悐之思『漢書』

인종이름 :

　인종이름 흘【紇】回紇. 지금의 외몽고의 토인
　　　　　　　　(土人).

인증(認證) :

　인증 례【例】인용(引用)하는 증거(證據).
　　　　　　　不以例求經『眞德秀』

인척(姻戚) : 혼인에 의하여 맺어진 겨레붙이.

　인척 아【婭】宰相楊國忠文婭 所在橫猾『唐書』

　인척 인【姻】姻族. 不思舊姻『詩經』

인치 : 길이의 단위의 가차자(假借字).

　인치 촌【吋】inch의 약기(略記).

인하다 :

　인할 습【襲】종전대로 따름. 因襲.
　　　　　　　卜筮不相襲『禮記』

　인할 의【倚】말미암음. 원인이 됨. 倚伏.
　　　　　　禍兮福所倚 福兮禍所伏『老子』

　인할 인【因】종전대로 따름. 因襲.
　　　　　　因循 殷因夏禮『論語』

　인할 잉【扔】因也.

　인할 잉【仍】그대로 따름. 인순(因循)함. 仍舊.
　　　　　　仍舊貫如之何『論語』

　인할 자【自】의(依)함. 기인(起因)함.
　　　　　　法之不行 自於貴戚『史記』

인형(人形) :

　인형 경【梗】우인(偶人). 木梗.
　　　　　　吾所學者土梗耳『莊子』

인후병(咽喉病) : 목구멍이 붓고 아픈 병을 통틀어 이르는 말.

　인후병 하【瘂】후병(喉病).

　인후병 효【痟】痟(瘷), 후병(喉病).

일 :

　일 건【件】物件. 事件. 條件 等. 件件. 件名

　일 고【故】
　　㉠ 사건(事件). 知幽明之故『易經』
　　㉡ 사변(事變). 事故. 國有故 則令宿『周禮』

　일 고【蠱】고(故)와 통용. 幹父之蠱『易經』

일 공【功】직무(職務). 사업(事業). 田功.
　　載纘武功『詩經』

일 공【工】女工. 天工人其代之『書經』

일 과【課】일상(一相)의 일. 日課.
　　藁史殘課『唐書』

일 근【勤】직책(職責). 以多値爲勤『金史』

일 로【勞】힘써 하는 일. 사업(事業).
　　先勞後祿『禮記』

일 무【務】
　㉠ 힘써 하는 일. 事務. 開物成務『易經』
　㉡ 질책(叱責). 任務. 必用此爲務『史記』

일 물【物】사실(事實). 사물(事物). 사항(事項).
　　格物致知. 以鄕三物敎萬民『周禮』

일 복【服】처리하여야 할 일.
　　昭哉嗣服『詩經』

일 사【事】
　㉠ 사건(事件). 萬事. 事物.
　　物有本末 事有始終『大學』
　㉡ 행위(行爲). 생업(生業). 事業.
　　先事後得『論語』
　㉢ 임무(任務). 事務. 三事就緒『詩經』
　㉣ 사고(事故). 변고(變故). 無事. 事變.
　　秦有荊軻之事『史記』
　㉤ 반역(反逆). 모반(謀叛).
　　因以此發謀 欲擧事『史記』

일 서【緒】사업. 緒業. 纘太王之緒『詩經』

일 역【役】
　㉠ 병역(兵役), 부역(賦役) 등과 같이 백성을
　　강제적(强制的)으로 동원(動員)하는 사건.
　　執采桑之役『左傳』
　㉡ 직무(職務). 祇役出皇邑『謝靈運』

일 요【徭】役也.

일 임【任】
　㉠ 임무(任務). 仁以爲己任『論語』
　㉡ 직책(職責). 有司惰任『後漢書』

일 재【載】사(事)와 동의. 上天之載『中庸』

일 재【縡】사(事)와 동의. 上天之縡『漢書』

일 적【績】사업. 維禹之績『詩經』

일 직【職】定業. 職業. 閑民無常職『周禮』

일 찬【撰】사항. 以體天地之撰『易經』

일 채【采】할 일. 직무. 展采錯事『史記』

일가(一家) : 성(姓)과 본(本)이 같은 겨레붙이.

　일가 당【黨】親戚. 睠于父母之黨『禮記』

일곱 : 여섯에 하나를 보탠 수.

　일곱 칠【七】
　㉠ 七旬. 七書. 摽有梅 其實七兮『詩經』
　㉡ 일곱 번. 七回. 七擒七縱『蜀志』

일곱째지지 : 십이지(十二支)의　제칠위(第七位),
　고갑자(古甲子)는 돈장(敦牂), 시각(時刻)으로는

11시부터　13시까지,　방위(方位)로는　정남(正
南),　달로는 음력(陰曆) 5월,　띠로는 말에 배당
(配當)됨.

　일곱째지지 오【午】돈장(敦牂).

　일곱째　천간 : 상장(上章). 십간(十干)의　제칠위
　　(第七位). 방위(方位)로는　서(西)쪽, 오행(五行)
　　으로는 금(金)에 석함. 戊庚.

　일곱째 천간 경【庚】太歲在庚曰上章『爾雅』

일구다 :
　일굴 치【菑】황무지를 起耕함. 不菑畬『易經』

일기 :
　일기 력【曆】일지(日誌). 子宜置一卷曆 晝之所
　　　　　　　爲 夜必書之『東坡志林』

일꾼 : 남에게 사역(使役)하는 천(賤)한 사람.

　일꾼 도【徒】人夫. 命諸侯百姓 興人徒『史記』

　일꾼 력【力】人夫. 立宅於吳 多役公力『宋書』

　일꾼 역【役】廝役. 無禮無儀 人之役也『孟子』

　일꾼 정【丁】下人. 庖丁. 馬丁.
　　　　　　　睟丁負籠至『杜甫』

일다 :
　일 대【汰】쌀을 읾. 祝淅米於堂.
　　　　　　淅 汰也『儀禮』

　일 도【淘】
　　㉠ 쌀을 읾. 冷水淨淘『齊民要術』
　　㉡ 물건을 읾. 沙恨氣金盡日淘『殷文圭』

　일 사【沙】쌀 같은 것을 읾. 沙汰.
　　　　　　沙之汰之 瓦礫在後『晉書』

　일 석【釋】쌀을 읾. 釋之叟叟『詩經』

　일 석【淅】쌀을 읾. 矛頭淅米, 劍頭炊『晉書』

　일 선【煽】불이 성하여 짐.
　　　　　　高爛飛煽于天垂『左思』

　일 소【潹】쌀을 읾. 또 그 소리.

　일 초【渹】浚也.

　일 태【汰】물에 일어 추려냄. 淘汰.
　　　　　　沙之汰之 瓦礫在後『晉書』

　일 파【簸】물을 부어 흔들어서 가려 냄.
　　　　　　沙灘淨如簸『梅堯臣』

　일 회【薈】구름이나 안개 같은 것이 이는
　　　　　　모양. 薈兮蔚兮『詩經』

　일 훌【欻】바람 같은 것이 생기다.
　　　　　　靈氣翕欻『柳宗元』

　일 흥【興】
　　㉠ 성하여짐. 興亡. 勃興.
　　　國家將興 必有禎祥『中庸』
　　㉡ 생김. 나타남. 淫樂興焉『史記』

일만(一萬) :
　일만 만【万】만(萬)의 속자.
　일만 만【萬】

㉠ 천(千)의 열배. 長于百, 大于千,
　　衍于萬『漢書』
㉡ 다수를 이름. 千態萬狀. 萬國咸寧『易經』
㉢ 만에 하나도의 뜻으로 쓰임. 萬不失一.
　　且萬無母子俱往理『韓愈』

일 바로 못하다 :
　일 바로 못할 멸【攔】攔揳, 作事不正.

일반(一般) : 사물을 총괄하여 이르는 말.
　일반 반【般】全般. 朝市山林隱般『陸龜蒙』

일백 :
　일백 백【百】
　　㉠ 10의 10배. 百年. 揚于十長于百『漢書』
　　㉡ 모든 또는 다수의 뜻으로 쓰임.
　　　　百姓. 百官以治『易經』
　　㉢ 확실함의 뜻으로 쓰임. 百不知也『辭源』
　일백 백【陌】백(百)과 통용. 今數錢百錢 謂之
　　　　　陌 借陌字用之『夢溪筆談』
　일백 백【佰】백(百)과 통용.

일복 : 허술하게 짠 작업복.
　일복 발【襪】㸐徒謹呼 奪襪而舞『劉禹錫』

일부러 :
　일부러 직【直】고의로. 直墮其履圯下『史記』

일산(日傘) : 수레 위에 세우는 일산.
　일산 개【蓋】車蓋. 傾蓋. 爲蓋以象天『周禮』
　일산 산【幰】蓋也. 산(繖),
　　　　　산(傘)과 동자(同字).
　일산 산【傘】산(繖)과 동자(同字).
　　　　　乘介馬 張錦傘『北史』
　일산 산【繖】입류(笠類).
　　　　　遇雨請以繖入『晉書』
　일산 조【瑵】거개(車蓋). 金瑵羽葆『漢書』
　일산 지【芝】볕을 가리기 위한 큰 양산.
　　　　　登夫鳳凰兮翳華芝『揚雄』

일산 끈 :
　일산 끈 지【鞊】日傘紐.

일 삼가다 :
　일 삼갈 진【賑】賑(賑), 신사(愼事).

일삼다 :
　일삼을 사【仕】사(事)와 통용.
　　　　　武王豈不仕『詩經』
　일삼을 사【事】종사함. 경영함. 힘씀.
　　　　　賓客見參不事事『史記』

일 서로 부탁하다 :
　일 서로 부탁할 수【娷】以事相託.

일어나다 :
　일어날 기【起】
　　㉠ 발생함. 起因. 秋風起兮興雲飛『漢武帝』
　　　　인신(引伸)하여 사물의 시초. 起首. 起原.

㉡ 잠을 깸. 晏起. 早起. 鷄鳴而起『孟子』
㉢ 흥(興)함. 성(盛)해짐. 物之興衰.
　　情之起伏 理有固然矣『後漢書』
㉣ 분발(奮發)함. 奮起. 莫不興起『鹽鐵論』
㉤ 살아 활동함. 復不起.

일어날 발【發】
　㉠ 發生. 喜怒哀樂之未發 謂之中『中庸』
　㉡ 立身함. 舜發於畎畝之中『孟子』

일어날 설【泄】발생함. 흥기(興起)함.
　　　　　陽氣發泄『禮記』

일어날 속【謖】기립함.
　　　　　未嘗見舟 而謖操之者也『列子』

일어날 작【作】
　㉠ 잠에서 깸. 夜寐蚤作『弟子職』
　㉡ 기립(起立)함. 坐作. 雖少者必作『論語』
　㉢ 흥기(興起)함. 聖人作而萬物覩『易經』
　㉣ 생김. 大夫懼罪而禍作『史記』

일어날 재【赴】기거(起去).

일어날 준【蠢】作也

일어날 최【催】생김. 歲時歸思催『孟浩然』

일어날 축【畜】흥기(興起)함.
　　　　　諫者得進 忠信乃畜『說苑』

일어날 흥【興】
　㉠ 일어섬. 君爲之興『儀禮』
　㉡ 깨어 일어남. 夙興夜寐『詩經』
　㉢ 행하여 짐. 禮樂不興『論語』

일어날 희【熙】흥기(興起)함.

일어서다 기【起】
　㉠ 앉았다가 일어섬. 起坐.
　　　　見代宗來起立『指月錄』
　㉡ 우뚝 솟음. 孤峯秀起『陳舜兪』

일월(日月) : 해와 달.
　일월 명【明】天見其明『荀子』

일월성(日月星) : 해와 달과 별.
　일월성 정【精】五精帥而來摧『張衡』

일월성신(日月星辰) : 해와 달과 별의 총칭.
　일월성신 신【辰】三辰. 日月星辰『書經』
　일월성신 요【曜】七曜爲之盈縮『穀梁傳』

일으키다 :
　일으킬 거【舉】
　　㉠ 사물을 시작함. 행함. 舉兵. 舉事.
　　㉡ 몸을 일으킴. 舉身赴清池『古詩』
　　㉢ 興하게 함. 舉廢國『中庸』

일으킬 곤【棍】일으켜 세움. 以棍根兮『漢書』
일으킬 기【起】
　㉠ 직립(直立)하게 함.
　㉡ 일을 시작함. 起算起稿.
　㉢ 建築 함. 築造함. 背山起樓『李義山雜纂』

㉣ 홍성하게 함. 起業.
㉤ 사람을 등용함. 起樗里子于國『戰國策』
㉥ 깨우침. 계발함. 起予者商也『論語』
㉦ 파견함. 王起師於滑『左傳』
일으킬 발【發】
㉠ 입신(立身)시킴. 發身.
㉡ 일을 벌림. 無發大事『呂氏春秋』
일으킬 작【作】
㉠ 행함. 일을 일으킴. 作亂.
㉡ 진흥(振興)함. 作興. 作新民『大學』
일으킬 철【徹】發也.
일으킬 칭【稱】일을 일으킴.
稱兵以害我『左傳』
일으킬 흠【廞】진흥(振興)시킴.
廞其樂器『周禮』
일으킬 흥【興】
㉠ 일이 일어나게 함. 일을 시작함. 興師.
不可以興土功『禮記』
㉡ 거용(擧用)함. 進賢興功『周禮』
㉢ 성하게 함. 興復宋統『後漢書』
일일이 :
일일이 특【特】하나씩. 모조리.
孤卿特揖大夫『周禮』
일절(一切) :
일절 착【齣】
㉠ 각본(脚本). 전기(傳奇) 등의 한 회(回).
高則誠琵琶 有第一齣第二齣『路史』
㉡ 傳奇中一廻爲一齣『字彙補』
일주(一週) :
일주 주【週】칠일(七日).
칠요일(七曜日)을 一週라 함.
일주 협【浹】한 바퀴 도는 일.
일진일퇴(一進一退)하다 : 조금 나갔다 조금 물러감.
일진일퇴할 치【跮】跮踱輵容以委麗兮『史記』
일찍 :
일찍 경【經】지금까지. 其語不經見『史記』
일찍 상【嘗】예전에. 余嘗西至空峒『史記』
일찍 숙【夙】
㉠ 아침 일찍. 夙興夜寢『詩經』
㉡ 예전부터. 夙心. 償其夙志『歐陽修』
일찍 신【晨】夙也.
일찍 왕【往】이전에.
淸老往與余共學於漣水『黃庭堅』
일찍 조【早】
㉠ 먼저. 서둘러. 由辨之不早辨『易經』
㉡ 급히. 早救之『戰國策』
일찍 조【蚤】조(早)와 통용. 蚤死. 今僕不幸蚤失二親 無兄弟之親『漢書』
일찍 증【曾】일찍이. 이전에. 지금까지.
未曾有. 曾待客夜食『史記』
일찍 참【憯】이왕에. 憯莫懲嗟『詩經』
일찍 참【朁】曾也.
일찍 죽다 : 16세부터 19세까지 죽는 것을 장상(長殤), 12세~15세까지를 중상(中殤), 8세~11세까지를 하상(下殤), 7세이하의 죽음을 무복지상(無服之殤)이라 함.
일찍 죽을 상【殤】요사(夭死)함. 周人以殷人之棺槨葬長殤『禮記』
일찍 죽을 설【歽】요사(夭死).
일찍 죽을 요【殀】殀壽不貳『孟子』
일찍 죽을 요【夭】夭死. 人之情 欲壽而惡夭『呂氏春秋』
일찍 죽을 절【折】夭折. 凶短折『書經』
일찍 죽을 찰【札】民不夭札『左傳』
일찍 죽을 혼【昏】札瘥夭昏『左傳』
일천(一千) :
일천 천【千】
㉠ 10의 100배. 予有臣三千『書經』
㉡ 인신(引伸)하여 많음을 이름.
羅肆巨千『左思』
일천 천【阡】천(千)과 통용.
일천 천【仟】천(千)과 통용.
有仟佰之利『漢書』
일컫다 :
일컬을 목【目】칭(稱)함. 目以豪傑.
以其目君 知其爲弟『穀梁傳』
일컬을 칭【稱】㉠ 부름. 王稱左畸『國語』
㉡ 말함. 稱制. 稱疾.
일하다 :
일할 거【据】拮据. 힘써 일하는 모양.
予手拮据『詩經』
일할 결(길)【拮】拮据. 힘써 일함. 拮据勉勵.
予手拮据『詩經』
일할 로【勞】힘써 일을 함. 先之勞之『論語』
일할 복【艮】以手治事.
일할 작【作】日出而作 日入而息『帝王世紀』
일할 진【賑】動力就事.
일회(一回) :
일회 착【齣】
㉠ 脚本. 高則誠琵琶 有第一齣第二齣『路史』
㉡ 전기(傳奇) 등의 한 回.
傳奇中一廻爲一齣『字彙補』
일흔 여섯 해 :
일흔 여섯 해 부【蔀】
㉠ 古代 역법(曆法)은 76년을 一蔀라 함.

　　以閏餘一之歲爲蔀首『漢書』
　ⓛ 從三統曆 七十六歲爲一蔀 二十蔀爲一紀
　　　『詩經』

읽다 :
　읽을 독【讀】
　　㉠ 읽는 일. 읽는 법. 習其讀『公羊傳』
　　ⓛ 소리를 내어 책 같은 것을 봄. 朗讀.
　　　冬讀書『禮記』
　　㉢ 해독(解讀)함. 吾王伐石,
　　　得紫文金簡之書不能讀『抱朴子』
　읽을 두【嗪】 讀也.
　읽을 송【誦】 글을 읽음. 誦經. 誦習之『史記』
　읽을 열【閱】 독서함. 閱書.
　　　　　可以調素琴 閱金經『劉禹錫』

잃다 :
　잃을 망【凵】 失也.
　잃을 망【亡】 없어짐. 분실함. 亡失. 亡逸.
　　　　　楚人亡弓『孔子家語』
　잃을 상【喪】
　　㉠ 없어지게 함. 상실(喪失)함. 喪心.
　　　勇士不忘喪其元『孟子』
　　ⓛ 지위(地位)를 잃음.
　　　二三子何患於喪乎『論語』
　　㉢ 사별(死別)함. 悼喪其親『左傳』
　　㉣ 偏喪曰寡『詩經』
　잃을 서【闄】 囝 闄失.
　잃을 손【損】 상실함. 손해를 봄. 損失.
　　　　　費日損工『鹽鐵論』
　잃을 실【失】
　　㉠ 빠트림. 紛失. 罔然若有失也『後漢書』
　　ⓛ 놓침. 失農. 時哉不可失『書經』
　　㉢ 남의 손으로 넘어감. 빼앗김.
　　　旣得之 患失之『論語』
　　㉣ 찾지 못함. 迷失道『史記』
　　㉤ 그르침. 잘못함. 失禮. 不失其序『國語』
　잃을 약【弱】 상실함. 又弱一个焉『左傳』
　잃을 운【隕】 상실함. 失隕. 酒隕其身『賈誼』
　잃을 운【抎】 잃어버림. 惟恐失抎之『戰國策』
　잃을 유【遺】
　　㉠ 떨어뜨림. 楚王遺弓 楚人得之『公孫龍子』
　　ⓛ 떨어뜨린 것. 塗不拾遺『史記』
　잃을 일【逸】 망실함. 亡逸. 逸詩,
　　　　　多厥載 多逸文『皇甫湜』
　잃을 일【佚】 遇佚前人光『書經』
　잃을 일【軼】 일(逸)과 동자(同字).
　　　　　망실(亡失)하여 전(傳)하지 아니함.
　　　　　軼事. 睹軼詩可異焉『史記』

잃어버리다 :
　잃어버릴 주【丟】 失也.

임 :
　임 군【君】 남의 존칭. 臣非知君『史記』
　임 벽【辟】 죽은 남편의 호칭(呼稱).
　　　　　妻祭夫曰皇辟『禮記』
　임 자【子】
　　㉠ 남자의 미칭(美稱).
　　　　如七十子之服孔子也『孟子』
　　ⓛ 일가(一家)를 이룬 사람. 孔子. 孟子.
　　　子曰學而時習之『論語』

임금 :
　임금 건【乾】 군주(君主). 제왕(帝王). 제위(帝位).
　　　　　乾統. 握乾綱而子萬姓『沈約』
　임금 공【公】 天子. 君主. 掌公墓之地『周禮』
　임금 군【君】
　　㉠ 군주(君主), 천자(天子), 제후(諸侯) 등 국
　　　가(國歌)의 주권자(主權者). 君主.
　　　奄有四海 爲天下君『書經』
　　ⓛ 제후. 영지가 있는 경대부(卿大夫).
　　　봉호(封號). 孟嘗君. 春申君.
　　㉢ 주재자(主宰者). 두목(頭目). 추장(酋長).
　　　西南夷君長, 以什數『史記』
　임금 남【南】 君主. 鄭伯 南也『國語』
　임금 벽【辟】
　　㉠ 천자(天子) 또는 제후(諸侯). 復辟.
　　　惟辟作福『張蘊古』
　　ⓛ 하늘의 존칭(尊稱).
　　　蕩蕩上帝 下民之辟『詩經』
　임금 왕【王】
　　㉠ 군주(君主). 천자(天子). 帝王.
　　　天子作民父母 以爲天下王『書經』
　　ⓛ 큰 제후(諸侯)의 칭호(稱號).
　　　大丈夫定諸侯 卽爲眞王耳『史記』
　임금 원【元】 군주(君主). 元首明哉『書經』
　임금 제【帝】 천자(天子). 帝王.
　　　　　曰若稽古帝堯『書經』
　임금 주【主】 군왕(君王). 君主. 聖主.
　　　主倡而臣和 主先而臣從『史記』
　임금 증【烝】 군주(君主). 文王烝哉『詩經』
　임금 천【天】 天子. 天之方難『詩經』
　임금 황【皇】 황제(皇帝). 三皇五帝.
　　　　　皇王維辟『詩經』
　임금 후【后】
　　㉠ 천자(天子). 군주(君主).
　　　徯我后 后來其蘇『書經』
　　ⓛ 제후. 班瑞于羣后『書經』

임금님 :
　임금님 룡【龍】 天子事物之用語. 龍顔. 龍駕.

임금아내 :

임금아내 희【姬】황후(皇后). 왕비(王妃).
　　　　　　王姬之車『詩經』

임금 자리 :
　임금 자리 극【極】帝位. 登極.
　　　　　　　體元御極『唐書』

임명(任命)하다 :
　임명할 서【署】관리에 임명함.
　　　　　　　召署主薄『後漢書』

임박(臨迫)하다 :
　임박할 빈【濱】절박(切迫)함. 濱死.
　　　　　　　是以濱於死『國語』
　임박할 빈【瀕】빈(濱)과 동자(同字).
　　　　　　　海瀕廣斥『漢書』

임소(任所) :
　임소 수【狩】임지. 巡狩. 行狩記政事『史記』
　임소 임【任】임지(任地). 赴任.
　　　　　　君蒞其任 視民如傷『潘岳』

임으로 하다 :
　임으로 할 괄【懖】善自用.

임지(任地) : 관직에 있는 곳.
　임지 수【守】境守清靜『魏志』

임질(痳疾) : 요도(尿道)의 점막에 염증이 생기어
　오줌이 잘 나오지 않는 성병.
　임질 림【痳】임(淋)과 동자(同字).
　임질 림【淋】임(痳)과 동자(同字).
　　　　　　　消淋逐水『鮑照』

임하다 :
　임할 리【莅】
　　㉠ 그 자리에 나아감. 臨莅.
　　　　莅于介次 而聽小治小訟『周禮』
　　㉡ 군림(君臨)함. 莅中國撫四夷『孟子』
　임할 리【涖】임(臨)과 동의. 涖止.
　　　　　明吏事 涖南曹五年『唐書』
　임할 리【𣲖】臨也.
　임할 림【臨】
　　㉠ 높은 곳에서 내려다 봄. 瞰臨. 俯臨.
　　　　臨清流而賦詩『陶潛』
　　㉡ 높은 곳에서 낮은 곳을 대함.
　　　　照臨下土『詩經』
　　㉢ 군주가 신하를 대함. 君臨.
　　　　屢省考績 以臨臣下『說苑』
　　㉣ 높은 사람이 낮은 사람한테 감. 光臨.
　　　　臨諸侯『禮記』
　　㉤ 마주 대함. 如臨父母『易經』
　　㉥ 어떠한 장소에 나옴. 臨席.
　　㉦ 그 때에 당함. 臨別贈言『王勃』
　　㉧ 침. 출정(出征)함. 以臨韓魏『戰國策』
　　㉨ 지킴. 수비함. 君臨函谷『戰國策』
　　㉩ 다스림. 제어함. 君臨之『國語』
　임할 시【侍】大胥侍之『禮記』
　임할 침【枕】내려다 봄. 北枕大江『漢書』

입 :
　입 교【噭】동물의 입. 馬蹄噭千『漢書』
　입 구【口】
　　㉠ 耳目口鼻. 掩口而對『禮記』
　　㉡ 말하는 입. 防民之口 甚於防川『國語』
　　㉢ 먹는 입. 糊口. 以餬余口『左傳』
　입 유【緌】매미의 주둥이. 蟬有緌『禮記』
　입 이【咡】循咡覆手『管子』
　입 추【𠴱】口也.

입가 : 입의 언저리.
　입가 이【咡】負劍辟咡詔之『禮記』

입관하다 :
　입관할 관【棺】시체(屍體)를 관(棺)에 넣음.
　　　　　　　棺而出之『左傳』

입김 내보내다 :
　입김 내보낼 은【齴】口氣出.

입다 : 옷 같은 것을 걸침.
　입을 가【加】着用. 加冠. 加朝服『論語』
　입을 만【蠻】蠻龍虎之文舊矣『班固』
　입을 몽【蒙】
　　㉠ 옷을 입음. 間蒙甲冑『國語』
　　㉡ 은혜(恩惠)를 입음. 蒙惠. 蒙國恩『李密』
　입을 민【緡】言緡之絲『詩經』
　입을 복【服】非先王之法服 不敢服『孝經』
　입을 부【負】상처 같은 것을 입음. 負傷.
　입을 습【襲】옷을 입음. 襲朝服『司馬相如』
　입을 욕【浴】받음. 浴化.
　　　　　　　有澡身而浴德『禮記』
　입을 유【濡】은덕을 입음. 濡化.
　　　　　　　涵濡天休『元結』
　입을 의【衣】옷을 입음. 衣敝縕袍『禮記』
　입을 착【著】옷을 입음. 著衣.
　　　　　　　不宜著衾『禮記』
　입을 충【衷】속에 입음. 楚人衷申『左傳』
　입을 표【表】웃옷을 입음. 必表而出『論語』
　입을 피【披】옷을 걸침. 披服.
　　　　　　　披鶴氅行雪中『世說』
　입을 피【被】
　　㉠ 옷을 입음. 被衣. 夫子被之『國語』
　　㉡ 받음. 은혜 등을 입음. 被恩.
　　　　被慈母三遷之教『趙岐』
　　㉢ 피해, 부상 등을 당함. 被害.
　　　　胃險被創『諸葛亮』
　입을 호【扈】몸에 걸침. 扈江離與辟芷兮『楚辭』
입 다물다 :

입 다물 겸【縑】폐구(閉口).
입 다물 금【噤】금(唫)과 동자(同字).
嘿口不敢復言『史記』
입 다물 금【唫】금(噤)과 동자(同字).
萬物各唫『揚雄』
입 다물 묵【默】말을 하지 아니함.
或默或語『易經』
입 다물 음【喑】침묵(沈默)함. 喑啞.
近臣則 喑遠臣貝唫『墨子』
입 다물 이【覞】閉口貌.
입 다물 합【嗑】입을 다물고 있음.
입 다시는 소리 :
입 다시는 소리 습【喈】口聲咠喈.
입 딱 벌리다 :
입 딱 벌릴 마【䆊】䆊㘃. 開口貌.
입 딱 벌릴 치【哆】食飲噓哆『蔡襄』
입 딱 벌릴 피【㛹】開口貌.
입 딱 벌릴 하【呀】如口開呀呀『韓愈』
입 딱 벌릴 함【哈】哈呀. 哈哈有聲『南史』
입 막다 :
입 막을 괄【昏】색구(塞口).
입맛 다시다 : 입맛을 쩍쩍 다시며 먹음.
입맛 다실 타【咤】毋咤食『禮記』
입맛 다실 타【吒】타(咤)와 동자(同字).
㉠ 項王暗噁叱吒『資治通鑑
㉡ 母吒食『禮記』
입 맞추다 :
입 맞출 축【噈】구합(口合).
입 맞출 축【歡】접구(接口).
입 맞출 침【唚】㊥ 唚嘴.
입 밖에 내다 :
입 밖에 낼 구【口】吾爲子口隱矣『公羊傳』
입 벌름거리다 : 고기가 물위에 입을 내 놓고 벌름거림.
입 벌름거릴 엄【噞】噞喁沈浮『左思』
입 벌름거릴 옹【喁】水濁則魚喁『韓詩外傳』
입 벌리다 :
입 벌릴 감【凵】㉠ 입을 벌림.
㉡ 물건을 담는 제구.
입 벌릴 갹【噱】遙噱庨紭中『漢書』
입부리 뾰족하다 :
입부리 뾰족할 벌【吙】吙嘴.
입 비뚤다 : 병의 아가리가 비뚤어져서 물건이 들어가기가 어려움.
입 비뚤 소【哨】枉矢哨壺『禮記』
입 비뚤어지다 :
입 비뚤어질 괘【喎】괘(咼)와 동자(同字).
입 비뚤어질 괘【咼】괘(喎)와 동자(同字).
입 비뚤어질 교【嶠】口不正.
입 비뚤어질 위【瘑】구괘(口咼).
입성(入聲) : 사성(四聲)의 하나. 짧고 빨리 거두어들이는 소리.
입성 입【入】入聲短促急收藏『玉鑰匙歌訣』
입술 : 포유동물(哺乳動物)의 입의 바깥부분을 이루는, 아래위에 붙은 얇고 부드러운 살.
입술 권【䐓】吻也.
입술 문【脗】문(吻)과 동자(同字).
爲其脗合 置其滑涽『莊子』
입술 문【吻】銳喙決吻『周禮』
입술 문【肳】문(吻)과 동자(同字). 脣也.
입술 순【脣】脣亡則齒寒『穀梁傳』
입술 검은 소 : 털이 누르고 입술이 검은 소.
입술 검은 소 순【犉】九十其犉『詩經』
입술 두껍다 :
입술 두꺼울 학【䃒】厚脣貌.
입술 두텁다 :
입술 두터울 차【奓】후순(厚脣).
입술 병 :
입술 병 잠【䐶】순병(脣病).
입술처지다 : 입술이 아래로 처짐.
입술처질 차【哆】口哆頰中出『王惲』
입아귀 :
입아귀 문【㖧】口脣邊.
입 어기적거리다 :
입 어기적거릴 람【嚂】식모(食貌).
입 없는 짐승 :
입 없는 짐승 환【䝞】無口獸.
입에 넣고 씹지 않다 :
입에 넣고 씹지 않을 감【䶩】口持不齧.
입 우물거리다 :
입 우물거릴 집【㗱】㗱㗱. 초모(噍貌).
입 움직이다 :
입 움직일 염【唸】口動貌.
입으로 부르다 :
입으로 부를 점【占】口占書吏『漢書』
입 작다 :
입 작을 지【咫】口小貌.
입 처지다 :
입 처질 차【奓】緩口貌.
입추동(立秋冬) :
입추동 폐【閉】입추(立秋)와 입동(立冬)을 이름.
分至啓閉『左傳』
입 크다 :
입 클 운【喗】구대(口大).
입히다 : 옷을 입힘.

입힐 민【緡】言緡之絲『詩經』
입힐 의【衣】衣之㡏服『左傳』
잇다 :
이을 갱【賡】계속함. 남의 노래에 이어 노래함.
　　　乃賡載歌『書經』
이을 경【更】연속함. 姓利相更『國語』
이을 계【鱀】계(繼)와 동자(同字).
　　　得水則爲鱀『莊子』
이을 계【繼】
　㉠ 이어나감. 繼續. 善繼人之志『中庸』
　㉡ 이어 받음. 繼承. 繼主君『周禮』
　㉢ 계승을 이음. 繼絶世『論語』
　㉣ 이어. 계속하여 繼而有師命『孟子』
이을 곡【暴】連也.
이을 락【絡】連絡. 絡繹. 絡絡結雲騎『謝朓』
이을 련【䜌】綴也.
이을 련【連】
　㉠ 연속함. 계속함. 連續. 淚落連珠子『古詩』
　㉡ 연(連)하여. 계속(繼續)하여.
　　　連戰連勝 連徵不至『後漢書』
　㉢ 열을 지어 늘어 섬. 連嶁列埒之門『淮南子』
　㉣ 붙음. 잇닿음. 雲連徒州『國語』
　㉤ 합침. 連合. 連諸侯者次之『孟子』
이을 무【武】계승함. 下武惟周『詩經』
이을 붕【絣】계승함. 將絣萬嗣『後漢書』
이을 사【似】相續. 似續. 以似以續『詩經』
이을 사【嗣】뒤를 이음. 嗣子.
　　　子産若死 其使誰嗣之『呂氏春秋』
이을 선【蟬】연속한 모양. 蟬聯.
　　　有周氏之蟬嫣兮『漢書』
이을 소【紹】계승함. 繼紹.
　　　紹復先王之大業『書經』
이을 속【續】
　㉠ 연함. 계속함. 連續. 續衽鉤邊『禮記』
　㉡ 계승함. 續襲. 續夫千載不傳之緒『朱熹』
이을 술【述】이전의 일을 이어 받아 따름.
　　　述遵. 父作之 子述之『中庸』
이을 승【承】계승함. 承統.
　　　承先人之後者 在孫惟汝『韓愈』
이을 승【繩】뒤를 계승함. 繩其祖武『詩經』
이을 심【尋】日尋干戈 以相征討『左傳』
이을 엄【掩】계승함. 能掩迹於文武『荀子』
이을 윤【胤】자손이 계승함.
　　　予乃胤保 大相東土『書經』
이을 이【樆】연속(連續).
이을 재【載】계속함. 乃賡載歌『書經』
이을 전【悛】뒤를 이음. 外內以悛『左傳』
이을 접【接】
　㉠ 이어 맞춤. 接合. 接骨.

　㉡ 이어 받음. 계승함. 漢興接秦之弊『史記』
　㉢ 연함. 잇닿음. 接續. 水光接天『蘇軾』
　㉣ 계속함. 接踵. 堂上接武『禮記』
이을 종【踵】
　㉠ 계속함. 접함. 踵軍數十萬『漢書』
　㉡ 이어 받음. 계승함. 踵秦而置材官『漢書』
이을 즙【緝】계속함. 계승함. 緝熙.
　　　授几有緝御『詩經』
이을 차【次】뒤를 이음. 論孟次之『中庸章句』
이을 찬【纘】주로 사업을 계승함.
　　　武王纘太王 王季文王之緒『中庸』
이을 찬【纂】찬(纘)과 동자(同字). 계승함.
　　　繼也. 纂堯之緒『漢書』
이을 철【叕】連也.
이을 철【綴】연결함. 連綴. 點綴.
이을 첩【㠍】連也.
이을 촉【屬】屬聯. 冠蓋相屬於魏『史記』
이을 췌【贅】연속함. 연함. 具贅卒荒『書經』
잇달다 :
잇달 사【纚】연이음. 輦道纚屬『漢書』
잇달 홍【潁】연속한 모양.
　　　運淸濁之潁潁兮『賈誼』
잇닿다 :
잇닿을 뢰【轠】轠轤. 繽紛往來轠轤不絶『揚雄』
잇닿을 비【坒】土地相接.
잇대다 :
잇댈 철【叕】聯也.
잇몸 :
잇몸 악【㖾】치악(齒齶).
잇몸 악【齶】치은(齒齦). 齗齶.
잇몸 은【齦】齒齦. 香齦皓齒疑貝編『李禎』
잇몸 은【齗】齗齶. 敷墮齒之齗『舊唐書』
잇몸 차【車】치은(齒齦). 輔車相依『左傳』
잇몸 치【齝】치은(齒齦).
잇몸 드러나다 :
잇몸 드러날 치【齝】齒齦外視.
잇몸 무르다 :
잇몸 무를 거【齟】齗不固曰齟.
잇몸 붓다 :
잇몸 부을 거【齟】齒齦負病.
잇수 :
잇수 정【踵】이정(里程).
있다 :
있을 가【加】처(處)함. 加於齊之卿相『孟子』
있을 거【宭】居也.
있을 거【居】
　㉠ 집안에 평상(平常) 있음. 또는 한 경우에
　　　처하여 있음. 仲子居 曾子侍『孝經』

ㄴ 해당함. 차지함. 居申.
　天下不如意 恒十居七八『晉書』
ㄷ 數各居其上之三分『禮記』

있을 도【都】 점유(占有)함. 그 지위에 있음.
　身都卿相之位『東方朔』

있을 맹【懜】 懜懜, 在也.

있을 어【於】 재(在)와 동의. 軒晃在前 非義弗
　乘 斧越於後 義死不避『說苑』

있을 유【有】
ㄱ 존재함. 有無. 有文在其手『左傳』
ㄴ 생김. 일어남. 日有食之『左傳』
ㄷ 가지고 있음. 陳文子有馬十乘『論語』

있을 재【在】
ㄱ 지위, 장소 같은 것을 차지함. 在職.
　位在廉頗之右『史記』
ㄴ 살아 있음. 在世. 父在觀其志『論語』
ㄷ 단정하는 말. 在明明德『大學』

있을 존【存】 존재함. 操則存 舍則亡『孟子』

있을 혹【或】 존재함. 或治之『孟子』

잉어: 잉엇과에 속한 민물고기. 몸길이는 일정하
　지 않으며, 방추형(紡錘形)으로 약간 납작하다.
　등이 검푸르고 배는 담황색이며, 주둥이는 둔
　하고 입가에 두 쌍의 수염이 있다. 잡식성으로
　강이나 연못 등지에 살며, 맛이 좋아 양식하기
　도 한다.

잉어 루【鱸】 리어(鯉魚).

잉어 리【鯉】 鯉魚. 豈其食魚 必河之鯉『詩經』

잉어 제【鰶】 대리(大鯉).

잉어 추【鯫】 鯉也.

잉어 혼【鯇】 鯉也.

잉첩(媵妾): 시집가는 데 따라 보내는 여자.

잉첩 잉【媵】 侍女. 媵侍.
　　從衣文之媵七十人 至晉『韓非子』

잊다:

잊을 만【㦖】 忘也.

잊을 말【怵】 忘也.

잊을 망【忘】
ㄱ 기억하지 못함. 忘却. 健忘.
　民不忘其勞『易經』
ㄴ 염두에 두지 아니함. 개의하지 아니함.
　忘死生 忘其身『論語』
ㄷ 소홀히 함. 忘思. 不愆不忘『詩經』

잊을 망【亡】 망(忘)과 통용.
　　必其憂矣 曷維其亡『詩經』

잊을 미【弭】 기억에서 사라짐.
　　不可弭忘『詩經』

잊을 유【遺】 망각함. 遺忘, 棄予如遺『詩經』

잊을 질【跌】 망각함.

잊을 홀【忽】 망각함. 願幸毋忽『漢書』

잊을 훤【諼】 훤(諠)과 동자(同字). 망각함.
　　有斐君子 終不可諼兮『詩經』

잊을 훤【諠】 훤(諼)과 동자(同字).
　　有斐君子 終不可諠兮『大學』

잎:

잎 엽【葉】
ㄱ 초목의 잎. 綠葉. 落葉. 匏有苦葉『詩經』
ㄴ 잎의 모양을 한 것이나 잎과 같이 얇은 것.
　鐵葉. 加栖覆之面葉『儀禮』

잎 점【點】 떨어지는 꽃잎이나 나뭇잎 따위.
　　風飄萬點正愁人『杜甫』

촌수(寸數)

동일 조상에서 파생된 직계(直系)와 방계(傍系) 간 즉, 친족 간의 멀고 가까움을 나타내기 위한 숫자체계. 법률용어로는 친등(親等)이다. 촌수가 가까우면 먼 것보다 근친임을 의미한다. 부모와 자식 사이는 1촌이다. 형제·자매는 2촌이며, 일반적으로 직계혈족 사이에서는 촌수를 쓰지 않는다. 아버지의 형제는 나와 3촌 간이며, 3촌의 자녀들은 4촌이다. 촌수 중 짝수는 나와 같은 형제항렬(4촌·6촌·8촌 등)이고 홀수는 모두 숙항렬로 숙질(叔姪; 아저씨와 조카) 관계가 이루어진다. 촌수가 친족 호칭으로 대용되고 있는 것은 대체로 8촌까지인데, 이것은 조상제사를 지낼 때 4대 봉사를 원칙으로 하는 것과 관련이 있다. 촌수를 계산하여 친족 간의 원근을 측정하는 입법주의를 세대친등제(世代親等制)라고 한다. 촌수는 어떤 친척이 나와 어떤 관계에 있는지를 명확히 알려주는, 다른 나라에서 볼 수 없는 한국 고유의 제도이다.

(1) 계촌법(計寸法)
　친척의 멀고 가까움을 따지는 것으로 나로부터 종(縱)으로는 고조(高祖)를 최고 존속으로 하고 횡(橫)으로는 동고조 방계까지를 따져 촌수(寸數)로서 원근(遠近)을 나타내는 방법이다. 따라서 방계의 마디 명인 촌을 직계에 사용하는 것은 나의 존재체계를 부정하는 것일 뿐만 아니라 나를 잃음 체계 속의 타자 적인 입장에 서게 하는 것이다. 그것은 스스로 나 자신을 부정하는 것과 같다. 여기에 직계에 촌이라는 방계 마디 명을 써서 안 되는 이유가 있다. 이로써 또한 우리 선조들이 대(代)라는 마디 명칭을 쓰게 된 지혜를 이해할 수 있다.

(2) 촌수계산의 기본 원리
　① 직계혈족의 촌수는 나와 아버지의 관계만 있다. 나와 아버지의 1촌, 아버지와 아버지의 아버지가 1촌이다. 자기와 아버지의 관계만이 직계혈족의 촌수계산법이다.

　② 촌수계산은 세대수의 숫자를 이용하여 계산한다. 4촌의 계산은 나와 할아버지의 2세대 수 2와 사촌과 할아버지의 2세대 수 2를 더하여 4촌이 되는 것이다. 나와 할아버지와의 촌수는 1촌이며, 할아버지는 나의 2대조가 된다. 세대수를 촌수로 착각한 것이 지금의 오류를 범하게 되는 것이다.

　③ 나를 기준으로 외가의 촌수를 계산하는 경우 외조·외증조는 어머니의 직계혈족이므로 촌수를 셈할 수 없다. 다만, 계산상으로 몇 대조인가를 셈하여 촌수를 따지는 것이다.

ㅈ

지읒

자 : 길이를 재는 기구.

　자 도【度】장단(長短)을 재는 기구. 尺度.
　　　　　　同律度量衡『書經』

　자 척【尺】

　　㉠ 길이의 단위. 10촌(寸). 十寸爲尺『漢書』

　　㉡ 길이를 재는 자. 掘地得古銅尺『晉書』

　　㉢ 근소(僅少). 약간(若干)의 뜻. 尺土.

　자 확【矱】척도(尺度).
　　　　　　揚準矱之貞度『後漢書』

　자 심【尋】尋引規矩『柳宗元』

　자 약【蒦】尺也.

자 : 본 이름 외에 부르는 이름.

　자 보【甫】台甫. 남의 자(字)를 물어봄.

　자 보【父】보(甫)와 통용. 남자에 대한 미칭(美
　　　　　稱). 尼父. 尙父. 壬父. 昔者 齊公得
　　　　　營仲 時以爲仲父『戰國策』

　　자 자【字】

　　㉠ 孔子名丘 字仲尼『史記』

　　㉡ 자(字)를 지음. 冠而字之『儀禮』

자가사리 : 퉁가릿과에 속한 민물고기. 몸은 갸름
　하다. 전체적인 몸빛깔은 황갈색인데 등 쪽은
　짙고 배 쪽은 옅다. 머리는 넓적하고 입가에 4
　쌍의 굵고 긴 수염이 있다. 물이 맑은 돌 밑에
　숨어살며, 5~6월에 알을 낳는다.

　자가사리 당【鱨】魦也.

　자가사리 력【鯠】魦也.

　자가사리 력【鱺】魝也.

　자가사리 상【鱨】魚麗于罶鱨鯊『詩經』

　자가사리 아【鮰】黃頰魚.

　자가사리 알【魶】黃頰魶).

　자가사리 앙【鰇】鰇魥, 黃頰魚.

　자가사리 탁【魛】黃頰魚.

자갈 : 강이나 바다의 바닥에서 오랜 동안 갈리어
　반들반들해진 잔돌.

　자갈 력【礫】잔 돌. 沙礫. 爛若磧礫『張衡』

　자갈 잠(침)【磻】小石.

　자갈 최【磪】소석(小石).

자갈 땅 :

　자갈 땅 각【确】돌이 많은 땅. 磽确.

山石犖确行徑微『韓愈』

　자갈 땅 외【磈】磈磳 地不平.

　자갈 땅 족【磩】磩磩. 石地不平.

자갈밭 : 자갈이 많이 깔리어 있는 밭. 또 그러한
　땅.

　자갈밭 교【垗】석전(石田).

　자갈밭 적【磧】물가의 자갈이 많이 있는 곳.
　　　　　　石磧. 下磧歷之坻『司馬相如』

자개 : 금조개 껍데기를 썰어 낸 조각. 빛깔이 아
　름다워 여러 가지 장식용으로 쓰인다.

　자개 강【魟】대패(大貝).

　자개 후【賧】龍貝出海南.

자개로 칼 장식하다 :

　자개로 칼 장식할 려【琊】士琊琕而琊琕『詩經』

자개소리 :

　자개소리 쇄【貴】貝介聲.

자개장식 :

　자개장식 패【珼】패식(貝飾).

자고(鷓鴣) : 꿩과에 속한 새. 생김새가 메추라기
　와 비슷하나 메추라기보다 크기가 큰 편이며,
　부리와 발이 강하다. 날개는 감람녹색이고 등,
　배와 꼬리는 누른 갈색이다. 목과 눈에 걸쳐
　까만 고리가 둘렸고, 부리와 다리는 붉다. 꽁지
　깃이 열네 개로 날개 길이의 대부분을 차지한
　다.

　자고 고【鴣】鷓鴣.

　자고 자【鷓】鷓鴣. 宮女如花滿春殿 只今惟有鷓
　　　　　　鴣飛『李白』

자국 :

　자국 반【瘢】사물의 흔적. 洗垢索瘢.
　　　　　　新瘢蓓蕾漲『范成大』

　자국 유【内】짐승의 발자국.
　　　　　　其足蹯 其跡内『爾雅』

　자국 항【迒】짐승 특히 토끼의 발자국을 이름.
　　　　　　結罝百里 迒杜蹊塞『張衡』

자궁병(子宮病) :

　자궁병 반【瘢】子宮病.

자귀 : 나무를 찍고 패거나 깎는 연장.

　자귀 근【斤】斤斧. 斧斤以時入山林『孟子』

　자귀 근【釿】근(斤)과 동자(同字). 釿鋸制焉 繩
　　　　　　墨殺焉 椎鑿決焉『莊子』

　자귀 근【鐁】斫木器.

자귀 밥 : 자귀질 할 때에 튀어나오는 나뭇조각.

　자귀 밥 촉【蔌】躅蔌. 비목(飛木).

자끈 하다 :

　자끈 할 괵【劃】물건이 부서지는 소리.

자네 : 친구나 손아래 사람에게 쓰는 제이인칭(第
　二人稱) 대명사(代名詞).

자네 마【麿】일 丈夫美稱. 君貴公.

자네 인【仁】 친애(親愛)하는 사람의 호칭(呼稱).
　　　　　今說, 仁諦聽『無量壽經』

자다 : 잠을 잠.

잘 매【寐】 잠을 잠. 夙興夜寐『詩經』

잘 면【眠】 眠食. 竟夕不眠『後漢書』

잘 면【瞑】 면(眠)과 동자(同字).
　　　　　據高梧而瞑『莊子』

잘 명【瞑】 甘瞑乎溷濁之域『淮南子』

잘 수【睡】 睡臥. 共君今夜不須睡『賈島』

잘 정【定】 夜人定後『後漢書』

잘 침【寢】 寢食. 宰予晝寢『國語』

자대 :

자대 자【箈】 죽명(竹名).

자드락 길 : 비탈진 길.

자드락 길 등【墱】 墱道邐倚以正東『張衡』

자득(自得)하다 : 스스로 흡족하게 여기는 모양.

자득할 유【由】 由由焉與之偕『孟子』

자라 : 파충류(爬蟲類) 자랏과에 속한 종. 몸길이
　30센티미터 가량으로 모양은 거북과 비슷하나
　등딱지의 중앙선 부분만 단단하고, 다른 부분
　은 부드러운 피부로 덮여 있으며 알갱이 모양
　의 돌기나 융기된 줄이 있다. 딱지는 푸른빛을
　띤 회색이고 배는 흰색이다. 꼬리는 짧고 주둥
　이 끝은 뾰족하다. 식용하거나 약재로 쓴다.

자라 별【鼈】 鳥獸魚鼈『書經』

자라 별【鱉】 별(鼈)과 동자(同字). 귀속(龜屬).
　　　　　離爲鱉『易經』

자라 오【鰲】 대별(大鼈).

자라 오【鼇】 바다에서 사는 큰 자라.
　　　　　斷鼇足以立四極『史記』

자라 원【黿】 원(黿)과 동자(同字).

자라 원【黿】 큰 자라. 楚人獻黿於鄭靈公『左傳』

자라다 :

자랄 독【毒】 생장함. 亨之毒之『老子』

자랄 부【阜】 성장함. 助生阜也『國語』

자랄 산【産】
　　㉠ 생산함. 産地. 珍怪之所化産『郭璞』
　　㉡ 발생함. 百姦衆辟 從是産матриал『呂氏春秋』

자랄 생【生】 생장함. 師之所處 荊棘生『老子』

자랄 식【息】 증가함. 其日夜之所息『孟子』

자랄 식【殖】 성장함. 其生不殖『左傳』

자랄 역【驛】 싹이 뾰족뾰족 나와 자라는 모양.
　　　　　驛驛其達『詩經』

자랄 육【育】 생장함. 發育. 萬物育矣『中庸』

자랄 율【矞】 초목 같은 것이 봄바람에 성장하는
　　　　　모양. 物登明堂 矞矞皇皇『太玄經』

자랄 자【滋】 생장함. 草木庫小不滋『呂氏春秋』

자랄 장【長】 생육함. 生長.
　　　　　苟得其養 無物不長『孟子』

자랄 점【漸】 보리 같은 것이 잘 자라는 모양.
　　　　　麥秀漸漸兮『史記』

자랄 창【暢】 성장함. 夸條直暢『司馬相如』

자랄 창【鬯】 창(暢)과 동자(同字). 성장함.
　　　　　草本鬯茂『漢書』

자랄 촬【茁】 동물이 생장하는 모양.
　　　　　牛羊茁壯長而已矣『孟子』

자락 :

자락 거【裾】
　　㉠ 옷자락. 攬裾脫絲履『古詩』
　　㉡ 드리운 것의 끝. 傘裾直至地『正字通』

자락 규【袿】 옷자락. 일설에는 소매통.
　　　　　微風動袿『嵇康』

자락 예【裔】 옷자락. 裔衣裾也『說文解字』

자락 임【衽】 치맛자락. 執衽采藥『司馬光』

자락 포【襃】 넓고 큰 옷자락.
　　　　　襃衣博帶『漢書』

자랑 :

자랑 과【侉】 과(誇)와 동자(同字). 矜也.
　　　　　驕淫矜侉『書經』

자랑 과【誇】 자만(自慢). 자부(自負).
　　　　　青紫今爲里巷誇『蘇軾』

자랑하다 :

자랑할 과【誇】 자만(自慢)함. 誇大.
　　　　　誇妻妾端正『王君玉』

자랑할 과【夸】 자만함. 夸鄉里『漢書』

자랑할 과【侉】 과(誇)와 동자(同字). 자만.

자랑할 긍【矜】 矜大. 汝惟不矜『書經』

자랑할 령【詅】
　　㉠ 자기의 물건을 자랑하며 팖.
　　　　　無才思自謂清華『中論』
　　㉡ 江南號爲詅癡符『顔氏家訓』

자랑할 매【讀】 과탄(誇誕).

자랑할 벌【伐】 공적을 자랑함.
　　　　　孟之反不伐『論語』

자랑할 상【尙】 자만함.
　　　　　君子不自尙其功『禮記』

자랑할 시【施】 뽐냄. 勿施勞『論語』

자랑할 이【訑】 訑訑, 自得貌.

자랑할 장【張】 誇張. 我張吾三軍『左傳』

자랑할 차【侘】 卽欲以侘鄙縣『史記』

자랑할 차【夅】 夸也.

자랑할 타【詫】 타(吒)와 同字. 자만(自慢)함.
　　　　　自誇詫『宋史』

자랑할 타【妮】 자찬함. 敗罷 子虛過妮烏有先生
　　　　　『司馬相如』

자랑할 항【炕】 자만함. 驕炕以導盛陽『唐書』

자랑할 현【衒】자기가 자랑을 함. 자기 선전을 함. 自矜함. 衒學. 矜衒 將衒外以惑愚瞽也『劉基』
자랑할 호【㦀】誇也.
자랑할 호【嫭】자만함. 車騎皆帝所賜 卽以嫭鄙小縣『漢書』
자랑할 획【嚿】과모(誇貌).
자랑할 획【嫿】자만함. 風俗以韰惈爲嫿『左思』
자랑할 후【詡】자찬(自讚)함. 또 큰소리를 함. 豪言壯談. 誇詡衆庶『漢書』

자뢰하다 :
자뢰할 석【席】밑천으로 삼다. 의뢰함. 席寵惟舊『書經』

자루 :
자루 가【柯】도끼자루. 伐柯伐柯其則不遠『詩經』
자루 고【橐】수레 위에 비치하는 물건을 넣는 큰 자루. 鶤金賦而解橐『楊愼』
자루 구【口】칼 같은 것을 세는 수사. 跪劇劍一口『晉書』
자루 권【帣】크고 긴 주머니.
자루 대【袋】부대. 布袋. 作五袋『南史』
자루 루【樓】囊也.
자루 병【柄】기구(器具)의 손잡이. 斗柄. 夫人執柄『禮記』
자루 병【棅】병(柄)과 동자(同字). 權棅之數 吾已得聞之矣『管子』
자루 병【秉】병(柄)과 통용. 國子實執齊秉『左傳』
자루 부【拊】기물의 손으로 잡는 데. 屈躅執拊『禮記』
자루 비【柲】창, 도끼 등의 자루. 以爲鉞柲.
자루 사【鈶】낫의 자루. 懷鉊鈶『管子』
자루 전【轉】수레 위에서 의복을 넣는 자루. 踞轉而鼓琴『左傳』
자루 파【杷】파(欛)와 동자(同字). 犀杷麈尾『晉書』
자루 파【把】그릇, 연장 따위의 자루나 손잡이. 刀把. 戾翳施把『潘岳』
자루 환【丸】먹을 세는 수사(數詞). 墨一丸『宋史』

자루 달린 두레박 :
자루 달린 두레박 호【㴟】뱃속의 물을 퍼내는 제구(製具).

자르다 :
자를 거【鋸】톱 같은 것으로 켜거나 자름. 繩鋸木斷 水滴石穿『鶴林玉露』
자를 계【鍥】切斷. 鍥朝涉之脛『戰國策』
자를 살【鎩】절단함. 鳥鎩翮『左思』
자를 쇄【鎩】절단함. 鳥鎩翮『左思』
자를 자【剚】가지런히 절단함. 內若剚焉『唐書』
자를 재【裁】절단(切斷)함. 刪裁繁蕪『後漢書』
자를 전【翦】
㉠ 절단(切斷)함. 勿翦勿伐『詩經』
㉡ 끝을 잘라 가지런히 함. 茅茨不翦『韓非子』
자를 전【揃】전(翦)과 동자(同字). 분단(分斷)함. 揃剽. 周公自揃其蚤沈之河『史記』

자리 :
자리 격【格】지위(地位), 품등(品等). 合格. 登格者二百七十八人『南史』
자리 률【律】지위(地位). 加地進律『禮記』
자리 반【班】지위(地位). 위계(位階). 班資. 班在九人『左傳』
자리 석【席】
㉠ 까는 자리. 茵席. 我心匪席 不可卷也『詩經』
㉡ 요나 방석. 衽席牀第『周禮』
㉢ 서거나 앉는 자리. 羣臣皆就席『漢書』
자리 석【蓆】석(席)과 통용. 坐以文綺之蓆『六韜』
자리 석【褯】藉也.
자리 연【筵】
㉠ 대로 엮은 자리. 인신(引伸)하여 널리 자리. 署月排筵久坐『李義山雜纂』
㉡ 좌석. 講筵. 賓之初筵『書經』
㉢ 인신(引伸)하여 주연(酒宴). 연회(宴會). 五里一換馬 十里一開筵『李商隱』
자리 위【位】
㉠ 좌립(坐立)의 장소. 位置. 揖人必違其位『禮記』
㉡ 벼슬자리. 관직의 등급. 官位. 爵位已極『漢書』
㉢ 임금의 자리. 帝位. 卽位. 朕在位七十載『唐書』
㉣ 고하(高下). 계급(階級). 位次. 位序. 同功而異位『易經』
㉤ 순서. 차례. 順位. 以定月位『後漢書』
㉥ 방각(方角). 方位. 火位在南『論衡』
자리 인【裀】인(茵), 인(絪)과 통용. 絳蚊帳裀褥『晉書』
자리 인【絪】인(茵)과 동자(同字). 앉거나 눕도록 바닥에 까는 물건. 晝繡絪『漢書』
자리 인【鞇】수레 안에 까는 자리. 齊君重鞇而坐『韓詩外傳』

자리 자 【藉】 밑에 까는 물건. 또 실 같은 것을
　　　　　 떠서 옥 같은 것의 밑에 까는 받침.
　　　　　 執玉其有藉 『禮記』

자리 자 【茲】 앉거나 눕도록 바닥에 까는 물건.
　　　　　 康叔封布茲 『史記』

자리 자 【資】 지위. 資格. 不得任清資 『唐書』

자리 저 【著】 조정(朝廷)의 석차(席次).
　　　　　 若不廢君命則固有著矣 『左傳』

자리 조 【胙】 천자의 지위. 反胙於絳 『國語』

자리 조 【祚】 천자의 지위. 卒踐帝祚 『史記』

자리 좌 【座】 좌(坐)와 통용.
　　㉠ 까는 자리. 繡座. 蒲座夜間猫占臥 『許裳』
　　㉡ 앉는 자리. 掃除設座 『史記』
　　㉢ 여러 사람이 앉아 있는 장소.
　　　　 談咏竟座 『晉書』
　　㉣ 지위. 八座樞械 『李嶠』
　　㉤ 星宿. 太一之座也 『晉書』

자리 천 【薦】 밑에 까는 자리. 席薦.
　　　　　 薜荔飾而陸離薦兮 『楚辭』

자리 축 【軸】 중요한 지위. 樞軸. 當軸處中 『漢書』

자리공 : 자리공과에 속한 여러해살이풀. 뿌리는
　무처럼 굵고, 위쪽에서 원줄기가 나와서 일 미
　터 정도로 자란다. 잎은 어긋나고 타원형이며,
　5~6월에 흰 꽃이 총상 꽃차례로 달린다. 열매
　는 독성이 있으며 잎은 데쳐서 먹고 뿌리는
　상륙(商陸)이라 하여 약재로 쓴다. 산의 그늘
　진 곳에서 자란다.

자리공 상 【蔏】 蔏薩. 상육(商陸).

자리공 현 【莧】 莧陸. 商陸. 莧陸夬夬 『易經』

자리잡다 :

자리잡을 기 【基】 터전을 잡음.
　　　　　 始基之矣 『左傳』

자리잡을 위 【位】 자리를 정함.
　　　　　 天地位焉 『中庸』

자리잡을 택 【宅】 위치. 지위에 있음.
　　　　　 使宅百揆 『書經』

자매(姉妹)의 남편 :

자매의 남편 사 【私】 자매가 서로 그 남편을 일
　　　　　 컫는 말. 碩人維私 『詩經』

자며 이갈다 :

자며 이갈 개 【齘】 睡中切齒聲.

자못 :

자못 파 【頗】
　　㉠ 약간. 頗采古禮 『史記』
　　㉡ 매우 많이. 國人頗有知者 『戰國策』

자물쇠 : 여닫는 물건을 잠그는 쇠.

자물쇠 검 【鈐】 六藝之鈐鍵 『爾雅』

자물쇠 빈 【牝】 鍵牡閉牝也 『禮記』

자물쇠 쇄 【鎖】 쇄(鎖)와 동자(同字). 鏁閉.
　　　　　 繫以鐵鏁 『潘岳』

자물쇠 쇄 【鎖】 鎖鑰. 扃鎖甚固 『西陽雜俎』

자물쇠 수 【鑐】 문을 잠그는 쇠.

자물쇠 약 【鑰】
　　㉠ 扃鑰. 管鑰. 堅玉鑰於命門 『抱朴子』
　　㉡ 인신(引伸)하여 추요(樞要)의 뜻으로 쓰임.
　　　　 扣二儀之金鑰 『李嶠』

자물쇠 폐 【閉】 修鍵閉 『禮記』

자물쇠 휼 【鐍】
　　㉠ 여닫는 물건을 잠그는 쇠. 固扃鐍 『莊子』
　　㉡ 인신(引伸)하여 추요(樞要)의 뜻으로 쓰임.
　　　　 扣二儀之鐍鑰 『李嶠』

자물쇠 있는 고리 :

자물쇠 있는 고리 결 【觼】 有舌鐶.

자박자박 걷다 :

자박자박 걸을 비 【趥】 소보(小步).

자박자박 걸을 촉 【趗】 小兒行.

자밤 : 손가락 끝으로 집을 만한 분량.

자밤 촬 【撮】 一撮土

자배기 : 아가리가 쩍 벌어진 질그릇. 또 그 작은
　항아리.

자배기 변 【瓨】 自關而西盆盎小者曰瓨 『揚雄方言』

자배기 제 【題】 瓨也. 질그릇의 일종.

자백(自白)하다 :

자백할 수 【首】 自首. 驕嫚不首 『漢書』

자벌레 : 자벌레나방의 애벌레. 몸은 가늘고 긴
　원통형이며 중간 부분에는 발이 없고 앞쪽에
　세 쌍, 뒤쪽에 한 쌍의 발이 있다. 이동할 때는
　꼬리를 머리 쪽으로 오그려 붙이고 몸을 앞으
　로 펴면서 기어다닌다.

자벌레 숙 【蠾】 尺蠖蟲.

자벌레 척 【蚇】 蚇蠖, 굴신충(屈伸蟲).

자벌레 확 【蠖】 尺蠖之屈 以求信也 『易經』

자부(自負)하다 :

자부할 부 【偩】 부(負)와 동자(同字).
　　　　　 自偩而辭助 『淮南子』

자빠지다 :

자빠질 강 【躩】 仆也.

자빠질 격 【趆】 趆趃, 僵也.

자빠질 색 【趢】 趢趃, 僵也.

자빠질 치 【趃】 僵也.

자빠지려고 하다 :

자빠지려고 할 렬 【趔】 趔起.

자빡 뿔 : 뒤틀려 잦혀진 쇠뿔.

자빡 뿔 파 【犤】 角相背.

자산(資産) :

자산 산 【産】 家産. 中民十家之産 『史記』

자살(自殺)하다 : 스스로 자기 목숨을 끊음.

　자살할 인【引】自引.

자새 : 새끼나 바, 실 따위를 드리워 꼬거나 감는
　　　데 쓰는 얼레.

　자새 괘【檟】紡車收絲具.

　자새 원【籆】絡絲籰. 원(榬)과 동자(同字).

　자새 확【籰】收絲器.

　자새 확【篗】收絲器.

자세하다 :

　자세할 곡【曲】상세함. 委曲.

　자세할 라【覶】覶縷. 자세히 말하는 모양. 말이
　　　　　　　　곡진(曲盡)한 모양.
　　　　　　　　次例. 次序.
　　　　　　　　嗟難得而覶縷『左思』

　자세할 루【縷】縷言. 縷述而申言之『宋史』

　자세할 루【䜅】覶䜅, 위곡(委曲).

　자세할 상【翔】상(詳)과 동자(同字). 翔實.

　자세할 상【祥】상(詳)과 통용.
　　　　　　　　陰陽之術大祥『史記』

　자세할 상【詳】
　　　㉠ 세밀(細密)함. 詳細. 其說之也詳『朱熹』
　　　㉡ 상세한 내용. 其詳不可得聞也『孟子』

　자세할 섬【纖】纖密. 春秋義纖『論衡』

　자세할 세【細】
　　　㉠ 세밀함. 詳細. 自粗入細『北史』
　　　㉡ 자세히. 細査. 細觀化遠也『呂氏春秋』

　자세할 심【審】상세함. 號令明法制審『尉繚子』

　자세할 위【委】세밀함. 委曲.
　　　　　　　　是委細屈曲衒卷之禮『禮記』

　자세할 의【悘】詳也.

　자세할 자【仔】仔詳. 世路風波仔細諳『白居易』

　자세할 정【精】精密함. 惟精惟一『書經』

　자세할 찰【察】너무 세밀하여 까다로움.
　　　　　　　　察察함. 其政察察『老子』

자세히 :

　자세히 곡【曲】상세하게. 曲盡. 曲暢旁通『朱熹』

　자세히 심【審】꼼꼼하고 찬찬하다.
　　　　　　　　博學之 審問之『中庸』

자세히 듣다 :

　자세히 들을 력【聏】상문(詳問).

자세히 보다 :

　자세히 볼 루【覶】세시(細視).

　자세히 볼 밀【眊】세시(細視).

　자세히 볼 증【瞝】詳審視.

　자세히 볼 찰【瞭】상시(詳視).

자세히 알다 :

　자세히 알 상【詳】잘 앎. 不詳其姓字『陶潛』

　자세히 알 체【諦】詳悉. 不諦於心『新論』

자손 : 혈통을 잇는 자손.

　자손 곤【昆】昆後. 垂裕後昆『書經』

　자손 사【嗣】罰弗及嗣『書經』

　자손 손【孫】
　　　㉠ 후예. 七世孫.
　　　㉡ 인신(引伸)하여 갈려 나온 것.
　　　　　孫竹世之管『周禮』

　자손 윤【胤】後胤. 罔非天胤『書經』

　자손 주【胄】후예. 胄裔. 四嶽之裔胄『左傳』

　자손 출【出】후예. 帝母鮮卑出也『十八史略』

자손 번성하다 :

　자손 번성할 종【琮】子孫繁盛.

자식 :

　자식 구(누)【㝅】子也.

　자식 식【息】子也.

　자식 자【子】子也.

　자식 재【㜽】子也.

자연동(自然銅) : 천연적으로 단일한 원소 상태
　　　로 산출되는 구리. 흔히 구리 광맥 속에서 나
　　　뭇가지 모양이나 비늘 모양으로 나며, 표면은
　　　색이 변하여 갈색이나 검은색, 녹색 따위를 띤
　　　다.

　자연동 유【鍮】금빛이 나는 자연동(自然銅)으
　　　　　　　　로 가장 품질이 좋은 것.
　　　　　　　　水銀墮地 鍮石可引上『本草經』

자오락 :

　자오락 동【蕫】蒲蕫, 似蒲而細.

　자오락 류【蘱】모속(茅屬), 정동(蒲蕫).

자욱하다 :

　자욱할 롱【巃】운기(雲氣)가 자욱히 낀 모양.
　　　　　　　　嵐巃巃兮石差峩『楚辭』

자욱한 모양 :

　자욱한 모양 분【葐】葐蒀, 성모(盛貌).

자원앙(紫鴛鴦) : 오릿과에 속한 물새. 몸길이는
　　　66센티미터 정도로, 원앙(鴛鴦)과 비슷하나 좀
　　　더 크다. 수컷의 머리는 흑록색이며 등은 검은
　　　색, 배는 연한 붉은빛이 도는 흰색을 띤다. 암
　　　컷은 머리가 밤색이고, 목은 흰색이며 가슴, 옆
　　　구리 등은 회색을 띤다. 부리는 톱니같이 뾰족
　　　하다.

　자원앙 계【鸂】鸂鶒. 紫鴛鴦. 覽水禽之萬類 信
　　　　　　　　莫麗於鸂鶒『謝靈運』

　자원앙 칙【鶒】칙(鵣)과 동자(同字). (紫鴛鴦.
　　　　　　　　信莫麗於鸂鶒『謝靈運』

자위(自慰)질 하다 : 남성이 여성과의 육체적 결
　　　합 없이 스스로 자기의 생식기를 손이나 다른
　　　물건으로 자극하여 성적 쾌감을 얻는 짓.

　자위질 할 단【撣】전확(轉㩇). 자새질.

자자(刺字) : 얼굴에 입묵(入墨)하는 형벌. 오형 (五刑)의 하나로 묵형(墨刑)을 이름.

　자자 경 【黥】 黥罪. 爰始淫爲劓刵椓黥 『荆經』

　자자 담 【黵】 除黵面之刑 『梁書』

　자자 묵 【墨】 臣下不匡 其刑墨 『書經』

　자자 작 【笮】 其次用鑽笮 『國語』

자자(刺字)하다 :

　자자할 경 【剠】 경(黥)과 동자(同字). 墨刑在面.

　자자할 문 【文】 文面. 被髮文身 『禮記』

자작(子爵) : 오등작(五等爵)의 제사위(第四位).

　자작 자 【子】 公侯伯子男.

자작나무 : 자작나뭇과에 속한 낙엽 활엽 교목. 나무껍질은 흰색이며 수평으로 벗겨진다. 나무껍질은 연료 또는 지붕을 덮는 데 사용하며, 목재는 농구(農具)를 만드는 데 사용한다.

　자작나무 화 【樺】 煙霞爲樺綿千載 『庾九疇』

자주 : 여러 번 잇달아.

　자주 기 【亟】 屢次. 仲尼亟稱於水 『孟子』

　자주 매 【毎】 屢也.

　자주 비 【比】 中山再戰比勝 『戰國策』

　자주 빈 【頻】

　　㉠ 여러번. 三顧頻煩天下計 『杜甫』

　　㉡ 잦음. 잦은 모양. 汝何去來之頻 『列子』

　자주 삭 【數】

　　㉠ 여러 번. 頻數. 數改條約 『唐書』

　　㉡ 여러 번 함. 事君數斯辱矣 『論語』

　자주 삼 【三】 여러 번. 湯三使往聘之 『孟子』

　자주 수 【讎】 빈번히. 用乂讎斂 『書經』

　자주 잉 【仍】 누차. 晉仍無道 『國語』

　자주 종 【踵】 누차. 踵見仲尼 『莊子』

　자주 취 【驟】 여러 번. 驟戰而驟勝 『呂氏春秋』

자주 빛 : 적색(赤色)과 청색(青色)의 간색(間色).

　자주 빛 자 【紫】 紫色. 惡紫之奪朱也 『論語』

자주색 :

　자주색 단 【繵】 자색(紫色).

자주 옷 : 자색의 의복. 또 자색의 인수(印綬).

　자주 옷 자 【紫】 紆靑拖紫 『晉書』

자중(自重)하다 :

　자중할 교 【肌】 자중(自重).

자지 : 남자의 생식기.

　자지 구 【尿】 陰莖.

　자지 료 【屪】 陰莖.

　자지 신 【腎】 腎氣. 腎子.

　자지 양 【陽】 陽莖. 陽道.

　자지 초 【屌】 男女陰莖.

　자지 최 【峻】 어린아이의 음경(陰莖). 未知牝牡
　　　　　　　 之合 而峻作精之至也 『老子』

　자지 파 【𡲰】 男子陰莖.

자책(自責)하다 : 스스로 반성하여 가책을 느낌.

　자책할 송 【訟】 吾未見能見其過而內自訟者也
　　　　　　　　　　　　　　　　　　 『論語』

자체(自體) : 물건 그 자체. 용(用)의 대로서 움직이지 않는 것.

　자체 체 【體】 禮之體主於敬 而其用以和爲貴
　　　　　　　　　　　　　　　　　　 『論語』

자축거리다 :

　자축거릴 촉 【亍】 소보(小步).

자취 :

　자취 경 【逕】 발자취. 貙貙之逕 『莊子』

　자취 곤 【踾】 跡也.

　자취 적 【跡】

　　㉠ 발의 디딘 자국. 鳥跡.

　　㉡ 흔적. 筆跡. 畫空而尋跡 『新論』

　자취 적 【迹】

　　㉠ 발자국. 足迹. 茫茫禹迹 『左傳』

　　㉡ 왕래. 내왕. 人迹所絶 『漢書』

　　㉢ 행위, 또는 사건의 자취. 事蹟.
　　　　明乎得失之迹 『詩經』

　　㉣ 공덕의 자취. 공적. 有治迹 『後漢書』

　　㉤ 흔적. 筆迹未工 『北齊書』

　　㉥ 先例. 舊慣. 不踐迹 『論語』

　자취 적 【蹟】 적(迹), 적(跡)과 동자(同字). 偉蹟.
　　　　　　　 史蹟. 見澂筆蹟未工 『北齊書』

　자취 전 【躔】 행적. 蓋以其跡躔焉 『路史』

　자취 종 【蹤】 蹤迹. 躡三皇之高蹤 『漢書』

　자취 천 【後】 迹也.

　자취 철 【轍】 迹也. 絶塵弭轍 『列子』

　자취 탁 【躅】

　　㉠ 발자취. 牛躅.

　　㉡ 고인의 행적. 사적(事跡). 遺躅.
　　　　伏周孔之軌躅 『漢書』

　자취 흔 【痕】 남은 형적(形迹). 痕迹.
　　　　　　　 刻其水痕 『魏志』

자칫하면 : 어쩌다가 조금이라도 잘못되면.

　자칫하면 동 【動】 까닥하면. 動輒得咎 來往動皆
　　　　　　　　　　　　　　　　 經月 『韓愈』

자투리 : 자로 끊어 파는 피륙의 팔고 남은 조각. 일정한 용도로 쓰고 남은 나머지를 비유적으로 이르는 말.

　자투리 렬 【裂】 재단하고 남은 포백(布帛).

　자투리 세 【帴】 剪帛遺餘.

　자투리 완 【帵】 재여(裁餘). 今采帛舖剪截之餘
　　　　　　　　　　　　 曰帵子 『正字通』

자품(資稟) : 사람 된 바탕과 타고난 성품.

　자품 격 【格】 인품(人品). 人格. 資格.

　자품 재 【材】 材質. 必因其材而篤 『左傳』

자황석(砒黃石) :

　자황석 자【砒】砒黃, 석명(石名).

작(勺) : 곡물 등의 양(量)을 재는 단위를 나타내는 말. 한 홉의 10분의 1이다.

　작 작【勺】一勺. 二勺. 合豪合勺『文獻通考』

작고 긴 배 :

　작고 긴 배 료【舼】船小而長.

작고 높은 상투 :

　작고 높은 상투 제【鬄】小高髻意.

작고 못생기다 :

　작고 못생길 공【倱】形小醜惡倱㑃.

작고 약하다 :

　작고 약할 첨【姑】소약(小弱).

작고 추하다 :

　작고 추할 궁【倔】소루(小陋).

작다 :

　작을 개【介】介丘. 菹于介次『周禮』

　작을 과【寡】적거나 세력이 미약함. 寡少.
　　　　　生之者衆 食之者寡『大學』

　작을 권【卷】조그마함. 卷拳石文多『中庸』

　작을 루【陋】키가 작음. 常自恥短陋『後漢書』

　작을 마【厽】소야(小也).

　작을 묘【藐】형체가 작음.
　　　　　以是藐諸孤 辱在大夫『左傳』

　작을 묘【渺】아주 작은 모양. 渺然.
　　　　　渺滄海之一粟『蘇軾』

　작을 묘【眇】크지 아니함.
　　　　　朕以眇身護保宗廟『漢書』

　작을 미【微】微物. 具體而微『孟子』

　작을 비【茀】조그마한 모양. 蔽茀甘棠『詩經』

　작을 비【裨】패(裨)와 통용. 裨王.
　　　　　有裨海環之『史記』

　작을 삭【削】약소(弱小)함.
　　　　　魏國從此削矣『呂氏春秋』

　작을 섬【纖】纖細. 剖纖入冥『蔡邕』

　작을 세【細】조그마함. 細鱗. 不矜細行『書經』

　작을 소【小】
　　㉠ 크지 아니함. 小戶. 管仲之器小哉『論語』
　　㉡ 짧음. 小暇. 小年不及大年『莊子』
　　㉢ 낮음. 얕음. 泰山卑小『漢書』
　　㉣ 지위가 낮음. 小族. 不卑小官『孟子』
　　㉤ 젊음. 어림. 我小未能營養『晉書』
　　㉥ 협소함. 小徑. 自用則小『書經』

　작을 소【謏】小也. 足以謏聞『禮記』

　작을 소【宵】소(小)와 통용. 宵人.
　　　　　宵雅肆三『禮記』

　작을 소【銷】크지 아니함. 其聲銷『莊子』

　작을 소【僬】僬僥宇而處焉『柳宗元』

　작을 악【齷】齷齪. 이가 세밀한 모양. 인신(引伸)하여 마음이 좁은 모양. 작은 일에 구애(拘礙)하는 모양.
　　　　　小人自齷齪 寧知曠士志『鮑照』

　작을 암【籥】소리가 작음. 微聲籥『周禮』

　작을 예【銳】세소(細小)함. 不亦銳乎『左傳』

　작을 완【宛】작은 모양. 宛彼鳴鳩『詩經』

　작을 왜【矮】矮小. 足矮不便『易林』

　작을 요【幺】幺麽. 猶紘幺而徽急『陸機』

　작을 유【糸】미소(微小).

　작을 전【輇】輇才諷說之徒『莊子』

　작을 전【戔】얼마 안 되는 모양. 근소한 모양.
　　　　　束帛戔戔『易經』

　작을 전【諓】작은 모양. 說諓諓之言『漢書』

　작을 정【婧】키가 작음. 婧人長九寸『列子』

　작을 제【癠】江湖間凡物生而不長大 曰癠
　　　　　『揚雄方言』

　작을 좌【矬】키가 작음. 形貌矬陋『北史』

　작을 좌【莝】경소(輕小)함. 약소(弱小)함.
　　　　　合莝脆以爲强『柳宗元』

　작을 차【佌】조그마함. 佌佌彼有屋『詩經』

　작을 착【齪】악착(齷齪). 이가 잔 모양.

　작을 첨【尖】조그마함. 萬點蜀山尖『杜甫』

　작을 초【稍】細小함. 凡王之稍事『周禮』

　작을 최【蕞】蕞爾國而三世執其政柄『左傳』

　작을 추【齱】착(齪)과 동의. 握齱好苟禮『漢書』

　작을 혜【嘒】미소(微小)함. 嘒彼小星『詩經』

작도(斫刀) : '작두'의 원래 말. 말이나 소에게 먹일 짚이나 풀, 콩깍지 따위를 써는 연장.

　작도 찰【鍘】斷草刀.

작물(作物) : 논이나 밭에 심어서 가꾸는 곡식이나 채소 따위의 재배 식물.

　작물 종【種】其穀宜五種『周禮』

작살 : 짐승이나 물고기를 찔러 잡는 데 쓰는 기구. 작대기 끝에 뾰족한 쇠를 박았다.

　작살 색【獵】捕漁具.

　작살 섬【銛】捕漁具.

　작살 차【叉】挺叉來往『潘岳』

　작살 차【杈】以杈刺泥中『周禮註』

　작살 차【扠】以扠剡泥中博取之『周禮』

　작살 착【箔】捕漁具.

　작살 착【擉】罔繩擉刃以除蟲蛇惡物『韓愈』

작살 질 하다 : 작살로 찌름.

　작살 질 할 색【獵】獵魚鱉『國語』

작약(芍藥) : 작약과에 속하는 다년초. 크고 아름다운 꽃이 피는 데 빛이 흰 것과 붉은 것의 두 종류가 있음. 뿌리는 약재로 씀.

　작약 작【芍】芍藥.

작용(作用) : 영향을 미치는 힘.

작용 용【用】공능(功能). 운용(運用).
　　　　禮之用 和爲貴『論語』

작용 작【作】공용(功用). 人之用作『論語』

작은 가마 :

작은 가마 교【滶】소부(小釜).

작은 가마솥 :

작은 가마솥 라【鑼】소부(小釜).

작은 골 :

작은 골 해【嶰】소곡(小谷).

작은 구멍 빤하다 :

작은 구멍 빤할 원【窏】小孔僅窏.

작은 끌 :

작은 끌 잔【鏾】소착(小鑿).

작은 나루 :

작은 나루 횡【橫】소진(小津).

작은 단 :

작은 단 견【㯖】소속(小束).

작은 단지 :

작은 단지 루【甊】瓿甊, 소앵(小罌).

작은 대 :

작은 대 단【篇】소죽(小竹).

작은 도끼 :

작은 도끼 근【釿】소근(小斤).

작은 독 :

작은 독 이【瓵】甌瓵小甔.

작은 돼지 :

작은 돼지 저【狙】소시(小豕).

작은 등에 :

작은 등에 답【蝪】소맹(小蝱).

작은 머리 :

작은 머리 규【頍】소두(小頭).

작은 모양 :

작은 모양 누【乳】소모(小貌).

작은 바구니 :

작은 바구니 송【㮤】소통(小桶).

작은 바람 :

작은 바람 연【飇】소풍(小風).

작은 방 :

작은 방 구【區】穿北軍壘 以爲賈區『漢書』

작은 뱀 :

작은 뱀 규【蛫】虺蛫 靑蛫卽竹根蛇『本草經』

작은 뱀 훼【虺】爲虺弗摧 爲蛇將若何『國語』

작은 벌 :

작은 벌 종【蜙】蜙蝑, 소봉(小蜂).

작은 벌레 :

작은벌레 연【肙】소충(小蟲).

작은벌레 원【肙】소충(小蟲).

작은 병 :

작은 병 함【瓴】瓵瓵, 소병(小瓶).

작은 비둘기 :

작은 비둘기 고【鵤】鵤鵙, 소구(小鳩).

작은 산이 큰 산보다 높다 :

작은 산이 큰 산보다 높을 환【岠】小山高於大山.

작은 삼치 :

작은 삼치 숙【鮛】숙(鯨)과 동자(同字). 魚名.
　　　　王鮪也 小者曰鮛『集韻』

작은 새가 날다 :

작은 새가 날 종【雦】小鳥飛.

작은 섬 :

작은 섬 어【淤】소주(小洲). 三輔謂之淤『揚雄』

작은 성 :

작은 성 보【堡】
　　　㋀ 토석(土石)으로 쌓은 작은 성. 堡砦.
　　　　連城堡『唐書』
　　　㋁ 築堡于河西, 以爲保障『宋史』

작은 소리 :

작은 소리 영【嚶】嚶嚶. 작은 소리의 형용.

작은 솥 :

작은 솥 세【鬸】소정(小鼎). 鬸在其間『淮南子』

작은 수레기구 :

작은 수레기구 녈【枘】小車具.

작은 술잔 :

작은 술잔 단【觛】소배(小盃).

작은 술잔 완【埦】소배(小盃).

작은 암퇘지 :

작은 암퇘지 추【㺩】小母豬.

작은 언덕 :

작은 언덕 부【阩】소부(小阜).

작은 언덕 순【阠】소부(小阜).

작은 오이 :

작은 오이 형【𤬮】소과(小瓜).

작은 잎 :

작은 잎 첩【楪】소엽(小葉).

작은 잔 :

작은 잔 공【𥂖】소배(小杯).

작은 잔 전【𦉥】소치(小巵).

작은 장구 :

작은 장구 부【䃈】소부(小缶).

작은 조개 :

작은 조개 탁【蠗】소신(小蜃).

작은집 : 따로 살림하는 아들이나 아우의 집. 혹은 종가(宗家)에 대하여 분가(分家)하여 나간 집을 일컫는 말.

작은집 사【㝔】소옥(小屋).

작은집 휘【媦】소가(小家).

작은 창 :

　작은 창 찬【攢】鋋也.

작은 피리 :

　작은 피리 묘【篎】소적(小笛).

　작은 피리 약【籥】소약(小籥).

작은 회오리바람 :

　작은 회오리바람 이【飔】소선풍(小旋風).

잔(盞) :

　잔 배【盃】배(杯)와 동자(同字).
　　　　　嘗貯盃盂一笥『唐書』

　잔 배【杯】술잔. 杯酒. 杯棬不能飮焉『禮記』

　잔 백【白】술잔. 太白. 引滿擧白『漢書』

　잔 범【盨】梋也.

　잔 상【觴】술잔. 羽觴. 奉觴加璧以進『左傳』

　잔 작【酌】술잔. 華酌旣陳『宋玉』

　잔 작【爵】
　　　㉠ 참새 부리 모양을 한 술잔.
　　　　　乃羞無算爵『儀禮』
　　　㉡ 인신(引伸)하여 술잔의 범칭(泛稱).
　　　　　王予之爵『左傳』

　잔 잔【醆】작은 술잔. 酒醆. 盃醆.
　　　　　洗醆酌鵝黃『蘇軾』

　잔 치【卮】술잔. 奉玉卮爲太上皇壽『漢書』

　잔 치【巵】飮酒器.

　잔 치【觶】鄕飮酒의 예에 쓰는 뿔잔.
　　　　　尊者擧觶『禮記』

　잔 함【械】술잔.

잔고기 :

　잔고기 예【鯢】소어(小魚). 守鯢鮒『莊子』

잔교(棧橋) : 험한 골짜기에 나무로 건너질러 놓
　은 다리.

　잔교 각【閣】棧閣絶敗『後漢書』

　잔교 붕【棚】棚棧. 治戰棚雲橋『唐書』

　잔교 잔【棧】燒絶棧道『史記』

　잔교 책【柵】跨淮立橋柵『陳書』

잔 내다 :

　잔 낼 상【觴】술잔을 남에게 주고 술을 따름.
　　　　　觴曲沃人『左傳』

잔 넘게 따르다 :

　잔 넘게 따를 람【醼】泛齊行酒.

잔대 :

　잔대 점【坫】反坫. 주대(周代)에 제후(諸侯)의
　　　　　회견(會見) 때 헌수(獻酬)의 예(禮)
　　　　　가 끝난 술잔을 엎어놓는 흙으로
　　　　　만든 대(臺).
　　　　　君爲兩君之好有反坫『論語』

잔대 풍【豊】치(觶)같은 술잔을 받치는 그릇.
　　　　　두 보다는 얕고 큼. 設豊『儀禮』

잔 돌리다 : 손이 주인한테서 받은 술잔을 도로
　돌리는 것을 酢이라 하고, 주인이 손에게 술잔
　을 돌리는 것을 수(酬)라 함.

　잔 돌릴 수【酬】酬酢. 主人實觶酬賓『儀禮』

　잔 돌릴 작【酢】酬酢. 君子有酒酌言酢之『詩經』

　잔 돌릴 작【醋】작(酢)과 동자(同字).
　　　　　祝酌受尸 尸醋主人『儀禮』

잔 돌이 많은 산 :

　잔 돌이 많은 산 오【嶅】산 이름.

잔 드리다 :

　잔 드릴 타【訑】진잔(進盞).

잔디 : 볏과에 속한 여러해살이풀. 뿌리줄기는 옆
　으로 뻗고, 각 마디에서 수염뿌리가 난다. 작은
　이삭에는 작은 꽃 한 개가 달려서 둥근 이삭열
　매를 맺으려 들이나 길가에 자라는데, 흙이 붕
　괴되기 쉬운 곳이나 조경의 목적으로 널리 심
　는다.

　잔디 의【薉】莎也. 地毛莎薉也『廣雅』

잔말하다 :

　잔말할 답【嗒】답(譗)과 통용. 다언(多言).

　잔말할 답【譗】譗譗, 다언(多言).

　잔말할 려【㦘】다언(多言).

　잔말할 필【嗶】다언(多言).

　잔말할 혼【啍】多言啍啍.

잔물결 :

　잔물결 련【漣】세파(細波). 微漣.
　　　　　河水淸且漣漪『詩經』

　잔물결 륜【淪】소파(小波). 淪漪.
　　　　　小波爲淪『爾雅』

　잔물결 의【漪】세파(細波). 漪漣.
　　　　　河水淸且漣漪『詩經』

잔보리 :

　잔보리 거【穬】麥小者.

잔약(孱弱)하다 :

　잔약할 잔【孱】유약(柔弱)함. 孱羸.
　　　　　吾王孱王也『史記』

잔인(殘忍)하다 :

　잔인할 인【忍】殘忍.

　잔인할 잔【殘】모짊. 포악(暴惡)함. 酷.
　　　　　嚴而不殘『漢書』

잔잔한 바람 :

　잔잔한 바람 연【颹】微動風. 소풍(小風).

잔질하다 : 잔에 술을 따름.

　잔질할 구【仇】賓載手仇『詩經』

　잔질할 작【勺】작(酌)과 동자(同字).
　　　　　勺椒漿『漢書』

잔치 :

잔치 안【侒】宴也.

잔치 어【飫】서서 먹는 연회.
　　　　武王克殷 作飫歌『國語』

잔치 연【讌】연(醼)과 동자(同字). 讌會.
　　　　預飮讌『顔氏家訓』

잔치 연【宴】주연(酒宴). 宴會.
　　　　宴有折俎『左傳』

잔치 연【燕】주연(酒宴). 주연을 베풂. 燕遊.
　　　　雖燕必冠『漢書』

잔치 우【醧】宴也.

잔치 음【飮】주연. 張樂設飮『戰國策』

잔치 작【酌】주연(酒宴). 別酒寒酌『李白』

잔치 주【酒】주연(酒宴). 酒酣起前『戰國策』

잔치 향【享】연향(宴饗).
　　　　享以訓恭儉 燕以示慈惠『左傳』

잔치 향【饗】연회. 祭祀饗食『荀子』

잔치하다 : 잔치를 베풂.

잔치할 연【宴】賈充宴朝士『晉書』

잔치할 향【享】잔치를 베풂. 享侑.
　　　　止而享之『左傳』

잔털 : 길고 뾰족한 가는 털.

잔털 용【茸】微霜結裘茸『陸游』

잔털 호【毫】秋毫爲小『莊子』

잔풀 :

잔풀 계【薊】소초(小草).

잔 피하다 :

잔 피할 압【偞】不著事.

잗달다 : 너무 잘아 번거로움.

잗달 설【屑】쇄소(瑣小)함. 屑屑.
　　　　纖屑促密『柳宗元』

잗달 세【細】細苟. 大行不顧細謹『史記』

잗달 악【齷】齷齪. 이가 세밀한 모양. 인신(引伸)
　　　　하여 마음이 좁은 모양. 작은 일에
　　　　구애(拘礙)하는 모양.
　　　　小人自齷齪 寧知曠士志『鮑照』

잗달 잡【雜】잘디잚. 세쇄(細瑣)함.
　　　　其稱名也 雜而不越『易經』

잗달 착【齪】齷齪은 이가 잔 모양.

잗달 추【齱】착(齪)과 동의. 握齱好苛禮『漢書』

잘(자주) : 버릇으로 늘. 자주.

잘 선【善】
　　㋑ 자주. 女子善懷『詩經』
　　㋺ 자칫하면. 忽忽善忘不樂『漢書』
　　㋫ 익숙하고 능란하게. 善戰者服上刑『孟子』
　　㋬ 친절히. 齊善待之『史記』

잘 숙【淑】좋게. 淑問. 淑愼其身『詩經』

잘 호【好】好與諸生語『漢書』

잘게 부수다 :

잘게 부술 사【僿】작게 부숨.

잘게 썰다 :

잘게 썰 루【縷】작게 벰. 縷肉.

잘난 체하다 :

잘난 체할 공【憜】자긍(自矜).

잘 놀라다 :

잘 놀랄 액【駴】善驚貌.

잘다 :

잘 마【麼】세소(細小)함. 또 하찮음. 幺麼.

잘 멸【蔑】
　　㋑ 정미(精微)함. 玆迪彝敎文王蔑德『書經』
　　㋺ 작음. 視日月而知衆星之蔑也『揚子法言』

잘 새【僿】자질구레함.
　　　　星尾兮 流離之子『詩經』

잘 쇄【瑣】세소(細小)함. 瑣細. 瑣兮

잘 쇄【碎】잣 달다. 瑣碎. 其文碎『文中子』

잘 쇄【璅】
　　㋑ 쇄(瑣)와 동자(同字). 欲少留此靈璅『楚辭』
　　㋺ 璅璅常流離『晉書』

잘 좌【脞】좀스러움. 元首叢脞哉『書經』

잘 패【稗】세소(細小)함. 算稗販之緡『唐書』

잘룩하다 :

잘룩할 괴【薉】頭寬中狹.

잘못 :

잘못 류【謬】과오. 繩愆糾謬 格其非心『書經』

잘못 무【繆】류(謬)와 동의.
　　　　考諸三王 而不繆『中庸』

잘못 비【紕】過誤. 과오(過誤)를 저지름.
　　　　紕越. 五者一物紕繆『禮記』

잘못 생【眚】과오. 不以一眚掩大德『左傳』

잘못 오【誤】과오. 誤謬. 曲有誤『吳志』

잘못 와【訛】音訛. 校正訛謬『舊唐書』

잘못 우【虞】과오. 無貳無虞『詩經』

잘못 위【譌】오류(誤謬). 또 허위.
　　　　是譌言也『左傳』

잘못 이【夷】과오. 실책. 救其夷者也『禮記』

잘못 점【玷】과실. 小玷亦將不免于罪『金史』

잘못되다 :

잘못될 와【訛】
　　㋑ 문자, 언어가 잘못 됨. 訛傳. 訛字.
　　　　借吏抄書字半訛『林尙仁』
　　㋺ 발음이 변하여 그릇 됨. 轉訛. 諸部因呼之
　　　　爲步搖 其後音訛 遂爲慕容焉『晉書』

잘못보다 :

잘못볼 요【瞜】오시(誤視).

잘못볼 요【覷】오시(誤視).

잘못하다 :

잘못할 과【過】
　㉠ 과오를 범함. 過則勿憚改『論語』
　㉡ 부주의로 죄를 범함. 過而殺傷人『呂氏春秋』
잘못할 무【繆】류(謬)와 동의.
　考諸三王 而不繆『中庸』
잘못할 비【紕】과오(過誤)를 저지름. 紕越.
　五者一物紕繆『禮記』
잘못할 오【誤】잘못을 저지름. 過誤.
　君何言之誤『漢書』
잘못할 점【玷】과실(過失)을 저지름.
　斯言之玷不可爲也『詩經』
잘못할 준【踳】그르쳐서 혼란한 모양.
　其道踳駁『莊子』
잘못할 질【跌】無有差跌『後漢書』

잘하다 : 옳게 또는 훌륭하게 함.
잘할 미【美】彼將惡始而美終『詩經』
잘할 선【善】善射. 善辭令.

잠 :
잠 면【眠】睡眠. 江楓漁火對愁眠『張繼』
잠 수【睡】破睡見茶功『白居易』
잠 잠【箴】한문의 한 체. 경계하는 뜻을 서술한 글로서 대개는 운문(韻文)임.
　大寶箴. 有夏商二箴『文體明辯』
잠 침【寢】자는 일. 客寢甚安『史記』

잠그다 : 빗장을 걸어 닫음.
잠글 관【關】門雖設而常關『陶潛』
잠글 쇄【鎖】封鎖. 緘鎖甚謹『宋史』

잠기다 : 물 속에 가라앉음.
잠길 골【汩】汩沒一朝伸『杜甫』
잠길 지【漬】天下沈漬『吳越春秋』
잠길 침【湛】침(沈)과 동자(同字).
잠길 침【浸】浸水. 城不浸者三版『史記』
잠길 침【寖】침(浸)과 동자(同字).
　寖數百里『漢書』
잠길 함【涵】沈也.

잠깐 :
잠깐 경【傾】경(頃)과 통용. 俄傾少選時也『字彙』
잠깐 경【頃】잠시. 食頃. 頃刻. 天下之悖亂而相亡不待頃矣『荀子』
잠깐 념【念】불교에서 극히 짧은 시간을 이름.
　一念中 有九十刹那『仁王經』
잠깐 량【良】잠시. 良久.
잠깐 박【薄】㉠ 잠시. 薄澣我衣『詩經』
　㉡ 조금. 薄言采之『詩經』
잠깐 사【乍】잠시. 燈滅而乍明『淮南子』
잠깐 사【咋】잠시. 桓子咋謂林楚曰『左傳』
잠깐 선【選】少選. 選間食熟『呂氏春秋』
잠깐 수【須】잠시. 須臾. 不待須『荀子』
잠깐 숙【倏】瞬也.
잠깐 유【臾】道也者, 不可須臾離也『中庸』
잠깐 잠【蹔】잠(暫)과 통용.
　其法可蹔行於一國『列子』
잠깐 잠【暫】잠시. 暫定. 暫遇姦宄『書經』
잠깐 향【嚮】暫也.

잠깐보다 :
잠깐볼 무【瞴】瞴婁, 미시(微示).
잠깐볼 밀【䀛】잠시(暫示).
잠깐볼 번【覢】잠시(暫示).
잠깐볼 빈【覰】잠견(暫見).

잠깨다 :
잠깰 성【寤】醒也.
잠깰 오【寤】침각(寢覺).
잠깰 흘【㤪】수각(睡覺).

잠깨어 어리둥절하다 :
잠깨어 어리둥절할 등【瞢】수각(睡覺).

잠깨지 않다 :
잠깨지 않을 몌(미)【寐】불각(不覺).

잠꼬대 : 잠잘 때 하는 헛소리.
잠꼬대 암【唵】몽예(夢囈). 眼中唵囈呻呼『列子』
잠꼬대 예【寱】수어(睡語).
잠꼬대 예【囈】夢囈. 囈語. 眼中唵囈呻呼『列子』
잠꼬대 예【寱】예(囈)와 동자(同字).
　不得寢必且寱『莊子』
잠꼬대 위【䜹】잠잘 때 하는 헛소리.
잠꼬대 황【謊】섬어(譫語).

잠꼬대하다 :
잠꼬대할 망【寣】침어(寢語).
잠꼬대할 몽【𧭈】매언(寐言).
잠꼬대할 염【魘】魘魅, 경몽(驚夢).
잠꼬대할 위【㥜】수어(睡語).

잠두(蠶頭) : 콩과에 속한 한해살이풀. 네모지고 속이 비어 있으며 아래쪽 마디에서 가지가 나온다. 떡, 콩나물, 된장, 간장 따위의 원료로 쓰인다.
잠두 임【荏】菽之荏菽『詩經』

잠들다 :
잠들 활【㤪】침숙(寢熟).

잠들어 깜짝깜짝 놀라다 :
잠들어 깜짝깜짝 놀랄 병【寎】臥驚病.

잠박 : 누에를 올려 기르는 물건.
잠박 곡【笛】잠박(蠶箔).
잠박 곡【曲】簿曲. 具曲植籧筐『禮記』
잠박 박【薄】以織薄曲爲生『史記』
잠박 박【箔】蠶牀. 蠶箔. 春蠶看滿箔『韓愈』
잠박 박【簙】누에를 치는 데 쓰는 채반.

잠방이 : 가랑이가 짧은 고의(袴衣).

잠방이 곤【褌】犢鼻褌. 華下曝褌『李義山雜纂』

잠방이 교【袑】소고(小袴).

잠방이 당【襠】짧은 홑 고의. 犢鼻褌 따위.
　　　　　　動不敢出褌襠『阮籍』

잠방이 료【裯】袑裯, 소고(小袴).

잠방이 부【䩆】고의(尻衣).

잠방이 준【繜】소의(小衣).

잠방이 차【衩】무릎까지 닿는 홑 고의(尻衣).

잠방이 택【澤】짧은 홑 고의. 與子同澤『詩經』

잠시(暫時) : 조금 동안.

　잠시 가【假】
　　㉠ 잠깐. 不遑假寐『詩經』
　　㉡ 일시(一時). 잠정(暫定). 何以假爲『史記』

　잠시 간【間】잠깐. 立有間『列子』

　잠시 고【姑】子姑待之. 姑惟敎之『書經』

　잠시 삽【霎】一霎. 한바탕 오는 비이므로 인신
　　　　　　(引伸)하여 잠시의 뜻. 霎時.
　　　　　　萬頃銀濤半霎間『楊萬里』

　잠시 소【少】잠깐. 少焉. 少則洋洋焉『孟子』

　잠시 아【俄】
　　㉠ 잠깐 동안. 俄頃, 俄刻.
　　㉡ 얼마 안 되어. 俄而季梁之疾自瘳『列子』

　잠시 우【迂】양(良)과 동의. 잠깐.
　　　　　　迂久大醉而還『後漢書』

　잠시 응【艟】回 미구(未久).

　잠시 하【何】居無何, 使者果召參『史記』

잠자는 병 :

　잠자는 병 흘【疙】多睡病.

잠자다 :

　잠잘 여【寱】寐也.

　잠잘 침【癮】寢也.

잠자리 : 잠자리목에 속한 곤충을 통틀어 이르는
　말. 몸은 가늘고 길며 배에는 마디가 있고 한
　쌍의 큰 겹눈이 앞머리에 있으며, 두 쌍의 날
　개는 얇고 투명하며 그물 모양이다. 입은 씹는
　입이며, 머리를 회전시킬 수 있다.

　잠자리 령【蛉】蜻蛉.

　잠자리 무【蟱】청정(蜻蜓).

　잠자리 절【蠽】청정(蜻蜓).

　잠자리 정【虰】虰蛵, 청정(蜻蜓).

　잠자리 정【蜓】蜻蜓.

　잠자리 청【蜻】蜻蛉. 蜻蜓.
　　　　　　每居海上從蜻游『呂氏春秋』

　잠자리 총【蟌】蜻蛉. 水蠆爲蟌『淮南子』

　잠자리 총【蚣】총(蟌)과 동자(同字). 蜻蛉.
　　　　　　水蠆爲蚣『淮南子』

　잠자리 형【蛵】虰蛵, 청령(蜻蛉).

잠잠하다 :

잠잠할 금【憬】心噤貌.

잠잠할 막【寞】靜也.

잠잠할 묵【嘿】묵(默)과 동자(同字).
　　　　　　軻嘿而逃去『史記』

잠잠할 묵【黙】묵(墨)과 통용.
　㉠ 말이 없음. 黙然. 終日黙如愚『列仙傳』
　㉡ 조용하여 아무 소리가 없음.
　　　至道之極　昏昏黙黙『莊子』

잠잠할 밀【宓】밀(密)과 통용. 黙也.

잡나무 :

　잡나무 소【梢】작은 잡목. 曳梢肆柴『淮南子』

잡다 :

잡을 격【馘】捕也.

잡을 격【劾】捕也. 격(馘)과 동자(同字).

잡을 구【拘】拘束. 武夫力而拘諸原『左傳』

잡을 국【掬】持也.

잡을 극【扐】執也. 捕罪人.

잡을 금【捦】執也.

잡을 나【拏】체포함. 拏捕.

잡을 낙【搦】握也.

잡을 닉【搦】
　㉠ 손에 쥠. 舟子於是搦棹『郭璞』
　㉡ 체포함. 金鳳欲飛遭掣搦『錢俶』

잡을 도【屠】짐승을 잡아죽임. 屠殺. 凡屠斂
　　　　　　斂其皮角筋骨入於玉府『周禮』

잡을 람【攬】람(擥)과 동자(同字). 쥠.
　　　　　　主將之法在務攬英雄之心『六韜』

잡을 로【撈】물 속에 들어가 채취함. 또 물 속의
　　　　　　물건을 잡음. 撈魚. 山禿逾高採
　　　　　　水窮益深撈『舒元興』

잡을 문【捫】
　㉠ 움키어 놓지 아니함.
　　　在外爲人所捫摸也『釋名』
　㉡ 이를 잡음. 捫蝨而言旁若無人『晉書』

잡을 박【搏】체포함. 務搏執『禮記』

잡을 병【秉】
　㉠ 손에 쥠. 秉國權. 古人秉燭夜遊『李白』
　㉡ 마음에 잡아 지킴.
　　　民之秉彝　好玆懿德『詩經』

잡을 병【抦】持也.

잡을 복【服】쥠. 服兵擐甲『國語』

잡을 삼【摻】쥠. 摻執子之袪兮『詩經』

잡을 송【攫】執也.

잡을 수【收】收捕. 此宜無罪　女反收之『詩經』

잡을 압【押】押送. 拱押夭人『仲長統』

잡을 유【輮】유(揉)와 통용. 곧게 함.
　　　　　　坎爲矯輮『易經』

잡을 자【摣】움켜 잡음. 摣狒猥『張衡』

잡을 잠【撍】圄 執也.

잡을 장【杖】쥠. 左杖黃鉞『書經』

잡을 조【操】쥠. 操几杖以從『禮記』

잡을 조【罩】가리를 놓아 고기를 잡음.
　　　　　南有嘉魚烝然罩罩『詩經』

잡을 졸【捽】

　　㉠ 머리를 휘어잡음. 溺則捽其髮而拯『淮南子』

　　㉡ 붙잡음. 捽引. 捽胡投何羅殿下『漢書』

잡을 즙【緝】緝盜. 不敎緝捕鳳門來『陳造』

잡을 지【摯】손에 쥠. 以鷹擊毛摯爲治『史記』

잡을 집【執】

　　㉠ 손으로 쥠. 執筆. 執柯以伐柯『中庸』

　　㉡ 꼭 쥐고 놓지 않음. 지킴. 보존 함. 執義.
　　　　允執厥中『書經』

　　㉢ 체포함. 拍執. 陽虎執懷『史記』

　　㉣ 잡아 맴. 執騰駒『禮記』

　　㉤ 권세를 차지함. 執攻. 閣臣執國政『史記』

잡을 집【繋】拘繋. 南冠而繋者誰也『左傳』

잡을 착【捉】

　　㉠ 쥠. 捉鼻. 周公躬吐捉之勞『漢書』

　　㉡ 붙잡음. 체포함. 捉捕. 莫捉狐與兔『元稹』

잡을 책【措】추포(追捕)함. 쫓아가 잡음.
　　　　　迫措靑徐盜賊『漢書』

잡을 체【逮】쫓아가 잡음. 추포(追捕)함. 逮捕.
　　　　逮繋長安『漢書』

잡을 탑【縚】올무를 던져서 생물을 잡음. 中宗
　　　　嗣聖十三年 契丹飛索 以縚麻仁節
　　　　生獲之『資治通鑑』

잡을 파【攎】把也.

잡을 파【把】

　　㉠ 손으로 움켜 쥠. 把持. 湯自把鉞『史記』

　　㉡ 결점을 집어냄. 皆把其陰重罪而縱『漢書』

잡을 파【爬】파(把)와 통용.

잡을 포【捕】사로잡음. 체포함. 捕縛.
　　　　　捕鼠不若狸狌『莊子』

잡을 획【攫】쥠. 抄本末攫獼猴『張衡』

잡석(雜石) 많다 :

　　잡석 많을 잡【磼】雜石多貌.

잡아당기다 :

　　잡아당길 료【料】잡아 끎. 料虎頭編虎須『莊子』

　　잡아당길 정【紅】引也.

잡아매다 :

　　잡아맬 섭【攝】고결(固結)함. 攝緘縢『莊子』

　　잡아맬 칩【縶】羈絆馬.

　　잡아맬 해【絯】方且爲物絯『莊子』

잡아먹다 :

　　잡아먹을 삽【啑】啑喋.

잡아 헤치다 :

　　잡아 헤칠 두【捖】파개(擺開).

잡아 휘다 :

　　잡아 휠 나【挪】搓挪揉物.

잡초 :

　　잡초 래【萊】무성한 잡풀. 燔萊而播粟『鹽鐵論』

　　잡초 예【穢】잡풀. 草穢旣除『詩經』

잡털 :

　　잡털 리【氂】잡모(雜毛). 雜毛曰氂『小爾雅』

잡풀 우거지다 :

　　잡풀 우거질 망【莽】衆草相雜.

잡히다 :

　　잡힐 구【拘】

　　　㉠ 체포당함. 拘焉五日『史記』

　　　㉡ 잡히는 일. 弛獄出拘『月令廣義』

잣 : 잣나무의 열매.

　　잣 백【柏】호 柏葉茶.

잣나무 : 소나뭇과에 속한 상록 교목. 잎은 바늘
　　모양으로 다섯 개씩 모여 나며, 암수딴그루로
　　연두색의 꽃이 핀다. 열매는 긴 타원형으로, 씨
　　는 잣이라고 하며 식용한다.

　　잣나무 백【柏】호 柏葉茶.

잣다 : 섬유에서 실을 뽑아 냄.

　　자을 담【緂】緂麻索縷『淮南子』

　　자을 방【紡】섬유로 실을 만듦. 紡車.
　　　　　　紡績. 託于紀郡紡焉『左傳』

　　자을 사【絲】不蠶不絲『郭璞』

　　자을 적【績】紡績. 不績其麻『詩經』

　　자을 주【紬】紬績日分『史記』

　　자을 즙【緝】緝績作衣服『詩經』

장 :

　　장 번【番】매수(枚數). 紙萬番『舊唐書』

　　장 엽【葉】종이를 세는 말. 一葉. 三葉.
　　　　　　必指卷第冊葉所在『宋史』

　　장 장【醬】㉠ 된장. 醯醬處内『禮記』
　　　　　　　㉡ 간장. 不得其醬不食『論語』

　　장 장【帳】장막 같은 것을 세는 수사.
　　　　　　幄幕九帳『左傳』

　　장 장【丈】길이의 단위의 하나. 열자. 十尺.

　　장 장【章】문장. 시가의 한 단락. 章句.

　　장 집【集】宜率當部車乘赴集『續文獻通考』

　　장 취【䤥】醬也.

장가들다 :

　　장가들 빙【娉】빙(聘)과 동자(同字). 娉命.
　　　　　　娉江斐與神遊『左思』

　　장가들 빙【聘】예의를 갖추어 장가를 듦.
　　　　　　聘則爲妻 奔則爲妾『禮記』

　　장가들 상【尙】공주에게 장가 듦.
　　　　　　娶天子女 曰尙公主『漢書』

　　장가들 승【承】성취(成娶)함. 國人承翁主『漢書』

장가들 취【娶】娶嫁. 冠而後娶 『孔叢子』

장가들 혼【昏】혼(婚)과 통용. 宴爾新昏 『詩經』

장강(長杠)틀 :

　장강틀 잔【棧】관을 메는 틀. 長杠木.
　　　　　　　賓奠弊于棧 『儀禮』

장관(長官) :

　장관 령【令】관아(官衙)의 장(長).
　　　　　　中書令 卜皮爲縣令 『韓非子』

　장관 정【正】벼슬의 장관. 樂正.

장교(將校) : 부대를 지휘 호령하는 사람.

　장교 교【校】皆諸校力戰之功也 『漢書』

장구벌레 : 모기의 애벌레. 꼬리 끝에 있는 숨관
　을 물 표면에 내놓고 숨을 쉬기 때문에, 물 표
　면이 깨끗한 곳에서만 산다. 장구벌레는 10일
　만에 번데기가 되고, 번데기는 3일이 지나면
　성충인 모기가 된다.

　장구벌레 간【衦】還衦蟹與科斗 『莊子』

　장구벌레 궐【孑】孑孑. 孑孑爲蚊 『淮南子』

　장구벌레 궐【蟩】井中蟲.

　장구벌레 길【蛣】蛣蟩.

　장구벌레 연【蜎】蜎蠉 『爾雅』

　장구벌레 현【蠉】모기의 유충.

장군 : 물이나 술, 간장 등 액체를 담는 데 쓰는
　그릇. 중두리를 뉘어 놓은 것 같은 질그릇. 배
　가 불룩하고 그 가운데에 목이 좁은 아가리가
　있음.

　장군 배【鮺】缶別名.

　장군 부【缶】土缶. 瓦缶.

장기 :

　장기 장【瘴】
　　㉠ 산천(山川)의 악기(惡氣). 여기(厲氣).
　　　　山多氛瘴 『唐書』
　　㉡ 풍토병(風土病). 말라리아 같은 일종의 열
　　　　병(熱病). 然多瘴疫 『晉書』

장기판 간살 :

　장기판 간살 괘【罫】博局方目.

장끼 : 수컷의 꿩.

　장끼 준【鵕】山雉似鳳.

장난 :

　장난 우【優】陳氏鮑氏之圉人爲優 『左傳』

장난감 : 애완(愛玩)하는 물건. 노리개.

　장난감 쇄【耍】완구(玩具). 耍貨.

　장난감 완【玩】珍玩. 奇玩應響而赴 『陸機』

장난하다 : 심심풀이를 함.

　장난할 완【玩】玩弄. 玩物喪志 『書經』

　장난할 완【翫】완(玩)과 동자(同字).

장님 : 눈이 멂. 소경.

　장님 맹【盲】盲瞽. 盲者,

目形存而無能見也 『淮南子』

　장님 맹【瞽】맹(盲)과 통용.

장다리 :

　장다리 대【薹】무, 배추 등의 꽃줄기.
　　　　　　此菜易起薹 『本草經』

　장다리 옹【蓊】잔잎이 총생(叢生)하는 꽃줄기.
　　　　　　蓊薹也 『博雅』

　장다리 홍【薽】草菜之心.

장단(長短) 잡다 :

　장단 잡을 잡【囃】장단(長短).

장대(壯大)하다 :

　장대할 락【硌】礐硌. 장대(壯大)한 모양.
　　　　　　躍躍礐硌 美聲將興 『嵇康』

장대 :

　장대 간【竿】죽정(竹梃). 대나무의 장대. 釣竿.
　　　　　　籊籊竹竿 『詩經』

　장대 당【橦】길고 밋밋한 나무나 대.
　　　　　　揭鳴鳶之脩橦 『馬融

장대하다 :

　장대할 오【梧】魁梧. 장대(壯大)한 모양.
　　　　　　魁梧奇偉 『史記』

　장대할 필【胇】신대(身大).

장딴지 : 정강이 뒤쪽의 물고기 배처럼 살이 찐
　부분.

　장딴지 기【腓】비복(腓腹). 腨也.

　장딴지 비【腓】腓骨. 腓無胈 『莊子』

　장딴지 천【腨】腓腨, 足肚.

장롱 : 옷장이나 책장 따위와 같이 무엇을 넣어
　두는 세간.

　장롱 장【欌】回 衣欌. 饌欌. 冊欌. 所以衣藏.

장마 : 사흘 이상 계속하여 내리는 비.

　장마 담【潭】구우(久雨).

　장마 료【潦】음우(霪雨). 霖潦大水 『晉書』

　장마 림【淋】림(霖)과 동자(同字).
　　　　　　滋淋旣浹旬 『皮日休』

　장마 림【霖】梅霖. 雨自三日以往爲霖 『左傳』

　장마 옥【沃】霖雨. 烈野無沃霖 『機堯臣』

　장마 음【霪】10일 이상 오는 비.
　　　　　　禹沐浴霪雨 『淮南子』

　장마 임【霖】구우(久雨).

　장마 자【濱】涔濱,

　장마 함【𩂳】霖也.

　장마 호【滈】장마비. 임우(霖雨).

장막 :

　장막 막【莫】막(幕)과 통용.
　　　　　　莫府省約文書籍事 『史記』

　장막 막【縸】막(幕)과 통용. 纖羅絡縸 『後漢書』

　장막 막【幕】천막. 帷幕. 就幕而會 『國語』

장막 만【幔】여러 폭을 이어 댄 휘장. 幔幕.
　　　　朱幔紅舒 翠幌蜺連『張協』

장막 병【帡】위를 가리는 장막.
　　　　知夏屋之爲帡幪也『揚子法言』

장막 악【幄】위와 사방을 둘러치는 막. 帷幄.
　　　　幕人掌帷幕幄帟綬之事『周禮』

장막 역【帟】위를 가리는 작은 장막.
　　　　掌帷幕幄帟綬之事『周禮』

장막 장【帳】帷帳. 卽其帳中 斬宋義頭『史記』

장물(臟物) : 부정한 방법으로 물품을 취득함. 또
　그 물품.

　장물 장【贓】贓品.

장미(薔薇) : 장미과(薔薇科)에 속한 식물을 이르
　는 말. 관목성의 꽃나무이다. 꽃은 품종에 따라
　피는 시기, 기간이 다르고 홑꽃에서 겹꽃까지
　꽃 색깔과 꽃 모양에 수많은 변이가 있다. 화
　단이나 온실에서 재배된다.

　장미 미【薇】薔薇.

　장미 장【薔】薔薇.

　장미 장【蘠】장(薔)과 동자(同字). 蘠薇灌木
　　　　枝茂多刺花有紅白黃諸色.

장벽(障壁) :

　장벽 타【堞】시석(矢石)을 막는 장벽.
　　　　常見城堞『紀效新書』

장부(臟腑) : 오장과 육부, 곧 내장(內臟)을 통틀
　어 이르는 말. 곧 간장, 심장, 폐장, 신장, 비장
　의 오장과 대장, 소장, 위, 쓸개, 방광, 삼초(三
　焦)의 육부를 이른다.

　장부 부【腑】
　　　㉠ 五臟六腑. 被積聚於腑臟『抱朴子』
　　　㉡ 인신(引伸)하여 마음. 충심(衷心).
　　　　常繫心腑『柳宗元』

장부(帳簿) : 돈이나 물건의 수입과 지출을 기록
　하는 책.

　장부 부【簿】置簿冊. 名簿. 簿最詳緻『唐書』

　장부 서【書】기록하는 책. 簿書.

　장부 장【賬】계부(計簿).

　장부 장【帳】置簿冊. 計帳戶籍之法『北史』

　장부 첩【帖】부적(簿籍). 帖子.
　　　　每歲一作計帖『唐開元志』

　장부 첩【牒】視簿牒『唐書』

장부 : 두 재목을 이을 때 한쪽 재목의 끝을 다른
　한쪽의 구멍에 맞추기 위하여 가늘게 만든 부
　분.

　장부 순【榫】柄鑿者榫卯也『明道語錄』

　장부 예【枘】柄鑿不相容 鑿不圍枘『莊子』

장사 : 죽은 사람을 땅에 묻거나 화장함.

　장사 장【葬】사람이 죽어 매장(埋葬)하는 일.

助葬必執紼『禮記』

장사 : 이익을 얻기 위하여 물건을 사고파는 일.

　장사 고【賈】遠服賈『書經』

　장사 말【末】上農除末『史記』

　장사 상【商】商販.

　장사 시【市】매매(賣買). 교역(交易). 日中爲市
　　　　致天下之民 聚天下之貨『易經』

　장사 판【販】子貢好販『孔子家語』

　장수 고【估】商估交入『北史』

장사 밑천 :

　장사 밑천 민【錉】業也.

장사 지내다 :

　장사 지낼 붕【堋】窆也. 붕(堋)과 동자(同字).

　장사 지낼 장【葬】
　　　㉠ 시체를 땅에 묻음. 葬之中野『易經』
　　　㉡ 시체를 넣음. 葬於江魚服中『楚辭』

장사하다 :

　장사할 무【貿】교역(交易)함. 貿易.
　　　　抱布貿絲『詩經』

　장사할 판【販】
　　　㉠ 물품을 매매하여 利를 봄. 販賤賣貴『史記』
　　　㉡ 睢陽販繒者也『史記』
　　　㉢ 市井勿得販賣『漢書』

장성(將盛)하다 :

　장성할 장【將】鮮我方將『詩經』

장수 : 이윤을 얻고자 물건을 파는 일을 업으로
　하는 사람. 협의(狹義)로는 좌상(坐商)을 賈, 행
　상(行商)을 상(商)이라 함.

　장수 고【估】商人. 商估交入『北史』

　장수 고【賈】商人. 商賈. 富商大賈『史記』

장수(將帥) : 군사를 거느리고 지휘하는 우두머
　리.

　장수 수【率】수(帥)와 동자(同字). 渠率.
　　　　方伯連率『詩經』

　장수 수【帥】帥長. 二千五百人爲師 師帥皆中大
　　　　夫『周禮』

　장수 장【將】將軍. 大將斬將刈旗『史記』

장수(長壽) : 오래 삶. 또는 그 수명.

　장수 팽【彭】장명(長命). 장수(長壽)한 사람.
　　　　팽조(彭祖)에서 나온 말.
　　　　齊彭殤『王羲之』

장승 : 기둥 모양의 통나무나 돌 따위에 사람의
　얼굴 모양을 새겨 세운 것. 10리나 5리 간격으
　로 있어 이정표(里程標) 구실을 하거나, 마을의
　수호신 역할을 한다. 대개 남녀로 쌍을 이루어
　한 기둥에는 '天下大將軍', 또 한 기둥에는 '地
　下女將軍'이라고 새긴다.

　장승 생【椓】［호］ 장생(長生)과 동(同). 長椓.

장식(裝飾) : 겉을 치장하거나 매만져 꾸밈. 또는
　그 꾸밈새.

　장식 교【鉸】금(金)의 장식(裝飾).
　장식 방【錺】囹 裝飾金物.
　장식 유【蕤】
　　㉠ 관(官)의 늘어진 장식(裝飾).
　　　　緇布冠不蕤『禮記』
　　㉡ 기(旗)의 늘어진 장식. 羽旄揚蕤『左思』
장식가죽 :
　장식가죽 흔【靬】수레의 앞에 장식으로 댄 가죽.
　　　　　　　興革之前謂之靬『爾雅』
장아찌 : 오이, 무, 마늘 따위를 간장, 된장, 고추
　장 등에 절이고 양념을 하여 오래도록 먹을 수
　있게 만든 반찬.
　장아찌 저【諸】桃諸梅諸『禮記』
장애(障碍) : 거치적거리는 것.
　장애 장【障】故障. 吾有慾障『晉書』
장인(匠人) : 물건을 만드는 사람.
　장인 공【工】工欲善其事 必先利其器『論語』
　장인 장【匠】
　　㉠ 木工. 匠伯. 梓匠輪輿『孟子』
　　㉡ 인신(引伸)하여 널리 장색(匠色)의 뜻으로
　　　쓰며 또 더불어 널리 특수(特殊)한 기술(技
　　　術)이 있는 사람도 이름. 匠氏. 工匠.
　　　刀匠. 陶匠善治埴木『莊子』
장인(丈人) : 아내의 아버지.
　장인 구【舅】外舅. 壻迎見于舅姑『禮記』
　장인 옹【翁】稱丈人女壻曰翁壻『類書纂要』
장자(莊子) : 중국 전국 시대(戰國時代)에 완성된
　것으로 추정되는, 도가(道家) 사상을 담은 책.
　우화(寓話)를 많이 사용하였다.
　장자 장【莊】장자(莊子)의 약칭. 老莊.
　　　　　　下逮莊騷太史所錄『韓愈』
장작(長斫) : 통나무를 길게 잘라서 쪼갠 땔나무.
　세는 단위로는 개비, 단, 뭇, 가리, 강다리(100
　개비), 조짐이 있다.
　장작 로【橑】雕橑然後爨之『管子』
장전(莊田) : 귀척(貴戚), 고관(高官) 등의 사유지
　(私有地). 장원(莊園)에 딸린 논과 밭.
　장전 장【莊】明時爲民厲者 皇莊外 莫如諸王勳
　　　　　　戚中官莊田爲甚『續文獻通考』
장정(壯丁) : 기운이 좋은 젊은 남자.
　장정 정【丁】
　　㉠ 丁男. 赤手募丁修險隘『劉克莊』
　　㉡ 부역(賦役)에 징집(徵集)되는 남자. 丁役.
　　　每月役丁 二百萬人『隋書』
장조림 : 고기와 뼈를 난도질하여 섞어 넣은 장
　조림.
　장조림 구【肔】육장(肉醬).
　장조림 니【臡】其實昌本麋臡『周禮』
장주릅 : 거간꾼. 옛날 장에서 흥정을 붙이는 일
　을 업으로 삼던 사람.
　장주릅 쾌【儈】市儈. 駔儈. 世爲商儈『唐書』
장지 :
　장지 장【障】집에서 가려 막는 물건. 屛障.
　　　　　　金雞大障『唐書』
장차(將次) :
　장차 차【且】장차~하려함. 城且拔矣『戰國策』
　장차 장【將】차차. 앞으로. 吾將休矣『論語』
장하게 여기다 :
　장하게 여길 성【盛】
　　㉠ 탄미(歎美)함. 盛夏后之致美『張衡』
　　㉡ 於斯爲盛『論語』
장하다 :
　장할 비【賁】壯也.
　장할 비【奰】장대(壯大)함.
　　　　　　寒氣屭奰頑無風『韓愈』
　장할 업【驜】壯也.
　장할 장【壯】훌륭함. 웅장(雄壯)함. 壯志.
　　　　　　高十餘丈旗幟加其上甚壯『史記』
장형(杖刑) : 오형(五刑)의 하나. 곤장(棍杖)으로
　때리는 형벌.
　장형 장【杖】時制杖罪『金史刑志』
장화(長靴) :
　장화 폐【鞸】장화(長靴).
장황(粧潢) :
　장황 표【裱】表具. 此裱匠之事『閒情偶寄』
장황하다 : 서책이나 書畵帖을 꾸며 만듦.
　장황할 표【褾】표구(表具)를 함. 褾工.
　장황할 황【潢】有裝潢紙法『齊民要術』
잦는 샘 : 철 따라 물이 마르는 샘.
　잦는 샘 학【潐】夏有水冬無水 曰潐『爾雅』
잦다 : 자주 있음.
　잦을 번【繁】頻繁. 筮策繁用『淮南子』
　잦을 자【滋】빈번함. 干戈日滋『史記』
재 : 산정(山頂)의 고개.
　재 령【嶺】置嶺白雲間『沈約』
　재 령【領】영(嶺)과 통용. 興轎而踰領『漢書』
　재 성【城】성. 내성(內城). 城郭.
　　　　　　昔者夏鯀, 作三仞之城『淮南子』
재 : 불타고 남은 분말.
　재 탄【炭】以蜃炭攻之『周禮』
　재 회【灰】
　　㉠ 灰塵. 飮灰洗胃『南史』
　　㉡ 인신(引伸)하여 활기를 아주 잃은 사물의

비유. 白首自憐心未灰『陸游』

재간(才幹) : 일을 잘 해내는 능력이나 솜씨.

재간 국【局】재능. 기우(器宇). 局量.
　　　　剛正有局力『宋書』

재갈 : 말을 다루기 위해 말의 입에 가로 물리는,
　쇠로 된 물건. 굴레가 달려 있으며 한끝에 고
　삐를 매게 되어 있다.

재갈 공【輇】馬銜. 固止不得 因捉馬輇『隋書』

재갈 궐【橛】馬銜. 前有橛飾之患『莊子』

재갈 기【蘄】馬銜. 結駟方蘄『張衡』

재갈 알【鑭】鑣謂之鑭『爾雅』

재갈 조【釘】釘鐴. 아름답게 장식한 말의 재갈.
　　　　釘鐴藻韉『唐書』

재갈 표【驫】표(鑣)와 동자(同字).
　　　　燭龍導輕驫『王融』

재갈 표【鑣】
　㉠ 말의 입에 물리는 물건. 揚鑣漂沫『曹植』
　㉡ 인신(引伸)하여 기마(騎馬)의 뜻으로 쓰임.
　　連鑣.

재갈 함【銜】馬銜. 鑣銜. 利其銜策『漢書』

재갈 먹이다 : 재갈을 물려 말을 못하게 함. 인
　신(引伸)하여 자유를 속박함.

재갈 먹일 겸【柑】겸(鉗)과 동자(同字).
　　　　柑馬而秣之『左傳』

재갈 먹일 겸【拑】겸(箝), 겸(鉗)과 동자(同字).
　　　　臣畏刑而拑口『漢書』

재갈먹일 겸【箝】箝口. 箝語燒書『漢書』

재강 : 술을 거르고 남은 찌꺼기. 밑술. 술비지.

재강 박【魄】古人之糟魄『莊子』

재계(齋戒) : 제사 같은 것을 지낼 때 그 전 며칠
　동안 심신을 깨끗이 하며 부정한 일을 가까이
　하지 않는 일.

재계 재【齋】是祭祀之齋 非心齋也『莊子』

재계(齋戒)하다 : 심신을 깨끗이 하여 부정한 일
　에 가까이 하지 아니함.

재계할 계【戒】七日戒『禮記』

재계할 재【齋】聖人以此齋戒『易經』

재능(才能) :

재능 간【幹】才幹. 有文幹『吳志』

재능 기【技】능력. 無他技『書經』

재능 능【能】
　㉠ 일을 잘하는 재주. 能力.
　　天下莫與汝爭能『書經』
　㉡ 재능이 있는 이. 尊賢使能『孟子』

재능 재【財】재(才), 재(材)와 통용.
　　　　有達財者『孟子』

재다 :

잴 경【經】공사의 측량을 함. 인신(引伸)하여
　사물을 기획함. 방침을 세워 일을 함.
　經營. 經之營之『孟子』

잴 량【量】경중(輕重), 장단(長短), 용적(容積)
　등을 알아봄.
　行者當量其淺深而後可渡『詩經』

잴 약【籰】度也.

잴 영【營】측량함. 營丘壟之小大 高卑薄厚之
　度 貴賤之等級『呂氏春秋』

잴 인【仞】높이나 깊이를 잼. 仞溝洫『左傳』

잴 조【肇】재빠름. 肇牽車牛『書經』

잴 차【伖】몸이 가볍고 빠름. 募伖飛射士『漢書』

잴 측【測】
　㉠ 물 같은 것의 깊이를 잼. 測水.
　　測土深『周禮』
　㉡ 광협(廣狹), 장단(長短), 원근(遠近), 고저
　　(高低) 등을 계량(計量)함. 測量.
　　與占測之『宋史』
　㉢ 헤아림. 추측(推測)함. 億測.
　　人心難測也『漢書』

잴 탁【度】
　㉠ 길이를 잼. 寸而度之, 至丈必差『說苑』
　㉡ 땅을 잼. 측량함. 度地居民『禮記』

잴 토【土】측량함. 以土圭之法 側土深 正日景
　以求地中『周禮』

잴 혈【揳】혈(絜)과 동자(同字).
　　　　不揳長 不揳大『荀子』

잴 혈【絜】대소를 헤아림. 絜之百圍『莊子』

잴 횡【竑】자로 잼. 竑其幅廣『周禮』

재단(裁斷)하다 :

재단할 재【財】재(裁)와 통용. 財擇.
　　　　財成天地之道『易經』

재두루미 : 두루밋과에 속한 철새. 목과 날개가
　흰색을 띠고 있으며 그 밖의 부분은 회흑색이
　며 얼굴과 이마는 털이 없이 드러나 붉다. 다
　리는 붉어 눈에 띄고 부리는 황록색이다.

재두루미 괄【鴰】鶬鴰. 鶬鷄.

재두루미 창【鶬】鶬鴰.

재로 되다 : 재가 되어 없어짐.

재로 될 회【灰】灰滅『謝靈運』

재로 만들다 : 태워 없앰.

재로 만들 회【灰】燔康居灰珍奇『後漢書』

재목(材木) :

재목 재【材】
　㉠ 건축, 기구 등의 재료로 쓰이는 나무.
　　材木. 材朴委積『楚辭』
　㉡ 인신(引伸)하여 널리 딴 천연 재료의 뜻으
　　로 쓰임. 石材. 其材足以備器用『左傳』

재목(材木) 어긋매껴 쌓다 : 재목(材木)을 가로
　세로 어긋나게 쌓은 것.
　재목 어긋매껴 쌀 구【冓】冓也.
재물(財物) : 돈이나 값나가는 물건을 통틀어 이
　르는 말.
　재물 귀【賮】財也.
　재물 만【購】貨也.
　재물 물【物】재화(財貨). 辨三酒之物『周禮』
　재물 수【賕】破家殘賕陰約結以相固『韓非子』
　재물 실【實】재화(財貨). 聚斂積實『左傳』
　재물 용【用】財用. 吾用多『戰國策』
　재물 자【資】資産. 旅卽次 懷其資『易經』
　재물 자【貨】재화. 家貨. 轉貨貨『史記』
　재물 재【財】財寶. 貪夫徇財 烈士徇名『史記』
　재물 폐【幣】財貨. 以珠玉爲上幣『管子』
　재물 협【賮】財也.
　재물 회【賄】財賄. 以爾車來 以我賄遷『詩經』
재물(財物)로 여기다 : 사람을 물건 취급함. 돈
　으로 사람을 자유로이 부림.
　재물로 여길 화【貨】無處而餽之是貨之也『孟子』
재물 쌓다 :
　재물 쌓을 창【賄】적화(積貨).
재보(財寶) : 보배로운 재물.
　재보 자【訾】자(貨)와 통용. 以訾爲郞『漢書』
재빠르다 :
　재빠를 교【狡】민첩(敏捷)함.
　　　　　　　狡免死走狗烹『史記』
　재빠를 교【趫】
　　㋠ 몸이 재어 잘 달림. 往往跳趫騎不得『元稹』
　　㋡ 몸이 재어 나무를 잘 탐.
　　　　非都盧之輕趫 孰能超而究升『張衡』
　재빠를 선【還】동작이 빠른 모양.
　　　　　　　子之還兮『詩經』
　재빠를 일【佚】疾也.
　재빠를 적【踖】민첩한 모양. 執爨踖踖『詩經』
　재빠를 제【齊】齊給. 幼而徇齊『史記』
　재빠를 초【訬】민첩함. 越人有重遲者 而人謂之
　　　　　　　訬『淮南子』
재상(宰相) : 예전에, 임금을 보좌하며 모든 관원
　을 지휘하고 감독하는 일을 맡은 이품(二品)
　이상의 벼슬이나 그런 자리에 있는 사람을 통
　틀어 이르던 말.
　재상 규【揆】대신(大臣). 桓溫居揆『晉書』
　재상 보【輔】宰輔. 四輔. 稱爲良輔『後漢書』
　재상 재【宰】宰相. 天子之宰通于四方『穀梁傳』
재앙(災殃) : 뜻하지 않게 생긴 불행한 변고. 또
　는 천재지변으로 말미암아 생긴 불행한 사고.
　재앙 할【割】災害. 天降割於我家『書經』

재앙 결【禍】불상(不祥).
재앙 난【難】患難. 困難. 災難. 避難.
　　　　　吾昔從夫子 遇難於匡『史記』
재앙 변【變】재난(災難). 變死. 天變地異.
　　　　　災變數見『漢書』
재앙 상【祥】災禍. 妖孽自外來 謂之祥『漢書』
재앙 생【省】생(眚)과 통용. 肆大省『公羊傳』
재앙 생【眚】재화(災禍). 毋眚『易經』
재앙 앙【殃】殃禍. 作不善 降之百殃『書經』
재앙 액【厄】災厄. 厄運. 悼屈子兮遭厄『楚辭』
재앙 얼【孽】요괴(妖怪)한 재앙. 妖孽.
　　　　　天作孽 猶可違『孟子』
재앙 요【夭】재화(災禍). 天夭是椓『詩經』
재앙 요【妖】災妖. 人棄常則妖興『左傳』
재앙 요【祅】천지(天地)가 보이는 凶變. 祅孽.
　　　　　迅雷風祅『漢書』
재앙 이【異】妖災. 怪變. 乖氣致異『漢書』
재앙 잔【殘】害毒. 大利之殘也『呂氏春秋』
재앙 재【災】災難. 災禍. 救災恤鄰『左傳』
재앙 재【菑】재(災)와 동자(同字).
　　　　　無菑無害『書經』
재앙 특【慝】災害. 妖慝. 亦羅咎慝『漢書』
재앙 패【敗】재화(災禍). 四方有敗『禮記』
재앙 학【虐】재화(災禍). 殷降大虐『書經』
재앙 환【患】禍患. 患禍當何從而來『世說』
재앙 흉【凶】재화(災禍). 凶災. 凶禍.
재앙(災殃)을 물리치다 : 기도(祈禱)를 드려 재
　앙(災殃)을 물리침.
　재앙을 물리칠 휘【襘】禳災. 凡外祭毀事用尨
　　　　　　　　　　　『周禮』
재어지다 :
　재어질 측【測】陰陽不測之謂神『易經』
재에 묻어 굽다 :
　재에 묻어 구울 오【煨】埋物灰中煨.
재염나무 : 붉은 능금.
　재염나무 염【棪】枏棪, 목명(木名).
재우다 : 잠을 자게 함.
　재울 침【寢】載寢之牀『詩經』
재잘거리다 : (사람이)낮은 목소리로 빠르고 떠들
　썩하게 자꾸 이야기하다.
　재잘거릴 답【讄】疾言. 紛讄以流漫『琴賦』
재재거리다 : (사람이)조금 수다스럽게 자꾸 이야
　기하다.
　재재거릴 남【喃】喃喃細語『北史』
　재재거릴 첩【喋】喋喋利口『漢書』
　재재거릴 첩【諜】첩(喋)과 동자(同字).
　　　　　　　　諜諜和口『史記』
재주 :

재주 교【巧】기능(技能). 工有巧『周禮』

재주 기【技】예능(藝能). 技術.
　　　　凡執技以事上者『禮記』

재주 기【伎】
　㉠ 기술상의 재능(才能). 人多伎巧『老子』
　㉡ 재능(才能). 無他伎能『史記』

재주 량【倆】솜씨. 기능(技能). 技倆.
　　　　天狐伎倆本無多『陸游』

재주 수【數】技術. 突之爲數 小數也『孟子』

재주 예【藝】
　㉠ 재능. 材藝. 故功有藝也『禮記』
　㉡ 학문 혹 기술. 六藝. 能通一藝以上『史記』

재주 예【蓺】예(藝)와 동자(同字).
　　　　有六蓺略『漢書』

재주 재【財】재(才), 재(材)와 통용.
　　　　有達財者『孟子』

재주 재【材】재(才)와 동자(同字). 지능(知能).
　　　　材能. 任官惟賢材『書經』

재주 재【才】
　㉠ 재능. 才藝. 旣竭我才『論語』
　㉡ 재능이 있는 사람. 取賢斂才焉『禮記』

재주 준【寯】才也.

재주 있다 : 재능 또는 학예에 뛰어남.

재주 있을 녕【佞】我不佞 雖不識義亦不可惑
　　　　『國語』

재주 있을 예【藝】求也藝『論語』

재채기 : 코의 점막 신경이 자극을 받아 간지럼
　을 느끼다가 갑자기 입으로 숨을 터뜨려 내뿜
　으며 큰 소리를 냄. 또는 그러한 현상.

재채기 분【噴】今人噴嚔不止者『野客叢書』

재채기 애【呃】氣逆作聲.

재채기 제【嚏】비분(鼻噴).

재채기 제【顛】噴鼻氣.

재채기 제【嚏】鼻噴氣.

재채기 체【嚔】嚔噴. 願言則嚔『詩經』

재채기 흠【欨】嗽也.

재촉하다 : (어떤 사람이 다른 사람에게 행동이나
　일 따위를)빨리하도록 다그치다.

재촉할 독【督】督促. 趣督倚辨『唐書』

재촉할 책【責】督責之『史記』

재촉할 촉【庀】促也.

재촉할 촉【促】督促, 促趙兵亟入關『史記』

재촉할 촉【趣】촉(促)과 통용. 趣民收斂『禮記』

재촉할 촉【趣】촉(促)과 동자(同字). 趣織.
　　　　趣獄刑 無留有罪『呂氏春秋』

재촉할 촉【跐】迫也.

재촉할 최【嗺】嗺酒逐歌『趙瑟』

재촉할 최【催】催告. 催促. 驛馬催之『晉書』

재촉할 축【壓】督促. 待人督責迫壓『柳宗元』

재치(才致) : 어떤 상황에서 일을 눈치 빠르게,
　능숙하게 그리고 슬기롭게 처리하는 솜씨.

재치 기【機】機巧. 爲機變之巧者『孟子』

재판관(裁判官) : 송사를 맡은 벼슬아치.

재판관 리【理】大理. 命理瞻傷『左傳』

재화(災禍) 내리다 : 재앙을 내림.

재화 내릴 화【禍】天道福善禍淫『書經』

재화(災禍) :

재화 재【財】물자 또는 금전. 財寶.
　　　　貪夫徇財 烈士徇名『史記』

재화 화【貨】
　㉠ 재물, 물품. 奇貨.
　　　　聚天下之貨 交易而退『易經』
　㉡ 금전. 銀貨. 貨幣. 貨謂布帛可衣及金刀龜
　　　　貝 所以分財布利通有無者也『漢書』

재화 화【禍】禍福. 君子愼以避禍『禮記』

재화 흉【訩】재난(災難). 화난(禍難).
　　　　降此鞠訩『詩經』

잿물 : 볏짚이나 나무의 재를 우려낸 물. 알칼리
　성을 띠므로 빨래의 기름기와 때를 빼는 데 주
　로 쓰인다.

잿물 감【鹼】세탁에 쓰임. 石鹼.

잿물 세【涗】涗水. 재에 물을 부어 받아서 내린
　　　　물. 以涗水漚其絲七日『周禮』

잿빛 :

잿빛 삼【縿】회색(灰色).

잿빛 숙【儵】靑黑色.

쟁 : 대쟁(大箏)과 비슷한 13줄로 된 현악기.

쟁 쟁【箏】叩缶彈箏『史記』

쟁기 : 논밭을 가는 농구(農具).

쟁기 려【犁】소가 끎. 童五尺一犁『管子』

쟁기 뢰【耒】斲木爲耜, 揉木爲耒『易經』

쟁기 섬【銛】밭을 가는 농구.

쟁기 파【钁】밭을 가는 농구.

쟁기질하다 : 쟁기로 논밭을 갈다.

쟁기질할 려【犁】犁其庭『漢書』

쟁깃술 : 쟁기의 몸 아래, 보습 위로 비스듬히 뻗
　어 나간 나무.

쟁깃술 뢰【耒】斲木爲耜 揉木爲耒『易經』

쟁깃술 자【庛】車人爲來庛 長尺有寸『周禮』

쟁론(爭論)하다 :

쟁론할 변【辨】변(辯)과 통용. 말다툼함.

쟁반(錚盤) : 둘레의 높이가 얕고 바닥이 둥글넓
　적하거나 네모난, 넓고 큰 그릇. 주로 음식을
　받치는 데 쓴다.

쟁반 대【敦】若合諸侯則共珠槃玉敦『周禮』

쟁반 반【槃】반(盤)과 동자(同字).
　　　　小者奉槃『禮記』

쟁반 반【柈】반(槃)과 동자(同字).
　　　焦糖幸一柈『杜甫』
쟁반 반【盤】음식을 올려놓는 제구. 杯盤.
　　　饋盤飧寘壁『左傳』
저 : ‘나’를 낮추어 가리키는 말, 말하는 이가 자
　신과 듣는 이 모두에게 멀리 떨어져 있는 사물
　이나 사람 따위를 가리킬 때 쓰는 말
　저 나【那】피(彼)와 동의. 시(詩)에 많이 쓰임.
　　　大作家在那邊『盧氏雜記』
　저 농【儂】그 사람. 피(彼)의 속어(俗語). 他儂.
　　　渠儂. 勸儂莫上北高峰『楊維楨』
　저 몽【蒙】蒙竊或焉『張衡』
　저 복【僕】자기(自己)의 겸칭(謙稱).
　　　自稱爲僕 卑辭也『漢書』
　저 부【夫】사물을 지시하는 말.
　　　夫二三者也『論語』
　저 이【伊】이의 대. 所謂伊人在水一方『詩經』
　저 재【崽】피칭(彼稱).
　저 지【笰】지(簾)와 동자(同字).
　　　仲夏之月 調竽笙笰簧『禮記』
　저 피【彼】차(此)의 대. 彼此.
　　　彼月而微 此日而微『詩經』
저고리 :
　저고리 소【䘿】부인의 웃옷.
　저고리 염【袡】특히 시집 갈 때 입는 저고리.
　　　婦人復不以袡『禮記』
　저고리 할【褐】상의(上衣).
저녁 : 해가 저물 때.
　저녁 만【晚】晚餐. 伏見蚤晚『漢書』
　저녁 석【昔】석(夕)과 동자(同字).
　　　爲一昔之期『左傳』
　저녁 석【夕】子曰 朝聞道 夕死可矣『論語』
　저녁 포【晡】晡夕. 朝晡給與御食『北齊書』
저녁경치 :
　저녁경치 탐【眈】석경(夕景).
저녁밥 :
　저녁밥 손【飧】석식(夕食). 만찬(晚餐). 飧饔.
　저녁밥 포【餔】신시(申時) 곧 오후 네 시경에
　　　먹는 밥. 昳至餔『呂氏春秋』
저녁에 뵈다 :
　저녁에 뵐 석【夕】叔向聞之夕『國語』
저당(抵當) :
　저당 당【當】擔保. 當店. 典當胡夷『後漢書』
저당물(抵當物) : 전당 잡힌 물건. 또 인질.
　저당물 질【質】典質. 爲質於鄭『左傳』
저당 잡히다 :
　저당 잡힐 질【質】莊襄王爲秦質子於趙『史記』
저리다 : 신체의 감각 작용을 잃음. 또 그 현상.

저릴 마【痲】痲痺.
저릴 비【痺】痲痺. 臂已痺而猶擬『歐陽修』
저물다 : 해가 저묾. 해가 서산에 짐.
저물 만【晚】登臨日將晚『楊師道』
저물 모【莫】모(暮)와 통용. 莫夜有戎『易經』
저물 모【暮】日暮途遠『史記』
저물 안【晏】及年歲之未晏兮『楚辭』
저물 총【旹】暮也.
저미다 : 고기를 얇게 썲.
저밀 속【劙】잘게 썲.
저밀 접【脿】有作犬脿法, 苞脿法『齊民要術』
저밀 접【聶】접(脿)과 동자(同字). 잘게 썲.
　　　聶而切之爲膾『禮記』
저밀 좌【剉】去骨剉之『齊民要術』
저밀 좌【莝】乃後莝之『周禮註』
저밀 촌【刌】잘게 썲.
저민 고기 :
저민고기 련【臠】臠肉. 一擧盡臠『禮記』
저민고기 자【炙】자(炙)와 동자(同字).
　　　萬片炙肉『韓愈』
저버리다 :
저버릴 고【辜】고(孤)와 통용.
　　　猶有一般辜負事『白居易』
저버릴 고【孤】배반함. 孤負.
　　　陸雖孤恩漢亦負德『李陵』
저버릴 배【北】배신함. 士無反北之心『史記』
저버릴 부【負】
　㉠ 은혜를 잊고 덕에 보답하지 않음.
　　陵雖孤思 漢亦負德『李陵』
　㉡ 약속을 지키지 아니함. 盟可負耶『史記』
저상(沮喪)하다 : 기가 꺾임.
저상할 조【阻】氣阻而志奪『子華子』
저술(著述) :
저술 술【述】前人之述備矣『范仲淹』
저술 찬【撰】저작. 出於後人僞撰『楊愼外集』
저승 : 사람이 죽은 뒤 그 영혼이 가서 산다는 세
　상.
저승 고【薧】薧里死人里也『唐韻』
저승 명【冥】黃泉. 冥土. 冥府. 追奉冥福『北史』
저승 원【原】黃泉. 從先大夫於九原『禮記』
저승 유【幽】黃泉. 以別幽明『禮記』
저울 : 물건의 무게를 측정하는 데 쓰이는 기구를
　통틀어 이르는 말.
저울 권【權】謹權量『漢書』
저울 석【石】큰 저울. 鈞衡石『禮記』
저울 전【銓】考量以銓『漢書』
저울 칭【秤】
　㉠ 天秤. 如秤之平『古之奇』

ⓛ 인신(引伸)하여 공평(公平)의 뜻으로 쓰임.
秤心. 諸葛亮曰我心如秤 『太平御覽』

저울 칭 【秤】 칭(秤)과 동자(同字).
　　　　　稱錘. 角斗稱 『淮南子』

저울 형 【衡】 度量衡.

저울대 :
저울대 형 【衡】 저울의 추를 단 대. 權衡. 衡誠
　　　　　懸矣 則不可欺以輕重 『荀子』

저울바탕 :
저울바탕 원 【鋺】 다는 물건을 올려놓는 데.

저울질하다 : 무게를 닮.
저울질할 권 【權】
　　ⓐ 저울에 닮. 然後權之 『周禮』
　　ⓛ 경중대소를 분별함. 不權輕重 『荀子』
저울질할 전 【銓】 量丈尺寸斤兩銓 『急就篇』
저울질할 전 【輇】 전(銓)과 통용.
저울질할 칭 【稱】 稱絲 『禮記』

저울추 : 저울대 한쪽에 걸거나 저울판에 올려놓
는 일정한 무게의 쇠.
저울추 권 【權】 正權槩 『禮記』
저울추 유 【肉】 錘體.
저울추 추 【錘】 權謂之錘 『博雅』
저울추 추 【鎚】 추(錘)와 동자(同字).

저이름 : 가로 부는 대나무로 만든 관악기의 하
나. 구멍이 여덟 개인데 그 중 하나는 뚝 떨어
져 있어 이 구멍으로 불게 되었음. 길이는 큰
것은 1尺 4寸, 작은 것은 1尺 2寸.
저이름 지 【籭】 지(篪)와 동자(同字).
　　　　　鳴籭兮吹竽 『楚辭』
저이름 지 【篪】 伯氏吹壎, 仲氏吹篪 『詩經』

저자 : 날마다 아침과 저녁으로 반찬거리를 사고
팔기 위하여 열리는 작은 규모의 시장.
저자 궤 【闠】 通闤帶闠 『張衡』
저자 시 【市】
　　ⓐ 장. 市井. 五十里有市 『周禮』
　　ⓛ 城市. 長安市上酒家眠 『杜甫』
저자 허 【墟】 시장. 端州以南 三日一市 謂之趁
　　　　　墟 『南部新書』
저자 환 【闤】 通闤帶闠 『張衡』

저자에 버리다 :
저자에 버릴 시 【施】 기시(棄市)함.
　　　　　秦人殺冀芮而施之 『國語』

저작(著作) : 학문이나 예술 따위에 관하여 책을
글로 씀. 또는 그렇게 지어진 책.
저작 술 【述】 저술(著述).
저작 작 【作】 저술(著述).
　　　　　田舍翁火爐頭之作 『江南野錄』
저작 저 【著】 저작(著作).

저절로 : 나면서부터. 선천적으로.
저절로 생 【生】 生而知之 『中庸』

저주(詛呪) : 몹시 미워하는 상대에게 재앙이나
불행한 일이 일어나도록 빌며 바람. 또는 그렇
게 해서 일어난 재앙이나 불행.
저주할 저 【詛】
　　ⓐ 呪詛. 幸免兆人詛 『白居易』
　　ⓛ 厥口詛祝 『書經』
저주할 저 【咀】 저(詛)와 동자(同字).
저주할 조 【讀】 저(詛)와 동자(同字). 祝讀後宮
　　　　　有身者王美人及鳳等 『漢書』
저주할 주 【呪】 厥口詛祝 『書經』

저 짐승 :
저 짐승 타 【牠】 🈁 타수(他獸).

저쪽 :
저쪽 피 【彼】 在彼無惡, 在此無射 『詩經』

저축 : 소득 중에서 소비로 지출되지 않는 부분.
아껴 모아 둠.
저축 자 【積】 비축한 것. 無私積 『左傳』
저축 저 【貯】 저(著)와 통용. 저축(貯蓄).
저축 저 【著】 저(貯)와 통용.
　　　　　子貢廢著 『孔子家語』
저축 축 【蓄】 無私貨, 無私蓄 『禮記』
저축 축 【畜】 축(蓄)과 동자(同字). 餘畜.
　　　　　無私貨 無私畜 『禮記』

저축하다 :
저축할 거 【宮】 貯也.
저축할 자 【積】 비축함. 乃積乃倉 『詩經』
저축할 치 【峙】 치(峙)와 동자(同字).
　　　　　峙乃糗糧 『書經』

적 :
적 난 【難】 구적(仇敵). 與秦爲難 『戰國策』
적 적 【適】 적(敵)과 통용.
　　　　　後如脫免 適不敢拒 『史記』
적 적 【敵】 대항(對抗). 전쟁(戰爭)의 상대방(相
　　　　　對方). 强敵. 勝敵而益强 『孫子』

적게 여기다 :
적게 여길 소 【小】 경시(輕視)함. 必小羅 『左傳』
적게 여길 소 【少】 비난함. 皆少之 『史記』

적다 : 많지 아니함. 또 모자람.
적을 검 【儉】 先辨豊儉 『南史』
적을 과 【寡】 적거나 세력(勢力)이 미약(微弱)함.
　　　　　寡少. 生之者衆 食之者寡 『大學』
적을 근 【僅】 과소(寡少). 僅少.
적을 근 【劤】 僅也.
적을 렴 【䣭】 少也. 小也.
적을 매 【煤】 少也.
적을 박 【薄】 薄利. 德薄而位尊 『易經』

적을 사【些】많지 않음. 잗달다. 些少. 些事.
　　　　酒癖而今較減些『辛棄疾』
적을 선【尠】선(鮮)과 동자(同字). 尠少. 적음.
적을 선【尟】少也. 선(尠)과 동자(同字).
　　　　선(鮮)과 통용.
적을 선【鱻】선(鮮)과 동자(同字).
적을 선【鮮】희소(稀少)함.
　　　　惡不知其美者天下鮮矣『大學』
적을 세【細】근소(僅少)함. 些細.
　　　　鏡之明己也功細『呂氏春秋』
적을 소【少】羽兵食少『漢書項羽傳』
적을 소【謏】足以謏聞『禮記』
적을 소【小】소(少)와 동의. 小經.
　　　　力小而任重『易經』
적다 : (종이에 내용을)글자나 기호로 쓰다.
　적을 기【記】
　　㉠ 씀. 筆記. 記錄. 門人記之也『大學』
　　㉡ 적은 것. 기록. 문서. 著災異之記『史記』
　적을 기【紀】
　　㉠ 계통(系統)을 세워 적음.
　　　　紀事者必提其要『韓愈』
　　㉡ 紀年. 역사상(歷史上)에 있어서 천자(天子)
　　　　의 사적(事蹟)을 적은 부분을 本紀라 함.
　　　　作五帝本紀『史記』
　적을 록【錄】
　　㉠ 기재함. 登錄. 記錄. 錄其所述『王羲之』
　　㉡ 기록한 것. 문서, 서적 따위. 目錄.
　　　　奠其錄『周禮』
　　㉢ 마음속에 적어둠. 잊지 아니함.
　　　　君旣若見錄 不及望君來『古詩』
　적을 보【譜】순서, 계통을 따라 列記함.
　　　　自殷以前 諸侯不可得而譜『史記』
　적을 저【著】문서, 금석 등에 기록하여 나타냄.
　　　　著錄. 刻著於石『司馬光』
　적을 전【展】展其功緒『周禮』
　적을 제【題】名山壁上題詩『黃允文』
　적을 주【注】注記. 記物曰注『通俗文』
　적을 주【註】記註. 一事註於志『穀梁傳』
　적을 지【識】子曰小子識之『孔子家語』
　적을 지【志】孔子聞之曰 弟子志之『孔子家語』
　적을 지【誌】太古之事滅矣, 孰誌之哉『列子』
　적을 차【箚】抄箚家業『書敍指南』
　적을 찬【撰】密撰事情『北齊書』
　적을 치【齒】齒錄. 終身不齒『禮記』
　적을 표【標】名標於奇紀『孫綽』
적대(炙臺) : 제사 지낼 때 희생의 심장, 혀 등을
　담아 올리는 그릇.
　적대 기【肵】肵俎. 佐食升肵俎『儀禮』
　적대 조【俎】제향(祭享) 또는 향연(饗宴) 때 음

식(飮食)을 담는 그릇. 俎實.
　　　　俎載牲之器『後漢書』
　적대 조【且】조(俎)와 동자(同字).
　　　　俎本作且『正字通』
적삼 : 윗도리에 입는 작고 짧은 옷. 또 소매가
　없는 옷.
　적삼 삼【衫】衫子. 脅汗衫以當熱『束皙』
　적삼 익【袣】단삼(單衫).
　적삼 작【裻】단의(襌衣).
적쇄 :
　적쇄 책【鎍】철관(鐵串).
적수 :
　적수 대【對】대등(對等)한 자(者).
　　　　自謂無對『南史』
적시다 : (물이나 땀 따위가 대상을)젖게 하다.
　적실 란【爛】漬也.
　적실 로【露】
　　㉠ 이슬로 적심. 露彼菅茅『詩經』
　　㉡ 인신(引伸)하여 은혜를 베풂. 은혜를 입음.
　　　　覆露萬民『漢書』
　적실 악【渥】물에 담가 흠씬 적심.
　　　　渥淳其帛『周禮』
　적실 엄【淹】淹漬. 淹之以好樂『禮記』
　적실 염【染】액체에 젖게 함. 染筆.
　　　　蒸牲染身『嵇康』
　적실 유【濡】젖게 함. 濟盈不濡軌『詩經』
　적실 윤【潤】물에 적심. 또 습하게 함.
　　　　雨露之所潤『孟子』
　적실 읍【浥】비나 물에 젖음. 또는 적심.
　　　　渭城朝雨浥輕塵『王維』
　적실 저【沮】물에 적심. 또는 물 속에 담금.
　　　　何益湍沮『唐書』
　적실 점【漸】물에 적심. 또 물에 젖음.
　　　　漸車帷裳『詩經』
　적실 점【霑】
　　㉠ 물에 적심. 雨霑服『禮記』
　　㉡ 인신(引伸)하여 은혜를 입음. 은혜를 베풂.
　　　　白骨始霑思『李商隱』
　적실 주【澍】시우(時雨)가 와서 백곡(百穀)을
　　　　적셔 잘 자라게 함. 雨露時澍『王褒』
　적실 첨【霑】漬也.
　적실 첨【瀸】물에 담가 적심. 瀸濇肌膚『淮南子』
　적실 첨【沾】점(霑)과 동의. 沾寒.
　　　　汗出沾背『史記』
　적실 침【浸】浸漬. 浸彼苞稂『詩經』
　적실 함【涵】물에 담금. 또는 적심. 沈涵.
　　　　海涵春育『王僧孺』
　적실 후【沍】濡也.

적실(適實)하다 :
　적실할 적【的】꼭 그러함. 확실함. 的確.
적어지다 :
　적어질 소【少】줄다. 墾田減少『後漢書』
적은 저울 :
　작은 저울 등【戥】소형(小衡).
적적(寂寂)하다 : (장소가)조용하고 쓸쓸하다.
　적적할 예【乂】山澤含哀 天地肅乂『陸雲』
적전(耤田) : 천자가 친히 가는 전지(田地).
　적전 적【耤】耤田.
적청색(赤靑色) :
　적청색 문【妏】赤靑混色.
적취(積聚) : 쌓여서 모임. 뱃속에 생긴 덩어리.
　일정한 형태를 가지고 고정된 위치에 있으며
　아픈 부위도 이동하는 일이 없이 고착되어 있
　는 병을 이른다.
　적취 벽【癖】구체(久滯)의 한가지. 적병(積病).
　　　　　　癖瘤. 飮過則成痰癖『抱朴子』
　적취 징【癥】구체(久滯)의 한 가지. 積病.
　　　　　　積氣. 盡見五臟癥結『史記』
적흑색(赤黑色) : 붉은 빛이 섞인 검은 빛.
　적흑색 기【綦】四人綦弁『書經』
전 :
　전 전【錢】로 화폐의 단위로 원(圓)의 1/100.
　전 첨【襜】화로, 갓, 모자와 같이 가장자리가
　　　　　넓은 부분. 笠襜. 折花簪之壓損帽襜
　　　　　『雲仙雜記』
전갈(全蝎) : 전갈과에 속한 하나. 몸은 누런색이
　다. 모양은 가재와 비슷하며, 꼬리 끝에는 갈고
　리 모양의 독침이 있다. 야행성이며, 주로 거미
　나 곤충을 먹고 산다.
　전갈 갈【蝎】헐(蠍)과 동자(同字).
　전갈 뢰【蠆】채미충(蠆尾蟲).
　　　　　　其知憯于蠆蠆之尾『莊子』
　전갈 채【蠆】지주류(蜘蛛類).
　　　　　　彼君士女 卷髮如蠆『詩經』
　전갈 헐【蠍】지주류(蜘蛛類). 好取蠍『北史』
전고(前古) :
　전고 례【例】故實. 欲依蔡謨例事『南史』
전공(戰功) : 싸움에 이긴 공.
　전공 다【多】戰功曰多『周禮』
전구(前驅) :
　전구 선【先】세(洗)와 통용. 參閱先馬條 句踐
　　　　　　親爲夫差先馬『國語』
전국술 : 물이나 첨가물을 타지 않은 순수한 술.
　전국술 순【醇】無灰酒. 嗜學如嗜醇『方岳』
　전국술 전【醲】농주(濃酒).

전국술 주【酎】세 번 빚은 순주(醇酒).
　　　　　　孟夏之月天子飮酎『禮記』
전국술 활【酤】甛也.
전기(電氣) : 물질 안에 있는 전자의 이동으로 인
　하여 생기는 에너지의 한 형태.
　전기 전【電】電熱. 電力.
전기(傳記) : 한 개인의 일평생 사적.
　전기 전【傳】傳記. 漢司馬遷作史記 創爲列傳
　　　　　　以紀一人始終『文體明辯』
전나무 : 소나뭇과에 속한 상록 교목. 나무껍질은
　암갈색이고 거칠다. 잎은 바늘처럼 가늘고 길며
　끝이 뾰족하다. 10월에 솔방울 모양의 열매가
　익는다. 목재는 건축, 제지용으로 쓰인다.
　전나무 괄【栝】柏葉松身.
　전나무 종【樅】樅木外藏槨十五具『漢書』
전당(典當) :
　전당 신【賑】질물(質物).
전당(典當)잡히다 :
　전당잡힐 개【㲉】以物相質.
　전당잡힐 전【典】典當. 典鋪.
　　　　　　一任貼典貨賣『舊唐書』
　전당잡힐 첩【貼】저당(抵當)함. 身自販貼『南史』
　전당잡힐 췌【贅】賣爵贅子『漢書』
전대(纏帶) :
　전대 대【帒】囊屬. 대(袋)와 동자(同字).
　전대 탁【橐】주머니의 한 가지. 于橐于囊『詩經』
전동(箭筒) : 가죽이나 대나무 따위로 만든 화살
　을 넣는 통.
　전동 고【櫜】右屬櫜鞬『左傳』
　전동 독【韇】독(韣)과 동자(同字). 韇丸, 箭器.
　전동 독【韣】독(韇)과 동자(同字). 전통. 활집.
　전동 란【䦨】抱弩負䦨『漢書』
　전동 록【箓】胡箓. 箭箓. 胡箓橫刀『唐書』
　전동 롱【籠】充籠箙矢『周禮』
　전동 방【房】箭室. 納諸廚子之房『左傳』
　전동 복【箙】獻矢箙『周禮』
　전동 용【筩】箭筩蓋『左傳』
　전동 차【靫】千靫鳴鏑發胡弓『元稹』
　전동 착【笮】甲冑干笮『儀禮』
　전동 채【靫】千靫鳴鏑發胡弓『元稹』
　전동 호【箶】箶簏. 饗士論功懸箭箶『吳萊』
　전동 환【㲉】韇丸, 전통(箭筒).
전동뚜껑 : 화살을 넣는 통의 뚜껑.
　전동뚜껑 붕【拥】抑釋拥忌『詩經』
　전동뚜껑 빙【氷】執氷而踞『左傳』
전례(前例) : 이전(以前)부터 있던 사례(事例).
　전례 례【例】古例. 慣例. 隨例迎候『南史』
　전례 비【比】先例. 必察小大之比 以成之『禮記』

전마(傳馬) : 예전에, 역참(驛站)에 두고 관청의 용무에 쓰던 말.
　전마 려 【馲】 전마(傳馬).

전방(㕓房) : 물건을 늘어놓고 파는 가게.
　전방 방 【坊】 상점. 玉貌當壚坐酒坊 『張昱』
　전방 전 【㕓】 상점. 㕓肆.
　전방 점 【店】 店鋪. 營新店 規利 『舊唐書』

전방(㕓房) 세(稅)받다 : 가게의 세를 받음.
　전방 세받을 전 【㕓】 市㕓而不稅 『禮記』

전별(餞別)하다 : 여행하는 사람에게 노자 또는 물품을 줌. 또 그 금품.
　전별할 어 【敘】 餞也.
　전별할 신 【贐】 行者必以贐 『孟子』

전복(全鰒) : 전복과에 속한 조개. 몸은 길둥근꼴이고 껍데기의 빛은 갈색 또는 푸른빛을 띤 자갈색이며 등에 구멍이 줄지어 나 있다. 살은 식용하고 껍데기는 한약재로 쓰인다.
　전복 복 【鰒】 全鮑. 詣闕上言獻鰒魚 『後漢書』

전송(餞送)하다 : 떠나는 사람에게 주식을 베풀거나 선물을 주어 송별(送別)함.
　전송할 송 【送】 師友之送 『漢書』
　전송할 잉 【侞】 送也. 古者諸侯取夫人則同姓二國侞之 『康熙字典』
　전송할 잉 【媵】 魚鱗鱗兮媵予 『楚辭』
　전송할 전 【餞】
　　㉠ 전별연(餞別宴). 飲餞于禰 『詩經』
　　㉡ 전별(餞別) 선물(膳物). 貺餞東堂 『晉書』

전심(專心)하다 : 한 가지 일에 마음을 경주(競走)하다.
　전심할 철 【漆】 濟濟漆漆 『禮記』

전어(錢魚) : 청어과에 속한 바닷물고기. 몸길이는 15~30센티미터 정도이며, 등은 검푸르고 갈색 세로줄이 여러 개 있으며 배는 은백색이다. 잔가시가 많지만 맛이 좋다.
　전어 동 【鮗】 囯 어명(魚名).
　전어 제 【鱭】 어명(魚名).

전업(專業)으로 삼다 :
　전업으로 삼을 겸 【拑】 專職業.

전 올리다 :
　전 올릴 전 【奠】 제물을 올림. 奠菜.
　　　　　春夏釋奠於先師 『禮記』

전(氈)옷 : 짐승의 털로 짠 피륙으로 만든 옷.
　전옷 전 【氈】 전의(氈衣).
　전옷 전 【褒】 后妃服丹衣.
　　　　　王后之六服其一曰褒衣 『周禮』

전일(專一)하다 : 마음을 오로지 한 곳으로 씀.
　전일할 일 【壹】 專壹. 志壹則動氣 『孟子』
　전일할 적 【適】 無適也 無莫也 義之與比 『論語』

전일할 전 【專】 純專함. 其靜也專 『易經』
전일할 전 【嫥】 壹也.
전일할 정 【精】 心意不精 『淮南子』

전자(篆字) : 고대(古代) 한자(漢字)의 한 체(體). 대전(大篆)과 소전(小篆)의 두 가지가 있는 데 대전(大篆)은 주(周)나라 태사(太史) 주(籒)의 창작(創作)이므로 주문(籒文)이라고도 하고 소전(小篆)은 진(秦)나라 이사(李斯)의 창작(創作)임.
　전자 전 【篆】 秦書有八體 一曰大篆 二曰小篆
　　　　　　『尙書 序疏』

전장(田庄) : 자기가 소유하는 논밭.
　전장 장 【庄】 장(莊)의 속자.

전지(箋紙) : 글 또는 편지를 쓰는 작은 종이.
　전지 전 【箋】 用箋. 謝安就乞箋紙 『語林』

전하다 :
　전할 려 【臚】 말을 전함. 聽臚言於市 『國語』
　전할 시 【施】 전달됨. 名施後世 『淮南子』
　전할 전 【傳】
　　㉠ 옮기어 감. 傳乘而歸 『左傳』
　　㉡ 옮기어 줌. 傳授. 欲傳商君 『戰國策』
　　㉢ 물려 내려줌. 父子相傳 漢之約也 『漢書』
　　㉣ 전달(傳達)함. 傳令. 置郵而傳命 『孟子』
　　㉤ 보냄. 傳鉅子於田襄子 『呂氏春秋』
　　㉥ 사람을 거처 보냄. 令寺人傳告之 『詩經』
　　㉦ 남김. 欲傳惡聲于子 『韓非子』
　　㉧ 진술(陳述)함. 傳著于鍾鼎也 『禮記』
　　㉨ 여러 사람의 입을 통하여 퍼뜨림. 宣傳.
　　　　趙氏連城璧 由來天下傳 『楊烱』
　전할 치 【馳】 빨리 전달됨. 英名日四馳 『孟郊』
　전할 치 【致】 전달함. 알림. 致言. 致意.
　　　　　　工祝致告 『詩經』

전하여지다 :
　전하여질 전 【傳】
　　㉠ 이어짐. 燕齊之後 與周竝傳 『漢書』
　　㉡ 받음. 수여됨. 傳授.
　　　　今烏何日見 玉杯幾時傳 『錢起』
　　㉢ 퍼짐. 두루 미침. 盛傳於世 『晉書』
　　㉣ 들림. 風遠鐘傳 『劉孝儀』
　　㉤ 남음. 芳風永傳 『宋書』
　　㉥ 차례로 이름. 其間五傳 年未爲遠 『陸澄』

절 : 승려가 불상과 불탑, 불사리 등을 모셔 놓고 불도(佛道)를 수행하여 교법을 펴는 장소.
　절 가 【伽】 범어 gha(가)의 음역(音譯). 伽藍.
　절 람 【藍】 伽藍. 創建精藍號平田禪院 『傳燈錄』
　절 방 【坊】 僧坊. 仙興歷寶坊 『宋之問』
　절 사 【寺】 寺院. 幸寺捨身 『南史』
　절 산 【山】 사찰(寺刹)의 칭호. 山門.

歸老於阿育王山廣利寺 『蘇軾』

절 원 【院】 寺院. 僧院.

老僧分半院 與汝同住 『傳燈錄』

절 원 【園】 사원(寺院). 祇園.

절 찰 【刹】 寺刹. 古刹. 西域以柱表刹 『白帖』

절 탑 【塔】 募建宮宇曰塔 『魏志』

절 : 공경의 뜻으로 몸을 굽혀 정중히 하는 인사.

절 배 【拜】 拜禮. 禮拜. 太祝辨九拜 『周禮』

절개(節概) : 신념이나 신의 따위를 굽히거나 바
꾸지 않는 강직한 태도.

절개 개 【介】 절조(節操). 지조(志操). 狷介.

柳下惠不以三公易其介 『孟子』

절개 개 【概】 節概. 節概常慕先達概 『江淹』

절개 수 【守】 操守. 失其守者 其辭屈 『易經』

절개 우 【隅】 절조(節操). 維德之隅 『詩經』

절개 절 【節】 節婦. 守節情不移 『古詩』

절구 : 방앗공이로 곡식을 찧는 기구.

절구 구 【臼】 杵臼. 掘地爲臼 『易經』

절구 요 【臽】 臼也.

절구 조 【槽】 茶槽藥臼杵聲中 『范成大』

절구(絕句) : 시(詩)의 한 체(體). 율시(律詩)를 반
으로 끊은 것.

절구 절 【絕】 七絕. 五絕.

절구질하는 소리 :

절구질하는 소리 탁 【橐】 椓之橐橐 『詩經』

절다 :

절 구 【躣】 파행(跛行).

절 파 【尥】 蹇也.

절도(節度) : 적당한 정도.

절도 식 【式】 以九式均節財用 『周禮』

절따말 : 털빛이 붉은 말을 뜻하는 몽고말.

절따말 류 【騮】 꼬리가 검은 절따말.

青海異種多騮駬 『高啓』

절따말 성 【騂】 적황색의 말. 有駜有騂 『詩經』

절따말 원 【騵】 갈기가 검고 배가 흰 절따말.

駟騵彭彭 『詩經』

절뚝거리다 :

절뚝거릴 라 【瘰】 跛也.

절뚝거릴 반 【蹣】 蹣跚, 兩足幾蹣蹣 『蘇軾』

절뚝거릴 산 【跚】 蹣跚, 有蹩者槃散行汲 『史記』

절뚝거릴 요 【尥】 跛也.

절뚝거릴 좌 【踖】 跛也. 尫

절뚝거리며 걷다 :

절뚝거리며 걸을 휴 【爐】 파행(跛行).

절뚝발이 : 걸을 때에 몸의 균형이 잡히지 않을
정도로 심하게 다리를 저는 사람.

절뚝발이 개 【尬】 行不正.

절뚝발이 건 【蹇】 騰駕罷牛 驂蹇驢兮 『賈誼』

절뚝발이 기 【墑】 塞也.

절뚝발이 기 【踦】 免跛鹿踦 『易林』

절뚝발이 라 【瘰】 塞也.

절뚝발이 반 【蹣】 蹣跚.

절뚝발이 별 【蹩】 蹩躠.

절뚝발이 옥 【尣】 파행(跛行).

절뚝발이 와 【跁】 파족(跛足).

절뚝발이 왕 【尢】 一足跛曲.

절뚝발이 왕 【尫】 跛曲脛.

절뚝발이 왕 【尩】 賤之如尩 『荀子』

절뚝발이 왕 【尪】 왕(尫)과 동자(同字). 行不正.

절뚝발이 제 【蹏】 파행(跛行).

절뚝발이 타 【尪】 塞也.

절뚝발이 파 【跛】 跛蹇. 跛能履 『易經』

절룩거리다 : (사람이)걸을 때 다리를 크게 계속
절다.

절룩거릴 경 【蹟】 蹟猶一足蹟 『陸龜蒙』

절룩거릴 산 【散】 산(跚)과 동자(同字).

槃散行汲 『史記』

절룩거릴 산 【跚】 蹣跚.

절룩거릴 침 【跣】 침(踸)과 동자(同字).

跣踔一足行.

절룩거릴 침 【踸】 踸踔. 何罪而踸踔 『劉禹錫』

절룩거릴 파 【跛】 孫良夫跛 『穀梁傳』

절름거리다 : (사람이나 그 몸이)한쪽 다리가 짧
거나 다쳐서 걸을 때 몸이 한쪽으로 자꾸 기우
뚱거리다.

절름거릴 귀 【尯】 跛也.

절름거릴 벽 【蹩】 跛也. 蹩者槃散行汲 『史記』

절름거릴 탁 【踔】 踸踔.

절박(切迫)하다 : 시기나 기간이 가까이 닥침.

절박할 절 【切】 切迫, 州期切促 『後漢書』

절박할 촉 【促】 吳國之命斯促矣 『吳越春秋』

절이다 : (사람이 생선이나 야채 따위를 소금에)
간이 들거나 숨이 죽도록 소금기가 배어들게
하다.

절일 엄 【醃】 醃菹.

절일 염 【鹽】 鹽薑. 以灑諸上而鹽之 『禮記』

절일 저 【菹】 菹其骨肉於市 『漢書』

절일 해 【醢】

㉠ 衛人醢子路 『十八史略』

㉡ 인체를 소금에 절이는 형벌.

殺梅伯 而遺文王其醢 『呂氏春秋』

절 이름 :

절 이름 명 【椧】 호 사명(寺名). 比椧寺.

절 이름 점 【岾】 호 楡岾寺.

절인 고기 : 소금에 절인 어육.

절인고기 엄 【腌】

절인고기 포【鮑】以一石鮑魚亂其臭『十八史略』

절하다 :

　절할 배【拜】

　　㉠ 배례(拜禮)를 함. 先拜客『禮記』

　　㉡ 인신(引伸)하여 경의(敬意)를 표하는 말로
　　　쓰임. 拜辭. 自製拜章『南史』

　절할 숙【肅】머리를 숙여 배례(拜禮)함. 肅拜.
　　　　　　敢肅使者『左傳』

　절할 식【式】식(軾)에 기대어 경례함. 式車.
　　　　　　式商容閭『書經』

절후(節侯) : 음력에서 일년을 24분(分)한 기간.

　절후 기【氣】五日謂之候, 三候謂之氣『內經』

젊다 :

　젊을 묘【妙】나이 20세 안쪽. 妙齡.
　　　　　　明公獨妙年『杜甫』

　젊을 소【少】少年. 苞少好學『南史』

　젊을 약【弱】

　　㉠ 연소함. 有寵而弱『左傳』

　　㉡ 연소자. 老弱. 扶老攜弱『史記』

젊은 계집 :

　젊은 계집 차【佽】소녀(少女).

젊은이 :

　젊은이 남【男】丁男. 民有二男以上『史記』

　젊은이 소【少】年少者. 王氏諸少並佳『晉書』

점(占) :

　점 남【黵】字畫之點.

　점 매【枚】복서(卜筮). 洞曉龜枚『晉書』

　점 복【卜】거북의 등 껍데기를 불에 그슬리어
　　　　　　그 갈라진 금으로 길흉화복(吉凶禍
　　　　　　福)을 판단(判斷)하는 일. 거북점.
　　　　　　卜占. 卜筮. 龜爲卜爲筴筮『禮記』

　점 서【筮】卜筮. 점대로 치는 점.

　점 서【簭】서(筮)와 동자(同字).
　　　　　　簭人中士二人『周禮』

　점 역【易】괘효(卦爻)의 변화(變化)에 의하여
　　　　　　길흉화복(吉凶禍福)을 이룬 법(法).
　　　　　　掌三易之法『周禮』

　점 점【點】

　　㉠ 세소(細小)한 흔적. 斑點. 血點.
　　　其白質如玉 紫點爲文『詩經』

　　㉡ 문장의 구절이나 사물 표지로 찍는 작은 표.
　　　句點. 訓點. 凡所讀書無不加標點『宋史』

　　㉢ 글자를 쓸 때 찍는 작은 획. 點書.
　　　每作一點 如高峯墜石『王羲之』

　　㉣ 평가할 때 또는 선악(善惡) 등을 지적(指
　　　摘)하는 데 쓰는 말. 評點. 長點.

　　㉤ 시간. 午後三點. 雞三號更五點『韓愈』

　　㉥ 군데. 개소 부분. 到著點. 要點. 論點.

　　㉦ 문자(文字)의 말소(抹消) 또는 자구(字句)의
　　　정정(訂正). 攬筆而作文 無加點『後漢書』

　　㉧ 물건을 셀 때 쓰는 말. 衣類十點.

　점 점【占】복서(卜筮). 卜筮者尙其占『易經』

　점 조【兆】거북점에서 귀갑(龜甲)을 그슬리어
　　　　　　나타나는 금. 또 그 금을 보고 길흉
　　　　　　(吉凶)을 판단(判斷)하는 일. 兆占.
　　　　　　占象. 兆得大橫『漢書』

　점 주【繇】패조(卦兆)의 점사(占辭). 점괘에 적
　　　　　　혀 있는 말. 聞成季之繇『左傳』

　점 주【、】句讀點.

　점 주【點】붓으로 찍는 점. 黑知點點黲『衛常』

점고(點考)하다 :

　점고할 열【閱】

　　㉠ 수효(數爻)를 일일이 세며 조사(調査)함.
　　　商人閱其禍敗之釁『左傳』

　　㉡ 인신(引伸)하여 자세히 살핌. 檢閱. 閱兵.

점대 : 점을 치는 데 쓰이는 쉰 개의 가는 대.

　점대 서【筮】筮竹. 執轡以擊筮『儀禮』

　점대 전【簿】筵簿, 折竹卜占.

　점대 책【策】神策. 龜策. 迎日推策『史記』

　점대 책【筴】龜爲卜 筴爲筮『禮記』

점대통 : 서죽(筮竹)을 넣는 통.

　점대통 독【櫝】筮人執筴 抽上櫝『儀禮』

점사(占辭) : 점조(占兆)의 말.

　점사 송【頌】其頌皆千有二百『周禮』

점상(占象) : 거북점 같은 데에 나타난 종횡(縱
　　　橫)의 균열(龜裂). 점에 나타난 형상(形狀). 점
　　　조(占兆).

　점상 체【體】君占體『周禮』

점액(粘液) : 끈끈한 액체.

　점액 연【涎】涎篆. 煎之有涎『炮炙論』

점잔 떨다 : 언행이 경솔하지 않고 의젓하여 묵
　　　중한 태도를 보이다.

　점잔 떨 필【佖】威儀貌.

점잖이 걷다 :

　점잖이 걸을 나【儺】보행에 절도가 있음.
　　　　　　佩玉之儺『詩經』

　점잖이 걸을 제【提】好人提提『詩經』

점쟁이 : 점치는 것을 업(業)으로 하는 사람.

　점쟁이 복【卜】祝史射御卜及百工『禮記』

점점. 점차로 : 차츰차츰.

　점점 초【稍】稍稍. 稍稍蠶食之『戰國策』

　점점 침【寖】漸也.

　점점 침【寖】寖明寖昌『漢書』

점찍다 :

　점찍을 점【點】點其點『王羲之』

　점찍을 주【、】구두점(句讀點)을 찍음.

점치다 :
 점칠 계【乩】문복(問卜).
 점칠 관【觀】점(占)을 침. 觀成漢『史記』
 점칠 복【卜】卜仕. 成王使周公卜居『史記』
 점칠 서【筮】筮于廟門『儀禮』
 점칠 은【隱】隱占也『爾雅』
 점칠 점【占】占卜. 占術. 大人占之『詩經』
 점칠 정【貞】貞來歲之媺惡『周禮』
 점칠 진【㐱】匠石覺而㐱其夢『莊子』
 점칠 후【候】占候吉凶『後漢書』
점판 : 점치는 기구.
 점판 식【栻】栻 梮也. 梮有天地 所以推陰陽占
  吉凶 以楓子棗心木爲之『博雅』
접다 :
 접을 벽【襞】옷을 차곡차곡 접음.
  不如襞而幽之離房『揚雄』
 접을 접【摺】꺾어서 겹침. 摺疊.
  衣帶卷摺『南史』
접대원(接待員) : 손님을 접대하는 사람.
 접대원 상【相】朝覲會同則爲上相『周禮』
접동새 : '두견이'의 방언(경남). 두견잇과에 속한
  새. 몸길이는 25센티미터 정도로 겉모습은 뻐
  꾸기와 비슷하나 훨씬 작다. 등은 어두운 회청
  색이고 배는 하얀색에 검은 가로줄 무늬가 있
  으며 암컷은 멱과 가슴에 붉은 갈색을 띤다. 주
  로 산중턱이나 우거진 숲속에 살며 주로 곤충
  류를 먹고 때로는 다족류를 먹기도 한다.
 접동새 결【鴂】자규(子規).
 접동새 궤【鶺】鶺鴂 자규(子規).
 접동새 귀【鴂】鵙鴂.
 접동새 규【鵑】두견(杜鵑).
 접동새 규【鶬】자규(子規).
 접동새 두【䳌】두견(杜鵑).
접때 : 지난번.
 접때 낭【曩】
  ㉠ 이전. 지난번. 曩日. 猶有曩之態『楚辭』
  ㉡ 이전에. 曩者志入而己『左傳』
 접때 내【乃】이전에. 乃者過柱山『戰國策』
 접때 석【昔】어제 또는 이삼일 이전. 또는 단
  지 기왕(旣往)의 뜻으로 쓰임.
  疇昔之夜『禮記』
 접때 수【誰】주(疇)와 동의. 이전(以前).
  誰昔然矣『詩經』
 접때 일【日】이왕에. 日世過此也『左傳』
 접때 주【疇】이전. 予疇昔之夜『禮記』
 접때 향【向】이전. 옛적. 向者. 向日.
  若向也俯 而今也傾『莊子』
 접때 향【曏】이전에. 曏者右宰穀臣之觴吾子也

『呂氏春秋』
 접때 향【嚮】지난번. 嚮者. 嚮使宋人不聞君子
  之語 則年穀未豐『說苑』
접붙이다 : 나무에 접을 붙임.
 접붙일 선【騸】騸樹法『月令廣義』
 접붙일 접【接】接木.
 접붙일 접【椄】椄木.
접시 : 음식을 담는 조그만 그릇.
 접시 첩【碟】再佐小碟供飮『生日令約』
접시꽃 : 아욱과의 여러해살이풀. 원줄기는 털이
  있으며 잎은 어긋나고 심장형이다. 가장자리에
  톱니가 있으며 여름에 접시 모양의 크고 납작
  한 흰색 빨강 자줏빛 꽃이 잎겨드랑이에 긴 총
  상(總狀) 꽃차례로 달린다. 관상용으로도 심고
  뿌리는 약재로 쓰기도 한다.
 접시꽃 규【葵】茇葵本胡中葵 似蔡而大者
  『述異記』
 접시꽃 융【茙】茙葵本胡中葵 似蔡而大者
  『述異記』
접하다 : 이어서 닿음. 인접함.
 접할 접【接】州接夜卽諸夷『唐書』
젓 : 새우 조기 멸치 같은 것을 짜게 절인 것.
 젓 자【鮓】鮓鮨.
 젓 지【鮨】鮓鮨.
젓가락 : 나무나 쇠붙이 따위로 가늘고 짤막하게
  만들어 음식이나 어떤 물건을 집을 때 사용하
  는 한 쌍의 기구. 세는 단위는 벌 또는 매이다.
 젓가락 겸【鉗】如鉗之能鉗物『後漢書』
 젓가락 저【箸】象箸. 飯黍毋以箸『禮記』
 젓가락 저【櫧】저(箸)와 동자(同字).
  匙櫧 飯具.
 젓가락 저【筯】저(箸)와 동자(同字).
  失匕筯『十八史略』
 젓가락 쾌【筷】筷子. 젓가락.
 젓가락 협【挾】젓가락. 右執挾匕『弟子職』
 젓가락 협【梜】협(筴)과 동자(同字).
  羹之有菜者 用梜『禮記』
 젓가락 협【筴】저. 젓가락. 箸也.
젓가락 통 :
 젓가락 통 총【籠】저통(箸筒).
젓다 :
 저을 척【刺】배를 저음. 乃刺船而去『史記』
젓 담그다 :
 젓 담글 차【鮺】장어(藏魚).
정 :
 정 은【恩】인정(人情). 慘礉少恩『史記』
 정 정【疔】疔瘡. 대개 면부(面部)에 생기며 동
  통(疼痛)이 심하고 위험(危險)한 부

스럼. 疔形有十三種『方書』

정 정【正】위계(位階)의 상하(上下)를 나타내는
　말로 종(從)의 대(對). 正一品.

정강다리 : 정강이

　정강다리 노【臑】下腿. 取前足臑骨『史記』

정강이 : 무릎 아래에서 앞 뼈가 있는 부분.

　정강이 경【脛】赤脛. 積雲沒脛『李華』

　정강이 렴【臁】脛也.

　정강이 행【胻】壯士斬其胻『史記』

정강이뼈 : 하퇴골(下腿骨)의 하나. 종아리 안쪽
　에 있는 길이 30~33cm의 관 모양의 긴 뼈로
　종아리뼈 종지뼈와 함께 하퇴골을 이룬다.

　정강이뼈 간【骭】경골(脛骨).

　정강이뼈 경【牼】牛膝下骨.

　정강이뼈 경【脛】경골(脛骨).

　정강이뼈 빈【臏】脛骨. 擧鼎絶臏『史記』

　정강이뼈 한【骭】脛骨. 短布單衣適至骭『審戚』

　정강이뼈 해【骸】脛骨. 治其骸關『素問』

정강이살 :

　정강이살 규【跬】脛也.

정강이 털 :

　정강이 털 발【肢】腓無肢脛無毛.

정강이 흰말 : 정강이가 흰 말. 일설에는 등은
　누렇고 몸은 검은 말.

　정강이 흰말 담【驔】有驔有魚『詩經』

정곡(正鵠) : 과녁의 한가운데 되는 부분. 포제
　(布製)의 과녁의 한가운데를 정(正) 혁제(革製)
　의 한가운데를 鵠이라 함.

　정곡 곡【鵠】失諸正鵠『中庸』

　정곡 질【質】公射出質『說苑』

정기(精氣) : 천지만물을 생성하는 근원이 되는
　기운.

　정기 신【神】天地神棲乎日 人之神棲乎目
　　　　　　　　　　『皇極經世書』

　정기 정【精】精氣. 男女構精 萬物化生『易經』

정녕 :

　정녕 녕【寧】諄復丁寧.

정답다 :

　정다울 권【綣】간곡(懇曲)함. 곡진(曲盡)함.

정도(程度) : 알맞은 한도.

　정도 도【度】制節謹度『孝經』

　정도 률【律】千篇一律. 以治明之行律『淮南子』

　정도 제【制】封賞蹟制『後漢書』

정돈(整頓)하다 : 가지런히 하여 바로잡음.

　정돈할 숙【傲】簡元辰而傲裝『張衡』

　정돈할 진【振】振旅. 振之刑罰『管子』

정묘(精妙)하다 : (어떤 대상이)정밀하고 묘하다.

　정묘할 미【微】微妙. 未可謂微也『荀子』

정미(精米) : 더 손댈 필요가 없을 만큼 깨끗하게
　쓿은 흰쌀.

　정미 찬【粲】爲米六斗 大半斗曰粲『說文解字』

　정미 패【粺】현미. 한 말을 대껴 아홉 되로 한
　　　　　　　정백미(精白米). 彼疏斯粺『詩經』

　정미 훼【毇】정미(精米).

정미(精微)하다 : (무엇이)정밀하고 자세하다.

　정미할 쇠【粹】精也.

　정미할 묘【玅】묘(妙)와 동자(同字). 玄玅.

정밀(精密)하다 :

　정밀할 수【粹】理粹而辭駁『文心雕龍』

정사(政事) : 정치에 관계되는 일.

　정사 정【政】

　　㉠ 政治. 政敎. 爲政以德『論語』

　　㉡ 인신(引伸)하여 널리 사물을 다스리는 일.
　　　財政. 家政.

　정사 치【治】정령(政令). 擧舜而敷治焉『孟子』

정삭(正朔) : 고대(古代)에 천자(天子)가 연말(年
　末)에 이듬해의 달력을 제후(諸侯)에게 나누어
　주고 겸(兼)하여 정령(政令)을 내는 일. 제후(諸
　侯)는 이를 종묘(宗廟)에 보관하였다가 매월 초
　하루에 한 마리의 양의 희생(犧牲)을 차려놓고
　종묘(宗廟)에 고(告)하고 그 달의 달력을 꺼내
　어 시행(施行)하였음.

　정삭 삭【朔】奉朔. 子貢欲去告朔之餼羊『論語』

정성(精誠) : 온갖 힘을 다하려는 진실되고 성실
　한 마음.

　정성 간【簡】誠意. 有旨無簡不聽『禮記』

　정성 간【懇】誠心. 懇誠. 忠懇內發『吳志』

　정성 겸【慊】誠意. 誠慊. 重陳丹慊『白居易』

　정성 곤【悃】悃誠. 悃悃款款 朴以忠乎『楚辭』

　정성 공【悾】誠意. 不任悾款『任昉』

　정성 관【款】款誠. 披款『晉書』

　정성 권【卷】권(惓)과 동자(同字).
　　　　　　　敢昧死竭卷卷『漢書』

　정성 단【丹】단심(丹心). 적심(赤心).
　　　　　　　剖心輸丹『李白』

　정성 동【侗】誠實. 儵然而往 侗然而來『莊子』

　정성 령【靈】眞心. 橫大江兮揚靈『楚辭』

　정성 성【誠】赤心. 眞心. 開心見誠『後漢書』

　정성 소【愫】誠意. 披心腹見情愫『漢書』

　정성 소【素】심중에서 우러나오는 성의(誠意).
　　　　　　　具情素『鄒陽』

　정성 심【諶】심(諶)과 동자(同字).

　정성 예【訿】誠也.

　정성 전【展】誠意. 展也大成『詩經』

　정성 정【情】誠心. 誠意. 情實. 情僞.
　　　　　　　上好信則民莫敢不用『論語』

정성 충【忠】성실(誠實)함. 忠言. 忠僕.

정성 침【忱】誠心. 悃忱. 天難忱斯『詩經』

정성 픽【愊】誠意. 發憤悃愊『漢書』

정성 함【諴】至誠. 至諴感神『書經』

정성(精誠)껏 지키다 :

　정성껏 지킬 권【拳】拳拳服膺『中庸』

정성(精誠)드리다 :

　정성드릴 관【灌】정성을 다하는 모양.
　　　　　　　老夫灌灌『詩經』

정성(精誠)스럽다 :

　정성스러울 권【惓】惓惓. 근신하는 모양.
　　　　　　　惓惓之義也『漢書』

　정성스러울 루【慺】慺慺. 간절한 모양.
　　　　　　　不盡其慺慺之心哉『後漢書』

　정성스러울 순【肫】성의를 다하는 모양.
　　　　　　　肫肫其仁『中庸』

　정성스러울 원【原】원(愿)과 통용.
　　　　　　　子曰 鄕原德之賊也『論語』

　정성스러울 절【切】성실(誠實)함. 切愨.
　　　　　　　親切 其言之也切『中庸章句』

　정성스러울 정【精】성의(誠意)가 있음. 精意.
　　　　　　　中不精者心不治『管子』

　정성스러울 정【叮】되풀이하여 성의를 다짐.
　　　　　　　叮嚀.

　정성스러울 충【忠】성실(誠實)함. 忠言. 忠僕.

　정성스러울 충【衷】發命之不衷『左傳』

정세(情勢) :

　정세 수【數】知先後遠近縱舍之數『呂氏春秋』

정수 :

　정수 수【粹】순정(純正)한 부분.
　　　　　　　始知其道之粹『十八史略』

정수리 : 머리 위의 숫구멍이 있는 자리.

　정수리 사【胴】정문(頂門).

　정수리 신【囟】정문(頂門).

　정수리 정【頂】圓頂黑衣. 過涉滅頂『易經』

정승(政丞) :

　정승 상【相】
　　　㉠ 丞相. 宰相. 相國. 命相布德和令『禮記』
　　　㉡ 정승되다. 相齊. 惡日生而相齊『宋書』

정신 모르다 :

　정신 모를 외【殗】殗殜. 不知人事.

정액(精液) :

　정액 정【精】생식(生殖)의 정수(精水).
　　　　　　　精蟲. 男女構精 萬物化生『易經』

정월(正月) :

　정월 주【蔟】음력 정월(正月)의 별칭.

　정월 추【陬】일월(一月)의 별칭.
　　　　　　　正月爲陬『爾雅』

정의 : 두터운 정.

　정의 계【契】金蘭之契. 論定金蘭之密契『晉書』

　정의 관【款】친근(親近)한 정. 通款.
　　　　　　　結款諸侯『公羊傳』

　정의 호【好】친선(親善)의 정.
　　　　　　　邦君爲兩君之好『論語』

정자(亭子) : 경치가 좋은 곳에 놀려고 지은 집.

　정자 사【榭】대(臺)위에 있는 정자(亭子).
　　　　　　　亭榭. 惟宮室臺榭『書經』

　정자 정【亭】園亭. 亭樹. 起齋亭『北齊書』

정자이름 :

　정자이름 구【斂】정명(亭名).

　정자이름 려【邸】정명(亭名).

　정자이름 릉【㱳】親乘馬 射虎於㱳亭『吳志』
　　　　　　　※ 㱳亭. 오(吳)나라의 손권(孫權)
　　　　　　　　　이 범을 쏘았다고 하는 정자.

　정자이름 부【郙】정명(亭名).

정전(井田) : 중국(中國)의 고대(古代)에 일리(一
　里)사방(四方). 곧 구백묘(九百畝)의 전지(田地)
　를 정자형(井字形)으로 구등분(九等分)한 것의
　일컬음.

　정전 정【井】井田. 方里而井 井九百畝『孟子』

정정(丁丁)하다 : 늙어서 기력이 좋은 모양.

　정정할 삭【鑠】노익장(老益壯)한 모양. 矍鑠.

정제(錠劑) : 납작하게 굳힌 알약.

　정제 정【錠】錠劑.

정제(整齊)하다 :

　정제할 선【僎】整也.

　정제할 착【娖】廚架整娖齊籤牙『梅堯臣』

정조(貞操)굳다 :

　정조 굳을 의【嫕】堅也貞操.

정지시키다 : 그치게 하거나 못 가게 막음.

　정지시킬 닐【尼】止或尼之『孟子』

　정지시킬 인【靭】遂以頭靭乘輿輪『後漢書』

정직하다 : 마음이 바르고 곧은 모양.

　정직할 언(얼)【讞】立朝讞讞『石介』

정탐하다 : 몰래 살핌.

　정탐할 정【遉】정(偵)과 동자(同字).

　정탐할 척【刺】除刺候朝廷事『漢書』

정하다 :

　정할 각【刻】시일을 정함. 刻期. 刻日決戰『宋史』

　정할 극【剋】굳게 약정(約定)함.
　　　　　　　與剋期俱至『後漢書』

　정할 기【期】결정함. 凡萬民之期于市者『周禮』

　정할 등【登】일정하게 함.
　　　　　　　各登其鄕之衆寡六畜車輦『周禮』

　정할 막【莫】정해짐. 求民之莫『書經』

　정할 응【凝】결정함. 君子以正位凝命『易經』

정할 전【奠】결정함. 奠都.
　　　　　辨其物而奠其錄『周禮』

정할 정【定】
　㉠ 결정(決定)함. 決定. 定其論『禮記』
　㉡ 바로 잡음. 以閏月定四時成歲『書經』
　㉢ 평정(平定)함. 안정(安定)시킴. 鎭定.
　　　　可傳檄而定也『史記』

정할 정【正】결정함. 正腰『周禮』
정할 제【制】법 같은 것을 제정함. 制禮作樂.
　　　　非天子不議禮 不制度『中庸』
정할 즐【騭】작정함. 天陰騭下民『書經』
정할 지【厎】결정함. 可厎行『書經』
정할 질【質】결정함. 不舉人以質事『孔子家語』
정할 창【錆】자세함. 정밀함.
정할 처【處】결정함. 蚤處之『國語』
정할 택【宅】결정함. 宅天命『書經』
정할 퇴【敦】단정(端整)함.
　　　　今日試使士敦劍『莊子』
정할 폐【蔽】蔽獄. 叔魚蔽罪邢侯『左傳』

정하여지다 :
　정하여질 정【定】位定然後祿之『禮記』

정하여지지 않다 :
　정하여지지 않을 혼【涽】置其滑涽『莊子』

정하지 않는 모양 :
　정하지 않는 모양 섬【攕】불정(不定).

정하지 않다 :
　정하지 않은 혼【涽】涽涽淑淑『荀子』

정한고기 :
　정한고기 정【腥】정육(精肉).

정한 쌀 :
　정한 쌀 과【粿】정미(精米).
　정한 쌀 착【繫】정미(精米).

정혼(定婚)하다 :
　정혼할 자【字】약혼함. 女子貞不字『易經』

정화(精華) :
　정화 정【精】정수(精粹)한 것. 酒精. 炭精.

정확(正確)하다 :
　정확할 각【确】확(確)과 동의. 바르고 확실함.
　　　　指切時要 言辯而确『後漢書』

젖 :
　젖 구(누)【𒀱】乳也.
　젖 내【嬭】乳也.
　젖 동【湩】유즙(乳汁). 具牛馬之湩 以洗天子之
　　　　足『穆天子傳』
　젖 유【乳】
　　㉠ 유방(乳房). 젖퉁이. 乳汁.
　　　　文王四乳『白虎通』
　　㉡ 젖퉁이에서 분비(分泌)하는 액체(液體).

牛乳. 乳人乏乳『南史』
　　㉢ 젖퉁이 또는 젖꼭지같이 생긴 물건.
　　　　鐘四帶有乳『康熙字典』
　　㉣ 젖퉁이처럼 늘어진 것. 鍾乳石.
　　㉤ 젖과 같이 희고 흐린 액체(液體). 石炭乳.
　　　　泄乳交巖脈『韓愈』
　젖 종【𤳏】乳也.
　젖 풍【肌】乳也.

젖꼭지 : 젖의 한가운데에 도드라져 올라온 부분.
　젖꼭지 개【脫】유취(乳嘴).

젖다 :
　젖을 뇨【淖】물이 묻음. 淖乎如在海『管子』
　젖을 대【濧】濡也.
　젖을 로【露】
　　㉠ 이슬로 적심. 露彼菅茅『詩經』
　　㉡ 인신(引伸)하여 은혜를 베풂. 은혜를 입음.
　　　　覆露萬民『漢書』
　젖을 석【釋】釋而煎之『禮記』
　젖을 악【渥】물에 흠씬 젖음. 은혜를 입음.
　　　　周澤未渥也『韓非子』
　젖을 염【渁】沾也.
　젖을 엽【厭】축축하게 젖은 모양.
　　　　厭浥行露『詩經』
　젖을 욕【溽】물에 젖음. 林無不溽『郭璞』
　젖을 유【沑】濕也.
　젖을 유【濡】濡潤. 能入水不濡『列仙傳』
　젖을 유【渪】霑也. 濡也.
　젖을 윤【潤】물기가 있음. 습함. 潤濕.
　　　　山雲蒸而柱礎潤『淮南子』
　젖을 읍【浥】비나 물에 젖음. 또는 적심.
　　　　渭城朝雨浥輕塵『王維』
　젖을 임【銋】濡也.
　젖을 잠【蔪】濕也.
　젖을 점【漸】물에 적심. 또 물에 젖음.
　　　　漸車帷裳『詩經』
　젖을 점【霑】
　　㉠ 물에 젖음. 雨霑服『禮記』
　　㉡ 인신(引伸)하여 은혜를 입음. 은혜를 베풂.
　　　　白骨始霑思『李商隱』
　젖을 지【漬】액체나 또는 습관 따위가 점차로
　　　　배어듦. 漸漬於失敎『史記』
　젖을 착【渟】濕也.
　젖을 첨【沾】점(霑)과 동의. 沾寒.
　　　　汗出沾背『史記』
　젖을 침【浸】浸水. 城不浸者三版『史記』
　젖을 협【浹】액체가 묻어 축축하게 됨. 浹浹.
　　　　開卷涕流 拜嘉汗浹浹『張舜民』

젖먹이 : 젖을 먹는 시기의 어린아이.
　젖먹이 누【乳】유자(乳子).

젖먹이 유【孺】
㉠ 영아(嬰兒). 祇見孺子『禮記』
㉡ 사람을 업신여겨 이르는 말.
孺子可敎『史記』
젖먹이다 :
젖먹일 유【乳】乳養. 虎乳之『左傳』
젖멍울 : 젖이 곪아 생기는 종기(腫氣).
젖멍울 투【疘】유옹(乳癰).
젖몸살 :
젖몸살 투【疘】유병(乳病).
젖 물 :
젖 물 종【湩】유즙(乳汁).
젖어 맞붙다 :
젖어 맞붙을 인【汈】濕相付着.
젖어미 : 자기가 낳지 아니한 아기에게 젖을 먹여 키우는 여자인 '젖어머니'를 홀하게 이르는 말.
젖어미 내【嬭】유모(乳母). 嬭婆楊氏『舊唐書』
젖 짜다 :
젖 짤 구【穀】取牛羊乳.
제거하다 :
제거할 평【姘】제거(除去).
제기 :
제기 건【毽】戲具抛足.
제기 대【敦】서직(黍稷)을 담는 제기(祭器).
有虞氏之兩敦『禮記』
제기 두【笠】예기(禮器).
제기 두【豆】목제(木製)의 식기. 俎豆.
籩豆. 豚肩不掩豆『十八史略』
제기 등【鐙】익힌 음식을 올리는 데 쓰는 오지 제기. 瓦豆. 實于鐙『儀禮』
제기 등【登】도제(陶製)의 제기.
于豆于登『詩經』
제기 등【瓾】瓦豆禮器.
제기 련【槤】서직(黍稷)을 담는 제기(祭器).
夏后氏四槤 殷六瑚『禮記』
제기 로(료)【簝】대로 만든 그릇. 凡祭祀共其牛牲之互與其盆簝 以待事『周禮』
제기 모【牟】서직(黍稷)을 담는 제기(祭器).
敦牟卮匜『禮記』
제기 사【榯】제기(祭器).
제기 서【禑】제기(祭器).
제기 신【蜃】以蜃盛溺『莊子』
제기 자【齍】서직(黍稷)을 담는 제기(祭器).
大宗伯奉玉齍『周禮』
제기 정【錠】발이 셋 달린 익은 음식을 담는 제기(祭器). 漢虹燭錠『博古圖』
제기 촉【蜀】제사에 쓰는 기명(器名).
抱蜀不言 而廟堂既修『管子』
제기 형【鉶】국을 담는 귀가 둘 발이 셋이 있는 제기(祭器). 宰夫設鉶『儀禮』
제기차다 :
제기찰 국【踘】국(毱)과 동자(同字). 蹴踘.
제단(祭壇)의 담 :
제단의 담 유【壝】제단의 주위에 쌓은 낮은 담.
掌設手之社壝『周禮』
제독(除毒)하다 :
제독할 서【庶】고독(蠱毒)을 제거함.
凡庶蠱之事『周禮』
제 마음대로 행동하다 :
제 마음대로 행동할 휴【雉】방일(放逸).
제멋대로 하다 :
제멋대로 할 전【專】전단(專斷)함. 또 放恣함.
鄭仲專 鄭伯患之『左傳』
제멧쌀 : 제사에 쓰는 정한 쌀.
제멧쌀 서【糈】祭飯米. 糈用稌米『山海經』
제문 : 죽은 이의 명복(冥福)을 신에게 비는 글.
제문 뢰【誄】誄曰 禱爾於上下神祇『論語』
제미(祭米) : 제사(祭祀)에 쓰는 쌀.
제미 휴【挼】祝命挼祭『儀禮』
제비 : 참새목 제비과의 여름철새이다. 벼랑이나 처마 밑에 진흙으로 만든 둥지를 만들어서 번식하며 곤충을 잡아먹는다. 날개 끝이 가늘어 빠른 비행에 유리하고 여름에 한국에 오는 철새다. 집을 지을 때는 해조류나 진흙을 이용해 자신의 침과 섞어 수직벽에 붙도록 짓는다. 제비가 낮게 날면 비가 온다고 하는데 이는 습기 때문에 몸이 무거워진 곤충을 잡아먹기 위해 제비가 낮게 날기 때문이다.
제비 구(규)【鬮】심지. 拈鬮. 採鬮.
제비 연【鷰】현조(玄鳥). 天命玄鳥『詩經』
제비 연【燕】燕巢. 燕雀安知鴻鵠之志『史記』
제비 을【鳦】현조(玄鳥). 燕鳦.
제비 의【鷾】鷾鴯. 鳥莫知於鷾鴯『莊子』
제비 이【鴯】鷾鴯.
제비 현【鳹】燕也.
제비 : 대오리 따위로 만든 길흉을 점치거나 또는 당첨을 결정하는 심지.
제비 주【籌】令採籌取之『北史』
제비 책【策】심지. 戲抽佛策『柳宗元』
제비 첨【籤】抽籤.
제비꽃 : 제비꽃과에 속한 다년생풀. 잎은 뿌리에서 모여 나고 피침 모양이다. 4~5월에 잎 사이에서 꽃줄기가 나와 그 끝에 한 개씩 자주색의 꽃이 핀다. 열매는 삭과(蒴果)이며 어린잎은 식용한다.
제비꽃 근【堇】堇荁枌楡『禮記』

제비 나르다 :

제비 나를 치【扡】 擨扡 燕飛貌.

제비 쑥 : 국화과에 속한 여러해살이풀. 전체적으
로 털이 없고 위쪽에서 약간의 가지가 나온다.
잎은 쐐기형이나 도란형으로 어긋나고 잎 가
장자리는 밋밋하며 윗부분은 약간 갈라지고
앞면과 뒷면에 털이 있다. 어린순은 나물로 먹
으며 한방에서는 청호(菁蒿)라 하며 외상이나
식은땀이 날 때에 약재로 쓴다.

제비 쑥 위【蔚】 匪莪伊蔚『詩經』

제사(祭祀) :

제사 권【養】 제사(祭祀).

제사 길【吉】 以吉禮事邦國之鬼神示『周禮』

제사 사【祀】 제전(祭典). 祀典.

제사 사【祠】 봄의 제사. 禴祠烝嘗『詩經』

제사 상【祥】

　㉠ 상중(喪中)의 제사. 小祥은 期年祭 大祥은
　　三年喪.

　㉡ 期而小祥『禮記』

제사 세【帨】 祭也.

제사 수【饈】 帨也.

제사 식【食】 제향(祭享). 薦其時食『中庸』

제사 아【稏】 祭也.

제사 약【礿】 약(禴)과 동자(同字). 하(夏)나라
　　　　　때와 은(殷)나라 때 천자가 행하던
　　　　　봄 제사. 주(周)나라 때에는 여름의
　　　　　제사. 四時之祭 春曰礿 夏曰禘 秋
　　　　　曰嘗 冬曰烝『禮記』

제사 제【祭】 祭典. 祭禮. 祭器不踰竟『禮記』

제사 제【禌】 太保受同祭禌『書經』

제사 팽【祊】

　㉠ 조상을 사당(祠堂) 안에서 제사 지내는 일.
　　제사. 祝祭于祊『詩經』

　㉡ 사당(祠堂) 안에서 제사 지낸 다음 날에
　　그 제물을 사당 밖에 진설(陳設)하고 제사
　　지내는 일. 爲祊乎外『禮記』

제사 포【炮】 섶을 태워 신명(神明)에게 지내는
　　　　　제사. 三曰炮祭『周禮』

제사 향【饗】 嘗禘烝饗『國語』

제사고기 :

제사고기 률【脟】 血祭肉. 燔取膟膋『詩經』

제사고기 박【膊】 제육(祭肉).

제사고기 조【胀】 제육(祭肉).

제사 신 :

제사 신 급【緪】 제사 지낼 때 신는 신.

제사이름 :

제사이름 료【燎】 섶을 때어 하늘에 지내는 제사.
　　　　　　　郊燎之禮『晉書』

제사이름 류【類】 군대가 주둔한 곳에서 행하는
　　　　　　　실내 제사. 是類是禡『詩經』

제사이름 수【禭】 제명(祭名).

제사이름 역【繹】 종묘(宗廟) 제사 다음 날에
　　　　　　　지내는 제사. 繹祭.
　　　　　　　壬午猶繹『左傳』

제사이름 융【肜】 제사 지낸 다음 날에 또 지내
　　　　　　　는 제사. 高宗肜日『書經』

제사이름 의【宜】 사(社)의 제사.
　　　　　　　宜于冢土『書經』

제사이름 증【蒸】 증(烝)과 통용.
　　　　　　　冬祭曰蒸『爾雅』

제사이름 철(체)【醊】 제신(諸神)의 제좌(祭座)를
　　　　　　　병설(竝設)하고 술을 땅에
　　　　　　　부어 지내는 제사.
　　　　　　　其下四方地爲醊食『史記』

제사이름 철(체)【餟】 철(체)(醊)과 동자(同字).

제사자리 :

제사자리 조【菹】 祭祀席. 羞牛牲共茅菹『周禮』

제사지내다 :

제사지낼 교【郊】 교사(郊祀)를 지냄.
　　　　　　　魯今且郊『史記』

제사지낼 대【蹛】 임목(林木)을 위요(圍繞)하고
　　　　　　　제사지냄. 蹛林은 지명(地名).
　　　　　　　秋馬肥 大會蹛林『史記』

제사지낼 비【祕】 봉제(奉祭).

제사지낼 사【社】

　㉠ 풍년 들기를 빌어 토지의 주신(主神)에게
　　제사 지냄. 擇元日 命民社『禮記』

　㉡ 하지(夏至)에 토지(土地)의 주신(主神)을
　　제사 지냄. 郊社之禮『中庸』

제사지낼 사【祀】 신령에게 제사 지냄.
　　　　　　　以死勤事則祀之『禮記』

제사지낼 사【祠】

　㉠ 신에게 제사를 지냄. 各自奉祠『漢書』

　㉡ 소원이 성취된 보답으로 제사를 지냄.
　　祠賽. 上行幸河東祠后土『漢武帝』

제사지낼 인【禋】 정결히 하고 제사를 지냄.
　　　　　　　정성을 들여 제사를 지냄.
　　　　　　　禋于六宗『書經』

제사지낼 제【祭】 신에게 제사를 지냄.
　　　　　　　祭百神『禮記』

제사지낼 제【禌】 太保受同祭禌『書經』

제사지낼 조【祧】 祧五帝于四郊『周禮』

제사지낼 초【醮】 술을 차려 놓고 신에게 제사함.
　　　　　　　可醮祭而致『漢書』

제사지낼 향【享】 享祀. 享于西山『易經』

제사지낼 향【饗】 주식(酒食)을 차려 놓고 제사함.
　　　　　　　大饗其王事歟『禮記』

제사 지낸 고기 :

　제사 지낸 고기 륙【脼】제육(祭肉).

제사 터 :

　제사 터 선【墠】제사 올리는 곳. 墠場.
　　　　　　　王立七廟 一壇一墠『禮記』

제수(祭需) :

　제수 전【奠】제물(祭物). 具時羞之奠『韓愈』

제어 :

　제어 제【鮆】어명(魚名). 可爲醬美味在額.

제어하다 :

　제어할 금【愸】制也.
　제어할 형【刑】통솔(統率)하여 어거(馭車)함.
　　　　　　　바로 잡음. 刑下如影『荀子』

제육 : 제사 지내는 고기.

　제육 번【膰】번(膰)과 동자(同字). 삶은 제육.
　　　　　　　膰 宗廟火熱肉『說文解字』
　제육 번【膰】종묘의 제사가 끝난 뒤에 나누어
　　　　　　　주는 익힌 고기. 致膰乎大夫『史記』
　제육 복【福】祭祀之致福者 受而膳之『周禮』
　제육 부【膚】돼지 고기. 膚鮮魚鮮腊『儀禮』
　제육 신【脤】受命于廟 受脤于社『左傳』
　제육 이【胹】시육(家肉).
　제육 조【胙】제사 지내고 분배하는 고기.
　　　　　　　祭胙. 使宰孔賜齊侯胙『左傳』
　제육 희【犧】上方受犧宣室『漢書』

제자리걸음 :

　제자리걸음 률【踝】률(跲)과 동자(同字). 踝跲.
　제자리걸음 률【跲】踝跲 前不進.

제터 :

　제터 치【畤】천지(天地)의 신명(神明) 또는 오제
　　　　　　　(五帝)를 제사 지내는 곳.
　　　　　　　祠上帝西畤『史記』

제하다 :

　제할 나【儺】除也.
　제할 병【摒】除也. 병(屏)과 통용.
　제할 병【偋】除也.

제한(制限) :

　제한 률【率】한도. 變其穀率『孟子』

제후(諸侯) :

　제후 공【公】열후(列侯). 公行下衆『國語』
　제후 후【侯】
　　㉠ 천자(天子)에게 조공(朝貢)하는 작은 나라
　　　의 임금. 利建侯『易經』
　　㉡ 후세(後世)에는 단지(但只) 경칭(敬稱)으로
　　　쓰이는 수도 있음. 楊侯去時『韓愈』

젯메쌀 : 제사에 쓰는 정한 쌀.

　젯메쌀 서【糈】祭飯米. 糈用稌米『山海經』

조 : 볏과에 속한 한해살이풀. 잎은 가늘고 길며

가장자리에 잔톱니가 있다. 가을에 이삭이 나
와 작은 꽃이 많이 핀다.

　조 량【粱】
　　㉠ 조의 일종. 알이 굵고 까끄라기가 억세며
　　　향기가 남. 황량(黃粱) 백량(白粱) 청량
　　　(靑粱)으로 분류(分類)함. 尤宜粱『周禮』
　　㉡ 중국에서 조를 귀히 여겼으므로 인신(引
　　　伸)하여 좋은 곡식. 또는 좋은 쌀의 뜻으
　　　로도 쓰임. 粱肉.
　조 문【虋】붉은 조. 維虋維芑『詩經』
　조 속【粟】
　　㉠ 포아풀과에 속하는 재배 식물. 粟豆.
　　　今日多種粟而少種粱『韻會小補』
　　㉡ 인신(引伸)하여 좁쌀 같이 대단히 작은 물
　　　건을 일컬음. 英水中多丹粟『山海經』
　조 오【筿】囝 筿粟. 조의 일종.

조 :

　조 조【兆】
　　㉠ 수(數)의 단위(單位). 십억(十億). 지금은
　　　만억(萬億)으로 쓰임. 有億兆之數『戰國策』
　　㉡ 인신(引伸)하여 수(數)가 많음을 이름.
　　　兆民. 材兆物『國語』

조가비 : 조개의 껍데기.

　조가비 패【貝】패각(貝殼). 貝胄朱綅『詩經』

조각 :

　조각 단【段】片段. 揮劍截蚊 數段而去『晉書』
　조각 단【斷】한 조각. 比犧樽於溝中之斷『莊子』
　조각 반【半】큰 조각. 二升糒一半永『漢書』
　조각 장【爿】나무를 두 조각으로 나눈 왼쪽 조각.
　　　　　　　자형(字形)은 목(木)의 전자(米)를
　　　　　　　양분한 왼쪽 임.
　조각 편【片】나무를 두 조각으로 나눈 오른쪽
　　　　　　　조각. 자형(字形)은 목(木)의 전자
　　　　　　　(米)를 양분한 오른쪽 임. 片言.
　　　　　　　斷片. 刀破萩 爲片『南史』

조개 : 판새류(瓣鰓類)에 속한 뼈가 없는 동물을
　통틀어 이르는 말. 민물과 바닷물에 살며 석회
　질 성분으로 된 단단한 조가비로 몸을 싸고 있
　는 것으로 속살은 식용한다.

　조개 개【蚧】燕雀於海化而爲蚧『大戴禮』
　조개 거【磲】대합(大蛤)
　조개 방【蚌】蜃屬.
　조개 병【蛢】蚌也.
　조개 비【蠯】蚌也. 맛조개.
　조개 패【蠯】蚌也. 맛조개.
　조개 패【貝】貝類.

조개이름 :

　조개이름 차【硨】硨磲. 칠보(七寶)의 하나.

조그만하다 :
　조그만 할 선【膞】便膞 소모(小貌).
조금 : 약간. 잠깐.
　조금 교【較】좀. 春寒花較遲『杜甫』
　조금 미【微】微行. 小我皆微有所知『北史』
　조금 선【旋】좀. 病旋己『史記』
　조금 소【小】적게. 可以小試勒兵乎『史記』
　조금 재【纔】纔小怠於防嚴『歐陽修』
　조금 진【儘】中間儘聯 儘有奇崛『楊仲弘』
　조금 치【差】拔旗投衡使不帆風 差輕『左傳』
　조금 호【毫】毫末. 一毫. 有益毫毛『漢書』
조금 걷다 :
　조금 걸을 척【彳】잠시 걸음.
조금 두두룩하다 :
　조금 두두룩할 파【陂】陂陀 小高貌.
조금씩 마시다 :
　조금씩 마실 인【酳】少少飮.
조금 있다가 : 그 후 얼마 안 되어.
　조금 있다가 이【已】已而有娠『史記』
조금 향기 나다 :
　조금 향기 날 별【馩】小香貌.
조급하다 :
　조급할 변【卞】성급함. 卞急而好潔『左傳』
　조급할 조【趮】조(躁)와 동자(同字).
　　　　　　用兵靜吉 趮凶『漢書』
　조급할 판【㤆】급성(急性).
　조급할 환【懁】성급함. 懁促. 順懁而達『莊子』
조기 : 참조기 보구치 따위를 통틀어 이르는 말.
　　모양은 붕어와 비슷하나 크기는 좀더 크고 폭
　　은 좀더 좁다. 보통 은빛이 많으나 참조기는
　　금빛을 띤다.
　조기 종【鯼】鯼鮆順時而往還『郭璞』
조나라 서울 : 전국시대의 조나라 서울.
　조나라서울 단【鄲】邯鄲.
　조나라서울 한【邯】邯鄲.
조두(刁斗) : 조두(刁斗)는 냄비와 징(鉦)을 겸한
　　구리로 만든 옛날 군대에서 쓰던 기구로 발이
　　셋이고 자루가 달렸음. 낮에는 음식을 데우고
　　밤에는 두드려 야경(夜警)을 함.
　조두 두【斗】擊斗宿危樓『陸瓊』
　조두 조【刁】不擊刁斗自衛『漢書』
　조두 초【鐎】銅鐎. 煮之鐎中 停于祭前『周禮』
　조두 탁【槖】탁(柝)과 동자(同字). 警夜刁斗.
조롱태 : ‘새매’의 방언(함남 황해).
　조롱태 견【鵳】鶌鵳 요속(鷂屬).
　조롱태 정【鴊】제견(鴊鵳). 제견(鴊鵳).
조롱(嘲弄)하다 : 업신여기어 희롱함.
　조롱할 롱【咔】嘲也.
조롱할 모【侮】淮陰少年有侮信者『史記』
　조롱할 조【調】嘲調. 王丞相每調之『世說』
　조롱할 조【嘲】戲弄. 嘲戲. 嘲啁無方『蜀志』
조롱해 웃다 :
　조롱해 웃을 치【歒】조소(嘲笑).
조류(藻類) : 물속에 살면서 동화 색소를 가지고
　　독립 영양 생활을 하는 하등 식물을 통틀어 이
　　르는 말. 뿌리 줄기 잎이 구별되지 않으며 포
　　자에 의해 번식하고 꽃이 피지 않는다.
　조류 조【藻】于以采藻『詩經』
조르다 : 손으로 조름.
　조를 액【搤】搤殺. 搤天下之吭 而拊其背『史記』
조리(條理) : 말이나 일 따위가 앞뒤가 들어맞고
　　체계가 서는 갈피.
　조리 관【貫】
　　㋠ 일의 막히지 않고 통한 경로.
　　　　同條共貫『漢書』
　　㋡ 經之條貫 必出於傳『左傳序』
　조리 륜【論】윤(倫)과 동자(同字).
　　　　　　必則天論『禮記』
　조리 조【條】줄거리. 맥락(脈絡).
　　　　　　條貫. 有條而不紊『書經』
　조리 척【脊】일을 이루어갈 도리.
　　　　　　有倫有脊『詩經』
조리(笊籬) : 쌀을 이는 데 쓰는 기구. 가는 대오
　　리나 싸리로 결어 조그만 삼태기 모양으로 만
　　드는데 손잡이가 기다랗게 달렸다.
　조리 라【籮】조리(笊籬).
　조리 리【籬】조리(笊籬).
　조리 수【籔】조리(笊籬).
　조리 양【籟】녹미죽기(漉米竹器).
　조리 욱【簗】炊簗謂之縮 或謂之籬『揚雄方言』
　조리 작【筰】녹미구(淥米具).
　조리 조【笊】金銀爲笟筐笊籬『唐書』
조릿대 : 대나무의 한가지로 줄기가 가늘고 작어
　　화살대를 만들기에 적합함.
　조릿대 간【簳】其竹則篠簳箛篁『張衡』
　조릿대 균【箘】竹也.
　조릿대 소【篠】翠篠. 篠簜旣敷『書經』
　조릿대 소【簫】소(篠)와 통용.
　　　　　　林簫蔓荊『馬融
조망(眺望) : 멀리 바라봄. 또는 그 경치.
　조망 망【望】窮目極望『漢書』
조목(條目) : 사물의 분류한 명목.
　조목 과【科】科目. 文科. 理科.
　조목 목【目】細別. 科目. 請問其目『論語』
　조목 조【條】約法爲二十條『舊唐書』
조목으로 나누다 :

조목으로 나눌 조【條】조목별로 함. 條陳.
　　　　　　　　條奏毋有所諱『漢書』

조미(調味)하다 : 음식에 맛을 고르게 맞춤.
　조미할 화【盉】調聲曰龢 調味曰盉『說文解字』

조사(調査)하다 : 어떤 일이나 사실 또는 사물의
　내용 따위를 명확하게 알기 위하여 자세히 살
　펴보거나 밝힘.
　조사할 검【撿】검(檢)과 동자(同字).
　　　　　　　　王導料撿中書故事『晉書』
　조사할 검【檢】사실(査實)함. 檢査.
　　　　　　　　遣使巡檢河北『北史』
　조사할 점【點】세밀히 조사함. 點檢.

조상(祖上) : 어떤 공동체 상에서 자기 세대 이전
　의 모든 세대.
　조상 군【君】先君孔子 生乎周末『孔安國』
　조상 조【祖】돌아간 어버이 위로 대대의 어른.

조상(弔喪)하다 : 남의 죽음에 대하여 슬퍼하는
　뜻을 드러내어 상주(喪主)를 위문함. 또는 그
　위문.
　조상할 적【吊】조상(弔喪). 조(弔)의 속자(俗字).
　조상할 조【弔】
　　㉠ 남의 상사에 조의(弔意)를 표시함. 弔尉.
　　　　知生者弔 知死者傷『禮記』
　　㉡ 죽은 사람의 영혼을 위로함.
　　　　爲賦以弔屈原『史記』
　　㉢ 조상함. 其國有君喪 不敢受弔『禮記』

조서(詔書) : 임금의 명령을 사람들에게 알리려고
　적은 문서.
　조서 조【詔】천자의 명령. 聖詔.
　　　　　　　　命爲制 令爲詔『史記』
　조서 칙【勅】
　　㉠ 칙(敕)과 동자(同字). 明罰勅法『易經』
　　㉡ 唐之用勅廣矣『文體明辯』
　조서 칙【敕】제왕(帝王)의 선지(宣旨). 詔敕.
　　　　　　　勅旨. 使舍人溫子昇草勅『北史』
　조서 판【板】詔板. 조칙(詔勅)을 쓴 것.
　　　　　　　　使作詔板『後漢書』

조소(嘲笑)하다 : (어떤 사람이 다른 사람을)깔보
　고 놀리어 웃다.
　조소할 조【調】嘲調. 王丞相每調之『世說』

조수(潮水) : 밀려 들어왔다 나갔다 하는 바닷물.
　조수 신【信】조석(潮汐). 其起落大小之信 亦如
　　　　　　　之『名山記』
　조수 신【汛】조수(潮水). 潮汛往來『宋史』
　조수 조【潮】
　　㉠ 潮候. 水者地之血脈隨氣進退 而爲潮『論衡』
　　㉡ 아침에 일어나는 조수. 潮汐.
　　　　隨月消長 早曰潮 晚曰汐『皇極經世書』

조심하다 :
　조심할 긍【兢】소심(小心)한 모양. 戰戰兢兢.
　　　　　　　兢兢業業 一日二日萬幾『書經』
　조심할 기【夔】조심하고 두려워하는 모양.
　　　　　　　　夔夔齊慄『書經』
　조심할 동【僮】조심(操心)하고 삼가는 모양.
　　　　　　　被之僮僮 夙夜在公『詩經』
　조심할 은【憖】憂也.
　조심할 인【夤】삼가고 두려워함.
　　　　　　　　夕惕若夤『易經』
　조심할 착【姏】근신(勤愼)하는 모양.
　　　　　　　姏姏廉謹備員而已『史記』
　조심할 촉【屬】신중(愼重)하고 공경(恭敬)하는
　　　　　　모양. 屬屬乎其忠也『禮記』
　조심할 촉【瀷】小心貌.
　조심할 칙【恜】恜恜. 삼가 주의(注意)함.
　　　　　　　卜得惡卦反命恜恜『顏氏家訓』
　조심할 칙【伏】칙(恜)과 동자(同字).
　　　　　　　　於其心伏然.

조아리다 :
　조아릴 계【䭫】하수(下首).
　조아릴 계【稽】돈수(頓首)함. 稽顙.
　　　　　　　　禹拜稽首『書經』
　조아릴 고【叩】이마를 조아림. 叩頭自請『漢書』
　조아릴 돈【頓】머리를 숙여 땅에 대고 절을 함.
　　　　　　　　頓首.

조약돌 : 크기가 자잘하고 모양이 동글동글한 돌.
　조약돌 괴【磈】소석(小石).
　조약돌 길【硈】소석(小石).
　조약돌 말【礳】소석(小石).
　조약돌 솨【碎】소석(小石).

조약돌 소리 :
　조약돌 소리 력【礰】石小聲.

조용하다 :
　조용할 기【祁】고요한 모양. 興雨祁祁『詩經』
　조용할 담【澹】고요함. 海內澹然『揚雄』
　조용할 막【漠】고요함. 幽漠.
　　　　　　　眞人恬漠 獨與道息『漢書』
　조용할 막【莫】조용한 모양. 君婦莫莫『詩經』
　조용할 맥【貊】貊其德音『詩經』
　조용할 밀【謐】고요하고 평온함. 靜謐.
　　　　　　　　海表謐然『魏志』
　조용할 밀【密】靜密. 四海遏密八音『孟子』
　조용할 밀【宓】잠잠함.
　조용할 박【泊】정묵(靜黙)함. 澹泊.
　　　　　　　泊乎其未非『老子』
　조용할 서【舒】점잖고 조용함.
　　　　　　　君子之容舒遲『禮記』

조용할 성【惺】정적(靜寂)함.

조용할 세【姍】靜也.

조용할 엄【嬞】靜也.

조용할 연【淵】고요함. 廣博靜淵『曾鞏』

조용할 염【恬】마음이 침착하고 평정(平靜)함.
　　　　　　　恬虛. 以恬養志『莊子』

조용할 염【厭】안정한 모양. 厭厭夜飲『詩經』

조용할 예【瘱】정숙함. 婉瘱有節操『漢書』

조용할 위【頠】한정(閒靜)함.

조용할 유【幽】고요함. 長夏江村事事幽『杜甫』

조용할 음【撍】음(愔)과 동자(同字).
　　　　　　　推其撍撍擠其揭揭『淮南子』

조용할 음【愔】침묵을 지킴. 愔愔庶日『唐書』

조용할 의【顗】고요함.

조용할 정【靜】
　㉠ 움직이지 아니함. 靜水.
　　　壽夭數也 非鈍銳動靜所制『唐子西』
　㉡ 얌전함. 안존함. 靜女. 靜壽躁夭.
　㉢ 말이 없음. 吾其靜也『國語』
　㉣ 소리가 없음. 靜寂. 靜閒安也『楚辭』
　㉤ 조용히. 靜觀. 無言無思 靜以待時『申子』

조용할 정【婧】婧潛思于室頤『後漢書』

조용할 정【靚】정(靜)과 동자(同字).
　　　　　　　若深淵之靚『賈誼』

조용할 정【靖】정(靜)과 동자(同字).
　　　　　　　天性怡靖『宋書』

조용할 조【窈】정숙함. 窈窕淑女『詩經』

조용할 지【止】고요함. 口容止『禮記』

조용할 한【閒】안정함. 幽閒. 閒雅. 問余何意栖
　　　　　　　碧山 笑而不答心自閒『李白』

조용히 생각하다 :

　조용히 생각할 목【穆】정사(靜思)하는 모양.
　　　　　　　　　有所穆然深思『史記』

조용히 하다 :

　조용히 할 정【靜】綏靜諸侯『左傳』

조운선(漕運船) : 물건을 실어나르는 배.

　조운선 위【䑋】漕運船.

조정(朝廷) : 임금과 신하들이 모여 나라의 정치
　를 의논하고 집행하는 곳.

조정 대【臺】조당(朝堂). 육조(六朝)시대의 용
　　　　　　　어임. 奉旨詣臺『晉書』

조정 정【廷】廷議. 設九賓于廷『史記』

조정 조【朝】
　㉠ 제왕이 정사를 재결하는 곳. 朝廷.
　　　朝與下大夫言『論語』
　㉡ 한 임금이 재위하는 기간. 列聖朝.
　　　歷朝佐命『唐書』

조죽 : 조로 쑨 죽.

조죽 라【䵯】䵯䴾. 有䵯䴾粥法『齊民要術』

조죽 사【䴾】䵯䴾 속죽(粟粥).

조짐(兆朕) : 나중 일이 벌어지는 양상을 추측할
　수 있게 하는 그 이전 단계의 움직임이나 변화.

조짐 상【象】외면(外面)에 나타난 현상(現像).
　　　　　　　전조(前兆). 氣象. 星象. 易象.

조짐 상【祥】祥瑞. 吉祥. 兇祥.
　　　　　　　國家將興 必有禎祥『中庸』

조짐 조【兆】
　㉠ 징조(徵兆). 吉兆. 此乃吉凶之萌兆『晉書』
　㉡ 징조가 나타남. 我則泊兮其未兆『老子』

조짐 진【眹】빌미. 전조(前兆).
　　　　　　　吉凶形兆 謂之兆眹『佩觿集』

조짐 짐【朕】전조(前兆). 朕兆.
　　　　　　　未成兆朕『淮南子』

조짐 징【徵】前兆. 徵祥. 是其徵也『左傳』

조짐 참【讖】미래(未來)의 길흉화복(吉凶禍福)
　　　　　　　의 전조(前兆). 또 그 예언(豫言).
　　　　　　　光武善讖『後漢書』

조짐 태【胎】전조(前兆). 胚胎.
　　　　　　　福生有基 禍生有胎『漢書』

조짐 험【驗】太平之萌 昭驗己著『蔡邕』

조짐 후【候】전조(前兆). 兆候. 徵候.
　　　　　　　是風雨之候也『晉書』

조짐보이다 :

　조짐보일 조【兆】

조촐하게 꾸미다 :

　조촐하게 꾸밀 정【彭】청식(淸飾).

조촐하다 : 꽤 아담하고 깨끗하다.

　조촐할 견【蠲】蠲潔. 除其不蠲『周禮』

　조촐할 선【洗】自洗腆致用酒『書經』

　조촐할 슬【瑟】淸淨鮮潔.

조칙(詔勅) : 임금이 백성들에게 내리는 명령이나
　널리 알릴 내용을 적은 문서.

　조칙 마【麻】당대(唐代)에 칙명(勅命)을 황백
　　　　　　　(黃白)의 마지(麻紙)에 쓴데서 유
　　　　　　　래한 이름. 黃麻. 白麻.
　　　　　　　弘景草麻『舊唐書』

　조칙 선【宣】詔書. 宣所以示敎也『國語』

조카 : 형제가 난 아들.

　조카 질【姪】질(姪)과 동자(同字). 兄弟之子.

　조카 질【姪】有姪夷簡『聞見錄』

조카딸 : 형제가 난 딸.

　조카딸 질【姪】姪其從姑『左傳』

조현(朝見) : 제후가 겨울에 천자에게 하는 알현
　(謁見).

　조현 우【遇】冬見曰遇『周禮』

조협(皂莢) : 쥐엄나무 열매의 껍질. 성질은 따스

하고 맛은 시고 짜며 독이 약간 있다. 중풍이
나 마비 편두통 따위의 약재로 쓰인다.

조협 협【莢】皁莢.

조화하다 :
　조화할 황【喤】소리가 조화하는 모양.
　　　　　　　　鼓鐘喤喤『詩經』

조회(朝會) : 벼슬아치들이 정전(正殿)에 모여 임
　금에게 문안을 드리고 정사(政事)를 아뢰던 일.
　조회 조【覲】주대(周代)에 삼년(三年)마다 제후
　　가 모여 천자에게 알현(謁見)하던
　　의식(儀式).
　　　　　諸侯三年大相聘曰覲『說文解字』

조회(照會) : 어떤 사람의 인적 사항 따위를 관계
　기관에 알아봄.
　조회 첩【牒】관문서(官文書)의 한가지. 通牒.
　　　　　移牒. 卽日以報牒到『唐書』

조회 받다 :
　조회 받을 조【朝】제왕이 정사를 봄.
　　　　　　　　朞年不聽朝『呂氏春秋』

조회 보다 :
　조회 볼 종【宗】여름에 제후(諸侯)가 천자(天子)
　　에게 알현(謁見)함.
　　　　　春見曰朝 夏見曰宗『周禮』

족두리 풀 : 쥐방울덩굴과에 속한 여러해살이풀.
　산지의 나무 그늘에서 자라며 뿌리줄기는 마디
　가 많다. 열매는 장과(漿果) 모양이고 씨앗이
　스무 개 정도 들어 있다. 뿌리는 세신(細莘)이
　라 하여 발한(發汗) 거담(祛痰) 두통(頭痛)에 약
　재로 쓰인다.
　족두리 풀 두【杜】杜蘅. 족두리 풀. 細莘.
　족두리 풀 신【莘】細莘. 莘草生山澤『正字通』
　족두리 풀 형【蘅】杜蘅. 雜杜蘅與芳芷『楚辭』

족멸(族滅)하다 :
　족멸할 족【族】씨를 멸함. 罪人以族『書經』

족자(簇子) :
　족자 폭【幅】서화(書畵)의 축(軸).
　　　　　　　　獨幅山水『揮麈錄』

족자리 달린 질장군 :
　족자리 달린 질 장군 령【罃】瓦器似瓶有耳.

족제비 : 족제빗과에 속한 포유동물. 몸통이 가늘
　고 길며 사지는 짧고 꼬리는 굵고 길다. 털 빛
　깔은 황갈색이다. 한배에 1~7마리의 새끼를 낳
　는다. 털은 방한용 의복에 쓰이고 꼬리털은 붓
　을 만드는 데 쓰인다.
　족제비 곡【貗】鼬鼠(유서).
　족제비 광【獷】回 유서(鼬鼠).
　족제비 사【鼶】鼶鼠者 似鼬之鼠也『爾雅釋獸』
　족제비 생【鼪】오서(鼬鼠). 鼪鼬之逕『莊子』

족제비 신【狋】小獸色黃食鼠.
족제비 유【鼬】黃鼠狼. 倏閃雜鼯鼬『韓愈』
족제비 제【鼶】제(鼶)와 동자(同字).
족제비 제【鼳】사서(鼫鼠).

족집게 : 물건을 끼워 뽑는 기구.
　족집게 녑【鑷】鑷也.
　족집게 섭【鑈】섭(鑷)과 동자(同字). 拔髮箝.
　족집게 섭【鑷】金鑷. 左右進銅鑷『雲仙雜記』

족(足)하다 : 모자란 것을 채움.
　족할 족【足】
　　㉠ 충분함. 표준에 참. 學然後知不足『禮記』
　　㉡ 만족함. 분수를 지킴. 知足不辱『老子』
　　㉢ 넉넉히 있음. 財恆足矣『大學』
　　㉣ 감당함. 恐不足任使『戰國策』
　　㉤ 그 일이 가(可)하다는 뜻을 나타내는 말.
　　　　不足論. 不吾足也『國語』
　　㉥ 충분하게 함. 足食足兵『論語』
　족할 지【止】만족함. 충분함. 知止止不怠『老子』
　족할 촉【屬】만족함. 충족함. 屬厭. 願以小人之
　　　　腹 爲君子之心 屬饜而己『左傳』

족함 :
　족할 협【慊】만족함. 盡去而後慊『莊子』

존문(存問)하다 :
　존문할 존【存】
　　㉠ 휼문(恤問)함. 存潤. 養少 存諸孤『禮記』
　　㉡ 위문함. 存尉. 無一介之使以存之『戰國策』

존엄(尊嚴) : 존귀(尊貴)하여 범할 수 없음.
　존엄 령【靈】若以君之靈『國語』

존절하다 : 사물을 알맞게 줄임. 절감함.
　존절할 재【裁】救其不足 裁其有餘『國語』
　존절할 절【節】알맞게 조절함. 節制.
　　　　　　　慎言語節飮食『易經』

존절히 하다 :
　존절히 할 제【制】정도에 알맞게 함. 節制.
　　　　　　　制節謹度『孝經』

졸(拙)하다 :
　졸할 졸【拙】
　　㉠ 서투름. 巧拙. 拙劣. 鐵劍利而倡優拙『史記』
　　㉡ 옹졸함. 守拙歸田園『陶潛』
　　㉢ 인신(引伸)하여 자기 또는 자기 사물의 겸
　　　칭으로 쓰임. 拙稿. 拙妻好乘鸞『李白』

졸가리 : 곁가지가 없는 나무.
　졸가리 소【槮】槮槮櫂『爾雅』

졸다 : 앉거나 서서 잠.
　졸 개【瞌】坐睡. 瞌睡山童欲成夢『貫休』
　졸 개【磕】坐睡. 磕睡山童欲成夢『貫休』
　졸 수【睡】睡魔. 時時睡弗聽『史記』
　졸 순【盹】목장(目藏).

졸라매다 : 단단히 동여 맴.
졸라맬 규【摎】殤之經不摎垂『儀禮』
졸라맬 학【轂】급속(急束).
作銕籠轂囚首加以楔『唐書』
졸라맬 현【繯】끈으로 목을 졸라 맴. 繯首.
졸라맬 홀【鞃】긴박(緊縛).
졸이다 :
졸일 전【煎】끓여서 진하게 만듦. 煎藥.
性嗜茶 始創煎茶法『全唐詩話』
졸일 전【煎】애태움. 恐不任我意逆以煎我懷『古詩』
졸졸 흐르다 :
졸졸 흐를 비【毖】샘물이 졸졸 흐르는 모양.
毖彼泉水『詩經』
졸졸 흐를 연【涎】물이 졸졸 흐르는 모양.
湎涎. 迤涎八裔『木華』
졸졸 흐를 연【涓】
㉠ 세류(細流). 微涓細水『水經注』
㉡ 泉涓涓而始流『陶潛』
졸졸 흐를 잔【潺】물이 졸졸 흐르는 모양.
春來幽谷水潺潺『蘇軾』
졸참나무 : 참나뭇과에 속한 낙엽 활엽 교목. 어린 가지에 긴 털이 빽빽이 난다. 잎은 타원형 또는 달걀 모양이며 어긋나고 열매는 먹으며 목재는 땔나무 숯 기구 재료 따위로 쓴다.
졸참나무 유【楢】崛山 其木多楢『山海經』
좀 :
좀 두【蠹】
㉠ 나무좀. 의어(衣魚).
辟惡生香 聊防羽陸之蠹『徐防』
㉡ 사물을 좀 먹어 해독을 끼치는 사람이나 사물. 國民之蠹也『左傳』
㉢ 法開二門 爲政之蠹『任昉』
좀 소【少】多少. 약간. 吾子其少安『左傳』
좀 어【蛜】蠹也.
좀 침【浸】약간. 理宗在位久 政理浸怠『宋史』
좀대추나무 : 대추나무의 일종. 열매는 대추보다 작고 시다.
좀대추나무 연【橪】枇杷橪柹『司馬相如』
좀먹다 :
좀먹을 두【蠹】좀이 씀. 腐蠹. 蠹蝕.
以爲桂則蠹『莊子』
좀먹을 려【蠡】벌레가 쏢. 以追蠡『孟子』
좀스럽다 :
좀스러울 첩【呫】잔닮. 呫呫小人『唐書』
좀처럼 :
좀처럼 중【迚】㊐ 연이(然而).
좁다 :

좁을 록【趢】좁은 모양. 또 등을 굽히고 가는 모양. 狹三王之趢趗『張衡』
좁을 루【陋】
㉠ 장소가 넓지 아니함. 협소함. 在陋巷.
㉡ 견문(見聞)이 좁음. 도량(度量)이 작음.
固陋. 獨學而無友 則孤陋而寡聞『禮記』
좁을 미【闡】편협(褊狹).
좁을 박【迫】협착(狹窄)함. 迫脅.
地勢局迫『後漢書』
좁을 박【薄】협착함. 此地狹薄『史記』
좁을 애【隘】
㉠ 협착함. 隘狹. 道隘不容車『古詩』
㉡ 소견이 좁음. 伯夷隘『孟子』
좁을 애【阨】애(隘)와 동자(同字).
邦有湫阨而踡跼『左思』
좁을 애【阸】阻阸 狹也.
좁을 액【戹】협착(狹窄)함. 壺口捶戹『漢書』
좁을 전【帴】협소함. 若苟自急者 先裂則是以博爲帴也『周禮』
좁을 착【笮】착(窄)과 동자(同字). 狹笮.
좁을 착【窄】협착함. 窄狹. 地窄天水寬『蘇軾』
좁을 책【柞】협착함. 轂小而長則柞『周禮』
좁을 초【湫】저습(低濕)함. 또 협착(狹窄)함.
湫宅. 湫隘囂塵『左傳』
좁을 촉【赽】趗赽.
좁을 촉【促】협소함. 窘路狹且促『後漢書』
좁을 촬【楤】竹下乍也.
좁을 편【褊】
㉠ 폭이 좁음. 齊國雖褊小 吾何愛一牛『孟子』
㉡ 도량이 좁음. 褊狹. 維是褊心『詩經』
좁을 핍【逼】협착함. 岸狹勢逼『山川考』
좁을 해【䪥】何文肆而質䪥『揚雄』
좁을 해【嶰】陜也.
좁을 협【陜】협(狹)과 동자(同字).
阸陜且百里『漢書』
좁을 협【狹】
㉠ 넓지 아니함. 廣狹. 地狹人寡『史記』
㉡ 많지 아니함. 其所持者狹 而所欲者奢『史記』
㉢ 좁게 됨. 좁게 함. 無自廣而狹人『書經』
좁을 협【陿】협(狹) 합(陜)과 동자(同字).
遠逮秦地之陿隘『史記』
좁은 길 :
좁은 길 경【逕】소로. 또 지름길. 門逕.
禪逕閑淸『王融』
좁은 길 엄【弇】협착한 길. 行及弇中『左傳』
좁은 길 정【徎】狹也小路.
좁은 길 탈【奪】소로(小路). 襲莒于奪『禮記』
좁은 길 혜【蹊】小路. 桃李不言 下自成蹊『史記』
좁은 땅 :

좁은 땅 루【廔】甌窶. 협소하고 경사가 심한 땅.
　　　　　甌窶滿篝『十八史略』
좁은 땅 루【婁】甌婁는 협소한 고지(高地).
　　　　甌婁滿篝 汙邪滿車『史記』
좁은 모양 :
　좁은 모양 닙【隰】阨隰 협모(狹貌).
종 : 심부름하는 천한 사람.
　종 비【婢】耕當問奴 織當問婢『宋書』
　종 환【鬟】비자(婢子). 丫鬟.
　　　　一小鬟迎先生『列仙傳』
　종 겸【傔】傔從. 傔卒. 奏傔從三十人『唐書』
　종 곡【穀】계집종. 臧穀猶且羞之『荀子』
　종 노【奴】남자 종. 奴僕. 耕當問奴『宋書』
　종 노【孥】怠而貧者. 擧以爲收孥『史記』
　종 니【妮】계집종. 今人呼婢曰妮『六書考』
　종 대【臺】僕臣臺『左傳』
　종 도【徒】하인(下人). 徒隷. 徒御不驚『詩經』
　종 동【僮】동(僮)과 동자(同字).
　　　　騘白鹿兮 從仙僮『漢張公』
　종 동【童】동(僮)과 통용. 得童僕員『易經』
　종 동【僮】하인(下人). 노복(奴僕). 僮僕.
　　　　卓王孫家僮八百人『史記』
　종 례【隷】천역(賤役)에 종사(從事)하는 사람.
　　　　奴隷. 臣隷. 各有配隷『後漢書』
　종 로【虜】노복(奴僕). 嚴家無格虜『史記』
　종 료【僚】천역(賤役)에 종사(從事)하는 사람.
　　　　隷臣僚 僚臣僕『左傳』
　종 복【僕】잡일이나 천역(賤役)에 종사(從事)하
　　　는 하인(下人). 僕隷. 仕于公曰臣 仕
　　　于家曰僕『禮記』
　종 시【廝】주로 말을 기르거나 땔나무를 하는
　　　　종. 廝役. 廝徒十萬『史記』
　종 애【娭】계집종.
　종 여【輿】奴僕. 輿臺.　廝輿之卒『漢書』
　종 여【轝】여(輿)와 동자(同字). 여례(轝隷).
　　　　巫呼家人設酒勞轝隷『徐禎卿』
　종 장【臧】노복(奴僕). 臧獲. 荊淮海岱雜齊之
　　　間 罵奴曰臧 罵婢曰獲『方言』
　종 주【走】
　　　㉠ 노비(奴婢). 下人. 太史公牛馬走『司馬遷』
　　　㉡ 자기(自己)의 겸칭(謙稱). 下走.
　　　　走亦不在廁技於彼列『班固』
　종 해【奚】奴僕. 奚奴. 酒人奚三百人『周禮』
　종 획【獲】계집종. 臧獲. 罵婢曰獲『揚雄』
종 : 치거나 흔들어 소리를 내는 쇠붙이로 만든
　　기구. 시간이나 신호를 알리는 것으로 보통 청
　　동으로 속이 비게 만든다.
　종 박【鎛】작은 종. 及其鎛磬『左傳』
　종 박【鏄】큰 종. 其南鏄『儀禮』

종 용【鏞】큰 종. 笙鏞以閒『書經』
종 종【鐘】鐘鼓樂之『詩經』
종 종【鍾】종(鐘)과 통용.
종 횡【鐄】큰 종.
종 가로퍼지다 :
　종 가로퍼질 화【楇】종이 납작하고 큰 모양.
　　　　今鐘楇矣『左傳』
종가시나무 : 참나뭇과에 속한 상록 활엽 교목.
　　가지에 털이 없으며 잎은 어긋난다. 4~5월에
　　갈색 꽃이 피는데 암꽃이삭은 위로 곧게 서고
　　수꽃이삭은 처진다. 목재는 그릇을 만들거나
　　숯을 만드는 데 쓰이며 열매는 식용한다.
　종가시나무 저【櫧】목명(木名)
종 거는 끈 :
　종 거는 끈 퇴【追】 以追蠡『孟子』
종 거는 나무 : 종 북 등을 걸어 두는 나무.
　종 거는 나무 원【楥】懸鐘磬之楥『管子』
종고 소리 : 종과 북의 뒤섞인 소리.
　종고 소리 굉【鍠】鏗鍠. 鐘鼓鏗鍠『班固』
　종고 소리 굉【鎤】鎤鎤鎗鎗『後漢書』
　종고 소리 당【鏜】鏜鞳. 종이나 북의 소리.
　종고 소리 당【鐺】당(鏜)과 통용.
　　　　鏗鎗鐺鼓『史記』
　종고 소리 당【鏜】擊鼓其鏜『詩經』
　종고 소리 탑【鞳】鏜鞳.
종기(腫氣) : 사람이나 동물의 피부가 곪아 고름
　　이 차는 질환.
　종기 소【瘙】腫也.
　종기 양【痒】양(瘍)과 동자(同字).
　　　　夏時有痒疥疾『周禮』
　종기 양【瘍】양(痒)과 동자(同字).
종기(腫氣) 터지다 :
　종기 터질 궤【殨】종결(腫決).
종기(腫氣) 화끈거리다 :
　종기 화끈거릴 분【瘇】瘇腨 열종(熱腫).
종 다는 널 : 종 북 등을 거는 가로 댄 나무를
　　씌우는 큰 장식 나뭇조각.
　종 다는 널 업【業】設業設虡『詩經』
종다래끼 : 대오리나 싸리 버들가지 등으로 엮어
　　만든 작은 바구니.
　종다래끼 곽【籗】捕魚籠.
　종다래끼 령【笭】笭箵.
　종다래끼 비【箄】작은 대바구니.
　종다래끼 성【箵】笭箵.
종달새 : 종다릿과에 속한 새. 등은 연한 갈색 바
　　탕에 짙은 갈색 무늬가 있고 배는 황갈색이며
　　가슴에 갈색 세로점이 있다. 봄에 공중으로 높
　　이 날아오르면서 고운 소리로 지저귄다. 강가

의 풀밭 보리밭 밀밭 등에 둥지를 튼다.

종달새 무 【鵐】 駕也.

종달새 약 【鸙】 天鸙 鸙也.

종달새 호 【鳸】 鳸鴆. 안작(鴳雀).

종달새새끼 :

　종달새새끼 녕 【鸋】 여자(駕子).

종려(棕櫚)나무 : 야자나뭇과에 속한 상록 교목.
　가지가 없고 잎은 줄기 끝에 달리는데 둥글며
　부챗살 모양으로 갈라진다. 초여름에 담황색의
　잔 꽃이 많이 피고 열매는 늦가을에 까맣게 익
　는다. 잔 꽃은 종어(棕魚)라 하여 요리에 씀.

　종려나무 려 【櫚】 棕櫚.

　종려나무 병 【栟】 종려(棕櫚)와 동의. 訶陵國雖
　　　　　　　　大屋亦覆以栟櫚 『唐書』

　종려나무 종 【椶】 椶櫚 一名蒲葵.

　종려나무 종 【棕】 종(椶)과 동자(同字).

종류(種類) :

　종류 종 【種】 품목. 品種. 七事八種 『國語』

종묘(宗廟) :

　종묘 궁 【宮】 제왕가(帝王家)의 사당(祠堂).
　　　　　　　于以用之 公侯之宮 『詩經』

　종묘 종 【宗】 宗社. 承我宗事 『儀禮』

종묘 문 :

　종묘 문 절 【窒】 窒皇. 履皮于窒皇 『左傳』

종사(宗社)하다 :

　종사할 배 【配】 부제(祔祭)함. 配享.
　　　　　　　配食縣社 『晉書』

　종사할 종 【從】 일삼아 함. 從政.
　　　　　　　黽勉從事 『詩經』

종소리 : 종이나 북의 소리.

　종소리 개 【喈】 듣기 좋은 종소리.
　　　　　　　鼓鐘喈喈 『詩經』

　종소리 굉 【吰】 종음(鐘音). 大聲發於水上 噌吰
　　　　　　　如鐘鼓 『蘇軾』

　종소리 당 【鞺】 鞺鞳은 종 또는 북의 소리.

　종소리 당 【鐋】 당(鐺)과 통용. 鏗鎗鐋鼓 『史記』

　종소리 당 【鐺】 擊鼓其鏜 『詩經』

　종소리 증 【噌】
　　　㉠ 종음(鐘音). 噌噌 似鐘音 『司馬相如』
　　　㉡ 大聲發於水上 噌噌如鐘鼓 『蘇軾』

　종소리 황 【鍠】 종성(鐘聲).

　종소리 황 【瑝】 종성(鐘聲).

종소리 털털하다 :

　종소리 털털할 곤 【硍】 鍾病聲.

종실(宗室) :

　종실 원 【畹】 황제의 일족. 戚畹.

종아리 : 무릎과 발목 사이의 뒤쪽 부분.

　종아리 경 【脛】 脛也.

종아리 교 【躤】 脛也.

종아리 교 【跤】 脛也.

종아리 드러내다 :

　종아리 드러낼 생 【觥】 각로(脚露).

종아리채 : 학업을 게을리 하는 제자를 징계하는
　채.

　종아리채 복 【撲】 복(扑)과 동자(同字).
　　　　　　　桎梏鞭撲以加小人 『申鑒』

　종아리채 복 【扑】 扑撻. 扑作教刑 『書經』

　종아리채 추 【捶】 捶扑. 撽以馬捶 『莊子』

종아리 치다 :

　종아리 칠 구 【敺】 추격(捶擊).
　　　　　　　爲淵敺魚者獺也 『孟子』

　종아리 칠 박 【撲】 소격(小擊).

　종아리 칠 질 【抶】 초달(楚撻)함.
　　　　　　　抶其僕以徇 『左傳』

　종아리 칠 추 【捶】 捶打. 捶笞臏脚 『荀子』

종엽(柊葉) : 파초(芭蕉) 비슷한 상록초본(草本).
　높이 二三尺임.

　종엽 종 【柊】 종엽(柊葉).

종요롭다 :

　종요로울 요 【要】 중요함. 要路. 先王有至德要
　　　　　　　道 『孝經』

종용(慫慂)하다 :

　종용할 용 【慂】 권하다. 慫慂.

　종용할 종 【舂】 종(從)과 통용. 待其春容 『禮記』

　종용할 종 【從】 침착함. 從容中道 聖人也 『中庸』

　종용할 종 【慫】 권함. 慫慂.

종이 : 닥나무 뽕나무 껍질 등 식물성 섬유로 만
　든 물건. 글씨를 쓰거나 그림을 그리는 데 씀.

　종이 저 【楮】 寸楮. 楮先生.
　　　　　　　敗楮遺墨人爭寶 『眞德秀』

　종이 전 【牋】 出小碧牋 『侯鯖錄』

　종이 지 【紙】 紙筆. 至後漢蔡倫 剉故布擣抄作紙
　　　　　　　　『初學記』

종이 뜨는 발 :

　종이 뜨는 발 점 【箈】 連紙箔.

종족이름 :

　종족이름 사 【狫】 광서(廣西)성 지방의 한 종족.

종종걸음 치다 :

　종종걸음 칠 축 【蹜】 足蹜蹜如有循 『論語』

종지뼈 : 무릎 관절의 앞쪽에 있는 종지를 엎어
　놓은 듯한 모양의 오목한 뼈. 슬개건(膝蓋腱)
　안에 있으며 뒤쪽은 연골로 덮여 있다.

　종지뼈 과 【髁】 슬골(膝骨).

　종지뼈 빈 【臏】 脫臏 『潘岳』

　종지뼈 빈 【髕】 빈(臏)과 동자(同字). 膝蓋骨.

종지뼈 베다 :

종지뼈 벨 빈【髕】형벌로서 종지뼈를 베어 냄.
　　　　　　髕罰之屬五百『漢書』

종지뼈 잘라내다 :
　종지뼈 잘라낼 비【跳】跳罰. 종지뼈를 잘라내는
　　　　　　형벌. 跳罰五百『書經』

종친(宗親) : 임금의 친족.
　종친 저【邸】황족(皇族). 晉邸稱爲二張『北史』

종 틀 : 종을 걸어 놓는 나무로 만든 틀.
　종 틀 격【膈】懸一鐘尙捬膈『史記』

좇게 하다 :
　좇게 할 종【從】從八極而朝海內『鹽鐵論』

좇다 :
　좇을 경【經】순종(順從)함. 經而無絶『周禮』
　좇을 궤【軌】준수(遵守)함. 諸侯軌道『漢書』
　좇을 리【隸】從也.
　좇을 무【撫】따름. 撫于五辰『書經』
　좇을 미【弭】城邑無不望風弭從『後漢書』
　좇을 복【服】
　　㉠ 따름. 服從. 四罪而天下咸服『書經』
　　㉡ 복죄(伏罪)함. 服罪. 五罰不服『書經』
　좇을 부【怤】從也.
　좇을 비【俾】복종함. 罔不率俾『詩經』
　좇을 빈【賓】賓服. 先王所以拱揖指揮而四海賓
　　　　　　者『新序』
　좇을 속【屬】
　　㉠ 따름. 從屬. 諸別將皆屬宋義『史記』
　　㉡ 수행함. 騎能屬者百餘人耳『史記』
　좇을 솔【率】
　　㉠ 준봉(遵奉)함. 率循. 率由舊章『詩經』
　　㉡ 따름. 의거함. 率性之謂道『中庸』
　　㉢ 복종함. 率服. 惟時有苗不率『書經』
　　㉣ 행함. 실행함. 率義之謂勇『左傳』
　좇을 솔【帥】命鄕簡不帥敎者以告『禮記』
　좇을 수【首】복종(服從)함. 항복(降服. 降伏)함.
　　　　　　雖有降首 曾莫懲革『後漢書』
　좇을 순【順】
　　㉠ 들음. 聽從함. 祗順德意『李覯』
　　㉡ 도리에 따름. 耳順. 順理則裕『程頤』
　　㉢ 복종함. 따름. 歸順. 四國順之『詩經』
　　㉣ 따르는 사람. 去暴擧順『王粲』
　좇을 순【徇】從也.
　좇을 순【循】
　　㉠ 복종함. 循俗. 卿大夫以循法爲節『禮記』
　　㉡ 따름. 循牆而走『十八史略』
　　㉢ 의(依)함. 循山而南『左傳』
　　㉣ 답습함. 必循其故『呂氏春秋』
　좇을 순【馴】그대로 함. 馴幽推曆『太玄經』
　좇을 순【紃】순(循)과 통용. 紃察之『荀子』

　좇을 술【述】이전의 일을 이어 받아 따름.
　　　　　　述遵. 父作之 子述之『中庸』
　좇을 약【叒】順也.
　좇을 약【若】따름. 欽若昊天『書經』
　좇을 여【與】따름. 與不仁之甚者也『孟子』
　좇을 여【如】따름. 순종함. 項羽使人還報懷王
　　　　　　懷王曰如約『史記』
　좇을 연【緣】따름. 攀緣. 緣木求魚『孟子』
　좇을 연【沿】따름. 인(因)함. 沿襲.
　　　　　　故明王 以相沿也『禮記』
　좇을 원【訰】從也.
　좇을 유【貟】從也.
　좇을 유【由】본받음. 率由. 可使由之『論語』
　좇을 율【聿】따름. 聿修厥德『詩經』
　좇을 의【依】따름. 依準. 依於仁『論語』
　좇을 의【依】따름. 依準. 依於仁『論語』
　좇을 자【自】따름. 天視自我民視『孟子』
　좇을 적【迹】深迹其道 而務修其本『漢書』
　좇을 적【蹟】따름. 念彼不蹟『詩經』
　좇을 종【從】
　　㉠ 따름. 복종함. 服從. 不信則民弗從『中庸』
　　㉡ 배반하지 아니함. 거역하지 아니함.
　　　　　　卿士從. 庶民從『書經』
　　㉢ 하는 대로 내버려 둠. 姑慈而從『左傳』
　좇을 준【遵】따라감. 좇아 감. 遵守. 遵奉.
　　　　　　君子遵道而行『中庸』
　좇을 첩【怗】복종함. 卒怗荊『公羊傳』
　좇을 추【追】
　　㉠ 따름. 수종(隨從) 함. 心慕手追『晉書』
　　㉡ 전송함. 薄言追之『詩經』
　좇을 축【逐】
　　㉠ 뒤따름. 逐隊而趨『韓愈』
　　㉡ 乘白黿兮逐文魚『楚辭』
　좇을 취【就】從就. 先王之制禮也過者使府而就
　　　　　　之『禮記』
　좇을 퇴【僓】순종하는 모양. 僓然而道盡『莊子』
　좇을 퇴【頹】순종하는 모양. 頹乎其順也『禮記』
　좇을 평【拼】수종(隨從).
　좇을 협【協】服從함. 協從. 下民祗協『書經』
　좇을 혜【譓】명령을 지킴. 義征不譓『漢書』
　좇을 휼【遹】따름. 祗遹乃文考『書經』

좋게 보다 :
　좋게 볼 위【䚔】호시(好視).

좋다 :
　좋을 가【佳】佳作. 佳節. 如汝言亦復佳『世說』
　좋을 곡【穀】穀日. 既富方穀『書經』
　좋을 량【良】훌륭함. 優良. 陶器必良『禮記』
　좋을 류【類】
　　㉠ 악(惡)의 대. 克明克類『詩經』

ⓛ 좋은 일. 孝子不匱 永錫爾類『左傳』

좋을 명【佲】好也.

좋을 선【鮮】보기 좋음. 籩簋不鮮『詩經』

좋을 순【純】織作氷紈綺繡純麗之物『漢書』

좋을 시【時】훌륭함. 爾殽旣時『詩經』

좋을 예【吟】善也.

좋을 완【妧】호모(好貌).

좋을 제【㜑】好也.

좋을 축【禥】好也.

좋을 호【𡚽】好와 同字.

좋을 호【好】

　　㉠ 훌륭함. 好士. 緇衣之好兮『詩經』

　　ⓛ 바름. 領惡而全好『禮記』

　　㉢ 화목함. 사이가 좋음. 妻子好合『詩經』

좋을 화【華】맛 같은 것이 좋음.
　　　　　　華食而脂肥『素問』

좋을 휴【休】훌륭함. 선미(善美)함. 休命.
　　　　　　惟王受命 無疆惟休『書經』

좋아하다 :

좋아할 가【佳】佳兵者不祥『老子』

좋아할 담【𧯦】好也.

좋아할 변【忭】기뻐함. 欣忭. 歡忭.
　　　　　　百官雷忭讚如驚『曹植』

좋아할 변【昇】변(忭)과 동자(同字). 喜樂貌.

좋아할 요【樂】

　　㉠ 마음에 들어 바람.
　　　　　　仁者樂山 智者樂水『論語』

　　ⓛ 좋아하는 바. 바라는 바.
　　　　　　益者三樂 損者三樂『論語』

좋아할 유【喩】喩喩. 嘔喩受之『漢書』

좋아할 호【好】好事. 如好好色『大學』

좋아할 희【熹】週之有禮 則群臣自熹『賈誼』

좋아할 희【喜】애호함. 俗喜鬼神『唐書』

좋은 개 :

좋은 개 령【㹦】양견(良犬).

좋은 말 :

좋은 말 노【駑】양마(良馬).

좋은 말 상【驦】鸘騻 양마(良馬).

좋은 말 숙【驌】驌騻 양마(良馬).

좋은 말 온【𩤰】준마(駿馬).

좋은 맛 :

좋은 맛 천【䐹】호미(好味).

좋은 소 :

좋은 소 방【牬】良牛. 如槖駞 日行之百里 用牬
　　　　　　牛二百以行流沙『穆天子傳』

좋은 술 :

좋은 술 순(준)【酕】미주(美酒).

좋은 장 :

좋은 장 모【醸】미장(美醬).

좋은 장 추【䤖】미장(美醬).

좋은 향기 :

좋은 향기 시【甑】미향(美香).

좋지 못한 냄새 :

좋지 못한 냄새 발【馛】취기(臭氣).

좋지 않다 :

좋지 않을 량【㾊】불선(不善).

좋지 않은 말 :

좋지 않은 말 향【響】不美言.

좌우로 걷다 :

좌우로 걸을 가【迦】猶大牙左右相制迦互.

좌우로 보다 :

좌우로 볼 구【䀰】左右視.

좌우로 볼 구【眗】구(䀰)와 동자(同字).
　　　　　　　　　左右視貌.

좌초(坐礁)하다 :

좌초할 종【艭】배가 모래 위에 얹혀 가지 못함.

죄(罪) :

죄 과【科】罪科. 作奸犯科『諸葛亮』

죄 륙【戮】형벌(刑罰). 刑戮. 有顯戮『史記』

죄 옥【獄】罪惡. 罪狀. 襃人有獄『國語』

죄다 : 빠짐없이. 모두.

죄다 고【睪】睪牢天下而制之『荀子』

죄다 : 잡아 당겨 켕기게 함.

죌 효【絞】小斂布絞『禮記』

죄 다스리다 :

죄 다스릴 열【灡】문죄(問罪).

죄 받다 :

죄 받을 좌【坐】坐罪. 曾無貶坐『漢書』

죄수(罪囚) : 징역 사는 사람.

죄수 겸【鉗】칼을 씌운 죄수(罪囚).

죄수 계【繫】계류 중의 죄인. 出輕繫『禮記』

죄수 도【徒】送徒驪山『史記』

죄수 수【囚】行部錄囚『漢書』

죄인(罪人) : 죄를 범한 사람.

죄인 례【隷】죄수. 罪隷. 隷人涅廁『儀禮』

죄인 서로 송사하다 :

죄인 서로 송사할 변【辡】罪人相訟.

죄주다 :

죄줄 극【殛】형벌에 처함. 殛鯀于羽山『書經』

죄줄 륙【戮】형벌에 처함. 搏而戮之『周禮』

죄줄 벽【辟】형에 처함. 辟以止辟『書經』

죄줄 죄【罪】형에 처함. 四罪而天下咸服『書經』

죄치다 : 재촉함.

죄칠 급【急】急趣丞相御史 定功行封『史記』

주 :

주 소【疏】주석(註釋). 註疏. 疏解.
　　　　　　鼠銜孝經疏置楊前『長編』

주 주【主】
　㉠ 근본(根本) 주장(主張). 기요(機要). 主眼.
　　　樞機之發 榮辱之主也『易經』
　㉡ 신(神). 신기(神祇).
　　　三曰兵主 祠蚩尤『史記』
　㉢ 기독교에서 하나님 또는 그리스도.
　　　天主. 救主.

주걱 : 나무 플라스틱 쇠붙이 따위를 부삽 모양으
　로 만든 푸거나 젓는 도구.
　주걱 마【榪】圖 榪杓.
　주걱 비【枇】비(杜)와 동자(同字). 所以載牲.
　주걱 소【揹】반삽(飯臿).

주걱턱 :
　주걱턱 금【頜】頜頤折頞『漢書』

주검 :
　주검 시【屍】송장. 屍體. 封殽屍而還『左傳』
　주검 시【尸】尸解. 殺三郤而尸諸朝『國語』
　주검 이【侇】尸也.

주고받는 말 :
　주고받는 말 도【詢】往來言.

주고받다 :
　주고받을 교【交】授受. 男女不交爵『禮記』

주관하다 :
　주관할 비【邲】宰也.
　주관할 상【尚】맡아함. 尚衣. 尚符節『史記』
　주관할 압【押】관리함. 押班. 中書省舍人 以六
　　　　　　員分押尚書六曹『唐書』
　주관할 재【宰】맡아 다스림. 宰割天下『賈誼』

주근깨 : 얼굴 군데군데에 생기는 갈색의 작은 점.
　주근깨 예【黳】色若黳『西陽雜俎』
　주근깨 잉【黌】黵黌.
　주근깨 초【黵】黵黌.

주금(酎金) : 한대의 제도로서 천자가 햇곡식으로
　빚은 순주(醇酒)를 종묘에 올릴 때 제후가 모두
　자격에 따라 금(金)을 바치고 그 술을 마시던
　일. 바친 금의 분량이 적거나 질이 나쁘면 영토
　가 깎이었음.
　주금 주【酎】高廟酎『史記』

주나라 서울 :
　주나라 서울 풍【酆】주문왕(周文王)이 도읍한
　　　　　　곳. 지금의 섬서성.
　　　　　　康有酆宮之朝『左傳』

주내다 :
　주낼 고【詁】문자나 고어(古語)를 해석(解釋).
　　　　　　詁訓以紀六經識侯『舊唐書』
　주낼 주【註】

　㉠ 본문(本文) 사이나 위 같은 데 뜻을 풀어
　　　밝힘. 欲註莊子『晉書』
　㉡ 註解. 旁註. 此書詎復須註『晉書』
　주낼 주【注】
　㉠ 주석(註釋)을 함. 有揩字注字處『韓愈』
　㉡ 주(註)와 통용. 遂竊以爲己注『世說』

주눅 들다 : 기가 꺾여 오그라듦.
　주눅들 뉵【朒】縮朒. 王侯縮朒 不任事『漢書』

주다 : 베풂.
　줄 감【歛】수여함.
　줄 개【匃】施與. 匃施. 我匃若馬『漢書』
　줄 공【贛】下賜. 今贛人敖倉『淮南子』
　줄 급【給】供與. 給與. 給錢五萬『宋史』
　줄 기【乞】내줌. 乞與. 以墅乞汝『晉書』
　줄 대【貸】사여(賜與)함. 貸贍.
　　　　　　賑貸幷州四郡之貧民『後漢書』
　줄 뢰【賚】하사(下賜)함. 予其大賚汝『書經』
　줄 뢰【賂】
　㉠ 물건을 사람에게 줌. 國富厚賂戰士『史記』
　㉡ 뇌물을 줌. 貪而忽名 可貨而賂『吳子』
　줄 리【釐】급여(給與)함. 釐爾圭瓚『詩經』
　줄 명【命】수여(授與)함. 天命之謂姓『中庸』
　줄 반【放】賜也.
　줄 복【卜】하사(下賜)함. 君曰卜爾『詩經』
　줄 부【付】남에게 넘기어 줌. 交付. 付與.
　　　　　　分付諸客『漢書』
　줄 부【賦】수여(授與)함. 賦與.
　　　　　　賦職任功『國語』
　줄 비【畁】남에게 넘김. 不畁洪範九疇『書經』
　줄 사【賜】
　㉠ 하사(下賜)함. 賜予. 數賜縑帛『列仙傳』
　㉡ 허여(許與)함. 들어줌. 詔特賜假『晉書』
　줄 상【賞】물품을 증여함.
　　　　　　于其往也 賞以酒肉『柳宗元』
　줄 석【錫】
　㉠ 하사(下賜)함. 賞錫. 錫賚甚厚『舊唐書』
　㉡ 하사한 물건. 茅土之錫『魏書』
　줄 수【授】
　㉠ 수여함. 授受. 還予授子之粲兮『詩經』
　㉡ 수교(手交)함. 男女不親授『禮記』
　㉢ 가르침. 授業. 子夏居西河敎授『史記』
　㉣ 任命함. 授爵. 近窘今日謬授之失『吳志』
　줄 엄【譣】予也.
　줄 여【與】급여(給與)함. 施與.
　　　　　　與人者 不問其所欲『禮記』
　줄 여【予】여(與)와 동자(同字). 予奪.
　　　　　　何以予之『詩經』
　줄 이【詒】이(貽)와 통용. 증여(贈與)함.
　　　　　　叔向使人詒子産書『左傳』

줄 이【貽】贈與함. 作師說以貽之『韓愈』

줄 잉【媵】건네어 줌. 主人媵爵于賓『儀禮』

줄 자【資】금품을 줌. 若資東陽之盜『國語』

줄 재【齎】증여(贈與)함. 또는 보내줌.
　　　　　　齎送. 齎貸子錢『史記』

줄 정【賵】賜也.

줄 증【贈】

　㉠ 물건을 줌. 贈送. 贈以韋袴褶一具『世說』

　㉡ 송별(送別)할 때 교훈(教訓) 또는 시문(詩
　　文) 같은 것을 줌. 贈詩.
　　故其贈行 不以頌而以規『韓愈』

　㉢ 子路去魯 謂顔淵曰 何以贈我『禮記』

　㉣ 사후(死後)에 조정에서 벼슬을 내림. 贈位.
　　追贈. 薄葬不受爵贈『後漢書』

줄 탁【觀】授也.

줄 투【投】증여함. 投我以木瓜『詩經』

줄 피【貱】與也.

줄 황【貺】

　㉠ 웃어른이 하사하는 물건. 君辱貺之『左傳』

　㉡ 남이 줌. 不敢求貺『左傳』

줄 황【況】황(貺)과 동자(同字).
　　　　　　況使臣以大禮『國語』

줄 효【效】授與. 宣王有志而後效官『左傳』

주독(主櫝) : 신주(神主)를 넣는 독.

　주독 단【匵】祭祀則共匵主『周禮』

주량(酒量) : 술을 마시는 양.

　주량 호【戶】小戶. 戶大嫌聒酒『白居易』

주려죽다 : 아사(餓死)함. 또 그 사람.

　주려죽을 표【殍】殍餓. 民多流殍『遼史』

주련(柱聯) : 기둥에 세로 써 붙이는 연구(聯句).

　주련 첩【帖】楹帖. 春帖.

주로 하다 :

　주로 할 주【主】

　㉠ 숭상(崇尙)함. 존중(尊重)함. 主知說.
　　陽子剛而主能『國語』

　㉡ 주장(主張)삼다. 主爲趙李報德復怨『漢書』

주름 : 옷의 주름.

　주름 구【袧】幅三袧『儀禮』

　주름 벽【襞】襞積褰縐『司馬相如』

　주름 연【緣】의축(衣蹙).

　주름 적【積】襞積. 皮弁服素積『儀禮』

　주름 적【襀】襞積褰縐『司馬相如』

　주름 접【褶】襞積.

　주름 접【襭】熨斗成裙襭『梁簡文帝』

　주름 접【摺】접힌 데. 袪褒盛摺『方鳳』

주름 : 피부 같은 데 잔줄이 진 금.

　주름 작【皵】피부의 잔줄이 진 금.

　주름 준【皺】皺皵. 皮皺皵以龍驚『鄒浩』

주름 추【皺】爛熳堆衆皺『韓愈』

주름 잡히다 : 주름살이 잡힘.

　주름 잡힐 건【褰】襞積褰縐『司馬相如』

　주름 잡힐 준【皴】髮白更面皴『歐陽修』

　주름 잡힐 추【皺】面皺髮欲疎『黃庭堅』

주름지다 :

　주름질 추【縐】

　　㉠ 주름이 잡힘. 襞積褰縐『史記』

　　㉡ 바싹 꼰 실로 짜서 주름이 잡힌 포백(布帛).
　　　蒙彼縐絺『詩經』

주리다 :

　주릴 강【歡】餓也.

　주릴 기【饑】기(飢)와 동자(同字). 饑渴.
　　　　　　寧一月饑『淮南子』

　주릴 기【飢】굶주림. 飢者易爲食『孟子』

　주릴 뇌【餒】굶주림. 吾有餒而己『左傳』

　주릴 뇌【脮】뇌(餒)와 동자(同字).

　주릴 아【餓】대단히 굶주림. 凍餓.
　　　　　　夫子爲粥 與國之餓者『禮記』

　주릴 안【銀】飢也.

　주릴 액【䭇】飢也.

　주릴 효【枵】배 곯음. 枵腹. 糧盡衆枵『唐書』

주린 빛 :

　주린 빛 간【菅】주린 얼굴 빛.
　　　　　　野蕪曠則民乃菅『管子』

　주린 빛 채【菜】곡식이 부족하여 푸성귀만 먹
　　　　　　어서 누르스름하게 된 얼굴빛.
　　　　　　民無菜色『禮記』

주막(酒幕) :

　주막 거【蘧】蘧廬. 주막. 여관. 객사(客舍).

　주막 려【廬】시골의 여인숙(旅人宿).
　　　　　　十里有廬 廬有飮食『周禮』

　주막 숙【宿】여관(旅館). 三十里有宿『周禮』

　주막 잔【棧】여관(旅館). 棧房.

　주막 저【邸】숙사. 여관. 因留客邸『宋史』

　주막 전【傳】여인숙(旅人宿). 여사(旅舍).
　　　　　　沛公至高陽傳舍『史記』

　주막 정【亭】여관(旅館). 여인숙(旅人宿).
　　　　　　敗官亭長舍『漢書』

주막기(酒幕旗) : 술집의 표지(標識)로 세우는 기
　(旗).

　주막기 렴【帘】閃閃酒帘招醉客『李中』

주머니 :

　주머니 낭【囊】자루 또는 지갑.
　　　　　　囊中無一物 號曰智囊『史記』

　주머니 등【縢】등(滕)과 동자(同字).
　　　　　　制爲縢囊『後漢書』

　주머니 등【滕】등(滕)과 동자(同字).

주머니 반【鞶】수건 따위를 넣는 작은 주머니.
王以后之鞶鑑予之『左傳』
주머니 반【縏】작은 주머니. 施縏袟『禮記』
주머니 저【褚】돈 같은 것을 넣는 것.
傾褚以濟『唐書』
주머니 끈 :
주머니 끈 혜【繐】낭뉴(囊紐).
주머니에 넣다 :
주머니에 넣을 낭【囊】皆囊于法 以事其主『管子』
주먹 : 오그려 쥔 손.
주먹 권【拳】空拳. 奮拳以致力『後漢書』
주먹 악【握】汗沾兩握色如菜『陸游』
주먹밥 :
주먹밥 권【弮】박반(搏飯).
주먹 쥐다 :
주먹 쥘 권【拳】女兩手皆拳『漢書』
주목(注目)하다 :
주목할 채【睬】注目貌.
주무르다 : 손으로 주물러 부드럽게 함.
주무를 유【揉】暖手揉雙目『王建』
주문(籀文) : 한자(漢字)의 옛 자체(字體)의 하나. 주(周)나라 선왕(宣王)때에 태사(太史) 주(籀)가 창작(創作)한 것.
주문 주【籀】籀文. 籀文史籀所作也『法書攷』
주물(鑄物) : 쇠붙이를 녹여서 만든 그릇.
주물 야【冶】銘昆吾之冶『後漢書』
주밀(綢密)하다 : 헐후(歇後)한 데가 없고 세밀(細密)함.
주밀할 도【到】周到. 懇到.
주발(周鉢) : 음식을 담는 작은 식기.
주발 당【糖】魯人以糖 衛人用柯 齊人用一革
『荀子』
주발 안【案】식기. 持案而食『鹽鐵論』
주발 완【盌】완(椀)과 동자(同字).
以銀盌酌酒『吳志』
주발 완【椀】椀器. 木椀盛之『北史』
주변(周邊) 없다 :
주변 없을 갱【硜】주변 없는 소인의 모양.
硜硜然小人哉『論語』
주부 코 : 비사증(鼻齇症)이 있는 코.
주부 코 사【皻】차(齇)와 동자(同字).
주부 코 사【齇】王氏世齇鼻『魏書』
주사 :
주사 단【丹】
㉠ 파촉(巴蜀)지방에서 主로 나는 일종의 광물로서 수은(水銀)과 유황(硫黃)이 화합한 것. 진사(辰砂). 단사(丹砂)라고도 함.
礪砥砮丹『書經』
㉡ 도가(道家)가 이것을 원료로 하여 장생불사(長生不死)의 영약(靈藥)을 만들려고 하였으므로 인신(引伸)하여 정련(精練)한 영약(靈藥)의 뜻으로 쓰임. 返魂丹. 仙丹.
授以神丹『列仙傳』
㉢ 양신(楊愼)하는 도가(道家)의 법(法)의 뜻으로 쓰임. 談丹者之祖『沈一貫』
주사 안【矸】단사(丹沙). 加之以丹矸『荀子』
주사 주【硃】적색(赤色)의 안료(顏料)와 주묵(朱墨)의 원료로 쓰이는 광물.
丹砂卽今硃砂也『康熙字典』
주사위 : 놀이 도구의 하나. 옥돌이나 짐승의 뼈 단단한 나무를 재료로 하여 정육면체 모양으로 만들며 각 면에 하나에서 여섯까지의 점을 새긴 것이다. 이것을 던져서 위쪽에 나타난 점에 따라 이기고 지는 것을 결정한다.
주사위 새【簺】쌍륙(雙六)에서 던져서 승부를 다투는 물건. 새(塞)로도 씀. 원(原)은 상륙(象陸)임. 博簺.
始作簺者 其明哲乎『邊韶』
주사위 새【塞】博塞以遊『莊子』
주사위 새【賽】인신(引伸)하여 승부(勝負) 우열(優劣)을 다투는 뜻으로 쓰임.
賽馬. 借物賽賭『王君玉』
주사위 채【采】明皇與貴妃采戲『明皇雜錄』
주사위 측【畟】瓊畟 투자(骰子).
주사위 투【骰】玲瓏骰子安紅豆『溫庭筠』
주사위 폐【蔽】箟蔽象碁『楚辭』
주살(誅殺) : 활의 오늬에 줄을 매어 쏘는 화살.
주살 산【蕵】射鳥絲.
주살 익【隿】繳射飛鳥.
주살 익【弋】弋鳧與鴈『詩經』
주살 작【繳】矰繳. 續繳蘭臺『史記』
주살 증【繒】증(矰)과 통용.
具繒繳以射雁『三輔黃圖』
주살 증【矰】矰弋. 飛者可以爲矰『史記』
주석(朱錫) : 금속의 하나. 은백색 광택이 나며 녹이 슬지 아니함.
주석 석【錫】如金如錫『詩經』
주술(呪術) : 병을 고치기 위한 굿 따위.
주술 금【禁】呪禁. 賊中有善禁者『三國志』
주식 :
주식 주【株】은행 회사 등의 출자자(出資者) 등이 갖는 권리. 株式. 株主.
주식 치【糦】술과 밥. 吉蠲爲糦『詩經』
주식 치【饎】술과 밥. 주효(酒肴)와 음식.
吉蠲爲饎『詩經』

주식 향【饗】차려 올리는 주식(酒食).
　　　　　以共皇天上帝社稷之饗『禮記』

주역(易經) : 오경(五經)의 하나.

　주역 역【易】易經. 從田阿受易『漢書』

주옥의 광채 : 주옥(珠玉)이 광채를 발함.

　주옥의 광채 채【瑜】주옥(珠玉)이 광채를 발함.

주워 모으다 :

　주워 모을 날【捏】총취(摠聚).

주인 :

　주인 공【公】자기가 섬기는 사람.
　　　　　吾公在堅谷『左傳』

　주인 랑【郎】하인이 주인을 부르는 말.
　　　　　君非其家奴 何郎之云『唐書』

　주인 주【主】

　　㉠ 가장(家長). 盜憎主人 民惡其上『左傳』

　　㉡ 빈객(賓客)을 대하는 사람. 내방(來訪)을
　　　맞는 사람. 賓爲賓焉 主爲主焉『禮記』

　　㉢ 자기가 섬기는 사람. 主公.
　　　狗吠非其主『戰國策』

　　㉣ 임자. 소유자. 地主. 物各有主『蘇軾』

주인아내 존대 말 :

　주인아내 존대 말 내【妳】존대어(尊待語).

주(紂)임금 : 잔인포악(殘忍暴惡)하여 天下를 잃
　은 은왕조(殷王朝) 최후(最後)의 천자.

　주임금 주【紂】紂王. 帝辛天下謂之紂『史記』

주자(酒滓)틀 : 술을 거르는 기구.

　주자틀 척【杔】杔櫨 漉酒具.

주장 :

　주장 주【主】

　　㉠ 주동자(主動者). 중심 인물. 謀主.
　　　不敗爲主『老子』

　　㉡ 두목. 盟主. 使道心常爲一身之主『朱熹』

주장하다 :

　주장할 간【斡】간(幹)과 동자(同字). 주관함.
　　　　　欲擅斡山海之貨『漢書』

　주장할 시【尸】주관함. 誰其尸之『詩經』

　주장할 어【御】長曰能御矣 幼曰未能御也『禮記』

　주장할 전【敟】主也.

　주장할 주【主】맡음. 관장함. 主宰.
　　　　　自陝以西 召公主之『史記』

주저하다 :

　주저할 시【疷】주저(躊躇).

　주저할 와【趖】주저(躊躇). 주저(躊躇).

　주저할 주【躊】躊也.

　주저할 후【起】起行不進說.

주전자 : 물을 넣는 그릇.

　주전자 우【杅】杅不穿『公羊傳』

주정(酒酊)하다 : 술에 취하여 제정신을 잃고 언

행을 함부로 함. 주사를 부림.

　주정할 영【酲】酗酲者『抱朴子』

　주정할 후【酗】후(酗)와 동자(同字).
　　　　　數醉酗羌人『漢書』

　주정할 후【酗】주사(酒邪)를 피움.
　　　　　我用沈酗于酒『書經』

주추 : 기둥 밑에 괴어 놓은 나무.

　주추 지【楮】楮木.

주춧돌 : 기둥 밑에 괴는 돌.

　주춧돌 건【磏】礎也.

　주춧돌 상【磉】礎石.

　주춧돌 석【碣】礎石. 雕楹玉碣『張衡』

　주춧돌 전【磌】礎石. 雕玉磌以居楹『班固』

　주춧돌 지【阯】礎石. 得頹阯于榛荒『朱熹』

　주춧돌 질【礩】礎石. 以鍊銅爲柱礩『戰國策』

　주춧돌 척【礖】礎石.

　주춧돌 초【礎】

　　㉠ 礎石. 水精爲柱礎『晉書』

　　㉡ 인신(引伸)하여 사물의 기본. 基礎.

주홍빛 : 붉은빛과 주황빛의 중간인 빛깔.

　주홍빛 온【縕】朱紅色.

주황(朱黃)빛 : 붉은빛과 누른빛을 섞은 빛깔로
　누른빛에 가까운 빛깔.

　주황빛 혐【黬】적황(赤黃).

죽(粥) : 곡식을 물에 오래 끓여 알갱이를 무르게
　만든 음식.

　죽 건【鬺】鬻也.

　죽 락【酪】흰죽. 無鹽酪不能食『禮記』

　죽 말【粖】饘也. 미죽(糜粥).

　죽 멸【糪】粥也.

　죽 미【糜】된죽. 糜沸. 行糜粥飯食『禮記』

　죽 전【饘】된 죽. 厚曰饘希曰粥『禮記』

　죽 전【餰】전(饘)과 동의. 된 죽.

　죽 전【飦】전(饘)과 동자(同字).
　　　　　飦粥之食『孟子』

　죽 점【黏】떡 또는 죽. 飯黏一粒『晉書』

　죽 죽【粥】미음. 묽은 죽(粥). 饘粥.
　　　　　厚曰饘 稀曰粥『禮記』

　죽 죽【鬻】죽(粥)과 동자(同字). 묽은 죽.
　　　　　饘於是 鬻於是『左傳』

　죽 호【鬻】粥也.

　죽 호【餬】음식의 한가지. 餬饘也『爾雅』

　죽 호【糊】호(餬)와 동자(同字).

　죽 호【粙】호(餬)와 동자(同字). 粥也.

죽기(竹器) : 대나무로 만든 그릇.

　죽기 산【簋】食於簋者盟『禮記』

죽기를 겁내다 :

　죽기를 겁낼 곡【殗】臨事畏劫.

죽롱(竹籠) : 가늘게 쪼갠 댓개비로 엮어 만든 장롱.

죽롱 궤【簣】爲山九仞 功虧一簣『書經』

죽롱 방【芳】죽롱(竹籠).

죽다 :

죽을 경【殛】死也.

죽을 고【故】物故. 故人.

죽을 구【殊】死也.

죽을 기【殣】死曰大殣.

죽을 독【殰】짐승이 태내(胎內)에서 죽음.
　　　　獸胎不殰『淮南子』

죽을 망【亡】亡父. 亡友. 亡者有靈『風俗通』

죽을 멸【滅】사망함. 寂滅.

죽을 몰【歾】몰(沒)과 동자(同字).
　　　　戰歾『後漢書』

죽을 몰【殁】몰(沒)의 고자(古字).
　　　　將何以殁『左傳』

죽을 몰【沒】沒年. 晏子沒十有七年『說苑』

죽을 배【背】세상을 버림. 慈父見背『李密』

죽을 붕【崩】천자가 죽음. 崩殂.
　　　　始皇崩於沙丘平臺『史記』

죽을 사【死】
　㉠ 생명이 없어짐. 死亡. 觸槐而死『左傳』
　㉡ 서인(庶人)이 죽음. 붕(崩) 훙(薨) 졸(卒)
　　의 대(對). 小人曰死『禮記』
　㉢ 망함. 死於安樂『孟子』
　㉣ 인신(引伸)하여 효력이 없거나 실제로 행하
　　여 지지 아니함의 비유로 쓰임. 死法. 死語.

죽을 엄【殗】사망함.

죽을 운【隕】운(殞)과 동자(同字).
　　　　巢隕諸樊『左傳』

죽을 운【殞】사망함. 殞死. 尙復投殞『梁書』

죽을 운【賈】운(殞)과 통용. 惠之早賈『史記』

죽을 조【殂】생명(生命)이 끊어짐.
　　　　帝乃殂落『書經』

죽을 졸【殒】死也.

죽을 졸【卒】
　㉠ 사망(死亡)함. 卒於鳴條『孟子』
　㉡ 大夫로서 죽음. 大夫死曰卒『禮記』

죽을 추【殼】殄也.

죽을 폐【樊】폐(斃)와 동자(同字).
　　　　木自樊枠『爾雅』

죽을 화【化】且比化者 無使土親膚『孟子』

죽 먹다 :

죽 먹을 전【饘】饘于是鬻于是以餬余口『左傳』

죽 먹을 죽【粥】饘於是粥於是『史記』

죽 먹을 호【糊】호(餬)와 동자(同字). 죽을 먹음.
　　　　인신(引伸)하여 입에 풀칠을 함.
　　　　생계(生計)를 이어감. 糊口.

饘于是 粥于是 以糊余口
『宋正考父鼎銘』

죽순(竹筍) : 대 뿌리에서 돋아나는 어린 싹. 껍질에 싸여 있으며 요리 재료로 쓰이기도 한다.

죽순 균【菌】균(箘)과 동자(同字).
　　　　駱越之菌『呂氏春秋』

죽순 미【蘼】겨울에 나는 죽순(竹筍)의 이름.
　　　　英山多箭蘼『山海經』

죽순 쾌【籄】죽맹(竹萌).

죽순 태【簑】죽맹(竹萌).

죽순껍질 : 대나무순의 껍질.

죽순껍질 탁【籜】籜粉. 新篁半解籜『元稹』

죽 쑤다 :

죽 쑬 호【籽】煮米爲粥.

죽어 썩지 않다 :

죽어 썩지 않을 강【殭】미이라. 殭屍.

죽어 썩지 않을 속【殐】殭也.

죽었다 살아나다 :

죽었다 살아날 생【甦】死而更生.

죽은 나무 :

죽은 나무 내【楳】枯立木.

죽은 어머니 :

죽은 어머니 비【妣】生曰父母死曰考妣『禮記』

죽음 : 생물의 목숨이 끊어지는 일.

죽음 륙【戮】사형(死刑). 得執就戮『晉書』

죽음 사【死】死亡. 生死. 事死如事生『中庸』

죽음으로 다다르다 :

죽음으로 다다를 경【經】經經然如將不得己『莊子』

죽이다 :

죽일 감【戡】殺也.

죽일 감【戲】살해함. 戲珍.

죽일 건【虔】인명을 빼앗음.
　　　　芟夷我農功虔劉我邊陲『左傳』

죽일 검【劍】칼로 찔러 죽임. 手劍父讎『潘岳』

죽일 격【擊】쳐 죽임. 刲羊擊豕『國語』

죽일 도【屠】찢어 죽임. 子屠母『楚辭』

죽일 류【劉】살해함. 重我民無盡劉『書經』

죽일 류【鐂】유(劉)와 동자(同字). 殺也.

죽일 류【戮】살해함. 殺戮.

죽일 류【僇】육(戮)과 통용. 辟則爲天下僇『大學』

죽일 률【魃】殺也.

죽일 름【掄】殺也.

죽일 망【亡】살해함. 楚己亡龍且『史記』

죽일 사【死】살육함. 殺人者死『史記』

죽일 살【煞】戮也. 살(殺)과 동자(同字).

죽일 살【殺】殺戮. 行一不義 殺一不辜『孟子』

죽일 시【弑】아랫사람이 윗사람을 죽임.
　　　　弑殺. 子弑父『歐陽修』

죽일 요 【殀】 베어 죽임. 斬殺. 不殀夭『禮記』

죽일 운 【隕】 운(殞)과 동자(同字).
巢隕諸樊『左傳』

죽일 육 【劉】 육(戮)과 동자(同字). 殺也.

죽일 잔 【殘】 살해함. 放殺其君則殘之『周禮』

죽일 장 【戕】 戕殺. 邾人戕鄫子于鄫『春秋』

죽일 적 【賊】 世人多不擧女 賊行骨肉『顔氏家訓』

죽일 초 【剿】 殺也.

죽죽 퍼붓다 :

죽죽 퍼부울 방 【滂】 비가 세차게 퍼붓는 모양.
月麗于畢俾滂泥矣『詩經』

준(樽) :

준 준 【鐏】 술 그릇. 존(尊)과 동자(同字).
合鐏促席『左思』

준걸(俊傑) : 재주와 슬기가 뛰어난 사람.

준걸 걸 【傑】 人傑. 豪傑. 俊傑在位『孟子』

준걸 준 【俊】 걸출(傑出)함. 俊士. 俊材.
贊桀俊『禮記』

준걸 준 【儁】 준(雋) 준(俊)과 동자(同字).
得儁曰克『左傳』

준걸 준 【畯】 준(俊)과 동자(同字).
登崇畯良『韓愈』

준걸 준 【駿】 준(俊)과 통용. 誹駿疑桀『史記』

준걸 준 【雋】 준(儁)과 통용. 進用英雋『漢書』

준마(駿馬) :

준마 결 【駃】 駃騠. 빨리 달리는 준마. 생후 이
레만에 어미 말 보다 빨리 달린다
함. 駿馬駃騠 不實外廐『李斯』

준마 기 【騏】 잘 달리는 말. 하루에 천리를 달
린다는 말. 騏驥一躍不能十步駑馬
十駕 功在不舍『荀子』

준마 기 【驥】
㉠ 하루에 천리를 달릴 수 있다는 좋은 말.
驥垂兩耳 服鹽車兮『賈誼』
㉡ 인신(引伸)하여 준재(俊才).
劉正兄弟二人 時಄兩驥『白帖』

준마 린 【驎】 잘 달리는 말. 騏驎

준마 오 【驁】 良馬不期乎驥驁『呂氏春秋』

준마 장 【駔】 冀馬塡廐而駔駿『左思』

준마 제 【騠】 駃騠.

준마 준 【駿】 잘 달리는 좋은 말. 駿馬.
周穆王欲驅八駿周行天下『博物志』

준마 화 【驊】 驊騮. 목왕(穆王)의 팔준마(八駿馬)
의 하나.
騏驥驊騮 一日而馳千里『莊子』

준마이름 :

준마이름 의 【驖】 白減下木. 백의(白義)로 주목왕
(周穆王)의 팔준마(八駿馬)의 하나.

右驂赤驥而左白驖『列子』

준법(皴法) : 화법(畫法)의 하나. 산악 암석 등의
굴곡. 중첩 및 의복의 주름 등을 그리는 법.

준법 준 【皴】 皴法董源麻皮皴 范寬雨點皴『妮古錄』

준치 : 경골어류 청어목 준칫과에 속한 바닷물고
기. 몸은 옆으로 납작하나 몸집이 크다. 몸의
등 쪽은 암청색이고 배 쪽은 은백색이다. 아래
턱이 위턱보다 나와 있으며 배지느러미는 작
고 뒷지느러미가 매우 길다. 얕은 바다의 중층
에서 살며 새우나 작은 물고기를 잡아먹는다.
살에 가시가 많으나 맛이 좋은 생선으로 우리
나라의 주요 수산 어종이다.

준치 구 【鰽】 當鮥也. 鰽 魚名 叔鮪也.

준치 륵 【鰳】 似鱒小首細鱗.

준치 시 【鰣】 鰣魚.

준치 호 【鯸】 鰣魚.

줄 :

줄 강 【綱】 행렬. 離綱別赴『鮑照』

줄 견 【牽】 물건을 매어 끌어당기는 밧줄 노
끈 따위. 施牽其外『獨斷』

줄 고 【苽】 고(菰)와 동자(同字).
苽食雉羹『禮記』

줄 고 【菰】 고(菰)와 통용. 蓮藕菰盧『司馬相如』

줄 고 【菰】 포아풀과에 속하는 다년생의 수초(水
草). 잎은 자리를 만드는 데 쓰이고
열매와 어린 싹은 식용함. 菰米.

줄 괘 【罫】 가로 세로 교차하여 친 줄. 方罫.
使罫中死某皆生『桓譚』

줄 려 【鑈】 摩錯銅鐵.

줄 려 【鋁】 鑢也.

줄 려 【鑢】 쇠붙이를 갈아 닳게 하는 연장.

줄 렬 【列】 늘어선 줄. 행렬(行列). 항오(行伍).
隊列. 整列. 不鼓不成列『左傳』

줄 반 【班】 행렬(行列). 班列. 分行侍立於丹墀之
下 謂之蛾眉班『玉海』

줄 반 【絆】
㉠ 말의 다리를 매어 못 가게 하는 줄.
繫足曰絆 絡首曰羈『辭海』
㉡ 人有盜馬絆者『北史』
㉢ 물건을 매어 두는 줄. 遷徙就新絆『王令』
㉣ 仁義之羈絆『漢書』

줄 배 【排】 늘어선 줄. 二人一排『紀效新書』

줄 배 【輩】 수레의 행렬(行列).
車以列分爲輩『六書考』

줄 변 【骿】 열(列). 以骿鄰從『史記』

줄 불 【紼】 물건을 잡아매는 줄.
紼纚維之『詩經』

줄 사 【肆】 늘어선 줄. 歌鐘二肆『左傳』

줄 서 【緒】 계통. 緒冑. 宗緒中圯『張衡』

줄 서【敍】관작(官爵)을 줌. 敍爵.
　　咸加敍擢『晉書』

줄 선【線】가늘고 길어 실같은 모양을 한 것.
　　羿線. 電線. 春風柳線長『范雲』

줄 설【紲】짐승을 잡아매는 줄.
　　突入斷兩紲『吳志』

줄 장【蔣】포아풀과에 속하는 다년생 수초. 잎은
　　자리를 만드는 데 쓰고 어린 싹은
　　식용함. 蔣茅靑蘋『漢書』

줄 조【條】가늘고 긴 물건을 세는 수사.
　　一林朱絃四十條『王仁裕』

줄 줄【玼】 호 승조(繩條).

줄 진【陳】늘어선 줄. 充下陳『史記』

줄 착【錯】쇠붙이를 깎는 연장.
　　錫貢磬錯『書經』

줄 추【縋】매달리는 줄. 乘縋以入秦『晉書』

줄 통【統】계통. 血統. 援立皇統『後漢書』

줄 항【行】대열. 行伍. 行出雞犬『左傳』

줄 현【弦】현(絃)과 통용. 弦歌. 五弦之琴『禮記』

줄 현【絃】현악기의 줄. 絕絃.

줄 형【鎣】쇠붙이를 갈아 광택이 나게 하는 연장.

줄기 :

　줄기 가【筕】幹莖. 敗蔗薦霜筕『歐陽修』

　줄기 가【柯】풀의 줄기. 濯靈芝以朱柯『張衡』

　줄기 간【鞂】나무의 줄기. 根鞂.
　　　枝不得大於鞂『淮南子』

　줄기 간【幹】지(枝)의 대(對). 幹枝.
　　　山無峻幹『淮南子』

　줄기 간【翰】간(幹)과 통용. 維周之翰『詩經』

　줄기 경【莖】
　　㉠ 식물의 줄기. 根莖. 綠葉兮紫莖『楚辭』
　　㉡ 줄기 모양을 한 물건. 또 그 물건을 세는 말.
　　　數莖白髮那抛得『杜甫』

　줄기 매【枚】莫莫葛藟 施于條枚『詩經』

　줄기 신【身】나무의 줄기. 縱松葉柏身『爾雅』

　줄기 정【莛】莖也.

　줄기 주【株】宋人守株 冀復得兔『韓非子』

　줄기 총【蔥】株也.

　줄기 한【桿】간(幹)의 속자. 목정(木梃).

　줄기 화【禾】곡류의 줄기. 禾則盡起『書經』

줄기와 잎 퍼지다 :

　줄기와 잎 퍼질 원【蔿】莖葉廣布.

줄 나란히 가다 :

　줄 나란히 갈 아【迓】次第行.

줄다 :

　줄 구【朚】적어짐. 모손(耗損)함.
　　　赩河朚『太玄經』

　줄 긴【繁】축소함. 繁縮. 其化繁斂『素問』

줄 부【裒】감소함. 君子以裒多益寡『易經』

줄 설【洩】감소함. 濟其不足 以洩其過『左傳』

줄 최【衰】일정한 비율로 줄거나 줄임. 감쇄(減
　　殺)함. 等衰. 相地而衰征『國語』

줄 추【瘳】감소함. 君不度而賀 大國之襲 於己
　　　何瘳『國語』

줄 축【縮】短縮. 縮小. 孟秋始縮『淮南子』

줄 축【蹙】축소함. 今也日蹙國百里『詩經』

줄 뿌리 :

　줄 뿌리 봉【葑】줄의 뿌리. 고근(菰根).

줄사철나무 : 노박덩굴과에 속하는 상록만목(常
　　綠蔓木). 산과 들에 저절로 나는 데 관상용으
　　로 심기도 함.

　줄사철나무 벽【薜】被薜荔兮帶女蘿『楚辭』

줄어들다 :

　줄어들 뉵【朒】작게 됨. 與月盈朒『埤雅』

　줄어들 박【迫】蹙迫. 陰迫而不能蒸『史記』

　줄어들 척【蹙】줄어 작아지는 모양.
　　　蹙蹙靡所聘『詩經』

　줄어들 흡【歙】收縮. 張歙其舌『論衡』

줄잡아 :

　줄잡아 렴【斂】최소한. 斂三百里『史記』

줄지어 늘어서다 :

　줄지어 늘어설 역【役】벼이삭이 아름답게 줄지어
　　　늘어선 모양.
　　　禾役穟穟『詩經』

줄짓다 :

　줄지을 렬【列】줄을 이루어 늘어섬. 列羅.
　　　皆列坐殿上『後漢書』

　줄지을 초【楚】줄지어 늘어섬. 籩豆有楚『詩經』

줄 춤 : 가로줄 즉 열(列)과 세로줄 즉 행(行)의
　　인원(人員)이 같은 춤. 주(周)나라 제도(制度)에
　　서 천자(天子)는 팔일(八佾) 곧 팔열(八列) 팔
　　행(八行)의 64人 제후(諸侯)는 육일(六佾)의
　　36人 대부(大夫)는 사일(四佾)의 16人 사(士)
　　는 이일(二佾)의 4人임.

　줄 춤 일【佾】八佾舞於庭『論語』

　줄 춤 일【佾】일(佾)과 통용.
　　　其佾則接芬錯佾『揚雄』

줌 :

　줌 격【搹】수파(手把).

　줌 악【握】주먹으로 쥘만한 분량. 한 움큼.
　　　宋廟之牛角握『禮記』

　줌 완【搢】수악(手握).

줌통 : 활의 한 가운데의 손으로 잡는 부분.

　줌통 부【弣】左手承弣『禮記』

　줌통 파【弝】玉弝角弓珠勒馬『王維』

　줌통 폐【敝】薄其敝『周禮』

줍다 : 떨어진 것을 주움.

주울 거【舉】財物之遺者 民莫之舉『呂氏春秋』

주울 군【攗】군(捃)과 동자(同字).
　　　　　　　攗摭秦法『漢書』

주울 군【捃】습득함. 주워 모음. 捃拾.
　　　　　　　捃摭春秋之文『史記』

주울 군【攈】군(捃) 군(攗)과 동자(同字).
　　　　　　　收攈而蒸 納要也『國語』

주울 숙【村】拾也.

주울 숙【叔】손으로 집음. 九月叔苴『詩經』

주울 습【拾】습득함. 塗不拾遺『史記』

주울 척【拓】拓果樹實『儀禮』

주울 척【摭】긁어모음. 采經摭傳『漢書』

주울 철【掇】
　　ㄱ 습득함. 掇拾山中薪『楊基』
　　ㄴ 주워 모음. 一切掇拾 成集古錄『宋史』

줏대 :

줏대 관【輨】五經之輨轄『孟子』

중 :

중 납【衲】승려(僧侶). 老衲供茶怨『戴叔倫』

중 니【尼】여승(女僧). 尼僧. 比丘尼『金剛經』

중 승【僧】승려(僧侶). 僧堂. 僧刹.
　　　　　　　僧弟子 男曰桑門 而總曰僧『隋書』

중 치【緇】검은 옷을 입으므로 이름. 緇素.
　　　　　　　泯跡在緇流『盧綸』

중개자 : 양자 사이에서 관계를 맺어 주는 사람.

중개자 매【媒】以石生爲媒『韓愈』

중국 :

중국 하【夏】中夏. 用肇造我區夏『書經』

중깃 : 벽 사이에 윗가지를 대고 역기 위하여 듬
　　성듬성 세우는 가는 기둥.

중깃 벽【樬】벽주(壁柱).

중도위 :

중도위 장【駔】교활한 거간(居間)군.
　　　　　　　段干木晉國之大駔也『呂氏春秋』

중독 :

중독 로【癆】약물에 중독 됨. 凡飮藥傳藥而毒
　　　　　　　北燕朝鮮之間 謂之癆『揚雄方言』

중되다 :

중될 도【度】속인(俗人)이 승적(僧籍)에 들어감.
　　　　　　　剃度. 欲請度僧以資福事『唐書』

중량이름 :

중량이름 수【銖】
　　ㄱ 량(量)의 二十四分之一.
　　　銖而稱之 至石必過『說苑』
　　ㄴ 인신(引伸)하여 근소(僅少). 극소량(極少量).
　　　分銖. 雖分國如錙銖『禮記』

중량이름 일【鎰】24냥. 일설(一說)에는 20냥.

雖萬鎰必使玉人彫琢之『孟子』

중량이름 추【錘】8수(銖)의 일컬음.
　　　　　　　割國之錙錘『淮南子』

중량이름 치【錙】
　　ㄱ 6수(銖)의 무게. 割國之錙錘『淮南子』
　　ㄴ 인신(引伸)하여 약소(弱小). 근소(僅少).
　　　소량(小量). 雖分國如錙銖『禮記』
　　ㄷ 대단치 않은 이해. 計校錙銖『顔氏家訓』

중매(仲媒) : 혼인을 중신하는 사람.

중매 매【媒】取妻如何 匪媒不得『詩經』

중매 작【妁】작(酌)과 동자(同字).
　　　　　　　晩嫁由拙妁『蘇軾』

중매쟁이 : 남녀의 인연을 맺어 주는 사람.

중매쟁이 아【牙】牙儈. 中山詩話云 古稱駔儈
　　　　　　　今謂牙非也『唐韻正』

중배끼 : 밀가루를 꿀과 기름으로 반죽하여 기름
　　에 띄워 지진 유밀과의 한 가지.

중배끼 거【粔】粔籹.

중배끼 여【籹】粔籹. 유밀과(油蜜科)의 한 가지.
　　　　　　　粔籹作人情『杜甫』

중얼거리다 :

중얼거릴 도【嘟】圀 口中發不平之言.

중얼거릴 수【謏】사리(私詈).

중얼거릴 술【哦】구언(口言).

중요하다 :

중요할 절【切】주요(主要)함. 또 요점(要點).
　　　　　　　客自覽其切『揚雄』

중용 :

중용 중【中】
　　ㄱ 과불급(過不及)이 없는 도. 중용(中庸)의
　　　도(道). 中庸. 執允厥中『書經』
　　ㄴ 치우치지 않는 순정(純情)의 덕(德).
　　　中也者天下之大本也『中庸』
　　ㄷ 천지(天地)의 정기(精氣).
　　　民受天地之中以生『左傳』

중의 귀글 : 불교(佛敎)의 덕(德)을 찬양(讚揚)하
　　거나 교지(敎旨)를 설명(說明)하는 귀글.

중의 귀글 게【偈】偈頌.

중의 글 : 불가(佛家)의 작문(作文).

중의 글 별【莂】夙承記莂『黃庭堅序』

중풍(中風) : 신체의 전체. 또는 일부가 마비되는
　　병.

중풍 마【瘑】중풍(中風).

중풍 탄【癱】풍비(風痺).

중하다 :

중할 독【篤】병이 위중(危重)함. 危篤.
　　　　　　　遂稱病篤『史記』

중할 중【重】

㉠ 책임 사업 등이 소중함. 중대함. 重要.
其爲任亦重矣『司馬光』
㉡ 대단함. 심함. 큼. 刑重.
病重 死期有日『史記』

중해지다 :

　중해질 극【亟】혁(革)과 동자(同字).
夫子之病亟矣『禮記』

　중해질 극【革】위독(危篤)하여 짐.
夫子之病革矣『禮記』

중화(中華) : 중국 사람이 자국(自國)을 부르는
　이름.

　중화 화【華】中華. 華夏. 混一戎華『隋書』

중히 여기다 :

　중히 여길 중【重】

㉠ 소중히 여김. 重名.
帝王所重者國體 所切者人情『舊唐書』
㉡ 인물을 존중함.
張於太學中見文季 甚重之『世說』

쥐 :

　쥐 굴【蚼】鼠也.
　쥐 서【鼠】窮鼠嚙猫『鹽鐵論』
　쥐 이【鼫】鼠也.
　쥐 인【鼢】鼠也.
　쥐 적【蚼】鼠也.
　쥐 타【鼧】鼠也.

쥐구멍 :

　쥐구멍 신【顖】정문(頂門).

쥐꼬리 풀 :

　쥐꼬리 풀 경【蘍】초명(草名).

쥐눈이 콩 :

　쥐눈이 콩 표【藨】녹곽(鹿藿).

쥐다 : 손으로 잡음.

　쥘 국【摑】수파(手把).
　쥘 단【搏】장악함. 搏三國之兵『史記』
　쥘 람【攬】攬取. 飯必捽攬『管子』
　쥘 렵【躐】躐纓整襟『後漢書』
　쥘 렵【獵】獵纓正襟危坐『史記』
　쥘 박【搏】鑠金百鎰 盜跖不搏『史記』
　쥘 사【肆】잡음. 肆筆而成書『揚雄』
　쥘 섭【聶】섭(攝)과 통용. 잡음.
兩手聶其耳『山海經』
　쥘 섭【攝】잡음. 請攝飮焉『左傳』
　쥘 소【蘇】蘇糞壤『楚辭』
　쥘 수【手】手弓. 手劍而從之『公羊傳』
　쥘 악【握】
㉠ 주먹을 쥠. 終日握而手不掜『莊子』
㉡ 손에 쥠. 掌握. 握粟出卜『詩經』
㉢ 잡음. 占有. 且握權則爲卿相『揚雄』

　쥘 액【搹】잡음. 釋弓搹劍『史記』
　쥘 전【搏】장악(掌握)함. 搏三國之兵『史記』
　쥘 파【把】
㉠ 손으로 움켜 쥠. 把持. 湯自把鉞『史記』
㉡ 결점을 집어냄. 皆把其陰重罪而縱『漢書』

쥐덫 : 쥐를 잡는 데에 쓰는 덫.

　쥐덫 고【楅】楅斗可以射鼠.

쥐독 : 머리의 숫구멍 자리. 정수리.

　쥐독 정【頂】圓頂黑衣. 過涉滅頂『易經』

쥐똥나무 : 물푸레나뭇과에 속한 낙엽 활엽 관목.
　작은 가지에는 잔털이 있으며 잎은 긴 타원형으
　로 마주난다. 쥐똥처럼 생긴 열매는 가을에 까맣
　게 익는다. 산울타리로 많이 심고 나무껍질은 약
　용이나 공업용으로 열매는 약으로 쓴다.

　쥐똥나무 랍【櫼】白蠟木.

쥐며느리 : 쥐며느릿과에 속한 벌레. 둥글고 납작
　하며 몸빛은 회갈색이다. 자극을 받으면 몸을
　둥글게 뭉치는 습관이 있다. 썩은 나무나 마루
　밑 같은 습한 곳에서 산다.

　쥐며느리 번【䗪】서부(鼠婦).
　쥐며느리 위【蟣】蚚蟣.
　쥐며느리 위【蝛】서부(鼠婦).
　쥐며느리 이【蛜】蚚蟣. 서고(鼠姑).

쥐 부스럼 : 머리 위에 툭툭 불거지는 부스럼.

　쥐 부스럼 흘【疙】親母爲其子 治禿『淮南子』

쥐어박다 :

　쥐어박을 자【扻】以拳加人.
　쥐어박을 특【揊】권타(拳打).

쥐어지르다 :

　쥐어지를 체【揥】以拳觸人.

쥐어짜다 :

　쥐어짤 잔【扠】搣也.

쥐엄나무 : 장미목 콩과에 속한 낙엽 활엽 교목.
　높이는 20미터에 이르며 줄기와 가지에 가시
　가 있다. 6월에 녹색 꽃이 총상 꽃차례로 달리
　며 꼬투리 모양의 열매가 가을에 익는다.

　쥐엄나무 도【梍】급협(皂莢).

쥐엄발이 : 발끝이 오그라져서 디뎌도 잘 펴지지
　않는 발.

　쥐엄발이 방【趽】곡족(曲足).

쥐와 함께 사는 새 :

　쥐와 함께 사는 새 도【鵌】與鼠同穴.

쥐 우는 소리 :

　쥐 우는 소리 갈【喝】鼠鳴聲.

쥐 이름 :

　쥐 이름 익【鼬】서명(鼠名).

쥐 참외 : 박과에 속한 여러해살이 덩굴 식물. 덩

이뿌리는 통통하고 줄기는 가늘고 길며 잎은
어긋난다. 꽃은 암수딴그루로 흰색으로 핀다.
덩이뿌리는 녹말을 만들어 식용하고 씨는 과구
인이라 하여 약용한다.

쥐 참외 부【葍】王葍. 왕과(王瓜).

쥠 : 주먹으로 쥘만한 분량. 또 그만한 크기.

쥠 악【握】한 움큼. 宋廟之牛角握『禮記』

즉내나무 :

즉내나무 래【棶】棶掠. 卽來木.

즐거워하다 :

즐거워할 예【喴】樂也.

즐거워할 오【娛】娛樂. 窮歡極娛『張衡』

즐거워할 유【媮】유(愉)와 통용. 媮娛.

　　　　　將從俗富貴以媮生『楚辭』

즐거워할 후【姁】서로 즐거워하는 모양.

　　　　　子母姁姁然相樂也『呂氏春秋』

즐겁다 :

즐거울 강【康】마음이 즐거움. 康樂.

　　　　　無己大康『詩經』

즐거울 개【愷】화락(和樂)함. 愷風.

　　　　　愷悌君子 民之父母『孝經』

즐거울 락【樂】

　　㉠ 快樂. 고락(苦樂). 回也不改其樂『論語』

　　㉡ 즐겁게 하다. 樂爾妻孥『詩經』

　　㉢ 쾌함. 有朋自遠方來 不亦樂乎『論語』

즐거울 료【聊】與子別後 益復無聊『李陵』

즐거울 애【娭】樂也.

즐거울 요【嗂】樂也.

즐거울 요【愮】樂也.

즐거울 합【𢲼】樂也.

즐겨하다 :

즐겨할 개【凱】天下旣平 天子大凱『漢書』

즐기다 :

즐길 가【嘉】嘉樂. 交獻以嘉魂魄『禮記』

즐길 간【衎】즐거워 함. 嘉賓式燕以衎『詩經』

즐길 감【酣】술을 마시며 즐김. 酣飮.

　　　　　相與飮酒酣『呂氏春秋』

즐길 기【耆】기(嗜)와 통용. 節耆欲『禮記』

즐길 기【嗜】즐기거나 좋아함. 嗜好.

　　　　　君嗜之則臣食之『說苑』

즐길 담【媅】樂也.

즐길 락【樂】기뻐함. 쾌하게 여김.

　　　　　所樂而玩『易經』

즐길 람【懢】貪懢 嗜也.

즐길 료【聊】與子別後 益復無聊『李陵』

즐길 반【槃】반(般)과 동자(同字).

　　　　　考槃在澗『詩經』

즐길 반【盤】반(般)과 통용. 盤樂.

盤遊無度『書經』

즐길 반【般】즐거움을 누림. 般樂.

　　　　　惟般逸之無斁兮『張衡』

즐길 상【賞】

　　㉠ 아름다운 것을 보고 마음을 즐겁게 함.

　　　　　賞玩. 吉祥寺賞牡丹『蘇軾』

　　㉡ 奇文共欣賞『陶潛』

즐길 순【順】父母其順矣乎『中庸』

즐길 역【睪】즐거워 하는 모양. 睪睪.

즐길 연【宴】마음을 즐겁게 가짐.

　　　　　總角之宴言笑晏晏『詩經』

즐길 예【預】즐거워 함. 즐거이 놂.

　　　　　虎丘時游預『白居易』

즐길 예【豫】즐겁게 놂. 逸豫.

　　　　　一遊一豫 爲諸侯度『孟子』

즐길 예【譽】예(豫)와 통용.

　　　　　是以有譽處兮『詩經』

즐길 우【虞】許由虞乎穎陽『呂氏春秋』

즐길 유【愈】유(愉)와 통용. 心至愈『荀子』

즐길 의【顗】즐거워 함.

즐길 일【逸】안락하게 지냄. 安逸.

　　　　　君逸於上 臣勞於下『王禹偁』

즐길 종【悰】즐거워함. 戚戚苦無悰『謝脁』

즐길 탐【酖】술을 대단히 즐겨함.

　　　　　술에 탐닉함. 荒酖于酒『漢書』

즐길 탐【耽】兄弟旣翕 和樂且耽『詩經』

즐길 해【咍】笑言溢口何歡咍『韓愈』

즐길 희【繥】樂也.

즐기어하다 :

즐기어할 긍【肯】수긍함. 들어줌. 肯定.

　　　　　衆莫肯爲『漢書』

즙(汁) : 수분이 들어 있는 물체에서 배어 나오거
나 짜낸 액체.

즙 심【沈】심(瀋)과 동자(同字). 즙액(汁液).

　　　　　爲楡沈故設撥『禮記』

즙 심【瀋】汁液. 墨瀋. 煮鱐爲作瀋『元結』

즙 액【液】汁液. 津液. 病不以湯液『史記』

즙 즙【汁】

　　㉠ 진액(津液). 果汁. 汁獻涗於醆酒『禮記』

　　㉡ 물질을 혼합한 액체. 墨汁.

즙내다 :

즙낼 람【灠】汁也.

증거(證據) : 어떤 사실을 증명(證明)하기 위해
드는 근거.

증거 부【符】징험(徵驗). 符驗.

　　　　　懸琴於城門 以爲寡人符『說苑』

증거 빙【憑】증서(證書) 같은 것. 文憑. 公憑.

증거 좌【左】證左. 左驗明白『漢書』

증거 증【証】증(證)의 약자(略字)로도 씀.
　　　　范甯據經傳奏上 皆有典証『晉書』

증거 증【證】틀림이 없다는 표적. 明證.
　　　　采前世成事 以爲證驗『後漢書』

증거 징【徵】證明. 徵據. 宋不足徵也『論語』

증명(證明)하다 : 확실함을 표명함.

　증명할 증【證】其父攘羊 而子證之『論語』

증서(證書) : 어떤 사실이나 권리 의무 관계를 증
　명한 문서.

　증서 조【照】증권. 取索契照『文獻通考』

　증서 첩【牒】증신(證信). 給牒貨罪『唐書』

증세(症勢) : 병을 앓을 때의 형세나 병의 조짐이
　드러나는 여러 가지 모양.

　증세 증【症】症狀. 泄瀉爲注下之症『揚雄方言』

증좌(證左) : 참고 될 만한 증거.

　증좌 험【驗】左驗. 符驗. 何以爲驗『史記』

증험(證驗)하다 : 실지로 시험하여 봄.

　증험할 험【驗】驗之果然.
　　　　　　　爪其膚 以驗其生枯『柳宗元』

지게 :

　지게 호【戶】

　　㉠ 지게문. 門之單扇者曰戶『辭海』

　　㉡ 문짝. 戶扇. 將排戶入『晉書』

　　㉢ 집이나 방의 출입구. 戶牖.
　　　　不出戶知天下『老子』

지게미 : 술을 거른 찌꺼기.

　지게미 박【粕】酒粕. 名位爲糟粕『晉書』

　지게미 조【糟】糟粕. 何不餔其糟而歠其醨『楚辭』

　지게미 효【醣】遂以酒醣作湯『癸辛雜識』

지경 :

　지경 강【疆】경계(境界). 疆界.
　　　　　古者諸侯出疆 必具官以從『史記』

　지경 강【畺】境也.

　지경 경【竟】경(境)과 동자(同字). 竟內.

　지경 경【境】

　　㉠ 경계. 國境. 外臣之言不越境『國語』

　　㉡ 곳. 雖跡混教途 而心標逸境『陶弘景』

　　㉢ 경우. 逆境. 年涉危境 而家貧養薄『魏書』

　지경 경【經】

　　㉠ 경계. 仁政必自經界始『孟子』

　　㉡ 경계를 정함. 體國經野『周禮』

　　㉢ 경계(境界)를 지음. 기율(紀律)을 세움.
　　　　先王以是經夫婦 成孝敬『詩經』

　지경 계【界】토지의 경계. 疆界.
　　　　域民不以封疆之界『孟子』

　지경 구【區】갈라놓은 지역. 區域.
　　　　如一區中者乃爲一州『史記』

　지경 기【畿】경계. 制畿封國『周禮』

　지경 기【圻】기(畿)와 동자(同字).
　　　　天子之地一圻『左傳』

　지경 날【埒】한계. 경계.
　　　　知八紘九野之形埒『淮南子』

　지경 략【略】경계. 東盡虢略『左傳』

　지경 반【畔】경계. 脩其彊畔『國語』

　지경 번【藩】구획을 한 경계. 遊于其藩『莊子』

　지경 봉【封】강계(疆界). 封界. 婦人非三年之喪
　　　　不踰封而弔『禮記』

　지경 안【案】경계(境界). 參國起案『國語』

　지경 역【域】

　　㉠ 토지의 경계. 區域. 土其地 而制其域『周禮』

　　㉡ 사물의 경계. 범위. 納諸聖之域『韓愈』

　지경 은【圻】은(垠) 기(沂)과 통용.
　　　　通于無圻『淮南子』

　지경 은【垠】垠界. 欲茫茫而無垠際『晉書』

　지경 장【障】경계. 차폐(遮蔽) 하는 물건.
　　　　陵海越障『後漢書』

　지경 조【肇】국경. 肇域彼四海『詩經』

　지경 진【畛】畛畦. 爲是而有畛也『莊子』

　지경 최【寂】경계.

　지경 한【限】限界. 使不得出彊限『釋名』

　지경 해【垓】경계. 設于無垓坫之宇『淮南子』

　지경 환【闤】경계.

　지경 휴【畦】경계. 畦畛. 爲無町畦『莊子』

지경 짓다 : 경계를 이룸.

　지경 지을 한【限】天限內外『郭璞』

지극(至極)하다 :

　지극할 기【綦】극진한 데까지 이름.
　　　　綦大而王 綦小而亡『荀子』

　지극할 주【周】이 위에 없음.
　　　　雖有周親 不如仁人『書經』

　지극할 지【至】

　　㉠ 극진한 데까지 이름. 中庸其至矣乎『中庸』

　　㉡ 지극한 일. 養之至也『孟子』

　지극할 지【摯】정의(情義) 같은 것이 극진함.
　　　　眞摯. 甲鍛不摯 則不堅『周禮』

지극(至極)히 : 더할 나위 없이.

　지극히 지【至】示人之意 至深切矣『中庸章句』

지근대다 :

　지근댈 삭【削】침범함. 無倚法以削『書經』

지금 :

　지금 현【現】現世. 雖不現作『大藏法數』

지급(支給) :

　지급 지【支】급여(給與). 冬至有特支『宋史』

지긋이 보다 :

　지긋이 볼 요【眹】眹眹 시모(視貌).

지껄이다 : 말을 많이 함.

지껄일 겹【詖】 譎詖 多誦先古之書 以亂當世之
治『韓非子』

지껄일 노【恢】 함부로 지껄임. 恢恢.

지껄일 빈【譬】 다언(多言).

지껄일 줄【啐】 여럿이 지껄이는 소리. 嘈啐.

지껄일 찰【囋】 嘈囋. 務嘈囋而妖冶『陸機』

지껄일 화【吴】 譁也.

지껄일 휴【咻】 咻齊人傳之 衆楚人咻之『孟子』

지끈하다 : 물건이 부서지는 소리.

지끈할 괵【劃】 파성(破聲).

지나다 :

지날 경【夐】 歷也.

지날 경【逕】 소로를 통과함. 逕路.
東逕馬邑縣故城南『水經注』

지날 경【更】 欲通使道 必更匈奴中『張騫』

지날 경【經】

㉠ 통과함. 經過. 亦崎嶇而經丘『陶潛』

㉡ 세월이 감. 曠日經年『谷永』

지날 경【徑】 지나감. 夜徑澤中『史記』

지날 과【過】

㉠ 한도를 넘음. 낮음. 超過. 過不足.
過之者俯而就之『禮記』

㉡ 나음. 우월(優越)함. 無過人智識『韓愈』

㉢ 건너감. 東過洛汭 北過洚水『書經』

㉣ 거치어 감. 通過. 三過門而不入.

㉤ 때가 감. 時過後學. 則勤苦而難成『禮記』

지날 대【大】 한도를 넘음.
今漢有天下大半『漢書』

지날 도【慆】 경과함. 今我不樂 日月其慆『詩經』

지날 동【週】 通過. 診其脈 曰週風『史記』

지날 력【躒】 足所經踐.

지날 렵【獵】 통과함. 獵蕙艸『宋玉』

지날 릉【淩】 달려감. 汎海淩山『木華』

지날 리【離】 통행함. 我離兩周『戰國策』

지날 매【邁】

㉠ 통과함. 後予邁焉『詩經』

㉡ 세월이 감. 日月逾邁『書經』

㉢ 초월(超越)함. 인신(引伸)하여 뛰어남.
英邁. 高邁. 三王可邁 五帝可越『魏志』

지날 부【浮】 초과함. 恥名之浮於行『禮記』

지날 선【羨】 더함. 功羨于五帝『史記』

지날 수【殊】 넘음. 年殊七十『後漢書』

지날 연【衍】 초과함. 功衍於太祖『杜篤』

지날 월【越】 세월을 경과함. 跨唐越漢『葉采』

지날 유【繇】 통과함. 繇胸汏輈『左傳』

지날 유【逾】

㉠ 넘어감. 지나감. 逾于洛『書經』

㉡ 한도를 넘음. 逾越.

㉢ 지나감. 경과(經過)함. 日月逾邁『書經』

지날 일【軼】 수레를 타고 달려 통과함.
軼范蠡之絶迹『後漢書』

지날 절【絶】 통과함. 絶流沙『淮南子』

지날 주【足】 정도에 지나침.
巧言令色足恭『論語』

지날 차【蹉】 통과함. 賓客不得蹉『張華』

지날 태【汏】 대(汰)와 동자(同字). 통과함.
伯棼射王汏輈『左傳』

지날 행【行】 거침. 行年七十『莊子』

지날 혜【蹊】 牽牛以蹊人之田 奪之牛『左傳』

지날 휴【嶲】 過也.

지나치다 :

지나칠 과【過】

㉠ 한도를 벗어남. 過當.
範圍天地之化而不過『易經』

㉡ 지나친 일. 過猶不及『論語』

지나칠 몰【沒】 정도를 넘음.
君子不以美沒禮『禮記』

지나칠 영【嬴】 한도를 지남.
執於火而無嬴『周禮』

지나칠 일【溢】 정도를 지나침. 溢美.
禁溢利『鹽鐵論』

지나칠 질【跌】 정도에 지남.
肆者何 跌也『公羊傳』

지나칠 항【亢】 너무 지나침. 태과(太過)함.
亢陽. 土潤蘇亢旱『劉歆』

지난번 :

지난번 향【嚮】 지난번. 嚮者. 嚮使宋人不聞君
子之語 則年穀未豊『說苑』

지난 세월 :

지난 세월 객【客】 客冬. 客年.

지남석 :

지남석 자【磁】 자철(磁鐵). 磁石引鐵『曹植』

지내다 :

지낼 경【經】 겪어 옴. 지내 옴. 經歷. 經驗.

지낼 과【過】 세월을 보냄. 饋餉多過時『李商隱』

지낼 력【歷】 겪음. 세월을 보냄. 經歷.
多歷年所『書經』

지낼 미【彌】 경과함. 誕彌厥月『詩經』

지낼 열【閱】 閱月. 閱天下之義理多矣『漢書』

지네 : 절지동물 순각강(脣脚綱)에 속한 동물 중
그리마를 제외한 것을 이르는 말. 썩은 나무 밑
이나 돌 밑 따위의 축축한 곳에서 살며 독즙을
내어 거미 따위의 작은 벌레를 잡아먹는다.

지네 공【蚣】 蜈蚣.

지네 리【蜊】 蛛蜊 오공(蜈蚣).

지네 오【蜈】 蜈松生大吳川谷及江南『本草別錄』

지네 오【蝐】 오공(蜈蚣).

지네 즉【蝍】蝍蛆甘帶『莊子』

지느러미 : 물고기의 헤엄치는 기관.

　지느러미 기【鰭】脊鰭. 尾鰭. 捷鰭擢尾『史記』

　지느러미 렵【鬣】洞庭紫鬣之魚『吳均』

　지느러미 시【翅】물고기의 헤엄치는 기관.

　지느러미 익【翼】振鱗奮翼『宋玉』

지느러미 치다 :

　지느러미 칠 발【鱍】魚掉尾貌.

지니다 :

　지닐 재【齎】휴대함. 齎磨鏡具自隨『世說』

　지닐 지【持】

　　㉠ 보존함. 고집함. 保持. 議論持平『漢書』

　　㉡ 견딤. 견디어 냄. 持續. 曠日持久.

　　　　積數十年『東方朔』

지다 :

　질 갈【竭】패전(敗戰)함.

　　　　一鼓作氣 再而衰 三而竭『左傳』

　질 게【揭】등에 짐.

　　　　數賜縑帛 擔揭而去『史記』

　질 뉵【衂】패배(敗北)함. 좌절(挫折)함.

　　　　기력(氣力)이 쇠(衰)함. 折衂.

　　　　未嘗敗衂『五代史』

　질 명【暝】해가 짐. 晻晻日欲暝『古詩』

　질 부【負】

　　㉠ 등에 짐. 負戴. 某有負薪之憂『禮記』

　　㉡ 책임을 짐. 떠맡음. 負擔.

　　㉢ 빚을 짐. 負債. 負責數鉅萬『漢書』

　질 부【負】전쟁 등에 짐. 一勝一負. 勝負.

　질 분【賁】분(僨)과 동자(同字). 전쟁에 짐.

　　　　賁軍之將『禮記』

　질 수【輸】승(勝)의 대(對). 輸贏.

　　　　家無儋石輸百萬『杜甫』

　질 앙【鞅】물건을 등에 짊. 王事鞅掌『詩經』

　질 여【輿】등에 짐. 百人輿瓢而趨『戰國策』

　질 영【贏】등에 짐. 贏三日之糧『漢書』

　질 폐【敝】싸움에 패함. 敝於韓『左傳』

　질 피【被】등에 짐. 被羽先登『後漢書』

　질 하【賀】등에 짐. 群臣皆賀載侍『唐書』

지대 뜰 :

　지대 뜰 지【墀】階上地.

지도리 : 문짝을 여닫을 때 문짝이 달려 있게 하
　는 물건.

　지도리 사【戺】戶樞. 落時謂之戺『爾雅』

　지도리 추【樞】戶樞. 樞謂之椳『爾雅』

지동(地動) :

　지동 진【震】지진(地震). 震災.

지라 : 위(胃)의 뒤쪽에 있는 오장(五臟)의 하나.
　암적색(暗赤色)의 구형(球形)으로 백혈구(白血
球)의 생성(生成)과 노폐(老廢)한 적혈구(赤血
球)를 파괴(破壞)하는 기능이 있음.

　지라 비【脾】脾臟. 孟春之月祭先脾『禮記』

　지라 쵀【膵】[假借字] 脾也.

지렁이 : 빈모류(貧毛類)에 속하는 환형동물. 진
　땅이나 물속에서 사는 자웅동체의 둥글며 가는
　긴 벌레.

　지렁이 견【蚓】구인(蚯蚓).

　지렁이 구【蚯】孟夏之月 蚯蚓出『禮記』

　지렁이 근【螼】蚓也. 螾也.

　지렁이 선【蟮】蚓也.

　지렁이 순【朐】圖 胸朐 蚓也.

　지렁이 완【蜿】

　　㉠ 구인(蚯蚓)의 별칭. 지렁이.

　　㉡ 산세(山勢)같은 것이 굴곡(屈曲)한 모양.

　지렁이 원【蚖】구인(蚯蚓).

　지렁이 인【朐】圖 胸朐 구인(蚯蚓).

　지렁이 인【蚓】蚯蚓.

　　　　夫蚓上食橫壤 下飲黃泉『孟子』

　지렁이 인【螾】인(蚓)과 동자(同字).

　　　　蝦與蛭螾『賈誼』

　지렁이 천【蚕】한인(寒蚓). 螼蚕 근인(螼蚓).

지렁이 모인 땅 :

　지렁이 모인 땅 저【坥】蚯蚓集地.

지레 :

　지레 정【梃】지렛대. 공간(槓杆).

지레목 : 산줄기가 끊어진 곳.

　지레목 형【陘】山絶陘『爾雅』

지루히 얘기하다 : 번거롭게 이야기 함.

　지루히 얘기할 서【絮】語絮且泣『錦衣志』

지류(支流) : 강의 원줄기로 흘러들어 가거나 갈
　려 나온 물줄기.

　지류 사【汜】江有汜『詩經』

지름 : 원이나 구 따위에서 중심을 지나는 직선으
　로 그 둘레 위의 두 점을 이은 선분.

　지름 경【徑】직경(直徑). 半徑.

　　　　圓周率三 圓徑一『隋書』

지름길 : 가깝게 질러서 통하는 길.

　지름길 경【徑】徑路. 行不由徑『論語』

지맥(地脈) :

　지맥 륵【防】토맥(土脈). 溝逆地防『周禮』

지모(知母) : 지모과(知母科)의 다년초. 뿌리와 줄
　기는 해소 담(痰) 등의 약재로 씀.

　지모 담(심)【蕁】蕁芜藩『爾雅』

　지모 침【芜】芜藩 知母也. 蕁芜藩『爾雅』

　지모 침【茪】침(芜)과 동자(同字).

　　　　茪藩 藥草 知母也.

지붕 : 가옥의 꼭대기 덮개.

지붕 무【廡】有白燕一雙 巢前庭樹 馴狎欄廡 時
　　　　　　至几案『南史』

지붕 옥【屋】誰謂雀無角 何以穿我屋『詩經』

지붕 우【宇】剪茅結宇『晉書』

지붕마루 :

　지붕마루 류【霤】옥온(屋穩).

지붕 물매 :

　지붕 물매 점【頴】屋傾下.

지붕 물매지다 :

　지붕 물매질 퇴【頹】屋從上傾下.

지사(知事) :

　지사 지【知】지사(知事)의 약칭. 주현(州縣)의
　　　　　　장관. 知博州『宋史』

지성(至誠)스럽다 : 성품이 아주 정성스러운 모양.

　지성스러울 견【肫】肫肫 지성(至誠).

　지성스러울 순【諄】趙孟年未滿五十 而諄諄焉如
　　　　　　八九十者『左傳』

지식(知識) : 아는 바.

　지식 식【識】有識. 鄙夫寡識『張衡』

지아비 : 웃어른에게 자기의 남편을 낮추어 이르
　　　는 말.

　지아비 부【夫】남편. 夫婦. 夫夫婦婦『易經』

지어 걷다 : 작은 걸음.

　지어 걸을 첩【躄】躄足 소보(小步).

지어미 : 웃어른의 앞에서 자기의 아내를 낮추어
　　　이르는 말.

　지어미 부【婦】婦人. 有男女. 然後有夫婦『易經』

지역이름 :

　지역이름 초【稍】주대에 왕성(王城)과 거리가
　　　　　　삼백리(三百里) 되는 땅.
　　　　　　距王城三百里曰稍『周禮』

지우다 :

　지울 개【揩】말소함. 皆有揩字注字處『韓愈』

　지울 도【塗】지워 고침. 개찬(改竄)함. 塗竄.
　　　　　　塗改淸廟生民詩『李商隱』

　지울 말【末】말(抹)과 통용. 末殺災異『漢書』

　지울 말【抹】형적(形迹)을 없앰. 抹消.
　　　　　　濃筆抹之『杜陽雜編』

　지울 살【撒】지워버림. 쓸어버림.
　　　　　　與世抹撒『韓愈』

　지울 살【殺】문대어 없앰. 摩挲猶抹殺『釋名』

　지울 식【食】없앰. 後雖悔之 不可食己『左傳』

지위 :

　지위 지【地】신분. 地醜德齊『孟子』

지작(鵲)새 :

　지작새 지【鵝】지(鵝)와 동자(同字). 鳥名.
　　　　　　鵝 鵝鳥也.

지작관(鵲觀) :

지작관 지【鵝】鵝鵲觀 宮名.

지저귀다 : (새 따위가)자꾸 소리를 내어 우짖다.

　지저귈 교【咬】咬咬弄好音『古詩』

　지저귈 니【呢】呢喃. 제비가 지저귀는 것.
　　　　　　見梁上雙燕呢喃『撫言』

　지저귈 롱【哢】哢吭淸渠『左思』

　지저귈 률【嚦】鳥鳴聲.

　지저귈 전【囀】新年鳥聲千種囀『庾信』

　지저귈 조【嘈】囜 嘈囃.

　지저귈 조【嘲】林鳥以朝嘲『禽經』

　지저귈 찰【哳】嗝哳. 새가 연달아 우는소리.
　　　　　　鵰雞嗝哳而悲鳴『楚辭』

　지저귈 초【噍】噍噍. 至於燕雀 猶有噍噍之頃焉
　　　　　　『禮記』

지저분하다 :

　지저분할 찰【濺】불정(不淨).

지전(紙錢) : 종이에 일정한 규정에 맞게 인쇄하
　여 만든 화폐.

　지전 초【鈔】지폐(紙幣). 交鈔. 官符.

지조(志操) : 원칙과 신념을 지켜 끝까지 굽히지
　않는 꿋꿋한 의지나 기개.

　지조 조【操】志操. 熹少有節操『後漢書』

지지(地支) : 육십갑자(六十甲子)에서 아래 단위
　를 이루는 요소.

　지지 지【枝】지(支)와 통용. 幹枝.
　　　　　　寅卯爲枝『博雅』

　지지 지【支】干支. 明帝時以反支之日不受章奏
　　　　　　『後漢書』

　지지 진【辰】
　　　㋠ 십이지의 총칭(總稱). 十有二辰之號『周禮』
　　　㋡ 자(子)부터 해(亥)의 날까지의 12일간.
　　　　　　浹辰之間『左傳』

지지다 :

　지질 락【烙】불로 지짐. 燒之烙之『莊子』

　지질 박【爆】불로 지짐. 靈蚨 以神見爆『新論』

　지질 전【煎】지짐질을 함. 煎油.

　지질 초【熝】熬也.

　지질 훈【熏】불로 지짐. 去眼熏耳『史記』

지짐이 :

　지짐이 전【膰】煎也.

지짐질 :

　지짐질 남【腩】回 간적(肝炙).

지척거리다 :

　지척거릴 돈【豚】발뒤꿈치를 질질 끌고 감.
　　　　　　圈豚行不擧足『禮記』

지척지척한 물 :

　지척지척한 물 렴【濂】중간에서 끊인 세류(細流).

지체 :

지체 문【門】벌열(閥閱). 名門. 門閥.

지체 벌【閥】門閥. 閥閱. 實爲名閥『唐書』

지체 열【閱】門閥. 閥閱.

지체(遲滯)하다 : 일의 진행이나 시간 따위를 질질 끌거나 늦추다.

지체할 유【濡】三宿而後出晝 是何濡滯也『孟子』

지체할 유【滯】滯也.

지출(支出) : 어떤 목적을 위하여 돈을 지급하는 일.

지출 지【支】지불(支拂). 其五日 收支『宋史』

지치다 :

지칠 로【勞】疲也.

지키다 :

지킬 간【看】감시(監視)함. 看守.
　　　　　　每處看監四名『典故紀事』

지킬 번【藩】守護함. 藩衛侯之舍『左傳』

지킬 보【保】의지(依支)하여 수비(守備)함.
　　　　　　走保平原『魏志』

지킬 수【戍】무기(武器)를 가지고 변방(邊方)을 지킴. 戍邊. 不與我戍申『詩經』

지킬 수【守】
　㉠ 소중(所重)히 보존(保存)하거나 보호(保護)함.
　　　守護. 獸人職時田則守罟『周禮』
　㉡ 방어 함. 守備. 王公設險 以守其國『易經』
　㉢ 방비(防備). 방어(防禦) 시설(施設).
　　　備守己具『戰國策』
　㉣ 보살핌. 관장함. 山林之木衡麓守之『左傳』
　㉤ 관직(官職)에 임함. 何以守位曰仁『易經』
　㉥ 맡은 관직. 직책. 平其守『周禮』

지킬 숙【宿】어기지 아니함. 지켜 나감.
　　　　　　國有故則令宿『周禮』

지킬 시【柴】호위(護衛)함.
　　　　　　柴箕子之門『淮南子』

지킬 완【完】보전(保全)함. 完城.
　　　　　　不如完舊『左傳』

지킬 잡【卡】수비(守備)함.

지킬 좌【坐】수호(守護)함.
　　　　　　楚人坐其北門『左傳』

지킬 현【嫌】守也.

지킬 호【護】
　㉠ 수호(守護)함. 辯護. 護衛.
　　　眈眈九虎護秦開『元好問』
　㉡ 수호하는 일. 수호하는 설비.
　　　重此藩籬護『柳宗元』

지킬 호【戶】호위(護衛)함.
　　　　　　坐戶殿門失闌免『漢書』

지팡이 : 걸을 때에 손에 짚는 막대기.

지팡이 공【筇】杖筇. 拖筇入林下『范成大』

지팡이 괘【栦】賜一木栦『五代史』

지팡이 괴【拐】장(杖)의 속자. 鐵拐.

지팡이 장【仗】장(杖)과 통용.

지팡이 장【杖】几杖. 植其杖而芸『論語』

지팡이 장【丈】장(杖)과 통용.
　　　　　　老人持杖 故曰丈人『六書正譌』

지팡이 책【策】보행(步行)할 때 짚는 막대기.

지팡이 던지는 소리 :

지팡이 던지는 소리 박【嚗】放杖聲.

지팡이 창 :

지팡이 창 박【欂】장모(杖矛).

지푸라기 : 짚의 부스러기. 또는 낱개의 짚.

지푸라기 찰【蔡】草芥. 烹養均草蔡『韓愈』

지형(地形)험 하다 :

지형 험할 아【砑】魂砑 地形不平.

지혜(智慧) :

지혜 서【忬】智也. 서(惰)와 동자(同字).

지황(地黃) : 현삼과에 속한 여러해살이풀. 뿌리는 적갈색으로 굵고 육질이며 옆으로 자라며 한방에서 빈혈 하혈 토혈 허약 체질에 약재로 사용한다.

지황 하(호)【芐】지황(地黃).

지황 호【芦】지황(地黃).

지휘(指揮)하다 :

지휘할 우【扜】지휘(指麾).

지휘할 휘【揮】指揮. 抽戈而揮『梁元帝』

직립(直立)하다 :

직립할 첩【輒】직립하여 꼼짝 않는 모양.
　　　　　輒然忘吾有四肢形體也『莊子』

직물(織物) : 짠 옷감.

직물 직【織】每鬻機織資給『宋史』

직박구리 : 직박구릿과에 속한 새. 회색 바탕의 가슴에 흰 반점이 있으며 배는 희다.

직박구리 비(필)【鵯】후루룩비쭉새.

직분(職分) : 마땅히 하여야 할 본분(本分).

직분 분【分】男有分『禮記』

직책(職責) : 맡은 직무.

직책 복【服】無替厥服『書經』

직첩(職牒) :

직첩 고【誥】誥命. 명청(明淸)시대에 오품관(五品官)이상을 임명(任命)할 때에 수여(授與)하는 사령(辭令).

직첩 책【策】策書. 策命晉侯 爲侯伯『左傳』

직첩 판【板】사령서(辭令書). 고신(告身).
　　　　　　府板則爲行參軍『宋書』

직함(職銜) : 관리의 위계(位階).

직함 함【銜】十年不改舊官銜『白居易』

진(陣) : 진을 치고 있는 일정한 구역.

진 둔【屯】京師有南北軍之屯『漢書』

진 루【壘】城堡. 四郊多壘『禮記』

진 벽【壁】金城鐵壁. 帝晨馳入韓信張耳壁『漢書』

진 진【陣】

　　㉠ 군대의 대를 지어 늘어선 줄.
　　　前陣. 未整陣『左傳』

　　㉡ 인신(引伸)하여 사물의 늘어선 줄. 雁陣.

　　㉢ 군사가 머물러 둔(屯)을 친 곳.
　　　屯營. 陣營. 攻其前垣陷兩陣『漢書』

진(津) : 풀이나 나무 따위에서 흘러나오는 끈끈
　한 물.

진 액【液】汁液. 津液. 病不以湯液『史記』

진 자【滋】진액(津液). 必有草木之滋『禮記』

진 지【脂】松三千歲者 其皮中有聚脂『抱朴子』

진귀(珍貴)하다 :

　진귀할 괴【瑰】奇瑰. 因瑰材而究奇『後漢書』

진귀(珍貴)히 여기다 :

　진귀히 여길 진【珍】珍之也『左傳』

진기(珍奇)하다 :

　진기할 위【瑋】瑋寶. 奇妙瑰瑋『何承天』

　진기할 휼【譎】彫飾譎怪『後漢書』

진(秦)나라 : 주대(周代)의 제후(諸侯)의 나라.

　진나라 진【秦】秦王.

진눈깨비 : 비가 섞여 오는 눈.

　진눈깨비 영【霙】晩雨纖纖變玉霙『蘇軾』

　진눈깨비 즙【霅】天時雨霅『禮記』

진동(振動)하다 :

　진동할 향【响】진동(振動).

진드기 : 지주류(蜘蛛類)에 속하는 동물의 하나.
　소 말 따위에 기생하며 피를 빨아먹음.

　진드기 비【蜱】牛蝨. 牛蟲一名牛蜱『本草經』

진득하다 : 침착한 모양.

　진득할 호【皞】王者之民 皞皞如也『孟子』

진디 : 진딧물과에 속한 곤충을 통틀어 이르는
　말. 개미와 공생하며 대롱 모양의 입으로 식물
　의 즙액을 빨아먹거나 농작물에 바이러스를 전
　염시키는 해충이다.

　진디 부【蜉】蜉蝤.

　진디 아【蚜】비겸(蜚蠊). 紅螺蚜光『黃庭堅』

　진디 유【蝤】蜉蝤.

진맥(診脈)하다 : 맥을 짚어 병의 증세를 살핌.

　진맥할 절【切】不待切脈『史記』

진 무른 오이 :

　진 무른 오이 뢰【瓤】傷熟瓜.

진밥 : 질게 지어진 밥.

　진밥 란【糷】搏者謂之糷『爾雅』

진사(辰砂) : 수은과 황의 화합으로 만들어진 광

물. 대개 덩이 모양 또는 흙 모양이며 적갈색
으로 수은의 원료 또는 적색 안료(顏料)로 쓰인
다.

진사 확【臛】雞山其下多丹臛『山海經』

진실(眞實)로 : 참으로.

　진실로 고【固】

　　㉠ 말할 것도 없이. 小固不可以敵大『孟子』

　　㉡ 본디부터. 天下固畏齊之强也『孟子』

　진실로 구【苟】苟志於仁矣『論語』

　진실로 단【亶】亶其然乎『詩經』

　진실로 량【涼】涼曰不可『詩經』

　진실로 량【良】弗良及也『左傳』

　진실로 순【洵】洵美且都『詩經』

　진실로 식【寔】春正月寔來『春秋』

　진실로 신【信】東都雖信多才士『韓愈』

　진실로 신【愼】予愼無罪『詩經』

　진실로 윤【允】允文允武 允執其中『論語』

　진실로 전【展】展如之人兮『詩經』

진실(眞實)하다 :

　진실할 동【洞】절박하고 성실함.
　　　　　　　洞洞乎屬屬乎『禮記』

　진실할 조【慥】독실함.
　　　　　　　君子胡不慥慥爾『中庸』

진액(津液) : 생물의 몸 안에서 생겨나는 액체.

　진액 진【津】松津. 露菊傾津『王勃』

진영(鎭營) : 군대가 진을 치고 주둔하고 있는 일
　정한 구역.

　진영 영【營】군루(軍壘). 兵營.
　　　　　　　馳從儳道歸營『後漢書』

　진영 진【鎭】한 지방을 진정(鎭靜)하는 둔영
　　　　　(屯營). 藩鎭. 雄鎭. 既至鎭『晉書』

　진영 차【次】영사(營舍). 師陳焚次『左傳』

진을 함락시키는 수레 :

　진을 함락시키는 수레 당【轄】陷陳車.

진이름 :

　진이름 아【鵝】군진(軍陣)의 한가지.
　　　　　　　其御願爲鵝『左傳』

　진이름 우【盂】사냥할 때 진형(陣形)의 이름.
　　　　　　　宋公爲右盂 鄭伯爲左盂『左傳』

진저 : 감탄사.

　진저 부【夫】逝者如斯夫『論語』

진정(鎭定)하다 :

　진정할 전【殿】진압하여 안정하게 함.
　　　　　　　殿天子之邦『詩經』

　진정할 진【鎭】

　　㉠ 소란하던 것이 가라앉아 조용함.
　　　　　鎭息. 覽民尤以自鎭『楚辭』

　　㉡ 지덕으로써 한 지방을 진정하는 명산대악

(名山大嶽). 其山鎭曰會稽『周禮』

ⓒ 한 지방 또는 한 사회를 진정 시킬만한
　　권위. 덕망. 公一州鎭『魏志』

진중(鎭重)하다 :

진중할 궤【几】점잖고 침착한 모양.
　　　　　　　　赤舃几几『詩經』

진중할 진【眕】참고 견디어 겉에 드러내지 않는
　　　　모양. 憾而能眕者鮮矣『左傳』

진창 : 땅이 곤죽 같이 된 곳.

진창 가【湆】이녕(泥濘). 甚淖而湆『淮南子』

진창 녕【濘】수렁. 泥濘. 晉戎馬還濘而止『左傳』

진창 뇨【淖】有淖於前『左傳』

진창 니【泥】泥行. 猶逢蜀坂泥『孟浩然』

진치다 :

진칠 군【軍】주둔함. 軍於瑕以待之『左傳』

진칠 돈【敦】

ⓐ 진을 침. 鋪敦淮濆『詩經』

ⓑ 敦萬騎於中營兮『揚雄』

진칠 둔【屯】屯戌. 金人屯河南『宋史』

진칠 시【尸】진(陳)을 침. 荊尸.

진칠 진【敶】진(陣)과 통용.

진칠 진【陣】使萬人先行出背水陣『史記』

진탕 물 :

진탕 물 양【瀁】탁니(濁泥).

진 터 : 적을 막기 위하여 쌓은 작은 성.

진 터 채【砦】보루(堡壘). 劉亮營砦『宋書』

진 펄 :

진 펄 습【隰】지세가 낮고 습한 땅. 原隰.
　　　　　　下隰. 山有榛 隰有苓『詩經』

진 펄 택【澤】습하고 풀이 무성한 곳.
　　　　　　澤鹵. 陷于沛澤之中『公羊傳』

진하다 :

진할 담【醰】맛이 진함. 맛이 좋음.
　　　　　　良醰醰而有味『王褒』

진할 순【醇】전국 술이어서 맛이 농후함.
　　　　　　醇酎. 輒飮以醇酒『漢書』

진할 엄【釅】술 또는 차(茶)가 농후(濃厚)함.
　　　　　　釅茶三兩椀『指月錄』

진할 유【醹】술이 진함. 술이 독함.
　　　　　　酒醴維醹『詩經』

진할 조【稠】농후함. 火冷餳稀杏粥稠『蘇軾』

진할 중【重】농후함. 烈味重酒『呂氏春秋』

진한 붉은 빛 :

진한 붉은 빛 혁【襫】濃赤色.

진한 술 :

진한 술 농【醲】맛이 진한 술. 醉醲. 甘脆肥醲
　　　　　　命曰腐腸之藥『枚乘』

진홍(眞紅) : 진한 적색.

진홍 강【絳】絳屑. 綸組紫絳『左思』

진휼(賑恤)하다 :

진휼할 섬【贍】구휼(救恤)함. 贍賑.
　　　　　　收贍名士『漢書』

진휼할 주【賙】五黨爲主 使之相賙『周禮』

진휼할 휼【卹】구휼함. 以卹凶荒『周禮』

진 흐르다 :

진 흐를 만(문)【樠】나무의 진이 나와서 흐름.
　　　　　　以爲門戶 則液樠『莊子』

진흙 :

진흙 근【堇】누런 점토. 雜食堇塊『五代史』

진흙 뇨【淖】濯淖汚泥之中『史記』

진흙 니【埿】泥也.

진흙 니【泥】

ⓐ 泥土. 泥濘. 蕊其泥而揚其波『楚辭』

ⓑ 인신(引伸)하여 진흙 비슷한 것. 金泥.

진흙 니【坭】니(泥)와 용. 坭匠. 미장이.

진흙 도【塗】泥塗. 厥土惟塗泥『書經』

진흙 악【堊】질척질척한 흙.
　　　　　　盡堊而鼻不復『莊子』

진흙 어【淤】淤泥. 畎瀆潤淤『杜篤』

진흙 침【沈】沈有履『莊子』

진흙 현【垷】이토(泥土).

진흙 벽 : 진흙만 바른 벽.

진흙 벽 악【堊】土居堊室『禮記』

**질(絰) : 상복을 입을 때 머리에 쓰는 수질(首絰)
　　과 허리에 감는 요질(腰絰).**

질 질【絰】衰絰. 凡弔事弁絰服『周禮』

**질경이 : 질경이과에 속하는 다년초. 들이나 길가
　　에 저절로 나며 종자는 약용. 어린잎은 식용함.
　　씨는 차전자(車前子)라 하여 약용하는 데 먹으
　　면 애를 낳는다 함.**

질경이 달【蓬】車前草. 風振蕉蓬裂『謝朓』

질경이 부【芣】芣苢. 芣苡. 采采芣苢『詩經』

질경이 이【苢】이(苡)의 본자(本字).
　　　　　　芣苢車前草. 采采芣苢『詩經』

질경이 이【苡】芣苡.

질경이 전【葥】車葥子 약초(藥草).

질곡(桎梏) : 차꼬와 수갑 칼등의 총칭.

질곡 교【校】屨校滅趾『易經』

질그릇 : 진흙으로 구워 만든 그릇.

질그릇 강【甋】甋瓠 도기(陶器).

질그릇 계【坥】陶也.

질그릇 도【陶】陶器. 陶窰. 陶復陶穴『詩經』

질그릇 도【匋】토기(土器).

질그릇 라【㼈】와기(瓦器).

질그릇 류【瑠】盛飯瓦器.

질그릇 와【瓦】瓦釜. 君尊瓦甒『禮記』

질그릇 장【颥】甖也.

질그릇 천【罉】와기(瓦器).

질그릇 함【豑】陶器. 盆甖之屬『左傳註』

질그릇 굽다 :

  질그릇 구울 견(진)【甄】질그릇을 굽는 일.
                惟甄者之所爲『漢書』

질그릇 틀 : 질그릇을 만드는 틀.

  질그릇 틀 전【膊】器中膊『周禮』

질기다 : 탄력성이 있어 잘 끊어지지 아니함.

  질길 유【鞣】靭也.

  질길 인【肕】근육이 강인함. 筋肕而骨强『管子』

  질길 인【靭】인(靭)과 동자(同字).

  질길 인【靷】蔓靷時縈『皇甫松』

질 나팔 :

  질 나팔 훈【壎】토제(土製)의 취주(吹奏) 악기
         (樂器). 塤과 동자(同字). 壎篪.
         伯氏吹壎 仲氏吹篪『詩經』

  질 나팔 훈【塤】훈(壎)과 동자(同字).
         燒土樂器.

질냄비 :

  질냄비 모【牟】토부(土釜).

질박(質朴)하다 :

  질박할 목【木】순박(淳朴)함.
         剛毅木訥近於仁『論語』

  질박할 야【野】겉치레를 하지 아니함. 촌스러워
         예의범절 등에 익지 아니함.
         質勝文則野『論語』

질빵 :

  질빵 거【襻】ㅣ일ㅣ 견조(肩條).

질소(窒素) :

  질소 질【窒】원소(元素)의 한 가지. 窒素.

질 장구 :

  질 장구 교【缺】土造樂器.

  질 장구 부【缶】진(秦)나라 사람은 장군을 장구
         를 치듯이 쳐서 노래의 장단을
         맞추는 데 악기로 썼음. 相如復
         請秦王 擊缶爲秦聲『十八史略』

질정(質正)하다 : 모르는 것을 물어 바로 앎.

  질정할 정【正】就有道而正『論語』

질직(質直)하다 : 솔직(率直)하고 정직(正直)함.

  질직할 항【伉】事勝辭則伉『揚子法言』

질질 끌다 :

  질질 끌 사【躧】급(急)하여 신을 잘 신을 겨를이
         없어 발가락에만 걸치고 질질
         끌고 나감. 躧履相迎『漢書』

질척질척하다 :

  질척질척할 녕【濘】진흙이 질어 보행하기 곤란함.
         蹊濘走獸稀『鮑照』

질편하다 :

  질편할 만【漫】땅이 넓고 평평한 모양.
         夷漫數百里『唐書』

질편히 흐르다 :

  질편히 흐를 염【淡】물이 질펀하게 흐르는 모양.
         潰淡淡而並入『宋玉』

  질편히 흐를 용【溶】물이 도도히 흐르는 모양.
         二川溶溶流入宮牆『杜牧』

질풍(疾風) : 대단히 거센 바람.

  질풍 렬【颲】猛風曰颲風『纂要』

  질풍 퇴【頹】維風及頹『詩經』

  질풍 표【飄】飄至風起『漢書』

짊어지다 :

  짊어질 부【負】男負女戴.

  짊어질 타【佗】타(馱)와 통용.
         以一馬自佗負『漢書』

  짊어질 타(태)【馱】타(佗)와 통용.

짐 : 하물(荷物).

  짐 담【擔】하물(荷物) 또는 부담(負擔)한 일.
         棄擔號泣『齊書』

  짐 부【負】
    ㉠ 등에 진 물건. 如就重負『沈約』
    ㉡ 책임. 부담. 苟在於免負『魏志』

  짐 수【輸】보내는 물품. 화물.
         漢有三輔委輸官『韻會』

  짐 타【馱】말 같은 짐승의 등에 실은 짐.
         疲馬解鞍馱『蘇軾』

  짐 하【荷】하물(荷物). 擔荷.
         至有重荷趨市而徒返者『唐書』

짐바리 :

  짐바리 복(짐)【卜】ㅣ회ㅣ 마소로 실어 나르는 짐.

짐새 :

  짐새 시【鷉】짐조(鴆鳥).

  짐새 짐【鴆】
    ㉠ 광동성에서 사는 독조(毒鳥). 그 깃을 담
      근 술을 마시면 죽는다 함.
      吾令鴆爲媒『楚辭』
    ㉡ 짐새의 깃을 담근 술. 또 그 술을 마시게
      하여 죽임. 鴆殺. 使醫鴆之『國語』

  짐새 짐【酖】짐(鴆)과 통용.
         宴安酖毒 不可懷也『左傳』

짐수레 : 화물 또는 군량 등을 싣는 수레.

  짐수레 창【苍】짐을 싣는 수레 載苍靈『左傳』

  짐수레 치【輜】짐차. 輜車. 덮개가 있는 수레.
         乘安車輜『烈女傳』

짐승 :

  짐승 금【禽】조수(鳥獸)의 총칭. 吾有一術 名
         五禽之戱 一曰虎 二曰鹿 三曰熊

四日猿 五日鳥『魏志』

짐승 궐【蹶】수명(獸名).

짐승 모【毛】길짐승. 其蟲毛『禮記』

짐승 수【獸】네 발이 달리고 전신에 털이 있는
　　　　　동물. 禽獸.

짐승 주【走】지상(地上)을 달리는 수류(獸類).

짐승 갈기 일어서다 :

　짐승 갈기 일어설 비【鬃】鬃鬣 猛獸奮鬣貌.

짐승 달아나다 :

　짐승 달아날 천【獟】獸走貌.

짐승 번성하다 :

　짐승 번성할 번【驪】畜之蕃殖.

짐승소리 :

　짐승소리 표【噅】수성(獸聲).

짐승우리 :

　짐승우리 로【牢】수권(獸圈).

짐승의 발자취 :

　짐승의 발자취 항【踉】수적(獸跡).

짐승이름 :

　짐승이름 경【獍】범 비슷한 짐승으로서 어미를
　　　　　　잡아먹는다하여 불효(不孝)의
　　　　　　뜻으로 쓰임. 梟獍. 獍之爲獸
　　　　　　狀如虎豹而小『述異記』

　짐승이름 구【犰】犰狳 수명(獸名).

　짐승이름 굴【㹰】猾㹰 수명(獸名).

　짐승이름 기【夔】용같이 생긴 한 발 달린 짐승.
　　　　　　夔如龍一足『說文解字』

　짐승이름 날【豽】앞발이 없는 짐승의 일종.
　　　　　　跳鋒壯驚『韓愈』.

　짐승이름 날【貀】앞발이 없는 짐승. 無前足獸.

　짐승이름 날【豽】원숭이의 일종.

　짐승이름 동【狪】狪狪. 모양이 돼지 비슷하며
　　　　　　체내에 珠玉이 있다는 짐승.
　　　　　　狪狪如豚 被褐懷禍『郭璞』

　짐승이름 라【臝】수명(獸名).

　짐승이름 록【麛】獸名. 似鹿長尾一角五色光澤.

　짐승이름 만【獌】貆獌 貍也.

　짐승이름 박【駁】말 비슷하며 범을 잡아먹음.

　짐승이름 박【狛】이리 비슷한 짐승.
　　　　　　狛似狼善驅羊『說文解字』

　짐승이름 부【䶃】수명(獸名).

　짐승이름 알【猰】猰貐 수명(獸名).

　짐승이름 양【獽】수명(獸名).

　짐승이름 여【狳】犰狳 수명(獸名).

　짐승이름 연【狿】수명(獸名). 獌狿 似貍而長.

　짐승이름 영【㺔】수명(獸名).

　짐승이름 욕【狢】獨狢 수명(獸名).

　짐승이름 쟁【猙】표범 비슷하며 뿔 하나 꼬리

다섯이 있다는 상상상(想像上)
의 짐승. 일설에는 여우 비슷
하며 날개가 있다함. 章山我
之山有獸焉 狀如赤豹 五尾一
角 音如擊石 其名曰猙. 一曰
似狐有翼『山海經』

　짐승이름 포【狍】狍鴞. 羊身人面이며 겨드랑이
　　　　　　밑에 눈이 있다는 짐승

　짐승이름 호【㹠】豪㹠 鬣如筆管者.

　짐승이름 혹【㺉】범 표범 비슷한 짐승. 집이
　　　　　　(執夷) 또는 황요(黃腰)라고도 함.
　　　　　　㺉貜猭狿獻其巔『張衡』

　짐승이름 혼【貕】수명(獸名).

　짐승이름 휘【㺇】수명(獸名). 원속(猿屬).

짐승 죽다 :

　짐승 죽을 지【殖】수사(獸死).

짐작하다 :

　짐작할 짐【斟】헤아림. 而後王斟酌焉『國語』

짐짓 :

　짐짓 고【故】일부러. 故意. 故不爲禮『史記』

집 :

　집 가【家】

　　㉠ 건물. 家屋. 樓臨民家『史記』

　　㉡ 살림. 주거. 徒家蓮勺『漢書』

　　㉢ 가족. 盡屠其家『呂氏春秋』

　　㉣ 문벌. 지체. 良家子『史記』

　　㉤ 가정. 將成家而致汝『韓愈』

　　㉥ 재산. 가산. 割財損家『漢書』

　집 거【居】사는 집. 居在山之左『列仙傳』

　집 궁【宮】진한(秦漢) 이전에는 널리 가옥(家
　　　　　屋)의 뜻으로 쓰이었으나 진한(秦漢)
　　　　　이후부터 궁궐의 전칭(專稱)이 됨.
　　　　　宮室 公與三子入於季氏之宮『史記』

　집 당【堂】

　　㉠ 거주. 방. 金玉滿堂『老子』

　　㉡ 관아. 사원. 집회소 등의 높고 큰 집.
　　　　　僧堂. 殿堂. 議事于門下之政事堂『唐書』

　　㉢ 터를 높이 돋아 지은 남향한 본 채.
　　　　　躋彼公堂『詩經』

　집 면【宀】집을 상형(象形)한 글자.

　집 무【廡】옥사(屋舍). 田舍廬廡之數『史記』

　집 문【門】가정. 집안. 孝子之門.
　　　　　　是兒亦將興我門『宋書』

　집 방【房】

　　㉠ 가옥. 房錢. 保其土房『國語』

　　㉡ 벌집 같은 것. 蜂房不容鵠卵『淮南子』

　집 사【咋】屋也.

　집 사【舍】

㉠ 廬舍. 屋舍. 庶人舍屋 許五架門『宋史』
㉡ 거처. 神歸其舍『鬼谷子』
집 서【棲】주거. 山林隱遁棲『郭璞』
집 신【宸】옥우(屋宇). 君若不忘周室 而爲敝邑 宸宇 亦寡人之願也『國語』
집 실【室】건물. 室家. 築室于玆『詩經』
집 엄【广】바위에 의지하여 지은 집. 草广突如峙『袁桷』
집 영【營】주택. 營室. 冬則居營窟『禮記』
집 옥【屋】주거 건물. 家屋. 富潤屋『大學』
집 와【窩】
㉠ 별장 등의 아호(雅號)로 쓰임. 名其居曰安樂窩『宋史』
㉡ 물품 혹은 도둑을 숨겨 두는 집. 窩家.
집 우【宀】屋也. 闇宀下區彝人屋『康熙字典』
집 우【宇】住居. 屋宇. 苞玉疊而爲宇『左思』
집 원【院】
㉠ 주위에 담을 두른 저택(邸宅). 作五王院『唐書』
㉡ 도사(道士)의 거소(居所). 道院. 看院止留雙白鶴『白居易』
㉢ 유학자(儒學者)의 거소(居所). 白鹿書院在廬山『方隅勝略』
㉣ 학교. 書院. 大學院.
집 재【齋】연거(燕居)의 방. 山齋. 書齋.
집 저【邸】官邸. 주로 고귀한 이의 집. 邸宅. 以北邸爲建章宮『南史』
집 제【第】주택(住宅). 저택(邸宅). 第宅. 第舍. 爲列侯者 賜大第『漢書』
집 주【宙】주거(住居).
집 증【橧】橧巢. 장작이나 섶나무를 높이 쌓고 그 위에서 기거하는 일종의 집. 先王未有宮室 夏則居橧巢『禮記』
집 택【宅】주거(住居). 宅宇. 卜宅『書經』
집 항【巷】거택(居宅). 在陋巷『論語』
집 헌【軒】家屋. 我亦一軒容膝住『蘇轍』
집 호【扈】가옥(家屋). 거실(居室). 欲去公門歸野扈『白居易』
집 호【戶】
㉠ 가옥(家屋). 戶數. 案戶比民『後漢書』
㉡ 집의 수. 戶口. 封萬戶『史記』
㉢ 집마다. 若門到戶說矣『任昉』
집 화【化】도사의 거실. 蜀有文昌二十四化『玉篇』
집게발 : 게의 큰 발. 끝이 집게 비슷하게 되었음.
집게발 오【螯】左手持酒杯 右手持蟹螯『晉書』
집게벌레 : 집게벌레과에 속하는 곤충. 빛은 적갈색이고 미단(尾端)이 집게 모양으로 돌출(突出)하였음.
집게벌레 구【蛷】蜿垣亂蛷蝨『韓愈』
집게벌레 모【螯】구수(蛷螋) 충명(蟲名).
집 깊다 :
집 깊을 림【寐】가심(家深).
집다 :
집을 점【拈】손가락으로 쥠. 拈出. 舍西柔葉可拈『杜甫』
집을 차【扠】물건을 끼워서 듬. 饞扠飽活臠『韓愈』
집을 촬【撮】
㉠ 손가락 끝으로 집음. 鴟鵂夜撮蚤察毫末『莊子』
㉡ 요점을 집음. 撮要. 撮名法之要『漢書』
집 대마루 :
집 대마루 루【廔】옥척(屋脊).
집 대마루 은【檼】옥척(屋脊).
집 모양 허술하다 :
집 모양 허술할 퇴【牘】牅牘 屋破狀.
집 모퉁이 :
집 모퉁이 사【戺】堂隅. 來兩階戺『書經』
집 무너지다 :
집 무너질 추【㡜】사괴(舍壞).
집 무너지려 하다 :
집 무너지려 할 포【敀】舍欲壞.
집 북쪽 : 남향한 집의 북쪽.
집 북쪽 배【背】言樹之背『詩經』
집비둘기 :
집비둘기 발【鵓】鵓鴣.
집비둘기 솔【䳙】가구(家鳩).
집 뿌다귀 : 집이 뾰족하게 나온 곳.
집 뿌다귀 냑【䮡】옥각(屋角).
집 삐틀어지다 :
집 삐틀어질 대【㢈】屋之傾斜.
집 새다 :
집 샐 루【漏】옥루(屋漏).
집 쓰러지려하다 :
집 쓰러지려 할 사【㢼】屋頹貌. 㢼屋之下不可坐『淮南子』
집 쓸리다 :
집 쓸릴 폐【廢】집이 한쪽으로 쏠림. 기욺. 四極廢『淮南子』
집안 붙이 : 한 집안의 식구.
집안 붙이 권【婘】권(眷)과 통용. 誅諸呂婘屬『史記』
집어주다 :
집어줄 재【賫】지유(持遺).
집에서 찾다 :

집에서 찾을 색【索】家搜索.

집오리 : 오리과에 속하는 가금(家禽).

집오리 목【鶩】刻鵠不成 尚類鶩『後漢書』

집오리 목【匹】목(鶩)과 통용.
　　　　　　庶人之摯匹『摯記』

집오리 압【鵪】鴨也. 압(鴨)의 고자(古字).

집오리 필【鵖】鴨也.

집 우렁차다 :

　집 우렁찰 굉【窚】屋深響.

집 울리다 :

　집 울릴 횡【宏】옥향(屋響).

집이 기울어지다 :

　집이 기울어질 압【庘】屋欲壞.

집이다 :

　집이을 지【脂】개사(盖舍).

집 조용하다 :

　집 조용할 강【㝩】가정(家靜).

집 좁다 :

　집 좁을 얼【㝣】가협(家狹).

집착하다 : 사물에 마음이 너무 쏠림.

　집착할 교【膠】事至不膠『宋史』

집터 :

　집터 대【坮】回 택지(宅地).

집 횡뎅그렁하다 :

　집 횡뎅그렁할 랑【寍】穴下康寍. 宮室空貌.

짓다 :

　지을 공【攻】만듦. 庶民攻之『詩經』

　지을 부【賦】시(詩)를 음영(吟詠)하거나 지음.
　　　　　　臨淸流而賦詩『陶潛』

　지을 손【飧】저녁밥을 지음. 饔飧而治『孟子』

　지을 숙【俶】처음 함. 有俶其城『詩經』

　지을 술【術】술(述)과 통용. 術省之『禮記』

　지을 술【述】저작함. 著述.

　지을 영【營】집 같은 것을 지음. 營造.
　　　　　　經之營之『孟子』

　지을 완【完】作也. 溥彼漢城燕師所完『詩經』

　지을 위【爲】

　　㉠ 제작(製作)함. 以爲樂器『周禮』

　　㉡ 시문(詩文)을 지음. 王使屈原爲之『史記』

　지을 작【作】

　　㉠ 만듦. 제조(製造)함. 作成. 造作.
　　　　　　若作酒醴 爾惟麴蘗『書經』

　　㉡ 농사(農事)를 지음. 耕作. 作人
　　　　　　命農勉作『禮記』

　　㉢ 세움. 건축(建築)함. 作于楚宮『詩經』

　　㉣ 처음으로 만듦. 作者謂之聖『禮記』

　　㉤ 시문(詩文)을 지음. 作詩. 帝庸作歌『書經』

　지을 저【著】글을 지음. 편찬(編纂)함. 著書.

著述. 更議著令『漢書』

지을 제【制】制造. 可使制梃以撻秦楚之堅甲利
　　　　　兵矣『孟子』

지을 제【製】

　㉠ 옷을 지음.
　　　雖有美錦 不使人學製焉『左傳』

　㉡ 인신(引伸)하여 의복. 衣狸製『左傳』

　㉢ 의복 등의 체재 양식.
　　　變其服 服短衣楚製『漢書』

　㉣ 시문 등을 지음.
　　　嘗製千字詩 當時以爲盛作『舊唐書』

　㉤ 지은 시문. 御製. 聖製. 灑落富淸製『杜甫』

지을 조【造】

　㉠ 제작함. 製造. 創造. 不得造車馬『禮記』

　㉡ 조작함. 造言之刑『周禮』

지을 존【拵】回 조제(調製).

지을 주【做】작(作)과 같음.

지을 찬【纂】찬(撰)과 통용.
　　　　　太史公仍父子相繼纂其職『漢書』

지을 찬【譔】찬(撰)과 동자(同字).
　　　　　譔孝行『揚子法言』

지을 찬【撰】시문(詩文) 따위를 지음.
　　　　　撰述. 共撰國書『北史』

지을 찬【篹】찬술(撰述)함.
　　　　　書之所起遠矣 至孔子篹焉『漢書』

지을 철【綴】어휘를 연결시켜 글을 지음.
　　　　　自孔子後 綴文之士衆矣『漢書』

지을 축【築】집을 지음. 建築.
　　　　　改築宮 而師事之『史記』

짓밟다 :

　짓밟을 릉【陵】능(鞚)과 통용. 陵轢中國『史記』

　짓밟을 린【躪】인(躙)과 동자(同字).
　　　　　奔走相蹂躪『漢書』

　짓밟을 발【癹】발로 풀을 짓밟음.
　　　　　癹夷蘊崇之『左傳』

　짓밟을 유【輮】유(蹂)와 통용.
　　　　　輮轢沙漠 南面稱王『晉書』

징 : 악기의 한 가지. 사물놀이의 하나.

　징 뇨【鐃】군중(軍中)에서 쓰는 작은 징.
　　　　　以金鐃止鼓『周禮』

　징 라【鑼】銅鑼. 鳴鑼擊鼓『元史』

　징 병【鉼】回 廣頭釘.

　징 사【鈔】鈔鑼. 정(鉦)의 일종.

　징 쟁【錚】鼓吹錚鐸『東觀漢記』

　징 정【鉦】행군할 때 군사를 정지하도록 치는
　　　　　징. 鉦人伐鼓『詩經』

　징 탁【鐲】군중(軍中)에서 북소리를 조절하기
　　　　　위하여 치는 징. 以金鐲節鼓『周禮』

징검다리 : 돌덩이를 여러 개 놓아 그것을 디디

고 건너게 된 다리.

징검다리 강【矼】石矼飛梁『左思』

징검다리 기【徛】聚不水中以爲橋.

징검다리 례【砅】履石渡水.

징검다리 건너가다 :

　징검다리 건너갈 례【濿】履石渡水.

징검돌 : 징검다리로 놓는 돌.

　징검돌 량【梁】在彼淇梁『詩經』

징경이 : 수릿과에 속한 새. 바다나 강가의 절벽
　에 둥지를 틀고 살며 물고기를 잡아먹는다.

　징경이 민【鴽】鶚也. 물수리

　징경이 비【鵧】필조(匹鳥). 물수리.

징계(懲戒) :

　징계 징【懲】不忍加懲『舊唐書』

징계(懲戒)하다 :

　징계할 애【懲】나무라서 경계(警戒)함.
　　　　　　　懲懲戰國『晉書』

　징계할 애【乂】징치(懲治)함. 경계(警戒)함.
　　　　　　　屢懲乂而不改『劉向』

　징계할 예【艾】경계함. 自怨自艾『孟子』

　징계할 징【懲】

　　㉠ 기왕지사를 돌보아 후회하여 장래를 삼감.
　　　　　　民有所懲『禮記』

　　㉡ 장래에 삼가도록 하기 위하여 제재를 가함.
　　　　　　膺懲. 戎狄是膺 荊舒是懲『孟子』

　징계할 창【創】한번 혼이 나서 조심함.
　　　　　　　　予創若時『書經』

징발(徵發)하다 : 인원을 징용(徵用)하거나 물품
　을 공출(供出)시킴.

　징발할 주【籌】籌兵禦賊『史記』

징역(懲役) :

　징역 도【徒】徒刑. 用刑有五 其三曰徒『唐書』

징후(徵候) : 전조(前兆).

　징후 상【象】외면(外面)에 나타난 현상(現像).
　　　　　　　氣象. 星象. 易象.

짖다 :

　짖을 폐【吠】개가 짖음. 雞鳴狗吠『孟子』

　짖을 호【獋】개가 짖음.

　짖을 호【嘷】짐승이 큰 소리로 욺.
　　　　　　豺狼所嘷『左傳』

짙다 :

　짙을 농【濃】

　　㉠ 색이 진함. 濃淡.
　　　　　　飽食濃粧倚柂樓『白居易』

　　㉡ 음식이 진하고 맛이 있음. 濃味.
　　　　　　杯香酒絶濃『庾信』

　　㉢ 안개 같은 것이 깊음. 濃霧.
　　　　　　濃雲垂畫堂『梁簡文帝』

　　㉣ 이슬이 많음. 濃露. 零露濃濃『詩經』

　짙을 악【渥】진함. 渥味. 顔如渥丹『詩經』

　짙을 욕【溽】濃厚. 溽露方霑衣『隋煬帝』

짚 : 벼 보리 등의 이삭을 떨어 낸 줄기.

　짚 간【稈】麥稈. 禾稈.

　짚 갈【秸】三百里納秸服『書經』

　짚 갈【稭】갈(秸)과 동자(同字). 席用莚稭『史記』

　짚 고【稟】고(稟)와 동자(同字). 볏짚.
　　　　　席稟請罪.

　짚 고【稿】고(稟)와 통용. 特箭稿而莖立『馬融』

　짚 고【稿】볏짚. 稿人. 又出稿稅『漢書』

　짚 양【穰】벼 보리 밀 등의 짚.

　짚 추【芻】士執芻『禮記』

짚다 :

　짚을 삽【扱】손을 땅에 짚고 절함.
　　　　　　婦拜扱地『儀禮』

　짚을 장【杖】지팡이 같은 것을 짚음. 杖劍.
　　　　　　五十杖於家『禮記』

　짚을 책【策】지팡이를 짚음.
　　　　　　倒杖而策『韓非子』

짚단 :

　짚단 순【稕】속고(束稾).

　짚단 준【稕】속도(束稻).

짚북데기 : 볏짚이 엉클어져 있는 뭉텅이. 또는
　그것을 낮잡아 이르는 말.

　짚북데기 기【綼】고설(稿屑).

　짚북데기 보【莩】牛馬草亂藁.

짚신 : 볏짚으로 삼은 신.

　짚신 갹【屩】躡屩擔簦『史記』

　짚신 갹【蹻】躡蹻擔簦『史記』

　짚신 도【鞜】고화(稿靴).

　짚신 매【�】초혜(草鞋).

　짚신 비【屝】共其資糧屝屨『左傳』

　짚신 비【菲】비(屝)와 통용. 不杖不菲『禮記』

　짚신 사【蹝】사(蹝)와 동자(同字).
　　　　　　吾視去妻子如脫蹝耳『史記』

　짚신 사【蹝】사(蹝)와 동자(同字).
　　　　　　猶棄敝蹝『孟子』

　짚신 추【蓲】초리(草履).

짚자리 : 추려낸 짚으로 엮은 자리.

　짚자리 갈【秸】環秸在地『五代史』

짜고 쓰다 :

　짜고 쓸 긍【齡】함고(鹹苦).

짜다 :

　짤 감【城】함(鹹)과 동자(同字). 염질(鹽質).

　짤 감【醎】鹹也.

　짤 순【淳】염분(鹽分)이 있음. 表淳鹵『左傳』

　짤 위【緯】직조(織造)를 함. 緯蕭而食『莊子』

짤 임 【紝】 베를 짬. 組紝縫製 『柳宗元』

짤 자 【榨】 기름 같은 것을 짜냄.

짤 작 【笮】 눌러 짬. 笮馬糞汁而飲之 『後漢書』

짤 적 【䤅】 䵉也.

짤 조 【組】

　　㉠ 길쌈을 함. 執轡如組 『詩經』

　　㉡ 구성함. 組成. 組織仁義 『劉峻』

짤 직 【織】

　　㉠ 베를 짬. 紡織. 十三能織素 『古詩』

　　㉡ 조립함. 組織. 共爲羅織 『舊唐書』

짤 차 【䤅】 소금기가 많음. 大鹹若䤅 『禮記註』

짤 착 【搾】 자(榨)의 속자. 짜냄. 搾取.

짤 참 【䶢】 鹹也.

짤 축 【祝】 직물(織物)을 짬. 素絲祝之 『詩經』

짤 함 【鹹】 소금기가 있음. 또 소금기가 많음.
　　　　　鹽之味鹹者 『素問』

짜증 잘 내다 :

짜증 잘 낼 붕 【棚】 好嗔貌.

짝 :

짝 구 【逑】 배우자. 窈窕淑女 君子好逑 『詩經』

짝 구 【仇】 좋은 짝. 仇匹. 君子好仇 『禮記』

짝 기 【觭】 둘 있는 것 중의 한 짝. 觭偶.
　　　　　匹馬觭輪 無反者 『漢書』

짝 기 【奇】 쌍을 이룬 한쪽. 一算爲奇 『禮記』

짝 대 【對】

　　㉠ 배우자. 擇對不嫁 『後漢書』

　　㉡ 한 쌍. 虎蜼各六對 『金史』

짝 량 【兩】 쌍. 兩眼. 兩猶耦也 『周禮』

짝 려 【侶】 동무. 동류(同類).
　　　　　侶儔. 伴侶. 相與結侶 『王褒』

짝 려 【儷】

　　㉠ 배우자. 伉儷. 儷匹.

　　㉡ 서로 짝 될만한 것. 서로 견줄만한 것.
　　　　　越古今而無儷 『晉書』

　　㉢ 한 쌍. 主人酬賓束帛儷皮 『儀禮』

짝 려 【麗】 려(儷)와 통용. 麗皮爲禮 『史世紀』

짝 반 【伴】 상대(相對). 동반자(同伴者). 伴侶.
　　　　　燕似尼姑 有伴方行 『李義山雜纂』

짝 배 【配】

　　㉠ 필적(匹敵). 匹配. 推光武以爲配 『張衡』

　　㉡ 부부. 配偶. 天立厥配 『詩經』

짝 배 【輩】 상대자(相對者). 비류(比類).
　　　　　當今無輩 『吳志』

짝 배 【妃】 배(配)와 동자(同字).
　　　　　天子之妃曰后 『禮記』

짝 번 【番】 대우(對偶).

짝 비 【媲】 耦也.

짝 오 【仵】 필적(匹敵)한 사람.

짝 우 【耦】

　　㉠ 상대자. 喪其耦 『莊子』

　　㉡ 배우자. 人各有耦 『左傳』

짝 우 【偶】 배필(配匹). 配偶 始選良偶 『北史』

짝 유 【侑】 配也. 유(侑)와 동자(同字).

짝 의 【儀】

　　㉠ 배우자. 배필. 實維我儀 『詩經』

　　㉡ 둘로 한 쌍을 이룬 것. 天地를 兩儀라 함.

짝 이 【貳】 필적(匹敵). 君之貳也 『左傳』

짝 적 【敵】 상대(相對). 적수(敵手).
　　　　　匹敵. 劍一人敵 『史記』

짝 조 【曹】 자기와 상대되는 자. 재판소에서 원
　　　　　고와 피고를 병칭(竝稱)하여 兩曹라 함.
　　　　　就聽訟之地言之則曰曹 『周禮正義』

짝 주 【疇】 배필. 顧疇弄音 『嵇康』

짝 지 【知】 배우자. 樂子之無知 『詩經』

짝 척 【隻】 한 쌍의 한 쪽. 외짝. 한 짝.
　　　　　隻眼. 得一隻鳥 『漢書』

짝 특 【特】 배필. 求爾新特 『詩經』

짝 필 【匹】

　　㉠ 배우자. 配匹. 甚哉妃匹之愛 『漢書』

　　㉡ 벗. 붕우. 匹儔. 率由羣匹 『詩經』

　　㉢ 한 쌍의 한 쪽. 獨無匹兮 『楚辭』

　　㉣ 상대(相對). 적수(敵手). 秦晉匹也 『左傳』

짝 합 【合】 배필. 湯禹儼求合兮 『楚辭』

짝 항 【伉】 配偶者. 不庇其伉儷 『左傳』

짝 뿔 :

짝 뿔 궤 【觤】 角一長.

짝수 :

짝수 우 【偶】 偶數. 奇偶. 鼎俎奇而籩豆偶 『禮記』

짝짓다 :

짝지을 려 【麗】 려(儷)와 통용.
　　　　　麗皮爲禮 『史世紀』

짝지을 배 【配】

　　㉠ 짝을 이룸. 廣大配天地 變通配四時 『易經』

　　㉡ 부부가 됨. 婦者配己而 成德者也 『易經』

　　㉢ 짝이 되게 함.
　　　　　關雎樂得 淑女以配君子 『詩經』

짝지을 상 【尙】 부부가 됨. 卓王孫喟然而歎 自
　　　　　以得使女尙司馬長卿晚 『漢書』

짝지을 우 【耦】 吾聞姬姞耦 其子孫蕃 『左傳』

짝지을 우 【偶】 聖人因時以合偶男女 『孔子家語』

짝지을 의 【儀】 배필(配匹)이 삼음.
　　　　　儀丹朱馮身以儀之 『國語』

짝지을 필 【匹】 짝을 이룸. 庶人夫妻相匹 『左傳』

짠 땅 : 염분이 많이 섞인 땅.

짠 땅 로 【滷】 滷苦地也. 謂斥鹵可煮鹽者 『爾雅』

짠 땅 사 【潟】 염분을 함유한 땅.
　　　　　地無毛則爲潟潟土 『論衡』

짠맛 : 소금 맛과 같은 맛.
　짠맛 감【鹻】 鹹味.
　짠맛 제【齏】 鹹也.
짠못 :
　짠못 고【鹽】 염지(鹽池). 沃饒而近鹽『左傳』
짧게 하다 :
　짧게 할 단【短】 短右袂『論語』
　짧게 할 왜【矮】 줄임. 不矮手足『易林』
짧고 속 깊은 배 :
　짧고 속 깊은 배 보【艐】 短而深舟.
짧고 작다 :
　짧고 작을 자【妣】 㛃妣 短小貌.
짧다 :
　짧을 궐【厥】 今人呼禿尾狗爲厥尾『中山詩話』
　짧을 단【短】
　　㋠ 키가 작음. 短小. 帝堯長 帝舜短『荀子』
　　㋡ 길지 아니함. 短劍. 彼其髮短『左傳』
　　㋣ 시간이 길지 아니함.
　　　　短期. 報劉之日短也『李密』
　　㋥ 모자람. 또 천박함. 短見. 志大才短 尺有所
　　　　短 寸之所長『楚辭』
　짧을 수【豎】 단소(短小)함. 豎褐不完『荀子』
　짧을 왜【褢】 불장(不長).
　짧을 왜【躾】 短也. 왜(矮)와 동자(同字).
　짧을 왜【矮】 矮小. 足矮不便『易林』
　짧을 울【䚕】 䚕屈 단모(短貌).
　짧을 조【䩱】 短也.
　짧을 축【促】 단소(短小)함. 聞冬夜之恒長 可此
　　　　夕一促『潘岳』
짧은 모양 :
　짧은 모양 찰【䋽】 단모(短貌).
짧은 수염 :
　짧은 수염 비【䫇】 단수(短鬚).
　짧은 수염 비【頛】 短鬚貌.
짧은 얼굴 :
　짧은 얼굴 괄【頢】 단면(短面).
　짧은 얼굴 점【顅】 단안(短顔).
짧은 옷 :
　짧은 옷 굴【裾】 裗裾 단의(短衣).
　짧은 옷 조【裞】 단의(短衣).
　짧은 옷 충【裗】 裗裾 단의(短衣).
짧은 창 :
　짧은 창 랑【稂】 단모(短矛).
짧은 추녀 :
　짧은 추녀 축【棟】 단연(短椽).
짧음 :
　짧을 단【短】 僬僥氏三尺 短之至也『史記』
째다 :

쨀 벽【捌】 벽(擗)과 통용. 절개(切開)함.
　　　不捌痤則寖益『韓非子』
째어지다 :
　째어질 초【譙】 새의 깃이 째어지고 무지러진
　　　　모양. 予羽譙譙『詩經』
쪼개다 :
　쪼갤 감【砍】 가름.
　쪼갤 과【剮】 가름. 劉寬夫有剮竹論『唐文粹』
　쪼갤 구【斫】 斫也.
　쪼갤 력【劙】 분파(分破).
　쪼갤 례【劙】 破也.
　쪼갤 리【㓯】 坼也.
　쪼갤 리【劦】 劃也.
　쪼갤 리【劙】 가름. 劙盤盂刎牛馬『荀子』
　쪼갤 벽【㓫】 갈라 나눔. 一瓜抓棗『王維』
　쪼갤 벽【䐗】 判也.
　쪼갤 벽【擘】 가름. 擘裂. 塗皆乾擘之『禮記』
　쪼갤 벽【劈】 쪼갬. 가름. 劈開. 劈碎.
　　　　劈波得泉魚『錢起』
　쪼갤 복【副】 뻐갬. 爲天子削瓜者副之『禮記』
　쪼갤 붕【删】 斫也.
　쪼갤 석【析】 조각 나게 함. 析薪如之何『詩經』
　쪼갤 치【杝】 나무를 결에 따라서 쪼갬.
　　　　析薪杝矣『詩經』
　쪼갤 치【薜】 가름. 薜栗不迆『周禮』
　쪼갤 탁【剫】 割也.
　쪼갤 탁【劇】 判也.
　쪼갤 획【劃】 가름. 有巖類天劃『韓愈』
쪼그라들다 :
　쪼그라들 난【赧】 縮也. 赧首『太玄經』
　쪼그라들 연【緛】 縮也.
　쪼그라들 핍【偪】 鰈畏偪以潛身兮『阮籍』
쪼그라지다 :
　쪼그라질 비【庳】 庳皵 불신(不伸).
　쪼그라질 전【腝】 위축함. 民日削月腝『漢書』
　쪼그라질 축【縬】 縮也.
쪼다 :
　쫄 탁【噣】 탁(啄)과 동자(同字).
　쫄 탁【啄】
　　㋠ 부리로 쪼아 먹음. 또 그 소리.
　　　　啄啄. 啄木. 率場啄栗『詩經』
　　㋡ 인신(引伸)하여 먹는 뜻으로 쓰임.
　　　　輩奴餘啄『韓愈』
　쫄 탁【琢】 옥을 쪼아 모양을 냄.
　　　　彫琢. 如琢如磨『詩經』
　쫄 탁【啅】 탁(啄)과 동자(同字).
　　　　雀啅江頭黃柳花『杜甫』
쪼아 먹다 :

쪼아 먹을 삽【唼】오리나 기러기가 쪼아 먹음.
　　　　　　唼喋菁藻『司馬相如』
쪼아 먹을 잡【喋】새가 모이를 먹음.
　　　　　　喋呷. 唼喋菁藻『史記』
쪼이다 :
　쪼일 량【晾】晒晾 쇄폭(曬曝).
쪽 :
　쪽 람【藍】마디풀과에 속하는 일년초. 잎은 남
　　　　빛을 들이는 물감의 원료임.
　　　　　　終朝采藍『詩經』
　쪽 면【面】방향. 方面. 一面.
　쪽 환【鬢】부인의 결발(結髮).
　　　　　　窈窕雙鬢女『白居易』
쪽 물들이다 :
　쪽 물들일 금【綪】綪碧所用藍染.
쪽잘 거리다 :
　쪽잘 거릴 기【嘰】조금씩 먹음.
　　　　　　嘰瓊華『司馬相如』
쪽지 :
　쪽지 첨【簽】글씨를 써서 붙이는 종이쪽지.
　　　　　　附簽. 必加簽貼『詩藪』
　쪽지 표【票】어음 수표 따위. 傳票. 投票.
　　　　　　今人以宦牌曰票俗約亦曰票『品字箋』
쫓다 : 있는 자리에서 떠나도록 몰아내다.
　쫓을 간【趕】간(赶)과 동자(同字). 趁赶.
　쫓을 거【去】處女相與語 欲去之『戰國策』
　쫓을 경【競】不競不絿『詩經』
　쫓을 연【蹨】逐也.
　쫓을 종【蹤】往青州蹤迹之『春渚紀聞』
　쫓을 종【從】쫓아감. 晉韓厥從鄭伯『左傳』
　쫓을 진【趁】쫓아감. 爭奪遞追趁『文同』
　쫓을 체【逮】쫓아가 잡음. 추포(追捕)함.
　　　　　　逮捕. 逮繫長安『漢書』
　쫓을 추【追】
　　㉠ 급히 뒤따라 감.
　　　　國人追之 敗諸姑蔑『史記』
　　㉡ 몲. 一免走 百人追之『愼子』
　　㉢ 내쫓음. 追放. 追戎于濟西『左傳』
　　㉣ 쫓아가 미침. 아직 늦지 아니함.
　　　　來者猶可追『論語』
　　㉤ 기왕의 일을 거슬러 올라감. 지난 일을 포
　　　　착함. 追遠. 追念前勳『左傳』
　쫓을 축【逐】
　　㉠ 뒤쫓아 감. 追逐. 子都拔戟以逐之『左傳』
　　㉡ 추방함. 逐出. 請一切逐客『史記』
　　㉢ 물리 침. 배척함. 三仕三見逐『史記』
　　㉣ 몲. 殘片逐風廻『楊發』
　　㉤ 구함. 厭遠逐邇『國語』

　　㉥ 쫓기다. 斥乎齊 逐乎宋衛『史記』
　쫓을 축【趯】구축(驅逐)함. 步騎驅趯『後漢書』
쫓아가다 :
　쫓아갈 요【邎】相隨行.
쬐다 :
　쬘 두【蠹】좀이 안 먹도록 햇볕에 쬠.
　　　　　　曝曬함. 蠹書于羽陵『穆天子傳』
　쬘 배【焙】불 위에서 쬐어 말림.
　　　　　　火焙之『傳燈錄』
　쬘 소【焇】曝也.
　쬘 쇄【曬】볕에 쬠. 曬書. 白日曬光『漢書』
　쬘 양【煬】불을 쬠. 若竈則不然前之人煬則後之
　　　　　　人無從見也『戰國策』
　쬘 오【鏊】曝也. 쬐어 말림.
　쬘 폭【曝】
　　㉠ 햇볕에 쬠. 曝衣. 多曝其日『陶潛』
　　㉡ 인신(引伸)하여 한데 두어 우로(雨露)를 맞
　　　　거나 맞게 함. 曝露墻壁外『杜甫』
　쬘 홍【烘】불에 쬐어 말림.
　　　　　　熾炭以烘之『劉禹錫』
쭈그렁이 :
　쭈그렁이 랑【莨】랑(稂)과 동자(同字).
　　　　　　董莨禾粟之米生而不成者.
쭈그리고 앉다 : 무릎을 세우고 앉음.
　쭈그리고 앉을 거【踞】
　　㉠ 무릎을 세우고 앉음. 蹲踞.
　　　　獨處而踞『大戴禮』
　　㉡ 형벌. 踞罰五百『書經』
　쭈그리고 앉을 준【踆】준(蹲)과 통용.
　　　　　　踆於窾水『莊子』
　쭈그리고 앉을 준【蹲】준(踆)과 통용.
　　　　　　蹲乎會稽『莊子』
쭈뼛하다 : 산봉우리가 높이 솟은 모양.
　쭈뼛할 력【屴】屴崱.
　쭈뼛할 즉【崱】屴崱西來勢何壯『貢師泰』
　쭈뼛할 흘【屹】屹立. 山屹屼兮水淪漣『元結』
쭉정이 : 껍질만 있고 속에 알맹이가 들어 있지
　　않은 곡식이나 과실 따위의 열매.
　쭉정이 비【秕】
　　㉠ 秕穄. 若粟之有秕『書經』
　　㉡ 나쁘거나 유명무실(有名無實)한 사물의 형
　　　　용(形容)으로 쓰임. 軍無秕政『國語』
　쭉정이 비【粃】비(秕)와 동자(同字).
　　　　　　粃糠. 粟之有秕『書經』
　쭉정이 조【皁】旣方旣皁『詩經』
쭉정이 밑 둥 :
　쭉정이 밑 둥 혜【薙】六翮之本.
쯤 : 일부 명사나 명사구의 뒤에 붙어 정도의 뜻

을 더하는 말.

쯤 가【可】

　　㉠ 정도. 飮可五六斗『史記』

　　㉡ 邛西可二千里 有身毒國『漢書』

쯤 소【所】얼마쯤. 父去里所復還『漢書』

쯤 여【如】정도. 出如食頃 秦追果至關『史記』

쯤 허【許】

　　㉠ 정도. 小許. 相去復幾許『古詩』

　　㉡ 山下有石 高二丈許『列仙傳』

찌 :

찌 부【浮】낚시찌. 釣竿之半 繫以荻梗 謂之浮
　　　　　子『鷄肋篇』

찌 생【栍】🈔 표식(標識).

찌 우【羽】낚시 찌. 羽有動靜『呂氏春秋』

찌 전【箋】글의 뜻을 해명하거나 자기의 의견
　　　　등을 적어서 그 책에 붙이는 작은
　　　　종이쪽지. 인신(引伸)하여 주석(註釋).
　　　　毛詩鄭箋. 鄭玄作毛詩箋『後漢書』

찌 첨【簽】글씨를 써서 붙이는 종이 쪽지.
　　　　　附簽 必加簽貼『詩藪』

찌 첨【籤】첨(簽)과 동자(同字).

찌 첩【帖】附箋紙. 帖黃.
　　　　　裁紙爲帖『文獻通考』

찌끼 : 액체가 빠지고 바닥에 처져 남은 것.

찌끼 담【醰】滓也.

찌끼 력【瀝】空樽己絶瀝『方回』

찌끼 박【魄】古人之糟魄『莊子』

찌끼 사【渣】渣滓. 得其渣滓者爲物『朱熹』

찌끼 삼【饞】饞饀 滓也『五音集韻』

찌끼 은【垽】재니(滓泥).

찌끼 잔【殣】殘也.

찌끼 재【滓】

　　㉠ 침전물(沈澱物). 渣滓. 動增泥滓『李陵』

　　㉡ 허접쓰레기. 汁滓相將『周禮』

찌끼 전【澱】침전물(沈澱物). 澱游.

찌끼 조【糟】찌꺼기. 古人之糟魄『莊子』

찌는 듯 덥다 :

찌는 듯 더울 발【烯】熨烯 증열(蒸熱).

찌다 :

찔 담(심)【蕁】불기가 세차게 올라감.
　　　　　　　火上蕁 水下流『淮南子』

찔 엄【渰】비가 오려고 날씨가 무더움.
　　　　　渰浸萬物『書經』

찔 욕【溽】무더움. 土潤溽暑『禮記』

찔 증【烝】

　　㉠ 더운 기운이 응결하여 흩어지지 아니함.
　　　　煩烝. 處凉臺而有鬱烝之頂『應璩』

　　㉡ 더운 김을 올려 익힘.

炊烝. 烝之浮浮『詩經』

찔 증【蒸】

　　㉠ 수증기 따위의 김이 올라감.
　　　　蒸發. 氣觸石而結蒸『潘尼』

　　㉡ 김을 올려 익힘. 蒸溜.
　　　　穀未春蒸曰粟『論衡』

찔 희【訢】천지의 기(氣)가 교합(交合)함.
　　　　　天地訢合『禮記』

찌르다 : 날카로운 것으로 찌름.

찌를 결【鈌】刺也.

찌를 규【刲】士刲羊无血『易經』

찌를 규【挂】刺也.

찌를 극【戟】其根辛苦 戟人咽喉『本草經』

찌를 뉴【杽】刺也.

찌를 당【逿】충돌함. 麹以逿邊『張衡』

찌를 동【揰】刺也.

찌를 박【撲】剖之如有煙撲口鼻『劉基』

찌를 사【事】사(剚)와 통용. 不敢事刃於公之腹
　　　　　者 畏秦法也『漢書』

찌를 사【肆】힘껏 꽂아 넣음.
　　　　　是伐是肆『書經』

찌를 색【猎】작살로 찌름. 猎魚鼈『國語』

찌를 섬【纖】칼로 찌름. 其刑罪則纖剸『禮記』

찌를 연【鋋】창으로 찌름. 鋋猛氏『漢書』

찌를 용【摏】摏其喉以戈『左傳』

찌를 자【刺】

　　㉠ 찔러 죽임. 刺殺. 刺之者何殺之也『公羊傳』

　　㉡ 침 같은 뾰족한 것으로 찌름.
　　　　蔡莽螫刺『左思』

　　㉢ 妄刺而無益于疾『鹽鐵論』

찌를 잠【劗】뾰족한 것으로 찌름.

찌를 쟁【挣】뾰족한 물건을 들이밂.

찌를 쟁【揘】觸也.

찌를 조【趙】其鏄斯趙『詩經』

찌를 졸【踔】공격하여 충돌함. 帥軍踔陜『漢書』

찌를 질【昳】觸也.

찌를 차【叉】작살로 찌름.
　　　　　柳塘持燭叉魚『高啓』

찌를 차【箚】바늘로 찌름.
　　　　　箚者刺也『文體明辯』

찌를 착【籍】작살로 물고기를 찔러 잡음.
　　　　　以時籍魚鼈龜蜃凡狸物『周禮』

찌를 착【擉】작살로 찔러 잡음.
　　　　　擉籠於江『莊子』

찌를 참【攙】속으로 들이 밈.
　　　　　長松攙天龍起立『蘇軾』

찌를 참【鑱】침으로 찌름.
　　　　　九疑鑱天荒是非『韓愈』

찌를 창(총)【縱】

㉠ 창 같은 것으로 찌름. 鏦特肩『後漢書』

㉡ 以金鏦止鼓『周禮』

찌를 척【刺】칼로 찔러 상처를 입힘.
　　　　　　　刺人而殺之『孟子』

찌를 철【剽】찔러 상처를 냄. 吏治榜苔數千刺
　　　　剽 身無可擊者『史記』

찌를 첨【夫】刺也.

찌를 충【舂】충(衝)과 통용.
　　　　　春其喉 以戈殺之『史記』

찌를 충【衝】

㉠ 향함. 逆流而上 直衝浮橋『後漢書』

㉡ 침. 공격함. 所衝無不陷『呂氏春秋』

㉢ 趙衝吳北 齊臨吾東『吳子』

㉣ 들이밀어 뚫음. 쳐부숨. 光武與敢死者三千
　　人 衝其中堅『後漢書』

㉤ 찔러 올라가게 함. 怒髮上衝冠『史記』

찌를 치【揿】刺也.

찌를 침【揣】뾰족한 것을 들이 밈.
　　　　　　手持匕首揣之『史記』

찌를 침【鍼】바늘이나 침으로 찌름.
　　　　　　以鐵鍼鍼之『漢書』

찌를 탁【斀】刺也.

찌를 효【傄】刺也.

찌 붙이다 : 부전(附箋)을 달아 의견(意見) 또는
　가부(可否)를 적음.

찌 붙일 비【批】制敕有不使者 黃紙後批之『唐書』

찌푸리다 :

찌푸릴 빈【矉】빈(顰)과 동자(同字).
　　　　　西施病心 而矉其里『莊子』

찌푸릴 수【潗】憂愁貌.

찍다 :

찍을 검【鈐】도장을 찍음. 鈐印. 鈐璽.

찍을 날【捏】捺也.

찍을 부【斧】나무 같은 것을 찍음.
　　　　　斧氷持作糜『古詩』

찍을 사【斯】찍어 쪼갬. 斧以斯之『詩經』

찍을 압【押】도장을 찍음. 押捺. 押署.

찍을 인【印】以墨印印之『舊唐書』

찍을 작【斫】찍거나 쳐서 끊음.
　　　　　斫斬. 拔戟斫棧『後漢書』

찍어 바르다 :

찍어 바를 녑【擂】捏也.

찍찍거리다 :

찍찍거릴 즉【喞】多聲喞喞.

찍히다 :

찍힐 인【印】자취가 남음. 印象.
　　　　　口脂在手 偶印于花上『靑瑣高議』

찐덥지 않다 :

찐덥지 않을 겸【慊】마음에 차지 아니함.
　　　　　　慊慊道相思『沈約』

찐 밥 :

찐 밥 수【饙】증반(蒸飯).

찔러 피나다 :

찔러 피날 기【刏】刏而出血. 刏羽牲曰刉 刉或
　　　　　作刏『周禮』

찡그리다 :

찡그릴 빈【儐】빈(顰)과 통용.
　　　　　儐笑連便『枚乘』

찡그릴 빈【嚬】빈(顰)과 동자(同字). 눈살을 찌
　　　　　푸림. 明主愛一嚬一笑『韓非子』

찡그릴 빈【顰】

㉠ 찌푸림. 顰蹙. 愁眉柳葉顰『駱賓王』

㉡ 찡그리는 일. 映鏡學嬌顰『梁簡文帝』

찡그릴 축【蹙】얼굴에 주름을 지게 함.
　　　　　擧疾首蹙頞而相告『孟子』

찡그릴 축【顣】불쾌하거나 못 마땅해 하는 모
　　　　　양. 己頻顣曰『孟子』

찢다 :

찢을 두【鈄】裂也.

찢을 라【攞】裂也.

찢을 렬【裂】破裂. 車裂. 衣裳絠裂『禮記』

찢을 례【捩】裂也.

찢을 박【剝】잡아당기어 가름.
　　　　　思怫鬱兮肝切剝『王逸』

찢을 박【𢴧】裂也.

찢을 이【肔】裂也.

찢을 차【扯】차(撦)와 동자(同字). 열파(裂破).

찢을 차【撦】열개(裂開)함. 撦裂.
　　　　　困于撝撦『劉克莊』

찢을 책【𡳞】裂體剔肉.

찢을 책【磔】

㉠ 사람의 지체(肢體) 또는 희생을 찢음.
　　九門磔攘 以畢春氣『禮記』

㉡ 지체를 찢는 형벌. 곧 차열(車裂) 따위.
　　斬斷枯磔『荀子』

㉢ 시체를 저자에 버려 뭇 사람에게 보이는
　　형벌. 곧 기시(棄市) 따위.
　　諸死刑 皆磔於市『漢書』

찢을 책【矺】책(磔)과 동자(同字).
　　　　　十公主矺死杜『史記』

찢을 패【𢪙】裂也.

찢을 피【披】파열(破裂)함. 披靡.
　　　　　木實繁者披其披『史記』

찢을 획【撾】裂也.

찢을 휘【撝】쩸. 撝介鮮『馬融

찢어발기다 :

찢어발길 고【辜】희생을 죽여 사지를 찢는 일.
　　　　　　　　以辜祭四方百物『周禮』

찢어발길 책【磔】磔也.

찢어진 비단 :

찢어진 비단 유【緰】열증(裂繒).

찢여 버리다 :

찢여 버릴 뢰【攠】훼열(毀裂).

찧다 :

찧을 도【搗】도(擣)와 동자(同字).
　　　　　　　　和搗塗之『聖濟總錄』

찧을 도【擣】절구에 찧음.
　　　　　　　　我心憂傷 惄焉如擣『詩經』

찧을 박【暜】春也.

찧을 용【舂】곡식을 절구에 넣고 찧음.
　　　　　　　　或舂或揄『詩經』

찧을 정【精】쌀을 곱게 찧음. 精米.
　　　　　　　　食不厭精『論語』

찧을 추【捶】절구에 빻음. 捶而食之『禮記』

찧을 취【橇】以木所擣.

찧을 탁【觀】春也.

절기(節氣)

24절기는 음력에서 태양의 황도(黃道)상 위치에 따라 일 년을 스물넷으로 나눈 계절의 구분으로 계절의 변화에 따른 24절기는 농사의 지표요 구분이며 농경사회에서는 한 절기 하루라도 소홀히 할 수 없는 것이다.

음력은 달의 운동에 근거하여 만들어지기 때문에 달의 변화는 잘 나타내 주지만 태양의 움직임은 잘 나타내 주지 않는다.

계절의 변화는 태양의 운동에 따라 결정되므로 음력 날짜와 계절의 변화는 잘 일치하지 않는다. 이런 문제점을 보완하기 위하여 음력에서는 계절의 변화 즉 태양의 운동을 표시하여 주는 24절기(또는 24기)를 도입하여 같이 사용한다.

따라서 음력은 태양의 움직임을 24절기로 표시하여 주기 때문에 太陰太陽曆(우리가 흔히 음력이라 말하는 것은 원래 '태음태양력'의 준말이다. 여기서 '陰'은 '달'을 뜻하고 '陽'은 태양을 뜻한다)이라고 한다. 즉, 달(태음)과 태양의 운동을 모두 고려하여 주는 역법이란 뜻이다.

24절기는 태양의 운동에 근거한 것으로 춘분점(春分點 태양이 남쪽에서 북쪽으로 향해 적도를 통과하는 점)으로부터 태양이 움직이는 길인 황도를 따라 동쪽으로 15˚ 간격으로 나누어 24점을 정하였을 때 태양이 각 점을 지나는 시기를 말한다.

좀 더 정확히 말하면 천구상에서 태양의 위치가 황도가 0°일 때 춘분 15°일 때 청명 …… 300°일 때 대한으로 한다. (24 × 15 = 360°)

이들 24절기가 계절의 특성을 말해주지만, 우리 나라의 기후가 정확하게 들어맞는 것은 아니다. 24절기의 이름은 중국 주(周)나라 때 화북지방의 기상상태에 맞춰 붙였기 때문이다. 게다가 오늘날과 같이 생태계가 엄청나게 달라진 상황에서는 더욱이 들어맞기 어렵다.

절기는 이처럼 음력을 쓰는 농경사회에서 필요에 따라 양력과 관계없이 만들어졌지만, 태양의 운동을 바탕으로 한 탓에 결과적으로 양력의 날짜와 일치하게 된다. 실제로 달력을 놓고 보면 24절기는 양력으로 매월 4~8일 사이와 19~23일 사이에 온다.

절기와 절기 사이의 간격은 대부분 15일이며 때에 따라 14일이나 16일이 되기도 한다. 이는 지구의 공전 궤도가 타원형이어서 태양을 15도 도는데 걸리는 시간이 똑같지 않기 때문이다.

다시 말해 절기의 날짜는 해마다 양력으로는 거의 같게 되지만 음력으로는 조금씩 달라지기 때문에 가끔 윤달[閏月]을 넣어서 계절과 맞게 조정해야 한다.

24절기는 다시 절(節)과 중(中)으로 분류되는데 입춘(立春)을 비롯한 홀수 번째 절기는 절이 되고 우수(雨水)를 비롯한 짝수 번째 절기는 중이 된다. 중기(中氣)는 음력 열두 달의 이름을 정하는 절기이다.

예를 들면 춘분이 드는 달인 음력 2월은 중춘월(仲春月) 소설(小雪)이 드는 달인 음력 10월은 맹동 월(孟冬月)이라 한다.

4계절은 입춘·입하·입추·입동의 4절기(四立의 날)로 시작되는데 1444년(세종 26) 간행된 《칠정산 내편(七政算內篇)》의 <기후>라는 항목에서 입춘이 든 음력 1월은 동풍이 불어 언 땅이 녹고 잠자던 벌레가 움직이며 입하가 든 4월은 청개구리가 울고 보리가 익는다고 하였고, 입추가 든 7월은 쓰르라미가 울고 벼가 익으며 입동의 10월은 물과 땅이 얼기 시작하고 폐색(閉塞)되어 겨울이 된다고 하였다.

그렇다면 우리 조상들은 어떻게 절기를 쟀을까?

'농경사회에서는 태양 별의 움직임을 재는 천문학이 아주 중요해 조선 시대에는 혼천의 간의 등으로 태양의 움직임을 관찰했고 이를 증보문헌비고나 칠정산 내·외편에 기록했다'라고 한다.

ㅊ
치읒

차 :
　차 다【茶】
　　㉠ 차의 재료. 貢茶『唐書』
　　㉡ 일찍 딴차. 早取曰茶 晚取曰茗『茶經』
　　㉢ 차를 넣은 음료. 好飮茶『世說』
　차 명【茗】
　　㉠ 차나무의 싹. 또 차나무의 잎을 따서 음료
　　　의 원료로 만든 것. 또 그 음료. 佳茗.
　　　新茗. 落日平臺上 春風啜茗時『杜甫』
　　㉡ 늦게 딴 차. 早取曰茶 晚取曰茗『茶經』
　차 차【差】
　　㉠ 등급(等級). 구별(區別).
　　　等差. 其祿以事爲差也『禮記』
　　㉡ 어떤 수(數)에서 다른 수(數)를 뺀 나머지
　　　의 수(數).
　차 천【荈】차나무의 노엽(老葉)으로 만든 차.
　　　　　　密賜曜茶荈 以當酒『吳志』
차고삐 :
　차고삐 추【緅】차주(車紂).
차꼬 :
　차꼬 질【桎】형구의 하나. 족가(足枷). 桎梏.
　차꼬 체【釱】죄인의 발목을 채우는 형구(刑具).
　　　　　　　敢私鑄鐵器煮鹽者 釱左趾『史記』
　차꼬 항【桁】형구(刑具)의 하나. 足枷. 桁楊.
차꼬 채우다 :
　차꼬 채울 질【桎】차꼬를 채움. 인신(引伸)하
　　　　　　　여 자유(自由)를 구속(拘束)
　　　　　　　함. 儒學自桎『束皙』
차끌다 :
　차끌 묘【軺】인차(引車).
차나무 : 후피향나무과에 속하는 상록관목. 어린
　잎을 따서 차를 만듦.
　차나무 다【茶】拔茶而植桑『宋史』
　차나무 다【梌】다(茶)와 동자(同字). 茶樹.
　차나무 명【茗】拔茗而植桑『宋史』
차다 :
　찰 감【泔】가득 참. 秔䆮泔淡『揚雄』
　찰 결【趹】蹷也.
　찰 괄【趏】蹷也.

　찰 국【匊】盈也.
　찰 국【鞠】충분함. 많음. 降此鞠訩『詩經』
　찰 궐【蹷】발에 힘을 주어 참. 蹷浮㯱『漢書』
　찰 균【稇】가득함. 充滿. 稇載而歸『國語』
　찰 답【蹋】답(蹋)과 동자(同字).
　　　　　尙穿域蹋鞠也『漢書』
　찰 답【蹹】공 같은 것을 참.
　　　　　六博蹹鞠者『史記』
　찰 대【帶】허리에 참. 帶劍. 帶以弓韣『禮記』
　찰 람【懍】몹시 추움. 懍慄. 悲夫冬之爲氣 亦
　　　　　何憯懍以蕭索『陸機』
　찰 랭【冷】
　　㉠ 추움. 冷風. 寒冷鴻飛疾『唐太宗』
　　㉡ 마음이 참. 박정(薄情)함. 冷酷. 冷淡.
　　　楊朱之呂 世謂冷腸『顔氏家訓』
　찰 량【量】하나 가득 됨.
　　　　　死者量於澤矣『呂氏春秋』
　찰 렬【冽】
　　㉠ 대단히 추움. 寒冽. 冽冽氣遂嚴『陶潛』
　　㉡ 물이 참. 冽泉. 有冽氿泉『詩經』
　찰 렬【洌】한랭(寒冷)함.
　　　　　洌風過而增悲哀『宋玉』
　찰 롱【龐】충실한 모양. 비대한 모양.
　　　　　四牡龐龐『詩經』
　찰 률【溧】몹시 추움. 溧冽.
　찰 름【凜】몹시 추움. 凜冬. 凜寒.
　　　　　遺涼淸且凜『陸機』
　찰 름【懍】몹시 추움. 懍慄. 悲夫冬之爲氣 亦
　　　　　何憯懍以蕭索『陸機』
　찰 림【懍】추움. 憯悽懍慄『宋玉』
　찰 만【滿】
　　㉠ 가득 참. 充滿. 戶外之履滿矣『莊子』
　　㉡ 풍족(豊足)함. 충분(充分)함. 滿足.
　　　羽毛不豊滿者『戰國策』
　　㉢ 기한이 참. 滿期. 官未嘗至秩滿『南史』
　찰 만【漫】가득 참. 桃李任漫山『朱熹』
　찰 박【趵】발로 차는 소리.
　　　　　旱塊敲牛蹄趵趵『元稹』
　찰 박【礴】방박(磅礴). 가득 참. 충만(充滿)함.
　　　　　磅礴而鬱積『韓愈』
　찰 발【潑】바람이 참. 潑潑.
　찰 복【畐】滿也. 가득 참.
　찰 복【服】칼 따위를 참. 服劍臂刃『呂氏春秋』
　찰 불【潑】바람이 참. 潑潑.
　찰 붕【弸】가득 참. 또 가득 차게 함.
　　　　　以其弸中而彪外也『揚子法言』
　찰 상【凔】冷也.
　찰 숙【肅】추움. 春行冬政肅『管子』
　찰 순【旬】제 돌이 꼭 참. 旬月.

旬歲間 免兩司隷『漢書』

찰 숭【崇】 가득 참. 또 가득 차게 함.
　　　　再拜崇酒『儀禮』

찰 쉬【淬】 한랭(寒冷)함. 鳳江泠淬『劉訧』

찰 실【實】 충만함. 充實. 君之倉庫實『孟子』

찰 역【洫】 滿也. 용기(容器)에 가득 차다.

찰 영【盈】 충만함. 盈虛. 有酒盈樽『陶潛』

찰 요【腰】 허리에 참. 負琴腰劍成三友『陸游』

찰 응【凝】 추움. 其候凝肅『素問』

찰 인【牣】 가득함. 充牣. 於牣魚躍『詩經』

찰 인【仞】 인(牣)과 통용. 가득 참.
　　　　充仞其中『司馬相如』

찰 일【溢】 가득 참. 充溢而露積於外『史記』

찰 전【闐】 가득함. 충만함. 賓客闐門『史記』

찰 전【顚】 전(闐)과 통용. 顚實揚休『禮記』

찰 정【淨】 冷貌.

찰 정【瀞】 냉한(冷寒).

찰 제【踶】 발로 참. 怒則分背相踶『莊子』

찰 제【蹄】 발로 차거나 짓밟음.
　　　　怒相蹄齧者『韓愈』

찰 준【踆】 발로 차 넘어뜨림.
　　　　逆而踆之『公羊傳』

찰 중【中】 분량(分量)에 참. 中二千石『漢書』

찰 창【漲】 가득 차서 넘침. 烟塵漲天『南史』

찰 창【滄】 한랭(寒冷)함. 滄滄.
　　　　天地之間有滄熱『逸周書』

찰 창【澹】 창(滄)과 동자(同字).

찰 처【凄】 날씨가 차거나 써늘한 모양.
　　　　凄凄. 凄其以風『詩經』

찰 척【踢】 발로 물건을 참.

찰 초【遭】 充也.

찰 축【蹴】
　　㉠ 발로 차서 뜨게 함.
　　　　新鞋袴蹴鞠『王君玉』
　　㉡ 발로 차서 내 던짐. 蹴爾而與之『孟子』

찰 충【充】 가득함. 充滿.
　　　　君之倉廩實 府庫充『孟子』

찰 치【實】 충만함. 餅實腹『太玄經』

찰 친【親】 寒也.

찰 침【浸】 冷也.

찰 패【佩】
　　㉠ 끈을 달아 몸에 참. 佩刀.
　　　　古之君子必佩玉『禮記』
　　㉡ 몸에 지님.
　　　　農夫佩耒耟 工匠佩斧『白虎通』

찰 필【潷】 바람이 참. 一之日潷泼『詩經』

찰 한【寒】 추움. 寒冷. 風蕭蕭兮易水寒『史記』

찰 함【咸】 충만(充滿)함. 窺則不咸『左傳』

찰 행【洴】 洴洴은 찬 모양.

차라리 : 선택하는 뜻을 나타내는 말.

　차라리 녕【甯】 녕(寧)의 와자(譌字).

　차라리 녕【寧】 與其殺不辜 寧朱不經『書經』

　차라리 사【乍】 가(可)와 연용(連用)하여 녕(寧)
　　　　　의 뜻으로 씀. 乍可沈爲香 不能
　　　　　浮作瓠『元積』

차려내다 :

　차려낼 찬【饌】 음식을 차려내어 먹게 함.
　　　　有酒食先生饌『論語』

차려놓다 :

　차려놓을 천【踐】 陳列. 진설(陳設)한 모양.
　　　　邊豆有踐『詩經』

차례 :

　차례 과【課】 성적(成績)의 등급.
　　　　常綢繆於結課『孔稚圭』

　차례 륜【倫】 순차(順次). 倫序. 行同倫『中庸』

　차례 반【班】 次序. 班次. 使魯爲其班『左傳』

　차례 서【敍】
　　㉠ 서(叙) 서(敍)와 동자(同字).
　　㉡ 순차(順次). 敍次. 官府之六敍『周禮』
　　㉢ 等級. 行其秩敍『周禮』

　차례 서【序】 順序. 序次. 長幼有序『孟子』

　차례 순【順】 順次. 陰陽順序『王勃』

　차례 승【承】 순차(順次). 子産爭承『左傳』

　차례 점【漸】 以漸盡復熙豊之法『十八史略』

　차례 제【第】 순서(順序). 등급을 표시하는 말.
　　　　次第. 治爲天下第一『漢書』

　차례 질【秩】 순서. 秩序. 提衡爭秩『管子』

　차례 차【次】 順序. 等級. 位置. 次序.
　　　　以功次定朝位『漢書』

　차례 혁【奕】 차서(次序). 萬舞有奕『詩經』

　차례 호【號】 수사 밑에 붙여 순번 등급을 나타
　　　　내는 말. 第二十號 五號活字 編立
　　　　字號『王守仁』

차례매기다 :

　차례매길 서【敍】 순서를 정함. 以敍其財『周禮』

　차례매길 서【序】 순서를 정함. 序列.
　　　　序賓以賢『詩經』

차례 없이 말하다 :

　차례 없이 말할 삽(잡)【婼】 急言失序.

차례 있다 :

　차례 있을 순【循】 정연(整然)함.
　　　　循循然善誘人『論語』

차례 정해지다 :

　차례 정해질 서【敍】 순서가 정하여 짐.
　　　　百揆時敍『書經』

차례(茶禮)지내다 : 설이나 명절에 간단한 음식
　을 차려 놓고 조상에게 지내는 제사.

차례지낼 세【禩】연제(聯祭).

차례지낼 철【餟】연제(聯祭).

차리다 :

차릴 엄【嚴】차비(差備)함. 嚴程.
　　　　　　裝嚴已訖『後漢書』

차릴 의【艤】배를 떠날 준비를 차리고 언덕에
　　　　　　갖다 댐. 艤裝.
　　　　　　試水容 艤輕舟『左思』

차릴 장【裝】
　　　㉠ 옷을 차려 입음. 裝甲.
　　　　　　夜分嚴裝衣冠待明『後漢書』
　　　㉡ 길 떠날 준비를 차림.
　　　　　　速裝 妻子可全『後漢書』

차림 :

차림 구【具】準備. 夜灑掃 早張具『史記』

차림 장【裝】옷차림. 길을 떠날 차림.
　　　　　　行裝. 約車治裝『戰國策』

차마 :

차마 인【忍】
　　　㉠ 人皆有不忍人之心『孟子』
　　　㉡ 딱하여 참지 못함. 情懷忍忍『後漢書』

차상(車箱) :

차상 여【輿】
　　　㉠ 수레 위의 사람이 타거나 물건을 싣는 곳.
　　　　　　車體. 上古 聖人觀轉蓬始爲輪 輪行不可載
　　　　　　因物生智 後爲之輿『後漢書』
　　　㉡ 인신(引伸)하여 사물의 기초(基礎)의 뜻.
　　　　　　敬禮之輿也 『左傳』

차소리 :

차소리 함【輱】차성(車聲).

차양(遮陽) : 빛을 가림.

차양 로【廬】遮陽.

차양 부【蔀】방에 빛이 안 들어오도록 가리는
　　　　　　물건. 豐其蔀『易經』

차열(車裂)하다 : 수레 둘로 양쪽에서 끌어당기
　　　어 인체를 찢어 죽임. 또 그 형벌.

차열할 환【轘】齊人轘高渠彌『左傳』

차오 : 대합 비슷한 바다 조개의 하나.

차오 오【蝥】蜌蝥.

차오 차【蜌】蜌蝥.

차이 :

차이 각【較】수레 안에서 서있을 때 잡을 수 있는
　　　　　　차체(車體) 좌우의 널빤지 위에 댄 가
　　　　　　로나무의 앞으로 꼬부려져 나온 부분.
　　　　　　倚重較兮『詩經』

차이 차【差】
　　　㉠ 등급(等級). 구별(區別).
　　　　　　等差. 其祿以事爲差也『禮記』

　　　㉡ 한 수(數)에서 다른 수(數)를 뺀 나머지 수(數).

차자(箚子) : 신하가 임금에게 올리는 문서의 한
　　　체. 또 상관(上官)이 하관(下官)에게 보내는 공
　　　문서(公文書).

차자 차【箚】至於疏. 對. 啓. 狀.
　　　　　　箚子者 又皆以奏字冠之『文體明辯』

차조 : 조의 한 종류. 메조보다 훨씬 누르고 약간
　　　파르스름하며 찰기가 있다.

차조 기【芑】차진 조. 維穈維芑『詩經』

차조 첩【秥】점속(黏粟).

차조 출【秫】차진 조. 秫稻必齊『禮記』

차조 출【朮】출(秫)과 동자(同字).

차조기 : 꿀풀과에 속한 한해살이풀. 들깨와 비슷
　　　하지만 잎은 자줏빛을 띠고 향기가 있다. 잎과
　　　줄기는 약용하며 어린잎과 종자는 식용하거나
　　　향미료로 쓰인다.

차조기 소【蘇】紫蘇.

차지다 :

차질 견【餬】黏也.

차질 권【𪌗】黏也.

차질 닐【䵑】黏著.

차질 도【𪍐】黏也.

차질 련【䴺】黏也.

차질 삼【糝】삼(糝)과 동자(同字).
　　　　　　藜羹不糂『莊子』

차질 삼【糝】접착성(接着性)이 있음.
　　　　　　藜羹不糝『莊子』

차질 시【𪎭】黏也.

차질 여【𪍓】黏也.

차질 점【黏】끈기가 있음. 黏土.
　　　　　　泥黏雪滑 足力不堪『白居易』

차질 점【粘】점(黏)과 동자(同字). 粘土.
　　　　　　粘之屋壁『貞觀政要』

차질 주【𪍿】黏也.

차질 차【𪐊】黏也.

차지 않다 : 용기(勇氣)에 가득 차지 아니함.

차지 않을 조【庩】旁有庩焉『漢書』

차지하다 : (사람이 무엇을) 자기의 소유 또는 권
　　　리로 만들다.

차지할 점【占】占有. 占領.
　　　　　　占小善者率以錄『韓愈』

차진 모양 :

차진 모양 차【𪐊】점모(黏貌).

차질(蹉跌) :

차질 지【躓】蹉跌. 전도(顚倒). 실패(失敗).
　　　　　　中年遭躓『南史』

차질 질【跌】차질(蹉跌).

차차(次次) : 급하게 서두르지 않고 앞으로 천천히.

차차 점 【漸】 점점(漸漸). 차츰차츰.
　　　　漸進. 漸入佳境『晉書』

차체 :

차체 각 【較】 수레 위의 상자처럼 된 부분.
　　　　車箱. 爲輿倚較『後漢書』

차츰차츰 :

차츰차츰 침 【濅】 침(浸)과 동자(同字).
　　　　濅以成俗『漢書』

차츰차츰 침 【浸】 점차(漸次)로. 浸漸. 殺氣浸盛
　　　　陽氣日衰『呂氏春秋』

차츰차츰 나가다 :

차츰차츰 나갈 침 【侵】 점진(漸進)함. 天子始巡
　　　　郡縣 侵尋泰山『史記』

착 붙다 :

착 붙을 나 【縔】 점착(黏著).

착실 하다 :

착실할 근 【懂】 善也.

착하다 :

착할 간 【忓】 善也.

착할 개 【价】 마음이 착함. 价人維藩『詩經』

착할 개 【凱】 마음이 착한 사람. 高陽氏有才子
　　　　八人 謂之八凱『史記』

착할 길 【吉】 선량함. 吉士. 吉人.

착할 령 【霝】 善也.

착할 령 【令】
　　㉠ 선량(善良)함. 또는 좋음. 令德.
　　　　令聞令望『詩經』
　　㉡ 인신(引伸)하여 경칭(敬稱)으로 쓰임.
　　　　令郞. 令兄. 峨峨令妹 應期誕生『左思』

착할 령 【霝】 善也.

착할 류 【類】
　　㉠ 악(惡)의 대(對). 克明克類『詩經』
　　㉡ 착한 일. 좋은 일. 행복.
　　　　孝子不匱 永錫爾類『左傳』

착할 선 【譱】 선(善)의 고자(古字).
　　　　安上治民 莫譱於禮.

착할 선 【善】
　　㉠ 악(惡)의 대(對).
　　　　出其言善 則千里之外應之『易經』
　　㉡ 좋은 점. 采儒墨之善『史記』
　　㉢ 착한 행실 隱惡而揚善『中庸』
　　㉣ 착한 사람. 禁姦擧善『後漢書』

착할 숙 【俶】 令終有俶『詩經』

착할 숙 【淑】 선량(善良)함. 정숙(貞淑)함.
　　　　주로 부인의 미덕을 이름.
　　　　淑女. 淑人君子『詩經』

착할 순 【純】 선량함. 貴純之道也『禮記』

착할 원 【元】 선량(善良)함. 天子之元士『禮記』

착할 장 【臧】 마음이 곱고 어짊. 또 좋음. 臧否.
　　　　何用不臧『詩經』

착할 전 【佺】 善也.

착할 전 【腆】 옳음. 辭無不腆『禮記』

착할 정 【壬】 善也.

착할 지 【惢】 善也.

착할 착 【嫧】 善也.

착할 창 【昌】 선미(善美)함. 禹拜昌言『書經』

착한 말 :

착한 말 화 【話】 좋은 말. 著之話言『左傳』

찬 :

찬 선 【膳】 요리한 음식. 損膳省宰『漢書』

찬 찬 【籑】 찬(饌)과 동자(同字).
　　　　陳平共一飯之籑 而將相加驩『漢書』

찬 찬 【饌】 찬(籑)과 동자(同字). 반찬(飯饌).

찬 채 【菜】 반찬(飯饌). 술안주.

찬간자 : 검은 털과 흰털이 섞인 말. 얼굴과 이마
　　만 희고 온 몸의 털이 푸른 말.

찬간자 방 【駹】 匈奴騎
　　　　其西方盡白 東方盡駹『漢書』

찬 기운 :

찬 기운 침 【浸】 냉기(冷氣).

찬란(燦爛)하다 :

찬란할 환 【渙】 문채(文彩)가 나는 모양. 渙爛.
　　　　渙乎其有似也『淮南子』

찬바람 :

찬바람 목 【凩】 ㉙ 秋末初冬風.

찬바람 필 【颮】 한풍(寒風).

찬사(讚辭) : 칭찬하는 말.

찬사 찬 【贊】 學者先讀此贊 而後讀其書『史記』

찬장(饌欌) : 식기 음식 등을 넣어 두는 장.

찬장 각 【閣】 大夫七十而有閣『禮記』

찬장 예 【庿】 广下支也.

찬찬하다 : 동작이 찬찬하여 느리다.

찬찬할 단 【僤】 僤僤然不趨『莊子』

찬찬할 서 【徐】 沈着. 其臥徐徐『莊子』

찬찬할 주 【周】 면밀(綿密)함. 치밀(緻密)함.
　　　　周密. 人主不可不周『管子』

찬찬할 진 【縝】 면밀(綿密)함. 渦潤而澤仁也 縝
　　　　密以栗知也『禮記』

찬찬할 치 【緻】 면밀함. 用恩精緻『唐書』

찬합(饌盒) : 반찬이나 술안주를 담는 여러 층으
　　로 된 그릇.

찬합 류 【槞】 기명(器皿).

찰기장 :

찰기장 마 【穈】 점서(黏黍).

찰벼 : 볏과에 속하는 한해살이풀. 찹쌀이 나는
　　벼를 이름.

찰벼 나【糯】나(糯)와 동자(同字). 점도(黏稻).

찰벼 나【糯】糯米. 五穀皆有之 粱最大無秫糯
　　　　　　以粳米爲酒『鷄林類事』

찰벼 나【稬】誰勸耕黃稬『蘇軾』

찰벼 도【稌】豊年多黍多稌『詩經』

찰진흙 :
　찰진흙 시【埴】점토(黏土).

찰찰하다 :
　찰찰할 단【端】명찰(明察)하는 모양.
　　　　　　　　　　視疵端『戰國策』

찰풀 :
　찰풀 계【虉】虉藬. 점초(粘草).
　찰풀 나【挐】虉挐. 점초(粘草).

찰흙 :
　찰흙 식(치)【埴】埏埴以爲器『老子』

참 : 진실하고 거짓이 없음.
　참 량【諒】
　　㉠ 信實. 忠諒. 簡諒. 友直友諒『論語』
　　㉡ 인신(引伸)하여 하찮은 의리를 묵수(墨守)
　　　하는 일. 豈若匹夫匹婦之爲諒也『論語』
　참 성【誠】
　　㉠ 언행에 거짓이 없음. 以嫗爲不誠『史記』
　　㉡ 공평무사(公平無私)하고 순일(純一)함.
　　　誠者天之道也『中庸』
　참 실【實】
　　㉠ 허(虛) 또는 명(明)의 대(對).
　　　虛實. 誠實. 事實. 名聲過實『史記』
　　㉡ 名者實之賓也『莊子』
　참 심【諶】其命匪諶『詩經』
　참 진【眞】
　　㉠ 거짓이 아닌 것. 진짜. 眞實.
　　　帝王自有眞也『後漢書』
　　㉡ 옳은 일. 使眞僞毋相亂『漢書』
　　㉢ 순수(純粹). 眞者精誠之至也『莊子』
　　㉣ 도교(道敎)의 오묘(奧妙)한 이치.
　　　有眞人而後眞知『莊子』

참개구리 :
　참개구리 개【蛤】우와(雨蛙).

참게 : 바위지게과에 속하는 게의 일종.
　참게 후【鱟】蟹也.

참깨 : 참깨과에 속하는 일년생 재배초(栽培草).
　씨는 참기름을 짜 식용으로 함.
　참깨 거【苣】거승(苣蕂). 호마(胡麻)의 별칭.
　참깨 마【麻】眞荏. 胡麻. 食麻與犬『禮記』

참나무 : 참나뭇과에 속한 갈참나무, 굴참나무,
　물참나무 등을 통틀어 이르는 말. 열매는 견과
　(堅果)인 도토리인데 주로 묵을 만들어 먹는다.
　참나무 채【採】採椽不刮『史記』

참다 :
　참을 내【耐】인내(忍耐)함. 耐忍.
　참을 인【忍】
　　㉠ 견딤. 忍耐. 忍辱. 包羞忍恥是男兒『杜牧』
　　㉡ 용서(容恕)함. 是可忍也 孰不可也『論語』
　　㉢ 어려운 것을 참고 힘씀. 忍勉.
　　　魯以相忍爲國『左傳』

참되게　하다 : 공평무사(公平無私)하고　순일(純
　一)하게 함.
　참되게 할 성【誠】誠之者人之道也『中庸』

참람(僭濫)하다 : (생각이나 행동이)분수에 맞지
　않게 너무 지나치다.
　참람할 의【儗】田池射獵之樂 儗於人君『史記』
　참람할 참【僭】僭號. 季氏亦僭於公室『史記』
　참람할 혁【洫】所行之備而不洫『莊子』

참마음 :
　참마음 충【衷】惟皇上帝 降衷于下民『書經』

참빗 : 빗살이 촘촘한 대빗.
　참빗 비【枇】세즐(細櫛).
　참빗 비【笓】진소(眞梳).
　참빗 희【笓】取蟣篦.

참빗살나무 : 노박덩굴과에 속한 낙엽 소교목.
　긴 타원형 잎은 마주나고 가을에 붉은색 삭과
　(蒴果)가 열린다. 나무는 도장, 지팡이, 바구니
　등의 재료로 쓰인다.
　참빗살 나무 박【駁】隰有六駁『詩經』

참새 : 참샛과에 딸린 새. 인가(人家) 부근과 가을
　의 논밭에서 가장 흔하게 볼 수 있는 우리나라
　대표적 텃새의 한 가지다. 몸빛깔은 다갈색이
　고, 부리는 검으며, 배는 회갈색이다. 몸길이는
　14센티미터 정도이며, 가을에는 농작물을 해치
　고 여름에는 해충을 잡아먹는다.
　참새 구【鸜】鸜雉 조명(鳥名).
　참새 작【雀】誰謂雀無角『詩經』
　참새 작【爵】작(雀)과 통용.
　　　　　　爲叢敺爵者鸇也『孟子』
　참새 종【鵻】雀也.
　참새 행【鵆】작은 새의 일종.

참새새끼 :
　참새새끼 무【鷔】雀幼子.

참새소리 :
　참새소리 지【鵙】작성(雀聲).

참서(讖書) : 앞일을 예언하는 말을 적은 책.
　참서 위【緯】未來記. 豫言書. 讖緯.
　　　　　　儒者爭學圖緯『後漢書』
　참서 참【讖】예언(豫言)의 기록(記錄).
　　　　　　未來記. 비결(秘訣). 讖緯.
　　　　　　臣不讀讖『後漢書』

참소(讒訴) : 남을 해치려고 죄가 있는 것처럼 꾸
　며 윗사람에게 일러바침.
　참소 소【訴】子興困臧倉之訴『劉峻』
　참소 참【僭】참(譖)과 통용.
　　　　　　亂之初生 僭始旣涵『詩經』
　참소 참【讒】去讒遠色『中庸』
참소(讒訴)하다 :
　참소할 소【愬】
　　㉠ 소(訴)와 동자(同字). 薄言往愬『詩經』
　　㉡ 公伯寮愬子路於季孫『論語』
　참소할 연【唌】唌唌 참모(讒貌).
　참소할 전【諓】교묘(巧妙)하게 참소(讒訴)하는
　　　　　　모양. 讒人諓諓『劉向』
　참소할 집【咠】咠咠 참언(讒言).
　참소할 착【諑】謠諑謂余以善淫『楚辭』
참아 못하다 :
　참아 못할 인【忍】딱하여 참지 못함.
　　　　　　情懷忍忍『後漢書』
참여(參與)하다 :
　참여할 관【關】干與함. 關與婚事『穀梁傳』
　참여할 여【與】參與. 與其謀.
　　　　　　夫婦之愚 可以與知焉『中庸』
　참여할 예【預】간여(干與)함. 干預.
　　　　　　仲容已預之『世說』
　참여할 예【豫】참가(參加)하여 관계(關係)함.
　　　　　　亦來豫盟『後漢書』
　참여할 참【叅】참(參)과 동자(同字).
　참여할 참【參】
　　㉠ 참가(參加)함. 參政. 參謀機密『庾信』
　　㉡ 참여시킴. 每有選用 輒參之掾屬『後漢書』
　　㉢ 법을 듣기 위하여 집회에 참가함. 參禪.
　　　　　　惰耕村叟罷參僧『陸游』
참외 :
　참외 구【㼦】㼦瓟 왕과(王瓜).
참으로 :
　참으로 량【亮】진실로. 君亮執高節『古詩』
　참으로 량【諒】진실로. 의심할 것 없이.
　　　　　　諒不我知『詩經』
　참으로 성【誠】
　　㉠ 진실로. 子誠齊人也『孟子』
　　㉡ 만일. 과연.
　　　　　　今王誠聽之 彼必以國事楚王『戰國策』
　참으로 실【實】진실로. 實迷塗 其未遠『陶潛』
　참으로 심【諶】진실로. 諶荏弱而難持『楚辭』
　참으로 정【情】진실로. 주로 詩에 많이 쓰임.
　　　　　　情知積粟腐倉『王符』
　참으로 진【眞】
　　㉠ 진실로. 嗚呼眞其無馬乎『韓愈』

　　㉡ 眞誠知人矣『韓愈』
참음 :
　참음 인【忍】名詞. 忍之一字 衆妙之門『呂本中』
참작(參酌)하다 : 이것저것 대보아 취사(取捨)함.
　참작할 작【酌】참조(參照)함. 斟酌.
　　　　　　子爲大政 將酌於民者也『左傳』
참죽나무 : 멀구슬나무과에 속하는 낙엽교목. 상
　고(上古)에 대춘(大椿)이란 사람이 만년(萬年)
　이상을 살았다는 장자의 우언(寓言)에 의하여
　장수(長壽)의 비유(譬喩)로 쓰임.
　참죽나무 론【櫄】향춘(香椿).
　　　　　　其木宜蚖櫄與社松『管子』
　참죽나무 억【檍】杶也.
　참죽나무 춘【櫄】춘(杶)과 동자(同字).
　　　　　　似樗可弓幹.
　참죽나무 춘【椿】椿壽. 上古有大椿者 以八千歲
　　　　　　爲椿 八千歲爲秋『莊子』
　참죽나무 춘【櫄】춘(杶)과 동자(同字).
　　　　　　목명(木名). 금재(琴材).
　참죽나무 춘【杶】香椿. 杶幹栝柏『書經』
찹쌀 :
　찹쌀 적【稴】점미(黏米).
창 : 병기의 한 가지. 뾰족한 쇠를 긴 나무자루에
　박아 적을 찔러 죽이는데 씀. 끝이 두 가닥으
　로 된 것은 과(戈)라 함.
　창 계【棨】棨戟. 적흑색(赤黑色)의 비단으로 싼
　　　　　　나무 창. 君主의 전구자(前驅者)가 가짐.
　　　　　　棨戟遙臨『王勃』
　창 과【戈】
　　㉠ 무기. 한 두개의 가지가 있는 창. 戈矛.
　　　　　　進戈者前其鐏後其刃『禮記』
　　㉡ 인신(引伸)하여 전쟁(戰爭)의 뜻으로 쓰임.
　　　　　　干戈. 偃武息戈『後漢書』
　창 교【喬】끝이 갈고리 진 창. 二矛重喬『詩經』
　창 구【瞿】구(戥)와 통용. 一人冕執瞿『書經』
　창 구【戥】끝이 네 가닥 진 창.
　창 규【戣】一人冕執戣『書經』 양지창(兩支槍).
　창 극【棘】병기의 하나. 棘門. 拔棘以逐之『左傳』
　창 담【鈂】긴 창. 鈂謂之鈹『揚雄』
　창 동【䄯】矛也.
　창 롱【櫳】櫳檻. 房櫳虛兮風泠泠『班婕妤』
　창 료【寮】
　　㉠ 작은 창(窓). 看斜暉之度寮『梁簡文帝』
　　㉡ 작은 집. 屋窄似僧寮『陸游』
　창 모【鉾】모(矛)의 고자(古字).
　창 모【矛】矛戟. 立爾矛『書經』
　창 미【䃾】矛屬.
　창 비【鈚】비(鈚) 피(鈹)와 동자(同字).

창 사【鉈】무기의 한 가지. 矛 吳揚江淮南楚五
　　　湖之間 謂之鉈『揚雄方言』

창 삭【矟】삭(槊)과 동자(同字).
　　　以矟擬殷仲堪『晉書』

창 삭【槊】삭(矟)과 동자(同字). 무기의 하나.
　　　横槊賦詩『蘇軾』

창 살(쇄)【鎩】긴 창. 非銛於句戟長鎩也『賈誼』

창 삽【鈒】무기의 한 가지. 鈒戟.
　　　擧鈒成雲 下鈒成雨『陸運』

창 쇄【鎩】긴 창. 非銛於句戟長鎩也『賈誼』

창 알【戛】긴 창. 立戈迤戛『張衡』

창 양【戙】戈也.

창 연【鋋】쇠자루가 달린 짧은 창.
　　　此矛鋋之地『漢書』

창 윤【鈗】
　　㉠ 侍臣所執兵器『周書』
　　㉡ 一人冕執鈗『書經』

창 조【銚】긴 창. 長銚利兵『呂氏春秋』

창 찬【欑】작은 창. 欑制如戟 鋒刃兩旁微起 下
　　　有鐏銳『元史』

창 창【鎗】창(槍)과 통용.

창 창【槍】槍劍. 選諸軍中善用槍槊者『宋史』

창 총【鏦】작은 창.

창 추【酋】자루의 길이가 20尺 되는 창.
　　　酋矛『周禮』

창 태【銳】창(槍)의 일종. 一人冕執銳『書經』

창 혈【子】날이 없고 갈고리진 창.
　　　凡戟而無刃 謂之子『揚雄方言』

창 혜【鏳】세모창.

창 확【穫】모속(矛屬).

창 흡【闟】수레를 호위 할 때 쓰는 작은 창.
　　　操闟戟者『史記』

창(窓) : 바람이나 햇빛이 들게 하고 밖을 내다볼
　수 있도록 건물의 벽이나 지붕에 낸 작은 문.

창 창【牕】창(窓)과 동자(同字). 戶也. 窓門.

창 창【窻】창(窓)의 본자(本字).

창 창【囪】창문(窓門).

창 창【窗】窓門. 窓牖. 四旁兩夾窓『周禮』

창가지 :

창가지 호【胡】과극(戈戟)의 끝의 갈라진 갈래.
　　　戟胡四之『周禮』

창고 :

창고 잔【棧】貨物倉庫. 貨棧.

창고달 : 창의 자루 끝을 싼 쇠붙이로 만든 원추
　형의 물건.

창고달 대【鐏】進戈者前其鐏『禮記』

창고달 대【鐏】厹矛鋈鐏『詩經』

창고달 우【釪】鐏謂之釪『揚雄方言』

창고달 준【鐏】進戈者前其鐏『禮記』

창고달 찬【欑】창의 물 미. 창대 끝에 낀 쇠.
　　　其欑用鐵『釋氏要覽』

창귀(倀鬼) : 범의 앞장을 서서 먹을 것을 찾아
　준다는 못된 귀신.

창귀 창【倀】倀可謂鬼之愚者也『聽雨記談』

창기(娼妓) : 예전에, 몸을 팔던 천한 기생을 이
　르던 말.

창기 화【花】기생(妓生).

창끝 :

창끝 악【剭】극단(戟端).

창난젓 : 명태의 창자에 소금과 고춧가루 따위의
　양념을 쳐서 삭힌 음식.

창난젓 축【鱁】鱁鮧.

창병(瘡病) : 피부나 살에 발생하는 질병을 통틀
　어 이르는 말.

창병 미【黴】매독(梅毒). 黴毒.

창병 감【疳】花柳病.

창 설주 :

창 설주 겸【槏】牖傍柱.

창성(昌盛)하다 : 세력이나 일 따위가 번성하여
　잘되어 가다.

창성할 창【昌】번성(繁盛)함. 昌運.
　　　邦乃其昌『漢書』

창 세우다 :

창 세울 습【戠】戈立貌.

창으로 찌르다 :

창으로 찌를 착【戳】槍戳 刺也.

창일(漲溢)하다 : 물이 불어서 넘침.

창일할 도【滔】滔滔. 浩浩滔天『書經』

창일할 면【沔】滇沔. 滇沔森漫『左思』

창자(腸子) : 뱃속에 있는 작은창자와 큰창자를
　통틀어 이르는 말.

창자 고【鮰】물고기의 창자. 어장(魚腸).

창자 부【腑】담(膽) 위(胃) 대장(大腸) 소장(小
　　　腸) 방광(膀胱) 삼초(三焦)의 여섯
　　　가지 내장 기관. 五臟六腑.
　　　被積聚於腑臟『抱朴子』

창자 부【附】부(腑)와 통용.
　　　臣得幸託肺附『漢書』

창자 장【腸】육부(六腑)의 하나. 위(胃)에서 항
　　　문(肛門)에 이르는 가늘고 긴 소화
　　　기관(消化器官). 대장(大腸)과 소장
　　　(小腸)으로 나뉨. 胃腸.
　　　心腹腎腸『書經』

창자 가르다 :

창자 가를 이【胇】장(腸)을 가름.
　　　比干剖葽弘胇『莊子』

창자루 :
창자루 근【矜】긍(矜)과 동자(同字).
矛其柄謂之矜『揚雄方言』
창자루 근【矜】起窮巷 奮棘矜『史記』
창자루 근【穫】모병(矛柄).
창자루 로【盧】로(櫨)와 통용. 모극(矛戟)의 자루.
秦無廬『周禮』
창자루 로【籚】로(櫨)와 통용. 극병(戟柄).
秦無籚『周禮』
창자루 장【杖】창 자루. 操杖以戰『呂氏春秋』
창자루 필【鉍】비(柲)와 동의.
창자 속 기름 :
창자 속 기름 군【䐃】腹中脂肪.
창접 바라지 : 방에 햇빛이 들도록 바람벽의 위 쪽에 낸 작은 창,
창접 바라지 접【楪】牖也. 남쪽의 창.
창집 :
창집 계【綮】계(棨)와 동자(同字).
창칼 : 풀 같은 것을 칠하거나 껍질 같은 것을 벗기는 뭉툭한 칼.
창칼 비【錍】金錍刮眼膜『杜甫』
창칼 삭【削】書刀. 築氏爲削 長尺博寸『周禮』
창포(菖蒲) : 천남성과에 속한 여러해살이풀. 향기가 있고 연못이나 수로, 습지에서 자란다. 뿌리줄기가 옆으로 길게 자란다. 뿌리는 한방에서 약으로 쓰이고, 잎은 향료로 쓰이며, 단오에 창포물을 만들 때 쓰인다.
창포 손【蓀】溪蓀. 蘭蓀鼓蕙之芳『曹植』
창포 앙【茚】창포(菖蒲).
창포 창【菖】菖蒲. 菖始生『呂氏春秋』
찾다 :
찾을 계【䫘】사인(伺人).
찾을 고【告】방문하여 안부를 물음.
八十月告存『禮記』
찾을 관【關】얻으려고 찾음.
巫爲主人關飮食『史記』
찾을 렵【獵】찾아 구함. 涉獵.
爲獵魚師『大藏一覽』
찾을 문【問】
㉠ 방문함. 帝使池公持節問之『漢書』
㉡ 문병함. 問病. 問疾弔喪『說苑』
찾을 방【訪】
㉠ 심방(尋訪)함. 訪問. 探訪. 來訪.
門人有相訪者氣象皆好『朱熹』
㉡ 사물을 두루 찾음. 訪採. 博訪遺書『晉書』
㉢ 장소를 찾음. 訪古. 訪風景於崇阿『王勃』
찾을 방【郱】방(訪)과 통용. 郱公也『穀梁傳』
찾을 빙【聘】방문하여 안부를 물음. 聘問.
諸侯使大夫問於諸侯曰聘『禮記』
찾을 사【伺】높은 사람을 방문(訪問)함.
伺候車駕『漢書』
찾을 색【索】
㉠ 뒤지어 살핌. 索求. 大夫以索牛『禮記』
㉡ 남의 수중에 있는 것을 돌려 옴.
訟老君索傭錢『列仙傳』
찾을 색【捸】색(索)과 통용. 三以捸數『太玄經』
찾을 서【緖】추심(推尋)함. 緖正.
時緖正律曆『史記』
찾을 수【挍】수(搜)와 동자(同字).
수색(搜索)함. 大挍上林『漢書』
찾을 수【搜】
㉠ 수색(搜索)함. 搜査. 閉城門大搜『漢書』
㉡ 구함. 獨旁搜而遠紹『韓愈』
찾을 수【叟】수(搜)와 통용. 叟索私屠沽『漢書』
찾을 수【騪】수색함. 騪粟都尉『漢書』
찾을 심【尋】
㉠ 탐색함. 探尋. 旣窈窕以尋壑『陶潛』
㉡ 방문함. 尋訪. 棹歌搖艇月中尋『李白』
찾을 역【繹】근본을 찾아 캐냄. 추구(推究)함.
繹味. 繹之爲貴『論語』
찾을 원【原】근본을 캠. 근본을 추구(推究)함.
原始要終『易經』
찾을 재【在】존문(存問)함.
吾子獨不在寡人『左傳』
찾을 저【狙】웃어른을 찾아 안부를 물음.
伺候. 從狙而好小察『管子』
찾을 조【頫】천자의 사절(使節)이 제후를 방문함. 存頫省聘問臣之禮『周禮』
찾을 탐【探】가봄. 방문함. 探友. 在昔探賞猶可數深景秀句得傳『梅堯臣』
찾을 토【討】탐구(探究)함. 討論. 探討.
尋討禍源『魏志』
찾을 화【找】㊀ 尋也.
채 : 비파 같은 현악기를 타는 채.
채 려【棙】琵琶其撥曰棙『集韻』
채 렬【捩】揷捩擧琵琶『梁簡文帝』
채 발【撥】曲終收撥當心畫『白居易』
채 진【籈】어(敔)라는 악기를 두드리는 채.
所以鼓敔謂之籈『爾雅』
채마밭 : 푸성귀를 심는 밭.
채마밭 채【菜】園中鋤菜『世說』
채비 차리다 : 종복(從僕)이 거마(車馬)의 떠날 준비를 함. 채비.
채비 차릴 의【轙】象輿轙『漢書』
채색(彩色) : 여러 가지의 고운 빛깔. 또는 그 빛깔을 내는 물질.

채색 문【妏】채색(彩色).

채색 비【匪】且其匪色『周禮』

채색 욕【縟】번다(繁多)하게 장식(裝飾)한 채색.
　　　　鮮縟. 紛縟. 采飾纖縟『張衡』

채색 운【縕】囸 채색(采色).

채색 채【彩】
　㉠ 고운 빛깔. 潛實內結 豊彩外盈『傅休奕』
　㉡ 색을 칠하는 일. 不以傳彩爲巧『陳傅良』

채색 채【綵】문채(文彩). 衣五綵衣『高士傳』

채색 채【采】채(彩)와 동자(同字). 文采.
　　　　以五采彰施于五色『書經』

채색비단(彩色緋緞) : 얼룩얼룩한 비단.

채색비단 월【絨】채증(彩繒).

채색(彩色)하다 : (사람이)그림에 색을 칠하다.

채색할 압【韽】식채(飾彩).

채소(菜蔬) : 식용(食用)으로 재배하는 풀. 주로
　밭에서 기르는 무, 배추, 상추, 오이, 당근 따위
　를 이르며 주식(主食)에 따른 반찬(飯饌)이나
　간식(間食)으로 먹는다.

채소 여【茹】야채(野菜). 白露之茹『枚乘』

채소 유【蕕】채소(菜蔬).

채소(菜蔬)이름 :

채소이름 비【菲】순무 비슷한 야채. 습지에서
　　　　자라며 紫赤色의 꽃이 핌.
　　　　菜菲菜菲『詩經』

채식(菜食) : 채소나 과일 따위의 식물성 음식물
　을 위주로 먹음.

채식 소【素】소(疏)와 통용. 육식(肉食)의 대
　　　　(對). 素食. 食素.

채우다 : 가득 참. 또 가득 차게 함.

채울 광【擴】充也.

채울 만【滿】買地爲馬埒 編錢滿之『晉書』

채울 붕【弸】以其弸中而彪外也『揚子法言』

채울 비【備】수(數)에 넘음. 가입(加入)시킴.
　　　　文學掌故 補郡屬備員『史記』

채울 숭【崇】再拜崇酒『儀禮』

채울 실【實】충만하게 함. 實籩豆『儀禮』

채울 전【顚】전(闐)과 통용. 顚實揚休『禮記』

채울 전【塡】多取好女以塡後宮『漢書』

채울 조【找】보충(補充).

채울 충【充】
　㉠ 가득 차게 함. 以充府庫『周禮』
　㉡ 충당(充當)함. 充庖廚而已『漢書』

채전(菜田) : 채소를 심은 밭.

채전 포【圃】포(圃)와 동자(同字). 菜田.

채지(采地) :

채지 소【削】주대(周代)에 기전(畿甸) 200리(里)
　　　　안에 있던 대부(大夫)의 채읍(采邑).

家削之賦『周禮』

채지 채【埰】채(采), 채(宋)와 통용. 采地. 食邑.

채지 채【宋】채(采)와 동자(同字). 宋謂宋地 主
　　　　事者必有宋地 宋 采也. 采取賦稅
　　　　以供己有『爾雅疏』

채찍 : 가느다란 막대기의 끝에 가죽이나 노끈 따
　위를 매어, 가축을 때려서 모는 데 쓰는 물건.

채찍 과【簻】裁以當簻便易持『馬融

채찍 과【檛】壯士執檛隨之『五代史』

채찍 매【枚】以枚教閭『左傳』

채찍 차【築】筭也.

채찍 책【策】以其策指之『史記』

채찍 추【捶】捶扑. 檄以馬捶『莊子』

채찍 추【箠】鞭箠. 杖馬箠 下趙數十城『史記』

채찍 타【檛】筭也.

채찍 편【鞭】
　㉠ 마소를 모는데 쓰는 채. 左執鞭弭『左傳』
　㉡ 형벌 또는 독려하는데 쓰는 채.
　　　　胥吏執鞭度守門『周禮』

채찍 끝 장식 : 마편(馬鞭)의 두식(頭飾).

채찍 끝 장식 초【鞘】長鞘馬鞭擊左股『晉書』

채찍질하다 : 채찍으로 때림.

채찍질할 전【鐕】타편(打鞭).

채찍질할 책【策】抽矢策其馬『論語』

채찍질할 척【敕】鞭也.

채찍질할 추【箠】
　㉠ 채찍으로 침. 榜箠斬于炮烙『漢書』
　㉡ 그 형벌. 定箠令『漢書』

채찍질할 추【捶】捶打. 捶笞臏脚『荀子』

채찍질할 편【鞭】
　㉠ 채찍으로 침. 以赤鞭鞭草木『史記』
　㉡ 처서 몲. 驅鞭復愬愬『史記』
　㉢ 벌로 침. 請雨不驗 遂鞭像一百『北史』
　㉣ 격려함. 鞭撻. 古心雖自鞭『韓愈』

채찍 쳐 달리다 :

채찍 쳐 달릴 송【駷】말을 채찍을 쳐 달림.
　　　　陽越下取策 臨南駷馬而由
　　　　乎孟氏『公羊傳』

책(冊) :

책 경【經】
　㉠ 사물의 전거(典據)가 되는 책.
　　　　挾經秉袍『國語』
　㉡ 성인(聖人)의 저서(著書). 六經. 四書三經.
　　　　右經一章 蓋孔子之言『大學章句』

책 권【卷】고대에는 책을 매지 않고 두루마리로
　　　　하였으므로 인신(引伸)하여 책의 뜻으
　　　　로 쓰임. 書卷. 手不輟卷『晉書』

책 본【本】一人持本 一人對讀『西溪叢語』

책 분 【墳】 삼황(三皇)의 서적(書籍). 인신(引伸)
　　　　하여 고서(古書). 篤好墳史 『隋書』

책 재 【載】 전적(典籍). 서적(書籍).
　　　　載籍極博 『史記』

책 전 【傳】 고대의 기록. 齊宣王問曰 湯放桀武
　　　　王伐紂 有諸 孟子對曰 於傳有之 『孟子』

책 전 【典】 典籍. 經典. 兼修隨典 『北史』

책 질 【帙】 서책(書冊). 書帙. 荷帙從師 『北史』

책 책 【筞】 책(冊)과 동자(同字). 서적(書籍).

책 책 【策】 문자를 기록한 것.
　　　　先生書策琴瑟在前 『禮記』

책 책 【冊】 서적(書籍). 冊子. 冊書.
　　　　魯冊于是飛華 『晉書』

책 판 【版】 서적(書籍). 修業不息版 『管子』

책 편 【篇】 완결한 서책(書冊).
　　　　著之於篇 『漢書』

책 편 【編】 편(篇)과 동자(同字). 서적(書籍).
　　　　百家之編 『韓愈』

책 갑 :

책 갑 질 【袤】 질(袟)과 동자(同字).
　　　　吾綈袤中 『後漢書』

책 갑 질 【帙】 서의(書衣). 飛文染翰 則卷盈乎
　　　　緗帙 『昭明太子』

책 갑 질 【袟】 질(帙)과 동자(同字).

책 꾸미다 :

책 꾸밀 황 【潢】 서책이나 서화첩을 꾸며 만듦.
　　　　有裝潢紙法 『齊民要術』

책 끈 :

책 끈 편 【編】 책을 맨 끈. 또 그 맨 자리.
　　　　韋編三絶 『史記』

책력(冊曆) : 천체를 관측하여 해와 달의 운행이
　　나 월식, 일식, 절기 따위를 적어 놓은 책. 주
　　로 일 년을 단위로 만든다.

책력 력 【曆】
　　㉠ 역법(曆法). 역서(曆書). 視曆開書 『古詩』
　　㉡ 인신(引伸)하여 연대(年代). 수명(壽命). 운
　　　명(運命) 등의 뜻으로 쓰임. 曆數.
　　　周過其曆 秦不及期 『漢書』

책망(責望) : 잘못을 나무라거나 꾸짖으며 못마땅
　　하게 여김.

책망 견 【譴】 죄책(罪責). 畏此譴怒 『詩經』

책망 책 【責】 힐책(詰責). 不受當時之責 『仲長統』

책망하다 :

책망할 망 【謺】 책망(責望).

책받침 : 착(辶) 받침을 속(俗)에서 잘못 발음하
　　는 것이 굳어진 부수자의 훈(訓).

책받침 착 【辶】 착(辵)과 동자(同字). 착(辵)을
　　　　부수(部首)로 쓸 때의 자체(字體).

책살(磔殺)하다 : (어떤 사람이 다른 사람을)기둥
　　에 세워서 묶고 창으로 찔러 죽이다.

책살할 박 【膊】 발가벗겨 책형(磔刑)에 처함.
　　　　殺而膊諸城上 『左傳』

책상(冊床) : 주로 글을 읽거나 쓸 때에 이용하기
　　위한 상.

책상 격 【榋】 안각(案脚).

책상 궤 【机】 궤(几)와 동자(同字). 机上.
　　　　渙奔其机 『易經』

책상 궤 【几】 궤(机)와 동자(同字). 几案. 几硯.
　　　　或肆之筵 或授之几 『詩經』

책상 당 【檔】 서안(書案).

책상 안 【案】 案頭. 窺室惟案几 『丘爲』

책상 오 【梧】 梧右.

책상 이 【箷】 几也.

책상 황 【橫】 황(榥)과 동자(同字).

책상 황 【榥】 서안(書案). 榥讀書狀 『品字箋』

책상다리하다 : 한 다리를 오그리고 다른 한 다
　　리를 그 위에 포개어 앉는 자세.

책상다리할 가 【跏】 結跏趺坐 『法華經』

책상다리할 계 【啓】 啓居. 不遑啓處 『詩經』

책상다리할 부 【趺】 結跏趺坐 『法華經』

책 상자 :

책 상자 급 【笈】 짊어지고 다니는 책 상자.
　　　　負笈從師 『史記』

책선(責善)하다 : 착한 일을 하도록 서로 권함.

책선할 시 【偲】 朋友切切偲偲 『論語』

책이름 :

책이름 예 【禮】 경서(經書)의 이름.
　　　　周禮, 儀禮, 禮記를 三經이라 함.

책임(責任) : 당연히 하여야할 임무.

책임 책 【責】 重責. 塞責.
　　　　任其事而自當其責 『莊子註』

책잡다 :

책잡을 의 【議】
　　㉠ 비난함. 軼議時事 『十八史略』
　　㉡ 入則心非 出則巷議 『史記』

책 주머니 :

책 주머니 업 【裛】 서낭(書囊).
　　　　裛書囊也 『說文解字』

책 편찬하다 :

책 편찬할 찬 【纂】 편찬(編纂).

책하다 :

책할 구 【求】 책망함. 所求乎子 『中庸』

책할 궤 【詭】 책망함. 臣出守郡自詭效功 『漢書』

책할 기 【譏】 책망함. 何以書譏 『公羊傳』

책할 수 【數】 죄목을 일일이 세어 책망(責望)함.
　　　　數罪. 使吏數之 『左傳』

책할 주【誅】책망함. 誅責. 誅求無時『左傳』

처남(妻男) :

  처남 출【出】처(妻)의 형제.

               康公我之自出也『左傳』

처넣다 : 일정한 공간에 마구 집어넣다.

  처넣을 양【鑲】채워 넣음.

처네 : 아이를 업을 때 쓰는 포대기.

  처네 답【褡】橫褡. 소피(小被).

처녀(處女) : 아직 결혼하지 않은 성숙한 여자.

  처녀 이【姬】未嫁女稱. 처녀(處女).

처녑 : 소나 양 등 되새김질을 하는 동물의 셋째 위(胃). 얇은 주름으로 되어 있다.

  처녑 비【膍】膍 牛百葉也『說文解字』

처 들어오다 :

  처 들어올 구【寇】해(害)를 입힘.

             寇掠. 匈奴寇邊『十八史略』

처리(處理)하다 :

  처리할 조【措】처치(處置)함. 措處. 措置. 措大.

처마 : 지붕의 도리 밖으로 내민 부분.

  처마 담【檐】지붕의 끝.

  처마 려【梠】屋梠.

  처마 면【楬】추녀. 擗薫楬兮既張『楚辭』

  처마 무【廡】有白燕一雙 巢前庭樹 馴狎欄廡 時 至几案『南史』

  처마 비【椑】樓檻文椑『張衡』

  처마 염【櫩】飛櫩.

  처마 우【宇】上棟下宇『易經』

  처마 익【翼】列葈橑以布翼『後漢書』

  처마 첨【簷】첨(檐)과 동자(同字). 簷橑. 作深簷 以障風雨『閑情偶奇』

  처마 첨【檐】추녀. 飛檐. 復廟重檐『禮記』

  처마 하【廈】大廈成而燕雀相賀『淮南子』

  처마 헌【軒】高軒. 周軒中天『左思』

처마 밑 : 처마의 아래.

  처마 밑 우【宇】八月在宇『詩經』

처서 거꾸러뜨리다 :

  처서 거꾸러뜨릴 별【抐】격도(擊倒).

처소 바꾸다 :

  처소 바꿀 원【趯】居處相換.

처음 : 일의 과정에서 시간적으로나 순서상 맨 앞에 놓이는 부분.

  처음 률【萃】初也.

  처음 삭【朔】시초(始初). 皆從其朔『禮記』

  처음 시【始】

    ㉠ 시초(始初). 始末. 君子以作事謀始『易經』

    ㉡ 根本. 根源. 無名天地之始『老子』

    ㉢ 최초(最初)에. 처음에. 始作俑者『孟子』

    ㉣ 이전(以前)에. 始余初冠 應進士『韓愈』

처음 우【禺】사단(事端)이 처음으로 나타나는 일.

             將合可以禺『管子』

처음 장【長】根源. 元者善之長也『易經』

처음 조【造】맨 먼저. 造攻自鳴條『書經』

처음 창【刱】初也.

처음 책【嘖】시초. 探嘖索隱『易經』

처음 초【初】

  ㉠ 始初. 最初. 夫禮之初 始諸飲食『禮記』

  ㉡ 始作. 단서(端緒). 愼厥初 惟厥終『書經』

  ㉢ 근본(根本). 不忘其初『史記』

  ㉣ 無以反性情而復其初『莊子』

  ㉤ 고사(故事). 夫魯有初『禮記』

  ㉥ 어릴 때. 我生之初 尙無爲『詩經』

  ㉦ 이전(以前). 遂爲母子如初『左傳』

  ㉧ 처음으로. 民之初生 固若禽獸然『韓愈』

처음 초【草】창시(創始). 天造草昧『易經』

처음 태【太】최초(最初). 太極. 太初者氣之始也『列子』

처음 태【殆】시초(始初)에. 殆及公子同歸『詩經』

처음 난 고사리 :

  처음 난 고사리 별【虌】初生蕨.

처음으로 날다 :

  처음으로 날 랍【鵬】鵬翮. 飛初起貌.

처자(妻子) : 처와 자식. 한집안 식구.

  처자 노【孥】罪人不孥『孟子』

  처자 노【帑】노(孥)와 동자(同字). 妻帑. 秦人送其帑『左傳』

처지다 :

  처질 탐【耽】귀가 커서 축 처짐. 夸父耽耳『淮南子』

처하다 :

  처할 보【步】처세함. 高步當年『晉書』

  처할 처【處】제재(制裁)함. 處刑. 竊人之財刑辟之所處『顔氏家訓』

척(隻) : 배의 수효를 세는 말.

  척 소【艘】渾萬艘而既同『左思』

  척 척【隻】一隻船.

천간(天干) : 육십갑자(六十甲子)에서 위의 단위를 이루는 요소.

  천간 간【干】십간(十干). 干支. 支干配天地之用也『皇極經世書』

천거하다 : (어떤 사람이 다른 사람을 어디에, 또는 어떤 사람이 다른 사람을 어디로)어떤 자리에 일을 맡아 하거나 쓰도록 책임지고 소개하거나 내세우다.

  천거할 공【貢】貢士. 貢生. 爾無以釗冒貢于非幾『書經』

  천거할 익【翼】推薦. 翼姦以獲封侯『漢書』

천거할 천【薦】推薦. 馬援並薦之『後漢書』

천거할 천【荐】천(薦)과 통용.

천곡(賤曲) : 천한 가곡(歌曲). 속된 가곡(歌曲).

천곡 파【巴】歌能莫雜巴『李商隱』

천궁(川芎) : 미나릿과에 속한 여러해살이풀. 꽃
잎은 다섯 개며 안쪽으로 꼬부라졌다. 열매는
달걀 모양으로 성숙하지 않으며 뿌리는 강한
향기가 있고 진정제, 진통제 및 강장제로 쓰인다.

천궁 궁【芎】川芎.

천궁 궁【藭】芎藭.

천궁(川芎)이 모 :

천궁이 모 강【茳】천궁(川芎)이의 모. 茳蘺.
　　　　　　　　　要我賦蘭茳『黃庭堅』

천단(擅斷) : 제멋대로 하는 일. 전횡(專橫)함.

천단 천【擅】此所謂擅也『管子』

천단(擅斷)하다 :

천단할 천【擅】擅恣. 六卿擅權『史記』

천도(遷都) : 도읍을 옮김.

천도 천【遷】季文子如晉 賀遷也『左傳』

천둥 : 뇌성(雷聲)과 번개를 동반하는 대기 중의
방전 현상(放電現象).

천둥 력【靂】霹靂.

천둥 뢰【畾】
　㉠ 뢰(雷)의 고자. 殷其畾在南山之陽『詩經』
　㉡ 우레 소리. 큰소리의 비유.
　　聚 蚊成雷下田田『漢書』

천둥 뢰【雷】
　㉠ 雷雨. 雷火. 雷乃發聲『禮記』
　㉡ 우레 소리. 큰 음양의 비유(比喩).
　　雷鳴. 衆呼成雷『淮南子』
　㉢ 남에 덩달아 소리를 지름. 한 통이 되어
　　떠듦. 毋雷同『禮記』
　㉣ 거친 성미의 비유. 性行暴如雷『古詩』

천둥 벽【霹】霹靂. 천둥 또는 벼락이 침.
　　　　　　雷霆霹靂. 霹靂破所倚柱『世說』

천둥 벽【劈】요란(擾亂)한 뇌성(雷聲). 劈歷

천둥 운【賈】齊人謂雷爲賈『說文解字』

천둥 번개 치다 :

천둥 번개 칠 잡【霅】霅霅.

천둥소리 : 천둥이 칠 때 나는 소리.

천둥소리 롱【礱】우레 소리. 礱礱.

천둥소리 은【殷】뇌성(雷聲). 殷其雷『詩經』

천둥소리 정【霆】如霆如雷『詩經』

천둥소리 진【震】爆爆震電『詩經』

천리마(千里馬) : 하루에 천리를 달릴 수 있는
아주 빠르고 좋은 말.

천리마 기【驥】
　㉠ 驥垂兩耳 服鹽車兮『賈誼』

㉡ 인신(引伸)하여 준재(俊才).
　　劉正兄弟二人 時號兩驥『白帖』

천리마 앙【駉】千里駒.

천막(天幕) : 유목민(遊牧民)의 옥사(屋舍).

천막 장【帳】接帳連轞『晉書』

천만(千萬) :

천만 경【京】조(兆)의 십배(十倍).

천묘(遷廟) :

천묘 조【祧】원조(遠祖)를 합사(合祀)하는 사당
　　　(祠堂). 以先君之祧處之『左傳』

천문기계(天文機械) : 천체(天體)의 측도(測度)에
쓰이는 기계.

천문기계 의【儀】渾天儀. 定精微于晷儀『後漢書』

천민(賤民) : 신분이 낮고 천한 백성.

천민 얼【孽】孽妾. 癩梟本爲太原孽『張憲』

천번(千番) :

천번 천【千】千回. 人十能之 己千之『中庸』

천 사람 어른 :

천 사람 어른 천【仟】천명(千名)의 두목(頭目).
　　　　　　　　　俛仰仟佰之中『史記』

천산갑(穿山甲) : 열대지방에서 나는 비늘이 덮
인 짐승.

천산갑 릉【鯪】鯪鯉.

천연(遷延)하다 : 시간을 자꾸 끄는 모양.

천연할 염【苒】時去苒荏 歲行復半『陸運』

천연할 임【荏】荏苒.

천인(賤人) : 사회적으로 가장 낮은 신분의 계층.
또는 그 신분의 사람.

천인 갈【褐】旨酒一盛兮 余與褐之父睨之『左傳』

천자(天子) : 하늘의 아들이라는 뜻으로, 제국의
군주를 이르는 말.

천자 성【聖】
　㉠ 황제(皇帝)의 존칭.
　　聖上. 聖主. 佐聖扶命『阮籍』
　㉡ 天子에 관한 사물의 존칭.
　　聖思. 聖旨. 參象乎聖躬『班固』
　㉢ 존숭(尊崇)하는 사물의 경칭.
　　韜靈藏聖『劉峻』

천자의 자리 :

천자의 자리 보【步】步位. 改玉改步『國語』

천제(天祭) 지내다 :

천제지낼 류【禷】以事禷祭天神.

천제지낼 선【禋】제천(祭天).

천지각(天地角) : 하나는 위로 하나는 아래로 향
한 소의 뿔. 또 그런 뿔이 난 소.

천지각 기【觭】角一俯一仰觭『爾雅』

천지각 파【牠】天地角.

천진(天眞)하다 : 조금도 가식(假飾)이 없음.
천진할 순【純】純眞. 不剖割純樸『淮南子』
천천히 : 느리게.
천천히 서【徐】徐行. 淸風徐來 水波不興『蘇軾』
천천히 서【舒】조용히. 登東皐以舒嘯『陶潛』
천천히 걷다 :
천천히 걸을 기【伎】徐行貌. 維足伎伎『詩經』
천천히 걸을 람【邋】邋邋. 徐行貌.
천천히 걸을 려【憠】行步安舒.
憠憠江南子『韓愈』
천천히 걸을 려【邌】徐行貌.
천천히 걸을 발【犮】서행(徐行).
천천히 걸을 쇠【夊】서행(徐行)함.
천천히 걸을 언【趮】완행(緩行).
천천히 걸을 여【趣】안행(安行).
천천히 걸을 준【夋】徐行貌.
천천히 걸을 척【趏】완보(緩步).
천천히 걸을 천【辿】완보(緩步)함.
천천히 걸을 탑【遝】邋遝. 穩行貌.
천천히 말하다 :
천천히 말할 원【諢】徐語 源源而來『孟子』
천천히 먹다 :
천천히 먹을 철【餟】食不速.
천천히 보다 :
천천히 볼 담【覘】서시(徐視).
천천히 하다 :
천천히 할 서【徐】느림. 不疾不徐『莊子』
천천히 할 제【折】안서(安徐)한 모양.
吉事欲其折折爾『禮記』
천치(天癡) : 선천적으로 바보 임. 또 그 사람.
천치 창【惷】三赦 曰惷愚『周禮』
천하(天下) : 나라. 세계.
천하 우【宇】宇內. 使各有寧宇『國語』
천하게 여기다 :
천하게 여길 비【鄙】
㉠ 얕봄. 천대(賤待)함.
過我而不假我鄙我也『左傳』
㉡ 비천하다고 생각함.
巫醫百工之人 君子鄙之『韓愈』
㉢ 수치로 여김. 君子所鄙『史記』
천하다 :
천할 말【末】미천(微賤)함. 位末名卑『南史』
천할 미【微】微賤. 子思臣也微也『孟子』
천할 비【鄙】신분(身分)이 낮음.
魯之鄙家也『呂氏春秋』
천할 세【細】비천(卑賤)함. 또 그 사람. 細人.
奸細. 怨由細『國語』
천할 쇄【瑣】비천(卑賤)함. 名地卑瑣『南史』
천할 시【斯】시(廝)와 통용. 비천(卑賤)함.
職斯祿薄『後漢書』
천할 질【㑇】賤也.
천할 참【儳】비루(鄙陋)함.
其躬儳焉如不終日『禮記』
천할 창【傖】비루(鄙陋)하고 더러움.
傖父. 不足齒之傖耳『晉書』
천할 천【賤】
㉠ 지위(地位) 신분(身分)이 낮음. 貧賤.
人賤物亦鄙『古詩』
㉡ 등급 또는 계급이 아래임.
大夫於其臣 雖賤必答拜之『禮記』
㉢ 값이 헐함. 物賤無買錢『李義山雜纂』
㉣ 하등(下等)임. 급함. 賤業.
不習賤劣事『李義山雜纂』
㉤ 자기의 겸칭(謙稱)의 접두어(接頭語)로 쓰임.
賤妾. 賤子歌一言『鮑照』
㉥ 천한 사람. 貴賤. 以貴下賤『易經』
천할 총【傱】비루(鄙陋)함. 近世而不傱『荀子』
천할 탑【闒】在闒茸之中『漢書』
천할 탑【闟】탑(闒)과 통용.
爲掃除之吏 在闟茸之中『司馬遷』
천할 한【寒】지체(肢體)가 낮음.
出自寒微『晉書』
천할 휴【侇】賤也.
천한 말 :
천한 말 질【嗔】천언(賤言).
천한 이 :
천한 이 비【鄙】賞鄙以招賢『潛夫論』
천한 직업 :
천한 직업 반【釜】賤事之貌.
천한 할미 :
천한 할미 극【媿】천온(賤媪).
천히 여기다 :
천히 여길 천【賤】
㉠ 천(賤)하다고 경멸(輕蔑)함.
賤易. 恃才矜貴 賤侮朝臣『北史』
㉡ 경시(輕視)함. 귀하게 여기지 아니함.
不貴異物賤用物『書經』
㉢ 哲賤間出『歷代名畫記』
철 :
철 계【季】일년을 사등분한 석 달 동안.
四季. 伊朱明之季節也『夏侯湛』
철 령【令】시절(時節). 月令.
철 시【時】사철. 天有四時 春夏秋冬『禮記』
철 후【候】
㉠ 일년(一年)을 칠십이(七十二)로 나눈 시기(時期)의 이름. 節候. 五日一候『魏書』

ⓛ 시절(時節) 또는 날씨. 時候. 氣候. 節候.
　　欲知農桑之候『宋史』

철갑상어 : 철갑상엇과에 속한 바닷물고기. 몸은
　긴 원통 모양이고 주둥이가 길고 뾰족하게 나
　왔다. 빛깔은 등은 회청색이며 배는 희다. 입
　은 아래쪽에 있고 네 개의 수염이 있으며 턱
　에는 이가 없다.

　철갑상어 심【鱘】 심어(鱘魚)).
　철갑상어 심【鱏】 심어(鱏魚).
　철갑상어 전【鱣】 鱣魚. 楗江湖之鱣鮪『漢書』
　철갑상어 황【鰉】 전어(鱣魚). 황어(黃魚).
　철갑상어 황【鱑】 鱑魚.

철릭 : 조선 시대, 무관(武官)이 입던 공복(公服)
　의 하나. 깃이 곧고 허리가 넓으며, 허리에 주
　름이 잡히고 큰 소매가 달렸다. 당상관은 남
　빛, 당하관은 분홍빛으로 구별되었다. 몽골어.

　철릭 란【襴】 裳與衣連.

철매 : 연료가 불에 탈 때 생기는 연기와 그을음.
　철매 태【炱】 매연(煤煙). 煤炱.
　　　　　　置煙炱中『南方草木狀』

철물 : 쇠로 만든 기물. 특히 무기(武器).
　철물 철【鐵】 寸鐵. 人無尺鐵『李陵』

철쭉꽃 : 진달랫과에 속한 낙엽 관목. 5월에 진달
　래꽃과 비슷한 분홍, 연분홍 색깔의 꽃이 무리
　지어 피며 10월에 열매가 익는다.

　철쭉꽃 척【躑】 躑躅. 花名.
　철쭉꽃 촉【躅】 躑躅. 花名.
　　　　　　躑躅 成山開不算『韓愈』

철쭉나무 : 철쭉과에 속하는 낙엽교목. 두견화.
　철쭉나무 척【薅】 薅薔. 薅薔成山開不算『韓愈』
　철쭉나무 촉【薔】 薅薔.

철추(鐵鎚) : 쇠몽둥이.
　철추 추【鎚】 以鐵鎚鍛其頭數千下『抱朴子』

철하다 :
　철할 주【紬】 紬史記金匱石室之書『史記』

첨대 :
　첨대 금【笒】 죽첨(竹籤).

첩 :
　첩 본【本】 서첩(書帖) 또는 화첩(畫帖).
　　　　　　榻兩本進『畫斷』
　첩 소【小】 비첩(婢妾). 慍于群小『詩經』
　첩 첩【妾】
　　ⓐ 작은마누라. 愛妾.
　　　　聘則爲妻奔則爲妾『禮記』
　　ⓛ 여자의 겸칭(謙稱). 개부(介婦).
　　　　妾自有隱居之服『後漢書』
　첩 첩【帖】 약 한 봉지. 寧主每命尙醫 止進一藥
　　　　　戒以不分作三四帖『四朝聞見錄』

첩 추【簉】 소실(小室). 簉室.
첩 휘【媿】 妾也.
첩 희【姬】 측실(側室). 姬妾. 昭王幸姬『史記』
첩첩하다 :
　첩첩할 불【弗】 弗鬱. 산이 첩첩이 둘러쌓인 모양.
　　　　　　其山則盤紆弗鬱『司馬相如』
첫 :
　첫 단【端】
　　ⓐ 시초. 五行之端『禮記』
　　ⓛ 惻隱之心 仁之端也『孟子』
　첫 정【正】 세수(歲首). 正月.
첫머리 :
　첫머리 두【頭】 사물의 시작. 年頭月尾『唐書』
　첫머리 수【首】
　　ⓐ 사물의 시작. 年首. 首時過則書『公羊傳』
　　ⓛ 앞. 首尾. 謬取老子居列 傳首『史記』
첫아이 :
　첫아이 수【顔】 初産兒.
첫아이 배다 :
　첫아이 밸 명【娠】 초잉(初孕).
　첫아이 밸 애【殙】 매태(脄胎).
첫째 :
　첫째 갑【甲】
　　ⓐ 제일위(第一位). 또 최상(最上).
　　　甲富. 北闕甲第『張衡』
　　ⓛ 첫째가다. 제일위(第一位)가 되다.
　　　臣萬乘之魏 而甲秦楚『戰國策』
　　ⓛ 둘 이상 있는 중에서 처음 것을 나타내는
　　　대명사(代名詞). 곧 순번(順番)의 첫째.
　　　兄弟二人 甲某乙某.
　첫째 맹【孟】 사시(四時)의 처음.
　　　孟月. 孟春之月『禮記』
　첫째 일【一】 제일(第一). 一等.
　　　治爲天下第一『漢書』
첫째 지지 :
　첫째지지 자【子】 십이지(十二支)의 제일위(第一位)
　　　　　　고갑자(古甲子)는 곤돈(困頓) 시
　　　　　　각(時刻)으로는 23시부터 1시까
　　　　　　지 방위(方位)로는 정북(正北)
　　　　　　달로는 음력(陰曆) 11월 때로는
　　　　　　쥐에 배당(配當)됨.
첫째 천간 :
　첫째 천간 갑【甲】 알봉(閼逢). 십간(十干)의 제
　　　　　　일위(第一位). 甲子. 太歲在
　　　　　　甲曰閼逢月在甲曰畢『爾雅』
청(請) : 어떤 일을 이루기 위해 남에게 부탁함.
　청 청【請】 초청(招請). 청탁(請託).
　　　　　　顧榮在洛陽 嘗應人請『世說』

청개구리 : 양서류 청개구릿과에 속한 한 종. 등은 회색 또는 녹색 바탕에 검은 무늬가 흩어져 있는데, 주위 환경에 따라 몸빛이 변하는 특성이 있다. 발가락 끝에 빨판이 있어 나무에 오를 수 있다. 수컷은 턱밑에 큰 울음주머니를 가지고 있는데, 산란기나 습도가 높은 날에는 심하게 운다.

청개구리 괵 【蟈】 螻蟈.

청개구리 기 【蚑】 蚑 蛙也.

청개구리 루 【螻】 螻蟈. 孟夏之月螻蟈鳴 蚯蚓出 『禮記』

청대(靑黛) : 쪽으로 만든 검푸른 물감. 또 그 물감으로 물을 들임.

청대 전 【靛】 藍質浮水面者爲靛花 『本草經』

청렴(淸廉)하다 :

청렴할 렴 【廉】 淸廉潔白. 廉潔. 簡而廉 『書經』

청맹과니 : 겉으로는 멀쩡해 보이나 실제로는 앞을 보지 못하는 눈. 또는 그런 눈을 가진 사람.

청맹과니 광 【矌】 目無珠.

청맹과니 몽 【矇】 청맹(靑盲).

청명(淸明)하다 :

청명할 연 【曣】 해가 뜨고 구름이 없음.

청부(靑蚨) : 매미 비슷한 벌레. 그 피를 돈에 바르면 이 돈이 남의 수중에 들어가도 도로 날아 돌아 온다 하여 돈의 별칭으로 쓰임.

청부 부 【蚨】 靑蚨. 南方有虫 名靑蚨 大如蠶子 取其子 則母飛來 以母血 塗錢八十一文 每市物 或先用母錢 或先用子錢 皆後飛歸 輪環無已 『搜神記』

청설모(靑鼠毛) : 다람쥣과에 속한 포유동물. 몸빛은 회갈색이고, 사지(四肢)와 귀의 긴 털은 흑색이다. 종자, 과실, 나뭇잎 등을 먹고 가을에는 땅속에 먹이를 저장한다. 그 털은 주로 붓을 만드는 데에 쓰인다.

청설모 준 【鼲】 鼲 石鼠也. 鼠屬毛可爲筆.

청소하다 :

청소할 척 【滌】 소제함. 十月滌場 『詩經』

청어(鯖魚) : 청어목 청어과에 속한 바닷물고기. 작은 머리에 몸은 유선형이며, 측면은 은백색이고 등은 짙은 청색의 금속성 색조를 띤다.

청어 비 【鯡】 청어(靑魚).

청어 청 【鯖】 청어(靑魚).

청어 알 :

청어 알 회 【鯖】 回 靑魚卵.

청컨대 : 바라건대.

청컨대 걸 【乞】 乞以此骨付之有司 投諸水火 『韓愈』

청컨대 장 【將】 將子無怒 『詩經』

청컨대 청 【請】 王請勿疑 『孟子』

청하다 :

청할 걸 【乞】 청구(請求)함. 乞求. 三王有乞言 『禮記』

청할 사 【辭】 要請. 大夫辭而復之 『國語』

청할 청 【請】

㉠ 물건을 구함. 請求. 請纓繫南粵 『魏徵』

㉡ 바람. 원함. 請願. 上書自請擊 吳 『漢書』

㉢ 빎. 기원(祈願). 余得請於帝 『左傳』

㉣ 부름. 초대함. 招請. 請貴客不來 惡客不請自來 『李義山雜纂』

청황색(靑黃色) :

청황색 국 【麴】 天子乃薦麴衣于先帝 『周禮』

청흑색(靑黑色) : 검푸른 빛.

청흑색 정 【靘】 玄猿啼深靘 『李華』

체 : 가루를 치는 제구.

체 사 【籭】 사(篩) 사(篩) 사(簁)와 동자(同字). 竹器有孔除麤取細.

체 사 【篩】 竹下麗篩.

체 사 【篩】 篩以竹篩爲之 『漢書』

체 속 【籔】 篩也.

체 시 【簁】 篩也.

체다리 : 술 거를 때 쓰는 기구.

체다리 척 【柘】 柘櫨 漉酒具.

체지(帖紙) : 관청에서 이예(吏隷)를 고용(雇用)하는 서면(書面).

체지 첩 【帖】 帖紙.

체지 체 【帖】 回 帖紙.

체질하다 :

체질할 라 【羅】 체로 침. 用此羅之 『日用雜字』

체하다 :

체할 위 【爲】 가장(假裝)함. 佯爲不知永巷 而入其中 『史記』

쳐다보다 :

쳐다볼 감 【瞰】 첨시(瞻視).

쳐다볼 망 【眐】 앙시(仰視).

쳐다볼 우 【盱】 치떠 봄. 盱豫悔 『易經』

초(酢) :

초 동 【酮】 酢也.

초 :

초 고 【稿】 초안(草案). 屬草稿 『史記』

초 등 【燈】 심지를 한 가운데 박은 불을 켜는 물건. 剪燈短 『王君玉』

초 람 【醂】 醋也.

초 산 【酸】 신 조미료. 糅以芳酸 『曹植』

초 악 【醶】 酢也.

초 염 【釅】 酸也.

초 참 【醦】 酢也.

초 초【秒】囼 시간 또는 각도(角度)의 단위.
　　1分의 1/60.

초 초【酢】신 조미료.
　　寧飮三升酢 不見崔弘度『隋書』

초 초【醋】신 조미료의 한가지. 薄醋. 酒醋.

초 초【草】초고(草稿). 視草酒遣『漢書』

초 초【抄】등사(謄寫). 발록(拔錄).
　　樂府歌辭抄『隋書』

초 초【鈔】초록(初錄). 拔錄.
　　天文集要鈔二卷『隋書』

초 촉【燭】심지를 한 가운데 박은 불을 켜는
　　물건. 燭淚在地 往往成堆『歸田錄』

초 혜【醯】혜(醯)와 동자(同字). 산장(酸漿).
　　以醯灌鼻『唐書』

초 혜【醢】신 조미료. 醢醬處內『禮記』

초가(草家) : 풀로 지붕을 인 둥근 집.
　　초가 포【蒲】草圓屋曰蒲『釋名』

초가집 :
　　초가집 발【庍】초사(草舍).

초결명 :
　　초결명 결【英】英茪 해구(薢茩).
　　초결명 구【茩】薢茩 결명(決明).

초고(草稿) : 문서의 원안.
　　초고 검【檢】公家文書稿 中書謂之草 樞密院謂
　　　之底 三司謂之檢『春明退朝錄』
　　초고 고【藁】原藁. 屬草藁『史記』
　　초고 고【稿】초안(草案). 屬草稿『史記』
　　초고 저【底】문서의 원고(原稿). 底本. 公家文
　　　書之槀 中書謂之草 樞密院謂之底
　　　三司謂之檢『春明退朝錄』

초김치 :
　　초김치 고【酤】초저(醋菹). 一名菲菹.

초(楚)나라 서울 :
　　초나라 서울 영【郢】춘추시대 초(楚)나라 서울.

초두(艸頭) :
　　초두 초【艹】초(草)와 동자(同字). 部首名.

초록빛 : 청색(靑色)과 황색(黃色)의 간색(間色).

초록빛 기【綦】녹색(綠色). 縞衣綦巾『詩經』

초록빛 려【綟】復設諸侯王金璽綟綬『東觀漢記』

초록빛 록【綠】新綠. 翠綠. 綠髮.
　　綠雲擾擾梳曉鬟也『杜牧』

초록빛 효【絞】창황색(倉黃色).
　　絞衣以裼之『禮記』

초막(草幕) : 짚이나 풀 따위로 지붕을 만들어 조
　　그맣게 지은 막집.
　　초막 랄【廁】庵也.

초명새 :
　　초명새 명【鵬】鷦鵬. 神鳥似鳳.

초목(草木) : 풀과 나무의 총칭(總稱).

초목 발【髮】지상(地上)의 초목(草木)은 사람의
　　　머리와 같으므로 이름.
　　　窮髮之北『莊子』

초목 수【樹】萍樹根于水 木樹根于土『淮南子』

초목 훼【卉】嘉卉. 卉旣凋『張衡』

초목 거꾸러지다 :
　　초목 꺼꾸러질 도【封】草木倒.

초목 꽃이 처음나다 :
　　초목 꽃이 처음날 순【芛】今俗呼草木華初生者
　　　爲芛『郭曰』

초목 꽃 하얗게 피다 :
　　초목 꽃 하얗게 필 엽【皣】草木白華.

초목 무성하다 :
　　초목 무성할 빙【蘋】草木茂盛.

초목 성하다 :
　　초목 성할 순【芛】草木盛生.

초목에 열매 다닥다닥 맺히다 :
　　초목에 열매 다닥다닥 맺힐 유【㲜】草木實垂㲜㲜.

초목의 꽃 :
　　초목의 꽃 의【芛】芛草木之花也. 芛艸之皇榮也
　　　『說文解字』

초목이 시들어 죽다 :
　　초목이 시들어 죽을 심【茻】草木萎死.

초벌 찧은 쌀 :
　　초벌 찧은 쌀 산【䉤】현미(玄米).

초병(哨兵) : 적의 움직임을 살피고 경계 구역을
　　지키는 병사.
　　초병 후【候】斥候兵. 得賊羅候『魏志』

초빈(草殯)하다 : 어떤 사정으로 인하여 장사를
　　속히 지내지 못하고 송장을 방안에 둘 수 없을
　　때, 임시로 한데나 의지간(倚支間)에 놓고 이엉
　　따위로 그 위를 이어서 눈이나 비 따위를 가리
　　다.
　　초빈할 빈【殯】殯於五父之衢『禮記』

초서(草書) : 한자 서체의 하나. 필획(筆畫)을 가장
　　흘려 쓴 서체. 전서(篆書)나 예서(隷書) 따위를 간
　　략히 한 것으로, 흔히 초고(草稿) 등에 쓴다.
　　초서 초【草】好古文隷草『魏志』

초서(草書) 쓰다 :
　　초서 쓸 치【䎦】초서(草書)를 씀.

초서(草書)의 필세 :
　　초서의 필세 남【灠】草書勢.

초석(硝石) : 무색(無色)의 결정체(結晶體)를 이룬
　　폭발성(暴發性)이 있는 광물(鑛物). 화약(火藥)
　　및 유리(琉璃)의 원료(原料)임.
　　초석 초【硝】硝石. 硝子. 硝烟.

초승달 : 음력으로 매월 초에 뜨는 달.

　초승달 비【朏】魄朏. 三月惟丙午朏『書經』

　초승달 현【弦】弦影. 晦朔弦望『漢書』

초안(草案) :

　초안 안【案】草稿. 議案. 千案百牘『唐書』

초(抄)하다 : 문장에서 필요한 부분만을 뽑아내어
　베껴 적다.

　초할 초【抄】

　　㉠ 抄錄. 手自抄寫『晉書』

　　㉡ 擇其可用者抄之『葉庭珪』

초(草)하다 : 글의 초안(草案)을 잡다.

　초할 초【草】蕭何草律『後漢書』

초하루 : 음력의 매월 첫날.

　초하루 길【吉】吉日. 正月之吉『周禮』

　초하루 삭【朔】朔望. 秋七月壬辰朔『春秋』

초하루 달 : 음력 초하루에 동쪽에 보이는 달.

　초하루 달 뉵【朒】審朓朒以定朔『五代史』

초헌(軺軒) : 대부(大夫)이상이 타는 수레.

　초헌 헌【軒】명거(命車). 鶴有乘軒者『左傳』

촉규화(蜀葵花) : 아욱과에 속한 여러해살이풀.
　전체가 억센 털로 덮여 있으며, 6~8월에 잎겨
　드랑이에서 접시 모양의 크고 납작한 꽃잎이
　나기 때문에 접시꽃이라고도 함.

　촉규화 규【葵】蜀葵.

　촉규화 촉【蜀】蜀葵.

촌수(寸數) : 혈족(血族)의 세수(世數)를 세는 말.

　촌수 촌【寸】三寸. 四寸.

촌스럽다 : 촌뜨기 같음. 인신(引伸)하여 자기의
　사물에 관하는 겸칭(謙稱)으로 쓰임.

　촌스러울 비【鄙】野鄙. 鄙見. 妾願以鄙軀 易父
　之死『烈女傳』

촘촘하다 : 틈이나 구멍이 썩 뱀.

　촘촘할 밀【密】謹密網 以羅其罪『晉書』

　촘촘할 촉【數】數罟不入洿池『孟子』

촛불 : 초에 켜 놓은 불.

　촛불 등【燈】燈影.

　촛불 촉【燭】燈燭. 秉燭夜遊『李白』

　촛불 촉【烛】燭也.

촛불 똥 :

　촛불 똥 절【爉】燭餘燼.

총(銃) : 화약의 힘으로 탄환을 발사하는 무기.
　세는 단위는 자루 또는 정(挺)이고 쏘는 횟수의
　단위는 발(發) 또는 방(放)이다. 권총, 소총, 기
　관총, 엽총 따위가 있다.

　총 총【銃】小銃. 每一隊銃手『紀效新書』

총각(總角) : 어린아이의 머리를 두 가닥으로 나누어
　땋아서 머리의 양쪽에 뿔 모양으로 잡아 맨 것.

　총각 각【角】總角.

　총각 관【丱】總角丱兮『詩經』

　총각 아【丫】丫髻.

총계(總計) : 종합한 계산.

　총계 성【成】歲之成『禮記』

총급(恖急)하다 : 매우 급하다.

　총급할 망【忙】총망(恖忙)한 모양.
　　　　　　　忙若於夫子之言『莊子』

　총급할 총【恖】총급(恖急).

　총급할 총【怱】총(恖)의 속자(俗字).

총명(聰明)하다 : 썩 영리하고 기억력이 좋으며
　재주가 있다.

　총명할 료【憭】마음이 밝음.

　총명할 면【勔】혜점(慧點).

　총명할 총【聰】총명(聰明).

총민(聰敏)하다 : 총기가 있고 민첩함.

　총민할 경【警】警敏. 奇警. 性甚警悟『南史』

총이 말 : 갈기와 꼬리가 파르스름한 흰말.

　총이 말 총【驄】백마(白馬). 청총마(靑驄馬).

총찰(總察)하다 : 모든 일을 도맡아서 보살피다.

　총찰할 람【擥】主管. 皆親擥焉『蜀志 註』

총총 걷다 : 발걸음을 아주 재게 떼며 서둘러서
　급히 걸어가다.

　총총 걸을 첩【蹀】衆蹀躞而日進兮『楚辭』

　총총 걸을 첩【躞】蹀躞.

최명조(催明鳥) : 새의 일종.

　최명조 겹【鵊】鴨鵊. 催明鳥.

추기다 :

　추길 석【釋】釋而煎之『禮記』

추나(追儺) : 역귀(疫鬼)를 쫓는 일.

　추나 상【禓】鄕人禓『禮記』

추녀 : 전통 목조 건축에서, 처마의 네 귀의 기둥
　위에 끝이 위로 들린 크고 긴 서까래. 또는 그
　부분의 처마.

　추녀 염【檐】檐也.

　추녀 예【庌】簷也.

　추녀 적【樀】檐也.

추렴(出斂)하다 : 모임, 놀이, 잔치 등의 비용을
　마련하기 위해서 여럿이 얼마씩 돈이나 물건
　등을 나누어 내거나 거두다.

　추렴할 갹(거)【醵】

　　㉠ 鄰里醵金治具『輟耕錄』

　　㉡ 추렴내어 마시다. 窮漢醵率『李義山雜纂』

추리다 : 골라 뽑음.

　추릴 색【揀】擇取物.

　추릴 신【抍】自上擇取物.

　추릴 자【刺】刺六經中作王制『漢書』

　추릴 철【掇】소취(挶取). 취사(取捨).

추복(追服) : 특별한 사정이 있어서 상중에 입지 못한 상복을 뒷날에 입음.

추복 세【祝】日月以過 乃聞喪而追服 謂之曰祝 『禮記』

추복 입다 : 특별한 사정이 있어서 상중에 입지 못한 상복을 뒷날에 입다.

추복 입을 태【稅】小功不稅『禮記』

추분(秋分) : 일 년 중 낮과 밤의 길이가 같다는 가을날. 이십사절기(二十四節氣)의 하나로 백로(白露)와 한로(寒露) 사이에 있다.

추분 분【分】日過分而未至『左傳』

추수(秋收) : 가을에 익은 곡식을 거두어들임.

추수 색【穡】服田力穡『書經』

추악(醜惡)하다 : (품질 따위가)거칠고 나쁘다.

추악할 차【魗】추악(醜惡).

추위 :

추위 한【寒】寒暑. 曰燠 曰寒『書經』

추위 호【沍】한기(寒氣). 積雪增沍『于邵』

추위에 심한 병 :

추위에 심한 병 합【瘔】한병(寒病).

추위 참는 소리 :

추위 참는 소리 습【噏】忍寒聲.

추잡(醜雜)하다 : 고상하지 못하고 추하며 막되다.

추잡할 려【姟】추잡(醜雜).

추잡할 위【媁】醜也.

추장(酋長) : 원시 사회에서, 그 부족의 우두머리를 이르는 말.

추장 남【湳】湳德. 저강(氐羌)의 추장(酋長). 虛畠湳德『潘岳』

추종(追從) : 뒤를 따라서 좇음.

추종 추【騶】吾恨不得爲騶僕『唐書』

추종하다 :

추종할 겸【傔】奏傔從三十人『唐書』

추창(趨蹌)하다 : 예도(禮度)를 갖추어 허리를 굽히고 빨리 걸어가다.

추창할 창【蹌】巧趨蹌兮『詩經』

추창할 추【趨】

  ㉠ 종종걸음으로 빨리 걸음.
    趨拜. 過之必趨『論語』

  ㉡ 빨리 감. 疾趨. 帷薄之外不趨『禮記』

추창할 취【趣】疾行. 左右趣之『詩經』

추포(追捕)하다 : 뒤쫓아 가서 잡다.

추포할 선【跣】跣緝.

추포할 섭【攝】攝少司馬『國語』

추(醜)하다 : 모습이 보기 흉한 모양. 못 생긴 모양.

추할 골【顝】醜也.

추할 권【朣】朣朦 醜也.

추할 루【陋】鄙陋.

추할 루【朦】朦朣 形醜貌.

추할 비【魓】醜也.

추할 삽【籈】醜也.

추할 적【覿】醜也.

추할 전【貄】醜貌.

추할 차【魗】醜也.

추할 추【醜】

  ㉠ 언행이 더러움. 醜行. 行莫醜於辱先.

  ㉡ 언행이 더러운 사람. 羣醜破滅『晉書』

추할 치【媸】姸媸好惡『陸機』

추할 태【駘】哀駘它『莊子』

축 :

축 정【征】바둑에서 상대방의 돌을 자꾸 단수(端數)로 비스듬히 몰아 잡을 수 있게 된 기세(碁勢). 有征有劫『碁經』

축 축【軸】

  ㉠ 두루마리를 세는 단위. 揷架三萬軸『韓愈』

  ㉡ 돌돌 말게 된 물건의 속에 박게 된 방망이. 卷軸. 並廻乾軸『袁宏』

축나다 : 야위다. 양이나 숫자가 줄어들다.

축날 성【婿】減也.

축날 초【穛】物縮少.

축 늘어지다 :

축 늘어질 삼【毿】綠岸毿毿楊柳垂『孟浩然』

축문(祝文) :

축문 축【祝】

  ㉠ 신(神)에게 고(告)하는 말. 使東方朔枚皐作禊祝『漢書』

  ㉡ 축문을 읽는 사람. 工祝致告『詩經』

  ㉢ 축문(祝文)을 읽어 신(神)에게 고(告)함. 侯作侯祝『詩經』

축심(軸心) : 권축(卷軸)의 중심(中心).

축심 섭【躞】隋唐藏書 皆金題玉躞『米芾』

축축하다 : (무엇이)물기가 있어서 젖은 듯하다.

축축할 답【澑】濕也.

축축할 습【濕】濕潤. 猶惡濕而居下也『孟子』

춘분(春分) : 일 년 중 낮과 밤의 길이가 같다는 봄날. 이십사절기(二十四節氣)의 하나로 경칩(驚蟄)과 청명(淸明)의 사이에 있다.

춘분 분【分】日過分而未至『左傳』

출렁거리다 : (액체가) 이리저리 자꾸 크고 거칠게 흔들리다.

출렁거릴 섬【渳】渳泊. 泊柏而迤颺『木華』

출렁거릴 양【漾】蕩漾. 連漪繁波漾『謝惠連』

출렁거릴 염【灧】野水灧長塘『韋應物』

출렁거릴 접【渫】長波浹渫 浚湍崔嵬『郭璞』

출렁출렁 흐르다 : 물이 많이 세차게 흐르다.

　출렁출렁 흐를 개【潐】淮水潐潐『詩經』

출생(出生) : 사람이 세상에 태어남.

　출생 산【產】陳良楚產也『孟子』

춤 : 가락에 맞추거나 절로 흥겨워서 팔다리나 몸
　을 일정한 규칙에 따라 움직이는 동작.

　춤 무【舞】舞踊. 舞樂. 入學習舞『禮記』

춤 그치지 않다 :

　춤 그치지 않을 사【㛿】舞而不止貌.

춤 너울너울 추다 :

　춤 너울너울 출 준【墫】墫墫. 무모(舞貌).

춤 수건 :

　춤 수건 불【帗】무구(舞具). 凡舞有帗舞.

춤 신 : 춤을 출 때 신는 신.

　춤 신 사【躧】무리(舞履). 彈弦跕躧『漢書』

춤 이름 :

　춤 이름 만【萬】은(殷)나라 탕왕(湯王)때 생긴
　　　　　　　　　　간척(干戚)을 가지고 추는 춤.
　　　　　　　　　　方將萬舞『詩經』

춤추게 하다 : 춤을 추도록 함.

　춤추게 할 무【舞】衣文衣 而舞康樂『史記』

춤추다 : 술에 취하여 비틀거리며 춤추는 모양.

　춤출 기【僛】屢舞僛僛『詩經』

　춤출 무【舞】

　　㉠ 무용(舞踊)을 함.
　　　　前爲壽 請以劍舞『十八史略』

　　㉡ 돎. 선회(旋回)함.
　　　　鳥舞魚躍. 飛鳥悉翔舞城中下食『史記』

　　㉢ 기뻐하여 뜀.
　　　　抃舞. 不知手之舞之足之蹈之『禮記』

　춤출 무【儛】무(舞)와 동자(同字).
　　　　　　　鼓歌以儛之『莊子』

　춤출 사【傞】술에 취하여 비틀거리며 춤을 추
　　　　　　　는 모양. 屢舞傞傞『詩經』

　춤출 사【娑】婆娑.

　춤출 선【選】환무(環舞)하는 모양.
　　　　　　　舞則選兮『詩經』

　춤출 선【躚】춤을 추는 모양. 紆長袖而屢舞翩
　　　　　　　躚躚以裔裔『左傳』

　춤출 용【踊】무용을 함. 千人踊 萬人賀『楊炎』

　춤출 일【佾】가로 세로 같은 인원이 추는 춤.

　춤출 준【蹲】춤을 추는 모양. 蹲蹲舞我『詩經』

　춤출 창【蹌】춤을 추는 모양. 鳥獸蹌蹌『書經』

　춤출 치【妛】舞也.

춤다 :

　추울 금【濋】추위 몸이 떨리는 모양. 濋瘁.

　추울 래【瀨】寒也.

　추울 률【栗】二之日栗烈『詩經』

　추울 림【惏】떨림. 慘悽惏慄『宋玉』

　추울 림【瀶】寒也.

　추울 살【㵤】寒也.

　추울 참【慘】몹시 참. 慘凜. 冰霜慘烈『張衡』

　추울 친【靚】寒也.

충근(忠勤)하다 : 충실하고 부지런하다.

　충근할 권【拳】不勝拳拳『漢書』

충성(忠誠) : 임금과 나라를 위하여 정성을 다하다.

　충성 충【忠】忠諫. 忠君. 爲下克忠『書經』

충치(蟲齒) : 벌레 먹은 이.

　충치 우【齲】治齊中大夫病齲齒『史記』

취급(取扱)하다 : 사물을 다루다.

　취급할 급【扱】◯ 取扱.

취리(取利)하다 : 이자(利子)를 받음.

　취리할 칭【稱】稱貨而益之『孟子』

취하게 하다 :

　취하게 할 취【醉】饗齊戍 醉弒之『左傳』

　취하게 할 훈【醺】但願不爲世所醺『蘇軾』

취(取)하다 :

　취할 구【拘】가짐. 쥠. 自下拘之『禮記』

　취할 기【墍】손에 가짐. 傾筐墍之『詩經』

　취할 록【錄】취하여 씀. 錄用. 錄伯姬也『公羊傳』

　취할 률【寽】取也.

　취할 자【戲】取也.

　취할 자【資】大哉乾元 萬物資始『易經』

　취할 정【征】이익을 얻음. 上下交征利『孟子』

　취할 책【責】가짐. 歸其劍而責之金『戰國策』

　취할 취【取】

　　㉠ 전리품(戰利品). 獲者取左耳『周禮』

　　㉡ 잡음. 取竈取鼍『禮記』

　　㉢ 빼앗음. 奪取. 取三邑去『史記』

　　㉣ 도움. 상조(相助)함. 遠近相取『易經』

　　㉤ 손에 쥠. 如取如攜『詩經』

　　㉥ 받음. 取予. 取衣者亦以篋『禮記』

　　㉦ 거둠. 거두어들임. 歲取十千『詩經』

　　㉧ 가림. 기용함. 取士. 以貌取人『史記』

　　㉨ 다스림. 取天下者 常以無事『老子』

　　㉩ 요구함. 爲人排難解紛而無取也『史記』

　　㉪ 사용함. 부림. 典筆之吏 取筆失旨『南史』

　　㉫ 침. 죽임. 吾爲公取彼一將『史記』

취(醉)하다 : (사람이 술이나 약 따위에)기운에
　의해 정신이 몽롱해지고 제대로 움직일 수 없
　게 되다.

　취할 미【醚】醉也.

　취할 취【醉】

　　㉠ 술에 취함. 醉興. 旣醉旣飽『詩經』

　　㉡ 사물에 마음이 쏠려 취하다시피 됨.
　　　　陶醉. 心醉六經『文中子』

　　ⓒ 제 정신을 차리지 못함.
　　　　　衆人皆醉 我獨醒『楚辭』
　　ⓔ 취하는 일. 宿醉. 酒有千日醉『南史』
　취할 훈【醺】술에 취함. 微醺卽止『宋史』
　취할 훈【熏】훈(醺)과 통용. 술에 취함. 杯熏覬
　　　　　　　醉『宋之問』

취하여 넘어지다 :
　취하여 넘어질 주【踆】취도(醉倒).

취하여 자빠지다 :
　취하여 자빠질 홍【鬨】취도돈상(醉倒頓狀).

취한 소리 :
　취한 소리 음【醅】취성(醉聲).

측백나무 : 측백나뭇과에 속한 상록 교목. 작은
　가지가 수직으로 벌어져 있으며, 잎은 작은 비
　늘 모양으로 다닥다닥 붙어 있다. 수형(樹形)
　이 아름답기 때문에 흔히 정원수로 사용하며
　촌락이나 묘지 부근의 울타리용으로 심기도
　한다. 잎과 열매는 약재로 쓰인다.
　측백나무 국【椈】柏也.
　측백나무 료【檴】柏也.
　측백나무 국【柏】木名.

측실(側室) : 주되는 방의 곁에 붙은 방.
　측실 사【庌】방옥(傍屋).

측운(仄韻) : 한자의 사성 가운데 상성(上聲), 거
　성(去聲), 입성(入聲)의 운(韻).
　측운 측【仄】平仄. 上去入爲仄聲『沈約』

측은(惻隱)하다 : 무엇이 가엾고 애처롭다.
　측은할 심【忱】惻隱也.
　측은할 은【隱】惻隱也.
　측은할 측【惻】惻隱也.

층(層) : 층계나 집 따위의 층.
　층 계【階】二階. 壁岸無階『水經注』
　층 루【累】단층(單層). 四累之上也『列子』
　층 성【成】九成之臺『呂氏春秋』
　층 층【層】
　　ⓐ 층계(層階). 欲崇其高必重層『潘岳』
　　ⓑ 겹. 중루(重累). 層濤. 更築三層樓『梁書』
　층 해【陔】천상(天上)세계의 계층(階層). 九陔.

층계(層階) : 층 사이를 밟고 오르내릴 수 있도록
　만든 계단.
　층계 계【階】陛階. 階段. 舞于羽于兩階『書經』
　층계 급【級】階級. 拾級聚足『禮記』
　층계 등【等】階段. 出降一等『論語』
　층계 등【隥】階段. 玄武疏遙隥『李百藥』
　층계 안【岸】階段. 襄岸夷塗『西京賦』
　층계 제【除】궁전의 계단. 玉除彤庭『班固』
　층계 척【堿】층층대. 左堿右平『文選』
　층계 폐【陛】

　　ⓐ 궁전에 올라가는 돌층계. 以次進至陛『史記』
　　ⓑ 높은 곳으로 올라가는 계단. 舉傑壓陛『楚辭』
　층계 해【陔】해(垓)와 동자(同字). 階段.
　　　　　　　一壇三陔『漢書』

층나다 :
　층날 감【㪤】㪤㪤. 불제(不齊).

층집 :
　층집 층【層】이층(二層) 이상의 집.
　　　　　　珠殿連雲 金層輝景『劉孝綽』
　층집 탑【塔】오층(五層) 또는 칠층(七層)의 고
　　　　　각(高閣). 僛王燈塔古涂州『薛能』

치 : 길이의 단위를 나타내는 말. 한 자를 열로
　나눈 것으로 약 3.33센티미터에 해당한다.
　치 촌【寸】
　　ⓐ 한치(一寸). 尺寸. 布指知寸『孔子家語』
　　ⓑ 인신(引伸)하여 근소(僅少) 약간(若干)의
　　　　뜻으로 쓰임. 乃惜寸陰『晉書』

치는 소리 : 힘껏 물건을 치는 소리.
　치는 소리 감【坎】坎坎伐檀兮『詩經』
　치는 소리 횡【搄】타성(打聲).

치다 :
　칠 가【加】공격(攻擊)함. 宵加於鄁『左傳』
　칠 각【殼】내리침. 君將殼之『左傳』
　칠 각【㩴】때림. 支斷戚夫人手足 㩴其眼『漢書』
　칠 각【毃】머리를 때림. 奪之杖 以毃之『左傳』
　칠 갑【搕】擊也.
　칠 강【控】때림. 控捲. 控其頤『莊子』
　칠 개【嘼】伐也.
　칠 갱【鏗】종 같은 것을 침. 鏗鐘搖簴『楚辭』
　칠 격【搿】격(格)과 동자(同字).
　　　　　　搿殺. 手搿猛獸『魏志』
　칠 격【格】때림. 格鬪.
　　　　　　斷獄者急於箠格酷烈之痛『後漢書』
　칠 격【擊】
　　ⓐ 두드림. 擊鼓. 孔子擊磬『史記』
　　ⓑ 공격함. 擊退. 急擊之勿矢『史記』
　　ⓒ 다툼. 싸움. 日夜相擊于前『莊子』
　칠 격【毄】공격(攻擊)함. 毄兵同强『周禮』
　칠 격【摮】격(擊)과 동자(同字).
　　　　　　乃捶摮牽曳於前『後漢書』
　칠 고【鼓】치거나 두드려서 소리를 냄.
　　　　　　以其尾鼓其腹『呂氏春秋』
　칠 고【敂】가볍게 톡톡 두드림.
　　　　　　敂門. 奪之杖以敂之『左傳』
　칠 고【考】두드림. 弗鼓弗考『詩經』
　칠 고【拷】죄상(罪狀)을 자백(自白)하게 하기
　　　　　　위하여 매질함. 拷問.
　　　　　　或拷不承引『魏書』

칠 곤【梱】두드림. 梱纂組『淮南子』

칠 공【攻】

  ㉠ 공격(攻擊)함. 攻守. 造攻自鳴條『書經』

  ㉡ 책망(責望)함. 攻駁.

    小子鳴鼓而攻之 可也『論語』

  ㉢ 괴롭힘. 蚤蝨羣攻 臥不獲安『抱朴子』

칠 과【撾】

  ㉠ 때림. 撾撻. 撾婦翁『魏志』

  ㉡ 북을 침. 撾鼓. 更鼓畏添撾『蘇軾』

칠 괵【摑】후려 갈김. 摑其口『避暑錄話』

칠 교【撽】때림. 두드림. 撽以馬捶『莊子』

칠 구【扣】扣石墾壤『列子』

칠 구【歐】구(毆)와 동자(同字).

    歐打. 欲歐之『史記』

칠 구【毆】구(歐)와 동자(同字).

    毆打. 拳所毆擊 無不顧『隋書』

칠 권【撅】공격함. 撅高昌纓突厥『唐書』

칠 극【撠】때림. 救鬪者不搏撠『史記』

칠 단【段】몽치로 때림. 段氏爲鑄器『周禮』

칠 단【搏】

  ㉠ 손바닥으로 침. 搏埴之工二『周禮』

  ㉡ 날개를 침. 大鵬搏扶搖『莊子』

칠 달【韃】달(撻)과 통용.

칠 달【靼】타야(打也).첨

칠 당【撞】善待問者 如撞鐘『禮記』

칠 당【攩】몽치로 침.

칠 도【擣】두드리다. 공격함. 批亢擣虛『史記』

칠 도【淘】준설(浚渫)함.

    監淘在聲溝渠『東京夢華錄』

칠 랄【剌】擊也.

칠 략【擽】때림. 擽合其跗『唐書』

칠 력【轢】수레바퀴 밑에 깔리게 함. 轢死.

    徒車之所轔轢 乘騎之所蹂若『史記』

칠 력【擽】격야(擊也).

칠 록【漉】토사(土砂)를 처내고 물을 모두 뺌.

    母漉陂池『禮記』

칠 뢰【擂】뢰(雷)와 통용. 북을 침.

칠 뢰【雷】뢰(擂)와 통용. 북을 침.

    官家出游雷大鼓『古樂府』

칠 름(람)【琳】打殺. 쳐 죽이다.

칠 린【轔】수레에 갈리게 함.

    捇免轔鹿『司馬相如』

칠 린【輴】린(躙), 린(轔)과 동자(同字).

    徒車之所輴轢『司馬相如』

칠 목【牧】

  ㉠ 짐승을 방사(放飼)함.

    牧畜. 牧六畜而阜蕃其物『周禮』

  ㉡ 인신(引伸)하여 널리 양육(養育), 수양(修養)하는 뜻으로 쓰임. 卑以自牧『易經』

칠 무【撫】두드림. 坐者撫掌擊節『晉書』

칠 박【駁】남의 의견 의논 등을 비난 공격함.

    攻駁. 駁論. 彈駁公卿『魏書』

칠 박【撲】두드림. 撲殺. 摧撲大寇『後漢書』

칠 박【搏】

  ㉠ 때림. 搏殺. 搏牛之蝱『史記』

  ㉡ 격투함. 싸움. 晉侯夢與楚子搏『左傳』

  ㉢ 날개를 침. 搏搖. 搏扶搖而上者九萬里『莊子』

  ㉣ 손으로 처서 울림. 彈箏搏髀『史記』

칠 박【拍】두드림. 拍手.

    一手獨拍 雖疾無聲『韓非子』

칠 박【㩧】擊也.

칠 벌【伐】

  ㉠ 죄(罪)있는 자를 침. 奮伐荊楚『詩經』

  ㉡ 적(敵)을 치다. 附於晉則楚來伐『史記』

  ㉢ 물건을 두드림. 伐鼓淵淵『詩經』

  ㉣ 힐난(詰難)함. 黨學相伐『廣川題跋』

칠 변【弁】손으로 침. 수박(手搏).

    試弁爲期門『漢書』

칠 별【撇】때림. 撇波而濟水『王褒』

칠 별【批】때림. 떼밀어 침. 批亢擣虛『史記』

칠 병【兵】적을 침. 士兵之『左傳』

칠 복【攴】가볍게 똑똑 두드림.

칠 복【扑】때림. 高漸離擧筑扑秦皇帝『史記』

칠 봉【棒】몽둥이로 침. 赤棒棒之『北齊書』

칠 봉【棓】몽둥이로 침. 以次棓殺『魏志』

칠 부【拊】가볍게 두드림. 予擊石拊石『書經』

칠 부【捊】부(掊)와 동자(同字). 擊也.

칠 부【掊】공격함. 自掊擊於世俗『莊子』

칠 분【糞】제거함. 糞除天下山川『韓愈』

칠 비【批】손으로 침. 批而殺之『左傳』

칠 사【篩】체로 침. 篩土築阿房之宮『漢書』

칠 사【飼】가축을 사육(飼育)함. 飼育.

    付民養飼『南齊書』

칠 삭【箾】장대로 때림. 飛罕瀟箾『張衡』

칠 살【搬】손으로 후려침.

    宋萬臂搬仇牧『公羊傳』

칠 상【搡】擊也.

칠 서【斷】擊也.

칠 설【渫】물밑의 토사를 쳐냄.

    浚渫. 井渫不食『易經』

칠 수【手】손으로 침. 手熊羆『司馬相如』

칠 수【瀫】擊也.

칠 알【戞】가볍게 두드림. 戞擊鳴球『書經』

칠 얼【槷】두드림. 無槷而固『周禮』.

칠 오【擊】때림. 擊殺. 以斗擊而殺之『公羊傳』

칠 용【椿】椿其喉以戈『左傳』

칠 용【椿】두드림. 扼其喉而椿其心『晉書』

칠 응【膺】처벌함. 戎狄是膺『孟子』

칠 작【斫】찍거나 쳐서 끊음.
斫斬. 拔戟斫棧『後漢書』
칠 전【搷】격야(擊也).
칠 정【征】군주가 군대를 파견하여 악당을 정벌함. 征討. 王用出征『易經』
칠 정【棖】때림. 以物棖撥之 應手灰滅『謝靈運』
칠 정【朾】두드림.
칠 조【挑】준설(浚渫)함. 官銀挑濬『通州志』
칠 종【樅】종(鐘), 고(鼓) 같은 것을 쳐 울림.
樅金鼓『司馬相如』
칠 주【注】때림. 以黃金注者殙『莊子』
칠 주【誅】죄인을 토벌함.
誅伐. 商罪貫盈 天命誅之『書經』
칠 준【浚】준설(浚渫)함. 浚井. 冬浚洙『春秋』
칠 준【濬】토사를 쳐내고 수저(水底)를 깊이 하여 물을 잘 흐르게 함. 濬川『書經』
칠 지【抵】저(抵)와 동자(同字).
㉠ 손뼉을 침. 抵掌而談『戰國策』
㉡ 쳐부숨. 抵穰侯而代之『揚雄』
칠 지【鷙】맹금이 작은 새를 쳐 죽임.
鷹隼早鷙『呂氏春秋』
칠 질【挃】때림. 두드림. 五指之更彈 不若捲手之一挃『淮南子』
칠 착【㦸】격야(擊也).
칠 참【摲】공격(攻擊)함.
칠 참【摻】악곡에 맞추어 북을 침.
疊鼓誰摻漁陽撾『古詩』
칠 창【摐】두드림. 摐金鼓吹鳴籟『司馬相如』
칠 척【摭】때림.
칠 추【捶】추(棰), 추(箠)와 통용. 장격(杖擊).
칠 추【箠】추(捶), 추(棰)와 통용. 장격(杖擊).
칠 추【棰】추(捶), 추(箠)와 통용. 장격(杖擊).
薄腊曰脯 棰之而施薑桂『周禮』
칠 추【椎】몽치로 침.
椎打. 引椎椎破之『戰國策』
칠 추【鎚】쇠몽둥이로 침.
칠 추【搥】퇴(槌)와 동자(同字). 망치 같은 것으로 침. 搥一鼓爲一嚴『唐書』
칠 추【槌】망치 따위로 침. 槌狀便大怒『古詩』
칠 치【拸】박야(拍也).
칠 타【打】
㉠ 두드림. 打擊. 與人相打『晉書』
㉡ 공격함. 打賀授勝『南史』
칠 탁【磀】격야(擊也).
칠 탁【㧻】탁(椓)과 동자(同字). 擊也.
칠 탁【毅】격야(擊也).
칠 탁【椓】
㉠ 두드림. 椓之丁丁『詩經』
㉡ 공격함. 又使椓之『左傳』
칠 탁【涿】두드림. 壺瓦鼓 涿擊之也『周禮』
칠 탄【彈】두드림. 彈劍作歌『十八史略』
칠 탑【搭】때림. 搭奴肋折『北史』
칠 태【抬】태(笞)와 동자(同字). 擊也.
칠 토【討】
㉠ 공격함. 莒人來討『左傳』
㉡ 죄 있는 자를 정벌하거나 제거함.
討伐. 天討有罪『書經』
칠 퇴【槌】망치 따위로 침. 槌狀便大怒『古詩』
칠 패【捭】두 손으로 침.
莫不衄銳挫鋩 拉捭摧藏『左思』
칠 표【摽】摽擊. 두드림.
長木之斃 無不摽也『左傳』
칠 해【駴】북을 침. 鼓皆駴 車徒皆譟『周禮』
칠 현【拘】격야(擊也).
칠 환【豢】곡식을 먹여 동물을 기름.
掌豢祭祀之犬『周禮』
칠 황【揘】때림. 竿殳之所揘畢『張衡』
칠 회【㧑】맛 부디 침. 磊匒匌而相㧑『木華』
치런치런하다 : (액체가)그릇에 아주 가득 차 가장자리에서 넘칠 듯 말 듯 한 상태에 있다.
치런치런할 니【瀰】미(瀰)와 동자(同字).
치런치런할 미【瀰】물이 널리 가득한 모양.
有瀰濟盈『詩經』
치렁거리다 : (길게 드리운 물건이)이리저리 부드럽게 자꾸 흔들리다.
치렁거릴 분【衯】衯衯裶裶『司馬相如』
치레 :
치레 화【華】허식(虛飾). 背實趨華『潛夫論』
치마 :
치마 군【帬】군(帼), 군(裙)과 동자(同字).
羅帬飄飄『張華』
치마 군【帼】군(帬), 군(裙)과 동자(同字).
치마 군【裙】
㉠ 여자의 아랫도리에 입는 겉옷.
紅裙. 羅裙飄飄昭儀光『張華』
㉡ 치마 같이 생긴 중의 아랫도리 옷.
裙子. 四部之殊 以著裙表異『寄歸傳』
치마 동【裥】裙也.
치마 피【帔】帬陳魏之間謂之帔『揚雄方言』
치마 주름 :
치마 주름 간【襉】裙幅相攝.
치마폭 치장하다 :
치마폭 치장할 벽【襌】裳幅錦纁.
치붙다 :
치붙을 보【報】下婬上. 鄭文公報鄭子之妃『左傳』
치붙을 증【烝】下婬上. 衛宣公烝于夷姜『左傳』
치우(蚩蚘) : 전설상의 인물. 81명의 형제가 있었

는데, 모두가 동(銅)으로 된 머리와 철로 된 이마에 긴 뿔을 가졌고, 성질은 사나웠다고 한다. 황제(黃帝)와 탁록(涿鹿)에서 싸웠으나 패하여 포살(捕殺)되었다고 한다.

치우 우【蚘】우(尤)와 통용.

치우 치【蚩】치우(蚩尤).

치우다 :

치울 소【疏】철거시킴. 疏軍而去之『國語』

치울 양【襄】제거함. 牆有茨 不可襄也『詩經』

치울 철【撤】

　㉠ 제거함. 撤去. 不撤薑『論語』

　㉡ 그만둠. 폐(廢)함. 減膳撤樂『唐書』

치울 철【徹】거둠. 徹床. 軍衛不徹『左傳』

치우치다 :

치우칠 당【黨】편파적(偏頗的)임. 불공평(不公平)함. 無偏無黨『書經』

치우칠 뢰【類】불공평(不公平)함. 편파적(偏頗的)임. 刑之頗類『左傳』

치우칠 벽【僻】편벽(偏僻)함. 僻論. 僻性. 行不僻矣『淮南子』

치우칠 파【頗】공평하지 아니함. 偏頗. 無偏無頗『書經』

치우칠 편【偏】

　㉠ 한쪽으로 기움. 偏倚. 不偏之謂中『中庸』

　㉡ 한쪽으로 몰림. 偏在. 貨偏則民病『宋書』

　㉢ 편벽(便僻)됨. 불공평(不公平)함. 偏愛. 無偏無阪『書經』

치우칠 피【詖】편파적임. 詖辭知其所蔽『孟子』

치우침 :

치우침 파【陂】편파(偏頗). 無偏無陂『書經』

치자 꽃 :

치자 꽃 복【蔔】薝蔔. 치자화(梔子花).

치자(梔子)나무 : 꼭두서닛과에 속한 상록 활엽 관목. 광택이 있는 잎이 난다. 6~7월에 백색 꽃이 피며 가을에 황갈색 열매가 익는다. 열매는 이뇨제나 물감 원료로 쓴다.

치자나무 담【薝】薝蔔.

치자나무 치【梔】梔子.

치자나무 효【桍】桍桃. 梔子.

치자나무 꽃 :

치자나무 꽃 담【薝】빛이 희고 향내가 매우 좋음. 薝蔔冠諸香『陸龜蒙』

치장(治粧)하다 : 매만져 곱게 꾸미거나 모양을 냄.

치장할 얼【孼】庶姜孼孼『詩經』

치질(痔疾) : 항문(肛門)에 나는 병.

치질 치【痔】痔瘻. 舐痔者得車五乘『莊子』

칙서(勅書) : 임금이 어떤 특정한 사람에게 훈계하거나 알릴 일을 적은 글이나 문서.

칙서 제【制】칙명(勅命)을 전(傳)하는 문서(文書). 矯制. 坐書制不深切 貶端州刺史『唐書』

칙서 책【冊】봉록(俸祿) 작위(爵位) 등을 수여(授與)할 때에 천자(天子)의 칙명(勅命)을 적은 것. 冊立. 玉冊. 竹冊.

친경(親耕)하다 :

친경할 적【耤】帝王親耕之田.

친구(親舊) : 오래도록 친하게 사귀어 온 사람.

친구 구【舊】오래 사귄 벗. 故舊. 一見如舊. 且棄舊也『國語』

친분(親分) : 친한 정분. 또 친지.

친분 식【識】舊識. 嘗謂親識曰『梁書』

친상(親喪) : 부모의 상(喪).

친상 우【憂】丁憂. 王宅憂『書經』

친압(親狎)하다 : (어떤 사람이 다른 사람과)너무 지나치게 친하다.

친압할 뉴【忸】유(狃)와 동자(同字). 忸之以慶賞『荀子』

친압할 닉【嬺】일(暱)과 동의.

친압할 독【黷】嬻嬻貴幸『漢書』

친압할 설【媟】媟嫚. 夫妻不嚴兹謂之媟『漢書』

친압할 압【甲】압(狎)과 통용. 能不我甲『詩經』

친압할 압【狎】雖狎必變『論語』

친애(親愛) : 친밀히 사랑함. 또는 그 사랑.

친애 친【親】

　㉠ 친한 관계. 親其親『大學』

　㉡ 우호(友好). 連六國之從親『史記』

친절(親切)하다 :

친절할 녕【嚀】영(寧)과 동자(同字). 叮嚀.

친(親)하다 :

친할 닐【暱】일(昵)과 동자(同字). 친근함. 暱近. 不義不暱『左傳』

친할 닐【昵】

　㉠ 친근(親近)함. 昵近. 昵比罪人『書經』

　㉡ 친근한 사람. 측근자(側近者). 官不及私昵『書經』

친할 린【鄰】親也.

친할 비【比】친밀함. 親比. 使小國事大國 大國比小國『周禮』

친할 선【善】사이가 좋음. 親善. 與蔡邕素善『後漢書』

친할 여【與】친숙함. 諸侯以禮相與『禮記』

친할 척【戚】친근히 지냄. 戚戚兄弟『詩經』

친할 체【體】친근히 함. 就賢體遠『禮記』

친할 친【親】

　㉠ 사이가 가까움. 우정이 두터움.

親友. 交親而不比『荀子』

　ⓛ 가까이 사귐. 愛人不親 反其仁『孟子』

　ⓒ 가까이 함. 燈火稍可親『韓愈』

　ⓔ 가까움. 本乎天者親上 本乎地者親下『易經』

친할 폐 【肺】 지극히 친함. 肺附.

친하지 않음 :

　친하지 않을 어 【吾】 暇豫之吾吾不如鳥烏『國語』

친한 이 : 친한 사람. 자기편의 사람.

　친한 이 친 【親】 輕則失親『左傳』

칠그릇 :

　칠그릇 치 【髹】 漆塗器.

칠대 손 : 현손(玄孫)의 증손(曾孫).

　칠대 손 잉 【仍】 昆孫之子爲仍孫『釋名』

칠면조(七面鳥) : 닭목 칠면조과에 속한 새. 머리
　와 목에는 털이 없으며 이 부분이 빨강, 파랑,
　청백색 등으로 변하기 때문에 칠면조라는 이름
　이 붙었다. 깃털은 청동색이다.

　칠면조 역 【鷊】 鷊綬鳥『爾雅』

칠하다 :

　칠할 도 【塗】

　　ⓐ 도료(塗料)를 바름. 臺榭不塗『穀梁傳』

　　ⓑ 칠하여 지움. 塗抹. 遽取筆塗籍『舊唐書』

　칠할 만 【墁】 담이나 벽에 흙을 칠함.
　　　　　　　毁瓦畫墁『孟子』

　칠할 소 【掃】 바름. 淡掃娥眉朝至尊『杜甫』

　칠할 유 【黝】 바름. 旣祥黝堊『禮記』

칡 : 콩과에 속한 것으로, 온몸에 갈색 털을 가지
　고 줄기를 길게 뻗어 가면서 다른 물체를 감고
　올라가는 덩굴 식물의 하나. 주로 산기슭에 자
　란다. 특히 뿌리는 갈근(葛根)이라 하여 약으로
　쓰거나 먹으며 덩굴의 속껍질은 청올치라 하여
　끈이나 피륙의 재료로 쓰이고 잎 또한 먹이로
　쓰인다.

　칡 갈 【葛】 葛之覃兮『詩經』

　칡 전 【絟】 葛也.

칡 베 :

　칡 베 격 【綌】 거친 갈포(葛布).
　　　　　　綌衰. 爲絺爲綌『詩經』

　칡 베 소 【練】 거친 갈포(葛布).
　　　　　　著練巾『後漢書』

　칡 베 치 【絺】 칡의 섬유로 짠 고운 베. 細葛布.
　　　　　　絺綌. 爲絺爲綌『詩經』

침 : 침샘에서 분비되며 무색의 끈기가 있는 액체
　혼합물. 분비는 자율 신경에 의하여 이루어지
　는데, 구강 안의 음식의 자극, 냄새, 맛 등에
　의하여 반사적으로 일어난다.

　침 비 【鈚】 소정(小釘). 砭石今以鈚鍼代之『素問』

　침 역 【澺】 타액(唾液).

침 연 【涎】 구액(口液). 流涎. 垂涎相告『新書』

침 진 【津】 입 속의 액체(液體). 津唾.
　　　　今人望梅生津 食芥墮淚『埤雅』

침(鍼) : 사람이나 마소 등의 혈(穴)을 찔러 병을
　다스리는 데에 쓰는 바늘.

　침 잠 【箴】 箴砭. 箴石湯火所施『漢書』

　침 참 【鑱】 치료용의 돌 바늘. 鑱石橋引『史記』

　침 침 【鍼】

　　ⓐ 꿰매는 바늘. 鍼線. 執斳執鍼織紝『左傳』

　　ⓑ 침놓는 바늘. 鍼砭.
　　　　一寸之鍼 一丸之艾『論衡』

　침 침 【針】

　　ⓐ 침(鍼)과 동자(同字). 현재는 보통 꿰매는
　　　바늘은 針. 침놓는 바늘은 침(鍼)자를 씀.
　　　病結積在內 針藥所不能及『魏志』

　　ⓑ 바늘 모양을 한 것. 磁針.

　침 타 【唾】 口液. 唾液. 不敢唾洟『禮記』

침노(侵擄)하다 : (무엇이 무엇을)성가시게 달라
　붙어 손해를 끼치거나 해치다.

　침노할 박 【薄】 寒暑未薄而疾『荀子』

　침노할 약 【弱】 華臣弱皐比之室『左傳』

　침노할 침 【侵】 侵掠. 齊師侵魯『史記』

침(鍼)놓다 :

　침놓을 참 【鑱】 침으로 찌름.
　　　　　　九疑鑱天荒是非『韓愈』

　침놓을 침 【鍼】 바늘이나 침으로 찌름.
　　　　　　以鐵鍼鍼之『漢書』

　침놓을 폄 【砭】 돌 침으로 찔러 병을 치료함.
　　　　　　法不當砭灸『史記』

침 뱉는 소리 :

　침 뱉는 소리 배 【啡】 타성(唾聲).

　침 뱉는 소리 흑 【欪】 타성(唾聲).

침 뱉다 :

　침 뱉을 타 【唾】 唾棄. 讓食不唾『禮記』

　침 뱉을 투 【杏】 唾也.

　침 뱉을 필 【呲】 토타(吐唾).

침범(侵犯)하다 :

　침범할 범 【犯】

　　ⓐ 침노함. 犯齊師『左傳』

　　ⓑ 해침. 水火之所犯『國語』

　침범할 침 【侵】

　　ⓐ 능멸(凌蔑)함. 侵侮. 語侵之『漢書』

　　ⓑ 침해(侵害)함. 加以風雨所侵『北齊書』

　　ⓒ 법(法)을 어김. 侵臣事小察以折法令『管子』

침새 :

　침새 매 【鷹】 마작(麻雀).

침실(寢室) : 잠을 자도록 마련된 방.

　침실 구 【寠】 침실(寢室).

침실 야【夜】밤에 자는 방. 侍夜勸息『禮記』

침실 와【臥】자는 방. 出入臥內『後漢書』

침침(沈沈)하다 : 사물이 보일락 말락 할 정도로 빛이 매우 약하고 어둡다. 또 눈이 사물이 흐릿하게 보일 정도로 어둡고 나쁘다.

침침할 요【突】巖突洞房『司馬相如』

침침할 침【沈】침침(沈沈).

침향(沈香) : 팥꽃나뭇과(科)에 속한 상록 교목. 잎은 어긋나고 두꺼우며 긴 타원형으로 끝이 꼬리처럼 길다. 꽃은 희고, 나뭇진은 향료로 쓰인다.

침향 밀【櫁】櫁香.

칭찬(稱讚)하다 : 다른 사람의 좋고 훌륭한 점을 들어 추어주거나 높이 평가함. 또는 그 말.

칭찬할 도【嘟】찬사(讚詞).

칭찬할 보【葆】보(保)와 통용. 葆之會稽『墨子』

칭찬할 상【賞】

   ㉠ 賞當則賢人勸『說苑』

   ㉡ 아름답거나 좋은 것을 기림.

      賞美. 嘉賞. 不賞而民勸『中庸』

칭찬할 양【揚】찬양(讚揚)함. 稱揚. 褒揚.

칭찬할 칭【稱】稱譽. 君子稱人之善『禮記』

칭찬할 탄【歎】歎賞. 孔子屢歎之『禮記』

칭찬할 표【誺】讚也.

칭탁(稱託)하다 : 무엇을 핑계로 둘러대다.

칭탁할 교【撟】

   ㉠ 교(矯)와 동자(同字).

   ㉡ 撟制以令天下『漢書』

   ㉢ 撟枉 過其正『漢書』

칭탁할 교【矯】군명(君命)이라고 사칭(詐稱)함. 矯詔. 羽矯殺卿子冠軍『漢書』

칭탁할 우【寓】가탁(假託)함. 寓話. 著書十萬餘言 大抵率寓言也『史記』

계절적·자연적 정서와 제례 및 민속적 요소가 내포되어, 우리 민족이 전통적으로 오랜 관습에 따라 이루어진 명일 또는 좋은 시절을 뜻한다. 옛날에는 계절에 따라 가일(佳日) 또는 가절(佳節)이라 하여 좋은 날을 택해 여러 가지 행사를 거행하였는데, 이것이 시간의 흐름에 따라 명절이 된 것이다.

《농가월령가》에 〈북어 쾌 젓조기로 추석 명일 쉬어 보세〉라고 읊은 바와 같이 옛날에는 흔히 '명일(名日)'이라 하였다. 대부분의 명절이 길일, 음력의 달, 24절기와 연관이 있는 것으로 보아 우리 조상들은 명절을 정하는 데, 나름대로의 원칙이 있었던 것으로 추정된다.

길일의 예는 우리 민족이 좋아하는 1·3·5·7·9라는 모든 양수(홀수)가 겹친 중양(重陽)의 명절로, 설날인 1월 1일을 비롯하여 삼짇날인 3월 3일, 단오인 5월 5일, 칠석인 7월 7일, 중양절(重陽節)인 9월 9일 등이다.

(1) 설날[元日] : 새해 첫날을 설날이라 한다.

(2) 정월 대보름[上元] : 음력 1월 15일. 신라시대부터 지켜 온 명절로 달이 가득 찬 날이라 하여 재앙과 액을 막는 제일(祭日)이다.

(3) 삼월 삼짇날(음력 3월 3일) : 강남 갔던 제비가 돌아오는 날로 重三(중삼)이라고도 한다.

(4) 한식(寒食, 淸明節 양력 4월 5.6일) : 한식을 청명절이라 하고 동지로부터 105일째 되는 날이다.

(5) 단오(端午, 음력 5월 5일) : 천중절(天中節) 또는 수릿날이라고도 한다.

(6) 유두절(流頭節, 음력 6월 15일) : '유두'는 '동류두목욕(東流頭沐浴)'이란 말에서 온 것이며 풍속은 신라시대에서 온 것이다.

(7) 칠월 칠석(음력 7월 7일) : 칠석날에는 은하수에 까치와 까마귀가 오작교(烏鵲橋)를 놓고, 동쪽의 견우성과 서쪽의 직녀성이 만나 슬픔과 기쁨의 눈물을 흘리느라 대체로 날이 흐리고, 비가 온다고 한다.

(8) 백중절(百中節, 음력 7월 15일) : 백종일(百種日) 또는 망혼일(亡魂日)이라고 한다.

(9) 팔월 한가위(음력 8월 15일) : 8월 보름날을 한가위, 추석(秋夕) 또는 가배일(嘉俳日)이라 하여 정월 명절과 더불어 제일 큰 명절이다.

(10) 중양절(重陽節, 음력 9월 9일) : 삼짇날에 왔던 제비가 강남으로 떠나는 날로, 중양(重陽) 또는 중구(重九)라 한다.

(11) 상달(上月) : 10월에는 입동, 소설의 절기가 있는 계절로 겨울 날씨에 접어들었으나 아직 햇볕이 따뜻하여 소춘(小春)이라고도 한다. 민가에서는 가장 높은 달이라 했다.

(12) 동지(冬至, 양력 12월 22.23일) : 일년 중 밤이 가장 길고, 낮이 가장 짧은 날이다.

(13) 섣달(12월) : 섣달을 납월(臘月)이라 하고 동지로부터 세번째 미일(未日)을 납일(臘日)이라 하고 이때의 제사를 납향(臘享)이라 한다.

ㅋ

키읔

칼 :

칼 가 【枷】 죄인의 목에 씌우는 칼.
　　　　枷鎖. 獄吏欲爲脫枷『北史』

칼 검 【劍】
　㉠ 허리에 차는 칼. 劍舞. 爲劍鎧矛戟『管子』
　㉡ 칼을 쓰는 법. 검술(劍術). 客劍.
　　　與蓋聶論劍『史記』

칼 겸 【鉗】 죄인의 목에 씌우는 형구.
　　　　自髡鉗爲王家奴『漢書』

칼 겸 【鉆】 겸(鉗)과 동자(同字).
　　　　自髡鉆爲王家奴『漢書』

칼 구 【鉤】 끝이 꼬부장하여 적을 갉아 당겨 죽
　　　이는데 쓰는 칼. 吳鉤.
　　　　鑄作刀劍鉤鐔『漢書』

칼 도 【刂】 도(刀)와 동자(同字). 도(刀)가 글자
　　　의 방(旁)에 있을 때의 자형(字形).

칼 도 【刀】 刀劍. 短刀. 未能操刀而使割也『左傳』

칼 심 【鐔】 작은 검. 鑄作刀劍鉤鐔『漢書』

칼 인 【刃】 날이 있는 무기(武器).
　　　　兵刃. 挺刃交兵『孔子家語』

칼 첨 【鐵】 양쪽 끝에 자루가 있어 두 손으로
　　　잡아 당겨 물건을 깎아 판판하게
　　　하는 칼.

칼 피 【鈹】 무기로 쓰는 칼.
　　　　以鈹殺諸盧門『左傳』

칼 협 【鋏】 刀劍. 長鋏歸來乎『十八史略』

칼 갈다 :

칼 갈 략 【礊】 마도(磨刀).
칼 갈 폐 【鐴】 연도(年度).

칼 꽂다 :

칼 꽂을 사 【剚】 사(傳)와 동자(同字).
　　　　敢剚刃公之腹中『史記』

칼 꾸미개 옥 :

칼 꾸미개 옥 도 【瑫】 옥식검(玉飾劍).

칼 끈 :

칼 끈 별 【繁】 검대(劍帶).
칼 끈 획 【韄】 패도(佩刀)에 매달린 끈.

칼끝 :

칼끝 봉 【鏒】 봉(鋒)과 통용.

反其鏒東向 可以爭天下『漢書』

칼끝 봉 【蜂】 봉(鋒)과 통용.
　　　　突厥蜂銳 所向無完『唐書』

칼끝 표 【摽】 도말(刀末). 摽末之功『漢書』

칼끝 표 【鏢】 칼의 뾰족한 끝. 도봉(刀鋒).

칼날 : 칼의 물건을 베는 부분.

칼날 악 【鍔】 악(咢)과 동자(同字).
　　　　底厲鋒鍔『漢書』

칼날 악 【鄂】 검인(劍刃).

칼날 인 【刃】 刀刃. 白刃可踏也『中庸』

칼날 벼르다 :

칼날 벼를 강 【焵】 소인(燒刃).

칼날 세우다 :

칼날 세울 략 【礊】 磨刀利.

칼 아래장식 :

칼 아래장식 봉 【琫】 봉(琫)과 동자(同字).
　　　　鞞琫. 藻率鞞琫『左傳』

칼 이름 :

칼 이름 루 【鏤】 屬鏤. 賜子胥屬鏤之劍『史記』

칼 이름 막 【鏌】 鏌鋣. 간장(干將)과 병칭(竝稱)
　　　되는 오(吳)나라의 명검(名劍).
　　　막야(莫耶)로도 쓰임.
　　　　求鏌鋣於明智『後漢書』

칼 이름 야 【鋣】 鏌鋣. 干將鏌鋣.

칼 이 빠지다 :

칼 이 빠질 점 【刮】 점(玷)과 통용. 도결(刀缺).
칼 이 빠질 점 【玷】 점(刮)과 통용. 도결(刀缺).

칼자루 : 칼의 손잡이.

칼자루 경 【莖】 爲之莖圍『周禮』
칼자루 고 【觚】 劍把. 提劍鋒而掉劍觚『新論』
칼자루 로 【鑪】 以木爲刀柄.
칼자루 부 【柎】 削授柎『禮記』
칼자루 부 【軵】 도악(刀握).
칼자루 수 【首】 進劍者左首『禮記』
칼자루 파 【欛】 得此欛柄『丹鉛錄』
칼자루 파 【弝】 劍弝懸蘭纓『李賀』 파

칼자루 감다 :

칼자루 감을 구 【緱】 노 따위로 칼자루를 감음.
　　　　馮先生甚貧 猶有緱劍耳 又
　　　　荊緱『史記』

칼자루 끝 :

칼자루 끝 심 【鐔】 검병(劍柄)의 하단(下端).
　　　　검수(劍首). 검비(劍鼻).

칼자루 장식 :

칼자루 장식 뢰 【櫑】 칼자루 녹로(鹿盧)의 장식.
　　　　帶櫑具劍『漢書』

칼 장식 옥 :

칼 장식 옥 봉 【琫】 도식(刀飾).

칼전대(纏帶) : 칼집에 꽂은 칼을 넣어두는 전대.

  칼전대 도【幍】건질(巾帙).

  칼전대 요【褾】夫褾. 劍衣. 加夫褾與劍焉『禮記』

  칼전대 질【袟】건질(巾帙).

칼집 : 칼을 꽂아 두는 물건.

  칼집 병【琫】도실(刀室).

  칼집 병【鞞】鞞琫有珌『詩經』

  칼집 서【遰】右佩管遰『禮記』

  칼집 실【室】刀劍室以珠玉飾之『史記』

  칼집 실【鞼】刀鞼.

  칼집 초【削】초(鞘)와 통용. 도실(刀室).
         質氏以酒削而鼎食『漢書』

  칼집 초【鞘】鞞容刀鞘也『詩經』

  칼집 필【鞸】鞞琫有珌『詩經』

  칼집 병【韠】韠有珌『詩經』

칼집 끝장식 :

  칼집 끝장식 표【鏢】칼집의 끝에 있는 장식.

칼집장식 :

  칼집장식 봉【鞛】刀鞘上飾. 鞞鞛有珌『詩經』

  칼집장식 봉【琫】칼집 위 부분에 하는 장식.
         鞞琫有珌『詩經』

  칼집장식 필【珌】허리에 차는 칼 아래쪽의 장식.
         鞞琫有珌『詩經』

칼코등이 : 칼자루에서, 슴베를 박은 쪽의 목에 감은 쇠테.

  칼코등이 반【盤】刃下數寸施鐵盤『經國雄略』

  칼코등이 협【鋏】검비(劍鼻).
         周宋爲鐔 韓魏爲鋏『莊子』

칼 코 옥으로 꾸미다 :

  칼 코 옥으로 꾸밀 체【璏】劍鼻玉飾.

캄캄하다 :

  캄캄할 맘【驀】暗也.

캐다 :

  캘 람【擥】채취(採取)함. 夕擥洲之宿莽『楚辭』

  캘 채【采】채(採)와 동자(同字).
         采薪之憂. 執袵采藥『司馬光』

  캘 채【菜】채(采)와 통용. 釋菜.

  캘 채【採】채굴(採掘)하거나 적취(摘取)함.
         採鑛. 採摘. 秋冬則勸民山採『史記』

캐묻다 :

  캐물을 구【訽】상문(詳問).

  캐물을 핵【劾】죄상(罪狀)을 추궁(追窮)하여 조
        사(調査)함. 劾按. 劾奏. 尙書責
        滂所劾猥多 滂知意不行 投劾去
        『後漢書』

캥기다 :

  캥길 한【釬】촉급함. 有緩而釬『莊子』

커피 : [假借字]

커피 가【咖】圖 咖啡. 熱帶産植物茶名.

커피 비【啡】차명(茶名). 咖啡『新字』

켕기다 :

  켕길 급【急】大絃急則小絃絶矣『韓詩外傳』

  켕길 한【釬】촉급(促急)함. 有緩而釬『莊子』

켜다 :

  켤 거【鋸】톱 같은 것으로 켜거나 자름.
         繩鋸木斷 水滴石穿『鶴林玉露』

  켤 소【繅】누에 꼬치에서 실을 뽑음.
         繅絲. 夫人蠶繅『孟子』

  켤 소【繰】소(繅)와 동자(同字).
         六七月乃盡繰訖『女仙傳』

  켤 점【點】불을 붙임. 點火. 點燈.
         火點伊陽村『雜纂』

켤레 :

  켤레 량【緉】신 한 켤레.

코 : 오관(五官)의 하나. 동물의 후각(嗅覺) 및 호흡(呼吸)을 맡은 기관.

  코 비【鼻】掩鼻而過之『孟子』

코고는 소리 :

  코고는 소리 한【鼾】爛醉就臥鼻鼾如雷
         『黃庭堅』

  코고는 소리 후【齁】鼻息. 齁齁自成曲『蘇軾』

  코고는 소리 흡【齁】鼻息聲. 鼻鼾齁以皴皺.

코골다 :

  코골 천【喘】코를 곪. 鶴瘦龜不喘『蘇軾』

  코골 해【齂】鼻息聲.

  코골 희【齂】와식(臥息).

  코골 희【齂】臥息聲.

코 꿰다 : 짐승의 코에 구멍을 뚫어 바 같은 것으로 꿰.

  코 꿸 비【鼻】鼻赤象圈巨象『張衡』

코끼리 : 포유류 코끼릿과에 속한 동물을 통틀어 이르는 말. 육지에 사는 동물 중 몸집이 가장 크다. 몸높이 3~3.5미터에 이르며, 네발은 기둥처럼 크고 튼튼하다. 귀는 잎 모양으로 크고 피부가 두꺼우며 털이 거의 없다. 코가 원통 모양으로 길게 늘어져 자유롭게 움직일 수 있게 되어 있어 물건을 들어 올리는 따위에 쓰기도 한다.

  코끼리 곡【觳】象也.

  코끼리 상【象】奇蹄類. 巨象. 象牙.
         象有齒以焚其身『左傳』

코뚜레 : 소의 코청을 꿰뚫고 거기에 끼는 고리 모양의 나무

  코뚜레 권【桊】牛鼻穿環.

코로 물건 움직이다 :

  코로 물건 움직일 올【顲】以鼻搖動.

코 막히다 : 감기가 들어 코가 막히는 일.

　코 막힐 구【䶢】季秋行夏令 民多䶢嚏『禮記』

　코 막힐 옹【癰】비색(鼻塞).

　코 막힐 옹【齆】비색(鼻塞).

코 베다 :

　코 벨 의【劓】코를 베는 고대(古代)의 오형(五
　　　　刑)의 하나. 劓罰. 劓罪五百『周禮』

코 우뚝하다 :

　코 우뚝할 혹【頔】鼻高貌.

코 찡그리다 :

　코 찡그릴 혹【齱】축비(顣鼻).

코풀다 :

　코풀 형【擤】코를 풂.

　코풀 희【纅】거체(去涕).

코피 : 코에서 나오는 피.

　코피 뉵【衄】뉵(衂)과 동의.

　코피 뉵【衂】脾移熱于肝 則爲驚衂『素問』

　코피 멸【衊】衂衊瞑目『素問』

콧대 : 콧등의 우뚝한 줄기.

　콧대 알【頞】비경(鼻莖). 蹙頞『孟子』

　콧대 알【齃】비경(鼻莖). 齇顔蹙齃膝攣『史記』

콧마루 : 콧등의 마루진 부분.

　콧마루 절【準】졸(頧)과 동자(同字).
　　　　　　비량(鼻梁). 準頭. 隆準而龍顔.

　콧마루 졸【頧】面秀骨.

콧물 : 콧구멍에서 흘러나오는 물.

　콧물 농【膿】비체(鼻涕).

　콧물 사【泗】비액(鼻液). 涕泗滂沱『詩經』

　콧물 이【洟】비액(鼻液). 垂涕洟『禮記』

콧물 흐르다 :

　콧물 흐를 농【膿】鼻病多涕.

콧수염 :

　콧수염 자【頿】口上鬚.

콧숨 : 코로 쉬는 숨.

　콧숨 합【鮯】齁鮯. 비식(鼻息).

　콧숨 홰【齂】비식(鼻息).

콧숨소리 :

　콧숨소리 패【齂】비식성(鼻息聲).

콧 줄기 :

　콧 줄기 알【齃】비경(鼻莖).

콩 : 콩과에 속한 한해살이풀. 줄기는 곧게 서며
　3개의 작은 잎으로 되었다. 여름에 일곱 개에
　서 서른 개의 흰색 또는 보라색의 작은 꽃이
　잎겨드랑이에 달린다. 협과(莢果)는 납작한 선
　상 타원형이며 거친 털이 많이 나 있고 한 개
　에서 네 개 정도의 씨가 들어 있다.

　콩 곽【藿】풋콩. 椒藿. 食我場藿『詩經』

콩 두【䇺】두(豆)와 동자(同字).
　　　　　　菽者衆䇺之名『物理論』

콩 두【豆】

　㉠ 두(䇺)와 동자(同字). 대두(大豆).
　　壺中實小豆『禮記』

　㉡ 콩 같은 작은 물건의 형용. 豆蟹.
　　丈山尺樹寸馬豆人『荊浩』

콩 숙【尗】숙(菽)과 동자(同字). 豆也.

콩 숙【菽】菽粟. 菽麥. 含菽飮水『世說』

콩 태【太】🈁 대두(大豆). 豆太.

콩가루 : 콩을 잘게 빻아서 만든 가루.

　콩가루 책【䴴】맷돌에 간 콩가루.
　　　　　　　　日膳裁豆䴴而已『唐書』

콩가루 무친 엿 :

　콩가루 무친 엿 수【餚】豆屑雜糖.

콩 경단 :

　콩 경단 산【饊】豆團子.

콩깍지 :

　콩깍지 목【萁】두기(豆萁).

콩 대 : 콩을 떨고 남은 줄기와 잎.

　콩 대 기【萁】種一頃豆 落而爲其『漢書』

콩 반 익다 : 콩이 반쯤 성숙함.

　콩 반 익을 함【䜴】秋種南山䜴『李東陽』

콩새 : 되샛과에 속한 새. 몸빛은 분홍색을 띤 갈
　색이며 날개는 청흑색, 윗목은 회색이다. 부리
　와 목이 굵고 꽁지 끝이 희다.

　콩새 동【鶇】조명(鳥名).

콩잎 :

　콩잎 곽【藿】牛藿『儀禮』

콩팥 : 오장(五臟)의 하나로 동물의 몸 안에 생긴
　노폐물을 걸러 오줌으로 배설하는 기능을 담당
　하는 기관.

　콩팥 신【腎】腎臟. 腎者作强子官『素問』

쾌하다 :

　쾌할 교【恔】유쾌함. 於人心獨無恔乎『孟子』

　쾌할 령【逞】

　　㉠ 만족을 느껴 상쾌함. 不逞子許君『左傳』

　　㉡ 마음대로 하여 만족을 얻음.
　　　逞意. 殺人以逞『左傳』

　쾌할 료【憭】상쾌함.

　쾌할 역【醳】快也.

　쾌할 정【呈】영(逞)과 통용.
　　　　　　而殺人以呈『左傳』

　쾌할 치【鼓】快也.

　쾌할 쾌【快】

　　㉠ 상쾌함. 機怨於諸侯然後快於心與『孟子』

　　㉡ 몸이 건강함. 體有不快『後漢書』

　쾌할 협【愜】상쾌함. 竟殊不愜『宋書』

쿵쿵 울리는 소리 :
　쿵쿵 울리는 소리 조【毃】擊空之聲.
퀴퀴하다 : (냄새가)찌든 땀내나 썩은 풀 냄새와
　같이 비위에 거슬릴 정도로 구리다.
　퀴퀴할 방【胮】臭也.
　퀴퀴할 할【䶳】物敗氣.
크게 :
　크게 대【大】성(盛)하게. 大奏廣樂『穆天子傳』
크게 경사스럽다 :
　크게 경사스러울 시【郪】대경(大慶).
크게 기뻐하다 :
　크게 기뻐할 비【嚭】대희(大喜)함.
크게 깨닫다 :
　크게 깨달을 성【瑆】대오(大悟).
크게 말하다 :
　크게 말할 한【諃】대언(大言).
크게 먹다 :
　크게 먹을 답【䶙】대식(大食).
　크게 먹을 탑【𣣈】대식(大食).
크게 보다 :
　크게 볼 귀【睯】大視貌.
　크게 볼 잉【𥇛】大視貌.
　크게 볼 훤【覴】大視貌.
크게 부르다 :
　크게 부를 이【咦】大呼貌.
크게 부르짖다 :
　크게 부르짖을 교【嘄】대호(大呼).
　　　　　　　　昭公嘄然而哭『公羊傳』
크게 소리 지르다 :
　크게 소리 지를 홍【訌】대성(大聲).
크게 여기다 :
　크게 여길 대【大】大齊信焉 而輕貨財『荀子』
크게 웃다 :
　크게 웃을 각【㖩】대소(大笑).
크게 저민 고기 :
　크게 저민 고기 헌【軒】皆有軒『禮記』
크게 하다 :
　크게 할 굉【閎】閎其中 肆其外『韓愈』
　크게 할 대【大】
　　㉠ 떠벌림. 자랑함. 不自大其事『禮記』
　　㉡ 성하게 함. 不大聲以色『詩經』
　크게 할 부【阜】可以阜我民之財兮『史記』
　크게 할 황【荒】大王荒之『詩經』
크게 한숨 쉬다 :
　크게 한숨 쉴 괴【欬】태식(太息).
크고 긴 골 :
　크고 긴 골 롱【巄】大長谷.

크기 : 큰 정도.
　크기 대【大】取金印如斗大繫肘『晉書』
크다 :
　클 가【假】假哉天命『詩經』
　클 각【覺】높고 큰 모양. 有覺其楹『詩經』
　클 개【价】价人維藩『詩經』
　클 개【介】介福. 神之聽之 介爾景福『詩經』
　클 거【鉅】거(巨)와 통용. 鉅萬. 鉅魚.
　　　　　　　宜鉅者鉅 宜小者小『史記』
　클 거【巨】爲巨室 則必使工師求大木『孟子』
　클 거【距】蹤距者擧遠『淮南子』
　클 거【渠】渠大. 誅其渠帥『史記』
　클 경【景】景命. 介爾景福『詩經』
　클 경【京】京觀. 燎京薪『張衡』
　클 과【夸】邑屋隆夸『左思』
　클 광【光】크다. 光輔. 光有天下『左傳』
　클 괴【傀】傀然獨立天地之間而不畏『荀子』
　클 괴【瑰】위대(偉大)함. 瑰意琦行『宋玉』
　클 괴【魁】雄大. 始以薛公爲魁然『史記』
　클 괴【儓】大也.
　클 굉【觥】觥羊之毅『太玄經』
　클 굉【宏】廣大. 宏大. 用宏玆賁『書經』
　클 굉【閎】광대(廣大)함. 曾閎以迫身『詩經』
　클 굉【紭】굉(宏)과 통용.
　　　　　　　天地之道 至紭以大『淮南子』
　클 구【丘】過其丘嫂食『漢書』
　클 긍【紃】大也.
　클 기【祁】其祁孔有『詩經』
　클 기【祇】無祇悔『易經』
　클 녕【寧】大也.
　클 단【亶】逢天亶怒『詩經』
　클 당【唐】初唐. 唐於內『太玄經』
　클 대【大】
　　㉠ 부피나 길이가 많은 공간을 차지함.
　　　大弓. 骨何者最大『史記』
　　㉡ 넓음. 大陸. 大哉乾元『易經』
　　㉢ 많음. 大軍.
　　㉣ 거셈. 심함. 大風.
　　㉤ 훌륭함. 大人物. 大哉問『論語』
　　㉥ 중함. 비상함. 重大. 今欲擧大事『史記』
　　㉦ 높음. 존귀함. 大官. 說大人藐之『孟子』
　　㉧ 왕성함. 大族. 族大寵多『左傳』
　　㉨ 과장됨. 大言.
　　㉩ 나이 먹음. 老大. 年大自疎隔『沈千年』
　　㉪ 찬미 하는 말. 大著. 大韓.
　　　大唐受命有天下『韓愈』
　클 로【輅】로(路)와 통용. 주로 천자(天子)가
　　　　　　　사용하는 물품에 쓰임. 輅寢.
　　　　　　　禮下公門式輅馬『後漢書』

클 로【路】주로 군주(君主)에 관한 사물에 쓰임.
路門. 路寢. 厥聲載路『詩經』
클 로【佬】대모(大貌).
클 륙【蓼】풀이 장대(長大)한 모양.
蓼蓼者莪『詩經』
클 맹【孟】高言孟行『孟子』
클 모【牟】巨大함. 牟而難知『呂氏春秋』
클 무【憮】巨大함. 昊天泰憮『詩經』
클 반【胖】肥大함. 心廣體胖『大學』
클 방【龐】高大함. 形之龐也 類有德『柳宗元』
클 방【尨】방(厖)과 통용.
클 방【厖】방(尨)과 통용. 厖大.
敦厖純固『國語』
클 보【甫】倬彼甫田『詩經』
클 봉【封】거대(巨大)함. 封豕長蛇『左傳』
클 봉【逢】衣逢掖之衣『禮記』
클 부【垺】큼. 성(盛)함.
精小之微也. 垺大之殷也『莊子』
클 부【膚】작지 아니함. 以奏膚公『詩經』
클 부【阜】阜成兆民『書經』
클 분【墳】共墳燭『周禮』
클 분【朌】머리가 큰 모양.
클 분【賁】모양이 큼. 賁鼓維鏞『詩經』
클 불【奔】大也.
클 비【不】비(丕)와 통용. 不顯惟德『詩經』
클 비【嚭】크다.
클 비【丕】丕業. 嘉乃丕績『書經』
클 빙【憑】대단함. 帝憑怒『列子』
클 사【肆】于先王肆『書經』
클 석【蓆】광대(廣大)함. 緇衣之蓆兮『詩經』
클 석【碩】작지 아니함. 大와 동의.
碩大. 碩學. 莫知其苗之碩『大學』
클 석【舃】작지 아니함. 松桷有舃『詩經』
클 석【奭】크다.
클 순【奄】大也.
클 순【純】純嘏爾常矣『詩經』
클 순【淳】黎淳耀於商辛兮『班固』
클 승【爯】大也.
클 양【洋】광대(廣大)한 모양. 성대(盛大)한 모양.
洋洋. 聲名洋溢乎中國『中庸』
클 오【謷】謷乎大哉 獨成其天『莊子』
클 옹【顒】짐승이 크고 힘이 센 모양.
四牡修廣 其大有顒『書經』
클 와【奃】大也.
클 우【俁】용모가 큰 모양. 碩人俁俁『詩經』
클 우【訏】큰 모양. 川澤訏訏『詩經』
클 우【盱】廣盱營表『漢書』
클 우【于】廣大함. 易則易 于則于『禮記』
클 우【芋】君子攸芋『詩經』
클 원【元】元戎. 汝終陟元后『書經』
클 위【偉】長大함. 偉體. 容貌甚偉『漢書』
클 융【戎】거대함. 念兹戎功『詩經』
클 은【殷】翼殷不逝『莊子』
클 음【淫】대단함. 淫夷. 既有淫威『詩經』
클 이【夷】성대(盛大)함. 降福孔夷『詩經』
클 임【壬】有壬有林『詩經』
클 장【奘】秦晉之間 人之大謂之奘『方言』
클 장【長】
㉠ 거대함 願乘長風破萬里浪『南史』
㉡ 키가 큼. 長大. 皆謂之長人『史記』
클 장【將】亦孔之將『詩經』
클 조【奝】크다(大也).
클 조【粗】작지 아니함. 粗功.
其器高以粗『禮記』
클 준【浚】浚明夷曙『顏延之』
클 준【峻】克明峻德『大學』
클 준【駿】爲下國駿厖『詩經』
클 준【葰】초목이 무성하여 큰 모양.
實葉葰茂『司馬相如』
클 질【晊】크다(大也). 밝다(明也).
클 총【冢】대(大)와 동의. 冢宰. 冢君.
클 치【哆】哆兮侈兮『詩經』
클 치【侈】형체(形體)가 큼.
莽爲人侈口『漢書 王莽傳』
클 탁【倬】뚜렷하게 큼. 저대(著大)함.
倬彼雲漢『詩經』
클 탁【濯】王公伊濯『詩經』
클 탄【誕】
㉠ 크다. 國之誕章『漢書』
㉡ 크게. 대단히. 誕敷文德『書經』
클 탕【碭】玄玄至碭而運照『淮南子』
클 탕【蕩】광대한 모양. 浩蕩. 蕩蕩.
美哉蕩乎『左傳』
클 태【太】용적(容積) 면적(面積) 등이 큼.
太倉. 太上貴德『禮記』
클 태【泰】태(太)와 동자(同字).
橫泰河『漢書』
클 투【套】깊고 큼.
클 판【昄】爾土宇章. 昄章大明也『詩傳』
클 패【沛】큰 모양. 沛然自大『漢書』
클 포【奅】大也.
클 풍【豊】羽豊則遲『周禮』
클 필【駜】대모(大貌).
클 필【胇】필(駜)과 동자(同字). 대모(大貌).
클 하【嘏】嘏命. 凡物壯大謂之嘏『揚雄方言』
클 하【夏】夏屋. 夏海之窮『呂氏春秋』
클 한【奞】大也.
클 한【閑】旅楹有閑『詩經』

클 항【項】四牡項領『詩經』

클 행【涬】큰모양. 大同乎涬溟『莊子』

클 혁【奕】혁(奕)의 古字. 亦服爾耕『詩經』

클 혁【奕】奕奕梁山『詩經』

클 호【顥】광대함. 顥氣之淸英『班固』

클 혼【混】猶在混冥之中『淮南子』

클 혼【渾】渾元運物『班固』

클 홍【洪】洪大. 洪惟我幼沖人『書經』

클 홍【鴻】홍(洪)과 통용.
　　　　　　鴻圖. 禹抑鴻水『史記』

클 홍【弘】광대함. 廣弘. 弘大.
　　　　　　含弘光大『易經』

클 홍【宏】심대(深大).

클 확【廓】광대함. 廓大. 性度恢廓『吳志』

클 활【豁】
　　㉠ 광활한 모양. 開豁.
　　㉡ 도량이 넓은 모양. 意豁如也『十八史略』

클 황【皇】굉장히 큼. 皇天. 惟皇上帝『書經』

클 황【荒】大王荒之『詩經』

클 효【奫】大也.

클 후【芋】우(訏)와 통용. 君子攸芋『詩經』

큰 강 : 작은 내의 물을 합쳐 바다로 흐르는 강.
　큰 강 독【瀆】四瀆視者諸侯『禮記』

큰 개 :
　큰 개 곤【猑】대견(大犬).

큰 거문고 : 현악기의 하나. 모양은 거문고 같으
　나 줄이 열다섯 열아홉 스물다섯 스물일곱 줄
　로 된 것 등의 여러 종류가 있음.
　큰 거문고 슬【瑟】搏拊琴瑟『書經』

큰 거북 :
　큰 거북 비【贔】贔屭. 贔屭大龜『本草經』
　큰 거북 휴【蠵】대구(大龜).

큰 골짜기 :
　큰 골짜기 구【谼】대곡(大谷).
　큰 골짜기 함【嵃】대곡(大谷).
　큰 골짜기 홍【谾】대곡(大谷).

큰기러기 : 오릿과에 속한 기러기. 몸빛은 은갈색
　을 띤 회색이며 등 쪽 일부분은 엷은 빛깔이다.
　다리는 황색이며, 부리는 흑색인데 끝에 등황색
　띠가 있다.
　큰기러기 홍【鴻】王立於沼上 顧鴻雁麋鹿『孟子』

큰길 :
　큰길 십【辻】㉥ 大道路.

큰 끌 :
　큰 끌 총【鏓】대착(大鑿).

큰 눈 : 커다란 눈.
　큰 눈 곤【睔】거안(巨眼).
　큰 눈 범【䀎】대목(大目).

큰 눈 불거지다 :
　큰 눈 불거질 곤【睴】大目出.

큰대 :
　큰대 담【簟】대죽(大竹).

큰 도랑 :
　큰 도랑 괴【巜】대구(大溝).

큰 도랑이 있다 :
　큰 도랑이 있을 치【甾】배포가 크다.

큰 독 :
　큰 독 강【瓨】대옹(大甕).
　큰 독 함【甔】대옹(大甕).
　큰 독 함【甖】대옹(大瓮).

큰 돌 :
　큰 돌 반【盤】반(磐)과 통용. 盤石之宗『漢書』
　큰 돌 반【磐】반(盤)과 통용.

큰 동이 :
　큰 동이 당【瞠】대분(大盆).

큰 돼지 :
　큰 돼지 견【豣】대시(大豕). 獻豣于公『詩經』

큰 떼 :
　큰 떼 패【簰】큰 뗏목을 엮어 물에 띄운 것.
　　　　　　簰謂之筏『揚雄方言』

큰 띠 :
　큰 띠 신【紳】허리에 매고 남은 부분을 늘어
　　　　　　뜨려 장식으로 하는 고귀한 사람의
　　　　　　의관용의 큰 띠. 搢紳.
　　　　　　垂紳正笏『歐陽修』
　큰 띠 우【帣】대대(大帶).

큰마누라 :
　큰마누라 적【適】본처(本妻). 適妾.

큰말 :
　큰말 래【騋】키가 칠척(七尺)이상의 말.
　　　　　　騋牝三千『詩經』
　큰말 수【驌】색외(塞外)의 대마(大馬).

큰 말하다 :
　큰 말할 당【嘡】大言嘡嘡.
　큰 말할 동【哃】大言哃嘡.
　큰 말할 획【嚄】言壯貌.

큰 머리 :
　큰 머리 정【顁】대두(大頭).
　큰 머리 회【頮】대수(大首).

큰 못 :
　큰 못 부【鈽】대정(大釘).

큰물 :
　큰물 방【滂】대수(大水).
　큰물 요【漾】水無際.
　큰물 월【泧】대수(大水).

큰물 일【溢】홍수(洪水). 凶旱水溢『禮記』

큰물 잠【涔】홍수(洪水). 涔旱災害之殃『淮南子』

큰물 침【浸】홍수(洪水). 大浸稽天『莊子』

큰물 홍【洪】대수(大水). 湯湯洪水方割『書經』

큰물 홍【洚】홍(洪)과 동자(同字).
　　　　　　洚水警余『孟子』

큰 물결 :

　큰 물결 로【澇】대파(大波). 飛澇相磢『木華』

　큰 물결 양【洋】대파(大波).
　　　　　　望洋向若而歎『莊子』

　큰 물결 창【淌】큰 파도.

큰 물결 일다 :

　큰 물결 일 운【澐】강에서 큰 물결이 이는 모양.
　　　　　　漲濤湧澐『于邵』

큰 바다 :

　큰 바다 양【洋】대해(大海). 大洋. 海洋.
　　　　　　中有白水洋『徐兢』

　큰 바다 창【滄】대해(大海). 滄溟.
　　　　　　渺滄海一粟『蘇軾』

큰바람 :

　큰바람 도【飍】대풍(大風).

　큰바람 위【飅】대풍(大風).

　큰바람 율【飈】대풍(大風).

　큰바람 율【颭】飇颭. 雷震逼飇颭『韓愈詩』

　큰바람 홍【颹】대풍(大風).

　큰바람 횡【飇】대풍(大風).

큰 바리 :

　큰 바리 간【盂】대완(大盌).

큰 배 :

　큰 배 도【舠】대복(大腹).

　큰 배 벌【橃】대선(大船).

　큰 배 탑【艚】대선(大船).

　큰 배 탑【艐】대선(大船).

큰 병아리 :

　큰 병아리 류【雡】대추(大雛).

큰 보습 :

　큰 보습 검【鈐】대리(大犁).

큰 부리 까마귀 : 까마귓과에 속한 새. 몸빛은
　검고 광택이 나며 부리가 매우 크다. 식성은
　잡식성으로 과실, 곤충 및 작은 물고기 따위를
　먹는다. 성질이 고약하여 반포(反哺)를 하지
　않는다 함.

　큰 부리 까마귀 아【鴉】純黑反哺者 謂之烏 小
　　　　　　而腹下白不反哺者 謂之
　　　　　　鴉『廣雅』

　큰 부리 까마귀 여【鸒】아(鴉)의 별칭.
　　　　　　弁彼鸒斯『詩經』

큰비 :

큰비 료【潦】대우(大雨). 水潦盛昌『禮記』

큰비 봉【霶】대우(大雨).

큰 뼈 : 거대한 뼈.

　큰 뼈 고【軱】技經肯綮之未嘗 而況大軱乎
　　　　　　『莊子』

큰 산 :

　큰 산 거【岠】대산(大山).

　큰 산 악【岳】악(嶽)과 동자(同字). 五岳.
　　　　　　五月南巡狩至于南岳『書經』

　큰 산 악【嶽】악(岳)과 동자(同字).
　　　　　　五嶽. 崧高維嶽『詩經』

큰 상자 :

　큰 상자 곡【簎】대상(大箱).

큰 새 :

　큰 새 홍【鳿】홍(鴻)의 고자. 대봉(大鳳).

큰 생황 :

　큰 생황 조【簉】大笙十九簧.

큰소리 :

　큰소리 갈【喝】대성(大聲). 노성(怒聲).
　　　　　　何能爲當于陳上之喝『五代史』

　큰소리 굉【訇】여러 가지 큰 소리의 형용.
　　　　　　訇然震動如雷霆『韓愈』

　큰소리 굉【諻】큰소리의 형용.
　　　　　　聲激越諻屬天『班固』

　큰소리 색【咋】대성(大聲). 呱啞咋『太玄經』

　큰소리 책【譜】대성(大聲).

　큰소리 평【匉】큰소리의 형용.
　　　　　　匉訇 大聲也『廣韻』

　큰소리 화【吳】대성(大聲).

　큰소리 황【諻】大聲. 喧譁諻呻『吳都賦』

　큰소리 횡【耾】대성(大聲). 대음(大音).
　　　　　　動鐘鼓之鏗耾有殷『左思』

　큰소리 흉【訩】대성(大聲)함. 功之難立也 其必
　　　　　　由訩訩耶『春秋』

큰소리로 웃다 :

　큰소리로 웃을 홍【哄】笑大聲.

큰소리하다 :

　큰소리할 오【吳】떠듦. 不吳不敖『詩經』

큰솥 :

　큰솥 익【鼏】대정(大鼎).

큰 술잔 :

　큰 술잔 두【㼜】禮器㼜屬.

큰아버지 :

　큰아버지 백【伯】아버지의 형(兄).
　　　　　　伯父. 伯旣如此『南史』

큰 양 :

　큰 양 겸【羬】대양(大羊).

　큰 양 령【羷】대양(大羊).

큰 언덕 :
　큰 언덕 고(곡)【陼】 대부(大阜).
　큰 언덕 혼【隫】 대부(大阜).
큰 오이 :
　큰 오이 루【㼎】㼐㼎 왕과(王瓜).
큰 원숭이 :
　큰 원숭이 가【猳】玃也.
　큰 원숭이 각【貜】母猴. 蛭蜩蠼猱『司馬相如』
큰 입 :
　큰 입 계【嘰】대구(大口).
　큰 입 한【谽】大口貌.
　큰 입 화【吳】魚之大口.
큰 자개 :
　큰 자개 항【蚢】대패(大貝).
큰제사 :
　큰제사 체【禘】제왕이 시조(始祖)를 하늘에 배
　　　　　　　향(配享)하는 대제(大祭).
　　　　　　　禮不王不禘『禮記』
큰집 : 고대(高大)하고　장엄(莊嚴)한　당우(堂宇).
　궁성(宮城) 불각(佛閣) 따위.
　큰집 굉【宏】대옥(大屋).
　큰집 전【殿】殿閣. 先作前殿阿房『史記』
　큰집 하【廈】大廈高樓. 所欣成大廈『唐太宗』
큰창자 :
　큰창자 동【胴】대장(大腸). 以玄胴腸裏 蒸之於
　　　　　　　亦土下『抱朴子』
큰 체하다 :
　큰 체할 과【恘】心自大.
　큰 체할 효【嗃】嗃然虛大貌. 非不知嗃然大也吾
　　　　　　　爲其用而培之『莊子』
큰 칼 :
　큰 칼 가【椵】수계(囚械).
큰 피리 :
　큰 피리 교【簥】대관(大管).
큰 혹부리 :
　큰 혹부리 앙【甕】甕甕. 大癭貌.
큰 홀 :
　큰 홀 숙【琡】대장(大璋).
키 : 곡식을 까부는 제구.
　키 기【箕】良弓之子 必學爲箕『禮記』
　키 루【匜】기류(箕類).
　키 체【筲】箕也.
　키 필【箄】箕屬.
키 : 선박의 고물에 장치하여 방향을 잡는 기구.
　키 도【艔】櫂也.
　키 미【梶】囸 舵也.
　키 배【棑】船後所排水.

키 초【𥴧】舵也.
키 타【梔】타(柂), 타(舵)와 동자(同字).
　　　　　　凌波縱梔『郭璞』
키 타【枂】毀舟爲枂『淮南子』
키 타【舵】타(柂)와 동자(同字).
　　　　　　舵工宜加犒勞『願體集』
키 타【柂】타(舵)와 동자(同字).
　　　　　　柂手. 操柂正櫓『晉書』
키 : 사람이나 동물이 똑바로 서 있을 때, 발바닥
　에서 머리끝까지의 몸길이.
　키 수【修】身長. 鄒忌修八尺有餘『戰國策』
　키 장【長】身長. 布帛長短『孟子』
키 바닥 : 까부는 키의 바닥.
　키 바닥 엽【擪】執箕膺擪『禮記』
키우다 :
　키울 거【擧】애를 키움. 擧子.
　　　　　　　嫛告其母曰 勿擧也『史記』
키 작다 :
　키 작을 개【𡢛】𡢛𡢛 단모(短貌).
　키 작을 삽【偛】短倭貌.
　키 작을 철【𣦃】蹶𣦃. 短身貌.
키 크고 덕 없다 :
　키 크고 덕 없을 자【偦】儸健不德.
키 크다 :
　키 클 람【𦡆】𦡆𦡈. 身長貌.
키 큰 소 :
　키 큰 소 강【犅】脊長牛.
　키 큰 소 패【㹒】장우(長牛).
킬로그램 :
　킬로그램 천【瓩】[假借字] 천(妊)과 동자(同字).
　　　　　　　Kg의 약자(略字).
킬로미터 :
　킬로미터 천【粁】[假借字] 미터법 길이의 단위.
　　　　　　　Km의 약기(略記).

타관살이 하다 :

　타관살이 할 기【覊】 기(羈)와 통용.
　　　　　　　　　爲覊終世『左傳』
　타관살이 할 기【羈】 타향에 기우(羈寓)함.
　　　　　　　　　爲覊終世『左傳』

타는 소리 :

　타는 소리 타【炻】 소성(燒聲).

타다 :

　탈 가【駕】 탈것에 올라감.
　　　　　　　始知駕鶴乘雲外『白居易』
　탈 고【鼓】 거문고 같은 것을 탐. 鼓瑟『論語』
　탈 년【撚】 비파 같은 것을 탐.
　　　　　　　輕攏慢撚撥復挑『白居易』
　탈 등【騰】 수레 말 같은 것을 탐.
　　　　　　　騰驢贏以馳逐『劉向』
　탈 롱【弄】 악기를 타며 즐김.
　　　　　　　弄琴. 弄畢便上車去『晉書』
　탈 료【燎】 연소함. 若火之燎於原『書經』
　탈 발【撥】 현악기를 튀김.
　　　　　　　細撥紫雲金鳳語『李羣玉』
　탈 병【拼】 거문고를 타다. 彈也.
　탈 복【服】 탈것에 탐. 服牛乘馬『書經』
　탈 분【焚】 불탐. 玉石俱焚『書經』
　탈 비【琵】 현악기의 줄을 위에서부터 차례로 탐.
　　　　　　　推手爲琵却手琶『歐陽修』
　탈 설【挈】 탄주(彈奏)함.
　　　　　　　趙女鄭姬設形容挈鳴琴『史記』
　탈 소【燒】 불탐. 燒失. 薰以香自燒『漢書』
　탈 승【乘】
　　㉠ 거마(車馬)등을 탐. 婦人不入乘『禮記』
　　㉡ 기회(機會)를 탐.
　　　　乘機. 乘虛. 雖有智慧 不如乘勢『孟子』
　탈 연【緣】 인연을 탐. 연줄을 잡음. 夤緣
　탈 연【燃】 불에 탐. 불사름. 불을 땜.
　　　　　　　燃燒. 燃料. 燃犀角而照之『晉書』
　탈 염【掞】 염(炎)과 통용.
　　　　　　　長麗前掞光耀明『漢書』
　탈 염【炎】 불탐. 炎上.
　탈 재【載】 수레에 오름. 卽與同載『史記』

　탈 조【燺】 불에 타다. 焦也.
　탈 초【憔】 憔慮. 괴로워 마음이 탐.
　　　　　　　毁身憔憔慮 出於百死『後漢書』
　탈 초【焦】
　　㉠ 마음이 탐. 애탐. 誰知我心焦『阮籍』
　　㉡ 말라 뜨거워짐. 입술 같은 것이 탐.
　　　　脣焦口燥『杜甫』
　　㉢ 시들어 까매짐. 얼굴 같은 것이 탐.
　　　　心悲則面焦『眞話』
　탈 추【搊】 손으로 현악기를 탐.
　　　　　　　爲搊琵琶『唐書』
　탈 탄【彈】 악기 같은 것을 탐.
　　　　　　　彈琴. 舜彈五絃之琴『史記』
　탈 탑【搭】 탈것에 탐. 搭乘.
　　　　　　　可搭我船而去『龍圖公案』
　탈 파【琶】 현악기의 줄을 아래서부터 거꾸로
　　　　　　　탐. 推手爲琵却手琶『歐陽修』
　탈 현【絃】 현악기를 탐. 令樂人謌絃『史記』
　탈 홍【烘】 불탐. 山櫻火似烘『余靖』
　탈 훈【熏】 불탐. 불태움. 憂心如熏『詩經』
　탈 훼【燬】 열화(烈火). 王室如燬『詩經』
　탈 휘【徽】 거문고를 탐. 鄒忌一徽徽而威王終夕
　　　　　　　悲感『淮南子』

타달거리다 :

　타달거릴 추【趍】 徒步行貌.

타달타달 걷다 :

　타달타달 걸을 야【踖】 小兒始行貌.

타락(駝酪) : 소의 젖이나 그것을 살균하여 만든
　음료. 백색으로 지방, 단백질, 칼슘, 비타민이
　풍부하게 함유되어 있어 영양가가 높다. 아이
　스크림, 버터, 치즈 따위의 원료로 쓴다. 중세
　몽골 어 'taraq'의 음역어이다.

　타락 락【酪】 羶肉酪漿『李陵』

타래 : 실을 세는 수사.

　타래 총【總】 素絲五總『詩經』
　타래 타【紽】 素絲五紽『詩經』

타이르다 : 사리를 말하여 알게 함. 혹은 알아듣
　게 일러줌.

　타이를 사【辭】 仁者之過易辭『禮記』
　타이를 일【溢】 경계함. 假以溢我『詩經』
　타이를 효【曉】 曉論. 指曉南越『史記』

타작(打作) : 곡식의 낟알을 줄기에서 떨어내어
　거둠.

　타작 전【輾】 🈂 타도(打稻).

타조(駝鳥) : 현존하는 조류 가운데 가장 큰. 타
　조과에 속한 새. 날개가 작아 날지는 못하나
　잘 달리며, 아프리카의 사막 지대에 산다.

　타조 타【鴕】 鴕鳥. 鴕鳥如駝生西戎『本草經』

탁자(卓子) : 물건을 올려놓도록 상 모양으로 만
든 가구를 통틀어 이르는 말.
　탁자 등【榻】탁자(卓子).
　탁자 탁【卓】탁(桌)과 통용.
　　　　　　食卓. 兩卓合八尺『徐積』
　탁상 탁【桌】궤안(几案). 탁(卓)의 속자(俗字).
탄 나머지 : 타고남은 것.
　탄 나머지 신【燼】여신(餘燼). 具禍以燼『詩經』
　탄 나머지 신【爐】餘爐. 具禍以爐『詩經』
탄내 나다 : 불에 타는 냄새가 나다.
　탄내 날 사【㸑】火焦臭.
　탄내 날 초【焦】其味苦 其臭焦『禮記』
탄소(炭素) : 통 용매에 녹지 않고, 산이나 알칼
리에도 작용을 받지 않는 비금속 원소의 하나.
　탄소 탄【炭】炭坑.
탄식(歎息)하다 : 근심이나 원망 따위로 한탄하
여 숨을 내쉼. 또는 그러한 숨.
　탄식할 개【嘅】嘅其歎矣『詩經』
　탄식할 괴【喟】탄식(歎息).
　탄식할 오【嗚】噫嗚流涕『後漢書』
　탄식할 우【吁】
　　㉠ 아! 하고 탄식하는 소리.
　　　　吁嗟. 益日 吁戒哉(書經)
　　㉡ 한탄하는 모양. 云何吁矣『詩經』
　탄식할 우【于】우(吁)와 통용.
　　　　　　　于嗟麟兮『詩經』
　탄식할 의【戻】탄성(歎聲).
　탄식할 의【呬】嘆也.
　탄식할 자【訾】자(咨)와 동자(同字). 嗟歎.
　　　　訾黃其何不倈下『漢書』
　탄식할 자【嗞】嘆也. 歎也.
　탄식할 자【咨】차탄(嗟歎)함. 下民其咨『書經』
　탄식할 차【嗜】嗜日 氣佳哉『後漢書』
　탄식할 차【嗟】
　　㉠ 한탄하거나 감복함. 大耋之嗟『易經』
　　㉡ 嗟嘆. 萃如嗟如 无攸利『易經』
　탄식할 탄【嘆】嘆息.
　탄식할 허【噓】噓唏. 噫噓危乎高哉『李白』
탄알 : 총이나 포(砲)에 장전하여 목표물을 향해
쏘아 보내는 쇳덩이.
　탄알 탄【彈】
　　㉠ 활로 쏘는 탄알. 作彈以守之『吳越春秋』
　　㉡ 총의 탄알. 砲彈.
　　　　隆慶二年 改鑄鐵彈『大明會典』
　탄알 환【丸】
　　㉠ 튀기는 활의 알.
　　　　從臺上彈人 而觀其避丸也『左傳』
　　㉡ 총알. 彈丸.

탄핵(彈劾)하다 : 어떤 잘못의 실상을 논하여 책
망함.
　탄핵할 탄【彈】糾彈. 州司不敢彈糾『後漢書』
　탄핵할 평【抨】抨劾. 其意不樂彈抨事『唐書』
탈 : 종이나 나무 따위로 만든 얼굴의 모양.
　탈 기【供】구나(驅儺)할 때에 방상씨(方相氏)가
　　　　쓰는 눈이 넷인 가면(假面).
　　　　仲尼面如蒙供『荀子』
　탈 면【面】用鐵面自衛『晉書』
탈것 : 타고 다니는 물건.
　탈것 가【駕】車馬. 車駕. 不俟駕行矣『論語』
　탈것 롱【籠】대로 만든 가마 같은 탈 것. 籠輿.
　탈것 승【乘】
　　㉠ 거마(車馬) 따위. 駕驪之乘.
　　　　今乘輿已駕矣『孟子』
　　㉡ 병거(兵車)에 탄 전사(戰士).
　　　　卒乘輯睦『左傳』
　탈것 양【襄】兩服上襄『詩經』
탈나다 : 뜻밖에 생긴 사고(事故)나 병(病).
　탈날 탈【頉】🄗 유고(有故).
탐내다 : 무엇을 몹시 가지거나 차지하고 싶어하다.
　탐낼 개【愒】忨愒. 忨歲而愒日『左傳』
　탐낼 구【求】不忮不求『論語』
　탐낼 매【每】衆庶每生『漢書』
　탐낼 모【悴】悴悴然惟利之見『荀子』
　탐낼 색【嗇】嗇于稛『左傳』
　탐낼 암【婪】貪也.
　탐낼 욕【慾】嗜慾. 貪慾.
　탐낼 첨【嚵】貪也.
　탐낼 탐【貪】
　　㉠ 탐욕(貪慾). 去其貪『禮記』
　　㉡ 탐내는 사람. 激貪立懦『謝朓』
　탐낼 탑【猲】탐함. 熒狩猲猲『太玄經』
　탐낼 투【偸】눈앞의 안락(安樂)을 탐(貪)함.
　　　　偸安日日『史記』
　탐낼 함【歛】탐욕(貪慾).
탐(貪)하다 : 무엇을 가지거나 차지하고 싶은 마
음. 자기의 뜻에 잘 맞는 사물에 집착하는 것
을 이른다.
　탐할 감【歁】貪也.
　탐할 감【欿】貪也.
　탐할 기【忮】탐냄. 不忮不求『論語』
　탐할 뉴【狃】탐냄 不足狃也『國語』
　탐할 담【嘾】貪也.
　탐할 답【沓】탐냄. 其民沓貪而忍『國語』
　탐할 도【饕】縉雲氏有不才子 貪於飮食 冒於貨
　　　　　　賄 天下謂之饕餮『左傳』
　탐할 도【叨】叨貪. 叨懫一欽『書經』

탐할 도【饀】貪也.

탐할 득【得】戒之在得『論語』

탐할 람【濫】虞公濫於寶與馬『呂氏春秋』

탐할 람【嚂】貪也.

탐할 람【婪】性貪婪詭賊『韓愈』

탐할 람【惏】飽而强 饑而惏『大戴禮』

탐할 람【懢】貪懢 嗜也.

탐할 리【利】先財而後禮 則民利『禮記』

탐할 린【遴】인(吝)과 통용.
　　　晩節遴性 恐不足于財『漢書』

탐할 매【昧】楚王是故昧於一來『左傳』

탐할 매【拇】貪也. 穆王巧拇夫何周流『楚辭』

탐할 모【牟】牟利. 牟食之民『韓非子』

탐할 모【冒】冒利. 貪冒. 冒於貨賄『左傳』

탐할 몰【沒】不沒爲後『國語』

탐할 부【妭】貪也.

탐할 오【忢】貪也.

탐할 완【頑】욕심이 많음. 聞伯夷之風者 頑夫
　　　廉 懦夫有立志『孟子』

탐할 완【忨】완(忨)과 동자(同字).

탐할 완【忨】忨愒. 忨歲而愒日『左傳』

탐할 원【鶢】貪也.

탐할 음【淫】示不淫『禮記』

탐할 의【鷙】貪也.

탐할 참【饞】舌饞於腹『易林』

탐할 철【饕】貪食함. 縉雲氏有不才子 貪於飲食
　　　冒於貨賄 天下謂之饕餮『左傳』

탐할 탐【貪】과도히 욕심을 냄.
　　　貪食. 貪人敗類『詩經』

탑(塔) : 돌, 벽돌, 나무 따위를 깎아 여러 층으로
　쌓아올린 집 모양의 건축물.

탑 감【龕】절의 탑. 또는 탑 아래의 방.
　　　禪龕只晏如『杜甫』

탑 찰【刹】불탑(佛塔). 列刹相望『王中』

탑 탑【塔】불탑(佛塔). 浮屠梵語塔婆 此云高顯
　　　今稱塔『釋氏要覽』

탓하다 : 다른 사람이나 태도를 꾸짖어 나무라거
　나 원망하다.

탓할 우【郵】
　　㋠ 우(尤)와 통용. 罪人不郵其上『荀子』
　　㋡ 以顯朕郵『漢書』

탓할 우【尤】원망함. 不怨天 不尤人『論語』

탕약(湯藥) : 달인 후 짜서 먹는 한약.

탕약 탕【湯】藥湯. 葛根湯.
　　　其療疾合湯 不過數種『魏志』

태(胎) : 아기집 속의 태아를 둘러싸고 있는 태반
　과 탯줄의 조직.

태 태【胎】胞衣. 如在胞胎之中『參同契』

태도(態度) : 어떤 일이나 상황에 직면했을 때 가
　지는 입장이나 자세.

태도 휴【嬌】자태(姿態).

태만(怠慢)하다 : (사람이나 그 태도가)주어진 일
　에 열심을 내지 않고 소홀하며 게으르다.

태만할 리【愁】태만(怠慢).

태아(胎兒) : 모체의 태 속에서 자라고 있는 아
　이. 태중(胎中)의 아이.

태아 태【胎】胎已死矣『魏志』

태엽(胎葉) : 시계 따위를 움직이게 하는 장치로
　얇고 긴 띠 모양의 강철을 소용돌이처럼 말아
　용수철 구실을 하게 만듦.

태엽 려【梊】彫木爲鷺鶴 置機梊于腹中『廣記』

태우다 :

태울 교【炌】燃也.

태울 도【炓】燒也.

태울 분【焚】焚殺. 仲春勿焚山林『禮記』

태울 삭【爍】연소시킴.
　　　金火相爍 水火相煎『晉書』

태울 쉬【焠】불에 태움. 焠掌.
　　　有子惡臥而焠其掌『荀子』

태울 승【乘】타게 함.
　　　風乘我耶 我乘風乎『列子』

태울 열【熱】불태움. 灼熱.
　　　天下熬然若蕉熱『淮南子』

태울 염【炎】불사름. 火炎崑岡『書經』

태울 점【黏】燂也.

태울 초【焦】苦心焦思『史記』

태울 타【馱】말 같은 짐승의 등에 짐 또는 사
　　　람을 실음. 吳姬十五細馬馱『李白』

태울 타【駞】짐승의 등에 짐 사람을 실음.
　　　吳姬十五細馬駞『李白』

태울 풍【熛】燒也.

태울 훈【熏】불탐. 불태움. 憂心如熏『詩經』

태울 훈【薰】열에 타게 함. 厲薰心『易經』

태울 흔【焮】불사름. 行火所焮『左傳』

태의(胎衣) : 태(胎)의 껍질.

태의 포【胞】善藏我兒胞『漢書』

태주(太蔟) : 음악 십이율(十二律)의 하나.

태주 주【蔟】太蔟. 孟春之月 其音角 律中太蔟
　　　『禮記』

태풍(颱風) :

태풍 태【颱】남지나해(南支那海)에서 일어나는
　　　폭풍.

태풍 휴【飍】경풍(驚風).

태형(笞刑) : 혁편(革鞭)으로 죄인의 볼기를 치
　는 형벌(刑罰). 오형(五刑)의 하나.

태형 태【笞】笞者所以敎之也『漢書』

택사(澤瀉) : 택사과에 속한 여러해살이풀. 잎은
　　뿌리에서 뭉쳐서 나며 길고 끝이 뾰족하다. 물
　　이 늘 괴어 있는 논이나 습지에서 잘 자라며
　　뿌리는 이뇨 작용을 돕고 열을 내리는 효과가
　　있어서 습진, 부종 등의 약으로 쓰인다.
　　택사 속【藚】言采其藚『詩經』

탱자나무 : 운향과(蕓香科)에 속한 낙엽 관목. 높
　　이는 3미터 정도이며 가지가 많이 갈라지고
　　억세고 큰 가시가 있다. 5월에 흰 꽃이 피며
　　가을에 둥글고 노란 열매가 익는다.
　　탱자나무 각【棤】枳棤. 약명(藥名).
　　탱자나무 곽【欛】지목(枳木).
　　탱자나무 구【枸】枸橘. 枳枸來巢『宋玉』
　　탱자나무 지【枳】橘楡淮而化爲枳『周禮』

터 : 밑바탕. 특히 집 등의 토대.
　　터 기【紀】有紀有堂『詩經』
　　터 기【基】토대(土臺). 터전.
　　　　　　基礎. 自堂徂基『詩經』
　　터 대【垈】㉐ 집터. 垈地. 家垈.
　　터 전【廛】주대(周代)에 시가의 이무반(二畝半)
　　　　　　의 터. 夫一廛田百畝『周禮』
　　터 지【趾】지(址)와 동자(同字).
　　　　　　城趾. 略其趾『左傳』
　　터 지【址】지(阯)와 동자(同字).
　　　　　　城址. 立至化之基址『後漢書』
　　터 지【阯】터전. 기초. 頗立産業基阯『漢書』
　　터 허【墟】구지(舊址). 고적(古蹟). 故墟. 殷墟.
　　　　　　魯卞縣東南有桃墟 世謂之陶墟 相傳
　　　　　　舜所陶處『左傳』

터놓다 :
　　터놓을 두【竇】決也.
　　터놓을 쾌【夬】결(決)과 동의.

터다지다 :
　　터다질 척【塓】築土爲基.

터뜨리다 :
　　터뜨릴 결【決】決河之勢 決漳水 灌鄴旁
　　　　　　　　『呂氏春秋』

터럭 :
　　터럭 삼【彡】길게 자란 아름다운 머리.

터럭 끝 :
　　터럭 끝 소【髾】모발의 끝. 蚩纖垂髾『史記』

터럭 더부룩하다 :
　　터럭 더부룩할 녕【鬡】鬡鬤 발란(髮亂).
　　터럭 더부룩할 쟁【鬇】鬇鬤 발란(髮亂).
　　터럭 더부룩할 종【鬆】발란(髮亂).

터럭 듬성듬성 나다 :
　　터럭 듬성듬성 날 점【髻】髻鬤. 鬖髮疎薄貌.

터럭 많다 :

터럭 많을 차【鬠】발다(髮多).

터럭성기다 :
　　터럭 성길 력【鬗】발소(髮疏).
　　터럭 성길 령【鬤】발소(髮疏).

터럭아름답다 :
　　터럭 아름다울 차【鬠】발미(髮美).

터럭 엉키다 :
　　터럭 엉킬 내【髳】髳下登髳. 발란(髮亂).

터럭 짧다 :
　　터럭 짧을 부【髯】발단(髮端).

터럭 많다 :
　　터럭 많을 졸【鬞】髮多貌.

터무니 없는 말 : 허무맹랑한 말.
　　터무니 없는 말 란【讕】讕言兼存『文心雕龍』

터지다 :
　　터질 결【決】제방(堤防)같은 것이 무너져 물이
　　　　　　　　흘러나옴. 河決不可復壅『史記』
　　터질 작【炸】㉓ 폭발함. 炸裂.
　　　　　　　　演試炸發者『大明會典』
　　터질 탁【擆】탁(坼)과 동자(同字). 열개(裂開).
　　터질 탁【拆】갈라짐. 百果草木皆甲拆『易經』
　　터질 탁【坼】탁(拆)과 통용. 坼裂.
　　　　　　　　日南地坼 長百餘里『後漢書』
　　터질 폭【爆】화력으로 갈라짐. 또는 폭발함.
　　　　　　　　爆裂. 爆見兆『白虎通』

턱 : 사람이나 동물의 위턱뼈와 아래턱뼈로 이루
　　어진 기관.
　　턱 악【顎】上顎. 下顎.
　　턱 이【匝】頤也.
　　턱 이【頤】頤使. 頤霤垂拱『禮記』
　　턱 이【頯】이(頤)와 동자(同字).
　　　　　　　銳貫頯『韓非子』
　　턱 저【䪼】頤也.
　　턱 함【𩑛】頤也.
　　턱 함【頷】하악골(下顎骨)이 있는 부분.
　　　　　　　虎頭燕頷『漢書』
　　턱 함【頤】함(頷)과 동자(同字).
　　　　　　　王莽爲人侈口蹙頤『漢書』
　　턱 함【頜】턱의 뼈. 積顙樹頜『揚雄』

턱밑 살 : 축 늘어진 턱밑의 살.
　　턱밑 살 호【胡】狼跋其胡『詩經』

턱 받기 : 흘리는 침이 옷에 떨어지지 않게 어린
　　아이의 턱에 대어주는 물건.
　　턱 받기 구【褠】緊裕謂之褠『揚子方言』

턱찌끼 : 먹다 남은 찌끼.
　　턱찌끼 잔【殘】食殘『高僧傳』

털 :
　　털 모【耗】모(耗)와 동자(同字). 耗矣哀哉『漢書』

털 모【毛】
ㄱ 사람 또는 짐승의 털.
羽毛. 不屬于毛『詩經』
ㄴ 수염 또는 머리카락. 手拇毛脈『國語』
ㄷ 물건의 거죽에 생기는 실 모양의 것.
桃多毛 拭治去毛『禮記』
ㄹ 지극히 가벼운 것의 비유.
德輶如毛『詩經』

털 발【猭】 발(髮)과 동자(同字). 髮也.
鶴猭 半生猿心久死『郭忠恕書』

털갈다 :
털갈 부【翇】 鳥脫貌.
털갈 선【毨】 가을에 털을 갈아 흠치르르 함.
鳥獸毛毨『詩經』
털갈 타【毤】 새나 짐승이 털을 갊.
毤毛新鵠小『庾信』
털갈 타【毻】 羽毛解脫.
털갈 혁【革】 새털이 남. 鳥獸希革『書經』

털 거슬리다 :
털 거슬릴 수【氈】 毛之逆立.

털긴 양 :
털긴 양 궐【羷】 長毛羊.
털긴 양 반【羘】 毛長羊.

털 길다 :
털 길 람【氌】 毛長貌.
털 길 사【毸】 毛長貌.
털 길 삼【毵】 毵毵然與衆毛異『詩經』

털나다 :
털날 리【襹】 襹纚. 털이 처음으로 나는 모양.
鬒雛襹纚『木華』
털날 시【纚】 襹纚.
털날 시【襹】 鬒雛襹『木華』

털다 :
털 물【勿】 먼지를 떪. 卹勿驅塵『禮記』
털 별【撇】 옷을 턺. 側行撇席『史記』
털 불【拂】
ㄱ 먼지를 텀. 拂塵. 進几杖者拂之『禮記』
ㄴ 邪惡을 제거함. 拂其邪心『韓愈』
털 파【擺】 흔들어 턺. 擺落.

털 뜯다 :
털 뜯을 모【髦】 털을 없애 버림.
毛髦胾羹『詩經』

털로 짠 베 :
털로 짠 베 계【罽】 西方毳布毤氈類.
털로 짠 베 방【毷】 毷氈. 毛織物.
털로 짠 베 지【毭】 모직(毛織).

털 많다 :
털 많을 애【毸】 다모(多毛).

털 많을 용【韟】 毛盛.
털 많을 조【髚】 발다(髮多).
털 많을 찰【鬤】 毛多貌.

털 많이 나다 :
털 많이 날 무【稢】 毛密貌.

털 매미 :
털 매미 록【蠵】 蠵蠵.
털 매미 설【蛥】 蛥蚗. 선류(蟬類).

털 무늬 :
털 무늬 기【氈】 모문(毛文).

털 베 :
털 베 영【氈】 모포(毛布).

털 부드럽다 :
털 부드러울 엽【氈】 毛柔貌.

털 빠지다 :
털 빠질 분【毤】 모락(毛落).

털 서다 :
털 설 래【繂】 모기(毛起).

털어 버리다 :
털어 버릴 수【擻】 털어서 없앰. 擻抖.

털 없는 벌레 :
털 없는 벌레 라【躶】 躶蟲. 躶蟲人類而人爲之
王『晉書』

털 엉기다 :
털 엉길 변【毴】 毴毲 毛結不理.
털 엉길 복【毲】 毴毲. 毛不理).

털 엉키다 :
털 엉킬 령【毷】 毛結不理.

털 여뀌 : 마디풀과에 속한 한해살이풀. 전체에
긴 털이 있다. 잎은 넓은 난형이며 어긋나고,
어린잎은 식용 하며 열매는 흑갈색이다.
털 여뀌 귀【藘】 大蘢古.
털 여뀌 홍【葒】 葒草.
털 여뀌 홍【紅】 홍(葒)과 동자(同字).
紅蘢古『爾雅』

털옷 :
털옷 가【毠】 모의(毛衣).
털옷 갈【褐】 거친 털로 짠 천한 사람들이 입는 옷.
無衣無褐 何以卒歲『詩經』
털옷 무【幠】 모의(毛衣).

털이긴 말 :
털이긴 말 한【騆】 毛長馬.

털 일어나다 :
털 일어날 리【毻】 毛起貌
털 일어날 표【毤】 毛起貌

털 짧은 짐승 : 범 표범 따위.
털 짧은 짐승 라【臝】 其動物宜臝物『周禮』

털 치장하다 :
털 치장할 초【髫】毛飾物.
털 흩어지다 :
털 흩어질 동【毿】毿毿而不肯舞『世說』
털 흩어질 몽【毿】毿毿.
텁석부리 :
텁석부리 새【鬛】髼鬛. 다수(多鬚).
테 : 그릇의 조각이 어그러지지 못하게 둘러메는 줄. 또 테를 둘러 멤.
테 고【箍】宋大慈寺箍桶者精易『談藪』
테 고【箛】箛桶.
토구(討究)하다 : 검토(檢討) 연구(硏究)하다.
토구할 강【講】物一不講『國語』
토굴 :
토굴 낭【壤】토굴(土窟).
토끼 : 포유류 토낏과에 속한 동물을 통틀어 이르는 말. 귀가 길고, 뒷다리가 앞다리보다 발달하였으며, 꼬리는 짧다. 입에는 긴 수염이 있고 윗입술은 세로로 찢어졌다. 초식성이다.
토끼 준【㕙】東郭㕙 天下之狡兎也『戰國策』
토끼 준【逡】준(㕙)과 통용. 날 센 토끼. 東邦逡者 海內之狡兎也『戰國策』
토끼 토【菟】토(免)와 통용. 下不見伏菟『漢書』
토끼 토【兎】兎曰明視『禮記』
토끼 굴 :
토끼 굴 적【窬】토굴(免窟).
토끼새끼 :
토끼새끼 누【㝃】토자(免子).
토끼새끼 누【䨲】明眎八世孫䨲『韓愈』
토끼새끼 반【娩】토자(免子).
토란(土卵) : 천남성과(天南星科)에 속한 여러해살이풀. 잎은 두껍고 넓은 모양이며, 잎자루와 땅속의 알줄기 부분을 먹는다.
토란 우【芋】士卒食芋菽『史記』
토막나무 : 짤막짤막하게 토막을 친 나무.
토막나무 굴【棡】단목(斷木).
토성(土城) : 마을 안에 흙으로 쌓은 작은 성.
토성 오【隖】벽루(壁壘). 築隖於郿 高厚七尺 號曰萬歲隖『後漢書』
토우(土偶) : 흙으로 만든 우상(偶像).
토우 소【塑】開元寺塑像『五代史』
토하다 :
토할 객【𧖴】객(喀)과 동자(同字). 피를 토함. 吾伏弢𧖴血『國語』
토할 구【歐】歐吐. 跪據樹歐絲『山海經』
토할 외【胃】吐也.
토할 토【吐】
㉠ 뱉음. 吐瀉. 一飯三吐哺『史記』
㉡ 게운 것. 掬吐盡噉之『魏書』
㉢ 드러내어 보임. 新月吐半規『黃庭堅』
㉣ 입 밖에 냄. 吐露. 發明詔 吐德音『漢書』
토할 후【呴】吐也.
톤(ton) : 중량의 단위를 나타내는 말. 미터법과 야드파운드법이 있다. 미터법의 톤은 1,000킬로그램이며, 야드파운드법의 톤은 미국톤은 2,000파운드(약 907킬로그램), 영국톤은 2,240파운드(약 1,016킬로그램)이다. 기호는 t이다.
톤 돈【噸】[假借字] 중량의 단위. 1000kg.
톱 : 나무를 자르거나 켜는데 쓰는 도구.
톱 거【鋸】
㉠ 톱. 鋸屑. 用刀鋸『國語』
㉡ 톱으로 발을 자르는 형벌(刑罰). 월형(刖刑). 刀鋸不加『韓愈』
톱 소리 :
톱 소리 술【鉥】거성(鋸聲).
통 :
통 통【桶】나무로 만든 원형의 용기(容器). 市中有一物 如小桶無底『癸辛雜識』
통 통【通】
㉠ 편지 또는 서류를 세는 수사(數詞). 書面一通.
㉡ 수미(首尾)가 완결(完結)한 편장(篇章). 政論一通『後漢書』
통 합【榼】물통 술통 따위. 足以 溢壺榼 『淮南子』
통 통【筒】쪼개지 아니한 대나무의 토막. 또 대통 같이 둥글고 길며 속이 빈 물건. 水筒. 煙筒. 黃帝命伶倫作律次 制十二筒 以別十二律『呂氏春秋』
통 갈비 : 갈빗대가 나란히 바싹 붙어서 통뼈로 이루어진 것처럼 보이는 갈비.
통 갈비 변【骿】幷脇肋骨連合爲一. 聞其骿脅 欲觀其狀『國語』
통괄(統括)하다 : 한테 몰아서 잡음.
통괄할 관【綰】總括. 綰轂其口『史記』
통나무 : 자르기만 하고 아직 다듬지 아니한 나무.
통나무 박【樸】
㉠ 통나무. 旣勤樸斲『書經』
㉡ 가공하지 아니한 목재(木材). 斲雕爲樸『史記』
통나무 혼【梱】圓木未折.
통나무다리 :
통나무다리 수【㮇】圓木橋.
통니 :
통니 병【䴵】병치(竝齒). 武王䴵齒『春秋』

통발 : 가는 댓조각이나 싸리를 엮어서 통처럼 만
　든 고기잡이 도구의 하나. 아가리에 작은 발을
　달아 놓아 한번 들어간 물고기는 거슬러 나오
　기가 어렵다.

통발 곽 【籗】 捕魚籠.

통발 곽 【籗】 捕魚籠.

통발 구 【笱】 母發我笱『詩經』

통발 류 【罶】 魚麗于罶『詩經』

통발 반 【䈔】 捕魚具.

통발 새 【籭】 以竹下塞捕魚『隋書』

통발 전 【筌】 得魚而忘筌『莊子』

통발 전 【荃】 전(筌)과 통용. 荃蹄.
　　　　　　　得魚而忘荃　莊子』

통발 홍 【篊】 到頭江畔尋漁事 織竹中流萬尺篊
　　　　　『陸龜蒙』

통변(通辯)하다 : 서로 다른 언어를 사용하는 사
　람들 사이에서, 상대방의 말을 번역하여 그 뜻
　을 알게 하다.

통변할 상 【象】 通譯. 象胥. 南方曰象『禮記』

통변할 역 【譯】 通譯. 重譯請朝『史記』

통부(通符) : 관(關)을 통과하는 부신(符信).

통부 전 【傳】 投傳而去『後漢書』

통부(通訃)하다 : 사람의 죽음을 알림.

통부할 부 【訃】 內憂遠訃『張說』

통솔(統率)하다 : (어떤 사람이 집단이나 다른
　사람들을)한데 몰아서 거느리고 지도하다.

통솔할 호 【護】 幷護趙楚韓魏燕之兵以伐齊
　　　　　『史記』

통일(統一)하다 : 나누어진 것을 하나로 합치다.

통일할 일 【壹】 통합함. 外壹群臣『漢書』

통째로 구운 고기 :

통째로 구운 고기 포 【炮】 毛炮之豚『周禮』

통째로 굽다 : 나누지 않은 한 덩어리의 전체 그
　대로 직접 열을 가해 익히다.

통째로 구울 포 【炮】 포(炰)와 동자(同字).
　　　　　　　炮之燔之『詩經』

통째로 구울 포 【炰】 포(炮)와 동자(同字).

통창(通敞)하다 : 토지가 높고 판판하며 앞이 탁
　트여 있다.

통창할 창 【敞】 敞豁. 行營高敞地『史記』

통철(通徹)하다 :

통철할 접 【渫】 통효(通曉)함. 慣眊不渫『漢書』

통치마 : 통으로 지은 치마.

통치마 촉 【襡】 촉(襚)과 동자(同字).

통치마 촉 【襚】 服袿襚炫爥華『晉書』

통하게 하다 :

통하게 할 공 【空】 개통함. 張騫鑿空『史記』

통하다 :

통할 경 【涇】 涇流之大『莊子』

통할 골 【汩】 막힌 것을 통하게 함.
　　　　　　　決汩九州『國語』

통할 달 【達】

　㉠ 꿰뚫음. 蹠達膝『淮南子』

　㉡ 두루 미침. 通達. 天下之達道五『中庸』

　㉢ 길이 통함. 四通八達.

　㉣ 깨달음. 앎. 通達. 俗儒不達時宜『漢書』

통할 동 【侗】 通也.

통할 동 【洞】 통달(通達)함.
　　　　　　　中冥獨達 洞洞木屈『太玄經』

통할 섭 【涉】 널리 통함.
　　　　　　　精涉. 博涉書記『後漢書』

통할 융 【融】 유통(流通)함.
　　　　　　　融通. 品物咸融『何晏』

통할 조 【條】 통달함. 條達. 聲氣遠條『漢書』

통할 창 【暢】 통달함. 通暢. 暢於四支『易經』

통할 철 【徹】

　㉠ 통철(通徹)함. 透徹. 物徹疏明『莊子』

　㉡ 전달함. 徹命于執事『左傳』

통할 체 【棣】 유통(流通)함. 萬物棣通『漢書』

통할 태 【兌】 兌利. 行道兌矣『詩經』

통할 태 【太】 命險太其靡常道『陸機』

통할 태 【泰】 天地交泰『易經』

통할 통 【通】

　㉠ 꿰뚫음. 貫通. 亨通. 通神明之德『易經』

　㉡ 두루 미침. 流通. 徧通. 知類通達『禮記』

　㉢ 지남. 通過.

　㉣ 왕래함. 舟楫所通『新書』

　㉤ 왕래하게 함. 剖筩通使『漢書』

　㉥ 환히 앎. 通曉. 博通.
　　　　不通乎兵者之論『呂氏春秋』

　㉦ 의사(意思)가 상통(相通)함.
　　　　五方之民通 言語不通『禮記』

　㉧ 의사를 전하여 알림.
　　　　通譯. 不能通其意『韓愈』

　㉨ 지장 없이 행하여 짐.
　　　　不出戶庭知通塞『易經』

　㉩ 입신출세(立身出世) 함.
　　　　通則觀其所禮『呂氏春秋』

　㉪ 사귐. 교제함. 非長者勿與通『漢書』

　㉫ 간음(姦淫)함. 姦通. 竊私通呂不韋『史記』

통하지 않다 :

통하지 않을 혼 【倱】 事物不通貌.

투구 : 예전에 군인이 전시에 쓰던 쇠 모자.

투구 두 【兜】 得策兜鍪『吳志』

투구 무 【鍪】 兜鍪. 甲盾鞮鍪『戰國策』

투구 무 【鞪】 무(鍪)와 동자(同字).
　　　　　　　被甲鞮鞪居馬上『漢書』

투구 무【鍪】수개(首鎧).

투구 주【冑】예전에 군인(軍人)이 전시(戰時)에
　　　　쓰던 쇠 모자.
　　　　甲冑. 介冑. 被甲冒冑『戰國策』

투구 회【盔】군사(軍士)가 전시(戰時)에 쓰는
　　　　쇠 모자.

투구삭모 :

　투구삭모 초【髟毛】兜上毛飾.

투기하다 :

　투기할 면【媔】妒也.

　투기할 오【嫯】嫉也.

　투기할 질【疾】猜忌. 질(嫉)과 동자(同字).
　　　　　　　冒疾而惡之 『大學』

　투기할 처【媔】妒也.

　투기할 투【妒】嫉也. 以色曰妒以行曰忌『詩經』

　투기할 혜【嫓】妒也.

투덜거리다 :

　투덜거릴 고【呫】다언(多言).

　투덜거릴 농【噥】圐 呫噥.

투명(透明)하다 : (무엇이)속까지 비치어 환하다.

　투명할 령【玲】玲玲. 玲瓏望秋月『李白』

투서함(投書函) : 개인이나 집단의 드러나지 않
　은 사실이나 잘못 따위를 적은 글을 넣는 상자.

　투서함 항【缿】대로 만든 벙어리 모양의 밀고
　　　　　　용 투서함. 投缿『史記』

투호(投壺) : 병이나 항아리 따위에 붉은 화살과
　푸른 화살을 던져 넣어 화살의 숫자로 승부를
　가리던 놀이.

　투호 호【壺】投壺. 抍射壺博『左傳』

퉁기다 :

　퉁길 발【撥】반발(反撥)함. 撥條.

　퉁길 지【提】彈也.

퉁소 : 대로 만든 국악기의 하나. 구멍이 위쪽으
　로 다섯 개, 아래쪽으로 하나가 나 있다. 세로
　방향으로 불어 소리를 낸다.

　퉁소 뢰【籟】구멍이 셋 있는 퉁소 비슷한 악기
　　　　　　(樂器). 吹鳴籟『史記』

　퉁소 소【箾】소(簫)와 동자(同字).
　　　　　　舞韶箾者『左傳』

　퉁소 소【簫】죽관(竹管)을 나란히 묶어 만든 취
　　　　　　주악기(吹奏樂器)의 한 가지.
　　　　　　玉簫. 簫管備擧『詩經』

　퉁소 차【篷】參差 洞簫也 云云 一作 篸篷
　　　　　　『楚辭九歌注』

퉁소 길들이다 :

　퉁소 길들일 질【嘲】呫嘲 聲出貌.

튀기다 :

　튀길 섬【爓】첨(燂)과 동자(同字). 以湯沃毛令脫.

튀길 탄【彈】
　　㉠ 반발함. 彈指應之『五燈會元』
　　㉡ 튀겨 팀. 新沐者必彈冠『楚辭』

뛰다 :

　뛸 호【猷】暴起貌.

트기 :

　트기 몽【騻】騍騍. 牡牛交驢而生.

　트기 적【驒】騍騍. 牡牛交驢而生.

트다 : 피부가 추위에 얼어 갈라짐.

　틀 군【皸】皸裂將軍士寒手足皸瘃『漢書』

　틀 균【龜】龜裂. 宋人有善爲不龜手之藥者『莊子』

　틀 변【胼】胼胝. 手足胼胝『荀子』

　틀 준【皴】執筆觸寒 手爲皴裂『梁書』

　틀 지【胝】手足胼胝『莊子』

　틀 착【錯】手爲錯 足下無菲『古詩』

트림 :

　트림 요【歊】歊歊. 氣出貌.

트림하다 : 먹은 음식이 잘 삭지 않아서 입으로
　가스가 나옴.

　트림할 애【噫】不敢噦噫嚔咳『禮記』

트이다 : 막힌 것이 통하다.

　트일 소【疏】疏通. 禹疏九河『孟子』

특히 :

　특히 수【殊】유달리. 殊勝. 殊異乎公路『詩經』

　특히 특【特】특별히. 特其小小者耳『史記』

튼튼하다 :

　튼튼할 건【健】健康. 卽健否『太平廣記』

　튼튼할 완【完】견고(堅固)함. 完牢.

튼튼하지 못하다 :

　튼튼하지 못할 공【䃔】䃔然. 불견(不堅).

틀 : 기교를 베푼 장치.

　틀 계【械】開諸船底 以木掩之 名爲船械『晉書』

　틀 기【機】기계(機械). 機關. 虞機張『書經』

틀다 :

　틀 랄【捋】수염 같은 것을 비비 틂.
　　　　　　捋虎鬚. 捋須寒不顧『李商隱』

틀리다 :

　틀릴 무【繆】상위(相違)함. 繆戾.
　　　　　　何以錯繆至是『漢書』

　틀릴 위【韋】위(違)와 통용.
　　　　　　五音六律不相依韋『漢書』

　틀릴 질【跌】無有差跌『後漢書』

　틀릴 차【差】
　　㉠ 어긋남. 差訛. 失之毫釐 差以千里『史記』
　　㉡ 상위(相違). 착오(錯誤).
　　　　千里之差 興自毫端『後漢書』

틀릴 천【舛】상치(相値)가 됨. 괴려(乖戾)함.
　　　　　　乖舛. 命途多舛『王勃』

틀릴 특【貸】특(忒)과 통용. 司天日月星辰之行
　　　　宿離不貸『禮記』
틀릴 특【忒】어긋남. 差忒. 昊天不忒『詩經』
틀릴 특【貣】특(忒)과 통용. 어긋남.
　　　　二衍貣『史記』

틀린 글 지우다 :
틀린 글 지울 참【鑱】削去誤字.

틈 :
틈 가【假】가(暇)와 통용. 請假還都『南史』
틈 각【郤】틈새. 간격. 其神無郤『列子』
틈 간【間】
　　㉠ 벌어져 사이가 뜬 곳. 間隙.
　　㉡ 불화(不和). 君臣多間『左傳』
　　㉢ 기회(機會). 乘間.
　　㉣ 결함. 以謹愼周密自著 外內無間『漢書』
틈 결【決】결(缺)과 동자(同字).
　　　　過決隙也『史記』
틈 극【㒽】극(隙)과 동자(同字). 隙也.
틈 극【隙】
　　㉠ 벌어져 사이가 난 자리.
　　　　空隙. 間隙. 若駟之過隙『禮記』
　　㉡ 겨를. 皆於農隙以請事也『左傳』
　　㉢ 不和. 원한(怨恨). 與沛公有隙『史記』
　　㉣ 기회. 隙會. 窺間伺隙『漢書』
틈 극【郄】극(郤), 극(隙)과 동자(同字).
　　　　過郄『莊子』
틈 극【郤】
　　㉠ 극(隙)과 동자(同字).
　　　　諸侯相見於郤地曰會『禮記』
　　㉡ 令將軍與臣有郤『史記』
틈 극【陳】극(隙)의 고자(古字).
틈 유【遊】閑散. 貴遊子弟『周禮』
틈 하【㙤】공극(孔隙).
틈 하【罅】벌어져 사이가 난 자리.
　　　　罅隙. 不能傅合疏罅『史記』
틈 하【鏬】析鏬 罅也.
틈 하【瑕】틈새. 乘瑕則神『管子』
틈 한【閒】한(閑)과 통용. 겨를.
　　　　連得閒矣『孟子』
틈 허【虛】若循虛而出入『淮南子』
틈 흔【釁】
　　㉠ 간격(間隔). 間釁. 釁隙.
　　㉡ 약점(弱點). 이용 할 수 있는 기회(機會).
　　　　觀釁. 讎有釁不可失也『左傳』
　　㉢ 불화(不和).
　　　　楚子不假道于宋 以啓釁端『春秋胡傳』
틈 희【巇】간극(間隙). 巇可抵乎『揚子法言』

틈나다 : 틈이 생김. 구멍이 뚫림.
틈날 루【漏】千里之隄 以螻蟻之穴漏『淮南子』

틈내다 :
틈낼 흔【釁】흔(衅)과 동자(同字). 罅隙爭端.
틈낼 흔【衅】흔(釁)과 동자(同字).

틈이 빠끔하다 :
틈이 빠끔할 료【嫽】혈모(穴貌).

티 :
티 적【瓋】옥의 티. 옥의 흠.
　　　　寸之玉必有瑕瓋『呂氏春秋』
티 하【瑕】옥의 흠. 瑕瑜. 瑾瑜匿瑕『左傳』

티끌 :
티끌 개【芥】
　　㉠ 먼지. 土芥. 經術苟明 其取靑紫 如俛拾地
　　　　芥『漢書』
　　㉡ 인신(引伸)하여 미세(微細). 사소(些少)의
　　　　뜻으로 쓰임. 記織芥之失『春秋繁露』
티끌 낭【㙊】塵也. 먼지.
티끌 리【厘】塵也. 먼지.
티끌 마【塺】塵也. 먼지.
티끌 매【霾】塵也. 먼지.
티끌 매【坆】塵也. 먼지.
티끌 비【棐】塵也. 먼지.
티끌 애【壒】먼지. 埃壒之混濁『班固』
티끌 애【埃】먼지. 塵埃. 더러움. 오예(汚穢).
　　　　淸宇宙之埃塵『蔡邕』
티끌 예【瑿】진애(塵埃).
티끌 예【坴】塵也. 먼지.
티끌 옹【塕】먼지. 馬上風來亂吹塕『柳貫』
티끌 진【塵】
　　㉠ 먼지. 塵芥. 粟焉如屑塵厲『管子』
　　㉡ 이 세상. 속세. 出塵之想『孔稚圭』

티끌 일어나다 :
티끌 일어날 불【坲】坲塕. 진기(塵起).
티끌 일어날 옹【塕】塕然. 바람이 불어 먼지가
　　　　자옥하게 일어나는 모양.
　　　　庶人之風 塕然起于窮巷之
　　　　間『宋玉』

티 박힌 옥 :
티 박힌 옥 후【珛】후옥(朽玉).

ㅍ

피읖

파 : 백합과에 속한 여러해살이풀. 땅속줄기에는 많은 수염뿌리가 있으며, 잎은 둥근기둥 모양으로, 속이 비어 있다. 특이한 냄새와 맛이 있어 식용이나 약용 및 요리에 널리 쓰인다.

파 규【扎】蔥也.

파 주【葃】蔥也.

파 총【葱】

　㉠ 葱明夷曙『顔延之』

　㉡ 指如削葱根『古詩』

파 총【蔥】훈채(葷菜).

파다 :

팔 고【刳】속을 파냄. 刳鑿. 刳木爲舟『易經』

팔 골【㧖】구덩이를 만듦.
　　　　㧖其谷而得其鈇『列子』

팔 골【搰】땅을 팜. 狐埋之 而狐搰之『國語』

팔 굴【掘】

　㉠ 우묵하게 팜. 辟若掘井『孟子』

　㉡ 파냄. 땅속의 매장물(埋藏物)을 캐냄.
　　　採掘北芒 及南山佳石『北史』

팔 굴【堀】땅을 팜. 堀堁揚塵 『楚辭』

팔 궐【闕】闕地及泉『左傳』

팔 궐【厥】궤(撅)과 동자(同字). 발굴함.
　　　相柳之所抵厥爲澤溪『山海經』

팔 궐【撅】발굴(發掘)함. 撅其城郭『杜牧』

팔 돌【鈯】굴(掘)과 동자(同字).
　　　鈯人之墓『荀子』

팔 점【塹】구멍이나 구덩이를 만듦.
　　　側足而塹之『莊子』

팔 착【鑿】우물이나 못 따위를 팜.
　　　鑿斯池也 築斯城也『孟子』

팔 참【塹】해자(垓字). 구덩이를 팜.
　　　塹山堙谷『史記』

파랑새 : 파랑새목 파랑샛과에 속한 조류. 몸빛은 전체적으로 짙은 청록색으로 날개에는 청백색의 큰 반점이 있다. 머리는 흑색, 부리와 다리는 붉은색이다.

파랑새 분【鳻】청작(靑雀).

파리 : 파리목 털파리하목에 속한 곤충을 통틀어 이르는 말. 몸길이는 보통 1센티미터 정도이며, 몸빛은 흑색이나 청록색이다. 몸에는 많은 강모가 나 있고 잘 발달된 한 쌍의 날개가 있으며 주둥이가 아래로 뾰족하게 나왔다.

파리 승【蠅】營營靑蠅『詩經』

파리 잉【蠅】蠅也.

파리하게 하다 :

파리하게 할 척【瘠】瘠魯而肥杞『左傳』

파리하고 검다 :

파리하고 검을 려【黸】수흑(瘦黑).

파리하다 : 병이나 고생에 시달려 야윔.

파리할 구【臞】瘦瘠. 形容甚臞『史記』

파리할 구【脵】瘠也.

파리할 련【臠】瘦瘠.

파리할 리【羸】瘦瘠. 民之羸餒『國語』

파리할 생【牲】瘦也.

파리할 수【瘦】瘦瘠. 久餓羸瘦『漢書』

파리할 수【膄】瘦瘠. 孌孌然膄瘠也『詩經』

파리할 의【瘱】瘠也.

파리할 책【瘠】瘠也.

파리할 척【瘠】瘦瘠. 乾爲瘠馬『易經』

파리할 척【膌】척(瘠)과 동자(同字).
　　　　簡稽馬牛之肥膌『管子』

파리할 초【癄】瘦瘠. 面色焦枯小.

파리할 초【憔】顔色憔悴『楚辭』

파리할 췌【悴】憔悴. 形貌毀悴『後漢書』

파리할 핍【疺】人皆疺矣『門永樂北征錄』

파리한 배 :

파리한 배 휴【胅】척복(瘠腹).

파문(波紋) :

파문 미【渼】수면에 이는 잔물결.

파문 주【洀】물결의 무늬.

파묻히다 :

파묻힐 빈【殯】매몰됨. 道帙長殯『孔稚圭』

파뿌리 :

파뿌리 총【蔥】蔥白.

파수병(把守兵) : 주변을 경계하여 지키는 병사.

파수병 초【哨】망봄. 哨兵. 巡哨襄樊『元史』

파운드(pound) : 야드파운드법에서, 질량의 단위를 나타내는 말. 1파운드는 0.45359킬로그램(kg)으로 기호는 lb이다.

파운드 방【磅】[假借字] 방(磅)은 543g.

파초(芭蕉) : 파초과에 속한 여러해살이풀. 높이는 2미터 정도이고, 잎은 긴 타원형이며 모여 난다. 여름에 노란색을 띤 흰색의 단성화(單性花)가 피고 열매는 원기둥 모양이다. 약재로 쓰이고 관상용으로도 재배된다.

파초 초【蕉】芭蕉. 怯敎蕉葉戰『白居易』

파초 파【芭】芭蕉.

파하다 :

파할 파【罷】

㉠ 쉼. 휴지(休止)함. 罷休. 或鼓惑罷『易經』

㉡ 그만둠. 罷遣. 鄰里爲之罷社『世說』

판 :

판 국【局】

㉠ 장기 바둑 등의 판. 對局. 以帕蓋局『魏志』

㉡ 바둑 장기 등의 승부의 결말. 인신(引伸)
하여 취세(趣勢). 板局. 時局. 局勢.

판 평【枰】 바둑판. 장기판 또는 쌍육판.
所志不過一枰之上『韋曜』

판결(判決) :

판결 옥【獄】 재판. 使者覆獄『漢書』

판결 판【判】 재결(裁決)함.
南山可移 判不可搖也『唐書』

판단(判斷)하다 :

판단할 결【決】 판별함. 判決.
定親疏決嫌疑『禮記』

판단할 단【彖】 주역의 괘(卦)의 뜻을 설명하여
판단을 내림.
序彖繫象說卦文言『史記』

판목(板木) : 글자나 그림을 새긴 나무.

판목 재【梓】 上梓. 梓本未興『文海披沙』

판목 판【板】 出板. 已鏤板文集『宋史』

판목 판【版】 도서의 인쇄 판. 版本.

판정(判定)되다 :

판정될 판【判】 정하여짐. 결정이 남.
吉凶爲判『宋書』

팔 : 사람의 어깨와 손목 사이의 부분.

팔 박【膊】 上膊. 下膊.

팔 비【臂】 臂也.

팔 완【腕】 上腕. 前腕.

팔가락지 : 팔목에 끼는 고리 같은 장식품. 팔찌.

팔가락지 천【釧】 玉釧. 珍玉名釧『何晏』

팔꿈치 : 팔의 관절.

팔꿈치 노【臑】 비절(臂節).

팔꿈치 노【臑】 비절(臂節).

팔꿈치 주【肘】 肘腋. 袂可以回肘『禮記』

팔꿈치 흘【肐】 圏 肐肘.

팔 날씬하다 :

팔 날씬할 삭【搠】 人臂細長.

팔다 : (어떤 사람이 물건이나 권리를 다른 사람
에게)값을 받고 넘기다.

팔 고【賈】

㉠ 물건을 주고 값을 받음.
賈不至千萬『漢書』

㉡ 부정한 수단으로 이득을 봄.
行詐以賈國『漢書』

팔 고【估】 估之哉 估之哉 我待賈者也『論語』

팔 고【及】 賣也.

팔 고【沽】 沽卷. 求善賈而沽諸『論語』

팔 고【酤】 술을 팖. 酤酒無行『史記』

팔 골【搰】 땅을 팖. 狐埋之而狐搰之『國語』

팔 령【詅】

㉠ 자기의 물건을 자랑하며 팖.
無才思自謂淸華『中論』

㉡ 江南號爲詅癡符『顏氏家訓』

팔 매【賣】

㉠ 값을 받고 물건을 내줌.
賣藥. 貴卽賣之 賤卽買之『史記』

㉡ 파는 일. 聽賣買『周禮』

㉢ 속임. 기만함. 自知見賣『史記』

㉣ 자기 이익을 위하여 남을 해침.
賣國. 欲秦趙之相賣乎『戰國策』

㉤ 널리 퍼뜨림. 賣名聲于天下『莊子』

팔 수【售】 물품을 팖. 吾售之人取之『劉基』

팔 순【鬻】 매물(賣物).

팔 시【市】 市恩. 以市於齊『史記』

팔 육【價】 육(鬻)과 동자(同字).
以量度成賈 而徵價『周禮』

팔 육【鬻】

㉠ 물건을 팖.
畵其像 印鬻之 畵工有致富者『十八史略』

㉡ 노력 등에 대하여 보수를 얻음.
鬻文. 鬻色.

㉢ 기만함. 鬻五國『戰國策』

팔 육【粥】 육(鬻)과 동자(同字).
田里不粥『禮記』

팔 취【竁】 땅을 팜. 卜葬兆甫竁『周禮』

팔 판【販】

㉠ 헐하게 사서 비싸게 팖.
市井勿得販賣『漢書』

㉡ 물품을 사다. 販賤賣貴『史記』

㉢ 물품을 팔다. 睢陽販繒者也『史記』

팔 현【貦】 售也. 현(衒)과 동자(同字).

팔 화【貨】 물건을 매도함. 今遂有貨者『輟耕錄』

팔다리 : 두 팔과 두 다리.

팔다리 지【肢】 수족(手足). 四肢.
四肢六道身之體也『管子』

팔다리 지【支】 지(肢)와 동자(同字). 支體.
發於聲 見乎四支『張載』

팔다리 지【胑】 지(肢)와 동자(同字).
四胑不動『淮南子』

팔다리 지【枝】 지(肢)와 동자(同字).
爲長者折枝『孟子』

팔다리 오금 :

팔다리 오금 추【腏】 圏 曲腏.

팔뚝 : 팔꿈치로부터 손목까지의 부분.

　팔뚝 굉【玄】 굉(肱)의 고자(古字). 臂上一節.

　팔뚝 굉【肱】 曲肱而枕之『論語』

　팔뚝 비【臂】 攘臂 紾兄之臂而奪之食『孟子』

　팔뚝 완【擘】 완(腕)과 동자(同字).
　　　　　　　麗于擘『儀禮』

　팔뚝 완【腕】 玉腕. 發和顏攘皓腕『嵇康』

팔리다 :

　팔릴 수【售】

　　㉠ 남이 사감. 衒嫁不售『烈女傳』

　　㉡ 행하여짐. 쓰여짐. 于始不售『張衡』

팔매질해서 따다 :

　팔매질해서 딸 척【揩】 도적(桃摘).

팔모진창 :

　팔모진창 수【殳】 수(殳)와 동자(同字).
　　　　　　　八稜無刃兵器.

팔목 :

　팔목 완【捥】 완(腕)과 동자(同字).
　　　　　　　莫不搤捥『史記』

　팔목 완【腕】 손목. 偏袒扼腕『戰國策』

팔 쌀 : 파는 미곡. 미곡을 파는 일.

　팔 쌀 조【糶】 糶糴. 穀糶在市『論述』

팔월(八月) :

　팔월 장【壯】 음력 8월의 별칭. 壯月.
　　　　　　　八月爲壯『爾雅』

팔음의 하나 :

　팔음의 하나 포【匏】

　　㉠ 악기의 일종으로 생황(笙篁)등을 이름.

　　㉡ 笙有十三簧 竽有三十六簧 皆列管匏內 施簧
　　　　管端『爾雅翼』

　팔음의 하나 혁【革】

　　㉠ 가죽을 팽팽하게 댄 악기. 곧 북 따위.

　　㉡ 皆播之以八音 金石土革絲木匏竹『周禮』

팔짱끼다 : 두 팔을 굽히어 마주 끼다.

　팔짱낄 공【拱】 拱手. 垂拱而天下治『書經』

팔찌 : 활을 쏠 때 왼팔 소매를 걷어 매는 띠.

　팔찌 한【韝】 射韝以皮韝臂.

　팔찌 구【褠】 팔가락지. 倉頭衣綠褠『後漢書』

　팔찌 구【韝】 가죽으로 만든 띠. 射韝.

　팔찌 구【韝】 腕釧.

　팔찌 권【綣】 綣也.

　팔찌 습【拾】 決拾旣伏『詩經』

　팔찌 한【捍】 右佩玦捍『禮記』

　팔찌 한【扞】 被金扞『漢書』

팥 : 콩과에 속한 한해살이풀. 잎은 어긋나고 세
　개의 작은 잎으로 된 겹잎이며 작은 잎은 달걀
　꼴이다. 여름에 노란 꽃이 피며 긴 원통형 꼬
　투리에 적갈색, 검은색, 담황색 등의 씨가 들어

있다. 씨는 식용으로 사용된다.

　팥 답【荅】 소두(小豆). 菽荅麻麥『晉書』

　팥 촉【豟】 소두(小豆).

팥꽃 나무 : 팥꽃나뭇과에 속한 낙엽 관목. 잎은
　마주나거나 어긋나고 털이 있다. 연한 자주색
　꽃이 피고 열매는 둥글며 7월에 익는다. 말린
　꽃봉오리는 원화(芫花)라 하여 약재로 쓴다.

　팥꽃 나무 원【芫】 飮以芫花一撮『史記』

팥배 : 팥배나무의 열매.

　팥배 섬【檖】 과명(果名). 似柰而酸.

팥배 나무 : 장미과에 속한 낙엽 활엽 교목. 어린
　가지에 껍질이 뚜렷하다. 잎은 달걀꼴 또는 타
　원형이다. 5월에 흰 꽃이 방상 꽃차례로 피며,
　9~10월에 열매가 팥처럼 붉게 익는다. 목재는
　기구재나 땔나무로 사용하며, 과실은 식용한다.

　팥배 나무 당【棠】 甘棠. 棠梨.

　팥배 나무 두【杜】 甘棠. 棠梨. 有杕之杜『詩經』

　팥배 나무 신【樼】 杜 東齊海岱之間 謂之樼
　　　　　　　　　　　　『揚雄方言』

패 :

　패 갈【楬】 적어서 게시하는 나무 패.
　　　　　　　楬而璽之『周禮』

　패 겁【劫】 바둑의 패. 有征有劫『碁經』

　패 방【榜】 문자를 적어 표식(標識)을 하는 목
　　　　　패(木牌). 凌雲殿榜未題 而匠者誤釘
　　　　　之『晉書』

　패 방【牓】 방(榜)과 동자(同字).
　　　　　　　牌牓. 天門日射黃金牓『杜甫』

　패 찰【札】

　　㉠ 얇고 작은 나뭇조각.

　　㉡ 글씨를 쓰는 조그마한 나뭇조각.
　　　　上令尙書給筆札『漢書』

　패 첩【帖】 게시(揭示)하는 종이나 나뭇조각.
　　　　　　　百姓那得家家題門帖賣宅『南史』

　패 패【牌】

　　㉠ 글자를 써서 게시하는 나뭇조각. 門牌.

　　㉡ 죽은 사람의 직함 법명 등을 적은 나뭇조
　　　　각. 位牌.

　　㉢ 노름에 쓰는 나뭇조각. 骨牌.

패건(佩巾) : 차는 수건.

　패건 분【紛】 左佩紛帨『禮記』

패다 :

　팰 수【秀】 벼 따위의 이삭이 나와 꽃이 핌.
　　　　　　　實發實秀『詩經』

패다 나무 : 인도에서 나는 상록교목. 껍질은 경
　문(經文)을 쓰는데 사용함.

　패다 나무 패【椶】 椶多.

패랭이 : 예전에, 대오리로 얽어 만든 갓의 하나

를 이르던 말. 역졸, 천민, 상인(喪人) 등이 썼다.

패랭이 내 【襟】襟襤.

패랭이 대 【襤】襟襤. 襟襤不曉事. 今世襟襤子觸
　　　　　　熱到人家『魏程曉詩』

패랭이꽃 : 석죽과에 속한 여러해살이풀. 줄기는
　30센티미터 가량 자라며 가늘고 긴 모양의 잎
　은 마주난다. 6~8월에 홍백색 꽃이 가지 끝에
　하나씩 달린다. 관상용이며 꽃과 열매가 달린
　전체를 그늘에 말려 약재로 쓰기도 한다.

패랭이꽃 거 【蘧】蘧麥. 구맥(瞿麥).

패랭이꽃 구 【蘆】蘆麥.

패려궂다 : 사람이나 그 언행이 매우 거칠고 비
　꼬인 상태에 있다.

패려 궂을 행 【婞】鯀婞直以亡身『楚辭』

패려 궂을 흔 【狠】흔(很)과 통용. 剛愎. 狠愎.
　　　　　　好勇鬪狠『孟子』

패려 궂을 흔 【很】很戾.

패모(貝母) : 백합과에 속한 여러해살이풀. 비늘
　줄기는 희고, 육질이며, 5~6개의 비늘 조각으
　로 되어 있다. 잎은 두세 개씩 달리고, 5월에
　자줏빛 꽃이 잎겨드랑이에서 하나씩 밑을 향하
　여 달린다. 열매는 삭과(蒴果)이다. 관상용 또
　는 약용으로 쓰인다.

패모 맹 【蝱】맹(莔)과 통용. 言采其蝱『詩經』

패모 맹 【莔】패모(貝母). 王芻莔臺『西京賦』

패물(佩物) : 관리가 차는 물건.

패물 귀 【龜】解龜在景平『謝靈運』

패물 패 【珮】패(佩)와 동자(同字).
　　　　　　爲珮玉『中論』

패옥(佩玉) : 몸이나 허리띠에 차는 옥.

패옥 거 【琚】패옥(佩玉)의 형(珩)과 황(璜)의
　　　　　　중간에 있는 옥. 모양은 규(圭)와
　　　　　　같음. 報之以瓊琚『詩經』

패옥 결 【玦】고리 모양인데 한쪽이 트인 허리에
　　　　　　차는 옥(玉). 玉玦.
　　　　　　范增數以手循玦 示項羽『史記』

패옥 기 【玘】패옥(佩玉).

패옥 수 【璲】鞙鞙佩璲『詩經』

패옥 영 【瑛】瑛琚. 織女奉瑛琚『古鹽歌』

패옥 우 【瑀】패옥(佩玉)의 중간에 있는 옥.
　　　　　　乃爲大佩 衝牙雙瑀璜 皆以白玉
　　　　　　『後漢書』

패옥 형 【衡】赤紱幽衡『禮記』

패옥 형 【珩】패옥(佩玉)의 상부에 있는 옥.
　　　　　　雜佩珩璜琚瑀衝牙之類『詩經 傳』

패옥 황 【璜】반원형(半圓形)의 패옥(佩玉).
　　　　　　衝牙雙瑀璜皆以白玉『後漢書』

패옥(佩玉)소리 : 패옥(佩玉)을 몸에 차고 걸어갈

때 나는 소리.

패옥소리 산 【珊】時聞雜佩聲珊珊『杜甫』

패옥소리 용 【瑢】璁瑢. 獻酬鳴璁瑢『陳師道』

패옥소리 종 【璁】璁瑢. 獻酬鳴璁瑢『陳師道』

패주(敗走)하다 : 전쟁에 패하여 달아나다.

패주할 분 【奔】追奔逐北『李陵』

패하게 하다 :

패하게 할 패 【敗】公敗宋師于菅『公羊傳』

패하다 :

패할 돈 【頓】甲兵不頓『左傳』

패할 래 【儽】敗也.

패할 약 【弱】전패함. 頡遇王子弱焉『左傳』

패할 패 【敗】

　　㉠ 짐. 勝敗. 秦軍佯敗而走『史記』

　　㉡ 실패함. 成敗.

팩하다 : 마음이 너그럽지 못하여 작은 일에도
　성을 잘 내다.

팩할 곽 【愎】愎戾. 愎諫違卜『左傳』

팽나무 : 느릅나뭇과에 속한 낙엽 활엽 교목. 나
　무껍질은 회색이며 가지에 잔털이 있다. 잎은
　어긋나고 달걀꼴 또는 달걀꼴 타원형이며 윗부
　분에 톱니가 있다. 재목(材木)은 건축재나 가구
　재 또는 숯의 원료가 된다.

팽나무 박 【朴】木名.

팽팽하다 :

팽팽할 긍 【絚】

　　㉠ 줄이 켕김. 大絃絚『淮南子』

　　㉡ 줄을 바싹 켕겨 맴. 絚瑟兮交鼓『楚辭』

팽팽할 긴 【緊】늘어지지 않고 켕김. 緊張.
　　　　　　弛緊急之絃張兮『傅毅』

퍼내다 :

퍼낼 요 【舀】抒臼. 挹彼注此謂之舀『說文解字』

퍼낼 유 【揄】절구질한 곡식을 퍼냄.
　　　　　　或舂或揄『詩經』

퍼낼 작 【酌】액체를 떠 냄. 酌焉而不竭『莊子』

퍼낼 작 【汋】작(酌)과 통용.
　　　　　　汋讀如酌酒尊中之酌『周禮 註』

퍼덕거리는 소리 : 퍼덕퍼덕 날개를 치는 소리.

퍼덕거리는 소리 홰 【翽】鳳凰于飛 翽翽其羽
　　　　　　『詩經』

퍼덕퍼덕 날다 :

퍼덕퍼덕 날 랍 【鷅】鷅鴷. 飛起貌.

퍼렇게 우거지다 :

퍼렇게 우거질 련 【薕】靑盛貌.

퍼렇다 :

퍼릴 천 【芊】빛이 푸릇푸릇한 모양.
　　　　　　碧色肅其芊芊『潘岳』

퍼지다 : 널리 퍼짐. 널리 퍼지게 함.

퍼질 고【榑】나무가 사면으로 퍼짐.

퍼질 담【覃】뻗어 널리 퍼짐.

　　　葛之覃兮『詩經』

퍼질 만【蔓】蔓廷. 無使滋蔓『左傳』

퍼질 미【彌】彌滿. 彌山跨谷『漢書』

퍼질 부【枎】遠屋樹枎疎『陶潛』

퍼질 부【敷】敷廣. 文命敷于四海『書經』

퍼질 서【舒】凡植木之性其本欲舒『柳宗元』

퍼질 섬【挼】摛藻挼天庭『左思』

퍼질 연【衍】蔓衍. 葆蕩敷衍『張衡』

퍼질 영【嬴】축(縮)의 대(對). 늘어남.

　　　嬴縮轉化『國語』

퍼질 진【溱】陽引而進 物出溱溱『揚雄』

퍼질 포【拂】塵埃拂覆『漢書』

퍼질 포【鋪】江花鋪淺水 山木暗殘春『李嘉祐』

퍼질 호【濩】聲教布濩『張衡』

펀펀하다 : (물체가) 표면이 울퉁불퉁하지 않고 번듯하게 고르고 널찍하다.

　펀펀할 망【㳽】平也.

　펀펀할 이【易】平易. 易則用車『淮南子』

펀하다 : (무엇이) 끝이 아득할 정도로 너르다.

　펀할 랑【買】莽買. 광대한 모양.

　　　相與騰躍乎莽買之野『左思』

　펀할 량【埌】들이 펀펀하고 넓어 아득한 모양.

　　　遊無何有之鄕 以處壙埌之野『莊子』

　펀할 알【圠】块圠.

　펀할 앙【块】氣块然太虛『正蒙書』

　펀할 탕【漾】많은 물의 아득한 모양.

　　　彌望廣漾『張衡』

　펀할 태【駘】春物方駘蕩『謝朓』

　펀할 평【平】平地. 壞險以爲平『管子』

펀히 흐르다 :

　펀히 흐를 면【洈】洈洈. 河水洈洈『詩經』

펄렁거리다 : (깃발이나 옷이)바람에 날려 크고 힘차게 계속 흔들리다.

　펄렁거릴 여【旟】髮則有旟『詩經』

펴다 :

　펼 개【開】

　　㉠ 개킨 것을 젖히어 놓음.

　　　開卷. 視歷開書『古詩』

　　㉡ 넓게 함. 開瓊筵『李白』

　펼 등【㽡】舒也.

　펼 려【戲】布也.

　펼 류【流】늘어놓음. 品物流形『易經』

　펼 리【摛】아름답게 표현함.

　펼 부【賦】반포(頒布)함. 明命使賦『詩經』

　펼 부【溥】널리 폄. 溥之而橫于四海『禮記』

　펼 부【敷】

　　㉠ 베풂. 敷政. 翕受敷施『書經』

　　㉡ 넓게 깖. 敷筵席『穆天子傳』

　펼 부【專】布也.

　펼 빙【騁】신장함. 발전시킴.

　　　騁能. 騁志. 遊目騁懷『王羲之』

　펼 사【肆】

　　㉠ 널리 은혜 따위를 베풂. 肆大惠『左傳』

　　㉡ 넓힘. 肆其西封『左傳』

　펼 서【舒】

　　㉠ 말린 것이나 개킨 것을 폄. 舒卷.

　　㉡ 넓힘. 舒之幎於六合『淮南子』

　펼 선【宣】

　　㉠ 널리 알림. 宣布. 人心之動 因言以宣『程頤』

　　㉡ 군주가 말함. 今賴玉音宣『 元稹』

　　㉢ 의사를 말함. 含懷不能宣『李商隱』

　　㉣ 發揚함. 宣揚. 寵光之不宣『左傳』

　　㉤ 헤침. 흩어지게 함. 節宣其氣也『左傳』

　펼 섬【挼】널리 퍼짐. 널리 퍼지게 함.

　　　摛藻挼天庭『左思』

　펼 신【伸】

　　㉠ 넓게 함. 길게 함. 곧게 함.

　　　伸縮. 引伸. 引而伸之『易經』

　　㉡ 마음을 놓음. 伸眉. 愁眉始得伸『釋曇遷』

　　㉢ 일이 펴짐. 성공 발전함. 終當大伸『南史』

　　㉣ 곧지 못한 것을 곧게 다스림. 伸寃

　펼 신【押】신(申)과 동자(同字). 展也.

　펼 신【申】신(伸)과 동자(同字).

　　　行止屈申 與時息矣『班彪』

　펼 신【信】신(伸)과 통용. 尺而不信『孟子』

　펼 신【敒】伸也.

　펼 연【挻】서포(舒布).

　펼 연【演】널리 폄. 廣演. 推演聖德『漢書』

　펼 연【衍】布衍. 廣衍. 大衍之數五十『易經』

　펼 장【張】

　　㉠ 벌림. 펴 넓힘. 將欲翕之 必故張之『老子』

　　㉡ 강하게 함. 臣欲張公室也『左傳』

　　㉢ 왕성하게 함.

　　　虛張聲勢. 此妄張賊勢 爲國生事.

　　㉣ 크게 함. 張皇六師『書經』

　펼 전【展】

　　㉠ 엶. 벌림. 展開. 讀罷書仍展『白居易』

　　㉡ 신장(伸長)함. 늘임. 展性. 侈必展『國語』

　　㉢ 발달함. 發展. 能不得展『李陵』

　　㉣ 진열(陳列)함. 늘어놓음. 展車馬『左傳』

　　㉤ 의사를 말함. 展敍. 敢展謝其不恭『左傳』

　　㉥ 뜻을 폄. 但恨微志未展『吳志』

　　㉦ 弘布함. 敷展德音『北史』

　펼 정【㞡】展也.

　펼 종【種】널리 폄. 邁種德『書經』

펼 창【暢】진술함. 暢敍. 述暢往事『越絶書』

펼 탄【攤】책 같은 것을 폄. 滿狀攤書『世說』

펼 터【攄】널리 폄. 獨攄意乎宇宙之外『班固』

펼 파【播】널리 퍼뜨림. 傳播.
　　　　播其說於士大夫問矣『十八史略』

펼 파【譒】敷也. 王譒告文修『書經』

펼 포【布】

　㉠ 널리 알림. 布告. 約束旣布『史記』

　㉡ 널리 알리는 서면. 潛作捷布『唐書』

　㉢ 분산함. 皆自朝布路而罷『左傳』

　㉣ 진(陣)을 침. 布陳. 遠布師旅『宋書』

펼 포【佈】포(布)와 통용. 佈告.

펼 포【鋪】늘어놓음. 尻. 鋪筵席『禮記』

펼 피【翍】날개를 편 모양.

펼 피【披】책장 따위를 폄.
　　　　披讀. 披於百家之編『韓愈』

펼 혁【革】날개를 벌림. 如鳥斯革『詩經』

펼 호【攎】부시(敷施).

펴보다 :

　펴볼 번【繙】책을 펴서 읽음.
　　　　於是繙十二經 以說老聃『莊子』

펴지다 :

　펴질 신【伸】넓어짐. 길어짐. 鉤不伸『列子』

펴지 않는 돛 :

　펴지 않는 돛 항【橝】船帆未張橝檣.

펴지 않다 :

　펴지 않을 엽【僷】不張貌.
　　　　衣攝僷以儲與兮『楚辭』

편 :

　편 편【篇】

　㉠ 서책의 부류. 前篇. 作孟子七篇『史記』

　㉡ 완결한 사장(詞章). 篇什.
　　　雖有短篇 亦思之速也『文心雕龍』

　편 편【編】책의 갈래를 구분하는 말.
　　　　窮黃石之三編『李納』

편들다 : 한편이 됨.

　편들 귀【歸】天下歸仁焉『論語』

　편들 여【與】與黨. 是君以合齊與强楚『戰國策』

　편들 허【許】爾之許我『書經』

편벽(偏僻)되다 : 마음이 한쪽으로 치우처 공정
　하지 아니함.

　편벽될 벽【辟】벽(僻)과 동자(同字).

　　㉠ 人之其所親愛而辟焉『大學』

　　㉡ 땅이 궁벽한 곳에 있음. 國小處辟『史記』

　편벽될 벽【僻】벽(辟)과 동자(同字).

편벽(偏僻)되어 바르지 않다 :

　편벽되어 바르지 않을 령【跉】跉也.

편안(便安) : 몸이나 마음이 걱정없이 편하고 좋음.

편안 일【逸】안락(安樂). 以逸待勞.
　　　　欲逸而惡勞『呂氏春秋』

편안치 않다 : 근심이 되어 마음이 편안치 않다.

　편안치 않을 경【耿】耿耿不寐如有隱憂『詩經』

편안하다 : 몸이나 마음이 편하고 좋다.

　편안할 강【康】安康. 四體康且直『古詩』

　편안할 괴【魁】猶之魁然『莊子』

　편안할 구【鳩】敢使魯無鳩乎『左傳』

　편안할 기【祺】壯然祺然『荀子』

　편안할 기【祇】안심함. 俾我祇也『詩經』

　편안할 나【那】편안한 모양. 有那其居『詩經』

　편안할 녕【寧】

　　㉠ 무사함. 寧日. 王道興而百姓寧『說苑』

　　㉡ 건강함. 무병함. 安寧. 三曰康寧『書經』

　편안할 녕【甯】영(寧)의 와자(譌字).

　편안할 담【憺】恬憺. 游子憺忘歸『謝靈運』

　편안할 담【譚】하는 일없이 편안히 지냄.
　　　　修業居久而譚『大戴禮』

　편안할 료【聊】人民不聊生『史記』

　편안할 밀【宓】宓穆皇于太祖之宇『淮南子』

　편안할 보【保】편함. 南土是保『詩經』

　편안할 부【仯】安也.

　편안할 수【綏】福履綏之『詩經』

　편안할 숙【宿】안심하고 종사함.
　　　　官宿其業『左傳』

　편안할 안【晏】안온함. 晏息. 方隅淸晏『魏志』

　편안할 안【安】

　　㉠ 마음이 편함. 安閒. 其心安焉『國語』

　　㉡ 위태롭지 않음. 安危. 安全.

　　㉢ 잘 다스려짐. 治安. 國安而天下平『禮記』

　편안할 안【侒】安也.

　편안할 압【狎】民狎其野『左傳』

　편안할 억【億】心億則樂『左傳』

　편안할 연【宴】안락함. 宴坐.
　　　　君子以嚮晦 入宴息『易經』

　편안할 연【燕】한가하여 심신이 편안함.
　　　　燕居. 燕息. 以燕天子『詩經』

　편안할 염【恬】마음이 안한(安閒)함.
　　　　恬淡. 引養引恬『書經』

　편안할 염【猒】安也.

　편안할 염【懕】安靜. 懕懕安也『爾雅』

　편안할 예【嫛】安也.

　편안할 우【虞】걱정이 없음. 虞於湛樂『國語』

　편안할 원【媛】安也.

　편안할 육【昧】安也.

　편안할 의【依】于京斯依『詩經』

　편안할 잠【湛】淸湛幽凝『王勃』

　편안할 접【聑】安也.

　편안할 정【靖】안온 무사하여 조용함.

靖讚庸回 『左傳』

편안할 존 【存】 안태(安泰)함. 存亡之難 『史記』
편안할 첩 【帖】 안심함. 안정함. 妥帖.
　　　　　　將凝帖乎萬方 『歐陽修』
편안할 첩 【貼】 안정함. 妥貼.
편안할 치 【禠】 安也.
편안할 타 【妥】 무사함. 안태(安泰)함.
　　　　　　妥安. 以妥以侑 『詩經』
편안할 평 【平】 태평(太平)함. 平安.
　　　　　　國治以後天下平 『大學』
편안할 회 【懷】 懷哉懷哉 『詩經』
편안할 휴 【休】 我心則休 『詩經』
편안히 걷다 :
　편안히 걸을 여 【趣】 안행(安行).
편안히 그치다 :
　편안히 그칠 영 【慶】 안지(安止).
편안히 하다 :
　편안히 할 강 【康】 文王康之 『荀子』
　편안히 할 구 【鳩】 敢使魯無鳩乎 『左傳』
　편안히 할 녕 【寧】 寧王. 以寧東土 『史記』
　편안히 할 미 【弭】 治國家而弭人民者 『史記』
　편안히 할 밀 【宓】 宓穆皇于太祖之宇 『淮南子』
　편안히 할 수 【綏】 福履綏之 『詩經』
　편안히 할 안 【安】
　　㉠ 편안하게 함. 在知人 在安民 『書經』
　　㉡ 안심시킴. 或安而行之 『中庸』
　　㉢ 이동시키지 않고 한군데 편안히 있게 함.
　　　　少安其兵 『戰國策』
　편안히 할 연 【燕】 한가하여 심신이 편안함.
　　　　　　燕息. 以燕天子 『詩經』
　편안히 할 요 【擾】 안일(安逸)하게 함.
　　　　　　安擾邦國 『周禮』
　편안히 할 위 【尉】 눌러 안정하게 함.
　　　　　　以尉大夫心 『漢書』
　편안히 할 유 【柔】 柔遠人 『中庸』
　편안히 할 의 【依】 于京斯依 『詩經』
　편안히 할 정 【靖】 잘 다스리어 안락하게 함.
　　　　　　吾以靖國 『左傳』
　편안히 할 집 【集】 安集百姓 『史記』
　편안히 할 회 【懷】 어루만져 편안하게 함.
　　　　　　懷柔. 懷諸候也 『中庸』
편애(偏愛)하다 :
　편애할 사 【私】
　　㉠ 특히 치우치게 사랑함. 好貨財私妻子 『孟子』
　　㉡ 그 사랑을 받은 사람. 君多私 『國語』
편액(扁額) : 종이나 비단, 널빤지 따위에 그림을
　그리거나 글씨를 써서 걸어 놓는 틀.
　편액 안 【顔】 현판(懸板). 현판의 제자(題字).

顔曰大成殿.
　편액 액 【額】 문 위 또는 방안에 걸어 놓는 현
　　판. 題額. 前世牌額 『押蠱新話』
편오(編伍) : 다섯 명으로 이룬 군대의 대오.
　편오 렬 【烈】 五人爲烈 『通典』
편의(便宜) :
　편의 편 【便】
　　㉠ 유리한 방법.
　　　士莫敢言一朝之便 皆有終歲之計 『國語』
　　㉡ 유리한 기회.
　　　據五勝之便 而列六國 『吳越春秋』
편지 :
　편지 간 【簡】 서신(書信). 書簡. 手簡.
　　　　　　有簡有狀 『文體明辯』
　편지 격 【檄】 간독(簡牘). 爲文檄告楚相 『史記』
　편지 리 【鯉】 서찰(書札). 鯉素.
　　　　　　雙鯉迢迢一紙書 『李商隱』
　편지 봉 【封】 봉한 편지.
　　　　　　領尙書者先發副封 『漢書』
　편지 서 【書】 서한(書翰). 使子産貽書 『左傳』
　편지 장 【狀】 서간(書簡). 書狀.
　　　　　　五曰狀 狀用儷語 『文體明辯』
　편지 전 【牋】 서신(書信). 撰立牋草 『吳志』
　편지 찰 【札】 書札.
　편지 첩 【牒】 글씨를 쓴 나뭇조각.
　　　　　　簡牒. 受牒而退 『左傳』
　편지 첩 【帖】 서한(書翰).
　　　　　　凡請帖必用封筒 『時用雲箋』
편치 못하다 :
　편치 못할 구 【嘔】 불안한 모양.
　편치 못할 률 【欯】 欯 不安也 『篇海』
편치 않다 : 마음이 편아힛 아니함.
　편치 않을 굴 【忦】 忥忦. 불온(不穩).
　편치 않을 률 【忥】 忥忦. 불온(不穩).
　편치 않을 설 【屑】 屑屑不安也 『揚雄方言』
　편치 않을 휴 【㤡】 心不平.
편편하게 하다 :
　편편하게 할 면 【塓】 평지(平地).
편편하다 :
　편편할 민 【㟓】 平也.
　편편할 척 【跋】 길이 평탄한 모양.
　　　　　　跋跋周道 『詩經』
편편하지 않다 :
　편편하지 않을 감 【壏】 감(轗), 감(坎)과 통용.
　　　　　　不平也.
편하고 쉽다 :
　편하고 쉬울 이 【徚】 평이(平易).
편하다 :

편할 일【佚】佚樂. 安佚. 樂佚遊『論語』

편할 편【便】

　㉠ 편함. 便安. 養病而私自便『漢書』

　㉡ 편리함. 便宜. 百姓爲便『後漢書』

편협(偏狹)하다 : 사람이나 그 안목이)좁고 한쪽에 치우쳐 있다. 또는 땅이 좁고 치우쳐 있다.

편협할 미【圖】편협(褊狹).

편협할 편【褊】有虛般來觸舟 雖有褊心之人不怒『莊子』

편히 가다 :

편히 갈 육【味】안행(安行).

폄(貶)하다 :

폄할 폄【貶】

　㉠ 깎아 말함. 春秋采善貶惡『史記』

　㉡ 폄 하는 일. 以一字爲褒貶『杜預』

평(坪) : 땅의 면적. 사방육척(四方六尺)의 토지. 토지의 단위로 쓰임.

평 평【坪】건평(建坪).

평고대(平高臺) : 처마 서까래나 부연의 끝에 가로로 걸쳐 댄 가는 나무.

평고대 점【广】屋楣.

평고대 진【桭】桛桭. 옥려(屋梠).

평미레 : 말이나 되에 곡식을 담아 그 위를 평평하게 밀어, 정확한 양을 재는 데 쓰는 원기둥꼴의 나무방망이.

평미레 개【概】평목(平木). 正權概『禮記』

평미레 축【槩】槩也.

평미레질 하다 : 말에 담은 곡식을 밀어 고르게하다.

평미레질 할 각【斛】斛平斗斛也『說文解字』

평복(平服) : 평상시 입는 옷.

평복 사【私】薄汚我私『詩經』

평복 설【褻】평상복. 사복(私服).
　　　　　　紅紫不以爲褻服『論語』

평상 :

평상 강【匟】좌상(坐床). 좌상(坐牀).

평상 광【筐】네모진 침상.
　　　　　　與王同筐牀食芻豢『莊子』

평상 상【牀】나무로 만든 걸상을 겸한 침상.
　　　　　　牀几. 剝牀以足『易經』

평상 소【素】평상시. 平素.
　　　　　　斯賢達之素交『劉峻』

평상 아【雅】평소(平素). 雅故. 雅意.
　　　　　　子所雅言『論語』

평상 평【平】심상(尋常). 보통. 平居.
　　　　　　平常心是道『指月錄』

평상 널 :

평상 널 분【牘】상판(牀板).

평상시(平常時) : 특별한 일이 없는 보통 때.

평상시 평【平】심상(尋常). 보통(普通). 平居.
　　　　　　平常心是道『指月錄』

평생(平生) : 사람이 태어나서 죽을 때까지의 살아 있는 동안.

평생 세【世】일생. 沒世不忘也『大學』

평성(平聲) : 한자음의 사성(四聲)의 하나. 낮고 순평(順平)한 소리이다.

평성 평【平】平聲分上平下平『沈約』

평소(平素) : 보통의 때나 여느 때.

평소 용【庸】庸行. 庸敬在兄『史記』

평야(平野) : 기복이 매우 작고, 지표면이 평평하고 너른 들.

평야 평【平】평원(平原). 沙篆印廻平『韓愈』

평온(平穩)하다 : 고요하고 평안하다.

평온할 예【乂】무사 안온함. 朝野安乂『北史』

평의(評議)하다 : (여러 사람이 어떤 일을) 서로 의견을 교환하여 논의하다.

평의할 언(얼)【讞】於人心不厭者 輒讞之『漢書』

평정(平定)되다 : 평온하게 진정되다.

평정될 평【平】西方既平『詩經』

평정하다 : (싸움이나 난리를) 큰 어려움 없이 조용하게 진정시키다.

평정할 지【砥】討平. 明所照 莫不砥屬『史記』

평정할 평【平】적을 진압함.
　　　　　　平賊. 平夷賊之亂『淮南子』

평지 : 십자화과에 속한 두해살이풀. 줄기는 표면이 매끄러우며 녹색을 띤다. 잎은 약간 넓은 바늘 모양으로 끝이 둔하다. 꽃은 밀원(蜜源)으로, 씨는 기름을 짜는 데, 깻묵은 사료나 비료로 이용된다.

평지 대【薹】薹薹.

평지 운【蕓】蕓薹. 蕓薹作霜乃收『齊民要術』

평지(平地) : 바닥이 고르게 편편한 땅.

평지 연【衍】井衍沃『左傳』

평토(平土)치다 :

평토칠 붕【窆】喪葬下土.

평평(平平)하게 하다 :

평평하게 할 정【亭】

　㉠ 평탄(平坦)하게 함. 決河亭水『史記』

　㉡ 공평하게 처리(處理)함. 平亭疑法『漢書』

평평(平平)하다 :

평평할 견【汧】平也.

평평할 균【均】平均. 秉國之均『詩經』

평평할 기【㠍】平也.

평평할 만(면)【㵘】平也.

평평할 이【夷】夷坦. 大道甚夷『老子』

평평할 정【侹】平坦. 石梁平侹侹『韓愈』

평평할 준【準】수평(水平)함. 平準.
　　　　　推而放之東海而準『禮記』

평평할 준【准】平也.

평평할 지【阺】평지(平地).

평평할 지【砥】숫돌과 같이 평탄(平坦)함.
　　　　　砥平. 東則砥原遠濕『鮑照』

평평할 탄【坦】坦平. 坦途. 箕山坦而夷『韓愈』

평평할 탕【蕩】平坦함. 魯道有蕩『詩經』

평평할 팽【庄】평탄(平坦)함.

평평할 피【陂】陂豸. 점점 평평하여진 모양.
　　　　　陂池陂豸『司馬相如』

폐(弊) : 어떤 일이나 행동에서 나타나는 부정적
인 현상이나 해로운 요소.

폐 폐【弊】해악(害惡). 弊害. 下受其弊『魏志』

폐백(幣帛) : 혼인 전에 신랑이 신부집에 보내는
푸른빛과 붉은빛의 비단. 제자가 처음 뵙는 선
생에게 올리는 예물. 점잖은 사람을 만나러 갈
때 가지고 가는 물건.

폐백 지【贄】委贄. 嘉贄.
　　　　　男贄大者玉帛 小者禽鳥『左傳』

폐백 지【質】지(贄)와 동자(同字).
　　　　　出疆必載質『孟子』

폐백 채【采】채(綵)와 동자(同字).
　　　　　召公奭贊采『史記』

폐백 폐【幣】幣物. 幣美則沒禮『儀禮』

폐백상자(幣帛箱子) : 대추 밤 따위의 폐백을 넣
는 상자.

폐백상자 변【笲】婦執笲棗栗段脩以見『禮記』

폐슬(蔽膝) : 옷 앞에 무릎까지 늘리는 헝겊.

폐슬 염【袡】稅衣纁袡『禮記』

폐슬 위【褘】天子大服冕褘『穆天子傳』

폐질(廢疾) : 고칠 수 없는 병.

폐질 폐【癈】폐(廢)와 통용.

폐하다 :

폐할 사【舍】그만 둠. 폐지함. 舍中軍『左傳』

폐할 체【替】
　㉠ 폐기함. 폐지함. 替懈. 薦可而替不『國語』
　㉡ 폐기 당함. 兄其替乎『左傳』

폐할 폐【廢】
　㉠ 중지함. 깨뜨림. 廢止. 半塗而廢『中庸』
　㉡ 파기함. 秦魏之交可廢矣『戰國策』
　㉢ 미침. 廢黜. 有罪則廢退之『周禮』

폐할 핍【乏】폐기(廢棄)함.
　　　　　不敢以乏國事『戰國策』

폐할 휴【隳】廢也.

폐하여지다 : 행하여지지 않게 되다.

폐하여질 이【弛】乏廢. 大事殆乎弛『荀子』

폐하여질 폐【廢】
　㉠ 없어짐. 廢國. 大道廢有仁義『老子』
　㉡ 쇠퇴(衰退)함. 해이(解弛)함.
　　　　廢滅. 王道衰 禮義廢『詩經』

포(脯) : 얇게 저며서 양념하여 말린 고기.

포 거【脙】새 특히 꿩의 건육(乾肉).
　　　　　夏用脙『儀禮』

포 구【朐】굽은 건육포(乾肉脯).
　　　　　左朐右末『禮記』

포 남【腩】건육(乾肉).

포 단【腶】乾肉. 腶進稻醴粱糗腶脯『左傳』

포 단【段】단(腶)과 동자(同字).
　　　　　婦執笲棗栗段脩以見『禮記』

포 루【膢】脯也.

포 무【膴】뼈 없는 건육(乾肉). 크게 벤 고기.
　　　　　凡掌共羞脩刑膴胖骨鱐『周禮』

포 박【脯】건육(乾肉).

포 석【腊】
　㉠ 생강. 계피 등을 섞어 말린 고기.
　　　　건육(乾肉). 腊肉. 田獸之脯腊『周禮』
　㉡ 인신(引伸)하여 널리 말린 것의 뜻으로 쓰임.
　　　　蓋花腊耳『深異錄』

포 수【脩】건육(乾肉). 束脩. 脯脩.
　　　　　凡肉脩之頒賜皆掌之『周禮』

포 수【獸】말린 고기. 實獸于其上『儀禮』

포 수【鱐】脙鱐. 건어(乾魚).

포 순【膞】전신(全身)의 건육(乾肉).
　　　　　膞髀不升『儀禮』

포 윤【尹】포(脯). 건육(乾肉). 尹祭.

포 자【胏】뼈가 붙은 건육(乾肉).
　　　　　噬乾胏『易經』

포 정【脡】구(朐)의 대. 곱게 펴서 길쭉한
　　　　건육(乾肉). 與四脡脯『公羊傳』

포 직【膱】길이 한자 두 치 되는 건육(乾肉).
　　　　　膱長尺二寸『儀禮』

포 첩【箑】얇게 저민 건육(乾肉). 帝堯時廚中
　　　　自生肉 其薄如箑『宋書』

포 파【靶】말린 고기.

포 포【脯】얇게 저미어서 말린 고기. 脡脯.

포 함【肣】살찐 소의 포(脯).

포 해【腏】건육. 酒無腏 取伏鷄卵爲肴『南史』

포개다 : 놓인 위에다 겹쳐서 놓다.

포갤 궤【佹】겹침.

포갤 답【㬤】重疊貌.

포갤 루【累】累積. 贈遺累數百金『世說』

포갤 루【壘】胸中壘塊『世說』

포갤 루【絫】누(累)와 동자(同字).
　　　　　脅肩絫足『漢書』

포갤 첩【疊】겹쳐 놓음. 吐其舌三疊之『宋史』

포갤 퇴【壿】重也.

포개지다 : 여러 겹이 되다.

포개질 첩【疊】重疊. 雖累葉百疊 而富强相繼
『左思』

포개진 그림자 :

포개진 그림자 용【彤】중영(中營).

포대기 : 어린애를 업을 때 둘러대는 보 일설에
는 둘러대는 보.

포대기 강【繦】강(褓)과 동자(同字).
青子在繦褓中『史記』

포대기 강【襁】曾孫雖在襁褓『漢書』

포대기 보【保】보(褓)와 통용.
保介之御間『禮記』

포대기 보【葆】보(褓)와 통용.
在襁葆之中『史記』

포대기 보【褓】襁褓. 欲慰泉下魂 但視褓中兒
『劉積』

포대기 보【緥】曾孫雖在繦緥『漢書』

포대기 붕【繃】褓卽今之小兒繃也『漢書』

포대기 전【幝】강보(襁褓). 小兒藉褓.

포대기 조【幬】小兒藉幝.

포대기 체【褅】강보(襁褓). 載衣之褅『詩經』

포대기 체【禘】褓也.

포도(葡萄)나무 : 포도과에 속한 낙엽 덩굴나무.
덩굴손으로 다른 것에 붙어 자라며, 잎은 손바
닥 모양으로 잎 끝 부분은 깊이 갈라진다. 열
매는 포도라 하며 8~10월에 자흑색, 홍적색,
황록색 따위의 색으로 익는데, 그냥 먹거나 잼,
술 따위를 담가 먹는다.

포도나무 도【萄】포도(葡萄).

포도나무 포【葡】포도(葡萄). 有葡萄酒『史記』

포로(捕虜) : 사로잡은 적의 군사.

포로 금【禽】부로(俘虜). 收禽挾囚『左傳』

포로 금【擒】생포(生捕)한 적.
坐守襄平成擒耳『晉書』

포로 로【虜】生得曰虜 斬首曰獲『連文釋義』

포로 수【囚】囚虜. 左泮獻囚『詩經』

포목(布木) : 베와 무명을 아울러 이르는 말.

포목 단【段】織物. 賜茶葉綵段『十六國春秋』

포백(布帛) : 베와 비단.

포백 폭【幅】직물(織物). 繡文錦幅『孫樵』

포승(捕繩) : 죄인을 잡아 묶는 노끈.

포승 류【縲】빛이 검은 포승(捕繩).
雖在縲絏之中 非其罪也『論語』

포승 박【縛】박승(縛繩). 解其縛『史記』

포식(飽食)하다 : 배불리 먹다.

포식할 염【饜】饜酒肉『孟子』

포위(包圍) : 군사로 에워싸거나 에워싸이는 일.

포위 위【圍】平城之圍嫚書之恥『後漢書』

포장(包裝)하다 : 물건을 싸서 꾸리다.

포장할 포【襃】揚美獎飾.

포탈(逋脫)하다 :

포탈할 포【逋】
㉠ 구실을 바치지 아니함. 逋更賦『漢書』
㉡ 미납한 구실. 積逋.
洗雲百年之逋負『後漢書』

폭(幅) :

폭 순【淳】순(純)과 통용. 직물(織物)의 폭(幅).
壹其淳制『周禮』

폭 폭【幅】
㉠ 넓이. 幅員旣長『詩經』
㉡ 족자(簇子) 또는 서간(書簡) 등을 세는 수사.
勉爲新時章 月寄三四幅『韓愈』

폭로(暴露)하다 : 알려지지 않은 나쁜 일이나 음
모 따위를)알려 드러내다.

폭로할 기【譏】發人之惡.

폭포(瀑布) : 높고 곧은 절벽에서 곧장 쏟아져 내
리는 물줄기.

폭포 포【瀑】폭(瀑)과 동자(同字). 懸泉流下.

폭포 폭【瀑】瀑布水. 飛瀑.
瀑布飛流以界道『孫綽』

폭풍(暴風) : 몹시 세게 부는 바람.

폭풍 률【颶】폭풍(暴風).

폭풍 표【飆】游說之徒 風飆雷激『班固』

폭풍 표【飆】盲飆忽號怒『陳子昂』

폭풍 내리 불다 :

폭풍 내리 불 퇴【颓】暴風從上下.

표(表) :

표 표【表】
㉠ 군주(君主)에게 올리는 서장(書狀).
賀表. 出師表. 陳事曰表『文選』
㉡ 사물을 분류(分類) 배열(配列)하여 개요(概
要)를 보기에 편리하도록 만든 것.
年表. 統計表.
㉢ 안표(眼標). 標識. 表札. 設望表『國語』

표 기【旗】표식. 佩帨之旗也『左傳』

표 기【記】표식. 記號. 封還記『後漢書』

표 염【旟】證也.

표 절(체)【綴】
㉠ 띠를 묶어서 존비(尊卑)의 석차(席次)를 표
시하여 세운 것. 綿綴. 置茅綴表坐『國語』
㉡ 인신(引伸)하여 지위의 표시.
髣髴見石綴『蘇軾』

표 절【蕝】절(綴)과 동자(同字).
爲綿蕝 野外習之『史記』

표 제【題】표식. 欲墾荒田 先立表題『晉書』

표 지【識】標識. 進止皆有表識『後漢書』

표 지【誌】표식. 種桑樹于界上 爲誌『齊書』

표 철【綴】안표(眼標). 行其綴兆『禮記』

표 체【蕛】절(蕝)과 동자(同字).
　　　　　爲綿蕛 野外習之『史記』

표 치【織】휘장(揮帳). 織文鳥章『詩經』

표 표【標】나무로 된 표. 列標建旌『魏書』

표 표【標】
　　㉠ 표적(標的). 標識. 立兩標 別新舊『晉書』
　　㉡ 목표(目標). 標準. 立標簡試『晉書』

표 호【號】記號. 符號. 殊徽號『禮記』

표기(標旗) : 표식이 있는 기.

표기 번【幡】표식(標識)이 있는 기. 幡旗.

표기 치【幟】以采緁縫其裾爲幟『後漢書』

표기 휘【徽】휘(徽)와 동자(同字).
　　　　　揚徽者公之徒也『左傳』

표기 휘【徽】표식을 한 기(旗).
　　　　　徽章. 徽幟. 徽車輕武『揚雄』

표독(慓毒)하다 : 사납고 독살스럽다.

표독할 표【剽】剽悍. 剽勇. 已患其剽悍『漢書』

표랑(漂浪)하다 : 아무런 목적이나 정한 곳 없이
　　세상을 떠돎.

표랑할 랑【浪】放浪. 浪跡寄滄洲『李白』

표백(漂白)하다 : 피륙이나 종이 따위를 볕에 쬐
　　거나 약품을 써서 희게 함.

표백할 벽【澼】世世以洴澼絖爲業『莊子』

표백할 병【洴】世世以洴澼絖爲業『莊子』

표범 : 포유류 고양잇과에 속한 맹수. 범과 비슷
　　하나 몸집이 좀 작고 몸빛은 엷은 황갈색 바탕
　　에 검은 얼룩점이 있다.

표범 정【程】표(豹)의 이칭(異稱).
　　　　　青寧生程『莊子』

표범 표【豹】死留皮『五代史』

표범 휴【貅】貔貅. 표속(豹屬).

표신기(標信旗) :

표신기 현【幰】標信旗. 幡係於榮者.

표절(剽竊)하다 : 다른 사람의 작품을 자기 것인
　　양 작품의 일부를 몰래 따서 쓰다.

표절할 초【勦】毋勦說『禮記』

표제(標題) : 서책의 겉에 쓰인 그 책의 이름.

표제 서【署】魏公殿題署『魏志』

표제 제【題】題目.

표제 첨【簽】題簽. 書袠之簽曰檢『康熙字典』

표제 첩【帖】木爲之謂之檢 帛爲之謂之帖 皆謂
　　　　　標題『段玉裁』

표주박 : 조롱박이나 둥근 박을 반으로 쪼개 만
　　든 작은 바가지.

표주박 근【卺】瓠也.

표주박 려【蠡】以管闚天 以蠡測海『漢書』

표주박 리【蠡】표작(瓢勺).

표지(標識) : 다른 사물과 구별하여 알 수 있도록
　　한 표시나 특징.

표지 첨【幟】記也. 첨(籖)과 동자(同字).

표창(表彰)하다 : 어떤 사람의 공적이나 선행 따
　　위를) 널리 세상에 알려 칭찬하다.

표창할 장【獎】思獎. 賚獎優華『唐書』

표하다 :

표할 간【栞】산길의 도표(道標)로서 나뭇가지를
　　　　　꺾거나 나무를 깎아서 표함.
　　　　　隨山栞木『書經』

표할 을【乙】
　　㉠ 문장(文章)의 구절(句節)이 끊어지는 곳에
　　　표(標)를 함. 구두점(句讀點) 같은 것을 찍음.
　　　朔初上書人主從上方讀之止輒乙其處『史記』
　　㉡ 탈자(脫字)를 방기(旁記)하고 그 들어갈 자
　　　리에 갈고리 모양의 표시(表示)를 함.
　　　唐試士 字有遺脫 句其旁而增之曰乙
　　　『康熙字典』
　　㉢ 글자의 선후(先后)가 전도(顚倒)된 것을 갈
　　　고리 모양으로 표시(表示)를 하여 바로잡음.
　　　韓文公讀歇冠子 乙者三滅者二十二 注者十
　　　有二字『徐氏筆精』

표할 주【丶】표점(標點).

표할 지【識】표시함. 不可不識『漢書』

표할 표【標】표를 하여 나타냄.
　　　　　標示. 標之以翠翳『郭璞』

표현(表現) 못하다 : 마음속으로는 이해하면서도
　　말로는 발표하지 못함.

표현 못할 비【悱】悱悱. 不悱不發『國語』

푯말 : 어떤 것을 표지하기 위하여 박아 세운 말뚝.

푯말 갈【楬】楬櫫也『說文解字』

푯말 환【桓】우정(郵政)의 표목(標木).
　　　　　里程標. 葬寺門桓東『漢書』

푸닥거리 : 무당이 부정이나 살을 풀기 위해 간
　　단하게 음식을 차려놓고 하는 굿.

푸닥거리 염【禓】禓也.

푸닥거리 회【禬】女祝掌以時招梗禬禳之事
　　　　　『周禮』

푸두둥 날다 :

푸두둥 날 홍【翃】비모(飛貌).

푸드득 날다 :

푸드득 날 답【鷠】비모(飛貌).

푸르다 :

푸를 벽【碧】짙은 푸른 빛. 碧海.
　　　　　問余何意栖碧山『李白』

푸를 창【蒼】짙은 푸른 빛.

蒼色. 悠悠蒼天『詩經』

푸를 창【倉】창(蒼)과 통용. 倉頭廬兒『漢書』

푸를 천【舩】청모(靑貌).

푸를 청【靑】

　㉠ 청색. 푸름. 靑出於藍 而靑於藍『荀子』

　㉡ 봄, 동쪽, 젊음 등의 뜻으로 쓰임.
　　　靑春. 靑年. 祭靑帝『史記』

푸를 총【總】重翟錫面朱總『周禮』

푸를 총【蒽】靑也. 有瑲蒽珩『詩經』

푸를 총【葱】초목이 무성하여 푸릇푸릇한 모양.
　　　鬱鬱葱葱『後漢書』

푸른 감 :

　푸른 감 오【梧】청시(靑柹).

푸른 백로 :

　푸른 백로 교【鵁】鵁鶄. 鵁鶄鸀目『司馬相如』

　푸른 백로 청【鶄】鵁鶄.

푸른빛 :

　푸른빛 록【硃】돌의 청색(靑色).
　　　　　銀硃貨布『唐書』

푸른 숫돌 :

　푸른 숫돌 구【礵】靑礵石.

푸른 옥바리 :

　푸른 옥바리 안【桉】食器靑玉椀.

푸른 진주 :

　푸른 진주 슬【瑟】碧珠瑟瑟.

푸성귀 : 사람이 직접 심어 가꾼 채소나 저절로
　난 온갖 나물을 통틀어 이르는 말.

　푸성귀 보【葆】채소(菜蔬). 主葆旅事『史記』

　푸성귀 소【蔬】園蔬. 野蔬. 稻曰嘉蔬『禮記』

　푸성귀 속【蔌】山殽野蔌. 其蔌維何『詩經』

　푸성귀 유【蕍】채소(菜蔬).

푸조나무 : 느릅나뭇과에 속한 낙엽 활엽 교목.
　잎은 달걀꼴로 어긋나며, 새 가지에는 털이 있
　다. 봄에 담녹색의 꽃이 산방 꽃차례로 피고
　가을에 콩알만 한 열매가 검게 익는다. 열매는
　먹고 목재는 가구재로 쓴다.

　푸조나무 량【椋】목명(木名).

푸주(庖廚) : 소나 돼지 따위의 짐승을 잡아서 그
　고기를 파는 가게.

　푸주 포【包】포(庖)와 동자(同字).
　　　　　包有魚『易經』

　푸주 포【庖】포(包)와 동자(同字).

푸집게 : 병장기(兵仗器)를 덮는 물건.

　푸집게 엄【戵】唯射所蔽者也.

푼 :

　푼 분【分】척도(尺度), 중량(重量)의 단위(單位).
　　　　　分列十簜『文獻通考』

푼끌 : 먼데서 던져 사람을 살상하는데 쓰는 작은
끌.

　푼끌 표【鏢】표(鑣)와 동자(同字).

　푼끌 표【鑣】표(鏢)와 동자(同字).

　푼끌 현【錈】銑錈.

풀 : 초본(草本) 식물을 통틀어 이르는 말. 땅 위
의 줄기가 나무와 같은 목질을 이루지 못하여
줄기가 연하다. 대개 한 해를 지내고 죽는다.

풀 가【苛】잔풀.

풀 각【茖】草也.

풀 강【糫】国 糫子. 黏也.

풀 기【芑】초본(草本). 豊水有芑『詩經』

풀 망【莽】雜草. 草莽. 夕攬中州之宿莽『楚辭』

풀 모【芼】초본(草本). 頗雜池沼芼『柳宗元』

풀 모【毛】자라는 풀. 食土之毛『左傳』

풀 소【蘇】초본(草本). 累塊積蘇『列子』

풀 잉【芿】묵은 뿌리에서 다시 살아 나오는 풀.
　　　得陂芿數百頃『唐書』

풀 잉【芿】잡초. 藉芿燔林『列子』

풀 적【糑】점반(黏飯).

풀 직【眤】黏著劑. 凡眤之類不能方『周禮』

풀 채【蔡】초본(草本). 蔡莽螫刺『左思』

풀 천【薦】짐승이 먹는 잡초. 麋鹿食薦『莊子』

풀 천【荐】초본(草本). 戎狄荐居『左傳』

풀 철【屮】초목의 싹. 屮芽.

풀 초【草】

　㉠ 초본(草本)식물의 총칭. 雜草. 草木.

　㉡ 풀이 우거진 곳. 軍無橫草之功『漢書』

풀 초【艸】초(艸)가 글자의 머리로 올 때의 자
　체(字體). 속칭 초두.

풀 초【屮】초(草)의 고자(古字).
　　　在野曰屮茅之臣『儀禮』

풀 호【麭】糊也.

풀 호【糊】끈끈하여 발라 붙이는 물질.

풀 훼【卉】花卉. 聚石移果 雜以花卉『南史』

풀가사리 : 풀가사릿과에 속한 바닷말. 밀물과 썰
물의 경계에 있는 바위에 붙어서 번식한다. 거
죽은 미끄럽고 끈적하며 광택이 난다. 식용하
며, 이것을 삶은 물로 명주나 비단 따위의 옷
감에 풀을 먹인다.

풀가사리 라【蘿】海蘿.

풀가시 : 풀가사리의 다른 이름.

풀가시 자【莿】草之刺針.

풀가시 책【萗】草刺針.

풀 거름하다 :

　풀 거름할 호【薅】草木葉折糞.

풀 깎다 :

　풀 깎을 표【麃】풀을 벰. 縣縣其麃『詩經』

풀다 :

풀 개【開】놓아줌. 開放無罪之人『書經』

풀 견【遣】원한, 분노 같은 것을 풀어 없앰.
　　　　遣悶. 遣憤. 消遣世慮『王禹偁』

풀 령【逞】근심을 풂. 可以逞『左傳』

풀 례【劙】解也.

풀 번【緐】맨 끈을 품.

풀 사【卸】
　㉠ 옷 같은 것을 벗음. 塵冠聊以卸『陸龜蒙』
　㉡ 배에서 짐을 부림.
　㉢ 수레에 맨 말을 풂. 말의 안장을 벗김.
　㉣ 해직(解職)함. 卸任.

풀 서【紓】
　㉠ 늦춤. 紓禍也『左傳』
　㉡ 화해함. 難必紓『左傳』

풀 석【釋】
　㉠ 설명함. 解釋. 釋義. 釋明明德『大學』
　㉡ 변명함. 釋明. 使行人奚斯釋言於齊『國語』
　㉢ 처리함. 다스림. 太子不肯自釋『呂氏春秋』
　㉣ 액체에 딴 것을 탐. 稀釋.

풀 석【醳】석(釋)과 통용. 共執張儀 掠笞數百
　　　　不服醳之『史記』

풀 역【繹】
　㉠ 얽힌 것이나 뭉친 것을 품.
　　　　有美一人兮 心不繹『宋玉』
　㉡ 抽絲曰繹 言解曰繹『方言』

풀 영【嬴】얽힌 것을 풀어지게 함.
　　　　天地始肅 不可以嬴『禮記』

풀 제【霽】心善其言 爲霽威嚴『漢書』

풀 타【佗】머리를 풂. 醮酒佗髮『史記』

풀 탈【脫】맨 것을 풂. 虎賁之士脫劍『孔子家語』

풀 해【解】
　㉠ 맨 것 얽힌 것 등을 품.
　　　　解網. 衣不解帶『小學』
　㉡ 인신(引伸)하여 얽힌 것을 풀러 무사히 처
　　　리함. 解決. 患可解也『孫子』
　㉢ 원한(怨恨) 화(禍)등을 씻어 버림.
　　　　和解. 解怒. 羽意既解『漢書』
　㉣ 의심나는 것을 밝혀 알게 함.
　　　　解釋. 師者所以傳道授業解惑也『韓愈』
　㉤ 설명함. 解經『小學』
　㉥ 변명함. 辯解. 急於自解而謝『韓愈』
　㉦ 이해함. 납득이 감. 此臣之未解一也『諸葛亮』
　㉧ 자유롭게 함. 解禁.
　㉨ 파면함. 解職. 解雇.

풀 더부룩하다 :

풀 더부룩할 예【薉】薉薈. 草盛貌.

풀 더부룩할 요【蘨】草盛貌.

풀 더부룩할 자【薋】草多貌.

풀 돋아나다 :

풀 돋아날 예【荗】草生貌.

풀 뜯어먹다 :

풀 뜯어먹을 일【呹】牛羊草食貌.

풀리다 :

풀릴 석【釋】
　㉠ 의심이나 오해가 사라짐. 惑不釋『國語』
　㉡ 녹음. 融釋. 若冰之將釋『老子』
　㉢ 해이해 짐. 心凝形釋『列子』

풀릴 역【繹】얽힌 것이나 뭉친 것을 품.
　　　　有美一人兮 心不繹『宋玉』

풀릴 영【嬴】해이(解弛)함.
　　　　天地始肅 不可以嬴『禮記』

풀릴 이【弛】해이함. 政刑弛紊『南史』

풀릴 제【霽】화나 불쾌감 같은 것이 풀림.
　　　　怒容未霽『輟耕錄』

풀릴 치【豸】느슨해짐. 庶有豸乎『左傳』

풀릴 환【渙】헤어짐. 또 녹아 없어짐.
　　　　渙散. 渙兮若水之將釋『老子』

풀 막 : 소택(沼澤)에 있는 야만인(野蠻人)의 집.

풀 막 소【樔】樔 澤中守草樓也『說文解字』

풀 많다 :

풀 많을 이【苢】草多貌.

풀 먹는 짐승 : 소 말 양 등의 초식 동물.

풀 먹는 짐승 추【芻】猶芻豢之悅我口『孟子』

풀 먹다 :

풀 먹을 적【葃】식초(食草).

풀 먹이다 : 옷에 풀을 먹임.

풀 먹일 장【漿】今人漿衣 多用之『本草經』

풀명자 나무 : 장미과에 속한 낙엽 관목. 가지에
　는 가시가 있고 잎은 달걀꼴로 어긋나며 가장
　자리에 톱니가 있다. 4~5월에 붉은 꽃이 피며
　열매는 황색으로 익는데 먹거나 약으로 쓴다.

풀명자 나무 사【柤】사(樝), 사(楂)와 동자(同字).
　　　　洞庭之山多柤『山海經』

풀명자 나무 사【樝】禮義法度 其猶樝梨橘柚耶
　　　　『莊子』

풀명자 나무 사【楂】사(樝)와 동자(同字).

풀 모양 :

풀 모양 치【茬】초모(草貌).

풀무 : 대장간에서 불을 피우는데 바람을 일으키
　는 제구.

풀무 교【鞁】吹火器.

풀무 구【韝】吹火器.

풀무 배【鞴】入鍋鼓之二千鞴『雲笈七籤』

풀무 비【鞴】吹火器.

풀무 탁【橐】鼓橐吹埵 以消銅鐵『淮南子』

풀무 패【韛】吹火器.

풀 무성하다 :

풀 무성할 고【葟】草盛貌.
풀 무성할 영【萯】草盛貌.

풀 베는 기구 :
　풀 베는 기구 거【𦬁】刈草機.

풀 베는 칼 :
　풀 베는 칼 찰【鑔】刈草刀.

풀 베다 :
　풀 벨 초【草】풀을 벰. 民弗敢草也『禮記』

풀 베어 불 놓다 :
　풀 베어 불 놓을 희【熸】芟木傍草燒之.

풀 보기 잔치 :
　풀 보기 잔치 난【餪】
　　㉠ 女嫁後三日餉食爲餪『廣雅』
　　㉡ 婚三日而宴 謂之餪『集韻』

풀 비 :
　풀 비 세【篲】초추(草帚).

풀빛 :
　풀빛 일【䒳】초색(草色).

풀뿌리 :
　풀뿌리 발【茇】초근(草根).
　풀뿌리 해【荄】초근(草根).
　　　　　青陽開動 根荄以遂『漢書』

풀 성하다 :
　풀 성할 홀【茁】草盛貌.

풀솜실 : 풀 솜으로 자은 실. 인신(引伸)하여 그
　실로 짠 명주.
　풀솜실 과【絓】사명(絲名).

풀숲 :
　풀숲 불【茀】풀의 수풀. 得邻之茀地『曾鞏』

풀 시들시들하다 :
　풀 시들시들할 벌【薒】草枯萎縮.

풀싹 :
　풀싹 잉【芿】잉(芿)과 동자(同字).
　　　　　陳根不芿新艸相仍.

풀 쌓다 :
　풀 쌓을 분【蕡】적초(積草).

풀 어수선하다 :
　풀 어수선할 용【蘢】草亂貌.

풀 어지럽다 :
　풀 어지러울 녕【薴】草亂貌.

풀 얽히다 :
　풀 얽힐 형【榮】초선(草旋).

풀 연접하다 :
　풀 연접할 계【繫】草連貌.

풀 열매 : 풀에서 여는 열매. 나무의 열매는 과
　(果)라 함.
　풀 열매 과【蓏】초실(草實). 濯穎散蓏『郭璞』

풀 열매 라【蓏】라(蓏)와 통용.
　　　　　果蓏之實『詩經』
풀 열매 라【蓏】木實曰果 ++實曰蓏『急就篇』
풀 열매 타【䔺】라(蓏)와 동자(同字). 만생(蔓
　　　　　生)의 열매. 果䔺『史記』

풀 우거지다 :
　풀 우거질 매【每】原田每每『左傳』

풀이 :
　풀이 석【釋】해석. 註釋. 作字釋『魏志』

풀이름 :
　풀이름 간【蕳】엉거시과에 속하는 다년초.
　　　　　士與女 方秉蕳兮『詩經』
　풀이름 경【蒫】蒫茅. 향초(香草)의 하나.
　　　　　索蒫茅以筵簫兮『楚辭』
　풀이름 경【潁】모시풀 비슷한 식물로서 껍질은
　　　　　짜서 갈포(葛布)의 대용품으로 함.
　　　　　旣潁其練祥皆行『禮記』
　풀이름 곤【菎】향초(香草)의 하나.
　　　　　菎蕗雜乎叢蒸『東方朔』
　풀이름 곽【藿】향초(香草)의 하나.
　　　　　草則藿䖂豆　　『左思』
　풀이름 관【萑】萑蕳. 草名.
　풀이름 괴【蒯】草名. 모류(茅類).
　풀이름 교【芁】약초의 하나. 麝香秦芁『唐書』
　풀이름 금【芩】만초(蔓草)의 하나. 잎은 나뭇
　　　　　잎 같으며 소나 말이 잘 먹음.
　　　　　소금기 있는 습지에 남.
　　　　　食野之芩『詩經』
　풀이름 기【萁】물억새 비슷한 풀로서 예전에
　　　　　호인(胡人)이 전통(箭筒)을 만드
　　　　　는 재료로 썼음.
　　　　　檿弧萁服『漢書』
　풀이름 기【虁】초명(草名).
　풀이름 란【蘭】엉거시과에 속하는 다년초.
　　　　　등골나물 비슷함.
　풀이름 랑【莨】마소에게 먹이는 풀의 한 가지.
　　　　　其埤濕則生藏莨兼葭『司馬相如』
　풀이름 문【芠】풀의 하나.
　풀이름 병【荓】풀의 하나.
　풀이름 삭【蒴】蒴藋. 인동(忍冬)과의 다년초.
　　　　　잎은 陰乾하여 약재로 씀.
　　　　　陸英蒴藋『宋史』
　풀이름 선【茹】골풀 비슷한 풀.
　　　　　南郊神座 皆用茹席『隋書』
　풀이름 순【荀】꽃은 노랗고 열매는 붉은 풀.
　풀이름 인【茚】초명(草名).
　풀이름 일【苫】초명(草名).
　풀이름 작【苲】초명(草名).
　풀이름 점【葴】초명(草名).

풀이름 제【第】초명(草名).

풀이름 파【芭】향초의 일종. 傳芭兮代舞『楚辭』

풀이름 포【苞】사초과에 속하는 다년초.
　　　　　　　　葳蕤苞荔『司馬相如』

풀이름 혜【蕙】

　㉠ 한 줄기에 꽃이 여러 개 달리며 보통의 난
　　초보다 향기가 더 강한 난의 일종. 蕙草.

　㉡ 인신(引伸)하여 성정(性情)의 아름다움의
　　비유로 쓰임. 蕙心紈質『鮑照』

풀이름 홍【澒】홍(葒)과 동자(同字).
　　　　　　　　造荻澒竟數里 以塞船路『北史』

풀이 서로 잇닿다 :

　풀이 서로 잇닿을 추【簉】草相次.

풀이하다 :

　풀이할 강【講】설명함. 講釋. 講義.
　　　　　　　　村學堂講書『王君玉』

　풀이할 역【譯】서사(書史)의 의리(義理)나 의미
　　(意味)를 해석(解釋)함. 評譯.
　　　　　　傳譯. 賢人爲聖譯『潛夫論』

풀잎 :

　풀잎 륙【㞕】초엽(初葉).

　풀잎 적【芺】초엽(草葉).

풀 자라다 :

　풀 자랄 모【毛】유용(有用) 식물이 자람.
　　　　　　　　　　不毛之地『公羊傳』

풀줄기 : 풀의 줄거리.

　풀줄기 경【莄】초경(草莖).

　풀줄기 정【莛】以莛撞鐘『漢書』

풀칠하다 :

　풀칠할 호【餬】입에 풀칠을 함. 가난한 살림을
　　　　　　　함. 以餬余口『十八史略』

품 :

　품 회【懷】가슴. 懷襟. 懷中.
　　　　　　然後免於父母之懷『論語』

품다 :

　품을 공【廾】옹야(擁也).

　품을 뢰【勵】회야(懷也).

　품을 부【伏】새가 알을 품다.
　　　　　　　　雄雞伏子『漢書』

　품을 포【抱】

　㉠ 끼어 안음. 抱擁. 亦旣抱子『詩經』

　㉡ 지킴. 聖人抱一爲天下式『老子』

　㉢ 가짐. 此抱空質也『戰國策』

　㉣ 쬠. 抱關擊柝『孟子』

　㉤ 둘러 쌈. 抱圍. 鬱律衆山抱『獨孤及』

　㉥ 갖춤. 구비함. 奈何君獨抱奇才『韓愈』

　㉦ 마음속에 가짐. 抱志. 抱懷.

　품을 포【恓】懷也.

품을 함【含】

　㉠ 마음속에 넣어둠. 含怒. 含情.
　　　　含怒日久『戰國策』

　㉡ 마음속에 품고 참음. 含忍.
　　　　國君含垢『左傳』

품을 함【銜】

　㉠ 마음속에 지님. 銜怨入骨『十八史略』

　㉡ 싸서 가짐. 포유(包有)함.
　　　　銜遠山吞長江『范仲淹』

품을 회【懷】

　㉠ 생각을 품음. 懷春. 君子懷德『論語』

　㉡ 물건을 품음. 懷瑾握瑜兮『楚辭』

　㉢ 애를 뱀. 懷妊.
　　　　懷子三月 出居別宮『顔氏家訓』

품을 회【褒】회(懷)와 동자(同字).
　　　　　　褒誠秉忠 維義是從『漢書』

품등(品等) : 사물의 품위. 등급.

　품등 과【科】爲力不同科『論語』

품사다 : 삯을 주고 사람을 부리다.

　품살 고【雇】품삯을 주고 남을 부림. 雇用.

　품살 임【賃】賃傭. 借賃公田者 畝一斗『通典』

품삯 : 품의 보수.

　품삯 용【傭】厚其錢傭以餉饑人『李翔』

　품삯 임【賃】賃錢. 芻米僕賃之資是急『韓愈』

　품삯 추【傶】임금. 不償其傶費『史記』

품수(品數) : 물품(物品)의 등급(等級). 품격(品格)
　의 고하(高下) 등.

　품수 품【品】上品. 人品. 王品不遜 『書經』

품위(品位) :

　품위 류【流】上流. 是第二流中人耳『世說』

품 팔다 : 삯을 받고 일을 함.

　품 팔 임【賃】賃作. 徒行負賃『揚雄』

품팔이꾼 :

　품팔이꾼 용【傭】爲治家傭『後漢書』

　품팔이꾼 임【賃】爲人僕賃『史記』

품팔이하다 :

　품팔이할 용【傭】고용(雇傭) 당함. 傭工. 傭兵.
　　　　　　　仲山家貧奉親 變姓名 傭爲新
　　　　　　　野縣街卒『世說』

품평(品評) : 사물의 시비 우열에 관한 논평.

　품평 목【目】曹操微時常求劭爲己目『後漢書』

　품평 제【題】題評. 一經品題 便作佳士『李白』

　품평 평【評】批評. 論評. 著詩評『南史』

품평(品評)하다 :

　품평할 평【評】

　㉠ 瓦相譏評『舊唐書』

　㉡ 强評價色『李義山雜纂』

풋김치 : 봄가을에 새로 나온 어린 배추나 무로

담근 김치.

풋김치 절 【菹】 청채(淸菜).

풋바심 : 곡식이 완전히 여물기 전에 베어서 떨
거나 훑음.

풋바심 착 【穛】 早取穀.
　　　　　生穫曰穛 熟穫曰稑 『說文解字』

풋바심 하다 :

풋바심 할 착 【穛】 早聚穀.

풍(風)치다 : 큰소리를 함. 과장하다.

풍칠 과 【夸】 齊夸詐多變 反覆之國 『漢書』

풍칠 과 【誇】 과(夸)와 통용.

풍년(豐年) : 곡식이 잘 여물어 수확이 많은 해.

풍년 양 【穰】 豐穰. 六歲穰 六歲旱 『史記』

풍년(豐年)들다 : 곡식이 잘 여물어 풍녕이 듦.

풍년들 강 【康】 康年.

풍년들 풍 【豐】 豐年. 三年歲豐政平 『說苑』

풍뎅이 : 딱정벌레목 풍뎅잇과에 속한 곤충. 둥글
넓적한 모양이다. 등 빛깔은 검은 녹색으로 금
빛 광택이 나고 아랫면은 검은 갈색이다. 애벌
레는 땅속에서 나무뿌리를 갉아먹으며 성충이
되면 활엽수의 잎을 먹는다.

풍뎅이 별 【蛂】 蛂蟥 갑충(甲蟲).

풍뎅이 병 【蚲】 蟥蚲 갑충(甲蟲).

풍뎅이 비 【蜰】 蠦蜰 취충(臭蟲).

풍뎅이 : 머리에 쓰는 방한구(防寒具)의 한 가지.
남바위와 비슷하나 가에 좁은 모피를 댄 점이
다르다.

풍뎅이 권 【繈】 幘也.

풍독 :

풍독 퇴 【㾯】 풍독(風毒).

풍류 :

풍류 려 【呂】 음(陰)의 음률(音律). 律呂. 六呂.
　　　　　陰之爲呂 『漢書』

풍류 소 【韶】 소(韶)와 동자(同字). 舜樂大聲.

풍류 악 【樂】 樂隊. 王語暴以好樂 『孟子』

풍류가락 : 음악의 절주(節奏).

풍류가락 주 【族】 주(奏)와 통용.
　　　　　使有節族 『漢書』

풍류 끝 가락 :

풍류 끝 가락 란 【亂】 음악의 종장(終章).
　　　　　亂辭. 關雎之亂 『論語』

풍류소리 :

풍류소리 창 【瑲】 八鸞瑲瑲 『詩經』

풍류소리 횡 【韹】 악성(樂聲).

풍류이름 :

풍류이름 개 【祴】 祴夏. 고대의 악장(樂章)의
　　　　　이름. 해하(陔夏)라고도 함.
　　　　　以鐘鼓奏九夏有祴夏 『周禮』

풍류이름 경 【磬】 六磬. 顓頊樂名.

풍류이름 금 【僸】 북만(北蠻)의 음악명(音樂名).
　　　　　僸佅兜離罔不且集 『班固』

풍류이름 남 【南】 아악(雅樂)의 이름.
　　　　　以雅以南 『詩經』

풍류이름 소 【韶】 순(舜)임금이 지은 음악이름.
　　　　　子謂韶 『論語』

풍류이름 영 【韺】 五韺. 제곡(帝嚳)의 음악이름.
　　　　　歲律及郊至古音命五韺 『韓愈』

풍류이름 작 【勺】 주공(周公)이 지은 음악이름.
　　　　　十三舞勺 『漢書』

풍류이름 해 【陔】 연음(燕飲)의 끝에 아뢰는 음악.
　　　　　賓出奏陔 『儀禮』

풍류이름 호 【護】 大護. 은나라 탕왕(湯王)이
　　　　　지은 음악. 대호(大濩).

풍만하다 :

풍만할 몽 【朧】 豐大貌.

풍병(風病) : 중추 신경에 탈이 나서 생기는 모든
병을 통틀어 이르는 말. 경련 따위가 있다.

풍병 비 【痱】 中風. 又類辟且病痱 『漢書』

풍병 치 【瘈】 풍병(風病).

풍병 풍 【風】 중풍(中風). 風淫末疾 『左傳』

풍부(豐富)하다 : (사물이) 많고 넉넉하다.

풍부할 몽 【幪】 豐也.

풍성(豐盛)하다 : (무엇이) 넉넉하고 많다.

풍성할 려 【藜】 草茂貌.

풍성할 서 【庶】 肥味. 爲豆孔庶 『詩經』

풍습(風習) : 풍속(風俗)과 습관(習慣).

풍습 속 【俗】 時俗. 世俗. 入國問俗 『禮記』

풍신(風神) : 사람의 얼굴 생김새나 체격과 같이
겉으로 드러나 보이는 모양새.

풍신 채 【采】 天下想聞其風采 『漢書』

풍신 좋다 :

풍신 좋을 렴 【儠】 長壯多鬛貌.

풍자(諷刺)하다 : 사회의 부정적 현상이나 인간
들의 결점, 모순 등을 빗대어 비웃으면서 비판함.

풍자할 풍 【風】 풍(諷)과 통용.
　　　　　風刺. 下以風刺上 『詩經』

풍자할 풍 【諷】 풍(風)과 통용. 풍자(諷刺).

풍질(風疾) 앓다 :

풍질 앓을 외 【魃】 풍질(風疾).

풍차(風遮) : 겨울에 추위를 막기 위하여 머리에
쓰는 두건의 한 가지.

풍차 권 【繈】 幘也.

풍채(風采) :

풍채 개 【槪】 풍도. 豪爽有風槪 『晉書』

풍채 도 【度】 態度. 此子之風度 『後漢書』

풍채 화 【華】 謝混風華爲江左第一 『南史』

풍취(風趣) : 아담한 정취의 풍경.

　풍취 치【致】景致. 情致. 自然成高致『王縉』

풍치(風致) : 고상하고 훌륭한 운치나 경치.

　풍치 개【概】경치. 極都城之勝概『舊唐書』

　풍치 자【姿】自然鍾野姿『陸龜蒙』

　풍치 조【操】운치. 淸整有風操『南史』

　풍치 취【趣】멋. 詩趣. 野趣. 識琴中趣『晉書』

프랑스 :

　프랑스 법【法】법국(法國). 佛蘭西.

피 : 볏과에 속한 한해살이풀. 높이는 1미터 정도
　이며, 잎은 벼와 비슷하여 좁고 길다. 여름에
　담녹색 또는 자갈색의 이삭으로 된 꽃이 피고,
　가시랭이가 있는 열매는 먹거나 사료로 쓴다.

　피 니【䄒】自生稻.

　피 미【䵓】稷別名.

　피 비【稗】稗也.

　피 삼【穇】稗也.

　피 패【稗】苟爲不熟 不如荑稗『孟子』

피 : 사람이나 동물의 몸 안을 도는 붉은빛의 액체.

　피 엽【衊】血也.

　피 영【榮】혈액. 榮衛不行『內經』

　피 혈【血】
　　㋑ 혈액(血液). 血球. 血流漂杵『書經』
　　㋺ 골육의 관계. 血嗣. 血屬在焉『昨夢錄』

　피 황【衁】血液. 土刲羊 亦無衁也『左傳』

피곤(疲困) : 몸이나 마음이 지쳐서 고달픔.

　피곤 폐【弊】疲弊. 秦韓楚乘吾弊『戰國策』

피곤하다 :

　피곤할 기【觖】困也.

　피곤할 훼【殨】피곤(疲困).

피다 : 꽃이 핌.

　필 개【開】開花. 桃花含雨開『梁簡文帝』

　필 발【發】滿發. 花發風雨多『于武陵』

　필 방【放】花放林逋村『趙師秀』

　필 영【榮】半夏生 木菫榮『禮記』

　필 착【著】著花.

　필 탄【綻】紅綻. 日照野塘梅欲綻『王禹偁』

　필 화【花】溫庭橘未花『宋之問』

피땀 : 피와 땀.

　피땀 호【𦢊】혈한(血汗).

피라미 : 잉어과에 속하는 민물고기. 뒷지느러미
　가 특별히 크며 하천 상류의 맑은 물에 서식함.

　피라미 조【鯈】黑鯈魚. 鯈魚出游『莊子』

피로(疲勞) : 일에 시간과 힘을 지나치게 많이 사
　용해서 정신이나 육체 따위가 지쳐서 고단함.
　또는 그 상태.

　피로 로【勞】勞逸. 民忘其勞『易經』

　피로 로【勞】勞逸. 民忘其勞『易經』

피로(疲勞)하다 : 피곤해짐.

　피로할 병【病】今日病矣『孟子』

피로하여 재발한 병 :

　피로하여 재발한 병 부【瘋】病再發.

피륙 :

　피륙 연【綖】巾也.

피리 : 관에 구멍을 뚫고 불어 소리를 내는 것을
　통틀어 이르는 말.

　피리 관【筦】
　　㋑ 관(管)과 동자(同字). 以筦窺天『漢書』
　　㋺ 磬筦鏘鏘『詩經』

　피리 관【管】관악기. 簫管. 鍾石管絃『唐書』

　피리 관【琯】구멍이 여섯 개인 옥피리.
　　　　　　　西王母來獻其白琯『玉篇』

　피리 률【律】음조(音調)를 고르게 하는 피리.
　　　　　　　黃鍾之律九寸『漢書』

　피리 약【籥】구멍이 셋 또는 여섯 내지 일곱
　　　　　　　있는 대나무 피리. 管籥. 竽籥.
　　　　　　　左手執籥『詩經』

　피리 약【龠】약(籥)과 동자(同字).

　피리 우【竽】생황(笙簧) 비슷한 관악기(管樂器).
　　　　　　　掌敎吹竽『周禮』

　피리 적【笛】
　　㋑ 구멍이 일곱 있고 길이가 한자 네 치 되는
　　　　관악기. 玉笛. 靳州笛竹天下知『韓愈』
　　㋺ 인신(引伸)하여 널리 부는 기구의 일컬음.
　　　　汽笛.

　피리 적【篴】적(笛)과 동자(同字).
　　　　　　　簥 簫 篴 管『周禮』

　피리 죽【竹】대로 만든 관현악기(管絃樂器).
　　　　　　　팔음(八音)의 하나. 絲竹. 播之以
　　　　　　　八音 金石土革絲木匏竹『周禮』

　피리 황【簧】左執簧『書經』

　피리 황【篁】新音巧調篁『歐陽修』

피리 늘어지게 불다 :

　피리 늘어지게 불 년【㛥】實㛥 笛聲緩.

피리새 : 되샛과(科)에 속한 새. 머리끝과 날개,
　꽁지는 검고, 수컷은 얼굴에서 목에 이르는 부
　분이 담홍색이다. 식성은 초식성이다.

　피리새 학【鷽】鷽山鵲『爾雅』

피리소리 :

　피리소리 료【嘹】聽嘹嘈而遠震『江淹』

　피리소리 영【嚶】嚶嗃. 錚鐄嚶嗃『馬融』

　피리소리 효【嗃】夫吹筦也 猶有嗃也『莊子』

피마자(蓖麻子) : 대극과에 속한 한해살이풀. 열
　매는 삭과(蒴果)로 기름을 짜는 데 쓰인다.

피마자 비【萆】蓖麻子.

피마자 홍【葓】藤葒 호마(胡麻).

피 묻다 :

피묻을 면【靦】靦衂. 한혈(汗血).

피변옥(皮弁玉) : 피변의 솔기를 장식하는 옥.

　피변옥 기【璂】王之皮弁 會五采玉璂『周禮』

피어 오르다 :

　피어 오를 애【靉】구름이 피어오르는 모양.
　　　　　　　停雲靉靉. 時雨濛濛『陶潛』

피 칠하다 : 피를 바름.

　피 칠할 이【衈】叩其鼻以衈社也『穀梁傳』

　피 칠할 혈【衁】피를 바름. 兵不血刃『荀子』

　피 칠할 흔【衅】흔(釁)과 동자(同字).
　　　　　　　車甲衅而藏之府庫『禮記』

　피 칠할 흔【釁】희생의 피를 그릇에 발라 신에
　　　　　　　게 제사 지냄.
　　　　　　　成廟則釁之『禮記』

피토하다 :

　피 토할 객【喀】토혈(吐血).
　　　　　　　王暴疾喀血數升『唐書』

피트(feet) : 길이의 단위를 나타내는 말.

　피트 척【呎】[假借字] 一呎은 30.48cm

피폐(疲弊)하게 하다 : 피로하여 야위게 함.

　피폐하게 할 폐【敝】以敝楚人『左傳』

피폐(疲弊)하다 :

　피폐할 폐【敝】形眊而俗敝『禮記』

피풍(皮風) : 피부에 일어나는 풍병.

　피풍 첨【痓】皮剝病. 皮膚多蚌如風疾故曰皮剝
　　　　　　　病 亦曰皮蛀『正字通』

피하다 :

　피할 참【覱】避也.

　피할 각【躩】躩如. 경의(敬意)를 표하느라고
　　　　　　　옆으로 피하여 천천히 걷는 모양.
　　　　　　　躩如也『論語』

　피할 도【逃】逃禪. 季札讓逃去『史記』

　피할 두【逗】회피함. 逗撓當斬『漢書』

　피할 둔【遁】몸을 피함. 또는 책임을 회피함.
　　　　　　　遁辭. 上下相遁『後漢書』

　피할 벽【闢】회피함. 옆으로 물러섬.
　　　　　　　出入則爲之闢『周禮』

　피할 비【庇】避也.

　피할 비【腓】君子所依 小人所腓『詩經』

　피할 위【違】회피함. 違齊難『左傳』

　피할 타【躱】몸을 피함. 躱避.

　피할 타【軃】타(躱)의 속자.

　피할 피【避】
　　　㉠ 자리를 옮기어 숨음. 逃避.
　　　　望見廉頗 引車避匿 『史記』

　　　㉡ 면함. 避暑. 避雷針.

　　　㉢ 벗어남. 避亂. 去親威家避罪『蘇子瞻』

　　　㉣ 싫어하여 멀리함. 忌避. 不避風雨『漢書』

　　　㉤ 꺼림. 憚避. 凶奴號曰飛將軍 避之『漢書』

　　　㉥ 물러남. 避席再拜『呂氏春秋』

　피할 회【回】回隱. 無所回避『漢書』.

　피할 회【廻】회피함. 廻避.

핀잔주다 :

　핀잔줄 구【頯】頯頢. 면절(面折).

　핀잔줄 두【頭】頭頢. 면절(面折).

필(匹) :

　필 량【兩】포백(布帛)의 길이.
　　　　　　　匹重錦三十兩『左傳』

　필 필【匹】
　　　㉠ 옷감의 길이의 단위(單位).
　　　　布帛廣二尺二寸爲幅 四丈爲匹『漢書』

　　　㉡ 말 같은 가축을 세는 말.
　　　　匹馬. 馬四匹『書經』

　　　㉢ 이단(二端). 단(端)은 一丈八尺 또는 二丈.

　필 필【疋】필(匹)과 동자(同字).
　　　　　　　馬疋. 倍兩謂之疋『小爾雅』

필법(筆法) :

　필법 책【磔】오른쪽으로 삐치는 필법(筆法).
　　　　　　　磔憶昔以遲移『崔瑗』

필적(匹敵)하다 :

　필적할 적【敵】대등함. 貴賤不敵『禮記』

핍박(逼迫)하다 :

　핍박할 길【拮】句踐終拮而殺之『戰國策』

　핍박할 량【勴】핍야(逼也).

　핍박할 박【迫】몹시 괴롭게 굶. 脅迫. 迫害.

　핍박할 박【敀】핍야(逼也).

　핍박할 비【奰】姦回內奰『沈不害』

　핍박할 축【傶】박야(迫也).

　핍박할 추【愵】박야(迫也).

　핍박할 핍【逼】
　　　㉠ 침노(侵擄)함. 漸相攻逼『後漢書』
　　　㉡ 억지로 시키려고 괴롭게 굶.
　　　　自誓不嫁 其家逼之『古詩』

　핍박할 핍【偪】핍(逼)과 동자(同字).
　　　　　　　君子不偪上 不偪下『禮記』

핏줄 :

　핏줄 계【系】血統. 世系. 自姬發系『王僧孺』

　핏줄 류【流】血統. 男女婚嫁 皆得勝流『北史』

　핏줄 묘【苗】血統. 자손(子孫). 苗裔.
　　　　　　　帝高陽之苗裔兮『楚辭』

핑계 : 말막음으로 내세움.

　핑계 사【辭】口實. 因以爲辭而攻之『戰國策』

　핑계 탁【託】假託. 託疾辭官『劉基』

ㅎ
히읗

하고자하다 :
　하고자할 욕【欲】欲明明德於天下『大學』
　하고자할 혐【忺】心所欲.
하공(下功) : 치적(治積)의 下等(하등).
　하공 전【殿】課殿最之間『漢書』
하관(下顴)빨다 : 아래턱이 매우 좁음. 턱이 뾰족함.
　하관빨 엄【顩】顩頤『揚雄』
　하관빨 엄【顩】엄(顩)과 동자(同字).
하관차(下棺車) :
　하관차 춘【輴】下棺車.
하관(下棺)틀 : 하관(下棺)할 때 쓰는 나무 틀.
　하관 틀 환【桓】三家視桓楹『禮記』
하관(下棺)하다 : 관(棺)을 광중(壙中)에 내려 묻다.
　하관할 폄【窆】埋窆. 改窆.
　　　　　及窆執斧以涖匠師『周禮』
하국(夏菊) : 국화과에 속한 여러해살이풀. 전체에 털이 나며 줄기는 곧게 선다. 7~9월에 노란 꽃이 피며, 꽃은 약용하고 어린잎은 식용.
　하국 선【旋】旋葍.
하나 :
　하나 일【壹】
　　㉠ 하나. 일(一)과 동자(同字). 변조를 예방하기 위하여 주로 증서 계약 등에 씀.
　　㉡ 한번. 壹揖壹讓『儀禮』
　　㉢ 한가지로. 壹諸侯之相也『孔子家語』
　하나 일【一】
　　㉠ 수(數)의 처음. 一人. 擧一而廢百『孟子』
　　㉡ 단독(單獨). 단지 하나.
　　　　一手獨拍 雖疾無聲『韓非子』
　　㉢ 처음. 근본(根本). 務一不尙繁密『顔廷之』
　　㉣ 순전(純全). 순수(純粹).
　　　　純一. 維精維一『書經』
　　㉤ 天得一以淸『老子』
　　㉥ 같음. 동일(同一). 一樣. 一色.
　　　　先聖後聖 其揆一也『孟子』
　　㉦ 전일(專一). 一心. 一意.
　　　　用心一也『淮南子』
　하나 척【隻】단지 하나. 形單影隻『韓愈』

하나 특【犆】특(特)과 동자(同字).
　　　　不犆弔『禮記』
　하나 특【特】단독. 特行. 特舟.
　　　　我特以三國城從之『戰國策』
하나님 :
　하나님 도【禂】신야(神也).
　하나님 시【示】神事也『說文解字』
　하나님 신【神】
　　㉠ 창조자. 하나님.
　　　　天神引出萬物者也『說文解字』
　　㉡ 하늘의 신(神). 하나님. 상제(上帝).
　　　　壤竊神祇之犧牷牲用『書經』
　하나님 제【帝】상천(上天). 조화(造化). 天帝.
　　　　王用享于帝『易經』
하나라 :
　하나라 하【夏】
　　㉠ 전설적인 중국 최고(最古)의 왕조. 우(禹)가 순(舜)임금으로부터 양위를 받아 세운 나라이다. 왕의 제위를 우의 아들 계(啓)가 받음에 따라 선양제가 없어지고 상속제에 의한 최초의 왕조로 17대 걸(桀)왕 때 은나라 탕왕에 의해 멸망.
　　㉡ 중국의 오호 십육국(五胡十六國)의 하나. 흉노 사람 혁련발발(赫連勃勃)이 산시 성북부에서 건국하였다. 발발이 죽은 뒤 북위(北魏)의 태무제(太武帝)에게 멸망.
　　㉢ 1032년 티베트계 탕구트 족인 이원호(李元昊)가 간쑤(甘肅)와 내몽골의 서부에 세운 나라. 몽고의 칭기즈 칸에게 정복되어 1227년에 멸망.
하나로 하다 :
　하나로 할 일【一】
　　㉠ 합침. 人主者一力以共載之『韓非子』
　　㉡ 동일(同一)하게 함.
　　　　一度量 平權衡『呂氏春秋』
　　㉢ 고르게 함. 靜生民之業 而一其俗『史記』
　　㉣ 통일(統一)함. 孰能一之『孟子』
하나하나 : 사물을 하나하나 세는 이름.
　하나하나 축【逐】逐一. 逐條.
하눌타리 : 박과에 속한 여러해살이 덩굴풀. 덩굴손으로 다른 물체를 감으며 자란다. 열매는 등황색이며 뿌리의 가루는 천화분(天花粉)이라 하여 한약재로 쓰인다.
　하눌타리 괄【𦼫】𦼫蔞 약명(藥名).
　하눌타리 괄【苦】苦蔞.
하는 일 없다 :
　하는 일 없을 록【逯】渾然而來 逯然而往
　　　　　　　　　　『淮南子』

하늘 :

하늘 개【蓋】상천(上天). 蓋壤.

하늘 건【乾】上天. 乾坤. 乾命. 乾天也『易經』

하늘 공【空】大空. 天空. 終日書空『世說』

하늘 궁【穹】天穹. 以念穹蒼『詩經』

하늘 녕【冥】天也.

하늘 료【寥】허공(虛空). 騰駕碧寥『范成大』

하늘 명【冥】천(天)과 동의.
　　　　　青冥. 升虛凌冥『劉向』

하늘 민【旻】
　㉠ 가을 하늘. 旻天疾威『詩經』
　㉡ 널리 하늘의 범칭(泛稱)으로 쓰임.
　　　和吹度穹旻『薛能』

하늘 소【霄】雲霄.

하늘 소【霄】소한(霄漢). 소원(霄元).
　　　　　雲霄. 霄壤. 上出重霄『王勃』

하늘 신【宸】虛空. 消氛埃于中宸『張衡』

하늘 우【宇】天宇. 四方上下謂之宇『淮南子』

하늘 운【雲】상천(上天). 青雲.

하늘 원【元】霄元. 元執德於心『淮南子』

하늘 일【一】맨 처음. 唯初太極道立於一 造分
　　　　　天地 化成萬物『說文解字』

하늘 주【宙】허공(虛空). 천지(天地)의 사이.
　　　　　碧宙. 迺窮宙而達幽『漢書』

하늘 천【天】
　㉠ 땅의 대(對). 天地. 鳶飛戾天『詩經』
　㉡ 만물의 주재자. 상제(上帝). 하나님.
　　　天心. 自天祐之『易經』
　㉢ 자연의 이법(理法).
　　　順天者存 逆天者亡『孟子』
　㉣ 운명. 成敗天也『五代史』
　㉤ 자연의 부여(賦與).
　　　天才. 全其天也『呂氏春秋』
　㉥ 무위 자연. 不以人易天『淮南子』
　㉦ 천문(天文). 일월성신(日月星辰)의 상태.
　　　命南正重以司天『史記』
　㉧ 기후(氣候). 시절(時節). 天候. 寒天.
　㉨ 중요한 사물의 비유.
　　　王者以民爲天 而民以食爲天『漢書』

하늘 천【祆】
　㉠ 太虛. 關中謂天曰祆『說文解字』
　㉡ 하나님. 天神.
　　　祆本蕃俗所事天神 後人因加示旁『錢大昕』

하늘 허【虛】虛空. 凌虛. 馮虛御風『蘇軾』

하늘 현【玄】上玄. 縣火延起兮玄顏烝『楚辭』

하늘 호【昊】
　㉠ 여름 하늘. 以禋祀祀昊天『周禮』
　㉡ 널리 하늘의 범칭(泛稱)으로 쓰임.
　　　忍饑未擬窮呼昊『蘇軾』

하늘 호【皓】호(昊)와 통용. 皓天不復『荀子』

하늘 문 :

하늘 문 합【闔】천상(天上)의 문.
　　　　　游閶闔『漢書』

하늘에 제사 지내다 :

하늘에 제사 지낼 료【尞】紫尞祭天.

하늬바람 : 서쪽에서 부는 바람. 주로 농가나 어
　촌에서 '서풍(西風)'을 이르는 말이다.

하늬바람 량【飇】서풍(西風).

하늬바람 소【颾】양풍(涼風). 서풍(西風).

하다 :

할 우【于】동작을 함. 宜之于假『儀禮』

할 위【爲】
　㉠ 행함. 爲政. 爲之難『論語』
　㉡ ～라 이름. 一爲乾豆　二爲賓客『穀梁傳』
　㉢ 曾是以爲孝乎『論語』

할 이【以】행위(行爲)를 함. 觀其所以『論語』

할 입【込】囩 爲也.

하도(河圖) : 복희씨(伏羲氏)　때　황하(黃河)에서
　나왔다는 팔괘(八卦)의 그림.

하도 도【圖】圖緯. 河出圖洛出書『易經』

하려하다 :

하려할 욕【欲】장차～하려함.
　　　　　欲雨. 欲墮不墮『古銘』

하례(賀禮)하다 :

하례할 경【慶】경사(慶事)를 축하(祝賀)함.
　　　　　慶其喜而弔其憂『國語』

하례할 축【祝】
　㉠ 祝賀함. 慶祝. 祝宴. 請祝聖人『莊子』
　㉡ 하례(賀禮). 경하(慶賀).
　　　犀首膝行 爲儀千秋之祝『戰國策』

하례할 하【賀】
　㉠ 예물(禮物)을 보내어 경사(慶事)를 축하(祝
　　　賀)함. 昏禮不賀. 人之序也『禮記』
　㉡ 축사를 말하여 경사(慶事)를 축하(祝賀)함.
　　　君臣聞見者畢賀『戰國策』
　㉢ 하례(賀禮)하는 일. 하례(賀禮)할만 한 일.
　　　年賀. 賀慶之禮『周禮』

하루살이 : 하루살이목에 속한 곤충을 통틀어 이
　르는 말. 봄, 여름에 연못, 호수, 하천 등의 물
　가에 많이 생기며 애벌레는 2~3년 걸려 엄지
　벌레가 되는데, 엄지벌레의 수명은 1시간에서
　며칠 정도이다.

하루살이 거【蟝】蟝蟓 부유(蜉蝣).

하루살이 략【蟧】부유(蜉蝣).

하루살이 부【蜉】蜉蝣. 蜉蝣之羽『詩經』

하루살이 유【蝣】蜉蝣.

하루살이 유【蟒】부유(蜉蝣).

하리놀다 : 어떤 사람이 다른 사람을 윗사람에게 헐뜯어 일러바치다.

하리놀 참【讒】讒說殄行『書經』

하리놀 참【譖】
　㉠ 譖訴. 夫人譖公于齊侯『公羊傳』
　㉡ 譖訴. 膚受之譖『論語』

하며 :

하며 며【旅】 团 구두(句讀). 接續詞. 爲旅.

하무 : 군인이 떠들지 못하도록 입에 물리는 나무 막대.

하무 매【枚】夜銜枚擊梁定陶『漢書』

하물며 :

하물며 신【矧】황차(況且).
　　　　　至誠感神 矧玆有苗『書經』

하물며 황【兄】황(況)과 동자(同字).
　　　　　兄與我齊國之政也『管子』

하물며 황【況】況且. 況以不賢人之招招賢人乎
　　　　　『孟子』

하복통(下腹痛) :

하복통 주【疛】小腹痛.

하사관(下士官) : 졸오(卒伍)를 거느리는 군인.

하사관 사【士】以安士卒『史記』

하사(下賜)하다 :

하사할 황【貺】
　㉠ 임금이 하사하다. 君辱貺之『左傳』
　㉡ 남이 주거나 웃어른이 하사하는 물건.
　　　　　不敢求貺『左傳』

하소연하다 : 억울하고 딱한 사정을 털어놓고 말 하거나 간곡히 호소하다.

하소연할 소【愬】
　㉠ 소(訴)와 동자(同字).
　㉡薄言住愬『詩經』
　㉢ 公伯寮愬子路於季孫『論語』

하소연할 소【遡】소(愬)와 통용.
　　　　　衛君跣行 告遡于魏『戰國策』

하소연할 소【訴】원통(冤痛)한 일을 호소함.
　　　　　訴願. 擧首若欲自訴『後漢書』

하여금 : ~로 하여금 ~하게 함.

하여금 견【遣】사(使)와 동의. 乃遣張良往立信
　　　　　爲齊王『史記』

하여금 교【教】영(令)과 연용(連用)하기도 함.
　　　　　教人如此發憤勇猛向前『朱熹』

하여금 령【令】시킴. 令人知之.
　　　　　臣能令君勝『史記』

하여금 병【茾】茾云不逮『詩經』

하여금 비【俾】시킴. 俾晝作夜『詩經』

하여금 비【卑】비(俾)와 동자(同字).
　　　　　卑民不迷『荀子』

하여금 사【使】
　㉠ 명령의 말. 王使人問矣『孟子』
　㉡ ~하게 한다면. 가설(假說)의 말.
　　　　　使武安侯在者族矣『史記』

하여금 팽【伻】伻從王于周『書經』

하여금 평【抨】抨雄鳩以作媒『揚雄』

하오(下午) :

하오 측【昃】오후. 日向昃『宋書』

하왕이름 :

하왕이름 걸【桀】하(夏)나라 말대(末代)의 임금.
　　　　　폭군(暴君)으로 유명(有名)함.
　　　　　桀紂. 桀犬吠堯.

하우씨(夏虞氏) : 중국 하(夏)나라의 우(禹)임금 을 이르는 말. 왕이 되기 전에 요(堯) 순(舜) 두 임금을 섬겨 홍수(洪水)를 다스리는데 큰 공을 세웠다 함.

하우씨 우【禹】우왕(禹王).

하인(下人) : 심부름꾼. 천한 일을 하는 사람. 종.

하인 대【儓】輿儓.

하인 대【臺】僕臣臺『左傳』

하인 력【力】遣此力 助汝薪水之勞『陶潛』

하인 령【伶】府伶喚呼爭先到『白居易』

하인 조【皁】皁隷 士臣皁 皁臣輿 輿臣隷『左傳』

하인 졸【卒】兒童走卒. 廝輿之卒『漢書』

하인청(下人廳) :

하인청 현【埍】奴僕所居.

하잠(夏蠶) : 여름에 치는 누에.

하잠 원【螈】螈蠶一歲再收『淮南子』

하지(夏至) : 한해 중 낮이 가장 긴 날.

하지 지【至】先王以至日閉關『易經』

하찮은 계집 :

하찮은 계집 자【婑】婦人小物.

하품 : 졸리거나 싫증이 날 때 저절로 입이 벌어 지면서 나오는 깊은 호흡.

하품 애【噫】大塊噫氣『莊子』

하품 흠【欠】噫欠爲飄風『韓愈』

하품하다 :

하품할 근【歆】欠也.

하품할 란【欗】欠也.

하품할 할(해)【嗐】開口吐氣.

하품할 흠【欠】君子欠伸 侍坐者請出『禮記』

학교 : 학문을 가르치는 곳. 또 그 건물.

학교 관【館】公館. 學館.
　　　　　府署第一 碁列於都鄙『後漢書』

학교 교【校】學校. 郡國曰學 侯國曰校『漢書』

학교 상【庠】주대(周代)의 초등학교. 庠序.
　　　　　夏曰校 殷曰序 周曰庠『孟子』

학교 옹【雍】辟雍은 천자(天子)의 학교 이름.

학교 학【學】학사(學舍). 大學.
>天子命之教 然後學『禮記』

학교 횡【黌】更修黌宇『後漢書』

학교이름 :

학교이름 교【膠】고대(古代) 학교의 한 가지.
>有虞氏養國老於東膠 養庶老於
>虞庠『禮記』

학교이름 반【頖】반(泮)과 동자(同字).
>諸侯曰頖宮『禮記』

학대(虐待)하다 : 사람이나 동물을 정신적으로나 육체적으로 괴롭히고 가혹하게 대함.

학대할 적【賊】賊賢害民則伐之『周禮』

학문(學問) :

학문 학【學】
>㉠ 배워 익히는 바. 修學.
>安其學而親其師『禮記』
>㉡ 사물의 이치(理致)를 연구(研究)하여 얻은 원리. 체계화(體系化)한 지식(知識).
>天文學. 少好刑名之學『史記』

학자(學者) : 학문에 뛰어난 사람. 또는 학문을 배우는 사람.

학자 학【學】幼學. 鴻儒碩學『南史』

학질(瘧疾) : 말라리아. 혹은 하루거리.

학질 금【痎】瘧也.

학질 점【痁】열이 매일 나는 학질.
>諸侯疥 遂痁『左傳』

학질 학【瘧】瘧癘. 民多瘧疾『禮記』

학질 해【痎】痎 二日一發之瘧『說文解字』

학질 해【瘖】해(痎)와 동자(同字). 老瘖發作無 時 名瘖瘧俗呼妖瘧『本草經』

한(恨) : 억울하고 원통한 일을 당하여 원망과 한 이 응어리진 마음.

한 감【憾】
>㉠ 원한(怨恨). 私憾. 請君釋憾于宋『左傳』
>㉡ 원한을 품은 사람. 二憾往矣『左傳』

한 기【期】한정(限定). 期限. 萬壽無期『詩經』

한 얼【臬】극한(極限). 其廣無臬『王粲』

한 제【齊】제한(制限). 無復齊限『晉書』

한 한【恨】원한(怨恨). 유감(有感). 후회(後悔).
>此恨綿綿無絶期『白居易』

한 혹【酷】원통(冤痛)한 일.
>銜酷茹恨徹于心髓『顏氏家訓』

한가지 :

한가지 공【公】공동(共同).
>大道之行天下爲公『禮記』

한가지 동【同】같음. 同一.
>德齊力同. 禮樂之情同『禮記』

한가지 동【仝】동(同)의 고자(古字).

한가지로 보다 :

한가지로 볼 록【觀】공시(共視).

한가(閑暇)하다 : 겨를이 생겨 여유가 있다.

한가할 가【暇】暇逸. 好以暇『左傳』

한가할 반【伴】伴奐爾游矣『詩經』

한가할 어【閼】한아(閒雅)한 모양.
>窮穴(宂)閼與『漢書』

한가할 용【宂】閑散. 錯所穿非眞廟垣 乃外壖垣 故宂官居其中『漢書』

한가할 유【悠】바쁘지 않은 모양. 悠然.
>紛焱悠以容裔『張衡』

한가할 한【閒】
>㉠ 일이 없음. 閒居. 閒而以師詩焉 『左傳』
>㉡ 놀고 있음. 직업이 없음. 九曰閒民『禮記』

한가할 한【閑】한(閒)과 혼용함.
>九日驅馳一日閑『韋應物』

한가할 황【遑】
>㉠ 마음에 여유가 있는 모양.
>莫敢或遑『詩經』
>㉡ 바쁘지 않은 모양. 不遑啓處『書經』

한가할 효【曉】曉然. 閒暇貌.

한갓 :

한갓 소【素】헛되이. 不素餐兮『孟子』

한결같다 :

한결같을 단【斷】전일(專一)하여 변하지 않음.
>斷斷猗無他技『大學』

한계(限界) :

한계 계【界】
>㉠ 한정(限定). 界限. 以禮爲界『後漢書』
>㉡ 인신(引伸)하여 장소. 범위. 學界. 社交界.
>欲界之仙都『陶弘景』

한계 범【範】일정한 구획. 範圍.

한계 악【鄂】일정함 범위. 亡鄂『揚雄』

한길 : 차나 사람이 많이 다니는 큰길.

한길 가【街】구가(衢街).

한길 규【逵】아홉 군데로 통하는 길. 大路.
>九逵. 康逵. 入及大逵『左傳』

한길 동【衕】北方謂巷道曰衚衕『日下舊聞』

한길 장【莊】여섯 갈래의 큰 거리. 康莊.
>得慶氏之木百車于莊『左傳』

한길 호【衚】北方謂巷道曰衚衕『日下舊聞』

한 눈 지그시 감고 보다 :

한 눈 지그시 감고 볼 규【睨】睨睨. 學者之鬼 睨睨然『荀子』

한 눈 흰말 :

한 눈 흰말 한【騆】馬一目白.

한 다리 끌다 :

한 다리 끌 기【掎】다리 하나를 잡아당김.

譬如捕鹿 晉人角之 諸戎掎之『左傳』

한 달 된 태 :

　한 달 된 태 배【姙】배(胚)와 동자(同字).
　　　　　　　　　孕胎一朔曰姙.

한도(限度) : 일정한 분량. 또는 표준.

　한도 정【程】課程. 程度. 按度程『禮記』

　한도 제【劑】各有限劑 須定等差『王叡』

한둔하다 : 한데서 밤을 지내다.

　한둔할 발【茇】召伯所茇『詩經』

한들거리다 :

　한들거릴 아【婀】弱態貌.

한마(駻馬) : 사나운 말.

　한마 한【駻】無轡策御駻馬『韓非子』

한민족(漢民族) : 중국 본토의 민족.

　한민족 한【漢】滿漢各一人『大淸會典』

한바퀴 : 수레바퀴의 일회전.

　한바퀴 휴【觿】立視五觿『禮記』

한바탕 : 한 번 일이 벌어진 판.

　한바탕 진【陣】一陣淸風.
　　　　　　　　一陣涼從雨後生『李獻甫』

한바탕 내리다 :

　한바탕 내릴 발【潑】비가 한바탕 옴.
　　　　　　　　雨一番一起爲一潑『李翊』

한번 :

　한번 일【一】
　　㋐ 일회(一回). 人一能之 己百之『中庸』
　　㋑ 目所一見 輒訟于口『後漢書』

한사람 :

　한사람 개【个】개(介)와 동자(同字).
　　　　　　　　　一人. 又有一个焉『左傳』

　한사람 특【个】특(特)과 동자(同字).
　　　　　　　　　不个弔『禮記』

　한사람 특【特】단독(單獨). 特行. 特舟.
　　　　　　　　我特以三國城從之『戰國策』

한산(閑散) : 일이 바쁘지 않아 한가하다.

　한산 산【散】한가(閑暇). 投閑置散『韓愈』

한산(閑散)하다 :

　한산할 산【散】한가(閑暇)함. 散官.

한 살 된 양 :

　한 살 된 양 조【羘】一歲牝羊.

한삼덩굴 : 삼과에 속한 한해살이 덩굴풀. 줄기와
　잎자루에 잔가시가 있다. 열매는 건위제, 줄기
　는 이뇨제로 쓴다.

　한삼덩굴 률【葎】葎草莖有細刺『本草經』

한숨 : 걱정이 있거나 서러울 때 또는 긴장이 풀
　려 안도할 때 길게 몰아서 내쉬는 숨.

　한숨 위【喟】歎息. 寢小愁多頻發喟『戴表元』

한숨 탄【歎】歎息. 聞之者含歎『宋書』

　한숨 희【愾】太息. 愾然. 愾我寤歎『詩經』

한숨 쉬다 :

　한숨 쉴 괴【欿】태식(太息).

　한숨 쉴 기【譏】譏而哀『淮南子』

　한숨 쉴 애【欸】欸秋冬之緒風『楚辭』

　한숨 쉴 오【歍】탄식(歎息)함. 歍欽.

　한숨 쉴 우【嚘】咿嚘. 탄식하는 소리.
　　　　　　　　佇立久咿嚘『韓愈』

　한숨 쉴 욱【噢】탄식하는 소리.
　　　　　　　　噢咿不能自禁『嵇康』

　한숨 쉴 위【嘳】위(喟)와 동자(同字).
　　　　　　　　嘳然而嘆『晏子』

　한숨 쉴 위【喟】탄식함. 喟然大息.
　　　　　　　　喟然而歎『論語』

　한숨 쉴 탄【嘆】탄(歎)과 동자(同字). 嘆息.

　한숨 쉴 탄【歎】歎傷. 當食不歎『禮記』

　한숨 쉴 희【欷】歔欷. 坐者悽欷『張衡』

　한숨 쉴 희【噫】탄식함. 噫乎何以禦水『史記』

　한숨 쉴 희【嘻】慶父聞之曰 嘻『公羊傳』

한 쌍 :

　한 쌍 승【乘】雙對. 雙雁曰乘『揚雄方言』

한없이 높다 :

　한없이 높을 걸【嵑】高也無比.

한 움큼 : 한 손에 쥐거나 담는 분량.

　한 움큼 일【溢】兩手曰掬 一手曰溢『孔叢子』

한 입에 다 먹다 :

　한 입에 다 먹을 최【嘬】一擧盡食. 一擧盡臠
　　　　　　　　　無嘬炙『禮記』

한자 넓이 :

　한자 넓이 우【耦】나란히 갈아엎는 밭두둑.
　　　　　　　　二伐爲耦『說文解字』

한정(限定) : 범위나 수량 따위를 제한하여 정함.
　또는 그 한도.

　한정 정【呈】정(程)과 통용. 日夜有呈『史記』

　한정 한【限】정도. 無限. 無限度『史記』

한정(限定)하다 :

　한정할 간【艮】艮其背『易經』

　한정할 자【訾】有訾程事律『管子』

한 짝 : 짝이 있는 물건의 한쪽.

　한 짝 기【踦】亦足以復雁門之踦『漢書』

한쪽 : 두 물건이 서로 합해서 온전한 한 물건이
　되는 것.

　한쪽 판【判】掌萬人之判『周禮』

　한쪽 편【偏】一方. 偏聽生姦 獨任成亂『漢書』

한쪽 눈멀다 :

　한쪽 눈멀 섭【睞】閉一目.

한쪽 눈 어둡다 :

한쪽 눈 어둘 면【矊】偏目不明.

한쪽으로 치우쳐 낮다 :

한쪽으로 치우쳐 낮을 체【𨻶】一偏下.

한창 :

한창 감【酣】

㉠ 술을 거나하게 마셔 주흥(酒興)이 한창 일어남. 또 그 때. 酒酣起前『史記』

㉡ 사물의 힘이 가장 힘차게 되어 올라 아직 쇠하지 아니함. 戰酣日暮『淮南子』

한창 란【闌】절정(絶頂). 宴闌. 酒闌『史記』

한창 반【半】절정(絶頂). 酒半相顧『歸田錄』

한탄(恨歎)하다 :

한탄할 독【毒】미워하여 한탄함. 또 원망함. 毒縱橫之敗俗『馮衍』

한탄할 완【惋】깜짝 놀라며 한탄(恨歎)함. 惋恒. 悵惋不已『晉書』

한탄할 창【悵】뜻과 같이 되지 않아 원망함. 弟子增欷 洿沫悵兮『漢書』

한탄할 축【咻】嘆也.

한탄할 효【侑】嘆也.

한탄할 희【唉】허허하고 한탄(恨歎)함. 唉堅子不足與謀『史記』

한하다 :

한할 감【憾】원한(怨恨)을 품음. 憾怨. 反爲憾恚『徐陵』

한할 감【感】감(憾)과 통용. 원한(怨恨)을 품음. 唯蔡於感『左傳』

한할 리【悡】恨也.

한할 배【杯】杯治. 원한(怨恨)을 품음. 止篤杯治『淮南子』

한할 애【恇】恨也.

한할 오【懊】원통(寃痛)하게 여겨 고민(苦悶)함. 懊歎. 後時從悔懊『韓愈』

한할 위【愇】恨也. 愇世業之可懷『幽通賻』

한할 한【恨】

㉠ 원한(怨恨)을 품음. 恨恚. 知公子恨之復返也『史記』

㉡ 유감(遺憾)으로 생각함. 始屈終伸 公其無恨『歐陽修』

한해 된 밭 :

한해 된 밭 치【菑】田一歲.

할미 : '할머니'나 '할멈'을 홀하게 이르는 말.

할미 구【嫗】노파(老婆). 老嫗. 願得兩箇爲翁嫗『古樂府』

할미 담【媅】노파(老婆)의 자칭(自稱). 媅姆尼僧 尤爲親暱『晉書』

할미 모【姥】노파(老婆). 見一老姥『晉書』

할미 모【母】나이 먹은 여자. 諸母漂『史記』

할미 부【負】노모(老母). 從王媼 武負貰酒『史記』

할미 온【媼】노파(老婆). 翁媼. 高祖常從王媼武負貰酒『漢書』

할미 파【婆】

㉠ 노모(老母). 憲卽爲固長育 恆呼固夫婦爲郎婆『魏書』

㉡ 늙은 여자. 老婆. 里人因呼爲春夢婆『侯鯖錄』

할미 후【姁】노파(老婆).

할미새 : 할미샛과에 속한 검은등할미새, 긴발톱할미새, 노랑할미새, 알락할미새 등을 통틀어 이르는 말.

할미새 거【鶋】雝鶋. 척령(鶺鴒).

할미새 령【鴒】鶺鴒.

할미새 령【鷚】척령(鶺鴒)의 별칭.

할미새 옹【雝】雝渠. 척령(鶺鴒)의 이명(異名).

할미새 옹【鷄】鷄鶋. 척령(鶺鴒).

할미새 적【鵙】雝渠也. 鶺鴒也. 飛則鳴 行則搖『爾雅釋鳥』

할미새 척【鶺】鶺鴒. 鶺鴒在原 兄弟急難『詩經』

할 수 없다 : 부정하는 말. 불가(不可)의 뜻을 나타냄.

할 수 없을 파【叵】파(尀)와 동자(同字). 大耳兒最叵信『後漢書』

할아버지 : 부친(父親)의 부친(父親).

할아버지 조【祖】祖考 惟乃祖乃父『書經』

할지라도 :

할지라도 중【迚】㊐ 연이(然而).

할퀴다 : 손톱으로 긁거나 할큄.

할퀼 겹【掐】掐鼻灸眉頭『晉書』

할퀼 조【爪】其膚以驗其生枯『柳宗元』

핥다 : 혓바닥으로 쓸어들이어 먹음.

핥을 삼【嚵】상야(嘗也).

핥을 세【嚌】상야(嘗也).

핥을 시【舓】舓糠及米『漢書』

핥을 연【吮】吮疽. 吮癰.

핥을 지【咶】지(舐)와 동자(同字). 十口之家 十人咶鹽『管子』

핥을 지【䑛】지(舐), 지(舓)와 동자(同字). 以舌取物.

핥을 지【舓】지(舐)의 본자(本字).

핥을 지【舐】舐糖. 舐之者得車五乘『莊子』

핥을 첨【西】지야(舐也).

함(函) : 옷이나 물건 따위를 넣을 수 있도록 네모지게 만든 상자.

함 감【槭】궤짝.

함 궤【匱】궤(櫃)와 동자(同字).

置櫝. 石室金匱之書『史記』

함 궤【櫃】궤. 櫃櫝. 玉與石而同櫃『東方朔』

함 독【櫝】궤. 匱櫝. 龜玉毀於櫝中『論語』

함 주【廚】衣廚. 嘗以一廚畫寄桓玄『晉書』

함 함【函】匱櫝.

함거(檻車) : 사방을 널빤지로 막은 죄수를 태우
　는 수레.

　함거 함【檻】檻車與王詣長安『漢書』

함께 : 같이. 한가지로.

　함께 공【共】天下共立義帝 北面事之『史記』

　함께 구【具】구(俱)와 동자(同字).
　　　　　　　其慶. 具瞻. 民具爾瞻『詩經』

　함께 구【俱】모두. 父母俱存『孟子』

　함께 제【儕】같이. 長幼儕居『列子』

　함께 해【偕】偕老. 古之人 與民偕樂『孟子』

함께 가다 :

　함께 갈 해【偕】같이 감. 동행(同行)함. 與食客
　　　　　　　門下有勇力文武具備者二十人偕
　　　　　　　『史記』

함께 가지다 :

　함께 가질 염【拚】병지(幷持).

함께 하다 :

　함께 할 공【共】같이함. 與衆共之『禮記』

함부로 :

　함부로 란【闌】무단히. 승인 없이. 闌入.
　　　　　　　闌出財物於邊關『史記』

　함부로 람【濫】마구. 濫伐. 濫用.
　　　　　　　濫入黨中『後漢書』

　함부로 랑【浪】마구. 浪費.
　　　　　　　浪戰爲下策『資治通鑑

　함부로 만【漫】
　　　㉠ 멋대로. 美而無所歸心『漢書』
　　　㉡ 무리하게. 漫勞車馬駐江干『杜甫』

　함부로 외【猥】아무 생각 없이 마구.
　　　　　　　何故猥自發舒『漢書』

함정(陷穽) : 짐승을 잡기 위하여 파 놓은 구덩이.

　함정 두【竇】함정(陷穽).

　함정 정【穽】허방다리. 穽陷. 坑穽.
　　　　　　　杜乃擭斂乃穽『書經』

　함정 정【阱】정(穽)과 동자(同字).
　　　　　　　塞阱杜擭『周禮』

　함정 참【塹】陷也.

　함정 함【臽】소정(小阱).

　함정 함【陷】허방다리. 汗壑穽陷『淮南子』

함치르르하다 :

　함치르르할 수【睟】윤이 나는 모양.
　　　　　　　睟然見於面『孟子』

　함치르르할 혹【鷽】새털이 희고 번지르르하게

윤이 나는 모양. 白鳥鷽鷽『詩經』

합사(合祀) : 조상의 신주를 천묘(遷廟)에 함께
　모셔 제사 지내는 일.

　합사 협【祫】禘祫. 大事者何 大祫也『公羊傳』

합사(合祀)하다 :

　합사할 부【附】부(祔)와 통용.
　　　　　　　大夫附于士『禮記』

　합사할 부【祔】삼년상(三年喪)이 끝난 뒤에 그
　　　　　　　신주(神主)를 사당(祠堂)에 모셔
　　　　　　　한 곳에서 제사(祭祀) 지냄.
　　　　　　　明日祔於祖父『禮記』

합장(合葬)하다 : 한 곳에 함께 묻음.

　합장할 부【祔】祔窆雙魂 淑聲無窮『權德輿』

합치다 :

　합칠 답【沓】합함. 天與地沓『揚雄』

　합칠 롱【攏】하나로 함. 攏萬川乎巴梁『郭璞』

　합칠 총【總】한데 합함. 總合. 總會.
　　　　　　　總乘馬『儀禮』

　합칠 통【統】한데 모음. 統一. 統計.

　합칠 합【合】合併. 不足以合大衆明大分『荀子』

　합칠 혼【捴】합동(合同)함.
　　　　　　　帶以象牙 捴其會合『王褒』

　합칠 혼【混】합동함. 混壹. 故混而爲一『老子』

합하다 :

　합할 교【交】
　　　㉠ 합동(合同)함. 上下交『易經』
　　　㉡ 합하는 곳. 戰于河渭之交『班固』

　합할 륙【勠】류(勠)와 통용. 힘을 합함.
　　　　　　　與之勠力『書經』

　합할 민【緡】맞음. 當我緡乎『莊子』

　합할 집【緝】合也.

　합할 합【合】
　　　㉠ 하나로 됨. 合體. 宋復合爲一理『中庸』
　　　㉡ 마음이 맞음. 合和. 落落雜合『後漢書』
　　　㉢ 입을 다뭄. 蛙合而箝其口『戰國策』
　　　㉣ 짝지음. 男女之合『荀子』
　　　㉤ 섞음. 混合.

　합할 협【劦】협(協)과 동자(同字).

　합할 협【協】協和. 協心. 同寅協恭『書經』

　합할 혼【混】混合. 混壹. 故混而爲一『老子』

　합할 흡【伕】合也. 陰氣伕而念之『太玄經』

　합할 흡【翕】화합함. 兄弟旣翕『詩經』

합환주잔 : 혼례 때 신랑 신부가 서로 바꾸어 마
　시는 술잔.

　합환주잔 근【㞧】爵合㞧『儀禮』

항(項) : 법률이나 조문 따위의, 내용별로 나누어
　진 것들의 각각.

　항 항【項】문장 등의 구분.

항구(港口)：배가 안전하게 드나들고 사람이나
　짐을 오르내리기 편리하게 부두 따위의 설비를
　하여 수륙 교통의 연락 구실을 하는 곳.
　항구 주【湊】作大邑成周于中土 以爲天下之大湊
　　　　　　　　　　　『汲冢周書』
　항구 항【港】港灣. 泊舟宋田港『陳與義』
항구히 하다：
　항구히 할 항【恒】
　　㉠ 영구(永久)함. 不變. 人而無恒『論語』
　　㉡ 영구히. 恒不死『易經』
항목(項目)：
　항목 관【款】
　　㉠ 계약서 장부 등의 조목.
　　　款項目. 命具款『宋史』
　　㉡ 인신(引伸)하여 경비. 借款.
항복(降伏)하다：(사람이나 단체가 적에게)힘에
　눌려 굴복하다.
　항복할 항【降】
　　㉠ 적에게 굴복함. 降將. 郿降于齊師『左傳』
　　㉡ 인신(引伸)하여 자기 몸을 굽힘. 굴복함.
　　　終不降屈『後漢書』
　　㉢ 항복받음. 降之者何取也『公羊傳』
항상(恒常)：
　항상 상【常】
　　㉠ 항구. 영구. 불변. 是謂襲常『老子』
　　㉡ 불변의 도(道). 늘 행하여야 할 도(道).
　　　전법(典法). 五常. 無忘國常『國語』.
　　㉢ 당연(當然). 정당(正當).
　　　權者反常者也『後漢書』
　　㉣ 보통의 상태. 常例. 貧者士之常『世說』
　　㉤ 일정(一定). 확정(確定). 變化无常『漢書』
　　㉥ 평상시. 顔色不亂 陽陽如平常『韓愈』
　　㉦ 常用. 千里馬常有 而伯樂不常有『韓愈』
　항상 상【嘗】언제나. 奢者心嘗貧『譚子化書』
　항상 질【秩】평상(平常). 不知其秩『詩經』
　항상 항【恒】언제나. 늘. 財恒足矣『大學』
항상하다：
　항상할 항【恒】늘 변하지 않고 그렇게 함.
　　　　　　　不恒其德『易經』
항쇄(項鎖)：예전에, 옥에 갇힌 중죄인의 목에
　씌우던 형구의 하나. 두껍고 기름한 널빤지의
　한쪽 끝에 사람의 목이 들어갈 만하게 구멍을
　파고, 양쪽에서 나무 비녀장을 지르도록 되어
　있어 죄인이 몸을 눕히지 못하도록 하는 것.
　항쇄 가【枷】형구(刑具).
　항쇄 겸【箝】쇠사슬로 목을 맴. 또 그 쇠사슬.
항아(姮娥)：중국 고대 신화에서, 달 속에 있다
　는 선녀.

항아 아【娥】姮娥. 달의 이칭(異稱). 娥影.
항아 항【嫦】항(姮)과 동자(同字).
항아 항【姮】姮娥. 남편이 비장(秘藏)한 불사
　　　　약을 훔쳐 가지고 달로 달아났다는
　　　　예(羿)의 아내. 달의 이칭(異稱).
　　　　羿請不死之藥于西王母 姮娥竊以奔
　　　　月『淮南子』
항아리：아가리가 좁고 배가 부른 질그릇의 한
　가지.
　항아리 강【瓨】목이 긴 질그릇.
　　　　醯醬千瓨『漢書』
　항아리 담【甔】큰항아리. 甔甀.
　　　　醬千甔『史記』
　항아리 앵【罌】以木罌缶度軍『漢書』
　항아리 옹【甕】술이나 물을 담는 질그릇.
　　　　擊甕扣缶『李斯』
　항아리 옹【罋】옹(甕)과 동자(同字).
　　　　醯醢百罋『儀禮』
　항아리 옹【瓮】옹(甕)과 동자(同字).
　　　　四瀆之濁不方瓮水之清.
　항아리 요【甄】입이 작고 배가 부른 질그릇.
　　　　罌淮汝之間 謂之甄『揚雄方言』
　항아리 용【瓵】앵야(罌也).
　항아리 유【甊】앵야(罃也).
　항아리 추【甀】抱甀而汲『淮南子』
　항아리 항【缸】罌缸醯醬千缸『史記』
항렬(行列)：자기와 같은 시조에서 갈라져 나간
　다른 계통에 대한 대수 관계를 표시하는 말.
　형제자매 관계는 같은 항렬로 같은 항렬자를
　써서 나타낸다.
　항렬 항【行】서열(序列). 서차(序次). 配行.
　　　　漢天子我丈人行『史記』
항오(行伍)：
　항오 오【伍】
　　㉠ 다섯 사람을 한 조(組)로 한 군대(軍隊) 편
　　　제상의 단위. 軍伍. 先偏後伍『左傳』
　　㉡ 대열(隊列). 군대(軍隊). 全伍爲上『孫子』
항통(缿筒)：관청에 두고 백성들의 투서를 받던
　통.
　항통 항【缿】항통(缿筒).
　항통 후【缿】항(缿)과 동의.
　　　　投缿購告言姦『漢書』
해：
　해 기【紀】
　　㉠ 세월(歲月). 年代. 紀元. 以爲年紀『晉書』
　　㉡ 열두 해를 一紀라 함. 旣歷三紀『書經』
　해 년【年】
　　㉠ 12개월. 年年歲歲. 止歲年『周禮』

ⓛ 시대. 때. 年世. 當年不能究其禮『司馬遷』

ⓒ 오곡(五穀)의 성숙(成熟). 大有年『左傳』

해 년【秊】 연(年)과 동자(同字).
　　　　　大有秊『春秋』

해 백【白】 불교에서 일년 간을 이름.
　　　　　己經九白『傳燈錄』

해 사【祀】 은(殷)나라 때의 연기(年紀)의 칭호.
　　　　　夏曰歲 商曰祀 周曰年『書經』

해 상【霜】 지나온 세월. 햇수.
　　　　　星霜. 陛下之壽三千霜『李白』

해 세【世】 한 해. 去國三世『禮記』

해 세【歲】
　ⓖ 일년. 歲入. 孔子居陳三歲『史記』
　ⓛ 곡식이 잘 여무는 해. 풍년.
　　　國人望君 如望歲焉『左傳』
　ⓒ 세월. 광음. 歲時. 甌歲而愒日『左傳』

해 신【身】 연세(年歲).
　　　　　文王受命 惟中身『書經』

해 양【陽】 태양(太陽). 夕陽. 匪陽不晞『詩經』

해 일【日】
　ⓖ 태양. 日月. 天無二日『孟子』
　ⓛ 낮의 길이. 春日遲遲『詩經』

해 임【稔】 곡식이 한 번 익는 기간. 일년간.
　　　　　不及五稔『左傳』

해 자【玆】 일년(一年). 今玆.
　　　　　何能待來玆『古詩』

해 재【載】 연세(年歲). 朕在位七十載『書經』

해 조【祚】 일년(一年). 初歲元祚『曹植』

해(害):
　해 위【威】 害毒. 民不畏威則大威至『老子』
　해 해【害】
　　ⓖ 해로운 일. 또는 해로운 것. 利害.
　　ⓛ 재앙. 재해. 害咎. 損以遠害『易經』

해골(骸骨): 뼈만 앙상하게 남은 죽은 사람의 머
리뼈.
　해골 고【骷】 髑也. 頭蓋骨.
　해골 루【髏】 髑髏. 見空髑髏髐然有形『莊子』
　해골 촉【髑】 髑髏. 見空髑髏髐然有形『莊子』

해 그림자:
　해 그림자 구【晷】 해의 진행에 따라 장단이 변
　　　　　　　　　하는 그림자. 이 그림자의
　　　　　　　　　장단으로 시간을 잼.
　　　　　　　　　要以晷景『漢書』
　해 그림자 약【斁】 일영(日影).
　해 그림자 음【蔭】 日影. 趙盾視蔭『左傳』

해 기울다:
　해 기울 예【昳】 일경(日傾).

해 기울어지다:

해 기울어질 예【睨】 日昳. 有符曠睨『淮南子』

해 길다:
　해 길 창【昶】 해가 김. 일질(日昳).

해내다:
　해낼 과【果】 遂行함. 善有果而已『老子』

해 높다:
　해 높을 경【暻】 일고(日高).

해 다니는 길:
　해 다니는 길 엄【曮】 日之軌道.

해 다니다:
　해 다닐 연【昤】 연(昖)과 동자(同字).
　해 다닐 이【暆】 暆暆日行.

해달이 합쳐서 자다:
　해달이 합쳐서 잘 신(회)【晨】 日月合宿.

해독(害毒): 사물에 해를 끼치는 것.
　해독 고【蠱】 掌除毒蠱『周禮』
　해독 도【荼】 弗忍荼毒『書經』
　해독 석【螫】 해(害)와 독(毒). 招蛟來螫『易林』

해 돋다:
　해 돋을 간【旰】 日出貌.
　해 돋을 승【陹】 일승(日升).

해돋이:
　해돋이 양【暘】 日出宅嵎夷曰暘谷『書經』

해뜨다: 해가 떠오르다.
　해뜰 동【曈】 已見日曈曈『李白』
　해뜰 우【旴】 日始出.
　해뜰 욱【旭】 旭旭. 旭日始旦『詩經』
　해뜰 호【皓】 戈殳皓旰『曹植』

해롭게 하다:
　해롭게 할 학【虐】 잔해(殘害)함.
　　　　　　　　　方命虐民『孟子』

해리(海里): 해상의 거리 단위를 나타내는 말. 1
　해리는 1,852미터이다.
　해리 리【浬】 영어 노트의 약기(略記).

해마다: 매년.
　해마다 세【歲】 歲幣. 必使諸侯歲貢『漢書』

해바라기: 국화과에 속한 한해살이풀. 줄기는 높
　이 2미터 정도로 곧게 자라고 강한 털이 있으
　며, 잎은 넓은 달걀꼴로 가장자리에 톱니가 있
　고 어긋나게 난다. 8~9월에 노란색의 둥글고
　큰 꽃이 줄기 꼭대기에 피고, 씨는 기름을 짜
　서 등유(燈油)로 쓰거나 식용한다. 양지바른 곳
　에서 잘 자란다.
　해바라기 규【葵】 七月烹葵及菽『詩經』
　해바라기 항【蘋】 向日葵.

해 반짝 나다:
　해 반짝 날 역【晹】 日覆雲暫見.

해 비치다 :
해 비칠 려【曥】일조(日照).
해산(解産)하다 : 아이를 낳음.
해산할 만【娩】分娩. 娩息不訾『唐書』
해산할 면【挽】欲視皇后挽乳『資治通鑑
해산할 문【免】免身. 婦人免乳大故『漢書』
해살 놓다 : 방해함.
해살 놓을 방【妨】妨止. 儒道兩相妨『陳子昂』
해서(楷書) : 서체(書體)의 하나. 예서(隷書)에서 변한 것으로 자형(字形)이 가장 방정(方正)한 것으로 후한 때 왕차중이 만들었다고 전해 옴.
해서 진【眞】眞書. 筆長不過之寸 眞一 行二 草三『法書攷』
해서 해【楷】上谷王次仲 始作楷法『晉書』
해석(解釋)하다 :
해석할 기【믐】해석(解釋).
해시계 : 태양의 일주(日周) 운동을 이용하여 대략의 시간을 알도록 만든 장치.
해시계 얼【臬】圭臬. 樹八尺之臬『周禮註』
해오라기 : 왜가릿과의 새. 백로와 비슷한데, 머리에서 등은 녹흑색, 날개와 꽁지는 회색, 배는 흰색임. 소나무·삼나무 따위의 숲 속에서 주로 밤에 활동한다.
해오라기 사【鷥】鷺鷥. 조명(鳥名).
해오라기 청【鶄】교청(鵁鶄).
해이(解弛)하다 : 마음이 풀리어 느즈러짐.
해이할 척【跅】泛駕之馬 跅弛之士『漢書』
해인(海人) : 물 속에 들어가 어로(漁撈)하는 것을 업으로 하는 사람.
해인 단【蜑】蜑戶. 試問池邊蜑『秦觀』
해자(垓字) : 성을 빙 둘러 싼 못.
해자 구【溝】호(濠). 溝池. 深溝高壘『史記』
해자 지【池】城池. 池非不深也『孟子』
해자 참【壍】참(塹)과 동자(同字).
해자 참【塹】塹濠. 使高壘深塹勿與戰『史記』
해자 혁【淢】혁(洫)과 동자(同字).
築城伊淢『詩經』
해자 혁【洫】築城伊洫『詩經』
해자 호【壕】雁鳴寒雨下空壕『柳宗元』
해자 호【濠】호(壕)와 동자(同字).
黃山爲城溪爲濠『陸游』
해자 황【隍】성 밖에 둘러 판 물 없는 못.
深隍. 城復于隍『易經』
해자 황【堭】城下池.
해 저물다 :
해 저물 차【瑳】일모(日暮).
해지는 산 이름 :
해지는 산 이름 자【嵫】崦嵫. 日入山.

해지다 : 해가 서산으로 넘어감.
해질 간【旰】旰食. 日旰天子忘食『漢書』
해질 렬【曞】일락(日落).
해질 만【晚】登臨日將晚『楊師道』
해질 모【暮】日暮途遠『史記』
해질 용【舂】隔溪遙見夕陽舂『薛能』
해질 원【晼】白日晼晚其將入兮『楚辭』
해지다 : 해져 떨어짐.
해질 패【敗】敗絮. 安貧著敗衣『司空曙』
해질 폐【敝】敝申. 敝衣閒步『史記』
해질 폐【弊】
㉠ 弊衣. 黑貂之裘弊『戰國策』
㉡ 인신(引伸)하여 겸사(謙辭)로 쓰임. 弊邦. 臣竊必之弊邑之王『戰國策』
해진 옷 :
해진 옷 람【襤】南楚凡人貧 衣被醜弊 或謂之襤褸『揚雄方言』
해진 옷 루【褸】옷이 해짐. 또 그 옷. 襤褸.
해진 옷 수【裋】寒者利裋褐『史記』
해진 옷 여【袽】袾袽. 繻有衣袽『易經』
해진 옷 저【紵】폐의(敝衣).
해진 옷 폐【敝】敝予又改爲兮『詩經』
해치다 : 해를 입힘.
해칠 교【狡】無狡民之辭『大戴禮』
해칠 구【仇】葛伯仇餉『孟子』
해칠 구【寇】寇掠. 匈奴寇邊『十八史略』
해칠 기【忮】忮害. 鞠人忮忒『詩經』
해칠 기【惎】惎間王室『左傳』
해칠 독【毒】惟君子能好其正 小人毒其正『禮記』
해칠 두【蠹】蠹害. 攘韓蠹魏『戰國策』
해칠 랄【爛】毒也.
해칠 려【沴】상해(傷害)함. 惟金沴木『漢書』
해칠 상【傷】남을 해(害)함. 中傷.
해칠 앙【殃】殃民者. 不容於堯舜之世『孟子』
해칠 잔【殘】殘害于爾萬姓『書經』
해칠 적【賊】殘賊之人 謂之賊夫『孟子』
해칠 지【枳】率過以小罪 謂之枳『孔叢子』
해칠 태【殆】身見殆『淮南子』
해칠 할【割】洪水方割『書經』
해칠 해【害】
㉠ 해롭게 함. 害心. 鬼神害盈而福謙『易經』
㉡ 살상(殺傷)함. 齊大夫欲害孔子『史記』
해할 각【刻】해침. 刻害. 我舊云刻子『書經』
해태(獬豸) : 전설상(傳說上)의 짐승으로 부정(不淨)한 사람을 보면 뿔로 받는다는 신수(神獸).
해태 치【廌】獬廌. 치(豸)와 통용.
해태 치【豸】獬豸.
해태 해【獬】獬豸. 好服獬冠『淮南子』

해파리 : 해파리과에 속하는 강장(腔腸) 동물의
　하나. 산형(傘形) 또는 종형(鐘形)으로 생겼고
　투명한 한천(寒天)같은 물질로 이루어 졌으며
　바다 위에 떠다님.
　해파리 자【鮓】어명(魚名).
　해파리 차【蛇】수모(水母). 해월(海月).
　해파리 철【蜇】수모(水母). 해월(海月).
해하다 :
　해할 요【殀】害也.
핵실(覈實)하다 : 사실을 조사하여 밝힘.
　핵실할 핵【覈】考覈. 覈論. 何以覈諸『張衡』
핵심(核心) : 사물의 가장 요긴한 곳.
　핵심 핵【核】文吏不學世之敎 無核也『論衡』
햇무리 : 해의 둘레에 둥글게 나타나는 흰빛의
　테. 햇빛이 대기 속의 수증기에 반사되어 생김.
　햇무리 결【僪】其日有夫鬪食蟲 有倍僪 有暈珥
　　　　　　『呂氏春秋』
　햇무리 운【煇】운(暈)과 동자(同字).
　　　　　　掌十煇之法『周禮』
　햇무리 이【珥】일관(日冠).
　햇무리 침【祲】일관(日冠).
　햇무리 휴【鑴】一曰祲 二曰象 三曰鑴『周禮』
햇발 돋아 오다 :
　햇발 돋아 올 장【暲】日光上進.
햇보리 떡 :
　햇보리 떡 련【䴊】新麥餠.
　햇보리 떡 선【䴲】新麥餠.
햇빛 :
　햇빛 구【暠】焚膏油以繼晷『韓愈』
　햇빛 려【曞】일색(日色).
　햇빛 미【曆】일광(日光).
　햇빛 요【暚】일광(日光).
　햇빛 현【眩】世幽昧以眩曜兮『楚辭』
　햇빛 현【晛】雨雪瀌瀌見晛曰消『詩經』
　햇빛 후【煦】일광(日光).
　햇빛 희【曦】曦光. 曦射崖赤『范椰』
햇빛 밝다 :
　햇빛 밝을 변【昇】日光貌.
햇빛 쪼이다 :
　햇빛 쪼일 박【曝】曝也.
햇빛 침침하다 :
　햇빛 침침할 엄【晻】日晻晻其將暮兮『班彪』
햇빛 희다 :
　햇빛 흴 효【皢】일백(日白).
햇살 오르다 :
　햇살 오를 섬【暹】西淪則東暹『柳實』
햇살 퍼지다 :

　햇살 퍼질 려【曬】日光盛輝.
햇수 :
　햇수 랍【臘】중이 득도한 이후의 햇수.
　　　　　　七十八年三十臘『元稹』
행 :
　행 행【行】관계(官階)가 높고 관직(官職)이 낮
　　　　　　은 경우에 벼슬 이름 위에 붙여 일
　　　　　　컫는 말. 輔國大將軍行左神策軍將軍
　　　　　　『柳公權』
행랑(行廊) :
　행랑 랑【廊】복도(複道).
　행랑 익【廙】행옥(行屋).
행로신(行路神) : 도중(道中)의 안녕(安寧)을 지
　키는 신(神).
　행로신 조【祖】公將往 夢襄公祖『左傳』
행복 :
　행복 령【靈】寵靈顯赫『後漢書』
　행복 행【幸】幸運. 予以馭其幸『周禮』
행복해하다 :
　행복해할 행【幸】願大王以幸天下『漢書』
행서(行書) : 서체(書體)의 하나. 후한의 유덕승이
　만들었다고 전해 옴. 당시 유행했다하여 행서
　라 함.
　행서 행【行】眞行草. 尤能隷行『法書要錄』
행실(行實) :
　행실 행【行】
　　㉠ 행위(行爲). 言顧行 行顧言『中庸』
　　㉡ 품행(品行). 操行. 觀其行『論語』
　　㉢ 바른 행위. 劉子翼峭直有行『世說』
행위(行爲) :
　행위 보【步】행동(行動). 易跡更步『蜀志』
　행위 위【爲】동작. 羞前之爲『韓愈』
행인(行人) :
　행인 신【信】사자(使者). 信臣. 聞信至『晉書』
행장(行狀) :
　행장 류【謏】哀死而述其行.
행전(行纏) : 바지를 가든히 하려고 바지 위에 눌
　러 치는 물건.
　행전 개【裓】각반(脚絆).
　행전 교【憿】脛行縢.
　행전 등【縢】行縢. 嬴縢履蹻『戰國策』
　행전 핍【幅】帶裳幅舃『左傳』
　행전 핍【偪】각반(脚絆). 偪屨著綦『禮記』
행정구획 이름 : 주대(周代)의 행정구획의 하나.
　행정구획 이름 린【鄰】다섯 집이 사는 구역.
　　　　　　鄰里. 五家爲鄰 五鄰爲里
　　　　　　『周禮』
　행정구획 이름 수【遂】왕성(王城)으로부터 백리

　　　　　(百里)에서 삼백리(三百里)까지
　　　　의 사이의 땅. 六卿六遂.
　　　　　五縣爲遂『周禮』
행주 : 밥상이나 그릇 따위를 훔치거나 닦을 때
　　쓰는 헝겊.
　행주 분【帉】拭物巾.
　행주 시【帨】拭器巾.
행주치마 : 치마 위에 입는 앞만 가리는 치마.
　행주치마 첨【襜】終朝采藍 不盈一襜『詩經』
　행주치마 호【帍】건건(巾巾)『中說』
행하다 :
　행할 발【發】실행함. 旣楚發其賞『荀子』
　행할 복【服】服行. 上身服以先之『管子』
　행할 연【演】演武. 別演一法『宋史』
　행할 유【由】실행함. 牽由典常『書經』
　행할 의【衣】복응(服膺)함. 衣德言『書經』
　행할 장【將】실행함. 奉將天罰『書經』
　행할 재【載】실행함. 載采采 『書經』
　행할 적【迪】實踐躬行함. 允迪厥德『書經』
　행할 체【體】體驗. 以身體之『淮南子』
　행할 행【行】
　　㉠ 함. 力行. 實行. 先行其言『論語』
　　㉡ 베풂. 줌. 論功行賞. 行糜粥飮食『禮記』
행해지다 :
　행해질 행【行】시행(施行)됨. 쓰임.
　　　　　書十上而說不行『戰國策』
향(香) : 불에 태워서 좋은 냄새가 나게 하는 물건.
　향 향【香】燒香. 薰香. 焚香黙坐『王禹偁』
향 그릇 : 향을 담는 그릇.
　향 그릇 렴【匲】香匲.
향기(香氣) : 꽃·향수 따위에서 나는 좋은 냄새.
　향기 복【馥】
　　㉠ 향내. 流香吐馥『洛陽伽藍記』
　　㉡ 인신(引伸)하여 덕화(德化) 또는 명성.
　　　　凝華重馥 良在關西之彦『江淹』
　향기 분【蓋】香蓋 香也.
　향기 비【菲】芳菲 香也. 郁郁菲菲『上林賦』
　향기 비【䭀】비(菲)와 통용.
　　　　䭀䭀 香氣 芳菲兮滿堂『楚辭』
　향기 애【藹】향기(香氣). 逐蘭銷晩藹『韓愈詩』
　향기 온【蘊】蘊韞 향기(香氣).
　향기 초【椒】방향(芳香). 椒蘭. 有椒馨『詩經』
　향기 향【香】향내. 芳香. 芬香. 有飶其香『詩經』
　향기 형【馨】
　　㉠ 향내. 無馨無臭『嵇康』
　　㉡ 垂馨千祀『晉書』
향기 나다 :
　향기 날 발【馟】香也.

향기 날 분【芬】분(芬)과 동자(同字). 草香.
향기 날 필【咇】咇芬. 형향(馨香).
향기 날 함【蔊】향야(香也).
향기로운 풀 :
　향기로운 풀 울【蔚】방초(芳草).
향기롭다 :
　향기로울 복【馥】
　　㉠ 향기가 있음. 향기를 발산함. 馥郁.
　　　　桂馥蘭芳『梁元帝』
　　㉡ 인신(引伸)하여 덕화(德化) 또는 명성(名
　　　聲)이 전함. 譽馥區中『江淹』
　향기로울 설【藂】좋은 향기가 나는 모양.
　　　　　懷椒聊之藂藂『楚辭』
　향기로울 애【薆】晻薆咇茀『司馬相如』
　향기로울 운【蒀】香貌. 鬱盆蒀以翠微『左思』
　향기로울 울【鬱】言鬱郁於蘭茝『劉孝標』
　향기로울 필【苾】苾芬. 형향(馨香).
　향기로울 필【飶】有飶其香『詩經』
　향기로울 향【香】泉香而酒洌『歐陽修』
　향기로울 혐【嗛】향야(香也).
　향기로울 형【馨】
　　㉠ 향기가 멀리 미침. 爾殽旣馨『詩經』
　　㉡ 인신(引伸)하여 덕화(德化) 또는 명성(名
　　　聲)이 멀리 미침. 明德惟馨『書經』
　향기로울 훈【薰】陌上草薰『江淹』
향나무 이름 :
　향나무 이름 전【餞】향나무의 일종.
　　　　　餞香沈香同類『香譜』
향나무 : 측백나뭇과의 상록 침엽 교목. 산기슭이
　나 평지에 나며, 껍질은 적갈색임. 정원수로 심
　으며, 조각재·가구재·향료·약으로 씀.
　향나무 괄【栝】杶幹栝柏『書經』
　향나무 불【柫】🈂 佛供香木.
　향나무 전【栴】향목(香木).
향낭(香囊) : 부인이 향을 넣어서 차는 주머니.
　향낭 리【褵】이(縭)와 동자(同字).
　　　　　親結其褵『詩經』
　향낭 위【褘】婦人之褘謂之縭『爾雅』
　향낭 위【幃】蘇冀壤以充幃兮『楚辭』
향내 :
　향내 내【匂】🈂 香也.
　향내 논【䕼】향야(香也).
　향내 담【馯】향기(香氣).
　향내 방【芳】
　　㉠ 향기. 芳香. 인신(引伸)하여 꽃다운 이름.
　　　명예(名譽). 流芳百世『十八史略』
　　㉡ 어진 선비. 賢士. 衆芳之所在『楚辭』
향내 분【芬】

㉠ 향기. 蘭薰含芬 『傅咸』

㉡ 인신(引伸)하여 명예 이름.
　　揚芬千載之上 『晉書』

향내 분 【馩】 향취(香臭).

향내 암 【馣】 馣馣 향기(香氣).

향내 취 【臭】 향기. 其臭如蘭 『易經』

향내 필 【苾】 향기. 苾芬孝祀 『詩經』

향내 향 【薌】 향기. 芬以送之 『荀子』

향내 훈 【薰】 향기. 一薰一蕕 『左傳』

향내 나다 :

향내 날 발 【馞】 馝馞 대향(大香).

향내 날 방 【芳】 향기를 발산함.
　　蘭芷變而不芳兮 『楚辭』

향내 날 분 【芬】 풀 따위의 향기가 발산함.
　　苾芬孝祀 『詩經』

향내 날 옹 【翰】 香也.

향내 날 은 【闇】 향기가 강렬(强烈)한 모양.
　　芳酷烈之闇闇 『司馬相如』

향내 날 읍 【裛】 옷에 좋은 향기가 남.
　　衫裛翠微潤 『杜甫』

향내 날 필 【咇】 방향(芳香)이 있음.
　　唵薆咇茀 『司馬相如』

향내 날 향 【薌】 향기가 남. 좋은 냄새가 남.
　　牛膏薌 『禮記』

향내 날 향 【薑】 향기(香氣).

향로(香爐) : 향을 피우는 자그마한 화로.

향로 로 【鑪】 로(爐)와 동자(同字).
　　金鑪颺薰 『陶弘景』

향로 잡 【錘】 빙빙 돌려도 기울지 않게 장치한
　　향로. 金錘熏香 『司馬相如』

향방(向方) : 향하는 방향. 향하는 곳.

향방 향 【向】 進不知向 退不知守 『柳宗元』

향부자(香附子) : 사초과의 여러해살이풀. 해변에
남. 뿌리줄기는 옆으로 벋으며, 뿌리 끝에 덩이
줄기가 나오며, 살은 희고 향기가 남. 잎은 가
는 선형(線形), 여름에 다갈색 꽃이 핌.

향부자 리 【虆】 초명(草名).

향부자 후 【葔】 香附子.

향주머니 : 옛날에 여자가 시집갈 때 어머니가
허리에 채워 주는 것.

향주머니 등 【縢】 등(滕)과 동자(同字). 香囊.

향주머니 리 【縭】 親結其縭 『詩經』

향초(香草) : 향기로운 풀. 또 아름다운 꽃.

향초 비 【菲】 春日生芳菲 『庾肩吾』

향초 전 【荃】 荃不察余之中情 『楚辭』

향초 훈 【薰】 薰以香自燒 膏以明自銷 『漢書』

향풀 :

향풀 걸 【芞】 향초(香草).

향풀 걸 【藒】 藒車. 향초(香草).

향풀 납 【蒳】 芥蒳. 향초(香草).

향풀 륵 【芀】 蘿芀. 향초(香草).

향풀이름 :

향풀이름 연 【薚】 薚支. 采薚支于中洲 『楚辭』

향하다 :

향할 공 【共】 北辰居其所而衆星共之 『論語』

향할 면 【偭】 마주 대함. 尊壺者偭其鼻 『禮記』

향할 면 【面】 얼굴을 그 쪽으로 돌리어 대함.
　　不學牆面 『書經』

향할 방 【方】 대(對)함. 日方南 『史記』

향할 소 【泝】 면(面)함. 泝洛背河 『張衡』

향할 소 【素】 소(傃)와 통용. 素隱行怪 『中庸』

향할 소 【傃】 어떤 방향(方向)으로 대(對)함.
　　傃東山而歸 『蘇軾』

향할 소 【遡】 향하여 감. 遡其過澗 『詩經』

향할 수 【首】 머리를 그 쪽으로 돌림.
　　寢恆東首 『禮記』

향할 오 【捂】 마주 대함. 捂而受之 『儀禮』

향할 왕 【往】 귀향(歸鄕)함. 心鄕往之 『史記』

향할 종 【宗】 향하여 감. 百川朝宗于海 『書經』

향할 추 【趨】

㉠ 마음이 쏠려 향하여 따름. 趨利.
　　秦人皆趨令 『史記』

㉡ 去本趨末 『史記』

향할 취 【趣】 목적을 정하고 향하여 감.
　　趣走往還 『列子』

향할 향 【向】

㉠ 바라봄. 마주 봄. 대면(對面)함.
　　向人. 向南. 春來絳約向人時 『劉賓客』

㉡ 향하여 감. 所向無敵. 我獨向黃泉 『古詩』

㉢ 마음을 기울임. 向意.
　　鄕人化之 皆向學 『元史』

향할 향 【曏】 향(向)과 동자(同字).
　　立曏所酬 『儀禮』

향할 향 【嚮】 향(向)과 동자(同字). 바라봄.
　　嚮往. 不可嚮邇 『書經』

향합(香盒) : 제사 때에 피우는 향을 담는 작은
합. 놋쇠나 사기, 향나무 따위로 만든다.

향합 렴 【奩】 盛香器.

향합 합 【盒】 香盒.

허 : 감탄하는 소리.

허 오 【惡】 오호(嗚呼)와 동의. 歎息辭.
　　惡是何言也 『孟子』

허 의 【懿】 통탄하는 소리. 懿厥哲婦 『詩經』

허 희 【熹】 試潛聽之曰 熹 『後漢書』

허가하다 :

허가할 인 【認】 허가함. 認可. 承認.

허겁지겁하다 : 몹시 바빠서 어찌할 바를 모름.

　허겁지겁할 종【伀】당황(唐慌)함.
　　　　　　　　　　瀾 沐征伀『揚雄方言』

　허겁지겁할 패【狽】狼狽.

　허겁지겁할 황【慌】慌忙.

허구리 : 허리 양쪽의 갈비뼈 아래 잘록한 부분.

　허구리 겸【膁】腰之左右.

허구리살 :

　허구리살 표【膘】牛脅後髀前合革肉.

허깨비 :

　허깨비 환【幻】환상. 幻影. 夢幻泡影.
　　　　　　　　　　此生如幻耳『蘇軾』

허덕거리다 :

　허덕거릴 조【阻】괴로워함. 黎民阻饑『書經』

허둥지둥하다 : 어찌 할 겨를 없을 만큼 매우 급
　함.

　허둥지둥할 광【俇】황망(遑忙)한 모양.
　　　　　　　　　　魂俇俇而南征『楚辭』

　허둥지둥할 궤【蹶】
　　㉠ 당황(唐惶)함. 足毋蹶『禮記』
　　㉡ 廣成子蹶然而起『莊子』

　허둥지둥할 랑【跟】낭(狼)의 본자(本字).

　허둥지둥할 조【錯】당황(唐慌)함.
　　　　　　　　　　二人錯愕不能對『後漢書』

　허둥지둥할 창【蒼】蒼惶. 蒼卒犇逼『唐書』

　허둥지둥할 척【踢】河靈矍踢『漢書』

　허둥지둥할 패【跟】패(狽)의 본자(本字). 跟跟.

　허둥지둥할 황【遑】墨子遑遑『後漢書』

허락 :

　허락 락【喏】락(諾)과 동자(同字). 심허(心許).

　허락 허【許】宜蒙亮許『宋書』

허락하다 :

　허락할 면【免】免許. 若從君惠而免之『左傳』

　허락할 여【與】허여(許與)함. 찬성(贊成)함.
　　　　　　　　　　天地與之『管子』

　허락할 연【然】마음을 허락(許諾)함.
　　　　　　　　　　相然信以死『史記』

　허락할 준【准】승인(承認)함. 批准.

　허락할 허【許】
　　㉠ 승인(承認)함. 인가(認可)함.
　　　　許諾. 告訴不許『李密』
　　㉡ 들어줌. 聽許. 唯上幸許『史記』
　　㉢ 맡김. 老母在 政身未敢以許人也『史記』

허리 :

　허리 요【腰】
　　㉠ 복부와 둔부(臀部)의 중간. 腰帶.
　　㉡ 要害處. 梁者山東之腰也『戰國策』
　　㉢ 산기슭에 가까운 부분. 山腰.

　　㉣ 허리에 대거나 차는 물건의 수사로 쓰임.
　　　帶一腰『北史』

　허리 요【要】요(腰)와 동자(同字).
　　　　　　　　自要以下 不及禹三寸『史記』

허리 날씬하다 :

　허리 날씬할 차【姹】요세(腰細).

허리띠 : 허리에 매는 띠.

　허리띠 견【鞬】요대(腰帶).

　허리띠 단【繟】요대(腰帶).

　허리띠 말【袜】寶袜楚宮腰『隋煬帝』

　허리띠 요【要】요(褾)와 동자(同字).
　　　　　　　　要之襋之『詩經』

　허리띠 요【褾】요대(腰帶).

허리 무릎 아프다 :

　허리 무릎 아플 관【爟】腰膝痛.

　허리 무릎 아플 라【爐】腰膝痛.

허리뼈 :

　허리뼈 가【髂】요골(腰骨). 折骨拉髂『漢書』

　허리뼈 과【骻】요골(腰骨).

　허리뼈 관【髖】요골(腰骨).

허리 아프다 :

　허리 아플 개【肞】요통(腰痛).

　허리 아플 궤【臂】臂腰. 요통(腰痛).

허망(虛妄)하다 : 거짓되고 망령되다.

　허망할 망【妄】妄言. 此亦妄人也已矣『孟子』

허물 : 잘못된 점.

　허물 가【叚】瑕也.

　허물 건【諐】건(愆)과 동자(同字).
　　　　　　　　元首無失道之諐『漢書』

　허물 건【騫】건(愆)과 통용. 永思騫兮『荀子』

　허물 건【愆】과실(過失). 죄과(罪過). 愆尤.
　　　　　愆謬. 待於君子 有三愆『論語』

　허물 견【譴】죄책(罪責). 畏此譴怒『詩經』

　허물 고【辜】無辜. 與其殺不辜 寧失不經『書經』

　허물 과【過】
　　㉠ 실수. 過誤. 聖人且有過與『孟子』
　　㉡ 죄. 諸禁錮及有過者 得免減罪『漢書』
　　㉢ 고의가 아닌 범죄. 宥過無大『書經』

　허물 구【咎】죄과(罪過). 微我有咎『詩經』

　허물 단【短】결점(缺點). 과실(過失). 短所.
　　　　　疵短. 愼勿談人之短『朱熹家訓』

　허물 려【戾】죄. 以自取戾『左傳』

　허물 벽【辟】죄. 刑辟. 宮辟.

　허물 생【省】생(眚)과 통용. 肆大省『公羊傳』

　허물 설【辥】죄.

　허물 역【逆】큰 죄악 반역 불효 따위.
　　　　　　　　大逆無道. 從逆凶『書經』

　허물 우【尤】과실. 愆尤. 忍尤而攘詢『楚辭』

허물 우【訧】우(尤)와 동자(同字).
　　　　　俾無訧兮『詩經』

허물 우【郵】
　　㉠ 우(尤)와 통용. 罪人不郵其上『荀子』
　　㉡ 以顯厥郵『漢書』

허물 위【違】과실. 有違失 則劾奏『後漢書』

허물 일【佚】過失. 惟予一人有佚罰『書經』

허물 일【妷】過也.

허물 죄【皐】죄(罪)의 고자(古字). 진시황제(秦始皇帝)가 이 글자가 황자(皇字)와 비슷하다 하여 죄(罪)로 고쳤음.
　　　　　秦以皐似皇字改爲罪『說文解字』

허물 죄【罪】
　　㉠ 범죄. 待罪. 赦過宥罪『詩經』
　　㉡ 과오. 실수. 罪過. 至相如門謝罪『史記』
　　㉢ 재앙. 화. 懷璧其罪『左傳』

허물 하【瑕】죄과. 不汝疵瑕也『左傳』

허물 흔【釁】죄과. 用師觀釁而動『左傳』

허물 : 뱀이나 매미가 벗는 껍데기.

허물 공【蛤】蟬蛻. 秦謂蟬蛻曰蛤『說文解字』

허물 공【蛩】선태(蟬蛻). 蟲蛻曰蛩『集韻』

허물 세【蛻】蟬蛻. 予蜩甲也 蛇蛻也『莊子』

허물 태【蛻】蟬蛻. 予蜩甲也 蛇蛻也『莊子』

허물 실【失】過失. 猶有此失『諸葛亮』

허물벗다 : 매미 뱀 등이 허물 벗음.

허물벗을 세(태)【蛻】蟬蛻于濁穢『史記』

허물 안 벗은 매미 :

허물 안 벗은 매미 육【蝠】蟬蛇未蛻.

허물어지다 :

허물어질 시【陁】기강(紀綱)이 퇴폐(頹廢)함.
　　　　　綱紀頹陁『後漢書』

허벅지 : 허벅다리 안쪽의 깊은 자리.

허벅지 변【辮】兩股間.

허비적거리다 : 발톱으로 땅을 긁어 팜.

허비적거릴 포【跑】二虎跑地作穴『臨安新志』

허수아비 : 꼭두각시.

허수아비 괴【傀】傀儡戲. 周穆王之時 巧人有偃師者 爲木人能歌舞 此傀儡之始也『列子』

허수아비 뢰【儡】꼭두각시. 인형(人形). 傀儡.

허수아비 우【禺】우(偶)와 동자(同字).
　　　　　木禺能變車一駟『史記』

허수아비 우【偶】인형(人形). 偶人. 偶像.
　　　　　木偶人與土偶人相與語『史記』

허출하다 : 허기지어 출출함.

허출할 녁【惄】惄如調飢『詩經』

허탈(虛脫)하다 :

허탈할 함【譀】탄야(誕也).

허튼 말 :

허튼 말 살【諫】산언(散言).

허파 : 호흡기의 기관 중의 하나. 대부분의 척추 동물의 가슴속에 있으며 기관지와 연결되어 있다.

허파 폐【肺】오장(五臟)의 하나.
　　　　　肺臟. 肺爲氣『淮南子』

허풍선(虛風扇) : 바람을 불어넣어 숯불을 피우는 손풀무.

허풍선 패【韛】韋囊吹火.

헌걸차다 : (사람이나 그 체구가) 아주 풍채(風采)가 좋고 기상(氣像)이 당당한 데가 있다.

헌걸찰 걸【偈】伯兮偈兮『詩經』

헌걸찰 규【赳】赳赳武夫 公侯干城『詩經』

헌걸찰 기【頎】碩人其頎『詩經』

헌걸찰 길【佶】佶閑. 四牡旣佶『詩經』

헌걸찰 성【娍】長好貌.

헌걸찰 오【敖】妥貼力排敖『韓愈』

헌걸찰 탕【偒】장모(長貌).

헌걸찰 황【趪】洪鐘萬鈞 猛虛趪趪『張衡』

헌걸찰 흘【揭】씩씩한 모양. 庶士有揭『詩經』

헌 그릇 :

헌 그릇 도【璵】고기(古器).

헌 누더기 : 옷이 해짐. 또 그 옷.

헌 누더기 람【襤】南楚凡人貧 衣被醜弊 或謂之 襤褸『揚雄方言』

헌 누더기 루【褸】襤褸.

헌데 : 부스럼이나 상처가 나서 살갗이 헐어 상한 자리.

헌데 과【痾】春發爲燕痾 秋發爲鷹痾『集韻』

헌데딱지 :

헌데딱지 염【魘】양가(瘍痂).

헌솜 : 묵은 솜.

헌솜 견【繈】繈緥

헌솜 리【繈】繈緥.

헌솜 온【縕】縕爲袍『禮記』

헌수하다 :

헌수할 수【壽】
　　㉠ 장수(長壽)를 축하하여 술을 드림.
　　　 上壽. 項莊入爲壽『漢書』
　　㉡ 장수(長壽)를 축하하여 선물을 보냄.
　　　 爲聶政母壽『史記』

헌신 :

헌신 석【舄】석(舃)과 동자(同字). 구화(舊靴).

헌옷 : 낡은 옷.

헌옷 해【繲】挫鍼治繲『莊子』

헐다 :

헐 비【毇】毀也.

헐 예【敗】 軼敗 毀也.
헐 훼【碻】 훼(毀)와 동자(同字).
　　　　事有破碻 而後有舞仁義者『列子』
헐 훼【毀】
　㉠ 무너뜨림. 毀破. 毀泉臺『春秋』
　㉡ 험담을 함. 毀訾. 誰毀誰譽『論語』
헐 휴【陸】 毀也.
헐 희【墥】 毀也.

헐떡거리다 :

헐떡거릴 기【敧】 行而喘息.
헐떡거릴 기【鼓】 천야(喘也).
헐떡거릴 비【嚊】 헐떡거리는 소리.
헐떡거릴 비【鼻】 헐떡거리는 소리.
헐떡거릴 천【歂】 천(喘)과 동자(同字). 疲息.
헐떡거릴 천【喘】 천(歂)과 동자(同字).
헐떡거릴 체【呭】 천야(喘也).
헐떡거릴 탄【嘽】 嘽嘽駱馬『詩經』

헐떡이다 :

헐떡일 효【痟】 천야(喘也).

헐떡이며 가는 모양 :

헐떡이며 가는 모양 지【吱】 행모(行貌).

헐뜯는 말 :

헐뜯는 말 참【讒】 去讒遠色『中庸』

헐뜯다 :

헐뜯을 가【呵】 흠잡아 말함.
　　　　好公羊春秋而譏呵左氏『蜀志』
헐뜯을 간【間】 헐어 말함.
　　　　人不間於其父母昆弟之言『論語』
헐뜯을 궤【詭】 비방(誹謗)함.
　　　　班固之序事 不激詭『後漢書』
헐뜯을 독【讟】 원망하여 비방(誹謗)함.
　　　　怨讟. 民無謗讟『左傳』
헐뜯을 란【讕】 허구(虛構)의 사실(事實)을 꾸며
　　　　해치려고 헐뜯음. 是非之情 不
　　　　可以相讕己『春秋繁露』
헐뜯을 방【謗】
　㉠ 헐어 말함. 誹謗. 國人謗王『國語』
　㉡ 헐뜯는 말. 讒謗. 以速官謗『左傳』
헐뜯을 병【病】 비방(誹謗). 舅所病也『國語』
헐뜯을 비【非】 비(誹)와 통용. 비방(誹謗)함.
　　　　非聖人者無法『孝經』
헐뜯을 비【誹】 헐어 말함. 誹謗者族『史記』
헐뜯을 산【訕】
　㉠ 비방(誹謗)함. 有諫而無訕『禮記』
　㉡ 헐뜯는 말. 비방(誹謗). 興誹造訕『韓愈』
헐뜯을 산【姍】 비방(誹謗). 姍笑三代『漢書』
헐뜯을 소【訴】 윗사람에게 헐뜯어 고해 바침.
　　　　讒訴. 訴公於晉侯『左傳』

헐뜯을 송【誦】 원망(怨望)하여. 비방(誹謗)함.
　　　　國人誦之『左傳』
헐뜯을 오【惡】 비방(誹謗)함. 毀惡.
　　　　人有惡蘇秦於燕王者『戰國策』
헐뜯을 오【謷】 비방(誹謗)함.
　　　　謷醜先王 排訾舊典『呂氏春秋』
헐뜯을 자【呰】 자(訾)와 동자(同字).
　　　　闔尹之呰 穢我明德『漢書』
헐뜯을 자【訾】 헐어 말함. 不苟訾『禮記』
헐뜯을 자【刺】 비방(誹謗)함. 諷刺. 譏刺.
　　　　刺我行者欲與我交『淮南子』
헐뜯을 조【詛】 비방(誹謗)함. 謗詛.
헐뜯을 참【譖】 헐어 말함. 또 참소(讒訴)함.
　　　　譖說殄行『書經』
헐뜯을 책【責】 헐어 말함. 西鄙責言『左傳』
헐뜯을 첩【唼】 信椒蘭之唼佞兮『揚雄』

헐뜯어 말하다 :

헐뜯어 말할 비【諀】 자훼(訾毀).

헐어 말하다 :

헐어 말할 오【諤】 상훼(相毀).
헐어 말할 훼【譭】 謗也.

헐어버리다 :

헐어버릴 궤【撌】 훼철(毀撤).

험준(險峻)하다 : (산이나 길의 형세가) 높고 험하며 가파르다.

험준할 감【嶙】 嶙嶗. 恆碣嶙嶗于青霄『左思』
험준할 기【踦】 기(崎)와 동자(同字).
　　　　山阜猥積而踦嶇『左思』
험준할 업【嶪】 岌嶪. 狀魁岌以岌嶪『張衡』
험준할 업【隟】 險也.
험준할 최【嶉】 險峻貌.

험(險)하다 :

험할 가【坷】 길이 험하여 다니기 힘듦. 坎坷.
　　　　豈覺山徑坷『蘇轍』
험할 감【坎】 험준(險峻). 習坎重險也『易經』
험할 궤【陒】 평탄하지 아니함.
　　　　業因是而抵陒『漢書』
험할 기【崎】 산길이 험준(險峻)함.
　　　　崎嶇而經丘『陶潛』
험할 기【隑】 기(崎)와 동자(同字).
험할 릉【崚】 산이 험준(險峻)함.
　　　　崚嶒起青嶂『沈約』
험할 릉【陵】 凡節奏欲陵而生民欲寬『荀子』
험할 몰【圽】 험야(險也).
험할 암【嵒】 用顧畏于民嵒『書經』
험할 애【隘】 지세(地勢)가 험준(險峻)함.
　　　　險隘. 不恃隘害『張衡』
험할 애【阸】

  ㉠ 험준(險峻)함. 所遇又阸『左傳』

  ㉡ 험준한 곳. 좁은 길목. 閉關據阸『史記』

험할 올【阢】險也.

험할 외【魏】험준(險峻)한 모양.
             炭魂崣瘣『司馬相如』

험할 음【碒】礹碒 감암(嵌嵒).

험할 장【戕】險也.

험할 저【岨】험준함. 岨峻.

험할 조【阻】

  ㉠ 험준함. 險阻. 道阻且長『詩經』

  ㉡ 험준한 곳. 周知其山林川澤之阻『周禮』

험할 준【駿】준(峻)과 통용.
             崧高維嶽 駿極于天『詩經』

험할 줄【崒】산이 험준함. 巉乎崒乎『吳融』

험할 증【嶒】峻嶒. 산이 험준한 모양.
             懸崖抱奇崛 絶壁駕崚嶒『何遜』

험할 참【漸】바위가 높고 험한 모양.
             漸漸之石維其高矣『詩經』

험할 퇴【洒】험준한 모양. 선명한 모양.
             新臺有洒『詩經』

험할 험【險】

  ㉠ 험준함. 險道. 阻險. 國險而多馬『左傳』

  ㉡ 험준한 것. 在德不在險『十八史略』

  ㉢ 요해처. 王公設險 以守其國『易經』

  ㉣ 위태로움. 위태로운 일. 小人行險『中庸』

험할 험【嶮】험(險)과 동자(同字).
             壯天地之嶮介『郭璞』

험할 희【巇】險也.

험한 돌 :

  험한 돌 진【砏】石不平貌.

험한 비탈 :

  험한 비탈 감【墈】험안(險岸)

  험한 비탈 등【隥】험판(險阪).

험한 파도 :

  험한 파도 담【澹】험파(險波).

헛 : 쓸데 없음. 보람없음.

  헛 공【空】空費. 空言無施 雖切何益『韓愈』

헛간 : 벽이 없는 집.

  헛간 창【廠】枳籬茅廠共桑麻『韓偓』

헉구역질하다 :

  헛구역질할 반【疲】心惡吐疾.

헛되다 :

  헛될 허【虛】헛되게. 不虛發『司馬相如』

헛되이 지내다 :

  헛되이 지낼 광【曠】허송(虛送)함.
             曠歲. 曠日十年『漢書』

헛되이 : 보람 없이. 쓸데없이.

  헛되이 공【空】引軍空還『漢書』

헛디디다 :

  헛디딜 등【蹬】蹭蹬.

  헛디딜 절【趼】실족(失足).

  헛디딜 층【蹭】

    ㉠ 蹭蹬. 헛디디는 모양. 실족하는 모양.
         或乃蹭蹬窮波『木華』

    ㉡ 인신(引伸)하여 세력을 잃는 모양.
         蹭蹬遭讒毀『李白』

  헛디딜 타【跎】蹉跎.

헛말 :

  헛말 하【謑】言語無度.

헛말하다 :

  헛말할 사【謯】허담(虛談).

헛소리 :

  헛소리 섬【譫】병중에 정신을 잃고 중얼거리는
             말. 心病譫妄煩亂『本草綱目』

헛헛하다 :

  헛헛할 과【薖】관대(寬大)한 모양.
             碩人之薖『詩經』

헝겊 : 피륙의 조각.

  헝겊 건【巾】以帛巾抹其眠『北齊書』

  헝겊 재【裁】衫布一裁『唐書』

헝겊 조각 :

  헝겊 조각 비【朼】片破之帛.

헝클어지다 : (실이나 줄이) 풀기 힘들 만큼 서로
  뒤얽히다.

  헝클어질 붕【髼】髼鬙. 머리가 흩어진 모양.
             傍架討尋書散亂 倚屛吟嘯髮髼
             鬙『陸游』

  헝클어질 비【鼚】紛也.

  헝클어질 삼【鬖】머리가 헝클어져 내려온 모
             양. 紅羽鬖鬖然『東觀餘錄』

  헝클어질 송【鬆】머리가 산란한 모양.

  헝클어질 순【鬊】헝클어진 머리.
             有黑雲 狀如焱風亂鬊『漢書』

  헝클어질 승【鬙】髼鬙.

헤매게 하다 :

  헤매게 할 미【迷】

    ㉠ 미혹하게 함. 巧聲迷耳『易林』

    ㉡ 嫣然一笑 惑陽城 迷下蔡『楚辭』

헤매다 :

  헤맬 미【迷】

    ㉠ 길을 잃어 헤맴.
         奔逃山谷 迷路夜入深林『列仙傳』

    ㉡ 바른길에 들어서지 못하고 방황함.
         鑒民不迷『詩經』

    ㉢ 좇아할 바를 몰라 괴로워함.
         實迷塗 其未遠 覺今是而昨非『陶潛』

ㄹ 좇아 할 바를 몰라 괴로워하는 일.

　　劣奴解識字 則作迷『李義山雜纂』

ㅁ 정신이 혼란함. 迷惑. 昏迷不恭『書經』

ㅂ 정신이 혼란한 일. 一身之迷『列子』

헤아리다 :

헤아릴 각 【摧】 상량(商量)함. 商摧古今『北史』

헤아릴 각 【攉】 각(摧), 각(榷)과 동자(同字).

　　　　豈可謂無大揚攉乎『淮南子』

헤아릴 계 【稽】 商量. 稽其功事『周禮』

헤아릴 곽 【㫰】 度也.

헤아릴 교 【按】 교(校)와 동자(同字). 計量.

헤아릴 구 【究】 商量. 爰究爰度『詩經』

헤아릴 규 【揆】 商量. 揆度. 揆之以日『詩經』

헤아릴 규 【葵】 규(揆)와 통용. 天子葵之『書經』

헤아릴 도 【圖】 사고(思考)함. 是究是圖『詩經』

헤아릴 량 【量】

　ㄱ 상량(商量)함. 商量. 量力而行之『左傳』

　ㄴ 추측(推測)함. 量知. 其志豈易量哉『歐陽修』

헤아릴 료 【料】 料量. 料度. 추측(推測)함.

　　　　君侯自料 能孰與蒙恬『史記』

헤아릴 리 【里】 이수(里數)를 대중공양 쳐 봄.

　　　　里西土之數『穆天子傳』

헤아릴 마 【摩】 상량(商量)함. 揣摩臆測.

　　　　古之善摩者『鬼谷子』

헤아릴 상 【謫】 상(商)과 동자(同字). 度也.

　　　　謫德而定位『荀子』

헤아릴 상 【商】 생각(生覺)하여 분간함. 商量.

　　　　虜必商軍進退『漢書』

헤아릴 수 【數】 추측(推測)함. 살핌.

　　　　數往者順 知來者道『易經』

헤아릴 억 【億】 촌탁(忖度)함. 億測. 億度.

　　　　億則屢中『論語』

헤아릴 여 【茹】 촌탁(忖度)함. 不可以茹『詩經』

헤아릴 연 【演】 추측(推測)함. 演天地之數『易經』

헤아릴 원 【愐】 量也.

헤아릴 의 【擬】 商量. 擬之而後言『易經』

헤아릴 의 【儀】 촌탁(忖度)함. 我儀圖之『詩經』

헤아릴 의 【疑】 촌탁(忖度)함. 正方不疑君『儀禮』

헤아릴 의 【意】 상량(商量)함. 추측(推測)함.

　　　　妄意室中之藏『莊子』

헤아릴 자 【資】 생각하여 봄. 살핌.

　　　　事君先資其言拜『禮記』

헤아릴 재 【裁】 재량(裁量)함.

　　　　取民則不裁其力『淮南子』

헤아릴 정 【程】 商量. 引重鼎不程其力『禮記』

헤아릴 조 【調】 調査. 調立城邑『漢書』

헤아릴 지 【支】 계산(計算)함. 支地計衆『大戴禮』

헤아릴 참 【參】 대조(對照)하여 생각함. 參考.

　　　　參稽治亂『荀子』

헤아릴 촌 【忖】 남의 마음을 미루어서 헤아림.

　　　　忖度. 他人有心 我忖度之『孟子』

헤아릴 취 【敠】 量也.

헤아릴 취 【揣】

　ㄱ 촌탁(忖度)함. 추측(推測)함. 揣度.

　　　善用天下者 必揣諸侯之情『鬼谷子』

　ㄴ 잼. 측량함. 不揣其本而齊其末『孟子』

헤아릴 칭 【稱】 사료(思料)함. 稱物平施『易經』

헤아릴 타 【㮾】 量也.

헤아릴 타 【捼】 췌(揣)와 동자(同字). 忖度.

헤아릴 타 【㛆】 量也.

헤아릴 탁 【度】

　ㄱ 촌탁(忖度)함. 추측(推測)함.

　　　神之格思 不可度思『詩經』

　ㄴ 고려함. 爰究爰度『詩經』

헤아릴 확 【彠】 확(矱)과 동자(同字). 度也.

헤아릴 횡 【竑】 양탁(量度). 故竑其幅廣『周禮』

헤어지다 :

헤어질 결 【訣】 이별(離別)함.

　　　　訣別. 生訣. 與其母訣『史記』

헤어질 삭 【索】 흩어짐. 吾離羣而索居『禮記』

헤어질 산 【散】 흩어짐. 이산함. 散亂.

　　　　財聚則民散『大學』

헤엄 :

헤엄 영 【泳】 수영. 濡髮浴泳『郭璞』

헤엄 유 【游】 수영. 游泳. 禁川游者『周禮』

헤엄치다 :

헤엄칠 수 【泅】 泅泳. 習於水 勇於泅『列子』

헤엄칠 수 【汙】 浮行水上.

헤엄칠 유 【游】 游龍. 泳之游之『詩經』

헤치고 일어나다 :

헤치고 일어날 궐 【趫】 도기(挑起).

헤치다 :

헤칠 뇨 【橈】 흩어지게 함. 橈萬物『易經』

헤칠 발 【發】 흩어짐. 惡氣不發『素問』

헤칠 부 【掊】 속에 있는 것을 드러나게 하려고

　　　　헤침. 掊土得鼎『漢書』

헤칠 산 【散】 흩뜨림. 風以散之『易經』

헤칠 살 【㪔】 散也.

헤칠 탄 【攤】 흩뜨림. 白晝攤錢高浪中『杜甫』

헤칠 터 【攄】 흩뜨림. 奮六經以攄頌『揚雄』

헤칠 파 【播】 흩뜨림. 北播爲北河『書經』

헤칠 표 【㨝】 散也.

헤칠 피 【披】 속에 있는 것을 드러나게 함.

　　　　披拂. 披心復見情素『漢書』

혀 : 오관(五官)의 하나. 입 속에 있어 맛을 감각

하며 발음을 돕는 기관.

혀 설 【舌】 ㄱ 舌端. 儀曰 視吾舌『史記』

ⓛ 물건에 딸려 혀의 모양을 하였거나 혀의
　　기능을 하는 것. 諸儒金口而木舌『法言』
ⓒ 말. 辯舌. 駟不及舌『論語』

혀 함【肣】설(舌).
혀 함【舙】舌也.
혀 황【簧】피리 따위의 혀. 불면 진동하여 소
　　　　　리를 냄. 銀簧. 女媧之笙簧『禮記』

혀 가늘다 :
　혀 가늘 첨【甜】舌細貌.

혀 내밀다 : 혀를 입 밖으로 내놓음.
　혀 내밀 담【舕】玄熊舑舕以斷斷『王延壽』
　혀 내밀 담【舑】玄熊舑舕以斷斷『王延壽』
　혀 내밀 담【舚】담(舑)과 동자(同字).
　　　　　　　　交驚舌牙舚『韓愈』

혀 차다 :
　혀 찰 돌【咄】기가 막혀 혀 차는 소리.
　　　　　　　　朔笑之曰 咄『漢書』

혁공(革工) : 날가죽을 무두질하는 장인.
　혁공 운【韗】韗人爲皋陶『周禮』
　혁공 포【鮑】포(鞄)와 통용.
　　　　　　　攻皮之工 函鮑『周禮』
　혁공 포【鞄】혁공(革工).

현(縣) : 진시황(秦始皇) 때부터 시작한 행정상의
　구획으로 처음에는 군(郡)의 위였으나 후에는
　군(郡) 또는 부(府)에 속함.
　현 현【縣】
　　ⓖ 縣治. 分天下爲郡縣『漢書』
　　ⓛ 현재는 성(省)의 아래 구분.
　　　　山東省 曲阜縣.

현격(懸隔)하다 : 서로 동떨어지다.
　현격할 현【懸】懸絶. 懸隔. 優劣相懸『馬融

현기증(眩氣症)나다 :
　현기증 날 훈【暈】눈이 아찔하여 어지러움.
　　　　　　　　　眼暈夜書多『姚合』

현벽(痃癖) : 근육(筋肉)이 땅기는 병.
　현벽 현【痃】痃癖. 昔有患痃癖者『本草經』

현손(玄孫) : 손자의 손자. 또는 증손자의 아들.
　현손 현【玄】啓百世之曾玄『韋誕』

현악기(絃樂器) : 줄을 타거나 켜서 소리를 내는
　악기를 통틀어서 이르는 말. 가야금, 거문고 따
　위가 이에 속한다.
　현악기 현【絃】絲竹筦絃『漢書』

현재(現在) : 과거도 미래도 아닌 지금의 시간.
　현재 현【見】見錢. 軍無見糧『史記』

현판(懸板) : 글씨나 그림을 새겨 문 위나 벽에
　다는 널조각. 흔히 성 등에 들어가는 문 위나
　정자나 사당 따위의 처마 아래에 걸어 놓는다.
　현판 편【扁】扁額. 夢至一亭 扁曰恃康『宋史』

현혹(眩惑)시키다 : (사람이나 사물이 다른 사람
　이나 그 마음을) 사로잡아 흘리다.
　현혹시킬 식【食】미혹(迷惑)하게 함. 明君在上
　　　　　　　　　便嬖不能食其意『管子』
　현혹시킬 영【營】혹란(惑亂)하게 함.
　　　　　　　　　營亂. 營惑耳目『漢書』
　현혹시킬 현【眩】欲眩之也『新論』

현혹(眩惑)하다 :
　현혹할 현【眩】미혹(迷惑)함. 眩于名實『漢書』
　현혹할 형【熒】혹란(惑亂)함. 熒惑.
　　　　　　　是黃帝所聽熒也『莊子』

혈 :
　혈 수【腧】腧穴. 등의 침 놓는 자리.
　　　　　　腧穴在脊中『正字通』

혈구(血球) :
　혈구 주【脙】혈구(血球).

혐의 :
　혐의 혐【嫌】의혹(疑惑). 苞苴之嫌『後漢書』

협문(夾門) : 정문 옆의 몸을 굽히고 들어가게 된
　작은 문.
　협문 규【閨】
　　ⓖ 궁중의 작은 문.
　　　　閨閣. 金閨. 每夜刺閨『南史』
　　ⓛ 벽을 뚫어 위는 원형 아래는 방형인 홀과
　　　같은 모양으로 만든 초라한 출입구.
　　　　華門閨寶之人『左傳』
　협문 두(유)【竇】華門圭竇『禮記』
　협문 이【謻】謻門. 謻門且空『晉書』
　협문 합【閤】宮閤. 出入閨閤『漢書』

형(兄) : 동기간(同氣間)에 먼저 난 남자(男子).
　형 곤【晜】곤(昆)과 동자(同字). 父之晜弟『爾雅』
　형 곤【昆】아우의 대(對). 昆弟.
　　　　　　謂他人昆『詩經』
　형 보【報】처형(處刑). 爰書訊鞫論報『漢書』
　형 형【兄】
　　ⓖ 兄弟. 親於弟兄『管子』
　　ⓛ 인신(引伸)하여 나은 것. 우수(優秀)한 것.
　　　　元方難爲兄 季方難爲弟『世說』
　　ⓒ 친우간의 경칭으로 쓰임. 大兄. 仁兄.
　　　　辱吾兄眷厚『韓愈』

형모(形貌) : 얼굴 모습.
　형모 형【形】용모(容貌). 乃審厥象 俾以形旁求
　　　　　　　　　　　　于天下『書經』

형벌 : 죄인에게 가하는 제재.
　형벌 주【誅】誅賞. 以足蹤馬芻有誅『禮記』
　형벌 형【刑】刑法. 刑政. 折獄致刑『易經』

형벌이름 :
　형벌이름 알【軋】흉노(匈奴)의 형벌(刑罰)의 하

나로서 칼로 죄인의 얼굴을 새기는 일.
일설에는 죄인의 골절(骨節)을 수레바퀴
로 가는 벌. 罪小者軋 大者死『漢書』

형벌(刑罰)하다 : (국가가 범죄를 저지른 사람을)
범죄의 책임을 전제로 법률상의 제재(制裁)를
부과하다.
형벌할 형【刑】利用刑人『易經』

형상(形象) : 물건의 생긴 모양이나 상태.
형상 상【像】동상(銅像).
형상 조【兆】聽無聲 視無兆『晉書』
형상 형【形】形體. 在地成形『易經』

형상하다 :
형상할 부【俌】의상(依像).

형성(形成)하다 : 형체(形體)를 이루다.
형성할 체【體】方苞方體『詩經』

형세(形勢) :
형세 세【勢】
㉠ 환경(環境)의 상태(狀態). 大勢. 情勢.
㉡ 형편(形便). 其勢無所得食『史記』
㉢ 산수(山水)의 상태(狀態).
山勢. 地勢坤『易經』
형세 형【形】상태(狀態). 秦形勝之國『史記』

형수(兄嫂) : 형(兄)의 아내.
형수 수【㛊】수(嫂)와 동자(同字). 兄之妻 馬援
敬事寡㛊不冠不入廬『後漢書』
형수 수【嫂】兄嫂. 昆弟妻嫂『史記』

형용(形容)하다 : 사람이 무엇을 말이나 글 또는
몸짓 등으로 나타내다.
형용할 상【狀】難狀. 自狀其過『莊子』

형체(形體) : 사물의 모양과 바탕.
형체 형【形】旣自以心爲形役『陶潛』

형통(亨通) : 모든 일이 뜻대로 잘되어 감.
형통할 형【亨】元 亨 利 貞『易經』

형틀 : 차고 수갑 칼 따위.
형틀 계【械】械梐. 受械於陳『司馬遷』
형틀 접【椄】형구. 桁楊椄槢『莊子』

형틀 채우다 : 형틀을 채워 자유를 구속함.
형틀 채울 계【械】械繫以歸『十八史略』

혜성(彗星)이름 :
혜성이름 참【欃】欃槍. 彗見爲欃槍『爾雅』

혜진 적삼 :
혜진 적삼 삼【衫】衫破貌.

호 :
호 호【毫】1釐의 1/10. 尺度, 分量의 단위.
十絲曰毫 十毫曰釐『算經』
호 호【號】통칭(通稱)외의 칭호. 雅號. 別號.
賜號爲馬服君『史記』

호경(鎬京) : 주(周)나라 무왕(武王)이 도읍(都邑)
한 서울. 지금의 섬서성 서안부의 일부.
호경 호【鎬】鎬京辟雍『詩經』

호궤(犒饋)하다 : 군사에게 주식(酒食)을 풀어 먹
여 위로함.
호궤할 역【醳】醳兵『史記』
호궤할 호【饎】餉軍勞也.
호궤할 호【犒】
㉠ 군사에게 음식을 주어 위로함.
犒軍. 使展喜犒師『左傳』
㉡ 호궤(犒饋)하는 음식. 不如一簞犒『韓愈』

호깨나무 : 갈매나뭇과에 속한 낙엽 활엽 교목.
잎은 넓은 달걀 모양으로 어긋나며 가장자리
에 톱니가 있다. 줄기는 가구, 악기 따위를 만
들고 열매는 식용한다.
호깨나무 구【椇】婦人之贄 椇榛脯脩棗栗『禮記』
호깨나무 구【枸】南山有枸『詩經』

호드기 : 갈대 잎을 말아 만든 피리.
호드기 가【笳】胡笳似觱篥而無孔『史記』

호랑나비 : 호랑나빗과에 속한 곤충. 날개는 검거
나 녹황색이며, 검은빛의 줄무늬와 얼룩얼룩한
점이 있고 뒷날개에 가는 돌기가 있다.
호랑나비 협【蛺】蛺蝶輕薄 夾翅而飛『本草經』

호련(瑚璉) : 서직(黍稷)을 담는 제기.
호련 련【璉】夏之四璉『禮記』
호련 호【瑚】瑚璉. 夏之四璉 殷之六瑚『禮記』

호리다 : 유혹하거나 꾀어 정신을 흐리게 하다.
호릴 매【魅】魅惑. 容媚諂魅『孔叢子』

호리병박 : 박과에 속한 한해살이 덩굴풀. 줄기는
길게 자라고 두 개로 갈래진 덩굴손이 있어서
다른 물체를 감으면서 높게 올라간다. 길쭉하
고 가운데가 잘록하게 들어간 장과(漿果)가 열
리는데 껍질이 단단하여 말려서 그릇으로 쓴
다. 인가(人家) 근처에서 재배한다.
호리병박 단【簞】甘此瓢簞『曹植』
호리병박 로【蘆】瓠蘆. 胡蘆.
호리병박 로【瓟】瓠瓟. 酒器似壺.
호리병박 호【瓠】조롱박. 葫蘆.

호미 : 땅을 파는 농구의 하나.
호미 구【斫】서속(鋤屬).
호미 궐【钁】서속(鋤屬).
호미 근【𫓩】서우(鋤耰).
호미 급【鈒】鋤也.
호미 기【錤】鎡錤 鈕也. 作鎡基『孟子』
호미 박【鎛】庤乃錢鎛『詩經』
호미 박【鏄】박(鎛)과 동자(同字).
鏄亦鋤類也『釋名』
호미 서【鉏】鉏去艸之具也 一名玆基『急就篇』

호미 서【鋤】鋤禾日當午 汗滴禾下土『李紳』
호미 서【耡】서(鋤)와 동자(同字).
호미 자【鎡】鎡基. 雖有鎡基 不如待時『孟子』
호미 착【鋜】鋤也.
호미 촉【钃】鋤也.
호미 촉【欘】鋤也.
호미 호【鎒】操銚鎒 與農人居壟畝之中『戰國策』
호미 확【䂨】鋤也.
호박(琥珀) : 옥으로 만든 범 형상의 그릇.
호박 박【珀】琥珀.
호박 호【琥】琥珀. 松智淪入地千年 化爲茯苓 茯苓千歲化爲琥珀『博物志』
호박 개 : 뼈대가 굵고 털이 북슬북슬한 개.
호박 개 연【豜】逐虎犬.
호반(虎班) : 고려와 조선 시대, 군인의 신분으로, 군사 일을 맡아보던 관리의 품계, 신분, 등급 따위의 차례.
호반 무【武】[한] 軍官虎班.
호사(豪奢) : 호화롭게 사치함. 또는 그런 사치.
호사 치【侈】奢侈. 崇侈恣情『舊唐書』
호사(豪奢)하다 :
호사할 미【靡】奢靡. 以政令禁物靡而均市『周禮』
호사할 사【賖】사(奢)와 동자(同字). 楚楚衣服 戒窮賖『後漢書』
호소(呼訴) : 억울하고 원통한 사정을 남에게 강한 주장이나 표현으로 하소연함.
호소 소【訴】子輿困臧倉之訴『劉峻』
호수(湖水) : 육지가 우묵하게 패어 물이 괸 곳. 못이나 늪보다 큼.
호수 침【浸】揚州 川曰三江 浸曰五湖『漢書』
호수 침【沈】호소(湖沼). 有鳥當沈『述征記』
호수 호【湖】호소(湖沼).
호수(湖水)이름 :
호수이름 소【瀟】廬州湖名.
호수이름 파【鄱】鄱陽.
호위(護衛) :
호위 장【仗】궁성(宮城) 또는 임금의 호위(護衛). 朝罷放仗『唐書』
호위(護衛)하다 : 따라다니며 보호하고 지키다.
호위할 방【䩦】衛也.
호위할 한【扞】親帥扞之『左傳』
호저(豪豬) : 호저과에 속한 동물. 부드러운 털과 뻣뻣한 털, 가시털이 빽빽이 나고, 목에 긴 갈기가 있다. 위험이 닥치면 털을 곤두세우고 꼬리털을 흔들어 소리를 내면서 뒤를 향하여 돌진한다. 가시털이 적의 몸에 꽂히면 몸에서 빠져 적의 근육 속으로 파고든다. 주로 밤에 활동하며 식물을 먹는다.
호저 호【豪】其獸多白豪『山海經』
호적(胡笛) : '태평소(太平簫)'를 달리 이르는 말.
호적 쇄【嗩】[중] 軍中樂嗩吶木管蘆頭銅底.
호적 판【版】版圖. 武負版者『論語』
호주(濠洲) : 오스트레일리아(Australia) 대륙의 대부분을 차지하는 영국 연방 내의 자치국. 현재 대부분의 국민은 영국인과 아일랜드 인으로 구성되어 있으며, 원주민은 소수이다.
호주 호【濠】濠洲.
호칭(呼稱) :
호칭 구【舅】천자 또는 제후가 이성(異姓)의 사람을 친하게 부르는 데 쓰는 말. 舅所病也『國語』
호칭 아【阿】남을 부를 때 친근한 뜻을 나타내기 위하여 위에 붙이는 말. 阿妹. 阿兄. 家中有阿誰『古詩』
호허(虎許) :
호허 허【許】虎許. 약초(藥草).
호협(豪俠)하다 : 기개가 좋고 의협심이 있다.
호협할 빙【俜】俠也.
호협할 협【俠】俠氣. 俠客. 義俠 任俠有名『漢書』
호협할 호【豪】平原君之遊 徒豪擧耳『史記』
호화(豪華)스럽다 :
호화스러울 호【豪】사치함. 豪奢. 性奢豪 務在華侈『晉書』
호흡(呼吸)감추다 :
호흡감출 협【歙】흡기(翕氣).
혹 :
혹 류【瘤】
㉠ 병적으로 내민 군살. 췌육(贅肉). 瘤贅. 時景王新割目瘤 創甚『漢晉春秋』
㉡ 물건의 표면에 생기는 돌기(突起). 杯杓盡杉瘤『皮日休』
혹 식【瘜】기육(寄肉).
혹 영【癭】
㉠ 목에 나는 혹. 癭腫. 頸處險而癭『嵇康』
㉡ 인신(引伸)하여 나무의 옹 두리. 柳癭
혹 외【瘣】나무의 혹. 瘣木苻婁『爾雅』
혹 용【容】혹(或)과 동의. 諸王子在京 容有非常 丞宜發遣 名還本國『後漢書』
혹 우【疣】贅疣. 附贅縣疣『莊子』
혹 우【肬】
㉠ 우(疣)와 동자(同字). 肬贅.
㉡ 인신(引伸)하여 무용지물(無用之物). 反離羣而贅肬『楚辭』
혹 췌【贅】볼록 나온 군살. 疣贅. 贅瘤. 附贅縣疣『莊子』

혹 혹【或】
　㉠ 혹은. 或出或處『易經』
　㉡ 或學而知之 或困而知之『中庸』
　㉢ 혹시. 상상 또는 추측의 말.
　　或者 恐其或失『大戴禮』
혹 환【痰】 유병(瘤病).
혹 회【瘣】 나무의 거죽에 불쑥하게 내민 것.
　　　　　나무 혹. 譬彼瘣木『詩經』
혹독(酷毒)하다 : 정도가 몹시 심하다.
혹독할 엄【嚴】
　㉠ 정도가 심함. 嚴寒. 始知殺氣嚴『李白』
　㉡ 행위가 모짐. 嚴刻. 法家嚴而少恩『史記』
혹독할 참【慘】 慘苛. 雖慘酷 斯稱其位『史記』
혹시(或是) :
　혹시 감【泔】 或也. 沉之間 凡言或如此者曰泔若
　　　　　　是『揚雄』
　혹시 당【黨】 당(儻)과 통용. 黨可得見乎『漢書』
　혹시 당【儻】 儻若. 儻所謂天道是邪非邪『史記』
혹이 :
　혹이 혹【或】 어떤 사람이.
　　　　　　　或問. 或謂孔子曰『論語』
혹하다 :
　혹할 광【惑】 惑也.
혼(魂) : 영혼. 마음.
　혼 신【神】 精神. 神飛魄散.
　　　　　　費神傷魂『呂氏春秋』
　혼 정【精】 精氣. 精魂. 精鶩八極『陸機』
혼모(惛眊)하다 : 늙어서 정신이 흐리고 기력이
　약하다.
　혼모할 혼【惛】 惛眊. 五漫漫 六惛惛 孰知文哉
　　　　　　『管子』
혼솔 : 갓의 혼 솔기.
　혼솔 봉【縫】 古者冠縮縫 今也衡縫『禮記』
　혼솔 필【縪】 冠六升外縪『儀禮』
혼인(婚姻) :
　혼인 근【졸】 혼인(婚姻).
　혼인 길【吉】 迨其吉兮『詩經』
　혼인 친【親】 以陰禮教親則民不怨『周禮』
혼인하다 :
　혼인할 혼【婚】 婚姻.
혼자 가다 :
　혼자 갈 경【趫】 독행(獨行).
　혼자 갈 독【趨】 독행(獨行).
혼자 걷다 :
　혼자 걸을 우【偊】 우(踽)와 동자(同字).
　　　　　　　偊偊爾慎耳目之觀聽『列子』
　혼자 걸을 우【踽】 우(偊)와 동자(同字).
　혼자 걸을 정【彳】 獨行貌.

혼자 자다 : 쓸쓸히 혼자 유숙하는 모양.
　혼자 잘 퇴【敦】 敦彼獨宿『詩經』
혼후(渾厚)하다 : 온화한 기색이 있고 인정이 두
　텁다.
　혼후할 운【惲】 중후(重厚)함.
홀(笏) : 천자(天子)이하 공경(公卿) 사대부(士大
　夫)가 조복(朝服)을 입었을 때 끼고 다니는 것.
　군명(君命)을 받았을 때는 이것에 기록해 둠.
　옥(玉) 상아(象牙) 대나무 등으로 만들었음.
　홀 개【玠】 제후(諸侯)를 봉(封)할 때 신표(信標)
　　　　　　로 쓰던 一尺二寸의 큰 홀(笏).
　　　　　　珪大尺二寸謂之玠『爾雅』
　홀 규【珪】 규(圭)와 동자(同字). 珪贄『庾信』
　홀 규【圭】 천자(天子)가 제후(諸侯)를 봉(封)할
　　　　　　때 주는 옥홀(玉笏).
　홀 부【簿】 조복(朝服)을 입은 벼슬아치가 손에
　　　　　　쥐는 물건. 以簿擊頰『蜀志』
　홀 서【瑞】 천자가 제후를 봉할 때 신표(信標)
　　　　　　로서 주는 옥(玉)으로 만든 홀(笏).
　　　　　　圭瑞. 玉作六瑞 以等邦國『周禮』
　홀 염【琰】 위가 뾰족한 홀.
　　　　　　琰圭以易行以除慝『周禮』
　홀 완【琬】 琬圭. 옥으로 만든 끝이 뾰족하지
　　　　　　아니한 홀(笏). 琬圭以結好『周禮』
　홀 장【璋】 끝의 반을 깎아 뾰족하게 한 홀(笏).
　　　　　　半圭. 載弄之璋『詩經』
　홀 판【版】 벼슬아치가 손에 쥐는 물건. 手版.
　　　　　　投版棄官而去『後漢書』
　홀 판【板】 조현(朝見)할 때 오른손에 쥐는 패
　　　　　　(牌). 手板. 投板棄宦而去『後漢書』
　홀 홀【笏】 簪笏. 受命于君前則書于笏『禮記』
홀로 :
　홀로 개【介】 介特. 介獨. 惡乎介也『莊子』
　홀로 고【孤】 孤獨. 撫孤松而盤桓『陶潛』
　홀로 괴【塊】 塊孤立而特峙『陸機』
　홀로 독【獨】
　　㉠ 독신으로 의지할 곳 없는 사람.
　　　鰥寡孤獨. 老而無子曰獨『孟子』
　　㉡ 자기 혼자임. 單獨.
　　㉢ 남의 힘을 빌리지 아니하고 혼자서.
　　　特立獨行『禮記』
　　㉣ 여럿이 가는데 홀로. 唯獨. 於今可見古人
　　　爲學次弟者 獨賴此篇之存『大學章句』
　홀로 필【匹】 하나. 匹夫無罪『左傳』
홀로 가다 :
　홀로 갈 우【踽】 踽踽獨行之貌.
홀로 걷다 :
　홀로 걸을 령【伶】 獨行貌.

홀로 보다 :

　홀로 볼 정【眐】眐眐. 쓸쓸한 모양.

홀로 살다 :

　홀로 살 개【㝰】독거(獨居).

홀몸 : 형제나 배우자가 없는 사람.

　홀몸 경【嬛】경(惸)과 동자(同字).
　　　　　　　嬛孤. 嬛嬛在疚 『詩經』

홀수 :

　홀수 기【觭】기(奇)와 통용. 기수(奇數).
　　　　　　　以觭偶不仵之辭相應 『莊子』

홀아비 : 아내를 여의고 홀로 지내는 사람. 또는
　늙어서 아내가 없는 남자.

　홀아비 광【曠】曠夫 男壯無室.
　　　　　　　內無怨女 外無曠夫 『孟子』

　홀아비 환【矜】환(鰥)과 통용.
　　　　　　　不侮矜寡 『詩經』

　홀아비 환【鰥】老而無妻曰鰥 『孟子』

홀어미 : 남편을 여의고 홀로 지내는 사람.

　홀어미 과【寡】寡婦. 五十無夫曰寡 『大戴禮』

　홀어미 상【孀】靑孀. 孤孀. 婦人不孀 『淮南子』

　홀어미 이【嫠】嫠婦. 嫠也何害 『左傳』

　홀어미 추【嫠】惠于嫠孀 『崔瑗』

홀어미 되다 :

　홀어미 될 과【寡】新寡好音 『史記』

홀연(忽然) : 미처 생각지도 못한 사이에 갑자기.

　홀연 숙【倏】忽也.

　홀연 홀【忽】忽焉. 忽地. 涼風忽至 『列子』

　홀연 훌【欻】欻然. 神山 崔巍欻從背見 『張衡』

홈통 : 물을 이끄는 데 쓰는 긴 통. 오목하게 골
　이 져 있다.

　홈통 구【溝】點點無聲落瓦溝 『朱灣』

　홈통 명【㭟】호 通水管.

　홈통 조【槽】安流復其故道 謂之復槽水 『宋史』

　홈통 천【梇】일 通水管.

　홈통 명【㭟】호 筧也.

홉 : 용량(容量)의 단위(單位). 一升의 1/10.

　홉 답【答】鹽豉千荅 『史記』

　홉 홉【合】용량의 단위.

홍귤나무 : 운향과에 속한 상록 활엽 관목 또는
　소교목. 잎은 작고 날개가 없다. 열매는 귤보
　다 작고 향기와 신맛이 강하다.

　홍귤나무 감【柑】柑別種有八 『橘錄』

홍역(紅疫) : 홍역 바이러스에 비말 감염(飛沫感
　染)되어 일어나는 급성 전염병. 어린아이들이
　많이 걸리는 전염병으로, 열흘 정도 잠복한 후
　발병한다.

　홍역 마【痲】痲疹.

　홍역 진【疹】痲疹. 濕疹. 水泡疹.

홍합(紅蛤) : 홍합과에 속한 바닷조개. 모양은 삼
　각형에 가까운 타원형이고 겉면은 흑갈색인데,
　안쪽은 진주빛이 난다. 얕은 바다의 암초에 가
　는 실 같은 족사(足絲)를 내어 붙어 산다. 살은
　식용한다.

　홍합 폐【蛂】海蛂.

홍화(紅花) :

　홍화 이【櫊】홍람(紅藍).

홀 :

　홀 단【單】

　　㉠ 단지 하나. 單數. 單身. 家貧衣單 『晉書』

　　㉡ 한 겹. 單衣. 歲暮衣裳單 『杜甫』

　　㉢ 외로움. 孤單. 兩世單身 形單影隻 『韓愈』

　홀 필【匹】하나. 匹夫無罪 『左傳』

홀 소창 옷 : 소매가 좁고 무가 없는 홀 옷.

　홀 소창 옷 구【褠】釋褠著袴褶 『吳志』

홀옷 : 한 겹으로 된 옷.

　홀옷 경【絅】衣錦尙絅 『中庸』

　홀옷 경【褧】경(絅)과 동자(同字).
　　　　　　衣錦褧衣 『詩經』

　홀옷 경【穎】단의(禪衣).

　홀옷 과【裹】단의(單衣).

　홀옷 구【裧】단의(單衣).

　홀옷 단【禪】홀겹의 옷. 禪爲絅 『禮記』

　홀옷 박【襮】단의(禪衣).

　홀옷 쉬【裗】단의(禪衣).

　홀옷 전【襢】단의(單衣).

　홀옷 접【褋】遺余褋兮澧浦 『楚辭』

　홀옷 좌【袏】禪衣. 禪衣有裏者謂之袏衣 『揚雄』

　홀옷 진【袗】當暑袗絺綌 『論語』

　홀옷 첨【襜】一男子衣黃襜褕 『漢書』

홀이불 : 한 겹으로 된 이불.

　홀이불 금【紟】布紟二衾 『禮記』

　홀이불 주【裯】抱衾與裯 『詩經』

화 :

　화 온【慍】忿怒. 可以解吾民之慍 『孔子家語』

　화 화【火】심기(心氣)의 흥분(興奮).
　　　　　　欲火. 憂喜皆心火 『白居易』

화경(火鏡) : 햇볕에 비추어서 불을 일으키는 렌즈.

　화경 수【鐩】陽鐩.

화기(和氣) 돌다 : 얼굴에 온화한 기색이 돎.

　화기 돌 집【輯】輯柔爾顔 『詩經』

화기애애(和氣靄靄)하다 :

　화기애애할 은【言】은(誾)과 통용.
　　　　　　　二爵而言言斯 『禮記』

　화기애애할 은【誾】조용히 시비(是非)를 토론
　　　　　　　하는 모양. 朝與上大夫言
　　　　　　　誾誾如也 『論語』

화끈거리다 : 뜨거운 기운을 받아 자꾸 갑자기 달아오르다.

화끈거릴 흔【炘】垂景炎之炘炘『揚雄』

화내다 : 못마땅하거나 언짢아서 노엽고 답답한 감정을 드러내다.

화낼 진【嗔】嗔發.

화답(和答)하다 :

화답할 우【喁】한 사람이 우하고 부르면 딴 사람이 우하고 대답하는 소리. 前者唱于 而隨者唱喁『莊子』

화답할 탄【歎】남의 시가(詩歌)에 응(應)하여 대답함. 壹倡而三歎『禮記』

화답할 화【和】

　㉠ 서로 응답(應答)함. 唱和.

　㉡ 남의 운(韻)을 따서 작시(作詩)함. 和韻. 詩成遣誰和『白居易』

화덕 : 한데에서 솥을 걸기 위하여 쇠나 흙으로 아궁이처럼 간단히 만든 물건.

화덕 계【烓】가지고 다닐 수 있는 작은 화덕. 行廚火照烓『虞淳熙』

화덕 심【煁】음식을 끓이게 된 화로. 卬烘于煁『詩經』

화동(和同)하다 : 사이가 벌어졌다가 다시 뜻이 서로 잘 맞게 되다.

화동할 함【諴】화합함. 能諴于小民『書經』

화동할 해【諧】화합함. 克諧以孝『書經』

화락(和樂)하다 : 화평하고 즐거워하다.

화락할 소【削】孔子削然反琴而絃歌『莊子』

화락할 안【晏】言笑晏晏『詩經』

화락할 옹【雍】雍睦. 黎民於變時雍『書經』

화락할 옹【邕】옹(雍)과 동자(同字). 闔門邕穆『晉書』

화락할 옹【雝】옹(雍)과 통용. 曷不肅雝『詩經』

화락할 옹【廱】廱廱 和也『爾雅』

화락할 융【融】融和. 其樂也融融『左傳』

화락할 제【悌】愷悌. 愷悌君子『左傳』

화락할 희【熙】衆人熙熙『老子』

화락할 희【嘻】婦子嘻嘻『易經』

화란(和蘭) : 서유럽에 있는 입헌 군주국. 북해에 면하여 있으며, 간척지가 많고, 국토의 4분의 1이 해면보다 낮다. '홀란드(Holland)'의 음역 어이다.

화란 란【蘭】화란(和蘭)의 약칭.

화려(華麗)하다 : (물건이나 그 장식이) 매우 밝고 다채로워 아름답다.

화려할 간【娹】미려(美麗).

화려할 미【靡】

화려(華麗)

　㉠ 화미(華美)함. 華靡. 靡麗.

　㉡ 또 그러한 일. 有任俠之靡『左思』

화려할 정【菁】화미(華美)함. 麗服颺菁『張衡』

화로(火爐) : 숯불을 담는 그릇.

화로 로【鑪】노(爐)와 동자(同字). 邾莊公廢于鑪炭『左傳』

화로 로【盧】노(爐)와 통용. 形如鍛盧『漢書註』

화로 로【爐】노(爐)와 동자(同字). 香爐. 爐邊. 以鴻毛燎于爐炭之上『史記』

화목(和睦) : 서로 뜻이 맞고 정다움.

화목 목【睦】친목. 講信修睦『禮記』

화목(和睦)하다 : 여러 사람들이 서로 뜻이 맞고 정답다.

화목할 목【穆】목(睦)과 동자(同字). 敦穆. 君臣集穆『孟子』

화목할 목【睦】親睦. 睦族. 九族旣睦『書經』

화목할 옹【雍】雍睦. 黎民於變時雍『書經』

화목할 의【宜】화순(和順)함. 宜其室家『詩經』

화목할 즙【濈】其角濈濈『詩經』

화목할 즙【緝】緝和. 緝穆. 招懷綏緝『後漢書』

화목할 집【輯】和輯. 輯寧爾邦家『書經』

화목할 화【和】地利不如人和. 言惠必及和『國語』

화목할 흡【洽】洽和. 與道不洽『舊五代史』

화사(華奢)하다 : 두드러지게 곱고 밝다.

화사할 사【史】文勝質則史『論語』

화산(崋山) : 오악(五嶽)의 하나. 西崋 또는 서악 (西嶽)이라 함.

화산 화【崋】西嶽爲崋山『白虎通』

화살 : 활시위에 오늬를 메워서 당겨 쏘는 기구. 가는 대로 줄기를 삼고, 아래 끝에는 쇠붙이로 만든 촉을 꽂으며 위쪽에는 새의 깃을 세 줄로 붙여 만든다.

화살 불【第】箭也.

화살 비【鈚】長鈚及狡免『杜甫』

화살 추【騶】材官騶發『漢書』

화살 추【菆】左射以菆『左傳』

화살 후【鍭】四鍭旣鈞『詩經』

화살대 : 화살의 몸이 되는 대.

화살대 가【笴】矢幹. 矢笴. 凡相笴欲生而搏同『周禮』

화살대 간【簳】箭簳. 朔蓬之簳『列子』

화살로 귀 꿰다 :

화살로 귀 꿸 철【聅】軍法 以矢貫耳. 小罪聅『司馬法』

화살소리 : 화살이 빨리 나는 소리.

화살소리 수【捒】束矢其捒『詩經』

화살소리 팽【弸】弸彋.

화살소리 횡【彋】궁성(弓聲).

화살에 붙인 깃 :
화살에 붙인 깃 우【翑】전우(箭羽).
화살이름 :
화살이름 화【鮭】화살의 한 가지. 以鮭矢射雉日連百數『西京雜記』
화살촉 : 화살 끝에 박힌 뾰족한 쇠.
화살촉 공【釭】鏃 關西曰釭『釋名』
화살촉 족【鏃】秦無亡矢遺鏃之費『過秦論』
화상(畵像) : 사람의 얼굴을 그림으로 그린 형상.
화상 진【眞】肖像. 必逢佳士亦寫眞『杜甫』
화상 영【影】影像. 神影亦有酒色『南史』
화성(火星) : 태양계의 네 번째 행성. 심숙(心宿)에 있는 긍성(恆星) 이름. 화성은 밤과 낮, 하루의 길이와 계절의 변화가 지구와 매우 비슷함.
화성 화【火】星命也.
화재(火災) : 불이 나는 재앙. 불로 인한 재앙.
화재 재【災】화난(火難). 御廩災『春秋』
화전(火田) 일으키다 :
화전 일으킬 번【燓】화전(火田).
화전(火田) : 주로 산에 있는 초목에 불을 지르고 그 자리를 파 일구어 농사를 짓는 밭.
화전 류【畱】火田.
화전 전【畑】일 火耕田.
화창(和暢)하다 : 날씨나 하늘 또는 마음씨가 부드럽고 맑다.
화창할 감【磨】조화(調和).
화창할 창【暢】和樂. 暢適. 神識恬暢『晉書』
화창할 창【昶】창(暢)과 동자(同字). 固以和昶而足耽矣『嵇康』
화친(和親)하다 : 교전국(交戰國) 쌍방(雙方)이 적대행위(敵對行爲)를 중지(中止)하고 화목(和睦)하게 지내다.
화친할 구【媾】媾和. 不如發重使爲媾『史記』
화친할 평【平】宋人及楚人平『春秋』
화침(火鍼) : 달군 쇠침.
화침 락【烙】鍼烙熨裹成瘢痂『文同』
화톳불 : 한 데 놓은 불.
화톳불 관【爟】燎火. 田燭置 爟火通『顏延之』
화톳불 료【燎】燎火. 庭燎之光『詩經』
화톳불 유【槱】薪之槱之『詩經』
화평(和平)하다 : 충돌이나 다툼이 없이 평화롭다. 또는 사람의 마음이나 얼굴이)근심이 없고 평온하다.
화평할 은【訢】은(誾)과 동자(同字). 僮僕訢訢如也『漢書』
화평할 음【愔】안화(安和)함. 祈招之愔 式昭德音『左傳』
화폐단위 :
화폐단위 리【厘】貨幣之最小單位. 厘錢之十分之一.
화폐단위 원【元】
㉠ 중국의 화폐(貨幣) 단위(單位)의 하나.
㉡ 한국의 옛날 화폐(貨幣) 단위(單位)의 하나.
화포(畵布) : 그림을 그리는 데 쓰는 생견(生絹).
화포 정【窰】東海氣如圓窰『晉書』
화하게 하다 :
화하게 할 화【化】化民成俗『禮記』
화(和)하다 :
화할 개【凱】온화(溫和)함. 화락(和樂)함. 凱弟. 凱風自南『詩經』
화할 동【同】화합함. 和同. 是謂大同『禮記』
화할 봉【夆】和也.
화할 섭【燮】조화함. 燮理. 燮友柔克『書經』
화할 우【咊】和也.
화할 이【䎌】화락함. 以䎌合驩『莊子』
화할 충【冲】和也.
화할 합【詥】和也.
화할 화【和】
㉠ 온순하고 인자함. 和色. 君子和而不流『中庸』
㉡ 사이가 좋음. 地利不如人和. 言惠必友和『國語』
화할 화【龢】和也. 화(和)의 고자(古字).
화할 희【熈】和也.
화(化)하다 :
화할 화【化】
㉠ 어떤 상태가 다른 상태로 됨. 腐臭復化爲神奇『莊子』
㉡ 한 물질이 전혀 다른 물질로 바뀜. 鷹化爲鳩『禮記』
㉢ 잘 됨. 개선됨. 교화(敎化)됨. 我無爲而民自化『老子』
㉣ 옮겨서 달라짐. 변천(變遷)함. 禮從俗化『淮南子』
㉤ 생멸(生滅)함. 소장(消長)함. 常生常化『列子』
화한 소리 :
화한 소리 옹【噰】噰噰喈喈民協服也『爾雅』
화합(和合)하다 :
화합할 반【秚】物相和.
화합할 융【融】融和. 其樂也融融『左傳』
화합할 협【汁】협(協)과 통용. 汁洽. 五緯相汁『張衡』
화합할 협【叶】협(協)과 동자(同字). 叶時日正日『後漢書』
화해(和解) : 갈등과 다툼을 그치고 서로 가지고

있던 나쁜 감정을 품.

화해 성【成】화목(和睦). 請成於陳『左傳』

화해 화【和】私和. 和約. 割地求和『戰國策』

화해(和解)하다 : 갈등과 다툼을 그치고 서로 나쁜 감정을 풀다.

화해할 강【講】講和. 秦末與魏講也『戰國策』

화해할 구【講】구(媾)와 통용.

화해할 성【成】私和. 以民成之『周禮』

확 : 방앗공이로 곡식을 찧는 기구.

확 구【臼】杵臼. 掘地爲臼『易經』

확실(確實)하다 : 틀림없다.

확실할 핵【核】核實.

확실할 정【聇】囘 決定之意.

확실할 확【確】正確. 的確.

환관(宦官) : 거세(去勢) 당하여 후궁(後宮)에서 일하는 남자.

환관 엄【閹】閹尹之告『漢書』

환롱(幻弄)하다 : 자유자재(自由自在)로 꾸며 농락(籠絡)하다.

환롱할 무【舞】舞文弄法『史記』

환하다 :

환할 교【較】분명한 모양. 較炳.
　　　　較然甚明『漢書』

환할 락【犖】분명한 모양. 此其犖犖大者.
　　　　若至委曲小變不可勝道『史記』

환할 롱【瓏】환히 보이는 모양.
　　　　朱草蒙瓏 白玉嵯峨『抱朴子』

환할 신【申】명확함. 罪無申證『後漢書』

환할 위【暐】빛이 환한 모양.
　　　　玄素之暐暐『曹植』

환할 찬【粲】명백함.
　　　　骨肉之親粲而不殊『漢書』

환할 탁【倬】밝은 모양. 有倬其道『詩經』

환할 투【透】환히 비침. 透明.
　　　　表裏忽通透『韓愈』

환해지다 :

환해질 왜【曦】날이 환해지는 모양.
　　　　曦曦其冥『詩經』

환히(분명히) :

환히 획【劃】劃然. 劃見公子面『杜甫』

환히 비치다 : 밝게 비치다.

환히 비칠 엽【熀】不見天光之熀爛『抱朴子』

활 : 화살을 쏘는 무기.

활 궁【弓】弓矢. 倕作弓浮游作矢『荀子』

활 돈【弴】화궁(畵弓). 漆赤弓.

활 미【弭】뿔 뼈 등으로 장식한 활.
　　　　弓又謂之弭 以骨爲之『釋名』

활 저【弤】칠을 한 무늬 있는 활.

琴朕弤朕『孟子』

활 탄【彈】탄알을 쏘는 활.
　　　　挾彈飛鷹杜陵北『盧照鄰』

활 호【弧】
　　㉠ 목제(木製)의 활. 弦木爲弧『易經』
　　㉡ 기(旗)를 단 활. 乘大輅載弧韣旐『禮記』

활 겨누다 :

활 겨눌 오【𢎨】滿弓有所向.

활 고두리 :

활 고두리 주【妵】射鳥箭.

활 고른 모양 :

활 고른 모양 성【觧】弓調貌.

활고자 : 활의 시위를 매는 활의 두 끝.

활고자 구【彄】弓不援彄『蔡邕』

활고자 미【弭】象弭魚服『詩經』

활고자 소【簫】소(弰)와 통용.
　　　　右手執簫 左手承弣『禮記』

활고자 소【弰】활의 말단.

활고자 한【釬】弛弓脫釬『管子』

활고자 머리 :

활고자 머리 소【弰】弓弰頭. 右手執弰『禮記』

활꼴 :

활꼴 궁【穹】궁형(弓形). 穹窿.
　　　　穹者三之一『周禮』

활꼴 륭【窿】궁형(弓形). 閣道穹窿『張衡』

활 당기다 :

활 당길 섭【弽】장궁(張弓).

활 당길 위【彏】張弓貌.

활 뒤틀리다 :

활 뒤틀릴 별【彆】궁려(弓戾).

활 부리다 : 활시위를 벗김.

활 부릴 미【彌】미(弭)와 동자(同字).

활 부릴 이【弛】不勝者執弛弓『儀禮』

활 소리 :

활 소리 홍【弘】궁성(弓聲).

활시위 :

활시위 필【弼】궁현(弓弦).

활시위 당기다 :

활시위 당길 확【彉】인장궁(引張弓).

활시위 얹다 :

활시위 얹을 장【張】활에 시위를 맴.
　　　　勝者執張弓『儀禮』

활이 굽은 곳 :

활이 굽은 곳 권【彋】궁곡처(弓曲處).

활잡이 :

활잡이 귀【弽】궁부(弓拊).

활줌통 :

활줌통 부【弣】弓中央.

활집 : 활을 넣어 두는 자루. 인신(引伸)하여 널리
  물건을 넣어 두는 자루.

  활집 고【囊】弓衣. 囊韇. 請垂囊而入『左傳』

  활집 고【韔】궁의(弓衣).

  활집 도【弢】中項伏弢『左傳』

  활집 도【韜】劍韜. 囊韜.

  활집 독【韣】독(韣)과 동자(同字).
          帶以弓韣『禮記』

  활집 창【韔】虎韔鏤膺『詩經』

  활집 창【韔】창(韔)과 통용.

  활집 촉【韣】독(韣)과 동자(同字).
          帶以弓韣『禮記』

  활집 촉【韣】因罷兵倒韣而去『戰國策』

활짝 피다 : 꽃이 활짝 많이 핀 모양. 또 환한 모
  양. 빛나는 모양. 선명한 모양.

  활짝 필 위【韡】棠棣之華 鄂不韡韡『詩經』

활팔찌 :

  활팔찌 병【鞸】⊟ 射鞸. 완뉴(腕紐).

활활 타다 :

  활활 탈 화【㷱】熾也.

황겁(惶怯)하다 : 두려워하여 어찌할 줄 모르다.

  황겁할 연【燃】意急而懼.

  황겁할 정【怔】惶怖怔營『晉書』

  황겁할 종【怂】황거(惶遽).

황경나무 : 운향과에 속한 낙엽 활엽 교목. 나무
  껍질은 코르크를 제조하거나 약을 만드는 데
  쓴다.

  황경나무 벽【檗】벽(檗)과 동자(同字). 黃木.

황금(黃金) : 황색(黃色)의 광택을 내는 금속의
  한 가지. 귀금속 중에서도 가장 귀중한 것으로
  취급되며, 화폐나 장식품에 사용된다.

  황금 황【黃】금. 黃白(금은). 懷銀黃『漢書』

황급(遑急)하다 : 사람이나 그 행동이 정신을 차
  리지 못할 정도로 매우 급하다.

  황급할 탐【憛】황거(惶遽).

  황급할 탐【憛】황거(惶遽).

  황급할 황【偟】황(遑)과 동자(同字).
          忠臣孝子 偟乎不偟『揚子法言』

  황급할 황【遑】황(偟)과 동자(同字).

황기(黃芪) : 장미목 콩과에 속한 여러해살이풀.
  높이는 1미터 정도이며, 열매는 협과(莢果)로
  타원형이며, 뿌리는 한약재로 쓴다.

  황기 기【芪】黃芪一名王孫根高三四尺根藥用.

황달(黃疸) : 혈액 속의 담즙 색소(膽汁色素)가
  비정상적으로 증가하여 피부나 점액에 침착(沈
  着)하여 노랗게 염색된 상태.

  황달 단【癉】달병(疸病).

南方署濕近夏癉熱『漢書』

황달병(黃疸病) : 간장이 허약하여 일어나는 병.

  황달병 달【疸】黃疸. 疸有五『方書』

  황달병 의【戴】黃疸病.

  황달병 황【癀】黃疸病.

황달빛 :

  황달빛 혜【殟】黃病色.

황당(荒唐)하다 : 이야기나 일이 전혀 생각하지
  못한 것이거나 현실성이 없어 어찌할 도리가
  없을 정도로 어이없고 터무니없다.

  황당할 당【唐】荒唐無稽. 荒唐之言『莊子』

황마(黃馬) :

  황마 황【黃】

    ⊙ 털빛이 노란 말. 有驪有黃『詩經』

    ⊙ 노란빛의 물건을 이름. 大黃. 硫黃. 雌黃.
      充耳以黃乎而『詩經』

황벽(黃蘗)나무 : 운향과에 속하는 낙엽교목. 속
  껍질은 황백피(黃白皮)라 하여 약용하며 또 황
  색의 물감으로 씀.

  황벽나무 벽【檗】黃檗. 檗離朱楊『司馬相如』

황부루 : 누른빛과 흰빛이 섞인 말.

  황부루 비【駓】土黃馬. 有騅有駓『詩經』

  황부루 표【驃】土黃馬.

  황부루 황【騜】黃馬白相間色.

황새 : 황샛과에 속하는 새. 모양이 백로 비슷한
  데 훨씬 크고 날개의 끝 부분은 검음.

  황새 관【雚】관(鸛)과 동자(同字). 水鳥似鵠.

  황새 관【鸛】관(鸛)과 통용. 觀雀蚊虻『莊子』

  황새 관【鸛】관조(鸛鳥).

  황새 금【鶄】鶄鶄. 흩야(鶄也).

황새냉이 : 냉이의 일종. 줄기에 거친 털이 있음.

  황새냉이 석【菥】菥蓂. 菥蓂芋瓜『張衡』

황새머리 : 어린아이의 머리 깎을 때 조금 남겨
  놓은 머리.

  황새머리 타【鬌】翦髮爲鬌『禮記』

황소 :

  황소 박【犤】특우(特牛).

황제(皇帝) : 중국의 전설상의 제왕. 복희씨(伏羲
  氏), 신농씨(神農氏)와 더불어 삼황(三皇)의 하
  나로 일컬어지며, 소호(少昊) 대신에 오제(五帝)
  의 한 사람으로 일컬어지기도 한다.

  황제 황【黃】本於黃老『史記』

황제이름 :

  황제이름 시【豨】豨韋氏. 태고(太古)의 제왕(帝
    王)의 이름.

황혼(黃昏) : 해가 뉘엿뉘엿하여 어두워질 무렵.

  황혼 훈【曛】曛黃. 夕曛嵐氣陰『謝靈運』

  황혼 훈【熏】훈(曛)과 통용.

逡與言談至熏夕『後漢書』

황홀(恍惚)하다 : 아름다운 사물 따위에 매혹되어 마음이 달뜨고 몽롱함. 또는 눈이 부셔 어른어른할 정도로 빛나거나 화려함.

황홀할 공【懜】 心身恍惚.

황홀할 홀【惚】

ㄱ 悅惚. 惟恍惟惚『老子』

ㄴ 도취(陶醉)된 모양. 神心惚怳『揚子法言』

황홀할 황【茫】 황(慌)과 동자(同字).
茫惚使人愁『韓愈』

황홀할 황【芒】 황(恍)과 통용. 芒乎芴乎『莊子』

황홀할 황【慌】 황(恍)과 동자(同字).

황홀할 황【荒】 황(慌)과 동자(同字).
荒忽其焉極『楚辭』

황후(皇后) : 천자의 아내. 은(殷) 이전에는 비(妃) 주대(周代)에는 왕후(王后) 진한(秦漢) 이후에는 황후(皇后)라 함.

황후 후【后】 后妃. 天子有后『禮記』

황후 곤【坤】 坤極. 坤殿. 追尊昭成肅明二皇后
於親仁里 別置儀坤廟『舊唐書』

황후 옷 :

황후 옷 요【褕】 꿩의 깃으로 장식한 황후의 옷.
褕狄. 伃僂褕於紫氛『張說』

황후제복 :

황후제복 휘【褘】 제사 때 입는 꿩을 그린 황후의 옷. 王后褘衣『禮記』

홰 : 싸리 갈대 같은 것을 묶어서 길을 밝히거나 화톳불을 놓는 물건.

홰 거【苣】 거(炬)와 동자(同字).
束苣乘城『後漢書』

홰 거【炬】 炬火.

홰 : 닭이 앉는 곳.

홰 걸【榤】 걸(桀)과 동자(同字).
雞棲于杙爲榤『爾雅』

홰 걸【桀】 雞棲于桀『詩經』

홰 시【塒】 雞棲于塒『詩經』

홰 익【弋】 雞棲於弋『爾雅』

홰(槐)나무 : 콩과(科)에 속한 낙엽 활엽 교목. 가지가 퍼져 자라고 속껍질은 노랗고 특유한 냄새가 난다.

홰나무 홰【槐】 괴목(槐木). 槐木之別名.

홰치는 소리 : 닭이 날개를 치는 소리.

홰치는 소리 박【膊】 膊膊庭樹雞初鳴『陸游』

확 채가다 :

확 채갈 략【剠】 탈취(奪取).

확 채갈 철【掇】 약거(掠去).

홰대 : 물건이나 옷을 걸게 가로나무를 장치한 것.

홰대 가【架】 衣架. 衣服在架『晉書』

홰대 가【枷】 가(架)와 동자(同字).
男女不同桁枷『禮記』

홰대 간【竿】 衣竿.

홰대 격【格】 掛衣架.

홰대 이【桃】 男女不同桃架『禮記』

홰대 이【簃】 凡以竿爲衣架者名曰簃『爾雅』

홰대 항【桁】 衣架. 還視桁上無懸衣『古樂府』

홰대 휘【楎】 不敢懸于夫之 楎桃『禮記』

홰대보 :

홰대보 반【幋】 覆衣大巾.

홰불 : 홰에 붙인 불.

홰불 작(조)【爝】 日月出矣 而爝火不息『莊子』

홰불 초【燋】 炬火. 以明火熱燋『周禮』

홰불 홍【烘】 燎也.

회 :

회 괴【膾】 膾也.

회 분【粉】 벽에 바르는 흰 가루. 석회. 粉壁.

회 제【齏】 어육 따위를 날로 엷게 썬 음식.

회 회【膾】 잘게 저민 날고기. 膾不厭細『論語』

회 회【鱠】 회(膾)와 동자(同字).
食魚鱠『博物志』

회계(會計) : 금전의 계산.

회계 요【要】 要會. 則受邦國之比要『周禮』

회계하다 :

회계할 민【鍲】 계세(計稅).

회뢰(賄賂) : 부정한 이득을 얻기 위하여 금품을 주는 일. 또 그 금품.

회뢰 구【賕】 賕賂. 受賕枉法『史記』

회뢰 장【臧】 장(贓)과 통용. 貪汚坐臧『漢書』

회복(回復)하다 : 원래의 좋은 상태로 되돌리거나 되찾다.

회복할 복【復】 復位. 興復漢室『諸葛亮』

회색 빛 :

회색 빛 달【黮】 白黮. 유흑(有黑).

회양목 : 회양목과에 속하는 상록교목. 결이 곱고 단단하며 도장, 빗 등 세공의 기구를 만드는 데 널리 쓰임.

회양목 전【樿】 黃楊. 櫛用樿櫛『禮記』

회양 풀 : 미나리과에 속하는 이년초(二年草). 향기가 남. 열매는 약재로 쓰인다.

회양 풀 회【茴】 茴香生蒙楚之間『嵆康』

회오리바람 : 나선 모양으로 갑자기 빙빙 도는 바람. 전선(前線)으로 인해 일부분의 기압이 갑자기 떨어져서 생긴다. 주위의 먼지나 모래 알들이 소용돌이치며 딸려 올라가서 기둥 모양으로 돈다.

회오리바람 선【颴】 風轉.

회오리바람 안【颸】 颶風.

회오리바람 유【飇】颶風.

회오리바람 표【飄】旋風. 匪風飄兮『詩經』

회오리바람 표【猋】표(飄)와 동자(同字).
　　　　　　　猋風暴雨總至『禮記』

회오리봉 :

　회오리봉 타【隋】작고 뾰족한 산.

회음(會飮)하다 : 국가의 경사를 축하하기 위하
　여 신민(臣民)이 모여 술을 마시며 즐김.

　회음할 포【酺】天下大酺『史記』

회장(回章) : 여럿이 돌려보도록 쓴 글.

　회장 격【檄】회문(廻文). 佗移檄『史記』

회장(回裝) : 병풍이나 족자 따위의 가장자리에
　다른 색깔로 덧대는 꾸미개.

　회장 석【緆】緆紳緆『儀禮』

회초리 : 벌로 아이를 때릴 때나 마소를 부릴 때
　쓰는 가늘고 긴 나뭇가지.

　회초리 가【榎】榎楚.

　회초리 각【㩖】鞭也.

　회초리 박【扑】복(扑)과 동자(同字). 櫃楚.

　회초리 종【蔱】木細枝. 故傳曰慈母之怒子也猶
　　　　　　　折蔱笞之其惠存焉『方言』

　회초리 하【夏】가(檟)와 통용.
　　　　　　　夏楚二物 收其威也『禮記』

회치다 : 고기를 얇게 썲.

　회칠 접【腺】접(聶)과 동자(同字).

　회칠 접【聶】접(腺)과 동자(同字). 牛與羊魚之
　　　　　　　腥聶而切之爲膾『禮記』

　회칠 회【膾】魚鼈膾鯉『書經』

회포(懷抱) :

　회포 포【怉】懷也. 가슴에 품다.

획(畫) :

　획 획【畫】자획(字畫). 點畫.

횟수 :

　횟수 회【回】一回.

효도(孝道) : 부모를 잘 섬김.

　효도 효【孝】夫孝者德之本也『孝經』

효용(效用) : 영향을 미치는 힘.

　효용 용【用】運用. 禮之用 和爲貴『論語』

효용(梟勇) : 성질이나 행동 따위가 사납고 날쎔.

　효용할 효【梟】梟悍. 來致梟騎助漢『漢書』

효유(曉諭)하다 : 가르쳐 깨닫도록 하다.

　효유할 변【辯】其過失可微辯而不可面數也『禮記』

효자(孝子) : 부모를 잘 섬기는 아들.

　효자 효【孝】興廉擧孝『漢書』

효험(效驗) : 어떤 일이나 약 따위의 작용으로 나
　타나는 좋은 결과.

　효험 징【徵】효과(效果). 徵效.

　　　　　久則徵 徵則悠遠『中庸』

후계(後繼) : 뒤를 잇는 일.

　후계 승【承】鄭師爲承『左傳』

후군(後軍) :

　후군 전【殿】
　　㉠ 후진(後陣)의 군대. 實諸戎車之殿『左傳』
　　㉡ 최후까지 남아서 적을 방어하는 일.
　　　　　奔而殿『論語』

후궁(後宮) : 주되는 궁전의 뒤쪽에 있는 궁전.

　후궁 액【掖】恃宮掖聲勢『後漢書』

　후궁 항【巷】司宮巷伯『左傳』

후미 : 물이 육지로 만입(灣入)한 곳.

　후미 욱【澳】若亂之墮於澳也『申鑒』

후미지다 :

　후미질 벽【僻】궁벽(窮僻)함. 僻地. 僻村.
　　　　　　　蜀西僻之國『史記』

　후미질 비【厞】유은(幽隱).

　후미질 앙【峽】산이 깊숙한 모양.
　　　　　　　山林幽峽『左思』

후미진 곳 : 쑥 들어가서 으슥한 곳.

　후미진 곳 외【隈】過析隈『左傳』

후벼내다 :

　후벼낼 알【挖】挑挖 穿索.

후복(侯服) : 오복(五服)의 하나. 왕성(王城) 주위
　(周圍)로부터 오백리(五百里)에서 천리(千里)사
　이의 땅.

　후복 후【侯】五百里侯服『書經』

후비다 :

　후빌 결【刐】긁어 냄.

　후빌 조【挑】도려 파냄. 侃以針挑今徹『異苑』

후사(後嗣) : 대를 잇는 자식.

　후사 사【嗣】不禮於衛之嗣『左傳』

후손(後孫) : 여러 대(代)가 지난 뒤의 자손.

　후손 엽【葉】孔穿. 孔子之葉也『公孫龍子』

후예(後裔) : 핏줄을 이어받은 먼 자손.

　후예 예【裔】苗裔. 德垂後裔『書經』

후작(侯爵) : 중국 고대 제후나 귀족의 오등작(五
　等爵)의 둘째 작위. 공(公)의 아래이며 백(伯)의
　위이다.

　후작 후【侯】其餘大國稱侯『公羊傳』

후추 : 후추나무의 열매. 독특한 매운맛이 있어서
　향신료로 사용되며, 성질이 따뜻하여 위한(胃
　寒), 구토, 곽란 등에 사용된다.

　후추 호【椒】호초(胡椒).

후투티 : 후투팃과에 속한 새. 몸빛은 분홍색을
　띤 갈색이며, 날개와 꽁지에는 흰색과 검은색의
　줄무늬가 있다. 오디새.

후투티 임【鵀】대승(戴勝). 戴鵀.

후(厚)하다 : 인색하지 않고 넉넉하다.

　후할 비【腜】福祿腜之『小雅』

　후할 잉【訊】厚也.

훅 들이마시다 :

　훅 들이마실 탑【噠】毋噠羹『禮記』

훈(訓) : 한자의 뜻.

　훈 훈【訓】訓音.

훈고(訓詁) : 고문(古文)의 자구(字句)를 해석(解釋)하는 일.

　훈고 고【詁】訓詁. 詁訓以紀六經讖侯
　　　　　　　　『舊唐書』

　훈고 고【故】고(詁)와 통용.
　　　　　　魯故二十五卷『漢書』

　훈고 훈【訓】訓詁. 訓義. 爾雅者所以通
　　　　　　詁訓之指歸『郭璞』

훈자(薰炙)하다 : 어떤 사람이 다른 사람을 좋은 영향을 주어 변화하게 하다.

　훈자할 훈【薰】薰陶. 薰其德『韓愈』

훈채(葷菜) : 파나 마늘, 생강(生薑)처럼 특이한 냄새가 나는 채소(菜蔬).

　훈채 훈【葷】

　　㉠ 매운 채소. 問夜膳葷『儀禮』

　　㉡ 냄새가 나는 채소. 不在於食葷『荀子』

훈(燻)하다 : 약 같은 것으로 뜸.

　훈할 찬【竄】竄以藥『史記』

　훈할 학【臛】그을림. 乃臛其目『史記』

　훈할 훈【薰】훈(熏)과 통용.
　　　　　　與世常薰赫『張九齡

　훈할 훈【燻】훈(熏)의 속자(俗字).

훌륭하다 : 썩 좋아서 나무랄 곳이 없다.

　훌륭할 준【儁】俊也. 得儁曰克.

　훌륭할 황【皇】思皇多士『詩經』

훌쩍거리다 : 콧물을 들이마시면서 자꾸 흐느껴 울다.

　훌쩍거릴 련【㦄】읍모(泣貌).

　훌쩍거릴 오【歔】增欷歔唈『淮南子』

　훌쩍거릴 의【俹】童子哭不俹『禮記』

훌쩍 날다 : 가볍게 나는 모양.

　훌쩍 날 편【翩】翩彼飛鴞『詩經』

훌쩍 날리다 : 가볍게 날리는 모양.

　훌쩍 날릴 표【票】票然逝旗逶蛇『漢書』

훌쩍훌쩍 울다 :

　훌쩍훌쩍 울 철【啜】啜其泣矣『詩經』

　훌쩍훌쩍 울 희【唏】희(欷)와 동자(同字).
　　　　　　紂爲象箸而箕子唏『史記』

훌치 그물 :

　훌치 그물 벽【繴】어망(魚網).

훑다 :

　훑을 급【扱】곡식을 훑음. 稻扱棧.

훔쳐가다 :

　훔쳐갈 닙【囡】盜也.

훔쳐 팔다 :

　훔쳐 팔 괴【拐】拐賣.

훔치다 : 다른 사람의 것을 자기 것으로 하기 위해 몰래 가져가다.

　훔칠 도【盜】

　　㉠ 도둑질함. 盜用. 盜器爲姦『左傳』

　　㉡ 盜名. 盜名字者 不可勝數『後漢書』

　훔칠 람【濫】君子以爲濫矣『禮記』

　훔칠 상【儴】절취(竊取). 無敢寇儴『書經』

　훔칠 석(섭)【夾】도취(盜取).

　훔칠 소【捸】暗取物.

　훔칠 양【攘】攘竊. 其父攘羊『論語』

　훔칠 요【徼】剽竊. 惡徼以爲知者『論語』

　훔칠 절【竊】

　　㉠ 절취(截取)함. 竊盜. 竊寶玉大弓『春秋』

　　㉡ 사사로이 함. 臧文仲其竊位者與『論語』

　훔칠 투【婾】투(偸)와 동자(同字).
　　　　　　婾居幸生『國語』

　훔칠 투【偸】偸兒. 偸盜. 偸得利而有害『管子』

훙서(薨逝)하다 : 왕공(王公) 귀인(貴人)이 죽음.

　훙서할 훙【薨】公薨于齊『春秋』

훤하다 :

　훤할 활【豁】空大貌.

훨훨 날다 :

　훨훨 날 답【翻】飛也.

　훨훨 날 예【洩】비상하는 모양.
　　　　　　翔霧連軒淫淫洩洩『左傳』

　훨훨 날 환【鶢】비모(飛貌).
　　　　　　朱鳥鶢鶢歸其肆矣『法言』

　훨훨 날 휘【翬】날개를 훨훨 치며 빨리 낢.
　　　　　　鷹隼醜 其飛也翬『爾雅』

훨훨 날아가다 :

　훨훨 날아갈 홀【滰】飛去貌. 鼓翅翢滰『江賦』

훼방하다 :

　훼방할 구【傛】毀也.

　훼방할 해【害】三時不害 而民和年豊也『左傳』

휑뎅그렁하다 : 광대(廣大)하고 공허(空虛)함.

　휑뎅그렁할 랑【閬】胞有重閬 心有天遊『莊子』

　휑뎅그렁할 표【嘹】嘹嘈.
　　　　　　嶕谷嘹嘈張其前『張協』

　휑뎅그렁할 하【谺】谺呀豁閜『史記』

　휑뎅그렁할 하【谽】通谷谽兮谺谺『漢書』

　휑뎅그렁할 함【谽】谽谺. 趨谽谺之洞穴『張衡』

　휑뎅그렁할 홍【谾】골짜기가 텅 빈 모양.

笿壑奧竇『吳儆』

휑하다 : 아무 것도 없이 텅 비어 있음.

휑할 료【寥】공허함. 寥廓.

휑할 하【呀】嵤呀. 呀周池而成淵『班固』

휑할 확【廓】廓然獨居『漢書』

휑할 확【霩】확(廓)과 통용. 道始于虛霩 虛霩
　　　　生宇宙『淮南子』

휘(諱) : 높은 사람이나 죽은 사람의 이름.

휘 휘【諱】㉠ 以諱事神『左傳』
　　　　㉡ 諱辯『韓愈』

휘 : 곡식의 분량을 재는 그릇의 하나.

휘 곡【斛】10말의 용량(容量).
　　　　十斗曰斛『儀禮』

휘 용【甬】곡(斛)에 해당(該當). 斛甬『禮記』

휘 유【區】量也. 16말.

휘날리다 :

휘날릴 렵【獵】雲旗獵獵過潯陽『李白』

휘날릴 번【繙】繙冤.

휘날릴 표【縹】鳳縹縹其高逝兮『賈誼』

휘늘어지다 :

휘늘어질 자【鞢】柳鞢鶯嬌花復殷『岑參』

휘다 :

휠 광【匡】굽음. 輪雖敝不匡『禮記』

휠 뇨【橈】
　　㉠ 구부러짐. 轅直且無橈也『周禮』
　　㉡ 구부림. 毋或枉橈『禮記』

휠 뇨【撓】
　　㉠ 구부러짐. 撓屈. 不膚撓 不目逃『孟子』
　　㉡ 정당하지 아니함. 枉辟邪撓之人『呂氏春秋』
　　㉢ 구부러지게 함. 撓折棟梁『後漢書』
　　㉣ 정당히 하지 아니함. 撓法治之『史記』

휠 발【撥】흰 것이 반대쪽으로 휨.
　　　　弓撥矢鉤『戰國策』

휠 연【蜎】굽음. 刺兵欲無蜎『周禮』

휠 유【楺】유(揉)와 통용. 나무를 구부림.
　　　　楺木爲耒『易經』

휠 유【揉】구부러지게 함. 揉木爲來『史記』

휠 유【煣】불기운을 쬐어 나무를 휨.
　　　　煣木爲耒『漢書』

휘두르다 :

휘두를 분【奮】손에 잡고 휘휘 돌림.
　　　　手奮長刀『宋書』

휘두를 횡【捴】揮也.

휘두를 휘【揮】
　　㉠ 휘휘 돌리며 움직임. 揮刀紛紜『韓愈』
　　㉡ 서화(書畵)를 쓰거나 그림.
　　　　揮毫 揮筆如流星『李頎』

휘두를 휘【撝】지시(指示)함. 지휘(指揮)함.

撝指. 瞬目而撝之『淮南子』

휘어 꺾다 :

휘어 꺾을 별【捌】捩也.

휘어 만든 나무바리 :

휘어 만든 나무바리 권【桊】屈木盂.

휘어잡다 : 거머잡음.

휘어잡을 련【攣】攀也.

휘어잡을 진【抮】扶搖抮抱羊角而上『淮南子』

휘장(揮帳) :

휘장 렴【帘】帷也.

휘장 병【帲】幄也.

휘장 악【幄】위와 사방을 둘러치는 막. 帷幄.
　　　　幕人掌帷幕幄帟綬之事『周禮』

휘장 위【幃】홑겹으로 된 휘장. 幃帳.
　　　　垂幃痛飮而己『南唐近事』

휘장 유【帷】사방을 둘러치는 장막.
　　　　下帷講誦 三年不窺園『漢書』

휘장 장【帳】帷帳. 卽其帳中 斬宋義頭『史記』

휘장 주【幬】네모지게 둘러치는 휘장.
　　　　蛟幬. 葛幬竹簟夜更涼『陸游』

휘장 주【幬】幬張. 褰余幬而請御『宋玉』

휘장 첨【襜】첨(襜)과 동자(同字).
　　　　婦車亦如之有襜『儀禮』

휘장 첨【襜】수레에 치는 휘장(揮帳).
　　　　赤屛泥絳襜絡『後漢書』

휘장 첩【帖】침소(寢所) 앞에 치는 휘장.
　　　　牀前帷曰帖『釋名』

휘장 파【帊】帳也.

휘장 황【幌】장막(帳幕). 卷幌通河色 開窗引用
　　　　輝『梁簡文帝』

휘장에 바람 치는 소리 :

휘장에 바람 치는 소리 횡【禭】帷帳風吹聲.

휘청거리다 :

휘청거릴 교【澆】撓使濁.

휘청거릴 염【姌】섬세(纖細).

휘청거릴 의【檹】木弱貌.

휘청휘청하다 :

휘청휘청할 나【娜】부드럽고 긴 모양.
　　　　萬柳枝娜娜『梅堯臣』

휘청휘청할 뇨【嫋】부드럽고 긺.
　　　　嫋嫋柳垂條『鮑照』

휘파람 :

휘파람 술【𡁻】吹口貌.

휘파람 불다 :

휘파람 불 소【嘯】其嘯也歌『詩經』

휘파람 불 소【歗】소(嘯)와 동자(同字).
　　　　條其歗矣『詩經』

휘파람 불 조【條】條其歗矣『詩經』

휘파람 불 휻【嘦】嘯也. 취구(吹口).

휘파람새 : 휘파람샛과에 속한 새. 높고도 맑은
　　울음소리를 낸다.

　휘파람새 앵【鸎】황조(黃鳥) 일명(一名) 금의공
　　자(金衣公子).

휘하다 : 높은 이의 이름을 부르기를 피함.

　휘할 휘【諱】漢諱武帝名徹爲通『韓愈』

휙 날다 : 송골매 같은 것이 빨리 나는 모양.

　휙 날 삽【翈】捷也. 飛之疾.

　휙 날 율【欥】欥彼飛隼『詩經』

휙 소리 : 휙 하고 나는 작은 소리.

　휙 소리 혈【映】吹劍首者映而已矣『莊子』

휙 차가다 :

　휙 차갈 잔【殘】疾取去貌.

휙 채다 :

　휙 챌 긍【搄】引急. 大弦　則小弦絶『淮南子』

휙휙 날다 :

　휙휙 날 숙【翻】우성(羽聲).

휙휙 부는 바람 :

　휙휙 부는 바람 개【颽】질풍(疾風).

　휙휙 부는 바람 불【颰】질풍(疾風).

　휙휙 부는 바람 협【颭】위풍(危風). 廣莫颭而
　　　　　　　　　　　氣整『江賦』

　휙휙 부는 바람 홀【颮】疾風貌.

휴가(休暇) : 대(代)에 관리(官吏)가 휴가(休暇)
　를 얻어 귀향(歸鄕)하는 일.

　휴가 휴【休】賜暇. 歸休. 休所繇來久『漢書』

흉 : 헌 데나 다친 데의 아문 자국.

　흉 단【短】결점(缺點). 과실(過失). 短所. 疵短.
　　　　　　愼勿談人之短『朱熹家訓』

　흉 반【瘢】吳王好劍客 百姓多瘡瘢『後漢書』

　흉 자【玼】자(疵)와 통용. 去玼吝『後漢書』

　흉 자【疵】吹毛覓疵. 不吹毛而求小疵『韓非子』

　흉 파【疤】헌 데의 아픈 자국.

　흉 흔【痕】상처자국. 洗垢求其瘢痕『後漢書』

흉갑(胸甲) : 전쟁 때 가슴에 대어 몸을 보호하는
　가죽으로 만든 갑옷의 일종.

　흉갑 협【輪】蘭盾輪革『管子』

흉내내다 : 남의 언행을 그대로 옮겨서 하다.

　흉내낼 사【似】吳語我能似『陸游』

흉년(凶年)들다 : 오곡이 잘 여물지 아니한 해.

　흉년들 강【獻】穀不充實.

　흉년들 검【儉】儉糶. 比歲荒儉『晉書』

　흉년들 겸【歉】겸(嗛)과 동자(同字). 歉饉.
　　　　　　　歲久不登 公私歉敝『宋書』

　흉년들 근【饉】饑饉. 餓饉流隷『班固』

　흉년들 기【饑】饑饉. 荒饑.

　흉년들 기【飢】歲且荐飢『蘇軾』

흉년들 악【惡】惡歲. 歲惡民流『漢書』

흉년들 침【侵】풍년(豊年)의 대(對).
　　　　　　五穀不登 謂之大侵『穀梁傳』

흉년들 황【稴】흉년(凶年).

흉년들 황【荒】凶荒. 荒歲.
　　　　　　四穀不升日荒『韓詩外傳』

흉년들 흉【凶】凶豊. 凶年不免死亡『孟子』

흉노왕비 :

　흉노왕비 연【閼】閼氏. 흉노의 왕비의 호(號).
　　　　　　　單于之嫡妻號.

흉노이름 :

　흉노이름 돌【頓】冒頓(묵돌)은 흉노왕의 이름.

흉배 : 관복(官服)의 가슴과 등에 붙이는 수(繡)놓
　은 헝겊 조각.

　흉배 양【揚】圀 흉배(胸背).

흉보다 :

　흉볼 단【短】결점(缺點)을 지적(指摘)함.
　　　　　　上官大夫短屈原於頃襄王『史記』

　흉볼 자【疵】正義直指擧人之過 非毀疵也『荀子』

　흉볼 저【詆】결점을 들어 말함.
　　　　　　面詆. 醜詆. 排擯詆辱『宋史』

　흉볼 침【諗】譏也.

흉악(凶惡)하다 : 성질이 험상궂고 모짊.

　흉악할 흉【兇】
　　㉠ 흉(凶)과 동자(同字). 兇行. 兇險.
　　㉡ 흉악한 사람. 元兇. 除兇報千古『唐太宗』

　흉악할 흉【凶】포악(暴惡)함. 凶逆. 凶徒.
　　　　　　天之凶民『顏氏家訓』

흉조(凶鳥)이름 :

　흉조이름 오【鵶】不祥鳥.

흉하다 :

　흉할 혜【暳】兇也.

　흉할 흉【殈】흉(凶)과 동자(同字).

　흉할 흉【凶】
　　㉠ 길(吉)하지 않다. 凶兆. 明吉凶『易經』
　　㉡ 사람이 죽음. 凶報. 凶衣.

흉한(兇漢) : 흉악(凶惡)한 사람.

　흉한 려【厲】誅鉏鯢厲『子華子』

　흉한 흉【凶】凶手. 夷凶剪亂『陸機』

흉흉(洶洶. 匈匈)하다 : 인심이 몹시 수선스러운
　모양.

　흉흉할 흉【匈】天下匈匈『漢書』

흐느끼다 :

　흐느낄 애【優】흑흑 느끼며 욺.
　　　　　　亦孔子優『詩經』

　흐느낄 읍【唈】슬퍼 흐느껴 욺.
　　　　　　嗚唈. 增欷嗚唈『淮南子』

　흐느낄 허【歔】훌쩍훌쩍 욺.

泣歔欷而霑衿『東方朔』

흐느낄 희【欷】 탄식함. 흑흑 흐느끼어 욺.
歔欷. 坐者悽欷『張衡』

흐르게 하다 :

흐르게 할 류【流】 流涕. 何其血之流件也『孟子』

흐르게 할 탕【蕩】 물을 흘러 내려가게 함.
以溝蕩水『周禮』

흐르다 :

흐를 곤【滾】 물이 세차게 흐르는 모양.
不盡長江滾滾來『杜甫』

흐를 골【滑】 물이 흐르는 모양.
湧泉滑滑『易林』

흐를 굴【淈】 막힌 물이 통하여 흐르는 모양.
漇漇淈淈『司馬相如』

흐를 낭【瀼】 물이 흐르는 모양.
涓流泱瀼『木華』

흐를 류【流】
㉠ 액체가 내려감. 流水. 如川之流『詩經』
㉡ 떠내려감. 譬彼舟流『詩經』
㉢ 쏠림. 지나침. 說者流於辯『孔子家語』
㉣ 세월이 감. 蔚蔚流年度『杜甫』
㉤ 별 총탄 화살 등이 날아 지나감.
流丸. 觸白刃冒流矢『司馬相如』
㉥ 번져 퍼짐. 流布. 地道變盈而流謙『易經』
㉦ 옮겨 감. 德之流行速於置郵而傳命『孟子』
㉧ 미침. 이름. 澤流苗裔『史記』
㉨ 빙빙 돎. 주전(周轉)함. 周流無不偏『禮記』
㉩ 방랑(放浪)함. 流浪. 漂流二十年『蘇軾』
㉪ 절제를 잃음. 流僈. 樂勝則流『禮記』
㉫ 근원 없이 일어남. 流聞. 流言流說『荀子』
㉬ 곁눈질함. 流眄. 鄭伯視流而行速『左傳』

흐를 류【溜】 흘러 내려 감.
廻沙溜碧水『梁簡文帝』

흐를 리【灑】 물이 흐르는 모양.
灑乎滲灑『揚雄』

흐를 린【磷】 맑은 물이 돌 사이를 흐르는 모양.
碎石水磷磷『宋之問』

흐를 미【渳】 물이 흐르는 모양.
河水渳渳『韓詩外傳』

흐를 미【亹】 시간이나 물 같은 것이 쉬지 않고
흐르는 모양. 清流亹亹『左思』

흐를 미【瀰】 유모(流貌).

흐를 미【瀰】 물이 흐르는 모양.
河水瀰瀰『詩經』

흐를 박【洦】 물이 흐르는 모양.
洦如四海之池『漢書』

흐를 사【涐】 물이 흐르는 모양.
凄凄兮涐涐『楚辭』

흐를 압【浥】 물이 흘러 내려감.

乍渇乍堆『郭璞』

흐를 역【淒】 流也. 물이 흐르는 모양.

흐를 연【衍】 흘러감. 衍在中也『易經』

흐를 연【演】 길게 흐름. 먼 곳으로 흘러감.
東演析木『木華』

흐를 연【沇】 물이 졸졸 흐르는 모양.
沇沇四塞『漢書』

흐를 원【湲】
㉠ 물이 졸졸 흐르는 모양. 또 그 소리.
觀流水兮潺湲『楚辭』
㉡ 눈물이 줄줄 흐르는 모양.
橫流涕兮潺湲『楚辭』

흐를 용【溶】 沇溶. 물이 질펀이 흐르는 모양.

흐를 유【沇】 沇溶. 물이 산골짜기를 흐르는 모양.
沇溶淫鬻『司馬相如』

흐를 유【瀯】 물이 흐르는 모양.
淇水瀯瀯『詩經』

흐를 유【渶】 유(瀯)와 동자(同字). 물이 흐르는
모양. 渶 淒濊灠『木華』

흐를 율【汩】 물이 흐름. 汩汩.
浩浩沅湘兮 分流汩兮『楚辭』

흐를 익【淢】 流也.

흐를 점【漸】 흘러 들어감. 東漸于海『書經』

흐를 정【涅】 말하지 않고 통하여 흐름.

흐를 조【朝】 흘러 들어감. 江漢朝宗海『書經』

흐를 주【注】 물이 흐름. 豊水東注『詩經』

흐를 줄【淬】 물이 흐르는 모양.
渺溟莅淬『杜甫』

흐를 즐【濿】 물이 흐르는 모양. 또 그 소리.
濿汩澎湃『嵇康』

흐를 창【淌】 물이 흐르는 모양.
淌游瀷减『淮南子』

흐를 첩【喋】 피가 흐르는 모양.
夏楚血常喋『王安石』

흐를 퇴【頹】 물이 아래로 내려감.
水頹以絶商顔『史記』

흐를 패【霈】 물이 세차게 흐르는 모양.
雲雨流霈『獨孤及』

흐를 패【沛】 흐르는 모양.
灌二江而漰沛『郭璞』

흐를 표【淲】 물이 흐르는 모양.
淲池北流『詩經』

흐를 행【行】 물이 흐름. 水逆行『孟子』

흐를 혼【混】 많이 흐르는 모양. 세차게 흐르는
모양. 原泉混混 不舍晝夜『孟子』

흐를 휘【濰】 물이 흐르는 모양.
霍濰濩渭 蕩雲沃日『木華』

흐를 흘【汔】 流也.

흐름 :

흐름 류【流】

    ㉠ 흐르는 물. 激流. 從流下而忘反『孟子』

    ㉡ 흐르는 방향. 逆流而上『爾雅』

    ㉢ 流傳함. 承流而宣化『漢書』

흐름 유【游】 수류(水流). 必居上游『漢書』

흐름 주【注】 수류(水流). 微派涓注『水經注』

흐리게 하다 :

흐리게 할 골【搰】 혼탁하게 함.
                   水之性清土者之『呂氏春秋』

흐리게 할 골【滑】 혼탁함. 또 혼탁하게 함.
                   滑其泥而揚其波『楚辭』

흐리게 할 굴【淈】 혼탁함. 또 혼탁하게 함.
                   淈其泥而揚其波『楚辭』

흐리게 할 탁【濁】 汶濁之『論衡』

흐리게 할 효【淆】 淆之不濁『後漢書』

흐리다 :

흐릴 갱【瞑】 잘 보이지 않는 모양.
                 屹瞑曭以勿罔『王延壽』

흐릴 니【泥】 흙탕물이 됨. 井泥不食『易經』

흐릴 당【儻】 밝지 않음.
               儻朗. 儻乎若行而失道也『莊子』

흐릴 돈【黗】 濁也.

흐릴 동【瞳】 瞳矇. 흐린 모양. 희미한 모양.
             湖色濃蔬漾海光漸瞳矇『陶翰』

흐릴 롱【朧】 달빛 같은 것이 흐린 모양.
             朦朧. 紙窗弄色如朧月『范成大』

흐릴 만【瞞】 눈이 잘 보이지 않는 모양.
             酒食聲色之中 則瞞瞞然『荀子』

흐릴 말【眜】 눈이 잘 보이지 아니함.

흐릴 매【眛】 눈이 잘 보이지 아니함.
             目不別五色之章爲眛『左傳』

흐릴 모【眊】

    ㉠ 눈이 맑지 아니함. 눈에 정기가 없음.
          眸子眊焉『孟子』

    ㉡ 시력이 어두움. 年耆目眊『漢書』

    ㉢ 정신이 흐림. 慣眊不知所爲『漢書』

흐릴 몽【矇】 달빛 같은 것이 흐린 모양.
           朦朦. 朦朧烟 霧曉『李嶠』

흐릴 무【瞀】

    ㉠ 눈이 어두움. 眼瞀精色『晉書』

    ㉡ 정신이 흐림. 愚陋目瞀瞀『荀子』

흐릴 문【惽】 정신이 흐려 잘 잊어버리는 모양.
           惛怳. 惽然忘其言『莊子』

흐릴 문【芠】 분명하지 아니한 모양.
           芒芠漠閔『淮南子』

흐릴 방【仿】 仿佛其若夢『揚雄』

흐릴 생【眚】 노쇠하거나 안질 때문에 눈이 흐림.
           目眚昏花燭穗垂『范成大』

흐릴 서【泥】 흙탕물이 됨. 井泥不食『易經』

흐릴 심【淰】 물이 혼탁함.

흐릴 애【靉】 구름이 많이 끼는 모양. 靉靆.
           高堂梧與竹 靉靆排空青『顧瑛』

흐릴 예【瞖】 눈에 백태 같은 것이 끼어 잘 보
           이지 않음. 后生而翳黑 瞖一目
           『宋史』

흐릴 예【翳】

    ㉠ 날이 흐림. 纖霿不翳『宋史』

    ㉡ 눈이 흐림. 目爲之翳『宋史』

흐릴 와【溛】 溛溇. 盪溛溇之女于咎兮『楚辭』

흐릴 위【溇】 溛溇. 혼탁함. 더러움.
           盪溛溇之女于咎兮『楚辭』

흐릴 음【陰】 구름이 낌. 以陰以雨『書經』

흐릴 음【霒】 구름이 낌. 忠昭昭而願見兮 然霒
           曀而莫達『楚辭』

흐릴 자【玆】 빛이 검고 흐림.
           使吾水玆『左傳』

흐릴 자【滋】 혼탁함. 何故使我水滋『左傳』

흐릴 질【佚】 성품이 흐리터분함.
           爲人簡易佚蕩『漢書』

흐릴 참【墋】 不澄清貌.

흐릴 탁【濁】

    ㉠ 물이 맑지 아니함. 涇以渭濁『詩經』

    ㉡ 濁流. 在山泉水清 出山泉水濁『杜甫』

    ㉢ 혼란함. 濁亂. 書策稱濁『戰國策』

    ㉣ 곱지 아니함. 선명하지 아니함.
          濁澤以有光『山海經』

    ㉤ 더러움. 濁汙. 擧世皆濁 我獨清『楚辭』

흐릴 태【汏】 혼탁(混濁)함. 反潔爲汏『新書』

흐릴 패【晿】 曇也.

흐릴 표【瞟】 눈이 잘 보이지 않는 모양. 忽瞟
           眇以響像 若鬼神之髣髴『王延壽』

흐릴 호【糊】 똑똑하지 아니함. 애매함. 模糊.
           小事糊塗 大事不糊塗『宋史』

흐릴 혹【掝】 혼몽(昏懜) 함.
           以己之受人之掝掝『荀子』

흐릴 혼【混】 혼탁함. 色混元氣深『劉長卿』

흐릴 혼【溷】 맑지 아니함.
           溷汁. 世謂隨夷爲溷『漢書』

흐릴 혼【溷】 혼탁(混濁)한 모양.

흐릴 혼【惛】 마음이 흐림. 어리석음.
           惛怳. 惛然若亡而存『莊子』

흐릴 혼【惽】 혼(惛)과 동자(同字). 마음이 혼미함.
           吾惽不能進於是矣『孟子』

흐릴 혼【殙】 혼(惛)과 동자(同字).
           以黃金注者殙『莊子』

흐릴 혼【渾】 혼탁함. 渾濁. 兮其若濁『老子』

흐릴 환【韓】 濁也.

흐릴 환【澴】 흐려져서 글씨 같은 것이 잘 보이

지 않는 모양. 圖書己漫漶 『蘇軾』

흐릴 회【恛】恛恛. 마음이 혼란한 모양.
　　　　疑恛恛 『太玄經』

흐릴 효【淆】혼탁함. 또는 혼란함.
　　　　混淆. 溷淆無別 『漢書』

흐릴 희【灘】灩灘.

흐리멍덩하다 :

흐리멍덩할 몽【懞】명료(明瞭)하지 않은 모양.
　　　　懞懂. 善畫無根樹 能描懞懂
　　　　山 『書經』

흐리멍덩할 몽【懵】몽(瞢)과 동자(同字). 惛也.

흐리멍덩할 몽【瞢】분명하지 않은 모양.

흐리멍덩할 몽【夢】혼미함. 視天夢夢 『詩經』

흐린 아침에 날 밝다 :

흐린 아침에 날 밝을 간【暕】陰朝日明.

흐릿하다 : 분명하지 않은 모양.

흐릿할 몽【濛】新月隔溪煙霧濛 『方岳』

흐릿할 혼【倱】濛倱.

흐뭇하다 :

흐뭇할 염【饜】만족함. 不奪不饜 『孟子』

흐트러뜨리다 :

흐트러뜨릴 월【越】산일(散逸)함.
　　　　風不越而殺 『左傳』

흐트러지다 :

흐트러질 봉【蓬】흐트러져 산란한 모양.
　　　　蓬髮. 蓬頭垢面 『魏書』

흐트러질 월【越】산일(散逸)함.
　　　　風不越而殺 『左傳』

흑단(黑檀) : 감나뭇과(科)에 속한 상록 교목. 색
　깔, 내구성, 경도, 광택 때문에 고급 목공 가
　구, 피아노 키, 칼 손잡이 따위로 이용한다.

흑단 만(문)【樠】鳥孫國山多松樠 『漢書』

흑색 : 쇠 같은 검은 빛.

흑색 철【鐵】天子駕鐵驪 『禮記』

흑색 흑【黑】
　㉠ 오색의 하나. 漆黑. 夏后氏尙黑 『禮記』
　㉡ 백(白)에 對하여 나쁜 것의 뜻으로 쓰임.
　　　黑白分明. 心不染黑 『法苑珠林』

흔들다 :

흔들 감【撼】搖撼. 蚍蜉撼大樹 『韓愈』

흔들 도【掉】掉尾. 掉臂而不顧 『史記』

흔들 록【摝】진동(振動)시킴. 三鼓摝鐸 『周禮』

흔들 올【抈】요동(搖動)시킴. 天之抈我 『詩經』

흔들 요【搖】요동(搖動)시킴. 夾而搖之 『周禮』

흔들 조【趮】요동(搖動)시킴. 羽殺則趮 『周禮』

흔들 진【震】震天動地. 功烈震主者 『李覯』

흔들 진【搢】요동(搖動)시킴.搢鐸 『國語』

흔들 타【搽】搖也.

흔들 파【擺】요동시킴. 搖舌擺吻歸之仙 『王令』

흔들 효【撓】擾也.

흔들리다 :

흔들릴 감【撼】요동(搖動)함.
　　　　搖撼. 蚍蜉撼大樹 『韓愈』

흔들릴 도【掉】요동(搖動)함. 尾大不掉 『左傳』

흔들릴 올【抈】요동(搖動)함. 天之抈我 『詩經』

흔들릴 올(흘)【仡】동요(動搖)하여 위태(危殆)
　　　　로운 모양. 巨舟軒昂仡仡還
　　　　『柳宗元』

흔들릴 요【搖】
　㉠ 요동(搖動)함. 動搖. 搖者不定 『管子』
　㉡ 인심(人心)이 흔들려 떠들썩함.
　　　嶺徼驚搖 『宋史』

흔들릴 요【颻】바람에 불려 흔들림.
　　　　飄飄颻颻 『崔立之』

흔들릴 요【繇】요(搖)와 통용.

흔들릴 전【戰】요동(搖動)함.
　　　　怯教蕉葉戰 『白居易』

흔들릴 점【颭】바람에 요동(搖動)하는 모양.
　　　　廻颭颭其泠泠 『劉歆』

흔들릴 준【蠢】動搖貌.

흔들릴 진【震】진동(振動)함. 地震 『春秋』

흔적(痕迹) :

흔적 대【默】묵흔(墨痕).

흘게 늦다 :

흘게 늦을 만【僈】
　㉠ 만(漫)과 동자(同字).
　㉡ 매듭을 단단히 조인 정도. 서지(舒遲).
　　　不由禮則勃亂提僈 『修身篇』
　㉢ 야무지지 못함. 君子寬而不僈 『荀子』

흘겨보다 :

흘겨볼 말【䁲】사시(斜視).

흘겨볼 백【白】흰자위를 나타내어 노려봄.
　　　　途窮反遭俗眼白 『杜甫』

흘겨볼 비【睥】
　㉠ 곁눈질함. 睥睨天地之間 『後漢書』
　㉡ 위세를 부리며 노려봄.
　　　睥睨兩宮之間 『後漢書』

흘겨볼 예【倪】예(睨)와 통용.
　　　　俾倪. 馬知介倪 『莊子』

흘기다 :

흘길 면【眄】눈동자를 옆으로 굴려 노려봄.
　　　　按劍相眄 『史記』

흘길 비【俾】비(睥)와 통용. 노려 봄. 侯生下
　　　　見其客朱亥 俾倪故久立 『史記』

흘길 애【睚】흘겨봄. 報睚眦怨 『漢書』

흘길 자【眦】노려봄. 睚眦之怨必報 『史記』

흘길 혜【盻】노려봄. 使民盻盻然『孟子』

흘깃거리다 :

흘깃거릴 예【覽】시모(視貌).

흘깃 보다 :

흘깃 볼 번【䁲】暫視.

흘깃 볼 섬【睒】睒睒. 시모(視貌).

흘깃흘깃 보다 :

흘깃흘깃 볼 혈【映】顧眄不定貌.

흘끗 보다 :

흘끗 볼 맥【眽】몰래 봄.

흘끗 볼 제【睇】곁눈질함. 睇眄. 在父母舅姑之
　　　　　所 不敢睇視『禮記』

흘끗 볼 현【睍】몰래 보는 모양.
　　　　　低首下心 伈伈睍睍『唐書』

흘러 들어가다 :

흘러 들어갈 관【灌】百川灌河『莊子』

흘러 들어갈 발【汱】鑴臨崖之阜陸 決陂潢而相
　　　　　汱『木華』

흘러 들어갈 종(총)【漎】
　　㉠ 작은 물이 큰물에 합류함.
　　　　漎洞. 仰聽大壑漎『謝靈運』
　　㉡ 또 그 곳. 鳧鷖在漎『詩經』

흘러 들어갈 주【澍】주(注)와 동자(同字).
　　　　　聲不蓋蓋而澍淵『王褒』

흘레하다 :

흘레할 교【交】交尾. 虎始交『禮記』

흘레할 미【尾】交尾. 鳥獸孳尾『書經』

흘레할 유【孺】교미(交尾)함. 鳥鵲孺『莊子』

흘레할 자【孳】교미(交尾)함.

흘리다 :

흘릴 류【流】流涕. 何其血之流件也『孟子』

흙 :

흙 토【土】
　　㉠ 토양. 土砂. 冀州厥土惟白壤『書經』
　　㉡ 오행(五行)의 하나. 水火木金土.
　　㉢ 팔음(八音)의 하나. 金木石匏土絲竹革.

흙가마 :

흙가마 과【䰙】토부(土釜).

흙가마 호【號】토부(土釜).

흙다리 : 흙으로 쌓은 다리.

흙다리 이【圯】圯橋. 游下邳圯上『漢書』

흙담 : 흙으로 쌓은 담.

흙담 루【垒】토장(土墻).

흙 담는 들것 : 흙을 운반하는 농구.

흙 담는 들것 리【梩】反虆梩而掩之『孟子』

흙더미 쌓다 :

흙더미 쌓을 봉【封】하늘에 제사 지내기 위하
　　　　　여 산 위에 흙을 높이 쌓음.

爲丘封之度與樹數『周禮』

흙더미 우뚝하다 :

흙더미 우뚝할 을【圪】퇴고(堆高).

흙 덧붙이다 :

흙 덧붙일 혁【塥】沙土之次曰五塥『管子』

흙덩이 : 덩어리진 흙.

흙덩이 과【顆】과(堁)와 동자(同字). 使其後世
　　　　　曾不得蓬顆蔽冢而托葬焉『漢書』

흙덩이 괴【凷】괴(塊)와 동자(同字). 괴(蕢)와
　　　　　통용. 墣也. 九阿盈溢 非一凷所
　　　　　能防『蔡邕』

흙덩이 괴【蕢】괴(凷)와 통용.
　　　　　蕢桴而土鼓『禮記』

흙덩이 괴【塊】土塊. 野人與之塊『左傳』

흙덩이 박【圤】土勝水 非一圤寒江『淮南子』

흙덩이 박【墣】박(圤)과 동자(同字).

흙덩이 벽【壁】토괴(土塊).

흙 덮다 :

흙 덮을 엄【埯】土覆物.

흙 마르다 :

흙 마를 격【垎】토건(土乾).

흙메 :

흙메 인【堙】乘堙而窺宋城『公羊傳』

흙무더기 :

흙무더기 퇴【堆】有土堆 高五丈 生細竹
　　　　　『秦州記』

흙 바르다 :

흙 바를 니【埿】도토(塗土).

흙 바를 멱【塓】塗也. 坊塓.

흙받기 : 수레에 흙이 튀어 오르거나 먼지가 앉
　는 것을 막기 위하여 가리는 것.

흙받기 번【轓】二千石 車朱兩轓『漢書』

흙 부풀어 오르다 :

흙 부풀어 오를 분【賁】분(墳)과 통용. 覆酒於
　　　　　地 而地賁『穀梁傳』

흙 부풀어 오를 분【墳】토지가 솟아오름.
　　　　　公祭地 地墳『左傳』

흙비 오다 : 바람이 거세어 토우(土雨)가 내림.

흙비 올 매【霾】終風且霾『詩經』

흙비 올 예【霼】天陰塵霼霼.

흙색 : 쇠 같은 검은 빛.

흙색 철【鐵】天子駕鐵驪『禮記』

흙성 : 적정을 살피기 위하여 쌓은 보루.

흙성 후【堠】玉門罷堠『梁簡文帝』

흙속 괴물 :

흙속 괴물 양【羘】토괴(土怪). 羵羘.

흙손 : 벽 따위에 흙을 바르는 연장.

흙손 만【墁】만(墁)과 동자(同字). 철기(鐵起).
흙손 만【槾】만(鏝)과 동자(同字).
흙손 만【鏝】手鏝. 泥鏝.
흙손 오【圬】오(杇)와 동자(同字).
圬墁. 圬人以時塓館宮室『左傳』
흙손 오【杇】
㉠ 흙을 바르는 연장. 槾謂之杇『爾雅』
㉡ 벽 따위에 흙을 바름.
糞土之牆 不可杇也『論語』
흙손 호【釫】圬也.
흙 싣는 수레 :
흙 싣는 수레 국【輂】토거(土車).
흙 쌓다 :
흙 쌓을 집【壆】누토(累土).
흙 쌓아 담 쌓다 :
흙 쌓아 담 쌀 뤼【厽】積土而牆壁.
흙에 묻다 :
흙에 묻을 암【堷】토장(土藏).
흙으로 구멍 막다 :
흙으로 구멍 막을 색【窒】以土塞穴.
흙으로 덮다 :
흙으로 덮을 만【墁】以土覆上.
흙 이겨 만들다 : 흙으로 물형을 만듦.
흙 이겨 만들 소【塑】彫塑.
흙이 물에 풀어지다 :
흙이 물에 풀어질 적【澌】土得水沮.
흙탕물 :
흙탕물 함【淊】淊淊. 니수(泥水).
흠 : 물건이 이지러지거나 깨어진 곳. 또
흠 고【考】瑕疵. 白璧有考『淮南子』
흠 궐【闕】缺點. 謀事補闕『左傳』
흠 뢰【纇】缺點. 明月之珠不能無纇『淮南子』
흠 자【訾】病痛. 缺點. 非體之訾『禮記』
흠 자【疵】하자(瑕疵).
흠 자【呰】자(疵)와 동자(同字).
흠 점【點】汚點. 缺點. 百行無點『劉孝標』
흠 하【瑕】하자(瑕疵). 瑕尤. 烈假不瑕『詩經』
흠집 : 흠이 생긴 자리나 흔적.
흠집 윤【肕】창흔(瘡痕).
흠집 이【臇】창흔(瘡痕).
흠치르르하다 : 윤이 나고 예쁨.
흠치르르할 만【腕】玉色頩以脕顔『楚辭』
흠치르르할 우【瀀】潤氣多貌.
흠치르르할 전【涏】光澤貌.
흠향(歆饗)하다 : 신명(神明)이 제사음식을 받음.
흠향할 향【饗】殞感함. 宗廟饗之『中庸』
흠향할 향【鄕】향(享) 향(饗)과 동자(同字).
上帝嘉鄕『漢書』
흠향할 향【享】百神享之『孟子』
흠향할 흠【歆】歆享. 上帝居歆『詩經』
흡족하다 : 아주 만족함을 나타내는 말.
흡족할 흡【恰】恰好. 野航恰受兩三人『杜甫』
흥 : 재미나 즐거움을 일어나게 하는 감정.
흥 흥【興】흥취. 興味. 興盡悲來『王勃』
흩다 : 흩어지게 함.
흩을 미【縻】미(靡)와 통용.
月費俸錢 歲縻廩粟『韓愈』
흩을 분【麡】散也.
흩을 살【糳】散也.
흩을 살【撒】撒壤. 北人種麥漫撒『本草經』
흩을 석【液】渙乎其若水之液『文中子』
흩을 설【渫】淸渫. 農民有錢 粟有所渫『漢書』
흩을 파【擘】피산(披散).
흩을 해【解】解散. 恐天下解也『漢書』
흩뜨리다 : 억지로 헤쳐서 각각 떨어지게 하다.
흩뜨릴 파【破】재물을 써 없앰. 破財.
破産不爲家『李白』
흩뜨릴 피【被】피(披)와 동자(同字).
被髮而浮游『淮南子』
흩어져 달아나다 :
흩어져 달아날 강【蹚】산주(散走).
흩어져 달아날 병【迸】산주(散走).
흩어지다 :
흩어질 곽【霍】소산(消散)하는 모양.
霍焉離耳『荀子』
흩어질 리【離】분산(分散)함. 離散.
흩어질 만【漫】난잡(亂雜)함. 散漫. 混漫.
有蕪漫之累矣『鐘嶸』
흩어질 미【縻】미(靡)와 통용.
月費俸錢 歲縻廩粟『韓愈』
흩어질 방【尨】털 같은 것이 산란한 모양.
狐裘尨茸『左傳』
흩어질 병【迸】
㉠ 흩어져 달아남. 궤주(饋酒)함.
迸散. 人庶流迸『後漢書』
㉡ 흩어져 달아나게 함. 擊而迸之『五代史』
흩어질 산【㪚】분리(分離).
흩어질 소【肖】산실(散失)함.
達於知者肖『莊子』
흩어질 지【枝】분산(分散)함.
中心疑者其辭枝『易經』
흩어질 피【鈹】피(披)와 동자(同字).
吏謹將之 無鈹滑『荀子』
흩어질 해【解】헤어지게 함. 또 헤어짐.
解散. 恐天下解也『漢書』
흩어질 환【渙】헤어짐. 또 녹아 없어짐. 渙散.

澳兮若水之將釋『老子』

흩어진 실 :
  흩어진 실 파【纚】산사(散絲).

희게 마전하다 :
  희게 마전할 아【綃】호련(縞練).

희게 하다 :
  희게 할 백【白】
    ㉠ 백색이 됨. 頭髮爲白『後漢書』
    ㉡ 백색이 되게 함. 白而書日『十八史略』

희고 곱다 :
  희고 고울 부【紑】옷이 희고 고운 모양.
            絲衣其紑『詩經』

희귀(稀貴)하다 : 드물어 귀중하다.
  희귀할 진【珍】珍貴. 珍禽奇獸『書經』

희나물 :
  희나물 희【菥】食用菜蔬.

희다 :
  흴 고【暠】빛이 하얌. 暠身朱足『隋書』
  흴 교【皦】하얗게 빛나 밝음. 有如皦日『詩經』
  흴 교【皎】흼. 깨끗함. 皎潔. 皎皎白駒『詩經』
  흴 명【明】하얌. 水碧沙明兩岸苔『錢起』
  흴 백【白】
    ㉠ 색이 흼. 白衣. 白髮三千丈『李白』
    ㉡ 채색하지 아니함. 白賁無咎『易經』
    ㉢ 무구(無垢)함. 더럽히지 아니함.
      安能以白告告之 白而蒙世俗之塵埃乎『楚辭』
    ㉣ 白徒. 갑옷을 입지 아니한 군사. 또는 군
      사의 소양이 없는 곧 훈련을 받지 아니한
      군사. 繫颺衆白徒『管子』
    ㉤ 白民. 관직이 없는 곧 벼슬하지 아니한 백
      성. 白民輸五百石 聽依第出身『魏書』
    ㉥ 白癡. 판단 능력이 아주 없는 천치.
      蓋世所謂白癡『左傳』
  흴 사【斯】하얌. 有免斯首『詩經』
  흴 상【霜】수염이나 머리가 세어 흼.
      霜髮. 何處得秋 霜『李白』
  흴 석【晳】사람의 피부가 흼.
      白晳. 其民晳而瘠『周禮』
  흴 설【雪】빛이 흼. 雪羽.
      星星愁鬢雪『白居易』
  흴 소【素】백색. 素衣. 素絲五紽『詩經』
  흴 애【皚】서리나 눈이 흰 모양.
      漂積雪之皚皚『劉歆』
  흴 의【澄】澄澄. 눈 서리 같은 것이 흰 모양.
      瞻彼原隰 零露澄澄『劉基』
  흴 작【皭】하얌.
  흴 전【縛】백색.
  흴 최【皠】빛이 하얌.

皠霜. 繽翻落羽皠『韓愈』
  흴 파【頗】白也.
  흴 파【皤】빛이 하얌. 賁如皤如『易經』
  흴 표【皫】하얌.
  흴 학【翯】새의 털이 하얀 모양.
      翯翯白鳥『何晏』
  흴 학【皜】빛이 하얀 모양. 皜然白首『史記』
  흴 학【鶴】
    ㉠ 우모(羽毛가 흰 모양. 白鳥鶴鶴『孟子』
    ㉡ 널리 빛이 흰 형용으로 쓰임. 鶴髮. 鶴裳.
  흴 한【皔】한(皠)과 동자(同字). 흰 모양.
      璀璨皓皔 華瑨四乘『張協』
  흴 한【皠】한(皔)과 동자(同字). 흰 모양.
  흴 한【翰】빛이 썩 흰 모양. 白馬翰如『易經』
  흴 호【暠】호(皓)와 동자(同字).
      暠然白首『漢書』
  흴 호【縞】백색(白色). 縞焉. 縞衣綦巾『詩經』
  흴 호【皞】白也.
  흴 호【顥】
    ㉠ 빛나며 흰 모양. 天白顥顥『楚辭』
    ㉡ 인신(引伸)하여 서쪽 또 는 가을을 이름.
      西顥沆碭『漢書』
  흴 호【皜】빛이 하얌. 皜身朱足『隋書』
  흴 호【皞】호(皞)의 속자. 하얌.
  흴 호【皓】희고 깨끗함. 皓齒. 鬢眉皓白『史記』
  흴 효【晶】하얌. 沆瀁晶漾『郭璞』

희떠운 모양 : 속은 비어 보잘것없으나 겉은 그
  럴듯하고 호화로운 모양.
  희떠운 모양 답【黵】
    ㉠ 답(黵)과 통용. 黵伯 猥茸貌.
    ㉡ 晉中興書泰山羊曼頹縱任俠飲酒誕節號黵伯
      『顔氏家訓』
  희떠운 모양 답【黵】답(黵)과 통용.

희뜩희뜩하다 : 흰 빛깔이 다른 색깔 사이에 여
  기저기 뒤섞여 있다.
  희뜩희뜩할 성【星】백발(白髮)이 희뜩희뜩한
      모양. 星星白髮垂『謝靈運』

희롱(戲弄) : 말이나 행동으로 실없이 놀림.
  희롱 우【優】陳氏鮑氏之圉人爲優『左傳』

희롱(戲弄)하는 소리 :
  희롱하는 소리 요【咬】농성(弄聲).

희롱(戲弄)하다 :
  희롱할 감【譀】雖誇譀猶令人熱『東觀漢記』
  희롱할 노【獶】장난을 함. 獶雜子女『禮記』
  희롱할 뇨【嬲】희야(戲也). 희학(戲謔)질함.
      嬲汝以一句『王安石』
  희롱할 롱【弄】調弄. 夷吾弱不好弄『左傳』
  희롱할 료【嫽】희학(戲謔)함. 嫽嬈.

희롱할 료【嬈】희학질함. 嫽嬈.

희롱할 쇄【耍】장난함.

희롱할 압【狎】실없는 일을 하며 놂. 今俳優侏
　　　　儒狎徒 詈侮而不鬪者『荀子』

희롱할 애【娸】神來燕娸『漢安世』

희롱할 우【優】실없는 짓을 하며 놂.
　　　　少相狎 長相優『左傳』

희롱할 조【誂】실없이 놀림.
　　　　人誂其長者『戰國策』

희롱할 희【獻】희야(戲也).

희롱할 희【娭】희야(戲也). 神來宴娭『漢書』

희롱할 희【戲】희학(戲謔)질 함. 戲談.
　　　　善戲謔矣 不爲虐矣『詩經』

희미(稀微)하다 : 색이나 형체가 보기에 분명하
　　지 않고 어슴푸레하다.

희미할 당【曭】時曖曭其曭莽兮『楚辭』

희미할 망【朚】曭朚. 불명(不明).

희미할 미【微】熹微. 雲月遞微明『杜甫』

희미할 애【薆】미야(微也).

희미할 애【曖】曖然. 時曖曖其將罷兮『楚辭』

희미할 태【曃】曖曃. 時曖曃其曭莽兮『楚辭』

희미할 훌【欻】흐린 모양. 指畫變怳欻『韓愈』

희미할 희【熹】햇빛이 밝지 아니함.
　　　　恨晨光之熹微『陶潛』

희생(犧牲) :

희생 뢰【牢】㊝ 소 양 돼지의 세 희생. 太牢.
　　　　小牢. 環山於有牢『國語』

희생 모【毛】털이 절색(絶色)인 희생.
　　　　羣公不毛『史記』

희생 반【胖】희생(犧牲)의 반체(半體). 凡掌共
　　　　羞脩刑膴胖骨鱐 以待共膳『周禮』

희생 생【牲】제사에 쓰이는 짐승.
　　　　牲牢. 用大牲吉『易經』

희생 옹【饔】죽인 희생(犧牲).
　　　　君使卿韋弁歸饔餼五牢『儀禮』

희생 전【牷】털이 순색인 희생.
　　　　凡時祀之牲 必用牷物『周禮』

희생 희【餼】희생으로 쓰는 산 소 양 따위.
　　　　告朔之餼羊『論語』

희생 희【犧】종묘(宗廟) 등 제사(祭祀)에 쓰는
　　　　짐승. 犧牷. 以我齊明與我犧羊
　　　　『詩經』

희생 나누다 :

희생 나눌 기【掎】분생(分牲).

희어지다 :

희어질 백【白】
　㉠ 백색(白色)이 됨. 頭髮爲白『後漢書』
　㉡ 백색(白色)이 되게 함.

白而書曰『十八史略』

희학(戲謔)질하다 : 실없는 말로 농담을 하는 짓
　　을 하다.

희학질할 잠【詀】擧世徒詀詀『王安石』

흰 구름 피어오르다 :

흰 구름 피어오를 앙【霙】霙霙. 白雲貌.

흰 깁 : 고운 명주.

흰 깁 환【紈】織作冰紈綺繡純麗之物『漢書』

흰 꽃 :

흰 꽃 엽【曄】백화(白花).

흰 꿩 :

흰 꿩 한【鵫】백치(白雉).

흰 느릅나무 :

흰 느릅나무 분【枌】白榆. 東門之枌『詩經』

흰 대추나무 :

흰 대추나무 자【檕】백조(白棗).

흰 댕기 :

흰 댕기 우【緱】笄之中央以安髮.

흰 띠 :

흰 띠 속【藗】백모(白茅).

흰 말 :

흰 말 한【翰】白馬. 戎事乘翰『禮記』

흰머리 :

흰머리 화【華】白髮. 華首彌固『後漢書』

흰 범 :

흰 범 감【虤】백호(白虎).

흰 범 멱【覓】백호(白虎).

흰 비단 :

흰 비단 위【絹】백증(白繒).

흰 비단실 :

흰 비단실 구【紌】白絹絲.

흰 비름 :

흰 비름 살【蔱】蔱蘠. 白蕢. 좌이(莝夷).

흰빛 : 白色. 오색(五色)의 하나. 서방의 빛. 가을
　　의 빛.

흰빛 백【白】黑白. 殷人尙白『禮記』

흰빛 소【素】白色. 素衣. 素絲五紽『詩經』

흰빛 천【晴】白貌.

흰빛 호【縞】白色. 縞鳥. 縞衣綦巾『詩經』

흰 소 :

흰 소 강【㹜】백우(白牛).

흰 수정 :

흰 수정 부【坿】白石英.

흰 수정 부【砏】白水晶.

흰 쑥 :

흰 쑥 근【菳】백애(白艾). 초명(草名).

흰 쑥 파【藣】백호(白蒿).

흰자위 : 눈의 흰 부분.

　흰자위 한【睅】睅睅黑照『張協』

흰자위 많다 :

　흰자위 많을 판【眅】눈에 흰자위가 많은 모양.

흰 좀 :

　흰좀 병【蛢】백담(白蟫).

　　　　　衣書中蟲 一名蛢魚『爾雅註』

힐끗 보다 : 곁눈질하면서 재빨리 흘겨보는 모양

　을 나타내는 말.

　힐끗 볼 제【晢】晢也.

힘 :

　힘 굴【踊】역야(力也).

　힘 권【拳】여력(膂力). 無拳無勇『詩經』

　힘 근【筋】체력(體力). 筋力.

　힘 려【膂】근력(筋力). 體力. 膂力絶群『晉書』

　힘 력【力】

　　㉠ 근육의 작용. 筋力. 或勞心 或勞力『孟子』

　　㉡ 정신의 작용. 心力. 精力過絶於人『漢書』

　　㉢ 기능. 能力. 人力. 信爲造化力『宋之問』

　　㉣ 물체의 운동을 일으키는 원인. 重力. 水力.

　　㉤ 권세(權勢). 위세(威勢).

　　　　權力. 以力服人者 非心服也『孟子』

　　㉥ 공(功). 공적(功績). 與力而不務德『國語』

　　㉦ 효험. 效力 由神呪力 銷其愛欲『楞嚴經』

　　㉧ 부역(賦役). 力政. 興事任力『禮記』

　　㉨ 노력. 수고. 勞力. 積力於田疇『韓非子』

　　㉩ 기세. 極有筆力『南史』

　　㉪ 무용(武勇). 秦武王好力『史記』

　　㉫ 吾寧鬪智不鬪力『史記』

　　㉬ 도움. 원조(援助). 借力以雪父之恥『史記』

　　㉭ 은덕(恩德). 덕택(德澤).

　　　　此非臣之功也 主君之力也『史記』

　　㊀ 힘들여 한 산물(産物). 咸獻其力『禮記』

　힘 리【利】권력(權力). 權利. 國之利器『老子』

　힘 위【威】세력(勢力). 권병(權柄).

　　　　馭其威『周禮』

힘껏 : 힘이 자라는 대로.

　힘껏 통【痛】痛言人情以動主『管子』

힘들다 :

　힘들 회【勛】역야(力也).

힘들이다 :

　힘들일 구【劬】수고함. 애씀. 劬勤.

　　　　哀哀父母 生我劬勞『詩經』

힘세다 :

　힘셀 근【劤】힘이 셈.

　힘셀 기【耆】힘이 셈. 不懦不耆『左傳』

　힘셀 비【伾】힘이 셈. 以車伾伾『詩經』

　힘셀 옹【顒】짐승이 크고 힘이 센 모양.

　　　　四牡修廣 其大有顒『書經』

힘센 고기 :

　힘센 고기 휘【徽】魚有力.

힘센 사슴 :

　힘센 사슴 견【麔】견(麏)과 동자(同字).

　　　　鹿之絶有力者.

힘 시험하는 추 :

　힘 시험하는 추 현【鋗】試力錘.

힘써 :

　힘써 력【力】힘을 다하여. 노력하여.

　　　　力行. 力誦聖德『漢書』

힘써 일하다 :

　힘써 일할 굴【矻】부지런히 일하는 모양.

　　　　勞筋若骨 絡日矻矻『漢書』

힘쓰게 하다 :

　힘쓰게 할 강【强】힘써 하도록 함.

　　　　止其行而强之道藝『周禮』

힘쓰다 :

　힘쓸 강【强】勉强. 强爲善而已矣『孟子』

　힘쓸 걸【偈】盡力함. 偈偈乎揭仁義『莊子』

　힘쓸 골【圣】면야(勉也).

　힘쓸 골【搰】부지런히 일하는 모양.

　　　　搰搰然用力甚多 而見功寡『莊子』

　힘쓸 골【劼】용력(用力).

　힘쓸 구【碩】면야(勉也).

　힘쓸 구【劬】여야(勵也).

　힘쓸 권【捲】힘써 일하는 모양.

　　　　捲捲乎后之爲人『莊子』

　힘쓸 권【勸】

　　㉠ 힘써 함. 荊王大悅 許救甚勸『戰國策』

　　㉡ 힘들여 일하는 모양. 各勸其業『史記』

　힘쓸 극【劀】자강(自彊).

　힘쓸 근【勤】

　　㉠ 일을 꾸준히 함. 勤勉. 克勤于邦『書經』

　　㉡ 직책을 다함. 勤務. 勤大命『禮記』

　힘쓸 노【努】부지런히 일함. 힘을 들임.

　　　　努力崇神德『李陵』

　힘쓸 농【農】노력(努力)함.

　　　　小人農力 以事其上『左傳』

　힘쓸 돈【敦】敦衆神 使式道兮『漢書』

　힘쓸 량【勆】면야(勉也).

　힘쓸 려【厲】여(勵)와 동자(同字).

　　　　以厲賢才焉『漢書』

　힘쓸 려【勵】일을 힘써 함.

　　　　勵行. 以自勵『後漢書』

　힘쓸 력【力】

　　㉠ 일을 함. 업무(業務)에 종사(從事)함.

　　　　農服田力穡『書經』

ⓛ 힘을 다함. 力作. 力戰. 戰方力『後漢書』

ⓒ 뜻을 둠. 食事不力珍『禮記』

힘쓸 류【勴】 면야(勉也).

힘쓸 륵【仂】 근면하게 일함.

힘쓸 망【蘉】 힘써 함. 汝乃是不蘉『書經』

힘쓸 매【邁】 매(勱)와 동자(同字). 역행함.
皐陶邁種德『書經』

힘쓸 매【勱】 부지런히 일함. 애씀.
其惟吉士 用勱相我國家『書經』

힘쓸 맥【百】 힘써함. 距躍三百『左傳』

힘쓸 맹【孟】 애씀. 孟晉以迨群『班固』

힘쓸 면【勉】 근면함. 부지런히 함. 勉學.
喪事不敢不勉『論語』

힘쓸 면【俛】 면(勉)과 동자(同字).
俛焉日有孳孳『禮記』

힘쓸 면【恤】 면야(勉也).

힘쓸 면【勔】 면(勉)과 동자(同字).

힘쓸 모【慔】 면야(勉也).

힘쓸 무【務】 힘써 함. 務勸. 君子務本『論語』

힘쓸 무【懋】 노력함. 懋力. 惟時懋哉『書經』

힘쓸 무【茂】 무(懋)와 통용. 茂正其德『國語』

힘쓸 민【黽】 노력 함. 黽勉從事『詩經』

힘쓸 민【敃】 면야(勉也).

힘쓸 민【閔】 予惟用閔于天越民『書經』

힘쓸 민【敏】 힘써 함. 人道敏政『中庸』

힘쓸 민【忞】 노력 함. 穆忞隱閔『淮南子』

힘쓸 민【僶】 민(黽)과 통용.
在有無而僶勉『陸機』

힘쓸 비【贔】 贔屭. 대단히 힘을 쓰는 모양.
巨靈贔屭『莊子』

힘쓸 사【肆】 노력(努力)함. 厥庸孔肆『張衡』

힘쓸 소【劭】 근면(勤勉)함.
老而益劭者也『魏志』

힘쓸 양【勷】 면야(勉也).

힘쓸 욱【勖】 힘써 일함. 勖哉夫子『書經』

힘쓸 위【謂】 근면(勤勉)함. 遐不謂矣『詩經』

힘쓸 자【孜】 자(孳)와 통용. 부지런히 힘쓰는
모양. 予思日孜孜『書經』

힘쓸 제【踶】 踶跂. 심력(心力)을 경주(競走)하
는 모양. 踶跂爲義『莊子』

힘쓸 지【跂】 제(踶)를 보라. 踶跂.

힘쓸 진【進】 노력함. 進德修業『易經』

힘쓸 질【疾】 힘써함. 疾諷諭『呂氏春秋』

힘쓸 칙【飭】 부지런히 일함.
百工飭化八材『周禮』

힘쓸 판【辦】 일을 힘써 주선함.
總辦. 項梁常爲主辦『史記』

힘쓸 효【效】 힘써 함. 效忠. 願效愚忠『漢書』

힘쓸 희【屭】 贔屭. 힘을 대단히 쓰는 모양.

巨靈贔屭『張衡』

힘 우쩍 쓰다 :

힘 우쩍 쓸 희【屭】 역작모(力作貌).

힘입다 :

힘입을 뢰【賴】

ⓖ 믿고 의지함. 依賴. 萬生是賴『書經』

ⓛ 말미암음. 인(因)함. 於今可見古人爲學次第
者獨賴此篇之存『大學章句』

힘입을 료【憀】 依賴. 吏民不相憀『淮南子』

힘입을 료【聊】 依賴. 父子不相聊『漢書』

힘입을 부【負】

ⓖ 의뢰(依賴)함. 負勇 負貴而好權『史記』

ⓛ 자신(自信)함. 負固不服『周禮』

ⓒ 負其衆庶『左傳』

힘입을 빙【馮】 남의 도움을 받음. 依賴.
衆庶馮生『史記』

힘줄 :

힘줄 건【腱】 힘줄의 밑동. 힘줄의 끝.
肥牛之腱臑若芳些『宋玉』

힘줄 근【觔】 근(筋)과 동자(同字).
良馬者可以形容觔骨相也『淮南子』

힘줄 근【筋】 살 속에 있는 섬유.
筋肉. 以辛養筋『周禮』

힘줄 락【絡】 근(筋). 인체의 맥락(脈絡).
經絡. 中經維絡『史記』

힘줄 력【力】 심줄. 絶力致死『韓非子』

힘줄 당기다 :

힘줄 당길 귀【膌】 筋節急.

힘줄 붙은 곳 :

힘줄 붙은 곳 경【綮】

ⓖ 肯綮. 힘줄이 살에 붙어 있는 곳.

ⓛ 인신(引伸)하여 사물의 가장 종요로운 곳.
技經肯綮之未嘗『莊子』

힘줄 뿌리 :

힘줄 뿌리 건【笏】 근본(筋本).

힘줄 크다 :

힘줄 클 건【笏】 筋大貌.

경칭(敬稱)과 존칭(尊稱)

- 귀인의 사망의 존칭 : 홍거(薨去). 홍서(薨逝).
- 나이 먹은 귀인의 존칭 : 노공(老公).
- 나이 먹은 벗의 존칭 : 노형(老兄).
- 남을 부르는 경칭 : 대인(大人).
- 남을 부르는 존칭 : 명공(明公). 인공(仁公).
- 남의 글의 경칭 : 옥장(玉章).
- 남의 나이의 경칭 : 존경(尊庚).
- 남의 남자 아우의 존칭 : 계씨(季氏).
- 남의 누이동생의 존칭 : 영매(令妹).
- 남의 딸의 경칭 : 옥녀(玉女). 규애(閨愛). 영낭(令娘). 영애(令愛). 영양(令孃). 영원(令媛).
- 남의 부모의 존칭 : 양당(兩堂).
- 남의 사위의 존칭 : 영서(令婿).
- 남의 성명의 존칭 : 방명(芳名).
- 남의 손자의 존칭 : 영손(令孫).
- 남의 시(詩)의 경칭 : 옥운(玉韻).
- 남의 시가(詩歌)의 경칭 : 방음(芳吟).
- 남의 식견(識見)의 경칭 : 고지(高旨).
- 남의 심방(尋訪)의 경칭 : 방신(芳信).
- 남의 심정(心情)의 경칭 : 방정(芳情).
- 남의 아내의 경칭 : 내군(內君). 덕배(德配).
- 남의 아들의 존칭 : 귀식(貴息). 랑자(郎子). 영랑(令郎). 영식(令息). 영윤(令胤).
- 남의 아버지의 경칭 : 존군(尊君). 춘부장(椿府丈).
- 남의 아버지의 존칭 : 가존(家尊). 노대인(老大人). 영존(令尊). 존공(尊公). 춘당(春堂).
- 남의 아우의 존칭 : 개제(介弟). 대제(大弟). 현제(賢弟).
- 남의 안색의 경칭 : 지미(芝眉). 지우(芝宇).
- 남의 어머니의 존칭 : 대부인(大夫人). 영당(令堂). 영모(令母). 영자(令慈). 자당(慈堂). 존당(尊堂). 훤당(萱堂).
- 남의 얼굴의 경칭 : 옥안(玉顏).
- 남의 의론의 존칭 : 고론(高論). 탁월(卓越)한 의논(議論).
- 남의 의사의 경칭 : 방의(芳意).
- 남의 이름의 존칭 : 함자(銜字).
- 남의 장인의 존칭 : 빙장(聘丈).
- 남의 조카의 존칭 : 함씨(咸氏)

- 남의 집의 경칭 : 존당(尊堂). 존택(尊宅). 고당(高堂).
- 남의 편지의 경칭 : 방찰(芳札). 옥서(玉書). 옥찰(玉札).
- 남이 지은 시문의 경칭 : 고제(高製).
- 남편의 누님의 경칭 : 여공(女公).
- 남편의 존칭 : 부군(夫君).
- 노인에 대한 존칭 : 노군(老君). 귀로(貴老).
- 노인의 경칭 : 노장(老丈).
- 노인이나 장자의 존칭 : 노대인(老大人).
- 돌아간 아버지의 경칭 : 선대부(先大夫). 황고(皇考).
- 돌아간 아버지의 존칭 : 현고(顯考).
- 돌아간 어머니의 경칭 : 황비(皇妣).
- 돌아간 어머니의 존칭 : 현비(顯妣).
- 돌아간 조모의 경칭 : 황조비(皇祖妣).
- 돌아간 조부의 경칭 : 황조고(皇祖考).
- 벗에 대하여 쓰는 존칭 : 현형(賢兄).
- 벗의 존칭 : 아형(雅兄).
- 붕우간의 경칭 : 대형(大兄).
- 스승에 대한 경칭 : 존사(尊師).
- 스승의 존칭 : 사부(師傅). 사부(師父).
- 시인의 경칭 : 음단(吟壇).
- 아내의 존칭 : 배위(配位).
- 아버지의 경칭 : 가공(家公). 대인(大人).
- 아버지의 존칭 : 엄군(嚴君). 엄부(嚴父).
- 어른의 말의 경칭 : 해타(咳唾).
- 어른의 병(病)의 존칭 : 병환(病患). 환후(患候).
- 어머니의 경칭 : 대인(大人).
- 연장자(年長者)의 존칭(尊稱) : 노태(老台).
- 귀인의 몸의 존칭 : 낭함(琅函). 옥체(玉體).
- 자기 아버지의 존칭 : 가존(家尊).
- 작별의 경칭 : 배별(拜別).
- 정이품 이상의 관원의 존칭 : 대감(大監).
- 죽음의 경칭 : 연관(捐館). 은화(隱化).
- 친구의 존칭 : 인형(仁兄).
- 친우의 경칭 : 맹형(盟兄).
- 할아버지의 경칭 : 가공(家公).
- 현인의 존칭 : 부자(夫子).
- 형의 경칭 : 대형(大兄).
- 형의 존칭 : 대가(大哥). 대형(大兄).

– 훈민정음 기념탑 모형도–

불휘기픈남ᄀᆞᆫᄇᆞᄅᆞ매아니뮐

ᄊᆡ곶됴코여름하ᄂᆞ니

ᄉᆡᆷ이기픈므른ᄀᆞ무래아니그

츨ᄊᆡ내히이러바ᄅᆞ래가ᄂᆞ니

용비어천가 제이장 경산 박재성

우리말로 찾는 漢字語

ㅁ如뫼為山。마為薯藇。ㅸ如사ᄫᅵ為蝦。드ᄫᅵ為瓠。ㅈ如자為尺。죠ᄒᆡ為紙。ㅊ如체為籭。채為鞭。ㅅ如손為手。셤為島。ㅎ如부헝為鵂鶹。힘為筋。ㅇ如비육為鷄雛。ᄇᆡ얌為蛇。ㄹ如무뤼為雹。어름為氷。ㅿ如아ᅀᆞ為弟。너ᅀᅵ為鴇。中聲。ㆍ如ᄐᆞᆨ為頤。ᄑᆞᆺ為小豆。ᄃᆞ리為橋。ᄀᆞ래為楸。

ㄱ

- 가 :
  변연(邊緣).
- 가게 :
  사전(肆廛). 상점(商店). 전방(廛房). 점방(店房).
  점포(店鋪).
- 가고 옴 :
  왕래(往來). 걸래(朅來).
- 가기 힘든 모양 :
  벽벽(躄躄). 연권(連蜷). 자저(越趄). 전여(邅如).
  전회(邅回).
- 가까운 거리 :
  지척(咫尺).
- 가까운 곳 :
  근방(近傍). 근소(近所). 근처(近處).
- 가까운 장래(將來)에 :
  조만(早晚).
- 가까이 하다 :
  사근(使近).
- 가깝다 :
  비근(卑近). 친근(親近).
- 가끔 :
  시시(時時).
- 가난 :
  빈곤(貧困). 빈루(貧陋). 빈한(貧寒). 한산(寒酸).
- 가난하게 됨 :
  영락(零落).
- 가난한 늙은이 :
  노궁(老窮).
- 가난한 마을 :
  한촌(寒村).
- 가난한 선비 :
  한사(寒士).
- 가난한 여자 :
  한녀(寒女).
- 가난한 여자가 사는 곳 :
  녹창(綠窓).
- 가난한 집 :
  한문(寒門). 한호(寒戶).
- 가난한 때 고생을 같이 하던 아내 :
  조강지처(糟糠之妻).
- 가냘프다 :
  유연(柔軟).
- 가냘프고 아름다움 :
  섬연(纖姸).
- 가냘픈 모양 :
  섬섬(纖纖).
- 가는 대 :
  세죽(細竹).

- 가는 모래 :
  세사(細沙). 세사(細砂).
- 가는 모양 :
  면면(綿綿). 연연(衍衍). 접접(蹀蹀). 초초(杪杪).
- 가는 목 :
  세경(細頸).
- 가는 문채(文彩) :
  세문(細文).
- 가는 베 :
  세포(細布).
- 가는 비 :
  명목(冥沐). 공몽(涳濛). 세우(細雨).
- 가는 사람 :
  왕인(往人).
- 가는 비단 :
  세증(細繒).
- 가는 소리 :
  세성(細聲).
- 가는 실 :
  세사(細絲).
- 가는 줄 :
  세선(細線).
- 가는 허리 :
  세요(細腰).
- 가늘게 긋다 :
  미획(微畫).
- 가늘게 끊다 :
  세절(細切).
- 가늘게 우는소리 :
  추추(啾啾).
- 가늘고 고운 모양 :
  섬섬(纖纖).
- 가늘고 긴 것이 축 늘어진 모양 :
  삼삼(毿毿).
- 가늘고 길게 연속한 모양 :
  사이(纚迤).
- 가늘고 끊이지 아니하는 모양 :
  누루(縷縷).
- 가늘고 뾰쪽한 모양 :
  섬섬(纖纖).
- 가늘고 아름다움 :
  섬연(纖姸).
- 가늠쇠 :
  조성(照星).
- 가늠자 :
  조척(照尺).
- 가득 실음 :
  균재(稛載).
- 가득 쌓인 모양 :

전전(戔戔).

■ 가락지 :
지환(指環). 지환(指鐶).

■ 가랑눈 :
분설(粉雪).

■ 가랑비 :
명목(溟沐). 맥목(霢霂). 미우(微雨). 사우(絲雨).
삽우(霎雨). 세우(細雨). 소우(小雨). 영우(零雨).

■ 가랑비가 부슬부슬 오는 모양 :
맥목(霢霂).

■ 가랑비가 자욱이 오는 모양 :
몽몽(濛濛).

■ 가랑비 오는 모양 :
비미(霏微).

■ 가랑비의 모양 :
염섬(廉纖).

■ 가래가 끓어서 숨이 참 :
담천(痰喘).

■ 가래나무 :
추목(楸木). 추자(楸子).

■ 가래와 기침 :
담해(痰咳).

■ 가래와 침 :
담타(痰唾).

■ 가려 숨기는 모양 :
애애(薆薆). 애연(薆然).

■ 가련한 모양 :
민연(閔然).

■ 가령 :
설사(設使). 자령(藉令). 종사(縱使). 종연(縱然).

■ 가로수 :
여수(旅樹).

■ 가루 :
분설(粉屑). 분말(粉末).

■ 가루약 :
분약(粉藥). 산약(散藥).

■ 가르쳐 알림 :
훈고(訓告).

■ 가르침 훈 :
교회(敎誨). 훈계(訓戒). 잠언(箴言).

■ 가리는 모양 :
염연(厭然). 감추는 모양.

■ 가리를 놓아 고기를 잡는 모양 :
조조(罩罩).

■ 가리비 :
해선(海扇).

■ 가리워 밝지 않은 모양 :
애애(曖曖).

■ 가림 :

■ 간택(揀擇). 선별(選別)함.

■ 가마 :
선모(旋毛).

■ 가마 :
승교(乘轎).

■ 가마꾼 :
교정(轎丁). 교부(轎夫). 여정(輿丁).

■ 가마 상여 등을 멤 :
담여(擔舁).

■ 가마우지 :
노자(鸕鷀). 수노아(水老鴉).

■ 가마터 :
요지(窯址).

■ 가만히 속삭이는 모양 :
절절(竊竊).

■ 가물어 물이 마른 모양 :
척척(滌滌).

■ 가물치 :
뇌어(雷魚). 동어(鮦魚). 수염(水厭). 예어(鱧魚).
흑어(黑魚).

■ 가뭄 :
서발(暑魃). 염발(炎魃). 염한(炎旱). 천한(天旱).
한건(旱乾). 한기(旱氣). 한발(旱魃). 한해(旱害).

■ 가뭄이 대단하여 초목이 말라죽은 모양 :
적적(菽菽).

■ 가벼운 모양 :
경경(輕輕). 비비(斐斐).

■ 가벼이 올라가는 모양 :
선선(僊僊).

■ 가볍게 걸어가는 모양 :
편선(媥姺).

■ 가볍게 나는 모양 :
편연(便娟). 편편(片片).

■ 가볍게 날리는 모양 :
표연(票然).

■ 가슴 :
회금(懷襟). 회임(懷袵).

■ 가슴걸이 :
근인(靳靷). 기반(羈絆).

■ 가슴속 :
흉중(胸中). 흉우(胸宇). 흉차(胸次). 흉회(胸懷).

■ 가슴속에 불평이 쌓인 모양 :
뇌외(磊磈).

■ 가슴을 두드림 :
도응(搯膺).

■ 가슴을 치는 소리 :
전전(田田).

■ 가슴이 답답하여 우울함 :
번울(煩鬱).

- 가슴이 답답한 모양 :
  이울(伊鬱). 픽억(腷臆). 픕픕(愊愊).
- 가슴이 막혀 답답한 모양 :
  울결(鬱結). 울굴(鬱屈). 울이(鬱伊).
- 가슴이 막혀 답답함 :
  지결(支結).
- 가슴이 설레는 모양 :
  진돈(䠼蜳).
- 가슴지느러미 :
  협기(煩鰭).
- 가시 :
  극자(棘刺). 극침(棘針). 망자(芒刺). 채개(蠆芥).
  초망(草芒).
- 가시나무 :
  자극(茨棘). 초극(楚棘). 형극(荊棘). 형초(荊楚).
- 가시나무가 우거진 모양 :
  초초(楚楚).
- 가시연 밥 :
  계두실(鷄頭實).
- 가시울타리 :
  자장(茨牆).
- 가엾은 모양 :
  민연(愍然). 민연(憫然).
- 가엾이 여겨 내는 소리 :
  우휴(噢咻).
- 가엾이 여김 :
  민언(愍焉).
- 가운데 손가락 :
  장지(長指). 장지(將指). 중지(中指).
- 가위 :
  교도(鉸刀). 자도(劑刀). 전도(剪刀). 전도(翦刀).
  협도(鋏刀).
- 가위 :
  가배(嘉俳). 가배(嘉排).
- 가위다리 :
  협각(鋏脚).
- 가을 :
  고상(高商). 금덕(金德). 금상(金商). 상추(商秋).
  추계(秋季).
- 가을 가리 :
  추경(秋耕).
- 가을 같이 보이는 모양 :
  석연(淅然).
- 가을걷이 :
  추수(秋收).
- 가을기운 :
  서호(西顥).
- 가을날 :
  처일(淒日).

- 가을달 :
  추월(秋月).
- 가을바람 :
  금풍(金風). 서풍(西風). 이어풍(鯉魚風).
- 가을밤에 벌레가 우는소리 :
  즉즉(喞喞).
- 가을보리 :
  추맥(秋麥).
- 가을비 :
  추우(秋雨).
- 가을빛 :
  추광(秋光).
- 가을에 몹시 부는 바람 :
  맹풍(盲風).
- 가을에 붉게 물든 단풍 :
  금풍(錦楓).
- 가을의 높은 하늘 :
  고민(高旻).
- 가을의 수확 :
  서성(西成).
- 가을의 신 :
  욕수(蓐收).
- 가을의 절후 :
  금왕지절(金旺之節).
- 가을의 정취 :
  상의(商意).
- 가을장마 :
  추림(秋霖).
- 가을하늘 :
  금천(金天). 민천(旻天).
- 가장자리 :
  은제(垠際).
- 가장 훌륭함 :
  우최(尤最). 우이(尤異).
- 가재 :
  석해(石蟹).
- 가재지짐이 :
  오전(鰲膞).
- 가죽구두 :
  피화(皮靴).
- 가죽나무 :
  저목(樗木).
- 가죽 띠 :
  혁대(革帶). 위대(韋帶).
- 가죽바지 :
  위고(韋絝). 피고(皮絝). 혁고(革絝).
- 가죽 벗기다 :
  피박(皮剝).
- 가죽 속 :

구리(裘裏).
- 가죽신 :
 혁리(革履).
- 가죽주머니 :
 혁낭(革囊).
- 가지 :
 가자(茄子). 지초(枝梢).
- 가지각색 :
 색색(色色).
- 가지고 다니는 모양 :
 설설(挈挈).
- 가지런하지 아니한 모양 :
 뇌가(礧砢). 자치(茈虒).
- 가지런한 모양 :
 제제(齊齊). 지지(泜泜).
- 가지마다 :
 조조(條條).
- 가지의 휘늘어진 모양 :
 타타(朶朶).
- 가짜 :
 위안(僞贋). 토경(土梗). 토자(土苴).
- 가치 없는 사물 :
 강비(糠粃).
- 각자 냄 :
 약출(醸出).
- 간곡하게 정성을 다 들이는 모양 :
 견권(繾綣). 권견(綣繾).
- 간드러진 모양 :
 요나(裊娜). 요뇨(裊裊). 요뇨(裹裹). 요뇨(嫋嫋).
- 간드러진 소리가 계속해서 들리는 모양 :
 요뇨(裊裊).
- 간사한 사람 :
 간물(姦物).
- 간사함 :
 임녕(壬佞).
- 간소한 음식물 :
 단사표음(簞食瓢飮).
- 간수 :
 고염(苦鹽). 노수(滷水)
- 간신히 살아감 :
 근근득생(僅僅得生)
- 간장 :
 장유(醬油).
- 간절한 모양 :
 권권(惓惓). 누루(慺慺).
- 간절히 바람 :
 간원(懇願). 곤원(悃願).
- 간절히 희망(希望)함 :
 곤망(悃望).

- 간편(簡便)함 :
 이직(易直).
- 갈 까마귀 :
 여사(礜斯).
- 갈거미 :
 희자(蟢子). 희자(喜子). 소소(蠨蛸).
- 갈대 :
 노위(蘆葦). 위로(葦蘆). 가위(葭葦).
- 갈림길 :
 기도(岐塗). 기로(岐路). 기로(歧路). 지경(支徑). 지로(支路).
- 갈매기 :
 백구(白鷗). 수효(水鴞).
- 갈매나무 :
 서이(鼠李). 우이(牛李). 저이(楮李). 조이(皁李).
- 갈밭 :
 노전(蘆田)
- 갈보 :
 매소부(賣笑婦). 매음녀(賣淫女). 매음부(賣淫婦). 매춘부(賣春婦). 유녀(遊女). 표기(嫖妓).
- 갈보집 :
 기루(妓樓). 창가(娼家). 창루(娼樓). 청루(靑樓). 표사(嫖舍).
- 갈비뼈 :
 늑골(肋骨).
- 갈빗대 :
 늑골(肋骨).
- 갈삿갓 :
 노립(蘆笠). 우립(雨笠).
- 갈수록 더욱 심함 :
 거거익심(去去益甚). 거익심언(去益甚焉). 유왕유심(愈往愈甚).
- 갈치 :
 도어(刀魚).
- 갈포 :
 치격(絺綌).
- 감격(感激)하여 움 :
 감읍(感泣). 감제(感涕).
- 감귤의 별칭 :
 목노(木奴).
- 감기(感氣) :
 풍사(風邪).
- 감당(堪當)할 수 없음 :
 요부득(了不得).
- 감싸 보호함 :
 음비(廕庇).
- 감옥(監獄) :
 구영(拘囹). 엄극(嚴棘). 영어(囹圄). 영어(囹圉).
- 감자 :

괴경(塊莖). 감저(甘藷). 마령서(馬鈴薯). 황감
(黃柑).
- 감자가루로 만든 마른국수 :
당면(唐麵). 당면(唐麪).
- 감정이 무딘 사람 :
목인석심(木人石心).
- 감제풀 :
호장(虎杖). 고장(苦杖).
- 감히 바로 보지 못하는 모양 :
무무(瞀瞀).
- 감추는 모양 :
염연(厭然).
- 감탄하는 소리 :
의여(猗與).
- 갑옷 :
갑개(甲鎧). 개갑(鎧甲). 혁갑(革甲).
- 갑자기 :
거연(遽然). 거졸(遽卒). 급거(急遽). 돈연(頓然).
돌연(突然). 두연(陡然). 박지(撲地). 솔지(窣地).
숙홀(倏忽). 숙홀(儵忽). 순연(恂然). 암연(黯然).
엄홀(奄忽). 졸사(卒乍). 졸연(卒然). 졸연(猝然).
졸지(猝地). 첩연(輒然). 합언(溘焉). 합연(溘然).
홀언(忽焉). 홀여(忽如). 홀연(忽然). 홀지(忽地).
홀연(欻然).
- 갑자기 깨달음 :
두각(斗覺).
- 갑자기 마음이 변하는 모양 :
번연(幡然).
- 갑자기 솟아 나오는 모양 :
폭폭(暴暴).
- 갑자기 안색이 변하며 성내는 모양 :
발연(勃然).
- 갑자기 일어나는 모양 :
폭폭(暴暴).
- 갑자기 자라는 모양 :
침탁(踸踔).
- 갑자기 죽음 :
사서(謝逝). 합사(溘死). 합사(溘謝).
- 갑작스러운 모양 :
발연(勃然). 솔이(率爾).
- 값 :
가격(價格). 가고(價估). 가액(價額). 가전(價錢).
가치(價値). 치전(直錢).
- 값을 깎음 :
절가(折價).
- 갓 :
관면(冠冕). 입자(笠子).
- 갓김치 :
개저(芥葅).

- 갓끈 :
입영(笠纓). 형담(珩紞).
- 갓난아이 :
생해(生孩). 시해(始孩). 영아(嬰兒). 예예(嬰婗).
보자(保子). 적자(赤子).
- 강가 :
강두(江頭). 강미(江靡). 강반(江畔). 강변(江邊).
강정(江汀).
- 강강수월래 :
원무(圓舞).
- 강건한 모양 :
행행(行行).
- 강성한 모양 :
강강(橿橿). 교교(蹻蹻). 방방(傍傍). 불불(芾芾).
팽팽(彭彭).
- 강장한 모양 :
업업(業業). 해해(偕偕).
- 강직한 모양 :
간간(侃侃). 간간(衎衎). 간연(侃然). 굉굉(舡舡).
- 강하게 내려 쬐이는 태양 :
교양(驕陽).
- 강한 나라가 약한 나라를 병합하고자 하는 모
양 :
타이(朵頤).
- 강한 모양 :
거거(祛祛). 교연(撟然).
- 강함 :
한견(悍堅).
- 갖가지 :
백범(百凡).
- 갖추다 :
구비(具備).
- 갖풀 :
아교(阿膠).
- 같은 또래 :
등배(等輩).
- 갚다 :
배상(賠償). 보답(報答). 보상(報償).
- 개가 서로 물어뜯으며 짖는 소리 :
우하(吽呀).
- 개가 서로 으르렁거리며 물어뜯는 소리 :
은은(猌猌).
- 개고마리 :
박로(博勞). 백로(伯勞). 백설(百舌).
- 개골창 :
구거(溝渠). 석계(石雞). 와맹(𪓹鼃). 하록(河鹿).
합마(蛤蟆).
- 개구리가 떼를 지어 욺 :
와시(蛙市).

■ 개구리가 시끄럽게 우는 소리 :
　양부고취(兩部鼓吹).

■ 개구리가 우는 소리 :
　각각(閣閣). 와명(蛙鳴). 와성(蛙聲). 와취(蛙吹).
　합합(閤閤).

■ 개구리밥 :
　부평초(浮萍草). 수선(水蘚).

■ 개구리젓 :
　와해(蛙醢).

■ 개구리헤엄 :
　와영(蛙泳).

■ 개꿀 :
　소밀(巢蜜).

■ 개나리 :
　망춘(望春). 연교(連翹).

■ 개나리꽃 :
　연교화(連翹花).

■ 개다래나무 :
　목천료(木天蓼).

■ 개똥벌레 :
　소습(宵熠). 소촉(宵燭). 소행(宵行).

■ 개런티 :
　출연료(出演料). 출장비(出張費).

■ 개망신 :
　견망신(犬亡身).

■ 개미 :
　별부(蟞蜉).

■ 개미구멍 :
　의공(蟻孔).

■ 개미굴 :
　의굴(蟻窟). 의혈(蟻穴).

■ 개미귀신 :
　의귀신(蟻鬼神).

■ 개미 둑 :
　봉혈(封穴). 의봉(蟻封). 의양(蟻壤). 의질(蟻垤).
　의질(螳蛭). 의총(蟻塚). 의총(蟻冢).

■ 개미붙이 :
　곽공충(郭公蟲).

■ 개미산 :
　의산(蟻酸).

■ 개미 알 :
　의란(蟻卵).

■ 개새끼 :
　구자(狗子). 혜구(傒狗).

■ 개암 :
　진자(榛子).

■ 개의 목에 단 방울 소리 :
　영령(슈슈).

■ 개의치 않는 모양 :

　유연(油然).

■ 개인의 시조가 난 곳 :
　관향(貫鄕). 관적(貫籍). 본관(本貫). 선향(先鄕).
　성향(姓鄕). 적관(籍貫). 족본(族本). 향관(鄕貫).

■ 개자리 :
　금지초(金枝草).

■ 개피떡 :
　갑피병(甲皮餅).

■ 객 적고 너절한 글 :
　용문(冗文).

■ 객사 :
　객관(客館). 사관(舍館). 숙사(宿舍). 여관(旅館).

■ 객지(客地) :
　한창(寒窓).

■ 갤러리 :
　화랑(畫廊).

■ 갯가 :
　포변(蒲邊).

■ 갯가재 :
　하고(蝦蛄).

■ 갯고랑 :
　협포(挾蒲).

■ 갯버들 :
　등류(藤柳). 수양(水楊). 포류(蒲柳). 해류(海柳).

■ 갯솜 :
　해면(海綿).

■ 갯장어 :
　문어(文魚). 해만(海鰻). 붕장어.

■ 갯지렁이 :
　사잠(沙蠶).

■ 거간꾼 :
　장괴(駔會). 장쾌(駔儈). 중개인(仲介人).

■ 거꾸로 매달다 :
　도현(倒懸).

■ 거느리고 있는 가족 :
　가권(家眷). 가솔(家率).

■ 거닐다 :
　소요(逍遙).

■ 거동이 완만한 모양 :
　요도(潦倒).

■ 거동이 찬찬한 모양 :
　서서(徐徐).

■ 거두다 :
　수렴(收斂)

■ 거드럭거리는 모양 :
　앙연(昂然).

■ 거듭 :
　재차(再次)

■ 거룻배 :

소주(小舟). 목령(鶩舲). 편주(扁舟). 책맹(舴艋).

■ 거름 :
분전(糞田). 비료(肥料).

■ 거마가 많이 죽 늘어선 모양 :
전전(塡塡).

■ 거만 :
거만(倨慢). 교만(驕慢). 오만(傲慢).

■ 거만히 보다 :
거시인(倨視人).

■ 거머리 :
수질(水蛭). 질유(蛭蜼).

■ 거머잡음 :
진포(抮抱).

■ 거문고 :
명사(鳴絲). 현금(玄琴). 현금(絃琴).

■ 거문고를 돌려놓는 소리 :
초연(俏然).

■ 거문고를 타는 소리 :
쟁쟁(琤琤). 정정(丁丁).

■ 거문고와 퉁소 :
사죽(絲竹).

■ 거미 :
지주(蜘蛛). 장족충(長足蟲).

■ 거북껍데기 :
귀갑(龜甲).

■ 거북다리 :
귀각(龜脚). 구축두(龜縮頭).

■ 거상한 때의 모양 :
매매(梅梅).

■ 거센 바람 :
처풍(凄風).

■ 거센 바람과 소나기 :
흑풍백우(黑風白雨).

■ 거스르다 :
거역(拒逆). 배반(背叛).

■ 거스름돈 :
잉전(剩錢). 첩전(貼錢).

■ 거슬러 올라가 옛날 어진 사람을 벗으로 삼음 :
상우(尙友).

■ 거액 :
거관(巨款).

■ 거울 :
경감(鏡鑑).

■ 거울에 비친 꽃과 물에 비친달 :
경화수월(鏡花水月).

■ 거웃 :
음모(陰毛).

■ 거위 :
가안(家鴈). 가안(家雁). 당안(唐雁). 백아(白鵝).

서안(舒雁). 아조(鵝鳥).

■ 거의 :
거반(居半). 기호(幾乎). 서기(庶幾).

■ 거의 다 :
거개(擧皆).

■ 거의 죽게 됨 :
수사(垂死).

■ 거의 중간쯤 되는 위치 :
어중간(於中間).

■ 거절 :
거부(拒否). 거절(拒絶).

■ 거절하는 모양 :
낙락(落落).

■ 거죽 :
표면(表面).

■ 거지 :
걸식(乞食). 걸아(乞兒). 걸개(乞丐). 걸인(乞人).
류개(流丐). 류걸(流乞). 화자(花子).

■ 거지가 돈이나 물건을 구걸하는 일 :
동냥(洞糧).

■ 거짓 :
허위(虛僞). 궤탄(詭誕).

■ 거짓답변 :
위답(僞答).

■ 거짓말 :
무언(繆言). 양언(佯言). 와언(訛言). 위언(譸言).
유언(流言). 위언(僞言). 허언(虛言).

■ 거짓 잠자다 :
양숙(佯宿).

■ 거짓 절하다 :
사배(詐拜).

■ 거짓핑계 :
가탁(假託).

■ 거처 :
주소(住所). 거소(居所).

■ 거친 겨 :
조강(粗糠).

■ 거친 돌 :
조석(粗石).

■ 거친 명주 :
조주(粗紬).

■ 거친 붓 :
조필(粗筆).

■ 거친 식사 :
강비(糠粃).

■ 거칠게 갊 :
고경(楛耕).

■ 거침 :
조로(粗鹵). 조망(粗莽). 조잡(粗雜).

■ 거침없이 말 잘하는 모양 :
　도도(滔滔).

■ 거푸집 :
　모형(模型). 야용(冶鎔). 형모(型模).

■ 거품 :
　기포(氣泡). 부말(浮沫). 포말(泡沫).

■ 걱정이 되는 모양 :
　개연(介然).

■ 걱정이 되어 자꾸 한숨을 쉼 :
　누식(𢙣息).

■ 걱정하다 :
　염려(念慮).

■ 걱정하는 모양 :
　경경(罥罥).

■ 건강하다 :
　건강(健康).

■ 건너편 :
　월변(越邊). 월편(越便).

■ 건장한 모양 :
　익익(翼翼).

■ 걷는 모양 :
　행행(行行).

■ 걷잡을 수 없는 모양 :
　망양(望洋). 망양(望羊).

■ 걸레 :
　말포(襪布).

■ 걸려 위태로운 모양 :
　유호(攸乎).

■ 걸맞음 :
　대칭(對稱).

■ 걸상 :
　상자(牀子). 의자(椅子).

■ 걸어가는 모양 :
　어어(徛徛). 패패(沛沛).

■ 걸음 :
　보행(步行). 행보(行步).

■ 걸음이 대단히 빠름 :
　준족(駿足).

■ 걸출한 모양 :
　걸연(傑然).

■ 걸출한 시인 :
　시백(詩伯). 사백(詞伯).

■ 검은 구름 :
　음운(陰雲). 흑운(黑雲).

■ 검은 구름의 모양 :
　담담(曇曇).

■ 검은 굴뚝 :
　검돌(黔突)

■ 검은 그림자 :

■ 흑영(黑影). 흑예(黑翳).

■ 검은 기장 :
　흑서(黑黍).

■ 검은깨 :
　흑임자(黑荏子). 흑유마(黑油麻). 흑호마(黑胡麻).

■ 검은 눈동자 :
　흑동(黑瞳). 흑모(黑眸).

■ 검은머리 :
　흑발(黑髮).

■ 검은 모양 :
　암연(黯然). 이연(黟然).

■ 검은 밥 :
　오반(烏飯).

■ 검은 범 :
　흑호(黑虎).

■ 검은 베 관 :
　치포관(緇布冠).

■ 검은 설탕 :
　흑당(黑糖).

■ 검은 소 :
　흑우(黑牛).

■ 검은 양 :
　흑양(黑羊).

■ 검은 옷 :
　흑의(黑衣).

■ 검은 원숭이 :
　흑원(黑猿).

■ 검은자위 :
　흑정(黑睛).

■ 검은콩 :
　흑대두(黑大豆). 흑태(黑太). 흑두(黑豆).

■ 검은팥 :
　흑두(黑豆).

■ 검정색 :
　흑색(黑色).

■ 검푸른 눈동자 :
　감동(紺瞳).

■ 검푸른 모양 :
　유유(黝黝).

■ 검푸른 빛 :
　명정(黽靘). 청흑색(靑黑色).

■ 겁내는 모양 :
　광광(恇恇).

■ 겁쟁이 :
　겁나(怯懦). 겁부(怯夫).

■ 겅정 겅정 뛰며 걷는 모양 :
　주주(趎趎).

■ 겉곡식 :

피곡(皮穀).
- 겉껍질 :
　외각(外殼). 표피(表皮).
- 겉보리 :
　피맥(皮麥).
- 겉봉 :
　외봉(外封). 피봉(皮封).
- 겉으로 만의 공경 :
　모경(貌敬).
- 겉치레 :
　가식(假飾). 외식(外飾). 외양(外樣). 허식(虛飾).
- 겉치레하는 말 :
　모언(貌言). 화언(華言).
- 게딱지 :
　해갑(蟹甲).
- 게움 :
　구토(嘔吐).
- 게으르다 :
　나태(懶怠). 난타(嬾惰). 용타(慵惰). 타라(軃懶).
　타태(惰怠). 태만(怠慢). 태황(怠荒). 해이(懈弛).
　해태(懈怠).
- 게으른 버릇 :
　나벽(懶癖). 난벽(嬾癖).
- 게의 알 :
　해란(蟹卵).
- 게의 집게발 :
　해오(蟹螯).
- 게장 :
　해황(蟹黃).
- 게젓 :
　해해(蟹醢).
- 겨된장 :
　강장(糠醬).
- 겨드랑이 :
　액간(腋間). 액와(腋窩).
- 겨레붙이 :
　친족(親族).
- 겨를 :
　가극(暇隙). 가여(暇餘). 여가(餘暇).
- 겨우 :
　근근(廑廑). 근근(僅僅).
- 겨우 듣다 :
　근문(僅聞).
- 겨우 디디다 :
　초정(稍停).
- 겨우살이 :
　과동(過冬). 동생(冬生).
- 겨우살이덩굴 :
　인동(忍冬).

- 겨울 :
　동기(冬期). 현동(玄冬).
- 겨울까마귀 :
　한아(寒鴉).
- 겨울날 :
　난홍(暖紅). 애일(愛日).
- 겨울눈 :
　동아(冬芽).
- 겨울비 :
　동우(冬雨). 동우(凍雨). 한우(寒雨).
- 겨울새 :
　동조(冬鳥).
- 겨울옷 :
　동복(冬服).
- 겨울의 추운 달 :
　한섬(寒蟾). 한월(寒月).
- 겨울잠 :
　동면(冬眠).
- 겨울철 구십일 동안 :
　구동(九冬). 동계(冬季). 동기(冬期). 동절(冬節).
- 격렬하게 물결치는 소리 :
　팽알(輣軋).
- 격식에 안 맞는 한시 :
　외시(歪詩).
- 견고한 모양 :
　개연(介然). 애애(磑磑).
- 견딜 수 없음 :
　요부득(了不得).
- 견문이 넓음 :
　흡문(洽聞).
- 견문이 좁아 세상형편을 모르는 사람의 비유 :
　정저와(井底蛙). 정어(井魚). 정와(井蛙).
- 견우성 :
　견우성(牽牛星). 황고(黃姑).
- 견제함 :
　구제(扣除).
- 견해가 좁은 모양 :
　서목(鼠目).
- 결과를 분명히 맺지 않음 :
　휘지비지(諱之祕之).
- 결국 :
　결국(結局). 구경(究竟). 필경(畢竟).
- 결단성이 있는 모양 :
　쾌쾌(夬夬).
- 결백한 모양 :
　작연(皭然). 작작(皭皭). 찰찰(察察).
- 결심 :
　결심(決心). 결의(決意). 결지(決志).
- 결혼의 약속 :

빙명(娉命). 약혼(約婚).

■ 겸손한 모양 :
겸겸(嗛嗛). 겸겸(謙謙).

■ 겸손함 :
읍퇴(挹退).

■ 겸연쩍어 함 :
육니(忸怩).

■ 겹옷 :
겹의(袷衣).

■ 겹쳐지다 :
중복(重覆).

■ 경계하는 모양 :
경경(儆儆).

■ 경대부의 아내 :
내자(內子).

■ 경망한 모양 :
접접(沾沾).

■ 경묘한 모양 :
냉연(冷然).

■ 경문을 다 읽지 아니하고 요긴한 곳만 중간 중
간에서 추려서 읽음 :
전독(轉讀).

■ 경박한 모양 :
경경(輕輕). 건건(騫騫). 양량(涼涼). 조조(佻佻).

■ 경사각 :
경사각(傾斜角). 구배(勾配).

■ 경서 :
경서(經書). 경적(經籍).

■ 경솔한 모양 :
솔이(率爾).

■ 경악한 모양 :
무연(憮然).

■ 경의를 표하는 모양 :
제여(齊如).

■ 경의를 표하느라고 옆으로 피하여 천천히 걷는
모양 :
각여(躩如).

■ 경 읽는 소리 :
범성(梵聲). 범음(梵音). 패음(唄音)

■ 경작 :
농사(農事). 토화(土化).

■ 경지가 넓은 모양 :
윤윤(畇畇).

■ 경진하는 모양 :
예예(泄泄).

■ 경첩한 모양 :
표요(影搖).

■ 경치 :
경치(景致). 조망(眺望). 풍개(風槪). 풍경(風景).

풍광(風光). 풍치(風致).

■ 경황없는 모양 :
창황(悄怳).

■ 곁눈 :
액아(腋芽). 횡모(橫眸).

■ 곁눈으로 보는 모양 :
견견(睊睊).

■ 곁눈질 :
음시(淫視).

■ 곁눈질하는 모양 :
면면(眄眄).

■ 곁눈질함 :
유면(流眄). 유제(流睇). 횡파(橫波).

■ 곁방 :
협실(夾室).

■ 곁뿌리 :
지근(支根).

■ 계기 :
동인(動因).

■ 계란 노른자 :
계자황(鷄子黃).

■ 계란 흰자 :
계자백(鷄子白). 계자청(鷄子淸).

■ 계속하는 모양 :
맥맥(脈脈).

■ 계속하여 작게 들리는 소리 :
절절(切切).

■ 계속해서 울리는 북소리 :
전전(塡塡).

■ 계속해서 치는 모양 :
당당(撞撞).

■ 계집아이 :
동녀(童女). 진녀(振女).

■ 계집아이를 낳음 :
농와(弄瓦).

■ 계집애 :
아교(阿嬌).

■ 계집종과 사내종 :
장획(臧獲).

■ 고개 :
판로(坂路). 판로(阪路).

■ 고구마 :
감서(甘薯). 감저(甘藷). 저우(藷芋).

■ 고구마 엿 :
남감저당(南甘藷糖). 저당(藷糖).

■ 고기가 물위에 입을 내놓고 벌름거리는 모양 :
엄옹(唵喁).

■ 고기떼 :
어대(魚隊).

- 고기쌈 :
  육포(肉包).
- 고기잡이 노인 :
  어옹(漁翁). 어수(漁叟).
- 고깃덩어리 :
  육괴(肉塊).
- 고니 :
  천아(天鵝).
- 고니가 우는소리 :
  곡곡(鵠鵠).
- 고달픈 모양 :
  개연(芥然). 굴굴(矻矻).
- 고대한 모양 :
  낭랑(閬閬). 역역(繹繹). 위위(魏魏). 율율(律律).
- 고대한 모양 :
  언언(言言).
- 고동하는 모양. 그 소리 :
  흉흉(洶洶).
- 고드름 :
  빙근(氷筋). 빙주(氷柱). 빙류(氷溜). 수빙(垂氷).
  현빙(懸氷).
- 고들빼기 :
  고채(苦菜).
- 고등어 :
  청어(鯖魚).
- 고라니 :
  마록(馬鹿). 청록(靑鹿).
- 고랑 :
  수갑(手匣).
- 고래 :
  경어(鯨魚).
- 고래잡이 :
  경렵(鯨獵).
- 고루 잘 다려진 모양 :
  편편(平平). 편편(便便).
- 고르고 아름다운 이 :
  편패(編貝).
- 고르지 않아서 가지런하지 않은 모양 :
  육리(陸離).
- 고른 모양 :
  균균(勻勻).
- 고름 :
  농즙(膿汁).
- 고리 :
  고노(栲栳). 구환(彄環). 유기(柳器).
- 고리버들 :
  기류(杞柳).
- 고린내 :
  하취(夏臭).

- 고립하여 이 세상에 맞지 않는 모양 :
  개개(介介).
- 고립한 모양 :
  개연(介然).
- 고모부(姑母夫) :
  인숙(姻叔).
- 고무딸기 :
  복분자(覆盆子).
- 고무래 :
  육독(碌碡).
- 고비 :
  관두(關頭).
- 고뿔 :
  감기(感氣). 감모(感冒). 외감(外感).
- 고삐 :
  기기(羈縻). 기기(羈縻). 늑반(勒絆). 늑설(勒絏).
- 고삐와 재갈 :
  비함(轡銜).
- 고사리 :
  궐별(蕨鼈). 양치(羊齒). 자궐(紫蕨).
- 고상한 도 :
  고궤(高軌).
- 고상하고 아리따움 :
  완려(婉麗).
- 고상하고 품위가 있음 :
  한도(嫺都). 한아(嫺雅).
- 고상한 마음 :
  고기(高氣).
- 고상한 인품 :
  단애청벽(丹崖靑壁).
- 고생 :
  간고(艱苦). 간곤(艱困). 간군(艱窘). 간급(艱急).
  간신(艱辛). 고생(苦生).
- 고생이 심한 모양 :
  건건(蹇蹇). 건건(謇謇).
- 고생하는 모양 :
  건건(蹇蹇). 잠잠(涔涔).
- 고서를 탐독함 :
  급고(汲古)
- 고수머리 :
  권발(卷髮).
- 고심하여 시나 노래 등을 지음 :
  고음(苦吟).
- 고아(孤兒) :
  경고(嫠孤). 고아(孤兒).
- 고약 :
  유고(油膏).
- 고약한 말 :
  유언(莠言).

■ 고약한 주정을 함 :
흉후(兇酗).

■ 고요한 마음 :
유혼(幽魂).

■ 고요한 모양 :
격연(闃然). 기기(祁祁). 밀연(謐然). 염염(厭厭).
유유(呦呦). 첩첩(怗怗). 초연(悄然). 초창(悄愴).

■ 고요히 웃다 :
정소(靜笑).

■ 고욤 :
군천자(桾櫏子). 소시(小柹). 홍영조(紅椻棗).

■ 고욤나무 :
군천(桾櫏). 홍영(紅椻).

■ 고운 노래 :
염가(艶歌).

■ 고운 모양 :
권연(卷然). 난연(爛然). 난혜(爛兮). 습요(熠燿).
적적(的的). 찬란(粲爛). 찬찬(粲粲). 효효(皛皛).

■ 고운 베 :
세포(細布).

■ 고운 붉은 빛 :
언홍(嫣紅).

■ 고운 빛이 나는 모양 :
웅웅(熊熊).

■ 고운 빛이 번쩍번쩍 하는 모양 :
난간(闌干).

■ 고인돌 :
지석(支石).

■ 고조. 증조. 조부. 부친. 자기. 자식. 손자. 증
손. 현손. 의 직계친 :
구족(九族).

■ 고지새 :
청작(靑雀). 청조(靑鳥).

■ 고지식하다 :
우직(愚直).

■ 고집이 세어 남에게 굴하지 아니함 :
굴강(屈强).

■ 고추잠자리 :
강추(絳緅). 적변장인(赤䗶丈人). 적의사자(赤衣
使者).

■ 고추장 :
고초장(苦草醬).

■ 고침 :
경개(更改). 경혁(更革). 개혁(改革).

■ 고통(苦痛) :
환고(患苦).

■ 고통을 견디지 못하는 모양 :
초초(楚楚).

■ 고하가 정하여 지지 아니한 모양 :
비비(菲菲).

■ 고학 :
차형손설(車螢孫雪). 형설지공(螢雪之功).

■ 고함소리 :
함성(喊聲).

■ 고향 :
고구(故丘). 향국(鄕國). 향원(鄕園). 향정(鄕井).
향토(鄕土).

■ 고향생각이 간절하여 낮이면 고향 쪽 하늘을
바라보고 밤이면 달을 바라보며 거닌다는 뜻 :
간운보월(看雲步月).

■ 고향을 떠나 유랑함 :
전봉(轉蓬).

■ 곡성이 그치지 아니하는 모양 :
오오(嗸嗸).

■ 곡식의 열매가 익음 :
실임(實稔).

■ 곡진하게 타이르는 모양 :
순순(諄諄).

■ 곡진한 모양 :
견권(繾綣). 권견(綣繾).

■ 곡초가 무성한 모양 :
억억(薿薿)

■ 곡초가 무성한 모양 :
의의(薿薿).

■ 곤궁한 선비 :
궁조장(窮措丈).

■ 곤대 :
우경(芋莖).

■ 곤두박질 :
근두(筋斗). 근두박질(筋斗撲跌).

■ 곤드레 만드레가 된 모양 :
모도(酕醄).

■ 곤들 매기 :
가어(嘉魚).

■ 곤쟁이 :
자하(紫蝦). 해하(海蝦).

■ 곤죽 :
골동갱(骨董羹).

■ 곤줄박이 :
산작(山雀).

■ 곧은 말 :
당언(讜言). 당사(讜辭). 직언(直言). 충언(忠言).

■ 곧은 말을 하는 모양 :
건건(謇謇). 악악(諤諤).

■ 곧은 모양 :
각각(閣閣). 정정(挺挺). 촉연(矗然). 흔흔(肩肩).

■ 곧은창자 :
직장(直腸).

■ 골 깊다 :
　곡심(谷深).

■ 골라 갖다 :
　택취(擇取).

■ 골목 :
　소항(小巷).

■ 골목길 :
　항도(巷道).

■ 골무 :
　지관(指貫).

■ 골짜기 :
　계곡(溪谷). 계곡(谿谷). 계학(谿壑). 학곡(壑谷).
　협간(峽間).

■ 골짜기가 개장하여 험(險)한 모양 :
　금암(嶔巖).

■ 골짜기가 깊은 모양 :
　요조(窈窕).

■ 골짜기가 크고 넓어 텅 빈 모양 :
　함하(谽谺). 함하(谽呀).

■ 골짜기 비다 :
　곡공(谷空).

■ 골짜기 안에서 울리는 소리 :
　횡횡(谹谹).

■ 골짜기에 놓은 다리 :
　곡각(谷閣).

■ 곰곰이 반성함 :
　성감(省鑑).

■ 곰곰이 생각하는 모양 :
　목목(翌翌).

■ 곰곰이 생각함 :
　논사(論思). 세사(細思). 숙려(熟慮). 천사만고
　(千思萬考). 심사숙고(深思熟考).

■ 곰방대 :
　단죽(短竹).

■ 곰보 :
　두면(痘面). 두흔(痘痕).

■ 곰솔 :
　해송(海松). 흑송(黑松).

■ 곱게 장식함 :
　현식(絢飾).

■ 곱고 예쁨 :
　연염(妍艶).

■ 곱고 투명한 소리 :
　영령(玲玲). 영롱(玲瓏).

■ 곱고 흰 모양 :
　찬차(璨瑳).

■ 곱사등이 :
　구루(蝸僂). 구루(佝僂). 구루(傴僂). 구루(痀瘻).
　귀배(龜背). 우루(踽僂). 융질(癃疾). 지리(支離).

■ 피륭(罷癃).

■ 곱셈 :
　승법(乘法). 승산(乘算).

■ 곱자 :
　곡척(曲尺).

■ 곱자와 먹물 :
　구묵(矩墨).

■ 곱창 :
　곡장(曲腸).

■ 곳 :
　장소(場所). 처소(處所).

■ 곳곳 :
　소소(所所). 처처(處處).

■ 곳집 :
　창고(倉庫). 창고(倉庫). 창름(倉廩).

■ 공 :
　구자(毬子).

■ 공경하고 삼가는 모양 :
　익익(翼翼). 착연(錯然).

■ 공경하기는 하나 가까이 하지는 않음 :
　경원(敬遠). 경이원지(敬而遠之).

■ 공경하는 모양 :
　상상(翔翔). 식식(式式).

■ 공경하여 떠받듦 :
　봉대(奉戴).

■ 공경하여 전일한 모양 :
　촉촉(屬屬).

■ 공경하여 절하다 :
　경배(敬拜).

■ 공교롭게도 :
　적증(赤憎).

■ 공구하여 추창하는 모양 :
　창창(蹌蹌).

■ 공구하여 조심하는 모양 :
　칙연(伏然).

■ 공기베게 :
　풍침(風沈).

■ 공놀이 :
　구기(球技).

■ 공명정대한 모양 :
　당당(堂堂).

■ 공미리 :
　침구어(針口魚).

■ 공부 :
　면학(勉學).

■ 공부함 :
　이습(肄習).

■ 공손하고 삼가는 모양 :
　누루(慺慺). 제제(齊齊).

■ 공손하고 온순한 모양 :
　구구(俅俅).
■ 공손한 모양 :
　숙숙(肅肅). 유유(油油). 적축(踖踧). 축적(踧踖).
■ 공알 :
　음핵(陰核).
■ 공연히 :
　백백(白白). 백백지(白白地).
■ 공자 :
　공부(孔父). 공자(孔子). 노수(魯叟). 부자(夫子).
■ 공장 :
　공장(工場). 창방(廠房).
■ 공중제비 :
　근두(斤斗).
■ 공평함 :
　형균(衡鈞).
■ 공허하고 광막한 모양 :
　충막(沖漠).
■ 공허하고 넓은 모양 :
　호호(皓皓).
■ 공허한 모양 :
　혈료(沈寥). 혈혈(沈沈). 활하(豁閜). 효효(嚻嚻).
■ 곶감 :
　건시(乾枾).
■ 과거의 잘못을 용서(容恕)하고 묻지 아니함 :
　각면(閣免).
■ 과녁 :
　관적(貫的). 관혁(貫革). 곡적(鵠的). 사적(射的).
　의적(儀的). 정곡(正鵠). 질적(質的).
■ 과단성이 있는 모양 :
　한한(侃侃).
■ 과부 :
　과녀(寡女). 상단(孀單). 상부(孀婦). 상아(孀娥).
　상자(孀雌). 이부(嫠婦). 추상(媰孀).
■ 과부 또는 이혼녀가 다른 남자에게 시집감 :
　개가(改嫁). 재초(再醮). 개초(改醮). 재가(再嫁).
　재혼(再婚). 재연(再緣).
■ 과부로 지냄 :
　과거(寡居).
■ 과부의 절개 :
　이절(嫠節).
■ 과부 정조 지키다 :
　수절(守節).
■ 과실 :
　회려(悔戾).
■ 과실을 용서함 :
　작해(作解).
■ 과실이 주렁주렁 많이 달린 모양 :
　뇌뢰(磊磊).

■ 과연(果然) :
　과시(果是). 과연(果然).
■ 과음 :
　과음(過飮). 난주(亂酒).
■ 관을 떠나보내면서 곡함 :
　송곡(送哭).
■ 관계도 없는데 싱겁게 붙어 다니는 사람 :
　건달(乾達).
■ 관계하지 아니하고 방관함 :
　고공(高拱).
■ 관대한 모양 :
　곽락(廓落). 만만(縵縵). 작혜(綽兮). 작호(綽乎).
■ 관솔 :
　송명(松明).
■ 관솔불 :
　송거(松炬). 송명(松明).
■ 관심이 없는 모양 :
　막연(漠然).
■ 관이 높고 엄숙(嚴肅)한 모양 :
　악악(咢咢).
■ 관자놀이 :
　섭유(顳顬).
■ 광 :
　고방(庫房).
■ 광나무 :
　서재(鼠梓). 서재목(鼠梓木). 여정목(女貞木).
■ 광대 :
　배우(俳優). 우령(優伶). 창우(倡優).
■ 광대뼈 :
　관골(顴骨). 협관(頰顴).
■ 광대뼈와 어금니 :
　보아(輔牙).
■ 광대뼈와 잇몸 :
　보차(輔車).
■ 광대하고 아름다운 모양 :
　굉굉(閎閎).
■ 광대하여 포용하는 모양 :
　회회(恢恢).
■ 광대한 모양 :
　고고(皐皐). 광광(曠曠). 광연(曠然). 도호(滔乎).
　막막(藐藐). 망망(莽莽). 망양(漭瀁). 박박(薄薄).
　반박(磐礴). 앙망(泱漭). 양양(洋洋). 왕양(汪洋).
　운운(沄沄). 탕탕(盪盪). 탕탕(蕩蕩). 한한(瀚瀚).
■ 광명한 모양 :
　인린(麟麟). 진진(震震).
■ 광부 :
　광부(鑛夫). 채공(採工).
■ 광선이 강렬하여 대단히 뜨거운 모양 :
　흔흔(炘炘).

- 광저기 :
  강두(豇豆). 대각두(大角豆).
- 광주리 :
  광비(筐篚).
- 광채가 발산하는 모양 :
  난만(爛漫).
- 광채가 번쩍번쩍 빛남 :
  영발(映發).
- 광채가 성한 모양 :
  호간(皓旰).
- 광채가 있는 모양 :
  비연(賁然).
- 광채가 찬란한 모양 :
  농롱(朧朧). 영롱(玲瓏).
- 광채를 발하는 모양 :
  영연(瑩然).
- 광택이 있는 모양 :
  염염(琰琰).
- 광활한 모양 :
  요묘(窈眇).
- 광휘를 발하는 모양 :
  욱욱(煜煜). 욱잡(煜霅).
- 괜스레 :
  공연(空然).
- 괭이 :
  자기(鎡基).
- 괭이밥 :
  작장초(酢漿草). 산거초(酸車草).
- 괭이상어 :
  묘교(猫鮫).
- 괴로운 모양 :
  감감(坎坎).
- 괴로워하거나 근심하는 모양 :
  추미(皺尾).
- 괴롭고 슬픈 모양 :
  참담(慘澹).
- 괴상함 :
  궤괴(詭怪).
- 괴이쩍어 놀라는 소리 :
  돌돌(咄咄).
- 굄 :
  탱주(撑拄). 지탱(支撑). 탱지(撑支).
- 굄목 :
  침목(枕木).
- 굉장히 크게 울리는 소리 :
  굉굉(轟轟).
- 교대 :
  경대(更代). 교대(交代).
- 교령이 준엄한 모양 :

- 액액(詻詻).
- 교만하고 방자함 :
  오방(鷔放).
- 교만한 모양 :
  걸걸(桀桀). 교연(喬然).
- 교묘하게 말을 잘 둘러맞춤 :
  편언(諞言).
- 교묘하게 말하는 모양 :
  점점(詁詁).
- 교묘하게 참소하는 모양 :
  전전(諓諓).
- 교묘한 초서의 형용 :
  유운경용(遊雲驚龍).
- 교묘함과 서투름 :
  공부(工否). 공졸(工拙).
- 교수형 :
  교수형(絞首刑). 현수(縊首).
- 교활한 놈 :
  할노(黠奴).
- 구경꾼 :
  관객(觀客).
- 구구한 사정에 얽매임 :
  구구니니(區區泥泥).
- 구기 :
  작자(杓子).
- 구더기 :
  향자(蠁子).
- 구덩이 :
  갱학(坑壑). 토감(土坎).
- 구두 :
  양화(洋靴).
- 구두 약속 :
  구약(口約).
- 구라파 :
  서구(西歐).
- 구레나룻 :
  장염(長髯).
- 구를 교묘하게 지음 :
  누구(鏤句).
- 구름 같은 것이 검은 모양 :
  담담(黮黮).
- 구름과 같이 퍼지고 안개같이 흩어짐 :
  운포무산(雲布霧散).
- 구름다리 :
  운교(雲橋). 육교(陸橋).
- 구름 따위가 덮는 모양 :
  멱멱(冪冪).
- 구름 빛이 아름다운 모양 :
  만만(漫漫).

■ 구름을 헤치고 들어가는 것 같은 산길 :
　잔운(棧雲).

■ 구름이 끼고 비가 옴 :
　음우(陰雨).

■ 구름이 끼고 흐린 모양 :
　암담(黯黮).

■ 구름이 끼는 모양 :
　애애(靄靄). 애연(靄然).

■ 구름이 낀 모양 :
　담담(曇曇). 애희(靉靆). 엄애(晻藹).

■ 구름이나 안개가 이는 모양 :
　옹발(滃渤).

■ 구름이나 안개가 짙은 모양 :
　옹울(蓊鬱).

■ 구름이 떠오르는 모양 :
　용용(容容).

■ 구름이 뜬 모양 :
　영영(英英).

■ 구름이 많이 끼는 모양 :
　애애(靉靉).

■ 구름이 많이 끼어 날이 음침(陰沈)한 모양 :
　옹울(滃鬱).

■ 구름이 많이 모이는 모양 :
　애체(靉靆).

■ 구름이 뭉게뭉게 가는 모양 :
　처처(萋萋).

■ 구름이 뭉게뭉게 떠오르는 모양 :
　봉발(蓬勃). 위회(蔚薈).

■ 구름이 뭉게뭉게 이는 모양 :
　유연(油然).

■ 구름이 뭉게뭉게 피어오르는 모양 :
　애애(靉靉).

■ 구름이 이는 모양 :
　비비(霏霏). 영영(泱泱). 옹옹(滃滃). 위회(蔚薈).
　처처(凄凄). 회위(薈蔚).

■ 구름이 일거나 연기가 나는 모양 :
　봉봉(逢逢).

■ 구름이 피어오르는 모양 :
　애애(靄靄). 애연(靄然). 의니(旖旎).

■ 구름이 흘러가는 모양 :
　운각(雲脚). 구름의 다리.

■ 구름이 흩어지고 달빛이 새어 나옴 :
　운파월래(雲破月來).

■ 구리 :
　동금(銅金). 적금(赤金). 적동(赤銅).

■ 구리가루 :
　동설(銅屑).

■ 구리 녹 :
　동생의(銅生衣).

■ 구리철사 :
　동사(銅絲).

■ 구멍 :
　공규(空竅). 공극(空隙). 공혈(孔穴). 과감(科坎).
　과구(窠臼). 혈규(穴竅).

■ 구변이 좋은 모양 :
　절절(截截).

■ 구별이 확실한 모양 :
　절연(截然).

■ 구별이나 차별이 없는 모양 :
　혼연(渾然).

■ 구석 :
　오구(奧區).

■ 구슬 :
　주자(珠子). 주기(珠璣).

■ 구슬이 땅에 떨어지는 소리 :
　곡곡(轂轂).

■ 구슬픔 :
　요율(憭慄).

■ 구실을 삼음 :
　자구(藉口).

■ 구역질 :
　우구(于嘔). 토역(吐逆).

■ 구욕새 :
　구욕(鸜鵒). 구욕(鴝鵒).

■ 구정물 :
　오수(汚水).

■ 구차한 말 :
　구언(苟言).

■ 구차한 모양 :
　요이(聊爾).

■ 구천 :
　구건(九乾). 구천(九天).

■ 국 :
　갱탕(羹湯).

■ 국가와 국가의 경계 :
　국경(國境). 변경(邊境). 변강(邊彊). 변계(邊界).
　변국(邊國). 변방(邊方). 변색(邊塞). 변수(邊陲).
　변지(邊地). 색방(塞方).

■ 국내가 소란한 모양 :
　굴굴(淈淈).

■ 국량이 작은 사람 :
　두소지인(斗筲之人).

■ 국물 :
　갱즙(羹汁).

■ 국밥 :
　탕반(湯飯).

■ 국상 :
　국휼(國恤).

- 국수 :
  맥면(麥麵). 사면(絲麵).
- 국자 :
  작자(杓子).
- 국장 :
  국장(國葬). 수봉(囚封). 인산(因山).
- 국화 :
  국화(菊花). 금예(金蘂).
- 군 담뱃대 :
  객죽(客竹). 공죽(空竹)
- 군더더기 :
  부용(浮宂).
- 군데군데 기운 헤진 옷 :
  순의(鶉衣).
- 군량과 말먹이 :
  양말(糧秣).
- 군사가 패망하는 모양 :
  철난기미(轍亂旗靡).
- 군살 :
  식육(息肉). 췌육(贅肉).
- 군소리 :
  객담(客談). 객론(客論). 객설(客說). 승어(賸語).
  잉어(剩語). 췌언(贅言).
- 굳게 잠금 :
  뇌소(牢鎖).
- 굳게 정의를 지키는 모양 :
  식식(湜湜).
- 굳게 지켜 변하지 않는 모양 :
  개연(介然).
- 굳고 강한 모양 :
  긍긍(兢兢).
- 굳세고 민첩한 모양 :
  간간(衎衎).
- 굳세고 바름 :
  언언(嗲嗲).
- 굳세고 빠른 모양 :
  표요(票姚).
- 굳세고 용감한 모양 :
  광광(觥觥). 기기(曁曁).
- 굳센 모양 :
  광광(洸洸). 교연(撟然). 익익(翼翼). 환환(桓桓).
- 굳셈 :
  한견(悍堅).
- 굳은 모양 :
  구구(朐朐).
- 굳은 약속 :
  극비(剋臂).
- 굴껍데기 :
  여방(蠣房).

- 굴뚝 :
  연돌(煙突). 조돌(竈突).
- 굴뚝나비 :
  사목접(蛇目蝶).
- 굴뚝새 :
  초료(鷦鷯).
- 굴레 :
  기반(羈絆).
- 굴비 :
  건석어(乾昔魚).
- 굴젓 :
  여황(蠣黃).
- 굶어 죽은 송장 :
  아표(餓莩).
- 굶주림 :
  기근(饑饉). 기황(饑荒). 기아(饑餓). 뇌근(餒饉).
  뇌이(餒而). 황흉(荒凶).
- 굼벵이 :
  제조(蠐螬). 지잠(地蠶).
- 굼틀거리는 모양 :
  준준(蠢蠢).
- 굽은 나무 :
  곡목(曲木).
- 굽은 담 :
  곡장(曲墻). 권원(埢垣).
- 굽은 모양 :
  권산(踡嶰).
- 굽은 정강이 :
  곡경(曲脛).
- 굽은 턱 :
  곡이(曲頤).
- 굿 :
  새신(賽神).
- 굿뱀 :
  토도사(土桃蛇).
- 궁궐이 그윽한 모양 :
  요조(窈窕).
- 궁녀 :
  궁녀(宮女). 여관(女官).
- 궁둥이 :
  둔부(臀部).
- 궁둥이를 땅에 대고 앉음 :
  고좌(尻坐).
- 궁리 :
  고안(考案). 궁리(窮理). 의장(意匠). 장의(匠意).
- 궁전이 크고 으리으리한 모양 :
  편편(翩翩).
- 굳은 살 :
  식육(瘜肉). 췌육(贅肉).

- 궂은 솜 :
  악서(惡絮).
- 궂은 쌀 :
  악미(惡米).
- 궂은 일 :
  재화(災禍).
- 권력을 마음대로 씀 :
  농권(弄權).
- 귀가 먹고 눈이 잘 보이지 아니함 :
  외모(聵眊).
- 귀가 욺 :
  요추(聊啾). 이명(耳鳴).
- 귀고리 :
  이당(耳璫). 이환(耳環).
- 귀담아 듣지 아니하는 모양 :
  막막(藐藐).
- 귀뚜라미 :
  실솔(蟋蟀). 즉저(蝍蛆). 청열(靑蛚).
- 귀뚜라미 우는 소리 :
  공성(蛩聲).
- 귀로 들어가서 입으로 나오는 천박한 학문 :
  구이지학(口耳之學).
- 귀를 기울여 자세히 들음 :
  측이(側耳). 기이(攲耳). 경이(傾耳).
- 귀를 쫑긋거림 :
  용이(聳耳).
- 귀리 :
  연맥(燕麥). 작맥(雀麥). 광맥(鑛脈). 이맥(耳麥).
- 귀머거리 :
  농자(聾者). 농혼(聾昏). 이롱(耳聾).
- 귀머거리와 벙어리 :
  농아(聾啞). 농음(聾瘖). 농음(聾喑).
- 귀머거리와 소경 :
  농맹(聾盲).
- 귀밑머리가 허옇게 센 모양 :
  파파(皤皤).
- 귀 바퀴 :
  이륜(耳輪).
- 귀 밝기 술 :
  명이주(明耳酒). 이명주(耳明酒). 총이주(聰耳酒).
- 귀 상어 :
  당목어(撞木魚).
- 귀속 말 하는 모양 :
  첩첩(佔佔).
- 귀 쇠 :
  이금(耳金).
- 귀신이 불안하여 가려고 하는 모양 :
  사사(禩禩).
- 귀앓이 :
  이통(耳痛).
- 귀양 보냄 :
  방극(放殛).
- 귀양살이하는 사람 :
  적객(謫客).
- 귀에 거슬림 :
  역이(逆耳).
- 귀에 대고 소곤거림 :
  첩유(呫嚅). 첩섭(呫囁).
- 귀에 대고 알랑거림 :
  첨이(諂耳).
- 귀지 :
  이구(耳垢). 정녕(耵聹).
- 귀엣말 :
  이어(耳語).
- 귀염둥이 :
  양자(壤子). 애자(愛子).
- 귀엽게 웃음 :
  교소(巧笑).
- 귀와 눈 :
  이목(耳目).
- 귀 울음 :
  이명(耳鳴).
- 귀 작은 말 :
  과하마(果下馬).
- 귀중한 보배 :
  십붕(十朋).
- 귀찮은 모양 :
  복이(僕爾).
- 귀청 :
  고막(鼓膜).
- 귓문 :
  이문(耳門).
- 귓바퀴 :
  이각(耳殼). 이륜(耳輪).
- 귓불 :
  이수(耳垂). 이타(耳朶).
- 귓속말 :
  부이어(附耳語).
- 규각이 없는 모양 :
  혼연(渾然).
- 그 :
  나개(那箇).
- 그 가운데 :
  기중(其中).
- 그곳 :
  기처(其處).
- 그끄러께 :
  삼작년(三昨年).

- 그끄저께 :
  삼작일(三昨日).
- 그날 밤 :
  당야(當夜).
- 그 녀석 :
  수자(豎子).
- 그 누구 :
  하허인(何許人).
- 그 다음 :
  기차(其次).
- 그 당시 :
  이시(爾時).
- 그대로 따름 :
  잉습(仍襲).
- 그 뒤 :
  기후(其後).
- 그 뒤로 :
  이환(已還).
- 그때 :
  이시(爾時).
- 그때부터 :
  근래(近來). 이래(爾來). 이환(而還).
- 그러께 :
  전전년(前前年).
- 그런데다가 :
  연중(然中).
- 그럴 듯이 여김 :
  간주(看做).
- 그럴리가 있으랴 :
  기유차리(豈有此理).
- 그럴리는 없다 :
  기유차리(豈有此理).
- 그렇게 된 까닭 :
  소치(所致). 소이연(所以然).
- 그렇다고 동의하는 말 :
  이이(爾爾).
- 그렇다고 침 :
  간주(看做).
- 그렇다고 함 :
  낙유(諾唯).
- 그렇다면 :
  연즉(然則).
- 그루터기 :
  주구(株拘). 주구(株枸). 주얼(株蘖).
- 그르쳐서 혼란한 모양 :
  준박(踳駁).
- 그릇 :
  기명(器皿). 기물(器物). 기재(器材).
- 그리스도 :

- 기독(基督).
- 그리워하는 모양 :
  권련(眷戀). 권련(拳攣). 연련(攣攣).
- 그리워함 :
  사연(思戀). 사모(思慕).
- 그림 :
  회도(繪圖). 회소(繪素). 회화(繪畫).
- 그림자 :
  망량(罔兩). 영자(影子). 음영(陰影).
- 그림자가 움직이는 모양 :
  파사(婆娑).
- 그림자와 같이 따라다니며 떨어지지 아니함 :
  영종(影從). 영종(景從).
- 그림첩 :
  도첩(圖帖).
- 그림판 :
  도판(圖板).
- 그림표 :
  도표(圖表).
- 그믐께쯤 :
  회간(晦間).
- 그믐날 :
  월회(月晦). 회일(晦日).
- 그믐달 :
  만월(彎月). 반월(半月).
- 그믐달과 초하루 달 :
  조뉵(朓朒).
- 그 밖 :
  이여(爾餘). 기타(其他). 자여(自餘).
- 그 밖에 :
  기타(其他).
- 그 병에 알맞는 약 :
  당제(當劑).
- 그 사람 :
  거농(渠儂). 해인(該人).
- 그 사람의 아버지 :
  내부(乃父).
- 그 사람의 처 :
  내처(乃妻).
- 그 사람의 할아버지 :
  내조(乃祖).
- 그윽하고 고요한 모양 :
  미미(微微).
- 그윽하고 먼 모양 :
  묘묘(杳渺). 묘연(杳然).
- 그윽한 모양 :
  묘수(杳邃). 암암(暗暗). 요묘(窈眇). 탐탐(耽耽).
- 그윽한 향 :
  幽香(유향). 유방(幽芳).

- 그윽한 회포 :
  유회(幽懷).
- 그을음 :
  매태(煤炱). 묵매(墨煤). 외매(煨煤). 연매(煉煤).
  애묵(埃墨). 연재(煙滓). 연묵(煙墨).
- 그 이유는 :
  하자(何者).
- 그이의 형 :
  내형(乃兄).
- 그저께 :
  거거일(去去日).
- 그전 :
  기전(其前).
- 그치는 모양 :
  굴연(詘然).
- 그치지 않는 모양 :
  구구(究究).
- 그침 :
  미식(弭息).
- 그 후 :
  근래(近來). 이래(爾來). 이환(而還).
- 그 후 얼마 안 되어 :
  이이(已而).
- 극락세계 :
  극락세계(極樂世界). 연방(蓮邦). 향국(香國).
- 극락조 :
  극락조(極樂鳥). 풍조(風鳥).
- 근고하는 모양 :
  혜혜(盻盻).
- 근년 :
  경세(頃歲).
- 근로 하는 모양 :
  방방(傍傍).
- 근면한 모양 :
  올올(兀兀).
- 근면한 사람 :
  역자(力子).
- 근본 :
  근본(根本). 본원(本源).
- 근소한 모양 :
  근근(菫菫).
- 근소함 :
  근근(菫菫).
- 근신하는 모양 :
  권권(惓惓). 상상(翔翔). 익익(翊翊). 착착(娖娖).
  초초(草草).
- 근심되어 기운이 없는 모양 :
  초초(悄悄).
- 근심으로 마음이 답답하여 편(便)하지 아니한

모양 :
  읍읍(悒悒).
- 근심으로 울적한 모양 :
  불울(怫鬱).
- 근심하고 괴로워하는 모양 :
  결결(契契).
- 근심하고 두려워하는 모양 :
  척척(惕惕).
- 근심하는 모양 :
  겸겸(慊慊). 경경(惸惸). 경경(惸惸). 공공(蛩蛩).
  권권(拳拳). 근연(懂然). 도도(悇悇). 막연(邈然).
  망혜(罔兮). 민민(閔閔). 병병(怲怲). 설설(屑屑).
  양양(養養). 연연(悁悁). 열열(烈烈). 우우(憂憂).
  유유(悠悠). 유율(慄慄). 은은(隱隱). 읍읍(邑邑).
  전전(顚顚). 절절(切切). 주주(惆惆). 척척(戚戚).
  추추(湫湫). 축연(蹙然). 충충(忡忡). 충충(沖沖).
  충충(衝衝). 충충(懳懳). 혁혁(奕奕). 혼혼(悶悶).
  휼휼(恤恤).
- 근심하여 마음이 불안한 모양 :
  조조(懆懆).
- 근심하여 마음이 산란한 모양 :
  철철(惙惙).
- 근심하여 야윈 모양 :
  단단(慱慱).
- 근심하여 욺 :
  수루(愁淚).
- 근엄한 모양 :
  엄연(儼然).
- 근자에 들으니 :
  경문(頃聞).
- 글라이더 :
  활공기(滑空機).
- 글방 :
  당숙(堂塾). 사숙(私塾). 서당(書堂). 서숙(書塾).
  학방(學房).
- 글씨공부 :
  수습(手習).
- 글씨나 글의 솜씨 :
  필치(筆致).
- 글씨를 써주고 돈을 받음 :
  매필(賣筆).
- 글씨를 잘 쓰는 사람은 붓을 가리지 아니 함 :
  능서불택필(能書不擇筆).
- 글씨를 잘 씀 :
  건필(健筆). 선서(善書).
- 글씨 쓰는 솜씨 :
  자성(字性). 필재(筆才).
- 글씨에 살이 많고 뼈가 적음 :
  묵저(墨豬).

- 글씨의 필세가 주경함 :
  토기골락(兎起鶻落).
- 글월 가운데 쓸데없이 끼인 글 :
  연문(衍文). 연자(衍字).
- 글을 씀 :
  조고(操觚).
- 글을 지어주고 그 사례로 돈을 받는 일 :
  매문(賣文).
- 글을 지음 :
  이한(摛翰). 철문(綴文). 촉문(屬文).
- 글을 짓는 격식 :
  문투(文套).
- 글을 힘들여 더디 지음 :
  곤작(困作).
- 글의 깊은 뜻을 곰곰이 생각하여 찾음 :
  완색(玩索).
- 글의 깊은 맛을 충분히 즐김 :
  탐미(耽味).
- 글이나 글씨의 됨됨이 :
  필치(筆致).
- 글이나 말의 첫머리 :
  허두(虛頭).
- 글이나 말이 유창하고 아름다움 :
  유려(流麗).
- 글 읽는 소리 :
  남남(喃喃). 오이(唔咿). 오이(吾伊). 이오(伊吾).
- 글자가 적은 운 :
  착운(窄韻). 험운(險韻).
- 글자의 잘못된 것을 대조하여 바로 잡음 :
  교정(校正). 수교(讎校).
- 긁어냄 :
  결출(抉出).
- 금강산의 겨울 이름 :
  개골산(皆骨山)
- 금덩이 :
  금괴(金塊).
- 금반지 :
  금계(金戒). 금지환(金指環).
- 금부처 :
  황금불(黃金佛).
- 금붕어 :
  금부어(金鮒魚).
- 금비녀 :
  금전(金鈿). 금잠(金簪). 금차(金釵).
- 금빛 :
  금광(金光).
- 금석 또는 거문고의 소리 :
  갱갱(鏗鏗). 갱굉(鏗鍠). 갱알(鏗戛). 갱연(鏗然).
  갱이(鏗爾).

- 금석에 새긴 글자 :
  관지(款識).
- 금석이 서로 부딪치어 나는 소리 :
  알연(戞然).
- 금속이 울리는 소리 :
  창창(鏦鏦).
- 금수와 같은 음탕한 행실 :
  금수행(禽獸行).
- 금옥의 소리 :
  갱장(鏗鏘). 갱쟁(鏗鎗). 갱쟁(鏗錚).
- 금옥이 울리는 소리 :
  영롱(玲瓏).
- 금옥처럼 훌륭한 시가와 문장 :
  금장옥구(金章玉句). 월장성구(月章星句)
- 금잔디 :
  금사(金莎).
- 금팔찌 :
  금탁(金鐲).
- 급여(給與) :
  급여(給與). 녹봉(祿俸). 사여(賜與).
- 급작스러워 허둥지둥하는 모양 :
  창졸(蒼卒).
- 급작스런 이별 :
  갑리별(甲離別).
- 급한 모양 :
  숙숙(肅肅).
- 급히 :
  결연(決然).
- 급히 가다 :
  급행(急行).
- 급히 나서느라고 신을 끌고 나감 :
  사리(躧履).
- 기가 꺾임 :
  저상(沮喪).
- 기가 나부끼는 모양 :
  랍랍(邋邋).
- 기가 막혀서 말이 안 나오는 모양 :
  아연(啞然).
- 기가 모이는 모양 :
  음의(喑醷).
- 기가 성한 모양 :
  울울(鬱鬱). 울총(鬱蔥).
- 기가 막히는 모양 :
  소소(蘇蘇).
- 기개가 있어 남에게 구속당하지 아니하는 모양 :
  척연(倜然).
- 기다림 :
  등후(等候).
- 기대에 어그러져 맥이 풀린 모양 :

망망(惘惘).

■ 기대에 어그러져 낙망하는 모양 :
창연(悵然).

■ 기둥 :
영주(楹柱).

■ 기둥뿌리 :
주각(柱脚).

■ 기둥서방 :
기부(妓夫).

■ 기러기 :
삭금(朔禽). 양조(陽鳥).

■ 기러기가 떼 지어 잘 때, 자지 않고 경계하는
한 마리의 기러기 :
안노(雁奴).

■ 기러기가 우는소리 :
노성(櫓聲). 오오(嗷嗷).

■ 기러기발 :
안족(雁足). 안주(雁柱).

■ 기러기의 화락한 울음소리 :
옹옹(雝雝).

■ 기력아비 :
안부(雁夫).

■ 기름 :
고유(膏油).

■ 기름때 :
유니(油泥).

■ 기름진 땅 :
고양(膏壤). 비지(肥地). 옥토(沃土).

■ 기미를 앎 :
견기(見機).

■ 기미가 끼고 거무퇴퇴 함 :
간매(奸黴).

■ 기부 :
기부(寄附). 헌납(獻納).

■ 기뻐서 손뼉을 치고 춤을 춤 :
무변(舞抃).

■ 기뻐서 즐기는 모양 :
학학(謔謔).

■ 기뻐하는 모양 :
감감(坎坎). 구구(嘔嘔). 병병(邴邴). 시시(施施).
신신(辢辢). 유유(由由). 유유(愉愉). 이이(怡怡).
이이(台台). 탄탄(嘽嘽). 태연(脫然). 태태(脫脫).
허허(栩栩). 헌헌(憲憲). 환연(歡然). 환연(驩然).
환연(懽然). 후유(嘔喩). 흔연(欣然). 흔연(訢然).
흔흔(欣欣). 흔흔연(欣欣然).

■ 기뻐하여 손뼉을 치며 춤춤 :
오변(鰲抃).

■ 기뻐함 :
변환(忭懽). 열희(悅喜). 열역(悅懌).

■ 기쁜 소식 :
작보(鵲報).

■ 기쁨 :
희열(喜悅).

■ 기상이 높은 모양 :
초홀(超忽).

■ 기색이 아무렇지도 아니한 모양 :
태연(泰然).

■ 기색이 태연한 모양 :
자약(自若). 자여(自如).

■ 기생매미 :
한장(寒螿). 공장(蛩螿).

■ 기생목 :
기생목(寄生木). 우목(寓木).

■ 기선 :
기선(汽船). 화륜선(火輪船).

■ 기세가 대단하여 아무도 막을 수 없음 :
고옥건령(高屋建瓴).

■ 기세가 대단한 모양 :
충천(衝天). 혁연(赫然). 혁혁(赫赫).

■ 기세 좋게 나아가는 모양 :
염염(炎炎).

■ 기어감 :
기기(蚑蚑).

■ 기어오름 :
제반(躋攀).

■ 기어코 :
단호(斷乎).

■ 기억이 확실하지 않은 모양 :
황홀(恍惚).

■ 기와 :
개와(蓋瓦). 와벽(瓦甓). 와전(瓦甎).

■ 기와장이 :
개와장(蓋瓦匠).

■ 기와집 :
맹우(甍宇). 와가(瓦家). 와옥(瓦屋).

■ 기우는 해 :
경희(傾羲). 석양(夕陽). 낙일(落日).

■ 기우제 :
기우제(祈雨祭). 한제(旱祭).

■ 기운이 떠오르는 모양 :
봉발(蓬勃).

■ 기운차고 활발한 모양 :
발랄(潑剌). 발랄(蹳剌).

■ 기울어진 모양 :
기기(攲攲).

■ 기장 :
서화(黍禾).

■ 기지개 :

흠신(欠伸).

- 기차 :
  기차(汽車). 화륜차(火輪車). 화차(火車).
- 기침 :
  수해(嗽咳). 해수(咳嗽). 해역(欬逆). 해수(欬嗽).
  해천(咳喘).
- 기침을 하며 가래침을 뱉음 :
  해타(咳唾). 해타(欬唾).
- 기탄없이 바른말을 하는 모양 :
  악악(愕愕).
- 긴꼬리원숭이 :
  장미원(長眉猿).
- 긴 꿈 :
  대몽(大夢).
- 긴 모양 :
  게게(揭揭). 오오(敖敖). 임리(淋離).
- 긴치마 :
  장군(長裙).
- 긴 한숨 :
  면탄(綿歎).
- 길거리 :
  가상(街上).
- 길거리에 피는 꽃 :
  맥상화(陌上花).
- 길 걷기에 고생(苦生)하는 모양 :
  건연(蹇連).
- 길게 굽은 모양 :
  연권(連蜷).
- 길게 끄는 모양 :
  면만(綿蔓).
- 길게 늘어선 모양 :
  삼삼(參參). 약약(若若).
- 길게 늘어진 모양 :
  유유(綏綏).
- 길게 뻗치는 모양 :
  예예(曳曳).
- 길게 연이은 모양 :
  사사(纚纚).
- 길게 잇닿은 모양 :
  연연(延延).
- 길동무 :
  행반(行伴).
- 길쌈 :
  사저(梭杼).
- 길을 가다가 먹는 점심 :
  중화(中火).
- 길을 떠남 :
  계정(啓程).
- 길이 사통팔달하는 큰 도회 :

통도(通都).

- 길이 평탄한 모양 :
  척척(踧踧).
- 길이 험하거나 피로하여 가기 힘든 모양 :
  연건(連蹇).
- 길이 험하여 가기 힘든 모양 :
  둔전(迍邅).
- 길이 험하여 잘 가지 못하는 모양 :
  전여(邅如).
- 길짐승 :
  주수(走獸).
- 김매고 밭 갊 :
  누경(耨耕).
- 김매고 북돋음 :
  운자(耘耔). 운배(耘培).
- 김이 오르는 모양 :
  부부(烰烰).
- 김이나 연기 같은 것이 오르는 모양 :
  온온(熅熅).
- 깃대 :
  기간(旗竿). 정간(旌竿).
- 깃발이 날리는 모양 :
  앙앙(央央). 패패(旆旆).
- 깃발이 펄럭이는 모양 :
  의니(旖旎).
- 깃저고리 :
  산의(産衣).
- 깊고 넓은 모양 :
  묘호(杳乎).
- 깊고 먼 모양 :
  요묘(窅眇). 조조(篠篠).
- 깊고 조용한 모양 :
  요요(窈窈).
- 깊숙하고 고요한 모양 :
  조조(窵窵).
- 깊숙하고 먼 모양 :
  요요(窅窅).
- 깊숙하고 조용한 모양 :
  음음(擣擣).
- 깊숙하고 험준한 모양 :
  울률(鬱律).
- 깊숙한 모양 :
  탐탐(耽耽).
- 깊은 모양 :
  묘묘(杳杳). 숙숙(肅肅). 요조(窅窕). 유유(幽幽).
- 깊은 못 :
  심연(深淵).
- 깊은 물 :
  심수(深水).

■ 깊은 생각 :
　유심(幽心).
■ 깊은 생각에 잠긴 모양 :
　울도(鬱陶).
■ 깊이 감동하여 칭찬하는 소리 :
　차차(嗟嗟).
■ 깊이 느끼어 탄식함 :
　감개(感慨). 감개(感槪).
■ 깊이 생각하는 모양 :
　절절(切切).
■ 까끄라기 :
　망각(芒角).
■ 까닭 :
　소이(所以).
■ 까닭이 없음 :
　몰의의(沒意義).
■ 까마귀 :
　자오(慈烏). 자조(慈鳥). 한아(寒鴉). 효조(孝鳥).
　흑조(黑鳥).
■ 까마귀가 우는소리 :
　아아(啞啞).
■ 까마득히 멀고 캄캄한 모양 :
　요애(窈藹).
■ 까부름 :
　양파(揚簸).
■ 까치 무릇 :
　산자고(山茨菰). 산자고(山慈姑).
■ 까치가 우는 소리 :
　사사(楂楂).
■ 까치콩 :
　작두(鵲豆).
■ 각두기 :
　홍저(紅葅).
■ 각지를 낌 :
　차수(叉手). 공수(拱手).
■ 깔때기 :
　군지(軍持). 누두(漏斗).
■ 깔봄 :
　묘시(藐視)
■ 깜깜한 밤 :
　칠야(漆夜).
■ 깜부기 :
　맥노(麥奴). 흑수(黑穗).
■ 깜부기병 :
　흑수병(黑穗病).
■ 깜짝 놀라 눈을 휘둥그레 하고 봄 :
　치해(眙駭). 휴휴(睢睢).
■ 깜짝 놀라는 모양 :
　창황(憽恍).

■ 깜짝 놀라며 보는 모양 :
　홀연(矎然).
■ 깡깡이 :
　해금(奚琴).
■ 깡다구 :
　발악(發惡).
■ 깡충깡충 뛰며 가는 모양 :
　준준(踆踆).
■ 깨끗한 모양 :
　나라(羅羅). 막막(莫莫). 숙숙(肅肅). 앵명(嫈嫇).
　작연(皭然). 작작(皭皭). 찬연(粲然).
■ 깨끗한 물 :
　정수(淨水).
■ 깨끗함 :
　건정(乾淨).
■ 깨닫는 모양 :
　영령(聆聆).
■ 깨달아 앎 :
　요지(了知). 지해(知解).
■ 깨달은 바가 있어 마음이 환하여 지는 모양 :
　동롱(曈朧).
■ 깨달음 :
　명오(明悟). 해오(解悟). 해효(解曉). 회득(會得).
　회오(會悟). 효료(曉了).
■ 깻묵 :
　유박(油粕).
■ 꺼지려고 하는 불빛 :
　냉염(冷焰).
■ 꺾꽂이 :
　삽목(揷木). 삽지(揷枝).
■ 꺾는 소리 :
　납랍(菈擸).
■ 껄껄 웃는 모양 :
　가가(呵呵). 가연(呵然). 갹연(噱然). 봉봉(唪唪).
　액연(啞然). 천연(囅然). 홍연(哄然).
■ 껄껄 웃는 소리 :
　하하(呀呀). 혁혁(嚇嚇).
■ 껄껄웃음 :
　소갹(笑噱). 홍소(哄笑).
■ 껍질눈 :
　피공(皮孔). 피목(皮目).
■ 께적지근한 모양 :
　개연(介然).
■ 껴안음 :
　진포(抌抱).
■ 꼬리가 늘어진 모양 :
　초초(梢梢).
■ 꼬리를 흔듦 :
　도미(掉尾).

- 꼬리뼈 :
  미골(尾骨).
- 꼬부라져 길게 계속한 모양 :
  우여(紆餘).
- 꼬부라져 뻗은 모양 :
  완연(宛延).
- 꼬부라지고 비틀어진 모양 :
  이기(離奇).
- 꼬불꼬불 가는 모양 :
  위사(逶蛇). 위이(逶迤). 위이(逶迆). 위이(逶移).
- 꼬불꼬불하여 긴 모양 :
  연연(蜒蜒).
- 꼬불꼬불한 고개 :
  반판(盤坂).
- 꼬불꼬불한 모양 :
  곡곡(曲曲). 균균(困囷). 반균(盤菌). 완연(宛延).
  요와(窅窊).
- 꼬불꼬불한 소로 :
  왕경(枉徑). 사곡(邪曲).
- 꼬불꼬불함 :
  반곡(盤曲). 반굴(盤屈). 반우(盤紆). 반절(盤折).
- 꼬불꼬불함 :
  굴반(屈蟠). 우곡(紆曲).
- 꼬치고기 :
  사어(梭魚).
- 꼬치 실 :
  견사(繭絲).
- 꼭 :
  필시(必是). 필연(必然). 필정(必定). 흡흡(恰恰).
- 꼭꼭 묶음 :
  설반(紲絆).
- 꼭대기 :
  절정(絶頂). 정상(頂上). 정전(頂顚). 정점(頂點).
  최상(最上).
- 꼭두각시 :
  괴뢰(傀儡).
- 꼭두서니 :
  여여(茹藘). 천초(茜草). 홍람(紅藍).
- 꼭 알맞음 :
  흡호(恰好).
- 꼭 좋음 :
  흡가(恰可). 흡호(恰好).
- 꼴 :
  양상(樣相). 양자(樣子).
- 꼴뚜기 :
  망조어(望潮魚). 반소(頒鮹).
- 꼼꼼함 :
  미세(微細).
- 꼼짝 아니하는 모양 :

- 맹호(萌乎).
- 꼼짝 않고 있는 모양 :
  응연(凝然).
- 꼼짝 하지 않는 모양 :
  접연(慹然).
- 꼽추 :
  왕구(尪傴). 융질(癃疾). 척시(戚施). 구루(佝僂).
- 꽁보리밥 :
  순맥반(純麥飯).
- 꽁지 :
  미우(尾羽).
- 꽁치 :
  추도어(秋刀魚). 침어(針魚).
- 꽃 :
  화영(花英). 화영(華英). 화영(華榮).
- 꽃가루 :
  예분(蕊粉). 화분(花粉).
- 꽃 같은 것이 떨어져 어지럽게 흩어지는 모양 :
  빈분(繽紛).
- 꽃게 :
  청심(靑蟳). 화해(花蟹).
- 꽃 고비 :
  화총(花葱).
- 꽃구경 :
  관화(觀花).
- 꽃꽂이 :
  병세(瓶洗). 삽화(揷花). 활화(活花).
- 꽃나무 :
  화목(花木). 화수(花樹).
- 꽃놀이 :
  화유(花遊).
- 꽃눈 :
  화아(花芽).
- 꽃다운 젊은 여자의 나이 :
  방년(芳年). 방령(芳齡).
- 꽃대 :
  화축(花軸).
- 꽃돗자리 :
  화문석(花紋席).
- 꽃동산 :
  화원(花園).
- 꽃등에 :
  화맹(花虻).
- 꽃떨기 :
  화총(花叢).
- 꽃뚜껑 :
  화개(花蓋).
- 꽃말 :
  화사(花詞).

- 꽃무늬 :
  화문(花紋).
- 꽃받기 :
  화탁(花托).
- 꽃방석 :
  가문석(嘉文席).
- 꽃밭 :
  화원(花園). 화전(花田). 화계(花階).
- 꽃 벼룩 :
  화조(花蚤).
- 꽃병 :
  화담(花壜). 화병(花瓶).
- 꽃봉오리 :
  함파(含葩). 향포(香苞). 화뢰(花蕾). 화번(花蕃).
  화봉(花峰). 화함(花含).
- 꽃술 :
  화심(花心). 화예(花蕊). 화수(花鬚).
- 꽃술마다 :
  예예(蘂蘂).
- 꽃술이 축 늘어진 모양 :
  시시(蕤蕤).
- 꽃이끼 :
  화태(花苔).
- 꽃이 노란 모양 :
  운운(芸芸).
- 꽃이 만발한 모양 :
  난만(爛漫).
- 꽃이 많이 모인 모양 :
  타타(朶朶).
- 꽃이 많이 핀 모양 :
  분피(紛披).
- 꽃이 많이 필 때 :
  향운(香雲).
- 꽃 이삭 :
  화수(花穗).
- 꽃이 아름다운 모양 :
  비비(菲菲).
- 꽃이 찬란하게 핀 모양 :
  작작(灼灼).
- 꽃이 피고 떨어짐 :
  개락(開落).
- 꽃이 피고 열매가 맺음 :
  함화패실(銜花佩實).
- 꽃이 핀 가지 :
  화타(花朶).
- 꽃이 핌 :
  착화(著花).
- 꽃이 핌과 짐 :
  개사(開謝).

- 꽃이 한창 피는 모양 :
  감감(酣酣).
- 꽃이 활짝 많이 핀 모양 :
  위위(韡煒).
- 꽃이 활짝 핌 :
  부영(敷榮).
- 꽃이나 잎이 어지럽게 많이 떨어지는 모양 :
  분비(紛霏).
- 꽃잎 :
  화판(花瓣). 화엽(花葉).
- 꽃자루 :
  화병(花柄).
- 꽃줄기 :
  화경(花莖). 꽃이 피는 줄기.
- 꽃창포 :
  마란(馬蘭).
- 꽃향기 :
  화향(花香).
- 꽈리 :
  마람(馬藍). 등롱초(燈籠草). 산장(酸漿). 왕모주
  (王母珠). 홍고낭(紅姑娘). 홍낭자(紅娘子).
- 꽹과리 :
  동고(銅鼓). 쟁(錚).
- 꾀 :
  기유(機猷). 기획(機畫). 모계(謀計). 모려(謀慮).
  상략(商略). 계략(計略). 지고(智故). 모략(謀略).
  지략(智略).
- 꾀꼬리 :
  금의공자(金衣公子). 창경(倉庚). 창경(鶬鶊). 앵
  (鶯). 황리(黃鸝). 황작(黃雀). 황조(黃鳥).
- 꾀꼬리가 우는 소리 :
  앵설(鶯舌). 앵성(鶯聲). 앵순(鶯脣). 앵어(鶯語).
- 꾀꼬리가 울고 꽃이 만발하여 봄 경치가 화창함 :
  앵화해(鶯花海).
- 꾀병 :
  사병(詐病). 양병(佯病). 작병(作病). 허병(虛病).
- 꾸밈새 :
  구조(構造).
- 꾸짖는 모양 :
  분분(噴噴).
- 꾸짖는 소리 :
  질질(叱叱).
- 꾸짖어 못하게 함 :
  가지(呵止).
- 꾸짖음 :
  가힐(訶詰). 갈도(喝道). 견가(譴呵). 구자(呴藉).
  가책(呵責). 돌차(咄嗟). 매원(埋怨). 질가(叱呵).
  질갈(叱喝). 질돌(叱咄). 질차(叱嗟). 타질(咤叱).
  질타(叱咤). 호질(呼叱).

■ 꿀 :
밀즙(蜜汁). 청밀(淸蜜).
■ 꿀물 :
밀수(蜜水).
■ 꿈에나마 보고자 간절히 바람 :
몽저(夢佇).
■ 꿈에 통정하여 정액을 배출함 :
몽설(夢泄). 몽정(夢精). 몽유(夢遺).
■ 꿈을 꿈 :
몽유(夢遊).
■ 꿈자리 :
몽조(夢兆). 몽징(夢徵).
■ 꿈지럭거리는 모양 :
파사(婆娑).
■ 꿩의 우는소리 :
각각(角角).
■ 꿰뚫음 :
돌발(突拔).
■ 끄나풀 :
반연(絆緣).
■ 끈이 길어 치렁거리는 모양 :
표표(髟髟).
■ 끊어지지 않고 이어 댄 모양 :
연련(聯聯).
■ 끊이지 아니하는 모양 :
맥맥(脈脈).
■ 끊이지 않는 모양 :
임쇄(淋灑).
■ 끊임없이 뻗어 나가는 모양 :
요교(夭嶠).
■ 끌어 일으킴 :
야기(惹起). 야기료단(惹起鬧端).
■ 끓는 물 :
탕수(湯水).
■ 끓인 약 :
탕약(湯藥).
■ 끔찍이 사랑함 :
혹애(惑愛). 익애(溺愛).
■ 끙끙거림 :
전히(殿屎).
■ 끝 :
기극(紀極). 압미(壓尾). 진두(盡頭).
■ 끝까지 캐어 물어봄 :
힐구(詰究). 힐궁(詰窮).
■ 끝남 :
종극(終極). 종기(終旣). 종경(終竟). 종결(終結). 종결(終決). 종료(終了). 종언(終焉). 종지(終止). 종필(終畢).
■ 끝없는 모양 :
막막(藐藐). 유유(悠悠).
■ 끝없이 넓고 먼 모양 :
호호(灝灝).
■ 끝없이 넓은 모양 :
만한(漫汗). 양양(瀁瀁). 활만(闊漫).
■ 끝이 없는 모양 :
망망(芒芒).
■ 끝판 :
종국(終局).
■ 끼니거리 :
양도(糧道).
■ 끼리끼리 모임 :
유유상종(類類相從). 인류(引類).
■ 끼얹다 :
주사(注瀉).
■ 낌새 :
기미(機微).
■ 낌새를 알아 챔 :
견기(見機).

ㄴ

■ 나 :
아농(我儂). 아배(我輩). 오농(吾儂).
■ 나가기 어려운 모양 :
시시(施施).
■ 나그네 :
기객(羈客). 기객(羇客). 기여(羇旅). 기우(羇寓). 기자(羈子). 여객(旅客). 여인(旅人). 유자(遊子). 정인(征人). 행객(行客).
■ 나그네길 :
여로(旅路). 로정(路程). 객로(客路). 과객(過客).
■ 나나니벌 :
과라(蜾蠃). 나나(螺蠃). 열옹(蠮螉).
■ 나눗셈 :
제법(除法). 제산(除算).
■ 나뉘어 흩어지는 모양 :
난만(瀾漫).
■ 나는 모양 :
번언(飜焉). 번연(翻然). 비양(飛揚). 용용(容容).
■ 나는 새와 달리는 짐승 :
비금주수(飛禽走獸). 비주(飛走).
■ 나는 용 :
비룡(飛龍).
■ 나들이 :
출입(出入).
■ 나라 도장 :
국새(國璽).
■ 나라 세우다 :
건국(建國).

- 나라의 제일미인 :
  국색(國色).
- 나라의 중심이 되는 곳 :
  오구(奧區).
- 나라이름 :
  국명(國名).
- 나란히 가는 모양 :
  온순(縕巡).
- 나란히 서서 의젓한 모양 :
  악악(嶽嶽).
- 나루 :
  강구(江口). 도구(渡口). 진도(津渡). 진두(津頭).
  진안(津岸). 진역(津驛).
- 나루터 :
  도선장(渡船場). 도진(渡津). 마두(碼頭).
- 나룻배 :
  도선(渡船).
- 나리 :
  백합(百合).
- 나막신 :
  목극(木屐). 목리(木履). 목혜(木鞋)
- 나막신 굽 :
  극치(屐齒).
- 나머지 :
  서여(緖餘). 잔여(殘餘). 선여(羨餘). 여분(餘分).
  여영(餘贏). 영부(贏副). 영쇄(零碎). 영여(零餘).
  영여(贏餘). 잉여(剩餘). 여잉(餘剩).
- 나무 가지 :
  수지(樹枝).
- 나무가 곧고 긴 모양 :
  숙촉(橚矗).
- 나무그늘 :
  수음(樹蔭).
- 나무그릇 :
  목기(木器).
- 나무껍질 :
  목피(木皮).
- 나무가 꼿꼿한 모양 :
  환환(丸丸).
- 나무가 무성하여 침침한 모양 :
  유유(黝黝).
- 나무가 무성한 모양 :
  수누(樕樠).
- 나무가 빽빽이 들어서 무성하여 푸릇푸릇한 모양 :
  울창(鬱蒼).
- 나무가 빽빽이 들어서 무성한 모양 :
  울총(鬱蔥).
- 나무가 우거져 어둠침침한 모양 :
  음삼(陰森).

- 나무꾼 :
  산초(山樵). 초부(樵夫). 초수(樵叟). 초자(樵子).
- 나무 끝 :
  수초(樹杪). 수전(樹顚).
- 나무를 서로 치는 소리 :
  낭랑(桹桹).
- 나무못 :
  목정(木釘).
- 나무무늬 :
  목문(木紋).
- 나무부처 :
  목불(木佛).
- 나무의 열매 :
  수과(樹果).
- 나무의 진 :
  수지(樹脂).
- 나무젓가락 :
  목저(木箸).
- 나무진디 :
  목슬(木蝨).
- 나무 찍는 소리 :
  정정(丁丁).
- 나물 :
  채소(菜蔬).
- 나물국 :
  채갱(菜羹).
- 나물밥 :
  돈채반(頓菜飯).
- 나뭇가지가 꼬부라진 모양 :
  요교(夭蟜).
- 나뭇가지가 무성하여 덮어 가린 모양 :
  임려(棽麗).
- 나뭇가지가 무성하여 사방으로 퍼진 모양 :
  부소(扶疏).
- 나뭇가지가 무성한 모양 :
  임려(棽麗).
- 나뭇결 :
  목리(木理). 목성(木性). 연륜(年輪).
- 나뭇잎 같은 것이 바람에 나부끼어 떨어짐 :
  표령(飄零).
- 나뭇잎에 오는 비 :
  취우(翠雨).
- 나뭇잎이 떨어지는 소리 :
  소소(蕭蕭).
- 나뭇잎이 많이 떨어져서 드문드문하여 쓸쓸하
  여 보임 :
  소소(蕭疏).
- 나뭇잎이 시들어 떨어지는 모양 :
  색색(槭槭).

- 나뭇잎이 우수수 떨어지는 소리 :
  색색(摵摵).
- 나박김치 :
  나복저(蘿葍菹).
- 나발 :
  대평소(大平簫). 호적(號笛).
- 나부끼는 모양 :
  섬섬(閃閃). 표표(縹縹).
- 나부낌 :
  번번(翻翻).
- 나불나불 지껄이는 모양 :
  첩첩(諜諜).
- 나비 :
  호접(胡蝶). 접아(蝶兒).
- 나비난초 :
  석난(石蘭).
- 나쁜 모양 :
  진진(津津).
- 나쁜 줄 알면서도 하고 맒 :
  수비(遂非).
- 나사 :
  선라(旋螺).
- 나사못 :
  나사(螺絲). 나사정(螺絲釘). 나정(螺釘).
- 나이 21세 안쪽 나이 :
  묘년(妙年).
- 나이 30세 :
  이립(而立).
- 나이 50세 :
  애년(艾年). 애인(艾人).
- 나이 50세 이상 노인 :
  애노(艾老).
- 나이 51세 :
  망육(望六).
- 나이 60. 70세 :
  기노(耆老).
- 나이 60세 :
  이순(耳順).
- 나이 60세 :
  장향(杖鄉).
- 나이 61세 :
  망칠(望七).
- 나이 70. 80세 :
  모령(耄齡). 질로(耋老).
- 나이 70~80이상의 노인 :
  융로(隆老).
- 나이 70살 :
  고희(古稀). 장국(杖國). 종심(縱心).
- 나이 70세의 노인에게 하사하는 지팡이 :
  치장(齒杖). 왕장(王杖).
- 나이 70에 가까운 노인 :
  수노(垂老).
- 나이 71세 :
  망팔(望八).
- 나이 80세 :
  팔질(八耋).
- 나이 81세 :
  망구순(望九旬). 망구(望九).
- 나이 90세의 노인 :
  예치(齯齒).
- 나이 91살 :
  망백(望百).
- 나이 :
  연경(年庚). 연기(年紀). 연령(年齡). 연륜(年輪).
  연배(年輩). 연세(年歲). 연수(年壽). 연재(年載).
  연치(年齒). 춘추(春秋).
- 나이가 같은 사람 :
  동갑(同甲). 연갑(年甲). 연배(年輩).
- 나이가 늙어 벼슬을 사양함 :
  치사(致仕). 치사(致事).
- 나이가 젊고 예쁜 모양 :
  요요(夭夭).
- 나이가 젊음 :
  조세(早歲).
- 나이는 늙고 처자가 없는 사람 :
  단노(單老).
- 나이를 속임 :
  모년(冒年).
- 나이 먹어 흰털이 늚 :
  발창창(髮蒼蒼).
- 나이 먹음 :
  노대(老大).
- 나이 어린 남자 :
  유자(孺子).
- 나이 어린 중 :
  동자승(童子僧). 사미(沙彌). 승추(僧雛).
- 나이 어림 :
  연천(年淺).
- 나중. 뒷날 :
  일후(日後). 내종(乃終).
- 나침반 :
  나침반(羅針盤). 침반(鍼盤). 침반(針盤).
- 나팔꽃 :
  구이초(狗耳草). 견우화(牽牛花).
- 나흘묵음 :
  신신(信信).
- 낙망하는 모양 :
  차제(侘傺).

- 낙숫물 :
  옥류(屋霤). 헌류(軒溜). 적첨(滴櫓). 점적(點滴).
- 낙심하여 근심하는 모양 :
  초연(悄然).
- 낙엽이 지는 소리 :
  책책(策策).
- 낙지 :
  낙제(絡蹄). 석거(石距). 소어(蛸魚). 장거(章擧).
  장어(章魚). 초어(梢魚). 초어(草魚).
- 낚시 :
  조구(釣鉤). 조침(釣針).
- 낚시꾼 :
  조도(釣徒).
- 낚시를 드리움 :
  수륜(垂綸). 수조(垂釣).
- 낚시질 :
  어조(漁釣).
- 낚시찌 :
  부표(浮標). 부자(浮子).
- 낚싯대 :
  조간(釣竿). 조죽(釣竹).
- 낚싯대 같은 것이 수 없이 늘어선 모양 :
  산산(珊珊).
- 낚싯밥 :
  조이(釣餌).
- 낚싯배 :
  조선(釣船). 조정(釣艇).
- 낚싯줄 :
  민륜(緡綸). 조륜(釣綸). 조민(釣緡). 조사(釣絲).
- 낚싯터 :
  조기(釣磯). 조대(釣臺).
- 난간 :
  난간(欄干). 난순(欄楯). 난간(欄杆). 난함(欄檻).
  함난(檻欄).
- 난생처음 :
  낙지초(落地初).
- 난생 후 :
  낙지후(落地後).
- 난잡한 모양 :
  비비(非非). 용용(冗冗).
- 난쟁이 :
  왜인(矮人). 왜자(矮者). 주유(侏儒). 초요(僬僥).
- 낟알 :
  과립(顆粒). 입자(粒子).
- 날개 :
  시익(翅翼). 우익(羽翼).
- 날개가 찢어지는 모양 :
  소소(翛翛).
- 날개를 치는 모양 :

- 예예(泄泄).
- 날개를 치며 올라감 :
  흔무(掀舞).
- 날개를 펴고 빙빙 돌며 나는 모양 :
  고고(翺翺).
- 날개를 푸두둥 푸두둥 치는 모양 :
  박박(拍拍).
- 날고기 :
  생육(生肉). 희견(餼牽).
- 날다람쥐 :
  비뢰(飛鼺). 오서(梧鼠). 오서(鼯鼠). 청서(靑鼠).
- 날담비 :
  밀구(密狗). 황요(黃猺).
- 날도래 :
  사슬아(沙蝨蛾). 석두아(石蠧蛾). 석봉(石蜂). 석
  잠아(石蠶蛾).
- 날라리 :
  쇄눌(鎖吶). 철적(鐵笛). 호적(胡笛). 호가(胡笳).
- 날랜 모양 :
  교교(矯矯).
- 날마다 :
  과일(課日). 매일(每日). 일일(日日).
- 날며 흩어지며 떨어지는 싸라기 :
  유산(流霰).
- 날빛 :
  일광(日光).
- 날사이 :
  일래(日來).
- 날 삯 :
  일당(日當).
- 날샐 녘 :
  굴명(朏明). 미백(微白). 비명(朏明). 즉단(卽旦).
  파묘(破卯). 파효(破曉).
- 날쌘 모양 :
  교교(蹻蹻).
- 날씨 :
  일기(日氣). 천기(天氣). 풍색(風色).
- 날씨가 무더운 모양 :
  울도(鬱陶).
- 날씬하고 아름다운 모양 :
  요나(嬈娜). 요나(嫋娜). 아나(婀娜).
- 날씬하여 예쁜 모양 :
  연미(連媚).
- 날씬한 모양 :
  섬섬(纖纖). 혁혁(奕奕).
- 날아다니는 모양 :
  기기(歧歧).
- 날이 어두워 어둑어둑한 모양 :
  창연(蒼然).

- 날이 환해지는 모양 :
  홰홰(曀曀).
- 날이 흐려 어두운 모양 :
  예예(曀曀).
- 날이 흐릴 때 부는 바람 :
  예풍(曀風).
- 날짐승 :
  금조(禽鳥). 비금(飛禽). 비조(飛鳥).
- 날찍 :
  소리(所利). 소득(所得).
- 날치 :
  비어(飛魚).
- 날카로운 모양 :
  측측(測測).
- 날품 :
  일고(日雇).
- 낡은 붓 :
  패필(敗筆).
- 남과 나 :
  물아(物我).
- 남김없이 :
  실진(悉盡).
- 남김없이 취함 :
  포거(包擧).
- 남녀가 결혼하지 않음 :
  폐륜(廢倫).
- 남녀가 구별 없이 왕래하는 모양 :
  한한(閑閑).
- 남녀가 서로 부부가 되기로 언약함 :
  정정(定情).
- 남녀가 서로 연모하는 정 :
  규심(閨心). 춘정(春情).
- 남녀간의 교접 :
  방사(房事). 쌍폐(雙斃). 육교(肉交). 음욕(姪欲).
  정가(情歌). 연가(戀歌). 운우(雲雨). 운우지정
  (雲雨之情). 춘심(春心). 춘정(春情).
- 남녘 :
  남방(南方).
- 남몰래 봄 :
  내람(內覽).
- 남몰래 하는 눈짓 :
  미파(微波).
- 남몰래 흘리는 눈물 :
  암루(暗淚).
- 남보다 뛰어난 모양 :
  정연(挺然).
- 남보다 뛰어남 :
  정걸(挺傑). 정립(挺立). 정수(挺秀). 정발(挺拔).
- 남보다 아주 뛰어난 모양 :

- 늠연(凜然).
- 남새 :
  채마(菜麻).
- 남새밭 :
  전포(田圃).
- 남생이 :
  수귀(水龜).
- 남승과 여승 :
  승니(僧尼).
- 남 앞에서 자기 아버지를 이르는 말 :
  가군(家君). 가대인(家大人).
- 남에게 굽힘 :
  절요(折腰).
- 남에게 붙 쫓는 모양 :
  녹록(碌碌).
- 남에게 시문을 첨삭해 달랄 때 쓰는 말 :
  영착(郢斲).
- 남에게 자기남편을 이르는 말 :
  가군(家君).
- 남은 겨레 :
  유족(遺族).
- 남은 목숨 :
  여생(餘生). 여명(餘命). 여년(餘年).
- 남을 따르는 모양 :
  녹록(碌碌).
- 남을 마음대로 부림 :
  이사(頤使). 이령(頤令). 이지(頤指).
- 남을 빈정거려 놀림 :
  야롱(揶弄). 야유(揶揄).
- 남을 속여 그릇된 방면으로 인도함 :
  괘오(詿誤).
- 남을 업신여기고 저만 잘난 체하는 마음 :
  교기(驕氣).
- 남의 말을 그렇다고 대답하는 소리 :
  애애(欸欸).
- 남의 말을 뒷날의 증거로 삼음 :
  언질(言質).
- 남의 말을 듣지 아니하고 망령된 말을 하는 모양 :
  오오(聱聱).
- 남의 말을 듣지 아니함 :
  오아(聱牙).
- 남의 말을 잘 듣지 아니하는 늙은이 :
  오수(聱叟).
- 남의 말을 잘 쫓는 모양 :
  낙낙(諾諾).
- 남의 말이 끝나기도 전에 꺼내는 말 :
  참언(儳言).
- 남의 비위를 맞춤 :
  협적(脅適).

- 남의 상중을 높이어 일컫는 말 :
  효중(孝中).
- 남의 손안에 놂 :
  앙성(仰成).
- 남의 아내 :
  내군(內君). 내상(內相).
- 남의 아내를 높이어 일컫는 말 :
  영규(令閨).
- 남의 아내를 이름 :
  각정(閣正).
- 남의 아우 :
  개제(介弟).
- 남의 웃음거리가 됨 :
  취소(取笑).
- 남의 위력에 눌리어 굴복함 :
  피미(披靡).
- 남의 음사를 들추어 냄 :
  우양(訐揚).
- 남의 이사를 축하하는 말 :
  교천(喬遷).
- 남의 죽음을 애도함 :
  조도(弔悼).
- 남의 형제를 높이어 일컫는 말 :
  안항(雁行).
- 남이 보낸 시에 화운하여 보냄 :
  화수(和酬).
- 남이 지은 시의 운자를 따서 시를 지음 :
  차운(次韻).
- 남이 지은 시의 운자를 써서 답 시를 지음 :
  화운(和韻).
- 남자 :
  장부(丈夫).
- 남자를 얕잡아 일컫는 말 :
  한자(漢子).
- 남편 :
  남편(男便). 부서(夫壻). 소랑(蕭郎).
- 남편을 버리고 딴 데로 시집감 :
  도가(逃嫁).
- 남편을 업신여기는 아내 :
  교부(驕婦).
- 남포등 :
  양등(洋燈).
- 남풍(南風) :
  경풍(景風). 개풍(凱風). 개풍(飄風). 마풍(麻風).
  훈풍(薰風).
- 납가새 :
  질려(蒺藜).
- 납작보리 :
  압맥(壓麥).

- 납작하다 :
  편평(扁平).
- 낭떠러지 :
  단안(斷岸). 단애(斷崖). 벽안(壁岸). 절애(絶厓).
  절애(絶崖). 준애(峻厓). 초벽(峭壁). 초애(峭崖).
  추안(墜岸). 험안(險岸). 현애(懸崖).
- 낭떠러지 같은 것이 뾰족뾰족 나오고 겹친 모양 :
  능첩(稜疊).
- 낮 :
  주간(晝間).
- 낮게 나는 모양 :
  분분(扮扮).
- 낮게 날다 :
  저비(低飛).
- 낮은 언덕 :
  구저(丘坻).
- 낮잠 :
  오수(午睡). 오침(午寢). 주수(晝睡). 주침(晝寢).
  화서(華胥). 황내(黃嬭). 흑첨(黑甛).
- 낯 :
  안면(顔面).
- 낱낱 :
  각개(各個).
- 낱낱이 들어 말함 :
  매거(枚擧).
- 낱말을 순서를 따라 모은 것 :
  어휘(語彙).
- 내 :
  하천(河川).
- 내기하여 이기다 :
  도승(賭勝).
- 내버림 :
  알기(斡棄).
- 내시 :
  수환(竪宦). 초시(貂寺). 환관(宦官). 황문(黃門).
- 내 어찌 감히 그러한 일을 하랴 :
  오기감(吾豈敢).
- 내쫓아버림 :
  출기(黜棄).
- 내치다 :
  출척(黜斥). 파출(罷黜).
- 내홍 :
  내홍(內訌)
- 냄비 :
  남과(南鍋).
- 냄새 :
  기취(氣臭).
- 냄새가 코를 찌름 :
  촉비(觸鼻).

- 냇가 :
  천변(川邊).
- 냇둑 :
  천방(川防).
- 냇버들 :
  포류(蒲柳).
- 냉담한 모양 :
  냉연(冷然).
- 냉이 :
  제채(薺菜).
- 냉이씨 :
  제실(薺實).
- 너 :
  이여(爾汝).
- 너구리 :
  야돈(野豚).
- 너구리새끼 :
  이자(狸子).
- 너그러운 모양 :
  사연(韹然).
- 너그럽게 용서(容恕)함 :
  가대(假貸).
- 너무 멀어 아득한 모양 :
  만란(漫瀾).
- 너무 세밀하여 까다로운 모양 :
  찰찰(察察).
- 너무 아낌 :
  인애(吝愛). 인석(吝惜).
- 너무 일하여 가쁜 모양 :
  혜혜(盻盻).
- 너울너울 춤추는 모양 :
  파사(婆娑).
- 너절한 옷 :
  조의(粗衣).
- 너희들 :
  약배(若輩). 약조(若曹). 여등(汝等). 여배(汝輩).
  여조(汝曹). 이조(爾曹).
- 넉넉한 모양 :
  담담(啿啿). 양양(穰穰).
- 넉새 베 :
  사승포(四升布).
- 넋 :
  성령(性靈). 혼백(魂魄).
- 넌지시 알아듣도록 말함 :
  풍고(風告).
- 넌지시 타이름 :
  풍유(諷諭).
- 널다리 :
  판교(板橋).
- 널리 퍼지는 모양 :
  만만(蔓蔓).
- 넓고 깊은 모양 :
  왕회(汪濊). 운운(沄沄).
- 넓고 먼 모양 :
  망막(茫漠).
- 넓고 멀어 아득한 모양 :
  망망(茫茫). 망양(芒洋). 망연(茫然).
- 넓고 어두운 모양 :
  민민(泯泯).
- 넓고 크다 :
  광대(廣大).
- 넓고 큰 모양 :
  도도(滔滔). 반박(磐礡). 왕양(汪洋). 한한(閑閑).
- 넓어 끝이 없는 모양 :
  만만(漫漫).
- 넓은 모양 :
  당당(唐唐). 망망(莽莽). 앙앙(央央). 탕탕(蕩蕩).
  호호(浩浩). 활연(闊然). 활활(豁豁).
- 넓은 언덕 :
  광원(廣原).
- 넓은 집 :
  광옥(廣屋).
- 넓음 :
  광박(廣博). 광홍(廣弘).
- 넓이 :
  연무(延袤). 광무(廣袤).
- 넓적다리 :
  대퇴(大腿).
- 넓적다리뼈 :
  대퇴골(大腿骨).
- 넘봄 :
  묘시(藐視).
- 넘쳐흐르는 모양 :
  영영(盈盈). 진진(津津).
- 넘침 :
  연일(衍溢).
- 넙치 :
  광어(廣魚). 비목어(比目魚).
- 넝마전 :
  의전(衣廛).
- 네거리 :
  사가(四街). 사구(四衢). 십자로(十字路).
- 네네 하고 공손히 대답하는 소리 :
  유유(唯唯).
- 네덜란드 :
  화란(和蘭).
- 네모 :
  방형(方形). 사각(四角).

- 노 :
  승삭(繩索). 즙도(檝櫂).
- 노가 삐걱삐걱하는 소리 :
  이아(吚啞).
- 노듯돌 :
  하마석(下馬石).
- 노란 새싹 :
  황눈(黃嫩).
- 노랑꽃 :
  황화(黃華).
- 노래가 가락이 깨끗한 모양 :
  교여(皦如).
- 노래곡조 :
  가곡(歌曲).
- 노래기 :
  마륙(馬陸). 마현(䗚蚿). 백족충(百足蟲). 상거(商蚷). 환충(環蟲).
- 노래를 부르는 소리 :
  오오(烏烏).
- 노략질하다 :
  약탈(掠奪).
- 노려보는 모양 :
  탐탐(眈眈).
- 노력(努力) :
  모막(侔莫).
- 노련한 꾀 :
  노모(老謀).
- 노루새끼 :
  균자(麏子).
- 노른자위 :
  계자황(鷄子黃). 단황(蛋黃). 난황(卵黃).
- 노를 젓는 소리 :
  이악(吚喔).
- 노름 :
  도박(賭博). 박극(博劇). 박새(博塞).
- 노름꾼 :
  박도(博徒). 유곤(遊棍).
- 노름 연장의 하나 :
  골패(骨牌).
- 노리개첩 :
  화초첩(花草妾).
- 노린내 :
  전취(羶臭).
- 노린재 :
  수과(守瓜).
- 노비 :
  노비(奴婢). 노예(奴隷). 동지(僮指). 장획(臧獲).
- 노송나무 :
  편백(扁柏). 회목(檜木).
- 노쇠한 모양 :
  요도(潦倒). 창창(蒼蒼).
- 노숙함 :
  발사(茇舍).
- 노심초사하는 모양 :
  달달(怛怛).
- 노여움 :
  분노(忿怒). 진에(瞋恚).
- 노인 :
  설미(雪眉). 화수(華首).
- 노인 건망증 :
  기망(耆忘).
- 노인들 :
  노배(老輩).
- 노인을 대접해드림 :
  노노(老老).
- 노인을 욕하는 말 :
  노물(老物).
- 노인을 존경함 :
  상치(尚齒). 상년(尚年).
- 노인의 백발 :
  학발(鶴髮).
- 노인의 비틀거리는 다리 :
  노각(老脚).
- 노인의 지팡이 :
  부노(扶老).
- 노인이 병 없이 죽음 :
  선화(仙化).
- 노인이 원기가 왕성하고 몸이 잰 모양 :
  확삭(矍鑠).
- 노자 :
  노자(路資). 여비(旅費).
- 노 저을 때 삐걱거리는 소리 :
  이알(吚軋). 구알(嘔軋).
- 노적가리 :
  곡적(穀積).
- 노 젓는 소리 :
  노성(櫓聲). 도성(棹聲). 아구(啞嘔).
- 노하는 모양 :
  노모(怒貌).
- 녹 :
  봉록(俸祿). 녹봉(祿俸). 봉급(俸給).
- 논 :
  미전(米田). 수전(水田).
- 논농사 :
  답농(畓農).
- 논다니 :
  유녀(遊女).
- 논밭 :

전답(田畓).

■ 논밭을 갈아엎음 :
반경(反耕).

■ 논할만한 가치가 없음 :
논외(論外).

■ 놀 :
하광(霞光).

■ 놀라 가슴이 두근거리는 모양 :
구연(瞿然).

■ 놀라는 모양 :
달연(怛然). 선연(洒然). 적적(適適). 적적연(狄
狄然).

■ 놀라 두려워하는 모양 :
색색(愬愬). 악치(愕眙). 악치(鸄眙). 장황(偉偟).
주장(輈張). 혁혁(覤覤). 휼연(恤然).

■ 놀라며 보는 모양 :
구연(瞿然).

■ 놀라서 눈을 휘둥그렇게 뜨고 똑바로 보는 모
양 :
당당(瞠瞠). 당약(瞠若). 당연(瞠然).

■ 놀라서 안색이 변하는 모양 :
색연(色然).

■ 놀라서 허둥지둥하여 잘 보지 못하는 모양 :
구구(瞿瞿).

■ 놀라 소동하는 모양 :
노랑(浡浪).

■ 놀라 어쩔 줄 모르며 눈을 휘둥그렇게 하고 두
리번거리는 모양 :
확연(矍然). 확확(矍矍).

■ 놀라 탄식하는 소리 :
오호희희(嗚呼嘻嘻).

■ 놀라 펄펄뛰는 물고기 :
경린(驚鱗).

■ 놀라 허둥지둥하는 모양 :
확척(矍踢).

■ 놀란 모양 :
거거(蘧蘧).

■ 놀며 즐김 :
유락(遊樂).

■ 놀음 :
포희(捕戲).

■ 놀잇배 :
유선(遊船).

■ 놋갓장이 :
주장(鑄匠).

■ 놋그릇 :
동기(銅器). 유기(鍮器).

■ 놋쇠 :
유철(鍮鐵). 주석(朱錫). 진유(眞鍮).

■ 농막 :
농막(農幕). 장가(莊家).

■ 농민 :
농민(農民). 전부(佃夫).

■ 농부 :
경부(耕夫). 농부(農夫). 색부(穡夫). 색인(穡人).
포사(圃師).

■ 농사가 잘된 모양 :
양양(穰穰).

■ 농작물 :
장가(莊稼).

■ 농지거리 :
희학(戲謔).

■ 농지거리함 :
학랑(謔浪). 회원(詼諢). 회조(詼嘲).

■ 높고 빼어난 모양 :
억연(嶷然).

■ 높고 큰 모양 :
뇌외(磊嵬). 열열(烈烈). 파아(駊騀). 흘흘(仡仡).

■ 높고 험한 산들이 연한 모양 :
참측(巉崱).

■ 높고 험준한 모양 :
소조(霄兆).

■ 높고 훌륭한 모양 :
뇌외(磊嵬).

■ 높낮이 :
고저(高低).

■ 높낮이가 있는 모양 :
와륭(窊隆).

■ 높은 고개 :
고판(高坂).

■ 높은 골 :
고곡(高谷).

■ 높은 곳에 올라가 아래를 멀리 내려다 봄 :
제람(躋覽).

■ 높은 모양 :
가아(軻峨). 고호(杲乎). 교교(翹翹). 교교(翹翹).
동동(湩湩). 언언(言言). 융연(隆然). 초체(迢遞).
초초(迢迢).

■ 높은 사닥다리 :
비제(飛梯).

■ 높은 산 :
숭구(崇丘).

■ 높은 식견 :
명감(明鑑).

■ 높은 언덕 :
고구(高丘).

■ 높은 코 :
고비(高鼻). 항비(亢鼻).

■ 높은 하늘 :
　고명(高冥). 형공(逈空).
■ 높이 나는 모양 :
　표표(漂漂).
■ 높이 날다 :
　고비(高飛). 비거(飛擧). 저비(翥飛).
■ 높이 드는 모양 :
　흔흔(掀掀).
■ 높이 뛰어나서 선 모양 :
　억립(嶷立).
■ 높이 뜀 :
　고도(高跳).
■ 높이 무리에 뛰어난 모양 :
　헌헌(軒軒).
■ 높이 빼어난 모양 :
　초연(超然).
■ 높이 솟는 모양 :
　하하(呀呀).
■ 높이 솟은 모양 :
　게게(揭揭). 악악(鍔鍔). 흔흔(掀掀). 흘연(屹然).
　흘호(屹乎). 흘흘(屹屹).
■ 높이 솟은 산의 돌출한 모양 :
　증릉(嶒棱).
■ 높이 쌓인 모양 :
　애애(磑磑).
■ 높이 올라가는 모양 :
　교교(矯矯). 표연(摽然).
■ 높이 올리는 모양 :
　척연(偋然).
■ 뇌물 :
　구뢰(賕賂). 회뢰(賄賂).
■ 뇌물을 줌 :
　행화(行貨).
■ 누구 :
　수하(誰何). 아수(阿誰). 숙수(孰誰).
■ 누구냐 :
　하수(何誰). 하위자(何爲者).
■ 누구냐고 힐문하는 말 :
　수재(誰哉). 수하(誰何).
■ 누더기 :
　난포(爛布). 남루(藍縷). 남루(襤褸).
■ 누런빛 :
　황색(黃色).
■ 누런 오이 :
　황과(黃瓜).
■ 누렁개 :
　황견(黃犬). 황구(黃狗).
■ 누렇게 볶다 :
　황초(黃焦).

■ 누룩 :
　곡자(曲子). 국자(麴子). 국자(麯子). 국얼(麴蘖).
　맥곡자(麥曲子). 주매(酒媒).
■ 누룩곰팡이 :
　국자균(麴子菌).
■ 누룩 밀 :
　국모(麴母).
■ 누른 곡식 :
　황곡(黃穀).
■ 누른 말 :
　황마(黃馬).
■ 누른빛 :
　황색(黃色).
■ 누른 실 :
　황사(黃絲).
■ 누리 :
　황충(蝗蟲).
■ 누린내 :
　초취(焦臭).
■ 누에 :
　잠아(蠶兒).
■ 누에고치 :
　잠견(蠶繭).
■ 누에나방 :
　잠아(蠶蛾).
■ 누에씨 :
　잠종(蠶種).
■ 누에 올리기 :
　상족(上簇).
■ 누에의 똥 :
　잠사(蠶砂).
■ 누에의 신 :
　마두낭(馬頭娘).
■ 누에치는 발 :
　잠박(蠶箔).
■ 누워서 보다 :
　와시(臥視).
■ 누워서 사려가 없는 모양 :
　거거(居居). 거거(倨倨).
■ 누워 숨쉬다 :
　와식(臥息).
■ 누이 :
　아자(阿姊).
■ 누이동생 :
　여제(女弟).
■ 누추한 모양 :
　속속(蔌蔌).
■ 누추한 집 :
　형우(衡宇).

- 녹녹하다 :
  소습(小濕).
- 눈의 귀신 :
  등육(滕六).
- 눈가림 :
  폐목(蔽目).
- 눈감아줌 :
  간과(看過).
- 눈 곤두서다 :
  목수(目竪).
- 눈곱 :
  목치(目眵).
- 눈 광채 :
  목광(目光).
- 눈구멍 :
  안공(眼孔). 안와(眼窩).
- 눈 굴리다 :
  목동(目動).
- 눈길 :
  설로(雪路).
- 눈 깜짝할 사이 :
  숙순(倏瞬). 순간(瞬間).
- 눈꺼풀 :
  안포(眼胞). 안검(眼瞼).
- 눈대중 :
  목산(目算). 목의(目意). 목측(目測).
- 눈덩이 :
  운괴(雲塊).
- 눈동자 :
  동자(瞳子). 모자(眸子). 안정(眼睛). 안청(眼睛).
- 눈동자 굴리다 :
  전목(轉目).
- 눈동자를 굴리는 모양 :
  면래(眄睞).
- 눈동자 맑다 :
  동청(瞳淸).
- 눈동자 위 :
  목광(目眶).
- 눈망울 :
  안구(眼球). 안주(眼珠).
- 눈매 :
  목용(目容).
- 눈물 :
  목즙(目汁).
- 눈물방울 :
  제주(涕珠).
- 눈물을 떨어뜨림 :
  운루(隕淚). 낙루(落淚). 운사(隕泗). 운체(隕涕).
  휘루(揮淚). 휘제(揮涕).

- 눈물을 머금음 :
  함루(含淚).
- 눈물을 씻음 :
  문루(抆淚).
- 눈물을 흘리는 모양 :
  삭연(索然). 산언(潸焉). 잠잠(涔涔). 환란(澴瀾).
- 눈물을 흘리며 소리내어 욺 :
  제읍(啼泣).
- 눈물을 흘리며 우는 모양 :
  최최(漼漼).
- 눈물을 흘리며 이야기함 :
  성루(聲淚).
- 눈물을 흘리며 흑흑 느끼어 욺 :
  체희(涕欷).
- 눈물을 흘림 :
  수루(垂淚).
- 눈물이 뚝뚝 떨어지는 모양 :
  방타(滂沱).
- 눈물이 뚝뚝 떨어짐 :
  체령(涕零).
- 눈물이 많이 나오는 모양 :
  난간(闌干).
- 눈물이 비 오듯이 흐름 :
  우읍(雨泣).
- 눈물이 자꾸 나오는 모양 :
  왕랑(汪浪).
- 눈물이 줄줄 흐르는 모양 :
  연여(漣如). 연연(漣漣). 왕랑(汪浪). 왕연(汪然).
  원원(湲湲). 잔원(潺湲). 현연(泫然). 현현(泫泫).
- 눈물이 흐르는 모양 :
  난란(爛爛). 낭랑(浪浪). 처처(凄凄). 타약(沱若).
- 눈물이 흘러 입으로 들어감 :
  음읍(飮泣).
- 눈물자국 :
  제흔(涕痕).
- 눈물 흘리다 :
  읍체(泣涕).
- 눈바람 :
  설한풍(雪寒風). 풍설(風雪).
- 눈 밝다 :
  시료(視瞭).
- 눈보라 :
  취설(吹雪).
- 눈부시게 아름다운 모양 :
  찬란(燦爛). 찬연(燦然).
- 눈부처 :
  동자부처. 동인(瞳人). 동인(瞳仁).
- 눈비가 내리는 소리 :
  석력(淅瀝).

- 눈비가 대단히 오는 모양 :
  부부(浮浮).
- 눈비가 옴 :
  영락(零落).
- 눈비 따위가 옴 :
  영락(零落).
- 눈빛 :
  안광(眼光).
- 눈살을 찌푸림 :
  빈미(矉眉). 빈축(矉蹙). 찬미(攢眉).
- 눈살을 찡그림 :
  축알(蹙頞).
- 눈살 찡그리다 :
  빈미(嚬眉). 수모(愁貌).
- 눈. 서리 등이 쌓여 흰 모양 :
  의의(澄澄). 최의(漼漼).
- 눈송이 :
  설편(雪片).
- 눈시울 :
  목광(目眶). 지곽(地廓).
- 눈싸움 :
  설전(雪戰).
- 눈썰미 :
  목교(目巧).
- 눈썹 :
  아미(蛾眉).
- 눈썹과 속눈썹 :
  미첩(眉睫).
- 눈썹 넓다 :
  미활(眉闊).
- 눈썹사이 :
  인당(印堂). 미간(眉間).
- 눈썹언저리 :
  미우(眉宇).
- 눈썹을 찌푸림 :
  추미(皺尾).
- 눈알 :
  안구(眼球).
- 눈앞 :
  현전(現前).
- 눈언저리 :
  안각(眼角).
- 눈에 거슬림 :
  애안(礙眼).
- 눈에 놀이 :
  멸몽(蠛蠓). 몽예(蠓蚋).
- 눈여겨 봄 :
  우목(寓目).
- 눈 오는 소리 :

- 책책(策策).
- 눈웃음 :
  목소(目笑).
- 눈으로 보고 마음으로 앎 :
  견지(見知).
- 눈을 부릅뜨고 봄 :
  휴휴(睢睢). 휴우(睢盱).
- 눈을 동그랗게 뜨고 똑바로 보는 모양 :
  구구(瞿瞿).
- 눈을 부릅뜨는 모양 :
  규규(睽睽).
- 눈을 씻고 자세히 봄 :
  식목(拭目).
- 눈을 입에 머금음 :
  함설(含雪).
- 눈을 휘둥그렇게 하고 놀라 허둥지둥하는 모양 :
  확연(矍然).
- 눈을 흘기는 모양 :
  혜혜(盻盻).
- 눈의 흰자위 :
  천곽(天廓).
- 눈이 말똥말똥하여 잠이 안 오는 모양 :
  환환(鰥鰥).
- 눈이 부심 :
  영탈(映奪).
- 눈이 어두운 모양 :
  무무(瞀瞀).
- 눈이 움직여 잘 보이지 않는 모양 :
  현현(眴眴).
- 눈이 움푹 들어간 모양 :
  완완(腕腕).
- 눈이 잘 보이지 않는 모양 :
  만만(瞞瞞). 만연(瞞然). 표묘(瞟眇).
- 눈이 침침하여지는 모양 :
  망망(芒芒).
- 눈이 펄펄 날리는 모양 :
  분분(雰雰).
- 눈이 흐린 모양 :
  묘묘(眇眇).
- 눈이나 서리가 하얗게 내린 모양 :
  백애애(白皚皚).
- 눈초리 :
  내자(內眥). 목자(目眥). 목자(目眥).
- 눌러 막음 :
  억색(抑塞).
- 느닷없이 :
  졸연(卒然). 홀연(忽然). 홀언(忽焉). 홀지(忽地).
- 느닷없이 침 :
  표격(飄擊).

■ 느릅나무 :
　분유(枌楡).
■ 느릅나무장 :
　유장(楡醬).
■ 느린 걸음 :
　한보(閒步). 한행(閒行).
■ 느린 모양 :
　관관(款款). 만만(漫漫). 서서(徐徐). 서완(徐緩).
■ 느릿느릿 가는 모양 :
　분분(扮扮). 질질(狄狄). 톤톤(啍啍).
■ 느릿느릿한 모양 :
　미미(靡靡). 서서(舒舒).
■ 느슨한 모양 :
　이연(弛然).
■ 느즈러진 모양 :
　원원(爰爰).
■ 느타리버섯 :
　만이(晚栮). 목용(木茸).
■ 늘 :
　여상(如常). 일상(日常). 항상(恒常).
■ 늘 마음속에 원한을 품은 모양 :
　한한(恨恨).
■ 늘어진 모양 :
　만만(縵縵). 충충(沖沖).
■ 늘어진 가지 :
　수조(垂條).
■ 늙고 병이 듦 :
　노차병(老且病).
■ 늙바탕 :
　노경(老境). 노래(老來). 만경(晚境). 만년(晚年).
　모경(暮境). 모년(暮年). 쇠경(衰境).
■ 늙어 꼬부라짐 :
　노모(老耄).
■ 늙어서 소용이 없음 :
　노후(老朽).
■ 늙은 과부 :
　이온(嫠媼).
■ 늙은 나이 :
　노년(老年). 노생(老生). 모치(暮齒). 노창(老蒼).
■ 늙은 남자 :
　노한(老漢).
■ 늙은 남자와 늙은 여자 :
　옹온(翁媼).
■ 늙은 몸 :
　노구(老軀).
■ 늙은 부모를 모심 :
　봉로(奉老).
■ 늙은 서생 :
　노조대(老措大).

■ 늙은이 :
　고년(高年). 구로(舊老). 구로(耇老). 기구(耆耇).
　기모(耆耄). 기애(耆艾). 노공(老公). 노부(老夫).
　노수(老叟). 노수(老壽). 노애(老艾). 노옹(老翁).
　노인(老人). 노창(老蒼). 노체(老體). 모질(耄耋).
　숙기(宿耆). 질애(耋艾). 태배(鮐背). 황구(黃耇).
■ 늙은이와 젊은이 :
　노장(老壯).
■ 늙은 조개 속에서 진주가 나옴 :
　노방생주(老蚌生珠).
■ 늙은 중 :
　노승(老僧). 노덕(老德). 치수(緇叟).
■ 늙음 :
　춘추고(春秋高). 고령(高齡).
■ 능 :
　능묘(陵墓). 능침(陵寢). 선침(仙寢).
■ 능력이 있음 :
　유위(有爲).
■ 능소화 :
　자위(茈葳). 자위(紫葳).
■ 능소화나무 :
　자위(紫葳).
■ 능수버들 :
　수사류(垂絲柳).
■ 늦가을 :
　계추(季秋).
■ 늦가을이나 겨울에 피는 꽃 :
　한화(寒花).
■ 늦겨울 :
　만동(晚冬). 계동(季冬).
■ 늦더위 :
　노염(老炎). 만염(晚炎).
■ 늦모 :
　만앙(晚秧).
■ 늦벼 :
　만도(晚稻). 치가(穉稼).
■ 늦봄 :
　계춘(季春).
■ 늦여름 :
　계하(季夏).

ㄷ

■ 다 :
　실개(悉皆). 실진(悉盡). 진개(盡皆).
■ 다니는 모양 :
　요요(繇繇). 유유(悠悠).
■ 다달이 :
　매삭(每朔). 매월(每月).
■ 다듬이질하는 소리 :
　저성(杵聲).

- 다듬이질함 :
  도의(擣衣).
- 다듬잇돌 :
  침석(砧石).
- 다듬잇돌소리 :
  침성(砧聲).
- 다듬잇방망이 :
  침저(砧杵).
- 다락집 :
  누각(樓閣). 누대(樓臺). 누자(樓子).
- 다람쥐 :
  율서(栗鼠)
- 다래 :
  등이(藤李). 선후도(獮猴桃).
- 다래나무 :
  등리(藤梨).
- 다로기 :
  피말(皮襪).
- 다리 :
  강량(杠梁). 교량(橋梁).
- 다리를 질질 끌고 가는 모양 :
  돈돈(豚豚). 돈행(豚行).
- 다리미 :
  고무(鈷鉧). 금두(金斗). 위두(熨斗). 화두(火斗).
- 다리뼈 :
  퇴골(腿骨).
- 다만 :
  단지(但只).
- 다방(茶房) :
  명방(茗坊). 명사(茗肆). 다실(茶室). 다사(茶肆).
- 다복쑥 :
  봉애(蓬艾). 봉호(蓬蒿).
- 다비(茶毗) :
  화장(火葬). 도유(闍維).
- 다슬기 :
  와라(蝸螺).
- 다시마 :
  곤포(昆布). 해대(海帶).
- 다알리아 :
  양국(洋菊).
- 다 앎 :
  지료(知了).
- 다음날 :
  익일(翌日).
- 다음달 :
  익월(翌月).
- 다음 달까지 계속하여 내리는 비 :
  기월우(騎月雨).
- 다음 번 :

- 차회(次回).
- 다툼 :
  불화(不和). 우극(尤隙).
- 다하여 없어짐 :
  봉갈(罗竭).
- 다해 없어지는 모양 :
  미미(靡靡).
- 다홍치마 :
  홍상(紅裳).
- 닥나무 :
  저목(楮木).
- 닦아 깨끗하게 함 :
  식청(拭淸).
- 단골손님 :
  고객(顧客). 주고(主顧).
- 단단한 나무 :
  견목(堅木).
- 단단한 모양 :
  현현(礥礥). 확연(確然). 확이(確爾). 확호(確乎).
- 단단한 흙 :
  견토(堅土).
- 단단히 매다 :
  견계(堅繫).
- 단대 :
  감죽(甘竹).
- 단맛 :
  감미(甘味).
- 단명 :
  단명(短命). 단수(短壽).
- 단물을 빪 :
  철즙(啜汁).
- 단벌 :
  단건(單件).
- 단비 :
  감우(甘雨). 영우(靈雨). 호우(好雨).
- 단세포 :
  단세포(單細胞). 단포(單胞).
- 단술 :
  감례(甘醴). 감주(甘酒). 감차(甘茶). 예주(醴酒).
- 단아한 모양 :
  체체(逮逮).
- 단잠 :
  숙수(熟睡).
- 단정히 걷는 모양 :
  준준(蹲蹲).
- 단지 :
  병앵(餠罌). 병앙(瓶盎). 와구(瓦甌).
- 단지 :
  지응(祇應).

■ 단추 :
구뉴(釦鈕). 뉴자(紐子).

■ 단추 구멍 :
구비자(釦鼻子).

■ 단풍과 국화 :
풍국(楓菊).

■ 단풍나무 :
단풍(丹楓).

■ 단풍나무수풀 :
풍림(楓林).

■ 단호히 :
결연(決然).

■ 달 :
계월(桂月). 빙륜(氷輪). 수경(水鏡). 옥섬(玉蟾).
청섬(淸蟾). 토백(免魄). 토월(兎月). 호백(皓魄).

■ 달걀 :
계단(鷄蛋). 계란(鷄卵). 계자(鷄子).

■ 달게 승낙하다 :
감낙(甘諾).

■ 달과 해 :
토오(免烏). 오토(烏免).

■ 달구질 :
도고(搗固).

■ 달 돋다 :
월출(月出).

■ 달떡 :
월병(月餠).

■ 달라붙다 :
밀착(密着). 점착(黏着).

■ 달래 :
산산(山蒜). 소산(小蒜). 야산(野蒜).

■ 달려가는 모양 :
미미(亹亹).

■ 달려 올라가는 모양 :
체패(滯沛).

■ 달력 :
월력(月曆).

■ 달리는 모양 :
비비(駓駓). 암도(闇跳).

■ 달리아 :
양국(洋菊). 천축목단(天竺牧丹).

■ 달림 :
치구(馳驅). 치빙(馳騁). 치주(馳走). 치취(馳驟).

■ 달마다 :
축삭(逐朔). 축월(逐月). 과월(課月).

■ 달맞이 :
영월(迎月).

■ 달무리 :
운륜(暈輪). 운위(暈圍). 월운(月暈).

■ 달밤에 산보 함 :
답월(踏月).

■ 달빛 :
금파(金波). 섬채(蟾彩). 월광(月光). 월색(月色).
월채(月彩). 월화(月華).

■ 달빛이 어둠침침한 모양 :
애애(藹藹).

■ 달빛이 흐린 모양 :
몽롱(朦朧). 몽몽(朦朦).

■ 달빛이 희고 밝은 모양 :
교연(皎然).

■ 달아나다 넘어지다 :
주돈(走頓).

■ 달을 아로새기고 구름을 재마름 :
누월재운(鏤月裁雲).

■ 달음박질하는 모양 :
초초(僬僬).

■ 달이 가는 모양 :
염섬(廉纖).

■ 달이 떠오르기 시작하여 밝으려고 하는 모양 :
동롱(曈朧).

■ 달이 밝은 모양 :
교교(皎皎).

■ 달팽이 :
나우(蠡牛). 산와(山蝸). 와우(蝸牛). 이유(蜗蝓).

■ 달포 :
월경(月頃). 월여(月餘). 월래(月來).

■ 닭 같은 것이 우는 소리 :
악이(喔咿). 이악(咿喔). 이이(咿咿).

■ 닭의 날개 :
손우(巽羽).

■ 닭의 볏 :
육관(肉冠).

■ 닭이 우는 소리 :
교교(膠膠). 구구(呴呴).

■ 닭이 시끄럽게 우는 모양 :
교교(嘐嘐).

■ 닭이 홰치는 소리 :
박박(膊膊). 픽픽박박(膈膈膊膊).

■ 닭이 흙을 파서 헤치고 들어앉아서 버르적거림 :
토욕(土浴).

■ 닭이 날 새우는 소리 :
악악(喔喔).

■ 닭지짐이 :
계전(鷄膞).

■ 닮음 :
초사(肖似).

■ 담 :
도장(堵墻). 원장(垣墻). 장리(牆籬). 장원(牆垣).

- 담금 :
  함엄(涵淹). 함침(涵浸).
- 담력 :
  담기(膽氣).
- 담박한 모양 :
  담담(淡淡). 담담(澹澹). 담여(淡如). 담여(澹如).
  담호(澹乎).
- 담배 :
  권연(卷煙). 남초(南草). 연초(煙草).
- 담배를 피움 :
  끽연(喫煙).
- 담뱃대 :
  연관(煙管). 연대(煙臺). 연죽(煙竹).
- 담뱃서랍 :
  초합(草盒).
- 담요 :
  계담(罽毯). 구유(氍毹). 담자(毯子). 모포(毛布).
- 담을 쌓을 때 단단하게 하느라고 치는 소리 :
  빙빙(馮馮).
- 담이 큰 형용 :
  담여두(膽如斗).
- 당근 :
  호나복(胡蘿蔔). 홍나복(紅蘿蔔).
- 당나귀 :
  여마(驢馬).
- 당닭 :
  소계(小鷄).
- 당부하다 :
  당부(當付).
- 당사자의 의견을 무시하고 억지로 하는 혼인 :
  억혼(抑婚).
- 당신 :
  경경(卿卿).
- 당연히 :
  응연(應然).
- 당호에 붙이는 칭호 :
  거사(居士).
- 당황하는 기색 :
  거색(遽色).
- 당황하는 모양 :
  궐궐(蹶蹶).
- 당황하며 놀람 :
  졸악(卒愕).
- 당황하여 보는 모양 :
  우우(盱盱).
- 당황함 :
  조탄(錯憚).
- 닿소리 :
  자음(子音).

- 대갓끈 :
  죽영(竹纓).
- 대강 :
  개요(概要). 대개(大概). 대략(大略). 애략(崖略).
  애략(厓略).
- 대개 :
  개호(概乎). 대강(大綱). 대략(大略).
- 대궐 :
  구중(九重). 구중궁궐(九重宮闕). 궁전(宮殿).
- 대궐 안 :
  궁중(宮中). 금중(禁中).
- 대그릇 :
  죽기(竹器).
- 대긴 쌀 :
  정미(精米).
- 대나무나 나무가 높은 모양 :
  삭삼(箾槮). 삭삼(箾蔘).
- 대나무의 가지가 없이 가늘고 길며 끝이 뾰쪽한 모양 : 적적(籊籊).
- 대나무의 열매 :
  연실(練實). 죽실(竹實).
- 대낮 :
  백일(白日). 백주(白晝). 백천(白天). 정오(正午).
- 대님 :
  말계(襪繫). 말계(韈繫).
- 대단한 더위 :
  서위(暑威). 서염(暑炎).
- 대단히 가난함 :
  일한(一寒).
- 대단히 감동하는 모양 :
  패연(沛然).
- 대단히 거센 바람 :
  열풍(颲風).
- 대단히 근심하는 모양 :
  은은(殷殷). 은은(慇慇). 초절(悄切). 충충(忡忡).
- 대단히 급하여 허둥지둥하는 모양 :
  총총(悤悤).
- 대단히 넓어 끝이 없는 모양 :
  명망(溟漭).
- 대단히 놀람 :
  경살(驚殺).
- 대단히 높은 모양 :
  체예(嵽霓).
- 대단히 더운 모양 :
  염염(炎炎).
- 대단히 많은 모양 :
  분약(紛若). 흡흡(洽洽).
- 대단히 바쁨 :
  망살(忙煞). 망살(忙殺).

■ 대단히 비루한 모양 :
비비(卑卑).

■ 대단히 사랑함 :
기애(奇愛).

■ 대단히 성낸 모양 :
발지(髮指).

■ 대단히 성대한 모양 :
혁훤(赫喧).

■ 대단히 슬퍼하는 모양 :
개연(慨然).

■ 대단히 심함 :
혹독(酷毒).

■ 대단히 아름다운 모양 :
혁혁(赫奕).

■ 대단히 아름다움 :
경삭(景鑠).

■ 대단히 작은 모양 :
묘묘(眇眇).

■ 대단히 추운 모양 :
능릉(稜稜). 열렬(冽冽).

■ 대단히 흰 모양 :
백백(白白).

■ 대답 :
응답(應答). 응유(應唯).

■ 대답 할 말이 없어 딴데를 보고 화재를 돌림 :
고이언타(顧而言他).

■ 대답함 :
수답(誎答).

■ 대동선 :
해선(海船).

■ 대들보 :
대량(大樑).

■ 대략 :
개요(概要). 대강(大綱). 대개(大槪). 애략(崖略).
애략(厓略) .

■ 대마디 :
죽절(竹節).

■ 대머리 :
독두(禿頭). 독정(禿頂). 돌독(突禿). 올두(兀頭).

■ 대못 :
죽정(竹釘).

■ 대문빗장 :
관건(關鍵). 관목(關木).

■ 대문장 :
대수필(大手筆). 홍조(鴻藻). 홍필(鴻筆).

■ 대바구니 :
죽람(竹籃).

■ 대밥그릇 :
죽제반기(竹製飯器).

■ 대부의 아내 :
명부(命婦).

■ 대빗 :
죽소(竹梳).

■ 대뿌리 :
죽근(竹根).

■ 대상자 :
죽상(竹箱).

■ 대성통곡함 :
후호(吼號).

■ 대소리 :
죽성(竹聲).

■ 대순 :
죽아(竹牙). 죽순(竹筍).

■ 대숲 :
죽림(竹林).

■ 대신 :
죽리(竹履).

■ 대싸리 :
지부(地膚).

■ 대여섯 사람 :
수구(數口). 수인(數人).

■ 대열매 :
죽실(竹實).

■ 대울타리 :
죽리(竹籬).

■ 대의 서판 :
죽독(竹牘).

■ 대의 소리 :
답답(答答).

■ 대잎사귀 :
죽엽(竹葉).

■ 대자리 :
죽석(竹席).

■ 대장간 :
노호(鑪戶). 야방(冶坊).

■ 대장부 :
대장부(大丈夫). 위남아(偉男兒). 위장부(偉丈夫).

■ 대장장이 :
단공(鍛工). 단씨(段氏). 야공(冶工). 야장(冶匠).

■ 대접 :
대우(待遇). 대접(待接).

■ 대조하여 바로 잡음 :
감교(勘校). 교감(校勘).

■ 대지팡이 :
죽장(竹杖).

■ 대체 :
개호(概乎).

■ 대추 :

대조(大棗).

■ 대충 봄 :
간과(看過).

■ 대칼 :
죽도(竹刀).

■ 대통 :
죽통(竹筒).

■ 대팻밥 :
포설(鉋屑).

■ 대포나 우레 등의 소리가 우르르쿵쾅 하는 모양 :
굉연(轟然).

■ 대포알 :
포탄(砲彈).

■ 대항하여 굴하지 아니하는 모양 :
힐항(頡頏).

■ 댓고리 :
고로(栲栳).

■ 댓돌 :
대석(臺石). 첨계(檐階). 첨계(簷堦).

■ 댓잎 같은 것에 바람이 부딪치는 소리 :
파사(婆娑).

■ 댕댕이 덩굴 :
목방기(木防己). 방기(防己). 상춘등(常春藤). 용린(龍鱗). 토고등(土鼓藤).

■ 더듬거리는 말 :
삽어(澀語).

■ 더딘 모양 :
지지(遲遲).

■ 더러운 냄새 :
예기(穢氣). 예취(穢臭).

■ 더러운 밥 :
예식(穢食).

■ 더러운 집 :
비옥(鄙屋).

■ 더러움 :
오예(汚穢). 오묵(汚墨).

■ 더럽고 작다 :
비소(鄙小).

■ 더럽지 아니한 깨끗한 마음 :
빙설심(氷雪心).

■ 더럽힌 흔적 :
염적(染跡).

■ 더럽힘 :
담점(黮點).

■ 더벅머리 :
수자(豎子).

■ 더부룩한 모양 :
비비(狒狒).

■ 더욱 :
우극(尤極).

■ 더운 김 :
열기(熱氣).

■ 더운 김이 대단히 나는 모양 :
혁혁(赫赫).

■ 더운 바람 :
열풍(熱風).

■ 더위 먹어 죽다 :
갈사(暍死).

■ 더위 먹음 :
서갈(暑暍).

■ 더위와 추위 :
염량(炎凉).

■ 더펄새 :
노자(鸕鶿).

■ 덕망이 있는 노인 :
노숙(老宿). 기영(耆英).

■ 덕이 높은 모양 :
억억(嶷嶷).

■ 덕이 빛나고 큰 모양 :
경개(耿介).

■ 덜렁말 :
광당마(光唐馬).

■ 덜 익은 술 :
예락(醴酪).

■ 덧니 :
치방소치(齒旁小齒).

■ 덧셈 :
가산(加算).

■ 덧없는 세상 :
부세(浮世).

■ 덧없는 인생 :
풍촉(風燭).

■ 덩굴이 뻗는 풀 :
만초(蔓草).

■ 덩굴줄기 :
만연경(蔓延莖).

■ 덩굴치기 :
만절(蔓切).

■ 덩굴 풀 :
만초(蔓草).

■ 덩어리 :
집괴(集塊).

■ 덩어리지다 :
훌륜(囫圇).

■ 덫 :
투두(套頭).

■ 덮개 :

개멱(蓋冪).

■ 덮어 가리는 모양 :
애애(薆薆). 애연(薆然).

■ 데리고 다니는 모양 :
설설(挈挈).

■ 데릴사위 :
예서(豫壻). 예서(豫婿). 초서(招婿). 췌서(贅壻).
췌자(贅子). 출췌(出贅).

■ 데치다 :
거냉(去冷).

■ 도가니 :
감과(坩堝).

■ 도가머리 :
관모(冠毛). 우관(羽冠).

■ 도깨비 :
괴귀(怪鬼). 귀매(鬼魅). 귀물(鬼物). 마매(魔魅).
망량(魍魎). 망량(蝄蜽). 망량(罔兩). 망매(魍魅).
매허(魅虛). 이매(魑魅). 정매(精魅).

■ 도깨비불 :
갑화(甲火). 귀린(鬼燐). 귀물(鬼物). 귀화(鬼火).
신화(神火). 음화(陰火). 인화(燐火).

■ 도꼬마리 :
권이(卷耳). 시이(枲耳). 창이(蒼耳).

■ 도꼬마리 벌레 :
창이충(蒼耳蟲).

■ 도끼 :
근부(斤斧). 부근(斧斤). 부장(斧斨).

■ 도끼받침 :
침질(椹質).

■ 도는 모양 :
순순(旬旬). 평영(苹縈).

■ 도덕에 어그러진 일을 하는 고약한 놈 :
역수(逆修).

■ 도둑 :
누라(嘍囉). 호객(豪客).

■ 도둑 떼 :
비적(匪賊).

■ 도둑이 도리어 매를 든다는 뜻 :
적반하장(賊反荷杖).

■ 도둑질 :
절도(竊盜). 초절(草竊).

■ 도라지 :
길갱(吉更). 길경(桔梗).

■ 도랑 :
수거(水渠).

■ 도래 샘 :
회천(回泉).

■ 도량 :
기국(器局). 품성(品性).

■ 도량이 큰 모양 :
회연(恢然).

■ 도량이 넓은 모양 :
왕왕(汪汪). 활달(豁達).

■ 도량이 좁은 모양 :
국촉(局促).

■ 도로가 꼬불꼬불하고 높았다 낮았다한 모양 :
이의(邐倚).

■ 도롱뇽 :
산초어(山椒魚). 수궁(守宮). 영원(蠑蚖).

■ 도롱이 :
녹사의(綠蓑衣). 사의(蓑衣). 우의(雨衣).

■ 도루묵 :
목어(木魚). 은어(銀魚). 은조어(銀條魚).

■ 도르래 :
고차(鼓車). 활차(滑車).

■ 도리깨 :
연가(連枷).

■ 도리깨 열 :
자편(子鞭).

■ 도리어 :
고반(顧反).

■ 도마뱀 :
산용자(山龍子). 석용자(石龍子). 석척(蜥蜴).
용자(龍子). 천용(泉龍).

■ 도마뱀붙이 :
갈호(蝎虎). 벽궁(壁宮). 벽호(壁虎). 언정(蝘蜒).
수궁(守宮).

■ 도미 :
극렵어(棘鬣魚).

■ 도박 :
박극(博劇). 박새(博塞). 박혁(博奕). 출구(出九).
탄도(攤賭). 탄희(攤戱). 포희(蒱戱).

■ 도박장 :
탄장(攤場).

■ 도붓장수 :
상객(商客). 행상(行商). 상여(商旅).

■ 도시락 :
행주(行廚).

■ 도시락밥 :
단사(單射)

■ 도약하는 모양 :
적적(趯趯). 적적연(狄狄然).

■ 도와 줌 :
방조(幇助).

■ 도요새 :
수찰아(水札兒). 휼조(鷸鳥).

■ 도움 :
구원(救援). 구조(救助). 덕택(德澤). 보좌(補佐).

보필(輔弼). 자조(藉助). 조력(助力). 영비(影庇).
- 도움말 :
  조언(助言).
- 도장 :
  도장(圖章). 신장(信章). 인장(印章). 투서(套書).
- 도장밥 :
  인니(印泥). 인주(印朱).
- 도장방 :
  규방(閨房). 규실(閨室). 침방(寢房). 침실(寢室).
- 도장을 찍음 :
  검인(鈐印). 날인(捺印). 날장(捺章).
- 도적 :
  비적(匪賊). 호객(豪客).
- 도적놈 :
  적한(賊漢).
- 도지개 :
  방경(榜檠).
- 도착 :
  내착(來着).
- 도취된 모양 :
  홀황(惚怳).
- 도토리 :
  곡실(槲實). 서율(杼栗). 조물(皁物).
- 도토리받침 :
  역실(櫟實). 포방(包房).
- 도편수 :
  대장(大匠).
- 도포와 띠 :
  포대(袍帶).
- 도회지 :
  대처(大處). 도회지(都會地)
- 독가스 :
  독와사(毒瓦斯).
- 독나방 :
  독아(毒蛾).
- 독립한 모양 :
  괴연(傀然). 귀연(歸然). 외외(巍巍).
- 독 밑구멍 :
  옹저공(甕底孔).
- 독버섯 :
  독이(毒栮).
- 독서실 :
  계창(鷄窓).
- 독수리 :
  독취(禿鷲).
- 독신자 :
  독신자(獨身者). 백신(白身).
- 독실한 모양 :
  조조(慥慥). 축축(逐逐).

- 돈 :
  금전(金錢). 도포(刀布). 지폐(紙幣). 천폐(泉幣).
  천포(泉布). 천화(泉貨). 화폐(貨幣).
- 돈과 보배 :
  패옥(貝玉).
- 돈 꾸러미 :
  전민(錢緡).
- 돈꿰미 :
  전관(錢貫).
- 돈놀이 :
  방채(放債). 취리(取利).
- 돈 때문에 목숨을 버리는 일 :
  순재(徇財).
- 돈을 기부함 :
  연금(捐金).
- 돈을 물 쓰듯 헤프게 씀 :
  소금(銷金).
- 돈을 추렴함 :
  갹금(醵金).
- 돈이 잘 돌지 아니함 :
  전갈(錢渴).
- 돈치기 :
  투전(投錢).
- 돋보기 :
  노인경(老人鏡). 원경(遠鏡).
- 돌 같은 것이 요란하게 구르는 소리 :
  가가(砢砢).
- 돌계집 :
  석녀(石女). 석부(石婦).
- 돌고드름 :
  빙주석(氷柱石). 종유석(鍾乳石).
- 돌고래 :
  해돈(海豚). 해저(海豬).
- 돌구멍 :
  석공(石孔).
- 돌굴 :
  석굴(石窟).
- 돌김 :
  석태(石苔).
- 돌나물 :
  불갑초(佛甲草).
- 돌다리 :
  석강(石矼). 석교(石橋).
- 돌단단하다 :
  석견(石堅).
- 돌대가리 :
  석두(石頭).
- 돌덩이 :
  석괴(石塊).

■ 돌도끼 :
　석부(石斧).

■ 돌 떨어지다 :
　낙석(落石).

■ 돌 뜨다 :
　채석(採石).

■ 돌려짓기 :
　윤작(輪作). 윤재(輪栽).

■ 돌림감기 :
　시감(時感). 윤감(輪感).

■ 돌림병 :
　온역(瘟疫). 유행병(流行病). 윤병(輪病). 윤증
　(輪症). 윤질(輪疾).

■ 돌림자 :
　항열자(行列字).

■ 돌멩이 :
　괴석(塊石).

■ 돌무더기 :
　중석(衆石).

■ 돌문 :
　석문(石門).

■ 돌미나리 :
　야근(野芹).

■ 돌배 :
　산리(山梨).

■ 돌보지 않고 가버리는 모양 :
　망망(望望).

■ 돌부처 :
　석불(石佛).

■ 돌비늘 :
　운모(雲母).

■ 돌비석 :
　석비(石碑).

■ 돌산 :
　석산(石山).

■ 돌샘 :
　석간수(石間水). 석천(石泉).

■ 돌소금 :
　석염(石鹽).

■ 돌솜 :
　석융(石絨). 석면(石綿).

■ 돌순 :
　석순(石筍).

■ 돌아가신 남의 아버지 :
　선고장(先考丈).

■ 돌아가신 시아버지 :
　선구(先舅).

■ 돌아가신 시어머니 :
　선고(先姑).

■ 돌아가신 아버지 :
　선공(先公). 선고(先考). 선군(先君). 선부(先父).
　선부군(先府君). 선엄(先嚴). 선인(先人). 선자
　(先子). 선친(先親).

■ 돌아가신 어머니 :
　선비(先妣). 선자(先慈).

■ 돌아감 :
　선반(旋反).

■ 돌아다봄 :
　회고(回顧).

■ 돌아보는 모양 :
　권권(眷眷). 권권(睠睠).

■ 돌아옴 :
　내귀(來歸). 선지(旋止).

■ 돌연 :
　돌연(突然). 두연(陡然).

■ 돌우물 :
　석정(石井).

■ 돌이 굴러 떨어지는 소리 :
　공공연(硿硿然). 팽연(砰然).

■ 돌이 높이 솟은 모양 :
　기의(碕礒).

■ 돌이 많은 모양 :
　뇌뢰(礧礧).

■ 돌이 많이 쌓인 모양 :
　뇌가(礧砢). 뇌뢰(磊磊). 뇌뢰(礧礧). 뇌외(磊磈).
　외뢰(磈磊).

■ 돌이 서로 부딪쳐 나는 소리 :
　개개(磕磕). 개개(礚礚). 낭랑(硠硠).

■ 돌이 서로 부딪치는 소리 :
　갱갱(硜硜).

■ 돌이 수중에서 출몰하는 모양 :
　참작(磛碏).

■ 돌이 작은 모양 :
　녹록(碌碌).

■ 돌이 중첩하여 험한 모양 :
　암암(巖巖).

■ 돌이켜 봄 :
　회간(回看).

■ 돌절구 :
　석구(石臼).

■ 돌집 :
　석실(石室).

■ 돌침 :
　잠석(箴石).

■ 돌칼 :
　석도(石刀).

■ 돌팔이 의원 :
　졸의(拙醫).

- 돌팔매질 :
  비력(飛礫).
- 돗자리 :
  석자(席子). 석천(席薦).
- 동갑 :
  동갑(同甲). 동경(同庚). 갑장(甲長).
- 동그라미 :
  권환(圈圜). 원형(圓形).
- 동남풍 :
  동남풍(東南風). 청명풍(淸明風).
- 동냥아치 :
  개걸(丐乞).
- 동냥중 :
  자미승(慈米僧). 자미승(粢米僧).
- 동냥질 :
  개걸(丐乞).
- 동네 :
  방간(坊間). 방시(坊市). 부락(部落). 시정(市井).
- 동녘 :
  동방(東方).
- 동류 :
  동류(同類). 동배(同輩). 아류(亞類). 제배(儕輩).
  필아(匹亞).
- 동무 :
  주여(儔與). 주려(儔侶). 제륜(儕倫).
- 동박새 :
  백안작(白眼雀). 수안아(繡眼兒).
- 동백나무 :
  다매(茶梅). 산다(山茶).
- 동상(銅像) :
  금적(金狄).
- 동서(同壻) :
  우서(友壻).
- 동아리 :
  동류(同類). 조배(曹輩). 휘류(彙類).
- 동아줄 :
  고긍(高絚). 고긍(高絙). 휘묵(徽纆).
- 동요하는 모양 :
  한한(閑閑).
- 동요하여 안정하지 아니한 모양 :
  얼올(臲卼).
- 동요하여 어지러운 모양 :
  준준(惷惷).
- 동이 :
  분앙(盆盎).
- 동작이 느릿느릿한 모양 :
  완완(緩緩).
- 동정 :
  동정(動靜). 동태(動態).

- 동짓달 :
  지월(至月).
- 동쪽 :
  상야(桑野). 동방(東方).
- 동쪽 신목 :
  동방신목(東方神木). 박상(博桑).
- 동쪽의 해 돋는 곳 :
  양곡(暘谷).
- 동틀 녘 :
  대흔(大昕).
- 동풍 :
  곡풍(谷風). 동풍(東風).
- 돛단배 :
  범선(帆船). 풍선(風船).
- 돛대 :
  범간(帆竿). 범장(帆檣). 범주(颿柱). 범주(帆柱).
  의간(桅竿). 의장(桅檣). 장간(檣竿).
- 돛을 달다 :
  괘범(掛帆).
- 돛 자리 :
  석자(席子). 석천(席薦).
- 돼지 고깃국 :
  돈육갱(豚肉羹). 효해(豬醢).
- 돼지 고깃장 :
  시육장(豕肉醬).
- 돼지 떼 :
  시군(豕群).
- 돼지 밥 :
  시식(豕食).
- 돼지새끼 :
  시자(豕子).
- 돼지우리 :
  양돈사(養豚舍). 돈옥(豚屋).
- 되깎이 :
  환삭(還削).
- 되새 :
  화계(花鷄).
- 되새김 :
  반추(反芻).
- 되풀이하여 가르치는 모양 :
  순순(諄諄).
- 된서리 :
  숙상(肅霜). 엄상(嚴霜).
- 된서리치다 :
  살물(殺物).
- 된소리 :
  경음(硬音).
- 된장 :
  토장(土醬).

■ 두 가지 마음 :
　이심(異心).
■ 두 갈래 :
　분기(分岐).
■ 두 갈래 물 :
　이류(二流).
■ 두개골 :
　뇌개(腦盖).
■ 두건 :
　두건(頭巾). 조두(㷘頭).
■ 두견새 :
　두견(杜鵑). 두백(杜魄). 두우(杜宇). 불여귀(不
　如歸). 자규(子規). 촉조(蜀鳥). 호사조(呼死鳥).
■ 두견이 :
　두백(杜魄). 자규(子規). 제계(鵜鳩). 촉백(蜀魄).
　촉조(蜀鳥). 촉혼(蜀魂).
■ 두꺼비 :
　당저(螗蠩). 섬여(蟾蜍). 섬제(蟾諸). 음충(陰蟲).
　풍계(風鷄). 하마(蝦蟆).
■ 두꺼운 모양 :
　도도(塗塗).
■ 두꺼운 입술 :
　후순(厚脣).
■ 두 눈썹 :
　양미(兩眉).
■ 두 다리 :
　양각(兩脚).
■ 두 다리를 쭉 뻗고 앉음 :
　반박(磐礴).
■ 두 다리를 쭉 뻗고 기대어 앉음 :
　기거(踑踞).
■ 두더지 :
　언서(鼴鼠). 언서(鼹鼠). 전서(田鼠). 용매(龍媒)
■ 두둔하다 :
　두돈(斗頓).
■ 두드러기 :
　담마진(蕁痲疹). 은진(癮疹).
■ 두드려 털 :
　부불(拊拂).
■ 두렁 :
　경진(徑畛).
■ 두렁허리 :
　사선(蛇鱔). 선어(鱔魚). 웅어(熊漁).
■ 두레박 :
　급병(汲甁).
■ 두레박줄 :
　정경(井綆).
■ 두려움 :
　공포(恐怖). 공황(恐惶).

■ 두려워 떠는 모양 :
　율연(慄然). 율율(慄慄).
■ 두려워서보다 :
　외시(畏視).
■ 두려워서 삼가는 모양 :
　협견(脅肩).
■ 두려워서 숨을 죽이다 :
　첩식(慴息).
■ 두려워서 웅숭그린 모양 :
　송연(悚然).
■ 두려워하는 모양 :
　광광(恇恇). 구연(懼然). 구연(瞿然). 늠름(懍懍).
　삭삭(索索). 새새(鰓鰓). 소소(蘇蘇). 송송(悚悚).
　순순(恂恂). 시시(諰諰). 심심(伈伈). 업업(業業).
　율율(栗栗). 접접(惵惵). 출연(怵然). 출출(怵怵).
　패패(沛沛). 혁혁(虩虩). 현현(俔俔). 효효(嘵嘵).
■ 두려워하여 달리는 모양 :
　창창(蹌蹌).
■ 두려워하여 떠는 모양 :
　전전긍긍(戰戰兢兢).
■ 두려워하여 삼가는 모양 :
　늠름(懍懍). 척약(惕若). 척연(惕然).
■ 두려워하여 어찌할 줄 모르는 모양 :
　왕왕(迬迬). 정영(怔營).
■ 두려워하여 욺 :
　효효(嘵哮).
■ 두려워하여 조심하는 모양 :
　전전긍긍(戰戰兢兢).
■ 두루 다니다 :
　규류(樛流). 주류(周流).
■ 두루마기 :
　주막의(周莫衣). 주의(周衣). 주차의(周遮衣).
■ 두루마리 :
　권취지(卷取紙). 주지(周紙).
■ 두루미 :
　노금(露禽). 백학(白鶴). 선금(仙禽). 선학(仙鶴).
　야학(野鶴). 태금(胎禽).
■ 두루미냉이 :
　정력(葶藶).
■ 두루 미침 :
　주실(周悉).
■ 두릅나무 :
　총목(楤木).
■ 두릅나물 :
　목두채(木頭菜).
■ 두마음 :
　이심(貳心). 이심(異心).
■ 두마음 먹다 :
　이심(貳心).

- 두메 :
  구야(圻野). 변읍(邊邑). 벽지(僻地). 벽촌(僻村). 산협(山峽). 유벽(幽僻). 유편(幽偏). 폐유(弊幽). 협중(峽中). 협촌(峽村).
- 두목 :
  괴수(魁帥). 두목(頭目). 추거(酋渠). 추령(酋領). 추수(酋帥). 추장(酋長).
- 두 번 :
  재차(再次).
- 두 번 시집감 :
  전가(轉嫁).
- 두 번째 벼슬길에 나아감 :
  출각(出脚).
- 두부 :
  두포(豆泡). 조포(造泡).
- 두 뺨 :
  양협(兩頰).
- 두서를 잡지 못하고 허둥지둥 댐 :
  천방지축(天方地軸).
- 두 손을 뒤로 합처 묶음 :
  반접(反接).
- 두엄풀 :
  토자(土苴).
- 두터운 사랑 :
  우련(優憐).
- 둑 :
  제당(堤塘). 제방(堤防). 제한(堤扞).
- 둘러싼 담 :
  주원(周垣).
- 둘러 싼 모양 :
  요료(繚繚).
- 둘러싼 울타리 :
  나락(羅落).
- 둘러치다 :
  휘장(揮帳).
- 둘레 :
  광원(廣圓). 주무(周袤). 주위(周圍).
- 둘리다 :
  요회(繞回).
- 둘째아버지 :
  중부(仲父).
- 둥근 달 :
  단월(團月).
- 둥근 모양 :
  규규(規規). 단단(團團). 원원(圓圓).
- 둥근 책상 :
  원안(圓案).
- 둥글게 뭉친 약 :
  환약(丸藥).

- 둥글둥글함 :
  홀륜(囫圇).
- 둥글어 모가 없는 모양 :
  혼연(渾然).
- 뒤꿈치 버티다 :
  탱거(掌拒).
- 뒤돌아다보는 모양 :
  면래(眄睞).
- 뒤뚱뒤뚱 비쓱비쓱하는 모양 :
  올올(兀兀).
- 뒤뚱뒤뚱하여 위태로운 모양 :
  올올(兀兀).
- 뒤섞여 구별할 수 없는 모양 :
  혼연(混然).
- 뒤섞여 어지러운 모양 :
  교교(攪攪).
- 뒤섞여 흩어진 모양 :
  육리(陸離).
- 뒤섞인 모양 :
  반빈(頒斌). 분분(紛紛). 비비(菲菲). 치치(雉雉).
- 뒤죽박죽이 된 모양 :
  준박(蹲駁).
- 뒤쪽 :
  후방(後方).
- 뒤쫓음 :
  간간(趕趕). 간간(赶赶).
- 뒤통수 :
  뇌후(腦後). 후두(後頭). 옥침관(玉枕關).
- 뒷간 :
  변소(便所). 서각(西閣). 정방(淨房). 청방(圊房). 청치(圊廁). 청혼(圊溷). 측간(廁間). 측간(厠間). 측실(廁室). 측청(廁圊). 측혼(廁溷). 혼측(溷厠). 화장실(化粧室). 회치장(灰治粧).
- 뒷간에 감 :
  경의(更衣).
- 뒷걸음질 치는 모양 :
  준순(蹲循).
- 뒷걸음질 침 :
  준순(遁巡).
- 뒷걸음질하는 모양 :
  준준(踆踆).
- 뒷날 :
  후일(後日).
- 뒷맛 :
  후미(後味).
- 뒷소문 :
  후문(後聞).
- 뒷수습을 잘함 :
  선후(善後).

- 뒷일 :
  후사(後事).
- 뒷지느러미 :
  둔기(臀鰭).
- 드러나지 않고 은미한 모양 :
  명명(冥冥).
- 드러내 놓는 모양 :
  공연(公然).
- 드러내다 :
  폭로(暴露).
- 드러누운 모양 :
  경경(庚庚).
- 드러누워 쉼 :
  식언(息偃).
- 드리운 모양 :
  예예(棣棣).
- 드림 :
  진상(進上).
- 드문드문 :
  간간(間間).
- 드문드문한 모양 :
  낙락(落落).
- 드문드문 흩어져 떨어지는 모양 :
  소소(疏疏).
- 득실득실한 모양 :
  준준(撙撙).
- 득의한 모양 :
  구구(區區). 양양(揚揚). 양양(陽陽). 편편(翩翩).
  헌헌(軒軒).
- 듣기 좋은 새소리가 멀리 들리는 모양 :
  개개(喈喈).
- 들 :
  평야(平野).
- 들가 :
  원두(原頭).
- 들개 :
  야견(野犬).
- 들 거위 :
  야아(野鵝).
- 들것 :
  담가(擔架). 여거(轝車).
- 들국화 :
  야국(野菊).
- 들길 :
  야로(野路).
- 들깨 :
  백소(白蘇). 소자(蘇子). 수임(水荏). 야임(野荏).
- 들깻묵 :
  임박(荏粕).

- 들꿩 :
  송계(松鷄). 수계(樹鷄).
- 들말 :
  야마(野馬).
- 들보 :
  양려(梁麗). 양려(梁欐). 양목(梁木).
- 들보리 :
  야맥(野麥).
- 들불 :
  야화(野火).
- 들새 :
  야조(野鳥).
- 들소 :
  야우(野牛).
- 들쇠 :
  조철(銚鐵).
- 들어도 들리지 않음 :
  청이불문(聽而不聞).
- 들어붙다 :
  상저(相著).
- 들어올리는 모양 :
  격격(格格).
- 들오리 :
  야압(野鴨).
- 들음 :
  청문(聽聞).
- 들이마심 :
  합철(呷啜).
- 들 제사 :
  교사(郊祀).
- 들쥐 :
  야서(野鼠). 혜서(鼷鼠).
- 들쭉날쭉한 모양 :
  종종(樅樅).
- 들창코 :
  앙비(仰鼻).
- 등걸 :
  골돌(榾柮).
- 등겨 :
  곡피(穀皮). 쇄강(碎糠).
- 등골 :
  척수(脊髓).
- 등골뼈 :
  척골(脊骨). 척량골(脊梁骨). 척수골(脊髓骨).
  척주(脊柱). 척추골(脊椎骨).
- 등 굽은 말 :
  척곡마(脊曲馬).
- 등급 :
  등차(等差). 위차(位次). 품등(品等).

- 등나무 :
  등라(藤蘿).
- 등대 :
  등대(燈臺).
- 등불 :
  등영(燈影). 등촉(燈燭). 등화(燈火).
- 등불을 켜놓음 :
  장등(張燈).
- 등뼈 :
  척골(脊骨).
- 등사판 :
  알자기(軋字機).
- 등성마루 :
  척량(脊梁).
- 등심 :
  심육(心肉). 척육(脊肉).
- 등에 :
  토맹(土蝱).
- 등잔 :
  화등잔(火燈盞).
- 등잔걸이 :
  등경(燈檠).
- 등창 :
  악창(惡瘡).
- 디딜방아 :
  답구(踏臼).
- 디딤돌 :
  보석(步石).
- 딩굴다 :
  전전반측(輾轉反側).
- 따님 :
  규애(閨愛).
- 따뜻하게 하다 :
  취후(吹煦). 후허(煦噓).
- 따뜻한 모양 :
  양양(陽陽).
- 따라가는 모양 :
  수수(邃邃). 요요(陶陶). 유유(遺遺).
- 따라 오는 모양 :
  미연(靡然).
- 따라죽다 :
  순사(殉死).
- 따라지 :
  주유(侏儒). 초요(僬僥).
- 따로따로 :
  각각(各各).
- 따르는 마음이 있는 모양 :
  혜연(惠然).
- 따르는 모양 :

- 권권(拳拳).
- 따오기 :
  주로(朱鷺).
- 딱따구리 :
  착목(斲木). 탁목조(啄木鳥).
- 딱따기 :
  격탁(擊柝). 야탁(夜柝).
- 딱딱한 모양 :
  현현(礥礥).
- 딱성냥 :
  내풍린촌(耐風燐寸).
- 딱정벌레 :
  갑충(甲蟲).
- 딱지 :
  창가(瘡痂).
- 딱지날개 :
  시초(翅鞘).
- 딱총 :
  지총(紙銃).
- 딴마음 :
  객심(客心).
- 딴마음 먹다 :
  식객심(食客心).
- 딴말하다 :
  이언(異言).
- 딸 :
  식녀(息女). 아녀(阿女). 여식(女息).
- 딸꾹질 :
  애역(呃逆). 폐기(肺氣). 흘역(吃逆).
- 딸린 식구 :
  소솔(所率).
- 딸을 낳는 일 :
  설세(設帨).
- 땀 :
  기액(肌液).
- 땀띠 :
  한우(汗疣). 한진(汗疹). 한창(汗瘡).
- 땀방울 :
  점점(點點).
- 땀 뿌리다 :
  한쇄(汗洒).
- 땀샘 :
  한선(汗腺).
- 땀을 뿌림 :
  휘한(揮汗).
- 땀이 나오는 모양 :
  연연(涊然).
- 땀이 자꾸 흐르는 모양 :
  임랑(淋浪).

- 땅 :
  대지(大地).
- 땅 가장자리 :
  극지(極地). 변계(邊界). 은제(垠際).
- 땅가지 :
  토가(土茄).
- 땅강아지 :
  누고(螻蛄). 누질(螻蛭). 석서(石鼠). 토구(土狗).
- 땅개나리 :
  권단(卷丹).
- 땅거미 :
  질당(蛭蟷). 토주(土蛛).
- 땅거미 지다 :
  박모(薄暮).
- 땅 귀신 :
  지기(地祇).
- 땅 두둑 :
  지반(地畔).
- 땅 마르다 :
  지건(地乾).
- 땅 밑 :
  지하(地下). 황허(荒墟).
- 땅 밟다 :
  천답(踐踏).
- 땅버들 :
  지유(地柳).
- 땅벌 :
  토봉(土蜂).
- 땅 벌어지다 :
  지열(地裂).
- 땅속에 있는 물줄기 :
  천맥(泉脈).
- 땅에 엎드러지다 :
  복지(伏地).
- 땅의 끝 :
  곤예(坤倪).
- 땅이 걸고 아름다운 모양 :
  무무(膴膴).
- 땅이 울퉁불퉁한 모양 :
  외루(嵬礨).
- 땅콩 :
  낙화생(落花生).
- 땅풍뎅이 :
  석강(石薑).
- 땋은 노 :
  조승(條繩).
- 땋은 머리 :
  편발(編髮).
- 때 :

- 구니(垢膩). 전년(湅涊). 전탁(湅濁). 한구(汗垢).
- 때가 가까워짐 :
  장근(將近).
- 때가 끼어 빛이 검음 :
  미흑(黴黑).
- 때까치 :
  대조(帶鳥). 박로(博勞). 백로(伯勞). 연작(練鵲).
- 때끼다 :
  적구(積垢).
- 때때로 :
  시시(時時).
- 때때로 가끔 :
  왕왕(往往).
- 때때옷 :
  채의(綵衣).
- 때려 넘어뜨리다 :
  격부(擊仆).
- 때려죽임 :
  격살(挌殺). 격살(擊殺). 과살(撾殺). 박살(撲殺).
  오살(擊殺). 장살(杖殺). 추살(捶殺).
- 때를 놓침 :
  이십오시(二十五時).
- 때를 만나지 못하여 불우한 모양 :
  함가(轗軻).
- 때를 못 만남 :
  감가(坎坷).
- 때리는 소리 :
  격성(擊聲).
- 때찔레 :
  매괴(玫瑰), 해당(海棠), 해당화(海棠花).
- 땔나무 :
  시목(柴木). 시신(柴薪). 신목(薪木). 화목(火木).
- 땔나무를 하는 머슴 :
  시노(柴奴).
- 땜 :
  용접(鎔接).
- 땜납 :
  백납(白鑞).
- 떠나기가 어려워 머뭇거리는 모양 :
  지저(踟躇). 지주(踟跦). 지주(踟躕).
- 떠드는 모양 :
  노노(呶呶).
- 떠들썩하게 노래를 부름 :
  홍창(哄唱).
- 떠들썩하게 웃는 모양 :
  홍연(哄然).
- 떠들썩하게 웃음 :
  홍소(哄笑).
- 떠들썩하게 의논하는 모양 :

흉흉(匈匈).

■ 떠들썩하게 지껄임 :
훤화(誼譁).

■ 떠들썩한 모양 :
소연(騷然). 아타(啞咤). 화연(譁然). 황황(喤喤).
훤훤(嚾嚾). 흉흉(洶洶). 흉흉(匈匈). 흉흉(訩訩).
흉흉(恟恟). 흉흉(詾詾).

■ 떠들썩한 소리 :
굉굉(轟轟). 합합(呷呷).

■ 떠들썩함 :
회노(豗𠹛).

■ 떠서 따름 :
읍주(挹注).

■ 떡 :
병이(餠餌).

■ 떡갈나무 :
견목(樫木).

■ 떡국 :
갱임(羹飪).

■ 떡잎 :
눈엽(嫩葉). 자엽(子葉).

■ 떨며 무서워함 :
진포(振怖).

■ 떨면서 쓰는 필법 :
전필(顫筆).

■ 떨어져 부수어짐 :
영쇄(零碎).

■ 떫은맛 :
삽미(澁味).

■ 떴다 가라앉았다 하며 도는 모양 :
범범(渢渢).

■ 떼 :
벌방(筏舫). 해벌(海筏).

■ 떼져서 삶 :
군서(群棲). 군거(群居).

■ 떼 지어 나는 모양 :
습습(習習). 진진(振振).

■ 떼 지어 다니는 모양 :
표표(儦儦).

■ 떼 지어 모이는 모양 :
우우(麌麌).

■ 떼 지어 모인 모양 :
임림(林林).

■ 떼지어 옴 :
군지(麕至).

■ 떼 지어 천천히 가는 모양 :
사사(俟俟).

■ 또는 :
당래(倘來).

■ 또렷또렷한 모양 :
나라(羅羅).

■ 또한 :
역시(亦是).

■ 똑똑한 모양 :
요료(了了).

■ 똑똑히 보다 :
조람(照覽).

■ 똑똑히 보이지 않는 모양 :
명명(瞑瞑).

■ 똑바로 듣지 못하고 그릇 들음 :
횡문(橫聞).

■ 똑바로 섬 :
수립(竪立).

■ 똥과 오줌 :
대소변(大小便). 분뇨(糞尿).

■ 똥물 :
변액(便液). 분즙(糞汁).

■ 뚜껑 :
개멱(蓋羃).

■ 뚜렷하고 분명함 :
교명(較明). 교병(較炳).

■ 뚜렷한 모양 :
창창(彰彰).

■ 뚜벅뚜벅 걷는 발자국 소리 :
탁탁(啄啄).

■ 뚜쟁이 :
여쾌(女儈).

■ 뚝뚝 떨어지는 모양 :
임쇄(淋灑).

■ 뚱뚱한 배 :
편복(便服).

■ 뛰는 모양 :
적적연(狄狄然).

■ 뛰며 빨리 달아나는 모양 :
적적(躍躍).

■ 뛰며 잘 달리는 모양 :
적적(躍躍).

■ 뛰며 좋아하는 모양 :
약약(躍躍).

■ 뛰어 건넘 :
비도(飛渡).

■ 뛰어나게 어진 사람 :
대아(大兒). 우자(優者).

■ 뛰어나게 잘 쓴 글씨 :
웅필(雄筆).

■ 뛰어난 문장 :
일문(逸文).

- 뛰어난 선비 :
  모사(髦士). 모언(髦彦). 모준(髦俊). 영언(英彦).
- 뛰어난 시문 :
  고편(高篇).
- 뛰어난 아이 :
  영형아(寧馨兒).
- 뛰어난 인재 :
  영기(令器).
- 뛰어난 제자 :
  고족(高足).
- 뛰어 오르는 모양 :
  건건(騫騫). 요교(夭蟜). 추추(秋秋). 표표(飄飄).
- 뛰어오름 :
  약승(躍升).
- 뛰어 일어나는 모양 :
  궐연(蹶然).
- 뛰어나 눈에 잘 띄는 모양 :
  표표(表表).
- 뛰어난 모양 :
  낙락(犖犖).
- 뜨거운 모양 :
  충충(蟲蟲).
- 뜬세상 :
  부세(浮世).
- 뜸 :
  육구(肉灸). 읍작(挹酌).
- 뜻 :
  의두(意頭). 의상(意想). 의취(意趣). 지의(旨意).
  지의(旨義). 지취(旨趣).
- 뜻과 같이 :
  여의(如意).
- 뜻과 같이 되지 않아 원망하는 모양 :
  창창(悵悵).
- 뜻대로 되지 않아 당황하는 모양 :
  망망(惘惘).
- 뜻밖 :
  무망(毋望). 염외(念外). 요외(料外). 의외(意外).
- 뜻밖에 :
  상불도(想不到).
- 뜻밖의 재화 :
  비화(飛禍).
- 뜻 없다 :
  무지(無志).
- 뜻에 차지 아니한 모양 :
  겸연(歉然).
- 뜻을 결정하지 못하고 머뭇거리는 모양 :
  반환(盤桓).
- 뜻을 넌지시 말함 :
  풍의(諷意).

- 뜻을 얻지 못하여 우울한 모양 :
  울울(鬱鬱).
- 뜻을 얻지 못한 모양 :
  남감(壈坎). 탑삽(塌颯).
- 뜻을 이루어 만족한 모양 :
  양양(揚揚).
- 뜻을 이루어 뽐내는 모양 :
  양양자득(揚揚自得).
- 뜻을 잃은 모양 :
  곽락(廓落). 당당(儻儻). 당호(儻乎). 랑맹(浪孟).
  망망(望望).
- 뜻을 펴지 못하는 모양 :
  누루(纍纍).
- 뜻이 높고 뛰어난 모양 :
  앙앙(昂昂).
- 뜻이 높고 생각이 멀리 미침 :
  고원(高遠).
- 뜻이 초연한 모양 :
  교교(矯矯).
- 뜻이 커서 작은 일에 구애하지 않는 모양 :
  뇌락(磊落). 뇌뢰(磊磊). 뇌뢰락락(磊磊落落).
- 뜻이 크고 기개가 있음 :
  척당(倜儻).
- 뜻이 크고 재주가 뛰어남 :
  숙당(俶儻) .
- 뜻이 큰 모양 :
  낙락(落落). 효효(嘐嘐).
- 띠 :
  의대(衣帶)
- 띠싹(삘기) :
  모유(茅莠).

ㄹ

- 라면 :
  노면(老麵).
- 러시아 :
  로서아(露西亞).
- 레몬 :
  구연(枸櫞). 영몽(檸檬).
- 루불의 음역 :
  노포(盧布).

ㅁ

- 마 :
  산우(山芋). 산약(山藥). 서여(薯蕷).
- 마구간 :
  곡뢰(梏牢). 역조(櫪皁).
- 마귀 :
  악귀(惡鬼). 악마(惡魔).
- 마노 :
  마노(瑪瑙).

■ 마늘 :
  대산(大蒜). 호산(胡蒜). 장향초(藿香草).

■ 마늘종 :
  산대(蒜薹).

■ 마도로스 :
  선원(船員). 해원(海員). 뱃사람.

■ 마디충 :
  명충(螟蟲).

■ 마땅히 :
  당연(當然). 응연(應然). 응당(應當). 의당(宜當).
  의호(宜乎).

■ 마룻대 :
  옥동(屋棟).

■ 마르는 병 :
  수병(瘦病).

■ 마른기침 :
  건수(乾嗽).

■ 마른나무 :
  고목(枯木).

■ 마른나물 :
  건채(乾菜).

■ 마른 떡 :
  건병(乾餠).

■ 마른버짐 :
  건선(乾癬). 풍선(風癬).

■ 마른수건 :
  건포(乾布).

■ 마른안주 :
  육포(肉脯). 어포(魚脯).

■ 마름 :
  수조(水藻). 해조(海藻).

■ 마름 꽃 :
  능화(菱花).

■ 마름 쇠 :
  여철(藜鐵).

■ 마름 풀 :
  부규(鳧葵).

■ 마마 :
  두창(痘瘡). 마마(媽媽). 역질(疫疾). 천연두(天
  然痘). 포창(疱瘡).

■ 마부 :
  어자(御者).

■ 마상이 :
  독목주(獨木舟).

■ 마술 :
  마법(魔法). 마술(魔術). 요술(妖術).

■ 마을 :
  부락(部落). 촌락(村落). 취락(聚落).

■ 마음 :

  금정(襟情). 방촌(方寸). 성령(性靈). 성리(性理).
  심담(心膽). 심사(心思). 심성(心性). 심신(心神).
  심의(心意). 심정(心情). 심중(心中). 심지(心地).
  정기(精氣). 정성(情性). 정지(情志). 흉중(胸中).

■ 마음 가라앉다 :
  심평정(心平靜).

■ 마음 강한 듯 하고 약하다 :
  심강이약(心强而弱).

■ 마음과 힘을 다 하는 모양 :
  애애(藹藹).

■ 마음 급하다 :
  심급(心急).

■ 마음 깊다 :
  심장(心藏).

■ 마음 너그럽다 :
  관심(寬心).

■ 마음대로 이리저리 돌아다니는 모양 :
  요랑(聊浪).

■ 마음대로 처리함 :
  좌지우지(左之右之).

■ 마음 동하다 :
  심동(心動).

■ 마음 두근거리다 :
  심동(心動). 황급(遑急).

■ 마음먹은 대로 잘 되어 만족하는 모양 :
  득득(得得).

■ 마음 병 :
  심질(心疾).

■ 마음 사치스럽다 :
  심치(心侈).

■ 마음속 :
  간격(肝膈). 금곡(襟曲). 심곡(心曲). 심중(心中).

■ 마음속 깊이 사무치게 느낌 :
  감개(感慨). 감개(感槪).

■ 마음속에 깊이 간직함 :
  명패(銘佩). 명심(銘心).

■ 마음속에 맹세하여 배반하지 않는 모양 :
  견권(繾綣).

■ 마음속으로 늘 기원하는 것 :
  염주(念呪).

■ 마음속으로 비웃음 :
  암소(暗笑).

■ 마음속이 어쩐지 불안한 모양 :
  흑솔솔(黑窣窣).

■ 마음씨 :
  기지(氣志). 성술(性術). 심근(心根). 심상(心相).
  심술(心術). 심정(心情). 정도(情塗).

■ 마음 아파함 :
  진우(軫憂).

■ 마음 아프다 :
　심통(心痛).
■ 마음 약하다 :
　심약(心弱).
■ 마음 어둡다 :
　심암(心暗).
■ 마음에 걸려 잊을 수 없는 모양 :
　개개(介介).
■ 마음에 걸리는 모양 :
　경경(耿耿). 형형(炯炯).
■ 마음에 깊이 새겨서 잊지 않음 :
　간명(肝銘).
■ 마음에 두고 잊지 아니함 :
　괘념(掛念).
■ 마음에 둠 :
　개의(介意).
■ 마음에 만족하지 않는 모양 :
　앙앙(怏怏).
■ 마음에 맞지 않다 :
　심불가합(心不可合).
■ 마음에 맺혀서 풀리지 아니하는 모양 :
　분분(憤憤).
■ 마음에 아무런 잡념이 없는 모양 :
　염연(恬然).
■ 마음에 잊히지 아니하여 염려가 되는 모양 :
　경경(耿耿).
■ 마음에 자연히 느끼는 모양 :
　명명(冥冥).
■ 마음에 조금도 간사함이 없음 :
　사무사(思無邪).
■ 마음에 차지 않는 모양 :
　묵묵(嘿嘿).
■ 마음 울적하다 :
　심기울적(心氣鬱積).
■ 마음으로 돕다 :
　심조(心助).
■ 마음을 바르게 하여 품행을 닦음 :
　거경(居敬).
■ 마음을 쓰지 아니하는 모양 :
　양양(陽陽).
■ 마음을 씀 :
　치혼(馳魂).
■ 마음을 홀리어 끄는 힘 :
　매력(魅力).
■ 마음의 단속 :
　조검(操檢).
■ 마음이 공연히 안정되지 못하는 모양 :
　진돈(蹒蜳).
■ 마음이 너그러운 모양 :

　유유(裕裕).
■ 마음이 넓고 온전함 :
　온자(醞藉).
■ 마음이 넓고 뜻이 큰 모양 :
　호연(浩然).
■ 마음이 넓고 허심탄회한 모양 :
　곽연(廓然).
■ 마음이 넓은 모양 :
　곽락(廓落). 당탕(儻蕩). 회연(恢然).
■ 마음이 동하다 :
　심동(心動).
■ 마음이 몹시 급하여 허둥지둥하는 모양 :
　황황(遑遑).
■ 마음이 산란하고 미혹한 모양 :
　혼혼(惛惛).
■ 마음이 산란한 모양 :
　궤궤(憒憒).
■ 마음이 산란함 :
　소동(騷動).
■ 마음이 안정한 모양 :
　간연(衎然).
■ 마음이 약한 모양 :
　주주(姝姝).
■ 마음이 어두운 모양 :
　혹혹(惑惑).
■ 마음이 어지럽고 몸이 괴로운 모양 :
　무무(瞀瞀).
■ 마음이 움직이는 모양 :
　척척(戚戚).
■ 마음이 움직이어 안정하지 아니한 모양 :
　약약(躍躍).
■ 마음이 움직이지 않는 모양 :
　담담(澹澹).
■ 마음이 울적함 :
　유울(幽鬱).
■ 마음이 정하여지지 아니한 모양 :
　동동(憧憧).
■ 마음이 조용하고 맑음 :
　염허(恬虛).
■ 마음이 조용하고 욕심이 없는 모양 :
　박여(泊如). 박연(泊然). 박호(泊乎).
■ 마음이 조용한 모양 :
　서서(舒舒).
■ 마음이 차지 않는 모양 :
　겸겸(慊慊). 겸여(慊如). 겸연(慊然).
■ 마음이 침착하고 여유가 있는 모양 :
　용연(溶然). 용용(溶溶).
■ 마음이 크고 넓은 모양 :
　호호(扈扈).

■ 마음이 편안하고 한가로운 모양 :
　용용(溶溶).

■ 마음이 편안하지 못한 모양 :
　한연(憪然).

■ 마음이 편안하지 아니하여 가슴이 두근거리는
　모양 : 계계(悸悸).

■ 마음이 편안하지 아니한 모양 :
　경경(耿耿).

■ 마음이 편안한 모양 :
　기연(祺然). 염연(恬然). 염염(懕懕).

■ 마음이 편협하여 시기심이 많음 :
　편기(褊忌).

■ 마음이 평탄하지 않음 :
　교힐(喬詰).

■ 마음이 혼란한 모양 :
　회회(恛恛).

■ 마음이 혼모한 모양 :
　혼혼(惛惛).

■ 마음이 혼미한 모양 :
　혼몽(惛懵). 혼무(惛瞀).

■ 마음이 흐린 모양 :
　혼연(惛然).

■ 마음 졸임 :
　각의(刻意).

■ 마음 착하다 :
　심선(心善).

■ 마음 한결같다 :
　심여일일(心如日日).

■ 마음 허하다 :
　심허(心虛).

■ 마주치다 :
　상급(相及).

■ 마중 :
　출영(出迎).

■ 마지기 :
　두락(斗落).

■ 마지막 :
　종극(終極). 종단(終端).

■ 마치 :
　철추(鐵鎚).

■ 마침 :
　결국(結局). 구경(究竟). 급기야(及其也). 도저
　(到底). 필경(畢竟).

■ 마파람 :
　경풍(景風). 남풍(南風). 마풍(麻風). 오풍(午風)

■ 마흔 :
　사십(四十).

■ 마흔 살(40세) :
　강사(强仕). 불혹(不惑).

■ 막걸리 :
　백주(白酒). 백차(白醝). 탁료(濁醪). 탁주(濁酒).
　황배(黃醅).

■ 막내 :
　계자(季子).

■ 막내딸 :
　계녀(季女).

■ 막내아들 :
　계자(季子). 말자(末子).

■ 막대기 :
　곤봉(棍棒). 공간(槓杆).

■ 막연한 말 :
　하한지언(河漢之言).

■ 막연한 모양 :
　충막(沖漠).

■ 막힌 물이 통하여 흐르는 모양 :
　굴굴(淈淈).

■ 만나서는 추켜올려 이야기하고 돌아서서는 욕
　함 :
　준답배증(噂沓背憎).

■ 만물을 생성하는 원기가 왕성한 모양 :
　인온(絪縕).

■ 만들다 :
　날조(捏造). 제조(製造).

■ 만만히 보고 꾸짖음 :
　만매(嫚罵).

■ 만일 :
　만약(萬若). 여혹(如或).

■ 만1개월 :
　순월(旬月).

■ 만1년 :
　순세(旬歲).

■ 만족하게 여기는 모양 :
　우우(杅杅).

■ 만족하게 여기지 않는 모양 :
　겸연(歉然).

■ 만족하는 모양 :
　우우(于于).

■ 만족한 모양 :
　겸연(嗛然). 전전(塡塡).

■ 만족 할 줄 모름 :
　망촉(望蜀). 득롱망촉(得隴望蜀).

■ 만족 할 줄을 모르는 욕심 :
　계학욕(谿壑欲).

■ 많고 굳센 모양 :
　부부(浮浮).

■ 많고 성한 모양 :
　분분(紛紛). 분운(紛云). 분운(紛紜). 삽답(颯沓).
　애애(藹藹). 운운(紜紜). 은은(隱隱). 제제(濟濟).

■ 많고 어지러운 모양 :
　분운(紛紜). 운운(紜紜).

■ 많은 돈 :
　거관(巨款). 거액(巨額.

■ 많은 모양 :
　도도(塗塗). 보보(甫甫). 빈빈(繽繽). 신신(莘莘).
　애애(藹藹). 예예(泄泄). 운운(芸芸). 율율(栗栗).
　익익(翼翼). 직직(職職). 진진(溱溱). 총총(總總).
　치연(哆然). 패언(沛焉). 팽팽(彭彭). 혼혼(魂魂).

■ 많은 배가 서로 잇단 모양 :
　축로천리(舳艫千里).

■ 많은 전지가 죽 연하여 있는 모양 :
　전전(田田).

■ 많이 나는 모양 :
　채채(采采).

■ 많이 내린 이슬 :
　잠로(湛露).

■ 많이 모인 모양 :
　준준(撙撙). 총총(總總). 횡횡(薨薨).

■ 많이 오는 눈 :
　장설(壯雪). 대설(大雪).

■ 많이 캐는 모양 :
　채채(采采).

■ 맏 :
　장자(長子). 총자(冢子). 총적(冢嫡).

■ 맏누이 :
　대자(大姊).

■ 맏딸 :
　장녀(長女).

■ 맏아들 :
　사자(嗣子). 장자(長子). 적자(嫡子). 적장자(嫡
　長子). 종자(宗子).

■ 맏형 :
　대형(大兄). 백형(伯兄). 장형(長兄).

■ 맏형수 :
　구수(丘嫂).

■ 말거머리 :
　마황(螞蟥).

■ 말고삐 :
　마강(馬繮). 마인(馬靷).

■ 말괄량이 :
　전불자적(顚不刺的).

■ 말구종 :
　마부(馬夫).

■ 말 끊지 못하다 :
　심불단행(心不斷行).

■ 말다툼 :
　논전(論戰). 변난(辯難). 설론(舌論). 설전(舌戰).
　언쟁(言爭). 언힐(言詰). 위언(違言). 힐뢰(詰誄).

■ 말다툼하는 모양 :
　액액(詻詻). 은은(誾誾). 책책(嘖嘖).

■ 말다툼하여 시끄러운 모양 :
　흉흉(詢詢).

■ 말더듬 :
　구눌(口訥).

■ 말도 잘하고 비위도 잘 맞춤 :
　변영(辯佞).

■ 말 때리다 :
　격마(擊馬).

■ 말똥 :
　마발(馬勃). 마분(馬糞).

■ 말똥가리 :
　강랑(蜣蜋). 길강(蛣蜣).

■ 말뚝 :
　궐익(橛杙). 장익(樁杙).

■ 말뚝 박는 소리 :
　정정(丁丁).

■ 말 뛰다 :
　마약(馬躍).

■ 말라붙다 :
　건점(乾黏).

■ 말라죽은 나무 :
　고목(枯木). 고목(槁木).

■ 말레이 :
　마래(馬來).

■ 말린 고기 :
　건어(乾魚).

■ 말린 떡 :
　건병(乾餠).

■ 말린 젓 :
　건락(乾酪).

■ 말린 채소 :
　건채(乾菜).

■ 말매미 :
　마조(馬蜩).

■ 말먹이다 :
　사마(飼馬).

■ 말미를 얻음 :
　득가(得暇). 득유(得由). 수유(受由). 휴가(休暇).

■ 말미잘 :
　토규(菟葵).

■ 말발굽 소리 :
　특특(特特).

■ 말버릇 :
　구법(口法). 구습(口習). 구적(口跡). 어투(語套).
　언습(言習). 언투(言套).

■ 말벌 :
　황봉(黃蜂). 마봉(馬蜂). 작봉(雀蜂). 호봉(胡蜂).

■ 말 분명치 못하다 :
언어불명(言語不明).

■ 말 불공하다 :
언불공근(言不恭謹).

■ 말 빛 :
마색(馬色).

■ 말 서툴다 :
눌언(訥言).

■ 말세 :
난세(亂世). 말세(末世).

■ 말속에 다른 뜻이 포함되어 있음 :
언중유언(言中有言).

■ 말솜씨 :
언변(言辯).

■ 말술 :
두주(斗酒).

■ 말씀드림 :
계백(啓白).

■ 말씨 :
구기(口氣). 구변(口辯). 사기(辭氣). 언변(言辯).
구적(口跡). 구설(口舌)

■ 말안장 :
안구(鞍具).

■ 말없이 마음속으로 서로 생각함 :
묵고(黙考). 묵사(黙思). 묵존(黙存). 묵상(黙想).

■ 말없이 조용히 반성함 :
묵성(黙省).

■ 말에 단 방울 소리 :
쵀쵀(噦噦).

■ 말은 못하고 단지 소리만 내는 모양 :
음음(喑喑).

■ 말을 달리는 모양 :
도도(陶陶).

■ 말을 더듬거리며 잘 나오지 아니함 :
눌변(訥辯). 눌삽(訥澁). 눌설(訥舌).

■ 말을 더듬는 모양 :
기기(期期). 눌눌(訥訥). 눌연(吶然). 애애(艾艾).

■ 말을 삼감 :
문설(捫舌).

■ 말을 썩 잘하여 막히지 않음 :
첩급(捷給).

■ 말을 잘못 하는 모양 :
투누(詑譳).

■ 말을 잘 하는 모양 :
전전(諓諓).

■ 말을 잘함 :
구급(口給).

■ 말을 하려 하나 말이 나오지 아니하는 모양 :
비비(悱悱).

■ 말의 굴레 :
마륵(馬勒).

■ 말의 목덜미같이 생긴 봉토 :
마렵봉(馬鬣封).

■ 말의 순서가 정연한 모양 :
구구(呴呴).

■ 말이 가는 모양 :
팽팽(騯騯).

■ 말이 건장한 모양 :
규규(騤騤).

■ 말이 광분하는 모양 :
파아(駊騀).

■ 말이나 문장의 처음에 내놓는 말 :
모두(冒頭).

■ 말이 느린 모양 :
지지(諈諈).

■ 말이 달리는 모양 :
규구(騤瞿). 침침(駸駸).

■ 말이 막힘 :
어색(語塞). 어굴(語屈). 어궁(語窮).

■ 말이 많고 유창한 모양 :
답답(沓沓).

■ 말이 많은 모양 :
남남(諵諵). 남남(喃喃). 신신(駪駪). 악악(鄂鄂).
첨첨(詹詹). 초초(哨哨). 합합(嗑嗑). 획책(嚄嘖).

■ 말이 머리를 내 두르는 모양 :
파아(駊騀).

■ 말이 빨리 달리는 모양 :
범범(驫驫). 빙빙(馮馮). 삽사(駃娑).

■ 말이 살지고 씩씩한 모양 :
경경(駉駉).

■ 말이 쉬지 않고 달리는 모양 :
방방(旁旁). 비비(騑騑).

■ 말이 씩씩하게 전진하는 모양 :
비애(駓騃).

■ 말이 우는 소리 :
소소(蕭蕭).

■ 말이 잘 통하지 않는 모양 :
이올(咿嗢).

■ 말이 저벅저벅 걷는 모양 :
접섭(蹀躞).

■ 말재주 :
언재(言才).

■ 말 젖 :
마락(馬酪).

■ 말 젖으로 만든 술 :
동마주(湩馬酒).

■ 말 조개 :
마합(馬蛤).

- 말조심 :
  사불급설(駟不及舌).
- 말주변이 있음 :
  구급(口給).
- 말참견을 함 :
  용훼(容喙).
- 말채찍 :
  편책(鞭策).
- 말치장하다 :
  마식(馬飾).
- 말하는 투 :
  어기(語氣).
- 말하던 김에 :
  언차(言次).
- 말하자 곧 그 자리 :
  언하(言下). 즉석(卽席).
- 맑고 깨끗한 인격의 비유 :
  수경(水鏡).
- 맑게 빛나는 모양 :
  정요(晶耀).
- 맑고 시원한 모양 :
  영연(泠然).
- 맑은 눈동자 :
  명모(明眸).
- 맑은 모양 :
  양연(亮然). 질질(秩秩).
- 맑은 물이 돌 사이를 흐르는 모양 :
  인린(磷磷).
- 맑은 바람 :
  청풍(淸風).
- 맘 번뇌하다 :
  심뇌(心惱).
- 맛봄 :
  담상(啖嘗). 유제(嚅嚌).
- 맛없는 술 :
  노주(魯酒).
- 맛없다 :
  무미(無味).
- 맛이 아주 좋거나 퍽 재미있는 모양 :
  진진(津津).
- 맛이 아주 짜다 :
  미태함(味太鹹).
- 맛이 없는 모양 :
  박박(薄薄).
- 맛있는 술안주 :
  가효(嘉肴).
- 맛있다 :
  미다(味多).
- 맛좋다 :

- 미미(美味).
- 맛좋은 술 :
  지주(旨酒).
- 망각하는 모양 :
  개연(芥然).
- 망건과 탕건 :
  건탕(巾宕).
- 망꾼 :
  척후(斥候).
- 망나니 :
  살수(殺手).
- 망년회 :
  별세(別歲).
- 망녕되게 말하다 :
  망어(妄語). 망언(妄言).
- 망녕된 말 :
  망언(妄言).
- 망령된 말 :
  우언(謣言). 망언(妄言).
- 망루 :
  망대(望臺). 망루(望樓).
- 망설이고 떠나지 않는 모양 :
  지저(踟躇). 지주(踟跦). 지주(踟躕).
- 망설이는 모양 :
  미사(靡徙). 유유(由由). 준순(蹲循).
- 망설이어 가지 못하는 모양 :
  척촉(躑躅).
- 망설이어 가지 않는 모양 :
  척촉(躑躅).
- 망설임 :
  주저(躊躇). 현구(玄駒).
- 망언을 늘어놓는 모양 :
  답답(譜譜).
- 망연자실한 모양 :
  망연(惘然).
- 망우초 :
  망우초(忘憂草). 훤초(諼草).
- 망치 :
  종규(終葵). 추저(槌杵).
- 맞겨루다 :
  필적(匹敵).
- 맞고소 :
  대소(對訴).
- 맞다 :
  계합(契合). 일치(一致). 합치(合致).
- 맞돈 :
  즉전(卽錢). 직전(直錢). 현금(現金).
- 맞바둑 :
  대기(對碁). 상선(相先). 호선(互先).

- 맞바람 :
  소풍(溯風).
- 맞보기 :
  평경(平鏡).
- 맞지 아니하는 모양 :
  알알(戞戞).
- 맞지 않다 :
  저어(齟齬).
- 맞춤법 :
  철자법(綴字法).
- 맡기다 :
  위임(委任). 위탁(委託).
- 매가오리 :
  연분(鳶鱝).
- 매끄러운 모양 :
  활활(滑滑).
- 매년 :
  매년(每年). 빈년(頻年).
- 매달리기 :
  늑목(肋木).
- 매듭 풀 :
  계안초(鷄眼草).
- 매미 :
  선조(蟬蜩). 조선(蜩蟬).
- 매미가 시끄럽게 우는소리 :
  찰찰(札札).
- 매미의 우는소리 :
  선어(蟬語). 선음(蟬吟). 선조(蟬譟).
- 매미허물 :
  선각(蟬殼). 조갑(蜩甲). 조세(蜩蛻).
- 매사냥 :
  방응(放鷹).
- 매섭다 :
  혹열(酷烈).
- 매우 가까운 곳 :
  지척지지(咫尺之地).
- 매우 간절한 모양 :
  간간(狠狠). 간간(懇懇). 절절(切切).
- 매우 두려워서 조심하는 모양 :
  전전긍긍(戰戰兢兢).
- 매우 성하다 :
  치성(熾盛).
- 매우 위험한 짓을 함 :
  탐이룡(探驪龍). 탐호혈(探虎穴).
- 매우 정성스러운 모양 :
  절절(切切).
- 매우 흥분함 :
  앙분(昂奮).
- 매운바람 :

- 처풍(凄風).
- 매월초이틀 :
  방사백(旁死魄).
- 매월초하루 :
  사백(死魄).
- 매일 :
  단단(旦旦). 단부단(旦復旦). 매일(每日).
- 매일 밤 :
  매야(每夜). 모모(暮暮). 석석(昔昔). 매야(每夜).
- 매일 아침 :
  단단(旦旦). 매조(每朝). 조조(朝朝).
- 매일 아침과 매일 밤 :
  조조모모(朝朝暮暮).
- 매조미쌀 :
  현미(玄米).
- 매화틀 :
  마투(馬楡). 측투(廁楡).
- 맥을 보는 곳 :
  맥구(脈口).
- 맥주 :
  고주(苦酒). 맥주(麥酒). 비주(啤酒).
- 맥 찌르다 :
  자맥(刺脈).
- 맨 끝 :
  최말(最末). 최미(最尾).
- 맨드라미꽃 :
  계관화(鷄冠花).
- 맨 마지막 :
  최후(最後).
- 맨머리 :
  과두(科頭). 괴두(魁頭).
- 맨발 :
  과선(踝跣). 과족(踝足). 노선(露跣). 도선(徒跣).
  도천(徒踐). 선족(跣足). 적각(赤脚).
- 맨손 :
  도수(徒手). 적수(赤手).
- 맨주먹 :
  공권(空拳)
- 맨 처음 :
  시초(始初).
- 맵시 :
  자용(姿容). 자태(姿態).
- 맷돌 :
  마석(磨石). 석마(石磨). 연애(碾磑).
- 맹물 :
  백탕(白湯)
- 맹세 :
  맹세(盟誓). 맹약(盟約). 요맹(要盟). 조맹(詛盟).
- 맹수가 성내어 으르렁거림 :

포효(咆哮).

■ 맺힌 데가 없이 헤벌어진 모양 :
만연(漫然).

■ 머리가 검고 아름다움 :
진흑(鬒黑). 진발(鬒髮).

■ 머리가 곤두서서 관을 찔러 올림 :
발충관(髮衝冠).

■ 머리가 센 노인 :
백두옹(白頭翁).

■ 머리가 센 모양 :
모모(耄耄). 백발(白髮).

■ 머리가 아픈 모양 :
잠잠(岑岑).

■ 머리가 헝클어져 내려온 모양 :
삼삼(鬖髿).

■ 머리가 흰 모양 :
우사(于思).

■ 머리 곱다 :
두연(頭姸).

■ 머리 기울다 :
두경(頭傾).

■ 머리 깎다 :
삭발(削髮).

■ 머리꾸미개 :
상식(襐飾).

■ 머리끝 :
두각(頭角).

■ 머리 땋는 끈 :
편발승(編髮繩).

■ 머리띠 :
말수(帕首). 소두(綃頭).

■ 머리를 긁음 :
소수(搔首). 소두(搔頭).

■ 머리를 끄덕여 승낙함 :
함가(頷可). 함수(頷首).

■ 머리를 동이고 괴로워하다 :
계두온(繫頭瘟).

■ 머리를 짜내어 좋은 어구를 생각함 :
연구(鍊句).

■ 머리를 휘어잡고 손으로 침 :
졸박(捽搏).

■ 머리말 :
권두언(卷頭言). 도언(導言). 두서(頭書). 변언
(弁言). 서언(序言). 서언(緖言). 서사(序詞). 서
문(序文).

■ 머리맡 :
침두(枕頭). 침변(枕邊). 침상(枕上). 침측(枕側).

■ 머리뼈 :
두골(頭骨).

■ 머리 아프다 :
두통(頭痛).

■ 머리 엉키다 :
난발(亂髮).

■ 머리염색 :
염발(染髮).

■ 머리털 :
두발(頭髮). 전모(顚毛).

■ 머리털이 곤두섬 :
수모(竪毛).

■ 머리털이 곱슬곱슬함 :
곡국(曲局)

■ 머리털이 희뜩희뜩한 모양 :
성성(星星).

■ 머리 흩어지다 :
난발(亂髮). 발란(髮亂).

■ 머릿골 :
뇌수(腦髓).

■ 머무는 곳 :
주소(住所).

■ 머무름 :
주유(駐留).

■ 머무적거리다 :
자저(趑趄). 주저(躊躇). 지주(踟躕).

■ 머뭇거려 멀리 떠나지 아니하는 모양 :
반환(盤桓).

■ 머뭇거리고 나아가지 못함 :
주저(躊躇).

■ 머뭇거리고 나가지 아니하는 모양 :
타근(跎跟).

■ 머뭇거리고 망설여 가지 아니하는 모양 :
지주(踟跦). 지주(踟躕).

■ 머뭇거리고 잘 가지 아니하는 모양 :
저저(跙跙).

■ 머뭇거리고 잘 나가지 않는 모양 :
천회(僤個).

■ 머뭇거리는 모양 :
반산(蹣跚). 자저(趑趄). 전여(邅如). 전회(邅回).
준순(蹲循). 척촉(躑躅).

■ 머뭇거림 :
준차(逡次). 준순(逡巡). 치저(峙躇).

■ 머슴 :
고공(雇工). 고용자(雇傭者). 상고(常雇).

■ 머위 :
관동(款東). 관동(款冬).

■ 머즌일 :
재화(災禍).

■ 먹가뢰 :
갈상정장(葛上亭長).

- 먹감나무 :
  오시목(烏枾木).
- 먹 걸레 :
  번건(幡巾).
- 먹고 싶어서 침을 흘림 :
  참연(饞涎).
- 먹고자 하는 모양 :
  타이(朶頤).
- 먹구렁이 :
  오사(烏蛇). 오초사(烏梢蛇). 흑화사(黑花蛇).
- 먹구름 :
  오운(烏雲).
- 먹기 싫다 :
  염어(饜飫).
- 먹는 물 :
  식수(食水).
- 먹물 :
  묵두(墨斗). 묵수(墨水). 묵즙(墨汁).
- 먹수건 :
  번건(幡巾).
- 먹으려하는 모양 :
  담담(啖啖).
- 먹으면 늙지 않는다는 선약 :
  증청(曾靑).
- 먹음새 :
  식품(食稟).
- 먹이 :
  사료(飼料).
- 먹칼 :
  묵침(墨針).
- 먹통 :
  묵두(墨斗). 묵통(墨桶). 묵통(墨筒).
- 먹황새 :
  오관(烏鸛). 흑관(黑鸛).
- 먼 곳 :
  원처(遠處).
- 먼 곳에서 친상을 당하여 급히 집으로 돌아감 :
  분상(奔喪).
- 먼 나라 :
  하기(遐圻).
- 먼눈 :
  맹목(盲目).
- 먼 모양 :
  교교(翹翹). 묘묘(眇眇). 초체(迢遞). 형연(敻然).
- 먼 산 :
  원산(遠山).
- 먼 자손 :
  묘예(苗裔). 묘서(苗緒). 묘맥(苗脈). 묘족(苗族).
  예주(裔冑). 운손(雲孫). 운잉(雲仍). 원손(遠孫).

- 먼저 :
  예선(豫先).
- 먼지 :
  개설(芥屑). 개진(芥塵). 분구(氛垢). 분앙(氛坱).
  분애(氛埃). 진애(塵埃).
- 먼지가 몹시 일어나는 모양 :
  막막(莫莫).
- 먼지가 일어나는 모양 :
  분발(坌勃).
- 먼지를 뒤집어 씀 :
  몽진(蒙塵).
- 먼지를 털고 물을 뿌림 :
  소쇄(掃灑).
- 먼지 일어나다 :
  진기(塵起).
- 먼지 털다 :
  불진(拂塵).
- 먼지털이 :
  주미(塵尾).
- 먼 촌수 :
  원촌(遠寸).
- 먼 하늘 :
  명명(冥冥).
- 먼 후손 :
  말예(末裔).
- 멀고 먼 모양 :
  요연(窈然).
- 멀구슬나무 :
  산저(山樗). 전단(栴檀).
- 멀다 :
  요원(遙遠).
- 멀떠구니 :
  소낭(嗉囊).
- 멀리 :
  형연(迥然).
- 멀리 가다 :
  원행(遠行).
- 멀리 날다 :
  원비(遠飛).
- 멀리 달아나다 :
  원주(遠走).
- 멀리 들리는 소리의 형용 :
  규규(叫叫).
- 멀리 바라보는 모양 :
  망양(望洋). 망양(望羊). 면연(緬然). 환환(睆睆).
- 멀리 바라보다 :
  요시(遙視).
- 멀리 아득함 :
  형원(迥遠).

- 멀리 희미하게 보이는 모양 :
  요묘(腰眇).
- 멀리서 미치지 아니하는 모양 :
  막연(藐然).
- 멀어서 분명하지 아니한 모양 :
  표묘(縹緲). 표묘(縹眇). 표묘(縹渺).
- 멀어서 아득한 모양 :
  초홀(超忽).
- 멀지 않은 옛날 :
  숙석(宿昔).
- 멋 :
  운치(韻致). 정경(情景). 정취(情趣). 정치(情致).
  취미(趣味).
- 멋대로 굶 :
  종일(縱逸).
- 멋대로 하는 모양 :
  만이(漫爾).
- 멋대로 행동하여 찬찬하지 못함 :
  척이(跅弛).
- 멋지게 노래함 :
  공가(工歌).
- 멍 :
  지유(疿痏).
- 멍덕딸기 :
  봉류(蓬蔂).
- 멍석 :
  석천(席薦).
- 멍청이 :
  치매(癡呆). 치애(癡獃). 치우(癡愚).
- 멍청한 놈 :
  용노(庸奴).
- 멍하니 있는 모양 :
  홀황(惚怳).
- 멍한 모양 :
  망망(罔罔). 망연(罔然). 탑언(嗒焉). 탑연(嗒然).
  황연(恍然). 황홀(恍惚). 황홀(怳忽). 황홀(怳惚).
- 메기 :
  언어(鰋魚). 점어(鮎魚).
- 메기새끼 :
  제자(鯷子).
- 메까치 :
  산작(山鵲). 산희작(山喜鵲).
- 메뉴 :
  식단(食單).
- 메떡 :
  갱병(粳餅).
- 메뚜기 :
  부종(阜螽). 부종(皇螽). 사종(斯螽). 사종(蜇螽).
  저계(樗鷄). 종사(螽斯). 즉저(蝍蛆). 황충(蝗蟲).

- 메뚜기새끼 :
  황자(蝗子).
- 메리야스 :
  막대소(莫大小).
- 메마른 땅 :
  척각(塉埆). 척박(塉薄).
- 메밀 :
  교맥(蕎麥). 목맥(木麥). 하루(河漏).
- 메밀가루 :
  교맥분(蕎麥粉). 백면(白麵).
- 메밀국수 :
  백면(白麵). 교맥면(蕎麥麪). 하루(河漏).
- 메밀꽃 :
  교맥화(蕎麥花). 교화(蕎花).
- 메밀묵 :
  교맥유(蕎麥乳).
- 메밀 밥 :
  교맥반(蕎麥飯).
- 메벼 :
  갱도(秔稻). 갱도(粳稻).
- 메 비둘기 :
  골주(鶻鵃).
- 메스껍다 :
  욕토(欲吐).
- 메조 :
  갱속(粳粟). 황량(黃粱). 황량미(黃粱米).
- 메주 :
  두시(豆豉). 훈조(燻造).
- 메찰떡 :
  반나병(半糯餅).
- 멕기 :
  도금(鍍金).
- 멘스 :
  월경(月經).
- 멜빵 :
  견조(肩條).
- 멥쌀 :
  갱미(秔米). 갱미(粳米). 갱백미(秔白米).
- 멧누에 :
  산견(山繭). 산잠(山蠶). 상잠(桑蠶). 야잠(野蠶).
- 멧누에고치 :
  작견(柞繭). 작잠견(柞蠶繭).
- 멧닭 :
  갈계(鶡鷄). 흑치(黑雉). 야계(野鷄). 흑뇌조(黑雷鳥).
- 멧대추 :
  산조(酸棗).
- 멧돼지 :
  산저(山猪). 야시(野豕). 야저(野豬). 야체(野彘).

- 멧새 :
  삼도미(三道眉).
- 며느리 :
  식부(媳婦). 식부(息婦). 신부(新婦). 자부(子婦).
- 며느리가 시아버지를 부르는 말 :
  아공(阿公). 아옹(阿翁).
- 며느리가 시어머니를 부르는 말 :
  아가(阿家).
- 며느리를 얻음 :
  색부(索婦).
- 멱서리 :
  멱자(覓子).
- 멸망하는 모양 :
  민연(泯然).
- 멸망함 :
  멸여(蔑如).
- 멸시하는 모양 :
  멸여(蔑如).
- 멸시함 :
  압시(壓視).
- 멸치 :
  약어(鰯魚). 온어(鰮魚).
- 명 다리 :
  명건(命巾). 명교(命橋).
- 명랑한 마음 :
  낭포(朗抱).
- 명매기 :
  호연(胡鷰).
- 명백한 모양 :
  단단(旦旦). 백백(白白). 요연(了然). 총총(忽忽).
  총총(悤悤). 현현(顯顯).
- 명백히 :
  명명지(明明地).
- 명성 :
  명성(名聲). 명예(名譽). 성칭(聲稱). 성화(聲華).
- 명성이 세상에 떨치어 빛나는 모양 :
  혁혁지광(赫赫之光).
- 명성이 널리 퍼지는 모양 :
  광광(光光).
- 명성이 자자하여 우레 같은 모양 :
  굉굉(轟轟).
- 명승탐방 :
  유토(幽討).
- 명아주 :
  적려(赤藜).
- 명의 :
  명의(名醫). 유편지술(兪扁之術).
- 명주 :
  견포(絹布). 견백(絹帛). 유소(油素)

- 명주실 :
  명사(明絲). 주사(紬絲). 진사(眞絲).
- 명주옷 :
  잠의(蠶衣). 주의(紬衣).
- 명찰하는 모양 :
  근근(斤斤). 초초(僬僬).
- 명충나방 :
  명아(螟蛾).
- 명치 :
  구미(鳩尾). 명문(命門). 심와(心窩). 심감(心坎).
- 명확한 모양 :
  동연(洞然).
- 몇 :
  약간(若干). 약개(若箇).
- 몇 개 :
  기개(幾個). 기개(幾箇).
- 몇 달 :
  기삭(幾朔). 기월(幾月).
- 몇몇 확실하지 않은 수효를 이르는 말 :
  거기(詎幾).
- 몇 번 :
  기차(幾次). 기회(幾回). 수회(數回).
- 몇 종류 :
  수종(數種).
- 모가 난 모양 :
  능릉(棱棱).
- 모가비 :
  괴수(魁首).
- 모과 :
  목과(木瓜). 명사(榠楂). 명사(榠樝).
- 모기가 많이 모여 윙윙하는 소리 :
  문뢰(蚊雷).
- 모기둥 :
  주체(柱體).
- 모기떼 :
  문성(蚊城). 문진(蚊陣). 문군(蚊群). 문군(蚊軍).
- 모기장 :
  문장(蚊帳). 문주(蚊幬). 문황(蚊幌). 주장(幬帳).
- 모기향 :
  살문향(殺蚊香).
- 모깃불 :
  문연(蚊煙).
- 모난 데를 깎아 둥글게 함 :
  완단(輐斷).
- 모남 :
  애이(厓異).
- 모내기 :
  분앙(分秧). 삽앙(揷秧). 식부(植付). 앙삽(秧揷).
  이앙(移秧). 전식(田植).

- 모닥불 :
  구화(篝火).
- 모두 :
  개도(皆都). 개시(皆是). 거개(擧皆). 도합(都合).
  도수(都數). 도총(都總). 도총(都摠). 실개(悉皆).
  실진(悉盡). 진개(盡皆). 총범(總凡). 총합(總合).
- 모두 깨달음 :
  오료(悟了).
- 모두 모음 :
  종집(綜緝).
- 모두 쌈 :
  포거(包擧).
- 모두 흩어짐 :
  거산(擧散).
- 모래무지 :
  사어(沙魚). 사어(鯊魚).
- 모래 벌판 :
  사막(沙漠).
- 모래시계 :
  사루(砂漏). 사루계(砂漏計). 사시계(砂時計).
- 모래주머니 :
  사낭(砂囊).
- 모래집 :
  양막(羊膜).
- 모래찜질 :
  사증(沙蒸). 사증(砂蒸). 사욕(沙浴).
- 모래톱 :
  사장(沙場). 사장(砂場). 사저(沙渚). 사저(砂渚).
  주어(洲淤). 주정(洲汀). 주지(洲沚).
- 모래흙 :
  사토(沙土). 사토(砂土).
- 모랫돌 :
  사암(砂巖). 사암(沙巖). 사암석(沙巖石).
- 모반하는 모양 :
  판판(板板).
- 모범 :
  표솔(表率).
- 모범인물 :
  인중준승(人中準繩).
- 모습 :
  양상(樣相). 양자(樣子). 풍자(風姿). 형백(形魄).
  형상(形相). 형상(形象). 형조(形兆).
- 모시 :
  시마(枲麻). 저마포(紵麻布). 저포(紵布). 저포
  (苧布).
- 모시조개 :
  황합(黃蛤).
- 모시풀 :
  저마(苧麻).
- 모아 적음 :
  치록(齒錄).
- 모양내다 :
  용식(容飾).
- 모여드는 모양 :
  장장(將將). 즙즙(戢戢).
- 모여들다 :
  군집(群集).
- 모여서다 :
  중립(衆立).
- 모이는 모양 :
  온온(蘊蘊). 장장(蹡蹡). 집집(揖揖). 흡연(翕然).
- 모이주머니 :
  소낭(嗉囊).
- 모임 :
  췌취(萃聚).
- 모자 :
  모자(帽子).
- 모자라는 모양 :
  결결(缺缺). 결여(缺如). 결연(缺然). 궐여(闕如).
- 모자를 벗음 :
  탈모(脫帽).
- 모지지 않은 모양 :
  완단(刓斷).
- 모진 바람 :
  악풍(惡風). 전풍(箭風).
- 모진 사람 :
  악인(惡人).
- 모진 풀 :
  악초(惡草).
- 모탕 :
  침질(椹質).
- 모퉁이 :
  오구(奧區). 우곡(隅曲).
- 모호한 모양 :
  미리(迷離). 미망(微茫).
- 목구멍 :
  인두(咽頭). 인후(咽喉). 후두(喉頭). 후문(喉門).
  후인(喉咽).
- 목 기울다 :
  경수(傾首).
- 목긴 병 :
  무속(甒屬). 주병(酒瓶).
- 목등뼈 :
  경추(頸椎).
- 목련 :
  목란(木蘭). 목련(木蓮).
- 목마르게 동경하고 사모함 :
  갈앙(渴仰).

- 목메어 슬피 울다 :
  인비(咽悲).
- 목메어 죽음 :
  경사(經死). 의사(縊死). 규사(繆死). 조사(弔死).
- 목메어 옮 :
  경인(哽咽).
- 목멘 소리 :
  일성(噎聲).
- 목소리 :
  성음(聲音). 음성(音聲). 후성(喉聲).
- 목소리가 맑은 모양 :
  교조(敎條).
- 목소리가 쉼 :
  실음(失音).
- 목숨 :
  생명(生命). 수명(壽命).
- 목숨을 걺 :
  현명(懸命).
- 목숨을 바침 :
  치명(致命).
- 목숨을 버리더라도 정의를 취함 :
  사생취의(捨生取義).
- 목숨을 버림 :
  투명(投命).
- 목숨을 좌우 당함 :
  현명(懸命).
- 목쉰 소리 :
  산성(散聲). 시애(嘶喝).
- 목욕간 :
  욕실(浴室). 탕전(湯殿).
- 목욕상 :
  욕상(浴牀).
- 목욕탕 :
  혼당(混堂).
- 목을 맴 :
  교의(絞縊).
- 목을 조름 :
  액항(扼吭).
- 목의 맥 :
  후맥(喉脈).
- 목이 마름 :
  구갈(口渴).
- 목이 메어 옮 :
  오열(嗚咽).
- 목이 멤 :
  경열(硬咽). 올열(嗢咽).
- 목젖 :
  인하수(咽下垂). 현옹수(懸壅垂).
- 목청 :

- 　성대(聲帶).
- 목탄 :
  오은(烏銀). 오탄(烏炭).
- 목화 :
  면화(棉花). 목면(木棉). 양화(涼花). 초면(草棉).
- 몫 :
  배당(配當).
- 몰락하는 모양 :
  몰몰(沒沒).
- 몰래가다 :
  도행(盜行). 암행(闇行).
- 몰래 달아나다 :
  도주(盜走).
- 몰래 보는 모양 :
  현현(睍睍).
- 몰래보다 :
  도시(盜視).
- 몰래 엿봄 :
  도시(盜視).
- 몰래 이야기하는 모양 :
  절절(竊竊).
- 몰래하다 :
  음모(陰謀).
- 몸 :
  신체(身體). 육체(肉體). 체간(體幹).
- 몸가짐 :
  품행(品行). 행장(行狀).
- 몸 구부리다 :
  곡궁(曲躬).
- 몸 굽히다 :
  곡궁(曲躬). 곡신(曲身). 굴신(屈身).
- 몸 반쪽 마르다 :
  반고(半枯).
- 몸 부드럽다 :
  체유(體柔).
- 몸을 가지는 모양 :
  태도(態度).
- 몸을 갈라 찢어발김 :
  고책(刳磔).
- 몸을 거꾸로 뒤집으면서 나는 모양 :
  번상(翻翔).
- 몸을 구부리고 걷는 모양 :
  우려(偊旅).
- 몸을 구부리고 힘들여 걷는 모양 :
  국촉(踘躅).
- 몸을 옴 추리는 모양 :
  국촉(局促).
- 몸을 잘 단속하지 않는 모양 :
  정정(鼎鼎).

- 몸을 조심함 :
  구록(軥錄).
- 몸이 가볍고 빠른 모양 :
  율황(聿皇).
- 몸이 떨리도록 대단히 추운 모양 :
  율열(栗烈).
- 몸이 비대한 모양 :
  항장(骯髒).
- 몸이 수척한 모양 :
  난란(孌孌).
- 몸집 :
  체구(體軀).
- 몸집이 큰 사나이 :
  거한(巨漢).
- 몸채 :
  정방(正房).
- 몹시 가난함 :
  냉좌(冷鉌).
- 몹시 검다 :
  심흑(甚黑).
- 몹시 놀라는 모양 :
  악연(愕然).
- 몹시 놀라 식은땀이 남 :
  해한(駭汗).
- 몹시 늙음 :
  독노(篤老).
- 몹시 덥다 :
  성열(盛熱).
- 몹시 두려워하여 떠는 모양 :
  전전률률(戰戰慄慄).
- 몹시 붉다 :
  심적(甚赤).
- 몹시 슬퍼하는 모양 :
  참연(慘然). 참참(慘慘). 측측(惻惻).
- 몹시 오슬오슬 춥고 괴로운 증세 :
  오한(惡寒).
- 몹시 이상스러워서 놀라는 모양 :
  해연(駭然).
- 몹시 추워 몸이 떨리고 야윈 모양 :
  금췌(噤瘁).
- 몹시 취하다 :
  대취(大醉).
- 몹시 취한 모양 :
  모도(酕醄).
- 몹시 크다 :
  심대(甚大).
- 몹시 피곤하다 :
  극피(極疲).
- 못 :

- 오지(洿池). 지당(池塘). 지소(池沼).
- 못 가 :
  지두(池頭). 지반(池畔).
- 못난 개란 뜻으로 남을 욕하는 말 :
  용구(庸狗)
- 못대가리 :
  정두(釘頭).
- 못된 놈 :
  악한(惡漢).
- 못된 장난 :
  악희(惡戲).
- 못뽑이 :
  겸자(鉗子).
- 못생기고 약하다 :
  열약(劣弱).
- 못생긴 얼굴 :
  열상(劣相)
- 못생긴 여자 :
  비휴(仳偆). 추녀(醜女).
- 못의 도깨비 :
  망량(魍魎). 방량(方良).
- 못 잊어 뒤돌아보는 모양 :
  권권(拳拳). 권연(眷然).
- 못난 모양 :
  기백(頎魄).
- 못자리 :
  묘대(苗垈). 묘상(苗床). 묘판(苗板). 앙판(秧板).
- 몽고 :
  만몽(滿蒙). 몽고(蒙古).
- 몽당 붓 :
  독우(禿友). 독필(禿筆). 독호(禿毫).
- 몽둥이 :
  곤봉(棍棒). 목정(木梃).
- 몽롱하여 똑똑하지 않은 모양 :
  막연(漠然).
- 뫼 :
  산악(山嶽).
- 묘비의 지명을 지어 죽은 사람을 과분하게 칭찬하는 일 : 유묘(諛墓).
- 묘지기 :
  묘노(墓奴). 수총(守冢).
- 무 :
  내복(萊菔). 노복(蘆菔). 복초(菔草). 청근(菁根).
- 무거리 :
  견맥(堅麥). 분재(粉滓). 용여(舂餘).
- 무게 :
  근량(斤兩). 근량(斤量). 중량(重量).
- 무거워 더딘 모양 :
  톤톤(啍啍).

■ 무궁한 모양 :
역역(繹繹).
■ 무궁화 :
근화(槿花). 목근(木槿). 조근(朝槿).
■ 무궁화 꽃 :
순영(舜英). 순화(舜華).
■ 무궁화나무 :
목근(木槿).
■ 무나물 :
나복채(蘿蔔菜).
■ 무너뜨림 :
결패(決敗).
■ 무너진 무덤 :
퇴롱(頹壟).
■ 무너짐 :
비훼(圮毀). 이괴(弛壞).
■ 무논 :
수답(水畓).
■ 무능은 물리치고 유능은 등용함 :
출척(黜陟).
■ 무늬 :
문채(文彩).
■ 무늬가 아름다운 모양 :
처비(萋斐).
■ 무늬가 있는 모양 :
비연(賁然).
■ 무녀 :
무구(巫嫗). 무녀(巫女). 무자(巫子). 사무(師巫).
영보(靈保).
■ 무당개구리 :
산합(山蛤).
■ 무당거미 :
낙신부(絡新婦). 반주(斑蛛).
■ 무당과 박수 :
무격(巫覡).
■ 무당벌레 :
병표충(並瓢蟲). 표충(瓢蟲). 천도충(天道蟲).
■ 무더운 모양 :
온온(蘊蘊). 이울(伊鬱). 충충(蟲蟲).
■ 무더움 :
서욕(暑溽). 서울(暑鬱). 욕서(溽暑). 증열(蒸熱).
■ 무던한 모양 :
진진(振振).
■ 무덤 :
묘소(墓所). 산소(山所). 영역(塋域). 영묘(塋墓).
영전(塋田). 영지(塋地). 유당(幽堂). 총묘(冢墓).
총영(冢塋). 현실(玄室).
■ 무덤을 옮겨 다시 장사 지냄 :
면례(緬禮). 면봉(緬奉).

■ 무덤을 옮김 :
굴이(掘移).
■ 무덤을 파냄 :
굴총(掘冢).
■ 무례한 모양 :
준준(蠢蠢).
■ 무릇 :
총범(總凡).
■ 무릎 :
슬두(膝頭).
■ 무릎 굽히다 :
굴슬(屈膝).
■ 무릎 꿇고 사죄함 :
궤사(跪謝).
■ 무릎 꿇고 앉음 :
궤좌(跪坐).
■ 무릎 뼈 :
슬골(膝骨).
■ 무릎 뼈가 쑤시는 병 :
골습(骨濕).
■ 무릎을 꿇고 절함 :
굴슬(屈膝).
■ 무리한 요구 :
오두백(烏頭白).
■ 무명 :
면포(綿布). 목면(木綿).
■ 무명옷 :
포의(布衣).
■ 무명조개 :
화합(花蛤).
■ 무명치마 :
포군(布裙).
■ 무모한 용기 :
빙하(憑河). 빙하(馮河).
■ 무문 :
무문(無紋). 박소(樸素). 질소(質素).
■ 무사 :
무부(武夫). 무사(武士). 무인(武人).
■ 무사마귀 :
우목(疣目).
■ 무사한 모양 :
광연(曠然).
■ 무상한 모양 :
침탁(踸踔).
■ 무서리 :
조상(早霜).
■ 무서워서 가슴이 서늘한 모양 :
빙금(氷衿).
■ 무서워서 떪 :

순율(恂慄).

■ 무서워서 몸을 소스라뜨리는 모양 :
송연(竦然).

■ 무섭게 으르고 위협함 :
공갈(恐喝).

■ 무섭게 화내는 모양 :
함함(闞闞).

■ 무성한 모양 :
막막(莫莫).

■ 무성하게 잘 자라는 모양 :
요요(夭夭).

■ 무성하여 빽빽한 모양 :
속속(簌簌).

■ 무성하여 푸릇푸릇한 모양 :
천련(芊葉).

■ 무성한 모양 :
교교(驕驕). 비비(淠淠). 서서(湑湑). 여여(與與).
염염(厭厭). 울연(蔚然). 위연(蔚然). 의의(依依).
익익(翼翼). 점점(薪薪). 채채(采采). 탐탐(耽耽).
패패(肺肺). 함함(含含).

■ 무소 뿔 :
서각(犀角).

■ 무쇠 :
수철(水鐵). 주철(鑄鐵).

■ 무수리 :
독추(鵚鶖). 부로(扶老).

■ 무수리 :
수사(水賜). 수사이(水賜伊). 비자(婢子).

■ 무슨 까닭 :
하고(何故).

■ 무슨 상관 :
하관(何關).

■ 무슨 용무 :
하간(何幹).

■ 무슨 이유로 :
저사(底事).

■ 무슨 필요가 있어서 :
하필(何必).

■ 무식쟁이 :
몰자비(沒字碑).

■ 무식한 모양 :
공공(空空). 동연(僮然). 농외(聾聵). 승승(譝譝).
외외(聵聵).

■ 무식함 :
구무(傋瞀).

■ 무심히 보는 모양 :
동언(瞳焉).

■ 무엇 :
심마(甚麼).

■ 무엇 때문이냐 :
하야(何也).

■ 무엇으로써 :
하이(何以).

■ 무엇이 :
하등(何等).

■ 무엇하는 자냐 :
하위자(何爲者).

■ 무용이 있는 모양 :
규규(赳赳). 광광(尥尥). 황황(趪趪).

■ 무용지물 :
농단(膿團).

■ 무용지물의 비유 :
변무지지(騈拇枝指).

■ 무일푼 :
적수(赤手). 필여신(匹如身).

■ 무자리 :
수척(水尺). 양수척(揚水尺).

■ 무자맥질 :
함영(涵泳).

■ 무자위 :
수룡(水龍). 수차(水車). 즉통(卽筒).

■ 무정한 마음 :
냉장(冷腸). 박정(薄情).

■ 무좀 :
한포(汗疱).

■ 무지개 :
분홍(雰虹). 음예(陰霓). 이예(珥蜺). 채홍(彩虹).
천궁(天弓). 체동(螮蝀). 홍예(虹蜺). 홍예(虹霓).

■ 무지한 모양 :
치치(蚩蚩).

■ 묵묵히 생각함 :
묵념(黙念).

■ 묵묵히 아주 말이 없는 모양 :
묵묵(墨墨).

■ 묵묵히 앉아 마음을 가라앉힘 :
묵좌징심(黙坐澄心).

■ 묵은 밭 :
불경황전(不耕荒田).

■ 묵은 솜 :
구서(舊絮). 폐서(敝絮).

■ 묵은 쌀 :
고미(古米). 진미(陳米).

■ 묵정 밭 :
진전(陳田).

■ 묵중한 모양 :
잠연(湛然). 잠잠(湛湛).

■ 묶은 머리 :
속발(束髮).

■ 묶음 :
　괄결(括結). 교박(絞縛). 낙속(絡束). 박속(縛束).

■ 문고리 :
　문환(門環).

■ 문 기울어지다 :
　문경(門傾).

■ 문단속 :
　경건(扃鍵). 경쇄(扃鎖).

■ 문 닫다 :
　폐문(閉門). 폐호(閉戶).

■ 문둥병 :
　나병(癩病). 나병(癘病). 대풍(大風). 대풍창(大風瘡). 악질(惡疾). 천형병(天刑病).

■ 문둥이 :
　나자(癩子).

■ 문득 :
　거연(遽然).

■ 문머리 :
　문두(門頭).

■ 문물이 융성한 모양 :
　욱욱(郁郁).

■ 문빗장 :
　개건(開鍵). 경관(扃關). 염이(扊扅).

■ 문설주 :
　문주(門柱). 문훤(門楦).

■ 문세가 우회하여 뜻을 해득하기 어려운 모양 :
　위피(猗骳).

■ 문신 :
　묵열(墨涅). 문신(文身). 자청(刺靑).

■ 문어 :
　문어(文魚).

■ 문 열다 :
　개문(開門).

■ 문을 두드리는 소리 :
　동동(冬冬). 정정(丁丁).

■ 문을 똑똑 두드리는 소리 :
　탁탁(啄啄).

■ 문인 화가 학자 등의 호 :
　아호(雅號)

■ 문자 시문 등을 고침 :
　찬정(竄定).

■ 문자의 의미가 어려워서 잘 통하지 아니함 :
　회삽(晦澁).

■ 문자의 틀림 :
　어시(魚豕).

■ 문장 같은 것이 노련하고 기운참 :
　노건(老健)

■ 문장 같은 것이 막힘없이 통함 :
　유리(流利).

■ 문장 같은 것이 청신하고 어휘가 섬부함 :
　청섬(淸贍).

■ 문장 등이 어휘가 풍부하고 뛰어남 :
　섬일(贍逸).

■ 문장 등이 어휘가 풍부하고 화려함 :
　섬려(贍麗).

■ 문장 따위가 거침없이 나아가는 모양 :
　율율(汩汩).

■ 문장에 틀린 자를 지우고 빠진 자를 채우는 일 :
　도을(塗乙).

■ 문장을 잘 지음 :
　능문(能文). 비문(飛文). 선문(善文).

■ 문장을 조사하여 고침 :
　점정(點定).

■ 문장을 짓는 일 :
　저축(杼軸).

■ 문장의 아름다움 :
　난조(蘭藻).

■ 문장의 자구를 고쳐 씀 :
　점찬(點竄).

■ 문장의 자구를 고침 :
　개찬(改竄).

■ 문장이 거칠고 조리에 닿지 아니함 :
　무천(蕪舛).

■ 문장이 규모가 크고 의미가 깊음 :
　웅심(雄深).

■ 문장이 아름다움 :
　섬조(掞藻).

■ 문장이 어려워 읽기 힘듦 :
　힐굴오아(詰屈聱牙).

■ 문장이 유창하지 아니하고 어려움 :
　오아(聱牙).

■ 문장이 자유자재한 모양 :
　감방(酣放). 감종(酣縱).

■ 문장이 화려한 모양 :
　번위(繁蔚).

■ 문장이 화려함 :
　섬장(掞張).

■ 문장이 활달한 모양 :
　우여(紆餘).

■ 문장 필적 등이 힘이 있고 아름다움 :
　주려(遒麗). 주염(遒艶).

■ 문재가 뛰어나 글을 빨리 잘 지음을 이름 :
　의마가대(倚馬可待).

■ 문지기 :
　감문(監門). 감자(監者). 문사(門士). 문위(門衛). 문자(門子). 문자(門者). 문후(門候). 호자(戶者).

■ 문지도리 :
　문추(門樞).

- 문지방 :
  곤내(閫內). 문곤(門閫). 문한(門限). 호한(戶限).
- 문짝 :
  경비(扃扉). 문비(門扉). 문선(門扇). 호비(戶扉).
  호합(戶闔).
- 문짝 닫는 소리 :
  폐비성(閉扉聲).
- 문채가 나는 모양 :
  처비(萋斐).
- 문채가 많은 모양 :
  찬찬(粲粲).
- 문채가 있는 모양 :
  양양(陽陽). 욱욱(彧彧). 환언(渙焉).
- 문채가 있어 화려한 모양 :
  비비(斐斐). 비연(斐然).
- 문채 번화하다 :
  문번(文繁).
- 문채와 바탕이 함께 갖추어져 찬란한 모양 :
  빈빈(彬彬).
- 문패 :
  표찰(表札).
- 물가 :
  수간(水干). 수반(水畔). 수변(水邊). 수애(水涯).
- 물가 돌 :
  수변석(水邊石).
- 물갈이 :
  수누(水耨). 수경(水耕).
- 물감 :
  염료(染料).
- 물개 :
  올눌(膃肭). 해구(海狗).
- 물개가 물고기를 잡아다가 벌려놓는다는 뜻으로
  시문을 지을 때에 많은 책을 참고한다는 뜻 :
  달제어(獺祭魚).
- 물거름 :
  수비(水肥). 액뇨(液尿).
- 물거품 :
  부구(浮漚). 수말(水沫). 수포(水泡). 포말(泡沫).
  포화(泡花).
- 물건 값이 뛰어 오름 :
  용귀(踊貴).
- 물건을 깨무는 소리 :
  할할(齰齰).
- 물건을 두드리는 소리 :
  방방(彭彭).
- 물건의 소리 :
  책책(磔磔).
- 물건이 끊임없이 생기는 모양 :
  생생(生生).

- 물건이 나거나 생기는 모양 :
  기기(覬覬).
- 물건이 늘어진 모양 :
  첩첩(帖帖).
- 물건이 마찰하는 소리 :
  줄줄(窣窣).
- 물건이 많아 성한 모양 :
  전전(棧棧).
- 물건이 많은 모양 :
  낙락(珞珞). 합잡(溘匝).
- 물건이 빠지려고 하는 모양 :
  게게(揭揭).
- 물건이 성한 모양 :
  힐향(肹蠁).
- 물건이 오래되어 옛 빛이 저절로 드러나 보이
  는 모양 :
  창연(蒼然).
- 물건이 충만하여 넘치는 모양 :
  난만(爛漫).
- 물결 :
  수파(水波). 파세(波勢). 파도(波濤).
- 물결 또는 바람이 물건을 치는 소리 :
  빙방(淜滂).
- 물결무늬 :
  수문(水紋). 파문(波紋).
- 물결 소리 :
  혼혼(混混).
- 물결이 달빛에 비치는 모양 :
  염염(灩灩).
- 물결이 대단히 센 여울 :
  경단(驚湍).
- 물결이 번득이는 모양 :
  난번(瀾翻).
- 물결이 번쩍번쩍 비치는 모양 :
  염염(瀲灩).
- 물결이 서로 부딪치는 소리 :
  곽휘(濩湋).
- 물결이 세차게 이는 모양 :
  형영(滎濙).
- 물결이 세차게 치는 모양 :
  돈돈(沌沌).
- 물결이 세차게 침 :
  파파(波波).
- 물결이 세찬 모양 :
  멸휼(濊潏).
- 물결이 센 모양 :
  팽배(澎湃). 팽배(洴湃). 흉황(洶湟).
- 물결이 연하는 모양 :
  접접(渫渫).

■ 물결이 요란하게 치는 소리 :
　팔팔(汎汎).
■ 물결이 움직여 가는 모양 :
　용예(涌裔).
■ 물결이 이는 모양 :
　상상(湯湯).
■ 물결이 일며 빙빙 도는 모양 :
　온분(溫汾).
■ 물결이 일어 흔들리는 모양 :
　점점(颭颭).
■ 물결이 조용히 움직이는 모양 :
　염염(瀲灩).
■ 물결이 출렁거리는 모양 :
　답타(渷沲). 양양(漾漾). 염염(灩灩).
■ 물결치는 소리 :
　골골(汨汨). 삭삭(汋汋).
■ 물고기 :
　별잉(別孕). 소선(小鮮). 추우(媰隅).
■ 물고기가 노는 모양 :
　산산(汕汕).
■ 물고기가 뛰는 모양 :
　발랄(鱍剌).
■ 물고기가 뛰는 소리 :
　발랄(跋剌).
■ 물고기가 물속에서 오락가락하며 노니는 모양 :
　폐폐(潎潎).
■ 물고기가 입을 위로 쳐들고 떠서 벌름거리는
　모양 : 우우(喁喁).
■ 물고기가 출몰(出沒)하는 모양 :
　참작(瀺灂).
■ 물고기가 펄쩍펄쩍 뛰는 모양 :
　발발(撥撥).
■ 물고기가 활발(活潑)하게 뛰는 모양 :
　발랄(潑剌). 발발(潑潑).
■ 물고기 따위가 뒤집히는 모양 :
　원원(湲湲).
■ 물고기 뱃속의 알 :
　곤이(鯤鮞).
■ 물고기 알 :
　어란(魚卵). 어자(魚子).
■ 물고기의 새끼 :
　곤이(鯤鮞).
■ 물고기 잡다 :
　포어(捕魚).
■ 물굴젓 :
　담석화해(淡石花醢).
■ 물굽이 :
　수곡(水曲).
■ 물귀신 :

■ 빙이(氷夷). 빙이(馮夷). 수기(水祇). 수백(水伯).
　수부(水府). 수신(水神). 하백(河伯).
■ 물기 :
　수분(水分).
■ 물길 :
　수정(水程).
■ 물 깃다 :
　취수(取水).
■ 물 깊고 넓은 모양 :
　앙앙(泱泱).
■ 물까치 :
　연작(練鵲). 연작(練雀)
■ 물 끌어올리다 :
　양수(揚水).
■ 물 끓어 솟다 :
　비용(沸湧).
■ 물 나비 :
　청부(靑蚨).
■ 물놀이 :
　수희(水嬉).
■ 물달개비 :
　압설초(鴨舌草).
■ 물대다 :
　관개(灌漑).
■ 물동이 :
　수옹(水甕).
■ 물들이다 :
　염색(染色).
■ 물 때 :
　수교(水膠).
■ 물때까치 :
　대당격(大唐鵙).
■ 물떼새 :
　소수찰(小水札).
■ 물 또는 바람 소리 :
　역력(瀝瀝).
■ 물렁뼈 :
　교질골(膠質骨). 연골(軟骨).
■ 물레 :
　도차(陶車). 방차(紡車). 윤대(輪臺).
■ 물레나물 :
　금사도(金絲桃).
■ 물레방아 :
　번차(翻車). 수대(水碓). 수차(水車). 용골차(龍
　骨車).
■ 물려받다 :
　계승(繼承). 세습(世襲). 습작(襲爵). 승습(承襲).
■ 물리침 :
　척퇴(斥退).

- 물마루 :
  수종(水宗).
- 물 마르다 :
  수학(水涸).
- 물 막는 널 :
  방수판(防水板).
- 물만 밥 :
  수반(水飯). 수요반(水澆飯). 수화반(水和飯).
- 물문 :
  수갑(水閘). 수문(水門).
- 물밑 :
  수저(水底).
- 물방게 :
  용슬(龍蝨). 용충(龍蟲).
- 물방울 :
  수적(水滴).
- 물방울 빗방울이 뚝뚝 떨어지는 모양 :
  임력(淋瀝).
- 물방울 소리 :
  정정(丁丁).
- 물방울이 떨어지는 모양 :
  임림(淋淋). 적적(滴滴).
- 물방울이 떨어지는 소리 :
  정정(丁丁).
- 물방울이 뚝뚝 떨어지는 모양 :
  점점(點點).
- 물뱀 :
  사선(蛇鱓). 수훼(水虺).
- 물베개 :
  수침(水枕).
- 물벼룩 :
  수조(水蚤).
- 물부리 :
  연취(煙嘴). 연취(煙觜).
- 물 뿌리다 :
  산수(散水).
- 물새 :
  수금(水禽). 수조(水鳥).
- 물새다 :
  복수(伏水).
- 물소 :
  수우(水牛).
- 물소리의 형용 :
  합합(溘溘).
- 물 속 :
  수중(水中).
- 물속에 그물을 던지는 소리 :
  할할(濊濊).
- 물 솟다 :

- 용출(湧出).
- 물수리 :
  격구(鵙鳩). 비급(沸汲). 수악(水鶚). 어응(魚鷹).
  왕저(王鴡). 조계(鵰鷄). 하굴조(下窟鳥).
- 물시계 :
  각루(刻漏). 누각(漏刻). 누수기(漏水器). 수시계
  (水時計). 수루(水漏). 옥루(玉漏).
- 물 쑥 :
  누호(蔞蒿).
- 물안개 :
  수무(水霧).
- 물어도 대답 않다 :
  문이불답(聞而不答).
- 물어봄 :
  짐문(斟問).
- 물어주다 :
  보상(報償). 배상(賠償).
- 물어 죽임 :
  설살(齧殺).
- 물억새 꽃 :
  적화(荻花).
- 물에 떠서 불안정한 모양 :
  범범(氾氾).
- 물에 뜨는 모양 :
  범범(汎汎).
- 물에 뜬 모양 :
  범범(泛泛).
- 물에 빠진 자를 건져 냄 :
  증익(拯溺).
- 물여우 :
  단호(短狐). 사공(射工). 사슬(沙蝨). 사영(射影).
  석잠(石蠶). 수노(水弩). 수호(水狐). 포창(抱槍).
  함사(含沙).
- 물오리 :
  야목(野鶩). 야부(野鳧). 야압(夜鴨). 침부(沈鳧).
- 물오리 알 :
  목란(鶩卵).
- 물옥잠 :
  우구화(雨久花).
- 물위에 둥둥 뜨는 모양 :
  汎汎(범범). 양양(漾漾).
- 물은 한번 내려가 다시 돌아오지 아니함 :
  유서(流逝).
- 물음표 :
  의문부(疑問符).
- 물의 맑은 소리 :
  영령(泠泠).
- 물의 흐름이 넓고 맑은 모양 :
  민민(泯泯).

■ 물이 가득 찬 모양 :
　감담(泔淡).

■ 물이 가득한 모양 :
　일일(溢溢).

■ 물이 갑자기 들이닥치는 소리 :
　비언(濞焉).

■ 물이 고요히 흐르는 모양 :
　첨첨(湉湉).

■ 물이 광대한 모양 :
　호망(浩茫). 항망(沆茫). 호묘(浩淼). 호묘(浩渺).
　호묘(浩紗). 호양(浩瀁). 호양(浩洋). 호양(浩漾).
　호탕(浩湯). 호탕(浩蕩). 호한(浩瀚). 호한(浩汗).
　호호(浩浩). 호호탕탕(浩浩湯湯).

■ 물이 괴는 모양 :
　정정(渟渟).

■ 물이 굽이쳐 흐르는 모양 :
　완연(涴演).

■ 물이 깊고 고요한 모양 :
　잠연(湛然).

■ 물이 깊고 넓은 모양 :
　광양(洸洋). 교갈(滶瀄). 왕양(潢洋). 왕연(汪然).
　왕왕(汪汪). 윤윤(氵繽). 충융(沖瀜). 항양(沆瀁).
　황양(滉漾).

■ 물이 깊고 넓음 :
　형형(洞洞).

■ 물이 깊은 모양 :
　잠잠(湛湛). 홍홍(泓泓).

■ 물이 깊이 괴어 있는 모양 :
　잠담(湛淡).

■ 물이 꼬불꼬불 흐르는 모양 :
　우여(紆餘).

■ 물이 끓어 거품이 이는 형용 :
　어안(魚眼).

■ 물이 끊임없이 흐르는 모양 :
　원원(源源).

■ 물이 끓는 모양 :
　관관(涫涫).

■ 물이 끝닿은 데가 없이 넓은 모양 :
　한한(汗汗).

■ 물이끼 :
　수면(水綿). 수태(水苔).

■ 물이 넓게 흐르는 모양 :
　범범(汎汎).

■ 물이 넘쳐흐르는 모양 :
　결결(決決). 호한(滈汗).

■ 물이 넘치는 모양 :
　염렴(瀲瀲). 염염(瀲灔). 일일(溢溢).

■ 물이 느리게 흐르는 모양 :
　항개(沆溉).

■ 물이 도도히 흐르는 모양 :
　용용(溶溶).

■ 물이 돌아 흐르는 모양 :
　운운(沄沄).

■ 물이 돌에 부딪치는 모양 :
　인린(粼粼).

■ 물이 뚝뚝 떨어지는 모양 :
　난만(瀾漫).

■ 물이 마른 우물 :
　원정(眢井).

■ 물이 많고 넓은 모양 :
　망항(漭沆).

■ 물이 많이 괸 모양 :
　잠잠(湛湛).

■ 물이 많이 흐르는 모양 :
　혼혼(混混).

■ 물이 맑아 속까지 훤히 보이는 모양 :
　식식(湜湜).

■ 물이 맑은 모양 :
　녹록(淥淥). 홍홍(泓泓).

■ 물이 모여드는 모양 :
　총총(漎漎).

■ 물이 모이는 모양 :
　봉옹(滝滃). 축탑(滀漯).

■ 물이 번쩍번쩍 비치는 모양 :
　혹호(淢乎).

■ 물이 벌창하게 흐르는 모양 :
　전면(滇湎).

■ 물이 벌창한 모양 :
　유람(瀏濫).

■ 물이 부딪치는 소리 :
　획획(漷漷).

■ 물이 빨리 흐르는 모양 :
　간간(汧汧). 별렬(瀎洌). 올앙(淴泱). 즐율(溍汩).
　천천(淺淺). 천천(濺濺).

■ 물이 빨리 흐르다 :
　급류(急流).

■ 물이 세차게 많이 흐르는 모양 :
　개개(湝湝).

■ 물이 세차게 용숫음 치는 모양 :
　궤확(潰濩).

■ 물이 세차게 흐르는 모양 :
　곤곤(滾滾). 관관(灌灌). 방방(汸汸). 상상(湯湯).
　양양(洋洋). 원원(洹洹). 패패(霈霈). 호연(浩然).
　혼혼(混混). 흉흉(洶洶).

■ 물이 소용돌이치는 모양 :
　영영(瀅瀅). 형형(瀅濙).

■ 물이 소용돌이치며 흐르는 모양 :
　은륜(沂淪).

- 물이 솟아 나오는 모양 :
  곽곽(瀑瀑).
- 물이 솟아 나오는 모양 :
  궤홍(潰洰). 발휼(渤潏). 벽칙(湢泬). 흉흉(滃滃).
- 물이 솟아 나오는 소리 :
  포포(泡泡).
- 물이 솟아 나와 흐르는 모양 :
  출출(沚沚).
- 물이 솟아 나와 희게 빛나는 모양 :
  광광(洸洸).
- 물이 솟아나 흐르는 모양 :
  현운(泫沄). 혼혼(混混).
- 물이 솟아오르는 모양 :
  불관(沸涫). 불불(沸沸).
- 물이 어는 모양 :
  수수(綏綏).
- 물이 요동하는 모양 :
  함담(顄淡).
- 물이 용솟음치는 모양 :
  흉용(洶湧).
- 물이 용솟음하는 모양 :
  필발(潷浡).
- 물이 조금 솟아 나오는 모양 :
  입집(浥濈).
- 물이 조용히 흐르는 모양 :
  단첨(澶湉). 유유(油油).
- 물이 졸졸 흐르는 모양 :
  잔원(潺湲). 잔잔(潺潺).
- 물이 졸졸 흐르는 모양 :
  속속(萩萩). 연연(沇沇). 연연(涓涓). 잔운(潺沄).
- 물이 줄기차게 흘러내리는 모양 :
  패연(沛然).
- 물이 질펀하게 흐르는 모양 :
  면면(洸洸). 염염(淡淡).
- 물이 창일하게 흐르는 모양 :
  도도(滔滔).
- 물이 출렁거리는 모양 :
  담담(澹澹). 담담(澹淡). 섬박(潚泊).
- 물이 출렁출렁 흐르는 모양 :
  개개(澘澘).
- 물이 콸콸 솟는 모양 :
  발휼(浡潏).
- 물이 콸콸 흐르는 소리 :
  괄괄(活活).
- 물이 한없이 넓은 모양 :
  묘망(淼茫). 왕망(汪茫).
- 물이 활처럼 굽은 모양 :
  만연(灣然).
- 물이 회류하는 모양 :

- 형회(濙洄).
- 물이 흐르는 모양 :
  골골(滑滑). 미미(瀰瀰). 미미(渳渳). 박여(泊如).
  박연(泊然). 박호(泊乎). 사사(瀡瀡). 슬율(瑟汨).
  영연(泠然). 유역(渤泲). 유유(悠悠). 율율(汨汨).
  율황(汨湟). 이호(灑乎). 종잔(淙潺). 종종(淙淙).
  팔팔(汃汃). 포포(泡泡). 회율(洄汨). 회회(洄洄).
- 물이 흐르는 소리 :
  농롱(瀧瀧). 쟁쟁(琤琤). 비비(濞濞). 이리(泣泣).
  종잔(淙潺). 종종(淙淙).
- 물이 흘러 내려가는 소리 :
  유류(溜溜).
- 물이 희게 비치는 모양 :
  호호(滈滈).
- 물장구 :
  수고(水鼓). 수부(水缶).
- 물줄기 :
  수맥(水脈).
- 물집 :
  수포(水疱).
- 물지똥 :
  활변(滑便).
- 물체의 소리 :
  소소(蕭蕭).
- 물총새 :
  어구(魚狗). 어호(魚虎). 취조(翠鳥).
- 물통 :
  수통(水桶).
- 물푸레나무 :
  목서(木犀). 수청목(水靑木). 침목(梣木).
- 물 형세 :
  수세(水勢).
- 물 흐르다 :
  수류(水流).
- 물 흐리다 :
  수탁(水濁).
- 묽은 미음 :
  수미(水糜).
- 묽은 죽 :
  요미(淖糜).
- 뭇 :
  중서(衆庶).
- 뭇 사람 :
  사중(士衆). 여민(黎民). 여서(黎庶). 여수(黎首).
  여원(黎元). 중서(衆庶). 중인(衆人).
- 뭇 새날며 희롱하다 :
  군조롱시(群鳥弄翅).
- 뭇소리 :
  중성(衆聲).

- 못입 :
  중구(衆口).
- 뭉게구름 :
  적운(積雲). 편적운(片積雲).
- 뭉게뭉게 떠오르는 연기 :
  용연(涌煙).
- 뭍 :
  육지(陸地).
- 미국 :
  미합중국(美合衆國).
- 미국국기 :
  화기(花旗). 성조기(星條旗).
- 미꾸라지 :
  이추(泥鰍). 추어(鰍魚).
- 미나리 :
  근채(芹菜). 수근(水芹). 수채(水菜). 초규(楚葵).
- 미나리아재비 :
  모근(毛葷).
- 미늘 :
  구거(鉤距). 구거(鉤渠).
- 미래 :
  미래(未來). 장래(將來). 전도(前途). 향후(向後).
  후세(後世).
- 미래기 :
  미래기(未來記). 예언서(豫言書).
- 미리 알아차리다 :
  조지(早知).
- 미묘하여 알 수 없는 모양 :
  황홀(恍惚).
- 미성년자 :
  기인(奇人).
- 미세한 것이 날라 흩어지는 모양 :
  비비(霏霏).
- 미소한 모양 :
  묘묘(眇眇).
- 미역 :
  감곽(甘藿). 산곽(産藿). 해채(海菜).
- 미역국 :
  곽탕(藿湯).
- 미움 :
  애증(愛憎). 증오(憎惡).
- 미워함 :
  질기(疾忌). 질오(疾惡).
- 미음 :
  미죽(糜粥).
- 미이라(mirra) :
  목내이(木乃伊).
- 미인 :
  만희(曼姬). 우물(尤物). 재고(再顧). 주희(姝姬).
- 미인의 고운 걸음걸이 :
  연보(蓮步).
- 미인의 고운 눈썹 :
  팔자청산(八字靑山).
- 미인의 눈물 :
  홍루(紅淚).
- 미인의 모습 :
  빙기옥골(氷肌玉骨). 빙자옥골(氷姿玉骨).
- 미인의 몸의 날씬한 비유 :
  경홍(驚鴻).
- 미인의 아리따운 마음 :
  혜심(蕙心).
- 미인의 아리따운 모습 :
  단순호치(丹脣皓齒). 부용자(芙蓉姿).
- 미인의 예쁜 모양 :
  권연(卷然).
- 미인의 유방 :
  계두육(雞頭肉).
- 미인의 입술 :
  앵순(櫻脣).
- 미인의 장사 :
  매향(埋香).
- 미장이 :
  도공(塗工). 오만(圬墁). 오인(圬人). 이공(泥工).
  이장(坭匠). 이장(泥匠). 토공(土工).
- 미지근한 물 :
  미온수(微溫水).
- 미지근함 :
  미온(微溫).
- 미치광이 :
  광인(狂人). 풍광부(風狂夫). 풍한(風漢).
- 미친개 :
  계구(瘈狗). 계견(瘈犬). 광견(狂犬). 전구(癲狗).
  제견(猘犬). 제견(狾犬). 제구(猘狗).
- 미친놈 :
  광부(狂夫). 광한(狂漢).
- 미친 듯이 갈팡질팡하여 가는 곳을 알지 못하는 모양 :
  창창(倀倀).
- 미친바람 :
  광풍(狂風).
- 미투리 :
  마혜(麻鞋). 승혜(繩鞋). 시리(枲履).
- 미혹한 모양 :
  미미(迷迷). 혹혹(惑惑).
- 민둥산 :
  독산(禿山). 자산(赭山).
- 민들레 :
  금잠초(金簪草). 지정(池丁). 포공초(捕公草).

- 민망히 보다 :
  민시(悶視).
- 민물 :
  담수(淡水).
- 민어 :
  면어(鮸魚). 민어(鰵魚). 회어(鮰魚).
- 민첩한 모양 :
  궐궐(蹶蹶). 유류(瀏瀏). 적적(踖踖). 첩첩(捷捷).
- 밀 :
  밀납(蜜蠟). 봉납(蜂蠟). 황납(黃蠟).
- 밀 :
  소맥(小麥). 진맥(眞麥).
- 밀가루 :
  맥분(麥粉). 면분(麵粉). 소맥면(小麥麵). 진말(眞末).
- 밀감 :
  감귤(柑橘). 밀감(蜜柑).
- 밀기울 :
  맥부(麥麩). 맥피(麥皮). 소맥부(小麥麩).
- 밀깜부기 :
  소맥노(小麥奴).
- 밀담 :
  교두접이(交頭接耳). 밀담(密談).
- 밀짚모자 :
  맥고모자(麥藁帽子).
- 밀초 :
  납촉(蠟燭). 밀랍(蜜蠟).
- 밉게 보다 :
  질시(嫉視). 증시(憎視).
- 밑거름 :
  기비(基肥). 원비(原肥).
- 밑넓이 :
  저면적(底面積).
- 밑동 :
  근본(根本).
- 밑면 :
  저면(底面).
- 밑변 :
  저변(底邊).
- 밑 술 :
  모주(母酒).
- 밑 알 :
  소란(巢卵).
- 밑천 :
  자본(資本).

ㅂ

- 바가지 :
  호호(瓠壺). 표호(瓢壺).

- 바구미 :
  강양(強蛘).
- 바느질 :
  재봉(裁縫). 침공(針工). 침공(鍼工).
- 바느질자 :
  침척(針尺).
- 바늘귀 :
  침공(針孔).
- 바다 :
  곡왕(谷王). 곤지(昆池). 천지(天池).
- 바다거북 :
  주휴(蟕蠵).
- 바다뱀 :
  해사(海蛇).
- 바다에서 일어나는 회오리바람 :
  구풍(颶風).
- 바다의 신 :
  양후(陽侯).
- 바다의 해돋이 :
  해돈(海暾).
- 바다표범 :
  수표(水豹). 해표(海豹).
- 바닷가 :
  해연(海壖).
- 바닷개 :
  해구(海狗).
- 바닷말 :
  해조(海藻).
- 바닷물 :
  함수(鹹水). 해수(海水). 해조(海潮).
- 바닷물고기 :
  해어(海魚).
- 바닷물이 용솟음치는 모양 :
  굉굉(浤浤).
- 바닷바람 :
  조풍(潮風).
- 바닷조개 :
  차오(蟬螯).
- 바둑 :
  박혁(博奕). 수담(手談). 위기(圍棋). 좌은(坐隱).
  혁기(奕棊).
- 바둑돌 :
  기석(棋石). 기석(碁石). 기자(棋子). 기자(棊子).
  세자(勢子).
- 바둑 두는 소리 :
  정정(丁丁).
- 바둑판 :
  국자(局子). 기국(碁局). 기반(棊盤). 기평(碁枰).
  기평(棊坪). 추평(楸枰). 추국(楸局). 혁추(奕楸).

■ 바디 :
　성구(筬簆).

■ 바디집 :
　구광(簆框).

■ 바라건대 :
　서기(庶幾). 서호(庶乎).

■ 바라다 :
　기대(期待). 희기(希冀). 희망(希望).

■ 바라던 일이 실패로 돌아감 :
　망단(望斷).

■ 바라봄 :
　첨망(瞻望).

■ 바람 :
　요기(徼冀).

■ 바람 같은 것이 빨리 부는 모양 :
　훌훌(欻欻).

■ 바람개비 :
　풍후(風候).

■ 바람결 :
　풍편(風便).

■ 바람귀신 :
　풍백(風伯).

■ 바람둥이 :
　풍객(風客).

■ 바람 부는 소리 :
　날랄(剌剌). 삽삽(靅靅).

■ 바람소리 :
　풍성(風聲).

■ 바람소리가 굉장한 모양 :
　앙앙(泱泱).

■ 바람에 가볍게 나부끼는 모양 :
　표표(飄飄).

■ 바람에 깃발이 펄펄 날림 :
　표유(飄斿).

■ 바람에 나뭇잎과 가지가 나부끼는 모양 :
　요뇨(裊裊).

■ 바람에 나부끼는 모양 :
　담담(澹淡).

■ 바람에 날려 올라가는 모양 :
　양양(颺颺).

■ 바람에 불리어 쓰러져 흔들림 :
　피미(披靡).

■ 바람에 쓸어지다 :
　풍언물(風偃物).

■ 바람에 휘날리는 모양 :
　엽렵(獵獵).

■ 바람에 흔들리는 모양 :
　요요(颻颻). 의위(猗萎). 점점(颭颭).

■ 바람에 흔들리는 풀 :
　풍초(風草).

■ 바람 움직이다 :
　풍동(風動).

■ 바람을 따르는 모양 :
　예예(洩洩).

■ 바람을 맡은 신 :
　풍신(風神). 풍백(風伯).

■ 바람의 맑은 소리 :
　영령(泠泠).

■ 바람의 방향 :
　풍신(風信).

■ 바람의 신 :
　기백(箕伯). 풍백(風伯). 비렴(蜚廉). 비렴(飛廉).
　풍사(飆師). 풍사(風師). 풍신(風神).

■ 바람이나 구름이 움직이는 모양 :
　흡흡(吸吸).

■ 바람이 높이 부는 모양 :
　요요(飂飂).

■ 바람이 대단히 부는 소리 :
　굉효(訇哮).

■ 바람이 부는 모양 :
　봉봉(蓬蓬). 엽렵(獵獵).

■ 바람이 부는 소리 :
　소소(蕭蕭). 슬율(瑟汨). 책책(策策).

■ 바람이 불어 먼지가 자욱이 일어나는 모양 :
　옹연(塕然).

■ 바람이 빨리 부는 모양 :
　유류(瀏瀏).

■ 바람이 세게 부는 모양 :
　소소(騷騷). 속속(藗藗).

■ 바람이 솔솔 부는 모양 :
　목목(翟翟). 속속(藗藗). 수류(颼飀). 수삽(颼颯).
　영연(泠然). 요뇨(嫋嫋). 집집(輯輯). 흡습(翕習).

■ 바람이 솔솔 부는 소리 :
　수수(颼颼).

■ 바람이 시원하게 부는 모양 :
　삽연(颯然). 삽이(颯爾).

■ 바람이 시원하여 마음이 상쾌함 :
　삽상(颯爽).

■ 바람이 쌀쌀하게 부는 소리 :
　삽삽(颯颯).

■ 바람이 쌀쌀한 모양 :
　필발(觱發).

■ 바람이 쓸쓸하게 부는 소리 :
　슬슬(瑟瑟).

■ 바람이 쓸쓸히 부는 모양 :
　표소(飄蕭).

■ 바람이 이는 모양 :
　봉발(蓬勃).

■ 바람이 한바탕 부는 모양 :
시시(颸颸). 시연(颸然).

■ 바람 일어나다 :
풍기(風起).

■ 바람 잔잔하다 :
풍온(風穩).

■ 바람차다 :
풍한(風寒).

■ 바로 :
즉시(卽時).

■ 바로 보다 :
정시(正視). 직시(直視).

■ 바로 서다 :
정립(正立).

■ 바르지 아니한 모양 :
사사(斜斜). 혜화(謑髁).

■ 바른 것을 잃는 모양 :
미사(靡徙).

■ 바른말 :
당언(讜言). 정언(正言).

■ 바른 말을 거리낌 없이 하는 모양 :
악악(鄂鄂).

■ 바른 모양 :
정정(挺挺).

■ 바름 :
도말(塗抹).

■ 바리 :
굴목우(屈木盂). 발다라(鉢多羅). 응기(應器).

■ 바리때 :
발우(鉢釪).

■ 바보 :
백치(白癡). 사자(傻子). 치매(癡呆). 치애(癡獃).
치우(癡愚).

■ 바쁘게 가다 :
거행(遽行).

■ 바쁜 모양 :
곤곤(袞袞). 물물(勿勿). 삭삭(數數). 소연(蕭然).
초초(草草). 총총(悤悤). 총총(怱怱).

■ 바쁨 :
총졸(悤卒). 창졸(倉卒). 총망(悤忙).

■ 바삐 가다 :
망행(忙行).

■ 바삐 둘레둘레 보는 모양 :
구구(瞿瞿).

■ 바삐 왕래(往來)하는 모양 :
첩접(蹀蹀).

■ 바소 :
피침(披針). 피침(鈹鍼).

■ 바위 :

■ 암석(巖石).

■ 바위가 우뚝 높이 솟아 험한 모양 :
참참(漸漸).

■ 바지락과 대합조개 :
합현(蛤蜆).

■ 바지락조개 :
합리(蛤蜊).

■ 바지랑대 :
괘간(掛竿).

■ 바침 :
진상(進上).

■ 바퀴벌레 :
비렴(蜰蠊). 향랑자(香娘子).

■ 바퀴굴대 :
차축(車軸).

■ 바퀴둘레 :
차망(車輞).

■ 바퀴살이 바퀴통에 모이는 것 같이 사물이 한
곳에 많이 모임 :
폭주(輻輳).

■ 박 김치 :
호저(瓠菹).

■ 박 나방 :
포아(匏蛾).

■ 박달나무 :
단목(檀木).

■ 박쥐 :
복익(伏翼). 비서(飛鼠). 선서(仙鼠). 편복(蝙蝠).
천서(天鼠).

■ 박 지짐이 :
포전(匏牋).

■ 반걸음 :
경보(頃步). 규보(跬步). 척보(隻步).

■ 반달 :
현야월(弦夜月). 현월(弦月).

■ 반달 같은 눈썹 :
각월(卻月).

■ 반대로 :
고반(顧反).

■ 반대 좀 :
의어(衣魚). 지어(紙魚). 담어(蟫魚).

■ 반두 :
조망(罩網).

■ 반드시 :
필연(必然). 필위(必爲). 필정(必定).

■ 반들반들한 모양 :
활활(滑滑).

■ 반딧불 :
형광(熒光). 형화(螢火).

- 반목하는 모양 :
  발혜(勃豀).
- 반목함 :
  규언(睽焉).
- 반백의 머리 :
  이모(二毛).
- 반백이 되는 연기의 노인 :
  이모(二毛).
- 반열 :
  반열(班列). 서열(序列). 석차(席次). 열차(列次).
  위차(位次).
- 반짝반짝 빛나는 모양 :
  위황(煒煌). 황황(煌煌).
- 반쪽기와 :
  반와(半瓦).
- 반측하는 모양 :
  판판(板板).
- 발가락 :
  족지(足指).
- 발가벗음 :
  적나(赤裸). 적나나(赤裸裸). 적조조(赤條條).
- 발꿈치와 팔꿈치 :
  근주(跟肘).
- 발끈 성내는 모양 :
  혁연(赫然).
- 발끈 성냄 :
  혁노(赫怒).
- 발끈하여 안색이 변하는 모양 :
  초연(愀然).
- 발끈 화를 내는 모양 :
  불연(怫然). 축호(滀乎). 행행(悻悻).
- 발담 :
  어양(魚梁).
- 발돋움하여 바라봄 :
  곡기(鵠企). 곡립(鵠立). 곡망(鵠望). 기망(跂望).
  기족(跂足).
- 발뒤꿈치 치다 :
  격과(擊踝).
- 발등 :
  족부(足跗).
- 발로 땅을 구르며 장단을 맞추어 노래함 :
  답가(踏歌). 도가(蹈歌).
- 발로 차는 소리 :
  박박(趵趵).
- 발목 잡아매다 :
  족쇄(足鎖).
- 발 밑 :
  각하(脚下). 족하(足下).
- 발바닥 :

- 족장(足掌).
- 발병 :
  족질(足疾).
- 발부리 :
  족첨(足尖).
- 발 얼어 터지다 :
  촉족(瘃足).
- 발을 들다 :
  거족(擧足).
- 발자국 :
  족적(足迹). 혜흔(鞋痕).
- 발자국 소리 :
  공공(跫跫). 공연(跫然). 공음(蛩音).
- 발판 :
  답판(踏板).
- 밝게 빛나는 모양 :
  명명혁혁(明明赫赫).
- 밝고 성한 모양 :
  율황(矞皇).
- 밝은 달 :
  교월(皎月). 낭월(朗月). 명섬(明蟾). 명월(明月).
  백월(白月). 소월(素月). 양월(亮月).
- 밝은 모양 :
  경경(冏冏). 경연(冏然). 고고(杲杲). 교교(皦皦).
  난연(爛然). 낭랑(朗朗). 낭연(朗然). 상상(爽爽).
  상연(爽然). 소소(昭昭). 소소(炤炤). 앙앙(昂昂).
  양연(亮然). 위여(煒如). 위연(煒然). 위위(煒煒).
  율월(汩越). 작작(灼灼). 장장(章章). 적적(的的).
  창창(彰彰). 호연(皓然). 호호(皓皓). 황황(晃晃).
- 밝지 못한 모양 :
  당랑(儻朗).
- 밝지 않은 모양 :
  당당(儻儻). 당호(儻乎). 몽연(朦然).
- 밟고 걷다 :
  보발(步跋).
- 밟아 부숨 :
  답쇄(踏碎).
- 밟아 죽임 :
  답살(踏殺).
- 밤12시 :
  자정(子正).
- 밤경치 :
  야경(夜景). 야색(夜色).
- 밤 껍질 :
  율각(栗殼).
- 밤낮 :
  일야(日夜). 주야(晝夜). 주소(晝宵).
- 밤놀이 :
  야유(夜遊).

- 밤도둑 :
  야객(夜客). 야도(夜盜).
- 밤마다 :
  매야(每夜). 야야(夜夜). 과야(課夜).
- 밤밥 :
  야식(夜食).
- 밤사이 :
  야간(夜間). 야래(夜來).
- 밤새도록 :
  숙야(宿夜). 종소(終宵). 종야(終夜). 철서(徹曙).
  철소(徹宵). 철야(徹夜). 철효(徹曉). 통석(通夕).
  통석(通昔). 통소(通宵). 통야(通夜).
- 밤새움 :
  경야(竟夜). 달소(達宵). 달야(達夜). 철야(徹夜).
- 밤손님 :
  야객(夜客).
- 밤송이 :
  율방(栗房).
- 밤송이가시 :
  율자(栗刺).
- 밤에 하는 다듬이질 :
  모침(暮砧).
- 밤에 잠이 안 와서 몸을 엎치락뒤치락 함 :
  전전(輾轉). 전전(展轉).
- 밤엿 :
  율당(栗糖).
- 밤을 새다 :
  달야(達夜). 달서(達曙). 달소(達宵). 경야(竟夜).
- 밤이 긴 모양 :
  도도(陶陶). 만만(漫漫).
- 밤이 깊어 조용한 모양 :
  침침(沈沈).
- 밤일 :
  야공(夜工). 야업(夜業). 야근(夜勤).
- 밤자갈 :
  율석(栗石).
- 밤중 :
  몰각(沒刻). 야반(夜半). 야분(夜分). 야음(夜陰).
  야중(夜中).
- 밤참 :
  야찬(夜餐).
- 밤하늘 :
  야공(夜空).
- 밥값 :
  식비(食費).
- 밥그릇 :
  반기(飯器). 반발(飯鉢). 반우(飯盂).
- 밥상 :
  식상(食床).

- 밥솥 :
  식정(食鼎).
- 밥쌀 :
  반미(飯米).
- 밥알 :
  반과(飯顆). 반립(飯粒).
- 밥을 짓는 사람 :
  양자(煬者).
- 밥 찌다 :
  증반(蒸飯).
- 밥 체하다 :
  반질(飯窒).
- 밥 팔다 :
  반판(飯販).
- 방 :
  호석(戶席).
- 방 갓 :
  방립(方笠). 상립(喪笠).
- 방게 :
  방기(螃蜞). 방해(螃蟹). 활책(蛞蠌).
- 방고래 :
  항동(炕洞).
- 방구들 :
  온돌(溫突).
- 방귀 :
  방기(放氣).
- 방귀를 뀜 :
  설기(洩氣).
- 방그레 웃다 :
  함소(含笑).
- 방랑하는 모양 :
  요랑(聊浪). 표표(飄飄).
- 방랑하는 사람 :
  표객(漂客).
- 방망이 :
  침저(砧杵). 곤봉(棍棒).
- 방물장수 :
  아파(牙婆).
- 방법이 없음 :
  몰법자(沒法子).
- 방불한 모양 :
  의희(依稀).
- 방비 :
  방비(防備). 방어(防禦).
- 방아깨비 :
  계종(蟿螽). 번종(螌螽). 용서(舂黍). 혜력(蟪蚸).
  혜책(蟪蚱).
- 방아쇠 :
  격침(擊針).

■ 방앗간 :
정미소(精米所).

■ 방울 :
영탁(鈴鐸). 탁령(鐸鈴). 화령(和鈴).

■ 방울 또는 물건이 울리는 소리 :
영령(鈴鈴).

■ 방울벌레 :
금경아(金鏡兒). 금종충(金鐘蟲).

■ 방울소리 :
영성(鈴聲). 앙앙(鈌鈌).

■ 방종한 모양 :
탕탕(盪盪).

■ 방종함 :
사종(肆縱).

■ 방탕을 일삼는 화류남 :
유야랑(遊冶郎).

■ 방탕한 마음 :
탕정(蕩情).

■ 방패비늘 :
순린(楯鱗).

■ 밭 :
전지(田地). 한전(旱田). 한지(旱地).

■ 밭농사 :
전농(田農).

■ 밭두둑 :
견강(畎疆). 반계(畔界). 전승(田塍). 전주(田疇).
정휴(町畦). 주롱(疇壟). 진역(畛域). 천맥(阡陌).
휴반(畦畔). 휴진(畦畛). 휴정(畦町).

■ 밭 못자리 :
육묘대(陸苗垈). 전묘대(田苗垈).

■ 밭벼 :
산도(山稻). 육도(陸稻). 한도(旱稻).

■ 밭 북돋다 :
배전(培田).

■ 밭을 가는 모양 :
읍읍(俋俋).

■ 밭을 가는 소리 :
찰찰(札札).

■ 밭이랑 :
전무(田畝).

■ 밭이 아름다운 모양 :
매매(每每).

■ 배 :
강자(腔子). 장두(腸肚).

■ 배가 부른 모양 :
과연(果然). 창창(脹脹).

■ 배가부름 :
창만(脹滿).

■ 배가 잔뜩 부르게 먹음 :
과복(果腹).

■ 배가 차도록 실컷 먹음 :
포만(飽滿).

■ 배가 터지도록 먹음 :
탱장주복(撑腸拄腹).

■ 배갈 :
고량주(高粱酒).

■ 배꼽 :
발앙(脖胦).

■ 배꼽아래 :
단전(丹田).

■ 배나무 :
이목(梨木).

■ 배내똥 :
해분(蟹糞).

■ 배냇니가 빠지는 나이 :
몰치(沒齒).

■ 배냇머리 :
산모(産毛).

■ 배다리 :
주교(舟橋). 선교(船橋). 선창(船艙). 주량(舟梁).

■ 배달의 나라 :
단국(檀國).

■ 배대다 :
선박(船泊). 정박(碇泊). 정숙(碇宿).

■ 배 돛 내리다 :
하범(下帆).

■ 배따라기 :
이선악곡(離船樂曲).

■ 배 뜨다 :
주부(舟浮).

■ 배 띄어 놓다 :
행주(行舟).

■ 배롱나무 :
백일홍(百日紅).

■ 배를 젖는 소리 :
알알(軋軋).

■ 배를 쥐고 웃음 :
올갹(嗢噱).

■ 배메기 :
반타작(半打作). 타작(打作). 병작(竝作).

■ 배반하는 모양 :
판판(板板). 판판(版版).

■ 배부름 :
촉염(屬厭). 촉염(屬饜).

■ 배불러 싫다 :
포염(飽厭).

■ 배 불룩하다 :
복창(腹脹). 팽형(膨脖).

- 배 아프다 :
  복통(腹痛).
- 배와 등 :
  복배(腹背).
- 배우 :
  각아(角兒). 배우(俳優). 우령(優伶).
- 배워 본받음 :
  효모(傚慕).
- 배 저음 :
  탱선(撑船). 탱자(撑刺). 탱척(樘刺).
- 배지느러미 :
  복기(服鰭).
- 배추벌레 :
  명령(螟蛉).
- 배탈이 나서 뱃속이 꾸르륵거리는 모양 :
  복명(腹鳴).
- 배표 :
  선표(船票).
- 배회하는 모양 :
  파사(婆娑).
- 백골 :
  백골(白骨). 효골(髐骨).
- 백두루미 :
  단정학(丹頂鶴).
- 백로 :
  백로(白鷺). 백설(百舌). 백조(白鳥). 설객(雪客).
- 백만장자 :
  소봉(素封).
- 백목련 :
  백목련(白木蓮). 신이(辛夷). 옥란(玉蘭).
- 백미꽃 :
  백막(白幕). 미초(薇草). 백미(白薇).
- 백발 :
  곡발(鵠髮). 백발(白髮).
- 백색과 흑색 :
  소현(素玄).
- 백설탕 :
  당상(糖霜).
- 백성 :
  검우(黔愚). 검수(黔首). 맹례(萌隸). 백성(百姓).
  증민(蒸民). 창생(蒼生). 필서(匹庶).
- 백성을 사랑하여 보호함 :
  구후(嫗煦).
- 백일 :
  십순(十旬).
- 백일홍 :
  자미(紫薇).
- 백정 :
  도가(屠家). 도자(屠者). 도한(屠漢). 도아(屠兒).

- 백정(白丁). 재인(宰人). 포정(庖丁). 포한(庖漢)
- 백조 :
  백조(白鳥). 천아(天鵝).
- 뱀 같은 것이 굼틀거리며 가는 모양 :
  완연(蜿蜒).
- 뱀 같은 것이 서린 모양 :
  연연(蜒蜒).
- 뱀 껍질 :
  용자의(龍子衣).
- 뱀 딸기 :
  사매(蛇莓). 잠매(蠶莓). 지매(地莓).
- 뱀장어 :
  만리(鰻鱺). 백선(白鱓). 장어(長魚).
- 뱀 혀 풀 :
  사함초(蛇含草).
- 뱁새 :
  교부조(巧婦鳥). 도충(桃蟲). 초료(鷦鷯).
- 뱃가죽 :
  복피(腹皮).
- 뱃구레 :
  복강(腹腔).
- 뱃길 :
  목로(木路). 선로(船路). 수로(水路). 수정(水程).
  항로(航路).
- 뱃노래 :
  도가(櫂歌). 도가(棹歌). 도창(櫂唱). 도창(棹唱).
  방가(榜歌). 선가(船歌). 애내(欸乃).
- 뱃놀이 :
  범유(汎游). 유범(游泛). 유선(遊船). 선유(船遊).
  주유(舟遊).
- 뱃머리 :
  선수(船首). 현두(舷頭).
- 뱃멀미 :
  고선(苦船). 선운(船暈). 선취(船醉). 수질(水疾).
  운선(暈船).
- 뱃사공 :
  고공(篙工). 고사(篙師). 고수(篙手). 고인(篙人).
  도랑(棹郎). 도자(渡子). 방인(榜人). 방인(舫人).
  사공(沙工). 선부(船夫). 선인(船人). 소공(艄公).
  수객(水客). 수수(水手). 수부(水夫). 정자(艇子).
  주인(舟人). 주자(舟子). 즙사(楫師). 초공(梢工).
- 뱃사람 :
  선원(船員). 해원(海員).
- 뱃삯 :
  선가(船價). 선비(船費). 선임(船賃).
- 뱃소리 :
  애내(欸乃).
- 뱃속 :
  두리(肚裏). 심중(心中). 두리(肚裏). 심중(心中).

- 뱃전 :
  선연(船緣). 선측(船側). 선현(船舷).
- 뱃짐 :
  선복(船卜).
- 뱅어 :
  백어(白魚). 양교(陽鱎).
- 버금자리 :
  부이(副貳). 차석(次席).
- 버드나무 :
  양류(楊柳).
- 버드나무하늘소 :
  유천우(柳天牛).
- 버들가지 :
  양지(楊枝). 유조(柳條).
- 버들개치 :
  유서(柳絮).
- 버들고리 :
  고노(栲栳).
- 버들붕어 :
  투어(鬪魚).
- 버들잎 :
  유엽(柳葉).
- 버들잎이 푸른 모양 :
  취미(翠眉).
- 버들치 :
  백조(白鯈).
- 버럭 성냄 :
  제노(齎怒).
- 버럭 신경질을 잘 내는 버릇 :
  간벽(癎癖).
- 버려 둔 집 :
  폐가(廢家).
- 버려 둠 :
  치지(置之).
- 버릇 :
  습관(習貫). 습관(習慣). 습기(習氣). 습벽(習癖).
  업습(業習).
- 버릇없는 아이 :
  교아(驕兒). 교자(驕子).
- 버릇없이 굶 :
  설압(褻狎).
- 버리다 :
  폐기(廢棄).
- 버마재비 :
  당랑(蟷蜋).
- 버새 :
  거허(駏驉). 결제(駃騠).
- 버선 :
  족의(足衣).

- 버선목 :
  말경(襪頸).
- 버섯 :
  균심(菌蕈).
- 버찌 :
  흑앵(黑櫻).
- 버팀 :
  지오(榰梧). 지오(支吾). 지오(枝梧). 지탱(支撐).
  탱주(撐拄). 탱지(撐支).
- 버팀목 :
  여궤(欞佹). 지주(榰柱). 지주(支柱).
- 번갈아 :
  경호(更互). 교호(交互).
- 번개 :
  곽섬(霍閃). 금사(金蛇). 뇌편(雷鞭). 전광(電光).
  전섬(電閃). 전편(電鞭). 진정(震霆).
- 번갯빛 :
  전광(電光).
- 번갯불 :
  곽섬(霍閃). 섬석(睒睒). 전광(電光). 전화(電火).
  전섬(電閃). 전편(電鞭). 진정(震霆).
- 번갯불이 번쩍이는 모양 :
  비비(霏霏).
- 번거로운 모양 :
  사사(莎莎).
- 번데기 :
  용충(蛹蟲). 회용(蚘蛹).
- 번득여남 :
  번비(拚飛).
- 번뜩이는 모양 :
  섬섬(閃閃). 양양(颺颺).
- 번민하는 모양 :
  막막(漠漠). 모소(毦毢). 민민(悶悶). 회회(恑恑)
- 번민하여 괴로워하는 모양 :
  만만(懣懣).
- 번번이 :
  매번(每番). 매차(每次). 매회(每回). 번번(番番).
- 번잡한 모양 :
  복이(僕爾). 분분(紛紛).
- 번쩍 드는 모양 :
  척연(倜然).
- 번쩍번쩍 빛나는 모양 :
  난란(爛爛). 삭삭(爍爍). 섬삭(閃鑠). 섬삭(閃爍).
  섬섬(睒睒). 섬찬(閃燦). 엽연(燁然). 엽엽(燁燁).
  정정(晶晶). 정형(晶熒). 탁탁(濯濯). 환환(煥煥).
- 번쩍번쩍 빛남 :
  황욱(晃昱).
- 번쩍번쩍하는 모양 :
  곽확(濩濩). 삭삭(鑠鑠).

- 번쩍번쩍하는 빛 :
  섬광(閃光).
- 번화하여 수레와 사람의 왕래가 많음 :
  곡격견마(轂擊肩摩).
- 벌거벗음 :
  적신(赤身).
- 벌거숭이 :
  나신(裸身). 나체(裸體). 나정(裸裎). 나형(裸形).
- 벌과 나비 :
  봉접(蜂蝶).
- 벌꿀 :
  봉밀(蜂蜜).
- 벌떡 일어나는 모양 :
  궐연(蹶然).
- 벌 떼 :
  봉군(蜂群).
- 벌레가 굼틀굼틀 기어가는 모양 :
  권국(蜷局).
- 벌레가 기는 모양 :
  기기(跂跂). 기행(蚑行).
- 벌레가 꿈틀거리는 모양 :
  연연(蜎蜎).
- 벌레가 요란하게 우는소리 :
  즉즉(喞喞).
- 벌레가 우는소리 :
  이이(咿咿).
- 벌레가 움직이는 모양 :
  담담(蟫蟫).
- 벌레가 이어서 자꾸 우는 소리 :
  조즉(啁喞).
- 벌레 같은 것이 굼틀거리는 모양 :
  연연(蠕蠕).
- 벌레 소리 :
  요요(喓喓).
- 벌레잡이잎 :
  포충엽(捕蟲葉).
- 벌레 혹 :
  충영(蟲癭).
- 벌 밑구멍 :
  봉추(蜂醜).
- 벌써 :
  업이(業已).
- 벌써 오래 됨 :
  이구(已久).
- 벌집 :
  봉방(蜂房). 봉소(蜂巢). 소비(巢脾). 소상(巢箱).
- 벌채함 :
  번곽(鐇钁).
- 범 :

- 대충(大蟲).
- 범나비 :
  귀차(鬼車).
- 범벅 :
  죽응(粥凝). 후죽(厚粥).
- 범상 :
  범상(凡常). 범용(凡庸).
- 범의 문채 :
  호문(虎文).
- 범의 소리 :
  호성(虎聲).
- 범이 성내어 우는소리 :
  함함(闞闞).
- 법도가 문란한 모양 :
  탕탕(盪盪).
- 법도가 어지러운 모양 :
  탕탕(蕩蕩).
- 법을 범하여 나쁜 짓을 저지르는 모양 :
  여려(厲厲).
- 벗 :
  붕고(朋故). 붕우(朋友). 붕주(朋儔). 붕지(朋知).
  붕집(朋執). 우인(友人). 제륜(儕倫). 제배(儕輩).
  주여(儔與). 주려(儔侶). 지우(知友). 필제(匹儕).
- 벗끼리 서로 격려하고 도와 덕을 닦음 :
  보인(輔仁).
- 벗어버림 :
  탈각(脫却).
- 벗을 사귐에 서로 간절히 선행을 권면하고 격
  려하는 모양 : 절절시시(切切偲偲).
- 벗이나 동지끼리 서로 격려하며 선도를 권장함 :
  시시(偲偲).
- 벗이 서로 뜻이 맞아 학문과 덕행을 닦는 일 :
  앵앵(嚶嚶).
- 벙어리 :
  아자(啞子). 아자(啞者). 암아(暗啞).
- 벙어리매미 :
  암선(喑蟬).
- 벚꽃 :
  앵화(櫻花).
- 벚나무 :
  산앵(山櫻). 화목(樺木).
- 베개 :
  목침(木枕). 죽침(竹枕). 원앙침(鴛鴦枕).
- 베개 잇 :
  침표(枕表).
- 베갯머리 :
  침두(枕頭). 침변(枕邊). 침상(枕上). 침측(枕側).
- 베고 자면 선경에 가서 노는 꿈을 꾼다는 베개 :
  유선침(遊仙枕).

■ 베낌 :
　제사(題寫).

■ 베어서 열다 :
　이개(劃開). 해부(解剖).

■ 베 짜는 북 :
　사저(梭杼).

■ 베 짜는 소리 :
　알알(軋軋). 즉즉(喞喞). 즉즉(喞喞). 찰찰(札札).

■ 베짱이 :
　낙위(絡緯). 사계(梭鷄). 사계(莎鷄). 송서(蜙蝑).
　종사(螽斯). 촉직(促織).

■ 베틀 :
　직기(織機).

■ 베틀 발 :
　기족(機足).

■ 베틀의 바디 :
　기종(機綜).

■ 벼 :
　가화(嘉禾). 나록(羅祿). 답곡(畓穀). 속미(粟米).

■ 벼가 잘 자라는 모양 :
　봉봉(芃芃).

■ 벼 까끄라기 :
　도망(稻芒).

■ 벼 껍질 :
　화피(禾皮).

■ 벼꽃 :
　화화(禾華).

■ 벼농사 :
　도작(稻作).

■ 벼락 :
　낙뢰(落雷). 벽력(辟歷). 벽력(霹靂).

■ 벼락김치 :
　급살저(急煞菹).

■ 벼락부자 :
　졸부(猝富). 폭부(暴富).

■ 벼락을 침 :
　천벌(天伐).

■ 벼룻돌 :
　연석(硯石).

■ 벼룻물 :
　연수(硯水). 연적(硯滴).

■ 벼룻집 :
　연갑(硯匣). 연상(硯床). 연상(硯箱). 연함(硯函).

■ 벼를 베는 모양 :
　질질(挃挃).

■ 벼메뚜기 :
　송서(蜙蝑).

■ 벼슬길 :
　사도(仕途). 사로(仕路). 환도(宦途). 환로(宦路).

■ 벼슬아치 :
　관원(官員). 관료(官僚). 관리(官吏). 윤사(尹司).

■ 벼슬을 그만둠 :
　장가(長暇). 치사(致仕). 장휴고(長休告).

■ 벼슬을 사양하고 시골로 내려가서 농사를 지음 :
　퇴경(退耕).

■ 벼슬의 임기가 다한 해 :
　과년(瓜年). 과기(瓜期). 과시(瓜時).

■ 벼슬의 임기가 참 :
　과만(瓜滿).

■ 벼슬이 없는 선비 :
　포의(布衣). 백의(白衣). 백포(白布).

■ 벼슬하지 않은 사람 :
　포의(布衣). 백의(白衣).

■ 벼슬하지 않을 때 사귄 친구 :
　포의지교(布衣之交). 포의지우(布衣之友).

■ 벼의 꽃 :
　도화(稻花).

■ 벼의 모가 잘 자라서 야드르르한 모양 :
　수수(穟穟).

■ 벼의 이삭이 패어 꽃이 피는 모양 :
　수수(穟穟).

■ 벼이삭 :
　도수(稻穟). 화수(禾穗).

■ 벽과 같이 깎아 지르는 듯한 물가 :
　안벽(岸壁).

■ 벽돌 :
　연와(煉瓦). 영벽(瓴甓). 전벽(塼甓).

■ 벽돌집 :
　박방(礴房).

■ 벽오동 :
　청동(靑桐).

■ 벽촌 :
　구야(尤野). 벽촌(僻村). 추원(陬遠).

■ 변강쇠 :
　확삭(矍鑠).

■ 변명 :
　변명(辨明). 변백(辨白).

■ 변변치 못한 모양 :
　녹록(錄錄).

■ 변변치 못한 사람 :
　두소지인(斗筲之人).

■ 변변치 못한 제수 :
　빈번(蘋蘩).

■ 변별은 잘 하나 천박한 모양 :
　전전(翾翾).

■ 변설이 유창한 모양 :
　전전(諓諓).

■ 변소 :

요처(要處).

■ 변하지 않는 모양 :
여여(如如).

■ 변화하는 모양 :
요연(漻然).

■ 별 :
성두(星斗). 성신(星辰). 성유(星楡).

■ 별들 :
성군(星群).

■ 별똥 :
작약(妁約). 운성(隕星).

■ 별명 :
별명(別名). 원명(諢名). 작명(綽名). 작호(綽號).

■ 별빛 :
성광(星光).

■ 별안간 :
돈연(頓然). 돌연(突然). 순연(恂然). 암연(黯然).
엄홀(奄忽). 졸사(卒乍). 졸연(卒然). 졸연(猝然).
합언(溘焉). 합연(溘然).

■ 별이 반짝이는 모양 :
제제(晢晢).

■ 별자리 :
성수(星宿). 성좌(星座).

■ 별장 :
별업(別業). 별장(別莊). 별저(別邸). 별제(別第).

■ 볏모 :
앙도(秧稻). 앙묘(秧苗). 앙침(秧針).

■ 볏짚 :
고초(稿草). 도고(稻藁).

■ 병 :
병마(病魔). 이수(二竪). 질병(疾病).

■ 병들어죽다 :
병사(病死).

■ 병들어 지친 모양 :
관관(痯痯).

■ 병아리 :
계자(鷄子). 계추(鷄雛).

■ 병으로 고생함 :
과축(薖軸).

■ 병으로 번민하다 :
병민(病悶).

■ 병이 나음 :
쾌복(快復). 쾌유(快瘉). 쾌유(快癒). 쾌차(快差).

■ 병이 바로 깨끗이 낫는 모양 :
탈연(脫然).

■ 병 전염하다 :
병염(病染).

■ 병중에 나오는 헛소리 :
섬어(譫語).

■ 병풍 :
병풍(屛風). 엄장(掩障).

■ 볕 :
양지(陽地).

■ 볕이 안 드는 산등성이 :
음강(陰岡).

■ 보금자리 :
과구(窠臼).

■ 보기 싫은 여자의 형용 :
구두심목(臼頭深目).

■ 보기 흉한 모양 :
기백(頎魄).

■ 보내주다 :
유송(遺送).

■ 보람 :
징효(徵效). 효과(效果). 효능(效能). 효력(效力).
효용(效用). 효험(效驗).

■ 보름달 :
만월(滿月). 망월(望月).

■ 보리 :
대맥(大麥).

■ 보리가 잘 자라는 모양 :
점점(漸漸).

■ 보리까끄라기 :
맥망(麥芒).

■ 보리깜부기 :
맥노(麥奴).

■ 보리농사 :
맥농(麥農). 맥작(麥作).

■ 보리누룩 :
황자(黃子).

■ 보리떡 :
맥병(麥餠).

■ 보리막걸리 :
맥탁(麥濁).

■ 보리밥 :
맥반(麥飯).

■ 보리밭 :
맥롱(麥壟).

■ 보리 벼 등의 익은 이삭이 바람에 나부끼어 물
결치듯이 보임의 형용 : 황파(荒波).

■ 보리 볶다 :
소맥(燒麥).

■ 보리술 :
맥주(麥酒).

■ 보리숭늉 :
맥탕(麥湯).

■ 보리쌀 :
정맥(精麥).

■ 보리 움 :
맥얼(麥蘖).

■ 보리의 파란 잎이 바람에 나부끼는 모양 :
맥랑(麥浪).

■ 보리이삭 :
맥수(麥穗).

■ 보리 짚 :
맥간(麥稈). 맥경(麥莖). 맥고(麥藁).

■ 보리차 :
맥다(麥茶).

■ 보릿가루 :
맥당(麥糖). 맥분(麥粉).

■ 보릿고개 :
맥령(麥嶺). 춘궁(春窮).

■ 보슬비 :
사우(絲雨). 영우(零雨).

■ 보습 날 :
이인(犁刃).

■ 보습의 날이 날카로운 모양 :
측측(畟畟).

■ 보시기 :
보아(甫兒).

■ 보우트 :
단정(端艇). 단정(短艇). 단주(端舟).

■ 보위 :
보위(寶位). 보조(寶祚).

■ 보이다 안 보이다 하는 모양 :
멱력(幎歷).

■ 보잘 것 없는 물건 :
서배(鼠輩).

■ 보잘 것 없는 물건이니 웃으며 받아 달라는 말 :
소납(笑納). 소류(笑留).

■ 보잘것없이 아주 미약한 모양 :
미미(微微).

■ 보조개 :
소엽(笑靨). 엽보(靨輔).

■ 보조개를 짓고 웃음 :
엽소(靨笑).

■ 보졸 :
보병(步兵). 보졸(步卒).

■ 보지 :
소문(小門). 여근(女根). 옥문(玉門). 음문(陰門).
음호(陰戶). 하문(下門).

■ 보지 않고 외어 씀 :
암소(暗疏).

■ 보탬 :
보조(輔助). 보충(補充). 유익(有益).

■ 보통 :
범상(凡常).

■ 보통사람들 :
갑남을녀(甲男乙女).

■ 보통솜씨 :
범수(凡手). 범기(凡技).

■ 보통의 책략 :
범책(凡策).

■ 보행하는 모양 :
우우(于于).

■ 복도 :
낭하(廊下).

■ 복사뼈 :
거골(距骨). 과골(踝骨). 노골(路骨).

■ 복숭아 :
도실(桃實).

■ 복숭아꽃 :
도화(桃花).

■ 복숭아씨의 알맹이 :
도인(桃仁). 어혈(瘀血). 징하(癥瘕). 파혈(破血).

■ 복어 :
하돈(河豚).

■ 복종하는 모양 :
염연(厭然).

■ 볶은 쌀 :
오미(熬米).

■ 본디 :
본래(本來). 원래(元來). 원시(原是). 원시(元是).

■ 본디 그대로의 자연이나 상태 :
본연(本然).

■ 본디부터 그러함 :
고연(固然).

■ 본래부터 :
본시(本是).

■ 본보기 :
견본(見本). 경감(鏡鑑). 모범(模範). 모칙(模則).
모표(模表). 범례(範例). 범식(範式). 표솔(表率).

■ 본 사내 :
본서방(本書房).

■ 볼기 :
곤수(臋脽).

■ 볼기 뼈 :
둔골(臀骨).

■ 볼록거울 :
철면경(凸面鏡).

■ 볼모 :
유질(留質). 인질(人質).

■ 볼일 :
소간(所幹). 소간사(所幹事).

■ 봄 가뭄 :
춘한(春旱).

- 봄갈이 :
  춘경(春耕).
- 봄 경치 :
  방경(芳景). 춘광(春光). 춘색(春色).
- 봄과 가을 :
  이계(二季).
- 봄과 여름에 무성해지는 초목 :
  양훼(陽卉).
- 봄날의 교외의 산책을 이름 :
  답청(踏靑).
- 봄 냉이 :
  춘제(春薺).
- 봄눈 :
  춘설(春雪).
- 봄바람 :
  춘풍(春風).
- 봄바람이 솔솔 부는 모양 :
  습습(習習).
- 봄볕 :
  춘양(春陽). 춘광(春光).
- 봄보리 :
  춘맥(春麥). 춘모(春麰).
- 봄비 :
  춘우(春雨).
- 봄빛 :
  춘색(春色). 춘경(春景).
- 봄의 경치를 찾아 구경 함 :
  문류(問柳).
- 봄의 논 :
  동고(東皐).
- 봄의 들 :
  동교(東郊).
- 봄의 신 :
  동황(東皇).
- 봄의 화창한 모양 :
  태탕(駘蕩).
- 봄철 :
  방세(芳歲). 방신(芳辰). 춘절(春節).
- 봄철의 시냇물 :
  도화수(桃花水).
- 봄추위 :
  춘한(春寒).
- 봉놋 방 :
  주막방(酒幕房).
- 봉새의 울음소리 :
  즉즉(卽卽).
- 봉숭아 :
  금봉화(金鳳花).
- 봉투 :

- 봉투(封套). 서통(書筒).
- 봉한 편지 :
  봉서(封書). 함서(緘書).
- 봉화 :
  봉수(烽燧). 봉화(烽火).
- 뵈다 :
  귀성(歸省). 알현(謁見). 조근(朝覲).
- 부고 :
  부고(訃告). 부문(訃聞). 부보(訃報). 부음(訃音).
- 부귀에 탐닉하는 사람 :
  감중객(酣中客).
- 부귀공명을 구하지 않고 세상을 도피하여 사는
  사람 :
  은군자(隱君子).
- 부귀한 집안 :
  정족(鼎族).
- 부꾸미 :
  전병(煎餅).
- 부끄러운 말 :
  참어(慙語).
- 부끄러운 모양 :
  문문(汶汶). 육연(恧然).
- 부끄러운 얼굴 :
  수안(羞顔).
- 부끄러움 :
  수치(羞恥). 우후(尤詬). 치욕(恥辱).
- 부끄러워하는 모양 :
  망망(望望). 문연(瞞然). 부부(負負). 적적(踖踖).
- 부끄러워하여 얼굴을 붉히는 모양 :
  난난(赧赧). 난난연(赧赧然). 난연(赧然).
- 부끄러워하여 얼굴을 붉힘 :
  난괴(赧愧).
- 부끄러워함 :
  뉵니(忸怩). 함수(含羞).
- 부끄럼 없다 :
  무참(無慙).
- 부끄럽거나 무서워서 땀이 흘러 등을 적심 :
  한출첨배(汗出沾背).
- 부녀자의 교훈 :
  곤훈(壼訓).
- 부는 소리 :
  취성(吹聲).
- 부두 :
  부두(埠頭). 선창(船艙).
- 부드러운 가죽 :
  연피(軟皮).
- 부드러운 모양 :
  아나(猗儺). 임염(荏染).
- 부드러워 아래로 내려진 모양 :

염염(冉冉).
- 부드럽고 길다 :
  유장(柔長).
- 부드럽고 아리따움 :
  연미(軟媚). 연미(輭媚).
- 부득이한 모양 :
  방방(傍傍).
- 부들 :
  향포(香蒲).
- 부들김치 :
  포저(蒲菹).
- 부들 꽃 :
  포황(蒲黃).
- 부들자리 :
  포석(蒲席).
- 부디 :
  정원(情願).
- 부딪침 :
  당돌(唐突). 충돌(衝突)
- 부뚜 :
  풍석(風席).
- 부뚜막 :
  주조(廚竈).
- 부랑자 :
  유곤(遊棍).
- 부레 :
  부낭(浮囊). 부환(浮環). 어표(魚鰾).
- 부레 풀 :
  어교(魚膠). 어표교(魚鰾膠).
- 부루말 :
  백마(白馬).
- 부르짖는 모양 :
  규연(叫然).
- 부르짖다 :
  규호(嘄嘷).
- 부름 :
  초심(招尋). 초호(招呼). 초환(招喚).
- 부리 :
  취자(嘴子).
- 부모 :
  야양(爺孃). 야양(耶孃).
- 부모가 다 살아 계심 :
  구존(俱存).
- 부모가 자식을 보살펴 기름 :
  고복(顧復).
- 부모나 임금을 죽임 :
  시살(弑殺). 시해(弑害).
- 부모로부터 물려받은 가업 :
  궁구(弓裘).

- 부모를 자식이 봉양함 :
  앙포(仰哺).
- 부모 상중에 있음 :
  독예(讀禮).
- 부모의 상 :
  당고(當故). 당상(當喪). 대사(大事). 민흉(閔凶).
  정간(丁艱). 정우(丁憂). 조간(遭艱).
- 부모의 상을 당함 :
  고괴(苦塊).
- 부모의 슬하 :
  고당(高堂)
- 부모중의 한쪽만 생존함 :
  편시(偏侍).
- 부부 :
  항배(伉配).
- 부부가 마주 대하고 있음 :
  우처(偶處).
- 부부가 서로 떨어질 수 없다는 뜻 :
  화관모속(華菅茅束).
- 부부가 함께 있음 :
  우처(偶處).
- 부부가 헤어짐 :
  이연(離緣). 이혼(離婚).
- 부부간의 사이가 나쁜 살 :
  공방살(空房殺). 공방살(空房煞).
- 부부의 사이가 좋음 :
  금슬(琴瑟). 슬금(瑟琴).
- 부부의 의좋음의 비유 :
  우비(于飛).
- 부부의 이별 :
  병침잠절(瓶沈簪折).
- 부부의 인연 :
  토사부여라(免絲附女蘿).
- 부삽 :
  화삽(火鍤).
- 부서져 허물어지는 모양 :
  농종(隴種).
- 부서짐 :
  패쇄(敗碎).
- 부스러뜨리다 :
  파쇄(破碎).
- 부스럼 :
  절양(癤瘍). 종기(腫氣). 종양(腫瘍). 종창(腫瘡).
- 부스럼 아프다 :
  창통(瘡痛).
- 부스럼자국 :
  창흔(瘡痕).
- 부슬비 :
  명목(溟沐). 세우(細雨).

- 부시 :
  화도(火刀).
- 부신 :
  부신(符信). 부절(符節).
- 부싯돌 :
  개석(磑石). 수석(燧石). 화석(火石).
- 부어오름 :
  흔종(掀腫).
- 부엉이 :
  각치(角鴟). 목토(木兔).
- 부엌 :
  주방(廚房). 주포(廚庖). 주하(廚下). 포주(庖廚).
  포옥(庖屋).
- 부엌데기 :
  식모(食母). 취부(炊婦). 취비(炊婢).
- 부엌 창 :
  조창(竈窓).
- 부유한 여자가 사는 집 :
  홍루(紅樓).
- 부인의 속옷 :
  일복(袘服).
- 부인의 웃옷 :
  제우(諸于).
- 부인의 의관 :
  건괵(巾幗).
- 부자 :
  부자(富者). 호가(豪家).
- 부젓가락 :
  화저(火箸).
- 부정한 물품을 받는 더러운 행위 :
  장오(贓汚).
- 부족한 모양 :
  결여(缺如). 결연(缺然). 궐여(闕如).
- 부주의한 모양 :
  막연(漠然).
- 부지깽이 :
  화곤(火棍). 화장(火杖).
- 부지런한 모양 :
  겁겁(劫劫). 비비(卑卑). 설설(屑屑). 자자(孜孜).
- 부지런히 일하는 모양 :
  굴굴(矻矻).
- 부지런히 힘쓰는 모양 :
  면면(勉勉). 미미(亹亹). 자자(孜孜). 자자(孶孶).
  확확(矍矍).
- 부지런히 힘씀 :
  민면(黽勉). 민면(黽俛).
- 부채 :
  단선(團扇). 선삽(扇箑). 선자(扇子).
- 부채꼴 :

- 선형(扇形).
- 부챗살 :
  선골(扇骨).
- 부처 :
  각왕(覺王). 금적(金狄).
- 부처의 소리 :
  범음(梵音).
- 부처의 앞에 엎드려 이마를 땅에 대고 하는 절 :
  정례(頂禮).
- 부추 :
  구채(韭菜).
- 부추겨 춤추게 함 :
  고무(鼓舞).
- 부추기며 조롱함 :
  사롱(唆弄).
- 부추김 :
  도발(挑發).
- 부탁함 :
  촉부(囑付).
- 부화뇌동하는 모양 :
  흡흡(潝潝).
- 북 :
  태고(太鼓).
- 북 같은 것의 소리가 부드럽고 큰 모양 :
  간간(簡簡).
- 북돋음 :
  배옹(培壅).
- 북동풍 :
  염풍(炎風). 조풍(條風).
- 북서풍 :
  여풍(麗風).
- 북소리 :
  고성(鼓聲). 혁음(革音).
- 북소리의 형용 :
  동동(鼕鼕).
- 북을 쳐 울리는 소리 :
  연연(囂囂).
- 북을 치는 소리 :
  감감(坎坎). 담담(紞紞). 동동(湩湩). 방방(彭彭).
- 북채 :
  고부(鼓枹).
- 북 치는 소리 :
  고고(考考). 전전(田田). 팽팽(砰砰).
- 북 치다 :
  격고(擊鼓). 타고(打鼓).
- 북통 :
  고목(鼓木).
- 북풍 :
  광한풍(廣寒風). 북풍(北風).

- 분가 :
  자호(子戶).
- 분개하는 모양 :
  개개(慨慨). 개언(慨焉). 개연(慨然). 분분(憤憤).
  분연(憤然).
- 분노가 가슴에 쌓여 답답함 :
  읍분(悒憤).
- 분다리 :
  묘호화(妙好華). 백련화(白蓮華). 분다리(芬陀
  利).
- 분란한 모양 :
  분분요요(紛紛擾擾).
- 분망한 모양 :
  용용(冗冗). 삭삭(數數).
- 분망한 소리 :
  소소(蕭蕭).
- 분명하게 대답하지 않는 모양 :
  무연(嘸然).
- 분명하지 아니한 모양 :
  골돌(鶻突). 골륜(鶻圇). 광홀(洸忽). 궤궤(憒憒).
  만환(曼澴). 망막(茫漠). 몽몽(夢夢). 몽홍(濛鴻).
  은은(隱隱). 홀연(芴然).
- 분명한 모양 :
  교연(較然). 낙락(犖犖). 요료(了了). 요연(了然).
- 분별없는 모양 :
  혼혼(混混).
- 분부 :
  교령(敎令). 명령(命令). 분부(吩咐).
- 분에 넘치는 사치 :
  사참(奢僭).
- 분주한 모양 :
  소연(蕭然).
- 분풀이 :
  설채(雪債). 해원(解寃).
- 분홍치마 :
  훈상(纁裳).
- 불가 :
  게송(偈頌). 범패(梵唄). 불가(佛歌).
- 불개미 :
  화의(火蟻).
- 불고기 :
  번육(燔肉).
- 불교 :
  석교(釋敎).
- 불교 여신도의 총칭 :
  근사녀(近事女). 우바이(優婆夷).
- 불귀신 :
  염정(炎精).
- 불김 :

염증(炎蒸).
- 불깐 돼지 :
  개시(犗豕).
- 불깐 소 :
  개우(犗牛).
- 불깐 양 :
  승양(騬羊).
- 불꽃 :
  화염(火焰).
- 불꽃이 성하게 일어나는 모양 :
  혹혹(熇熇).
- 불꽃이 활활 올라가는 모양 :
  염염(焱焱).
- 불끈 성내는 모양 :
  한연(憪然).
- 불나방 :
  등아(燈蛾). 비아(飛蛾). 화아(火蛾).
- 불놀이 :
  화희(火戲).
- 불똥이 튀는 모양 :
  표로(熛怒).
- 불룩하여 떵떵한 모양 :
  팽형(彭亨).
- 불만이 있는 모양 :
  요와(眢窊).
- 불만족한 모양 :
  결여(觖如).
- 불만한 모양 :
  묵묵(嘿嘿).
- 불분명한 모양 :
  휴우(睢盱).
- 불빛이 반짝거리는 모양 :
  경경(耿耿).
- 불빛이 선명한 모양 :
  습습(熠熠).
- 불빛이 환한 모양 :
  돈돈(暾暾).
- 불 성하다 :
  화성(火盛).
- 불쌍한 모양 :
  민연(愍然).
- 불쌍히 여기는 모양 :
  민연(閔然).
- 불쌍히 여기어 돌보아 줌 :
  고휼(顧恤).
- 불쌍히 여김 :
  민언(愍焉). 진휼(軫恤).
- 불쏘시개 :
  발촉(發燭).

- 불쑥 나온 광대뼈 :
  고권(高顴).
- 불쑥 나온 눈 :
  노안(露眼).
- 불안한 모양 :
  불위(沸渭). 삭삭(索索). 실솔(窸窣). 올얼(扤陧).
  올연(兀然). 축축(蹴蹴).
- 불안한 소리 또는 모양 :
  솔솔(窣窣).
- 불알 :
  고환(睾丸). 신낭(腎囊). 신자(腎子).
- 불알 발라내는 형벌 :
  궁형(宮刑).
- 불알 베다 :
  거음형(去陰刑).
- 불에 데다 :
  화상(火傷).
- 불우한 모양 :
  남감(壈坎).
- 불을 맡은 신 :
  축융(祝融).
- 불이 성한 모양 :
  표로(熛怒).
- 불이 세차게 타오르는 모양 :
  염염(炎炎). 염염(燄燄).
- 불이 조금 타오르는 모양 :
  염염(燄燄).
- 불평을 품어 마음이 깨끗하지 않는 모양 :
  방발(滂浡).
- 불평을 품어 우울한 모양 :
  앙읍(怏悒).
- 불행한 사람 :
  폐인(敝人).
- 붉은 구슬 :
  적옥(赤玉).
- 붉은 기장 :
  적양속(赤粱粟).
- 붉은 꽃 :
  단영(丹英).
- 붉은 끈 :
  적뉴(赤紐).
- 붉은 눈 :
  적목(赤目).
- 붉은 닭 :
  단계(丹鷄).
- 붉은빛 :
  단염(丹艷). 단주(丹朱).
- 붉은 실 :
  적사(赤絲).

- 붉은 아침 놀 :
  정하(楨霞).
- 붉은 얼굴 :
  정안(楨顔). 자면(赭面).
- 붉은 옷 :
  주의(朱衣).
- 붉은 입술 :
  정순(楨脣). 주순(朱脣). 단순(丹脣).
- 붉은 종이 :
  적지(赤紙).
- 붉은 차돌 :
  홍석영(紅石英).
- 붉은 철쭉 :
  홍두견(紅杜鵑).
- 붉은팥 :
  홍두(紅豆). 적두(赤豆). 적소두(赤小豆).
- 붉은 흙 :
  단자(丹赭).
- 붓 :
  관한(管翰). 독우(禿友). 모필(毛筆). 상관(象管).
  율미(栗尾).
- 붓과 종이 :
  호저(毫楮).
- 붓끝 :
  필단(筆端). 호단(毫端). 필두(筆頭). 필봉(筆鋒).
- 붓대 :
  필관(筆管). 필축(筆軸).
- 붓으로 먹물을 찍음 :
  체필(泚筆).
- 붓을 걸어 놓는 기구 :
  필가(筆架). 필격(筆格).
- 붓을 들기 전에 미리 복안을 짬 :
  복고(腹稿).
- 붓을 들어 쓰기 시작함 :
  낙필(落筆).
- 붓을 듦 :
  조필(操筆).
- 붓을 쓰지 않고 주먹으로 먹을 찍어 쓴 글씨 :
  권서(拳書).
- 붓을 연필이나 철필 등에 상대하여 일컫는 말 :
  모필(毛筆).
- 붓을 잡음 :
  남필(攬筆). 집필(執筆).
- 붓 장난 :
  묵희(墨戲).
- 붕괴함 :
  이괴(弛壞).
- 붕어 :
  부어(鮒魚). 즉어(鯽魚).

- 붙어 떨어지지 않는 모양 :
  첩첩(帖帖).
- 붙잡음 :
  졸억(捽抑).
- 붙 쫓는 모양 :
  미연(靡然).
- 비 :
  소추(掃帚). 혜소(彗掃).
- 비가 대단히 많이 오는 모양 :
  산산(珊珊).
- 비가 많이 오는 모양 :
  잠잠(涔涔).
- 비가 부슬부슬 오는 모양 :
  농롱(瀧瀧).
- 비가 쏟아지는 모양 :
  수수(綏綏).
- 비가 쏟아지는 소리 :
  삽삽(颯颯).
- 비가 오기 전에 솔솔 불어오는 바람 :
  소녀풍(少女風).
- 비가 오는 모양 :
  산산(濟濟). 색색(溹溹). 임림(淋淋).
- 비가 올 조짐 :
  우징(雨徵).
- 비가 죽죽 내리는 모양 :
  방타(滂沱). 방패(滂沛). 패연(沛沱).
- 비가 줄기차게 오는 왕성한 모양 :
  패연(沛然).
- 비결 :
  결요(訣要). 비결(秘訣). 비방(秘方).
- 비계 :
  이지(膩脂). 지방(脂肪). 지이(脂膩).
- 비구름 :
  난운(亂雲). 난층운(亂層雲).
- 비굴하게 남의 비위를 맞춤 :
  구용(苟容).
- 비 끝 :
  추단(帚端).
- 비나 눈이 부슬부슬 오는 모양 :
  비비(霏霏).
- 비나 눈이 퍼붓는 모양 :
  표표(瀌瀌).
- 비 내리다 :
  강우(降雨).
- 비녀 :
  삽두(揷頭). 소두(搔頭). 전비(鈿鎞). 전침(鈿針).
- 비누 :
  석감(石鹼).
- 비, 눈 따위가 뿌리는 모양 :

- 사사(斜斜).
- 비늘 같은 물결 모양 :
  인린(鱗鱗).
- 비늘같이 산뜻하고 고운 모양 :
  인린(鱗鱗).
- 비단같이 아름다운 무지개 :
  금홍(錦虹).
- 비단옷이 흔들리어 와삭와삭 나는 소리 :
  최채(綷縩).
- 비단자투리 :
  백여(帛餘).
- 비단조각 :
  증편(繒片).
- 비듬 :
  두구(頭垢). 운지(雲脂). 풍설(風屑).
- 비뚜로 가다 :
  사진(斜進).
- 비뚤어짐 :
  여전(戾轉).
- 비라 :
  전단(傳單).
- 비루한 모양 :
  속속(速速).
- 비루한사람 :
  비인(卑人).
- 비를 맡은 신 :
  우사(雨師). 우기(雨祇). 음관(陰官).
- 비린내와 누린내 :
  성조(腥臊). 성취(腥臭).
- 비 만드는 풀 :
  추초(帚草).
- 비밀(秘密) :
  음사(陰私).
- 비밀하다 :
  밀모(密謀).
- 비밀히 알림 :
  내시(內示). 내신(內申).
- 비바람 :
  풍우(風雨).
- 비바람의 소리 :
  시시(颸颸).
- 비바람이 세차게 치는 모양 :
  소소(瀟瀟).
- 비범한 인물 :
  인중사자(人中獅子). 인중지용(人中之龍).
- 비빔밥 :
  골동반(骨董飯).
- 비석(碑石) :
  비갈(碑碣).

- 비석의 받침돌 :
  농대석(籠臺石).
- 비스듬한 모양 :
  사사(斜斜).
- 비스듬히 가는 모양 :
  유유(遺遺).
- 비스듬히 걷다 :
  사행(邪行).
- 비스듬히 길게 연속한 모양 :
  이미(迤靡).
- 비스듬히 뻗은 모양 :
  이이(迤迤).
- 비스듬히 연한 모양 :
  이이(邐迤).
- 비슬비슬 걷는 모양 :
  양장(踉蹡).
- 비슷한 모양 :
  의희(依稀).
- 비슷함 :
  근사(近似). 방불(彷彿). 상사(相似). 필여(匹如).
- 비쓱거리는 모양 :
  부소(扶疏).
- 비애와 수심에 찬 소리가 많은 모양 :
  오오(謷謷).
- 비역 :
  계간(鷄姦). 남색(男色). 단수(斷袖). 용양(龍陽).
  면수(面首).
- 비오는 소리 :
  삽삽(霅霅). 임리(淋漓).
- 비오다 :
  강우(降雨).
- 비오리 :
  계압(溪鴨). 계칙(溪鷘). 수계(水鷄). 자원앙(紫
  鴛鴦).
- 비옷 :
  발석(襏襫). 우비(雨備). 우의(雨衣). 우장(雨裝).
  유삼(油衫).
- 비웃음 :
  냉소(冷笑). 소조(笑嘲). 신소(哂笑). 조소(嘲笑).
  치소(嗤笑). 치소(蚩笑). 해소(哈笑).
- 비적 :
  난민(亂民). 비도(匪徒). 비적(匪賊). 적도(賊徒).
  토비(土匪). 흉한(兇漢).
- 비지땀 :
  고한(膏汗).
- 비취옥 :
  벽옥(碧玉).
- 비치는 모양 :
  섬섬(閃閃). 염염(艶艶).

- 비탈길 :
  사경(斜徑). 사로(斜路).
- 비트적거리며 걷는 모양 :
  산산(姍姍).
- 비틀거리는 모양 :
  반련(蹣連). 반산(媻跚). 반산(蹣跚). 창량(蹌踉).
  파사(婆娑).
- 비틀비틀 걷는 모양 :
  발설(勃屑).
- 비틀비틀하는 모양 :
  창량(蹌踉). 창창양량(蹌蹌踉踉).
- 빈대 :
  로비(蠦蜰). 상슬(牀蝨). 취슬   (臭蝨).
- 빈들빈들 놂 :
  유산(游散).
- 빈터 :
  극지(郤地).
- 빈틈이 없음 :
  미세(微細).
- 빌미 :
  괴수(怪祟).
- 빗대고 남의 결점을 찌름 :
  풍자(諷刺).
- 빗돌 :
  비석(碑石).
- 빗물 :
  우수(雨水). 천수(天水).
- 빗발 :
  우각(雨脚).
- 빗방울 :
  우적(雨滴).
- 빗살 :
  즐치(櫛齒).
- 빗살과 같이 촘촘히 죽 늘어선 모양 :
  즐즐(櫛櫛).
- 빗소리 :
  우성(雨聲).
- 빗장 :
  염이(扊扅).
- 빗질함 :
  소즐(梳櫛).
- 빙그레 웃는 모양 :
  완연(莞然). 완이(莞爾). 유이(逌爾).
- 빙그레 웃음 :
  천소(淺笑). 함소(含笑).
- 빙 도는 모양 :
  반반(盤盤).
- 빙 돌아서 가는 모양 :
  반산(蹣跚). 별설(蹩躠). 편선(蹁躚).

- 빙 두른 모양 :
  교교(絞絞).
- 빙빙 도는 모양 :
  돈돈(沌沌). 회회(回回).
- 빙빙 돌며 날아다님 :
  회상(回翔).
- 빙빙 돌며 춤추는 모양 :
  편선(蹁躚).
- 빙빙 돎 :
  순전(循轉).
- 빚 :
  부채(負債).
- 빛 곱다 :
  색염(色艶).
- 빛나고 아름다움 :
  화미(華美).
- 빛나고 윤이 흐르는 모양 :
  형형(熒熒).
- 빛나는 모양 :
  경경(囧囧). 경연(囧然). 광광(光光). 난연(爛然).
  삭삭(鑠鑠). 섬섬(閃閃). 섬섬(剡剡). 소연(昭然).
  영연(塋然). 요요(曜曜). 욱욱(煜煜). 욱욱(彧彧).
  욱잡(煜霅). 위엽(煒燁). 위엽(韡曄). 위엽(煒曄).
  율월(汨越). 작삭(焯爍). 작작(灼灼). 작작(焯焯).
  절절(晢晢). 찬연(粲然). 혁혁(赫奕). 혁혁(奕奕).
  혁혁(赫赫). 혁희(赫戲). 현현(炫炫). 형형(炯炯).
  호호(鎬鎬). 환호(煥乎). 황황(晃晃).
- 빛살 :
  광선(光線).
- 빛 약하다 :
  색약(色弱).
- 빛 없다 :
  무색(無色).
- 빛이 고운 모양 :
  난간(闌干). 체체(玼玼).
- 빛이 곱고 윤이 나는 모양 :
  웅웅(熊熊).
- 빛이 노란 좋은 술 :
  아황주(鵝黃酒).
- 빛이 눈부시게 아름다운 모양 :
  육리(陸離).
- 빛이 바램 :
  퇴색(褪色).
- 빛이 밝은 모양 :
  회회(回回).
- 빛이 밝지 않은 모양 :
  패패(孛孛).
- 빛이 번쩍번쩍하는 모양 :
  찬란(燦爛). 찬연(燦然).
- 빛이 번쩍번쩍하며 이리저리 옮기는 모양 :
  황탕(晃蕩).
- 빛이 번쩍이는 모양 :
  찬란(粲爛).
- 빛이 빨간 모양 :
  혁혁(赩赫).
- 빛이 새파란 모양 :
  창창(蒼蒼).
- 빛이 어스레한 모양 :
  돈돈(焞焞).
- 빛이 찬란한 모양 :
  휘황(輝煌). 휘휘(煇揮).
- 빛이 푸릇푸릇한 모양 :
  천천(芊芊).
- 빛이 환한 모양 :
  위위(暐暐).
- 빛이 환히 비치는 모양 :
  호간(皓旰).
- 빛이 흰 모양 :
  학연(皬然).
- 빠른 모양 :
  발발(發發). 불불(弗弗). 소연(倏然). 송송(漎漎).
  숙숙(肅肅). 첩첩(捷捷). 획연(謋然). 횡횡(薨薨).
- 빠른 출세(出世) :
  조달(早達).
- 빠져 가라앉는 모양 :
  몰몰(沒沒).
- 빠져 떨어짐 :
  윤추(淪墜). 윤락(淪落).
- 빠짐 :
  점닉(墊溺).
- 빨간 꽃 :
  강영(絳英).
- 빨간 입술 :
  강순(絳脣).
- 빨래 :
  세답(洗踏). 세탁(洗濯).
- 빨리 :
  조조(早早).
- 빨리 가는 모양 :
  소연(倏然). 암도(闇跳). 열열(烈烈).
- 빨리 가다 :
  질행(疾行).
- 빨리 걷는 모양 :
  답답(沓沓).
- 빨리 걷다 :
  질보(疾步). 질행(疾行). 행속(行速).
- 빨리 나는 모양 :
  번번(幡幡).

- 빨리 날다 :
  첩비(捷飛).
- 빨리 날아가는 모양 :
  편편(翩翩).
- 빨리 달리는 모양 :
  게게(揭揭). 범연(颿然). 삽잡(靸雪). 유연(攸然).
  축축(逐逐). 휘획(徽嫿).
- 빨리 달림 :
  빙매(騁邁).
- 빨리 달아나다 :
  주거(走遽). 질주(疾走). 질행(疾行).
- 빨리 달음박질 침 :
  준분(駿奔).
- 빨리 치는 북소리 :
  인인(咽咽).
- 빨리 흐르는 모양 :
  멸흌(滅潏). 역골(減汨). 요루(漻淚).
- 빵 :
  면포(麵麭).
- 빼 가지다 :
  발취(拔取).
- 빼기 :
  감산(減算).
- 빼앗아감 :
  탈거(奪去).
- 빽빽이 들어선 모양 :
  삼삼(參參).
- 뺄셈 :
  감산(減算).
- 뺨 :
  협보(頰輔).
- 뻐꾸기 :
  곽공(郭公). 포곡(布穀). 획곡(獲穀).
- 뻔뻔스럽고 염치를 모름 :
  강안(强顏). 안갑(顏甲). 후안(厚顏).
- 뼁끼 :
  양칠(洋漆).
- 뼈끝 :
  골단(骨端).
- 뼈대 :
  골간(骨幹). 골격(骨格). 골격(骨骼). 골법(骨法).
  골체(骨體).
- 뼈마디 :
  골절(骨節).
- 뼈만 남은 시체 :
  자격(胔骼).
- 뼈병 :
  골병(骨病).
- 뼈 소리 :
  골성(骨聲).
- 뼈 씹는 소리 :
  설골성(囓骨聲).
- 뼈 어긋나다 :
  골차(骨差).
- 뽑아냄 :
  발탁(拔擢). 추발(抽拔).
- 뽕나무밭 :
  상원(桑園). 상전(桑田).
- 뽕나무벌레 :
  명령(螟蛉). 상충(桑蟲).
- 뽕나무뿌리 :
  포상(包桑).
- 뽕나무 심다 :
  농상(農桑).
- 뽕잎 :
  상엽(桑葉).
- 뾰루지 :
  소종(小腫).
- 뾰족하고 가늚 :
  첨섬(尖纖).
- 뾰족하다 :
  첨예(尖銳).
- 뾰족한 산봉우리 :
  봉만(峰巒). 봉장(峰嶂).
- 뿌리는 모양 :
  임쇄(淋灑).
- 뿌리째 뽑음 :
  발근(拔根).
- 뿌림 :
  살포(撒布). 주사(注瀉).
- 뿔 그릇 :
  각기(角器).
- 뿔 끝 :
  각봉(角鋒).
- 뿔 다듬다 :
  치각(治角).
- 뿔 들다 :
  거각(擧角).
- 뿔로 받다 :
  각촉(角觸).
- 뿔 숟가락 :
  각시(角匙).
- 뿔이 뾰족한 모양 :
  억억(齃齃). 의의(齃齃).
- 뿔 활 :
  각궁(角弓).
- 삐걱삐걱 울림 :
  명알(鳴軋).

- 삐다 :
  골차(骨差). 탈골(脫骨).
- 삥 휘돌면서 낢 :
  번상(翻翔).

ㅅ

- 사고무친한 모양 :
  경연(煢然).
- 사과 :
  빈파(檳婆). 빈파(蘋蔢). 사과(沙果). 평과(苹果).
- 사관 :
  사관(士官). 태사(太史).
- 사귐 :
  교유(交遊).
- 사기 :
  류휼(謬譎).
- 사기가 엄한 모양 :
  액액(詻詻).
- 사기꾼 :
  사기사(詐欺師). 사기한(詐欺漢). 괴아(拐兒).
- 사나운 말 :
  한돌(駻突). 한마(駻馬).
- 사나운 바람 :
  폭풍(暴風).
- 사나운 아내 :
  한실(悍室).
- 사나운 짐승 :
  맹수(猛獸).
- 사나움 :
  난폭(亂暴). 포악(暴惡). 한경(悍梗). 흉포(凶暴).
- 사내 아우 :
  계방(季方).
- 사내아이 :
  동남(童男).
- 사내아이를 낳음 :
  농장(弄璋).
- 사냥 :
  선전(獮田). 수렵(狩獵). 전렵(畋獵).
- 사냥개 :
  엽견(獵犬). 엽구(獵狗). 전견(田犬).
- 사냥꾼 :
  엽호(獵戶).
- 사냥수레 :
  엽차(獵車).
- 사냥철 :
  엽기(獵期).
- 사냥총 :
  엽총(獵銃).
- 사냥터 :
  엽장(獵場).

- 사는 집 :
  거택(居宅). 주택(住宅).
- 사다새 :
  도하(陶河). 도하(逃河). 오택(鶩澤). 오택(鶩鸎).
  오택(洿澤). 제호(鵜鶘). 가람조(伽藍鳥).
- 사닥다리 :
  목계(木階). 제계(梯階). 제자(梯子).
- 사닥다리층계 :
  제단(梯段).
- 사돈집 :
  사가(査家). 사돈댁(査頓宅).
- 사람마다 :
  매인(每人). 인인(人人).
- 사람 부르다 :
  호인(呼人).
- 사람은 입장을 바꾸면 모두 같은 행위를 함 :
  역지개연(易地皆然).
- 사람을 천거하는 글 :
  악서(鶚書).
- 사람의 눈앞에 다가오는 위급 :
  철부지급(轍鮒之急).
- 사람의 똥 :
  대편(大便).
- 사람의 마음을 몹시 감동시키는 시문 :
  준필(峻筆).
- 사람의 말을 듣건데 :
  해도(解道).
- 사람의 모범 :
  인표(人表).
- 사람의 왕래가 대단히 혼잡한 모양 :
  견마곡격(肩摩轂擊).
- 사람의 운수 :
  성수(星數).
- 사람이 경박하고 자존심이 많아 남의 말을 듣
  지 않는 모양 : 이이(訑訑).
- 사람이 많은 모양 :
  훈훈(熏熏).
- 사람이 많이 모인 모양 :
  신신(駪駪).
- 사람이 많이 왕래하는 곳 :
  통장(通莊).
- 사람이 없어 아주 적적한 모양 :
  격연(閴然).
- 사람이 오락가락 하는 모양 :
  비비(斐斐).
- 사랑 :
  은애(恩愛).
- 사랑니 :
  지치(智齒).

- 사랑을 끊음 :
  할애(割愛).
- 사랑하는 마음 :
  애념(愛念).
- 사랑하는 모양 :
  권권(拳拳). 척척(惕惕).
- 사랑하는 부인 :
  애부(愛婦).
- 사랑하여 돌보아 주는 모양 :
  낭랑(悢悢).
- 사로잡음 :
  금착(擒捉). 금참(擒斬). 금획(擒獲).
- 사룀 :
  계백(啓白). 표백(表白).
- 사리를 환히 깨달아 앎 :
  요사(了事).
- 사리에 어두운 모양 :
  민민(悶悶).
- 사립문 :
  시문(柴門). 시비(柴扉). 시선(柴扇). 시호(柴戶).
- 사립문 :
  필문(蓽門).
- 사마귀 :
  거부(拒斧). 당랑(螳螂). 당상(蟷蠰). 흑자(黑子).
- 사마귀 알 :
  비초(蜱蛸). 표소(螵蛸).
- 사마귀와 혹 :
  우췌(肬贅).
- 사마치 :
  고습(袴褶). 기마복(騎馬服).
- 사면발이 :
  모두충(毛蠹蟲). 모슬(毛蝨). 음슬(陰蝨).
- 사모하는 모양 :
  권권(拳拳). 권련(拳攣). 의의(依依). 흠흠(欽欽).
- 사모하여 잊지 못하는 모양 :
  연연(戀戀).
- 사물에 동하지 않는 모양
  거연(居然).
- 사물의 시초 :
  권여(權與).
- 사물의 있을 수 없음의 비유 :
  귀모토각(龜毛免角).
- 사물이 많은 모양 :
  기기(祁祁).
- 사물이 분명하지 아니한 모양 :
  몽롱(朦朧).
- 사물이 성하게 일어나는 모양 :
  힐향(肹蠁).
- 사물이 질서 있게 갈마드는 모양 :
  질질(迭迭).
- 사방으로 통하는 길 :
  통구(通衢).
- 사방이 환하게 트인 모양 :
  활달(豁達).
- 사변 :
  난리(亂離). 변고(變故). 사변(事變).
- 사부 :
  사부(師傅). 서빈(西賓).
- 사뿐 밟다 :
  경답(輕踏).
- 사생을 같이 하는 모양 :
  만만(縵縵).
- 사슬고리 :
  연환(連鐶).
- 사슴발자국 :
  녹적(鹿跡).
- 사슴을 국가의 원수에 비유하여 원수의 지위를
  획득하기 위한 다툼 : 축록(逐鹿).
- 사슴이 많이 모여 입을 가지런히 하는 모양 :
  우우(噳噳).
- 사슴이 우는 모양 :
  유유(呦呦).
- 사슴이 우는소리 :
  이유(咿呦).
- 사실을 자백함 :
  수실(首實).
- 사실의 전말 :
  형지(形止).
- 사십구제 :
  중유(中有). 중음(中陰). 칠칠일(七七日).
- 사위 :
  교객(嬌客). 동상(東床). 동상(東牀). 반자(半子).
  서생(壻甥). 여서(女壻). 여천(女倩). 자서(子壻).
  탄복(坦腹). 백년지객(百年之客).
- 사의가 없는 모양 :
  공공(空空).
- 사이가 나빠짐 :
  규언(睽焉).
- 사이가 틀어진 모양 :
  발발(癹癹).
- 사이렌 :
  호적(號笛).
- 사이길 :
  사경(邪徑).
- 사전 :
  사림(辭林). 사서(辭書). 사전(辭典).
- 사정을 추찰함 :
  짐작(斟酌).

- 사지 :
  수족(手足). 사말(四末). 사지(四肢).
- 사지를 찢어발기는 형벌 :
  지해(枝解).
- 사직함 :
  괘관(掛冠). 사직(辭職).
- 사철 :
  사계(四季). 사서(四序). 사시(四時).
- 사철나무 :
  동청(冬靑).
- 사치 :
  과차(過差). 사미(奢靡). 사치(奢侈). 호사(豪奢).
- 사치스럽지 않다 :
  검약(儉約).
- 사치하고 방자함 :
  사자(奢恣).
- 사카린 :
  감정(甘精).
- 사타구니 :
  고간(股間). 서혜(鼠蹊).
- 사타구니 밑 :
  과하(胯下). 과하(跨下).
- 사탕무 :
  첨채(甛菜).
- 사탕수수 :
  감자(甘蔗). 자당(蔗糖). 저자(藷蔗).
- 사통팔달 :
  강구(康衢).
- 사투리 :
  방언(方言). 와어(訛語). 와언(訛言). 와음(訛音).
- 사팔눈 :
  사시(斜視). 사안(斜眼). 사시안(斜視眼).
- 사팔뜨기 :
  사시안(斜視眼). 안사(眼斜). 여시(麗視).
- 사향노루 :
  사록(麝鹿).
- 사향 쥐 :
  사서(麝鼠). 향서(香鼠).
- 사형 :
  부질지형(斧鑕之刑).
- 사형수의 목을 베는 사람 :
  회자수(劊子手). 회수(劊手). 회자(劊子).
- 삭은니 :
  충치(蟲齒).
- 삭은 뼈 :
  후골(朽骨).
- 삯돈 :
  고금(雇金).
- 산 같은 것이 높은 모양 :

초요(苕嶢). 초초(苕苕).
- 산 겨자 :
  산개(山芥).
- 산골 :
  산간(山間). 산곡(山谷). 암아(巖阿).
- 산골짜기가 깊고 텅 빈 모양 :
  요조(窈嘈).
- 산골짜기에 흐르는 물 :
  곡수(谷水).
- 산구덩이 :
  산갱(山坑).
- 산기가 어두운 모양 :
  영명(嚶溟).
- 산기슭 :
  산각(山脚). 산록(山麓). 산족(山足). 산지(山趾).
  협비(峽埤).
- 산길 :
  교도(嶠道). 교로(嶠路). 산경(山徑). 산도(山道).
- 산길이 꼬불꼬불한 모양 :
  울굴(鬱屈). 울우(鬱紆).
- 산꼭대기 :
  봉두(峰頭). 봉정(峰頂). 산두(山頭). 산전(山巓).
  산정(山頂). 악두(嶽頭). 악두(岳頭).
- 산나물 :
  산채(山菜).
- 산도깨비 :
  산매(山魅).
- 산돼지 :
  산저(山豬).
- 산들바람 :
  미풍(微風).
- 산등성마루 :
  산척(山脊).
- 산뜻한 모양 :
  나라(羅羅).
- 산란한 모양 :
  미리(迷離). 분피(紛披). 파사(婆娑).
- 산 마늘 :
  산산(山蒜).
- 산마루 :
  산전(山巓). 산정(山頂).
- 산맥이 길게 연한 모양 :
  완연(蜿蜒).
- 산모의 음부 :
  산문(産門). 포문(胞門).
- 산 모양 :
  산모(山貌). 산용(山容).
- 산모퉁이 :
  산곡(山曲). 산외(山隈). 은악(峎崿).

- 산무애 뱀 :
  기사(蘄蛇).
- 산박쥐 :
  할단(鶡鴠).
- 산벚나무 :
  산앵(山櫻).
- 산 보람이 없는 사람 :
  주시행육(走尸行肉). 주육(走肉).
- 산 복숭아 :
  산도(山桃).
- 산봉우리 :
  만봉(巒峰). 만헌(巒巘). 산령(山嶺).
- 산봉우리가 높고 뾰족한 모양 :
  잠아(岑峨).
- 산봉우리가 높이 솟은 모양 :
  역즉(屴崱).
- 산봉우리 같은 것이 높고 뾰족한 모양 :
  침음(嶜崟).
- 산봉우리 끝 :
  극단(極端). 산첨(山尖).
- 산봉우리나 산석 같은 것이 고저의 차이가 심한 모양 : 참차(嶃嵯).
- 산 부추 :
  산구(山韭). 산해(山薤).
- 산불 :
  산화(山火).
- 산비둘기 :
  반구(斑鳩). 반구(頒鳩). 산구(山鳩).
- 산비탈 :
  봉애(峰崖).
- 산산이 부숨 :
  살괴(撒壞).
- 산삼 :
  산삼(山蔘). 신초(神草).
- 산새 :
  산금(山禽). 산조(山鳥).
- 산석이 기복하여 울쑥불쑥한 모양 :
  차아(嵯峨).
- 산석이 높고 험한 모양 :
  갈갈(碣碣).
- 산 속 :
  산중(山中).
- 산수유나무 :
  석조(石棗).
- 산수의 경치 :
  수석(水石). 천석(泉石).
- 산 아지랑이 :
  산애(山靄).
- 산 앵두 :

- 욱이(郁李).
- 산 앵두나무 :
  당체(唐棣). 당체(棠棣).
- 산언덕 :
  산아(山阿).
- 산에 나무가 없는 모양 :
  탁탁(濯濯).
- 산에 높낮이가 있는 모양 :
  외뢰(磈磊).
- 산에 돌이 많은 모양 :
  오오(磝磝).
- 산에 큰 돌이 많은 모양 :
  낙각(犖确).
- 산월 :
  산월(産月). 임월(臨月).
- 산이 가파른 모양 :
  굴기(崛崎). 암암(嵒嵒). 쟁영(崝嶸).
- 산이 깊숙한 모양.
  농롱(篢篢).
- 산이 깎아지른 듯이 가파른 모양 :
  참애(巉崖).
- 산이 낮고 길게 뻗은 모양 :
  이이(岮峓).
- 산이 높고 가파른 모양 :
  찰알(巀嶭).
- 산이 높고 뾰족한 모양 :
  찬완(巑岏).
- 산이 높고 큰 모양 :
  외연(巍然). 외외(嵬嵬). 외외(巍巍). 최최(崔崔).
- 산이 높고 험한 모양 :
  귀기(巋崎).
- 산이 높고 험준한 모양 :
  요암(嶢巖).
- 산이 높고 험한 모양 :
  업업(嶪嶪). 영쟁(嶸崝). 요쟁(嶢崝). 율율(律律).
  율줄(崒崒). 음음(嶜崟). 참절(嶄絶).
- 산이 높은 모양 :
  급급(岌岌). 분음(岎崟). 숭고(崧高). 숭고(崇高).
  숭준(崧峻). 억급(嶷岌). 업아(砐硪). 오오(磝磝).
  요요(嶢嶢). 요요(嶤嶤). 잠음(岑崟). 잡급(礏礏).
  질얼(崒嵲). 초요(嶕嶢). 초요(岧嶢). 초준(峭峻).
  초초(岧岧). 최외(確嵬).
- 산이 높이 솟은 모양 :
  굴기(崛起). 굴물(崛岉). 금음(嶔崟). 외아(巍峨).
  외아(嵬峨). 요억(嶢嶷). 차아(嵯峨).
- 산이 몹시 가팔라서 봉우리가 뾰족한 모양 :
  참암(嶃巖).
- 산이 열려 넓은 모양 :
  감연(嵌然).

- 산이 우뚝 솟은 모양 :
  굴연(崛然). 금잠(嶔岑). 암악(礳䃀). 외급(嵬岌).
  외외(嵬嵬).
- 산이 웅장한 모양 :
  액액(峉峉).
- 산이 중첩하여 높은 모양 :
  우우(嵎嵎).
- 산이 첩첩이 둘러 쌓인 모양 :
  불울(弗鬱).
- 산이 첩첩이 쌓여 깊숙한 모양 :
  인순(嶙峋).
- 산이 한층 높이 솟은 모양 :
  참연(嶄然).
- 산이 험하고 높이 솟아 있는 모양 :
  금기(嶔崎).
- 산이 험준한 모양 :
  최외(確嵬).
- 산이 험준하고 울퉁불퉁한 모양 :
  외외(嵔嵔).
- 산이 험준한 모양 :
  공앙(崆㟅). 구금(嶇嶔). 굴연(崛然). 금구(嶔嶇).
  기의(崎嶬). 농종(巃嵸). 능층(崚層). 요기(嶢崎).
  쟁영(崢嶸). 준준(嶟嶟). 참줄(嶄崒). 침잠(嵾岑).
- 산이 험하고 높이 솟은 모양 :
  증영(嶒嶸).
- 산이 험하여 깊숙이 들어간 모양 :
  참감(嶄嵌).
- 산이 홀로 우뚝 선 모양 :
  귀연(巋然). 외외(巍巍).
- 산이나 골짜기가 개장하여 험준한 모양 :
  감참(嵌巉).
- 산장 :
  산서(山墅). 산장(山莊).
- 산정이 뾰족한 모양 :
  침암(嵾嵒).
- 산짐승 :
  산수(山獸).
- 산철쭉 :
  산척촉(山躑躅).
- 산 치자나무 :
  산치(山梔).
- 산 허구리 :
  산요(山腰).
- 산호 :
  산호(珊瑚). 해화석(海花石).
- 살결 :
  기리(肌理). 부리(膚理). 주리(腠理).
- 살구 :
  육행(肉杏).
- 살구꽃 :
  행화(杏花).
- 살구나무 씨 :
  행인(杏仁).
- 살 끝 :
  전족(箭鏃).
- 살덩어리 :
  육괴(肉塊).
- 살 뚱뚱히 찌다 :
  비장(肥壯).
- 살림 :
  호구(糊口).
- 살림걱정 :
  구복루(口腹累).
- 살림이 넉넉한 집 :
  요호(饒戶).
- 살무사 :
  복사(蝮蛇).
- 살받이 담 :
  사부(射垺).
- 살붙이 :
  골육(骨肉). 비타(匪他). 친척(親戚). 혈족(血族).
- 살살 걸음 :
  축척(蹙踖).
- 살살 부는 바람 :
  경풍(輕風).
- 살 얇게 자르다 :
  박절(薄切).
- 살얼음이 어는 모양 :
  염염(溓溓).
- 살을 찌르는 듯한 찬바람의 형용 :
  극침(棘針).
- 살이 쪄 번드르한 모양. :
  탁탁(濯濯).
- 살 조개 :
  강요주(江瑤珠).
- 살진 돼지 :
  비시(肥豕).
- 살진 말 :
  노마(怒馬).
- 살진 모양 :
  농롱(醲醲). 편편(便便).
- 살진 몸 :
  육산(肉山). 비만(肥滿). 비대(肥大). 비반(肥胖).
  비석(肥碩).
- 살진 양 :
  비양(肥羊).
- 삵괭이 :
  야묘(夜猫). 야묘(夜貓).

- 삶 바느질 :
  침모(針母).
- 삶아 익히다 :
  자숙(煮熟).
- 삶은 달걀 :
  숙란(熟卵). 팽란(烹卵).
- 삼 :
  대마(大麻). 마시(麻枲).
- 삼가 경의를 표합니다 :
  근공(謹空). 경공(敬空).
- 삼가고 공경하는 모양 :
  목목(穆穆). 목연(穆然).
- 삼가고 두려운 모양 :
  긍긍(兢兢).
- 삼가고 두려워하는 모양 :
  숙연(肅然). 죽죽(粥粥).
- 삼가는 모양 :
  권권(惓惓). 동동(僮僮). 숙숙(肅肅). 유유(油油).
  의연(凝然). 축적(踧踖).
- 삼가드림 :
  배납(拜納).
- 삼가 보는 모양 :
  녹록(睩睩).
- 삼가 봉합니다 :
  근봉(謹封).
- 삼가 아룀 :
  근배(謹拜). 근백(謹白).
- 삼가 아룁니다 :
  근계(謹啓). 배계(拜啓). 숙계(肅啓).
- 삼가 올립니다 :
  근백(謹白). 근언(謹言). 근상(謹上).
- 삼가 존경함 :
  숙경(肅敬).
- 삼감 :
  각신(恪愼). 각건(恪虔). 각근(恪謹). 근신(謹愼)
- 삼공의 자리 :
  정위(鼎位). 정현(鼎鉉).
- 삼꽃 :
  마발(麻勃).
- 삼년상을 마침 :
  해상(解喪).
- 삼대 :
  마개(麻稭). 마경(麻莖).
- 삼베 :
  마저(麻紵). 마포(麻布).
- 삼분함 :
  정분(鼎分).
- 삼씨 :
  마실(麻實). 시실(枲實).

- 삼 줄기 :
  마경(麻莖).
- 삼짇날 :
  답청절(踏靑節). 중삼(重三).
- 삼 찌다 :
  마증(麻蒸).
- 삼촌 :
  유부(猶父).
- 삼치 :
  마교(馬鮫). 마어(麻魚).
- 삼켜버림 :
  탄인(呑咽). 탄멸(呑滅). 탄하(呑下).
- 삼태기 :
  분국(畚䕚). 분국(畚挶).
- 삽살개 :
  방견(尨犬). 방구(尨狗).
- 상냥한 모양 :
  후후(嘔嘔).
- 상놈 :
  상한(常漢).
- 상대방 :
  귀형(貴兄).
- 상말 :
  이어(俚語). 이언(俚言). 속언(俗諺).
- 상복 :
  애의(哀衣).
- 상사리 :
  상백시(上白是).
- 상수리 :
  견실(樫實). 서율(杼栗). 조물(皁物).
- 상스런 계집 :
  천녀(賤女).
- 상심하는 모양 :
  초창(悄愴). 측측(惻惻). 측측(側側).
- 상심한 모양 :
  망망(罔罔). 망연(罔然).
- 상어 :
  교어(鮫魚). 사어(沙魚).
- 상여 :
  영여(靈輿). 온량거(轀輬車). 행상(行喪).
- 상여가 나갈 때에 부르는 노래 :
  만가(輓歌). 해로(薤露).
- 상여꾼 :
  분부(体夫). 상도(喪徒). 영여(靈輿). 이정(輀丁).
  향도(香徒).
- 상여를 메고 갈 때 부르는 노래 :
  도가(悼歌). 만가(挽歌). 만가(輓歌).
- 상여를 메고 갈 때 하는 소리 :
  만가(輓歌).

- 상을 입는 일 :
  여녕(予寧). 거상(居喪).
- 상자 :
  상거(箱筥). 상자(箱子). 상협(箱篋).
- 상점 :
  사전(肆廛). 상점(商店).
- 상중에 있는 일 :
  여녕(予寧). 거상(居喪).
- 상처자국 :
  반흔(瘢痕).
- 상처함을 이름 :
  취구(炊臼). 상처(喪妻).
- 상추 :
  거와(苣萵). 와거(萵苣).
- 상쾌한 가을 :
  상추(爽秋).
- 상쾌한 모양 :
  세여(洗如). 쾌쾌(噲噲).
- 상투 :
  계자(髻子).
- 상한 쌀 :
  괴미(壞米).
- 상한 옥 :
  상옥(傷玉).
- 샅 :
  서혜(鼠蹊).
- 새 :
  모령(毛翎). 비충(飛蟲). 조류(鳥類).
- 새가 기운차게 날개를 훨훨치며 나는 소리 :
  휘휘(翬翬).
- 새가 나는 모양 :
  견견(甄甄). 편번(翩翻).
- 새가 날개를 치는 소리 :
  책책(磔磔).
- 새가 날개를 활활 치며 나는 소리 :
  발랄(跋剌).
- 새가 뒤섞여 나는 모양 :
  교교(交交).
- 새가 떼 지어 나는 모양 :
  시시(提提).
- 새가 물건을 쪼는 소리 :
  탁탁(啄啄).
- 새가 살찌고 날개가 윤이 흐르는 모양 :
  혹혹(鷔鷔).
- 새가 새알을 품음 :
  익란(翼卵).
- 새가 서로 사이좋게 우는 모양 :
  앵앵(嚶嚶).
- 새가슴 :

- 귀흉(龜胸).
- 새가 시끄럽게 우는소리 :
  교알(嘐戛).
- 새가 오르락내리락 나는 모양 :
  힐항(頡頏).
- 새가 요란하게 지저귐 :
  탁조(啅噪).
- 새가 우는 소리 :
  면만(綿蠻). 면만(緡蠻). 요려(嘹唳). 책책(嘖嘖).
- 새 가을 :
  신추(新秋).
- 새가 자꾸 지저귀는 소리 :
  조찰(啁哳).
- 새가 지저귀는 맑은 소리 :
  낭랑(琅琅).
- 새가 지저귀는 소리 :
  교교(咬咬). 조초(啁噍). 조추(啁啾). 초초(噍噍).
- 새가 지저귐 :
  농항(哢吭).
- 새그물 :
  울라(蔚羅). 위라(蔚羅). 조망(鳥網).
- 새김칼 :
  각도(刻刀).
- 새끼손가락 :
  계지(季指). 소지(小指).
- 새끼줄 :
  곤등(緄縢). 승삭(繩索). 초삭(草索).
- 새달 :
  내월(來月).
- 새댁 :
  신가(新嫁). 신부(新婦). 신특(新特).
- 새똥 :
  조분(鳥糞).
- 새말 :
  신어(新語).
- 새매 :
  작요(雀鷂).
- 새먹다 :
  조식(鳥食).
- 새 발의 피 :
  조족지혈(鳥足之血).
- 새 배 :
  신주(新舟).
- 새벽 :
  단명(旦明). 대흔(大昕). 매흔(昒昕). 명발(明發).
  상매(爽昧). 여명(黎明). 인반(䞐盼). 조효(早曉).
  천명(天明). 파묘(破卯). 파효(破曉). 향명(嚮明).
- 새벽녘 :
  개동(開東). 신명(晨明).

- 새벽 서리 :
  효상(曉霜).
- 새벽에 아직 환히 밝지 아니하여 어슴푸레한
  모양 : 앙망(泱漭).
- 새벽잠 :
  앙수(卬睡). 신면(晨眠).
- 새벽하늘 :
  효천(曉天).
- 새봄 :
  신춘(新春).
- 새부리 :
  오구(烏口). 강필(鋼筆).
- 새 새끼 :
  추금(雛禽). 추구(雛觳). 황구(黃口).
- 새색시 :
  신부(新婦). 앵명(嫈嫇). 유부(幼婦).
- 새서방 :
  간부(間夫). 신랑(新郞).
- 새소리 :
  조성(鳥聲). 책책(磔磔).
- 새소리의 형용 :
  가가(架架).
- 새싹 :
  눈아(嫩芽). 신아(新芽). 아갑(芽甲). 자엽(子葉).
- 새알 :
  조란(鳥卵).
- 새암 :
  시기(猜忌).
- 새 우는 소리 :
  경경(庚庚). 조추(嘲啾). 책책(唶唶). 흡흡(恰恰).
- 새우 알 :
  하란(蝦卵).
- 새우젓 :
  백하해(白蝦醢). 하해(蝦醢).
- 새의 깃 따위가 찢어지고 무지러 짐 :
  초초(譙譙).
- 새의 깃의 소리 :
  숙숙(肅肅).
- 새의 부리 :
  조훼(鳥喙)
- 새의 우는 소리 :
  금어(禽語).
- 새의 털이 흰 모양 :
  학학(雗雗).
- 새잎 :
  눈엽(嫩葉).
- 새 자리 :
  신천(新薦).
- 새장 :

- 롱(籠). 롱번(籠樊). 조롱(鳥籠).
- 새장 안 :
  번중(樊中). 번롱(樊籠).
- 새총 :
  조총(鳥銃).
- 새카맣다 :
  심흑(深黑).
- 새 한 쌍 :
  쌍조(雙鳥).
- 새해 :
  개년(改年). 개세(改歲). 신년(新年). 신세(新歲).
- 색비름 :
  노소년(老少年). 십양금(十樣錦). 안래홍(雁來紅).
- 색시 :
  여낭(女娘).
- 샘나다 :
  천출(泉出).
- 샘물이 용솟음하는 모양 :
  필불(觱沸).
- 샘이 솟는 모양 :
  집집(濈濈).
- 샘이 용솟음하는 모양 :
  옹연(滃然).
- 샛길 :
  간도(間道). 간로(間路). 소로(小路). 요도(徼道).
- 샛노랗다 :
  농황(濃黃).
- 샛밥 :
  간식(間食).
- 샛별 :
  계명성(啓明星). 명성(明星). 신성(晨星).
- 생각 :
  의두(意頭). 의상(意想). 의장(意匠).
- 생각 밖 :
  요외(料外).
- 생각이 간절한 모양 :
  절절(切切).
- 생각이 깊은 모양 :
  질질(秩秩).
- 생각이 어긋나다 :
  염려(念戾).
- 생각하는 모양 :
  면연(緬然).
- 생각하여 깨달은 것이 많음 :
  사과반(思過半).
- 생각하여 얻은 바가 많음 :
  사과반(思過半).
- 생각하지도 않았는데 :
  상불도(想不到).

■ 생각한 바와는 어그러짐 :
　적증(赤憎).
■ 생각해 냄 :
　염출(捻出). 안출(案出).
■ 생강나무 :
　납매(蠟梅). 황매(黃梅).
■ 생계 :
　활계(活計).
■ 생계를 이어감 :
　호호(糊糊).
■ 생모시 :
　생저(生苧).
■ 생물이 발육하여 자꾸 변화하는 모양 :
　생생(生生).
■ 생사를 초월하여 죽음이 무엇인지 생각지 않음 :
　시생여사(視生如死).
■ 생선 :
　성어(腥魚).
■ 생선가게 :
　어사(魚肆).
■ 생선국 :
　어탕(魚湯).
■ 생선의 가시 :
　어골경(魚骨鯁).
■ 생선장수 :
　어아(魚牙).
■ 생선젓 :
　식해(食醢).
■ 생식기가 불완전한 남자 :
　고자(鼓子). 내관(內官). 엄인(閹人).
■ 생일 :
　남규지신(覽揆之辰).
■ 생일 :
　생신(生辰). 생일(生日). 수기(壽期). 수신(壽辰).
■ 생일선물 :
　수례(壽禮).
■ 생일을 축하함 :
　판수(辦壽).
■ 생일잔치 :
　수연(晬宴). 호연(弧宴).
■ 생일 축하의 말 :
　수비남산(壽比南山).
■ 생전에 만들어 놓은 무덤 :
　수역(壽域). 수총(壽冢). 수혈(壽穴).
■ 생쥐 :
　야서(野鼠). 정구(鼫鼩). 혜서(鼴鼠).
■ 생트집을 하고 함부로 떠들어댐 :
　야료(惹鬧).
■ 서까래 :

■ 연목(椽木). 옥연(屋椽). 최각(榱桷). 최연(榱椽).
■ 서늘한 바람 :
　양풍(涼風).
■ 서대기 :
　우설어(牛舌魚). 혜저어(鞋底魚). 화저어(靴底魚).
■ 서두르는 모양 :
　소소(騷騷). 종종(縱縱). 종종이(縱縱爾).
■ 서두르지 않고 조용히 학문의 깊은 뜻을 완미
　함 : 우유함영(優游涵泳).
■ 서둚 :
　졸박(卒迫).
■ 서랍 :
　추두(抽斗).
■ 서로 가까이 있으면서도 소식이 막히어 멀리
　떨어져 있음과 같다는 말 : 지척천리(咫尺千里).
■ 서로 감정이 좋지 않아 친하지 아니한 모양 :
　거거(居居).
■ 서로 같다 :
　상사(相似).
■ 서로 공격함 :
　담작(啗嚼).
■ 서로 그릇하다 :
　상오(相誤).
■ 서로 다투는 모양 :
　발혜(勃豀).
■ 서로 다투어 자랑함 :
　과경(誇競).
■ 서로 돕다 :
　상조(相助).
■ 서로 떨어질 수 없는 친한 사이 :
　어수친(魚水親).
■ 서로 마음을 터놓고 사귐 :
　간담상조(肝膽相照).
■ 서로 멀리 떨어짐 :
　형절(夐絶).
■ 서로 물끄러미 보는 모양 :
　맥맥(脈脈).
■ 서로 미워하는 모양 :
　구구(究究).
■ 서로 보는 모양 :
　맥맥(脈脈).
■ 서로 비비다 :
　상마근(相摩近).
■ 서로 비슷하여 구별하기 어려운 모양 :
　방불(髣髴).
■ 서로 비침 :
　영대(映帶).
■ 서로 사양하다 :
　상양(相讓).

- 서로 앎 :
  지득(知得).
- 서로 엉킨 모양 :
  규규(糾糾).
- 서로 용납하지 아니하는 모양 :
  낙락(落落).
- 서로 의지하는 관계 :
  순치지세(脣齒之勢).
- 서로 의지하는 모양 :
  미미(靡靡).
- 서로 의지하다 :
  상의(相依).
- 서로 자네라고 부를 수 있을 만한 정도의 극히
  친한 사이 : 이여교(爾汝交).
- 서로 절차탁마하여 나쁜 점을 고침 :
  절정(切正).
- 서로 정이 들어서 떨어지지 아니하는 모양 :
  견권(繾綣).
- 서로 좇다 :
  상종(相從).
- 서로 즐거워하는 모양 :
  후후(姁姁).
- 서로 짓밟는 모양 :
  척척(脊脊).
- 서로 책망하다 :
  상책(相責).
- 서로 훼방하다 :
  상훼(相毀).
- 서른 두 살의 나이 :
  이모지년(二毛之年).
- 서리 :
  열리(熱痢). 장구(腸垢).
- 서리가 많이 내리는 모양 :
  비비(霏霏).
- 서리 같이 흰털 :
  상모(霜毛).
- 서리나 눈이 흰 모양 :
  애애(皚皚).
- 서리, 눈 같은 것이 쌓여 흰 모양 :
  의의(澄澄). 최의(漼澄).
- 서리를 맞은 나뭇가지 :
  상가(霜柯).
- 서리서리 얽힘 :
  반결(盤結).
- 서리와 눈을 맡은 신 :
  청녀(靑女).
- 서릿발 :
  상주(霜柱).
- 서명결재 :

- 수결(手決).
- 서민 :
  서민(庶民). 하민(下民).
- 서북풍 :
  서북풍(西北風). 여풍(厲風).
- 서서 요동하지 않는 모양 :
  궐궐(橛橛).
- 서성거림 :
  배회(裴回).
- 서슬 :
  망인(芒刃).
- 서양 :
  서토(西土).
- 서양인 :
  녹동(綠瞳). 녹안(綠眼). 벽안(碧眼). 청안(靑眼).
- 서완한 모양 :
  원원(爰爰).
- 서운한 모양 :
  결여(觖如).
- 서울 :
  경도(京都). 경락(京洛). 경사(京師). 경조(京兆).
  기련(畿輦). 기보(畿輔). 기전(畿甸). 장안(長安).
  한양(漢陽).
- 서울거리 :
  도항(都巷). 자맥(紫陌).
- 서울지방 :
  도하(都下).
- 서자 :
  서얼(庶孼). 서자(庶子). 얼자(孼子). 지자(支子).
- 서재 :
  서재(書齋). 운창(芸窓).
- 서족 :
  서족(庶族). 지족(支族). 지파(支派).
- 서쪽 :
  서방(西方).
- 서찰 :
  서독(書牘). 서찰(書札). 안독(案牘). 척독(尺牘).
- 서책을 편집하여 찬술함 :
  수찬(修撰).
- 서캐 :
  기슬(蟣虱).
- 서투르게 지은 시문은 버린다 :
  복주옹(覆酒甕).
- 서투른 문장을 명문인체 자랑하다가 창피를 당
  하는 일 : 영치부(詅癡符).
- 서투름 :
  하공(下工).
- 서풍 :
  서풍(西風). 창풍(閶風). 추풍(秋風). 태풍(泰風).

■ 서화의 두루마리 :
　횡피(橫披).

■ 석가모니 :
　석씨(釋氏).

■ 석가여래 :
　능인(能仁).

■ 석굴 :
　석굴(石窟). 암거(巖居). 암혈(巖穴).

■ 석류나무 꽃 :
　유화(榴花).

■ 석쇠 :
　적철(炙鐵).

■ 석양 :
　석양(夕陽). 퇴양(頹陽)

■ 섞여 흐르는 모양 :
　혼혼(混混).

■ 선가에서의 술 :
　반야탕(般若湯).

■ 선거 :
　선거(船渠). 선구(船溝).

■ 선돌 :
　입석(立石).

■ 선망하는 모양 :
　타이(朶頤).

■ 선명한 모양 :
　습요(熠燿). 앙앙(央央). 착착(鑿鑿). 찬연(粲然).
　찬찬(粲粲). 초초(楚楚).

■ 선물 :
　선물(膳物). 향억(餉億). 향유(餉遺).

■ 선물에 대한 답례 :
　보이(報李).

■ 선미한 모양 :
　휴휴(休休).

■ 선밥 :
　반숙(半熟).

■ 선버들 :
　제방림(堤防林).

■ 선선한 모양 :
　양량(涼涼). 영령(泠泠). 유표(瀏漂). 추혜(湫兮).

■ 선선한 바람이 부는 모양 :
　소설(騷屑).

■ 선소리 :
　입창(立唱).

■ 선웃음 치는 모양 :
　악이(喔咿). 유아(嚅唲). 후후(煦煦).

■ 선웃음 침 :
　악악(嗌喔). 희소(誒笑).

■ 선인장 :
　패왕수(霸王樹).

■ 선조 :
　비조(鼻祖). 선조(先祖). 시조(始祖). 조상(祖上).

■ 선짓국 :
　혈갱(血羹).

■ 선회하는 모양 :
　평영(苹縈).

■ 섣달 :
　극월(極月). 납월(臘月).

■ 섣달그믐날 :
　제일(除日).

■ 섣달그믐날밤 :
　세제(歲除). 제석(除夕).

■ 섣달 그믐날의 발샘 :
　수세(守歲).

■ 섣달에서 그믐까지 :
　한세전(限歲前).

■ 설 :
　연수(年首).

■ 설날 :
　신원(新元). 원단(元旦).

■ 설마 :
　영거(寧渠).

■ 설사 :
　사리(瀉痢). 설사(泄瀉)

■ 설사 :
　가령(假令). 종사(縱使). 종연(縱然).

■ 설을 셈 :
　과세(過歲).

■ 설익은 밥 :
　반증반(半蒸飯).

■ 설중에 오는 손님 :
　설객(雪客).

■ 섬 :
　도서(島嶼). 주도(洲島).

■ 섬나라 :
　도국(島國).

■ 섬돌 :
　석계(石階). 승강석(陞降石).

■ 섬사람 :
　도인(島人).

■ 성가퀴 :
　비예(埤堄). 성첩(城堞). 여원(女垣). 여장(女墻).

■ 성교 :
　교미(交尾). 규합(媾合). 성교(性交).

■ 성긴 모양 :
　낙락(落落). 소소(疏疏).

■ 성긴 체 :
　소사(疏篩).

■ 성내어 꾸짖음 :

가노(呵怒). 저가(詆訶).

- 성내어 눈을 부릅뜸 :
  우목(䁜目).
- 성내어 미워하는 모양 :
  은은(斷斷).
- 성내어 부르짖음 :
  노효(怒哮).
- 성내어 으르렁거림 :
  후노(吼怒).
- 성낸 말 :
  노사(怒辭).
- 성낸 소리 :
  노성(怒聲).
- 성냄 :
  진로(瞋怒). 진에(瞋恚). 진에(嗔恚).
- 성냥 :
  당황(唐黃). 양화(洋火). 화시(火柴).
- 성대한 모양 :
  익익(翼翼). 임임(臨臨). 정정(鼎鼎). 탄탄(嘽嘽).
  패연(沛然). 패호(沛乎). 혁연(赫然). 혁혁(赫赫).
- 성미가 썩 급함 :
  급조(急躁). 급조(急燥).
- 성실하고 전일한 모양. :
  단단(斷斷).
- 성실한 모양 :
  누루(慺慺). 동연(侗然).
- 성욕을 돋우는 약 :
  미약(媚藥).
- 성을 내는 모양 :
  한연(僩然).
- 성을 내어 부르는 소리 :
  요요(譊譊).
- 성을 냄 :
  동화(動火).
- 성을 불끈 내는 모양 :
  불연(怫然). 불호(怫乎).
- 성의가 있는 가르침 :
  심훈(諶訓).
- 성의껏 설명하는 모양 :
  곤곤(袞袞).
- 성의를 가지고 다정하게 사귀는 모양 :
  관연(款然).
- 성의를 다하는 모양 :
  순순(肫肫).
- 성의 있는 모양 :
  잠잠(湛湛). 조조(慥慥).
- 성장하는 모양 :
  기기(頎頎).
- 성장한 모양 :

소소(疏疏).

- 성정이 비범한 모양 :
  뇌가(礧砢).
- 성질이 괴팍함 :
  팍려(愎戾).
- 성품이 온화한 모양 :
  애연(藹然).
- 성품이 모가지고 바른 모양 :
  능릉(稜稜).
- 성품이 온화한 모양 :
  민민(旼旼).
- 성하게 떠오르는 모양 :
  곤곤(袞袞).
- 성하게 일어나는 모양 :
  발연(浡然). 발연(勃然). 혁희(赫戲).
- 성하고 맹렬한 모양 :
  학학(謔謔).
- 성하고 아름다운 모양 :
  옥옥(沃沃).
- 성한 모양 :
  간간(旰旰). 발옹(浡瀁). 빙빙(馮馮). 양양(陽陽).
  엽연(曄然). 엽엽(曄曄). 영영(英英). 운운(芸芸).
  운운(耘耘). 울이(蔚爾). 위연(煒然). 위엽(煒燁).
  위엽(煒曄). 위위(煒煒). 위이(蔚爾). 은은(殷殷).
  장장(莊莊). 전전(滇滇). 진진(溱溱). 팽팽(彭彭).
  표표(鑣鑣). 혁연(赫然). 호호(昊昊). 훼연(蘤然).
- 세 갈래 창 :
  당파(鎲鈀).
- 세력이 왕성한 모양 :
  퇴퇴(焞焞).
- 세력이 있는 모양 :
  능릉(棱棱).
- 세력을 잃은 모양 :
  층등(蹭蹬).
- 세모시 :
  세저(細苧).
- 세밀한 모양 :
  면면(綿綿).
- 세밑 :
  세만(歲晚). 세말(歲末). 세모(歲暮). 세종(歲終).
  연모(年暮). 연미(年尾). 연종(年終).
- 세 번 :
  삼회(三回).
- 세상맛 :
  세미(世味).
- 세상 밖 :
  세외(世外).
- 세상 사람을 깜짝 놀라게 함 :
  경속(驚俗). 경천동지(驚天動地).

■ 세상에 널리 알려짐 :
포문(飽聞).

■ 세상에 쓰이지 않는 몸 :
뇌신(儡身).

■ 세상이 소란한 모양 :
흉흉(匈匈).

■ 세상일 :
세사(世事).

■ 세상일을 근심하는 모양 :
효효(囂囂).

■ 세상 풍조를 따라 가는 모양 :
도도(滔滔).

■ 세세하고 잗단 모양 :
누루(縷縷).

■ 세속을 떠나 조용히 삶 :
고치(高馳).

■ 세속을 초월한 모양 :
초연(超然).

■ 세수수건 :
관건(盥巾).

■ 세월 :
광음(光陰). 비광(飛光). 성상(星霜). 세월(歲月).

■ 세월을 보냄 :
도일(度日).

■ 세월이 가는 모양 :
염염(冉冉).

■ 세월이 매우 빠름의 비유 :
사과극(駟過隙).

■ 세월이 빠른 모양 :
여시(如矢). 여전(如箭).

■ 세월이 빨리 지나 인생의 덧없음의 비유 :
구극(駒隙).

■ 세월이 빨리 흐르는 모양 :
정정(鼎鼎).

■ 세월이 자꾸 쌓이는 모양 :
쟁영(崢嶸).

■ 세인에 아첨함 :
아세(阿世).

■ 세차게 솟아 오름 :
분용(坌勇). 분용(坌涌).

■ 세차게 쏟아지는 우박 :
비박(飛雹).

■ 세피리 :
소생(小笙).

■ 센 모양 :
거거(祛祛). 교교(矯矯).

■ 센털 :
강모(彊毛).

■ 센 파도 :

■ 경풍(勁風).

■ 셈 나머지 :
여수(餘數).

■ 셋돈 :
세전(貰錢).

■ 셋방살이 :
추거(僦居).

■ 소걸음 :
우보(牛步).

■ 소견이 좁고 성미가 급함 :
편급(褊急).

■ 소견이 좁은 모양 :
국촉(局促).

■ 소견이 좁음 :
관견(管見).

■ 소경 :
고자(瞽者). 고몽(瞽矇). 맹고(盲瞽). 맹인(盲人).
맹자(盲者). 목맹(目盲). 몽고(矇瞽). 몽수(矇瞍).

■ 소경이 됨 :
상명(喪明). 실명(失明).

■ 소곤거리는 소리 :
첩첩(呫呫).

■ 소곤거림 :
이남(泥喃).

■ 소곤소곤 이야기하는 소리 :
즉즉(喞喞).

■ 소귀나무 :
산도(山桃).

■ 소금엣 밥 :
염반(鹽飯).

■ 소금장수 :
인상(引商).

■ 소금쟁이 :
수민(水黽).

■ 소나기 :
급우(急雨). 동우(涷雨). 백우(白雨). 사우(駛雨).
신우(迅雨). 은죽(銀竹). 질우(疾雨). 취우(驟雨).

■ 소나 말을 모는 소리 :
질질(叱叱).

■ 소나무 :
송목(松木). 송수(松樹). 육송(陸松).

■ 소나무를 스쳐 가는 바람 소리 :
숙숙(肅肅).

■ 소나무에 부는 바람 소리 :
속속(謖謖).

■ 소나타 :
주명곡(奏鳴曲).

■ 소낙비 :
질우(疾雨).

- 소년시대 :
  기세(綺歲). 기환지세(綺紈之歲).
- 소동하는 모양 :
  소소(慅慅).
- 소라 :
  해라(海螺).
- 소라고둥 :
  나패(螺貝). 법라(法螺).
- 소라젓 :
  나해(螺醢).
- 소란한 모양 :
  치치(蚩蚩). 흉흉(匈匈). 흉흉(訩訩). 흉흉(詢詢).
- 소루쟁이 :
  양제초(羊蹄草).
- 소리가 곱고 아름다운 모양 :
  미미(靡靡).
- 소리가 듣기 좋은 모양 :
  앙앙(央央).
- 소리가 들리는 모양 :
  이이(咿咿).
- 소리가 맑고 고운 모양 :
  현환(睍睆).
- 소리가 맑아 듣기 좋은 모양 :
  영영(英英).
- 소리가 명랑한 모양 :
  낭랑(朗朗). 낭연(朗然).
- 소리가 성한 모양 :
  엽욱(曄煜).
- 소리가 요란한 모양 :
  엽욱(燁煜).
- 소리가 작은 모양 :
  암암(𪛊𪛊). 울률(鬱律).
- 소리가 조화하는 모양 :
  황황(喤喤).
- 소리꾼 :
  가객(歌客).
- 소리높이 읊음 :
  고음(高吟).
- 소리를 내는 모양 :
  이이(咿咿).
- 소리를 내지 않고 욺 :
  음읍(飮泣).
- 소리를 높여 부르짖음 :
  후호(吼號).
- 소리 없는 모양 :
  막막(漠漠).
- 소리 없이 눈물을 흘리며 욺 :
  순체(洵涕).
- 소리 없이 들음 :
  청어무성(聽於無聲).
- 소리 없이 빙긋이 웃음 :
  미소(微笑).
- 소리쳐 부르는 모양 :
  책책(嘖嘖).
- 소망 :
  의망(意望).
- 소매치기 :
  도모(掏摸). 도아(掏兒). 배수(扒手). 배수(扒扒).
- 소맷부리 :
  몌구(袂口).
- 소먹이다 :
  우향(牛餉).
- 소문 :
  소문(所聞). 요언(謠言). 풍문(風聞). 풍설(風說).
- 소식 :
  모문(耗問). 소식(消息). 풍신(風信).
- 소식이 오랫동안 막힘 :
  구조(久阻).
- 소심한 모양 :
  긍긍(兢兢). 착착(齪齪).
- 소싸움 :
  투우(鬪牛).
- 소용돌이 :
  회류(回流).
- 소용돌이치는 모양 :
  단단(湍湍). 선환(漩澴). 형경(泂瀠).
- 소용돌이침 :
  와반(渦盤).
- 소인이 기뻐하는 모양 :
  휴우(睢盱).
- 소인이 득세하여 교만한 모양 :
  갹갹(蹻蹻).
- 소재를 자랑하는 모양 :
  절절(竊竊).
- 소젖 :
  우유(牛乳).
- 소쩍새 :
  두견(杜鵑). 두백(杜魄). 두우(杜宇). 자규(子規).
  제계(鵜鴂). 제계(鶗鴂). 촉조(蜀鳥). 촉혼(蜀魂).
  불여귀(不如歸). 호자조(呼子鳥). 환집조(喚集鳥).
- 소태나무 :
  고련(苦楝). 고목(苦木).
- 소털 :
  우모(牛毛).
- 소 혀 :
  우설(牛舌).
- 소홀하다 :
  경홀(輕忽). 소략(疏略).

■ 소홀히 함 :
　탈략(脫略).
■ 속곳 :
　단여의(單女衣). 단의(單衣).
■ 속눈썹 :
　첩모(睫毛).
■ 속 답답하다 :
　심울(心鬱).
■ 속대 :
　죽부(竹膚).
■ 속된 노래 :
　파리(巴俚). 이요(俚謠). 속가(俗歌).
■ 속뜻 :
　내의(內意).
■ 속뜻은 잘 모르면서 남의 책에서 이것저것 인
　용하여 서술함 : 부인(膚引).
■ 속마음 :
　내심(內心). 심중(心中).
■ 속삭거리는 모양 :
　첩첩(佔佔).
■ 속셈 :
　흉산(胸算).
■ 속에 넣어둠 :
　함용(含容).
■ 속옷 :
　군유(裙襦). 내의(內衣). 친의(襯衣).
■ 속요 :
　이요(俚謠).
■ 속임 :
　기광(欺誑). 기만(欺瞞). 기망(欺罔). 기무(欺誣).
　기사(欺詐). 기와(欺訛). 기탄(欺誕). 기태(欺詒).
　기편(欺騙).
■ 속임수 :
　권모술수(權謀術數). 궤계(詭計). 궤사(詭詐). 외
　수(外數).
■ 속잎 :
　심엽(心葉).
■ 속적삼 :
　소삼(小衫). 저도(紙裯).
■ 속 좁다 :
　심협(心狹).
■ 속진을 떠나 경치 좋고 조용한 곳 :
　영경(靈境).
■ 손가락 :
　수지(手指).
■ 손가락 끝 :
　수지(手指). 지두(指頭).
■ 손가락 도장 :
　지장(指章). 무인(拇印).

■ 손가락으로 누르다 :
　지압(指押).
■ 손가락을 꼽아 셈 :
　굴지(屈指).
■ 손가락을 꼽음 :
　굴지(詘指).
■ 손가락질 함 :
　지척(指斥).
■ 손가락 형벌 :
　지형(指刑).
■ 손금 :
　수리(手理). 수문(手文). 수문(手紋). 수지절문
　(手指節文).
■ 손놀림 :
　수세(手勢).
■ 손님 :
　객인(客人). 고객(顧客). 빈객(賓客).
■ 손도장 :
　무인(拇印). 수장(手章). 수인(手印). 지장(指章).
■ 손들다 :
　거수(擧手).
■ 손 때 :
　수택(手澤).
■ 손매 :
　수세(手勢).
■ 손목 :
　수수(手首).
■ 손바닥 :
　수장(手掌).
■ 손바닥을 뒤집음 :
　반수(反手).
■ 손발 :
　수족(手足).
■ 손발병신 :
　연벽(攣躄).
■ 손뼉을 치며 노래함 :
　가변(歌抃).
■ 손뼉을 침 :
　박수(拍手). 박장(拍掌). 변수(抃手). 저장(抵掌).
■ 손수건 :
　건포(巾布).
■ 손수레 :
　수거(手車).
■ 손아귀 :
　수악(手握).
■ 손아래누이 :
　매매(妹妹).
■ 손에 가짐 :
　탄탄(撣撣).

- 손윗사람 :
  군장(君長).
- 손으로 덮다 :
  수당(手擋).
- 손으로 뽑다 :
  수발(手拔).
- 손으로 찢음 :
  차열(撦裂).
- 손으로 침 :
  수격(手擊).
- 손을 씻음 :
  세수(挩手). 세수(洗手).
- 손잡이 :
  파수(把手).
- 손재주 :
  소교(小巧). 수교(手巧). 수기(手技). 수재(手才).
- 손톱 :
  수조(手爪). 조갑(蚤甲). 지조(指爪).
- 손 흔들다 :
  수동(手動).
- 솔방울 :
  송구(松毬). 송자(松子).
- 솔부엉이 :
  녹엽효(綠葉梟).
- 솔솔 부는 바람 :
  경풍(輕風).
- 솔솔 부는 바람소리 :
  누류(飀飀).
- 솔숲 :
  송림(松林).
- 솔잎 :
  송엽(松葉).
- 솔잣새 :
  동취(銅嘴).
- 솜 :
  면서(綿絮). 면화(棉花). 서광(絮纊). 저서(紵絮).
- 솜씨 :
  기예(技藝). 수교(手巧). 수기(手技). 수재(手才).
- 솜옷 :
  온갈(縕褐).
- 솜털 :
  면모(綿毛). 용모(氄毛).
- 솜틀 :
  타면기(打綿機).
- 솟아오르는 모양 :
  분연(芬然).
- 솟을 대문의 모양 :
  항랑(閌閬).
- 송곳니 :
  견치(犬齒).
- 송곳자루 :
  추병(錐柄).
- 송구한 모양 :
  송연(竦然).
- 송구스러워 하는 모양 :
  쌍연(慔然).
- 송별의 노래 :
  여가(驪歌).
- 송아지 :
  독우(犢牛).
- 송이버섯 :
  송균(松菌). 송심(松蕈). 송이(松栮).
- 송장 :
  시신(屍身). 시체(屍體). 시해(屍骸). 유체(遺體).
- 송장메뚜기 :
  토종(土螽).
- 송진 :
  송고(松膏). 송방(松肪). 송지(松脂). 송진(松津).
- 송편 :
  각서(角黍). 조각(糙角). 송병(松餅).
- 송화 가루 :
  송화(松花). 송황(松黃).
- 솥 :
  정력(鼎鬲).
- 쇄락한 모양 :
  쇄쇄낙락(洒洒落落).
- 쇠 가락지 :
  동금(胴金).
- 쇠고기 :
  우육(牛肉). 황육(黃肉).
- 쇠고리 :
  금환(金環).
- 쇠공이 :
  철저(鐵杵).
- 쇠 굽히다 :
  굴금(屈金).
- 쇠기름 :
  우지(牛脂).
- 쇠똥 :
  우분(牛糞). 철락(鐵落). 철설(鐵屑). 철초(鐵梢).
- 쇠똥구리 :
  강랑(蜣蜋). 길강(蛣蜣). 퇴환(堆丸).
- 쇠못 :
  철정(鐵釘).
- 쇠붙이 :
  금속(金屬).
- 쇠비름 :
  마치현(馬齒莧). 오행초(五行草). 장명채(長命菜).

- 쇠뿔 :
  우각(牛角).
- 쇠사슬 :
  낭당(銀鐺). 쇄환(鎖鐶).
- 쇠스랑 :
  철탑(鐵搭). 철파(鐵把).
- 쇠시위 :
  철현(鐵絃).
- 쇠와 옥이 서로 부딪쳐 나는 소리 :
  낭랑(琅琅).
- 쇠젖 :
  우유(牛乳).
- 쇠털 :
  우모(牛毛).
- 쇠테 :
  철고(鐵箍).
- 쇠퇴한 모양 :
  농종(隴種).
- 쇠퇴함 :
  영락(零落).
- 쇠파리 :
  우승(牛蠅).
- 쇳덩이 :
  괴철(塊鐵).
- 쇳조각 :
  철편(鐵片).
- 수가 많은 모양 :
  빈연(嬪然). 선선(詵詵). 쇄쇄(縦縦). 편연(扁然).
- 수게 :
  웅해(雄蟹).
- 수결 :
  서압(署押). 수결(手決).
- 수국 :
  자양화(紫陽花).
- 수군거리는 모양 :
  농농(噥噥).
- 수다스러운 모양 :
  예예(呭呭). 첨첨(詹詹). 합합(嗑嗑). 획책(嚄嘖).
- 수다스러움 :
  다구(多口).
- 수다스럽게 거침없이 말을 썩 잘하는 모양 :
  첩첩(喋喋).
- 수다스럽게 지껄이는 모양 또는 그 소리 :
  즙즙(緝緝)
- 수다스럽게 지껄이는 모양 :
  남남(諵諵). 남남(喃喃).
- 수다스럽게 지껄임 :
  악유(喔嚅).
- 수다스럽다 :

- 다언(多言).
- 수달 :
  수구(水狗). 수달(水獺). 편달(猵獺).
- 수두룩함 :
  기다(幾多).
- 수라 :
  수라(水剌).
- 수레가 가는 길이 험하여 고생하는 모양 :
  함가(輱軻).
- 수레가 가는 소리 :
  함함(檻檻).
- 수레가 구르며 흔들리는 모양 :
  알할(輵轄).
- 수레가 달리는 소리 :
  구아(嘔啞). 녹록(轆轆). 전전(輇輇).
- 수레가 삐걱거림 :
  차력(車轢).
- 수레가 지나갈 때 나는 소리. :
  능횡(輘輷).
- 수레가 지나갈 때 쿵쿵 울리는 소리 :
  횡횡(輷輷).
- 수레바퀴가 삐걱거리는 소리 :
  인린(鄰鄰). 인린(轔轔).
- 수레바퀴가 구르는 소리 :
  구구(嘔嘔). 알알(軋軋).
- 수레바퀴가 물체에 닿아 쏠려서 나는 소리 :
  앙알(軮軋).
- 수레바퀴가 삐걱거리는 소리 :
  구알(嘔軋). 역록(轣轆). 이알(咿軋). 인린(轔轔).
- 수레바퀴자국 :
  차적(車跡).
- 수레 소리 :
  녹록(碌碌).
- 수레소리가 요란한 모양 :
  전전(甸甸).
- 수레에 밟히다 :
  거천(車踐).
- 수레에 치어 죽음 :
  역사(轢死).
- 수레의 바퀴 테 :
  차망(車網).
- 수레의 장막이 해져 너풀거리는 모양 :
  천천(幝幝).
- 수리부엉이 :
  야묘(夜猫).
- 수면이 넓고 먼 모양 :
  망망(漭漭).
- 수면이 넓은 모양 :
  탄만(淡漫).

- 수면이 대단히 넓어 먼 모양 :
  영명(瀯溟).
- 수면이 한없이 넓은 모양 :
  묘만(渺漫). 묘망(渺漭). 묘망(渺茫). 묘면(渺沔).
  묘묘(渺渺). 묘미(渺瀰). 묘연(渺然).
- 수명의 종말 :
  대한(大限). 사기(死期).
- 수목이 매우 무성한 모양 :
  음애(蔭藹).
- 수목이 무성하여 아래가 어둠침침한 모양 :
  엄애(晻藹).
- 수목이 무성한 모양 :
  애애(靉靉).
- 수목이 배게 들어서 무성한 모양 :
  삼삼(森森).
- 수목이 울창한 산중의 기운 :
  공취(空翠).
- 수박 :
  서과(西瓜). 수과(水瓜).
- 수삼 :
  모마(牡痲).
- 수세가 대단한 모양 :
  탕탕(蕩蕩).
- 수세가 세찬 모양 :
  흉흉(洶洶).
- 수세미외 :
  사과(絲瓜).
- 수수 :
  고량(高粱). 촉서(蜀黍). 촉출(蜀秫).
- 수수께끼 :
  미어(謎語). 수사(廋詞). 수사(廋辭). 수어(廋語).
  은어(隱語). 미어(謎語).
- 수수소주 :
  호주(胡酒).
- 수심 띤 낯 :
  수면(愁面).
- 수심에 잠겨 이야기하는 모양 :
  오오(熬熬).
- 수심에 잠겨 안색이 달라지는 모양 :
  초연(愀然).
- 수심에 잠긴 모양 :
  망혜(罔兮).
- 수양딸 :
  양녀(養女).
- 수양버들 :
  사류(絲柳). 수류(垂柳).
- 수염이 많은 모양 :
  우사(于思).
- 수영 :

- 산모(酸模).
- 수원 :
  수근(水根).
- 수위의 장 :
  문윤(門尹).
- 수저 :
  시저(匙箸).
- 수저통 :
  저용(箸筩).
- 수절 :
  개석(介石). 개우석(介于石). 수절(守節).
- 수족이 얼어 곱은 모양 :
  유구(璆捄).
- 수줍음 :
  약안(弱顔).
- 수지니 :
  수진(手陳).
- 수치 :
  수치(羞恥). 치욕(恥辱).
- 수치를 당함 :
  몽진(蒙塵).
- 수치스러운 모양 :
  문문(汶汶).
- 수치질 :
  모치(牡痔).
- 수캐 :
  웅견(雄犬).
- 수키와 :
  동와(童瓦).
- 수탉 :
  웅계(雄鷄).
- 수표 :
  부별(傳別). 수표(手票).
- 수필 :
  상화(想華). 수필(隨筆).
- 수해 :
  수패(水敗). 수해(水害).
- 수행하는 모양 :
  수수(遂遂).
- 수확 :
  염확(斂穫).
- 수확이 많은 모양 :
  양양(穰穰).
- 수효가 많은 모양 :
  이니(濔濔). 표표(儦儦).
- 숙달한 모양 :
  태태(棣棣).
- 숙면 :
  감와(酣臥). 숙면(熟眠).

- 순두부 :
  수두부(水豆腐).
- 순박하고 경솔하지 아니한 모양 :
  순순(醇醇).
- 순서 :
  서차(序次).
- 순서를 뛰어 넘음 :
  월차(越次).
- 순서 있는 모양 :
  순순연(循循然). 패패(茷茷).
- 순수하고 전일한 모양 :
  증증(烝烝).
- 순수한 모양 :
  수연(粹然). 순순(純純). 순연(純然).
- 순풍이 부는 모양 :
  미미(靡靡).
- 순환하는 모양 :
  효조(撓挑).
- 순가락. 수저 :
  식비(食匕).
- 숟가락과 젓가락 :
  비저(匕箸). 시저(匙箸).
- 술 :
  국군(麴君). 국생(麴生). 국얼(麴蘗). 동정춘색
  (洞庭春色). 호중물(壺中物).
- 술값 :
  주가(酒價). 주대(酒貸).
- 술 거르다 :
  녹주(漉酒).
- 술구더기 :
  녹의(綠蟻). 주의(酒蟻).
- 술국 :
  주탕(酒湯).
- 술그릇 :
  이준(彝樽). 준뢰(樽罍). 준합(樽榼).
- 술기운 :
  주기(酒氣). 취기(醉氣).
- 술꾼 :
  주배(酒輩). 음객(飮客). 주객(酒客). 주도(酒徒).
  취호(醉戶).
- 술 단지 :
  뇌앵(罍罌).
- 술도가 :
  주장(酒場).
- 술래잡기 :
  착희(捉戲).
- 술 마시다 :
  음주(飮酒).
- 술맛이 좋음 :

- 담담(醰醰).
- 술병 :
  주병(酒瓶). 주호(酒壺).
- 술상 :
  주안(酒案). 주안상(酒案床).
- 술안주 :
  주효(酒肴).
- 술에 몹시 취함 :
  명정(酩酊).
- 술에 빠짐 :
  유면(流湎). 침면(沈湎). 황주(荒酒).
- 술에 취하여 즐김 :
  감오(酣娛).
- 술에 취하여 비틀거리며 춤추는 모양 :
  기기(傲傲). 사사(傞傞).
- 술에 취함 :
  명정(茗苧). 명정(酩酊).
- 술을 가득 따름 :
  염염짐(灩灩斟).
- 술을 거름 :
  녹주(漉酒).
- 술을 과음하고 주정이 심함 :
  침후(沈酗).
- 술을 마시고 그 기운을 빌어서 기세를 부림 :
  사주(使酒).
- 술을 마시고 기분이 좋은 모양 :
  감감(酣酣).
- 술을 마시고 즐거워 껄껄웃음 :
  음갹(飮噱).
- 술을 마시며 흥겹게 노래함 :
  상영(觴詠).
- 술을 마시지 않는 사람 :
  악객(惡客).
- 술을 마심 :
  요수(澆愁). 함배(銜杯).
- 술을 많이 마시고 시를 잘 지음 :
  두주백편(斗酒百篇).
- 술을 많이 마심 :
  강주(强酒). 굉음(轟飮). 피주(被酒).
- 술을 많이 먹는 사람 :
  호대(戶大).
- 술을 매우 많이 마심 :
  경음(鯨飮).
- 술을 무한정하고 많이 마심 :
  몰음(沒飮).
- 술을 삼 :
  매춘(買春).
- 술을 실컷 마시며 즐김 :
  감서(酣湑).

■ 술을 실컷 마심 :
　종음(縱飮).
■ 술을 함부로 많이 마심 :
　란음(爛飮).
■ 술의 공덕 :
　주덕(酒德).
■ 술이 거나하게 취하여 이야기를 많이 함 :
　감창담론(酣暢談論).
■ 술이 대단히 취함 :
　굉취(轟醉).
■ 술이 매우 마시고 싶음 :
　주갈(酒渴).
■ 술이 얼큰히 취해 기분이 좋은 모양 :
　훈훈(醺醺).
■ 술자리 :
　주석(酒席). 주연(酒筵). 주장(酒場).
■ 술잔 :
　굉우(觥盂). 배우(盃盂). 배잔(盃盞). 주배(酒杯).
　주잔(酒盞). 주치(酒巵). 착락(鑿落).
■ 술잔을 권함 :
　촉배(屬杯).
■ 술잔치 :
　주연(酒宴).
■ 술주자 :
　주자(酒榨). 주조(酒槽).
■ 술주정을 하는 좋지 못한 행실 :
　주덕(酒德).
■ 술집 :
　기정(旗亭). 노저(壚邸). 주가(酒家). 주사(酒肆).
　주옥(酒屋). 주점(酒店). 행화촌(杏花村)
■ 술 찌기 :
　낙모(酪母).
■ 술추렴 :
　갹음(釂飮).
■ 술친구 :
　음도(飮徒). 주붕(酒朋). 주우(酒友).
■ 술 팔다 :
　매주(賣酒).
■ 술항아리 :
　주항(酒缸).
■ 숨 :
　기식(氣息).
■ 숨가쁜 모양 :
　탄탄(嘽嘽).
■ 숨겨둠 :
　사익(舍匿). 엄치(掩置).
■ 숨골 :
　연수(延髓).
■ 숨기지 않는 모양 :

■ 공연(公然).
■ 숨김없는 모양 :
　당당(堂堂).
■ 숨김없이 심중을 털어 남에게 보임 :
　수사(輸寫).
■ 숨막히다 :
　기색(氣塞).
■ 숨바꼭질 :
　미장(迷藏). 착미장(捉迷藏).
■ 숨쉬는 모양 :
　발연(艴然).
■ 숨쉬다 :
　호흡(呼吸). 훼식(喙息).
■ 숨은 바윗돌 :
　암초(暗礁). 위초(危礁).
■ 숨을 후하고 내쉼 :
　취허(吹噓).
■ 숨이 막힘 :
　기색(氣塞).
■ 숨이 차서 헐떡거리는 모양 :
　천천(喘喘).
■ 숨이 차서 헐떡거림 :
　천식(喘息).
■ 숨차다 :
　역기(逆氣). 천식(喘息).
■ 숫구멍 :
　정문(頂門). 신문(囟門).
■ 숫구멍자리 :
　백회(百會).
■ 숫돌 :
　단석(鍛石). 여석(礪石). 저려(底厲). 지석(砥石).
■ 수소 :
　모우(牡牛).
■ 숫이리 :
　모랑(牡狼).
■ 숭늉 :
　반탕(飯湯). 취탕(炊湯).
■ 숭어 :
　수어(秀魚).
■ 숯 :
　목탄(木炭). 오은(烏銀). 오탄(烏炭).
■ 숯가마 :
　탄요(炭窯).
■ 숲 :
　진망(蓁莽).
■ 숲 사이 :
　임간(林間).
■ 쉬운 모양 :
　이이(易易). 탕탕(蕩蕩).

- 쉬지 못하는 모양 :
  방방(彭彭).
- 쉬지 않고 부지런히 일하는 모양 :
  자자영영(孜孜營營).
- 쉬지 않고 흐르는 물소리 :
  영영(瀯瀯).
- 쉬지 않고 힘쓰는 모양 :
  급급(汲汲). 물물(勿勿).
- 쉬지 않는 모양 :
  액액(頟頟).
- 쉬파리 :
  창승(蒼蠅). 청승(靑蠅).
- 쉰 살 :
  애년(艾年).
- 쉼 :
  휴식(休息). 게식(憩息). 게지(憩止). 게헐(憩歇).
  게휴(憩休).
- 스님 :
  사승(師僧).
- 스라소니 :
  토표(土豹).
- 스며 나옴 :
  삼록(滲漉).
- 스무날이 지난 후 :
  염후(念後).
- 스스로 경계하여 깨달은 모양 :
  성성(惺惺).
- 스스로 만족하는 모양 :
  유유(由由).
- 스스로 자만하여 교만한 모양 :
  팽형(彭亨).
- 스승 :
  사부(師傅). 서석(西席). 함장(函丈).
- 스케치 :
  견취도(見取圖).
- 스파이 :
  염객(廉客). 염문(廉問). 염탐(廉探).
- 스폰서 :
  광고주(廣告主).
- 스프레이 :
  분무기(噴霧器).
- 슬기 :
  지혜(知慧).
- 슬기가 모자라고 언행이 잗단 모양 :
  결결(缺缺).
- 슬기는 높아야하고 예는 겸손하여야 함 :
  지숭예비(智崇禮卑).
- 슬기롭다 :
  혜지(慧智).

- 슬퍼 상심하는 모양 :
  창연(愴然). 창창(愴愴).
- 슬퍼 우는 소리 :
  유유(呦呦).
- 슬퍼서 기가 막히는 모양 :
  오읍(於邑).
- 슬퍼하고 근심하는 모양 :
  창황(愴怳). 창황(倉怳).
- 슬퍼하는 모양 :
  근연(懂然). 낭랑(悢悢). 애애(哀哀). 은은(隱隱).
  절절(切切). 처연(悽然). 처처(悽悽). 초창(怊悵).
- 슬퍼하다 :
  척용(戚容).
- 슬퍼하며 부르짖는 소리 :
  희희(譆譆).
- 슬퍼하여 눈물을 흘림 :
  비현(悲泫).
- 슬픈 소리 :
  비성(悲聲). 애성(哀聲).
- 슬픔 :
  비애(悲哀).
- 슬피 엉엉 우는소리 :
  교교(嗷嗷).
- 습득함 :
  군습(捃拾). 군척(捃摭). 군척(攈摭).
- 습속 :
  관습(慣習). 습속(習俗). 풍속(風俗).
- 습한 땅 :
  습지(濕地).
- 승검초 :
  당귀(當歸). 신감채(辛甘菜).
- 승낙하고 하지 아니함 :
  낙부(諾否).
- 승낙함 :
  긍락(肯諾). 약낙(約諾).
- 승려 :
  능화(能化). 법려(法侶). 지랑(支郎). 치도(緇徒).
- 승용차 :
  덕차(德車).
- 시가 :
  가영(歌詠). 사장(詞章). 시가(詩歌). 시영(詩詠).
- 시가를 짖는 모임 :
  음사(吟社).
- 시가문장의 자구가 풍부하고 화려함 :
  현란(絢爛).
- 시각 :
  경각(景刻). 광음(光陰). 귀루(晷漏). 시각(時刻).
- 시간을 자꾸 끄는 모양 :
  염임(荏苒).

■ 시간이 흐름에 따라, 시각마다 :
시시각각(時時刻刻).

■ 시골 :
폐유(弊幽).

■ 시골구석 :
향곡(鄕曲).

■ 시골노인 :
노창(老傖).

■ 시골농부 :
야부(野夫).

■ 시골늙은이 :
야옹(野翁). 야노(野老).

■ 시골뜨기 :
촌한(村漢).

■ 시골사투리 :
향음(鄕音).

■ 시골 중 :
야승(野僧).

■ 시골집 :
전사(田舍). 촌장(村莊).

■ 시골티 :
촌기(村氣).

■ 시골학자 :
이유(俚儒). 촌학구(村學究).

■ 시금치 :
적근채(赤根菜).

■ 시끄러운 모양 :
괄괄(聒聒). 소연(騷然). 아타(啞吒). 악악(鄂鄂).
오오(敖敖). 적적(藉藉). 책책(嘖嘖). 화연(譁然).
환환(讙讙). 황황(喤喤). 효연(囂然). 효효(囂囂).
훤연(喧然). 훤훤(嚾嚾). 휴휴(咻咻).

■ 시끄러움 :
훤괄(喧聒). 훤굉(喧轟). 훤조(喧噪). 훤요(喧擾).
훤화(喧譁). 훤화(喧嘩). 훤회(喧豗). 훤효(喧囂).

■ 시끄럽게 떠듦 :
규조(叫噪).

■ 시끄럽게 법석대는 모양 :
준준(蠢蠢).

■ 시끄럽게 송사하다 :
훤송(諠訟).

■ 시끄럽게 외침 :
규환(叫譁). 규환(叫喚).

■ 시끄럽게 우는 매미 :
조선(噪蟬).

■ 시끄럽고 어수선함 :
소동(騷動).

■ 시나리오 :
각본(脚本).

■ 시나 문장 따위가 어려워서 이해하기 곤란함 :

간삽(艱澁). 난삽(難澁).

■ 시냇가 :
간변(澗邊). 계변(溪邊).

■ 시냇물 :
계수(溪水).

■ 시누이 :
숙매(叔妹).

■ 시들어 떨어짐 :
위락(萎落).

■ 시들어 우그러짐 :
위축(萎縮).

■ 시력 :
시력(視力). 안력(眼力).

■ 시력이 미치는 한 :
극목(極目).

■ 시를 볼 줄 아는 눈 :
시안(詩眼).

■ 시를 읊음 :
시시(矢詩). 음살(吟殺).

■ 시를 지을 때 운자를 찾음 :
탐운(探韻).

■ 시를 짓고자 하는 마음 :
시정(詩情).

■ 시를 짓는 능력 :
음력(吟力).

■ 시를 짓는데 미리 운자를 정함 :
늑운(勒韻).

■ 시를 짓는 사람 :
소객(騷客). 시인(詩人). 소인(騷人).

■ 시멘트 :
서문토(西門土).

■ 시문 학식이 일세에 뛰어난 사람 :
문웅(文雄). 문호(文豪).

■ 시문 등을 남의 손을 빌어 지음 :
차작(借作).

■ 시문을 오래 전부터 구상함 :
숙구(宿構).

■ 시문을 잘 지음 :
건필(健筆).

■ 시문을 잘 짓는 재능 :
조사(藻思).

■ 시문을 지어 서로 주고 받고함 :
창수(唱酬).

■ 시문을 지음 :
작집(作什).

■ 시문을 짓거나 서화를 그리는 일 :
문묵(文墨).

■ 시문을 짓는 사람 :
사객(詞客).

- 시문을 짓는 재주 :
  문필(文筆).
- 시문을 짓고 술을 마시는 일 :
  문주(文酒).
- 시문을 짓는데 자구를 여러 번 퇴고함 :
  연구련자(練句練字).
- 시문의 묘소 요처 등의 옆에 찍는 동그라미 :
  권점(圈點).
- 시문의 묘처 안목 등에 표하는 점 :
  평점(評點).
- 시문의 잘된 곳에 찍는 둥근 점 :
  비점(批點).
- 시문의 전편을 모두 짓거나 욈 :
  종편(終篇).
- 시문의 차작을 받음 :
  차문(借文).
- 시문의 첨삭을 청함 :
  취정(就正).
- 시문 중에서 뜻이 얕아 남을 감동시키지 못하
  는 구 : 사구(死句).
- 시문중의 생동하는 글귀 :
  활구(活句).
- 시부모 :
  고구(姑舅). 구고(舅姑). 고장(姑嫜). 고종(姑娀).
- 시뻘건 모양 :
  혁홍(焃紅).
- 시시각각 :
  시시각각(時時刻刻). 진진찰찰(塵塵利利).
- 시시각각으로 때가 자꾸 가는 모양. :
  염념(念念).
- 시아버지 :
  구씨(舅氏).
- 시아버지와 시어머니 :
  구고(舅姑). 옹고(翁姑).
- 시아주머니 :
  시숙(媤叔).
- 시에 대한 안식 :
  시안(詩眼).
- 시여 :
  사철(捨撤). 시여(施與).
- 시우쇠 :
  숙철(熟鐵). 유철(鑐鐵). 유철(柔鐵). 유철(鍒鐵).
  정철(正鐵).
- 시원한 모양 :
  냉연(冷然). 상상(爽爽). 상연(爽然). 유표(瀏漂).
- 시인 :
  시객(詩客). 시가(詩家). 음객(吟客).
- 시장 사람들의 와자지껄하는 소리 :
  쟁횡(噌吰).

- 시정아치 :
  시정배(市井輩).
- 시조 :
  개조(開祖). 비조(鼻祖). 시조(始祖). 원조(元祖).
- 시종 :
  동복(童僕).
- 시집 :
  시가(媤家). 시댁(媤宅).
- 시집가고 장가듦 :
  가취(嫁娶).
- 시집가는 일 :
  결리(結縭). 출가(出嫁).
- 시집갈 나이 :
  가기(嫁期). 요도(夭桃).
- 시집감 :
  우귀(于歸). 우례(于禮).
- 시체 :
  시체(屍體). 해격(骸骼).
- 시체가 굳은 모양 :
  혁연(赫然).
- 시키는 대로 잘 순종함 :
  청종(聽從).
- 시험답안지에 종이를 붙여 이름을 가림 :
  호명(糊名).
- 식견 :
  사려(思慮). 안공(眼孔).
- 식견이 넓음 :
  안공대(眼孔大).
- 식견이 좁은 모양 :
  관관(管管).
- 식은땀 :
  냉한(冷汗).
- 식칼 :
  식도(食刀).
- 신기루 :
  해시(海市).
- 신발 끄는 소리 :
  예리성(曳履聲).
- 신발 소리 :
  탁탁(橐橐).
- 신속한 모양 :
  송송(摐摐).
- 신실한 모양 :
  순순(恂恂).
- 신음하는 소리 :
  파파(波波).
- 신음함 :
  염히(唫吚). 전히(殿屎).
- 신의 자리 :

판위(版位).

- 신 자국 :
혜흔(鞋痕).
- 신중한 모양 :
착착(齪齪).
- 실 :
사루(絲縷).
- 실개천 :
소류(小流).
- 실 거위 :
요충(蟯蟲).
- 실국수 :
사면(絲麵). 세면(細麵).
- 실마리 :
단서(端緖).
- 실망하여 멍하니 있는 모양 :
초창(怊悵).
- 실망하여 슬퍼하는 모양 :
추연(惆然).
- 실망하여 재미가 없는 모양 :
창황(悵怳).
- 실망하여 탄식하는 모양 :
추창(惆悵).
- 실망한 모양 :
곽락(廓落).
- 실수 :
유주(遺籌). 유책(遺策).
- 실의하여 기뻐하지 않는 모양 :
창연(悵然).
- 실의하여 한탄하는 모양 :
창창(悵悵).
- 실의한 모양 :
낭맹(浪孟). 당연(儻然). 망망(望望). 무연(憮然).
잉잉(仍仍). 준박(踳駁). 준준(踳踳). 초연(超然).
탁제(侘傺).
- 실이 길게 연속한 모양 :
누루(縷縷).
- 실이 헝클어진 모양 :
요료(繚繆).
- 실족하는 모양 :
층등(蹭蹬).
- 실지한 모양 :
누루(纍纍).
- 실책 :
유주(遺籌). 유책(遺策).
- 실컷 놂 :
유연(遊衍).
- 실컷 먹음 :
과복(果腹). 촉염(屬厭). 촉염(屬饜).

- 실컷 봄 :
빙망(騁望).
- 실컷 이야기함 :
횡담(橫談).
- 실패를 이용하여 성공함 :
전패위공(轉敗爲功). 전화위복(轉禍爲福).
- 싫증 :
염증(厭症).
- 싫증이 나도록 들음 :
포문(飽聞).
- 심력을 기울이는 모양 :
별설(蟞蟨).
- 심부름꾼 :
소사(小使).
- 심사와 언행이 온화한 모양 :
목여청풍(穆如淸風).
- 심수한 모양 :
탐탐(眈眈).
- 심심풀이 :
산울(散鬱). 심심파적(心心破寂). 파한(破閑).
- 심심한 모양 :
거연(居然). 곽락(廓落).
- 심원한 모양 :
묘요(杳窅). 요요(窈窈). 유유(眑眑). 조조(篠篠).
조조(窕窕).
- 심한 흉년 :
적흉(赤凶).
- 심히 두려워하는 모양 :
황황(惶惶).
- 심황 :
울금(鬱金).
- 십년 :
순년(旬年). 십상(十霜).
- 십 여일 :
순여(旬餘).
- 십일 :
순일(旬日).
- 십 일간 :
잡순(帀旬). 잡순(匝旬).
- 싱긋 웃는 모양 :
언연(嫣然).
- 싸라기 :
절미(折米).
- 싸라기눈 :
산박(霰雹). 원요(瑗瑤)
- 싸라기 떡 :
설병(屑餅).
- 싸락눈 :
입설(粒雪).

- 싸락돌 :
  산석(霰石).
- 싸리 :
  호지자(胡枝子). 호지화(胡枝花).
- 싸리나무 :
  소형(小荊).
- 싸우지 않는 모양 :
  즙즙(濈濈).
- 싸움닭 :
  투계(鬪鷄).
- 싹이 뾰족뾰족 나오는 모양 :
  찰찰(苗苗).
- 싹이 뾰족뾰족 나와 자라는 모양 :
  역역(驛驛).
- 싹트다 :
  갑탁(甲坼).
- 싼값 :
  염가(廉價).
- 쌀가루 :
  미면(米麵). 미분(米粉). 미설(米屑).
- 쌀가마니 :
  미포(米包). 미포(米苞).
- 쌀뜨물 :
  미감(米泔). 미란(米瀾). 미반(米潘). 미즙(米汁).
- 쌀밥 :
  양반(粱飯).
- 쌀보리 :
  나맥(裸麥). 입맥(粒麥).
- 쌀새우 :
  백하(白蝦).
- 쌀쌀한 모양 :
  냉연(冷然). 처처(凄凄).
- 쌀쌀함 :
  경한(輕寒).
- 쌀알 :
  삼립(糝粒).
- 쌀을 이는 소리 :
  수수(叟叟).
- 쌈지 :
  협낭(夾囊).
- 쌍가마 :
  쌍선모(雙旋毛).
- 쌍동딸 :
  쌍생녀(雙生女).
- 쌍둥이 아들 :
  쌍생자(雙生子).
- 쌍둥이 :
  쌍생아(雙生兒). 연자(攣子).
- 쌓인 모양 :

   진진(陳陳).
- 써늘한 날 :
  처일(凄日).
- 써늘한 모양 :
  처연(凄然).
- 썩 가난함 :
  적빈(赤貧). 적빈여세(赤貧如洗).
- 썩 급한 모양 :
  창졸(蒼卒).
- 썩 많은 가운데 가장 적은 수 :
  구우일모(九牛一毛).
- 썩 맛있는 음식 :
  고량(膏粱). 고량진미(膏粱珍味).
- 썩 먼 모양 :
  유유(攸攸).
- 썩 밝은 모양 :
  명명(明明).
- 썩어 문드러짐 :
  부란(腐爛).
- 썩은 고기 :
  패육(敗肉)
- 썩은 선비 :
  산유(散儒).
- 썩은 흙 :
  부식토(腐植土).
- 썩 잘 지은 글귀 :
  걸구(傑句).
- 썩 중요한 문장 :
  간문(肝文).
- 썰매 :
  설마(雪馬).
- 썰물 :
  간조(干潮). 반조(返潮). 퇴조(退潮). 해석(海汐).
- 쏘가리 :
  궐어(鱖魚). 수돈(水豚).
- 쐐기 :
  점사(蚙蜇).
- 쐐기꼴 :
  설형(楔形).
- 쑥 :
  봉애(蓬艾). 봉호(蓬蒿). 애호(艾蒿).
- 쑥 내밂 :
  두출(斗出).
- 쑥 들어감 :
  두입(斗入).
- 쑥떡 :
  애고(艾糕). 애병(艾餠).
- 쑥인절미 :
  호인절병(蒿引絶餠).

■ 쓰던 글을 멈추고 붓을 놓음 :
　각필(擱筆).

■ 쓰러져죽음 :
　폐사(斃死).

■ 쓰러지는 모양 :
　미미(靡靡).

■ 쓰러진 나무 :
　강목(僵木).

■ 쓰레기통 :
　개류(芥溜).

■ 쓰르라미 :
　조랑(蜩蜋). 한선(寒蟬).

■ 쓴맛 :
　초미(焦味).

■ 쓴웃음 :
　고소(苦笑).

■ 쓴잔 :
　고배(苦杯).

■ 쓸고 닦음 :
　소식(掃拭). 소제(掃除). 소척(掃滌). 소청(掃淸).

■ 쓸데없는 개인의 사사로운 이야기 :
　옥하사담(屋下私談).

■ 쓸데없는 걱정 :
　기우(杞憂).

■ 쓸데없는 말 :
　용담(冗談) 승어(賸語). 췌언(贅言). 췌변(贅辯).
　췌담(贅談). 한화(閑話).

■ 쓸데없는 말은 그만두고 화제를 돌릴 때 쓰는
　말 : 한화휴제(閑話休題).

■ 쓸데없는 말을 길게 지껄임 :
　장훼(長喙).

■ 쓸데없는 소리 :
　잉어(剩語).

■ 쓸데없는 이야기 :
　만설(蔓說).

■ 쓸데없는 행동 :
　췌행(贅行).

■ 쓸데없이 긴 글 :
　용문(冗文).

■ 쓸데없이 나불나불 지껄이는 모양 :
　답답(誻誻).

■ 쓸모가 없음 :
　몰용(沒用).

■ 쓸모가 있음 :
　유위(有爲).

■ 쓸모없는 나무 :
　산목(散木).

■ 쓸모없는 사람 :
　주육(走肉).

■ 쓸모없는 어리석은 사람 :
　별벽(鱉躄).

■ 쓸쓸한 길 거리 :
　냉항(冷巷).

■ 쓸쓸한 등잔 불빛 :
　냉등(冷燈).

■ 쓸쓸한 모양 :
　곽낙(廓落). 낙삭(落索). 막연(漠然). 명명(暝暝).
　삭연(索然). 소소(蕭蕭). 소연(蕭然). 정정(眐眐).
　처연(凄然). 처처(凄凄). 초연(悄然). 초창(悄愴).

■ 쓸쓸한 풍우의 소리 :
　석석(淅淅).

■ 쓸쓸해짐 :
　영락(零落).

■ 쓸쓸히 내리는 비 :
　처우(凄雨).

■ 씀바귀 :
　고채(苦菜). 유동(遊冬).

■ 씀씀이 :
　용도(用度).

■ 씨 :
　종자(種子).

■ 씨껍질 :
　종피(種皮).

■ 씨눈 :
　배아(胚芽).

■ 씨닭 :
　종계(種鷄).

■ 씨돼지 :
　종돈(種豚).

■ 씨름 :
　각력(角力). 각저(角抵). 각저(角觝). 각저(觳抵).
　각희(角戲). 각희(脚戲). 교수(交手). 상박(相撲).

■ 씨 말 :
　종마(種馬).

■ 씨 소 :
　종우(種牛).

■ 씨앗 :
　종자(種子).

■ 씩씩한 모양 :
　당당(堂堂).

■ 씹어 먹음 :
　담색(啖咋). 담작(啗嚼).

■ 씹어서 먹임 :
　반포(反哺). 반포지효(反哺之孝).

■ 씻음 :
　전세(湔洗). 전쇄(湔灑). 전척(湔滌). 전탁(湔濯).

■ 씽씽 매미 :
　당조(螗蜩). 혜고(蟪蛄).

ㅇ

■ 아가씨 :
소저(小姐). 아씨(阿氏).

■ 아가위 :
당구자(棠毬子). 산사(山査). 산사자(山査子).

■ 아감구멍 :
새공(鰓孔). 새열(鰓裂).

■ 아감딱지 :
새개(鰓蓋).

■ 아감뼈 :
새골(鰓骨).

■ 아감젓 :
어새해(魚鰓醢).

■ 아귀 :
안강(鮟鱇).

■ 아기살 :
세전(細箭).

■ 아낌 :
인석(悋惜).

■ 아낙네 :
내인(內人). 내정(內庭).

■ 아내 :
가인(家人). 낭자(娘子). 내인(內人). 매매(妹妹).
빈려(嬪儷).

■ 아는 체 하는 모양 :
절절(竊竊).

■ 아득하게 먼 모양 :
유유(悠悠).

■ 아득하여 분명하지 않는 모양 :
막연(漠然).

■ 아득한 모양 :
막연(藐然). 막호(邈乎). 망막(茫漠). 망양(茫洋).
명망(溟濛). 요요(遙遙). 유유(攸攸). 은은(隱隱).
탁탁(逴逴). 표묘(縹緲). 표묘(縹眇). 표묘(縹渺).
형연(夐然). 활만(闊漫).

■ 아래로 떨어지는 모양 :
접접(跕跕).

■ 아름다운 모양 :
개개(暟暟). 막막(藐藐). 매매(膜膜). 병정(娉婷).
선미(嬋媚). 영영(英英). 율황(矞皇). 익익(翼翼).
인빈(嬪玭). 정정(亭亭). 제제(妙妙). 찬란(粲爛).
찬찬(粲粲). 처처(萋萋). 혁혁(奕奕). 호호(扈扈).
환환(睆睆). 휘휘(徽徽).

■ 아름답고 무성한 모양 :
의의(猗猗).

■ 아름답고 성한 모양 :
담담(炎炎).

■ 아름답고 훌륭한 모양 :
제제(濟濟).

■ 아리따운 모양 :
교교(嬌嬌). 아나(婀娜). 아나(阿娜). 아나(阿那).
염염(艶艶). 염자(艶姿).

■ 아무개 :
모모(某某). 모씨(某氏). 모인(某人). 수모(誰某).
수하(誰何). 약이인(若而人).

■ 아무렇게나 내버려 둔 모양 :
만한(漫汗).

■ 아무 말 없이 조용히 있는 모양 :
민묵(悶黙).

■ 아무 하는 일이 없는 모양 :
녹연(逯然).

■ 아버님 :
부주(父主).

■ 아버지 :
가가(哥哥). 아다(阿爹). 아야(阿爺).

■ 아아 감탄하는 소리 :
어호(於乎). 어황(於皇). 어희(於戲).

■ 아욱 :
노규(露葵). 노규(路葵). 파루초(破樓草).

■ 아이 :
동자(童子). 동해(童孩). 아몽(阿蒙). 아해(兒孩).
아자(兒子). 진자(侲子). 진자(振子).

■ 아주 고요한 모양 :
밀밀(謐謐).

■ 아주까리 :
비마(蓖麻). 비마(草麻).

■ 아주 넓어 끝이 없는 모양 :
막막(漠漠).

■ 아주 뛰어난 모양 :
억연(嶷然).

■ 아주버니 :
시숙(媤叔).

■ 아주 환하게 판명된 모양 :
판연(判然).

■ 아첨하느라 억지로 웃는 모양 :
유아(嚅唲).

■ 아첨하는 눈매의 모양 :
유유(睮睮).

■ 아첨하는 모양 :
이우(伊優). 전전(諓諓).

■ 아첨하여 웃는 모양 :
후후(煦煦).

■ 아첨하여 웃는 소리 :
이악(咿喔).

■ 아첨하여 웃음 :
악악(喑喔).

■ 아침 :
숭조(崇朝). 일단(日旦).

■ 아침밥 :
  조반(朝飯). 조식(朝食). 조식(早食).

■ 아침 해 :
  양욱(陽旭). 욱일(旭日). 조돈(朝暾). 조욱(朝旭).
  조일(朝日). 조휘(朝暉). 조희(朝曦). 조양(朝陽).
  초일(初日).

■ 악기의 가락에 맞지 않는 거친 소리 :
  구아(嘔啞).

■ 악기의 울리는 소리 :
  창창(瑲瑲).

■ 악착스럽게 일하는 모양 :
  착착(促促).

■ 악한 모양 :
  진진(津津).

■ 안개가 끼거나 가랑비가 와 침침한 모양 :
  몽몽(朦朦).

■ 안개가 잔뜩 끼어 앞을 볼 수가 없음 :
  무묘(霧杳).

■ 안개 같은 것이 자욱하여 어두운 모양 :
  몽매(濛昧).

■ 안방 :
  내방(內房). 내실(內室). 내당(內堂).

■ 안색을 변하는 모양 :
  발여(勃如).

■ 안색이 붉고 윤이 흐르는 모양 :
  악연(渥然)

■ 안색이 온화한 모양 :
  요요(夭夭).

■ 안심이 되지 않는 모양 :
  삭삭(索索).

■ 안심하고 믿는 모양 :
  담연(倓然).

■ 안심하고 죽음 :
  함소입지(含笑入地).

■ 안절부절못하는 모양 :
  축축(蹴蹴).

■ 안정한 모양 :
  첩첩(帖帖).

■ 안한한 모양 :
  휴휴(休休).

■ 앉아서 꼼짝하지 않는 모양 :
  거연(居然).

■ 알맞은 소리 :
  범범(渢渢).

■ 앓는 모양 :
  염염(恬恬).

■ 암내 :
  산기(蒜氣). 액기(腋氣). 액취(腋臭). 호취(狐臭).

■ 암석이 험하게 우뚝 솟은 모양 :
  금연(嶔然).

■ 암키와 :
  빈와(牝瓦). 앙와(仰瓦). 평와(平瓦). 판(瓪).

■ 암퇘지 :
  누저(㜻豬).

■ 앙감질하는 모양 :
  침탁(踸踔).

■ 앙금 :
  사재(查滓). 사재(渣滓). 침재(沈滓).

■ 앙모하여 모여드는 모양 :
  선선(詵詵).

■ 앞을 다투어 나가는 모양 :
  예예(泄泄).

■ 앞이 탁 튀어 넓게 전개된 모양 :
  헌활(軒豁).

■ 애기 풀 :
  세초(細草). 영신초(靈神草). 극원(棘菀).

■ 애꾸눈 :
  묘목(眇目). 척안(隻眼). 편맹(偏盲). 할아(瞎兒).

■ 애매한 모양 :
  궤궤(憒憒).

■ 애써 가는 모양 :
  벽벽(躄躄).

■ 애쓰는 모양 :
  건건(蹇蹇). 별설(蹩躠).

■ 앵두 :
  앵두(櫻桃).

■ 앵무새 :
  능언조(能言鳥). 앵가(鸚哥). 팔팔아(八八兒).

■ 앵무새 따위의 우는소리 :
  성성(惺惺).

■ 약간 어두운 모양 :
  명명(溟溟).

■ 약은 모양 :
  요료(了了).

■ 얌전하고 정숙한 모양 :
  요조(窈窕).

■ 양기가 왕성한 모양 :
  요요(陶陶).

■ 양심에 가책을 느끼는 모양 :
  적적(踖踖).

■ 양털 :
  양모(羊毛).

■ 어그러진 모양 :
  날랄(剌剌).

■ 어근버근한 모양 :
  알알(戛戛).

■ 어금니 :
  구치(臼齒). 아치(牙齒).

■ 어깨뼈 :
　견갑골(肩胛骨).

■ 어두운 모양 :
　담암(黮闇). 매매(媒媒). 매매(昧昧). 멸연(蔑然).
　명명(瞑瞑). 명명(冥冥). 명몽(冥蒙). 명몽(冥濛).
　명예(冥翳). 모모(眊眊). 몽몽(蒙蒙). 몽몽(曹曹).
　몽연(蒙然). 묘묘(杳杳). 묵묵(墨墨). 암막(闇莫).
　암암(暗暗). 암연(黯然). 암연(闇然). 암탐(黮黮).
　유유(幽幽). 패패(宇宇). 홀연(芴然). 회회(晦晦).

■ 어두워 잘 보이지 않는 모양 :
　몽몽(曹曹).

■ 어둑새벽 :
　매상(昧爽). 매단(昧旦). 물상(昒爽). 물흔(昒昕).
　여명(黎明). 질명(質明).

■ 어둑어둑한 모양 :
　명명(冥冥). 몽막(濛漠). 창창(蒼蒼).

■ 어둠침침한 모양 :
　롱롱(曨曨). 명명(溟溟). 몽롱(朦朧). 몽몽(朦朦).

■ 어떤 것이 무더기로 나는 모양 :
　알알(軋軋).

■ 어렴풋이 보이는 모양 :
　의희(依稀).

■ 어렴풋한 모양 :
　애연(優然). 충막(沖漠).

■ 어루러기 :
　전풍(癜風).

■ 어리석어 사리를 분간 못하고 불손한 모양 :
　준이(蠢爾).

■ 어리석은 말다툼 :
　은송(嚚訟).

■ 어리석은 모양 :
　공공(空空). 공공(悾悾). 괄괄(聒聒). 농외(聾聵).
　동연(僮然). 외외(聵聵). 전전(顚顚). 홀연(芴然).

■ 어리 새 :
　와조(囮鳥).

■ 어리석음 :
　공동(倥侗). 도매(檮昧). 몽매(曚昧). 용단(庸短).
　용열(庸劣). 용암(庸暗). 용우(戇愚). 용우(庸愚).
　우로(愚魯). 우매(愚昧). 우몽(愚曹). 우몽(愚蒙).
　우애(愚騃). 준우(惷愚).

■ 어린 모양 :
　부부(扶扶).

■ 어린아이 :
　동치(童穉). 소아(小兒). 영해(嬰孩). 유년(幼年).
　유몽(幼蒙). 유아(幼兒). 유자(幼者). 초변(髫辮).
　초치(髫穉). 치년(稚年). 치아(稚兒). 치자(稚子).
　치유(稚幼). 치자(穉子). 해아(孩兒). 황구(黃口).

■ 어린아이가 떠듬떠듬 배우는 소리 :
　아아(啞啞).

■ 어린아이가 말을 배우는 소리 :
　이아(咿啞).

■ 어린아이가 방긋 웃는 모양 :
　해해(咳咳).

■ 어린아이가 우는소리 :
　고고(呱呱).

■ 어린아이가 응석하며 떠듬떠듬 말하는 모양 :
　애후(呃嘔).

■ 어린아이들의 떠들썩한 소리 :
　와와(哇哇).

■ 어린아이의 잘 알아들을 수 없는 말소리 :
　구아(嘔啞).

■ 어린애 우는 소리 :
　황황(喤喤).

■ 어린애가 그치지 않고 울어댐 :
　교도(噭咷).

■ 어린애가 숙성하고 영리한 모양 :
　억억(嶷嶷).

■ 어린이가 말하는 귀여운 소리 :
　아아(牙牙).

■ 어릴 때 :
　성사(省事).

■ 어머니 :
　마마(媽媽). 성선(聖善). 모친(母親). 아친(阿親).
　자친(慈親). 자당(慈堂). 자모(慈母).

■ 어버이 :
　이존(二尊). 양친(兩親).

■ 어수선한 모양 :
　번연(樊然).

■ 어스레한 모양 :
　능롱(曨曨). 당망(曭莽). 요명(窈冥).

■ 어여차 :
　야호(邪許). 야호(邪呼).

■ 어음 :
　권계(券契). 권첩(券帖). 지권(支券). 질자(質劑).
　질자(劕劑). 질제(質劑).

■ 어저귀 :
　백마(白麻). 경마(苘麻). 청마(靑麻).

■ 어지러운 모양 :
　골골(滑汨). 궤궤(慣慣). 궤궤(潰潰). 번연(樊然).
　분분(芬芬). 분분(棼棼). 분분(紛紛). 분여(紛如).
　빈빈(繽繽). 임랑(淋浪). 적적(藉藉). 적적(籍籍).
　조조(條條). 척척(脊脊). 총총(總總). 휴랄(睢剌).

■ 어지러워 어두운 모양 :
　매매(每每).

■ 어지럽게 움직이는 모양 :
　준준(蠢蠢).

■ 어지럽게 흩어지는 모양 :
　난간(闌干). 분피(紛披).

- 어찌 할 줄을 모르는 모양 :
  국럼(跼斂).
- 억지로 아첨하여 웃는 모양 :
  악이(喔咿).
- 억지로 웃음 :
  농이(哢咿). 희소(嘻笑).
- 언덕 :
  능구(陵丘). 만강(巒岡).
- 언덕 같은 것이 높은 모양 :
  개개(塏塏).
- 언뜻 :
  맥연(驀然). 홀연(忽然).
- 언뜻 보는 모양 :
  별연(瞥然).
- 언뜻 보이는 모양 :
  섬시(閃屍).
- 언뜻 보이다 바로 없어짐 :
  인홀불견(因忽不見).
- 언뜻언뜻 보이는 모양 :
  별별(瞥瞥).
- 언변이 있는 모양 :
  답답(沓沓).
- 언성을 높여 싸우는 소리 :
  요요(譊譊).
- 언제나 :
  매매(每每).
- 언청이 :
  결구(缺口). 결순(缺脣). 토결(兎缺). 토순(兎脣).
- 언행이나 태도에 여유가 있는 모양 :
  작작(綽綽).
- 얼굴 :
  안면(顔面). 안용(顔容). 용안(容顔).
- 얼굴을 찡그리고 신음함 :
  빈신(嚬呻).
- 얼굴이 아름다운 모양 :
  영영(嬴嬴).
- 얼굴이 큰 모양 :
  만한(顢預).
- 얼굴이 토실토실 살찌고 아름다운 모양 :
  봉신(丰神). 봉용(丰容). 봉의(丰儀).
- 얼룩말 :
  반마(斑馬).
- 얼룩소 :
  박우(駁牛). 이우(犁牛).
- 얼룩얼룩하여 아름다움 :
  난반(爛斑). 반란(斒爛).
- 얼룩얼룩한 모양 :
  반반(般般). 반연(斑然).
- 얼마 :

- 기분(幾分). 기하(幾何). 기허(幾許).
- 얼마 안 되는 모양 :
  전전(戔戔).
- 얼빠진 모양 :
  규규(規規).
- 얼음 :
  능시(凌澌). 빙동(氷凍).
- 얼음같이 깨끗하고 아름다운 살결 :
  빙기(氷肌). 빙기옥골(氷肌玉骨).
- 얼음이 갈라지는 소리 :
  픽픽박박(腷腷膊膊).
- 얼음이 녹아 없어지듯이 의혹이나 의문이 풀리는 모양 : 환연빙석(渙然氷釋).
- 얽킨 모양 :
  삭삭(索索).
- 엄나무 :
  자동(刺桐). 자동(刺桐). 총목(楤木). 해동(海桐).
- 엄숙하고 근신하는 모양 :
  제여(齊如).
- 엄숙하고 신중한 모양 :
  제제(濟濟).
- 엄숙하여 범할 수 없는 모양 :
  엄연(嚴然).
- 엄숙한 모양 :
  선여(洒如). 악악(噩噩). 옹약(顒若). 옹옹(顒顒).
- 엄정하고 성한 모양 :
  전전(塡塡).
- 엄정한 모양 :
  숙숙(肅肅). 옹약(顒若). 옹옹(顒顒). 장장(將將).
- 엄지손가락 :
  거벽(巨擘). 거지(巨指). 대지(大指). 무지(拇指).
  벽지(擘指).
- 엄혹한 모양 :
  학학(嗃嗃).
- 엉겅퀴 :
  대계(大薊). 귀계(鬼薊). 야홍화(野紅花).
- 엉클어진 모양 :
  적적(藉藉).
- 여기 저기 여러 패로 조금씩 떼지어 흩어져 있는 모양 : 삼삼오오(參參伍伍).
- 여뀌 :
  수료(水蓼).
- 여드름 :
  면창(面瘡). 면포(面皰).
- 여러 가지 :
  각종(各種). 각류(各類). 백범(百凡). 범백(凡百).
  색색(色色). 제반(諸般).
- 여러 겹으로 쌓인 모양 :
  누루(纍纍).

- 여러 계단을 이룬 모양 :
  인순(嶙峋).
- 여러 고을이 연속한 모양 :
  읍읍(邑邑).
- 여러 사람과 상의하지 않고 독단적으로 정함 :
  불순지모(弗詢之謀).
- 여러 사람이 근심하여 서로 이야기하는 모양 :
  오오(嗷嗷).
- 여러 사람이 다투어 말하는 모양 :
  누누(譊譊).
- 여러 사람이 여기저기 번화하게 왕래하는 모양 :
  희희양양(熙熙攘攘).
- 여러 사람이 지껄이어 시끄러운 모양 :
  오오(嗷嗷).
- 여러 사람이 큰 소리로 시끄럽게 외침 :
  화음(譁吟).
- 여러 사람이 함께 높이 지르는 소리 :
  함성(喊聲).
- 여러 사람 중에서 한층 높이 뛰어난 모양 :
  참연(嶄然).
- 여러 산 가운데 우뚝 솟은 봉우리 :
  기봉(起峰).
- 여러 수레의 소리 :
  방방(彭彭).
- 여러 조각이 된 모양 :
  편편(片片).
- 여럿 :
  기다(幾多).
- 여럿이 힘을 합할 때 일제히 내는 소리 :
  할할(劼劼).
- 여름 :
  서월(暑月). 양하(陽夏). 주하(朱夏).
- 여문 :
  변려문(騈儷文). 여문(儷文).
- 여물 :
  우죽(牛粥).
- 여울 :
  급단(急湍). 급탄(急灘). 단롱(湍瀧). 단뢰(湍瀨).
  비단(飛湍). 신뢰(迅瀨). 천탄(淺灘). 치단(馳湍).
- 여울에 흐르는 물소리 :
  탄향(灘響).
- 여윈 모양 :
  누루(纍纍).
- 여유 있고 침착한 모양 :
  유연(油然). 유유(油油).
- 여유 있는 모양 :
  왕양(汪洋). 작연(綽然). 회회(恢恢).
- 여자의 머리가 검고 숱이 많아 아름다운 모양 :
  녹운(綠雲).

- 여자의 모습이 말쑥하고 아리따운 모양 :
  요교(窈糾).
- 여자의 상긋거리는 눈짓 :
  검파(臉波).
- 여자의 예쁜 모양 :
  아아(娥娥).
- 여자의 함치르르한 삼단 같은 머리 :
  녹운(綠雲).
- 여초 :
  여초(戾草). 황초(黃草).
- 역풍이 부는 모양 :
  획연(窢然).
- 연거푸 탄식하는 소리 :
  차차(嗟嗟).
- 연거푸 한숨 쉬는 모양 :
  위위(喟喟).
- 연기가 올라가는 모양 :
  울률(鬱律).
- 연꽃 :
  부용(芙蓉). 부거(芙蕖). 연화(蓮花). 함담(菡萏).
  만다라화(曼陀羅花). 우화(藕花). 하화(荷花).
- 연말 :
  납미(臘尾). 연말(年末)
- 연밥 :
  연당(蓮塘). 연지(蓮池). 연자(燕子). 검실(芡實).
- 연뿌리 :
  연근(蓮根). 연우(蓮藕).
- 연속되어 있는 모양 :
  홍홍(潢潢).
- 연속한 모양 :
  나라(蠪蠪). 누루(纍纍). 선언(蟬嫣). 이미(池靡).
  이이(池池).
- 연약한 모양 :
  주주(姝姝). 요요(橈橈). 죽죽(粥粥).
- 연이은 모양 :
  곤곤(袞袞). 누루(累累). 누차(累次).
- 연잎이 여러 개 수면에 떠있는 모양 :
  전전(田田).
- 연적 :
  섬여(蟾蜍). 섬제(蟾諸). 연적(硯滴).
- 연하여 끊이지 아니하는 모양 :
  연연(連連).
- 열기가 나오는 모양 :
  온온(溫溫).
- 열쇠 :
  개금(開金). 관건(筦鍵). 관건(管鍵). 관약(管鑰).
  관약(管籥). 모약(牡鑰)
- 열흘 :
  잡순(帀旬). 잡순(匝旬).

- 염교 :
  해채(薤菜).
- 염탐꾼 :
  염객(廉客). 정객(偵客).
- 염통 :
  심장(心臟).
- 엿 :
  이당(飴餳). 이당(飴餳). 장황(餦餭).
- 엿보는 모양 :
  틈틈(闖闖).
- 영락한 모양 :
  낙연(落然). 요도(潦倒).
- 영혼 :
  영혼(靈魂). 혼상(魂爽).
- 예리한 모양 :
  애애(磑磑).
- 예쁘게 단장(丹粧)한 모양 :
  영영(盈盈).
- 예쁘고 날씬 함 :
  요나(夭娜).
- 예쁘고 아름다운 모양 :
  병정(娉婷). 요조(窈窕). 정정(婷婷).
- 예쁜 계집 :
  만희(曼姬).
- 예쁜 모양 :
  교교(佼佼). 교동(佼童). 병정(娉婷). 아아(娥娥).
- 예전 :
  숙석(宿昔). 이전(以前). 평소(平素).
- 예절을 잘 지키는 모양 :
  구구(瞿瞿).
- 옛날 :
  왕초(往初). 고초(古初). 이전(以前). 낭석(曩昔).
  낭일(曩日).
- 옛 모양 :
  구태(舊態).
- 오구로 물고기를 떠서 잡는 모양 :
  산산(汕汕).
- 오금 :
  곡추(曲腒).
- 오대 손 :
  내손(來孫).
- 오동나무 :
  오동(梧桐).
- 오두막집 :
  두옥(斗屋). 황려(黃廬).
- 오디 :
  상심(桑椹). 상심(桑葚).
- 오디새 :
  대승(戴勝). 대임(戴鵀).

- 오락가락 하는 모양 :
  편편(翩翩).
- 오래 계속하는 모양 :
  진진(陳陳).
- 오래도록 소곤소곤 이야기하는 모양 :
  첩남(詀喃). 첩섭(詀讘).
- 오래도록 시끄러운 모양 :
  역소(繹騷).
- 오래되어 정신이 알쏭달쏭한 모양 :
  묘연(杳然).
- 오래된 모양 :
  진진(陳陳).
- 오래 앓는 모양 :
  췌췌(瘁瘁).
- 오리가 우는 소리 :
  합합(呷呷).
- 오리 같은 것이 물고기를 잡아먹는 모양 :
  삽잡(啑喋).
- 오리나 기러기가 모여서 모이를 쪼아 먹음 :
  첩합(喋呷).
- 오만한 모양 :
  구구(仇仇). 만연(慢然). 오연(傲然).
- 오소리 :
  저환(豬獾). 토저(土猪). 토저(土豬). 토웅(土熊).
  환돈(獾狪). 환돈(獾狪).
- 오얏 :
  자도(紫桃). 자이(紫李).
- 오이김치 :
  과저(瓜菹).
- 오이씨 :
  과판(瓜瓣).
- 오줌 :
  소변(小便). 소수(小水).
- 오줌통 :
  방광(膀胱).
- 오지그릇 :
  자기(瓷器). 도기(陶器).
- 오징어 :
  남어(纜魚). 묵어(墨魚). 오적(烏賊). 표소(螵蛸).
- 옥 같은 것의 빛이 고운 모양 :
  차차(瑳瑳).
- 옥 같은 것이 서로 부딪치는 소리 :
  농롱(瓏瓏). 쟁쟁(琤琤).
- 옥과 같이 선명하게 비치는 모양 :
  최최(璀璀).
- 옥 또는 방울소리 :
  장연(鏘然). 장장(鏘鏘).
- 옥빛이 교차하는 모양 :
  인빈(璘彬).

■ 옥빛이 찬란한 모양 :
찬찬(璨璨).

■ 옥새 :
검새(鈐璽). 옥새(玉璽).

■ 옥석이 번쩍번쩍 빛나는 모양 :
인린(磷磷).

■ 옥석이 울리는 소리 :
영정(玲玎).

■ 옥수수 :
옥촉서(玉蜀黍).

■ 옥에 무늬가 있는 모양 :
빈빈(玢豳).

■ 옥이나 돌이 서로 부딪치는 소리 :
종쟁(琮琤).

■ 옥이나 쇠붙이가 젱그렁 젱그렁 울리는 소리 :
영랑(玲琅).

■ 옥이 부딪쳐 울리는 소리 :
정령(玎玲).

■ 옥이 울리는 소리 :
영령(玲玲). 장장(將將). 정정(丁丁). 창창(瑲瑲).

■ 온순한 모양 :
촉촉(屬屬).

■ 온화한 모양 :
순여(純如). 온온(溫溫). 익익(翼翼).

■ 올벼 :
조도(早稻). 조양(早穰). 조종(早種).

■ 올빼미 :
계효(鷄鴞). 붕조(鵬鳥). 산효(山鴞). 야묘(夜貓).
치효(鴟梟). 치효(鴟鴞). 토효(土梟). 효치(梟鴟).
훈호(訓狐).

■ 올 새가 곱고 빛이 고운 모양 :
사사(纚纚).

■ 올라간 모양 :
교연(撟然).

■ 올챙이 :
과두(蝌蚪). 과두(科斗). 괄자(䖡子). 현어(玄魚).
현침(懸針). 활동(活東). 활사(活師).

■ 옴 :
개선(疥癬). 개소(疥瘙). 개창(疥瘡).

■ 옷 :
의복(衣服). 피복(被服).

■ 옷감 :
의자(衣資). 의차(衣次).

■ 옷걸이 :
의가(衣架). 의항(衣桁). 휘이(楎桋).

■ 옷깃 :
의금(衣襟). 의령(衣領). 의임(衣衽).

■ 옷깃을 여며 단정히 하는 모양 :
속속(謖謖).

■ 옷을 잘 입는 모양 :
유연(褎然).

■ 옷을 화려하게 차린 모양 :
소소(疏疏).

■ 옷이 긴 모양 :
염이(閻易).

■ 옷이 길어 치렁치렁한 모양. :
분분(紛紛).

■ 옷이 큰 모양 :
분분(紛紛).

■ 옷자락이 너울거리는 모양 :
파사(婆娑).

■ 옹기장이 :
도공(陶工). 방인(旄人).

■ 옻나무 :
칠목(漆木).

■ 왁자지껄한 모양 :
적적(藉藉). 적적(籍籍).

■ 완고하고 무식한 모양 :
고고(皋皋).

■ 완고한 모양 :
완연(完然). 획획(懂懂).

■ 완만한 모양 :
관관(款款). 만만(縵縵).

■ 왕개미 :
마의(馬蟻). 비부(蚍蜉).

■ 왕골 :
완초(莞草).

■ 왕래가 끊이지 않는 모양 :
낙역(絡繹). 정정(井井).

■ 왕래가 끊임없는 모양 :
신신(侁侁).

■ 왕래가 빈번한 모양 :
접섭(蹀躞).

■ 왕래가 연락부절인 모양 :
뇌로(轠轤).

■ 왕래가 잦은 모양 :
훈훈(熏熏). 희희(熙熙). 희희양양(熙熙壤壤).

■ 왕래하는 모양 :
기기(祁祁). 설설(屑屑). 여여(與與). 편편(翩翩).

■ 왕성하게 일어나는 모양 :
증증(烝烝).

■ 왜가리 :
창계(鶬鷄). 창괄(鶬鴰).

■ 외관과 내용이 잘 조화한 모양 :
빈빈(斌斌).

■ 외나무다리 :
교작(橋礿). 약작(略礿). 작교(礿橋).

■ 외따로 선 모양 :

흘연(屹然). 흘호(屹乎). 흘흘(屹屹).

■ 외로운 모양 :
　과과(踝踝). 우우(踽踽). 우우량량(踽踽涼涼).

■ 외삼촌 :
　구씨(舅氏). 모구(母舅).

■ 외양간 :
　곡뢰(梏牢).

■ 외치는 모양 :
　책책(唶唶).

■ 요 :
　욕석(褥席). 인욕(絪褥). 임석(衽席).

■ 요강 :
　수기(溲器). 수병(溲瓶). 익기(溺器).

■ 요란하게 부는 바람 :
　효풍(囂風).

■ 요리인 :
　선부(膳夫). 선부(膳部). 포인(胞人). 포인(庖人).
　포재(庖宰).

■ 요사이 :
　근간(近間). 근래(近來). 근시(近時). 근일(近日).
　근자(近者). 비래(比來). 이래(爾來). 이래(邇來).
　이래(以來). 작금(昨今). 촉자(屬者).

■ 요임금 때의 천하가 태평한 모양 :
　착음경식(鑿飮耕食). 고복격양(鼓腹擊壤). 강구
　연월(康衢煙月).

■ 요충 :
　요하(蟯瘕).

■ 요컨대 :
　총지(總之).

■ 욕 :
　악구(惡口).

■ 욕심이 없고 마음이 깨끗한 모양 :
　담담(淡淡). 담여(淡如).

■ 용감하고 강한 모양 :
　삽랄(颯辣).

■ 용감하고 과단성이 있는 모양 :
　기기(暨暨).

■ 용감하게 나가는 모양 :
　효효(驍驍).

■ 용감한 모양 :
　열열(烈烈). 함함(闞闞). 황황(潢潢). 흘연(仡然).
　흘흘(仡仡).

■ 용렬한 모양 :
　녹록(碌碌).

■ 용마루 :
　옥척(屋脊).

■ 용맹한 모양 :
　파파(番番).

■ 용모가 큰 모양 :

우우(俁俁).

■ 용모가 아름다운 모양 :
　와와(媧姉).

■ 용모가 아름답고 성한 모양 :
　목목(穆穆).

■ 용모가 준수한 모양 :
　패애(沛艾).

■ 용이 고개를 들고 가는 모양 :
　규후(赳蝮).

■ 용이나 뱀이 굼틀거리며 가는 모양 :
　유규(蚴蟉). 유규(蠸蟉). 윤륜(蜦蜦). 윤윤(蝹蝹).

■ 용이 날아가는 모양 :
　완완(婉婉).

■ 용이 뛰어 오르는 모양 :
　요교(夭蟜).

■ 용이 머리를 움직이는 모양 :
　조료(蜩蟉).

■ 우거진 모양 :
　모모(蔜蔜). 서서(湑湑).

■ 우는 살촉 :
　명적(鳴鏑). 명전(鳴箭). 비적(飛鏑).

■ 우두머리 :
　관수(貫首).

■ 우뚝 선 모양 :
　올연(兀然).

■ 우뚝 솟은 모양 :
　낙락(落落). 송송(竦竦). 올연(兀然). 용연(聳然).
　장장(將將). 정연(亭然). 정정(亭亭). 촉촉(矗矗).
　흘연(屹然). 흘호(屹乎). 흘흘(屹屹).

■ 우러러 사모하는 모양 :
　우우(喁喁).

■ 우레 대포 등의 소리가 요란하게 울리는 모양 :
　은은(殷殷).

■ 우레 소리 :
　농롱(霳霳). 훼훼(虺虺).

■ 우려하는 모양 :
　유유(怞怞).

■ 우르르 쿵쾅하는 소리 :
　굉굉(轟轟).

■ 우리 :
　권뇌(圈牢).

■ 우리 :
　아등(我等). 오등(吾等).

■ 우매한 모양 :
　공공(悾悾). 돈돈(沌沌).

■ 우모가 나기 시작하는 모양 :
　임삼(淋滲).

■ 우모가 없는 모양 :
　나라(攭攭).

- 우모가 흰 모양 :
  학학(鶴鶴).
- 우물거리는 모양 :
  읍읍(唈唈).
- 우물난간 :
  정간(井幹).
- 우물물 :
  정수(井水).
- 우물우물한 모양 :
  신신(忱忱).
- 우엉 :
  우방(牛蒡).
- 우울하여 마음이 편하지 아니한 모양 :
  읍앙(悒怏).
- 우울한 모양 :
  불울(弗鬱). 불울(佛鬱). 비열(悱悅). 앙앙(怏怏).
  읍읍(邑邑). 핍핍(愊愊).
- 우의가 휘날리는 모양 :
  섬시(襳襹).
- 운기가 자욱히 낀 모양 :
  농롱(曨曨).
- 울짱 :
  목책(木柵). 목채(木寨).
- 울적한 모양 :
  비열(悱悅).
- 울타리 :
  번락(藩落). 번리(藩籬). 번리(樊籬). 번장(藩牆).
  번폐(藩蔽). 위옹(圍擁). 이락(籬落). 이번(籬藩).
  이원(籬垣). 이장(籬牆). 추락(陬落). 파리(笆籬).
- 울퉁불퉁한 모양 :
  와회(漥瀆). 요와(宎窊).
- 움 :
  지얼(支孽). 지얼(支蘗).
- 움직여 혼란한 모양 :
  교교(膠膠).
- 움직이는 모양 :
  담담(憺憺). 요요(撓撓). 패패(沛沛).
- 움직이지 않는 모양 :
  올올(兀兀).
- 웃는 모양 :
  악악(嗌嗌). 유연(猶然). 진연(縓然). 헌거(軒渠).
  헌연(軒然). 힐힐(肹肹).
- 웃는 소리 :
  액액(啞啞). 와와(哇哇).
- 웃는 소리의 형용 :
  흘흘(吃吃).
- 웃으며 이야기하는 모양 :
  희희(嘻嘻).
- 웃으며 이야기하는 소리 :

- 열구(嘻嘔).
- 웃으며 즐거워하는 모양 :
  해해(哈哈).
- 웃음거리 :
  소자(笑資). 소병(笑柄).
- 웃음소리 :
  소성(笑聲).
- 웃음을 머금음 :
  함소(含笑).
- 웅덩이 :
  오지(洿池). 저수(潴水).
- 웅어 :
  웅어(熊漁). 위어(葦魚). 제어(鮆魚).
- 원기가 넘치는 모양 :
  임리(淋漓).
- 원망하는 모양 :
  유율(懰慄).
- 원숭이 :
  노유(猱狖). 노원(猱猨). 미후(獼猴). 미후(彌猴).
  미원(獼猿). 성유(猩狖). 원노(猿猱). 원저(猿狙).
  원후(猿猴). 확노(玃猱). 확원(玃猿). 후원(猴猿).
- 원추리 :
  녹총(鹿葱). 훤초(諼草). 훤초(萱草).
- 원한을 품고 탄식하는 모양 :
  추연(惆然).
- 월경 :
  경도(經度). 경수(經水). 경행(經行). 발수(發水).
  월경(月經). 월수(月水). 월신(月信). 월후(月候).
  천계(天癸).
- 위구하여 마음을 놓지 못하는 모양 :
  얼올(臲卼).
- 위세가 대단한 모양 :
  훤혁(烜赫). 흡습(翕習).
- 위엄이 많은 모양 :
  앙앙(卬卬).
- 위의가 많은 모양 :
  제제(濟濟).
- 위의가 성한 모양 :
  목목(穆穆).
- 위의가 있는 모양 :
  여여(與與).
- 위의가 정숙한 모양 :
  제제창창(濟濟蹌蹌).
- 위의를 잃은 모양 :
  번번(幡幡).
- 위의에 익숙한 모양 :
  태태(棣棣).
- 위태(危殆)로운 모양 :
  교교(翹翹). 급급(岌岌). 얼올(臲卼). 업업(業業).

- 위태한 모양 :
  올얼(杌陧).
- 위풍(威風)이 있어 어엿한 모양 :
  늠연(凜然).
- 위풍당당(威風堂堂)한 걸음걸이 :
  용행호보(龍行虎步).
- 위험(危險)한 모양 :
  급급(岌岌). 쟁영(崢嶸).
- 유모 :
  내모(嬭母). 내온(嬭媼). 내파(嬭婆). 유모(乳母).
- 유순한 모양 :
  현현(朐朐).
- 유순하고 얌전한 모양 :
  삭약(汋約).
- 유순한 모양 :
  아나(猗儺). 훤훤주주(暖暖姝姝).
- 유약한 모양 :
  요요(嬈嬈). 아나(阿娜). 아나(阿那).
- 유유자적하면서 속세 밖에 초연한 모양 :
  한운야학(閑雲野鶴).
- 유창하게 변명하는 모양 :
  편편(便便).
- 육손이 :
  지지(枝指).
- 윤이 나는 모양. :
  수연(睟然).
- 윤택한 모양 :
  온온(溫溫).
- 윤택이 있는 모양 :
  연연(涎涎).
- 율무 :
  의이(薏苡).
- 으늑한 모양 :
  요조(窈窱). 조조(窵窅).
- 으르렁거리며 맹렬히 공격함 :
  효서(哮噬).
- 으르렁거림 :
  효함(哮闞). 효후(哮吼).
- 으슥한 모양 :
  요묘(窅眇). 요요(窅窅). 요조(窅窕). 탐탐(眈眈).
- 은정이 깊은 모양 :
  목목(眊眊).
- 은택이 널리 미치는 모양 :
  패연(沛然).
- 은하 :
  강하(絳河). 사한(斜漢). 성하(星河). 성한(星漢).
  운한(雲漢). 은만(銀灣). 은한(銀漢). 천하(天河).
  천한(天漢). 천황(天潢). 하한(河漢).
- 은하수 :

- 명하(明河). 은하수(銀河水).
- 은행나무 :
  공손수(公孫樹). 은행(銀杏).
- 은혜 :
  혜인(惠仁).
- 을골 :
  위골(威骨). 을골(乙骨).
- 음란한 소리 :
  교왜(咬哇). 와교(哇咬).
- 음란한 음악 소리 :
  와성(蝸聲). 와성(蛙聲).
- 음성이 성한 모양 :
  영령(泠泠). 영연(泠然).
- 음성이 낭랑하고 맑은 모양 :
  요량(嘹亮).
- 음성이나 호흡이 가냘프게 끊이지 아니하는 모양 :
  견견(繭繭).
- 음식 :
  구실(口實).
- 음신 :
  성식(聲息). 신식(信息). 신음(信音). 안백(雁帛).
  안보(雁報). 안사(雁使). 안서(雁書). 안신(雁信).
  음모(音耗). 음신(音信).
- 음악 등이 느린 모양 :
  흡습(翕習).
- 음악의 성율같은 것이 잘 맞는 모양 :
  흡여(翕如).
- 음양이 조화한 모양 :
  온온(熅熅).
- 음침하고 쓸쓸한 모양 :
  음삼(陰森).
- 응낙하는 모양 :
  유유(惟惟).
- 응당 :
  응당(應當). 응안(應顏). 응합(應合).
- 응수함 :
  수답(詶答).
- 의거할 곳을 잃은 모양 :
  장장(章章).
- 의기가 용감한 모양 :
  앙앙(仰仰).
- 의론이 격렬한 모양 :
  풍생(風生).
- 의론이 정확한 모양 :
  착착(鑿鑿).
- 의복이 훌륭한 모양 :
  거거(裾裾).
- 의술 :
  도규(刀圭). 의술(醫術).

- 의식이 확실하지 아니한 모양 :
  몽롱(朦朧).
- 의심하는 모양 :
  의의(疑疑).
- 의외의 일에 놀라는 소리 :
  돌돌(咄咄).
- 의용이 훌륭한 모양 :
  당당(堂堂).
- 의지가 강하여 사물에 동하지 않는 모양 :
  의연(毅然).
- 의지할 속이 없어 외로운 모양 :
  경경(罃罃).
- 의지할 데가 없는 모양 :
  망량(罔兩).
- 이 :
  기슬(蟣蝨).
- 이것 :
  아도(阿堵). 저개(這箇). 저반(這般).
- 이곳 :
  차처(此處).
- 이따금 :
  간혹(間或).
- 이 때 :
  각하(刻下). 즉각(卽刻). 차시(此時).
- 이래 :
  이래(以來). 이환(以還).
- 이러하다 :
  여차(如此).
- 이를 바라는 모양 :
  적적(滴滴). 적적(逖逖).
- 이가 곱고 흰 모양 :
  차차(瑳瑳).
- 이가 밖으로 드러난 모양 :
  애애(齜齜). 언언(齴齴).
- 이가 빠지는 모양 :
  곤연(齫然). 운연(齳然). 운운(齳齳).
- 이를 들어내고 웃는 모양 :
  권연(齤然).
- 이리저리 굽은 모양 :
  균균(囷囷).
- 이마 :
  액반(額畔).
- 이마적 :
  경세(頃歲). 경일(頃日). 경자(頃者). 근래(近來).
- 이모 :
  아이(阿姨). 이모(姨母).
- 이무기 :
  대망(大蟒). 교리(蛟螭).
- 이미 :

- 업이(業已). 이업(已業). 기위(既爲). 기이(既已).
- 이별 :
  석별(析別).
- 이별을 슬퍼하는 모양 :
  암연(黯然).
- 이별하여 그리워하는 생각 :
  이금(離襟).
- 이불 :
  야금(夜衾).
- 이삭이 팬 모양 :
  걸걸(桀桀).
- 이슬비 :
  미우(微雨). 연우(煙雨).
- 이슬비가 보얗게 내리거나 안개가 자욱하게 껴서 어둠침침한 모양 : 공몽(涳濛). 공몽(空濛).
- 이슬비의 모양 :
  염섬(廉纖).
- 이슬이 뚝뚝 떨어지는 모양 :
  현현(泫泫).
- 이슬이 많은 모양 :
  단단(團團). 잠잠(湛湛).
- 이슬이 많이 내린 모양 :
  농농(濃濃). 단단(溥溥). 단혜(溥兮). 도도(涂涂). 양양(瀼瀼).
- 이승 :
  금생(今生). 금세(今世). 차생(此生).
- 이야기 :
  구담(口談).
- 이야기하는 소리 :
  이유(咿呦).
- 이영차 :
  호야(許邪). 호호(許許).
- 이웃 :
  인경(鄰境). 인근(鄰近). 인비(鄰比). 인오(鄰伍).
- 이자 :
  식이(息利). 이식(利息). 식은(息銀). 식전(息錢). 자금(子金).
- 이재가 없는 모양 :
  요도(潦倒).
- 이제 :
  시방(時方). 지금(只今). 현금(現今). 현하(現下).
- 이치가 심원한 모양 :
  요명(窈冥).
- 이튿날 :
  월일(越日). 명일(明日). 익일(翌日). 익조(翌朝).
- 익숙한 모양 :
  용용(俗俗). 익익(翼翼).
- 인기척을 하기 위하여 내는 소리 :
  경해(謦欬).

■ 인력거 :
　완거(腕車).
■ 인물이 뛰어 난 모양 :
　외연(巍然). 쟁쟁(錚錚).
■ 인심이 몹시 수선스러운 모양 :
　흉흉(洶洶). 흉흉(匈匈).
■ 인심이 어수선한 모양 :
　흉흉(恟恟).
■ 인척 :
　과갈(瓜葛). 인척(姻戚).
■ 인후(仁厚)한 모양 :
　진진(振振).
■ 일에 골몰하는 모양 :
　역역(役役).
■ 일이 뜻대로 되지 않아 낙심하여 슬퍼하는 모양 :
　창망(憺惘). 울울(鬱鬱).
■ 일이 차례차례로 잘 되어 가는 모양 :
　착착(著著).
■ 일정하지 않는 모양 :
　침탁(踸踔).
■ 일치하는 모양 :
　흡연(翕然).
■ 일치 화합하는 모양 :
　흡연(歙然).
■ 임금의 덕이 아래에 미치는 모양 :
　앙앙(卬卬).
■ 입김으로 물건을 따뜻하게 하는 모양 :
　후후(咻咻).
■ 입 다물고 말을 하지 아니함 :
　함묵(喊默).
■ 입 다물고 잠자코 있음 :
　암묵(啽嘿).
■ 입술 :
　구문(口吻). 문순(吻脣). 순문(脣吻).
■ 입아귀 :
　구각(口角).
■ 입은 옷이 가지런한 모양 :
　첨여(襜如). 첨첨(襜襜).
■ 입을 다물고 말을 아니하는 모양 :
　묵묵(黙黙).
■ 입을 딱 벌리는 모양 :
　하하(呀呀).
■ 입을 딱 벌림 :
　하훼(呀喙).
■ 입을 벌리는 모양 :
　하합(呀呷).
■ 잇달아 뻗은 모양 :
　이리(池邐).

■ 잇닿은 모양 :
　이미(池靡). 이이(池池).
■ 잇몸 :
　은악(齗齶). 치은(齒齦). 치악(齒齶). 치경(齒莖).
■ 잉어 :
　이어(鯉魚).
■ 잎이 무성한 모양 :
　처처(萋萋).
■ 잎이 무성하여 검푸른 모양 :
　종종(樅樅).

ㅈ

■ 자가사리 :
　황상어(黃鱨魚). 황협어(黃頰魚).
■ 자갈 :
　사력(砂礫). 사리(砂利). 석력(石礫). 역석(礫石).
■ 자갈밭 :
　사력지(砂礫地). 요각(墝埆).
■ 자궁병 :
　요기(腰氣).
■ 자그마한 은혜를 베푸는 모양 :
　후후(煦煦).
■ 자기도 모르게 죽음으로 다다르는 모양 :
　경경연(誣誣然).
■ 자기의 의사나 포부를 숨기고 아첨하는 모양 :
　엄연(闇然).
■ 자기의 의사를 절대로 나타내지 않는 모양 :
　엄연(闇然).
■ 자꾸 넘치는 모양 :
　앙앙(盎盎). 앙연(盎然).
■ 자꾸 더하여지는 모양 :
　유유(愈愈).
■ 자꾸 떠드는 모양 :
　역소(繹騷).
■ 자꾸 불거나 풍겨오는 모양 :
　진진(陣陣).
■ 자꾸 입을 벌리는 모양 :
　함함(哈哈).
■ 자꾸 지껄이는 모양 :
　노노(呶呶). 첨첨(詹詹).
■ 자네 :
　이여(爾汝).
■ 자득하여 욕심이 없는 모양 :
　효효(囂囂).
■ 자득한 모양 :
　거거(蘧蘧). 유이(迪爾). 타타(佗佗). 편편(翩翩).
■ 자라 :
　갑어(甲魚).
■ 자라는 모양 :
　도수(陶遂)

- 자만하여 기세가 대단한 모양 :
  포효(怤然).
- 자물쇠 :
  개쇄(開鎖). 관건(管鍵). 쇄금(鎖金). 쇄약(鎖鑰).
- 자벌레 :
  보굴충(步屈蟲). 척확(尺蠖). 척확(斥蠖).
- 자부하는 모양 :
  앙연(昂然).
- 자세를 바르게 하고 빨리 가는 모양 :
  상상(愓愓).
- 자세한 모양 :
  매매(枚枚).
- 자손 :
  곤후(昆後). 곤예(昆裔). 내후(乃後). 윤예(胤裔).
  주예(胄裔). 주윤(胄胤). 후예(後裔).
- 자애가 넘치는 모양 :
  물물(勿勿).
- 자애가 풍기는 말소리 :
  후후(姁姁).
- 자연 그대로의 모양 :
  순순(純純).
- 자연 그대로의 상태 :
  천연(天然).
- 자자손손이 대대로 이어 받는 모양 :
  승승(承承).
- 자작나무 :
  백단(白椴). 백화(白樺).
- 자주 :
  고고(故故). 누루(累累). 누차(累次). 다차(多次).
  삭삭(數數). 원원(員員).
- 자주 빛 :
  자색(紫色).
- 자지 :
  남경(男莖). 남근(男根). 양경(陽莖). 양도(陽道).
  양물(陽物). 옥경(玉莖). 음경(陰莖).
- 자질구레한 모양 :
  쇄쇄(璅璅). 영락쇄쇄(零落碎碎).
- 작거나 잔단 모양 :
  섬섬(纖纖).
- 작살 :
  어차(魚杈).
- 작은 모양 :
  구구(區區). 규규(規規). 묘연(眇然). 미미(微微).
  전전(顚顚). 전전(戔戔). 차차(佌佌). 첩첩(呫呫).
  초초(梢梢).
- 작은 벌레 :
  마충(麼蟲).
- 작은 벌레가 굼틀거리는 모양 :
  준이(蠢爾).

- 작은 성 :
  보루(堡壘).
- 작은 소리의 형용 :
  영영(嫈嫈). 영영(營營).
- 작은 언덕 :
  무돈(堥敦). 토둔(土屯).
- 작은집 :
  별방(別房). 차방(次房).
- 잔고기 :
  소어(小魚).
- 잔디 :
  사초(莎草). 초모(草茅).
- 잔 모양 :
  묘연(眇然).
- 잔물결 :
  미파(微波). 미란(微瀾). 박백(泊栢). 세파(細波).
  소파(小波). 의연(漪漣).
- 잔물결이 이는 모양 :
  염렴(瀲瀲).
- 잔소리가 많은 모양 :
  획차(嚄唶).
- 잔단 모양 :
  설설(屑屑). 쇄쇄(碎碎). 영락쇄쇄(零落碎碎). 전
  전(戔戔).
- 잘 달리는 모양 :
  역역(繹繹).
- 잘못 :
  건과(愆過). 건류(愆謬). 건우(愆尤).
- 잘 보는 모양 :
  휴연(眭然).
- 잘 보이지 않는 모양 :
  멸연(蔑然). 황홀(恍惚).
- 잘 여물어 단단한 모양 :
  경경(庚庚).
- 잘 전진하지 못하는 모양 :
  유연(油然).
- 잘단 모양 :
  구구(區區).
- 잘라 끊는 모양 :
  절연(截然).
- 잘못을 뉘우치는 모양 :
  전용(悛容).
- 잠깐 :
  소선(少選). 잠차(暫且). 잠시(暫時).
- 잠꼬대 :
  매어(寐語). 몽예(夢囈). 섬어(譫語). 수어(睡語).
  암예(唫囈).
- 잠방이 :
  고의(袴衣). 곤의(褌衣). 차의(袝衣). 양의(良衣).

■ 잠시 :
경각(頃刻). 경언(頃焉). 고소(姑少). 삽시(霎時).
소선(少選). 수각(數刻). 수요(須搖). 수유(須臾).
잠차(暫且). 잠간(暫間).

■ 잠자리 :
낙하(落霞). 청령(蜻蛉). 청정(蜻蜓).

■ 잠잠히 있는 모양 :
묵연(黙然).

■ 잣 :
백자(柏子). 송자(松子). 해송자(海松子).

■ 잣나무 :
과송(果松). 백목(柏木). 송자송(松子松). 오립송
(五粒松). 오렵송(五鬛松). 오엽송(五葉松). 유송
(油松). 해송(海松).

■ 장구벌레 :
궐궐(孑孑). 길궐(蛣蟩). 혈궐(孑孑).

■ 장구한 모양 :
만만(蔓蔓).

■ 장난 :
농희(弄戲).

■ 장난감 :
기완(器玩). 사화(耍貨). 완구(玩具). 완물(玩物).
희구(戲具). 완롱물(玩弄物).

■ 장대한 모양 :
망망(莽莽).

■ 장마 :
구우(久雨). 방택(滂澤). 옥림(沃霖). 음우(霪雨).
임우(霖雨). 임음(霖霪). 적우(積雨).

■ 장마가 지는 모양 :
임림(霖霖).

■ 장미 :
장미(薔薇). 장춘화(長春花).

■ 장수 :
상고(商估). 상인(商人).

■ 장수 :
장명(長命). 장수(長壽). 하년(遐年). 하수(遐壽).
하령(遐齡). 호구(胡耉). 호고(胡考).

■ 장식한 모양 :
비연(賁然).

■ 장인 :
빙부(聘父). 빙옹(氷翁). 악부(嶽父). 악부(岳父).
악장(嶽丈). 악장(岳丈). 악옹(嶽翁). 악옹(岳翁).
장인(丈人).

■ 장자 :
상자(尙子). 장자(長子).

■ 장조림 :
장육(醬肉).

■ 재갈 :
마함(馬銜). 함륵(銜勒).

■ 재강 :
모주(母主). 조박(糟粕). 주조(酒糟).

■ 재두루미 :
괄랄(鴰捋). 괄록(鴰鹿). 창계(鶬鷄). 창괄(鶬鴰).

■ 재빠른 모양 :
유류(瀏瀏). 적적(踖踖).

■ 재상 :
경재(卿宰). 재상(宰相).

■ 재앙 :
여얼(沴孽). 요얼(妖孽). 음려(陰沴). 재앙(災殃).

■ 재주 있는 사람이 많은 모양 :
제제(濟濟).

■ 재주가 뛰어나 여유자적한 모양 :
우여(紆餘).

■ 재주가 있고 어진 모양 :
기기(岐岐).

■ 재채기 :
분체(噴嚔). 체분(嚔噴).

■ 재치가 있는 모양 :
편편(翩翩).

■ 재화를 기뻐하고 잔학한 것을 돕는 모양 :
학학(謞謞).

■ 갯물 :
유약(沋藥).

■ 쟁기 :
뇌삽(耒鍤).

■ 저 :
나개(那箇). 천자(賤子).

■ 저녁밥 :
만반(晩飯). 석반(夕飯).

■ 저민 고기 :
자육(胾肉).

■ 저승 :
구천(九泉). 명도(冥途). 명부(冥府). 명조(冥曹).
명토(冥土). 유계(幽界). 유도(幽都). 유명(幽冥).
음부(陰府). 유명계(幽冥界). 염라국(閻羅國).

■ 저울 :
권칭(權稱). 수기(數器). 칭형(稱衡). 형석(衡石).

■ 저울대 :
칭간(秤竿).

■ 저울추 :
균석(鈞石). 법마(法馬). 법자(法子).

■ 저자 :
시장(市場). 환궤(闤闠).

■ 적막한 모양 :
막연(漠然). 요요(寥寥).

■ 적삼 :
단삼(單衫).

■ 적은 모양 :

겸겸(嗛嗛).
- 적은 물의 모양 :
  정형(瀞濙).
- 적적한 모양 :
  명명(瞑瞑).
- 전갈 :
  사갈(蛇蠍). 전갈(全蠍). 채채(蠆蠆). 채미충(蠆
  尾蟲).
- 전복 :
  복어(鰒魚). 전복(全鰒).
- 전심하는 모양 :
  철철(漆漆).
- 전옷 :
  전의(氈衣).
- 전율하는 모양 :
  유연(犁然).
- 전일하여 변하지 않는 모양 :
  단단(斷斷).
- 전일한 모양 :
  순순(純純).
- 전전긍긍하는 모양 :
  율율(栗栗).
- 전진하지 아니하는 모양 :
  반여(班如).
- 절 :
  가람(伽藍). 감우(紺宇). 감원(紺園). 난약(蘭若).
  범찰(梵刹). 불찰(佛刹). 사찰(寺刹). 선궁(禪宮).
  승관(僧館). 승방(僧房). 승사(僧舍). 승원(僧院).
  승찰(僧刹). 연사(蓮舍). 임궁(琳宮). 초제(招提).
  향계(香界). 부도사(浮圖寺).
- 절구질 소리 :
  탁탁(橐橐).
- 절뚝발이 :
  건파(蹇跛). 기기(踦跂). 약행(弱行). 파건(跛蹇).
  파자(跛者).
- 절룩거리는 모양 :
  반산(蹣跚).
- 절룩거리며 가는 모양 :
  침탁(踸踔).
- 절인 고기 :
  어장(魚醬). 어해(魚醢).
- 젊고 예쁜 여자 얼굴 :
  요도(夭桃).
- 점 :
  괘서(挂筮). 복서(卜筮). 복점(卜占). 점복(占卜).
- 점을 찍은 것처럼 여기저기 흩어진 모양 :
  점점(點點).
- 점잖은 모양 :
  왕양(汪洋).

- 점잖이 걷는 모양 :
  제제(提提).
- 점점 평평하여진 모양 :
  피치(貏豸).
- 점차로 :
  전전(轉轉). 점염(漸冉). 초초(稍稍).
- 접동새 :
  두견(杜鵑). 자규(子規).
- 접때 :
  내석(乃昔). 내자(乃者). 낭석(曩昔). 낭일(曩日).
  낭자(曩者). 주일(疇日). 향시(向時). 향일(嚮日).
- 접시 :
  접자(楪子).
- 접시꽃 :
  규화(葵花). 촉규(蜀葵).
- 젓가락 :
  쾌아(快兒). 쾌자(筷子).
- 정돈된 모양 :
  패패(筏筏).
- 정돈되지 아니한 모양 :
  난단(闌單).
- 정돈이 잘된 모양 :
  당당(堂堂).
- 정돈한 모양 :
  숙숙(肅肅).
- 정성 :
  정성(精誠). 침순(忱恂).
- 정성스러운 모양 :
  순순(肫肫).
- 정성껏 자세히 지도하는 모양 :
  순순(啍啍).
- 정성스러운 모양 :
  곤곤(悃悃). 권권(惓惓).
- 정성을 다하는 모양 :
  관관(灌灌).
- 정성이 있는 모양 :
  순순(純純).
- 정수리 :
  뇌천(腦天). 신문(囟文). 정문(頂門).
- 정숙하고 근신하는 모양 :
  질질(秩秩).
- 정숙한 모양 :
  미미(靡靡). 벽연(湢然).
- 정신을 잃고 멍하니 있는 모양 :
  망망(惘惘).
- 정신을 잃어 어리둥절한 모양 :
  욱욱(頊頊).
- 정신을 차리지 않는 모양 :
  만연(慢然).

- 정신이 멍한 모양 :
  면연(眄然). 욱욱(頊頊).
- 정신이 아뜩하여 흐린 모양 :
  혼혼(昏昏).
- 정신이 착란한 모양 :
  황홀(怳忽). 황홀(怳惚).
- 정신이 흐려 잘 잊어버리는 모양 :
  혼혼(惛惛).
- 정신이 흐리멍덩한 모양 :
  몽롱(朦朧). 황연(恍然). 황홀(恍惚).
- 정신이 흐린 모양 :
  몽몽(朦朦).
- 정연한 모양 :
  순순연(循循然).
- 정직하지 아니한 모양 :
  혜화(譓髁).
- 정직한 모양 :
  언언(讞讞).
- 정처 없이 도는 모양 :
  조조(儵儵).
- 정처 없이 떠돌아다니는 모양 :
  표연(飄然). 표표(漂漂).
- 정하지 않은 모양 :
  혼혼(溷溷).
- 젖 꼭지 :
  유두(乳頭).
- 젖는 모양 :
  납납(納納). 요호(淖乎).
- 젖먹이 :
  보자(保子). 영아(嬰兒). 영치(嬰稚). 영해(嬰孩). 유아(乳兒). 유영(孺嬰). 유해(幼孩).
- 젖멍울 :
  유옹(乳癰). 유종(乳腫).
- 제멋대로 구는 모양 :
  관관(管管).
- 제비 :
  연을(鷰鳦). 연자(燕子). 현오(玄烏).
- 제비 쑥 :
  모호(牡蒿).
- 제자리걸음을 하는 모양 :
  척촉(躑躅). 척촉(蹢躅).
- 조가비 :
  패각(貝殻).
- 조그만 한 불빛이 반짝반짝하는 모양 :
  형형(熒熒).
- 조금 :
  소소(少少). 소허(少許). 영쇄(零碎). 호개(豪芥).
- 조금 나는 모양 :
  현현(翾翾).

- 조금도 섞인 것이 없는 모양 :
  순연(純然).
- 조금도 움직이지 아니하는 모양 :
  맹호(萌乎).
- 조금도 은폐함이 없이 공명정대한 모양 :
  노당당(露堂堂).
- 조급히 하려고 서두르는 모양 :
  급급(汲汲). 급급호(汲汲乎).
- 조기 :
  면어(鮸魚). 석어(石魚). 종어(鯼魚). 석수어(石首魚)
- 조리 있게 논하는 모양 :
  변변(辯辯).
- 조리가 닿는 모양 :
  착착(鑿鑿).
- 조서 :
  조서(詔書). 황마(黃麻).
- 조심하고 두려워하는 모양 :
  기기(夔夔).
- 조심성 있는 모양 :
  섬섬(纖纖).
- 조심하는 모양 :
  동동(僮僮). 축적(踧踖). 칙칙(恜恜).
- 조심하여 걷는 모양 :
  적적(踖踖). 적축(踖踧).
- 조약돌 :
  역석(礫石).
- 조용하고 깊은 모양 :
  연연(淵然). 연연(淵淵).
- 조용하고 정성스러운 모양 :
  명명(冥冥).
- 조용하고 침착한 모양 :
  한한(閑閑).
- 조용하여 아무 소리가 없는 모양 :
  묵묵(黙黙).
- 조용한 모양 :
  담연(澹然). 막막(莫莫). 목목(穆穆). 소연(蕭然). 숙숙(肅肅). 연연(連連). 왕양(汪洋). 유유(幽幽). 음음(愔愔). 종용(從容). 초초(悄悄). 칩칩(蟄蟄).
- 조용히 기뻐하여 좇는 모양 :
  답답(沓沓).
- 조용히 생각하는 모양 :
  목연(穆然).
- 조짐 :
  맹조(萌兆). 조짐(兆朕).
- 조카 :
  유자(猶子). 종자(從子). 질아(姪兒). 질자(姪子).
- 조카딸 :
  여질(女姪). 유녀(猶女). 질녀(姪女).

■ 조화를 이룬 모양 :
역역(繹繹).

■ 조화한 모양 :
옹목(邕穆). 옹옹(邕邕).

■ 족두리 풀 :
두형(杜蘅).

■ 족제비 :
생유(鼪鼬). 서랑(鼠狼). 유서(鼬鼠). 오서(鼯鼠).
황서(黃鼠).

■ 족집게 :
금섭(金鑷).

■ 존경하여 우러러보는 모양 :
액수(額手).

■ 좀 :
두어(蠹魚).

■ 좀스러운 모양 :
첩첩(呫呫).

■ 좁은 모양 :
녹촉(趢趗).

■ 종 :
노비(奴婢). 여예(輿隷). 여예(輿隷). 하인(下人).

■ 종고의 소리 :
갱굉(鏗鍠). 굉굉(鍠鍠). 당당(鐺鐺). 당연(鐺然).
쟁굉(鎗鍠). 쟁쟁(鎗鎗).

■ 종다래끼 :
영성(笭箵).

■ 종소리 :
명종(鳴鐘).

■ 종아리 :
하퇴(下腿).

■ 종아리채 :
추복(捶扑).

■ 종이 울리는 소리 :
개개(喈喈).

■ 종종걸음 치는 모양 :
섭섭(躡躡). 섭접(躡蹀).

■ 종종걸음으로 걷는 모양 :
축축(蹜蹜).

■ 종지뼈 :
슬개골(膝蓋骨). 슬골(膝骨). 슬빈(膝臏).

■ 좋아하여 사랑함 :
기애(嗜愛).

■ 좋은 때를 만난 것을 탄미하는 말 :
시재시재(時哉時哉). 시호시호(時乎時乎).

■ 좋은 쇠의 소리가 맑게 쟁그랑 울리는 형용 :
쟁쟁(錚錚). 쟁쟁(錚鎗). 쟁창(錚鏦).

■ 좋은 술 :
가주(嘉酒). 가주(佳酒). 녹령(綠醽). 미주(美酒).

■ 좋은 향기가 나는 모양 :

비비(菲菲). 설설(馤馤). 애애(藹藹). 필필(苾苾).

■ 좌우가 넓은 모양 :
익연(翼然).

■ 죄 :
일벌(佚罰). 죄견(罪譴). 죄고(罪辜). 회려(悔戾).

■ 죄다 :
개도(皆都). 개시(皆是).

■ 죄수 :
겸자(鉗赭). 겸자(鉗子). 죄수(罪囚).

■ 죄인 :
과인(科人). 죄인(罪人).

■ 주근깨 :
작란반(雀卵斑). 작묘반(雀卯斑). 작반(雀斑).

■ 주다 :
개시(匃施). 시여(施與).

■ 주리거나 병들어 야윈 모양 :
처처(悽悽).

■ 주먹 :
권악(拳握).

■ 주먹밥 :
단반(團飯). 박반(摶飯).

■ 주변 없는 소인의 모양 :
갱갱(硜硜).

■ 주사위 :
부도(浮屠). 채희(采戲). 투자(骰子).

■ 주의하여 보는 모양 :
간간(看看).

■ 주저하는 모양 :
유유(由由).

■ 주춧돌 :
초석(礎石). 초석(礎舄). 초석(礎碼). 초반(礎盤).

■ 죽 :
전죽(饘粥). 호전(餬饘).

■ 죽기를 무서워하는 모양 :
곡속(觳觫).

■ 죽 연이어 끊이지 않는 모양 :
면면(綿綿). 연면(連綿).

■ 죽음 :
귀토(歸土). 기세(棄世). 별세(別世). 물고(物故).
서거(逝去). 서정(西征). 영락(零落). 영면(永眠).
영서(永逝). 운명(殞命). 운사(殞死). 운쇄(殞碎).
운폐(殞斃). 장면(長眠). 장서(長逝). 장와(長臥).
조사(徂謝). 즉세(卽世). 취세(就世). 화거(化去).

■ 죽 이은 모양 :
낙락(絡絡).

■ 준마가 머리를 쳐들고 저벅저벅 걷는 모양 :
앙앙(昂昂).

■ 준엄한 모양 :
초호(峭乎). 학학(嗃嗃).

- 준치 :
  시어(鰣魚). 전어(箭魚).
- 줄어드는 모양 :
  축축(蹙蹙).
- 줄줄 흘리는 눈물 :
  잠루(潺淚).
- 줌 :
  수여(授與).
- 중 :
  걸사(乞士). 두다(杜多). 법려(法侶). 불자(佛子).
  비구(比丘). 사문(沙門). 석자(釋子). 선사(禪師).
  지랑(支郞). 필추(苾芻).
- 중국 :
  한토(漢土). 지나(支那).
- 중다한 모양 :
  탄탄(嘽嘽).
- 중대한 모양 :
  신신(桄桄).
- 중용의 소리 :
  범범(渢渢).
- 중이 된 햇수 :
  하랍(夏臘).
- 중매쟁이 :
  빙상인(氷上人). 빙인(氷人). 월하노인(月下老
  人). 월하빙인(月下氷人).
- 중첩한 모양 :
  삽답(颯沓).
- 중풍 :
  중풍(中風). 풍비(風痺).
- 중후한 모양 :
  전전(塡塡).
- 쥐가 물건을 갉는 소리 :
  교교(嘐嘐).
- 쥐가 찍찍 우는소리 :
  즉즉(喞喞).
- 쥐덫 :
  고두(櫑斗).
- 쥐독 :
  백회(百會).
- 쥐며느리 :
  위이(蝛蛇). 지계(地鷄).
- 쥐엄나무 :
  조협(皀莢).
- 쥐 참외 :
  왕과(王瓜). 왕부(王蕡). 토과(土瓜).
- 쥠 :
  착찰(捉撮).
- 즐거운 모양 :
  간간(衎衎). 후유(姁嫗).

- 즐거워 웃는 모양 :
  해해(哈哈).
- 즐거워하는 모양 :
  감감(甘甘). 역역(睪睪). 오오(娛娛). 유유(愉愉).
  유유(由由). 이이(怡怡). 탄탄(嘽嘽). 환연(歡然).
- 즐거이 노는 모양 :
  탁탁(濯濯).
- 즐거이 모이는 모양 :
  칩칩(蟄蟄).
- 즐겨하고 좋아함 :
  기호(嗜好).
- 즐기는 모양 :
  탐탐(酖酖).
- 지게미 :
  주박(酒粕). 주재(酒滓).
- 지극히 심원한 모양 :
  현현(玄玄).
- 지금 :
  각하(刻下). 즉각(卽刻). 금시(今時). 목금(目今).
  목하(目下). 여금(如今). 이금(而今). 시방(時方).
  현금(現今). 현재(現在). 현하(現下).
- 지난번 :
  거반(去般). 거번(去番). 경일(頃日). 경자(頃者).
  과반(過般). 전번(前番). 주일(疇日). 향전(向前).
- 지네 :
  백족(百足). 오공(蜈蚣). 즉저(蒯蛆). 백족충(百
  足蟲).
- 지당한 말씀이라고 그저 굽실거리는 모양 :
  유유(唯唯).
- 지라 :
  비장(脾臟).
- 지렁이 :
  구인(蚯蚓). 완선(蜿蟺). 지룡(地龍). 질인(蛭蟎).
  토룡(土龍).
- 지름 :
  직경(直徑).
- 지름길 :
  질경(疾徑). 참도(儳道). 첩경(捷徑). 첩로(捷路).
  편도(便道).
- 지붕 :
  옥량(屋梁).
- 지성스러운 모양 :
  간간(狠狠). 간간(懇懇).
- 지세가 비스듬하게 넓고 평탄한 모양 :
  이연(迤衍).
- 지엽이 무성한 모양 :
  장장(牂牂).
- 지엽이 흔들리는 모양 :
  조조(調調). 조조(調刁).

■ 지옥 :
나락(那落). 나락가(那落迦). 지옥(地獄).
■ 지저귀는 모양 :
이남(泥喃).
■ 지조가 굳어 변하지 아니하는 모양 :
경개(耿介).
■ 지조가 없는 모양 :
구구(瞿瞿).
■ 지팡이 :
장공(杖笻).
■ 직립부동한 모양 :
첩연(輒然).
■ 직언하는 모양 :
악악(諤諤).
■ 직언하여 다투는 모양 :
악악(咢咢).
■ 진드기 :
벽슬(壁蝨).
■ 진득한 모양 :
호호(嘷嘷).
■ 진력하는 모양 :
걸걸(偈偈).
■ 진실한 모양 :
동동(洞洞).
■ 진심이 있는 모양 :
잠잠(湛湛).
■ 진중한 모양 :
궤궤(几几).
■ 진창 :
오녕(洿濘). 이녕(泥濘).
■ 진한 모양 :
도도(塗塗).
■ 진행이 빠른 모양 :
침침(駸駸).
■ 진행하는 모양 :
미미(亹亹).
■ 진흙 :
근니(菫泥). 이어(泥淤). 이사(泥沙). 이토(泥土).
■ 질경이 :
차전초(車前草).
■ 질그릇 :
도기(陶器). 도와(陶瓦). 토기(土器).
■ 질박하고 성실한 모양 :
동동(洞洞).
■ 질박한 모양 :
휴우(雎盱).
■ 질서 없게 뒤섞여 달리거나 나는 모양 :
몽용(蒙茸).
■ 질서가 잡힌 모양 :

조조(條條).
■ 질서정연한 모양 :
정연(井然). 질질(秩秩).
■ 질서정연한 모양 :
정정(井井).
■ 질실하고 전일한 모양 :
동동촉촉(洞洞屬屬).
■ 질풍 :
질풍(疾風). 퇴풍(頹風).
■ 짐 :
하물(荷物).
■ 짐승이 가는 모양 :
비애(駓騃).
■ 짐승이 떼를 지어 달리는 모양 :
비비(狉狉).
■ 집비둘기 :
발고(鵓鴣). 백합(白鴿).
■ 집오리 :
가부(家鳧). 가압(家鴨).
■ 집이 깊숙하고 넓은 모양 :
거거(渠渠).
■ 집터 :
가기(家基). 가대(家垈).
■ 집합하는 모양 :
총총(總總).
■ 징 :
동라(銅鑼). 동정(銅鉦).
■ 징검다리 :
석강(石矼). 석량(石梁).
■ 징후 :
전조(前兆). 징후(徵候).
■ 짚신 :
망리(芒履). 비구(扉屨). 초리(草履). 초혜(草鞋).
■ 짝 :
배우(配偶). 필우(匹偶). 필우(匹耦). 필주(匹儔).
■ 짝수 :
우수(偶數). ㉤ 기수(奇數).
■ 짠맛 :
함미(鹹味).
■ 짧은 모양 :
단단(短短).
■ 쪼아 먹다 :
첩잡(啑喋).
■ 찌꺼기 :
비강(粃糠).
■ 찌끼 :
사재(渣滓). 사재(査滓). 전어(澱淤).
■ 찐덥지 않은 모양 :
겸겸(慊慊). 겸여(慊如).

ㅊ

- 차례차례로 계승하는 모양 :
  계계(繼繼).
- 차조기 :
  계임(桂荏). 소엽(蘇葉). 적소(赤蘇) .
- 차차 :
  장차(將次). 전전(轉轉). 점점(漸漸).
- 차차로 나아가는 모양 :
  증증(烝烝).
- 차츰차츰 :
  점염(漸冉). 점점(漸漸).
- 착잡한 모양 :
  치치(雉雉).
- 찬기가 몹시 스며드는 모양 :
  율율(慄慄).
- 찬란한 모양 :
  난연(爛然). 난혜(爛兮). 환언(渙焉). 환호(渙乎).
- 찬란하게 빛나는 모양 :
  요요(耀耀).
- 찬바람 :
  한풍(寒風).
- 찬성하지 않는 모양 :
  불불(弗弗).
- 찬찬하고 느린 모양 :
  천천(儃儃).
- 찰벼 :
  나도(糯稻).
- 찰흙 :
  식토(埴土). 점토(粘土).
- 참개구리 :
  금선와(金線蛙). 전계(田鷄).
- 참깨 :
  백호마(白湖麻). 진임(眞荏).
- 참빗 :
  세즐(細櫛). 진소(眞梳).
- 참새 :
  빈작(賓雀).
- 참새가 우는 소리 :
  즉즉(喞喞).
- 참새가 지저귀는 소리 :
  즉즉(喞喞).
- 참외 :
  감과(甘瓜). 진과(眞瓜).
- 참죽나무 :
  향춘(香椿).
- 찹쌀 :
  나미(糯米). 점미(黏米). 황미(黃米).
- 찻소리 :
  능횡(輘輷).

- 창 :
  방롱(房櫳). 방유(房牖). 창문(窓門). 창호(窓戶).
- 창고 :
  잔방(棧房).
- 창성한 모양 :
  창창(昌昌).
- 창일한 모양 :
  유람(瀏灠).
- 창자 :
  수곡도(水穀道). 창자(腸子).
- 창황한 모양 :
  물물(勿勿).
- 찾아온 사람이 문을 두드리는 소리 :
  박박(剝剝). 박탁(剝啄).
- 채마밭 :
  장포(場圃).
- 채찍 :
  마과(馬檛). 마편(馬鞭).
- 책 :
  서전(書典). 서적(書籍). 서지(書誌). 황권(黃券).
- 책상 :
  궤안(机案).
- 책상다리를 하고 편히 앉음 :
  계거(啓居). 계처(啓處).
- 책 읽는 소리가 뒤섞여 웅얼웅얼 함 :
  조추(嘲啾).
- 처녀 :
  낭자(娘子). 처자(處子).
- 처량하게 우는소리 :
  추추(啾啾).
- 처마 :
  처마(簷牙).
- 처마 끝에서 떨어지는 빗방울 소리 :
  첨향(簷響).
- 처참한 모양 :
  참참(慘慘).
- 천궁 :
  궁궁(芎藭). 운초(芸草). 운향(藝香).
- 천둥 :
  천고(天鼓). 천동(天動).
- 천둥소리 :
  농롱(靁靁).
- 천둥치는 모양 :
  진진(震震).
- 천둥을 치면서 번갯불이 번쩍 번쩍이는 모양 :
  잡잡(霅霅).
- 천둥이 요란하게 나는 소리 :
  전전(塡塡).
- 천박(淺薄)한 모양 :

전전(諓諓).

■ 천자 :
거경(鉅卿). 거공(鉅公).

■ 천천히 :
만만적(慢慢的).

■ 천천히 가는 모양 :
예예(裔裔). 태연(脫然). 태태(脫脫).

■ 천천히 걷는 모양 :
기기(伎伎). 미미(靡靡). 서완(徐緩). 양장(踉蹡).
지지(遲遲).

■ 천치 :
사자(傻子).

■ 천하 :
구하(區夏). 구현(區縣). 대환(大寰). 우내(宇內).
우현(宇縣). 천지(天地).

■ 첩첩이 쌓인 모양 :
누루(累累).

■ 청개구리 :
누괵(螻蟈). 경마(驚蟆). 청와(靑蛙).

■ 청맹과니 :
청맹(靑盲)

■ 청명한 모양 :
질질(秩秩).

■ 청정한 소리 :
범성(梵聲). 범음(梵音).

■ 초고 :
고고(考稿). 초고(草稿).

■ 초목 같은 것이 봄바람에 성장하는 모양 :
율율(矞矞).

■ 초목의 잎이 말라 떨어짐 :
영락(零落).

■ 초목의 지엽이 무성한 모양 :
부소(扶疎). 부소(扶疏).

■ 초목이 나는 모양 :
농용(蘢茸).

■ 초목이 나서 푸릇푸릇하게 자라는 모양 :
창창(蒼蒼).

■ 초목이 난생한 모양 :
진진(榛榛).

■ 초목이 대단히 무성함 :
유울(幽鬱).

■ 초목이 무성하여 번드르르한 모양 :
유유(油油).

■ 초목이 무성하여 햇빛이 잘 보이지 아니함 :
폐휴(蔽虧).

■ 초목이 무성한 모양 :
매매(每每). 몽몽(懞懞). 봉봉(芃芃). 숙상(櫹爽).
애대(薆薱). 애애(薆薆). 애연(薆然). 옹옹(蓊蓊).
옹용(蓊茸). 옹울(蓊鬱). 옹위(蓊蔚). 욱욱(彧彧).

울울(鬱鬱). 울호(鬱乎). 위진(葳蓁). 의울(猗蔚).
청청(靑靑). 침침(沈沈). 회울(薈鬱). 회위(薈蔚).

■ 초목이 바람에 움직여 울리는 소리 :
훼흡(芔吸).

■ 초목이 빽빽이 들어서 무성한 모양 :
유울(幽蔚). 몽밀(蒙密).

■ 초목이 시드는 모양 :
영락(苓落). 영락(零落). 농용(蘢茸). 농총(蘢葼).
농총(蘢葱). 위유(葳蕤).

■ 초목이 잘 자라 싱싱한 모양 :
흔흔(欣欣).

■ 초목이 조락하는 모양 :
운황(芸黃).

■ 초목이 크고 무성함 :
준무(蓁茂).

■ 초목이 푸릇푸릇한 모양 :
총총(蔥蔥).

■ 초승달 :
만월(彎月). 반월(半月). 비백(胐魄). 섬백(纖魄).
섬월(纖月). 신혼(新魂). 신월(新月). 언월(偃月).
옥구(玉鉤). 초월(初月). 현월(弦月).

■ 초원이 넓은 모양 :
망탕(莽蕩).

■ 초조한 모양 :
축축(踧踧).

■ 초하루 :
삭일(朔日). 월길(月吉). 월단(月旦).

■ 촛불 :
촉화(燭火).

■ 총각 :
동자(童子). 총각(總角). 총관(總丱).

■ 총망한 모양 :
망약(汒若).

■ 총이 말 :
청총마(靑驄馬).

■ 총총히 걷는 모양 :
첩접(踥蹀).

■ 추나하는 소리 :
나나(哪哪).

■ 추녀 :
모모(嫫母). 추녀(醜女).

■ 추운 모양 :
창창(滄滄).

■ 추위 덜덜 떠는 모양 :
선선(洒洒).

■ 추위가 맵고 심하여 몸에 스며드는 모양 :
율렬(慄烈).

■ 추위가 몸에 배는 모양 :
측측(惻惻). 측측(側側).

■ 추위가 살을 에는 듯 한 모양 :
　늠연(凜然).

■ 추위가 심한 모양 :
　열열(烈烈).

■ 추위에 떠는 모양 :
　요율(憭慄).

■ 추장 :
　거두(巨頭). 거추(巨酋). 추장(酋長).

■ 축 늘어진 모양 :
　단단(搏搏). 수수(綏綏).

■ 축소한 모양 :
　축축(蹙蹙).

■ 축축한 모양 :
　납납(納納).

■ 춘경이 화창한 모양 :
　감감(酣酣).

■ 출렁출렁하는 모양 :
　접접(渫渫).

■ 출중한 모양 :
　헌헌(軒軒).

■ 춤 :
　무용(舞踊).

■ 춤추는 모양 :
　선선(僊僊). 선선(躚躚). 준준(蹲蹲). 창창(蹌蹌).
　추추(秋秋). 편연(便娟). 헌헌(軒軒). 혁혁(奕奕).

■ 충성스럽고 근실한 모양 :
　순순(諄諄).

■ 충성되고 곧은 모양 :
　건건(謇謇).

■ 충성을 다하는 모양 :
　건건(蹇蹇).

■ 충실한 모양 :
　관관(款款). 농롱(儱儱). 즉즉(卽卽).

■ 충실하고 부지런히 하는 모양 :
　권권(拳拳).

■ 충직한 모양 :
　평평(怦怦).

■ 충치 :
　주치(蚛齒). 충치(蟲齒).

■ 취하여 발밑이 무너지는 것 같은 모양 :
　외아(嵬峨).

■ 취하여 비틀비틀하는 모양 :
　도올(陶兀). 올오(兀傲).

■ 취하여 흥이 돋는 모양 :
　도연(陶然)

■ 취해 쓰러진 모양 :
　퇴연(頹然).

■ 측백나무 :
　측백(側柏).

■ 측은 한 모양 :
　간호(衎乎).

■ 친구 :
　붕고(朋故). 붕우(朋友). 붕주(朋儔). 붕지(朋知).
　붕집(朋執). 지우(知友). 친구(親舊).

■ 친밀하게 가까이 하지 않는 모양 :
　속속(速速).

■ 친숙한 모양 :
　용용(傛傛).

■ 친절한 모양 :
　후후(嘔嘔).

■ 친절히 되풀이하여 가르치는 모양 :
　미미(娓娓).

■ 친하지 않은 모양 :
　오오(吾吾).

■ 친한 모양 :
　척척(戚戚).

■ 칠면조 :
　수조(綬鳥). 진주계(眞珠鷄). 칠면조(七面鳥).

■ 칠칠찮은 모양 :
　정정(鼎鼎).

■ 침 :
　구액(口液). 진이(津頤). 진타(津唾). 타액(唾液).

■ 침묵을 지키는 모양 :
　음음(愔愔).

■ 침실 :
　금규(金閨). 침실(寢室).

■ 침을 계속해서 뱉는 모양 :
　객객(喀喀).

■ 침착하여 조금도 마음이 동요되지 아니하는 모
　양 : 태연자약(泰然自若).

■ 침착하고 여유 있는 모양 :
　유연(攸然). 유유(悠悠).

■ 침착하고 조용한 모양 :
　종용(舂容).

■ 침착하고 진중한 모양 :
　지지(遲遲).

■ 침착하여 서둘지 않는 모양 :
　유연(悠然).

■ 침착하지 아니한 모양 :
　협수(陜輸).

■ 침착한 모양 :
　궤궤(几几). 잠연(湛然). 잠잠(湛湛). 전전(塡塡).
　제제(提提). 호호(皞皞).

■ 침침한 모양 :
　애연(曖然).

■ 칭찬하여 마지않는 모양 :
　책책(嘖嘖).

- 칼날 :
  검망(劍鋩). 도인(刀刃). 망인(芒刃).
- 칼을 세게 휘두르는 모양 :
  도도(跳刀).
- 칼자루 :
  검파(劍把). 파병(欛柄).
- 캄캄한 모양 :
  묵묵(墨墨). 회회(晦晦).
- 케케묵은 모양 :
  진진(陳陳).
- 코 고는 소리 :
  비식(鼻息). 비한(鼻鼾). 와천(臥喘). 후후(齁齁).
- 코 고는 소리의 형용 :
  해대(哈臺).
- 코피 :
  비혈(鼻血). 육멸(衄䠜). 육혈(衄血).
- 콧마루 :
  비량(鼻梁).
- 콧물 :
  비수(鼻水). 비액(鼻液). 비이(鼻洟). 비체(鼻涕).
- 콧숨 :
  비식(鼻息).
- 콩 대 :
  기간(其稈).
- 콩새 :
  상호(桑扈). 석자(錫觜). 석취(釋觜). 절지(竊脂).
- 콩팥 :
  내신(內腎). 신장(腎臟).
- 크게 일어나는 모양 :
  불불(弗弗).
- 크고 넓고 아득한 모양 :
  망망(芒芒).
- 큰 거문고의 소리 :
  슬운(瑟韻).
- 큰골 :
  대곡(大谷).
- 큰 모양 :
  보보(甫甫). 오호(警乎). 우우(訏訏). 위위(魏魏).
  임리(淋離). 혁혁(奕奕).
- 큰비 :
  귀우(鬼雨). 대우(大雨). 호우(豪雨). 홍잠(洪涔).
- 큰 산 :
  대악(大岳). 대악(大嶽).
- 큰소리 :
  대성(大聲). 횡횡(耾耾). 흉흉(匈匈).
- 큰소리로 껄껄대며 웃음 :
  화소(譁笑).
- 큰소리로 엉엉 우는 모양 :

- 교연(嘄然).
- 큰소리로 외치는 모양 :
  대성(大聲). 흉흉(匈匈).
- 큰소리로 외침 :
  획책(嚄嘖).
- 큰소리의 형용 :
  굉굉(訇訇). 굉연(訇然).
- 큰 술잔 :
  굉선(觥船). 대백(大白). 대배(大杯).
- 큰 원숭이 :
  각노(玃猱).
- 큰 파도 소리 :
  굉은(訇隱).
- 큰물의 모양 :
  전전(滇滇).
- 큰물이 넓게 흐르는 모양 :
  호호(浩浩).
- 큰물이 흐르는 모양 :
  곤곤(渾渾).
- 키 :
  체고(體高).
- 키가 크고 품위가 있는 모양 :
  기기(頎頎).

- 탁월한 모양 :
  낙락(犖犖).
- 탄식하거나 찬탄할 때 내는 소리 :
  오호(烏呼)
- 탄식하는 모양 :
  오흠(歔欽). 위연(喟然). 희연(憘然).
- 탄식하는 소리 :
  욱이(噢咿). 이우(咿嚘).
- 탄식하여 크게 부르짖는 소리 :
  오오(嗚嗚). 오오(烏烏).
- 탄알 :
  탄자(彈子).
- 탐내는 모양 :
  모모연(悻悻然). 탑탑(𦙝𦙝).
- 태도가 강직한 모양 :
  항장(骯髒).
- 태도가 엄한 모양 :
  초호(悄乎).
- 태연한 모양 :
  기연(祺然). 유연(油然). 유연(攸然).
- 태엽 :
  발조(發條). 태엽(胎葉).
- 태우다 :
  소분(燒焚).

- 탱자나무 :
  구귤(枸橘).
- 터무니없는 말 :
  난언(讕言).
- 털갈다 :
  환우(換羽).
- 털 따위가 흩어지는 모양 :
  방용(尨茸).
- 털옷 :
  전구(旃裘). 취갈(毳褐).
- 털이 긴 모양 :
  삼삼(毿毿).
- 털이 나 있는 모양 :
  시리(襹褵).
- 털이 더부룩하게 일어난 모양 :
  몽용(蒙茸).
- 털이 처음으로 나는 모양 :
  이려(襹褵). 이시(襹襹).
- 텅 비고 넓은 모양 :
  요요(寥寥).
- 텅 빈 모양 :
  곽연(廓然).
- 토란 :
  우거(芋蕖). 우자(芋子).
- 톱 :
  철거(鐵鋸).
- 통달하는 모양 :
  동동(洞洞).
- 투구 :
  수개(首鎧).
- 퉁소 :
  소관(簫管). 소뇌(簫籟). 소적(簫笛). 통소(洞簫).
- 틈 :
  흔극(釁隙).
- 티끌 :
  개설(芥屑). 개진(芥塵). 진애(塵埃).

ㅍ

- 파도 소리 :
  혼혼(混混).
- 파도가 닥쳐오듯이 앞을 다투어 감 :
  분파(奔波).
- 파도가 서로 삼키고 뱉는 모양 :
  하합(呀呷).
- 파도가 서로 쳐서 되돌아가는 모양 :
  팽배(彭湃).
- 파도가 이는 모양 :
  외뢰(渨瀤).
- 파도가 출렁거리는 모양 :

- 팽배(彭湃).
- 파랑새 :
  청조(靑鳥).
- 팔가락지 :
  비환(臂環).
- 팔다리 :
  고굉(股肱).
- 팔팔 뛰는 모양 :
  적적(趯趯).
- 팥배 나무 :
  감당(甘棠). 당리(棠梨).
- 팔찌 :
  비환(臂環). 완천(腕釧).
- 팥 :
  소두(小豆).
- 패랭이 :
  평량립(平涼笠). 평량자(平涼子). 폐양자(蔽陽子).
- 패랭이꽃 :
  석죽(石竹). 석죽화(石竹花). 천국(天菊).
- 퍼덕퍼덕 날개 치는 소리 :
  홰홰(翽翽).
- 퍼지는 모양 :
  진진(溱溱).
- 펄펄 나부끼는 모양 :
  번번(幡幡). 번사(幡纚). 번연(幡然).
- 펴 늘어놓은 모양 :
  막막(漠漠).
- 편안하지 아니한 모양 :
  설설(屑屑).
- 편안한 모양 :
  거연(巨然). 수수(綏綏). 안안(安安).
- 편안히 앉은 모양 :
  파사(婆娑).
- 편편하고 넓은 모양 :
  단만(壇曼).
- 편편한 모양 :
  탄탄(坦坦).
- 평고대 :
  평고자(平高子). 평교대(平交臺). 평교자(平交子)
- 평미레 :
  평목(平木). 돈개(敦槩). 두격(斗格). 양개(量槩).
- 평범한 모양 :
  녹록(碌碌). 평평(平平).
- 평이한 모양 :
  탕탕(蕩蕩).
- 평지 :
  대개(薹芥). 운대(蕓薹). 유채(油菜). 한채(寒菜).
- 평탄하지 아니한 모양 :
  외외(嵬磈).

■ 평탄한 모양 :
    탄연(坦然). 평평(平平).

■ 평평하게 연이은 모양 :
    이이(濔迆).

■ 평평한 모양 :
    정정(侹侹).

■ 폐백 :
    빙폐(聘幣).

■ 포대기 :
    강보(襁褓). 강보(繈褓). 강보(襁緥) 강보(繈緥).

■ 포용하는 모양 :
    납납(納納).

■ 폭포 :
    비천(飛泉). 용추(龍湫). 현천(懸泉). 현폭(懸瀑).

■ 폭풍 :
    부요(扶搖). 부풍(扶風). 악풍(惡風). 퇴풍(頹風).

■ 표주박 :
    표자(瓢子).

■ 푯말 :
    갈저(楬櫫). 표목(標木).

■ 푸닥거리 :
    새신(賽神). 양회(禳禬).

■ 푸릇푸릇한 근교의 경치 :
    망창(莽蒼).

■ 푸릇푸릇한 모양 :
    청청(青青). 총청(蔥青). 총청(葱青).

■ 푸성귀 :
    채소(菜蔬). 청소(青蔬).

■ 푸주 :
    현방(懸房).

■ 풀가사리 :
    포해태(布海苔). 해라(海蘿).

■ 풀리는 모양 :
    석석(澤澤). 환연(渙然).

■ 풀무 :
    고배(鼓排). 야로(冶爐). 염탁(焱橐). 탁약(橐籥).
    풍상(風箱).

■ 풀이 더부룩하게 난 모양 :
    몽용(蒙茸).

■ 풀이 무성한 모양 :
    염염(冉冉).

■ 풀이 바람에 나부끼는 모양 :
    수미(霍靡).

■ 풀이 뾰족뾰족 나는 모양 :
    예예(芮芮).

■ 풀이 우거져 널리 퍼진 모양 :
    봉용(丰茸).

■ 풀이 우거진 모양 :
    망망(莽莽). 보보(葆葆). 비비(霏霏). 비비(菲菲).

■   용용(茸茸). 천위(芊蔚). 천천(芊芊).

■ 풀이 장대한 모양 :
    육륙(蓼蓼).

■ 풀이 푸릇푸릇한 모양 :
    매매(莓莓).

■ 품삯 :
    고전(雇錢). 공은(工銀). 공전(工錢).

■ 풍년 :
    강년(康年). 세풍(歲豊). 영세(寧歲). 유년(有年).

■ 풍뎅이 :
    금구자(金龜子). 금구충(金龜蟲). 황병(蟥蛢).

■ 풍부한 모양 :
    연연(衍衍).

■ 풍성한 모양 :
    파파(旛旛).

■ 풍요한 모양 :
    양양(穰穰).

■ 풍채가 당당한 모양 :
    늠름(懍懍).

■ 풍채가 늠름한 모양 :
    아아(峨峨).

■ 풍후한 모양 :
    담담(嗿嗿).

■ 피땀 :
    혈한(血汗).

■ 피 또는 땀 같은 것이 줄줄 흐르는 모양 :
    임리(淋漓).

■ 피라미 :
    흑조어(黑條魚).

■ 피로한 모양 :
    누루(纍纍). 난단(闌單).

■ 피로하고 지친 모양 :
    망망(芒芒).

■ 피로하여 쇠약하여지는 모양 :
    철철(惙惙).

■ 피를 토하며 슬피 욺 :
    제혈(涕血).

■ 피리 :
    가정(柯亭). 명약(鳴籥). 필률(觱篥).

■ 피리 부는 소리 :
    요조(嘹嘈).

■ 피리 소리의 형용 :
    영효(嚶嘮).

■ 필적이 힘이 있고 아름다움 :
    주미(遒美).

ㅎ

■ 하국 :
    금불초(金佛草). 선복화(旋覆花). 하국(夏菊).

- 하눌타리 :
  오과(烏瓜). 천과(天瓜).
- 하는 것 없이 꿈지럭꿈지럭하는 모양 :
  육륙(陸陸).
- 하늘 :
  허공(虛空). 현궁(玄穹). 현허(玄虛). 현천(玄天).
- 하늘 높이 우뚝 모양 :
  소치(霄峙).
- 하늘에 구름이 끼어 어두운 모양 :
  잠잠(涔涔).
- 하늘에서 내리는 눈꽃 :
  천화(天花).
- 하늘이 개어 맑은 모양 :
  창창(蒼蒼).
- 하늘이 희게 빛나는 모양 :
  호호(顥顥).
- 하루살이 :
  거략(蜛蠌). 부유(浮游). 부유(蜉蝣).
- 하물며 :
  우황(又況). 하황(何況). 황차(況且).
- 하품 :
  희흠(噫欠).
- 학 같은 것이 우는소리 :
  알연(戛然).
- 학설, 의론 등이 광대하고 심원한 모양 :
  광양(洸洋).
- 한가로운 모양 :
  만만(漫漫).
- 한 가지 일에 오로지 마음을 기울이는 모양 :
  철철(漆漆).
- 한가한 모양 :
  유연(悠然).
- 한결 같이 생각하는 모양 :
  곤곤(悃悃).
- 한길 :
  구가(衢街). 대로(大路). 호동(術術).
- 한 눈을 지그시 감고 보는 모양 :
  규규(睽睽).
- 한둔하다 :
  노숙(露宿). 노차(露次). 야숙(野宿). 초숙(草宿).
  초침(草寢)
- 한랭한 모양 :
  창창(滄滄).
- 한량없이 넓은 모양 :
  망양(茫洋).
- 한바퀴 :
  일편(一遍).
- 한바탕 :
  일장(一場).

- 한번 :
  일하(一下). 일회(一回).
- 한숨 :
  태식(太息).
- 한숨 쉬는 모양 :
  희연(憘然).
- 한없이 넓은 모양 :
  망양(漭瀁). 앙연(坱然). 양양(洋洋).
- 한탄하는 모양 :
  추연(惆然).
- 한탄하는 소리 :
  호차(呼嗟).
- 할미 :
  대모(大母). 왕모(王母). 조모(祖母).
- 할미새 :
  설고(雪姑). 옹거(雝鶀). 척령(鶺鴒).
- 할아버지 :
  왕부(王父). 조부(祖父).
- 함께 모여 화목한 모양 :
  선선(詵詵).
- 함부로 행동하여 성실하지 아니한 모양 :
  겸겸(鉗鉗).
- 함정 :
  갱정(阬穽).
- 함축하여 나타내지 않는 모양 :
  유연(油然).
- 함치르르한 모양 :
  수연(睟然).
- 항상 정성껏 지켜 잠시도 잊지 아니하는 모양 :
  권권(拳拳).
- 항아리 :
  앵병(罌缾). 앵부(罌缶). 와옹(瓦甕).
- 해 :
  비륜(飛輪). 일륜(日輪). 화륜(火輪). 태양(太陽).
  천일(天日). 치휘(馳暉). 희헌(曦軒).
- 해가 긴 모양 :
  지지(遲遲).
- 해가 뜨는 모양 :
  동동(曈曈). 동롱(曈朧).
- 해가 막 떨어져 어스레한 때 :
  박모(薄暮). 석음(夕陰). 초혼(初昏).
- 해가 지는 모양 :
  유양(悠陽).
- 해가 질 무렵의 어스레한 모양 :
  예예(翳翳).
- 해골 :
  촉루(髑髏). 해골(骸骨).
- 해나 달이 뜨기 시작하여 빛이 아직 환하지 않
  은 모양 : 불불(昢昢)

- 해마다 :
  매년(每年). 세세(歲歲). 연년(連年). 축년(逐年).
- 해바라기 :
  규곽(葵藿). 향일규(向日葵). 향일화(向日花).
- 해오라기 :
  교청(鵁鶄). 노사(鷺鷥). 백로(白鷺). 벽로(碧鷺).
  사금(絲禽). 창로(蒼鷺).
- 해진 옷 :
  현순(懸鶉).
- 해태 :
  해치(獬豸). 해타(海駝).
- 해파리 :
  수모(水母). 해설(海舌). 해월(海月).
- 햇무리 :
  운륜(暈輪). 운위(暈圍). 일관(日冠). 일운(日暈).
  일훈(日暈).
- 햇빛 :
  구영(駒影). 일광(日光). 일화(日華).
- 햇빛이 밝은 모양 :
  욱욱(昱昱).
- 햇빛이 침침한 모양 :
  엄애(晻曖). 엄엄(晻晻).
- 햇빛이 환하게 비추는 모양 :
  욱욱(昱昱).
- 햇빛이 환한 모양 :
  돈돈(暾暾).
- 행동이 무례하고 단정치 못한 모양 :
  필필(怭怭).
- 행보가 느린 모양 :
  여여(懙懙).
- 향기 :
  분방(芬芳). 분향(芬香). 방기(芳氣). 방분(芳芬).
- 향기가 대단히 나는 모양 :
  욱열(郁烈). 욱욱(郁郁). 은은(誾誾).
- 향기가 나는 모양 :
  염염(冉冉).
- 향기가 대단한 모양 :
  구울(漚鬱).
- 향기가 떠도는 모양 :
  읍읍(浥浥).
- 향기가 많이 나는 모양 :
  복복(馥馥). 복욱(馥郁). 분분(芬芬).
- 향나무 :
  향목(香木).
- 향주머니 :
  향낭(香囊).
- 허둥지둥 어찌할 줄 모르는 모양 :
  낭패(狼狽).
- 허둥지둥하는 모양 :

- 거연(遽然). 광광(俇俇). 창졸(倉卒). 창황(倉黃).
  창황(倉皇). 초초(草草).
- 허둥지둥하여 서두는 모양 :
  황급(遑急).
- 허리가 가냘프고 예쁜 모양 :
  초청(䠂婧).
- 허리가 가는 모양 :
  요조(偠儷).
- 허리에 찬 옥이 아름다운 모양 :
  현현(鞙鞙).
- 허리에 찬 옥이 울리는 소리 :
  산산(珊珊).
- 허리띠 :
  요대(腰帶).
- 허물 :
  건과(愆過). 건우(愆尤). 결점(缺點). 과실(過失).
  단점(短點). 일벌(佚罰). 하근(瑕瑾).
- 허물 :
  위세(委蛻).
- 허수아비 :
  곽공(郭公). 괴뢰(傀儡). 뢰신(儡身). 우인(偶人).
- 허파 :
  폐부(肺腑). 폐장(肺臟).
- 허허 웃는 모양 :
  질질(咥咥).
- 헌걸찬 모양 :
  규규(赳赳). 기기(頎頎).
- 헌 누더기 :
  남루(襤褸).
- 헌신 :
  폐리(敝履).
- 헐떡거리는 모양 :
  탄탄(嘽嘽).
- 험준한 모양 :
  기구(崎嶇). 기구(蜞嶇). 굴연(崛然). 뇌외(磊嵬).
  아아(峨峨). 잠암(岑巖). 줄줄(崒崒). 줄호(崒乎).
  착최(錯崔).
- 헛되이 :
  백백지(白白地).
- 헛디디는 모양 :
  층등(蹭蹬).
- 헛소리 :
  섬어(譫語). 섬언(譫言).
- 헤어지는 모양 :
  삭삭(索索). 삭연(索然).
- 헤엄치는 모양 :
  유연(攸然).
- 혀차는 소리 :
  질질(吒吒).

■ 현기증 나다 :
　명현(瞑眩). 현명(眩瞑).
■ 현재 :
　당금(當今). 시재(時在). 여금(如今). 지금(只今)
■ 협착한 모양 :
　전전(顚顚).
■ 형 :
　가가(哥哥). 가형(家兄). 대아(大兒). 아형(阿兄).
■ 형모 :
　면상(面相). 면체(面體). 모용(貌容). 상모(相貌).
　용모(容貌).
■ 형세가 성대한 모양 :
　당당(堂堂).
■ 형수 :
　장부(長婦).
■ 형틀 :
　계곡(械梏). 계질(械桎). 계축(械杻).
■ 호깨나무 :
　목밀(木蜜). 지구(枳棋). 지각(枳殼).
■ 호랑나비 :
　봉자(鳳子). 봉접(鳳蝶). 협접(蛺蝶).
■ 호리병박 :
　고로(觚盧). 호로(葫蘆).
■ 호미 :
　서삽(鉏鍤). 자기(鎡基).
■ 호박 :
　남과(南瓜).
■ 호반 :
　무반(武班). 무열(武列). 서반(西班). 호반(虎班).
■ 호수 :
　호소(湖沼). 호수(湖水).
■ 호언장담하는 모양 :
　후후(詡詡).
■ 호의로써 좇는 모양 :
　혜연(惠然).
■ 호흡하는 모양 :
　후후(呴呴).
■ 혹 :
　영종(癭腫). 부우(附疣). 영류(癭瘤). 유췌(瘤贅).
　췌우(贅疣).
■ 혹시 :
　여혹(如或). 혹야(或也). 혹여(或如). 혹자(或者).
■ 혹은 나아가고 혹은 정지하는 모양 :
　확확(蠖蠖).
■ 혼란한 모양 :
　골골(滑汨). 궤궤(憒憒). 매매(每每).
■ 혼몽한 모양 :
　혹혹(𢱢𢱢). 혹혹(𢱢𢱢).
■ 혼자 가는 모양 :

■ 우우(踽踽). 우우량량(踽踽涼涼). 조조(佻佻).
■ 혼자 보는 모양 :
　정정(眐眐).
■ 혼자 있는 모양 :
　과과(踝踝).
■ 혼탁한 모양 :
　혼혼(混混). 골혼(滑涽).
■ 홀로 걷는 모양 :
　우우(偊偊).
■ 홀로 우뚝 솟은 모양 :
　권산(踡嶼).
■ 홀몸 :
　단신(單身). 독신(獨身). 척신(隻身). 편특(偏特).
■ 홀아비 :
　광부(曠夫). 환부(鰥夫).
■ 홀어미 :
　과부(寡婦). 과수(寡守). 과처(寡妻). 과녀(寡女).
　원녀(怨女). 이부(嫠婦). 추상(孀孀).
■ 홍수가 난 모양 :
　홍동(洚洞).
■ 홍역 :
　마진(瘭疹). 마진(麻疹). 진양(疹恙). 홍진(紅疹).
　홍역(紅疫).
■ 홍합 :
　담채(淡菜). 이패(貽貝). 합자(蛤子). 해폐(海蜌).
　홍합(紅蛤). 동해부인(東海夫人).
■ 홑옷 :
　단의(單衣).
■ 홑이불 :
　단금(單衾).
■ 화기애애하게 즐기는 모양 :
　은은(言言).
■ 화기애애하며 공손한 모양 :
　은은여(誾誾如).
■ 화기애애한 모양 :
　은은(誾誾).
■ 화내는 모양 :
　한연(憪然).
■ 화락한 모양 :
　간간(衎衎). 간간(侃侃). 간연(侃然). 구유(呴喩).
　앙앙(盎盎). 옹옹(廱廱). 옹옹(雝雝). 요요(陶陶).
　융연(融然). 융융(融融). 창창(暢暢). 훈훈(熏熏).
　희희(嘻嘻). 희희(熙熙).
■ 화려한 모양 :
　찬란(粲爛).
■ 화려하게 고운 모양 :
　찬란(燦爛). 찬연(燦然).
■ 화를 발끈 내는 모양 :
　발연(艴然).

■ 화목이 대단히 무성한 모양 :
면천(綿芊).

■ 화목한 모양 :
즙즙(濈濈).

■ 화살대 :
시가(矢笴). 전간(箭簳). 전죽(箭竹).

■ 화살촉 :
전족(箭鏃).

■ 화상 :
초상(肖像). 화상(畵像).

■ 화성 :
형행(熒行). 형행성(熒行星). 화성(火星).

■ 화세가 맹렬한 모양 :
열열(烈烈).

■ 화재 :
마무재(馬舞災). 화난(火難). 화재(火災).

■ 화창하게 부는 봄바람 :
혜풍(惠風).

■ 화창한 모양 :
목목(穆穆). 양양(陽陽).

■ 화창한 봄 경치 :
소광(韶光). 춘광(春光).

■ 화톳불 :
요화(燎火). 유료(楢燎).

■ 화평한 모양 :
융연(融然). 융융(融融). 음음(愔愔).

■ 화한 소리 :
화성(和聲).

■ 확실하지 않은 모양 :
의의(依依).

■ 확실한 모양 :
적적(的的). 확연(確然). 확이(確爾). 확호(確乎).

■ 확실히 결정(決定)하지 아니한 모양 :
의위(依違). 의위(猗違).

■ 환하지 아니한 모양 :
예예(翳翳).

■ 환한 모양 :
경경(冏冏). 단단(旦旦). 동연(洞然). 발랄(潑剌).
요료(瞭瞭). 요연(瞭然). 위여(煒如). 위연(煒然).
위위(韡煒). 위위(韡韡). 위위(煒煒). 작작(灼灼).
찬연(粲然). 총총(恩恩). 총총(忽忽). 헌헌(憲憲).
혁혁(赫赫). 현현(顯顯). 호호(鎬鎬). 환호(煥乎).

■ 환히 :
소연(昭然).

■ 환히 비추는 모양 :
조조(昭昭). 조조(照照). 호호(皓皓).

■ 환히 빛나는 모양 :
형형(熒熒). 훤혁(烜赫).

■ 환히 아는 모양 :

경경(扃扃).

■ 활달한 모양 :
육육(育育). 당탕(儻蕩).

■ 활발한 모양 :
발발(發發).

■ 활 소리 :
궁성(弓聲).

■ 활시위 :
궁현(弓弦).

■ 활집 :
궁의(弓衣).

■ 활활 타는 모양 :
염염(炎炎).

■ 황달 :
달기(疸氣). 달병(疸病). 황달(黃疸).

■ 황새 :
관조(鸛鳥). 조군(皁君). 흑고(黑尻).

■ 황혼 :
박모(薄暮). 황혼(黃昏).

■ 황홀한 모양 :
홀황(惚怳).

■ 홰나무 :
괴목(槐木).

■ 횃대 :
의항(衣桁). 이가(桅架).

■ 횃불 :
거화(炬火). 봉화(烽火). 소등(燒燈). 수촉(手燭).
수화(燧火). 요거(燎炬).

■ 회양목 :
황양(黃楊).

■ 회오리바람 :
결풍(結風). 선풍(旋風). 선풍(颱風). 선표(旋飇).
표풍(猋風). 표풍(飄風). 회풍(回風). 회풍(廻風).

■ 회초리 :
가초(榎楚). 가초(檟楚). 편태(鞭笞).

■ 후추 :
호초(胡椒).

■ 훌륭하고 아름다운 모양 :
상상(裳裳).

■ 훌쩍 나는 모양 :
편편(翩翩).

■ 훌쩍 날리는 모양 :
표연(票然).

■ 훌쩍훌쩍 우는 모양 :
연연(涓然). 현연(泫然).

■ 훌쩍훌쩍 욺 :
철읍(啜泣).

■ 훤한 모양 :
작작(焯焯).

- 훨씬 나은 모양 :
  속속(謖謖).
- 훨훨 나는 모양 :
  예예(洩洩).
- 훨훨 날리는 싸라기 눈 :
  표산(漂霰).
- 휑뎅그렁한 모양 :
  낭랑(閬閬). 활하(豁閜).
- 휑한 모양 :
  곽연(廓然).
- 휘날리는 모양 :
  표표(縹縹).
- 휘는 모양 :
  요요(橈橈).
- 휘늘어진 모양 :
  요뇨(嫋嫋).
- 휘청휘청하는 모양 :
  나나(娜娜).
- 휘파람 :
  구적(口笛). 문초(吻哨).
- 휩싸들이는 모양 :
  납납(納納).
- 휴가 :
  고휴(告休). 여고(予告)
- 흉년 :
  겸년(歉年). 겸세(歉歲). 기세(飢歲). 황세(荒歲).
  흉년(凶年).
- 흐느껴 욺 :
  오읍(嗚唈). 오읍(嗚泣).
- 흐려 어두운 모양 :
  골혼(滑涽).
- 흐려 잘 보이지 않는 모양 :
  갱맹(腥瞢).
- 흐려서 분별하기 어려운 모양 :
  묘묘홀홀(眇眇忽忽).
- 흐르는 모양 :
  미미(亹亹). 예예(裔裔).
- 흐르는 물살에 돌들이 서로 부딪치는 소리 :
  낙각(䃁礭).
- 흐르는 물이 돌에 부딪치는 소리 :
  굉굉(湨湨). 역고(礐硞).
- 흐리멍덩한 모양 :
  몽몽(夢夢).
- 흐린 모양 :
  농롱(朧朧). 당랑(儻朗). 애애(曖曖). 애연(曖然).
- 흐릿하여 분명하지 아니 한 모양 :
  황홀(怳惚). 황홀(怳忽).
- 흐릿한 모양 :
  명명(瞑瞑). 미망(微茫).
- 흐뭇이 즐기는 모양 :
  도도(陶陶).
- 흔들려 불안한 모양 :
  올올(仡仡).
- 흔들리는 모양 :
  요요(撓撓). 패패(淠淠).
- 흘겨보다 :
  사시(斜視). 오시(忤視).
- 흘끔흘끔 보는 모양 :
  현현(睍睍).
- 흘끗 보는 모양 :
  견견(睊睊).
- 흘러 뻗는 모양 :
  연연(衍衍).
- 흘러가는 모양 :
  도도(滔滔). 유유(悠悠). 질질(秩秩).
- 흙다리 :
  비교(圯橋).
- 흙담 :
  토장(土牆).
- 흙덩이 :
  토괴(土塊).
- 흙메 :
  토산(土山).
- 흙탕물 :
  이수(泥水).
- 흠 :
  결점(缺點). 결함(缺陷). 병통(病痛). 하루(瑕累).
  하적(瑕璺). 하적(瑕讁). 하점(瑕玷). 하흔(瑕釁).
- 흥하는 모양 :
  증증(丞丞).
- 흥기하는 모양 :
  발연(勃然).
- 흥성(興盛)한 모양 :
  헌헌(憲憲).
- 흩어져 사라지는 모양 :
  난만(爛漫).
- 흩어져 어지러운 모양 :
  파사(婆娑).
- 흩어져 없어지는 모양 :
  삭삭(索索). 삭연(索然).
- 흩어져 퍼지는 모양 :
  막막(漠漠).
- 흩어지는 모양 :
  석석(澤澤). 환연(渙然). 환혜(渙兮).
- 흩어진 모양 :
  적적(籍籍).
- 희고 깨끗한 모양 :
  교교(皎皎). 호호(皓皓).

- 희롱 :
  농희(弄戲). 희롱(戲弄).
- 희미한 모양 :
  당망(曭莽). 애연(僾然).
- 흰 띠 :
  백모(白茅).
- 흰 말 :
  백마(白馬).
- 흰머리 :
  백발(白髮).
- 흰 모양 :
  고고(暠暠). 교교(皎皎). 작연(皭然). 호연(皜然).
  호연(皓然). 호호(暠暠). 효효(皛皛).
- 흰 범 :
  백호(白虎).
- 흰 비단 :
  백증(白繒).
- 흰빛 :
  백색(白色).
- 흰 소 :
  백우(白牛).
- 흰 손이 가냘프고 고운 모양 :
  섬섬(掺掺).
- 흰 쑥 :
  백애(白艾). 백호(白蒿).
- 흰 이가 드러나게 웃는 모양 :
  찬연(粲然).
- 흰자위 :

- 계자백(鷄子白). 계자청(鷄子淸). 단백(蛋白).
  난백(卵白). 단백(蛋白).
- 힘드는 모양 :
  감감(坎坎).
- 힘들여 일하는 모양 :
  골골(搰搰).
- 힘세고 날랜 모양 :
  환환(桓桓).
- 힘쓰는 모양 :
  걸걸(偈偈). 골골(搰搰). 무무(懋懋). 방방(傍傍).
  비비(卑卑). 설설(屑屑). 올올(兀兀).
- 힘을 대단히 쓰는 모양 :
  희비(㶒㶒).
- 힘을 들여 눈코 뜰 새 없이 일하는 모양 :
  구구(劬劬)
- 힘을 들여 물건을 치는 소리 :
  감감(坎坎).
- 힘을 들여 수고하는 모양 :
  권권(捲捲).
- 힘이 센 모양 :
  비비(伾伾). 주장(輈張).
- 힘이 없어 보이는 모양 :
  퇴연(頹然).
- 힘차게 전진하는 모양 :
  염염(炎炎).
- 힘찬 모양 :
  발발(發發).

『훈민정음』의 다른 이름

1. 언문(諺文) : 한자에 대해 우리말을 낮게 본 데서 비롯되어 훈민정음을 속되게 이르던 말이라고 잘못 전하고 있으나, 늘 쓰는 입말의 글이라는 뜻으로, 글말의 글자인 한자, 한문에 상대하여 '훈민정음'은 주로 백성들이 일상적으로 쓰는 글이라는 뜻으로 사용되었다.

2. 암클 · 아햇글 · 가갸글 : 모두 모화사상에 젖은 조선 시대의 식자층에서 훈민정음을 한문(漢文)에 비하여 낮추어 본 데서 이르던 말이다.

3. 배달말 : 상고 시대부터 우리 민족이 써온 말을 배달겨레의 말이라는 뜻으로 통틀어 이르는 말 '국어'라는 말 대신에 쓰이게 됨.

4. 조선글 : '한글'과 '대한제국'의 '한'이 단순히 동일해서 의식했던 것인지는 알 수 없으나 북한에서는 자국을 지칭하는 표현으로 '한(韓)'을 쓰지 않기 때문에 '한글'이라는 명칭도 '조선글'로 바꿔서 쓰고 있는데, '조선글자'의 준말이다.

5. 한글 : '한글'의 의미에 대해서 세간에서는 '크다, 많다'를 의미하는 고어 '하다'에서 유래했다는 설(박승빈의 증언)이 있지만, 일반적으로 '한(韓)나라의 글', '큰글', '세상에서 첫째가는 글'이란 뜻이 받아들여지고 있다.

附錄〈2〉

참고문헌 및 인명 목차

·뫼為山。·마為薯藇。ㅸ。如ᄉᆞᄫᅵ為
蝦。드ᄫᅵ為瓠。ㅈ。如·자為尺。죠ᄒᆡ為
紙。ㅊ。如·체為籭。·채為鞭。ㅅ。如·손為
手。:셤為島。ㆆ。如·부헝為鵂鶹。·힘為
筋。ㅇ。如·비육為鷄雛。·ᄇᆞ얌為蛇。ㄹ。
如·무뤼為雹。어·름為氷。ㅿ。如아
ᄎᆞ為弟。:너ᅀᅵ為鴇。中聲·。如·ᄐᆞᆨ為
頤。·ᄑᆞᆺ為小豆。다·리為橋。그·래為楸。

ㄱ

가공담록(賈公談錄)① 가규(賈逵)② 가도(賈島)④
가속(賈餗)① 가어(家語)④ 가의(賈誼)49 가화록
(嘉話錄)③ 가훤(賈誼)① 간정우기(間情偶奇)②
갈관자(鶡冠子)③ 갈장경(葛長庚)① 강남야록(江
南野錄)① 강부(江賦)④ 강엄(江淹)24 강총(江總)
③ 강홍(江洪)① 강희자전(康熙字典)25 강희제(康
熙帝)① 개가운(蓋嘉運)① 개원유사(開元遺事)③
거가필용(居家必用)① 건륭제(乾隆帝)① 건안기
(建安記)① 격고요론(格古要論)① 격물요론(格物
要論)① 경견오(庚肩吾)① 경국웅략(經國雄略)②
경방역전(京房易傳)① 경부구(徹浮丘)① 경험(經
驗)⑥ 계림옥로(鷄林玉露)② 계림유사(鷄林類事)
① 계륵편(鷄肋篇)① 계만총담(溪蠻叢談)① 계신
잡식(癸辛雜識)③ 고개지(顧愷之)① 고계(高啓)⑧
고공기(考工記)② 고금인사(古今印史)① 고금주
(古今注)③ 고기평(古器評)① 고명(古銘)② 고무
제(高無際)① 고문진보주(古文眞寶註)② 고사고
(古史考)① 고사전(高士傳)② 고삼분(古三墳)①
고섬(高蟾)① 고승전(高僧傳)① 고시(古詩)109 고
악부(古樂府)⑤ 고야왕(顧野王)② 고염가(古鹽歌)
① 고영(顧瑛)③ 고운(顧雲)42 고적(高適)⑤ 고지
기(古之奇)① 고황(顧況)② 곡량전(穀梁傳)44 곡
양전(穀羊傳)⑪ 곡영(谷永)① 곡향집(谷響集)①
곤지기(困知記)① 공규(貢奎)② 공무중(孔武仲)①
공문중(孔文仲)① 공사태(貢師泰)④ 공손룡자(公
孫龍子)⑤ 공안국(孔安國)③ 공양전(公羊傳)107 공
양전주(公羊傳註)⑩ 공어(孔魚)① 공영달(孔穎達)
① 공유규(孔維圭)① 공융(孔融)① 공자(孔子)56
공자가어(孔子家語)48 공자세가(孔子世家)① 공총
자(孔叢子)15 공치규(孔稚圭)12 과진론(過秦論)②
곽거병(霍去病)① 곽박(郭璞)95 곽왈(郭曰)① 곽
충서서(郭忠恕書)① 곽희(郭熙)① 관무량수경(觀
無量壽經)① 관불삼매경(觀佛三昧經)① 관윤자(關
尹子)⑧ 관자(管子)77 관휴(貫休)③ 괄지지(括地
志)① 광기(廣記)② 광아(廣雅)⑦ 광운(廣韻)⑧ 광
이기(廣異記)② 광천제발(廣川題跋)① 교우(喬宇)
① 구궁부(九宮賦)① 구당서(舊唐書)49 구양수(歐
陽脩)② 구언원(舊彦遠)① 구열(苟悅)① 구우시화
(瞿佑詩話)① 구위(丘爲)① 구지(丘遲)⑦ 국사보
(國史補)① 국어(國語)45 군담채여(羣談採餘)①
군제독서지(郡齊讀書誌)① 굴원(屈原)13 귤록(橘
錄)① 권덕여(權德輿)① 권승(權乘)① 궤지필기

(汜池筆記)① 귀곡자(鬼谷子)④ 귀이집(貴耳集)①
귀전록(歸田錄)② 극담록(劇談錄)② 금강경(金剛
經)② 금경(禽經)④ 금광명경(金光明經)① 금부
(琴賦)① 금사(金史)14 금석문자기(金石文字記)①
금의지(錦衣志)① 급총주서(汲冢周書)④ 급취편
(急就篇)17 기경(碁經)② 기귀부(寄歸傳)① 기세
경(起世經)① 기요신(機堯臣)① 기자(箕子)⑥

ㄴ

나린(羅鄰)① 나업(羅鄴)① 나은(羅隱)④ 낙빈왕
(駱賓王)③ 낙양가람기(洛陽伽藍記)② 낙양명원기
(洛陽名園記)① 낙양모란기(洛陽牡丹記)① 남당근
사(南唐近事)② 남도부(南都賦)① 남방초목장(南
方草木狀)① 남사(南史)17 남송시사기(南宋市肆
記)① 남제서(南齊書)④ 내경(內經)③ 노륜(盧綸)
③ 노사(路史)⑧ 노상(盧象)① 노심(盧諶)① 노씨
잡기(盧氏雜記)① 노자(老子)120 노조(盧肇)① 노
조린(盧照鄰)③ 논술(論述)① 논어(論語)705 논형
(論衡)34 농정전서(農政全書)④ 능엄경(楞嚴經)⑧

ㄷ

다경(茶經)③ 단연록(丹鉛錄)① 단옥재(段玉裁)①
달관(闥寬)① 담괴록(談怪錄)① 담방생(湛方生)②
담수(談藪)③ 담원(談苑)① 담자(譚子)① 담자화
서(譚子化書)② 당개원지(唐開元志)② 당국사보
(唐國史補)① 당명황(唐明皇)② 당문수(唐文粹)①
당백호(唐伯虎)① 당산부인(唐山夫人)① 당서(唐
書)314 당송팔대가문서(唐宋八大家文序)② 당순지
(唐順之)① 당시(唐詩)③ 당언겸(唐彦謙)② 당운
정(唐韻正)① 당육전(唐六典)② 당율(唐律)② 당
음비사(棠陰比事)① 당자서(唐子西)① 당태종(唐
太宗)⑥ 당현종(唐玄宗)① 대고(戴暠)18 대대례
(大戴禮)34 대명회전(大明會典)⑤ 대반야경(大般
若經)① 대복고(戴復古)② 대숙륜(戴叔倫)① 대승
(大乘)② 대장법수(大藏法數)④ 대장일람(大藏一
覽)① 대청회전(大淸會典)⑤ 대표원(戴表元)④ 대
학(大學)99 대학연의보(大學衍義補)① 대학장구
(大學章句)20 도덕경(道德經)① 도덕지귀론(道德
指歸論)① 도리원서(桃李園序)① 도잠(陶潛)76 도
한(陶翰)① 도홍경(陶弘景)⑤ 도회보감(圖繪寶鑑)
④ 독고급(獨孤及)⑥ 독단(獨斷)② 독서록(讀書
錄)① 동경몽화록(東京夢華錄)② 동경부(東京賦)
① 동경세시기(東京歲時記)① 동관여록(東觀餘錄)

징(吳澄)① 옥당잡자(玉堂雜字)③ 옥약시가결(玉鑰匙歌訣) 옥촉보전(玉燭寶典)② 옥편(玉篇)⑪ 옥해(玉海)③ 온자승(溫子昇)③ 온정균(溫庭筠)⑦ 온헌(溫憲)① 옹도(雍陶)② 완적(阮籍)⑩ 완효서(阮孝緒)① 왕강거(王康琚)① 왕건(王建)⑥ 왕검(王儉)① 왕광온(王光蘊)① 왕군옥(王君玉)⑪ 왕균(王筠)① 왕기(王畿)① 왕단(王溥)① 왕랑(王朗)③ 왕령(王令)③ 왕문성공연보절략(王文成公年譜節略)③ 왕반농서(王盤農書)① 왕발(王勃)㉜ 왕부(王符)① 왕사정(王士楨)① 왕세정(王世貞)① 왕수인(王守仁)④ 왕승달(王僧達)① 왕승유(王僧孺)⑥ 왕십붕(王十朋)① 왕안석(王安石)⑩ 왕연수(王延壽)⑭ 왕염(王炎)② 왕예(王叡)① 왕오(王鏊)① 왕우군(王右軍)① 왕우칭(王禹偁)㉗ 왕운(王惲)① 왕유(王維)⑳ 왕융(王融)⑦ 왕응린(王應麟)① 왕인유(王仁裕)① 왕일(王逸)⑪ 왕적(王績)① 왕정수(王廷壽)③ 왕좌(王屮)① 왕증유(王曾儒)① 왕진(王縉)① 왕찬(王粲)⑭ 왕창령(王昌齡)① 왕포(王褒)㉛ 왕희지(王羲之)⑬ 왕휘(王暉)② 요사(遼史)⑤ 요합(姚合)⑤ 용도공안(龍圖公案)① 용재수필(容齋隨筆)① 우렵부(羽獵賦)① 우무릉(于武陵)② 우순희(虞淳熙)① 우소(于邵)② 우집(虞集)④ 운급칠첨(雲笈七籤)⑤ 운선산록(雲仙散錄)① 운선잡기(雲仙雜記)④ 운회(韻會)⑤ 원각(袁栩)② 원각경(圓覺經)② 원개(袁凱)① 원결(元結)⑧ 원곡한궁추(元曲漢宮秋)① 원굉(袁宏)③ 원랑(袁郎)① 원사(元史)⑲ 원상경(圓賞涇)① 원진(元稹)㊱ 원체집(願體集)① 원포경(元包經)⑦ 원호문(元好問)⑧ 월령광의(月令廣義)② 월절서(越絶書)① 위관(魏觀)① 위략(魏略)④ 위료자(尉繚子)⑦ 위무제(魏武帝)⑥ 위문제(魏文帝)⑦ 위서(魏書)㊺ 위요(韋曜)① 위응물(韋應物)⑤ 위장(韋莊)⑩ 위정효시(魏程曉詩)① 위지(魏志)⑩ 위징(魏徵)⑮ 위탄(韋誕)① 위항(衛恒)① 유견오(庾肩吾)③ 유공권(柳公權)① 유공한(劉公翰)① 유관(柳貫)② 유극장(劉克莊)⑦ 유기(劉基)⑳ 유령(劉伶)⑥ 유릉(劉峻)① 유몽득(劉夢得)① 유백륜(劉伯倫)① 유빈객(劉賓客)① 유서찬요(類書纂要)③ 유선(劉詵)② 유신(庾信)㉔ 유실(柳實)① 유양잡조(酉陽雜俎)① 유엄(劉弇)① 유연지(劉延芝)① 유영(劉迎)① 유예(劉乂)① 유우석(劉禹錫)⑨ 유의공(劉義恭)① 유인(劉因)① 유장경(劉長卿)③ 유재(劉宰)① 유적(劉積)① 유정(維楨)① 유정지(劉廷芝)① 유종

원(柳宗元)(96) 유준(劉峻)⑨ 유창(劉滄)① 유태(劉蛻)② 유통부(幽通賦)① 유편(類篇)① 유향(劉向)⑰ 유협신론(劉勰新論)① 유효표(劉孝標)③ 유효의(劉孝儀)① 유효작(劉孝綽)① 유흠(劉歆)⑤ 유희이(劉希夷)① 육경(陸瓊)① 육구몽(陸龜蒙)⑯ 육기(陸機)(63) 육도(六韜)⑩ 육사(陸士)② 육서고(六書考)⑩ 육서략(六書略)① 육서정와(六書正譌)① 육서통(六書統)① 육우(陸羽)① 육운(陸雲)⑤ 육운(陸運)⑨ 육유(陸瑜)① 육유(陸游)㊵ 육지(陸贄)① 육징(陸澄)① 윤문자(尹文子)⑥ 윤정고(尹廷高)① 은문규(殷文圭)① 은예소설(殷藝小說)① 응거(應璩)⑥ 응소왈(應劭曰)④ 응창(應瑒)② 의례(儀禮)㉔ 이가우(李嘉祐)① 이건훈(李建勳)③ 이격비(李格非)① 이고(李翶)① 이고록(妮古錄)① 이곽(李廓)① 이관(李觀)② 이교(李嶠)⑩ 이구(李覯)⑦ 이기(李頎)① 이군옥(李羣玉)② 이납(李納)① 이담속찬(耳談續纂)① 이덕림(李德林)③ 이동(李洞)① 이동양(李東陽)① 이등성류(李登聲類)① 이릉(李陵)⑰ 이물지(異物志)① 이밀(李密)⑫ 이백(李白)(71) 이백약(李百藥)② 이사(李斯)⑤ 이산보(李山甫)① 이상(李翔)① 이상은(李商隱)㉞ 이소(離騷)① 이순왈(李巡曰)① 이숭(李嵩)① 이시진(李時珍)① 이신(李紳)⑦ 이아(爾雅)(25) 이악(李萼)① 이옹(李邕)② 이원(異苑)⑧ 이윤왈(伊尹曰)③ 이의산잡찬(李義山雜纂)㉒ 이익(李翊)② 이적지(李適之)① 이정(李禎)① 이중(李中)② 이하(李賀)⑩ 이한(李漢)③ 이함용(李咸用)③ 이헌보(李獻甫)① 이화(李華)㉛ 익부방물약기(益部方物略記)① 인물지(人物志)③ 인옥경(仁玉經)① 인화록(因話錄)① 일용잡자(日用雜字)① 일주서(逸周書)⑤ 일통지(一統志)② 일하구문(日下舊聞)③ 임방(任昉)⑧ 임상인(林尙仁)② 임안신지(臨安新志)① 임하우담(林下偶談)① 임희일(林希逸)①

ㅈ

자림최요(字林撮要)① 자치통감(資治通鑑)⑬ 자화자(子華子)④ 자허부(子虛賦)① 자휘(字彙)④ 자휘보(字彙補)④ 작몽록(昨夢錄)① 잠부론(潛夫論)⑧ 잠참(岑參)⑥ 잡찬신속(雜纂新續)③ 장건(張騫)② 장계(張繼)② 장교(張喬)② 장구령(張九齡)② 장발(張勃)① 장비(張泌)① 장순민(張舜民)① 장양호(張養浩)① 장열(張說)⑥ 장온고(張蘊古)① 장욱(張昱)① 장유(張維)② 장자(莊子)(68) 장재(張

하문언(夏文彦)① 하소정(夏小正)① 하손(何遜)⑤ 하승천(何承天)⑥ 하안(何晏)⑭ 하중(何中)① 하후담(夏侯湛)⑤ 학경(郝經)③ 학림옥로(鶴林玉露)③ 한고조(漢高祖)① 한관의(漢官儀)④ 한굉(韓翃)② 한구(韓駒)① 한궁의(漢宮儀)① 한기(韓琦)① 한률(漢律)① 한무내전(漢武內傳)① 한무제(漢武帝)⑧ 한산(寒山)③ 한서(漢書)(1818) 한서경포전(漢書黥布傳)① 한서장우전(漢書張禹傳)① 한서평림(漢書評林)① 한시(漢詩)④ 한시외전(韓詩外傳)㉙ 한악(韓偓)⑪ 한안세(漢安世)① 한유(韓愈)(414) 한잡사비신(漢雜事秘辛)① 한장공(漢張公)① 한정우기(閒情偶奇)② 항창자(亢倉子)① 해조론(海潮論)② 향보(香譜)① 허경종(許敬宗)② 허맹용(許孟容)① 허배(許裵)① 허용회(許用晦)① 허혼(許渾)⑤ 허형(許衡)① 현원림(泫苑林)① 현중기(玄中記)② 현태경(玄太經)① 형설총담(螢雪叢談)① 형주기(荊州記)② 형초세시기(荊楚歲時記)② 형호(荊浩)① 혜강(嵇康)㊲ 혜희(嵇喜)① 호천유(胡天游)① 홍준천지(洪遵泉志)① 홍희문(洪希文)② 화경(花鏡)③ 화공무의병행(華功武義兵行)① 화단(畫斷)② 화사(畵史)② 화양국지(華陽國志)② 화엄경음의(華嚴經音義)① 화예부인(花蘂夫人)① 화총귀(話總龜)① 환담(桓譚)① 환우기(寰宇記)① 황극경세서(皇極經世書)④ 황기(黃機)③ 황명세법록(皇明世法錄)① 황보송(皇甫松)③ 황보식(皇甫湜)③ 황성증(黃省曾)① 황윤문(黃允文)③ 황윤문잡찬(黃允文雜纂)⑥ 황정견(黃庭堅)⑲ 황중서(黃仲舒)② 황진(黃溍)① 황향(黃香)① 회남자(淮南子)(454) 효경(孝經)㊵ 효자전(孝子傳)① 후경명(后景明)① 후주황후기(后周皇后記)① 후청록(侯鯖錄)② 후한서(後漢書)(762) 휘진록(揮塵錄)② 휘진여화(揮塵餘話)① 흑자(黑子)⑤ 희조낙사(熙朝樂事)①

훈민정음이라는 이름에 담긴 의미

세종대왕이 창제한 문자 《훈민정음》은 '백성을 가르치는 바른 소리'라는 뜻이다.

그런데 왜 새롭게 만든 문자의 이름에 '글자'라는 뜻의 '字(글자 자)'가 들어가지 않고 '바른 소리'라는 '정음(正音)'이라고 하였을까?

'소리'라는 뜻을 가진 대표적인 한자는 '聲(소리 성)'과 '音(소리 음)'이 있으므로 '훈민정성(訓民正聲)'이라고 해도 될 것인데, 音 자를 써서 訓民正音이라고 하였다.

이 궁금증을 풀기 위해서는 音이나 聲이라는 한자를 자원 풀이로 시작하는 것이 해답을 구하는 지름길이 될 것이다.

후한 때의 「허신」은 그의 명저 《설문해자(說文解字)》에서 "音(음)은 '聲生於心有節於外謂之音(성생어심유절어외위지음)'"이라고 설명해 놓았다. 즉, '소리가 마음에 있는 것을 매듭지어 밖으로 고(告)하는 것이 音이라고 한다.'라고 풀이하였다.

그리고 중국에서 가장 오래된 언어 해석 사전인 《이아(爾雅)》는 "聲(성)은 '物體振動時所産生的能引起聽覺的波(물체진동시소산생적능인기청각적파)'"라고 설명해 놓았다. 즉, '물체의 진동 때문에 생긴 음파가 귀청을 울리어 귀에 들리는 것이 聲이라고 한다.'라고 풀이하고 있다.

다시 말해 音은 '음성 기호로 생각이나 느낌을 표현하고 전달하는 행위로 말을 통해서 나오는 소리'라고 정의하는데, 이 한자를 파자(破字 : 한자의 자획을 풀어 나눠 맞추는 학습법)하면 '입[口]안의 혓바닥[一] 위치에 따라 소리가 달라지고 이에 따라 글자나 악보로 표현할[立] 수 있는 소리'를 뜻하는 한자이다.

그리고 聲은 '귀에 들리는 모든 소리'라고 정의하는데, 파자하면 '악기[声]를 두들겨[殳] 나는 소리처럼 귀[耳]에 들리는 모든 소리'를 뜻하는 한자이다.

또 《도덕경》에서는 '(조음기관의 인위적 개입을 거친) 음성에 가까운 개념을 지칭하는 용도'로 사용하고 있듯이 대체로 '글자나 악보로 옮겨 적을 수 있는 소리'를 音이라고 한다.

실제로《훈민정음 해례본》을 자세히 살펴보면, 〈제자해(制字解)〉, 〈초성해(初聲解)〉, 〈중성해(中聲解)〉, 〈종성해(終聲解)〉, 〈합자해(合字解)〉, 〈용자례(用字例)〉에서 보이는 것처럼 초성해, 중성해, 종성해의 제목은 聲 자를 쓰고 있다.

그러나 세종이 직접 쓴 서문에서는 '국지어음(國之語音)'이라고 하여 '나라의 말소리'라고 시작하였으나, 28자 자모음의 음가와 운용법을 설명하는 〈예의편〉에서는 '牙舌脣齒喉(아설순치후)'의 자음(子音)은 音 자로 표기했지만, 한자의 전래 자음(字音)은 '처음 피어나는 소리[初發聲(초발성)]'라는 의미로 모두 聲 자로 표현하면서 설명하고 있다는 것을 알 수 있다.

결론적으로 세종대왕은 새로 만든 문자의 이름을 '백성들 마음에 있는 것을 매듭지어 바르게 밖으로 표현할 수 있도록 가르치기 위해 만든 글자'라는 의미를 담아 《訓民正音》이라고 이름하였을 것이다.

附錄〈3〉

주요 참고문헌 소개

ㅁ。如ᄆᆡ為山·마為薯蕷。ㅸ。如사·ᄫᅵ為蝦드·ᄫᅴ為瓠。ㅈ。如·자為尺죠·ᄒᆡ為紙。ㅊ。如·체為籭·채為鞭。ㅅ。如·손為手:셤為島。ㅎ。如·부헝為鵂鶹·힘為筋。ㆆ。如·ᄇᆡ얌為蛇:굼뼈為龜。ㄹ。如·무뤼為雹어·름為氷。ㅿ。如아ᅀᆞ為弟:너ᅀᅵ為鴇。

中聲。ㆍ。如·ᄐᆞᆨ為頤·풋為小豆ᄃᆞ리為橋ᄀᆞ래為楸。

㉗ 시경(詩經)

유교 삼경(三經)의 하나. 대략 주(周) 초(B.C. 1100전 후)~춘추 중엽(B.C. 600년경)의 중국 시가들을 모아 놓은 것으로 중국에서 가장 오래된 시가집. 본래는 3,000여 편이라고 전하나 공자에 의하여 305편으로 간추려졌고 ≪시경≫ 305편은 풍, 아, 송 세 부분으로 나누어진다.

㉙ 사기(史記)

중국 전한(前漢)시대의 역사가 태사공(太史公) 사마천(司馬遷)이 상고시대의 황제(皇帝)로부터 전한 무제(武帝)에 이르기까지 중국과 그 주변 민족의 역사를 포괄하여 2천여 년간의 역사를 기술한 고대 중국 통사(通史)이다. 한(漢)나라 무제 때 쓰인 역사서로 본격적인 저술은 BC 108~BC 91년 사이에 이루어진 것으로 보고 있다.

㉘ 한서(漢書)

중국 후한(後漢) 시대의 역사가 반고(班固)가 저술한 기전체(紀傳體)의 역사서. 12 제기(帝紀)·8 표(表)·10 지(志), 70 열전(列傳)으로 전 100권으로 이루어졌다. ≪전한서(前漢書)≫ 또는 ≪서한서(西漢書)≫라고도 한다. ≪사기(史記)≫와 더불어 중국 사학사상(史學史上) 대표적인 저작이다. 사마천의 <사기>의 뒤를 이은 '두 번째의 정사(正史)'라 하기도 한다.

㉘ 예기(禮記)

중국 고대 유가(儒家)의 경전인 시경·서경·역경·춘추와 더불어 오경(五經)의 하나이며, 예법(禮法)에 관한 내용을 담고 있다. 한나라 때 공자와 그 제자들이 지은 책을 정리하여 엮은 것을 그 후 더 간추리거나 증보한 <예기>에서는 의례에 대한 해설로서의 '예'뿐만 아니라 음악이나 정치, 학문 등의 다양한 영역에 걸쳐 예의 근본정신을 서술하고 있다.

㉘ 좌전(左傳)

『좌전(左傳)』은 『춘추(春秋)』를 해석하여 지은 것으로, 작자에 대하여 많은 의견이 있으나 노나라의 좌구명(左丘明)으로 전해지고 있다. 『좌전(左傳)』은 노의 은공(隱公) 원년(기원전 722)으로부터 노의 애공(哀公) 27년(기원전 468)에 이르는 254년 동안의 춘추열국(春秋列國) 역사를 기록하고 있다. 비교적 당시의 사회 현실을 진실하게 반영하고 있다.

⑩ 서경(書經)

유교의 기본 경전으로서 ≪사서삼경≫ 내지 ≪사서오경≫에 속하는 경전. 요임금 시대부터 중국 고대 성왕들의 언행과 행적을 기록한 경전으로 ≪서경≫은 ≪시경≫과 더불어 가장 일찍 동양의 경서로 정착된 문헌으로서 선진 때는 단지 서(書)라고 칭하다가 한나라 때부터 ≪상서(尙書)≫라 칭하기도 했다.

㉜ 맹자(孟子)

사서(四書: 논어·맹자·대학·중용) 중의 하나이다. 사마천(司馬遷)의 『사기(史記)』에 따르면 맹자의 저술임이 분명하지만, 자신의 저작물에 '맹자'라고 한 점 등을 들어 맹자의 자작(自作)이 아님을 주장하는 견해도 있다. 어쨌든 수미일관(首尾一貫)한 논조와 설득력 있는 논리의 전개, 박력 있는 문장은 맹자라는 한 인물의 경륜과 인품을 전해주기에 손색이 없다.

㉘ 주례(周禮)

주(周) 왕실의 관직 제도와 전국시대(戰國時代) 각국의 제도를 기록한 책으로, 후대 중국과 우리나라에서 관직 제도의 기준이 되었다. 전한(前漢) 말에 이르러 경전에 포함되면서 예경(禮經)에 속한다고 '주례'라는 명칭을 얻게 되었다. ≪예기(禮記)≫·≪의례(儀禮)≫와 함께 삼례(三禮)로 일컬어지며, 당대(唐代) 이후 13경(十三經)의 하나로 포함되었다.

㉖ 후한서(後漢書)

중국 남북조시대(南北朝時代)에 남조(南朝) 송(宋)의 범엽(范曄, 398~445)이 편찬한 기전체(紀傳體) 사서(史書)로 후한(後漢)의 13대(代) 196년의 역사가 기록되어 있으며, 중국 역대 왕조의 정사(正史)인 '25사(史)' 가운데에서도 사마천(司馬遷)의 〈사기(史記)〉, 반고(班固)의 〈한서(漢書)〉, 진수(陳壽)의 〈삼국지(三國志)〉와 함께 '4사(四史)'로 꼽힌다.

⑦⑤ 논어(論語)

사서(四書)의 하나로, 중국 최초의 어록(語錄)이기도 하다. 고대 중국의 사상가 공자(孔子)와 그 제자와의 문답을 주로 하고, 공자의 발언과 행적, 그리고 인생의 교훈이 되는 말들이 간결하고도 함축성 있게 기재되었다. 《논어》라는 서명(書名)은 공자의 말을 모아 간추려서 일정한 순서로 편집한 것이라는 뜻인데, 누가 지은 이름인지는 분명치 않다.

⑧⑧ 장자(莊子)

중국 전국시대의 사상가 장자(莊子:莊周)의 저서. 당나라 현종(玄宗)에게 남화진경(南華眞經)이라는 존칭을 받아 《남화진경(南華眞經)》이라고도 한다. 내편(內編)이 비교적 오래되었고 그 근본 사상이 실려 있어 장자의 저서로, 외편(外編)과 잡편(雜編)은 후학(後學)에 의해 저술된 것으로 추측된다. 장자는 노자(老子)의 학문을 깊이 연구하였다.

⑥⑫ 역경(易經)

중국에서 오경의 필두에 있는 유교의 3경의 하나로, 동양에서 가장 오래된 유교 경전인 동시에 가장 난해한 글로 일컬어진다. 『주역』, 『역』이라고도 한다. 본문은 64종류의 상징적 부호와 각각에 붙여진 짧은 점단(占斷)의 말로 이루어져 있으며, 본문의 해석은 단전을 비롯해 10편이 있으므로, 이를 십익(十翼, 익(翼)은 돕는다는 뜻)이라고 한다.

⑥⑤④ 회남자(淮南子)

중국 전한(前漢)의 회남왕(淮南王) 유안(劉安: 기원전 179~122)이 유학자들과 함께 지은 잡가서(雜家書) 21편이다. 류안은 막하에 많은 문인·학자를 거느렸는데, 그들이 보유하는 해박한 지식을 널리 결집해서 편찬한 것이다. 회남자라는 명칭은 후대의 양(梁) 나라 오균(吳均)의 《서경잡기(西京雜記)》에 처음 보인다.

⑥⑤④ 국어(國語)

중국 춘추시대 8국의 역사를 나라별로 적은 책. 주(周)나라 좌구명(左丘明)이 《좌씨전(左氏傳)》을 쓰기 위하여 각국의 역사를 모아 찬술(撰述)한 것으로, 주어(周語) 3권, 노어(魯語) 2권, 제어(齊語) 1권, 진어(晋語) 9권, 정어(鄭語) 1권, 초어(楚語) 2권, 오어(吳語) 1권, 월어(越語) 2권으로 허신(許愼)의 《설문(說文)》에서는 '춘추 국어'라 적혀 있다.

⑭⑫ 진서(晉書)

진(晉) 나라의 역사책으로 643년 당태종(唐太宗)의 명으로 방현령(房玄齡), 저수량(褚遂良), 이연수(李延壽) 등이 편찬했는데, 모두 130권으로 사체(史體)를 잃어 전아(典雅)하지 못하다고 평한다. 이 진서 이후 사서(史書) 편찬이 국가사업으로 행해지고 새 왕조에서 전왕조(前王朝)의 역사를 쓰는 것이 나라의 임무가 되었다.

⑭⑤ 초사(楚辭)

중국 초나라의 굴원과 그 말류의 사를 모은 책, 또는 그 문체의 이름으로 16권이며 한(漢)나라 유향(劉向)이 초나라 회왕(懷王)의 충신 굴원(BC 3세기경)의 《이소(離騷)》와 25편의 부(賦) 및 후인의 작품에다가 자작 1편을 덧붙여 《초사》를 편집했으며, 후한(後漢)의 왕일(王逸)은 본서의 사장(辭章)을 고정(考定)·주석하여 《초사장구(章句)》 16권을 지었다.

⑭④ 한유(韓愈) 768~824

중국 당(唐)나라의 문장가·사상가. 자는 퇴지(退之). 창려(昌黎) 사람. 문단에서는 당송 팔대가(唐宋八大家)의 제1인자로 그의 최대 업적은 산문 문체의 개혁이었다. 곧 대구와 음조를 주로 하는 육조(六朝) 이래의 사륙 변려문(四六騈驪文)에 대하여 자유로 표현할 수 있는 산문 문체(古文)를 주장하여 솔선 실천하는 한편 문인들에게 권했다.

⑯⑥ 순자(荀子) BC 313 추정~BC 238 추정

중국 전국시대(戰國時代)의 유학자(儒學者). 이름은 황(況). 조(趙)나라 출신으로 진(秦)나라와 조나라에서 활동했다. 한대(漢代) 선제(宣帝)

의 휘(諱)를 피하여 손경(孫卿)이라 칭했다. 천(天)을 단순한 자연현상으로 파악하고 적극적으로 활용할 것을 주장했다. 지(知)를 중시하고 경험과 실천을 통한 객관적인 지식이 도(道)이고 모든 판단의 기준이 된다고 했다.

③⑩ 당서(唐書)

중국 당나라의 정사(正史)로서 이십오사(二十五史)의 하나로 당고조(唐高祖)의 건국(618)에서부터 애제(哀帝)의 망국(907)까지 21 제(帝) 290년 동안의 당나라 역사의 기록이다. 처음에는 단지 《당서》로 이룩하였지만, 송나라 때 내용을 고쳐 《신당서》로 편찬하였다. 그래서 《구당서(舊唐書)》와 《신당서(新唐書)》로 나누어졌다.

③⑪ 전국책(戰國策)

중국 전한 시대의 유향(劉向)이 전국시대(戰國時代, 기원전 475~222)의 수많은 제후국 전략가들의 정치, 군사, 외교 등 책략을 모아 집록한 자료를 《전국책(戰國策)》이라 한다. 그러나 초기의 자료는 아주 미흡한 상태여서 북송의 증공(曾鞏)이 분실된 자료를 사대부가(士大夫家)에서 찾아 보정(補訂)하여 12개국 486장으로 정리하였다.

③② 이아(爾雅)

문자의 뜻을 고증하고 설명하는 사전적인 성격을 지닌 유교 경전으로 '이아(爾雅)'의 명칭을 한나라의 유희(劉熙)는 '이'자는 가깝다는 뜻이고, '아'자는 바르다는 뜻으로, 말의 뜻을 이해할 때 가깝고 바른 것을 기준으로 삼아야 함을 의미하는 것이라 하였다. 명나라의 조환광(趙宦光)은 '이'가 꽃 이름이고, '아'는 새 이름으로서, 새나 짐승과 풀이나 나무 및 경전을 가르칠 때 도움이 되는 것을 의미한다고 보았다.

③④ 여씨춘추(呂氏春秋)

진시황(秦始皇)의 재상 여불위(呂不韋, ?~235B.C)가 빈객(賓客) 3,000명을 모아서 편찬하였다. 전국말(戰國末) 각가(各家)의 사상을 8람(覽), 6론(論), 12기(紀)로 분류하여 수록했는데, 수록량으로는 유가(儒家), 법가(法家), 노장가(老莊家)의 순이며 춘추전국(春秋戰國)시대의 시사(時事)에 관한 것도 수록되어 있어 그 시대를 알 수 있는 중요한 사론서이다.

㉔ 의례(儀禮)

『주례(周禮)』, 『예기』와 함께 삼례(三禮)로 13경 중의 하나이다. 『한서(漢書)』 「예문지」에 "예(禮)는 고경(古經) 56권과 경 70편"이라고 쓰여 있다. 고경 56권이란 "노나라 엄중(淹中)에서 나온 것인데, 내용은 공씨(孔氏) 70편과 비슷하지만 도리어 39편이 더 많다."라고 이 글의 서두에서 밝히고 있듯이 하간헌왕(河間獻王)이 얻었다고 전해지는 『고문의례(古文儀禮)』를 뜻한다.

㉓ 장형(張衡) 78~139

자 평자(平子). 하남성(河南省) 남양(南陽) 출생으로 천구의(天球儀)인 혼천의(渾天儀)를 비롯해 지진계(地震計)라 할 수 있는 후풍지동의(候風地動儀)를 만든 중국 후한(後漢)의 과학자 겸 문인으로 하간왕(河間王)의 재상(宰相)으로서 호족(豪族)들의 발호(跋扈)를 견제하는 데 큰 공을 세웠다.

㉔ 중용(中庸)

공자(孔子)의 손자인 자사(子思)의 저작이라 알려졌다. 오늘날 전해지는 것은 오경(五經)의 하나인 《예기(禮記)》에 있는 <중용편(中庸篇)>이 송(宋)나라 때 단행본이 된 것으로, 《대학(大學)》《논어(論語)》《맹자(孟子)》와 함께 사서(四書)로 불리고 있다. 여기서 '中'이란 어느 한쪽으로 치우치지 않는다는 것, '庸'이란 평상(平常)을 뜻한다.

⑳ 양웅(揚雄) BC 53 ~ AD 18

자 자운(子雲). 사천성(四川省) 성도(成都) 출생으로 전한 말의 학자 겸 문인이다. 청년 시절에 동향의 선배인 사마 상여(司馬相如)의 작품을 통하여 배운 문장력을 인정받아, 성제(成帝) 때 궁정 문인의 한 사람이 되었다. 성제의 여행에 수행하며 쓴 《감천부(甘泉賦)》, 《하동부(河東賦)》 등은 화려한 문장이면서도 성제의 사치를 꼬집었다.

⑰ 관자(管子)

춘추시대 제(齊)나라의 사상가·정치가인 관중(管仲:?~BC 645)이 지은 것으로 되어 있으나, 그 내용으로 보아 제나라의 국민적 영웅으로 칭송되던 현상(賢相) 관중의 업적을 중심으로 하여 후대의 사람들이 썼고, 전국시대에서 한대(漢代)에 걸쳐서 성립된 것으로 여겨진다. 전한(前漢)의 학자 유향(劉向)의 머리말에는 86편이라고 되어 있다.

⑰ 남사(南史)

중국 당(唐)의 이연수(李延壽)가 편찬한 사서(史書)로 중국 각 왕조(王朝)의 정사(正史)로 인정받는 25사(二十五史) 가운데 하나이다. 송(宋, 420~479), 남제(南齊, 479~502), 양(梁, 502~557), 진(陳, 557~589) 등 남북조시대(南北朝時代, 420~589) 남조(南朝)의 네 왕조의 역사를 기전체(紀傳體)로 서술하였다.

⑱ 좌사(左思)? ~ ?

자 태충(太沖). 임치(臨淄) 사람. 하급 관리의 집에 태어나 도읍 낙양(洛陽)으로 나와서 10년 동안 구상하여 《삼도부(三都賦)》를 지었다. 이것이 당시 문단의 영수였던 장화(張華)에게 절찬받게 되어 일약 유명해졌다. 낙양의 지식인들이 이것을 다투어 필사(筆寫)했으므로 '낙양의 지가(紙價)를 올린다.'라는 말이 생겼을 정도이다.

⑯ 열자(列子)? ~ ?

중국 전국시대 도가(道家)의 사상가로서, 이름은 어구(禦寇). BC 400년경 정(鄭)나라에 살았다고 전하나 《사기(史記)》에는 그 전기가 보이지 않고 《장자(莊子)》〈소요유편(逍遙遊篇)〉에 '열자는 바람을 타고 하늘을 날았다'고 한 것으로 미루어 보아 '장자' 등 전국 말의 도가 일파가 그들의 권위를 세우기 위해 만들어낸 가공의 인물일 수도 있다.

⑯ 두보(杜甫) 712~770

중국의 당대(唐代)의 시인. 자는 자미(子美). 두예의 13대손. 소릉(少陵 : 장안부근(長安附近))에 거주했고, 공부원외랑(工部員外郞)이 된 데서 두소릉·두공부라고도 불리며, 두목에 대하여 노두(老杜)라고도 일컫는다. 하남(河南)의 공현(鞏縣)에서 출생하였으며 어려서 낙양의 숙모 밑에서 양육되었다.

⑯ 소식(蘇軾) 1036~1101

중국 북송(北宋)의 문신. 호는 동파(東坡). 아버지 소순(蘇洵), 동생 소철(蘇轍)과 함께 3소(三蘇)라 불리며, 같이 당·송 8대가의 한 사람이다. 철종에 중용되어 구법파(舊法派)의 중심적 인물로 활약하였고 특히 구양수(歐陽修)와 비교되는 대문호로서 유명한 《적벽부(赤壁賦)》를 비롯한 시·사(詞)·고문(古文) 등에 능하며 서화(書畫)에도 유명하였다.

⑮ 사마상여(司馬相如) BC 179 ~ BC 117

중국 전한의 문인으로 자는 장경(長卿)이며 사천성(四川省) 성도(成都)에서 출생하였다. 부에 있어 가장 아름답고 뛰어나, 초사(楚辭)를 조술(祖述)한 송옥(宋玉)·가의(賈誼)·매승(枚乘) 등에 이어 '이소재변(離騷再變)의 부(賦)'라고도 일컬어진다. 수사존중(修辭尊重)의 풍(風)이 육조문학(六朝文學)에 끼친 영향은 크다. 주요 저서에는 《자허부》 등이 있다.

⑫ 노자(老子)

중국 춘추시대의 사상가로 도가(道家)의 시조이다. 성은 이(李), 이름은 이(耳), 자는 담(聃). 초(楚)나라에서 태어나 주(周)왕실의 신하가 되었다. 주나라 수장실(守藏室)의 관리로 근무하다가 만년에 서쪽으로 은거하러 가다가 함곡관(函谷關)의 관령인 윤희(尹喜)의 청에 의하여 《도덕경(道德經)》 5천언(五千言)을 썼다고 한다. 그의 사상을 도가라 부른다.

⑫ 송사(宋史)

중국(中國) 이십사사(二十四史)의 하나. 송(宋)의 사서(史書)로 본기(本紀), 지(志), 표(表), 열전(列傳)으로 나누어 편찬(編纂)하였다. 1343년 원(元)의 탁극탁(托克托)이 칙명(勅命)으로 《요사(遼史)》, 《금사(金史)》와 함께 착수하여 1345년에 완성. 3년간에 속성했기 때문에 교열이 철저(徹底)하지 않아 내용에 빠진 것이 많다. 고려전(高麗傳)이 수록되어 있다.

⑭ 십팔사략(十八史略)

중국 남송(南宋) 말에서 원(元)나라 초에 걸쳐 활약했던 증선지(曾先之)가 《사기(史記)》 《한서(漢書)》에서 시작하여 《신오대사(新五代史)》에 이르는 17종의 정사(正史), 송대(宋代)의 《속송편년자치통감(續宋編年資治通鑑)》 등 사료를 첨가한 십팔사(十八史)의 사료 중에서, 태고 때부터 송나라 말까지의 사실(史實)을 발서(拔書)하여 편찬한 초학자를 위한 중국의 역사서이다.

⑩ 고시(古詩)

고시는 중국 당나라 때에 발생한 근체시(近體詩)와 구분하기 위하여 수나라 이전의 시체를 통칭하는 말로 쓰였다. 그리고 근체시 성립 이후의 근체시 형식에 부합하지 않은 시를 가리키기도 한다. 고시의 시체는 근체시에서와같이 자수(字數)나 구수(句數)의 제한이 없다. 평측법(平仄法)도 없다. 다만 각운(脚韻)을 다는 데는 여러 가지 방식이 있다.

⑩ 세설(世說)

중국 송나라 유의경(劉義慶)이 지은 ≪세설신어(世說新語)≫. ≪세설신어≫는 후한(後漢)에서 동진(東晉)에 이르기까지 귀족·문인·학자·승려들의 일화를 분류하여 수록하고 있어 그 시대의 사조(思潮)를 잘 보여 주고 있으며, 문장도 매우 깨끗하고 참신함.

⑩ 공양전(公羊傳)

중국 고대의 경서(經書)로 이른바 유가(儒家)의 13경(十三經) 가운데 하나이다. 공자(孔子)의 <춘추(春秋)>를 해석한 책으로 <곡량전(穀梁傳)>, <좌전(左傳)> 등과 함께 '춘추 3전(春秋三傳)'이라고 불린다. 매우 간결한 서술을 특징으로 하며, 명분(名分)에 따라 용어들을 엄격히 구별하고 있다.

⑩ 북사(北史)

중국 당(唐)의 이연수(李延壽)가 편찬한 사서(史書)로 중국 각 왕조(王朝)의 정사(正史)로 인정받는 25사(二十五史) 가운데 하나이다. 북위(北魏), 서위(西魏), 동위(東魏), 북주(北周), 북제(北齊), 수(隋) 등 남북조시대(南北朝時代) 북조의 여섯 왕조의 역사를 기전체(紀傳體)로 서술하였다. 북위 건국부터 수나라 멸망까지 233년 동안의 역사가 기록되어 있다.

⑩ 반고(班固) 32~92

중국 후한 초기의 역사가. 자 맹견(孟堅). 산서성 함양(咸陽) 출생. 표(彪)의 아들. 서역도호(西域都護) 초(超)의 형. 소(昭)의 오빠. 아버지의 유지(遺志)를 이어 고향에서 《한서(漢書)》 편집에 종사하였으나, 62년경 국사를 개작(改作)한다는 중상모략으로 투옥되었다. 초의 노력으로 명제(明帝)의 용서를 받아, 20여 년 걸려서 《한서》를 완성하였다.

㉘ 대학(大學)

유교(儒教) 경전에서 공자(孔子)의 가르침을 정통(正統)으로 나타내는 사서(四書) 중 중요한 경서(經書). 본래 《예기(禮記)》의 제42편이었던 것을 송(宋)의 사마 광(司馬光)이 처음으로 따로 떼어서 《대학광의》를 만든 이후 주자(朱子)가 《대학장구》를 만들어 경(經) 1장(章), 전(傳) 10장으로 구별하여 주석을 가하고 이를 존숭하면서부터 널리 세상에 퍼졌다.

㉖ 유종원(柳宗元) 773~819

자 자후(子厚). 장안(長安) 출생으로 유하동(柳河東)·유유주(柳柳州)라고도 부른다. 관직에 있을 때 한유(韓愈)·유우석(劉禹錫) 등과 친교를 맺었다. 유·도·불(儒道佛)을 참작하고 신비주의를 배격한 자유·합리주의의 태도를 보였던 중국 중당기(中唐期)의 시인으로 자구(字句)의 완숙미(完熟美)와 표현의 간결(簡潔)·정체(正體)함은 특히 뛰어났다.

㉕ 곽박(郭璞) 276~324

중국 서진(西晉) 말에서 동진(東晉) 초의 학자·시인으로 자 경순(景純). 문희(聞喜) 사람. 왕돈이 무창(武昌)에서 반란을 일으켰을 때 반대하였다가 살해당하였다. 유곤(劉琨:越石)과 더불어 서진(西晉) 말기부터 동진(東晋)에 걸친 시풍(詩風)을 대표하는 시인이다. 시에는 노장(老莊)의 철학이 반영되어 있다.

㉑ 설문해자(說文解字)

총 15편으로, 후한(後漢)의 허신(許愼)이 편찬하였다. 그중 말미의 서(敍) 1편은 진한(秦漢) 이래 문자정리의 내력을 밝힌 것으로 100년에 완성되었다. 그 당시 통용된 모든 한자 9,353자를 540부(部)로 분류하고, 친자(親字)에는 소전(小篆)의 자체(字體)를 싣고, 그 각자(字)에 자의(字義)와 자형(字形)을 설해(說解)하였다.

⑧ 위지(魏志)

중국 삼국 때의 위(魏)나라의 역사책. 서진(西晉)의 진수가 엮은 것으로 표현이 간명하고, 문장이 꾸민 티가 없이 수수하다. 촉지(蜀志)·오지(吳志)와 함께 삼국지(三國志)라 불린다. 《위지》 동이전(東夷傳)에는 부여·고구려·동옥저·읍루·예·마한·진한·변한·왜인 등의 전(傳)이 있어 이것이 동방 고대의 상태를 아는 데에 유일한 근본 사료가 된다.

⑲ 반악(潘岳) 247~300

중국 서진 때의 시인 겸 문인. 자 안인(安仁). 하남성(河南省) 영양(滎陽) 출생. 어릴 때부터 신동(神童)이라 불렸고, 또 미남이었다고 한다. 문학적 재능이 뛰어나 당시의 권세가 가밀(賈謐)의 문객들 '24우(友)' 가운데의 제1인자였다. 정서적 표현에 뛰어났으며, 철저한 기교주의자로서 감각적인 애상(哀傷)의 시와 산수시(山水詩)의 결작을 남겼다.

⑱ 백거이(白居易) 772~846

중국 중당기(中唐期)의 시인. 자 낙천(樂天). 호 취음선생(醉吟先生). 이백(李白)이 죽은 지 10년, 두보(杜甫)가 죽은 지 2년 후에 태어났으며, 한유(韓愈)와 더불어 '이두한백(李杜韓白)'으로 병칭 된다. 주제는 보편적이어서 '유려 평이(流麗平易)'한 문학의 폭을 넓혀 당(唐) 일대를 통하여 두드러진 개성을 형성했다.

⑯ 도잠(陶潛) 365~427

중국 동진(東晉)의 자연 시인으로 자는 연명(淵明), 또는 원량(元良), 호는 오류선생(五柳先生)이다. 405년에 팽택(彭澤)의 영(令)이 되었으나, 80일 만에 귀거래사(歸去來辭)를 읊고 벼슬을 떠나 전원생활을 즐겼으며 문 앞에 오류수(五柳樹)를 심고 스스로 오류선생이라 하고, 정절 선생이라 존칭하였다. 쉬운 시풍으로 자연 풍경을 읊은 시가 많다.

㉒ 춘추(春秋)

기원전 5세기 초에 공자(孔子)가 엮은 것으로 알려진 중국의 사서(史書). 춘추시대(春秋時代) 노(魯)의 은공(隱公) 원년(元年, BC 722년)부터 애공(哀公) 14년(BC 481년)까지의 사적(事跡)을 연대순으로 기록하고 있으며 유학(儒學)에서 오경(五經)의 하나로 여겨진다. 동주(東周) 시대의 전반기를 춘추시대라고 부르는 것도 이 책의 명칭에서 비롯되었다.

㉑ 이백(李白) 701~762

자 태백(太白). 호 청련거사(靑蓮居士). 두보(杜甫)와 함께 '이두(李杜)'로 병칭 되는 중국의 대표 시인이며, 시선(詩仙)이라 불린다. 그의 생애는 분명하지 못한 점이 많아, 생년을 비롯하여 상당한 부분이 추정에 의존하고 있다. 그의 집안은 감숙성(甘肅省) 롱서현(隴西縣)에 살았으며, 아버지는 서역의 호상이었다고 전한다. 어린 시절을 촉나라에서 보냈다.

⑨ 태현경(太玄經)

중국 한(漢)나라의 사상가 양웅(揚雄:BC 53~AD 18)의 저서이다. 주역(周易)에 비기어 우주 만물의 근원을 논하고, 음양이원론(陰陽二元論) 대신 시(始)·중(中)·종(終)의 삼원(三元)으로써 설명하고 여기에 역법(曆法)을 가미하였다. 현(玄)은 눈에 보이지 않는 우주의 본체이고, 태(太)는 그 공덕을 형용한 미칭(美稱)이다.

㉔ 오지(吳志)

중국 진나라 진수(陳壽)가 펴낸 삼국지의 하나. 오나라의 역사를 기술한 것으로 본기 없이 20 열전(列傳)으로 나누었다. '여몽전주'를 보면, "刮目相對(괄목상대)"라는 말이 나온다. 이는 '선비가 헤어진 지 사흘이 지나면 마땅히 눈을 비비고 상대를 다시 보아야 한다.'라는 의미로, 남의 학문이나 재주가 생각보다 현저하게 진보한 것을 이르는 말로 많이 사용된다.

(63) 육기(陸機) 260~303

중국 서진(西晋)의 문인으로 자 사형(士衡)이다. 명문 출신으로 조부 손(遜)은 삼국시대 오(吳)나라의 재상, 아버지 항(抗)은 군사령관, 동생 운(雲)도 문재(文才)가 있어 그와 함께 '이륙(二陸)'이라 불리었다. 수사(修辭)에 중점을 두고 미사여구와 대구(對句)의 기교를 살려 육조시대의 화려한 시풍의 선구자가 되었다.

(61) 양자법언(揚子法言)

중국(中國) 전한(前漢) 말기의 학자 양웅(楊雄)이 엮은 책(冊)이다. 논어(論語)를 본떠서 만든 것으로 성인(聖人)을 존경(尊敬)하고 왕도(王道)를 논(論)하여, 천도(天道)와 인도(人道)의 관계(關係)를 설명(說明)했다. 13권으로 이루어졌다.

(59) 송옥(宋玉) BC 290? ~ BC 222?

중국 전국시대 말기 초나라의 궁정시인. 굴원(屈原)에게 사사하여 초나라의 대부(大夫)가 되었으나, 뒤에 실직하였다. 굴원에 다음가는 부(賦)의 작가로, 두 시인을 '굴송(屈宋)'이라 병칭하였다. 문학사상 중요한《구변(九辨)》,《초혼(招魂)》 등 많은 작품이 있다. 특히《문선》에 실린 작품들은 미사여구를 구사해 청각문학(聽覺文學)의 수작(秀作)이라 할 수 있다.

(57) 송서(宋書)

중국 남조(南朝) 송(宋)의 정사(正史)로 남제(南齊) 무제(武帝)의 칙명(勅命)에 따라 심약(沈約)이 488년에 편찬(編纂)을 완성한 것으로 송나라 60년의 역사(力士)를 기록하였으며, 중국의 사서(史書) 중 가장 권위 있는 25 정사에 들어간다. 이 사서는 이미 462년 송나라 효무제(孝武帝)의 칙명에 따라 서원(徐爰) 등이 편찬한 것에, 그 뒤의 역사 등을 보충(補充)하여 완성한 것이다.

(56) 산해경(山海經)

중국에서 가장 오래된 지리서(地理書). 작자에 관해서는 하(夏)나라 우왕(禹王) 또는 백익(伯益)이라는 설과 BC 4세기 전국시대 후의 저작이라는 설이 대립하고 있다. 원래는 23권이 있었으나 전한(前漢) 말기에 유흠(劉歆)이 교정(校定)한 18편만 오늘에 전하고 있다. 그 가운데 〈남산경(南山經)〉 이하의 〈오장산경(五藏山經)〉 5편이 가장 오래된 것이다.

(56) 공자(孔子) 기원전 551 ~ 기원전 479

유교의 시조(始祖)인 중국 춘추시대의 정치가 · 사상가 · 교육자이면서, 시인이기도 하였다. 뜻을 펴려고 전국을 주유하였으나, 그의 논설에 귀를 기울이는 왕이 없어 말년에 고향으로 돌아와 후학 양성에 전념하다 생을 마쳤다. 춘추시대에 서주의 제후국인 노나라의 무관인 숙량흘의 둘째 아들이자, 서자로 태어났었다. 이름은 구(丘), 자는 중니(仲尼)이다.

(55) 설원(說苑)

전한(前漢) 말에 유향(劉向)이 편집하였다. 〈군도(君道)〉 〈신술(臣術)〉 등 20편(編)으로 구성되었다. 같은 저자의 《신서(新序)》와 그 체재가 비슷하며, 내용도 중복된 것이 있다. 고대의 제후나 선현들의 행적이나 일화·우화 등을 수록한 것이며 위정자를 설득하기 위한 훈계독본으로 이용하였다.

(49) 조식(曹植) 192~232

자 자건(子建). 마지막 봉지(封地)에 의하여 진사왕(陳思王)이라고도 불린다. 위의 무제(武帝) 조(操)의 아들이며, 문제(文帝) 조비(曹丕)의 아우로 이들 세 사람을 삼조(三曹)라 하며, '문학사상(文學史想)의 주공(周公)·공자(孔子)'라고 칭송되었다. 맏형 비와 태자 계승문제로 암투하다가 29세 때 아버지가 죽고 형이 위의 초대 황제로 즉위한 뒤, 평생 정치적 위치가 불우하게 되었다.

(49) 수서(隋書)

중국 수(隋)나라의 역사를 기록한 정사(正史). 636년(태종 10) 당(唐)나라에서 장손무기(長孫無忌) ·위징(魏徵) 등이 태종(太宗)의 명을 받아 편찬하였다. 이 중 <지> 부분은 남조(南朝)의 양(梁) ·진(陳), 북조(北朝)의 북제(北齊) · 북주(北周) 및 수 등 5대(代)의 사실을 기록한 별개의 서책을 후에 편입시켜 놓은 것이다.

㊾ 구당서(舊唐書)

당(唐)나라의 정사(政事)를 적은 책의 하나로 후진의 유구가 940년에 편찬을 시작하여 장소원이 945년에 완성(完成)한 것으로 한국(韓國)의 역사(歷史) 연구(硏究)에도 좋은 자료(資料)가 된다. 조영(趙瑩)이 감수(監修)하고, 유후가 일을 총괄하였다. <본기(本紀)>는 20권, <지(志)>는 30권, <열전(列傳)>은 150권으로, 총계 200권으로 되어 있다.

㊾ 가의(賈誼) BC 200 ~ BC 168

시문에 뛰어나고 제자백가에 정통하여 문제의 총애를 받아 약관으로 최연소 박사가 된 중국 전한 문제 때의 문인 겸 학자. 진나라 때부터 내려온 율령·관제·예악 등의 제도를 개정하고 전한의 관제를 정비하기 위한 많은 의견을 상주했다. 당시 고관들의 시기로 좌천되자 자신의 불우한 운명을 굴원(屈原)에 비유해 <조굴원부(弔屈原賦)>를 지었다.

㊽ 공자가어(孔子家語)

공자의 언행 및 공자와 문인(門人)과의 논의(論議)를 수록한 책. 《한서(漢書)》 <예문지(藝文誌)>에는 〈공자가어 27권〉이라고 되어 있으나, 이것은 이미 실전(失傳)되어 저자의 이름도 기록되어 있지 않다. 현재 전하는 것은 위(魏)의 왕숙(王肅)이 공안국(孔安國)의 이름을 빌려 공자에 관한 기록을 모아 수록한 위서(僞書)인데, 44편으로 되었다.

㊻ 주희(朱熹) 1130~1200

중국, 남송 시대의 유학자이며 사상가로 주자학의 대성자이다. 주자는 존칭이며 주부자(朱夫子), 주문공(朱文公)이라고 불린다. 1130년 복건성 남건주에서 태어났다. 이후 생애의 대부분을 이곳에서 보내게 되었다. 유년 시절에는 아버지 주송(朱松)으로부터 도학과 고전을 배웠다.

㊺ 위서(魏書)

중국 남북조시대(南北朝時代) 북제(北齊, 550~577)의 위수(魏收)가 편찬한 사서(史書)로 중국 각 왕조(王朝)의 정사(正史)로 인정받는 25사(二十五史) 가운데 하나이다. 선비족(鮮卑族)의 탁발부(拓跋部)가 화북(華北) 지역에 세운 북위(北魏, 386~534)의 역사를 기전체(紀傳體)로 서술하고 있으며 <북위서(北魏書)>, <후위서(後魏書)>라고도 불린다.

㊺ 목화(木華) 미상 ~ 미상

서진(西晉) 발해(渤海) 광천(廣川) 사람. 자는 현허(玄虛)다. 사부(辭賦)에 뛰어났지만, 작품은 대부분 실전되어 「해부(海賦)」 한 편만이 전한다. 이 작품은 대해(大海)의 광활한 광경과 변화하는 모습을 묘사하고 있는데, 웅장하고 아름다우면서 문사가 심오하고 미려하여 서진 부단상(賦壇上)의 유명한 작품이 되었다.

㊹ 곡량전(穀梁傳)

유교 경전의 하나인 《춘추(春秋)》의 해설서이다. 정식 명칭은 《춘추곡량전》이다. 《공양전(公羊傳)》 《좌씨전(左氏傳)》과 함께 '춘추삼전(春秋三傳)'이라고 한다. 전국시대의 노(魯)나라 사람 곡량숙(穀梁俶 : 자는 元始, 일명 赤)이 지은 것으로 되어 있는데, 책이 되어 나온 것은 《공양전》(한나라의 경제 때에 나옴)보다 뒤일 것이다.

㊸ 안씨가훈(顔氏家訓)

중국 남북조(南北朝)시대 말기의 귀족 안지추(顔之推:531~591)가 자손을 위하여 저술한 교훈서이다. 가족 도덕·대인관계를 비롯하여 구체적인 경제생활·풍속·학문·종교 나아가서는 문자·음운(音韻) 등 다양한 내용을 구체적인 체험과 풍부한 사례를 바탕으로 하여 논하였다. 당시 귀족 생활의 실태를 아는 데 중요한 자료이다.

㊷ 마융(馬融) 79~166

중국 후한(後漢)의 학자. 무릉(茂陵; 陝西省興平) 사람. 남군(南郡)의 태수(太守)·의랑(議郞)을 역임하고 병으로 관직을 떠났다. 음악을 좋아하고 사치하여 세인의 비난을 받았으나 학자로서는 인정을 받았다. 시·서(書)·역(易)·논어·효경(孝經)·회남자(淮南子)·노자 등에 주석하고, 정현·노식 등의 제자를 육성, 훈고학(訓詁學)의 조상으로 알려졌다.

㊷ 고운(顧雲)

처음 벼슬했던 선주의 율수현과 가까운 지주(池州) 출신으로 신라의 고운(孤雲) 최치원(崔致遠)과 같은 해 진사에 들었고 막부에서도 동사(同事)하였다. 이후 '선종(宣宗)·의종(懿宗)·희종실록(僖宗實錄)'을 편찬에 참여하였던 고운은 많은 저술을 남겼는데, 사마광이 편찬한 『신당서(新唐書)』 「예문지(藝文志)」에 『고씨편유(顧氏編遺)』 10권 등이 전한다.

㊶ 포박자(抱朴子)

중국의 신선방약(神仙方藥)과 불로장수의 비법을 서술한 도교 서적으로 동진(東晉)의 갈홍(葛洪:283~343)이 지었다. 도(道)는 우주의 본체로서 이를 닦으면 장수를 누릴 수 있고, 신선이 되려면 선을 쌓고 행실을 바르게 가지며, 정기를 보존하여 체내에 흐르게 하고, 상약(上藥)을 복용하며, 태식(胎息:복식호흡)을 행하고, 방중술을 실천해야 한다고 설파하였다.

㊶ 석명(釋名)

중국 한(漢)나라 말기의 훈고학자 유희(劉熙, ?~?)는 백과사전의 성격을 지닌 「이아」를 모방하여 1,502개의 사물의 명칭을 27개 부문으로 분류하여 뜻풀이한 「석명」을 펴냈다. 8권 27편으로 이루어진 「석명」에는 오늘날 존재하지 않는 가구와 그릇에 관한 기록이 포함되어 있어 중요한 자료로 다루어진다.

㊵ 효경(孝經)

13경의 하나로, 효의 원칙과 규범을 수록한 유교 경전. 본래 공자구댁(孔子舊宅)에서 나온 것은 ≪고문효경 古文孝經≫으로, 진시황(秦始皇) 분서 때 이 책을 안지(顔芝)가 보장(保藏)하여 전하였고, 그 아들 정(貞)이 다시 쓴 것이 ≪금문효경 今文孝經≫이다. 공안국(公安國)이 ≪고문효경≫을 해독하고 주석하였다.

㊵ 육유(陸游) 1125~1210

자(字)는 무관(務觀). 호(號)는 방옹(放翁)이며 산음(山陰浙江省)에서 명망이 있는 집안의 자제로 출생했다. 부친은 육재(陸宰)이며 병참 보급을 담당하는 관리를 지냈다. 철저한 항전 주의자로 일관했던 중국 남송(南宋)의 대표적 시인. 나라의 상황을 개탄한 시(詩)나 전원(田園)의 한적(閑寂)한 생활을 주제로 한 시가 많다. 글씨도 뛰어났다.

㊴ 본초경(本草經)

중국의 의서(醫書)로 전설적인 인물인 신농씨(神農氏)가 지었다고 전해지고 있으나 실제로는 후한(後漢) 대(代)에 만들어진 것이라고 한다. 365가지의 약재를 상·중·하로 나누었다. 중국에서 신농씨 이래로, 약은 풀로써 근본으로 삼았던 데서 나온 말로 한방에서 약재나 약학이 적혀 있는 경을 일컫는 말이다.

㊳ 열선전(列仙傳)

선인(仙人)의 행적을 주요 내용으로 하고 장생불사를 중심 주제로 한, 현존하는 중국 최초의 신선 설화집이자 신선 전기집이다. 계통적으로 잘 정리된 이러한 선화집(仙話集)의 출현에는 전대로부터 이어져 온 사회·사상적 배경이 크게 작용했다. '신선'은 일찍이 전국시대에 나타났는데, ≪장자(莊子)≫에는 신선에 관한 구체적인 묘사가 들어 있다.

㊲ 혜강(嵇康) 224~263

삼국시대 위(魏)나라 사람. 죽림칠현(竹林七賢)의 한 사람이다. 자는 숙야(叔夜)다. 선조는 해씨(奚氏)고, 원한을 피해 회계(會稽)로 이주했다. 위나라 조조(曹操)의 증손녀 장락정주(長樂亭主)를 아내로 삼았다. 제왕(齊王) 조방(曹芳) 연간에 중산대부(中散大夫)로 승진하여 세칭 '혜중산(嵇中散)'으로 불린다. 나중에 은둔하여 벼슬을 하지 않았다.

㊲ 오대사(五代史)

각각 중국의 24사(二十四史) 중의 하나이다. 《구오대사》는 송(宋)나라의 설거정(薛居正) 등이 태종(太宗)의 칙명을 받들어 974년(태조 7)에 완성한 것으로, 907년의 당(唐)나라 멸망으로부터 그 뒤 60년 사이에 일어났다가 없어진 후량(後梁)·후당(後唐)·후진(後晉)·후한(後漢)·후주(後周) 등의 5 왕국에 대한 사적을 기록한 152권을 말한다.

㊱ 정자통(正字通)

명나라 말의 장자열(張自烈)의 저서이다. 12집(輯)으로 되어 있는데 청나라 초 요문영(廖文英)이 이 원고를 입수하여 새로 편집, 간행하였다. 체재는 《자휘(字彙)》의 형식을 따랐으며 '일(一)'부에서 '약(龠)'부까지 214부를 부수 배열로 하였고 한자는 획으로 찾게 하였다. 훈고해석(訓詁解釋)은 《자휘》를 구본(舊本)으로 삼고 인용하였다.

㊱ 원진(元稹) 779~831

중국 당나라의 문학가로 자는 미지(微之)이며, 하남성(河南省) 사람이다. 어려서 집안이 가난하여 각고의 노력으로 공부하였으며, 일찍이 관직에 나가 15세의 나이로 명경과(明經科)에 급제하여 감찰어사(監察御史)가 되었다. 현실에 존재한 사실을 솔직하게 전달하여 이 시대의 정당성과 광명성을 남겨야 함을 주장했다.

㉟ 두목(杜牧) 803~853

이상은(李商隱)과 더불어 이두(李杜)로 불리는 중국 만당전기(晩唐前期)의 시인으로 자 목지(牧之), 호 번천(樊川)이다. 산문에도 뛰어났지만, 시에 더 뛰어났으며, 근체시(近體詩) 특히 칠언절구(七言絶句)를 잘했다. 만당 시대의 시인에 어울리게 말의 수식에 능했으나, 내용을 보다 중시했다. 주요 작품에는 《아방궁의 부》, 《강남춘(江南春)》 등이 있다.

㉞ 사령운(謝靈運) 385~433

중국 남북조시대(南北朝時代)의 산수시인(山水詩人). 어려서부터 학문을 좋아해, 문장의 아름다움은 안연지(顔延之)와 더불어 제일이었다. 당시 제대로 문학적 표현의 대상이 되지 못했던 산수 자연의 아름다움을 시의 주제로 했다는 점에서 상당한 문학사적 의의가 있다. 동진(東晉) 때 강락공(康樂公) 봉작을 계승해, 사강락(謝康樂)이라고도 불린다.

㉞ 대대례(大戴禮)

공자(孔子)의 72 제자(弟子)의 예에 관(關)한 설을 모은 책(冊)으로 대덕이 엮었다. 주(周)·진(秦)·한대(漢代) 여러 선비의 예설(禮說)을 수집(蒐集)하여 214편에 달하였으나 번잡(煩雜) 중복되는 것이 많아 대덕이 이것을 정리(整理)하여 85편으로 했다. 그 후, 대성(戴聖)이 다시 49편의 ≪소대례≫를 내었다. 39편이 현존한다.

㉞ 논형(論衡)

중국 후한(後漢)의 사상가 왕충(王充)의 저서. 유교의 제설(諸說), 전국시대의 제자(諸子)의 설 외에 당시의 정치·습속·속설 등 다방면의 문제를 다루어 실증적이고 합리적인 비판을 가하였다. 내용상으로는 일관된 논리적 체계를 이루고 있지 않아 저작으로는 조잡한 점이 없지 않다. 그러나 실증주의의 입장에서 오로지 진실한 것을 구명하려고 한 특색이 있다.

㉞ 이상은(李商隱) 812~858

중국 만당(晩唐)의 시인으로 자 의산(義山). 호 옥계생(玉谿生). 처음 우당(牛黨)의 영호초(令狐楚)에게서 변려문(騈儷文)을 배우고 그의 막료가 되었으나, 후에 반대당인 이당(李黨) 왕무원(王茂元)의 서기가 되어 그의 딸을 아내로 맞았기 때문에 불우한 생애를 보냈다. 그의 유미주의적(唯美主義的) 경향은 이 소외감에서 비롯된 바가 크다.

㉜ 왕발(王勃) 650~676

고강주(古絳州) 용문(龍門) 사람으로 자는 자안(子安)이다. 당(唐)나라 때 시인(詩人)이다. 양형(楊炯), 노조린(盧照鄰), 낙빈왕(駱賓王)과 더불어 '초당사걸(初唐四傑)'로 일컬어진다. 어려서부터 총명하고 학문을 좋아하여 6세에 문장을 써서 신통(神通)하다는 칭찬을 받았다. 9세에 안사고(顔師古)가 주석한 《한서(漢書)》를 읽고, 잘못된 부분을 교정했다고 한다.

㉜ 문자(文子)

본명은 조무(趙文子 趙武)이다. 조장자 조삭(趙莊子 趙朔)의 아들로 진(晉)나라 경공 17년(기원전 583년)에 복권되어 춘추시대 말기에는 진나라를 실질로 다스리는 육경(六卿) 중 하나가 되었다. 진문공(晉文公) 때 조씨 가문은 크게 번성하였으나 조장자 조삭 사후에 조씨 가문은 극씨와 난씨의 참소로 제거되었다.

㉜ 제갈량(諸葛亮) 181~234

중국 삼국시대(三國時代) 촉한(蜀漢)의 정치가(政治家). 자(字)는 공명(孔明), 뛰어난 전략가(戰略家)로, 원래 남양(南陽) 땅에 은거하고 있었는데, 유비(劉備)의 삼고초려(三顧草廬)의 예(禮)에 감격하여 세상에 나와 그를 도와서 오(吳)와 연합하여 조조(曹操)의 위(魏)를 대파하고 파촉(巴蜀) 땅을 얻어 촉한(蜀漢)을 세웠다.

㉛ 이화(李華) 715년 추정 ~ 767년 추정

당나라 조주(趙州) 찬황(贊皇, 지금의 河北에 속함) 사람. 자는 하숙(遐叔)이다. 어릴 때부터 광달(曠達)했다. 만년에 부도법(浮圖法)을 섬겼다. 대력(大曆) 초년에 죽었다. 글을 잘 지었고, 소영사(蕭穎士)와 친했지만 소영사에는 미치지 못한다는 평을 들었다. 문장이 아름다웠지만 걸출한 기상은 부족했다. 선비들을 사랑하고 후원해서 명성이 절로 높아졌다.

㉛ 왕포(王襃) 513 추정~576

남북조시대 북주(北周) 낭야(琅邪) 임기(臨沂) 사람. 자는 자연(子淵)이고, 왕규(王規)의 아들이다. 사전(史傳)을 두루 읽었고, 글을 잘 지었다. 양(梁)나라에서 비서랑(秘書郎)을 지냈고, 궁정시인으로 섬세하고 공교로운 시를 많이 지었으며, 나라가 망한 뒤에는 망국의 슬픔을 시에 담았다. 양원제(梁元帝) 때 이부상서(吏部尙書)와 좌복야(左僕射)를 역임했다.

㉛ 소문(素問)

딴 이름은 《황제내경소문(黃帝内經素問)》이며, 《내경(内經)》 구성 부분의 하나이다. 원서(原書)는 9권으로 모두 81편이다. 당(唐)나라 왕빙(王冰)이 이 책에 보주(補注)를 달 때 24권으로 고치고 또 '대론(大論)' 7편을 보충하였다. 북송(北宋)의 임억(林億) 등이 교주(校注)한 뒤에야 지금 있는 《소문》으로 되었다.

㉙ 한시외전(韓詩外傳)

서한(西漢)의 한영(韓嬰)이 경서(經書)나 사서(史書)·제자백가(諸子百家)의 내용을 인용해서 구체적이고 생동적인 이야기를 서술한 다음, 끝에 《시경(詩經)》의 몇 구절을 인용하여 자신의 관점과 필요에 따라 증명하고 설명하는 방식을 취한 저작이다. 정확한 저술 시기는 알 수 없지만, 한(漢)나라 경제(景帝) 또는 무제(武帝) 때로 추정된다.

㉘ 양간문제(梁簡文帝) 503~551

소강(蕭綱). 양나라의 제2대 황제(재위, 549-551). 자는 세찬(世續) 또는 세찬(世贊)이고, 소자(小字)는 육통(六通)이다. 묘호는 태종(太宗)이고, 양무제(梁武帝)의 세 번째 아들이자 『문선(文選)』을 엮은 소명(昭明)태자의 동생이다. 천감(天監) 5년(506) 진안왕(晉安王)에 봉해졌다. 중대통(中大通) 3년(531) 소명태자가 죽은 뒤 황태자가 되었다.

㉘ 북당(北堂)

18세기 초 중국 북경(北京)에 건립된 베이징 최대의 천주교회이며 명말 청초 베이징에 건립된 4개의 성당 가운데 유일하게 현재까지도 본래의 형태가 남아 있다. 프랑스 예수회 장 드 퐁타네 신부가 청나라 강희제(康熙帝)의 학질을 고쳐 준 공로로 받은 서안문(西安門) 밖의 부지에 1703년 12월 건축하였으며 프랑스 예수회 전교 본부로 쓰였다.

㉗ 왕우칭(王禹偁) 945~1001

북송 제주(濟州) 거야(鉅野) 사람. 자는 원지(元之)다. 집안이 대대로 농사를 지었고, 청빈하게 살았다. 태종 태평천국 8년(979) 진사(進士)가 되고, 단공(端拱) 초에 좌습유(左拾遺)와 직사관(直史館)을 지냈다. 어융십책(御戎十策)을 올렸다. 『태조실록』을 편찬했는데, 사실을 그대로 써서 황주지주(黃州知州)로 쫓겨났다. 나중에 기주(蘄州)로 옮겼다가 죽었다.

㉖ 채옹(蔡邕) 132~192

중국 후한의 학자·문인·서예가로 젊어서부터 박학했고 비백체를 창시했으며 문장에 뛰어났다. 자는 백개(伯喈)이다. 170년 영제(靈帝)의 낭중(郎中)이 되어 동관(東觀)에서 서지 교정에 종사하였으며, 175년 제경(諸經)의 문자평정(文字平定)을 주청하여 스스로 써서 돌에 새긴 후 태학(太學)의 문밖에 세웠다.

㉖ 촉지(蜀志)

≪삼국지(三國志)≫ 총 65권의 일부(一部)로 <촉지(蜀志)>는 15권이다. 《삼국지》의 원명(原名)은 진수(陳壽) 스스로 정한 것이며, 저작동기(著作動機)는 삼국(三國)이 이미 망하였으나 전체적인 역사서가 없었기 때문에 편찬하였는데 동시에 존재하던 위(魏)·오(吳)·촉(蜀) 세 나라의 역사를 서술하는 점에서 다른 정사(正史)와는 체제를 달리하고 있다.

㉕ 강희자전(康熙字典)

1710년 청(淸)의 강희제(康熙帝, 1661년~1722년 재위)의 칙명으로 장옥서(張玉書), 진정경(陳廷敬) 등 30여 명이 5년에 걸쳐 「설문해자(說文解字)」와 매응조(梅膺祚)의 「자휘(字彙)」(1615), 「정자통(正字通)」(1670) 등 자서와 「당운(唐韻)」, 「광운(廣韻)」, 「집운(集韻)」, 「운회(韻會)」, 「홍무정운(洪武正韻)」 등 운서의 내용을 인용하고 종합하여 1716년에 간행한 자전이다.

㉕ 포조(鮑照) 414년 추정 ~ 446년

중국 남북조·송대(宋代)의 시인. 자는 명원(明遠). 관명(官命)으로 포참군(鮑參軍)이라 불린다. 하급 관리의 집에 태어나 비극적인 생애를 마쳤는데 풍부한 재능을 호탕하고 굴곡이 심한 시로 표현, 칠언 시의 선구자가 되어 이백·두보 등의 성당(盛唐) 시인에게 많은 영향을 주었다. 송나라 육시옹은 "길 없는 곳에 길을 연 사람"이라고 칭송했다.

㉕ 사조(謝朓) 464~499

중국(中國) 남북조(南北朝)시대의 제(齊)나라 시인(詩人). 자(字)는 현휘(玄暉). 그의 시는 영명체(永明體)라고 불리는 오언체(五言體)에 능(能)하고, 사경(寫景)에 묘하여, 청신(淸新)한 기풍이 풍부(豐富)하여, 이태백이 찬미(讚美)한 이야기는 유명(有名)함. 대표작은 ≪사선성시집(謝宣城詩集)≫이 있다.

㉔ 강엄(江淹) 444~505

중국 남북조시대의 양(梁)나라 제양(齊陽) 고성(考城) 사람. 문인으로 유·불·도에 통달했고 문학 활동은 송·제 시대에 주로 했다. 자는 문통(文通)이다. 어릴 때 가난했지만 열심히 공부했다. 송(宋)나라 때 남서주종사(南徐州從事)를 지냈다. 일찍이 죄에 연좌되어 투옥되었다가 상서하여 석방되었다. 얼마 뒤 수재(秀才)로 천거되어 대책(對策)으로 급제했다.

㉔ 유신(庾信) 513~581

육조시대(六朝時代) 최후를 장식했던 중국 남북조시대(南北朝時代)의 시인(詩人). 양(梁)나라 시절의 화려한 작풍과는 전혀 그 형식을 달리하여 남북조의 시문을 집대성하고 당 대 율시(律詩)의 선구가 되는 작품을 썼다. 주요 저서에는 《유자산문집》이 있다. 인명. 자는 자산(子山)이고, 남양(南陽) 신야(新野, 지금의 허난성[河南省]에 소함) 사람이다.

㉓ 역림(易林)

경학(經學)의 저작물로 서한(西漢) 초연수(焦延壽)가 찬술한 16권이다. 후대 술수(術數)로서 《역(易)》을 말하는 사람들에 의해 추앙되었다. 명(明) 때 정효(鄭曉)와 청(淸) 때 고염무(顧炎武) 같은 사람들은 이 책을 동한(東漢) 이후의 사람이 그 이름을 빌려 지은 것으로 의심하기도 한다.

㉓ 범성대(范成大) 1126~1193

중국 남송의 정치가, 문인. 자는 치능(致能). 호는 석호(石湖). 소주(장쑤성)의 사람. 소흥 24년(1154)의 진사로 효종(孝宗)의 신임이 두터웠고, 국사로서 금(金)에 파견되었었다. 시는 남송 사대가의 한 사람으로서, 전원풍의 시를 잘하였다. 서는 소식(蘇軾). 황정견(黃庭堅)을 배우고, 미불(米芾)의 필의(筆意)를 터득하여 원숙주려(円熟週麗)의 서풍으로 완성했다.

㉓ 심약(沈約)

중국 남북조시대 양무제(梁武帝) 때의 문인. 자 휴문(休文). 시호 은(隱). 절강성(浙江省) 무강(武康) 출생. 시는 궁체시(宮體詩)의 선구(先驅)가 되었다. 불교에 능통하고 음운(音韻)에도 밝아 시의 팔병설(八病說)을 제창했다. 음운설

(音韻說)은 영명체(永明體)의 성립과 깊은 관계가 있을 뿐 아니라 근체시(近體詩) 성립의 원인이 되기도 했다.

㉒ 이의산잡찬(李義山雜纂)

9세기 만당기(晚唐期)의 시인 이상은(李商隱:812~858)의 편저라고 하지만, 이설(異說)도 있다. 인간 심리나 세속의 진리를 단적으로 나타낸 멋있는 말을 불과 몇 마디로 처리한 것이다. 예를 들면, '재미가 없는 것 : 꽃놀이에 술이 없는 일', 등이다. 이것은 당대(唐代)의 생활상이나 구어(句語) 또는 구어 어법도 짐작할 수 있는 귀중한 자료이다.

㉒ 문체명변(文體明辯)

문례(文例)를 들어 문체(文體)를 해설(解說)한 책(冊). 중국(中國) 명(明)나라의 서사증(徐師曾)이 지은 문체론으로 총 84권이며 1570년 완성되었다. 시문(詩文)의 체(體)를 115체로 분류하여 각 체의 원류(源流)부터 해설하였다. 명나라 오눌(吳訥)의 《문장변체(文章辨體)》를 전거(典據)로 하여 추리고 증보하였다.

㉒ 제서(齊書)

남조(南朝) 양(梁)의 소자현(蕭子顯)이 찬(撰)한 것으로 남제(南齊) 7代 24년간(479~502)의 정사(正史)이다. 《남제서(南齊書)》는 《제사(齊史)》의 지(志)와 《제춘추(齊春秋)》를 자료로 하여 완성되었다. 원래의 이름은 《제서(齊書)》였으나 《북제서(北齊書)》가 나온 후 송대(宋代)에 들어와 '남(南)'자를 추가하여 《북제서(北齊書)》와 구별하였다.

㉑ 수경주(水經注)

동한의 상흠(桑欽)이 지은 『수경(水經)』을 역도원이 다시 주(注)를 단 것이다. 『수경주』는 종합적인 지리학에 관한 저서인데, 역도원은 성장한 뒤에는 관중(關中), 하북(河北) 등을 두루 편력하였을 때 경험한 산수, 수리 시설, 도읍, 신화, 전설, 풍속 등 자연을 아름답고 생동적인 필치로 묘사해 냄으로써 실용적인 서사 산문의 새로운 경지를 개척하였다.

㉓ 대학장구(大學章句)

본래 《예기(禮記)》의 제42편이었던 것을 송(宋)의 사마 광(司馬光)이 처음으로 따로 떼어서 《대학광의(大學廣義)》를 만들었음. 그 후 주자(朱子)가 《대학장구(大學章句)》를 만들어 경(經) 1장(章), 전(傳) 10장으로 구별(區別)하여 주석(註釋)을 가하고 이를 존숭(尊崇)하면서부터 널리 알려짐.

㉑ 신론(新論)

중국의 철학자 첸무(錢穆)가 저술한 중국 통사로 "중국의 참된 해방은 과거로부터 모든 유산을 흔적도 남기지 않고 그 뿌리부터 파괴해버리는 문화대혁명의 방식으로는 이룩될 수 없다"고 말한다. 청나라 말기에 태어나 신해혁명과 중화민국 대륙 통치기를 겪었다. 20세기 중국 역사상 가장 위대한 역사가로 중국인이 존경하는 "영원한 스승"이라는 호칭도 있다.

㉑ 왕유(王維) 699? ~ 759

중국 당(唐)의 시인이자 화가로서 자(字)는 마힐(摩詰)이고 분주(汾州, 지금의 山西省 汾陽) 출신이다. 상서우승(尙書右丞)의 벼슬을 역임하여 왕우승(王右丞)이라고도 불린다. 자연을 소재로 한 서정시에 뛰어나 '시불(詩佛)'이라고 불리며, 수묵(水墨) 산수화에도 뛰어나 남종문인화의 창시자로 평가를 받는다.

㉑ 유기(劉基) 1311~1375

원대 말기의 정치가 겸 우언 작가. 시풍은 질박하고 웅장했으며 산문에도 뛰어나 원나라 말기 사회의 여러 가지 모순과 부조리를 풍자한 글을 많이 썼다. 저서로는 《성의백문집(誠意伯文集)》과 우언체 산문집 《욱리자(郁離子)》가 있다. 절강성(浙江省) 처주(處州) 출신으로 자(字)는 백온(伯溫)이다.

1. 설문해자[說文解字] 후한(後漢, 서기전 202년~220년) 때 경학자 허신(許愼, 58년 무렵~147년 무렵)이 서기 100년부터 시작하여 121년까지 약 22년에 걸쳐 「설문해자」를 완성하였다. 한자를 540개의 부수에 따라 9,353자를 분류하여 배열한 중국의 가장 오래된 자서이다. 「설문해자」의 원본은 전해지지 않으며, 송나라 서현이 펴낸 교정본이 남아 있다.

2. 자림[字林] 서진(西晉, 265년~316년)의 무제(武帝, 265년~290년) 재위 때 학자 여침(呂忱, ?~?)이 280년에 「설문해자」를 증보한 「자림」을 펴냈다. 당나라 때에 「자림」은 「설문해자」와 더불어 과거 시험 과목으로 채택될 만큼 아주 중요하게 다루어졌다. 「자림」은 「설문해자」를 계승하고 「옥편」에 큰 영향을 주었는데, 남송에 이르러 산실되어 오늘날 전해지지 않고 있다.

3. 자통[字統] 북위(北魏, 386년~534년)의 양승경(楊承慶)이 지은 자서이다. 「옥편(玉篇)」과 더불어 중국 남북조 시대의 대표적인 자전으로 알려져 있다. 「자통」은 산실되어 현재 전해지지 않는다. 다만 청나라 황석(黃奭)이 편집한 「황씨일서고(黃氏逸書考)」에 수록되어 있는 '양승경 자통(楊承慶字統)'에서 「자통」의 일부를 찾아볼 수 있다.

4. 옥편[玉篇] 남조(南朝) 시대의 양나라 학자 고야왕(顧野王, 519년~581년)은 543년에 예서체로 표기한 표제자의 발음 정보를 반절을 이용하여 제시하고, 표제자의 새로운 의미를 용례를 찾아 기술한 자서 「옥편」을 펴냈다. 「옥편」에서는 「설문해자」의 체제와 내용에 근거하여 16,917개의 표제자를 선정하여 542부수에 따라 배열하였는데 같은 종류의 의미를 나타내는 부수들로 나누어 배열하였다.

5. 오경문자[五經文字] 당나라 사람 장참(張參, 714~786년 이전)이 776년에 편찬한 자서이다. 이 책은 5경의 글자체의 변화와 음과 뜻을 설명한 자서인데, 모두 3권으로 이루어져 있다. 「오경문자」는 처음에는 태학(太學)의 벽에 써놓았다가 당나라 문종(文宗, 826~840년 재위) 때에 석각으로 바꾸었다. 「오경문자」에서는 2,990개 한자를 수록하였으며, 160부수로 나누었다.

6. 용감수경[龍龕手鏡] 중국 요나라(遼, 916년~1125년)의 스님 행균(行均, ?년~?년)이 승려의 독경과 염불을 돕기 위해 한자에 주음과 석의를 붙여 997년에 펴낸 대장경의 자

서이다. '용감'은 불경(佛經)을 나타내며, '수경'은 손거울이므로 '용감 수경'은 불경에 수록되어 있는 문자들의 형태, 음, 의미를 손거울처럼 명확하게 비추어내는 책이라는 뜻을 가리킨다.

7. 대광익회옥편[大廣益會玉篇] 고야왕(顧野王)의 「옥편」(543)은 여러 차례 수정되었다. 당나라 고종 때인 674년에 손강(孫強)은 원본 「옥편」의 내용을 수정하고 표제자를 첨가하여 상원본(上元本) 「옥편」을 펴냈다. 또 송나라 진종(眞宗, 968년~1022년) 때에 진팽년(陳彭年, 961년~1017년) 등은 황제의 명령을 받아 1013년에 「대광익회옥편」 38권을 펴냈다. 이 자전에 수록된 기본 표제자는 모두 28,989자로 16,917자를 수록한 「옥편」보다 12,072자가 많다.

8. 정자통[正字通] 1670년 명나라 장자열(張自烈, 1564년~1650년)이 펴낸 자서인데, 청나라 초기에 요문영(廖文英)이 「정자통」의 내용을 새롭게 편집하여 간행하였다. 「정자통」에는 「자휘」에 수록된 한자 33,179개에 새로운 한자 360개와 이체자 119개가 더 첨가되어 모두 33,658자가 등재되어 있다. 「자휘」의 형식을 따라 '일(一)' 부에서 '약(龠)' 부까지 214부로 나누어 배열한 다음 획수별로 다시 배열하였다.

9. 강희자전[康熙字典] 청나라 때인 1710년(강희 49년) 강희제(康熙帝, 1654년~1722년; 1661년~1722년 재위)의 칙명에 따라서 장옥서(張玉書), 진정경(陳廷敬) 등 30여 명이 5년에 걸쳐 「설문해자(說文解字)」와 그 이후로 간행된 자서 「자휘(字彙)」(매응조(梅膺祚), 1615), 「정자통(正字通)」(1670) 등과 운서 「당운(唐韻)」, 「광운(廣韻)」, 「집운(集韻)」, 「운회(韻會)」, 「홍무정운(洪武正韻)」 등의 내용을 인용하고 종합하여 1716년에 간행한 자전이다.

10. 전운옥편[全韻玉篇] 간행 시기와 편찬자는 정확하게 알려지지 않고 있다. 10,840자를 「강희자전」처럼 214부수로 나누어 배열하였다. 1획에서 17획까지 분류하고, 각 획에 속하는 부수자를 나열하였다. 그런 다음 각 부수에 속하는 표제자를 획수가 적은 것부터 차례대로 배열하였다. 「전운옥편」에서는 표제자의 바로 뒤에 표제자의 음을 한글로 적어 제시하였다.

■ 자료출처
[네이버 지식백과] (한국 자전의 역사)

附錄〈4〉

자음으로 찾는
실용한자 3300

如·몸爲山·입爲口·밤爲薯蕷ᇰ·如시밍爲

蝦。ᄃᆞ별爲瓠。ᄌᆞ뷔爲尺。졉조ᄀᆡ爲

ᄌᆞ爲紙。大。如·체爲籭·챼爲鞭。ᄉ·如

手·셤爲島。古。如·부헝爲鵂鶹ᅙ·힘爲

筋。ᄋ·如·비육爲鷄雛ᄇ·ᄇᆞᆷ爲蛇。ᄅ

如·ᄆᆞ뢰爲雹어·름爲氷ᅀ·如·아ᅀᆞ

爲弟·ᄂᆞ싀爲鴇中聲·ᆢ如·ᄐᆞᆨ爲頤

ᄀᆞ爲小豆。ᄃ·리爲橋。ᄀ·래爲楸。

ㄱ

家(집 가 / 宀부 - 총10획)
嫁(시집갈 가 / 女부 - 총13획)
稼(심을 가 / 禾부 - 총15획)
佳(아름다울 가 / 人부 - 총8획)
街(거리 가 / 行부 - 총12획)
可(옳을 가 / 口부 - 총5획)
呵(꾸짖을 가 / 口부 - 총8획)
柯(가지 가 / 木부 - 총9획)
珂(흰 옥돌 가 / 玉부 - 총9획)
苛(매울 가 / 艹부 - 총9획)
訶(꾸짖을 가 / 言부 - 총12획)
軻(수레 가 / 車부 - 총12획)
哥(노래 가 / 口부 - 총10획)
歌(노래 가 / 欠부 - 총14획)
加(더할 가 / 力부 - 총5획)
伽(절 가 / 人부 - 총7획)
架(시렁 가 / 木부 - 총9획)
迦(부처이름 가 / 辵부 - 총9획)
袈(가사 가 / 衣부 - 총11획)
跏(책상다리할 가 / 足부 - 총12획)
嘉(아름다울 가 / 口부 - 총14획)
駕(멍에 가 / 馬부 - 총15획)
賈(값 가 / 貝부 - 총13획)
價(값 가 / 人부 - 총15획)
假(거짓 가 / 人부 - 총11획)
暇(겨를 가 / 日부 - 총13획)
葭(갈대 가 / 艹부 - 총13획)
角(뿔 각 / 角부 - 총7획)
各(각각 각 / 口부 - 총6획)
恪(삼갈 각 / 心부 - 총9획)
閣(집 각 / 門부 - 총14획)
刻(새길 각 / 刀부 - 총8획)
却(물리칠 각 / 卩부 - 총7획)
脚(다리 각 / 肉부 - 총11획)
殼(껍질 각 / 殳부 - 총12획)
慤(성실할 각 / 心부 - 총15획)
珏(쌍옥 각 / 玉부 - 총9획)
覺(깨달을 각 / 見부 - 총20획)
干(방패 간 / 干부 - 총3획)
刊(새길 간 / 刀부 - 총5획)
奸(간사할 간 / 女부 - 총6획)
肝(간 간 / 肉부 - 총7획)
竿(장대 간 / 竹부 - 총9획)
幹(줄기 간 / 干부 - 총13획)
稈(볏짚 간 / 木부 - 총11획)
稈(짚 간 / 禾부 - 총12획)
間(사이 간 / 門부 - 총12획)
澗(산골물 간 / 水부 - 총15획)

磵(계곡의 시내 간 / 石부 - 총17획)
簡(대쪽 간 / 竹부 - 총18획)
看(볼 간 / 目부 - 총9획)
姦(간사할 간 / 女부 - 총9획)
艱(어려울 간 / 艮부 - 총17획)
懇(정성 간 / 心부 - 총17획)
侃(강직할 간 / 人부 - 총8획)
柬(가릴 간 / 木부 - 총9획)
揀(가릴 간 / 手부 - 총12획)
拮(핍박할 갈 / 手부 - 총9획)
渴(목마를 갈 / 水부 - 총12획)
葛(칡 갈 / 艹부 - 총13획)
竭(다할 갈 / 立부 - 총14획)
褐(털옷 갈 / 衣부 - 총14획)
鞨(말갈 갈 / 革부 - 총18획)
甘(달 감 / 甘부 - 총5획)
邯(땅 이름 감 / 邑부 - 총8획)
柑(감자나무 감 / 木부 - 총9획)
酣(흥겨울 감 / 酉부 - 총12획)
嵌(산 깊을 감 / 山부 - 총12획)
篏(땅 이름 감 / 竹부 - 총15획)
坎(구덩이 감 / 土부 - 총7획)
減(덜 감 / 水부 - 총12획)
感(느낄 감 / 心부 - 총13획)
憾(한할 감 / 心부 - 총16획)
敢(감히 감 / 攴부 - 총12획)
瞰(볼 감 / 目부 - 총17획)
監(볼 감 / 皿부 - 총14획)
鑑(거울 감 / 金부 - 총22획)
勘(헤아릴 감 / 力부 - 총11획)
堪(견딜 감 / 土부 - 총12획)
甲(갑옷 갑 / 田부 - 총5획)
匣(갑 갑 / 匚부 - 총7획)
岬(산허리 갑 / 山부 - 총8획)
胛(어깨 갑 / 肉부 - 총9획)
鉀(갑옷 갑 / 金부 - 총13획)
閘(물문 갑 / 門부 - 총13획)
江(강 강 / 水부 - 총6획)
姜(성 강 / 女부 - 총9획)
降(내릴 강 / 阜부 - 총9획)
絳(진홍 강 / 糸부 - 총12획)
講(외울 강 / 言부 - 총17획)
强(강할 강 / 弓부 - 총12획)
襁(포대기 강 / 衣부 - 총16획)
康(편안할 강 / 广부 - 총11획)
糠(겨 강 / 米부 - 총17획)
剛(굳셀 강 / 刀부 - 총10획)
崗(언덕 강 / 山부 - 총11획)
鋼(강철 강 / 金부 - 총16획)

綱(벼리 강 / 糸부 - 총14획)
僵(쓰러질 강 / 人부 - 총15획)
彊(군셀 강 / 弓부 - 총16획)
疆(지경 강 / 田부 - 총19획)
薑(생강 강 / 艸부 - 총17획)
介(끼일 개 / 人부 - 총4획)
改(고칠 개 / 攴부 - 총7획)
皆(다 개 / 白부 - 총9획)
個(낱 개 / 人부 - 총10획)
開(열 개 / 門부 - 총12획)
凱(즐길 개 / 几부 - 총12획)
塏(높고 건조할 개 / 土부 - 총13획)
慨(슬퍼할 개 / 心부 - 총14획)
槪(대개 개 / 木부 - 총15획)
槩(평미레 개 / 木부 - 총15획)
盖(덮을 개-蓋의 속자 / 皿부 - 총11획)
蓋(덮을 개 / 艸부 - 총14획)
恝(걱정 없을 개 / 心부 - 총10획)
客(손 객 / 宀부 - 총9획)
喀(토할 객 / 口부 - 총12획)
更(다시 갱 / 曰부 - 총7획)
坑(구덩이 갱 / 土부 - 총7획)
羹(국 갱 / 羊부 - 총19획)
鏗(금옥 소리 갱 / 金부 - 총19획)
去(갈 거 / 厶부 - 총5획)
祛(떨어 없앨 거 / 示부 - 총10획)
巨(클 거 / 工부 - 총5획)
拒(막을 거 / 手부 - 총8획)
炬(횃불 거 / 火부 - 총9획)
距(떨어질 거 / 足부 - 총12획)
鉅(클 거 / 金부 - 총13획)
渠(도랑 거 / 水부 - 총12획)
居(살 거 / 尸부 - 총8획)
倨(거만할 거 / 人부 - 총10획)
裾(옷자락 거 / 衣부 - 총13획)
鋸(톱 거 / 金부 - 총16획)
車(수레 거 / 車부 - 총7획)
擧(들 거 / 手부 - 총18획)
據(의거할 거 / 手부 - 총16획)
巾(수건 건 / 巾부 - 총3획)
件(물건 건 / 人부 - 총6획)
建(세울 건 / 廴부 - 총9획)
健(군셀 건 / 人부 - 총11획)
楗(문빗장 건 / 木부 - 총13획)
鍵(열쇠 건 / 金부 - 총17획)
乾(하늘 건 / 乙부 - 총11획)
虔(정성 건 / 虍부 - 총10획)
蹇(절 건 / 足부 - 총17획)
傑(뛰어날 걸 / 人부 - 총12획)

桀(홰 걸 / 木부 - 총10획)
乞(빌 걸 / 乙부 - 총3획)
儉(검소할 검 / 人부 - 총15획)
劍(칼 검 / 刀부 - 총15획)
劒(칼 검 / 刀부 - 총16획)
檢(검사할 검 / 木부 - 총17획)
瞼(눈꺼풀 검 / 目부 - 총18획)
黔(검을 검 / 黑부 - 총16획)
劫(위협할 겁 / 力부 - 총7획)
怯(겁낼 겁 / 心부 - 총8획)
迲(갈 겁 / 辵부 - 총9획)
偈(쉴 게 / 人부 - 총11획)
揭(들 게 / 手부 - 총12획)
憩(쉴 게 / 心부 - 총16획)
格(격식 격 / 木부 - 총10획)
隔(사이 뜰 격 / 阜부 - 총13획)
擊(칠 격 / 手부 - 총17획)
激(격할 격 / 水부 - 총16획)
檄(격문 격 / 木부 - 총17획)
繳(주살끈 격 / 糸부 - 총19획)
鵙(때까치 격 / 鳥부 - 총15획)
犬(개 견 / 犬부 - 총4획)
見(볼 견 / 見부 - 총7획)
肩(어깨 견 / 肉부 - 총8획)
堅(군을 견 / 土부 - 총11획)
狷(성급할 견 / 犬부 - 총10획)
絹(명주 견 / 糸부 - 총13획)
鵑(두견이 견 / 鳥부 - 총18획)
遣(보낼 견 / 辵부 - 총14획)
繾(곡진할 견 / 糸부 - 총20획)
牽(끌 견 / 牛부 - 총11획)
繭(고치 견 / 糸부 - 총19획)
甄(질그릇 견 / 瓦부 - 총14획)
決(터질 결 / 水부 - 총7획)
缺(이지러질 결 / 缶부 - 총10획)
訣(이별할 결 / 言부 - 총11획)
拮(일할 결 / 手부 - 총9획)
結(맺을 결 / 糸부 - 총12획)
潔(깨끗할 결 / 水부 - 총15획)
兼(겸할 겸 / 八부 - 총10획)
慊(찐덥지 않을 겸 / 心부 - 총13획)
謙(겸손할 겸 / 言부 - 총17획)
鎌(낫 겸 / 金부 - 총18획)
箝(재갈 먹일 겸 / 竹부 - 총14획)
竟(마침내 경 / 立부 - 총11획)
境(지경 경 / 土부 - 총14획)
鏡(거울 경 / 金부 - 총19획)
頃(이랑 경 / 頁부 - 총11획)
傾(기울 경 / 人부 - 총13획)

更(바꿀 경 / 曰부 - 총7획)
梗(대개 경 / 木부 - 총11획)
硬(굳을 경 / 石부 - 총12획)
徑(지름길 경 / 彳부 - 총10획)
逕(소로 경 / 辶부 - 총11획)
痙(심줄 땅길 경 / 疒부 - 총12획)
經(지날 경 / 糸부 - 총13획)
輕(가벼울 경 / 車부 - 총14획)
頸(목 경 / 頁부 - 총16획)
卿(벼슬 경 / 卩부 - 총12획)
京(서울 경 / 亠부 - 총8획)
景(볕 경 / 日부 - 총12획)
憬(깨달을 경 / 心부 - 총15획)
鯨(고래 경 / 魚부 - 총19획)
庚(별 경 / 广부 - 총8획)
耕(밭갈 경 / 耒부 - 총10획)
敬(공경할 경 / 攴부 - 총13획)
警(경계할 경 / 言부 - 총20획)
驚(놀랄 경 / 馬부 - 총23획)
慶(경사 경 / 心부 - 총15획)
競(겨룰 경 / 立부 - 총20획)
磬(경쇠 경 / 石부 - 총16획)
炅(빛날 경 / 火부 - 총8획)
耿(빛 경 / 耳부 - 총10획)
瓊(옥 경 / 玉부 - 총19획)
癸(북방 계 / 癶부 - 총9획)
季(끝 계 / 子부 - 총8획)
悸(두근거릴 계 / 忄부 - 총11획)
界(지경 계 / 田부 - 총9획)
計(셀 계 / 言부 - 총9획)
溪(시내 계 / 水부 - 총13획)
雞(닭 계 / 隹부 - 총18획)
鷄(닭 계 / 鳥부 - 총21획)
系(이을 계 / 糸부 - 총7획)
係(맬 계 / 人부 - 총9획)
戒(경계할 계 / 戈부 - 총7획)
械(기계 계 / 木부 - 총11획)
契(맺을 계 / 大부 - 총9획)
桂(계수나무 계 / 木부 - 총10획)
笄(비녀 계 / 竹부 - 총10획)
啓(열 계 / 口부 - 총11획)
階(섬돌 계 / 阜부 - 총12획)
繼(이을 계 / 糸부 - 총20획)
繫(맬 계 / 糸부 - 총19획)
髻(상투 계 / 髟부 - 총16획)
稽(머무를 계 / 禾부 - 총15획)
古(옛 고 / 口부 - 총5획)
姑(시어미 고 / 女부 - 총8획)
苦(쓸 고 / 艸부 - 총9획)

故(연고 고 / 攴부 - 총9획)
枯(마를 고 / 木부 - 총9획)
固(굳을 고 / 口부 - 총8획)
錮(땜질할 고 / 金부 - 총16획)
考(생각할 고 / 老부 - 총6획)
拷(칠 고 / 手부 - 총9획)
高(높을 고 / 高부 - 총10획)
膏(기름 고 / 肉부 - 총14획)
稿(원고 고 / 禾부 - 총15획)
藁(짚 고 / 艸부 - 총18획)
告(알릴 고 / 口부 - 총7획)
誥(고할 고 / 言부 - 총14획)
庫(곳집 고 / 广부 - 총10획)
孤(외로울 고 / 子부 - 총8획)
呱(울 고 / 口부 - 총8획)
觚(술잔 고 / 角부 - 총12획)
顧(돌아볼 고 / 頁부 - 총13획)
雇(품살 고 / 隹부 - 총12획)
顧(돌아볼 고 / 頁부 - 총21획)
賈(장사 고 / 貝부 - 총13획)
皐(부르는 소리 고 / 白부 - 총11획)
股(넓적다리 고 / 肉부 - 총8획)
叩(두드릴 고 / 口부 - 총5획)
鼓(북 고 / 鼓부 - 총13획)
瞽(소경 고 / 目부 - 총18획)
蠱(독 고 / 虫부 - 총23획)
哭(울 곡 / 口부 - 총10획)
谷(골 곡 / 谷부 - 총7획)
曲(굽을 곡 / 曰부 - 총6획)
告(뵙고 청할 곡 / 口부 - 총7획)
鵠(고니 곡 / 鳥부 - 총18획)
斛(휘 곡 / 斗부 - 총11획)
穀(곡식 곡 / 禾부 - 총14획)
轂(바퀴 곡 / 車부 - 총17획)
袞(곤룡포 곤 / 衣부 - 총11획)
困(괴로울 곤 / 口부 - 총7획)
梱(문지방 곤 / 木부 - 총11획)
坤(땅 곤 / 土부 - 총8획)
昆(맏 곤 / 日부 - 총8획)
崑(산 이름 곤 / 山부 - 총11획)
棍(몽둥이 곤 / 木부 - 총12획)
鯤(곤이 곤 / 魚부 - 총19획)
骨(뼈 골 / 骨부 - 총10획)
汨(빠질 골 / 水부 - 총7획)
串(땅이름 곶 / ㅣ부 - 총7획)
工(장인 공 / 工부 - 총3획)
功(공 공 / 力부 - 총5획)
攻(칠 공 / 攴부 - 총7획)
空(빌 공 / 穴부 - 총8획)

恐(두려울 공 / 心부 - 총10획)
貢(바칠 공 / 貝부 - 총10획)
共(함께 공 / 八부 - 총6획)
供(이바지할 공 / 人부 - 총8획)
恭(공손할 공 / 心부 - 총10획)
公(공변될 공 / 八부 - 총4획)
孔(구멍 공 / 子부 - 총4획)
戈(창 과 / 戈부 - 총4획)
瓜(오이 과 / 瓜부 - 총5획)
果(실과 과 / 木부 - 총8획)
菓(과자 과 / 艸부 - 총12획)
裹(쌀 과 / 衣부 - 총14획)
課(매길 과 / 言부 - 총15획)
科(과정 과 / 禾부 - 총9획)
蝌(올챙이 과 / 虫부 - 총15획)
過(지날 과 / 辵부 - 총13획)
寡(적을 과 / 宀부 - 총14획)
胯(사타구니 과 / 肉부 - 총10획)
誇(자랑할 과 / 言부 - 총13획)
郭(성곽 곽 / 邑부 - 총11획)
廓(둘레 곽 / 广부 - 총14획)
槨(덧널 곽 / 木부 - 총15획)
藿(콩잎 곽 / 艸부 - 총20획)
串(꿸 관 / 丨부 - 총7획)
官(벼슬 관 / 宀부 - 총8획)
棺(널 관 / 木부 - 총12획)
管(대롱 관 / 竹부 - 총14획)
館(집 관 / 食부 - 총17획)
觀(볼 관 / 見부 - 총25획)
關(관계할 관 / 門부 - 총19획)
貫(꿸 관 / 貝부 - 총11획)
慣(버릇 관 / 心부 - 총14획)
冠(갓 관 / 冖부 - 총9획)
寬(너그러울 관 / 宀부 - 총15획)
灌(물 댈 관 / 水부 - 총21획)
瓘(옥 이름 관 / 玉부 - 총22획)
刮(긁을 괄 / 刀부 - 총8획)
括(묶을 괄 / 手부 - 총9획)
适(빠를 괄 / 辵부 - 총10획)
恝(걱정 없을 괄 / 心부 - 총10획)
光(빛 광 / 儿부 - 총6획)
胱(오줌통 광 / 肉부 - 총10획)
狂(미칠 광 / 犬부 - 총7획)
筐(광주리 광 / 竹부 - 총12획)
廣(넓을 광 / 广부 - 총15획)
鑛(쇳돌 광 / 金부 - 총23획)
卦(점괘 괘 / 卜부 - 총8획)
掛(걸 괘 / 手부 - 총11획)
罫(줄 괘 / 网부 - 총13획)

塊(흙덩이 괴 / 土부 - 총13획)
愧(부끄러워 할 괴 / 心부 - 총13획)
槐(회화나무 괴 / 木부 - 총14획)
怪(괴이할 괴 / 心부 - 총8획)
壞(무너질 괴 / 土부 - 총19획)
魁(으뜸 괴 / 鬼부 - 총14획)
乖(어그러질 괴 / 丿부 - 총8획)
拐(속일 괴 / 手부 - 총8획)
宏(클 굉 / 宀부 - 총7획)
肱(팔뚝 굉 / 肉부 - 총8획)
觥(뿔잔 굉 / 角부 - 총13획)
轟(울릴 굉 / 車부 - 총21획)
巧(공교할 교 / 工부 - 총5획)
交(사귈 교 / 亠부 - 총6획)
狡(교활할 교 / 犬부 - 총9획)
校(학교 교 / 木부 - 총10획)
郊(들 교 / 邑부 - 총9획)
蛟(교룡 교 / 虫부 - 총12획)
較(견줄 교 / 車부 - 총13획)
敎(가르칠 교 / 攴부 - 총11획)
喬(높을 교 / 口부 - 총12획)
橋(다리 교 / 木부 - 총16획)
蕎(메밀 교 / 艸부 - 총16획)
矯(바로잡을 교 / 矢부 - 총17획)
驕(교만할 교 / 馬부 - 총22획)
嚙(깨물 교 / 口부 - 총18획)
膠(아교 교 / 肉부 - 총15획)
九(아홉 구 / 乙부 - 총2획)
仇(원수 구 / 人부 - 총4획)
究(궁구할 구 / 穴부 - 총7획)
鳩(비둘기 구 / 鳥부 - 총13획)
口(입 구 / 口부 - 총3획)
久(오랠 구 / 丿부 - 총3획)
柩(널 구 / 木부 - 총9획)
勾(굽을 구 / 勹부 - 총4획)
句(글귀 구 / 口부 - 총5획)
狗(개 구 / 犬부 - 총8획)
拘(잡을 구 / 手부 - 총8획)
苟(진실로 구 / 艸부 - 총9획)
駒(망아지 구 / 馬부 - 총15획)
求(구할 구 / 水부 - 총7획)
球(공 구 / 玉부 - 총11획)
毬(공 구 / 毛부 - 총11획)
救(구원할 구 / 攴부 - 총11획)
裘(갖옷 구 / 衣부 - 총13획)
丘(언덕 구 / 一부 - 총5획)
臼(절구 구 / 臼부 - 총6획)
舊(예 구 / 臼부 - 총18획)
邱(땅 이름 구 / 邑부 - 총8획)

具(갖출 구 / 八부 - 총8획)
俱(함께 구 / 人부 - 총10획)
區(구분할 구 / 匸부 - 총11획)
嘔(게울 구 / 口부 - 총14획)
歐(구라파 구 / 欠부 - 총15획)
毆(때릴 구 / 殳부 - 총15획)
軀(몸 구 / 身부 - 총18획)
驅(몰 구 / 馬부 - 총21획)
鷗(갈매기 구 / 鳥부 - 총22획)
寇(도둑 구 / 宀부 - 총11획)
垢(때 구 / 土부 - 총9획)
矩(곱자 구 / 矢부 - 총10획)
廐(마구간 구 / 广부 - 총14획)
灸(뜸 구 / 火부 - 총7획)
咎(허물 구 / 口부 - 총8획)
晷(그림자 구 / 日부 - 총12획)
溝(도랑 구 / 水부 - 총13획)
構(얽을 구 / 木부 - 총14획)
購(살 구 / 貝부 - 총17획)
屨(신 구 / 尸부 - 총17획)
懼(두려워할 구 / 心부 - 총21획)
衢(네거리 구 / 行부 - 총24획)
龜(나라 이름 구 / 龜부 - 총16획)
鼂(두 뿔 달린 개구리 구 / 黽부 - 총18획)
國(나라 국 / 囗부 - 총11획)
局(판 국 / 尸부 - 총7획)
菊(국화 국 / 艸부 - 총12획)
麴(누룩 국 / 麥부 - 총19획)
鞠(국문할 국 / 革부 - 총18확)
君(임금 군 / 口부 - 총7획)
郡(고을 군 / 邑부 - 총10획)
群(무리 군 / 羊부 - 총13획)
窘(막힐 군 / 穴부 - 총12획)
裙(치마 군 / 衣부 - 총12획)
軍(군사 군 / 車부 - 총9획)
屈(굽을 굴 / 尸부 - 총8획)
堀(굴 굴 / 土부 - 총11획)
掘(팔 굴 / 手부 - 총11획)
窟(굴 굴 / 穴부 - 총13획)
弓(활 궁 / 弓부 - 총3획)
芎(궁궁이 궁 / 艸부 - 총7획)
穹(하늘 궁 / 穴부 - 총8획)
躬(몸 궁 / 身부 - 총10획)
窮(다할 궁 / 穴부 - 총15획)
宮(집 궁 / 宀부 - 총10획)
卷(책 권 / 卩부 - 총8획)
捲(말 권 / 手부 - 총11획)
圈(우리 권 / 囗부 - 총11획)
綣(정다울 권 / 糸부 - 총14획)

券(문서 권 / 刀부 - 총8획)
拳(주먹 권 / 手부 - 총10획)
眷(돌아볼 권 / 目부 - 총11획)
勸(권할 권 / 力부 - 총20획)
權(권세 권 / 木부 - 총22획)
厥(그 궐 / 厂부 - 총12획)
獗(날뜀 궐 / 犬부 - 총15획)
蕨(고사리 궐 / 艸부 - 총16획)
闕(대궐 궐 / 門부 - 총18획)
軌(바퀴자국 궤 / 車부 - 총9획)
潰(무너질 궤 / 水부 - 총15획)
簣(삼태기 궤 / 竹부 - 총18획)
櫃(함 궤 / 木부 - 총18획)
詭(속일 궤 / 言부 - 총13획)
貴(귀할 귀 / 貝부 - 총12획)
鬼(귀신 귀 / 鬼부 - 총10획)
歸(돌아갈 귀 / 止부 - 총18획)
龜(거북 귀 / 龜부 - 총16획)
叫(부르짖을 규 / 口부 - 총5획)
糾(얽힐 규 / 糸부 - 총8획)
虯(규룡 규 / 虫부 - 총8획)
規(법 규 / 見부 - 총11획)
窺(엿볼 규 / 穴부 - 총16획)
竅(구멍 규 / 穴부 - 총18획)
揆(헤아릴 규 / 手부 - 총12획)
葵(해바라기 규 / 艸부 - 총13획)
圭(홀 규 / 土부 - 총6획)
奎(별 이름 규 / 大부 - 총9획)
珪(홀 규 / 玉부 - 총10획)
硅(규소 규 / 石부 - 총11획)
閨(안방 규 / 門부 - 총14획)
勻(적을 균 / 勹부 - 총4획)
均(고를 균 / 土부 - 총7획)
畇(밭 일굴 균 / 田부 - 총9획)
筠(대나무 균 / 竹부 - 총13획)
鈞(서른 근 균 / 金부 - 총12획)
菌(버섯 균 / 艸부 - 총12획)
龜(틀 균 / 龜부 - 총16획)
橘(귤나무 귤 / 木부 - 총16획)
棘(멧대추나무 극 / 木부 - 총12획)
克(이길 극 / 儿부 - 총7획)
極(다할 극 / 木부 - 총13획)
劇(심할 극 / 刀부 - 총15획)
戟(창 극 / 戈부 - 총12획)
隙(틈 극 / 阜부 - 총13획)
筋(힘줄 근 / 竹부 - 총12획)
斤(도끼 근 / 斤부 - 총4획)
近(가까울 근 / 辵부 - 총8획)
芹(미나리 근 / 艸부 - 총8획)

勤(부지런할 근 / 力부 - 총13획)
覲(뵐 근 / 見부 - 총18획)
僅(겨우 근 / 人부 - 총13획)
槿(무궁화나무 근 / 木부 - 총15획)
瑾(아름다운 옥 근 / 玉부 - 총15획)
謹(삼갈 근 / 言부 - 총18획)
懃(은근할 근 / 心부 - 총17획)
根(뿌리 근 / 木부 - 총10획)
跟(발꿈치 근 / 足부 - 총13획)
契(글 글 / 大부 - 총9획)
金(쇠 금 / 金부 - 총8획)
今(이제 금 / 人부 - 총4획)
衾(이불 금 / 衣부 - 총10획)
衿(옷깃 금 / 衣부 - 총9획)
禁(금할 금 / 示부 - 총13획)
襟(옷깃 금 / 衣부 - 총18획)
琴(거문고 금 / 玉부 - 총12획)
禽(날짐승 금 / 内부 - 총13획)
擒(사로잡을 금 / 手부 - 총16획)
檎(능금나무 금 / 木부 - 총17획)
錦(비단 금 / 金부 - 총16획)
給(줄 급 / 糸부 - 총12획)
及(미칠 급 / 又부 - 총4획)
伋(속일 급 / 人부 - 총6획)
扱(미칠 급 / 手부 - 총7획)
汲(길을 급 / 氵부 - 총7획)
級(등급 급 / 糸부 - 총10획)
急(급할 급 / 心부 - 총9획)
亘(걸칠 긍 / 二부 - 총6획)
肯(즐길 긍 / 肉부 - 총8획)
矜(자랑할 긍 / 矛부 - 총9획)
兢(떨릴 긍 / 儿부 - 총14획)
己(몸 기 / 己부 - 총3획)
忌(꺼릴 기 / 心부 - 총7획)
杞(구기자 기 / 木부 - 총7획)
紀(벼리 기 / 糸부 - 총9획)
起(일어날 기 / 走부 - 총10획)
記(기록할 기 / 言부 - 총10획)
氣(기운 기 / 气부 - 총10획)
汽(김 기 / 水부 - 총7획)
技(재주 기 / 手부 - 총7획)
岐(갈림길 기 / 山부 - 총7획)
其(그 기 / 八부 - 총8획)
基(터 기 / 土부 - 총11획)
期(기약할 기 / 月부 - 총12획)
欺(속일 기 / 欠부 - 총12획)
旗(기 기 / 方부 - 총14획)
棋(바둑 기 / 木부 - 총12획)
箕(키 기 / 竹부 - 총14획)

麒(기린 기 / 鹿부 - 총19획)
旣(이미 기 / 无부 - 총11획)
祈(빌 기 / 示부 - 총9획)
豈(어찌 기 / 豆부 - 총10획)
飢(주릴 기 / 食부 - 총11획)
企(꾀할 기 / 人부 - 총6획)
奇(기이할 기 / 大부 - 총8획)
寄(부칠 기 / 宀부 - 총11획)
騎(말 탈 기 / 馬부 - 총18획)
器(그릇 기 / 口부 - 총16획)
幾(몇 기 / 幺부 - 총12획)
機(틀 기 / 木부 - 총16획)
饑(주릴 기 / 食부 - 총21획)
畿(경기 기 / 田부 - 총15획)
嗜(즐길 기 / 口부 - 총13획)
驥(천리마 기 / 馬부 - 총27획)
羈(굴레 기 / 网부 - 총24획)
棄(버릴 기 / 木부 - 총12획)
緊(긴할 긴 / 糸부 - 총14획)
吉(길할 길 / 口부 - 총6획)
佶(건장할 길 / 人부 - 총8획)
拮(일할 길 / 手부 - 총9획)
金(성 김 / 金부 - 총8획)

ㄴ

那(어찌 나 / 邑부 - 총7획)
娜(아리따울 나 / 女부 - 총10획)
奈(능금나무 나 / 木부 - 총9획)
拿(붙잡을 나 / 手부 - 총10획)
懦(나약할 나 / 心부 - 총17획)
儺(역귀 쫓을 나 / 人부 - 총21획)
暖(따뜻할 난 / 日부 - 총13획)
煖(따뜻할 난 / 火부 - 총13획)
難(어려울 난 / 隹부 - 총19획)
南(남녘 남 / 十부 - 총9획)
湳(강 이름 남 / 水부 - 총12획)
楠(녹나무 남 / 木부 - 총13획)
枏(녹나무 남 / 木부 - 총8획)
男(사내 남 / 田부 - 총7획)
濫(퍼질 남 / 水부 - 총17획)
納(바칠 납 / 糸부 - 총10획)
娘(아가씨 낭 / 女부 - 총10획)
囊(주머니 낭 / 口부 - 총22획)
內(안 내 / 入부 - 총4획)
乃(이에 내 / 丿부 - 총2획)
迺(이에 내 / 辵부 - 총10획)
奈(어찌 내 / 大부 - 총8획)
柰(능금나무 내 / 木부 - 총9획)
耐(견딜 내 / 而부 - 총9획)

女(여자 녀 / 女부 - 총3획)
年(해 년 / 干부 - 총6획)
秊(해 년 / 禾부 - 총8획)
撚(비틀 년 / 手부 - 총15획)
念(생각 념 / 心부 - 총8획)
拈(집을 념 / 手부 - 총8획)
恬(편안할 념 / 心부 - 총9획)
佞(아첨할 녕 / 人부 - 총7획)
寧(편안할 녕 / 宀부 - 총14획)
奴(종 노 / 女부 - 총5획)
努(힘쓸 노 / 力부 - 총7획)
怒(성낼 노 / 心부 - 총9획)
老(늙을 노 / 老부 - 총6획)
勞(일할 노 / 力부 - 총12획)
弩(쇠뇌 노 / 弓부 - 총8획)
駑(둔한 말 노 / 馬부 - 총15획)
盧(밥그릇 노 / 皿부 - 총16획)
農(농사 농 / 辰부 - 총13획)
濃(짙을 농 / 水부 - 총16획)
弄(희롱할 농 / 廾부 - 총7획)
壟(밭두둑 농 / 土부 - 총19획)
腦(골 뇌 / 肉부 - 총13획)
惱(번뇌할 뇌 / 心부 - 총12획)
磊(돌무더기 뇌 / 石부 - 총15획)
尿(오줌 뇨 / 尸부 - 총7획)
訥(말 더듬을 눌 / 言부 - 총11획)
紐(끈 뉴 / 糸부 - 총10획)
能(능할 능 / 肉부 - 총10획)
凌(업신여길 능 / 冫부 - 총10획)
尼(중 니 / 尸부 - 총5획)
泥(진흙 니 / 水부 - 총8획)

ㄷ

多(많을 다 / 夕부 - 총6획)
茶(차 다 / 艸부 - 총10획)
旦(아침 단 / 日부 - 총5획)
丹(붉을 단 / 丶부 - 총4획)
但(다만 단 / 人부 - 총7획)
單(홑 단 / 口부 - 총12획)
鄲(조나라 서울 단 / 邑부 - 총15획)
簞(대광주리 단 / 竹부 - 총18획)
短(짧을 단 / 矢부 - 총12획)
端(바를 단 / 立부 - 총14획)
團(둥글 단 / 口부 - 총14획)
斷(끊을 단 / 斤부 - 총18획)
段(층계 단 / 殳부 - 총9획)
緞(비단 단 / 糸부 - 총15획)
鍛(쇠 불릴 단 / 金부 - 총17획)
壇(단 단 / 土부 - 총16획)

檀(박달나무 단 / 木부 - 총17획)
蛋(새알 단 / 虫부 - 총11획)
達(통달할 달 / 辵부 - 총13획)
撻(매질할 달 / 手부 - 총16획)
獺(수달 달 / 犬부 - 총19획)
淡(맑을 담 / 水부 - 총11획)
啖(먹을 담 / 口부 - 총11획)
毯(담요 담 / 毛부 - 총12획)
痰(가래 담 / 疒부 - 총13획)
談(말씀 담 / 言부 - 총15획)
儋(멜 담 / 人부 - 총15획)
擔(멜 담 / 手부 - 총16획)
澹(담박할 담 / 水부 - 총16획)
膽(쓸개 담 / 肉부 - 총17획)
曇(흐릴 담 / 日부 - 총16획)
覃(미칠 담 / 襾부 - 총12획)
潭(못 담 / 水부 - 총15획)
譚(이야기 담 / 言부 - 총19획)
聃(귓바퀴 없을 담 / 耳부 - 총11획)
答(대답할 답 / 竹부 - 총12획)
畓(논 답 / 田부 - 총9획)
踏(밟을 답 / 足부 - 총15획)
堂(집 당 / 土부 - 총11획)
螳(사마귀 당 / 虫부 - 총17획)
棠(아가위 당 / 木부 - 총12획)
當(마땅 당 / 田부 - 총13획)
唐(당나라 당 / 口부 - 총10획)
塘(못 당 / 土부 - 총13획)
糖(사탕 당 / 米부 - 총16획)
餳(엿 당 / 食부 - 총19획)
撞(칠 당 / 手부 - 총15획)
黨(무리 당 / 黑부 - 총20획)
儻(빼어날 당 / 人부 - 총22획)
大(큰 대 / 大부 - 총3획)
代(대신할 대 / 人부 - 총5획)
袋(자루 대 / 衣부 - 총11획)
貸(빌릴 대 / 貝부 - 총12획)
待(기다릴 대 / 彳부 - 총9획)
對(대할 대 / 寸부 - 총14획)
隊(무리 대 / 阜부 - 총12획)
帶(띠 대 / 巾부 - 총11획)
臺(대 대 / 至부 - 총14획)
戴(일 대 / 戈부 - 총18획)
宅(집 댁 / 宀부 - 총6획)
德(덕 덕 / 彳부 - 총15획)
刀(칼 도 / 刀부 - 총2획)
到(이를 도 / 刀부 - 총8획)
倒(넘어질 도 / 人부 - 총10획)
度(법도 도 / 广부 - 총9획)

渡(건널 도 / 水부 - 총12획)
鍍(도금할 도 / 金부 - 총17획)
道(길 도 / 辶부 - 총13획)
導(이끌 도 / 寸부 - 총16획)
島(섬 도 / 山부 - 총10획)
都(도읍 도 / 邑부 - 총12획)
圖(그림 도 / 囗부 - 총14획)
徒(무리 도 / 彳부 - 총10획)
挑(돋울 도 / 手부 - 총9획)
桃(복숭아 도 / 木부 - 총10획)
逃(달아날 도 / 辶부 - 총10획)
跳(뛸 도 / 足부 - 총13획)
途(길 도 / 辶부 - 총11획)
塗(진흙 도 / 土부 - 총13획)
萄(포도 도 / 艸부 - 총12획)
陶(질그릇 도 / 阜부 - 총11획)
稻(벼 도 / 禾부 - 총15획)
韜(감출 도 / 韋부 - 총19획)
盜(도둑 도 / 皿부 - 총12획)
濤(큰 물결 도 / 水부 - 총17획)
禱(빌 도 / 示부 - 총19획)
屠(잡을 도 / 尸부 - 총12획)
棹(노 도 / 木부 - 총12획)
賭(걸 도 / 貝부 - 총16획)
獨(홀로 독 / 犬부 - 총16획)
瀆(도랑 독 / 水부 - 총18획)
犢(송아지 독 / 牛부 - 총19획)
讀(읽을 독 / 言부 - 총22획)
毒(독 독 / 毋부 - 총8획)
篤(도타울 독 / 竹부 - 총16획)
督(감독할 독 / 目부 - 총13획)
豚(돼지 돈 / 豕부 - 총11획)
敦(도타울 돈 / 攴부 - 총12획)
頓(조아릴 돈 / 頁부 - 총13획)
突(갑자기 돌 / 穴부 - 총9획)
乭(이름 돌 / 乙부 - 총6획)
冬(겨울 동 / 冫부 - 총5획)
東(동녘 동 / 木부 - 총8획)
凍(얼 동 / 冫부 - 총10획)
棟(마룻대 동 / 木부 - 총12획)
同(한가지 동 / 口부 - 총6획)
洞(골 동 / 水부 - 총9획)
垌(항아리 동 / 土부 - 총9획)
桐(오동나무 동 / 木부 - 총10획)
銅(구리 동 / 金부 - 총14획)
動(움직일 동 / 力부 - 총11획)
董(동독할 동 / 艸부 - 총13획)
童(아이 동 / 立부 - 총12획)
憧(그리워할 동 / 心부 - 총15획)

瞳(눈동자 동 / 目부 - 총17획)
斗(말 두 / 斗부 - 총4획)
枓(주두 두 / 木부 - 총8획)
蚪(올챙이 두 / 虫부 - 총10획)
杜(팥배나무 두 / 木부 - 총7획)
豆(콩 두 / 豆부 - 총7획)
痘(천연두 두 / 疒부 - 총12획)
逗(머무를 두 / 辶부 - 총11획)
竇(구멍 두 / 穴부 - 총20획)
頭(머리 두 / 頁부 - 총16획)
讀(구절 두 / 言부 - 총22획)
屯(진 칠 둔 / 屮부 - 총4획)
芚(채소 이름 둔 / 艸부 - 총8획)
鈍(무딜 둔 / 金부 - 총12획)
遁(달아날 둔 / 辶부 - 총13획)
遯(달아날 둔 / 辶부 - 총15획)
得(얻을 득 / 彳부 - 총11획)
等(무리 등 / 竹부 - 총12획)
登(오를 등 / 癶부 - 총12획)
嶝(고개 등 / 山부 - 총15획)
燈(등잔 등 / 火부 - 총16획)
騰(오를 등 / 馬부 - 총20획)
藤(등나무 등 / 艸부 - 총19획)

ㄹ

剌(수라 라 / 刀부 - 총8획)
剌(수라 라 / 刀부 - 총9획)
喇(나팔 라 / 口부 - 총12획)
拏(붙잡을 라 / 手부 - 총9획)
螺(소라 라 / 虫부 - 총17획)
羅(벌일 라 / 网부 - 총19획)
蘿(무 라 / 艸부 - 총23획)
洛(강 이름 락 / 水부 - 총9획)
烙(지질 락 / 火부 - 총10획)
落(떨어질 락 / 艸부 - 총13획)
絡(이을 락 / 糸부 - 총12획)
酪(진한 유즙 락 / 酉부 - 총13획)
駱(낙타 락 / 馬부 - 총16획)
犖(얼룩소 락 / 牛부 - 총14획)
樂(즐길 락 / 木부 - 총15획)
諾(허락할 락 / 言부 - 총16획)
丹(정성스러울 란 / 丶부 - 총4획)
卵(알 란 / 卩부 - 총7획)
亂(어지러울 란 / 乙부 - 총13획)
瀾(물결 란 / 水부 - 총20획)
爛(문드러질 란 / 火부 - 총21획)
欄(난간 란 / 木부 - 총21획)
蘭(난초 란 / 艸부 - 총21획)
欒(둥글 란 / 木부 - 총23획)

剌(발랄할 랄 / 刀부 - 총9획)
藍(쪽 람 / 艸부 - 총18획)
襤(누더기 람 / 衣부 - 총19획)
覽(볼 람 / 見부 - 총21획)
攬(잡을 람 / 手부 - 총24획)
蠟(밀 랍 / 虫부 - 총21획)
浪(물결 랑 / 水부 - 총10획)
狼(이리 랑 / 犬부 - 총10획)
朗(밝을 랑 / 月부 - 총11획)
郞(사내 랑 / 邑부 - 총10획)
廊(복도 랑 / 广부 - 총13획)
螂(사마귀 랑 / 虫부 - 총16획)
來(올 래 / 人부 - 총8획)
萊(명아주 래 / 艸부 - 총12획)
冷(찰 랭 / 冫부 - 총7획)
略(간략할 략 / 田부 - 총11획)
掠(노략질할 략 / 手부 - 총11획)
良(어질 량 / 艮부 - 총7획)
亮(밝을 량 / 亠부 - 총9획)
凉(서늘할 량 / 冫부 - 총10획)
諒(믿을 량 / 言부 - 총15획)
梁(들보 량 / 木부 - 총11획)
粱(기장 량 / 米부 - 총13획)
樑(들보 량 / 木부 - 총15획)
兩(두 량 / 入부 - 총8획)
輛(수레 량 / 車부 - 총15획)
量(헤아릴 량 / 里부 - 총12획)
糧(양식 량 / 米부 - 총18획)
呂(음률 려 / 口부 - 총7획)
侶(짝 려 / 人부 - 총9획)
閭(이문 려 / 門부 - 총15획)
旅(나그네 려 / 方부 - 총10획)
慮(생각할 려 / 心부 - 총15획)
濾(거를 려 / 水부 - 총18획)
厲(갈 려 / 厂부 - 총15획)
勵(힘쓸 려 / 力부 - 총17획)
礪(거친숫돌 려 / 石부 - 총20획)
戾(어그러질 려 / 戶부 - 총8획)
唳(울 려 / 口부 - 총11획)
黎(검을 려 / 黍부 - 총15획)
麗(고울 려 / 鹿부 - 총19획)
儷(짝 려 / 人부 - 총21획)
驪(가라말 려 / 馬부 - 총29획)
驢(나귀 려 / 馬부 - 총26획)
力(힘 력 / 力부 - 총2획)
曆(책력 력 / 日부 - 총16획)
歷(지낼 력 / 止부 - 총16획)
櫪(말구유 력 / 木부 - 총20획)
霹(벼락 력 / 雨부 - 총24획)

礫(조약돌 력 / 石부 - 총20획)
連(잇닿을 련 / 辵부 - 총11획)
蓮(연꽃 련 / 艸부 - 총15획)
漣(물놀이 련 / 水부 - 총14획)
鰱(연어 련 / 魚부 - 총22획)
煉(불릴 련 / 火부 - 총13획)
練(익힐 련 / 糸부 - 총15획)
鍊(불릴 련 / 金부 - 총17획)
憐(불쌍히 여길 련 / 心부 - 총15획)
聯(연이을 련 / 耳부 - 총17획)
攣(걸릴 련 / 手부 - 총23획)
劣(못할 렬 / 力부 - 총6획)
列(벌일 렬 / 刀부 - 총6획)
烈(매울 렬 / 火부 - 총10획)
裂(찢을 렬 / 衣부 - 총12획)
廉(청렴할 렴 / 广부 - 총13획)
斂(거둘 렴 / 攴부 - 총17획)
獵(사냥 렵 / 犬부 - 총18획)
躐(밟을 렵 / 足부 - 총22획)
令(하여금 령 / 人부 - 총5획)
怜(영리할 령 / 心부 - 총8획)
翎(깃 령 / 羽부 - 총11획)
領(거느릴 령 / 頁부 - 총14획)
嶺(고개 령 / 山부 - 총17획)
零(떨어질 령 / 雨부 - 총13획)
鈴(방울 령 / 金부 - 총13획)
齡(나이 령 / 齒부 - 총20획)
靈(신령 령 / 雨부 - 총24획)
逞(굳셀 령 / 辵부 - 총11획)
例(법식 례 / 人부 - 총8획)
禮(예도 례 / 示부 - 총18획)
醴(단술 례 / 酉부 - 총20획)
隷(종 례 / 隶부 - 총16획)
老(늙은이 로 / 老부 - 총6획)
路(길 로 / 足부 - 총13획)
露(이슬 로 / 雨부 - 총20획)
勞(일할 로 / 力부 - 총12획)
盧(밥그릇 로 / 皿부 - 총16획)
爐(화로 로 / 火부 - 총20획)
蘆(갈대 로 / 艸부 - 총20획)
轤(도르래 로 / 車부 - 총23획)
魯(노둔할 로 / 魚부 - 총15획)
櫓(방패 로 / 木부 - 총19획)
虜(포로 로 / 虍부 - 총12획)
祿(녹 록 / 示부 - 총13획)
錄(기록할 록 / 金부 - 총16획)
鹿(사슴 록 / 鹿부 - 총11획)
轆(도르래 록 / 車부 - 총18획)
碌(푸른돌 록 / 石부 - 총13획)

綠(푸를 록 / 糸부 – 총14획)
論(논할 론 / 言부 – 총15획)
弄(희롱할 롱 / 廾부 – 총7획)
隴(고개 이름 롱 / 阜부 – 총19획)
朧(흐릿할 롱 / 月부 – 총20획)
籠(대그릇 롱 / 竹부 – 총22획)
牢(우리 뢰 / 牛부 – 총7획)
賴(의뢰할 뢰 / 貝부 – 총16획)
雷(우레 뢰 / 雨부 – 총13획)
了(마칠 료 / 亅부 – 총2획)
料(헤아릴 료 / 斗부 – 총10획)
僚(동료 료 / 人부 – 총14획)
燎(화톳불 료 / 火부 – 총16획)
瞭(밝을 료 / 目부 – 총17획)
療(병 고칠 료 / 疒부 – 총17획)
遼(멀 료 / 辵부 – 총16획)
龍(용 룡 / 龍부 – 총16획)
朧(흐릴 룡 / 目부 – 총21획)
屢(여러 루 / 尸부 – 총14획)
樓(다락 루 / 木부 – 총15획)
累(자주 루 / 糸부 – 총11획)
淚(눈물 루 / 水부 – 총11획)
漏(샐 루 / 水부 – 총14획)
陋(좁을 루 / 阜부 – 총9획)
壘(진 루 / 土부 – 총18획)
褸(남루할 루 / 衣부 – 총16획)
鏤(새길 루 / 金부 – 총19획)
流(흐를 류 / 水부 – 총9획)
琉(유리 류 / 玉부 – 총10획)
硫(유황 류 / 石부 – 총12획)
柳(버들 류 / 木부 – 총9획)
留(머무를 류 / 田부 – 총10획)
榴(석류나무 류 / 木부 – 총14획)
鶹(올빼미 류 / 鳥부 – 총21획)
類(무리 류 / 頁부 – 총19획)
謬(그릇될 류 / 言부 – 총18획)
陸(뭍 륙 / 阜부 – 총11획)
倫(인륜 륜 / 人부 – 총10획)
輪(바퀴 륜 / 車부 – 총15획)
栗(밤 률 / 木부 – 총10획)
慄(두려워할 률 / 心부 – 총13획)
率(비율 률 / 玄부 – 총11획)
律(법칙 률 / 彳부 – 총9획)
隆(높을 륭 / 阜부 – 총12획)
肋(갈비 륵 / 肉부 – 총6획)
勒(굴레 륵 / 力부 – 총11획)
凜(찰 름 / 冫부 – 총15획)
廩(곳집 름 / 广부 – 총16획)
陵(언덕 릉 / 阜부 – 총11획)

里(마을 리 / 里부 – 총7획)
俚(속될 리 / 人부 – 총9획)
理(다스릴 리 / 玉부 – 총11획)
裏(속 리 / 衣부 – 총13획)
利(이로울 리 / 刀부 – 총7획)
悧(영리할 리 / 心부 – 총10획)
李(오얏 리 / 木부 – 총7획)
履(신 리 / 尸부 – 총15획)
璃(유리 리 / 玉부 – 총15획)
離(떠날 리 / 隹부 – 총19획)
罹(근심 리 / 网부 – 총16획)
詈(꾸짖을 리 / 言부 – 총12획)
吝(아낄 린 / 口부 – 총7획)
隣(이웃 린 / 阜부 – 총15획)
燐(도깨비불 린 / 火부 – 총16획)
鱗(비늘 린 / 魚부 – 총23획)
麟(기린 린 / 鹿부 – 총23획)
躪(짓밟을 린 / 足부 – 총27획)
林(수풀 림 / 木부 – 총8획)
臨(임할 림 / 臣부 – 총17획)
立(설 립 / 立부 – 총5획)
粒(낟알 립 / 米부 – 총11획)
笠(삿갓 립 / 竹부 – 총11획)

ㅁ

馬(말 마 / 馬부 – 총10획)
媽(어미 마 / 女부 – 총13획)
瑪(마노 마 / 玉부 – 총14획)
碼(마노 마 / 石부 – 총15획)
麻(삼 마 / 麻부 – 총11획)
磨(갈 마 / 石부 – 총16획)
痲(저릴 마 / 广부 – 총13획)
摩(문지를 마 / 手부 – 총15획)
魔(마귀 마 / 鬼부 – 총21획)
莫(없을 막 / 艸부 – 총11획)
漠(사막 막 / 水부 – 총14획)
寞(쓸쓸할 막 / 宀부 – 총14획)
膜(막 막 / 肉부 – 총15획)
幕(막 막 / 巾부 – 총14획)
万(일만 만 / 一부 – 총3획)
卍(만자 만 / 十부 – 총6획)
萬(일만 만 / 艸부 – 총13획)
滿(찰 만 / 水부 – 총14획)
瞞(속일 만 / 目부 – 총16획)
娩(해산할 만 / 女부 – 총10획)
晩(늦을 만 / 日부 – 총11획)
輓(끌 만 / 車부 – 총14획)
曼(끌 만 / 曰부 – 총11획)
漫(흩어질 만 / 水부 – 총14획)

慢(게으를 만 / 心부 - 총14획)
蔓(덩굴 만 / 艸부 - 총15획)
饅(만두 만 / 食부 - 총20획)
蠻(오랑캐 만 / 虫부 - 총25획)
彎(굽을 만 / 弓부 - 총22획)
灣(물굽이 만 / 水부 - 총25획)
末(끝 말 / 木부 - 총5획)
沫(거품 말 / 水부 - 총8획)
抹(바를 말 / 手부 - 총8획)
秣(꼴 말 / 禾부 - 총10획)
靺(말갈 말 / 革부 - 총14획)
襪(버선 말 / 衣부 - 총20획)
亡(망할 망 / 亠부 - 총3획)
忙(바쁠 망 / 心부 - 총6획)
邙(산 이름 망 / 邑부 - 총6획)
妄(망녕될 망 / 女부 - 총6획)
忘(잊을 망 / 心부 - 총7획)
芒(까끄라기 망 / 艸부 - 총7획)
茫(아득할 망 / 艸부 - 총10획)
望(바랄 망 / 月부 - 총11획)
罔(그물 망 / 网부 - 총8획)
惘(멍할 망 / 心부 - 총11획)
網(그물 망 / 糸부 - 총14획)
每(매양 매 / 毋부 - 총7획)
梅(매화 매 / 木부 - 총11획)
埋(묻을 매 / 土부 - 총10획)
買(살 매 / 貝부 - 총12획)
賣(팔 매 / 貝부 - 총15획)
妹(누이 매 / 女부 - 총8획)
昧(어두울 매 / 日부 - 총9획)
寐(잠잘 매 / 宀부 - 총12획)
魅(도깨비 매 / 鬼부 - 총15획)
媒(중매 매 / 女부 - 총12획)
煤(그을음 매 / 火부 - 총13획)
罵(욕할 매 / 网부 - 총15획)
脈(맥 맥 / 肉부 - 총10획)
麥(보리 맥 / 麥부 - 총11획)
驀(말 탈 맥 / 馬부 - 총21획)
貊(북방 종족 맥 / 豸부 - 총13획)
孟(맏 맹 / 子부 - 총8획)
猛(사나울 맹 / 犬부 - 총11획)
盲(소경 맹 / 目부 - 총8획)
盟(맹세할 맹 / 皿부 - 총13획)
萌(싹 맹 / 艸부 - 총12획)
氓(백성 맹 / 氏부 - 총8획)
甿(땅 이름 맹 / 邑부부 - 총16획)
覓(찾을 멱 / 見부 - 총11획)
冪(덮을 멱 / 冖부 - 총16획)
免(면할 면 / 儿부 - 총7획)

勉(힘쓸 면 / 力부 - 총9획)
面(낯 면 / 面부 - 총9획)
麵(밀가루 면 / 麥부 - 총20획)
眠(잠잘 면 / 目부 - 총10획)
眄(애꾸눈 면 / 目부 - 총9획)
棉(목화 면 / 木부 - 총12획)
綿(솜 면 / 糸부 - 총14획)
滅(멸할 멸 / 水부 - 총13획)
蔑(업신여길 멸 / 艸부 - 총15획)
名(이름 명 / 口부 - 총6획)
銘(새길 명 / 金부 - 총14획)
冥(어두울 명 / 冖부 - 총10획)
命(목숨 명 / 口부 - 총8획)
明(밝을 명 / 日부 - 총8획)
鳴(울 명 / 鳥부 - 총14획)
母(어머니 모 / 母부 - 총5획)
侮(업신여길 모 / 人부 - 총9획)
毛(털 모 / 毛부 - 총4획)
耗(줄 모 / 耒부 - 총10획)
某(아무 모 / 木부 - 총9획)
慕(그릴 모 / 心부 - 총15획)
摸(본뜰 모 / 手부 - 총14획)
模(본뜰 모 / 木부 - 총15획)
謨(꾀 모 / 言부 - 총18획)
募(모을 모 / 力부 - 총13획)
暮(저물 모 / 日부 - 총15획)
謀(꾀할 모 / 言부 - 총16획)
貌(얼굴 모 / 豸부 - 총14획)
冒(무릅쓸 모 / 冂부 - 총9획)
帽(모자 모 / 巾부 - 총12획)
牟(소 우는 소리 모 / 牛부 - 총6획)
侔(가지런할 모 / 人부 - 총8획)
牡(수컷 모 / 牛부 - 총7획)
矛(창 모 / 矛부 - 총5획)
茅(띠 모 / 艸부 - 총9획)
木(나무 목 / 木부 - 총4획)
沐(머리 감을 목 / 水부 - 총7획)
目(눈 목 / 目부 - 총5획)
牧(칠 목 / 牛부 - 총8획)
鶩(집오리 목 / 鳥부 - 총20획)
睦(화목할 목 / 目부 - 총13획)
穆(화목할 목 / 禾부 - 총16획)
沒(가라앉을 몰 / 水부 - 총7획)
歿(죽을 몰 / 歹부 - 총8획)
夢(꿈 몽 / 夕부 - 총14획)
蒙(어두울 몽 / 艸부 - 총14획)
朦(흐릴 몽 / 月부 - 총18획)
矇(청맹과니 몽 / 目부 - 총19획)
卯(토끼 묘 / 卩부 - 총5획)

妙(묘할 묘 / 女부 - 총7획)
眇(애꾸눈 묘 / 目부 - 총9획)
秒(까끄라기 묘 / 禾부 - 총9획)
苗(모 묘 / 艸부 - 총9획)
描(그릴 묘 / 手부 - 총12획)
猫(고양이 묘 / 犬부 - 총12획)
墓(무덤 묘 / 土부 - 총14획)
廟(사당 묘 / 广부 - 총15획)
武(호반 무 / 止부 - 총8획)
鵡(앵무새 무 / 鳥부 - 총18획)
務(힘쓸 무 / 力부 - 총11획)
霧(안개 무 / 雨부 - 총19획)
無(없을 무 / 火부 - 총12획)
撫(어루만질 무 / 手부 - 총15획)
蕪(거칠어질 무 / 艸부 - 총16획)
舞(춤출 무 / 舛부 - 총14획)
戊(천간 무 / 戈부 - 총5획)
茂(우거질 무 / 艸부 - 총9획)
貿(바꿀 무 / 貝부 - 총12획)
巫(무당 무 / 工부 - 총7획)
誣(무고할 무 / 言부 - 총14획)
繆(얽을 무 / 糸부 - 총17획)
墨(먹 묵 / 土부 - 총15획)
默(잠잠할 묵 / 黑부 - 총16획)
文(글월 문 / 文부 - 총4획)
蚊(모기 문 / 虫부 - 총10획)
紋(무늬 문 / 糸부 - 총10획)
紊(어지러울 문 / 糸부 - 총10획)
門(문 문 / 門부 - 총8획)
捫(어루만질 문 / 手부 - 총11획)
問(물을 문 / 口부 - 총11획)
聞(들을 문 / 耳부 - 총14획)
刎(목 벨 문 / 刀부 - 총6획)
吻(입술 문 / 口부 - 총7획)
勿(말 물 / 勹부 - 총4획)
物(물건 물 / 牛부 - 총8획)
末(아닐 미 / 木부 - 총5획)
味(맛 미 / 口부 - 총8획)
美(아름다울 미 / 羊부 - 총9획)
米(쌀 미 / 米부 - 총6획)
迷(미혹할 미 / 辵부 - 총10획)
尾(꼬리 미 / 尸부 - 총7획)
微(작을 미 / 彳부 - 총13획)
薇(장미 미 / 艸부 - 총17획)
眉(눈썹 미 / 目부 - 총9획)
縻(고삐 미 / 糸부 - 총17획)
彌(두루 미 / 弓부 - 총17획)
敏(민첩할 민 / 攵부 - 총11획)
民(백성 민 / 氏부 - 총5획)

愍(근심할 민 / 心부 - 총13획)
悶(번민할 민 / 心부 - 총12획)
閔(성씨 민 / 門부 - 총12획)
憫(근심할 민 / 心부 - 총15획)
密(빽빽할 밀 / 宀부 - 총11획)
蜜(꿀 밀 / 虫부 - 총14획)

ㅂ

朴(성씨 박 / 木부 - 총6획)
泊(머무를 박 / 水부 - 총8획)
拍(칠 박 / 手부 - 총8획)
舶(큰 배 박 / 舟부 - 총11획)
迫(닥칠 박 / 辵부 - 총9획)
箔(발 박 / 竹부 - 총14획)
博(넓을 박 / 十부 - 총12획)
搏(잡을 박 / 手부 - 총13획)
縛(묶을 박 / 糸부 - 총16획)
薄(엷을 박 / 艸부 - 총17획)
樸(순박할 박 / 木부 - 총16획)
剝(벗길 박 / 刀부 - 총10획)
雹(우박 박 / 雨부 - 총13획)
駁(얼룩말 박 / 馬부 - 총14획)
反(돌아올 반 / 又부 - 총4획)
返(돌이킬 반 / 辵부 - 총8획)
叛(배반할 반 / 又부 - 총9획)
飯(밥 반 / 食부 - 총13획)
半(반 반 / 十부 - 총5획)
伴(짝 반 / 人부 - 총7획)
畔(밭두둑 반 / 田부 - 총10획)
絆(얽어맬 반 / 糸부 - 총11획)
班(나눌 반 / 玉부 - 총10획)
斑(아롱질 반 / 文부 - 총12획)
般(일반 반 / 舟부 - 총10획)
搬(옮길 반 / 手부 - 총13획)
槃(쟁반 반 / 木부 - 총14획)
盤(소반 반 / 皿부 - 총15획)
攀(더위잡을 반 / 手부 - 총19획)
礬(명반 반 / 石부 - 총20획)
頒(나눌 반 / 頁부 - 총13획)
潘(뜨물 반 / 水부 - 총15획)
發(필 발 / 弓부 - 총13획)
發(필 발 / 癶부 - 총12획)
潑(뿌릴 발 / 水부 - 총15획)
撥(다스릴 발 / 手부 - 총15획)
醱(술 괼 발 / 酉부 - 총19획)
髮(터럭 발 / 髟부 - 총15획)
拔(뽑을 발 / 手부 - 총8획)
跋(밟을 발 / 足부 - 총12획)
鉢(바리때 발 / 金부 - 총13획)

勃(우쩍 일어날 발 / 力부 - 총9획)
渤(바다 이름 발 / 水부 - 총12획)
方(모 방 / 方부 - 총4획)
妨(방해할 방 / 女부 - 총7획)
防(막을 방 / 阜부 - 총7획)
坊(동네 방 / 土부 - 총7획)
彷(거닐 방 / 彳부 - 총7획)
枋(다목 방 / 木부 - 총8획)
肪(기름 방 / 肉부 - 총8획)
芳(꽃다울 방 / 艸부 - 총8획)
放(놓을 방 / 攴부 - 총8획)
倣(본뜰 방 / 人부 - 총10획)
房(방 방 / 戶부 - 총8획)
訪(찾을 방 / 言부 - 총11획)
旁(곁 방 / 方부 - 총10획)
傍(곁 방 / 人부 - 총12획)
膀(쌍배 방 / 肉부 - 총14획)
榜(방 붙일 방 / 木부 - 총14획)
謗(헐뜯을 방 / 言부 - 총17획)
邦(나라 방 / 邑부 - 총7획)
蚌(방합 방 / 虫부 - 총10획)
北(달아날 배 / 匕부 - 총5획)
拜(절 배 / 手부 - 총9획)
杯(잔 배 / 木부 - 총8획)
倍(곱 배 / 人부 - 총10획)
培(북돋울 배 / 土부 - 총11획)
配(짝 배 / 酉부 - 총10획)
背(등 배 / 肉부 - 총9획)
褙(속적삼 배 / 衣부 - 총14획)
俳(광대 배 / 人부 - 총10획)
排(밀칠 배 / 手부 - 총11획)
裵(성씨 배 / 衣부 - 총14획)
輩(무리 배 / 車부 - 총15획)
胚(아이 밸 배 / 肉부 - 총9획)
菩(모사풀 배 / 艸부 - 총12획)
白(흰 백 / 白부 - 총5획)
伯(맏 백 / 人부 - 총7획)
帛(비단 백 / 巾부 - 총8획)
魄(넋 백 / 鬼부 - 총15획)
百(일백 백 / 白부 - 총6획)
栢(나무 이름 백 / 木부 - 총10획)
番(차례 번 / 田부 - 총12획)
燔(구울 번 / 火부 - 총16획)
煩(번거로울 번 / 火부 - 총13획)
繁(번성할 번 / 糸부 - 총17획)
飜(번역할 번 / 飛부 - 총21획)
樊(울 번 / 木부 - 총15획)
伐(칠 벌 / 人부 - 총6획)
罰(벌할 벌 / 网부 - 총14획)

凡(무릇 범 / 几부 - 총3획)
帆(돛 범 / 巾부 - 총6획)
汎(뜰 범 / 水부 - 총6획)
梵(범어 범 / 木부 - 총11획)
犯(범할 범 / 犬부 - 총5획)
氾(넘칠 범 / 水부 - 총5획)
範(법 범 / 竹부 - 총15획)
法(법 법 / 水부 - 총8획)
僻(후미질 벽 / 人부 - 총15획)
壁(벽 벽 / 土부 - 총16획)
碧(푸를 벽 / 石부 - 총14획)
璧(둥근 옥 벽 / 玉부 - 총18획)
癖(적취 벽 / 疒부 - 총18획)
闢(열 벽 / 門부 - 총21획)
霹(벼락 벽 / 雨부 - 총21획)
鼊(거북 벽 / 黽부 - 총26획)
便(똥오줌 변 / 人부 - 총9획)
辨(분별할 변 / 辛부 - 총16획)
辯(말 잘할 변 / 辛부 - 총21획)
邊(가 변 / 辵부 - 총19획)
邉(가 변 / 辵부 - 총20획)
變(변할 변 / 言부 - 총23획)
別(나눌 별 / 刀부 - 총7획)
彆(활 뒤틀릴 별 / 弓부 - 총15획)
瞥(언뜻 볼 별 / 目부 - 총17획)
鱉(자라 별 / 黽부 - 총25획)
病(병 병 / 疒부 - 총10획)
兵(군사 병 / 八부 - 총7획)
丙(남녘 병 / 一부 - 총5획)
並(아우를 병 / 一부 - 총8획)
竝(아우를 병 / 立부 - 총10획)
屛(병풍 병 / 尸부 - 총11획)
瓶(병 병 / 瓦부 - 총11획)
餠(떡 병 / 食부 - 총17획)
保(지킬 보 / 人부 - 총9획)
褓(포대기 보 / 衣부 - 총14획)
堡(작은 성 보 / 土부 - 총12획)
步(걸음 보 / 止부 - 총7획)
報(갚을 보 / 土부 - 총12획)
甫(클 보 / 用부 - 총7획)
補(기울 보 / 衣부 - 총12획)
輔(덧방나무 보 / 車부 - 총14획)
鴇(능에 보 / 鳥부 - 총15획)
寶(보배 보 / 宀부 - 총20획)
普(넓을 보 / 日부 - 총12획)
譜(족보 보 / 言부 - 총19획)
菩(보리 보 / 艸부 - 총12획)
洑(보 보 / 水부 - 총9획)
卜(점 복 / 卜부 - 총2획)

伏(엎드릴 복 / 人부 - 총6획)
洑(나루 복 / 水부 - 총9획)
福(복 복 / 示부 - 총14획)
服(옷 복 / 月부 - 총8획)
復(돌아올 복 / 彳부 - 총12획)
腹(배 복 / 肉부 - 총13획)
複(겹칠 복 / 衣부 - 총14획)
覆(뒤집힐 복 / 襾부 - 총18획)
本(근본 본 / 木부 - 총5획)
奉(받들 봉 / 大부 - 총8획)
捧(받들 봉 / 手부 - 총11획)
棒(몽둥이 봉 / 木부 - 총12획)
峯(봉우리 봉 / 山부 - 총10획)
烽(봉화 봉 / 火부 - 총11획)
逢(만날 봉 / 辵부 - 총11획)
蜂(벌 봉 / 虫부 - 총13획)
縫(꿰맬 봉 / 糸부 - 총17획)
封(봉할 봉 / 寸부 - 총9획)
鳳(봉새 봉 / 鳥부 - 총14획)
夫(지아비 부 / 大부 - 총4획)
扶(도울 부 / 手부 - 총7획)
趺(책상다리할 부 / 足부 - 총11획)
父(아버지 부 / 父부 - 총4획)
部(떼 부 / 邑부 - 총11획)
不(아닐 부 / 一부 - 총4획)
否(아닐 부 / 口부 - 총7획)
浮(뜰 부 / 水부 - 총10획)
莩(풀이름 부 / 艸부 - 총11획)
孵(알 깔 부 / 子부 - 총14획)
付(줄 부 / 人부 - 총5획)
附(붙을 부 / 阜부 - 총8획)
咐(분부할 부 / 口부 - 총8획)
鮒(붕어 부 / 魚부 - 총16획)
駙(곁마 부 / 馬부 - 총15획)
府(곳집 부 / 广부 - 총8획)
俯(구부릴 부 / 人부 - 총10획)
符(부호 부 / 竹부 - 총11획)
腐(썩을 부 / 肉부 - 총14획)
簿(장부 부 / 竹부 - 총19획)
負(질 부 / 貝부 - 총9획)
副(버금 부 / 刀부 - 총11획)
富(부유할 부 / 宀부 - 총12획)
婦(며느리 부 / 女부 - 총11획)
赴(다다를 부 / 走부 - 총9획)
賦(구실 부 / 貝부 - 총14획)
斧(도끼 부 / 斤부 - 총8획)
釜(가마 부 / 金부 - 총10획)
傅(스승 부 / 人부 - 총12획)
膚(살갗 부 / 肉부 - 총15획)

埠(선창 부 / 土부 - 총11획)
復(다시 부 / 彳부 - 총12획)
北(북녘 북 / 匕부 - 총5획)
分(나눌 분 / 刀부 - 총4획)
扮(꾸밀 분 / 手부 - 총7획)
芬(향기로울 분 / 艸부 - 총8획)
昐(햇빛 분 / 日부 - 총8획)
紛(어지러울 분 / 糸부 - 총10획)
粉(가루 분 / 米부 - 총10획)
盆(동이 분 / 皿부 - 총9획)
雰(안개 분 / 雨부 - 총12획)
奔(달릴 분 / 大부 - 총9획)
憤(분할 분 / 心부 - 총15획)
墳(무덤 분 / 土부 - 총15획)
噴(뿜을 분 / 口부 - 총15획)
奮(떨칠 분 / 大부 - 총16획)
焚(불사를 분 / 火부 - 총12획)
不(아닐 불 / 一부 - 총4획)
弗(아닐 불 / 弓부 - 총5획)
佛(부처 불 / 人부 - 총7획)
拂(떨칠 불 / 手부 - 총8획)
朋(벗 붕 / 月부 - 총8획)
硼(붕산 붕 / 石부 - 총13획)
鵬(붕새 붕 / 鳥부 - 총19획)
崩(무너질 붕 / 山부 - 총11획)
繃(묶을 붕 / 糸부 - 총17획)
比(견줄 비 / 比부 - 총4획)
批(비평할 비 / 手부 - 총7획)
妣(죽은 어미 비 / 女부 - 총7획)
琵(비파 비 / 玉부 - 총12획)
非(아닐 비 / 非부 - 총8획)
菲(엷을 비 / 艸부 - 총12획)
悲(슬플 비 / 心부 - 총12획)
翡(물총새 비 / 羽부 - 총14획)
蜚(바퀴 비 / 虫부 - 총14획)
匪(대상자 비 / 匚부 - 총10획)
榧(비자나무 비 / 木부 - 총14획)
緋(붉은빛 비 / 糸부 - 총14획)
飛(날 비 / 飛부 - 총9획)
卑(낮을 비 / 十부 - 총8획)
婢(여자 종 비 / 女부 - 총11획)
碑(비석 비 / 石부 - 총13획)
裨(도울 비 / 衣부 - 총13획)
脾(지라 비 / 肉부 - 총12획)
髀(넓적다리 비 / 骨부 - 총18획)
妃(왕비 비 / 女부 - 총6획)
肥(살찔 비 / 肉부 - 총8획)
秘(숨길 비 / 禾부 - 총10획)
否(막힐 비 / 口부 - 총7획)

費(쓸 비 / 貝부 - 총12획)
備(갖출 비 / 人부 - 총12획)
鼻(코 비 / 鼻부 - 총14획)
沸(끓을 비 / 水부 - 총8획)
泌(샘물 흐르는 모양 비 / 水부 - 총8획)
鄙(더러울 비 / 邑부 - 총14획)
臂(팔 비 / 肉부 - 총17획)
譬(비유할 비 / 言부 - 총20획)
痺(저릴 비 / 疒부 - 총13획)
轡(고삐 비 / 車부 - 총22획)
牝(암컷 빈 / 牛부 - 총6획)
貧(가난할 빈 / 貝부 - 총11획)
頻(자주 빈 / 頁부 - 총16획)
賓(손 빈 / 貝부 - 총14획)
臏(종지뼈 빈 / 肉부 - 총18획)
矉(찡그릴 빈 / 目부 - 총19획)
繽(어지러울 빈 / 糸부 - 총20획)
鬢(살쩍 빈 / 髟부 - 총24획)
氷(얼음 빙 / 水부 - 총5획)
聘(부를 빙 / 耳부 - 총13획)

ㅅ

四(넉 사 / 口부 - 총5획)
泗(물 이름 사 / 水부 - 총8획)
駟(사마 사 / 馬부 - 총15획)
士(선비 사 / 士부 - 총3획)
仕(벼슬할 사 / 人부 - 총5획)
史(역사 사 / 口부 - 총5획)
師(스승 사 / 巾부 - 총10획)
獅(사자 사 / 犬부 - 총13획)
篩(체 사 / 竹부 - 총16획)
死(죽을 사 / 歹부 - 총6획)
思(생각 사 / 心부 - 총9획)
事(일 사 / 亅부 - 총8획)
射(쏠 사 / 寸부 - 총10획)
謝(사례할 사 / 言부 - 총17획)
麝(사향노루 사 / 鹿부 - 총21획)
使(하여금 사 / 人부 - 총8획)
舍(집 사 / 舌부 - 총8획)
捨(버릴 사 / 手부 - 총11획)
巳(뱀 사 / 己부 - 총3획)
祀(제사 사 / 示부 - 총8획)
寺(절 사 / 寸부 - 총6획)
私(사사 사 / 禾부 - 총7획)
絲(실 사 / 糸부 - 총12획)
似(같을 사 / 人부 - 총7획)
斯(이 사 / 斤부 - 총12획)
沙(모래 사 / 水부 - 총7획)
砂(모래 사 / 石부 - 총9획)

蛇(뱀 사 / 虫부 - 총11획)
詐(속일 사 / 言부 - 총12획)
賜(줄 사 / 貝부 - 총15획)
寫(베낄 사 / 宀부 - 총15획)
瀉(쏟을 사 / 水부 - 총18획)
辭(말씀 사 / 辛부 - 총19획)
邪(간사할 사 / 邑부 - 총7획)
査(조사할 사 / 木부 - 총9획)
斜(비낄 사 / 斗부 - 총11획)
司(맡을 사 / 口부 - 총5획)
祠(사당 사 / 示부 - 총10획)
詞(말 사 / 言부 - 총12획)
飼(먹일 사 / 食부 - 총14획)
嗣(이을 사 / 口부 - 총13획)
社(모일 사 / 示부 - 총8획)
些(적을 사 / 二부 - 총7획)
蓑(도롱이 사 / 艸부 - 총14획)
徙(옮길 사 / 彳부 - 총11획)
赦(용서할 사 / 赤부 - 총11획)
唆(부추길 사 / 口부 - 총10획)
奢(사치할 사 / 大부 - 총12획)
裟(가사 사 / 衣부 - 총13획)
肆(방자할 사 / 聿부 - 총13획)
籭(체 사 / 竹부-총25획)
削(깎을 삭 / 刀부 - 총9획)
朔(초하루 삭 / 月부 - 총10획)
索(동아줄 삭 / 糸부 - 총10획)
山(뫼 산 / 山부 - 총3획)
産(낳을 산 / 生부 - 총11획)
算(셈 산 / 竹부 - 총14획)
散(흩을 산 / 攴부 - 총12획)
繖(일산 산 / 糸부 - 총18획)
珊(산호 산 / 玉부 - 총9획)
傘(우산 산 / 人부 - 총12획)
蒜(달래 산 / 艸부 - 총14획)
酸(초 산 / 酉부 - 총14획)
殺(죽일 살 / 殳부 - 총11획)
薩(보살 살 / 艸부 - 총18획)
三(석 삼 / 一부 - 총3획)
森(수풀 삼 / 木부 - 총12획)
芟(벨 삼 / 艸부 - 총8획)
參(석 삼 / 厶부 - 총11획)
蔘(인삼 삼 / 艸부 - 총15획)
揷(꽂을 삽 / 手부 - 총12획)
鍤(가래 삽 / 金부 - 총17획)
澁(떫을 삽 / 水부 - 총15획)
上(위 상 / 一부 - 총3획)
尙(오히려 상 / 小부 - 총8획)
常(항상 상 / 巾부 - 총11획)

裳(치마 상 / 衣부 - 총14획)
賞(상줄 상 / 貝부 - 총15획)
嘗(맛볼 상 / 口부 - 총14획)
償(갚을 상 / 人부 - 총17획)
商(장사 상 / 口부 - 총11획)
相(서로 상 / 目부 - 총9획)
想(생각 상 / 心부 - 총13획)
箱(상자 상 / 竹부 - 총15획)
霜(서리 상 / 雨부 - 총17획)
傷(상할 상 / 人부 - 총13획)
觴(잔 상 / 角부 - 총18획)
喪(죽을 상 / 口부 - 총12획)
祥(상서로울 상 / 示부 - 총11획)
詳(자세할 상 / 言부 - 총13획)
床(상 상 / 广부 - 총7획)
象(코끼리 상 / 豕부 - 총12획)
像(모양 상 / 人부 - 총14획)
桑(뽕나무 상 / 木부 - 총10획)
狀(형상 상 / 犬부 - 총8획)
牀(평상 상 / 爿부 - 총8획)
爽(시원할 상 / 爻부 - 총11획)
雙(쌍 쌍 / 隹부 - 총18획)
塞(변방 새 / 土부 - 총13획)
璽(도장 새 / 玉부 - 총19획)
色(빛 색 / 色부 - 총6획)
索(찾을 색 / 糸부 - 총10획)
塞(막힐 색 / 土부 - 총13획)
嗇(아낄 색 / 口부 - 총13획)
穡(거둘 색 / 禾부 - 총18획)
賾(깊숙할 색 / 貝부 - 총17획)
生(날 생 / 生부 - 총5획)
牲(희생 생 / 牛부 - 총9획)
笙(생황 생 / 竹부 - 총11획)
甥(생질 생 / 生부 - 총12획)
省(덜 생 / 目부 - 총9획)
西(서녘 서 / 襾부 - 총6획)
序(차례 서 / 广부 - 총7획)
抒(풀 서 / 手부 - 총7획)
舒(펼 서 / 舌부 - 총12획)
書(글 서 / 曰부 - 총10획)
暑(더울 서 / 日부 - 총13획)
署(관청 서 / 网부 - 총14획)
曙(새벽 서 / 日부 - 총18획)
薯(참마 서 / 艸부 - 총18획)
敍(펼 서 / 攴부 - 총11획)
徐(천천히 할 서 / 彳부 - 총10획)
蜍(두꺼비 서 / 虫부 - 총13획)
舒(펼 서 / 舌부 - 총12획)
庶(여러 서 / 广부 - 총11획)

恕(용서할 서 / 心부 - 총10획)
緒(실마리 서 / 糸부 - 총15획)
誓(맹세할 서 / 言부 - 총14획)
逝(갈 서 / 辵부 - 총11획)
胥(서로 서 / 肉부 - 총9획)
壻(사위 서 / 土부 - 총12획)
黍(기장 서 / 黍부 - 총12획)
嶼(섬 서 / 山부 - 총17획)
薁(아름다울 서 / 艸부 - 총18획)
棲(깃들일 서 / 木부 - 총12획)
鼠(쥐 서 / 鼠부 - 총13획)
絮(솜 서 / 糸부 - 총12획)
鋤(호미 서 / 金부 - 총15획)
夕(저녁 석 / 夕부 - 총3획)
石(돌 석 / 石부 - 총5획)
昔(예 석 / 日부 - 총8획)
惜(아낄 석 / 心부 - 총11획)
席(자리 석 / 巾부 - 총10획)
析(쪼갤 석 / 木부 - 총8획)
錫(주석 석 / 金부 - 총16획)
碩(클 석 / 石부 - 총14획)
釋(풀 석 / 釆부 - 총20획)
先(먼저 선 / 儿부 - 총6획)
洗(깨끗할 선 / 水부 - 총9획)
腺(샘 선 / 肉부 - 총13획)
線(줄 선 / 糸부 - 총15획)
善(착할 선 / 口부 - 총12획)
膳(반찬 선 / 肉부 - 총16획)
繕(기울 선 / 糸부 - 총18획)
選(가릴 선 / 辵부 - 총16획)
鮮(고울 선 / 魚부 - 총17획)
船(배 선 / 舟부 - 총11획)
仙(신선 선 / 人부 - 총5획)
宣(베풀 선 / 宀부 - 총9획)
禪(선 선 / 示부 - 총17획)
蟬(매미 선 / 虫부 - 총18획)
旋(돌 선 / 方부 - 총11획)
扇(부채 선 / 戶부 - 총10획)
舌(혀 설 / 舌부 - 총6획)
雪(눈 설 / 雨부 - 총11획)
說(말씀 설 / 言부 - 총14획)
設(베풀 설 / 言부 - 총11획)
泄(샐 설 / 水부 - 총8획)
渫(파낼 설 / 水부 - 총12획)
屑(가루 설 / 尸부 - 총10획)
薛(맑은대쑥 설 / 艸부 - 총17획)
褻(더러울 설 / 衣부 - 총17획)
卨(사람 이름 설 / 卜부 - 총11획)
楔(문설주 설 / 木부 - 총13획)

齧(물 설 / 齒부 - 총21획)
閃(번쩍할 섬 / 門부 - 총10획)
蟾(두꺼비 섬 / 虫부 - 총19획)
殲(다 죽일 섬 / 歹부 - 총21획)
纖(가늘 섬 / 糸부 - 총23획)
陝(고을 이름 섬 / 阜부 - 총10획)
贍(넉넉할 섬 / 貝부 - 총20획)
暹(해 돋을 섬 / 日부 - 총16획)
涉(건널 섭 / 水부 - 총10획)
燮(불꽃 섭 / 火부 - 총17획)
攝(당길 섭 / 手부 - 총21획)
姓(성씨 성 / 女부 - 총8획)
性(성품 성 / 心부 - 총8획)
成(이룰 성 / 戈부 - 총7획)
城(재 성 / 土부 - 총10획)
誠(정성 성 / 言부 - 총14획)
盛(성할 성 / 皿부 - 총12획)
省(살필 성 / 目부 - 총9획)
星(별 성 / 日부 - 총9획)
醒(깰 성 / 酉부 - 총16획)
聖(성인 성 / 耳부 - 총13획)
聲(소리 성 / 耳부 - 총17획)
世(인간 세 / 一부 - 총5획)
貰(세낼 세 / 貝부 - 총12획)
洗(씻을 세 / 水부 - 총9획)
帨(수건 세 / 巾부 - 총10획)
稅(세금 세 / 禾부 - 총12획)
細(가늘 세 / 糸부 - 총11획)
說(달랠 세 / 言부 - 총14획)
勢(형세 세 / 力부 - 총13획)
歲(해 세 / 止부 - 총13획)
小(작을 소 / 小부 - 총3획)
少(적을 소 / 小부 - 총4획)
所(바 소 / 戶부 - 총8획)
消(사라질 소 / 水부 - 총10획)
素(흴 소 / 糸부 - 총10획)
笑(웃을 소 / 竹부 - 총10획)
召(부를 소 / 口부 - 총5획)
昭(밝을 소 / 日부 - 총9획)
紹(이을 소 / 糸부 - 총11획)
蘇(되살아날 소 / 艸부 - 총20획)
搔(긁을 소 / 手부 - 총13획)
騷(떠들 소 / 馬부 - 총20획)
燒(사를 소 / 火부 - 총16획)
訴(하소연할 소 / 言부 - 총12획)
掃(쓸 소 / 手부 - 총11획)
疏(트일 소 / 疋부 - 총11획)
蔬(푸성귀 소 / 艸부 - 총15획)
逍(거닐 소 / 辵부 - 총11획)

銷(녹일 소 / 金부 - 총15획)
霄(하늘 소 / 雨부 - 총15획)
巢(집 소 / 巛부 - 총11획)
嘯(휘파람 불 소 / 口부 - 총15획)
蕭(쓸쓸할 소 / 艸부 - 총16획)
瀟(강 이름 소 / 水부 - 총19획)
簫(퉁소 소 / 竹부 - 총18획)
俗(풍속 속 / 人부 - 총9획)
束(묶을 속 / 木부 - 총7획)
速(빠를 속 / 辵부 - 총11획)
續(이을 속 / 糸부 - 총21획)
粟(조 속 / 米부 - 총12획)
屬(엮을 속 / 尸부 - 총21획)
贖(속바칠 속 / 貝부 - 총22획)
謖(일어날 속 / 言부 - 총17획)
孫(손자 손 / 子부 - 총10획)
遜(겸손할 손 / 辵부 - 총14획)
損(덜 손 / 手부 - 총13획)
飧(저녁밥 손 / 食부 - 총13획)
率(거느릴 솔 / 玄부 - 총11획)
帥(거느릴 솔 / 巾부 - 총9획)
送(보낼 송 / 辵부 - 총10획)
松(소나무 송 / 木부 - 총8획)
訟(송사할 송 / 言부 - 총11획)
頌(기릴 송 / 頁부 - 총13획)
誦(욀 송 / 言부 - 총14획)
悚(두려워할 송 / 心부 - 총10획)
刷(인쇄할 쇄 / 刀부 - 총8획)
殺(빠를 쇄 / 殳부 - 총11획)
灑(뿌릴 쇄 / 水부 - 총22획)
瑣(옥소리 쇄 / 玉부 - 총13획)
鎖(쇠사슬 쇄 / 金부 - 총18획)
衰(쇠할 쇠 / 衣부 - 총10획)
水(물 수 / 水부 - 총4획)
手(손 수 / 手부 - 총4획)
受(받을 수 / 又부 - 총8획)
授(줄 수 / 手부 - 총11획)
守(지킬 수 / 宀부 - 총6획)
收(거둘 수 / 攴부 - 총6획)
數(셈 수 / 攴부 - 총15획)
首(머리 수 / 首부 - 총9획)
誰(누구 수 / 言부 - 총15획)
須(모름지기 수 / 頁부 - 총12획)
雖(비록 수 / 隹부 - 총17획)
愁(근심 수 / 心부 - 총13획)
樹(나무 수 / 木부 - 총16획)
壽(목숨 수 / 士부 - 총14획)
修(닦을 수 / 人부 - 총10획)
秀(빼어날 수 / 禾부 - 총7획)

囚(가둘 수 / 口부 - 총5획)
睡(졸음 수 / 目부 - 총13획)
輸(보낼 수 / 車부 - 총16획)
遂(드디어 수 / 辵부 - 총13획)
邃(깊을 수 / 辵부 - 총18획)
隨(따를 수 / 阜부 - 총16획)
帥(장수 수 / 巾부 - 총9획)
獸(짐승 수 / 犬부 - 총19획)
殊(다를 수 / 歹부 - 총10획)
需(구할 수 / 雨부 - 총14획)
垂(드리울 수 / 土부 - 총8획)
搜(찾을 수 / 手부 - 총13획)
粹(순수할 수 / 米부 - 총14획)
酬(갚을 수 / 酉부 - 총13획)
蒐(꼭두서니 수 / 艸부 - 총14획)
漱(양치질할 수 / 水부 - 총14획)
袖(소매 수 / 衣부 - 총10획)
嫂(형수 수 / 女부 - 총13획)
溲(반죽할 수 / 水부 - 총13획)
羞(부끄러울 수 / 羊부 - 총11획)
狩(사냥 수 / 犬부 - 총9획)
讐(원수 수 / 言부 - 총23획)
髓(골수 수 / 骨부 - 총23획)
繡(수놓을 수 / 糸부 - 총18획)
鬚(수염 수 / 髟부 - 총22획)
燧(부싯돌 수 / 火부 - 총17획)
豎(더벅머리 수 / 豆부 - 총15획)
穗(이삭 수 / 禾부 - 총17획)
叔(아재비 숙 / 又부 - 총8획)
淑(맑을 숙 / 水부 - 총11획)
菽(콩 숙 / 艸부 - 총12획)
宿(묵을 숙 / 宀부 - 총11획)
孰(누구 숙 / 子부 - 총11획)
熟(익을 숙 / 火부 - 총15획)
肅(엄숙할 숙 / 聿부 - 총12획)
順(순할 순 / 頁부 - 총12획)
純(순수할 순 / 糸부 - 총10획)
循(좇을 순 / 彳부 - 총12획)
旬(열흘 순 / 日부 - 총6획)
殉(따라 죽을 순 / 歹부 - 총10획)
荀(풀이름 순 / 艸부 - 총10획)
筍(죽순 순 / 竹부 - 총12획)
瞬(눈 깜작일 순 / 目부 - 총17획)
脣(입술 순 / 肉부 - 총11획)
巡(돌 순 / 巛부 - 총7획)
盾(방패 순 / 目부 - 총9획)
淳(순박할 순 / 水부 - 총11획)
醇(진한 술 순 / 酉부 - 총15획)
馴(길들 순 / 馬부 - 총13획)

舜(순임금 순 / 舛부 - 총12획)
戌(개 술 / 戈부 - 총6획)
述(지을 술 / 辵부 - 총9획)
術(꾀 술 / 行부 - 총11획)
崇(높을 숭 / 山부 - 총11획)
蝨(이 슬 / 虫부 - 총15획)
膝(무릎 슬 / 肉부 - 총15획)
瑟(큰 거문고 슬 / 玉부 - 총13획)
習(익힐 습 / 羽부 - 총11획)
褶(주름 습 / 衣부 - 총16획)
拾(주울 습 / 手부 - 총9획)
濕(젖을 습 / 水부 - 총17획)
襲(엄습할 습 / 衣부 - 총22획)
勝(이길 승 / 力부 - 총12획)
乘(탈 승 / 丿부 - 총10획)
丞(정승 승 / 一부 - 총6획)
承(이을 승 / 手부 - 총8획)
僧(중 승 / 人부 - 총14획)
升(되 승 / 十부 - 총4획)
昇(오를 승 / 日부 - 총8획)
繩(줄 승 / 糸부 - 총19획)
蠅(파리 승 / 虫부 - 총19획)
矢(화살 시 / 矢부 - 총5획)
寺(관청 시 / 寸부 - 총6획)
市(저자 시 / 巾부 - 총5획)
柿(감나무 시 / 木부 - 총9획)
示(보일 시 / 示부 - 총5획)
是(옳을 시 / 日부 - 총9획)
匙(숟가락 시 / 匕부 - 총11획)
侍(모실 시 / 人부 - 총8획)
時(때 시 / 日부 - 총10획)
詩(시 시 / 言부 - 총13획)
視(볼 시 / 見부 - 총12획)
始(처음 시 / 女부 - 총8획)
施(베풀 시 / 方부 - 총9획)
試(시험할 시 / 言부 - 총13획)
媤(시집 시 / 女부 - 총12획)
尸(주검 시 / 尸부 - 총3획)
屍(주검 시 / 尸부 - 총9획)
猜(샘할 시 / 犬부 - 총11획)
式(법 식 / 弋부 - 총6획)
食(밥 식 / 食부 - 총9획)
植(심을 식 / 木부 - 총12획)
識(알 식 / 言부 - 총19획)
息(숨 쉴 식 / 心부 - 총10획)
飾(꾸밀 식 / 食부 - 총14획)
殖(번성할 식 / 歹부 - 총12획)
蝕(좀먹을 식 / 虫부 - 총15획)
身(몸 신 / 身부 - 총7획)

臣(신하 신 / 臣부 - 총6획)
信(믿을 신 / 人부 - 총9획)
新(새 신 / 斤부 - 총13획)
薪(섶 신 / 艸부 - 총17획)
申(거듭 신 / 田부 - 총5획)
伸(펼 신 / 人부 - 총7획)
呻(끙끙거릴 신 / 口부 - 총8획)
神(신 신 / 示부 - 총10획)
紳(큰 띠 신 / 糸부 - 총11획)
辛(매울 신 / 辛부 - 총7획)
愼(삼갈 신 / 心부 - 총13획)
辰(때 신 / 辰부 - 총7획)
娠(애 밸 신 / 女부 - 총10획)
晨(새벽 신 / 日부 - 총11획)
失(잃을 실 / 大부 - 총5획)
室(집 실 / 宀부 - 총9획)
迅(빠를 신 / 辵부 - 총7획)
腎(콩팥 신 / 肉부 - 총12획)
實(열매 실 / 宀부 - 총14획)
心(마음 심 / 心부 - 총4획)
芯(등심초 심 / 艸부 - 총8획)
沈(성씨 심 / 水부 - 총7획)
甚(심할 심 / 甘부 - 총9획)
深(깊을 심 / 水부 - 총11획)
審(살필 심 / 宀부 - 총15획)
尋(찾을 심 / 寸부 - 총12획)
十(열 십 / 十부 - 총2획)
拾(열 십 / 手부 - 총9획)
氏(각시 씨 / 氏부 - 총4획)

ㅇ

兒(아이 아 / 儿부 - 총8획)
牙(어금니 아 / 牙부 - 총4획)
芽(싹 아 / 艸부 - 총8획)
訝(맞을 아 / 言부 - 총11획)
雅(맑을 아 / 隹부 - 총12획)
我(나 아 / 戈부 - 총7획)
餓(주릴 아 / 食부 - 총16획)
鵝(거위 아 / 鳥부 - 총18획)
阿(언덕 아 / 阜부 - 총8획)
衙(마을 아 / 行부 - 총13획)
亞(버금 아 / 二부 - 총8획)
惡(악할 악 / 心부 - 총12획)
堊(백토 악 / 土부 - 총11획)
岳(큰 산 악 / 山부 - 총8획)
齶(잇몸 악 / 月부 - 총13획)
諤(곧은 말 할 악 / 言부 - 총16획)
鰐(악어 악 / 魚부 - 총20획)
樂(풍류 악 / 木부 - 총15획)

握(쥘 악 / 手부 - 총12획)
齷(악착할 악 / 齒부 - 총24획)
安(편안할 안 / 宀부 - 총6획)
案(책상 안 / 木부 - 총10획)
按(누를 안 / 手부 - 총9획)
鞍(안장 안 / 革부 - 총15획)
顔(얼굴 안 / 頁부 - 총18획)
眼(눈 안 / 目부 - 총11획)
雁(기러기 안 / 隹부 - 총12획)
岸(언덕 안 / 山부 - 총8획)
謁(뵐 알 / 言부 - 총16획)
揠(뽑을 알 / 手부 - 총12획)
軋(삐걱거릴 알 / 車부 - 총8획)
斡(관리할 알 / 斗부 - 총14획)
關(가로막을 알 / 門부 - 총16획)
暗(어두울 암 / 日부 - 총13획)
巖(바위 암 / 山부 - 총23획)
庵(암자 암 / 广부 - 총11획)
癌(암 암 / 疒부 - 총17획)
闇(닫힌 문 암 / 門부 - 총17획)
壓(누를 압 / 土부 - 총17획)
押(누를 압 / 手부 - 총8획)
狎(익숙할 압 / 犬부 - 총8획)
鴨(오리 압 / 鳥부 - 총16획)
央(가운데 앙 / 大부 - 총5획)
怏(원망할 앙 / 心부 - 총8획)
殃(재앙 앙 / 歹부 - 총9획)
秧(모 앙 / 禾부 - 총10획)
鴦(원앙 앙 / 鳥부 - 총16획)
仰(우러를 앙 / 人부 - 총6획)
愛(사랑 애 / 心부 - 총13획)
曖(가릴 애 / 日부 - 총17획)
哀(슬플 애 / 口부 - 총9획)
厓(언덕 애 / 厂부 - 총8획)
涯(물가 애 / 水부 - 총11획)
崖(벼랑 애 / 山부 - 총11획)
艾(쑥 애 / 艸부 - 총6획)
碍(거리낄 애 / 石부 - 총13획)
埃(티끌 애 / 土부 - 총10획)
礙(거리낄 애 / 石부 - 총19획)
隘(좁을 애 / 阜부 - 총13획)
縊(목맬 액 / 糸부 - 총16획)
厄(액 액 / 厂부 - 총4획)
額(이마 액 / 頁부 - 총18획)
液(진 액 / 水부 - 총11획)
掖(겨드랑 액 / 手부 - 총11획)
扼(누를 액 / 手부 - 총7획)
鶯(꾀꼬리 앵 / 鳥부 - 총21획)
鸚(앵무새 앵 / 鳥부 - 총28획)

也(어조사 야 / 乙부 - 총3획)
耶(어조사 야 / 耳부 - 총9획)
夜(밤 야 / 夕부 - 총8획)
野(들 야 / 里부 - 총11획)
冶(불릴 야 / 冫부 - 총7획)
惹(이끌 야 / 心부 - 총13획)
倻(땅 이름 야 / 人부 - 총11획)
揶(야유할 야 / 手부 - 총12획)
椰(야자나무 야 / 木부 - 총13획)
約(맺을 약 / 糸부 - 총9획)
弱(약할 약 / 弓부 - 총10획)
若(같을 약 / 艸부 - 총9획)
藥(약 약 / 艸부 - 총19획)
躍(뛸 약 / 足부 - 총21획)
兩(두 양 / 入부 - 총8획)
羊(양 양 / 羊부 - 총6획)
洋(큰 바다 양 / 水부 - 총9획)
養(기를 양 / 食부 - 총15획)
樣(모양 양 / 木부 - 총15획)
揚(날릴 양 / 手부 - 총12획)
陽(볕 양 / 阜부 - 총12획)
楊(버들 양 / 木부 - 총13획)
瘍(종기 양 / 疒부 - 총14획)
颺(날릴 양 / 風부 - 총18획)
癢(가려울 양 / 疒부 - 총20획)
襄(도울 양 / 衣부 - 총17획)
壤(흙 양 / 土부 - 총20획)
穰(볏짚 양 / 禾부 - 총22획)
讓(사양할 양 / 言부 - 총24획)
釀(빚을 양 / 酉부 - 총24획)
於(어조사 어 / 方부 - 총8획)
魚(고기 어 / 魚부 - 총11획)
漁(고기 잡을 어 / 水부 - 총14획)
語(말씀 어 / 言부 - 총14획)
禦(막을 어 / 示부 - 총16획)
御(거느릴 어 / 彳부 - 총11획)
億(억 억 / 人부 - 총15획)
憶(생각할 억 / 心부 - 총16획)
檍(감탕나무 억 / 木부 - 총17획)
臆(가슴 억 / 肉부 - 총17획)
薏(율무 억 / 艸부 - 총17획)
抑(누를 억 / 手부 - 총7획)
言(말씀 언 / 言부 - 총7획)
焉(어찌 언 / 火부 - 총11획)
彦(선비 언 / 彡부 - 총9획)
諺(상말 언 / 言부 - 총16획)
嚴(엄할 엄 / 口부 - 총20획)
奄(문득 엄 / 大부 - 총8획)
掩(가릴 엄 / 手부 - 총11획)

業(업 업 / 木부 - 총13획)
嶪(높고 험할 업 / 山부 - 총16획)
汝(너 여 / 水부 - 총6획)
如(같을 여 / 女부 - 총6획)
余(나 여 / 人부 - 총7획)
餘(남을 여 / 食부 - 총16획)
予(나 여 / 亅부 - 총4획)
與(줄 여 / 臼부 - 총14획)
輿(수레 여 / 車부 - 총17획)
歟(어조사 여 / 欠부 - 총8획)
易(바꿀 역 / 日부 - 총8획)
逆(거스를 역 / 辵부 - 총10획)
亦(또 역 / 亠부 - 총6획)
域(지경 역 / 土부 - 총11획)
役(부릴 역 / 彳부 - 총7획)
疫(염병 역 / 疒부 - 총9획)
繹(풀어낼 역 / 糸부 - 총19획)
驛(역참 역 / 馬부 - 총23획)
譯(번역할 역 / 言부 - 총20획)
然(그럴 연 / 火부 - 총12획)
燃(탈 연 / 火부 - 총16획)
硏(갈 연 / 石부 - 총11획)
煙(연기 연 / 火부 - 총13획)
宴(잔치 연 / 宀부 - 총10획)
燕(제비 연 / 火부 - 총16획)
演(펼 연 / 水부 - 총14획)
沿(물 따라갈 연 / 水부 - 총8획)
鉛(납 연 / 金부 - 총13획)
延(끌 연 / 廴부 - 총7획)
軟(연할 연 / 車부 - 총11획)
緣(인연 연 / 糸부 - 총15획)
戀(그리워할 연 / 心부 - 총23획)
鳶(솔개 연 / 鳥부 - 총14획)
硯(벼루 연 / 石부 - 총12획)
淵(못 연 / 水부 - 총11획)
臙(연지 연 / 肉부 - 총20획)
熱(더울 열 / 火부 - 총15획)
悅(기쁠 열 / 心부 - 총10획)
說(기쁠 열 / 言부 - 총14획)
閱(검열할 열 / 門부 - 총15획)
咽(목멜 열 / 口부 - 총9획)
炎(불꽃 염 / 火부 - 총8획)
恬(편안할 염 / 心부 - 총9획)
鹽(소금 염 / 鹵부 - 총24획)
染(물들일 염 / 木부 - 총9획)
髥(구레나룻 염 / 髟부 - 총14획)
葉(잎 엽 / 艸부 - 총13획)
燁(빛날 엽 / 火부 - 총16획)
曄(빛날 엽 / 日부 - 총16획)

英(꽃부리 영 / 艸부 - 총9획)
映(비출 영 / 日부 - 총9획)
迎(맞이할 영 / 辵부 - 총8획)
永(길 영 / 水부 - 총5획)
泳(헤엄칠 영 / 水부 - 총8획)
詠(읊을 영 / 言부 - 총12획)
榮(영화 영 / 木부 - 총14획)
營(경영할 영 / 火부 - 총17획)
影(그림자 영 / 彡부 - 총15획)
盈(찰 영 / 皿부 - 총9획)
楹(고욤나무 영 / 木부 - 총11획)
纓(갓끈 영 / 糸부 - 총23획)
柄(장부 예 / 木부 - 총8획)
藝(재주 예 / 艸부 - 총19획)
豫(미리 예 / 豕부 - 총16획)
譽(기릴 예 / 言부 - 총21획)
銳(날카로울 예 / 金부 - 총15획)
曳(끌 예 / 曰부 - 총6획)
霓(무지개 예 / 雨부 - 총16획)
午(낮 오 / 十부 - 총4획)
五(다섯 오 / 二부 - 총4획)
吾(나 오 / 口부 - 총7획)
悟(깨달을 오 / 心부 - 총10획)
梧(오동나무 오 / 木부 - 총11획)
寤(깰 오 / 宀부 - 총14획)
娛(즐길 오 / 女부 - 총10획)
誤(그르칠 오 / 言부 - 총14획)
烏(까마귀 오 / 火부 - 총10획)
嗚(슬플 오 / 口부 - 총13획)
傲(거만할 오 / 人부 - 총13획)
汚(더러울 오 / 水부 - 총6획)
惡(미워할 오 / 心부 - 총12획)
吳(성씨 오 / 口부 - 총7획)
奧(속 오 / 大부 - 총13획)
玉(구슬 옥 / 玉부 - 총5획)
屋(집 옥 / 尸부 - 총9획)
獄(옥 옥 / 犬부 - 총14획)
沃(기름질 옥 / 水부 - 총7획)
溫(따뜻할 온 / 水부 - 총13획)
穩(평온할 온 / 禾부 - 총19획)
瑥(사람 이름 온 / 玉부 - 총14획)
縕(헌솜 온 / 糸부 - 총16획)
蘊(쌓을 온 / 艸부 - 총20획)
翁(늙은이 옹 / 羽부 - 총10획)
擁(안을 옹 / 手부 - 총16획)
壅(막을 옹 / 土부 - 총16획)
甕(독 옹 / 瓦부 - 총18획)
瓦(기와 와 / 瓦부 - 총5획)
臥(엎드릴 와 / 臣부 - 총8획)

訛(그릇될 와 / 言부 - 총11획)
蛙(개구리 와 / 虫부 - 총12획)
蝸(달팽이 와 / 虫부 - 총15획)
玩(희롱할 완 / 玉부 - 총8획)
頑(완고할 완 / 頁부 - 총13획)
完(완전할 완 / 宀부 - 총7획)
莞(왕골 완 / 艸부 - 총11획)
緩(느릴 완 / 糸부 - 총15획)
曰(가로 왈 / 曰부 - 총4획)
王(임금 왕 / 玉부 - 총4획)
枉(굽을 왕 / 木부 - 총8획)
旺(성할 왕 / 日부 - 총8획)
往(갈 왕 / 彳부 - 총8획)
外(밖 외 / 夕부 - 총5획)
畏(두려워할 외 / 田부 - 총9획)
隗(험할 외 / 阜부 - 총13획)
巍(높을 외 / 山부 - 총21획)
歪(기울 왜 / 止부 - 총9획)
倭(왜국 왜 / 人부 - 총10획)
矮(키 작을 왜 / 矢부 - 총13획)
要(구할 요 / 襾부 - 총9획)
腰(허리 요 / 肉부 - 총13획)
搖(흔들릴 요 / 手부 - 총13획)
瑤(아름다운 옥 요 / 玉부 - 총14획)
遙(멀 요 / 辵부 - 총14획)
謠(노래 요 / 言부 - 총17획)
飇(불어 오르는 바람 요 / 風부 - 총19획)
擾(어지러울 요 / 手부 - 총18획)
夭(일찍 죽을 요 / 大부 - 총4획)
妖(요사할 요 / 女부 - 총7획)
窈(그윽할 요 / 穴부 - 총10획)
窯(기와 굽는 가마 요 / 穴부 - 총15획)
曜(빛날 요 / 日부 - 총18획)
堯(요임금 요 / 土부 - 총12획)
饒(넉넉할 요 / 食부 - 총21획)
樂(좋아할 요 / 木부 - 총15획)
欲(하고자 할 욕 / 欠부 - 총11획)
浴(목욕할 욕 / 水부 - 총10획)
慾(욕심 욕 / 心부 - 총15획)
辱(욕될 욕 / 辰부 - 총10획)
用(쓸 용 / 用부 - 총5획)
勇(날쌜 용 / 力부 - 총9획)
踊(뛸 용 / 足부 - 총14획)
容(얼굴 용 / 宀부 - 총10획)
溶(질펀히 흐를 용 / 水부 - 총13획)
鎔(녹일 용 / 金부 - 총18획)
庸(떳떳할 용 / 广부 - 총11획)
傭(품팔이 용 / 人부 - 총13획)
鏞(종 용 / 金부 - 총19획)

茸(무성할 용 / 艸부 - 총10획)
舂(찧을 용 / 臼부 - 총11획)
聳(솟을 용 / 耳부 - 총17획)
牖(담 용 / 片부 - 총15획)
宇(집 우 / 宀부 - 총6획)
右(오른쪽 우 / 口부 - 총5획)
佑(도울 우 / 人부 - 총7획)
牛(소 우 / 牛부 - 총4획)
友(벗 우 / 又부 - 총4획)
雨(비 우 / 雨부 - 총8획)
于(어조사 우 / 二부 - 총3획)
盱(클 우 / 日부 - 총7획)
又(또 우 / 又부 - 총2획)
尤(더욱 우 / 尢부 - 총4획)
羽(깃 우 / 羽부 - 총6획)
偶(짝 우 / 人부 - 총11획)
愚(어리석을 우 / 心부 - 총13획)
遇(만날 우 / 辵부 - 총13획)
郵(우편 우 / 邑부 - 총11획)
憂(근심 우 / 心부 - 총15획)
優(넉넉할 우 / 人부 - 총17획)
禹(하우씨 우 / 内부 - 총9획)
郁(성할 욱 / 邑부 - 총9획)
旭(아침 해 욱 / 日부 - 총6획)
昱(빛날 욱 / 日부 - 총9획)
煜(빛날 욱 / 火부 - 총13획)
項(삼갈 욱 / 頁부 - 총13획)
勖(힘쓸 욱 / 力부 - 총11획)
彧(문채 욱 / 彡부 - 총10획)
運(옮길 운 / 辵부 - 총13획)
云(이를 운 / 二부 - 총4획)
耘(김 맬 운 / 耒부 - 총10획)
雲(구름 운 / 雨부 - 총12획)
蔚(풀이름 울 / 艸부 - 총15획)
鬱(답답할 울 / 鬯부 - 총29획)
雄(수컷 웅 / 隹부 - 총12획)
熊(곰 웅 / 火부 - 총14획)
元(으뜸 원 / 儿부 - 총4획)
院(집 원 / 阜부 - 총10획)
原(언덕 원 / 厂부 - 총10획)
源(근원 원 / 水부 - 총13획)
願(원할 원 / 頁부 - 총19획)
遠(멀 원 / 辵부 - 총14획)
園(동산 원 / 口부 - 총13획)
猿(원숭이 원 / 犬부 - 총13획)
轅(끌채 원 / 車부 - 총17획)
苑(나라 동산 원 / 艸부 - 총9획)
怨(원망할 원 / 心부 - 총9획)
鴛(원앙 원 / 鳥부 - 총16획)
員(수효 원 / 口부 - 총10획)
圓(둥글 원 / 口부 - 총13획)
韻(운 운 / 音부 - 총19획)
援(도울 원 / 手부 - 총12획)
冤(원통할 원 / 宀부 - 총11획)
月(달 월 / 月부 - 총4획)
刖(벨 월 / 刀부 - 총6획)
越(넘을 월 / 走부 - 총12획)
鉞(도끼 월 / 金부 - 총13획)
位(자리 위 / 人부 - 총7획)
危(위태할 위 / 卩부 - 총6획)
委(맡길 위 / 女부 - 총8획)
萎(마를 위 / 艸부 - 총12획)
爲(할 위 / 爪부 - 총12획)
僞(거짓 위 / 人부 - 총14획)
韋(가죽 위 / 韋부 - 총9획)
偉(클 위 / 人부 - 총11획)
衛(지킬 위 / 行부 - 총16획)
違(어길 위 / 辵부 - 총13획)
圍(둘레 위 / 口부 - 총12획)
緯(씨 위 / 糸부 - 총15획)
威(위엄 위 / 女부 - 총9획)
胃(밥통 위 / 肉부 - 총9획)
謂(이를 위 / 言부 - 총16획)
尉(벼슬 위 / 寸부 - 총11획)
慰(위로할 위 / 心부 - 총15획)
蔚(성할 위 / 艸부 - 총15획)
由(말미암을 유 / 田부 - 총5획)
油(기름 유 / 水부 - 총8획)
柚(유자나무 유 / 木부 - 총9획)
釉(윤 유 / 釆부 - 총12획)
酉(닭 유 / 酉부 - 총7획)
有(있을 유 / 月부 - 총6획)
猶(오히려 유 / 犬부 - 총12획)
遊(놀 유 / 辵부 - 총13획)
柔(부드러울 유 / 木부 - 총9획)
遺(끼칠 유 / 辵부 - 총16획)
幼(어릴 유 / 幺부 - 총5획)
幽(그윽할 유 / 幺부 - 총9획)
惟(생각할 유 / 心부 - 총11획)
唯(오직 유 / 口부 - 총11획)
維(벼리 유 / 糸부 - 총14획)
乳(젖 유 / 乙부 - 총8획)
儒(선비 유 / 人부 - 총16획)
裕(넉넉할 유 / 衣부 - 총12획)
誘(꾈 유 / 言부 - 총14획)
愈(나을 유 / 心부 - 총13획)
兪(점점 유 / 入부 - 총9획)
喩(깨우칠 유 / 口부 - 총12획)

愉(즐거울 유 / 心부 - 총12획)
揄(끌 유 / 手부 - 총12획)
踰(넘을 유 / 足부 - 총16획)
鍮(놋쇠 유 / 金부 - 총17획)
癒(병 나을 유 / 疒부 - 총18획)
庾(곳집 유 / 广부 - 총12획)
悠(멀 유 / 心부 - 총11획)
六(여섯 육 / 八부 - 총4획)
肉(고기 육 / 肉부 - 총6획)
育(기를 육 / 肉부 - 총8획)
堉(기름진 땅 육 / 土부 - 총11획)
毓(기를 육 / 毋부 - 총14획)
閏(윤달 윤 / 門부 - 총12획)
潤(젖을 윤 / 水부 - 총15획)
尹(다스릴 윤 / 尸부 - 총4획)
允(진실로 윤 / 儿부 - 총4획)
玧(붉은 구슬 윤 / 玉부 - 총8획)
淪(물놀이 윤 / 水부 - 총11획)
胤(이을 윤 / 肉부 - 총9획)
戎(되 융 / 戈부 - 총6획)
絨(융 융 / 糸부 - 총12획)
融(화할 융 / 虫부 - 총16획)
恩(은혜 은 / 心부 - 총10획)
銀(은 은 / 金부 - 총14획)
隱(숨길 은 / 阜부 - 총17획)
殷(성할 은 / 殳부 - 총10획)
慇(괴로워할 은 / 心부 - 총14획)
乙(새 을 / 乙부 - 총1획)
音(소리 음 / 音부 - 총9획)
飮(마실 음 / 食부 - 총13획)
陰(그늘 음 / 阜부 - 총11획)
蔭(그늘 음 / 艸부 - 총15획)
吟(읊을 음 / 口부 - 총7획)
淫(음란할 음 / 水부 - 총11획)
邑(고을 읍 / 邑부 - 총7획)
挹(뜰 읍 / 手부 - 총10획)
泣(울 읍 / 水부 - 총8획)
應(응할 응 / 心부 - 총17획)
凝(엉길 응 / 冫부 - 총16획)
膺(가슴 응 / 肉부 - 총17획)
鷹(매 응 / 鳥부 - 총24획)
衣(옷 의 / 衣부 - 총6획)
依(의지할 의 / 人부 - 총8획)
宜(마땅할 의 / 宀부 - 총8획)
誼(옳을 의 / 言부 - 총15획)
義(옳을 의 / 羊부 - 총13획)
儀(거동 의 / 人부 - 총15획)
蟻(개미 의 / 虫부 - 총19획)
議(의논할 의 / 言부 - 총20획)

醫(의원 의 / 酉부 - 총18획)
意(뜻 의 / 心부 - 총13획)
矣(어조사 의 / 矢부 - 총7획)
倚(의지할 의 / 人부 - 총10획)
猗(아름다울 의 / 犬부 - 총11획)
椅(의자 의 / 木부 - 총12획)
毅(굳셀 의 / 殳부 - 총15획)
疑(의심할 의 / 疋부 - 총14획)
擬(헤아릴 의 / 手부 - 총17획)
二(두 이 / 二부 - 총2획)
耳(귀 이 / 耳부 - 총6획)
栭(목이 이 / 木부 - 총10획)
珥(귀고리 이 / 玉부 - 총10획)
餌(먹이 이 / 食부 - 총15획)
吏(벼슬아치 이 / 口부 - 총6획)
梨(배나무 이 / 木부 - 총11획)
移(옮길 이 / 禾부 - 총11획)
以(써 이 / 人부 - 총5획)
苡(질경이 이 / 艸부 - 총9획)
已(이미 이 / 己부 - 총3획)
而(말 이을 이 / 而부 - 총6획)
易(쉬울 이 / 日부 - 총8획)
異(다를 이 / 田부 - 총12획)
夷(오랑캐 이 / 大부 - 총6획)
姨(이모 이 / 女부 - 총9획)
弛(늦출 이 / 弓부 - 총6획)
貳(두 이 / 貝부 - 총12획)
台(나 이 / 口부 - 총5획)
怡(기쁠 이 / 心부 - 총8획)
頤(턱 이 / 頁부 - 총15획)
匜(주전자 이 / 匚부 - 총7획)
益(더할 익 / 皿부 - 총10획)
翼(날개 익 / 羽부 - 총17획)
匿(숨을 익 / 匚부 - 총11획)
翊(도울 익 / 羽부 - 총11획)
人(사람 인 / 人부 - 총2획)
因(인할 인 / 口부 - 총6획)
姻(혼인 인 / 女부 - 총9획)
咽(목구멍 인 / 口부 - 총9획)
引(끌 인 / 弓부 - 총4획)
仁(어질 인 / 人부 - 총4획)
認(알 인 / 言부 - 총14획)
寅(범 인 / 宀부 - 총11획)
印(도장 인 / 卩부 - 총6획)
刃(칼날 인 / 刀부 - 총3획)
仞(길 인 / 人부 - 총5획)
忍(참을 인 / 心부 - 총7획)
靭(질길 인 / 革부 - 총12획)
一(한 일 / 一부 - 총1획)

日(해 일 / 日부 - 총4획)
逸(편안할 일 / 辵부 - 총12획)
溢(넘칠 일 / 水부 - 총13획)
壹(한 일 / 士부 - 총12획)
壬(북방 임 / 士부 - 총4획)
任(맡길 임 / 人부 - 총6획)
妊(아이 밸 임 / 女부 - 총7획)
賃(품팔이 임 / 貝부 - 총13획)
入(들 입 / 入부 - 총2획)
廿(스물 입 / 廾부 - 총4획)

ㅈ

子(아들 자 / 子부 - 총3획)
仔(자세할 자 / 人부 - 총5획)
字(글자 자 / 子부 - 총6획)
孜(힘쓸 자 / 子부 - 총7획)
自(스스로 자 / 自부 - 총6획)
者(놈 자 / 老부 - 총9획)
玆(이 자 / 玄부 - 총10획)
慈(사랑할 자 / 心부 - 총13획)
姉(손윗누이 자 / 女부 - 총8획)
刺(찌를 자 / 刀부 - 총8획)
姿(맵시 자 / 女부 - 총9획)
恣(방자할 자 / 心부 - 총10획)
紫(자줏빛 자 / 糸부 - 총11획)
資(재물 자 / 貝부 - 총13획)
瓷(오지그릇 자 / 瓦부 - 총11획)
炙(고기 구울 자 / 火부 - 총8획)
磁(자석 자 / 石부 - 총14획)
疵(흠 자 / 疒부 - 총10획)
雌(암컷 자 / 隹부 - 총13획)
諮(물을 자 / 言부 - 총16획)
藉(깔개 자 / 艸부 - 총18획)
作(지을 작 / 人부 - 총7획)
昨(어제 작 / 日부 - 총9획)
炸(터질 작 / 火부 - 총9획)
爵(벼슬 작 / 爪부 - 총18획)
芍(함박꽃 작 / 艸부 - 총7획)
酌(술 부을 작 / 酉부 - 총10획)
斫(벨 작 / 斤부 - 총9획)
雀(참새 작 / 隹부 - 총11획)
鵲(까치 작 / 鳥부 - 총19획)
醋(잔 돌릴 작 / 酉부 - 총15획)
殘(남을 잔 / 歹부 - 총12획)
盞(잔 잔 / 皿부 - 총13획)
蠶(누에 잠 / 虫부 - 총24획)
潛(잠길 잠 / 水부 - 총15획)
簪(비녀 잠 / 竹부 - 총18획)
暫(잠깐 잠 / 日부 - 총15획)

卡(관 잡 / 卜부 - 총5획)
雜(섞일 잡 / 隹부 - 총18획)
棗(수풀 나무 모양 잡 / 木부 - 총13획)
長(길 장 / 長부 - 총8획)
張(베풀 장 / 弓부 - 총11획)
帳(휘장 장 / 巾부 - 총11획)
場(마당 장 / 土부 - 총12획)
腸(창자 장 / 肉부 - 총13획)
章(글 장 / 立부 - 총11획)
障(가로막을 장 / 阜부 - 총14획)
獐(노루 장 / 犬부 - 총14획)
壯(씩씩할 장 / 士부 - 총7획)
粧(단장할 장 / 米부 - 총12획)
莊(풀 성할 장 / 艸부 - 총11획)
裝(꾸밀 장 / 衣부 - 총13획)
狀(문서 장 / 犬부 - 총8획)
墙(담 장 / 土부 - 총16획)
薔(장미 장 / 艸부 - 총17획)
藏(감출 장 / 艸부 - 총15획)
藏(감출 장 / 艸부 - 총18획)
丈(어른 장 / 一부 - 총3획)
仗(무기 장 / 人부 - 총5획)
杖(지팡이 장 / 木부 - 총7획)
掌(손바닥 장 / 手부 - 총12획)
葬(장사지낼 장 / 艸부 - 총13획)
將(장수 장 / 寸부 - 총11획)
獎(권면할 장 / 大부 - 총14획)
蔣(줄 장 / 艸부 - 총15획)
漿(미음 장 / 水부 - 총15획)
醬(젓갈 장 / 酉부 - 총18획)
欌(장롱 장 / 木부 - 총22획)
臟(오장 장 / 肉부 - 총22획)
在(있을 재 / 土부 - 총6획)
冉(두 재 / 冂부 - 총5획)
再(두 재 / 冂부 - 총6획)
才(재주 재 / 手부 - 총3획)
材(재목 재 / 木부 - 총7획)
財(재물 재 / 貝부 - 총10획)
災(재앙 재 / 火부 - 총7획)
哉(어조사 재 / 戈부 - 총8획)
哉(어조사 재 / 口부 - 총9획)
栽(심을 재 / 木부 - 총10획)
裁(마를 재 / 衣부 - 총12획)
載(실을 재 / 車부 - 총13획)
宰(재상 재 / 宀부 - 총10획)
齋(재계할 재 / 齊부 - 총17획)
爭(다툴 쟁 / 爪부 - 총8획)
箏(쟁 쟁; 竹-총14획; zhēng)
諍(간할 쟁 / 言부 - 총15획)

錚(쇳소리 쟁 / 金부 - 총16획)
貯(쌓을 저 / 貝부 - 총12획)
低(낮을 저 / 人부 - 총7획)
抵(막을 저 / 手부 - 총8획)
底(밑 저 / 广부 - 총8획)
邸(집 저 / 邑부 - 총8획)
猪(돼지 저 / 犬부 - 총12획)
楮(닥나무 저 / 木부 - 총13획)
豬(돼지 저 / 豕부 - 총16획)
儲(쌓을 저 / 人부 - 총18획)
著(나타날 저 / 艸부 - 총13획)
躇(머뭇거릴 저 / 足부 - 총20획)
沮(막을 저 / 水부 - 총8획)
這(이 저 / 辵부 - 총11획)
杵(공이 저 / 木부 - 총8획)
笛(피리 적 / 竹부 - 총11획)
的(과녁 적 / 白부 - 총8획)
赤(붉을 적 / 赤부 - 총7획)
炙(고기 구울 적 / 火부 - 총8획)
寂(고요할 적 / 宀부 - 총11획)
摘(딸 적 / 手부 - 총14획)
滴(물방울 적 / 水부 - 총14획)
敵(원수 적 / 攴부 - 총15획)
適(맞을 적 / 辵부 - 총15획)
積(쌓을 적 / 禾부 - 총16획)
績(길쌈할 적 / 糸부 - 총17획)
跡(자취 적 / 足부 - 총13획)
賊(도둑 적 / 貝부 - 총13획)
籍(서적 적 / 竹부 - 총20획)
迹(자취 적 / 辵부 - 총10획)
狄(오랑캐 적 / 犬부 - 총7획)
蹟(자취 적 / 足부 - 총18획)
田(밭 전 / 田부 - 총5획)
鈿(비녀 전 / 金부 - 총13획)
全(온전할 전 / 入부 - 총6획)
栓(나무못 전 / 木부 - 총10획)
筌(통발 전 / 竹부 - 총12획)
前(앞 전 / 刀부 - 총9획)
剪(자를 전 / 刀부 - 총11획)
煎(달일 전 / 火부 - 총13획)
箭(화살 전 / 竹부 - 총15획)
展(펼 전 / 尸부 - 총10획)
電(번개 전 / 雨부 - 총13획)
專(오로지 전 / 寸부 - 총11획)
傳(전할 전 / 人부 - 총13획)
塼(벽돌 전 / 土부 - 총14획)
轉(구를 전 / 車부 - 총18획)
典(법 전 / 八부 - 총8획)
戰(싸울 전 / 戈부 - 총16획)

箋(찌지 전 / 竹부 - 총14획)
錢(돈 전 / 金부 - 총16획)
殿(전각 전 / 殳부 - 총13획)
澱(앙금 전 / 水부 - 총16획)
奠(제사 지낼 전 / 大부 - 총12획)
篆(전자 전 / 竹부 - 총15획)
切(끊을 절 / 刀부 - 총4획)
節(마디 절 / 竹부 - 총15획)
絶(끊을 절 / 糸부 - 총12획)
折(꺾을 절 / 手부 - 총7획)
竊(훔칠 절 / 穴부 - 총22획)
截(끊을 절 / 戈부 - 총14획)
占(차지할 점 / 卜부 - 총5획)
店(가게 점 / 广부 - 총8획)
粘(끈끈할 점 / 米부 - 총11획)
點(점 점 / 黑부 - 총17획)
漸(점점 점 / 水부 - 총14획)
接(이을 접 / 手부 - 총11획)
楪(평상 접 / 木부 - 총13획)
蝶(나비 접 / 虫부 - 총15획)
摺(접을 접 / 手부 - 총14획)
正(바를 정 / 止부 - 총5획)
征(칠 정 / 彳부 - 총8획)
政(정사 정 / 攴부 - 총8획)
㝎(정할 정 / 宀부 - 총7획)
定(정할 정 / 宀부 - 총8획)
情(뜻 정 / 心부 - 총11획)
靜(고요할 정 / 靑부 - 총16획)
淨(깨끗할 정 / 水부 - 총11획)
廷(조정 정 / 廴부 - 총7획)
庭(뜰 정 / 广부 - 총10획)
挺(뺄 정 / 手부 - 총10획)
艇(거룻배 정 / 舟부 - 총13획)
丁(고무래 정 / 一부 - 총2획)
頂(정수리 정 / 頁부 - 총11획)
訂(바로 잡을 정 / 言부 - 총9획)
釘(못 정 / 金부 - 총10획)
亭(정자 정 / 亠부 - 총9획)
停(머무를 정 / 人부 - 총11획)
井(우물 정 / 二부 - 총4획)
貞(곧을 정 / 貝부 - 총9획)
偵(정탐할 정 / 人부 - 총11획)
程(단위 정 / 禾부 - 총12획)
整(가지런할 정 / 攴부 - 총16획)
晶(맑을 정 / 日부 - 총12획)
穽(함정 정 / 穴부 - 총9획)
旌(기 정 / 方부 - 총11획)
淸(서늘할 정 / 冫부 - 총10획)
靖(편안할 정 / 靑부 - 총13획)

睛(눈동자 정 / 目부 - 총13획)
精(정할 정 / 米부 - 총14획)
鼎(솥 정 / 鼎부 - 총13획)
鄭(나라 이름 정 / 邑부 - 총15획)
弟(아우 제 / 弓부 - 총7획)
第(차례 제 / 竹부 - 총11획)
悌(공경할 제 / 心부 - 총10획)
梯(사다리 제 / 木부 - 총11획)
題(제목 제 / 頁부 - 총18획)
除(덜 제 / 阜부 - 총10획)
帝(임금 제 / 巾부 - 총9획)
蹄(굽 제 / 足부 - 총16획)
制(절제할 제 / 刀부 - 총8획)
製(지을 제 / 衣부 - 총14획)
祭(제사 제 / 示부 - 총11획)
際(즈음 제 / 阜부 - 총14획)
諸(모두 제 / 言부 - 총16획)
堤(둑 제 / 土부 - 총12획)
提(끌 제 / 手부 - 총12획)
齊(가지런할 제 / 齊부 - 총14획)
劑(약제 제 / 刀부 - 총16획)
濟(건널 제 / 水부 - 총17획)
蠐(굼벵이 제 / 虫부 - 총20획)
霽(비 갤 제 / 雨부 - 총22획)
早(새벽 조 / 日부 - 총6획)
造(지을 조 / 辵부 - 총11획)
鳥(새 조 / 鳥부 - 총11획)
朝(아침 조 / 月부 - 총12획)
潮(조수 조 / 水부 - 총15획)
助(도울 조 / 力부 - 총7획)
弔(조상할 조 / 弓부 - 총4획)
照(비출 조 / 火부 - 총13획)
俎(도마 조 / 人부 - 총9획)
祖(할아버지 조 / 示부 - 총10획)
租(조세 조 / 禾부 - 총10획)
組(짤 조 / 糸부 - 총11획)
條(가지 조 / 木부 - 총11획)
調(고를 조 / 言부 - 총15획)
釣(낚시 조 / 金부 - 총11획)
兆(조짐 조 / 儿부 - 총6획)
佻(방정맞을 조 / 人부 - 총8획)
窕(정숙할 조 / 穴부 - 총11획)
祚(복 조 / 示부 - 총10획)
彫(새길 조 / 彡부 - 총11획)
措(둘 조 / 手부 - 총11획)
笊(조리 조 / 竹부 - 총10획)
趙(나라 조 / 走부 - 총14획)
操(잡을 조 / 手부 - 총16획)
燥(마를 조 / 火부 - 총17획)

躁(성급할 조 / 足부 - 총20획)
雕(독수리 조 / 隹부 - 총16획)
曹(성 조 / 曰부 - 총10획)
曹(마을 조 / 曰부 - 총11획)
槽(구유 조 / 木부 - 총15획)
糟(지게미 조 / 米부 - 총17획)
竈(부엌 조 / 穴부 - 총21획)
足(발 족 / 足부 - 총7획)
族(겨레 족 / 方부 - 총11획)
鏃(살촉 족 / 金부 - 총19획)
存(있을 존 / 子부 - 총6획)
尊(높을 존 / 寸부 - 총12획)
卒(군사 졸 / 十부 - 총8획)
拙(졸할 졸 / 手부 - 총8획)
種(씨 종 / 禾부 - 총14획)
踵(발꿈치 종 / 足부 - 총16획)
從(좇을 종 / 彳부 - 총11획)
縱(세로 종 / 糸부 - 총17획)
終(마칠 종 / 糸부 - 총11획)
鐘(쇠북 종 / 金부 - 총20획)
宗(마루 종 / 宀부 - 총8획)
踪(자취 종 / 足부 - 총15획)
綜(모을 종 / 糸부 - 총14획)
左(왼 좌 / 工부 - 총5획)
佐(도울 좌 / 人부 - 총7획)
坐(앉을 좌 / 土부 - 총7획)
座(자리 좌 / 广부 - 총10획)
挫(꺾을 좌 / 手부 - 총10획)
罪(허물 죄 / 网부 - 총13획)
主(주인 주 / 丶부 - 총5획)
住(살 주 / 人부 - 총7획)
注(물 댈 주 / 水부 - 총8획)
柱(기둥 주 / 木부 - 총9획)
駐(머무를 주 / 馬부 - 총15획)
晝(낮 주 / 日부 - 총11획)
酒(술 주 / 酉부 - 총10획)
宙(집 주 / 宀부 - 총8획)
朱(붉을 주 / 木부 - 총6획)
株(그루 주 / 木부 - 총10획)
珠(구슬 주 / 玉부 - 총10획)
誅(벨 주 / 言부 - 총13획)
走(달릴 주 / 走부 - 총7획)
周(두루 주 / 口부 - 총8획)
週(돌 주 / 辵부 - 총12획)
綢(얽힐 주 / 糸부 - 총14획)
舟(배 주 / 舟부 - 총6획)
州(고을 주 / 巛부 - 총6획)
洲(물가 주 / 水부 - 총9획)
奏(아뢸 주 / 大부 - 총9획)

呪(빌 주 / 口부 - 총8획)
肘(팔꿈치 주 / 肉부 - 총7획)
酎(전국술 주 / 酉부 - 총10획)
廚(부엌 주 / 广부 - 총15획)
紬(명주 주 / 糸부 - 총11획)
胄(투구 주 / 冂부 - 총9획)
做(지을 주 / 人부 - 총11획)
籌(투호 살 주 / 竹부 - 총20획)
躊(머뭇거릴 주 / 足부 - 총21획)
鑄(쇠 부어 만들 주 / 金부 - 총22획)
竹(대 죽 / 竹부 - 총6획)
粥(죽 죽 / 米부 - 총12획)
准(승인할 준 / 冫부 - 총10획)
準(수준기 준 / 水부 - 총13획)
俊(준걸 준 / 人부 - 총9획)
浚(깊을 준 / 水부 - 총10획)
峻(높을 준 / 山부 - 총10획)
竣(마칠 준 / 立부 - 총12획)
駿(준마 준 / 馬부 - 총17획)
遵(좇을 준 / 辵부 - 총16획)
樽(술통 준 / 木부 - 총16획)
儁(준걸 준 / 人부 - 총15획)
純(가선 준 / 糸부 - 총10획)
中(가운데 중 / 丨부 - 총4획)
仲(버금 중 / 人부 - 총6획)
衆(무리 중 / 血부 - 총12획)
重(무거울 중 / 里부 - 총9획)
則(곧 즉 / 刀부 - 총9획)
卽(곧 즉 / 卩부 - 총9획)
櫛(빗 즐 / 木부 - 총19획)
汁(즙 즙 / 水부 - 총5획)
楫(노 즙 / 木부 - 총13획)
葺(기울 즙 / 艸부 - 총13획)
曾(일찍 증 / 曰부 - 총12획)
憎(미워할 증 / 心부 - 총15획)
增(더할 증 / 土부 - 총15획)
矰(주살 증 / 矢부 - 총17획)
贈(줄 증 / 貝부 - 총19획)
證(증거 증 / 言부 - 총19획)
症(증세 증 / 广부 - 총10획)
拯(건질 증 / 手부 - 총9획)
蒸(찔 증 / 艸부 - 총14획)
只(다만 지 / 口부 - 총5획)
枳(탱자나무 지 / 木부 - 총9획)
止(그칠 지 / 止부 - 총4획)
址(터 지 / 土부 - 총7획)
祉(복 지 / 示부 - 총9획)
趾(발 지 / 足부 - 총11획)
知(알 지 / 矢부 - 총8획)

智(슬기 지 / 日부 - 총12획)
地(땅 지 / 土부 - 총6획)
池(못 지 / 水부 - 총6획)
志(뜻 지 / 心부 - 총7획)
誌(기록할 지 / 言부 - 총14획)
支(지탱할 지 / 支부 - 총4획)
至(이를 지 / 至부 - 총6획)
紙(종이 지 / 糸부 - 총10획)
枝(가지 지 / 木부 - 총8획)
持(가질 지 / 手부 - 총9획)
之(갈 지 / 丿부 - 총4획)
芝(지초 지 / 艸부 - 총8획)
旨(맛있을 지 / 日부 - 총6획)
指(손가락 지 / 手부 - 총9획)
脂(기름 지 / 肉부 - 총10획)
祇(공경할 지 / 示부 - 총10획)
遲(더딜 지 / 辵부 - 총16획)
摯(잡을 지 / 手부 - 총15획)
直(곧을 직 / 目부 - 총8획)
職(벼슬 직 / 耳부 - 총18획)
織(짤 직 / 糸부 - 총18획)
稷(기장 직 / 禾부 - 총15획)
眞(참 진 / 目부 - 총10획)
嗔(성낼 진 / 口부 - 총13획)
鎭(진압할 진 / 金부 - 총18획)
進(나아갈 진 / 辵부 - 총12획)
辰(별 진 / 辰부 - 총7획)
振(떨칠 진 / 手부 - 총10획)
震(벼락 진 / 雨부 - 총15획)
盡(다할 진 / 皿부 - 총14획)
珍(보배 진 / 玉부 - 총9획)
陳(늘어놓을 진 / 阜부 - 총11획)
陣(진칠 진 / 阜부 - 총10획)
津(나루 진 / 水부 - 총9획)
診(볼 진 / 言부 - 총12획)
晉(나라이름 진 / 日부 - 총10획)
秦(벼 이름 진 / 禾부 - 총10획)
塵(티끌 진 / 土부 - 총14획)
姪(조카 질 / 女부 - 총9획)
垤(개밋둑 질 / 土부 - 총9획)
窒(막을 질 / 穴부 - 총11획)
疾(병 질 / 广부 - 총10획)
嫉(시기할 질 / 女부 - 총13획)
秩(차례 질 / 禾부 - 총10획)
跌(넘어질 질 / 足부 - 총12획)
質(바탕 질 / 貝부 - 총15획)
朕(나 짐 / 月부 - 총10획)
斟(짐작할 짐 / 斗부 - 총13획)
集(모일 집 / 隹부 - 총12획)

執(잡을 집 / 土부 - 총11획)
輯(모을 집 / 車부 - 총16획)
徵(부를 징 / 彳부 - 총15획)
懲(혼날 징 / 心부 - 총19획)
澄(맑을 징 / 水부 - 총15획)

ㅊ

此(이 차 / 止부 - 총6획)
次(버금 차 / 欠부 - 총6획)
車(수레 차 / 車부 - 총7획)
茶(차 차 / 艸부 - 총10획)
借(빌 차 / 人부 - 총10획)
且(또 차 / 一부 - 총5획)
差(다를 차 / 工부 - 총10획)
磋(갈 차 / 石부 - 총15획)
蹉(넘어질 차 / 足부 - 총17획)
釵(비녀 차 / 金부 - 총11획)
遮(막을 차 / 辵부 - 총15획)
捉(잡을 착 / 手부 - 총10획)
齪(악착할 착 / 齒부 - 총22획)
錯(섞일 착 / 金부 - 총16획)
着(붙을 착 / 羊부 - 총11획)
搾(짤 착 / 手부 - 총13획)
斲(깎을 착 / 斤부 - 총14획)
鑿(뚫을 착 / 金부 - 총28획)
串(꼬챙이 찬 / 丨부 - 총7획)
贊(도울 찬 / 貝부 - 총19획)
讚(기릴 찬 / 言부 - 총26획)
鑽(끌 찬 / 金부 - 총27획)
燦(빛날 찬 / 火부 - 총17획)
餐(먹을 찬 / 食부 - 총16획)
饌(반찬 찬 / 食부 - 총21획)
纂(모을 찬 / 糸부 - 총20획)
察(살필 찰 / 宀부 - 총14획)
擦(비빌 찰 / 手부 - 총17획)
札(패 찰 / 木부 - 총5획)
刹(절 찰 / 刀부 - 총8획)
參(참여할 참 / 厶부 - 총11획)
慘(참혹할 참 / 心부 - 총14획)
斬(벨 참 / 斤부 - 총11획)
慙(부끄러울 참 / 心부 - 총15획)
昌(창성할 창 / 日부 - 총8획)
唱(부를 창 / 口부 - 총11획)
猖(미쳐 날뛸 창 / 犬부 - 총11획)
菖(창포 창 / 艸부 - 총12획)
窓(창 창 / 穴부 - 총11획)
暢(화창할 창 / 日부 - 총14획)
倉(곳집 창 / 人부 - 총10획)
創(비롯할 창 / 刀부 - 총12획)

滄(큰바다 창 / 水부 - 총13획)
蒼(푸를 창 / 艸부 - 총14획)
槍(창 창 / 木부 - 총14획)
瘡(부스럼 창 / 疒부 - 총15획)
脹(배부를 창 / 肉부 - 총12획)
彰(밝을 창 / 彡부 - 총14획)
敞(높을 창 / 攴부 - 총12획)
廠(헛간 창 / 广부 - 총15획)
採(캘 채 / 手부 - 총11획)
彩(채색 채 / 彡부 - 총11획)
菜(나물 채 / 艸부 - 총12획)
債(빚 채 / 人부 - 총13획)
釵(비녀 채 / 金부 - 총11획)
責(꾸짖을 책 / 貝부 - 총11획)
冊(책 책 / 冂부 - 총5획)
策(꾀 책 / 竹부 - 총12획)
處(살 처 / 虍부 - 총11획)
妻(아내 처 / 女부 - 총8획)
凄(쓸쓸할 처 / 冫부 - 총10획)
悽(슬퍼할 처 / 心부 - 총11획)
尺(자 척 / 尸부 - 총4획)
斥(물리칠 척 / 斤부 - 총5획)
戚(겨레 척 / 戈부 - 총11획)
拓(넓힐 척 / 手부 - 총8획)
隻(새 한 마리 척 / 隹부 - 총10획)
陟(오를 척 / 阜부 - 총10획)
脊(등성마루 척 / 肉부 - 총10획)
瘠(파리할 척 / 疒부 - 총15획)
擲(던질 척 / 手부 - 총18획)
千(일천 천 / 十부 - 총3획)
天(하늘 천 / 大부 - 총4획)
川(내 천 / 巛부 - 총3획)
淺(얕을 천 / 水부 - 총11획)
賤(천할 천 / 貝부 - 총15획)
踐(밟을 천 / 足부 - 총15획)
泉(샘 천 / 水부 - 총9획)
串(꿰미 천 / 丨부 - 총7획)
薦(천거할 천 / 艸부 - 총17획)
遷(옮길 천 / 辵부 - 총16획)
穿(뚫을 천 / 穴부 - 총9획)
喘(헐떡거릴 천 / 口부 - 총12획)
哲(밝을 철 / 口부 - 총10획)
喆(밝을 철 / 口부 - 총12획)
徹(통할 철 / 彳부 - 총15획)
澈(물 맑을 철 / 水부 - 총15획)
撤(거둘 철 / 手부 - 총15획)
轍(바퀴 자국 철 / 車부 - 총19획)
啜(마실 철 / 口부 - 총11획)
綴(꿰맬 철 / 糸부 - 총14획)

鐵(쇠 철 / 金부 - 총21획)
掣(당길 철 / 手부 - 총12획)
尖(뾰족할 첨 / 小부 - 총6획)
添(더할 첨 / 水부 - 총11획)
諂(아첨할 첨 / 言부 - 총15획)
瞻(볼 첨 / 目부 - 총18획)
妾(첩 첩 / 女부 - 총8획)
帖(표제 첩 / 巾부 - 총8획)
捷(이길 첩 / 手부 - 총11획)
諜(염탐할 첩 / 言부 - 총16획)
疊(겹쳐질 첩 / 田부 - 총22획)
輒(문득 첩 / 車부 - 총14획)
靑(푸를 청 / 靑부 - 총8획)
淸(서늘할 청 / 冫부 - 총10획)
淸(맑을 청 / 水부 - 총11획)
晴(갤 청 / 日부 - 총12획)
請(청할 청 / 言부 - 총15획)
聽(들을 청 / 耳부 - 총22획)
廳(관청 청 / 广부 - 총25획)
切(모두 체 / 刀부 - 총4획)
替(바꿀 체 / 曰부 - 총12획)
滯(막힐 체 / 水부 - 총14획)
逮(미칠 체 / 辵부 - 총12획)
遞(갈마들 체 / 辵부 - 총14획)
體(몸 체 / 骨부 - 총23획)
掣(끌 체 / 手부 - 총12획)
初(처음 초 / 刀부 - 총7획)
草(풀 초 / 艸부 - 총10획)
招(부를 초 / 手부 - 총8획)
超(넘을 초 / 走부 - 총12획)
貂(담비 초 / 豸부 - 총12획)
抄(노략질할 초 / 手부 - 총7획)
秒(초 초 / 禾부 - 총9획)
肖(닮을 초 / 肉부 - 총7획)
梢(나무 끝 초 / 木부 - 총11획)
稍(점점 초 / 禾부 - 총12획)
楚(모형 초 / 木부 - 총13획)
礎(주춧돌 초 / 石부 - 총18획)
椒(산초나무 초 / 木부 - 총12획)
焦(그을릴 초 / 火부 - 총12획)
樵(땔나무 초 / 木부 - 총16획)
礁(암초 초 / 石부 - 총17획)
醋(초 초 / 酉부 - 총15획)
促(재촉할 촉 / 人부 - 총9획)
蜀(나라 이름 촉 / 虫부 - 총13획)
燭(촛불 촉 / 火부 - 총17획)
觸(닿을 촉 / 角부 - 총20획)
屬(이을 촉 / 尸부 - 총21획)
鏃(살촉 촉 / 金부 - 총19획)

村(마을 촌 / 木부 - 총7획)
寸(마디 촌 / 寸부 - 총3획)
忽(바쁠 총 / 心부 - 총9획)
葱(파 총 / 艸부 - 총13획)
蔥(파 총 / 艸부 - 총15획)
總(다 총 / 糸부 - 총17획)
聰(귀 밝을 총 / 耳부 - 총17획)
銃(총 총 / 金부 - 총14획)
塚(무덤 총 / 土부 - 총13획)
寵(괼 총 / 宀부 - 총19획)
撮(취할 촬 / 手부 - 총15획)
冣(가장 최 / 宀부 - 총11획)
最(가장 최 / 曰부 - 총12획)
崔(높을 최 / 山부 - 총11획)
催(재촉할 최 / 人부 - 총13획)
摧(꺾을 최 / 手부 - 총14획)
秋(가을 추 / 禾부 - 총9획)
楸(개오동나무 추 / 木부 - 총13획)
追(쫓을 추 / 辵부 - 총10획)
槌(망치 추 / 木부 - 총14획)
推(밀 추 / 手부 - 총11획)
椎(몽치 추 / 木부 - 총12획)
錐(송곳 추 / 金부 - 총16획)
雛(병아리 추 / 隹부 - 총18획)
抽(뺄 추 / 手부 - 총8획)
醜(추할 추 / 酉부 - 총17획)
酋(두목 추 / 酉부 - 총9획)
樞(지도리 추 / 木부 - 총15획)
錘(저울 추 / 金부 - 총16획)
趨(달릴 추 / 走부 - 총17획)
墜(떨어질 추 / 土부 - 총15획)
祝(빌 축 / 示부 - 총10획)
丑(소 축 / 一부 - 총4획)
逐(쫓을 축 / 辵부 - 총11획)
縮(줄일 축 / 糸부 - 총17획)
畜(짐승 축 / 田부 - 총10획)
蓄(쌓을 축 / 艸부 - 총14획)
築(쌓을 축 / 竹부 - 총16획)
軸(굴대 축 / 車부 - 총12획)
蹙(닥칠 축 / 足부 - 총18획)
蹴(찰 축 / 足부 - 총19획)
春(봄 춘 / 日부 - 총9획)
椿(참죽나무 춘 / 木부 - 총13획)
出(날 출 / 凵부 - 총5획)
朮(차조 출 / 木부 - 총5획)
充(찰 충 / 儿부 - 총5획)
沖(화할 충 / 冫부 - 총6획)
忠(충성 충 / 心부 - 총8획)
蟲(벌레 충 / 虫부 - 총18획)

衷(속마음 충 / 衣부 – 총10획)
衝(찌를 충 / 行부 – 총15획)
取(가질 취 / 又부 – 총8획)
趣(뜻 취 / 走부 – 총15획)
就(이룰 취 / 尢부 – 총12획)
吹(불 취 / 口부 – 총7획)
炊(불 땔 취 / 火부 – 총8획)
聚(모일 취 / 耳부 – 총14획)
臭(냄새 취 / 自부 – 총10획)
醉(취할 취 / 酉부 – 총15획)
側(곁 측 / 人부 – 총11획)
測(헤아릴 측 / 水부 – 총12획)
惻(슬퍼할 측 / 心부 – 총12획)
層(층 층 / 尸부 – 총15획)
治(다스릴 치 / 水부 – 총8획)
致(이를 치 / 至부 – 총10획)
徵(음률이름 치 / 彳부 – 총15획)
緻(빽빽할 치 / 糸부 – 총15획)
恥(부끄러워할 치 / 心부 – 총10획)
値(값 치 / 人부 – 총10획)
置(둘 치 / 网부 – 총13획)
齒(이 치 / 齒부 – 총15획)
侈(사치할 치 / 人부 – 총8획)
雉(꿩 치 / 佳부 – 총13획)
稚(어릴 치 / 禾부 – 총13획)
梔(치자나무 치 / 木부 – 총11획)
癡(어리석을 치 / 疒부 – 총19획)
熾(성할 치 / 火부 – 총16획)
馳(달릴 치 / 馬부 – 총13획)
鴟(솔개 치 / 鳥부 – 총16획)
則(법칙 칙 / 刀부 – 총9획)
親(친할 친 / 見부 – 총16획)
七(일곱 칠 / 一부 – 총2획)
漆(옻 칠 / 水부 – 총14획)
侵(침노할 침 / 人부 – 총9획)
浸(잠길 침 / 水부 – 총10획)
寢(잠잘 침 / 宀부 – 총14획)
沈(잠길 침 / 水부 – 총7획)
枕(베개 침 / 木부 – 총8획)
針(바늘 침 / 金부 – 총10획)
鍼(침 침 / 金부 – 총17획)
蟄(숨을 칩 / 虫부 – 총17획)
秤(저울 칭 / 禾부 – 총10획)
稱(일컬을 칭 / 禾부 – 총14획)

ㅋ

快(쾌할 쾌 / 心부 – 총7획)

ㅌ

打(칠 타 / 手부 – 총5획)

他(다를 타 / 人부 – 총5획)
妥(온당할 타 / 女부 – 총7획)
墮(떨어질 타 / 土부 – 총15획)
楕(길쭉할 타 / 木부 – 총13획)
唾(침 타 / 口부 – 총11획)
陀(비탈질 타 / 阜부 – 총8획)
駝(낙타 타 / 馬부 – 총15획)
托(밀 탁 / 手부 – 총6획)
託(부탁할 탁 / 言부 – 총10획)
拓(박을 탁 / 手부 – 총8획)
濁(흐릴 탁 / 水부 – 총16획)
濯(씻을 탁 / 水부 – 총17획)
卓(높을 탁 / 十부 – 총8획)
啄(쫄 탁 / 口부 – 총11획)
琢(다듬을 탁 / 玉부 – 총12획)
鐸(방울 탁 / 金부 – 총21획)
歎(탄식할 탄 / 欠부 – 총15획)
彈(탄알 탄 / 弓부 – 총15획)
憚(꺼릴 탄 / 心부 – 총15획)
炭(숯 탄 / 火부 – 총9획)
誕(태어날 탄 / 言부 – 총14획)
坦(평평할 탄 / 土부 – 총8획)
呑(삼킬 탄 / 口부 – 총7획)
綻(옷 터질 탄 / 糸부 – 총14획)
灘(여울 탄 / 水부 – 총22획)
脫(벗을 탈 / 肉부 – 총11획)
奪(빼앗을 탈 / 大부 – 총14획)
探(찾을 탐 / 手부 – 총11획)
貪(탐할 탐 / 貝부 – 총11획)
塔(탑 탑 / 土부 – 총13획)
搭(탈 탑 / 手부 – 총13획)
湯(끓일 탕 / 水부 – 총12획)
蕩(쓸어버릴 탕 / 艸부 – 총16획)
宕(방탕할 탕 / 宀부 – 총8획)
太(클 태 / 大부 – 총4획)
泰(클 태 / 水부 – 총10획)
態(모양 태 / 心부 – 총14획)
汰(일 태 / 水부 – 총7획)
兌(바꿀 태 / 儿부 – 총7획)
台(별 태 / 口부 – 총5획)
怠(게으를 태 / 心부 – 총9획)
苔(이끼 태 / 艸부 – 총9획)
殆(위태할 태 / 歹부 – 총9획)
胎(아이 밸 태 / 肉부 – 총9획)
跆(밟을 태 / 足부 – 총12획)
颱(태풍 태 / 風부 – 총14획)
宅(집 택 / 宀부 – 총6획)
澤(못 택 / 水부 – 총16획)
擇(가릴 택 / 手부 – 총16획)

撑(버틸 탱 / 手부 - 총15획)
攄(펼 터 / 手부 - 총18획)
土(흙 토 / 土부 - 총3획)
吐(토할 토 / 口부 - 총6획)
討(칠 토 / 言부 - 총10획)
兎(토끼 토 / 儿부 - 총7획)
筒(대롱 통 / 竹부 - 총12획)
桶(통 통 / 木부 - 총11획)
痛(아플 통 / 疒부 - 총12획)
通(통할 통 / 辶부 - 총11획)
統(거느릴 통 / 糸부 - 총12획)
退(물러날 퇴 / 辶부 - 총10획)
堆(언덕 퇴 / 土부 - 총11획)
槌(망치 퇴 / 木부 - 총14획)
投(던질 투 / 手부 - 총7획)
鬪(싸움 투 / 鬥부 - 총20획)
透(통할 투 / 辶부 - 총11획)
套(덮개 투 / 大부 - 총10획)
妬(샘낼 투 / 女부 - 총8획)
偸(훔칠 투 / 人부 - 총11획)
特(특별할 특 / 牛부 - 총10획)

ㅍ

波(물결 파 / 水부 - 총8획)
坡(언덕 파 / 土부 - 총8획)
破(깨뜨릴 파 / 石부 - 총10획)
跛(절뚝발이 파 / 足부 - 총12획)
頗(자못 파 / 頁부 - 총14획)
播(뿌릴 파 / 手부 - 총15획)
罷(방면할 파 / 网부 - 총15획)
擺(열릴 파 / 手부 - 총18획)
派(물갈래 파 / 水부 - 총9획)
把(잡을 파 / 手부 - 총7획)
爬(긁을 파 / 爪부 - 총8획)
琶(비파 파 / 玉부 - 총12획)
判(판단할 판 / 刀부 - 총7획)
阪(비탈 판 / 阜부 - 총7획)
販(팔 판 / 貝부 - 총11획)
版(판목 판 / 片부 - 총8획)
板(널빤지 판 / 木부 - 총8획)
辦(힘쓸 판 / 辛부 - 총16획)
八(여덟 팔 / 八부 - 총2획)
叭(입 벌릴 팔 / 口부 - 총5획)
敗(패할 패 / 攴부 - 총11획)
貝(조개 패 / 貝부 - 총7획)
狽(이리 패 / 犬부 - 총10획)
佩(찰 패 / 人부 - 총8획)
悖(어그러질 패 / 心부 - 총10획)
牌(패 패 / 片부 - 총12획)

烹(삶을 팽 / 火부 - 총11획)
彭(성 팽 / 彡부 - 총12획)
膨(부풀 팽 / 肉부 - 총16획)
便(편할 편 / 人부 - 총9획)
鞭(채찍 편 / 革부 - 총18획)
片(조각 편 / 片부 - 총4획)
扁(작을 편 / 戶부 - 총9획)
偏(치우칠 편 / 人부 - 총11획)
遍(두루 편 / 辶부 - 총13획)
編(엮을 편 / 糸부 - 총15획)
篇(책 편 / 竹부 - 총15획)
鞭(채찍 편 / 革부 - 총18획)
平(평평할 평 / 干부 - 총5획)
坪(들 평 / 土부 - 총8획)
評(평할 평 / 言부 - 총12획)
閉(닫을 폐 / 門부 - 총11획)
吠(짖을 폐 / 口부 - 총7획)
幣(비단 폐 / 巾부 - 총15획)
弊(해질 폐 / 廾부 - 총15획)
蔽(덮을 폐 / 艸부 - 총16획)
廢(폐할 폐 / 广부 - 총15획)
肺(허파 폐 / 肉부 - 총8획)
布(베 포 / 巾부 - 총5획)
怖(두려워할 포 / 心부 - 총8획)
包(쌀 포 / 勹부 - 총5획)
抱(안을 포 / 手부 - 총8획)
泡(거품 포 / 水부 - 총8획)
胞(태보 포 / 肉부 - 총9획)
炮(통째로 구울 포 / 火부 - 총9획)
砲(대포 포 / 石부 - 총10획)
袍(도포 포 / 衣부 - 총10획)
飽(배부를 포 / 食부 - 총14획)
鮑(절인 어물 포 / 魚부 - 총16획)
浦(개 포 / 水부 - 총10획)
捕(사로잡을 포 / 手부 - 총10획)
哺(먹을 포 / 口부 - 총10획)
圃(밭 포 / 囗부 - 총10획)
蒲(부들 포 / 艸부 - 총14획)
葡(포도 포 / 艸부 - 총13획)
鋪(펼 포 / 金부 - 총15획)
暴(사나울 포 / 日부 - 총15획)
抛(던질 포 / 手부 - 총8획)
襃(기릴 포 / 衣부 - 총15획)
幅(폭 폭 / 巾부 - 총12획)
暴(사나울 폭 / 日부 - 총15획)
瀑(폭포 폭 / 水부 - 총18획)
爆(터질 폭 / 火부 - 총19획)
表(겉 표 / 衣부 - 총8획)
票(표 표 / 示부 - 총11획)

漂(떠돌 표 / 水부 - 총14획)
標(우듬지 표 / 木부 - 총15획)
瓢(박 표 / 瓜부 - 총16획)
飄(회오리바람 표 / 風부 - 총20획)
杓(자루 표 / 木부 - 총7획)
豹(표범 표 / 豸부 - 총10획)
品(물건 품 / 口부 - 총9획)
稟(여쭐 품 / 禾부 - 총13획)
風(바람 풍 / 風부 - 총9획)
楓(단풍나무 풍 / 木부 - 총13획)
諷(욀 풍 / 言부 - 총16획)
豊(풍성할 풍 / 豆부 - 총13획)
皮(가죽 피 / 皮부 - 총5획)
彼(저 피 / 彳부 - 총8획)
披(헤칠 피 / 手부 - 총8획)
被(이불 피 / 衣부 - 총10획)
疲(피곤할 피 / 疒부 - 총10획)
避(피할 피 / 辵부 - 총17획)
必(반드시 필 / 心부 - 총5획)
泌(샘물 흐르는 모양 필 / 水부 - 총8획)
匹(짝 필 / 匸부 - 총4획)
筆(붓 필 / 竹부 - 총12획)
畢(마칠 필 / 田부 - 총11획)
弼(도울 필 / 弓부 - 총12획)
乏(가난할 핍 / 丿부 - 총5획)

ㅎ

下(아래 하 / 一부 - 총3획)
何(어찌 하 / 人부 - 총7획)
荷(연 하 / 艸부 - 총11획)
夏(여름 하 / 夂부 - 총10획)
廈(문간방 하 / 广부 - 총13획)
賀(하례 하 / 貝부 - 총12획)
蝦(새우 하 / 虫부 - 총15획)
河(물 하 / 水부 - 총8획)
學(배울 학 / 子부 - 총16획)
鶴(학 학 / 鳥부 - 총21획)
虐(사나울 학 / 虍부 - 총9획)
壑(골 학 / 土부 - 총17획)
汗(땀 한 / 水부 - 총6획)
旱(가물 한 / 日부 - 총7획)
罕(드물 한 / 网부 - 총7획)
悍(사나울 한 / 忄부 - 총10획)
鼾(코 골 한 / 鼻부 - 총17획)
翰(편지 한 / 羽부 - 총16획)
澣(빨 한 / 水부 - 총16획)
寒(찰 한 / 宀부 - 총12획)
韓(한국 한 / 韋부 - 총17획)
漢(한수 한 / 水부 - 총14획)

恨(한할 한 / 心부 - 총9획)
限(한계 한 / 阜부 - 총9획)
邯(고을 이름 한 / 邑부 - 총8획)
閑(한가할 한 / 門부 - 총12획)
割(벨 할 / 刀부 - 총12획)
瞎(애꾸눈 할 / 目부 - 총15획)
轄(비녀장 할 / 車부 - 총17획)
含(머금을 함 / 口부 - 총7획)
咸(다 함 / 口부 - 총9획)
喊(소리 함 / 口부 - 총12획)
陷(빠질 함 / 阜부 - 총11획)
函(함 함 / 凵부 - 총8획)
銜(재갈 함 / 金부 - 총14획)
檻(우리 함 / 木부 - 총18획)
艦(싸움배 함 / 舟부 - 총20획)
合(합할 합 / 口부 - 총6획)
蛤(대합조개 합 / 虫부 - 총12획)
陜(땅 이름 합 / 阜부 - 총10획)
閤(문짝 합 / 門부 - 총18획)
行(항렬 항 / 行부 - 총6획)
恒(항상 항 / 心부 - 총9획)
巷(거리 항 / 己부 - 총9획)
港(항구 항 / 水부 - 총12획)
亢(목 항 / 亠부 - 총4획)
抗(겨룰 항 / 手부 - 총7획)
航(배 항 / 舟부 - 총10획)
項(목 항 / 頁부 - 총12획)
肛(똥구멍 항 / 肉부 - 총7획)
缸(항아리 항 / 缶부 - 총9획)
降(항복할 항 / 阜부 - 총9획)
海(바다 해 / 水부 - 총10획)
奚(어찌 해 / 大부 - 총10획)
害(해칠 해 / 宀부 - 총10획)
偕(함께 해 / 人부 - 총11획)
楷(나무 이름 해 / 木부 - 총13획)
亥(돼지 해 / 亠부 - 총6획)
骸(뼈 해 / 骨부 - 총16획)
駭(놀랄 해 / 馬부 - 총16획)
解(풀 해 / 角부 - 총13획)
懈(게으를 해 / 心부 - 총16획)
獬(해태 해 / 犬부 - 총16획)
邂(만날 해 / 辵부 - 총17획)
蟹(게 해 / 虫부 - 총19획)
核(씨 핵 / 木부 - 총10획)
該(그 해 / 言부 - 총13획)
行(갈 행 / 行부 - 총6획)
幸(다행 행 / 干부 - 총8획)
杏(살구나무 행 / 木부 - 총7획)
向(향할 향 / 口부 - 총6획)

享(누릴 향 / ㅗ부 - 총8획)
香(향기 향 / 香부 - 총9획)
鄕(시골 향 / 邑부 - 총13획)
響(울릴 향 / 音부 - 총22획)
虛(빌 허 / 虍부 - 총11획)
虛(빌 허 / 虍부 - 총12획)
墟(언덕 허 / 土부 - 총15획)
許(허락할 허 / 言부 - 총11획)
軒(집 헌 / 車부 - 총10획)
憲(법 헌 / 心부 - 총16획)
獻(드릴 헌 / 犬부 - 총20획)
險(험할 험 / 阜부 - 총16획)
驗(시험 험 / 馬부 - 총23획)
革(가죽 혁 / 革부 - 총9획)
赫(붉을 혁 / 赤부 - 총14획)
見(나타날 현 / 見부 - 총7획)
現(나타날 현 / 玉부 - 총11획)
賢(어질 현 / 貝부 - 총15획)
顯(나타날 현 / 頁부 - 총23획)
縣(고을 현 / 糸부 - 총16획)
懸(매달 현 / 心부 - 총20획)
玄(검을 현 / 玄부 - 총5획)
弦(시위 현 / 弓부 - 총8획)
眩(아찔할 현 / 目부 - 총10획)
絃(악기 줄 현 / 糸부 - 총11획)
血(피 혈 / 血부 - 총6획)
穴(구멍 혈 / 穴부 - 총5획)
子(외로울 혈 / 子부 - 총3획)
嫌(싫어할 혐 / 女부 - 총13획)
叶(화합할 협 / 口부 - 총5획)
協(화합할 협 / 十부 - 총8획)
脅(위협할 협 / 肉부 - 총10획)
夾(낄 협 / 大부 - 총7획)
挾(낄 협 / 手부 - 총10획)
峽(골짜기 협 / 山부 - 총10획)
陜(좁을 협 / 阜부 - 총10획)
浹(두루 미칠 협 / 水부 - 총10획)
篋(상자 협 / 竹부 - 총15획)
兄(맏 형 / 儿부 - 총5획)
形(모양 형 / 彡부 - 총7획)
刑(형벌 형 / 刀부 - 총6획)
型(거푸집 형 / 土부 - 총9획)
亨(형통할 형 / ㅗ부 - 총7획)
螢(반딧불이 형 / 虫부 - 총16획)
衡(저울대 형 / 行부 - 총16획)
兮(어조사 혜 / 八부 - 총4획)
惠(은혜 혜 / 心부 - 총12획)
彗(비 혜 / 크부 - 총11획)
慧(슬기로울 혜 / 心부 - 총15획)

醯(초 혜 / 酉부 - 총19획)
好(좋을 호 / 女부 - 총6획)
號(이름 호 / 虍부 - 총13획)
胡(되 호 / 肉부 - 총9획)
湖(호수 호 / 水부 - 총12획)
瑚(산호 호 / 玉부 - 총13획)
乎(어조사 호 / 丿부 - 총5획)
虎(범 호 / 虍부 - 총8획)
戶(지게 호 / 戶부 - 총4획)
呼(부를 호 / 口부 - 총8획)
互(서로 호 / 二부 - 총4획)
浩(넓을 호 / 水부 - 총10획)
皓(흴 호 / 白부 - 총12획)
弧(활 호 / 弓부 - 총8획)
壺(병 호 / 士부 - 총12획)
鎬(호경 호 / 金부 - 총18획)
狐(여우 호 / 犬부 - 총8획)
瓠(표주박 호 / 瓜부 - 총11획)
毫(터럭 호 / 毛부 - 총11획)
豪(호걸 호 / 豕부 - 총14획)
壕(해자 호 / 土부 - 총17획)
濠(해자 호 / 水부 - 총17획)
雇(새 이름 호 / 隹부 - 총12획)
護(보호할 호 / 言부 - 총21획)
或(혹 혹 / 戈부 - 총8획)
惑(미혹할 혹 / 心부 - 총12획)
酷(독할 혹 / 酉부 - 총14획)
昏(어두울 혼 / 日부 - 총8획)
婚(혼인할 혼 / 女부 - 총11획)
魂(넋 혼 / 鬼부 - 총14획)
混(섞을 혼 / 水부 - 총11획)
渾(흐릴 혼 / 水부 - 총12획)
琿(아름다운 옥 혼 / 玉부 - 총13획)
忽(소홀히 할 홀 / 心부 - 총8획)
惚(황홀할 홀 / 心부 - 총11획)
洪(큰물 홍 / 水부 - 총9획)
弘(넓을 홍 / 弓부 - 총5획)
鴻(큰 기러기 홍 / 鳥부 - 총17획)
紅(붉을 홍 / 糸부 - 총9획)
火(불 화 / 火부 - 총4획)
化(될 화 / 匕부 - 총4획)
花(꽃 화 / 艸부 - 총8획)
靴(신 화 / 革부 - 총13획)
貨(재화 화 / 貝부 - 총11획)
禾(벼 화 / 禾부 - 총5획)
和(화할 화 / 口부 - 총8획)
話(말할 화 / 言부 - 총13획)
華(빛날 화 / 艸부 - 총12획)
畵(그림 화 / 田부 - 총13획)

禍(재화 화 / 示부 - 총14획)
擴(넓힐 확 / 手부 - 총18획)
廓(둘레 확 / 广부 - 총14획)
確(굳을 확 / 石부 - 총15획)
穫(벼 벨 확 / 禾부 - 총19획)
攫(붙잡을 확 / 手부 - 총23획)
丸(알 환 / 丶부 - 총3획)
患(근심 환 / 心부 - 총11획)
還(돌아올 환 / 辶부 - 총17획)
環(고리 환 / 玉부 - 총17획)
桓(굳셀 환 / 木부 - 총10획)
換(바꿀 환 / 手부 - 총12획)
喚(부를 환 / 口부 - 총12획)
煥(불꽃 환 / 火부 - 총13획)
歡(기뻐할 환 / 欠부 - 총22획)
活(살 활 / 水부 - 총9획)
闊(트일 활 / 門부 - 총17획)
滑(미끄러울 활 / 水부 - 총13획)
豁(뚫린 골 활 / 谷부 - 총17획)
黃(누를 황 / 黃부 - 총12획)
皇(임금 황 / 白부 - 총9획)
惶(두려워할 황 / 心부 - 총12획)
荒(거칠 황 / 艸부 - 총10획)
況(하물며 황 / 水부 - 총8획)
恍(황홀할 황 / 心부 - 총9획)
滉(물 깊고 넓을 황 / 水부 - 총13획)
肓(명치끝 황 / 肉부 - 총7획)
回(돌 회 / 口부 - 총6획)
廻(돌 회 / 廴부 - 총9획)
會(모일 회 / 曰부 - 총13획)
檜(노송나무 회 / 木부 - 총17획)
繪(그림 회 / 糸부 - 총19획)
悔(뉘우칠 회 / 心부 - 총10획)
晦(그믐 회 / 日부 - 총11획)
懷(품을 회 / 心부 - 총19획)
灰(재 회 / 火부 - 총6획)
恢(넓을 회 / 心부 - 총9획)
洄(흐물흐물할 회 / 水부 - 총12획)
獲(얻을 획 / 犬부 - 총17획)
劃(그을 획 / 刀부 - 총14획)
橫(가로 횡 / 木부 - 총16획)
孝(효도 효 / 子부 - 총7획)
酵(술밑 효 / 酉부 - 총14획)
效(본받을 효 / 攴부 - 총10획)
曉(새벽 효 / 日부 - 총16획)
爻(효 효 / 爻부 - 총4획)
梟(올빼미 효 / 木부 - 총11획)
烋(거들먹거릴 효 / 火부 - 총10획)
後(뒤 후 / 彳부 - 총9획)

厚(두터울 후 / 厂부 - 총9획)
侯(제후 후 / 人부 - 총9획)
喉(목구멍 후 / 口부 - 총12획)
候(기후 후 / 人부 - 총10획)
嗅(맡을 후 / 口부 - 총13획)
訓(가르칠 훈 / 言부 - 총10획)
熏(연기 낄 훈 / 火부 - 총14획)
勳(공 훈 / 力부 - 총16획)
薰(향 풀 훈 / 艸부 - 총18획)
萱(원추리 훤 / 艸부 - 총13획)
毀(헐 훼 / 殳부 - 총13획)
揮(휘두를 휘 / 手부 - 총12획)
輝(빛날 휘 / 火부 - 총13획)
暉(빛 휘 / 日부 - 총13획)
輝(빛날 휘 / 車부 - 총15획)
諱(꺼릴 휘 / 言부 - 총16획)
麾(대장기 휘 / 麻부 - 총15획)
彙(무리 휘 / 彐부 - 총13획)
休(쉴 휴 / 人부 - 총6획)
烋(아름다울 휴 / 火부 - 총10획)
携(끌 휴 / 手부 - 총13획)
虧(이지러질 휴 / 虍부 - 총17획)
畦(밭두둑 휴 / 田부 - 총11획)
鵂(수리부엉이 휴 / 鳥부 - 총17획)
鷸(도요새 휼 / 鳥부 - 총23획)
譎(속일 휼 / 言부 - 총19획)
凶(흉할 흉 / 凵부 - 총4획)
洶(물살 세찰 흉 / 水부 - 총9획)
胸(가슴 흉 / 肉부 - 총10획)
黑(검을 흑 / 黑부 - 총12획)
欣(기뻐할 흔 / 欠부 - 총8획)
痕(흉터 흔 / 疒부 - 총11획)
紇(묶을 흘 / 糸부 - 총9획)
吸(마실 흡 / 口부 - 총7획)
洽(흡족할 흡 / 水부 - 총9획)
興(일 흥 / 臼부 - 총16획)
喜(기쁠 희 / 口부 - 총12획)
僖(기쁠 희 / 人부 - 총14획)
希(바랄 희 / 巾부 - 총7획)
稀(드물 희 / 禾부 - 총12획)
戲(희롱할 희 / 戈부 - 총16획)
熙(빛날 희 / 火부 - 총13획)
噫(탄식할 희 / 口부 - 총16획)
羲(숨 희 / 羊부 - 총16획)
犧(희생 희 / 牛부 - 총20획)

약력

- 명예효학박사(성산효대학원대학교)
- 교육학(한문전공) 박사(국민대학교 대학원)
- 고려대학교 대학원 최고경영자과정 수료
- 전) 중국산동대학교 객원 교수
- 전) 서울한영대학교 교육평가원 원장
- 한국고미술협회 감정위원
- 훈민정음 신문 발행인
- 사단법인 훈민정음기념사업회 이사장 겸 회장
- 훈민정음 탑 건립 조직위원회 상임조직위원장
- 훈민정음 대학원 대학교 설립추진위원회 상임추진위원장
- 훈민정음 주식회사 대표이사
- 국방일보 칼럼니스트
- 서울경기신문 / 새용산신문 / 4차산업행정뉴스 /
  경남연합신문 논설위원

수상 실적

- 국전 서예부문 특선 1회, 입선 2회(86~88)
- 무등미술대전 서예부문 4회 입특선(85~89) /
  전각부문 입특선(87~88)
- 한양미술대전 서예부문 대상(1987)
- 아세아문예 시 부문 신인상 수상(2015)
- 고려대학교 총장 공로패(2016)
- 대한민국문화예술명인대전 한시 명인대상(2016, 2017)
- 서욱 국방부장관 감사장(2021)
- 제8군단 군단장 강창구 중장 감사장과 감사패(2021)
- 제15보병사단 사단장 김경중 소장 감사장(2022)
- 육군사관학교 교장 강창구 중장 감사패(2022)
- 육군참모총장 남영신 대장 감사장(2022)
- 육군참모총장 박정환 대장 감사장(2022)
- 지상작전사령부 사령관 전동진 대장 감사장(2022)
- 공군사관학교 교장 박하식 중장 감사장(2022)
- 제55보병사단 사단장 김진익 소장 감사장(2023)
- 한국을 빛낸 자랑스러운 한국인 대상(2023)
- 제5군단 군단장 김성민 중장 감사패(2023)
- 드론작전사령부 사령관 이보형 소장 감사장과 감사패(2023)
- 육군참모총장 박안수 대장 감사장(2024)
- 동원전력사령부 사령관 전성대 소장 감사패(2024)

작품 활동

- 성경 서예 개인전 2회(금호 미술관. 1986, 1988)
- CBS-TV방송 서예초대전(1984)
- 임진각 『평화의종 건립기념』비문 찬(1999)
- 원폭 피해자 평화화관 건립 도서화전 초대 출품(서울, 동경 1990)
- 강원도 설악산 백담사『춘성대선사』비문 휘호(2009)
- 국방일보 〈한자로 쉽게 풀이한 군사용어〉 연재 중(2020~현재)
- 제8군단 사령부 구호 휘호(2022)
- 드론작전사령부 창설부대명 휘호(2023)
- 육군훈련소 부대 구호 휘호(2024)
- 동원전력사령부 구호 휘호(2024)
- 제5군단 사령부 승진비문 휘호(2024)

저서

- 서예인을 위한 한문정복요결(1989 국제문화사)
- 급수한자교본(1996 도서출판 문원)
- 한자활용보감(2000 학일출판사)
- 한자지도 완결판(2004 이지한자)
- 푸르넷 게임한자(2004 금성출판사)
- 한 권으로 끝내는 한자지도사 특강(2005 학일출판사)
- 한자능력검정시험-이지 한자(2006 학은미디어)
- 간체자와 함께 하는 재미있는 한자(2006 하늘과땅)
- 10자로 끝내는 상용간체자 606(2006 하늘과땅)
- 상용한자로 배우는 간체자 606(2007 현문미디어)
- 성경이 만든 한자(2008 드림북스)
- 간체자 사전 2235(2011 도서출판 하일)
- 성경으로 배우는 재미있는 하오하오한자(2011 에듀코어)
- 매일성경한자(2011 도서출판 하일)
- 성경보감(2011 도서출판 나)
- 한자에 숨어 있는 성경 이야기(2011 도서출판 나)
- 효성경보감(2014 도서출판 성산서원)
- 신비한 성경 속 한자의 비밀(2013 가나북스)
- 크리스천이 꼭 알아야 할 맛있는 성경 상식(2013 가나북스)
- 재밌는 성경 속 사자성어(구약편)(2013 가나북스)
- 재밌는 성경 속 사자성어(신약편)(2013 가나북스)
- 노래만 부르면 저절로 외워지는 창조한자 4종(2014 현보문화)
- 효행인성지도사 자격검정 수험서(2015 도서출판 성산서원)
- 인성보감(2016 한국교육삼락회)
- 세종어제 훈민정음 총록(2020 문자교육)
- 훈민정음 해례본 경필쓰기(2024 가나북스)
- 훈민정음 언해본 경필 쓰기(2024 가나북스)
- 훈민정음 경필 쓰기 검정(4급)(2024 가나북스)
- 훈민정음 경필 쓰기 검정(5급)(2024 가나북스)
- 훈민정음 경필 쓰기 검정(6·7·8급)(2024 가나북스)
- 손글씨 쓰기로 예쁜글씨 도전하기(2024 가나북스)
- 훈민정음 경필 쓰기 검정과정 익히기(2024 가나북스)
- 한 권으로 끝내는 훈민정음 해설사 자격시험(2024 가나북스)
- 어린이 훈민정음을 위한 교과서 한자어(전학년 6권)(2024 가나북스)
- 훈민정음에서 길을 찾는다(2024 가나북스)
- 우리말로 찾는 정음자전(2024 가나북스)